THE OFFICIAL
MAJOR LEAGUE BASEBALL
1992 STAT BOOK

THE OFFICIAL MAJOR LEAGUE BASEBALL 1992 STAT BOOK

COMPILED BY

Major League Baseball Properties, Inc.
and the editors of *The Baseball Encyclopedia*

COLLIER BOOKS/MACMILLAN PUBLISHING COMPANY • NEW YORK
MAXWELL MACMILLAN CANADA • TORONTO
MAXWELL MACMILLAN INTERNATIONAL
NEW YORK • OXFORD • SINGAPORE • SYDNEY

Copyright © 1992 by Macmillan, Inc.

All rights reserved. No part of this book may be reproduced or transmitted in any form or by any means, electronic or mechanical, including photocopying, recording, or by any information storage and retrieval system, without permission in writing from the Publisher.

The registered trademarks reproduced herein are the property of the twenty-six Major League Baseball Clubs, the American and National Leagues of Professional Baseball Clubs, Major League Baseball Properties, Inc., and the Office of the Commissioner of Baseball.

Collier Books
Macmillan Publishing Company
866 Third Avenue, New York, NY 10022

Maxwell Macmillan Canada, Inc.
1200 Eglinton Avenue East, Suite 200
Don Mills, Ontario M3C 3N1

Macmillan Publishing Company is part of the Maxwell Communication Group of Companies.

ISBN 0-02-079646-3

LC card number 91-640775 (ISSN 1054-4038)

Macmillan books are available at special discounts for bulk purchases for sales promotions, premiums, fund-raising, or educational use. For details, contact:

  Special Sales Director
  Macmillan Publishing Company
  866 Third Avenue, New York, NY 10022

First Collier Books Edition 1992

10 9 8 7 6 5 4 3 2 1

Printed in the United States of America

Designed by Robert Bull Design

CONTENTS

Acknowledgments   vii

Introduction   1

The Teams and Their Players   3

Player Register   11

Pitcher Register   247

Manager Register   447

World Series and
League Championship Series   453

Player Register Supplement   459

Pitcher Register Supplement   463

Acknowledgments

Macmillan gratefully acknowledges the efforts of the following people without whose help *The Official Major League Baseball 1992 Stat Book* could not have been produced. From Major League Baseball: Fred Coseglia, Joe Fitzgerald, Cindy McManus, Dave Alworth, Russell Wion, and Steve Adamus. From Black Dot Graphics: Glenn Soltau, Randall Zubow, Amy Melichar, and Darlene Wesemann. And from Macmillan: John Ball, Andrew Attaway, Bob Bull, Ken Samelson, Jeanine Bucek, Rob McMahon, Rick Wolff, publisher Bill Rosen, who came up with the idea for the book, and a special tip of the cap to Camillo LoGiudice, who as usual engineered the entire project from the drawing board to finished books.

INTRODUCTION

How to Use Your *Major League Baseball 1992 Stat Book*

This book was designed to be easy for all baseball fans to use, from the professional sportswriter or sportscaster in the press box to the casual fan at home to the diehard fantasy baseball league player. Macmillan, in conjunction with Major League Baseball and IBM, has produced a unique statistical analysis of the top players and pitchers in the game, as well as the complete and official record of the 1991 Major League Baseball season. The *Stat Book* features

- The complete season's record of every player and pitcher who appeared in a major league game in 1991.
- The complete career record of every player and pitcher in the 1991 season who has played in the majors for more than one season.
- Statistical analyses and graphic comparisons of the top players and pitchers according to widely used fantasy league criteria.
- The complete records of all the managers who managed a major league team in 1991.
- A detailed recap of the League Championship Series and the World Series, including game-by-game and composite box scores.

For the most part, the *Stat Book*'s contents are self-explanatory. The *Stat Book* serves as *The Baseball Encyclopedia*'s annual update, and fans of the *Encyclopedia* will find the presentation of much of the material familiar. Each entry includes the ballplayer's full name, his nickname, personal data such as his birthplace and birthdate, height, weight, and complete season and career record.

You will also find complete statistical analyses of all of 1991's top pitchers and players. The *Stat Book* divides all pitchers into two categories: starters and relievers. While we recognize that some pitchers do perform both functions on some major league teams, most pitchers are used either as starters or in relief. For each starting pitcher who faced at least 300 batters in 1991, we have provided a breakdown of that pitcher's performance by month, in day as opposed to night games, versus right- or left-handed hitters, at home and on the road, and on grass and artificial turf. There's even a breakdown of how the pitcher did against each opposing team in his club's division. A complete analysis is also provided for each relief pitcher who made at least 20 relief appearances during the year.

The *Stat Book* presents an equally thorough analysis for all batters with 250 or more plate appearances in 1991. Each batter's hitting is broken down by month, against left-handed pitchers and right-handers, during night as opposed to day games, on grass and on artificial turf, on the road and at home. There is also a breakdown of how a player hit against other teams in his division, and how he hit with a man on third and less than two outs.

In addition to the statistical analysis, the *Stat Book* provides graphic comparisons for the top pitchers and players. These graphs enable you to compare a pitcher's or player's 1991 performance with the league average for his position.

Hitters with 250 or more plate appearances are compared to all the players in their league at their position in home runs, batting average, runs batted in, and stolen bases. For example, take a look at the graphic analysis of Steve Sax of the New York Yankees. In the four boxes you will see two bars: one represents the American League average for second basemen in each of the four categories; the other bar in each box show Sax's statistics. Thus the collective batting average of American League second basemen in 1991 was .278; Sax hit .304. The average number of stolen bases for AL second basemen was 12; Sax stole 31. The same comparisons are made for home runs and RBI.

Starting pitchers who faced 300 or more batters in 1991 are compared with league averages for wins, earned run average, strikeouts per nine innings, and ratio (which is defined as hits plus walks per nine innings pitched). Here again, the bar columns in each box represent the league average and the individual pitcher's performance respectively.

Relief pitchers who made twenty or more appearances in 1991 are compared against the league in wins, saves, earned run average, and ratio. Comparisons can easily be made between the bar representing the league average and that representing the individual reliever's performance.

In certain rare instances, the editorial staff of Major League Baseball and Macmillan have decided how a player or pitcher should be classified. For instance, in 1991 Randy Myers of the Reds qualified as both a starting pitcher and a relief pitcher. But in our judgment, Myers is better known and recognized as a relief pitcher, and as such, his National League comparisons are with other relief pitchers.

The Teams and Their Players

The Teams and Their Players lists, for the 1991 season, each team, its manager and record, the regulars at each position, the pitchers, and the leading substitutes. The teams are presented in the order of the standings of the division. Substitutes are listed if they had at least 162 at bats or 20 runs batted in; pitchers are listed if they pitched 162 innings or had 9 or more decisions (including saves).

Fielding statistics listed for regulars are for the indicated position only. The position listed for substitutes may vary. If a substitute played 70 percent of his games at one position, that is the only position listed for him. If he did not play 70 percent of his games at one position, but played 90 percent of his games at two positions, he is listed with a combination position, such as "S2" for shortstop and second base, or "CO" for catcher and outfield. In such cases, the fielding statistics listed are combined for both positions. All outfield positions are considered one position for these purposes. If a player failed to meet either the 70 percent or 90 percent requirement listed above, he is listed as a utility player ("UT").

Any statistic that appears in boldface print is a league-leading total for that category. An asterisk (*) next to a particular statistic indicates that the player led the league, but since he was traded during the season, the figure listed there is not necessarily his league-leading final total or average. For batting averages or percentages, a batter must have 502 plate appearances to qualify for the title. Pitchers must have pitched 162 innings to qualify in any pitching average. Fielders must have appeared in 100 games at the position to qualify.

THE TEAMS AND THEIR PLAYERS

NATIONAL LEAGUE 1991

Division	Team		POS	Player	AB	BA	HR	RBI	PO	A	E	DP	TC/G	FA	Pitcher	G	IP	W	L	SV	ERA
East	**Pittsburgh**		1B	O. Merced	411	.275	10	50	911	60	12	64	9.4	.988	D. Drabek	35	235	15	14	0	3.07
	W-98 L-64		2B	J. Lind	502	.265	3	54	349	438	9	79	5.3	.989	Z. Smith	35	228	16	10	0	3.20
	Jim Leyland		SS	J. Bell	608	.270	16	67	239	491	24	78	4.8	.968	J. Smiley	33	208	20	8	0	3.08
			3B	B. Bonilla	577	.302	18	100	43	134	13	13	2.8	.932	R. Tomlin	31	175	8	7	0	2.98
			RF	G. Varsho	187	.273	4	23	84	2	1	1	1.6	.989	B. Walk	25	115	9	2	0	3.60
			CF	A. Van Slyke	491	.265	17	83	273	8	1	1	2.1	.996	V. Palacios	36	82	6	3	3	3.75
			LF	B. Bonds	510	.292	25	116	321	13	3	1	2.2	.991	S. Belinda	60	79	7	5	16	3.45
			C	LaValliere	336	.289	3	41	565	46	1	4	5.8	.998	B. Landrum	61	76	4	4	17	3.18
			10	G. Redus	252	.246	7	24	403	26	6	35	—	.986							
			C	D. Slaught	220	.295	1	29	338	31	5	4	5.4	.987							
			UT	C. Wilkerson	191	.188	2	18	73	124	2	24	—	.990							
			O1	L. McClendon	163	.288	7	24	158	12	3	13	—	.983							
	St. Louis		1B	P. Guerrero	427	.272	8	70	953	66	16	73	9.2	.985	B. Smith	31	199	12	9	0	3.85
	W-84 L-78		2B	J. Oquendo	366	.240	1	26	244	346	7	60	5.1	.988	B. Tewksbury	30	191	11	12	0	3.25
	Joe Torre		SS	O. Smith	550	.285	3	50	244	387	8	79	4.3	.987	K. Hill	30	181	11	10	0	3.57
			3B	T. Zeile	565	.280	11	81	124	290	25	18	2.9	.943	O. Olivares	28	167	11	7	1	3.71
			RF	F. Jose	568	.305	8	77	268	15	3	2	1.9	.990	J. DeLeon	28	163	5	9	0	2.71
			CF	R. Lankford	566	.251	9	69	367	7	6	2	2.6	.984	J. Agosto	72	86	5	3	2	4.81
			LF	B. Gilkey	268	.216	5	20	164	6	1	1	2.3	.994	L. Smith	67	73	6	3	47	2.34
			C	T. Pagnozzi	459	.264	2	57	673	81	7	8	5.5	.991	C. Carpenter	59	66	10	4	0	4.23
			OF	M. Thompson	326	.307	6	34	207	8	2	1	2.4	.991							
			1B	G. Perry	242	.290	6	36	407	28	5	30	7.2	.989							
			OF	R. Hudler	207	.227	1	15	97	4	2	0	1.8	.981							
			2B	G. Pena	185	.243	5	17	95	146	6	28	3.0	.976							
	Philadelphia		1B	J. Kruk	538	.294	21	92	735	49	2	54	7.7	.997	Mulholland	34	232	16	13	0	3.61
	W-78 L-84		2B	M. Morandini	325	.249	1	20	183	254	6	45	4.6	.986	T. Greene	36	208	13	7	0	3.38
			SS	D. Thon	539	.252	9	44	234	412	21	65	4.6	.969	J. DeJesus	31	182	10	9	1	3.42
	Nick Leyva		3B	C. Hayes	460	.230	12	53	85	237	14	25	2.4	.958	B. Ruffin	31	119	4	7	0	3.78
	W-4 L-9		RF	D. Murphy	544	.252	18	81	287	6	5	0	2.0	.983	D. Cox	23	102	4	6	0	4.57
			CF	L. Dykstra	246	.297	3	12	167	3	4	2	2.8	.977	M. Williams	69	88	12	5	30	2.34
	Jim Fregosi		LF	Chamberlain	383	.240	13	50	199	4	3	0	2.1	.985	R. McDowell	38	59	3	6	3	3.20
	W-74 L-75		C	D. Daulton	285	.196	12	42	493	33	8	5	6.1	.985							
			1B	R. Jordan	301	.272	9	49	626	37	9	37	9.3	.987							
			OF	V. Hayes	284	.225	0	21	202	3	2	2	2.9	.990							
			2B	R. Ready	205	.249	1	20	127	145	3	22	4.2	.989							
			23	W. Backman	185	.243	0	15	54	79	4	13	—	.971							
			3B	D. Hollins	151	.298	6	21	25	58	7	2	2.5	.922							
	Chicago		1B	M. Grace	619	.273	8	58	1520	167	8	106	10.6	.995	G. Maddux	37	263	15	11	0	3.35
			2B	R. Sandberg	585	.291	26	100	267	515	4	66	5.0	.995	M. Bielecki	39	172	13	11	0	4.50
	W-77 L-83		SS	S. Dunston	492	.260	12	50	261	383	21	69	4.7	.968	L. Lancaster	64	156	9	7	3	3.52
			3B	L. Salazar	333	.258	14	38	46	151	9	5	2.4	.956	S. Boskie	28	129	4	9	0	5.23
	Don Zimmer		RF	A. Dawson	563	.272	31	104	243	7	3	2	1.8	.988	F. Castillo	18	112	6	7	0	4.35
	W-18 L-19		CF	J. Walton	270	.219	5	17	170	2	3	1	1.7	.983	B. Scanlan	40	111	7	8	1	3.89
			LF	G. Bell	558	.285	25	86	249	6	10	0	1.8	.962	Assenmacher	75	103	7	8	15	3.24
	Joe Altobelli		C	R. Wilkins	203	.222	6	22	373	42	3	6	5.1	.993	C. McElroy	71	101	6	2	3	1.95
	W-0 L-1		30	C. Walker	374	.257	6	34	95	73	8	8	—	.955	R. Sutcliffe	19	97	6	5	0	4.10
			OF	D. Dascenzo	239	.255	1	18	134	0	2	0	1.6	.985	D. Smith	35	33	0	6	17	6.00
	Jim Essian		C	H. Villanueva	192	.276	13	32	259	26	6	2	5.3	.979							
	W-59 L-63		OF	D. Smith	167	.228	3	21	73	3	3	1	1.9	.962							
	New York		1B	D. Magadan	418	.258	4	51	1035	90	5	73	9.3	.996	D. Cone	34	233	14	14	0	3.29
			2B	G. Jefferies	486	.272	9	62	144	177	6	15	4.2	.982	F. Viola	35	231	13	15	0	3.97
	W-77 L-84		SS	K. Elster	348	.241	6	36	149	299	14	39	4.3	.970	D. Gooden	27	190	13	7	0	3.60
			3B	H. Johnson	564	.259	38	117	55	173	18	11	2.4	.927	W. Whitehurst	36	133	7	12	1	4.19
	Bud Harrelson		RF	H. Brooks	357	.238	16	50	166	6	5	0	1.8	.972	R. Darling	17	102	5	6	0	3.87
	W-74 L-80		CF	D. Boston	255	.275	4	21	156	2	3	1	1.4	.981	P. Schourek	35	86	5	4	2	4.27
			LF	K. McReynolds	522	.259	16	74	281	9	2	1	2.1	.993	A. Pena	44	63	6	1	4	2.71
	Mike Cubbage		C	R. Cerone	227	.273	2	16	424	36	6	0	5.8	.987	J. Franco	52	55	5	9	30	2.93
	W-3 L-4		OF	V. Coleman	278	.255	1	17	132	5	3	0	2.0	.979							
			2B	K. Miller	275	.280	4	23	129	148	8	28	4.8	.972							
			OF	M. Carreon	254	.260	4	21	96	4	3	1	1.3	.971							
			CO	M. Sasser	228	.272	5	35	191	16	2	1	—	.990							
			S1	G. Templeton	219	.228	2	20	205	116	7	27	—	.979							
			C	C. O'Brien	168	.185	2	14	396	37	4	7	6.5	.991							
	Montreal		1B	A. Galarraga	375	.219	9	33	887	80	9	68	9.3	.991	D. Martinez	31	222	14	11	0	2.39
			2B	D. DeShields	563	.238	10	51	285	405	27	72	4.8	.962	M. Gardner	27	168	9	11	0	3.85
	W-71 L-90		SS	S. Owen	424	.255	3	26	189	376	8	64	4.3	.986	B. Barnes	28	160	5	8	0	4.22
			3B	T. Wallach	577	.225	13	73	107	310	14	27	2.9	.968	C. Nabholz	24	154	8	7	0	3.63
	Buck Rodgers		RF	L. Walker	487	.290	16	64	223	6	2	2	2.3	.991	O. Boyd	19	120	6	8	0	3.52
	W-20 L-29		CF	M. Grissom	558	.267	6	39	350	15	6	2	2.8	.984	B. Sampen	43	92	9	5	0	4.00
			LF	I. Calderon	470	.300	19	75	256	3	7	1	2.2	.974	B. Jones	77	89	4	9	13	3.35
	Tom Runnells		C	G. Reyes	207	.217	0	13	375	61	11	4	5.6	.975	C. Haney	16	85	3	7	0	4.04
	W-51 L-61		OF	D. Martinez	396	.295	7	42	213	10	4	0	2.0	.982	S. Ruskin	64	64	4	4	6	4.24
			C	Fitzgerald	198	.202	4	28	306	24	2	3	6.1	.994	J. Fassero	51	55	2	5	8	2.44
			S1	T. Foley	168	.208	0	15	193	80	5	20	—	.982	M. Rojas	37	48	3	3	6	3.75
															T. Burke	37	46	3	4	5	4.11

THE TEAMS AND THEIR PLAYERS

NATIONAL LEAGUE 1991, cont.

Region	Team	POS	Player	AB	BA	HR	RBI	PO	A	E	DP	TC/G	FA	Pitcher	G	IP	W	L	SV	ERA
West	**Atlanta** W-94 L-68 Bobby Cox	1B	S. Bream	265	.253	11	45	668	50	3	53	8.5	.996	T. Glavine	34	247	20	11	0	2.55
		2B	M. Lemke	269	.234	2	23	159	205	8	39	3.4	.978	C. Leibrandt	36	230	9	13	0	3.49
		SS	R. Belliard	353	.249	0	27	168	361	18	53	3.8	.467	J. Smoltz	36	230	14	13	0	3.80
		3B	T. Pendleton	586	.319	22	86	108	349	24	31	3.3	.950	S. Avery	36	210	18	8	0	3.38
		RF	D. Justice	396	.275	21	87	204	9	7	0	2.1	.968	M. Stanton	74	78	5	5	7	2.88
		CF	R. Gant	561	.251	32	105	338	7	6	1	2.4	.983	K. Mercker	50	73	5	3	6	2.58
		LF	L. Smith	353	.275	7	44	134	5	5	2	1.5	.965	J. Berenguer	49	64	0	3	17	2.24
		C	G. Olson	411	.241	6	44	721	48	4	7	6.1	.995	A. Pena	15	19	2	0	11	1.40
		OF	O. Nixon	401	.297	0	26	218	6	3	1	2.0	.987							
		S2	J. Blauser	352	.259	11	54	123	191	13	36	—	.960							
		2B	J. Treadway	306	.320	3	32	155	206	15	33	4.0	.960							
		1B	B. Hunter	271	.251	12	50	622	46	8	42	8.0	.988							
		C1	F. Cabrera	95	.242	4	23	137	13	3	3	—	.980							
	Los Angeles W-93 L-69 Tom Lasorda	1B	E. Murray	576	.260	19	96	1327	128	7	96	9.8	.995	M. Morgan	34	236	14	10	1	2.78
		2B	J. Samuel	594	.271	12	58	300	442	17	73	5.0	.978	R. Martinez	33	220	17	13	0	3.27
		SS	A. Griffin	350	.243	0	27	186	349	22	45	5.1	.961	T. Belcher	33	109	10	9	0	2.62
		3B	L. Harris	429	.287	3	38	77	155	14	16	2.2	.943	B. Ojeda	31	189	12	9	0	3.18
		RF	Strawberry	505	.265	28	99	209	11	5	2	1.7	.978	K. Gross	46	116	10	11	3	3.58
		CF	B. Butler	615	.296	2	38	372	8	0	3	2.4	1.000	O. Hershiser	21	112	7	2	0	3.46
		LF	K. Daniels	461	.249	17	73	220	9	5	0	1.8	.979	T. Crews	60	76	2	3	6	3.43
		C	M. Scioscia	345	.264	8	40	677	51	7	8	6.4	.990	J. Howell	44	51	6	5	16	3.18
		C	G. Carter	248	.246	6	26	355	45	5	2	6.0	.988	R. McDowell	33	42	6	3	7	2.55
		3B	M. Sharperson	216	.278	2	20	30	71	2	5	1.5	.981							
		OF	S. Javier	176	.205	1	11	70	1	1	0	1.0	.986							
		OF	C. Gwynn	139	.252	5	22	37	2	0	0	1.0	1.000							
	San Diego W-84 L-78 Greg Riddoch	1B	F. McGriff	528	.278	31	106	1370	87	14	111	9.6	.990	A. Benes	33	223	15	11	0	3.03
		2B	B. Roberts	424	.281	3	32	128	185	7	35	4.7	.978	B. Hurst	31	222	15	8	0	3.29
		SS	T. Fernandez	558	.272	4	38	247	440	20	78	4.9	.972	D. Rasmussen	24	147	6	13	0	3.74
		3B	J. Howell	160	.206	6	16	33	98	2	7	2.5	.985	G. Harris	20	133	9	5	0	2.23
		RF	T. Gwynn	530	.317	4	62	291	8	3	2	2.3	.990	M. Maddux	64	99	7	2	5	2.46
		CF	D. Jackson	359	—	21	49	243	2	2	2	2.5	.992	J. Melendez	31	94	8	5	3	3.27
		LF	J. Clark	369	.262	10	47	160	5	1	2	1.7	.994	E. Whitson	13	79	4	6	0	5.03
		C	B. Santiago	580	.267	17	87	830	100	14	14	6.3	.985	C. Lefferts	54	69	1	6	23	3.91
		23	T. Teufel	307	.228	11	42	129	196	9	26	—	.973	R. Bones	11	54	4	6	0	4.83
		OF	T. Howard	281	.249	4	22	182	4	1	1	2.2	.995	L. Andersen	38	47	3	4	13	2.30
		3B	S. Coolbaugh	180	.217	2	15	32	108	7	8	2.7	.952							
	San Francisco W-75 L-87 Roger Craig	1B	W. Clark	565	.301	29	116	1273	110	4	115	9.6	.998	B. Black	34	214	12	16	0	3.99
		2B	R. Thompson	492	.262	19	48	320	402	11	98	5.1	.985	J. Burkett	36	207	12	11	0	4.18
		SS	J. Uribe	231	.221	1	12	98	218	11	35	3.8	.966	T. Wilson	44	202	13	11	0	3.56
		3B	M. Williams	589	.268	34	98	131	293	16	30	2.8	.964	D. Robinson	34	121	5	9	1	4.38
		RF	K. Bass	361	.255	10	40	159	9	4	2	1.7	.977	K. Downs	45	112	10	4	0	4.19
		CF	W. McGee	497	.312	4	43	259	6	6	3	2.1	.978	J. Brantley	67	95	5	2	15	2.45
		LF	K. Mitchell	371	.256	27	69	188	6	6	1	2.0	.970	F. Oliveras	55	79	6	6	3	3.86
		C	S. Decker	233	.206	5	24	385	41	7	5	5.6	.984	D. Righetti	61	72	2	7	24	3.39
		OF	M. Felder	348	.264	0	18	132	3	3	2	1.9	.985							
		SS	D. Anderson	226	.248	2	13	68	107	8	25	2.9	.956							
		OF	D. Lewis	222	.248	1	15	159	2	0	0	2.4	1.000							
		C	K. Manwaring	178	.225	0	19	315	28	4	7	5.2	.988							
		C	T. Kennedy	171	.234	3	13	237	36	6	2	4.8	.978							
	Cincinnati W-74 L-88 Lou Piniella	1B	H. Morris	478	.318	14	59	979	100	9	87	8.5	.992	T. Browning	36	230	14	14	0	4.18
		2B	B. Doran	361	.280	6	35	153	208	7	47	4.2	.981	J. Rijo	30	204	15	6	0	2.51
		SS	B. Larkin	464	.302	20	69	226	372	15	65	5.2	.976	J. Armstrong	27	140	7	13	0	5.48
		3B	C. Sabo	582	.301	26	88	86	255	12	24	2.3	.966	R. Myers	58	132	6	13	6	3.55
		RF	P. O'Neill	532	.256	28	91	301	13	2	2	2.1	.994	N. Charlton	39	108	3	5	1	2.91
		CF	E. Davis	285	.235	11	33	190	5	3	2	2.4	.985	S. Scudder	27	101	6	9	1	4.35
		LF	B. Hatcher	442	.262	4	41	248	4	5	0	2.1	.981	C. Hammond	20	100	7	7	0	4.06
		C	J. Oliver	269	.216	11	41	496	40	11	6	6.1	.980	T. Power	68	87	5	3	3	3.62
		2S	M. Duncan	333	.258	12	40	162	212	9	41	—	.977	K. Gross	29	86	6	4	0	3.47
		C	J. Reed	270	.267	3	31	527	29	5	7	6.3	.991	R. Dibble	67	82	3	5	31	3.17
		OF	G. Braggs	250	.260	11	39	139	2	5	1	2.0	.966							
		23	L. Quinones	212	.222	4	20	57	94	6	18	—	.962							
		OF	Winningham	169	.225	1	4	99	2	5	0	1.6	.953							
	Houston W-65 L-97 Art Howe	1B	J. Bagwell	554	.294	15	82	1270	106	12	97	9.0	.991	P. Harnisch	33	217	12	9	0	2.70
		2B	C. Candaele	461	.262	4	50	197	301	9	52	4.7	.982	M. Portugal	32	168	10	12	1	4.49
		SS	E. Yelding	276	.243	1	20	113	169	18	31	4.1	.939	J. Deshaies	28	161	5	12	0	4.98
		3B	K. Caminiti	574	.253	13	80	129	293	23	29	2.9	.948	D. Kile	37	154	7	11	0	3.69
		RF	M. Simms	123	.203	3	16	44	4	6	0	1.3	.889	J. Jones	26	135	6	8	0	4.39
		CF	S. Finley	596	.285	8	54	323	13	5	2	2.2	.985	A. Osuna	71	82	7	6	12	3.42
		LF	L. Gonzalez	473	.254	13	69	294	6	5	1	2.3	.984	C. Schilling	56	76	3	5	8	3.81
		C	C. Biggio	546	.295	4	46	889	64	10	10	6.9	.990	R. Bowen	14	72	6	4	0	5.15
		SS	A. Cedeno	251	.243	9	36	88	151	18	36	3.9	.930	X. Hernandez	32	63	2	7	3	4.71
		S2	R. Ramirez	233	.236	1	20	86	123	8	22	—	.963							

THE TEAMS AND THEIR PLAYERS

NATIONAL LEAGUE 1991, cont.

BATTING AND BASE RUNNING LEADERS

Batting Average
- T. Pendleton, ATL .319
- H. Morris, CIN .318
- T. Gwynn, SD .317
- W. McGee, SF .312
- F. Jose, STL .305

Slugging Average
- W. Clark, SF .536
- H. Johnson, NY .535
- T. Pendleton, ATL .517
- B. Bonds, PIT .514
- B. Larkin, CIN .506

Home Runs
- H. Johnson, NY 38
- M. Williams, SF 34
- R. Gant, ATL 32
- F. McGriff, SD 31
- A. Dawson, CHI 31

Total Bases
- W. Clark, SF 303
- T. Pendleton, ATL 303
- H. Johnson, NY 302
- C. Sabo, CIN 294
- M. Williams, SF 294

Runs Batted In
- H. Johnson, NY 117
- B. Bonds, PIT 116
- W. Clark, SF 116
- F. McGriff, SD 106
- R. Gant, ATL 105

Stolen Bases
- M. Grissom, MON 76
- O. Nixon, ATL 72
- D. DeShields, MON 56
- R. Lankford, STL 44
- B. Bonds, PIT 43

Hits
- T. Pendleton, ATL 187
- B. Butler, LA 182
- C. Sabo, CIN 175

Bases on Balls
- B. Butler, LA 108
- B. Bonds, PIT 107
- F. McGriff, SD 105

Home Run Percentage
- H. Johnson, NY 6.7
- F. McGriff, SD 5.9
- M. Williams, SF 5.8

Runs Scored
- B. Butler, LA 112
- H. Johnson, NY 108
- R. Sandberg, CHI 104

Doubles
- B. Bonilla, PIT 44
- F. Jose, STL 40
- P. O'Neill, CIN 36
- T. Zeile, STL 36

Triples
- R. Lankford, STL 15
- T. Gwynn, SD 11
- S. Finley, HOU 10

PITCHING LEADERS

Winning Percentage
- J. Smiley, PIT .714
- J. Rijo, CIN .714
- M. Williams, PHI .706
- S. Avery, ATL .692
- B. Hurst, SD .652

Earned Run Average
- D. Martinez, MON 2.39
- J. Rijo, CIN 2.51
- T. Glavine, ATL 2.55
- T. Belcher, LA 2.62
- P. Harnisch, HOU 2.70

Wins
- J. Smiley, PIT 20
- T. Glavine, ATL 20
- S. Avery, ATL 18
- R. Martinez, LA 17
- Z. Smith, PIT 16
- T. Mulholland, PHI 16

Saves
- L. Smith, STL 47
- R. Dibble, CIN 31
- J. Franco, NY 30
- M. Williams, PHI 30
- D. Righetti, SF 24

Strikeouts
- D. Cone, NY 241
- G. Maddux, CHI 198
- T. Glavine, ATL 192
- J. Rijo, CIN 172
- P. Harnisch, HOU 172

Complete Games
- D. Martinez, MON 9
- T. Glavine, ATL 9
- T. Mulholland, PHI 8
- G. Maddux, CHI 7
- R. Martinez, LA 6
- Z. Smith, PIT 6

Fewest Hits/9 Innings
- P. Harnisch, HOU 7.02
- J. Rijo, CIN 7.27
- J. DeJesus, PHI 7.28

Shutouts
- D. Martinez, MON 5
- R. Martinez, LA 4

Fewest Walks/9 Innings
- Z. Smith, PIT 1.14
- B. Tewksbury, STL 1.79
- J. Smiley, PIT 1.90
- Mulholland, PHI 1.90

Most Strikeouts/9 Innings
- D. Cone, NY 9.30
- J. Rijo, CIN 7.59
- P. Harnisch, HOU 7.13
- D. Gooden, NY 7.11

Innings
- G. Maddux, CHI 263
- T. Glavine, ATL 247
- M. Morgan, LA 236

Games Pitched
- B. Jones, MON 77
- P. Assenmacher, CHI 75
- M. Stanton, ATL 74

		W	L	GB	R	OR	2B	3B	HR	AVG	SLG	SB	E	DP	PCT	CG	BB	SO	SHO	SV	ERA
East	Pittsburgh	98	64	—	768	632	259	50	126	.263	.358	124	120	134	.981	18	401	919	11	51	3.44
	St. Louis	84	78	14.0	651	648	239	53	68	.255	.357	202	107	133	.982	9	454	822	5	51	3.69
	Philadelphia	78	84	20.0	629	680	248	33	111	.241	.358	92	119	111	.981	16	670	988	11	35	3.86
	Chicago	77	83	20.0	695	734	232	26	159	.253	.390	123	113	120	.982	12	542	927	4	40	4.03
	New York	77	84	20.5	640	646	250	24	117	.244	.365	153	143	112	.977	12	410	1028	11	39	3.56
	Montreal	71	90	26.5	579	655	236	42	95	.246	.357	221	133	128	.979	12	584	909	14	39	3.64
West	Atlanta	94	68	—	749	644	255	30	141	.258	.393	165	138	122	.978	18	481	969	7	48	3.49
	Los Angeles	93	69	1.0	665	565	191	29	108	.253	.359	126	123	126	.980	15	500	1028	14	40	3.06
	San Diego	84	78	10.0	636	646	204	36	121	.244	.362	101	113	130	.982	14	457	921	11	47	3.57
	San Francisco	75	87	19.0	649	697	215	48	141	.246	.381	95	109	151	.982	10	544	905	10	45	4.03
	Cincinnati	74	88	20.0	689	691	250	27	164	.258	.403	124	125	131	.979	7	560	997	11	43	3.83
	Houston	65	97	29.0	605	717	240	43	79	.244	.347	125	161	129	.974	7	651	1033	13	36	4.00
		7955	7955		2819	441	1430	.250	.373		1651	1504	1527	.980		150	6254	11446	122	514	3.68

AMERICAN LEAGUE 1991

		POS	Player	AB	BA	HR	RBI	PO	A	E	DP	TC/G	FA	Pitcher	G	IP	W	L	SV	ERA
East	**Toronto** W-91 L-71 Clarence Gaston W-66 L-54 Gene Tenace W-19 L-14 Clarence Gaston W-6 L-3	1B	J. Olerud	454	.256	17	68	1120	78	5	77	8.9	.996	Stottlemyre	34	219	15	8	0	3.78
		2B	R. Alomar	637	.295	9	69	333	447	15	79	5.0	.981	J. Key	33	209	16	12	0	3.05
		SS	M. Lee	445	.234	0	29	194	360	19	52	4.2	.967	D. Wells	40	198	15	10	1	3.72
		3B	K. Gruber	429	.252	20	65	97	231	13	16	3.1	.962	J. Guzman	23	139	10	3	0	2.99
		CF	D. White	642	.282	17	60	439	8	1	2	2.9	.998	T. Candiotti	19	130	6	7	0	2.98
		RF	J. Carter	638	.273	33	108	283	13	8	2	2.0	.974	M. Timlin	63	108	11	6	3	3.16
		LF	C. Maldonado	177	.277	7	28	98	2	1	0	1.9	.990	D. Ward	81	107	7	6	23	2.77
		C	G. Myers	309	.262	8	36	484	37	11	5	5.1	.979	T. Henke	49	50	0	2	32	2.32
		DH	R. Mulliniks	240	.250	2	24													
		C	P. Borders	291	.244	5	36	505	48	4	4	5.5	.933							
		OD	M. Wilson	241	.241	2	28	71	2	2	0	1.8	.973							
		DH	P. Tabler	185	.216	1	21													
		31	E. Sprague	160	.275	4	20	162	72	12	14	—	.951							
	Detroit W-84 L-78 Sparky Anderson	1B	C. Fielder	624	.261	44	133	1055	83	8	110	9.4	.993	Gullickson	35	226	20	9	0	3.90
		2B	L. Whitaker	470	.279	23	78	255	361	4	91	4.6	.994	W. Terrell	35	219	12	14	0	4.24
		SS	A. Trammell	375	.248	9	55	131	296	9	60	4.7	.979	F. Tanana	33	217	13	12	0	3.77
		3B	T. Fryman	557	.259	21	91	45	147	11	13	2.4	.946	M. Leiter	38	135	9	7	1	4.21
		RF	R. Deer	448	.179	25	64	.310	8	7	4	2.5	.978	P. Gibson	68	96	5	7	8	4.59
		CF	M. Cuyler	475	.257	3	33	411	7	6	3	≈2.8	.986	J. Cerutti	38	89	3	6	2	4.57
		LF	L. Moseby	260	.262	6	35	126	1	6	0	2.1	.955	M. Henneman	60	84	10	2	21	2.88
		C	M. Tettleton	501	.263	31	89	558	55	6	2	5.0	.990							
		DH	Incaviglia	337	.214	11	38													
		UT	T. Phillips	564	.284	17	72	269	237	8	51	—	.984							
		1B	D. Bergman	194	.237	7	29	364	29	1	42	8.0	.997							
	Boston W-84 L-78 Joe Morgan	1B	C. Quintana	478	.295	11	71	1026	101	8	101	8.2	.993	R. Clemens	35	271	18	10	0	**2.62**
		2B	J. Reed	618	.283	5	60	312	444	14	109	5.1	.982	G. Harris	53	173	11	12	2	3.85
		SS	L. Rivera	414	.258	8	40	180	386	24	87	4.6	.959	M. Hesketh	39	153	12	4	1	3.29
		3B	W. Boggs	546	.332	8	51	89	276	12	34	2.7	.968	M. Gardiner	22	130	9	10	0	4.85
		RF	T. Brunansky	459	.229	16	70	265	5	3	2	2.0	.989	T. Bolton	25	110	8	9	0	5.24
		CF	E. Burks	474	.251	14	56	283	2	7	1	2.3	.993	K. Young	19	89	3	7	0	5.18
		LF	M. Greenwell	544	.300	9	83	263	9	7	3	1.9	.989	K. Morton	16	86	6	5	0	4.59
		C	T. Pena	464	.231	5	48	**864**	60	5	15	6.6	.995	J. Reardon	57	59	1	4	40	3.03
		DH	J. Clark	481	.249	28	87													
		1B	M. Vaughn	219	.260	4	32	378	26	6	43	8.4	.985							
		UT	S. Lyons	212	.241	4	17	118	43	2	6	—	.982							
		OF	P. Plantier	148	.331	11	35	80	1	2	0	2.1	.976							

THE TEAMS AND THEIR PLAYERS

AMERICAN LEAGUE 1991, cont.

Team	POS	Player	AB	AVG	HR	RBI	PO	A	E	DP	TC/G	FA	Pitcher	G	IP	W	L	SV	ERA
Milwaukee W-83 L-79 Tom Trebelhorn	1B	F. Stubbs	362	.213	11	38	824	82	8	78	9.9	.991	J. Navarro	34	234	15	12	0	3.92
	2B	W. Randolph	431	.327	0	54	237	378	20	96	5.2	.969	C. Bosio	32	205	14	10	0	3.25
	SS	B. Spiers	414	.283	8	54	201	345	17	93	4.4	.970	B. Wegman	28	193	15	7	0	2.84
	3B	J. Gantner	526	.283	2	47	51	155	5	15	2.3	.976	D. August	28	138	9	8	0	5.47
	RF	D. Bichette	445	.238	15	59	270	14	7	7	2.3	.976	D. Plesac	45	92	2	7	8	4.29
	CF	R. Yount	503	.260	10	77	315	1	1	1	2.7	.994	C. Crim	66	91	8	5	3	4.63
	LF	G. Vaughn	542	.244	27	98	315	5	2	1	2.4	.994	D. Henry	32	36	2	1	15	1.00
	C	B. Surhoff	505	.289	5	68	660	68	4	11	5.8	.995	E. Nunez	23	25	2	1	8	6.04
	DH	P. Molitor	665	.325	17	75													
	OF	D. Hamilton	405	.311	1	57	234	3	1	0	2.0	.996							
	S3	D. Sveum	266	.241	4	43	82	187	10	33	—	.964							
	3B	G. Sheffield	175	.194	2	22	29	65	8	7	2.4	.922							
	C	R. Dempsey	147	.231	4	21	246	23	2	4	4.8	.993							
	OF	C. Maldonado	111	.207	5	20	41	0	1	0	1.8	.976							
New York W-71 L-91 Stump Merrill	1B	D. Mattingly	587	.288	9	68	1119	77	5	135	9.5	.996	S. Sanderson	34	208	16	10	0	3.81
	2B	S. Sax	652	.304	10	56	274	443	7	107	4.9	.990	J. Johnson	23	127	6	11	0	5.95
	SS	A. Espinoza	480	.256	5	33	223	438	21	113	4.6	.969	G. Cadaret	68	122	8	6	3	3.62
	3B	P. Kelly	298	.242	3	23	43	157	16	14	2.7	.926	T. Leary	28	121	4	10	0	6.49
	RF	J. Barfield	284	.225	17	48	178	10	0	3	2.3	1.000	W. Taylor	23	116	7	12	0	6.27
	CF	B. Williams	320	.238	3	34	230	3	5	0	2.8	.979	E. Plunk	43	112	2	5	0	4.76
	LF	R. Kelly	486	.267	20	69	268	8	4	1	2.2	.986	Guetterman	64	88	3	4	6	3.68
	C	M. Nokes	456	.268	24	77	690	48	6	7	5.7	.992	S. Farr	60	70	5	5	23	2.19
	DH	K. Maas	500	.220	23	63													
	OF	M. Hall	492	.285	19	80	221	8	3	2	1.9	.987							
	OF	H. Meulens	288	.222	6	29	144	4	5	1	2.1	.967							
	3S	R. Velarde	184	.245	1	15	63	148	15	24	—	.934							
Baltimore W-67 L-95 Frank Robinson W-13 L-24 Johnny Oates W-54 L-71	1B	R. Milligan	483	.263	16	70	929	81	10	92	9.6	.990	B. Milacki	31	184	10	9	0	4.01
	2B	B. Ripken	287	.216	0	14	201	284	7	75	4.8	.986	B. McDonald	21	126	6	8	0	4.84
	SS	C. Ripken	650	.323	34	114	267	528	11	114	5.0	.986	J. Ballard	26	124	6	12	0	5.60
	3B	L. Gomez	391	.233	16	45	62	184	7	20	2.4	.972	J. Mesa	23	124	6	11	0	5.97
	RF	D. Evans	270	.270	6	38	116	6	2	2	1.9	.984	J. Robinson	21	104	4	9	0	5.18
	CF	M. Devereaux	608	.260	19	59	399	10	3	1	2.8	.993	M. Flanagan	64	98	2	7	3	2.38
	LF	J. Orsulak	486	.278	5	43	273	22	1	4	2.2	.997	T. Frohwirth	51	96	7	3	3	1.87
	C	C. Hoiles	341	.243	11	31	433	43	1	5	5.4	.998	D. Johnson	22	84	4	8	0	7.07
	DH	S. Horn	317	.233	23	61													
	OF	B. Anderson	256	.230	2	27	150	3	3	0	1.5	.981	Williamson	65	80	5	5	4	4.48
	C	B. Melvin	228	.250	1	23	383	31	1	8	5.8	.998	G. Olson	72	74	4	6	31	3.18
	OF	C. Martinez	216	.269	13	33	108	4	2	2	2.1	.982							
	10	D. Segui	212	.278	2	22	264	23	3	22	—	.990							
	2B	J. Bell	209	.172	1	15	104	189	8	39	3.9	.973							
	UT	T. Hulett	206	.204	7	18	47	96	4	13	—	.973							
	1B	G. Davis	176	.227	10	28	288	38	8	35	9.3	.976							
Cleveland W-57 L-105 John McNamara W-25 L-52 Mike Hargrove W-32 L-53	1B	B. Jacoby	231	.234	4	24	379	32	5	27	7.6	.988	G. Swindell	33	238	9	16	0	3.48
	2B	M. Lewis	314	.264	0	30	87	140	8	29	4.7	.966	C. Nagy	33	211	10	15	0	4.13
	SS	F. Fermin	424	.262	0	31	214	372	12	74	4.6	.980	E. King	25	151	6	11	0	4.60
	3B	C. Baerga	593	.288	11	69	54	183	14	14	2.8	.944	R. Nichols	31	137	2	11	1	3.54
	RF	M. Whiten	258	.256	7	26	166	11	7	2	2.7	.962	T. Candiotti	15	108	7	6	0	2.24
	CF	A. Cole	387	.295	0	21	256	6	8	1	2.5	.970	D. Otto	18	100	2	8	0	4.23
	LF	A. Belle	461	.282	28	95	170	8	9	1	2.1	.952	S. Hillegas	51	83	3	4	7	4.34
	C	J. Skinner	284	.243	1	24	504	38	5	4	5.5	.991	D. Jones	36	63	4	8	7	5.54
	DH	C. James	437	.238	5	41							S. Olin	48	56	3	6	17	3.36
	UT	J. Browne	290	.228	1	29	113	141	14	21	—	.948							
	D1	C. Martinez	257	.284	5	30	229	12	8	30	8.0	.968							
	C	S. Alomar	184	.217	0	7	280	19	4	4	6.6	.987							
	10	M. Aldrete	183	.262	1	19	334	23	2	31	—	.994							
West Minnesota W-95 L-67 Tom Kelly	1B	K. Hrbek	462	.284	20	89	1138	95	8	110	9.7	.994	J. Morris	35	247	18	12	0	3.43
	2B	C. Knoblauch	565	.281	1	50	249	460	18	94	4.9	.975	K. Tapani	34	244	16	9	0	2.99
	SS	G. Gagne	408	.265	8	42	181	377	9	69	4.1	.984	S. Erickson	32	204	**20**	8	0	3.18
	3B	Pagliarulo	365	.279	6	36	56	248	11	30	2.7	.965	A. Anderson	29	134	5	11	0	4.96
	RF	S. Mack	442	.310	18	74	290	6	7	2	2.2	.977	M. Guthrie	41	98	7	5	2	4.32
	CF	K. Puckett	611	.319	15	89	373	13	6	5	2.6	.985	C. Willis	40	89	8	3	2	2.63
	LF	D. Gladden	461	.247	6	52	240	4	3	1	2.0	.988	S. Bedrosian	56	77	5	3	6	4.42
	C	B. Harper	441	.311	10	69	642	33	8	7	5.7	.988	R. Aguilera	63	69	4	5	42	2.35
	DH	C. Davis	534	.277	29	93													
	01	G. Larkin	255	.286	2	19	340	20	3	23	—	.992							
	UT	A. Newman	246	.191	0	19	130	184	4	39	—	.987							
	3B	S. Leius	199	.286	5	20	41	100	7	8	1.9	.953							
	UT	R. Bush	165	.303	6	23	85	5	2	7	—	.978							
	OF	P. Munoz	138	.283	7	26	89	3	1	2	2.1	.989							
Chicago W-87 L-75 Jeff Torborg	1B	D. Pasqua	417	.259	18	66	511	43	5	45	6.7	.991	J. McDowell	35	254	17	10	0	3.41
	2B	S. Fletcher	248	.205	1	28	177	191	3	49	4.3	.992	C. Hough	31	199	9	10	0	4.02
	SS	O. Guillen	524	.273	3	49	249	439	21	88	4.8	.970	G. Hibbard	32	194	11	11	0	4.31
	3B	R. Ventura	606	.284	23	100	134	287	18	29	2.9	.959	A. Fernandez	34	192	9	13	0	4.51
	RF	S. Sosa	316	.203	10	33	214	6	6	0	2.0	.973	M. Perez	49	136	8	7	1	3.12
	CF	L. Johnson	588	.274	0	49	425	11	2	3	2.8	.995	S. Radinsky	67	71	5	5	8	2.02
	LF	T. Raines	609	.268	5	50	273	12	5	3	2.2	.990	B. Thigpen	67	70	7	5	30	3.49
	C	C. Fisk	460	.241	18	74	535	55	4	5	5.6	.993							
	DH	F. Thomas	559	.318	32	109													
	2B	J. Cora	228	.241	0	18	103	184	9	33	3.7	.970							
	UT	C. Grebeck	224	.281	6	31	104	183	10	34	—	.966							
	C	R. Karkovice	167	.246	5	22	309	28	4	5	4.9	.988							
	C1	M. Merullo	140	.229	0	21	159	14	2	11	—	.989							
	OF	W. Newson	132	.295	4	25	48	3	2	0	1.1	.962							

THE TEAMS AND THEIR PLAYERS

AMERICAN LEAGUE 1991, cont.

Team	POS	Player	AB	AVG	HR	RBI	PO	A	E	DP	TC/G	FA	Pitcher	G	IP	W	L	SV	ERA
Texas W-85 L-77 Bobby Valentine	1B	R. Palmeiro	631	.322	26	88	1305	96	12	119	9.0	.992	K. Brown	33	211	9	12	0	4.40
	2B	J. Franco	589	.341	15	78	294	372	14	80	4.7	.979	N. Ryan	27	173	12	6	0	2.91
	SS	J. Huson	268	.213	2	26	141	267	15	42	3.6	.965	J. Guzman	25	170	13	7	0	3.08
	3B	S. Buechele	416	.267	18	66	87	239	3	20	3.0	.991	K. Rogers	63	110	10	10	5	5.42
	RF	R. Sierra	661	.307	25	116	305	15	7	3	2.0	.979	B. Witt	17	89	3	7	0	6.09
	CF	G. Pettis	282	.216	0	19	248	4	6	1	2.0	.977	J. Russell	68	79	6	4	30	3.29
	LF	J. Gonzalez	545	.264	27	102	310	6	6	1	2.4	.981							
	C	I. Rodriguez	280	.264	3	27	517	62	10	6	6.7	.983							
	DH	B. Downing	407	.278	17	49													
	OD	K. Reimer	394	.269	20	69	110	0	6	0	1.8	.948							
	3O	D. Palmer	268	.187	15	37	69	75	9	6	—	.941							
	C	G. Petralli	199	.271	2	20	293	20	9	3	4.9	.972							
	SS	M. Diaz	182	.264	1	22	68	110	7	25	2.8	.962							
	C	M. Stanley	181	.249	3	25	239	10	5	0	4.4	.980							
Oakland W-84 L-78 Tony LaRussa	1B	M. McGwire	483	.201	22	75	1191	101	4	120	8.5	.997	D. Stewart	35	226	11	11	0	5.18
	2B	M. Gallego	482	.241	12	49	243	370	11	69	4.6	.989	B. Welch	35	220	12	13	0	4.58
	SS	M. Bordick	235	.238	0	21	137	209	10	44	4.2	.972	M. Moore	33	210	17	8	0	2.96
	3B	E. Riles	281	.214	5	32	54	101	10	14	2.4	.939	J. Slusarski	20	109	5	7	0	5.27
	RF	J. Canseco	572	.266	44	122	245	5	9	0	2.0	.965	D. Eckersley	67	76	5	4	43	2.96
	CF	D. Henderson	572	.276	25	85	362	10	1	2	2.7	.997	R. Darling	12	75	3	7	0	4.08
	LF	R. Henderson	470	.268	18	57	249	10	8	1	2.2	.970	J. Klink	62	62	10	3	2	4.35
	C	T. Steinbach	456	.274	6	67	594	48	13	7	5.6	.980							
	DH	H. Baines	488	.295	20	90													
	OF	W. Wilson	294	.238	0	28	176	2	3	0	2.1	.983							
	C	J. Quirk	203	.261	1	17	293	32	6	2	6.1	.982							
	3B	B. Jacoby	188	.213	0	20	38	72	2	9	2.2	.982							
	UT	Blankenship	185	.249	3	21	123	122	3	25	—	.988							
Seattle W-83 L-79 Jim Lefebvre	1B	P. O'Brien	560	.248	17	88	1047	86	3	124	8.6	.997	R. Johnson	33	201	13	10	0	3.98
	2B	H. Reynolds	631	.254	3	57	348	463	18	133	5.2	.978	B. Holman	30	195	13	14	0	3.69
	SS	O. Vizquel	426	.230	1	41	224	422	13	105	4.8	.980	R. DeLucia	32	182	12	13	0	5.09
	3B	E. Martinez	544	.307	14	52	84	299	15	25	2.8	.962	B. Krueger	35	175	11	8	0	3.60
	RF	J. Buhner	406	.244	27	77	244	15	5	4	2.0	.981	E. Hanson	27	175	8	8	0	3.81
	CF	K. Griffey	548	.327	22	100	360	15	4	4	2.5	.989	B. Swift	71	90	1	2	17	1.99
	LF	G. Briley	381	.260	2	26	187	5	4	1	1.6	.980	M. Jackson	72	89	7	7	14	3.25
	C	D. Valle	324	.194	8	32	669	52	6	9	5.6	.992	R. Swan	63	79	6	2	2	3.43
	DH	A. Davis	462	.221	12	69							M. Schooler	34	34	3	3	7	3.67
	UT	D. Cochrane	178	.247	2	22	105	25	7	3	—	.949							
	OF	H. Cotto	177	.305	6	23	104	2	2	1	1.9	.981							
	DO	T. Jones	175	.251	3	24	49	0	0	0	1.4	1.000							
	C	S. Bradley	172	.203	0	11	285	16	2	4	4.7	.993							
	S3	J. Schaefer	164	.250	1	11	69	107	6	26	—	.967							
Kansas City W-82 L-80 John Wathan W-15 L-22 Bob Schaefer W-1 L-0 Hal McRae W-66 L-58	1B	T. Benzinger	293	.294	2	40	651	38	3	57	9.2	.996	K. Appier	34	208	13	10	0	3.42
	2B	T. Shumpert	369	.217	5	34	249	368	16	81	4.4	.975	Saberhagen	28	196	13	8	0	3.07
	SS	K. Stillwell	385	.265	6	51	163	263	18	66	3.8	.959	M. Boddicker	30	181	12	12	0	4.08
	3B	B. Pecota	398	.286	6	45	69	158	4	14	2.3	.983	T. Gordon	45	158	9	14	1	3.87
	RF	D. Tartabull	484	.314	31	100	190	4	7	0	1.6	.965	L. Aquino	38	157	8	4	3	3.44
	CF	B. McRae	629	.261	8	64	405	2	3	0	2.7	.993	M. Gubicza	26	133	9	12	0	5.68
	LF	K. Gibson	462	.236	16	55	162	3	4	0	1.8	.976	S. Davis	51	114	3	9	2	4.96
	C	B. Mayne	231	.251	3	31	425	38	6	4	5.9	.987	Montgomery	67	90	4	4	33	2.90
	DH	G. Brett	505	.255	10	61							M. Davis	29	63	6	3	1	4.45
	OF	Eisenreich	375	.301	2	47	143	1	4	0	1.4	.973							
	C	Macfarlane	267	.277	13	41	391	28	3	4	6.1	.993							
	S2	D. Howard	236	.216	1	17	129	248	12	40	—	.969							
	3B	K. Seitzer	234	.265	1	25	45	127	11	8	2.7	.939							
	OF	G. Thurman	184	.277	2	13	129	2	4	0	1.9	.970							
	1B	W. Cromartie	131	.313	1	20	215	9	1	20	7.8	.996							
California W-81 L-81 Doug Rader W-61 L-63 Buck Rodgers W-20 L-18	1B	W. Joyner	551	.301	21	96	1335	98	8	124	10.2	.994	M. Langston	34	246	19	8	0	3.00
	2B	L. Sojo	364	.258	3	20	228	326	11	78	5.3	.981	J. Abbott	34	243	18	11	0	2.89
	SS	D. Schofield	427	.225	0	31	186	398	15	83	4.5	.975	C. Finley	34	227	18	9	0	3.80
	3B	G. Gaetti	586	.246	18	66	111	353	17	39	3.2	.965	K. McCaskill	30	178	10	19	0	4.26
	RF	D. Winfield	568	.262	28	86	198	7	2	1	1.8	.990	B. Harvey	67	79	2	4	46	1.60
	CF	J. Felix	230	.283	2	26	126	1	3	0	2.0	.977	J. Grahe	18	73	3	7	4	4.81
	LF	L. Polonia	604	.29635	2	50	246	9	5	1	1.8	.981							
	C	L. Parrish	402	.216	19	51	658	57	2	11	6.5	.997							
	DH	D. Parker	466	.232	11	56													
	OF	D. Gallagher	270	.293	1	30	180	8	0	1	2.2	1.000							
	2S	D. Hill	209	.239	1	20	112	173	7	34	—	.976							
	OF	M. Venable	187	.246	3	21	86	3	3	0	1.4	.967							

THE TEAMS AND THEIR PLAYERS

AMERICAN LEAGUE 1991, cont.

BATTING AND BASE RUNNING LEADERS

Batting Average
- J. Franco, TEX .341
- W. Boggs, BOS .332
- W. Randolph, MIL .327
- K. Griffey Jr, SEA .327
- P. Molitor, MIL .325

Slugging Average
- D. Tartabull, KC .593
- C. Ripken, BAL .566
- J. Canseco, OAK .556
- F. Thomas, CHI .553
- R. Palmeiro, TEX .532

Home Runs
- J. Canseco, OAK 44
- C. Fielder, DET 44
- C. Ripken, BAL 34
- J. Carter, TOR 33
- F. Thomas, CHI 32

Total Bases
- C. Ripken, BAL 368
- R. Palmeiro, TEX 336
- R. Sierra, TEX 332
- P. Molitor, MIL 325
- J. Carter, TOR 321

Runs Batted In
- C. Fielder, DET 133
- J. Canseco, OAK 122
- R. Sierra, TEX 116
- C. Ripken, BAL 114
- F. Thomas, CHI 109

Stolen Bases
- R. Henderson, OAK 58
- R. Alomar, TOR 53
- T. Raines, CHI 51
- L. Polonia, CAL 48
- M. Cuyler, DET 41

Hits
- P. Molitor, MIL 216
- C. Ripken, BAL 210
- R. Palmeiro, TEX 203
- R. Sierra, TEX 203

Bases on Balls
- F. Thomas, CHI 138
- M. Tettleton, DET 101
- R. Henderson, OAK 98

Home Run Percentage
- J. Canseco, OAK 7.7
- C. Fielder, DET 7.1
- D. Tartabull, KC 6.4

Runs Scored
- P. Molitor, MIL 133
- J. Canseco, OAK 115
- R. Palmeiro, TEX 115

Doubles
- R. Palmeiro, TEX 49
- C. Ripken, BAL 46
- R. Sierra, TEX 44

Triples
- L. Johnson, CHI 13
- P. Molitor, MIL 13
- R. Alomar, TOR 11

PITCHING LEADERS

Winning Percentage
- J. Hesketh, BOS .750
- S. Erickson, MIN .714
- M. Langston, CAL .704
- B. Gullickson, DET .690
- B. Wegman, MIL .682

Earned Run Average
- R. Clemens, BOS 2.62
- T. Candiotti, TOR 2.65
- B. Wegman, MIL 2.84
- J. Abbott, CAL 2.89
- N. Ryan, TEX 2.91

Wins
- S. Erickson, MIN 20
- B. Gullickson, DET 20
- M. Langston, CAL 19

Saves
- B. Harvey, CAL 46
- D. Eckersley, OAK 43
- R. Aguilera, MIN 42
- J. Reardon, BOS 40
- J. Montgomery, KC 33

Strikeouts
- R. Clemens, BOS 241
- R. Johnson, SEA 228
- N. Ryan, TEX 203
- J. McDowell, CHI 191
- M. Langston, CAL 183

Complete Games
- J. McDowell, CHI 15
- R. Clemens, BOS 13
- J. Navarro, MIL 10
- J. Morris, MIN 10
- W. Terrell, DET 8

Fewest Hits/9 Innings
- N. Ryan, TEX 5.31
- R. Johnson, SEA 6.75
- M. Langston, CAL 6.94

Shutouts
- R. Clemens, BOS 4

Fewest Walks/9 Innings
- G. Swindell, CLE 1.17
- S. Sanderson, NYY 1.25
- K. Tapani, MIN 1.48

Most Strikeouts/9 Innings
- N. Ryan, TEX 10.56
- R. Johnson, SEA 10.21
- R. Clemens, BOS 8.0

Innings
- R. Clemens, BOS 271
- J. McDowell, CHI 254
- J. Morris, MIN 247

Games Pitched
- D. Ward, TOR 81
- M. Jackson, SEA 72
- G. Olson, BAL 72

	Team	W	L	GB	R	OR	2B	3B	HR	AVG	SLG	SB	E	DP	PCT	CG	BB	SO	SHO	SV	ERA
East	Toronto	91	71	—	684	622	295	45	133	.257	.400	148	127	115	.980	10	523	971	16	60	3.50
	Boston	84	78	7.0	731	712	305	25	126	.269	.401	59	116	165	.981	15	530	999	13	45	4.01
	Detroit	84	78	7.0	817	794	259	26	209	.247	.416	109	104	171	.983	18	593	739	8	38	4.51
	Milwaukee	83	79	8.0	799	744	247	53	116	.271	.396	106	118	176	.981	23	527	859	11	49	4.14
	New York	71	91	20.0	674	777	249	19	147	.256	.387	109	133	181	.979	3	506	936	11	37	4.42
	Baltimore	67	95	24.0	686	796	256	29	170	.254	.401	50	91	172	.985	8	504	868	8	42	4.59
	Cleveland	57	105	34.0	576	759	236	26	79	.254	.350	84	149	150	.976	22	441	862	8	33	4.23
West	Minnesota	95	67	—	776	652	270	42	140	.280	.420	107	95	161	.985	21	488	876	12	53	3.69
	Chicago	87	75	8.0	758	681	226	39	139	.262	.391	134	116	151	.982	28	601	923	8	40	3.79
	Texas	85	77	10.0	829	814	288	31	177	.270	.424	102	134	138	.979	9	662	1022	10	41	4.45
	Oakland	84	78	11.0	760	776	246	19	159	.248	.389	151	107	150	.982	14	655	892	10	49	4.57
	Seattle	83	79	12.0	702	674	268	29	126	.255	.383	97	110	187	.983	10	628	1003	13	48	3.79
	Kansas City	82	80	13.0	727	722	290	41	117	.264	.394	119	125	141	.980	17	529	1004	12	41	3.92
	California	81	81	14.0	653	649	245	29	115	.255	.374	94	102	156	.984	18	543	990	10	50	3.69
		10172	10172		3680	453	1953	.260	.395	1469	1627	2214	.981	216	7730	12944	150	618	4.09		

Player Register

The Player Register is an alphabetical listing of the career records of every man who appeared in a game in the 1991 season, with the exception of players who are primarily pitchers. Pitchers who have appeared in a minimum of 25 non-pitching games (pinch-hitting, pinch-running, or playing other positions) are listed in this section; all others have abbreviated batting records listed in the Pitcher Register.

Any statistics that appear in boldface type indicate that the player led his league in that category that year. Where there is a tie for the league lead, all tied leaders are listed with boldface figures. If a superscript "1" appears next to a statistic, as with Rickey Henderson's stolen base total in 1982, it indicates that the player is the all-time single-season leader in the category. Figures appearing in bold beneath a player's career totals mean that the player ranks in the top ten in baseball history in that category. Career leaders are also highlighted underneath the World Series totals.

Additional statistical and graphic analyses are provided for all batters with 250 or more plate appearances in 1991. See the Introduction for more information about these features.

PLAYER REGISTER

Year	Team		Games	BA	SA	AB	H	2B	3B	HR	HR%	R	RBI	BB	SO	SB	PINCH HIT AB	H	PO	A	E	DP	TC/G	FA	G by Pos

Shawn Abner
ABNER, SHAWN WESLEY
B. June 17, 1966, Hamilton, Ohio
BR TR 6' 1" 190 lbs.

Year	Team		Games	BA	SA	AB	H	2B	3B	HR	HR%	R	RBI	BB	SO	SB	PH AB	PH H	PO	A	E	DP	TC/G	FA	G by Pos
1987	SD	N	16	.277	.511	47	13	3	1	2	4.3	5	7	2	8	1	3	1	23	2	2	1	1.7	.926	OF-14
1988			37	.181	.289	83	15	3	0	2	2.4	6	5	4	19	0	0	0	55	1	1	1	1.5	.982	OF-35
1989			57	.176	.275	102	18	4	0	2	2.0	13	14	5	20	1	8	1	67	0	0	0	1.2	1.000	OF-51
1990			91	.245	.310	184	45	9	0	1	0.5	17	15	9	28	2	27	5	108	1	1	0	1.8	.991	OF-62
1991	2 teams		SD N (53G — .166)			CAL A (41G — .228)																			
"	total		94	.194	.301	216	42	10	2	3	1.4	27	14	11	43	1	15	2	158	4	0	1	2.1	1.000	OF-77, DH-3
5 yrs.			295	.210	.313	632	133	29	3	10	1.6	68	55	31	118	5	53	9	411	8	4	3	1.4	.991	OF-239, DH-3

Troy Afenir
AFENIR, MICHAEL TROY
B. Sept. 21, 1963, Escondido, Calif.
BR TR 6' 4" 185 lbs.

Year	Team		Games	BA	SA	AB	H	2B	3B	HR	HR%	R	RBI	BB	SO	SB	PH AB	PH H	PO	A	E	DP	TC/G	FA	G by Pos
1987	HOU	N	10	.300	.350	20	6	1	0	0	0.0	1	1	0	12	0	1	0	35	2	1	1	3.8	.974	C-10
1990	OAK	A	14	.143	.143	14	2	0	0	0	0.0	0	2	0	6	0	6	1	13	0	0	0	1.1	1.000	C-12, DH-1
1991			5	.091	.091	11	1	0	0	0	0.0	0	0	0	2	0	1	0	18	1	0	1	4.8	1.000	C-4, DH-1
3 yrs.			29	.200	.222	45	9	1	0	0	0.0	1	3	0	20	0	8	1	66	3	1	2	2.4	.986	C-26, DH-2

Mike Aldrete
ALDRETE, MICHAEL PETER
B. Jan. 29, 1961, Carmel, Calif.
BL TL 5' 11" 180 lbs.

Year	Team		Games	BA	SA	AB	H	2B	3B	HR	HR%	R	RBI	BB	SO	SB	PH AB	PH H	PO	A	E	DP	TC/G	FA	G by Pos
1986	SF	N	84	.250	.389	216	54	18	3	2	0.9	27	25	33	34	1	16	4	317	36	1	34	4.2	.997	1B-37, OF-31
1987			126	.325	.462	357	116	18	2	9	2.5	50	51	43	50	6	25	6	328	18	3	21	2.8	.991	OF-79, 1B-33
1988			139	.267	.329	389	104	15	0	3	0.8	44	50	56	65	6	29	11	272	8	4	3	2.0	.986	1B-125
1989	MON	N	76	.221	.316	136	30	8	1	1	0.7	12	12	19	30	1	26	8	109	9	1	8	1.6	.992	OF-37, 1B-10
1990			96	.242	.317	161	39	7	1	1	0.6	22	18	37	31	1	36	9	160	12	1	16	3.1	.994	OF-38, 1B-18
1991	2 teams		SD N (12G — .000)			CLE A (85G — .262)																			
"	total		97	.242	.298	198	48	6	1	1	0.5	24	20	39	41	1	20	2	341	24	2	31	5.6	.995	1B-47, OF-21, DH-7
6 yrs.			618	.268	.364	1457	391	72	8	17	1.2	179	176	227	251	16	152	40	1527	107	12	113	2.7	.993	OF-331, 1B-145, DH-7

LEAGUE CHAMPIONSHIP SERIES

Year	Team		Games	BA	SA	AB	H	2B	3B	HR	HR%	R	RBI	BB	SO	SB	PH AB	PH H	PO	A	E	DP	TC/G	FA	G by Pos
1987	SF	N	5	.100	.100	10	1	0	0	0	0.0	0	1	0	2	0	2	0	5	0	0	0	1.0	1.000	OF-3

Luis Alicea
ALICEA, LUIS RENE
Born Luis Rene Alicea y DeJesus.
B. July 29, 1965, Santurce, Puerto Rico
BB TR 5' 9" 165 lbs.

Year	Team		Games	BA	SA	AB	H	2B	3B	HR	HR%	R	RBI	BB	SO	SB	PH AB	PH H	PO	A	E	DP	TC/G	FA	G by Pos
1988	STL	N	93	.212	.283	297	63	10	4	1	0.3	20	24	25	32	1	5	1	206	240	14	52	4.9	.970	2B-91
1991			56	.191	.235	68	13	3	0	0	0.0	5	0	8	19	0	39	8	19	23	0	4	3.2	1.000	2B-11, 3B-2, SS-1
2 yrs.			149	.208	.274	365	76	13	4	1	0.3	25	24	33	51	1	44	9	225	263	14	56	3.4	.972	2B-102, 3B-2, SS-1

Andy Allanson
ALLANSON, ANDREW NEAL
B. Dec. 22, 1961, Richmond, Va.
BR TR 6' 5" 220 lbs.

Year	Team		Games	BA	SA	AB	H	2B	3B	HR	HR%	R	RBI	BB	SO	SB	PH AB	PH H	PO	A	E	DP	TC/G	FA	G by Pos
1986	CLE	A	101	.225	.280	293	66	7	3	1	0.3	30	29	14	36	10	0	0	446	33	20	4	4.9	.960	C-99
1987			50	.266	.364	154	41	6	0	3	1.9	17	16	9	30	1	0	0	252	22	4	3	5.6	.986	C-50
1988			133	.263	.323	434	114	11	0	5	1.2	44	50	25	63	5	0	0	691	60	11	11	5.7	.986	C-133
1989			111	.232	.294	323	75	9	1	3	0.9	30	17	23	47	4	0	0	570	53	9	4	5.7	.986	C-111
1991	DET	A	60	.232	.318	151	35	10	0	1	0.7	10	16	7	31	0	3	1	219	22	5	3	4.2	.980	C-56, 1B-2, DH-1
5 yrs.			455	.244	.311	1355	331	43	4	13	1.0	131	128	78	207	20	3	1	2178	190	49	25	5.3	.980	C-449, 1B-2, DH-1

Beau Allred
ALLRED, DALE LeBEAU
B. June 4, 1965, Mesa, Ariz.
BL TL 6' 190 lbs.

Year	Team		Games	BA	SA	AB	H	2B	3B	HR	HR%	R	RBI	BB	SO	SB	PH AB	PH H	PO	A	E	DP	TC/G	FA	G by Pos
1989	CLE	A	13	.250	.375	24	6	3	0	0	0.0	0	1	2	10	0	8	2	11	1	0	1	0.9	1.000	OF-5, DH-2
1990			4	.188	.438	16	3	1	0	1	6.2	2	2	2	3	0	0	0	5	0	1	0	1.5	.833	OF-4
1991			48	.232	.328	125	29	3	0	3	2.4	17	12	25	35	2	6	0	105	1	3	0	2.6	.972	OF-42, DH-1
3 yrs.			65	.230	.345	165	38	7	0	4	2.4	19	15	29	48	2	14	2	121	2	4	1	2.0	.969	OF-51, DH-3

PLAYER REGISTER

Year	Team		Games	BA	SA	AB	H	2B	3B	HR	HR%	R	RBI	BB	SO	SB	PINCH HIT AB	H	PO	A	E	DP	TC/G	FA	G by Pos

Roberto Alomar

ALOMAR, ROBERTO
Born Roberto Alomar y Velasquez. Son of Sandy Alomar.
Brother of Sandy Alomar.
B. Feb. 5, 1968, Ponce, Puerto Rico
BB TR 6' 184 lbs.

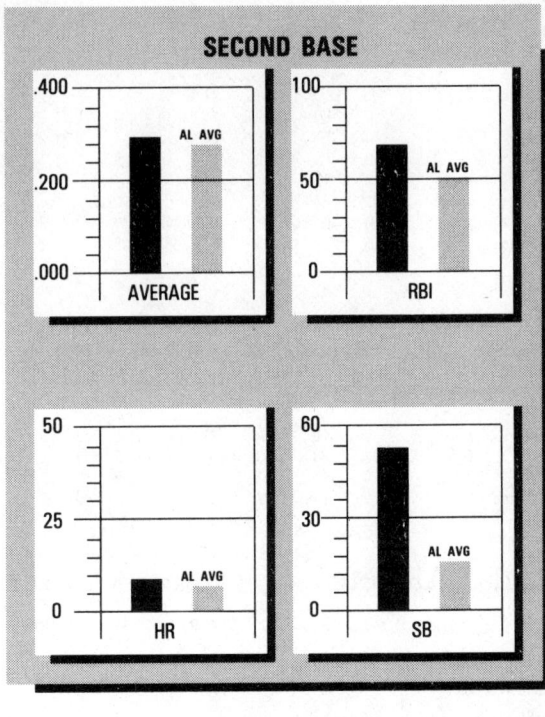

Year	Team		Games	BA	SA	AB	H	2B	3B	HR	HR%	R	RBI	BB	SO	SB	AB	H	PO	A	E	DP	TC/G	FA	G by Pos
April			21	.256	.366	82	21	9	0	0	0.0	11	6	7	10	6									
May			27	.274	.528	106	29	6	3	5	4.7	16	19	13	18	6									
June			27	.290	.411	107	31	9	2	0	0.0	12	9	11	13	13									
July			26	.358	.462	106	38	7	2	0	0.0	11	11	5	12	7									
Aug			29	.264	.397	121	32	4	3	2	1.7	17	12	8	17	8									
Sept/Oct			31	.322	.443	115	37	6	1	2	1.7	21	12	13	16	13									
Day			51	.244	.381	197	48	19	1	2	1.0	24	27	15	26	13									
Night			110	.318	.461	440	140	22	10	7	1.6	64	42	42	60	40									
vs. Left				.246	.419	191	47	12	3	5	2.6	28	27	11	35	11									
vs. Right				.316	.444	446	141	29	8	4	0.9	60	42	46	51	42									
On Grass			63	.267	.341	255	68	14	1	1	0.4	34	22	15	41	18									
On Turf			98	.314	.500	382	120	27	10	8	2.1	54	47	42	45	35									
Home			80	.297	.479	313	93	23	8	6	1.9	47	40	35	36	28									
Road			81	.293	.395	324	95	18	3	3	0.9	41	29	22	50	25									
Division Rivals																									
vs. BAL			13	.250	.365	52	13	3	0	1	1.9	9	2	7	7	5									
vs. BOS			13	.196	.196	46	9	0	0	0	0.0	5	2	7	5	4									
vs. CLE			13	.283	.396	53	15	4	1	0	0.0	11	6	2	4	4									
vs. DET			13	.250	.375	56	14	4	0	1	1.8	8	4	2	8	4									
vs. MIL			13	.259	.407	54	14	6	1	0	0.0	5	4	5	8	4									
vs. NY			13	.412	.667	51	21	4	3	1	2.0	7	9	3	7	6									
On 3B <2 Out				.464	.679	28	13	4	1	0	0.0	0	29	2	3										
1988	SD	N	143	.266	.382	545	145	24	6	9	1.7	84	41	47	83	24	0	0	319	459	16	88	5.6	.980	2B-143
1989			158	.295	.376	623	184	27	1	7	1.1	82	56	53	76	42	1	0	341	472	28	91	5.3	.967	2B-157
1990			147	.287	.381	586	168	27	5	6	1.0	80	60	48	72	24	3	0	316	404	19	77	5.2	.974	2B-137, SS-5
1991	TOR	A	161	.295	.436	637	188	41	11	9	1.4	88	69	57	86	53	1	0	333	447	15	79	5.0	.981	2B-160
4 yrs.			609	.286	.394	2391	685	119	23	31	1.3	334	226	205	317	143	5	0	1309	1782	78	335	5.2	.975	2B-597, SS-5
LEAGUE CHAMPIONSHIP SERIES																									
1991	TOR	A	5	.474	.474	19	9	0	0	0	0.0	3	4	2	3	2	0	0	14	9	0	2	4.6	1.000	2B-5

Sandy Alomar

ALOMAR, SANTOS, JR.
Born Santos Alomar y Velasquez. Son of Sandy Alomar.
Brother of Roberto Alomar.
B. June 18, 1966, Salinas, Puerto Rico
BR TR 6' 5" 200 lbs.

Year	Team		Games	BA	SA	AB	H	2B	3B	HR	HR%	R	RBI	BB	SO	SB	AB	H	PO	A	E	DP	TC/G	FA	G by Pos
1988	SD	N	1	.000	.000	1	0	0	0	0	0.0	0	0	0	1	0	1	0	0	0	0	0	0.0	—	
1989			7	.211	.421	19	4	1	0	1	5.3	1	6	3	3	0	1	0	33	1	0	1	4.9	1.000	C-6
1990	CLE	A	132	.290	.418	445	129	26	2	9	2.0	60	66	25	46	4	9	2	686	46	14	6	5.8	.981	C-129
1991			51	.217	.266	184	40	9	0	0	0.0	10	7	8	24	0	1	0	280	19	4	4	6.6	.987	C-46, DH-4
4 yrs.			191	.267	.374	649	173	36	2	10	1.5	71	79	36	74	4	12	2	999	66	18	11	5.7	.983	C-181, DH-4

Rich Amaral

AMARAL, RICHARD LOUIS
B. Apr. 1, 1962, Visalia, Calif.
BR TR 6' 175 lbs.

Year	Team		Games	BA	SA	AB	H	2B	3B	HR	HR%	R	RBI	BB	SO	SB	AB	H	PO	A	E	DP	TC/G	FA	G by Pos
1991	SEA	A	14	.063	.063	16	1	0	0	0	0.0	2	0	1	5	0	2	0	13	16	2	6	3.1	.935	2B-5, DH-2, 3B-2, SS-2, 1B-1

Ruben Amaro

AMARO, RUBEN, JR.
Son of Ruben Amaro.
B. Feb. 12, 1965, Philadelphia, Pa.
BB TR 5' 10" 170 lbs.

Year	Team		Games	BA	SA	AB	H	2B	3B	HR	HR%	R	RBI	BB	SO	SB	AB	H	PO	A	E	DP	TC/G	FA	G by Pos
1991	CAL	A	10	.217	.261	23	5	1	0	0	0.0	0	2	3	3	0	2	0	9	6	1	1	2.0	.938	OF-5, 2B-4, DH-1

PLAYER REGISTER

Year	Team	Games	BA	SA	AB	H	2B	3B	HR	HR%	R	RBI	BB	SO	SB	PINCH HIT AB	PINCH HIT H	PO	A	E	DP	TC/G	FA	G by Pos

Brady Anderson

ANDERSON, BRADY KEVIN
B. Jan. 18, 1964, Silver Spring, Md.
BL TL 6' 1" 170 lbs.

Split	Games	BA	SA	AB	H	2B	3B	HR	HR%	R	RBI	BB	SO	SB
April	11	.211	.263	19	4	1	0	0	0.0	5	2	5	5	2
May	20	.125	.179	56	7	3	0	0	0.0	5	7	10	14	2
June	16	.222	.352	54	12	4	0	1	1.9	11	9	9	11	0
July	19	.270	.351	37	10	1	1	0	0.0	8	1	4	3	2
Aug	15	.158	.237	38	6	0	0	1	2.6	4	4	4	2	1
Sept/Oct	32	.385	.519	52	20	3	2	0	0.0	7	8	6	9	5
Day	35	.306	.459	85	26	6	2	1	1.2	16	11	10	12	4
Night	78	.193	.257	171	33	6	1	1	0.6	24	16	28	32	8
vs. Left		.139	.194	36	5	0	1	0	0.0	5	5	11	12	2
vs. Right		.245	.345	220	54	12	2	2	0.9	35	22	27	32	10
On Grass	97	.216	.286	199	43	9	1	1	0.5	30	21	27	35	10
On Turf	16	.281	.456	57	16	3	2	1	1.8	10	6	11	9	2
Home	52	.225	.306	111	25	4	1	1	0.9	15	15	16	17	5
Road	61	.234	.338	145	34	8	2	1	0.7	25	12	22	27	7
Division Rivals														
vs. BOS	9	.231	.462	13	3	3	0	0	0.0	3	2	2	3	1
vs. CLE	11	.250	.250	24	6	0	0	0	0.0	3	1	1	5	1
vs. DET	12	.333	.424	33	11	1	1	0	0.0	6	7	2	5	1
vs. MIL	9	.107	.214	28	3	0	0	1	3.6	2	1	1	4	1
vs. NY	12	.238	.333	21	5	2	0	0	0.0	2	2	3	5	2
vs. TOR	6	.294	.294	17	5	0	0	0	0.0	0	2	4	1	1
On 3B <2 Out		.625	.875	8	5	0	1	0	0.0	0	11	1	2	

Year	Team	Games	BA	SA	AB	H	2B	3B	HR	HR%	R	RBI	BB	SO	SB	PH AB	PH H	PO	A	E	DP	TC/G	FA	G by Pos
1988	2 teams		BOS A (41G — .230)		BAL A (53G — .198)																			
"	total	94	.212	.286	325	69	13	4	1	0.3	31	21	23	75	10	7	0	243	4	4	1	2.7	.984	OF-90
1989	BAL A	94	.207	.312	266	55	12	2	4	1.5	44	16	43	45	16	6	1	191	3	3	0	2.1	.985	OF-79, DH-8
1990		89	.231	.308	234	54	5	2	3	1.2	24	24	31	46	15	18	6	149	3	2	1	2.4	.987	OF-63, DH-11
1991		113	.230	.324	256	59	12	3	2	0.8	40	27	38	44	12	14	4	150	3	3	0	1.5	.981	OF-101, DH-3
4 yrs.		390	.219	.306	1081	237	42	11	10	0.9	139	88	135	210	53	45	11	733	13	12	2	1.9	.984	OF-333, DH-22

Dave Anderson

ANDERSON, DAVID CARTER
B. Aug. 1, 1960, Louisville, Ky.
BR TR 6' 2" 185 lbs.

Year	Team	Games	BA	SA	AB	H	2B	3B	HR	HR%	R	RBI	BB	SO	SB	PH AB	PH H	PO	A	E	DP	TC/G	FA	G by Pos
1983	LA N	61	.165	.261	115	19	4	2	1	0.9	12	2	12	15	6	2	1	56	100	5	19	2.6	.969	SS-53, 3B-1
1984		121	.251	.329	374	94	16	2	3	0.8	51	34	45	55	15	5	0	176	359	19	67	4.6	.966	SS-111, 3B-11
1985		77	.199	.281	221	44	6	0	4	1.8	24	18	35	42	5	4	2	61	187	9	20	3.3	.965	3B-51, SS-25, 2B-2
1986		92	.245	.301	216	53	9	0	1	0.5	31	15	22	39	5	4	1	77	159	11	21	2.7	.955	3B-51, SS-34, 2B-5
1987		108	.234	.313	265	62	12	3	1	0.4	32	13	24	43	9	6	2	103	207	7	33	2.9	.978	SS-65, 3B-35, 2B-5
1988		116	.249	.319	285	71	10	2	2	0.7	31	20	32	45	4	7	2	139	244	5	53	3.3	.987	SS-82, 3B-12, 2B-11
1989		87	.229	.264	140	32	2	0	1	0.7	15	14	17	26	2	25	4	61	73	1	15	1.6	.993	SS-33, 3B-18, 2B-7
1990	SF N	60	.350	.450	100	35	5	1	1	1.0	14	6	3	20	1	13	6	33	59	1	10	2.0	.989	SS-29, 2B-13, 1B-3, 3B-2
1991		100	.248	.314	226	56	5	2	2	0.9	24	13	12	35	2	29	4	167	127	11	29	3.5	.964	SS-63, 1B-16, 3B-11, 2B-6
9 yrs.		822	.240	.313	1942	466	69	12	16	0.8	234	135	202	320	49	95	22	873	1515	69	267	3.0	.972	SS-495, 3B-192, 2B-49, 1B-19

LEAGUE CHAMPIONSHIP SERIES

Year	Team	Games	BA	SA	AB	H	2B	3B	HR	HR%	R	RBI	BB	SO	SB	PH AB	PH H	PO	A	E	DP	TC/G	FA	G by Pos
1985	LA N	4	.000	.000	5	0	0	0	0	0.0	1	0	3	1	0	0	0	3	4	0	0	1.8	1.000	SS-3, 3B-1

WORLD SERIES

Year	Team	Games	BA	SA	AB	H	2B	3B	HR	HR%	R	RBI	BB	SO	SB	PH AB	PH H	PO	A	E	DP	TC/G	FA	G by Pos
1988	LA N	1	.000	.000	1	0	0	0	0	0.0	0	0	0	1	0	1	0	0	0	0	0	0.0	—	DH-1

Eric Anthony

ANTHONY, ERIC TODD
B. Nov. 8, 1967, San Diego, Calif.
BL TL 6' 2" 195 lbs.

Year	Team	Games	BA	SA	AB	H	2B	3B	HR	HR%	R	RBI	BB	SO	SB	PH AB	PH H	PO	A	E	DP	TC/G	FA	G by Pos
1989	HOU N	25	.180	.410	61	11	2	0	4	6.6	7	7	9	16	0	5	2	34	1	0	0	1.4	1.000	OF-21
1990		84	.192	.351	239	46	8	0	10	4.1	26	29	29	78	5	11	1	124	5	4	0	1.9	.970	OF-71
1991		39	.153	.229	118	18	6	0	1	0.8	11	7	12	41	1	2	0	64	5	1	1	1.9	.986	OF-37
3 yrs.		148	.179	.325	418	75	16	0	15	3.6	44	43	50	135	6	18	3	222	11	5	1	1.6	.979	OF-129

PLAYER REGISTER

Year	Team		Games	BA	SA	AB	H	2B	3B	HR	HR%	R	RBI	BB	SO	SB	PINCH HIT AB	H	PO	A	E	DP	TC/G	FA	G by Pos

Oscar Azocar

AZOCAR, OSCAR GREGORIO
Born Oscar Gregorio Azocar y Azocar.
B. Feb. 21, 1965, Soro, Venezuela
BL TL 6' 1" 170 lbs.

Year	Team		Games	BA	SA	AB	H	2B	3B	HR	HR%	R	RBI	BB	SO	SB	PH AB	PH H	PO	A	E	DP	TC/G	FA	G by Pos
1990	NY	A	65	.248	.355	214	53	8	0	5	2.3	18	19	2	15	7	8	3	105	4	1	1	1.9	.991	OF-57, DH-1
1991	SD	N	38	.246	.281	57	14	2	0	0	0.0	5	9	1	9	2	25	5	19	0	2	0	1.5	.905	OF-13, 1B-1
2 yrs.			103	.247	.339	271	67	10	0	5	1.8	23	28	3	24	9	33	8	124	4	3	1	1.3	.977	OF-70, DH-1, 1B-1

Wally Backman

BACKMAN, WALTER WAYNE
B. Sept. 22, 1959, Hillsboro, Ore.
BB TR 5' 9" 160 lbs.

Year	Team		Games	BA	SA	AB	H	2B	3B	HR	HR%	R	RBI	BB	SO	SB	PH AB	PH H	PO	A	E	DP	TC/G	FA	G by Pos
1980	NY	N	27	.323	.355	93	30	1	1	0	0.0	12	9	11	14	2	0	0	62	55	1	11	4.4	.992	2B-20, SS-8
1981			26	.278	.333	36	10	2	0	0	0.0	5	0	4	7	1	15	3	14	21	2	2	1.4	.946	2B-11, 3B-1
1982			96	.272	.372	261	71	13	2	3	1.1	37	22	49	47	8	5	0	173	209	16	30	4.1	.960	2B-88, 3B-6, SS-1
1983			26	.167	.214	42	7	0	1	0	0.0	6	3	2	8	0	16	3	16	15	2	2	1.3	.939	2B-14, 3B-2
1984			128	.280	.339	436	122	19	2	1	0.2	68	26	56	63	32	11	3	223	307	10	73	4.2	.981	2B-115, SS-7
1985			145	.273	.344	520	142	24	5	1	0.2	77	38	36	72	30	15	6	273	370	7	76	4.5	.989	2B-140, SS-1
1986			124	.320	.385	387	124	18	2	1	0.3	67	27	36	32	13	15	5	186	290	17	56	4.0	.966	2B-113
1987			94	.250	.287	300	75	6	1	1	0.3	43	23	25	43	11	12	2	131	210	6	44	3.7	.983	2B-87
1988			99	.303	.344	294	89	12	0	0	0.0	44	17	41	49	9	6	1	128	219	4	36	3.5	.989	2B-92
1989	MIN	A	87	.231	.284	299	69	9	2	1	0.3	33	26	32	45	1	4	0	146	187	6	37	3.9	.982	2B-84, DH-1
1990	PIT	N	104	.292	.397	315	92	21	3	2	0.6	62	28	42	53	6	15	3	56	136	12	10	2.4	.941	3B-71, 2B-15
1991	PHI	N	94	.243	.308	185	45	12	0	0	0.0	20	15	30	30	3	38	7	54	79	4	13	2.5	.971	2B-36, 3B-20
12 yrs.			1050	.277	.341	3168	876	137	19	10	0.3	474	234	364	463	116	152	33	1462	2098	87	390	3.5	.976	2B-815, 3B-100, SS-17, DH-1

LEAGUE CHAMPIONSHIP SERIES

1986	NY	N	6	.238	.238	21	5	0	0	0	0.0	5	2	2	4	1	0	0	9	18	0	4	4.5	1.000	2B-6
1988			7	.273	.318	22	6	1	0	0	0.0	2	2	2	5	1	0	0	7	19	2	1	4.0	.929	2B-7
1990	PIT	N	3	.143	.286	7	1	1	0	0	0.0	1	0	1	3	1	1	0	1	3	0	0	2.0	1.000	3B-2
3 yrs.			16	.240	.280	50	12	2	0	0	0.0	8	4	5	12	3	1	0	17	40	2	5	3.7	.966	2B-13, 3B-2

WORLD SERIES

1986	NY	N	6	.333	.333	18	6	0	0	0	0.0	4	1	4	2	1	0	0	9	13	0	1	3.7	1.000	2B-6

Carlos Baerga

BAERGA, CARLOS OBED
Born Carlos Obed Baerga y Ortiz.
B. Nov. 4, 1968, Santurce, Puerto Rico
BB TR 5' 11" 165 lbs.

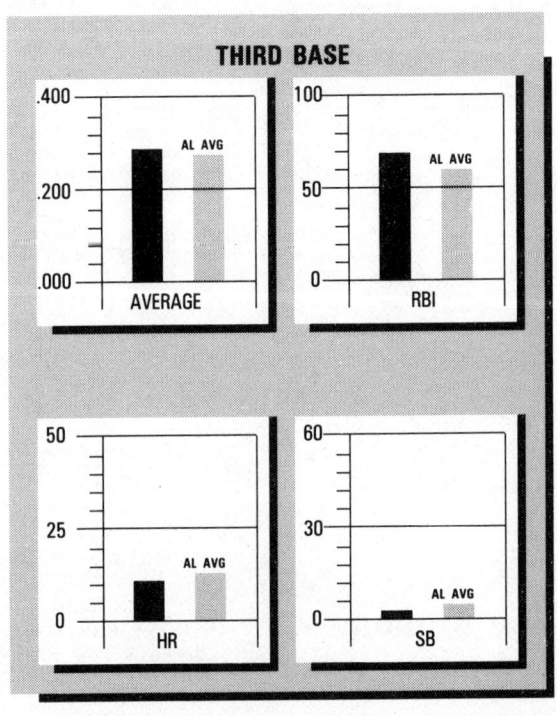
THIRD BASE — AVERAGE, RBI, HR, SB (vs. AL AVG)

	Games	BA	SA	AB	H	2B	3B	HR	HR%	R	RBI	BB	SO	SB
April	15	.255	.382	55	14	1	0	2	3.6	7	3	5	5	0
May	27	.295	.438	105	31	4	1	3	2.9	17	19	10	8	2
June	27	.267	.407	86	23	3	0	3	3.5	12	8	12	10	0
July	27	.320	.417	103	33	7	0	1	1.0	15	9	9	15	0
Aug	29	.292	.383	120	35	5	0	2	1.7	14	14	4	22	0
Sept/Oct	33	.282	.363	124	35	8	1	0	0.0	15	16	8	14	1
Day	47	.242	.379	161	39	7	0	5	3.1	24	20	25	25	1
Night	111	.306	.405	432	132	21	2	6	1.4	56	49	23	49	2
vs. Left		.329	.416	161	53	8	0	2	1.2	27	20	8	14	0
vs. Right		.273	.391	432	118	20	2	9	2.1	53	49	40	60	3
On Grass	135	.295	.413	508	150	23	2	11	2.2	73	65	40	53	3
On Turf	23	.247	.306	85	21	5	0	0	0.0	7	4	8	21	0
Home	81	.291	.368	299	87	13	2	2	0.7	33	32	20	31	1
Road	77	.286	.429	294	84	15	0	9	3.1	47	37	28	43	2
Division Rivals														
vs. BAL	13	.294	.333	51	15	2	0	0	0.0	7	4	4	5	0
vs. BOS	12	.222	.378	45	10	1	0	2	4.4	10	6	4	8	0
vs. DET	13	.289	.356	45	13	3	0	0	0.0	7	4	3	1	0
vs. MIL	13	.340	.520	50	17	4	1	1	2.0	5	11	6	2	1
vs. NY	13	.275	.392	51	14	1	1	1	2.0	7	5	3	8	2
vs. TOR	13	.200	.222	45	9	1	0	0	0.0	3	4	4	8	0
On 3B <2 Out		.300	.433	30	9	1	0	1	3.3	1	24	4	4	

Year	Team		Games	BA	SA	AB	H	2B	3B	HR	HR%	R	RBI	BB	SO	SB	PH AB	PH H	PO	A	E	DP	TC/G	FA	G by Pos
1990	CLE	A	108	.260	.394	312	81	17	2	7	2.2	46	47	16	57	0	31	11	79	164	17	27	2.6	.935	3B-50, SS-48, 2B-8
1991			158	.288	.398	593	171	28	2	11	1.9	80	69	48	74	3	4	1	217	421	27	73	4.2	.959	3B-89, 2B-75, SS-2
2 yrs.			266	.278	.397	905	252	45	4	18	2.0	126	116	64	131	3	35	12	296	585	44	100	3.5	.952	3B-139, 2B-83, SS-50

PLAYER REGISTER

Year	Team		Games	BA	SA	AB	H	2B	3B	HR	HR%	R	RBI	BB	SO	SB	PINCH HIT AB	PINCH HIT H	PO	A	E	DP	TC/G	FA	G by Pos

Jeff Bagwell

BAGWELL, JEFFERY ROBERT
B. May 27, 1968, Boston, Mass.
BR TR 6' 195 lbs.

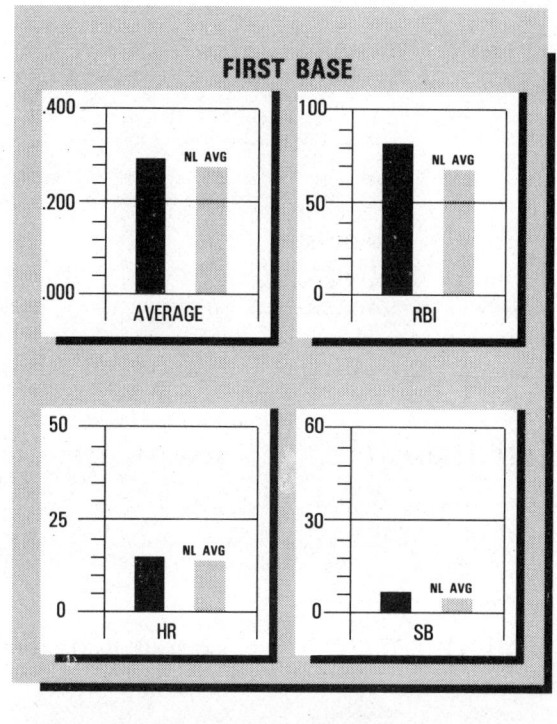

		Games	BA	SA	AB	H	2B	3B	HR	HR%	R	RBI	BB	SO	SB
April		18	.254	.407	59	15	3	0	2	3.4	5	8	9	17	1
May		27	.270	.416	89	24	2	1	3	3.4	9	11	11	29	0
June		27	.317	.462	104	33	7	1	2	1.9	15	11	13	20	2
July		24	.313	.506	83	26	5	1	3	3.6	18	14	16	15	0
Aug		29	.267	.381	105	28	4	1	2	1.9	15	20	17	16	1
Sept/Oct		31	.325	.447	114	37	5	0	3	2.6	17	18	9	19	3
Day		35	.283	.441	127	36	6	1	4	3.1	17	18	13	25	3
Night		121	.297	.436	427	127	20	3	11	2.6	62	64	62	91	4
vs. Left			.320	.471	206	66	10	0	7	3.4	31	37	33	37	6
vs. Right			.279	.417	348	97	16	4	8	2.3	48	45	42	79	1
On Grass		46	.278	.430	158	44	2	2	6	3.8	22	30	28	40	2
On Turf		110	.301	.439	396	119	24	2	9	2.3	57	52	47	76	5
Home		77	.296	.431	274	81	15	2	6	2.2	44	35	36	52	4
Road		79	.293	.443	280	82	11	2	9	3.2	35	47	39	64	3
Division Rivals																
vs. ATL		17	.283	.450	60	17	4	0	2	3.3	7	7	10	13	2
vs. CIN		17	.322	.525	59	19	6	0	2	3.4	8	8	8	13	0
vs. LA		18	.215	.277	65	14	1	0	1	1.5	7	7	9	17	0
vs. SD		17	.288	.458	59	17	4	0	2	3.4	9	9	9	15	1
vs. SF		17	.322	.492	59	19	0	2	2	3.4	14	16	8	14	1
On 3B <2 Out			.303	.424	33	10	4	0	0	0.0	0	25	3	9	

Year	Team		Games	BA	SA	AB	H	2B	3B	HR	HR%	R	RBI	BB	SO	SB	PH AB	PH H	PO	A	E	DP	TC/G	FA	G by Pos
1991	HOU	N	156	.294	.437	554	163	26	4	15	2.7	79	82	75	116	7	4	2	1270	106	12	97	9.0	.991	1B-155

Harold Baines

BAINES, HAROLD DOUGLAS
B. Mar. 15, 1959, Easton, Md.
BL TL 6' 2" 175 lbs.

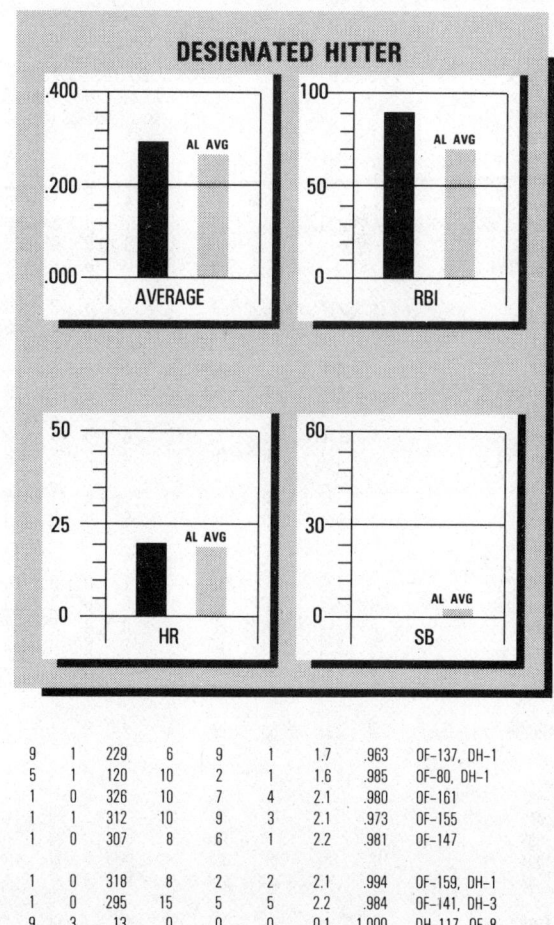

		Games	BA	SA	AB	H	2B	3B	HR	HR%	R	RBI	BB	SO	SB
April		18	.224	.313	67	15	4	1	0	0.0	5	11	4	12	0
May		23	.397	.654	78	31	5	0	5	6.4	20	19	17	9	0
June		25	.341	.545	88	30	6	0	4	4.5	14	20	13	12	0
July		24	.314	.500	86	27	4	0	4	4.7	18	15	11	12	0
Aug		23	.241	.418	79	19	5	0	3	3.8	9	11	8	11	0
Sept/Oct		28	.244	.389	90	22	1	0	4	4.4	10	14	19	11	0
Day		45	.331	.532	154	51	8	1	7	4.5	27	33	19	20	0
Night		96	.278	.446	334	93	17	0	13	3.9	49	57	53	47	0
vs. Left			.301	.506	83	25	5	0	4	4.8	9	18	5	14	0
vs. Right			.294	.467	405	119	20	1	16	4.0	67	72	67	53	0
On Grass		118	.301	.494	405	122	21	0	19	4.7	69	80	62	58	0
On Turf		23	.265	.373	83	22	4	1	1	1.2	7	10	10	9	0
Home		69	.264	.458	227	60	11	0	11	4.8	34	52	36	38	0
Road		72	.322	.487	261	84	14	1	9	3.4	42	38	36	29	0
Division Rivals																
vs. CAL		9	.161	.226	31	5	2	0	0	0.0	2	2	2	9	0
vs. CHI		12	.139	.250	36	5	1	0	1	2.8	5	5	9	7	0
vs. KC		13	.348	.587	46	16	2	0	3	6.5	6	15	9	6	0
vs. MIN		12	.222	.378	45	10	2	1	1	2.2	5	6	2	5	0
vs. SEA		11	.293	.439	41	12	3	0	1	2.4	4	8	4	6	0
vs. TEX		10	.216	.378	37	8	0	0	2	5.4	6	4	7	9	0
On 3B <2 Out			.222	.407	27	6	2	0	1	3.7	1	27	5	6	

Year	Team		Games	BA	SA	AB	H	2B	3B	HR	HR%	R	RBI	BB	SO	SB	PH AB	PH H	PO	A	E	DP	TC/G	FA	G by Pos
1980	CHI	A	141	.255	.405	491	125	23	6	13	2.6	55	49	19	65	2	9	1	229	6	9	1	1.7	.963	OF-137, DH-1
1981			82	.286	.482	280	80	11	7	10	3.6	42	41	12	41	6	5	1	120	10	2	1	1.6	.985	OF-80, DH-1
1982			161	.271	.469	608	165	29	8	25	4.1	89	105	49	95	10	1	0	326	10	7	4	2.1	.980	OF-161
1983			156	.280	.443	596	167	33	2	20	3.4	76	99	49	85	7	1	1	312	10	9	3	2.1	.973	OF-155
1984			147	.304	**.541**	569	173	28	10	29	5.1	72	94	54	75	1	1	0	307	8	6	1	2.2	.981	OF-147
1985			160	.309	.467	640	198	29	3	22	3.4	86	113	42	89	1	1	0	318	8	2	2	2.1	.994	OF-159, DH-1
1986			145	.296	.465	570	169	29	2	21	3.7	72	88	38	89	2	1	0	295	15	5	5	2.2	.984	OF-141, DH-3
1987			132	.293	.479	505	148	26	4	20	4.0	59	93	46	82	0	9	3	13	0	0	0	0.1	1.000	DH-117, OF-8
1988			158	.277	.411	599	166	39	1	13	2.2	55	81	67	109	0	4	2	14	1	2	0	0.1	.882	DH-147, OF-9

Year	Team	Games	BA	SA	AB	H	2B	3B	HR	HR%	R	RBI	BB	SO	SB	PINCH HIT AB	PINCH HIT H	PO	A	E	DP	TC/G	FA	G by Pos

Harold Baines Continued

Year	Team	Games	BA	SA	AB	H	2B	3B	HR	HR%	R	RBI	BB	SO	SB	PH AB	PH H	PO	A	E	DP	TC/G	FA	G by Pos
1989	2 teams		CHI A (96G — .321)		TEX A (50G — .285)																			
"	total	146	.309	.465	505	156	29	1	16	3.2	73	72	73	79	0	8	1	54	0	2	0	0.4	.964	DH-116, OF-26
1990	2 teams		TEX A (103G — .290)		OAK A (32G — .266)																			
"		135	.284	.441	415	118	15	1	16	3.8	52	65	67	80	0	13	4	5	0	1	0	3.0	.833	DH-125, OF-2
1991	OAK	A	141	.295	.473	488	144	25	1	20	4.1	76	90	72	67	0	11	5	11	1	1	0	1.1	.923	DH-125, OF-12
12 yrs.		1704	.289	.462	6266	1809	316	46	225	3.6	807	990	588	956	29	64	18	2004	69	46	17	1.2	.978	OF-1037, DH-636

LEAGUE CHAMPIONSHIP SERIES

Year	Team	Games	BA	SA	AB	H	2B	3B	HR	HR%	R	RBI	BB	SO	SB	PH AB	PH H	PO	A	E	DP	TC/G	FA	G by Pos
1983	CHI	A	4	.125	.125	16	2	0	0	0	0.0	1	3	0	0	6	1	0	0	1.8	1.000	OF-4
1990	OAK	A	4	.357	.429	14	5	1	0	0	0.0	2	3	2	1	1	0	0	0	0	0	1.000	DH-4
2 yrs.		8	.233	.267	30	7	1	0	0	0.0	2	3	3	4	1	0	0	6	1	0	0	0.9	.000	DH-4, OF-4

WORLD SERIES

| 1990 | OAK | A | 3 | .143 | .571 | 7 | 1 | 0 | 0 | 1 | 14.2 | 1 | 2 | 1 | 2 | 0 | 1 | 0 | 0 | 0 | 0 | 0 | 0.0 | 1.000 | DH-2 |

Jeff Banister

BANISTER, JEFFERY TODD
B. Jan. 15, 1965, Weatherford, Okla.
BR TR 6' 2" 200 lbs.

| 1991 | PIT | N | 1 | 1.000 | 1.000 | 1 | 1 | 0 | 0 | 0 | 0.0 | 0 | 0 | 0 | 0 | 0 | 1 | 1 | 0 | 0 | 0 | 0 | 0.0 | — |

Bret Barberie

BARBERIE, BRET EDWARD
B. Aug. 16, 1967, Long Beach, Calif.
BB TR 5' 11" 185 lbs.

| 1991 | MON | N | 57 | .353 | .515 | 136 | 48 | 12 | 2 | 2 | 1.5 | 16 | 18 | 20 | 22 | 0 | 16 | 1 | 53 | 90 | 5 | 15 | 3.9 | .966 | SS-19, 2B-10, 3B-10, 1B-1 |

Jesse Barfield

BARFIELD, JESSE LEE
B. Oct. 29, 1959, Joliet, Ill.
BR TR 6' 1" 200 lbs.

	Games	BA	SA	AB	H	2B	3B	HR	HR%	R	RBI	BB	SO	SB
April	16	.291	.491	55	16	2	0	3	5.5	7	9	9	14	0
May	27	.205	.500	88	18	5	0	7	8.0	11	15	14	29	0
June	27	.210	.400	100	21	4	0	5	5.0	11	20	7	27	1
July	14	.220	.390	41	9	1	0	2	4.9	8	4	6	10	0
Aug				0	0	0	0	0		0	0	0	0	0
Sept/Oct				0	0	0	0	0		0	0	0	0	0
Day	24	.217	.435	69	15	6	0	3	4.3	11	10	13	16	1
Night	60	.228	.451	215	49	6	0	14	6.5	26	38	23	64	0
vs. Left		.315	.602	108	34	4	0	9	8.3	20	24	17	22	1
vs. Right		.170	.352	176	30	8	0	8	4.5	17	24	19	58	0
On Grass	71	.216	.436	236	51	10	0	14	5.9	33	30	30	63	1
On Turf	13	.271	.500	48	13	2	0	3	6.3	4	9	6	17	0
Home	42	.231	.538	130	30	7	0	11	8.5	21	30	20	31	1
Road	42	.221	.370	154	34	5	0	6	3.9	16	18	16	49	0
Division Rivals														
vs. BAL	7	.190	.238	21	4	1	0	0	0.0	5	0	6	5	0
vs. BOS	6	.227	.636	22	5	0	0	3	13.6	4	5	1	8	0
vs. CLE	6	.217	.478	23	5	0	0	2	8.7	4	4	2	8	0
vs. DET	5	.313	.375	16	5	1	0	0	0.0	1	2	3	4	0
vs. MIL	6	.250	.650	20	5	2	0	2	10.0	6	7	3	3	1
vs. TOR	6	.348	.522	23	8	1	0	1	4.3	2	4	2	7	0
On 3B <2 Out		.333	.750	12	4	2	0	1	8.3	1	10	1	4	

Year	Team	Games	BA	SA	AB	H	2B	3B	HR	HR%	R	RBI	BB	SO	SB	PH AB	PH H	PO	A	E	DP	TC/G	FA	G by Pos
1981	TOR	A	25	.232	.368	95	22	3	2	2	2.1	7	9	4	19	4	0	0	71	2	0	1	2.9	1.000	OF-25
1982		139	.246	.426	394	97	13	2	18	4.6	54	58	42	79	1	21	6	217	15	9	4	1.7	.963	OF-137, DH-1
1983		128	.253	.510	388	98	13	3	27	7.0	58	68	22	110	2	16	6	213	16	8	4	1.9	.966	OF-120, DH-5
1984		110	.284	.466	320	91	14	1	14	4.4	51	49	35	81	8	20	8	190	9	10	5	1.9	.952	OF-88, DH-9
1985		155	.289	.536	539	156	34	9	27	5.0	94	84	66	143	22	1	0	349	22	4	8	2.4	.989	OF-154
1986		158	.289	.559	589	170	35	2	**40**	6.8	107	108	69	146	8	1	0	368	20	3	8	2.5	.992	OF-157
1987		159	.263	.458	590	155	25	3	28	4.7	89	84	58	141	3	4	1	341	17	3	4	2.3	.992	OF-158
1988		137	.244	.425	468	114	21	5	18	3.8	62	56	41	108	7	4	1	325	12	4	4	2.5	.988	OF-136, DH-1
1989	2 teams		TOR A (21G — .200)		NY A (129G — .240)																			
"	total	150	.234	.415	521	122	23	1	23	4.4	79	67	87	150	5	2	0	340	20	10	4	2.5	.973	OF-150

PLAYER REGISTER 19

Year	Team		Games	BA	SA	AB	H	2B	3B	HR	HR%	R	RBI	BB	SO	SB	PINCH HIT AB	H	PO	A	E	DP	TC/G	FA	G by Pos

Jesse Barfield *Continued*

1990	NY	A	153	.246	.456	476	117	21	2	25	5.2	69	78	82	150	4	13	3	305	16	9	3	2.2	.973	OF-151
1991			84	.225	.447	284	64	12	0	17	6.0	37	48	36	80	1	4	2	178	10	0	3	2.3	1.000	OF-81
11 yrs.			1398	.259	.471	4664	1206	214	30	239	5.1	707	709	542	1207	65	86	27	2897	159	60	48	2.2	.981	OF-1357, DH-16

LEAGUE CHAMPIONSHIP SERIES

| 1985 | TOR | A | 7 | .280 | .440 | 25 | 7 | 1 | 0 | 1 | 4.0 | 3 | 4 | 3 | 7 | 1 | 0 | 0 | 21 | 0 | 1 | 0 | 3.1 | .955 | OF-7 |

Skeeter Barnes

BARNES, WILLIAM HENRY
B. Mar. 3, 1957, Cincinnati, Ohio
BR TR 5' 11" 170 lbs.

1983	CIN	N	15	.206	.294	34	7	0	0	1	2.9	5	4	7	3	2	2	0	45	11	1	7	3.8	.982	1B-7, 3B-7
1984			32	.119	.190	42	5	0	0	1	2.4	5	3	4	6	0	16	1	7	15	0	0	0.7	1.000	3B-11, OF-3
1985	MON	N	19	.154	.192	26	4	1	0	0	0.0	0	0	0	2	0	10	1	13	6	0	1	1.0	1.000	3B-4, OF-3, 1B-1
1987	STL	N	4	.250	1.000	4	1	0	0	1	25.0	1	3	0	0	0	3	0	0	0	0	0	0.0	—	3B-1
1989	CIN	N	5	.000	.000	3	0	0	0	0	0.0	1	0	0	0	0	3	0	0	0	0	0	0.0	—	
1991	DET	A	75	.289	.491	159	46	13	2	5	3.1	28	17	9	24	10	11	0	92	38	2	4	2.1	.985	OF-33, 3B-17, 1B-9, 2B-7, DH-3
6 yrs.			150	.235	.392	268	63	14	2	8	3.0	40	27	20	35	12	45	2	157	70	3	12	1.5	.987	3B-40, OF-39, 1B-17, 2B-7, DH-3

Marty Barrett

BARRETT, MARTIN GLENN
Brother of Tom Barrett.
B. June 23, 1958, Arcadia, Calif.
BR TR 5' 11" 175 lbs.

1982	BOS	A	8	.056	.056	18	1	0	0	0	0.0	0	0	0	1	0	0	0	11	21	0	4	4.0	1.000	2B-7
1983			33	.227	.295	44	10	1	1	0	0.0	7	2	3	1	0	0	0	32	28	1	8	1.8	.984	2B-23, DH-5
1984			139	.303	.383	475	144	23	3	3	0.6	56	45	42	25	4	1	0	245	417	9	67	4.8	.987	2B-136
1985			156	.266	.343	534	142	26	0	5	0.9	59	56	56	50	7	0	0	355	479	11	110	5.4	.987	2B-155
1986			158	.286	.381	625	179	39	4	4	0.6	94	60	65	31	15	0	0	303	450	14	101	4.9	.982	2B-158
1987			137	.293	.351	559	164	23	0	3	0.5	72	43	51	38	15	0	0	320	438	9	108	5.6	.988	2B-137
1988			150	.283	.337	612	173	28	1	1	0.2	83	65	40	35	7	1	0	312	402	7	97	4.8	.990	2B-150
1989			86	.256	.318	336	86	18	0	1	0.3	31	27	32	12	4	2	1	152	245	10	53	4.7	.975	2B-80, DH-4
1990			62	.226	.252	159	36	4	0	0	0.0	15	13	15	13	4	0	0	90	148	2	28	3.9	.992	2B-60, DH-1, 3B-1
1991	SD	N	12	.188	.438	16	3	1	0	1	6.3	1	3	0	3	0	8	3	7	6	0	2	3.3	1.000	2B-2, 3B-2
10 yrs.			941	.278	.347	3378	938	163	9	18	0.5	418	314	304	209	56	12	4	1827	2634	63	578	4.8	.986	2B-908, DH-10, 3B-3

LEAGUE CHAMPIONSHIP SERIES

1986	BOS	A	7	.367	.433	30	11	2	0	0	0.0	4	5	2	2	0	0	0	19	21	0	4	5.7	1.000	2B-7
1988			4	.067	.067	15	1	0	0	0	0.0	2	0	1	0	0	0	0	6	8	0	1	3.5	1.000	2B-4
1990			3	.000	.000	0	0	0	0	0	0.0	0	0	0	0	0	0	0	2	0	0	0	0.7	1.000	2B-3
3 yrs.			14	.267	.311	45	12	2	0	0	0.0	6	5	3	2	0	0	0	27	29	0	5	4.0	.000	2B-14

WORLD SERIES

| 1986 | BOS | A | 7 | .433 | .500 | 30 | 13 | 2 | 0 | 0 | 0.0 | 1 | 4 | 5 | 2 | 0 | 0 | 0 | 13 | 25 | 0 | 5 | 5.4 | 1.000 | 2B-7 |

Kevin Bass

BASS, KEVIN CHARLES
B. May 12, 1959, Redwood City, Calif.
BB TR 6' 183 lbs.

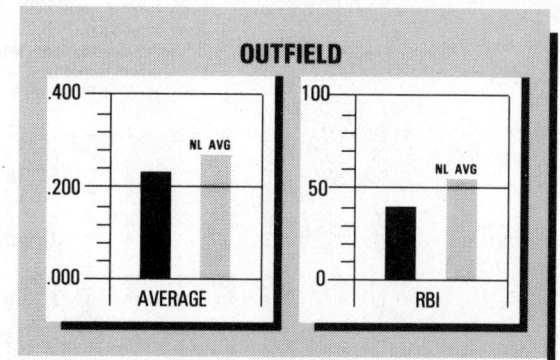

	Games	BA	SA	AB	H	2B	3B	HR	HR%	R	RBI	BB	SO	SB
April	19	.243	.324	74	18	4	1	0	0.0	5	4	6	14	1
May	24	.256	.436	78	20	2	0	4	5.1	10	7	6	9	2
June	17	.173	.192	52	9	1	0	0	0.0	3	5	6	6	1
July	8	.360	.600	25	9	0	0	2	8.0	5	7	3	4	1
Aug	25	.196	.339	56	11	2	0	2	3.6	8	5	4	10	1
Sept/Oct	31	.224	.395	76	17	1	3	2	2.6	12	12	11	13	1
Day	47	.188	.256	133	25	1	1	2	1.5	15	12	13	29	5
Night	77	.259	.430	228	59	9	3	8	3.5	28	28	23	27	2
vs. Left		.239	.442	113	27	5	0	6	5.3	19	15	5	15	2
vs. Right		.230	.331	248	57	5	4	4	1.6	24	25	31	41	5

PLAYER REGISTER

Year	Team	Games	BA	SA	AB	H	2B	3B	HR	HR%	R	RBI	BB	SO	SB	PINCH HIT AB	H	PO	A	E	DP	TC/G	FA	G by Pos

Kevin Bass *Continued*

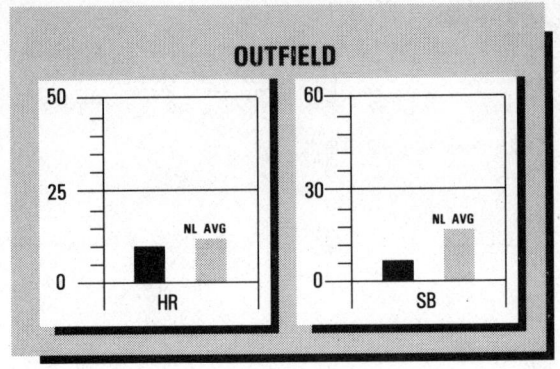

On Grass		91	.229	.373	249	57	4	4	8	3.2	30	25	26	47	5									
On Turf		33	.241	.348	112	27	6	0	2	1.8	13	15	10	9	2									
Home		63	.210	.335	167	35	2	2	5	3.0	21	17	21	35	4									
Road		61	.253	.392	194	49	8	2	5	2.6	22	23	15	21	3									
Division Rivals																								
vs. ATL		17	.364	.727	44	16	0	2	4	9.1	10	7	3	9	1									
vs. CIN		16	.226	.358	53	12	1	0	2	3.8	9	5	6	6	1									
vs. HOU		15	.238	.262	42	10	1	0	0	0.0	5	2	6	7	2									
vs. LA		13	.184	.316	38	7	2	0	1	2.6	2	2	4	9	0									
vs. SD		12	.150	.200	40	6	0	1	0	0.0	1	2	4	7	0									
On 3B < 2 Out			.286	.500	14	4	1	1	0	0.0	0	14	4	4										
1982	2 teams				MIL A (18G — .000)				HOU N (12G — .042)															
"	total	30	.030	.030	33	1	0	0	0	0.0	6	1	1	9	0	1	0	18	0	1	0	0.6	.947	OF-21, DH-2
1983	HOU N	88	.236	.333	195	46	7	3	2	1.0	25	18	6	27	2	43	11	68	1	4	1	0.8	.945	OF-52
1984		121	.260	.360	331	86	17	5	2	0.6	33	29	6	57	5	44	13	149	4	4	2	1.3	.975	OF-81
1985		150	.269	.427	539	145	27	5	16	3.0	72	68	31	63	19	12	4	328	10	1	1	2.3	.997	OF-141
1986		157	.311	.486	591	184	33	5	20	3.4	83	79	38	72	22	2	2	303	12	5	4	2.0	.984	OF-155
1987		157	.284	.449	592	168	31	5	19	3.2	83	85	53	77	21	2	1	287	11	4	2	1.9	.987	OF-155
1988		157	.255	.390	541	138	27	2	14	2.6	57	72	42	65	31	16	6	267	7	6	2	1.8	.979	OF-147
1989		87	.300	.435	313	94	19	4	5	1.6	42	44	29	44	11	2	1	186	6	3	0	2.2	.985	OF-84
1990	SF N	61	.252	.402	214	54	9	1	7	3.2	25	32	14	26	2	5	1	88	2	3	0	1.7	.968	OF-55
1991		124	.233	.366	361	84	10	4	10	2.8	43	40	36	56	7	24	3	159	9	4	2	1.7	.977	OF-101
10 yrs.		1132	.270	.413	3710	1000	180	34	95	2.6	469	468	256	496	120	151	42	1853	62	35	14	1.7	.982	OF-992, DH-2
LEAGUE CHAMPIONSHIP SERIES																								
1986	HOU N	6	.292	.375	24	7	2	0	0	0.0	0	0	4	4	2	0	0	16	0	1	0	2.8	.941	OF-6

Kim Batiste

BATISTE, KIMOTHY EMIL
B. Mar. 15, 1968, New Orleans, La.
BR TR 6' 175 lbs.

Year	Team	Games	BA	SA	AB	H	2B	3B	HR	HR%	R	RBI	BB	SO	SB	AB	H	PO	A	E	DP	TC/G	FA	G by Pos
1991	PHI N	10	.222	.222	27	6	0	0	0	0.0	2	1	1	8	0	2	0	10	22	1	4	4.7	.970	SS-7

Derek Bell

BELL, DEREK NATHANIEL
B. Dec. 11, 1968, Tampa, Fla.
BR TR 6' 2" 200 lbs.

Year	Team	Games	BA	SA	AB	H	2B	3B	HR	HR%	R	RBI	BB	SO	SB	AB	H	PO	A	E	DP	TC/G	FA	G by Pos
1991	TOR A	18	.143	.143	28	4	0	0	0	0.0	5	1	6	5	3	0	0	16	0	2	0	1.4	.889	OF-13

George Bell

BELL, JORGE ANTONIO
Born Jorge Antonio Bell y Mathey.
Brother of Juan Bell.
B. Oct. 21, 1959, San Pedro de Macoris, Dominican Republic
BR TR 6' 1" 190 lbs.

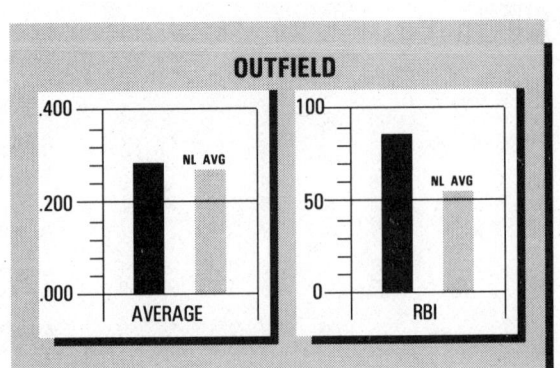

April		21	.272	.469	81	22	4	0	4	4.9	9	12	2	9	0
May		26	.269	.495	93	25	0	0	7	7.5	11	19	6	8	0
June		28	.324	.495	105	34	6	0	4	3.8	11	15	9	14	1
July		25	.268	.474	97	26	5	0	5	5.2	11	19	3	9	1
Aug		28	.308	.439	107	33	8	0	2	1.9	11	12	7	12	0
Sept/Oct		21	.253	.427	75	19	4	0	3	4.0	10	9	5	10	0
Day		75	.271	.439	269	73	12	0	11	4.1	29	46	16	29	1
Night		74	.298	.495	289	86	15	0	14	4.8	34	40	16	33	1
vs. Left			.288	.543	208	60	8	0	15	7.2	33	34	17	19	0
vs. Right			.283	.423	350	99	19	0	10	2.9	30	52	15	43	2

Year	Team	Games	BA	SA	AB	H	2B	3B	HR	HR%	R	RBI	BB	SO	SB	PINCH HIT AB	H	PO	A	E	DP	TC/G	FA	G by Pos

George Bell Continued

On Grass		110	.290	.460	411	119	22	0	16	3.9	43	66	22	39	1									
On Turf		39	.272	.490	147	40	5	0	9	6.1	20	20	10	23	1									
Home		78	.267	.413	288	77	15	0	9	3.1	29	45	11	30	1									
Road		71	.304	.526	270	82	12	0	16	5.9	34	41	21	32	1									
Division Rivals																								
vs. MON		17	.322	.407	59	19	2	0	1	1.7	5	6	4	9	1									
vs. NY		16	.292	.477	65	19	3	0	3	4.6	7	10	4	7	0									
vs. PHI		15	.254	.390	59	15	2	0	2	3.4	7	10	4	6	0									
vs. PIT		18	.366	.606	71	26	8	0	3	4.2	12	10	2	10	0									
vs. STL		12	.244	.317	41	10	0	0	1	2.4	4	5	1	3	0									
On 3B <2 Out			.433	.667	30	13	1	0	2	6.7	2	32	3	8										
1981	TOR A	60	.233	.350	163	38	2	1	5	3.1	19	12	5	27	3	5	3	92	3	3	2	1.6	.969	OF-44, DH-8
1983		39	.268	.438	112	30	5	4	2	1.8	5	17	4	17	1	3	1	61	1	3	0	1.7	.954	OF-34, DH-2
1984		159	.292	.498	606	177	39	4	26	4.3	85	87	24	86	11	8	3	289	13	9	1	2.0	.971	OF-147, DH-7, 3B-3
1985		157	.275	.479	607	167	28	6	28	4.6	87	95	43	90	21	0	0	320	14	11	3	2.2	.968	OF-157, 3B-2
1986		159	.309	.532	641	198	38	6	31	4.8	101	108	41	62	7	1	1	270	17	10	1	1.9	.966	OF-147, DH-11, 3B-1
1987		156	.308	.605	610	188	32	4	47	7.7	111	**134**	39	75	5	1	0	249	14	11	1	1.8	.960	OF-148, 2B-1, 3B-1
1988		156	.269	.446	614	165	27	5	24	3.9	78	97	34	66	4	2	0	253	8	15	1	1.8	.946	OF-149, DH-7
1989		153	.297	.458	613	182	41	2	18	2.9	88	104	33	60	4	0	0	258	4	10	1	1.8	.963	OF-134, DH-19
1990		142	.265	.422	562	149	25	0	21	3.7	67	86	32	80	3	0	0	226	4	5	2	2.2	.979	OF-106, DH-36
1991	CHI N	149	.285	.468	558	159	27	0	25	4.5	63	86	32	62	2	4	2	249	6	10	0	1.8	.962	OF-146
10 yrs.		1330	.286	.484	5086	1453	264	32	227	4.5	704	826	287	625	61	24	10	2267	84	87	11	1.8	.964	OF-1212, DH-90, 3B-7, 2B-1

LEAGUE CHAMPIONSHIP SERIES

Year	Team	Games	BA	SA	AB	H	2B	3B	HR	HR%	R	RBI	BB	SO	SB	AB	H	PO	A	E	DP	TC/G	FA	G by Pos
1985	TOR A	7	.321	.429	28	9	3	0	0	0.0	4	1	0	4	0	0	0	13	0	0	0	1.9	1.000	OF-7
1989		5	.200	.350	20	4	0	0	1	5.0	2	2	0	3	0	0	0	3	1	0	0	0.8	1.000	DH-3, OF-2
2 yrs.		12	.271	.396	48	13	3	0	1	2.1	6	3	0	7	0	0	0	16	1	0	0	1.4	.000	OF-9, DH-3

Jay Bell

BELL, JAY STUART
B. Dec. 11, 1965, Pensacola, Fla.
BR TR 6' 1" 180 lbs.

April		19	.183	.254	71	13	3	1	0	0.0	12	5	4	9	0									
May		24	.276	.540	87	24	5	0	6	6.9	16	19	8	13	3									
June		27	.321	.481	106	34	5	3	2	1.9	10	10	8	19	3									
July		27	.311	.462	119	37	6	0	4	3.4	25	15	9	13	1									
Aug		29	.246	.360	114	28	8	1	1	0.9	18	5	8	24	1									
Sept/Oct		31	.252	.432	111	28	5	3	3	2.7	15	13	15	21	2									
Day		41	.297	.456	158	47	14	1	3	1.9	28	18	12	26	2									
Night		116	.260	.418	450	117	18	7	13	2.9	68	49	40	73	8									
vs. Left			.289	.500	194	56	13	5	6	3.1	39	28	26	18	1									
vs. Right			.261	.394	414	108	19	3	10	2.4	57	39	26	81	9									
On Grass		40	.238	.363	160	38	8	3	2	1.3	18	13	13	21	0									
On Turf		117	.281	.451	448	126	24	5	14	3.1	78	54	39	78	10									
Home		81	.281	.446	303	85	19	5	7	2.3	51	33	23	49	4									
Road		76	.259	.410	305	79	13	3	9	3.0	45	34	29	50	6									
Division Rivals																								
vs. CHI		18	.307	.467	75	23	5	2	1	1.3	15	8	6	13	1									
vs. MON		16	.226	.339	62	14	2	1	1	1.6	8	8	7	8	0									
vs. NY		16	.250	.375	56	14	4	0	1	1.8	10	5	8	5	0									
vs. PHI		17	.203	.266	64	13	2	1	0	0.0	9	1	5	17	3									
vs. STL		18	.179	.299	67	12	2	0	2	3.0	6	6	6	17	1									
On 3B <2 Out			.389	.444	18	7	1	0	0	0.0	0	12	3	4										
1986	CLE A	5	.357	.714	14	5	2	0	1	7.1	3	4	2	3	0	1	0	1	6	2	1	1.8	.778	DH-2, 2B-2
1987		38	.216	.352	125	27	9	1	2	1.6	14	13	8	31	2	0	0	67	93	9	22	4.4	.947	SS-38
1988		73	.218	.280	211	46	5	1	2	0.9	23	21	21	53	4	0	0	103	170	10	37	3.9	.965	SS-72
1989	PIT N	78	.258	.351	271	70	13	3	2	0.7	33	27	19	47	5	3	1	109	197	10	41	4.1	.968	SS-78
1990		159	.254	.362	583	148	28	7	7	1.2	93	52	65	109	10	2	1	260	459	22	85	4.7	.970	SS-159
1991		157	.270	.428	608	164	32	8	16	2.6	96	67	52	99	10	2	0	239	491	24	78	4.8	.968	SS-156
6 yrs.		510	.254	.375	1812	460	89	20	30	1.7	262	184	167	342	31	8	2	779	1416	77	264	4.5	.966	SS-503, DH-2, 2B-2

PLAYER REGISTER

Year	Team		Games	BA	SA	AB	H	2B	3B	HR	HR%	R	RBI	BB	SO	SB	PINCH HIT AB	H	PO	A	E	DP	TC/G	FA	G by Pos

Jay Bell *Continued*

LEAGUE CHAMPIONSHIP SERIES

Year	Team		Games	BA	SA	AB	H	2B	3B	HR	HR%	R	RBI	BB	SO	SB	AB	H	PO	A	E	DP	TC/G	FA	G by Pos
1990	PIT	N	6	.250	.450	20	5	1	0	1	5.0	3	1	4	3	0	0	0	4	22	1	2	4.5	.963	SS-6
1991			7	.414	.586	29	12	2	0	1	3.4	2	1	0	10	0	0	0	13	19	1	2	4.7	.970	SS-7
2 yrs.			13	.347	.531	49	17	3	0	2	4.1	5	2	4	13	0	0	0	17	41	2	4	4.6	.967	SS-13

Juan Bell

BELL, JUAN
Born Juan Bell y Mathey. Brother of George Bell.
B. Mar. 29, 1968, San Pedro de Macoris, Dominican Republic
BR TR 5' 11" 172 lbs.

Year	Team		Games	BA	SA	AB	H	2B	3B	HR	HR%	R	RBI	BB	SO	SB	AB	H	PO	A	E	DP	TC/G	FA	G by Pos
1989	BAL	A	8	.000	.000	4	0	0	0	0	0.0	2	0	0	1	1	0	0	2	6	0	1	1.0	1.000	DH-4, 2B-2, SS-2
1990			5	.000	.000	2	0	0	0	0	0.0	1	0	0	1	0	0	0	1	1	0	0	2.0	1.000	DH-1, SS-1
1991			100	.172	.249	209	36	9	2	1	0.5	26	15	8	51	0	5	0	107	199	9	40	3.6	.971	2B-77, SS-15, DH-4, OF-1
3 yrs.			113	.167	.242	215	36	9	2	1	0.5	29	15	8	53	1	5	0	110	206	9	41	2.9	.972	2B-79, SS-18, DH-9, OF-1

Mike Bell

BELL, MICHAEL ALLEN
B. Apr. 22, 1968, Lewiston, N.J.
BL TL 6' 1" 175 lbs.

Year	Team		Games	BA	SA	AB	H	2B	3B	HR	HR%	R	RBI	BB	SO	SB	AB	H	PO	A	E	DP	TC/G	FA	G by Pos
1990	ATL	N	36	.244	.467	45	11	5	1	1	2.2	8	5	2	9	0	11	2	97	9	2	6	4.5	.981	1B-24
1991			17	.133	.233	30	4	0	0	1	3.3	4	1	2	7	1	4	0	72	5	2	7	5.6	.975	1B-14
2 yrs.			53	.200	.373	75	15	5	1	2	2.7	12	6	4	16	1	15	2	169	14	4	13	3.5	.979	1B-38

Albert Belle

BELLE, ALBERT JOJUAN (Joey)
B. Aug. 25, 1966, Shreveport, La.
BR TR 6' 1" 190 lbs.

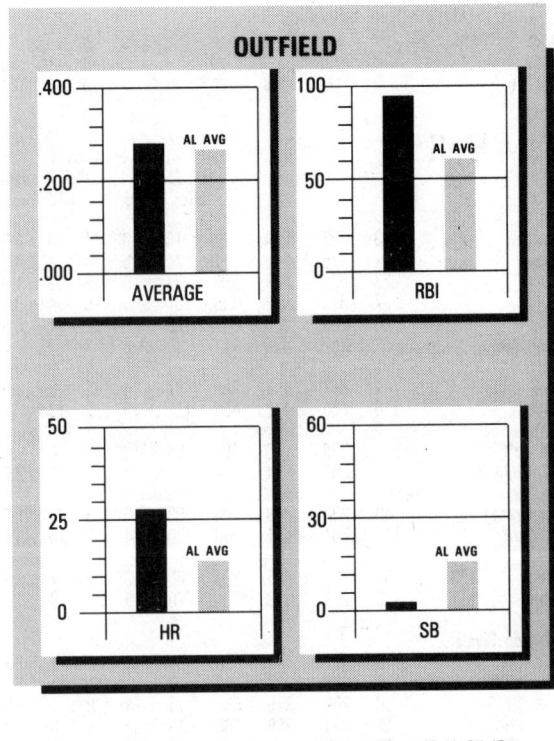

Split	Games	BA	SA	AB	H	2B	3B	HR	HR%	R	RBI	BB	SO	SB
April	15	.268	.518	56	15	2	0	4	7.1	5	9	3	17	0
May	26	.273	.525	99	27	8	1	5	5.1	18	18	8	18	2
June	8	.194	.355	31	6	2	0	1	3.2	2	5	0	7	1
July	21	.295	.590	78	23	6	0	7	9.0	12	17	4	13	0
Aug	29	.296	.546	108	32	6	0	7	6.5	14	21	5	23	0
Sept/Oct	24	.303	.584	89	27	11	1	4	4.5	9	25	5	21	0
Day	36	.288	.583	132	38	9	0	10	7.6	20	31	6	25	0
Night	87	.280	.523	329	92	22	2	18	5.5	40	64	19	74	3
vs. Left		.288	.568	132	38	11	1	8	6.1	17	34	5	27	2
vs. Right		.280	.529	329	92	20	1	20	6.1	43	61	20	72	1
On Grass	110	.278	.540	413	115	26	2	26	6.3	55	85	24	88	3
On Turf	13	.313	.542	48	15	5	0	2	4.2	5	10	1	11	0
Home	63	.254	.419	236	60	15	0	8	3.4	23	35	11	49	2
Road	60	.311	.667	225	70	16	2	20	8.9	37	60	14	50	1
Division Rivals														
vs. BAL	12	.356	.667	45	16	8	0	2	4.4	6	16	3	7	1
vs. BOS	13	.269	.519	52	14	1	0	4	7.7	6	9	2	14	0
vs. DET	11	.171	.390	41	7	1	1	2	4.9	4	7	2	14	0
vs. MIL	8	.267	.567	30	8	0	0	3	10.0	5	6	0	7	0
vs. NY	8	.400	.640	25	10	3	0	1	4.0	3	3	1	2	0
vs. TOR	6	.250	.375	24	6	3	0	0	0.0	0	2	1	7	0
On 3B < 2 Out		.303	.515	33	10	4	0	1	3.0	1	25	1	7	

Year	Team		Games	BA	SA	AB	H	2B	3B	HR	HR%	R	RBI	BB	SO	SB	AB	H	PO	A	E	DP	TC/G	FA	G by Pos
1989	CLE	A	62	.225	.394	218	49	8	4	7	3.2	22	37	12	55	2	2	1	92	3	2	1	1.6	.979	OF-44, DH-17
1990			9	.174	.304	23	4	0	0	1	4.3	1	3	1	6	0	2	0	0	0	0	0	0.0	.960	DH-6, OF-1
1991			123	.282	.540	461	130	31	2	28	6.1	60	95	25	99	3	4	1	170	8	9	1	2.1	.952	OF-89, DH-32
3 yrs.			194	.261	.487	702	183	39	6	36	5.1	83	135	38	160	5	8	2	262	11	11	2	1.5	.961	OF-134, DH-55

Year	Team		Games	BA	SA	AB	H	2B	3B	HR	HR%	R	RBI	BB	SO	SB	PINCH HIT AB	H	PO	A	E	DP	TC/G	FA	G by Pos

Rafael Belliard

BELLIARD, RAFAEL LEONIDAS
Born Rafael Leonidas Belliard y Matias.
B. Oct. 24, 1961, Puerto Nuevo Mao, Dominican Republic
BR TR 5' 9" 139 lbs.
BB 1982

Split			Games	BA	SA	AB	H	2B	3B	HR	HR%	R	RBI	BB	SO	SB
April			18	.220	.240	50	11	1	0	0	0.0	2	5	3	12	0
May			26	.267	.322	90	24	3	1	0	0.0	10	10	6	17	1
June			28	.207	.220	82	17	1	0	0	0.0	8	3	2	11	1
July			22	.125	.250	16	2	0	1	0	0.0	0	2	2	1	0
Aug			24	.333	.333	39	13	0	0	0	0.0	5	3	1	9	1
Sept/Oct			31	.276	.329	76	21	4	0	0	0.0	11	4	8	13	0
Day			33	.276	.299	87	24	2	0	0	0.0	14	5	6	10	1
Night			116	.241	.282	266	64	7	2	0	0.0	22	22	16	53	2
vs. Left				.242	.263	95	23	2	0	0	0.0	17	4	6	14	2
vs. Right				.252	.295	258	65	7	2	0	0.0	19	23	16	49	1
On Grass			110	.248	.295	258	64	8	2	0	0.0	27	19	17	43	1
On Turf			39	.253	.263	95	24	1	0	0	0.0	9	8	5	20	2
Home			77	.254	.312	173	44	6	2	0	0.0	20	15	10	26	0
Road			72	.244	.261	180	44	3	0	0	0.0	16	12	12	37	3
Division Rivals																
vs. CIN			16	.225	.225	40	9	0	0	0	0.0	2	6	3	7	0
vs. HOU			17	.314	.371	35	11	2	0	0	0.0	4	2	2	5	0
vs. LA			17	.114	.136	44	5	1	0	0	0.0	3	0	4	10	0
vs. SD			16	.278	.333	36	10	2	0	0	0.0	2	4	0	6	0
vs. SF			15	.257	.257	35	9	0	0	0	0.0	4	4	4	4	1
On 3B < 2 Out				.273	.364	11	3	1	0	0	0.0	0	8	1	4	

Year	Team		Games	BA	SA	AB	H	2B	3B	HR	HR%	R	RBI	BB	SO	SB	PH AB	PH H	PO	A	E	DP	TC/G	FA	G by Pos
1982	PIT	N	9	.500	.500	2	1	0	0	0	0.0	3	0	0	0	1	1	1	2	2	0	0	0.4	1.000	SS-4
1983			4	.000	.000	1	0	0	0	0	0.0	1	0	0	1	0	0	0	1	3	0	1	1.0	1.000	SS-3
1984			20	.227	.227	22	5	0	0	0	0.0	3	0	0	1	4	0	0	12	13	3	4	1.4	.893	SS-12, 2B-1
1985			17	.200	.200	20	4	0	0	0	0.0	1	1	0	5	0	2	0	13	23	2	3	2.2	.947	SS-12
1986			117	.233	.262	309	72	5	2	0	0.0	33	31	26	54	12	4	0	147	317	12	50	4.1	.975	SS-96, 2B-23
1987			81	.207	.271	203	42	4	3	1	0.5	26	15	20	25	5	1	0	113	191	6	31	3.8	.981	SS-71, 2B-7
1988			122	.213	.241	286	61	0	4	0	0.0	28	11	26	47	7	1	0	134	261	9	51	3.3	.978	SS-117, 2B-3
1989			67	.214	.240	154	33	4	0	0	0.0	10	8	8	22	5	1	0	71	138	3	20	3.2	.986	SS-40, 2B-20, 3B-6
1990			47	.204	.259	54	11	3	0	0	0.0	10	6	5	13	1	10	2	37	36	2	8	2.1	.973	2B-21, SS-10, 3B-5
1991	ATL	N	149	.249	.286	353	88	9	2	0	0.0	36	27	22	63	3	3	0	168	361	18	53	3.8	.967	SS-145
10 yrs.			633	.226	.261	1404	317	25	11	1	0.1	151	99	107	231	38	23	3	698	1345	55	221	3.3	.974	SS-510, 2B-75, 3B-11

LEAGUE CHAMPIONSHIP SERIES

Year	Team		Games	BA	SA	AB	H	2B	3B	HR	HR%	R	RBI	BB	SO	SB	PH AB	PH H	PO	A	E	DP	TC/G	FA	G by Pos
1991	ATL	N	7	.211	.211	19	4	0	0	0	0.0	0	1	3	3	0	0	0	9	15	1	4	3.6	.960	SS-7

WORLD SERIES

Year	Team		Games	BA	SA	AB	H	2B	3B	HR	HR%	R	RBI	BB	SO	SB	PH AB	PH H	PO	A	E	DP	TC/G	FA	G by Pos
1991	ATL	N	7	.375	.438	16	6	1	0	0	0.0	0	4	1	2	0	0	0	8	21	0	4	4.1	1.000	SS-7

Esteban Beltre

BELTRE, ESTEBAN
Born Esteban Beltre y Valera.
B. Dec. 26, 1966, San Pedro de Macoris, Dominican Republic
BR TR 5' 10" 155 lbs.

Year	Team		Games	BA	SA	AB	H	2B	3B	HR	HR%	R	RBI	BB	SO	SB	PH AB	PH H	PO	A	E	DP	TC/G	FA	G by Pos
1991	CHI	A	8	.167	.167	6	1	0	0	0	0.0	0	0	1	1	1	0	0	1	5	0	1	0.8	1.000	SS-8

Freddie Benavides

BENAVIDES, ALFREDO III
B. Apr. 7, 1966, Laredo, Tex.
BR TR 6' 2" 180 lbs.

Year	Team		Games	BA	SA	AB	H	2B	3B	HR	HR%	R	RBI	BB	SO	SB	PH AB	PH H	PO	A	E	DP	TC/G	FA	G by Pos
1991	CIN	N	24	.286	.302	63	18	1	0	0	0.0	11	3	1	15	1	2	0	33	53	2	6	3.8	.977	SS-20, 2B-3

Mike Benjamin

BENJAMIN, MICHAEL PAUL
B. Nov. 22, 1965, Euclid, Ohio
BR TR 6' 3" 195 lbs.

Year	Team		Games	BA	SA	AB	H	2B	3B	HR	HR%	R	RBI	BB	SO	SB	PH AB	PH H	PO	A	E	DP	TC/G	FA	G by Pos
1989	SF	N	14	.167	.167	6	1	0	0	0	0.0	6	0	0	1	0	1	1	4	4	0	0	0.6	1.000	SS-8
1990			22	.214	.411	56	12	3	1	2	3.5	7	3	3	10	1	2	0	29	53	1	10	4.0	.988	SS-21
1991			54	.123	.208	106	13	3	0	2	1.9	12	8	7	26	3	2	1	64	123	3	23	3.7	.984	SS-51, 3B-1
3 yrs.			90	.155	.274	168	26	6	1	4	2.4	25	11	10	37	4	5	2	97	180	4	33	3.1	.986	SS-80, 3B-1

PLAYER REGISTER

Year	Team		Games	BA	SA	AB	H	2B	3B	HR	HR%	R	RBI	BB	SO	SB	PINCH HIT AB	PINCH HIT H	PO	A	E	DP	TC/G	FA	G by Pos

Todd Benzinger

BENZINGER, TODD ERIC
B. Feb. 11, 1963, Dayton, Ky.
BB TR 6' 1" 185 lbs.

Split			Games	BA	SA	AB	H	2B	3B	HR	HR%	R	RBI	BB	SO	SB
April			12	.231	.333	39	9	2	1	0	0.0	2	9	2	6	0
May			13	.000	.000	20	0	0	0	0	0.0	0	0	0	2	0
June			22	.217	.317	60	13	1	1	1	1.7	5	2	8	11	2
July			22	.342	.494	79	27	4	1	2	2.5	4	18	4	12	0
Aug			27	.260	.320	100	26	4	1	0	0.0	10	7	5	15	1
Sept/Oct			33	.288	.364	118	34	7	1	0	0.0	15	15	8	20	1
Day			37	.231	.282	117	27	1	1	1	0.9	12	12	9	18	0
Night			92	.274	.378	299	82	17	4	2	0.7	24	39	18	48	4
vs. Left				.252	.315	143	36	6	0	1	0.7	10	16	6	13	0
vs. Right				.267	.370	273	73	12	5	2	0.7	26	35	21	53	4
On Grass			43	.288	.360	139	40	5	1	1	0.7	13	18	11	27	1
On Turf			86	.249	.347	277	69	13	4	2	0.7	23	33	16	39	3
Home			66	.269	.384	216	58	13	3	2	0.9	21	30	10	26	3
Road			63	.255	.315	200	51	5	2	1	0.5	15	21	17	40	1
Division Rivals																
vs. CAL			7	.444	.500	18	8	1	0	0	0.0	4	3	0	2	0
vs. CHI			6	.217	.304	23	5	2	0	0	0.0	3	3	1	8	1
vs. MIN			6	.304	.435	23	7	1	1	0	0.0	2	1	2	3	1
vs. OAK			6	.240	.280	25	6	1	0	0	0.0	3	4	0	7	0
vs. SEA			7	.310	.379	29	9	2	0	0	0.0	3	4	2	1	0
vs. TEX			6	.158	.158	19	3	0	0	0	0.0	2	0	2	4	0
On 3B < 2 Out				.500	.722	18	9	1	0	1	5.6	1	21	3	4	

Year	Team	Lg	Games	BA	SA	AB	H	2B	3B	HR	HR%	R	RBI	BB	SO	SB	PH AB	PH H	PO	A	E	DP	TC/G	FA	G by Pos
1987	BOS	A	73	.278	.444	223	62	11	1	8	3.6	36	43	22	41	5	8	2	155	7	2	2	2.2	.988	OF-61, 1B-2
1988			120	.254	.425	405	103	28	1	13	3.2	47	70	22	80	2	7	3	602	38	6	47	5.4	.991	1B-85, OF-48, DH-1
1989	CIN	N	161	.245	.381	628	154	28	3	17	2.7	79	76	44	120	3	3	1	1417	73	7	96	9.3	.995	1B-158
1990			118	.253	.340	376	95	14	2	5	1.3	35	46	19	69	3	15	0	733	52	6	58	7.5	.992	1B-95, OF-10
1991	2 teams		CIN N (51G — .187)			KC A (78G — .294)																			
	total		129	.262	.351	416	109	18	5	3	0.7	36	51	27	66	4	22	3	797	51	5	64	7.8	.994	1B-96, OF-15, DH-1
5 yrs.			601	.255	.383	2048	523	99	12	46	2.2	233	286	134	376	17	55	9	3704	221	26	267	6.6	.993	1B-436, OF-134, DH-2

LEAGUE CHAMPIONSHIP SERIES

Year	Team	Lg	Games	BA	SA	AB	H	2B	3B	HR	HR%	R	RBI	BB	SO	SB	PH AB	PH H	PO	A	E	DP	TC/G	FA	G by Pos
1988	BOS	A	4	.091	.091	11	1	0	0	0	0.0	0	0	1	3	0	1	0	21	1	0	2	5.5	1.000	1B-3
1990	CIN	N	5	.333	.333	9	3	0	0	0	0.0	0	2	0	0	0	2	2	17	0	0	0	8.5	1.000	1B-2
2 yrs.			9	.200	.200	20	4	0	0	0	0.0	0	3	3	0	3	2	38	1	0	2	4.3	.000	1B-5

WORLD SERIES

Year	Team	Lg	Games	BA	SA	AB	H	2B	3B	HR	HR%	R	RBI	BB	SO	SB	PH AB	PH H	PO	A	E	DP	TC/G	FA	G by Pos
1990	CIN	N	4	.182	.182	11	2	0	0	0	0.0	1	0	0	0	0	1	0	24	0	0	1	8.0	1.000	1B-3

Dave Bergman

BERGMAN, DAVID BRUCE
B. June 6, 1953, Evanston, Ill.
BL TL 6' 1 1/2" 185 lbs.

Year	Team	Lg	Games	BA	SA	AB	H	2B	3B	HR	HR%	R	RBI	BB	SO	SB	PH AB	PH H	PO	A	E	DP	TC/G	FA	G by Pos
1975	NY	A	7	.000	.000	17	0	0	0	0	0.0	0	0	2	4	0	0	0	10	1	1	1	1.7	.917	OF-6
1977			5	.250	.250	4	1	0	0	0	0.0	1	1	0	0	0	0	0	8	0	0	0	1.6	1.000	OF-3, 1B-2
1978	HOU	N	104	.231	.269	186	43	5	1	0	0.0	15	12	39	32	2	16	2	328	16	4	26	3.3	.989	1B-66, OF-29
1979			13	.400	.600	15	6	0	0	1	6.7	4	2	0	3	0	10	5	8	0	0	1	0.6	1.000	1B-4
1980			90	.256	.359	78	20	0	0	0	0.0	12	3	10	10	1	24	4	187	16	1	23	2.3	.995	1B-59, OF-5
1981	2 teams		HOU N (6G — .167)			SF N (63G — .255)																			
	total		69	.252	.391	151	38	9	0	4	2.6	17	14	19	18	2	23	4	255	25	3	21	4.1	.989	1B-34, OF-15
1982	SF	N	100	.273	.413	121	33	3	1	4	3.3	22	14	18	11	3	21	5	321	20	4	18	3.5	.988	1B-69, OF-6
1983			90	.286	.457	140	40	4	1	6	4.3	16	24	24	21	2	31	11	299	27	2	20	3.6	.994	1B-50, OF-6
1984	DET	A	120	.273	.417	271	74	8	5	7	2.6	42	44	33	40	3	21	6	658	75	8	63	6.2	.989	1B-114, OF-2
1985			69	.179	.257	140	25	2	0	3	2.1	8	7	14	15	0	24	6	306	25	3	25	4.8	.991	1B-44, DH-5, OF-1
1986			65	.231	.315	130	30	6	1	1	0.8	14	9	21	16	0	22	5	255	29	4	30	4.4	.986	1B-41, DH-8, OF-2
1987			91	.273	.453	172	47	7	3	6	3.5	25	22	30	23	0	21	4	357	29	3	33	4.3	.992	1B-65, DH-7, OF-7
1988			116	.294	.394	289	85	14	0	5	1.7	37	35	38	34	0	24	3	386	37	4	31	3.7	.991	1B-64, DH-30, OF-13
1989			137	.268	.361	385	103	13	1	7	1.8	38	37	44	44	1	18	1	912	85	7	88	7.3	.993	1B-123, DH-7, OF-1
1990			100	.278	.366	205	57	10	1	2	0.9	21	26	33	17	3	33	6	203	13	1	19	6.8	.995	DH-51, 1B-27, OF-5
1991			86	.237	.407	194	46	10	1	7	3.6	23	29	35	40	1	25	3	365	29	1	42	7.5	.997	1B-49, DH-13, OF-4
16 yrs.			1262	.259	.375	2498	648	97	16	53	2.1	295	279	360	328	18	313	65	4858	427	46	441	4.2	.991	1B-811, DH-121, OF-105

PLAYER REGISTER

Year	Team		Games	BA	SA	AB	H	2B	3B	HR	HR%	R	RBI	BB	SO	SB	PINCH HIT AB	PINCH HIT H	PO	A	E	DP	TC/G	FA	G by Pos

Dave Bergman Continued

LEAGUE CHAMPIONSHIP SERIES

Year	Team		Games	BA	SA	AB	H	2B	3B	HR	HR%	R	RBI	BB	SO	SB	AB	H	PO	A	E	DP	TC/G	FA	G by Pos
1980	HOU	N	4	.333	1.000	3	1	0	1	0	0.0	0	2	0	0	0	0	0	8	2	1	0	2.8	.909	1B-4
1984	DET	A	2	1.000	1.000	1	1	0	0	0	0.0	1	0	0	0	1	0	0	5	0	0	0	2.5	1.000	1B-1
1987			4	.250	.250	4	1	0	0	0	0.0	0	2	0	1	0	2	1	6	0	0	0	1.5	1.000	DH-1, 1B-1
3 yrs.			10	.375	.625	8	3	0	1	0	0.0	1	4	0	1	1	2	1	19	2	1	0	2.2	.955	1B-6, DH-1

WORLD SERIES

Year	Team		Games	BA	SA	AB	H	2B	3B	HR	HR%	R	RBI	BB	SO	SB	AB	H	PO	A	E	DP	TC/G	FA	G by Pos
1984	DET	A	5	.000	.000	5	0	0	0	0	0.0	0	0	0	1	0	0	0	22	4	0	0	5.2	1.000	1B-5

Tony Bernazard

BERNAZARD, ANTONIO
Born Antonio Bernazard y Garcia.
B. Aug. 24, 1956, Caguas, Puerto Rico
BB TR 5′ 9″ 150 lbs.

Year	Team		Games	BA	SA	AB	H	2B	3B	HR	HR%	R	RBI	BB	SO	SB	AB	H	PO	A	E	DP	TC/G	FA	G by Pos
1979	MON	N	22	.300	.425	40	12	2	0	1	2.5	11	8	15	12	1	2	0	22	34	1	4	2.6	.982	2B-14
1980			82	.224	.355	183	41	7	1	5	2.7	26	18	17	41	9	22	4	82	151	9	25	3.0	.963	2B-39, SS-22
1981	CHI	A	106	.276	.380	384	106	14	4	6	1.6	53	34	54	66	4	2	0	228	321	7	66	5.2	.987	2B-104, SS-1
1982			137	.256	.396	540	138	25	9	11	2.0	90	56	67	88	11	0	0	353	443	12	116	5.9	.985	2B-137
1983	2 teams		CHI A (59G — .262)			SEA A (80G — .267)																			
"	total		139	.265	.385	533	141	34	3	8	1.5	65	56	55	97	23	2	0	262	422	19	89	5.1	.973	2B-138
1984	CLE	A	140	.221	.287	439	97	15	4	2	0.5	44	38	43	70	20	3	0	264	397	20	85	4.9	.971	2B-136, DH-1
1985			153	.274	.404	500	137	26	3	11	2.2	73	59	69	72	17	9	4	313	399	16	87	4.8	.978	2B-147, SS-1
1986			146	.301	.456	562	169	28	4	17	3.0	88	73	53	77	17	1	1	351	442	17	95	5.5	.979	2B-146
1987	2 teams		CLE A (79G — .239)			OAK A (61G — .266)																			
"	total		140	.250	.393	507	127	26	2	14	2.8	73	49	55	79	11	3	1	243	335	17	61	4.3	.971	2B-137, DH-3
1991	DET	A	6	.167	.167	12	2	0	0	0	0.0	0	0	0	4	0	3	0	3	6	1	3	5.0	.900	DH-2, 2B-2
10 yrs.			1071	.262	.387	3700	970	177	30	75	2.0	523	391	428	606	113	47	10	2121	2950	119	631	4.8	.977	2B-1000, SS-24, DH-6

Sean Berry

BERRY, SEAN ROBERT
B. Mar. 22, 1966, Santa Monica, Calif.
BR TR 5′ 11″ 200 lbs.

Year	Team		Games	BA	SA	AB	H	2B	3B	HR	HR%	R	RBI	BB	SO	SB	AB	H	PO	A	E	DP	TC/G	FA	G by Pos
1990	KC	A	8	.217	.348	23	5	1	1	0	0.0	2	4	2	5	0	0	0	7	10	1	2	2.3	.944	3B-8
1991			31	.133	.183	60	8	3	0	0	0.0	5	1	5	23	0	1	0	13	52	2	3	2.2	.970	3B-30
2 yrs.			39	.157	.229	83	13	4	1	0	0.0	7	5	7	28	0	1	0	20	62	3	5	2.2	.965	3B-38

Damon Berryhill

BERRYHILL, DAMON SCOTT
B. Dec. 3, 1963, South Laguna, Calif.
BB TR 6′ 205 lbs.

Year	Team		Games	BA	SA	AB	H	2B	3B	HR	HR%	R	RBI	BB	SO	SB	AB	H	PO	A	E	DP	TC/G	FA	G by Pos
1987	CHI	N	12	.179	.214	28	5	1	0	0	0.0	2	1	3	5	0	1	0	37	3	4	0	3.7	.909	C-11
1988			95	.259	.395	309	80	19	1	7	2.3	19	38	17	56	1	6	1	448	54	9	5	5.4	.982	C-90
1989			91	.257	.341	334	86	13	0	5	1.5	37	41	16	54	1	6	2	473	41	4	4	5.7	.992	C-89
1990			17	.189	.321	53	10	4	0	1	1.8	6	9	5	14	0	1	0	87	3	2	0	6.1	.978	C-15
1991	2 teams		CHI N (62G — .189)			ATL N (1G — .000)																			
"	total		63	.188	.325	160	30	7	0	5	3.1	13	14	11	42	1	17	2	214	24	8	2	5.0	.967	C-49
5 yrs.			278	.239	.352	884	211	44	1	18	2.0	77	103	52	171	3	31	5	1259	125	27	11	5.1	.981	C-254

Dante Bichette

BICHETTE, ALPHONSE DANTE
B. Nov. 18, 1963, West Palm Beach, Fla.
BR TR 6′ 3″ 215 lbs.

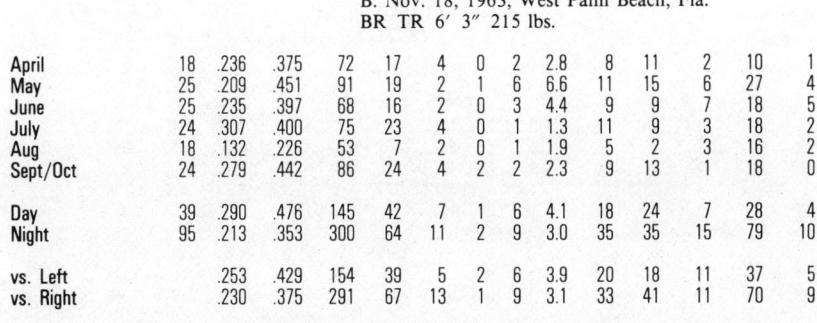
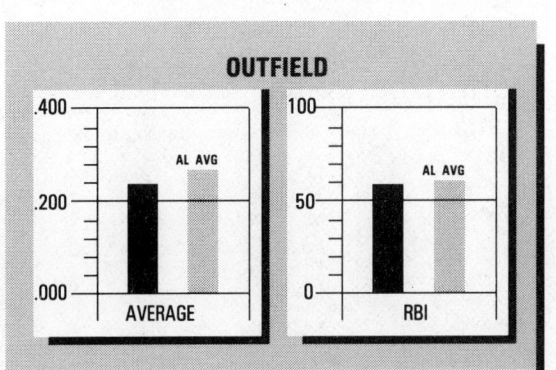

	Games	BA	SA	AB	H	2B	3B	HR	HR%	R	RBI	BB	SO	SB
April	18	.236	.375	72	17	4	0	2	2.8	8	11	2	10	1
May	25	.209	.451	91	19	2	1	6	6.6	11	15	6	27	4
June	25	.235	.397	68	16	2	0	3	4.4	9	9	7	18	5
July	24	.307	.400	75	23	4	0	1	1.3	11	9	3	18	2
Aug	18	.132	.226	53	7	2	0	1	1.9	5	2	3	16	2
Sept/Oct	24	.279	.442	86	24	4	2	2	2.3	9	13	1	18	0
Day	39	.290	.476	145	42	7	1	6	4.1	18	24	7	28	4
Night	95	.213	.353	300	64	11	2	9	3.0	35	35	15	79	10
vs. Left		.253	.429	154	39	5	2	6	3.9	20	18	11	37	5
vs. Right		.230	.375	291	67	13	1	9	3.1	33	41	11	70	9

PLAYER REGISTER

Year	Team		Games	BA	SA	AB	H	2B	3B	HR	HR%	R	RBI	BB	SO	SB	PINCH HIT AB	PINCH HIT H	PO	A	E	DP	TC/G	FA	G by Pos

Dante Bichette Continued

On Grass			112	.245	.406	372	91	15	3	13	3.5	43	57	18	85	12									
On Turf			22	.205	.329	73	15	3	0	2	2.7	10	2	4	22	2									
Home			66	.249	.399	213	53	10	2	6	2.8	26	30	16	46	8									
Road			68	.228	.388	232	53	8	1	9	3.9	27	29	6	61	6									
Division Rivals																									
vs. BAL			8	.138	.172	29	4	1	0	0	0.0	0	2	0	5	0									
vs. BOS			13	.378	.622	45	17	1	2	2	4.4	6	11	1	12	2									
vs. CLE			11	.310	.500	42	13	2	0	2	4.8	4	11	0	9	0									
vs. DET			10	.172	.586	29	5	0	0	4	13.8	5	7	3	6	0									
vs. NY			9	.200	.200	30	6	0	0	0	0.0	3	1	0	9	1									
vs. TOR			10	.158	.237	38	6	0	0	1	2.6	5	3	3	5	1									
On 3B < 2 Out				.077	.231	13	1	0	1	0	0.0	0	10	3	3										
1988	CAL	A	21	.261	.304	46	12	2	0	0	0.0	1	8	0	7	0	0	0	44	2	1	0	2.2	.979	OF-21
1989			48	.210	.326	138	29	7	0	3	2.2	13	15	6	24	3	9	0	95	6	1	2	2.1	.990	OF-40, DH-1
1990			109	.255	.433	349	89	15	1	15	4.2	40	53	16	79	5	8	2	183	12	7	5	1.9	.965	OF-105
1991	MIL	A	134	.238	.393	445	106	18	3	15	3.4	53	59	22	107	14	10	4	270	14	7	7	2.3	.976	OF-127, 3B-1
4 yrs.			312	.241	.394	978	236	42	4	33	3.4	107	135	44	217	22	27	6	592	34	16	14	2.1	.975	OF-293, DH-1, 3B-1

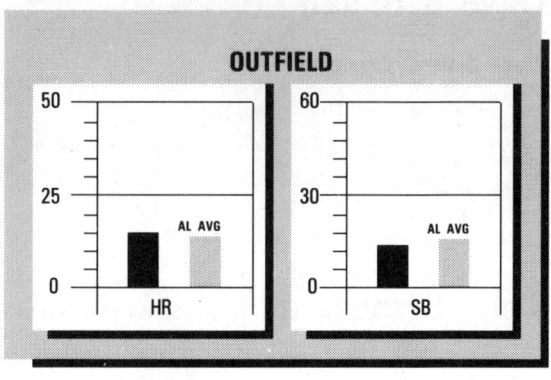

Craig Biggio

BIGGIO, CRAIG ALAN
B. Dec. 14, 1965, Smithtown, N.Y.
BR TR 5' 11" 185 lbs.

April			17	.359	.469	64	23	1	0	2	3.1	9	5	5	10	2									
May			25	.311	.378	90	28	6	0	0	0.0	14	7	11	12	4									
June			28	.309	.381	97	30	4	0	1	1.0	10	4	9	8	5									
July			23	.273	.307	88	24	1	1	0	0.0	16	10	7	10	1									
Aug			28	.271	.365	96	26	7	1	0	0.0	17	9	16	16	2									
Sept/Oct			28	.270	.369	111	30	4	2	1	0.9	13	11	5	15	5									
Day			29	.371	.472	89	33	6	0	1	1.1	14	8	8	10	2									
Night			120	.280	.354	457	128	17	4	3	0.7	65	38	45	61	17									
vs. Left				.274	.366	186	51	10	2	1	0.5	31	11	21	19	12									
vs. Right				.306	.378	360	110	13	2	3	0.8	48	35	32	52	7									
On Grass			46	.243	.289	173	42	2	0	2	1.2	21	15	13	21	1									
On Turf			103	.319	.413	373	119	21	4	2	0.5	58	31	40	50	18									
Home			73	.343	.437	277	95	20	3	0	0.0	39	24	27	39	14									
Road			76	.245	.309	269	66	3	1	4	1.5	40	22	26	32	5									
Division Rivals																									
vs. ATL			16	.323	.419	62	20	1	1	1	1.6	5	6	8	7	7									
vs. CIN			16	.210	.323	62	13	1	0	2	3.2	8	6	2	11	2									
vs. LA			17	.273	.333	66	18	2	1	0	0.0	7	4	8	8	1									
vs. SD			17	.207	.276	58	12	4	0	0	0.0	4	6	3	6	2									
vs. SF			16	.435	.468	62	27	2	0	0	0.0	15	7	6	6	0									
On 3B < 2 Out				.412	.412	17	7	0	0	0	0.0	0	14	2	1										
1988	HOU	N	50	.211	.350	123	26	6	1	3	2.4	14	5	7	29	6	0	0	292	28	3	0	6.5	.991	C-50
1989			134	.257	.402	443	114	21	2	13	2.9	64	60	49	64	21	4	3	742	56	9	6	6.0	.989	C-125, OF-5
1990			150	.276	.348	555	153	24	2	4	0.7	53	42	53	79	25	3	2	657	60	13	4	4.9	.982	C-113, OF-50
1991			149	.295	.374	546	161	23	4	4	0.7	79	46	53	71	19	9	3	894	73	11	11	6.9	.989	C-139, 2B-3, OF-2
4 yrs.			483	.272	.371	1667	454	74	9	24	1.4	210	153	162	243	71	16	8	2585	217	36	21	5.9	.987	C-427, OF-57, 2B-3

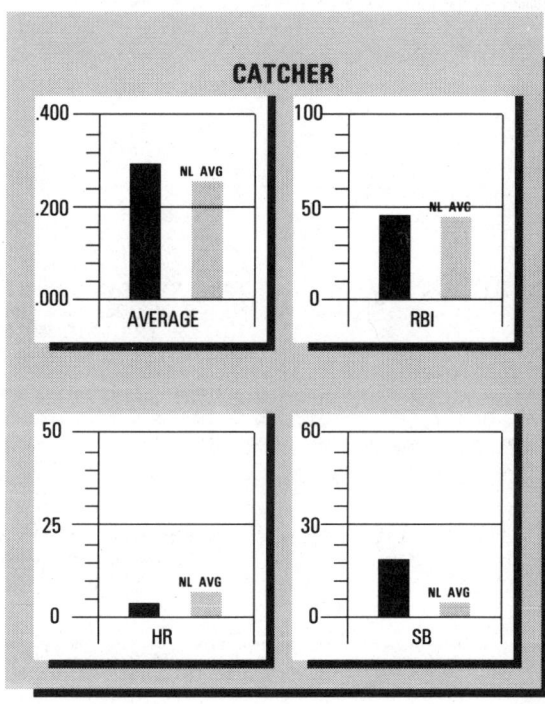

Dann Bilardello

BILARDELLO, DANN JAMES
B. May 26, 1959, Santa Cruz, Calif.
BR TR 6' 185 lbs.

Year	Team		Games	BA	SA	AB	H	2B	3B	HR	HR%	R	RBI	BB	SO	SB	PH AB	PH H	PO	A	E	DP	TC/G	FA	G by Pos
1983	CIN	N	109	.238	.389	298	71	18	0	9	3.0	27	38	15	49	2	5	0	494	72	5	4	5.2	.991	C-105
1984			68	.209	.280	182	38	7	0	2	1.1	16	10	19	34	0	5	2	323	34	3	3	5.3	.992	C-68
1985			42	.167	.196	102	17	0	0	1	1.0	6	9	4	15	0	1	0	198	20	3	1	5.3	.986	C-42
1986	MON	N	79	.194	.283	191	37	5	0	4	2.1	12	17	14	32	1	2	1	391	38	8	3	5.5	.982	C-77
1989	PIT	N	33	.225	.375	80	18	6	0	2	2.5	11	8	2	18	1	0	0	150	14	5	1	5.1	.970	C-33
1990			19	.054	.054	37	2	0	0	0	0.0	1	3	4	10	0	0	0	69	9	0	0	4.1	1.000	C-19
1991	SD	N	15	.269	.423	26	7	2	0	1	3.8	4	5	3	4	0	2	0	59	6	0	1	5.0	1.000	C-13
7 yrs.			365	.207	.310	916	190	38	1	18	2.0	77	90	61	162	4	15	3	1684	193	24	13	5.2	.987	C-357

PLAYER REGISTER

Year	Team	Games	BA	SA	AB	H	2B	3B	HR	HR%	R	RBI	BB	SO	SB	PINCH HIT AB	PINCH HIT H	PO	A	E	DP	TC/G	FA	G by Pos

Lance Blankenship BLANKENSHIP, LANCE ROBERT
B. Dec. 6, 1963, Portland, Ore.
BR TR 6' 190 lbs.

Year	Team	Games	BA	SA	AB	H	2B	3B	HR	HR%	R	RBI	BB	SO	SB	PH AB	PH H	PO	A	E	DP	TC/G	FA	G by Pos
1988	OAK A	10	.000	.000	3	0	0	0	0	0.0	1	0	0	1	0	2	0	1	1	0	0	0.2	1.000	2B-4
1989		58	.232	.312	125	29	5	1	1	0.8	22	4	8	31	5	4	0	69	49	1	11	2.1	.992	OF-25, 2B-24, DH-10
1990		86	.191	.213	136	26	3	0	0	0.0	18	10	20	23	3	12	2	66	69	5	9	1.9	.964	3B-28, OF-28, 2B-20, DH-6, 1B-1
1991		90	.249	.341	185	46	8	0	3	1.6	33	21	23	42	12	8	0	123	122	3	25	3.1	.988	2B-45, OF-28, 3B-14, DH-6
4 yrs.		244	.225	.292	449	101	16	1	4	0.9	74	35	51	97	20	26	2	259	241	9	45	2.1	.982	2B-93, OF-81, 3B-42, DH-22, 1B-1

LEAGUE CHAMPIONSHIP SERIES

1989	OAK A	1	—	—	0	0	0	0	0	—	0	0	0	0	0	0	0	0	1	0	0	1.0	1.000	2B-1
1990		3	.000	.000	0	0	0	0	0	0.0	1	0	0	0	1	0	0	0	0	0	0	0.0	.900	DH-3
2 yrs.		4	.000	.000	0	0	0	0	0	0.0	1	0	0	0	1	0	0	0	1	0	0	0.3	.000	DH-3, 2B-1

WORLD SERIES

1989	OAK A	1	.500	.500	2	1	0	0	0	0.0	1	0	0	0	0	1	1	1	0	0	0	1.0	1.000	2B-1
1990		1	.000	.000	1	0	0	0	0	0.0	0	0	0	1	0	1	0	0	0	0	0	0.0	1.000	
2 yrs.		2	.333	.333	3	1	0	0	0	0.0	1	0	0	1	0	2	1	1	0	0	0	0.5	.000	2B-1

Jeff Blauser BLAUSER, JEFFREY MICHAEL
B. Nov. 8, 1965, Los Gatos, Calif.
BR TR 6' 170 lbs.

SHORTSTOP

Split	Games	BA	SA	AB	H	2B	3B	HR	HR%	R	RBI	BB	SO	SB
April	14	.281	.438	32	9	0	1	1	3.1	4	5	1	2	1
May	22	.204	.352	54	11	1	2	1	1.9	5	7	13	6	1
June	28	.300	.513	80	24	8	0	3	3.8	10	19	12	9	0
July	25	.265	.398	83	22	2	0	3	3.6	16	13	11	14	1
Aug	25	.250	.375	72	18	3	0	2	2.8	7	8	11	16	1
Sept/Oct	15	.226	.323	31	7	0	0	1	3.2	7	2	6	12	1
Day	33	.198	.313	96	19	3	1	2	2.1	11	9	8	16	0
Night	96	.281	.445	256	72	11	2	9	3.5	38	45	46	43	5
vs. Left		.305	.484	128	39	5	3	4	3.1	19	26	25	20	1
vs. Right		.232	.366	224	52	9	0	7	3.1	30	28	29	39	4
On Grass	95	.252	.405	274	69	10	1	10	3.6	39	42	42	42	3
On Turf	34	.282	.423	78	22	4	2	1	1.3	10	12	12	17	2
Home	64	.270	.425	174	47	6	0	7	4.0	32	32	31	25	2
Road	65	.247	.393	178	44	8	3	4	2.2	17	22	23	34	3
Division Rivals														
vs. CIN	11	.233	.367	30	7	1	0	1	3.3	6	3	3	10	1
vs. HOU	15	.257	.486	35	9	0	1	2	5.7	6	6	5	6	0
vs. LA	12	.286	.393	28	8	0	0	1	3.6	2	3	3	5	1
vs. SD	16	.167	.188	48	8	1	0	0	0.0	4	1	5	7	0
vs. SF	15	.333	.556	45	15	2	1	2	4.4	3	7	7	8	1
On 3B <2 Out		.250	.500	12	3	0	0	1	8.3	1	10	6	3	

Year	Team	Games	BA	SA	AB	H	2B	3B	HR	HR%	R	RBI	BB	SO	SB	PH AB	PH H	PO	A	E	DP	TC/G	FA	G by Pos
1987	ATL N	51	.242	.352	165	40	6	3	2	1.2	11	15	18	34	7	1	0	65	166	9	28	4.7	.963	SS-50
1988		18	.239	.403	67	16	3	1	2	3.0	7	7	2	11	0	1	0	35	59	4	8	5.4	.959	2B-9, SS-8
1989		142	.270	.410	456	123	24	2	12	2.6	63	46	38	101	5	9	4	137	254	21	28	2.9	.949	3B-78, 2B-39, SS-30, OF-2
1990		115	.269	.409	386	104	24	3	8	2.0	46	39	35	70	3	4	2	169	288	16	54	4.2	.966	SS-93, 2B-14, 3B-9, OF-1
1991		129	.259	.409	352	91	14	3	11	3.1	49	54	54	59	5	26	6	136	219	17	37	3.0	.954	SS-85, 2B-32, 3B-18
5 yrs.		455	.262	.403	1426	374	71	12	35	2.5	176	161	147	275	20	41	12	542	986	67	155	3.5	.958	SS-266, 3B-105, 2B-94, OF-3

LEAGUE CHAMPIONSHIP SERIES

| 1991 | ATL N | 2 | .000 | .000 | 2 | 0 | 0 | 0 | 0 | 0.0 | 0 | 0 | 0 | 0 | 0 | 1 | 0 | 0 | 1 | 1 | 0 | 1.0 | .500 | SS-2 |

WORLD SERIES

| 1991 | ATL N | 5 | .167 | .167 | 6 | 1 | 0 | 0 | 0 | 0.0 | 0 | 0 | 1 | 1 | 0 | 4 | 0 | 3 | 3 | 0 | 1 | 1.2 | 1.000 | SS-5 |

PLAYER REGISTER

Year	Team	Games	BA	SA	AB	H	2B	3B	HR	HR%	R	RBI	BB	SO	SB	PINCH HIT AB	PINCH HIT H	PO	A	E	DP	TC/G	FA	G by Pos

Mike Blowers
BLOWERS, MICHAEL ROY
B. Apr. 24, 1965, Wurzburg, West Germany
BR TR 6' 2" 190 lbs.

Year	Team	Games	BA	SA	AB	H	2B	3B	HR	HR%	R	RBI	BB	SO	SB	PH AB	PH H	PO	A	E	DP	TC/G	FA	G by Pos
1989	NY A	13	.263	.263	38	10	0	0	0	0.0	2	3	3	13	0	1	0	9	14	4	3	2.1	.852	3B-13
1990		48	.188	.319	144	27	4	0	5	3.4	16	21	12	50	1	3	0	26	63	10	4	2.2	.899	3B-45, DH-2
1991		15	.200	.286	35	7	0	0	1	2.9	3	1	4	3	0	1	0	4	16	3	1	1.6	.870	3B-14
3 yrs.		76	.203	.304	217	44	4	0	6	2.8	21	25	19	66	1	5	0	39	93	17	8	2.0	.886	3B-72, DH-2

Wade Boggs
BOGGS, WADE ANTHONY
B. June 15, 1958, Omaha, Neb.
BL TR 6' 2" 190 lbs.

Split	Games	BA	SA	AB	H	2B	3B	HR	HR%	R	RBI	BB	SO	SB
April	18	.304	.507	69	21	5	0	3	4.3	10	5	15	3	0
May	26	.354	.465	99	35	8	0	1	1.0	18	12	21	6	1
June	26	.271	.385	96	26	8	0	1	1.0	10	14	11	8	0
July	22	.415	.598	82	34	10	1	1	1.2	21	8	15	5	0
Aug	27	.330	.425	106	35	5	1	1	0.9	18	8	13	6	0
Sept/Oct	25	.319	.415	94	30	6	0	1	1.1	16	4	14	4	0
Day	46	.306	.406	170	52	11	0	2	1.2	30	17	27	10	0
Night	98	.343	.484	376	129	31	2	6	1.6	63	34	62	22	1
vs. Left		.265	.361	166	44	6	2	2	1.2	27	13	17	10	0
vs. Right		.361	.503	380	137	36	0	6	1.6	66	38	72	22	1
On Grass	119	.330	.470	445	147	34	2	8	1.8	75	47	72	24	1
On Turf	25	.337	.416	101	34	8	0	0	0.0	18	4	17	8	0
Home	69	.389	.587	252	98	28	2	6	2.4	50	32	47	12	0
Road	75	.282	.350	294	83	14	0	2	0.7	43	19	42	20	1
Division Rivals														
vs. BAL	13	.298	.426	47	14	3	0	1	2.1	4	7	4	4	0
vs. CLE	13	.293	.431	58	17	3	1	1	1.7	7	7	5	4	0
vs. DET	11	.512	.721	43	22	9	0	0	0.0	14	1	8	1	0
vs. MIL	8	.208	.250	24	5	1	0	0	0.0	6	3	6	2	0
vs. NY	10	.211	.237	38	8	1	0	0	0.0	4	3	6	2	0
vs. TOR	11	.439	.683	41	18	4	0	2	4.9	11	3	12	2	0
On 3B < 2 Out		.400	.400	15	6	0	0	0	0.0	0	18	8	0	

THIRD BASE
Charts: AVERAGE, RBI, HR, SB (vs. AL AVG)

Year	Team	Games	BA	SA	AB	H	2B	3B	HR	HR%	R	RBI	BB	SO	SB	PH AB	PH H	PO	A	E	DP	TC/G	FA	G by Pos
1982	BOS A	104	.349	.441	338	118	14	1	5	1.5	51	44	35	21	1	13	4	489	168	8	51	6.4	.988	1B-49, 3B-44, DH-3, OF-1
1983		153	**.361**	.486	582	210	44	7	5	0.9	100	74	92	36	3	0	0	118	368	27	40	3.4	.947	3B-153
1984		158	.325	.416	625	203	31	4	6	1.0	109	55	89	44	3	1	0	141	330	20	30	3.1	.959	3B-155, DH-2
1985		161	**.368**	.478	653	**240**	42	3	8	1.2	107	78	96	61	2	0	0	134	335	17	30	3.0	.965	3B-161
1986		149	**.357**	.486	580	207	47	2	8	1.4	107	71	**105**	44	0	0	0	121	267	19	30	2.7	.953	3B-149
1987		147	.363	.588	551	200	40	6	24	4.4	108	89	105	48	1	1	0	112	277	14	37	2.7	.965	3B-145, DH-1, 1B-1
1988		155	.366	.490	584	214	**45**	6	5	0.9	**128**	58	**125**	34	2	1	1	122	250	11	17	2.5	.971	3B-151, DH-3
1989		156	.330	.449	621	205	**51**	7	3	0.5	113	54	107	51	2	1	0	123	264	17	29	2.6	.958	3B-152, DH-3
1990		155	.302	.418	619	187	44	5	6	0.9	89	63	87	68	0	0	0	100	241	20	18	2.4	.946	3B 162, DH 3
1991		144	.332	.460	546	181	42	2	8	1.5	93	51	89	32	1	3	2	89	276	12	34	2.7	.968	3B-140
10 yrs.		1482	.345 5th	.471	5699	1965	400	43	78	1.4	1005	637	930	439	15	20	7	1557	2776	165	316	3.0	.963	3B-1402, 1B-50, DH-15, OF-1

LEAGUE CHAMPIONSHIP SERIES

Year	Team	Games	BA	SA	AB	H	2B	3B	HR	HR%	R	RBI	BB	SO	SB	PH AB	PH H	PO	A	E	DP	TC/G	FA	G by Pos
1986	BOS A	7	.233	.333	30	7	1	1	0	0.0	3	2	4	1	0	0	0	7	14	2	1	3.3	.913	3B-7
1988		4	.385	.385	13	5	0	0	0	0.0	2	3	3	4	0	0	0	6	6	0	1	3.0	1.000	3B-4
1990		4	.438	.688	16	7	1	0	1	6.2	1	1	0	3	0	0	0	6	10	0	2	4.0	1.000	3B-4
3 yrs.		15	.322	.441	59	19	2	1	1	1.7	6	6	7	8	0	0	0	19	30	2	4	3.4	.961	3B-15

WORLD SERIES

Year	Team	Games	BA	SA	AB	H	2B	3B	HR	HR%	R	RBI	BB	SO	SB	PH AB	PH H	PO	A	E	DP	TC/G	FA	G by Pos
1986	BOS A	7	.290	.387	31	9	3	0	0	0.0	3	3	3	2	0	0	0	4	15	0	1	2.7	1.000	3B-7

PLAYER REGISTER

Year	Team	Games	BA	SA	AB	H	2B	3B	HR	HR%	R	RBI	BB	SO	SB	PINCH HIT AB	H	PO	A	E	DP	TC/G	FA	G by Pos

Barry Bonds

BONDS, BARRY LAMAR
Son of Bobby Bonds.
B. July 24, 1964, Riverside, Calif.
BL TL 6' 1" 185 lbs.

Split	Team	Games	BA	SA	AB	H	2B	3B	HR	HR%	R	RBI	BB	SO	SB	PH AB	PH H	PO	A	E	DP	TC/G	FA	G by Pos
April		16	.177	.290	62	11	1	0	2	3.2	6	10	3	15	2									
May		25	.280	.451	82	23	3	1	3	3.7	12	16	14	9	6									
June		26	.325	.613	80	26	6	1	5	6.3	16	19	25	9	8									
July		27	.362	.638	94	34	4	2	6	6.4	20	29	16	11	15									
Aug		28	.287	.553	94	27	7	0	6	6.4	22	22	23	15	9									
Sept/Oct		31	.286	.469	98	28	7	1	3	3.1	19	20	26	14	3									
Day		39	.260	.427	131	34	8	1	4	3.1	21	27	25	23	7									
Night		114	.303	.544	379	115	20	4	21	5.5	74	89	82	50	36									
vs. Left			.284	.473	201	57	13	2	7	3.5	30	39	32	30	14									
vs. Right			.298	.540	309	92	15	3	18	5.8	65	77	75	43	29									
On Grass		39	.280	.500	132	37	10	2	5	3.8	22	27	23	18	15									
On Turf		114	.296	.519	378	112	18	3	20	5.3	73	89	84	55	28									
Home		79	.272	.448	261	71	8	1	12	4.6	47	51	49	42	16									
Road		74	.313	.582	249	78	20	4	13	5.2	48	65	58	31	27									
Division Rivals																								
vs. CHI		17	.212	.424	66	14	3	1	3	4.5	11	16	10	12	5									
vs. MON		17	.351	.632	57	20	4	0	4	7.0	11	13	14	6	3									
vs. NY		13	.311	.356	45	14	2	0	0	0.0	7	7	6	8	4									
vs. PHI		17	.353	.667	51	18	5	1	3	5.9	12	13	17	5	4									
vs. STL		18	.317	.698	63	20	4	1	6	9.5	13	19	9	6	3									
On 3B <2 Out			.467	.867	30	14	3	0	3	10.0	3	40	8	3										
1986	PIT N	113	.223	.416	413	92	26	3	16	3.9	72	48	65	102	36	3	1	280	9	5	2	2.6	.983	OF-110
1987		150	.261	.492	551	144	34	9	25	4.5	99	59	54	88	32	7	1	330	15	5	3	2.3	.986	OF-145
1988		144	.283	.491	538	152	30	5	24	4.5	97	58	72	82	17	11	2	292	5	6	0	2.1	.980	OF-136
1989		159	.248	.426	580	144	34	6	19	3.3	96	58	93	93	32	8	3	365	14	6	1	2.4	.984	OF-156
1990		151	.301	.565	519	156	32	3	33	6.3	104	114	93	83	52	2	0	338	14	6	2	2.4	.983	OF-150
1991		153	.292	.514	510	149	28	5	25	4.9	95	116	107	73	43	3	1	321	13	3	1	2.2	.991	OF-150
6 yrs.		870	.269	.485	3111	837	184	31	142	4.6	563	453	484	521	212	34	8	1926	70	31	9	2.3	.985	OF-847

LEAGUE CHAMPIONSHIP SERIES

Year	Team	G	BA	SA	AB	H	2B	3B	HR	HR%	R	RBI	BB	SO	SB	PH AB	PH H	PO	A	E	DP	TC/G	FA	G by Pos
1990	PIT N	6	.167	.167	18	3	0	0	0	0.0	4	1	6	5	2	0	0	13	0	0	0	2.2	1.000	OF-6
1991		7	.148	.185	27	4	1	0	0	0.0	1	0	2	4	3	0	0	14	1	1	0	2.3	.938	OF-7
2 yrs.		13	.156	.178	45	7	1	0	0	0.0	5	1	8	9	5	0	0	27	1	1	0	2.2	.966	OF-13

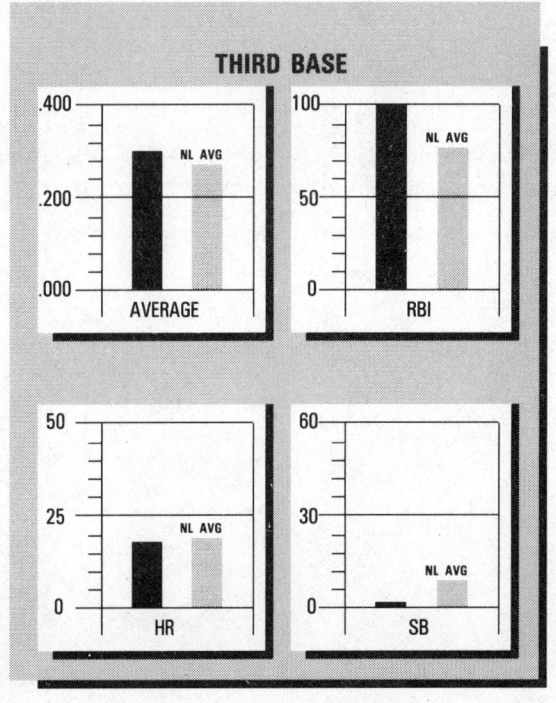

Bobby Bonilla

BONILLA, ROBERTO MARTIN ANTONIO
B. Feb. 23, 1963, New York, N.Y.
BB TR 6' 3" 210 lbs.

Split	Team	Games	BA	SA	AB	H	2B	3B	HR	HR%	R	RBI	BB	SO	SB
April		20	.315	.521	73	23	6	0	3	4.1	15	17	11	5	1
May		25	.312	.473	93	29	6	0	3	3.2	14	15	12	10	1
June		24	.217	.386	83	18	9	1	1	1.2	8	9	14	11	0
July		27	.330	.563	112	37	4	2	6	5.4	21	23	10	13	0
Aug		29	.377	.604	106	40	13	1	3	2.8	21	20	19	9	0
Sept/Oct		32	.245	.391	110	27	6	2	2	1.8	23	16	24	19	0
Day		41	.340	.582	153	52	9	2	8	5.2	35	31	26	16	1
Night		116	.288	.460	424	122	35	4	10	2.4	67	69	64	51	1
vs. Left			.284	.530	232	66	13	1	14	6.0	38	47	25	23	2
vs. Right			.313	.467	345	108	31	5	4	1.2	64	53	65	44	0
On Grass		39	.284	.419	155	44	5	2	4	2.6	25	21	14	23	0
On Turf		118	.308	.519	422	130	39	4	14	3.3	77	79	76	44	2
Home		82	.309	.512	285	88	25	3	9	3.2	52	51	49	29	1
Road		75	.295	.473	292	86	19	3	9	3.1	50	49	41	38	1
Division Rivals															
vs. CHI		18	.362	.609	69	25	4	2	3	4.3	16	12	14	9	0
vs. MON		17	.293	.500	58	17	6	0	2	3.4	11	12	14	8	1
vs. NY		18	.292	.477	65	19	6	0	2	3.1	10	15	7	9	0
vs. PHI		18	.302	.460	63	19	7	0	1	1.6	13	12	17	8	0
vs. STL		18	.299	.403	67	20	3	2	0	0.0	12	6	9	7	0
On 3B <2 Out			.563	.906	32	18	6	1	1	3.1	1	38	10	3	

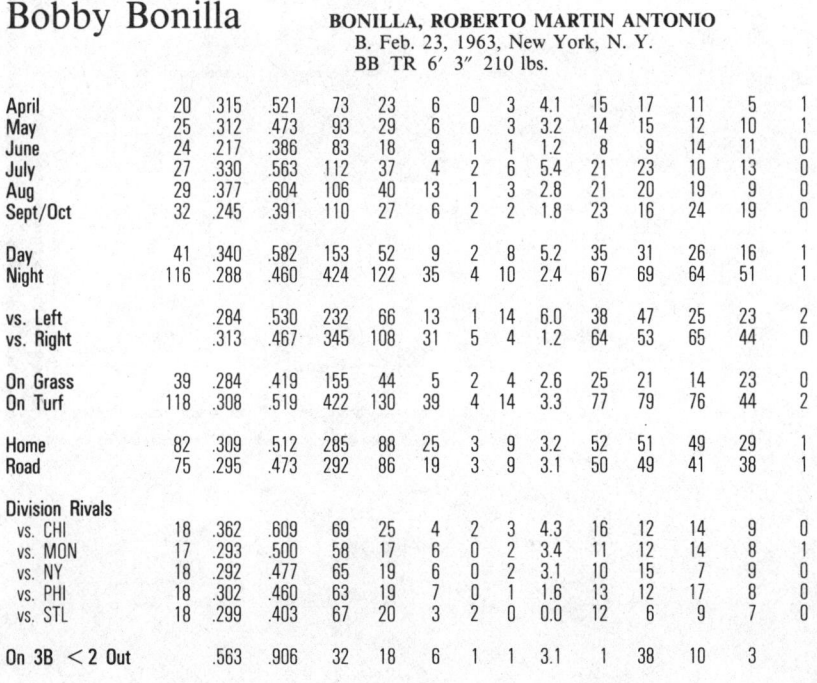

Year	Team	Games	BA	SA	AB	H	2B	3B	HR	HR%	R	RBI	BB	SO	SB	PINCH HIT AB	H	PO	A	E	DP	TC/G	FA	G by Pos

Bobby Bonilla *Continued*

Year	Team	Games	BA	SA	AB	H	2B	3B	HR	HR%	R	RBI	BB	SO	SB	AB	H	PO	A	E	DP	TC/G	FA	G by Pos
1986	2 teams		CHI A	(75G — .269)	PIT N	(63G — .240)																		
"	total	138	.256	.333	426	109	16	4	3	0.7	55	43	62	88	8	19	2	451	38	5	29	3.6	.990	OF-94, 1B-34, 3B-4
1987	PIT N	141	.300	.481	466	140	33	3	15	3.2	58	77	39	64	3	17	6	142	139	16	13	2.1	.946	3B-89, OF-46, 1B-6
1988		159	.274	.476	584	160	32	7	24	4.1	87	100	85	82	3	0	0	121	336	32	17	3.1	.935	3B-159
1989		163	.281	.490	616	173	37	10	24	3.9	96	86	76	93	8	1	0	190	334	35	37	3.4	.937	3B-156, 1B-8, OF-1
1990		160	.280	.518	625	175	39	7	32	5.1	112	120	45	103	4	1	0	315	35	15	2	2.3	.959	OF-149, 3B-14, 1B-3
1991		157	.302	.492	577	174	**44**	6	18	3.1	102	100	90	67	2	2	0	247	144	15	19	2.6	.963	OF-104, 3B-67, 1B-4
6 yrs.		918	.283	.472	3294	931	201	37	116	3.5	510	526	397	497	28	40	8	1466	1026	118	117	2.8	.955	3B-489, OF-394, 1B-55

LEAGUE CHAMPIONSHIP SERIES

Year	Team	Games	BA	SA	AB	H	2B	3B	HR	HR%	R	RBI	BB	SO	SB	AB	H	PO	A	E	DP	TC/G	FA	G by Pos
1990	PIT N	6	.190	.238	21	4	1	0	0	0.0	0	1	3	1	0	0	0	4	5	1	1	1.7	.900	OF-5, 3B-3
1991		7	.304	.391	23	7	2	0	0	0.0	2	1	6	2	0	0	0	12	1	0	0	1.9	1.000	OF-7
2 yrs.		13	.250	.318	44	11	3	0	0	0.0	2	2	9	3	0	0	0	16	6	1	1	1.8	.957	OF-12, 3B-3

Rod Booker

BOOKER, RODERICK STEWART
B. Sept. 4, 1958, Los Angeles, Calif.
BL TR 6' 175 lbs.

Year	Team	Games	BA	SA	AB	H	2B	3B	HR	HR%	R	RBI	BB	SO	SB	AB	H	PO	A	E	DP	TC/G	FA	G by Pos
1987	STL N	44	.277	.340	47	13	1	1	0	0.0	9	8	7	7	2	18	4	25	28	2	5	1.3	.964	2B-18, 3B-4, SS-1
1988		18	.343	.429	35	12	3	0	0	0.0	6	3	4	3	2	6	2	3	15	2	0	1.1	.900	3B-13, 2B-1
1989		10	.250	.250	8	2	0	0	0	0.0	1	0	0	1	0	2	0	4	9	2	2	1.5	.867	2B-5, 3B-1
1990	PHI N	73	.221	.290	131	29	5	2	0	0.0	19	10	15	26	3	13	2	57	74	4	15	2.4	.970	SS-27, 2B-23, 3B-10
1991		28	.226	.245	53	12	1	0	0	0.0	3	7	1	7	0	3	1	17	33	0	2	2.2	1.000	SS-20, 3B-3
5 yrs.		173	.248	.307	274	68	10	3	0	0.0	38	28	27	44	7	42	9	106	159	10	24	1.6	.964	SS-48, 2B-47, 3B-31

Pat Borders

BORDERS, PATRICK LANCE
B. May 14, 1963, Columbus, Ohio
BR TR 6' 2" 190 lbs.

Split	Games	BA	SA	AB	H	2B	3B	HR	HR%	R	RBI	BB	SO	SB
April	11	.071	.071	28	2	0	0	0	0.0	0	2	0	3	0
May	17	.375	.400	40	15	1	0	0	0.0	8	1	1	7	0
June	15	.196	.283	46	9	4	0	0	0.0	2	2	1	6	0
July	14	.310	.500	42	13	5	0	1	2.4	3	9	2	5	0
Aug	24	.294	.382	68	20	6	0	0	0.0	3	11	3	13	0
Sept/Oct	24	.179	.373	67	12	1	0	4	6.0	6	11	4	11	0
Day	36	.194	.272	103	20	5	0	1	1.0	4	11	1	22	0
Night	69	.271	.399	188	51	12	0	4	2.1	18	25	10	23	0
vs. Left		.238	.320	147	35	9	0	1	0.7	11	14	7	19	0
vs. Right		.250	.389	144	36	8	0	4	2.8	11	22	4	26	0
On Grass	38	.254	.385	122	31	7	0	3	2.5	10	17	5	23	0
On Turf	67	.237	.331	169	40	10	0	2	1.2	12	19	6	22	0
Home	57	.247	.356	146	36	10	0	2	1.4	11	18	5	17	0
Road	48	.241	.352	145	35	7	0	3	2.1	11	18	6	28	0
Division Rivals														
vs. BAL	7	.200	.300	20	4	2	0	0	0.0	1	1	2	2	0
vs. BOS	8	.207	.207	29	6	0	0	0	0.0	0	1	0	9	0
vs. CLE	8	.208	.333	24	5	3	0	0	0.0	1	3	0	5	0
vs. DET	11	.250	.333	24	6	2	0	0	0.0	0	3	1	1	0
vs. MIL	7	.000	.000	20	0	0	0	0	0.0	0	2	1	3	0
vs. NY	10	.400	.560	25	10	4	0	0	0.0	4	6	1	2	0
On 3B < 2 Out		.385	.462	13	5	1	0	0	0.0	0	14	0	2	

Year	Team	Games	BA	SA	AB	H	2B	3B	HR	HR%	R	RBI	BB	SO	SB	AB	H	PO	A	E	DP	TC/G	FA	G by Pos
1988	TOR A	56	.273	.448	154	42	6	3	5	3.2	15	21	3	24	0	15	5	205	19	7	0	4.1	.970	C-43, 2B-1, 3B-1
1989		94	.257	.349	241	62	11	1	3	1.2	22	29	11	45	2	20	5	261	27	6	1	3.1	.980	C-68, DH-18
1990		125	.286	.497	346	99	24	2	15	4.3	36	49	18	57	0	25	5	515	46	4	6	4.9	.993	C-115, DH-1
1991		105	.244	.354	291	71	17	0	5	1.7	22	36	11	45	0	18	5	505	48	4	4	5.5	.993	C-102
4 yrs.		380	.266	.415	1032	274	58	6	28	2.7	95	135	43	171	2	78	20	1486	140	21	11	4.3	.987	C-328, DH-19, 2B-1, 3B-1

LEAGUE CHAMPIONSHIP SERIES

Year	Team	Games	BA	SA	AB	H	2B	3B	HR	HR%	R	RBI	BB	SO	SB	AB	H	PO	A	E	DP	TC/G	FA	G by Pos
1989	TOR A	1	1.000	1.000	1	1	0	0	0	0.0	0	1	0	0	0	1	1	1	0	0	0	1.0	1.000	C-1
1991		5	.263	.316	19	5	1	0	0	0.0	0	2	0	3	0	0	0	38	4	2	0	8.8	.955	C-5
2 yrs.		6	.300	.350	20	6	1	0	0	0.0	0	3	0	3	0	1	1	39	4	2	0	7.5	.956	C-6

PLAYER REGISTER

Year	Team	Games	BA	SA	AB	H	2B	3B	HR	HR%	R	RBI	BB	SO	SB	PINCH HIT AB	PINCH HIT H	PO	A	E	DP	TC/G	FA	G by Pos

Mike Bordick

BORDICK, MICHAEL TODD
B. July 21, 1965, Marquette, Mich.
BR TR 5' 11" 170 lbs.

Split	Games	BA	SA	AB	H	2B	3B	HR	HR%	R	RBI	BB	SO	SB
April				0	0	0	0	0		0	0	0	0	0
May				0	0	0	0	0		0	0	0	0	0
June	7	.200	.300	10	2	1	0	0	0.0	0	0	0	1	0
July	24	.221	.250	68	15	2	0	0	0.0	6	7	3	11	1
Aug	29	.250	.289	76	19	1	1	0	0.0	5	4	7	11	1
Sept/Oct	30	.247	.259	81	20	1	0	0	0.0	10	10	4	14	1
Day	27	.279	.309	68	19	2	0	0	0.0	8	10	6	9	1
Night	63	.222	.251	167	37	3	1	0	0.0	13	11	8	28	2
vs. Left		.224	.241	58	13	1	0	0	0.0	6	6	4	6	0
vs. Right		.243	.277	177	43	4	1	0	0.0	15	15	10	31	3
On Grass	73	.222	.259	189	42	5	1	0	0.0	15	11	11	29	0
On Turf	17	.304	.304	46	14	0	0	0	0.0	6	10	3	8	3
Home	42	.226	.264	106	24	2	1	0	0.0	10	7	7	14	0
Road	48	.248	.271	129	32	3	0	0	0.0	11	14	7	23	3
Division Rivals														
vs. CAL	6	.235	.412	17	4	1	1	0	0.0	1	1	2	3	0
vs. CHI	5	.400	.500	10	4	1	0	0	0.0	2	0	1	1	0
vs. KC	10	.367	.367	30	11	0	0	0	0.0	4	7	2	5	2
vs. MIN	7	.167	.167	18	3	0	0	0	0.0	0	1	2	3	0
vs. SEA	7	.278	.278	18	5	0	0	0	0.0	1	2	0	2	1
vs. TEX	10	.259	.333	27	7	2	0	0	0.0	4	5	3	5	0
On 3B < 2 Out		.250	.250	12	3	0	0	0	0.0	0	10	1	1	

Year	Team		Games	BA	SA	AB	H	2B	3B	HR	HR%	R	RBI	BB	SO	SB	PH AB	PH H	PO	A	E	DP	TC/G	FA	G by Pos
1990	OAK	A	25	.071	.071	14	1	0	0	0	0.0	0	0	1	4	0	4	1	9	8	0	0	0.7	1.000	3B-10, SS-9, 2B-7
1991			90	.238	.268	235	56	5	1	0	0.0	21	21	14	37	3	2	0	146	213	11	46	4.1	.970	SS-84, 2B-5, 3B-1
2 yrs.			115	.229	.257	249	57	5	1	0	0.0	21	21	15	41	3	6	1	155	221	11	46	3.4	.972	SS-93, 2B-12, 3B-11

WORLD SERIES

Year	Team		Games	BA	SA	AB	H	2B	3B	HR	HR%	R	RBI	BB	SO	SB	PH AB	PH H	PO	A	E	DP	TC/G	FA	G by Pos
1990	OAK	A	3	.000	.000	0	0	0	0	0	0.0	0	0	0	0	0	0	0	2	0	0	0	0.7	1.000	SS-3

Daryl Boston

BOSTON, DARYL LAMONT
B. Jan. 4, 1963, Cincinnati, Ohio
BL TL 6' 3" 185 lbs.

Split	Games	BA	SA	AB	H	2B	3B	HR	HR%	R	RBI	BB	SO	SB
April	16	.192	.269	26	5	0	1	0	0.0	2	2	2	3	3
May	22	.136	.182	22	3	1	0	0	0.0	3	0	1	3	0
June	23	.286	.449	49	14	8	0	0	0.0	8	5	5	9	2
July	24	.256	.410	39	10	3	0	1	2.6	11	2	8	6	4
Aug	26	.305	.339	59	18	0	1	0	0.0	7	5	4	11	1
Sept/Oct	26	.333	.617	60	20	4	2	3	5.0	9	7	10	10	5
Day	43	.232	.411	95	22	6	1	3	3.2	16	8	14	15	7
Night	94	.300	.419	160	48	10	3	1	0.6	24	13	16	27	8
vs. Left		.194	.387	31	6	3	0	1	3.2	10	1	0	11	2
vs. Right		.286	.420	224	64	13	4	3	1.3	30	20	30	31	13
On Grass	98	.254	.387	173	44	13	2	2	1.2	25	15	21	29	10
On Turf	39	.317	.476	82	26	3	2	2	2.4	15	6	9	13	5
Home	69	.244	.400	135	33	11	2	2	1.5	20	13	19	26	10
Road	68	.308	.433	120	37	5	2	2	1.7	20	8	11	16	5
Division Rivals														
vs. CHI	16	.211	.316	19	4	0	1	0	0.0	1	2	2	2	0
vs. MON	18	.229	.375	48	11	5	1	0	0.0	8	3	4	5	5
vs. PHI	17	.375	.750	32	12	4	1	2	6.3	9	4	7	6	4
vs. PIT	13	.136	.318	22	3	1	0	1	4.5	2	5	2	7	0
vs. STL	16	.463	.610	41	19	1	1	1	2.4	5	3	4	1	3
On 3B < 2 Out		.625	1.000	8	5	0	0	1	12.5	1	10	3	0	

Year	Team		Games	BA	SA	AB	H	2B	3B	HR	HR%	R	RBI	BB	SO	SB	PH AB	PH H	PO	A	E	DP	TC/G	FA	G by Pos
1984	CHI	A	35	.169	.229	83	14	3	1	0	0.0	8	3	4	20	6	2	1	59	2	6	1	1.9	.910	OF-34, DH-1
1985			95	.228	.332	232	53	13	1	3	1.3	20	15	14	44	8	5	1	179	7	2	1	2.0	.989	OF-93, DH-2
1986			56	.266	.427	199	53	11	3	5	2.5	29	22	21	33	9	1	0	152	3	5	1	2.9	.969	OF-53, DH-1
1987			103	.258	.421	337	87	21	2	10	3.0	51	29	25	68	12	10	2	207	3	2	3	2.1	.991	OF-92, DH-5
1988			105	.217	.434	281	61	12	2	15	5.3	37	31	21	44	9	13	3	190	4	10	2	1.9	.951	OF-85, DH-5

PLAYER REGISTER

Year	Team		Games	BA	SA	AB	H	2B	3B	HR	HR%	R	RBI	BB	SO	SB	PINCH HIT AB	PINCH HIT H	PO	A	E	DP	TC/G	FA	G by Pos

Daryl Boston *Continued*

Year	Team		Games	BA	SA	AB	H	2B	3B	HR	HR%	R	RBI	BB	SO	SB	PH AB	PH H	PO	A	E	DP	TC/G	FA	G by Pos
1989			101	.252	.372	218	55	3	4	5	2.3	34	23	24	31	7	16	4	134	2	4	0	1.4	.971	OF-75, DH-9
1990	2 teams		CHI A (5G — .000)			NY N (115G — .273)																			
"	total		120	.272	.439	367	100	21	2	12	3.2	65	45	28	50	19	18	3	203	3	3	1	1.9	.986	OF-110, DH-3
1991	NY	N	137	.275	.416	255	70	16	4	4	1.6	40	21	30	42	15	27	6	156	2	3	1	1.4	.981	OF-115
8 yrs.			752	.250	.402	1972	493	100	19	54	2.7	284	189	167	332	85	92	20	1280	26	35	10	1.8	.974	OF-657, DH-26

Scott Bradley

BRADLEY, SCOTT WILLIAM
B. Mar. 22, 1960, Glen Ridge, N. J.
BL TR 5' 11" 175 lbs.

Year	Team		Games	BA	SA	AB	H	2B	3B	HR	HR%	R	RBI	BB	SO	SB	PH AB	PH H	PO	A	E	DP	TC/G	FA	G by Pos
1984	NY	A	9	.286	.333	21	6	1	0	0	0.0	3	2	1	1	0	1	0	10	0	0	0	1.1	1.000	OF-5, C-3
1985			19	.163	.245	49	8	2	1	0	0.0	4	1	1	5	0	7	1	12	0	1	0	0.7	.923	DH-9, C-3
1986	2 teams		CHI A (9G — .286)			SEA A (68G — .302)																			
"	total		77	.300	.432	220	66	8	3	5	2.3	20	28	13	7	1	17	5	281	21	3	5	4.0	.990	C-59, DH-9, OF-1
1987	SEA	A	102	.278	.371	342	95	15	1	5	1.5	34	43	15	18	0	12	4	438	39	8	4	4.8	.984	C-82, 3B-8, OF-2
1988			103	.257	.349	335	86	17	1	4	1.2	45	33	17	16	1	12	2	543	42	6	7	5.7	.990	C-85, DH-4, OF-4, 3B-3, 1B-2
1989			103	.274	.367	270	74	16	0	3	1.1	21	37	21	23	1	25	9	400	26	4	6	4.2	.991	C-70, DH-6, 1B-2, OF-1
1990			101	.223	.275	233	52	9	0	1	0.4	11	28	15	20	0	35	10	354	30	2	4	5.8	.995	C-63, DH-6, 3B-5, 1B-1
1991			83	.203	.244	172	35	7	0	0	0.0	10	11	19	19	0	25	4	288	18	4	4	4.6	.987	C-65, 3B-4, DH-2, 1B-1
8 yrs.			597	.257	.343	1642	422	75	6	18	1.1	148	183	102	109	3	134	34	2326	176	28	30	4.2	.989	C-430, DH-36, 3B-20, OF-13, 1B-6

Glenn Braggs

BRAGGS, GLENN ERICK
B. Oct. 17, 1962, San Bernardino, Calif.
BR TR 6' 3" 210 lbs.

Split			G	BA	SA	AB	H	2B	3B	HR	HR%	R	RBI	BB	SO	SB
April			11	.115	.231	26	3	0	0	1	3.8	3	3	6	5	0
May			19	.217	.522	46	10	2	0	4	8.7	7	8	10	8	2
June			16	.233	.395	43	10	1	0	2	4.7	6	10	6	11	1
July			16	.313	.438	48	15	3	0	1	2.1	5	4	0	10	2
Aug			23	.310	.460	87	27	4	0	3	3.4	15	14	1	12	6
Sept/Oct						0	0	0	0	0		0	0	0	0	0
Day			20	.283	.642	53	15	1	0	6	11.3	12	14	8	11	1
Night			65	.254	.376	197	50	9	0	5	2.5	24	25	15	35	10
vs. Left				.282	.452	124	35	6	0	5	4.0	15	23	14	22	7
vs. Right				.238	.413	126	30	4	0	6	4.8	21	16	9	24	4
On Grass			29	.209	.275	91	19	3	0	1	1.1	11	8	9	17	5
On Turf			56	.289	.522	159	46	7	0	10	6.3	25	31	14	29	6
Home			41	.300	.660	120	36	6	0	8	6.7	22	23	9	19	6
Road			44	.223	.323	130	29	4	0	3	2.3	14	16	14	27	5
Division Rivals																
vs. ATL			10	.366	.488	41	15	2	0	1	2.4	10	5	4	4	1
vs. HOU			6	.286	.643	14	4	2	0	1	7.1	2	2	2	2	0
vs. LA			10	.314	.771	35	11	1	0	5	14.3	8	10	3	4	3
vs. SD			9	.160	.440	25	4	1	0	2	8.0	3	5	0	5	1
vs. SF			12	.205	.256	39	8	2	0	0	0.0	4	4	3	6	2
On 3B < 2 Out				.267	.467	15	4	0	0	1	6.7	1	14	4	2	

Year	Team		Games	BA	SA	AB	H	2B	3B	HR	HR%	R	RBI	BB	SO	SB	PH AB	PH H	PO	A	E	DP	TC/G	FA	G by Pos
1986	MIL	A	58	.237	.349	215	51	8	2	4	1.9	19	18	11	47	1	0	0	116	5	12	0	2.3	.910	OF-56, DH-2
1987			132	.269	.430	505	136	28	7	13	2.6	67	77	47	96	12	3	0	301	6	9	1	2.4	.972	OF-123, DH-8
1988			72	.261	.423	272	71	14	0	10	3.7	30	42	14	60	6	0	0	134	1	3	0	1.9	.978	OF-54, DH-18
1989			144	.247	.370	514	127	12	3	15	2.9	77	66	42	111	17	1	0	267	6	8	1	2.0	.972	OF-132, DH-13
1990	2 teams		MIL A (37G — .248)			CIN N (72G — .299)																			
"	total		109	.280	.417	314	88	14	1	9	2.8	39	41	38	64	8	14	4	191	11	7	3	2.3	.967	OF-92, DH-2
1991	CIN	N	85	.260	.432	250	65	10	0	11	4.4	36	39	23	46	11	15	4	139	2	5	1	2.0	.966	OF-74
6 yrs.			600	.260	.404	2070	538	86	13	62	3.0	268	283	175	424	55	33	8	1148	31	44	6	2.0	.964	OF-531, DH-43

LEAGUE CHAMPIONSHIP SERIES

Year	Team		Games	BA	SA	AB	H	2B	3B	HR	HR%	R	RBI	BB	SO	SB	PH AB	PH H	PO	A	E	DP	TC/G	FA	G by Pos
1990	CIN	N	2	.200	.200	5	1	0	0	0	0.0	0	0	0	1	0	0	0	2	0	0	0	1.0	1.000	OF-2

WORLD SERIES

Year	Team		Games	BA	SA	AB	H	2B	3B	HR	HR%	R	RBI	BB	SO	SB	PH AB	PH H	PO	A	E	DP	TC/G	FA	G by Pos
1990	CIN	N	2	.000	.000	4	0	0	0	0	0.0	0	2	1	0	0	2	0	0	0	0	0	0.0	.903	OF-1

OUTFIELD — Bar charts showing Average, RBI, HR, SB vs. NL AVG.

PLAYER REGISTER 33

Year	Team		Games	BA	SA	AB	H	2B	3B	HR	HR%	R	RBI	BB	SO	SB	PINCH HIT AB	H	PO	A	E	DP	TC/G	FA	G by Pos

Sid Bream

BREAM, SIDNEY EUGENE
B. Aug. 3, 1960, Carlisle, Pa.
BL TL 6′ 4″ 215 lbs.

			Games	BA	SA	AB	H	2B	3B	HR	HR%	R	RBI	BB	SO	SB
April			18	.241	.463	54	13	6	0	2	3.7	8	8	5	7	0
May			25	.288	.513	80	23	3	0	5	6.3	13	20	6	13	0
June			16	.341	.523	44	15	2	0	2	4.5	5	6	3	4	0
July						0	0	0	0	0	0.0	0	0	0	0	0
Aug			5	.200	.300	10	2	1	0	0	0.0	0	0	2	1	0
Sept/Oct			27	.182	.260	77	14	0	0	2	2.6	6	11	9	6	0
Day			24	.266	.547	64	17	3	0	5	7.8	10	15	3	10	0
Night			67	.249	.383	201	50	9	0	6	3.0	22	30	22	21	0
vs. Left				.150	.225	40	6	0	0	1	2.5	3	7	0	9	0
vs. Right				.271	.458	225	61	12	0	10	4.4	29	38	25	22	0
On Grass			64	.258	.403	186	48	9	0	6	3.2	20	31	18	21	0
On Turf			27	.241	.468	79	19	3	0	5	6.3	12	14	7	10	0
Home			42	.270	.391	115	31	5	0	3	2.6	11	21	8	15	0
Road			49	.240	.447	150	36	7	0	8	5.3	21	24	17	16	0
Division Rivals																
vs. CIN			11	.161	.387	31	5	1	0	2	6.5	6	6	4	3	0
vs. HOU			13	.237	.368	38	9	2	0	1	2.6	1	5	1	3	0
vs. LA			11	.172	.345	29	5	2	0	1	3.4	3	6	5	4	0
vs. SD			11	.265	.353	34	9	0	0	1	2.9	4	3	3	3	0
vs. SF			8	.391	.609	23	9	2	0	1	4.3	3	5	2	2	0
On 3B < 2 Out				.462	.769	13	6	1	0	1	7.7	1	16	3	1	

Year	Team		Games	BA	SA	AB	H	2B	3B	HR	HR%	R	RBI	BB	SO	SB	PH AB	H	PO	A	E	DP	TC/G	FA	G by Pos
1983	LA	N	15	.182	.182	11	2	0	0	0	0.0	0	2	2	2	0	10	2	8	0	0	1	0.5	1.000	1B-4
1984			27	.184	.245	49	9	3	0	0	0.0	2	6	6	9	1	11	1	95	11	0	9	3.9	1.000	1B-14
1985	2 teams		LA N	(24G —	.132)	PIT N	(26G —	.284)																	
"	total		50	.230	.399	148	34	7	0	6	4.1	18	21	18	24	0	10	2	367	35	3	29	8.1	.993	1B-41
1986	PIT	N	154	.268	.450	522	140	37	5	16	3.1	73	77	60	73	13	5	1	1320	166	17	107	9.8	.989	1B-153, OF-2
1987			149	.275	.411	516	142	25	3	13	2.5	64	65	49	69	9	7	2	1236	127	17	109	9.3	.988	1B-144
1988			148	.264	.409	462	122	37	0	10	2.2	50	65	47	64	9	16	6	1118	140	6	88	8.5	.995	1B-138
1989			19	.222	.306	36	8	3	0	0	0.0	3	4	12	10	0	2	0	111	7	1	5	6.3	.992	1B-13
1990			147	.270	.455	389	105	23	2	15	3.8	39	67	48	65	8	14	2	971	104	8	80	7.6	.993	1B-142
1991	ATL	N	91	.253	.423	265	67	12	0	11	4.2	32	45	25	31	0	9	5	668	50	3	53	8.5	.996	1B-85
9 yrs.			800	.262	.421	2398	629	147	10	71	3.0	281	352	267	347	40	84	21	5894	640	55	481	8.2	.992	1B-734, OF-2
LEAGUE CHAMPIONSHIP SERIES																									
1990	PIT	N	4	.500	1.000	8	4	1	0	1	12.5	1	3	2	3	0	1	0	26	3	0	3	7.3	1.000	1B-4
1991	ATL	N	4	.300	.600	10	3	0	0	1	10.0	1	3	0	1	0	1	0	19	4	0	2	5.8	1.000	1B-4
2 yrs.			8	.389	.778	18	7	1	0	2	11.1	2	6	2	4	0	2	0	45	7	0	5	6.5	.000	1B-8
WORLD SERIES																									
1991	ATL	N	7	.125	.208	24	3	2	0	0	0.0	0	0	3	4	0	0	0	69	7	0	6	10.9	1.000	1B-7

George Brett

BRETT, GEORGE HOWARD
Brother of Ken Brett.
B. May 15, 1953, Glen Dale, W. Va.
BL TR 6′ 185 lbs.

			Games	BA	SA	AB	H	2B	3B	HR	HR%	R	RBI	BB	SO	SB
April			12	.170	.170	47	8	0	0	0	0.0	4	0	3	9	0
May			8	.310	.483	29	9	2	0	1	3.4	7	4	5	6	0
June			26	.267	.410	105	28	12	0	1	1.0	14	19	12	13	0
July			25	.284	.500	102	29	10	0	4	3.9	25	17	11	10	0
Aug			28	.250	.407	108	27	10	2	1	0.9	9	10	13	16	1
Sept/Oct			32	.246	.377	114	28	6	0	3	2.6	18	11	14	21	0
Day			39	.296	.467	152	45	11	0	5	3.3	22	15	16	17	0
Night			92	.238	.374	353	84	29	2	5	1.4	55	46	42	58	2
vs. Left				.234	.353	167	39	12	1	2	1.2	16	18	20	28	1
vs. Right				.266	.426	338	90	28	1	8	2.4	61	43	38	47	1

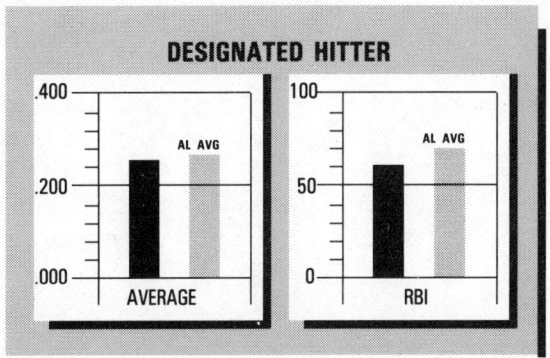

George Brett Continued

Year	Team		Games	BA	SA	AB	H	2B	3B	HR	HR%	R	RBI	BB	SO	SB	PINCH HIT AB	H	PO	A	E	DP	TC/G	FA	G by Pos
On Grass			54	.251	.408	211	53	18	0	5	2.4	34	26	19	32	0									
On Turf			77	.259	.398	294	76	22	2	5	1.7	43	35	39	43	2									
Home			62	.247	.379	243	60	19	2	3	1.2	32	27	30	33	2									
Road			69	.263	.424	262	69	21	0	7	2.7	45	34	28	42	0									
Division Rivals																									
vs. CAL			10	.194	.258	31	6	2	0	0	0.0	4	2	9	7	0									
vs. CHI			13	.229	.354	48	11	4	1	0	0.0	5	10	5	7	0									
vs. MIN			13	.255	.431	51	13	3	0	2	3.9	10	5	5	14	0									
vs. OAK			13	.321	.453	53	17	4	0	1	1.9	12	8	5	3	1									
vs. SEA			10	.267	.367	30	8	3	0	0	0.0	4	4	5	5	0									
vs. TEX			13	.296	.519	54	16	6	0	2	3.7	5	10	6	6	0									
On 3B <2 Out				.391	.652	23	9	3	0	1	4.3	1	25	6	4										
1973	KC	A	13	.125	.175	40	5	2	0	0	0.0	2	0	0	5	0	1	0	9	28	1	2	2.9	.974	3B-13
1974			133	.282	.363	457	129	21	5	2	0.4	49	47	21	38	8	2	0	102	279	21	16	3.0	.948	3B-132, SS-1
1975			159	.308	.456	634	195	35	13	11	1.7	84	89	46	49	13	0	0	132	356	26	27	3.2	.949	3B-159, SS-1
1976			159	**.333**	.462	645	215	34	14	7	1.1	94	67	49	36	21	0	0	146	350	26	23	3.3	.950	3B-157, SS-4
1977			139	.312	.532	564	176	32	13	22	3.9	105	88	55	24	14	3	1	115	325	21	33	3.3	.954	3B-135, DH-3, SS-1
1978			128	.294	.467	510	150	45	8	9	1.8	79	62	39	35	23	0	0	104	289	16	25	3.2	.961	3B-128, SS-1
1979			154	.329	.563	645	212	42	20	23	3.6	119	107	51	36	17	0	0	176	378	31	34	3.8	.947	3B-149, 1B-8, DH-1
1980			117	**.390**	**.664**	449	175	33	9	24	5.3	87	118	58	22	15	3	1	107	256	17	29	3.2	.955	3B-112, 1B-1
1981			89	.314	.484	347	109	27	7	6	1.7	42	43	27	23	14	0	0	74	170	14	7	2.9	.946	3B-88
1982			144	.301	.505	552	166	32	9	21	3.8	101	82	71	51	6	0	0	130	295	17	23	3.1	.962	3B-134, OF-12
1983			123	.310	.563	464	144	38	2	25	5.4	90	93	57	39	0	1	1	210	192	25	34	3.5	.941	3B-102, 1B-14, OF-13, DH-1
1984			104	.284	.459	377	107	21	3	13	3.4	42	69	38	37	0	3	1	59	201	14	18	2.6	.949	3B-101
1985			155	.335	**.585**	550	184	38	5	30	5.5	108	112	103	49	9	2	0	107	339	15	33	3.0	.967	3B-152, DH-1
1986			124	.290	.481	441	128	28	4	16	3.6	70	73	80	45	1	1	0	97	218	16	17	2.7	.952	3B-115, DH-7, SS-2
1987			115	.290	.496	427	124	18	2	22	5.2	71	78	72	47	6	0	0	805	69	9	72	7.7	.990	1B-83, DH-21, 3B-11
1988			157	.306	.509	589	180	42	3	24	4.1	90	103	82	51	14	0	0	1126	70	10	105	7.7	.992	1B-124, DH-33, SS-1
1989			124	.282	.431	457	129	26	3	12	2.6	67	80	59	47	14	3	0	898	80	2	71	7.9	.998	1B-104, DH-17, OF-2
1990			142	**.329**	.515	544	179	45	7	14	2.5	82	87	56	63	9	1	0	880	67	7	89	8.7	.993	1B-102, DH-32, OF-9, 3B-1
1991			131	.255	.402	505	129	40	2	10	2.0	77	61	58	75	2	3	1	87	5	1	6	9.3	.989	DH-118, 1B-10
19 yrs.			2410	.308	.496	9197	2836	599	129	291	3.2	1459	1459	1022	772	186	23	5	5364	3967	289	664	4.0	.970	3B-1689, 1B-446, DH-234, OF-36, SS-11
DIVISIONAL PLAYOFF SERIES																									
1981	KC	A	3	.167	.167	12	2	0	0	0	0.0	0	0	0	0	0	0	0	1	6	1	0	2.7	.876	3B-3
LEAGUE CHAMPIONSHIP SERIES																									
1976	KC	A	5	.444	.778	18	8	1	1	1	5.6	4	5	2	1	0	0	0	3	7	3	1	2.6	.769	3B-5
1977			5	.300	.500	20	6	0	2	0	0.0	2	2	1	0	0	0	0	5	12	2	2	3.8	.895	3B-5
1978			4	.389	1.056	18	7	1	1	3	16.7	7	3	0	1	0	0	0	3	8	1	1	3.0	.917	3B-4
1980			3	.273	.909	11	3	1	0	2	18.2	3	4	1	0	0	0	0	2	7	0	0	3.0	1.000	3B-3
1984			3	.231	.231	13	3	0	0	0	0.0	0	0	2	0	0	0	0	2	7	0	1	3.0	1.000	3B-3
1985			7	.348	.826	23	8	2	0	3	13.0	6	5	7	5	0	0	0	7	8	2	0	2.4	.882	3B-7
6 yrs.			27	.340	.728	103	35	5	4	9	8.7	22	19	11	9	0	0	0	22	49	8	5	2.9	.899	3B-27
WORLD SERIES																									
1980	KC	A	6	.375	.667	24	9	2	1	1	4.2	3	3	2	4	1	0	0	4	17	1	1	3.7	.955	3B-6
1985			7	.370	.407	27	10	1	0	0	0.0	5	1	4	7	1	0	0	10	19	1	1	4.3	.967	3B-7
2 yrs.			13	.373	.529	51	19	3	1	1	2.0	8	4	6	11	2	0	0	14	36	2	2	4.0	.962	3B-13

Rod Brewer

BREWER, RODNEY LEE
B. Feb. 24, 1966, Eustis, Fla.
BL TL 6' 3" 210 lbs.

Year	Team		Games	BA	SA	AB	H	2B	3B	HR	HR%	R	RBI	BB	SO	SB	PINCH HIT AB	H	PO	A	E	DP	TC/G	FA	G by Pos
1990	STL	N	14	.240	.280	25	6	1	0	0	0.0	4	2	0	4	0	5	0	46	6	1	5	5.9	.981	1B-9
1991			19	.077	.077	13	1	0	0	0	0.0	0	1	0	5	0	1	0	30	3	1	2	1.9	.971	1B-15, OF-3
2 yrs.			33	.184	.211	38	7	1	0	0	0.0	4	3	0	9	0	6	0	76	9	2	7	2.6	.977	1B-24, OF-3

Year	Team		Games	BA	SA	AB	H	2B	3B	HR	HR%	R	RBI	BB	SO	SB	PINCH HIT AB	PINCH HIT H	PO	A	E	DP	TC/G	FA	G by Pos

Greg Briley

BRILEY, GREGORY
B. May 24, 1965, Greenville, N. C.
BL TR 5' 9" 175 lbs.

April			20	.233	.326	43	10	1	0	1	2.3	7	5	7	6	5									
May			22	.218	.269	78	17	1	0	1	1.3	5	4	2	9	5									
June			21	.176	.216	51	9	0	1	0	0.0	4	3	1	16	2									
July			20	.227	.273	44	10	2	0	0	0.0	4	1	3	3	2									
Aug			26	.382	.500	68	26	8	0	0	0.0	7	5	6	5	5									
Sept/Oct			30	.278	.371	97	27	5	2	0	0.0	12	8	8	12	4									
Day			35	.289	.322	90	26	3	0	0	0.0	6	6	5	14	4									
Night			104	.251	.340	291	73	14	3	2	0.7	33	20	22	37	19									
vs. Left				.231	.333	39	9	2	1	0	0.0	6	9	1	10	1									
vs. Right				.263	.336	342	90	15	2	2	0.6	33	17	26	41	22									
On Grass			54	.261	.345	142	37	8	2	0	0.0	15	11	7	25	8									
On Turf			85	.259	.331	239	62	9	1	2	0.8	24	15	20	26	15									
Home			68	.249	.314	185	46	4	1	2	1.1	19	12	17	19	11									
Road			71	.270	.357	196	53	13	2	0	0.0	20	14	10	32	12									
Division Rivals																									
vs. CAL			12	.360	.600	25	9	3	0	1	4.0	4	4	2	4	2									
vs. CHI			9	.211	.316	19	4	0	1	0	0.0	5	0	2	5	1									
vs. KC			13	.271	.292	48	13	1	0	0	0.0	4	5	4	5	1									
vs. MIN			11	.476	.667	21	10	4	0	0	0.0	3	0	3	1	4									
vs. OAK			13	.176	.176	34	6	0	0	0	0.0	4	1	7	2	3									
vs. TEX			10	.257	.371	35	9	2	1	0	0.0	3	3	1	5	1									
On 3B < 2 Out				.333	.333	12	4	0	0	0	0.0	0	9	1	1										
1988	SEA	A	13	.250	.389	36	9	2	0	1	2.8	6	4	5	6	0	3	0	13	0	1	0	1.1	.929	OF-11
1989			115	.266	.442	394	105	22	4	13	3.3	52	52	39	82	11	11	3	197	38	9	7	2.1	.963	OF-105, 2B-10, DH-2
1990			125	.246	.356	337	83	18	2	5	1.4	40	29	37	48	16	18	4	177	4	2	1	1.7	.989	OF-107, DH-4
1991			139	.260	.336	381	99	17	3	2	0.5	39	26	27	51	23	24	7	187	5	4	1	1.6	.980	OF-125, DH-2, 2B-1, 3B-1
4 yrs.			392	.258	.380	1148	296	59	9	21	1.8	137	111	108	187	50	56	14	574	47	16	9	1.6	.975	OF-348, 2B-11, DH-8, 3B-1

Greg Brock

BROCK, GREGORY ALLEN
B. June 14, 1957, McMinnville, Ore.
BL TR 6' 3" 200 lbs.

Year	Team		Games	BA	SA	AB	H	2B	3B	HR	HR%	R	RBI	BB	SO	SB	PH AB	PH H	PO	A	E	DP	TC/G	FA	G by Pos
1982	LA	N	18	.118	.176	17	2	1	0	0	0.0	1	1	1	5	0	13	2	9	0	0	0	0.5	1.000	1B-3
1983			146	.224	.396	455	102	14	2	20	4.4	64	66	83	81	5	6	1	1162	106	12	94	8.8	.991	1B-140
1984			88	.225	.402	271	61	6	0	14	5.2	33	34	39	37	8	8	0	703	65	4	61	8.8	.995	1B-83
1985			129	.251	.438	438	110	19	0	21	4.8	64	66	54	72	4	9	2	1113	84	7	86	9.3	.994	1B-122
1986			115	.234	.422	325	76	13	0	16	4.9	33	52	37	60	2	23	4	726	87	3	46	7.1	.996	1B-99
1987	MIL	A	141	.299	.438	532	159	29	3	13	2.4	81	85	57	63	5	0	0	1065	109	8	111	8.4	.993	1B-141
1988			115	.212	.310	364	77	16	1	6	1.6	53	50	63	48	6	1	0	915	102	7	89	8.9	.993	1B-114, DH-1
1989			107	.265	.405	373	99	16	0	12	3.2	40	52	43	49	6	1	1	850	58	5	86	8.5	.995	1B-100, DH-7
1990			123	.248	.368	367	91	23	0	7	1.9	42	50	43	45	4	8	1	885	63	5	89	8.3	.995	1B-115
1991			31	.283	.400	60	17	4	0	1	1.7	9	6	14	9	1	4	1	150	10	0	18	6.4	1.000	1B-25
10 yrs.			1013	.248	.399	3202	794	141	6	110	3.4	420	462	434	469	41	73	11	7578	684	51	680	8.2	.994	1B-942, DH-8

LEAGUE CHAMPIONSHIP SERIES

1983	LA	N	3	.000	.000	9	0	0	0	0	0.0	1	0	0	3	0	0	0	13	0	0	3	4.3	1.000	1B-3
1985			5	.083	.333	12	1	0	0	1	8.3	2	2	2	2	0	1	0	35	4	0	2	7.8	1.000	1B-4
2 yrs.			8	.048	.190	21	1	0	0	1	4.8	3	2	2	5	0	1	0	48	4	0	5	6.5	.000	1B-7

PLAYER REGISTER

Year	Team	Games	BA	SA	AB	H	2B	3B	HR	HR%	R	RBI	BB	SO	SB	PINCH HIT AB	PINCH HIT H	PO	A	E	DP	TC/G	FA	G by Pos

Hubie Brooks

BROOKS, HUBERT, JR.
B. Sept. 24, 1956, Los Angeles, Calif.
BR TR 6' 178 lbs.

Split	Games	BA	SA	AB	H	2B	3B	HR	HR%	R	RBI	BB	SO	SB
April	16	.241	.466	58	14	4	0	3	5.2	7	7	8	8	1
May	22	.256	.430	86	22	1	1	4	4.7	13	14	6	20	1
June	24	.316	.592	76	24	3	0	6	7.9	15	19	17	9	0
July	26	.194	.269	93	18	1	0	2	2.2	9	6	10	12	0
Aug	15	.159	.273	44	7	2	0	1	2.3	4	4	3	13	1
Sept/Oct				0	0	0	0	0		0	0	0	0	0
Day	30	.214	.388	98	21	6	1	3	3.1	15	12	14	20	2
Night	73	.247	.417	259	64	5	0	13	5.0	33	38	30	42	1
vs. Left		.248	.413	121	30	5	0	5	4.1	16	17	18	13	2
vs. Right		.233	.407	236	55	6	1	11	4.7	32	33	26	49	1
On Grass	77	.252	.404	270	68	9	1	10	3.7	39	37	32	47	3
On Turf	26	.195	.425	87	17	2	0	6	6.9	9	13	12	15	0
Home	49	.238	.355	172	41	6	1	4	2.3	25	22	27	28	2
Road	54	.238	.459	185	44	5	0	12	6.5	23	28	17	34	1
Division Rivals														
vs. CHI	13	.233	.419	43	10	2	0	2	4.7	6	7	2	12	2
vs. MON	10	.176	.294	34	6	1	0	1	2.9	3	7	9	5	0
vs. PHI	12	.195	.390	41	8	2	0	2	4.9	5	4	6	8	1
vs. PIT	10	.226	.355	31	7	1	0	1	3.2	3	2	2	5	0
vs. STL	7	.231	.577	26	6	1	1	2	7.7	5	4	2	5	0
On 3B <2 Out		.417	.417	12	5	0	0	0	0.0	0	11	9	4	

Year	Team	Lg	Games	BA	SA	AB	H	2B	3B	HR	HR%	R	RBI	BB	SO	SB	PH AB	PH H	PO	A	E	DP	TC/G	FA	G by Pos
1980	NY	N	24	.309	.395	81	25	2	1	1	1.2	8	10	5	9	1	1	0	16	40	2	2	2.4	.966	3B-23
1981			98	.307	.411	358	110	21	2	4	1.1	34	38	23	65	9	2	0	67	193	21	14	2.9	.925	3B-93, OF-3, SS-1
1982			126	.249	.317	457	114	21	2	2	0.4	40	40	28	76	6	1	0	89	237	24	17	2.8	.931	3B-126
1983			150	.251	.321	586	147	18	4	5	0.9	53	58	24	96	6	2	1	116	303	21	28	2.9	.952	3B-145, 2B-7
1984			153	.283	.417	561	159	23	2	16	2.9	61	73	48	79	6	0	0	112	284	29	41	2.8	.932	3B-129, SS-26
1985	MON	N	156	.269	.413	605	163	34	7	13	2.1	67	100	34	79	6	2	1	203	441	28	81	4.3	.958	SS-155
1986			80	.340	.569	306	104	18	5	14	4.6	50	58	25	60	4	0	0	116	222	15	37	4.4	.958	SS-80
1987			112	.263	.426	430	113	22	3	14	3.3	57	72	24	72	4	3	2	131	271	20	53	3.8	.953	SS-109
1988			151	.279	.447	588	164	35	2	20	3.4	61	90	35	108	7	2	1	261	8	9	1	1.8	.968	OF-149
1989			148	.268	.404	542	145	30	1	14	2.6	56	70	39	108	6	8	0	234	6	9	2	1.7	.964	OF-140
1990	LA	N	153	.266	.424	568	151	28	1	20	3.5	74	91	33	108	2	1	0	255	9	10	2	1.8	.964	OF-150
1991	NY	N	103	.238	.409	357	85	11	1	16	4.5	48	50	44	62	3	4	0	166	6	5	0	1.8	.972	OF-100
12 yrs.			1454	.272	.409	5439	1480	263	31	139	2.6	609	750	362	922	60	26	5	1766	2020	193	278	2.7	.951	OF-542, 3B-516, SS-371, 2B-7

Scott Brosius

BROSIUS, SCOTT DAVID
B. Aug. 15, 1966, Hillsboro, Ore.
BR TR 6' 1" 185 lbs.

Year	Team	Lg	Games	BA	SA	AB	H	2B	3B	HR	HR%	R	RBI	BB	SO	SB	PH AB	PH H	PO	A	E	DP	TC/G	FA	G by Pos
1991	OAK	A	36	.235	.397	68	16	5	0	2	2.9	9	4	3	11	3	4	2	31	16	0	3	1.4	1.000	2B-18, OF-13, 3B-7, DH-1

Jarvis Brown

BROWN, JARVIS ARDEL
B. Mar. 26, 1967, Waukegan, Ill.
BR TR 5' 7" 165 lbs.

Year	Team	Lg	Games	BA	SA	AB	H	2B	3B	HR	HR%	R	RBI	BB	SO	SB	PH AB	PH H	PO	A	E	DP	TC/G	FA	G by Pos
1991	MIN	A	38	.216	.216	37	8	0	0	0	0.0	10	0	2	8	7	2	0	21	0	1	0	0.7	.955	OF-32, DH-4

LEAGUE CHAMPIONSHIP SERIES

Year	Team	Lg	Games	BA	SA	AB	H	2B	3B	HR	HR%	R	RBI	BB	SO	SB	PH AB	PH H	PO	A	E	DP	TC/G	FA	G by Pos
1991	MIN	A	1	.000	.000	0	0	0	0	0	0.0	1	0	0	0	0	0	0	0	0	0	0	0.0	1.000	DH-1

WORLD SERIES

Year	Team	Lg	Games	BA	SA	AB	H	2B	3B	HR	HR%	R	RBI	BB	SO	SB	PH AB	PH H	PO	A	E	DP	TC/G	FA	G by Pos
1991	MIN	A	3	.000	.000	2	0	0	0	0	0.0	0	0	0	0	0	1	0	0	0	0	0	0.0	1.000	OF-2, DH-1

PLAYER REGISTER 37

Year	Team		Games	BA	SA	AB	H	2B	3B	HR	HR%	R	RBI	BB	SO	SB	PINCH HIT AB	H	PO	A	E	DP	TC/G	FA	G by Pos

Jerry Browne

BROWNE, JEROME AUSTIN
B. Feb. 13, 1966, Christiansted, Virgin Islands
BB TR 5' 10" 140 lbs.

Split			Games	BA	SA	AB	H	2B	3B	HR	HR%	R	RBI	BB	SO	SB
April			16	.143	.143	56	8	0	0	0	0.0	3	7	6	4	0
May			12	.188	.344	32	6	1	2	0	0.0	5	6	2	6	1
June			22	.260	.274	73	19	1	0	0	0.0	4	6	6	4	0
July			17	.235	.324	34	8	0	0	1	2.9	5	4	1	4	0
Aug			21	.295	.344	61	18	3	0	0	0.0	6	4	5	5	1
Sept/Oct			19	.206	.206	34	7	0	0	0	0.0	5	2	7	6	0
Day			34	.265	.337	98	26	3	2	0	0.0	13	12	13	7	0
Night			73	.208	.234	192	40	2	0	1	0.5	15	17	14	22	2
vs. Left				.231	.244	78	18	1	0	0	0.0	9	6	8	9	0
vs. Right				.226	.278	212	48	4	2	1	0.5	19	23	19	20	2
On Grass			91	.228	.278	241	55	5	2	1	0.4	25	27	23	23	2
On Turf			16	.224	.224	49	11	0	0	0	0.0	3	2	4	6	0
Home			51	.259	.304	135	35	3	0	1	0.7	13	16	10	12	0
Road			56	.200	.239	155	31	2	2	0	0.0	15	13	17	17	2
Division Rivals																
vs. BAL			10	.304	.304	23	7	0	0	0	0.0	6	5	5	3	0
vs. BOS			11	.290	.323	31	9	1	0	0	0.0	2	3	5	4	0
vs. DET			6	.217	.261	23	5	1	0	0	0.0	1	1	2	2	0
vs. MIL			6	.400	.400	5	2	0	0	0	0.0	0	1	0	1	0
vs. NY			6	.222	.222	9	2	0	0	0	0.0	0	0	2	0	0
vs. TOR			9	.185	.185	27	5	0	0	0	0.0	2	1	3	4	0
On 3B < 2 Out				.500	.700	10	5	0	1	0	0.0	0	12	1	0	

Year	Team		Games	BA	SA	AB	H	2B	3B	HR	HR%	R	RBI	BB	SO	SB	AB	H	PO	A	E	DP	TC/G	FA	G by Pos
1986	TEX	A	11	.417	.500	24	10	2	0	0	0.0	6	3	1	4	0	1	0	9	15	2	4	2.4	.923	2B-8
1987			132	.271	.339	454	123	16	6	1	0.2	63	38	61	50	27	5	0	258	338	12	66	4.6	.980	2B-130, DH-1
1988			73	.229	.304	214	49	9	2	1	0.5	26	17	25	32	7	3	0	112	139	11	27	3.6	.958	2B-70, DH-1
1989	CLE	A	153	.299	.390	598	179	31	4	5	0.8	83	45	68	64	14	2	0	305	380	15	67	4.6	.979	2B-151, DH-2
1990			140	.267	.372	513	137	26	5	6	1.1	92	50	72	46	12	3	1	286	382	10	69	4.9	.985	2B-139
1991			107	.228	.269	290	66	5	2	1	0.3	28	29	27	29	2	34	11	113	141	14	21	3.4	.948	2B-47, OF-17, 3B-15, DH-7
6 yrs.			616	.269	.350	2093	564	89	19	14	0.7	298	182	254	225	62	48	12	1083	1395	64	254	4.1	.975	2B-545, OF-17, 3B-15, DH-11

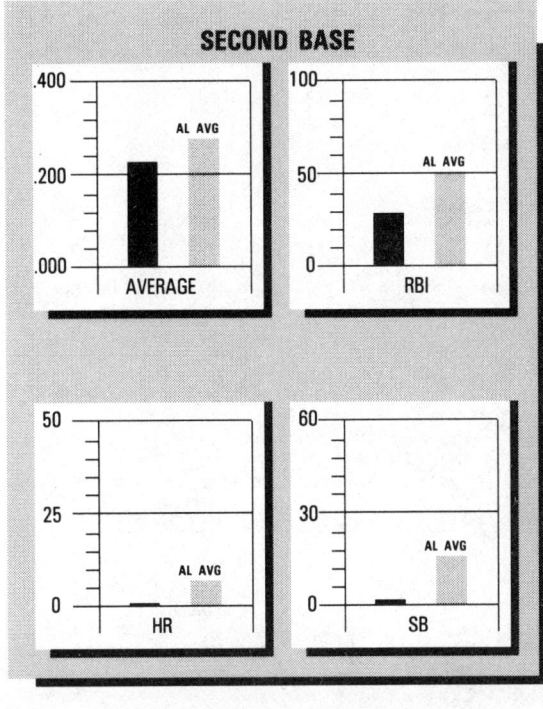

Mike Brumley

BRUMLEY, ANTHONY MICHAEL
Son of Mike Brumley.
B. Apr. 9, 1963, Oklahoma City, Okla.
BB TR 5' 10" 165 lbs.

Year	Team		Games	BA	SA	AB	H	2B	3B	HR	HR%	R	RBI	BB	SO	SB	AB	H	PO	A	E	DP	TC/G	FA	G by Pos
1987	CHI	N	39	.202	.288	104	21	2	2	1	1.0	8	9	10	30	7	3	0	43	93	5	24	3.6	.965	SS-34, 2B-1
1989	DET	A	92	.198	.255	212	42	5	2	1	0.5	33	11	14	45	8	3	0	80	160	12	24	2.7	.952	SS-42, 2B-24, 3B-11, DH-8, OF-4
1990	SEA	A	62	.224	.313	147	33	5	4	0	0.0	19	7	10	22	2	7	2	63	123	5	26	3.4	.974	SS-47, 2B-6, 3B-3, OF-2, DH-1
1991	BOS	A	63	.212	.254	118	25	5	0	0	0.0	16	5	10	22	2	4	0	46	116	7	20	2.9	.959	SS-31, 3B-17, 2B-7, OF-4, DH-2
4 yrs.			256	.208	.275	581	121	17	8	2	0.3	76	32	44	119	19	17	2	232	492	29	94	2.9	.961	SS-154, 2B-38, 3B-31, DH-11, OF-10

Tom Brunansky

BRUNANSKY, THOMAS ANDREW (Bruno)
B. Aug. 20, 1960, Covina, Calif.
BR TR 6' 4" 205 lbs.

Split			Games	BA	SA	AB	H	2B	3B	HR	HR%	R	RBI	BB	SO	SB
April			18	.250	.467	60	15	4	0	3	5.0	6	11	9	8	0
May			27	.222	.455	99	22	5	0	6	6.1	13	25	10	12	0
June			24	.169	.277	83	14	3	0	2	2.4	8	8	9	16	0
July			24	.200	.306	85	17	6	0	1	1.2	7	4	8	14	0
Aug			26	.288	.424	66	19	1	1	2	3.0	10	4	6	10	1
Sept/Oct			23	.273	.439	66	18	5	0	2	3.0	10	14	7	12	0
Day			49	.189	.291	148	28	6	0	3	2.0	15	14	18	26	1
Night			93	.248	.437	311	77	18	1	13	4.2	39	56	31	46	0
vs. Left				.254	.423	142	36	7	1	5	3.5	19	22	16	12	0
vs. Right				.218	.375	317	69	17	0	11	3.5	35	48	33	60	1

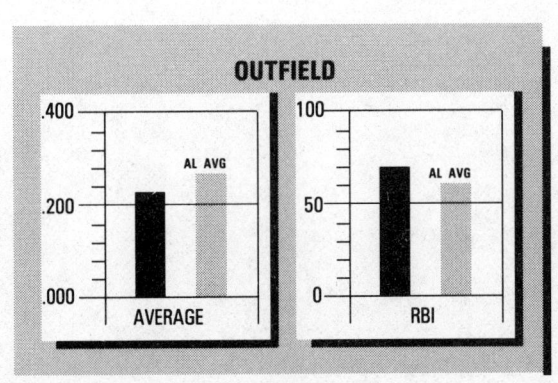

PLAYER REGISTER

Year	Team		Games	BA	SA	AB	H	2B	3B	HR	HR%	R	RBI	BB	SO	SB	PINCH HIT AB	H	PO	A	E	DP	TC/G	FA	G by Pos

Tom Brunansky Continued

On Grass			118	.216	.375	379	82	18	0	14	3.7	43	54	42	56	1									
On Turf			24	.288	.463	80	23	6	1	2	2.5	11	16	7	16	0									
Home			73	.256	.453	234	60	16	0	10	4.3	32	39	27	32	1									
Road			69	.200	.324	225	45	8	1	6	2.7	22	31	22	40	0									
Division Rivals																									
vs. BAL			8	.208	.375	24	5	1	0	1	4.2	2	6	1	5	0									
vs. CLE			12	.222	.250	36	8	1	0	0	0.0	3	3	3	4	0									
vs. DET			12	.190	.262	42	8	3	0	0	0.0	4	3	8	6	0									
vs. MIL			9	.256	.513	39	10	1	0	3	7.7	4	10	1	6	0									
vs. NY			11	.267	.267	30	8	0	0	0	0.0	2	2	5	6	0									
vs. TOR			13	.289	.422	45	13	0	0	2	4.4	7	6	5	7	1									
On 3B < 2 Out				.458	1.000	24	11	1	0	4	16.7	4	34	1	4										
1981	CAL	A	11	.152	.424	33	5	0	0	3	9.1	7	6	8	10	1	0	0	27	3	2	1	2.9	.938	OF-11
1982	MIN	A	127	.272	.471	463	126	30	1	20	4.3	77	46	71	101	1	0	0	343	8	5	0	2.8	.986	OF-127
1983			151	.227	.445	542	123	24	5	28	5.2	70	82	61	95	2	2	0	375	16	6	8	2.6	.985	OF-146, DH-4
1984			155	.252	.459	567	143	21	0	32	5.6	75	85	57	94	4	2	0	304	13	5	6	2.1	.984	OF-153, DH-1
1985			157	.242	.448	567	137	28	4	27	4.8	71	90	71	86	5	3	1	300	14	5	2	2.0	.984	OF-155
1986			157	.256	.423	593	152	28	1	23	3.9	69	75	53	98	12	5	1	315	10	6	1	2.1	.982	OF-152, DH-2
1987			155	.259	.489	532	138	22	2	32	6.0	83	85	74	104	11	1	1	273	10	3	1	1.8	.990	OF-138, DH-17
1988	2 teams		MIN A (14G — .184)			STL N (143G — .245)																			
"	total		157	.240	.414	572	137	23	4	23	4.0	74	85	86	93	17	0	0	286	10	4	0	1.9	.987	OF-156, DH-1
1989	STL	N	158	.239	.410	556	133	29	3	20	3.6	67	85	59	107	5	6	0	291	9	7	2	1.9	.977	OF-155, 1B-1
1990	2 teams		STL N (19G — .158)			BOS A (129G — .267)																			
"	total		148	.255	.419	518	132	25	5	16	3.0	66	73	66	115	5	6	2	304	8	7	2	2.3	.978	OF-138, DH-7
1991	BOS	A	142	.229	.390	459	105	24	1	16	3.5	54	70	49	72	1	5	2	265	5	3	2	2.0	.989	OF-137, DH-1
11 yrs.			1518	.246	.437	5402	1331	256	26	240	4.4	713	782	655	975	64	30	7	3083	106	53	25	2.1	.984	OF-1468, DH-33, 1B-1
LEAGUE CHAMPIONSHIP SERIES																									
1987	MIN	A	5	.412	1.000	17	7	4	0	2	11.8	5	9	4	3	0	0	0	10	0	0	0	2.0	1.000	OF-5
1990	BOS	A	4	.083	.083	12	1	0	0	0	0.0	0	1	1	3	0	0	0	13	0	0	0	3.3	1.000	OF-4
2 yrs.			9	.276	.621	29	8	4	0	2	6.9	5	10	5	6	0	0	0	23	0	0	0	2.6	.000	OF-9
WORLD SERIES																									
1987	MIN	A	7	.200	.200	25	5	0	0	0	0.0	5	2	4	4	1	0	0	14	0	0	0	2.0	1.000	OF-7

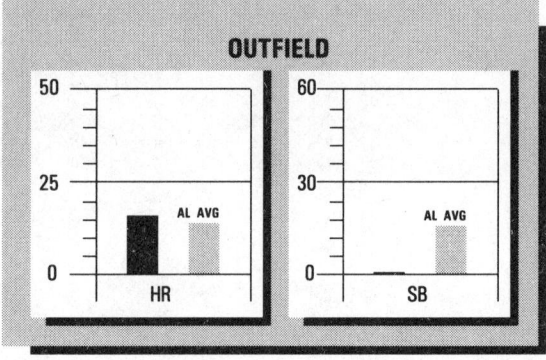

OUTFIELD

Steve Buechele

BUECHELE, STEVEN BERNARD
B. Sept. 26, 1961, Lancaster, Calif.
BR TR 6' 2" 190 lbs.

April	16	.255	.431	51	13	3	0	2	3.9	6	3	5	5	0		
May	26	.306	.529	85	26	1	0	6	7.1	14	17	8	15	0		
June	24	.239	.424	92	22	6	1	3	3.3	13	13	13	21	0		
July	27	.264	.440	91	24	2	1	4	4.4	12	15	8	17	0		
Aug	29	.255	.392	102	26	5	0	3	2.9	13	18	5	12	0		
Sept/Oct	30	.267	.431	100	28	6	1	4	3.7	16	19	10	27	0		
Day	26	.233	.422	90	21	2	0	5	5.6	17	17	8	14	0		
Night	126	.268	.443	440	118	20	3	17	3.9	57	68	41	83	0		
vs. Left		.298	.573	131	39	7	1	9	6.9	21	26	22	23	0		
vs. Right		.251	.396	399	100	15	2	13	3.3	53	59	27	74	0		
On Grass	113	.267	.438	397	106	18	1	16	4.0	56	60	34	64	0		
On Turf	39	.248	.444	133	33	4	2	6	4.5	18	25	15	33	0		
Home	74	.275	.446	251	69	14	1	9	3.6	33	32	24	42	0		
Road	78	.251	.434	279	70	8	2	13	4.7	41	53	25	55	0		
Division Rivals																
vs. CHI	4	.313	.563	16	5	2	1	0	0.0	1	4	1	5	0		
vs. MON	5	.143	.143	14	2	0	0	0	0.0	1	0	4	4	0		
vs. NY	5	.222	.556	18	4	0	0	2	11.1	3	3	1	3	0		
vs. PHI	5	.300	.400	20	6	2	0	0	0.0	2	5	1	6	0		
vs. STL	4	.308	.538	13	4	0	0	1	7.7	4	2	1	3	0		
On 3B < 2 Out		.333	.567	30	10	2	1	1	3.3	1	22	2	3			

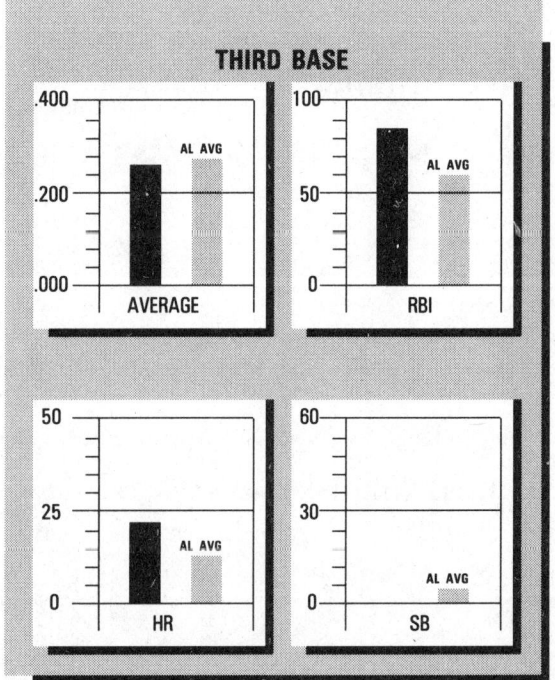

THIRD BASE

PLAYER REGISTER

Year	Team	Games	BA	SA	AB	H	2B	3B	HR	HR%	R	RBI	BB	SO	SB	PINCH HIT AB	PINCH HIT H	PO	A	E	DP	TC/G	FA	G by Pos

Steve Buechele *Continued*

Year	Team	Games	BA	SA	AB	H	2B	3B	HR	HR%	R	RBI	BB	SO	SB	PH AB	PH H	PO	A	E	DP	TC/G	FA	G by Pos
1985	TEX A	69	.219	.356	219	48	6	3	6	2.7	22	21	14	38	3	0	0	52	138	6	17	2.8	.969	3B-69, 2B-1
1986		153	.243	.410	461	112	19	2	18	3.9	54	54	35	98	5	2	1	174	292	12	42	3.1	.975	3B-137, 2B-33, OF-2
1987		136	.237	.399	363	86	20	0	13	3.6	45	50	28	66	2	2	1	89	211	9	20	2.3	.971	3B-123, 2B-18, OF-2
1988		155	.250	.404	503	126	21	4	16	3.2	68	58	65	79	2	2	0	114	300	16	25	2.8	.963	3B-153, 2B-2
1989		155	.235	.387	486	114	22	2	16	3.3	60	59	36	107	1	1	0	128	288	12	29	2.8	.972	3B-145, 2B-18, DH-1, SS-1
1990		91	.215	.339	251	54	10	0	7	2.7	30	30	27	63	1	2	0	72	160	8	7	2.7	.967	3B-88, 2B-4
1991	2 teams	TEX A (121G — .267)		PIT N (31G — .246)																				
"	total	152	.262	.440	530	139	22	3	22	4.2	74	85	49	97	0	5	2	121	339	7	28	3.1	.985	3B-142, 2B-13, SS-4
7 yrs.		911	.241	.399	2813	679	120	14	98	3.5	353	357	254	548	14	14	4	750	1728	70	168	2.8	.973	3B-857, 2B-89, SS-5, OF-4, DH-1

LEAGUE CHAMPIONSHIP SERIES

Year	Team	Games	BA	SA	AB	H	2B	3B	HR	HR%	R	RBI	BB	SO	SB	PH AB	PH H	PO	A	E	DP	TC/G	FA	G by Pos
1991	PIT N	7	.304	.391	23	7	2	0	0	0.0	2	0	4	6	0	0	0	8	14	0	1	3.1	1.000	3B-7

Jay Buhner

BUHNER, JAY CAMPBELL
B. Aug. 13, 1964, Louisville, Ky.
BR TR 6' 3" 205 lbs.

Split	G	BA	SA	AB	H	2B	3B	HR	HR%	R	RBI	BB	SO	SB
April	18	.231	.558	52	12	3	1	4	7.7	7	7	8	20	0
May	18	.270	.514	37	10	1	1	2	5.4	5	9	6	12	0
June	22	.182	.364	55	10	1	0	3	5.5	10	12	9	15	0
July	25	.253	.563	87	22	3	0	8	9.2	14	15	5	26	0
Aug	27	.284	.611	95	27	6	2	7	7.4	16	25	10	27	0
Sept/Oct	27	.225	.338	80	18	0	0	3	3.8	12	9	15	17	0
Day	38	.227	.526	97	22	5	0	8	8.2	15	19	9	40	0
Night	99	.249	.489	309	77	9	4	19	6.1	49	58	44	77	0
vs. Left		.240	.486	146	35	5	2	9	6.2	20	26	28	28	0
vs. Right		.246	.504	260	64	9	2	18	6.9	44	51	25	89	0
On Grass	52	.301	.582	153	46	3	2	12	7.8	28	32	19	35	0
On Turf	85	.209	.447	253	53	11	2	15	5.9	36	45	34	82	0
Home	72	.212	.472	212	45	9	2	14	6.6	33	41	31	71	0
Road	65	.278	.526	194	54	5	2	13	6.7	31	36	22	46	0
Division Rivals														
vs. CAL	13	.267	.622	45	12	4	0	4	8.9	6	11	5	12	0
vs. CHI	12	.294	.706	34	10	2	0	4	11.8	7	8	3	7	0
vs. KC	4	.250	.250	8	2	0	0	0	0.0	1	0	2	3	0
vs. MIN	12	.190	.405	42	8	3	0	2	4.8	4	5	3	15	0
vs. OAK	12	.324	.706	34	11	1	0	4	11.8	7	11	5	12	0
vs. TEX	12	.351	.730	37	13	0	1	4	10.8	12	14	8	5	0
On 3B < 2 Out		.091	.091	11	1	0	0	0	0.0	0	10	4	2	

Year	Team	Games	BA	SA	AB	H	2B	3B	HR	HR%	R	RBI	BB	SO	SB	PH AB	PH H	PO	A	E	DP	TC/G	FA	G by Pos
1987	NY A	7	.227	.318	22	5	2	0	0	0.0	0	1	1	6	0	0	0	11	1	0	1	1.7	1.000	OF-7
1988	2 teams	NY A (25G — .188)		SEA A (60G — .224)																				
"	total	85	.215	.421	261	56	13	1	13	5.0	36	38	28	93	1	4	1	186	9	3	3	2.3	.985	OF-81
1989	SEA A	58	.275	.490	204	56	15	1	9	4.4	27	33	19	55	1	0	0	106	6	4	3	2.0	.966	OF-57
1990		51	.276	.479	163	45	12	0	7	4.2	16	33	17	50	2	3	0	55	1	2	0	1.5	.966	OF-40, DH-10
1991		137	.244	.498	406	99	14	4	27	6.7	64	77	53	117	0	10	1	244	15	5	4	2.0	.981	OF-131
5 yrs.		338	.247	.471	1056	261	56	6	56	5.3	143	182	118	321	4	17	2	602	32	14	11	1.9	.978	OF-316, DH-10

Scott Bullett

BULLETT, SCOTT DOUGLAS
B. Dec. 25, 1968, Martinsburg, W. Va.
BB TL 6' 2" 200 lbs.

Year	Team	Games	BA	SA	AB	H	2B	3B	HR	HR%	R	RBI	BB	SO	SB	PH AB	PH H	PO	A	E	DP	TC/G	FA	G by Pos
1991	PIT N	11	.000	.000	4	0	0	0	0	0.0	2	0	0	3	1	1	0	2	0	0	0	0.7	1.000	OF-3

Eric Bullock

BULLOCK, ERIC GERALD
B. Feb. 16, 1960, Los Angeles, Calif.
BL TL 5' 11" 185 lbs.

Year	Team	Games	BA	SA	AB	H	2B	3B	HR	HR%	R	RBI	BB	SO	SB	PH AB	PH H	PO	A	E	DP	TC/G	FA	G by Pos
1985	HOU N	18	.280	.360	25	7	2	0	0	0.0	3	2	1	3	0	12	3	6	0	2	0	0.4	.750	OF-7
1986		6	.048	.048	21	1	0	0	0	0.0	0	1	0	3	2	0	0	7	0	1	0	1.3	.875	OF-6
1988	MIN A	16	.294	.294	17	5	0	0	0	0.0	3	3	3	1	0	10	3	7	0	1	0	0.5	.875	OF-4, DH-2
1989	PHI N	6	.000	.000	4	0	0	0	0	0.0	1	0	0	2	0	3	0	2	0	0	0	0.3	1.000	OF-3
1990	MON N	4	.500	.500	2	1	0	0	0	0.0	0	0	0	0	0	2	1	0	0	0	0	0.0	.995	

PLAYER REGISTER

Year	Team	Games	BA	SA	AB	H	2B	3B	HR	HR%	R	RBI	BB	SO	SB	PINCH HIT AB	PINCH HIT H	PO	A	E	DP	TC/G	FA	G by Pos

Eric Bullock *Continued*

Year	Team	Games	BA	SA	AB	H	2B	3B	HR	HR%	R	RBI	BB	SO	SB	AB	H	PO	A	E	DP	TC/G	FA	G by Pos
1991		73	.222	.319	72	16	4	0	1	1.4	6	6	9	13	6	48	10	22	3	1	0	2.2	.962	OF-9, 1B-3
6 yrs.		123	.213	.277	141	30	6	0	1	0.7	13	12	13	22	9	75	17	44	3	5	0	0.4	.904	OF-29, 1B-3, DH-2

Ellis Burks

BURKS, ELLIS RENA
B. Sept. 11, 1964, Vicksburg, Miss.
BR TR 6' 2" 175 lbs.

Split	Games	BA	SA	AB	H	2B	3B	HR	HR%	R	RBI	BB	SO	SB
April	18	.234	.375	64	15	6	0	1	1.6	11	4	7	15	0
May	23	.295	.411	95	28	5	0	2	2.1	14	7	9	11	4
June	25	.191	.436	94	18	5	0	6	6.4	12	13	6	14	1
July	26	.277	.500	94	26	5	2	4	4.3	9	14	8	18	1
Aug	26	.250	.402	92	23	9	1	1	1.1	4	10	7	16	0
Sept/Oct	12	.257	.343	35	9	3	0	0	0.0	6	8	2	7	0
Day	43	.258	.391	151	39	11	0	3	2.0	14	19	11	30	0
Night	87	.248	.437	323	80	22	3	11	3.4	42	37	28	51	6
vs. Left		.259	.489	135	35	12	2	5	3.7	17	23	11	21	0
vs. Right		.248	.395	339	84	21	1	9	2.7	39	33	28	60	6
On Grass	106	.247	.406	384	95	25	3	10	2.6	40	44	30	65	5
On Turf	24	.267	.489	90	24	8	0	4	4.4	16	12	9	16	1
Home	63	.267	.466	232	62	18	2	8	3.4	25	25	20	36	2
Road	67	.236	.380	242	57	15	1	6	2.5	31	31	19	45	4
Division Rivals														
vs. BAL	7	.150	.200	20	3	1	0	0	0.0	2	0	1	2	0
vs. CLE	13	.250	.386	44	11	4	1	0	0.0	3	6	4	10	0
vs. DET	10	.366	.488	41	15	2	0	1	2.4	3	8	1	4	0
vs. MIL	5	.167	.389	18	3	1	0	1	5.6	4	6	1	3	0
vs. NY	6	.077	.192	26	2	0	0	1	3.8	2	1	1	4	1
vs. TOR	13	.292	.521	48	14	5	0	2	4.2	7	6	5	9	0
On 3B < 2 Out		.083	.250	24	2	1	0	1	4.2	1	10	0	8	

Year	Team	Games	BA	SA	AB	H	2B	3B	HR	HR%	R	RBI	BB	SO	SB	AB	H	PO	A	E	DP	TC/G	FA	G by Pos
1987	BOS	A	133	.272	.441	558	152	30	2	20	3.6	94	59	41	98	27	0	0	320	15	4	2	2.5	.988	OF-132
1988			144	.294	.481	540	159	37	5	18	3.3	93	92	62	89	25	0	0	370	9	9	0	2.7	.977	OF-142, DH-2
1989			97	.303	.471	399	121	19	6	12	3.0	73	61	36	52	21	0	0	245	7	6	3	2.7	.977	OF-95, DH-1
1990			152	.296	.486	588	174	33	8	21	3.5	89	89	48	82	9	3	1	324	7	2	0	2.3	.994	OF-143, DH-6
1991			130	.251	.422	474	119	33	3	14	3.0	56	56	39	81	6	2	0	283	2	2	1	2.3	.993	OF-126, DH-2
5 yrs.			656	.283	.461	2559	725	152	24	85	3.3	405	357	226	402	88	5	1	1542	40	23	6	2.4	.986	OF-638, DH-11

LEAGUE CHAMPIONSHIP SERIES

Year	Team		Games	BA	SA	AB	H	2B	3B	HR	HR%	R	RBI	BB	SO	SB	AB	H	PO	A	E	DP	TC/G	FA	G by Pos
1988	BOS	A	4	.235	.294	17	4	1	0	0	0.0	2	1	0	3	0	0	0	10	0	0	0	2.5	1.000	OF-4
1990			4	.267	.400	15	4	2	0	0	0.0	1	0	1	1	1	0	0	9	1	0	0	2.5	1.000	OF-4
2 yrs.			8	.250	.344	32	8	3	0	0	0.0	3	1	1	4	1	0	0	19	1	0	0	2.5	.000	OF-8

OUTFIELD (charts showing AVERAGE, RBI, HR, SB vs AL AVG)

Randy Bush

BUSH, ROBERT RANDALL
B. Oct. 5, 1958, Dover, Del.
BL TL 6' 1" 190 lbs.

Year	Team		Games	BA	SA	AB	H	2B	3B	HR	HR%	R	RBI	BB	SO	SB	AB	H	PO	A	E	DP	TC/G	FA	G by Pos
1982	MIN	A	55	.244	.412	119	29	6	1	4	3.4	13	13	8	28	0	25	3	7	0	0	0	0.1	1.000	DH-26, OF-6
1983			124	.249	.418	373	93	24	3	11	2.9	43	56	34	51	0	19	4	21	3	0	1	0.2	1.000	DH-103, 1B-3
1984			113	.225	.392	311	70	17	1	11	3.5	46	43	31	60	1	20	8	5	0	0	1	0.0	1.000	DH-89, 1B-2
1985			97	.239	.449	234	56	13	3	10	4.3	26	35	24	30	3	32	4	79	0	2	1	0.8	.975	OF-41, DH-28, 1B-1
1986			130	.269	.420	357	96	19	7	7	2.0	50	45	39	63	5	30	13	182	2	4	2	1.4	.979	OF-102, DH-6, 1B-3
1987			122	.253	.413	293	74	10	2	11	3.8	46	46	43	49	10	30	7	164	5	4	4	1.4	.977	OF-75, DH-9, 1B-9
1988			136	.261	.434	394	103	20	3	14	3.6	51	51	58	49	8	19	6	206	5	4	1	1.6	.981	OF-115, DH-17
1989			141	.263	.435	391	103	17	4	14	3.6	60	54	48	73	5	18	1	339	14	3	14	2.5	.992	OF-109, 1B-25, DH-5
1990			73	.243	.387	181	44	8	0	6	3.3	17	18	21	27	0	12	2	64	3	0	1	1.9	1.000	OF-32, DH-29, 1B-6
1991			93	.303	.485	165	50	10	1	6	3.6	21	23	24	25	0	34	**13**	85	5	2	7	1.9	.978	OF-38, 1B-12, DH-10
10 yrs.			1084	.255	.424	2818	718	144	25	94	3.3	373	384	330	455	32	239	61	1152	37	19	32	1.1	.984	OF-518, DH-322, 1B-61

LEAGUE CHAMPIONSHIP SERIES

Year	Team		Games	BA	SA	AB	H	2B	3B	HR	HR%	R	RBI	BB	SO	SB	AB	H	PO	A	E	DP	TC/G	FA	G by Pos
1987	MIN	A	4	.250	.417	12	3	0	1	0	0.0	4	2	3	2	3	0	0	0	0	0	0	0.0	—	DH-4

WORLD SERIES

Year	Team		Games	BA	SA	AB	H	2B	3B	HR	HR%	R	RBI	BB	SO	SB	AB	H	PO	A	E	DP	TC/G	FA	G by Pos
1987	MIN	A	4	.167	.333	6	1	1	0	0	0.0	1	2	0	1	0	3	0	0	0	0	0	0.0	—	DH-2
1991			3	.250	.250	4	1	0	0	0	0.0	0	0	0	1	0	3	1	0	0	0	0	0.0	1.000	OF-2
2 yrs.			7	.200	.300	10	2	1	0	0	0.0	1	2	0	2	0	6	1	0	0	0	0	0.0	.000	DH-2, OF-2

PLAYER REGISTER

Year	Team		Games	BA	SA	AB	H	2B	3B	HR	HR%	R	RBI	BB	SO	SB	PINCH HIT AB	PINCH HIT H	PO	A	E	DP	TC/G	FA	G by Pos

Brett Butler

BUTLER, BRETT MORGAN
B. June 15, 1957, Los Angeles, Calif.
BL TL 5' 10" 160 lbs.

Split			Games	BA	SA	AB	H	2B	3B	HR	HR%	R	RBI	BB	SO	SB	PH AB	PH H	PO	A	E	DP	TC/G	FA	G by Pos
April			19	.316	.382	76	24	2	0	1	1.3	14	6	7	11	4									
May			27	.243	.282	103	25	2	1	0	0.0	18	5	22	15	6									
June			27	.312	.339	109	34	1	1	0	0.0	20	4	18	14	7									
July			26	.337	.367	98	33	1	1	0	0.0	19	11	19	9	10									
Aug			29	.351	.441	111	39	3	2	1	0.9	20	10	21	13	7									
Sept/Oct			33	.229	.263	118	27	4	0	0	0.0	21	2	21	17	4									
Day			45	.274	.309	175	48	3	0	1	0.6	32	14	22	28	9									
Night			116	.305	.357	440	134	10	5	1	0.2	80	24	86	51	29									
vs. Left				.281	.313	256	72	2	3	0	0.0	48	14	49	41	13									
vs. Right				.306	.365	359	110	11	2	2	0.6	64	24	59	38	25									
On Grass			119	.304	.348	451	137	10	2	2	0.4	85	34	79	50	26									
On Turf			42	.274	.329	164	45	3	3	0	0.0	27	4	29	29	12									
Home			80	.312	.369	295	92	7	2	2	0.7	59	22	59	29	17									
Road			81	.281	.319	320	90	6	3	0	0.0	53	16	49	50	21									
Division Rivals																									
vs. ATL			17	.422	.422	64	27	0	0	0	0.0	11	4	9	9	1									
vs. CIN			18	.288	.364	66	19	3	1	0	0.0	16	2	19	15	4									
vs. HOU			18	.292	.338	65	19	3	0	0	0.0	14	2	16	6	5									
vs. SD			18	.279	.309	68	19	2	0	0	0.0	16	5	12	8	5									
vs. SF			18	.282	.352	71	20	2	0	1	1.4	10	4	11	7	3									
On 3B < 2 Out				.391	.522	23	9	3	0	0	0.0	0	16	6	0										
1981	ATL	N	40	.254	.317	126	32	2	3	0	0.0	17	4	19	17	9	2	1	76	2	1	0	2.0	.987	OF-37
1982			89	.217	.225	240	52	2	0	0	0.0	35	7	25	35	21	6	1	129	2	0	0	1.5	1.000	OF-77
1983			151	.281	.393	549	154	21	**13**	5	0.9	84	37	54	56	39	6	1	284	13	4	4	2.0	.987	OF-143
1984	CLE	A	159	.269	.355	602	162	25	9	3	0.5	108	49	86	62	52	3	0	448	13	4	3	2.9	.991	OF-156
1985			152	.311	.431	591	184	28	14	5	0.8	106	50	63	42	47	1	0	437	19	1	5	3.0	.998	OF-150, DH-1
1986			161	.278	.375	587	163	17	**14**	4	0.7	92	51	70	65	32	1	0	434	9	3	3	2.8	.993	OF-159
1987			137	.295	.425	522	154	25	8	9	1.7	91	41	91	55	33	0	0	393	4	4	2	2.9	.990	OF-136
1988	SF	N	157	.287	.398	568	163	27	9	6	1.1	**109**	43	97	64	43	2	0	395	3	5	1	2.6	.988	OF-155
1989			154	.283	.354	594	168	22	4	4	0.7	100	36	59	69	31	0	0	407	11	6	3	2.8	.986	OF-152
1990			160	.309	.384	622	**192**	20	9	3	0.4	108	44	90	62	51	1	0	420	4	6	0	2.7	.986	OF-159
1991	LA	N	161	.296	.343	615	182	13	5	2	0.3	**112**	38	**108**	79	38	1	0	372	8	0	3	2.4	1.000	OF-161
11 yrs.			1521	.286	.375	5616	1606	202	88	41	0.7	962	400	762	606	396	23	3	3795	88	34	24	2.6	.991	OF-1485, DH-1
LEAGUE CHAMPIONSHIP SERIES																									
1982	ATL	N	2	.000	.000	1	0	0	0	0	0.0	0	0	0	0	0	1	0	0	0	0	0	0.0	—	OF-1
1989	SF	N	5	.211	.211	19	4	0	0	0	0.0	6	0	3	3	0	0	0	9	0	0	0	1.8	1.000	OF-5
2 yrs.			7	.200	.200	20	4	0	0	0	0.0	6	0	3	3	0	1	0	9	0	0	0	1.3	.000	OF-6
WORLD SERIES																									
1989	SF	N	4	.286	.357	14	4	1	0	0	0.0	1	1	2	1	2	0	0	9	0	0	0	2.3	1.000	OF-4

Francisco Cabrera

CABRERA, FRANCISCO
Born Francisco Cabrera y Paulino.
B. Oct. 10, 1966, Santo Domingo, Dominican Republic
BR TR 6' 4" 195 lbs.

Year	Team		Games	BA	SA	AB	H	2B	3B	HR	HR%	R	RBI	BB	SO	SB	PH AB	PH H	PO	A	E	DP	TC/G	FA	G by Pos
1989	2 teams		TOR A (3G — .167)			ATL N (4G — .214)																			
"	total		7	.192	.308	26	5	3	0	0	0.0	1	0	1	6	0	1	0	27	1	1	1	4.1	.966	DH-3, 1B-2, C-1
1990	ATL	N	63	.277	.482	137	38	5	1	7	5.1	14	25	5	21	1	21	6	269	19	3	15	5.8	.990	1B-48, C-3
1991			44	.242	.432	95	23	6	0	4	4.2	7	23	6	20	1	18	3	137	13	3	3	4.9	.980	C-17, 1B-14
3 yrs.			114	.256	.446	258	66	14	1	11	4.3	22	48	12	47	2	40	9	433	33	7	19	4.1	.985	1B-64, C-21, DH-3
WORLD SERIES																									
1991	ATL	N	3	.000	.000	1	0	0	0	0	0.0	0	0	0	0	0	1	0	0	0	0	0	0.0	1.000	C-1

42 PLAYER REGISTER

Year	Team	Games	BA	SA	AB	H	2B	3B	HR	HR%	R	RBI	BB	SO	SB	PINCH HIT AB	PINCH HIT H	PO	A	E	DP	TC/G	FA	G by Pos

Ivan Calderon

CALDERON, IVAN
Born Ivan Calderon y Perez.
B. Mar. 19, 1962, Fajardo, Puerto Rico
BR TR 5' 11" 160 lbs.

Split	Games	BA	SA	AB	H	2B	3B	HR	HR%	R	RBI	BB	SO	SB
April	20	.276	.434	76	21	3	0	3	3.9	7	15	5	10	3
May	24	.330	.495	91	30	1	1	4	4.4	14	20	11	13	9
June	28	.321	.477	109	35	11	0	2	1.8	22	12	14	17	8
July	23	.299	.468	77	23	2	1	3	3.9	11	10	11	11	3
Aug	27	.263	.515	99	26	5	1	6	6.1	13	15	10	9	7
Sept/Oct	12	.333	.500	18	6	0	0	1	5.6	2	3	2	4	1
Day	34	.302	.466	116	35	7	0	4	3.4	18	18	14	19	9
Night	100	.299	.486	354	106	15	3	15	4.2	51	57	39	45	22
vs. Left		.354	.627	161	57	9	1	11	6.8	23	31	20	22	8
vs. Right		.272	.405	309	84	13	2	8	2.6	46	44	33	42	23
On Grass	38	.295	.477	132	39	7	1	5	3.8	18	21	13	18	6
On Turf	96	.302	.482	338	102	15	2	14	4.1	51	54	40	46	25
Home	62	.308	.455	224	69	8	2	7	3.1	30	29	26	35	17
Road	72	.293	.504	246	72	14	1	12	4.9	39	46	27	29	14
Division Rivals														
vs. CHI	11	.294	.471	34	10	3	0	1	2.9	2	4	1	5	1
vs. NY	16	.241	.296	54	13	3	0	0	0.0	5	6	3	10	2
vs. PHI	17	.278	.519	54	15	1	0	4	7.4	8	10	6	8	5
vs. PIT	12	.447	.574	47	21	3	0	1	2.1	2	10	3	4	2
vs. STL	13	.217	.478	46	10	1	1	3	6.5	7	8	2	1	1
On 3B <2 Out		.500	.778	36	18	2	1	2	5.6	2	37	4	5	

Year	Team	Lg	Games	BA	SA	AB	H	2B	3B	HR	HR%	R	RBI	BB	SO	SB	PH AB	PH H	PO	A	E	DP	TC/G	FA	G by Pos
1984	SEA	A	11	.208	.375	24	5	1	0	1	4.2	2	1	2	5	1	0	0	22	0	0	0	2.0	1.000	OF-11
1985			67	.286	.514	210	60	16	4	8	3.8	37	28	19	45	4	10	3	108	5	2	3	1.7	.983	OF-53, DH-3, 1B-2
1986	2 teams		SEA A (37G — .237)			CHI A (13G — .303)																			
"	total		50	.250	.341	164	41	7	1	2	1.2	16	15	9	39	3	7	2	64	4	5	1	1.5	.932	OF-37, DH-6
1987	CHI	A	144	.293	.526	542	159	38	2	28	5.2	93	83	60	109	10	1	0	295	8	5	3	2.1	.984	OF-139, DH-3
1988			73	.212	.424	264	56	14	0	14	5.3	40	35	34	66	4	1	0	141	5	7	1	2.1	.954	OF-67, DH-3
1989			157	.286	.437	622	178	34	9	14	2.3	83	87	43	94	7	2	0	384	17	9	24	2.6	.978	OF-103, DH-36, 1B-26
1990			158	.273	.422	607	166	44	2	14	2.3	85	74	51	79	32	2	1	269	7	7	1	2.2	.975	OF-130, DH-27, 1B-2
1991	MON	N	134	.300	.481	470	141	22	3	19	4.0	69	75	53	64	31	10	4	284	5	7	5	2.4	.976	OF-122, 1B-4
8 yrs.			794	.278	.456	2903	806	176	21	100	3.4	425	398	271	501	92	33	10	1567	51	42	38	2.1	.975	OF-662, DH-78, 1B-34

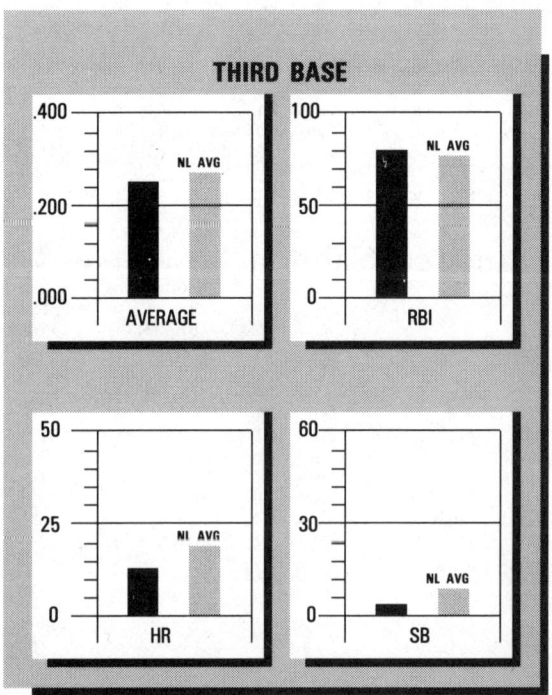

Ken Caminiti

CAMINITI, KENNETH GENE
B. Apr. 21, 1963, Hanford, Calif.
BB TR 6' 3" 200 lbs.

Split	Games	BA	SA	AB	H	2B	3B	HR	HR%	R	RBI	BB	SO	SB
April	19	.268	.352	71	19	3	0	1	1.4	6	8	4	7	1
May	28	.226	.321	106	24	2	1	2	1.9	10	9	10	11	0
June	24	.211	.356	90	19	4	0	3	3.3	10	8	7	18	0
July	24	.284	.516	95	27	6	2	4	4.2	18	25	7	11	0
Aug	28	.269	.407	108	29	9	0	2	1.9	11	22	12	21	1
Sept/Oct	29	.260	.346	104	27	6	0	1	1.0	10	8	6	17	2
Day	36	.215	.289	135	29	7	0	1	0.7	11	13	11	23	0
Night	116	.264	.412	439	116	23	3	12	2.7	54	67	35	62	4
vs. Left		.310	.504	232	72	14	2	9	3.9	27	44	12	27	1
vs. Right		.213	.301	342	73	16	1	4	1.2	38	36	34	58	3
On Grass	44	.260	.356	177	46	6	1	3	1.7	18	14	12	22	0
On Turf	108	.249	.395	397	99	24	2	10	2.5	47	66	34	63	4
Home	79	.253	.422	289	73	18	2	9	3.1	39	48	22	52	3
Road	73	.253	.344	285	72	12	1	4	1.4	26	32	24	33	1
Division Rivals														
vs. ATL	17	.230	.328	61	14	3	0	1	1.6	6	5	3	10	0
vs. CIN	18	.232	.333	69	16	4	0	1	1.4	7	9	2	12	1
vs. LA	18	.214	.300	70	15	3	0	1	1.4	10	5	7	16	0
vs. SD	18	.239	.299	67	16	1	0	1	1.5	4	5	4	11	0
vs. SF	14	.400	.700	50	20	7	1	2	4.0	8	16	7	5	1
On 3B <2 Out		.303	.485	33	10	3	0	1	3.0	1	28	5	5	

Year	Team	Games	BA	SA	AB	H	2B	3B	HR	HR%	R	RBI	BB	SO	SB	PINCH HIT AB	H	PO	A	E	DP	TC/G	FA	G by Pos

Ken Caminiti *Continued*

Year	Team		Games	BA	SA	AB	H	2B	3B	HR	HR%	R	RBI	BB	SO	SB	AB	H	PO	A	E	DP	TC/G	FA	G by Pos
1987	HOU	N	63	.246	.335	203	50	7	1	3	1.5	10	23	12	44	0	9	2	50	98	8	11	2.5	.949	3B-61
1988			30	.181	.241	83	15	2	0	1	1.2	5	7	5	18	0	5	0	12	43	3	2	1.9	.948	3B-28
1989			161	.255	.369	585	149	31	3	10	1.7	71	72	51	93	4	2	0	126	335	22	27	3.0	.954	3B-160
1990			153	.242	.309	541	131	20	2	4	0.7	52	51	48	97	9	10	1	118	243	21	22	2.6	.945	3B-149
1991			152	.253	.383	574	145	30	3	13	2.3	65	80	46	85	4	2	0	129	293	23	29	2.9	.948	3B-152
5 yrs.			559	.247	.348	1986	490	90	9	31	1.6	203	233	162	337	17	28	3	435	1012	77	91	2.7	.949	3B-550

Sil Campusano

CAMPUSANO, SILVESTRE
Born Silvestre Campusano y Diaz.
B. Dec. 31, 1965, Santo Domingo, Dominican Republic
BR TR 6' 160 lbs.

Year	Team		Games	BA	SA	AB	H	2B	3B	HR	HR%	R	RBI	BB	SO	SB	AB	H	PO	A	E	DP	TC/G	FA	G by Pos
1988	TOR	A	73	.218	.359	142	31	10	2	2	1.4	14	12	9	33	0	2	0	111	2	8	0	1.7	.934	OF-69, DH-2
1990	PHI	N	66	.212	.318	85	18	1	1	2	2.3	10	9	6	16	1	16	2	40	1	1	0	0.9	.976	OF-47
1991			15	.114	.200	35	4	0	0	1	2.9	2	2	1	10	0	3	1	27	1	0	0	1.9	1.000	OF-15
3 yrs.			154	.202	.324	262	53	11	3	5	1.9	26	23	16	59	1	21	3	178	4	9	0	1.2	.953	OF-131, DH-2

George Canale

CANALE, GEORGE ANTHONY
B. Aug. 11, 1965, Memphis, Tenn.
BL TR 6' 1" 190 lbs.

Year	Team		Games	BA	SA	AB	H	2B	3B	HR	HR%	R	RBI	BB	SO	SB	AB	H	PO	A	E	DP	TC/G	FA	G by Pos
1989	MIL	A	13	.192	.346	26	5	1	0	1	3.8	5	3	2	3	0	0	0	86	4	1	4	7.0	.989	1B-11
1990			10	.077	.154	13	1	1	0	0	0.0	4	0	2	6	0	1	1	32	4	0	1	6.0	1.000	1B-6, DH-3
1991			21	.176	.500	34	6	2	0	3	8.8	6	10	8	6	0	1	0	101	15	2	9	6.2	.983	1B-19
3 yrs.			44	.164	.384	73	12	4	0	4	5.5	15	13	12	15	0	2	1	219	23	3	14	5.6	.988	1B-36, DH-3

Casey Candaele

CANDAELE, CASEY TODD
B. Jan. 12, 1961, Lompoc, Calif.
BB TR 5' 9" 160 lbs.

	Games	BA	SA	AB	H	2B	3B	HR	HR%	R	RBI	BB	SO	SB
April	16	.267	.467	45	12	3	3	0	0.0	1	8	6	5	3
May	26	.234	.312	77	18	4	1	0	0.0	10	7	4	9	2
June	27	.240	.323	96	23	5	0	1	1.0	6	11	9	12	0
July	25	.329	.532	79	26	3	2	3	3.8	16	8	10	10	3
Aug	27	.237	.301	93	22	4	1	0	0.0	8	7	7	9	0
Sept/Oct	30	.282	.296	71	20	1	0	0	0.0	3	9	4	4	1
Day	35	.255	.373	102	26	5	2	1	1.0	12	12	7	11	1
Night	116	.265	.359	359	95	15	5	3	0.8	32	38	33	38	8
vs. Left		.285	.361	158	45	7	1	1	0.6	15	13	15	15	6
vs. Right		.251	.363	303	76	13	6	3	1.0	29	37	25	34	3
On Grass	46	.237	.319	135	32	5	0	2	1.5	16	11	7	15	0
On Turf	105	.273	.380	326	89	15	7	2	0.6	28	39	33	34	9
Home	77	.294	.396	235	69	11	5	1	0.4	22	33	26	27	6
Road	74	.230	.327	226	52	9	2	3	1.3	22	17	14	22	3
Division Rivals														
vs. ATL	18	.222	.352	54	12	3	2	0	0.0	3	7	5	6	1
vs. CIN	15	.225	.300	40	9	0	0	1	2.5	3	4	5	6	3
vs. LA	18	.204	.241	54	11	2	0	0	0.0	6	2	4	8	0
vs. SD	17	.283	.321	53	15	2	0	0	0.0	3	8	4	3	1
vs. SF	17	.300	.480	50	15	1	1	2	4.0	5	10	1	4	0
On 3B <2 Out		.333	.400	15	5	1	0	0	0.0	0	13	3	4	

SECOND BASE — AVERAGE, RBI, HR, SB (vs. NL AVG)

Year	Team		Games	BA	SA	AB	H	2B	3B	HR	HR%	R	RBI	BB	SO	SB	AB	H	PO	A	E	DP	TC/G	FA	G by Pos
1986	MON	N	30	.231	.288	104	24	4	1	0	0.0	9	6	5	15	3	3	1	45	74	2	13	4.0	.983	2B-24, 3B-4
1987			138	.272	.347	449	122	23	4	1	0.2	62	23	38	28	7	12	3	237	176	8	28	3.1	.981	2B-68, OF-67, SS-25, 1B-1
1988	2 teams		MON N (36G — .172)			HOU N (21G — .161)																			
"	total		57	.170	.238	147	25	8	1	0	0.0	11	5	11	17	1	7	1	79	126	2	21	3.6	.990	2B-45, OF-5, 3B-1
1990	HOU	N	130	.286	.397	262	75	8	6	3	1.1	30	22	31	42	7	30	10	147	120	3	20	2.5	.989	OF-58, 2B-49, SS-13, 3B-1
1991			151	.262	.362	461	121	20	7	4	0.9	44	50	40	49	9	19	3	244	318	10	53	4.1	.983	2B-109, OF-26, 3B-11
5 yrs.			506	.258	.346	1423	367	63	19	8	0.6	156	106	125	151	27	71	18	752	814	25	135	3.1	.984	2B-295, OF-156, SS-38, 3B-17, 1B-1

PLAYER REGISTER

Year	Team		Games	BA	SA	AB	H	2B	3B	HR	HR%	R	RBI	BB	SO	SB	PINCH HIT		PO	A	E	DP	TC/G	FA	G by Pos
																	AB	H							

Jose Canseco

CANSECO, JOSE
Born Jose Canseco y Capas.
Brother of Ozzie Canseco.
B. July 2, 1964, Havana, Cuba
BR TR 6' 3" 185 lbs.

			Games	BA	SA	AB	H	2B	3B	HR	HR%	R	RBI	BB	SO	SB	AB	H	PO	A	E	DP	TC/G	FA	G by Pos
April			19	.277	.538	65	18	5	0	4	6.2	16	13	18	19	5									
May			25	.194	.367	98	19	5	0	4	4.1	16	13	16	32	2									
June			26	.272	.685	92	25	8	0	10	10.9	20	23	10	17	5									
July			27	.315	.658	111	35	8	0	10	9.0	25	35	13	19	3									
Aug			27	.229	.490	96	22	1	0	8	8.3	18	12	11	35	7									
Sept/Oct			30	.300	.582	110	33	5	1	8	7.3	20	26	10	30	4									
Day			51	.298	.569	188	56	16	1	11	5.9	43	42	23	62	5									
Night			103	.250	.549	384	96	16	0	33	8.6	72	80	55	90	21									
vs. Left				.250	.493	136	34	9	0	8	5.9	27	21	24	41	11									
vs. Right				.271	.576	436	118	23	1	36	8.3	88	101	54	111	15									
On Grass			128	.257	.531	467	120	27	1	33	7.1	93	91	67	124	23									
On Turf			26	.305	.667	105	32	5	0	11	10.5	22	31	11	28	3									
Home			76	.270	.506	267	72	15	0	16	6.0	56	46	39	80	18									
Road			78	.262	.600	305	80	17	1	28	9.2	59	76	39	72	8									
Division Rivals																									
vs. CAL			13	.233	.512	43	10	3	0	3	7.0	9	8	10	11	1									
vs. CHI			13	.170	.362	47	8	0	0	3	6.4	4	10	7	17	0									
vs. KC			12	.289	.556	45	13	3	0	3	6.7	8	13	6	7	2									
vs. MIN			13	.286	.592	49	14	0	0	5	10.2	12	7	8	14	5									
vs. SEA			11	.195	.415	41	8	3	0	2	4.9	5	4	4	16	1									
vs. TEX			13	.333	.686	51	17	6	0	4	7.8	9	14	3	12	1									
On 3B <2 Out				.302	.488	43	13	2	0	2	4.7	2	31	5	14										
1985	OAK	A	29	.302	.490	96	29	3	0	5	5.2	16	13	4	31	1	4	1	56	2	3	1	2.1	.951	OF-26
1986			157	.240	.457	600	144	29	1	33	5.5	85	117	65	175	15	1	1	319	4	14	1	2.1	.958	OF-155, DH-1
1987			159	.257	.470	630	162	35	3	31	4.9	81	113	50	157	15	1	0	263	12	7	3	1.8	.975	OF-130, DH-30
1988			158	.307	**.569**	610	187	34	0	**42**	6.9	120	**124**	78	128	40	1	0	304	11	7	3	2.0	.978	OF-144, DH-13
1989			65	.269	.542	227	61	9	1	17	7.5	40	57	23	69	6	3	1	119	5	3	2	2.0	.976	OF-56, DH-5
1990			131	.274	.543	481	132	14	2	37	7.6	83	101	72	158	19	2	1	182	7	1	0	2.2	.995	OF-88, DH-43
1991			154	.266	.556	572	152	32	1	**44**	7.7	115	122	78	152	26	6	2	245	5	9	0	2.0	.965	OF-131, DH-24
7 yrs.			853	.270	.518	3216	867	156	8	209	6.5	540	647	370	870	122	18	6	1488	46	44	12	1.8	.972	OF-730, DH-116
LEAGUE CHAMPIONSHIP SERIES																									
1988	OAK	A	4	.313	.938	16	5	1	0	3	18.8	4	4	1	2	1	0	0	6	0	0	0	1.5	1.000	OF-4
1989			5	.294	.471	17	5	0	0	1	5.9	1	3	3	7	0	1	0	6	1	1	0	1.6	.875	OF-5
1990			4	.182	.182	11	2	0	0	0	0.0	3	1	5	5	2	0	0	14	0	0	0	3.5	1.000	OF-4
3 yrs.			13	.273	.568	44	12	1	0	4	9.1	8	8	9	14	3	1	0	26	1	1	0	2.2	.964	OF-13
WORLD SERIES																									
1988	OAK	A	5	.053	.211	19	1	0	0	1	5.3	1	5	2	5	1	0	0	8	0	0	0	1.6	1.000	OF-5
1989			4	.357	.571	14	5	0	0	1	7.1	5	3	4	3	1	0	0	6	0	0	0	1.5	1.000	OF-4
1990			4	.083	.333	12	1	0	0	1	8.3	1	2	2	3	0	1	0	4	0	0	0	1.3	1.000	OF-3, DH-1
3 yrs.			13	.156	.356	45	7	0	0	3	6.7	7	10	8	11	2	1	0	18	0	0	0	1.4	.000	OF-12, DH-1

Nick Capra

CAPRA, NICK LEE
B. Mar. 8, 1958, Denver, Colo.
BR TR 5' 8" 164 lbs.

Year	Team		Games	BA	SA	AB	H	2B	3B	HR	HR%	R	RBI	BB	SO	SB	AB	H	PO	A	E	DP	TC/G	FA	G by Pos
1982	TEX	A	13	.267	.467	15	4	0	0	1	6.7	2	1	3	4	2	0	0	14	2	0	1	1.2	1.000	OF-9
1983			8	.000	.000	2	0	0	0	0	0.0	2	0	0	0	0	2	0	0	0	0	0	0.0	—	OF-4
1985			8	.125	.125	8	1	0	0	0	0.0	1	0	0	0	0	0	0	11	0	0	0	1.4	1.000	OF-8
1988	KC	A	14	.138	.172	29	4	1	0	0	0.0	3	0	2	3	1	1	0	15	0	0	0	1.1	1.000	OF-11
1991	TEX	A	2	.000	.000	0	0	0	0	0	0.0	1	0	1	0	0	0	0	4	0	0	0	2.0	1.000	OF-2
5 yrs.			45	.167	.241	54	9	1	0	1	1.9	9	1	6	7	3	3	0	44	2	0	1	1.0	.000	OF-34

Chuck Carr

CARR, CHARLES LEE GLENN
B. Aug. 10, 1968, San Bernardino, Calif.
BB TR 5' 10" 155 lbs.

Year	Team		Games	BA	SA	AB	H	2B	3B	HR	HR%	R	RBI	BB	SO	SB	AB	H	PO	A	E	DP	TC/G	FA	G by Pos
1990	NY	N	4	.000	.000	2	0	0	0	0	0.0	0	0	0	2	1	2	0	0	0	0	0	0.0	1.000	OF-1
1991			12	.182	.182	11	2	0	0	0	0.0	1	1	0	2	1	3	0	9	0	0	0	1.0	1.000	OF-9
2 yrs.			16	.154	.154	13	2	0	0	0	0.0	1	1	0	4	2	5	0	9	0	0	0	0.6	.000	OF-10

PLAYER REGISTER

Year	Team	Games	BA	SA	AB	H	2B	3B	HR	HR%	R	RBI	BB	SO	SB	PINCH HIT AB	PINCH HIT H	PO	A	E	DP	TC/G	FA	G by Pos

Mark Carreon

CARREON, MARK STEVEN
Son of Camilo Carreon.
B. July 19, 1963, Chicago, Ill.
BR TL 6' 170 lbs.

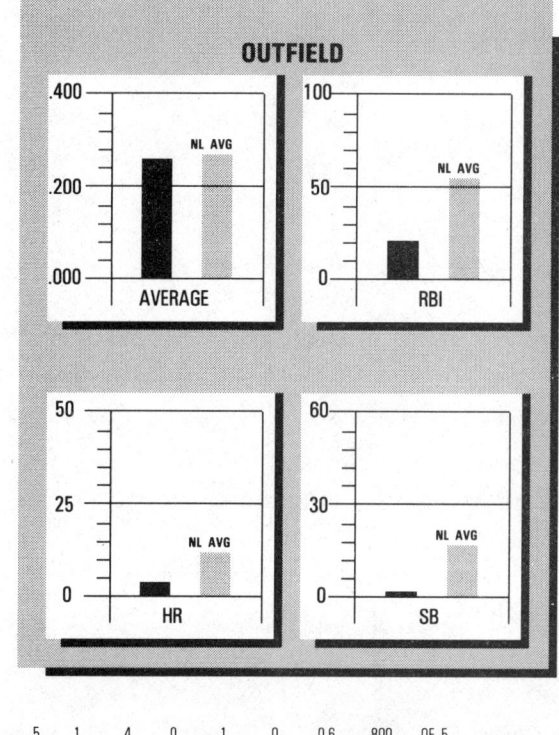

April		15	.323	.548	31	10	1	0	2	6.5	5	3	4	3	1									
May		13	.280	.440	25	7	1	0	1	4.0	1	1	0	4	0									
June		21	.222	.222	54	12	0	0	0	0.0	4	3	2	9	1									
July		15	.219	.250	32	7	1	0	0	0.0	3	5	4	4	0									
Aug		21	.184	.245	49	9	0	0	1	2.0	3	2	2	2	0									
Sept/Oct		21	.333	.381	63	21	3	0	0	0.0	2	7	0	4	0									
Day		31	.280	.390	82	23	3	0	2	2.4	3	9	2	9	1									
Night		75	.250	.302	172	43	3	0	2	1.2	15	12	10	17	1									
vs. Left			.242	.321	165	40	4	0	3	1.8	11	14	8	15	0									
vs. Right			.292	.348	89	26	2	0	1	1.1	7	7	4	11	2									
On Grass		74	.250	.321	184	46	4	0	3	1.6	14	17	10	17	2									
On Turf		32	.286	.357	70	20	2	0	1	1.4	4	4	2	9	0									
Home		59	.252	.335	155	39	4	0	3	1.9	13	15	9	15	2									
Road		47	.273	.323	99	27	2	0	1	1.0	5	6	3	11	0									
Division Rivals																									
vs. CHI		8	.000	.000	13	0	0	0	0	0.0	0	0	0	2	0									
vs. MON		13	.343	.400	35	12	2	0	0	0.0	1	3	0	4	0									
vs. PHI		13	.300	.333	30	9	1	0	0	0.0	1	2	2	6	1									
vs. PIT		14	.314	.486	35	11	0	0	2	5.7	4	3	2	1	0									
vs. STL		10	.360	.520	25	9	1	0	1	4.0	2	3	0	2	0									
On 3B <2 Out			.167	.250	12	2	1	0	0	0.0	0	4	3	2										
1987	NY N	9	.250	.250	12	3	0	0	0	0.0	0	1	1	1	0	5	1	4	0	1	0	0.6	.800	OF-5
1988		7	.556	1.111	9	5	2	0	1	11.1	5	1	2	1	0	2	0	1	0	0	0	0.1	1.000	OF-4
1989		68	.308	.489	133	41	6	0	6	4.5	20	16	12	17	2	27	10	57	0	1	0	0.9	.983	OF-39
1990		82	.250	.473	188	47	12	0	10	5.3	30	26	15	29	1	24	4	87	1	0	0	1.5	1.000	OF-60
1991		106	.260	.331	254	66	6	0	4	1.6	18	21	12	26	2	35	12	96	4	3	1	1.3	.971	OF-77
5 yrs.		272	.272	.421	596	162	26	0	21	3.5	73	65	42	74	5	93	27	245	5	5	1	0.9	.980	OF-185

Matias Carrillo

CARRILLO, MATIAS
Born Matias Carrillo y Garcia.
B. Feb. 24, 1963, Los Mochis, Mexico
BL TL 5' 11" 190 lbs.

1991	MIL A	3	.000	.000	0	0	0	0	0	0.0	0	0	0	0	0	0	0	0	0	0	0	0.0	1.000	OF-3

Gary Carter

CARTER, GARY EDMUND (Kid)
B. Apr. 8, 1954, Culver City, Calif.
BR TR 6' 2" 205 lbs.

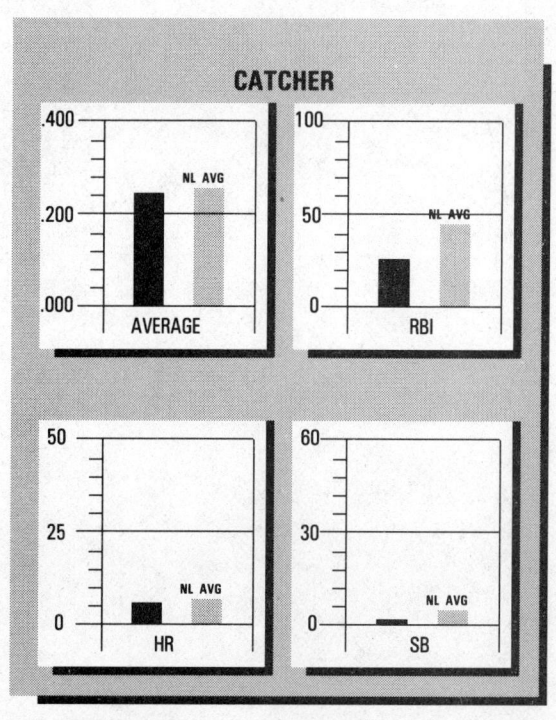

April	11	.091	.091	11	1	0	0	0	0.0	0	0	1	1	0	
May	20	.211	.421	38	8	2	0	2	5.3	4	7	6	4	0	
June	18	.271	.375	48	13	2	0	1	2.1	3	5	3	3	0	
July	20	.273	.455	66	18	6	0	2	3.0	9	8	4	9	0	
Aug	16	.292	.417	48	14	3	0	1	2.1	4	4	1	5	1	
Sept/Oct	16	.189	.216	37	7	1	0	0	0.0	2	2	7	4	1	
Day	29	.220	.288	59	13	4	0	0	0.0	5	3	8	5	0	
Night	72	.254	.402	189	48	10	0	6	3.2	17	23	14	21	2	
vs. Left		.252	.371	151	38	9	0	3	2.0	10	14	18	16	1	
vs. Right		.237	.381	97	23	5	0	3	3.1	12	12	4	10	2	
On Grass	76	.238	.362	185	44	8	0	5	2.7	15	19	15	19	2	
On Turf	25	.270	.413	63	17	6	0	1	1.6	7	7	7	7	0	
Home	53	.216	.304	125	27	2	0	3	2.4	6	11	11	17	2	
Road	48	.276	.447	123	34	12	0	3	2.4	16	15	11	9	0	
Division Rivals															
vs. ATL	14	.167	.214	42	7	2	0	0	0.0	1	2	0	8	0	
vs. CIN	14	.243	.324	37	9	3	0	0	0.0	3	4	2	4	0	
vs. HOU	10	.136	.273	22	3	0	0	1	4.5	1	3	2	4	1	
vs. SD	9	.500	.813	16	8	2	0	1	6.3	3	3	3	0	0	
vs. SF	9	.238	.381	21	5	0	0	1	4.8	1	1	3	2	0	
On 3B <2 Out		.273	.273	11	3	0	0	0	0.0	0	7	1	3		

PLAYER REGISTER

Year	Team		Games	BA	SA	AB	H	2B	3B	HR	HR%	R	RBI	BB	SO	SB	PINCH HIT AB	H	PO	A	E	DP	TC/G	FA	G by Pos

Gary Carter *Continued*

1974	MON	N	9	.407	.593	27	11	0	1	1	3.7	5	6	1	2	2	1	1	28	4	0	1	3.6	1.000	C-6, OF-2
1975			144	.270	.416	503	136	20	1	17	3.4	58	68	72	83	5	5	1	430	38	9	7	3.3	.981	OF-92, C-66, 3B-1
1976			91	.219	.309	311	68	8	1	6	1.9	31	38	30	43	0	2	0	364	42	2	8	4.5	.995	C-60, OF-36
1977			154	.284	.525	522	148	29	2	31	5.9	86	84	58	103	5	6	3	813	101	9	14	6.0	.990	C-146, OF-1
1978			157	.255	.422	533	136	27	1	20	3.8	76	72	62	70	10	6	0	787	83	10	9	5.6	.989	C-152, 1B-1
1979			141	.283	.485	505	143	26	5	22	4.4	74	75	40	62	3	3	0	751	88	9	12	6.0	.989	C-138
1980			154	.264	.486	549	145	25	5	29	5.3	76	101	58	78	3	4	0	822	108	7	8	6.1	.993	C-149
1981			100	.251	.444	374	94	20	2	16	4.3	48	68	35	35	1	0	0	515	58	4	12	5.8	.993	C-100, 1B-1
1982			154	.293	.510	557	163	32	1	29	5.2	91	97	78	64	2	3	0	954	104	10	6	6.9	.991	C-153
1983			145	.270	.444	541	146	37	3	17	3.1	63	79	51	57	1	2	0	855	108	5	15	6.7	.995	C-144, 1B-1
1984			159	.294	.487	596	175	32	1	27	4.5	75	**106**	64	57	2	2	0	990	78	7	25	6.8	.993	C-143, 1B-25
1985	NY	N	149	.281	.488	555	156	17	1	32	5.8	83	100	69	46	1	2	0	987	70	8	13	7.1	.992	C-143, 1B-6, OF-1
1986			132	.255	.439	490	125	14	2	24	4.9	81	105	62	63	1	1	0	943	70	9	18	7.7	.991	C-122, 1B-9, OF-4, 3B-1
1987			139	.235	.392	523	123	18	2	20	3.8	55	83	42	73	0	4	0	886	70	9	14	6.9	.991	C-135, 1B-4, OF-1
1988			130	.242	.358	455	110	16	2	11	2.4	39	46	34	52	0	7	4	842	58	10	8	7.0	.989	C-119, 1B-10, 3B-1
1989			50	.183	.275	153	28	8	0	2	1.3	14	15	12	15	0	4	1	266	31	6	6	6.1	.980	C-47, 1B-1
1990	SF	N	92	.254	.406	244	62	10	0	9	3.6	24	27	25	31	1	19	4	348	31	3	5	4.6	.992	C-80, 1B-3
1991	LA	N	101	.246	.375	248	61	14	0	6	2.4	22	26	22	26	2	27	2	402	52	5	5	5.9	.989	C-68, 1B-10
18 yrs.			2201	.264	.442	7686	2030	353	30	319	4.2	1001	1196	815	960	39	98	16	11983	1194	122	186	6.0	.991	C-1971, OF-137, 1B-71, 3B-3

DIVISIONAL PLAYOFF SERIES

| 1981 | MON | N | 5 | .421 | .895 | 19 | 8 | 3 | 0 | 2 | 10.5 | 3 | 6 | 1 | 1 | 0 | 0 | 0 | 21 | 5 | 0 | 0 | 5.2 | 1.000 | C-5 |

LEAGUE CHAMPIONSHIP SERIES

1981	MON	N	5	.438	.500	16	7	1	0	0	0.0	3	0	4	2	0	0	0	27	3	0	0	6.0	1.000	C-5
1986	NY	N	6	.148	.185	27	4	1	0	0	0.0	1	2	2	5	0	0	0	42	5	0	0	7.8	1.000	C-6
1988			7	.222	.333	27	6	1	1	0	0.0	0	4	1	3	0	0	0	58	1	0	0	8.4	1.000	C-7
3 yrs.			18	.243	.314	70	17	3	1	0	0.0	4	6	7	10	0	0	0	127	9	0	0	7.6	.000	C-18

WORLD SERIES

| 1986 | NY | N | 7 | .276 | .552 | 29 | 8 | 2 | 0 | 2 | 6.9 | 4 | 9 | 0 | 4 | 0 | 0 | 0 | 57 | 1 | 0 | 0 | 8.3 | 1.000 | C-7 |

Joe Carter

CARTER, JOSEPH CHRIS
B. Mar. 7, 1960, Oklahoma City, Okla.
BR TR 6' 3" 210 lbs.

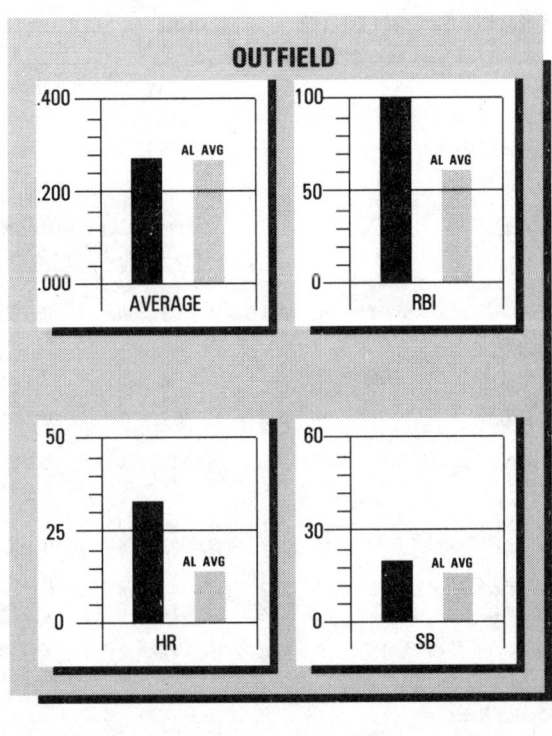
OUTFIELD — AVERAGE, RBI, HR, SB (vs AL AVG)

	Games	BA	SA	AB	H	2B	3B	HR	HR%	R	RBI	BB	SO	SB
April	21	.337	.542	83	28	8	0	3	3.6	12	15	8	13	3
May	27	.240	.394	104	25	5	1	3	2.9	9	10	9	14	5
June	28	.352	.759	108	38	11	0	11	10.2	21	29	8	23	4
July	26	.255	.490	98	25	5	0	6	6.1	12	18	12	20	1
Aug	29	.248	.448	125	31	7	0	6	4.8	14	20	2	14	4
Sept/Oct	31	.225	.408	120	27	6	2	4	3.3	21	16	10	28	3
Day	52	.245	.475	200	49	14	1	10	5.0	28	30	14	36	6
Night	110	.285	.516	438	125	28	2	23	5.3	61	78	35	76	14
vs. Left		.335	.569	188	63	12	1	10	5.3	27	32	11	28	9
vs. Right		.247	.476	450	111	30	2	23	5.1	62	76	38	84	11
On Grass	63	.263	.441	247	65	12	1	10	4.0	33	37	21	35	8
On Turf	99	.279	.542	391	109	30	2	23	5.9	56	71	28	77	12
Home	81	.290	.583	321	93	23	1	23	7.2	49	64	23	65	9
Road	81	.256	.423	317	81	19	2	10	3.2	40	44	26	47	11
Division Rivals														
vs. BAL	13	.364	.709	55	20	5	1	4	7.3	11	17	2	8	2
vs. BOS	13	.373	.824	51	19	5	0	6	11.8	12	17	3	5	2
vs. CLE	13	.333	.708	48	16	4	1	4	8.3	11	12	3	7	0
vs. DET	13	.286	.321	56	16	2	0	0	0.0	1	8	2	8	3
vs. MIL	13	.315	.537	54	17	6	0	2	3.7	8	6	3	9	2
vs. NY	13	.182	.418	55	10	1	0	4	7.3	6	4	1	13	1
On 3B <2 Out		.209	.535	43	9	2	0	4	9.3	4	29	8	10	

1983	CHI	N	23	.176	.235	51	9	1	1	0	0.0	6	1	0	21	1	5	1	26	0	0	0	1.1	1.000	OF-16
1984	CLE	A	66	.275	.467	244	67	6	1	13	5.3	32	41	11	48	2	7	5	169	11	6	4	2.8	.968	OF-59, 1B-7
1985			143	.262	.409	489	128	27	0	15	3.1	64	59	25	74	24	4	0	311	17	6	4	2.3	.982	OF-135, 1B-11, DH-7, 2B-1, 3B-1
1986			162	.302	.514	663	200	36	9	29	4.4	108	**121**	32	95	29	1	1	800	55	10	52	5.3	.988	OF-104, 1B-70
1987			149	.264	.480	588	155	27	2	32	5.4	83	106	27	105	31	2	0	782	46	17	61	5.7	.980	1B-84, OF-62, DH-5

PLAYER REGISTER

Year	Team		Games	BA	SA	AB	H	2B	3B	HR	HR%	R	RBI	BB	SO	SB	PINCH HIT AB	H	PO	A	E	DP	TC/G	FA	G by Pos

Joe Carter *Continued*

1988			157	.271	.478	621	168	36	6	27	4.3	85	98	35	82	27	1	0	444	8	7	3	2.9	.985	OF-156
1989			162	.243	.465	651	158	32	4	35	5.4	84	105	39	112	13	0	0	443	20	9	7	2.9	.981	OF-146, 1B-11, DH-8
1990	SD	N	162	.232	.391	634	147	27	1	24	3.7	79	115	48	93	22	1	0	492	16	11	19	3.2	.979	OF-150, 1B-14
1991	TOR	A	162	.273	.503	638	174	42	3	33	5.2	89	108	49	112	20	0	0	283	13	8	2	2.0	.974	OF-151, DH-11
9 yrs.			1186	.263	.463	4579	1206	234	27	208	4.5	630	754	266	742	169	21	7	3750	186	74	152	3.4	.982	OF-979, 1B-197, DH-31, 2B-1, 3B-1

LEAGUE CHAMPIONSHIP SERIES

| 1991 | TOR | A | 5 | .263 | .526 | 19 | 5 | 2 | 0 | 1 | 5.3 | 3 | 4 | 1 | 5 | 0 | 0 | 0 | 4 | 1 | 0 | 0 | 1.7 | 1.000 | OF-3, DH-2 |

Vinny Castilla

CASTILLA, VINICIO
Born Vinicio Castilla y Soria.
B. July 4, 1967, Oaxaca, Mexico
BR TR 6' 1" 175 lbs.

| 1991 | ATL | N | 12 | .200 | .200 | 5 | 1 | 0 | 0 | 0 | 0.0 | 1 | 0 | 0 | 2 | 0 | 0 | 0 | 6 | 6 | 0 | 0 | 1.0 | 1.000 | SS-12 |

Braulio Castillo

CASTILLO, BRAULIO ROBINSON MEDRANO
Born Braulio Robinson Medrano y Castillo.
B. May 13, 1968, Elias Pina, Dominican Republic
BR TR 6' 160 lbs.

| 1991 | PHI | N | 28 | .173 | .231 | 52 | 9 | 3 | 0 | 0 | 0.0 | 3 | 2 | 1 | 15 | 1 | 0 | 0 | 40 | 2 | 1 | 1 | 1.7 | .977 | OF-26 |

Carmen Castillo

CASTILLO, MONTE CARMELO
B. June 8, 1958, San Pedro de Macoris, Dominican Republic
BR TR 6' 1" 180 lbs.

1982	CLE	A	47	.208	.292	120	25	4	0	2	1.7	11	11	6	17	0	3	0	91	0	2	0	2.0	.978	OF-43, DH-2
1983			23	.278	.472	36	10	2	1	1	2.8	9	3	4	6	1	2	0	23	3	2	1	1.2	.929	OF-19, DH-1
1984			87	.261	.464	211	55	9	2	10	4.7	36	36	21	32	1	18	3	123	2	9	0	1.5	.933	OF-70, DH-2
1985			67	.245	.462	184	45	5	1	11	6.0	27	25	11	40	3	9	1	101	0	5	0	1.6	.953	OF-51, DH-9
1986			85	.278	.439	205	57	9	0	8	3.9	34	32	9	48	2	21	3	58	4	4	1	0.8	.939	OF-37, DH-35
1987			89	.250	.477	220	55	17	0	11	5.0	27	31	16	52	1	29	5	29	3	0	0	0.4	1.000	DH-43, OF-23
1988			66	.273	.386	176	48	8	0	4	2.3	12	14	5	31	6	16	4	69	1	5	0	1.1	.933	OF-45, DH-9
1989	MIN	A	94	.257	.454	218	56	13	3	8	3.7	23	33	15	40	1	29	8	119	3	3	1	1.3	.976	OF-67, DH-16
1990			64	.219	.248	137	30	4	0	0	0.0	11	12	3	23	0	22	5	24	0	2	0	1.2	.923	DH-35, OF-21
1991			9	.167	.333	12	2	0	1	0	0.0	0	0	0	2	0	6	1	3	0	0	0	0.8	1.000	OF-4, DH-2
10 yrs.			631	.252	.418	1519	383	71	8	55	3.6	190	197	90	291	15	155	30	640	16	32	3	1.1	.953	OF-380, DH-154

Andujar Cedeno

CEDENO, ANDUJAR
Born Andujar Cedeno y Encarnacion.
B. Aug. 21, 1969, La Romana, Dominican Republic
BR TR 6' 1" 170 lbs.

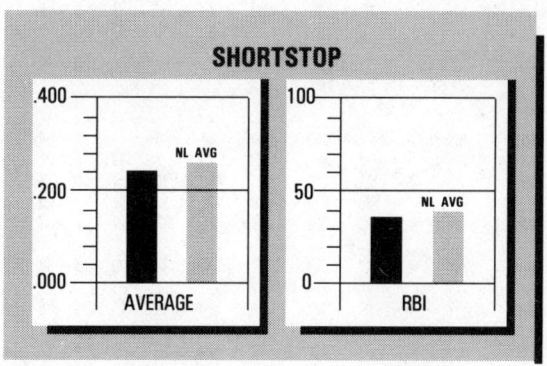

SHORTSTOP

	Games	BA	SA	AB	H	2B	3B	HR	HR%	R	RBI	BB	SO	SB
April				0	0	0	0	0		0	0	0	0	0
May				0	0	0	0	0		0	0	0	0	0
June				0	0	0	0	0		0	0	0	0	0
July	5	.250	.400	20	5	1	1	0	0.0	1	2	1	6	0
Aug	29	.239	.385	117	28	5	0	4	3.4	12	18	3	34	3
Sept/Oct	33	.246	.456	114	28	7	1	5	4.4	14	16	5	34	1
Day	17	.277	.508	65	18	4	1	3	4.6	7	10	1	14	2
Night	50	.231	.387	186	43	9	1	6	3.2	20	26	8	60	2
vs. Left		.213	.263	80	17	4	0	0	0.0	5	10	1	24	0
vs. Right		.257	.491	171	44	9	2	9	5.3	22	26	8	50	4

PLAYER REGISTER

Year	Team	Games	BA	SA	AB	H	2B	3B	HR	HR%	R	RBI	BB	SO	SB	PINCH HIT AB	PINCH HIT H	PO	A	E	DP	TC/G	FA	G by Pos

Andujar Cedeno Continued

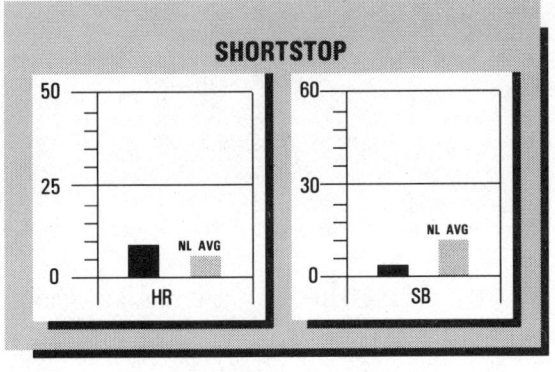

Year	Team	Games	BA	SA	AB	H	2B	3B	HR	HR%	R	RBI	BB	SO	SB	PH AB	PH H	PO	A	E	DP	TC/G	FA	G by Pos
On Grass		23	.264	.483	87	23	4	0	5	5.7	12	14	3	22	3									
On Turf		44	.232	.384	164	38	9	2	4	2.4	15	22	6	52	1									
Home		36	.224	.396	134	30	7	2	4	3.0	14	21	5	41	1									
Road		31	.265	.444	117	31	6	0	5	4.3	13	15	4	33	3									
Division Rivals																								
vs. ATL		9	.212	.364	33	7	2	0	1	3.0	3	4	1	9	0									
vs. CIN		6	.263	.368	19	5	2	0	0	0.0	1	1	1	7	0									
vs. LA		11	.233	.395	43	10	1	0	2	4.7	5	8	1	11	2									
vs. SD		11	.146	.244	41	6	1	0	1	2.4	4	4	1	16	1									
vs. SF		9	.257	.629	35	9	1	0	4	11.4	7	11	2	10	1									
On 3B < 2 Out			.333	.533	15	5	0	0	1	6.7	1	14	1	2										
1990	HOU N	7	.000	.000	8	0	0	0	0	0.0	0	0	0	5	0	2	0	3	2	1	0	2.0	.833	SS-3
1991		67	.243	.418	251	61	13	2	9	3.6	27	36	9	74	4	1	0	88	151	18	36	3.9	.930	SS-66
2 yrs.		74	.236	.405	259	61	13	2	9	3.5	27	36	9	79	4	3	0	91	153	19	36	3.6	.928	SS-69

Rick Cerone

CERONE, RICHARD ALDO
B. May 19, 1954, Newark, N. J.
BR TR 5' 11" 192 lbs.

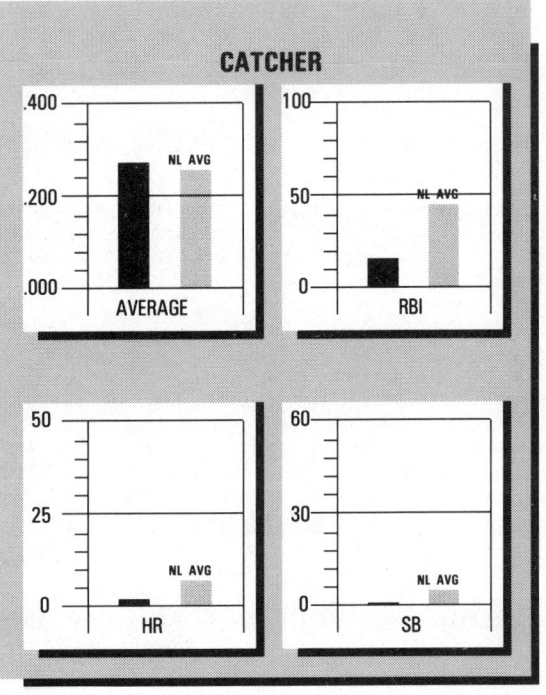

Split		Games	BA	SA	AB	H	2B	3B	HR	HR%	R	RBI	BB	SO	SB	PH AB	PH H	PO	A	E	DP	TC/G	FA	G by Pos
April		8	.385	.615	26	10	3	0	1	3.8	5	4	0	2	0									
May		16	.227	.318	44	10	4	0	0	0.0	3	3	6	3	0									
June		19	.204	.224	49	10	1	0	0	0.0	6	3	12	5	0									
July		17	.304	.326	46	14	1	0	0	0.0	3	2	7	5	1									
Aug		19	.306	.367	49	15	3	0	0	0.0	0	3	4	6	0									
Sept/Oct		11	.231	.538	13	3	1	0	1	7.7	1	1	1	3	0									
Day		29	.277	.385	65	18	4	0	1	1.5	2	3	8	3	0									
Night		61	.272	.346	162	44	9	0	1	0.6	16	13	22	21	1									
vs. Left			.315	.387	111	35	8	0	0	0.0	6	8	11	13	0									
vs. Right			.233	.328	116	27	5	0	2	1.7	12	8	19	11	1									
On Grass		67	.285	.372	172	49	12	0	1	0.6	13	12	21	15	0									
On Turf		23	.236	.309	55	13	1	0	1	1.8	5	4	9	9	1									
Home		47	.293	.390	123	36	9	0	1	0.8	11	12	14	10	0									
Road		43	.250	.317	104	26	4	0	1	1.0	7	4	16	14	1									
Division Rivals																								
vs. CHI		11	.360	.440	25	9	2	0	0	0.0	0	1	2	0	0									
vs. MON		11	.242	.242	33	8	0	0	0	0.0	4	3	1	2	1									
vs. PHI		7	.300	.600	10	3	0	0	1	10.0	2	1	4	3	0									
vs. PIT		10	.214	.393	28	6	2	0	1	3.6	1	2	0	6	0									
vs. STL		6	.267	.267	15	4	0	0	0	0.0	1	0	2	2	0									
On 3B < 2 Out			.091	.091	11	1	0	0	0	0.0	0	4	4	2										
1975	CLE A	7	.250	.333	12	3	1	0	0	0.0	1	0	1	0	0	0	0	18	1	0	0	2.7	1.000	C-7
1976		7	.125	.125	16	2	0	0	0	0.0	1	1	0	2	0	1	1	25	1	1	1	3.9	.963	C-6, DH-1
1977	TOR A	31	.200	.270	100	20	4	0	1	1.0	7	10	6	12	0	0	0	146	15	1	1	5.2	.994	C-31
1978		88	.223	.298	282	63	8	2	3	1.1	25	20	23	32	0	4	1	426	44	4	7	5.4	.992	C-84, DH-2
1979		136	.239	.358	469	112	27	4	7	1.5	47	61	37	40	1	2	0	560	68	13	10	4.7	.980	C-136
1980	NY A	147	.277	.432	519	144	30	4	14	2.7	70	85	32	56	1	0	0	800	73	9	9	6.0	.990	C-147
1981		71	.244	.342	234	57	13	2	2	0.9	23	21	12	24	0	2	2	353	26	3	1	5.4	.992	C-69
1982		89	.227	.310	300	68	10	5	5	1.7	29	28	19	27	0	0	0	509	25	6	5	6.1	.989	C-89
1983		80	.220	.272	246	54	7	0	2	0.8	18	22	15	29	0	2	0	412	18	4	2	5.4	.991	C-78, 3B-1
1984		38	.208	.283	120	25	3	0	2	1.7	8	13	9	15	1	0	0	230	9	1	1	6.3	.996	C-38
1985	ATL N	96	.216	.280	282	61	9	0	3	1.1	15	25	29	25	0	7	1	384	48	6	6	4.6	.986	C-91
1986	MIL A	68	.259	.380	216	56	14	0	4	1.9	22	18	15	28	1	0	0	391	44	4	2	6.5	.991	C-68
1987	NY A	113	.243	.335	284	69	12	1	4	1.4	28	23	30	46	0	6	2	542	38	1	6	5.1	.998	C-111, P-2, 1B-2
1988	BOS A	84	.269	.360	264	71	13	1	3	1.1	31	27	20	32	0	4	1	471	28	0	4	5.9	1.000	C-83, DH-1
1989		102	.243	.345	296	72	16	1	4	1.4	28	48	34	40	0	7	3	579	41	10	5	6.2	.984	C-97, DH-1, OF-1
1990	NY A	49	.302	.388	139	42	6	0	2	1.4	12	11	5	13	0	14	2	179	14	1	1	5.5	.995	C-35, DH-6, 2B-1
1991	NY N	90	.273	.357	227	62	13	0	2	0.9	18	16	30	24	1	14	4	424	36	6	0	5.8	.987	C-81
17 yrs.		1296	.245	.342	4006	981	186	15	58	1.4	383	429	317	445	5	63	17	6449	529	70	59	5.4	.990	C-1251, DH-11, P-2, 1B-2, 2B-1, 3B-1, OF-1

DIVISIONAL PLAYOFF SERIES

Year	Team	Games	BA	SA	AB	H	2B	3B	HR	HR%	R	RBI	BB	SO	SB	PH AB	PH H	PO	A	E	DP	TC/G	FA	G by Pos
1981	NY A	5	.333	.611	18	6	2	0	1	5.6	1	5	0	2	0	0	0	42	1	1	0	8.8	.977	C-5

PLAYER REGISTER 49

Year	Team		Games	BA	SA	AB	H	2B	3B	HR	HR%	R	RBI	BB	SO	SB	PINCH HIT AB	H	PO	A	E	DP	TC/G	FA	G by Pos

Rick Cerone Continued

LEAGUE CHAMPIONSHIP SERIES

1980	NY	A	3	.333	.583	12	4	0	0	1	8.3	1	2	0	1	0	0	0	14	4	0	0	6.0	1.000	C-3
1981			3	.100	.100	10	1	0	0	0	0.0	1	0	0	0	0	0	0	23	2	0	1	8.3	1.000	C-3
2 yrs.			6	.227	.364	22	5	0	0	1	4.5	2	2	0	1	0	0	0	37	6	0	1	7.2	.000	C-6

WORLD SERIES

| 1981 | NY | A | 6 | .190 | .381 | 21 | 4 | 1 | 0 | 1 | 4.8 | 2 | 3 | 4 | 2 | 0 | 0 | 0 | 42 | 4 | 0 | 0 | 7.7 | 1.000 | C-6 |

Wes Chamberlain

CHAMBERLAIN, WESLEY POLK
B. Apr. 13, 1966, Chicago, Ill.
BR TR 6′ 2″ 210 lbs.

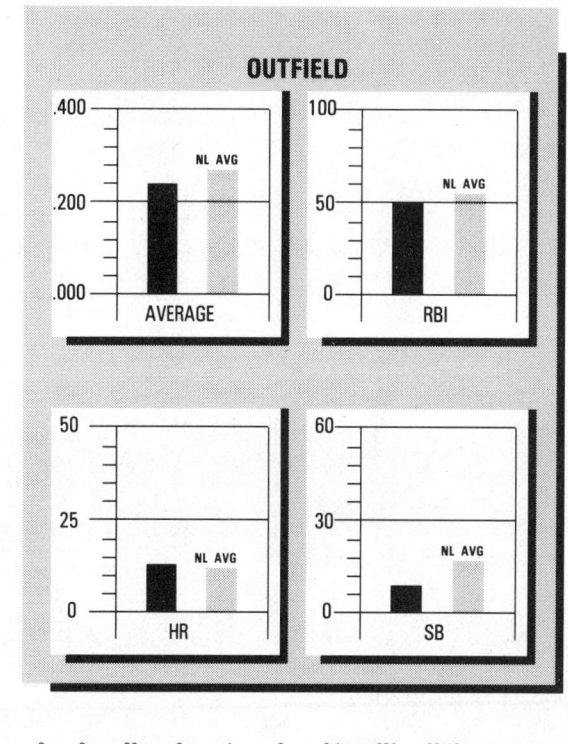

		Games	BA	SA	AB	H	2B	3B	HR	HR%	R	RBI	BB	SO	SB
April		3	.200	.200	5	1	0	0	0	0.0	0	0	0	0	1
May					0	0	0	0	0		0	0	0	0	0
June		15	.328	.448	58	19	4	0	1	1.7	6	6	2	8	2
July		21	.260	.452	73	19	5	0	3	4.1	6	12	3	12	1
Aug		29	.267	.483	116	31	3	2	6	5.2	17	18	16	24	4
Sept/Oct		33	.168	.282	131	22	4	1	3	2.3	22	14	10	29	1
Day		29	.182	.373	110	20	6	0	5	4.5	13	16	10	22	4
Night		72	.264	.410	273	72	10	3	8	2.9	38	34	21	51	5
vs. Left			.271	.493	140	38	8	1	7	5.0	24	26	16	18	4
vs. Right			.222	.346	243	54	8	2	6	2.5	27	24	15	55	5
On Grass		25	.213	.351	94	20	4	0	3	3.2	15	12	6	19	3
On Turf		76	.249	.415	289	72	12	3	10	3.5	36	38	25	54	6
Home		54	.265	.445	211	56	9	1	9	4.3	27	32	15	37	2
Road		47	.209	.343	172	36	7	2	4	2.3	24	18	16	36	7
Division Rivals															
vs. CHI		12	.264	.472	53	14	0	1	3	5.7	12	11	6	10	1
vs. MON		12	.130	.261	46	6	1	1	1	2.2	5	5	6	10	1
vs. NY		13	.167	.306	36	6	2	0	1	2.8	5	3	1	8	2
vs. PIT		12	.365	.615	52	19	2	1	3	5.8	10	11	2	9	3
vs. STL		9	.179	.214	28	5	1	0	0	0.0	2	1	3	3	1
On 3B <2 Out			.296	.481	27	8	2	0	1	3.7	1	17	2	7	

1990	PHI	N	18	.283	.478	46	13	3	0	2	4.3	9	4	1	9	4	8	0	23	0	1	0	2.4	.958	OF-10
1991			101	.240	.399	383	92	16	3	13	3.4	51	50	31	73	9	3	0	199	4	3	0	2.1	.985	OF-98
2 yrs.			119	.245	.408	429	105	19	3	15	3.5	60	54	32	82	13	11	0	222	4	4	0	1.9	.983	OF-108

Dave Clark

CLARK, DAVID EARL
B. Sept. 3, 1962, Tupelo, Miss.
BL TR 6′ 2″ 200 lbs.

1986	CLE	A	18	.276	.448	58	16	1	0	3	5.2	10	9	7	11	1	0	0	26	0	0	0	1.4	1.000	OF-10, DH-7
1987			29	.207	.368	87	18	5	0	3	3.4	11	12	2	24	1	6	0	24	1	0	0	0.9	1.000	OF-13, DH-12
1988			63	.263	.359	156	41	4	1	3	1.9	11	18	17	28	0	19	4	36	0	2	0	0.6	.947	DH-27, OF-23
1989			102	.237	.379	253	60	12	0	8	3.2	21	29	30	63	0	29	7	27	0	1	0	0.3	.964	DH-55, OF-21
1990	CHI	N	84	.275	.409	171	47	4	2	5	2.9	22	20	8	40	7	42	11	60	2	0	0	1.6	1.000	OF-39
1991	KC	A	11	.200	.200	10	2	0	0	0	0.0	1	1	1	1	0	10	2	0	0	0	0	0.0	1.000	DH-1, OF-1
6 yrs.			307	.250	.384	735	184	26	3	22	3.0	76	89	65	167	9	106	24	173	3	3	0	0.6	.983	OF-107, DH-102

Jack Clark

CLARK, JACK ANTHONY (The Ripper)
B. Nov. 10, 1955, New Brighton, Pa.
BR TR 6′ 2″ 205 lbs.

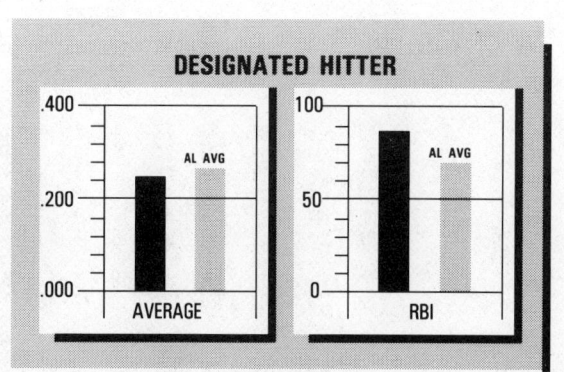

		Games	BA	SA	AB	H	2B	3B	HR	HR%	R	RBI	BB	SO	SB
April		17	.246	.421	57	14	1	0	3	5.3	9	10	12	19	0
May		24	.190	.250	84	16	2	0	1	1.2	10	5	20	29	0
June		22	.216	.473	74	16	1	0	6	8.1	14	14	16	20	0
July		25	.270	.528	89	24	2	0	7	7.9	10	23	17	23	0
Aug		25	.261	.523	88	23	6	1	5	5.7	17	22	17	19	0
Sept/Oct		27	.303	.573	89	27	6	0	6	6.7	15	13	14	23	0
Day		44	.283	.541	159	45	8	0	11	6.9	27	33	25	37	0
Night		96	.233	.429	322	75	10	1	17	5.3	48	54	71	96	0
vs. Left			.325	.530	117	38	6	0	6	5.1	23	20	34	22	0
vs. Right			.225	.445	364	82	12	1	22	6.0	52	67	62	111	0

PLAYER REGISTER

Year	Team		Games	BA	SA	AB	H	2B	3B	HR	HR%	R	RBI	BB	SO	SB	PINCH HIT AB	H	PO	A	E	DP	TC/G	FA	G by Pos

Jack Clark Continued

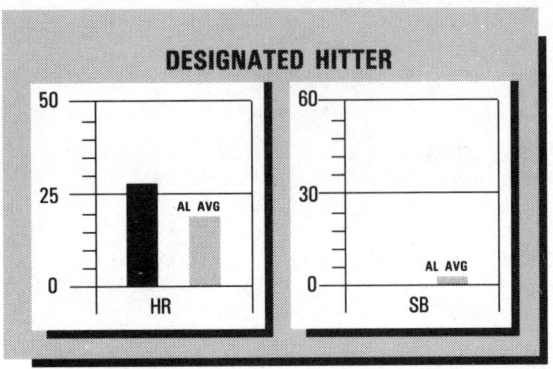

On Grass			119	.247	.455	409	101	16	0	23	5.6	61	65	76	116	0									
On Turf			21	.264	.528	72	19	2	1	5	6.9	14	22	20	17	0									
Home			73	.281	.542	253	71	12	0	18	7.1	44	47	40	68	0									
Road			67	.215	.382	228	49	6	1	10	4.4	31	40	56	65	0									
Division Rivals																									
vs. BAL			8	.480	1.000	25	12	1	0	4	16.0	12	5	7	5	0									
vs. CLE			13	.229	.292	48	11	3	0	0	0.0	7	3	8	17	0									
vs. DET			12	.243	.351	37	9	1	0	1	2.7	3	9	6	7	0									
vs. MIL			11	.279	.558	43	12	3	0	3	7.0	7	6	4	16	0									
vs. NY			13	.122	.204	49	6	1	0	1	2.0	3	4	6	12	0									
vs. TOR			13	.318	.659	44	14	1	1	4	9.1	13	19	11	13	0									
On 3B <2 Out				.222	.556	27	6	0	0	3	11.1	3	24	11	12										
1975	SF	N	8	.235	.235	17	4	0	0	0	0.0	3	2	1	2	1	3	0	8	1	0	0	1.1	1.000	OF-3, 3B-2
1976			26	.225	.382	102	23	6	2	2	2.0	14	10	8	18	6	0	0	71	3	1	1	2.9	.987	OF-26
1977			136	.252	.407	413	104	17	4	13	3.1	64	51	49	73	12	29	11	226	11	6	2	1.8	.975	OF-114
1978			156	.306	.537	592	181	46	8	25	4.2	90	98	50	72	15	6	2	320	16	6	5	2.2	.982	OF-152
1979			143	.273	.476	527	144	25	2	26	4.9	84	86	63	95	11	2	0	262	13	5	7	2.0	.982	OF-140, 3B-2
1980			127	.284	.517	437	124	20	8	22	5.0	77	82	74	52	2	5	0	229	7	8	1	1.9	.967	OF-120
1981			99	.268	.460	385	103	19	2	17	4.4	60	53	45	45	1	2	0	193	14	4	4	2.1	.981	OF-98
1982			157	.274	.481	563	154	30	3	27	4.8	90	103	90	91	6	4	0	281	10	6	2	1.9	.980	OF-155
1983			135	.268	.441	492	132	25	0	20	4.1	82	66	74	79	5	1	0	262	20	9	5	2.2	.969	OF-133, 1B-2
1984			57	.320	.537	203	65	9	1	11	5.4	33	44	43	29	1	1	0	120	9	2	3	2.3	.985	OF-54, 1B-4
1985	STL	N	126	.281	.502	442	124	26	3	22	5.0	71	87	83	88	1	1	0	1128	66	14	102	9.6	.988	1B-121, OF-12
1986			65	.237	.422	232	55	12	2	9	3.9	34	23	45	61	1	1	1	623	35	3	66	10.2	.995	1B-64
1987			131	.286	.597	419	120	23	1	35	8.4	93	106	136	139	1	4	0	1152	77	14	116	9.5	.989	1B-126, OF-1
1988	NY	A	150	.242	.433	496	120	14	0	27	5.4	81	93	113	141	3	12	3	129	8	5	8	0.9	.965	DH-112, OF-19, 1B-10
1989	SD	N	142	.242	.459	455	110	19	1	26	5.7	76	94	132	145	6	1	1	1157	89	15	99	8.9	.988	1B-131, OF-12
1990			115	.266	.533	334	89	12	1	25	7.4	59	62	104	91	4	4	1	855	69	6	72	8.5	.994	1B-109
1991	BOS	A	140	.249	.466	481	120	18	1	28	5.8	75	87	96	133	0	6	0	0	0	0	0	0.0	.988	DH-135
17 yrs.			1913	.269	.482	6590	1772	321	39	335	5.1	1086	1147	1206	1354	76	82	20	7016	448	104	493	4.0	.986	OF-1039, 1B-567, DH-247, 3B-4

LEAGUE CHAMPIONSHIP SERIES

Year	Team		Games	BA	SA	AB	H	2B	3B	HR	HR%	R	RBI	BB	SO	SB	AB	H	PO	A	E	DP	TC/G	FA	G by Pos
1985	STL	N	6	.381	.524	21	8	0	0	1	4.8	4	4	5	5	0	0	0	55	0	0	3	9.2	1.000	1B-6
1987			1	.000	.000	1	0	0	0	0	0.0	0	0	1	1	0	1	0	0	0	0	0	0.0	—	
2 yrs.			7	.364	.500	22	8	0	0	1	4.5	4	4	5	6	0	1	0	55	0	0	3	7.9	.000	1B-6

WORLD SERIES

1985	STL	N	7	.240	.320	25	6	2	0	0	0.0	1	4	3	9	0	0	0	49	4	0	6	7.6	1.000	1B-7

Jerald Clark

CLARK, JERALD DWAYNE
B. Aug. 10, 1963, Crockett, Tex.
BR TR 6' 4" 189 lbs.
See Player Register Supplement for complete graphic analysis.

Year	Team		Games	BA	SA	AB	H	2B	3B	HR	HR%	R	RBI	BB	SO	SB	AB	H	PO	A	E	DP	TC/G	FA	G by Pos
1988	SD	N	6	.200	.267	15	3	1	0	0	0.0	0	3	0	4	0	3	1	10	1	0	0	1.8	1.000	OF-4
1989			17	.195	.317	41	8	2	0	1	2.4	5	7	3	9	0	4	1	16	2	1	0	1.1	.947	OF-14
1990			53	.267	.475	101	27	4	1	5	4.9	12	11	5	24	0	28	8	102	6	1	3	4.4	.991	1B-15, OF-13
1991			118	.228	.352	369	84	16	0	10	2.7	26	47	31	90	2	10	2	245	10	2	6	2.4	.992	OF-96, 1B-16
4 yrs.			194	.232	.371	526	122	23	1	16	3.0	43	68	39	127	2	45	12	373	19	4	9	2.0	.990	OF-127, 1B-31

Will Clark

CLARK, WILLIAM NUSCHLER (The Natural, The Thrill)
B. Mar. 13, 1964, New Orleans, La.
BL TL 6' 2" 190 lbs.

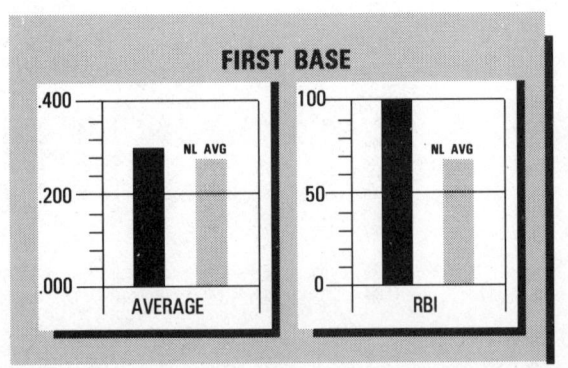

			Games	BA	SA	AB	H	2B	3B	HR	HR%	R	RBI	BB	SO	SB
April			20	.325	.584	77	25	4	2	4	5.2	12	21	10	9	1
May			27	.233	.398	103	24	2	0	5	4.9	7	15	9	19	1
June			21	.333	.513	78	26	1	2	3	3.8	12	20	4	12	1
July			23	.322	.622	90	29	6	0	7	7.8	16	18	8	11	1
Aug			30	.347	.678	118	41	14	2	7	5.9	24	28	11	16	0
Sept/Oct			27	.253	.414	99	25	5	1	3	3.0	13	14	9	24	0
Day			52	.343	.672	198	68	16	5	13	6.6	37	42	19	28	2
Night			96	.278	.463	367	102	16	2	16	4.4	47	74	32	63	2
vs. Left				.239	.452	197	47	11	2	9	4.6	19	40	14	35	1
vs. Right				.334	.582	368	123	21	5	20	5.4	65	76	37	56	3

PLAYER REGISTER

Year	Team		Games	BA	SA	AB	H	2B	3B	HR	HR%	R	RBI	BB	SO	SB	PINCH HIT AB	H	PO	A	E	DP	TC/G	FA	G by Pos

Will Clark Continued

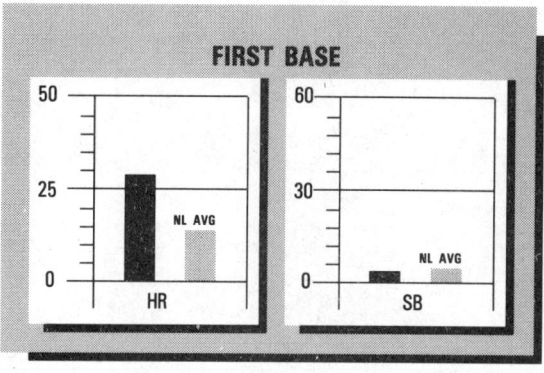

			Games	BA	SA	AB	H	2B	3B	HR	HR%	R	RBI	BB	SO	SB	AB	H	PO	A	E	DP	TC/G	FA	G by Pos
On Grass			108	.295	.532	410	121	22	6	21	5.1	57	74	35	72	3									
On Turf			40	.316	.548	155	49	10	1	8	5.2	27	42	16	19	1									
Home			74	.283	.562	283	80	20	4	17	6.0	43	47	25	51	1									
Road			74	.319	.511	282	90	12	3	12	4.3	41	69	26	40	3									
Division Rivals																									
vs. ATL			16	.250	.500	52	13	3	2	2	3.8	6	8	6	8	0									
vs. CIN			16	.258	.419	62	16	4	0	2	3.2	8	11	5	12	0									
vs. HOU			18	.284	.537	67	19	3	1	4	6.0	15	17	10	12	1									
vs. LA			18	.406	.739	69	28	4	2	5	7.2	11	16	8	9	1									
vs. SD			16	.324	.529	68	22	3	1	3	4.4	9	17	2	13	0									
On 3B <2 Out				.367	.800	30	11	1	0	4	13.3	4	35	8	3										
1986	SF	N	111	.287	.444	408	117	27	2	11	2.7	66	41	34	76	4	9	6	942	72	11	76	9.2	.989	1B-102
1987			150	.308	.580	529	163	29	5	35	6.6	89	91	49	98	5	11	3	1253	103	13	130	9.1	.991	1B-139
1988			162	.282	.508	575	162	31	6	29	5.0	102	**109**	**100**	129	9	5	0	1492	104	12	126	9.9	.993	1B-158
1989			159	.333	.546	588	196	38	9	23	3.9	**104**	111	74	103	8	1	0	1445	111	10	117	9.8	.994	1B-158
1990			154	.295	.448	600	177	25	5	19	3.1	91	95	62	97	8	1	0	1456	119	12	118	10.4	.992	1B-153
1991			148	.301	**.536**	565	170	32	7	29	5.1	84	116	51	91	4	3	1	1273	110	4	115	9.6	.997	1B-144
6 yrs.			884	.302	.512	3265	985	182	34	146	4.5	536	563	370	594	38	30	10	7861	619	62	682	9.7	.993	1B-854
LEAGUE CHAMPIONSHIP SERIES																									
1987	SF	N	7	.360	.560	25	9	2	0	1	4.0	3	3	3	6	1	0	0	63	7	1	10	10.1	.986	1B-7
1989			5	.650	1.200	20	13	3	1	2	10.0	8	8	2	2	0	0	0	43	6	0	6	9.8	1.000	1B-5
2 yrs.			12	.489	.844	45	22	5	1	3	6.7	11	11	5	8	1	0	0	106	13	1	16	10.0	.992	1B-12
WORLD SERIES																									
1989	SF	N	4	.250	.313	16	4	1	0	0	0.0	2	0	1	3	0	0	0	40	2	0	2	10.5	1.000	1B-4

Royce Clayton

CLAYTON, ROYCE SPENCER
B. Jan. 2, 1970, Burbank, Calif.
BR TR 6' 175 lbs.

Year	Team		Games	BA	SA	AB	H	2B	3B	HR	HR%	R	RBI	BB	SO	SB	AB	H	PO	A	E	DP	TC/G	FA	G by Pos
1991	SF	N	9	.115	.154	26	3	1	0	0	0.0	0	2	1	6	0	0	0	16	6	3	1	3.1	.880	SS-8

Dave Cochrane

COCHRANE, DAVID CARTER
B. Jan. 31, 1963, Riverside, Calif.
BB TR 6' 2" 180 lbs.

Year	Team		Games	BA	SA	AB	H	2B	3B	HR	HR%	R	RBI	BB	SO	SB	AB	H	PO	A	E	DP	TC/G	FA	G by Pos
1986	CHI	A	19	.194	.274	62	12	2	0	1	1.6	4	2	5	22	0	0	0	10	31	6	1	2.5	.872	3B-18, SS-1
1989	SEA	A	54	.235	.382	102	24	4	1	3	2.9	13	7	14	27	0	17	5	78	41	5	14	2.3	.960	SS-30, 1B-9, 3B-9, 2B-4, OF-3, C-2
1990			15	.150	.150	20	3	0	0	0	0.0	0	0	0	8	0	9	2	8	10	0	0	1.6	1.000	SS-5, 1B-3, 3B-3, C-1
1991			65	.247	.354	178	44	13	0	2	1.1	16	22	9	38	0	16	4	105	25	7	3	2.4	.949	OF-26, C-19, 3B-13, 1B-4, DH-1
4 yrs.			153	.229	.337	362	83	19	1	6	1.7	33	31	28	95	0	42	11	201	107	18	18	2.1	.945	3B-43, SS-36, OF-29, C-22, 1B-16, 2B-4, DH-1

Alex Cole

COLE, ALEXANDER, JR.
B. Aug. 17, 1965, Fayetteville, N. C.
BL TL 6' 2" 170 lbs.

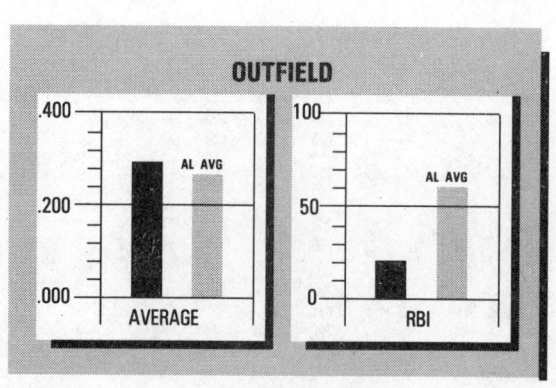

			Games	BA	SA	AB	H	2B	3B	HR	HR%	R	RBI	BB	SO	SB
April			14	.321	.415	53	17	3	1	0	0.0	5	2	4	7	2
May			6	.300	.350	20	6	1	0	0	0.0	5	0	3	0	4
June			25	.278	.292	72	20	1	0	0	0.0	5	4	12	9	2
July			25	.250	.286	56	14	2	0	0	0.0	9	6	16	6	5
Aug			20	.271	.390	59	16	3	2	0	0.0	12	2	8	12	7
Sept/Oct			32	.323	.378	127	41	7	0	0	0.0	22	7	15	13	7
Day			36	.256	.296	125	32	3	1	0	0.0	17	6	18	18	7
Night			86	.313	.382	262	82	14	2	0	0.0	41	15	40	29	20
vs. Left				.387	.500	62	24	5	1	0	0.0	13	8	14	7	6
vs. Right				.277	.326	325	90	12	2	0	0.0	45	13	44	40	21

Year	Team	Games	BA	SA	AB	H	2B	3B	HR	HR%	R	RBI	BB	SO	SB	PINCH HIT AB	H	PO	A	E	DP	TC/G	FA	G by Pos

Alex Cole *Continued*

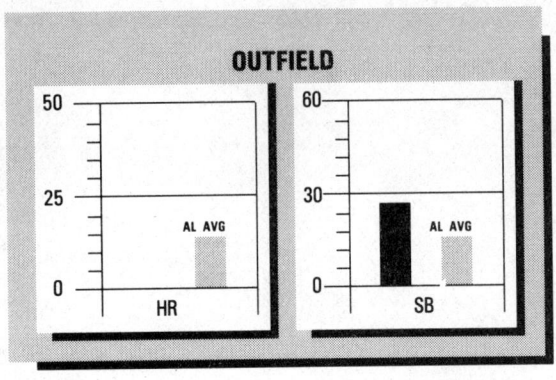

OUTFIELD

		Games	BA	SA	AB	H	2B	3B	HR	HR%	R	RBI	BB	SO	SB	AB	H	PO	A	E	DP	TC/G	FA	G by Pos
On Grass		101	.282	.333	330	93	13	2	0	0.0	53	19	48	43	24									
On Turf		21	.368	.474	57	21	4	1	0	0.0	5	2	10	4	3									
Home		56	.291	.341	182	53	9	0	0	0.0	28	14	33	27	11									
Road		66	.298	.366	205	61	8	3	0	0.0	30	7	25	20	16									
Division Rivals																								
vs. BAL		12	.304	.348	46	14	2	0	0	0.0	9	0	5	5	7									
vs. BOS		7	.348	.391	23	8	1	0	0	0.0	5	2	4	4	2									
vs. DET		12	.357	.429	42	15	3	0	0	0.0	9	3	8	3	3									
vs. MIL		9	.333	.394	33	11	2	0	0	0.0	7	3	5	2	1									
vs. NY		10	.139	.139	36	5	0	0	0	0.0	4	1	5	6	2									
vs. TOR		12	.250	.250	36	9	0	0	0	0.0	6	3	8	6	4									
On 3B <2 Out			.500	.500	14	7	0	0	0	0.0	0	13	2	2										
1990	CLE A	63	.300	.357	227	68	5	4	0	0.0	43	13	28	38	40	0	0	145	3	6	1	2.6	.961	OF-59, DH-1
1991		122	.295	.354	387	114	17	3	0	0.0	58	21	58	47	27	7	1	256	6	8	1	2.5	.970	OF-107, DH-6
2 yrs.		185	.296	.355	614	182	22	7	0	0.0	101	34	86	85	67	7	1	401	9	14	2	2.3	.967	OF-166, DH-7

Stu Cole

COLE, STEWART BRYAN
B. Feb. 7, 1966, Charlotte, N.C.
BR TR 6' 1" 175 lbs.

Year	Team	Games	BA	SA	AB	H	2B	3B	HR	HR%	R	RBI	BB	SO	SB	AB	H	PO	A	E	DP	TC/G	FA	G by Pos
1991	KC A	9	.143	.143	7	1	0	0	0	0.0	1	0	2	2	0	2	0	2	4	0	0	1.0	1.000	2B-5, DH-2, SS-1

Vince Coleman

COLEMAN, VINCENT MAURICE
B. Sept. 22, 1960, Jacksonville, Fla.
BB TR 6' 170 lbs.

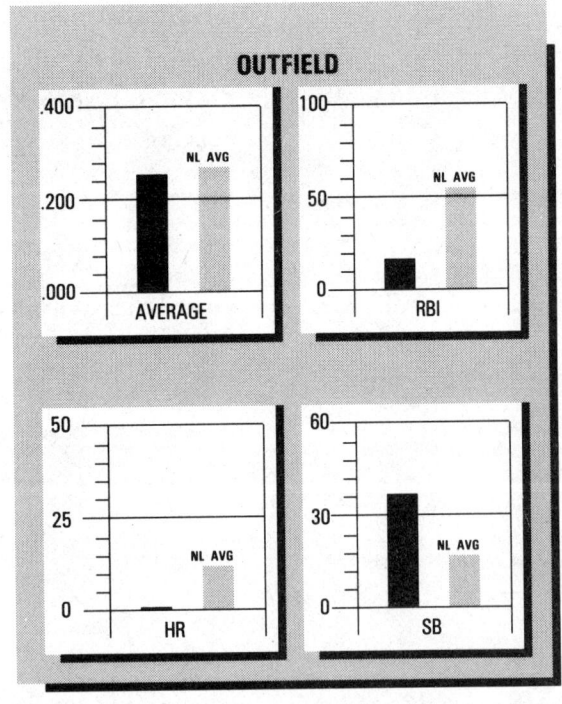

OUTFIELD

		Games	BA	SA	AB	H	2B	3B	HR	HR%	R	RBI	BB	SO	SB	AB	H	PO	A	E	DP	TC/G	FA	G by Pos
April		19	.219	.301	73	16	2	2	0	0.0	12	5	14	13	11									
May		24	.301	.333	93	28	1	1	0	0.0	21	6	16	18	16									
June		12	.240	.420	50	12	2	2	1	2.0	6	5	4	6	6									
July		6	.318	.318	22	7	0	0	0	0.0	2	0	1	7	1									
Aug		9	.200	.229	35	7	1	0	0	0.0	4	1	4	3	3									
Sept/Oct		2	.200	.400	5	1	1	0	0	0.0	0	0	0	0	0									
Day		25	.230	.264	87	20	1	1	0	0.0	13	4	15	15	10									
Night		47	.267	.356	191	51	6	4	1	0.5	32	13	24	32	27									
vs. Left			.248	.305	105	26	3	0	1	1.0	15	4	9	11	12									
vs. Right			.260	.341	173	45	4	5	0	0.0	30	13	30	36	25									
On Grass		51	.243	.280	189	46	5	1	0	0.0	32	10	34	35	27									
On Turf		21	.281	.427	89	25	2	4	1	1.1	13	7	5	12	10									
Home		29	.234	.262	107	25	3	0	0	0.0	16	5	22	16	20									
Road		43	.269	.368	171	46	4	5	1	0.6	29	12	17	31	17									
Division Rivals																								
vs. CHI		11	.225	.300	40	9	1	1	0	0.0	10	1	10	8	5									
vs. MON		7	.231	.346	26	6	1	1	0	0.0	6	4	7	6	4									
vs. PHI		6	.200	.320	25	5	1	1	0	0.0	4	1	6	3	3									
vs. PIT		10	.229	.257	35	8	1	0	0	0.0	4	1	1	3	5									
vs. STL		6	.333	.407	27	9	0	1	0	0.0	5	2	1	2	1									
On 3B <2 Out			.250	.333	12	3	1	0	0	0.0	0	7	1	1										
1985	STL N	151	.267	.335	636	170	20	10	1	0.2	107	40	50	115	**110**	1	0	305	16	7	1	2.2	.979	OF-150
1986		154	.232	.280	600	139	13	8	0	0.0	94	29	60	98	**107**	2	1	300	12	9	2	2.1	.972	OF-149
1987		151	.289	.358	623	180	14	10	3	0.5	121	43	70	126	**109**	1	0	274	16	9	3	2.0	.970	OF-150
1988		153	.260	.339	616	160	20	10	3	0.5	77	38	49	111	**81**	2	0	290	14	9	1	2.0	.971	OF-142
1989		145	.254	.334	563	143	21	9	2	0.4	94	28	50	90	**65**	5	2	247	5	10	1	1.8	.962	OF-142
1990		124	.292	.400	497	145	18	9	6	1.2	73	39	35	88	**77**	5	0	244	12	5	2	2.2	.981	OF-120
1991	NY N	72	.255	.327	278	71	7	5	1	0.4	45	17	39	47	37	2	0	132	5	3	0	2.0	.979	OF-70
7 yrs.		950	.264	.339	3813	1008	113	61	16	0.4	611	234	353	675	586	18	3	1792	80	52	10	2.0	.973	OF-931
LEAGUE CHAMPIONSHIP SERIES																								
1985	STL N	3	.286	.286	14	4	0	0	0	0.0	2	1	0	2	1	0	0	8	0	0	0	2.7	1.000	OF-3
1987		7	.269	.308	26	7	1	0	0	0.0	3	4	4	6	1	0	0	9	1	0	0	1.4	1.000	OF-7
2 yrs.		10	.275	.300	40	11	1	0	0	0.0	5	5	4	8	2	0	0	17	1	0	0	1.8	.000	OF-10

PLAYER REGISTER 53

Year	Team	Games	BA	SA	AB	H	2B	3B	HR	HR%	R	RBI	BB	SO	SB	PINCH HIT AB	H	PO	A	E	DP	TC/G	FA	G by Pos

Vince Coleman *Continued*

WORLD SERIES

Year	Team	Games	BA	SA	AB	H	2B	3B	HR	HR%	R	RBI	BB	SO	SB	AB	H	PO	A	E	DP	TC/G	FA	G by Pos
1987	STL N	7	.143	.214	28	4	2	0	0	0.0	5	2	2	10	6	0	0	10	2	0	0	1.7	1.000	OF-7

Darnell Coles

COLES, DARNELL
B. June 2, 1962, San Bernardino, Calif.
BR TR 6' 1" 185 lbs.

Year	Team	Games	BA	SA	AB	H	2B	3B	HR	HR%	R	RBI	BB	SO	SB	AB	H	PO	A	E	DP	TC/G	FA	G by Pos
1983	SEA A	27	.283	.391	92	26	7	0	1	1.1	9	6	7	12	0	1	0	17	47	4	8	2.5	.941	3B-26
1984		48	.161	.196	143	23	3	1	0	0.0	15	6	17	26	2	0	0	31	63	8	10	2.1	.922	3B-42, DH-3, OF-3
1985		27	.237	.356	59	14	4	0	1	1.7	8	5	9	17	0	3	0	25	44	6	10	2.8	.920	SS-15, 3B-7, DH-2, OF-2
1986	DET A	142	.273	.453	521	142	30	2	20	3.8	67	86	45	84	6	1	0	111	242	23	23	2.6	.939	3B-133, DH-7, SS-2, OF-2
1987	2 teams	DET A (53G — .181)			PIT N (40G — .227)																			
"	total.	93	.201	.369	268	54	13	1	10	3.7	34	39	34	43	1	9	2	123	87	20	6	2.5	.913	3B-46, OF-34, 1B-10, DH-3, SS-1
1988	2 teams	PIT N (68G — .232)			SEA A (55G — .292)																			
"		123	.261	.438	406	106	23	2	15	3.7	52	70	37	67	4	11	0	166	3	3	0	1.4	.983	OF-102, DH-7, 1B-2, 3B-1
1989	SEA A	146	.252	.359	535	135	21	3	10	1.9	54	59	27	61	5	8	1	317	76	12	20	2.8	.970	OF-89, 3B-26, 1B-18, DH-12
1990	2 teams	SEA A (37G — .215)			DET A (52G — .204)																			
"	total	89	.209	.293	215	45	7	1	3	1.3	22	20	16	38	0	27	8	69	42	9	3	2.5	.925	DH-31, OF-31, 3B-14, 1B-4
1991	SF N	11	.214	.214	14	3	0	0	0	0.0	1	0	0	2	0	7	2	4	0	0	0	1.0	1.000	OF-3, 1B-1
9 yrs.		706	.243	.380	2253	548	108	10	60	2.7	262	291	192	350	18	67	13	863	604	85	80	2.2	.945	3B-295, OF-266, DH-65, 1B-35, SS-18

Scott Coolbaugh

COOLBAUGH, SCOTT ROBERT
B. June 13, 1966, Binghamton, N.Y.
BR TR 5' 10" 185 lbs.

Year	Team	Games	BA	SA	AB	H	2B	3B	HR	HR%	R	RBI	BB	SO	SB	AB	H	PO	A	E	DP	TC/G	FA	G by Pos
1989	TEX A	25	.275	.412	51	14	1	0	2	3.9	7	7	4	12	0	0	0	7	39	2	3	1.9	.958	3B-23, DH-2
1990		67	.200	.267	180	36	6	0	2	1.1	21	13	15	47	1	2	1	42	118	10	12	2.6	.941	3B-66
1991	SD N	60	.217	.306	180	39	8	1	2	1.1	12	15	19	45	0	6	0	32	108	7	8	2.7	.952	3B-54
3 yrs.		152	.217	.302	411	89	15	1	6	1.5	40	35	38	104	1	8	1	81	265	19	23	2.4	.948	3B-143, DH-2

Gary Cooper

COOPER, GARY CLIFTON
B. Aug. 13, 1964, Lynwood, Calif.
BR TR 6' 200 lbs.

Year	Team	Games	BA	SA	AB	H	2B	3B	HR	HR%	R	RBI	BB	SO	SB	AB	H	PO	A	E	DP	TC/G	FA	G by Pos
1991	HOU N	9	.250	.313	16	4	1	0	0	0.0	1	2	3	6	0	4	0	3	2	1	0	1.5	.833	3B-4

Scott Cooper

COOPER, SCOTT KENDRICK
B. Oct. 13, 1967, St. Louis, Mo.
BL TR 6' 3" 200 lbs.

Year	Team	Games	BA	SA	AB	H	2B	3B	HR	HR%	R	RBI	BB	SO	SB	AB	H	PO	A	E	DP	TC/G	FA	G by Pos
1990	BOS A	2	.000	.000	1	0	0	0	0	0.0	0	0	0	1	0	1	0	0	0	0	0	0.0	.857	
1991		14	.457	.686	35	16	4	2	0	0.0	6	7	2	2	0	2	1	6	22	2	1	2.3	.933	3B-13
2 yrs.		16	.444	.667	36	16	4	2	0	0.0	6	7	2	3	0	3	1	6	22	2	1	1.9	.933	3B-13

Joey Cora

CORA, JOSE MANUEL
Born Jose Manuel Cora y Amaro.
B. May 14, 1965, Caguas, Puerto Rico
BB TR 5' 7" 150 lbs.

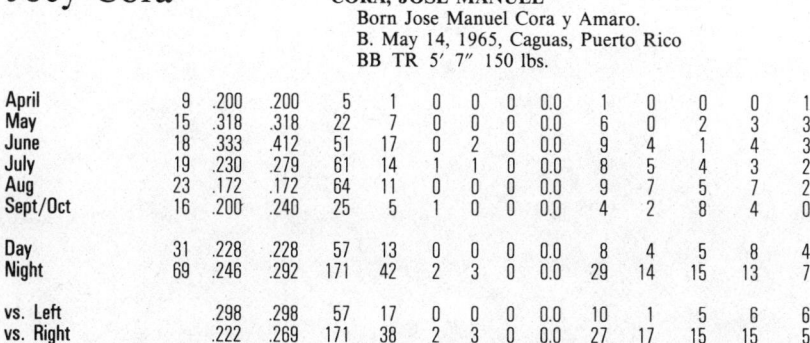

	Games	BA	SA	AB	H	2B	3B	HR	HR%	R	RBI	BB	SO	SB
April	9	.200	.200	5	1	0	0	0	0.0	1	0	0	0	1
May	15	.318	.318	22	7	0	0	0	0.0	6	0	2	3	3
June	18	.333	.412	51	17	0	2	0	0.0	9	4	1	4	3
July	19	.230	.279	61	14	1	1	0	0.0	8	5	4	3	2
Aug	23	.172	.172	64	11	0	0	0	0.0	9	7	5	7	2
Sept/Oct	16	.200	.240	25	5	1	0	0	0.0	4	2	8	4	0
Day	31	.228	.228	57	13	0	0	0	0.0	8	4	5	8	4
Night	69	.246	.292	171	42	2	3	0	0.0	29	14	15	13	7
vs. Left		.298	.298	57	17	0	0	0	0.0	10	1	5	6	6
vs. Right		.222	.269	171	38	2	3	0	0.0	27	17	15	15	5

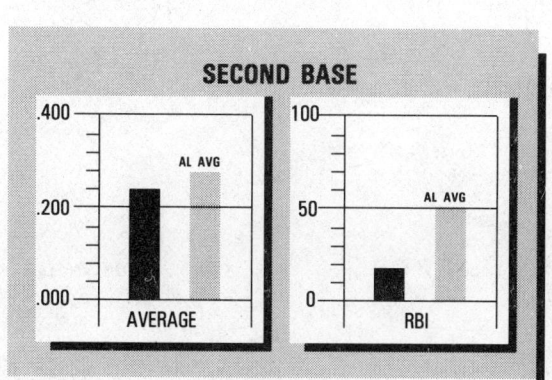

SECOND BASE

PLAYER REGISTER

Year	Team		Games	BA	SA	AB	H	2B	3B	HR	HR%	R	RBI	BB	SO	SB	PINCH HIT AB	PINCH HIT H	PO	A	E	DP	TC/G	FA	G by Pos

Joey Cora Continued

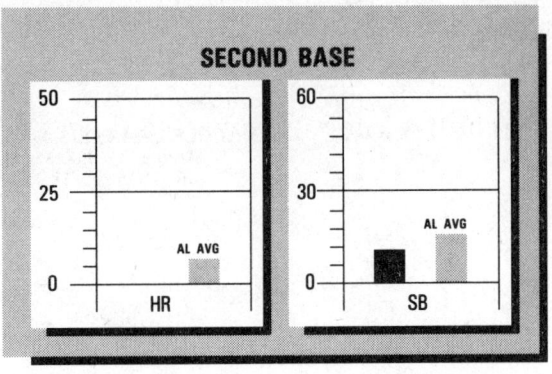

	Games	BA	SA	AB	H	2B	3B	HR	HR%	R	RBI	BB	SO	SB	PH AB	PH H
On Grass	88	.245	.286	192	47	2	3	0	0.0	33	14	20	17	11		
On Turf	12	.222	.222	36	8	0	0	0	0.0	4	4	0	4	0		
Home	49	.319	.372	113	36	2	2	0	0.0	19	10	10	6	10		
Road	51	.165	.183	115	19	0	1	0	0.0	18	8	10	15	1		
Division Rivals																
vs. CAL	5	.182	.182	11	2	0	0	0	0.0	1	0	2	0	0		
vs. KC	10	.200	.200	30	6	0	0	0	0.0	5	3	1	4	0		
vs. MIN	2	.500	.500	2	1	0	0	0	0.0	1	0	0	0	0		
vs. OAK	8	.000	.000	10	0	0	0	0	0.0	0	0	0	4	1		
vs. SEA	5	.231	.308	13	3	1	0	0	0.0	0	1	2	0	0		
vs. TEX	11	.387	.452	31	12	0	1	0	0.0	8	4	6	3	0		
On 3B <2 Out		.182	.182	11	2	0	0	0	0.0		10		1	0		

Year	Team		Games	BA	SA	AB	H	2B	3B	HR	HR%	R	RBI	BB	SO	SB	PH AB	PH H	PO	A	E	DP	TC/G	FA	G by Pos
1987	SD	N	77	.237	.282	241	57	7	2	0	0.0	23	13	28	26	15	8	2	123	200	10	32	4.3	.970	2B-66, SS-6
1989			12	.316	.368	19	6	1	0	0	0.0	5	1	1	0	1	0	0	11	15	2	3	2.3	.929	SS-7, 3B-2, 2B-1
1990			51	.270	.300	100	27	3	0	0	0.0	12	2	6	9	8	8	0	59	49	11	15	3.3	.908	SS-21, 2B-15, C-1
1991	CHI	A	100	.241	.276	228	55	2	3	0	0.0	37	18	20	21	11	7	1	107	192	10	36	3.7	.968	2B-80, SS-5, DH-2
4 yrs.			240	.247	.286	588	145	13	5	0	0.0	77	34	55	56	35	23	3	300	456	33	86	3.3	.958	2B-162, SS-39, DH-2, 3B-2, C-1

Henry Cotto

COTTO, HENRY
B. Jan. 5, 1961, Bronx, N. Y.
BR TR 6' 2" 180 lbs.

Year	Team		Games	BA	SA	AB	H	2B	3B	HR	HR%	R	RBI	BB	SO	SB	PH AB	PH H	PO	A	E	DP	TC/G	FA	G by Pos
1984	CHI	N	105	.274	.308	146	40	5	0	0	0.0	24	8	10	23	9	13	3	117	3	2	1	1.2	.984	OF-88
1985	NY	A	34	.304	.375	56	17	1	0	1	1.8	4	6	3	12	1	4	1	41	2	1	0	1.3	.977	OF-30
1986			35	.213	.288	80	17	3	0	1	1.3	11	6	2	17	3	2	0	59	1	0	0	1.7	1.000	OF-29, DH-1
1987			68	.235	.403	149	35	10	0	5	3.4	21	20	6	35	4	11	0	89	2	1	0	1.4	.989	OF-57
1988	SEA	A	133	.259	.373	386	100	18	1	8	2.1	50	33	23	53	27	7	1	253	6	2	0	2.0	.992	OF-120, DH-2
1989			100	.264	.407	295	78	11	2	9	3.1	44	33	12	44	10	19	7	153	9	2	3	1.6	.988	OF-90, DH-2
1990			127	.259	.349	355	92	14	3	4	1.1	40	33	22	52	21	29	8	194	4	2	1	1.7	.990	OF-118, DH-3
1991			66	.305	.463	177	54	6	2	6	3.4	35	23	10	27	16	15	10	104	2	2	1	1.9	.981	OF-56, DH-6
8 yrs.			668	.263	.377	1644	433	68	8	34	2.1	229	162	88	263	91	100	30	1010	29	12	6	1.6	.989	OF-588, DH-14

LEAGUE CHAMPIONSHIP SERIES

Year	Team		Games	BA	SA	AB	H	2B	3B	HR	HR%	R	RBI	BB	SO	SB	PH AB	PH H	PO	A	E	DP	TC/G	FA	G by Pos
1984	CHI	N	3	1.000	1.000	1	1	0	0	0	0.0	1	0	0	0	0	0	0	2	0	0	0	0.7	1.000	OF-3

Warren Cromartie

CROMARTIE, WARREN LIVINGSTON
B. Sept. 29, 1953, Miami Beach, Fla.
BL TL 6' 180 lbs.

Year	Team		Games	BA	SA	AB	H	2B	3B	HR	HR%	R	RBI	BB	SO	SB	PH AB	PH H	PO	A	E	DP	TC/G	FA	G by Pos
1974	MON	N	8	.176	.176	17	3	0	0	0	0.0	2	0	3	3	1	1	1	8	0	0	0	1.0	1.000	OF-6
1976			33	.210	.222	81	17	1	0	0	0.0	8	2	1	5	1	14	1	32	1	2	0	1.1	.943	OF-20
1977			155	.282	.395	620	175	41	7	5	0.8	64	50	33	40	10	0	0	319	10	8	1	2.2	.976	OF-155
1978			159	.297	.418	607	180	32	6	10	1.6	77	56	33	60	8	1	0	351	24	9	5	2.4	.977	OF-158, 1B-4
1979			158	.275	.396	659	181	46	5	8	1.2	84	46	38	78	8	0	0	343	16	9	4	2.3	.976	OF-158
1980			162	.288	.430	597	172	33	5	14	2.3	74	70	51	64	8	2	1	1459	93	14	104	9.7	.991	1B-158, OF-2
1981			99	.304	.419	358	109	19	2	6	1.7	41	42	39	27	2	1	1	570	33	4	38	6.1	.993	1B-62, OF-38
1982			144	.254	.398	497	126	24	3	14	2.8	59	62	69	60	3	6	2	308	13	6	3	2.3	.982	OF-136, 1B-9
1983			120	.278	.386	360	100	26	2	3	0.8	37	43	43	48	8	22	8	209	12	6	2	1.9	.974	OF-101, 1B-1
1991	KC	A	69	.313	.420	131	41	7	2	1	0.8	13	20	15	18	1	35	8	221	9	1	20	6.6	.996	1B-29, OF-6, DH-1
10 yrs.			1107	.281	.402	3927	1104	229	32	61	1.6	459	391	325	403	50	82	22	3820	211	59	177	3.7	.986	OF-780, 1B-263, DH-1

DIVISIONAL PLAYOFF SERIES

Year	Team		Games	BA	SA	AB	H	2B	3B	HR	HR%	R	RBI	BB	SO	SB	PH AB	PH H	PO	A	E	DP	TC/G	FA	G by Pos
1981	MON	N	5	.227	.318	22	5	2	0	0	0.0	1	1	0	9	0	0	0	37	3	1	0	8.4	.976	1B-5

LEAGUE CHAMPIONSHIP SERIES

Year	Team		Games	BA	SA	AB	H	2B	3B	HR	HR%	R	RBI	BB	SO	SB	PH AB	PH H	PO	A	E	DP	TC/G	FA	G by Pos
1981	MON	N	5	.167	.222	18	3	1	0	0	0.0	0	2	0	2	0	0	0	48	2	0	6	10.0	1.000	1B-5

Chris Cron

CRON, CHRISTOPHER JOHN
B. Mar. 31, 1964, Albuquerque, N.M.
BR TR 6' 2" 200 lbs.

Year	Team		Games	BA	SA	AB	H	2B	3B	HR	HR%	R	RBI	BB	SO	SB	PH AB	PH H	PO	A	E	DP	TC/G	FA	G by Pos
1991	CAL	A	6	.133	.133	15	2	0	0	0	0.0	0	0	2	5	0	1	0	32	6	0	1	7.6	1.000	1B-5, DH-1

PLAYER REGISTER 55

Year	Team	Games	BA	SA	AB	H	2B	3B	HR	HR%	R	RBI	BB	SO	SB	PINCH HIT AB	PINCH HIT H	PO	A	E	DP	TC/G	FA	G by Pos

Milt Cuyler

CUYLER, MILTON
B. Oct. 7, 1968, Macon, Ga.
BB TR 5' 10" 175 lbs.

April		18	.225	.250	40	9	1	0	0	0.0	6	0	2	6	1									
May		27	.265	.353	68	18	1	1	1	1.5	10	11	14	11	9									
June		26	.225	.363	80	18	1	2	2	2.5	12	4	3	13	4									
July		26	.238	.275	80	19	3	0	0	0.0	11	5	12	17	8									
Aug		27	.224	.318	107	24	6	2	0	0.0	19	7	14	25	10									
Sept/Oct		30	.340	.410	100	34	3	2	0	0.0	19	6	7	20	7									
Day		45	.285	.409	137	39	5	3	2	1.5	28	21	15	27	13									
Night		109	.246	.308	338	83	10	4	1	0.3	49	12	37	65	28									
vs. Left			.270	.336	122	33	6	1	0	0.0	22	8	13	19	8									
vs. Right			.252	.337	353	89	9	6	3	0.8	55	25	39	73	33									
On Grass		129	.245	.320	387	95	13	5	2	0.5	63	29	49	76	33									
On Turf		25	.307	.409	88	27	2	2	1	1.1	14	4	3	16	8									
Home		76	.244	.303	221	54	6	2	1	0.5	45	15	35	31	26									
Road		78	.268	.366	254	68	9	5	2	0.8	32	18	17	61	15									
Division Rivals																									
vs. BAL		11	.273	.303	33	9	1	0	0	0.0	6	1	2	10	4									
vs. BOS		13	.200	.200	30	6	0	0	0	0.0	6	2	4	8	2									
vs. CLE		13	.273	.364	44	12	0	2	0	0.0	6	2	2	10	5									
vs. MIL		13	.267	.311	45	12	2	0	0	0.0	6	5	5	8	1									
vs. NY		12	.262	.357	42	11	2	1	0	0.0	5	2	6	8	4									
vs. TOR		13	.200	.257	35	7	2	0	0	0.0	6	0	4	7	4									
On 3B <2 Out			.316	.421	19	6	2	0	0	0.0	0	13	2	6										
1990	DET A	19	.255	.353	51	13	3	1	0	0.0	8	8	5	10	1	0	0	38	2	1	0	2.4	.976	OF-17
1991		154	.257	.337	475	122	15	7	3	0.6	77	33	52	92	41	1	0	411	7	6	3	2.8	.986	OF-151
2 yrs.		173	.257	.338	526	135	18	8	3	0.6	85	41	57	102	42	1	0	449	9	7	3	2.7	.985	OF-168

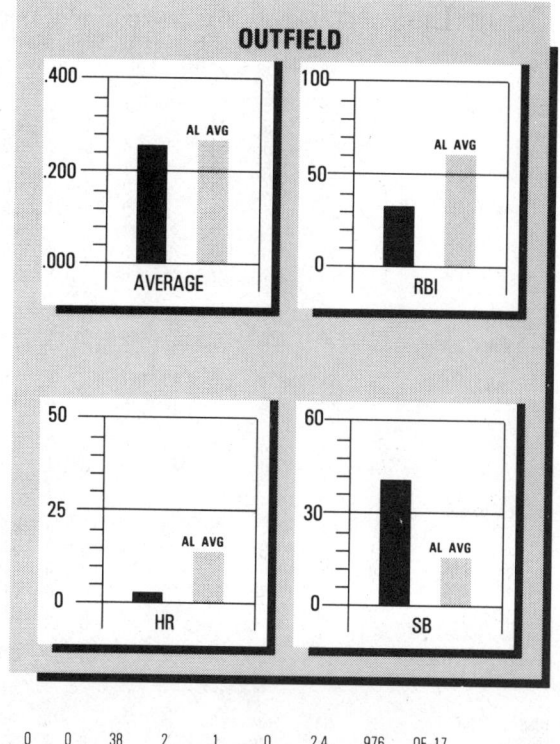

Kal Daniels

DANIELS, KALVOSKI
B. Aug. 20, 1963, Vienna, Ga.
BL TR 5' 11" 195 lbs.

April		18	.212	.348	66	14	3	0	2	3.0	5	18	5	13	0									
May		22	.278	.389	72	20	2	0	2	2.8	10	9	2	21	2									
June		25	.284	.500	88	25	1	0	6	6.8	15	14	14	20	1									
July		15	.289	.511	45	13	4	0	2	4.4	7	5	12	13	0									
Aug		27	.209	.253	91	19	1	0	1	1.1	8	10	17	23	2									
Sept/Oct		30	.242	.424	99	24	4	1	4	4.0	9	17	13	26	1									
Day		33	.202	.385	109	22	6	1	4	3.7	9	19	11	29	3									
Night		104	.264	.401	352	93	9	0	13	3.7	45	54	52	87	3									
vs. Left			.252	.379	206	52	8	0	6	2.9	21	36	19	52	0									
vs. Right			.247	.412	255	63	7	1	11	4.3	33	37	44	64	6									
On Grass		105	.249	.415	357	89	12	1	15	4.2	45	61	49	94	5									
On Turf		32	.250	.337	104	26	3	0	2	1.9	9	12	14	22	1									
Home		73	.248	.426	242	60	7	0	12	5.0	35	48	31	63	4									
Road		64	.251	.365	219	55	8	1	5	2.3	19	25	32	53	2									
Division Rivals																									
vs. ATL		16	.276	.500	58	16	5	1	2	3.4	6	12	4	7	0									
vs. CIN		16	.333	.412	51	17	1	0	1	2.0	10	11	11	8	2									
vs. HOU		17	.161	.226	62	10	1	0	1	1.6	6	2	7	17	2									
vs. SD		16	.200	.291	55	11	2	0	1	1.8	4	6	8	20	0									
vs. SF		16	.226	.358	53	12	1	0	2	3.8	6	12	7	12	0									
On 3B <2 Out			.346	.500	26	9	1	0	1	3.8	1	24	5	8										
1986	CIN N	74	.320	.519	181	58	10	4	6	3.3	34	23	22	30	15	23	11	88	0	3	0	1.2	.967	OF-47
1987		108	.334	.617	368	123	24	1	26	7.1	73	64	60	62	26	12	2	178	5	6	0	1.8	.968	OF-94
1988		140	.291	.463	495	144	29	1	18	3.6	95	64	87	94	27	1	0	256	10	5	2	1.9	.982	OF-137
1989	2 teams	CIN N (44G — .218)		LA N (11G — .342)																				
"	total	55	.246	.392	171	42	13	0	4	2.3	33	17	43	33	9	5	0	88	4	0	1	1.7	1.000	OF-49
1990	LA N	130	.296	.531	450	133	23	1	27	6.0	81	94	68	104	4	3	2	207	3	2	1.8		.987	OF-127
1991		137	.249	.397	461	115	15	1	17	3.7	54	73	63	116	6	5	1	220	9	5	0	1.8	.979	OF-132
6 yrs.		644	.289	.489	2126	615	114	8	98	4.6	370	335	343	439	87	49	16	1037	41	22	5	1.7	.980	OF-586

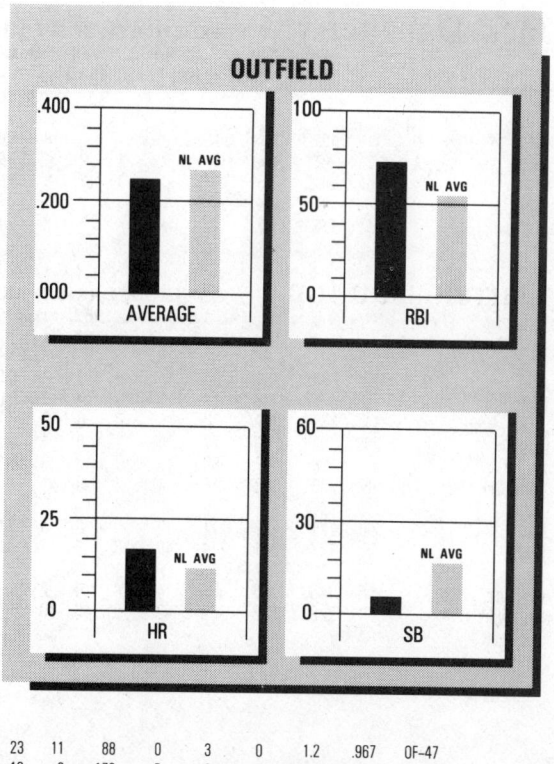

PLAYER REGISTER

Year	Team	Games	BA	SA	AB	H	2B	3B	HR	HR%	R	RBI	BB	SO	SB	PINCH HIT AB	H	PO	A	E	DP	TC/G	FA	G by Pos

Doug Dascenzo

DASCENZO, DOUGLAS CRAIG
B. June 30, 1964, Cleveland, Ohio
BB TL 5' 7" 150 lbs.

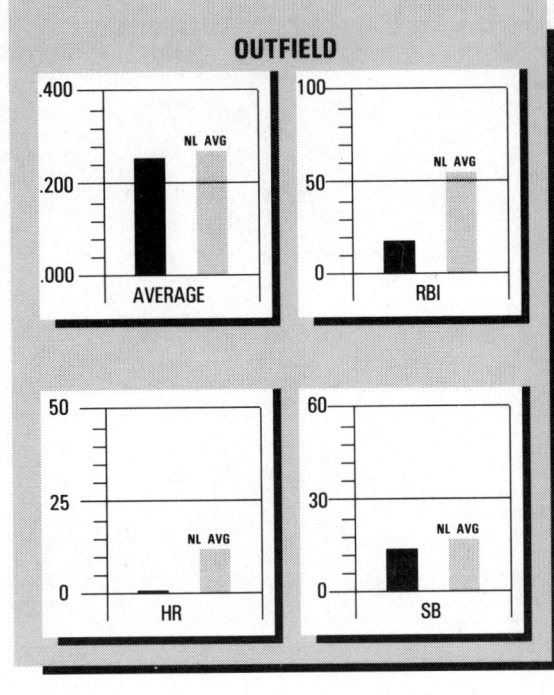

OUTFIELD — AVERAGE / RBI / HR / SB

Split	Games	BA	SA	AB	H	2B	3B	HR	HR%	R	RBI	BB	SO	SB	PH AB	H	PO	A	E	DP	TC/G	FA	G by Pos
April	15	.225	.275	40	9	2	0	0	0.0	6	5	6	3	6									
May	18	.357	.476	42	15	2	0	1	2.4	8	4	3	4	1									
June	26	.300	.380	50	15	4	0	0	0.0	9	2	6	6	2									
July	21	.093	.116	43	4	1	0	0	0.0	3	4	4	6	2									
Aug	19	.172	.241	29	5	2	0	0	0.0	6	0	2	4	3									
Sept/Oct	19	.371	.371	35	13	0	0	0	0.0	8	3	3	3	0									
Day	61	.234	.280	107	25	5	0	0	0.0	17	6	13	14	9									
Night	57	.273	.341	132	36	6	0	1	0.8	23	12	11	12	5									
vs. Left		.299	.345	87	26	4	0	0	0.0	10	8	5	7	2									
vs. Right		.230	.296	152	35	7	0	1	0.7	30	10	19	19	12									
On Grass	85	.274	.331	175	48	7	0	1	0.6	33	13	18	20	11									
On Turf	33	.203	.266	64	13	4	0	0	0.0	7	5	6	6	3									
Home	64	.232	.272	125	29	5	0	0	0.0	22	8	13	12	9									
Road	54	.281	.360	114	32	6	0	1	0.9	18	10	11	14	5									
Division Rivals																							
vs. MON	10	.333	.407	27	9	2	0	0	0.0	6	1	3	1	2									
vs. NY	11	.296	.370	27	8	2	0	0	0.0	6	1	1	2	0									
vs. PHI	16	.226	.290	31	7	2	0	0	0.0	6	1	2	4	2									
vs. PIT	17	.205	.227	44	9	1	0	0	0.0	4	5	6	1	3									
vs. STL	12	.238	.333	21	5	2	0	0	0.0	3	1	4	2	1									
On 3B < 2 Out		.182	.182	11	2	0	0	0	0.0	0	10	1	0										
1988 CHI N	26	.213	.253	75	16	3	0	0	0.0	9	4	9	4	6	5	0	55	1	0	0	2.2	1.000	OF-20
1989	47	.165	.194	139	23	1	0	1	0.7	20	12	13	13	6	0	0	96	0	0	0	2.0	1.000	OF-45
1990	113	.253	.344	241	61	9	5	1	0.4	27	26	21	18	15	6	0	174	2	0	1	1.6	1.000	OF-107, P-1
1991	118	.255	.314	239	61	11	0	1	0.4	40	18	24	26	14	28	3	134	0	2	0	1.6	.985	OF-86, P-3
4 yrs.	304	.232	.294	694	161	24	5	3	0.4	96	60	67	61	41	39	3	459	3	2	1	1.5	.996	OF-258, P-4

Jack Daugherty

DAUGHERTY, JOHN MICHAEL
B. July 3, 1960, Hialeah, Fla.
BB TL 6' 188 lbs.

Year	Team	Games	BA	SA	AB	H	2B	3B	HR	HR%	R	RBI	BB	SO	SB	PH AB	H	PO	A	E	DP	TC/G	FA	G by Pos
1987 MON N	11	.100	.200	10	1	1	0	0	0.0	1	1	0	3	0	9	1	1	1	0	0	0.2	1.000	1B-1
1989 TEX A	52	.302	.406	106	32	4	2	1	0.9	15	10	11	21	2	18	7	132	14	0	12	2.8	1.000	1B-23, DH-8, OF-5
1990	125	.300	.435	310	93	20	2	6	1.9	36	47	22	49	0	45	10	225	22	3	21	3.5	.988	OF-42, 1B-30, DH-21
1991	58	.194	.264	144	28	3	2	1	0.7	8	11	16	23	1	15	2	120	4	1	4	2.7	.992	OF-37, 1B-11, DH-1
4 yrs.	246	.270	.382	570	154	28	6	8	1.4	60	69	49	96	3	87	20	478	41	4	37	2.1	.992	OF-84, 1B-65, DH-30

Darren Daulton

DAULTON, DARREN ARTHUR
B. Jan. 3, 1962, Arkansas City, Kans.
BL TR 6' 185 lbs.

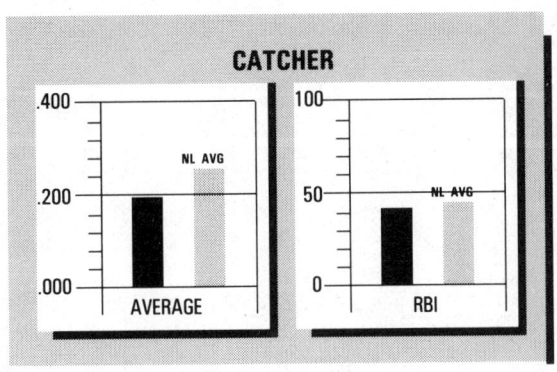

CATCHER — AVERAGE / RBI

Split	Games	BA	SA	AB	H	2B	3B	HR	HR%	R	RBI	BB	SO	SB
April	17	.203	.281	64	13	5	0	0	0.0	7	8	7	17	1
May	5	.071	.071	14	1	0	0	0	0.0	0	0	4	7	1
June	11	.167	.367	30	5	0	0	2	6.7	3	5	4	5	0
July	24	.208	.390	77	16	2	0	4	5.2	9	12	14	15	0
Aug	27	.198	.407	86	17	3	0	5	5.8	13	15	11	18	3
Sept/Oct	5	.286	.643	14	4	2	0	1	7.1	4	2	1	4	0
Day	24	.225	.437	71	16	0	0	5	7.0	10	12	8	19	1
Night	65	.187	.341	214	40	12	0	7	3.3	26	30	33	47	4
vs. Left		.146	.250	96	14	4	0	2	2.1	7	9	9	31	1
vs. Right		.222	.423	189	42	8	0	10	5.3	29	33	32	35	4

PLAYER REGISTER 57

Year	Team		Games	BA	SA	AB	H	2B	3B	HR	HR%	R	RBI	BB	SO	SB	PINCH HIT AB	PINCH HIT H	PO	A	E	DP	TC/G	FA	G by Pos

Darren Daulton *Continued*

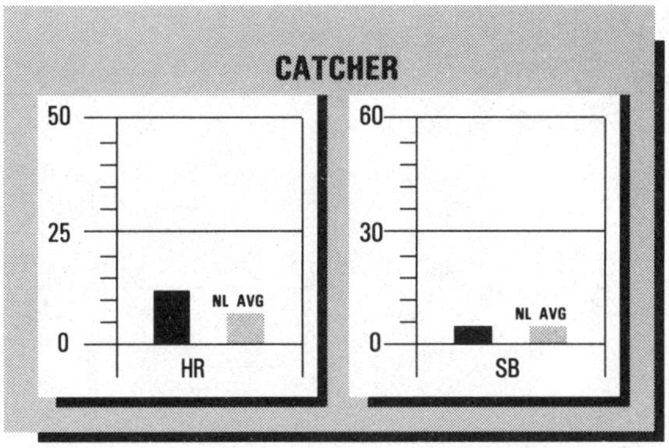

On Grass			23	.234	.377	77	18	2	0	3	3.9	7	10	11	20	1									
On Turf			66	.183	.361	208	38	10	0	9	4.3	29	32	30	46	4									
Home			49	.211	.428	152	32	9	0	8	5.3	25	23	24	38	3									
Road			40	.180	.293	133	24	3	0	4	3.0	11	19	17	28	2									
Division Rivals																									
vs. CHI			8	.313	.625	32	10	1	0	3	9.4	5	5	5	11	0									
vs. MON			8	.043	.043	23	1	0	0	0	0.0	2	1	2	6	1									
vs. NY			9	.259	.333	27	7	2	0	0	0.0	3	4	6	8	0									
vs. PIT			7	.050	.050	20	1	0	0	0	0.0	1	3	4	4	1									
vs. STL			14	.184	.347	49	9	2	0	2	4.1	7	8	4	7	1									
On 3B <2 Out				.625	1.000	8	5	0	0	1	12.5	1	14	2	0										
1983	PHI	N	2	.333	.333	3	1	0	0	0	0.0	1	0	1	1	0	0	0	8	0	0	0	4.0	1.000	C-2
1985			36	.204	.369	103	21	3	1	4	3.9	14	11	16	37	3	5	0	160	15	1	1	4.9	.994	C-28
1986			49	.225	.428	138	31	4	0	8	5.8	18	21	38	41	2	1	0	244	21	4	6	5.5	.985	C-48
1987			53	.194	.310	129	25	6	0	3	2.3	10	13	16	37	0	12	3	210	13	2	6	4.2	.991	C-40, 1B-1
1988			58	.208	.271	144	30	6	0	1	0.7	13	12	17	26	2	15	4	205	15	6	1	3.9	.973	C-44, 1B-1
1989			131	.201	.310	368	74	12	2	8	2.2	29	44	52	58	2	11	2	627	56	11	8	5.3	.984	C-126
1990			143	.268	.416	459	123	30	1	12	2.6	62	57	72	72	7	10	2	683	70	8	10	5.5	.989	C-139
1991			89	.196	.365	285	56	12	0	12	4.2	36	42	41	66	5	4	1	493	33	8	5	6.1	.985	C-88
8 yrs.			561	.222	.360	1629	361	73	4	48	2.9	183	200	253	338	21	58	12	2630	223	40	37	5.2	.986	C-515, 1B-2

Mark Davidson

DAVIDSON, JOHN MARK
B. Feb. 15, 1961, Knoxville, Tenn.
BR TR 6' 2" 180 lbs.

Year	Team		Games	BA	SA	AB	H	2B	3B	HR	HR%	R	RBI	BB	SO	SB	PH AB	PH H	PO	A	E	DP	TC/G	FA	G by Pos
1986	MIN	A	36	.118	.162	68	8	3	0	0	0.0	5	2	6	22	2	2	1	48	0	1	0	1.4	.980	OF-31, DH-3
1987			102	.267	.327	150	40	4	1	1	0.7	32	14	13	26	9	6	3	102	3	0	0	1.0	1.000	OF-86, DH-9
1988			100	.217	.311	106	23	7	0	1	0.9	22	10	10	20	3	9	4	103	3	5	1	1.1	.955	OF-91, 3B-1
1989	HOU	N	33	.200	.308	65	13	2	1	1	1.5	7	5	7	14	1	12	2	36	0	0	0	1.1	1.000	OF-23
1990			57	.292	.369	130	38	5	1	1	0.7	12	11	10	18	0	9	1	103	1	2	0	2.1	.981	OF-51
1991			85	.190	.275	142	27	6	0	2	1.4	10	15	12	28	0	29	4	71	1	0	0	1.1	1.000	OF-63
6 yrs.			413	.225	.303	661	149	27	3	6	0.9	88	57	58	128	15	67	15	463	8	8	1	1.2	.983	OF-345, DH-12, 3B-1

LEAGUE CHAMPIONSHIP SERIES

| 1987 | MIN | A | 1 | — | — | 0 | 0 | 0 | 0 | 0 | — | 0 | 0 | 0 | 0 | 0 | 0 | 0 | 0 | 0 | 0 | 0 | 0.0 | — | |

WORLD SERIES

| 1987 | MIN | A | 2 | .000 | .000 | 1 | 0 | 0 | 0 | 0 | 0.0 | 0 | 0 | 0 | 0 | 0 | 1 | 0 | 0 | 0 | 0 | 0 | 0.0 | — | OF-1 |

Alvin Davis

DAVIS, ALVIN GLENN
B. Sept. 9, 1960, Riverside, Calif.
BL TR 6' 1" 190 lbs.

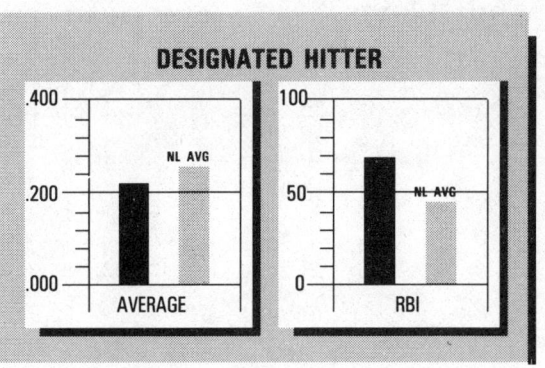

		Games	BA	SA	AB	H	2B	3B	HR	HR%	R	RBI	BB	SO	SB
April		21	.203	.290	69	14	0	0	2	2.9	3	9	13	13	0
May		24	.222	.358	81	18	3	1	2	2.5	6	14	5	15	0
June		24	.253	.434	83	21	3	0	4	4.8	10	13	13	13	0
July		21	.254	.324	71	18	2	0	1	1.4	5	13	7	8	0
Aug		26	.104	.194	67	7	0	0	2	3.0	5	8	9	12	0
Sept/Oct		29	.264	.374	91	24	7	0	1	1.1	10	12	9	17	0
Day		41	.250	.386	132	33	3	0	5	3.8	14	19	12	19	0
Night		104	.209	.315	330	69	12	1	7	2.1	25	50	44	59	0
vs. Left			.238	.376	101	24	2	0	4	4.0	13	14	16	19	0
vs. Right			.216	.324	361	78	13	1	8	2.2	26	55	40	59	0

PLAYER REGISTER

Year	Team		Games	BA	SA	AB	H	2B	3B	HR	HR%	R	RBI	BB	SO	SB	PINCH HIT AB	PINCH HIT H	PO	A	E	DP	TC/G	FA	G by Pos

Alvin Davis *Continued*

On Grass			56	.209	.291	182	38	3	0	4	2.2	12	21	22	29	0									
On Turf			89	.229	.364	280	64	12	1	8	2.9	27	48	34	49	0									
Home			72	.230	.354	226	52	10	0	6	2.7	23	35	29	44	0									
Road			73	.212	.318	236	50	5	1	6	2.5	16	34	27	34	0									
Division Rivals																									
vs. CAL			13	.143	.229	35	5	0	0	1	2.9	1	4	4	9	0									
vs. CHI			12	.121	.121	33	4	0	0	0	0.0	2	1	6	7	0									
vs. KC			13	.262	.476	42	11	4	1	1	2.4	4	13	6	9	0									
vs. MIN			13	.186	.256	43	8	0	0	1	2.3	1	6	5	7	0									
vs. OAK			13	.175	.325	40	7	0	0	2	5.0	5	7	8	7	0									
vs. TEX			11	.333	.385	39	13	2	0	0	0.0	5	4	1	3	0									
On 3B <2 Out				.389	.444	18	7	1	0	0	0.0	0	23	4	5										
1984	SEA	A	152	.284	.497	567	161	34	3	27	4.8	80	116	97	78	5	0	0	1271	94	11	108	9.1	.992	1B-147, DH-7
1985			155	.287	.441	578	166	33	1	18	3.1	78	78	90	71	1	1	1	1438	103	13	131	10.0	.992	1B-154
1986			135	.271	.426	479	130	18	1	18	3.8	66	72	76	68	0	4	0	880	82	14	112	7.2	.986	1B-101, DH-32
1987			157	.295	.516	580	171	37	2	29	5.0	86	100	72	84	0	0	0	1386	96	9	133	9.5	.994	1B-157
1988			140	.295	.462	478	141	24	1	18	3.8	67	69	95	53	1	1	1	980	65	6	111	7.5	.994	1B-115, DH-25
1989			142	.305	.496	498	152	30	1	21	4.2	84	95	101	49	0	3	1	1106	81	10	119	8.4	.992	1B-125, DH-14
1990			140	.283	.429	494	140	21	0	17	3.4	63	68	85	68	0	1	1	435	31	3	41	9.0	.994	DH-87, 1B-52
1991			145	.221	.336	462	102	15	1	12	2.6	39	69	56	78	0	16	3	116	7	0	14	8.8	1.000	DH-126, 1B-14
8 yrs.			1166	.281	.453	4136	1163	212	10	160	3.9	563	667	672	549	7	26	7	7612	559	66	769	7.1	.992	1B-865, DH-291

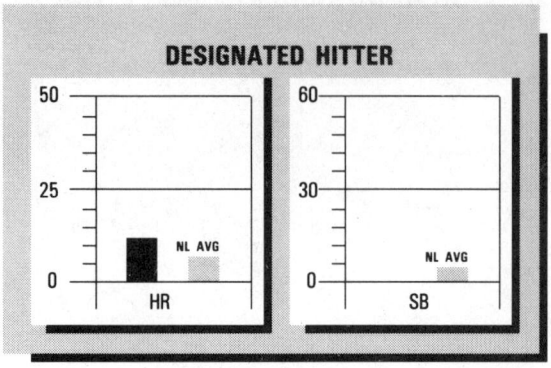

Butch Davis

DAVIS, WALLACE McARTHUR
B. June 19, 1958, Williamston, N. C.
BR TR 6' 185 lbs.

Year	Team		Games	BA	SA	AB	H	2B	3B	HR	HR%	R	RBI	BB	SO	SB	PH AB	PH H	PO	A	E	DP	TC/G	FA	G by Pos
1983	KC	A	33	.344	.508	122	42	2	6	2	1.6	13	18	4	19	4	0	0	83	1	2	0	2.6	.977	OF-33
1984			41	.147	.224	116	17	3	0	2	1.7	11	12	10	19	4	4	0	69	2	3	1	1.8	.959	OF-35, DH-2
1987	PIT	N	7	.143	.286	7	1	1	0	0	0.0	3	0	1	3	0	5	1	3	0	0	0	0.4	1.000	OF-1
1988	BAL	A	13	.240	.280	25	6	1	0	0	0.0	2	0	0	8	1	1	0	16	1	0	1	1.3	1.000	OF-10, DH-1
1989			5	.167	.333	6	1	1	0	0	0.0	1	0	0	3	0	1	0	3	0	0	0	0.6	1.000	OF-3, DH-1
1991	LA	N	1	.000	.000	1	0	0	0	0	0.0	0	0	0	0	0	1	0	0	0	0	0	0.0	.968	
6 yrs.			100	.242	.357	277	67	8	6	4	1.4	30	30	15	52	9	12	1	174	4	5	2	1.8	.973	OF-82, DH-4

Chili Davis

DAVIS, CHARLES THEODORE
B. Jan. 17, 1960, Kingston, Jamaica
BB TR 6' 3" 195 lbs.

	Games	BA	SA	AB	H	2B	3B	HR	HR%	R	RBI	BB	SO	SB
April	20	.302	.524	63	19	2	0	4	6.3	9	11	16	18	0
May	27	.296	.528	108	32	10	0	5	4.6	18	17	9	20	0
June	26	.253	.596	99	25	4	0	10	10.1	16	23	15	22	1
July	25	.241	.437	87	21	5	0	4	4.6	8	18	17	18	2
Aug	27	.289	.478	90	26	8	0	3	3.3	15	13	21	19	1
Sept/Oct	28	.287	.471	87	25	5	1	3	3.4	18	11	17	20	1
Day	44	.257	.479	140	36	8	1	7	5.0	23	24	32	27	2
Night	109	.284	.518	394	112	26	0	22	5.6	61	69	63	90	3
vs. Left		.270	.511	174	47	9	0	11	6.3	24	32	25	36	1
vs. Right		.281	.506	360	101	25	1	18	5.0	60	61	70	81	4
On Grass	57	.271	.517	203	55	14	0	12	5.9	32	42	33	49	2
On Turf	96	.281	.502	331	93	20	1	17	5.1	52	51	62	68	3
Home	79	.303	.539	267	81	19	0	14	5.2	44	45	54	51	2
Road	74	.251	.476	267	67	15	0	15	5.6	40	48	41	66	3
Division Rivals														
vs. CAL	13	.273	.545	44	12	3	0	3	6.8	5	11	7	9	0
vs. CHI	12	.162	.270	37	6	1	0	1	2.7	3	2	8	7	0
vs. KC	13	.275	.510	51	14	3	0	3	5.9	11	8	4	15	0
vs. OAK	13	.381	.619	42	16	4	0	2	4.8	9	7	13	11	1
vs. SEA	12	.270	.378	37	10	1	0	1	2.7	6	5	10	9	0
vs. TEX	13	.269	.462	52	14	5	1	1	1.9	7	6	3	18	1
On 3B <2 Out		.417	.792	24	10	0	0	3	12.5	3	25	8	4	

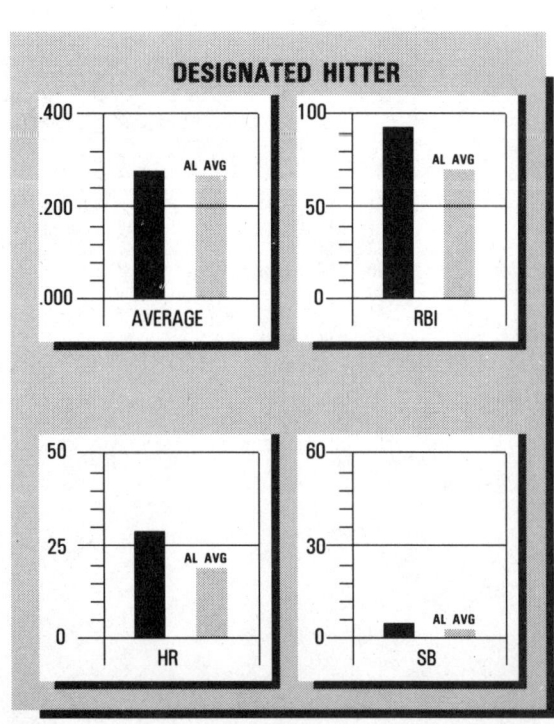

PLAYER REGISTER

Year	Team		Games	BA	SA	AB	H	2B	3B	HR	HR%	R	RBI	BB	SO	SB	PINCH HIT AB	PINCH HIT H	PO	A	E	DP	TC/G	FA	G by Pos

Chili Davis *Continued*

Year	Team		Games	BA	SA	AB	H	2B	3B	HR	HR%	R	RBI	BB	SO	SB	PH AB	PH H	PO	A	E	DP	TC/G	FA	G by Pos
1981	SF	N	8	.133	.133	15	2	0	0	0	0.0	1	0	1	2	2	3	1	7	0	0	0	0.9	1.000	OF-6
1982			154	.261	.410	641	167	27	6	19	3.0	86	76	45	115	24	1	1	404	16	12	4	2.8	.972	OF-153
1983			137	.233	.352	486	113	21	2	11	2.3	54	59	55	108	10	4	1	357	7	9	1	2.7	.976	OF-133
1984			137	.315	.507	499	157	21	6	21	4.2	87	81	42	74	12	15	6	292	9	9	2	2.3	.971	OF-123
1985			136	.270	.412	481	130	25	2	13	2.7	53	56	62	74	15	9	2	279	10	6	2	2.2	.980	OF-126
1986			153	.278	.416	526	146	28	3	13	2.5	71	70	84	96	16	7	1	303	9	9	2	2.1	.972	OF-148
1987			149	.250	.442	500	125	22	1	24	4.8	80	76	72	109	16	20	3	265	6	7	2	1.9	.975	OF-135
1988	CAL	A	158	.268	.432	600	161	29	3	21	3.5	81	93	56	118	9	1	0	299	10	19	1	2.1	.942	OF-153, DH-3
1989			154	.271	.436	560	152	24	1	22	3.9	81	90	61	109	3	2	0	270	5	6	0	1.8	.979	OF-147, DH-6
1990			113	.265	.398	412	109	17	1	12	2.9	58	58	61	89	1	2	0	77	5	3	1	1.6	.965	DH-60, OF-52
1991	MIN	A	153	.277	.507	534	148	34	1	29	5.4	84	93	95	117	5	2	0	2	0	0	0	1.0	1.000	DH-150, OF-2
11 yrs.			1452	.268	.431	5254	1410	248	26	185	3.5	736	752	634	1011	113	66	15	2555	77	80	15	1.9	.971	OF-1178, DH-219

LEAGUE CHAMPIONSHIP SERIES

Year	Team		Games	BA	SA	AB	H	2B	3B	HR	HR%	R	RBI	BB	SO	SB	PH AB	PH H	PO	A	E	DP	TC/G	FA	G by Pos
1987	SF	N	6	.150	.200	20	3	1	0	0	0.0	2	0	1	4	0	0	0	11	1	1	1	2.2	.923	OF-6
1991	MIN	A	5	.294	.412	17	5	2	0	0	0.0	3	2	5	8	1	0	0	0	0	0	0	0.0	.960	DH-5
2 yrs.			11	.216	.297	37	8	3	0	0	0.0	5	2	6	12	1	0	0	11	1	1	1	1.2	.923	OF-6, DH-5

WORLD SERIES

Year	Team		Games	BA	SA	AB	H	2B	3B	HR	HR%	R	RBI	BB	SO	SB	PH AB	PH H	PO	A	E	DP	TC/G	FA	G by Pos
1991	MIN	A	6	.222	.556	18	4	0	0	2	11.1	4	4	2	3	0	1	1	1	0	0	0	1.0	1.000	DH-4, OF-1

Eric Davis

DAVIS, ERIC KEITH
B. May 29, 1962, Los Angeles, Calif.
BR TR 6' 3" 175 lbs.

Split	Games	BA	SA	AB	H	2B	3B	HR	HR%	R	RBI	BB	SO	SB
April	12	.270	.378	37	10	4	0	0	0.0	5	1	8	9	3
May	25	.218	.500	78	17	1	0	7	9.0	16	13	17	23	7
June	13	.283	.370	46	13	1	0	1	2.2	3	5	7	17	1
July	20	.278	.389	72	20	2	0	2	2.8	8	9	7	21	3
Aug	4	.300	.400	10	3	1	0	0	0.0	3	1	3	3	0
Sept/Oct	15	.095	.190	42	4	1	0	1	2.4	4	4	6	19	0
Day	23	.280	.453	75	21	1	0	4	5.3	15	8	12	28	6
Night	66	.219	.362	210	46	9	0	7	3.3	24	25	36	64	8
vs. Left		.229	.362	105	24	5	0	3	2.9	17	11	20	31	6
vs. Right		.239	.400	180	43	5	0	8	4.4	22	22	28	61	8
On Grass	25	.253	.414	87	22	2	0	4	4.6	19	7	14	27	3
On Turf	64	.227	.374	198	45	8	0	7	3.5	20	26	34	65	11
Home	46	.243	.393	140	34	6	0	5	3.6	16	18	30	47	10
Road	43	.228	.379	145	33	4	0	6	4.1	23	15	18	45	4
Division Rivals														
vs. ATL	9	.214	.286	28	6	2	0	0	0.0	5	1	5	8	2
vs. HOU	7	.227	.364	22	5	0	0	1	4.5	2	1	4	7	1
vs. LA	10	.188	.281	32	6	0	0	1	3.1	4	3	6	13	1
vs. SD	8	.174	.217	23	4	1	0	0	0.0	2	0	9	6	1
vs. SF	8	.222	.556	27	6	0	0	3	11.1	4	5	5	10	0
On 3B < 2 Out		.091	.182	11	1	1	0	0	0.0	0	6	4	3	

Year	Team		Games	BA	SA	AB	H	2B	3B	HR	HR%	R	RBI	BB	SO	SB	PH AB	PH H	PO	A	E	DP	TC/G	FA	G by Pos
1984	CIN	N	57	.224	.466	174	39	10	1	10	5.7	33	30	24	48	10	6	1	125	4	1	2	2.3	.992	OF-51
1985			56	.246	.516	122	30	3	3	8	6.6	26	18	7	39	16	8	1	75	3	1	1	1.4	.987	OF-47
1986			132	.277	.523	415	115	15	3	27	6.5	97	71	68	100	80	4	0	274	2	7	0	2.1	.975	OF-121
1987			129	.293	.593	474	139	23	4	37	7.8	120	100	84	134	50	1	0	380	10	4	4	3.1	.990	OF-128
1988			135	.273	.489	472	129	18	3	26	5.5	81	93	65	124	35	3	1	300	2	6	0	2.3	.981	OF-130
1989			131	.281	.541	462	130	14	2	34	7.4	74	101	68	116	21	3	1	298	2	5	1	2.3	.984	OF-125
1990			127	.260	.486	453	118	26	2	24	5.2	84	86	60	100	21	6	1	257	11	2	1	2.2	.993	OF-122
1991			89	.235	.386	285	67	10	0	11	3.9	39	33	48	92	14	8	2	190	5	3	2	2.4	.985	OF-81
8 yrs.			856	.268	.509	2857	767	119	18	177	6.2	554	532	424	753	247	39	7	1899	39	29	11	2.3	.985	OF-805

LEAGUE CHAMPIONSHIP SERIES

Year	Team		Games	BA	SA	AB	H	2B	3B	HR	HR%	R	RBI	BB	SO	SB	PH AB	PH H	PO	A	E	DP	TC/G	FA	G by Pos
1990	CIN	N	6	.174	.217	23	4	1	0	0	0.0	2	2	1	9	0	0	0	12	1	0	0	2.2	1.000	OF-6

WORLD SERIES

Year	Team		Games	BA	SA	AB	H	2B	3B	HR	HR%	R	RBI	BB	SO	SB	PH AB	PH H	PO	A	E	DP	TC/G	FA	G by Pos
1990	CIN	N	4	.286	.500	14	4	0	0	1	7.1	3	5	0	0	0	0	0	4	0	0	0	1.0	1.000	OF-4

OUTFIELD

Bar charts comparing Eric Davis to NL AVG for: AVERAGE, RBI, HR, SB.

60   PLAYER REGISTER

Year	Team		Games	BA	SA	AB	H	2B	3B	HR	HR%	R	RBI	BB	SO	SB	PINCH HIT AB	PINCH HIT H	PO	A	E	DP	TC/G	FA	G by Pos

Glenn Davis

DAVIS, GLENN EARLE
B. Mar. 28, 1961, Jacksonville, Fla.
BR TR 6' 3" 205 lbs.

Year	Team		Games	BA	SA	AB	H	2B	3B	HR	HR%	R	RBI	BB	SO	SB	AB	H	PO	A	E	DP	TC/G	FA	G by Pos
1984	HOU	N	18	.213	.393	61	13	5	0	2	3.3	6	8	4	12	0	2	0	151	15	2	13	9.3	.988	1B-16
1985			100	.271	.474	350	95	11	0	20	5.7	51	64	27	68	0	4	1	766	57	12	76	8.4	.986	1B-89, OF-9
1986			158	.265	.493	574	152	32	3	31	5.4	91	101	64	72	3	2	0	1253	111	11	90	8.7	.992	1B-156
1987			151	.251	.458	578	145	35	2	27	4.7	70	93	47	84	4	1	0	1283	112	12	89	9.3	.991	1B-151
1988			152	.271	.478	561	152	26	0	30	5.3	78	99	53	77	4	2	0	1355	103	6	104	9.6	.996	1B-151
1989			158	.269	.492	581	156	26	1	34	5.9	87	89	69	123	4	3	1	1347	113	12	101	9.3	.992	1B-156
1990			93	.251	.523	327	82	15	4	22	6.7	44	64	46	54	0	4	2	796	55	4	56	9.4	.995	1B-91
1991	BAL	A	49	.227	.460	176	40	9	1	10	5.7	29	28	16	29	4	3	1	288	38	8	35	9.3	.976	1B-36, DH-12
8 yrs.			879	.260	.481	3208	835	159	11	176	5.5	456	546	326	519	27	21	5	7239	604	67	564	9.0	.992	1B-846, DH-12, OF-9

LEAGUE CHAMPIONSHIP SERIES

Year	Team		Games	BA	SA	AB	H	2B	3B	HR	HR%	R	RBI	BB	SO	SB	AB	H	PO	A	E	DP	TC/G	FA	G by Pos
1986	HOU	N	6	.269	.423	26	7	1	0	1	3.8	3	3	1	3	0	0	0	62	3	1	2	11.0	.985	1B-6

Mark Davis

DAVIS, MARK ANTHONY
Brother of Mike Davis.
B. Nov. 25, 1964, Lemon Grove, Calif.
BR TR 6' 180 lbs.

Year	Team		Games	BA	SA	AB	H	2B	3B	HR	HR%	R	RBI	BB	SO	SB	AB	H	PO	A	E	DP	TC/G	FA	G by Pos
1991	CAL	A	3	.000	.000	2	0	0	0	0	0.0	0	0	0	0	0	0	0	1	0	1	0	0.7	.500	OF-3

Andre Dawson

DAWSON, ANDRE FERNANDO (The Hawk)
B. July 10, 1954, Miami, Fla.
BR TR 6' 3" 180 lbs.

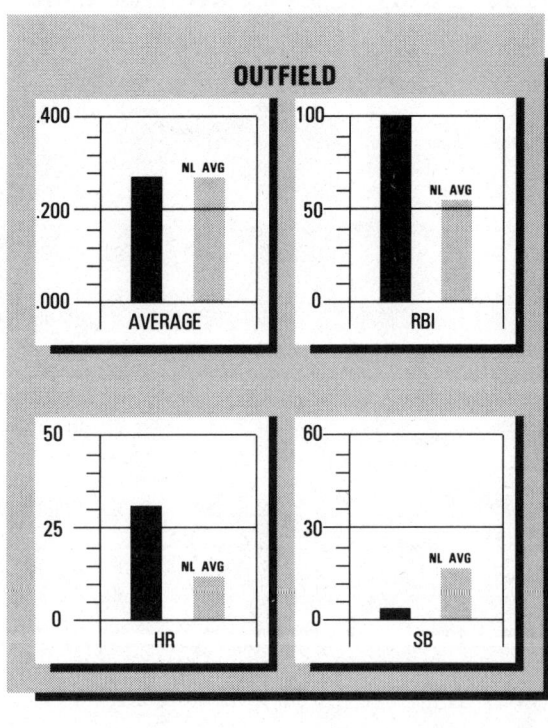

OUTFIELD — AVERAGE, RBI, HR, SB (vs NL AVG)

Split	Games	BA	SA	AB	H	2B	3B	HR	HR%	R	RBI	BB	SO	SB
April	21	.329	.595	79	26	4	1	5	6.3	10	17	6	10	1
May	25	.250	.477	88	22	4	2	4	4.5	14	12	3	11	3
June	23	.275	.363	91	25	2	0	2	2.2	7	13	0	16	0
July	23	.286	.583	84	24	4	0	7	8.3	13	26	4	13	0
Aug	28	.234	.396	111	26	1	1	5	4.5	12	15	4	17	0
Sept/Oct	29	.273	.545	110	30	6	0	8	7.3	13	21	5	13	0
Day	75	.292	.562	274	80	13	2	19	6.9	42	58	12	34	3
Night	74	.253	.419	289	73	8	2	12	4.2	27	46	10	46	1
vs. Left		.296	.556	223	66	8	1	16	7.2	32	47	7	27	3
vs. Right		.256	.444	340	87	13	3	15	4.4	37	57	15	53	1
On Grass	106	.277	.509	405	112	13	3	25	6.2	58	80	15	54	4
On Turf	43	.259	.437	158	41	8	1	6	3.8	11	24	7	26	0
Home	76	.293	.575	280	82	11	1	22	7.9	46	59	11	38	2
Road	73	.251	.403	283	71	10	3	9	3.2	23	45	11	42	2
Division Rivals														
vs. MON	15	.245	.571	49	12	5	1	3	6.1	7	12	3	4	0
vs. NY	17	.231	.400	65	15	0	1	3	4.6	7	14	2	6	1
vs. PHI	18	.296	.437	71	21	2	1	2	2.8	9	4	5	12	1
vs. PIT	16	.254	.508	63	16	1	0	5	7.9	8	18	2	11	0
vs. STL	16	.356	.661	59	21	3	0	5	8.5	7	11	5	9	0
On 3B < 2 Out		.200	.480	25	5	1	0	2	8.0	2	21	1	3	

Year	Team		Games	BA	SA	AB	H	2B	3B	HR	HR%	R	RBI	BB	SO	SB	AB	H	PO	A	E	DP	TC/G	FA	G by Pos
1976	MON	N	24	.235	.306	85	20	4	1	0	0.0	9	7	5	13	1	0	0	61	1	2	1	2.7	.969	OF-24
1977			139	.282	.474	525	148	26	9	19	3.6	64	65	34	93	21	5	0	352	9	4	1	2.6	.989	OF-136
1978			157	.253	.442	609	154	24	8	25	4.1	84	72	30	128	28	5	2	411	17	5	2	2.8	.988	OF-153
1979			155	.275	.468	639	176	24	12	25	3.9	90	92	27	115	35	0	0	394	7	5	1	2.6	.988	OF-153
1980			151	.308	.492	577	178	41	7	17	2.9	96	87	44	69	34	3	1	410	14	6	3	2.8	.986	OF-147
1981			103	.302	.553	394	119	21	3	24	6.1	71	64	35	50	26	0	0	327	10	7	1	3.3	.980	OF-103
1982			148	.301	.498	608	183	37	7	23	3.8	107	83	34	96	39	0	0	419	8	8	2	2.9	.982	OF-147
1983			159	.299	.539	633	**189**	36	10	32	5.1	104	113	38	81	25	1	1	435	6	9	2	2.8	.980	OF-157
1984			138	.248	.409	533	132	23	6	17	3.2	73	86	41	80	13	4	0	297	11	8	2	2.3	.975	OF-134
1985			139	.255	.444	529	135	27	2	23	4.3	65	91	29	92	13	9	3	248	9	7	1	1.9	.973	OF-131
1986			130	.284	.478	496	141	32	2	20	4.0	65	78	37	79	18	3	1	200	11	3	2	1.6	.986	OF-127
1987	CHI	N	153	.287	.568	621	178	24	2	**49**	7.9	90	**137**	32	103	11	2	1	271	12	4	0	1.9	.986	OF-152
1988			157	.303	.504	591	179	31	8	24	4.1	78	79	37	73	12	8	2	267	7	3	1	1.8	.989	OF-147
1989			118	.252	.476	416	105	18	6	21	5.0	62	77	35	62	8	5	2	227	4	3	0	2.0	.987	OF-112
1990			147	.310	.535	529	164	28	5	27	5.1	72	100	42	65	16	7	2	250	10	5	4	1.9	.981	OF-139
1991			149	.272	.488	563	153	21	4	31	5.5	69	104	22	80	4	12	2	243	7	3	2	1.8	.988	OF-137
16 yrs.			2167	.282	.489	8348	2354	417	92	377	4.5	1199	1335	522	1279	304	64	17	4812	143	82	25	2.3	.984	OF-2099

Year	Team		Games	BA	SA	AB	H	2B	3B	HR	HR%	R	RBI	BB	SO	SB	PINCH HIT		PO	A	E	DP	TC/G	FA	G by Pos
																	AB	H							

Andre Dawson Continued

DIVISIONAL PLAYOFF SERIES
| 1981 | MON | N | 5 | .300 | .400 | 20 | 6 | 0 | 1 | 0 | 0.0 | 1 | 0 | 1 | 6 | 2 | 0 | 0 | 12 | 1 | 1 | 0 | 2.8 | | OF-5 |

LEAGUE CHAMPIONSHIP SERIES
1981	MON	N	5	.150	.150	20	3	0	0	0	0.0	2	0	0	4	0	0	0	12	0	0	0	2.4	1.000	OF-5
1989	CHI	N	5	.105	.158	19	2	1	0	0	0.0	0	3	2	6	0	0	0	4	0	0	0	0.8	1.000	OF-5
2 yrs.			10	.128	.154	39	5	1	0	0	0.0	2	3	2	10	0	0	0	16	0	0	0	1.6	.000	OF-10

Steve Decker

DECKER, STEVEN MICHAEL
B. Oct. 25, 1965, Rock Island, Ill.
BR TR 6′ 3″ 205 lbs.

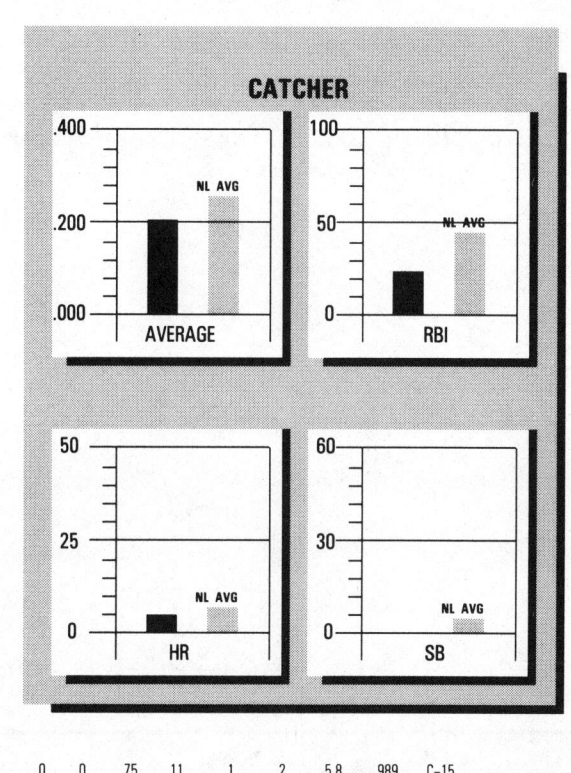

	Games	BA	SA	AB	H	2B	3B	HR	HR%	R	RBI	BB	SO	SB
April	18	.238	.444	63	15	1	0	4	6.3	6	8	8	16	0
May	16	.145	.236	55	8	2	0	1	1.8	1	5	1	9	0
June	18	.255	.314	51	13	3	0	0	0.0	1	5	2	11	0
July	11	.240	.280	25	6	1	0	0	0.0	3	2	3	3	0
Aug				0	0	0	0	0		0	0	0	0	0
Sept/Oct	16	.154	.205	39	6	0	1	0	0.0	0	4	2	5	0
Day	33	.226	.355	93	21	4	1	2	2.2	4	16	8	17	0
Night	46	.193	.279	140	27	3	0	3	2.1	7	8	8	27	0
vs. Left		.221	.372	86	19	2	1	3	3.5	6	13	2	11	0
vs. Right		.197	.272	147	29	5	0	2	1.4	5	11	14	33	0
On Grass	62	.203	.333	177	36	6	1	5	2.8	7	23	13	27	0
On Turf	17	.214	.232	56	12	1	0	0	0.0	4	1	3	17	0
Home	38	.241	.411	112	27	5	1	4	3.6	6	19	9	16	0
Road	41	.174	.215	121	21	2	0	1	0.8	5	5	7	28	0
Division Rivals														
vs. ATL	7	.043	.043	23	1	0	0	0	0.0	0	3	0	4	0
vs. CIN	3	.286	.286	7	2	0	0	0	0.0	0	0	0	1	0
vs. HOU	12	.286	.486	35	10	1	0	2	5.7	3	3	3	8	0
vs. LA	9	.152	.242	33	5	0	0	1	3.0	1	3	1	7	0
vs. SD	14	.265	.441	34	9	1	1	1	2.9	2	5	7	5	0
On 3B < 2 Out		.000	.000	7	0	0	0	0	0.0	0	5	2	5	

Year	Team		Games	BA	SA	AB	H	2B	3B	HR	HR%	R	RBI	BB	SO	SB	AB	H	PO	A	E	DP	TC/G	FA	G by Pos
1990	SF	N	15	.296	.500	54	16	2	0	3	5.5	5	8	1	10	0	0	0	75	11	1	2	5.8	.989	C-15
1991			79	.206	.309	233	48	7	1	5	2.1	11	24	16	44	0	4	1	385	41	7	5	5.6	.984	C-78
2 yrs.			94	.223	.345	287	64	9	1	8	2.8	16	32	17	54	0	4	1	460	52	8	7	5.5	.985	C-93

Rob Deer

DEER, ROBERT GEORGE
B. Sept. 29, 1960, Orange, Calif.
BR TR 6′ 3″ 215 lbs.

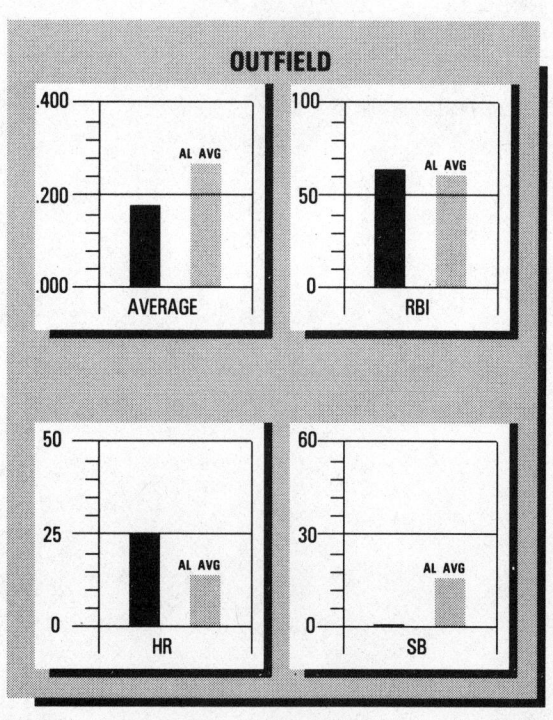

	Games	BA	SA	AB	H	2B	3B	HR	HR%	R	RBI	BB	SO	SB
April	19	.197	.500	66	13	3	1	5	7.6	8	17	14	29	0
May	25	.176	.435	85	15	1	0	7	8.2	19	14	22	32	1
June	26	.194	.323	93	18	3	0	3	3.2	9	10	10	35	0
July	23	.181	.434	83	15	3	0	6	7.2	13	10	11	29	0
Aug	24	.111	.236	72	8	1	1	2	2.8	11	6	23	32	0
Sept/Oct	17	.224	.408	49	11	3	0	2	4.1	4	7	9	18	0
Day	42	.191	.404	141	27	6	0	8	5.7	20	22	26	51	0
Night	92	.173	.378	307	53	8	2	17	5.5	44	42	63	124	1
vs. Left		.196	.449	138	27	6	1	9	6.5	18	18	27	46	0
vs. Right		.171	.358	310	53	8	1	16	5.2	46	46	62	129	1
On Grass	110	.183	.390	367	67	12	2	20	5.4	53	51	72	140	0
On Turf	24	.160	.370	81	13	2	0	5	6.2	11	13	17	35	1
Home	66	.193	.399	218	42	5	2	12	5.5	35	31	46	87	0
Road	68	.165	.374	230	38	9	0	13	5.7	29	33	43	88	1
Division Rivals														
vs. BAL	7	.111	.111	18	2	0	0	0	0.0	1	0	4	3	0
vs. BOS	12	.256	.698	43	11	1	0	6	14.0	9	11	5	16	0
vs. CLE	9	.152	.273	33	5	0	0	1	3.0	3	6	1	10	0
vs. MIL	9	.161	.387	31	5	1	0	2	6.5	4	3	7	12	0
vs. NY	11	.125	.225	40	5	0	0	1	2.5	4	6	4	17	0
vs. TOR	13	.135	.378	37	5	1	1	2	5.4	4	4	14	20	1
On 3B < 2 Out		.222	.389	18	4	0	0	1	5.6	1	14	8	9	

PLAYER REGISTER

Year	Team		Games	BA	SA	AB	H	2B	3B	HR	HR%	R	RBI	BB	SO	SB	PINCH HIT AB	H	PO	A	E	DP	TC/G	FA	G by Pos

Rob Deer Continued

Year	Team		Games	BA	SA	AB	H	2B	3B	HR	HR%	R	RBI	BB	SO	SB	AB	H	PO	A	E	DP	TC/G	FA	G by Pos
1984	SF	N	13	.167	.542	24	4	0	0	3	12.5	5	3	7	10	1	3	0	19	0	2	0	1.6	.905	OF-9
1985			78	.185	.377	162	30	5	1	8	4.9	22	20	23	71	0	30	5	127	2	2	4	1.7	.985	OF-37, 1B-10
1986	MIL	A	134	.232	.494	466	108	17	3	33	**7.1**	75	86	72	179	5	1	1	312	8	8	3	2.4	.976	OF-131, 1B-4
1987			134	.238	.456	474	113	15	2	28	5.9	71	80	86	**186**	12	2	0	304	16	8	7	2.4	.976	OF-123, 1B-12, DH-4
1988			135	.252	.441	492	124	24	0	23	4.7	71	85	51	153	9	1	0	284	10	3	3	2.2	.990	OF-133, DH-1
1989			130	.210	.425	466	98	18	2	26	5.6	72	65	60	158	4	1	1	267	10	8	1	2.2	.972	OF-125, DH-5
1990			134	.209	.432	440	92	15	1	27	6.1	57	69	64	147	2	6	1	373	25	10	19	3.1	.975	OF-117, 1B-21, DH-1
1991	DET	A	134	.179	.386	448	80	14	2	25	5.6	64	64	89	**175**	1	1	0	310	8	7	4	2.5	.978	OF-132, DH-2
8 yrs.			892	.218	.437	2972	649	108	11	173	5.8	437	472	452	1079	34	45	8	1996	79	48	41	2.4	.977	OF-807, 1B-47, DH-13

Rick Dempsey

DEMPSEY, JOHN RIKARD
B. Sept. 13, 1949, Fayetteville, Tenn.
BR TR 6' 180 lbs.

Year	Team		Games	BA	SA	AB	H	2B	3B	HR	HR%	R	RBI	BB	SO	SB	AB	H	PO	A	E	DP	TC/G	FA	G by Pos
1969	MIN	A	5	.500	.667	6	3	1	0	0	0.0	1	0	1	0	0	1	0	5	0	1	0	1.2	.833	C-3
1970			5	.000	.000	7	0	0	0	0	0.0	1	0	1	1	0	1	0	12	0	1	0	2.6	.923	C-3
1971			6	.308	.385	13	4	1	0	0	0.0	2	0	1	1	0	0	0	30	4	2	0	6.0	.944	C-6
1972			25	.200	.225	40	8	1	0	0	0.0	0	0	6	8	0	2	1	67	5	1	0	2.9	.986	C-23
1973	NY	A	6	.182	.182	11	2	0	0	0	0.0	0	0	1	3	0	0	0	9	0	2	0	1.8	.818	C-5
1974			43	.239	.321	109	26	3	0	2	1.8	12	12	8	7	1	12	2	152	22	4	0	4.1	.978	C-31, OF-2, DH-1
1975			71	.262	.338	145	38	8	0	1	0.7	18	11	21	15	0	23	5	92	9	3	1	1.5	.971	C-19, DH-18, OF-8, 3B-1
1976	2 teams					NY A (21G — .119)			BAL A (59G — .213)																	
"	total		80	.194	.204	216	42	2	0	0	0.0	12	12	18	21	1	6	1	308	40	4	8	4.4	.989	C-67, OF-7
1977	BAL	A	91	.226	.315	270	61	7	4	3	1.1	27	34	34	34	2	1	1	416	52	11	10	5.3	.977	C-91
1978			136	.259	.356	441	114	25	0	6	1.4	41	32	48	54	7	4	1	636	79	11	14	5.3	.985	C-135
1979			124	.239	.351	368	88	23	0	6	1.6	48	41	38	37	0	39	11	615	81	7	13	5.7	.990	C-124
1980			119	.262	.425	362	95	26	3	9	2.5	51	40	36	45	3	9	1	544	55	8	10	5.1	.987	C-112, OF-6, 1B-2, DH-1
1981			92	.215	.335	251	54	10	1	6	2.4	24	15	32	36	0	7	0	384	35	1	6	4.6	.998	C-90, DH-1
1982			125	.256	.349	344	88	15	1	5	1.5	35	36	46	37	0	8	3	491	46	5	8	4.3	.991	C-124, DH-1
1983			128	.231	.323	347	80	16	2	4	1.2	33	32	40	54	1	7	0	591	65	2	7	5.1	.997	C-128
1984			109	.230	.364	330	76	11	0	11	3.3	37	34	40	58	1	0	0	453	43	4	5	4.6	.992	C-108
1985			132	.254	.406	362	92	19	0	12	3.3	54	52	50	87	0	6	1	575	49	8	5	4.8	.987	C-131
1986			122	.208	.379	327	68	15	1	13	4.0	42	29	45	78	1	9	1	659	53	7	9	5.9	.990	C-121
1987	CLE	A	60	.177	.270	141	25	10	0	1	0.7	16	9	23	29	0	2	1	293	18	5	3	5.3	.984	C-59
1988	LA	N	77	.251	.455	167	42	13	0	7	4.2	25	30	25	44	1	8	1	333	29	4	4	4.8	.989	C-74
1989			79	.179	.305	151	27	7	0	4	2.6	16	16	30	37	1	24	5	265	35	5	4	3.9	.984	C-62
1990			62	.195	.281	128	25	5	0	2	1.5	13	15	23	29	1	16	1	213	27	2	3	4.6	.992	C-53
1991	MIL	A	61	.231	.347	147	34	5	0	4	2.7	15	21	23	20	0	4	2	246	23	2	4	4.8	.993	C-56, P-2, 1B-1
23 yrs.			1758	.233	.347	4683	1092	223	12	96	2.0	523	471	590	735	20	189	38	7389	770	100	114	4.7	.988	C-1625, OF-23, DH-22, 1B-3, P-2, 3B-1

LEAGUE CHAMPIONSHIP SERIES

Year	Team		Games	BA	SA	AB	H	2B	3B	HR	HR%	R	RBI	BB	SO	SB	AB	H	PO	A	E	DP	TC/G	FA	G by Pos
1979	BAL	A	3	.400	.600	10	4	2	0	0	0.0	3	2	1	0	1	0	0	10	1	0	0	3.7	1.000	C-3
1983			4	.167	.167	12	2	0	0	0	0.0	1	0	1	1	0	0	0	29	5	1	1	8.8	.971	C-4
1988	LA	N	4	.400	.800	5	2	2	0	0	0.0	1	2	1	0	0	1	0	7	0	0	0	1.8	1.000	C-3
3 yrs.			11	.296	.444	27	8	4	0	0	0.0	5	4	3	1	1	1	0	46	6	1	1	4.8	.981	C-10

WORLD SERIES

Year	Team		Games	BA	SA	AB	H	2B	3B	HR	HR%	R	RBI	BB	SO	SB	AB	H	PO	A	E	DP	TC/G	FA	G by Pos
1979	BAL	A	7	.286	.381	21	6	2	0	0	0.0	3	0	1	3	0	0	0	38	2	0	0	5.7	1.000	C-6
1983			5	.385	.923	13	5	4	0	1	7.7	3	2	2	2	0	0	0	27	4	0	0	6.2	1.000	C-5
1988	LA	N	2	.200	.400	5	1	1	0	0	0.0	0	1	1	2	0	0	0	13	1	0	0	7.0	1.000	C-2
3 yrs.			14	.308	.564	39	12	7	0	1	2.6	6	3	4	7	0	0	0	78	7	0	0	6.1	.000	C-13

		Year	Team	Games	BA	SA	AB	H	2B	3B	HR	HR%	R	RBI	BB	SO	SB	PINCH HIT AB	PINCH HIT H	PO	A	E	DP	TC/G	FA	G by Pos

Delino DeShields

DeSHIELDS, DELINO LAMONT
B. Jan. 15, 1969, Seaford, Del.
BL TR 6' 1" 170 lbs.

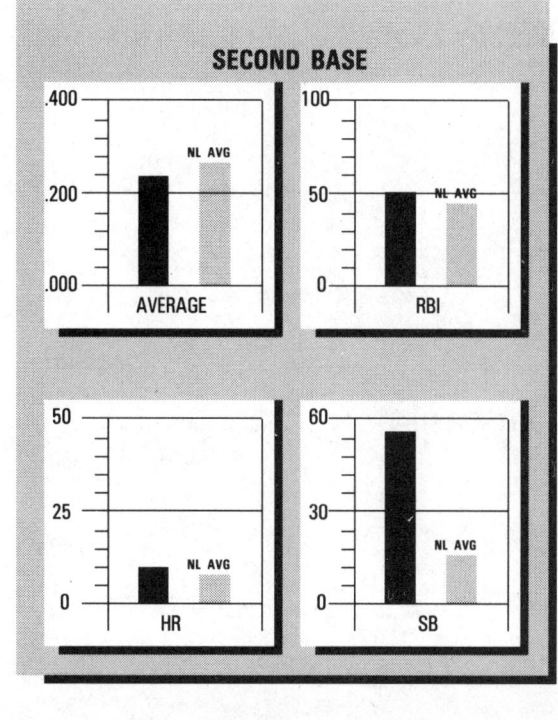

SECOND BASE

	Games	BA	SA	AB	H	2B	3B	HR	HR%	R	RBI	BB	SO	SB
April	20	.288	.438	73	21	1	2	2	2.7	16	6	12	15	11
May	25	.170	.277	94	16	1	0	3	3.2	16	5	21	25	10
June	28	.284	.392	102	29	5	0	2	2.0	15	17	22	31	13
July	24	.256	.289	90	23	3	0	0	0.0	11	3	13	20	7
Aug	27	.286	.381	105	30	5	1	1	1.0	12	11	14	22	8
Sept/Oct	27	.152	.232	99	15	0	1	2	2.0	13	9	13	38	7
Day	43	.215	.266	158	34	2	0	2	1.3	26	13	25	47	16
Night	108	.247	.358	405	100	13	4	8	2.0	57	38	70	104	40
vs. Left		.217	.275	189	41	2	0	3	1.6	25	14	33	58	20
vs. Right		.249	.361	374	93	13	4	7	1.9	58	37	62	93	36
On Grass	46	.202	.306	173	35	2	2	4	2.3	23	19	29	49	13
On Turf	105	.254	.344	390	99	13	2	6	1.5	60	32	66	102	43
Home	65	.265	.349	238	63	9	1	3	1.3	41	15	44	64	24
Road	86	.218	.320	325	71	6	3	7	2.2	42	36	51	87	32
Division Rivals														
vs. CHI	16	.183	.300	60	11	1	0	2	3.3	9	8	10	19	7
vs. NY	18	.279	.382	68	19	1	3	0	0.0	10	4	5	22	5
vs. PHI	16	.179	.196	56	10	1	0	0	0.0	7	4	15	9	7
vs. PIT	15	.167	.229	48	8	0	0	1	2.1	7	3	7	13	6
vs. STL	15	.232	.268	56	13	2	0	0	0.0	6	2	10	15	6
On 3B <2 Out		.636	.864	22	14	2	0	1	4.5	1	27	3	3	

Year	Team		Games	BA	SA	AB	H	2B	3B	HR	HR%	R	RBI	BB	SO	SB	AB	H	PO	A	E	DP	TC/G	FA	G by Pos
1990	MON	N	129	.289	.393	499	144	28	6	4	0.8	69	45	66	96	42	4	0	236	371	12	65	4.8	.981	2B-128
1991			151	.238	.332	563	134	15	4	10	1.8	83	51	95	151	56	5	0	285	405	27	72	4.8	.962	2B-148
2 yrs.			280	.262	.361	1062	278	43	10	14	1.3	152	96	161	247	98	9	0	521	776	39	137	4.8	.971	2B-276

Mike Devereaux

DEVEREAUX, MICHAEL
B. Apr. 10, 1963, Casper, Wyo.
BR TR 6' 195 lbs.

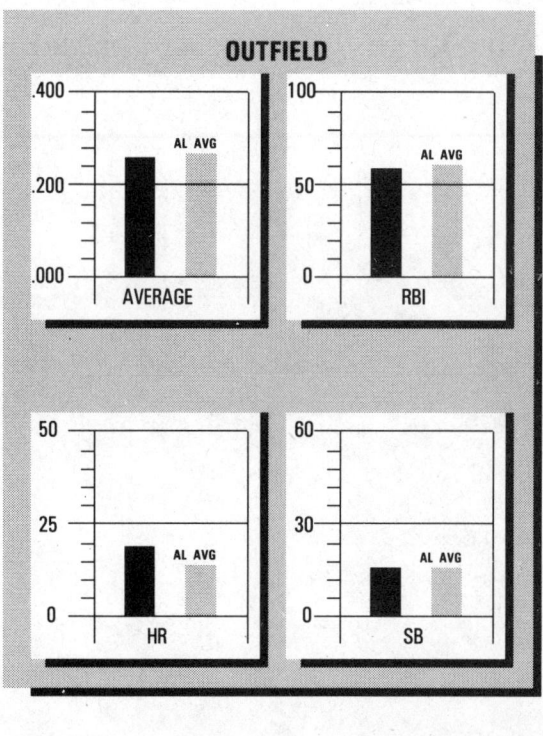

OUTFIELD

	Games	BA	SA	AB	H	2B	3B	HR	HR%	R	RBI	BB	SO	SB
April	17	.208	.434	53	11	4	1	2	3.8	10	2	6	7	2
May	22	.348	.554	92	32	7	0	4	4.3	12	10	9	22	6
June	28	.203	.358	123	25	4	3	3	2.4	15	11	10	18	1
July	26	.304	.441	102	31	3	1	3	2.9	11	10	10	15	3
Aug	28	.238	.410	122	29	6	3	3	2.5	16	12	5	26	1
Sept/Oct	28	.259	.422	116	30	3	2	4	3.4	18	14	7	27	3
Day	38	.248	.399	153	38	9	1	4	2.6	23	14	11	39	4
Night	111	.264	.442	455	120	18	9	15	3.3	59	45	36	76	12
vs. Left		.293	.515	167	49	7	6	6	3.6	20	16	14	30	1
vs. Right		.247	.399	441	109	20	4	13	2.9	62	43	33	85	15
On Grass	127	.251	.430	505	127	21	9	17	3.4	65	53	41	97	13
On Turf	22	.301	.437	103	31	6	1	2	1.9	17	6	6	18	3
Home	75	.252	.420	305	77	13	4	10	3.3	39	35	22	58	8
Road	74	.267	.442	303	81	14	6	9	3.0	43	24	25	57	8
Division Rivals														
vs. BOS	12	.231	.385	52	12	2	0	2	3.8	6	10	4	9	0
vs. CLE	13	.259	.370	54	14	1	1	1	1.9	7	4	2	5	0
vs. DET	9	.297	.351	37	11	0	1	0	0.0	5	2	2	12	0
vs. MIL	12	.234	.532	47	11	3	1	3	6.4	7	7	3	6	1
vs. NY	11	.289	.511	45	13	2	1	2	4.4	6	5	3	13	2
vs. TOR	12	.196	.392	51	10	2	1	2	3.9	8	8	5	7	2
On 3B <2 Out		.286	.571	14	4	0	2	0	0.0	0	11	2	2	

Year	Team		Games	BA	SA	AB	H	2B	3B	HR	HR%	R	RBI	BB	SO	SB	AB	H	PO	A	E	DP	TC/G	FA	G by Pos
1987	LA	N	19	.222	.278	54	12	3	0	0	0.0	7	4	3	10	3	5	0	21	1	0	0	1.2	1.000	OF-18
1988			30	.116	.140	43	5	1	0	0	0.0	4	2	2	10	0	7	1	29	0	0	0	1.0	1.000	OF-26
1989	BAL	A	122	.266	.379	391	104	14	3	8	2.0	55	46	36	60	22	14	0	288	1	5	0	2.4	.983	OF-112, DH-5
1990			108	.240	.392	367	88	18	1	12	3.2	48	49	28	48	13	6	3	281	4	5	0	2.8	.983	OF-104, DH-3
1991			149	.260	.431	608	158	27	10	19	3.1	82	59	47	115	16	8	2	399	10	3	1	2.8	.993	OF-149
5 yrs.			428	.251	.393	1463	367	63	14	39	2.7	196	160	116	243	54	40	6	1018	16	13	2	2.4	.988	OF-409, DH-8

PLAYER REGISTER

Year	Team		Games	BA	SA	AB	H	2B	3B	HR	HR%	R	RBI	BB	SO	SB	PINCH HIT AB	H	PO	A	E	DP	TC/G	FA	G by Pos

Mario Diaz

DIAZ, MARIO RAFAEL
Born Mario Rafael Diaz y Torres.
B. Jan. 10, 1962, Humacao, Puerto Rico
BR TR 5' 10" 145 lbs.

Year	Team		Games	BA	SA	AB	H	2B	3B	HR	HR%	R	RBI	BB	SO	SB	AB	H	PO	A	E	DP	TC/G	FA	G by Pos
1987	SEA	A	11	.304	.391	23	7	0	1	0	0.0	4	3	0	4	0	1	0	10	25	1	6	3.3	.972	SS-10
1988			28	.306	.375	72	22	5	0	0	0.0	6	9	3	5	0	3	1	31	47	1	11	2.8	.987	SS-21, 2B-4, 1B-1, 3B-1
1989			52	.135	.176	74	10	0	0	1	1.4	9	7	7	7	0	3	1	35	54	5	10	1.8	.947	SS-37, 2B-14, 3B-3
1990	NY	N	16	.136	.182	22	3	1	0	0	0.0	0	1	0	3	0	7	2	5	18	1	1	2.2	.958	SS-10, 2B-1
1991	TEX	A	96	.264	.319	182	48	7	0	1	0.5	24	22	15	18	0	14	3	93	143	7	32	2.7	.971	SS-65, 2B-20, 3B-8, DH-1
5 yrs.			203	.241	.298	373	90	13	1	2	0.5	43	42	25	37	0	28	7	174	287	15	60	2.3	.968	SS-143, 2B-39, 3B-12, DH-1, 1B-1

Gary Disarcina

DISARCINA, GARY THOMAS
B. Nov. 19, 1967, Malden, Mass.
BR TR 6' 1" 170 lbs.

Year	Team		Games	BA	SA	AB	H	2B	3B	HR	HR%	R	RBI	BB	SO	SB	AB	H	PO	A	E	DP	TC/G	FA	G by Pos
1989	CAL	A	2	—	—	0	0	0	0	0	—	0	0	0	0	0	0	0	0	0	0	0	0.0	—	SS-1
1990			18	.140	.193	57	8	1	1	0	0.0	8	0	3	10	1	1	0	17	57	4	9	4.6	.949	SS-14, 2B-3
1991			18	.211	.246	57	12	2	0	0	0.0	5	3	3	4	0	0	0	29	45	4	5	4.3	.949	SS-10, 2B-7, 3B-2
3 yrs.			38	.175	.219	114	20	3	1	0	0.0	13	3	6	14	1	1	0	46	102	8	14	4.1	.949	SS-25, 2B-10, 3B-2

Chris Donnells

DONNELLS, CHRIS BARTON
B. Apr. 21, 1966, Los Angeles, Calif.
BL TR 6' 185 lbs.

Year	Team		Games	BA	SA	AB	H	2B	3B	HR	HR%	R	RBI	BB	SO	SB	AB	H	PO	A	E	DP	TC/G	FA	G by Pos
1991	NY	N	37	.225	.247	89	20	2	0	0	0.0	7	5	14	19	1	13	1	131	34	2	13	7.0	.988	1B-15, 3B-11

Bill Doran

DORAN, WILLIAM DONALD
B. May 28, 1958, Cincinnati, Ohio
BB TR 5' 11" 175 lbs.

SECOND BASE

	Games	BA	SA	AB	H	2B	3B	HR	HR%	R	RBI	BB	SO	SB
April	15	.333	.396	48	16	3	0	0	0.0	5	2	10	2	2
May	7	.071	.071	14	1	0	0	0	0.0	0	1	0	2	0
June	20	.375	.528	72	27	3	1	2	2.8	14	13	12	6	1
July	23	.253	.379	95	24	3	0	3	3.2	16	8	9	12	0
Aug	23	.183	.225	71	13	1	1	0	0.0	6	4	9	8	0
Sept/Oct	23	.328	.410	61	20	2	0	1	1.6	10	7	6	9	2
Day	27	.272	.413	92	25	5	1	2	2.2	9	12	7	11	0
Night	84	.283	.361	269	76	7	1	4	1.5	42	23	39	28	5
vs. Left		.263	.413	80	21	4	1	2	2.5	10	8	13	8	0
vs. Right		.285	.363	281	80	8	1	4	1.4	41	27	33	31	5
On Grass	33	.275	.375	120	33	1	1	3	2.5	14	13	12	12	1
On Turf	78	.282	.373	241	68	11	1	3	1.2	37	22	34	27	4
Home	53	.296	.408	169	50	8	1	3	1.8	30	18	26	14	2
Road	58	.266	.344	192	51	4	1	3	1.6	21	17	20	25	3
Division Rivals														
vs. ATL	15	.283	.413	46	13	3	0	1	2.2	7	4	9	5	0
vs. HOU	14	.250	.364	44	11	2	0	1	2.3	6	2	8	6	2
vs. LA	10	.188	.219	32	6	1	0	0	0.0	3	2	3	1	0
vs. SD	14	.381	.548	42	16	2	1	1	2.4	4	7	4	3	1
vs. SF	7	.174	.174	23	4	0	0	0	0.0	3	0	4	5	0
On 3B < 2 Out		.353	.588	17	6	2	1	0	0.0	0	14	3	1	

Year	Team		Games	BA	SA	AB	H	2B	3B	HR	HR%	R	RBI	BB	SO	SB	AB	H	PO	A	E	DP	TC/G	FA	G by Pos
1982	HOU	N	26	.278	.309	97	27	3	0	0	0.0	11	6	4	11	5	0	0	41	78	3	17	4.7	.975	2B-26
1983			154	.271	.364	535	145	12	7	8	1.5	70	39	86	67	12	3	1	347	461	17	109	5.4	.979	2B-153
1984			147	.261	.356	548	143	18	11	4	0.7	92	41	66	69	21	2	0	274	440	12	90	4.9	.983	2B-139, SS-13
1985			148	.287	.434	578	166	31	6	14	2.4	84	59	71	69	23	2	1	345	440	16	108	5.4	.980	2B-147
1986			145	.276	.373	550	152	29	3	6	1.1	92	37	81	57	42	1	0	262	329	16	62	4.2	.974	2B-144
1987			162	.283	.406	625	177	23	3	16	2.6	82	79	82	64	31	0	0	300	432	7	70	4.6	.991	2B-162, SS-3
1988			132	.248	.333	480	119	18	1	7	1.5	66	53	65	60	17	2	0	260	371	8	73	4.8	.987	2B-130
1989			142	.219	.323	507	111	25	2	8	1.6	65	58	59	63	22	8	0	254	345	12	64	4.3	.980	2B-138
1990	2 teams		HOU N (109G — .288)			CIN N (17G — .373)																				
"	total		126	.300	.434	403	121	29	2	7	1.7	59	37	79	58	23	9	2	198	306	8	49	4.5	.984	2B-111, 3B-4

PLAYER REGISTER

Year	Team		Games	BA	SA	AB	H	2B	3B	HR	HR%	R	RBI	BB	SO	SB	PINCH HIT AB	H	PO	A	E	DP	TC/G	FA	G by Pos

Bill Doran *Continued*

Year	Team		Games	BA	SA	AB	H	2B	3B	HR	HR%	R	RBI	BB	SO	SB	AB	H	PO	A	E	DP	TC/G	FA	G by Pos
1991	CIN	N	111	.280	.374	361	101	12	2	6	1.7	51	35	46	39	5	15	4	183	208	7	50	4.2	.982	2B-88, OF-6, 1B-4
10 yrs.			1293	.269	.377	4684	1262	200	37	76	1.6	672	444	639	557	201	42	9	2464	3410	106	692	4.6	.982	2B-1238, SS-16, OF-6, 1B-4, 3B-4

LEAGUE CHAMPIONSHIP SERIES

1986	HOU	N	6	.222	.333	27	6	0	0	1	3.7	3	3	2	2	2	0	0	10	17	0	1	4.5	1.000	2B-6

Brian Dorsett

DORSETT, BRIAN RICHARD
B. Apr. 9, 1961, Terre Haute, Ind.
BR TR 6' 3" 215 lbs.

Year	Team		Games	BA	SA	AB	H	2B	3B	HR	HR%	R	RBI	BB	SO	SB	AB	H	PO	A	E	DP	TC/G	FA	G by Pos
1987	CLE	A	5	.273	.545	11	3	0	0	1	9.1	2	3	0	3	0	2	1	12	0	0	0	2.4	1.000	C-4
1988	CAL	A	7	.091	.091	11	1	0	0	0	0.0	0	2	1	5	0	0	0	19	3	0	1	3.1	1.000	C-7
1989	NY	A	8	.364	.409	22	8	1	0	0	0.0	3	4	1	3	0	0	0	29	3	0	1	4.0	1.000	C-8
1990			14	.143	.200	35	5	2	0	0	0.0	2	0	2	4	0	2	0	31	0	0	1	3.4	1.000	C-9, DH-5
1991	SD	N	11	.083	.083	12	1	0	0	0	0.0	0	1	0	3	0	10	1	4	1	0	0	2.5	1.000	1B-2
5 yrs.			45	.198	.264	91	18	3	0	1	1.1	7	10	4	18	0	14	2	95	7	0	3	2.3	.000	C-28, DH-5, 1B-2

Brian Downing

DOWNING, BRIAN JAY
B. Oct. 9, 1950, Los Angeles, Calif.
BR TR 5' 10" 170 lbs.

		Games	BA	SA	AB	H	2B	3B	HR	HR%	R	RBI	BB	SO	SB
April		12	.350	.500	40	14	3	0	1	2.5	8	5	9	6	0
May		24	.354	.585	82	29	2	1	5	6.1	15	11	11	12	1
June		18	.119	.194	67	8	2	0	1	1.5	8	7	9	16	0
July		24	.313	.488	80	25	2	0	4	5.0	18	10	10	14	0
Aug		18	.294	.529	51	15	3	0	3	5.9	8	8	5	9	0
Sept/Oct		27	.253	.437	87	22	5	1	3	3.4	19	8	14	13	0
Day		27	.238	.413	80	19	3	1	3	3.8	13	11	8	12	0
Night		96	.287	.465	327	94	14	1	14	4.3	63	38	50	58	1
vs. Left			.281	.511	139	39	5	0	9	6.5	32	17	25	24	1
vs. Right			.276	.425	268	74	12	2	8	3.0	44	32	33	46	0
On Grass		105	.267	.434	348	93	15	2	13	3.7	63	41	50	64	1
On Turf		18	.339	.576	59	20	2	0	4	6.8	13	8	8	6	0
Home		63	.255	.431	204	52	8	2	8	3.9	45	23	32	39	0
Road		60	.300	.478	203	61	9	0	9	4.4	31	26	26	31	1
Division Rivals															
vs. CAL		12	.273	.500	44	12	1	0	3	6.8	10	7	9	8	0
vs. CHI		9	.080	.120	25	2	1	0	0	0.0	1	2	4	8	0
vs. KC		6	.200	.400	15	3	1	1	0	0.0	1	2	1	3	0
vs. MIN		11	.343	.543	35	12	2	1	1	2.9	8	4	5	5	0
vs. OAK		7	.182	.227	22	4	1	0	0	0.0	6	1	1	5	0
vs. SEA		12	.250	.591	44	11	0	0	5	11.4	12	7	10	5	0
On 3B <2 Out			.200	.400	15	3	0	0	1	6.7	1	10	5	6	

Year	Team		Games	BA	SA	AB	H	2B	3B	HR	HR%	R	RBI	BB	SO	SB	AB	H	PO	A	E	DP	TC/G	FA	G by Pos
1973	CHI	A	34	.178	.274	73	13	1	0	2	2.7	5	4	10	17	0	8	2	72	17	5	0	2.8	.947	OF-13, C-11, 3B-8
1974			108	.225	.375	293	66	12	1	10	3.4	41	39	51	72	0	5	0	337	30	2	5	3.4	.995	C-63, OF-39, DH-9
1975			138	.240	.324	420	101	12	1	7	1.7	58	41	76	75	13	0	0	730	84	8	5	6.0	.990	C-137, DH-1
1976			104	.256	.328	317	81	14	0	3	0.9	38	30	40	55	7	3	1	450	38	6	4	4.8	.988	C-93, DH-11
1977			69	.284	.402	169	48	4	2	4	2.4	28	25	34	21	1	3	1	325	28	6	5	5.2	.983	C-61, OF-3, DH-2
1978	CAL	A	133	.255	.342	412	105	15	0	7	1.7	42	46	52	47	3	3	1	681	82	5	6	5.8	.993	C-128, DH-2
1979			148	.326	.462	509	166	27	3	12	2.4	87	75	77	57	3	3	1	669	35	11	5	4.8	.985	C-129, DH-18
1980			30	.290	.419	93	27	6	0	2	2.2	5	25	12	12	0	2	0	69	6	0	0	2.5	1.000	C-16, DH-13
1981			93	.249	.379	317	79	14	0	9	2.8	47	41	46	35	1	2	0	237	18	2	2	2.8	.992	OF-56, C-37, DH-5
1982			158	.281	.482	623	175	37	2	28	4.5	109	84	86	58	2	1	0	321	9	0	0	2.1	1.000	OF-158
1983			113	.246	.429	403	99	15	1	19	4.7	68	53	62	59	1	3	1	160	9	1	0	1.5	.994	OF-84, DH-26
1984			156	.275	.462	539	148	28	2	23	4.3	65	91	70	66	0	3	1	272	5	0	0	1.8	1.000	OF-131, DH-21
1985			150	.263	.425	520	137	23	1	20	3.8	80	85	78	60	5	7	0	244	5	2	0	1.7	.992	OF-121, DH-25
1986			152	.267	.452	513	137	27	4	20	3.9	90	95	90	84	4	8	0	267	5	3	0	1.8	.989	OF-138, DH-10
1987			155	.272	.487	567	154	29	3	29	5.1	110	77	**106**	85	5	4	0	47	2	0	0	0.3	1.000	DH-118, OF-34
1988			135	.242	.442	484	117	18	2	25	5.2	80	64	81	63	3	3	0	0	0	0	0	0.0	—	DH-132
1989			142	.283	.414	544	154	25	2	14	2.6	59	59	56	87	0	1	0	0	0	0	0	0.0	—	DH-141
1990			96	.273	.467	330	90	18	2	14	4.2	47	51	50	45	0	8	0	0	0	0	0	0.0	1.000	DH-87
1991	TEX	A	123	.278	.455	407	113	17	2	17	4.2	76	49	58	70	1	24	9	0	0	0	0	0.0	.980	DH-109
19 yrs.			2237	.267	.425	7533	2010	342	28	265	3.5	1135	1034	1135	1068	49	91	18	4881	373	51	32	2.4	.990	OF-777, DH-730, C-675, 3B-8

DESIGNATED HITTER

Charts: AVERAGE, RBI, HR, SB (vs. AL AVG)

PLAYER REGISTER

Year	Team		Games	BA	SA	AB	H	2B	3B	HR	HR%	R	RBI	BB	SO	SB	PINCH HIT AB	H	PO	A	E	DP	TC/G	FA	G by Pos

Brian Downing *Continued*

LEAGUE CHAMPIONSHIP SERIES

Year	Team		Games	BA	SA	AB	H	2B	3B	HR	HR%	R	RBI	BB	SO	SB	AB	H	PO	A	E	DP	TC/G	FA	G by Pos
1979	CAL	A	4	.200	.200	15	3	0	0	0	0.0	1	1	1	1	0	0	0	27	0	0	2	6.8	1.000	C-4
1982			5	.158	.211	19	3	1	0	0	0.0	4	0	3	2	0	0	0	5	0	0	0	1.0	1.000	OF-5
1986			7	.222	.333	27	6	0	0	1	3.7	2	7	4	5	0	0	0	18	0	0	0	2.6	1.000	OF-7
3 yrs.			16	.197	.262	61	12	1	0	1	1.6	7	8	8	8	0	0	0	50	0	0	2	3.1	.000	OF-12, C-4

Rob Ducey

DUCEY, ROBERT THOMAS
B. May 24, 1965, Toronto, Ontario, Canada
BL TR 6' 2" 175 lbs.

Year	Team		Games	BA	SA	AB	H	2B	3B	HR	HR%	R	RBI	BB	SO	SB	AB	H	PO	A	E	DP	TC/G	FA	G by Pos
1987	TOR	A	34	.188	.271	48	9	1	0	1	2.1	12	6	8	10	2	3	1	31	0	0	0	0.9	1.000	OF-28
1988			27	.315	.426	54	17	4	1	0	0.0	15	6	5	7	1	0	0	35	1	0	0	1.3	1.000	OF-26
1989			41	.211	.263	76	16	4	0	0	0.0	5	7	9	25	2	6	0	56	3	0	2	1.4	1.000	OF-35, DH-1
1990			19	.302	.396	53	16	5	0	0	0.0	7	7	7	15	1	0	0	37	0	0	0	1.9	1.000	OF-19
1991			39	.235	.368	68	16	2	2	1	1.5	8	4	6	26	2	14	3	32	1	4	0	1.5	.892	OF-24, DH-2
5 yrs.			160	.247	.341	299	74	16	3	2	0.7	47	30	35	83	8	23	4	191	5	4	2	1.3	.980	OF-132, DH-3

LEAGUE CHAMPIONSHIP SERIES

Year	Team		Games	BA	SA	AB	H	2B	3B	HR	HR%	R	RBI	BB	SO	SB	AB	H	PO	A	E	DP	TC/G	FA	G by Pos
1991	TOR	A	1	.000	.000	1	0	0	0	0	0.0	0	0	0	0	0	0	0	0	0	0	0	0.0	.973	OF-1

Mariano Duncan

DUNCAN, MARIANO
Born Mariano Duncan y Nolasco.
B. Mar. 13, 1963, San Pedro de Macoris, Dominican Republic
BR TR 6' 165 lbs.
BB 1985-87

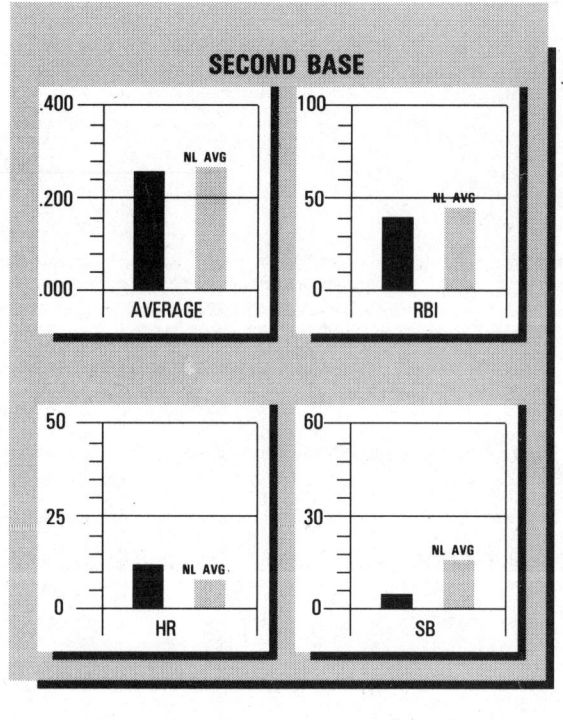
SECOND BASE — AVERAGE, RBI, HR, SB (vs NL AVG)

Split	Games	BA	SA	AB	H	2B	3B	HR	HR%	R	RBI	BB	SO	SB
April	12	.152	.273	33	5	1	0	1	3.0	4	2	0	9	1
May	26	.240	.323	96	23	2	3	0	0.0	12	10	3	13	1
June	12	.184	.289	38	7	1	0	1	2.6	4	2	4	6	2
July	11	.250	.375	24	6	0	0	1	4.2	2	3	0	6	0
Aug	14	.439	.756	41	18	2	1	3	7.3	7	11	1	9	0
Sept/Oct	25	.267	.455	101	27	1	0	6	5.9	17	12	4	14	1
Day	28	.238	.405	84	20	1	2	3	3.6	14	12	5	8	1
Night	72	.265	.414	249	66	6	2	9	3.6	32	28	7	49	4
vs. Left		.314	.493	140	44	6	2	5	3.6	22	19	7	22	3
vs. Right		.218	.352	193	42	1	2	7	3.6	24	21	5	35	2
On Grass	28	.231	.352	91	21	1	2	2	2.2	9	12	2	16	0
On Turf	72	.269	.434	242	65	6	2	10	4.1	37	28	10	41	5
Home	50	.311	.539	167	52	4	2	10	6.0	31	25	5	25	3
Road	50	.205	.283	166	34	3	2	2	1.2	15	15	7	32	2
Division Rivals														
vs. ATL	9	.208	.333	24	5	0	0	1	4.2	4	3	2	4	0
vs. HOU	10	.303	.515	33	10	1	0	2	6.1	7	5	2	6	1
vs. LA	13	.186	.279	43	8	1	0	1	2.3	5	2	1	8	0
vs. SD	8	.371	.486	35	13	1	0	1	2.9	6	2	0	9	0
vs. SF	13	.217	.478	46	10	1	1	3	6.5	7	8	1	5	0
On 3B < 2 Out		.692	.846	13	9	0	1	0	0.0	0	13	0	0	

Year	Team		Games	BA	SA	AB	H	2B	3B	HR	HR%	R	RBI	BB	SO	SB	AB	H	PO	A	E	DP	TC/G	FA	G by Pos
1985	LA	N	142	.244	.340	562	137	24	6	6	1.1	74	39	38	113	38	2	1	224	430	30	64	4.8	.956	SS-123, 2B-19
1986			109	.229	.305	407	93	7	0	8	2.0	47	30	30	78	48	2	0	172	317	25	46	4.7	.951	SS-106
1987			76	.215	.322	261	56	8	1	6	2.3	31	18	17	62	11	1	0	101	213	21	40	4.4	.937	SS-67, 2B-7, OF-2
1989	2 teams		LA N (49G — .250)			CIN N (45G — .247)																			
"	total		94	.248	.357	258	64	15	2	3	1.2	32	21	8	51	9	18	7	101	155	14	30	2.9	.948	SS-60, 2B-13, OF-7
1990	CIN	N	125	.306	.476	435	133	22	11	10	2.2	67	55	24	67	13	5	0	265	303	18	55	4.9	.969	2B-115, SS-12, OF-1
1991			100	.258	.411	333	86	7	4	12	3.6	46	40	12	57	5	8	2	169	212	9	41	4.2	.977	2B-62, SS-32, OF-7
6 yrs.			646	.252	.370	2256	569	83	24	45	2.0	297	203	129	428	124	36	10	1032	1630	117	276	4.3	.958	SS-400, 2B-216, OF-17

LEAGUE CHAMPIONSHIP SERIES

Year	Team		Games	BA	SA	AB	H	2B	3B	HR	HR%	R	RBI	BB	SO	SB	AB	H	PO	A	E	DP	TC/G	FA	G by Pos
1985	LA	N	5	.222	.444	18	4	2	1	0	0.0	2	1	1	3	1	0	0	7	16	1	3	4.8	.958	SS-5
1990	CIN	N	6	.300	.450	20	6	0	0	1	5.0	1	4	0	8	0	0	0	6	11	1	0	3.0	.944	2B-6
2 yrs.			11	.263	.447	38	10	2	1	1	2.6	3	5	1	11	1	0	0	13	27	2	3	3.8	.952	2B-6, SS-5

WORLD SERIES

Year	Team		Games	BA	SA	AB	H	2B	3B	HR	HR%	R	RBI	BB	SO	SB	AB	H	PO	A	E	DP	TC/G	FA	G by Pos
1990	CIN	N	4	.143	.143	14	2	0	0	0	0.0	1	1	2	2	1	0	0	9	9	0	2	4.5	1.000	2B-4

PLAYER REGISTER

Year	Team	Games	BA	SA	AB	H	2B	3B	HR	HR%	R	RBI	BB	SO	SB	PINCH HIT AB	PINCH HIT H	PO	A	E	DP	TC/G	FA	G by Pos

Shawon Dunston

DUNSTON, SHAWON DONNELL (Thunder Pup)
B. Mar. 21, 1963, Brooklyn, N.Y.
BR TR 6' 1" 175 lbs.

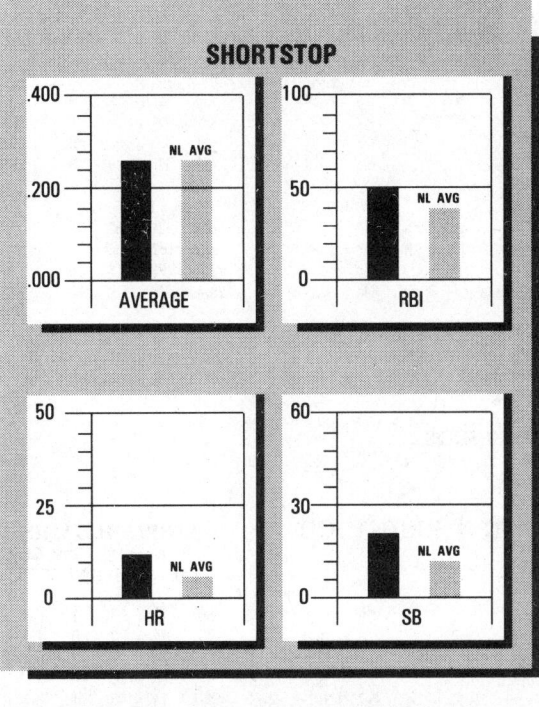

Split	Games	BA	SA	AB	H	2B	3B	HR	HR%	R	RBI	BB	SO	SB	PH AB	PH H	PO	A	E	DP	TC/G	FA	G by Pos
April	21	.235	.353	68	16	2	0	2	2.9	10	7	5	6	6									
May	24	.216	.409	88	19	3	1	4	4.5	10	8	2	15	3									
June	27	.255	.398	98	25	4	2	2	2.0	8	12	3	13	2									
July	21	.184	.276	76	14	4	0	1	1.3	10	5	6	10	4									
Aug	26	.427	.610	82	35	6	3	1	1.2	14	11	4	13	5									
Sept/Oct	23	.238	.375	80	19	3	1	2	2.5	7	7	3	7	1									
Day	69	.286	.437	231	66	10	2	7	3.0	31	25	9	32	9									
Night	73	.238	.379	261	62	12	5	5	1.9	28	25	14	32	12									
vs. Left		.232	.366	194	45	7	2	5	2.6	26	19	10	23	8									
vs. Right		.279	.433	298	83	15	5	7	2.3	33	31	13	41	13									
On Grass	101	.280	.440	339	95	14	5	10	2.9	43	39	15	45	14									
On Turf	41	.216	.333	153	33	8	2	2	1.3	16	11	8	19	7									
Home	73	.295	.451	237	70	10	3	7	3.0	32	26	10	30	10									
Road	69	.227	.365	255	58	12	4	5	2.0	27	24	13	34	11									
Division Rivals																							
vs. MON	16	.420	.580	50	21	5	0	1	2.0	10	2	1	2	4									
vs. NY	13	.282	.513	39	11	2	2	1	2.6	7	6	0	5	2									
vs. PHI	13	.245	.306	49	12	1	1	0	0.0	5	3	3	8	3									
vs. PIT	17	.164	.262	61	10	1	1	1	1.6	6	6	4	11	3									
vs. STL	17	.259	.414	58	15	4	1	1	1.7	9	8	2	7	1									
On 3B < 2 Out		.278	.500	18	5	1	0	1	5.6	1	20	2	3										
1985 CHI N	74	.260	.388	250	65	12	4	4	1.6	40	18	19	42	11	0	0	144	248	17	39	5.5	.958	SS-73
1986	150	.250	.410	581	145	36	3	17	2.9	66	68	21	114	13	2	1	320	465	32	96	5.4	.961	SS-149
1987	95	.246	.358	346	85	18	3	5	1.4	40	22	10	68	12	1	0	160	271	14	54	4.7	.969	SS-94
1988	155	.249	.357	575	143	23	6	9	1.6	69	56	16	108	30	3	0	257	455	20	76	4.7	.973	SS-151
1989	138	.278	.403	471	131	20	6	9	1.9	52	60	30	86	19	1	0	213	379	17	76	4.4	.972	SS-138
1990	146	.262	.426	545	143	22	8	17	3.1	73	66	15	87	25	0	0	255	392	20	77	4.6	.970	SS-144
1991	142	.260	.407	492	128	22	7	12	2.4	59	50	23	64	21	2	1	261	383	21	69	4.7	.968	SS-142
7 yrs.	900	.258	.394	3260	840	153	37	73	2.2	399	340	134	569	131	9	2	1610	2593	141	487	4.8	.968	SS-891

LEAGUE CHAMPIONSHIP SERIES

Year	Team	G	BA	SA	AB	H	2B	3B	HR	HR%	R	RBI	BB	SO	SB	PH AB	PH H	PO	A	E	DP	TC/G	FA	G by Pos
1989 CHI N	5	.316	.316	19	6	0	0	0	0.0	2	0	1	1	1	0	0	10	14	1	1	5.0	.960	SS-5

Len Dykstra

DYKSTRA, LEONARD KYLE (Nails)
B. Feb. 10, 1963, Santa Ana, Calif.
BL TL 5' 10" 160 lbs.

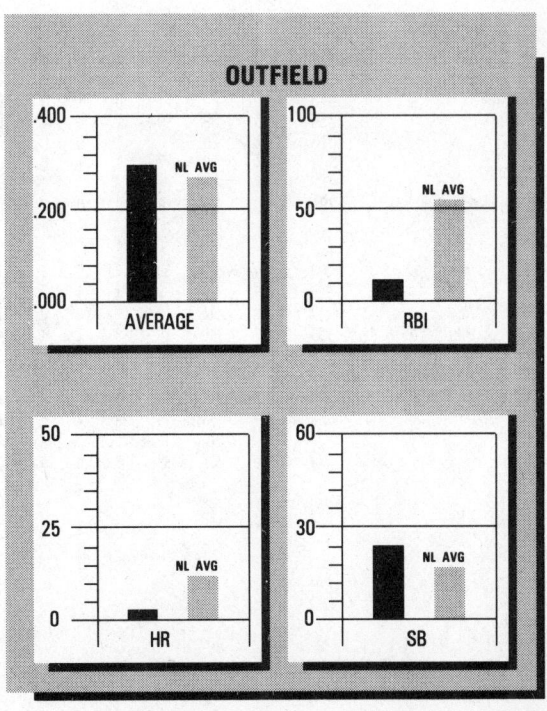

Split	Games	BA	SA	AB	H	2B	3B	HR	HR%	R	RBI	BB	SO	SB
April	21	.317	.524	82	26	7	2	2	2.4	21	6	17	2	7
May	4	.214	.214	14	3	0	0	0	0.0	2	0	3	0	0
June				0	0	0	0	0		0	0	0	0	0
July	14	.321	.321	56	18	0	0	0	0.0	6	1	4	6	8
Aug	24	.277	.436	94	26	6	3	1	1.1	19	5	13	12	9
Sept/Oct				0	0	0	0	0		0	0	0	0	0
Day	21	.247	.296	81	20	4	0	0	0.0	15	1	12	6	12
Night	42	.321	.491	165	53	9	5	3	1.8	33	11	25	14	12
vs. Left		.309	.500	94	29	6	3	2	2.1	20	6	16	13	9
vs. Right		.289	.382	152	44	7	2	1	0.7	28	6	21	7	15
On Grass	21	.272	.346	81	22	4	1	0	0.0	9	4	12	9	6
On Turf	42	.309	.467	165	51	9	4	3	1.8	39	8	25	11	18
Home	30	.322	.492	118	38	7	2	3	2.5	29	6	20	10	14
Road	33	.273	.367	128	35	6	3	0	0.0	19	6	17	10	10
Division Rivals														
vs. CHI	9	.273	.545	33	9	4	1	1	3.0	6	3	7	3	2
vs. MON	8	.250	.375	32	8	2	1	0	0.0	4	3	5	4	2
vs. NY	6	.304	.522	23	7	2	0	1	4.3	4	1	5	1	0
vs. PIT	6	.360	.560	25	9	1	2	0	0.0	8	2	2	2	4
vs. STL	7	.367	.533	30	11	2	0	1	3.3	10	2	3	0	6
On 3B < 2 Out		.250	.250	4	1	0	0	0	0.0	0	1	2	0	

PLAYER REGISTER

Year	Team		Games	BA	SA	AB	H	2B	3B	HR	HR%	R	RBI	BB	SO	SB	PINCH HIT AB	H	PO	A	E	DP	TC/G	FA	G by Pos

Len Dykstra *Continued*

1985	NY	N	83	.254	.331	236	60	9	3	1	0.4	40	19	30	24	15	9	3	165	6	1	2	2.1	.994	OF-74
1986			147	.295	.445	431	127	27	7	8	1.9	77	45	58	55	31	14	4	283	8	3	2	2.0	.990	OF-139
1987			132	.285	.455	431	123	37	3	10	2.3	86	43	40	67	27	18	5	239	4	3	1	1.9	.988	OF-118
1988			126	.270	.385	429	116	19	3	8	1.9	57	33	30	43	30	12	5	270	3	1	0	2.2	.996	OF-112
1989	2 teams		NY N (56G — .270)			PHI N (90G — .222)																			
"	total		146	.237	.356	511	121	32	4	7	1.4	66	32	60	53	30	9	3	332	10	4	0	2.4	.988	OF-139
1990	PHI	N	149	.325	.441	590	**192**	35	3	9	1.5	106	60	89	48	33	1	0	439	7	6	5	3.0	.987	OF-149
1991			63	.297	.427	246	73	13	5	3	1.2	48	12	37	20	24	1	1	167	3	4	2	2.8	.977	OF-63
7 yrs.			846	.283	.410	2874	812	172	28	46	1.6	480	244	344	310	190	64	21	1895	41	22	12	2.3	.989	OF-794

LEAGUE CHAMPIONSHIP SERIES

1986	NY	N	6	.304	.565	23	7	1	1	1	4.3	3	3	2	4	1	2	1	10	0	0	0	1.7	1.000	OF-6
1988			7	.429	.857	14	6	3	0	1	7.1	6	3	4	0	0	0	0	9	0	0	0	1.3	1.000	OF-7
2 yrs.			13	.351	.676	37	13	4	1	2	5.4	9	6	6	4	1	2	1	19	0	0	0	1.5	.000	OF-13

WORLD SERIES

| 1986 | NY | N | 7 | .296 | .519 | 27 | 8 | 0 | 0 | 2 | 7.4 | 4 | 3 | 2 | 7 | 0 | 1 | 1 | 14 | 0 | 0 | 0 | 2.0 | 1.000 | OF-7 |

Jim Eisenreich

EISENREICH, JAMES MICHAEL
B. Apr. 18, 1959, St. Cloud, Minn.
BL TL 5' 11" 175 lbs.

April			18	.319	.449	69	22	7	1	0	0.0	8	7	0	9	2
May			23	.282	.346	78	22	2	0	1	1.3	6	8	7	8	0
June			22	.313	.391	64	20	5	0	0	0.0	6	5	3	5	0
July			20	.269	.288	52	14	1	0	0	0.0	10	7	4	3	1
Aug			22	.341	.463	41	14	3	1	0	0.0	6	6	2	3	1
Sept/Oct			30	.296	.423	71	21	4	1	1	1.4	11	14	4	7	1
Day			42	.320	.443	122	39	11	2	0	0.0	18	18	4	11	1
Night			93	.292	.368	253	74	11	1	2	0.8	29	29	16	24	4
vs. Left				.322	.402	87	28	2	1	1	1.1	13	16	4	12	1
vs. Right				.295	.389	288	85	20	2	1	0.3	34	31	16	23	4
On Grass			51	.303	.386	145	44	12	0	0	0.0	19	16	7	18	2
On Turf			84	.300	.396	230	69	10	3	2	0.9	28	31	13	17	3
Home			69	.311	.409	193	60	9	2	2	1.0	25	25	9	14	3
Road			66	.291	.374	182	53	13	1	0	0.0	22	22	11	21	2
Division Rivals																
vs. CAL			10	.364	.409	22	8	1	0	0	0.0	4	3	1	1	1
vs. CHI			12	.226	.323	31	7	3	0	0	0.0	2	2	1	2	0
vs. MIN			11	.423	.615	26	11	3	1	0	0.0	5	6	1	4	0
vs. OAK			11	.256	.385	39	10	2	0	1	2.6	5	7	4	3	0
vs. SEA			11	.310	.345	29	9	1	0	0	0.0	3	2	5	3	0
vs. TEX			7	.389	.444	18	7	1	0	0	0.0	3	2	1	1	1
On 3B < 2 Out				.381	.476	21	8	2	0	0	0.0	0	21	3	1	

1982	MIN	A	34	.303	.424	99	30	6	0	2	2.0	10	9	11	13	0	3	1	72	0	2	0	2.2	.973	OF-30
1983			2	.286	.429	7	2	1	0	0	0.0	1	0	1	1	0	0	0	6	1	0	0	3.5	1.000	OF-2
1984			12	.219	.250	32	7	1	0	0	0.0	1	3	2	4	2	3	1	5	0	0	0	0.4	1.000	DH-6, OF-3
1987	KC	A	44	.238	.467	105	25	8	2	4	3.8	10	21	7	13	1	15	5	0	0	0	0	0.0	—	DH-26
1988			82	.218	.282	202	44	8	1	1	0.5	26	19	6	31	9	9	1	109	0	4	0	1.4	.965	OF-64, DH-13
1989			134	.293	.448	475	139	33	7	9	1.9	64	59	37	44	27	6	2	273	4	3	0	2.1	.989	OF-123, DH-10
1990			142	.280	.397	496	139	29	7	5	1.0	61	51	42	51	12	8	4	261	6	1	3	1.9	.996	OF-138, DH-2
1991			135	.301	.392	375	113	22	3	2	0.5	47	47	20	35	5	32	7	243	12	5	12	2.2	.981	OF-105, 1B-15, DH-1
8 yrs.			585	.279	.400	1791	499	108	20	23	1.3	220	209	126	192	56	76	21	969	23	15	15	1.7	.985	OF-465, DH-58, 1B-15

PLAYER REGISTER 69

Year	Team	Games	BA	SA	AB	H	2B	3B	HR	HR%	R	RBI	BB	SO	SB	PINCH HIT AB	PINCH HIT H	PO	A	E	DP	TC/G	FA	G by Pos

Kevin Elster

ELSTER, KEVIN DANIEL
B. Aug. 3, 1964, San Pedro, Calif.
BR TR 6' 2" 180 lbs.

Year	Team	Games	BA	SA	AB	H	2B	3B	HR	HR%	R	RBI	BB	SO	SB	PH AB	PH H	PO	A	E	DP	TC/G	FA	G by Pos
April		14	.308	.538	39	12	1	1	2	5.1	3	8	5	4	0									
May		14	.238	.333	42	10	1	0	1	2.4	4	5	7	6	0									
June		21	.194	.284	67	13	6	0	0	0.0	5	9	5	11	1									
July		17	.176	.275	51	9	2	0	1	2.0	4	2	5	11	0									
Aug		21	.297	.422	64	19	2	0	2	3.1	9	7	6	10	0									
Sept/Oct		28	.247	.318	85	21	4	1	0	0.0	8	5	12	11	1									
Day		34	.228	.380	92	21	3	1	3	3.3	9	7	10	13	0									
Night		81	.246	.340	256	63	13	1	3	1.2	24	29	30	40	2									
vs. Left			.296	.371	159	47	9	0	1	0.6	12	14	17	16	1									
vs. Right			.196	.333	189	37	7	2	5	2.6	21	22	23	37	1									
On Grass		77	.267	.375	232	62	14	1	3	1.3	18	21	24	29	2									
On Turf		38	.190	.302	116	22	2	1	3	2.6	15	15	16	24	0									
Home		61	.265	.376	181	48	11	0	3	1.7	12	14	19	24	2									
Road		54	.216	.323	167	36	5	2	3	1.8	21	22	21	29	0									
Division Rivals																								
vs. CHI		13	.179	.282	39	7	2	1	0	0.0	4	3	7	5	0									
vs. MON		11	.282	.564	39	11	2	0	3	7.7	7	7	7	8	0									
vs. PHI		12	.161	.194	31	5	1	0	0	0.0	2	1	3	4	0									
vs. PIT		16	.294	.392	51	15	0	1	1	2.0	6	5	3	6	0									
vs. STL		15	.244	.400	45	11	1	0	2	4.4	5	6	6	10	0									
On 3B <2 Out			.500	.700	10	5	2	0	0	0.0	0	12	2	1										
1986	NY	N	19	.167	.200	30	5	1	0	0	0.0	3	0	3	8	0	0	0	16	35	2	6	2.8	.962	SS-19
1987			5	.400	.600	10	4	2	0	0	0.0	1	1	0	1	0	2	2	4	6	1	0	2.2	.909	SS-3
1988			149	.214	.313	406	87	11	1	9	2.2	41	37	35	47	2	1	0	196	345	13	61	3.7	.977	SS-148
1989			151	.231	.360	458	106	25	2	10	2.2	52	55	34	77	4	0	0	235	374	15	63	4.1	.976	SS-150
1990			92	.207	.363	314	65	20	1	9	2.8	36	45	30	54	2	0	0	159	251	17	42	4.6	.960	SS-92
1991			115	.241	.351	348	84	16	2	6	1.7	33	36	40	53	2	9	2	149	299	14	39	4.3	.970	SS-107
6 yrs.			531	.224	.345	1566	351	75	6	34	2.2	166	174	142	240	10	12	4	759	1310	62	211	4.0	.971	SS-519
LEAGUE CHAMPIONSHIP SERIES																								
1986	NY	N	4	.000	.000	3	0	0	0	0	0.0	0	0	0	1	0	0	0	2	3	0	0	1.3	1.000	SS-4
1988			5	.250	.375	8	2	1	0	0	0.0	1	1	3	0	0	0	0	7	7	2	2	3.2	.875	SS-5
2 yrs.			9	.182	.273	11	2	1	0	0	0.0	1	1	3	1	0	0	0	9	10	2	2	2.3	.905	SS-9
WORLD SERIES																								
1986	NY	N	1	.000	.000	1	0	0	0	0	0.0	0	0	0	0	0	0	0	3	3	1	1	7.0	.857	SS-1

Jose Escobar

ESCOBAR, JOSE ELIAS
Born Jose Elias Escobar y Sanchez.
B. Oct. 30, 1960, Las Flores, Venezuela
BR TR 5' 10" 140 lbs.

Year	Team	Lg	Games	BA	SA	AB	H	2B	3B	HR	HR%	R	RBI	BB	SO	SB	PH AB	PH H	PO	A	E	DP	TC/G	FA	G by Pos
1991	CLE	A	10	.200	.200	15	3	0	0	0	0.0	0	1	1	4	0	0	0	15	13	0	4	2.8	1.000	SS-5, 2B-4, 3B-1

Alvaro Espinoza

ESPINOZA, ALVARO ALBERTO
Born Alvaro Alberto Espinoza y Ramirez.
B. Feb. 19, 1962, Valencia, Venezuela
BR TR 6' 160 lbs.

Split		Games	BA	SA	AB	H	2B	3B	HR	HR%	R	RBI	BB	SO	SB
April		17	.367	.531	49	18	6	1	0	0.0	9	7	3	3	1
May		24	.193	.253	83	16	5	0	0	0.0	6	2	3	10	0
June		24	.268	.366	82	22	2	0	2	2.4	11	6	4	11	0
July		20	.273	.379	66	18	2	1	1	1.5	7	4	4	6	2
Aug		29	.261	.364	88	23	3	0	2	2.3	8	8	0	9	0
Sept/Oct		34	.232	.277	112	26	5	0	0	0.0	10	6	2	18	1
Day		48	.271	.410	144	39	7	2	3	2.1	25	10	9	17	2
Night		100	.250	.315	336	84	16	0	2	0.6	26	23	7	40	2
vs. Left			.261	.342	161	42	10	0	1	0.6	16	15	7	11	1
vs. Right			.254	.345	319	81	13	2	4	1.3	35	18	9	46	3

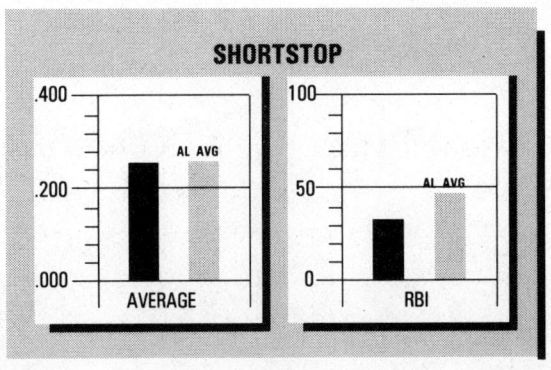

PLAYER REGISTER

Year	Team	Games	BA	SA	AB	H	2B	3B	HR	HR%	R	RBI	BB	SO	SB	PINCH HIT AB	H	PO	A	E	DP	TC/G	FA	G by Pos

Alvaro Espinoza *Continued*

On Grass		127	.258	.342	403	104	20	1	4	1.0	45	26	15	49	4									
On Turf		21	.247	.351	77	19	3	1	1	1.3	6	7	1	8	0									
Home		78	.248	.327	254	63	12	1	2	0.8	25	14	8	30	3									
Road		70	.265	.363	226	60	11	1	3	1.3	26	19	8	27	1									
Division Rivals																								
vs. BAL		12	.282	.385	39	11	2	1	0	0.0	4	2	1	6	0									
vs. BOS		12	.235	.235	34	8	0	0	0	0.0	4	1	3	2	1									
vs. CLE		13	.200	.200	45	9	0	0	0	0.0	4	2	0	6	0									
vs. DET		12	.407	.556	27	11	4	0	0	0.0	2	3	0	1	1									
vs. MIL		12	.244	.415	41	10	4	0	1	2.4	6	5	1	7	0									
vs. TOR		11	.184	.263	38	7	0	0	1	2.6	4	5	1	1	0									
On 3B <2 Out			.450	.550	20	9	2	0	0	0.0	0	14	1	2										
1984	MIN A	1	—	—	0	0	0	0	0	—	0	0	0	0	0	0	0	0	0	0	0	0.0	—	SS-1
1985		32	.263	.298	57	15	2	0	0	0.0	5	9	1	9	0	0	0	25	69	5	15	3.1	.949	SS-31
1986		37	.214	.238	42	9	1	0	0	0.0	4	1	1	10	0	1	0	23	52	4	11	2.1	.949	2B-19, SS-18
1988	NY A	3	.000	.000	3	0	0	0	0	0.0	0	0	0	0	0	0	0	5	2	0	1	2.3	1.000	2B-2, SS-1
1989		146	.282	.332	503	142	23	1	0	0.0	51	41	14	60	3	0	0	237	471	22	114	5.0	.970	SS-146
1990		150	.224	.274	438	98	12	2	2	0.4	31	20	16	54	1	0	0	268	447	17	100	4.9	.977	SS-150
1991		148	.256	.344	480	123	23	2	5	1.0	51	33	16	57	4	1	0	225	441	21	113	4.6	.969	SS-147, 3B-2, P-1
7 yrs.		517	.254	.315	1523	387	61	5	7	0.5	142	104	48	190	8	2	0	783	1482	69	354	4.5	.970	SS-494, 2B-21, 3B-2, P-1

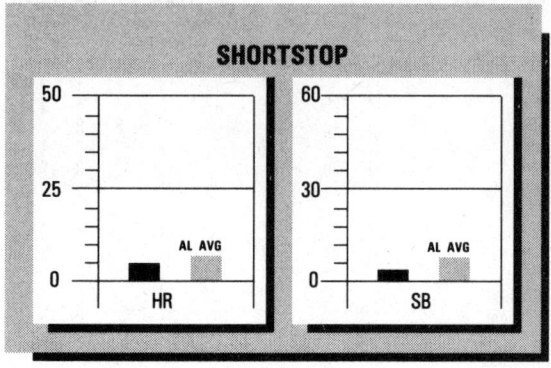

Cecil Espy

ESPY, CECIL EDWARD
B. Jan. 20, 1963, San Diego, Calif.
BB TR 6' 3" 190 lbs.

Year	Team	Games	BA	SA	AB	H	2B	3B	HR	HR%	R	RBI	BB	SO	SB	PH AB	H	PO	A	E	DP	TC/G	FA	G by Pos
1983	LA N	20	.273	.364	11	3	1	0	0	0.0	4	1	1	2	0	2	1	11	0	0	0	0.6	1.000	OF-15
1987	TEX A	14	.000	.000	8	0	0	0	0	0.0	1	0	1	3	2	1	0	8	1	0	1	0.6	1.000	OF-8
1988		123	.248	.349	347	86	17	6	2	0.6	46	39	20	83	33	13	5	200	11	7	0	1.8	.968	OF-98, DH-12, SS-3, C-2, 1B-1, 2B-1
1989		142	.257	.331	475	122	12	7	3	0.6	65	31	38	99	45	13	6	281	5	3	2	2.0	.990	OF-133, DH-3
1990		52	.127	.127	71	9	0	0	0	0.0	10	1	10	20	11	6	0	56	1	0	0	1.5	1.000	OF-39, DH-4, 2B-1
1991	PIT N	43	.244	.329	82	20	4	0	1	1.2	7	11	5	17	4	6	2	54	3	2	2	1.7	.966	OF-35
6 yrs.		394	.241	.320	994	240	34	13	6	0.6	133	83	75	224	95	41	14	610	21	12	5	1.6	.981	OF-328, DH-19, SS-3, C-2, 2B-2, 1B-1

LEAGUE CHAMPIONSHIP SERIES

1991	PIT N	2	.000	.000	2	0	0	0	0	0.0	0	0	0	2	0	2	0	0	0	0	0	0.0	1.000	

Tony Eusebio

EUSEBIO, RAUL ANTONIO
B. Apr. 27, 1967, San Jose de los Llamos, Puerto Rico
BR TR 6' 2" 180 lbs.

1991	HOU N	10	.105	.158	19	2	1	0	0	0.0	4	0	6	8	0	1	0	49	4	1	0	6.0	.981	C-9

Dwight Evans

EVANS, DWIGHT MICHAEL (Dewey)
B. Nov. 3, 1951, Santa Monica, Calif.
BR TR 6' 2" 180 lbs.

April		15	.300	.400	50	15	2	0	1	2.0	6	8	8	14	1
May		22	.233	.300	60	14	1	0	1	1.7	8	9	17	16	0
June		10	.310	.552	29	9	2	1	1	3.4	6	6	3	0	1
July		13	.267	.400	30	8	1	0	1	3.3	6	5	9	8	0
Aug		14	.270	.378	37	10	1	0	1	2.7	3	4	5	7	0
Sept/Oct		27	.266	.344	64	17	2	0	1	1.6	6	6	12	9	0
Day		25	.214	.268	56	12	1	1	0	0.0	5	5	23	13	0
Night		76	.285	.407	214	61	8	0	6	2.8	30	33	31	41	2
vs. Left			.308	.364	107	33	3	0	1	0.9	8	10	32	15	1
vs. Right			.245	.387	163	40	6	1	5	3.1	27	28	22	39	1

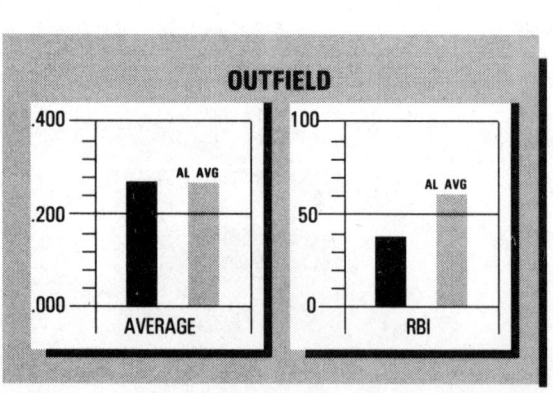

Dwight Evans Continued

Year	Team		Games	BA	SA	AB	H	2B	3B	HR	HR%	R	RBI	BB	SO	SB	PINCH HIT AB	H	PO	A	E	DP	TC/G	FA	G by Pos
On Grass			90	.259	.343	239	62	6	1	4	1.7	27	34	46	48	1									
On Turf			11	.355	.645	31	11	3	0	2	6.5	8	4	8	6	1									
Home			52	.259	.370	135	35	3	0	4	3.0	13	20	24	25	0									
Road			49	.281	.385	135	38	6	1	2	1.5	22	18	30	29	2									
Division Rivals																									
vs. BOS			9	.276	.379	29	8	1	1	0	0.0	5	2	4	4	0									
vs. CLE			10	.143	.143	28	4	0	0	0	0.0	0	0	1	7	0									
vs. DET			7	.200	.200	15	3	0	0	0	0.0	2	3	6	2	0									
vs. MIL			9	.333	.407	27	9	2	0	0	0.0	2	6	5	5	0									
vs. NY			7	.636	.636	11	7	0	0	0	0.0	1	2	5	2	0									
vs. TOR			7	.409	.636	22	9	2	0	1	4.5	4	6	2	2	0									
On 3B <2 Out				.600	.600	5	3	0	0	0	0.0	0	5	4	2										
1972	BOS	A	18	.263	.404	57	15	3	1	1	1.8	2	6	7	13	0	1	1	25	3	0	0	1.6	1.000	OF-17
1973			119	.223	.383	282	63	13	1	10	3.5	46	32	40	52	5	3	0	178	4	1	0	1.5	.995	OF-113
1974			133	.281	.421	463	130	19	8	10	2.2	60	70	38	77	4	12	2	294	8	3	2	2.3	.990	OF-122, DH-7
1975			128	.274	.456	412	113	24	6	13	3.2	61	56	47	60	3	6	0	281	15	4	8	2.3	.987	OF-115, DH-7
1976			146	.242	.431	501	121	34	5	17	3.4	61	62	57	92	6	2	1	324	15	2	4	2.3	.994	OF-145, DH-1
1977			73	.287	.526	230	66	9	2	14	6.1	39	36	28	58	4	7	1	126	2	1	0	1.8	.992	OF-63, DH-17
1978			147	.247	.449	497	123	24	2	24	4.8	75	63	65	119	8	4	1	305	14	6	2	2.2	.982	OF-142, DH-4
1979			152	.274	.456	489	134	24	1	21	4.3	69	58	69	76	6	5	1	307	15	4	5	2.1	.988	OF-149
1980			148	.266	.484	463	123	37	5	18	3.9	72	60	64	98	3	5	0	268	11	5	7	1.9	.982	OF-144, DH-2
1981			108	.296	.522	412	122	19	4	22	5.3	84	71	85	85	3	0	0	259	9	2	1	2.5	.993	OF-108
1982			162	.292	.534	609	178	37	7	32	5.3	122	98	112	125	3	0	0	346	9	10	3	2.3	.973	OF-161, DH-1
1983			126	.238	.436	470	112	19	4	22	4.7	74	58	70	97	3	5	2	222	6	3	1	1.8	.987	OF-99, DH-21
1984			162	.295	.532	630	186	37	8	32	5.1	121	104	96	115	3	0	0	311	7	2	2	2.0	.994	OF-161, DH-1
1985			159	.263	.454	617	162	29	1	29	4.7	110	78	114	105	7	0	0	291	9	3	1	1.9	.990	OF-152, DH-7
1986			152	.259	.476	529	137	33	2	26	4.9	86	97	97	117	3	1	0	280	10	5	3	1.9	.983	OF-149, DH-1
1987			154	.305	.569	541	165	37	2	34	6.3	109	123	106	98	4	2	0	753	46	13	72	5.3	.984	1B-79, OF-77, DH-4
1988			149	.293	.487	559	164	31	7	21	3.8	96	111	76	99	5	2	1	611	34	9	39	4.4	.986	OF-85, 1B-64, DH-6
1989			146	.285	.463	520	148	27	3	20	3.8	82	100	99	84	3	0	0	153	5	3	1	1.1	.981	OF-77, DH-69
1990			123	.249	.391	445	111	18	3	13	2.9	66	63	67	73	3	0	0	0	0	0	0	0.0	.946	DH-122
1991	BAL	A	101	.270	.378	270	73	9	1	6	2.2	35	38	54	54	2	25	10	116	6	2	2	1.9	.984	OF-67, DH-21
20 yrs.			2606	.272	.470	8996	2446	483	73	385	4.3	1470	1384	1391	1697	78	80	20	5450	228	78	153	2.2	.986	OF-2146, DH-291, 1B-143

LEAGUE CHAMPIONSHIP SERIES

Year	Team		Games	BA	SA	AB	H	2B	3B	HR	HR%	R	RBI	BB	SO	SB	PINCH HIT AB	H	PO	A	E	DP	TC/G	FA	G by Pos
1975	BOS	A	3	.100	.200	10	1	1	0	0	0.0	1	1	1	2	0	0	0	7	0	0	0	2.3	1.000	OF-3
1986			7	.214	.357	28	6	1	0	1	3.6	2	4	3	3	0	0	0	11	0	0	0	1.6	1.000	OF-7
1988			4	.167	.250	12	2	1	0	0	0.0	0	1	3	5	0	0	0	11	0	0	0	2.8	1.000	OF-4
1990			4	.231	.308	13	3	1	0	0	0.0	0	1	3	3	0	0	0	0	0	0	0	0.0	1.000	DH-4
4 yrs.			18	.190	.302	63	12	4	0	1	1.6	4	6	8	13	0	0	0	29	0	0	0	1.6	.000	OF-14, DH-4

WORLD SERIES

Year	Team		Games	BA	SA	AB	H	2B	3B	HR	HR%	R	RBI	BB	SO	SB	PINCH HIT AB	H	PO	A	E	DP	TC/G	FA	G by Pos
1975	BOS	A	7	.292	.542	24	7	1	1	1	4.2	3	5	3	4	0	0	0	23	1	0	1	3.4	1.000	OF-7
1986			7	.308	.615	26	8	2	0	2	7.7	4	9	4	3	0	0	0	16	1	1	0	2.6	.944	OF-7
2 yrs.			14	.300	.580	50	15	3	1	3	6.0	7	14	7	7	0	0	0	39	2	1	1	3.0	.976	OF-14

Paul Faries

FARIES, PAUL TYRRELL
B. Feb. 20, 1965, Berkeley, Calif.
BR TR 5' 10" 165 lbs.

Year	Team		Games	BA	SA	AB	H	2B	3B	HR	HR%	R	RBI	BB	SO	SB	PINCH HIT AB	H	PO	A	E	DP	TC/G	FA	G by Pos
1990	SD	N	14	.189	.216	37	7	1	0	0	0.0	4	2	4	7	0	1	0	21	34	2	8	4.8	.965	2B-7, SS-4, 3B-1
1991			57	.177	.215	130	23	3	1	0	0.0	13	7	14	21	3	2	0	80	117	2	20	3.8	.990	2B-36, 3B-12, SS-8
2 yrs.			71	.180	.216	167	30	4	1	0	0.0	17	9	18	28	3	3	0	101	151	4	28	3.6	.984	2B-43, 3B-13, SS-12

Monty Fariss

FARISS, MONTY TED
B. Oct. 13, 1967, Cordell, Okla.
BR TR 6' 4" 180 lbs.

Year	Team		Games	BA	SA	AB	H	2B	3B	HR	HR%	R	RBI	BB	SO	SB	PINCH HIT AB	H	PO	A	E	DP	TC/G	FA	G by Pos
1991	TEX	A	19	.258	.387	31	8	1	0	1	3.2	6	6	7	11	0	6	1	25	9	0	3	2.8	1.000	OF-8, DH-4, 2B-4

PLAYER REGISTER

Year	Team		Games	BA	SA	AB	H	2B	3B	HR	HR%	R	RBI	BB	SO	SB	PINCH HIT AB	H	PO	A	E	DP	TC/G	FA	G by Pos

Mike Felder

FELDER, MICHAEL OTIS
B. Nov. 18, 1961, Vallejo, Calif.
BB TR 5′ 8″ 160 lbs.

April			16	.414	.448	29	12	1	0	0	0.0	5	1	3	4	1									
May			28	.307	.446	101	31	4	5	0	0.0	14	8	4	13	6									
June			26	.236	.258	89	21	0	1	0	0.0	18	1	10	3	10									
July			22	.193	.246	57	11	3	0	0	0.0	4	6	5	4	2									
Aug			12	.188	.188	16	3	0	0	0	0.0	1	0	1	0	0									
Sept/Oct			28	.250	.286	56	14	2	0	0	0.0	9	2	7	7	2									
Day			48	.236	.299	127	30	4	2	0	0.0	16	9	12	13	8									
Night			84	.281	.344	221	62	6	4	0	0.0	35	9	18	18	13									
vs. Left				.271	.336	107	29	5	1	0	0.0	19	4	7	8	5									
vs. Right				.261	.324	241	63	5	5	0	0.0	32	14	23	23	16									
On Grass			103	.289	.352	270	78	7	5	0	0.0	42	17	21	26	17									
On Turf			29	.179	.244	78	14	3	1	0	0.0	9	1	9	5	4									
Home			68	.286	.351	168	48	5	3	0	0.0	22	10	13	13	10									
Road			64	.244	.306	180	44	5	3	0	0.0	29	8	17	18	11									
Division Rivals																									
vs. ATL			14	.361	.528	36	13	2	2	0	0.0	8	4	1	1	4									
vs. CIN			15	.316	.421	38	12	2	1	0	0.0	3	4	1	5	2									
vs. HOU			14	.250	.286	28	7	1	0	0	0.0	5	0	6	4	1									
vs. LA			16	.318	.318	44	14	0	0	0	0.0	7	0	3	9	3									
vs. SD			16	.295	.318	44	13	1	0	0	0.0	10	2	6	2	1									
On 3B <2 Out				.556	.667	9	5	1	0	0	0.0	0	7	3	1										
1985	MIL	A	15	.196	.214	56	11	1	0	0	0.0	8	0	5	6	4	1	1	32	1	0	0	2.2	1.000	OF-14
1986			44	.239	.323	155	37	2	4	1	0.6	24	13	13	16	16	0	0	98	0	0	0	2.2	1.000	OF-42, DH-1
1987			108	.266	.353	289	77	5	7	2	0.7	48	31	28	23	34	7	1	190	10	5	3	1.9	.976	OF-99, DH-3, 2B-1
1988			50	.173	.185	81	14	1	0	0	0.0	14	5	0	11	8	2	0	40	1	1	0	0.8	.976	OF-28, DH-16, 2B-1
1989			117	.241	.324	315	76	11	3	3	1.0	50	23	23	38	26	7	3	203	24	4	7	2.0	.983	OF-93, DH-11, 2B-10
1990			121	.274	.359	237	65	7	2	3	1.2	38	27	22	17	20	8	1	167	9	5	6	1.6	.972	OF-109, DH-1, 2B-1, 3B-1
1991	SF	N	132	.264	.328	348	92	10	6	0	0.0	51	18	30	31	21	36	10	193	10	4	3	1.9	.981	OF-107, 3B-3, 2B-1
7 yrs.			587	.251	.324	1481	372	37	22	9	0.6	233	117	121	142	129	61	16	923	55	19	19	1.7	.981	OF-492, DH-32, 2B-14, 3B-4

Junior Felix

FELIX, JUNIOR FRANCISCO
Born Junior Francisco Felix y Sanchez.
B. Oct. 3, 1967, Laguna Salada, Dominican Republic
BB TR 6′ 170 lbs.

Year	Team		Games	BA	SA	AB	H	2B	3B	HR	HR%	R	RBI	BB	SO	SB	AB	H	PO	A	E	DP	TC/G	FA	G by Pos
1989	TOR	A	110	.258	.395	415	107	14	8	9	2.2	62	46	33	101	18	2	0	243	9	9	0	2.4	.966	OF-107, DH-2
1990			127	.264	.441	463	122	23	7	15	3.2	73	65	45	99	13	2	0	244	11	9	3	2.1	.966	OF-125, DH-1
1991	CAL	A	66	.283	.370	230	65	10	2	2	0.9	32	26	11	55	7	1	0	126	1	3	0	2.0	.977	OF-65
3 yrs.			303	.265	.409	1108	294	47	17	26	2.3	167	137	89	255	38	5	0	613	21	21	3	2.2	.968	OF-297, DH-3

LEAGUE CHAMPIONSHIP SERIES

1989	TOR	A	3	.273	.364	11	3	1	0	0	0.0	0	3	0	2	0	0	0	8	0	0	0	2.7	1.000	OF-3

Felix Fermin

FERMIN, FELIX JOSE
Born Felix Jose Fermin y Minaya.
B. Oct. 9, 1963, Mao Valverde, Dominican Republic
BR TR 5′ 11″ 160 lbs.

April	11	.125	.125	32	4	0	0	0	0.0	1	0	2	3	0			
May	19	.281	.359	64	18	3	1	0	0.0	4	7	2	2	2			
June	26	.260	.292	96	25	3	0	0	0.0	6	4	5	5	2			
July	25	.286	.345	84	24	3	1	0	0.0	7	7	7	5	0			
Aug	28	.258	.281	89	23	2	0	0	0.0	9	10	6	8	1			
Sept/Oct	20	.288	.322	59	17	2	0	0	0.0	3	3	4	4	0			
Day	36	.239	.265	117	28	3	0	0	0.0	4	6	7	11	1			
Night	93	.270	.316	307	83	10	2	0	0.0	26	25	19	16	4			
vs. Left		.281	.314	121	34	4	0	0	0.0	10	8	10	6	1			
vs. Right		.254	.297	303	77	9	2	0	0.0	20	23	16	21	4			

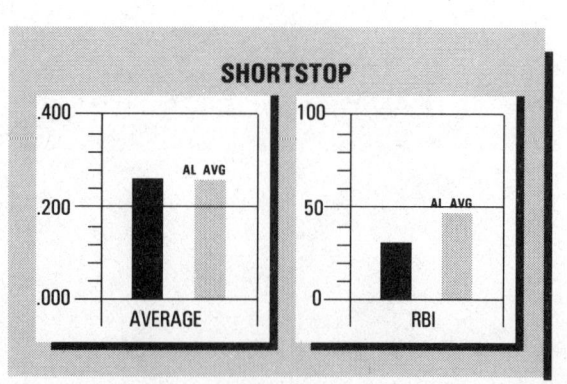

Year	Team		Games	BA	SA	AB	H	2B	3B	HR	HR%	R	RBI	BB	SO	SB	PINCH HIT AB	H	PO	A	E	DP	TC/G	FA	G by Pos

Felix Fermin *Continued*

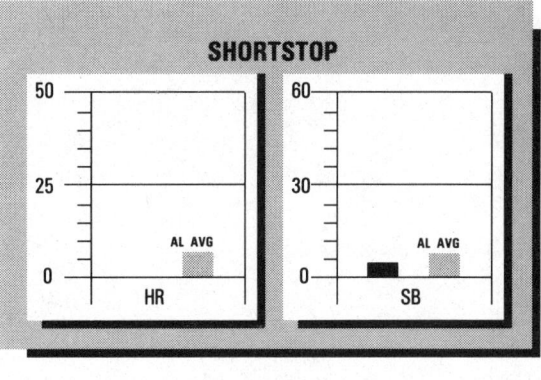

On Grass			110	.264	.306	363	96	11	2	0	0.0	26	29	24	22	4									
On Turf			19	.246	.279	61	15	2	0	0	0.0	4	2	2	5	1									
Home			68	.290	.348	210	61	8	2	0	0.0	20	20	16	11	4									
Road			61	.234	.257	214	50	5	0	0	0.0	10	11	10	16	1									
Division Rivals																									
vs. BAL			9	.172	.172	29	5	0	0	0	0.0	2	2	4	2	0									
vs. BOS			12	.163	.163	43	7	0	0	0	0.0	3	3	3	3	0									
vs. DET			10	.344	.469	32	11	2	1	0	0.0	1	3	1	0	0									
vs. MIL			10	.233	.233	30	7	0	0	0	0.0	2	3	2	1	0									
vs. NY			9	.267	.367	30	8	3	0	0	0.0	1	3	0	2	0									
vs. TOR			12	.250	.275	40	10	1	0	0	0.0	2	0	1	4	0									
On 3B <2 Out				.214	.214	14	3	0	0	0	0.0	0	10	0	0										
1987	PIT	N	23	.250	.250	68	17	0	0	0	0.0	6	4	4	9	0	0	0	36	62	2	13	4.3	.980	SS-23
1988			43	.276	.322	87	24	0	2	0	0.0	9	2	8	10	3	1	0	51	76	6	14	3.1	.955	SS-43
1989	CLE	A	156	.238	.260	484	115	9	1	0	0.0	50	21	41	27	6	0	0	253	517	26	84	5.1	.967	SS-153, 2B-2
1990			148	.256	.304	414	106	13	2	1	0.2	47	40	26	22	3	0	0	214	423	16	81	4.4	.976	SS-147, 2B-1
1991			129	.262	.302	424	111	13	2	0	0.0	30	31	26	27	5	0	0	214	372	12	74	4.6	.980	SS-129
5 yrs.			499	.253	.288	1477	373	35	7	1	0.1	142	98	105	95	17	1	0	768	1450	62	266	4.6	.973	SS-495, 2B-3

Tony Fernandez

FERNANDEZ, OCTAVIO ANTONIO
Born Octavio Antonio Fernandez y Castro.
B. Aug. 6, 1962, San Pedro de Macoris, Dominican Republic
BB TR 6' 1" 160 lbs.

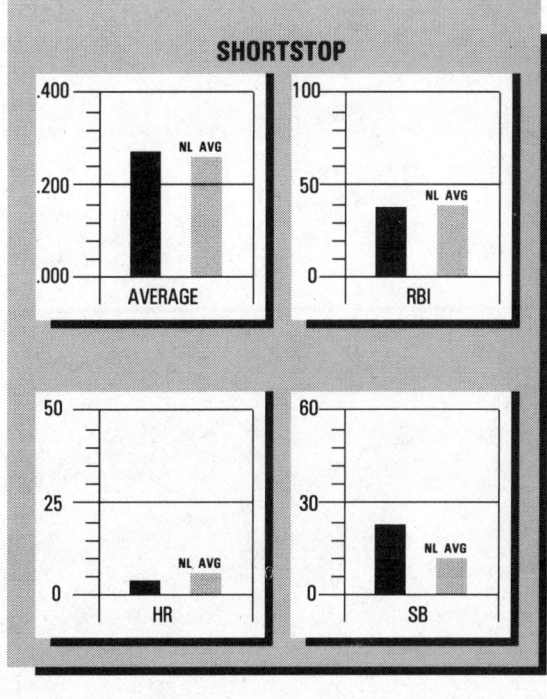

April			21	.261	.318	88	23	3	1	0	0.0	11	7	6	18	3									
May			28	.278	.417	108	30	6	3	1	0.9	23	5	15	14	3									
June			27	.327	.408	98	32	5	0	1	1.0	16	3	11	10	5									
July			19	.167	.222	72	12	4	0	0	0.0	4	4	7	10	2									
Aug			28	.282	.400	110	31	5	1	2	1.8	14	12	8	13	6									
Sept/Oct			22	.293	.341	82	24	4	0	0	0.0	13	7	8	9	4									
Day			39	.257	.396	144	37	5	3	3	2.1	22	16	18	29	6									
Night			106	.278	.348	414	115	22	2	1	0.2	59	22	37	45	17									
vs. Left				.261	.342	184	48	7	1	2	1.1	27	13	17	22	6									
vs. Right				.278	.369	374	104	20	4	2	0.5	54	25	38	52	17									
On Grass			106	.276	.361	402	111	16	3	4	1.0	62	26	43	59	17									
On Turf			39	.263	.359	156	41	11	2	0	0.0	19	12	12	15	6									
Home			73	.292	.365	271	79	13	2	1	0.4	37	17	30	38	12									
Road			72	.254	.355	287	73	14	3	3	1.0	44	21	25	36	11									
Division Rivals																									
vs. ATL			18	.261	.362	69	18	2	1	1	1.4	15	5	9	8	4									
vs. CIN			14	.362	.431	58	21	1	0	1	1.7	5	6	2	9	2									
vs. HOU			18	.328	.469	64	21	7	1	0	0.0	9	5	11	4	5									
vs. LA			14	.283	.396	53	15	4	1	0	0.0	8	6	7	5	2									
vs. SF			14	.222	.222	54	12	0	0	0	0.0	8	2	5	17	1									
On 3B <2 Out				.313	.313	16	5	0	0	0	0.0	0	8	3	3										
1983	TOR	A	15	.265	.353	34	9	1	1	0	0.0	5	2	2	2	0	2	1	16	17	0	6	2.2	1.000	SS-13, DH-1
1984			88	.270	.356	233	63	5	3	3	1.3	29	19	17	15	5	6	1	119	195	9	41	3.7	.972	SS-73, 3B-10, DH-1
1985			161	.289	.390	564	163	31	10	2	0.4	71	51	43	41	13	3	1	283	478	30	109	4.9	.962	SS-160
1986			163	.310	.428	**687**	213	33	9	10	1.5	91	65	27	52	25	1	1	294	445	13	103	4.6	.983	SS-163
1987			146	.322	.426	578	186	29	8	5	0.9	90	67	51	48	32	1	0	270	396	14	88	4.7	.979	SS-146
1988			154	.287	.386	648	186	41	4	5	0.8	76	70	45	65	15	0	0	247	470	14	106	4.7	.981	SS-154
1989			140	.257	.389	573	147	25	9	11	1.9	64	64	29	51	22	0	0	260	475	6	93	5.3	.992	SS-140
1990			161	.276	.391	635	175	27	17	4	0.6	84	66	71	70	26	0	0	297	480	9	93	4.9	.989	SS-161
1991	SD	N	145	.272	.360	558	152	27	5	4	0.7	81	38	55	74	23	2	0	247	440	20	78	4.9	.972	SS-145
9 yrs.			1173	.287	.394	4510	1294	219	66	44	1.0	591	442	340	418	161	15	4	2033	3396	115	717	4.7	.979	SS-1155, 3B-10, DH-2
LEAGUE CHAMPIONSHIP SERIES																									
1985	TOR	A	7	.333	.417	24	8	2	0	0	0.0	2	2	1	2	0	0	0	11	14	2	2	3.9	.926	SS-7
1989			5	.350	.500	20	7	3	0	0	0.0	6	1	1	2	5	0	0	9	15	0	3	4.8	1.000	SS-5
2 yrs.			12	.341	.455	44	15	5	0	0	0.0	8	3	2	4	5	0	0	20	29	2	5	4.3	.961	SS-12

Player Register

Year	Team	Games	BA	SA	AB	H	2B	3B	HR	HR%	R	RBI	BB	SO	SB	PINCH HIT AB	H	PO	A	E	DP	TC/G	FA	G by Pos

Cecil Fielder
FIELDER, CECIL GRANT
B. Sept. 21, 1963, Los Angeles, Calif.
BR TR 6′ 3″ 230 lbs.

		Games	BA	SA	AB	H	2B	3B	HR	HR%	R	RBI	BB	SO	SB
April		19	.292	.458	72	21	3	0	3	4.2	13	18	6	18	0
May		27	.238	.485	101	24	4	0	7	6.9	18	18	18	27	0
June		28	.292	.575	106	31	6	0	8	7.5	18	24	15	26	0
July		26	.267	.610	105	28	3	0	11	10.5	17	25	6	21	0
Aug		30	.223	.463	121	27	8	0	7	5.8	17	26	13	31	0
Sept/Oct		32	.269	.479	119	32	1	0	8	6.7	19	22	20	28	0
Day		52	.223	.490	202	45	9	0	15	7.4	34	47	26	41	0
Night		110	.280	.524	422	118	16	0	29	6.9	68	86	52	110	0
vs. Left			.296	.597	159	47	9	0	13	8.2	26	31	25	29	0
vs. Right			.249	.484	465	116	16	0	31	6.7	76	102	53	122	0
On Grass		137	.260	.510	524	136	20	0	37	7.1	89	111	72	127	0
On Turf		25	.270	.530	100	27	5	0	7	7.0	13	22	6	24	0
Home		81	.256	.561	305	78	12	0	27	8.9	56	75	41	72	0
Road		81	.266	.467	319	85	13	0	17	5.3	46	58	37	79	0
Division Rivals															
vs. BAL		13	.327	.531	49	16	1	0	3	6.1	11	7	9	12	0
vs. BOS		13	.245	.633	49	12	1	0	6	12.2	9	14	8	10	0
vs. CLE		13	.320	.460	50	16	1	0	2	4.0	6	6	5	12	0
vs. MIL		13	.245	.510	49	12	1	0	4	8.2	9	7	8	11	0
vs. NY		13	.308	.519	52	16	5	0	2	3.8	13	13	3	9	0
vs. TOR		13	.200	.280	50	10	1	0	1	2.0	2	6	6	15	0
On 3B < 2 Out			.368	.553	38	14	4	0	1	2.6	1	32	9	7	

Year	Team		Games	BA	SA	AB	H	2B	3B	HR	HR%	R	RBI	BB	SO	SB	AB	H	PO	A	E	DP	TC/G	FA	G by Pos
1985	TOR	A	30	.311	.527	74	23	4	0	4	5.4	6	16	6	16	0	4	1	171	17	4	21	6.4	.979	1B-25
1986			34	.157	.325	83	13	2	0	4	4.8	7	13	6	27	0	9	1	37	4	1	3	1.2	.976	DH-22, 1B-7, 3B-2, OF-1
1987			82	.269	.560	175	47	7	1	14	8.0	30	32	20	48	0	19	4	98	6	0	12	1.3	1.000	DH-55, 1B-16, 3B-2
1988			74	.230	.431	174	40	6	1	9	5.2	24	23	14	53	0	21	5	101	12	1	10	1.5	.991	1B-17, 3B-3, 2B-2
1990	DET	A	159	.277	.592	573	159	25	1	51	8.9	104	132	90	182	0	3	0	1190	111	14	137	9.2	.989	1B-143, DH-15
1991			162	.261	.513	624	163	25	0	44	7.1	102	133	78	151	0	0	0	1055	83	8	110	9.4	.993	1B-122, DH-42
6 yrs.			541	.261	.527	1703	445	69	3	126	7.4	273	349	214	477	0	56	11	2652	233	28	293	5.4	.990	1B-330, DH-134, 3B-7, 2B-2, OF-1

LEAGUE CHAMPIONSHIP SERIES

1985	TOR	A	3	.333	.667	3	1	1	0	0	0.0	0	0	0	1	0	3	1	0	0	0	0	0.0	—	

Steve Finley
FINLEY, STEVEN ALLEN
B. Mar. 12, 1965, Union City, Tenn.
BL TL 6′ 2″ 175 lbs.

		Games	BA	SA	AB	H	2B	3B	HR	HR%	R	RBI	BB	SO	SB
April		19	.203	.266	64	13	2	1	0	0.0	6	3	6	8	4
May		27	.350	.560	100	35	8	2	3	3.0	15	12	8	9	5
June		28	.270	.360	100	27	3	0	2	2.0	10	8	11	9	5
July		25	.347	.495	95	33	5	3	1	1.1	15	10	4	7	4
Aug		29	.265	.389	113	30	5	3	1	0.9	19	14	7	17	6
Sept/Oct		31	.258	.339	124	32	5	1	1	0.8	19	7	6	15	10
Day		35	.303	.470	132	40	11	1	3	2.3	20	14	11	15	7
Night		124	.280	.388	464	130	17	9	5	1.1	64	40	31	50	27
vs. Left			.250	.310	184	46	6	1	1	0.5	23	16	11	25	12
vs. Right			.301	.449	412	124	22	9	7	1.7	61	38	31	40	22
On Grass		46	.328	.475	183	60	10	1	5	2.7	33	19	12	21	9
On Turf		113	.266	.375	413	110	18	9	3	0.7	51	35	30	44	25
Home		80	.273	.377	300	82	15	8	0	0.0	35	20	17	36	16
Road		79	.297	.436	296	88	13	2	8	2.7	49	34	25	29	18
Division Rivals															
vs. ATL		17	.174	.232	69	12	2	1	0	0.0	4	1	5	16	4
vs. CIN		18	.203	.219	64	13	1	0	0	0.0	6	4	4	11	5
vs. LA		18	.364	.662	77	28	6	4	3	3.9	11	13	5	13	3
vs. SD		17	.255	.364	55	14	3	0	1	1.8	8	5	4	7	2
vs. SF		18	.338	.380	71	24	3	0	0	0.0	18	6	7	4	4
On 3B < 2 Out			.385	.385	13	5	0	0	0	0.0	0	14	2	1	

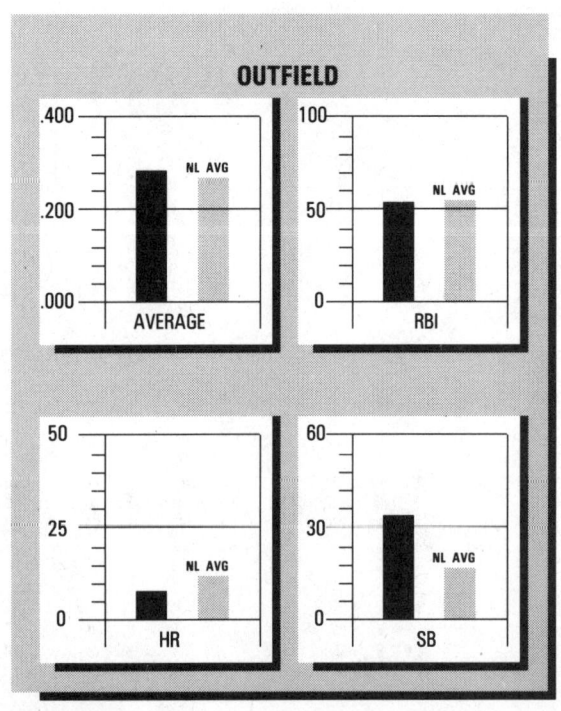

PLAYER REGISTER

Year	Team		Games	BA	SA	AB	H	2B	3B	HR	HR%	R	RBI	BB	SO	SB	PINCH HIT AB	H	PO	A	E	DP	TC/G	FA	G by Pos

Steve Finley Continued

Year	Team		Games	BA	SA	AB	H	2B	3B	HR	HR%	R	RBI	BB	SO	SB	AB	H	PO	A	E	DP	TC/G	FA	G by Pos
1989	BAL	A	81	.249	.318	217	54	5	2	2	0.9	35	25	15	30	17	5	1	144	1	2	0	1.8	.986	OF-76, DH-3
1990			142	.256	.328	464	119	16	4	3	0.6	46	37	32	53	22	12	0	298	4	7	1	2.3	.977	OF-133, DH-2
1991	HOU	N	159	.285	.406	596	170	28	10	8	1.3	84	54	42	65	34	9	2	323	13	5	2	2.2	.985	OF-153
3 yrs.			382	.269	.363	1277	343	49	16	13	1.0	165	116	89	148	73	26	3	765	18	14	3	2.1	.982	OF-362, DH-5

Carlton Fisk

FISK, CARLTON ERNEST (Pudge)
B. Dec. 26, 1947, Bellows Falls, Vt.
BR TR 6' 3" 200 lbs.

Split	Games	BA	SA	AB	H	2B	3B	HR	HR%	R	RBI	BB	SO	SB
April	16	.333	.383	60	20	3	0	0	0.0	7	7	4	7	0
May	23	.238	.350	80	19	6	0	1	1.3	4	8	9	18	0
June	25	.226	.429	84	19	5	0	4	4.8	8	14	6	15	1
July	19	.242	.371	62	15	2	0	2	3.2	3	10	5	15	0
Aug	24	.287	.563	87	25	6	0	6	6.9	13	19	3	13	0
Sept/Oct	27	.149	.356	87	13	3	0	5	5.7	7	16	5	18	0
Day	28	.250	.500	80	20	5	0	5	6.3	9	17	4	16	0
Night	106	.239	.395	380	91	20	0	13	3.4	33	57	28	70	1
vs. Left		.229	.376	157	36	8	0	5	3.2	7	28	9	24	0
vs. Right		.248	.432	303	75	17	0	13	4.3	35	46	23	62	1
On Grass	116	.247	.414	396	98	24	0	14	3.5	36	61	27	71	0
On Turf	18	.203	.406	64	13	1	0	4	6.3	6	13	5	15	1
Home	71	.236	.408	233	55	13	0	9	3.9	21	39	18	41	0
Road	63	.247	.419	227	56	12	0	9	4.0	21	35	14	45	1
Division Rivals														
vs. CAL	11	.108	.243	37	4	2	0	1	2.7	1	5	3	6	0
vs. KC	10	.194	.387	31	6	0	0	2	6.5	4	6	3	9	1
vs. MIN	11	.163	.442	43	7	3	0	3	7.0	5	9	1	8	0
vs. OAK	12	.263	.526	38	10	1	0	3	7.9	6	6	5	10	0
vs. SEA	12	.121	.303	33	4	0	0	2	6.1	2	8	4	7	0
vs. TEX	10	.290	.516	31	9	4	0	1	3.2	3	5	2	5	0
On 3B < 2 Out		.346	.500	26	9	1	0	1	3.8	1	16	4	5	

Year	Team		Games	BA	SA	AB	H	2B	3B	HR	HR%	R	RBI	BB	SO	SB	AB	H	PO	A	E	DP	TC/G	FA	G by Pos
1969	BOS	A	2	.000	.000	5	0	0	0	0	0.0	0	0	0	2	0	1	0	2	0	0	1	1.0	1.000	C-1
1971			14	.313	.521	48	15	2	1	2	4.2	7	6	1	10	0	0	0	72	6	2	1	5.7	.975	C-14
1972			131	.293	.538	457	134	28	9	22	4.8	74	61	52	83	5	0	0	846	72	15	10	7.1	.984	C-131
1973			135	.246	.441	508	125	21	0	26	5.1	65	71	37	99	7	1	1	739	50	14	8	5.9	.983	C-131, DH-3
1974			52	.299	.551	187	56	12	1	11	5.9	36	26	24	23	5	0	0	267	26	6	2	5.8	.980	C-50, DH-2
1975			79	.331	.529	263	87	14	4	10	3.8	47	52	27	32	4	2	0	347	30	8	2	4.9	.979	C-71, DH-6
1976			134	.255	.415	487	124	17	5	17	3.5	76	58	56	71	12	1	0	649	73	12	9	5.5	.984	C-133, DH-1
1977			152	.315	.521	536	169	26	3	26	4.9	106	102	75	85	7	2	0	779	69	11	7	5.7	.987	C-151
1978			157	.284	.475	571	162	39	5	20	3.5	94	88	71	83	7	2	1	734	90	17	13	5.4	.980	C-154, DH-1, OF-1
1979			91	.272	.450	320	87	23	2	10	3.1	49	42	10	38	3	13	3	155	8	3	1	1.8	.982	DH-42, C-39, OF-1
1980			131	.289	.467	478	138	25	3	18	3.8	73	62	36	62	11	0	0	543	56	11	8	4.7	.982	C-115, DH-5, OF-5, 1B-3, 3B-3
1981	CHI	A	96	.263	.361	338	89	12	0	7	2.1	44	45	38	37	3	0	0	479	46	6	14	5.5	.989	C-95, 1B-1, 3B-1, OF-1
1982			135	.267	.403	476	127	17	3	14	2.9	66	65	46	60	17	3	1	648	63	5	8	5.3	.993	C-133, 1B-2
1983			138	.289	.518	488	141	26	4	26	5.3	85	86	46	88	9	6	1	709	46	7	5	5.5	.991	C-133, DH-2
1984			102	.231	.468	359	83	20	1	21	5.8	54	43	26	60	6	11	1	421	38	6	4	4.6	.987	C-90, DH-5
1985			153	.238	.488	543	129	23	1	37	6.8	85	107	52	81	17	1	0	801	60	10	13	5.7	.989	C-130, DH-28
1986			125	.221	.337	457	101	11	0	14	3.1	42	63	22	92	2	8	1	455	44	8	3	4.1	.984	C-71, OF-31, DH-22
1987			135	.256	.460	454	116	22	1	23	5.1	68	71	39	72	1	12	3	597	66	7	22	5.0	.990	C-122, 1B-9, OF-2
1988			76	.277	.542	253	70	8	1	19	7.5	37	50	37	40	0	6	0	338	36	2	7	4.9	.995	C-74
1989			103	.293	.475	375	110	25	2	13	3.5	47	68	36	60	1	3	0	419	37	3	1	4.5	.993	C-90, DH-13
1990			137	.285	.451	452	129	21	0	18	3.9	65	65	61	73	7	9	2	660	63	4	14	6.3	.995	C-116, DH-14
1991			134	.241	.413	460	111	25	0	18	3.9	42	74	32	86	1	14	2	625	65	6	13	6.2	.991	C-106, DH-13, 1B-12
22 yrs.			2412	.270	.461	8515	2303	417	46	372	4.4	1262	1305	824	1337	125	95	16	11285	1044	163	166	5.2	.987	C-2150, DH-157, OF-41, 1B-27, 3B-4

LEAGUE CHAMPIONSHIP SERIES

Year	Team		Games	BA	SA	AB	H	2B	3B	HR	HR%	R	RBI	BB	SO	SB	AB	H	PO	A	E	DP	TC/G	FA	G by Pos
1975	BOS	A	3	.417	.500	12	5	1	0	0	0.0	4	2	0	2	0	0	0	15	0	0	0	5.0	1.000	C-3
1983	CHI	A	4	.176	.235	17	3	1	0	0	0.0	0	0	1	3	0	0	0	27	3	0	0	7.5	1.000	C-4
2 yrs.			7	.276	.345	29	8	2	0	0	0.0	4	2	1	5	0	0	0	42	3	0	0	6.4	.000	C-7

WORLD SERIES

Year	Team		Games	BA	SA	AB	H	2B	3B	HR	HR%	R	RBI	BB	SO	SB	AB	H	PO	A	E	DP	TC/G	FA	G by Pos
1975	BOS	A	7	.240	.480	25	6	0	0	2	8.0	5	4	7	7	0	0	0	37	3	2	1	6.0	.952	C-7

PLAYER REGISTER

Year	Team		Games	BA	SA	AB	H	2B	3B	HR	HR%	R	RBI	BB	SO	SB	PINCH HIT AB	H	PO	A	E	DP	TC/G	FA	G by Pos

Mike Fitzgerald
FITZGERALD, MICHAEL ROY (Fitz)
B. July 13, 1960, Long Beach, Calif.
BR TR 6' 185 lbs.

Year	Team		Games	BA	SA	AB	H	2B	3B	HR	HR%	R	RBI	BB	SO	SB	PH AB	PH H	PO	A	E	DP	TC/G	FA	G by Pos
1983	NY	N	8	.100	.250	20	2	0	0	1	5.0	1	2	3	6	0	0	0	37	8	2	2	5.9	.957	C-8
1984			112	.242	.306	360	87	15	1	2	0.6	20	33	24	71	1	7	1	715	47	4	6	6.8	.995	C-107
1985	MON	N	108	.207	.288	295	61	7	1	5	1.7	25	34	38	55	5	3	1	542	46	8	7	5.5	.987	C-108
1986			73	.282	.440	209	59	13	1	6	2.9	20	37	27	34	3	3	0	415	35	3	5	6.2	.993	C-71
1987			107	.240	.310	287	69	11	0	3	1.0	32	36	42	54	3	5	2	603	27	12	2	6.0	.981	C-104, 1B-1, 2B-1
1988			63	.271	.419	155	42	6	1	5	3.2	17	23	19	22	2	15	4	262	21	6	2	4.6	.979	C-47, OF-4
1989			100	.238	.386	290	69	18	2	7	2.4	33	42	35	61	3	10	3	465	44	8	5	5.2	.985	C-77, 3B-8, OF-6
1990			111	.243	.393	313	76	18	1	9	2.8	36	41	60	60	8	11	4	565	42	6	10	6.0	.990	C-98, OF-6
1991			71	.202	.308	198	40	5	2	4	2.0	17	28	22	35	4	8	2	331	27	2	4	6.0	.994	C-54, 1B-3, OF-3
9 yrs.			753	.237	.349	2127	505	93	9	42	2.0	201	276	270	398	29	62	17	3935	297	51	43	5.7	.988	C-674, OF-19, 3B-8, 1B-4, 2B-1

Darrin Fletcher
FLETCHER, DARRIN GLEN
Son of Tom Fletcher.
B. Oct. 3, 1966, Elmhurst, Ill.
BL TR 6' 2" 195 lbs.

Year	Team		Games	BA	SA	AB	H	2B	3B	HR	HR%	R	RBI	BB	SO	SB	PH AB	PH H	PO	A	E	DP	TC/G	FA	G by Pos
1989	LA	N	5	.500	.875	8	4	0	0	1	12.5	1	2	1	0	0	2	1	16	1	0	0	3.4	1.000	C-5
1990	2 teams		LA N (2G — .000)			PHI N (9G — .136)																			
"	total		11	.130	.174	23	3	1	0	0	0.0	3	1	1	6	0	4	0	30	3	0	0	4.7	1.000	C-7
1991	PHI	N	46	.228	.309	136	31	8	0	1	0.7	5	12	5	15	0	1	0	242	22	2	1	5.9	.992	C-45
3 yrs.			62	.228	.317	167	38	9	0	2	1.2	9	15	7	21	0	7	1	288	26	2	1	5.1	.994	C-57

Scott Fletcher
FLETCHER, SCOTT BRIAN
B. July 30, 1958, Fort Walton Beach, Fla.
BR TR 5' 11" 168 lbs.

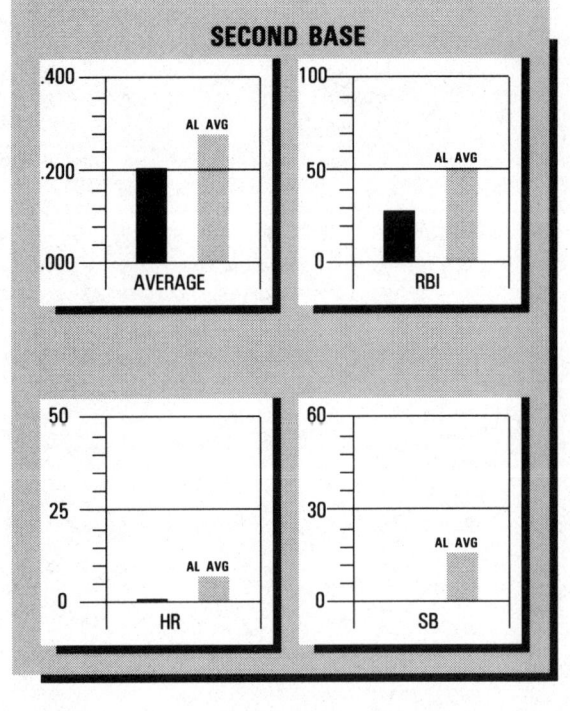

		Games	BA	SA	AB	H	2B	3B	HR	HR%	R	RBI	BB	SO	SB
April		17	.333	.519	54	18	5	1	1	1.9	3	14	7	3	0
May		24	.152	.165	79	12	1	0	0	0.0	4	3	6	10	0
June		13	.091	.121	33	3	1	0	0	0.0	1	0	4	4	0
July		10	.188	.250	16	3	1	0	0	0.0	1	2	0	2	0
Aug		11	.258	.290	31	8	1	0	0	0.0	3	5	0	2	0
Sept/Oct		15	.200	.229	35	7	1	0	0	0.0	2	4	0	5	0
Day		27	.228	.304	79	18	1	1	1	1.3	5	8	3	11	0
Night		63	.195	.249	169	33	9	0	0	0.0	9	20	14	15	0
vs. Left			.188	.218	101	19	3	0	0	0.0	11	5	6	13	0
vs. Right			.218	.299	147	32	7	1	1	0.7	3	23	11	13	0
On Grass		82	.211	.272	228	48	9	1	1	0.4	13	25	17	23	0
On Turf		8	.150	.200	20	3	1	0	0	0.0	1	3	0	3	0
Home		46	.200	.252	115	23	4	1	0	0.0	6	14	12	10	0
Road		44	.211	.278	133	28	6	0	1	0.8	8	14	5	16	0
Division Rivals																
vs. CAL		9	.083	.083	24	2	0	0	0	0.0	1	0	0	2	0
vs. KC		2	.000	.000	3	0	0	0	0	0.0	0	1	0	0	0
vs. MIN		8	.250	.300	20	5	1	0	0	0.0	0	3	0	2	0
vs. OAK		9	.208	.208	24	5	0	0	0	0.0	2	1	1	5	0
vs. SEA		6	.000	.000	11	0	0	0	0	0.0	1	0	1	0	0
vs. TEX		5	.143	.143	14	2	0	0	0	0.0	1	0	1	3	0
On 3B <2 Out			.300	.500	10	3	2	0	0	0.0	0	11	1	0	

Year	Team		Games	BA	SA	AB	H	2B	3B	HR	HR%	R	RBI	BB	SO	SB	PH AB	PH H	PO	A	E	DP	TC/G	FA	G by Pos
1981	CHI	N	19	.217	.304	46	10	4	0	0	0.0	6	1	2	4	0	0	0	34	44	3	10	4.3	.963	2B-13, SS-4, 3B-1
1982			11	.167	.167	24	4	0	0	0	0.0	4	1	4	5	1	0	0	11	23	0	3	3.1	1.000	SS-11
1983	CHI	A	114	.237	.370	262	62	16	5	3	1.1	42	31	29	22	5	0	0	126	308	16	64	3.9	.964	SS-100, 2B-12, 3B-7, DH-1
1984			149	.250	.311	456	114	13	3	3	0.7	46	35	46	46	10	0	0	234	439	19	89	4.6	.973	SS-134, 2B-28, 3B-3
1985			119	.256	.309	301	77	8	1	2	0.7	38	31	35	47	5	12	3	123	208	8	36	2.8	.976	3B-55, SS-44, 2B-37, DH-2
1986	TEX	A	147	.300	.400	530	159	34	5	3	0.6	82	50	47	59	12	0	0	216	388	16	93	4.2	.974	SS-136, 3B-12, 2B-11, DH-1
1987			156	.287	.374	588	169	28	4	5	0.9	82	63	61	66	13	3	1	249	413	23	98	4.4	.966	SS-155
1988			140	.276	.328	515	142	19	4	0	0.0	59	47	62	34	8	2	0	215	414	11	90	4.6	.983	SS-139
1989	2 teams		TEX A (83G — .239)			CHI A (59G — .272)																			
"	total		142	.253	.311	546	138	25	2	1	0.2	77	43	64	60	2	1	0	241	362	15	88	4.4	.976	SS-89, 2B-53, DH-1

PLAYER REGISTER

Year	Team	Games	BA	SA	AB	H	2B	3B	HR	HR%	R	RBI	BB	SO	SB	PINCH HIT AB	H	PO	A	E	DP	TC/G	FA	G by Pos

Scott Fletcher Continued

Year	Team	Games	BA	SA	AB	H	2B	3B	HR	HR%	R	RBI	BB	SO	SB	AB	H	PO	A	E	DP	TC/G	FA	G by Pos
1990	CHI A	151	.242	.312	509	123	18	3	4	0.7	54	56	45	63	1	0	0	305	436	9	115	5.0	.988	2B-151
1991		90	.206	.266	248	51	10	1	1	0.4	14	28	17	26	0	6	2	178	192	3	49	4.2	.992	2B-86, 3B-4
11 yrs.		1238	.261	.334	4025	1049	175	28	22	0.5	504	386	412	432	57	24	6	1932	3227	123	735	4.3	.977	SS-812, 2B-391, 3B-82, DH-5

LEAGUE CHAMPIONSHIP SERIES

Year	Team	Games	BA	SA	AB	H	2B	3B	HR	HR%	R	RBI	BB	SO	SB	AB	H	PO	A	E	DP	TC/G	FA	G by Pos
1983	CHI A	3	.000	.000	7	0	0	0	0	0.0	0	0	1	0	0	0	0	3	8	0	1	3.7	1.000	SS-3

Kevin Flora

FLORA, KEVIN SCOT
B. June 10, 1969, Fontana, Calif.
BR TR 6' 180 lbs.

Year	Team	Games	BA	SA	AB	H	2B	3B	HR	HR%	R	RBI	BB	SO	SB	AB	H	PO	A	E	DP	TC/G	FA	G by Pos
1991	CAL A	3	.125	.125	8	1	0	0	0	0.0	1	0	1	5	1	0	0	8	3	2	1	4.3	.846	2B-3

Tom Foley

FOLEY, THOMAS MICHAEL
B. Sept. 9, 1959, Fort Benning, Ga.
BL TR 6' 1" 160 lbs.

Year	Team	Games	BA	SA	AB	H	2B	3B	HR	HR%	R	RBI	BB	SO	SB	AB	H	PO	A	E	DP	TC/G	FA	G by Pos
1983	CIN N	68	.204	.265	98	20	4	1	0	0.0	7	9	13	17	1	20	4	54	76	2	16	1.9	.985	SS-37, 2B-5
1984		106	.253	.357	277	70	8	3	5	1.8	26	27	24	36	3	13	5	119	228	11	36	3.4	.969	SS-83, 2B-10, 3B-1
1985	2 teams	CIN N (43G — .196)			PHI N (46G — .266)																			
"	total	89	.240	.336	250	60	13	1	3	1.2	24	23	19	34	2	12	1	127	202	7	47	3.8	.979	SS-60, 2B-18, 3B-1
1986	2 teams	PHI N (39G — .295)			MON N (64G — .257)																			
"		103	.266	.357	263	70	15	3	1	0.4	26	23	30	37	10	22	5	117	190	6	29	3.0	.981	SS-53, 2B-26, 3B-16
1987	MON N	106	.293	.432	280	82	18	3	5	1.8	35	28	11	40	6	24	5	134	190	9	43	3.1	.973	SS-49, 2B-39, 3B-9
1988		127	.265	.377	377	100	21	3	5	1.3	33	43	30	49	2	14	1	204	324	15	61	4.3	.972	2B-89, SS-32, 3B-9
1989		122	.229	.347	375	86	19	2	7	1.9	34	39	45	53	2	12	2	203	317	8	58	4.3	.985	2B-108, 3B-16, SS-14, P-1
1990		73	.213	.238	164	35	2	0	0	0.0	11	12	12	22	0	10	1	80	123	5	26	3.0	.976	SS-45, 2B-20, 3B-7, 1B-1
1991		86	.208	.286	168	35	11	1	0	0.0	12	15	14	30	2	14	3	200	93	6	23	4.0	.980	SS-43, 1B-31, 3B-6, 2B-2
9 yrs.		880	.248	.348	2252	558	111	18	26	1.2	208	219	198	318	28	141	27	1238	1743	69	339	3.5	.977	SS-416, 2B-317, 3B-65, 1B-32, P-1

Julio Franco

FRANCO, JULIO CESAR
Born Julio Cesar Robles y Franco.
B. Aug. 23, 1958, Hato Mayor, Dominican Republic
BR TR 6' 160 lbs.

Split	G	BA	SA	AB	H	2B	3B	HR	HR%	R	RBI	BB	SO	SB
April	16	.239	.313	67	16	2	0	1	1.5	6	6	3	5	2
May	27	.336	.518	110	37	6	1	4	3.6	22	16	13	17	3
June	26	.361	.528	108	39	6	0	4	3.7	25	18	13	18	10
July	24	.330	.407	91	30	4	0	1	1.1	16	10	11	8	7
Aug	23	.376	.473	93	35	1	1	2	2.2	17	15	14	10	4
Sept/Oct	30	.367	.525	120	44	8	1	3	2.5	22	13	11	20	10
Day	28	.313	.411	112	35	5	0	2	1.8	14	16	14	15	9
Night	118	.348	.488	477	166	22	3	13	2.7	94	62	51	63	27
vs. Left		.368	.626	155	57	10	3	8	5.2	30	29	16	19	7
vs. Right		.332	.419	434	144	17	0	7	1.6	78	49	49	59	29
On Grass	121	.342	.488	482	165	22	3	14	2.9	94	68	56	65	30
On Turf	25	.336	.411	107	36	5	0	1	0.9	14	10	9	13	6
Home	75	.344	.480	294	101	13	3	7	2.4	52	40	33	42	16
Road	71	.339	.468	295	100	14	0	8	2.7	56	38	32	36	20
Division Rivals														
vs. CAL	10	.395	.465	43	17	3	0	0	0.0	11	4	5	8	2
vs. CHI	12	.378	.733	45	17	2	1	4	8.9	12	7	8	8	5
vs. KC	13	.333	.368	57	19	2	0	0	0.0	7	6	8	8	3
vs. MIN	11	.283	.413	46	13	1	1	1	2.2	5	7	2	6	5
vs. OAK	12	.304	.370	46	14	3	0	0	0.0	9	3	6	7	9
vs. SEA	12	.383	.596	47	18	4	0	2	4.3	11	7	6	8	2
On 3B < 2 Out		.357	.607	28	10	4	0	1	3.6	1	23	2	1	

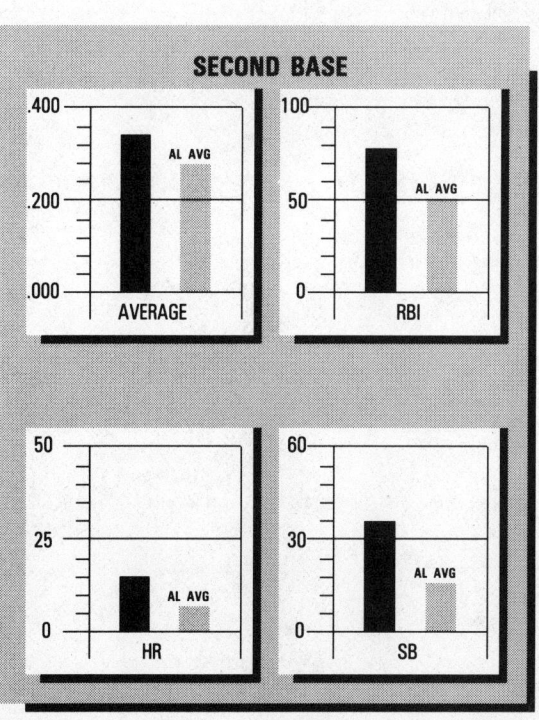

SECOND BASE — AVERAGE, RBI, HR, SB (vs. AL AVG)

PLAYER REGISTER

Year	Team		Games	BA	SA	AB	H	2B	3B	HR	HR%	R	RBI	BB	SO	SB	PINCH HIT AB	H	PO	A	E	DP	TC/G	FA	G by Pos

Julio Franco Continued

Year	Team		Games	BA	SA	AB	H	2B	3B	HR	HR%	R	RBI	BB	SO	SB	AB	H	PO	A	E	DP	TC/G	FA	G by Pos
1982	PHI	N	16	.276	.310	29	8	1	0	0	0.0	3	3	2	4	0	0	0	8	25	0	2	2.1	1.000	SS-11, 3B-2
1983	CLE	A	149	.273	.388	560	153	24	8	8	1.4	68	80	27	50	32	0	0	247	438	28	92	4.8	.961	SS-149
1984			160	.286	.348	**658**	188	22	5	3	0.5	82	79	43	68	19	0	0	280	481	36	116	5.0	.955	SS-159, DH-1
1985			160	.288	.381	636	183	33	4	6	0.9	97	90	54	74	13	2	0	252	437	36	99	4.5	.950	SS-151, 2B-8, DH-1
1986			149	.306	.422	599	183	30	5	10	1.7	80	74	32	66	10	1	0	248	413	19	90	4.6	.972	SS-134, 2B-13, DH-3
1987			128	.319	.428	495	158	24	3	8	1.6	86	52	57	56	32	1	1	175	313	18	56	4.0	.964	SS-111, 2B-9, DH-8
1988			152	.303	.409	613	186	23	6	10	1.6	88	54	56	72	25	0	0	310	434	14	87	5.0	.982	2B-151, DH-1
1989	TEX	A	150	.316	.462	548	173	31	5	13	2.4	80	92	66	69	21	1	1	256	386	13	70	4.4	.980	2B-140, DH-10
1990			157	.296	.402	582	172	27	1	11	1.8	96	69	82	83	31	1	1	310	444	19	101	5.1	.975	2B-152, DH-3
1991			146	**.341**	.474	589	201	27	3	15	2.5	108	78	65	78	36	2	1	294	372	14	80	4.7	.979	2B-146
10 yrs.			1367	.302	.410	5309	1605	242	40	84	1.6	788	671	484	620	219	8	4	2380	3743	197	793	4.6	.969	SS-715, 2B-619, DH-27, 3B-2

Travis Fryman

FRYMAN, DAVID TRAVIS
B. Mar. 25, 1969, Lexington, Ky.
BR TR 6' 1" 180 lbs.

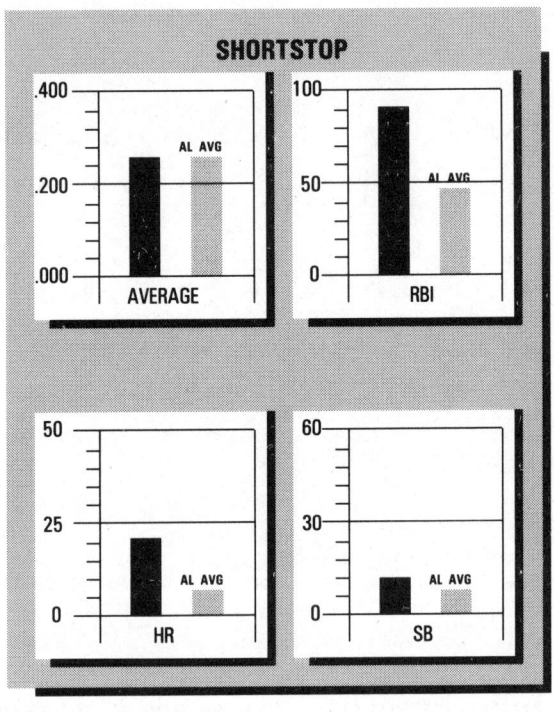

	Games	BA	SA	AB	H	2B	3B	HR	HR%	R	RBI	BB	SO	SB
April	18	.194	.339	62	12	1	1	2	3.2	7	10	7	11	3
May	24	.247	.412	85	21	5	0	3	3.5	12	19	6	21	3
June	28	.243	.388	103	25	6	0	3	2.9	8	11	7	30	0
July	24	.275	.560	91	25	9	1	5	5.5	17	15	7	28	2
Aug	26	.269	.454	108	29	6	1	4	3.7	13	17	6	33	1
Sept/Oct	29	.296	.491	108	32	9	0	4	3.7	8	19	7	26	3
Day	50	.242	.392	186	45	11	1	5	2.7	22	29	14	52	3
Night	99	.267	.474	371	99	25	2	16	4.3	43	62	26	97	9
vs. Left		.296	.480	152	45	9	2	5	3.3	17	23	11	43	3
vs. Right		.244	.435	405	99	27	1	16	4.0	48	68	29	106	9
On Grass	125	.261	.434	472	123	31	3	15	3.2	53	71	31	131	10
On Turf	24	.247	.518	85	21	5	0	6	7.1	12	20	9	18	2
Home	71	.249	.421	261	65	15	3	8	3.1	28	42	20	76	6
Road	78	.267	.470	296	79	21	0	13	4.4	37	49	20	73	6
Division Rivals														
vs. BAL	12	.191	.277	47	9	4	0	0	0.0	4	9	4	10	1
vs. BOS	10	.237	.421	38	9	1	0	2	5.3	4	4	2	19	1
vs. CLE	13	.277	.383	47	13	5	0	0	0.0	1	5	2	12	2
vs. MIL	12	.348	.522	46	16	2	0	2	4.3	8	7	3	7	0
vs. NY	13	.163	.388	49	8	2	0	3	6.1	6	11	5	16	2
vs. TOR	10	.243	.405	37	9	0	0	2	5.4	3	8	3	9	0
On 3B < 2 Out		.313	.344	32	10	1	0	0	0.0	0	21	1	9	

Year	Team		Games	BA	SA	AB	H	2B	3B	HR	HR%	R	RBI	BB	SO	SB	AB	H	PO	A	E	DP	TC/G	FA	G by Pos
1990	DET	A	66	.297	.470	232	69	11	1	9	3.8	32	27	17	51	3	1	0	47	145	14	21	3.2	.932	3B-48, SS-17, DH-1
1991			149	.259	.447	557	144	36	3	21	3.8	65	91	40	149	12	1	1	153	354	23	61	3.6	.957	3B-86, SS-71
2 yrs.			215	.270	.454	789	213	47	4	30	3.8	97	118	57	200	15	2	1	200	499	37	82	3.4	.950	3B-134, SS-88, DH-1

Gary Gaetti

GAETTI, GARY JOSEPH
B. Aug. 19, 1958, Centralia, Ill.
BR TR 6' 180 lbs.

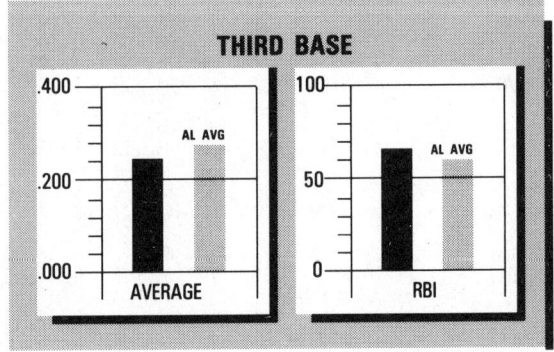

	Games	BA	SA	AB	H	2B	3B	HR	HR%	R	RBI	BB	SO	SB
April	19	.273	.429	77	21	4	1	2	2.6	5	9	3	13	0
May	27	.270	.441	111	30	4	0	5	4.5	15	19	1	15	1
June	21	.215	.253	79	17	0	0	1	1.3	6	6	5	15	1
July	26	.255	.351	94	24	3	0	2	2.1	11	11	5	21	1
Aug	28	.250	.491	108	27	5	0	7	6.5	12	12	8	20	1
Sept/Oct	31	.214	.291	117	25	6	0	1	0.9	9	9	11	20	1
Day	36	.303	.521	142	43	7	0	8	5.6	22	24	3	22	1
Night	116	.227	.333	444	101	15	1	10	2.3	36	42	30	82	4
vs. Left		.239	.396	159	38	7	0	6	3.8	19	26	13	25	0
vs. Right		.248	.372	427	106	15	1	12	2.8	39	40	20	79	5

Gary Gaetti Continued

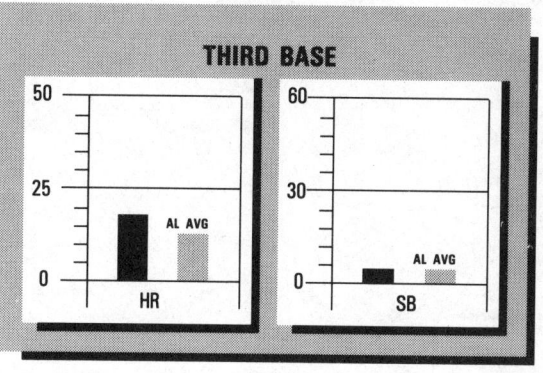

THIRD BASE

Year	Team	Games	BA	SA	AB	H	2B	3B	HR	HR%	R	RBI	BB	SO	SB	PINCH HIT AB	PINCH HIT H	PO	A	E	DP	TC/G	FA	G by Pos
On Grass		128	.248	.384	487	121	16	1	16	3.3	51	51	29	88	4									
On Turf		24	.232	.354	99	23	6	0	2	2.0	7	15	4	16	1									
Home		76	.275	.429	280	77	5	1	12	4.3	29	31	20	59	2									
Road		76	.219	.333	306	67	17	0	6	2.0	29	35	13	45	3									
Division Rivals																								
vs. CHI		13	.250	.375	56	14	1	0	2	3.6	7	6	1	4	1									
vs. KC		10	.263	.342	38	10	0	0	1	2.6	4	4	3	9	0									
vs. MIN		12	.292	.396	48	14	2	0	1	2.1	2	8	3	10	0									
vs. OAK		12	.188	.354	48	9	0	1	2	4.2	4	2	2	11	1									
vs. SEA		13	.283	.604	53	15	5	0	4	7.5	7	7	2	8	0									
vs. TEX		12	.170	.234	47	8	3	0	0	0.0	3	1	5	14	0									
On 3B < 2 Out			.370	.556	27	10	2	0	1	3.7	1	20	3	5										
1981	MIN A	9	.192	.423	26	5	0	0	2	7.7	4	3	0	6	0	0	0	5	17	0	1	2.4	1.000	3B-8, DH-1
1982		145	.230	.443	508	117	25	4	25	4.9	59	84	37	107	0	1	0	106	291	17	36	2.9	.959	3B-142, SS-2
1983		157	.245	.414	584	143	30	3	21	3.6	81	78	54	121	7	2	1	131	361	17	46	3.2	.967	3B-154, SS-3, DH-1
1984		162	.262	.350	588	154	29	4	5	0.9	55	65	44	81	11	0	0	163	335	21	27	3.2	.960	3B-154, OF-8, SS-2
1985		160	.246	.409	560	138	31	0	20	3.6	71	63	37	89	13	1	0	162	316	18	31	3.1	.964	3B-156, OF-4, DH-1, 1B-1
1986		157	.287	.518	596	171	34	1	34	5.7	91	108	52	108	14	1	0	120	335	21	36	3.0	.956	3B-156, SS-2, 2B-1, OF-1
1987		154	.257	.485	584	150	36	2	31	5.3	95	109	37	92	10	3	2	134	261	11	28	2.6	.973	3B-150, DH-2
1988		133	.301	.551	468	141	29	2	28	6.0	66	88	36	85	7	14	4	105	191	7	24	2.3	.977	3B-115, DH-5, SS-2
1989		130	.251	.404	498	125	11	4	19	3.8	63	75	25	87	6	3	1	115	253	10	24	2.9	.974	3B-125, DH-3, 1B-2
1990		154	.229	.376	577	132	27	5	16	2.7	61	85	36	101	6	2	0	125	319	18	36	3.0	.961	3B-151, 1B-2, SS-2
1991	CAL A	152	.246	.379	586	144	22	1	18	3.1	58	66	33	104	5	1	1	111	353	17	39	3.2	.965	3B-152
11 yrs.		1513	.255	.431	5575	1420	274	26	219	3.9	704	824	391	981	79	28	9	1277	3032	157	328	3.0	.965	3B-1463, DH-13, SS-13, OF-13, 1B-5, 2B-1

LEAGUE CHAMPIONSHIP SERIES

Year	Team	Games	BA	SA	AB	H	2B	3B	HR	HR%	R	RBI	BB	SO	SB	PH AB	PH H	PO	A	E	DP	TC/G	FA	G by Pos
1987	MIN A	5	.300	.650	20	6	1	0	2	10.0	5	5	1	3	0	0	0	8	7	0	1	3.0	1.000	3B-5

WORLD SERIES

Year	Team	Games	BA	SA	AB	H	2B	3B	HR	HR%	R	RBI	BB	SO	SB	PH AB	PH H	PO	A	E	DP	TC/G	FA	G by Pos
1987	MIN A	7	.259	.519	27	7	2	1	1	3.7	4	4	2	5	2	0	0	6	15	0	2	3.0	1.000	3B-7

Greg Gagne

GAGNE, GREGORY CHRISTOPHER
B. Nov. 12, 1961, Fall River, Mass.
BR TR 5' 11" 175 lbs.

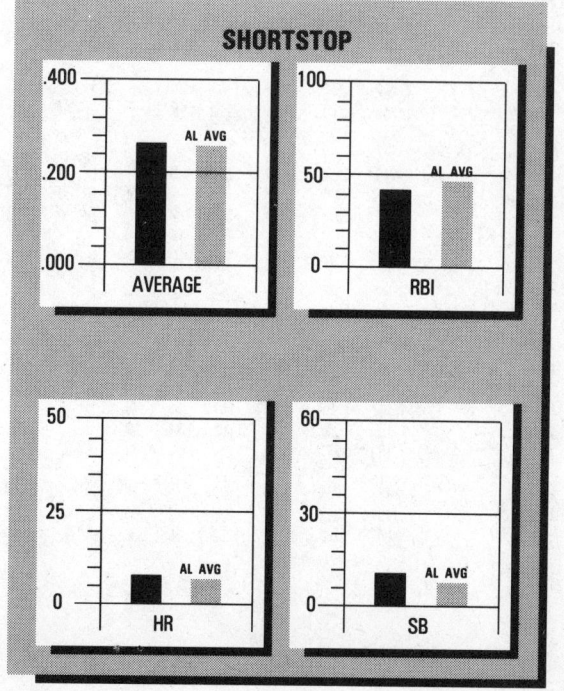

SHORTSTOP

Split	Games	BA	SA	AB	H	2B	3B	HR	HR%	R	RBI	BB	SO	SB
April	18	.302	.528	53	16	4	1	2	3.8	10	6	4	11	1
May	24	.316	.506	79	25	6	0	3	3.8	12	10	8	15	2
June	24	.160	.213	75	12	2	1	0	0.0	5	3	3	11	2
July	22	.234	.312	77	18	3	0	1	1.3	10	9	4	12	1
Aug	22	.288	.442	52	15	3	1	1	1.9	8	5	2	10	4
Sept/Oct	29	.306	.417	72	22	5	0	1	1.4	7	9	5	13	1
Day	38	.310	.491	116	36	12	0	3	2.6	15	14	8	26	3
Night	101	.247	.356	292	72	11	3	5	1.7	37	28	18	46	8
vs. Left		.280	.432	118	33	8	2	2	1.7	13	12	12	17	1
vs. Right		.259	.379	290	75	15	1	6	2.1	39	30	14	55	10
On Grass	56	.261	.430	165	43	13	0	5	3.0	21	17	11	30	6
On Turf	83	.267	.370	243	65	10	3	3	1.2	31	25	15	42	5
Home	68	.263	.376	194	51	7	3	3	1.5	28	18	15	28	4
Road	71	.266	.411	214	57	16	0	5	2.3	24	24	11	44	7
Division Rivals														
vs. CAL	11	.355	.645	31	11	2	2	1	3.2	6	6	2	5	1
vs. CHI	11	.214	.357	28	6	1	0	1	3.6	5	2	5	2	0
vs. KC	12	.405	.486	37	15	3	0	0	0.0	3	7	1	6	0
vs. OAK	10	.346	.615	26	9	1	0	2	7.7	7	3	3	7	1
vs. SEA	9	.200	.250	20	4	1	0	0	0.0	3	1	1	4	1
vs. TEX	11	.250	.393	28	7	1	0	1	3.6	3	5	4	6	1
On 3B < 2 Out		.250	.375	24	6	1	1	0	0.0	0	14	2	4	

PLAYER REGISTER

Year	Team	Games	BA	SA	AB	H	2B	3B	HR	HR%	R	RBI	BB	SO	SB	PINCH HIT AB	PINCH HIT H	PO	A	E	DP	TC/G	FA	G by Pos

Greg Gagne *Continued*

Year	Team		Games	BA	SA	AB	H	2B	3B	HR	HR%	R	RBI	BB	SO	SB	PH AB	PH H	PO	A	E	DP	TC/G	FA	G by Pos
1983	MIN	A	10	.111	.148	27	3	1	0	0	0.0	2	3	0	6	0	0	0	10	14	2	2	2.6	.923	SS-10
1984			2	.000	.000	1	0	0	0	0	0.0	0	0	0	0	0	1	0	0	0	0	0	0.0	—	
1985			114	.225	.317	293	66	15	3	2	0.7	37	23	20	57	10	4	1	149	269	14	48	3.8	.968	SS-106, DH-5
1986			156	.250	.398	472	118	22	6	12	2.5	63	54	30	108	12	0	0	228	381	26	96	4.1	.959	SS-155, 2B-4
1987			137	.265	.430	437	116	28	7	10	2.3	68	40	25	84	6	0	0	196	391	18	75	4.4	.970	SS-136, OF-4, 2B-1
1988			149	.236	.397	461	109	20	6	14	3.0	70	48	27	110	15	1	0	202	373	18	79	4.0	.970	SS-146, OF-2, 2B-1, 3B-1
1989			149	.272	.424	460	125	29	7	9	2.0	69	48	17	80	11	5	0	218	389	18	66	4.2	.971	SS-146, OF-1
1990			138	.235	.361	388	91	22	3	7	1.8	38	38	24	76	8	2	0	184	377	14	62	4.2	.976	SS-135, DH-2, OF-1
1991			139	.265	.395	408	108	23	3	8	2.0	52	42	26	72	11	2	1	181	377	9	69	4.1	.984	SS-137, DH-1
9 yrs.			994	.250	.391	2947	736	160	35	62	2.1	399	296	169	593	73	15	2	1368	2571	119	497	4.1	.971	SS-971, DH-8, OF-8, 2B-6, 3B-1

LEAGUE CHAMPIONSHIP SERIES

Year	Team		Games	BA	SA	AB	H	2B	3B	HR	HR%	R	RBI	BB	SO	SB	PH AB	PH H	PO	A	E	DP	TC/G	FA	G by Pos
1987	MIN	A	5	.278	.778	18	5	3	0	2	11.1	5	3	3	4	0	0	0	9	13	2	2	4.8	.917	SS-5
1991			5	.235	.235	17	4	0	0	0	0.0	1	1	1	5	0	0	0	9	9	2	1	4.0	.900	SS-5
2 yrs.			10	.257	.514	35	9	3	0	2	5.7	6	4	4	9	0	0	0	18	22	4	3	4.4	.909	SS-10

WORLD SERIES

Year	Team		Games	BA	SA	AB	H	2B	3B	HR	HR%	R	RBI	BB	SO	SB	PH AB	PH H	PO	A	E	DP	TC/G	FA	G by Pos
1987	MIN	A	7	.200	.333	30	6	1	0	1	3.3	5	3	1	6	0	0	0	6	20	2	2	4.0	.929	SS-7
1991			7	.167	.333	24	4	1	0	1	4.2	1	3	0	7	0	0	0	13	24	0	5	5.3	1.000	SS-7
2 yrs.			14	.185	.333	54	10	2	0	2	3.7	6	6	1	13	0	0	0	19	44	2	7	4.6	.969	SS-14

Andres Galarraga

GALARRAGA, ANDRES JOSE (Big Cat)
Born Andres Jose Padovani y Galarraga.
B. June 18, 1961, Caracas, Venezuela
BR TR 6′ 3″ 235 lbs.

Split	Games	BA	SA	AB	H	2B	3B	HR	HR%	R	RBI	BB	SO	SB
April	18	.234	.328	64	15	3	0	1	1.6	4	2	7	15	2
May	20	.273	.416	77	21	5	0	2	2.6	9	9	2	14	1
June				0	0	0	0	0		0	0	0	0	0
July	20	.194	.239	67	13	1	1	0	0.0	5	4	6	14	2
Aug	23	.171	.220	82	14	1	0	1	1.2	3	5	2	21	0
Sept/Oct	26	.224	.459	85	19	3	1	5	5.9	13	13	6	22	0
Day	34	.229	.407	118	27	2	2	5	4.2	11	13	11	25	1
Night	73	.214	.304	257	55	11	0	4	1.6	23	20	12	61	4
vs. Left		.180	.359	128	23	1	2	6	4.7	15	17	7	35	1
vs. Right		.239	.324	247	59	12	0	3	1.2	19	16	16	51	4
On Grass	32	.216	.342	111	24	5	0	3	2.7	10	10	6	29	3
On Turf	75	.220	.333	264	58	8	2	6	2.3	24	23	17	57	2
Home	42	.224	.336	152	34	6	1	3	2.0	12	14	7	37	2
Road	65	.215	.336	223	48	7	1	6	2.7	22	19	16	49	3
Division Rivals														
vs. CHI	11	.257	.343	35	9	0	0	1	2.9	2	3	0	9	0
vs. NY	10	.194	.250	30	7	2	0	0	0.0	1	0	2	11	1
vs. PHI	11	.067	.200	30	2	1	0	1	3.3	1	2	2	8	0
vs. PIT	14	.259	.426	54	14	1	1	2	3.7	6	4	2	13	0
vs. STL	16	.192	.269	52	10	1	0	1	1.9	5	4	8	10	1
On 3B < 2 Out		.185	.222	27	5	1	0	0	0.0	0	10	5	9	

Year	Team		Games	BA	SA	AB	H	2B	3B	HR	HR%	R	RBI	BB	SO	SB	PH AB	PH H	PO	A	E	DP	TC/G	FA	G by Pos
1985	MON	N	24	.187	.280	75	14	1	0	2	2.7	9	4	3	18	1	2	1	173	22	1	14	8.2	.995	1B-23
1986			105	.271	.405	321	87	13	0	10	3.1	39	42	30	79	6	7	1	805	40	4	59	8.1	.995	1B-102
1987			147	.305	.459	551	168	40	3	13	2.4	72	90	41	127	7	1	0	1300	103	10	96	9.6	.993	1B-146
1988			157	.302	.540	609	**184**	**42**	8	29	4.8	99	92	39	**153**	13	2	1	1464	103	15	124	10.1	.991	1B-156
1989			152	.257	.434	572	147	30	1	23	4.0	76	85	48	**158**	12	6	1	1335	91	11	97	9.5	.992	1B-147
1990			155	.256	.409	579	140	29	0	20	3.4	65	87	40	**169**	10	7	0	1300	94	10	93	9.1	.993	1B-154
1991			107	.219	.336	375	82	13	2	9	2.4	34	33	23	86	5	2	0	887	80	9	68	9.3	.991	1B-105
7 yrs.			847	.269	.436	3082	830	168	14	106	3.4	394	433	224	790	54	27	4	7264	533	60	551	9.3	.992	1B-833

FIRST BASE

Bar charts comparing player to NL AVG: AVERAGE, RBI, HR, SB.

PLAYER REGISTER

Year	Team	Games	BA	SA	AB	H	2B	3B	HR	HR%	R	RBI	BB	SO	SB	PINCH HIT AB	PINCH HIT H	PO	A	E	DP	TC/G	FA	G by Pos

Dave Gallagher

GALLAGHER, DAVID THOMAS
B. Sept. 20, 1960, Trenton, N. J.
BR TR 6' 180 lbs.

Year	Team	Games	BA	SA	AB	H	2B	3B	HR	HR%	R	RBI	BB	SO	SB	PH AB	PH H	PO	A	E	DP	TC/G	FA	G by Pos
April		3	.556	.556	9	5	0	0	0	0.0	2	1	2	0	0									
May		13	.303	.333	33	10	1	0	0	0.0	6	3	4	5	0									
June		15	.271	.333	48	13	3	0	0	0.0	7	5	5	8	0									
July		24	.292	.389	72	21	4	0	1	1.4	8	10	3	11	0									
Aug		13	.250	.333	36	9	3	0	0	0.0	2	1	4	6	0									
Sept/Oct		22	.292	.375	72	21	6	0	0	0.0	7	10	6	13	2									
Day		21	.300	.350	60	18	3	0	0	0.0	6	7	7	8	1									
Night		69	.290	.371	210	61	14	0	1	0.5	26	23	17	35	1									
vs. Left			.300	.364	110	33	7	0	0	0.0	15	9	8	14	1									
vs. Right			.288	.369	160	46	10	0	1	0.6	17	21	16	29	1									
On Grass		80	.292	.362	243	71	14	0	1	0.4	30	28	23	40	2									
On Turf		10	.296	.407	27	8	3	0	0	0.0	2	2	1	3	0									
Home		44	.270	.333	126	34	8	0	0	0.0	15	10	14	21	1									
Road		46	.313	.396	144	45	9	0	1	0.7	17	20	10	22	1									
Division Rivals																								
vs. CHI		12	.395	.553	38	15	6	0	0	0.0	6	7	6	5	1									
vs. KC		8	.200	.280	25	5	2	0	0	0.0	4	3	2	3	0									
vs. MIN		5	.400	.400	15	6	0	0	0	0.0	2	0	0	0	0									
vs. OAK		5	.071	.071	14	1	0	0	0	0.0	0	1	3	4	0									
vs. SEA		4	.500	.667	12	6	2	0	0	0.0	2	1	3	2	0									
vs. TEX		7	.208	.292	24	5	2	0	0	0.0	5	0	6	6	1									
On 3B <2 Out			.308	.462	13	4	2	0	0	0.0	0	9	0	4										
1987	CLE A	15	.111	.194	36	4	1	0	0	0.0	2	1	2	5	2	0	0	34	1	1	1	2.4	.972	OF-14
1988	CHI A	101	.303	.406	347	105	15	3	5	1.4	59	31	29	40	5	11	2	228	5	0	2	2.3	1.000	OF-95, DH-2
1989		161	.266	.314	601	160	22	2	1	0.2	74	46	46	79	5	2	0	390	8	3	4	2.5	.993	OF-160, DH-1
1990	2 teams	CHI A (45G — .280)		BAL A (23G — .216)																				
"	total	68	.254	.302	126	32	4	1	0	0.0	12	7	7	12	1	10	2	96	3	2	2	1.8	.980	OF-57, DH-6
1991	CAL A	90	.293	.367	270	79	17	0	1	0.4	32	30	24	43	2	11	4	180	8	0	1	2.2	1.000	OF-87, DH-2
5 yrs.		435	.275	.343	1380	380	59	7	7	0.5	179	115	108	179	15	34	8	928	25	6	10	2.2	.994	OF-413, DH-11

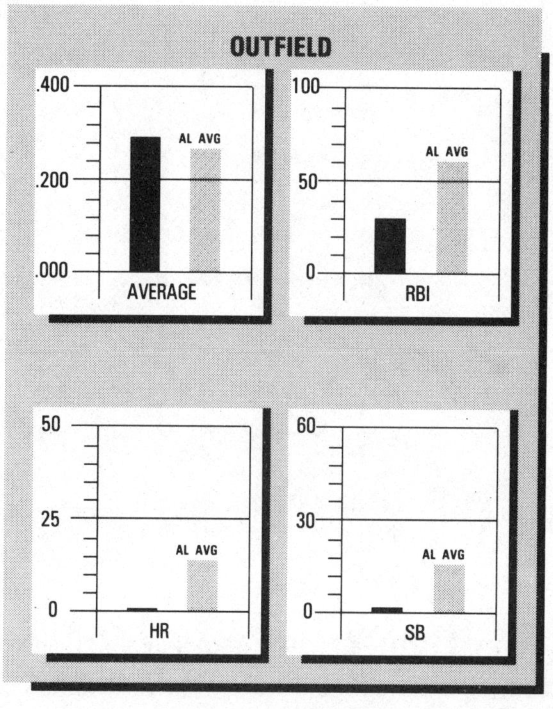

Mike Gallego

GALLEGO, MICHAEL ANTHONY
B. Oct. 31, 1960, Whittier, Calif.
BR TR 5' 8" 160 lbs.

Year	Team	Games	BA	SA	AB	H	2B	3B	HR	HR%	R	RBI	BB	SO	SB
April		20	.222	.259	54	12	1	0	0	0.0	9	2	14	10	1
May		25	.286	.416	77	22	4	0	2	2.6	10	13	8	9	2
June		28	.205	.205	83	17	0	0	0	0.0	3	1	10	13	0
July		27	.298	.500	94	28	5	1	4	4.3	21	16	10	17	0
Aug		28	.198	.372	86	17	4	1	3	3.5	10	7	6	15	1
Sept/Oct		31	.261	.409	88	23	2	1	3	3.4	14	10	19	20	2
Day		51	.253	.397	146	37	5	2	4	2.7	21	9	22	25	2
Night		108	.244	.357	336	82	10	2	8	2.4	46	40	45	59	4
vs. Left			.311	.500	122	38	6	1	5	4.1	21	13	20	16	1
vs. Right			.225	.325	360	81	9	3	7	1.9	46	36	47	68	5
On Grass		133	.251	.365	403	101	13	3	9	2.2	58	36	58	69	1
On Turf		26	.228	.392	79	18	2	1	3	3.8	9	13	9	15	5
Home		79	.270	.409	230	62	8	3	6	2.6	30	20	40	34	1
Road		80	.226	.333	252	57	7	1	6	2.4	37	29	27	50	5
Division Rivals															
vs. CAL		13	.216	.378	37	8	0	0	2	5.4	8	4	6	7	0
vs. CHI		13	.286	.476	42	12	2	0	2	4.8	6	7	3	8	0
vs. KC		13	.278	.500	36	10	0	1	2	5.6	9	6	10	7	2
vs. MIN		12	.156	.219	32	5	0	1	0	0.0	1	1	3	7	0
vs. SEA		13	.278	.444	36	10	3	0	1	2.8	7	3	9	8	2
vs. TEX		13	.316	.474	38	12	0	0	2	5.3	9	3	9	7	0
On 3B <2 Out			.368	.526	19	7	1	1	0	0.0	0	17	5	2	

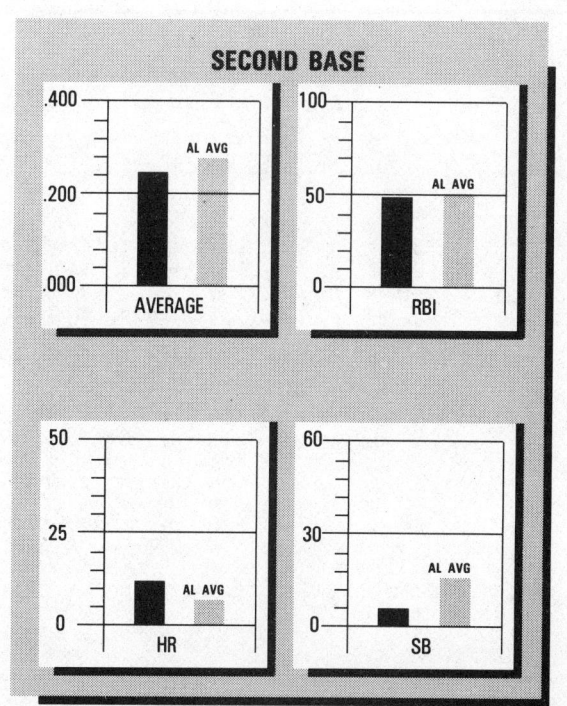

PLAYER REGISTER

Year	Team	Games	BA	SA	AB	H	2B	3B	HR	HR%	R	RBI	BB	SO	SB	PINCH HIT AB	PINCH HIT H	PO	A	E	DP	TC/G	FA	G by Pos

Mike Gallego *Continued*

Year	Team	Games	BA	SA	AB	H	2B	3B	HR	HR%	R	RBI	BB	SO	SB	AB	H	PO	A	E	DP	TC/G	FA	G by Pos
1985	OAK A	76	.208	.338	77	16	5	1	1	1.3	13	9	12	14	1	2	0	57	94	1	25	2.0	.993	2B-42, SS-21, 3B-12
1986		20	.270	.324	37	10	2	0	0	0.0	2	4	1	6	0	0	0	24	51	1	6	3.8	.987	2B-19, 3B-2, SS-1
1987		72	.250	.347	124	31	6	0	2	1.6	18	14	12	21	0	4	1	75	122	6	29	2.8	.961	2B-31, 3B-24, SS-17
1988		129	.209	.260	277	58	8	0	2	0.7	38	20	34	53	2	3	0	155	254	8	49	3.2	.981	2B-83, SS-42, 3B-16
1989		133	.252	.328	357	90	14	2	3	0.8	45	30	35	43	7	2	0	211	363	19	86	4.5	.968	SS-94, 2B-41, 3B-3, DH-1
1990		140	.206	.272	389	80	13	2	3	0.7	36	34	35	50	5	2	1	207	379	13	78	4.3	.978	2B-83, SS-38, 3B-27, DH-1, OF-1
1991		159	.247	.369	482	119	15	4	12	2.5	67	49	67	84	6	0	0	283	446	12	90	4.7	.984	2B-135, SS-55
7 yrs.		729	.232	.318	1743	404	63	9	23	1.3	219	160	196	271	21	13	2	1012	1709	62	363	3.8	.978	2B-434, SS-268, 3B-84, DH-2, OF-1

LEAGUE CHAMPIONSHIP SERIES

Year	Team	Games	BA	SA	AB	H	2B	3B	HR	HR%	R	RBI	BB	SO	SB	AB	H	PO	A	E	DP	TC/G	FA	G by Pos
1988	OAK A	4	.083	.083	12	1	0	0	0	0.0	1	0	0	3	0	0	0	7	6	0	4	3.3	1.000	2B-4
1989		4	.273	.364	11	3	1	0	0	0.0	3	1	0	2	0	0	0	6	14	0	2	5.0	1.000	2B-2, SS-2
1990		4	.400	.500	10	4	1	0	0	0.0	1	2	1	1	0	0	0	8	10	0	2	4.5	1.000	SS-3, 2B-2
3 yrs.		12	.242	.303	33	8	2	0	0	0.0	5	3	1	6	0	0	0	21	30	0	8	4.3	.000	2B-8, SS-5

WORLD SERIES

Year	Team	Games	BA	SA	AB	H	2B	3B	HR	HR%	R	RBI	BB	SO	SB	AB	H	PO	A	E	DP	TC/G	FA	G by Pos
1988	OAK A	1	—	—	0	0	0	0	0	—	0	0	0	0	0	0	0	0	0	0	0	0.0	—	2B-1
1989		2	.000	.000	1	0	0	0	0	0.0	0	0	0	0	0	1	0	0	0	0	0	0.0	—	2B-1, 3B-1
1990		4	.091	.091	11	1	0	0	0	0.0	0	1	1	3	0	0	0	7	10	1	3	4.5	.944	SS-4
3 yrs.		7	.083	.083	12	1	0	0	0	0.0	0	1	1	3	0	1	0	7	10	1	3	2.6	.944	SS-4, 2B-2, 3B-1

Ron Gant

GANT, RONALD EDWIN
B. Mar. 2, 1965, Victoria, Tex.
BR TR 6' 172 lbs.

Split	Games	BA	SA	AB	H	2B	3B	HR	HR%	R	RBI	BB	SO	SB
April	18	.162	.294	68	11	6	0	1	1.5	8	7	8	9	5
May	24	.244	.578	90	22	3	0	9	10.0	20	19	8	17	5
June	25	.253	.451	91	23	7	1	3	3.3	12	11	6	16	4
July	25	.348	.674	92	32	7	1	7	7.6	22	22	11	21	4
Aug	30	.234	.495	107	25	4	0	8	7.5	19	23	16	19	7
Sept/Oct	32	.248	.442	113	28	8	1	4	3.5	20	23	22	22	9
Day	38	.271	.504	133	36	7	0	8	6.0	19	28	19	30	9
Night	116	.245	.493	428	105	28	3	24	5.6	82	77	52	74	25
vs. Left		.287	.567	164	47	16	0	10	6.1	38	37	25	23	12
vs. Right		.237	.466	397	94	19	3	22	5.5	63	68	46	81	22
On Grass	112	.260	.521	411	107	23	3	26	6.3	77	80	46	77	23
On Turf	42	.227	.427	150	34	12	0	6	4.0	24	25	25	27	11
Home	73	.279	.558	258	72	16	1	18	7.0	53	52	36	52	14
Road	81	.228	.442	303	69	19	2	14	4.6	48	53	35	52	20
Division Rivals														
vs. CIN	18	.211	.465	71	15	4	1	4	5.6	11	10	8	18	4
vs. HOU	17	.295	.557	61	18	7	0	3	4.9	13	14	9	7	3
vs. LA	18	.209	.328	67	14	3	1	1	1.5	10	10	6	14	4
vs. SD	18	.250	.559	68	17	3	0	6	8.8	17	13	11	11	3
vs. SF	18	.271	.529	70	19	3	0	5	7.1	13	16	3	16	6
On 3B <2 Out		.424	.697	33	14	6	0	1	3.0	1	27	6	4	

Year	Team	Games	BA	SA	AB	H	2B	3B	HR	HR%	R	RBI	BB	SO	SB	AB	H	PO	A	E	DP	TC/G	FA	G by Pos
1987	ATL N	21	.265	.386	83	22	4	0	2	2.4	9	9	1	11	4	1	0	45	59	3	17	5.1	.972	2B-20
1988		146	.259	.439	563	146	28	8	19	3.4	85	60	46	118	19	2	0	316	417	31	88	5.2	.959	2B-122, 3B-22
1989		75	.177	.335	260	46	8	3	9	3.5	26	25	20	63	9	8	1	70	103	17	8	2.5	.911	3B-53, OF-14
1990		152	.303	.539	575	174	34	3	32	5.5	107	84	50	86	33	10	2	357	7	8	2	2.5	.978	OF-146
1991		154	.251	.496	561	141	35	3	32	5.7	101	105	71	104	34	6	0	338	7	6	1	2.4	.983	OF-148
5 yrs.		548	.259	.467	2042	529	109	17	94	4.6	328	283	188	382	99	27	3	1126	593	65	116	3.3	.964	OF-308, 2B-142, 3B-75

LEAGUE CHAMPIONSHIP SERIES

Year	Team	Games	BA	SA	AB	H	2B	3B	HR	HR%	R	RBI	BB	SO	SB	AB	H	PO	A	E	DP	TC/G	FA	G by Pos
1991	ATL N	7	.259	.407	27	7	1	0	1	3.7	4	3	2	4	7	0	0	15	2	0	0	2.4	1.000	OF-7

WORLD SERIES

Year	Team	Games	BA	SA	AB	H	2B	3B	HR	HR%	R	RBI	BB	SO	SB	AB	H	PO	A	E	DP	TC/G	FA	G by Pos
1991	ATL N	7	.267	.333	30	8	0	1	0	0.0	3	4	2	3	1	0	0	19	0	0	0	2.7	1.000	OF-7

OUTFIELD — charts showing AVERAGE, RBI, HR, SB compared to NL AVG.

PLAYER REGISTER

Year	Team	Games	BA	SA	AB	H	2B	3B	HR	HR%	R	RBI	BB	SO	SB	PINCH HIT AB	PINCH HIT H	PO	A	E	DP	TC/G	FA	G by Pos

Jim Gantner

GANTNER, JAMES ELMER
B. Jan. 5, 1953, Fond du Lac, Wis.
BL TR 6′ 180 lbs.

THIRD BASE

Split	Games	BA	SA	AB	H	2B	3B	HR	HR%	R	RBI	BB	SO	SB
April	14	.260	.360	50	13	5	0	0	0.0	9	8	3	9	0
May	26	.299	.355	107	32	6	0	0	0.0	6	5	4	4	3
June	20	.247	.301	73	18	2	1	0	0.0	9	10	5	5	0
July	19	.311	.410	61	19	4	1	0	0.0	9	2	3	3	1
Aug	29	.283	.336	113	32	4	1	0	0.0	13	12	2	7	0
Sept/Oct	32	.287	.402	122	35	6	1	2	1.6	17	10	10	6	0
Day	36	.286	.391	133	38	8	3	0	0.0	19	10	12	7	1
Night	104	.282	.351	393	111	19	1	2	0.5	44	37	15	27	3
vs. Left		.266	.288	139	37	3	0	0	0.0	12	13	6	8	2
vs. Right		.289	.388	387	112	24	4	2	0.5	51	34	21	26	2
On Grass	122	.288	.367	458	132	22	4	2	0.4	55	39	26	31	4
On Turf	18	.250	.324	68	17	5	0	0	0.0	8	8	1	3	0
Home	69	.287	.362	254	73	14	1	1	0.4	31	20	15	15	2
Road	71	.279	.360	272	76	13	3	1	0.4	32	27	12	19	2
Division Rivals														
vs. BAL	13	.209	.256	43	9	2	0	0	0.0	6	3	2	6	0
vs. BOS	12	.310	.381	42	13	3	0	0	0.0	5	1	4	3	1
vs. CLE	13	.349	.488	43	15	2	2	0	0.0	6	5	4	3	0
vs. DET	11	.326	.348	46	15	1	0	0	0.0	6	6	4	0	0
vs. NY	11	.295	.318	44	13	1	0	0	0.0	2	1	1	4	1
vs. TOR	9	.265	.324	34	9	2	0	0	0.0	7	5	1	1	0
On 3B < 2 Out		.333	.333	24	8	0	0	0	0.0	0	21	3	3	

Year	Team	Lg	Games	BA	SA	AB	H	2B	3B	HR	HR%	R	RBI	BB	SO	SB	PH AB	PH H	PO	A	E	DP	TC/G	FA	G by Pos
1976	MIL	A	26	.246	.261	69	17	1	0	0	0.0	6	7	6	11	1	1	0	17	37	1	3	2.1	.982	3B-24, DH-2
1977			14	.298	.383	47	14	1	0	1	2.1	4	2	2	5	2	1	1	8	29	4	3	2.9	.902	3B-14
1978			43	.216	.258	97	21	1	0	1	1.0	14	8	5	10	2	4	1	46	82	5	13	3.1	.962	2B-21, 3B-15, 1B-1, SS-1
1979			70	.284	.389	208	59	10	3	2	1.0	29	22	16	17	3	0	0	80	161	7	26	3.5	.972	3B-42, 2B-22, SS-3, P-1
1980			132	.282	.376	415	117	21	3	4	1.0	47	40	30	29	11	2	0	159	335	15	70	3.9	.971	3B-69, 2B-66, SS-1
1981			107	.267	.330	352	94	14	1	2	0.6	35	33	29	29	3	3	0	251	352	10	95	5.7	.984	2B-107
1982			132	.295	.369	447	132	17	2	4	0.9	48	43	26	36	6	4	1	307	398	13	104	5.4	.982	2B-131
1983			161	.282	.401	603	170	23	8	11	1.8	85	74	38	46	5	3	0	374	512	14	128	5.6	.984	2B-158
1984			153	.282	.344	613	173	27	1	3	0.5	61	56	30	51	6	2	1	362	469	13	111	5.5	.985	2B-153
1985			143	.254	.327	523	133	15	4	5	1.0	63	44	33	42	11	1	1	278	436	11	94	5.1	.985	2B-124, 3B-24, SS-1
1986			139	.274	.370	497	136	25	1	7	1.4	58	38	26	50	13	2	0	309	353	10	87	4.8	.985	2B-135, 3B-3, DH-1, SS-1
1987			81	.272	.370	265	72	14	0	4	1.5	37	30	19	22	6	3	1	119	193	6	44	3.9	.981	2B-57, 3B-38, DH-1
1988			155	.276	.336	539	149	28	2	0	0.0	67	47	34	50	20	2	1	325	430	11	92	4.9	.986	2B-154, 3B-1
1989			116	.274	.333	409	112	18	3	0	0.0	51	34	21	33	20	1	0	241	362	8	88	5.3	.987	2B-114, DH-2
1990			88	.263	.319	323	85	8	5	0	0.0	36	25	29	19	18	0	0	167	240	9	56	4.7	.978	2B-80, 3B-9
1991			140	.283	.361	526	149	27	4	2	0.4	63	47	27	34	4	4	1	160	345	12	46	3.7	.977	3B-90, 2B-59
16 yrs.			1700	.275	.353	5933	1633	250	37	46	0.8	704	550	371	484	131	33	8	3203	4734	149	1060	4.8	.982	2B-1381, 3B-329, SS-7, DH-6, P-1, 1B-1

DIVISIONAL PLAYOFF SERIES

Year	Team	Lg	Games	BA	SA	AB	H	2B	3B	HR	HR%	R	RBI	BB	SO	SB	PH AB	PH H	PO	A	E	DP	TC/G	FA	G by Pos
1981	MIL	A	4	.143	.214	14	2	1	0	0	0.0	1	0	0	2	0	0	0	3	15	2	0	5.0	.900	2B-4

LEAGUE CHAMPIONSHIP SERIES

Year	Team	Lg	Games	BA	SA	AB	H	2B	3B	HR	HR%	R	RBI	BB	SO	SB	PH AB	PH H	PO	A	E	DP	TC/G	FA	G by Pos
1982	MIL	A	5	.188	.188	16	3	0	0	0	0.0	1	2	1	1	0	0	0	12	8	0	4	4.0	1.000	2B-5

WORLD SERIES

Year	Team	Lg	Games	BA	SA	AB	H	2B	3B	HR	HR%	R	RBI	BB	SO	SB	PH AB	PH H	PO	A	E	DP	TC/G	FA	G by Pos
1982	MIL	A	7	.333	.583	24	8	4	1	0	0.0	5	4	1	1	0	0	0	9	33	5	2	6.7	.894	2B-7

Carlos Garcia

GARCIA, CARLOS JESUS
B. Oct. 15, 1967, Tachira, Venezuela
BR TR 6′ 1″ 185 lbs.

Year	Team	Lg	Games	BA	SA	AB	H	2B	3B	HR	HR%	R	RBI	BB	SO	SB	PH AB	PH H	PO	A	E	DP	TC/G	FA	G by Pos
1990	PIT	N	4	.500	.500	4	2	0	0	0	0.0	1	0	0	2	0	1	1	0	4	0	1	1.3	1.000	SS-3
1991			12	.250	.417	24	6	0	2	0	0.0	2	1	0	8	0	1	0	11	18	1	3	2.5	.967	SS-9, 3B-2, 2B-1
2 yrs.			16	.286	.429	28	8	0	2	0	0.0	3	1	0	10	0	2	1	11	22	1	4	2.1	.971	SS-12, 3B-2, 2B-1

PLAYER REGISTER

Year	Team	Games	BA	SA	AB	H	2B	3B	HR	HR%	R	RBI	BB	SO	SB	PINCH HIT AB	PINCH HIT H	PO	A	E	DP	TC/G	FA	G by Pos

Jeff Gardner
GARDNER, JEFFREY SCOTT
B. Feb. 4, 1964, Newport Beach, Calif.
BL TR 5' 11" 165 lbs.

Year	Team	Games	BA	SA	AB	H	2B	3B	HR	HR%	R	RBI	BB	SO	SB	PH AB	PH H	PO	A	E	DP	TC/G	FA	G by Pos
1991	NY	N	13	.162	.162	37	6	0	0	0	0.0	3	1	4	6	0	2	1	11	29	6	2	4.2	.870	SS-8, 2B-3

Rich Gedman
GEDMAN, RICHARD LEO
B. Sept. 26, 1959, Worcester, Mass.
BL TR 6' 210 lbs.

Year	Team	Games	BA	SA	AB	H	2B	3B	HR	HR%	R	RBI	BB	SO	SB	PH AB	PH H	PO	A	E	DP	TC/G	FA	G by Pos
1980	BOS	A	9	.208	.208	24	5	0	0	0	0.0	2	1	0	5	0	5	0	13	0	2	0	1.7	.867	DH-4, C-2
1981			62	.288	.434	205	59	15	0	5	2.4	22	26	9	31	0	3	1	275	30	3	1	5.0	.990	C-59
1982			92	.249	.363	289	72	17	2	4	1.4	30	26	10	37	0	9	2	397	29	10	5	4.7	.977	C-86
1983			81	.294	.412	204	60	16	1	2	1.0	21	18	15	37	0	19	5	274	26	6	5	3.8	.980	C-69
1984			133	.269	.506	449	121	26	4	24	5.3	54	72	29	72	0	15	5	693	58	18	5	5.8	.977	C-125
1985			144	.295	.484	498	147	30	5	18	3.6	66	80	50	79	2	9	4	768	78	15	13	6.0	.983	C-139
1986			135	.258	.424	462	119	29	0	16	3.5	49	65	37	61	1	9	4	866	65	6	10	6.9	.994	C-134
1987			52	.205	.278	151	31	8	0	1	0.7	11	13	10	24	0	4	1	306	14	8	1	6.3	.976	C-51
1988			95	.231	.368	299	69	14	0	9	3.0	33	39	18	49	0	2	0	570	40	5	4	6.5	.992	C-93, DH-1
1989			93	.212	.292	260	55	9	0	4	1.5	24	16	23	47	0	5	1	486	36	10	6	5.7	.981	C-91
1990	2 teams		BOS A (10G — .200)		HOU N (40G — .202)																			
"	total		50	.202	.286	119	24	7	0	1	0.8	7	10	20	30	0	4	1	207	30	1	6	5.0	.996	C-48
1991	STL	N	46	.106	.213	94	10	1	0	3	3.2	7	8	4	15	0	6	0	192	13	5	4	4.9	.976	C-43
12 yrs.			992	.253	.402	3054	772	172	12	87	2.8	326	374	225	487	3	90	24	5047	419	89	60	5.6	.984	C 940, DH-5

LEAGUE CHAMPIONSHIP SERIES

Year	Team	Games	BA	SA	AB	H	2B	3B	HR	HR%	R	RBI	BB	SO	SB	PH AB	PH H	PO	A	E	DP	TC/G	FA	G by Pos
1986	BOS	A	7	.357	.500	28	10	1	0	1	3.6	4	6	0	4	0	0	0	45	4	0	0	7.0	1.000	C-7
1988			4	.357	.571	14	5	0	0	1	7.1	1	1	2	1	0	0	0	34	5	0	1	9.8	1.000	C-4
2 yrs.			11	.357	.524	42	15	1	0	2	4.8	5	7	2	5	0	0	0	79	9	0	1	8.0	.000	C-11

WORLD SERIES

Year	Team	Games	BA	SA	AB	H	2B	3B	HR	HR%	R	RBI	BB	SO	SB	PH AB	PH H	PO	A	E	DP	TC/G	FA	G by Pos
1986	BOS	A	7	.200	.333	30	6	1	0	1	3.3	1	1	0	10	0	0	0	46	3	2	2	7.3	.961	C-7

Bob Geren
GEREN, ROBERT PETER
B. Sept. 22, 1961, San Diego, Calif.
BR TR 6' 3" 205 lbs.

Year	Team	Games	BA	SA	AB	H	2B	3B	HR	HR%	R	RBI	BB	SO	SB	PH AB	PH H	PO	A	E	DP	TC/G	FA	G by Pos
1988	NY	A	10	.100	.100	10	1	0	0	0	0.0	0	0	2	3	0	0	0	18	3	0	0	2.1	1.000	C-10
1989			65	.288	.454	205	59	5	1	9	4.4	26	27	12	44	0	7	1	308	24	3	4	5.2	.991	C-60, DH-2
1990			110	.213	.325	277	59	7	0	8	2.8	21	31	13	73	0	7	1	487	55	4	5	5.1	.993	C-107, DH-1
1991			64	.219	.289	128	28	3	0	2	1.6	7	12	9	31	0	1	0	255	18	3	2	4.4	.989	C-63
4 yrs.			249	.237	.356	620	147	15	1	19	3.1	54	70	36	151	0	15	2	1068	100	10	11	4.7	.992	C-240, DH-3

Ray Giannelli
GIANNELLI, RAYMOND JOHN
B. Feb. 5, 1966, Brooklyn, N.Y.
BL TR 6' 195 lbs.

Year	Team	Games	BA	SA	AB	H	2B	3B	HR	HR%	R	RBI	BB	SO	SB	PH AB	PH H	PO	A	E	DP	TC/G	FA	G by Pos
1991	TOR	A	9	.167	.208	24	4	1	0	0	0.0	2	0	5	9	1	1	1	0	12	1	2	1.4	.923	3B-9

Kirk Gibson
GIBSON, KIRK HAROLD
B. May 28, 1957, Pontiac, Mich.
BL TL 6' 3" 215 lbs.

	Games	BA	SA	AB	H	2B	3B	HR	HR%	R	RBI	BB	SO	SB
April	19	.257	.543	70	18	0	1	6	8.6	11	12	9	14	2
May	24	.217	.313	83	18	5	0	1	1.2	14	4	12	16	5
June	25	.235	.459	98	23	5	1	5	5.1	19	19	13	15	0
July	15	.254	.322	59	15	2	1	0	0.0	12	5	5	9	4
Aug	25	.282	.518	85	24	2	3	4	4.7	16	11	16	20	5
Sept/Oct	24	.164	.209	67	11	3	0	0	0.0	9	4	14	29	2
Day	38	.179	.303	145	26	4	1	4	2.8	20	13	19	35	5
Night	94	.262	.448	317	83	13	5	12	3.8	61	42	50	68	13
vs. Left		.197	.303	132	26	2	3	2	1.5	21	11	16	31	5
vs. Right		.252	.442	330	83	15	3	14	4.2	60	44	53	72	13

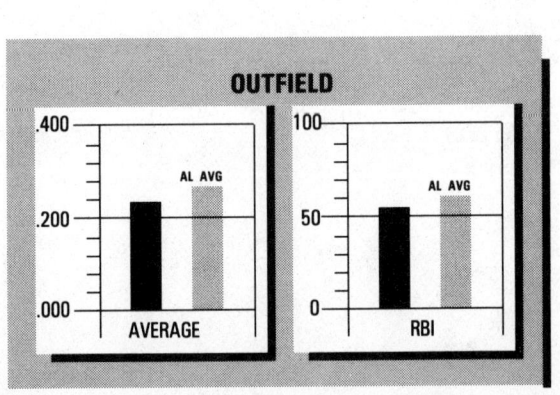
OUTFIELD — AVERAGE / RBI (AL AVG)

PLAYER REGISTER

Year	Team	Games	BA	SA	AB	H	2B	3B	HR	HR%	R	RBI	BB	SO	SB	PINCH HIT AB	H	PO	A	E	DP	TC/G	FA	G by Pos

Kirk Gibson Continued

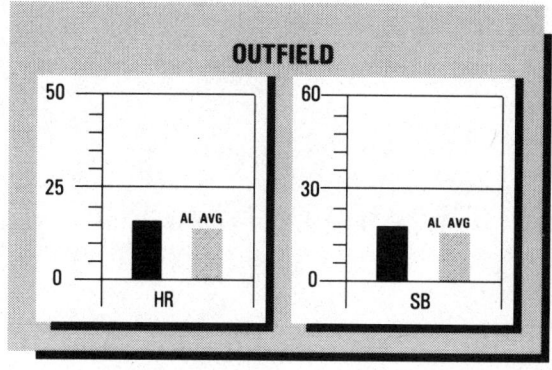

On Grass		46	.261	.521	165	43	7	0	12	7.3	37	26	27	40	5									
On Turf		86	.222	.337	297	66	10	6	4	1.3	44	29	42	63	13									
Home		68	.222	.343	239	53	5	6	4	1.7	34	26	35	46	10									
Road		64	.251	.466	223	56	12	0	12	5.4	47	29	34	57	8									
Division Rivals																								
vs. CAL		3	.167	.333	6	1	1	0	0	0.0	1	0	1	1	0									
vs. CHI		13	.267	.489	45	12	2	1	2	4.4	9	4	8	9	0									
vs. MIN		12	.217	.261	46	10	2	0	0	0.0	3	5	5	13	3									
vs. OAK		7	.190	.381	21	4	1	0	1	4.8	3	4	1	6	0									
vs. SEA		11	.259	.370	27	7	3	0	0	0.0	8	2	11	8	2									
vs. TEX		11	.295	.500	44	13	1	1	2	4.5	11	9	6	10	1									
On 3B <2 Out			.333	.952	21	7	2	1	3	14.3	3	17	2	4										
1979	DET A	12	.237	.395	38	9	3	0	1	2.6	3	4	1	3	3	2	0	15	0	0	0	1.3	1.000	OF-10
1980		51	.263	.440	175	46	2	1	9	5.1	23	16	10	45	4	5	1	122	1	1	0	2.4	.992	OF-49, DH-1
1981		83	.328	.479	290	95	11	3	9	3.1	41	40	18	64	17	8	1	142	1	4	0	1.8	.973	OF-67, DH-9
1982		69	.278	.444	266	74	16	2	8	3.0	34	35	25	41	9	1	0	167	4	1	3	2.5	.994	OF-64, DH-4
1983		128	.227	.414	401	91	12	9	15	3.7	60	51	53	96	14	20	5	116	2	3	0	0.9	.975	DH-66, OF-54
1984		149	.282	.518	531	150	23	10	27	5.1	92	91	63	103	29	11	1	245	4	12	2	1.8	.954	OF-139, DH-6
1985		154	.287	.518	581	167	37	5	29	5.0	96	97	71	137	30	3	2	286	1	11	0	1.9	.963	OF-144, DH-8
1986		119	.268	.492	441	118	11	2	28	6.3	84	86	68	107	34	2	1	190	2	2	1	1.6	.990	OF-114, DH-4
1987		128	.277	.489	487	135	25	3	24	4.9	95	79	71	117	26	3	0	253	6	7	0	2.1	.974	OF-121, DH-4
1988	LA N	150	.290	.483	542	157	28	1	25	4.6	106	76	73	120	31	3	0	311	6	12	3	2.2	.964	OF-148
1989		71	.213	.368	253	54	8	2	9	3.6	35	28	35	55	12	2	1	146	3	3	2	2.1	.980	OF-70
1990		89	.260	.400	315	82	20	0	8	2.5	59	38	39	65	26	6	1	191	4	1	0	2.4	.995	OF-81
1991	KC A	132	.236	.403	462	109	17	6	16	3.5	81	55	69	103	18	9	2	162	3	4	0	1.8	.976	OF-94, DH-30
13 yrs.		1335	.269	.463	4782	1287	213	44	208	4.3	809	696	596	1056	253	75	15	2346	37	61	12	1.8	.975	OF-1155, DH-132

LEAGUE CHAMPIONSHIP SERIES

Year	Team	Games	BA	SA	AB	H	2B	3B	HR	HR%	R	RBI	BB	SO	SB	AB	H	PO	A	E	DP	TC/G	FA	G by Pos
1984	DET A	3	.417	.750	12	5	1	0	1	8.3	2	2	2	1	1	0	0	7	0	0	0	2.3	1.000	OF-3
1987		5	.286	.476	21	6	1	0	1	4.8	4	4	3	8	3	0	0	10	1	0	0	2.2	1.000	OF-5
1988	LA N	7	.154	.385	26	4	0	0	2	7.7	2	6	3	6	2	0	0	17	1	0	0	2.6	1.000	OF-7
3 yrs.		15	.254	.492	59	15	2	0	4	6.8	8	12	8	15	6	0	0	34	2	0	0	2.4	.000	OF-15

WORLD SERIES

1984	DET A	5	.333	.667	18	6	0	0	2	11.1	4	7	4	4	3	0	0	5	1	2	0	1.6	.750	OF-5
1988	LA N	1	1.000	4.000	1	1	0	0	1	100.0	1	2	0	0	0	1	1	0	0	0	0	0.0	—	OF-
2 yrs.		6	.368	.842	19	7	0	0	3	15.8	5	9	4	4	3	1	1	5	1	2	0	1.3	.750	OF-5

Bernard Gilkey

GILKEY, OTIS BERNARD
B. Sept. 24, 1966, St. Louis, Mo.
BR TR 6′ 170 lbs.

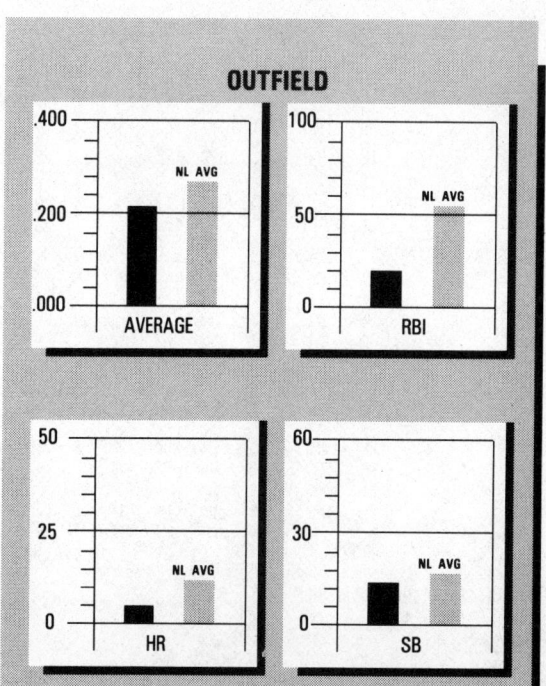

April		20	.260	.338	77	20	1	1	1	1.3	6	5	12	11	4
May		21	.197	.324	71	14	3	0	2	2.8	8	5	15	7	3
June		11	.243	.297	37	9	0	1	0	0.0	1	2	2	3	2
July		15	.180	.200	50	9	1	0	0	0.0	7	3	6	9	4
Aug		11	.111	.148	27	3	1	0	0	0.0	3	2	2	3	1
Sept/Oct		3	.500	1.667	6	3	1	0	2	33.3	3	3	2	0	0
Day		26	.225	.348	89	20	2	0	3	3.4	12	7	8	12	3
Night		55	.212	.296	179	38	5	2	2	1.1	16	13	31	21	11
vs. Left			.190	.270	137	26	5	0	2	1.5	18	9	20	15	10
vs. Right			.244	.359	131	32	2	2	3	2.3	10	11	19	18	4
On Grass		14	.277	.489	47	13	1	0	3	6.4	9	7	7	8	4
On Turf		67	.204	.276	221	45	6	2	2	0.9	19	13	32	25	10
Home		45	.215	.295	149	32	4	1	2	1.3	15	10	21	14	8
Road		36	.218	.336	119	26	3	1	3	2.5	13	10	18	19	6
Division Rivals															
vs. CHI		8	.345	.621	29	10	2	0	2	6.9	4	5	4	5	1
vs. MON		7	.208	.417	24	5	0	1	1	4.2	2	2	1	4	1
vs. NY		9	.115	.115	26	3	0	0	0	0.0	3	1	3	1	0
vs. PHI		6	.240	.240	25	6	0	0	0	0.0	3	3	6	3	0
vs. PIT		12	.139	.194	36	5	2	0	0	0.0	3	2	6	5	2
On 3B <2 Out			.200	.200	5	1	0	0	0	0.0	0	4	4	2	

PLAYER REGISTER

Year	Team		Games	BA	SA	AB	H	2B	3B	HR	HR%	R	RBI	BB	SO	SB	PINCH HIT AB	H	PO	A	E	DP	TC/G	FA	G by Pos

Bernard Gilkey *Continued*

Year	Team		Games	BA	SA	AB	H	2B	3B	HR	HR%	R	RBI	BB	SO	SB	AB	H	PO	A	E	DP	TC/G	FA	G by Pos
1990	STL	N	18	.297	.484	64	19	5	2	1	1.5	11	3	8	5	6	0	0	47	2	2	0	2.8	.961	OF-18
1991			81	.216	.313	268	58	7	2	5	1.9	28	20	39	33	14	7	1	164	6	1	1	2.3	.994	OF-74
2 yrs.			99	.232	.346	332	77	12	4	6	1.8	39	23	47	38	20	7	1	211	8	3	1	2.2	.986	OF-92

Joe Girardi

GIRARDI, JOSEPH ELLIOTT
B. Oct. 14, 1964, Peoria, Ill.
BR TR 5′ 11″ 195 lbs.

Year	Team		Games	BA	SA	AB	H	2B	3B	HR	HR%	R	RBI	BB	SO	SB	AB	H	PO	A	E	DP	TC/G	FA	G by Pos
1989	CHI	N	59	.248	.331	157	39	10	0	1	0.6	15	14	11	26	2	0	0	332	28	7	1	6.2	.981	C-59
1990			133	.270	.344	419	113	24	2	1	0.2	36	38	17	50	8	0	0	653	61	11	5	5.5	.985	C-133
1991			21	.191	.234	47	9	2	0	0	0.0	3	6	6	6	0	1	1	95	11	3	1	5.2	.972	C-21
3 yrs.			213	.258	.332	623	161	36	2	2	0.3	54	58	34	82	10	1	1	1080	100	21	7	5.6	.983	C-213

LEAGUE CHAMPIONSHIP SERIES

Year	Team		Games	BA	SA	AB	H	2B	3B	HR	HR%	R	RBI	BB	SO	SB	AB	H	PO	A	E	DP	TC/G	FA	G by Pos
1989	CHI	N	4	.100	.100	10	1	0	0	0	0.0	1	0	1	2	0	0	0	20	0	0	0	5.0	1.000	C-4

Dan Gladden

GLADDEN, CLINTON DANIEL III
B. July 7, 1957, San Jose, Calif.
BR TR 5′ 11″ 175 lbs.

Split			Games	BA	SA	AB	H	2B	3B	HR	HR%	R	RBI	BB	SO	SB
April			19	.188	.275	69	13	3	0	1	1.4	9	10	7	5	1
May			24	.275	.429	91	25	2	3	2	2.2	14	7	7	11	1
June			23	.304	.405	79	24	3	1	1	1.3	16	6	8	10	5
July			7	.406	.594	32	13	3	0	1	3.1	6	13	3	7	0
Aug			27	.214	.311	103	22	2	4	0	0.0	9	13	5	8	3
Sept/Oct			26	.195	.264	87	17	1	1	1	1.1	11	3	6	19	5
Day			32	.182	.232	99	18	2	0	1	1.0	13	7	7	10	4
Night			94	.265	.390	362	96	12	9	5	1.4	52	45	29	50	11
vs. Left				.254	.390	118	30	5	4	1	0.8	10	19	16	10	3
vs. Right				.245	.344	343	84	9	5	5	1.5	55	33	20	50	12
On Grass			49	.239	.333	180	43	4	2	3	1.7	28	19	9	20	5
On Turf			77	.253	.370	281	71	10	7	3	1.1	37	33	27	40	10
Home			65	.266	.381	244	65	9	5	3	1.2	34	27	22	33	9
Road			61	.226	.327	217	49	5	4	3	1.4	31	25	14	27	6
Division Rivals																
vs. CAL			13	.240	.320	50	12	2	1	0	0.0	5	5	2	3	3
vs. CHI			5	.118	.294	17	2	0	0	1	5.9	3	1	1	4	0
vs. KC			10	.265	.382	34	9	2	1	0	0.0	6	4	4	9	2
vs. OAK			12	.116	.186	43	5	0	0	1	2.3	6	4	2	5	0
vs. SEA			11	.184	.263	38	7	1	1	0	0.0	3	6	6	3	0
vs. TEX			13	.275	.350	40	11	0	0	1	2.5	8	2	3	6	2
On 3B <2 Out				.294	.353	17	5	1	0	0	0.0	0	15	3	4	

Year	Team		Games	BA	SA	AB	H	2B	3B	HR	HR%	R	RBI	BB	SO	SB	AB	H	PO	A	E	DP	TC/G	FA	G by Pos
1983	SF	N	18	.222	.302	63	14	2	0	1	1.6	6	9	5	11	4	1	0	53	0	0	0	2.9	1.000	OF-18
1984			86	.351	.447	342	120	17	2	4	1.2	71	31	33	37	31	2	0	232	8	3	1	2.8	.988	OF-85
1985			142	.243	.347	502	122	15	8	7	1.4	64	41	40	78	32	19	8	273	7	7	0	2.0	.975	OF-124
1986			102	.276	.362	351	97	16	1	4	1.1	55	29	39	59	27	9	1	226	7	3	2	2.3	.987	OF-89
1987	MIN	A	121	.249	.361	438	109	21	2	8	1.8	69	38	38	72	25	9	2	223	9	3	2	1.9	.987	OF-111, DH-4
1988			141	.269	.403	576	155	32	6	11	1.9	91	62	46	74	28	4	1	319	12	3	5	2.4	.991	OF-141, P-1, 3B-1
1989			121	.295	.410	461	136	23	3	8	1.7	69	46	23	53	23	1	1	245	8	9	3	2.2	.966	OF-117, DH-2, P-1
1990			136	.275	.376	534	147	27	6	5	0.9	64	40	26	67	25	5	1	286	12	6	3	2.3	.980	OF-133, DH-2
1991			126	.247	.356	461	114	14	9	6	1.3	65	52	36	60	15	3	1	240	4	3	1	2.0	.988	OF-126
9 yrs.			993	.272	.380	3728	1014	167	37	54	1.4	554	348	286	511	210	53	15	2097	63	37	17	2.2	.983	OF-944, DH-8, P-2, 3B-1

LEAGUE CHAMPIONSHIP SERIES

Year	Team		Games	BA	SA	AB	H	2B	3B	HR	HR%	R	RBI	BB	SO	SB	AB	H	PO	A	E	DP	TC/G	FA	G by Pos
1987	MIN	A	5	.350	.450	20	7	2	0	0	0.0	5	5	2	5	1	0	0	12	0	0	0	2.4	1.000	OF-5
1991			5	.261	.261	23	6	0	0	0	0.0	4	3	1	3	3	0	0	20	0	0	0	4.0	1.000	OF-5
2 yrs.			10	.302	.349	43	13	2	0	0	0.0	9	8	3	8	4	0	0	32	0	0	0	3.2	1.000	OF-10

WORLD SERIES

Year	Team		Games	BA	SA	AB	H	2B	3B	HR	HR%	R	RBI	BB	SO	SB	AB	H	PO	A	E	DP	TC/G	FA	G by Pos
1987	MIN	A	7	.290	.516	31	9	2	1	1	3.2	3	7	3	4	2	0	0	12	0	0	0	1.7	1.000	OF-7
1991			7	.233	.433	30	7	2	2	0	0.0	5	0	3	4	2	0	0	25	1	1	0	3.9	.963	OF-7
2 yrs.			14	.262	.475	61	16	4	3	1	1.6	8	7	6	8	4	0	0	37	1	1	0	2.8	.974	OF-14

OUTFIELD

AVERAGE — AL AVG
RBI — AL AVG
HR — AL AVG
SB — AL AVG

PLAYER REGISTER

Year	Team	Games	BA	SA	AB	H	2B	3B	HR	HR%	R	RBI	BB	SO	SB	PINCH HIT AB	PINCH HIT H	PO	A	E	DP	TC/G	FA	G by Pos

Leo Gomez

GOMEZ, LEONARDO
B. Mar. 2, 1966, Canovanas, Puerto Rico
BR TR 6' 180 lbs.

THIRD BASE

Split	Games	BA	SA	AB	H	2B	3B	HR	HR%	R	RBI	BB	SO	SB
April	14	.278	.333	36	10	2	0	0	0.0	3	0	5	7	0
May	3	.000	.000	9	0	0	0	0	0.0	0	0	0	4	0
June	21	.257	.443	70	18	2	1	3	4.3	12	12	13	12	1
July	27	.194	.357	98	19	7	0	3	3.1	8	11	9	17	0
Aug	24	.212	.471	85	18	2	1	6	7.1	10	13	7	18	0
Sept/Oct	29	.280	.452	93	26	4	0	4	4.3	7	9	6	24	0
Day	29	.220	.360	100	22	5	0	3	3.0	11	9	10	24	0
Night	89	.237	.426	291	69	12	2	13	4.5	29	36	30	58	1
vs. Left		.219	.412	114	25	4	0	6	5.3	11	16	13	20	1
vs. Right		.238	.408	277	66	13	2	10	3.6	29	29	27	62	0
On Grass	103	.234	.413	334	78	17	2	13	3.9	32	37	34	69	1
On Turf	15	.228	.386	57	13	0	0	3	5.3	8	8	6	13	0
Home	63	.232	.414	203	47	12	2	7	3.4	23	23	22	38	1
Road	55	.234	.404	188	44	5	0	9	4.8	17	22	18	44	0
Division Rivals														
vs. BOS	8	.231	.500	26	6	1	0	2	7.7	4	3	4	6	0
vs. CLE	9	.200	.240	25	5	1	0	0	0.0	2	2	0	4	0
vs. DET	9	.167	.333	30	5	2	0	1	3.3	2	4	5	10	0
vs. MIL	11	.237	.368	38	9	2	0	1	2.6	3	3	2	5	0
vs. NY	9	.344	.563	32	11	4	0	1	3.1	2	3	2	7	0
vs. TOR	13	.313	.542	48	15	0	1	3	6.3	9	10	3	8	1
On 3B < 2 Out		.400	.867	15	6	1	0	2	13.3	2	19	3	2	

Year	Team	Lg	Games	BA	SA	AB	H	2B	3B	HR	HR%	R	RBI	BB	SO	SB	PH AB	PH H	PO	A	E	DP	TC/G	FA	G by Pos
1990	BAL	A	12	.231	.231	39	9	0	0	0	0.0	3	1	8	7	0	0	0	11	20	4	2	2.9	.886	3B-12
1991			118	.233	.409	391	91	17	2	16	4.1	40	45	40	82	1	5	0	78	184	7	20	2.5	.974	3B-105, DH-10, 1B-3
2 yrs.			130	.233	.393	430	100	17	2	16	3.7	43	46	48	89	1	5	0	89	204	11	22	2.3	.964	3B-117, DH-10, 1B-3

Rene Gonzales

GONZALES, RENE ADRIAN
B. Sept. 23, 1960, Austin, Tex.
BR TR 6' 3" 180 lbs.

Year	Team	Lg	Games	BA	SA	AB	H	2B	3B	HR	HR%	R	RBI	BB	SO	SB	PH AB	PH H	PO	A	E	DP	TC/G	FA	G by Pos
1984	MON	N	29	.233	.267	30	7	1	0	0	0.0	5	2	2	5	0	0	0	17	28	2	5	1.6	.957	SS-27
1986			11	.115	.115	26	3	0	0	0	0.0	1	0	2	7	0	0	0	7	19	0	3	2.4	1.000	SS-6, 3B-5
1987	BAL	A	37	.267	.383	60	16	2	1	1	1.7	14	7	3	11	1	0	0	22	43	2	5	1.8	.970	3B-29, 2B-6, SS-1
1988			92	.215	.266	237	51	6	0	2	0.8	13	15	13	32	2	0	0	66	185	8	26	2.8	.969	3B-80, 2B-14, SS-2, 1B-1, OF-1
1989			71	.217	.259	166	36	4	0	1	0.6	16	11	12	30	5	2	0	103	146	7	37	3.6	.973	2B-54, 3B-17, SS-1
1990			67	.214	.291	103	22	3	1	1	0.9	13	12	12	14	1	0	0	68	114	2	23	2.9	.989	2B-43, 3B-16, SS-9, OF-1
1991	TOR	A	71	.195	.246	118	23	3	0	1	0.8	16	6	12	22	0	2	1	61	118	7	17	2.6	.962	SS-36, 3B-26, 2B-11, 1B-2
7 yrs.			378	.214	.269	740	158	19	2	6	0.8	78	53	56	121	9	4	1	344	653	28	116	2.7	.973	3B-173, 2B-128, SS-82, 1B-3, OF-2

LEAGUE CHAMPIONSHIP SERIES

Year	Team	Lg	Games	BA	SA	AB	H	2B	3B	HR	HR%	R	RBI	BB	SO	SB	PH AB	PH H	PO	A	E	DP	TC/G	FA	G by Pos
1991	TOR	A	2	.000	.000	0	0	0	0	0	0.0	0	0	0	0	0	0	0	2	0	0	0	1.0	1.000	1B-1, SS-1

Jose Gonzalez

GONZALEZ, JOSE RAFAEL
Born Jose Rafael Gonzalez y Gutierrez.
B. Nov. 23, 1964, Puerto Plata, Dominican Republic
BR TR 6' 3" 197 lbs.

Year	Team	Lg	Games	BA	SA	AB	H	2B	3B	HR	HR%	R	RBI	BB	SO	SB	PH AB	PH H	PO	A	E	DP	TC/G	FA	G by Pos
1985	LA	N	23	.273	.455	11	3	2	0	0	0.0	6	0	1	3	1	1	0	10	0	0	0	0.4	1.000	OF-18
1986			57	.215	.355	93	20	5	1	2	2.2	15	6	7	29	4	5	1	73	0	6	0	1.4	.924	OF-57
1987			19	.188	.313	16	3	0	0	0	0.0	2	1	1	2	5	2	0	19	1	0	0	1.1	1.000	OF-16
1988			37	.083	.125	24	2	1	0	0	0.0	7	0	2	10	3	9	2	15	0	1	0	0.4	.938	OF-24
1989			95	.268	.360	261	70	11	2	3	1.1	31	18	23	53	9	14	5	171	8	6	2	1.9	.968	OF-87
1990			106	.232	.404	99	23	5	3	2	2.0	15	8	6	27	3	21	3	62	1	0	0	0.8	1.000	OF-81
1991	3 teams		LA N (42G — .000)			PIT N (16G — .100)				CLE A (33G — .159)															
"	total		91	.111	.197	117	13	2	1	2	1.7	15	7	13	42	8	18	0	90	2	1	0	1.3	.989	OF-73
7 yrs.			428	.216	.327	621	134	28	7	9	1.4	91	40	53	166	33	70	11	440	12	14	2	1.1	.970	OF-356

LEAGUE CHAMPIONSHIP SERIES

Year	Team	Lg	Games	BA	SA	AB	H	2B	3B	HR	HR%	R	RBI	BB	SO	SB	PH AB	PH H	PO	A	E	DP	TC/G	FA	G by Pos
1988	LA	N	5	—	—	0	0	0	0	0	—	2	0	0	0	0	0	0	3	0	0	0	0.6	1.000	OF-4

PLAYER REGISTER

Year	Team		Games	BA	SA	AB	H	2B	3B	HR	HR%	R	RBI	BB	SO	SB	PINCH HIT AB	H	PO	A	E	DP	TC/G	FA	G by Pos

Jose Gonzalez Continued

WORLD SERIES

Year	Team		G	BA	SA	AB	H	2B	3B	HR	HR%	R	RBI	BB	SO	SB	AB	H	PO	A	E	DP	TC/G	FA	G by Pos
1988	LA	N	4	.000	.000	2	0	0	0	0	0.0	0	0	0	2	0	2	0	2	0	0	0	0.5	1.000	OF-3

Juan Gonzalez

GONZALEZ, JUAN ALBERTO
Born Juan Alberto Gonzalez y Vazquez.
B. Oct. 20, 1969, Arecibo, Puerto Rico
BR TR 6' 3" 175 lbs.

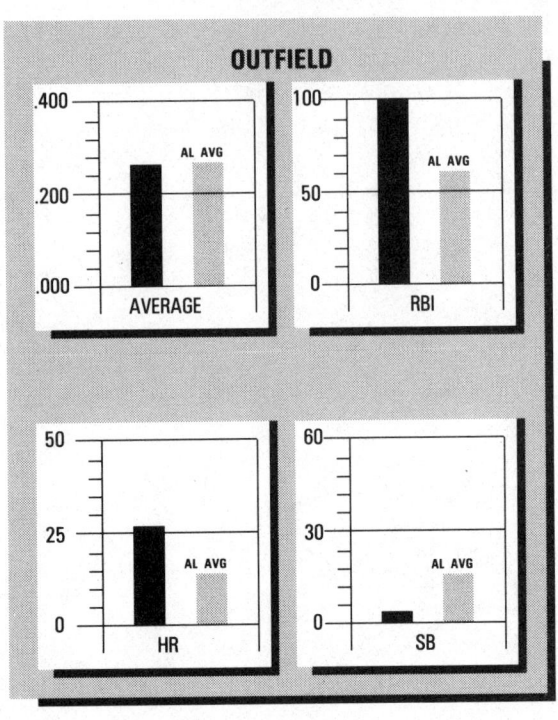

Split	G	BA	SA	AB	H	2B	3B	HR	HR%	R	RBI	BB	SO	SB
April	4	.429	.786	14	6	2	0	1	7.1	4	5	1	4	0
May	26	.327	.577	104	34	11	0	5	4.8	18	28	13	20	0
June	26	.255	.402	102	26	3	0	4	3.9	15	17	13	20	4
July	26	.256	.556	90	23	6	0	7	7.8	15	20	7	27	0
Aug	30	.304	.592	125	38	7	1	9	7.2	20	24	3	24	0
Sept/Oct	30	.155	.227	110	17	5	0	1	0.9	6	8	5	23	0
Day	22	.315	.584	89	28	7	1	5	5.6	16	23	6	16	2
Night	120	.254	.458	456	116	27	0	22	4.8	62	79	36	102	2
vs. Left		.299	.531	147	44	7	0	9	6.1	24	27	16	28	1
vs. Right		.251	.460	398	100	27	1	18	4.5	54	75	26	90	3
On Grass	119	.282	.493	444	125	28	0	22	5.0	66	83	34	94	3
On Turf	23	.188	.416	101	19	6	1	5	5.0	12	19	8	24	1
Home	73	.267	.408	262	70	16	0	7	2.7	37	40	19	62	1
Road	69	.261	.544	283	74	18	1	20	7.1	41	62	23	56	3
Division Rivals														
vs. CAL	13	.349	.465	43	15	2	0	1	2.3	5	5	6	9	0
vs. CHI	13	.216	.353	51	11	1	0	2	3.9	7	7	3	13	1
vs. KC	12	.255	.471	51	13	3	1	2	3.9	7	8	3	14	1
vs. MIN	12	.176	.294	51	9	3	0	1	2.0	4	9	1	14	0
vs. OAK	11	.200	.514	35	7	2	0	3	8.6	6	7	6	6	0
vs. SEA	11	.205	.341	44	9	3	0	1	2.3	4	7	6	5	1
On 3B < 2 Out		.458	.583	24	11	1	1	0	0.0	0	22	6	3	

Year	Team		G	BA	SA	AB	H	2B	3B	HR	HR%	R	RBI	BB	SO	SB	AB	H	PO	A	E	DP	TC/G	FA	G by Pos
1989	TEX	A	24	.150	.250	60	9	3	0	1	1.7	6	7	6	17	0	1	0	53	0	2	0	2.3	.964	OF-24
1990			25	.289	.522	90	26	7	1	4	4.4	11	12	2	18	0	3	1	33	0	0	0	2.1	1.000	OF-16, DH-9
1991			142	.264	.479	545	144	34	1	27	5.0	78	102	42	118	4	3	0	310	6	6	1	2.4	.981	OF-136, DH-4
3 yrs.			191	.258	.465	695	179	44	2	32	4.6	95	121	50	153	4	7	1	396	6	8	1	2.1	.980	OF-176, DH-13

Luis Gonzalez

GONZALEZ, LUIS EMILIO
B. Sept. 3, 1967, Tampa, Fla.
BL TR 6' 2" 180 lbs.

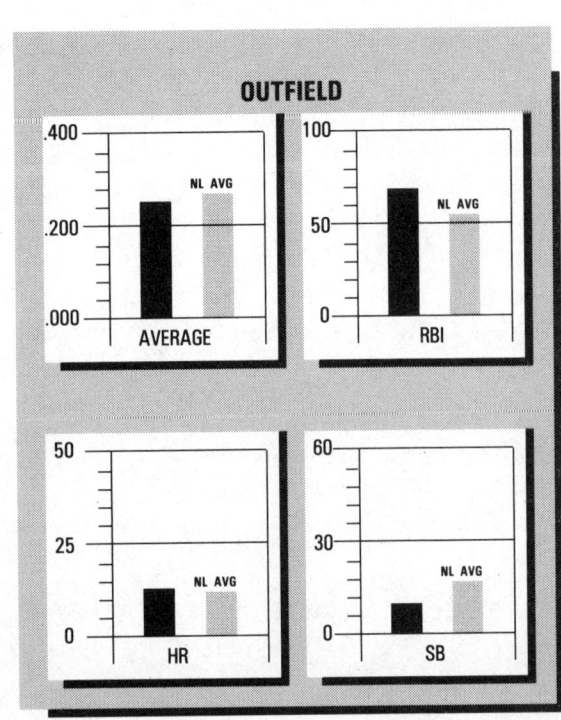

Split	G	BA	SA	AB	H	2B	3B	HR	HR%	R	RBI	BB	SO	SB
April	17	.148	.230	61	9	3	1	0	0.0	5	3	4	19	0
May	25	.287	.628	94	27	8	3	6	6.4	14	23	5	18	2
June	24	.224	.365	85	19	7	1	1	1.2	4	5	11	15	3
July	24	.274	.440	84	23	3	1	3	3.6	10	16	8	16	1
Aug	26	.250	.421	76	19	3	2	2	2.6	12	11	5	21	1
Sept/Oct	21	.315	.438	73	23	4	1	1	1.4	6	11	7	12	3
Day	32	.255	.445	110	28	6	0	5	4.5	13	14	12	21	5
Night	105	.253	.430	363	92	22	9	8	2.2	38	55	28	80	5
vs. Left		.172	.270	122	21	7	1	1	0.8	8	13	12	31	4
vs. Right		.282	.490	351	99	21	8	12	3.4	43	56	28	70	6
On Grass	42	.250	.426	148	37	6	1	6	4.1	15	25	12	35	2
On Turf	95	.255	.437	325	83	22	8	7	2.2	36	44	28	66	8
Home	69	.273	.445	227	62	15	6	4	1.8	25	32	20	41	5
Road	68	.236	.423	246	58	13	3	9	3.7	26	37	20	60	5
Division Rivals														
vs. ATL	13	.111	.156	45	5	2	0	0	0.0	3	1	5	9	1
vs. CIN	18	.203	.356	59	12	3	0	2	3.4	5	6	8	15	1
vs. LA	16	.255	.455	55	14	3	1	2	3.6	6	4	5	16	1
vs. SD	13	.289	.632	38	11	3	2	2	5.3	5	12	2	10	0
vs. SF	18	.329	.457	70	23	4	1	1	1.4	9	15	4	12	2
On 3B < 2 Out		.474	.737	19	9	2	0	1	5.3	1	20	3	5	

PLAYER REGISTER

Year	Team		Games	BA	SA	AB	H	2B	3B	HR	HR%	R	RBI	BB	SO	SB	PINCH HIT AB	PINCH HIT H	PO	A	E	DP	TC/G	FA	G by Pos

Luis Gonzalez *Continued*

Year	Team		Games	BA	SA	AB	H	2B	3B	HR	HR%	R	RBI	BB	SO	SB	PH AB	PH H	PO	A	E	DP	TC/G	FA	G by Pos
1990	HOU	N	12	.190	.286	21	4	2	0	0	0.0	1	0	2	5	0	5	1	22	10	0	1	5.3	1.000	3B-4, 1B-2
1991			137	.254	.433	473	120	28	9	13	2.7	51	69	40	101	10	5	1	294	6	5	1	2.3	.984	OF-133
2 yrs.			149	.251	.427	494	124	30	9	13	2.6	52	69	42	106	10	10	2	316	16	5	2	2.3	.985	OF-133, 3B-4, 1B-2

Tom Goodwin

GOODWIN, THOMAS JONES
B. July 27, 1968, Fresno, Calif.
BL TR 6' 1" 165 lbs.

Year	Team		Games	BA	SA	AB	H	2B	3B	HR	HR%	R	RBI	BB	SO	SB	PH AB	PH H	PO	A	E	DP	TC/G	FA	G by Pos
1991	LA	N	16	.143	.143	7	1	0	0	0	0.0	3	0	0	0	1	1	0	8	0	0	0	1.6	1.000	OF-5

Mark Grace

GRACE, MARK EUGENE
B. June 28, 1964, Winston-Salem, N. C.
BL TL 6' 2" 190 lbs.

Split	Games	BA	SA	AB	H	2B	3B	HR	HR%	R	RBI	BB	SO	SB
April	21	.268	.394	71	19	4	1	1	1.4	10	12	10	3	0
May	26	.286	.419	105	30	8	0	2	1.9	12	10	10	9	0
June	28	.276	.352	105	29	3	1	1	1.0	9	11	11	12	0
July	25	.248	.386	101	25	6	1	2	2.0	22	6	16	6	1
Aug	29	.336	.395	119	40	5	1	0	0.0	17	11	10	13	0
Sept/Oct	31	.220	.305	118	26	2	1	2	1.7	17	8	13	10	2
Day	82	.281	.393	313	88	12	1	7	2.2	52	38	32	30	2
Night	78	.265	.353	306	81	16	4	1	0.3	35	20	38	23	1
vs. Left		.270	.345	252	68	7	3	2	0.8	26	19	23	33	0
vs. Right		.275	.392	367	101	21	2	6	1.6	61	39	47	20	3
On Grass	115	.283	.386	453	128	22	2	7	1.5	72	41	49	42	1
On Turf	45	.247	.337	166	41	6	3	1	0.6	15	17	21	11	2
Home	83	.289	.398	322	93	18	1	5	1.6	57	32	38	28	1
Road	77	.256	.347	297	76	10	4	3	1.0	30	26	32	25	2
Division Rivals														
vs. MON	17	.250	.429	56	14	4	0	2	3.6	9	9	7	7	0
vs. NY	17	.356	.425	73	26	3	1	0	0.0	10	6	5	5	0
vs. PHI	18	.216	.257	74	16	1	1	0	0.0	7	4	13	9	0
vs. PIT	18	.246	.449	69	17	2	3	2	2.9	14	8	10	4	0
vs. STL	18	.265	.412	68	18	4	0	2	2.9	11	6	5	3	3
On 3B < 2 Out		.483	.621	29	14	1	0	1	3.4	1	31	4	1	

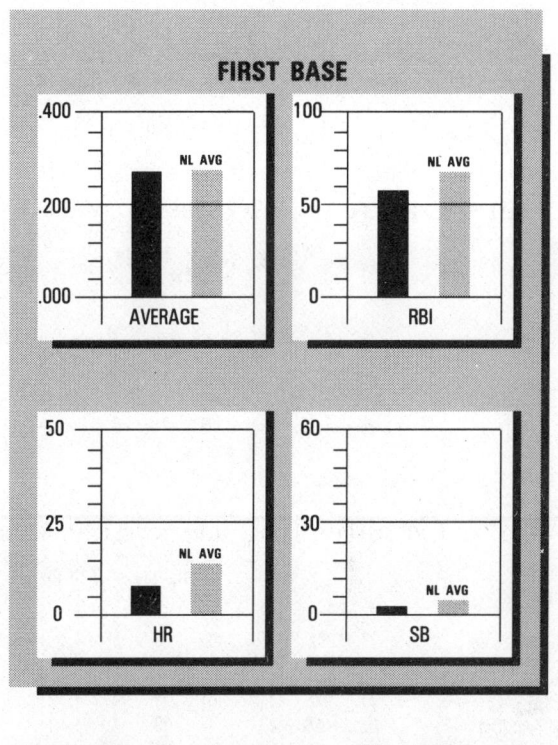

Year	Team		Games	BA	SA	AB	H	2B	3B	HR	HR%	R	RBI	BB	SO	SB	PH AB	PH H	PO	A	E	DP	TC/G	FA	G by Pos
1988	CHI	N	134	.296	.403	486	144	23	4	7	1.4	65	57	60	43	3	7	3	1182	87	17	91	9.6	.987	1B-133
1989			142	.314	.457	510	160	28	3	13	2.5	74	79	80	42	14	1	1	1230	126	6	93	9.6	.996	1B-142
1990			157	.309	.413	589	182	32	1	9	1.5	72	82	59	54	15	7	2	1324	180	12	116	9.9	.992	1B-153
1991			160	.273	.373	**619**	169	28	5	8	1.3	87	58	70	53	3	4	0	1520	167	8	106	10.6	.995	1B-160
4 yrs.			593	.297	.410	2204	655	111	13	37	1.7	298	276	269	192	35	19	6	5256	560	43	406	9.9	.993	1B-588

LEAGUE CHAMPIONSHIP SERIES

Year	Team		Games	BA	SA	AB	H	2B	3B	HR	HR%	R	RBI	BB	SO	SB	PH AB	PH H	PO	A	E	DP	TC/G	FA	G by Pos
1989	CHI	N	5	.647	1.118	17	11	3	1	1	5.9	3	8	4	1	1	0	0	44	3	0	1	9.4	1.000	1B-5

Craig Grebeck

GREBECK, CRAIG ALLEN
B. Dec. 29, 1964, Johnstown, Pa.
BR TR 5' 8" 160 lbs.

Split	Games	BA	SA	AB	H	2B	3B	HR	HR%	R	RBI	BB	SO	SB
April	7	.375	.750	8	3	0	0	1	12.5	3	1	2	0	0
May	14	.269	.346	26	7	2	0	0	0.0	1	4	0	5	0
June	22	.222	.422	45	10	3	0	2	4.4	5	5	4	8	0
July	16	.321	.643	28	9	1	1	2	7.1	8	4	4	4	1
Aug	20	.333	.476	42	14	4	1	0	0.0	9	6	5	8	0
Sept/Oct	28	.267	.413	75	20	6	1	1	1.3	11	11	23	15	0
Day	26	.323	.419	62	20	3	0	1	1.6	9	8	9	11	0
Night	81	.265	.475	162	43	13	3	5	3.1	28	23	29	29	1
vs. Left		.304	.539	115	35	8	2	5	4.3	16	21	20	22	0
vs. Right		.257	.376	109	28	8	1	1	0.9	21	10	18	18	1

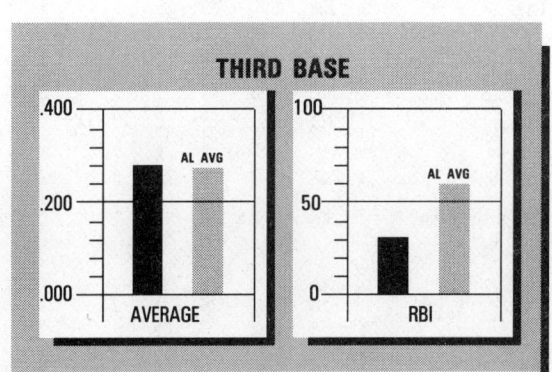

PLAYER REGISTER

Year	Team	Games	BA	SA	AB	H	2B	3B	HR	HR%	R	RBI	BB	SO	SB	PINCH HIT AB	PINCH HIT H	PO	A	E	DP	TC/G	FA	G by Pos

Craig Grebeck *Continued*

On Grass		90	.299	.492	177	53	15	2	5	2.8	31	29	33	31	1									
On Turf		17	.213	.340	47	10	1	1	1	2.1	6	2	5	9	0									
Home		55	.294	.450	109	32	8	0	3	2.8	17	12	19	19	1									
Road		52	.270	.470	115	31	8	3	3	2.6	20	19	19	21	0									
Division Rivals																								
vs. CAL		11	.192	.385	26	5	2	0	1	3.8	2	5	7	3	0									
vs. KC		11	.278	.389	18	5	2	0	0	0.0	3	2	2	4	0									
vs. MIN		10	.179	.214	28	5	1	0	0	0.0	3	0	6	7	1									
vs. OAK		9	.200	.267	15	3	1	0	0	0.0	2	2	3	3	0									
vs. SEA		12	.306	.472	36	11	4	1	0	0.0	6	1	5	5	0									
vs. TEX		12	.240	.600	25	6	1	1	2	8.0	5	8	9	6	0									
On 3B <2 Out			.667	1.500	6	4	2	0	1	16.7	1	11	4	0										
1990	CHI A	59	.168	.235	119	20	3	1	1	0.8	7	9	8	24	0	4	1	36	98	3	10	2.4	.978	3B-35, SS-16, 2B-6, DH-1
1991		107	.281	.460	224	63	16	3	6	2.7	37	31	38	40	1	14	3	104	183	10	34	2.9	.966	3B-49, 2B-36, SS-26
2 yrs.		166	.242	.382	343	83	19	4	7	2.0	44	40	46	64	1	18	4	140	281	13	44	2.6	.970	3B-84, 2B-42, SS-42, DH-1

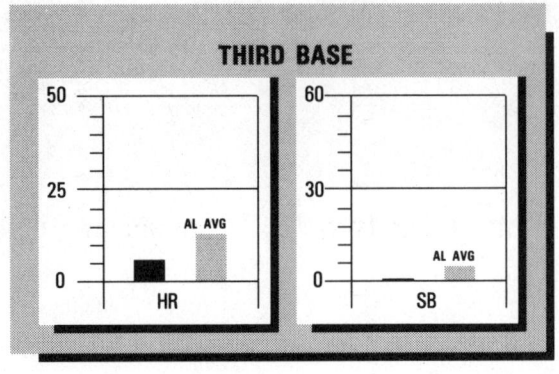

Gary Green

GREEN, GARY ALLAN
Son of Freddie Green.
B. Jan. 14, 1962, Pittsburgh, Pa.
BR TR 6' 3" 175 lbs.

1986	SD N	13	.212	.242	33	7	1	0	0	0.0	2	2	1	11	0	0	0	16	35	0	9	3.9	1.000	SS-13
1989		15	.259	.370	27	7	3	0	0	0.0	4	0	1	1	0	0	0	6	29	3	7	2.5	.921	SS-11, 3B-1
1990	TEX A	62	.216	.250	88	19	3	0	0	0.0	10	8	6	18	1	0	0	61	112	5	27	3.1	.972	SS-58
1991		8	.150	.200	20	3	1	0	0	0.0	0	1	1	6	0	0	0	10	20	1	5	3.9	.968	SS-8
4 yrs.		98	.214	.262	168	36	8	0	0	0.0	16	11	9	36	1	0	0	93	196	9	48	3.0	.970	SS-90, 3B-1

Mike Greenwell

GREENWELL, MICHAEL LEWIS
B. July 18, 1963, Louisville, Ky.
BL TR 6' 170 lbs.

April		18	.300	.529	70	21	3	2	3	4.3	10	8	8	4	2									
May		27	.282	.379	103	29	5	1	1	1.0	14	19	9	8	4									
June		26	.364	.424	99	36	3	0	1	1.0	17	14	6	6	4									
July		26	.266	.372	94	25	2	1	2	2.1	7	8	5	2	1									
Aug		27	.327	.436	101	33	6	1	1	1.0	14	21	8	8	2									
Sept/Oct		23	.247	.403	77	19	7	1	1	1.3	14	13	7	7	2									
Day		48	.298	.399	168	50	8	0	3	1.8	23	25	18	12	4									
Night		99	.301	.428	376	113	18	6	6	1.6	53	58	25	23	11									
vs. Left			.327	.476	168	55	9	2	4	2.4	26	34	8	12	4									
vs. Right			.287	.394	376	108	17	4	5	1.3	50	49	35	23	11									
On Grass		123	.299	.419	442	132	23	3	8	1.8	62	68	41	22	12									
On Turf		24	.304	.422	102	31	3	3	1	1.0	14	15	2	13	3									
Home		71	.302	.451	255	77	17	3	5	2.0	35	42	27	13	5									
Road		76	.298	.391	289	86	9	3	4	1.4	41	41	16	22	10									
Division Rivals																								
vs. BAL		12	.286	.429	42	12	3	0	1	2.4	7	5	2	3	1									
vs. CLE		12	.386	.500	44	17	5	0	0	0.0	7	7	5	0	2									
vs. DET		9	.171	.171	35	6	0	0	0	0.0	2	3	3	2	0									
vs. MIL		10	.353	.471	34	12	1	0	1	2.9	7	7	2	2	4									
vs. NY		10	.222	.361	36	8	2	0	1	2.8	6	5	4	1	2									
vs. TOR		13	.379	.603	58	22	3	2	2	3.4	8	11	1	4	2									
On 3B <2 Out			.500	.594	32	16	1	1	0	0.0	0	34	1	3										
1985	BOS A	17	.323	.742	31	10	1	1	4	12.9	7	8	3	4	1	1	0	14	0	0	0	0.8	1.000	OF-17
1986		31	.314	.371	35	11	2	0	0	0.0	4	4	5	7	0	12	2	18	1	0	1	0.6	1.000	OF-15, DH-3
1987		125	.328	.570	412	135	31	6	19	4.6	71	89	35	40	5	17	5	165	8	6	0	1.4	.966	OF-91, DH-15, C-1
1988		158	.325	.531	590	192	39	8	22	3.7	86	119	87	38	16	0	0	302	6	6	2	2.0	.981	OF-147, DH-11
1989		145	.308	.443	578	178	36	0	14	2.4	87	95	56	44	13	1	1	220	11	8	1	1.6	.967	OF-139, DH-5

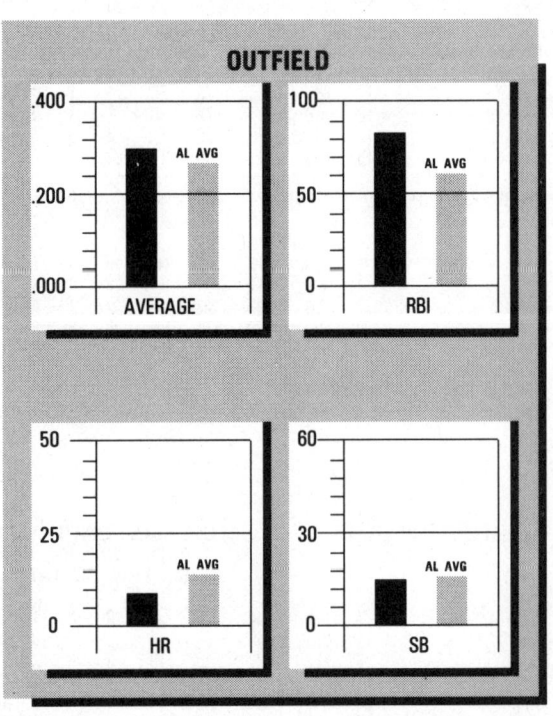

Year	Team	Games	BA	SA	AB	H	2B	3B	HR	HR%	R	RBI	BB	SO	SB	PINCH HIT AB	PINCH HIT H	PO	A	E	DP	TC/G	FA	G by Pos

Mike Greenwell *Continued*

Year	Team	Games	BA	SA	AB	H	2B	3B	HR	HR%	R	RBI	BB	SO	SB	PH AB	PH H	PO	A	E	DP	TC/G	FA	G by Pos
1990		159	.297	.434	610	181	30	6	14	2.2	71	73	65	43	8	1	0	287	13	7	1	1.9	.977	OF-159
1991		147	.300	.419	544	163	26	6	9	1.7	76	83	43	35	15	4	1	263	9	3	3	1.9	.989	OF-143, DH-1
7 yrs.		782	.311	.476	2800	870	165	26	82	2.9	402	471	294	211	58	36	9	1269	48	30	8	1.7	.978	OF-711, DH-35, C-1

LEAGUE CHAMPIONSHIP SERIES

Year	Team	Games	BA	SA	AB	H	2B	3B	HR	HR%	R	RBI	BB	SO	SB	PH AB	PH H	PO	A	E	DP	TC/G	FA	G by Pos
1986	BOS A	2	.500	.500	2	1	0	0	0	0.0	0	0	0	0	0	2	1	0	0	0	0	0.0	—	
1988		4	.214	.500	14	3	1	0	1	7.1	2	3	3	0	0	0	0	4	0	0	0	1.0	1.000	OF-4
1990		4	.000	.000	14	0	0	0	0	0.0	1	0	2	2	0	0	0	3	0	1	0	1.0	.750	OF-4
3 yrs.		10	.133	.267	30	4	1	0	1	3.3	3	3	5	2	0	2	1	7	0	1	0	0.8	.000	OF-8

WORLD SERIES

Year	Team	Games	BA	SA	AB	H	2B	3B	HR	HR%	R	RBI	BB	SO	SB	PH AB	PH H	PO	A	E	DP	TC/G	FA	G by Pos
1986	BOS A	4	.000	.000	3	0	0	0	0	0.0	0	0	1	2	0	3	0	0	0	0	0	0.0	—	

Tommy Gregg

GREGG, WILLIAM THOMAS
B. July 29, 1963, Boone, N. C.
BL TL 6′ 1″ 190 lbs.

Year	Team	Games	BA	SA	AB	H	2B	3B	HR	HR%	R	RBI	BB	SO	SB	PH AB	PH H	PO	A	E	DP	TC/G	FA	G by Pos
1987	PIT N	10	.250	.375	8	2	1	0	0	0.0	3	0	0	2	0	7	2	1	0	0	0	0.1	1.000	OF-4
1988	2 teams		PIT N	(14G — .200)		ATL N	(11G — .345)																	
"	total	25	.295	.455	44	13	4	0	1	2.3	5	7	3	6	0	12	2	26	1	0	1	1.1	1.000	OF-13
1989	ATL N	102	.243	.337	276	67	8	0	6	2.2	24	23	18	45	3	28	6	321	17	2	18	3.3	.994	OF-48, 1B-37
1990		124	.264	.389	239	63	13	1	5	2.0	18	32	20	39	4	51	18	356	34	6	31	5.7	.985	1B-50, OF-20
1991		72	.187	.308	107	20	8	1	1	0.9	13	4	12	24	2	39	9	121	9	0	6	5.2	1.000	OF-14, 1B-13
5 yrs.		333	.245	.359	674	165	34	2	13	1.9	63	66	53	116	9	137	37	825	61	8	56	2.7	.991	1B-100, OF-99

LEAGUE CHAMPIONSHIP SERIES

Year	Team	Games	BA	SA	AB	H	2B	3B	HR	HR%	R	RBI	BB	SO	SB	PH AB	PH H	PO	A	E	DP	TC/G	FA	G by Pos
1991	ATL N	4	.250	.250	4	1	0	0	0	0.0	0	0	0	2	0	4	1	0	0	0	0	0.0	1.000	

WORLD SERIES

Year	Team	Games	BA	SA	AB	H	2B	3B	HR	HR%	R	RBI	BB	SO	SB	PH AB	PH H	PO	A	E	DP	TC/G	FA	G by Pos
1991	ATL N	4	.000	.000	3	0	0	0	0	0.0	0	0	0	2	0	3	0	0	0	0	0	0.0	1.000	

Ken Griffey

GRIFFEY, GEORGE KENNETH, JR.
Son of Ken Griffey.
B. Nov. 21, 1969, Donora, Pa.
BL TL 6′ 3″ 195 lbs.

Split	Games	BA	SA	AB	H	2B	3B	HR	HR%	R	RBI	BB	SO	SB
April	21	.293	.427	75	22	4	0	2	2.7	7	7	9	12	3
May	27	.300	.511	90	27	7	0	4	4.4	12	15	13	14	3
June	25	.226	.333	84	19	6	0	1	1.2	8	10	13	16	0
July	23	.434	.735	83	36	8	1	5	6.0	16	25	9	11	3
Aug	28	.377	.660	106	40	12	0	6	5.7	19	17	14	13	5
Sept/Oct	30	.318	.473	110	35	5	0	4	3.6	14	26	13	16	4
Day	41	.322	.570	149	48	14	1	7	4.7	25	26	15	33	4
Night	113	.328	.511	399	131	28	0	15	3.8	51	74	56	49	14
vs. Left		.314	.472	159	50	10	0	5	3.1	20	26	20	30	1
vs. Right		.332	.550	389	129	32	1	17	4.4	56	74	51	52	17
On Grass	59	.277	.413	206	57	14	1	4	1.9	25	33	27	29	6
On Turf	95	.357	.596	342	122	28	0	18	5.3	51	67	44	53	12
Home	79	.365	.617	282	103	23	0	16	5.7	44	59	36	47	9
Road	75	.286	.432	266	76	19	1	6	2.3	32	41	35	35	9
Division Rivals														
vs. CAL	13	.378	.556	45	17	5	0	1	2.2	7	7	6	9	2
vs. CHI	13	.186	.326	43	8	0	0	2	4.7	5	7	3	6	1
vs. KC	12	.354	.646	48	17	2	0	4	8.3	7	13	6	7	2
vs. MIN	13	.367	.592	49	18	5	0	2	4.1	7	4	7	6	3
vs. OAK	13	.286	.592	49	14	3	0	4	8.2	7	10	4	5	1
vs. TEX	12	.278	.389	36	10	1	0	1	2.8	5	6	7	6	1
On 3B < 2 Out		.371	.771	35	13	5	0	3	8.6	3	34	5	9	

Year	Team	Games	BA	SA	AB	H	2B	3B	HR	HR%	R	RBI	BB	SO	SB	PH AB	PH H	PO	A	E	DP	TC/G	FA	G by Pos
1989	SEA A	127	.264	.420	455	120	23	0	16	3.5	61	61	44	83	16	3	1	302	12	10	6	2.6	.969	OF-127
1990		155	.300	.481	597	179	28	7	22	3.6	91	80	63	81	16	3	1	330	8	7	1	2.3	.980	OF-151, DH-2
1991		154	.327	.527	548	179	42	1	22	4.0	76	100	71	82	18	4	1	360	15	4	4	2.5	.989	OF-152, DH-1
3 yrs.		436	.299	.479	1600	478	93	8	60	3.8	228	241	178	246	50	10	3	992	35	21	11	2.4	.980	OF-430, DH-3

OUTFIELD — AVERAGE, RBI, HR, SB (vs. AL AVG)

PLAYER REGISTER

Year	Team		Games	BA	SA	AB	H	2B	3B	HR	HR%	R	RBI	BB	SO	SB	PINCH HIT AB	H	PO	A	E	DP	TC/G	FA	G by Pos

Ken Griffey

GRIFFEY, GEORGE KENNETH, SR.
Father of Ken Griffey.
B. Apr. 10, 1950, Donora, Pa.
BL TL 5' 11" 190 lbs.

Year	Team		Games	BA	SA	AB	H	2B	3B	HR	HR%	R	RBI	BB	SO	SB	PH AB	PH H	PO	A	E	DP	TC/G	FA	G by Pos
1973	CIN	N	25	.384	.570	86	33	5	1	3	3.5	19	14	6	10	4	3	2	25	1	0	0	1.0	1.000	OF-21
1974			88	.251	.361	227	57	9	5	2	0.9	24	19	27	43	9	15	4	115	5	0	1	1.4	1.000	OF-70
1975			132	.305	.402	463	141	15	9	4	0.9	95	46	67	67	16	10	2	202	6	7	0	1.6	.967	OF-119
1976			148	.336	.450	562	189	28	9	6	1.1	111	74	62	65	34	10	3	270	10	6	2	1.9	.979	OF-144
1977			154	.318	.467	585	186	35	8	12	2.1	117	57	69	84	17	4	1	298	10	3	3	2.0	.990	OF-147
1978			158	.288	.417	614	177	33	8	10	1.6	90	63	54	70	23	6	3	296	13	10	2	2.0	.969	OF-154
1979			95	.316	.471	380	120	27	4	8	2.1	62	32	36	39	12	1	1	175	8	3	1	2.0	.984	OF-93
1980			146	.294	.454	544	160	28	10	13	2.4	89	85	62	77	23	7	4	266	5	6	3	1.9	.978	OF-138
1981			101	.311	.409	396	123	21	6	2	0.5	65	34	39	42	12	1	0	268	8	3	1	2.8	.989	OF-99
1982	NY	A	127	.277	.407	484	134	23	2	12	2.5	70	54	39	58	10	7	1	282	8	5	2	2.3	.983	OF-125
1983			118	.306	.437	458	140	21	3	11	2.4	60	46	34	45	6	5	1	870	57	8	82	7.9	.991	1B-101, OF-14, DH-2
1984			120	.273	.381	399	109	20	1	7	1.8	44	56	29	32	2	18	5	422	22	16	23	3.8	.965	OF-82, 1B-27, DH-2
1985			127	.274	.425	438	120	28	4	10	2.3	68	69	41	51	7	18	2	227	8	7	3	1.9	.971	OF-110, DH-7, 1B-1
1986	2 teams			NY A	(59G — .303)		ATL N	(80G — .308)																	
"	total		139	.306	.492	490	150	22	3	21	4.3	69	58	35	67	14	19	8	232	7	5	2	1.8	.980	OF-128, DH-2, 1B-1
1987	ATL	N	122	.286	.456	399	114	24	1	14	3.5	65	64	46	54	4	18	11	205	8	2	3	1.8	.991	OF-107, 1B-3
1988	2 teams			ATL N	(69G — .249)		CIN N	(25G — .280)																	
"	total		94	.255	.329	243	62	6	0	4	1.6	26	23	19	31	1	31	5	193	16	4	9	2.3	.981	OF-42, 1B-21
1989	CIN	N	106	.263	.424	236	62	8	3	8	3.4	26	30	29	42	4	42	8	122	2	2	4	1.2	.984	OF-58, 1B-9
1990	2 teams			CIN N	(46G — .206)		SEA A	(21G — .377)																	
"	total		67	.300	.414	140	42	4	0	4	2.8	19	26	12	8	2	32	6	79	5	2	2	2.5	.977	OF-26, 1B-9
1991	SEA	A	30	.282	.400	85	24	7	0	1	1.2	10	9	13	13	0	5	4	31	0	0	0	1.2	1.000	OF-26, DH-1
19 yrs.			2097	.296	.431	7229	2143	364	77	152	2.1	1129	859	719	898	200	252	71	4578	199	89	143	2.3	.982	OF-1703, 1B-172, DH-14

LEAGUE CHAMPIONSHIP SERIES

Year	Team		G	BA	SA	AB	H	2B	3B	HR	HR%	R	RBI	BB	SO	SB	PH AB	PH H	PO	A	E	DP	TC/G	FA	G by Pos
1973	CIN	N	3	.143	.286	7	1	1	0	0	0.0	0	0	0	1	0	1	0	2	0	0	0	0.7	1.000	OF-2
1974			3	.333	.417	12	4	1	0	0	0.0	4	4	0	3	3	0	0	4	1	0	0	1.7	1.000	OF-3
1976			3	.385	.538	13	5	0	1	0	0.0	2	2	2	1	2	0	0	11	0	0	0	3.7	1.000	OF-3
3 yrs.			9	.313	.438	32	10	2	1	0	0.0	6	6	2	5	5	1	0	17	1	0	0	2.0	.000	OF-8

WORLD SERIES

Year	Team		G	BA	SA	AB	H	2B	3B	HR	HR%	R	RBI	BB	SO	SB	PH AB	PH H	PO	A	E	DP	TC/G	FA	G by Pos
1975	CIN	N	7	.269	.462	26	7	3	1	0	0.0	4	4	4	2	2	0	0	10	1	0	0	1.6	1.000	OF-7
1976			4	.059	.059	17	1	0	0	0	0.0	2	1	0	1	1	0	0	5	0	0	0	1.3	1.000	OF-4
2 yrs.			11	.186	.302	43	8	3	1	0	0.0	6	5	4	3	3	0	0	15	1	0	0	1.5	.000	OF-11

Alfredo Griffin

GRIFFIN, ALFREDO CLAUDINO
Born Alfredo Claudino Baptist y Griffin.
B. Oct. 6, 1957, Santo Domingo, Dominican Republic
BB TR 5' 11" 160 lbs.

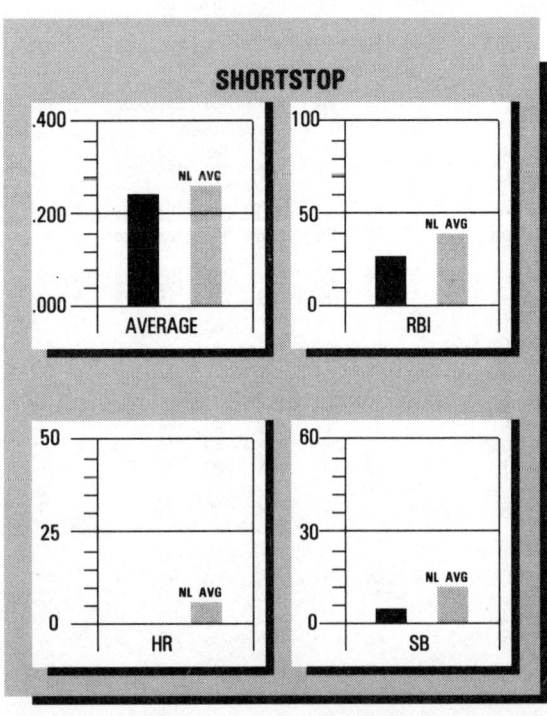

SHORTSTOP

Split	G	BA	SA	AB	H	2B	3B	HR	HR%	R	RBI	BB	SO	SB
April	18	.213	.213	61	13	0	0	0	0.0	1	3	1	9	1
May	13	.263	.342	38	10	1	1	0	0.0	6	5	6	4	0
June	26	.239	.250	88	21	1	0	0	0.0	7	8	3	13	0
July	26	.268	.329	82	22	3	1	0	0.0	9	6	6	13	2
Aug	4	.214	.214	14	3	0	0	0	0.0	0	1	1	2	1
Sept/Oct	22	.239	.254	67	16	1	0	0	0.0	4	6	5	8	1
Day	31	.284	.305	95	27	0	0	0	0.0	9	9	4	12	0
Night	78	.227	.259	255	58	6	1	0	0.0	18	18	18	37	5
vs. Left		.270	.291	148	40	1	1	0	0.0	15	9	10	19	2
vs. Right		.223	.257	202	45	5	1	0	0.0	12	18	12	30	3
On Grass	78	.237	.265	249	59	5	1	0	0.0	19	18	15	33	2
On Turf	31	.257	.287	101	26	1	1	0	0.0	8	9	7	16	3
Home	51	.203	.215	158	32	2	0	0	0.0	8	11	11	20	2
Road	58	.276	.318	192	53	4	2	0	0.0	19	16	11	29	3
Division Rivals														
vs. ATL	17	.264	.283	53	14	1	0	0	0.0	4	3	2	11	0
vs. CIN	11	.226	.290	31	7	0	1	0	0.0	4	6	5	2	0
vs. HOU	10	.235	.235	34	8	0	0	0	0.0	0	3	4	9	1
vs. SD	9	.344	.375	32	11	1	0	0	0.0	1	2	1	3	0
vs. SF	8	.179	.179	28	5	0	0	0	0.0	1	2	1	5	1
On 3B <2 Out		.333	.333	18	6	0	0	0	0.0	0	14	1	1	

PLAYER REGISTER 93

Year	Team		Games	BA	SA	AB	H	2B	3B	HR	HR%	R	RBI	BB	SO	SB	PINCH HIT AB	H	PO	A	E	DP	TC/G	FA	G by Pos

Alfredo Griffin Continued

Year	Team		Games	BA	SA	AB	H	2B	3B	HR	HR%	R	RBI	BB	SO	SB	PH AB	PH H	PO	A	E	DP	TC/G	FA	G by Pos
1976	CLE	A	12	.250	.250	4	1	0	0	0	0.0	0	0	0	2	0	0	0	1	2	1	0	0.3	.750	SS-6, DH-4
1977			14	.146	.171	41	6	1	0	0	0.0	5	3	3	5	2	0	0	17	30	3	6	3.6	.940	SS-13, DH-1
1978			5	.500	.750	4	2	1	0	0	0.0	1	0	2	1	0	0	0	4	7	1	5	2.4	.917	SS-2
1979	TOR	A	153	.287	.364	624	179	22	10	2	0.3	81	31	40	59	21	0	0	272	501	36	124	5.3	.956	SS-153
1980			155	.254	.349	653	166	26	15	2	0.3	63	41	24	58	18	0	0	295	489	37	126	5.3	.955	SS-155
1981			101	.209	.289	388	81	19	6	0	0.0	30	21	17	38	8	1	0	191	279	31	66	5.0	.938	SS-97, 3B-4, 2B-1
1982			162	.241	.314	539	130	20	8	1	0.2	57	48	22	48	10	0	0	319	479	26	92	5.1	.968	SS-162
1983			162	.250	.348	528	132	22	9	4	0.8	62	47	27	44	8	0	0	287	422	25	86	4.5	.966	SS-157, 2B-5, DH-1
1984			140	.241	.298	419	101	8	2	4	1.0	53	30	4	33	11	0	0	230	320	21	72	4.1	.963	SS-115, 2B-21, DH-5
1985	OAK	A	162	.270	.332	614	166	18	7	2	0.3	75	64	20	50	24	0	0	278	440	30	87	4.6	.960	SS-162
1986			162	.285	.364	594	169	23	6	4	0.7	74	51	35	52	33	0	0	282	421	25	85	4.5	.966	SS-162
1987			144	.263	.348	494	130	23	5	3	0.6	69	60	28	41	26	0	0	250	389	24	73	4.6	.964	SS-137, 2B-1
1988	LA	N	95	.199	.253	316	63	8	3	1	0.3	39	27	24	30	7	0	0	145	264	15	44	4.5	.965	SS-93
1989			136	.247	.308	506	125	27	2	0	0.0	49	29	29	57	10	5	1	208	333	14	69	4.1	.975	SS-131
1990			141	.210	.254	461	97	11	3	1	0.2	38	35	29	65	6	1	0	221	382	26	63	4.5	.959	SS-139
1991			109	.243	.271	350	85	6	2	0	0.0	27	27	22	49	5	0	0	186	349	22	45	5.1	.961	SS-109
16 yrs.			1853	.250	.321	6535	1633	235	78	24	0.4	723	514	326	632	189	7	1	3186	5107	337	1043	4.7	.961	SS-1793, 2B-28, DH-11, 3B-4

LEAGUE CHAMPIONSHIP SERIES
| 1988 | LA | N | 7 | .160 | .200 | 25 | 4 | 1 | 0 | 0 | 0.0 | 1 | 3 | 0 | 5 | 0 | 0 | 0 | 17 | 13 | 0 | 7 | 4.3 | 1.000 | SS-7 |

WORLD SERIES
| 1988 | LA | N | 5 | .188 | .188 | 16 | 3 | 0 | 0 | 0 | 0.0 | 2 | 0 | 2 | 4 | 0 | 0 | 0 | 7 | 13 | 1 | 2 | 4.2 | .952 | SS-5 |

Marquis Grissom

GRISSOM, MARQUIS DEON
B. Apr. 17, 1967, Atlanta, Ga.
BR TR 5' 11" 190 lbs.

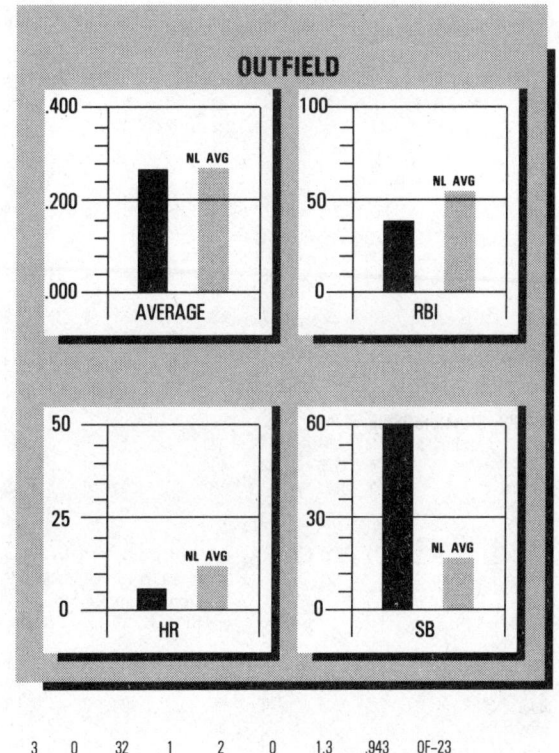
OUTFIELD

	Games	BA	SA	AB	H	2B	3B	HR	HR%	R	RBI	BB	SO	SB	PH AB	PH H	PO	A	E	DP	TC/G	FA	G by Pos
April	16	.229	.371	35	8	2	0	1	2.9	3	6	1	9	3									
May	27	.305	.466	118	36	5	1	4	3.4	21	9	10	19	18									
June	28	.268	.313	112	30	3	1	0	0.0	12	7	9	17	16									
July	23	.198	.242	91	18	2	1	0	0.0	12	7	7	18	10									
Aug	26	.242	.429	91	22	6	4	1	1.1	10	4	4	12	9									
Sept/Oct	28	.315	.396	111	35	5	2	0	0.0	15	6	3	14	20									
Day	40	.230	.349	152	35	5	2	3	2.0	21	18	11	33	15									
Night	108	.281	.382	406	114	18	7	3	0.7	52	21	23	56	61									
vs. Left		.284	.389	211	60	11	1	3	1.4	31	18	18	35	35									
vs. Right		.256	.363	347	89	12	8	3	0.9	42	21	16	54	41									
On Grass	44	.260	.326	181	47	3	3	1	0.6	21	12	7	27	24									
On Turf	104	.271	.395	377	102	20	6	5	1.3	52	27	27	62	52									
Home	63	.279	.373	233	65	7	3	3	1.3	31	18	15	41	35									
Road	85	.258	.372	325	84	16	6	3	0.9	42	21	19	48	41									
Division Rivals																							
vs. CHI	16	.293	.448	58	17	3	3	0	0.0	8	3	2	4	13									
vs. NY	18	.172	.190	58	10	1	0	0	0.0	3	1	2	13	5									
vs. PHI	18	.242	.364	66	16	4	2	0	0.0	9	1	5	12	9									
vs. PIT	13	.273	.409	44	12	4	1	0	0.0	10	2	4	10	6									
vs. STL	14	.395	.558	43	17	4	0	1	2.3	3	5	0	2	5									
On 3B <2 Out		.188	.188	16	3	0	0	0	0.0	0	6	2	5										
1989	MON	N	26	.257	.324	74	19	2	0	1	1.4	16	2	12	21	1	3	0	32	1	2	0	1.3	.943	OF-23
1990			98	.257	.351	288	74	14	2	3	1.0	42	29	27	40	22	21	6	165	5	2	0	2.0	.988	OF-87
1991			148	.267	.373	558	149	23	9	6	1.1	73	39	34	89	76	8	1	350	15	6	2	2.7	.984	OF-138
3 yrs.			272	.263	.362	920	242	39	11	10	1.1	131	70	73	150	99	32	7	547	21	10	2	2.1	.983	OF-248

PLAYER REGISTER

Kelly Gruber

GRUBER, KELLY WAYNE
B. Feb. 26, 1962, Houston, Tex.
BR TR 6' 175 lbs.

Split	Games	BA	SA	AB	H	2B	3B	HR	HR%	R	RBI	BB	SO	SB
April	20	.257	.419	74	19	1	1	3	4.1	7	11	7	13	2
May	1	.000	.000	2	0	0	0	0	0.0	0	0	1	1	0
June	15	.204	.407	54	11	2	0	3	5.6	8	5	6	9	1
July	18	.286	.486	70	20	2	0	4	5.7	9	13	5	14	1
Aug	29	.236	.418	110	26	8	0	4	3.6	16	13	7	14	4
Sept/Oct	30	.269	.479	119	32	5	1	6	5.0	18	23	5	19	4
Day	37	.304	.533	135	41	7	0	8	5.9	22	24	8	19	3
Night	76	.228	.401	294	67	11	2	12	4.1	36	41	23	51	9
vs. Left		.277	.527	112	31	4	0	8	7.1	13	18	8	15	1
vs. Right		.243	.413	317	77	14	2	12	3.8	45	47	23	55	11
On Grass	44	.247	.506	166	41	11	1	10	6.0	22	29	12	27	5
On Turf	69	.255	.403	263	67	7	1	10	3.8	36	36	19	43	7
Home	59	.262	.398	221	58	6	0	8	3.6	32	31	18	34	7
Road	54	.240	.490	208	50	12	2	12	5.8	26	34	13	36	5
Division Rivals														
vs. BAL	9	.250	.563	32	8	1	0	3	9.4	9	5	4	4	1
vs. BOS	13	.216	.392	51	11	4	1	1	2.0	3	3	3	6	1
vs. CLE	10	.324	.649	37	12	3	0	3	8.1	8	12	3	5	2
vs. DET	13	.226	.415	53	12	1	0	3	5.7	3	7	3	7	0
vs. MIL	12	.310	.452	42	13	0	0	2	4.8	8	8	3	7	3
vs. NY	9	.226	.355	31	7	4	0	0	0.0	4	4	4	6	1
On 3B <2 Out		.316	.474	19	6	3	0	0	0.0	0	19	7	6	

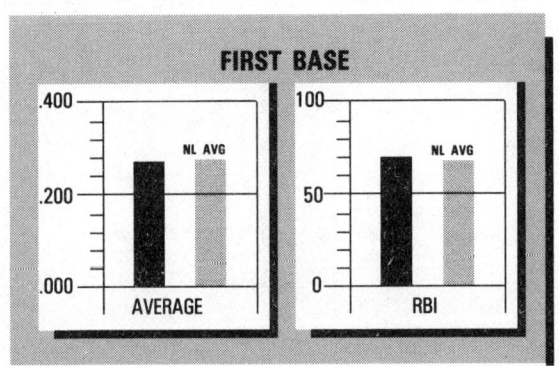

THIRD BASE

Year	Team		Games	BA	SA	AB	H	2B	3B	HR	HR%	R	RBI	BB	SO	SB	PINCH HIT AB	PINCH HIT H	PO	A	E	DP	TC/G	FA	G by Pos
1984	TOR	A	15	.063	.250	16	1	0	0	1	6.3	1	2	0	5	0	4	1	6	12	2	0	1.3	.900	3B-12, OF-2, SS-1
1985			5	.231	.231	13	3	0	0	0	0.0	0	1	0	3	0	1	1	2	6	0	0	1.6	1.000	3B-5, 2B-1
1986			87	.196	.343	143	28	4	1	5	3.5	20	15	5	27	2	9	2	43	77	7	8	1.5	.945	3B-42, DH-14, 2B-14, OF-9, SS-5
1987			138	.235	.399	341	80	14	3	12	3.5	50	36	17	70	12	16	2	76	200	13	19	2.1	.955	3B-119, SS-21, 2B-7, OF-2
1988			158	.278	.438	569	158	33	5	16	2.8	75	81	38	92	23	3	0	121	365	16	35	3.2	.968	3B-156, 2B-7, OF-2, SS-1
1989			135	.290	.448	545	158	24	4	18	3.3	83	73	30	60	10	1	1	121	295	22	16	3.2	.950	3B-119, OF-16, DH-1, SS-1
1990			150	.274	.512	592	162	36	6	31	5.2	92	118	48	94	14	2	1	129	280	19	21	2.9	.956	3B-145, OF-6, DH-1
1991			113	.252	.443	429	108	18	2	20	4.7	58	65	31	70	12	1	0	97	231	13	16	3.1	.962	3B-111, DH-2
8 yrs.			801	.264	.445	2648	698	129	21	103	3.9	379	391	169	421	73	37	8	595	1466	92	115	2.7	.957	3B-709, OF-37, 2B-29, SS-29, DH-18

LEAGUE CHAMPIONSHIP SERIES

Year	Team		Games	BA	SA	AB	H	2B	3B	HR	HR%	R	RBI	BB	SO	SB	PH AB	PH H	PO	A	E	DP	TC/G	FA	G by Pos
1989	TOR	A	5	.294	.353	17	5	1	0	0	0.0	2	1	3	2	1	0	0	4	8	0	1	2.4	1.000	3B-5
1991			5	.286	.333	21	6	1	0	0	0.0	1	4	0	4	1	0	0	3	6	3	0	2.4	.750	3B-5
2 yrs.			10	.289	.342	38	11	2	0	0	0.0	3	5	3	6	2	0	0	7	14	3	1	2.4	.875	3B-10

Pedro Guerrero

GUERRERO, PEDRO (Pete)
B. June 29, 1956, San Pedro de Macoris, Dominican Republic
BR TR 5' 11" 176 lbs.

Split	Games	BA	SA	AB	H	2B	3B	HR	HR%	R	RBI	BB	SO	SB
April	21	.278	.392	79	22	3	0	2	2.5	10	13	10	7	0
May	23	.300	.400	90	27	4	1	1	1.1	13	18	5	6	0
June	26	.244	.278	90	22	0	0	1	1.1	10	13	12	9	0
July	7	.367	.700	30	11	1	0	3	10.0	5	9	1	3	2
Aug	11	.175	.175	40	7	0	0	0	0.0	0	2	3	9	0
Sept/Oct	27	.276	.347	98	27	4	0	1	1.0	3	15	6	12	2
Day	33	.278	.400	115	32	3	1	3	2.6	21	19	12	10	1
Night	82	.269	.346	312	84	9	0	5	1.6	20	51	25	36	3
vs. Left		.256	.300	160	41	5	1	0	0.0	14	15	17	14	2
vs. Right		.281	.397	267	75	7	0	8	3.0	27	55	20	32	2

FIRST BASE

PLAYER REGISTER

Year	Team	Games	BA	SA	AB	H	2B	3B	HR	HR%	R	RBI	BB	SO	SB	PINCH HIT AB	PINCH HIT H	PO	A	E	DP	TC/G	FA	G by Pos

Pedro Guerrero *Continued*

Year	Team	Games	BA	SA	AB	H	2B	3B	HR	HR%	R	RBI	BB	SO	SB	PH AB	PH H	PO	A	E	DP	TC/G	FA	G by Pos
On Grass		31	.237	.263	118	28	1	1	0	0.0	14	10	9	14	1									
On Turf		84	.285	.398	309	88	11	0	8	2.6	27	60	28	32	3									
Home		61	.282	.370	216	61	7	0	4	1.9	19	42	21	23	2									
Road		54	.261	.351	211	55	5	1	4	1.9	22	28	16	23	2									
Division Rivals																								
vs. CHI		17	.354	.415	65	23	1	0	1	1.5	8	11	5	4	1									
vs. MON		13	.380	.640	50	19	4	0	3	6.0	4	12	2	4	1									
vs. NY		11	.293	.366	41	12	1	1	0	0.0	6	4	5	7	1									
vs. PHI		18	.277	.462	65	18	3	0	3	4.6	9	17	8	9	1									
vs. PIT		9	.242	.273	33	8	1	0	0	0.0	1	6	2	4	0									
On 3B <2 Out			.412	.559	34	14	2	0	1	2.9	1	28	5	3										
1978	LA N	5	.625	.875	8	5	0	1	0	0.0	3	1	0	0	0	1	1	25	1	0	0	5.2	1.000	1B-4
1979		25	.242	.371	62	15	2	0	2	3.2	7	9	1	14	2	7	3	53	4	1	1	2.3	.983	OF-12, 1B-8, 3B-3
1980		75	.322	.497	183	59	9	1	7	3.8	27	31	12	31	2	17	11	103	37	3	5	1.9	.979	OF-40, 2B-12, 3B-3, 1B-2
1981		98	.300	.464	347	104	17	2	12	3.5	46	48	34	57	5	4	1	165	55	11	5	2.4	.952	OF-75, 3B-21, 1B-1
1982		150	.304	.536	575	175	27	5	32	5.6	87	100	65	89	22	0	0	282	53	12	9	2.3	.965	OF-137, 3B-24
1983		160	.298	.531	584	174	28	6	32	5.5	87	103	72	110	23	1	1	130	308	31	22	2.9	.934	3B-157, 1B-2
1984		144	.303	.462	535	162	29	4	16	3.0	85	72	49	105	9	7	1	271	151	22	24	3.1	.950	3B-76, OF-58, 1B-16
1985		137	.320	**.577**	487	156	22	2	33	**6.8**	99	87	83	68	12	3	0	251	123	13	18	2.8	.966	OF-81, 3B-44, 1B-12
1986		31	.246	.541	61	15	3	0	5	8.2	7	10	2	19	0	17	3	39	1	0	4	1.3	1.000	OF-10, 1B-4
1987		152	.338	.539	545	184	25	2	27	5.0	89	89	74	85	9	4	0	482	44	12	30	3.5	.978	OF-109, 1B-40
1988	2 teams		LA N (59G — .298)			STL N (44G — .268)																		
"	total	103	.286	.418	364	104	14	2	10	2.7	40	65	46	59	4	1	0	466	99	12	26	5.6	.979	1B-52, 3B-45, OF-9
1989	STL N	162	.311	.477	570	177	**42**	1	17	3.0	60	117	79	84	2	1	1	1445	72	15	99	9.5	.990	1B-160
1990		136	.281	.426	498	140	31	1	13	2.6	42	80	44	70	1	3	1	1083	73	13	74	8.9	.989	1B-132
1991		115	.272	.361	427	116	12	1	8	1.9	41	70	37	46	4	3	2	953	66	16	73	9.2	.985	1B-112
14 yrs.		1493	.302	.485	5246	1586	261	28	214	4.1	720	882	598	837	95	69	25	5748	1087	161	390	4.7	.977	1B-545, OF-531, 3B-373, 2B-12

DIVISIONAL PLAYOFF SERIES

Year	Team	G	BA	SA	AB	H	2B	3B	HR	HR%	R	RBI	BB	SO	SB	PH AB	PH H	PO	A	E	DP	TC/G	FA	G by Pos
1981	LA N	5	.176	.412	17	3	1	0	1	5.9	1	1	2	4	1	0	0	3	15	0	0	3.6	1.000	3B-5

LEAGUE CHAMPIONSHIP SERIES

Year	Team	G	BA	SA	AB	H	2B	3B	HR	HR%	R	RBI	BB	SO	SB	PH AB	PH H	PO	A	E	DP	TC/G	FA	G by Pos
1981	LA N	5	.105	.263	19	2	0	0	1	5.3	1	2	1	4	0	0	0	0	9	2	1	2.2	1.000	OF-5
1983		4	.250	.500	12	3	1	1	0	0.0	1	2	3	3	0	0	0	0	9	0	1	2.3	1.000	3B-4
1985		6	.250	.300	20	5	1	0	0	0.0	2	4	5	2	2	0	0	11	0	0	0	1.8	1.000	OF-6
3 yrs.		15	.196	.333	51	10	2	1	1	2.0	4	8	9	9	2	0	0	11	18	2	2	2.1	.935	OF-11, 3B-4

WORLD SERIES

Year	Team	G	BA	SA	AB	H	2B	3B	HR	HR%	R	RBI	BB	SO	SB	PH AB	PH H	PO	A	E	DP	TC/G	FA	G by Pos
1981	LA N	6	.333	.762	21	7	1	1	2	9.5	2	7	2	6	0	0	0	17	1	0	0	3.0	1.000	OF-6

Ozzie Guillen

GUILLEN, OSWALDO JOSE
Born Oswaldo Jose Guillen y Barrios.
B. Jan. 20, 1964, Oculare del Tuy, Venezuela
BL TR 5' 11" 160 lbs.

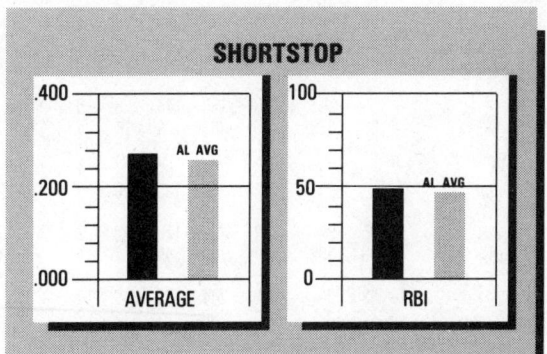

Split	G	BA	SA	AB	H	2B	3B	HR	HR%	R	RBI	BB	SO	SB
April	17	.283	.317	60	17	2	0	0	0.0	7	5	3	4	2
May	26	.289	.320	97	28	3	0	0	0.0	10	7	1	9	6
June	29	.250	.333	96	24	4	2	0	0.0	11	6	2	5	5
July	26	.242	.264	91	22	2	0	0	0.0	8	9	0	7	5
Aug	29	.266	.415	94	25	6	1	2	2.1	11	13	3	6	1
Sept/Oct	27	.314	.384	86	27	3	0	1	1.2	5	9	2	7	2
Day	39	.289	.352	142	41	4	1	1	0.7	14	10	4	9	5
Night	115	.267	.335	382	102	16	2	2	0.5	38	39	7	29	16
vs. Left		.211	.248	161	34	3	0	1	0.6	9	9	1	15	2
vs. Right		.300	.380	363	109	17	3	2	0.6	43	40	10	23	19

Year	Team	Games	BA	SA	AB	H	2B	3B	HR	HR%	R	RBI	BB	SO	SB	PINCH HIT AB	PINCH HIT H	PO	A	E	DP	TC/G	FA	G by Pos

Ozzie Guillen *Continued*

On Grass		133	.274	.347	449	123	18	3	3	0.7	48	44	11	34	17									
On Turf		21	.267	.293	75	20	2	0	0	0.0	4	5	0	4	4									
Home		78	.287	.364	247	71	10	3	1	0.4	25	29	4	21	10									
Road		76	.260	.318	277	72	10	0	2	0.7	27	20	7	17	11									
Division Rivals																								
vs. CAL		12	.310	.333	42	13	1	0	0	0.0	4	2	0	3	2									
vs. KC		13	.311	.489	45	14	3	1	1	2.2	6	6	1	1	1									
vs. MIN		12	.351	.378	37	13	1	0	0	0.0	2	3	0	2	1									
vs. OAK		13	.326	.370	46	15	2	0	0	0.0	5	6	1	4	2									
vs. SEA		10	.148	.185	27	4	1	0	0	0.0	1	2	1	1	0									
vs. TEX		13	.262	.333	42	11	1	1	0	0.0	5	2	1	3	3									
On 3B < 2 Out			.333	.571	21	7	2	0	1	4.8	1	22	0	2										
1985	CHI A	150	.273	.358	491	134	21	9	1	0.2	71	33	12	36	7	13	1	220	382	12	80	4.1	.980	SS-150
1986		159	.250	.311	547	137	19	4	2	0.4	58	47	12	52	8	2	0	261	459	22	93	4.7	.970	SS-157, DH-1
1987		149	.279	.354	560	156	22	7	2	0.4	64	51	22	52	25	2	1	266	475	19	105	5.1	.975	SS-149
1988		156	.261	.314	566	148	16	7	0	0.0	58	39	25	40	25	0	0	273	570	20	115	5.5	.977	SS-156
1989		155	.253	.318	597	151	20	8	1	0.2	63	54	15	48	36	0	0	272	512	22	106	5.2	.973	SS-155
1990		160	.279	.341	516	144	21	4	1	0.1	61	58	26	37	13	2	0	252	474	17	100	4.7	.977	SS-159
1991		154	.273	.340	524	143	20	3	3	0.6	52	49	11	38	21	6	1	249	439	21	88	4.8	.970	SS-149
7 yrs.		1083	.267	.333	3801	1013	139	42	10	0.3	427	331	123	303	135	25	3	1793	3311	133	687	4.8	.975	SS-1075, DH-1

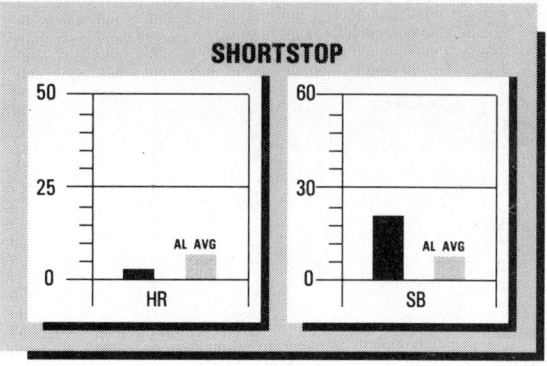

Chris Gwynn

GWYNN, CHRISTOPHER KARLTON
Brother of Tony Gwynn.
B. Oct. 13, 1964, Los Angeles, Calif.
BL TL 6' 200 lbs.

Year	Team	Games	BA	SA	AB	H	2B	3B	HR	HR%	R	RBI	BB	SO	SB	PH AB	PH H	PO	A	E	DP	TC/G	FA	G by Pos
1987	LA N	17	.219	.250	32	7	1	0	0	0.0	2	2	1	7	0	6	0	12	0	0	0	0.7	1.000	OF-10
1988		12	.182	.182	11	2	0	0	0	0.0	1	0	1	2	0	9	2	0	0	0	0	0.0	—	OF-4
1989		32	.235	.324	68	16	4	1	0	0.0	8	7	2	9	1	14	3	26	1	0	1	0.8	1.000	OF-19
1990		101	.284	.418	141	40	2	1	5	3.5	19	22	7	28	0	56	13	39	1	0	0	0.9	1.000	OF-44
1991		94	.252	.410	139	35	5	1	5	3.6	18	22	10	23	1	56	13	37	2	0	0	1.0	1.000	OF-41
5 yrs.		256	.256	.379	391	100	12	3	10	2.6	48	53	21	69	2	141	31	114	4	0	1	0.5	.000	OF-118

Tony Gwynn

GWYNN, ANTHONY KEITH
Brother of Chris Gwynn.
B. May 9, 1960, Los Angeles, Calif.
BL TL 5' 11" 185 lbs.

	Games	BA	SA	AB	H	2B	3B	HR	HR%	R	RBI	BB	SO	SB
April	21	.341	.463	82	28	4	3	0	0.0	10	13	6	3	0
May	28	.362	.560	116	42	9	4	2	1.7	18	21	8	3	1
June	28	.364	.436	110	40	6	1	0	0.0	17	12	3	4	3
July	24	.253	.305	95	24	3	1	0	0.0	10	5	6	4	3
Aug	27	.288	.423	104	30	4	2	2	1.9	12	11	10	5	1
Sept/Oct	6	.174	.217	23	4	1	0	0	0.0	2	0	1	0	0
Day	39	.293	.413	150	44	6	6	0	0.0	18	15	9	4	4
Night	95	.326	.439	380	124	21	5	4	1.1	51	47	25	15	4
vs. Left		.294	.393	211	62	7	4	2	0.9	29	19	13	7	2
vs. Right		.332	.458	319	106	20	7	2	0.6	40	43	21	12	6
On Grass	95	.321	.437	371	119	20	7	3	0.8	51	37	29	16	5
On Turf	39	.308	.421	159	49	7	4	1	0.6	18	25	5	3	3
Home	63	.307	.406	244	75	13	4	1	0.4	32	21	17	12	5
Road	71	.325	.455	286	93	14	7	3	1.0	37	41	17	7	3
Division Rivals														
vs. ATL	16	.418	.701	67	28	7	3	2	3.0	8	9	2	2	0
vs. CIN	12	.313	.333	48	15	1	0	0	0.0	4	6	3	4	1
vs. HOU	16	.295	.426	61	18	4	2	0	0.0	10	12	8	2	2
vs. LA	12	.375	.438	48	18	3	0	0	0.0	5	6	1	3	2
vs. SF	12	.333	.500	48	16	2	3	0	0.0	6	6	6	1	0
On 3B < 2 Out		.381	.381	21	8	0	0	0	0.0	0	21	4	0	

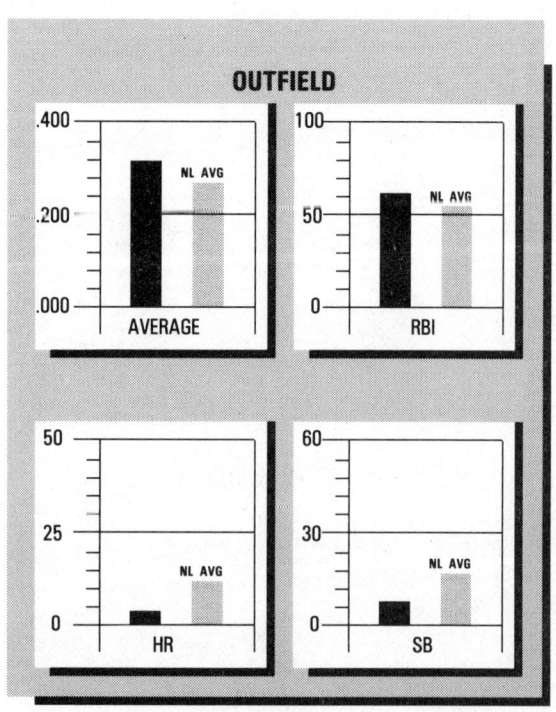

Year	Team	Games	BA	SA	AB	H	2B	3B	HR	HR%	R	RBI	BB	SO	SB	PINCH HIT AB	PINCH HIT H	PO	A	E	DP	TC/G	FA	G by Pos

Tony Gwynn Continued

Year	Team		Games	BA	SA	AB	H	2B	3B	HR	HR%	R	RBI	BB	SO	SB	AB	H	PO	A	E	DP	TC/G	FA	G by Pos
1982	SD	N	54	.289	.389	190	55	12	2	1	0.5	33	17	14	16	8	4	1	110	1	1	0	2.1	.991	OF-52
1983			86	.309	.372	304	94	12	2	1	0.3	34	37	23	21	7	6	1	163	9	1	1	2.0	.994	OF-81
1984			158	.351	.444	606	213	21	10	5	0.8	88	71	59	23	33	2	1	345	11	4	4	2.3	.989	OF-156
1985			154	.317	.408	622	197	29	5	6	1.0	90	46	45	33	14	2	0	337	14	4	2	2.3	.989	OF-152
1986			160	.329	.467	642	211	33	7	14	2.2	**107**	59	52	35	37	1	0	337	19	4	3	2.3	.989	OF-160
1987			157	**.370**	.511	589	218	36	13	7	1.2	119	54	82	35	56	2	1	298	13	6	1	2.0	.981	OF-156
1988			133	**.313**	.415	521	163	22	5	7	1.3	64	70	51	40	26	0	0	264	8	5	1	2.1	.982	OF-133
1989			158	**.336**	.424	604	203	27	7	4	0.7	82	62	56	30	40	0	0	353	13	6	1	2.4	.984	OF-157
1990			141	.309	.415	573	177	29	10	4	0.6	79	72	44	23	17	0	0	327	11	5	2	2.4	.985	OF-141
1991			134	.317	.432	530	168	27	11	4	0.8	69	62	34	19	8	1	0	291	8	3	2	2.3	.990	OF-134
10 yrs.			1335	.328	.434	5181	1699	248	72	53	1.0	765	550	460	275	246	18	4	2825	107	39	17	2.2	.987	OF-1322

LEAGUE CHAMPIONSHIP SERIES

| 1984 | SD | N | 5 | .368 | .526 | 19 | 7 | 3 | 0 | 0 | 0.0 | 6 | 3 | 1 | 2 | 0 | 0 | 0 | 9 | 0 | 0 | 0 | 1.8 | 1.000 | OF-5 |

WORLD SERIES

| 1984 | SD | N | 5 | .263 | .263 | 19 | 5 | 0 | 0 | 0 | 0.0 | 1 | 0 | 3 | 2 | 1 | 0 | 0 | 12 | 1 | 1 | 1 | 2.8 | .929 | OF-5 |

Mel Hall

HALL, MELVIN, JR.
B. Sept. 16, 1960, Lyons, N. Y.
BL TL 6' 185 lbs.

		Games	BA	SA	AB	H	2B	3B	HR	HR%	R	RBI	BB	SO	SB
April		14	.176	.353	34	6	3	0	1	2.9	6	8	0	3	0
May		24	.297	.622	74	22	3	0	7	9.5	13	18	2	6	0
June		24	.333	.500	84	28	5	0	3	3.6	13	14	7	8	0
July		24	.353	.506	85	30	4	0	3	3.5	14	17	4	8	0
Aug		31	.300	.475	120	36	5	2	4	3.3	15	18	8	7	0
Sept/Oct		24	.189	.253	95	18	3	0	1	1.1	6	5	5	8	0
Day		49	.298	.485	171	51	6	1	8	4.7	25	36	12	11	0
Night		92	.277	.439	321	89	17	1	11	3.4	42	44	14	29	0
vs. Left			.309	.444	162	50	5	1	5	3.1	17	27	9	9	0
vs. Right			.273	.461	330	90	18	1	14	4.2	50	53	17	31	0
On Grass		120	.283	.460	424	120	17	2	18	4.2	62	73	21	29	0
On Turf		21	.294	.426	68	20	6	0	1	1.5	5	7	5	11	0
Home		71	.273	.478	245	67	9	1	13	5.3	42	48	16	17	0
Road		70	.296	.433	247	73	14	1	6	2.4	25	32	10	23	0
Division Rivals															
vs. BAL		8	.231	.577	26	6	0	0	3	11.5	8	6	3	3	0
vs. BOS		12	.277	.574	47	13	2	0	4	8.5	8	11	4	4	0
vs. CLE		10	.286	.371	35	10	0	0	1	2.9	3	5	2	4	0
vs. DET		11	.275	.500	40	11	1	1	2	5.0	7	11	4	4	0
vs. MIL		11	.190	.262	42	8	3	0	0	0.0	4	5	3	1	0
vs. TOR		12	.289	.444	45	13	1	0	2	4.4	6	5	3	3	0
On 3B <2 Out			.233	.300	30	7	2	0	0	0.0	0	27	3	0	

Year	Team		Games	BA	SA	AB	H	2B	3B	HR	HR%	R	RBI	BB	SO	SB	AB	H	PO	A	E	DP	TC/G	FA	G by Pos
1981	CHI	N	10	.091	.364	11	1	0	0	1	9.1	1	2	1	4	0	7	1	0	0	0	0	0.0	—	OF-3
1982			24	.263	.350	80	21	3	2	0	0.0	6	4	5	17	0	1	0	42	4	3	1	2.0	.939	OF-22
1983			112	.283	.488	410	116	23	5	17	4.1	60	56	42	101	6	2	1	239	8	3	2	2.2	.988	OF-112
1984	2 teams		CHI N (48G — .280)			CLE A (83G — .257)																			
"	total		131	.265	.425	407	108	24	4	11	2.7	68	52	47	78	3	14	3	212	8	4	2	1.7	.982	OF-115, DH-9
1985	CLE	A	23	.318	.409	66	21	6	0	0	0.0	7	12	8	12	0	6	2	18	0	0	0	0.8	1.000	OF-15, DH-5
1986			140	.296	.493	442	131	29	2	18	4.1	68	77	33	65	6	19	6	233	7	7	1	1.8	.972	OF-126, DH-7
1987			142	.280	.439	485	136	21	1	18	3.7	57	76	20	68	5	17	2	264	3	3	2	1.9	.989	OF-122, DH-14
1988			150	.280	.392	515	144	32	4	6	1.2	69	71	28	50	7	11	4	288	3	10	1	2.0	.967	OF-141, DH-6
1989	NY	A	113	.260	.427	361	94	9	0	17	4.7	54	58	21	37	0	16	4	141	3	1	2	1.3	.993	OF-75, DH-34
1990			113	.258	.433	360	93	23	2	12	3.3	41	46	6	46	0	15	3	70	2	2	0	1.5	.973	DH-54, OF-50
1991			141	.285	.455	492	140	23	2	19	3.9	67	80	26	40	0	14	4	221	8	3	2	1.9	.987	OF-120, DH-10
11 yrs.			1099	.277	.441	3629	1005	193	22	119	3.3	498	534	237	518	27	122	30	1728	46	36	13	1.6	.980	OF-901, DH-139

OUTFIELD

AVERAGE — AL AVG
RBI — AL AVG
HR — AL AVG
SB — AL AVG

PLAYER REGISTER

Year	Team		Games	BA	SA	AB	H	2B	3B	HR	HR%	R	RBI	BB	SO	SB	PINCH HIT AB	PINCH HIT H	PO	A	E	DP	TC/G	FA	G by Pos

Darryl Hamilton

HAMILTON, DARRYL QUINN
B. Dec. 3, 1963, Baton Rouge, La.
BL TR 6' 1" 180 lbs.

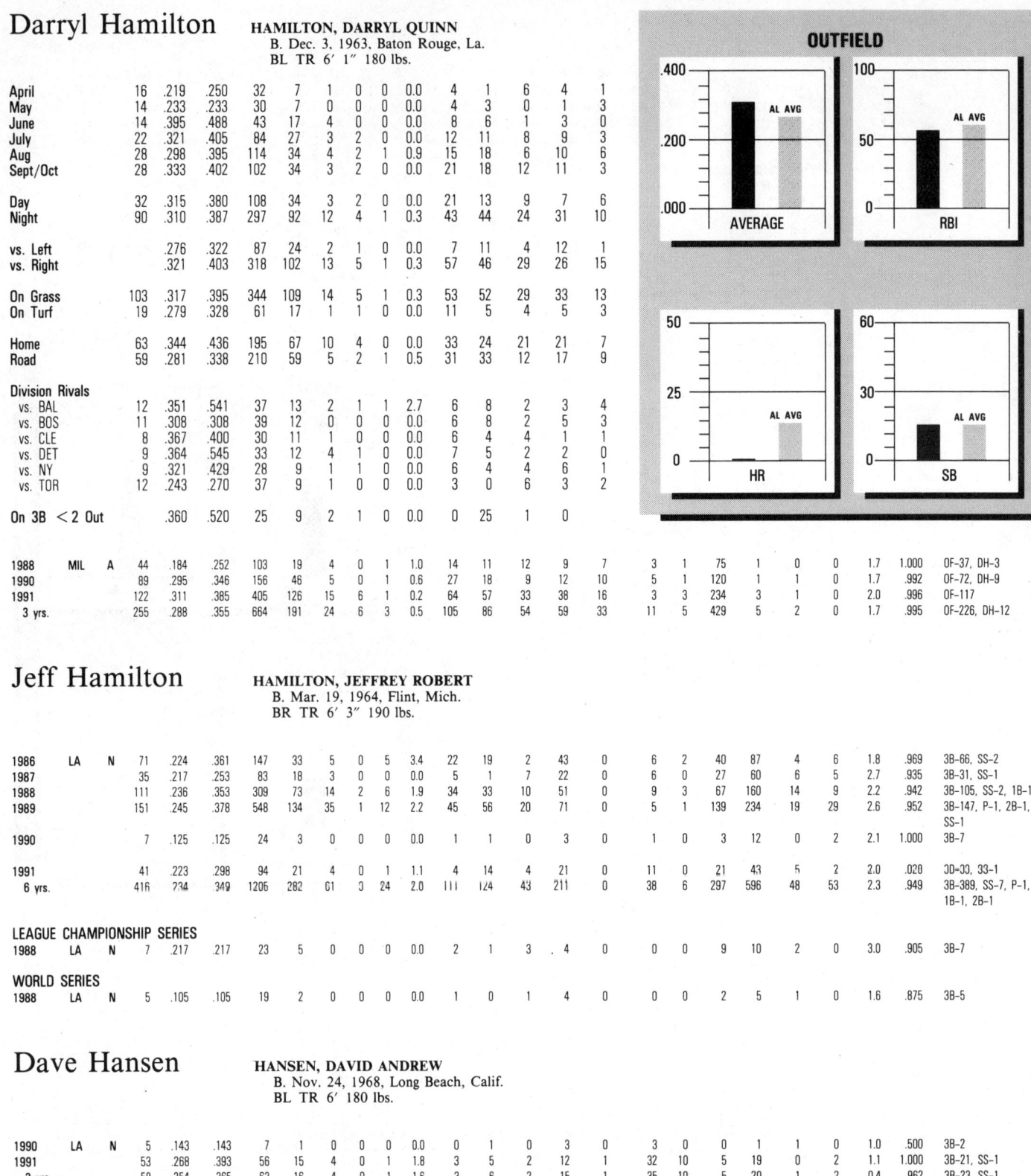
OUTFIELD — AVERAGE, RBI, HR, SB (AL AVG comparisons)

Split			Games	BA	SA	AB	H	2B	3B	HR	HR%	R	RBI	BB	SO	SB	PH AB	PH H	PO	A	E	DP	TC/G	FA	G by Pos
April			16	.219	.250	32	7	1	0	0	0.0	4	1	6	4	1									
May			14	.233	.233	30	7	0	0	0	0.0	4	3	0	1	3									
June			14	.395	.488	43	17	4	0	0	0.0	8	6	1	3	0									
July			22	.321	.405	84	27	3	2	0	0.0	12	11	8	9	3									
Aug			28	.298	.395	114	34	4	2	1	0.9	15	18	6	10	6									
Sept/Oct			28	.333	.402	102	34	3	2	0	0.0	21	18	12	11	3									
Day			32	.315	.380	108	34	3	2	0	0.0	21	13	9	7	6									
Night			90	.310	.387	297	92	12	4	1	0.3	43	44	24	31	10									
vs. Left				.276	.322	87	24	2	1	0	0.0	7	11	4	12	1									
vs. Right				.321	.403	318	102	13	5	1	0.3	57	46	29	26	15									
On Grass			103	.317	.395	344	109	14	5	1	0.3	53	52	29	33	13									
On Turf			19	.279	.328	61	17	1	1	0	0.0	11	5	4	5	3									
Home			63	.344	.436	195	67	10	4	0	0.0	33	24	21	21	7									
Road			59	.281	.338	210	59	5	2	1	0.5	31	33	12	17	9									
Division Rivals																									
vs. BAL			12	.351	.541	37	13	2	1	1	2.7	6	8	2	3	4									
vs. BOS			11	.308	.308	39	12	0	0	0	0.0	6	8	2	5	3									
vs. CLE			8	.367	.400	30	11	1	0	0	0.0	6	4	4	1	1									
vs. DET			9	.364	.545	33	12	4	1	0	0.0	7	5	2	2	0									
vs. NY			9	.321	.429	28	9	1	1	0	0.0	6	4	4	6	1									
vs. TOR			12	.243	.270	37	9	1	0	0	0.0	3	0	6	3	2									
On 3B < 2 Out				.360	.520	25	9	2	1	0	0.0	0	25	1	0										
1988	MIL	A	44	.184	.252	103	19	4	0	1	1.0	14	11	12	9	7	3	1	75	1	0	0	1.7	1.000	OF-37, DH-3
1990			89	.295	.346	156	46	5	0	1	0.6	27	18	9	12	10	5	1	120	1	1	0	1.7	.992	OF-72, DH-9
1991			122	.311	.385	405	126	15	6	1	0.2	64	57	33	38	16	3	3	234	3	1	0	2.0	.996	OF-117
3 yrs.			255	.288	.355	664	191	24	6	3	0.5	105	86	54	59	33	11	5	429	5	2	0	1.7	.995	OF-226, DH-12

Jeff Hamilton

HAMILTON, JEFFREY ROBERT
B. Mar. 19, 1964, Flint, Mich.
BR TR 6' 3" 190 lbs.

Year	Team		Games	BA	SA	AB	H	2B	3B	HR	HR%	R	RBI	BB	SO	SB	PH AB	PH H	PO	A	E	DP	TC/G	FA	G by Pos
1986	LA	N	71	.224	.361	147	33	5	0	5	3.4	22	19	2	43	0	6	2	40	87	4	6	1.8	.969	3B-66, SS-2
1987			35	.217	.253	83	18	3	0	0	0.0	5	1	7	22	0	6	0	27	60	6	5	2.7	.935	3B-31, SS-1
1988			111	.236	.353	309	73	14	2	6	1.9	34	33	10	51	0	9	3	67	160	14	9	2.2	.942	3B-105, SS-2, 1B-1
1989			151	.245	.378	548	134	35	1	12	2.2	45	56	20	71	0	5	1	139	234	19	29	2.6	.952	3B-147, P-1, 2B-1, SS-1
1990			7	.125	.125	24	3	0	0	0	0.0	1	1	0	3	0	1	0	3	12	0	2	2.1	1.000	3B-7
1991			41	.223	.298	94	21	4	0	1	1.1	4	14	4	21	0	11	0	21	43	5	2	2.0	.928	3B-33, SS-1
6 yrs.			416	.234	.349	1206	282	61	3	24	2.0	111	124	43	211	0	38	6	297	596	48	53	2.3	.949	3B-389, SS-7, P-1, 1B-1, 2B-1

LEAGUE CHAMPIONSHIP SERIES

1988	LA	N	7	.217	.217	23	5	0	0	0	0.0	2	1	3	4	0	0	0	9	10	2	0	3.0	.905	3B-7

WORLD SERIES

1988	LA	N	5	.105	.105	19	2	0	0	0	0.0	1	0	1	4	0	0	0	2	5	1	0	1.6	.875	3B-5

Dave Hansen

HANSEN, DAVID ANDREW
B. Nov. 24, 1968, Long Beach, Calif.
BL TR 6' 180 lbs.

Year	Team		Games	BA	SA	AB	H	2B	3B	HR	HR%	R	RBI	BB	SO	SB	PH AB	PH H	PO	A	E	DP	TC/G	FA	G by Pos
1990	LA	N	5	.143	.143	7	1	0	0	0	0.0	0	1	0	3	0	3	0	0	1	1	0	1.0	.500	3B-2
1991			53	.268	.393	56	15	4	0	1	1.8	3	5	2	12	1	32	10	5	19	0	2	1.1	1.000	3B-21, SS-1
2 yrs.			58	.254	.365	63	16	4	0	1	1.6	3	6	2	15	1	35	10	5	20	1	2	0.4	.962	3B-23, SS-1

Shawn Hare

HARE, SHAWN ROBERT
B. Mar. 26, 1967, St. Louis, Mo.
BL TL 6' 2" 190 lbs.

Year	Team		Games	BA	SA	AB	H	2B	3B	HR	HR%	R	RBI	BB	SO	SB	PH AB	PH H	PO	A	E	DP	TC/G	FA	G by Pos
1991	DET	A	9	.053	.105	19	1	1	0	0	0.0	0	0	2	1	0	2	0	9	1	0	0	1.7	1.000	OF-6, DH-2

Year	Team	Games	BA	SA	AB	H	2B	3B	HR	HR%	R	RBI	BB	SO	SB	PINCH HIT AB	PINCH HIT H	PO	A	E	DP	TC/G	FA	G by Pos

Brian Harper

HARPER, BRIAN DAVID
B. Oct. 16, 1959, Los Angeles, Calif.
BR TR 6' 2" 195 lbs.

Split		Games	BA	SA	AB	H	2B	3B	HR	HR%	R	RBI	BB	SO	SB									
April		14	.327	.510	49	16	3	0	2	4.1	5	7	3	3	0									
May		22	.346	.487	78	27	8	0	1	1.3	9	18	3	3	0									
June		20	.304	.392	79	24	7	0	0	0.0	9	7	1	5	1									
July		20	.288	.411	73	21	3	0	2	2.7	8	8	2	2	0									
Aug		24	.317	.488	82	26	3	1	3	3.7	11	17	2	7	0									
Sept/Oct		23	.288	.413	80	23	4	0	2	2.5	12	12	3	2	0									
Day		26	.274	.421	95	26	5	0	3	3.2	12	13	3	5	0									
Night		97	.321	.454	346	111	23	1	7	2.0	42	56	11	17	1									
vs. Left			.316	.447	114	36	7	1	2	1.8	15	14	5	8	0									
vs. Right			.309	.446	327	101	21	0	8	2.4	39	55	9	14	1									
On Grass		48	.275	.443	167	46	10	0	6	3.6	22	32	7	7	0									
On Turf		75	.332	.449	274	91	18	1	4	1.5	32	37	7	15	1									
Home		60	.341	.470	217	74	14	1	4	1.8	27	35	7	12	1									
Road		63	.281	.424	224	63	14	0	6	2.7	27	34	7	10	0									
Division Rivals																								
vs. CAL		9	.129	.194	31	4	2	0	0	0.0	2	3	1	1	0									
vs. CHI		10	.343	.457	35	12	1	0	1	2.9	4	4	1	2	0									
vs. KC		11	.238	.357	42	10	2	0	1	2.4	4	5	0	1	0									
vs. OAK		10	.378	.622	37	14	1	1	2	5.4	6	13	2	4	0									
vs. SEA		10	.441	.588	34	15	2	0	1	2.9	6	2	2	2	0									
vs. TEX		10	.257	.343	35	9	3	0	0	0.0	7	6	4	2	0									
On 3B <2 Out			.364	.500	22	8	3	0	0	0.0	0	20	1	1										
1979	CAL A	1	.000	.000	2	0	0	0	0	0.0	0	0	0	1	0	1	0	0	0	0	0	0.0	—	DH-1
1981		4	.273	.273	11	3	0	0	0	0.0	1	1	0	0	1	1	0	5	0	1	0	1.5	.833	OF-2, DH-1
1982	PIT N	20	.276	.517	29	8	1	0	2	6.9	4	4	1	4	0	12	5	10	0	0	0	0.5	1.000	OF-8
1983		61	.221	.427	131	29	4	1	7	5.3	16	20	2	15	0	27	6	40	0	0	0	0.7	1.000	OF-35, 1B-1
1984		48	.259	.348	112	29	4	0	2	1.8	4	11	5	11	0	11	2	57	3	1	0	1.3	.984	OF-37, C-2
1985	STL N	43	.250	.327	52	13	4	0	0	0.0	5	8	2	3	0	26	7	15	5	0	0	0.5	1.000	OF-13, 3B-6, C-2, 1B-1
1986	DET A	19	.139	.167	36	5	1	0	0	0.0	2	3	3	3	0	4	2	25	2	1	2	1.5	.964	OF-11, DH-6, C-2, 1B-2
1987	OAK A	11	.235	.294	17	4	1	0	0	0.0	1	3	0	4	0	4	1	0	0	0	0	0.0	—	DH-7, OF-1
1988	MIN A	60	.295	.428	166	49	11	1	3	1.8	15	20	10	12	0	7	1	208	15	2	0	3.8	.991	C-48, DH-5, 3B-2
1989		126	.325	.449	385	125	24	0	8	2.1	43	57	13	16	2	7	1	462	36	11	7	4.0	.978	C-101, DH-19, OF-3, 1B-2, 3B-2
1990		134	.294	.432	479	141	42	3	6	1.2	61	54	19	27	3	1	0	686	58	11	5	6.1	.985	C-120, DH-11, 3B-3, 1B-2
1991		123	.311	.447	441	137	28	1	10	2.3	54	69	14	22	1	2	0	643	33	8	7	5.7	.988	C-119, DH-2, 1B-1, OF-1
12 yrs.		650	.292	.424	1861	543	120	6	38	2.0	206	250	69	118	7	103	25	2151	152	35	21	3.6	.985	C-394, OF-111, DH-52, 3B-13, 1B-9

LEAGUE CHAMPIONSHIP SERIES

Year	Team	Games	BA	SA	AB	H	2B	3B	HR	HR%	R	RBI	BB	SO	SB	PH AB	PH H	PO	A	E	DP	TC/G	FA	G by Pos
1985	STL N	1	.000	.000	1	0	0	0	0	0.0	0	0	0	0	0	1	0	0	0	0	0	0.0	—	
1991	MIN A	5	.278	.389	18	5	2	0	0	0.0	1	1	0	2	0	0	0	23	1	1	0	5.0	.960	C-5
2 yrs.		6	.263	.368	19	5	2	0	0	0.0	1	1	0	2	0	1	0	23	1	1	0	4.2	.960	C-5

WORLD SERIES

Year	Team	Games	BA	SA	AB	H	2B	3B	HR	HR%	R	RBI	BB	SO	SB	PH AB	PH H	PO	A	E	DP	TC/G	FA	G by Pos
1985	STL N	4	.250	.250	4	1	0	0	0	0.0	0	0	0	1	0	4	1	0	0	0	0	0.0	—	
1991	MIN A	7	.381	.476	21	8	2	0	0	0.0	2	1	2	2	0	2	0	33	5	1	1	5.6	.974	C-7
2 yrs.		11	.360	.440	25	9	2	0	0	0.0	2	1	2	3	0	6	1	33	5	1	1	3.5	.974	C-7

Donald Harris

HARRIS, DONALD
B. Nov. 12, 1967, Waco, Tex.
BR TR 6' 1" 185 lbs.

Year	Team	Games	BA	SA	AB	H	2B	3B	HR	HR%	R	RBI	BB	SO	SB	PH AB	PH H	PO	A	E	DP	TC/G	FA	G by Pos
1991	TEX A	18	.375	.750	8	3	0	0	1	12.5	4	2	1	3	1	0	0	7	0	0	0	0.6	1.000	OF-12, DH-3

PLAYER REGISTER

Year	Team	Games	BA	SA	AB	H	2B	3B	HR	HR%	R	RBI	BB	SO	SB	PINCH HIT AB	PINCH HIT H	PO	A	E	DP	TC/G	FA	G by Pos

Lenny Harris

HARRIS, LEONARD ANTHONY
B. Oct. 28, 1964, Miami, Fla.
BL TR 5′ 10″ 195 lbs.

THIRD BASE

Split	Games	BA	SA	AB	H	2B	3B	HR	HR%	R	RBI	BB	SO	SB
April	15	.256	.256	39	10	0	0	0	0.0	5	3	3	2	1
May	23	.365	.397	63	23	2	0	0	0.0	9	3	9	7	4
June	26	.278	.356	90	25	2	1	1	1.1	11	11	7	7	1
July	24	.213	.262	61	13	3	0	0	0.0	8	6	5	6	0
Aug	28	.318	.432	88	28	7	0	1	1.1	11	7	6	5	4
Sept/Oct	29	.273	.330	88	24	2	0	1	1.1	15	8	7	5	2
Day	42	.260	.341	123	32	5	1	1	0.8	22	10	8	17	4
Night	103	.297	.353	306	91	11	0	2	0.7	37	28	29	15	8
vs. Left		.241	.276	87	21	0	0	1	1.1	15	9	6	8	0
vs. Right		.298	.368	342	102	16	1	2	0.6	44	29	31	24	12
On Grass	104	.265	.326	313	83	11	1	2	0.6	43	28	24	24	6
On Turf	41	.345	.414	116	40	5	0	1	0.9	16	10	13	8	6
Home	70	.275	.318	211	58	6	0	1	0.5	30	17	18	18	5
Road	75	.298	.381	218	65	10	1	2	0.9	29	21	19	14	7
Division Rivals														
vs. ATL	11	.200	.200	30	6	0	0	0	0.0	5	3	4	2	1
vs. CIN	18	.345	.466	58	20	4	0	1	1.7	8	6	6	4	3
vs. HOU	17	.278	.352	54	15	1	0	1	1.9	8	6	7	2	2
vs. SD	17	.208	.229	48	10	1	0	0	0.0	6	2	3	2	1
vs. SF	16	.273	.318	44	12	2	0	0	0.0	3	3	4	1	1
On 3B <2 Out		.500	.643	14	7	0	1	0	0.0	0	12	1	1	

Year	Team		Games	BA	SA	AB	H	2B	3B	HR	HR%	R	RBI	BB	SO	SB	AB	H	PO	A	E	DP	TC/G	FA	G by Pos
1988	CIN	N	16	.372	.395	43	16	1	0	0	0.0	7	8	5	4	4	0	0	14	33	1	2	3.0	.979	3B-10, 2B-6
1989	2 teams		CIN N (61G — .223)			LA N (54G — .252)																			
"	total		115	.236	.299	335	79	10	1	3	0.9	36	26	20	33	14	20	8	147	168	15	32	2.9	.955	2B-46, 3B-24, OF-21, SS-18
1990	LA	N	137	.304	.374	431	131	16	4	2	0.4	61	29	29	31	15	23	3	140	205	11	24	2.8	.969	3B-94, 2B-44, OF-2, SS-1
1991			145	.287	.350	429	123	16	1	3	0.7	59	38	37	32	12	24	3	125	250	20	35	2.9	.949	3B-113, 2B-27, SS-20, OF-1
4 yrs.			413	.282	.346	1238	349	43	6	8	0.6	163	101	91	100	45	67	14	426	656	47	93	2.7	.958	3B-241, 2B-123, SS-39, OF-24

Ron Hassey

HASSEY, RONALD WILLIAM
B. Feb. 27, 1953, Tucson, Ariz.
BL TR 6′ 2″ 200 lbs.

Year	Team		Games	BA	SA	AB	H	2B	3B	HR	HR%	R	RBI	BB	SO	SB	AB	H	PO	A	E	DP	TC/G	FA	G by Pos
1978	CLE	A	25	.203	.284	74	15	0	0	2	2.7	5	9	5	7	2	1	0	130	15	1	1	5.8	.993	C-24
1979			75	.287	.404	223	64	14	0	4	1.8	20	32	19	19	1	7	2	368	29	3	5	5.3	.993	C-68, 1B-2, DH-1
1980			130	.318	.446	390	124	18	4	8	2.1	43	65	49	51	0	10	0	504	52	4	9	4.8	.994	C-113, DH-7, 1B-3
1981			61	.232	.268	190	44	4	0	1	0.5	8	25	17	11	0	4	2	327	44	3	7	6.1	.992	C-56, 1B-5, DH-1
1982			113	.251	.353	323	81	18	0	5	1.5	33	34	53	32	3	10	3	566	38	4	6	5.4	.993	C-105, DH-2, 1B-2
1983			117	.270	.384	341	92	21	0	6	1.8	48	42	38	35	2	9	3	514	43	3	4	4.8	.995	C-113, DH-1
1984	2 teams		CLE A (48G — .255)			CHI N (19G — .333)																			
"	total		67	.269	.341	182	49	5	1	2	1.1	16	24	19	32	1	9	2	263	18	2	3	4.2	.993	C-50, 1B-5, DH-1
1985	NY	A	92	.296	.509	267	79	16	1	13	4.9	31	42	28	21	0	20	5	420	20	7	4	4.9	.984	C-69, DH-2, 1B-2
1986	2 teams		NY A (64G — .298)			CHI A (49G — .353)																			
"	total		113	.323	.481	341	110	25	1	9	2.6	45	49	46	27	1	18	10	318	14	4	4	3.0	.988	C-62, DH-37
1987	CHI	A	49	.214	.338	145	31	9	0	3	2.1	15	12	17	11	0	6	0	114	12	0	4	2.6	1.000	C-24, DH-18
1988	OAK	A	107	.257	.368	323	83	15	0	7	2.2	32	45	30	42	2	14	2	465	31	3	7	4.7	.994	C-91, DH-9
1989			97	.228	.328	268	61	12	0	5	1.9	29	23	24	45	1	16	3	425	25	4	4	4.7	.991	C-78, DH-2, 1B-1
1990			94	.213	.299	254	54	7	0	5	1.9	18	22	27	29	0	20	6	312	18	1	3	5.3	.997	C-59, DH-15, 1B-3
1991	MON	N	52	.227	.319	119	27	8	0	1	0.8	5	14	13	16	1	13	2	172	13	2	1	5.5	.989	C-34
14 yrs.			1192	.266	.382	3440	914	172	7	71	2.1	348	438	385	378	14	165	46	4958	372	41	62	4.5	.992	C-946, DH-96, 1B-23

LEAGUE CHAMPIONSHIP SERIES

Year	Team		Games	BA	SA	AB	H	2B	3B	HR	HR%	R	RBI	BB	SO	SB	AB	H	PO	A	E	DP	TC/G	FA	G by Pos
1988	OAK	A	4	.500	1.000	8	4	1	0	1	12.5	2	3	1	1	0	0	0	13	0	0	0	3.3	1.000	C-4
1989			2	.167	.167	6	1	0	0	0	0.0	0	1	1	2	0	0	0	10	0	0	0	5.0	1.000	C-2
1990			2	.333	.333	3	1	0	0	0	0.0	0	2	0	1	0	0	0	6	0	0	0	6.0	1.000	DH-1, C-1
3 yrs.			8	.353	.588	17	6	1	0	1	5.9	2	4	4	3	0	0	0	29	0	0	0	3.6	.000	C-7, DH-1

WORLD SERIES

Year	Team		Games	BA	SA	AB	H	2B	3B	HR	HR%	R	RBI	BB	SO	SB	AB	H	PO	A	E	DP	TC/G	FA	G by Pos
1988	OAK	A	5	.250	.250	8	2	0	0	0	0.0	0	1	3	0	0	1	1	28	1	0	1	5.8	1.000	C-4
1990			3	.333	.333	6	2	0	0	0	0.0	0	1	0	3	0	2	0	2	0	0	0	3.0	.667	C-1
2 yrs.			8	.286	.286	14	4	0	0	0	0.0	0	2	3	3	0	3	1	30	1	0	1	4.0	.969	C-5

PLAYER REGISTER 101

Year	Team		Games	BA	SA	AB	H	2B	3B	HR	HR%	R	RBI	BB	SO	SB	PINCH HIT AB	PINCH HIT H	PO	A	E	DP	TC/G	FA	G by Pos

Billy Hatcher

HATCHER, WILLIAM AUGUSTUS
B. Oct. 4, 1960, Williams, Ariz.
BR TR 5' 9" 175 lbs.

OUTFIELD

April			17	.130	.130	46	6	0	0	0	0.0	1	4	1	7	1									
May			21	.313	.453	64	20	4	1	1	1.6	6	7	3	6	4									
June			28	.295	.474	95	28	9	1	2	2.1	17	7	6	14	3									
July			21	.304	.392	79	24	4	0	1	1.3	9	11	3	14	1									
Aug			24	.194	.222	72	14	2	0	0	0.0	3	4	8	9	0									
Sept/Oct			27	.279	.372	86	24	6	1	0	0.0	9	8	5	5	2									
Day			37	.218	.353	119	26	8	1	2	1.7	12	9	11	16	2									
Night			101	.279	.362	323	90	17	2	2	0.6	33	32	15	39	9									
vs. Left				.277	.369	130	36	7	1	1	0.8	14	11	8	20	1									
vs. Right				.256	.356	312	80	18	2	3	1.0	31	30	18	35	10									
On Grass			39	.264	.341	129	34	5	1	1	0.8	10	12	4	19	2									
On Turf			99	.262	.367	313	82	20	2	3	1.0	35	29	22	36	9									
Home			72	.269	.380	216	58	16	1	2	0.9	25	17	16	24	8									
Road			66	.257	.341	226	58	9	2	2	0.9	20	24	10	31	3									
Division Rivals																									
vs. ATL			17	.267	.333	45	12	1	1	0	0.0	4	7	2	5	0									
vs. HOU			17	.214	.321	56	12	3	0	1	1.8	6	5	7	4	2									
vs. LA			15	.289	.333	45	13	2	0	0	0.0	3	9	3	6	2									
vs. SD			18	.217	.233	60	13	1	0	0	0.0	4	2	2	8	0									
vs. SF			14	.271	.333	48	13	3	0	0	0.0	4	1	4	4	2									
On 3B < 2 Out				.286	.286	7	2	0	0	0	0.0	0	6	1	1										
1984	CHI	N	8	.111	.111	9	1	0	0	0	0.0	1	0	1	0	2	3	0	2	1	0	0	0.4	1.000	OF-4
1985			53	.245	.368	163	40	12	1	2	1.2	24	10	8	12	2	9	1	77	2	1	0	1.5	.988	OF-44
1986	HOU	N	127	.258	.356	419	108	15	4	6	1.4	55	36	22	52	38	4	0	226	7	4	0	1.9	.983	OF-121
1987			141	.296	.415	564	167	28	3	11	2.0	96	63	42	70	53	1	1	276	16	4	6	2.1	.986	OF-140
1988			145	.268	.370	530	142	25	4	7	1.3	79	52	37	56	32	5	1	280	7	5	2	2.0	.983	OF-142
1989	2 teams		HOU N (108G — .228)			PIT N (27G — .244)																			
"	total		135	.231	.308	481	111	19	3	4	0.8	59	51	30	62	24	15	5	250	1	2	1	1.9	.992	OF-124
1990	CIN	N	139	.276	.381	504	139	28	5	5	0.9	68	25	33	42	30	13	3	308	10	1	2	2.4	.997	OF-131
1991			138	.262	.360	442	116	25	3	4	0.9	45	41	26	55	11	19	3	248	4	5	0	2.1	.981	OF-121
8 yrs.			886	.265	.366	3112	824	152	23	39	1.3	427	278	199	349	192	69	14	1667	48	22	11	2.0	.987	OF-827
LEAGUE CHAMPIONSHIP SERIES																									
1986	HOU	N	6	.280	.400	25	7	0	0	1	4.0	4	2	3	2	3	0	0	11	0	1	0	2.0	.917	OF-6
1990	CIN	N	4	.333	.600	15	5	1	0	1	6.6	2	2	0	2	0	0	0	5	1	0	0	1.5	1.000	OF-4
2 yrs.			10	.300	.475	40	12	1	0	2	5.0	6	4	3	4	3	0	0	16	1	1	0	1.8	.944	OF-10
WORLD SERIES																									
1990	CIN	N	4	.750	1.250	12	9	4	1	0	0.0	6	2	2	0	0	0	0	11	0	0	0	2.8	1.000	OF-4

Charlie Hayes

HAYES, CHARLES DEWAYNE
B. May 29, 1965, Hattiesburg, Miss.
BR TR 6' 190 lbs.

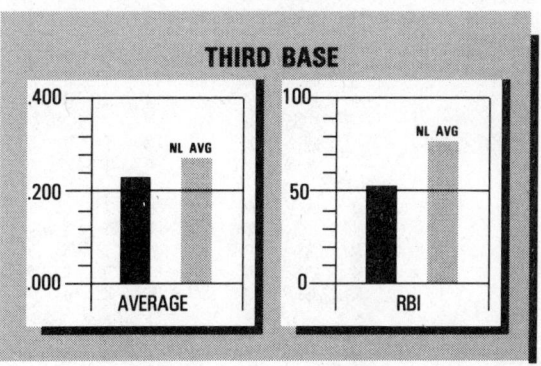

THIRD BASE

	Games	BA	SA	AB	H	2B	3B	HR	HR%	R	RBI	BB	SO	SB
April	20	.247	.416	77	19	4	0	3	3.9	5	14	2	14	0
May	25	.165	.278	97	16	3	1	2	2.1	8	7	4	16	0
June	25	.210	.290	62	13	2	0	1	1.6	2	5	3	15	1
July	15	.143	.200	35	5	2	0	0	0.0	1	1	2	4	1
Aug	29	.274	.451	113	31	8	0	4	3.5	12	14	0	17	1
Sept/Oct	28	.289	.421	76	22	4	0	2	2.6	6	12	5	9	0
Day	39	.218	.363	124	27	7	1	3	2.4	10	17	6	21	2
Night	103	.235	.363	336	79	16	0	9	2.7	24	36	10	54	1
vs. Left		.258	.395	190	49	14	0	4	2.1	13	22	6	30	1
vs. Right		.211	.341	270	57	9	1	8	3.0	21	31	10	45	2

Player Register

Year	Team	Games	BA	SA	AB	H	2B	3B	HR	HR%	R	RBI	BB	SO	SB	PINCH HIT AB	PINCH HIT H	PO	A	E	DP	TC/G	FA	G by Pos

Charlie Hayes *Continued*

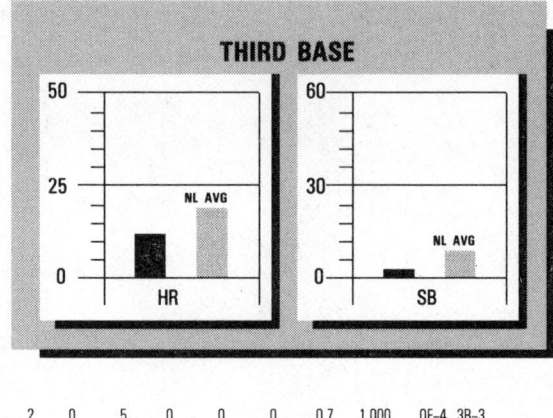

THIRD BASE

		Games	BA	SA	AB	H	2B	3B	HR	HR%	R	RBI	BB	SO	SB	AB	H	PO	A	E	DP	TC/G	FA	G by Pos
On Grass		37	.178	.305	118	21	3	0	4	3.4	8	11	6	20	1									
On Turf		105	.249	.383	342	85	20	1	8	2.3	26	42	10	55	2									
Home		75	.262	.407	248	65	16	1	6	2.4	20	34	10	36	2									
Road		67	.193	.311	212	41	7	0	6	2.8	14	19	6	39	1									
Division Rivals																								
vs. CHI		17	.155	.224	58	9	1	0	1	1.7	3	6	2	11	1									
vs. MON		17	.305	.508	59	18	6	0	2	3.4	7	5	4	9	0									
vs. NY		16	.260	.380	50	13	3	0	1	2.0	2	8	3	8	1									
vs. PIT		18	.185	.231	65	12	3	0	0	0.0	1	2	1	12	0									
vs. STL		14	.245	.347	49	12	2	0	1	2.0	4	7	0	6	1									
On 3B <2 Out			.375	.750	16	6	3	0	1	6.3	1	13	1	1										
1988	SF N	7	.091	.091	11	1	0	0	0	0.0	0	0	0	3	0	2	0	5	0	0	0	0.7	1.000	OF-4, 3B-3
1989	2 teams		SF N	(3G — .200)	PHI N	(84G — .258)																		
"	total	87	.257	.391	304	78	15	0	8	2.6	26	43	11	50	3	5	2	51	174	22	15	2.8	.911	3B-85
1990	PHI N	152	.258	.348	561	145	20	0	10	1.7	56	57	28	91	4	6	2	151	329	20	31	3.4	.960	3B-146, 1B-4, 2B-1
1991		142	.230	.363	460	106	23	1	12	2.6	34	53	16	75	3	8	4	88	240	15	25	2.5	.956	3B-138, SS-2
4 yrs.		388	.247	.361	1336	330	58	2	30	2.2	116	153	55	219	10	21	8	295	743	57	71	2.8	.948	3B-372, 1B-4, OF-4, SS-2, 2B-1

Von Hayes

HAYES, VON FRANCIS
B. Aug. 31, 1958, Stockton, Calif.
BL TR 6' 5" 185 lbs.

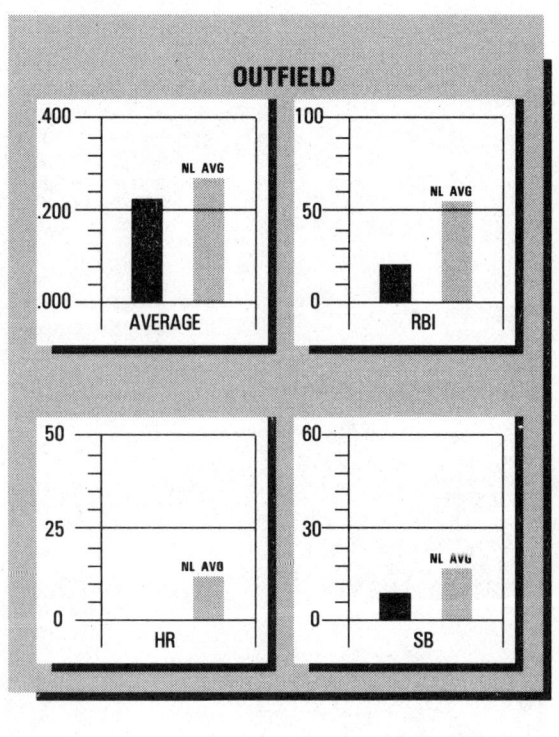

OUTFIELD

		Games	BA	SA	AB	H	2B	3B	HR	HR%	R	RBI	BB	SO	SB	AB	H	PO	A	E	DP	TC/G	FA	G by Pos
April		20	.191	.250	68	13	4	0	0	0.0	10	8	12	11	2									
May		25	.225	.284	102	23	6	0	0	0.0	16	2	7	13	3									
June		13	.277	.362	47	13	2	1	0	0.0	7	8	6	7	2									
July					0	0	0	0	0		0	0	0	0	0									
Aug					0	0	0	0	0		0	0	0	0	0									
Sept/Oct		19	.224	.269	67	15	3	0	0	0.0	10	3	6	11	2									
Day		23	.247	.337	89	22	8	0	0	0.0	14	8	8	11	6									
Night		54	.215	.262	195	42	7	1	0	0.0	29	13	23	31	3									
vs. Left			.267	.333	90	24	4	1	0	0.0	12	8	11	15	1									
vs. Right			.206	.263	194	40	11	0	0	0.0	31	13	20	27	8									
On Grass		24	.248	.295	105	26	5	0	0	0.0	12	10	6	16	3									
On Turf		53	.212	.279	179	38	10	1	0	0.0	31	11	25	26	6									
Home		31	.202	.242	99	20	4	0	0	0.0	19	5	17	14	3									
Road		46	.238	.308	185	44	11	1	0	0.0	24	16	14	28	6									
Division Rivals																								
vs. CHI		12	.184	.204	49	9	1	0	0	0.0	5	2	6	8	2									
vs. MON		9	.222	.333	27	6	3	0	0	0.0	8	1	2	5	1									
vs. NY		9	.206	.265	34	7	2	0	0	0.0	3	4	7	6	0									
vs. PIT		9	.306	.333	36	11	1	0	0	0.0	5	1	2	6	0									
vs. STL		8	.174	.217	23	4	1	0	0	0.0	5	3	6	3	1									
On 3B <2 Out			.300	.300	10	3	0	0	0	0.0	0	12	1	0										
1981	CLE A	43	.257	.394	109	28	8	2	1	0.9	21	17	14	10	8	9	4	30	4	3	1	0.9	.919	DH-21, OF-13, 3B-5
1982		150	.250	.389	527	132	25	3	14	2.7	65	82	42	63	32	11	2	323	17	6	6	2.3	.983	OF-139, 3B-5, 1B-4
1983	PHI N	124	.265	.370	351	93	9	5	6	1.7	45	32	36	55	20	21	5	165	7	5	0	1.4	.972	OF-103
1984		152	.292	.447	561	164	27	6	16	2.9	85	67	59	84	48	12	2	341	2	4	1	2.3	.988	OF-148
1985		152	.263	.398	570	150	30	4	13	2.3	76	70	61	99	21	6	4	368	9	6	1	2.5	.984	OF-146
1986		158	.305	.480	610	186	**46**	2	19	3.1	**107**	98	74	77	24	2	0	1247	100	13	106	8.6	.990	1B-134, OF-31
1987		158	.277	.473	556	154	36	5	21	3.8	84	84	121	77	16	4	0	1216	80	13	100	8.3	.990	1B-144, OF-32
1988		104	.272	.409	367	100	28	2	6	1.6	43	45	49	59	20	5	1	756	58	9	66	7.9	.989	1B-85, OF-16, 3B-3
1989		154	.259	.461	540	140	27	2	26	4.8	93	78	101	103	28	4	0	426	47	9	24	3.1	.981	OF-128, 1B-30, 3B-10
1990		129	.261	.413	467	122	14	3	17	3.6	70	73	87	81	16	3	1	272	8	6	0	2.3	.979	OF-127
1991		77	.225	.285	284	64	15	1	0	0.0	43	21	31	42	9	4	1	202	3	2	2	2.9	.990	OF-72
11 yrs.		1401	.270	.422	4942	1333	265	35	139	2.8	732	667	675	750	242	81	20	5346	335	76	307	4.1	.987	OF-955, 1B-397, 3B-23, DH-21

LEAGUE CHAMPIONSHIP SERIES

Year	Team	Games	BA	SA	AB	H	2B	3B	HR	HR%	R	RBI	BB	SO	SB	AB	H	PO	A	E	DP	TC/G	FA	G by Pos
1983	PHI N	2	.000	.000	2	0	0	0	0	0.0	0	0	0	0	0	1	0	0	0	0	0	0.0	—	OF-1

WORLD SERIES

| 1983 | PHI N | 4 | .000 | .000 | 3 | 0 | 0 | 0 | 0 | 0.0 | 0 | 0 | 0 | 1 | 0 | 3 | 0 | 1 | 0 | 0 | 0 | 0.3 | 1.000 | OF-1 |

PLAYER REGISTER 103

Year	Team		Games	BA	SA	AB	H	2B	3B	HR	HR%	R	RBI	BB	SO	SB	PINCH HIT AB	H	PO	A	E	DP	TC/G	FA	G by Pos

Mike Heath

HEATH, MICHAEL THOMAS
B. Feb. 5, 1955, Tampa, Fla.
BR TR 5' 11" 180 lbs.

Year	Team		Games	BA	SA	AB	H	2B	3B	HR	HR%	R	RBI	BB	SO	SB	PH AB	PH H	PO	A	E	DP	TC/G	FA	G by Pos
1978	NY	A	33	.228	.283	92	21	3	1	0	0.0	6	8	4	9	0	0	0	151	11	5	1	5.1	.970	C-33
1979	OAK	A	74	.256	.322	258	66	8	0	3	1.2	19	27	17	18	1	5	3	167	32	5	2	2.8	.975	OF-46, C-22, 3B-7, DH-3
1980			92	.243	.298	305	74	10	2	1	0.3	27	33	16	28	3	6	1	292	20	4	5	3.4	.987	C-47, DH-31, OF-8
1981			84	.236	.346	301	71	7	1	8	2.7	26	30	13	36	3	4	2	399	45	10	6	5.4	.978	C-78, OF-6
1982			101	.242	.352	318	77	18	4	3	0.9	43	39	27	36	8	2	1	368	54	12	8	4.3	.972	C-90, OF-10, 3B-5
1983			96	.281	.383	345	97	17	0	6	1.7	45	33	18	59	3	3	1	362	47	11	6	4.4	.974	C-80, OF-24, DH-2, 3B-2
1984			139	.248	.396	475	118	21	5	13	2.7	49	64	26	72	7	10	1	495	56	8	8	4.0	.986	C-108, OF-45, 3B-2, SS-1
1985			138	.250	.408	436	109	18	6	13	3.0	71	55	41	63	7	6	3	539	67	12	10	4.5	.981	C-112, OF-35, 3B-13
1986	2 teams		STL N (65G — .205)			DET A (30G — .265)																			
"	total		95	.226	.354	288	65	11	1	8	2.8	30	36	27	53	6	4	0	405	39	13	5	4.8	.972	C-92, OF-2, 3B-1
1987	DET	A	93	.281	.430	270	76	16	0	8	3.0	34	33	21	42	1	12	3	384	43	5	8	4.6	.988	C-67, OF-24, 1B-4, 3B-4, SS-2, DH-1, 2B-1
1988			86	.247	.365	219	54	7	2	5	2.3	24	18	18	32	1	6	0	361	24	6	3	4.5	.985	C-75, OF-9
1989			122	.263	.389	396	104	16	2	10	2.5	38	43	24	71	7	11	3	584	68	10	10	5.4	.985	C-117, 3B-4, OF-3, DH-1
1990			122	.270	.386	370	100	18	2	7	1.8	46	38	19	71	7	8	3	588	54	13	7	5.6	.980	C-117, OF-3, DH-2, SS-1
1991	ATL	N	49	.209	.266	139	29	3	1	1	0.7	4	12	7	26	0	6	1	192	33	2	5	5.0	.991	C-45
14 yrs.			1324	.252	.367	4212	1061	173	27	86	2.0	462	469	278	616	54	83	22	5287	593	116	80	4.5	.981	C-1083, OF-215, DH-40, 3B-38, 1B-4, SS-4, 2B-1

DIVISIONAL PLAYOFF SERIES
| 1981 | OAK | A | 2 | .000 | .000 | 8 | 0 | 0 | 0 | 0 | 0.0 | 0 | 0 | 0 | 1 | 0 | 0 | 0 | 9 | 1 | 0 | 0 | 5.0 | 1.000 | C-2 |

LEAGUE CHAMPIONSHIP SERIES
1981	OAK	A	3	.333	.333	6	2	0	0	0	0.0	1	0	0	1	0	0	0	3	1	0	0	0.0	1.000	C-2, OF-1
1987	DET	A	3	.286	.714	7	2	0	0	1	14.3	1	2	0	0	0	0	0	14	0	0	0	4.7	1.000	C-3
2 yrs.			6	.308	.538	13	4	0	0	1	7.7	2	2	0	1	0	0	0	17	1	0	0	3.0	.000	C-5, OF-1

WORLD SERIES
| 1978 | NY | A | 1 | — | — | 0 | 0 | 0 | 0 | 0 | — | 0 | 0 | 0 | 0 | 0 | 0 | 0 | 0 | 0 | 0 | 0 | 0.0 | — | C-1 |

Danny Heep

HEEP, DANIEL WILLIAM
B. July 3, 1957, San Antonio, Tex.
BL TL 5' 11" 185 lbs.

Year	Team		Games	BA	SA	AB	H	2B	3B	HR	HR%	R	RBI	BB	SO	SB	PH AB	PH H	PO	A	E	DP	TC/G	FA	G by Pos
1979	HOU	N	14	.143	.143	14	2	0	0	0	0.0	0	2	1	4	0	10	1	7	0	0	0	0.5	1.000	OF-2
1980			33	.276	.368	87	24	8	0	0	0.0	6	6	8	9	0	8	2	188	8	2	8	6.0	.990	1B-22
1981			33	.250	.281	96	24	3	0	0	0.0	6	11	10	11	0	9	4	198	9	2	12	6.3	.990	1B-22, OF-1
1982			85	.237	.379	198	47	14	1	4	2.0	16	22	21	31	0	23	6	192	6	1	10	2.3	.995	OF-39, 1B-16
1983	NY	N	115	.253	.395	253	64	12	0	8	3.2	30	21	29	40	3	40	11	159	11	0	12	1.5	1.000	OF-61, 1B-14
1984			99	.231	.312	199	46	9	2	1	0.5	36	12	27	22	3	38	8	137	7	4	4	1.5	.973	OF-48, 1B-10
1985			95	.280	.421	271	76	17	0	7	2.6	26	42	27	27	2	13	1	154	5	4	3	1.7	.975	OF-78, 1B-4
1986			86	.282	.421	195	55	8	2	5	2.6	24	33	30	31	1	30	9	83	2	1	1	1.0	.988	OF-56
1987	LA	N	60	.163	.204	98	16	4	0	0	0.0	7	9	8	10	1	35	5	52	6	1	3	1.0	.983	OF-22, 1B-6
1988			95	.242	.255	149	36	2	0	0	0.0	14	11	22	13	2	44	4	129	10	3	5	1.5	.979	OF-32, 1B-12, P-1
1989	BOS	A	113	.300	.400	320	96	17	0	5	1.6	36	49	29	26	0	20	8	216	14	3	18	2.1	.987	OF-75, 1B-19, DH-9
1990			41	.174	.217	69	12	1	1	0	0.0	3	8	7	14	0	18	2	42	4	1	2	2.5	.979	OF-14, DH-6, 1B-5, P-1
1991	ATL	N	14	.417	.500	12	5	1	0	0	0.0	4	3	1	4	0	12	5	1	0	0	0	0.5	1.000	1B-1, OF-1
13 yrs.			883	.257	.357	1961	503	96	6	30	1.5	208	229	220	242	12	300	62	1558	82	22	78	1.9	.987	OF-429, 1B-131, DH-15, P-2

LEAGUE CHAMPIONSHIP SERIES
1980	HOU	N	1	.000	.000	1	0	0	0	0	0.0	0	0	0	0	0	1	0	0	0	0	0	0.0	—	
1986	NY	N	5	.250	.250	4	1	0	0	0	0.0	0	1	0	2	0	3	1	1	0	0	0	4.0	1.000	OF-1
1988	LA	N	3	.000	.000	1	0	0	0	0	0.0	0	0	0	1	0	1	0	0	0	0	0	0.0	—	
1990	BOS	A	2	.000	.000	2	0	0	0	0	0.0	0	0	1	0	0	2	0	0	0	0	0	0.0	1.000	
4 yrs.			11	.125	.125	8	1	0	0	0	0.0	0	1	1	3	0	7	1	1	0	0	0	0.0	.000	OF-1

WORLD SERIES
1986	NY	N	5	.091	.091	11	1	0	0	0	0.0	0	2	1	1	0	2	0	1	0	0	0	0.2	1.000	DH-2, OF-1
1988	LA	N	3	.250	.375	8	2	1	0	0	0.0	0	0	0	2	0	2	0	0	0	0	0	0.0	—	DH-1, OF-1
2 yrs.			8	.158	.211	19	3	1	0	0	0.0	0	2	1	3	0	4	0	1	0	0	0	0.1	.000	DH-3, OF-2

Year	Team	Games	BA	SA	AB	H	2B	3B	HR	HR%	R	RBI	BB	SO	SB	PINCH HIT AB	PINCH HIT H	PO	A	E	DP	TC/G	FA	G by Pos

Scott Hemond

HEMOND, SCOTT MATHEW
B. Nov. 18, 1965, Taunton, Mass.
BR TR 6' 205 lbs.

Year	Team	Games	BA	SA	AB	H	2B	3B	HR	HR%	R	RBI	BB	SO	SB	PH AB	PH H	PO	A	E	DP	TC/G	FA	G by Pos
1989	OAK A	4	—	—	0	0	0	0	0	—	2	0	0	0	0	0	0	0	0	0	0	0.0	—	
1990		7	.154	.154	13	2	0	0	0	0.0	0	1	0	5	0	0	0	2	5	0	0	1.0	1.000	3B-7, 2B-1
1991		23	.217	.217	23	5	0	0	0	0.0	4	0	1	7	1	0	0	27	14	1	3	2.3	.976	C-8, 2B-7, DH-4, 3B-2, SS-1
3 yrs.		34	.194	.194	36	7	0	0	0	0.0	6	1	1	12	1	0	0	29	19	1	3	1.4	.980	3B-9, C-8, 2B-8, DH-4, SS-1

Dave Henderson

HENDERSON, DAVID LEE (Hendu)
B. July 21, 1958, Merced, Calif.
BR TR 6' 2" 210 lbs.

Split	Games	BA	SA	AB	H	2B	3B	HR	HR%	R	RBI	BB	SO	SB
April	20	.387	.747	75	29	9	0	6	8.0	17	18	9	12	0
May	25	.294	.520	102	30	5	0	6	5.9	17	21	8	15	3
June	27	.269	.495	93	25	3	0	6	6.5	19	11	16	20	1
July	24	.206	.289	97	20	5	0	1	1.0	15	10	9	20	1
Aug	29	.297	.466	118	35	5	0	5	4.2	11	15	7	21	1
Sept/Oct	25	.218	.322	87	19	6	0	1	1.1	7	10	9	25	0
Day	50	.287	.534	178	51	8	0	12	6.7	32	32	20	40	1
Night	100	.272	.434	394	107	25	0	13	3.3	54	53	38	73	5
vs. Left		.354	.618	144	51	14	0	8	5.6	27	24	15	23	1
vs. Right		.250	.414	428	107	19	0	17	4.0	59	61	43	90	5
On Grass	129	.287	.480	488	140	25	0	23	4.7	76	77	51	99	5
On Turf	21	.214	.381	84	18	8	0	2	2.4	10	8	7	14	1
Home	76	.259	.450	282	73	9	0	15	5.3	40	39	29	57	1
Road	74	.293	.479	290	85	24	0	10	3.4	46	46	29	56	5
Division Rivals														
vs. CAL	13	.373	.588	51	19	2	0	3	5.9	7	10	4	7	0
vs. CHI	13	.256	.349	43	11	1	0	1	2.3	4	3	5	10	0
vs. KC	8	.097	.226	31	3	1	0	1	3.2	3	1	4	10	0
vs. MIN	13	.292	.625	48	14	4	0	4	8.3	10	10	6	8	1
vs. SEA	13	.370	.722	54	20	7	0	4	7.4	10	9	2	9	0
vs. TEX	10	.237	.500	38	9	4	0	2	5.3	6	11	6	13	0
On 3B < 2 Out		.375	.542	24	9	4	0	0	0.0	0	18	4	4	

Year	Team	Games	BA	SA	AB	H	2B	3B	HR	HR%	R	RBI	BB	SO	SB	PH AB	PH H	PO	A	E	DP	TC/G	FA	G by Pos
1981	SEA A	59	.167	.333	126	21	3	0	6	4.8	17	13	16	24	2	6	1	105	4	0	1	1.8	1.000	OF-58
1982		104	.253	.441	324	82	17	1	14	4.3	47	48	36	67	2	4	0	249	11	4	4	2.5	.985	OF-101
1983		137	.269	.444	484	130	24	5	17	3.5	50	55	28	93	9	4	1	304	17	6	4	2.4	.982	OF-133, DH-3
1984		112	.280	.466	350	98	23	0	14	4.0	42	43	19	56	5	5	1	242	11	3	5	2.3	.988	OF-97, DH-10
1985		139	.241	.388	502	121	28	2	14	2.8	70	68	48	104	6	2	1	335	8	5	3	2.5	.986	OF-138
1986	2 teams	SEA A (103G — .276)		BOS A (36G — .196)																			
"	total	139	.265	.459	388	103	22	4	15	3.9	59	47	39	110	2	8	2	193	9	4	1	1.5	.981	OF-112, DH-22
1987	2 teams	BOS A (75G — .234)		SF N (15G — .238)																			
"		90	.234	.410	205	48	12	0	8	3.9	32	26	30	53	3	15	3	124	1	5	0	1.4	.962	OF-73
1988	OAK A	146	.304	.525	507	154	38	1	24	4.7	100	94	47	92	2	6	3	382	5	7	2	2.7	.982	OF-143
1989		152	.250	.380	579	145	24	3	15	2.6	77	80	54	131	8	4	0	385	5	9	1	2.6	.977	OF-149, DH-2
1990		127	.271	.467	450	122	28	0	20	4.4	65	63	40	105	3	7	1	319	5	4	1	2.8	.988	OF-116, DH-6
1991		150	.276	.465	572	158	33	0	25	4.4	86	85	58	113	6	7	0	362	10	1	2	2.7	.997	OF-140, DH-7, 2B-1
11 yrs.		1355	.263	.442	4487	1182	252	16	172	3.8	645	622	415	948	48	68	13	3000	86	48	24	2.3	.985	OF-1260, DH-50, 2B-1

LEAGUE CHAMPIONSHIP SERIES

Year	Team	Games	BA	SA	AB	H	2B	3B	HR	HR%	R	RBI	BB	SO	SB	PH AB	PH H	PO	A	E	DP	TC/G	FA	G by Pos
1986	BOS A	5	.111	.444	9	1	0	0	1	11.1	3	4	2	2	0	0	0	11	0	0	0	2.2	1.000	OF-5
1988	OAK A	4	.375	.625	16	6	1	0	1	6.3	2	4	1	7	0	0	0	11	0	2	0	3.3	.846	OF-4
1989		5	.263	.579	19	5	3	0	1	5.3	4	1	2	5	0	0	0	22	0	0	0	4.4	1.000	OF-5
1990		2	.167	.167	6	1	0	0	0	0.0	0	1	0	2	1	0	0	7	0	0	0	3.5	1.000	OF-2
4 yrs.		16	.260	.520	50	13	4	0	3	6.0	9	10	5	16	1	0	0	51	0	2	0	3.3	.000	OF-16

WORLD SERIES

Year	Team	Games	BA	SA	AB	H	2B	3B	HR	HR%	R	RBI	BB	SO	SB	PH AB	PH H	PO	A	E	DP	TC/G	FA	G by Pos
1986	BOS A	7	.400	.760	25	10	1	1	2	8.0	6	5	2	6	0	0	0	22	0	0	0	3.1	1.000	OF-7
1988	OAK A	5	.300	.400	20	6	2	0	0	0.0	1	1	2	7	0	0	0	12	0	0	0	2.4	1.000	OF-5
1989		4	.308	.923	13	4	2	0	2	15.4	6	4	4	3	0	0	0	13	0	0	0	3.3	1.000	OF-4
1990		4	.231	.308	13	3	1	0	0	0.0	2	0	1	3	0	1	0	7	0	0	0	2.3	1.000	OF-3
4 yrs.		20	.324	.606	71	23	6	1	4	5.6	15	10	9	19	0	1	0	54	0	0	0	2.7	.000	OF-19

PLAYER REGISTER

Year	Team	Games	BA	SA	AB	H	2B	3B	HR	HR%	R	RBI	BB	SO	SB	PINCH HIT AB	PINCH HIT H	PO	A	E	DP	TC/G	FA	G by Pos

Rickey Henderson
HENDERSON, RICKEY HENLEY
B. Dec. 25, 1957, Chicago, Ill.
BR TL 5′ 10″ 180 lbs.

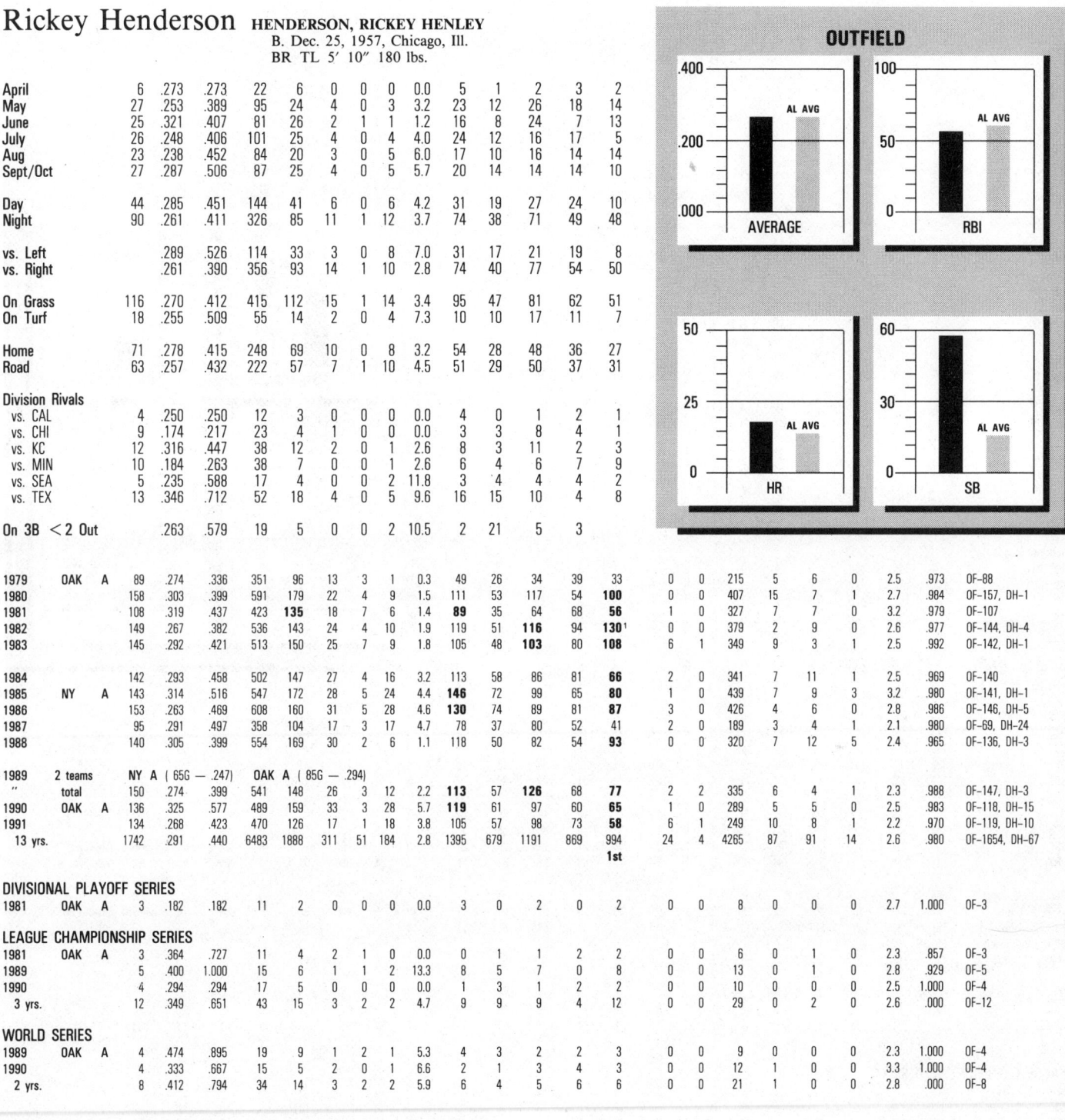

OUTFIELD — AVERAGE / RBI / HR / SB (with AL AVG)

Split	Games	BA	SA	AB	H	2B	3B	HR	HR%	R	RBI	BB	SO	SB
April	6	.273	.273	22	6	0	0	0	0.0	5	1	2	3	2
May	27	.253	.389	95	24	4	0	3	3.2	23	12	26	18	14
June	25	.321	.407	81	26	2	1	1	1.2	16	8	24	7	13
July	26	.248	.406	101	25	4	0	4	4.0	24	12	16	17	5
Aug	23	.238	.452	84	20	3	0	5	6.0	17	10	16	14	14
Sept/Oct	27	.287	.506	87	25	4	0	5	5.7	20	14	14	14	10
Day	44	.285	.451	144	41	6	0	6	4.2	31	19	27	24	10
Night	90	.261	.411	326	85	11	1	12	3.7	74	38	71	49	48
vs. Left		.289	.526	114	33	3	0	8	7.0	31	17	21	19	8
vs. Right		.261	.390	356	93	14	1	10	2.8	74	40	77	54	50
On Grass	116	.270	.412	415	112	15	1	14	3.4	95	47	81	62	51
On Turf	18	.255	.509	55	14	2	0	4	7.3	10	10	17	11	7
Home	71	.278	.415	248	69	10	0	8	3.2	54	28	48	36	27
Road	63	.257	.432	222	57	7	1	10	4.5	51	29	50	37	31
Division Rivals														
vs. CAL	4	.250	.250	12	3	0	0	0	0.0	4	0	1	2	1
vs. CHI	9	.174	.217	23	4	1	0	0	0.0	3	3	8	4	1
vs. KC	12	.316	.447	38	12	2	0	1	2.6	8	3	11	2	3
vs. MIN	10	.184	.263	38	7	0	0	1	2.6	6	4	6	7	9
vs. SEA	5	.235	.588	17	4	0	0	2	11.8	3	4	4	4	2
vs. TEX	13	.346	.712	52	18	4	0	5	9.6	16	15	10	4	8
On 3B <2 Out		.263	.579	19	5	0	0	2	10.5	2	21	5	3	

Year	Team		Games	BA	SA	AB	H	2B	3B	HR	HR%	R	RBI	BB	SO	SB	PH AB	PH H	PO	A	E	DP	TC/G	FA	G by Pos
1979	OAK	A	89	.274	.336	351	96	13	3	1	0.3	49	26	34	39	33	0	0	215	5	6	0	2.5	.973	OF-88
1980			158	.303	.399	591	179	22	4	9	1.5	111	53	117	54	**100**	0	0	407	15	7	1	2.7	.984	OF-157, DH-1
1981			108	.319	.437	423	**135**	18	7	6	1.4	**89**	35	64	68	56	1	0	327	7	7	0	3.2	.979	OF-107
1982			149	.267	.382	536	143	24	4	10	1.9	119	51	**116**	94	**130**¹	0	0	379	2	9	0	2.6	.977	OF-144, DH-4
1983			145	.292	.421	513	150	25	7	9	1.8	105	48	**103**	80	**108**	6	1	349	9	3	1	2.5	.992	OF-142, DH-1
1984			142	.293	.458	502	147	27	4	16	3.2	113	58	86	81	66	2	0	341	7	11	1	2.5	.969	OF-140
1985	NY	A	143	.314	.516	547	172	28	5	24	4.4	**146**	72	99	65	**80**	1	0	439	7	9	3	3.2	.980	OF-141, DH-1
1986			153	.263	.469	608	160	31	5	28	4.6	**130**	74	89	81	**87**	3	0	426	4	6	0	2.8	.986	OF-146, DH-5
1987			95	.291	.497	358	104	17	3	17	4.7	78	37	80	52	41	2	0	189	3	4	1	2.1	.980	OF-69, DH-24
1988			140	.305	.399	554	169	30	2	6	1.1	118	50	82	54	93	0	0	320	7	12	5	2.4	.965	OF-136, DH-3
1989	2 teams		NY A (65G — .247)			OAK A (85G — .294)																			
"	total		150	.274	.399	541	148	26	3	12	2.2	**113**	57	**126**	68	77	2	2	335	6	4	1	2.3	.988	OF-147, DH-3
1990	OAK	A	136	.325	.577	489	159	33	3	28	5.7	**119**	61	97	60	65	1	0	289	5	5	0	2.5	.983	OF-118, DH-15
1991			134	.268	.423	470	126	17	1	18	3.8	105	57	98	73	58	6	1	249	10	8	1	2.2	.970	OF-119, DH-10
13 yrs.			1742	.291	.440	6483	1888	311	51	184	2.8	1395	679	1191	869	994 1st	24	4	4265	87	91	14	2.6	.980	OF-1654, DH-67

DIVISIONAL PLAYOFF SERIES

Year	Team		Games	BA	SA	AB	H	2B	3B	HR	HR%	R	RBI	BB	SO	SB	PH AB	PH H	PO	A	E	DP	TC/G	FA	G by Pos
1981	OAK	A	3	.182	.182	11	2	0	0	0	0.0	3	0	2	0	2	0	0	8	0	0	0	2.7	1.000	OF-3

LEAGUE CHAMPIONSHIP SERIES

Year	Team		Games	BA	SA	AB	H	2B	3B	HR	HR%	R	RBI	BB	SO	SB	PH AB	PH H	PO	A	E	DP	TC/G	FA	G by Pos
1981	OAK	A	3	.364	.727	11	4	2	1	0	0.0	0	1	1	2	2	0	0	6	0	1	0	2.3	.857	OF-3
1989			5	.400	1.000	15	6	1	1	2	13.3	8	5	7	0	8	0	0	13	0	1	0	2.8	.929	OF-5
1990			4	.294	.294	17	5	0	0	0	0.0	1	3	1	2	2	0	0	10	0	0	0	2.5	1.000	OF-4
3 yrs.			12	.349	.651	43	15	3	2	2	4.7	9	9	9	4	12	0	0	29	0	2	0	2.6	.000	OF-12

WORLD SERIES

Year	Team		Games	BA	SA	AB	H	2B	3B	HR	HR%	R	RBI	BB	SO	SB	PH AB	PH H	PO	A	E	DP	TC/G	FA	G by Pos
1989	OAK	A	4	.474	.895	19	9	1	2	1	5.3	4	3	2	2	3	0	0	9	0	0	0	2.3	1.000	OF-4
1990			4	.333	.667	15	5	2	0	1	6.6	2	1	3	4	3	0	0	12	1	0	0	3.3	1.000	OF-4
2 yrs.			8	.412	.794	34	14	3	2	2	5.9	6	4	5	6	6	0	0	21	1	0	0	2.8	.000	OF-8

Carlos Hernandez
HERNANDEZ, CARLOS ALBERTO
B. May 24, 1967, San Felix, Bolivar, Venezuela
BR TR 5′ 11″ 185 lbs.

Year	Team		Games	BA	SA	AB	H	2B	3B	HR	HR%	R	RBI	BB	SO	SB	PH AB	PH H	PO	A	E	DP	TC/G	FA	G by Pos
1990	LA	N	10	.200	.250	20	4	1	0	0	0.0	2	1	0	2	0	0	0	37	2	0	0	3.9	1.000	C-10
1991			15	.214	.286	14	3	1	0	0	0.0	1	1	0	5	1	2	0	24	4	1	0	2.1	.966	C-13, 3B-1
2 yrs.			25	.206	.265	34	7	2	0	0	0.0	3	2	0	7	1	2	0	61	6	1	0	2.7	.985	C-23, 3B-1

PLAYER REGISTER

Year	Team	Games	BA	SA	AB	H	2B	3B	HR	HR%	R	RBI	BB	SO	SB	PINCH HIT AB	PINCH HIT H	PO	A	E	DP	TC/G	FA	G by Pos

Jose Hernandez

HERNANDEZ, JOSE ANTONIO
Born Jose Antonio Hernandez y Figueroa.
B. July 14, 1969, Vega Alta, Puerto Rico
BR TR 6' 1" 180 lbs.

Year	Team	Games	BA	SA	AB	H	2B	3B	HR	HR%	R	RBI	BB	SO	SB	PH AB	PH H	PO	A	E	DP	TC/G	FA	G by Pos
1991	TEX	A	45	.184	.224	98	18	2	1	0	0.0	8	4	3	31	0	0	0	49	111	4	18	3.6	.976	SS-44, 3B-1

Tommy Herr

HERR, THOMAS MITCHELL
B. Apr. 4, 1956, Lancaster, Pa.
BB TR 6' 175 lbs.

Split	G	BA	SA	AB	H	2B	3B	HR	HR%	R	RBI	BB	SO	SB
April	19	.200	.309	55	11	6	0	0	0.0	9	5	17	6	3
May	18	.255	.314	51	13	0	0	1	2.0	7	5	9	5	4
June	16	.048	.048	21	1	0	0	0	0.0	1	1	2	3	0
July	15	.148	.185	27	4	1	0	0	0.0	0	3	4	7	0
Aug	14	.300	.350	20	6	1	0	0	0.0	2	1	2	4	0
Sept/Oct	20	.244	.293	41	10	0	1	0	0.0	4	6	11	3	2
Day	37	.210	.296	81	17	4	0	1	1.2	8	5	21	7	4
Night	65	.209	.254	134	28	4	1	0	0.0	15	16	24	21	5
vs. Left		.217	.277	83	18	3	1	0	0.0	7	14	18	11	3
vs. Right		.205	.265	132	27	5	0	1	0.8	16	7	27	17	6
On Grass	71	.214	.255	145	31	3	0	1	0.7	16	10	27	21	9
On Turf	31	.200	.300	70	14	5	1	0	0.0	7	11	18	7	0
Home	49	.190	.220	100	19	3	0	0	0.0	9	7	20	15	7
Road	53	.226	.313	115	26	5	1	1	0.9	14	14	25	13	2
Division Rivals														
vs. ATL	4	.444	.444	9	4	0	0	0	0.0	1	3	0	1	2
vs. CIN	10	.111	.222	18	2	0	1	0	0.0	1	3	2	4	0
vs. HOU	8	.182	.273	11	2	1	0	0	0.0	1	2	8	0	0
vs. LA	10	.200	.200	20	4	0	0	0	0.0	3	0	4	2	2
vs. SD	14	.270	.297	37	10	1	0	0	0.0	3	3	3	5	1
On 3B < 2 Out		.333	.333	9	3	0	0	0	0.0	0	8	2	2	

SECOND BASE

Bar charts comparing player vs NL AVG for: AVERAGE (.400 scale), RBI (100 scale), HR (50 scale), SB (60 scale).

Year	Team	Lg	Games	BA	SA	AB	H	2B	3B	HR	HR%	R	RBI	BB	SO	SB	PH AB	PH H	PO	A	E	DP	TC/G	FA	G by Pos
1979	STL	N	14	.200	.200	10	2	0	0	0	0.0	4	1	2	2	1	1	0	12	11	0	3	1.6	1.000	2B-6
1980			76	.248	.347	222	55	12	5	0	0.0	29	15	16	21	9	9	2	124	184	7	47	4.1	.978	2B-58, SS-14
1981			103	.268	.345	411	110	14	9	0	0.0	50	46	39	30	23	0	0	211	374	5	74	5.7	.992	2B-103
1982			135	.266	.320	493	131	19	4	0	0.0	83	36	57	56	25	5	2	263	427	9	97	5.2	.987	2B-128
1983			89	.323	.412	313	101	14	4	2	0.6	43	31	43	27	6	5	2	178	245	6	60	4.8	.986	2B-86
1984			145	.276	.346	558	154	23	2	4	0.7	67	49	49	56	13	1	1	328	452	6	106	5.4	.992	2B-144
1985			159	.302	.416	596	180	38	3	8	1.3	97	110	80	55	31	1	1	337	448	12	120	5.0	.985	2B-158
1986			152	.252	.331	559	141	30	4	2	0.4	48	61	73	75	22	0	0	352	414	9	121	5.1	.988	2B-152
1987			141	.263	.331	510	134	29	0	2	0.4	73	83	68	62	19	2	1	306	350	7	103	4.7	.989	2B-137
1988	2 teams		STL N (15G — .260)		MIN A (86G — .263)																				
"	total		101	.263	.325	354	93	16	0	2	0.6	46	24	51	51	13	10	3	168	230	5	63	4.0	.988	2B-88, DH-3, SS-2
1989	PHI	N	151	.287	.364	561	161	25	6	2	0.4	65	37	54	63	10	8	3	281	415	7	80	4.7	.990	2B-144
1990	2 teams		PHI N (119G — .264)		NY N (27G — .250)																				
"	total		146	.261	.347	547	143	26	3	5	0.9	48	60	50	58	7	7	2	275	349	7	94	4.5	.989	2B-140
1991	2 teams		NY N (70G — .194)		SF N (32G — .250)																				
"			102	.209	.270	215	45	8	1	1	0.5	23	21	45	28	9	28	5	116	151	0	33	3.5	1.000	2B-72, 3B-3, OF-1
13 yrs.			1514	.271	.350	5349	1450	254	41	28	0.5	676	574	627	584	188	77	22	2951	4050	80	1001	4.7	.989	2B-1416, SS-16, DH-3, 3B-3, OF-1

LEAGUE CHAMPIONSHIP SERIES

Year	Team	Lg	G	BA	SA	AB	H	2B	3B	HR	HR%	R	RBI	BB	SO	SB	PH AB	PH H	PO	A	E	DP	TC/G	FA	G by Pos
1982	STL	N	3	.231	.308	13	3	1	0	0	0.0	1	0	1	2	0	0	0	6	10	0	3	5.3	1.000	2B-3
1985			6	.333	.667	21	7	4	0	1	4.8	2	6	5	2	1	0	0	13	10	0	3	3.8	1.000	2B-6
1987			7	.222	.222	27	6	0	0	0	0.0	0	3	0	1	1	0	0	12	11	1	3	3.4	.958	2B-7
3 yrs.			16	.262	.393	61	16	5	0	1	1.6	3	9	6	5	2	0	0	31	31	1	9	3.9	.984	2B-16

WORLD SERIES

Year	Team	Lg	G	BA	SA	AB	H	2B	3B	HR	HR%	R	RBI	BB	SO	SB	PH AB	PH H	PO	A	E	DP	TC/G	FA	G by Pos
1982	STL	N	7	.160	.240	25	4	2	0	0	0.0	2	5	3	3	0	0	0	11	19	1	6	4.4	.968	2B-7
1985			7	.154	.231	26	4	2	0	0	0.0	2	0	2	2	0	0	0	11	13	0	8	3.4	1.000	2B-7
1987			7	.250	.357	28	7	0	0	1	3.6	2	1	2	2	0	0	0	23	17	0	1	5.7	1.000	2B-7
3 yrs.			21	.190	.278	79	15	4	0	1	1.3	6	6	7	7	0	0	0	45	49	1	15	4.5	.989	2B-21

Year	Team		Games	BA	SA	AB	H	2B	3B	HR	HR%	R	RBI	BB	SO	SB	PINCH HIT AB	H	PO	A	E	DP	TC/G	FA	G by Pos

Donnie Hill

HILL, DONALD EARL
B. Nov. 12, 1960, Pomona, Calif.
BB TR 5' 10" 165 lbs.

Year	Team		Games	BA	SA	AB	H	2B	3B	HR	HR%	R	RBI	BB	SO	SB	AB	H	PO	A	E	DP	TC/G	FA	G by Pos
1983	OAK	A	53	.266	.348	158	42	7	0	2	1.3	20	15	4	21	1	1	0	87	136	9	24	4.4	.961	SS-53
1984			73	.230	.299	174	40	6	0	2	1.1	21	16	5	12	1	5	0	102	128	12	28	3.3	.950	SS-66, 2B-4, DH-2, 3B-2
1985			123	.285	.351	393	112	13	2	3	0.8	45	48	23	33	8	2	0	228	320	15	56	4.6	.973	2B-122
1986			108	.283	.378	339	96	16	2	4	1.2	37	29	23	38	5	15	4	104	213	9	31	3.0	.972	2B-68, 3B-33, DH-3, SS-1
1987	CHI	A	111	.239	.368	410	98	14	6	9	2.2	57	46	30	35	1	3	1	167	278	14	55	4.1	.969	2B-84, 3B-32, DH-1
1988			83	.217	.281	221	48	6	1	2	0.9	17	20	26	32	3	12	3	118	152	8	38	3.3	.971	2B-59, 3B-12, DH-5
1990	CAL	A	103	.264	.352	352	93	18	2	3	0.8	36	32	29	27	1	9	2	194	255	11	64	4.8	.976	2B-60, SS-24, 3B-21, 1B-3, DH-1, P-1
1991			77	.239	.301	209	50	8	1	1	0.5	36	20	30	21	1	16	3	127	176	8	36	4.8	.974	2B-39, SS-29, 1B-3
8 yrs.			731	.257	.343	2256	579	88	14	26	1.2	269	226	170	219	21	63	13	1127	1658	86	332	3.9	.970	2B-436, SS-174, 3B-100, DH-12, 1B-6, P-1

Glenallen Hill

HILL, GLENALLEN
B. Mar. 22, 1965, Santa Cruz, Calif.
BR TR 6' 3" 210 lbs.

Year	Team		Games	BA	SA	AB	H	2B	3B	HR	HR%	R	RBI	BB	SO	SB	AB	H	PO	A	E	DP	TC/G	FA	G by Pos
1989	TOR	A	19	.288	.346	52	15	0	0	1	1.9	4	7	3	12	2	0	0	27	0	1	0	1.5	.964	OF-16, DH-3
1990			84	.231	.435	260	60	11	3	12	4.6	47	32	18	62	8	7	2	115	4	2	0	2.0	.983	OF-60, DH-20
1991	2 teams		TOR A (35G — .253)			CLE A (37G — .262)																			
"	total		72	.258	.421	221	57	8	2	8	3.6	29	25	23	54	6	2	0	118	0	3	0	2.6	.975	OF-46, DH-17
3 yrs.			175	.248	.420	533	132	19	5	21	3.9	80	64	44	128	16	9	2	260	4	6	0	1.5	.978	OF-122, DH-40

Chris Hoiles

HOILES, CHRISTOPHER ALLEN
B. Mar. 20, 1965, Bowling Green, Ohio
BR TR 6' 195 lbs.

Split	Games	BA	SA	AB	H	2B	3B	HR	HR%	R	RBI	BB	SO	SB
April	10	.147	.176	34	5	1	0	0	0.0	0	0	1	8	0
May	18	.265	.429	49	13	2	0	2	4.1	8	4	11	8	0
June	16	.240	.360	50	12	3	0	1	2.0	4	5	3	6	0
July	21	.319	.500	72	23	4	0	3	4.2	8	10	2	12	0
Aug	19	.260	.411	73	19	5	0	2	2.7	11	6	4	15	0
Sept/Oct	23	.175	.317	63	11	0	0	3	4.8	5	6	8	12	0
Day	26	.213	.325	80	17	3	0	2	2.5	6	11	4	13	0
Night	81	.253	.402	261	66	12	0	9	3.4	30	20	25	48	0
vs. Left		.257	.469	113	29	6	0	6	5.3	10	8	11	16	0
vs. Right		.237	.342	228	54	9	0	5	2.2	26	23	18	45	0
On Grass	91	.229	.373	284	65	11	0	10	3.5	27	23	26	51	0
On Turf	16	.316	.439	57	18	4	0	1	1.8	9	8	3	10	0
Home	52	.229	.373	153	35	7	0	5	3.3	16	12	16	26	0
Road	55	.255	.394	188	48	8	0	6	3.2	20	19	13	35	0
vs. BOS	11	.321	.464	28	9	1	0	1	3.6	4	4	5	5	0
vs. CLE	9	.304	.565	23	7	0	0	2	8.7	2	3	3	4	0
vs. DET	9	.156	.188	32	5	1	0	0	0.0	1	0	3	3	0
vs. MIL	9	.273	.394	33	9	4	0	0	0.0	4	3	1	9	0
vs. NY	9	.194	.323	31	6	1	0	1	3.2	1	3	3	5	0
vs. TOR	7	.048	.095	21	1	1	0	0	0.0	1	0	3	3	0
On 3B <2 Out		.250	.500	12	3	0	0	1	8.3	1	9	2	3	

Year	Team		Games	BA	SA	AB	H	2B	3B	HR	HR%	R	RBI	BB	SO	SB	AB	H	PO	A	E	DP	TC/G	FA	G by Pos
1989	BAL	A	6	.111	.222	9	1	1	0	0	0.0	0	1	1	3	0	2	0	11	0	0	0	1.8	1.000	DH-3, C-3
1990			23	.190	.286	63	12	3	0	1	1.5	7	6	5	12	0	3	0	62	6	0	6	5.2	1.000	DH-7, C-7, 1B-6
1991			107	.243	.384	341	83	15	0	11	3.2	36	31	29	61	0	6	1	443	44	1	6	5.4	.998	C-89, DH-13, 1B-2
3 yrs.			136	.232	.366	413	96	19	0	12	2.9	43	38	35	76	0	11	1	516	50	1	12	4.2	.998	C-99, DH-23, 1B-8

Dave Hollins

HOLLINS, DAVID MICHAEL
B. May 25, 1966, Buffalo, N.Y.
BB TR 6' 1" 195 lbs.

Year	Team		Games	BA	SA	AB	H	2B	3B	HR	HR%	R	RBI	BB	SO	SB	AB	H	PO	A	E	DP	TC/G	FA	G by Pos
1990	PHI	N	72	.184	.316	114	21	0	0	5	4.3	14	15	10	28	0	37	8	27	37	4	2	2.2	.941	3B-30, 1B-1
1991			56	.298	.510	151	45	10	2	6	4.0	18	21	17	26	1	14	3	67	62	8	6	3.3	.942	3B-36, 1B-6
2 yrs.			128	.249	.426	265	66	10	2	11	4.2	32	36	27	54	1	51	11	94	99	12	6	1.6	.941	3B-66, 1B-7

Sam Horn

HORN, SAMUEL LEE
B. Nov. 2, 1963, Dallas, Tex.
BL TL 6' 5" 215 lbs.

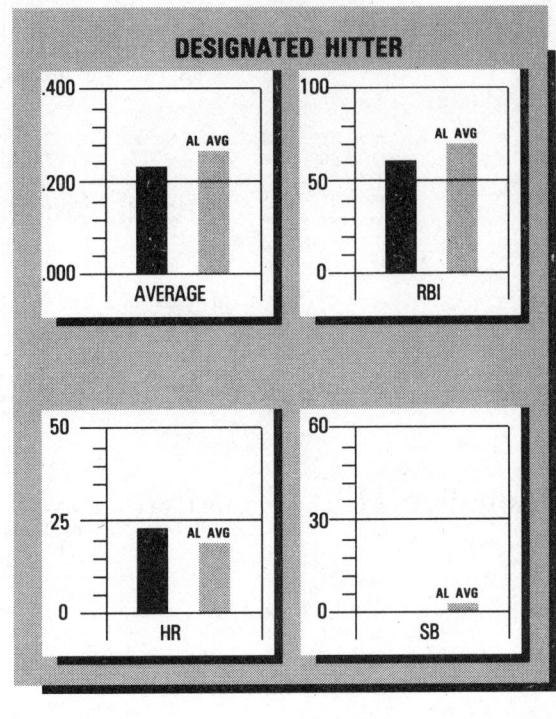

Year	Team		Games	BA	SA	AB	H	2B	3B	HR	HR%	R	RBI	BB	SO	SB	PINCH HIT AB	H	PO	A	E	DP	TC/G	FA	G by Pos
April			17	.214	.452	42	9	1	0	3	7.1	4	10	7	21	0									
May			22	.239	.478	46	11	2	0	3	6.5	5	7	6	14	0									
June			26	.247	.548	73	18	7	0	5	6.8	10	12	12	21	0									
July			20	.254	.492	59	15	2	0	4	6.8	11	12	9	16	0									
Aug			13	.128	.256	39	5	2	0	1	2.6	5	4	4	10	0									
Sept/Oct			23	.276	.672	58	16	2	0	7	12.1	10	16	3	17	0									
Day			33	.205	.455	88	18	4	0	6	6.8	9	20	9	31	0									
Night			88	.245	.520	229	56	12	0	17	7.4	36	41	32	68	0									
vs. Left				.111	.278	18	2	0	0	1	5.6	1	1	1	7	0									
vs. Right				.241	.515	299	72	16	0	22	7.4	44	60	40	92	0									
On Grass			103	.248	.552	270	67	13	0	23	8.5	41	59	34	80	0									
On Turf			18	.149	.213	47	7	3	0	0	0.0	4	2	7	19	0									
Home			61	.248	.544	149	37	8	0	12	8.1	26	28	24	40	0									
Road			60	.220	.464	168	37	8	0	11	6.5	19	33	17	59	0									
Division Rivals																									
vs. BOS			12	.200	.500	30	6	3	0	2	6.7	4	5	5	9	0									
vs. CLE			9	.269	.615	26	7	3	0	2	7.7	5	6	1	6	0									
vs. DET			9	.296	.630	27	8	0	0	3	11.1	4	5	2	9	0									
vs. MIL			11	.194	.419	31	6	1	0	2	6.5	4	8	4	8	0									
vs. NY			11	.429	1.036	28	12	2	0	5	17.9	7	13	0	6	0									
vs. TOR			9	.300	.600	20	6	0	0	2	10.0	4	3	5	6	0									
On 3B <2 Out				.353	.765	17	6	1	0	2	11.8	2	12	1	6										
1987	BOS	A	46	.278	.589	158	44	7	0	14	8.9	31	34	17	55	0	6	1	0	0	0	0	0.0	—	DH-40
1988			24	.148	.246	61	9	0	0	2	3.3	4	8	11	20	0	4	0	0	0	0	0	0.0	—	DH-16
1989			33	.148	.185	54	8	2	0	0	0.0	1	4	8	16	0	17	4	5	0	0	0	0.2	1.000	DH-14, 1B-2
1990	BAL	A	79	.248	.472	246	61	13	0	14	5.6	30	45	32	62	0	9	4	58	6	2	7	6.6	.970	DH-63, 1B-10
1991			121	.233	.502	317	74	16	0	23	7.3	45	61	41	99	0	24	7	0	0	0	0	0.0	.965	DH-102
5 yrs.			303	.234	.470	836	196	38	0	53	6.3	111	152	109	252	0	60	16	63	6	2	7	0.2	.972	DH-235, 1B-12

Wayne Housie

HOUSIE, WAYNE TYRONE
B. May 20, 1965, Hampton, Va.
BB TR 5' 9" 165 lbs.

Year	Team		Games	BA	SA	AB	H	2B	3B	HR	HR%	R	RBI	BB	SO	SB	AB	H	PO	A	E	DP	TC/G	FA	G by Pos
1991	BOS	A	11	.250	.375	8	2	1	0	0	0.0	2	0	1	3	1	1	1	3	0	0	0	0.8	1.000	OF-4, DH-2

Chris Howard

HOWARD, CHRISTOPHER HUGH
B. Feb. 27, 1966, San Diego, Calif.
BR TR 6' 2" 200 lbs.

Year	Team		Games	BA	SA	AB	H	2B	3B	HR	HR%	R	RBI	BB	SO	SB	AB	H	PO	A	E	DP	TC/G	FA	G by Pos
1991	SEA	A	9	.167	.333	6	1	1	0	0	0.0	1	0	1	2	0	0	0	13	2	0	1	1.7	1.000	C-9

Dave Howard

HOWARD, DAVID WAYNE
Son of Bruce Howard.
B. Feb. 26, 1967, Sarasota, Fla.
BB TR 6' 165 lbs.

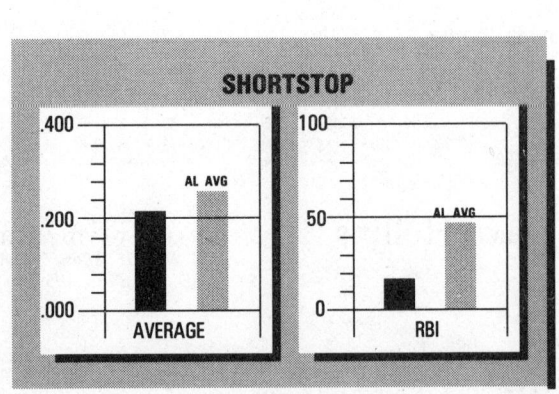

Year	Team		Games	BA	SA	AB	H	2B	3B	HR	HR%	R	RBI	BB	SO	SB
April			5	.091	.091	11	1	0	0	0	0.0	1	0	0	1	0
May			4	.000	.000	5	0	0	0	0	0.0	0	0	2	1	0
June			11	.095	.095	21	2	0	0	0	0.0	2	1	2	6	0
July			20	.255	.345	55	14	2	0	1	1.8	9	7	3	8	1
Aug			29	.276	.333	87	24	5	0	0	0.0	5	9	3	15	2
Sept/Oct			25	.175	.175	57	10	0	0	0	0.0	3	0	6	14	0
Day			28	.182	.195	77	14	1	0	0	0.0	8	4	4	12	0
Night			66	.233	.289	159	37	6	0	1	0.6	12	13	12	33	3
vs. Left				.225	.288	80	18	2	0	1	1.3	6	10	6	12	0
vs. Right				.212	.244	156	33	5	0	0	0.0	14	7	10	33	3

Dave Howard Continued

Year	Team	Games	BA	SA	AB	H	2B	3B	HR	HR%	R	RBI	BB	SO	SB	PINCH HIT AB	PINCH HIT H	PO	A	E	DP	TC/G	FA	G by Pos
On Grass		39	.237	.268	97	23	3	0	0	0.0	8	7	3	18	1									
On Turf		55	.201	.252	139	28	4	0	1	0.7	12	10	13	27	2									
Home		47	.207	.233	116	24	3	0	0	0.0	7	7	11	22	2									
Road		47	.225	.283	120	27	4	0	1	0.8	13	10	5	23	1									
Division Rivals																								
vs. CAL		4	.222	.222	9	2	0	0	0	0.0	0	0	1	2	0									
vs. CHI		11	.207	.241	29	6	1	0	0	0.0	1	0	3	3	0									
vs. MIN		7	.063	.063	16	1	0	0	0	0.0	3	0	4	3	0									
vs. OAK		10	.158	.158	19	3	0	0	0	0.0	1	3	0	7	0									
vs. SEA		4	.091	.091	11	1	0	0	0	0.0	0	0	0	3	0									
vs. TEX		8	.263	.263	19	5	0	0	0	0.0	2	1	1	5	1									
On 3B <2 Out			.286	.429	7	2	1	0	0	0.0	0	6	0	1										
1991	KC A	94	.216	.258	236	51	7	0	1	0.4	20	17	16	45	3	1	0	129	248	12	40	4.3	.969	SS-63, 2B-26, DH-1, 3B-1, OF-1

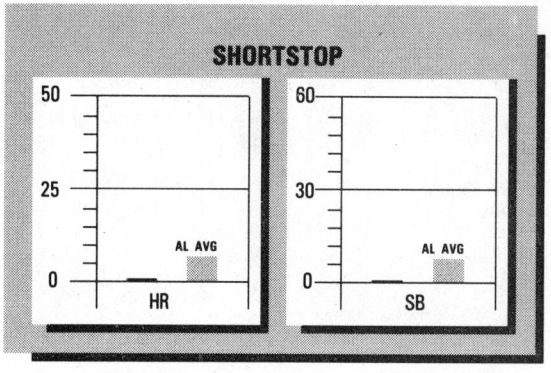

SHORTSTOP — HR (AL AVG), SB (AL AVG)

Thomas Howard

HOWARD, THOMAS SYLVESTER
B. Dec. 11, 1964, Middletown, Ohio
BB TR 6' 200 lbs.

Year	Team	Games	BA	SA	AB	H	2B	3B	HR	HR%	R	RBI	BB	SO	SB	PINCH HIT AB	PINCH HIT H	PO	A	E	DP	TC/G	FA	G by Pos
April		1	.000	.000	1	0	0	0	0	0.0	0	0	0	0	0									
May		18	.214	.286	42	9	1	1	0	0.0	5	2	3	10	2									
June		26	.295	.397	78	23	3	1	1	1.3	8	6	7	7	5									
July		16	.220	.260	50	11	2	0	0	0.0	4	0	8	12	0									
Aug		20	.200	.333	45	9	3	0	1	2.2	3	5	1	10	0									
Sept/Oct		25	.277	.446	65	18	3	1	2	3.1	10	9	5	18	3									
Day		30	.286	.442	77	22	4	1	2	2.6	6	6	7	12	2									
Night		76	.235	.324	204	48	8	2	2	1.0	24	16	17	45	8									
vs. Left			.286	.464	28	8	0	1	1	3.6	7	2	5	5	1									
vs. Right			.245	.344	253	62	12	2	3	1.2	23	20	19	52	9									
On Grass		76	.255	.373	204	52	8	2	4	2.0	22	18	14	41	8									
On Turf		30	.234	.312	77	18	4	1	0	0.0	8	4	10	16	2									
Home		57	.257	.386	140	36	4	1	4	2.9	18	14	11	29	4									
Road		49	.241	.326	141	34	8	2	0	0.0	12	8	13	28	6									
Division Rivals																								
vs. ATL		9	.227	.318	22	5	0	1	0	0.0	3	1	0	6	0									
vs. CIN		14	.343	.543	35	12	4	0	1	2.9	6	2	3	9	2									
vs. HOU		15	.256	.385	39	10	2	0	1	2.6	4	8	4	9	0									
vs. LA		8	.308	.385	26	8	2	0	0	0.0	4	4	1	7	2									
vs. SF		11	.111	.167	36	4	0	1	0	0.0	2	1	3	7	1									
On 3B <2 Out			.000	.000	6	0	0	0	0	0.0	0	2	2	4										
1990	SD N	20	.273	.318	44	12	2	0	0	0.0	4	0	0	11	0	8	1	19	0	1	0	1.5	.950	OF-13
1991		106	.249	.356	281	70	12	3	4	1.4	30	22	24	57	10	26	3	182	4	1	1	2.2	.995	OF-86
2 yrs.		126	.252	.351	325	82	14	3	4	1.2	34	22	24	68	10	34	4	201	4	2	1	1.6	.990	OF-99

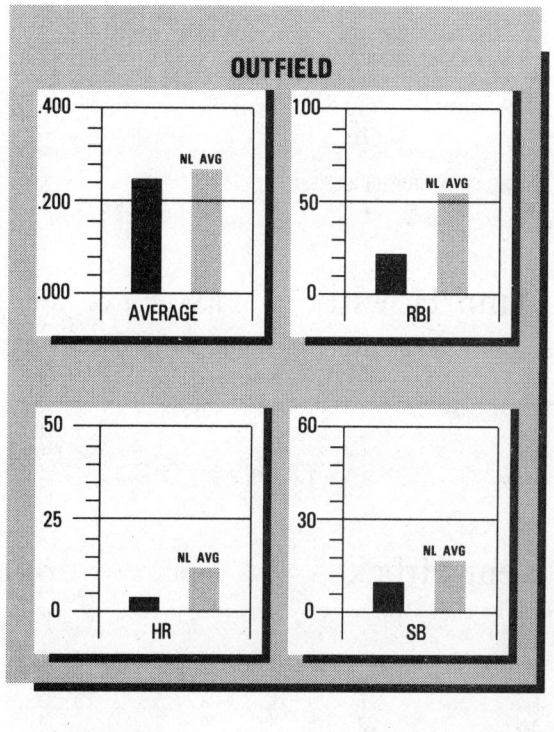

OUTFIELD — AVERAGE (NL AVG), RBI (NL AVG), HR (NL AVG), SB (NL AVG)

Jack Howell

HOWELL, JACK ROBERT
B. Aug. 18, 1961, Tucson, Ariz.
BL TR 6' 185 lbs.

Year	Team	Games	BA	SA	AB	H	2B	3B	HR	HR%	R	RBI	BB	SO	SB
April		8	.263	.526	19	5	2	0	1	5.3	3	2	5	2	0
May		2	.125	.125	8	1	0	0	0	0.0	1	1	1	0	0
June		18	.208	.271	48	10	0	0	1	2.1	6	4	5	8	1
July		5	.143	.143	7	1	0	0	0	0.0	1	0	0	2	0
Aug		28	.190	.316	79	15	1	0	3	3.8	7	8	4	19	0
Sept/Oct		29	.225	.388	80	18	2	1	3	3.8	17	8	14	13	0
Day		29	.192	.315	73	14	3	0	2	2.7	14	7	14	12	1
Night		61	.214	.345	168	36	2	1	6	3.6	21	16	15	32	0
vs. Left			.103	.138	29	3	1	0	0	0.0	1	0	1	10	0
vs. Right			.222	.363	212	47	4	1	8	3.8	34	23	28	34	1

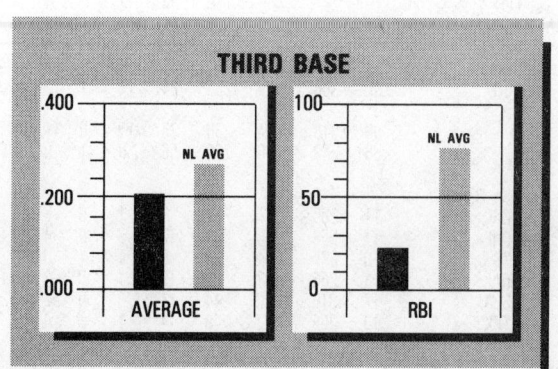

THIRD BASE — AVERAGE (NL AVG), RBI (NL AVG)

Player Register

Year	Team	Games	BA	SA	AB	H	2B	3B	HR	HR%	R	RBI	BB	SO	SB	PINCH HIT AB	H	PO	A	E	DP	TC/G	FA	G by Pos

Jack Howell *Continued*

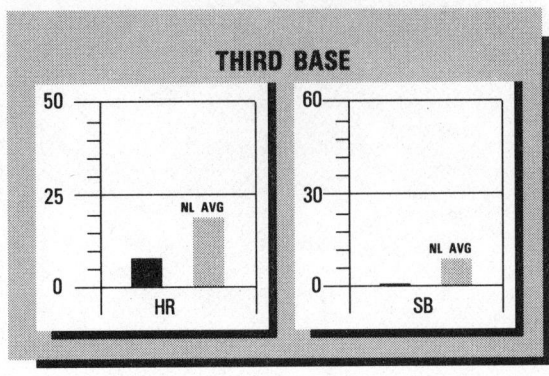

On Grass		70	.197	.331	178	35	3	0	7	3.9	27	19	21	31	0									
On Turf		20	.238	.349	63	15	2	1	1	1.6	8	4	8	13	1									
Home		46	.205	.299	117	24	2	0	3	2.6	16	12	15	19	0									
Road		44	.210	.371	124	26	3	1	5	4.0	19	11	14	25	1									
Division Rivals																								
vs. ATL		11	.158	.316	19	3	0	0	1	5.3	2	2	2	3	0									
vs. CIN		9	.333	.500	24	8	2	1	0	0.0	5	3	5	3	0									
vs. HOU		10	.200	.200	35	7	0	0	0	0.0	2	0	5	9	0									
vs. LA		7	.292	.667	24	7	0	0	3	12.5	5	4	1	7	0									
vs. SF		5	.063	.063	16	1	0	0	0	0.0	2	0	2	2	0									
On 3B < 2 Out			.400	.500	10	4	1	0	0	0.0	0	5	2	3										
1985	CAL A	43	.197	.336	137	27	4	0	5	3.6	19	18	16	33	1	2	1	33	75	8	10	2.7	.931	3B-42
1986		63	.272	.470	151	41	14	2	4	2.6	26	21	19	28	2	16	4	38	57	2	5	1.5	.979	3B-39, OF-8, DH-2
1987		138	.245	.461	449	110	18	5	23	5.1	64	64	57	118	4	18	6	185	95	7	15	2.1	.976	OF-89, 3B-48, 2B-13
1988		154	.254	.422	500	127	32	2	16	3.2	59	63	46	130	2	4	1	97	249	17	19	2.4	.953	3B-152, OF-2
1989		144	.228	.411	474	108	19	4	20	4.2	56	52	52	125	0	3	1	97	322	11	27	3.0	.974	3B-142, OF-4
1990		105	.228	.370	316	72	19	1	8	2.5	35	33	46	61	3	6	2	76	196	18	18	2.8	.938	3B-102, 1B-1, SS-1
1991	2 teams	CAL A (32G — .210)		SD N (58G — .206)																				
"	total	90	.207	.336	241	50	5	1	8	3.3	35	23	29	44	1	15	4	86	153	4	14	3.0	.984	3B-62, 2B-12, OF-5, 1B-3, DH-1
7 yrs.		737	.236	.409	2268	535	111	15	84	3.7	294	274	265	539	13	64	19	612	1147	67	108	2.5	.963	3B-587, OF-108, 2B-25, 1B-4, DH-3, SS-1

LEAGUE CHAMPIONSHIP SERIES

Year	Team	Games	BA	SA	AB	H	2B	3B	HR	HR%	R	RBI	BB	SO	SB	AB	H	PO	A	E	DP	TC/G	FA	G by Pos
1986	CAL A	2	.000	.000	1	0	0	0	0	0.0	0	0	1	1	0	1	0	0	0	0	0	0.0	—	

Dann Howitt

HOWITT, DANN PAUL JOHN
B. Feb. 13, 1964, Battle Creek, Mich.
BL TR 6' 5" 205 lbs.

Year	Team	Games	BA	SA	AB	H	2B	3B	HR	HR%	R	RBI	BB	SO	SB	AB	H	PO	A	E	DP	TC/G	FA	G by Pos
1989	OAK A	3	.000	.000	3	0	0	0	0	0.0	0	0	0	2	0	1	0	2	0	0	0	0.7	1.000	1B-1, OF-1
1990		14	.136	.227	22	3	0	1	0	0.0	3	1	3	12	0	2	0	34	1	0	3	2.5	1.000	OF-11, 1B-5, 3B-1
1991		21	.167	.262	42	7	1	0	1	2.4	5	3	1	12	0	6	1	36	0	0	0	1.8	1.000	OF-20, 1B-1
3 yrs.		38	.149	.239	67	10	1	1	1	1.5	8	4	4	26	0	9	1	72	1	0	3	1.9	.000	OF-32, 1B-7, 3B-1

Kent Hrbek

HRBEK, KENT ALLEN (Herbie)
B. May 21, 1960, Minneapolis, Minn.
BL TR 6' 4" 200 lbs.

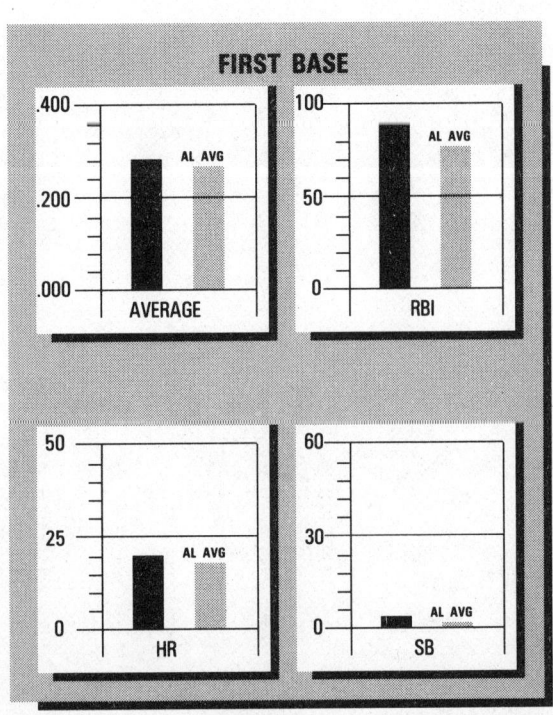

April		19	.182	.288	66	12	1	0	2	3.0	7	13	6	8	1
May		21	.292	.444	72	21	3	1	2	2.8	11	7	15	4	1
June		21	.359	.551	78	28	6	0	3	3.8	13	18	8	6	2
July		23	.278	.456	79	22	2	0	4	5.1	10	17	12	8	0
Aug		26	.316	.500	98	31	6	0	4	4.1	16	18	12	14	0
Sept/Oct		22	.246	.493	69	17	2	0	5	7.2	15	16	14	8	0
Day		37	.269	.385	130	35	6	0	3	2.3	18	21	15	11	2
Night		95	.289	.491	332	96	14	1	17	5.1	54	68	52	37	2
vs. Left			.281	.445	128	36	3	0	6	4.7	15	25	14	19	1
vs. Right			.284	.467	334	95	17	1	14	4.2	57	64	53	29	3
On Grass		52	.258	.440	182	47	9	0	8	4.4	28	32	23	24	2
On Turf		80	.300	.475	280	84	11	1	12	4.3	44	57	44	24	2
Home		66	.318	.504	236	75	11	0	11	4.7	40	52	37	22	2
Road		66	.248	.416	226	56	9	1	9	4.0	32	37	30	26	2
Division Rivals																
vs. CAL		11	.200	.375	40	8	1	0	2	5.0	4	7	2	7	1
vs. CHI		11	.353	.765	34	12	2	0	4	11.8	5	10	5	2	0
vs. KC		10	.235	.324	34	8	1	0	0	0.0	5	1	5	2	0
vs. OAK		13	.265	.347	49	13	1	0	1	2.0	9	8	8	7	0
vs. SEA		12	.318	.523	44	14	3	0	2	4.5	7	12	4	2	0
vs. TEX		13	.304	.587	46	14	1	0	4	8.7	9	11	10	4	0
On 3B < 2 Out			.316	.474	19	6	0	0	1	5.3	1	21	6	1	

PLAYER REGISTER

Year	Team		Games	BA	SA	AB	H	2B	3B	HR	HR%	R	RBI	BB	SO	SB	PINCH HIT AB	H	PO	A	E	DP	TC/G	FA	G by Pos

Kent Hrbek *Continued*

Year	Team		Games	BA	SA	AB	H	2B	3B	HR	HR%	R	RBI	BB	SO	SB	AB	H	PO	A	E	DP	TC/G	FA	G by Pos
1981	MIN	A	24	.239	.358	67	16	5	0	1	1.5	5	7	5	9	0	5	2	124	4	0	14	5.3	1.000	1B-13, DH-8
1982			140	.301	.485	532	160	21	4	23	4.3	82	92	54	80	3	1	0	1174	88	9	125	9.1	.993	1B-138, DH-2
1983			141	.297	.489	515	153	41	5	16	3.1	75	84	57	71	4	3	0	1151	89	13	125	8.9	.990	1B-137, DH-2
1984			149	.311	.522	559	174	31	3	27	4.8	80	107	65	87	1	1	1	1320	99	14	113	9.6	.990	1B-148, DH-1
1985			158	.278	.444	593	165	31	2	21	3.5	78	93	67	87	1	5	2	1339	114	8	114	9.2	.995	1B-156, DH-2
1986			149	.267	.478	550	147	27	1	29	5.3	85	91	71	81	2	3	0	1218	104	10	137	8.9	.992	1B-147, DH-1
1987			143	.285	.545	477	136	20	1	34	7.1	85	90	84	60	5	5	1	1179	68	5	112	8.8	.996	1B-137, DH-1
1988			143	.312	.520	510	159	31	0	25	4.9	75	76	67	54	0	2	1	842	57	3	92	6.3	.997	1B-105, DH-37
1989			109	.272	.517	375	102	17	0	25	6.7	59	84	53	35	3	4	1	723	60	4	66	7.2	.995	1B-89, DH-18
1990			143	.287	.474	492	141	26	0	22	4.4	61	79	69	45	5	4	2	1057	83	3	100	9.5	.997	1B-120, DH-20, 3B-1
1991			132	.284	.461	462	131	20	1	20	4.3	72	89	67	48	4	4	3	1138	95	8	110	9.7	.994	1B-128
11 yrs.			1431	.289	.490	5132	1484	270	17	243	4.7	757	892	659	657	28	37	13	11265	861	77	1108	8.5	.994	1B-1318, DH-92, 3B-1

LEAGUE CHAMPIONSHIP SERIES

Year	Team		Games	BA	SA	AB	H	2B	3B	HR	HR%	R	RBI	BB	SO	SB	AB	H	PO	A	E	DP	TC/G	FA	G by Pos
1987	MIN	A	5	.150	.300	20	3	0	0	1	5.0	4	1	3	0	0	0	0	40	3	0	3	8.6	1.000	1B-5
1991			5	.143	.143	21	3	0	0	0	0.0	0	3	1	3	0	0	0	40	8	0	3	9.6	1.000	1B-5
2 yrs.			10	.146	.220	41	6	0	0	1	2.4	4	4	4	3	0	0	0	80	11	0	6	9.1	.000	1B-10

WORLD SERIES

Year	Team		Games	BA	SA	AB	H	2B	3B	HR	HR%	R	RBI	BB	SO	SB	AB	H	PO	A	E	DP	TC/G	FA	G by Pos
1987	MIN	A	7	.208	.333	24	5	0	0	1	4.2	4	6	5	3	0	0	0	68	2	0	3	10.0	1.000	1B-7
1991			7	.115	.269	26	3	1	0	1	3.8	2	2	2	6	0	0	0	65	8	0	4	10.4	1.000	1B-7
2 yrs.			14	.160	.300	50	8	1	0	2	4.0	6	8	7	9	0	0	0	133	10	0	7	10.2	.000	1B-14

Rex Hudler

HUDLER, REX ALLEN
B. Sept. 2, 1960, Tempe, Ariz.
BR TR 6' 1" 180 lbs.

Year	Team		Games	BA	SA	AB	H	2B	3B	HR	HR%	R	RBI	BB	SO	SB	AB	H	PO	A	E	DP	TC/G	FA	G by Pos
1984	NY	A	9	.143	.286	7	1	1	0	0	0.0	2	0	1	5	0	0	0	4	7	0	1	1.2	1.000	2B-9
1985			20	.157	.196	51	8	0	1	0	0.0	4	1	1	9	0	0	0	42	51	2	14	4.8	.979	2B-16, 1B-1, SS-1
1986	BAL	A	14	.000	.000	1	0	0	0	0	0.0	1	0	0	0	1	0	0	2	3	1	0	0.4	.833	2B-13, 3B-1
1988	MON	N	77	.273	.412	216	59	14	2	4	1.9	38	14	10	34	29	3	0	116	168	10	30	3.8	.966	2B-41, SS-27, OF-4
1989			92	.245	.406	155	38	7	0	6	3.9	21	13	6	23	15	27	4	59	59	7	13	1.4	.944	2B-38, OF-23, SS-18
1990	2 teams		MON N (4G — .333)			STL N (89G — .281)																			
"	total		93	.282	.445	220	62	11	2	7	3.1	31	22	12	32	18	21	4	158	42	5	9	3.1	.976	OF-45, 2B-10, 1B-6, 3B-6, SS-1
1991	STL	N	101	.227	.309	207	47	10	2	1	0.5	21	15	10	29	12	27	4	130	6	2	6	2.1	.986	OF-58, 1B-12, 2B-5
7 yrs.			406	.251	.380	857	215	43	7	18	2.1	118	65	40	132	75	78	12	511	336	27	73	2.2	.969	2B-132, OF-130, SS-47, 1B-19, 3B-7

Mike Huff

HUFF, MICHAEL KALE
B. Aug. 11, 1963, Honolulu, Hawaii
BR TR 6' 1" 180 lbs.

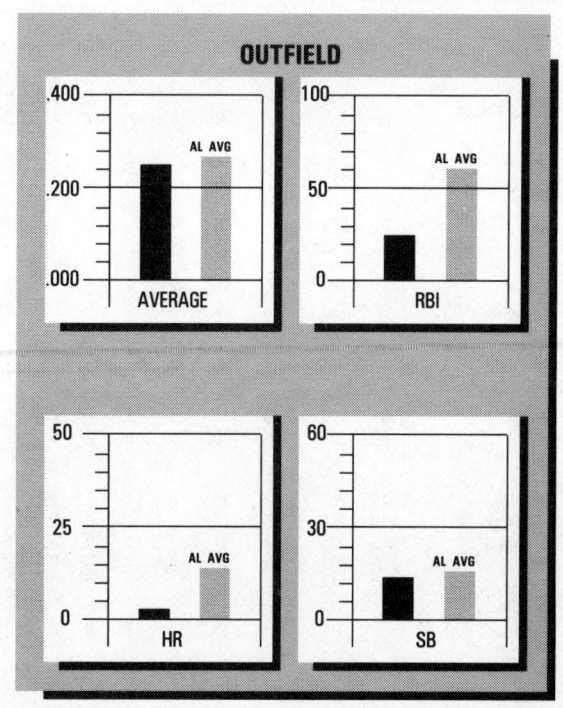

OUTFIELD

	Games	BA	SA	AB	H	2B	3B	HR	HR%	R	RBI	BB	SO	SB
April	7	.222	.333	18	4	0	1	0	0.0	3	0	6	2	2
May	23	.266	.329	79	21	5	0	0	0.0	14	6	14	21	6
June	17	.222	.378	45	10	1	0	2	4.4	11	4	5	6	3
July	19	.136	.182	22	3	1	0	0	0.0	2	3	3	6	0
Aug	20	.342	.526	38	13	2	1	1	2.6	9	10	4	5	3
Sept/Oct	16	.244	.268	41	10	1	0	0	0.0	3	2	5	8	0
Day	30	.229	.286	70	16	2	1	0	0.0	11	2	14	13	5
Night	72	.260	.370	173	45	8	1	3	1.7	31	23	23	35	9
vs. Left		.231	.355	121	28	4	1	3	2.5	22	9	16	21	8
vs. Right		.270	.336	122	33	6	1	0	0.0	20	16	21	27	6
On Grass	88	.257	.350	206	53	9	2	2	1.0	34	20	32	41	13
On Turf	14	.216	.324	37	8	1	0	1	2.7	8	5	5	7	1
Home	50	.264	.376	125	33	7	1	1	0.8	20	10	17	24	9
Road	52	.237	.314	118	28	3	1	2	1.7	22	15	20	24	5
Division Rivals														
vs. CAL	10	.242	.273	33	8	1	0	0	0.0	2	1	6	7	1
vs. KC	1	.400	.400	5	2	0	0	0	0.0	1	0	0	1	0
vs. MIN	6	.263	.474	19	5	1	0	1	5.3	5	3	2	3	0
vs. OAK	9	.348	.435	23	8	2	0	0	0.0	9	2	6	6	3
vs. SEA	10	.324	.382	34	11	2	0	0	0.0	4	2	3	8	1
vs. TEX	5	.286	.571	7	2	0	0	0	0.0	2	2	3	0	1
On 3B < 2 Out		.333	.556	9	3	0	1	0	0.0	0	8	2	4	

PLAYER REGISTER

Year	Team	Games	BA	SA	AB	H	2B	3B	HR	HR%	R	RBI	BB	SO	SB	PINCH HIT AB	H	PO	A	E	DP	TC/G	FA	G by Pos

Mike Huff *Continued*

Year	Team	Games	BA	SA	AB	H	2B	3B	HR	HR%	R	RBI	BB	SO	SB	AB	H	PO	A	E	DP	TC/G	FA	G by Pos
1989	LA N	12	.200	.360	25	5	1	0	1	4.0	4	2	3	6	0	3	1	18	0	0	0	1.5	1.000	OF-9
1991	2 teams		CLE A	(51G — .240)		CHI A	(51G — .268)																	
"	total	102	.251	.346	243	61	10	2	3	1.2	42	25	37	48	14	12	0	168	7	2	1	1.8	.989	OF-96, 2B-4, DH-2
2 yrs.		114	.246	.347	268	66	11	2	4	1.5	46	27	40	54	14	15	1	186	7	2	1	1.7	.990	OF-105, 2B-4, DH-2

Tim Hulett

HULETT, TIMOTHY CRAIG
B. Jan. 20, 1960, Springfield, Ill.
BR TR 6′ 185 lbs.

Year	Team	Games	BA	SA	AB	H	2B	3B	HR	HR%	R	RBI	BB	SO	SB	AB	H	PO	A	E	DP	TC/G	FA	G by Pos
1983	CHI A	6	.200	.200	5	1	0	0	0	0.0	0	0	0	0	1	0	0	8	6	2	1	2.7	.875	2B-6
1984		8	.000	.000	7	0	0	0	0	0.0	1	0	1	4	1	1	0	4	15	0	2	2.4	1.000	3B-4, 2B-3
1985		141	.268	.375	395	106	19	4	5	1.3	52	36	30	81	6	2	1	117	256	24	41	2.8	.940	3B-115, 2B-28, OF-1
1986		150	.231	.379	520	120	16	5	17	3.3	53	44	21	91	4	5	1	179	331	15	54	3.5	.971	3B-89, 2B-66
1987		68	.217	.346	240	52	10	0	7	2.9	20	28	10	41	0	0	0	55	142	9	19	3.0	.956	3B-61, 2B-8
1989	BAL A	33	.278	.423	97	27	5	0	3	3.1	12	18	10	17	0	1	0	70	71	4	13	4.4	.972	3B-24, 2B-16, DH-8
1990		53	.255	.373	153	39	7	1	3	1.9	16	16	15	41	1	9	1	44	101	4	15	3.7	.973	3B-39, 2B-26, DH-15, SS-1
1991		79	.204	.350	206	42	9	0	7	3.4	29	18	13	49	0	10	2	47	96	4	13	2.3	.973	
8 yrs.		538	.238	.369	1623	387	66	10	42	2.6	183	160	100	324	13	28	5	524	1018	62	158	3.0	.961	3B-343, 2B-176, DH-23, SS-1, OF-1

Mike Humphreys

HUMPHREYS, MICHAEL BUTLER
B. Apr. 10, 1967, Dallas, Tex.
BR TR 6′ 185 lbs.

Year	Team	Games	BA	SA	AB	H	2B	3B	HR	HR%	R	RBI	BB	SO	SB	AB	H	PO	A	E	DP	TC/G	FA	G by Pos
1991	NY A	25	.200	.200	40	8	0	0	0	0.0	9	3	9	7	2	2	0	10	8	1	0	1.4	.947	OF-9, DH-7, 3B-6

Todd Hundley

HUNDLEY, TODD RANDOLPH
Son of Randy Hundley.
B. May 27, 1969, Martinsville, Va.
BB TR 5′ 11″ 170 lbs.

Year	Team	Games	BA	SA	AB	H	2B	3B	HR	HR%	R	RBI	BB	SO	SB	AB	H	PO	A	E	DP	TC/G	FA	G by Pos
1990	NY N	36	.209	.299	67	14	6	0	0	0.0	8	2	6	18	0	3	0	162	8	2	2	4.8	.988	C-36
1991		21	.133	.217	60	8	0	1	1	1.7	5	7	6	14	0	3	1	85	11	0	1	4.8	1.000	C-20
2 yrs.		57	.173	.260	127	22	6	1	1	0.8	13	9	12	32	0	6	1	247	19	2	3	4.7	.993	C-56

Brian Hunter

HUNTER, BRIAN RAYNOLD
B. Mar. 4, 1968, Torrance, Calif.
BR TL 6′ 195 lbs.

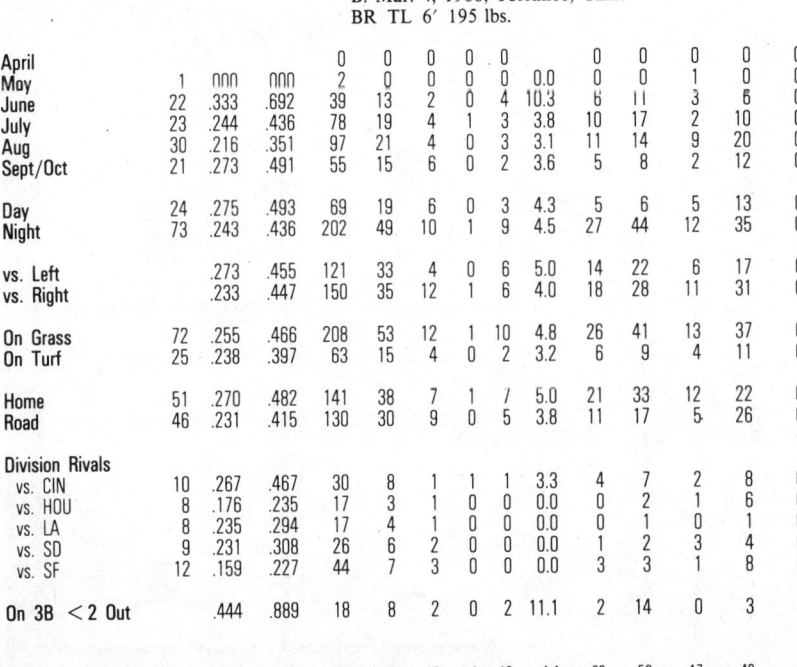
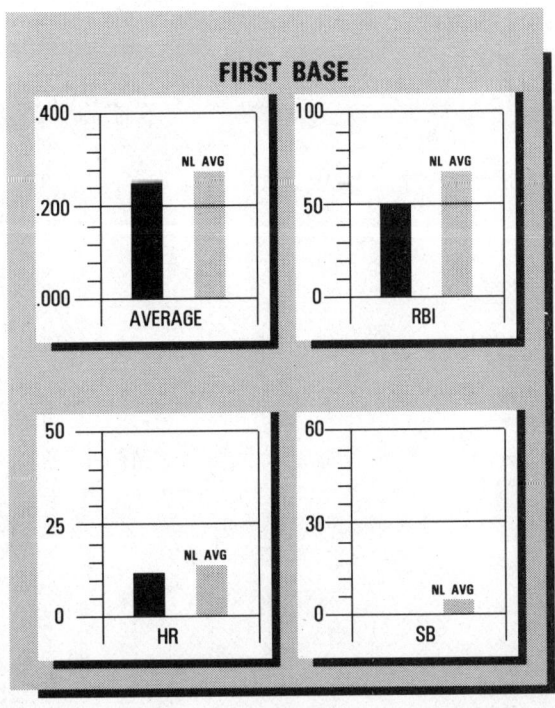

FIRST BASE

	Games	BA	SA	AB	H	2B	3B	HR	HR%	R	RBI	BB	SO	SB
April				0	0	0	0	0	.0	0	0	0	0	0
May	1	.000	.000	2	0	0	0	0	0.0	0	0	1	0	0
June	22	.333	.692	39	13	2	0	4	10.3	6	11	3	6	0
July	23	.244	.436	78	19	4	1	3	3.8	10	17	2	10	0
Aug	30	.216	.351	97	21	4	0	3	3.1	11	14	9	20	0
Sept/Oct	21	.273	.491	55	15	6	0	2	3.6	5	8	2	12	0
Day	24	.275	.493	69	19	6	0	3	4.3	5	6	5	13	0
Night	73	.243	.436	202	49	10	1	9	4.5	27	44	12	35	0
vs. Left		.273	.455	121	33	4	0	6	5.0	14	22	6	17	0
vs. Right		.233	.447	150	35	12	1	6	4.0	18	28	11	31	0
On Grass	72	.255	.466	208	53	12	1	10	4.8	26	41	13	37	0
On Turf	25	.238	.397	63	15	4	0	2	3.2	6	9	4	11	0
Home	51	.270	.482	141	38	7	1	7	5.0	21	33	12	22	0
Road	46	.231	.415	130	30	9	0	5	3.8	11	17	5	26	0
Division Rivals														
vs. CIN	10	.267	.467	30	8	1	1	1	3.3	4	7	2	8	0
vs. HOU	8	.176	.235	17	3	1	0	0	0.0	0	2	1	6	0
vs. LA	8	.235	.294	17	4	1	0	0	0.0	0	1	0	1	0
vs. SD	9	.231	.308	26	6	2	0	0	0.0	1	2	3	4	0
vs. SF	12	.159	.227	44	7	3	0	0	0.0	3	3	1	8	0
On 3B < 2 Out		.444	.889	18	8	2	0	2	11.1	2	14	0	3	

Year	Team	Games	BA	SA	AB	H	2B	3B	HR	HR%	R	RBI	BB	SO	SB	AB	H	PO	A	E	DP	TC/G	FA	G by Pos
1991	ATL N	97	.251	.450	271	68	16	1	12	4.4	32	50	17	48	0	18	3	624	46	8	42	7.6	.988	1B-85, OF-6

PLAYER REGISTER

Year	Team		Games	BA	SA	AB	H	2B	3B	HR	HR%	R	RBI	BB	SO	SB	PINCH HIT AB	H	PO	A	E	DP	TC/G	FA	G by Pos

Brian Hunter *Continued*

LEAGUE CHAMPIONSHIP SERIES
| 1991 | ATL | N | 5 | .333 | .611 | 18 | 6 | 2 | 0 | 1 | 5.6 | 2 | 4 | 0 | 2 | 0 | 0 | 0 | 30 | 4 | 0 | 3 | 6.8 | 1.000 | 1B-5 |

WORLD SERIES
| 1991 | ATL | N | 7 | .190 | .381 | 21 | 4 | 1 | 0 | 1 | 4.8 | 2 | 3 | 0 | 2 | 0 | 3 | 1 | 6 | 1 | 1 | 1 | 1.1 | .875 | 1B-4, OF-4 |

Jeff Huson

HUSON, JEFFREY KENT (Huey)
B. Aug. 15, 1964, Scottsdale, Ariz.
BL TR 6' 3" 180 lbs.

Split	Games	BA	SA	AB	H	2B	3B	HR	HR%	R	RBI	BB	SO	SB
April	15	.244	.317	41	10	1	1	0	0.0	5	6	4	6	0
May	25	.170	.264	53	9	3	1	0	0.0	10	2	12	10	4
June	23	.218	.327	55	12	1	1	1	1.8	5	7	6	6	1
July	21	.200	.267	45	9	0	0	1	2.2	6	2	5	5	2
Aug	8	.423	.500	26	11	2	0	0	0.0	7	4	4	3	0
Sept/Oct	27	.125	.146	48	6	1	0	0	0.0	3	5	8	2	1
Day	26	.221	.250	68	15	2	0	0	0.0	9	7	10	2	1
Night	93	.210	.300	200	42	6	3	2	1.0	27	19	29	30	7
vs. Left		.074	.074	27	2	0	0	0	0.0	2	0	4	6	1
vs. Right		.228	.311	241	55	8	3	2	0.8	34	26	35	26	7
On Grass	100	.233	.315	232	54	7	3	2	0.9	31	26	35	28	5
On Turf	19	.083	.111	36	3	1	0	0	0.0	5	0	4	4	3
Home	61	.177	.234	141	25	1	2	1	0.7	18	15	24	18	4
Road	58	.252	.346	127	32	7	1	1	0.8	18	11	15	14	4
Division Rivals														
vs. CAL	10	.267	.267	15	4	0	0	0	0.0	0	2	2	0	1
vs. CHI	11	.160	.160	25	4	0	0	0	0.0	2	1	4	2	1
vs. KC	7	.278	.389	18	5	0	1	0	0.0	1	2	2	3	0
vs. MIN	12	.087	.130	23	2	1	0	0	0.0	3	0	5	2	2
vs. OAK	12	.167	.233	30	5	2	0	0	0.0	4	3	6	2	1
vs. SEA	10	.053	.053	19	1	0	0	0	0.0	2	0	1	2	0
On 3B < 2 Out		.385	.385	13	5	0	0	0	0.0	0	10	2	1	

Year	Team		Games	BA	SA	AB	H	2B	3B	HR	HR%	R	RBI	BB	SO	SB	AB	H	PO	A	E	DP	TC/G	FA	G by Pos
1988	MON	N	20	.310	.357	42	13	2	0	0	0.0	7	3	4	3	2	2	2	18	41	4	5	3.2	.937	SS-15, 2B-2, 3B-1, OF-1
1989			32	.162	.230	74	12	5	0	0	0.0	1	2	6	6	3	4	1	40	65	8	11	3.5	.929	SS-20, 2B-9, 3B-1
1990	TEX	A	145	.240	.280	396	95	12	2	0	0.0	57	28	46	54	12	18	3	183	304	19	76	3.7	.962	SS-119, 3B-36, 2B-12
1991			119	.213	.287	268	57	8	3	2	0.7	36	26	39	32	8	12	0	141	269	15	43	3.6	.965	SS-116, 2B-2, 3B-1
4 yrs.			316	.227	.282	780	177	27	5	2	0.3	101	59	95	95	25	36	6	382	679	46	135	3.5	.958	SS-270, 3B-39, 2B-25, OF-1

Pete Incaviglia

INCAVIGLIA, PETER JOSEPH (Inky)
B. Apr. 2, 1964, Pebble Beach, Calif.
BR TR 6' 1" 225 lbs.
See Player Register Supplement for complete graphic analysis.

Year	Team		Games	BA	SA	AB	H	2B	3B	HR	HR%	R	RBI	BB	SO	SB	AB	H	PO	A	E	DP	TC/G	FA	G by Pos
1986	TEX	A	153	.250	.463	540	135	21	2	30	5.6	82	88	55	**185**	3	4	0	157	6	14	1	1.2	.921	OF-114, DH-36
1987			139	.271	.497	509	138	26	4	27	5.3	85	80	48	168	9	3	0	216	8	13	0	1.7	.945	OF-132, DH-6
1988			116	.249	.467	418	104	19	3	22	5.3	59	54	39	**153**	6	0	0	172	12	2	1	1.6	.989	OF-93, DH-21
1989			133	.236	.453	453	107	27	4	21	4.6	48	81	32	136	5	5	2	213	7	6	2	1.7	.973	OF-125, DH-5
1990			153	.233	.420	529	123	27	0	24	4.5	59	85	45	146	3	13	2	290	12	8	2	2.1	.974	OF-145, DH-2
1991	DET	A	97	.214	.353	337	72	12	1	11	3.3	38	38	36	92	1	3	0	106	4	3	2	2.1	.973	OF-54, DH-41
6 yrs.			791	.244	.447	2786	679	132	14	135	4.8	371	426	255	880	27	28	4	1154	49	46	8	1.6	.963	OF-663, DH-111

Bo Jackson

JACKSON, VINCENT EDWARD
B. Nov. 30, 1962, Bessemer, Ala.
BR TR 6' 1" 222 lbs.

Year	Team		Games	BA	SA	AB	H	2B	3B	HR	HR%	R	RBI	BB	SO	SB	AB	H	PO	A	E	DP	TC/G	FA	G by Pos
1986	KC	A	25	.207	.329	82	17	2	1	2	2.4	9	9	7	34	3	0	0	29	2	4	0	1.4	.886	OF-23, DH-1
1987			116	.235	.455	396	93	17	2	22	5.6	46	53	30	158	10	2	0	180	9	9	1	1.7	.955	OF-113, DH-1
1988			124	.246	.472	439	108	16	4	25	5.7	63	68	25	146	27	1	0	246	11	7	2	2.1	.973	OF-121, DH-3
1989			135	.256	.495	515	132	15	6	32	6.2	86	105	39	**172**	26	1	0	224	11	8	2	1.8	.967	OF-110, DH-24
1990			111	.272	.523	405	110	16	1	28	6.9	74	78	44	128	15	4	1	230	8	12	2	2.6	.952	OF-97, DH-10
1991	CHI	A	23	.225	.408	71	16	4	0	3	4.2	8	14	12	25	0	2	1	0	0	0	0	0.0	.974	DH-21
6 yrs.			534	.249	.477	1908	476	70	14	112	5.9	286	327	157	663	81	10	2	909	41	40	7	1.9	.960	OF-464, DH-59

114 PLAYER REGISTER

Year	Team	Games	BA	SA	AB	H	2B	3B	HR	HR%	R	RBI	BB	SO	SB	PINCH HIT AB	H	PO	A	E	DP	TC/G	FA	G by Pos

Darrin Jackson

JACKSON, DARRIN JAY
B. Aug. 22, 1963, Los Angeles, Calif.
BR TR 6' 185 lbs.

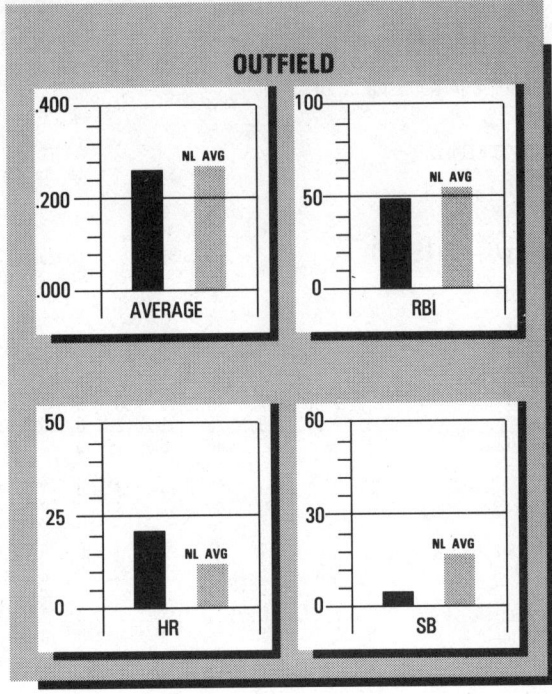

April		11	.333	.524	21	7	1	0	1	4.8	3	2	2	3	0									
May		17	.132	.263	38	5	2	0	1	2.6	4	3	8	8	0									
June		18	.279	.558	43	12	0	0	4	9.3	5	8	1	8	0									
July		17	.333	.643	42	14	1	0	4	9.5	8	7	3	3	0									
Aug		27	.228	.413	92	21	3	1	4	4.3	9	11	5	22	0									
Sept/Oct		32	.285	.496	123	35	5	0	7	5.7	22	18	8	22	5									
Day		37	.248	.549	113	28	5	1	9	8.0	17	18	7	20	0									
Night		85	.268	.443	246	66	7	0	12	4.9	34	31	20	46	5									
vs. Left			.264	.497	163	43	5	0	11	6.7	28	26	12	24	1									
vs. Right			.260	.459	196	51	7	1	10	5.1	23	23	15	42	4									
On Grass		94	.277	.529	274	76	7	1	20	7.3	44	44	21	47	4									
On Turf		28	.212	.306	85	18	5	0	1	1.2	7	5	6	19	1									
Home		60	.259	.494	174	45	3	1	12	6.9	26	24	13	29	3									
Road		62	.265	.459	185	49	9	0	9	4.9	25	25	14	37	2									
Division Rivals																								
vs. ATL		16	.240	.460	50	12	2	0	3	6.0	8	5	3	8	1									
vs. CIN		14	.318	.568	44	14	3	1	2	4.5	7	6	2	8	1									
vs. HOU		12	.167	.194	36	6	1	0	0	0.0	1	1	4	12	0									
vs. LA		12	.341	.537	41	14	2	0	2	4.9	6	6	3	9	2									
vs. SF		15	.341	.773	44	15	1	0	6	13.6	10	11	1	4	1									
On 3B <2 Out			.267	.467	15	4	0	0	1	6.7	1	12	2	1										
1985	CHI N	5	.091	.091	11	1	0	0	0	0.0	0	0	0	3	0	1	0	7	0	0	0	1.4	1.000	OF-4
1987		7	.800	1.000	5	4	1	0	0	0.0	2	0	0	0	0	4	3	1	0	0	0	0.1	1.000	OF-5
1988		100	.266	.452	188	50	11	3	6	3.2	29	20	5	28	4	21	5	116	1	2	0	1.2	.983	OF-74
1989	2 teams	CHI N (45G — .229)		SD N (25G — .207)																				
"	total	70	.218	.329	170	37	7	0	4	2.4	17	20	13	34	1	14	1	121	5	5	4	1.9	.962	OF-63
1990	SD N	58	.257	.363	113	29	3	0	3	2.6	10	9	5	24	3	18	4	63	1	1	1	1.7	.985	OF-39
1991		122	.262	.476	359	94	12	1	21	5.8	51	49	27	66	5	23	3	243	2	2	2	2.5	.992	OF-98, P-1
6 yrs.		362	.254	.424	846	215	34	4	34	4.0	109	98	50	155	13	81	16	551	9	10	7	1.6	.982	OF-283, P-1

Brook Jacoby

JACOBY, BROOK WALLACE
B. Nov. 23, 1959, Philadelphia, Pa.
BR TR 5' 11" 175 lbs.

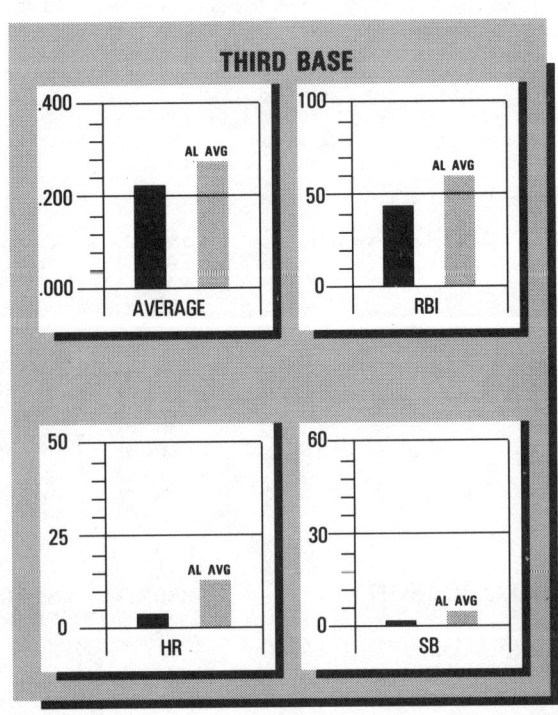

April		16	.200	.323	65	13	3	1	1	1.5	4	5	4	10	0
May		15	.273	.436	55	15	0	0	3	5.5	6	10	3	9	0
June		23	.200	.250	80	16	4	0	0	0.0	3	4	7	9	0
July		17	.327	.418	55	18	5	0	0	0.0	3	8	3	7	0
Aug		28	.221	.274	95	21	5	0	0	0.0	8	10	5	9	0
Sept/Oct		23	.159	.217	69	11	4	0	0	0.0	4	7	5	10	2
Day		43	.209	.291	148	31	7	1	1	0.7	8	14	8	20	1
Night		79	.232	.317	271	63	14	0	3	1.1	20	30	19	34	1
vs. Left			.250	.328	116	29	4	1	1	0.9	7	13	12	14	0
vs. Right			.215	.300	303	65	17	0	3	1.0	21	31	15	40	2
On Grass		97	.237	.336	333	79	19	1	4	1.2	24	44	22	35	1
On Turf		25	.174	.198	86	15	2	0	0	0.0	4	0	5	19	1
Home		57	.216	.300	190	41	10	0	2	1.1	16	27	15	16	0
Road		65	.231	.314	229	53	11	1	2	0.9	12	17	12	38	2
Division Rivals																
vs. CAL		9	.192	.192	26	5	0	0	0	0.0	0	2	3	2	0
vs. CHI		6	.250	.250	20	5	0	0	0	0.0	0	2	1	1	0
vs. KC		11	.103	.103	39	4	0	0	0	0.0	3	0	3	7	0
vs. MIN		12	.156	.200	45	7	2	0	0	0.0	2	2	5	5	0
vs. SEA		10	.258	.258	31	8	0	0	0	0.0	3	1	1	5	0
vs. TEX		11	.194	.250	36	7	2	0	0	0.0	2	5	4	4	1
On 3B <2 Out			.176	.176	17	3	0	0	0	0.0	0	12	5	4	

PLAYER REGISTER

Year	Team	Games	BA	SA	AB	H	2B	3B	HR	HR%	R	RBI	BB	SO	SB	PINCH HIT AB	PINCH HIT H	PO	A	E	DP	TC/G	FA	G by Pos

Brook Jacoby *Continued*

Year	Team		Games	BA	SA	AB	H	2B	3B	HR	HR%	R	RBI	BB	SO	SB	PH AB	PH H	PO	A	E	DP	TC/G	FA	G by Pos
1981	ATL	N	11	.200	.200	10	2	0	0	0	0.0	0	1	0	3	0	8	2	3	4	0	1	0.6	1.000	3B-3
1983			4	.000	.000	8	0	0	0	0	0.0	0	0	0	1	0	2	0	0	2	0	0	0.5	1.000	3B-2
1984	CLE	A	126	.264	.369	439	116	19	3	7	1.6	64	40	32	73	3	0	0	86	188	14	17	2.3	.951	3B-126, SS-1
1985			161	.274	.426	606	166	26	3	20	3.3	72	87	48	120	2	1	0	114	319	19	26	2.8	.958	3B-161, 2B-1
1986			158	.288	.441	583	168	30	4	17	2.9	83	80	56	137	2	0	0	109	292	25	24	2.7	.941	3B-158
1987			155	.300	.541	540	162	26	4	32	5.9	73	69	75	73	2	2	1	192	261	22	24	3.1	.954	3B-144, 1B-7, DH-4
1988			152	.241	.335	552	133	25	0	9	1.6	59	49	48	101	2	1	0	99	298	10	23	2.7	.975	3B-151
1989			147	.272	.416	519	141	26	5	13	2.5	49	64	62	90	2	0	0	92	268	17	15	2.6	.955	3B-144, DH-3
1990			155	.293	.427	553	162	24	4	14	2.5	77	75	63	58	0	3	2	628	186	6	75	5.4	.993	3B-99, 1B-78
1991	2 teams		CLE A (66G — .234)		OAK A (56G — .213)																				
"	total		122	.224	.308	419	94	21	1	4	1.0	28	44	27	54	2	6	0	453	136	7	42	5.0	.988	3B-67, 1B-58
10 yrs.			1191	.271	.411	4229	1144	197	24	116	2.7	505	509	411	710	16	23	5	1776	1954	120	247	3.2	.969	3B-1055, 1B-143, DH-7, 2B-1, SS-1

Chris James

JAMES, DONALD CHRIS
B. Oct. 4, 1962, Rusk, Tex.
BR TR 6' 1" 190 lbs.

Split	Games	BA	SA	AB	H	2B	3B	HR	HR%	R	RBI	BB	SO	SB
April	17	.239	.299	67	16	1	0	1	1.5	3	4	7	8	2
May	25	.303	.414	99	30	3	1	2	2.0	11	18	4	15	0
June	28	.243	.340	103	25	5	1	1	1.0	6	10	5	14	0
July	20	.139	.181	72	10	3	0	0	0.0	2	3	0	12	1
Aug	21	.266	.354	79	21	4	0	1	1.3	8	6	2	11	0
Sept/Oct	4	.118	.118	17	2	0	0	0	0.0	1	0	0	1	0
Day	36	.275	.399	138	38	7	2	2	1.4	10	17	8	19	2
Night	79	.221	.281	299	66	9	0	3	1.0	21	24	10	42	1
vs. Left		.198	.298	131	26	5	1	2	1.5	8	12	7	20	2
vs. Right		.255	.327	306	78	11	1	3	1.0	23	29	11	41	1
On Grass	93	.246	.319	354	87	10	2	4	1.1	25	33	15	46	3
On Turf	22	.205	.313	83	17	6	0	1	1.2	6	8	3	15	0
Home	60	.290	.357	221	64	8	2	1	0.5	14	21	10	20	1
Road	55	.185	.278	216	40	8	0	4	1.9	17	20	8	41	2
Division Rivals														
vs. BAL	4	.143	.143	14	2	0	0	0	0.0	1	2	2	1	0
vs. BOS	11	.159	.159	44	7	0	0	0	0.0	1	1	6	8	1
vs. DET	7	.400	.520	25	10	1	0	0	0.0	1	2	2	4	0
vs. MIL	8	.129	.194	31	4	2	0	0	0.0	2	1	0	4	0
vs. NY	6	.300	.350	20	6	1	0	0	0.0	0	2	0	3	0
vs. TOR	9	.265	.412	34	9	2	0	1	2.9	2	5	1	6	0
On 3B <2 Out		.200	.200	20	4	0	0	0	0.0	0	11	1	5	

DESIGNATED HITTER (charts: AVERAGE, RBI, HR, SB — all vs AL AVG)

Year	Team		Games	BA	SA	AB	H	2B	3B	HR	HR%	R	RBI	BB	SO	SB	PH AB	PH H	PO	A	E	DP	TC/G	FA	G by Pos
1986	PHI	N	16	.283	.413	46	13	3	0	1	2.2	5	5	1	13	0	6	2	19	0	0	0	1.2	1.000	OF-11
1987			115	.293	.525	358	105	20	6	17	4.7	48	54	27	67	3	9	5	198	5	2	1	1.8	.990	OF-108
1988			150	.242	.389	566	137	24	1	19	3.4	57	66	31	73	7	4	1	282	51	9	6	2.3	.974	OF-116, 3B-31
1989	2 teams		PHI N (45G — .207)		SD N (87G — .264)																				
"	total		132	.243	.367	482	117	17	2	13	2.7	55	65	26	68	5	8	2	215	27	7	4	1.9	.972	OF-116, 3B-17
1990	CLE	A	140	.299	.443	528	158	32	4	12	2.2	62	70	31	71	4	6	2	25	1	0	0	1.9	1.000	DH-124, OF-14
1991			115	.238	.318	437	104	16	2	5	1.1	31	41	18	61	3	7	2	173	10	0	8	3.5	1.000	DH-60, OF-39, 1B-15
6 yrs.			668	.262	.404	2417	634	112	15	67	2.8	258	301	134	353	22	40	14	912	94	18	19	1.5	.982	OF-404, DH-184, 3B-48, 1B-15

Stan Javier

JAVIER, STANLEY JULIAN
Born Stanley Julian Javier y DeJavier.
Son of Julian Javier.
B. Sept. 1, 1965, San Francisco De Macoris,
Dominican Republic
BB TR 6' 180 lbs.

Year	Team		Games	BA	SA	AB	H	2B	3B	HR	HR%	R	RBI	BB	SO	SB	PH AB	PH H	PO	A	E	DP	TC/G	FA	G by Pos
1984	NY	A	7	.143	.143	7	1	0	0	0	0.0	1	0	0	1	0	0	0	3	0	0	0	0.4	1.000	OF-5
1986	OAK	A	59	.202	.272	114	23	8	0	0	0.0	13	8	16	27	8	0	0	118	1	0	1	2.0	1.000	OF-51, DH-2
1987			81	.185	.258	151	28	3	1	2	1.3	22	9	19	33	3	7	0	149	5	3	4	1.9	.981	OF-71, 1B-6, DH-1
1988			125	.257	.320	397	102	13	3	2	0.5	49	35	32	63	20	9	2	274	7	5	5	2.3	.983	OF-115, 1B-4, DH-2
1989			112	.248	.316	310	77	12	3	1	0.3	42	28	31	45	12	7	0	221	8	2	2	2.1	.991	OF-107, 1B-1, 2B-1

PLAYER REGISTER

Year	Team	Games	BA	SA	AB	H	2B	3B	HR	HR%	R	RBI	BB	SO	SB	PINCH HIT AB	PINCH HIT H	PO	A	E	DP	TC/G	FA	G by Pos

Stan Javier *Continued*

Year	Team	Games	BA	SA	AB	H	2B	3B	HR	HR%	R	RBI	BB	SO	SB	AB	H	PO	A	E	DP	TC/G	FA	G by Pos
1990	2 teams	OAK A (19G — .242)			LA N (104G — .304)																			
"	total	123	.298	.395	309	92	9	6	3	0.9	60	27	40	50	15	31	8	223	2	0	1	2.3	1.000	OF-100, DH-2
1991	LA N	121	.205	.284	176	36	5	3	1	0.6	21	11	16	36	7	52	5	90	4	3	1	1.4	.969	OF-69, 1B-2
7 yrs.		628	.245	.320	1464	359	50	16	9	0.6	208	118	154	255	65	106	15	1078	27	13	14	1.8	.988	OF-518, 1B-13, DH-7, 2B-1

LEAGUE CHAMPIONSHIP SERIES

Year	Team	Games	BA	SA	AB	H	2B	3B	HR	HR%	R	RBI	BB	SO	SB	AB	H	PO	A	E	DP	TC/G	FA	G by Pos
1988	OAK A	2	.500	.500	4	2	0	0	0	0.0	0	1	1	0	0	0	0	5	0	0	0	2.5	1.000	OF-2
1989		1	.000	.000	2	0	0	0	0	0.0	0	0	0	1	0	0	0	1	0	0	0	1.0	1.000	OF-1
2 yrs.		3	.333	.333	6	2	0	0	0	0.0	0	1	1	1	0	0	0	6	0	0	0	2.0	.000	OF-3

WORLD SERIES

Year	Team	Games	BA	SA	AB	H	2B	3B	HR	HR%	R	RBI	BB	SO	SB	AB	H	PO	A	E	DP	TC/G	FA	G by Pos
1988	OAK A	3	.500	.500	4	2	0	0	0	0.0	0	2	0	1	0	0	0	1	0	0	0	0.3	1.000	OF-2
1989		1	—	—	0	0	0	0	0	—	0	0	0	0	0	0	0	0	0	0	0	0.0	—	OF-1
2 yrs.		4	.500	.500	4	2	0	0	0	0.0	0	2	0	1	0	0	0	1	0	0	0	0.3	.000	OF-3

Gregg Jefferies

JEFFERIES, GREGORY SCOTT
B. Aug. 1, 1967, Burlingame, Calif.
BB TR 5' 11" 175 lbs.

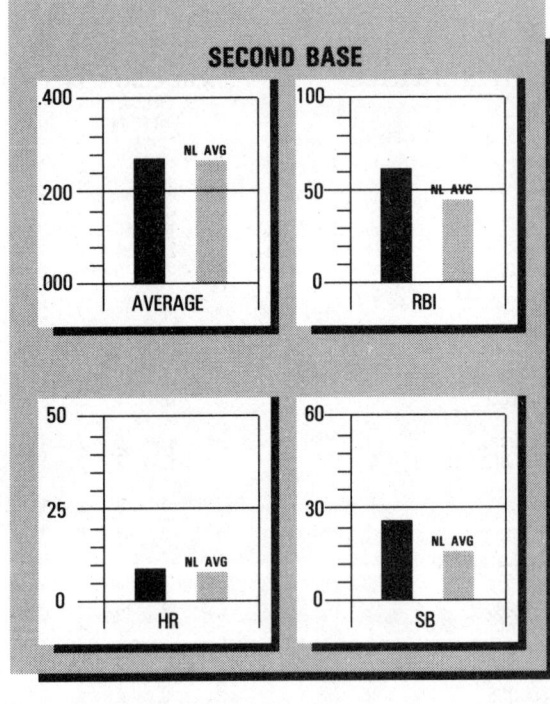

SECOND BASE

Split	Games	BA	SA	AB	H	2B	3B	HR	HR%	R	RBI	BB	SO	SB
April	16	.192	.269	52	10	4	0	0	0.0	4	8	10	6	4
May	14	.368	.421	57	21	3	0	0	0.0	9	10	1	6	5
June	26	.258	.454	97	25	4	0	5	5.2	15	14	10	7	6
July	21	.286	.429	70	20	2	1	2	2.9	11	15	8	3	1
Aug	28	.214	.311	103	22	2	1	2	1.9	9	7	5	10	1
Sept/Oct	31	.318	.355	107	34	4	0	0	0.0	11	8	13	6	9
Day	44	.282	.353	156	44	5	0	2	1.3	15	18	11	13	4
Night	92	.267	.385	330	88	14	2	7	2.1	44	44	36	25	22
vs. Left		.293	.379	174	51	10	1	1	0.6	25	18	15	9	9
vs. Right		.260	.372	312	81	9	1	8	2.6	34	44	32	29	17
On Grass	99	.277	.379	364	101	14	1	7	1.9	45	44	33	30	17
On Turf	37	.254	.361	122	31	5	1	2	1.6	14	18	14	8	9
Home	69	.295	.406	244	72	10	1	5	2.0	35	28	30	21	14
Road	67	.248	.343	242	60	9	1	4	1.7	24	34	17	17	12
Division Rivals															
vs. CHI	16	.269	.343	67	18	2	0	1	1.5	6	10	0	4	3
vs. MON	15	.352	.500	54	19	5	0	1	1.9	11	7	10	2	5
vs. PHI	13	.237	.342	38	9	1	0	1	2.6	2	9	6	5	2
vs. PIT	15	.264	.302	53	14	2	0	0	0.0	6	4	5	4	4
vs. STL	16	.263	.351	57	15	3	1	0	0.0	5	4	3	4	5
On 3B < 2 Out		.481	.519	27	13	1	0	0	0.0	0	23	5	1	

Year	Team	Games	BA	SA	AB	H	2B	3B	HR	HR%	R	RBI	BB	SO	SB	AB	H	PO	A	E	DP	TC/G	FA	G by Pos
1987	NY N	6	.500	.667	6	3	1	0	0	0.0	0	2	0	0	0	6	3	0	0	0	0	0.0	—	
1988		29	.321	.596	109	35	8	2	6	5.5	19	17	8	10	5	1	0	33	46	2	9	2.8	.975	3B-20, 2B-10
1989		141	.258	.392	508	131	28	2	12	2.4	72	56	39	46	21	7	1	242	280	14	44	3.8	.974	2B-123, 3B-20
1990		153	.283	.434	604	171	40	3	15	2.4	96	68	46	40	11	4	1	242	341	16	54	4.0	.973	2B-118, 3B-34
1991		136	.272	.374	486	132	19	2	9	1.9	59	62	47	38	26	9	2	170	271	17	21	3.6	.963	2B-77, 3B-51
5 yrs.		465	.276	.416	1713	472	96	9	42	2.5	246	205	140	134	63	27	7	687	938	49	128	3.6	.971	2B-328, 3B-125

LEAGUE CHAMPIONSHIP SERIES

Year	Team	Games	BA	SA	AB	H	2B	3B	HR	HR%	R	RBI	BB	SO	SB	AB	H	PO	A	E	DP	TC/G	FA	G by Pos
1988	NY N	7	.333	.407	27	9	2	0	0	0.0	2	1	4	0	0	0	0	5	8	1	0	2.0	.929	3B-7

Reggie Jefferson

JEFFERSON, REGINALD JIROD
B. Sept. 25, 1968, Talahassee, Fla.
BB TL 6' 4" 210 lbs.

Year	Team	Games	BA	SA	AB	H	2B	3B	HR	HR%	R	RBI	BB	SO	SB	AB	H	PO	A	E	DP	TC/G	FA	G by Pos
1991	2 teams	CIN N (5G — .143)			CLE A (26G — .198)																			
"	total	31	.194	.306	108	21	3	0	3	2.8	11	13	4	24	0	2	0	266	25	2	31	10.5	.993	1B-28

Year	Team	Games	BA	SA	AB	H	2B	3B	HR	HR%	R	RBI	BB	SO	SB	PINCH HIT AB	H	PO	A	E	DP	TC/G	FA	G by Pos

Stan Jefferson

JEFFERSON, STANLEY
B. Dec. 4, 1962, New York, N. Y.
BB TR 5′ 11″ 175 lbs.

Year	Team	Games	BA	SA	AB	H	2B	3B	HR	HR%	R	RBI	BB	SO	SB	PH AB	PH H	PO	A	E	DP	TC/G	FA	G by Pos
1986	NY	N	14	.208	.375	24	5	1	0	1	4.2	6	3	2	8	0	5	0	13	0	0	0	0.9	1.000	OF-7
1987	SD	N	116	.230	.339	422	97	8	7	8	1.9	59	29	39	92	34	9	0	232	3	3	1	2.1	.987	OF-107
1988			49	.144	.216	111	16	1	2	1	0.9	16	4	9	22	5	3	0	62	0	0	0	1.3	1.000	OF-38
1989	2 teams		NY A (10G — .083)		BAL A (35G — .260)																			
"	total		45	.245	.381	139	34	7	0	4	2.9	20	21	4	26	10	6	1	82	3	1	1	1.9	.988	OF-39, DH-3
1990	2 teams		BAL A (10G — .000)		CLE A (49G — .276)																			
"			59	.231	.350	117	27	8	0	2	1.7	22	10	10	26	9	5	0	70	4	1	1	1.9	.987	OF-39, DH-6
1991	CIN	N	13	.053	.053	19	1	0	0	0	0.0	2	0	1	3	2	4	0	4	0	0	0	0.8	1.000	OF-5
6 yrs.			296	.216	.326	832	180	25	9	16	1.9	125	67	65	177	60	32	1	463	10	5	3	1.6	.990	OF-235, DH-9

Doug Jennings

JENNINGS, JAMES DOUGLAS
B. Sept. 30, 1964, Atlanta, Ga.
BL TL 5′ 10″ 175 lbs.

Year	Team	Games	BA	SA	AB	H	2B	3B	HR	HR%	R	RBI	BB	SO	SB	PH AB	PH H	PO	A	E	DP	TC/G	FA	G by Pos
1988	OAK	A	71	.208	.297	101	21	6	0	1	1.0	9	15	21	28	0	27	5	85	5	1	8	1.3	.989	OF-23, 1B-14, DH-2
1989			4	.000	.000	4	0	0	0	0	0.0	0	0	0	2	0	1	0	2	0	0	0	0.5	1.000	OF-3
1990			64	.192	.301	156	30	7	2	2	1.2	19	14	17	48	0	14	2	90	1	1	5	1.9	.989	OF-45, DH-8, 1B-4
1991			8	.111	.111	9	1	0	0	0	0.0	0	0	2	2	0	1	0	8	0	0	0	1.3	1.000	OF-6
4 yrs.			147	.193	.289	270	52	13	2	3	1.1	28	29	40	80	0	43	7	185	6	2	13	1.3	.990	OF-77, 1B-18, DH-10

LEAGUE CHAMPIONSHIP SERIES

Year	Team	Games	BA	SA	AB	H	2B	3B	HR	HR%	R	RBI	BB	SO	SB	PH AB	PH H	PO	A	E	DP	TC/G	FA	G by Pos
1990	OAK	A	1	.000	.000	1	0	0	0	0	0.0	0	0	0	0	0	0	0	0	0	0	0	0.0	1.000	OF-1

WORLD SERIES

Year	Team	Games	BA	SA	AB	H	2B	3B	HR	HR%	R	RBI	BB	SO	SB	PH AB	PH H	PO	A	E	DP	TC/G	FA	G by Pos
1990	OAK	A	1	1.000	1.000	1	1	0	0	0	0.0	0	0	0	0	0	1	1	0	0	0	0	0.0	1.000	

Howard Johnson

JOHNSON, HOWARD MICHAEL (Hojo)
B. Nov. 29, 1960, Clearwater, Fla.
BB TR 5′ 11″ 175 lbs.

THIRD BASE

Split	Games	BA	SA	AB	H	2B	3B	HR	HR%	R	RBI	BB	SO	SB
April	18	.211	.456	57	12	2	0	4	7.0	11	14	8	15	4
May	25	.271	.573	96	26	6	1	7	7.3	18	21	9	17	5
June	27	.236	.517	89	21	5	1	6	6.7	20	20	22	13	4
July	27	.290	.527	93	27	7	0	5	5.4	19	16	17	13	4
Aug	27	.236	.462	106	25	4	1	6	5.7	12	15	5	24	2
Sept/Oct	32	.285	.626	123	35	10	1	10	8.1	28	31	17	38	11
Day	51	.243	.524	185	45	11	1	13	7.0	33	42	27	37	12
Night	105	.266	.541	379	101	23	3	25	6.6	75	75	51	83	18
vs. Left		.253	.498	217	55	9	1	14	6.5	34	40	24	59	12
vs. Right		.262	.559	347	91	25	3	24	6.9	74	77	54	61	18
On Grass	112	.255	.525	400	102	19	4	27	6.8	78	82	56	81	20
On Turf	44	.268	.561	164	44	15	0	11	6.7	30	35	22	39	10
Home	79	.268	.557	280	75	12	3	21	7.5	58	64	38	60	14
Road	77	.250	.514	284	71	22	1	17	6.0	50	53	40	60	16
Division Rivals														
vs. CHI	16	.317	.556	63	20	2	2	3	4.8	11	12	4	13	6
vs. MON	16	.333	.800	45	15	3	0	6	13.3	11	19	14	7	2
vs. PHI	17	.156	.266	64	10	4	0	1	1.6	7	8	9	22	3
vs. PIT	17	.290	.580	69	20	5	0	5	7.2	9	16	5	19	5
vs. STL	18	.221	.441	68	15	3	0	4	5.9	12	12	3	11	3
On 3B < 2 Out		.367	.467	30	11	3	0	0	0.0	0	31	4	5	

Year	Team	Games	BA	SA	AB	H	2B	3B	HR	HR%	R	RBI	BB	SO	SB	PH AB	PH H	PO	A	E	DP	TC/G	FA	G by Pos
1982	DET	A	54	.316	.426	155	49	5	0	4	2.6	23	14	16	30	7	7	1	36	40	7	6	1.5	.916	3B-33, DH-10, OF-9
1983			27	.212	.348	66	14	0	0	3	4.5	11	5	7	10	0	6	2	10	30	7	2	1.7	.851	3B-21, DH-2
1984			116	.248	.394	355	88	14	1	12	3.4	43	50	40	67	10	7	2	63	150	14	21	2.0	.938	3B-108, SS-9, DH-4, 1B-1, OF-1
1985	NY	N	126	.242	.393	389	94	18	4	11	2.8	38	46	34	78	6	12	4	78	190	18	27	2.3	.937	3B-113, SS-7, OF-1
1986			88	.245	.445	220	54	14	0	10	4.5	30	39	31	64	8	17	2	52	136	20	24	2.4	.904	3B-45, SS-34, OF-1
1987			157	.265	.504	554	147	22	1	36	6.5	93	99	83	113	32	2	1	118	305	26	27	2.9	.942	3B-140, SS-38, OF-2
1988			148	.230	.422	495	114	21	1	24	4.8	85	68	86	104	23	3	1	110	274	18	37	2.7	.955	3B-131, SS-52
1989			153	.287	.559	571	164	41	3	36	6.3	**104**	101	77	126	41	0	0	97	217	24	22	2.2	.929	3B-143, SS-31
1990			154	.244	.434	590	144	37	3	23	3.8	89	90	69	100	34	1	0	150	335	28	39	3.4	.945	3B-92, SS-73
1991			156	.259	.535	564	146	34	4	**38**	6.7	108	**117**	78	120	30	1	0	161	264	31	26	2.9	.932	3B-104, OF-30, SS-28
10 yrs.			1179	.256	.466	3959	1014	206	17	197	5.0	624	629	521	812	191	56	13	875	1941	193	231	2.6	.936	3B-930, SS-272, OF-44, DH-16, 1B-1

PLAYER REGISTER

Year	Team	Games	BA	SA	AB	H	2B	3B	HR	HR%	R	RBI	BB	SO	SB	PINCH HIT AB	PINCH HIT H	PO	A	E	DP	TC/G	FA	G by Pos

Howard Johnson Continued

LEAGUE CHAMPIONSHIP SERIES

Year	Team		Games	BA	SA	AB	H	2B	3B	HR	HR%	R	RBI	BB	SO	SB	AB	H	PO	A	E	DP	TC/G	FA	G by Pos
1986	NY	N	2	.000	.000	2	0	0	0	0	0.0	0	0	0	0	0	2	0	0	0	0	0	0.0	—	
1988			6	.056	.056	18	1	0	0	0	0.0	3	0	1	6	1	2	0	6	9	1	0	2.7	.938	SS-5, 3B-1
2 yrs.			8	.050	.050	20	1	0	0	0	0.0	3	0	1	6	1	4	0	6	9	1	0	2.0	.938	SS-5, 3B-1

WORLD SERIES

1984	DET	A	1	.000	.000	1	0	0	0	0	0.0	0	0	0	0	0	1	0	0	0	0	0	0.0	—	
1986	NY	N	2	.000	.000	5	0	0	0	0	0.0	0	0	0	2	0	1	0	1	0	0	0	0.5	1.000	3B-1, SS-1
2 yrs.			3	.000	.000	6	0	0	0	0	0.0	0	0	0	2	0	2	0	1	0	0	0	0.3	.000	3B-1, SS-1

Lance Johnson

JOHNSON, KENNETH LANCE
B. July 6, 1963, Cincinnati, Ohio
BL TL 5' 10" 160 lbs.

Split	Games	BA	SA	AB	H	2B	3B	HR	HR%	R	RBI	BB	SO	SB
April	15	.221	.250	68	15	2	0	0	0.0	8	1	3	10	3
May	27	.259	.269	108	28	1	0	0	0.0	13	8	1	12	6
June	28	.284	.324	102	29	2	1	0	0.0	12	9	4	6	2
July	27	.250	.330	100	25	2	3	0	0.0	10	10	3	12	6
Aug	30	.265	.324	102	27	2	2	0	0.0	9	8	3	7	2
Sept/Oct	32	.343	.519	108	37	5	7	0	0.0	20	13	12	11	7
Day	42	.269	.333	171	46	3	4	0	0.0	18	13	8	25	9
Night	117	.276	.345	417	115	11	9	0	0.0	54	36	18	33	17
vs. Left		.244	.274	164	40	3	1	0	0.0	20	8	10	21	7
vs. Right		.285	.368	424	121	11	12	0	0.0	52	41	16	37	19
On Grass	135	.277	.338	506	140	11	10	0	0.0	60	43	23	48	21
On Turf	24	.256	.366	82	21	3	3	0	0.0	12	6	3	10	5
Home	80	.266	.325	286	76	5	6	0	0.0	33	22	14	26	12
Road	79	.281	.358	302	85	9	7	0	0.0	39	27	12	32	14
Division Rivals														
vs. CAL	13	.302	.326	43	13	1	0	0	0.0	4	3	3	5	2
vs. KC	13	.294	.431	51	15	1	3	0	0.0	9	5	3	4	2
vs. MIN	13	.378	.533	45	17	3	2	0	0.0	9	4	2	4	5
vs. OAK	13	.302	.377	53	16	2	1	0	0.0	7	7	4	6	2
vs. SEA	13	.244	.333	45	11	2	1	0	0.0	4	3	2	5	2
vs. TEX	13	.333	.452	42	14	1	2	0	0.0	7	10	5	2	0
On 3B <2 Out		.333	.417	24	8	0	1	0	0.0	0	19	1	1	

Year	Team		Games	BA	SA	AB	H	2B	3B	HR	HR%	R	RBI	BB	SO	SB	AB	H	PO	A	E	DP	TC/G	FA	G by Pos
1987	STL	N	33	.220	.288	59	13	2	1	0	0.0	4	7	4	6	6	8	2	27	0	2	0	0.9	.931	OF-25
1988	CHI	A	33	.185	.234	124	23	4	1	0	0.0	11	6	6	11	6	3	0	63	1	2	0	2.0	.970	OF-31, DH-1
1989			50	.300	.367	180	54	8	2	0	0.0	28	16	17	24	16	3	1	113	0	2	0	2.3	.983	OF-45, DH-1
1990			151	.285	.357	541	154	18	9	1	0.1	76	51	33	45	36	17	4	353	5	10	3	2.5	.973	OF-148, DH-1
1991			159	.274	.342	588	161	14	**13**	0	0.0	72	49	26	58	26	4	2	425	11	2	3	2.8	.995	OF-157
5 yrs.			426	.271	.339	1492	405	46	26	1	0.1	191	129	86	144	90	35	9	981	17	18	6	2.4	.982	OF-406, DH-3

LEAGUE CHAMPIONSHIP SERIES

| 1987 | STL | N | 1 | — | — | 0 | 0 | 0 | 0 | 0 | — | 1 | 0 | 0 | 0 | 1 | 0 | 0 | 0 | 0 | 0 | 0 | 0.0 | — | |

WORLD SERIES

| 1987 | STL | N | 1 | — | — | 0 | 0 | 0 | 0 | 0 | — | 0 | 0 | 0 | 0 | 1 | 0 | 0 | 0 | 0 | 0 | 0 | 0.0 | — | |

Chris Jones

JONES, CHRISTOPHER CARLOS
B. Dec. 16, 1965, Utica, N.Y.
BR TR 6' 2" 200 lbs.

Year	Team		Games	BA	SA	AB	H	2B	3B	HR	HR%	R	RBI	BB	SO	SB	AB	H	PO	A	E	DP	TC/G	FA	G by Pos
1991	CIN	N	52	.292	.416	89	26	1	2	2	2.2	14	6	2	31	2	26	8	27	1	0	0	1.1	1.000	OF-26

Ron Jones

JONES, RONALD GLEN
B. June 11, 1964, Sequin, Tex.
BL TR 5' 10" 195 lbs.

Year	Team		Games	BA	SA	AB	H	2B	3B	HR	HR%	R	RBI	BB	SO	SB	AB	H	PO	A	E	DP	TC/G	FA	G by Pos
1988	PHI	N	33	.290	.548	124	36	6	1	8	6.5	15	26	2	14	0	1	0	70	1	0	0	2.2	1.000	OF-32
1989			12	.290	.484	31	9	0	0	2	6.5	7	4	9	1	1	0	0	27	1	0	1	2.3	1.000	OF-12
1990			24	.276	.466	58	16	2	0	3	5.1	5	7	9	9	0	8	2	25	1	0	0	1.6	1.000	OF-16
1991			28	.154	.231	26	4	2	0	0	0.0	0	3	2	9	0	26	4	0	0	0	0	0.0	1.000	
4 yrs.			97	.272	.485	239	65	10	1	13	5.4	27	40	22	33	1	35	6	122	3	0	1	1.3	.000	OF-60

PLAYER REGISTER 119

Year	Team	Games	BA	SA	AB	H	2B	3B	HR	HR%	R	RBI	BB	SO	SB	PINCH HIT AB	PINCH HIT H	PO	A	E	DP	TC/G	FA	G by Pos

Tim Jones
JONES, WILLIAM TIMOTHY
B. Dec. 1, 1962, Sumter, S. C.
BL TR 5' 10" 172 lbs.

Year	Team		Games	BA	SA	AB	H	2B	3B	HR	HR%	R	RBI	BB	SO	SB	PH AB	PH H	PO	A	E	DP	TC/G	FA	G by Pos
1988	STL	N	31	.269	.269	52	14	0	0	0	0.0	2	3	4	10	4	9	1	26	40	1	7	2.2	.985	SS-9, 2B-8, 3B-1
1989			42	.293	.373	75	22	6	0	0	0.0	11	7	7	8	1	10	2	33	48	2	4	2.0	.976	2B-12, SS-12, 3B-5, C-1, OF-1
1990			67	.219	.313	128	28	7	1	1	0.7	9	12	12	20	3	14	4	43	105	7	15	3.0	.955	SS-29, 2B-19, 3B-6, P-1
1991			16	.167	.250	24	4	2	0	0	0.0	1	2	2	6	0	0	0	5	16	0	3	1.4	1.000	SS-14, 2B-4
4 yrs.			156	.244	.315	279	68	15	1	1	0.4	23	24	25	44	8	33	7	107	209	10	29	2.1	.969	SS-64, 2B-43, 3B-12, P-1, C-1, OF-1

Tracy Jones
JONES, TRACY DONALD
B. Mar. 31, 1961, Hawthorne, Calif.
BR TR 6' 3" 180 lbs.

Year	Team		Games	BA	SA	AB	H	2B	3B	HR	HR%	R	RBI	BB	SO	SB	PH AB	PH H	PO	A	E	DP	TC/G	FA	G by Pos
1986	CIN	N	46	.349	.453	86	30	3	0	2	2.3	16	10	9	5	7	12	2	46	1	0	0	1.0	1.000	OF-24, 1B-2
1987			117	.290	.437	359	104	17	3	10	2.8	53	44	23	40	31	25	6	189	2	2	0	1.6	.990	OF-95
1988	2 teams		CIN N (37G — .229)			MON N (53G — .333)																			
"	total		90	.295	.371	224	66	6	1	3	1.3	29	24	20	18	18	23	6	96	2	2	0	1.1	.980	OF-68
1989	2 teams		SF N (40G — .186)			DET A (46G — .259)																			
"			86	.231	.322	255	59	14	0	3	1.2	22	38	21	30	3	16	3	107	0	1	0	1.3	.991	OF-66, DH-8
1990	2 teams		DET A (50G — .229)			SEA A (25G — .302)																			
"			75	.260	.397	204	53	8	1	6	2.9	23	24	9	25	1	16	3	68	3	2	0	1.6	.973	OF-45, DH-25
1991	SEA	A	79	.251	.360	175	44	8	1	3	1.7	30	24	18	22	2	20	6	49	0	0	0	1.4	1.000	DH-37, OF-36
6 yrs.			493	.273	.388	1303	356	56	6	27	2.1	173	164	100	140	62	112	26	555	8	7	0	1.2	.988	OF-334, DH-70, 1B-2

Ricky Jordan
JORDAN, PAUL SCOTT
B. May 26, 1965, Richmond, Calif.
BR TR 6' 5" 210 lbs.

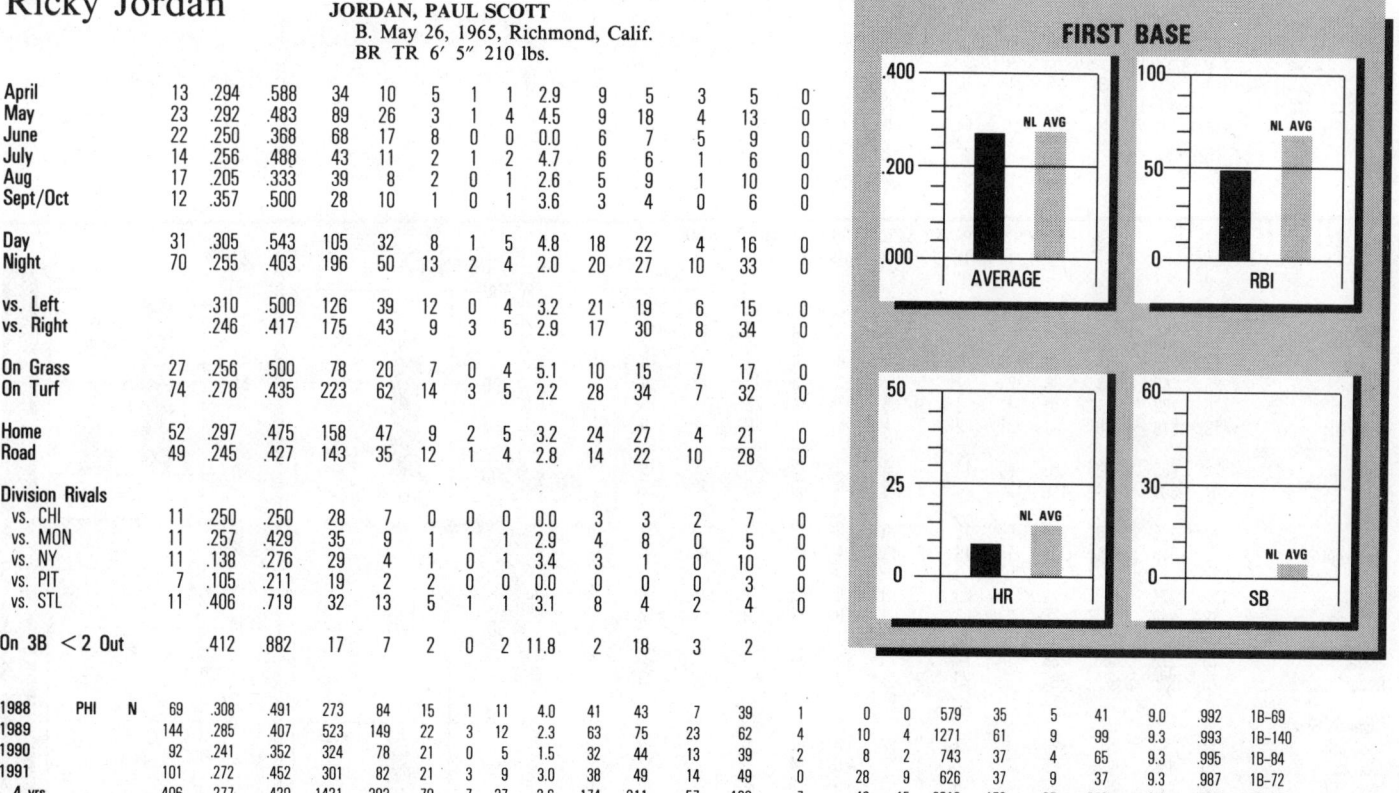

FIRST BASE

	Games	BA	SA	AB	H	2B	3B	HR	HR%	R	RBI	BB	SO	SB
April	13	.294	.588	34	10	5	1	1	2.9	9	5	3	5	0
May	23	.292	.483	89	26	3	1	4	4.5	9	18	4	13	0
June	22	.250	.368	68	17	8	0	0	0.0	6	7	5	9	0
July	14	.256	.488	43	11	2	1	2	4.7	6	6	1	6	0
Aug	17	.205	.333	39	8	2	0	1	2.6	5	9	1	10	0
Sept/Oct	12	.357	.500	28	10	1	0	1	3.6	3	4	0	6	0
Day	31	.305	.543	105	32	8	1	5	4.8	18	22	4	16	0
Night	70	.255	.403	196	50	13	2	4	2.0	20	27	10	33	0
vs. Left		.310	.500	126	39	12	0	4	3.2	21	19	6	15	0
vs. Right		.246	.417	175	43	9	3	5	2.9	17	30	8	34	0
On Grass	27	.256	.500	78	20	7	0	4	5.1	10	15	7	17	0
On Turf	74	.278	.435	223	62	14	3	5	2.2	28	34	7	32	0
Home	52	.297	.475	158	47	9	2	5	3.2	24	27	4	21	0
Road	49	.245	.427	143	35	12	1	4	2.8	14	22	10	28	0
Division Rivals														
vs. CHI	11	.250	.250	28	7	0	0	0	0.0	3	3	2	7	0
vs. MON	11	.257	.429	35	9	1	1	1	2.9	4	8	0	5	0
vs. NY	11	.138	.276	29	4	1	0	1	3.4	3	1	0	10	0
vs. PIT	7	.105	.211	19	2	2	0	0	0.0	0	0	0	3	0
vs. STL	11	.406	.719	32	13	5	1	1	3.1	8	4	2	4	0
On 3B < 2 Out		.412	.882	17	7	2	0	2	11.8	2	18	3	2	

Year	Team		Games	BA	SA	AB	H	2B	3B	HR	HR%	R	RBI	BB	SO	SB	PH AB	PH H	PO	A	E	DP	TC/G	FA	G by Pos
1988	PHI	N	69	.308	.491	273	84	15	1	11	4.0	41	43	7	39	1	0	0	579	35	5	41	9.0	.992	1B-69
1989			144	.285	.407	523	149	22	3	12	2.3	63	75	23	62	4	10	4	1271	61	9	99	9.3	.993	1B-140
1990			92	.241	.352	324	78	21	0	5	1.5	32	44	13	39	0	8	2	743	37	4	65	9.3	.995	1B-84
1991			101	.272	.452	301	82	21	3	9	3.0	38	49	14	49	0	28	9	626	37	9	37	9.3	.987	1B-72
4 yrs.			406	.277	.420	1421	393	79	7	37	2.6	174	211	57	189	5	46	15	3219	170	27	242	8.4	.992	1B-365

PLAYER REGISTER

Year	Team	Games	BA	SA	AB	H	2B	3B	HR	HR%	R	RBI	BB	SO	SB	PINCH HIT AB	PINCH HIT H	PO	A	E	DP	TC/G	FA	G by Pos

Felix Jose

JOSE, DOMINGO FELIX ANDUJAR
Born Domingo Felix Andujar y Jose.
B. May 2, 1965, Santo Domingo, Dominican Republic
BB TR 6′ 1″ 190 lbs.

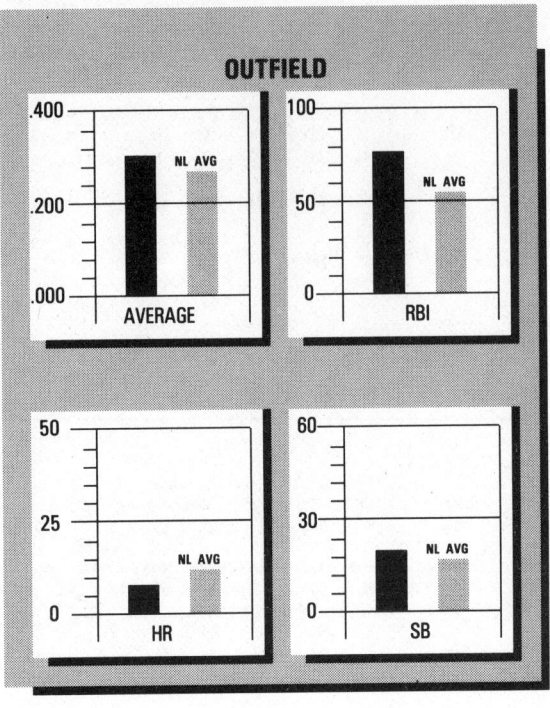
OUTFIELD — AVERAGE, RBI, HR, SB (vs NL AVG)

Split	Games	BA	SA	AB	H	2B	3B	HR	HR%	R	RBI	BB	SO	SB	PH AB	PH H	PO	A	E	DP	TC/G	FA	G by Pos
April	21	.354	.595	79	28	9	2	2	2.5	16	15	9	5	2									
May	25	.326	.413	92	30	8	0	0	0.0	13	10	14	24	5									
June	24	.319	.407	91	29	6	1	0	0.0	8	14	5	17	2									
July	25	.266	.372	94	25	7	0	1	1.1	10	10	7	21	3									
Aug	27	.292	.354	96	28	6	0	0	0.0	7	9	8	21	2									
Sept/Oct	32	.284	.500	116	33	4	3	5	4.3	15	19	7	25	6									
Day	42	.311	.506	164	51	11	3	5	3.0	23	33	10	29	4									
Night	112	.302	.411	404	122	29	3	3	0.7	46	44	40	84	16									
vs. Left		.298	.405	262	78	18	2	2	0.8	35	30	23	51	10									
vs. Right		.310	.467	306	95	22	4	6	2.0	34	47	27	62	10									
On Grass	41	.270	.411	163	44	12	1	3	1.8	17	22	6	41	4									
On Turf	113	.319	.449	405	129	28	5	5	1.2	52	55	44	72	16									
Home	78	.296	.421	280	83	16	5	3	1.1	34	39	25	48	9									
Road	76	.313	.455	288	90	24	1	5	1.7	35	38	25	65	11									
Division Rivals																							
vs. CHI	16	.277	.446	65	18	6	1	1	1.5	7	12	2	10	1									
vs. MON	18	.388	.567	67	26	5	2	1	1.5	9	11	5	10	4									
vs. NY	17	.284	.478	67	19	3	2	2	3.0	8	9	4	14	1									
vs. PHI	18	.356	.542	59	21	6	1	1	1.7	14	10	12	10	4									
vs. PIT	18	.343	.403	67	23	4	0	0	0.0	9	8	4	7	3									
On 3B <2 Out		.500	.656	32	16	5	0	0	0.0	0	33	8	8										
1988 OAK A	8	.333	.500	6	2	1	0	0	0.0	2	1	0	1	1	2	0	8	0	0	0	1.0	1.000	OF-6
1989	20	.193	.228	57	11	2	0	0	0.0	3	5	4	13	0	3	1	35	2	1	0	1.9	.974	OF-19
1990 2 teams	OAK A (101G — .264) STL N (25G — .271)																						
" total	126	.265	.385	426	113	16	1	11	2.5	54	52	24	81	12	13	2	254	5	5	1	2.3	.981	OF-115, DH-7
1991 STL N	154	.305	.438	568	173	40	6	8	1.4	69	77	50	113	20	1	1	268	15	3	2	1.9	.990	OF-153
4 yrs.	308	.283	.406	1057	299	59	7	19	1.8	128	135	78	208	33	19	4	565	22	9	3	1.9	.985	OF-293, DH-7

Wally Joyner

JOYNER, WALLACE KEITH (Wally World)
B. June 16, 1962, Atlanta, Ga.
BL TL 6′ 2″ 185 lbs.

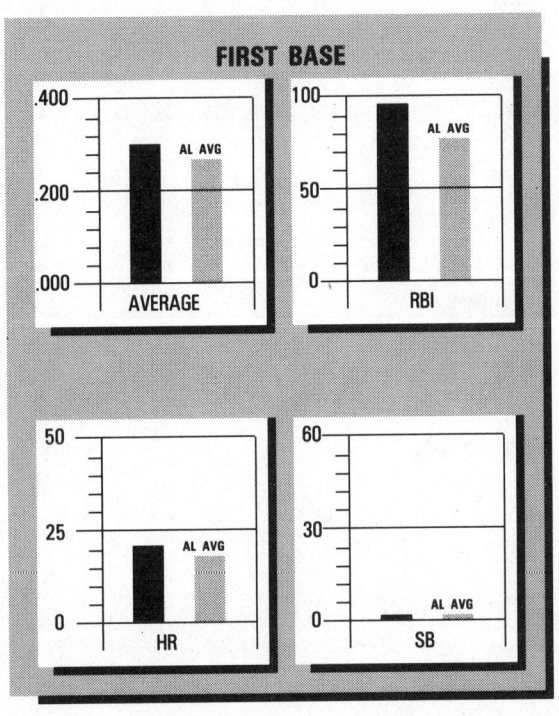
FIRST BASE — AVERAGE, RBI, HR, SB (vs AL AVG)

Split	Games	BA	SA	AB	H	2B	3B	HR	HR%	R	RBI	BB	SO	SB	PH AB	PH H	PO	A	E	DP	TC/G	FA	G by Pos
April	18	.333	.439	66	22	4	0	1	1.5	11	11	11	7	0									
May	26	.360	.620	100	36	5	0	7	7.0	18	23	13	9	1									
June	27	.292	.451	113	33	8	2	2	1.8	18	17	4	15	0									
July	25	.240	.344	96	23	4	0	2	2.1	13	13	10	14	1									
Aug	28	.282	.591	110	31	8	1	8	7.3	14	22	7	15	0									
Sept/Oct	19	.318	.439	66	21	5	0	1	1.5	5	10	7	6	0									
Day	36	.286	.500	140	40	10	1	6	4.3	19	16	9	14	1									
Night	107	.307	.484	411	126	24	2	15	3.6	60	80	43	52	1									
vs. Left		.275	.444	189	52	15	1	5	2.6	23	28	9	31	0									
vs. Right		.315	.511	362	114	19	2	16	4.4	56	68	43	35	2									
On Grass	125	.294	.478	473	139	29	2	18	3.8	65	77	45	54	2									
On Turf	18	.346	.551	78	27	5	1	3	3.8	14	19	7	12	0									
Home	73	.276	.448	268	74	14	1	10	3.7	34	39	29	30	0									
Road	70	.325	.527	283	92	20	2	11	3.9	45	57	23	36	2									
Division Rivals																							
vs. CHI	11	.341	.537	41	14	2	0	2	4.9	7	6	5	4	0									
vs. KC	6	.400	.600	25	10	0	1	1	4.0	4	8	2	2	0									
vs. MIN	12	.413	.739	46	19	6	0	3	6.5	9	17	5	6	0									
vs. OAK	12	.295	.477	44	13	5	0	1	2.3	6	3	7	3	0									
vs. SEA	12	.255	.511	47	12	0	0	4	8.5	6	10	6	8	0									
vs. TEX	13	.333	.521	48	16	6	0	1	2.1	7	12	4	5	0									
On 3B <2 Out		.308	.385	26	8	2	0	0	0.0	0	22	2	4										
1986 CAL A	154	.290	.457	593	172	27	3	22	3.7	82	100	57	58	5	4	1	1222	139	15	128	8.9	.989	1B-152
1987	149	.285	.528	564	161	33	1	34	6.0	100	117	72	64	8	2	0	1276	92	10	133	9.2	.993	1B-149
1988	158	.295	.419	597	176	31	2	13	2.2	81	85	55	51	8	4	2	1369	143	8	148	9.6	.995	1B-156
1989	159	.282	.420	593	167	30	2	16	2.7	78	79	46	58	3	2	1	1487	99	4	146	10.0	.997	1B-159
1990	83	.268	.394	310	83	15	0	8	2.5	35	41	41	34	2	1	0	727	62	4	78	9.6	.995	1B-83

PLAYER REGISTER

Year	Team	Games	BA	SA	AB	H	2B	3B	HR	HR%	R	RBI	BB	SO	SB	PINCH HIT AB	PINCH HIT H	PO	A	E	DP	TC/G	FA	G by Pos

Wally Joyner Continued

Year	Team	Games	BA	SA	AB	H	2B	3B	HR	HR%	R	RBI	BB	SO	SB	PH AB	PH H	PO	A	E	DP	TC/G	FA	G by Pos
1991		143	.301	.488	551	166	34	3	21	3.8	79	96	52	66	2	2	0	1335	98	8	124	10.2	.994	1B-141
6 yrs.		846	.288	.455	3208	925	170	11	114	3.6	455	518	323	331	28	15	4	7416	633	49	757	9.6	.994	1B-840

LEAGUE CHAMPIONSHIP SERIES

| 1986 | CAL | A | 3 | .455 | .909 | 11 | 5 | 2 | 0 | 1 | 9.1 | 3 | 2 | 2 | 0 | 0 | 0 | 0 | 26 | 1 | 0 | 2 | 9.0 | 1.000 | 1B-3 |

Dave Justice

JUSTICE, DAVID CHRISTOPHER
B. Apr. 14, 1966, Cincinnati, Ohio
BL TL 6' 3" 195 lbs.

Split	G	BA	SA	AB	H	2B	3B	HR	HR%	R	RBI	BB	SO	SB
April	18	.232	.377	69	16	4	0	2	2.9	10	10	7	17	1
May	25	.381	.629	97	37	9	0	5	5.2	19	28	11	16	4
June	21	.243	.500	70	17	4	1	4	5.7	14	13	12	20	0
July				0	0	0	0	0		0	0	0	0	0
Aug	13	.240	.500	50	12	4	0	3	6.0	8	10	8	9	0
Sept/Oct	32	.245	.473	110	27	4	0	7	6.4	16	26	27	19	3
Day	26	.217	.467	92	20	2	0	7	7.6	18	21	19	15	2
Night	83	.293	.513	304	89	23	1	14	4.6	49	66	46	66	6
vs. Left		.277	.465	155	43	6	1	7	4.5	17	39	14	24	0
vs. Right		.274	.527	241	66	19	0	14	5.8	50	48	51	57	8
On Grass	74	.289	.538	273	79	18	1	16	5.9	47	61	42	55	6
On Turf	35	.244	.423	123	30	7	0	5	4.1	20	26	23	26	2
Home	49	.269	.537	175	47	12	1	11	6.3	34	41	30	39	5
Road	60	.281	.475	221	62	13	0	10	4.5	33	46	35	42	3
Division Rivals														
vs. CIN	15	.218	.364	55	12	5	0	1	1.8	9	11	12	14	0
vs. HOU	13	.211	.316	38	8	1	0	1	2.6	6	3	13	8	2
vs. LA	11	.231	.487	39	9	1	0	3	7.7	8	9	8	9	1
vs. SD	11	.304	.500	46	14	3	0	2	4.3	5	11	3	8	0
vs. SF	11	.405	.738	42	17	2	0	4	9.5	9	11	4	5	2
On 3B < 2 Out		.552	.897	29	16	7	0	1	3.4	1	30	4	4	

OUTFIELD — bar charts: AVERAGE, RBI, HR, SB (player vs NL AVG)

Year	Team	Lg	G	BA	SA	AB	H	2B	3B	HR	HR%	R	RBI	BB	SO	SB	PH AB	PH H	PO	A	E	DP	TC/G	FA	G by Pos
1989	ATL	N	16	.235	.353	51	12	3	0	1	2.0	7	3	3	9	2	0	0	24	0	0	0	1.5	1.000	OF-16
1990			127	.282	.535	439	124	23	2	28	6.3	76	78	64	92	11	5	2	604	42	14	44	5.2	.979	1B-69, OF-61
1991			109	.275	.503	396	109	25	1	21	5.3	67	87	65	81	8	3	0	204	9	7	0	2.1	.968	OF-106
3 yrs.			252	.277	.510	886	245	51	3	50	5.6	150	168	132	182	21	8	2	832	51	21	44	3.6	.977	OF-183, 1B-69

LEAGUE CHAMPIONSHIP SERIES

| 1991 | ATL | N | 7 | .200 | .360 | 25 | 5 | 1 | 0 | 1 | 4.0 | 4 | 2 | 3 | 7 | 0 | 0 | 0 | 17 | 0 | 1 | 0 | 2.6 | .944 | OF-7 |

WORLD SERIES

| 1991 | ATL | N | 7 | .259 | .481 | 27 | 7 | 0 | 0 | 2 | 7.4 | 5 | 6 | 5 | 5 | 2 | 0 | 0 | 21 | 1 | 1 | 0 | 3.3 | .957 | OF-7 |

Ron Karkovice

KARKOVICE, RONALD JOSEPH
B. Aug. 8, 1963, Union, N.J.
BR TR 6' 1" 210 lbs.

Year	Team	Lg	G	BA	SA	AB	H	2B	3B	HR	HR%	R	RBI	BB	SO	SB	PH AB	PH H	PO	A	E	DP	TC/G	FA	G by Pos
1986	CHI	A	37	.247	.443	97	24	7	0	4	4.1	13	13	9	37	1	0	0	227	19	1	4	6.7	.996	C-37
1987			39	.071	.141	85	6	0	0	2	2.4	7	7	7	40	3	0	0	147	20	3	3	4.4	.982	C-37
1988			46	.174	.287	115	20	4	0	3	2.6	10	9	7	30	4	0	0	190	24	1	4	4.7	.995	C-46
1989			71	.264	.385	182	48	9	2	3	1.6	21	24	10	56	0	0	0	299	47	5	6	4.9	.986	C-68, DH-2
1990			68	.246	.399	183	45	10	0	6	3.2	30	20	16	52	2	4	2	296	31	2	4	5.1	.994	C-64, DH-1
1991			75	.246	.413	167	41	13	0	5	3.0	25	22	15	42	0	4	0	309	28	4	6	4.9	.988	C-69, OF-1
6 yrs.			336	.222	.362	829	184	43	2	23	2.8	106	95	64	257	10	8	2	1468	169	16	27	4.9	.990	C-321, DH-3, OF-1

Eric Karros

KARROS, ERIC PETER
B. Nov. 4, 1967, Hackensack, N.J.
BR TR 6' 4" 205 lbs.

Year	Team	Lg	G	BA	SA	AB	H	2B	3B	HR	HR%	R	RBI	BB	SO	SB	PH AB	PH H	PO	A	E	DP	TC/G	FA	G by Pos
1991	LA	N	14	.071	.143	14	1	1	0	0	0.0	0	1	1	6	0	4	1	33	2	0	5	3.5	1.000	1B-10

Player Register

Year	Team	Games	BA	SA	AB	H	2B	3B	HR	HR%	R	RBI	BB	SO	SB	PINCH HIT AB	PINCH HIT H	PO	A	E	DP	TC/G	FA	G by Pos

Pat Kelly
KELLY, PATRICK FRANKLIN
B. Oct. 14, 1967, Philadelphia, Pa.
BR TR 6' 180 lbs.

Split	Games	BA	SA	AB	H	2B	3B	HR	HR%	R	RBI	BB	SO	SB
April				0	0	0	0	0		0	0	0	0	0
May	10	.188	.375	32	6	4	1	0	0.0	3	6	3	6	0
June	24	.260	.377	77	20	1	1	2	2.6	9	4	2	12	3
July	25	.232	.341	82	19	6	0	1	1.2	9	8	5	14	5
Aug	26	.265	.313	83	22	0	2	0	0.0	12	5	4	16	4
Sept/Oct	11	.208	.250	24	5	1	0	0	0.0	2	0	1	4	0
Day	29	.226	.344	93	21	3	1	2	2.2	16	9	5	20	6
Night	67	.249	.337	205	51	9	3	1	0.5	19	14	10	32	6
vs. Left		.263	.343	99	26	5	0	1	1.0	16	7	4	13	9
vs. Right		.231	.337	199	46	7	4	2	1.0	19	16	11	39	3
On Grass	82	.241	.340	253	61	12	2	3	1.2	30	21	13	45	9
On Turf	14	.244	.333	45	11	0	2	0	0.0	5	2	2	7	3
Home	50	.253	.380	150	38	6	2	3	2.0	24	12	10	26	6
Road	46	.230	.297	148	34	6	2	0	0.0	11	11	5	26	6
Division Rivals														
vs. BAL	10	.314	.457	35	11	5	0	0	0.0	4	5	3	5	1
vs. BOS	8	.250	.350	20	5	0	1	0	0.0	2	0	1	4	1
vs. CLE	6	.211	.316	19	4	2	0	0	0.0	0	2	0	4	0
vs. DET	6	.364	.455	22	8	0	1	0	0.0	4	1	0	2	0
vs. MIL	6	.105	.105	19	2	0	0	0	0.0	1	0	2	3	1
vs. TOR	12	.225	.300	40	9	1	1	0	0.0	5	3	1	7	3
On 3B <2 Out		.077	.077	13	1	0	0	0	0.0	1	5	3	3	

Year	Team		Games	BA	SA	AB	H	2B	3B	HR	HR%	R	RBI	BB	SO	SB	PH AB	PH H	PO	A	E	DP	TC/G	FA	G by Pos
1991	NY	A	96	.242	.339	298	72	12	4	3	1.0	35	23	15	52	12	0	0	78	204	18	29	3.2	.940	3B-80, 2B-19

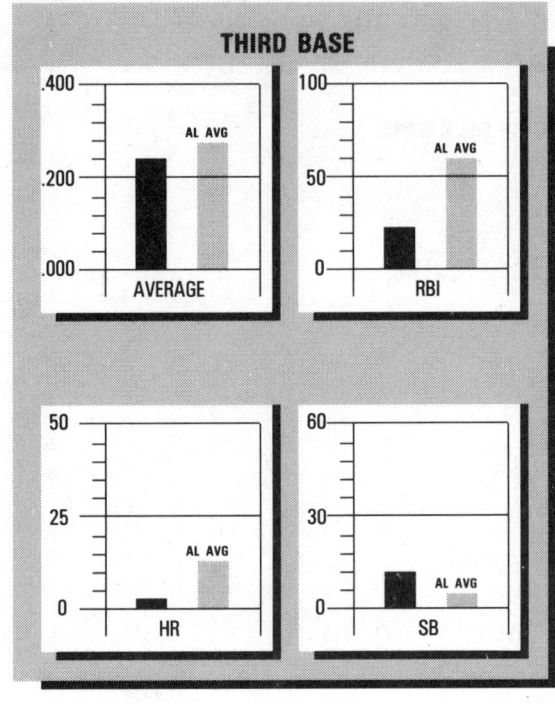

THIRD BASE

Roberto Kelly
KELLY, ROBERTO CONRADO
Born Roberto Conrado Kelly y Gray.
B. Oct. 1, 1964, Panama City, Panama
BR TR 6' 2" 180 lbs.

Split	Games	BA	SA	AB	H	2B	3B	HR	HR%	R	RBI	BB	SO	SB
April	17	.279	.410	61	17	2	0	2	3.3	10	11	11	9	4
May	25	.245	.387	106	26	6	0	3	2.8	16	9	7	19	4
June	27	.241	.393	112	27	3	1	4	3.6	11	13	4	23	7
July	5	.444	.667	18	8	1	0	1	5.6	4	3	0	2	1
Aug	18	.197	.344	61	12	0	0	3	4.9	8	9	6	10	4
Sept/Oct	34	.313	.570	128	40	10	1	7	5.5	19	24	17	14	12
Day	36	.283	.442	138	39	5	1	5	3.6	21	21	17	21	12
Night	90	.261	.445	348	91	17	1	15	4.3	47	48	28	56	20
vs. Left		.296	.503	159	47	4	1	9	5.7	29	26	20	18	10
vs. Right		.254	.416	327	83	18	1	11	3.4	39	43	25	59	22
On Grass	104	.284	.467	398	113	20	1	17	4.3	58	58	38	63	30
On Turf	22	.193	.341	88	17	2	1	3	3.4	10	11	7	14	2
Home	63	.310	.500	232	72	11	0	11	4.7	40	30	21	32	23
Road	63	.228	.394	254	58	11	2	9	3.5	28	39	24	45	9
Division Rivals														
vs. BAL	11	.310	.524	42	13	3	0	2	4.8	4	11	4	4	2
vs. BOS	13	.250	.542	48	12	3	1	3	6.3	8	7	7	7	3
vs. CLE	12	.388	.551	49	19	5	0	1	2.0	10	3	4	4	7
vs. DET	5	.368	.737	19	7	1	0	2	10.5	3	6	4	4	0
vs. MIL	13	.315	.574	54	17	5	0	3	5.6	9	11	3	10	2
vs. TOR	12	.171	.268	41	7	1	0	1	2.4	4	5	4	6	0
On 3B <2 Out		.444	.944	18	8	0	0	3	16.7	3	19	1	4	

Year	Team		Games	BA	SA	AB	H	2B	3B	HR	HR%	R	RBI	BB	SO	SB	PH AB	PH H	PO	A	E	DP	TC/G	FA	G by Pos
1987	NY	A	23	.269	.385	52	14	3	0	1	1.9	12	7	5	15	9	0	0	42	0	2	0	1.9	.955	OF-17
1988			38	.247	.364	77	19	4	1	1	1.3	9	7	3	15	5	1	1	70	1	1	0	1.9	.986	OF-30
1989			137	.302	.417	441	133	18	3	9	2.0	65	48	41	89	35	2	2	353	9	6	2	2.7	.984	OF-137
1990			162	.285	.418	641	183	32	4	15	2.3	85	61	33	148	42	4	1	420	5	5	0	2.7	.988	OF-160, DH-1
1991			126	.267	.444	486	130	22	2	20	4.1	68	69	45	77	32	2	1	268	8	4	1	2.2	.986	OF-125
5 yrs.			486	.282	.422	1697	479	79	10	46	2.7	239	192	127	344	123	9	5	1153	23	18	3	2.5	.985	OF-469, DH-1

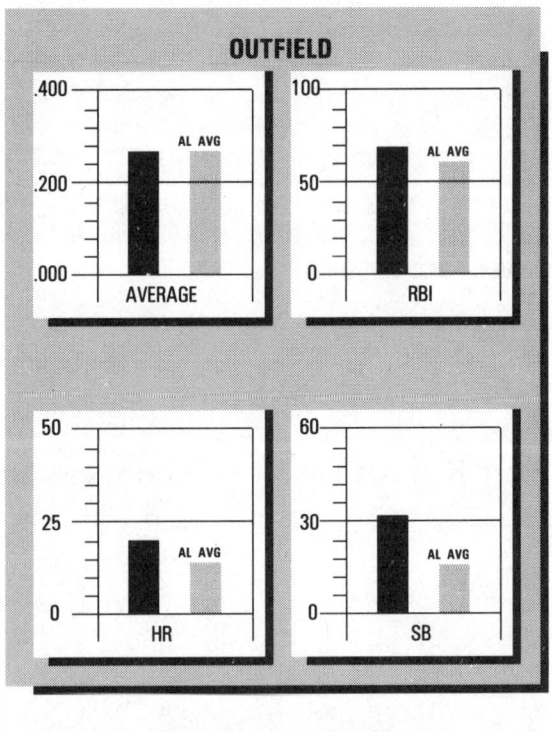

OUTFIELD

PLAYER REGISTER 123

Year	Team		Games	BA	SA	AB	H	2B	3B	HR	HR%	R	RBI	BB	SO	SB	PINCH HIT AB	H	PO	A	E	DP	TC/G	FA	G by Pos

Terry Kennedy
KENNEDY, TERRENCE EDWARD
Son of Bob Kennedy.
B. June 4, 1956, Euclid, Ohio
BL TR 6' 3" 220 lbs.

Year	Team		Games	BA	SA	AB	H	2B	3B	HR	HR%	R	RBI	BB	SO	SB	AB	H	PO	A	E	DP	TC/G	FA	G by Pos
1978	STL	N	10	.172	.172	29	5	0	0	0	0.0	0	2	4	3	0	1	0	46	4	1	1	5.1	.980	C-10
1979			33	.284	.404	109	31	7	0	2	1.8	11	17	6	20	0	5	1	135	7	1	1	4.3	.993	C-32
1980			84	.254	.375	248	63	12	3	4	1.6	28	34	28	34	0	12	2	231	22	7	3	3.1	.973	C-41, OF-28
1981	SD	N	101	.301	.385	382	115	24	1	2	0.5	32	41	22	53	0	3	0	465	63	20	12	5.4	.964	C-100
1982			153	.295	.486	562	166	42	1	21	3.7	75	97	26	91	1	5	2	777	66	9	18	5.6	.989	C-139, 1B-12
1983			149	.284	.434	549	156	27	2	17	3.1	47	98	51	89	1	4	2	807	82	12	12	6.0	.987	C-143, 1B-4
1984			148	.240	.353	530	127	16	1	14	2.6	54	57	33	99	1	5	0	708	54	14	6	5.2	.982	C-147
1985			143	.261	.372	532	139	27	1	10	1.9	54	74	31	102	0	5	2	662	68	10	12	5.2	.986	C-140, 1B-5
1986			141	.264	.403	432	114	22	1	12	2.8	46	57	37	74	0	23	11	692	70	8	13	5.5	.990	C-123
1987	BAL	A	143	.250	.385	512	128	13	1	18	3.5	51	62	35	112	1	5	0	750	58	6	11	5.7	.993	C-142
1988			85	.226	.298	265	60	10	0	3	1.1	20	16	15	53	0	8	1	332	23	2	3	4.2	.994	C-79
1989	SF	N	125	.239	.324	355	85	15	0	5	1.4	19	34	35	56	1	11	3	519	47	8	6	4.6	.986	C-121, 1B-2
1990			107	.277	.370	303	84	22	0	2	0.6	25	26	31	38	1	12	4	390	38	4	3	4.2	.991	C-103
1991			69	.234	.339	171	40	7	1	3	1.8	12	13	11	31	0	13	4	240	36	6	2	4.8	.979	C-58, 1B-2
14 yrs.			1491	.264	.386	4979	1313	244	12	113	2.3	474	628	365	855	6	112	32	6754	638	108	103	5.0	.986	C-1378, OF-28, 1B-25

LEAGUE CHAMPIONSHIP SERIES

Year	Team		Games	BA	SA	AB	H	2B	3B	HR	HR%	R	RBI	BB	SO	SB	AB	H	PO	A	E	DP	TC/G	FA	G by Pos
1984	SD	N	5	.222	.222	18	4	0	0	0	0.0	2	1	1	3	0	0	0	28	4	0	1	6.4	1.000	C-5
1989	SF	N	5	.188	.250	16	3	1	0	0	0.0	0	0	1	4	0	0	0	26	1	0	2	5.4	1.000	C-5
2 yrs.			10	.206	.235	34	7	1	0	0	0.0	2	1	2	7	0	0	0	54	5	0	3	5.9	.000	C-10

WORLD SERIES

Year	Team		Games	BA	SA	AB	H	2B	3B	HR	HR%	R	RBI	BB	SO	SB	AB	H	PO	A	E	DP	TC/G	FA	G by Pos
1984	SD	N	5	.211	.421	19	4	1	0	1	5.3	2	3	1	1	0	0	0	30	2	0	1	6.4	1.000	C-5
1989	SF	N	4	.167	.167	12	2	0	0	0	0.0	1	2	1	3	0	0	0	23	1	1	1	6.3	.960	C-4
2 yrs.			9	.194	.323	31	6	1	0	1	3.2	3	5	2	4	0	0	0	53	3	1	2	6.3	.982	C-9

Jeff King
KING, JEFFREY WAYNE
B. Dec. 26, 1964, Marion, Ind.
BR TR 6' 1" 175 lbs.

Year	Team		Games	BA	SA	AB	H	2B	3B	HR	HR%	R	RBI	BB	SO	SB	AB	H	PO	A	E	DP	TC/G	FA	G by Pos
1989	PIT	N	75	.195	.353	215	42	13	3	5	2.3	31	19	20	34	4	15	3	403	59	4	36	6.2	.991	1B-46, 3B-13, 2B-7, SS-1
1990			127	.245	.410	371	91	17	1	14	3.7	46	53	21	50	3	19	5	61	215	18	15	2.6	.939	3B-115, 1B-1
1991			33	.239	.376	109	26	1	1	4	3.7	16	18	14	15	3	0	0	15	62	2	0	2.4	.975	3B-33
3 yrs.			235	.229	.387	695	159	31	5	23	3.3	93	90	55	99	10	34	8	479	336	24	51	3.6	.971	3B-161, 1B-47, 2B-7, SS-1

LEAGUE CHAMPIONSHIP SERIES

Year	Team		Games	BA	SA	AB	H	2B	3B	HR	HR%	R	RBI	BB	SO	SB	AB	H	PO	A	E	DP	TC/G	FA	G by Pos
1990	PIT	N	5	.100	.100	10	1	0	0	0	0.0	0	0	1	5	0	2	0	1	4	0	0	1.3	1.000	3B-4

Mike Kingery
KINGERY, MICHAEL SCOTT
B. Mar. 29, 1961, St. James, Minn.
BL TL 6' 180 lbs.

Year	Team		Games	BA	SA	AB	H	2B	3B	HR	HR%	R	RBI	BB	SO	SB	AB	H	PO	A	E	DP	TC/G	FA	G by Pos
1986	KC	A	62	.258	.388	209	54	8	5	3	1.4	25	14	12	30	7	5	2	102	6	3	2	1.8	.973	OF-59
1987	SEA	A	120	.280	.449	354	99	25	4	9	2.5	38	52	27	43	7	9	3	226	15	2	3	2.0	.992	OF-114, DH-4
1988			57	.203	.276	123	25	6	0	1	0.8	21	9	19	23	3	5	0	102	6	2	1	1.9	.982	OF-44, 1B-10
1989			31	.224	.342	76	17	3	0	2	2.6	14	6	7	14	1	6	0	70	0	0	0	2.3	1.000	OF-23
1990	SF	N	105	.295	.338	207	61	7	1	0	0.0	24	24	12	19	6	17	7	126	7	3	2	1.4	.978	OF-95
1991			91	.182	.236	110	20	2	2	0	0.0	13	8	15	21	1	44	11	60	2	1	2	1.4	.984	OF-38, 1B-6
6 yrs.			466	.256	.367	1079	276	51	12	15	1.4	135	113	92	150	25	86	23	686	36	11	10	1.6	.985	OF-373, 1B-16, DH-4

Wayne Kirby
KIRBY, WAYNE LEONARD
B. Jan. 22, 1964, Williamsburg, Va.
BL TR 5' 11" 185 lbs.

Year	Team		Games	BA	SA	AB	H	2B	3B	HR	HR%	R	RBI	BB	SO	SB	AB	H	PO	A	E	DP	TC/G	FA	G by Pos
1991	CLE	A	21	.209	.256	43	9	2	0	0	0.0	4	5	2	6	1	1	0	40	1	0	0	2.0	1.000	OF-21

PLAYER REGISTER

Year	Team		Games	BA	SA	AB	H	2B	3B	HR	HR%	R	RBI	BB	SO	SB	PINCH HIT AB	PINCH HIT H	PO	A	E	DP	TC/G	FA	G by Pos

Ron Kittle
KITTLE, RONALD DALE (Kitty)
B. Jan. 5, 1958, Gary, Ind.
BR TR 6' 4" 200 lbs.

Year	Team		Games	BA	SA	AB	H	2B	3B	HR	HR%	R	RBI	BB	SO	SB	PH AB	PH H	PO	A	E	DP	TC/G	FA	G by Pos
1982	CHI	A	20	.241	.414	29	7	2	0	1	3.4	3	7	3	12	0	13	2	3	0	0	0	0.2	1.000	OF-5, DH-3
1983			145	.254	.504	520	132	19	3	35	**6.7**	75	100	39	**150**	8	6	0	234	7	9	0	1.7	.964	OF-139, DH-2
1984			139	.215	.453	466	100	15	0	32	6.9	67	74	49	137	3	13	4	226	14	7	2	1.8	.972	OF-124, DH-7
1985			116	.230	.467	379	87	12	0	26	6.9	51	58	31	92	1	9	0	88	2	1	1	0.8	.989	DH-57, OF-57
1986	2 teams		CHI A (86G — .213)			NY A (30G — .238)																			
"	total		116	.218	.420	376	82	13	0	21	5.6	42	60	35	110	4	12	2	39	3	0	0	0.4	1.000	DH-86, OF-21
1987	NY	A	59	.277	.535	159	44	5	0	12	7.5	21	28	10	36	0	13	1	4	1	0	0	0.1	1.000	DH-49, OF-2
1988	CLE	A	75	.258	.533	225	58	8	0	18	8.0	31	43	16	65	0	13	5	0	0	0	0	0.0	—	DH-63
1989	CHI	A	51	.302	.556	169	51	10	0	11	6.5	26	37	22	42	0	3	1	216	12	4	28	4.5	.983	1B-27, DH-17, OF-5
1990	2 teams		CHI A (83G — .245)			BAL A (22G — .164)																			
"	total		105	.231	.438	338	78	16	0	18	5.3	33	46	26	91	0	14	4	176	6	2	19	6.1	.989	DH-67, 1B-30
1991	CHI	A	17	.191	.319	47	9	0	0	2	4.3	7	7	5	9	0	2	0	101	6	2	8	7.3	.982	1B-15
10 yrs.			843	.239	.473	2708	648	100	3	176	6.5	356	460	236	744	16	98	19	1087	51	25	58	1.4	.979	OF-353, DH-351, 1B-72

LEAGUE CHAMPIONSHIP SERIES

Year	Team		Games	BA	SA	AB	H	2B	3B	HR	HR%	R	RBI	BB	SO	SB	PH AB	PH H	PO	A	E	DP	TC/G	FA	G by Pos
1983	CHI	A	3	.286	.429	7	2	1	0	0	0.0	1	0	1	2	0	0	0	3	0	0	0	0.8	1.000	OF-3

Chuck Knoblauch
KNOBLAUCH, EDWARD CHARLES
B. July 7, 1968, Houston, Tex.
BR TR 5' 9" 175 lbs.

Split	Games	BA	SA	AB	H	2B	3B	HR	HR%	R	RBI	BB	SO	SB
April	20	.333	.427	75	25	3	2	0	0.0	13	9	8	8	2
May	24	.233	.289	90	21	5	0	0	0.0	7	6	11	7	3
June	25	.289	.333	90	26	2	1	0	0.0	13	7	9	2	3
July	25	.237	.333	93	22	5	2	0	0.0	17	8	11	10	6
Aug	27	.267	.343	105	28	5	0	1	1.0	15	10	8	10	3
Sept/Oct	30	.330	.384	112	37	4	1	0	0.0	13	10	12	3	8
Day	42	.306	.395	147	45	5	4	0	0.0	21	20	18	12	9
Night	109	.273	.335	418	114	19	2	1	0.2	57	30	41	28	16
vs. Left		.257	.324	148	38	8	1	0	0.0	25	6	14	10	2
vs. Right		.290	.360	417	121	16	5	1	0.2	53	44	45	30	23
On Grass	59	.241	.283	212	51	9	0	0	0.0	27	17	24	14	7
On Turf	92	.306	.391	353	108	15	6	1	0.3	51	33	35	26	18
Home	75	.328	.415	287	94	12	5	1	0.3	43	26	30	18	17
Road	76	.234	.284	278	65	12	1	0	0.0	35	24	29	22	8
Division Rivals														
vs. CAL	12	.231	.282	39	9	2	0	0	0.0	10	2	9	4	2
vs. CHI	11	.308	.333	39	12	1	0	0	0.0	3	4	3	1	1
vs. KC	12	.326	.395	43	14	1	1	0	0.0	5	4	6	1	4
vs. OAK	13	.358	.472	53	19	4	1	0	0.0	6	10	4	2	3
vs. SEA	13	.315	.370	54	17	1	1	0	0.0	8	5	2	9	0
vs. TEX	13	.250	.292	48	12	2	0	0	0.0	5	1	8	3	3
On 3B <2 Out		.304	.435	23	7	1	1	0	0.0	0	21	2	2	

Year	Team		Games	BA	SA	AB	H	2B	3B	HR	HR%	R	RBI	BB	SO	SB	PH AB	PH H	PO	A	E	DP	TC/G	FA	G by Pos
1991	MIN	A	151	.281	.350	565	159	24	6	1	0.2	78	50	59	40	25	3	2	249	460	18	94	4.9	.975	2B-148, SS-2

LEAGUE CHAMPIONSHIP SERIES

Year	Team		Games	BA	SA	AB	H	2B	3B	HR	HR%	R	RBI	BB	SO	SB	PH AB	PH H	PO	A	E	DP	TC/G	FA	G by Pos
1991	MIN	A	5	.350	.450	20	7	2	0	0	0.0	5	3	3	3	2	0	0	8	14	0	3	4.4	1.000	2B-5

WORLD SERIES

Year	Team		Games	BA	SA	AB	H	2B	3B	HR	HR%	R	RBI	BB	SO	SB	PH AB	PH H	PO	A	E	DP	TC/G	FA	G by Pos
1991	MIN	A	7	.308	.346	26	8	1	0	0	0.0	3	2	4	2	4	0	0	15	14	1	1	4.3	.967	2B-7

Randy Knorr
KNORR, RANDY DUANE
B. Nov. 12, 1968, San Gabriel, Calif.
BR TR 6' 2" 205 lbs.

Year	Team		Games	BA	SA	AB	H	2B	3B	HR	HR%	R	RBI	BB	SO	SB	PH AB	PH H	PO	A	E	DP	TC/G	FA	G by Pos
1991	TOR	A	3	.000	.000	1	0	0	0	0	0.0	0	0	0	1	1	0	0	6	1	0	0	2.3	1.000	C-3

Year	Team		Games	BA	SA	AB	H	2B	3B	HR	HR%	R	RBI	BB	SO	SB	PINCH HIT AB	H	PO	A	E	DP	TC/G	FA	G by Pos

Brad Komminsk

KOMMINSK, BRAD LYNN
B. Apr. 4, 1961, Lima, Ohio
BR TR 6' 2" 202 lbs.

Year	Team		Games	BA	SA	AB	H	2B	3B	HR	HR%	R	RBI	BB	SO	SB	PH AB	H	PO	A	E	DP	TC/G	FA	G by Pos
1983	ATL	N	19	.222	.278	36	8	2	0	0	0.0	2	4	5	7	0	7	2	16	1	1	0	0.9	.944	OF-13
1984			90	.203	.316	301	61	10	0	8	2.7	37	36	29	77	18	10	4	135	2	1	0	1.5	.993	OF-80
1985			106	.227	.327	300	68	12	3	4	1.3	52	21	38	71	10	15	0	161	2	7	0	1.6	.959	OF-92
1986			5	.400	.400	5	2	0	0	0	0.0	1	1	0	1	0	1	0	1	2	0	0	0.6	1.000	3B-2, OF-2
1987	MIL	A	7	.067	.067	15	1	0	0	0	0.0	0	0	1	7	1	1	0	10	0	0	0	1.4	1.000	OF-5, DH-1
1989	CLE	A	71	.237	.419	198	47	8	2	8	4.0	27	33	24	55	8	5	1	181	3	1	1	2.6	.995	OF-68
1990	2 teams			SF N	(8G — .200)	BAL A	(46G — .238)																		
"	total		54	.236	.358	106	25	4	0	3	2.8	20	8	15	31	1	11	2	70	2	0	0	1.5	1.000	OF-47, DH-2
1991	OAK	A	24	.120	.160	25	3	1	0	0	0.0	1	2	2	9	1	2	1	18	1	0	0	0.9	1.000	OF-22
8 yrs.			376	.218	.336	986	215	37	5	23	2.3	140	105	114	258	39	52	10	592	13	10	1	1.6	.984	OF-329, DH-3, 3B-2

Chad Kreuter

KREUTER, CHAD MICHAEL
B. Aug. 26, 1964, Greenbrae, Calif.
BB TR 6' 2" 190 lbs.

Year	Team		Games	BA	SA	AB	H	2B	3B	HR	HR%	R	RBI	BB	SO	SB	PH AB	H	PO	A	E	DP	TC/G	FA	G by Pos
1988	TEX	A	16	.275	.412	51	14	2	1	1	2.0	3	5	7	13	0	0	0	93	8	1	0	6.4	.990	C-16
1989			87	.152	.266	158	24	3	0	5	3.2	16	9	27	40	0	1	0	453	26	4	4	5.6	.992	C-85
1990			22	.045	.091	22	1	1	0	0	0.0	2	2	8	9	0	0	0	39	4	1	0	2.2	.977	C-20, DH-1
1991			3	.000	.000	4	0	0	0	0	0.0	0	0	0	1	0	1	0	5	0	0	0	5.0	1.000	C-1
4 yrs.			128	.166	.277	235	39	6	1	6	2.6	21	16	42	63	0	2	0	590	38	6	4	5.0	.991	C-122, DH-1

John Kruk

KRUK, JOHN MARTIN
B. Feb. 9, 1961, Charleston, W. Va.
BL TL 5' 10" 170 lbs.

Split		Games	BA	SA	AB	H	2B	3B	HR	HR%	R	RBI	BB	SO	SB
April		20	.312	.494	77	24	2	0	4	5.2	9	20	6	9	0
May		24	.274	.393	84	23	5	1	1	1.2	12	12	12	16	1
June		27	.283	.535	99	28	2	4	5	5.1	19	22	10	15	0
July		23	.240	.440	75	18	4	1	3	4.0	16	7	8	17	1
Aug		27	.305	.463	82	25	4	0	3	3.7	12	14	18	17	1
Sept/Oct		31	.331	.537	121	40	10	0	5	4.1	17	17	13	26	4
Day		40	.261	.470	134	35	6	2	6	4.5	21	16	11	26	2
Night		112	.304	.488	404	123	21	4	15	3.7	63	76	56	74	5
vs. Left			.297	.436	202	60	12	2	4	2.0	26	35	18	38	2
vs. Right			.292	.512	336	98	15	4	17	5.1	58	57	49	62	5
On Grass		39	.261	.500	138	36	2	2	9	6.5	24	23	14	26	2
On Turf		113	.305	.478	400	122	25	4	12	3.0	60	69	53	74	5
Home		78	.286	.442	276	79	17	1	8	2.9	41	48	35	50	4
Road		74	.302	.527	262	79	10	5	13	5.0	43	44	32	50	3
Division Rivals															
vs. CHI		17	.258	.485	66	17	3	0	4	6.1	7	14	9	10	1
vs. MON		18	.327	.481	52	17	5	0	1	1.9	10	9	16	5	2
vs. NY		17	.233	.367	60	14	0	1	2	3.3	8	5	5	8	1
vs. PIT		17	.304	.435	69	21	3	0	2	2.9	6	8	5	16	0
vs. STL		18	.317	.567	60	19	6	0	3	5.0	9	18	7	9	1
On 3B < 2 Out			.273	.394	33	9	1	0	1	3.0	1	33	5	5	

Year	Team		Games	BA	SA	AB	H	2B	3B	HR	HR%	R	RBI	BB	SO	SB	PH AB	H	PO	A	E	DP	TC/G	FA	G by Pos
1986	SD	N	122	.309	.424	278	86	16	2	4	1.4	33	38	45	58	2	32	8	139	6	3	3	1.2	.980	OF-74, 1B-9
1987			138	.313	.488	447	140	14	2	20	4.5	72	91	73	93	18	12	6	911	78	5	74	7.2	.995	1B-101, OF-29
1988			120	.241	.362	378	91	17	1	9	2.4	54	44	80	68	5	7	2	634	37	3	45	5.6	.996	1B-63, OF-55
1989	2 teams			SD N	(31G — .184)	PHI N	(81G — .331)																		
"	total		112	.300	.437	357	107	13	6	8	2.2	53	44	44	53	3	8	1	212	9	4	4	2.0	.982	OF-99, 1B-7
1990	PHI	N	142	.291	.431	443	129	25	8	7	1.5	52	67	69	70	10	13	5	543	45	4	34	4.4	.993	OF-87, 1B-61
1991			152	.294	.483	538	158	27	6	21	3.9	84	92	67	100	7	9	2	848	53	3	55	6.3	.997	1B-102, OF-52
6 yrs.			786	.291	.442	2441	711	112	25	69	2.8	348	376	378	442	45	81	24	3287	228	22	215	4.5	.994	OF-396, 1B-343

FIRST BASE

(Bar charts: AVERAGE, RBI, HR, SB — each compared to NL AVG)

PLAYER REGISTER

Year	Team		Games	BA	SA	AB	H	2B	3B	HR	HR%	R	RBI	BB	SO	SB	PINCH HIT AB	H	PO	A	E	DP	TC/G	FA	G by Pos

Steve Lake
LAKE, STEVEN MICHAEL
B. Mar. 14, 1957, Inglewood, Calif.
BR TR 6′ 1″ 180 lbs.

Year	Team		Games	BA	SA	AB	H	2B	3B	HR	HR%	R	RBI	BB	SO	SB	AB	H	PO	A	E	DP	TC/G	FA	G by Pos
1983	CHI	N	38	.259	.365	85	22	4	1	1	1.2	9	7	2	6	0	5	0	115	22	0	3	3.6	1.000	C-32
1984			25	.222	.407	54	12	4	0	2	3.7	4	7	0	7	0	1	0	72	13	4	0	3.6	.955	C-24
1985			58	.151	.193	119	18	2	0	1	0.8	5	11	3	21	1	4	1	182	25	1	1	3.6	.995	C-55
1986	2 teams		CHI N	(10G	— .421)	STL N	(26G	— .245)																	
"	total		36	.294	.412	68	20	2	0	2	2.9	8	14	3	7	0	0	0	105	9	2	3	3.2	.983	C-36
1987	STL	N	74	.251	.346	179	45	7	2	2	1.1	19	19	10	18	0	14	4	253	21	1	2	3.7	.996	C-59
1988			36	.278	.389	54	15	3	0	1	1.9	5	4	3	15	0	17	5	51	8	1	1	1.7	.983	C-19
1989	PHI	N	58	.252	.335	155	39	5	1	2	1.3	9	14	12	20	0	7	3	262	33	3	3	5.1	.990	C-55
1990			29	.250	.275	80	20	2	0	0	0.0	4	6	3	12	0	1	0	115	19	1	1	4.8	.993	C-28
1991			58	.228	.285	158	36	4	1	1	0.6	12	11	2	26	0	0	0	277	25	2	1	5.2	.993	C-58
9 yrs.			412	.238	.321	952	227	33	5	12	1.3	75	93	38	132	1	49	13	1432	175	15	15	3.9	.991	C-366

LEAGUE CHAMPIONSHIP SERIES

1984	CHI	N	1	1.000	2.000	1	1	1	0	0	0.0	0	0	0	0	0	0	0	0	0	0	0	0.0	—	C-1

WORLD SERIES

1987	STL	N	3	.333	.333	3	1	0	0	0	0.0	0	1	0	0	0	0	0	8	1	0	0	3.0	1.000	C-3

Tom Lampkin
LAMPKIN, THOMAS MICHAEL
B. Mar. 4, 1964, Cincinnati, Ohio
BL TR 5′ 11″ 180 lbs.

Year	Team		Games	BA	SA	AB	H	2B	3B	HR	HR%	R	RBI	BB	SO	SB	AB	H	PO	A	E	DP	TC/G	FA	G by Pos
1988	CLE	A	4	.000	.000	4	0	0	0	0	0.0	0	0	1	0	0	1	0	3	0	0	0	0.8	1.000	C-3
1990	SD	N	26	.222	.302	63	14	0	1	1	1.5	4	4	4	9	0	6	1	91	10	3	1	5.2	.971	C-20
1991			38	.190	.276	58	11	3	1	0	0.0	4	3	3	9	0	24	5	49	5	0	0	4.9	1.000	C-11
3 yrs.			68	.200	.280	125	25	3	2	1	0.8	8	7	8	18	0	31	6	143	15	3	1	2.4	.981	C-34

Ced Landrum
LANDRUM, CEDRIC BERNARD
B. Sept. 3, 1963, Butler, Ala.
BL TR 5′ 9″ 165 lbs.

Year	Team		Games	BA	SA	AB	H	2B	3B	HR	HR%	R	RBI	BB	SO	SB	AB	H	PO	A	E	DP	TC/G	FA	G by Pos
1991	CHI	N	56	.233	.279	86	20	2	1	0	0.0	28	6	10	18	27	2	0	61	0	2	0	1.4	.968	OF-44

Ray Lankford
LANKFORD, RAYMOND LEWIS
B. June 5, 1967, Modesto, Calif.
BL TL 5′ 11″ 180 lbs.

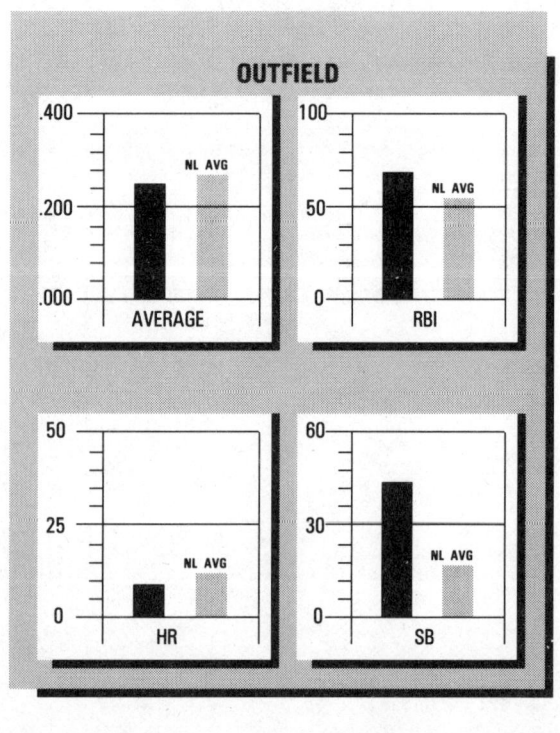

OUTFIELD — AVERAGE, RBI, HR, SB (with NL AVG)

	Games	BA	SA	AB	H	2B	3B	HR	HR%	R	RBI	BB	SO	SB
April	17	.255	.345	55	14	1	2	0	0.0	6	3	4	6	4
May	24	.242	.295	95	23	5	0	0	0.0	17	10	2	13	7
June	26	.250	.370	92	23	3	4	0	0.0	14	12	10	16	10
July	24	.263	.413	80	21	2	2	2	2.5	10	13	6	18	8
Aug	27	.212	.364	118	25	5	5	1	0.8	13	14	4	30	2
Sept/Oct	33	.286	.516	126	36	7	2	6	4.8	23	17	15	31	13
Day	41	.260	.473	146	38	11	4	4	2.7	25	19	16	21	9
Night	110	.248	.364	420	104	12	11	5	1.2	58	50	25	93	35
vs. Left		.236	.350	220	52	11	7	0	0.0	31	26	16	48	20
vs. Right		.260	.419	346	90	12	8	9	2.6	52	43	25	66	24
On Grass	38	.273	.441	143	39	9	3	3	2.1	15	25	10	32	7
On Turf	113	.243	.376	423	103	14	12	6	1.4	68	44	31	82	37
Home	79	.237	.385	283	67	10	6	4	1.4	47	33	23	53	28
Road	72	.265	.399	283	75	13	5	5	1.8	36	36	18	61	16
Division Rivals														
vs. CHI	15	.278	.444	54	15	2	2	1	1.9	6	8	4	9	1
vs. MON	18	.265	.456	68	18	2	4	1	1.5	13	8	11	16	5
vs. NY	18	.295	.487	78	23	6	3	1	1.3	11	14	1	17	6
vs. PHI	16	.250	.417	60	15	1	3	1	1.7	13	7	5	12	6
vs. PIT	17	.164	.192	73	12	2	0	0	0.0	7	3	1	14	2
On 3B <2 Out		.286	.643	28	8	2	4	0	0.0	0	24	4	6	

Year	Team		Games	BA	SA	AB	H	2B	3B	HR	HR%	R	RBI	BB	SO	SB	AB	H	PO	A	E	DP	TC/G	FA	G by Pos
1990	STL	N	39	.286	.452	126	36	10	1	3	2.3	12	12	13	27	8	7	3	92	1	1	0	2.7	.989	OF-35
1991			151	.251	.392	566	142	23	**15**	9	1.6	83	69	41	114	44	5	1	367	7	6	2	2.6	.984	OF-149
2 yrs.			190	.257	.403	692	178	33	16	12	1.7	95	81	54	141	52	12	4	459	8	7	2	2.5	.985	OF-184

PLAYER REGISTER

Year	Team	Games	BA	SA	AB	H	2B	3B	HR	HR%	R	RBI	BB	SO	SB	PINCH HIT AB	PINCH HIT H	PO	A	E	DP	TC/G	FA	G by Pos

Carney Lansford
LANSFORD, CARNEY RAY
Brother of Joe Lansford.
B. Feb. 7, 1957, San Jose, Calif.
BR TR 6′ 2″ 195 lbs.

Year	Team	Games	BA	SA	AB	H	2B	3B	HR	HR%	R	RBI	BB	SO	SB	PH AB	PH H	PO	A	E	DP	TC/G	FA	G by Pos
1978	CAL A	121	.294	.406	453	133	23	2	8	1.8	63	52	31	67	20	2	0	94	186	18	18	2.5	.940	3B-117, SS-2, DH-1
1979		157	.287	.436	654	188	30	5	19	2.9	114	79	39	115	20	0	0	135	263	7	29	2.6	.983	3B-157
1980		151	.261	.390	602	157	27	3	15	2.5	87	80	50	93	14	1	1	151	250	19	29	2.8	.955	3B-150
1981	BOS A	102	**.336**	.439	399	134	23	3	4	1.0	61	52	34	28	15	1	0	70	180	13	17	2.6	.951	3B-86, DH-16
1982		128	.301	.444	482	145	28	4	11	2.3	65	63	46	48	9	1	0	83	216	10	19	2.4	.968	3B-114, DH-13
1983	OAK A	80	.308	.475	299	92	16	2	10	3.3	43	45	22	33	3	3	1	60	163	10	19	2.9	.957	3B-78, SS-1
1984		151	.300	.439	597	179	31	5	14	2.3	70	74	40	62	9	0	0	137	268	18	27	2.8	.957	3B-151
1985		98	.277	.429	401	111	18	2	13	3.2	51	46	18	27	2	1	0	85	119	5	11	2.1	.976	3B-97
1986		151	.284	.421	591	168	16	4	19	3.2	80	72	39	51	16	1	0	480	170	6	37	4.3	.991	3B-100, 1B-60, DH-2, 2B-1
1987		151	.289	.455	554	160	27	4	19	3.4	89	76	60	44	27	2	1	156	258	7	20	2.8	.983	3B-142, 1B-17, DH-4
1988		150	.279	.360	556	155	20	2	7	1.3	80	57	35	35	29	4	0	125	221	7	18	2.4	.980	3B-143, 1B-9, 2B-1
1989		148	.336	.405	551	185	28	2	2	0.4	81	52	51	25	37	0	0	195	188	13	20	2.7	.967	3B-136, 1B-15, DH-3
1990		134	.268	.320	507	136	15	1	3	0.5	58	50	45	50	16	2	0	128	195	9	24	2.6	.973	3B-126, DH-5, 1B-5
1991		5	.063	.063	16	1	0	0	0	0.0	0	1	0	2	0	1	0	0	3	0	0	0.8	1.000	3B-4, DH-1
14 yrs.		1727	.292	.414	6662	1944	302	39	144	2.2	942	799	510	680	217	19	3	1899	2680	142	288	2.7	.970	3B-1601, 1B-106, DH-45, SS-3, 2B-2

LEAGUE CHAMPIONSHIP SERIES

Year	Team	Games	BA	SA	AB	H	2B	3B	HR	HR%	R	RBI	BB	SO	SB	PH AB	PH H	PO	A	E	DP	TC/G	FA	G by Pos
1979	CAL A	4	.294	.294	17	5	0	0	0	0.0	2	3	1	2	1	0	0	4	8	0	3	3.0	1.000	3B-4
1988	OAK A	4	.294	.529	17	5	1	0	1	5.9	4	2	0	2	0	0	0	7	8	0	2	3.8	1.000	3B-4
1989		3	.455	.455	11	5	0	0	0	0.0	2	4	2	1	2	0	0	1	2	0	0	1.0	1.000	3B-3
1990		4	.438	.500	16	7	1	0	0	0.0	2	2	0	1	0	0	0	3	11	0	1	3.5	1.000	3B-4
4 yrs.		15	.361	.443	61	22	2	0	1	1.6	10	11	3	6	3	0	0	15	29	0	6	2.9	.000	3B-15

WORLD SERIES

Year	Team	Games	BA	SA	AB	H	2B	3B	HR	HR%	R	RBI	BB	SO	SB	PH AB	PH H	PO	A	E	DP	TC/G	FA	G by Pos
1988	OAK A	5	.167	.167	18	3	0	0	0	0.0	2	1	2	2	0	0	0	8	7	0	1	3.0	1.000	3B-5
1989		4	.438	.688	16	7	1	0	1	6.3	5	4	3	1	0	0	0	5	5	0	0	2.5	1.000	3B-4
1990		4	.267	.267	15	4	0	0	0	0.0	0	1	1	0	1	0	0	1	14	0	0	3.8	1.000	3B-4
3 yrs.		13	.286	.367	49	14	1	0	1	2.0	7	6	6	3	1	0	0	14	26	0	1	3.1	.000	3B-13

Barry Larkin
LARKIN, BARRY LOUIS
B. Apr. 28, 1964, Cincinnati, Ohio
BR TR 6′ 185 lbs.

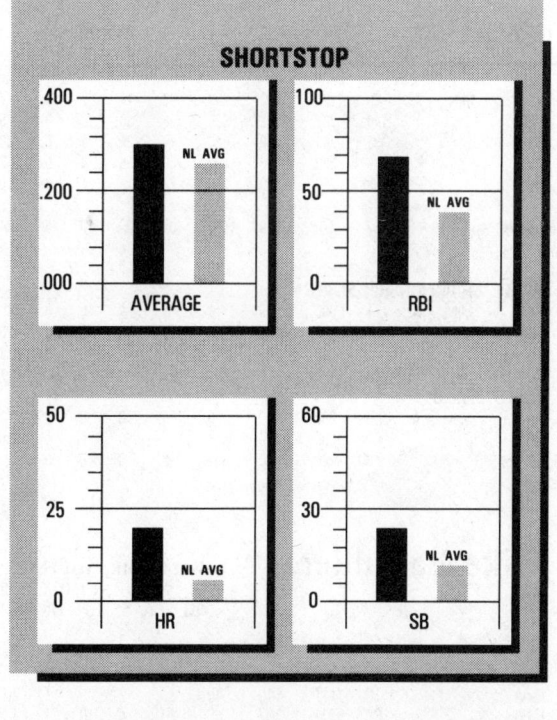
SHORTSTOP — AVERAGE, RBI, HR, SB (vs NL AVG)

Split	Games	BA	SA	AB	H	2B	3B	HR	HR%	R	RBI	BB	SO	SB
April	17	.217	.362	69	15	1	0	3	4.3	12	7	4	11	1
May	11	.379	.828	29	11	3	2	2	6.9	7	6	2	3	1
June	26	.370	.717	92	34	5	0	9	9.8	24	23	23	12	13
July	19	.250	.342	76	19	4	0	1	1.3	9	8	7	15	2
Aug	30	.300	.483	120	36	6	2	4	3.3	20	18	12	12	5
Sept/Oct	20	.321	.462	78	25	8	0	1	1.3	16	7	7	11	2
Day	29	.311	.563	103	32	5	0	7	6.8	23	16	10	10	3
Night	94	.299	.490	361	108	22	4	13	3.6	65	53	45	54	21
vs. Left		.326	.585	135	44	7	2	8	5.9	32	23	28	15	8
vs. Right		.292	.474	329	96	20	2	12	3.6	56	46	27	49	16
On Grass	33	.266	.367	128	34	5	1	2	1.6	17	11	10	17	1
On Turf	90	.315	.560	336	106	22	3	18	5.4	71	58	45	47	23
Home	64	.326	.612	242	79	17	2	16	6.6	55	48	30	37	17
Road	59	.275	.392	222	61	10	2	4	1.8	33	21	25	27	7
Division Rivals														
vs. ATL	17	.275	.420	69	19	4	0	2	2.9	10	6	8	8	1
vs. HOU	13	.269	.538	52	14	2	0	4	7.7	7	8	3	6	3
vs. LA	7	.222	.222	27	6	0	0	0	0.0	3	0	3	4	1
vs. SD	15	.281	.491	57	16	1	1	3	5.3	13	9	2	10	2
vs. SF	8	.273	.576	33	9	4	0	2	6.1	7	7	3	3	1
On 3B < 2 Out		.417	.458	24	10	1	0	0	0.0	0	17	3	3	

Year	Team	Games	BA	SA	AB	H	2B	3B	HR	HR%	R	RBI	BB	SO	SB	PH AB	PH H	PO	A	E	DP	TC/G	FA	G by Pos
1986	CIN N	41	.283	.403	159	45	4	3	3	1.9	27	19	9	21	8	4	0	51	125	4	22	4.4	.978	SS-36, 2B-3
1987		125	.244	.371	439	107	16	2	12	2.7	64	43	36	52	21	4	1	168	358	19	72	4.4	.965	SS-119
1988		151	.296	.429	588	174	32	5	12	2.0	91	56	41	24	40	2	0	231	470	29	67	4.8	.976	SS-148
1989		97	.342	.446	325	111	14	4	4	1.2	47	36	20	23	10	10	4	142	267	10	31	4.3	.976	SS-82
1990		158	.301	.396	614	185	25	6	7	1.1	85	67	49	49	30	3	1	254	469	17	86	4.7	.977	SS-156
1991		123	.302	.506	464	140	27	4	20	4.3	88	69	55	64	24	2	0	226	372	15	65	5.2	.976	SS-119
6 yrs.		695	.294	.426	2589	762	118	24	58	2.2	402	290	210	233	133	25	6	1072	2061	94	343	4.6	.971	SS-660, 2B-3

PLAYER REGISTER

128

Year	Team		Games	BA	SA	AB	H	2B	3B	HR	HR%	R	RBI	BB	SO	SB	PINCH HIT AB	PINCH HIT H	PO	A	E	DP	TC/G	FA	G by Pos

Barry Larkin *Continued*

LEAGUE CHAMPIONSHIP SERIES

Year	Team		Games	BA	SA	AB	H	2B	3B	HR	HR%	R	RBI	BB	SO	SB	AB	H	PO	A	E	DP	TC/G	FA	G by Pos
1990	CIN	N	6	.261	.348	23	6	2	0	0	0.0	5	1	3	1	3	0	0	21	15	1	2	6.2	.973	SS-6

WORLD SERIES

Year	Team		Games	BA	SA	AB	H	2B	3B	HR	HR%	R	RBI	BB	SO	SB	AB	H	PO	A	E	DP	TC/G	FA	G by Pos
1990	CIN	N	4	.353	.529	17	6	1	1	0	0.0	3	1	2	0	0	0	0	1	14	0	2	3.8	1.000	SS-4

Gene Larkin

LARKIN, EUGENE THOMAS
B. Oct. 24, 1962, Flushing, N.Y.
BB TR 6′ 3″ 195 lbs.

OUTFIELD

	Games	BA	SA	AB	H	2B	3B	HR	HR%	R	RBI	BB	SO	SB
April	10	.387	.452	31	12	2	0	0	0.0	3	2	0	0	0
May	19	.212	.269	52	11	0	0	1	1.9	4	3	6	3	1
June	19	.306	.347	49	15	2	0	0	0.0	6	3	6	4	0
July	9	.308	.423	26	8	1	1	0	0.0	5	2	4	3	0
Aug	21	.234	.340	47	11	2	0	1	2.1	6	3	5	6	0
Sept/Oct	20	.320	.460	50	16	7	0	0	0.0	10	6	9	5	1
Day	34	.371	.495	97	36	10	1	0	0.0	20	7	15	6	1
Night	64	.234	.297	158	37	4	0	2	1.3	14	12	15	15	1
vs. Left		.273	.398	88	24	8	0	1	1.1	14	6	13	7	0
vs. Right		.293	.359	167	49	6	1	1	0.6	20	13	17	14	2
On Grass	40	.250	.385	104	26	6	1	2	1.9	12	7	10	12	1
On Turf	58	.311	.364	151	47	8	0	0	0.0	22	12	20	9	1
Home	50	.313	.359	131	41	6	0	0	0.0	17	12	16	8	0
Road	48	.258	.387	124	32	8	1	2	1.6	17	7	14	13	2
Division Rivals														
vs. CAL	5	.333	.600	15	5	1	0	1	6.7	3	1	2	0	0
vs. CHI	7	.333	.429	21	7	2	0	0	0.0	2	3	1	2	0
vs. KC	8	.316	.368	19	6	1	0	0	0.0	3	1	3	1	0
vs. OAK	8	.278	.333	18	5	1	0	0	0.0	1	1	1	1	0
vs. SEA	9	.348	.435	23	8	2	0	0	0.0	3	2	2	0	0
vs. TEX	7	.286	.571	14	4	1	0	1	7.1	3	3	4	0	1
On 3B <2 Out		.273	.273	11	3	0	0	0	0.0	0	7	3	1	

Year	Team		Games	BA	SA	AB	H	2B	3B	HR	HR%	R	RBI	BB	SO	SB	AB	H	PO	A	E	DP	TC/G	FA	G by Pos
1987	MIN	A	85	.266	.382	233	62	11	2	4	1.7	23	28	25	31	1	17	5	165	10	2	12	2.1	.989	DH-40, 1B-26
1988			149	.267	.382	505	135	30	2	8	1.6	56	70	68	55	3	4	0	466	28	3	46	3.3	.994	DH-86, 1B-60
1989			136	.267	.368	446	119	25	1	6	1.3	61	46	54	57	5	11	3	524	28	4	45	4.1	.993	1B-67, DH-41, OF-32
1990			119	.269	.392	401	108	26	4	5	1.2	46	42	42	55	5	5	0	299	18	2	29	4.5	.994	OF-47, DH-43, 1B-28
1991			98	.286	.373	255	73	14	1	2	0.8	34	19	30	21	2	19	3	340	20	3	23	4.5	.992	OF-47, 1B-39, DH-4, 2B-1, 3B-1
5 yrs.			587	.270	.379	1840	497	106	10	25	1.4	220	205	219	219	16	56	11	1794	104	14	155	3.3	.993	1B-220, DH-214, OF-126, 2B-1, 3B-1

LEAGUE CHAMPIONSHIP SERIES

Year	Team		Games	BA	SA	AB	H	2B	3B	HR	HR%	R	RBI	BB	SO	SB	AB	H	PO	A	E	DP	TC/G	FA	G by Pos
1987	MIN	A	1	1.000	2.000	1	1	1	0	0	0.0	0	1	0	0	0	1	1	0	0	0	0	0.0	—	
1991			3	.000	.000	3	0	0	0	0	0.0	0	0	1	0	0	3	0	0	0	0	0	0.0	.500	
2 yrs.			4	.250	.500	4	1	1	0	0	0.0	0	1	1	0	0	4	1	0	0	0	0	0.0	.000	

WORLD SERIES

Year	Team		Games	BA	SA	AB	H	2B	3B	HR	HR%	R	RBI	BB	SO	SB	AB	H	PO	A	E	DP	TC/G	FA	G by Pos
1987	MIN	A	5	.000	.000	3	0	0	0	0	0.0	1	0	1	0	0	3	0	1	0	0	0	0.2	1.000	DH-1, 1B-1
1991			4	.500	.500	4	2	0	0	0	0.0	0	1	0	0	0	4	2	0	0	0	0	0.0	1.000	DH-1
2 yrs.			9	.286	.286	7	2	0	0	0	0.0	1	1	1	0	0	7	2	1	0	0	0	0.1	.000	DH-2, 1B-1

Mike LaValliere

LaVALLIERE, MICHAEL EUGENE (Spanky)
B. Aug. 18, 1960, Charlotte, N.C.
BL TR 5′ 10″ 180 lbs.

CATCHER

	Games	BA	SA	AB	H	2B	3B	HR	HR%	R	RBI	BB	SO	SB
April	15	.204	.286	49	10	1	0	1	2.0	2	10	2	2	0
May	16	.291	.345	55	16	1	1	0	0.0	6	5	7	5	0
June	19	.347	.449	49	17	2	0	1	2.0	3	1	7	4	1
July	20	.294	.397	68	20	4	0	1	1.5	7	10	5	6	0
Aug	18	.286	.286	56	16	0	0	0	0.0	4	5	6	6	0
Sept/Oct	20	.305	.390	59	18	3	0	0	0.0	3	10	6	4	1
Day	30	.340	.420	100	34	5	0	1	1.0	10	16	10	10	0
Night	78	.267	.335	236	63	6	2	2	0.8	15	25	23	17	2
vs. Left		.222	.296	54	12	2	1	0	0.0	3	14	3	9	0
vs. Right		.301	.372	282	85	9	1	3	1.1	22	27	30	18	2

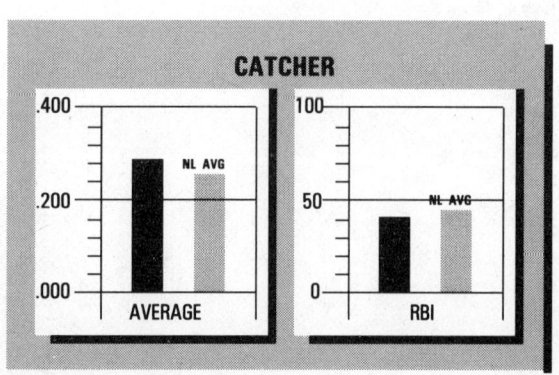

Mike LaValliere Continued

	Games	BA	SA	AB	H	2B	3B	HR	HR%	R	RBI	BB	SO	SB	PINCH HIT AB	H	PO	A	E	DP	TC/G	FA	G by Pos
On Grass	26	.229	.349	83	19	4	0	2	2.4	7	11	5	6	0									
On Turf	82	.308	.364	253	78	7	2	1	0.4	18	30	28	21	2									
Home	56	.331	.393	163	54	5	1	1	0.6	10	22	20	13	2									
Road	52	.249	.329	173	43	6	1	2	1.2	15	19	13	14	0									
Division Rivals																							
vs. CHI	14	.348	.500	46	16	4	0	1	2.2	5	8	1	2	1									
vs. MON	11	.194	.258	31	6	0	1	0	0.0	2	6	3	5	0									
vs. NY	12	.171	.171	35	6	0	0	0	0.0	1	3	2	4	0									
vs. PHI	12	.275	.275	40	11	0	0	0	0.0	3	2	6	4	0									
vs. STL	15	.347	.429	49	17	2	1	0	0.0	4	6	3	3	1									
On 3B < 2 Out		.421	.789	19	8	2	1	1	5.3	1	21	6	3										

Year	Team		Games	BA	SA	AB	H	2B	3B	HR	HR%	R	RBI	BB	SO	SB	AB	H	PO	A	E	DP	TC/G	FA	G by Pos
1984	PHI	N	6	.000	.000	7	0	0	0	0	0.0	0	0	2	2	0	0	0	20	2	0	0	3.7	1.000	C-6
1985	STL	N	12	.147	.176	34	5	1	0	0	0.0	2	6	7	3	0	0	0	48	5	0	3	4.4	1.000	C-12
1986			110	.234	.310	303	71	10	2	3	1.0	18	30	36	37	0	4	0	468	47	6	8	4.7	.988	C-108
1987	PIT	N	121	.300	.365	340	102	19	0	1	0.3	33	36	43	32	0	14	5	584	70	5	11	5.4	.992	C-112
1988			120	.261	.330	352	92	18	0	2	0.6	24	47	50	34	3	10	1	565	55	8	6	5.2	.987	C-114
1989			68	.316	.400	190	60	10	0	2	1.1	15	23	29	24	0	3	0	306	24	3	3	4.9	.991	C-65
1990			96	.258	.344	279	72	15	0	3	1.0	27	31	44	20	0	2	1	478	36	5	6	5.5	.990	C-95
1991			108	.289	.360	336	97	11	2	3	0.9	25	41	33	27	2	3	0	565	46	1	4	5.8	.998	C-105
8 yrs.			641	.271	.344	1841	499	84	4	14	0.8	144	214	244	179	5	36	7	3034	285	28	41	5.2	.992	C-617
LEAGUE CHAMPIONSHIP SERIES																									
1990	PIT	N	3	.000	.000	6	0	0	0	0	0.0	1	0	3	1	0	0	0	17	2	0	0	6.3	1.000	C-3
1991			3	.333	.333	6	2	0	0	0	0.0	0	1	2	0	0	1	1	14	3	0	0	5.7	1.000	C-3
2 yrs.			6	.167	.167	12	2	0	0	0	0.0	1	1	5	1	0	1	1	31	5	0	0	6.0	.000	C-6

Vance Law

LAW, VANCE AARON
Son of Vern Law.
B. Oct. 1, 1956, Boise, Ida.
BR TR 6' 2" 185 lbs.

Year	Team		Games	BA	SA	AB	H	2B	3B	HR	HR%	R	RBI	BB	SO	SB	AB	H	PO	A	E	DP	TC/G	FA	G by Pos
1980	PIT	N	25	.230	.311	74	17	2	2	0	0.0	11	3	3	7	2	3	1	31	54	3	8	3.5	.966	2B-11, SS-8, 3B-1
1981			30	.134	.164	67	9	0	1	0	0.0	1	3	2	15	1	2	0	50	58	0	10	3.6	1.000	2B-19, SS-7, 3B-2
1982	CHI	A	114	.281	.384	359	101	20	1	5	1.4	40	54	26	46	4	1	1	156	313	26	52	4.3	.947	SS-85, 3B-39, 2B-10, OF-1
1983			145	.243	.348	408	99	21	5	4	1.0	55	42	51	56	3	0	0	94	311	14	28	2.9	.967	3B-139, 2B-3, SS-2, DH-1, OF-1
1984			151	.252	.403	481	121	18	2	17	3.5	60	59	41	75	4	4	2	119	246	16	32	2.5	.958	3B-137, 2B-22, OF-5, SS-4
1985	MON	N	147	.266	.405	519	138	30	6	10	1.9	75	52	86	96	6	5	0	420	402	12	98	5.7	.986	2B-126, 1B-20, 3B-11, OF-1
1986			112	.225	.325	360	81	17	2	5	1.4	37	44	37	66	3	6	1	273	299	4	59	5.1	.993	2B-94, 1B-20, 3B-13, P-3, OF-1
1987			133	.273	.422	436	119	27	1	12	2.8	52	56	51	62	8	5	1	258	308	11	54	4.3	.981	2B-106, 3B-22, 1B-17, P-3
1988	CHI	N	151	.293	.412	556	163	29	2	11	2.0	73	78	55	79	1	1	0	112	272	19	22	2.7	.953	3B-150, OF-1
1989			130	.235	.355	408	96	22	3	7	1.7	38	42	38	73	2	10	0	76	168	13	13	2.0	.949	3B-119, OF-1
1991	OAK	A	74	.209	.276	134	28	7	1	0	0.0	11	9	18	27	0	9	4	39	66	5	7	1.5	.955	3B-67, SS-3, OF-3, P-1, 1B-1
11 yrs.			1212	.256	.376	3802	972	193	26	71	1.9	453	442	408	602	34	46	10	1628	2497	123	383	3.5	.971	3B-700, 2B-391, SS-109, 1B-58, OF-14, P-7, DH-1
LEAGUE CHAMPIONSHIP SERIES																									
1983	CHI	A	4	.182	.182	11	2	0	0	0	0.0	0	1	1	3	0	0	0	2	9	1	1	3.0	.917	3B-4
1989			2	.000	.000	3	0	0	0	0	0.0	0	0	0	3	0	1	0	0	0	0	0	0.0	—	3B-1
2 yrs.			6	.143	.143	14	2	0	0	0	0.0	0	1	1	6	0	1	0	2	9	1	1	2.0	.917	3B-5

			Year	Team	Games	BA	SA	AB	H	2B	3B	HR	HR%	R	RBI	BB	SO	SB	PINCH HIT AB	PINCH HIT H	PO	A	E	DP	TC/G	FA	G by Pos

Manny Lee

LEE, MANUEL
Born Manuel Lora y Lee.
B. June 17, 1965, San Pedro de Macoris, Dominican Republic
BB TR 5' 9" 150 lbs.

			Games	BA	SA	AB	H	2B	3B	HR	HR%	R	RBI	BB	SO	SB	PH AB	PH H	PO	A	E	DP	TC/G	FA	G by Pos
April			21	.262	.338	65	17	3	1	0	0.0	10	2	12	18	2									
May			18	.333	.400	60	20	2	1	0	0.0	8	8	3	13	1									
June			28	.215	.262	107	23	5	0	0	0.0	5	6	2	27	1									
July			22	.185	.210	81	15	2	0	0	0.0	8	4	3	22	2									
Aug			28	.220	.268	82	18	2	1	0	0.0	6	8	2	17	1									
Sept/Oct			21	.220	.300	50	11	4	0	0	0.0	4	1	2	10	0									
Day			42	.210	.246	138	29	5	0	0	0.0	10	4	6	36	0									
Night			96	.244	.306	307	75	13	3	0	0.0	31	25	18	71	7									
vs. Left				.285	.347	144	41	9	0	0	0.0	14	11	10	25	0									
vs. Right				.209	.259	301	63	9	3	0	0.0	27	18	14	82	7									
On Grass			53	.222	.267	176	39	6	1	0	0.0	11	13	6	43	2									
On Turf			85	.242	.301	269	65	12	2	0	0.0	30	16	18	64	5									
Home			69	.249	.324	213	53	12	2	0	0.0	25	12	18	50	3									
Road			69	.220	.254	232	51	6	1	0	0.0	16	17	6	57	4									
Division Rivals																									
vs. BAL			11	.256	.326	43	11	3	0	0	0.0	2	6	0	9	1									
vs. BOS			12	.281	.344	32	9	2	0	0	0.0	4	0	4	9	1									
vs. CLE			11	.189	.243	37	7	2	0	0	0.0	1	2	1	10	0									
vs. DET			13	.154	.205	39	6	0	1	0	0.0	4	3	4	7	0									
vs. MIL			13	.231	.256	39	9	1	0	0	0.0	5	2	4	9	1									
vs. NY			13	.310	.429	42	13	3	1	0	0.0	3	3	2	12	0									
On 3B < 2 Out				.158	.158	19	3	0	0	0	0.0	0	11	1	7										
1985	TOR	A	64	.200	.200	40	8	0	0	0	0.0	9	0	2	9	1	3	1	34	56	3	11	1.5	.968	2B-38, DH-8, SS-8, 3B-5
1986			35	.205	.269	78	16	0	1	1	1.3	8	7	4	10	0	0	0	36	76	2	11	3.3	.982	2B-29, SS-5, 3B-2
1987			56	.256	.347	121	31	2	3	1	0.8	14	11	6	13	2	3	2	77	110	5	26	3.4	.974	2B-27, SS-26
1988			116	.291	.365	381	111	16	3	2	0.5	38	38	26	64	3	2	0	250	308	12	71	4.9	.979	2B-98, SS-23, 3B-8
1989			99	.260	.333	300	78	9	2	3	1.0	27	34	20	60	4	13	1	152	201	11	51	3.7	.970	2B-40, SS-28, 3B-17, DH-13, OF-1
1990			117	.243	.340	391	95	12	4	6	1.5	45	41	26	90	3	3	0	265	301	4	66	4.9	.993	2B-112, SS-9
1991			138	.234	.288	445	104	18	3	0	0.0	41	29	24	107	7	0	0	194	360	19	52	4.2	.967	SS-138
7 yrs.			625	.252	.325	1756	443	57	16	13	0.7	182	160	108	353	20	24	4	1008	1412	56	288	4.0	.977	2B-344, SS-237, 3B-32, DH-21, OF-1

LEAGUE CHAMPIONSHIP SERIES

Year	Team		Games	BA	SA	AB	H	2B	3B	HR	HR%	R	RBI	BB	SO	SB	PH AB	PH H	PO	A	E	DP	TC/G	FA	G by Pos
1985	TOR	A	1	—	—	0	0	0	0	0	—	0	0	0	0	0	0	0	0	0	0	0	0.0	—	2B-1
1989			2	.250	.250	8	2	0	0	0	0.0	2	0	0	1	0	0	0	4	1	0	1	2.5	1.000	2B-2
1991			5	.125	.125	16	2	0	0	0	0.0	3	0	1	5	0	0	0	8	16	1	3	5.0	.960	SS-5
3 yrs.			8	.167	.167	24	4	0	0	0	0.0	5	0	1	6	0	0	0	12	17	1	4	3.8	.967	SS-5, 2B-3

Terry Lee

LEE, TERRY JAMES
B. Mar. 13, 1962, San Francisco, Calif.
BR TR 6' 5" 215 lbs.

Year	Team		Games	BA	SA	AB	H	2B	3B	HR	HR%	R	RBI	BB	SO	SB	PH AB	PH H	PO	A	E	DP	TC/G	FA	G by Pos
1990	CIN	N	12	.211	.263	19	4	1	0	0	0.0	1	3	2	2	0	6	2	28	3	0	1	5.2	1.000	1B-6
1991			3	.000	.000	6	0	0	0	0	0.0	0	0	0	2	0	1	0	8	4	0	0	6.0	1.000	1B-2
2 yrs.			15	.160	.200	25	4	1	0	0	0.0	1	3	2	4	0	7	2	36	7	0	1	2.9	.000	1B-8

Scott Leius

LEIUS, SCOTT THOMAS
B. Sept. 24, 1965, Yonkers, N.Y.
BR TR 6' 3" 180 lbs.

Year	Team		Games	BA	SA	AB	H	2B	3B	HR	HR%	R	RBI	BB	SO	SB	PH AB	PH H	PO	A	E	DP	TC/G	FA	G by Pos
1990	MIN	A	14	.240	.400	25	6	1	0	1	4.0	4	4	2	2	0	0	0	20	25	0	10	3.5	1.000	SS-12, 3B-1
1991			109	.286	.417	199	57	7	2	5	2.5	35	20	30	35	5	25	11	56	129	7	15	1.9	.964	3B-79, SS-19, OF-2
2 yrs.			123	.281	.415	224	63	8	2	6	2.7	39	24	32	37	5	25	11	76	154	7	25	1.9	.970	3B-80, SS-31, OF-2

LEAGUE CHAMPIONSHIP SERIES

Year	Team		Games	BA	SA	AB	H	2B	3B	HR	HR%	R	RBI	BB	SO	SB	PH AB	PH H	PO	A	E	DP	TC/G	FA	G by Pos
1991	MIN	A	3	.000	.000	4	0	0	0	0	0.0	0	0	1	1	0	1	0	1	4	0	1	1.7	1.000	3B-3

WORLD SERIES

Year	Team		Games	BA	SA	AB	H	2B	3B	HR	HR%	R	RBI	BB	SO	SB	PH AB	PH H	PO	A	E	DP	TC/G	FA	G by Pos
1991	MIN	A	7	.357	.571	14	5	0	0	1	7.1	2	2	1	2	0	1	0	5	8	1	0	2.0	.929	3B-6, SS-1

PLAYER REGISTER 131

Year	Team		Games	BA	SA	AB	H	2B	3B	HR	HR%	R	RBI	BB	SO	SB	PINCH HIT AB	H	PO	A	E	DP	TC/G	FA	G by Pos

Mark Lemke
LEMKE, MARK ALAN
B. Aug. 13, 1965, Utica, N.Y.
BB TR 5' 10" 167 lbs.

April			12	.263	.368	19	5	2	0	0	0.0	4	1	2	4	0									
May			19	.269	.308	26	7	1	0	0	0.0	7	4	6	2	1									
June			21	.214	.357	28	6	2	1	0	0.0	1	3	3	3	0									
July			25	.196	.261	46	9	0	0	1	2.2	8	5	4	6	0									
Aug			28	.302	.396	53	16	2	0	1	1.9	7	4	5	8	0									
Sept/Oct			31	.206	.268	97	20	4	1	0	0.0	9	6	9	4	0									
Day			27	.296	.352	54	16	3	0	0	0.0	8	4	3	4	0									
Night			109	.219	.302	215	47	8	2	2	0.9	28	19	26	23	1									
vs. Left				.254	.333	114	29	7	1	0	0.0	16	11	11	7	1									
vs. Right				.219	.297	155	34	4	1	2	1.3	20	12	18	20	0									
On Grass			105	.259	.355	197	51	9	2	2	1.0	28	19	22	17	1									
On Turf			31	.167	.194	72	12	2	0	0	0.0	8	4	7	10	0									
Home			70	.280	.386	132	37	8	0	2	1.5	21	14	14	13	0									
Road			66	.190	.241	137	26	3	2	0	0.0	15	9	15	14	1									
Division Rivals																										
vs. CIN			14	.308	.359	39	12	2	0	0	0.0	4	4	3	5	0									
vs. HOU			14	.235	.353	34	8	1	0	1	2.9	4	3	4	4	0									
vs. LA			16	.143	.171	35	5	1	0	0	0.0	4	2	4	2	0									
vs. SD			17	.241	.241	29	7	0	0	0	0.0	5	3	5	3	0									
vs. SF			15	.250	.357	28	7	1	1	0	0.0	4	2	3	0	0									
On 3B <2 Out				.154	.308	13	2	0	1	0	0.0	0	7	0	1										
1988	ATL	N	16	.224	.293	58	13	4	0	0	0.0	8	2	4	5	0	0	0	47	51	3	11	6.3	.970	2B-16
1989			14	.182	.364	55	10	2	1	2	3.6	4	10	5	7	0	1	1	25	40	0	7	4.6	1.000	2B-14
1990			102	.226	.280	239	54	13	0	0	0.0	22	21	21	22	0	15	2	90	193	4	29	3.3	.986	3B-45, 2B-44, SS-1
1991			136	.234	.312	269	63	11	2	2	0.7	36	23	29	27	1	27	9	162	215	10	40	3.1	.974	2B-110, 3B-15
4 yrs.			268	.225	.303	621	140	30	3	4	0.6	70	56	59	61	1	43	12	324	499	17	87	3.1	.980	2B-184, 3B-60, SS-1
LEAGUE CHAMPIONSHIP SERIES																										
1991	ATL	N	7	.200	.250	20	4	1	0	0	0.0	1	1	4	0	0	0	0	12	10	1	2	3.3	.957	2B-7
WORLD SERIES																										
1991	ATL	N	6	.417	.708	24	10	1	3	0	0.0	4	4	2	4	0	0	0	14	19	1	4	5.7	.971	2B-6

Patrick Lennon
LENNON, PATRICK ORLANDO
B. Apr. 27, 1968, Whiteville, N.C.
BR TR 6' 2" 200 lbs.

Year	Team		Games	BA	SA	AB	H	2B	3B	HR	HR%	R	RBI	BB	SO	SB	AB	H	PO	A	E	DP	TC/G	FA	G by Pos
1991	SEA	A	9	.125	.250	8	1	1	0	0	0.0	2	1	3	1	0	4	1	2	0	0	0	2.0	1.000	DH-5, OF-1

Mark Leonard
LEONARD, MARK DAVID
B. Aug. 14, 1964, Mountain View, Calif.
BL TR 6' 1" 195 lbs.

Year	Team		Games	BA	SA	AB	H	2B	3B	HR	HR%	R	RBI	BB	SO	SB	AB	H	PO	A	E	DP	TC/G	FA	G by Pos
1990	SF	N	11	.176	.412	17	3	1	0	1	5.8	3	2	3	8	0	4	0	10	0	0	0	1.4	1.000	OF-7
1991			64	.240	.357	129	31	7	1	2	1.6	14	14	12	25	0	26	7	41	0	0	0	1.2	1.000	OF-34
2 yrs.			75	.233	.363	146	34	8	1	3	2.1	17	16	15	33	0	30	7	51	0	0	0	0.7	.000	OF-41

Darren Lewis
LEWIS, DARREN JOEL
B. Aug. 28, 1967, Berkeley, Calif.
BR TR 6' 180 lbs.

April					0	0	0	0	0	0	0.0	0	0	0	0	0	
May					0	0	0	0	0	0	0.0	0	0	0	0	0	
June					0	0	0	0	0	0	0.0	0	0	0	0	0	
July		16	.339	.435	62	21	4	1	0	0.0	12	5	11	10	2			
Aug		28	.250	.333	96	24	1	2	1	1.0	19	7	10	12	5			
Sept/Oct		28	.156	.156	64	10	0	0	0	0.0	10	3	15	9	6			
Day		28	.278	.289	90	25	1	0	0	0.0	13	5	15	11	5			
Night		44	.227	.326	132	30	4	3	1	0.8	28	10	21	19	8			
vs. Left			.280	.400	75	21	4	1	1	1.3	16	6	12	8	5			
vs. Right			.231	.265	147	34	1	2	0	0.0	25	9	24	22	8			

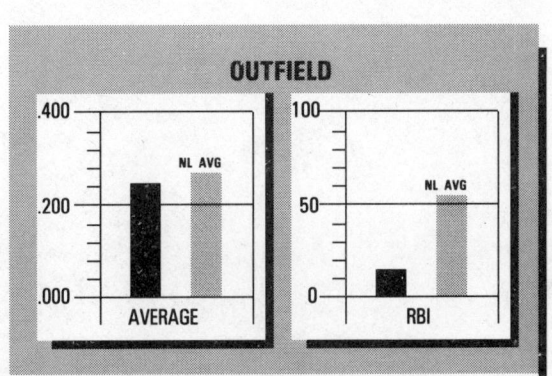

Darren Lewis Continued

Year	Team		Games	BA	SA	AB	H	2B	3B	HR	HR%	R	RBI	BB	SO	SB	PINCH HIT AB	H	PO	A	E	DP	TC/G	FA	G by Pos
On Grass			52	.224	.273	165	37	3	1	1	0.6	29	9	26	22	11									
On Turf			20	.316	.421	57	18	2	2	0	0.0	12	6	10	8	2									
Home			38	.231	.248	121	28	2	0	0	0.0	21	6	21	15	8									
Road			34	.267	.386	101	27	3	3	1	1.0	20	9	15	15	5									
Division Rivals																									
vs. ATL			11	.171	.314	35	6	0	1	1	2.9	12	4	9	7	4									
vs. CIN			11	.241	.276	29	7	1	0	0	0.0	3	1	2	1	1									
vs. HOU			9	.286	.286	21	6	0	0	0	0.0	5	1	5	4	2									
vs. LA			8	.167	.167	18	3	0	0	0	0.0	1	2	1	3	2									
vs. SD			3	.083	.083	12	1	0	0	0	0.0	1	1	2	0	1									
On 3B <2 Out				.333	.333	9	3	0	0	0	0.0	0	5	3	2										
1990	OAK	A	25	.229	.229	35	8	0	0	0	0.0	4	1	7	4	2	4	0	33	0	0	0	1.4	1.000	OF-23, DH-2
1991	SF	N	72	.248	.311	222	55	5	3	1	0.5	41	15	36	30	13	4	1	159	2	0	0	2.4	1.000	OF-68
2 yrs.			97	.245	.300	257	63	5	3	1	0.4	45	16	43	34	15	8	1	192	2	0	0	2.0	.000	OF-91, DH-2

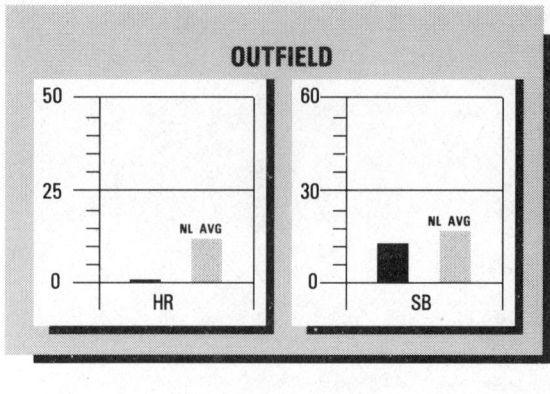

Mark Lewis

LEWIS, MARK DAVID
B. Nov. 30, 1969, Hamilton, Ohio
BR TR 6' 1" 190 lbs.

Year	Team		Games	BA	SA	AB	H	2B	3B	HR	HR%	R	RBI	BB	SO	SB	PINCH HIT AB	H	PO	A	E	DP	TC/G	FA	G by Pos
April			4	.429	.643	14	6	3	0	0	0.0	2	2	1	2	0									
May			27	.355	.400	110	39	5	0	0	0.0	15	13	6	15	0									
June			24	.144	.167	90	13	2	0	0	0.0	3	6	4	9	1									
July			14	.150	.200	40	6	0	1	0	0.0	2	1	1	8	0									
Aug				.000	.000	0	0	0	0	0	0.0	0	0	0	0	0									
Sept/Oct			15	.317	.400	60	19	5	0	0	0.0	7	8	3	11	1									
Day			21	.365	.435	85	31	6	0	0	0.0	11	15	4	10	1									
Night			63	.227	.275	229	52	9	1	0	0.0	18	15	11	35	1									
vs. Left				.276	.310	87	24	3	0	0	0.0	10	7	5	12	0									
vs. Right				.260	.322	227	59	12	1	0	0.0	19	23	10	33	2									
On Grass			74	.274	.332	277	76	14	1	0	0.0	28	27	15	42	1									
On Turf			10	.189	.216	37	7	1	0	0	0.0	1	3	0	3	1									
Home			42	.277	.327	159	44	6	1	0	0.0	13	15	7	19	1									
Road			42	.252	.310	155	39	9	0	0	0.0	16	15	8	26	1									
Division Rivals																									
vs. BAL			11	.310	.357	42	13	2	0	0	0.0	4	6	1	7	0									
vs. BOS			1	.500	.750	4	2	1	0	0	0.0	0	0	0	1	0									
vs. DET			9	.200	.229	35	7	1	0	0	0.0	4	1	0	5	0									
vs. MIL			11	.214	.262	42	9	0	1	0	0.0	3	3	0	4	1									
vs. NY			9	.290	.323	31	9	1	0	0	0.0	3	4	3	8	0									
vs. TOR			5	.158	.158	19	3	0	0	0	0.0	0	1	1	2	0									
On 3B <2 Out				.500	.600	10	5	1	0	0	0.0	0	11	1	1										
1991	CLE	A	84	.264	.318	314	83	15	1	0	0.0	29	30	15	45	2	2	2	129	231	9	47	4.4	.976	2B-50, SS-36

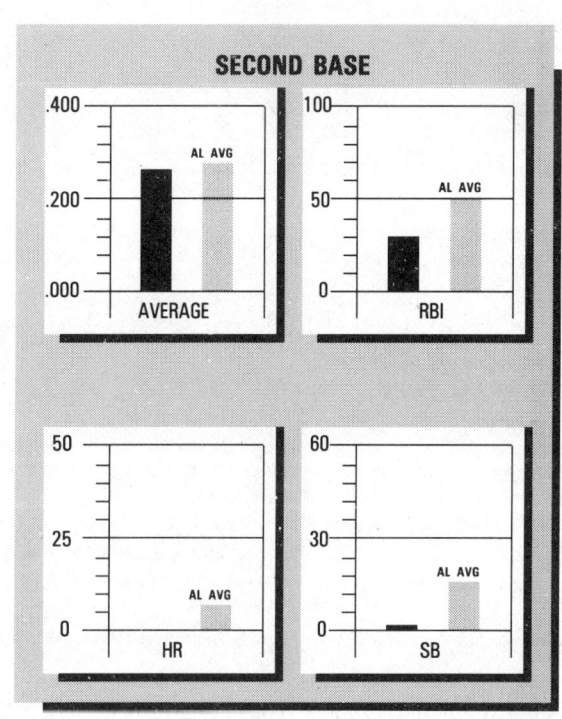

Jim Leyritz

LEYRITZ, JAMES JOSEPH
B. Dec. 27, 1963, Lakewood, Ohio
BR TR 6' 190 lbs.

Year	Team		Games	BA	SA	AB	H	2B	3B	HR	HR%	R	RBI	BB	SO	SB	PINCH HIT AB	H	PO	A	E	DP	TC/G	FA	G by Pos
1990	NY	A	92	.257	.356	303	78	13	1	5	1.6	28	25	27	51	2	4	2	117	107	13	5	2.7	.945	3B-69, OF-14, C-11
1991			32	.182	.221	77	14	3	0	0	0.0	8	4	13	15	0	9	2	38	21	3	3	2.5	.952	3B-18, C-5, 1B-3, DH-1
2 yrs.			124	.242	.329	380	92	16	1	5	1.3	36	29	40	66	2	13	4	155	128	16	8	2.4	.946	3B-87, C-16, OF-14, 1B-3, DH-1

PLAYER REGISTER

Year	Team	Games	BA	SA	AB	H	2B	3B	HR	HR%	R	RBI	BB	SO	SB	PINCH HIT AB	H	PO	A	E	DP	TC/G	FA	G by Pos

Jose Lind

LIND, JOSE (Chico)
Born Jose Lind y Salgado.
B. May 1, 1964, Toabaja, Puerto Rico
BR TR 5' 11" 155 lbs.

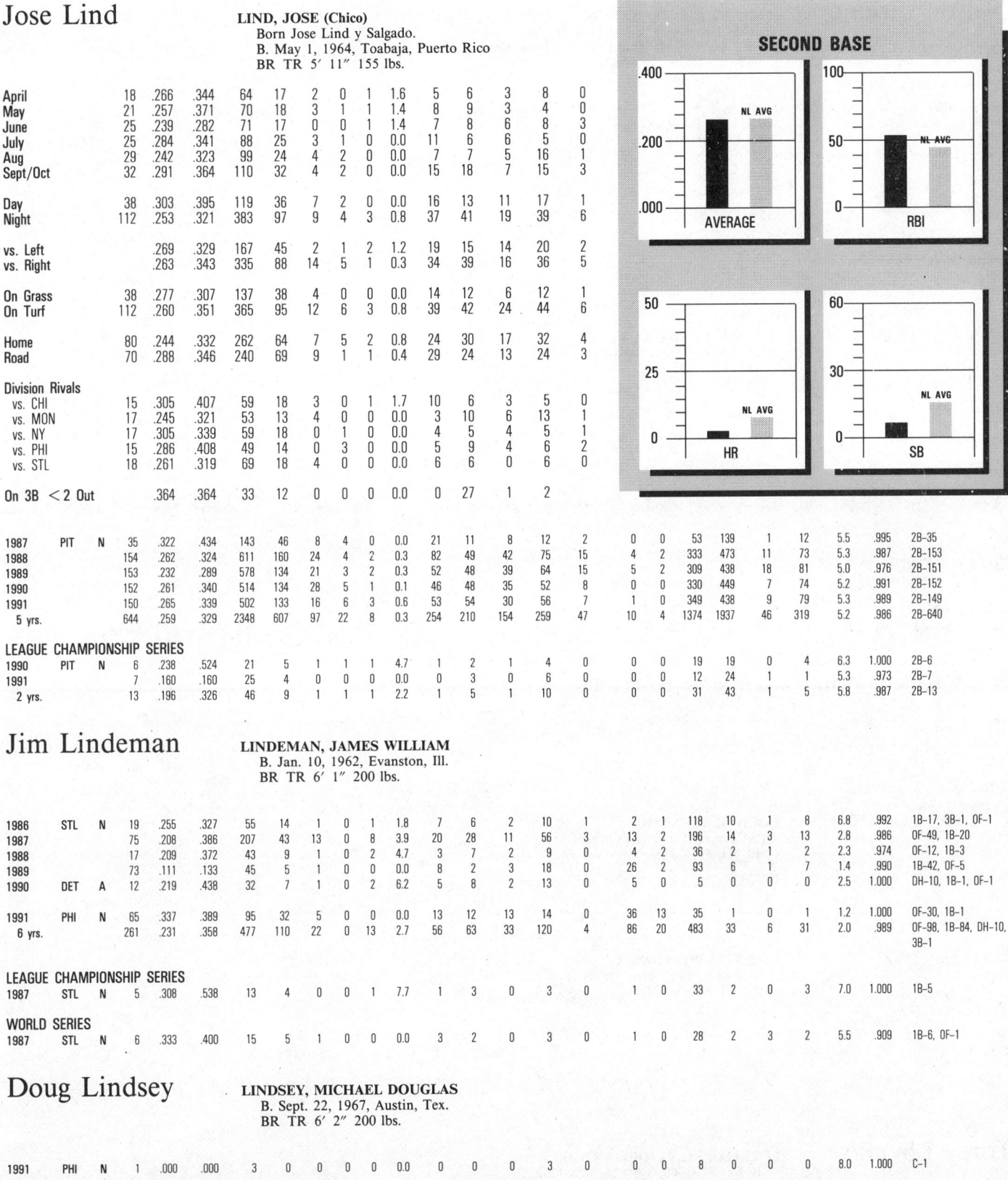

SECOND BASE

Year	Team	Games	BA	SA	AB	H	2B	3B	HR	HR%	R	RBI	BB	SO	SB	PH AB	PH H	PO	A	E	DP	TC/G	FA	G by Pos
April		18	.266	.344	64	17	2	0	1	1.6	5	6	3	8	0									
May		21	.257	.371	70	18	3	1	1	1.4	8	9	3	4	0									
June		25	.239	.282	71	17	0	0	1	1.4	7	8	6	8	3									
July		25	.284	.341	88	25	3	1	0	0.0	11	6	6	5	0									
Aug		29	.242	.323	99	24	4	2	0	0.0	7	7	5	16	1									
Sept/Oct		32	.291	.364	110	32	4	2	0	0.0	15	18	7	15	3									
Day		38	.303	.395	119	36	7	2	0	0.0	16	13	11	17	1									
Night		112	.253	.321	383	97	9	4	3	0.8	37	41	19	39	6									
vs. Left			.269	.329	167	45	2	1	2	1.2	19	15	14	20	2									
vs. Right			.263	.343	335	88	14	5	1	0.3	34	39	16	36	5									
On Grass		38	.277	.307	137	38	4	0	0	0.0	14	12	6	12	1									
On Turf		112	.260	.351	365	95	12	6	3	0.8	39	42	24	44	6									
Home		80	.244	.332	262	64	7	5	2	0.8	24	30	17	32	4									
Road		70	.288	.346	240	69	9	1	1	0.4	29	24	13	24	3									
Division Rivals																								
vs. CHI		15	.305	.407	59	18	3	0	1	1.7	10	6	3	5	0									
vs. MON		17	.245	.321	53	13	4	0	0	0.0	3	10	6	13	1									
vs. NY		17	.305	.339	59	18	0	1	0	0.0	4	5	4	5	1									
vs. PHI		15	.286	.408	49	14	0	3	0	0.0	5	9	4	6	2									
vs. STL		18	.261	.319	69	18	4	0	0	0.0	6	6	0	6	0									
On 3B <2 Out			.364	.364	33	12	0	0	0	0.0	0	27	1	2										
1987	PIT N	35	.322	.434	143	46	8	4	0	0.0	21	11	8	12	2	0	0	53	139	1	12	5.5	.995	2B-35
1988		154	.262	.324	611	160	24	4	2	0.3	82	49	42	75	15	4	2	333	473	11	73	5.3	.987	2B-153
1989		153	.232	.289	578	134	21	3	2	0.3	52	48	39	64	15	5	2	309	438	18	81	5.0	.976	2B-151
1990		152	.261	.340	514	134	28	5	1	0.1	46	48	35	52	8	0	0	330	449	7	74	5.2	.991	2B-152
1991		150	.265	.339	502	133	16	6	3	0.6	53	54	30	56	7	1	0	349	438	9	79	5.3	.989	2B-149
5 yrs.		644	.259	.329	2348	607	97	22	8	0.3	254	210	154	259	47	10	4	1374	1937	46	319	5.2	.986	2B-640
LEAGUE CHAMPIONSHIP SERIES																								
1990	PIT N	6	.238	.524	21	5	1	1	1	4.7	1	2	1	4	0	0	0	19	19	0	4	6.3	1.000	2B-6
1991		7	.160	.160	25	4	0	0	0	0.0	0	3	0	6	0	0	0	12	24	1	1	5.3	.973	2B-7
2 yrs.		13	.196	.326	46	9	1	1	1	2.2	1	5	1	10	0	0	0	31	43	1	5	5.8	.987	2B-13

Jim Lindeman

LINDEMAN, JAMES WILLIAM
B. Jan. 10, 1962, Evanston, Ill.
BR TR 6' 1" 200 lbs.

Year	Team	Games	BA	SA	AB	H	2B	3B	HR	HR%	R	RBI	BB	SO	SB	PH AB	PH H	PO	A	E	DP	TC/G	FA	G by Pos
1986	STL N	19	.255	.327	55	14	1	0	1	1.8	7	6	2	10	1	2	1	118	10	1	8	6.8	.992	1B-17, 3B-1, OF-1
1987		75	.208	.386	207	43	13	0	8	3.9	20	28	11	56	3	13	2	196	14	3	13	2.8	.986	OF-49, 1B-20
1988		17	.209	.372	43	9	1	0	2	4.7	3	7	2	9	0	4	2	36	2	1	2	2.3	.974	OF-12, 1B-3
1989		73	.111	.133	45	5	1	0	0	0.0	8	2	3	18	0	26	6	93	6	1	7	1.4	.990	1B-42, OF-5
1990	DET A	12	.219	.438	32	7	1	0	2	6.2	5	8	2	13	0	5	0	5	0	0	0	2.5	1.000	DH-10, 1B-1, OF-1
1991	PHI N	65	.337	.389	95	32	5	0	0	0.0	13	12	13	14	0	36	13	35	1	0	1	1.2	1.000	OF-30, 1B-1
6 yrs.		261	.231	.358	477	110	22	0	13	2.7	56	63	33	120	4	86	20	483	33	6	31	2.0	.989	OF-98, 1B-84, DH-10, 3B-1
LEAGUE CHAMPIONSHIP SERIES																								
1987	STL N	5	.308	.538	13	4	0	0	1	7.7	1	3	0	3	0	1	0	33	2	0	3	7.0	1.000	1B-5
WORLD SERIES																								
1987	STL N	6	.333	.400	15	5	1	0	0	0.0	3	2	0	3	0	1	0	28	2	3	2	5.5	.909	1B-6, OF-1

Doug Lindsey

LINDSEY, MICHAEL DOUGLAS
B. Sept. 22, 1967, Austin, Tex.
BR TR 6' 2" 200 lbs.

Year	Team	Games	BA	SA	AB	H	2B	3B	HR	HR%	R	RBI	BB	SO	SB	PH AB	PH H	PO	A	E	DP	TC/G	FA	G by Pos
1991	PHI N	1	.000	.000	3	0	0	0	0	0.0	0	0	0	3	0	0	0	8	0	0	0	8.0	1.000	C-1

PLAYER REGISTER

Year	Team		Games	BA	SA	AB	H	2B	3B	HR	HR%	R	RBI	BB	SO	SB	PINCH HIT AB	PINCH HIT H	PO	A	E	DP	TC/G	FA	G by Pos

Nelson Liriano

LIRIANO, NELSON ARTURO
Born Nelson Arturo Liriano y Bonilla.
B. June 3, 1964, Santo Domingo, Dominican Republic
BB TR 5' 10" 165 lbs.

Year	Team		Games	BA	SA	AB	H	2B	3B	HR	HR%	R	RBI	BB	SO	SB	AB	H	PO	A	E	DP	TC/G	FA	G by Pos
1987	TOR	A	37	.241	.342	158	38	6	2	2	1.3	29	10	16	22	13	1	1	83	107	1	28	5.2	.995	2B-37
1988			99	.264	.333	276	73	6	2	3	1.1	36	23	11	40	12	16	4	121	177	12	48	3.1	.961	2B-80, DH-11, 3B-1
1989			132	.263	.376	418	110	26	3	5	1.2	51	53	43	51	16	7	4	267	330	12	76	4.6	.980	2B-122, DH-5
1990	2 teams		TOR A (50G — .212)			MIN A (53G — .254)																			
"	total		103	.234	.327	355	83	12	9	1	0.2	46	28	38	44	8	5	2	176	260	11	53	4.5	.975	2B-99, DH-2, SS-1
1991	KC	A	10	.409	.409	22	9	0	0	0	0.0	5	1	0	2	0	0	0	11	23	0	3	3.4	1.000	2B-10
5 yrs.			381	.255	.348	1229	313	50	16	11	0.9	167	115	108	159	49	29	11	658	897	36	208	4.2	.977	2B-348, DH-18, 3B-1, SS-1

LEAGUE CHAMPIONSHIP SERIES

1989	TOR	A	3	.429	.429	7	3	0	0	0	0.0	1	1	2	0	3	0	0	4	3	1	1	2.7	.875	2B-3

Greg Litton

LITTON, JON GREGORY
B. July 13, 1964, New Orleans, La.
BR TR 6' 175 lbs.

Year	Team		Games	BA	SA	AB	H	2B	3B	HR	HR%	R	RBI	BB	SO	SB	AB	H	PO	A	E	DP	TC/G	FA	G by Pos
1989	SF	N	71	.252	.413	143	36	5	3	4	2.8	12	17	7	29	0	27	9	44	66	3	5	1.6	.973	3B-34, 2B-15, SS-9, OF-6, C-2
1990			93	.245	.314	204	50	9	2	1	0.4	17	24	11	45	1	35	5	90	43	1	10	1.7	.993	OF-56, 2B-18, SS-7, 3B-5
1991			59	.181	.276	127	23	7	1	1	0.8	13	15	11	25	0	13	3	121	65	2	21	3.6	.989	1B-15, 2B-15, 3B-11, SS-9, OF-6, P-1, C-1
3 yrs.			223	.230	.333	474	109	21	5	6	1.3	42	56	29	99	1	75	17	255	174	6	36	2.0	.986	OF-68, 3B-50, 2B-48, SS-25, 1B-15, C-3, P-1

LEAGUE CHAMPIONSHIP SERIES

1989	SF	N	1	1.000	1.000	1	1	0	0	0	0.0	0	0	0	0	0	1	1	0	0	0	0	0.0	—	

WORLD SERIES

1989	SF	N	2	.500	1.167	6	3	1	0	1	16.7	1	3	0	0	0	1	1	2	3	0	0	2.5	1.000	2B-2, 3B-1

Scott Livingstone

LIVINGSTONE, SCOTT LOUIS
B. July 15, 1965, Dallas, Tex.
BL TR 6' 190 lbs.

Year	Team		Games	BA	SA	AB	H	2B	3B	HR	HR%	R	RBI	BB	SO	SB	AB	H	PO	A	E	DP	TC/G	FA	G by Pos
1991	DET	A	44	.291	.378	127	37	5	0	2	1.6	19	11	10	25	2	2	1	32	67	2	6	2.3	.980	3B-43

Kenny Lofton

LOFTON, KENNETH
B. May 31, 1967, East Chicago, Ind.
BL TL 6' 180 lbs.

Year	Team		Games	BA	SA	AB	H	2B	3B	HR	HR%	R	RBI	BB	SO	SB	AB	H	PO	A	E	DP	TC/G	FA	G by Pos
1991	HOU	N	20	.203	.216	74	15	1	0	0	0.0	9	0	5	19	2	1	0	41	1	1	0	2.2	.977	OF-20

Luis Lopez

LOPEZ, LUIS ANTONIO
B. Sept. 1, 1964, Brooklyn, N. Y.
BR TR 6' 1" 190 lbs.

Year	Team		Games	BA	SA	AB	H	2B	3B	HR	HR%	R	RBI	BB	SO	SB	AB	H	PO	A	E	DP	TC/G	FA	G by Pos
1990	LA	N	6	.000	.000	6	0	0	0	0	0.0	0	0	0	2	0	5	0	4	0	0	1	4.0	1.000	1B-1
1991	CLE	A	35	.220	.293	82	18	4	1	0	0.0	7	7	4	7	0	10	4	109	9	2	7	5.2	.983	C-12, 1B-10, DH-6, 3B-1, OF-1
2 yrs.			41	.205	.273	88	18	4	1	0	0.0	7	7	4	9	0	15	4	113	9	2	8	3.0	.984	C-12, 1B-11, DH-6, 3B-1, OF-1

Torey Lovullo

LOVULLO, SALVATORE ANTHONY
B. July 25, 1965, Santa Monica, Calif.
BB TR 6' 185 lbs.

Year	Team		Games	BA	SA	AB	H	2B	3B	HR	HR%	R	RBI	BB	SO	SB	AB	H	PO	A	E	DP	TC/G	FA	G by Pos
1988	DET	A	12	.381	.667	21	8	1	1	1	4.8	2	2	1	2	0	0	0	12	19	0	2	2.6	1.000	2B-9, 3B-3
1989			29	.115	.172	87	10	2	0	1	1.1	8	4	14	20	0	4	0	134	24	1	15	5.5	.994	1B-18, 3B-11
1991	NY	A	22	.176	.216	51	9	2	0	0	0.0	0	2	5	7	0	0	0	14	33	3	1	2.3	.940	3B-22
3 yrs.			63	.170	.252	159	27	5	1	2	1.3	10	8	20	29	0	4	0	160	76	4	18	3.8	.983	3B-36, 1B-18, 2B-9

PLAYER REGISTER

Year	Team	Games	BA	SA	AB	H	2B	3B	HR	HR%	R	RBI	BB	SO	SB	PINCH HIT AB	PINCH HIT H	PO	A	E	DP	TC/G	FA	G by Pos

Scott Lusader
LUSADER, SCOTT EDWARD
B. Sept. 30, 1964, Chicago, Ill.
BL TL 5' 10" 165 lbs.

Year	Team	Games	BA	SA	AB	H	2B	3B	HR	HR%	R	RBI	BB	SO	SB	PH AB	PH H	PO	A	E	DP	TC/G	FA	G by Pos
1987	DET	A	23	.319	.489	47	15	3	1	1	2.1	8	8	5	7	1	0	0	29	0	1	0	1.3	.967	OF-22, DH-1
1988			16	.063	.250	16	1	0	0	1	6.3	3	3	1	4	0	5	0	7	0	0	0	0.4	1.000	DH-6, OF-4
1989			40	.252	.320	103	26	4	0	1	1.0	15	8	9	21	3	8	1	56	0	4	0	1.5	.933	OF-33, DH-1
1990			45	.241	.333	87	21	2	0	2	2.2	13	16	12	8	0	1	0	53	1	1	0	1.3	.982	OF-42, DH-2
1991	NY	A	11	.143	.143	7	1	0	0	0	0.0	2	1	1	3	0	3	1	3	0	0	0	0.8	1.000	OF-4, DH-1
5 yrs.			135	.246	.346	260	64	9	1	5	1.9	41	36	28	43	4	17	2	148	1	6	0	1.1	.961	OF-105, DH-11

Barry Lyons
LYONS, BARRY STEPHEN
B. June 3, 1960, Biloxi, Miss.
BR TR 6' 1" 205 lbs.

Year	Team	Games	BA	SA	AB	H	2B	3B	HR	HR%	R	RBI	BB	SO	SB	PH AB	PH H	PO	A	E	DP	TC/G	FA	G by Pos
1986	NY	N	6	.000	.000	9	0	0	0	0	0.0	1	2	1	2	0	2	0	16	0	1	0	2.8	.941	C-3
1987			53	.254	.392	130	33	4	1	4	3.1	15	24	8	24	0	4	1	223	17	4	0	4.6	.984	C-49
1988			50	.231	.330	91	21	7	1	0	0.0	5	11	3	12	0	18	3	130	9	3	0	2.8	.979	C-32, 1B-1
1989			79	.247	.340	235	58	13	0	3	1.3	15	27	11	28	0	8	2	463	29	10	4	6.4	.980	C-76
1990	2 teams		NY N (24G — .238)		LA N (3G — .200)																			
"	total		27	.235	.341	85	20	0	0	3	3.5	9	9	2	10	0	4	1	183	12	4	0	8.0	.980	C-25
1991	2 teams		LA N (9G — .000)		CAL A (2G — .200)																			
"			11	.071	.071	14	1	0	0	0	0.0	0	0	0	2	0	4	0	22	2	0	1	3.0	1.000	C-6, 1B-2
6 yrs.			226	.236	.339	564	133	24	2	10	1.8	45	73	25	78	0	40	7	1037	69	22	6	5.0	.980	C-191, 1B-3

Steve Lyons
LYONS, STEPHEN JOHN (Psycho)
B. June 3, 1960, Tacoma, Wash.
BL TR 6' 3" 190 lbs.

Year	Team	Games	BA	SA	AB	H	2B	3B	HR	HR%	R	RBI	BB	SO	SB	PH AB	PH H	PO	A	E	DP	TC/G	FA	G by Pos
1985	BOS	A	133	.264	.358	371	98	14	3	5	1.3	52	30	32	64	12	13	2	253	6	7	0	2.0	.974	OF-114, DH-5, 3B-1, SS-1
1986	2 teams		BOS A (59G — .250)		CHI A (42G — .203)																			
"	total		101	.227	.300	247	56	9	3	1	0.4	30	20	19	47	4	7	1	175	11	4	0	1.9	.979	OF-90, 3B-3, DH-1, 1B-1
1987	CHI	A	76	.280	.363	193	54	11	1	1	0.5	26	19	12	37	3	4	0	69	101	4	12	2.3	.977	3B-51, OF-15, 2B-1
1988			146	.269	.373	472	127	28	3	5	1.1	59	45	32	59	1	3	1	128	243	29	38	2.7	.928	3B-128, OF-14, 2B-4, C-2, 1B-1
1989			140	.264	.339	443	117	21	3	2	0.5	51	50	35	68	9	14	5	414	245	15	73	4.8	.978	2B-70, 1B-40, 3B-28, OF-20, SS-3, DH-1, C-1
1990			94	.192	.267	146	28	6	1	1	0.6	22	11	10	41	1	21	3	244	54	5	33	3.7	.984	1B-61, 2B-15, OF-7, 3B-5, DH-3, P-1, SS-1
1991	BOS	A	87	.241	.354	212	51	10	1	4	1.9	15	17	11	35	10	21	1	118	43	3	6	2.3	.982	OF-45, 2B-16, 3B-12, DH-2, 1B-2, P-1, SS-1
7 yrs.			777	.255	.344	2084	531	99	15	19	0.9	255	192	151	351	40	83	13	1401	703	67	163	2.8	.969	OF-305, 3B-228, 2B-106, 1B-105, DH-12, SS-6, C-3, P-2

Kevin Maas
MAAS, KEVIN CHRISTIAN
B. Jan. 20, 1965, Castro Valley, Calif.
BL TL 6' 3" 195 lbs.

	Games	BA	SA	AB	H	2B	3B	HR	HR%	R	RBI	BB	SO	SB
April	17	.231	.385	52	12	0	0	2	3.8	11	8	23	12	1
May	27	.300	.550	100	30	4	0	7	7.0	20	11	18	28	0
June	26	.210	.380	100	21	5	0	4	4.0	13	14	11	19	1
July	25	.151	.221	86	13	3	0	1	1.2	6	5	10	24	0
Aug	26	.158	.316	76	12	0	0	4	5.3	11	14	11	19	2
Sept/Oct	27	.256	.453	86	22	2	0	5	5.8	8	11	10	26	1
Day	49	.267	.418	146	39	7	0	5	3.4	26	24	39	27	3
Night	99	.201	.379	354	71	7	1	18	5.1	43	39	44	101	2
vs. Left		.221	.409	181	40	7	0	9	5.0	24	31	30	51	1
vs. Right		.219	.379	319	70	7	1	14	4.4	45	32	53	77	4

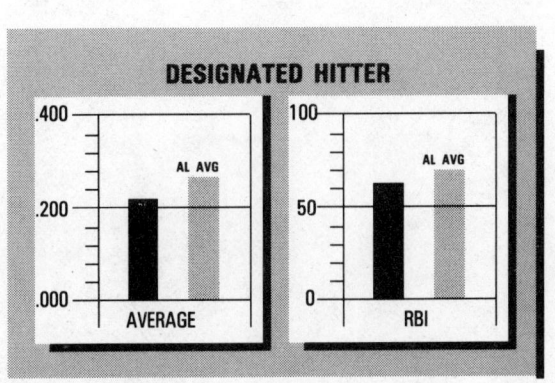

DESIGNATED HITTER — AVERAGE / RBI (AL AVG)

Year	Team	Games	BA	SA	AB	H	2B	3B	HR	HR%	R	RBI	BB	SO	SB	PINCH HIT AB	PINCH HIT H	PO	A	E	DP	TC/G	FA	G by Pos

Kevin Maas *Continued*

On Grass		124	.210	.371	415	87	13	0	18	4.3	55	51	71	109	4									
On Turf		24	.271	.482	85	23	1	1	5	5.9	14	12	12	19	1									
Home		73	.178	.314	236	42	8	0	8	3.4	28	25	40	55	3									
Road		75	.258	.458	264	68	6	1	15	5.7	41	38	43	73	2									
Division Rivals																								
vs. BAL		10	.294	.412	34	10	1	0	1	2.9	2	2	8	11	0									
vs. BOS		10	.273	.485	33	9	1	0	2	6.1	6	3	3	9	1									
vs. CLE		12	.267	.578	45	12	2	0	4	8.9	7	8	5	9	0									
vs. DET		11	.216	.378	37	8	0	0	2	5.4	8	8	12	6	1									
vs. MIL		12	.227	.455	44	10	1	0	3	6.8	5	8	4	12	0									
vs. TOR		12	.195	.293	41	8	1	0	1	2.4	3	7	0	9	0									
On 3B <2 Out			.261	.391	23	6	0	0	1	4.3	1	18	4	6										
1990	NY A	79	.252	.535	254	64	9	0	21	8.2	42	41	43	76	1	5	0	486	35	9	45	9.3	.983	1B-57, DH-18
1991		148	.220	.390	500	110	14	1	23	4.6	69	63	83	128	5	9	2	317	23	6	22	9.6	.983	DH-109, 1B-36
2 yrs.		227	.231	.439	754	174	23	1	44	5.8	111	104	126	204	6	14	2	803	58	15	67	3.9	.983	DH-127, 1B-93

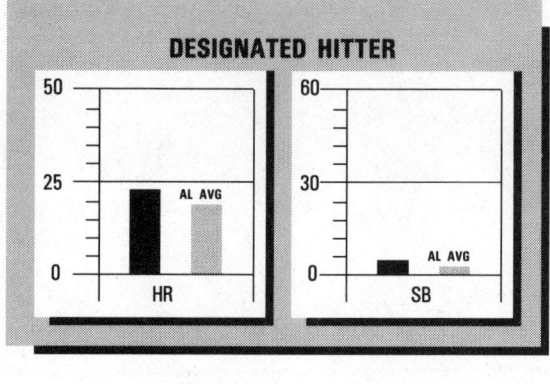

Mike Macfarlane

MACFARLANE, MICHAEL ANDREW (Mac)
B. Apr. 12, 1964, Stockton, Calif.
BR TR 6' 1" 200 lbs.

April		18	.339	.500	56	19	7	1	0	0.0	6	6	3	10	0									
May		24	.198	.444	81	16	5	0	5	6.2	7	10	7	16	0									
June		22	.284	.481	81	23	2	1	4	4.9	13	11	3	15	1									
July		8	.333	.852	27	9	2	0	4	14.8	6	12	3	6	0									
Aug					0	0	0	0	0		0	0	0	0	0									
Sept/Oct		12	.318	.409	22	7	2	0	0	0.0	2	2	1	5	0									
Day		21	.344	.607	61	21	4	0	4	6.6	10	10	3	10	0									
Night		63	.257	.476	206	53	14	2	9	4.4	24	31	14	42	1									
vs. Left			.321	.563	112	36	10	1	5	4.5	13	14	7	19	0									
vs. Right			.245	.465	155	38	8	1	8	5.2	21	27	10	33	1									
On Grass		32	.268	.482	112	30	9	0	5	4.5	16	20	6	26	1									
On Turf		52	.284	.523	155	44	9	2	8	5.2	18	21	11	26	0									
Home		43	.286	.516	126	36	7	2	6	4.8	14	17	9	20	0									
Road		41	.270	.496	141	38	11	0	7	5.0	20	24	8	32	1									
Division Rivals																								
vs. CAL		12	.343	.543	35	12	4	0	1	2.9	3	5	4	9	0									
vs. CHI		3	.300	.900	10	3	0	0	2	20.0	2	3	0	3	0									
vs. MIN		6	.273	.455	22	6	1	0	1	4.5	3	3	0	2	0									
vs. OAK		5	.333	.667	12	4	1	0	1	8.3	2	2	0	0	0									
vs. SEA		8	.174	.478	23	4	1	0	2	8.7	2	2	2	6	0									
vs. TEX		6	.130	.130	23	3	0	0	0	0.0	4	3	0	8	0									
On 3B <2 Out			.476	.810	21	10	4	0	1	4.8	1	17	4	3										
1987	KC A	8	.211	.263	19	4	1	0	0	0.0	0	3	2	2	0	0	0	29	2	0	0	3.9	1.000	C-8
1988		70	.265	.393	211	56	15	0	4	1.9	25	26	21	37	0	4	0	309	18	2	3	4.7	.994	C-68
1989		69	.223	.299	157	35	6	0	2	1.3	13	19	7	27	0	12	2	249	17	1	4	3.9	.996	C-59, DH-4
1990		124	.255	.380	400	102	24	4	6	1.5	37	58	25	69	1	13	3	660	23	6	9	6.2	.991	C-112, DH-5
1991		84	.277	.506	267	74	18	2	13	4.9	34	41	17	52	1	13	4	391	28	3	4	6.1	.993	C-69, DH-4
5 yrs.		355	.257	.400	1054	271	64	6	25	2.4	109	147	72	187	2	42	9	1638	88	12	20	4.9	.993	C-316, DH-13

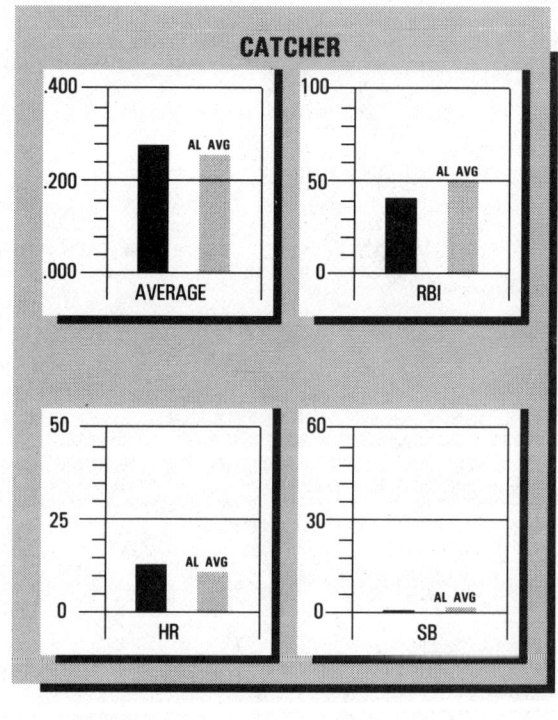

PLAYER REGISTER 137

Year	Team		Games	BA	SA	AB	H	2B	3B	HR	HR%	R	RBI	BB	SO	SB	PINCH HIT AB	PINCH HIT H	PO	A	E	DP	TC/G	FA	G by Pos

Shane Mack

MACK, SHANE LEE
B. Dec. 7, 1963, Los Angeles, Calif.
BR TR 6' 185 lbs.

Split			G	BA	SA	AB	H	2B	3B	HR	HR%	R	RBI	BB	SO	SB	PH AB	PH H	PO	A	E	DP	TC/G	FA	G by Pos
April			17	.143	.343	35	5	2	0	1	2.9	4	3	2	9	0									
May			21	.333	.524	42	14	2	0	2	4.8	9	9	5	2	1									
June			25	.256	.477	86	22	4	0	5	5.8	15	17	8	14	4									
July			24	.366	.622	82	30	6	3	3	3.7	19	12	9	14	1									
Aug			28	.343	.637	102	35	7	4	5	4.9	16	20	7	22	1									
Sept/Oct			28	.326	.453	95	31	6	0	2	2.1	16	13	3	18	6									
Day			43	.326	.607	135	44	13	2	7	5.2	28	22	16	20	3									
Night			100	.303	.495	307	93	14	6	11	3.6	51	52	18	59	10									
vs. Left				.350	.701	137	48	13	4	9	6.6	29	29	14	19	1									
vs. Right				.292	.452	305	89	14	4	9	3.0	50	45	20	60	12									
On Grass			56	.281	.534	178	50	9	0	12	6.7	30	33	17	37	5									
On Turf			87	.330	.527	264	87	18	8	6	2.3	49	41	17	42	8									
Home			72	.333	.531	213	71	16	7	4	1.9	37	34	15	35	5									
Road			71	.288	.528	229	66	11	1	14	6.1	42	40	19	44	8									
Division Rivals																									
vs. CAL			10	.182	.273	33	6	1	1	0	0.0	3	2	2	10	0									
vs. CHI			11	.097	.194	31	3	0	0	1	3.2	2	2	1	10	2									
vs. KC			9	.241	.276	29	7	1	0	0	0.0	5	3	1	4	4									
vs. OAK			12	.324	.514	37	12	4	0	1	2.7	4	7	1	5	0									
vs. SEA			13	.324	.784	37	12	3	4	2	5.4	9	9	4	5	1									
vs. TEX			12	.342	.421	38	13	3	0	0	0.0	5	4	0	4	0									
On 3B <2 Out				.310	.552	29	9	1	0	2	6.9	2	27	0	7										
1987	SD	N	105	.239	.361	238	57	11	3	4	1.7	28	25	18	47	4	20	3	159	1	3	0	1.6	.982	OF-91
1988			56	.244	.269	119	29	3	0	0	0.0	13	12	14	21	5	0	0	110	4	2	1	2.1	.983	OF-55
1990	MIN	A	125	.326	.460	313	102	10	4	8	2.5	50	44	29	69	13	16	7	230	8	3	1	2.2	.988	OF-109, DH-4
1991			143	.310	.529	442	137	27	8	18	4.1	79	74	34	79	13	8	3	290	6	7	2	2.2	.977	OF-140, DH-1
4 yrs.			429	.292	.446	1112	325	51	15	30	2.7	170	155	95	216	35	44	13	789	19	15	4	1.9	.982	OF-395, DH-5
LEAGUE CHAMPIONSHIP SERIES																									
1991	MIN	A	5	.333	.500	18	6	1	1	0	0.0	4	3	2	4	2	0	0	3	0	1	0	0.8	.750	OF-5
WORLD SERIES																									
1991	MIN	A	6	.130	.174	23	3	1	0	0	0.0	0	1	0	7	0	0	0	11	0	0	0	1.8	1.000	OF-6

Dave Magadan

MAGADAN, DAVID JOSEPH
B. Sept. 30, 1962, Tampa, Fla.
BL TR 6' 3" 190 lbs.

Split	G	BA	SA	AB	H	2B	3B	HR	HR%	R	RBI	BB	SO	SB
April	20	.270	.317	63	17	3	0	0	0.0	10	8	18	12	1
May	23	.250	.386	88	22	6	0	2	2.3	12	14	12	8	0
June	25	.215	.316	79	17	5	0	1	1.3	14	9	19	8	0
July	23	.305	.390	82	25	4	0	1	1.2	14	12	16	8	0
Aug	28	.289	.333	90	26	4	0	0	0.0	7	8	15	13	0
Sept/Oct	5	.063	.125	16	1	1	0	0	0.0	1	0	3	1	0
Day	41	.207	.304	135	28	7	0	2	1.5	16	13	29	16	0
Night	83	.283	.360	283	80	16	0	2	0.7	42	38	54	34	1
vs. Left		.245	.272	151	37	4	0	0	0.0	14	12	24	14	0
vs. Right		.266	.382	267	71	19	0	4	1.5	44	39	59	36	1
On Grass	89	.247	.333	300	74	17	0	3	1.0	40	39	54	35	1
On Turf	35	.288	.364	118	34	6	0	1	0.8	18	12	29	15	0
Home	62	.243	.322	202	49	10	0	2	1.0	30	25	38	27	1
Road	62	.273	.361	216	59	13	0	2	0.9	28	26	45	23	0
Division Rivals														
vs. CHI	13	.250	.325	40	10	3	0	0	0.0	5	6	7	7	0
vs. MON	12	.289	.421	38	11	2	0	1	2.6	9	6	9	5	1
vs. PHI	12	.186	.209	43	8	1	0	0	0.0	4	4	9	8	0
vs. PIT	12	.351	.351	37	13	0	0	0	0.0	4	5	7	3	0
vs. STL	12	.333	.429	42	14	1	0	1	2.4	7	7	6	5	0
On 3B <2 Out		.389	.444	18	7	1	0	0	0.0	0	21	7	2	

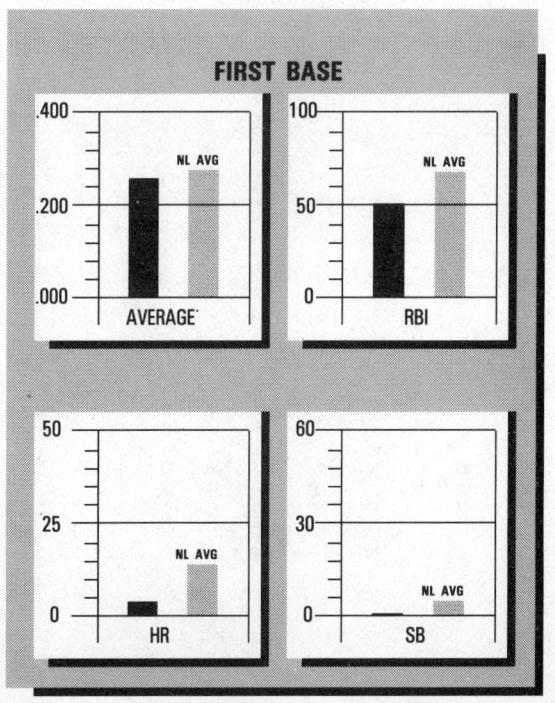

Year	Team	Games	BA	SA	AB	H	2B	3B	HR	HR%	R	RBI	BB	SO	SB	PINCH HIT AB	PINCH HIT H	PO	A	E	DP	TC/G	FA	G by Pos

Dave Magadan *Continued*

Year	Team		Games	BA	SA	AB	H	2B	3B	HR	HR%	R	RBI	BB	SO	SB	AB	H	PO	A	E	DP	TC/G	FA	G by Pos
1986	NY	N	10	.444	.444	18	8	0	0	0	0.0	3	3	3	1	0	1	1	48	5	0	5	5.3	1.000	1B-9
1987			85	.318	.443	192	61	13	1	3	1.6	21	24	22	22	0	30	6	88	92	4	9	2.2	.978	3B-50, 1B-13
1988			112	.277	.334	314	87	15	0	1	0.3	39	35	60	39	0	12	1	459	99	10	42	5.1	.982	1B-71, 3B-48
1989			127	.286	.393	374	107	22	3	4	1.1	47	41	49	37	1	23	5	587	89	7	54	5.4	.990	1B-87, 3B-28
1990			144	.328	.457	451	148	28	6	6	1.3	74	72	74	55	2	22	9	837	99	3	53	7.4	.997	1B-113, 3B-19
1991			124	.258	.342	418	108	23	0	4	1.0	58	51	83	50	1	4	3	1035	90	5	73	9.3	.996	1B-122
6 yrs.			.602	.294	.393	1767	519	101	10	18	1.0	242	226	291	204	4	92	25	3054	474	29	236	5.9	.992	1B-415, 3B-145

LEAGUE CHAMPIONSHIP SERIES

| 1988 | NY | N | 3 | .000 | .000 | 3 | 0 | 0 | 0 | 0 | 0.0 | 0 | 0 | 0 | 2 | 0 | 3 | 0 | 0 | 0 | 0 | 0 | 0.0 | — | |

Ever Magallanes

MAGALLANES, EVERADO
Born Everado Magallanes y Espinoza.
B. Nov. 6, 1965, Chihuahua, Mexico
BL TR 5' 10" 165 lbs.

Year	Team		Games	BA	SA	AB	H	2B	3B	HR	HR%	R	RBI	BB	SO	SB	AB	H	PO	A	E	DP	TC/G	FA	G by Pos
1991	CLE	A	3	.000	.000	2	0	0	0	0	0.0	0	0	1	1	0	1	0	0	1	0	0	0.5	1.000	SS-2

Candy Maldonado

MALDONADO, CANDIDO
Born Candido Maldonado y Guadarrama.
B. Sept. 5, 1960, Humacao, Puerto Rico
BR TR 6' 185 lbs.

Split	Games	BA	SA	AB	H	2B	3B	HR	HR%	R	RBI	BB	SO	SB
April	2	.200	.400	5	1	1	0	0	0.0	1	2	2	2	0
May				0	0	0	0	0		0	0	0	0	0
June	5	.300	.900	10	3	0	0	2	20.0	4	6	2	2	0
July	21	.224	.368	76	17	5	0	2	2.6	5	10	6	15	1
Aug	27	.224	.378	98	22	3	0	4	4.1	10	11	8	24	2
Sept/Oct	31	.293	.475	99	29	6	0	4	4.0	17	19	18	33	1
Day	25	.220	.378	82	18	1	0	4	4.9	9	13	12	25	1
Night	61	.262	.447	206	54	14	0	8	3.9	28	35	24	51	3
vs. Left		.276	.461	76	21	5	0	3	3.9	11	12	15	13	1
vs. Right		.241	.415	212	51	10	0	9	4.2	26	36	21	63	3
On Grass	52	.243	.412	177	43	12	0	6	3.4	24	28	22	35	2
On Turf	34	.261	.450	111	29	3	0	6	5.4	13	20	14	41	2
Home	39	.228	.433	127	29	5	0	7	5.5	14	22	20	40	2
Road	47	.267	.422	161	43	10	0	5	3.1	23	26	16	36	2
Division Rivals														
vs. BAL	8	.313	.438	32	10	1	0	1	3.1	3	2	0	9	0
vs. BOS	5	.250	.500	16	4	1	0	1	6.3	1	3	2	4	1
vs. CLE	8	.267	.367	30	8	3	0	0	0.0	4	3	1	6	0
vs. DET	5	.231	.462	13	3	0	0	1	7.7	2	2	2	2	0
vs. MIL	6	.261	.435	23	6	1	0	1	4.3	4	3	1	5	1
vs. NY	10	.235	.471	34	8	2	0	2	5.9	5	7	4	9	0
On 3B <2 Out		.353	1.000	17	6	2	0	3	17.6	3	18	4	4	

OUTFIELD (bar charts: AVERAGE, RBI, HR, SB vs AL AVG)

Year	Team		Games	BA	SA	AB	H	2B	3B	HR	HR%	R	RBI	BB	SO	SB	AB	H	PO	A	E	DP	TC/G	FA	G by Pos
1981	LA	N	11	.083	.083	12	1	0	0	0	0.0	0	0	0	5	0	4	0	8	0	0	0	0.7	1.000	OF-9
1982			6	.000	.000	4	0	0	0	0	0.0	0	0	1	2	0	2	0	5	0	0	0	0.8	1.000	OF-3
1983			42	.194	.290	62	12	1	1	1	1.6	5	6	5	14	0	9	2	26	0	0	0	0.6	1.000	OF-33
1984			116	.268	.382	254	68	14	0	5	2.0	25	28	19	29	0	31	9	124	5	8	0	1.2	.942	OF-102, 3B-4
1985			121	.225	.338	213	48	7	1	5	2.3	20	19	19	40	1	31	7	121	6	2	0	1.1	.984	OF-113
1986	SF	N	133	.252	.477	405	102	31	3	18	4.4	49	85	20	77	4	40	17	161	11	3	0	1.3	.983	OF-101, 3B-1
1987			118	.292	.509	442	129	28	4	20	4.5	69	85	34	78	8	4	1	176	7	5	0	1.6	.973	OF-116
1988			142	.255	.377	499	127	23	1	12	2.4	53	68	37	89	6	5	0	251	5	10	1	1.9	.962	OF-139
1989			129	.217	.362	345	75	23	0	9	2.6	39	41	37	69	4	30	7	181	6	5	1	1.5	.974	OF-116
1990	CLE	A	155	.273	.446	590	161	32	2	22	3.7	76	95	49	134	3	1	0	293	9	2	1	2.3	.993	OF-134, DH-20
1991	2 teams		MIL A (34G — .207)			TOR A (52G — .277)																			
"	total		86	.250	.427	288	72	15	0	12	4.2	37	48	36	76	5	3	0	139	2	2	0	1.9	.986	OF-76, DH-9
11 yrs.			1059	.255	.419	3114	795	174	12	104	3.3	373	475	257	613	30	160	43	1485	51	37	3	1.5	.976	OF-942, DH-29, 3B-5

PLAYER REGISTER

Year	Team		Games	BA	SA	AB	H	2B	3B	HR	HR%	R	RBI	BB	SO	SB	PINCH HIT AB	H	PO	A	E	DP	TC/G	FA	G by Pos

Candy Maldonado *Continued*

LEAGUE CHAMPIONSHIP SERIES

Year	Team		Games	BA	SA	AB	H	2B	3B	HR	HR%	R	RBI	BB	SO	SB	AB	H	PO	A	E	DP	TC/G	FA	G by Pos
1983	LA	N	2	.000	.000	2	0	0	0	0	0.0	0	0	0	1	0	2	0	0	0	0	0	0.0	—	OF-3
1985			4	.143	.143	7	1	0	0	0	0.0	0	1	0	3	0	1	0	4	0	1	0	1.3	.800	OF-3
1987	SF	N	5	.211	.263	19	4	1	0	0	0.0	2	2	0	3	0	0	0	7	0	0	0	1.4	1.000	OF-5
1989			3	.000	.000	3	0	0	0	0	0.0	1	1	2	0	0	1	0	2	0	0	0	0.7	1.000	OF-3
1991	TOR	A	5	.100	.150	20	2	1	0	0	0.0	1	1	1	6	0	0	0	4	0	0	0	0.8	1.000	OF-5
5 yrs.			19	.137	.176	51	7	2	0	0	0.0	4	5	3	13	0	4	0	17	0	1	0	0.9	.000	OF-16

WORLD SERIES

Year	Team		Games	BA	SA	AB	H	2B	3B	HR	HR%	R	RBI	BB	SO	SB	AB	H	PO	A	E	DP	TC/G	FA	G by Pos
1989	SF	N	4	.091	.273	11	1	0	1	0	0.0	1	0	0	4	0	1	1	5	0	0	0	1.3	1.000	OF-3

Fred Manrique

MANRIQUE, FRED ELOY
Born Fred Eloy Manrique y Reyes.
B. May 11, 1961, Edo Bolivar, Venezuela
BR TR 6′ 1″ 175 lbs.

Year	Team		Games	BA	SA	AB	H	2B	3B	HR	HR%	R	RBI	BB	SO	SB	AB	H	PO	A	E	DP	TC/G	FA	G by Pos
1981	TOR	A	14	.143	.143	28	4	0	0	0	0.0	1	1	0	12	0	2	1	10	27	3	7	2.9	.925	SS-11, 3B-2, DH-1
1984			10	.333	.333	9	3	0	0	0	0.0	0	1	0	1	0	1	0	5	10	1	3	1.6	.938	2B-9, DH-1
1985	MON	N	9	.308	.769	13	4	1	1	1	7.7	5	1	1	3	0	4	2	5	10	0	1	1.7	1.000	2B-2, SS-2, 3B-1
1986	STL	N	13	.176	.353	17	3	0	0	1	5.9	2	1	1	1	1	7	1	1	3	0	0	0.3	1.000	3B-4, 2B-1
1987	CHI	A	115	.258	.362	298	77	13	3	4	1.3	30	29	19	69	5	1	0	176	286	7	64	4.1	.985	2B-92, SS-23
1988			140	.235	.342	345	81	10	6	5	1.4	43	37	21	54	6	5	1	241	343	13	83	4.3	.978	2B-129, SS-12
1989	2 teams		CHI A	(65G	—	.299)	TEX A	(54G	—	.288)															
"	total		119	.294	.397	378	111	25	2	4	1.1	46	52	17	63	4	8	3	177	250	21	61	3.8	.953	2B-74, SS-39, 3B-7, DH-1
1990	MIN	A	69	.237	.346	228	54	10	0	5	2.1	22	29	4	35	2	5	1	104	155	7	40	4.0	.974	2B-67, DH-1
1991	OAK	A	9	.143	.143	21	3	0	0	0	0.0	2	0	2	1	0	0	0	10	20	1	3	3.9	.968	SS-7, 2B-2
9 yrs.			498	.254	.360	1337	340	59	11	20	1.5	151	151	65	239	18	33	9	729	1104	53	262	3.8	.972	2B-376, SS-94, 3B-14, DH-4

Jeff Manto

MANTO, JEFFERY PAUL
B. Aug. 23, 1964, Bristol, Pa.
BR TR 6′ 3″ 210 lbs.

Year	Team		Games	BA	SA	AB	H	2B	3B	HR	HR%	R	RBI	BB	SO	SB	AB	H	PO	A	E	DP	TC/G	FA	G by Pos
1990	CLE	A	30	.224	.395	76	17	5	1	2	2.6	12	14	21	18	0	1	0	185	24	2	18	7.3	.991	1B-25, 3B-5
1991			47	.211	.313	128	27	7	0	2	1.6	15	13	14	22	2	0	0	109	63	8	17	3.8	.956	3B-32, 1B-14, C-5, OF-1
2 yrs.			77	.216	.343	204	44	12	1	4	2.0	27	27	35	40	2	1	0	294	87	10	35	5.1	.974	1B-39, 3B-37, C-5, OF-1

Kirt Manwaring

MANWARING, KIRT DEAN
B. July 15, 1965, Elmira, N.Y.
BR TR 6′ 1″ 195 lbs.

Year	Team		Games	BA	SA	AB	H	2B	3B	HR	HR%	R	RBI	BB	SO	SB	AB	H	PO	A	E	DP	TC/G	FA	G by Pos
1987	SF	N	6	.143	.143	7	1	0	0	0	0.0	0	0	0	1	0	0	0	9	1	1	0	1.8	.909	C-6
1988			40	.250	.336	116	29	7	0	1	0.9	12	15	2	21	0	0	0	162	24	4	2	4.8	.979	C-40
1989			85	.210	.250	200	42	4	2	0	0.0	14	18	11	28	2	9	2	289	32	6	3	3.8	.982	C-81
1990			8	.154	.308	13	2	0	1	0	0.0	0	1	0	3	0	0	0	22	3	0	1	3.1	1.000	C-8
1991			67	.225	.275	178	40	9	0	0	0.0	16	19	9	22	1	1	1	315	28	4	7	5.2	.988	C-67
5 yrs.			206	.222	.278	514	114	20	3	1	0.2	42	53	22	75	3	10	3	797	88	15	13	4.4	.983	C-202

LEAGUE CHAMPIONSHIP SERIES

Year	Team		Games	BA	SA	AB	H	2B	3B	HR	HR%	R	RBI	BB	SO	SB	AB	H	PO	A	E	DP	TC/G	FA	G by Pos
1989	SF	N	3	.000	.000	2	0	0	0	0	0.0	0	0	0	0	0	1	0	5	0	0	0	1.7	1.000	C-3

WORLD SERIES

Year	Team		Games	BA	SA	AB	H	2B	3B	HR	HR%	R	RBI	BB	SO	SB	AB	H	PO	A	E	DP	TC/G	FA	G by Pos
1989	SF	N	1	1.000	2.000	1	1	1	0	0	0.0	1	0	0	0	0	0	0	0	0	0	0	0.0	—	C-1

Mike Marshall

MARSHALL, MICHAEL ALLEN (Moose)
B. Jan. 12, 1960, Libertyville, Ill.
BR TR 6′ 5″ 215 lbs.

Year	Team		Games	BA	SA	AB	H	2B	3B	HR	HR%	R	RBI	BB	SO	SB	AB	H	PO	A	E	DP	TC/G	FA	G by Pos
1981	LA	N	14	.200	.320	25	5	3	0	0	0.0	2	1	1	4	0	7	3	14	2	0	2	1.1	1.000	1B-3, 3B-3, OF-2
1982			49	.242	.432	95	23	3	0	5	5.3	10	9	13	23	2	20	3	122	5	2	6	2.6	.984	OF-19, 1B-13
1983			140	.284	.434	465	132	17	1	17	3.7	47	65	43	127	7	6	1	395	21	6	16	3.0	.986	OF-109, 1B-33
1984			134	.257	.438	495	127	27	4	21	4.2	69	65	40	93	4	7	2	331	17	5	12	2.6	.986	OF-118, 1B-15
1985			135	.293	.515	518	152	27	2	28	5.4	72	95	37	137	3	3	0	265	12	4	9	2.1	.986	OF-125, 1B-7

PLAYER REGISTER

Year	Team	Games	BA	SA	AB	H	2B	3B	HR	HR%	R	RBI	BB	SO	SB	PINCH HIT AB	PINCH HIT H	PO	A	E	DP	TC/G	FA	G by Pos

Mike Marshall *Continued*

Year	Team	Games	BA	SA	AB	H	2B	3B	HR	HR%	R	RBI	BB	SO	SB	PH AB	PH H	PO	A	E	DP	TC/G	FA	G by Pos
1986		103	.233	.439	330	77	11	0	19	5.8	47	53	27	90	4	1	0	149	8	6	1	1.6	.963	OF-97
1987		104	.294	.460	402	118	19	0	16	4.0	45	72	18	79	0	2	1	147	4	2	0	1.5	.987	OF-102
1988		144	.277	.445	542	150	27	2	20	3.7	63	82	24	93	4	4	0	605	49	7	31	4.6	.989	OF-143
1989		105	.260	.408	377	98	21	1	11	2.9	41	42	33	78	2	5	2	179	2	4	0	1.8	.978	OF-102
1990	2 teams	NY N (53G — .239)			BOS A (30G — .286)																			
"	total	83	.258	.433	275	71	14	2	10	3.6	34	39	11	66	0	9	1	332	31	3	24	6.2	.992	1B-50, DH-14, OF-9
1991	2 teams	BOS A (22G — .290)			CAL A (2G — .000)																			
"		24	.261	.362	69	18	4	0	1	1.4	4	7	0	20	0	7	1	63	1	1	6	6.5	.985	DH-8, 1B-6, OF-4
11 yrs.		1035	.270	.446	3593	971	173	8	148	4.1	434	530	247	810	26	71	14	2602	152	40	107	2.7	.986	OF-830, 1B-127, DH-22, 3B-3

DIVISIONAL PLAYOFF SERIES

Year	Team	Games	BA	SA	AB	H	2B	3B	HR	HR%	R	RBI	BB	SO	SB	PH AB	PH H	PO	A	E	DP	TC/G	FA	G by Pos
1981	LA N	1	.000	.000	1	0	0	0	0	0.0	0	0	0	1	0	1	0	0	0	0	0	0.0	—	

LEAGUE CHAMPIONSHIP SERIES

Year	Team	Games	BA	SA	AB	H	2B	3B	HR	HR%	R	RBI	BB	SO	SB	PH AB	PH H	PO	A	E	DP	TC/G	FA	G by Pos
1983	LA N	4	.133	.400	15	2	1	0	1	6.7	1	2	1	6	0	0	0	18	2	0	0	5.0	1.000	1B-3, OF-2
1985		6	.217	.435	23	5	2	0	1	4.3	1	3	1	3	0	0	0	8	0	0	0	1.3	1.000	OF-6
1988		7	.233	.333	30	7	1	1	0	0.0	3	5	2	9	0	0	0	14	0	0	0	2.0	1.000	OF-7
1990	BOS A	3	.333	.333	3	1	0	0	0	0.0	0	0	0	0	0	3	1	0	0	0	0	0.0	1.000	
4 yrs.		20	.211	.380	71	15	4	1	2	2.8	5	10	4	18	0	3	1	40	2	0	0	2.1	.000	OF-15, 1B-3

WORLD SERIES

Year	Team	Games	BA	SA	AB	H	2B	3B	HR	HR%	R	RBI	BB	SO	SB	PH AB	PH H	PO	A	E	DP	TC/G	FA	G by Pos
1988	LA N	5	.231	.615	13	3	0	1	1	7.7	2	3	0	5	0	0	0	6	0	0	0	1.2	1.000	OF-5

Carlos Martinez

MARTINEZ, CARLOS ALBERTO
Born Carlos Alberto Escobar y Martinez.
B. Aug. 11, 1964, LaGuaira, Venezuela
BR TR 6' 5" 175 lbs.

Split	G	BA	SA	AB	H	2B	3B	HR	HR%	R	RBI	BB	SO	SB
April				0	0	0	0	0		0	0	0	0	0
May				0	0	0	0	0		0	0	0	0	0
June				0	0	0	0	0		0	0	0	0	0
July	19	.347	.467	75	26	3	0	2	2.7	8	8	3	15	1
Aug	25	.286	.351	77	22	5	0	0	0.0	6	11	3	16	0
Sept/Oct	28	.238	.381	105	25	6	0	3	2.9	8	11	4	12	2
Day	18	.284	.463	67	19	3	0	3	4.5	8	10	1	10	1
Night	54	.284	.374	190	54	11	0	2	1.1	14	20	9	33	2
vs. Left		.338	.550	80	27	5	0	4	5.0	8	13	6	11	1
vs. Right		.260	.328	177	46	9	0	1	0.6	14	17	4	32	2
On Grass	62	.296	.417	223	66	12	0	5	2.2	19	28	9	35	3
On Turf	10	.206	.265	34	7	2	0	0	0.0	3	2	1	8	0
Home	39	.317	.424	139	44	6	0	3	2.2	12	18	5	21	0
Road	33	.246	.364	118	29	8	0	2	1.7	10	12	5	22	3
Division Rivals														
vs. BAL	6	.348	.478	23	8	3	0	0	0.0	2	3	1	1	2
vs. BOS	7	.320	.400	25	8	2	0	0	0.0	4	2	2	7	0
vs. DET	6	.217	.391	23	5	1	0	1	4.3	1	2	1	3	0
vs. MIL	4	.154	.154	13	2	0	0	0	0.0	0	0	1	3	0
vs. NY	4	.154	.231	13	2	1	0	0	0.0	1	1	1	0	0
vs. TOR	6	.240	.440	25	6	2	0	1	4.0	2	4	0	3	0
On 3B <2 Out		.667	.889	9	6	2	0	0	0.0		15	0	0	

DESIGNATED HITTER (charts: AVERAGE, RBI, HR, SB vs AL AVG)

Year	Team	Games	BA	SA	AB	H	2B	3B	HR	HR%	R	RBI	BB	SO	SB	PH AB	PH H	PO	A	E	DP	TC/G	FA	G by Pos
1988	CHI A	17	.164	.182	55	9	1	0	0	0.0	5	0	0	12	1	0	0	7	33	4	1	2.6	.909	3B-15
1989		109	.300	.406	350	105	22	0	5	1.4	44	32	21	57	4	5	2	283	134	20	25	4.0	.954	3B-68, 1B-34, OF-10, DH-1
1990		92	.224	.327	272	61	6	5	4	1.4	18	24	10	40	0	10	3	632	38	8	50	8.3	.988	1B-82, DH-3, OF-1
1991	CLE A	72	.284	.397	257	73	14	0	5	1.9	22	30	10	43	3	2	0	229	12	8	30	8.0	.968	DH-41, 1B-31
4 yrs.		290	.266	.367	934	248	43	5	14	1.5	89	86	41	152	8	17	5	1151	217	40	106	4.9	.972	1B-147, 3B-83, DH-45, OF-11

PLAYER REGISTER

Year	Team	Games	BA	SA	AB	H	2B	3B	HR	HR%	R	RBI	BB	SO	SB	PINCH HIT AB	PINCH HIT H	PO	A	E	DP	TC/G	FA	G by Pos

Carmelo Martinez

MARTINEZ, CARMELO
Born Carmelo Martinez y Salgado.
B. July 28, 1960, Dorado, Puerto Rico
BR TR 6' 2" 185 lbs.

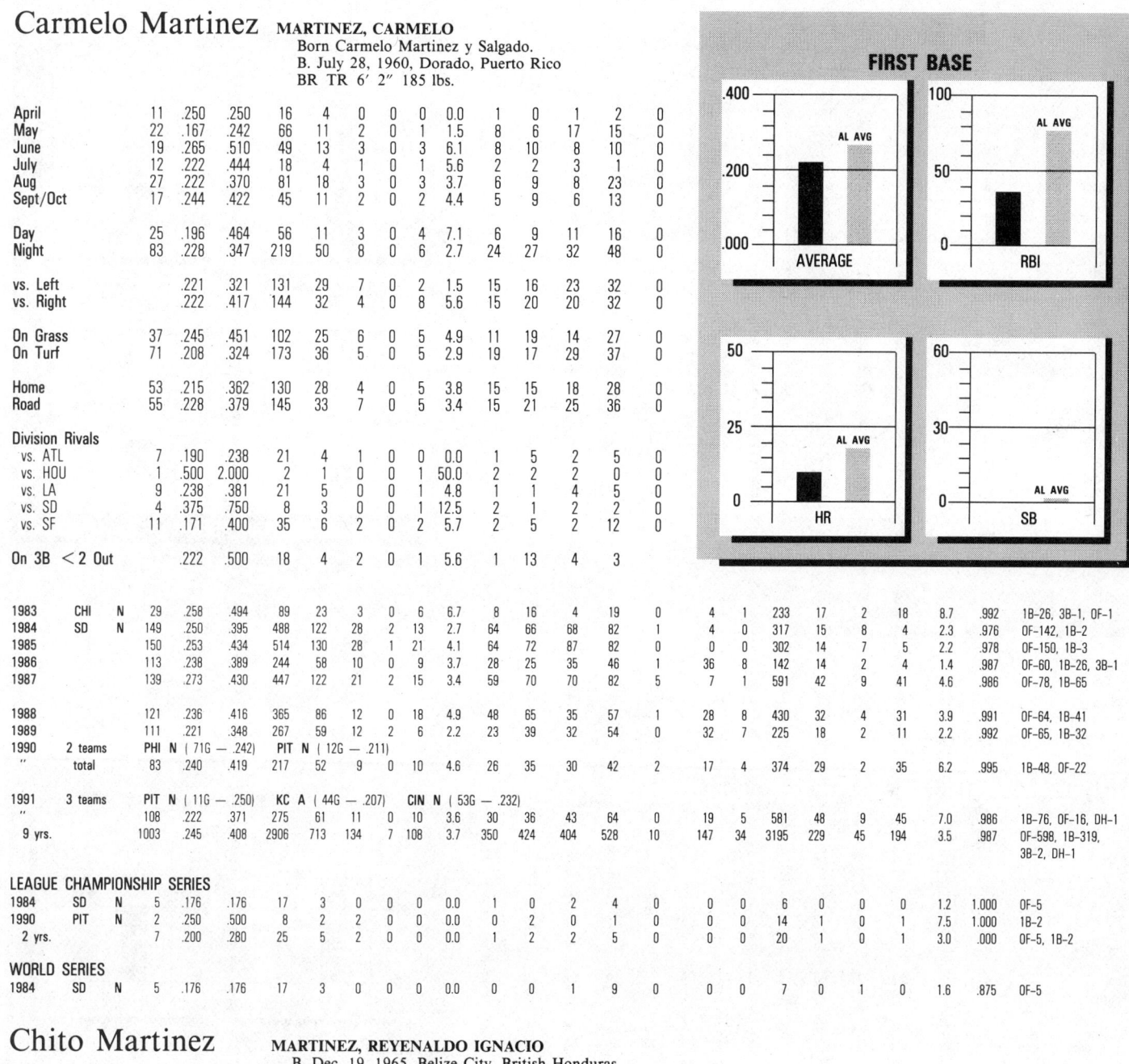

FIRST BASE

Split	Games	BA	SA	AB	H	2B	3B	HR	HR%	R	RBI	BB	SO	SB
April	11	.250	.250	16	4	0	0	0	0.0	1	0	1	2	0
May	22	.167	.242	66	11	2	0	1	1.5	8	6	17	15	0
June	19	.265	.510	49	13	3	0	3	6.1	8	10	8	10	0
July	12	.222	.444	18	4	1	0	1	5.6	2	2	3	1	0
Aug	27	.222	.370	81	18	3	0	3	3.7	6	9	8	23	0
Sept/Oct	17	.244	.422	45	11	2	0	2	4.4	5	9	6	13	0
Day	25	.196	.464	56	11	3	0	4	7.1	6	9	11	16	0
Night	83	.228	.347	219	50	8	0	6	2.7	24	27	32	48	0
vs. Left		.221	.321	131	29	7	0	2	1.5	15	16	23	32	0
vs. Right		.222	.417	144	32	4	0	8	5.6	15	20	20	32	0
On Grass	37	.245	.451	102	25	6	0	5	4.9	11	19	14	27	0
On Turf	71	.208	.324	173	36	5	0	5	2.9	19	17	29	37	0
Home	53	.215	.362	130	28	4	0	5	3.8	15	15	18	28	0
Road	55	.228	.379	145	33	7	0	5	3.4	15	21	25	36	0
Division Rivals														
vs. ATL	7	.190	.238	21	4	1	0	0	0.0	1	5	2	5	0
vs. HOU	1	.500	2.000	2	1	0	0	1	50.0	2	2	2	0	0
vs. LA	9	.238	.381	21	5	0	0	1	4.8	1	1	4	5	0
vs. SD	4	.375	.750	8	3	0	0	1	12.5	2	1	2	2	0
vs. SF	11	.171	.400	35	6	2	0	2	5.7	2	5	2	12	0
On 3B < 2 Out		.222	.500	18	4	2	0	1	5.6	1	13	4	3	

Year	Team		Games	BA	SA	AB	H	2B	3B	HR	HR%	R	RBI	BB	SO	SB	PH AB	PH H	PO	A	E	DP	TC/G	FA	G by Pos
1983	CHI	N	29	.258	.494	89	23	3	0	6	6.7	8	16	4	19	0	4	1	233	17	2	18	8.7	.992	1B-26, 3B-1, OF-1
1984	SD	N	149	.250	.395	488	122	28	2	13	2.7	64	66	68	82	1	4	0	317	15	8	4	2.3	.976	OF-142, 1B-2
1985			150	.253	.434	514	130	28	1	21	4.1	64	72	87	82	0	0	0	302	14	7	5	2.2	.978	OF-150, 1B-3
1986			113	.238	.389	244	58	10	0	9	3.7	28	25	35	46	1	36	8	142	14	2	4	1.4	.987	OF-60, 1B-26, 3B-1
1987			139	.273	.430	447	122	21	2	15	3.4	59	70	70	82	5	7	1	591	42	9	41	4.6	.986	OF-78, 1B-65
1988			121	.236	.416	365	86	12	0	18	4.9	48	65	35	57	1	28	8	430	32	4	31	3.9	.991	OF-64, 1B-41
1989			111	.221	.348	267	59	12	2	6	2.2	23	39	32	54	0	32	7	225	18	2	11	2.2	.992	OF-65, 1B-32
1990	2 teams		PHI N (71G — .242)			PIT N (12G — .211)																			
"	total		83	.240	.419	217	52	9	0	10	4.6	26	35	30	42	2	17	4	374	29	2	35	6.2	.995	1B-48, OF-22
1991	3 teams		PIT N (11G — .250)			KC A (44G — .207)				CIN N (53G — .232)															
"			108	.222	.371	275	61	11	0	10	3.6	30	36	43	64	0	19	5	581	48	9	45	7.0	.986	1B-76, OF-16, DH-1
9 yrs.			1003	.245	.408	2906	713	134	7	108	3.7	350	424	404	528	10	147	34	3195	229	45	194	3.5	.987	OF-598, 1B-319, 3B-2, DH-1

LEAGUE CHAMPIONSHIP SERIES

Year	Team		Games	BA	SA	AB	H	2B	3B	HR	HR%	R	RBI	BB	SO	SB	PH AB	PH H	PO	A	E	DP	TC/G	FA	G by Pos
1984	SD	N	5	.176	.176	17	3	0	0	0	0.0	1	0	2	4	0	0	0	6	0	0	0	1.2	1.000	OF-5
1990	PIT	N	2	.250	.500	8	2	2	0	0	0.0	0	2	0	1	0	0	0	14	1	0	1	7.5	1.000	1B-2
2 yrs.			7	.200	.280	25	5	2	0	0	0.0	1	2	2	5	0	0	0	20	1	0	1	3.0	.000	OF-5, 1B-2

WORLD SERIES

Year	Team		Games	BA	SA	AB	H	2B	3B	HR	HR%	R	RBI	BB	SO	SB	PH AB	PH H	PO	A	E	DP	TC/G	FA	G by Pos
1984	SD	N	5	.176	.176	17	3	0	0	0	0.0	0	0	1	9	0	0	0	7	0	1	0	1.6	.875	OF-5

Chito Martinez

MARTINEZ, REYENALDO IGNACIO
B. Dec. 19, 1965, Belize City, British Honduras
BL TL 5' 10" 180 lbs.

Year	Team		Games	BA	SA	AB	H	2B	3B	HR	HR%	R	RBI	BB	SO	SB	PH AB	PH H	PO	A	E	DP	TC/G	FA	G by Pos
1991	BAL	A	67	.269	.514	216	58	12	1	13	6.0	32	33	11	51	1	8	1	112	4	2	2	2.2	.983	OF-54, DH-4, 1B-1

PLAYER REGISTER

Year	Team	Games	BA	SA	AB	H	2B	3B	HR	HR%	R	RBI	BB	SO	SB	PINCH HIT AB	H	PO	A	E	DP	TC/G	FA	G by Pos

Dave Martinez
MARTINEZ, DAVID
B. Sept. 26, 1964, New York, N. Y.
BL TL 5' 10" 150 lbs.

April	17	.207	.259	58	12	1	1	0	0.0	5	5	4	8	2	
May	22	.270	.432	37	10	1	1	1	2.7	2	7	2	5	0	
June	24	.261	.380	92	24	6	1	1	1.1	9	11	3	12	2	
July	22	.351	.432	74	26	3	0	1	1.4	6	3	4	7	5	
Aug	20	.347	.528	72	25	5	1	2	2.8	10	8	2	8	1	
Sept/Oct	19	.317	.476	63	20	2	1	2	3.2	15	8	5	14	6	
Day	33	.217	.330	106	23	4	1	2	1.9	12	13	6	22	5	
Night	91	.324	.452	290	94	14	4	5	1.7	35	29	14	32	11	
vs. Left		.237	.323	93	22	6	1	0	0.0	13	8	5	22	2	
vs. Right		.314	.449	303	95	12	4	7	2.3	34	34	15	32	14	
On Grass	34	.291	.445	110	32	2	3	3	2.7	17	13	5	19	4	
On Turf	90	.297	.409	286	85	16	2	4	1.4	30	29	15	35	12	
Home	57	.283	.410	173	49	9	2	3	1.7	15	21	8	19	7	
Road	67	.305	.426	223	68	9	3	4	1.8	32	21	12	35	9	
Division Rivals															
vs. CHI	15	.264	.491	53	14	1	1	3	5.7	7	8	3	14	2	
vs. NY	14	.280	.420	50	14	3	2	0	0.0	4	6	2	8	2	
vs. PHI	14	.310	.476	42	13	4	0	1	2.4	4	3	1	3	2	
vs. PIT	11	.282	.333	39	11	2	0	0	0.0	2	2	1	4	2	
vs. STL	12	.175	.200	40	7	1	0	0	0.0	6	2	4	7	1	
On 3B <2 Out		.333	.333	15	5	0	0	0	0.0	0	12	4	2		
1986 CHI N	53	.139	.194	108	15	1	1	1	0.9	13	7	6	22	4	5	1	77	2	1	1	1.5	.988	OF-46
1987	142	.292	.418	459	134	18	8	8	1.7	70	36	57	96	16	11	3	283	10	6	1	2.1	.980	OF-139
1988 2 teams	CHI N (75G — .254)		MON N (63G — .257)												
" total	138	.255	.351	447	114	13	6	6	1.3	51	46	38	94	23	11	1	281	4	6	1	2.1	.979	OF-132
1989 MON N	126	.274	.382	361	99	16	7	3	0.8	41	27	27	57	23	11	3	199	7	7	1	1.7	.967	OF-118
1990	118	.279	.422	391	109	13	5	11	2.8	60	39	24	48	13	14	3	257	6	3	1	2.5	.989	OF-108, P-1
1991	124	.295	.419	396	117	18	5	7	1.8	47	42	20	54	16	11	4	213	10	4	0	2.0	.982	OF-112
6 yrs.	701	.272	.388	2162	588	79	32	36	1.7	282	197	172	371	95	63	15	1310	39	27	5	2.0	.980	OF-655, P-1

Edgar Martinez
MARTINEZ, EDGAR
B. Jan. 2, 1963, New York, N. Y.
BR TR 6' 175 lbs.

April	21	.412	.574	68	28	5	0	2	2.9	17	10	18	8	0	
May	25	.276	.368	87	24	2	0	2	2.3	13	9	14	15	0	
June	23	.267	.337	86	23	3	0	1	1.2	10	5	6	12	0	
July	24	.333	.563	87	29	6	1	4	4.6	20	11	11	11	0	
Aug	26	.263	.432	95	25	7	0	3	3.2	15	7	17	9	0	
Sept/Oct	31	.314	.463	121	38	12	0	2	1.7	23	10	18	17	0	
Day	40	.259	.367	147	38	8	1	2	1.4	24	14	21	20	0	
Night	110	.325	.484	397	129	27	0	12	3.0	74	38	63	52	0	
vs. Left		.359	.481	156	56	13	0	2	1.3	27	12	24	11	0	
vs. Right		.286	.441	388	111	22	1	12	3.1	71	40	60	61	0	
On Grass	59	.288	.414	222	64	13	0	5	2.3	37	17	32	31	0	
On Turf	91	.320	.478	322	103	22	1	9	2.8	61	35	52	41	0	
Home	72	.320	.480	250	80	14	1	8	3.2	47	28	45	33	0	
Road	78	.296	.429	294	87	21	0	6	2.0	51	24	39	39	0	
Division Rivals															
vs. CAL	13	.298	.340	47	14	2	0	0	0.0	5	3	8	4	0	
vs. CHI	12	.209	.326	43	9	2	0	1	2.3	8	1	9	7	0	
vs. KC	13	.340	.420	50	17	1	0	1	2.0	13	4	7	8	0	
vs. MIN	13	.378	.556	45	17	5	0	1	2.2	10	7	10	3	0	
vs. OAK	13	.286	.452	42	12	4	0	1	2.4	12	3	13	5	0	
vs. TEX	13	.315	.426	54	17	6	0	0	0.0	7	2	7	8	0	
On 3B <2 Out		.333	.400	15	5	1	0	0	0.0	0	12	2	0		

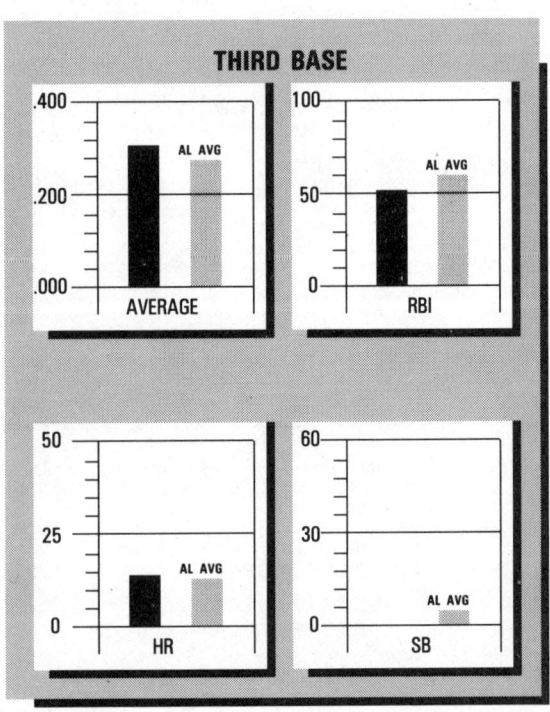

Year	Team		Games	BA	SA	AB	H	2B	3B	HR	HR%	R	RBI	BB	SO	SB	PINCH HIT AB	H	PO	A	E	DP	TC/G	FA	G by Pos

Edgar Martinez *Continued*

Year	Team		Games	BA	SA	AB	H	2B	3B	HR	HR%	R	RBI	BB	SO	SB	AB	H	PO	A	E	DP	TC/G	FA	G by Pos
1987	SEA	A	13	.372	.581	43	16	5	2	0	0.0	6	5	2	5	0	1	0	13	19	0	1	2.5	1.000	3B-12, DH-1
1988			14	.281	.406	32	9	4	0	0	0.0	0	5	4	7	0	1	1	5	8	1	1	1.0	.929	3B-13
1989			65	.240	.304	171	41	5	0	2	1.2	20	20	17	26	2	8	1	40	72	6	9	1.8	.949	3B-61
1990			144	.302	.433	487	147	27	2	11	2.2	71	49	74	62	1	1	0	89	259	27	16	2.6	.928	3B-143, DH-2
1991			150	.307	.452	544	167	35	1	14	2.6	98	52	84	72	0	3	1	84	299	15	25	2.8	.962	3B-144, DH-2
5 yrs.			386	.298	.428	1277	380	76	5	27	2.1	195	131	181	172	3	14	3	231	657	49	52	2.4	.948	3B-373, DH-5

Tino Martinez

MARTINEZ, CONSTANTINO
B. Dec. 7, 1967, Tampa, Fla.
BL TR 6' 2" 205 lbs.

Year	Team		Games	BA	SA	AB	H	2B	3B	HR	HR%	R	RBI	BB	SO	SB	AB	H	PO	A	E	DP	TC/G	FA	G by Pos
1990	SEA	A	24	.221	.279	68	15	4	0	0	0.0	4	5	9	9	0	2	0	155	12	0	25	7.3	1.000	1B-23
1991			36	.205	.330	112	23	2	0	4	3.6	11	9	11	24	0	5	2	249	22	2	24	9.4	.993	1B-29, DH-5
2 yrs.			60	.211	.311	180	38	6	0	4	2.2	15	14	20	33	0	7	2	404	34	2	49	7.3	.995	1B-52, DH-5

John Marzano

MARZANO, JOHN ROBERT
B. Feb. 14, 1963, Philadelphia, Pa.
BR TR 5' 11" 185 lbs.

Year	Team		Games	BA	SA	AB	H	2B	3B	HR	HR%	R	RBI	BB	SO	SB	AB	H	PO	A	E	DP	TC/G	FA	G by Pos
1987	BOS	A	52	.244	.399	168	41	11	0	5	3.0	20	24	7	41	0	1	0	337	24	5	7	7.0	.986	C-52
1988			10	.138	.172	29	4	1	0	0	0.0	3	1	1	3	0	0	0	77	4	0	0	8.1	1.000	C-10
1989			7	.444	.778	18	8	3	0	1	5.6	5	3	0	2	0	1	1	29	4	0	0	4.7	1.000	C-7
1990			32	.241	.289	83	20	4	0	0	0.0	8	6	5	10	0	0	0	153	14	0	3	5.2	1.000	C-32
1991			49	.263	.333	114	30	8	0	0	0.0	10	9	1	16	0	1	1	174	20	3	0	4.1	.985	C-48
5 yrs.			150	.250	.359	412	103	27	0	6	1.5	46	43	14	72	0	3	2	770	66	8	10	5.6	.991	C-149

Don Mattingly

MATTINGLY, DONALD ARTHUR
B. Apr. 20, 1961, Evansville, Ind.
BL TL 6' 185 lbs.

Split	Games	BA	SA	AB	H	2B	3B	HR	HR%	R	RBI	BB	SO	SB
April	17	.265	.324	68	18	1	0	1	1.5	8	4	11	5	2
May	24	.311	.433	90	28	5	0	2	2.2	12	13	8	8	0
June	24	.337	.462	104	35	4	0	3	2.9	15	13	4	6	0
July	26	.265	.353	102	27	9	0	0	0.0	10	10	6	8	0
Aug	27	.343	.475	99	34	10	0	1	1.0	10	17	9	7	0
Sept/Oct	34	.218	.315	124	27	6	0	2	1.6	9	11	8	8	0
Day	47	.280	.363	168	47	11	0	1	0.6	18	21	23	12	1
Night	105	.291	.406	419	122	24	0	8	1.9	46	47	23	30	1
vs. Left		.264	.383	227	60	12	0	5	2.2	28	29	18	20	2
vs. Right		.303	.400	360	109	23	0	4	1.1	36	39	28	22	0
On Grass	128	.293	.413	484	142	31	0	9	1.9	59	63	43	37	2
On Turf	24	.262	.301	103	27	4	0	0	0.0	5	5	3	5	0
Home	71	.305	.462	266	81	21	0	7	2.6	34	40	22	20	0
Road	81	.274	.336	321	88	14	0	2	0.6	30	28	24	22	2
Division Rivals														
vs. BAL	13	.184	.265	49	9	1	0	1	2.0	6	4	1	3	0
vs. BOS	11	.263	.447	38	10	4	0	1	2.6	4	5	2	4	0
vs. CLE	13	.383	.596	47	18	7	0	1	2.1	6	9	7	3	0
vs. DET	10	.359	.564	39	14	2	0	2	5.1	10	6	5	1	0
vs. MIL	10	.283	.304	46	13	1	0	0	0.0	7	5	1	0	0
vs. TOR	12	.327	.429	49	16	2	0	1	2.0	4	5	3	2	0
On 3B <2 Out		.308	.346	26	8	1	0	0	0.0	0	24	5	3	

Year	Team		Games	BA	SA	AB	H	2B	3B	HR	HR%	R	RBI	BB	SO	SB	AB	H	PO	A	E	DP	TC/G	FA	G by Pos
1982	NY	A	7	.167	.167	12	2	0	0	0	0.0	0	1	0	1	0	1	0	15	1	0	0	2.3	1.000	OF-6, 1B-1
1983			91	.283	.409	279	79	15	4	4	1.4	34	32	21	31	0	8	1	350	15	3	31	4.0	.992	OF-48, 1B-42, 2B-1
1984			153	**.343**	.537	603	207	**44**	2	23	3.8	91	110	41	33	1	3	1	1143	126	6	136	8.3	.995	1B-133, OF-19
1985			159	.324	.567	652	211	**48**	3	35	5.4	107	**145**	56	41	2	0	0	1318	87	7	154	8.9	.995	1B-159
1986			162	.352	**.573**	677	**238**	**53**	2	31	4.6	117	113	53	35	0	0	0	1378	111	7	134	9.2	.995	1B-160, 3B-3, DH-1
1987			141	.327	.559	569	186	38	2	30	5.3	93	115	51	38	1	1	0	1239	91	5	122	9.5	.996	1B-140, DH-1
1988			144	.311	.462	599	186	37	0	18	3.0	94	88	41	29	1	0	0	1250	99	9	131	9.4	.993	1B-143, DH-1, OF-1
1989			158	.303	.477	631	191	37	2	23	3.6	79	113	51	30	3	0	0	1276	87	7	143	8.7	.995	1B-145, DH-17, OF-1
1990			102	.256	.335	394	101	16	0	5	1.2	40	42	28	20	1	4	2	800	79	3	81	9.9	.997	1B-89, DH-13, OF-1
1991			152	.288	.394	587	169	35	0	9	1.5	64	68	46	42	2	4	1	1119	77	5	135	9.5	.996	1B-127, DH-22
10 yrs.			1269	.314	.491	5003	1570	323	15	178	3.6	719	827	388	300	11	22	5	9888	772	52	1067	8.4	.995	1B-1139, OF-76, DH-55, 3B-3, 2B-1

PLAYER REGISTER

Year	Team		Games	BA	SA	AB	H	2B	3B	HR	HR%	R	RBI	BB	SO	SB	PINCH HIT AB	PINCH HIT H	PO	A	E	DP	TC/G	FA	G by Pos

Rob Maurer
MAURER, ROBERT JOHN
B. Jan. 1, 1967, Evansville, Ind.
BL TL 6' 3" 200 lbs.

Year	Team		Games	BA	SA	AB	H	2B	3B	HR	HR%	R	RBI	BB	SO	SB	AB	H	PO	A	E	DP	TC/G	FA	G by Pos
1991	TEX	A	13	.063	.125	16	1	1	0	0	0.0	0	2	2	6	0	6	0	7	3	0	2	2.5	1.000	1B-4, DH-2

Derrick May
MAY, DERRICK BRANT
Son of Dave May.
B. July 14, 1968, Rochester, N.Y.
BL TR 6' 4" 210 lbs.

Year	Team		Games	BA	SA	AB	H	2B	3B	HR	HR%	R	RBI	BB	SO	SB	AB	H	PO	A	E	DP	TC/G	FA	G by Pos
1990	CHI	N	17	.246	.344	61	15	3	0	1	1.6	8	11	2	7	1	0	0	34	1	1	0	2.1	.972	OF-17
1991			15	.227	.455	22	5	2	0	1	4.5	4	3	2	1	0	7	1	11	1	0	0	1.7	1.000	OF-7
2 yrs.			32	.241	.373	83	20	5	0	2	2.4	12	14	4	8	1	7	1	45	2	1	0	1.5	.979	OF-24

Brent Mayne
MAYNE, BRENT DANEN
B. Apr. 19, 1968, Loma Linda, Calif.
BL TR 6' 1" 195 lbs.

Split	Games	BA	SA	AB	H	2B	3B	HR	HR%	R	RBI	BB	SO	SB
April	5	.273	.364	11	3	1	0	0	0.0	2	2	1	3	0
May	6	.353	.353	17	6	0	0	0	0.0	0	1	1	3	0
June	9	.241	.241	29	7	0	0	0	0.0	4	5	4	6	0
July	16	.283	.333	60	17	3	0	0	0.0	4	6	4	8	0
Aug	22	.192	.346	52	10	2	0	2	3.8	3	8	7	10	1
Sept/Oct	27	.242	.323	62	15	2	0	1	1.6	9	9	6	12	1
Day	26	.312	.377	77	24	2	0	1	1.3	8	13	6	15	0
Night	59	.221	.299	154	34	6	0	2	1.3	14	18	17	27	2
vs. Left		.091	.091	22	2	0	0	0	0.0	3	3	3	8	0
vs. Right		.268	.349	209	56	8	0	3	1.4	19	28	20	34	2
On Grass	29	.227	.320	75	17	4	0	1	1.3	8	10	7	12	1
On Turf	56	.263	.327	156	41	4	0	2	1.3	14	21	16	30	1
Home	46	.269	.346	130	35	4	0	2	1.5	13	19	13	23	0
Road	39	.228	.297	101	23	4	0	1	1.0	9	12	10	19	2
Division Rivals														
vs. CAL	4	.286	.714	7	2	0	0	1	14.3	1	2	0	2	0
vs. CHI	7	.143	.143	21	3	0	0	0	0.0	1	3	1	3	0
vs. MIN	8	.217	.261	23	5	1	0	0	0.0	1	2	1	6	1
vs. OAK	10	.323	.323	31	10	0	0	0	0.0	7	3	6	5	0
vs. SEA	8	.286	.286	14	4	0	0	0	0.0	1	1	1	4	0
vs. TEX	9	.278	.444	18	5	0	0	1	5.6	3	4	3	4	0
On 3B < 2 Out		.533	.733	15	8	0	0	1	6.7	1	16	4	3	

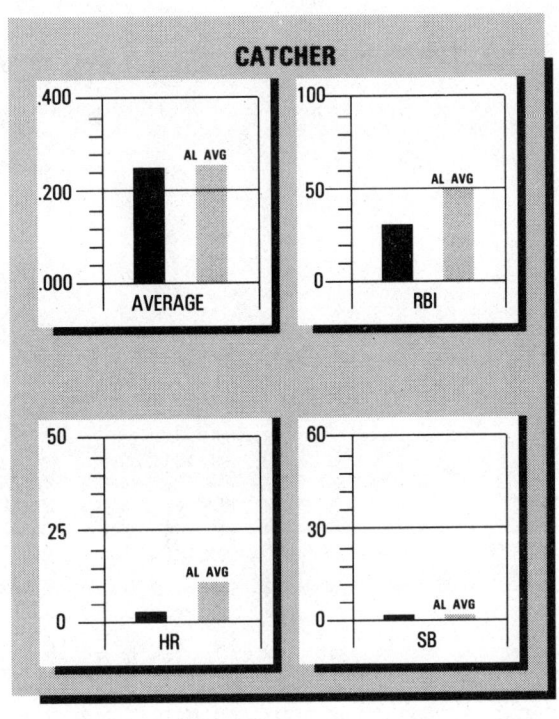
CATCHER — AVERAGE, RBI, HR, SB (vs AL AVG)

Year	Team		Games	BA	SA	AB	H	2B	3B	HR	HR%	R	RBI	BB	SO	SB	AB	H	PO	A	E	DP	TC/G	FA	G by Pos
1990	KC	A	5	.231	.231	13	3	0	0	0	0.0	2	1	3	3	0	1	0	29	3	1	0	6.6	.970	C-5
1991			85	.251	.325	231	58	8	0	3	1.3	22	31	23	42	2	8	2	425	38	6	4	5.9	.987	C-80, DH-1
2 yrs.			90	.250	.320	244	61	8	0	3	1.2	24	32	26	45	2	9	2	454	41	7	4	5.6	.986	C-85, DH-1

Lloyd McClendon
McCLENDON, LLOYD GLENN
B. Jan. 11, 1959, Gary, Ind.
BR TR 5' 10" 190 lbs.

Year	Team		Games	BA	SA	AB	H	2B	3B	HR	HR%	R	RBI	BB	SO	SB	AB	H	PO	A	E	DP	TC/G	FA	G by Pos
1987	CIN	N	45	.208	.361	72	15	5	0	2	2.8	8	13	4	15	1	24	6	80	5	2	3	1.9	.977	C-12, 1B-5, 3B-1, OF-1
1988			72	.219	.314	137	30	4	0	3	2.2	9	14	15	22	4	24	6	197	13	4	11	3.0	.981	C-23, OF-17, 1B-12, 3B-2
1989	CHI	N	92	.286	.479	259	74	12	1	12	4.6	47	40	37	31	6	16	5	310	18	6	21	3.6	.982	OF-45, 1B-28, 3B-6, C-5
1990	2 teams		CHI N (49G — .159)			PIT N (4G — .333)																			
"	total		53	.164	.245	110	18	3	0	2	1.8	6	12	14	22	0	16	2	120	9	1	5	3.4	.992	OF-24, C-8, 1B-8
1991	PIT	N	85	.288	.460	163	47	7	0	7	4.3	24	24	18	23	2	33	9	163	12	3	13	3.2	.983	OF-32, 1B-22, C-2
5 yrs.			347	.248	.398	741	184	31	1	26	3.5	94	103	88	113	14	113	28	870	57	16	53	2.7	.983	OF-119, 1B-75, C-50, 3B-9

LEAGUE CHAMPIONSHIP SERIES

Year	Team		Games	BA	SA	AB	H	2B	3B	HR	HR%	R	RBI	BB	SO	SB	AB	H	PO	A	E	DP	TC/G	FA	G by Pos
1989	CHI	N	3	.667	.667	3	2	0	0	0	0.0	0	0	0	1	0	2	1	3	0	0	0	1.0	1.000	C-2, OF-1
1991	PIT	N	3	.000	.000	2	0	0	0	0	0.0	0	1	0	2	0	4	1	3	0	0	0	0.5	.000	C-2, 1B-1, OF-1
2 yrs.			6	.400	.400	5	2	0	0	0	0.0	0	1	0	3	0	6	2	6	0	0	0			

PLAYER REGISTER

Year	Team		Games	BA	SA	AB	H	2B	3B	HR	HR%	R	RBI	BB	SO	SB	PINCH HIT AB	PINCH HIT H	PO	A	E	DP	TC/G	FA	G by Pos

Rodney McCray
McCRAY, RODNEY DUNCAN
B. Sept. 13, 1963, Detroit, Mich.
BR TR 5' 10" 175 lbs.

Year	Team		Games	BA	SA	AB	H	2B	3B	HR	HR%	R	RBI	BB	SO	SB	PH AB	PH H	PO	A	E	DP	TC/G	FA	G by Pos
1990	CHI	A	32	.000	.000	6	0	0	0	0	0.0	8	0	1	4	6	2	0	8	0	0	0	0.6	1.000	OF-13, DH-7
1991			17	.286	.286	7	2	0	0	0	0.0	2	0	0	2	1	0	0	10	0	0	0	1.3	1.000	OF-8, DH-6
2 yrs.			49	.154	.154	13	2	0	0	0	0.0	10	0	1	6	7	2	0	18	0	0	0	0.4	.000	OF-21, DH-13

Terry McDaniel
McDANIEL, TERRANCE KEITH
B. Dec. 6, 1966, Kansas City, Mo.
BB TR 5' 9" 205 lbs.

Year	Team		Games	BA	SA	AB	H	2B	3B	HR	HR%	R	RBI	BB	SO	SB	PH AB	PH H	PO	A	E	DP	TC/G	FA	G by Pos
1991	NY	N	23	.207	.241	29	6	1	0	0	0.0	3	2	1	11	2	5	1	18	0	0	0	1.3	1.000	OF-14

Willie McGee
McGEE, WILLIE DEAN
B. Nov. 2, 1958, San Francisco, Calif.
BB TR 6' 1" 176 lbs.

OUTFIELD

Split	Games	BA	SA	AB	H	2B	3B	HR	HR%	R	RBI	BB	SO	SB
April	15	.333	.491	57	19	1	1	2	3.5	13	4	2	11	1
May	28	.297	.423	111	33	9	1	1	0.9	7	10	5	16	2
June	25	.352	.451	91	32	6	0	1	1.1	18	5	13	9	8
July	1	.000	.000	1	0	0	0	0	0.0	0	0	0	0	0
Aug	30	.272	.351	114	31	7	1	0	0.0	16	15	8	15	2
Sept/Oct	32	.325	.382	123	40	7	0	0	0.0	13	9	6	23	4
Day	48	.348	.455	187	65	13	2	1	0.5	23	21	6	26	6
Night	83	.290	.381	310	90	17	1	3	1.0	44	22	28	48	11
vs. Left		.338	.448	154	52	11	0	2	1.3	22	20	10	24	6
vs. Right		.300	.391	343	103	19	3	2	0.6	45	23	24	50	11
On Grass	95	.284	.375	363	103	17	2	4	1.1	40	32	22	59	11
On Turf	36	.388	.500	134	52	13	1	0	0.0	27	11	12	15	6
Home	61	.270	.351	222	60	12	0	2	0.9	25	20	12	29	6
Road	70	.345	.455	275	95	18	3	2	0.7	42	23	22	45	11
Division Rivals														
vs. ATL	17	.227	.288	66	15	4	0	0	0.0	4	10	5	11	4
vs. CIN	18	.323	.462	65	21	6	0	1	1.5	7	7	2	7	0
vs. HOU	15	.345	.418	55	19	2	1	0	0.0	11	7	4	9	2
vs. LA	15	.304	.429	56	17	1	0	2	3.6	10	3	7	14	2
vs. SD	12	.380	.480	50	19	3	1	0	0.0	8	5	4	9	1
On 3B <2 Out		.269	.346	26	7	2	0	0	0.0	0	15	3	5	

Year	Team		Games	BA	SA	AB	H	2B	3B	HR	HR%	R	RBI	BB	SO	SB	PH AB	PH H	PO	A	E	DP	TC/G	FA	G by Pos
1982	STL	N	123	.296	.391	422	125	12	8	4	0.9	43	56	12	58	24	15	6	245	3	11	0	2.1	.958	OF-117
1983			147	.286	.374	601	172	22	8	5	0.8	75	75	26	98	39	3	2	385	7	5	1	2.7	.987	OF-145
1984			145	.291	.394	571	166	19	11	6	1.1	82	50	29	80	43	5	0	374	10	6	4	2.7	.985	OF-141
1985			152	**.353**	.503	612	**216**	26	**18**	10	1.6	114	82	34	86	56	4	2	382	11	9	2	2.6	.978	OF-149
1986			124	.256	.370	497	127	22	7	7	1.4	65	48	37	82	19	2	0	325	9	3	0	2.7	.991	OF-121
1987			153	.285	.434	620	177	37	11	11	1.8	76	105	24	90	16	2	1	354	10	7	1	2.4	.981	OF-152, SS-1
1988			137	.292	.372	562	164	24	6	3	0.5	73	50	32	84	41	2	1	348	9	9	0	2.7	.975	OF-135
1989			58	.236	.352	199	47	10	2	3	1.5	23	17	10	34	8	10	2	118	2	3	0	2.1	.976	OF-47
1990	2 teams		STL N (125G — **.335**)			OAK A (29G — .274)																			
"	total		154	.324	.419	614	199	35	7	3	0.4	99	77	48	104	31	2	1	413	14	17	5	2.9	.962	OF-152, DH-1
1991	SF	N	131	.312	.408	497	155	30	3	4	0.8	67	43	34	74	17	4	2	259	6	6	3	2.1	.978	OF-128
10 yrs.			1324	.298	.407	5195	1548	237	81	56	1.1	717	603	286	790	294	49	16	3203	81	76	16	2.5	.977	OF-1287, DH-1, SS-1

LEAGUE CHAMPIONSHIP SERIES

Year	Team		Games	BA	SA	AB	H	2B	3B	HR	HR%	R	RBI	BB	SO	SB	PH AB	PH H	PO	A	E	DP	TC/G	FA	G by Pos
1982	STL	N	3	.308	.846	13	4	0	2	1	7.7	4	5	0	5	0	0	0	12	0	1	0	4.3	.923	OF-3
1985			6	.269	.308	26	7	1	0	0	0.0	6	3	3	6	2	0	0	17	0	0	0	2.8	1.000	OF-6
1987			7	.308	.423	26	8	1	0	1	3.8	2	2	0	5	0	0	0	16	0	0	0	2.3	1.000	OF-7
1990	OAK	A	3	.222	.333	9	2	1	0	0	0.0	3	0	1	2	2	0	0	2	0	0	0	1.0	1.000	OF-2, DH-1
4 yrs.			19	.284	.446	74	21	3	2	2	1.4	15	10	4	18	4	0	0	47	0	1	0	2.5	.000	OF-18, DH-1

WORLD SERIES

Year	Team		Games	BA	SA	AB	H	2B	3B	HR	HR%	R	RBI	BB	SO	SB	PH AB	PH H	PO	A	E	DP	TC/G	FA	G by Pos
1982	STL	N	6	.240	.480	25	6	0	0	2	8.0	6	5	1	3	2	0	0	24	0	0	0	4.0	1.000	OF-6
1985			7	.259	.444	27	7	2	0	1	3.7	2	2	1	3	1	0	0	15	0	0	0	2.1	1.000	OF-7
1987			7	.370	.444	27	10	2	0	0	0.0	2	4	0	9	0	0	0	21	0	1	0	3.3	.957	OF-7
1990	OAK	A	4	.200	.300	10	2	1	0	0	0.0	1	0	0	2	1	0	0	5	0	0	0	1.7	1.000	OF-3
4 yrs.			24	.281	.438	89	25	5	0	3	3.4	11	11	2	17	4	0	0	65	0	1	0	2.8	.985	OF-23

146 PLAYER REGISTER

Fred McGriff

McGRIFF, FREDERICK STANLEY
B. Oct. 31, 1963, Tampa, Fla.
BL TL 6' 3" 200 lbs.

Year	Team		Games	BA	SA	AB	H	2B	3B	HR	HR%	R	RBI	BB	SO	SB	PINCH HIT AB	H	PO	A	E	DP	TC/G	FA	G by Pos
April			21	.319	.431	72	23	2	0	2	2.8	13	8	17	22	0									
May			28	.279	.587	104	29	3	1	9	8.7	15	22	15	27	0									
June			25	.218	.410	78	17	3	0	4	5.1	13	20	23	16	1									
July			24	.302	.488	86	26	4	0	4	4.7	9	10	14	20	0									
Aug			28	.229	.469	96	22	2	0	7	7.3	15	24	18	31	1									
Sept/Oct			27	.326	.543	92	30	5	0	5	5.4	19	22	18	19	2									
Day			40	.267	.519	135	36	8	1	8	5.9	22	27	28	34	2									
Night			113	.282	.486	393	111	11	0	23	5.9	62	79	77	101	2									
vs. Left				.272	.512	213	58	7	1	14	6.6	34	48	39	56	2									
vs. Right				.283	.483	315	89	12	0	17	5.4	50	58	66	79	2									
On Grass			113	.287	.517	387	111	14	0	25	6.5	71	79	78	101	4									
On Turf			40	.255	.433	141	36	5	1	6	4.3	13	27	27	34	0									
Home			74	.280	.536	239	67	7	0	18	7.5	46	53	60	68	4									
Road			79	.277	.460	289	80	12	1	13	4.5	38	53	45	67	0									
Division Rivals																									
vs. ATL			18	.234	.406	64	15	2	0	3	4.7	5	12	8	18	0									
vs. CIN			14	.182	.318	44	8	0	0	2	4.5	4	7	16	12	1									
vs. HOU			17	.211	.614	57	12	2	0	7	12.3	14	18	13	17	1									
vs. LA			18	.328	.418	67	22	3	0	1	1.5	9	9	10	16	0									
vs. SF			16	.352	.667	54	19	2	0	5	9.3	14	14	12	11	1									
On 3B <2 Out				.357	.714	42	15	3	0	4	9.5	4	43	11	10										
1986	TOR	A	3	.200	.200	5	1	0	0	0	0.0	1	0	0	2	0	0	0	3	0	0	0	1.0	1.000	DH-2, 1B-1
1987			107	.247	.505	295	73	16	0	20	6.8	58	43	60	104	3	14	1	108	7	2	5	1.1	.983	DH-90, 1B-14
1988			154	.282	.552	536	151	35	4	34	6.3	100	82	79	149	6	5	2	1344	93	5	143	9.4	.997	1B-153
1989			161	.269	.525	551	148	27	3	36	6.5	98	92	119	132	7	1	0	1460	115	17	148	9.9	.989	1B-159, DH-2
1990			153	.300	.530	557	167	21	1	35	6.2	91	88	94	108	5	0	0	1246	126	6	119	9.4	.996	1B-147, DH-6
1991	SD	N	153	.278	.494	528	147	19	1	31	5.9	84	106	105	135	4	0	0	1370	87	14	111	9.6	.990	1B-153
6 yrs.			731	.278	.522	2472	687	118	9	156	6.3	432	411	457	630	25	20	3	5531	428	44	526	8.2	.993	1B-627, DH-100

LEAGUE CHAMPIONSHIP SERIES

Year	Team		Games	BA	SA	AB	H	2B	3B	HR	HR%	R	RBI	BB	SO	SB	AB	H	PO	A	E	DP	TC/G	FA	G by Pos
1989	TOR	A	5	.143	.143	21	3	0	0	0	0.0	1	3	0	4	0	0	0	35	2	1	3	7.6	.974	1B-5

Mark McGwire

McGWIRE, MARK DAVID
B. Oct. 1, 1963, Pomona, Calif.
BR TR 6' 5" 215 lbs.

Year	Team		Games	BA	SA	AB	H	2B	3B	HR	HR%	R	RBI	BB	SO	SB
April			20	.209	.299	67	14	6	0	0	0.0	6	5	15	15	1
May			27	.228	.443	79	18	2	0	5	6.3	14	16	28	22	0
June			28	.176	.482	85	15	2	0	8	9.4	12	19	14	27	0
July			26	.173	.259	81	14	4	0	1	1.2	7	8	13	20	0
Aug			27	.255	.479	94	24	3	0	6	6.4	11	18	11	17	1
Sept/Oct			26	.156	.299	77	12	5	0	2	2.6	12	9	12	15	0
Day			54	.192	.443	167	32	6	0	12	7.2	23	37	29	34	0
Night			100	.206	.351	316	65	16	0	10	3.2	39	38	64	82	2
vs. Left				.200	.354	130	26	5	0	5	3.8	16	19	23	28	0
vs. Right				.201	.394	353	71	17	0	17	4.8	46	56	70	88	2
On Grass			129	.205	.408	400	82	18	0	21	5.3	55	69	80	96	1
On Turf			25	.181	.265	83	15	4	0	1	1.2	7	6	13	20	1
Home			77	.185	.412	243	45	10	0	15	6.2	34	48	52	55	1
Road			77	.217	.354	240	52	12	0	7	2.9	28	27	41	61	1
Division Rivals																	
vs. CAL			13	.222	.267	45	10	2	0	0	0.0	2	2	7	9	0
vs. CHI			12	.147	.265	34	5	1	0	1	2.9	4	2	8	7	0
vs. KC			13	.171	.293	41	7	2	0	1	2.4	4	4	7	11	0
vs. MIN			13	.262	.429	42	11	4	0	1	2.4	6	4	10	8	1
vs. SEA			13	.196	.283	46	9	1	0	1	2.2	3	3	4	10	0
vs. TEX			10	.156	.313	32	5	2	0	1	3.1	5	2	2	5	0
On 3B <2 Out				.333	.778	18	6	2	0	2	11.1	2	17	5	6	

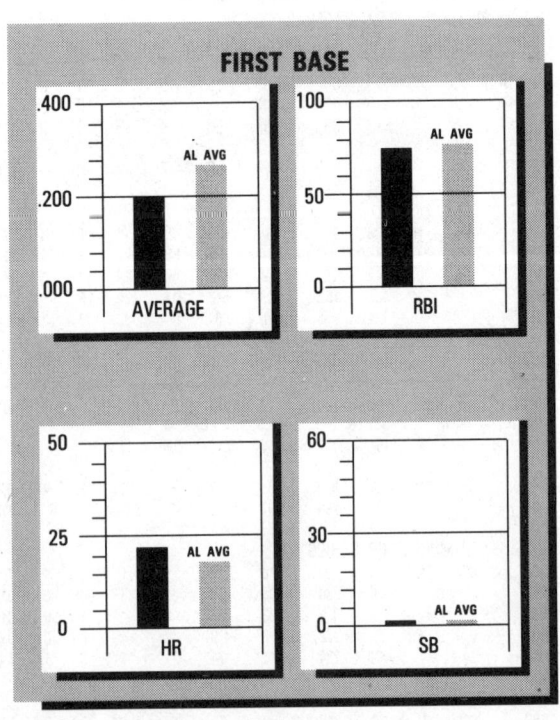

Year	Team	Games	BA	SA	AB	H	2B	3B	HR	HR%	R	RBI	BB	SO	SB	PINCH HIT AB	H	PO	A	E	DP	TC/G	FA	G by Pos

Mark McGwire Continued

Year	Team	Games	BA	SA	AB	H	2B	3B	HR	HR%	R	RBI	BB	SO	SB	AB	H	PO	A	E	DP	TC/G	FA	G by Pos
1986	OAK A	18	.189	.377	53	10	1	0	3	5.7	10	9	4	18	0	3	1	10	20	6	1	2.0	.833	3B-16
1987		151	.289	.618	557	161	28	4	49	8.8	97	118	71	131	1	2	1	1176	101	13	91	8.5	.990	1B-145, 3B-8, OF-3
1988		155	.260	.478	550	143	22	1	32	5.8	87	99	76	117	0	4	2	1228	88	9	118	8.5	.993	1B-154, OF-1
1989		143	.231	.467	490	113	17	0	33	6.7	74	95	83	94	1	1	0	1170	114	6	122	9.0	.995	1B-141, DH-2
1990		156	.235	.489	523	123	16	0	39	7.4	87	108	110	116	2	1	0	1329	95	5	126	9.3	.997	1B-154, DH-2
1991		154	.201	.383	483	97	22	0	22	4.6	62	75	93	116	2	4	1	1191	101	4	120	8.5	.997	1B-152
6 yrs.		777	.244	.488	2656	647	106	5	178	6.7	417	504	437	592	6	15	5	6104	519	43	578	8.6	.994	1B-746, 3B-24, DH-4, OF-4

LEAGUE CHAMPIONSHIP SERIES

Year	Team	Games	BA	SA	AB	H	2B	3B	HR	HR%	R	RBI	BB	SO	SB	AB	H	PO	A	E	DP	TC/G	FA	G by Pos
1988	OAK A	4	.333	.533	15	5	0	0	1	6.7	4	3	1	5	0	0	0	24	2	0	4	6.5	1.000	1B-4
1989		5	.389	.611	18	7	1	0	1	5.6	3	3	1	4	0	0	0	46	1	1	4	9.6	.979	1B-5
1990		4	.154	.154	13	2	0	0	0	0.0	2	2	3	3	0	0	0	40	0	0	3	10.0	1.000	1B-4
3 yrs.		13	.304	.457	46	14	1	0	2	4.3	9	8	5	12	0	0	0	110	3	1	11	8.8	.991	1B-13

WORLD SERIES

Year	Team	Games	BA	SA	AB	H	2B	3B	HR	HR%	R	RBI	BB	SO	SB	AB	H	PO	A	E	DP	TC/G	FA	G by Pos
1988	OAK A	5	.059	.235	17	1	0	0	1	5.9	1	1	3	4	0	0	0	40	3	0	2	8.6	1.000	1B-5
1989		4	.294	.353	17	5	1	0	0	0.0	0	1	1	3	0	0	0	28	2	0	1	7.5	1.000	1B-4
1990		4	.214	.214	14	3	0	0	0	0.0	1	0	2	4	0	0	0	42	1	2	5	11.3	.956	1B-4
3 yrs.		13	.188	.271	48	9	1	0	1	2.1	2	2	6	11	0	0	0	110	6	2	8	9.1	.983	1B-13

Tim McIntosh

McINTOSH, TIMOTHY ALLEN
B. Mar. 21, 1965, Minneapolis, Minn.
BR TR 5' 11" 195 lbs.

Year	Team	Games	BA	SA	AB	H	2B	3B	HR	HR%	R	RBI	BB	SO	SB	AB	H	PO	A	E	DP	TC/G	FA	G by Pos
1990	MIL A	5	.200	.800	5	1	0	0	1	20.0	1	1	0	2	0	1	0	6	1	1	0	2.0	.875	C-4
1991		7	.364	.727	11	4	1	0	1	9.1	2	1	0	4	0	1	0	1	0	0	0	0.2	1.000	OF-4, DH-2, 1B-1
2 yrs.		12	.313	.750	16	5	1	0	2	12.5	3	2	0	6	0	2	0	7	1	1	0	0.8	.889	C-4, OF-4, DH-2, 1B-1

Jeff McKnight

McKNIGHT, JEFFERSON ALAN
Son of Jim McKnight.
B. Feb. 18, 1963, Conway, Ark.
BB TR 6' 170 lbs.

Year	Team	Games	BA	SA	AB	H	2B	3B	HR	HR%	R	RBI	BB	SO	SB	AB	H	PO	A	E	DP	TC/G	FA	G by Pos
1989	NY N	6	.250	.250	12	3	0	0	0	0.0	2	0	2	1	0	3	1	4	5	1	1	1.7	.900	2B-4, 1B-1, 3B-1, SS-1
1990	BAL A	29	.200	.267	75	15	2	0	1	1.3	11	4	5	17	0	2	0	106	20	0	11	4.7	1.000	1B-15, OF-8, 2B-5, DH-1, SS-1
1991		16	.171	.195	41	7	1	0	0	0.0	2	2	2	7	1	4	1	22	2	0	1	2.7	1.000	OF-7, DH-4, 1B-2
3 yrs.		51	.195	.242	128	25	3	0	1	0.8	15	6	9	25	1	9	2	132	27	1	13	3.1	.994	1B-18, OF-15, 2B-9, DH-5, SS-2, 3B-1

Mark McLemore

McLEMORE, MARK TREMELL
B. Oct. 4, 1964, San Diego, Calif.
BB TR 5' 11" 175 lbs.

Year	Team	Games	BA	SA	AB	H	2B	3B	HR	HR%	R	RBI	BB	SO	SB	AB	H	PO	A	E	DP	TC/G	FA	G by Pos
1986	CAL A	5	.000	.000	4	0	0	0	0	0.0	0	0	1	2	0	0	0	3	10	0	1	2.6	1.000	2B-2
1987		138	.236	.300	433	102	13	3	3	0.7	61	41	48	72	25	1	0	293	363	17	98	4.9	.975	2B-132, SS-6, DH-3
1988		77	.240	.330	233	56	11	2	2	0.9	38	16	25	28	13	9	3	108	178	6	53	3.8	.979	2B-63, 3B-5, DH-1
1989		32	.243	.291	103	25	3	1	0	0.0	12	14	7	19	6	1	0	55	88	5	24	4.6	.966	2B-27, DH-1
1990	2 teams	CAL A (20G — .146)		CLE A (8G — .167)																				
"	total	28	.150	.183	60	9	2	0	0	0.0	6	2	4	15	1	2	0	37	39	4	10	3.5	.950	2B-11, SS-8, 3B-4, DH-2
1991	HOU N	21	.148	.164	61	9	1	0	0	0.0	6	2	6	13	0	2	0	25	54	2	8	4.3	.975	2B-19
6 yrs.		301	.225	.289	894	201	30	6	5	0.6	123	75	91	149	45	15	3	521	732	34	194	4.3	.974	2B-254, SS-14, 3B-9, DH-7

PLAYER REGISTER

Year	Team		Games	BA	SA	AB	H	2B	3B	HR	HR%	R	RBI	BB	SO	SB	PINCH HIT AB	H	PO	A	E	DP	TC/G	FA	G by Pos

Brian McRae

McRAE, BRIAN WESLEY
Son of Hal McRae.
B. Aug. 27, 1967, Bradenton, Fla.
BB TR 6' 175 lbs.

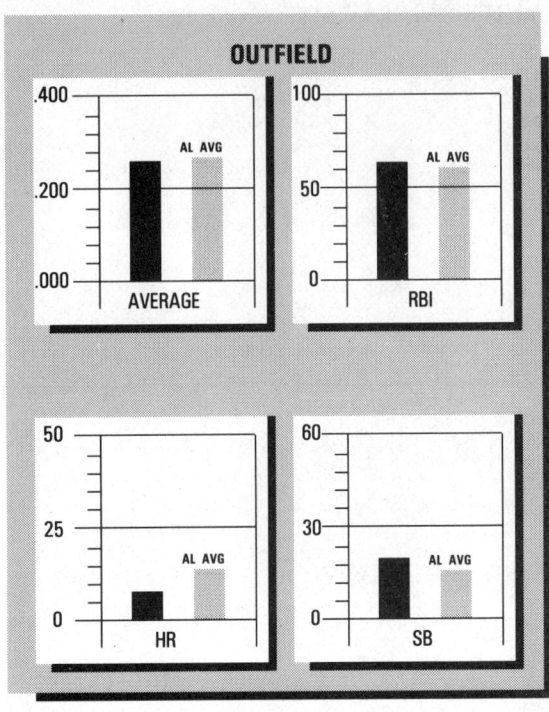

April			16	.143	.224	49	7	1	0	1	2.0	1	8	0	11	1
May			27	.282	.447	103	29	4	2	3	2.9	17	15	10	13	5
June			26	.275	.342	120	33	4	2	0	0.0	20	9	4	21	2
July			26	.298	.421	114	34	6	1	2	1.8	16	15	5	18	4
Aug			28	.271	.364	118	32	5	3	0	0.0	16	7	2	15	6
Sept/Oct			29	.232	.360	125	29	8	1	2	1.6	16	10	3	21	2
Day			41	.230	.373	161	37	8	3	3	1.9	20	17	6	29	2
Night			111	.271	.372	468	127	20	6	5	1.1	66	47	18	70	18
vs. Left				.294	.407	204	60	13	2	2	1.0	30	19	9	16	7
vs. Right				.245	.355	425	104	15	7	6	1.4	56	45	15	83	13
On Grass			55	.270	.371	237	64	9	3	3	1.3	31	25	3	33	8
On Turf			97	.255	.372	392	100	19	6	5	1.3	55	39	21	66	12
Home			78	.267	.384	318	85	16	6	3	0.9	46	29	17	52	10
Road			74	.254	.360	311	79	12	3	5	1.6	40	35	7	47	10
Division Rivals																
vs. CAL			11	.314	.471	51	16	5	0	1	2.0	9	5	1	12	3
vs. CHI			11	.326	.391	46	15	3	0	0	0.0	7	3	0	4	1
vs. MIN			13	.293	.414	58	17	2	1	1	1.7	8	6	2	10	0
vs. OAK			12	.235	.353	51	12	1	1	1	2.0	10	5	2	10	0
vs. SEA			12	.163	.256	43	7	2	1	0	0.0	6	5	6	7	0
vs. TEX			13	.214	.268	56	12	3	0	0	0.0	7	5	3	9	1
On 3B < 2 Out				.286	.524	21	6	0	1	1	4.8	1	19	3	3	
1990	KC	A	46	.286	.405	168	48	8	3	2	1.1	21	23	9	29	4	1	1	120	1	0	0	2.7	1.000	OF-45
1991			152	.261	.372	629	164	28	9	8	1.3	86	64	24	99	20	2	1	405	2	3	0	2.7	.993	OF-150
2 yrs.			198	.266	.379	797	212	36	12	10	1.3	107	87	33	128	24	3	2	525	3	3	0	2.7	.994	OF-195

Kevin McReynolds

McREYNOLDS, WALTER KEVIN (Big Mac)
B. Oct. 16, 1959, Little Rock, Ark.
BR TR 6' 1" 205 lbs.

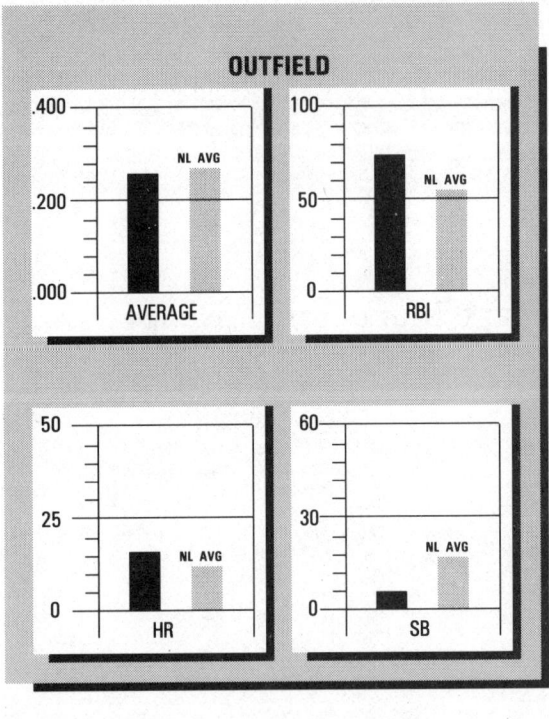

April			13	.128	.255	47	6	0	0	1	2.1	2	6	3	3	0
May			24	.330	.489	88	29	8	0	2	2.3	10	13	10	6	2
June			26	.340	.557	97	33	9	0	4	4.1	19	18	9	8	0
July			27	.240	.375	104	25	5	0	3	2.9	10	15	9	10	2
Aug			27	.233	.344	90	21	2	1	2	2.2	11	7	7	10	0
Sept/Oct			26	.219	.396	96	21	5	0	4	4.2	13	15	11	9	2
Day			45	.233	.358	159	37	11	0	3	1.9	21	15	19	20	3
Night			98	.270	.441	363	98	21	1	13	3.6	44	59	30	26	3
vs. Left				.259	.418	189	49	10	1	6	3.2	24	21	14	17	3
vs. Right				.258	.414	333	86	22	0	10	3.0	41	53	35	29	3
On Grass			100	.244	.391	361	88	21	1	10	2.8	42	48	29	32	4
On Turf			43	.292	.472	161	47	11	0	6	3.7	23	26	20	14	2
Home			67	.237	.386	236	56	12	1	7	3.0	27	33	17	14	3
Road			76	.276	.441	286	79	20	0	9	3.1	38	41	32	32	3
Division Rivals																
vs. CHI			17	.234	.328	64	15	6	0	0	0.0	6	6	6	6	0
vs. MON			13	.180	.320	50	9	1	0	2	4.0	7	9	6	2	1
vs. PHI			13	.313	.604	48	15	5	0	3	6.3	9	13	8	4	0
vs. PIT			15	.217	.348	46	10	1	1	1	2.2	4	4	4	4	1
vs. STL			16	.306	.516	62	19	4	0	3	4.8	8	11	3	5	0
On 3B < 2 Out				.389	.500	18	7	2	0	0	0.0	0	14	1	1	
1983	SD	N	39	.221	.343	140	31	3	1	4	2.9	15	14	12	29	2	2	1	87	4	1	1	2.4	.989	OF-38
1984			147	.278	.465	525	146	26	6	20	3.8	68	75	34	69	3	5	1	422	10	4	1	3.0	.991	OF-143
1985			152	.234	.371	564	132	24	4	15	2.7	61	75	43	81	4	2	0	430	12	3	3	2.9	.993	OF-150
1986			158	.288	.504	560	161	31	6	26	4.6	89	96	66	83	8	4	1	332	9	8	4	2.2	.977	OF-154
1987	NY	N	151	.276	.495	590	163	32	5	29	4.9	86	95	39	70	14	3	2	286	8	4	0	2.0	.987	OF-150

PLAYER REGISTER

Year	Team		Games	BA	SA	AB	H	2B	3B	HR	HR%	R	RBI	BB	SO	SB	PINCH HIT AB	H	PO	A	E	DP	TC/G	FA	G by Pos

Kevin McReynolds *Continued*

Year	Team		Games	BA	SA	AB	H	2B	3B	HR	HR%	R	RBI	BB	SO	SB	AB	H	PO	A	E	DP	TC/G	FA	G by Pos
1988			147	.288	.496	552	159	30	2	27	4.9	82	99	38	56	21	3	1	252	18	4	5	1.9	.985	OF-147
1989			148	.272	.450	545	148	25	3	22	4.0	74	85	46	74	15	3	1	307	10	10	3	2.2	.969	OF-145
1990			147	.269	.455	521	140	23	1	24	4.6	75	82	71	61	9	2	1	237	14	3	2	1.8	.988	OF-144
1991			143	.259	.416	522	135	32	1	16	3.1	65	74	49	46	6	4	2	281	9	2	1	2.1	.993	OF-141
9 yrs.			1232	.269	.453	4519	1215	226	29	183	4.0	615	695	398	569	82	28	10	2634	94	39	20	2.2	.986	OF-1212

LEAGUE CHAMPIONSHIP SERIES

Year	Team		Games	BA	SA	AB	H	2B	3B	HR	HR%	R	RBI	BB	SO	SB	AB	H	PO	A	E	DP	TC/G	FA	G by Pos
1984	SD	N	4	.300	.600	10	3	0	0	1	10.0	2	4	3	1	0	0	0	10	0	0	0	2.5	1.000	OF-4
1988	NY	N	7	.250	.536	28	7	2	0	2	7.1	4	4	3	5	2	0	0	19	0	0	0	2.7	1.000	OF-7
2 yrs.			11	.263	.553	38	10	2	0	3	7.9	6	8	6	6	2	0	0	29	0	0	0	2.6	.000	OF-11

Luis Medina

MEDINA, LUIS MAIN
B. Mar. 26, 1963, Santa Monica, Calif.
BR TL 6′ 4″ 200 lbs.

Year	Team		Games	BA	SA	AB	H	2B	3B	HR	HR%	R	RBI	BB	SO	SB	AB	H	PO	A	E	DP	TC/G	FA	G by Pos
1988	CLE	A	16	.255	.608	51	13	0	0	6	11.8	10	8	2	18	0	1	0	137	9	0	140	9.1	1.000	1B-16
1989			30	.205	.361	83	17	1	0	4	4.8	8	8	6	35	0	3	2	4	0	2	0	0.2	.667	DH-25, OF-3, 1B-1
1991			5	.063	.063	16	1	0	0	0	0.0	0	0	1	7	0	0	0	0	0	0	0	0.0	.960	DH-5
3 yrs.			51	.207	.413	150	31	1	0	10	6.7	18	16	9	60	0	4	2	141	9	2	140	3.0	.987	DH-30, 1B-17, OF-3

Bob Melvin

MELVIN, ROBERT PAUL
B. Oct. 28, 1961, Palo Alto, Calif.
BR TR 6′ 4″ 205 lbs.

Year	Team		Games	BA	SA	AB	H	2B	3B	HR	HR%	R	RBI	BB	SO	SB	AB	H	PO	A	E	DP	TC/G	FA	G by Pos
1985	DET	A	41	.220	.293	82	18	4	1	0	0.0	10	4	3	21	0	0	0	175	13	2	1	4.6	.989	C-41
1986	SF	N	89	.224	.347	268	60	14	2	5	1.9	24	25	15	69	3	6	1	443	60	6	7	5.7	.988	C-84, 3B-1
1987			84	.199	.366	246	49	8	0	11	4.5	31	31	17	44	0	8	1	414	44	1	8	5.5	.998	C-78, 1B-1
1988			92	.234	.377	273	64	13	1	8	2.9	23	27	13	46	0	4	1	406	31	7	4	4.8	.984	C-89, 1B-1
1989	BAL	A	85	.241	.295	278	67	10	1	1	0.4	22	32	15	53	1	5	0	303	20	3	1	3.8	.991	C-75, DH-9
1990			93	.243	.346	301	73	14	1	5	1.6	30	37	11	53	0	11	2	365	26	1	2	5.1	.997	C-76, DH-10, 1B-1
1991			79	.250	.307	228	57	10	0	1	0.4	11	23	11	46	0	5	2	383	31	1	8	5.8	.998	C-72, DH-4
7 yrs.			563	.232	.338	1676	388	73	6	31	1.8	151	179	85	332	4	39	7	2489	225	21	31	4.9	.992	C-515, DH-23, 1B-3, 3B-1

LEAGUE CHAMPIONSHIP SERIES

Year	Team		Games	BA	SA	AB	H	2B	3B	HR	HR%	R	RBI	BB	SO	SB	AB	H	PO	A	E	DP	TC/G	FA	G by Pos
1987	SF	N	3	.429	.429	7	3	0	0	0	0.0	0	0	1	1	0	1	0	14	1	0	0	5.0	1.000	C-2

Orlando Merced

MERCED, ORLANDO LUIS
Born Orlando Luis Merced y Villanueva.
B. Nov. 2, 1966, San Juan, Puerto Rico
BB TR 5′ 11″ 170 lbs.

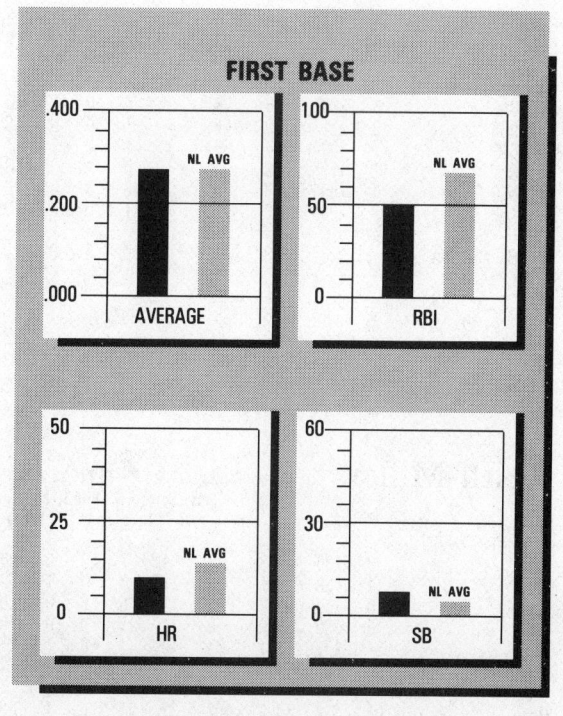

FIRST BASE

	Games	BA	SA	AB	H	2B	3B	HR	HR%	R	RBI	BB	SO	SB
April	8	.318	.409	22	7	1	0	0.0		7	3	6	5	0
May	18	.362	.623	69	25	6	0	4	5.8	19	12	10	14	1
June	19	.152	.167	66	10	1	0	0	0.0	7	2	8	16	0
July	23	.317	.451	82	26	3	1	2	2.4	17	12	16	14	2
Aug	27	.267	.367	90	24	6	0	1	1.1	17	11	12	17	1
Sept/Oct	25	.256	.378	82	21	0	0	3	3.7	16	10	12	15	4
Day	35	.310	.500	116	36	6	2	4	3.4	27	25	19	23	3
Night	85	.261	.359	295	77	11	0	6	2.0	56	25	45	58	5
vs. Left		.208	.302	53	11	3	1	0	0.0	9	6	3	10	1
vs. Right		.285	.413	358	102	14	1	10	2.8	74	44	61	71	7
On Grass	31	.324	.457	105	34	3	1	3	2.9	16	17	8	17	3
On Turf	89	.258	.379	306	79	14	1	7	2.3	67	33	56	64	5
Home	58	.255	.391	192	49	9	1	5	2.6	41	22	35	41	3
Road	62	.292	.406	219	64	8	1	5	2.3	42	28	29	40	5
Division Rivals														
vs. CHI	12	.327	.673	49	16	1	2	4	8.2	14	15	8	10	1
vs. MON	8	.280	.320	25	7	1	0	0	0.0	5	1	5	5	0
vs. NY	12	.313	.375	32	10	2	0	0	0.0	7	7	2	4	2
vs. PHI	16	.200	.309	55	11	0	0	2	3.6	11	4	12	13	1
vs. STL	17	.294	.426	68	20	6	0	1	1.5	13	11	9	14	1
On 3B < 2 Out		.250	.500	16	4	1	0	1	6.3	1	10	0	5	

Year	Team		Games	BA	SA	AB	H	2B	3B	HR	HR%	R	RBI	BB	SO	SB	AB	H	PO	A	E	DP	TC/G	FA	G by Pos
1990	PIT	N	25	.208	.250	24	5	1	0	0	0.0	3	0	1	9	0	24	5	0	0	0	0	0.0	1.000	C-1, OF-1
1991			120	.275	.399	411	113	17	2	10	2.4	83	50	64	81	8	17	6	916	60	12	64	9.1	.988	1B-105, OF-7
2 yrs.			145	.271	.391	435	118	18	2	10	2.3	86	50	65	90	8	41	11	916	60	12	64	6.8	.988	1B-105, OF-8, C-1

150 PLAYER REGISTER

Year	Team		Games	BA	SA	AB	H	2B	3B	HR	HR%	R	RBI	BB	SO	SB	PINCH HIT AB	H	PO	A	E	DP	TC/G	FA	G by Pos

Orlando Merced *Continued*
LEAGUE CHAMPIONSHIP SERIES

| 1991 | PIT | N | 3 | .222 | .556 | 9 | 2 | 0 | 0 | 1 | 11.1 | 1 | 1 | 0 | 1 | 0 | 0 | 0 | 13 | 0 | 1 | 0 | 7.0 | .929 | 1B-2 |

Luis Mercedes
MERCEDES, LUIS ROBERTO
B. Feb. 20, 1968, San Pedro de Macoris, Dominican Republic
BR TR 6′ 180 lbs.

| 1991 | BAL | A | 19 | .204 | .241 | 54 | 11 | 2 | 0 | 0 | 0.0 | 10 | 2 | 4 | 9 | 0 | 2 | 1 | 20 | 0 | 0 | 0 | 1.3 | 1.000 | OF-15, DH-1 |

Matt Merullo
MERULLO, MATTHEW BATES
B. Aug. 4, 1965, Winchester, Mass.
BL TR 6′ 2″ 200 lbs.

1989	CHI	A	31	.222	.272	81	18	1	0	1	1.2	5	8	6	14	0	7	3	100	10	3	0	3.6	.973	C-27, DH-1
1991			80	.229	.343	140	32	1	0	5	3.6	8	21	9	18	0	41	7	159	14	2	11	4.4	.989	C-27, 1B-16, DH-6
2 yrs.			111	.226	.317	221	50	2	0	6	2.7	13	29	15	32	0	48	10	259	24	5	11	2.6	.983	C-54, 1B-16, DH-7

Hensley Meulens
MEULENS, HENSLEY FILEMON ACASIO (Bam-Bam)
B. June 23, 1967, Curacao, Netherlands Antilles
BR TR 6′ 4″ 200 lbs.

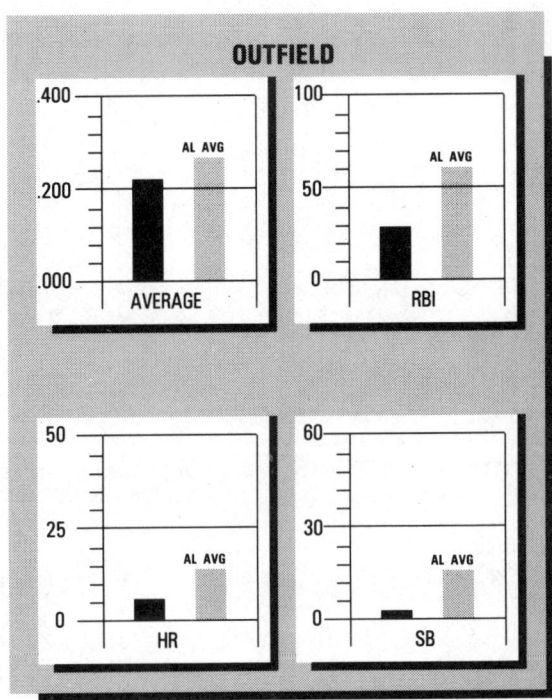
OUTFIELD

Split	Games	BA	SA	AB	H	2B	3B	HR	HR%	R	RBI	BB	SO	SB
April	13	.205	.250	44	9	0	1	0	0.0	5	4	3	16	0
May	21	.220	.407	59	13	2	0	3	5.1	7	6	3	23	0
June	13	.282	.308	39	11	1	0	0	0.0	3	6	1	12	1
July	15	.191	.340	47	9	1	0	2	4.3	6	3	3	18	1
Aug	17	.220	.240	50	11	1	0	0	0.0	7	8	4	14	1
Sept/Oct	17	.224	.347	49	11	3	0	1	2.0	9	2	4	14	0
Day	33	.255	.314	102	26	4	1	0	0.0	15	11	9	31	1
Night	63	.204	.323	186	38	4	0	6	3.2	22	18	9	66	2
vs. Left		.236	.365	178	42	6	1	5	2.8	24	19	12	54	2
vs. Right		.200	.245	110	22	2	0	1	0.9	13	10	6	43	1
On Grass	84	.204	.296	250	51	6	1	5	2.0	29	25	16	82	3
On Turf	12	.342	.474	38	13	2	0	1	2.6	8	4	2	15	0
Home	51	.214	.325	154	33	5	0	4	2.6	21	16	8	54	2
Road	45	.231	.313	134	31	3	1	2	1.5	16	13	10	43	1
Division Rivals														
vs. BAL	8	.200	.320	25	5	0	0	1	4.0	4	2	1	8	0
vs. BOS	8	.231	.269	26	6	1	0	0	0.0	4	0	1	6	1
vs. CLE	5	.200	.467	15	3	1	0	1	6.7	2	1	1	4	0
vs. DET	11	.171	.229	35	6	0	1	0	0.0	2	7	4	12	0
vs. MIL	6	.188	.188	16	3	0	0	0	0.0	1	3	2	6	0
vs. TOR	7	.280	.320	25	7	1	0	0	0.0	3	1	0	6	0
On 3B <2 Out		.333	.333	12	4	0	0	0	0.0	0	9	1	4	

1989	NY	A	8	.179	.179	28	5	0	0	0	0.0	2	1	2	8	0	0	0	5	23	4	1	4.0	.875	3B-8
1990			23	.241	.434	83	20	7	0	3	3.6	12	10	9	25	1	0	0	49	3	2	1	2.3	.963	OF-23
1991			96	.222	.319	288	64	8	1	6	2.1	37	29	18	97	3	11	4	179	5	6	7	2.4	.968	OF-73, DH-13, 1B-7
3 yrs.			127	.223	.333	399	89	15	1	9	2.3	51	40	29	130	4	11	4	233	31	12	9	2.2	.957	OF-96, DH-13, 3B-8, 1B-7

Keith Miller
MILLER, KEITH ALAN
B. June 12, 1963, Midland, Mich.
BR TR 5′ 11″ 175 lbs.

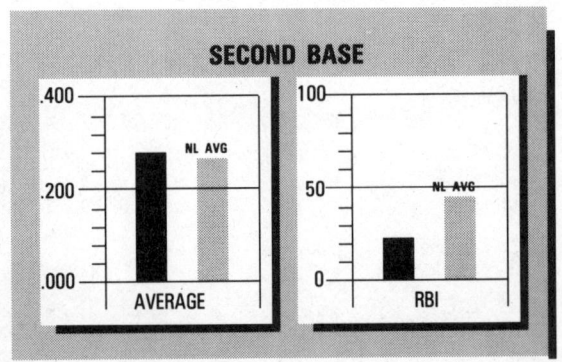
SECOND BASE

Split	Games	BA	SA	AB	H	2B	3B	HR	HR%	R	RBI	BB	SO	SB
April	9	.235	.353	17	4	2	0	0	0.0	4	0	2	2	0
May	14	.458	.667	24	11	2	0	1	4.2	5	2	1	6	2
June	5	.333	.333	6	2	0	0	0	0.0	2	0	0	1	1
July	16	.280	.380	50	14	5	0	0	0.0	4	5	0	6	3
Aug	24	.172	.241	58	10	1	0	1	1.7	5	4	6	13	1
Sept/Oct	30	.300	.467	120	36	12	1	2	1.7	21	12	14	16	7
Day	38	.314	.490	102	32	15	0	1	1.0	18	12	8	10	3
Night	60	.260	.364	173	45	7	1	3	1.7	23	11	15	34	11
vs. Left		.247	.342	146	36	11	0	1	0.7	13	7	9	26	5
vs. Right		.318	.488	129	41	11	1	3	2.3	28	16	14	18	9

Keith Miller Continued

	Year	Team		Games	BA	SA	AB	H	2B	3B	HR	HR%	R	RBI	BB	SO	SB	PH AB	PH H	PO	A	E	DP	TC/G	FA	G by Pos
On Grass				74	.274	.382	186	51	14	0	2	1.1	27	13	18	30	10								
On Turf				24	.292	.472	89	26	8	1	2	2.2	14	10	5	14	4								
Home				57	.291	.405	158	46	12	0	2	1.3	23	10	13	23	10								
Road				41	.265	.419	117	31	10	1	2	1.7	18	13	10	21	4								
Division Rivals																									
vs. CHI				11	.238	.333	21	5	2	0	0	0.0	5	1	5	3	0								
vs. MON				9	.208	.417	24	5	2	0	1	4.2	5	1	2	4	3								
vs. PHI				12	.353	.676	34	12	6	1	1	2.9	9	8	5	4	1								
vs. PIT				14	.273	.295	44	12	1	0	0	0.0	6	2	3	5	1								
vs. STL				11	.229	.333	48	11	2	0	1	2.1	5	3	0	9	1								
On 3B < 2 Out					.100	.200	10	1	1	0	0	0.0	0	2	1	3									
1987	NY	N		25	.373	.490	51	19	2	2	0	0.0	14	1	2	6	8	0	0	21	38	2	6	2.4	.967	2B-16
1988				40	.214	.300	70	15	1	1	1	1.4	9	5	6	10	0	9	2	34	24	5	3	1.6	.921	2B-16, SS-8, 3B-6, OF-1
1989				57	.231	.301	143	33	7	0	1	0.7	15	7	5	27	6	7	2	90	52	5	8	2.6	.966	2B-23, OF-14, SS-8, 3B-2
1990				88	.258	.305	233	60	8	0	1	0.4	42	12	23	46	16	16	4	168	21	4	8	2.6	.979	OF-61, 2B-11, SS-4
1991				98	.280	.411	275	77	22	1	4	1.5	41	23	23	44	14	11	2	165	154	10	30	4.0	.970	2B-60, OF-28, 3B-2, SS-2
5 yrs.				308	.264	.354	772	204	40	4	7	0.9	121	48	59	133	44	43	10	478	289	26	55	2.6	.967	2B-126, OF-104, SS-22, 3B-10

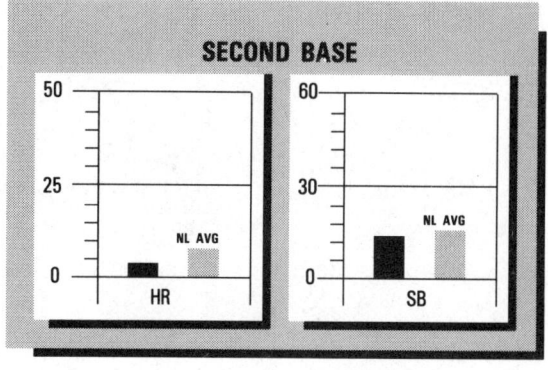

Randy Milligan

MILLIGAN, RANDY ANDRE
B. Nov. 27, 1961, San Diego, Calif.
BR TR 6' 2" 200 lbs.

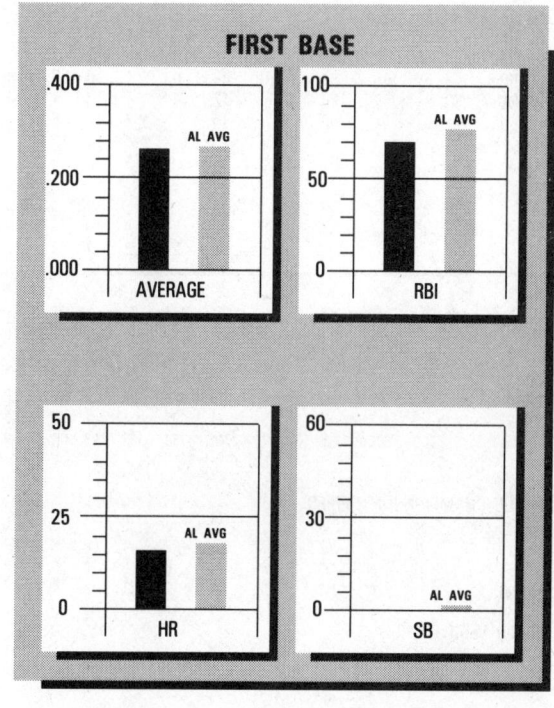

	Year	Team		Games	BA	SA	AB	H	2B	3B	HR	HR%	R	RBI	BB	SO	SB	PH AB	PH H	PO	A	E	DP	TC/G	FA	G by Pos
April				17	.196	.232	56	11	2	0	0	0.0	6	2	9	17	0									
May				25	.271	.424	85	23	2	1	3	3.5	8	13	14	23	0									
June				24	.341	.591	88	30	4	0	6	6.8	14	22	12	18	0									
July				26	.235	.388	85	20	2	1	3	3.5	9	17	19	11	0									
Aug				26	.261	.337	92	24	4	0	1	1.1	11	12	18	18	0									
Sept/Oct				23	.247	.403	77	19	3	0	3	3.9	9	4	12	21	0									
Day				35	.278	.417	115	32	4	0	4	3.5	16	14	18	28	0									
Night				106	.258	.402	368	95	13	2	12	3.3	41	56	66	80	0									
vs. Left					.229	.371	140	32	3	1	5	3.6	21	19	26	35	0									
vs. Right					.277	.420	343	95	14	1	11	3.2	36	51	58	73	0									
On Grass				121	.252	.381	409	103	12	1	13	3.2	45	55	68	91	0									
On Turf				20	.324	.541	74	24	5	1	3	4.1	12	15	16	17	0									
Home				72	.249	.388	237	59	9	0	8	3.4	24	33	41	51	0									
Road				69	.276	.423	246	68	8	2	8	3.3	33	37	43	57	0									
Division Rivals																									
vs. BOS				12	.356	.778	45	16	4	0	5	11.1	9	9	4	9	0									
vs. CLE				12	.348	.543	46	16	0	0	3	6.5	5	11	6	10	0									
vs. DET				9	.333	.407	27	9	0	1	0	0.0	3	2	4	4	0									
vs. MIL				11	.300	.350	40	12	2	0	0	0.0	6	4	4	8	0									
vs. NY				11	.235	.324	34	8	0	0	1	2.9	5	3	8	6	0									
vs. TOR				10	.188	.313	32	6	1	0	1	3.1	7	4	7	12	0									
On 3B < 2 Out					.308	.308	26	8	0	0	0	0.0	0	14	4	7										
1987	NY	N		3	.000	.000	1	0	0	0	0	0.0	0	0	1	1	0	1	0	0	0	0	0	0.0	—	
1988	PIT	N		40	.220	.390	82	18	5	0	3	3.7	10	8	20	24	1	13	3	213	15	3	19	5.8	.987	1B-25, OF-1
1989	BAL	A		124	.268	.458	365	98	23	5	12	3.3	56	45	74	75	9	11	2	914	83	5	92	8.1	.995	1B-117, DH-1
1990				109	.265	.492	362	96	20	1	20	5.5	64	60	88	68	6	0	0	846	87	9	94	9.6	.990	1B-98, DH-9
1991				141	.263	.406	483	127	17	2	16	3.3	57	70	84	108	0	6	1	948	81	11	92	9.0	.989	1B-106, DH-25, OF-9
5 yrs.				417	.262	.443	1293	339	65	8	51	3.9	187	183	267	276	16	31	6	2921	266	28	297	7.7	.991	1B-346, DH-35, OF-10

Keith Mitchell

MITCHELL, KEITH ALEXANDER
B. Aug. 6, 1969, San Diego, Calif.
BR TR 5' 10" 180 lbs.

Year	Team		Games	BA	SA	AB	H	2B	3B	HR	HR%	R	RBI	BB	SO	SB	PH AB	PH H	PO	A	E	DP	TC/G	FA	G by Pos
1991	ATL	N	48	.318	.409	66	21	0	0	2	3.0	11	5	8	12	3	10	2	31	1	1	0	1.0	.970	OF-34
LEAGUE CHAMPIONSHIP SERIES																									
1991	ATL	N	5	.000	.000	4	0	0	0	0	0.0	0	0	0	1	0	1	0	2	0	0	0	0.4	1.000	OF-5

152 PLAYER REGISTER

Year	Team		Games	BA	SA	AB	H	2B	3B	HR	HR%	R	RBI	BB	SO	SB	PINCH HIT AB	H	PO	A	E	DP	TC/G	FA	G by Pos

Keith Mitchell *Continued*

WORLD SERIES

| 1991 | ATL | N | 3 | .000 | .000 | 2 | 0 | 0 | 0 | 0 | 0.0 | 0 | 0 | 0 | 1 | 0 | 0 | 0 | 0 | 0 | 0 | 0 | 0.0 | .875 | OF-3 |

Kevin Mitchell

MITCHELL, KEVIN DARNELL (Mitch, World)
B. Jan. 13, 1962, San Diego, Calif.
BR TR 5' 10" 185 lbs.

April			19	.269	.612	67	18	2	0	7	10.4	12	16	8	3	1									
May			17	.240	.440	50	12	1	0	3	6.0	4	5	13	7	0									
June			6	.467	1.200	15	7	2	0	3	20.0	4	8	2	2	0									
July			24	.261	.478	92	24	2	0	6	6.5	14	18	6	19	0									
Aug			30	.267	.505	105	28	5	1	6	5.7	13	18	11	17	1									
Sept/Oct			17	.143	.310	42	6	1	0	2	4.8	5	4	3	9	0									
Day			45	.255	.483	149	38	7	0	9	6.0	17	26	17	25	1									
Night			68	.257	.536	222	57	6	1	18	8.1	35	43	26	32	1									
vs. Left				.272	.491	114	31	4	0	7	6.1	15	22	17	7	0									
vs. Right				.249	.525	257	64	9	1	20	7.8	37	47	26	50	2									
On Grass			83	.242	.476	273	66	8	1	18	6.6	34	45	25	39	1									
On Turf			30	.296	.622	98	29	5	0	9	9.2	18	24	18	18	1									
Home			58	.242	.432	190	46	7	1	9	4.7	21	30	17	26	1									
Road			55	.271	.602	181	49	6	0	18	9.9	31	39	26	31	1									
Division Rivals																									
vs. ATL			12	.200	.314	35	7	1	0	1	2.9	3	6	4	4	0									
vs. CIN			10	.364	.667	33	12	1	0	3	9.1	5	6	6	3	0									
vs. HOU			15	.333	.729	48	16	4	0	5	10.4	10	14	6	3	1									
vs. LA			13	.190	.286	42	8	1	0	1	2.4	1	4	2	8	1									
vs. SD			14	.250	.667	48	12	2	0	6	12.5	11	11	5	6	0									
On 3B <2 Out				.391	.826	23	9	1	0	3	13.0	3	21	5	1										
1984	NY	N	7	.214	.214	14	3	0	0	0	0.0	0	1	0	3	0	4	1	1	4	1	2	0.9	.833	3B-5
1986			108	.277	.466	328	91	22	2	12	3.7	51	43	33	61	3	20	3	158	69	10	10	2.2	.958	OF-68, SS-24, 3B-7, 1B-2
1987	2 teams		SD N	(62G — .245)		SF N	(69G — .306)																		
"	total		131	.280	.474	464	130	20	2	22	4.7	68	70	48	88	9	9	2	76	240	15	19	2.5	.955	3B-119, OF-6, SS-1
1988	SF	N	148	.251	.442	505	127	25	7	19	3.8	60	80	48	85	5	10	2	118	205	22	18	2.3	.936	3B-102, OF-40
1989			154	.291	.635	543	158	34	6	47	8.7	100	125	87	115	3	3	1	305	10	7	0	2.1	.978	OF-147, 3B-2
1990			140	.290	.544	524	152	24	2	35	6.6	90	93	58	87	4	2	1	295	9	9	3	2.3	.971	OF-138
1991			113	.256	.515	371	95	13	1	27	7.3	52	69	43	57	2	13	0	188	6	6	1	2.0	.970	OF-100, 1B-1
7 yrs.			801	.275	.517	2749	756	138	20	162	5.9	421	481	317	496	26	61	10	1141	543	70	53	2.2	.960	OF-499, 3B-235, SS-25, 1B-3

LEAGUE CHAMPIONSHIP SERIES

1986	NY	N	2	.250	.250	8	2	0	0	0	0.0	1	0	0	1	0	0	0	3	0	0	0	1.5	1.000	OF-2
1987	SF	N	7	.267	.400	30	8	1	0	1	3.3	2	2	0	3	1	0	0	4	10	1	1	2.1	.933	3B-7
1989			5	.353	.706	17	6	0	0	2	11.8	5	7	3	3	0	0	0	15	1	1	1	3.4	.941	OF-5
3 yrs.			14	.291	.473	55	16	1	0	3	5.5	8	9	3	7	1	0	0	22	11	2	2	2.5	.943	3B-7, OF-7

WORLD SERIES

1986	NY	N	5	.250	.250	8	2	0	0	0	0.0	1	0	0	3	0	2	1	0	2	0	0	0.4	1.000	OF-2, DH-1
1989	SF	N	4	.294	.471	17	5	0	0	1	5.9	2	2	0	3	0	0	0	10	0	1	0	2.8	.909	OF-4
2 yrs.			9	.280	.400	25	7	0	0	1	4.0	3	2	0	6	0	2	1	10	2	1	0	1.4	.923	OF-6, DH-1

Paul Molitor

MOLITOR, PAUL LEO
B. Aug. 22, 1956, St. Paul, Minn.
BR TR 6' 185 lbs.

April			16	.324	.456	68	22	6	0	1	1.5	12	5	6	6	1									
May			27	.361	.525	122	44	4	5	2	1.6	22	10	10	9	4									
June			26	.310	.570	100	31	7	2	5	5.0	25	15	14	11	2									
July			27	.301	.416	113	34	3	2	2	1.8	16	11	12	15	3									
Aug			29	.357	.558	129	46	9	1	5	3.9	31	20	14	10	4									
Sept/Oct			33	.293	.406	133	39	3	3	2	1.5	27	14	21	11	5									
Day			43	.348	.486	181	63	9	2	4	2.2	35	18	29	14	6									
Night			115	.316	.490	484	153	23	11	13	2.7	98	57	48	48	13									
vs. Left				.322	.489	174	56	8	3	5	2.9	39	17	24	13	6									
vs. Right				.326	.489	491	160	24	10	12	2.4	94	58	53	49	13									

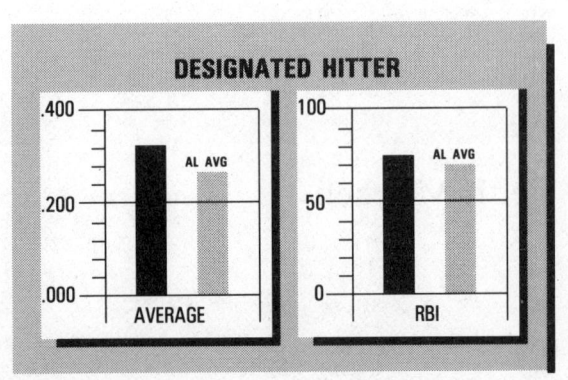

PLAYER REGISTER

Year	Team	Games	BA	SA	AB	H	2B	3B	HR	HR%	R	RBI	BB	SO	SB	PINCH HIT AB	PINCH HIT H	PO	A	E	DP	TC/G	FA	G by Pos

Paul Molitor *Continued*

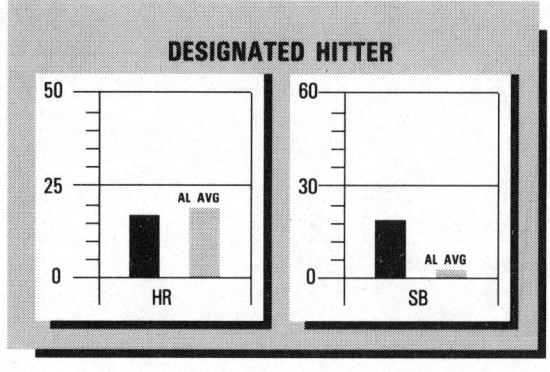

On Grass		133	.318	.487	556	177	25	12	15	2.7	116	67	71	47	14									
On Turf		25	.358	.495	109	39	7	1	2	1.8	17	8	6	15	5									
Home		76	.292	.454	315	92	14	8	7	2.2	63	38	39	23	6									
Road		82	.354	.520	350	124	18	5	10	2.9	70	37	38	39	13									
Division Rivals																								
vs. BAL		13	.333	.517	60	20	6	1	1	1.7	11	8	4	6	0									
vs. BOS		13	.327	.327	52	17	0	0	0	0.0	8	4	5	4	2									
vs. CLE		13	.263	.368	57	15	1	1	1	1.8	8	6	7	4	0									
vs. DET		13	.328	.586	58	19	4	1	3	5.2	20	10	8	7	0									
vs. NY		13	.321	.518	56	18	2	3	1	1.8	13	8	6	3	3									
vs. TOR		12	.294	.529	51	15	3	0	3	5.9	8	6	2	4	2									
On 3B <2 Out			.333	.542	24	8	2	0	1	4.2	1	20	7	2										
1978	MIL A	125	.273	.372	521	142	26	4	6	1.2	73	45	19	54	30	3	0	253	401	22	74	5.4	.967	2B-91, SS-31, DH-2, 3B-1
1979		140	.322	.469	584	188	27	16	9	1.5	88	62	48	48	33	2	0	309	440	16	84	5.5	.979	2B-122, SS-10, DH-8
1980		111	.304	.438	450	137	29	2	9	2.0	81	37	48	48	34	2	1	260	336	20	90	5.5	.968	2B-91, SS-12, DH-7, 3B-1
1981		64	.267	.335	251	67	11	0	2	0.8	45	19	25	29	10	1	0	119	4	3	1	2.0	.976	OF-46, DH-16
1982		160	.302	.450	**666**	201	26	8	19	2.9	**136**	71	69	93	41	0	0	134	350	32	48	3.2	.938	3B-150, DH-6, SS-4
1983		152	.270	.410	608	164	28	6	15	2.5	95	47	59	74	41	2	0	105	343	16	37	3.1	.966	3B-146, DH-2
1984		13	.217	.239	46	10	1	0	0	0.0	3	6	2	8	1	2	0	7	21	2	3	2.3	.933	3B-7, DH-4
1985		140	.297	.408	576	171	28	3	10	1.7	93	48	54	80	21	1	0	126	263	19	30	2.9	.953	3B-135, DH-4
1986		105	.281	.426	437	123	24	6	9	2.1	62	55	40	81	20	0	0	86	171	15	25	2.6	.945	3B-91, DH-10, OF-4
1987		118	.353	.566	465	164	**41**	5	16	3.4	**114**	75	69	67	45	1	0	60	113	5	24	1.5	.972	DH-58, 3B-41, 2B-19
1988		154	.312	.452	609	190	34	6	13	2.1	115	60	71	54	41	0	0	87	188	17	15	1.9	.942	3B-105, DH-49, 2B-1
1989		155	.315	.439	615	194	35	4	11	1.8	84	56	64	67	27	0	0	106	287	18	27	2.7	.956	3B-112, DH-28, 2B-16
1990		103	.285	.464	418	119	27	6	12	2.8	64	45	37	51	18	1	0	463	222	10	65	7.1	.986	2B-60, 1B-37, DH-4, 3B-2
1991		158	.325	.489	**665**	216	32	**13**	17	2.6	**133**	75	77	62	19	0	0	389	32	6	52	9.3	.986	DH-112, 1B-46
14 yrs.		1698	.302	.442	6911	2086	369	79	148	2.1	1186	701	682	816	381	15	1	2504	3171	201	575	3.5	.966	3B-791, 2B-400, DH-310, 1B-83, SS-57, OF-50
DIVISIONAL PLAYOFF SERIES																								
1981	MIL A	5	.250	.400	20	5	0	0	1	5.0	2	1	2	5	0	0	0	12	0	0	0	2.4	1.000	OF-5
LEAGUE CHAMPIONSHIP SERIES																								
1982	MIL A	5	.316	.684	19	6	1	0	2	10.5	4	5	2	3	1	0	0	4	11	2	2	3.0	.882	3B-5
WORLD SERIES																								
1982	MIL A	7	.355	.355	31	11	0	0	0	0.0	5	2	2	4	1	0	0	4	9	0	1	1.9	1.000	3B-7

Bobby Moore

MOORE, ROBERT VINCENT
B. Oct. 27, 1965, Cincinnati, Ohio
BR TR 5' 11" 165 lbs.

Year	Team	Games	BA	SA	AB	H	2B	3B	HR	HR%	R	RBI	BB	SO	SB	PH AB	PH H	PO	A	E	DP	TC/G	FA	G by Pos
1991	KC A	18	.357	.429	14	5	1	0	0	0.0	3	0	1	2	3	2	0	11	0	0	0	0.8	1.000	OF-13

Mickey Morandini

MORANDINI, MICHAEL ROBERT
B. Apr. 22, 1966, Kittanning, Pa.
BL TR 5' 11" 170 lbs.

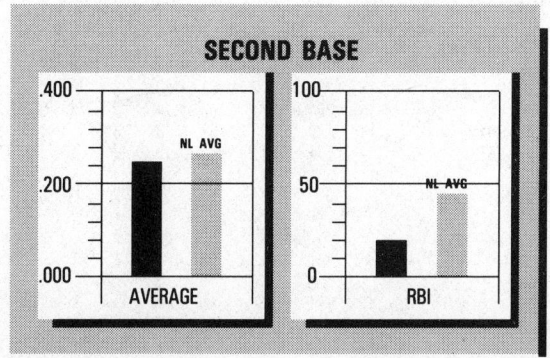

	Games	BA	SA	AB	H	2B	3B	HR	HR%	R	RBI	BB	SO	SB
April	7	.267	.267	15	4	0	0	0	0.0	1	0	1	4	0
May	14	.283	.304	46	13	1	0	0	0.0	5	3	4	4	1
June	23	.242	.308	91	22	3	0	1	1.1	17	12	9	15	4
July	18	.230	.328	61	14	4	1	0	0.0	2	3	5	4	3
Aug	17	.245	.302	53	13	1	1	0	0.0	6	0	5	7	2
Sept/Oct	19	.254	.356	59	15	2	2	0	0.0	7	2	5	11	3
Day	23	.219	.274	73	16	2	1	0	0.0	6	5	5	12	2
Night	75	.258	.329	252	65	9	3	1	0.4	32	15	24	33	11
vs. Left		.185	.185	65	12	0	0	0	0.0	7	3	3	11	0
vs. Right		.265	.350	260	69	11	4	1	0.4	31	17	26	34	13

PLAYER REGISTER

Year	Team		Games	BA	SA	AB	H	2B	3B	HR	HR%	R	RBI	BB	SO	SB	PINCH HIT AB	H	PO	A	E	DP	TC/G	FA	G by Pos

Mickey Morandini *Continued*

On Grass			22	.310	.393	84	26	5	1	0	0.0	10	9	6	7	5									
On Turf			76	.228	.290	241	55	6	3	1	0.4	28	11	23	38	8									
Home			54	.235	.313	166	39	4	3	1	0.6	19	10	14	22	5									
Road			44	.264	.321	159	42	7	1	0	0.0	19	10	15	23	8									
Division Rivals																									
vs. CHI			12	.283	.370	46	13	2	1	0	0.0	7	0	3	4	1									
vs. MON			9	.174	.217	23	4	1	0	0	0.0	1	0	1	3	0									
vs. NY			12	.233	.279	43	10	2	0	0	0.0	4	3	3	8	3									
vs. PIT			9	.321	.321	28	9	0	0	0	0.0	4	0	3	4	0									
vs. STL			9	.258	.323	31	8	2	0	0	0.0	4	1	3	4	1									
On 3B <2 Out				.500	.500	4	2	0	0	0	0.0	0	5	0	0										
1990	PHI	N	25	.241	.329	79	19	4	0	1	1.2	9	3	6	19	3	1	0	37	61	1	10	4.0	.990	2B-25
1991			98	.249	.317	325	81	11	4	1	0.3	38	20	29	45	13	0	0	183	254	6	45	4.6	.986	2B-97
2 yrs.			123	.248	.319	404	100	15	4	2	0.5	47	23	35	64	16	1	0	220	315	7	55	4.4	.987	2B-122

Russ Morman

MORMAN, RUSSELL LEE
B. Apr. 28, 1962, Independence, Mo.
BR TR 6' 4" 215 lbs.

Year	Team		Games	BA	SA	AB	H	2B	3B	HR	HR%	R	RBI	BB	SO	SB	PH AB	H	PO	A	E	DP	TC/G	FA	G by Pos
1986	CHI	A	49	.252	.358	159	40	5	0	4	2.5	18	17	16	36	1	1	0	342	26	4	31	7.6	.989	1B-47
1988			40	.240	.267	75	18	2	0	0	0.0	8	3	3	17	0	5	2	114	5	2	8	3.0	.983	1B-22, OF-10, DH-3
1989			37	.224	.259	58	13	2	0	0	0.0	5	8	6	16	1	2	2	157	13	2	21	4.6	.988	1B-35
1990	KC	A	12	.270	.568	37	10	4	2	1	2.7	5	3	3	3	0	1	0	27	4	0	1	3.1	1.000	OF-3, 1B-3, DH-1
1991			12	.261	.261	23	6	0	0	0	0.0	1	1	1	5	0	4	0	47	3	0	2	5.0	1.000	1B-8, OF-2, DH-1
5 yrs.			150	.247	.338	352	87	13	2	5	1.4	37	32	29	77	2	13	4	687	51	8	63	5.0	.989	1B-115, OF-20, DH-6

Hal Morris

MORRIS, WILLIAM HAROLD
B. Apr. 9, 1965, Fort Rucker, Ala.
BL TL 6' 3" 200 lbs.

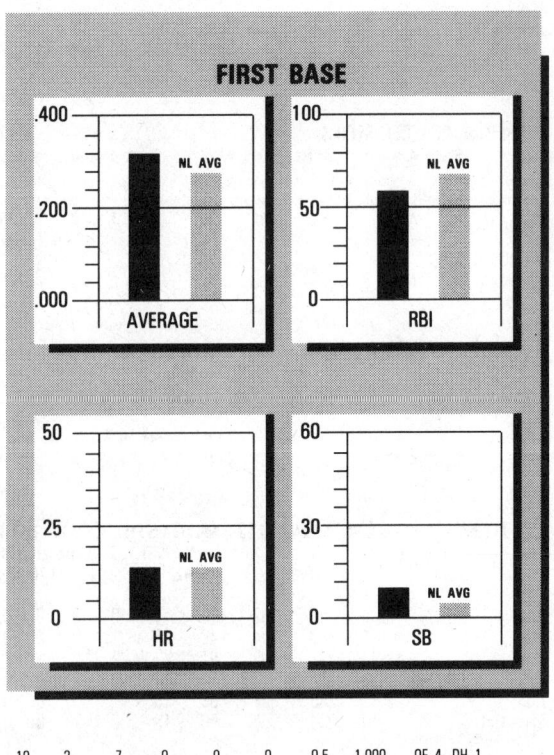

			Games	BA	SA	AB	H	2B	3B	HR	HR%	R	RBI	BB	SO	SB	PH AB	H	PO	A	E	DP	TC/G	FA	G by Pos
April			15	.358	.604	53	19	7	0	2	3.8	6	9	0	5	0									
May			26	.316	.463	95	30	6	1	2	2.1	12	14	7	11	3									
June			22	.266	.367	79	21	5	0	1	1.3	11	7	5	14	1									
July			24	.363	.563	80	29	7	0	3	3.8	14	11	14	9	1									
Aug			21	.303	.421	76	23	3	0	2	2.6	12	7	6	8	2									
Sept/Oct			28	.316	.495	95	30	5	0	4	4.2	17	11	14	14	3									
Day			37	.324	.522	136	44	12	0	5	3.7	20	20	11	11	5									
Night			99	.316	.462	342	108	21	1	9	2.6	52	39	35	50	5									
vs. Left				.252	.379	103	26	8	1	1	1.0	12	12	6	25	0									
vs. Right				.336	.507	375	126	25	0	13	3.5	60	47	40	36	10									
On Grass			37	.369	.538	130	48	10	0	4	3.1	25	20	15	15	8									
On Turf			99	.299	.457	348	104	23	1	10	2.9	47	39	31	46	2									
Home			68	.319	.525	238	76	20	1	9	3.8	33	33	21	31	0									
Road			68	.317	.433	240	76	13	0	5	2.1	39	26	25	30	10									
Division Rivals																									
vs. ATL			12	.387	.516	31	12	4	0	0	0.0	5	4	6	3	1									
vs. HOU			17	.328	.377	61	20	0	0	1	1.6	7	6	6	6	0									
vs. LA			15	.264	.321	53	14	3	0	0	0.0	6	3	6	6	2									
vs. SD			14	.228	.333	57	13	3	0	1	1.8	3	7	0	9	0									
vs. SF			14	.277	.617	47	13	2	1	4	8.5	9	7	3	4	0									
On 3B <2 Out				.333	.524	21	7	2	1	0	0.0	0	17	1	3										
1988	NY	A	15	.100	.100	20	2	0	0	0	0.0	1	0	0	9	0	10	2	7	0	0	0	0.5	1.000	OF-4, DH-1
1989			15	.278	.278	18	5	0	0	0	0.0	2	4	1	4	0	9	1	12	0	0	2	0.8	1.000	OF-5, 1B-2, DH-1
1990	CIN	N	107	.340	.498	309	105	22	3	7	2.2	50	36	21	32	9	21	7	595	53	4	50	7.6	.994	1B-80, OF-6
1991			136	.318	.479	478	152	33	1	14	2.9	72	59	46	61	10	9	3	979	100	9	87	8.4	.992	1B-128, OF-1
4 yrs.			273	.320	.473	825	264	55	4	21	2.5	125	99	68	106	19	49	13	1593	153	13	139	6.4	.993	1B-210, OF-16, DH-2

LEAGUE CHAMPIONSHIP SERIES

1990	CIN	N	5	.417	.500	12	5	1	0	0	0.0	3	1	0	0	0	1	1	20	0	0	2	5.5	1.000	1B-4

WORLD SERIES

1990	CIN	N	4	.071	.071	14	1	0	0	0	0.0	0	2	1	1	0	0	0	18	1	0	1	9.5	1.000	DH-2, 1B-2

Year	Team		Games	BA	SA	AB	H	2B	3B	HR	HR%	R	RBI	BB	SO	SB	PINCH HIT AB	H	PO	A	E	DP	TC/G	FA	G by Pos

John Morris

MORRIS, JOHN DANIEL
B. Feb. 23, 1961, North Bellmore, N. Y.
BL TL 6' 1" 185 lbs.

Year	Team		Games	BA	SA	AB	H	2B	3B	HR	HR%	R	RBI	BB	SO	SB	PH AB	PH H	PO	A	E	DP	TC/G	FA	G by Pos
1986	STL	N	39	.240	.290	100	24	0	1	1	1.0	8	14	7	15	6	11	3	68	0	1	0	1.8	.986	OF-31
1987			101	.261	.408	157	41	6	4	3	1.9	22	23	11	22	5	30	10	86	0	1	0	0.9	.989	OF-74
1988			20	.289	.395	38	11	2	1	0	0.0	3	3	1	7	0	6	2	12	0	2	0	0.7	.857	OF-16
1989			96	.239	.342	117	28	4	1	2	1.7	8	14	4	22	1	41	9	45	0	0	0	0.5	1.000	OF-51
1990			18	.111	.111	18	2	0	0	0	0.0	0	0	3	6	0	9	1	4	0	0	0	0.7	1.000	OF-6
1991	PHI	N	85	.220	.276	127	28	2	1	1	0.8	15	6	12	25	2	28	6	73	1	2	0	1.3	.974	OF-57
6 yrs.			359	.241	.332	557	134	14	8	7	1.3	56	60	38	97	14	125	31	288	1	6	0	0.8	.980	OF-235

LEAGUE CHAMPIONSHIP SERIES

| 1987 | STL | N | 2 | .000 | .000 | 3 | 0 | 0 | 0 | 0 | 0.0 | 0 | 0 | 0 | 0 | 0 | 0 | 0 | 1 | 0 | 0 | 0 | 0.5 | 1.000 | OF-2 |

WORLD SERIES

| 1987 | STL | N | 1 | .000 | .000 | 2 | 0 | 0 | 0 | 0 | 0.0 | 0 | 0 | 0 | 0 | 0 | 0 | 0 | 2 | 0 | 0 | 0 | 2.0 | 1.000 | OF-1 |

Lloyd Moseby

MOSEBY, LLOYD ANTHONY
B. Nov. 5, 1959, Portland, Ark.
BL TR 6' 3" 200 lbs.

OUTFIELD

Split		Games	BA	SA	AB	H	2B	3B	HR	HR%	R	RBI	BB	SO	SB
April		6	.190	.238	21	4	1	0	0	0.0	5	0	2	3	2
May		14	.273	.341	44	12	1	1	0	0.0	3	2	1	4	2
June		5	.250	.250	16	4	0	0	0	0.0	0	1	2	3	0
July		16	.295	.525	61	18	5	0	3	4.9	10	9	4	10	0
Aug		10	.250	.432	44	11	5	0	1	2.3	7	9	4	7	3
Sept/Oct		23	.257	.378	74	19	3	0	2	2.7	12	14	8	16	1
Day		24	.284	.432	95	27	9	1	1	1.1	18	8	7	12	2
Night		50	.248	.376	165	41	6	0	5	3.0	19	27	14	31	6
vs. Left			.239	.391	46	11	4	0	1	2.2	8	9	5	11	3
vs. Right			.266	.397	214	57	11	1	5	2.3	29	26	16	32	5
On Grass		65	.254	.388	232	59	11	1	6	2.6	32	33	19	39	7
On Turf		9	.321	.464	28	9	4	0	0	0.0	5	2	2	4	1
Home		45	.272	.417	151	41	8	1	4	2.6	23	25	13	26	4
Road		29	.248	.367	109	27	7	0	2	1.8	14	10	8	17	4
Division Rivals																
vs. BAL		6	.174	.217	23	4	1	0	0	0.0	1	2	2	6	0
vs. BOS		4	.222	.222	9	2	0	0	0	0.0	1	0	0	4	0
vs. CLE		5	.211	.211	19	4	0	0	0	0.0	1	2	1	4	0
vs. MIL		7	.238	.333	21	5	2	0	0	0.0	3	4	2	3	1
vs. NY		7	.308	.462	26	8	4	0	0	0.0	9	5	2	3	2
vs. TOR			.000	.000	0	0	0	0	0	0.0	0	0	0	0	0
On 3B <2 Out			.308	.308	13	4	0	0	0	0.0	0	9	0	2	

Year	Team		Games	BA	SA	AB	H	2B	3B	HR	HR%	R	RBI	BB	SO	SB	PH AB	PH H	PO	A	E	DP	TC/G	FA	G by Pos
1980	TOR	A	114	.229	.365	389	89	24	1	9	2.3	44	46	25	85	4	2	0	208	12	4	1	2.0	.982	OF-104, DH-6
1981			100	.233	.357	378	88	16	2	9	2.4	36	43	24	86	11	2	0	259	4	3	0	2.7	.989	OF-100
1982			147	.236	.370	487	115	20	9	9	1.8	51	52	33	106	11	7	3	361	4	3	0	2.5	.992	OF-145
1983			151	.315	.499	539	170	31	7	18	3.3	104	81	51	85	27	9	4	399	10	7	1	2.8	.983	OF-147
1984			158	.280	.470	592	166	28	**15**	18	3.0	97	92	78	122	39	3	1	473	8	5	2	3.1	.990	OF-156
1985			152	.259	.426	584	151	30	7	18	3.1	92	71	76	91	37	1	0	394	7	8	1	2.7	.980	OF-152
1986			152	.253	.418	589	149	24	5	21	3.6	89	86	64	122	32	4	0	371	6	6	1	2.5	.984	OF-147, DH-3
1987			155	.282	.473	592	167	27	4	26	4.4	106	96	70	124	39	0	0	294	7	6	1	2.0	.980	OF-153, DH-2
1988			128	.239	.369	472	113	17	7	10	2.1	77	42	70	93	31	3	0	304	2	5	1	2.4	.984	OF-125, DH-1
1989			135	.221	.349	502	111	25	3	11	2.2	72	43	56	101	24	4	1	288	3	4	1	2.2	.986	OF-120, DH-14
1990	DET	A	122	.248	.406	431	107	16	5	14	3.2	64	51	48	77	17	7	0	288	9	5	5	2.6	.983	OF-116, DH-4
1991			74	.262	.396	260	68	15	1	6	2.3	37	35	21	43	8	11	3	126	1	6	0	2.1	.955	OF-64, DH-7
12 yrs.			1588	.257	.414	5815	1494	273	66	169	2.9	869	738	616	1135	280	53	12	3765	73	62	14	2.5	.984	OF-1529, DH-37

LEAGUE CHAMPIONSHIP SERIES

1985	TOR	A	7	.226	.258	31	7	1	0	0	0.0	5	4	2	3	1	0	0	10	0	0	0	1.4	1.000	OF-7
1989			5	.313	.500	16	5	0	0	1	6.3	4	2	5	2	1	0	0	15	0	0	0	3.0	1.000	OF-5
2 yrs.			12	.255	.340	47	12	1	0	1	2.1	9	6	7	5	2	0	0	25	0	0	0	2.1	.000	OF-12

PLAYER REGISTER

Year	Team		Games	BA	SA	AB	H	2B	3B	HR	HR%	R	RBI	BB	SO	SB	PINCH HIT AB	H	PO	A	E	DP	TC/G	FA	G by Pos

John Moses

MOSES, JOHN WILLIAM
B. Aug. 9, 1957, Los Angeles, Calif.
BB TL 5' 10" 165 lbs.

Year	Team		Games	BA	SA	AB	H	2B	3B	HR	HR%	R	RBI	BB	SO	SB	AB	H	PO	A	E	DP	TC/G	FA	G by Pos
1982	SEA	A	22	.318	.545	44	14	5	1	1	2.3	7	3	4	5	5	2	1	16	2	1	0	0.9	.947	OF-19
1983			93	.208	.254	130	27	4	1	0	0.0	19	6	12	20	11	4	1	87	8	2	1	1.0	.979	OF-71, DH-10
1984			19	.343	.429	35	12	1	1	0	0.0	3	2	2	5	1	0	0	26	1	0	0	1.4	1.000	OF-19, DH-1
1985			33	.194	.194	62	12	0	0	0	0.0	4	3	2	8	5	0	0	35	1	0	0	1.1	1.000	OF-29
1986			103	.256	.333	399	102	16	3	3	0.8	56	34	34	65	25	2	0	249	11	5	4	2.6	.981	OF-93, 1B-7, DH-4
1987			116	.246	.331	390	96	16	4	3	0.8	58	38	29	49	23	3	1	271	7	4	3	2.4	.986	OF-100, 1B-16, DH-5
1988	MIN	A	105	.316	.422	206	65	10	3	2	1.0	33	12	15	21	11	21	6	123	1	0	0	1.2	1.000	OF-82, DH-2
1989			129	.281	.368	242	68	12	3	1	0.4	33	31	19	23	14	30	8	168	3	2	0	1.3	.988	OF-108, DH-3, 1B-2, P-1
1990			115	.221	.267	172	38	3	1	1	0.5	26	14	19	19	2	25	7	108	2	0	0	1.2	1.000	OF-85, DH-10, 1B-6, P-2
1991	DET	A	13	.048	.095	21	1	1	0	0	0.0	5	1	2	7	4	1	0	13	0	0	0	1.1	1.000	OF-12
10 yrs.			748	.256	.335	1701	435	68	17	11	0.6	244	144	138	222	101	88	24	1096	36	14	8	1.5	.988	OF-618, DH-35, 1B-31, P-3

Andy Mota

MOTA, ANDRES ALBERTO
Born Andres Alberto Mota y Matos.
Son of Manny Mota. Brother of Jose Mota.
B. Mar. 4, 1966, Santo Domingo, Dominican Republic
BR TR 5' 10" 180 lbs.

Year	Team		Games	BA	SA	AB	H	2B	3B	HR	HR%	R	RBI	BB	SO	SB	AB	H	PO	A	E	DP	TC/G	FA	G by Pos
1991	HOU	N	27	.189	.244	90	17	2	0	1	1.1	4	6	1	17	2	0	0	30	66	3	11	3.7	.970	2B-27

Jose Mota

MOTA, JOSE MANUEL
Born Jose Manuel Mota y Matos.
Son of Manny Mota. Brother of Andy Mota.
B. Mar. 16, 1965, Santo Domingo, Dominican Republic
BB TR 5' 9" 155 lbs.

Year	Team		Games	BA	SA	AB	H	2B	3B	HR	HR%	R	RBI	BB	SO	SB	AB	H	PO	A	E	DP	TC/G	FA	G by Pos
1991	SD	N	17	.222	.222	36	8	0	0	0	0.0	4	2	2	7	0	1	0	25	29	3	5	3.6	.947	2B-13, SS-3

Rance Mulliniks

MULLINIKS, STEVEN RANCE
B. Jan. 15, 1956, Tulare, Calif.
BL TR 5' 11" 162 lbs.

	Games	BA	SA	AB	H	2B	3B	HR	HR%	R	RBI	BB	SO	SB
April	13	.212	.364	33	7	0	1	1	3.0	7	2	8	4	0
May	2	.400	.600	5	2	1	0	0	0.0	1	0	1	0	0
June	21	.315	.389	54	17	4	0	0	0.0	10	8	16	9	0
July	20	.246	.344	61	15	3	0	1	1.6	5	4	8	11	0
Aug	21	.208	.245	53	11	2	0	0	0.0	3	3	8	12	0
Sept/Oct	20	.235	.294	34	8	2	0	0	0.0	1	7	3	8	0
Day	29	.224	.263	76	17	3	0	0	0.0	7	6	13	16	0
Night	68	.262	.366	164	43	9	1	2	1.2	20	18	31	28	0
vs. Left		.083	.083	12	1	0	0	0	0.0	3	0	0	3	0
vs. Right		.259	.346	228	59	12	1	2	0.9	24	24	44	41	0
On Grass	35	.294	.400	85	25	6	0	1	1.2	8	13	20	13	0
On Turf	62	.226	.297	155	35	6	1	1	0.6	19	11	24	31	0
Home	48	.250	.333	120	30	5	1	1	0.8	17	11	20	25	0
Road	49	.250	.333	120	30	7	0	1	0.8	10	13	24	19	0
Division Rivals														
vs. BAL	11	.320	.400	25	8	2	0	0	0.0	5	6	7	2	0
vs. BOS	12	.207	.310	29	6	1	1	0	0.0	4	0	8	8	0
vs. CLE	8	.444	.593	27	12	4	0	0	0.0	2	5	4	4	0
vs. DET	8	.133	.133	15	2	0	0	0	0.0	3	0	4	1	0
vs. MIL	8	.222	.333	27	6	0	0	1	3.7	2	3	3	4	0
vs. NY	7	.429	.571	14	6	2	0	0	0.0	5	3	5	3	0
On 3B <2 Out		.400	.500	10	4	1	0	0	0.0	0	8	4	2	0

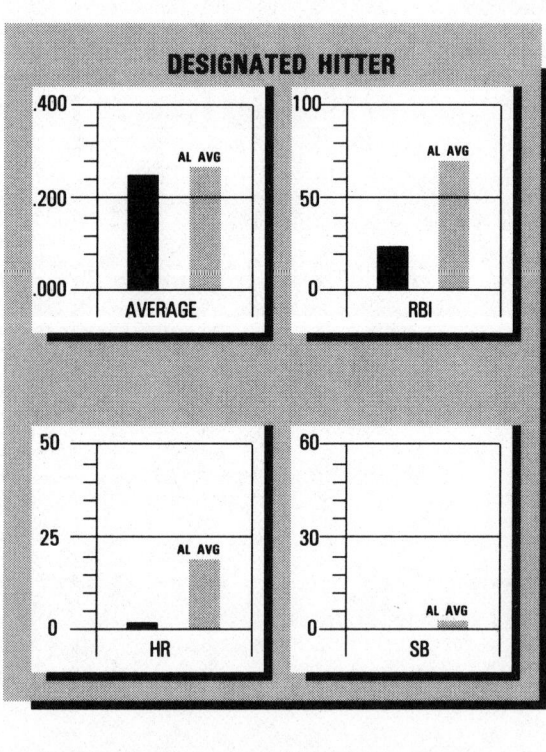

DESIGNATED HITTER

Year	Team		Games	BA	SA	AB	H	2B	3B	HR	HR%	R	RBI	BB	SO	SB	AB	H	PO	A	E	DP	TC/G	FA	G by Pos
1977	CAL	A	78	.269	.365	271	73	13	2	3	1.1	36	21	23	36	1	1	0	112	229	13	37	4.5	.963	SS-77
1978			50	.185	.252	119	22	3	1	1	0.8	6	6	8	23	2	1	0	68	93	8	22	3.4	.953	SS-47, DH-2
1979			22	.147	.191	68	10	0	0	1	1.5	7	8	4	14	0	0	0	46	43	4	13	4.2	.957	SS-22
1980	KC	A	36	.259	.315	54	14	3	0	0	0.0	8	6	7	10	0	0	0	30	53	1	9	2.3	.988	SS-18, 2B-14
1981			24	.227	.295	44	10	3	0	0	0.0	6	5	2	7	0	0	0	25	39	5	9	2.9	.928	2B-10, SS-7, 3B-5

Year	Team	Games	BA	SA	AB	H	2B	3B	HR	HR%	R	RBI	BB	SO	SB	PINCH HIT AB	H	PO	A	E	DP	TC/G	FA	G by Pos

Rance Mulliniks *Continued*

Year	Team	Games	BA	SA	AB	H	2B	3B	HR	HR%	R	RBI	BB	SO	SB	AB	H	PO	A	E	DP	TC/G	FA	G by Pos
1982	TOR A	112	.244	.363	311	76	25	0	4	1.3	32	35	37	49	3	22	3	69	154	14	16	2.1	.941	3B-102, SS-16
1983		129	.275	.467	364	100	34	3	10	2.7	54	49	57	43	0	23	10	77	185	7	19	2.1	.974	3B-116, SS-15, 2B-2
1984		125	.324	.440	343	111	21	5	3	0.9	41	42	33	44	2	18	6	67	152	8	10	1.8	.965	3B-119, SS-3, 2B-1
1985		129	.295	.454	366	108	26	1	10	2.7	55	56	55	54	2	19	9	75	162	7	16	1.9	.971	3B-119
1986		117	.259	.417	348	90	22	0	11	3.2	50	45	43	60	1	16	2	60	176	6	13	2.1	.975	3B-110, DH-5, 2B-1
1987		124	.310	.500	332	103	28	1	11	3.3	37	44	34	55	1	24	8	29	137	13	14	1.4	.927	3B-96, DH-22, SS-1
1988		119	.300	.475	337	101	21	1	12	3.6	49	48	56	57	1	17	6	3	5	0	0	0.1	1.000	DH-108, 3B-7
1989		103	.238	.326	273	65	11	2	3	1.1	25	29	34	40	0	18	3	15	50	1	9	0.6	.985	DH-73, 3B-29
1990		57	.289	.392	97	28	4	0	2	2.0	11	16	22	19	2	22	8	23	25	2	5	2.1	.960	3B-22, DH-10, 1B-3
1991		97	.250	.333	240	60	12	1	2	0.8	27	24	44	44	0	19	3	2	3	0	0	1.0	1.000	DH-81, 3B-5
15 yrs.		1322	.272	.407	3567	971	226	17	73	2.0	444	434	459	555	15	200	58	701	1506	89	192	1.7	.961	3B-730, DH-301, SS-206, 2B-28, 1B-3

LEAGUE CHAMPIONSHIP SERIES

Year	Team	Games	BA	SA	AB	H	2B	3B	HR	HR%	R	RBI	BB	SO	SB	AB	H	PO	A	E	DP	TC/G	FA	G by Pos
1985	TOR A	5	.364	.727	11	4	1	0	1	9.1	1	3	2	2	0	2	2	1	4	0	0	1.0	1.000	3B-5
1989		1	.000	.000	1	0	0	0	0	0.0	0	0	0	1	0	1	0	0	0	0	0	0.0	—	
1991		5	.125	.125	8	1	0	0	0	0.0	1	0	3	0	0	1	0	0	0	0	0	0.0	1.000	DH-3
3 yrs.		11	.250	.450	20	5	1	0	1	5.0	2	3	5	3	0	4	2	1	4	0	0	0.5	.000	3B-5, DH-3

Pedro Munoz

MUNOZ, PEDRO JAVIER
B. Sept. 19, 1968, Ponce, Puerto Rico
BR TR 5' 11" 170 lbs.

Year	Team	Games	BA	SA	AB	H	2B	3B	HR	HR%	R	RBI	BB	SO	SB	AB	H	PO	A	E	DP	TC/G	FA	G by Pos
1990	MIN A	22	.271	.341	85	23	4	1	0	0.0	13	5	2	16	3	0	0	34	1	1	1	1.7	.972	OF-21, DH-1
1991		51	.283	.500	138	39	7	1	7	5.1	15	26	9	31	3	6	1	89	3	1	2	2.1	.989	OF-44, DH-2
2 yrs.		73	.278	.439	223	62	11	2	7	3.1	28	31	11	47	6	6	1	123	4	2	3	1.8	.984	OF-65, DH-3

Dale Murphy

MURPHY, DALE BRYAN
B. Mar. 12, 1956, Portland, Ore.
BR TR 6' 4" 210 lbs.

Split	Games	BA	SA	AB	H	2B	3B	HR	HR%	R	RBI	BB	SO	SB
April	19	.293	.480	75	22	2	0	4	5.3	11	13	5	16	0
May	25	.233	.389	90	21	5	0	3	3.3	11	11	7	15	1
June	25	.265	.482	83	22	4	1	4	4.8	9	13	8	14	0
July	25	.198	.291	86	17	5	0	1	1.2	8	9	9	14	0
Aug	28	.235	.429	98	23	7	0	4	4.1	14	13	11	19	0
Sept/Oct	31	.286	.429	112	32	10	0	2	1.8	13	22	8	15	0
Day	38	.205	.344	122	25	8	0	3	2.5	11	17	11	25	0
Night	115	.265	.436	422	112	25	1	15	3.6	55	64	37	68	1
vs. Left		.297	.443	192	57	13	0	5	2.6	28	25	17	33	1
vs. Right		.227	.401	352	80	20	1	13	3.7	38	56	31	60	0
On Grass	41	.204	.357	157	32	4	1	6	3.8	16	13	12	25	0
On Turf	112	.271	.439	387	105	29	0	12	3.1	50	68	36	68	1
Home	82	.280	.452	279	78	21	0	9	3.2	38	54	29	48	1
Road	71	.223	.377	265	59	12	1	9	3.4	28	27	19	45	0
Division Rivals														
vs. CHI	17	.235	.500	68	16	3	0	5	7.4	6	12	6	14	0
vs. MON	17	.328	.483	58	19	6	0	1	1.7	12	11	5	7	0
vs. NY	17	.300	.433	60	18	3	1	1	1.7	5	10	6	10	0
vs. PIT	17	.263	.351	57	15	5	0	0	0.0	5	10	3	11	0
vs. STL	16	.190	.328	58	11	5	0	1	1.7	5	10	5	9	0
On 3B < 2 Out		.297	.432	37	11	2	0	1	2.7	1	32	5	9	

Year	Team	Games	BA	SA	AB	H	2B	3B	HR	HR%	R	RBI	BB	SO	SB	AB	H	PO	A	E	DP	TC/G	FA	G by Pos
1976	ATL N	19	.262	.354	65	17	6	0	0	0.0	3	9	7	9	0	0	0	100	13	3	0	6.1	.974	C-19
1977		18	.316	.526	76	24	8	1	2	2.6	5	14	0	8	0	0	0	114	11	6	2	7.3	.954	C-18
1978		151	.226	.394	530	120	14	3	23	4.3	66	79	42	**145**	11	7	3	1220	105	23	84	8.9	.983	1B-129, C-21
1979		104	.276	.469	384	106	7	2	21	5.5	53	57	38	67	6	2	0	812	57	20	63	8.5	.978	1B-76, C-27
1980		156	.281	.510	569	160	27	2	33	5.8	98	89	59	**133**	9	1	0	384	15	6	4	2.6	.985	OF-154, 1B-1
1981		104	.247	.390	369	91	12	1	13	3.5	43	50	44	72	14	2	0	264	11	5	5	2.7	.982	OF-103, 1B-3
1982		162	.281	.507	598	168	23	2	36	6.0	113	**109**	93	134	23	1	1	407	6	9	2	2.6	.979	OF-162
1983		162	.302	**.540**	589	178	24	4	36	6.1	131	**121**	90	110	30	2	0	373	10	6	0	2.4	.985	OF-160
1984		162	.290	**.547**	607	176	32	8	**36**	5.9	94	100	79	134	19	2	0	369	10	5	1	2.4	.987	OF-161
1985		162	.300	.539	616	185	32	2	**37**	6.0	**118**	111	**90**	**141**	10	0	0	334	8	7	4	2.2	.980	OF-161
1986		160	.265	.477	614	163	29	7	29	4.7	89	83	75	141	7	1	1	303	6	6	1	2.0	.981	OF-159
1987		159	.295	.580	566	167	27	1	44	7.8	115	105	115	136	16	0	0	325	14	8	1	2.2	.977	OF-159
1988		156	.226	.421	592	134	35	4	24	4.1	77	77	74	125	3	1	0	340	15	3	4	2.3	.992	OF-156
1989		154	.228	.361	574	131	16	0	20	3.5	60	84	65	142	3	2	0	331	5	5	0	2.2	.982	OF-151

PLAYER REGISTER

Year	Team	Games	BA	SA	AB	H	2B	3B	HR	HR%	R	RBI	BB	SO	SB	PINCH HIT AB	PINCH HIT H	PO	A	E	DP	TC/G	FA	G by Pos

Dale Murphy Continued

Year	Team	Games	BA	SA	AB	H	2B	3B	HR	HR%	R	RBI	BB	SO	SB	AB	H	PO	A	E	DP	TC/G	FA	G by Pos
1990	2 teams		ATL N (97G — .232)		PHI N (57G — .266)																			
"	total	154	.245	.417	563	138	23	1	24	4.2	60	83	61	130	9	4	0	321	7	5	1	2.2	.985	OF-152
1991	PHI	N 153	.252	.415	544	137	33	1	18	3.3	66	81	48	93	1	9	3	287	6	5	0	2.0	.983	OF-147
16 yrs.		2136	.267	.472	7856	2095	348	39	398	5.0	1191	1252	980	1720 8th	161	34	8	6284	299	122	172	3.1	.982	OF-1824, 1B-209, C-85

LEAGUE CHAMPIONSHIP SERIES

Year	Team	Games	BA	SA	AB	H	2B	3B	HR	HR%	R	RBI	BB	SO	SB	AB	H	PO	A	E	DP	TC/G	FA	G by Pos
1982	ATL N	3	.273	.273	11	3	0	0	0	0.0	1	0	0	2	1	0	0	5	1	0	0	2.0	1.000	OF-3

Eddie Murray

MURRAY, EDDIE CLARENCE
Brother of Rich Murray.
B. Feb. 24, 1956, Los Angeles, Calif.
BB TR 6′ 2″ 190 lbs.

Split	Games	BA	SA	AB	H	2B	3B	HR	HR%	R	RBI	BB	SO	SB
April	16	.300	.480	50	15	3	0	2	4.0	10	5	9	2	1
May	27	.300	.470	100	30	5	0	4	4.0	15	22	7	14	2
June	26	.229	.343	105	24	6	0	2	1.9	8	20	10	12	2
July	26	.172	.242	99	17	4	0	1	1.0	10	12	11	20	2
Aug	28	.261	.396	111	29	3	0	4	3.6	11	13	9	16	1
Sept/Oct	30	.315	.514	111	35	2	1	6	5.4	15	24	9	10	2
Day	40	.277	.399	148	41	6	0	4	2.7	17	26	12	20	2
Night	113	.255	.404	428	109	17	1	15	3.5	52	70	43	54	8
vs. Left		.217	.327	254	55	10	0	6	2.4	26	40	20	30	5
vs. Right		.295	.463	322	95	13	1	13	4.0	43	56	35	44	5
On Grass	114	.277	.427	419	116	13	1	16	3.8	57	73	46	49	5
On Turf	39	.217	.338	157	34	10	0	3	1.9	12	23	9	25	5
Home	79	.270	.426	282	76	9	1	11	3.9	41	50	35	41	3
Road	74	.252	.381	294	74	14	0	8	2.7	28	46	20	33	7
Division Rivals														
vs. ATL	17	.194	.306	62	12	1	0	2	3.2	6	6	6	8	1
vs. CIN	16	.213	.377	61	13	2	1	2	3.3	7	13	5	9	0
vs. HOU	18	.296	.493	71	21	5	0	3	4.2	9	14	7	12	3
vs. SD	17	.293	.431	58	17	2	0	2	3.4	7	9	8	5	0
vs. SF	15	.259	.333	54	14	1	0	1	1.9	8	5	9	4	0
On 3B < 2 Out		.296	.444	27	8	1	0	1	3.7	1	28	11	4	

Year	Team	Games	BA	SA	AB	H	2B	3B	HR	HR%	R	RBI	BB	SO	SB	AB	H	PO	A	E	DP	TC/G	FA	G by Pos
1977	BAL A	160	.283	.470	611	173	29	2	27	4.4	81	88	48	104	0	4	0	375	17	3	34	2.5	.992	DH-111, 1B-42, OF-3
1978		161	.285	.480	610	174	32	3	27	4.4	85	95	70	97	6	0	0	1507	112	6	144	10.1	.996	1B-157, 3B-3, DH-1
1979		159	.295	.475	606	179	30	2	25	4.1	90	99	72	78	10	0	0	1456	107	10	135	9.9	.994	1B-157, DH-2
1980		158	.300	.519	621	186	36	2	32	5.2	100	116	54	71	7	3	1	1369	77	9	158	9.2	.994	1B-154, DH-1
1981		99	.294	.534	378	111	21	2	22	5.8	57	78	40	43	2	0	0	899	91	1	98	10.0	.999	1B-99
1982		151	.316	.549	550	174	30	1	32	5.8	87	110	70	82	7	0	0	1269	97	4	106	9.1	.997	1B-149, DH-2
1983		156	.306	.538	582	178	30	3	33	5.7	115	111	86	90	5	2	0	1393	114	10	136	9.7	.993	1B-153, DH-2
1984		162	.306	.509	588	180	26	3	29	4.9	97	110	107	87	10	0	0	1538	143	13	152	10.5	.992	1B-159, DH-3
1985		156	.297	.523	583	173	37	1	31	5.3	111	124	84	68	5	0	0	1338	152	19	154	9.7	.987	1B-154, DH-2
1986		137	.305	.463	495	151	25	1	17	3.4	61	84	78	49	3	2	0	1045	88	13	100	8.4	.989	1B-119, DH-16
1987		160	.277	.477	618	171	28	3	30	4.9	89	91	73	80	1	0	0	1371	145	10	146	9.5	.993	1B-156, DH-4
1988		161	.284	.474	603	171	27	2	28	4.6	75	84	75	78	5	0	0	867	106	11	101	6.1	.989	1B-103, DH-58
1989	LA N	160	.247	.401	594	147	29	1	20	3.4	66	88	87	85	7	1	1	1316	137	6	122	9.1	.996	1B-159, 3B-2
1990		155	.330	.520	558	184	22	3	26	4.6	96	95	82	64	8	4	0	1180	113	10	88	8.7	.992	1B-150
1991		153	.260	.403	576	150	23	1	19	3.3	69	96	55	74	10	3	2	1327	128	7	96	9.8	.995	1B-149, 3B-1
15 yrs.		2288	.292	.488	8573	2502	425	30	398	4.6	1279	1469	1081	1150	86	19	4	18250	1627	132	1770	8.7	.993	1B-2060, DH-202, 3B-6, OF-3

LEAGUE CHAMPIONSHIP SERIES

Year	Team	Games	BA	SA	AB	H	2B	3B	HR	HR%	R	RBI	BB	SO	SB	AB	H	PO	A	E	DP	TC/G	FA	G by Pos
1979	BAL A	4	.417	.667	12	5	0	0	1	8.3	3	5	5	2	0	0	0	44	3	2	4	12.3	.959	1B-4
1983		4	.267	.467	15	4	0	0	1	6.7	5	3	3	3	1	0	0	36	2	1	2	9.8	.974	1B-4
2 yrs.		8	.333	.556	27	9	0	0	2	7.4	8	8	8	5	1	0	0	80	5	3	6	11.0	.966	1B-8

WORLD SERIES

Year	Team	Games	BA	SA	AB	H	2B	3B	HR	HR%	R	RBI	BB	SO	SB	AB	H	PO	A	E	DP	TC/G	FA	G by Pos
1979	BAL A	7	.154	.308	26	4	1	0	1	3.8	3	2	4	4	1	0	0	60	7	0	5	9.6	1.000	1B-7
1983		5	.250	.550	20	5	0	0	2	10.0	2	3	1	4	0	0	0	46	1	1	5	9.6	.979	1B-5
2 yrs.		12	.196	.413	46	9	1	0	3	6.5	5	5	5	8	1	0	0	106	8	1	10	9.6	.991	1B-12

PLAYER REGISTER 159

Year	Team	Games	BA	SA	AB	H	2B	3B	HR	HR%	R	RBI	BB	SO	SB	PINCH HIT AB	PINCH HIT H	PO	A	E	DP	TC/G	FA	G by Pos

Greg Myers

MYERS, GREGORY RICHARD
B. Apr. 14, 1966, Riverside, Calif.
BL TR 6′ 1″ 200 lbs.

April		15	.245	.347	49	12	2	0	1	2.0	4	5	3	7	0									
May		21	.305	.475	59	18	7	0	1	1.7	9	6	9	7	0									
June		19	.303	.439	66	20	6	0	1	1.5	3	7	2	7	0									
July		18	.200	.345	55	11	5	0	1	1.8	3	5	1	12	0									
Aug		16	.250	.500	36	9	0	0	3	8.3	4	5	1	5	0									
Sept/Oct		18	.250	.364	44	11	2	0	1	2.3	2	8	5	7	0									
Day		30	.258	.393	89	23	6	0	2	2.2	7	12	5	15	0									
Night		77	.264	.418	220	58	16	0	6	2.7	18	24	16	30	0									
vs. Left			.171	.286	35	6	1	0	1	2.9	2	3	2	7	0									
vs. Right			.274	.427	274	75	21	0	7	2.6	23	33	19	38	0									
On Grass		37	.191	.270	115	22	3	0	2	1.7	8	9	3	21	0									
On Turf		70	.304	.495	194	59	19	0	6	3.1	17	27	18	24	0									
Home		54	.290	.490	145	42	14	0	5	3.4	11	20	16	21	0									
Road		53	.238	.341	164	39	8	0	3	1.8	14	16	5	24	0									
Division Rivals																								
vs. BAL		10	.226	.258	31	7	1	0	0	0.0	1	1	2	2	0									
vs. BOS		8	.238	.429	21	5	1	0	1	4.8	2	3	1	6	0									
vs. CLE		8	.261	.304	23	6	1	0	0	0.0	1	3	2	3	0									
vs. DET		8	.150	.350	20	3	1	0	1	5.0	1	3	1	1	0									
vs. MIL		8	.308	.423	26	8	0	0	1	3.8	4	2	2	3	0									
vs. NY		8	.280	.480	25	7	2	0	1	4.0	1	4	0	4	0									
On 3B <2 Out			.357	.571	14	5	3	0	0	0.0	0	16	4	2										
1987	TOR A	7	.111	.111	9	1	0	0	0	0.0	1	0	0	3	0	0	0	24	1	0	0	3.6	1.000	C-7
1989		17	.114	.159	44	5	2	0	0	0.0	0	1	2	9	0	1	0	46	6	0	1	3.1	1.000	C-11, DH-6
1990		87	.236	.332	250	59	7	1	5	2.0	33	22	22	33	0	7	2	411	30	3	4	5.1	.993	C-87
1991		107	.262	.411	309	81	22	0	8	2.6	25	36	21	45	0	10	2	484	37	11	5	5.1	.979	C-104
4 yrs.		218	.239	.356	612	146	31	1	13	2.1	59	59	45	90	0	18	4	965	74	14	10	4.8	.987	C-209, DH-6

Tim Naehring

NAEHRING, TIMOTHY JAMES
B. Feb. 1, 1967, Cincinnati, Ohio
BR TR 6′ 2″ 190 lbs.

Year	Team	Games	BA	SA	AB	H	2B	3B	HR	HR%	R	RBI	BB	SO	SB	PH AB	PH H	PO	A	E	DP	TC/G	FA	G by Pos
1990	BOS A	24	.271	.412	85	23	6	0	2	2.3	10	12	8	15	0	0	0	36	66	9	13	4.6	.919	SS-19, 3B-5, 2B-1
1991		20	.109	.127	55	6	1	0	0	0.0	1	3	6	15	0	1	0	17	53	3	9	3.7	.959	SS-17, 3B-2, 2B-1
2 yrs.		44	.207	.300	140	29	7	0	2	1.4	11	15	14	30	0	1	0	53	119	12	22	4.2	.935	SS-36, 3B-7, 2B-2

Al Newman

NEWMAN, ALBERT DWAYNE
B. June 30, 1960, Kansas City, Mo.
BB TR 5′ 9″ 175 lbs.

April		14	.158	.211	19	3	1	0	0	0.0	2	0	2	2	0
May		22	.234	.255	47	11	1	0	0	0.0	5	3	7	3	1
June		21	.178	.178	45	8	0	0	0	0.0	4	5	4	3	1
July		18	.239	.261	46	11	1	0	0	0.0	6	2	0	2	1
Aug		22	.196	.235	51	10	2	0	0	0.0	6	6	5	6	0
Sept/Oct		21	.105	.105	38	4	0	0	0	0.0	2	3	5	5	1
Day		41	.173	.183	104	18	1	0	0	0.0	8	8	8	8	2
Night		77	.204	.232	142	29	4	0	0	0.0	17	11	15	13	2
vs. Left			.242	.303	66	16	4	0	0	0.0	5	8	2	7	0
vs. Right			.172	.178	180	31	1	0	0	0.0	20	11	21	14	4

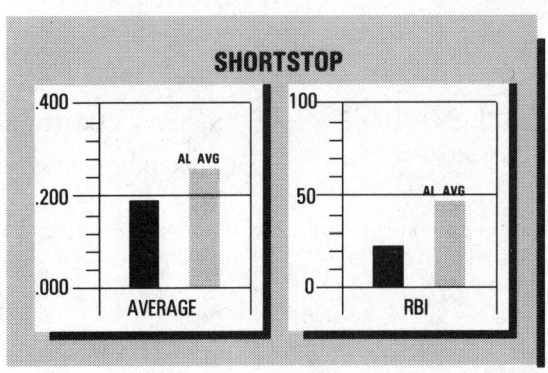
SHORTSTOP

PLAYER REGISTER

Year	Team	Games	BA	SA	AB	H	2B	3B	HR	HR%	R	RBI	BB	SO	SB	PINCH HIT AB	PINCH HIT H	PO	A	E	DP	TC/G	FA	G by Pos

Al Newman *Continued*

Year	Team	Games	BA	SA	AB	H	2B	3B	HR	HR%	R	RBI	BB	SO	SB	PH AB	PH H	PO	A	E	DP	TC/G	FA	G by Pos
On Grass		43	.232	.253	95	22	2	0	0	0.0	9	6	9	11	1									
On Turf		75	.166	.185	151	25	3	0	0	0.0	16	13	14	10	3									
Home		61	.179	.205	117	21	3	0	0	0.0	15	10	13	8	1									
Road		57	.202	.217	129	26	2	0	0	0.0	10	9	10	13	3									
Division Rivals																								
vs. CAL		8	.133	.200	15	2	1	0	0	0.0	1	1	3	2	0									
vs. CHI		11	.167	.167	24	4	0	0	0	0.0	1	0	1	1	1									
vs. KC		8	.067	.067	15	1	0	0	0	0.0	1	1	0	0	1									
vs. OAK		9	.235	.235	17	4	0	0	0	0.0	1	0	0	3	0									
vs. SEA		12	.179	.250	28	5	2	0	0	0.0	4	4	3	3	0									
vs. TEX		10	.143	.179	28	4	1	0	0	0.0	0	2	6	4	1									
On 3B <2 Out			.357	.500	14	5	2	0	0	0.0	0	13	0	0										
1985	MON N	25	.172	.207	29	5	1	0	0	0.0	7	1	3	4	2	2	0	19	36	0	7	2.2	1.000	2B-15, SS-2
1986		95	.200	.232	185	37	3	0	1	0.5	23	8	21	20	11	14	2	98	161	11	35	2.8	.959	2B-59, SS-22
1987	MIN A	110	.221	.303	307	68	15	5	0	0.0	44	29	34	27	15	6	0	120	225	5	44	3.2	.986	SS-55, 2B-47, 3B-12, DH-5, OF-2
1988		105	.223	.250	260	58	7	0	0	0.0	35	19	29	34	12	3	0	97	155	6	33	2.5	.977	3B-60, SS-28, 2B-23
1989		141	.253	.303	446	113	18	2	0	0.0	62	38	59	46	25	9	2	191	282	16	58	3.5	.967	2B-84, 3B-37, SS-31, OF-4, DH-2
1990		144	.242	.278	388	94	14	0	0	0.0	43	30	33	34	13	12	2	190	304	13	81	3.6	.974	2B-89, SS-48, 3B-28, OF-3
1991		118	.191	.211	246	47	5	0	0	0.0	25	19	23	21	4	21	5	130	184	4	39	2.9	.987	SS-55, 2B-35, 3B-35, DH-3, 1B-1, OF-1
7 yrs.		738	.227	.270	1861	422	63	7	1	0.1	239	144	202	186	82	67	11	845	1347	55	297	3.0	.976	2B-352, SS-241, 3B-172, DH-10, OF-10, 1B-1
LEAGUE CHAMPIONSHIP SERIES																								
1987	MIN A	1	.000	.000	2	0	0	0	0	0.0	0	0	0	0	0	0	0	1	0	0	0	1.0	1.000	2B-1
1991		2	.000	.000	0	0	0	0	0	0.0	0	0	0	0	0	0	0	0	0	0	0	0.0	1.000	3B-1, SS-1
2 yrs.		3	.000	.000	2	0	0	0	0	0.0	0	0	0	0	0	0	0	1	0	0	0	0.3	.000	2B-1, 3B-1, SS-1
WORLD SERIES																								
1987	MIN A	4	.200	.200	5	1	0	0	0	0.0	0	0	1	1	0	1	0	1	2	0	0	0.8	1.000	2B-3
1991		4	.500	1.500	2	1	0	1	0	0.0	0	1	0	0	0	1	0	0	2	0	1	0.5	1.000	3B-2, 2B-1, SS-1
2 yrs.		8	.286	.571	7	2	0	1	0	0.0	0	1	1	1	0	2	0	1	4	0	1	0.6	.000	2B-4, 3B-2, SS-1

Warren Newson

NEWSON, WARREN DALE
B. July 3, 1964, Newnan, Ga.
BL TL 5' 7" 190 lbs.

Year	Team	Games	BA	SA	AB	H	2B	3B	HR	HR%	R	RBI	BB	SO	SB	PH AB	PH H	PO	A	E	DP	TC/G	FA	G by Pos
1991	CHI A	71	.295	.424	132	39	5	0	4	3.0	20	25	28	34	2	22	8	48	3	2	0	1.1	.962	OF-50, DH-3

Carl Nichols

NICHOLS, CARL EDWARD
B. Oct. 14, 1962, Los Angeles, Calif.
BR TR 6' 184 lbs.

Year	Team	Games	BA	SA	AB	H	2B	3B	HR	HR%	R	RBI	BB	SO	SB	PH AB	PH H	PO	A	E	DP	TC/G	FA	G by Pos
1986	BAL A	5	.000	.000	5	0	0	0	0	0.0	0	0	1	4	0	0	0	11	0	0	0	2.2	1.000	C-5
1987		13	.381	.429	21	8	1	0	0	0.0	4	3	1	4	0	0	0	39	3	0	1	3.2	1.000	C-13
1988		18	.191	.213	47	9	1	0	0	0.0	2	1	3	10	0	1	0	71	13	1	2	4.7	.988	C-13, OF-3
1989	HOU N	8	.077	.077	13	1	0	0	0	0.0	0	2	0	3	0	4	0	16	1	0	0	2.1	1.000	C-6
1990		32	.204	.265	49	10	3	0	0	0.0	7	11	8	11	0	11	3	86	10	3	4	5.2	.970	C-15, 1B-3, OF-1
1991		20	.196	.255	51	10	3	0	0	0.0	3	1	5	17	0	4	0	86	14	3	2	6.1	.971	C-17
6 yrs.		96	.204	.247	186	38	8	0	0	0.0	16	18	18	49	0	20	3	309	41	7	9	3.7	.980	C-69, OF-4, 1B-3

PLAYER REGISTER 161

Year	Team		Games	BA	SA	AB	H	2B	3B	HR	HR%	R	RBI	BB	SO	SB	PINCH HIT AB	H	PO	A	E	DP	TC/G	FA	G by Pos

Otis Nixon

NIXON, OTIS JUNIOR
Brother of Donell Nixon.
B. Jan. 9, 1959, Evergreen, N. C.
BB TR 6' 2" 175 lbs.

			Games	BA	SA	AB	H	2B	3B	HR	HR%	R	RBI	BB	SO	SB
April			10	.238	.238	21	5	0	0	0	0.0	7	2	4	1	7
May			25	.391	.464	69	27	5	0	0	0.0	20	5	10	4	12
June			28	.292	.302	96	28	1	0	0	0.0	14	3	6	11	19
July			26	.363	.382	102	37	2	0	0	0.0	20	6	13	13	20
Aug			23	.141	.154	78	11	1	0	0	0.0	11	5	9	8	9
Sept/Oct			12	.314	.400	35	11	1	1	0	0.0	9	5	5	3	5
Day			28	.340	.380	100	34	2	1	0	0.0	17	10	8	10	22
Night			96	.282	.309	301	85	8	0	0	0.0	64	16	39	30	50
vs. Left				.305	.358	95	29	5	0	0	0.0	23	7	14	7	22
vs. Right				.294	.317	306	90	5	1	0	0.0	58	19	33	33	50
On Grass			90	.321	.357	280	90	10	0	0	0.0	60	20	35	30	47
On Turf			34	.240	.256	121	29	0	1	0	0.0	21	6	12	10	25
Home			67	.329	.367	207	68	8	0	0	0.0	44	15	26	18	38
Road			57	.263	.284	194	51	2	1	0	0.0	37	11	21	22	34
Division Rivals																
vs. CIN			10	.243	.243	37	9	0	0	0	0.0	7	4	3	2	5
vs. HOU			8	.217	.217	23	5	0	0	0	0.0	7	0	3	2	8
vs. LA			12	.227	.273	44	10	2	0	0	0.0	5	0	5	11	7
vs. SD			13	.235	.265	34	8	1	0	0	0.0	8	2	2	1	4
vs. SF			11	.267	.367	30	8	3	0	0	0.0	6	3	6	4	6
On 3B <2 Out				.091	.091	11	1	0	0	0	0.0	0	9	2	2	

OUTFIELD

(bar charts comparing AVERAGE, RBI, HR, SB vs NL AVG)

Year	Team		Games	BA	SA	AB	H	2B	3B	HR	HR%	R	RBI	BB	SO	SB	PINCH HIT AB	H	PO	A	E	DP	TC/G	FA	G by Pos
1983	NY	A	13	.143	.143	14	2	0	0	0	0.0	2	0	1	5	2	0	0	14	1	1	0	1.2	.938	OF-9
1984	CLE	A	49	.154	.154	91	14	0	0	0	0.0	16	1	8	11	12	0	0	81	3	0	0	1.7	1.000	OF-46
1985			104	.235	.315	162	38	4	0	3	1.9	34	9	8	27	20	2	0	129	5	4	1	1.3	.971	OF-80, DH-11
1986			105	.263	.326	95	25	4	1	0	0.0	33	8	13	12	23	3	1	90	3	3	0	0.9	.969	OF-95, DH-5
1987			19	.059	.059	17	1	0	0	0	0.0	2	1	3	4	2	0	0	21	0	0	0	1.1	1.000	OF-17
1988	MON	N	90	.244	.288	271	66	8	2	0	0.0	47	15	28	42	46	11	6	176	2	1	1	2.0	.994	OF-82
1989			126	.217	.260	258	56	7	2	0	0.0	41	21	33	36	37	21	2	160	2	2	0	1.3	.988	OF-98
1990			119	.251	.307	231	58	6	2	1	0.4	46	20	28	33	50	28	6	149	6	1	1	1.8	.994	OF-88, SS-1
1991	ATL	N	124	.297	.327	401	119	10	1	0	0.0	81	26	47	40	72	8	3	218	6	3	1	2.0	.987	OF-115
9 yrs.			749	.246	.290	1540	379	39	8	4	0.3	302	101	169	210	264	73	18	1038	28	15	4	1.4	.986	OF-630, DH-16, SS-1

Junior Noboa

NOBOA, MILCIADES ARTURO
Born Milciades Arturo Noboa y Diaz.
B. Nov. 10, 1964, Azua, Dominican Republic
BR TR 5' 10" 155 lbs.

Year	Team		Games	BA	SA	AB	H	2B	3B	HR	HR%	R	RBI	BB	SO	SB	PINCH HIT AB	H	PO	A	E	DP	TC/G	FA	G by Pos
1984	CLE	A	23	.364	.364	11	4	0	0	0	0.0	3	0	0	2	1	0	0	7	13	0	4	0.9	1.000	2B-19, DH-1
1987			39	.225	.275	80	18	2	1	0	0.0	7	7	3	6	1	2	0	28	66	3	8	2.5	.969	2B-21, SS-8, 3B-5
1988	CAL	A	21	.063	.063	16	1	0	0	0	0.0	4	0	0	1	0	0	0	8	24	1	7	1.6	.970	2B-9, SS-3, 3B-2
1989	MON	N	21	.227	.227	44	10	0	0	0	0.0	3	1	1	3	0	5	3	17	45	0	7	3.0	1.000	2B-13, SS-4, 3B-1
1990			81	.266	.335	158	42	7	2	0	0.0	15	14	7	14	4	35	10	47	52	2	10	2.0	.980	2B-31, OF-9, 3B-8, SS-7, P-1
1991			67	.242	.305	95	23	3	0	1	1.1	5	2	1	8	2	46	**14**	20	19	1	4	2.2	.975	OF-7, 2B-6, 3B-2, SS-2, 1B-1
6 yrs.			252	.243	.295	404	98	12	3	1	0.2	37	24	12	34	8	88	27	127	219	7	40	1.4	.980	2B-99, SS-24, 3B-18, OF-16, DH-1, P-1, 1B-1

162 PLAYER REGISTER

Year	Team	Games	BA	SA	AB	H	2B	3B	HR	HR%	R	RBI	BB	SO	SB	PINCH HIT AB	H	PO	A	E	DP	TC/G	FA	G by Pos

Matt Nokes

NOKES, MATTHEW DODGE
B. Oct. 31, 1963, San Diego, Calif.
BL TR 6' 1" 180 lbs.

April		15	.319	.553	47	15	5	0	2	4.3	5	9	2	4	0								
May		20	.276	.500	76	21	2	0	5	6.6	9	11	3	7	0								
June		22	.270	.473	74	20	3	0	4	5.4	9	12	3	5	0								
July		22	.273	.584	77	21	3	0	7	9.1	12	23	5	10	0								
Aug		27	.247	.432	81	20	3	0	4	4.9	10	10	6	9	0								
Sept/Oct		29	.248	.347	101	25	4	0	2	2.0	7	12	6	14	3								
Day		45	.245	.490	151	37	4	0	11	7.3	20	29	11	12	2								
Night		90	.279	.459	305	85	16	0	13	4.3	32	48	14	37	1								
vs. Left			.261	.459	111	29	1	0	7	6.3	13	23	6	12	2								
vs. Right			.270	.472	345	93	19	0	17	4.9	39	54	19	37	1								
On Grass		112	.255	.462	372	95	14	0	21	5.6	42	67	21	41	3								
On Turf		23	.321	.500	84	27	6	0	3	3.6	10	10	4	8	0								
Home		61	.260	.495	200	52	8	0	13	6.5	27	43	12	26	1								
Road		74	.273	.449	256	70	12	0	11	4.3	25	34	13	23	2								
Division Rivals																								
vs. BAL		11	.235	.441	34	8	1	0	2	5.9	5	9	6	5	0								
vs. BOS		9	.250	.393	28	7	1	0	1	3.6	2	6	1	2	2								
vs. CLE		9	.229	.343	35	8	1	0	1	2.9	4	4	4	4	1								
vs. DET		10	.188	.250	32	6	2	0	0	0.0	1	1	2	2	0								
vs. MIL		13	.244	.311	45	11	0	0	1	2.2	3	8	1	5	0								
vs. TOR		10	.286	.607	28	8	0	0	3	10.7	5	6	3	4	0								
On 3B < 2 Out			.308	.538	13	4	0	0	1	7.7	1	14	1	1									
1985	SF N	19	.208	.358	53	11	2	0	2	3.8	3	5	1	9	0	5	0	84	2	2	0	4.6	.977	C-14
1986	DET A	7	.333	.500	24	8	1	0	1	4.2	2	2	1	1	0	0	0	43	2	0	2	6.4	1.000	C-7
1987		135	.289	.536	461	133	14	2	32	6.9	69	87	35	70	2	19	4	600	32	5	2	4.7	.992	C-109, OF-3, 3B-2
1988		122	.251	.424	382	96	18	0	16	4.2	53	53	34	58	0	16	3	574	45	7	8	5.1	.989	C-110, DH-4
1989		87	.250	.388	268	67	10	0	9	3.4	15	39	17	37	1	11	1	235	26	6	3	3.1	.978	C-51, DH-33
1990	2 teams	DET A (44G — .270)			NY A (92G — .238)																			
"	total	136	.248	.373	351	87	9	1	11	3.1	33	40	24	47	2	34	8	237	34	2	6	4.1	.993	C-65, DH-54, OF-2
1991	NY A	135	.268	.469	456	122	20	0	24	5.3	52	77	25	49	3	17	4	690	48	6	7	5.7	.992	C-130, DH-3
7 yrs.		641	.263	.446	1995	524	74	3	95	4.8	227	303	137	271	8	102	20	2463	189	28	28	4.2	.990	C-486, DH-94, OF-5, 3B-2
LEAGUE CHAMPIONSHIP SERIES																								
1987	DET A	5	.143	.357	14	2	0	0	1	7.1	2	2	1	4	0	2	0	11	2	0	0	2.6	1.000	C-3, DH-2

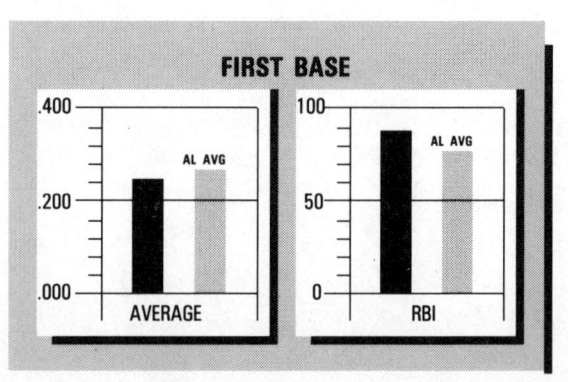

Charlie O'Brien

O'BRIEN, CHARLES HUGH
B. May 1, 1960, Tulsa, Okla.
BR TR 6' 2" 195 lbs.

Year	Team	G	BA	SA	AB	H	2B	3B	HR	HR%	R	RBI	BB	SO	SB	PH AB	H	PO	A	E	DP	TC/G	FA	G by Pos
1985	OAK A	16	.273	.364	11	3	1	0	0	0.0	3	1	3	3	0	0	0	23	0	1	0	1.5	.958	C-16
1987	MIL A	10	.200	.343	35	7	3	1	0	0.0	2	0	4	4	0	0	0	78	11	0	0	8.9	1.000	C-10
1988		40	.220	.322	118	26	6	0	2	1.7	12	9	5	16	0	0	0	210	20	2	4	5.8	.991	C-40
1989		62	.234	.383	188	44	10	0	6	3.2	22	35	21	11	0	0	0	314	36	5	5	5.7	.986	C-62
1990	2 teams	MIL A (46G — .186)			NY N (28G — .162)																			
"	total	74	.178	.244	213	38	10	2	0	0.0	17	20	21	34	0	0	0	408	45	5	6	6.2	.989	C-74
1991	NY N	69	.185	.256	168	31	6	0	2	1.2	16	14	17	25	0	2	0	396	37	4	7	6.5	.991	C-67
6 yrs.		271	.203	.302	733	149	36	3	10	1.4	72	79	71	93	0	2	0	1429	149	17	22	5.9	.989	C-269

Pete O'Brien

O'BRIEN, PETER MICHAEL
B. Feb. 9, 1958, Santa Monica, Calif.
BL TL 6' 180 lbs.

April		21	.259	.395	81	21	5	0	2	2.5	8	12	5	7	0
May		26	.229	.438	96	22	3	1	5	5.2	11	17	10	10	0
June		27	.234	.309	94	22	7	0	0	0.0	8	12	8	11	0
July		27	.275	.441	102	28	7	2	2	2.0	9	13	1	6	0
Aug		27	.265	.378	98	26	5	0	2	2.0	12	14	11	11	0
Sept/Oct		24	.225	.449	89	20	2	0	6	6.7	10	20	9	16	0
Day		42	.285	.457	151	43	9	1	5	3.3	18	27	8	17	0
Night		110	.235	.381	409	96	20	2	12	2.9	40	61	36	44	0
vs. Left			.235	.363	179	42	11	0	4	2.2	16	27	11	22	0
vs. Right			.255	.420	381	97	18	3	13	3.4	42	61	33	39	0

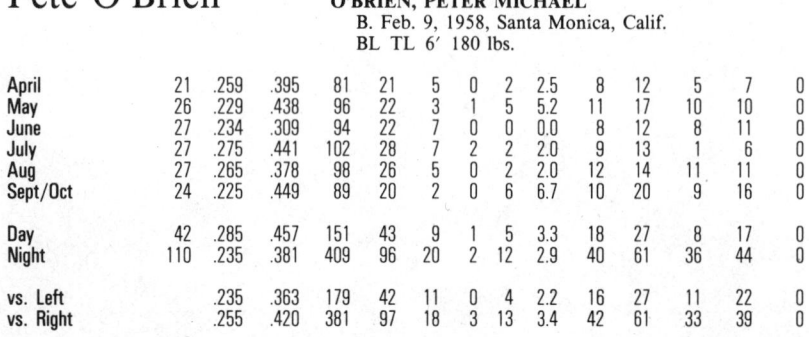

Pete O'Brien Continued

	Year	Team	Games	BA	SA	AB	H	2B	3B	HR	HR%	R	RBI	BB	SO	SB	PINCH HIT AB	H	PO	A	E	DP	TC/G	FA	G by Pos
On Grass			57	.280	.382	207	58	9	0	4	1.9	20	28	17	24	0									
On Turf			95	.229	.414	353	81	20	3	13	3.7	38	60	27	37	0									
Home			77	.238	.441	290	69	17	3	12	4.1	32	53	19	30	0									
Road			75	.259	.359	270	70	12	0	5	1.9	26	35	25	31	0									
Division Rivals																									
vs. CAL			13	.333	.563	48	16	5	0	2	4.2	9	8	3	3	0									
vs. CHI			13	.289	.556	45	13	1	1	3	6.7	5	10	1	5	0									
vs. KC			11	.231	.462	39	9	1	1	2	5.1	8	5	3	7	0									
vs. MIN			13	.140	.220	50	7	1	0	1	2.0	3	5	4	5	0									
vs. OAK			13	.271	.333	48	13	3	0	0	0.0	2	8	4	7	0									
vs. TEX			11	.217	.326	46	10	2	0	1	2.2	4	5	3	8	0									
On 3B <2 Out				.257	.400	35	9	2	0	1	2.9	1	29	4	4										
1982	TEX	A	20	.239	.507	67	16	4	1	4	6.0	13	13	6	8	1	0	0	39	3	0	5	2.1	1.000	OF-11, DH-4, 1B-3
1983			154	.237	.347	524	124	24	5	8	1.5	53	53	58	62	5	6	2	1191	121	11	105	8.6	.992	1B-133, OF-27, DH-1
1984			142	.287	.448	520	149	26	2	18	3.5	57	80	53	50	3	2	1	1271	105	11	103	9.8	.992	1B-141, OF-1
1985			159	.267	.452	573	153	34	3	22	3.8	69	92	69	53	5	3	0	1457	98	8	125	9.8	.995	1B-159
1986			156	.290	.468	551	160	23	3	23	4.2	86	90	87	66	4	3	1	1224	115	11	123	8.7	.992	1B-155
1987			159	.286	.457	569	163	26	1	23	4.0	84	88	59	61	0	3	0	1233	146	11	118	8.7	.992	1B-158, OF-2
1988			156	.272	.408	547	149	24	1	16	2.9	57	71	72	73	1	5	1	1346	140	8	124	9.6	.995	1B-155, DH-1
1989	CLE	A	155	.260	.372	554	144	24	1	12	2.2	75	55	83	48	3	4	0	1359	114	9	111	9.6	.994	1B-154, DH-1
1990	SEA	A	108	.224	.314	366	82	18	0	5	1.3	32	27	44	33	0	6	0	852	76	5	68	9.4	.995	1B-97, DH-6, OF-6
1991			152	.248	.402	560	139	29	3	17	3.0	58	88	44	61	0	3	2	1065	87	5	125	8.4	.996	1B-132, DH-18, OF-13
10 yrs.			1361	.265	.413	4831	1279	232	20	148	3.1	584	657	575	515	22	35	7	11037	1005	79	1007	8.9	.993	1B-1287, OF-60, DH-31

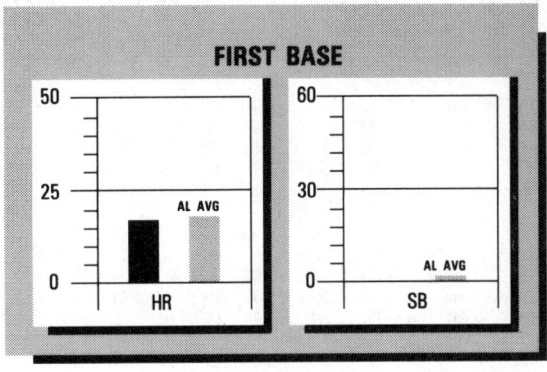

Paul O'Neill

O'NEILL, PAUL ANDREW
B. Feb. 25, 1963, Columbus, Ohio
BL TL 6' 4" 200 lbs.

	Year	Team	Games	BA	SA	AB	H	2B	3B	HR	HR%	R	RBI	BB	SO	SB	PINCH HIT AB	H	PO	A	E	DP	TC/G	FA	G by Pos
April			17	.213	.475	61	13	4	0	4	6.6	9	7	10	11	1									
May			25	.288	.575	80	23	5	0	6	7.5	10	18	12	12	1									
June			26	.278	.515	97	27	8	0	5	5.2	12	22	12	16	4									
July			23	.213	.338	80	17	4	0	2	2.5	10	6	8	18	2									
Aug			29	.263	.515	99	26	7	0	6	6.1	14	20	19	25	2									
Sept/Oct			32	.261	.461	115	30	8	0	5	4.3	16	18	12	25	2									
Day			39	.317	.620	142	45	13	0	10	7.0	23	26	16	24	1									
Night			113	.233	.431	390	91	23	0	18	4.6	48	65	57	83	11									
vs. Left				.201	.308	169	34	9	0	3	1.8	17	15	11	52	1									
vs. Right				.281	.562	363	102	27	0	25	6.9	54	76	62	55	11									
On Grass			46	.286	.491	161	46	9	0	8	5.0	24	26	24	38	4									
On Turf			106	.243	.477	371	90	27	0	20	5.4	47	65	49	69	8									
Home			74	.284	.586	268	76	21	0	20	7.5	42	59	32	45	8									
Road			78	.227	.375	264	60	15	0	8	3.0	29	32	41	62	4									
Division Rivals																									
vs. ATL			14	.191	.255	47	9	3	0	0	0.0	6	1	8	9	2									
vs. HOU			18	.246	.508	61	15	4	0	4	6.6	10	9	11	10	1									
vs. LA			18	.355	.677	62	22	5	0	5	8.1	9	18	7	10	2									
vs. SD			17	.230	.393	61	14	1	0	3	4.9	5	6	6	22	1									
vs. SF			17	.226	.435	62	14	1	0	4	6.5	7	13	9	10	1									
On 3B <2 Out				.357	.750	28	10	5	0	2	7.1	2	24	6	4										
1985	CIN	N	5	.333	.417	12	4	1	0	0	0.0	1	1	0	2	0	3	1	3	1	0	0	0.8	1.000	OF-2
1986			3	.000	.000	2	0	0	0	0	0.0	0	1	1	1	0	2	0	0	0	0	0	0.0	—	
1987			84	.256	.488	160	41	14	1	7	4.4	24	28	18	29	2	37	11	90	2	4	2	1.1	.958	OF-42, 1B-2, P-1
1988			145	.252	.414	485	122	25	3	16	3.3	58	73	38	65	8	11	0	410	13	6	14	3.0	.986	OF-139
1989			117	.276	.446	428	118	24	2	15	3.5	49	74	46	64	20	3	3	223	7	4	1	2.0	.983	OF-115
1990			145	.270	.421	503	136	28	0	16	3.1	59	78	53	103	13	8	2	271	12	2	0	2.0	.993	OF-141
1991			152	.256	.481	532	136	36	0	28	5.3	71	91	73	107	12	4	1	301	13	2	2	2.1	.994	OF-150
7 yrs.			651	.262	.444	2122	557	128	6	82	3.9	262	345	229	371	55	68	18	1298	48	18	19	2.1	.987	OF-589, 1B-2, P-1
LEAGUE CHAMPIONSHIP SERIES																									
1990	CIN	N	5	.471	.824	17	8	3	0	1	5.8	1	4	1	1	1	0	0	9	2	0	1	2.2	1.000	OF-5
WORLD SERIES																									
1990	CIN	N	4	.083	.083	12	1	0	0	0	0.0	2	1	5	2	1	0	0	11	0	0	0	2.8	1.000	OF-4

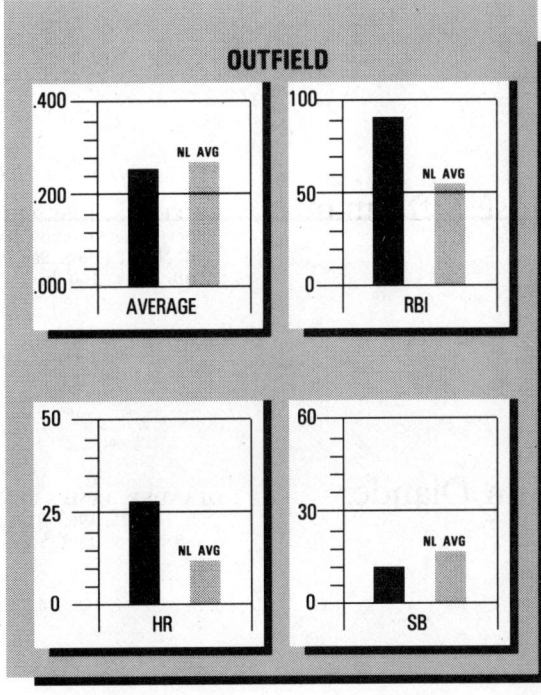

PLAYER REGISTER

Year	Team		Games	BA	SA	AB	H	2B	3B	HR	HR%	R	RBI	BB	SO	SB	PINCH HIT AB	H	PO	A	E	DP	TC/G	FA	G by Pos

Ken Oberkfell
OBERKFELL, KENNETH RAY (Obie)
B. May 4, 1956, Highland, Ill.
BL TR 6' 175 lbs.

Year	Team		Games	BA	SA	AB	H	2B	3B	HR	HR%	R	RBI	BB	SO	SB	PH AB	PH H	PO	A	E	DP	TC/G	FA	G by Pos
1977	STL	N	9	.111	.111	9	1	0	0	0	0.0	0	1	0	3	0	3	0	3	4	0	1	0.8	1.000	2B-6
1978			24	.120	.140	50	6	1	0	0	0.0	7	0	3	1	0	3	0	30	48	1	8	3.3	.987	2B-17, 3B-4
1979			135	.301	.388	369	111	19	5	1	0.3	53	35	57	35	4	13	3	223	343	9	67	4.3	.984	2B-117, 3B-17, SS-2
1980			116	.303	.417	422	128	27	6	3	0.7	58	46	51	23	4	1	0	227	340	7	64	4.9	.988	2B-101, 3B-16
1981			102	.293	.372	376	110	12	6	2	0.5	43	45	37	28	13	1	0	77	247	15	23	3.3	.956	3B-102, SS-1
1982			137	.289	.370	470	136	22	5	2	0.4	55	34	40	31	11	3	1	80	305	11	23	2.9	.972	3B-135, 2B-1
1983			151	.293	.385	488	143	26	6	3	0.6	62	38	61	27	12	8	3	132	303	18	44	3.0	.960	3B-127, 2B-32, SS-1
1984	2 teams		STL N (50G — .309)			ATL N (50G — .233)																			
"	total		100	.269	.349	324	87	19	2	1	0.3	38	21	31	27	2	6	1	64	173	8	15	2.5	.967	3B-91, 2B-6, SS-1
1985	ATL	N	134	.272	.359	412	112	19	4	3	0.7	30	35	51	38	1	10	2	88	257	12	26	2.7	.966	3B-117, 2B-16
1986			151	.270	.360	503	136	24	3	5	1.0	62	48	83	40	7	4	1	116	335	11	39	3.1	.976	3B-130, 2B-41
1987			135	.280	.362	508	142	29	2	3	0.6	59	48	48	29	3	5	0	89	265	7	23	2.7	.981	3B-126, 2B-11
1988	2 teams		ATL N (120G — .277)			PIT N (20G — .222)																			
"	total		140	.271	.353	476	129	22	4	3	0.6	49	42	37	34	4	15	2	107	237	15	24	2.6	.958	3B-115, 2B-12, SS-3, 1B-1
1989	2 teams		PIT N (14G — .125)			SF N (83G — .319)																			
"			97	.269	.359	156	42	6	1	2	1.3	19	17	10	10	0	50	18	131	47	4	11	1.9	.978	3B-38, 1B-16, 2B-10
1990	HOU	N	77	.207	.280	150	31	6	1	1	0.6	10	12	15	17	1	30	4	93	52	4	16	3.5	.973	3B-24, 1B-11, 2B-11
1991			53	.229	.286	70	16	4	0	0	0.0	7	14	14	8	0	32	6	70	13	2	6	5.0	.976	1B-13, 3B-4
15 yrs.			1561	.278	.364	4783	1330	236	44	29	0.6	552	436	538	351	62	184	41	1530	2969	124	390	3.0	.973	3B-1046, 2B-381, 1B-41, SS-8

LEAGUE CHAMPIONSHIP SERIES

Year	Team		G	BA	SA	AB	H	2B	3B	HR	HR%	R	RBI	BB	SO	SB	PH AB	PH H	PO	A	E	DP	TC/G	FA	G by Pos
1982	STL	N	3	.200	.200	15	3	0	0	0	0.0	1	2	0	0	0	0	0	2	4	1	1	1.7	.857	3B-3
1989	SF	N	3	.000	.000	4	0	0	0	0	0.0	0	0	0	0	0	3	0	0	1	0	0	0.3	1.000	3B-1
2 yrs.			6	.158	.158	19	3	0	0	0	0.0	1	2	0	0	0	3	0	2	5	1	1	1.3	.875	3B-4

WORLD SERIES

Year	Team		G	BA	SA	AB	H	2B	3B	HR	HR%	R	RBI	BB	SO	SB	PH AB	PH H	PO	A	E	DP	TC/G	FA	G by Pos
1982	STL	N	7	.292	.333	24	7	1	0	0	0.0	4	1	2	1	2	0	0	3	21	1	2	3.6	.960	3B-7
1989	SF	N	4	.333	.333	6	2	0	0	0	0.0	1	0	3	0	0	1	1	0	5	1	1	1.5	.833	3B-4
2 yrs.			11	.300	.333	30	9	1	0	0	0.0	5	1	5	1	2	1	1	3	26	2	3	2.8	.935	3B-11

Jose Offerman
OFFERMAN, JOSE ANTONIO
Born Jose Antonio Oferman y Dono.
B. Nov. 8, 1968, San Pedro de Macoris, Dominican Republic
BB TR 6' 160 lbs.

Year	Team		G	BA	SA	AB	H	2B	3B	HR	HR%	R	RBI	BB	SO	SB	PH AB	PH H	PO	A	E	DP	TC/G	FA	G by Pos
1990	LA	N	29	.155	.207	58	9	0	0	1	1.7	7	7	4	14	1	1	0	30	40	4	5	2.7	.946	SS-27
1991			52	.195	.212	113	22	2	0	0	0.0	10	3	25	32	3	2	0	50	121	10	17	3.6	.945	SS-50
2 yrs.			81	.181	.211	171	31	2	0	1	0.6	17	10	29	46	4	3	0	80	161	14	22	3.1	.945	SS-77

Jim Olander
OLANDER, JAMES BENTLEY
B. Feb. 21, 1963, Tucson, Ariz.
BR TR 6' 2" 185 lbs.

Year	Team		G	BA	SA	AB	H	2B	3B	HR	HR%	R	RBI	BB	SO	SB	PH AB	PH H	PO	A	E	DP	TC/G	FA	G by Pos
1991	MIL	A	12	.000	.000	9	0	0	0	0	0.0	2	0	2	5	0	0	0	9	0	0	0	1.0	1.000	OF-9, DH-3

John Olerud
OLERUD, JOHN GARRETT
B. Aug. 5, 1968, Bellevue, Wash.
BL TL 6' 5" 205 lbs.

	G	BA	SA	AB	H	2B	3B	HR	HR%	R	RBI	BB	SO	SB
April	17	.262	.475	61	16	4	0	3	4.9	11	9	10	9	0
May	22	.156	.260	77	12	2	0	2	2.6	5	6	11	16	0
June	23	.271	.471	70	19	3	1	3	4.3	10	11	8	15	0
July	22	.342	.557	79	27	5	0	4	5.1	9	8	5	13	0
Aug	26	.238	.438	80	19	7	0	3	3.8	17	18	14	12	0
Sept/Oct	29	.264	.437	87	23	9	0	2	2.3	12	16	20	19	0
Day	44	.241	.436	133	32	8	0	6	4.5	20	29	27	23	0
Night	95	.262	.439	321	84	22	1	11	3.4	44	39	41	61	0
vs. Left		.217	.386	83	18	3	1	3	3.6	15	16	17	19	0
vs. Right		.264	.450	371	98	27	0	14	3.8	49	52	51	65	0

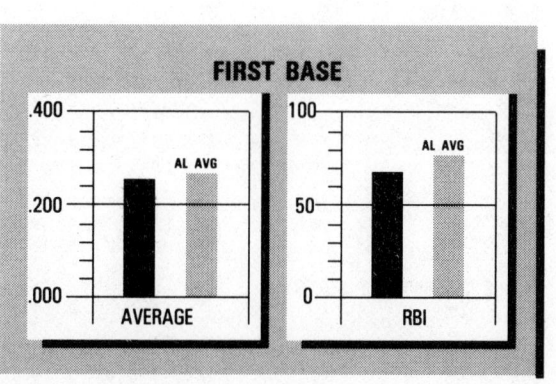

FIRST BASE — AVERAGE / RBI (AL AVG comparison)

Year	Team	Games	BA	SA	AB	H	2B	3B	HR	HR%	R	RBI	BB	SO	SB	PINCH HIT AB	PINCH HIT H	PO	A	E	DP	TC/G	FA	G by Pos

John Olerud *Continued*

Split	Games	BA	SA	AB	H	2B	3B	HR	HR%	R	RBI	BB	SO	SB	PH AB	PH H	PO	A	E	DP	TC/G	FA	G by Pos
On Grass	52	.256	.448	172	44	12	0	7	4.1	30	24	25	35	0									
On Turf	87	.255	.433	282	72	18	1	10	3.5	34	44	43	49	0									
Home	70	.270	.447	226	61	17	1	7	3.1	27	39	36	36	0									
Road	69	.241	.430	228	55	13	0	10	4.4	37	29	32	48	0									
Division Rivals																							
vs. BAL	12	.293	.561	41	12	3	1	2	4.9	6	7	7	6	0									
vs. BOS	10	.161	.290	31	5	4	0	0	0.0	4	4	6	6	0									
vs. CLE	10	.269	.423	26	7	1	0	1	3.8	6	7	4	4	0									
vs. DET	10	.250	.406	32	8	2	0	1	3.1	9	4	7	3	0									
vs. MIL	13	.333	.689	45	15	4	0	4	8.9	9	12	6	8	0									
vs. NY	11	.194	.250	36	7	2	0	0	0.0	4	5	3	9	0									
On 3B <2 Out		.280	.360	25	7	2	0	0	0.0	0	23	11	7	0									
1989 TOR A	6	.375	.375	8	3	0	0	0	0.0	2	0	0	1	0	1	0	19	2	0	0	3.5	1.000	1B-5, DH-1
1990	111	.265	.430	358	95	15	1	14	3.9	43	48	57	75	0	7	1	133	10	2	10	8.1	.986	DH-90, 1B-18
1991	139	.256	.438	454	116	30	1	17	3.7	64	68	68	84	0	9	1	1120	78	5	77	8.9	.996	1B-135, DH-1
3 yrs.	256	.261	.434	820	214	45	2	31	3.8	109	116	125	160	0	17	2	1272	90	7	87	5.3	.995	1B-158, DH-92
LEAGUE CHAMPIONSHIP SERIES																							
1991 TOR A	5	.158	.158	19	3	0	0	0	0.0	1	3	3	1	0	0	0	40	3	0	5	8.6	1.000	1B-5

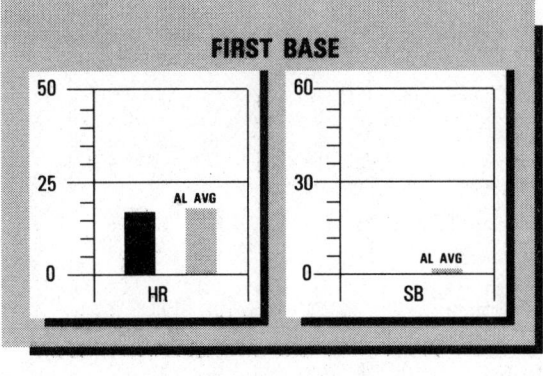

Joe Oliver

OLIVER, JOSEPH MELTON
B. July 24, 1965, Memphis, Tenn.
BR TR 6' 3" 215 lbs.

Split	Games	BA	SA	AB	H	2B	3B	HR	HR%	R	RBI	BB	SO	SB	PH AB	PH H	PO	A	E	DP	TC/G	FA	G by Pos
April	11	.156	.219	32	5	2	0	0	0.0	1	1	3	9	0									
May	14	.194	.226	31	6	1	0	0	0.0	1	0	1	7	0									
June	13	.286	.457	35	10	3	0	1	2.9	1	3	4	6	0									
July	19	.232	.429	56	13	2	0	3	5.4	7	10	2	7	0									
Aug	20	.167	.379	66	11	2	0	4	6.1	7	14	6	15	0									
Sept/Oct	17	.265	.469	49	13	1	0	3	6.1	4	13	2	9	0									
Day	18	.277	.319	47	13	2	0	0	0.0	4	5	4	11	0									
Night	76	.203	.392	222	45	9	0	11	5.0	17	36	14	42	0									
vs. Left		.229	.450	131	30	5	0	8	6.1	12	27	15	24	0									
vs. Right		.203	.312	138	28	6	0	3	2.2	9	14	3	29	0									
On Grass	28	.231	.410	78	18	2	0	4	5.1	7	19	4	19	0									
On Turf	66	.209	.366	191	40	9	0	7	3.7	14	22	14	34	0									
Home	50	.200	.386	145	29	6	0	7	4.8	14	17	11	27	0									
Road	44	.234	.371	124	29	5	0	4	3.2	7	24	7	26	0									
Division Rivals																							
vs. ATL	14	.306	.755	49	15	4	0	6	12.2	7	21	5	10	0									
vs. HOU	8	.179	.214	28	5	1	0	0	0.0	1	0	1	7	0									
vs. LA	8	.042	.042	24	1	0	0	0	0.0	0	0	1	6	0									
vs. SD	9	.231	.346	26	6	0	0	1	3.8	1	1	1	6	0									
vs. SF	9	.241	.483	29	7	1	0	2	6.9	6	6	1	8	0									
On 3B <2 Out		.400	.800	15	6	0	0	2	13.3	2	11	1	5	0									
1989 CIN N	49	.272	.384	151	41	8	0	3	2.0	13	23	6	28	0	7	2	260	21	4	1	5.8	.986	C-47
1990	121	.231	.360	364	84	23	0	8	2.1	34	52	37	75	1	8	4	686	59	6	8	6.4	.992	C-118
1991	94	.216	.379	269	58	11	0	11	4.1	21	41	18	53	0	7	0	496	40	11	6	6.1	.980	C-90
3 yrs.	264	.233	.371	784	183	42	0	22	2.8	68	116	61	156	1	22	6	1442	120	21	15	6.0	.987	C-255
LEAGUE CHAMPIONSHIP SERIES																							
1990 CIN N	5	.143	.143	14	2	0	0	0	0.0	1	0	0	2	0	0	0	27	1	0	0	5.6	1.000	C-5
WORLD SERIES																							
1990 CIN N	4	.333	.500	18	6	3	0	0	0.0	2	2	0	1	0	0	0	27	1	3	0	7.8	.903	C-4

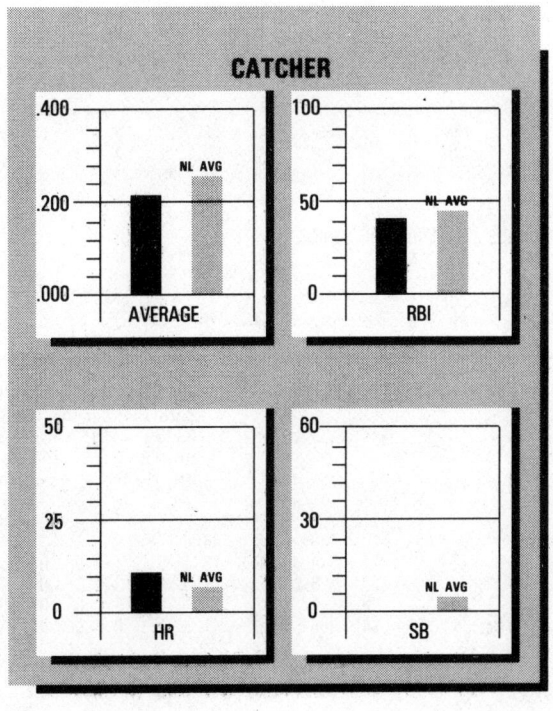

PLAYER REGISTER

Year	Team	Games	BA	SA	AB	H	2B	3B	HR	HR%	R	RBI	BB	SO	SB	PINCH HIT AB	PINCH HIT H	PO	A	E	DP	TC/G	FA	G by Pos

Greg Olson

OLSON, GREGORY WILLIAM
B. Sept. 6, 1960, Marshall, Minn.
BR TR 6' 200 lbs.

	Games	BA	SA	AB	H	2B	3B	HR	HR%	R	RBI	BB	SO	SB
April	10	.500	.591	22	11	2	0	0	0.0	4	1	1	3	0
May	19	.204	.259	54	11	0	0	1	1.9	5	7	5	6	0
June	22	.233	.384	73	17	5	0	2	2.7	6	7	6	5	0
July	24	.263	.408	76	20	5	0	2	2.6	14	12	9	8	0
Aug	26	.254	.352	71	18	4	0	1	1.4	8	9	9	9	0
Sept/Oct	32	.191	.270	115	22	9	0	0	0.0	9	8	14	17	1
Day	33	.228	.317	101	23	6	0	1	1.0	13	6	7	13	1
Night	100	.245	.355	310	76	19	0	5	1.6	33	38	37	35	0
vs. Left		.290	.430	100	29	8	0	2	2.0	15	17	10	12	1
vs. Right		.225	.318	311	70	17	0	4	1.3	31	27	34	36	0
On Grass	98	.248	.366	306	76	18	0	6	2.0	38	34	29	34	1
On Turf	35	.219	.286	105	23	7	0	0	0.0	8	10	15	14	0
Home	64	.287	.431	202	58	11	0	6	3.0	25	31	15	18	0
Road	69	.196	.263	209	41	14	0	0	0.0	21	13	29	30	1
Division Rivals															
vs. CIN	18	.389	.500	54	21	6	0	0	0.0	8	7	2	9	0
vs. HOU	11	.216	.351	37	8	2	0	1	2.7	2	4	2	4	0
vs. LA	13	.091	.136	44	4	2	0	0	0.0	3	0	7	12	0
vs. SD	16	.277	.298	47	13	1	0	0	0.0	5	5	3	3	0
vs. SF	16	.205	.273	44	9	3	0	0	0.0	5	2	9	4	0
On 3B <2 Out		.154	.231	13	2	1	0	0	0.0	0	9	1	2	

Year	Team		Games	BA	SA	AB	H	2B	3B	HR	HR%	R	RBI	BB	SO	SB	AB	H	PO	A	E	DP	TC/G	FA	G by Pos
1989	MIN	A	3	.500	.500	2	1	0	0	0	0.0	0	0	0	0	0	0	0	4	0	0	0	1.3	1.000	C-3
1990	ATL	N	100	.262	.379	298	78	12	1	7	2.3	36	36	30	51	1	9	1	501	43	7	3	5.7	.987	C-97, 3B-1
1991			133	.241	.346	411	99	25	0	6	1.5	46	44	44	48	1	7	2	721	48	4	7	6.1	.995	C-127, DH-1
3 yrs.			236	.250	.360	711	178	37	1	13	1.8	82	80	74	99	2	16	3	1226	91	11	10	5.6	.992	C-227, DH-1, 3B-1

LEAGUE CHAMPIONSHIP SERIES

Year	Team		Games	BA	SA	AB	H	2B	3B	HR	HR%	R	RBI	BB	SO	SB	AB	H	PO	A	E	DP	TC/G	FA	G by Pos
1991	ATL	N	7	.333	.500	24	8	1	0	1	4.2	3	4	4	3	1	0	0	62	1	0	2	9.0	1.000	C-7

WORLD SERIES

Year	Team		Games	BA	SA	AB	H	2B	3B	HR	HR%	R	RBI	BB	SO	SB	AB	H	PO	A	E	DP	TC/G	FA	G by Pos
1991	ATL	N	7	.222	.296	27	6	2	0	0	0.0	3	1	5	4	1	0	0	47	6	0	1	7.6	1.000	C-7

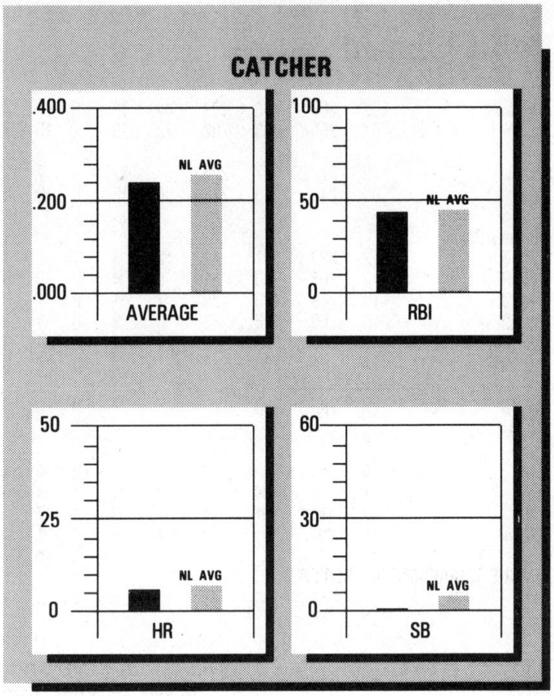

Jose Oquendo

OQUENDO, JOSE MANUEL
Born Jose Manuel Oquendo y Contreras.
B. July 4, 1963, Rio Piedras, Puerto Rico
BB TR 5' 10" 160 lbs.
BR 1984

	Games	BA	SA	AB	H	2B	3B	HR	HR%	R	RBI	BB	SO	SB
April	21	.200	.300	60	12	2	2	0	0.0	2	5	13	8	1
May	17	.146	.250	48	7	0	1	1	2.1	3	1	5	5	0
June	27	.274	.288	73	20	1	0	0	0.0	10	4	21	9	0
July	22	.328	.410	61	20	3	1	0	0.0	9	1	13	8	0
Aug	20	.277	.337	83	23	5	0	0	0.0	7	13	9	14	0
Sept/Oct	14	.146	.146	41	6	0	0	0	0.0	6	2	6	4	0
Day	33	.250	.304	92	23	2	0	1	1.1	8	11	19	11	0
Night	94	.237	.299	274	65	9	4	0	0.0	29	15	48	37	1
vs. Left		.240	.327	150	36	8	1	1	0.7	14	15	29	21	0
vs. Right		.241	.282	216	52	3	3	0	0.0	23	11	38	27	1
On Grass	33	.167	.188	96	16	2	0	0	0.0	8	8	24	15	0
On Turf	94	.267	.341	270	72	9	4	1	0.4	29	18	43	33	1
Home	67	.261	.299	184	48	3	2	0	0.0	21	14	32	19	1
Road	60	.220	.302	182	40	8	2	1	0.5	16	12	35	29	0
Division Rivals															
vs. CHI	11	.121	.152	33	4	1	0	0	0.0	0	2	7	5	0
vs. MON	13	.243	.324	37	9	1	1	0	0.0	4	0	7	3	0
vs. NY	13	.257	.286	35	9	1	0	0	0.0	3	3	6	3	0
vs. PHI	17	.255	.314	51	13	1	1	0	0.0	5	5	12	8	0
vs. PIT	13	.317	.463	41	13	4	1	0	0.0	4	8	4	5	0
On 3B <2 Out		.353	.353	17	6	0	0	0	0.0	0	15	6	3	

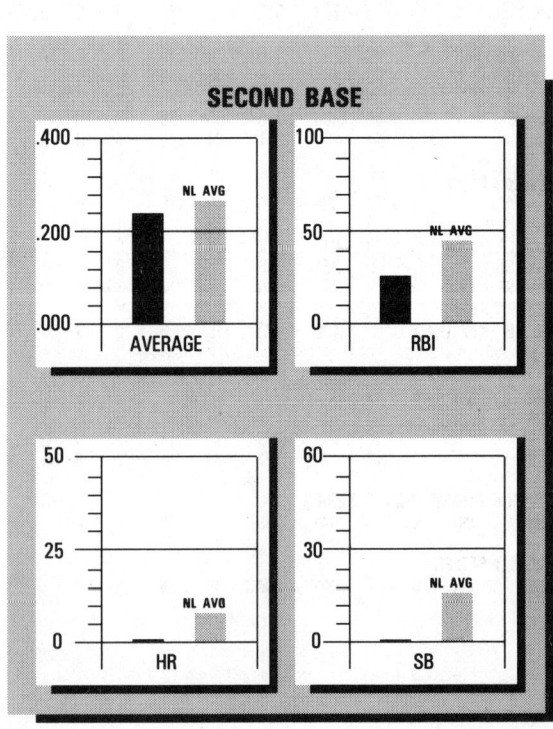

Year	Team		Games	BA	SA	AB	H	2B	3B	HR	HR%	R	RBI	BB	SO	SB	PINCH HIT AB	H	PO	A	E	DP	TC/G	FA	G by Pos

Jose Oquendo *Continued*

Year	Team		Games	BA	SA	AB	H	2B	3B	HR	HR%	R	RBI	BB	SO	SB	AB	H	PO	A	E	DP	TC/G	FA	G by Pos
1983	NY	N	120	.213	.244	328	70	7	0	1	0.3	29	17	19	60	8	1	0	182	326	21	65	4.4	.960	SS-116
1984			81	.222	.249	189	42	5	0	0	0.0	23	10	15	26	10	3	2	95	152	7	33	3.1	.972	SS-67
1986	STL	N	76	.297	.341	138	41	4	1	0	0.0	20	13	15	20	2	27	6	52	94	8	23	2.0	.948	SS-29, 2B-21, 3B-1, OF-1
1987			116	.286	.335	248	71	9	0	1	0.4	43	24	54	29	4	26	10	149	133	4	31	2.5	.986	OF-46, 2B-32, SS-23, 3B-8, 1B-3, P-1
1988			148	.277	.350	451	125	10	1	7	1.6	36	46	52	40	4	10	2	268	315	11	61	4.0	.981	2B-69, 3B-47, SS-17, 1B-16, OF-15, P-1, C-1
1989			163	.291	.372	556	162	28	7	1	0.2	59	48	79	59	3	1	1	356	523	6	108	5.4	.993	2B-156, SS-7, 1B-1
1990			156	.252	.316	469	118	17	5	1	0.2	38	37	74	46	1	3	0	294	403	4	67	4.6	.994	2B-150, SS-4
1991			127	.240	.301	366	88	11	4	1	0.3	37	26	67	48	1	0	0	271	368	9	65	5.1	.986	2B-118, SS-22, 1B-3, P-1
8 yrs.			987	.261	.321	2745	717	91	18	12	0.4	285	221	375	328	33	71	21	1667	2314	70	453	4.1	.983	2B-546, SS-285, OF-62, 3B-56, 1B-23, P-3, C-1

LEAGUE CHAMPIONSHIP SERIES

1987	STL	N	5	.167	.417	12	2	0	0	1	8.3	3	4	3	2	0	1	0	7	0	0	0	1.4	1.000	OF-5, 3B-1

WORLD SERIES

1987	STL	N	7	.250	.250	24	6	0	0	0	0.0	2	2	1	4	0	0	0	8	10	0	0	2.6	1.000	3B-4, OF-3

Joe Orsulak

ORSULAK, JOSEPH MICHAEL
B. May 31, 1962, Glen Ridge, N. J.
BL TL 6' 1" 185 lbs.

			Games	BA	SA	AB	H	2B	3B	HR	HR%	R	RBI	BB	SO	SB
April			12	.244	.333	45	11	0	0	1	2.2	2	5	4	5	1
May			26	.276	.368	76	21	4	0	1	1.3	10	4	3	9	1
June			27	.192	.232	99	19	1	0	1	1.0	8	13	5	12	1
July			24	.278	.333	90	25	5	0	0	0.0	11	3	3	7	0
Aug			25	.384	.495	99	38	9	1	0	0.0	17	11	6	7	2
Sept/Oct			29	.273	.377	77	21	2	0	2	2.6	9	7	7	5	1
Day			38	.252	.313	131	33	5	0	1	0.8	10	14	10	12	1
Night			105	.287	.375	355	102	17	1	4	1.1	47	29	18	33	5
vs. Left				.234	.281	64	15	3	0	0	0.0	8	6	4	8	0
vs. Right				.284	.370	422	120	19	1	5	1.2	49	37	24	37	6
On Grass			121	.281	.365	406	114	20	1	4	1.0	49	29	25	37	6
On Turf			22	.263	.325	80	21	2	0	1	1.3	8	14	3	8	0
Home			71	.277	.357	235	65	10	0	3	1.3	29	21	14	23	2
Road			72	.279	.359	251	70	12	1	2	0.8	28	22	14	22	4
Division Rivals																
vs. BOS			12	.216	.243	37	8	1	0	0	0.0	3	1	1	5	0
vs. CLE			12	.333	.367	30	10	1	0	0	0.0	4	1	3	4	2
vs. DET			13	.306	.417	36	11	4	0	0	0.0	6	4	6	1	0
vs. MIL			11	.341	.439	41	14	4	0	0	0.0	6	1	3	1	1
vs. NY			12	.270	.432	37	10	3	0	1	2.7	5	3	2	1	1
vs. TOR			10	.118	.206	34	4	0	0	1	2.9	2	5	1	6	0
On 3B < 2 Out				.158	.316	19	3	0	0	1	5.3	1	15	1	3	

Year	Team		Games	BA	SA	AB	H	2B	3B	HR	HR%	R	RBI	BB	SO	SB	AB	H	PO	A	E	DP	TC/G	FA	G by Pos
1983	PIT	N	7	.182	.182	11	2	0	0	0	0.0	0	1	0	2	0	3	0	2	2	0	0	0.6	1.000	OF-4
1984			32	.254	.328	67	17	1	2	0	0.0	12	3	1	7	3	6	1	41	1	0	0	1.3	1.000	OF-25
1985			121	.300	.365	397	119	14	6	0	0.0	54	21	26	27	24	8	4	229	10	6	1	2.0	.976	OF-115
1986			138	.249	.342	401	100	19	6	2	0.5	60	19	28	38	24	22	4	193	11	4	2	1.5	.981	OF-120
1988	BAL	A	125	.288	.422	379	109	21	3	8	2.1	48	27	23	30	9	17	4	228	6	5	2	1.9	.979	OF-117
1989			123	.285	.421	390	111	22	5	7	1.8	59	55	41	35	5	15	6	250	10	4	2	2.1	.985	OF-109, DH-5
1990			124	.269	.397	413	111	14	3	11	2.6	49	57	46	48	6	14	3	267	5	3	2	2.5	.989	OF-109, DH-5
1991			143	.278	.358	486	135	22	1	5	1.0	57	43	28	45	6	14	3	273	22	1	4	2.2	.997	OF-132, DH-2
8 yrs.			813	.277	.381	2544	704	113	26	33	1.3	339	226	193	232	77	99	25	1483	67	23	13	1.9	.985	OF-731, DH-12

Javier Ortiz

ORTIZ, JAVIER VICTOR
B. Jan. 22, 1963, Boston, Mass.
BR TR 6' 4" 220 lbs.

Year	Team		Games	BA	SA	AB	H	2B	3B	HR	HR%	R	RBI	BB	SO	SB	AB	H	PO	A	E	DP	TC/G	FA	G by Pos
1990	HOU	N	30	.273	.403	77	21	5	1	2	1.2	7	10	12	11	1	6	2	44	1	0	1	1.8	.978	OF-25
1991			47	.277	.386	83	23	4	1	1	1.2	7	5	14	14	0	21	5	27	2	0	1	1.2	1.000	OF-24
2 yrs.			77	.275	.394	160	44	9	2	3	1.3	14	15	26	25	1	27	7	71	3	1	1	1.0	.987	OF-49

PLAYER REGISTER

Year	Team	Games	BA	SA	AB	H	2B	3B	HR	HR%	R	RBI	BB	SO	SB	PINCH HIT AB	PINCH HIT H	PO	A	E	DP	TC/G	FA	G by Pos

Junior Ortiz
ORTIZ, ADALBERTO
Born Adalberto Ortiz y Colon.
B. Oct. 24, 1959, Humacao, Puerto Rico
BR TR 5′ 11″ 174 lbs.

Year	Team	Games	BA	SA	AB	H	2B	3B	HR	HR%	R	RBI	BB	SO	SB	PH AB	PH H	PO	A	E	DP	TC/G	FA	G by Pos
1982	PIT N	7	.200	.267	15	3	1	0	0	0.0	1	0	1	3	0	0	0	27	3	0	0	4.3	1.000	C-7
1983	2 teams		PIT N	(5G — .125)		NY N	(68G — .254)																	
"	total	73	.249	.275	193	48	5	0	0	0.0	11	12	4	34	1	5	2	293	31	11	2	4.6	.967	C-71
1984	NY N	40	.198	.231	91	18	3	0	0	0.0	6	11	5	15	1	10	1	136	13	3	3	3.8	.980	C-32
1985	PIT N	23	.292	.361	72	21	2	0	1	1.4	4	5	3	17	1	1	0	115	14	2	3	5.7	.985	C-23
1986		49	.336	.391	110	37	6	0	0	0.0	11	14	9	13	0	11	3	165	13	3	2	3.7	.983	C-36
1987		75	.271	.339	192	52	8	1	1	0.5	16	22	15	23	0	8	2	313	39	9	2	4.8	.975	C-72
1988		49	.280	.381	118	33	6	0	2	1.7	8	18	9	9	1	12	3	152	23	3	2	3.6	.983	C-40
1989		91	.217	.265	230	50	6	1	1	0.4	16	22	20	20	2	13	1	334	32	2	2	4.0	.995	C-84
1990	MIN A	71	.335	.388	170	57	7	1	0	0.0	18	18	12	16	0	3	1	247	25	0	6	4.0	1.000	C-68, DH-3
1991		61	.209	.261	134	28	5	1	0	0.0	9	11	15	12	0	1	0	203	17	1	2	3.7	.995	C-60
10 yrs.		539	.262	.316	1325	347	49	4	5	0.4	100	133	93	162	6	64	13	1985	210	34	24	4.1	.985	C-493, DH-3

LEAGUE CHAMPIONSHIP SERIES

1991	MIN A	3	.000	.000	3	0	0	0	0	0.0	0	0	0	0	0	0	0	10	0	0	0	3.3	1.000	C-3

WORLD SERIES

1991	MIN A	3	.200	.200	5	1	0	0	0	0.0	0	1	0	1	0	0	0	9	0	0	0	3.0	1.000	C-3

John Orton
ORTON, JOHN ANDREW
B. Dec. 8, 1965, Santa Cruz, Calif.
BR TR 6′ 1″ 195 lbs.

Year	Team	Games	BA	SA	AB	H	2B	3B	HR	HR%	R	RBI	BB	SO	SB	PH AB	PH H	PO	A	E	DP	TC/G	FA	G by Pos
1989	CAL A	16	.179	.205	39	7	1	0	0	0.0	4	4	2	17	0	0	0	76	7	1	3	5.3	.988	C-16
1990		31	.190	.286	84	16	5	0	1	1.1	8	6	5	31	0	0	0	139	15	2	1	5.0	.987	C-31
1991		29	.203	.261	69	14	4	0	0	0.0	7	3	10	17	0	0	0	145	23	1	3	6.0	.994	C-28, DH-1
3 yrs.		76	.193	.260	192	37	10	0	1	0.5	19	13	17	65	0	0	0	360	45	4	7	5.4	.990	C-75, DH-1

Spike Owen
OWEN, SPIKE DEE
Brother of Dave Owen.
B. Apr. 19, 1961, Cleburne, Tex.
BB TR 5′ 9″ 160 lbs.

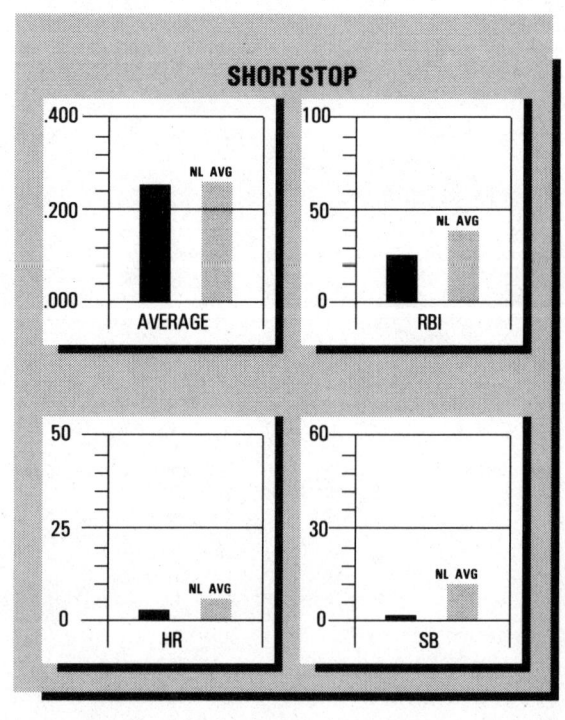
SHORTSTOP — AVERAGE, RBI, HR, SB (vs. NL AVG)

	Games	BA	SA	AB	H	2B	3B	HR	HR%	R	RBI	BB	SO	SB
April	18	.236	.309	55	13	2	1	0	0.0	1	3	2	6	0
May	26	.203	.278	79	16	3	0	1	1.3	5	6	13	14	1
June	22	.175	.302	63	11	4	2	0	0.0	11	1	11	8	0
July	22	.286	.413	63	18	5	0	1	1.6	2	5	5	6	0
Aug	23	.296	.407	54	16	2	2	0	0.0	7	5	5	13	0
Sept/Oct	28	.309	.445	110	34	6	3	1	0.9	13	6	6	14	1
Day	39	.280	.390	118	33	8	1	1	0.8	13	7	10	19	0
Night	100	.245	.356	306	75	14	7	2	0.7	26	19	32	42	2
vs. Left		.305	.430	200	61	18	2	1	0.5	20	12	14	25	1
vs. Right		.210	.308	224	47	4	6	2	0.9	19	14	28	36	1
On Grass	43	.262	.383	141	37	6	4	1	0.7	17	12	13	22	0
On Turf	96	.251	.357	283	71	16	4	2	0.7	22	14	29	39	2
Home	58	.211	.280	161	34	6	1	1	0.6	8	7	19	26	2
Road	81	.281	.418	263	74	16	7	2	0.8	31	19	23	35	0
Division Rivals														
vs. CHI	17	.250	.313	48	12	1	1	0	0.0	5	3	1	8	0
vs. NY	16	.298	.439	57	17	1	2	1	1.8	4	5	2	5	0
vs. PHI	16	.244	.378	45	11	4	1	0	0.0	4	1	4	10	0
vs. PIT	17	.271	.458	59	16	6	1	1	1.7	4	5	3	9	0
vs. STL	12	.278	.361	36	10	1	1	0	0.0	3	1	2	5	0
On 3B < 2 Out		.375	.625	16	6	2	1	0	0.0	0	10	1	0	

Year	Team	Games	BA	SA	AB	H	2B	3B	HR	HR%	R	RBI	BB	SO	SB	PH AB	PH H	PO	A	E	DP	TC/G	FA	G by Pos
1983	SEA A	80	.196	.271	306	60	11	3	2	0.7	36	21	24	44	10	1	0	122	233	11	45	4.6	.970	SS-80
1984		152	.245	.326	530	130	18	8	3	0.6	67	43	46	63	16	1	1	245	463	17	86	4.8	.977	SS-151
1985		118	.259	.372	352	91	10	6	6	1.7	41	37	34	27	11	0	0	196	361	14	76	4.8	.975	SS-117
1986	2 teams		SEA A	(112G — .246)		BOS A	(42G — .183)																	
"	total	154	.231	.309	528	122	24	7	1	0.2	67	45	51	51	4	0	0	221	393	22	101	4.1	.965	SS-154

PLAYER REGISTER 169

Year	Team		Games	BA	SA	AB	H	2B	3B	HR	HR%	R	RBI	BB	SO	SB	PINCH HIT AB	PINCH HIT H	PO	A	E	DP	TC/G	FA	G by Pos

Spike Owen Continued

Year	Team		Games	BA	SA	AB	H	2B	3B	HR	HR%	R	RBI	BB	SO	SB	AB	H	PO	A	E	DP	TC/G	FA	G by Pos
1987	BOS	A	132	.259	.343	437	113	17	7	2	0.5	50	48	53	43	11	1	0	176	336	13	69	4.0	.975	SS-130
1988			89	.249	.370	257	64	14	1	5	1.9	40	18	27	27	0	6	1	102	192	10	34	3.4	.967	SS-76, DH-7
1989	MON	N	142	.233	.332	437	102	17	4	6	1.4	52	41	76	44	3	1	0	232	388	13	65	4.5	.979	SS-142
1990			149	.234	.342	453	106	24	5	5	1.1	55	35	70	60	8	5	0	216	340	6	52	3.8	.989	SS-148
1991			139	.255	.366	424	108	22	8	3	0.7	39	26	42	61	2	6	2	189	376	8	64	4.3	.986	SS-133
9 yrs.			1155	.241	.336	3724	896	157	49	33	0.9	447	314	423	420	65	21	4	1699	3082	114	592	4.2	.977	SS-1131, DH-7

LEAGUE CHAMPIONSHIP SERIES

Year	Team		Games	BA	SA	AB	H	2B	3B	HR	HR%	R	RBI	BB	SO	SB	AB	H	PO	A	E	DP	TC/G	FA	G by Pos
1986	BOS	A	7	.429	.524	21	9	0	1	0	0.0	5	3	2	2	1	0	0	12	21	5	2	5.4	.868	SS-7
1988			1	—	—	0	0	0	0	0	—	0	0	1	0	0	0	0	0	0	0	0	0.0	—	
2 yrs.			8	.429	.524	21	9	0	1	0	0.0	5	3	3	2	1	0	0	12	21	5	2	4.8	.868	SS-7

WORLD SERIES

Year	Team		Games	BA	SA	AB	H	2B	3B	HR	HR%	R	RBI	BB	SO	SB	AB	H	PO	A	E	DP	TC/G	FA	G by Pos
1986	BOS	A	7	.300	.300	20	6	0	0	0	0.0	2	2	5	6	0	0	0	10	13	0	3	3.3	1.000	SS-7

Mike Pagliarulo

PAGLIARULO, MICHAEL TIMOTHY (Pags)
B. Mar. 15, 1960, Medford, Mass.
BL TR 6' 2" 195 lbs.

Split		Games	BA	SA	AB	H	2B	3B	HR	HR%	R	RBI	BB	SO	SB
April		16	.200	.222	45	9	1	0	0	0.0	1	2	0	3	0
May		22	.254	.403	67	17	4	0	2	3.0	6	5	2	12	0
June		20	.273	.418	55	15	5	0	1	1.8	8	8	5	8	0
July		19	.448	.603	58	26	6	0	1	1.7	9	5	7	3	0
Aug		19	.324	.412	68	22	3	0	1	1.5	9	6	3	12	1
Sept/Oct		25	.181	.236	72	13	1	0	1	1.4	5	10	4	17	0
Day		33	.278	.443	97	27	7	0	3	3.1	14	10	4	10	0
Night		88	.280	.362	268	75	13	0	3	1.1	24	26	17	45	1
vs. Left			.188	.250	16	3	1	0	0	0.0	0	1	3	1	0
vs. Right			.284	.390	349	99	19	0	6	1.7	38	35	18	54	1
On Grass		43	.265	.368	136	36	8	0	2	1.5	17	8	6	16	0
On Turf		78	.288	.393	229	66	12	0	4	1.7	21	28	15	39	1
Home		66	.284	.405	190	54	11	0	4	2.1	19	27	13	32	1
Road		55	.274	.360	175	48	9	0	2	1.1	19	9	8	23	0
Division Rivals															
vs. CAL		7	.063	.125	16	1	1	0	0	0.0	0	0	0	5	0
vs. CHI		11	.267	.400	30	8	4	0	0	0.0	4	3	4	3	0
vs. KC		11	.229	.257	35	8	1	0	0	0.0	2	4	2	8	0
vs. OAK		13	.277	.362	47	13	1	0	1	2.1	4	5	1	5	1
vs. SEA		8	.320	.360	25	8	1	0	0	0.0	2	3	2	4	0
vs. TEX		10	.143	.179	28	4	1	0	0	0.0	4	3	1	7	0
On 3B < 2 Out			.333	.389	18	6	1	0	0	0.0	0	13	2	5	

Year	Team		Games	BA	SA	AB	H	2B	3B	HR	HR%	R	RBI	BB	SO	SB	AB	H	PO	A	E	DP	TC/G	FA	G by Pos
1984	NY	A	67	.239	.448	201	48	15	3	7	3.5	24	34	15	46	0	0	0	44	106	7	16	2.3	.955	3B-67
1985			138	.239	.442	380	91	16	2	19	5.0	55	62	45	86	0	19	6	67	187	13	15	1.9	.951	3B-134
1986			149	.238	.464	504	120	24	3	28	5.6	71	71	54	120	4	9	1	104	283	19	25	2.7	.953	3B-143, SS-2
1987			150	.234	.479	522	122	26	3	32	6.1	76	87	53	111	1	8	0	97	297	17	35	2.7	.959	3B-147, 1B-1
1988			125	.216	.367	444	96	20	1	15	3.4	46	67	37	104	1	9	0	82	232	19	16	2.7	.943	3B-124
1989	2 teams		NY A (74G — .197)		SD N (50G — .196)																				
"	total		124	.197	.299	371	73	17	0	7	1.9	31	30	37	82	3	10	1	44	205	17	9	2.1	.936	3B-118, DH-1
1990	SD	N	128	.254	.374	398	101	23	2	7	1.7	29	38	39	66	1	15	3	79	200	13	16	2.5	.955	3B-116
1991	MIN	A	121	.279	.384	365	102	20	0	6	1.6	38	36	21	55	1	6	1	56	248	11	30	2.7	.965	3B-118, 2B-1
8 yrs.			1002	.236	.410	3185	753	161	14	121	3.8	370	425	301	670	11	76	12	573	1758	116	162	2.4	.953	3B-967, SS-2, DH-1, 1B-1, 2B-1

LEAGUE CHAMPIONSHIP SERIES

Year	Team		Games	BA	SA	AB	H	2B	3B	HR	HR%	R	RBI	BB	SO	SB	AB	H	PO	A	E	DP	TC/G	FA	G by Pos
1991	MIN	A	5	.333	.600	15	5	1	0	1	6.7	4	3	0	2	0	1	1	4	10	0	1	2.8	1.000	3B-5

WORLD SERIES

Year	Team		Games	BA	SA	AB	H	2B	3B	HR	HR%	R	RBI	BB	SO	SB	AB	H	PO	A	E	DP	TC/G	FA	G by Pos
1991	MIN	A	6	.273	.545	11	3	0	0	1	9.1	1	2	1	2	0	4	0	3	3	0	0	1.0	1.000	3B-6

THIRD BASE — bar charts comparing player vs AL AVG for AVERAGE, RBI, HR, SB.

170 PLAYER REGISTER

Year	Team		Games	BA	SA	AB	H	2B	3B	HR	HR%	R	RBI	BB	SO	SB	PINCH HIT AB	H	PO	A	E	DP	TC/G	FA	G by Pos

Tom Pagnozzi

PAGNOZZI, THOMAS ALAN
B. July 30, 1962, Tucson, Ariz.
BR TR 6' 190 lbs.

	Games	BA	SA	AB	H	2B	3B	HR	HR%	R	RBI	BB	SO	SB
April	19	.238	.254	63	15	1	0	0	0.0	6	4	3	9	0
May	22	.278	.418	79	22	6	1	1	1.3	8	14	9	8	3
June	25	.236	.326	89	21	3	1	1	1.1	7	13	2	11	1
July	23	.237	.316	76	18	2	2	0	0.0	5	8	9	12	2
Aug	25	.253	.361	83	21	7	1	0	0.0	8	6	6	13	0
Sept/Oct	26	.348	.420	69	24	5	0	0	0.0	4	12	7	10	3
Day	40	.305	.449	118	36	7	2	2	1.7	15	25	13	15	3
Night	100	.249	.317	341	85	17	3	0	0.0	23	32	23	48	6
vs. Left		.254	.358	201	51	11	2	2	1.0	18	25	18	29	3
vs. Right		.271	.345	258	70	13	3	0	0.0	20	32	18	34	6
On Grass	37	.266	.347	124	33	6	2	0	0.0	9	21	7	21	3
On Turf	103	.263	.352	335	88	18	3	2	0.6	29	36	29	42	6
Home	71	.226	.321	221	50	11	2	2	0.9	20	23	23	29	3
Road	69	.298	.378	238	71	13	3	0	0.0	18	34	13	34	6
Division Rivals														
vs. CHI	15	.304	.391	46	14	2	1	0	0.0	4	10	5	10	2
vs. MON	15	.277	.319	47	13	2	0	0	0.0	5	3	2	10	0
vs. NY	15	.375	.583	48	18	6	2	0	0.0	4	11	3	8	2
vs. PHI	16	.377	.443	61	23	4	0	0	0.0	6	10	1	5	1
vs. PIT	16	.269	.346	52	14	4	0	0	0.0	4	4	4	5	0
On 3B < 2 Out		.320	.460	50	16	2	1	1	2.0	1	34	4	9	

Year	Team		Games	BA	SA	AB	H	2B	3B	HR	HR%	R	RBI	BB	SO	SB	AB	H	PO	A	E	DP	TC/G	FA	G by Pos
1987	STL	N	27	.188	.333	48	9	1	0	2	4.2	8	9	4	13	1	7	2	61	5	0	2	2.4	1.000	C-25, 1B-1
1988			81	.282	.328	195	55	9	0	0	0.0	17	15	11	32	0	26	4	340	30	4	11	4.6	.989	C-28, 1B-28, 3B-5
1989			52	.150	.175	80	12	2	0	0	0.0	3	3	6	19	0	15	2	100	9	2	1	2.1	.982	C-38, 1B-2, 3B-1
1990			69	.277	.373	220	61	15	0	2	0.9	20	23	14	37	1	4	2	345	39	4	4	6.0	.990	C-63, 1B-2
1991			140	.264	.351	459	121	24	5	2	0.4	38	57	36	63	9	0	0	682	81	7	9	5.5	.991	C-139, 1B-3
5 yrs.			369	.257	.336	1002	258	51	5	6	0.6	86	107	71	164	11	52	10	1528	164	17	27	4.6	.990	C-293, 1B-36, 3B-6

LEAGUE CHAMPIONSHIP SERIES

| 1987 | STL | N | 1 | .000 | .000 | 1 | 0 | 0 | 0 | 0 | 0.0 | 0 | 0 | 0 | 0 | 0 | 1 | 0 | 0 | 0 | 0 | 0 | 0.0 | — | |

WORLD SERIES

| 1987 | STL | N | 2 | .250 | .250 | 4 | 1 | 0 | 0 | 0 | 0.0 | 0 | 0 | 0 | 0 | 0 | 1 | 0 | 0 | 0 | 0 | 0 | 0.0 | — | DH-1 |

Rafael Palmeiro

PALMEIRO, RAFAEL
Born Rafael Palmeiro y Corrales.
B. Sept. 24, 1964, Havana, Cuba
BL TL 6' 180 lbs.

	Games	BA	SA	AB	H	2B	3B	HR	HR%	R	RBI	BB	SO	SB
April	16	.318	.485	66	21	5	0	2	3.0	10	11	3	6	0
May	27	.330	.470	115	38	8	1	2	1.7	23	12	8	14	1
June	27	.304	.527	112	34	10	0	5	4.5	22	10	13	11	1
July	26	.390	.710	100	39	6	1	8	8.0	18	19	11	15	0
Aug	31	.322	.537	121	39	9	1	5	4.1	25	21	16	11	2
Sept/Oct	32	.274	.470	117	32	11	0	4	3.4	17	15	17	15	0
Day	31	.318	.473	129	41	11	0	3	2.3	20	17	14	13	1
Night	128	.323	.548	502	162	38	3	23	4.6	95	71	54	59	3
vs. Left		.274	.473	186	51	8	1	9	4.8	26	26	14	26	2
vs. Right		.342	.557	445	152	41	2	17	3.8	89	62	54	46	2
On Grass	135	.333	.543	532	177	37	3	23	4.3	96	77	61	62	4
On Turf	24	.263	.475	99	26	12	0	3	3.0	19	11	7	10	0
Home	79	.339	.540	298	101	22	1	12	4.0	55	43	34	36	2
Road	80	.306	.526	333	102	27	2	14	4.2	60	45	34	36	2
Division Rivals														
vs. CAL	13	.339	.732	56	19	5	1	5	8.9	11	13	5	13	0
vs. CHI	13	.268	.390	41	11	2	0	1	2.4	11	3	12	2	0
vs. KC	13	.293	.534	58	17	11	0	1	1.7	11	7	4	3	1
vs. MIN	12	.277	.468	47	13	6	0	1	2.1	8	5	6	6	0
vs. OAK	13	.327	.577	52	17	4	0	3	5.8	8	8	7	5	0
vs. SEA	12	.268	.439	41	11	1	0	2	4.9	9	3	3	7	0
On 3B < 2 Out		.417	.583	24	10	4	0	0	0.0	0	18	4	3	

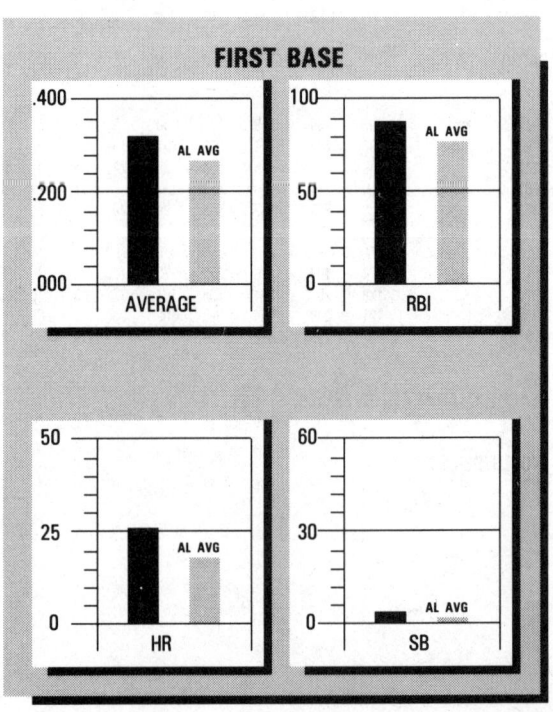

PLAYER REGISTER 171

Year	Team		Games	BA	SA	AB	H	2B	3B	HR	HR%	R	RBI	BB	SO	SB	PINCH HIT AB	PINCH HIT H	PO	A	E	DP	TC/G	FA	G by Pos

Rafael Palmeiro *Continued*

Year	Team		Games	BA	SA	AB	H	2B	3B	HR	HR%	R	RBI	BB	SO	SB	PH AB	PH H	PO	A	E	DP	TC/G	FA	G by Pos
1986	CHI	N	22	.247	.425	73	18	4	0	3	4.1	9	12	4	6	1	2	0	34	2	4	1	1.8	.900	OF-20
1987			84	.276	.543	221	61	15	1	14	6.3	32	30	20	26	2	27	5	176	9	1	16	2.2	.995	OF-45, 1B-18
1988			152	.307	.436	580	178	41	5	8	1.4	75	53	38	34	12	5	0	322	11	5	2	2.2	.985	OF-152
1989	TEX	A	156	.275	.374	559	154	23	4	8	1.4	76	64	63	48	4	3	1	1167	119	12	106	8.3	.991	1B-147, DH-6
1990			154	.319	.468	598	191	35	6	14	2.3	72	89	40	59	3	4	0	1215	91	7	123	9.0	.995	1B-146, DH-6
1991			159	.322	.532	631	203	49	3	26	4.1	115	88	68	72	4	3	2	1305	96	12	119	9.0	.992	1B-157, DH-2
6 yrs.			727	.302	.462	2662	805	167	19	73	2.7	379	336	233	245	26	44	8	4219	328	41	367	6.3	.991	1B-468, OF-217, DH-14

Dean Palmer

PALMER, DEAN WILLIAM
B. Dec. 27, 1968, Tallahassee, Fla.
BR TR 6' 1" 175 lbs.

	Games	BA	SA	AB	H	2B	3B	HR	HR%	R	RBI	BB	SO	SB
April				0	0	0	0	0	0.0	0	0	0	0	0
May				0	0	0	0	0	0.0	0	0	0	0	0
June	5	.316	.632	19	6	0	0	2	10.5	2	8	2	5	0
July	21	.219	.438	73	16	2	1	4	5.5	12	8	6	22	0
Aug	25	.188	.325	80	15	3	1	2	2.5	11	6	8	30	0
Sept/Oct	30	.135	.396	96	13	4	0	7	7.3	13	15	16	41	0
Day	17	.254	.508	63	16	5	1	3	4.8	9	10	6	24	0
Night	64	.166	.371	205	34	4	1	12	5.9	29	27	26	74	0
vs. Left		.247	.617	81	20	3	0	9	11.1	15	16	11	30	0
vs. Right		.160	.310	187	30	6	2	6	3.2	23	21	21	68	0
On Grass	71	.175	.377	228	40	8	1	12	5.3	31	28	31	80	0
On Turf	10	.250	.550	40	10	1	1	3	7.5	7	9	1	18	0
Home	39	.140	.342	114	16	3	1	6	5.3	17	11	19	43	0
Road	42	.221	.448	154	34	6	1	9	5.8	21	26	13	55	0
Division Rivals														
vs. CAL	11	.147	.412	34	5	0	0	3	8.8	3	6	8	14	0
vs. CHI	5	.056	.222	18	1	0	0	1	5.6	4	1	5	6	0
vs. KC	4	.313	.500	16	5	1	1	0	0.0	3	1	1	6	0
vs. MIN	7	.231	.615	26	6	1	0	3	11.5	3	6	0	12	0
vs. OAK	10	.211	.474	38	8	1	0	3	7.9	7	10	6	9	0
vs. SEA	6	.091	.273	22	2	1	0	1	4.5	2	4	2	10	0
On 3B < 2 Out		.143	.571	7	1	0	0	1	14.3	1	3	0	2	

Year	Team		Games	BA	SA	AB	H	2B	3B	HR	HR%	R	RBI	BB	SO	SB	PH AB	PH H	PO	A	E	DP	TC/G	FA	G by Pos
1989	TEX	A	16	.105	.211	19	2	2	0	0	0.0	0	1	0	12	0	6	0	3	4	2	0	0.6	.778	DH-6, 3B-6, SS-1, OF-1
1991			81	.187	.403	268	50	9	2	15	5.6	38	37	32	98	0	5	2	69	75	9	6	2.0	.941	3B-50, OF-29, DH-5
2 yrs.			97	.181	.390	287	52	11	2	15	5.2	38	38	32	110	0	11	2	72	79	11	6	1.7	.932	3B-56, OF-30, DH-11, SS-1

THIRD BASE charts: AVERAGE, RBI, HR, SB (with AL AVG comparison)

Erik Pappas

PAPPAS, ERIK DANIEL
B. Apr. 25, 1966, Chicago, Ill.
BR TR 6' 190 lbs.

Year	Team		Games	BA	SA	AB	H	2B	3B	HR	HR%	R	RBI	BB	SO	SB	PH AB	PH H	PO	A	E	DP	TC/G	FA	G by Pos
1991	CHI	N	7	.176	.176	17	3	0	0	0	0.0	1	2	1	5	0	1	1	35	1	0	0	6.0	1.000	C-6, DH-1

Johnny Paredes

PAREDES, JHONNY ALFONSO
Born Jhonny Alfonso Paredes y Isambert.
B. Sept. 2, 1962, Maracaibo, Venezuela
BR TR 5' 11" 165 lbs.

Year	Team		Games	BA	SA	AB	H	2B	3B	HR	HR%	R	RBI	BB	SO	SB	PH AB	PH H	PO	A	E	DP	TC/G	FA	G by Pos
1988	MON	N	35	.187	.242	91	17	2	0	1	1.1	6	10	9	17	5	2	2	46	77	3	18	3.6	.976	2B-28, OF-1
1990	2 teams		DET A (6G — .125)			MON N (3G — .333)																			
"	total		9	.214	.286	14	3	0	0	0	0.0	2	1	2	0	0	1	0	5	14	2	4	3.5	.905	2B-6
1991	DET	A	16	.333	.333	18	6	0	0	0	0.0	4	0	0	1	1	2	0	11	12	1	5	2.7	.958	2B-7, DH-2, 3B-1, SS-1
3 yrs.			60	.211	.260	123	26	3	0	1	0.8	12	11	11	18	6	5	2	62	103	6	27	2.8	.965	2B-41, DH-2, 3B-1, SS-1, OF-1

Player Register

Year	Team		Games	BA	SA	AB	H	2B	3B	HR	HR%	R	RBI	BB	SO	SB	PINCH HIT AB	PINCH HIT H	PO	A	E	DP	TC/G	FA	G by Pos

Mark Parent

PARENT, MARK ALAN
B. Sept. 16, 1961, Ashland, Ore.
BR TR 6' 5" 215 lbs.

Year	Team		Games	BA	SA	AB	H	2B	3B	HR	HR%	R	RBI	BB	SO	SB	PH AB	PH H	PO	A	E	DP	TC/G	FA	G by Pos
1986	SD	N	8	.143	.143	14	2	0	0	0	0.0	1	0	1	3	0	4	0	16	0	2	0	2.3	.889	C-3
1987			12	.080	.080	25	2	0	0	0	0.0	0	2	0	9	0	2	0	36	3	0	0	3.3	1.000	C-10
1988			41	.195	.373	118	23	3	0	6	5.1	9	15	6	23	0	3	1	203	15	3	3	5.4	.986	C-36
1989			52	.191	.369	141	27	4	0	7	5.0	12	21	8	34	1	9	2	246	17	0	2	5.1	1.000	C-41, 1B-1
1990			65	.222	.328	189	42	11	0	3	1.5	13	16	16	29	1	5	1	324	31	3	6	6.0	.992	C-60
1991	TEX	A	3	.000	.000	1	0	0	0	0	0.0	0	0	0	1	0	0	0	5	0	0	0	1.7	1.000	C-3
6 yrs.			181	.197	.332	488	96	18	0	16	3.3	35	54	31	99	2	23	4	830	66	8	11	5.0	.991	C-153, 1B-1

Dave Parker

PARKER, DAVID GENE (The Cobra)
B. June 9, 1951, Calhoun, Miss.
BL TR 6' 5" 230 lbs.

DESIGNATED HITTER — charts: AVERAGE, RBI, HR, SB (vs. AL AVG)

Split	Games	BA	SA	AB	H	2B	3B	HR	HR%	R	RBI	BB	SO	SB
April	19	.221	.312	77	17	2	1	1	1.3	4	6	2	17	0
May	24	.189	.253	95	18	3	0	1	1.1	11	10	8	22	2
June	26	.252	.447	103	26	6	1	4	3.9	13	16	6	20	1
July	24	.287	.426	94	27	4	0	3	3.2	10	13	6	16	0
Aug	24	.213	.348	89	19	6	0	2	2.2	7	10	6	13	0
Sept/Oct	15	.295	.409	44	13	5	0	0	0.0	2	4	5	10	0
Day	33	.283	.392	120	34	8	1	1	0.8	11	12	9	28	1
Night	99	.225	.356	382	86	18	1	10	2.6	36	47	24	70	2
vs. Left		.233	.383	133	31	6	1	4	3.0	14	17	3	26	0
vs. Right		.241	.358	369	89	20	1	7	1.9	33	42	30	72	3
On Grass	105	.233	.356	404	94	18	1	10	2.5	38	49	25	78	2
On Turf	27	.265	.398	98	26	8	1	1	1.0	9	10	8	20	1
Home	63	.214	.349	229	49	11	1	6	2.6	20	23	19	39	1
Road	69	.260	.377	273	71	15	1	5	1.8	27	36	14	59	2
Division Rivals														
vs. BAL	9	.286	.514	35	10	2	0	2	5.7	3	4	2	9	0
vs. BOS	8	.167	.367	30	5	3	0	1	3.3	3	5	1	7	0
vs. CLE	11	.295	.295	44	13	0	0	0	0.0	4	6	3	6	0
vs. DET	11	.267	.511	45	12	3	1	2	4.4	3	5	1	4	0
vs. MIL	8	.219	.219	32	7	0	0	0	0.0	4	2	1	7	0
vs. NY	12	.174	.217	46	8	2	0	0	0.0	4	3	6	10	1
On 3B < 2 Out		.250	.292	24	6	1	0	0	0.0	0	14	1	5	

Year	Team		Games	BA	SA	AB	H	2B	3B	HR	HR%	R	RBI	BB	SO	SB	PH AB	PH H	PO	A	E	DP	TC/G	FA	G by Pos
1973	PIT	N	54	.288	.453	139	40	9	1	4	2.9	17	14	2	27	1	15	4	77	3	3	1	1.5	.964	OF-39
1974			73	.282	.409	220	62	10	3	4	1.8	27	29	10	53	3	21	4	154	8	4	10	2.3	.976	OF-49, 1B-6
1975			148	.308	.541	558	172	35	10	25	4.5	75	101	38	89	8	7	4	311	7	9	2	2.2	.972	OF-141
1976			138	.313	.475	537	168	28	10	13	2.4	82	90	30	80	19	4	2	294	12	14	0	2.3	.956	OF-134
1977			159	**.338**	.531	637	**215**	44	8	21	3.3	107	88	58	107	17	0	0	389	26	15	0	2.7	.965	OF-158, 2B-1
1978			148	**.334**	**.585**	581	194	32	12	30	5.2	102	117	57	92	20	0	0	302	12	13	3	2.2	.960	OF-147
1979			158	.310	.526	622	193	45	7	25	4.0	109	94	67	101	20	0	0	341	15	15	1	2.3	.960	OF-158
1980			139	.295	.458	518	153	31	1	17	3.3	71	79	25	69	10	7	2	235	14	9	0	1.9	.965	OF-130
1981			67	.258	.454	240	62	14	3	9	3.8	29	48	9	25	6	6	3	110	1	7	0	1.8	.941	OF-60
1982			73	.270	.447	244	66	19	3	6	2.5	41	29	22	45	7	7	2	108	2	5	1	1.6	.957	OF-63
1983			144	.279	.411	552	154	29	4	12	2.2	68	69	28	89	12	2	0	282	3	8	2	2.0	.973	OF-142
1984	CIN	N	156	.285	.410	607	173	28	0	16	2.6	73	94	41	89	11	6	0	296	6	8	1	2.0	.974	OF-151
1985			160	.312	.551	635	198	**42**	4	34	5.4	88	**125**	52	80	5	2	1	329	12	10	1	2.2	.972	OF-159
1986			162	.273	.477	637	174	31	3	31	4.9	89	116	56	126	1	3	1	278	9	9	2	1.8	.970	OF-159
1987			153	.253	.433	589	149	28	0	26	4.4	77	97	44	104	7	3	0	354	17	11	10	2.5	.971	OF-142, 1B-9
1988	OAK	A	101	.257	.406	377	97	18	1	12	3.2	43	55	32	70	0	9	4	63	5	3	0	0.7	.958	DH-61, OF-34, 1B-1
1989			144	.264	.432	553	146	27	0	22	4.0	56	97	38	91	0	7	0	2	0	0	0	0.0	1.000	DH-140, OF-1
1990	MIL	A	157	.289	.451	610	176	30	3	21	3.4	71	92	41	102	4	1	1	24	0	1	4	8.3	.960	DH-153, 1B-3
1991	2 teams		CAL A (119G — .232)						TOR A (13G — .333)																
"	total		132	.239	.365	502	120	26	2	11	2.2	47	59	33	98	3	3	2	0	0	0	0	0.0	.982	DH-130
19 yrs.			2466	.290	.471	9358	2712	526	75	339	3.6	1272	1493	683	1537	154	103	30	3949	152	144	38	1.7	.966	OF-1867, DH-484, 1B-19, 2B-1

LEAGUE CHAMPIONSHIP SERIES

Year	Team		Games	BA	SA	AB	H	2B	3B	HR	HR%	R	RBI	BB	SO	SB	PH AB	PH H	PO	A	E	DP	TC/G	FA	G by Pos
1974	PIT	N	3	.125	.125	8	1	0	0	0	0.0	0	0	0	1	0	1	0	4	1	0	0	1.7	1.000	OF-2
1975			3	.000	.000	10	0	0	0	0	0.0	2	0	1	3	0	0	0	13	1	0	1	4.7	1.000	OF-3
1979			3	.333	.333	12	4	0	0	0	0.0	2	2	2	3	1	0	0	9	0	0	0	3.0	1.000	OF-3
1988	OAK	A	3	.250	.333	12	3	1	0	0	0.0	1	0	0	4	0	0	0	1	0	1	0	0.7	.500	DH-2, OF-1
1989			4	.188	.563	16	3	0	0	2	12.5	2	3	0	0	0	0	0	0	0	0	0	0.0	—	DH-4
5 yrs.			16	.190	.310	58	11	1	0	2	3.4	7	5	3	11	1	1	0	27	2	1	1	1.9	.967	OF-9, DH-6

Year	Team		Games	BA	SA	AB	H	2B	3B	HR	HR%	R	RBI	BB	SO	SB	PINCH HIT AB	H	PO	A	E	DP	TC/G	FA	G by Pos

Dave Parker *Continued*

WORLD SERIES

Year	Team		G	BA	SA	AB	H	2B	3B	HR	HR%	R	RBI	BB	SO	SB	PH AB	H	PO	A	E	DP	TC/G	FA	G by Pos
1979	PIT	N	7	.345	.448	29	10	3	0	0	0.0	2	4	2	7	0	0	0	13	1	1	1	2.1	.933	OF-7
1988	OAK	A	4	.200	.200	15	3	0	0	0	0.0	0	0	2	4	0	0	0	4	0	0	0	1.0	1.000	DH-2, OF-2
1989			3	.222	.667	9	2	1	0	1	11.1	2	2	0	2	0	1	0	0	0	0	0	0.0	—	DH-2
3 yrs.			14	.283	.415	53	15	4	0	1	1.9	4	6	4	13	0	1	0	17	1	1	1	1.4	.947	OF-9, DH-4

Rick Parker

PARKER, RICHARD ALAN
B. Mar. 20, 1963, Kansas City, Mo.
BR TR 6' 185 lbs.

Year	Team		G	BA	SA	AB	H	2B	3B	HR	HR%	R	RBI	BB	SO	SB	PH AB	H	PO	A	E	DP	TC/G	FA	G by Pos
1990	SF	N	54	.243	.346	107	26	5	0	2	1.8	19	14	10	15	6	19	4	45	3	2	0	1.4	.960	OF-35, 2B-2, 3B-1, SS-1
1991			13	.071	.071	14	1	0	0	0	0.0	0	1	1	5	0	8	0	5	0	0	0	1.3	1.000	OF-4
2 yrs.			67	.223	.314	121	27	5	0	2	1.7	19	15	11	20	6	27	4	50	3	2	0	0.8	.964	OF-39, 2B-2, 3B-1, SS-1

Lance Parrish

PARRISH, LANCE MICHAEL
B. June 15, 1956, Clairton, Pa.
BR TR 6' 3" 210 lbs.

Split		G	BA	SA	AB	H	2B	3B	HR	HR%	R	RBI	BB	SO	SB
April		18	.250	.422	64	16	3	0	3	4.7	6	6	9	16	0
May		21	.192	.346	78	15	3	0	3	3.8	8	11	6	24	0
June		10	.333	.583	36	12	3	0	2	5.6	5	6	2	6	0
July		25	.171	.293	82	14	1	0	3	3.7	7	10	9	25	0
Aug		25	.208	.390	77	16	2	0	4	5.2	8	9	5	29	0
Sept/Oct		20	.215	.415	65	14	1	0	4	6.2	4	9	4	17	0
Day		26	.268	.427	82	22	1	0	4	4.9	11	11	6	29	0
Night		93	.203	.378	320	65	11	0	15	4.7	27	40	29	88	0
vs. Left			.219	.314	105	23	1	0	3	2.9	9	10	12	25	
vs. Right			.215	.414	297	64	11	0	16	5.4	29	41	23	92	
On Grass		100	.203	.355	335	68	9	0	14	4.2	28	41	27	93	0
On Turf		19	.284	.552	67	19	3	0	5	7.5	10	10	8	24	0
Home		64	.227	.380	216	49	6	0	9	4.2	15	24	15	51	0
Road		55	.204	.398	186	38	6	0	10	5.4	23	27	20	66	0
Division Rivals																
vs. CHI		8	.192	.308	26	5	0	0	1	3.8	3	2	2	8	0
vs. KC		6	.318	.545	22	7	2	0	1	4.5	4	4	2	9	0
vs. MIN		11	.262	.643	42	11	1	0	5	11.9	7	9	5	11	0
vs. OAK		13	.194	.250	36	7	2	0	0	0.0	2	1	3	12	0
vs. SEA		12	.211	.316	38	8	1	0	1	2.6	2	2	5	14	0
vs. TEX		11	.282	.692	39	11	1	0	5	12.8	5	7	4	6	0
On 3B < 2 Out			.313	.375	16	5	1	0	0	0.0	0	11	3	4	

Year	Team		G	BA	SA	AB	H	2B	3B	HR	HR%	R	RBI	BB	SO	SB	PH AB	H	PO	A	E	DP	TC/G	FA	G by Pos
1977	DET	A	12	.196	.435	46	9	2	0	3	6.5	10	7	5	12	0	0	0	76	6	0	0	6.8	1.000	C-12
1978			85	.219	.424	288	63	11	3	14	4.9	37	41	11	71	0	6	1	353	39	5	5	4.7	.987	C-79
1979			143	.276	.456	493	136	26	3	19	3.9	65	65	49	105	6	3	1	707	79	9	10	5.6	.989	C-142
1980			144	.286	.499	553	158	34	6	24	4.3	79	82	31	109	6	4	1	607	67	7	15	4.7	.990	C-121, DH-16, 1B-5, OF-5
1981			96	.244	.394	348	85	18	2	10	2.9	39	46	34	52	2	0	0	407	40	3	6	4.7	.993	C-90, DH-5
1982			133	.284	.529	486	138	19	2	32	6.6	75	87	40	99	3	2	1	627	76	8	8	5.3	.989	C-132, OF-1
1983			155	.269	.483	605	163	42	3	27	4.5	80	114	44	106	1	2	0	695	73	4	8	5.0	.995	C-131, DH-27
1984			147	.237	.443	578	137	16	2	33	5.7	75	98	41	120	2	3	1	720	67	7	11	5.4	.991	C-127, DH-22
1985			140	.273	.479	549	150	27	1	28	5.1	64	98	41	90	2	1	1	695	53	5	9	5.4	.993	C-120, DH-22
1986			91	.257	.483	327	84	6	1	22	6.7	53	62	38	83	0	1	0	483	48	6	5	5.9	.989	C-85, DH-6
1987	PHI	N	130	.245	.399	466	114	21	0	17	3.6	42	67	47	104	0	4	0	724	66	9	1	6.1	.989	C-127
1988			123	.215	.370	424	91	17	2	15	3.5	44	60	47	93	0	3	2	640	73	9	12	5.9	.988	C-117, 1B-1
1989	CAL	A	124	.238	.388	433	103	12	1	17	3.9	48	50	42	104	1	2	0	638	63	5	7	5.7	.993	C-122, DH-2
1990			133	.268	.451	470	126	14	0	24	5.1	54	70	46	107	2	1	0	794	90	6	21	6.7	.993	C-131, 1B-4, DH-1
1991			119	.216	.388	402	87	12	0	19	4.7	38	51	35	117	0	5	2	670	57	2	11	6.5	.997	C-111, DH-5, 1B-3
15 yrs.			1775	.254	.446	6468	1644	277	26	304	4.7	803	998	551	1372	25	40	10	8836	897	85	129	5.5	.991	C-1647, DH-106, 1B-13, OF-6

LEAGUE CHAMPIONSHIP SERIES

Year	Team		G	BA	SA	AB	H	2B	3B	HR	HR%	R	RBI	BB	SO	SB	PH AB	H	PO	A	E	DP	TC/G	FA	G by Pos
1984	DET	A	3	.250	.583	12	3	1	0	1	8.3	1	3	0	3	0	0	0	21	2	0	0	7.7	1.000	C-3

WORLD SERIES

Year	Team		G	BA	SA	AB	H	2B	3B	HR	HR%	R	RBI	BB	SO	SB	PH AB	H	PO	A	E	DP	TC/G	FA	G by Pos
1984	DET	A	5	.278	.500	18	5	1	0	1	5.6	3	2	3	2	1	0	0	30	3	1	1	6.8	.971	C-5

PLAYER REGISTER

																	PINCH HIT								
Year	Team	Games	BA	SA	AB	H	2B	3B	HR	HR%	R	RBI	BB	SO	SB	AB	H	PO	A	E	DP	TC/G	FA	G by Pos

Dan Pasqua

PASQUA, DANIEL ANTHONY
B. Oct. 17, 1961, Yonkers, N.Y.
BL TL 6' 205 lbs.

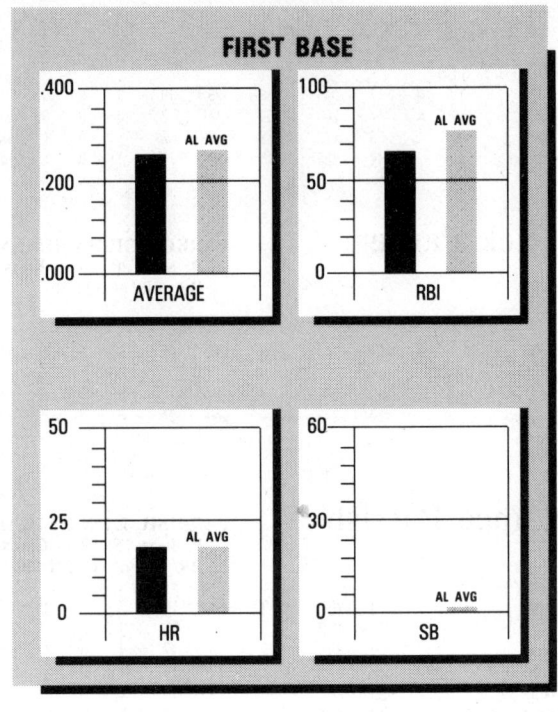

		Games	BA	SA	AB	H	2B	3B	HR	HR%	R	RBI	BB	SO	SB
April		10	.250	.438	32	8	0	0	2	6.3	6	5	3	7	0
May		19	.220	.340	50	11	3	0	1	2.0	7	5	8	5	0
June		25	.268	.512	82	22	4	2	4	4.9	11	13	11	18	0
July		27	.330	.577	97	32	7	1	5	5.2	19	21	17	17	0
Aug		26	.169	.229	83	14	2	0	1	1.2	12	5	13	21	0
Sept/Oct		27	.288	.630	73	21	6	2	5	6.8	16	17	10	18	0
Day		34	.299	.542	107	32	5	3	5	4.7	21	19	18	22	0
Night		100	.245	.439	310	76	17	2	13	4.2	50	47	44	64	0
vs. Left			.265	.531	49	13	2	1	3	6.1	9	8	9	12	0
vs. Right			.258	.457	368	95	20	4	15	4.1	62	58	53	74	0
On Grass		114	.249	.444	349	87	18	4	14	4.0	59	52	55	69	0
On Turf		20	.309	.574	68	21	4	1	4	5.9	12	14	7	17	0
Home		66	.291	.531	196	57	11	3	10	5.1	39	29	36	34	0
Road		68	.231	.407	221	51	11	2	8	3.6	32	37	26	52	0
Division Rivals															
vs. CAL		11	.250	.417	12	3	2	0	0	0.0	4	3	4	4	0
vs. KC		13	.256	.395	43	11	3	0	1	2.3	6	6	5	13	0
vs. MIN		10	.474	.974	38	18	5	1	4	10.5	9	8	5	7	0
vs. OAK		13	.239	.500	46	11	2	2	2	4.3	8	8	8	5	0
vs. SEA		12	.300	.767	30	9	0	1	4	13.3	5	7	4	6	0
vs. TEX		11	.091	.121	33	3	1	0	0	0.0	5	3	11	10	0
On 3B <2 Out			.167	.250	24	4	0	1	0	0.0	0	11	3	10	
1985	NY A	60	.209	.426	148	31	3	1	9	6.1	17	25	16	38	0	15	2	72	2	0	0	1.2	1.000	OF-37, DH-14
1986		102	.293	.525	280	82	17	0	16	5.7	44	45	47	78	2	22	7	172	4	2	6	1.7	.989	OF-81, 1B-5, DH-3
1987		113	.233	.421	318	74	7	1	17	5.3	42	42	40	99	0	22	3	214	10	2	2	2.0	.991	OF-74, DH-20, 1B-12
1988	CHI A	129	.227	.417	422	96	16	2	20	4.7	48	50	46	100	1	15	1	316	14	2	13	2.6	.994	OF-119, DH-2
1989		73	.248	.427	246	61	9	1	11	4.5	26	47	25	58	1	3	2	149	3	1	2	2.1	.993	OF-66, DH-5
1990		112	.274	.495	325	89	27	3	13	4.0	43	58	37	66	1	18	4	71	5	3	1	1.8	.962	DH-57, OF-43
1991		134	.259	.465	417	108	22	5	18	4.3	71	66	62	86	0	13	3	587	46	6	47	5.4	.991	1B-83, OF-59, DH-8
7 yrs.		723	.251	.455	2156	541	101	13	104	4.8	291	333	273	525	5	108	22	1581	84	16	71	2.3	.990	OF-479, DH-109, 1B-100

Bill Pecota

PECOTA, WILLIAM JOSEPH
B. Feb. 16, 1960, Redwood City, Calif.
BR TR 6' 2" 195 lbs.

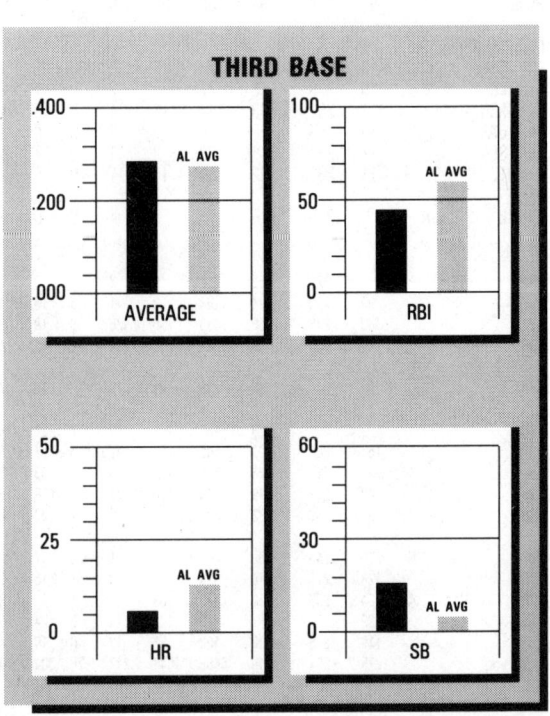

	Games	BA	SA	AB	H	2B	3B	HR	HR%	R	RBI	BB	SO	SB
April	12	.235	.235	17	4	0	0	0	0.0	5	1	4	3	1
May	23	.241	.367	79	19	4	0	2	2.5	6	12	5	8	1
June	14	.414	.724	29	12	3	0	2	6.9	3	8	2	4	0
July	19	.338	.365	74	25	2	0	0	0.0	10	7	4	9	7
Aug	28	.271	.417	96	26	9	1	1	1.0	17	6	12	11	3
Sept/Oct	29	.272	.369	103	28	5	1	1	1.0	12	11	14	10	4
Day	38	.319	.403	119	38	7	0	1	0.8	12	12	13	14	4
Night	87	.272	.398	279	76	16	2	5	1.8	41	33	28	31	12
vs. Left		.336	.461	128	43	10	0	2	1.6	23	17	17	13	4
vs. Right		.263	.370	270	71	13	2	4	1.5	30	28	24	32	12
On Grass	43	.286	.429	133	38	9	2	2	1.5	14	13	10	18	0
On Turf	82	.287	.385	265	76	14	0	4	1.5	39	32	31	27	16
Home	65	.296	.414	203	60	12	0	4	2.0	34	25	25	20	13
Road	60	.277	.385	195	54	11	2	2	1.0	19	20	16	25	3
Division Rivals														
vs. CAL	6	.375	.438	16	6	1	0	0	0.0	0	0	3	2	0
vs. CHI	8	.360	.560	25	9	3	1	0	0.0	5	2	3	2	1
vs. MIN	11	.222	.361	36	8	2	0	1	2.8	4	5	4	2	2
vs. OAK	9	.308	.500	26	8	2	0	1	3.8	4	2	5	4	0
vs. SEA	13	.213	.277	47	10	0	0	1	2.1	4	5	7	5	3
vs. TEX	9	.222	.259	27	6	1	0	0	0.0	2	4	4	2	0
On 3B <2 Out		.391	.565	23	9	1	0	1	4.3	1	17	3	1	

PLAYER REGISTER

Year	Team		Games	BA	SA	AB	H	2B	3B	HR	HR%	R	RBI	BB	SO	SB	PINCH HIT AB	H	PO	A	E	DP	TC/G	FA	G by Pos

Bill Pecota *Continued*

1986	KC	A	12	.207	.276	29	6	2	0	0	0.0	3	2	3	3	0	0	0	7	31	1	1	3.3	.974	3B-12, SS-2
1987			66	.276	.378	156	43	5	1	3	1.9	22	14	15	25	5	7	0	67	135	6	28	3.2	.971	SS-36, 3B-17, 2B-15
1988			90	.208	.275	178	37	3	3	1	0.6	25	15	18	34	7	1	1	98	145	6	25	2.8	.976	SS-41, 3B-21, 1B-11, OF-9, DH-4, 2B-3, C-1
1989			65	.205	.410	83	17	4	2	3	3.6	21	5	7	9	5	0	0	50	79	2	14	2.0	.985	SS-29, OF-15, 2B-12, 3B-7, 1B-4, DH-1
1990			87	.242	.383	240	58	15	2	5	2.0	43	20	33	39	8	2	0	160	195	5	44	4.4	.986	2B-50, SS-21, 3B-11, OF-6, 1B-4, DH-2
1991			125	.286	.400	398	114	23	2	6	1.5	53	45	41	45	16	6	2	163	206	4	28	3.1	.989	3B-102, 2B-34, **SS-9**, 1B-8, DH-2, P-1, OF-1
6 yrs.			445	.254	.370	1084	275	52	10	18	1.7	167	101	117	155	41	16	3	545	791	24	140	3.1	.982	3B-170, SS-138, 2B-114, OF-31, 1B-27, DH-9, P-1, C-1

Jorge Pedre

PEDRE, JORGE ENRIQUE
B. Oct. 12, 1966, Culver City, Calif.
BR TR 5' 11" 210 lbs.

| 1991 | KC | A | 10 | .263 | .421 | 19 | 5 | 1 | 1 | 0 | 0.0 | 2 | 3 | 3 | 5 | 0 | 0 | 0 | 35 | 4 | 1 | 0 | 4.0 | .975 | C-9, 1B-1 |

Geronimo Pena

PENA, GERONIMO
B. Mar. 29, 1967, Distrito Nacional, Dominican Republic
BR TR 6' 1" 170 lbs.

1990	STL	N	18	.244	.289	45	11	2	0	0	0.0	5	2	4	14	1	6	3	24	30	1	7	5.0	.982	2B-11
1991			104	.243	.400	185	45	8	3	5	2.7	38	17	18	45	15	11	3	101	146	6	28	3.0	.976	2B-83, OF-4
2 yrs.			122	.243	.378	230	56	10	3	5	2.2	43	19	22	59	16	17	6	125	176	7	35	2.5	.977	2B-94, OF-4

Tony Pena

PENA, ANTONIO FRANCESCO
Born Antonio Francesco Pena y Padilla.
Brother of Ramon Pena.
B. June 4, 1957, Monte Cristi, Dominican Republic
BR TR 6' 175 lbs.

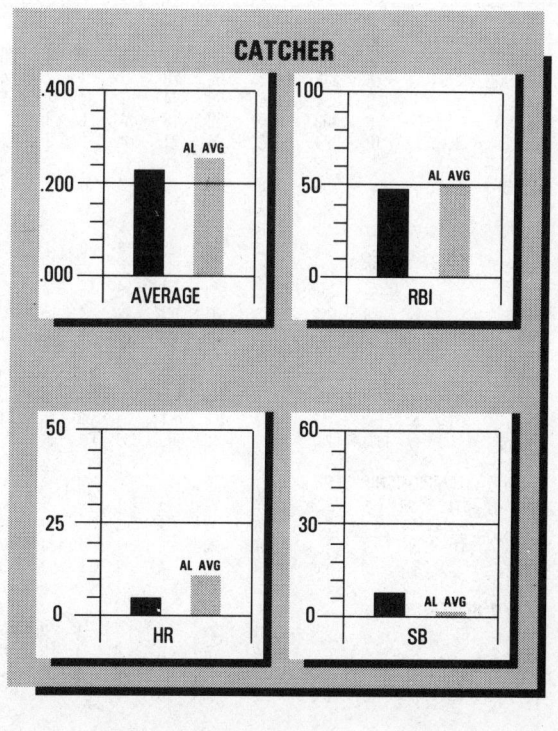

	Games	BA	SA	AB	H	2B	3B	HR	HR%	R	RBI	BB	SO	SB
April	17	.179	.269	67	12	3	0	1	1.5	5	4	1	5	0
May	24	.337	.453	86	29	5	1	1	1.2	15	10	7	3	3
June	24	.250	.355	76	19	6	1	0	0.0	8	10	8	17	1
July	25	.179	.333	84	15	4	0	3	3.6	8	9	6	11	1
Aug	21	.205	.233	73	15	2	0	0	0.0	1	8	2	6	1
Sept/Oct	30	.218	.256	78	17	3	0	0	0.0	8	7	13	11	2
Day	44	.222	.326	144	32	8	2	1	0.7	19	19	12	18	2
Night	97	.234	.319	320	75	15	0	4	1.3	26	29	25	35	6
vs. Left		.283	.434	106	30	4	0	4	3.8	13	17	9	11	4
vs. Right		.215	.288	358	77	19	2	1	0.3	32	31	28	42	4
On Grass	119	.226	.307	381	86	18	2	3	0.8	40	40	36	44	6
On Turf	22	.253	.386	83	21	5	0	2	2.4	5	8	1	9	2
Home	73	.222	.313	230	51	13	1	2	0.9	24	22	19	27	5
Road	68	.239	.329	234	56	10	1	3	1.3	21	26	18	26	3
Division Rivals														
vs. BAL	11	.281	.313	32	9	1	0	0	0.0	2	5	2	5	0
vs. CLE	11	.143	.171	35	5	1	0	0	0.0	4	5	4	1	0
vs. DET	12	.162	.189	37	6	1	0	0	0.0	3	3	4	2	0
vs. MIL	13	.188	.219	32	6	1	0	0	0.0	4	2	6	8	1
vs. NY	12	.243	.324	37	9	1	1	0	0.0	7	1	6	7	1
vs. TOR	12	.188	.313	48	9	3	0	1	2.1	2	7	1	6	0
On 3B <2 Out		.500	.682	22	11	2	1	0	0.0	0	19	2	3	

1980	PIT	N	8	.429	.571	21	9	1	1	0	0.0	1	1	0	4	0	2	1	38	2	2	0	5.3	.952	C-6
1981			66	.300	.381	210	63	9	1	2	1.0	16	17	8	23	1	2	1	286	41	5	10	5.0	.985	C-64
1982			138	.296	.435	497	147	28	4	11	2.2	53	63	17	57	2	0	0	763	89	16	6	6.3	.982	C-137
1983			151	.301	.435	542	163	22	3	15	2.8	51	70	31	73	6	2	1	976	90	9	9	7.1	.992	C-149
1984			147	.286	.425	546	156	27	2	15	2.7	77	78	36	79	12	1	1	895	95	9	15	6.8	.991	C-146

PLAYER REGISTER

Year	Team		Games	BA	SA	AB	H	2B	3B	HR	HR%	R	RBI	BB	SO	SB	PINCH HIT AB	H	PO	A	E	DP	TC/G	FA	G by Pos

Tony Pena Continued

Year	Team		Games	BA	SA	AB	H	2B	3B	HR	HR%	R	RBI	BB	SO	SB	AB	H	PO	A	E	DP	TC/G	FA	G by Pos
1985			147	.249	.361	546	136	27	2	10	1.8	53	59	29	67	12	0	0	925	102	12	9	7.1	.988	C-146, 1B-1
1986			144	.288	.406	510	147	26	2	10	2.0	56	52	53	69	9	7	1	824	99	18	13	6.5	.981	C-139, 1B-4
1987	STL	N	116	.214	.307	384	82	13	4	5	1.3	40	44	36	54	6	4	1	624	51	8	8	5.9	.988	C-112, 1B-4, OF-2
1988			149	.263	.372	505	133	23	1	10	2.0	55	51	33	60	6	8	1	796	72	6	9	5.9	.993	C-142, 1B-3
1989			141	.259	.337	424	110	17	2	4	0.9	36	37	35	33	5	7	1	675	70	2	13	5.3	.997	C-134, OF-1
1990	BOS	A	143	.263	.348	491	129	19	1	7	1.4	62	56	43	71	8	5	2	866	74	5	13	6.6	.995	C-142, 1B-1
1991			141	.231	.321	464	107	23	2	5	1.1	45	48	37	53	8	1	0	864	60	5	15	6.6	.995	C-140
12 yrs.			1491	.269	.379	5140	1382	235	25	94	1.8	545	576	358	643	75	39	10	8532	845	97	120	6.4	.990	C-1457, 1B-13, OF-3

LEAGUE CHAMPIONSHIP SERIES

Year	Team		Games	BA	SA	AB	H	2B	3B	HR	HR%	R	RBI	BB	SO	SB	AB	H	PO	A	E	DP	TC/G	FA	G by Pos
1987	STL	N	7	.381	.476	21	8	0	1	0	0.0	5	3	3	4	1	0	0	55	5	0	0	8.6	1.000	C-7
1990	BOS	A	4	.214	.214	14	3	0	0	0	0.0	0	0	0	0	0	0	0	22	4	1	1	6.8	.963	C-4
2 yrs.			11	.314	.371	35	11	0	1	0	0.0	5	3	3	4	1	0	0	77	9	1	1	7.9	.989	C-11

WORLD SERIES

Year	Team		Games	BA	SA	AB	H	2B	3B	HR	HR%	R	RBI	BB	SO	SB	AB	H	PO	A	E	DP	TC/G	FA	G by Pos
1987	STL	N	7	.409	.455	22	9	1	0	0	0.0	2	4	3	2	1	0	0	32	1	1	0	4.9	.971	C-6, DH-1

Terry Pendleton

PENDLETON, TERRY LEE
B. July 16, 1960, Los Angeles, Calif.
BB TR 5' 9" 180 lbs.

Split			Games	BA	SA	AB	H	2B	3B	HR	HR%	R	RBI	BB	SO	SB
April			17	.234	.426	47	11	3	0	2	4.3	9	6	10	4	1
May			24	.410	.651	83	34	7	2	3	3.6	17	14	7	3	1
June			24	.302	.448	96	29	6	1	2	2.1	15	12	5	17	5
July			26	.360	.580	100	36	7	0	5	5.0	21	21	6	10	1
Aug			30	.254	.405	126	32	3	2	4	3.2	17	14	5	18	1
Sept/Oct			32	.336	.575	134	45	8	3	6	4.5	15	19	10	18	1
Day			38	.277	.432	148	41	3	1	6	4.1	22	24	7	17	3
Night			115	.333	.546	438	146	31	7	16	3.7	72	62	36	53	7
vs. Left				.299	.458	177	53	10	3	4	2.3	31	23	15	9	5
vs. Right				.328	.543	409	134	24	5	18	4.4	63	63	28	61	5
On Grass			112	.326	.535	426	139	27	4	18	4.2	70	69	30	47	7
On Turf			41	.300	.469	160	48	7	4	4	2.5	24	17	13	23	3
Home			75	.340	.561	285	97	18	3	13	4.6	51	48	18	30	6
Road			78	.299	.475	301	90	16	5	9	3.0	43	38	25	40	4
Division Rivals																
vs. CIN			18	.348	.609	69	24	3	3	3	4.3	11	7	4	8	2
vs. HOU			16	.339	.492	59	20	3	0	2	3.4	8	11	4	7	1
vs. LA			18	.364	.545	66	24	7	1	1	1.5	10	7	9	11	3
vs. SD			16	.300	.550	60	18	4	1	3	5.0	7	8	4	6	0
vs. SF			18	.284	.486	74	21	4	1	3	4.1	11	10	1	8	0
On 3B < 2 Out				.250	.458	24	6	2	0	1	4.2	1	23	2	2	

Year	Team		Games	BA	SA	AB	H	2B	3B	HR	HR%	R	RBI	BB	SO	SB	AB	H	PO	A	E	DP	TC/G	FA	G by Pos
1984	STL	N	67	.324	.420	262	85	16	3	1	0.4	37	33	16	32	20	1	0	59	155	13	10	3.4	.943	3B-66
1985			149	.240	.306	559	134	16	3	5	0.9	56	69	37	75	17	2	1	129	361	18	26	3.4	.965	3B-149
1986			159	.239	.306	578	138	26	5	1	0.2	56	59	34	59	24	3	0	133	371	20	36	3.3	.962	3B-156, OF-1
1987			159	.286	.412	583	167	29	4	12	2.1	82	96	70	74	19	1	1	117	369	26	27	3.2	.949	3B-158
1988			110	.253	.361	391	99	20	2	6	1.5	44	53	21	51	3	11	4	75	239	12	13	3.0	.963	3B-101
1989			162	.264	.390	613	162	28	5	13	2.1	83	74	44	81	9	3	0	113	392	15	25	3.2	.971	3B-161
1990			121	.230	.324	447	103	20	2	6	1.3	46	58	30	58	7	5	3	91	248	19	18	3.1	.947	3B-117
1991	ATL	N	153	**.319**	.517	586	**187**	34	8	22	3.8	94	86	43	70	10	4	1	108	349	24	31	3.3	.950	3B-148
8 yrs.			1080	.267	.380	4019	1075	189	32	66	1.6	498	528	295	500	109	30	10	825	2484	147	186	3.2	.957	3B-1056, OF-1

LEAGUE CHAMPIONSHIP SERIES

Year	Team		Games	BA	SA	AB	H	2B	3B	HR	HR%	R	RBI	BB	SO	SB	AB	H	PO	A	E	DP	TC/G	FA	G by Pos
1985	STL	N	6	.208	.250	24	5	1	0	0	0.0	2	4	1	2	0	0	0	6	18	1	2	4.2	.960	3B-6
1987			6	.211	.316	19	4	0	1	0	0.0	3	1	0	6	0	0	0	3	11	0	1	2.3	1.000	3B-6
1991	ATL	N	7	.167	.267	30	5	1	1	0	0.0	1	1	1	3	0	0	0	5	11	0	1	2.3	1.000	3B-7
3 yrs.			19	.192	.274	73	14	2	2	0	0.0	6	6	2	11	0	0	0	14	40	1	4	2.9	.982	3B-19

WORLD SERIES

Year	Team		Games	BA	SA	AB	H	2B	3B	HR	HR%	R	RBI	BB	SO	SB	AB	H	PO	A	E	DP	TC/G	FA	G by Pos
1985	STL	N	7	.261	.391	23	6	1	1	0	0.0	3	3	3	2	0	0	0	6	14	1	3	3.0	.952	3B-7
1987			3	.429	.429	7	3	0	0	0	0.0	2	1	1	2	0	0	0	0	0	0	0	0.0	—	DH-2
1991	ATL	N	7	.367	.667	30	11	3	0	2	6.7	6	3	1	0	0	0	0	9	20	2	1	3.6	.920	3B-14, DH-2
3 yrs.			17	.333	.533	60	20	4	1	2	3.3	11	7	4	2	0	0	0	9	34	3	4	2.7	.935	3B-14, DH-2

THIRD BASE — Bar charts comparing player to NL AVG: AVERAGE, RBI, HR, SB

PLAYER REGISTER

Year	Team	Games	BA	SA	AB	H	2B	3B	HR	HR%	R	RBI	BB	SO	SB	PINCH HIT AB	PINCH HIT H	PO	A	E	DP	TC/G	FA	G by Pos

Tony Perezchica

PEREZCHICA, ANTONIO LLAMAS
Born Antonio Llamas Perezchica y Gonzalez.
B. Apr. 20, 1966, Mexicali, Mexico
BR TR 5′ 11″ 165 lbs.

Year	Team		Games	BA	SA	AB	H	2B	3B	HR	HR%	R	RBI	BB	SO	SB	PH AB	PH H	PO	A	E	DP	TC/G	FA	G by Pos
1988	SF	N	7	.125	.125	8	1	0	0	0	0.0	1	1	2	1	0	0	0	5	5	0	0	1.4	1.000	2B-6
1990			4	.333	.333	3	1	0	0	0	0.0	1	0	1	2	0	1	0	2	0	0	0	0.5	1.000	2B-2, SS-2
1991	2 teams		SF N (23G — .229)		CLE A (17G — .364)																				
"	total		40	.271	.386	70	19	6	1	0	0.0	6	3	5	17	0	9	2	23	40	2	7	2.2	.969	SS-19, 2B-8, 3B-3, DH-1
3 yrs.			51	.259	.358	81	21	6	1	0	0.0	8	4	8	20	0	10	2	30	45	2	7	1.5	.974	SS-21, 2B-16, 3B-3, DH-1

Gerald Perry

PERRY, GERALD JUNE
B. Oct. 30, 1960, Savannah, Ga.
BL TR 5′ 11″ 172 lbs.

FIRST BASE

Split	Games	BA	SA	AB	H	2B	3B	HR	HR%	R	RBI	BB	SO	SB
April	12	.250	.667	12	3	0	1	1	8.3	2	6	4	1	0
May	17	.182	.227	22	4	1	0	0	0.0	2	5	2	5	0
June	16	.321	.679	28	9	2	1	2	7.1	6	7	1	5	4
July	21	.247	.403	77	19	3	0	3	3.9	10	7	6	12	5
Aug	20	.270	.349	63	17	1	2	0	0.0	6	8	7	7	4
Sept/Oct	23	.150	.175	40	6	1	0	0	0.0	3	3	2	4	2
Day	31	.236	.347	72	17	3	1	1	1.4	6	10	5	8	3
Night	78	.241	.394	170	41	5	3	5	2.9	23	26	17	26	12
vs. Left		.240	.365	104	25	3	2	2	1.9	12	13	7	14	7
vs. Right		.239	.391	138	33	5	2	4	2.9	17	23	15	20	8
On Grass	27	.306	.435	62	19	5	0	1	1.6	9	10	1	10	3
On Turf	82	.217	.361	180	39	3	4	5	2.8	20	26	21	24	12
Home	58	.185	.277	130	24	1	4	1	0.8	10	15	11	15	9
Road	51	.304	.500	112	34	7	0	5	4.5	19	21	11	19	6
Division Rivals															
vs. CHI	14	.160	.200	25	4	1	0	0	0.0	2	3	1	3	2
vs. MON	12	.167	.167	24	4	0	0	0	0.0	1	2	2	1	3
vs. NY	11	.161	.290	31	5	2	1	0	0.0	2	6	1	4	1
vs. PHI	9	.444	1.000	9	4	0	1	1	11.1	3	5	3	2	0
vs. PIT	13	.344	.344	32	11	0	0	0	0.0	4	4	4	4	2
On 3B <2 Out		.583	.667	12	7	1	0	0	0.0	0	12	3	2	

Year	Team		Games	BA	SA	AB	H	2B	3B	HR	HR%	R	RBI	BB	SO	SB	PH AB	PH H	PO	A	E	DP	TC/G	FA	G by Pos
1983	ATL	N	27	.359	.487	39	14	2	0	1	2.6	5	6	5	4	0	16	7	55	0	1	5	2.1	.982	1B-7, OF-1
1984			122	.265	.372	347	92	12	2	7	2.0	52	47	61	38	15	16	8	550	28	12	41	4.8	.980	1B-64, OF-53
1985			110	.214	.273	238	51	5	0	3	1.3	22	13	23	28	9	44	6	541	37	9	48	5.3	.985	1B-55, OF-1
1986			29	.271	.386	70	19	2	0	2	2.9	6	11	8	4	0	11	3	24	1	2	2	0.9	.926	OF-21, 1B-1
1987			142	.270	.411	533	144	35	2	12	2.3	77	74	48	63	42	5	1	1297	72	14	118	9.7	.990	1B-136, OF-7
1988			141	.300	.400	547	164	29	1	8	1.5	61	74	36	49	29	0	0	1282	106	17	102	10.0	.988	1B-141
1989			72	.252	.338	266	67	11	0	4	1.5	24	21	32	28	10	0	0	618	51	9	49	9.4	.987	1B-72
1990	KC	A	133	.254	.361	465	118	22	2	8	1.7	57	57	39	56	17	12	0	394	40	6	41	8.6	.986	DH-68, 1B-51
1991	STL	N	109	.240	.380	242	58	8	4	6	2.5	29	36	22	34	15	41	11	413	29	5	30	6.8	.989	1B-61, OF-5
9 yrs.			885	.265	.374	2747	727	126	11	51	1.9	333	339	274	304	137	145	36	5174	364	75	436	6.3	.987	1B-588, OF-88, DH-68

Geno Petralli

PETRALLI, EUGENE JAMES
B. Sept. 25, 1959, Sacramento, Calif.
BB TR 6′ 2″ 185 lbs.

Year	Team		Games	BA	SA	AB	H	2B	3B	HR	HR%	R	RBI	BB	SO	SB	PH AB	PH H	PO	A	E	DP	TC/G	FA	G by Pos
1982	TOR	A	16	.364	.409	44	16	2	0	0	0.0	3	1	4	6	0	3	1	51	4	1	0	3.5	.982	C-12, 3B-3
1983			6	.000	.000	4	0	0	0	0	0.0	0	0	1	1	1	1	0	7	0	0	0	1.2	1.000	C-5, DH-1
1984			3	.000	.000	3	0	0	0	0	0.0	0	0	0	0	0	2	0	1	1	0	0	0.7	1.000	DH-1, C-1
1985	TEX	A	42	.270	.290	100	27	2	0	0	0.0	7	11	8	12	1	3	0	179	16	2	6	4.7	.990	C-41
1986			69	.255	.409	137	35	9	3	2	1.5	17	18	5	14	3	22	4	163	14	4	2	2.6	.978	C-41, 3B-15, DH-2, 2B-2
1987			101	.302	.480	202	61	11	2	7	3.5	28	31	27	29	0	26	5	370	34	5	4	4.0	.988	C-63, 3B-17, 1B-5, 2B-4, OF-3, DH-2
1988			129	.282	.393	351	99	14	2	7	2.0	35	36	41	52	0	23	6	421	54	10	8	3.8	.979	C-85, 3B-23, 3B-9, 1B-2, 2B-2
1989			70	.304	.408	184	56	7	0	4	2.2	18	23	17	24	0	15	4	258	15	3	3	3.9	.989	C-49, DH-16
1990			133	.255	.302	325	83	13	1	0	0.0	28	21	50	49	0	24	5	602	46	6	7	5.4	.991	C-118, 3B-7, 2B-3
1991			87	.271	.352	199	54	8	1	2	1.0	21	20	21	25	2	22	3	294	25	11	5	4.6	.967	C-66, DH-5
10 yrs.			656	.278	.375	1549	431	66	9	22	1.4	157	161	174	212	7	141	28	2346	209	42	35	4.0	.984	C-481, 3B-58, DH-50, 2B-11, 1B-7, OF-3

PLAYER REGISTER

Year	Team	Games	BA	SA	AB	H	2B	3B	HR	HR%	R	RBI	BB	SO	SB	PINCH HIT AB	H	PO	A	E	DP	TC/G	FA	G by Pos

Gary Pettis

PETTIS, GARY GEORGE
B. Apr. 3, 1958, Oakland, Calif.
BL TR 6' 1" 165 lbs.
BB 1982-87

April		16	.289	.342	38	11	2	0	0	0.0	7	2	8	12	7									
May		23	.255	.275	51	13	1	0	0	0.0	5	6	6	14	2									
June		26	.145	.177	62	9	0	1	0	0.0	6	3	13	23	4									
July		22	.200	.400	30	6	0	3	0	0.0	4	2	8	8	3									
Aug		25	.211	.281	57	12	2	1	0	0.0	8	3	13	22	7									
Sept/Oct		25	.227	.273	44	10	2	0	0	0.0	7	3	6	12	6									
Day		29	.230	.279	61	14	3	0	0	0.0	11	4	13	22	7									
Night		108	.213	.276	221	47	4	5	0	0.0	26	15	41	69	22									
vs. Left			.195	.234	77	15	1	1	0	0.0	12	6	14	17	11									
vs. Right			.224	.293	205	46	6	4	0	0.0	25	13	40	74	18									
On Grass		116	.228	.295	237	54	6	5	0	0.0	32	15	50	71	28									
On Turf		21	.156	.178	45	7	1	0	0	0.0	5	4	4	20	1									
Home		66	.212	.299	137	29	2	5	0	0.0	18	8	28	41	15									
Road		71	.221	.255	145	32	5	0	0	0.0	19	11	26	50	14									
Division Rivals																									
vs. CAL		11	.125	.250	24	3	1	1	0	0.0	2	1	4	6	4									
vs. CHI		9	.125	.125	16	2	0	0	0	0.0	0	1	5	5	2									
vs. KC		12	.158	.211	38	6	0	1	0	0.0	5	1	4	18	0									
vs. MIN		10	.000	.000	11	0	0	0	0	0.0	2	0	4	4	0									
vs. OAK		11	.214	.214	14	3	0	0	0	0.0	2	2	5	5	2									
vs. SEA		9	.348	.391	23	8	1	0	0	0.0	5	4	3	4	1									
On 3B < 2 Out			.273	.273	11	3	0	0	0	0.0	0	5	0	3										
1982	CAL A	10	.200	.800	5	1	0	0	1	20.0	5	1	0	2	0	0	0	5	1	0	0	0.6	1.000	OF-8
1983		22	.294	.494	85	25	2	3	3	3.5	19	6	7	15	8	0	0	49	5	1	2	2.5	.982	OF-21
1984		140	.227	.300	397	90	11	6	2	0.5	63	29	60	115	48	2	0	337	11	6	4	2.5	.983	OF-134
1985		125	.257	.323	443	114	10	8	1	0.2	67	32	62	125	56	0	0	368	13	4	5	3.1	.990	OF-122
1986		154	.258	.343	539	139	23	4	5	0.9	93	58	69	132	50	0	0	462	9	7	3	3.1	.985	OF-153, DH-1
1987		133	.208	.259	394	82	13	2	1	0.3	49	17	52	124	24	0	0	344	2	7	2	2.7	.980	OF-131
1988	DET A	129	.210	.277	458	96	14	4	3	0.7	65	36	47	85	44	2	0	361	5	5	0	2.9	.987	OF-126, DH-2
1989		119	.257	.309	444	114	8	6	1	0.2	77	18	84	106	43	1	0	325	1	4	0	2.8	.988	OF-119
1990	TEX A	136	.239	.336	423	101	16	8	3	0.7	66	31	57	118	38	5	1	285	10	2	4	2.3	.993	OF-128, DH-2
1991		137	.216	.277	282	61	7	5	0	0.0	37	19	54	91	29	10	0	248	4	6	1	2.0	.977	OF-126, DH-3
10 yrs.		1105	.237	.311	3470	823	104	46	20	0.6	541	247	492	913	340	20	1	2784	61	42	21	2.6	.985	OF-1068, DH-8

LEAGUE CHAMPIONSHIP SERIES

1986	CAL A	7	.346	.500	26	9	1	0	1	3.8	4	4	3	5	0	0	0	24	0	1	0	3.6	.960	OF-7

Tony Phillips

PHILLIPS, KEITH ANTHONY
B. Apr. 25, 1959, Atlanta, Ga.
BB TR 5' 9" 155 lbs.

April		19	.293	.493	75	22	4	1	3	4.0	12	11	9	13	1
May		24	.304	.359	92	28	2	0	1	1.1	16	13	21	9	7
June		24	.268	.423	97	26	4	1	3	3.1	11	13	15	19	1
July		24	.321	.519	106	34	10	1	3	2.8	16	15	8	17	0
Aug		26	.291	.519	79	23	3	0	5	6.3	17	10	14	20	1
Sept/Oct		29	.235	.348	115	27	5	1	2	1.7	15	10	12	17	0
Day		45	.310	.506	174	54	9	2	7	4.0	26	28	25	26	3
Night		101	.272	.408	390	106	19	2	10	2.6	61	44	54	69	7
vs. Left			.357	.617	154	55	7	0	11	7.1	31	25	32	18	2
vs. Right			.256	.371	410	105	21	4	6	1.5	56	47	47	77	8

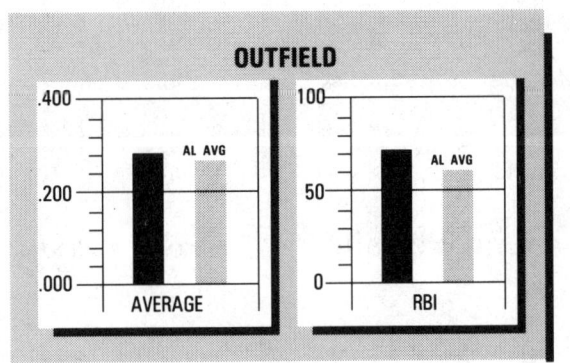

PLAYER REGISTER 179

Year	Team	Games	BA	SA	AB	H	2B	3B	HR	HR%	R	RBI	BB	SO	SB	PINCH HIT AB	PINCH HIT H	PO	A	E	DP	TC/G	FA	G by Pos

Tony Phillips *Continued*

On Grass		124	.283	.430	474	134	22	3	14	3.0	75	59	72	78	9									
On Turf		22	.289	.478	90	26	6	1	3	3.3	12	13	7	17	1									
Home		76	.295	.438	292	86	13	1	9	3.1	53	42	50	43	9									
Road		70	.272	.438	272	74	15	3	8	2.9	34	30	29	52	1									
Division Rivals																								
vs. BAL		12	.417	.500	48	20	4	0	0	0.0	12	4	7	7	1									
vs. BOS		13	.352	.519	54	19	6	0	1	1.9	9	6	6	7	3									
vs. CLE		9	.355	.581	31	11	4	0	1	3.2	7	5	6	6	0									
vs. MIL		12	.157	.255	51	8	0	1	1	2.0	2	4	4	3	1									
vs. NY		12	.220	.488	41	9	2	0	3	7.3	7	4	5	8	1									
vs. TOR		13	.283	.457	46	13	2	0	2	4.3	8	5	6	12	1									
On 3B <2 Out			.455	.591	22	10	1	1	0	0.0	0	22	2	5										
1982	OAK A	40	.210	.284	81	17	2	2	0	0.0	11	8	12	26	2	0	0	46	95	7	17	3.7	.953	SS-39
1983		148	.248	.320	412	102	12	3	4	1.0	54	35	48	70	16	1	1	218	383	30	85	4.3	.952	SS-101, 2B-63, 3B-4, DH-1
1984		154	.266	.359	451	120	24	3	4	0.9	62	37	42	86	10	2	0	255	391	28	90	4.4	.958	SS-91, 2B-90, OF-1
1985		42	.280	.453	161	45	12	2	4	2.5	23	17	13	34	3	1	0	54	103	3	13	3.8	.981	3B-31, 2B-24
1986		118	.256	.345	441	113	14	5	5	1.1	76	52	76	82	15	0	0	191	326	13	43	4.5	.975	2B-88, 3B-30, OF-4, DH-2, SS-1
1987		111	.240	.372	379	91	20	0	10	2.6	48	46	57	76	7	6	1	179	299	14	47	4.4	.972	2B-87, 3B-11, SS-9, OF-2
1988		79	.203	.307	212	43	8	4	2	0.9	32	17	36	50	0	5	1	84	80	10	18	2.2	.943	3B-32, OF-31, 2B-27, SS-10, 1B-3
1989		143	.262	.348	451	118	15	6	4	0.9	48	47	58	66	3	10	3	184	321	15	54	3.6	.971	2B-84, 3B-49, SS-17, OF-16, 1B-1
1990	DET A	152	.251	.351	573	144	23	5	8	1.3	97	55	99	85	19	1	0	180	368	23	62	3.8	.960	3B-104, 2B-47, SS-11, OF-8, DH-4
1991		146	.284	.438	564	160	28	4	17	3.0	87	72	79	95	10	6	2	269	237	8	51	4.1	.984	OF-56, 3B-46, 2B-36, DH-18, SS-13
10 yrs.		1133	.256	.363	3725	953	158	34	58	1.6	538	386	520	670	85	32	8	1660	2603	151	480	3.9	.966	2B-546, 3B-307, SS-292, OF-118, DH-25, 1B-4
LEAGUE CHAMPIONSHIP SERIES																								
1988	OAK A	2	.286	.429	7	2	1	0	0	0.0	0	0	1	3	0	0	0	10	0	0	1	5.0	1.000	OF-2, 2B-1
1989		5	.167	.222	18	3	1	0	0	0.0	1	1	2	4	2	0	0	4	14	0	2	3.6	1.000	2B-3, 3B-3
2 yrs.		7	.200	.280	25	5	2	0	0	0.0	1	1	3	7	2	0	0	14	14	0	3	4.0	.000	2B-4, 3B-3, OF-2
WORLD SERIES																								
1988	OAK A	2	.250	.250	4	1	0	0	0	0.0	1	0	1	2	0	0	0	3	5	0	1	4.0	1.000	2B-1, OF-1
1989		4	.235	.471	17	4	1	0	1	5.9	2	3	0	3	0	0	0	8	15	0	1	5.8	1.000	2B-4, 3B-2, OF-1
2 yrs.		6	.238	.429	21	5	1	0	1	4.8	3	3	1	5	0	0	0	11	20	0	2	5.2	.000	2B-5, 3B-2, OF-2

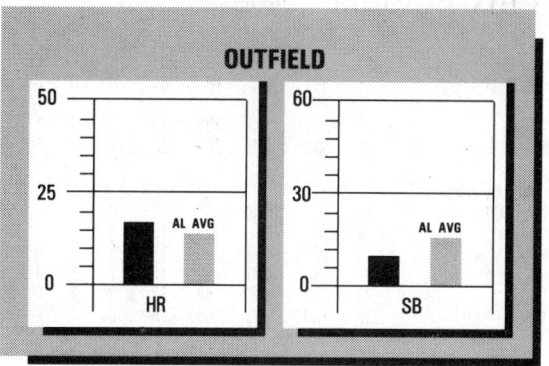

Phil Plantier

PLANTIER, PHILLIP ALAN
B. Jan. 27, 1969, Manchester, N. H.
BL TR 6′ 175 lbs.

Year	Team	Games	BA	SA	AB	H	2B	3B	HR	HR%	R	RBI	BB	SO	SB	PH AB	PH H	PO	A	E	DP	TC/G	FA	G by Pos
1990	BOS A	14	.133	.200	15	2	0	0	0	0.0	1	3	4	6	0	6	1	0	0	0	0	0.0	.949	DH-4, OF-1
1991		53	.331	.615	148	49	7	1	11	7.4	27	35	23	38	1	8	3	80	1	2	0	2.1	.976	OF-40, DH-5
2 yrs.		67	.313	.577	163	51	8	1	11	6.7	28	38	27	44	1	14	4	80	1	2	0	1.2	.976	OF-41, DH-9

Luis Polonia

POLONIA, LUIS ANDREW
Born Luis Andrew Polonia y Almonte.
B. Dec. 10, 1964, Santiago, Dominican Republic
BL TL 5′ 8″ 155 lbs.
BB 1989

	Games	BA	SA	AB	H	2B	3B	HR	HR%	R	RBI	BB	SO	SB
April	19	.333	.387	75	25	2	1	0	0.0	12	7	8	8	8
May	25	.314	.438	105	33	5	4	0	0.0	19	10	8	12	8
June	25	.263	.307	114	30	3	1	0	0.0	16	15	4	16	11
July	22	.259	.358	81	21	3	1	1	1.2	12	5	10	8	3
Aug	29	.327	.445	110	36	8	1	1	0.9	16	9	12	14	9
Sept/Oct	30	.286	.345	119	34	7	0	0	0.0	17	4	10	16	9
Day	35	.331	.459	148	49	11	4	0	0.0	27	16	14	14	14
Night	115	.285	.353	456	130	17	4	2	0.4	65	34	38	60	34
vs. Left		.238	.298	168	40	8	1	0	0.0	22	17	11	25	11
vs. Right		.319	.411	436	139	20	7	2	0.5	70	33	41	49	37

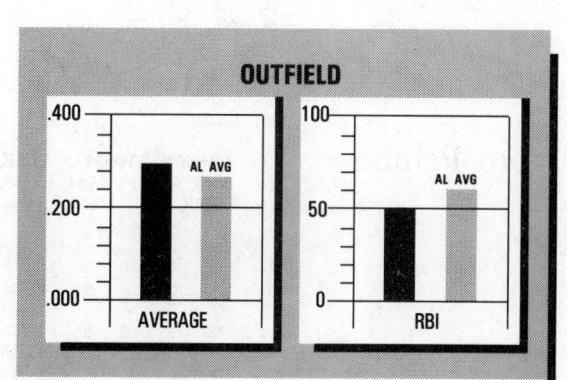

PLAYER REGISTER

Year	Team		Games	BA	SA	AB	H	2B	3B	HR	HR%	R	RBI	BB	SO	SB	PINCH HIT AB	H	PO	A	E	DP	TC/G	FA	G by Pos

Luis Polonia *Continued*

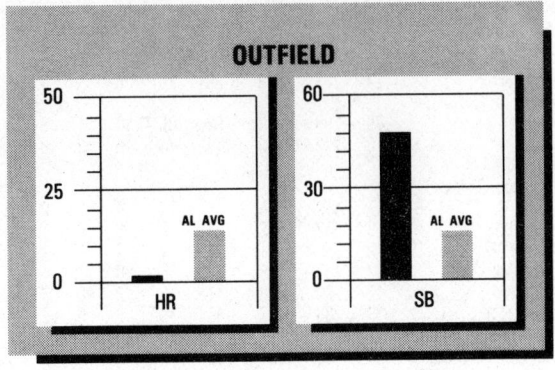

OUTFIELD

On Grass			124	.278	.360	497	138	19	8	2	0.4	68	41	44	60	37									
On Turf			26	.383	.467	107	41	9	0	0	0.0	24	9	8	14	11									
Home			77	.261	.333	303	79	11	4	1	0.3	38	20	30	36	17									
Road			73	.332	.425	301	100	17	4	1	0.3	54	30	22	38	31									
Division Rivals																									
vs. CHI			11	.271	.313	48	13	0	1	0	0.0	5	5	4	6	5									
vs. KC			12	.373	.451	51	19	4	0	0	0.0	10	5	2	7	2									
vs. MIN			12	.380	.440	50	19	3	0	0	0.0	11	6	2	4	5									
vs. OAK			13	.340	.440	50	17	2	0	1	2.0	4	4	5	2	5									
vs. SEA			13	.273	.386	44	12	3	1	0	0.0	9	2	8	7	4									
vs. TEX			13	.160	.260	50	8	3	1	0	0.0	7	3	6	7	4									
On 3B < 2 Out				.370	.407	27	10	1	0	0	0.0		20	1	4											
1987	OAK	A	125	.287	.398	435	125	16	10	4	0.9	78	49	32	64	29	8	3	235	2	5	1	1.9	.979	OF-104, DH-18
1988			84	.292	.378	288	84	11	4	2	0.7	51	27	21	40	24	9	2	155	3	2	1	1.9	.988	OF-76, DH-2
1989	2 teams					OAK A (59G — .286)						NY A (66G — .313)														
"	total		125	.300	.388	433	130	17	6	3	0.7	70	46	25	44	22	14	6	231	9	4	2	2.0	.984	OF-108, DH-9
1990	2 teams					NY A (11G — .318)						CAL A (109G — .336)														
"			120	.335	.412	403	135	7	9	2	0.4	52	35	25	43	21	19	6	142	3	3	2	1.7	.980	OF-85, DH-15
1991	CAL	A	150	.296	.379	604	179	28	8	2	0.3	92	50	52	74	48	5	1	246	9	5	1	1.8	.981	OF-143, DH-4
5 yrs.			604	.302	.391	2163	653	79	37	13	0.6	343	207	155	265	144	55	18	1009	26	19	7	1.7	.982	OF-516, DH-48
LEAGUE CHAMPIONSHIP SERIES																									
1988	OAK	A	3	.400	.400	5	2	0	0	0	0.0	0	0	1	2	0	0	0	2	0	0	0	0.7	1.000	OF-1
WORLD SERIES																									
1988	OAK	A	3	.111	.111	9	1	0	0	0	0.0	1	0	0	2	0	2	0	2	0	0	0	0.7	1.000	OF-2

Alonzo Powell

POWELL, ALONZO SIDNEY
B. Dec. 12, 1964, San Francisco, Calif.
BR TR 6' 2" 190 lbs.

Year	Team		Games	BA	SA	AB	H	2B	3B	HR	HR%	R	RBI	BB	SO	SB	AB	H	PO	A	E	DP	TC/G	FA	G by Pos
1987	MON	N	14	.195	.268	41	8	3	0	0	0.0	3	4	5	17	0	4	0	13	0	0	0	0.9	1.000	OF-11
1991	SEA	A	57	.216	.369	111	24	6	1	3	2.7	16	12	11	24	0	13	2	66	2	2	4	1.6	.971	OF-40, DH-7, 1B-7
2 yrs.			71	.211	.342	152	32	9	1	3	2.0	19	16	16	41	0	17	2	79	2	2	4	1.2	.976	OF-51, DH-7, 1B-7

Jim Presley

PRESLEY, JAMES ARTHUR
B. Oct. 23, 1961, Pensacola, Fla.
BR TR 6' 1" 176 lbs.

Year	Team		Games	BA	SA	AB	H	2B	3B	HR	HR%	R	RBI	BB	SO	SB	AB	H	PO	A	E	DP	TC/G	FA	G by Pos
1984	SEA	A	70	.227	.402	251	57	12	1	10	4.0	27	36	6	63	1	1	0	48	113	7	12	2.4	.958	3B-69, DH-1
1985			155	.275	.484	570	157	33	1	28	4.9	71	84	44	100	2	1	0	82	335	17	24	2.8	.961	3B-154
1986			155	.265	.463	616	163	33	4	27	4.4	83	107	32	172	0	0	0	110	308	15	31	2.8	.965	3B-155
1987			152	.247	.433	575	142	23	6	24	4.2	78	88	38	157	2	1	1	113	315	21	29	3.0	.953	3B-148, SS-4, DH-1
1988			150	.230	.355	544	125	26	0	14	2.6	50	62	36	114	3	0	0	112	234	22	25	2.5	.940	3B-146, DH-4
1989			117	.236	.385	390	92	20	1	12	3.1	42	41	21	107	0	6	1	222	169	18	29	3.5	.956	3B-90, 1B-30, DH-1
1990	ATL	N	140	.242	.414	541	131	34	1	19	3.5	59	72	29	130	1	1	0	178	242	26	29	3.2	.942	3B-133, 1B-17
1991	SD	N	20	.136	.186	59	8	0	0	1	1.7	3	5	4	16	0	4	1	13	23	3	0	2.4	.923	3B-16
8 yrs.			959	.247	.420	3546	875	181	14	135	3.8	413	495	210	859	9	14	3	878	1739	129	179	2.9	.953	3B-911, 1B-47, DH-7, SS-4

Tom Prince

PRINCE, THOMAS ALBERT
B. Aug. 13, 1964, Kankakee, Ill.
BR TR 5' 11" 185 lbs.

Year	Team		Games	BA	SA	AB	H	2B	3B	HR	HR%	R	RBI	BB	SO	SB	AB	H	PO	A	E	DP	TC/G	FA	G by Pos
1987	PIT	N	4	.222	.667	9	2	1	0	1	11.1	1	2	0	2	0	0	0	14	3	0	0	4.3	1.000	C-4
1988			29	.176	.203	74	13	2	0	0	0.0	3	6	4	15	0	2	0	108	8	2	1	4.1	.983	C-28
1989			21	.135	.212	52	7	4	0	0	0.0	1	5	6	12	1	0	0	85	11	4	1	4.8	.960	C-21
1990			4	.100	.100	10	1	0	0	0	0.0	1	0	1	2	0	1	0	16	1	0	0	5.7	1.000	C-3
1991			26	.265	.441	34	9	3	0	1	2.9	4	2	7	3	0	5	0	53	9	1	0	3.2	.984	C-19, 1B-1
5 yrs.			84	.179	.268	179	32	10	0	2	1.1	10	15	18	34	1	8	0	276	32	7	2	3.8	.978	C-75, 1B-1

PLAYER REGISTER

Year	Team	Games	BA	SA	AB	H	2B	3B	HR	HR%	R	RBI	BB	SO	SB	PINCH HIT AB	PINCH HIT H	PO	A	E	DP	TC/G	FA	G by Pos

Kirby Puckett

PUCKETT, KIRBY
B. Mar. 14, 1961, Chicago, Ill.
BR TR 5' 8" 178 lbs.

Split	Team	Games	BA	SA	AB	H	2B	3B	HR	HR%	R	RBI	BB	SO	SB	PH AB	PH H	PO	A	E	DP	TC/G	FA	G by Pos
April		20	.342	.506	79	27	2	1	3	3.8	11	10	4	11	0									
May		26	.321	.459	109	35	5	2	2	1.8	13	14	4	12	1									
June		27	.314	.533	105	33	6	1	5	4.8	24	18	7	14	3									
July		26	.352	.486	105	37	4	2	2	1.9	13	19	6	12	2									
Aug		27	.310	.407	113	35	5	0	2	1.8	15	12	2	16	4									
Sept/Oct		26	.280	.380	100	28	7	0	1	1.0	16	16	8	13	1									
Day		42	.305	.489	174	53	6	4	6	3.4	23	27	6	23	0									
Night		110	.325	.449	437	142	23	2	9	2.1	69	62	25	55	11									
vs. Left			.406	.658	155	63	8	5	7	4.5	34	24	8	19	3									
vs. Right			.289	.393	456	132	21	1	8	1.8	58	65	23	59	8									
On Grass		55	.323	.484	217	70	10	2	7	3.2	34	38	10	26	4									
On Turf		97	.317	.447	394	125	19	4	8	2.0	58	51	21	52	7									
Home		80	.326	.463	328	107	16	4	7	2.1	54	45	16	45	6									
Road		72	.311	.456	283	88	13	2	8	2.8	38	44	15	33	5									
Division Rivals																								
vs. CAL		12	.265	.449	49	13	3	0	2	4.1	6	7	0	11	2									
vs. CHI		11	.364	.636	44	16	3	0	3	6.8	7	9	3	2	1									
vs. KC		11	.200	.333	45	9	3	0	1	2.2	3	7	1	6	0									
vs. OAK		13	.327	.455	55	18	2	1	1	1.8	8	7	1	5	2									
vs. SEA		13	.423	.481	52	22	0	0	1	1.9	8	4	4	6	0									
vs. TEX		12	.400	.491	55	22	0	1	1	1.8	8	10	2	8	0									
On 3B < 2 Out			.343	.400	35	12	2	0	0	0.0	0	31	1	6										
1984	MIN A	128	.296	.336	557	165	12	5	0	0.0	63	31	16	69	14	0	0	438	16	3	4	3.6	.993	OF-128
1985		161	.288	.385	**691**	199	29	13	4	0.6	80	74	41	87	21	1	0	465	19	8	5	3.1	.984	OF-161
1986		161	.328	.537	680	223	37	6	31	4.6	119	96	34	99	20	4	1	429	8	6	3	2.8	.986	OF-160
1987		157	.332	.534	624	**207**	32	5	28	4.5	96	99	32	91	12	2	0	341	8	5	2	2.3	.986	OF-147, DH-8
1988		158	.356	.545	**657**	234	42	5	24	3.7	109	121	23	83	6	1	0	450	12	3	4	2.9	.994	OF-158
1989		159	**.339**	.465	635	215	45	4	9	1.4	75	85	41	59	11	2	0	438	13	4	3	2.9	.991	OF-157, DH-2
1990		146	.298	.446	551	164	40	3	12	2.1	82	80	57	73	5	1	1	354	9	4	3	2.6	.989	OF-141, DH-4, 2B-1, 3B-1, SS-1
1991		152	.319	.460	611	195	29	6	15	2.5	92	89	31	78	11	0	0	373	13	6	5	2.6	.985	OF-152
8 yrs.		1222	.320	.466	5006	1602	266	47	123	2.5	716	675	275	639	100	11	3	3288	98	39	29	2.8	.989	OF-1204, DH-14, 2B-1, 3B-1, SS-1
LEAGUE CHAMPIONSHIP SERIES																								
1987	MIN A	5	.208	.375	24	5	1	0	1	4.2	3	3	0	5	1	0	0	7	0	0	0	1.4	1.000	OF-5
1991		5	.429	.762	21	9	1	0	2	9.5	4	6	1	4	0	0	0	13	1	0	0	2.8	1.000	OF-5
2 yrs.		10	.311	.556	45	14	2	0	3	6.7	7	9	1	9	1	0	0	20	1	0	0	2.1	.000	OF-10
WORLD SERIES																								
1987	MIN A	7	.357	.464	28	10	1	1	0	0.0	5	3	2	1	1	0	0	15	1	1	0	2.4	.941	OF-7
1991		7	.250	.583	24	6	0	1	2	8.3	4	4	5	7	1	0	0	16	1	0	0	2.4	1.000	OF-7
2 yrs.		14	.308	.519	52	16	1	2	2	3.8	9	7	7	8	2	0	0	31	2	1	0	2.4	.971	OF-14

Terry Puhl

PUHL, TERRY STEPHEN
B. July 8, 1956, Melville, Sask., Canada
BL TR 6' 2" 195 lbs.

Year	Team	Games	BA	SA	AB	H	2B	3B	HR	HR%	R	RBI	BB	SO	SB	PH AB	PH H	PO	A	E	DP	TC/G	FA	G by Pos
1977	HOU N	60	.301	.402	229	69	13	5	0	0.0	40	10	30	31	10	0	0	119	3	1	0	2.1	.992	OF-59
1978		149	.289	.368	585	169	25	6	3	0.5	87	35	48	46	32	1	1	386	6	3	2	2.7	.992	OF-148
1979		157	.287	.377	600	172	22	4	8	1.3	87	49	58	46	30	5	1	352	7	0	3	2.3	1.000	OF-152
1980		141	.282	.419	535	151	24	5	13	2.4	75	55	60	52	27	6	0	311	14	3	3	2.3	.991	OF-135
1981		96	.251	.354	350	88	19	4	3	0.9	43	28	31	49	22	8	1	185	5	0	1	2.0	1.000	OF-88
1982		145	.262	.379	507	133	17	9	8	1.6	64	50	51	49	17	7	3	257	4	3	3	1.8	.989	OF-138
1983		137	.292	.428	465	136	25	7	8	1.7	66	44	36	48	24	15	4	220	4	2	1	1.6	.991	OF-124
1984		132	.301	.434	449	135	19	7	9	2.0	66	55	59	45	13	5	2	213	6	3	4	1.7	.986	OF-126
1985		57	.284	.418	194	55	14	3	2	1.0	34	23	18	23	6	3	1	92	3	0	1	1.7	1.000	OF-53
1986		81	.244	.355	172	42	10	0	3	1.7	17	14	15	24	3	28	8	65	0	0	0	0.8	1.000	OF-47
1987		90	.230	.320	122	28	5	0	2	1.6	9	15	11	16	1	52	15	48	0	1	0	0.5	.980	OF-40
1988		113	.303	.389	234	71	7	2	3	1.3	42	19	35	30	22	36	11	116	2	2	0	1.1	.983	OF-78
1989		121	.271	.364	354	96	25	4	0	0.0	41	27	45	39	9	15	4	212	5	0	1	1.8	1.000	OF-103, 1B-3
1990		37	.293	.317	41	12	1	0	0	0.0	5	8	5	7	1	20	8	9	0	0	0	1.0	1.000	OF-8, 1B-1
1991	KC A	15	.222	.222	18	4	0	0	0	0.0	0	3	3	2	0	10	2	0	0	0	0	1.0	1.000	DH-2, 1B-1
15 yrs.		1531	.280	.388	4855	1361	226	56	62	1.3	676	435	505	507	217	211	61	2585	57	18	19	1.7	.993	OF-1300, 1B-4, DH-2

PLAYER REGISTER

Year	Team		Games	BA	SA	AB	H	2B	3B	HR	HR%	R	RBI	BB	SO	SB	PINCH HIT AB	H	PO	A	E	DP	TC/G	FA	G by Pos

Terry Puhl *Continued*

DIVISIONAL PLAYOFF SERIES

Year	Team		G	BA	SA	AB	H	2B	3B	HR	HR%	R	RBI	BB	SO	SB	AB	H	PO	A	E	DP	TC/G	FA	G by Pos
1981	HOU	N	5	.190	.238	21	4	1	0	0	0.0	2	0	0	1	1	0	0	7	1	0	0	1.6	1.000	OF-5

LEAGUE CHAMPIONSHIP SERIES

Year	Team		G	BA	SA	AB	H	2B	3B	HR	HR%	R	RBI	BB	SO	SB	AB	H	PO	A	E	DP	TC/G	FA	G by Pos
1980	HOU	N	5	.526	.632	19	10	2	0	0	0.0	4	3	3	2	2	1	0	13	0	0	0	2.6	1.000	OF-4
1986			3	.667	.667	3	2	0	0	0	0.0	0	0	0	0	1	3	2	0	0	0	0	0.0	—	
2 yrs.			8	.545	.636	22	12	2	0	0	0.0	4	3	3	2	3	4	2	13	0	0	0	1.6	.000	OF-4

Harvey Pulliam

PULLIAM, HARVEY JEROME, JR.
B. Oct. 20, 1967, San Francisco, Calif.
BR TR 6' 210 lbs.

Year	Team		G	BA	SA	AB	H	2B	3B	HR	HR%	R	RBI	BB	SO	SB	AB	H	PO	A	E	DP	TC/G	FA	G by Pos
1991	KC	A	18	.273	.576	33	9	1	0	3	9.1	4	4	3	9	0	3	0	21	1	2	0	1.6	.917	OF-15

Luis Quinones

QUINONES, LUIS RAUL
Born Luis Raul Quinones y Torruellas.
B. Apr. 28, 1962, Ponce, Puerto Rico
BB TR 5' 11" 165 lbs.

Year	Team		G	BA	SA	AB	H	2B	3B	HR	HR%	R	RBI	BB	SO	SB	AB	H	PO	A	E	DP	TC/G	FA	G by Pos
1983	OAK	A	19	.190	.286	42	8	2	1	0	0.0	5	4	1	4	1	1	1	22	24	1	7	2.5	.979	2B-6, DH-4, 3B-4, OF-4, SS-3
1986	SF	N	71	.179	.245	106	19	1	3	0	0.0	13	11	3	17	3	7	0	28	66	8	10	1.4	.922	SS-33, 3B-31, 2B-8
1987	CHI	N	49	.218	.277	101	22	6	0	0	0.0	12	8	10	16	0	23	4	35	58	3	10	2.0	.969	SS-28, 2B-4, 3B-1
1988	CIN	N	23	.231	.346	52	12	3	0	1	1.9	4	11	2	11	1	6	1	15	37	2	5	2.3	.963	SS-10, 2B-4, 3B-4
1989			97	.244	.412	340	83	13	4	12	3.5	43	34	25	46	2	5	1	112	213	10	25	3.5	.970	2B-53, 3B-50, SS-5
1990			83	.241	.331	145	35	7	0	2	1.3	10	17	13	29	1	36	13	44	85	6	15	3.1	.956	3B-22, 2B-13, SS-9, 1B-1
1991			97	.222	.325	212	47	4	3	4	1.9	15	20	21	31	1	36	6	68	106	7	23	3.3	.961	2B-33, 3B-19, SS-5
7 yrs.			439	.226	.342	998	226	36	11	19	1.9	102	105	75	154	9	114	26	324	589	37	95	2.2	.961	3B-131, 2B-121, SS-93, DH-4, OF-4, 1B-1

LEAGUE CHAMPIONSHIP SERIES

Year	Team		G	BA	SA	AB	H	2B	3B	HR	HR%	R	RBI	BB	SO	SB	AB	H	PO	A	E	DP	TC/G	FA	G by Pos
1990	CIN	N	3	.500	.500	2	1	0	0	0	0.0	1	2	0	0	1	2	1	0	0	0	0	0.0	.900	

Carlos Quintana

QUINTANA, CARLOS NARCIS
Born Carlos Narcis Quintana y Hernandez.
B. Aug. 26, 1965, Estado, Mirana, Venezuela
BR TR 6' 175 lbs.

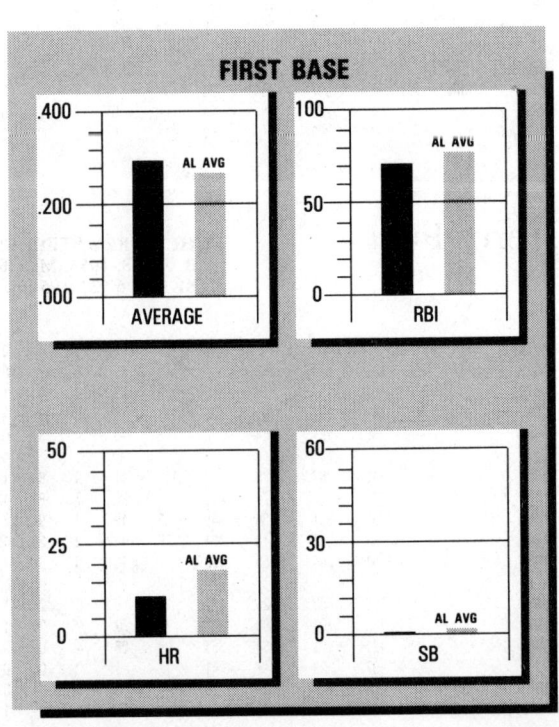

Split	G	BA	SA	AB	H	2B	3B	HR	HR%	R	RBI	BB	SO	SB
April	17	.305	.407	59	18	3	0	1	1.7	4	7	0	9	0
May	27	.324	.412	102	33	3	0	2	2.0	18	9	10	10	0
June	26	.280	.415	82	23	5	0	2	2.4	12	13	18	13	0
July	22	.236	.361	72	17	3	0	2	2.8	7	15	8	8	0
Aug	26	.338	.525	80	27	4	1	3	3.8	14	12	10	15	0
Sept/Oct	31	.277	.349	83	23	3	0	1	1.2	14	15	15	11	1
Day	48	.351	.474	154	54	8	1	3	1.9	28	30	22	19	0
Night	101	.269	.383	324	87	13	0	8	2.5	41	41	39	47	1
vs. Left		.340	.484	153	52	7	0	5	3.3	30	26	26	21	0
vs. Right		.274	.378	325	89	14	1	6	1.8	39	45	35	45	1
On Grass	125	.291	.392	398	116	20	1	6	1.5	56	56	50	54	1
On Turf	24	.313	.513	80	25	1	0	5	6.3	13	15	11	12	0
Home	74	.292	.360	236	69	10	0	2	0.8	31	30	34	31	1
Road	75	.298	.463	242	72	11	1	9	3.7	38	41	27	35	0
Division Rivals														
vs. BAL	12	.194	.222	36	7	1	0	0	0.0	3	2	2	4	0
vs. CLE	13	.310	.381	42	13	3	0	0	0.0	5	6	3	7	0
vs. DET	11	.353	.471	34	12	1	0	1	2.9	5	5	3	5	0
vs. MIL	12	.229	.286	35	8	2	0	0	0.0	4	6	4	6	0
vs. NY	13	.282	.410	39	11	2	0	1	2.6	2	7	1	4	0
vs. TOR	12	.349	.512	43	15	1	0	2	4.7	7	6	6	8	0
On 3B < 2 Out		.333	.542	24	8	2	0	1	4.2	1	25	10	5	

PLAYER REGISTER

Year	Team		Games	BA	SA	AB	H	2B	3B	HR	HR%	R	RBI	BB	SO	SB	PINCH HIT AB	PINCH HIT H	PO	A	E	DP	TC/G	FA	G by Pos

Carlos Quintana Continued

Year	Team		Games	BA	SA	AB	H	2B	3B	HR	HR%	R	RBI	BB	SO	SB	PH AB	PH H	PO	A	E	DP	TC/G	FA	G by Pos
1988	BOS	A	5	.333	.333	6	2	0	0	0	0.0	1	2	2	3	0	0	0	4	0	0	0	0.8	1.000	OF-3, DH-1
1989			34	.208	.273	77	16	5	0	0	0.0	6	6	7	12	0	7	2	31	0	2	0	1.0	.939	OF-21, DH-7, 1B-1
1990			149	.287	.383	512	147	28	0	7	1.3	56	67	52	74	1	7	3	1190	137	17	116	9.1	.987	1B-148, OF-3
1991			149	.295	.412	478	141	21	1	11	2.3	69	71	61	66	1	17	5	1041	102	9	101	8.1	.992	1B-138, OF-13, DH-1
4 yrs.			337	.285	.388	1073	306	54	1	18	1.7	132	146	122	155	2	31	10	2266	239	28	217	7.5	.989	1B-287, OF-40, DH-9

LEAGUE CHAMPIONSHIP SERIES

Year	Team		Games	BA	SA	AB	H	2B	3B	HR	HR%	R	RBI	BB	SO	SB	PH AB	PH H	PO	A	E	DP	TC/G	FA	G by Pos
1990	BOS	A	4	.000	.000	13	0	0	0	0	0.0	0	1	1	0	0	0	0	29	2	0	5	7.8	1.000	1B-4

Jamie Quirk

QUIRK, JAMES PATRICK
B. Oct. 22, 1954, Whittier, Calif.
BL TR 6' 4" 190 lbs.

Year	Team		Games	BA	SA	AB	H	2B	3B	HR	HR%	R	RBI	BB	SO	SB	PH AB	PH H	PO	A	E	DP	TC/G	FA	G by Pos
1975	KC	A	14	.256	.333	39	10	0	0	1	2.6	2	5	2	7	0	1	1	19	3	2	0	1.7	.917	OF-10, 3B-2, DH-1
1976			64	.246	.325	114	28	6	0	1	0.9	11	15	2	22	0	32	7	9	14	2	2	0.4	.920	DH-19, SS-12, 3B-11, 1B-2
1977	MIL	A	93	.217	.330	221	48	14	1	3	1.4	16	13	8	47	0	29	5	19	4	2	2	0.3	.920	DH-53, OF-10, 3B-8
1978	KC	A	17	.207	.276	29	6	2	0	0	0.0	3	2	5	4	0	4	2	11	16	2	1	1.7	.931	3B-10, SS-2, DH-1
1979			51	.304	.443	79	24	6	1	1	1.3	8	11	5	13	0	30	8	16	9	1	0	0.5	.962	DH-9, C-9, SS-5, 3B-3
1980			62	.276	.399	163	45	5	0	5	3.1	13	21	7	24	3	12	1	72	66	8	3	2.4	.945	3B-28, C-15, 1B-1
1981			46	.250	.320	100	25	7	0	0	0.0	8	10	6	17	0	18	4	63	23	4	2	2.0	.956	C-22, 3B-8, DH-1, 2B-1
1982			36	.231	.308	78	18	3	0	1	1.3	8	5	3	15	0	7	1	110	12	0	1	3.4	1.000	C-29, 1B-6, 3B-1, OF-1
1983	STL	N	48	.209	.326	86	18	2	1	2	2.3	3	11	6	27	0	17	1	68	13	6	1	1.8	.931	C-22, 3B-7, SS-1
1984	2 teams		CHI A (3G — .000)		CLE A (1G — 1.000)																				
"	total		4	.333	1.333	3	1	0	0	1	33.3	1	2	0	2	0	2	0	1	0	0	0	0.3	1.000	C-1, 3B-1
1985	KC	A	19	.281	.368	57	16	3	1	0	0.0	3	4	2	9	0	4	0	66	8	1	1	3.9	.987	C-17, 1B-1
1986			80	.215	.370	219	47	10	0	8	3.7	24	26	17	41	0	20	4	303	64	4	13	4.6	.989	C-41, SS-24, 1B-6, OF-1
1987			109	.236	.345	296	70	17	0	5	1.7	24	33	28	56	1	5	2	532	40	8	3	5.3	.986	C-108, SS-1
1988			84	.240	.408	196	47	7	1	8	4.1	22	25	28	41	1	7	0	412	34	8	5	5.4	.982	C-79, 1B-1, 3B-1
1989	3 teams		NY A (13G — .083)		OAK A (9G — .200)		BAL A (25G — .216)																		
"	total		47	.176	.235	85	15	2	0	1	1.2	6	10	12	20	0	11	1	129	15	1	3	3.1	.993	C-32, 3B-3, DH-1, 1B-1, SS-1, OF-1
1990	OAK	A	56	.281	.413	121	34	5	1	3	2.4	12	26	14	34	0	11	4	168	18	5	4	3.8	.974	C-37, 1B-8, 3B-8, DH-1, OF-1
1991			76	.261	.296	203	53	4	0	1	0.5	16	17	16	28	0	17	5	337	38	6	6	6.0	.984	C-54, 1B-8, DH-1, 3B-1
17 yrs.			906	.242	.351	2089	505	93	6	41	2.0	180	236	161	407	5	227	46	2335	377	60	47	3.1	.978	C-466, 3B-92, DH-87, SS-46, 1B-34, OF-24, 2B-1

LEAGUE CHAMPIONSHIP SERIES

Year	Team		Games	BA	SA	AB	H	2B	3B	HR	HR%	R	RBI	BB	SO	SB	PH AB	PH H	PO	A	E	DP	TC/G	FA	G by Pos
1976	KC	A	4	.143	.429	7	1	0	1	0	0.0	1	2	0	2	0	1	0	0	0	0	0	0.0	—	DH-2
1985			1	.000	.000	1	0	0	0	0	0.0	0	0	0	0	0	1	0	0	0	0	0	0.0	—	
1990	OAK	A	1	1.000	1.000	1	1	0	0	0	0.0	0	0	0	0	0	1	1	0	0	0	0	0.0	1.000	
3 yrs.			6	.222	.444	9	2	0	1	0	0.0	1	2	0	2	0	3	1	0	0	0	0	0.0	.000	DH-2

WORLD SERIES

Year	Team		Games	BA	SA	AB	H	2B	3B	HR	HR%	R	RBI	BB	SO	SB	PH AB	PH H	PO	A	E	DP	TC/G	FA	G by Pos
1990	OAK	A	1	.000	.000	3	0	0	0	0	0.0	0	0	0	2	0	0	0	2	2	0	0	4.0	1.000	C-1

Tim Raines

RAINES, TIMOTHY (Rock)
B. Sept. 16, 1959, Sanford, Fla.
BB TR 5' 8" 160 lbs.

	Games	BA	SA	AB	H	2B	3B	HR	HR%	R	RBI	BB	SO	SB
April	15	.177	.210	62	11	0	0	0	0.0	3	3	7	5	3
May	27	.349	.486	109	38	3	3	2	1.8	18	11	20	18	12
June	27	.286	.367	98	28	4	2	0	0.0	15	14	12	10	10
July	26	.152	.192	99	15	1	0	1	1.0	21	6	17	7	8
Aug	30	.331	.430	121	40	7	1	1	0.8	25	9	16	17	12
Sept/Oct	30	.258	.308	120	31	3	0	1	0.8	20	7	11	11	6
Day	42	.250	.333	168	42	6	1	2	1.2	26	15	28	18	12
Night	113	.274	.349	441	121	14	5	3	0.7	76	35	55	50	39
vs. Left		.279	.346	208	58	6	1	2	1.0	26	17	21	21	14
vs. Right		.262	.344	401	105	14	5	3	0.7	76	33	62	47	37

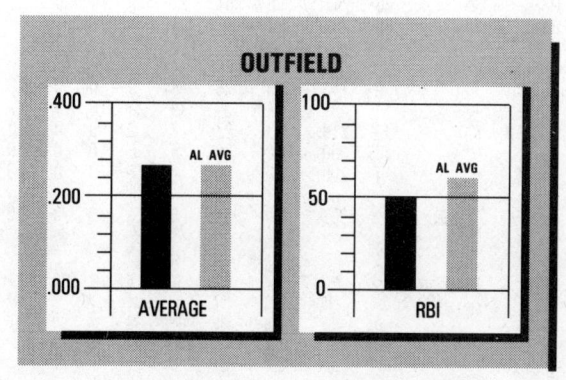

Player Register

Year	Team	Games	BA	SA	AB	H	2B	3B	HR	HR%	R	RBI	BB	SO	SB	PINCH HIT AB	PINCH HIT H	PO	A	E	DP	TC/G	FA	G by Pos

Tim Raines *Continued*

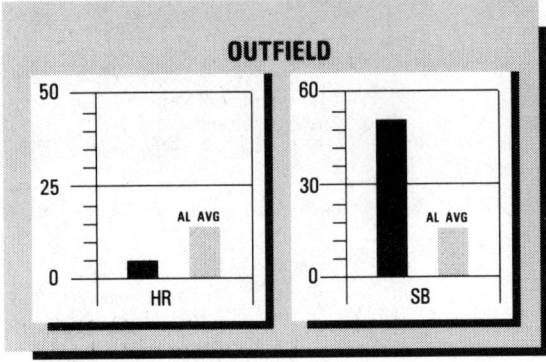

Split	Games	BA	SA	AB	H	2B	3B	HR	HR%	R	RBI	BB	SO	SB	PH AB	PH H	PO	A	E	DP	TC/G	FA	G by Pos
On Grass	132	.277	.349	519	144	15	5	4	0.8	90	40	73	57	43									
On Turf	23	.211	.322	90	19	5	1	1	1.1	12	10	10	11	8									
Home	77	.254	.303	284	72	7	2	1	0.4	44	21	39	30	21									
Road	78	.280	.382	325	91	13	4	4	1.2	58	29	44	38	30									
Division Rivals																							
vs. CAL	13	.305	.407	59	18	0	0	2	3.4	6	7	1	7	2									
vs. KC	13	.286	.347	49	14	1	1	0	0.0	8	10	7	6	6									
vs. MIN	12	.157	.216	51	8	3	0	0	0.0	8	3	4	3	2									
vs. OAK	13	.429	.571	42	18	0	3	0	0.0	9	4	11	4	8									
vs. SEA	12	.239	.304	46	11	0	0	1	2.2	5	5	3	7	2									
vs. TEX	11	.250	.417	48	12	4	2	0	0.0	11	5	6	3	2									
On 3B < 2 Out		.421	.684	19	8	3	1	0	0.0	0	18		5	2									
1979	MON N	6	—	—	0	0	0	0	0	—	3	0	0	0	2	0	0	0	0	0	0	0.0	—	
1980		15	.050	.050	20	1	0	0	0	0.0	5	0	6	3	5	0	0	15	16	0	2	2.1	1.000	2B-7, OF-1
1981		88	.304	.438	313	95	13	7	5	1.6	61	37	45	31	**71**	0	0	162	8	4	0	2.0	.977	OF-81, 2B-1
1982		156	.277	.369	647	179	32	8	4	0.6	90	43	75	83	**78**	0	0	293	126	8	12	2.7	.981	OF-120, 2B-36
1983		156	.298	.429	615	183	32	8	11	1.8	**133**	71	97	70	**90**	1	1	314	23	4	3	2.2	.988	OF-154, 2B-7
1984		160	.309	.437	622	192	**38**	9	8	1.3	106	60	87	69	75	0	0	420	8	6	1	2.7	.986	OF-160, 2B-2
1985		150	.320	.475	575	184	30	13	11	1.9	115	41	81	60	70	7	2	284	8	2	4	2.0	.993	OF-145
1986		151	**.334**	.476	580	194	35	10	9	1.6	91	62	78	60	70	4	1	270	13	6	1	1.9	.979	OF-147
1987		139	.330	.526	530	175	34	8	18	3.4	**123**	68	90	52	50	0	0	297	9	4	1	2.2	.988	OF-139
1988		109	.270	.431	429	116	19	7	12	2.8	66	48	53	44	33	1	0	235	5	3	1	2.2	.988	OF-108
1989		145	.286	.418	517	148	29	6	9	1.7	76	60	93	48	41	4	3	253	7	1	0	1.8	.996	OF-139
1990		130	.287	.392	457	131	11	5	9	1.9	65	62	70	43	49	8	2	239	3	6	1	2.0	.976	OF-123
1991	CHI A	155	.268	.345	609	163	20	6	5	0.8	102	50	83	68	51	5	0	273	12	3	3	2.2	.990	OF-133, DH-19
13 yrs.		1560	.298	.428	5914	1761	293	87	101	1.7	1036	602	858	631	685 8th	30	7	3055	238	47	29	2.1	.986	OF-1450, 2B-53, DH-19

LEAGUE CHAMPIONSHIP SERIES

Year	Team	Games	BA	SA	AB	H	2B	3B	HR	HR%	R	RBI	BB	SO	SB	PH AB	PH H	PO	A	E	DP	TC/G	FA	G by Pos
1981	MON N	5	.238	.333	21	5	2	0	0	0.0	1	1	0	3	0	0	0	9	0	0	0	1.8	1.000	OF-5

Rafael Ramirez

RAMIREZ, RAFAEL EMILIO (Raffy)
Born Rafael Emilio Ramirez y Peguero.
B. Feb. 18, 1958, San Pedro de Macoris, Dominican Republic
BR TR 6' 170 lbs.

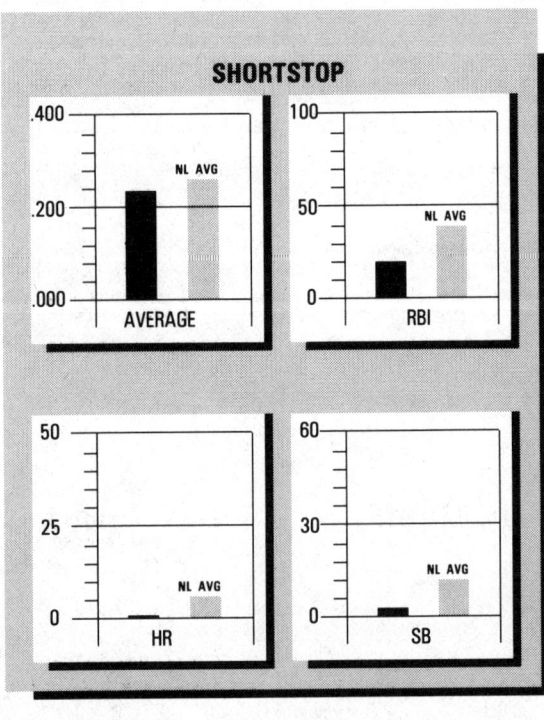

Split	Games	BA	SA	AB	H	2B	3B	HR	HR%	R	RBI	BB	SO	SB
April	13	.208	.250	24	5	1	0	0	0.0	2	1	2	4	0
May	18	.195	.244	41	8	2	0	0	0.0	1	1	4	5	1
June	23	.250	.339	56	14	2	0	1	1.8	2	8	1	10	1
July	16	.264	.340	53	14	4	0	0	0.0	3	4	2	6	0
Aug	17	.282	.308	39	11	1	0	0	0.0	8	5	4	12	1
Sept/Oct	14	.150	.150	20	3	0	0	0	0.0	1	1	0	3	0
Day	23	.245	.302	53	13	3	0	0	0.0	3	4	4	10	1
Night	78	.233	.289	180	42	7	0	1	0.6	14	16	9	30	2
vs. Left		.245	.309	110	27	4	0	1	0.9	7	14	8	20	0
vs. Right		.228	.276	123	28	6	0	0	0.0	10	6	5	20	3
On Grass	32	.185	.210	81	15	2	0	0	0.0	4	6	4	14	0
On Turf	69	.263	.336	152	40	8	0	1	0.7	13	14	9	26	3
Home	46	.242	.308	91	22	6	0	0	0.0	8	10	8	15	3
Road	55	.232	.282	142	33	4	0	1	0.7	9	10	5	25	0
Division Rivals														
vs. ATL	9	.143	.143	28	4	0	0	0	0.0	1	1	1	6	0
vs. CIN	14	.481	.704	27	13	3	0	1	3.7	4	5	2	3	0
vs. LA	13	.259	.333	27	7	2	0	0	0.0	1	4	1	3	1
vs. SD	13	.200	.200	25	5	0	0	0	0.0	2	1	4	5	0
vs. SF	7	.200	.250	20	4	1	0	0	0.0	3	2	2	2	1
On 3B < 2 Out		.357	.429	14	5	1	0	0	0.0	0	11	1	1	

Year	Team	Games	BA	SA	AB	H	2B	3B	HR	HR%	R	RBI	BB	SO	SB	PH AB	PH H	PO	A	E	DP	TC/G	FA	G by Pos
1980	ATL N	50	.267	.352	165	44	6	1	2	1.2	17	11	2	33	2	0	0	63	140	11	25	4.3	.949	SS-46
1981		95	.218	.303	307	67	16	2	2	0.7	30	20	24	47	7	0	0	181	306	30	55	5.4	.942	SS-95
1982		157	.278	.379	609	169	24	4	10	1.6	74	52	36	49	27	0	0	300	528	38	110	5.5	.956	SS-157
1983		152	.297	.368	622	185	13	5	7	1.1	82	58	36	48	16	1	0	232	490	39	116	5.0	.949	SS-152
1984		145	.266	.327	591	157	22	4	2	0.3	51	48	26	70	14	0	0	251	443	30	94	5.0	.959	SS-145

PLAYER REGISTER

Year	Team		Games	BA	SA	AB	H	2B	3B	HR	HR%	R	RBI	BB	SO	SB	PINCH HIT AB	PINCH HIT H	PO	A	E	DP	TC/G	FA	G by Pos

Rafael Ramirez *Continued*

1985			138	.248	.333	568	141	25	4	5	0.9	54	58	20	63	2	3	2	214	451	32	115	5.1	.954	SS-133
1986			134	.240	.335	496	119	21	1	8	1.6	57	33	21	60	19	5	1	156	371	29	68	4.1	.948	SS-86, 3B-57, OF-3
1987			56	.263	.346	179	47	12	0	1	0.6	22	21	8	16	6	8	2	66	110	10	33	3.3	.946	SS-38, 3B-12
1988	HOU	N	155	.276	.378	566	156	30	5	6	1.1	51	59	18	61	3	4	3	232	408	23	68	4.3	.965	SS-154
1989			151	.246	.324	537	132	20	2	6	1.1	46	54	29	64	3	5	1	189	326	30	60	3.6	.945	SS-149
1990			132	.261	.330	445	116	19	3	2	0.4	44	37	24	46	10	5	0	190	321	25	57	4.2	.953	SS-129
1991			101	.236	.292	233	55	10	0	1	0.4	17	20	13	40	3	39	9	86	124	8	22	3.1	.963	SS-45, 2B-27, 3B-2
12 yrs.			1466	.261	.343	5318	1388	218	31	52	1.0	545	471	257	597	112	70	18	2160	4018	305	843	4.4	.953	SS-1329, 3B-71, 2B-27, OF-3

LEAGUE CHAMPIONSHIP SERIES

| 1982 | ATL | N | 3 | .182 | .182 | 11 | 2 | 0 | 0 | 0 | 0.0 | 1 | 1 | 1 | 1 | 0 | 0 | 0 | 5 | 11 | 1 | 0 | 5.7 | .941 | SS-3 |

John Ramos

RAMOS, JOHN JOSEPH
B. Aug. 6, 1965, Tampa, Fla.
BR TR 6' 190 lbs.

| 1991 | NY | A | 10 | .308 | .346 | 26 | 8 | 1 | 0 | 0 | 0.0 | 4 | 3 | 1 | 3 | 0 | 1 | 0 | 23 | 1 | 0 | 0 | 4.8 | 1.000 | C-5, DH-4 |

Willie Randolph

RANDOLPH, WILLIE LARRY
B. July 6, 1954, Holly Hill, S. C.
BR TR 5' 11" 165 lbs.

Split	Games	BA	SA	AB	H	2B	3B	HR	HR%	R	RBI	BB	SO	SB
April	8	.227	.227	22	5	0	0	0	0.0	2	0	4	1	0
May	21	.296	.310	71	21	1	0	0	0.0	6	8	11	9	1
June	17	.462	.519	52	24	1	1	0	0.0	8	11	8	6	1
July	17	.229	.271	48	11	2	0	0	0.0	5	6	11	4	1
Aug	29	.371	.440	116	43	6	1	0	0.0	15	17	18	9	1
Sept/Oct	32	.303	.352	122	37	4	1	0	0.0	24	12	23	9	0
Day	32	.336	.363	113	38	3	0	0	0.0	13	13	23	6	0
Night	92	.324	.377	318	103	11	3	0	0.0	47	41	52	32	4
vs. Left		.358	.405	148	53	5	1	0	0.0	18	21	27	10	0
vs. Right		.311	.357	283	88	9	2	0	0.0	42	33	48	28	4
On Grass	104	.330	.376	364	120	11	3	0	0.0	53	50	65	28	3
On Turf	20	.313	.358	67	21	3	0	0	0.0	7	4	10	10	1
Home	61	.336	.400	220	74	10	2	0	0.0	24	31	28	20	1
Road	63	.318	.346	211	67	4	1	0	0.0	36	23	47	18	3
Division Rivals														
vs. BAL	9	.393	.464	28	11	2	0	0	0.0	3	4	9	0	0
vs. BOS	11	.206	.235	34	7	1	0	0	0.0	9	2	9	4	0
vs. CLE	11	.275	.275	40	11	0	0	0	0.0	8	3	6	2	0
vs. DET	11	.371	.457	35	13	3	0	0	0.0	8	8	10	4	1
vs. NY	12	.419	.535	43	18	1	2	0	0.0	8	7	8	3	0
vs. TOR	10	.278	.278	36	10	0	0	0	0.0	3	1	5	5	0
On 3B <2 Out		.348	.391	23	8	1	0	0	0.0	0	23	9	5	

Year	Team		Games	BA	SA	AB	H	2B	3B	HR	HR%	R	RBI	BB	SO	SB	PH AB	PH H	PO	A	E	DP	TC/G	FA	G by Pos
1975	PIT	N	30	.164	.180	61	10	1	0	0	0.0	9	3	7	6	1	8	2	34	45	6	8	2.8	.929	2B-14, 3B-1
1976	NY	A	125	.267	.328	430	115	15	4	1	0.2	59	40	58	39	37	1	0	307	415	19	87	5.9	.974	2B-124
1977			147	.274	.387	551	151	28	11	4	0.7	91	40	64	53	13	0	0	350	454	16	108	5.6	.980	2B-147
1978			134	.279	.357	499	139	18	6	3	0.6	87	42	82	51	36	0	0	296	400	16	80	5.3	.978	2B-134
1979			153	.270	.368	574	155	15	13	5	0.9	98	61	95	39	33	0	0	355	478	13	128	5.5	.985	2B-153
1980			138	.294	.407	513	151	23	7	7	1.4	99	46	**119**	45	30	0	0	361	401	19	97	5.7	.976	2B-138
1981			93	.232	.305	357	83	14	3	2	0.6	59	24	57	24	14	0	0	205	268	11	74	5.2	.977	2B-93
1982			144	.280	.349	553	155	21	4	3	0.5	85	36	75	35	16	0	0	352	380	14	100	5.2	.981	2B-142, DH-1
1983			104	.279	.348	420	117	21	1	2	0.5	73	38	53	32	12	0	0	265	298	12	77	5.5	.979	2B-104
1984			142	.287	.348	564	162	24	2	2	0.4	86	31	86	42	10	0	0	334	419	13	112	5.4	.983	2B-142
1985			143	.276	.356	497	137	21	2	5	1.0	75	40	85	39	16	0	0	303	425	11	104	5.2	.985	2B-143
1986			141	.276	.346	492	136	15	2	5	1.0	76	50	94	49	15	2	1	313	381	20	94	5.1	.972	2B-139, DH-1
1987			120	.305	.414	449	137	24	2	7	1.6	96	67	82	25	11	0	0	286	338	12	89	5.3	.981	2B-119, DH-1
1988			110	.230	.300	404	93	20	1	2	0.5	43	34	55	39	8	0	0	254	339	7	83	5.5	.988	2B-110
1989	LA	N	145	.282	.326	549	155	18	0	2	0.4	62	36	71	51	7	3	0	260	412	9	85	4.7	.987	2B-140
1990	2 teams		LA N (26G — .271)			OAK A (93G — .257)																			
	total		119	.260	.325	388	101	13	3	2	0.5	52	30	45	34	7	2	1	198	313	11	72	4.7	.979	2B-110, DH-6
1991	MIL	A	124	.327	.374	431	141	14	3	0	0.0	60	54	75	38	4	8	4	237	378	20	96	5.2	.969	2B-121, DH-2
17 yrs.			2112	.277	.353	7732	2138	305	64	52	0.7	1210	672	1203	641	270	24	8	4710	6144	229	1494	5.2	.979	2B-2073, DH-11, 3B-1

PLAYER REGISTER

Year	Team		Games	BA	SA	AB	H	2B	3B	HR	HR%	R	RBI	BB	SO	SB	PINCH HIT AB	H	PO	A	E	DP	TC/G	FA	G by Pos

Willie Randolph *Continued*

DIVISIONAL PLAYOFF SERIES

Year	Team		Games	BA	SA	AB	H	2B	3B	HR	HR%	R	RBI	BB	SO	SB	AB	H	PO	A	E	DP	TC/G	FA	G by Pos
1981	NY	A	5	.200	.200	20	4	0	0	0	0.0	0	1	1	4	0	0	0	7	10	0	0	3.4	1.000	2B-5

LEAGUE CHAMPIONSHIP SERIES

Year	Team		Games	BA	SA	AB	H	2B	3B	HR	HR%	R	RBI	BB	SO	SB	AB	H	PO	A	E	DP	TC/G	FA	G by Pos
1975	PIT	N	2	.000	.000	2	0	0	0	0	0.0	1	0	0	1	0	1	0	1	0	0	0.5	1.000	2B-1
1976	NY	A	5	.118	.118	17	2	0	0	0	0.0	0	1	3	1	1	0	0	8	14	0	2	4.4	1.000	2B-5
1977			5	.278	.333	18	5	1	0	0	0.0	4	2	1	0	0	0	0	13	9	0	2	4.4	1.000	2B-5
1980			3	.385	.538	13	5	2	0	0	0.0	0	1	1	3	0	0	0	2	9	0	2	3.7	1.000	2B-3
1981			3	.333	.583	12	4	0	0	1	8.3	2	2	0	1	0	0	0	12	12	0	4	0.0	1.000	2B-3
1990	OAK	A	4	.375	.375	8	3	0	0	0	0.0	1	3	1	0	0	0	0	5	9	0	1	3.5	1.000	2B-4
6 yrs.			22	.271	.357	70	19	3	0	1	1.4	8	9	6	6	1	1	0	40	54	0	11	4.3	.000	2B-21

WORLD SERIES

Year	Team		Games	BA	SA	AB	H	2B	3B	HR	HR%	R	RBI	BB	SO	SB	AB	H	PO	A	E	DP	TC/G	FA	G by Pos
1976	NY	A	4	.071	.071	14	1	0	0	0	0.0	1	0	1	3	0	0	0	13	8	0	5	5.3	1.000	2B-4
1977			6	.160	.360	25	4	2	0	1	4.0	5	1	2	2	0	0	0	13	14	0	1	4.5	1.000	2B-6
1981			6	.222	.722	18	4	1	1	2	11.1	5	3	9	0	1	0	0	13	11	0	2	4.0	1.000	2B-6
1990	OAK	A	4	.267	.267	15	4	0	0	0	0.0	0	0	1	0	1	0	0	14	12	0	5	6.5	1.000	2B-4
4 yrs.			20	.181	.375	72	13	3	1	3	4.2	11	4	13	5	2	0	0	53	45	0	13	4.9	.000	2B-20

Randy Ready

READY, RANDY MAX
B. Jan. 8, 1960, San Mateo, Calif.
BR TR 5' 11" 175 lbs.

		BA	SA	AB	H	2B	3B	HR	HR%	R	RBI	BB	SO	SB
April	14	.257	.257	35	9	0	0	0	0.0	2	3	7	5	0
May	12	.355	.452	31	11	3	0	0	0.0	7	5	10	2	0
June	5	.300	.300	10	3	0	0	0	0.0	1	1	1	2	0
July	10	.083	.083	24	2	0	0	0	0.0	3	0	2	3	0
Aug	18	.200	.356	45	9	2	1	1	2.2	10	8	17	6	2
Sept/Oct	17	.283	.367	60	17	5	0	0	0.0	9	3	10	7	0
Day	20	.250	.281	64	16	2	0	0	0.0	13	7	16	5	1
Night	56	.248	.340	141	35	8	1	1	0.7	19	13	31	20	1
vs. Left		.265	.367	147	39	10	1	1	0.7	22	18	39	17	1
vs. Right		.207	.207	58	12	0	0	0	0.0	10	2	8	8	1
On Grass	20	.204	.265	49	10	3	0	0	0.0	5	7	13	7	0
On Turf	56	.263	.340	156	41	7	1	1	0.6	27	13	34	18	2
Home	43	.250	.343	108	27	5	1	1	0.9	20	10	30	11	2
Road	33	.247	.299	97	24	5	0	0	0.0	12	10	17	14	0
Division Rivals														
vs. CHI	10	.176	.176	17	3	0	0	0	0.0	6	3	6	2	1
vs. MON	11	.250	.344	32	8	3	0	0	0.0	6	1	12	4	0
vs. NY	8	.368	.474	19	7	2	0	0	0.0	1	3	3	2	0
vs. PIT	12	.349	.465	43	15	3	1	0	0.0	8	4	4	2	1
vs. STL	4	.316	.316	19	6	0	0	0	0.0	1	0	1	4	0
On 3B < 2 Out		.333	.333	6	2	0	0	0	0.0	0	8	2	0	

Year	Team		Games	BA	SA	AB	H	2B	3B	HR	HR%	R	RBI	BB	SO	SB	AB	H	PO	A	E	DP	TC/G	FA	G by Pos
1983	MIL	A	12	.405	.676	37	15	3	2	1	2.7	8	6	6	3	0	1	0	5	8	0	1	1.1	1.000	DH-6, 3B-4
1984			37	.187	.325	123	23	6	1	3	2.4	13	13	14	18	0	1	0	29	76	6	4	3.0	.946	3B-36
1985			48	.265	.387	181	48	9	5	1	0.6	29	21	14	23	0	2	0	93	14	1	1	2.3	.991	OF-37, 3B-7, 2B-3, DH-2
1986	2 teams		MIL A (23G — .190)		SD N (1G — .000)																				
"	total		24	.183	.268	82	15	4	0	1	1.2	8	4	9	10	2	2	0	35	23	4	4	2.6	.935	OF-11, 2B-7, 3B-4, DH-1
1987	SD	N	124	.309	.520	350	108	26	6	12	3.4	69	54	67	44	7	25	6	124	220	15	35	2.9	.958	3B-52, 2B-51, OF-16
1988			114	.266	.390	331	88	16	2	7	2.1	43	39	39	38	6	24	5	112	153	11	22	2.4	.960	3B-57, 2B-26, OF-16
1989	2 teams		SD N (28G — .254)		PHI N (72G — .267)																				
"	total		100	.264	.425	254	67	13	2	8	3.1	37	26	42	37	4	28	6	80	72	9	13	1.6	.944	OF-37, 3B-32, 2B-9
1990	PHI	N	101	.244	.309	217	53	9	1	1	0.4	26	26	29	35	3	45	12	78	86	2	18	2.9	.988	OF-30, 2B-28
1991			76	.249	.322	205	51	10	1	1	0.5	32	20	47	25	2	12	2	127	145	3	22	4.2	.989	2B-66
9 yrs.			636	.263	.398	1780	468	96	20	35	2.0	265	209	267	233	24	140	31	683	797	51	120	2.4	.967	3B-192, 2B-190, OF-147, DH-9

SECOND BASE — bar charts: AVERAGE, RBI, HR, SB (player vs NL AVG)

Year	Team	Games	BA	SA	AB	H	2B	3B	HR	HR%	R	RBI	BB	SO	SB	PINCH HIT AB	PINCH HIT H	PO	A	E	DP	TC/G	FA	G by Pos

Joe Redfield

REDFIELD, JOSEPH RANDALL
B. Jan. 14, 1961, Doylestown, Pa.
BR TR 6' 2" 190 lbs.

Year	Team	Games	BA	SA	AB	H	2B	3B	HR	HR%	R	RBI	BB	SO	SB	PH AB	PH H	PO	A	E	DP	TC/G	FA	G by Pos
1988	CAL A	1	.000	.000	2	0	0	0	0	0.0	0	0	0	0	0	0	0	0	1	0	1	1.0	1.000	3B-1
1991	PIT N	11	.111	.111	18	2	0	0	0	0.0	1	0	4	1	0	3	0	4	7	1	3	1.3	.917	3B-9
2 yrs.		12	.100	.100	20	2	0	0	0	0.0	1	0	4	1	0	3	0	4	8	1	4	1.1	.923	3B-10

Gary Redus

REDUS, GARY EUGENE
B. Nov. 1, 1956, Tanner, Ala.
BR TR 6' 1" 180 lbs.

Split	Games	BA	SA	AB	H	2B	3B	HR	HR%	R	RBI	BB	SO	SB
April	14	.231	.282	39	9	2	0	0	0.0	6	1	4	3	2
May	15	.179	.179	39	7	0	0	0	0.0	6	1	4	5	5
June	14	.289	.553	38	11	4	0	2	5.3	6	4	1	7	1
July	20	.311	.556	45	14	3	1	2	4.4	16	8	8	7	2
Aug	13	.229	.486	35	8	0	0	3	8.6	5	6	4	8	3
Sept/Oct	22	.232	.321	56	13	3	1	0	0.0	6	4	7	9	4
Day	26	.115	.173	52	6	0	0	1	1.9	6	3	9	10	3
Night	72	.280	.450	200	56	12	2	6	3.0	39	21	19	29	14
vs. Left		.249	.399	173	43	7	2	5	2.9	29	15	15	27	13
vs. Right		.241	.380	79	19	5	0	2	2.5	16	9	13	12	4
On Grass	30	.213	.388	80	17	2	0	4	5.0	13	9	9	11	7
On Turf	68	.262	.395	172	45	10	2	3	1.7	32	15	19	28	10
Home	49	.280	.448	125	35	8	2	3	2.4	24	11	12	18	8
Road	49	.213	.339	127	27	4	0	4	3.1	21	13	16	21	9
Division Rivals														
vs. CHI	10	.235	.235	17	4	0	0	0	0.0	3	1	3	1	1
vs. MON	12	.250	.333	36	9	3	0	0	0.0	5	2	2	8	1
vs. NY	14	.196	.326	46	9	1	1	1	2.2	6	5	4	9	3
vs. PHI	8	.158	.158	19	3	0	0	0	0.0	1	3	3	3	1
vs. STL	7	.182	.182	11	2	0	0	0	0.0	2	0	2	2	2
On 3B < 2 Out		.111	.111	9	1	0	0	0	0.0	0	8	3	2	

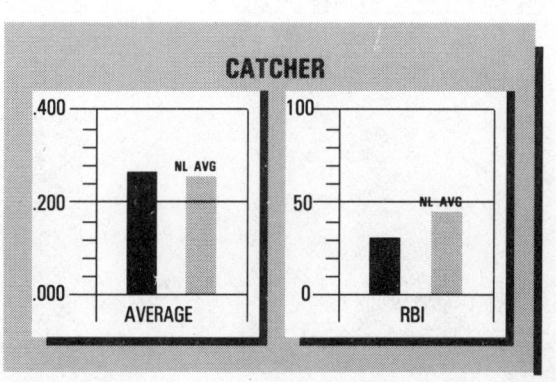

FIRST BASE

Year	Team	Games	BA	SA	AB	H	2B	3B	HR	HR%	R	RBI	BB	SO	SB	PH AB	PH H	PO	A	E	DP	TC/G	FA	G by Pos
1982	CIN N	20	.217	.337	83	18	3	2	1	1.2	12	7	5	21	11	0	0	29	3	1	0	1.7	.970	OF-20
1983		125	.247	.444	453	112	20	9	17	3.8	90	51	71	111	39	4	2	235	11	7	0	2.0	.972	OF-120
1984		123	.254	.376	394	100	21	3	7	1.8	69	22	52	71	48	10	3	200	6	7	3	1.7	.967	OF-114
1985		101	.252	.415	246	62	14	4	6	2.4	51	28	44	52	48	17	6	140	3	2	0	1.4	.986	OF-85
1986	PHI N	90	.247	.432	340	84	22	4	11	3.2	62	33	47	78	25	2	0	185	8	4	2	2.2	.980	OF-89
1987	CHI A	130	.236	.392	475	112	26	6	12	2.5	78	48	69	90	52	0	0	262	13	6	4	2.2	.979	OF-123, DH-4
1988	2 teams		CHI A (77G — .263)				PIT N (30G — .197)																	
"	total	107	.249	.381	333	83	12	4	8	2.4	54	38	48	71	31	16	4	182	9	4	1	1.8	.979	OF-87, DH-2
1989	PIT N	98	.283	.462	279	79	18	7	6	2.2	42	33	40	51	25	12	3	583	55	9	43	6.6	.986	1B-72, OF-16
1990		96	.247	.419	227	56	15	3	6	2.6	32	23	33	38	11	19	3	461	36	8	29	6.5	.984	1B-72, OF-7
1991		98	.246	.393	252	62	12	2	7	2.8	45	24	28	39	17	31	9	403	26	6	35	5.9	.986	1B-47, OF-33
10 yrs.		988	.249	.409	3082	768	163	44	81	2.6	535	307	437	622	307	111	30	2680	170	54	117	2.9	.981	OF-694, 1B-191, DH-6
LEAGUE CHAMPIONSHIP SERIES																								
1990	PIT N	5	.250	.250	8	2	0	0	0	0.0	1	0	1	3	1	3	0	16	0	0	0	8.0	1.000	1B-2
1991		5	.158	.158	19	3	0	0	0	0.0	1	0	1	4	2	0	0	51	0	2	2	10.6	.962	1B-5
2 yrs.		10	.185	.185	27	5	0	0	0	0.0	2	0	2	7	3	3	1	67	0	2	2	6.9	.000	1B-7

Jeff Reed

REED, JEFFREY SCOTT
B. Nov. 12, 1962, Joliet, Ill.
BL TR 6' 2" 190 lbs.

Split	Games	BA	SA	AB	H	2B	3B	HR	HR%	R	RBI	BB	SO	SB
April	11	.241	.241	29	7	0	0	0	0.0	1	2	6	5	0
May	19	.316	.404	57	18	2	0	1	1.8	3	5	2	9	0
June	20	.267	.400	60	16	5	0	1	1.7	7	12	9	7	0
July	8	.385	.462	26	10	2	0	0	0.0	2	5	2	4	0
Aug	14	.143	.190	42	6	2	0	0	0.0	2	2	2	6	0
Sept/Oct	19	.268	.464	56	15	4	2	1	1.8	5	7	2	7	0
Day	31	.360	.523	86	31	4	2	2	2.3	7	11	13	8	0
Night	60	.223	.299	184	41	11	0	1	0.5	13	20	10	30	0
vs. Left		.192	.269	26	5	2	0	0	0.0	2	5	3	6	0
vs. Right		.275	.381	244	67	13	2	3	1.2	18	26	20	32	0

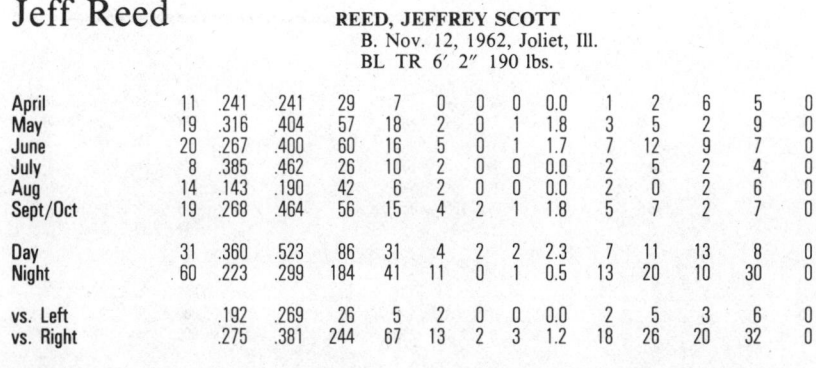

CATCHER

Jeff Reed *Continued*

Year	Team	Games	BA	SA	AB	H	2B	3B	HR	HR%	R	RBI	BB	SO	SB	Pinch Hit AB	Pinch Hit H	PO	A	E	DP	TC/G	FA	G by Pos
On Grass		32	.272	.337	92	25	3	0	1	1.1	5	7	6	10	0									
On Turf		59	.264	.388	178	47	12	2	2	1.1	15	24	17	28	0									
Home		39	.261	.400	115	30	9	2	1	0.9	11	15	13	19	0									
Road		52	.271	.348	155	42	6	0	2	1.3	9	16	10	19	0									
Division Rivals																								
vs. ATL		5	.333	.417	12	4	1	0	0	0.0	2	2	1	2	0									
vs. HOU		11	.194	.226	31	6	1	0	0	0.0	4	2	7	7	0									
vs. LA		12	.250	.275	40	10	1	0	0	0.0	3	2	2	5	0									
vs. SD		13	.313	.594	32	10	2	2	1	3.1	2	5	2	4	0									
vs. SF		9	.300	.367	30	9	2	0	0	0.0	1	2	1	3	0									
On 3B <2 Out			.333	.417	12	4	1	0	0	0.0	0	13	4	2										
1984	MIN A	18	.143	.286	21	3	3	0	0	0.0	3	1	2	6	0	0	0	41	2	1	1	2.4	.977	C-18
1985		7	.200	.200	10	2	0	0	0	0.0	2	0	0	3	0	1	0	9	3	0	0	1.7	1.000	C-7
1986		68	.236	.321	165	39	6	1	2	1.2	13	9	16	19	1	7	3	332	19	2	5	5.2	.994	C-64
1987	MON N	75	.213	.280	207	44	11	0	1	0.5	15	21	12	20	0	5	1	357	36	12	6	5.4	.970	C-74
1988	2 teams		MON N (43G — .220)		CIN N (49G — .232)																			
"	total	92	.226	.287	265	60	9	2	1	0.4	20	16	28	41	1	6	1	468	38	3	3	5.5	.994	C-88
1989	CIN N	102	.223	.293	287	64	11	0	3	1.0	16	23	34	46	1	5	0	504	50	7	2	5.5	.988	C-99
1990		72	.251	.360	175	44	8	1	3	1.7	12	16	24	26	0	3	0	358	26	5	1	5.6	.987	C-70
1991		91	.267	.370	270	72	15	2	3	1.1	20	31	23	38	0	4	1	527	29	5	7	6.3	.991	C-89
8 yrs.		525	.234	.316	1400	328	63	6	13	0.9	101	117	139	199	2	31	6	2596	203	35	25	5.4	.988	C-509
LEAGUE CHAMPIONSHIP SERIES																								
1990	CIN N	4	.000	.000	7	0	0	0	0	0.0	0	0	0	2	0	0	0	24	1	0	0	6.3	1.000	C-4

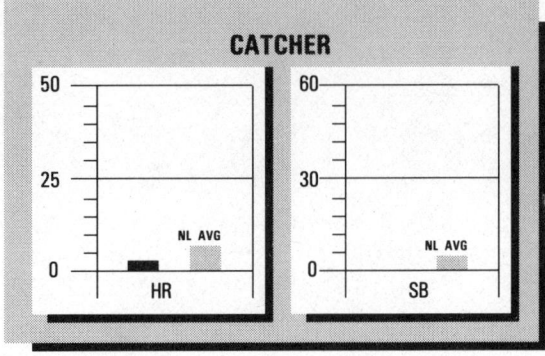

Jody Reed

REED, JODY ERIC
B. July 26, 1962, Tampa, Fla.
BR TR 5' 9" 170 lbs.

Year	Team	Games	BA	SA	AB	H	2B	3B	HR	HR%	R	RBI	BB	SO	SB	Pinch Hit AB	Pinch Hit H	PO	A	E	DP	TC/G	FA	G by Pos
April		16	.136	.152	66	9	1	0	0	0.0	3	1	4	9	1									
May		27	.315	.407	108	34	5	1	1	0.9	13	16	11	5	1									
June		23	.244	.367	90	22	11	0	0	0.0	10	6	8	9	1									
July		26	.268	.366	112	30	5	0	2	1.8	17	11	9	10	2									
Aug		28	.296	.383	115	34	8	1	0	0.0	21	5	7	7	0									
Sept/Oct		33	.362	.504	127	46	12	0	2	1.6	23	21	21	13	1									
Day		49	.219	.281	196	43	12	0	0	0.0	31	15	25	20	2									
Night		104	.313	.429	422	132	30	2	5	1.2	56	45	35	33	4									
vs. Left			.267	.321	165	44	9	0	0	0.0	28	6	16	11	1									
vs. Right			.289	.404	453	131	33	2	5	1.1	59	54	44	42	5									
On Grass		132	.287	.392	530	152	39	1	5	0.9	74	59	54	45	4									
On Turf		21	.261	.318	88	23	3	1	0	0.0	13	1	6	8	2									
Home		78	.263	.385	312	82	27	1	3	1.0	46	37	34	27	2									
Road		75	.304	.379	306	93	15	1	2	0.7	41	23	26	26	4									
Division Rivals																								
vs. BAL		13	.265	.388	49	13	4	1	0	0.0	8	4	5	5	1									
vs. CLE		12	.327	.385	52	17	3	0	0	0.0	8	5	3	4	0									
vs. DET		13	.340	.453	53	18	3	0	1	1.9	9	10	4	0	0									
vs. MIL		13	.352	.426	54	19	4	0	0	0.0	8	6	6	10	0									
vs. NY		13	.500	.722	54	27	6	0	2	3.7	9	10	5	0	1									
vs. TOR		12	.208	.264	53	11	3	0	0	0.0	6	1	4	7	0									
On 3B <2 Out			.448	.586	29	13	4	0	0	0.0	0	28	7	2										
1987	BOS A	9	.300	.400	30	9	1	1	0	0.0	4	8	4	0	1	0	0	11	26	0	9	4.1	1.000	SS-6, 2B-2, 3B-1
1988		109	.293	.376	338	99	23	1	1	0.3	60	28	45	21	1	0	0	147	282	11	57	4.0	.975	SS-94, 2B-11, 3B-4
1989		146	.288	.393	524	151	42	2	3	0.6	76	40	73	44	4	3	1	255	423	19	88	4.8	.973	SS-77, 2B-70, 3B-4, DH-1, OF-1
1990		155	.289	.390	598	173	**45**	0	5	0.8	70	51	75	65	4	1	0	278	478	16	103	5.0	.979	2B-119, SS-50, DH-1
1991		153	.283	.382	618	175	42	2	5	0.8	87	60	60	53	6	0	0	314	449	14	110	5.1	.982	2B-152, SS-6
5 yrs.		572	.288	.386	2108	607	153	6	14	0.7	297	187	257	183	16	4	1	1005	1658	60	367	4.8	.978	2B-354, SS-233, 3B-9, DH-2, OF-1
LEAGUE CHAMPIONSHIP SERIES																								
1988	BOS A	4	.273	.364	11	3	1	0	0	0.0	0	0	2	1	0	0	0	3	10	0	2	3.3	1.000	SS-4
1990		4	.133	.133	15	2	0	0	0	0.0	0	1	0	2	0	0	0	11	11	0	4	5.5	1.000	2B-4, SS-3
2 yrs.		8	.192	.231	26	5	1	0	0	0.0	0	1	2	3	0	0	0	14	21	0	6	4.4	.000	SS-7, 2B-4

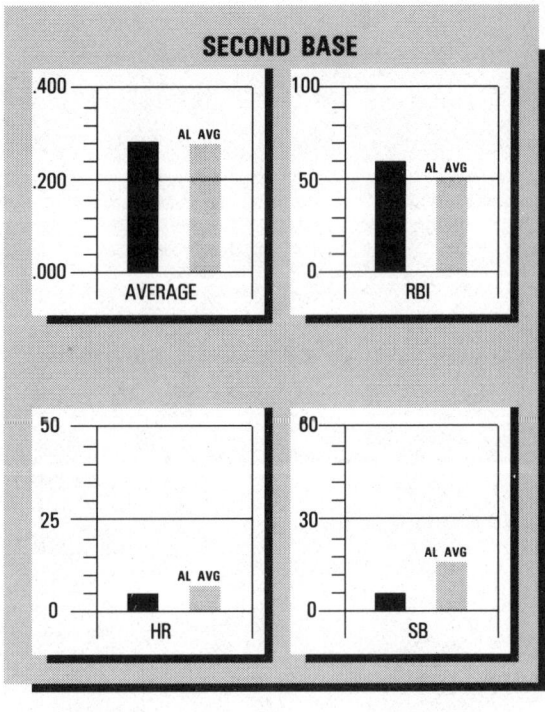

PLAYER REGISTER

Year	Team	Games	BA	SA	AB	H	2B	3B	HR	HR%	R	RBI	BB	SO	SB	PINCH HIT AB	H	PO	A	E	DP	TC/G	FA	G by Pos

Kevin Reimer

REIMER, KEVIN MICHAEL
B. June 28, 1964, Macon, Ga.
BL TR 6' 2" 215 lbs.

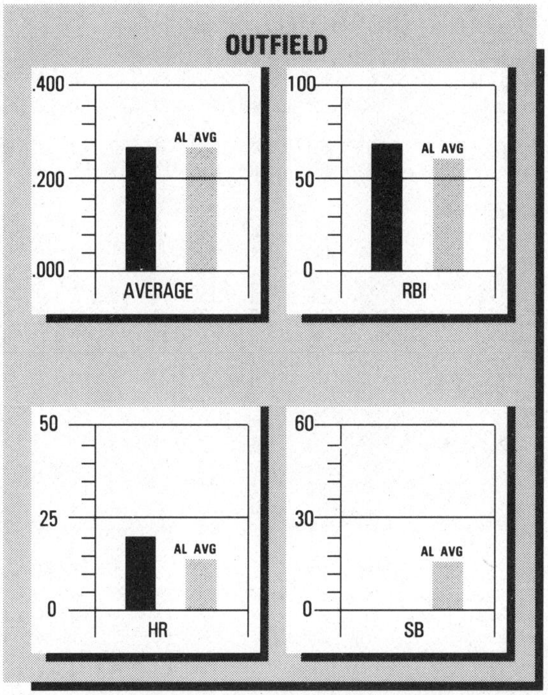

April		14	.256	.462	39	10	2	0	2	5.1	4	6	2	12	0									
May		23	.305	.407	59	18	6	0	0	0.0	4	9	6	10	0									
June		21	.262	.338	65	17	2	0	1	1.5	4	8	6	12	0									
July		21	.283	.509	53	15	6	0	2	3.8	4	7	3	15	0									
Aug		29	.267	.564	101	27	3	0	9	8.9	15	25	8	23	0									
Sept/Oct		28	.247	.519	77	19	3	0	6	7.8	15	14	8	21	0									
Day		28	.314	.488	86	27	3	0	4	4.7	11	13	7	12	0									
Night		108	.256	.474	308	79	19	0	16	5.2	35	56	26	81	0									
vs. Left			.222	.333	36	8	1	0	1	2.8	2	4	2	9	0									
vs. Right			.274	.492	358	98	21	0	19	5.3	44	65	31	84	0									
On Grass		113	.269	.503	324	87	19	0	19	5.9	41	65	26	85	0									
On Turf		23	.271	.357	70	19	3	0	1	1.4	5	4	7	8	0									
Home		65	.272	.565	184	50	15	0	13	7.1	25	41	16	56	0									
Road		71	.267	.400	210	56	7	0	7	3.3	21	28	17	37	0									
Division Rivals																									
vs. CAL		7	.286	.571	14	4	1	0	1	7.1	2	3	1	5	0									
vs. CHI		10	.214	.393	28	6	2	0	1	3.6	3	5	2	11	0									
vs. KC		12	.348	.543	46	16	3	0	2	4.3	4	4	7	7	0									
vs. MIN		10	.200	.333	30	6	1	0	1	3.3	3	3	5	9	0									
vs. OAK		12	.302	.488	43	13	2	0	2	4.7	7	6	1	7	0									
vs. SEA		12	.273	.455	33	9	3	0	1	3.0	2	7	1	5	0									
On 3B < 2 Out			.429	.786	14	6	2	0	1	7.1	1	18	4	5										
1988	TEX A	12	.120	.240	25	3	0	0	1	4.0	2	2	0	6	0	5	0	0	0	0	0	0.0	—	DH-7, OF-1
1989		3	.000	.000	5	0	0	0	0	0.0	0	0	0	1	0	2	0	0	0	0	0	0.0	—	DH-1
1990		64	.260	.430	100	26	9	1	2	2.0	5	15	10	22	0	40	**12**	12	0	2	0	1.6	.857	DH-21, OF-9
1991		136	.269	.477	394	106	22	0	20	5.1	46	69	33	93	0	28	8	110	0	6	0	1.8	.948	OF-66, DH-56
4 yrs.		215	.258	.452	524	135	31	1	23	4.4	53	86	43	122	0	75	20	122	0	8	0	0.6	.000	DH-85, OF-76

Gilberto Reyes

REYES, GILBERTO ROLANDO
Born Gilberto Rolando Reyes y Polanco.
B. Dec. 10, 1963, Santo Domingo, Dominican Republic
BR TR 6' 3" 195 lbs.

1983	LA N	19	.161	.226	31	5	2	0	0	0.0	1	0	0	5	0	0	0	59	9	4	2	3.8	.944	C-19
1984		4	.000	.000	5	0	0	0	0	0.0	0	0	0	3	0	2	0	5	0	0	0	1.3	1.000	C-2
1985		6	.000	.000	1	0	0	0	0	0.0	0	0	1	1	0	1	0	6	4	0	0	1.7	1.000	C-6
1987		1	—	—	0	0	0	0	0	—	0	0	0	0	0	0	0	2	0	0	0	2.0	1.000	C-1
1988		5	.111	.111	9	1	0	0	0	0.0	1	0	0	3	0	1	0	16	0	0	1	3.2	1.000	C-5
1989	MON N	4	.200	.200	5	1	0	0	0	0.0	0	1	0	1	0	0	0	10	1	0	0	2.8	1.000	C-4
1991		83	.217	.261	207	45	9	0	0	0.0	11	13	19	51	2	2	1	375	61	11	4	5.6	.975	C-80
7 yrs.		122	.202	.244	258	52	11	0	0	0.0	13	14	20	64	2	6	1	473	75	15	7	4.6	.973	C-117

Harold Reynolds

REYNOLDS, HAROLD CRAIG
Brother of Don Reynolds.
B. Nov. 26, 1960, Eugene, Ore.
BB TR 5' 11" 165 lbs.

April		20	.224	.282	85	19	5	0	0	0.0	9	11	6	5	2
May		27	.373	.445	110	41	6	1	0	0.0	21	9	12	10	4
June		27	.214	.316	98	21	7	0	1	1.0	16	7	17	5	6
July		27	.211	.312	109	23	6	1	1	0.9	18	12	12	12	6
Aug		28	.257	.312	109	28	4	1	0	0.0	14	7	12	14	5
Sept/Oct		32	.233	.358	120	28	6	3	1	0.8	17	11	13	17	5
Day		44	.198	.259	162	32	5	1	1	0.6	22	16	17	21	7
Night		117	.273	.369	469	128	29	5	2	0.4	73	41	55	42	21
vs. Left			.264	.322	174	46	7	0	1	0.6	21	16	17	14	5
vs. Right			.249	.348	457	114	27	6	2	0.4	74	41	55	49	23

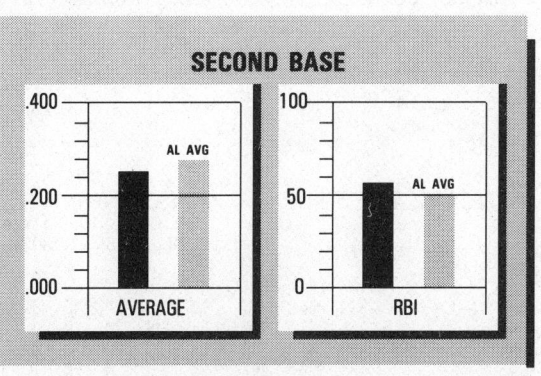

Year	Team	Games	BA	SA	AB	H	2B	3B	HR	HR%	R	RBI	BB	SO	SB	Pinch Hit AB	Pinch Hit H	PO	A	E	DP	TC/G	FA	G by Pos

Harold Reynolds *Continued*

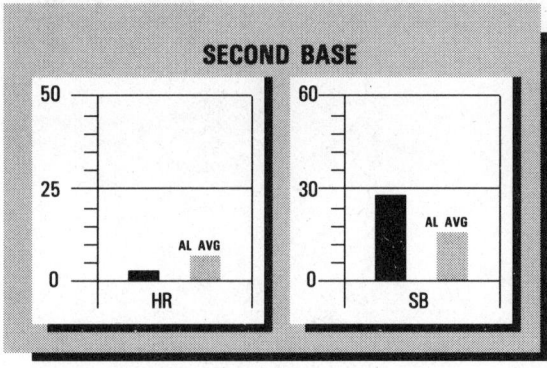

On Grass		61	.197	.252	238	47	10	0	1	0.4	30	24	26	29	10									
On Turf		100	.288	.394	393	113	24	6	2	0.5	65	33	46	34	18									
Home		81	.299	.404	314	94	20	5	1	0.3	58	27	42	27	15									
Road		80	.208	.278	317	66	14	1	2	0.6	37	30	30	36	13									
Division Rivals																								
vs. CAL		13	.231	.288	52	12	3	0	0	0.0	10	6	5	8	2									
vs. CHI		13	.184	.204	49	9	1	0	0	0.0	3	2	2	5	4									
vs. KC		13	.265	.367	49	13	3	1	0	0.0	8	4	7	9	2									
vs. MIN		13	.226	.283	53	12	3	0	0	0.0	3	5	5	2	0									
vs. OAK		13	.269	.365	52	14	3	0	0	0.0	7	3	5	4	3									
vs. TEX		13	.208	.245	53	11	2	0	0	0.0	5	5	6	7	0									
On 3B <2 Out			.346	.500	26	9	4	0	0	0.0		22	2	5										
1983	SEA A	20	.203	.305	59	12	4	1	0	0.0	8	1	2	9	0	0	0	30	48	2	14	4.0	.975	2B-18
1984		10	.300	.300	10	3	0	0	0	0.0	3	0	0	1	1	0	0	8	12	0	3	2.0	1.000	2B-6
1985		66	.144	.192	104	15	3	1	0	0.0	15	6	17	14	3	2	0	69	123	8	22	3.0	.960	2B-61
1986		126	.222	.290	445	99	19	4	1	0.2	46	24	29	42	30	0	0	278	415	16	111	5.6	.977	2B-126
1987		160	.275	.370	530	146	31	8	1	0.2	73	35	39	34	**60**	0	0	347	507	20	111	5.5	.977	2B-160
1988		158	.283	.383	598	169	26	**11**	4	0.7	61	41	51	51	35	0	0	303	471	18	111	5.0	.977	2B-158
1989		153	.300	.369	613	184	24	9	0	0.0	87	43	55	45	25	2	0	311	506	17	109	5.5	.980	2B-151, DH-1
1990		160	.252	.347	**642**	162	36	5	5	0.7	100	55	81	52	31	0	0	330	499	19	110	5.3	.978	2B-160
1991		161	.254	.341	631	160	34	6	3	0.5	95	57	72	63	28	2	0	348	463	18	133	5.2	.978	2B-159, DH-1
9 yrs.		1014	.262	.347	3632	950	177	45	14	0.4	488	262	346	311	213	6	0	2024	3044	118	724	5.1	.977	2B-999, DH-2

Karl Rhodes

RHODES, KARL DERRICK
B. Aug. 21, 1968, Cincinnati, Ohio
BL TL 6' 175 lbs.

Year	Team	Games	BA	SA	AB	H	2B	3B	HR	HR%	R	RBI	BB	SO	SB	PH AB	PH H	PO	A	E	DP	TC/G	FA	G by Pos
1990	HOU N	38	.244	.372	86	21	6	1	1	1.1	12	3	13	12	4	6	3	61	2	3	0	2.2	.955	OF-30
1991		44	.213	.272	136	29	3	1	1	0.7	7	12	14	26	2	3	0	87	4	4	1	2.2	.958	OF-44
2 yrs.		82	.225	.311	222	50	9	2	2	0.9	19	15	27	38	6	9	3	148	6	7	1	2.0	.957	OF-74

Jeff Richardson

RICHARDSON, JEFFREY SCOTT
B. Aug. 26, 1965, Grand Island, Neb.
BR TR 6' 2" 180 lbs.

Year	Team	Games	BA	SA	AB	H	2B	3B	HR	HR%	R	RBI	BB	SO	SB	PH AB	PH H	PO	A	E	DP	TC/G	FA	G by Pos
1989	CIN N	53	.168	.248	125	21	4	0	2	1.6	10	11	10	23	1	5	2	50	81	4	16	2.5	.970	SS-39, 3B-8
1991	PIT N	6	.250	.250	4	1	0	0	0	0.0	0	0	0	3	0	1	0	0	1	0	0	0.2	1.000	3B-3, SS-2
2 yrs.		59	.171	.248	129	22	4	0	2	1.6	10	11	10	26	1	6	2	50	82	4	16	2.3	.971	SS-41, 3B-11

Nikco Riesgo

RIESGO, DAMON NIKCO
B. Jan. 11, 1967, Long Beach, Calif.
BR TR 6' 2" 185 lbs.

Year	Team	Games	BA	SA	AB	H	2B	3B	HR	HR%	R	RBI	BB	SO	SB	PH AB	PH H	PO	A	E	DP	TC/G	FA	G by Pos
1991	MON N	4	.143	.143	7	1	0	0	0	0.0	1	0	3	1	0	2	0	0	1	1	0	1.0	.500	OF-2

Ernest Riles

RILES, ERNEST
B. Oct. 2, 1960, Cairo, Ga.
BL TR 6' 1" 180 lbs.

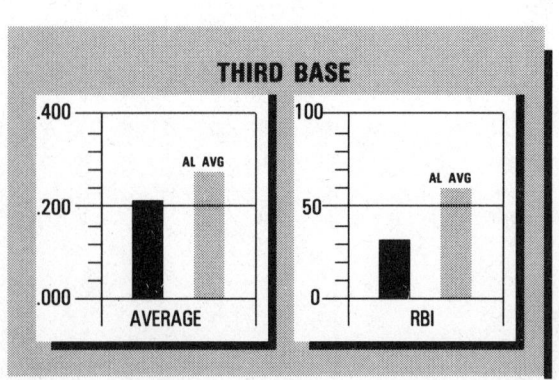

		Games	BA	SA	AB	H	2B	3B	HR	HR%	R	RBI	BB	SO	SB
April		15	.227	.341	44	10	0	1	1	2.3	4	2	7	7	0
May		23	.264	.375	72	19	1	2	1	1.4	10	13	7	9	2
June		22	.291	.418	55	16	4	0	1	1.8	8	7	9	7	0
July		21	.086	.155	58	5	1	0	1	1.7	4	5	5	8	0
Aug		12	.125	.167	24	3	1	0	0	0.0	2	0	1	4	0
Sept/Oct		15	.250	.464	28	7	1	1	1	3.6	2	5	2	7	1
Day		35	.240	.300	100	24	4	1	0	0.0	9	10	8	15	3
Night		73	.199	.337	181	36	4	3	5	2.8	21	22	23	27	0
vs. Left			.143	.143	21	3	0	0	0	0.0	0	1	0	2	0
vs. Right			.219	.338	260	57	8	4	5	1.9	30	31	31	40	3

PLAYER REGISTER 191

Year	Team	Games	BA	SA	AB	H	2B	3B	HR	HR%	R	RBI	BB	SO	SB	PINCH HIT AB	H	PO	A	E	DP	TC/G	FA	G by Pos

Ernest Riles *Continued*

On Grass		93	.223	.340	247	55	8	3	5	2.0	24	29	25	35	3									
On Turf		15	.147	.206	34	5	0	1	0	0.0	6	3	6	7	0									
Home		57	.236	.358	148	35	7	1	3	2.0	16	18	18	25	1									
Road		51	.188	.286	133	25	1	3	2	1.5	14	14	13	17	2									
Division Rivals																								
vs. CAL		6	.250	.400	20	5	0	0	1	5.0	2	1	1	2	0									
vs. CHI		8	.200	.400	15	3	0	0	1	6.7	3	3	5	4	0									
vs. KC		10	.259	.370	27	7	0	0	1	3.7	4	5	3	4	0									
vs. MIN		8	.125	.125	24	3	0	0	0	0.0	0	1	2	4	0									
vs. SEA		6	.167	.333	12	2	0	1	0	0.0	3	0	4	4	0									
vs. TEX		8	.227	.455	22	5	3	1	0	0.0	1	2	5	5	1									
On 3B < 2 Out			.000	.000	7	0	0	0	0	0.0	0	6	2	1										
1985	MIL A	116	.286	.377	448	128	12	7	5	1.1	54	45	36	54	2	1	0	183	310	22	62	4.4	.957	SS-115, DH-1
1986		145	.252	.357	524	132	24	2	9	1.7	69	47	54	80	7	4	0	212	327	20	76	3.9	.964	SS-142
1987		83	.261	.351	276	72	11	1	4	1.4	38	38	30	47	3	4	0	76	152	13	25	2.9	.946	3B-65, SS-21
1988	2 teams	MIL A (41G — .252)		SF N (79G — .294)																				
"	total	120	.277	.376	314	87	13	3	4	1.3	33	37	17	59	3	26	6	82	197	7	25	2.4	.976	3B-58, SS-25, 2B-17, DH-5
1989	SF N	122	.278	.404	302	84	13	2	7	2.3	43	40	28	50	0	38	9	69	144	9	16	1.8	.959	3B-83, 2B-18, SS-7, OF-5
1990		92	.200	.381	155	31	2	1	8	5.1	22	21	26	26	0	42	12	53	105	3	14	2.8	.981	SS-26, 2B-24, 3B-10
1991	OAK A	108	.214	.324	281	60	8	4	5	1.8	30	32	31	42	3	27	4	113	143	11	26	2.9	.959	3B-69, SS-20, 2B-7, 1B-5
7 yrs.		786	.258	.367	2300	594	83	20	42	1.8	289	260	222	358	18	142	31	788	1378	85	244	2.9	.962	SS-356, 3B-285, 2B-66, DH-6, 1B-5, OF-5

LEAGUE CHAMPIONSHIP SERIES

1989	SF N	1	.000	.000	1	0	0	0	0	0.0	0	0	0	0	1	0	0	0	0	0	0	0.0	—	—

WORLD SERIES

1989	SF N	4	.000	.000	8	0	0	0	0	0.0	0	0	0	1	0	1	0	0	0	0	0	0.0	—	DH-2

Billy Ripken

RIPKEN, WILLIAM OLIVER
Son of Cal Ripken. Brother of Cal Ripken.
B. Dec. 16, 1964, Havre de Grace, Md.
BR TR 6′ 1″ 180 lbs.

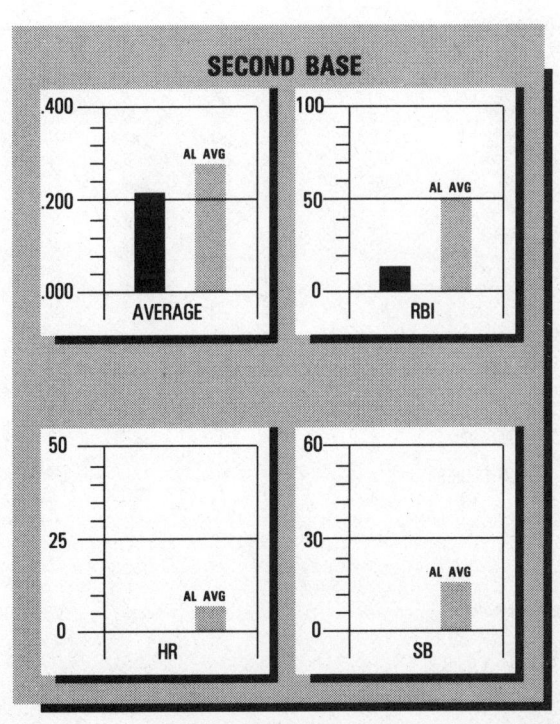

April		16	.190	.190	42	8	0	0	0	0.0	3	2	3	4	0
May		23	.203	.246	69	14	3	0	0	0.0	5	4	2	7	0
June		18	.294	.353	51	15	3	0	0	0.0	7	4	2	7	0
July		9	.143	.179	28	4	1	0	0	0.0	2	0	3	2	0
Aug		12	.242	.273	33	8	1	0	0	0.0	4	1	2	7	0
Sept/Oct		26	.203	.281	64	13	3	1	0	0.0	3	3	3	4	0
Day		27	.230	.257	74	17	2	0	0	0.0	9	0	3	7	0
Night		77	.211	.263	213	45	9	1	0	0.0	15	14	12	24	0
vs. Left			.270	.310	100	27	4	0	0	0.0	11	7	5	9	0
vs. Right			.187	.235	187	35	7	1	0	0.0	13	7	10	22	0
On Grass		91	.214	.258	248	53	9	1	0	0.0	20	12	12	29	0
On Turf		13	.231	.282	39	9	2	0	0	0.0	4	2	3	2	0
Home		49	.214	.270	126	27	5	1	0	0.0	11	8	7	18	0
Road		55	.217	.255	161	35	6	0	0	0.0	13	6	8	13	0
Division Rivals																
vs. BOS		11	.259	.296	27	7	0	0	0	0.0	3	2	2	3	0
vs. CLE		12	.222	.222	27	6	0	0	0	0.0	2	1	0	6	0
vs. DET		8	.160	.160	25	4	0	0	0	0.0	1	0	3	0	0
vs. MIL		8	.333	.333	21	7	0	0	0	0.0	2	1	2	2	0
vs. NY		12	.211	.316	38	8	2	1	0	0.0	4	3	1	3	0
vs. TOR		8	.375	.542	24	9	4	0	0	0.0	4	0	0	2	0
On 3B < 2 Out			.182	.273	11	2	1	0	0	0.0	0	6	0	1	

Billy Ripken Continued

Year	Team		Games	BA	SA	AB	H	2B	3B	HR	HR%	R	RBI	BB	SO	SB	PINCH HIT AB	PINCH HIT H	PO	A	E	DP	TC/G	FA	G by Pos
1987	BAL	A	58	.308	.372	234	72	9	0	2	0.9	27	20	21	23	4	0	0	133	162	3	53	5.1	.990	2B-58
1988			150	.207	.258	512	106	18	1	2	0.4	52	34	33	63	8	0	0	310	440	12	110	5.1	.984	2B-149, 3B-2
1989			115	.239	.305	318	76	11	2	2	0.6	31	26	22	53	1	0	0	255	335	9	81	5.2	.985	2B-114, DH-1
1990			129	.291	.387	406	118	28	1	3	0.7	48	38	28	43	5	1	1	250	366	8	84	4.9	.987	2B-127
1991			104	.216	.261	287	62	11	1	0		24	14	15	31	0	0	0	201	284	7	75	4.8	.986	2B-103
5 yrs.			556	.247	.312	1757	434	77	5	9	0.5	182	132	119	213	18	1	1	1149	1587	39	403	5.0	.986	2B-551, 3B-2, DH-1

Cal Ripken

RIPKEN, CALVIN EDWIN, JR.
Son of Cal Ripken. Brother of Billy Ripken.
B. Aug. 24, 1960, Havre de Grace, Md.
BR TR 6' 4" 200 lbs.

SHORTSTOP

Split	Games	BA	SA	AB	H	2B	3B	HR	HR%	R	RBI	BB	SO	SB
April	18	.338	.632	68	23	3	1	5	7.4	16	20	6	6	2
May	27	.349	.613	106	37	7	0	7	6.6	15	15	12	6	1
June	28	.371	.603	116	43	10	1	5	4.3	23	16	9	7	2
July	27	.245	.436	110	27	6	0	5	4.5	14	15	8	7	1
Aug	29	.330	.539	115	38	10	1	4	3.5	15	21	8	8	0
Sept/Oct	33	.311	.593	135	42	10	2	8	5.9	16	27	10	12	0
Day	44	.306	.535	170	52	7	1	10	5.9	29	35	22	7	2
Night	118	.329	.577	480	158	39	4	24	5.0	70	79	31	39	4
vs. Left		.348	.677	164	57	14	2	12	7.3	25	31	19	15	1
vs. Right		.315	.529	486	153	32	3	22	4.5	74	83	34	31	5
On Grass	138	.315	.562	550	173	35	4	31	5.6	84	96	41	42	5
On Turf	24	.370	.590	100	37	11	1	3	3.0	15	18	12	4	1
Home	81	.286	.505	315	90	19	1	16	5.1	44	52	28	23	3
Road	81	.358	.624	335	120	27	4	18	5.4	55	62	25	23	3
Division Rivals														
vs. BOS	13	.385	.654	52	20	2	0	4	7.7	8	9	6	2	1
vs. CLE	13	.385	.769	52	20	5	0	5	9.6	12	11	2	2	0
vs. DET	13	.322	.661	59	19	4	2	4	6.8	9	16	2	5	0
vs. MIL	13	.364	.709	55	20	4	0	5	9.1	11	14	2	1	1
vs. NY	13	.250	.429	56	14	4	0	2	3.6	6	3	3	7	0
vs. TOR	13	.255	.353	51	13	2	0	1	2.0	3	5	5	5	0
On 3B <2 Out		.323	.581	31	10	2	0	2	6.5	2	32	3	7	

Year	Team		Games	BA	SA	AB	H	2B	3B	HR	HR%	R	RBI	BB	SO	SB	PINCH HIT AB	PINCH HIT H	PO	A	E	DP	TC/G	FA	G by Pos
1981	BAL	A	23	.128	.128	39	5	0	0	0	0.0	1	0	1	8	0	4	0	13	30	3	6	2.0	.935	SS-12, 3B-6
1982			160	.264	.475	598	158	32	5	28	4.7	90	93	46	95	3	0	0	221	440	19	64	4.3	.972	SS-94, 3B-71
1983			162	.318	.517	663	211	47	2	27	4.1	121	102	58	97	0	0	0	272	534	25	113	5.1	.970	SS-162
1984			162	.304	.510	641	195	37	7	27	4.2	103	86	71	89	2	0	0	297	583	26	122	5.6	.971	SS-162
1985			161	.282	.469	642	181	32	5	26	4.0	116	110	67	68	2	0	0	286	474	26	123	4.9	.967	SS-161
1986			162	.282	.461	627	177	35	1	25	4.0	98	81	70	60	4	0	0	240	482	13	105	4.5	.982	SS-162
1987			162	.252	.436	624	157	28	3	27	4.3	97	98	81	77	3	0	0	240	480	20	103	4.6	.973	SS-162
1988			161	.264	.431	575	152	25	1	23	4.0	87	81	102	69	2	0	0	284	480	21	119	4.9	.973	SS-161
1989			162	.257	.401	646	166	30	0	21	3.3	80	93	57	72	3	0	0	276	531	8	119	5.0	.990	SS-162
1990			161	.250	.415	600	150	28	4	21	3.5	78	84	82	66	3	0	0	242	435	3	94	4.2	.996	SS-161
1991			162	.323	.566	650	210	46	5	34	5.2	99	114	53	46	6	0	0	267	528	11	114	5.0	.986	SS-162
11 yrs.			1638	.279	.467	6305	1762	340	33	259	4.1	970	942	688	747	28	4	0	2638	4997	175	1082	4.8	.978	SS-1561, 3B-77

LEAGUE CHAMPIONSHIP SERIES

Year	Team		Games	BA	SA	AB	H	2B	3B	HR	HR%	R	RBI	BB	SO	SB	PINCH HIT AB	PINCH HIT H	PO	A	E	DP	TC/G	FA	G by Pos
1983	BAL	A	4	.400	.533	15	6	2	0	0	0.0	5	1	2	3	0	0	0	7	11	0	2	4.5	1.000	SS-4

WORLD SERIES

Year	Team		Games	BA	SA	AB	H	2B	3B	HR	HR%	R	RBI	BB	SO	SB	PINCH HIT AB	PINCH HIT H	PO	A	E	DP	TC/G	FA	G by Pos
1983	BAL	A	5	.167	.167	18	3	0	0	0	0.0	2	1	3	4	0	0	0	6	14	0	3	4.0	1.000	SS-5

Luis Rivera

RIVERA, LUIS ANTONIO
Born Luis Antonio Rivera y Pedraza.
B. Jan. 3, 1964, Cidra, Puerto Rico
BR TR 5′ 11″ 165 lbs.

Year	Team		Games	BA	SA	AB	H	2B	3B	HR	HR%	R	RBI	BB	SO	SB	PINCH HIT AB	H	PO	A	E	DP	TC/G	FA	G by Pos
April			4	.154	.154	13	2	0	0	0	0.0	0	1	0	2	0									
May			27	.293	.537	82	24	7	2	3	3.7	16	14	13	17	2									
June			21	.274	.387	62	17	4	0	1	1.6	9	4	7	12	0									
July			26	.300	.456	90	27	6	1	2	2.2	19	7	10	16	1									
Aug			22	.187	.253	75	14	2	0	1	1.3	10	4	2	18	0									
Sept/Oct			29	.250	.315	92	23	3	0	1	1.1	10	10	3	21	1									
Day			37	.274	.427	124	34	10	0	3	2.4	27	16	11	20	1									
Night			92	.252	.366	290	73	12	3	5	1.7	37	24	24	66	3									
vs. Left				.315	.537	108	34	10	1	4	3.7	18	16	6	25	1									
vs. Right				.239	.330	306	73	12	2	4	1.3	46	24	29	61	3									
On Grass			110	.261	.385	348	91	18	2	7	2.0	55	35	33	78	4									
On Turf			19	.242	.379	66	16	4	1	1	1.5	9	5	2	8	0									
Home			66	.255	.377	204	52	13	0	4	2.0	32	16	23	43	2									
Road			63	.262	.390	210	55	9	3	4	1.9	32	24	12	43	2									
Division Rivals																									
vs. BAL			9	.200	.240	25	5	1	0	0	0.0	2	1	0	6	0									
vs. CLE			3	.143	.143	7	1	0	0	0	0.0	3	0	0	0	0									
vs. DET			13	.356	.556	45	16	3	0	2	4.4	8	7	2	3	0									
vs. MIL			10	.344	.406	32	11	2	0	0	0.0	6	5	2	8	1									
vs. NY			13	.300	.525	40	12	3	0	2	5.0	7	8	5	9	0									
vs. TOR			7	.296	.481	27	8	2	0	1	3.7	4	3	2	3	0									
On 3B <2 Out				.200	.200	10	2	0	0	0	0.0	0	8	7	4										
1986	MON	N	55	.205	.283	166	34	11	1	0	0.0	20	13	17	33	1	2	0	64	119	9	24	3.5	.953	SS-55
1987			18	.156	.219	32	5	2	0	0	0.0	0	1	1	8	0	3	1	9	27	3	4	2.2	.923	SS-15
1988			123	.224	.318	371	83	17	3	4	1.1	35	30	24	69	3	8	2	160	301	18	69	3.9	.962	SS-116
1989	BOS	A	93	.257	.362	323	83	17	1	5	1.5	35	29	20	60	2	1	0	127	240	16	59	4.1	.958	SS-90, DH-1, 2B-1
1990			118	.225	.344	346	78	20	0	7	2.0	38	45	25	58	4	2	1	187	310	18	69	4.4	.965	SS-112, 2B-3, 3B-1
1991			129	.258	.384	414	107	22	3	8	1.9	64	40	35	86	4	0	0	180	386	24	87	4.6	.959	SS-129
6 yrs.			536	.236	.343	1652	390	89	8	24	1.5	192	158	122	314	14	16	4	727	1383	88	312	4.1	.960	SS-517, 2B-4, DH-1, 3B-1

LEAGUE CHAMPIONSHIP SERIES

Year	Team		Games	BA	SA	AB	H	2B	3B	HR	HR%	R	RBI	BB	SO	SB	PH AB	H	PO	A	E	DP	TC/G	FA	G by Pos
1990	BOS	A	4	.222	.333	9	2	1	0	0	0.0	1	0	0	2	0	0	0	6	16	1	3	5.8	.957	SS-4

Bip Roberts

ROBERTS, LEON JOSEPH
B. Oct. 27, 1963, Berkeley, Calif.
BB TR 5′ 7″ 150 lbs.

	Games	BA	SA	AB	H	2B	3B	HR	HR%	R	RBI	BB	SO	SB
April	19	.263	.316	76	20	2	1	0	0.0	9	6	9	12	6
May	26	.270	.330	100	27	4	1	0	0.0	15	6	10	16	7
June	21	.260	.312	77	20	2	1	0	0.0	13	7	5	17	1
July	18	.308	.385	65	20	2	0	1	1.5	7	7	6	11	4
Aug	14	.346	.500	52	18	2	0	2	3.8	13	3	4	12	5
Sept/Oct	19	.259	.278	54	14	1	0	0	0.0	9	3	3	3	3
Day	31	.310	.405	116	36	2	0	3	2.6	22	10	8	19	6
Night	86	.269	.325	308	83	11	3	0	0.0	44	22	29	52	20
vs. Left		.254	.297	118	30	3	1	0	0.0	17	8	7	13	3
vs. Right		.291	.366	306	89	10	2	3	1.0	49	24	30	58	23
On Grass	86	.283	.354	311	88	7	3	3	1.0	44	26	18	45	16
On Turf	31	.274	.327	113	31	6	0	0	0.0	22	6	19	26	10
Home	62	.287	.354	223	64	4	1	3	1.3	31	17	12	32	9
Road	55	.274	.338	201	55	9	2	0	0.0	35	15	25	39	17
Division Rivals														
vs. ATL	13	.250	.341	44	11	2	1	0	0.0	4	4	2	5	4
vs. CIN	15	.314	.451	51	16	1	0	2	3.9	9	6	5	16	5
vs. HOU	16	.278	.315	54	15	2	0	0	0.0	11	0	5	12	3
vs. LA	13	.163	.184	49	8	1	0	0	0.0	8	2	2	5	1
vs. SF	14	.440	.540	50	22	1	2	0	0.0	9	8	4	4	4
On 3B <2 Out		.444	.556	9	4	1	0	0	0.0	0	10	0	3	

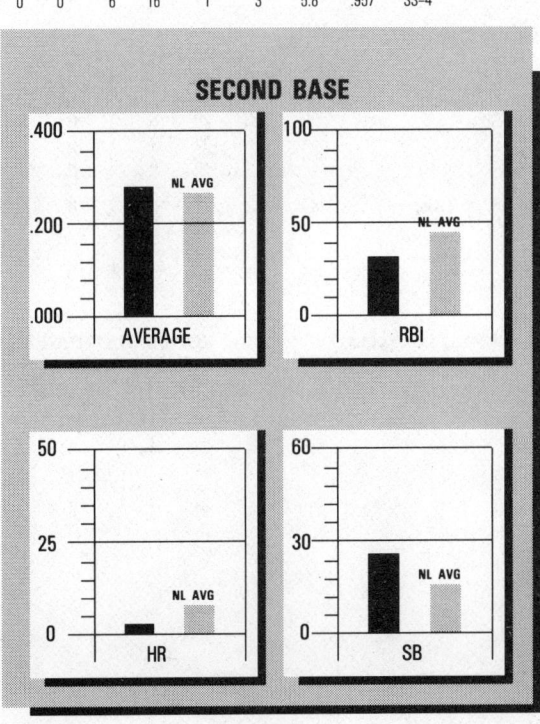

PLAYER REGISTER

Year	Team		Games	BA	SA	AB	H	2B	3B	HR	HR%	R	RBI	BB	SO	SB	PINCH HIT AB	H	PO	A	E	DP	TC/G	FA	G by Pos

Bip Roberts *Continued*

Year	Team		Games	BA	SA	AB	H	2B	3B	HR	HR%	R	RBI	BB	SO	SB	PH AB	H	PO	A	E	DP	TC/G	FA	G by Pos
1986	SD	N	101	.253	.303	241	61	5	2	1	0.4	34	12	14	29	14	3	1	166	172	10	33	3.4	.971	2B-87
1988			5	.333	.333	9	3	0	0	0	0.0	1	0	1	2	0	2	0	2	3	1	1	1.2	.833	3B-2, 2B-1
1989			117	.301	.422	329	99	15	8	3	0.9	81	25	49	45	21	17	6	134	113	9	17	2.2	.965	OF-54, 3B-37, SS-14, 2B-9
1990			149	.309	.433	556	172	36	3	9	1.6	104	44	55	65	46	5	0	227	160	13	22	2.8	.968	OF-75, 3B-56, SS-18, 2B-8
1991			117	.281	.347	424	119	13	3	3	0.7	66	32	37	71	26	7	1	239	185	10	35	3.9	.977	2B-68, OF-46
5 yrs.			489	.291	.387	1559	454	69	16	16	1.0	286	113	156	212	107	34	8	768	633	43	108	3.0	.970	OF-175, 2B-173, 3B-95, SS-32

Carlos Rodriguez

RODRIGUEZ, CARLOS
Born Carlos Rodriguez y Marquez.
B. Nov. 1, 1967, Mexico City, Mexico
BB TR 5' 9" 160 lbs.

Year	Team		Games	BA	SA	AB	H	2B	3B	HR	HR%	R	RBI	BB	SO	SB	PH AB	H	PO	A	E	DP	TC/G	FA	G by Pos
1991	NY	A	15	.189	.189	37	7	0	0	0	0.0	1	2	1	2	0	2	0	11	34	2	9	3.4	.957	SS-11, 2B-3

Ivan Rodriguez

RODRIGUEZ, IVAN
Born Ivan Rodriguez y Torres.
B. Nov. 30, 1971, Vega Baja, Puerto Rico
BR TR 5' 9" 165 lbs.

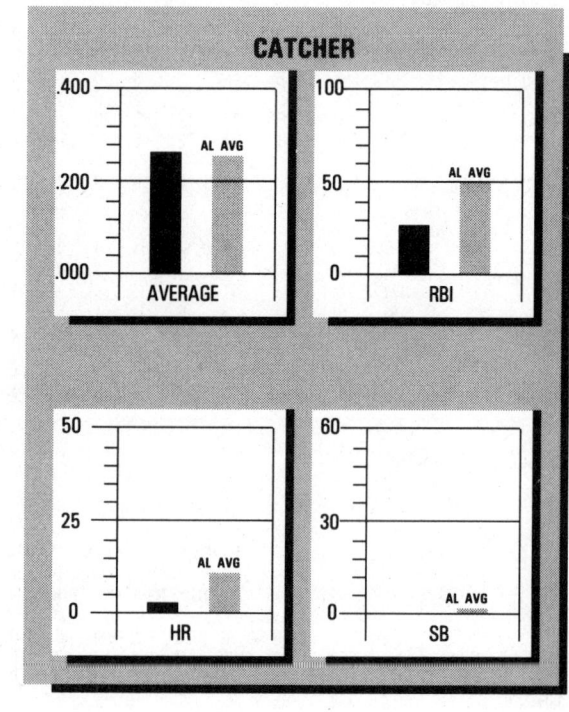

	Games	BA	SA	AB	H	2B	3B	HR	HR%	R	RBI	BB	SO	SB
April				0	0	0	0			0	0	0	0	0
May				0	0	0	0			0	0	0	0	0
June	10	.378	.432	37	14	2	0	0	0.0	5	4	0	5	0
July	24	.265	.337	83	22	6	0	0	0.0	4	6	2	8	0
Aug	26	.238	.325	80	19	4	0	1	1.3	7	8	0	15	0
Sept/Oct	28	.238	.363	80	19	4	0	2	2.5	8	9	3	14	0
Day	13	.211	.316	38	8	4	0	0	0.0	5	2	1	7	0
Night	75	.273	.360	242	66	12	0	3	1.2	19	25	4	35	0
vs. Left		.239	.366	71	17	6	0	1	1.4	7	9	2	9	0
vs. Right		.273	.349	209	57	10	0	2	1.0	17	18	3	33	0
On Grass	75	.280	.377	239	67	14	0	3	1.3	23	26	4	36	0
On Turf	13	.171	.220	41	7	2	0	0	0.0	1	1	1	6	0
Home	41	.237	.370	135	32	9	0	3	2.2	11	18	2	23	0
Road	47	.290	.338	145	42	7	0	0	0.0	13	9	3	19	0
Division Rivals														
vs. CAL	13	.375	.425	40	15	2	0	0	0.0	5	4	0	6	0
vs. CHI	9	.267	.400	30	8	1	0	1	3.3	3	5	1	4	0
vs. KC	7	.238	.429	21	5	1	0	1	4.8	2	1	0	5	0
vs. MIN	6	.250	.300	20	5	1	0	0	0.0	1	4	0	3	0
vs. OAK	10	.344	.406	32	11	2	0	0	0.0	2	3	1	3	0
vs. SEA	6	.222	.278	18	4	1	0	0	0.0	1	1	1	3	0
On 3B < 2 Out		.364	.545	11	4	2	0	0	0.0	0	9	0	3	

Year	Team		Games	BA	SA	AB	H	2B	3B	HR	HR%	R	RBI	BB	SO	SB	PH AB	H	PO	A	E	DP	TC/G	FA	G by Pos
1991	TEX	A	88	.264	.354	280	74	16	0	3	1.1	24	27	5	42	0	2	0	517	62	10	6	6.7	.983	C-88

Dave Rohde

ROHDE, DAVID GRANT
B. May 8, 1964, Los Altos, Calif.
BB TR 6' 2" 180 lbs.

Year	Team		Games	BA	SA	AB	H	2B	3B	HR	HR%	R	RBI	BB	SO	SB	PH AB	H	PO	A	E	DP	TC/G	FA	G by Pos
1990	HOU	N	59	.184	.224	98	18	4	0	0	0.0	8	5	9	20	0	22	3	28	70	0	11	2.6	1.000	2B-32, 3B-4, SS-2
1991			29	.122	.122	41	5	0	0	0	0.0	3	0	5	8	0	17	2	13	23	0	2	3.3	1.000	2B-4, 3B-3, SS-3, 1B-1
2 yrs.			88	.165	.194	139	23	4	0	0	0.0	11	5	14	28	0	39	5	41	93	0	13	1.5	.000	2B-36, 3B-7, SS-5, 1B-1

PLAYER REGISTER 195

Year	Team		Games	BA	SA	AB	H	2B	3B	HR	HR%	R	RBI	BB	SO	SB	PINCH HIT AB	H	PO	A	E	DP	TC/G	FA	G by Pos

Kevin Romine

ROMINE, KEVIN ANDREW
B. May 23, 1961, Exeter, N. H.
BR TR 5' 11" 185 lbs.

Year	Team		Games	BA	SA	AB	H	2B	3B	HR	HR%	R	RBI	BB	SO	SB	AB	H	PO	A	E	DP	TC/G	FA	G by Pos
1985	BOS	A	24	.214	.286	28	6	2	0	0	0.0	3	1	1	4	1	1	1	20	1	0	0	0.9	1.000	OF-23, DH-1
1986			35	.257	.314	35	9	2	0	0	0.0	6	2	3	9	2	1	0	45	1	0	1	1.3	1.000	OF-33
1987			9	.292	.375	24	7	2	0	0	0.0	5	2	2	6	0	1	0	10	1	0	1	1.2	1.000	OF-7, DH-2
1988			57	.192	.282	78	15	2	1	1	1.3	17	6	7	15	2	3	0	44	0	2	0	0.8	.957	OF-45, DH-5
1989			92	.274	.332	274	75	13	0	1	0.4	30	23	21	53	1	8	3	157	9	3	4	1.8	.982	OF-89, DH-2
1990			70	.272	.368	136	37	7	0	2	1.4	21	14	12	27	4	5	2	81	0	2	0	1.3	.976	OF-64, DH-1
1991			44	.164	.255	55	9	2	0	1	1.8	7	7	3	10	1	7	2	27	0	1	0	1.2	.964	OF-23, DH-14
7 yrs.			331	.251	.325	630	158	30	1	5	0.8	89	55	49	124	11	26	8	384	12	8	6	1.2	.980	OF-284, DH-25

LEAGUE CHAMPIONSHIP SERIES
| 1988 | BOS | A | 2 | — | — | 0 | 0 | 0 | 0 | 0 | — | 1 | 0 | 0 | 0 | 0 | 0 | 0 | 0 | 0 | 0 | 0 | 0.0 | — | |

Bobby Rose

ROSE, ROBERT RICHARD
B. Mar. 15, 1967, Covina, Calif.
BR TR 5' 11" 170 lbs.

Year	Team		Games	BA	SA	AB	H	2B	3B	HR	HR%	R	RBI	BB	SO	SB	AB	H	PO	A	E	DP	TC/G	FA	G by Pos
1989	CAL	A	14	.211	.421	38	8	1	2	1	2.6	4	3	2	10	0	1	0	10	21	2	1	2.4	.939	3B-10, 2B-3
1990			7	.385	.615	13	5	0	0	1	7.6	5	2	2	1	0	2	1	3	7	0	1	1.4	1.000	2B-4, 3B-3
1991			22	.277	.431	65	18	5	1	1	1.5	5	8	3	13	0	3	2	44	31	0	7	3.8	1.000	2B-8, OF-7, 3B-4, 1B-3
3 yrs.			43	.267	.448	116	31	6	3	3	2.6	14	13	7	24	0	6	3	57	59	2	9	2.7	.983	3B-17, 2B-15, OF-7, 1B-3

Rico Rossy

ROSSY, ELAM JOSE
B. Feb. 16, 1964, San Juan, Puerto Rico
BR TR 5' 10" 175 lbs.

Year	Team		Games	BA	SA	AB	H	2B	3B	HR	HR%	R	RBI	BB	SO	SB	AB	H	PO	A	E	DP	TC/G	FA	G by Pos
1991	ATL	N	5	.000	.000	1	0	0	0	0	0.0	0	0	0	1	0	1	0	0	0	0	0	0.0	.870	SS-1

Rich Rowland

ROWLAND, RICHARD GARNET
B. Feb. 25, 1967, Cloverdale, Calif.
BR TR 6' 1" 210 lbs.

Year	Team		Games	BA	SA	AB	H	2B	3B	HR	HR%	R	RBI	BB	SO	SB	AB	H	PO	A	E	DP	TC/G	FA	G by Pos
1990	DET	A	7	.158	.211	19	3	1	0	0	0.0	3	0	2	4	0	1	0	29	0	1	0	6.0	.967	C-5, DH-2
1991			4	.250	.250	4	1	0	0	0	0.0	0	1	1	2	0	1	0	2	1	0	0	1.5	1.000	C-2, DH-1
2 yrs.			11	.174	.217	23	4	1	0	0	0.0	3	1	3	6	0	2	0	31	1	1	0	3.0	.970	C-7, DH-3

Stan Royer

ROYER, STANLEY DEAN
B. Aug. 13, 1967, Olney, Ill.
BR TR 6' 3" 195 lbs.

Year	Team		Games	BA	SA	AB	H	2B	3B	HR	HR%	R	RBI	BB	SO	SB	AB	H	PO	A	E	DP	TC/G	FA	G by Pos
1991	STL	N	9	.286	.333	21	6	1	0	0	0.0	1	1	1	2	0	3	1	5	4	0	0	1.8	1.000	3B-5

John Russell

RUSSELL, JOHN WILLIAM
B. Jan. 5, 1961, Oklahoma City, Okla.
BR TR 6' 195 lbs.

Year	Team		Games	BA	SA	AB	H	2B	3B	HR	HR%	R	RBI	BB	SO	SB	AB	H	PO	A	E	DP	TC/G	FA	G by Pos
1984	PHI	N	39	.283	.444	99	28	8	1	2	2.0	11	11	12	33	0	9	4	51	1	0	0	1.3	1.000	OF-29, C-2
1985			81	.218	.398	216	47	12	0	9	4.2	22	23	18	72	2	15	4	170	9	4	7	2.3	.978	OF-49, 1B-18
1986			93	.241	.444	315	76	21	2	13	4.1	35	60	25	103	0	4	1	498	39	13	10	5.9	.976	C-89
1987			24	.145	.306	62	9	1	0	3	4.8	5	8	3	17	0	6	2	48	1	1	0	2.1	.980	OF-10, C-7
1988			22	.245	.388	49	12	1	0	2	4.1	5	4	3	15	0	7	0	77	9	5	3	4.1	.945	C-15
1989	ATL	N	74	.182	.233	159	29	2	0	2	1.3	14	9	8	53	0	17	1	196	28	4	1	3.1	.982	C-45, OF-14, 1B-2, 3B-2, P-1
1990	TEX	A	68	.273	.352	128	35	4	0	2	1.5	16	8	11	41	1	17	4	148	11	3	0	4.0	.981	C-31, DH-19, OF-6, 1B-3, 3B-1
1991			22	.111	.111	27	3	0	0	0	0.0	3	1	1	7	0	9	1	24	0	0	0	2.0	1.000	OF-8, DH-5, C-5
8 yrs.			423	.227	.373	1055	239	49	3	33	3.1	111	124	81	341	3	84	17	1212	98	30	21	3.2	.978	C-194, OF-116, DH-24, 1B-23, 3B-3, P-1

196 PLAYER REGISTER

Year	Team	Games	BA	SA	AB	H	2B	3B	HR	HR%	R	RBI	BB	SO	SB	PINCH HIT AB	PINCH HIT H	PO	A	E	DP	TC/G	FA	G by Pos

Chris Sabo
SABO, CHRISTOPHER ANDREW (Spuds)
B. Jan. 19, 1962, Detroit, Mich.
BR TR 5' 11" 185 lbs.

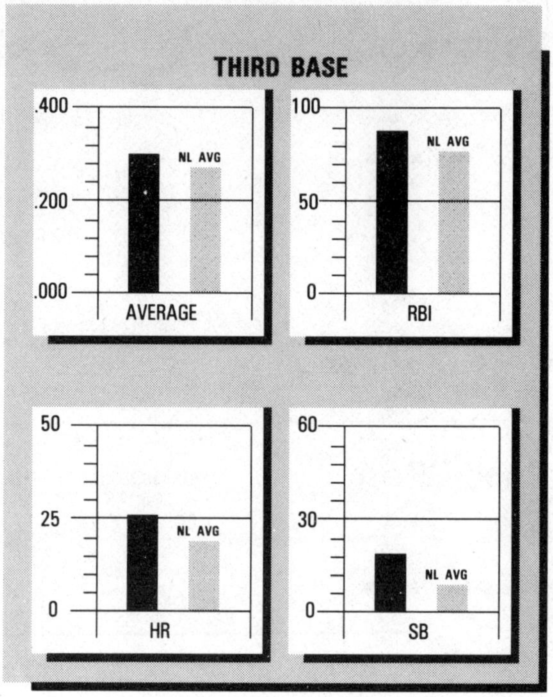

Split	Games	BA	SA	AB	H	2B	3B	HR	HR%	R	RBI	BB	SO	SB
April	19	.222	.333	72	16	2	0	2	2.8	8	6	6	10	2
May	25	.263	.414	99	26	3	0	4	4.0	14	7	12	20	3
June	25	.315	.607	89	28	7	2	5	5.6	18	21	12	15	4
July	23	.341	.602	88	30	6	1	5	5.7	15	17	5	9	1
Aug	30	.351	.579	114	40	11	0	5	4.4	20	14	4	14	4
Sept/Oct	31	.292	.467	120	35	6	0	5	4.2	16	23	5	11	5
Day	38	.236	.340	144	34	7	1	2	1.4	13	13	14	22	1
Night	115	.322	.559	438	141	28	2	24	5.5	78	75	30	57	18
vs. Left		.358	.596	193	69	17	1	9	4.7	38	29	16	23	7
vs. Right		.272	.460	389	106	18	2	17	4.4	53	59	28	56	12
On Grass	44	.284	.449	176	50	6	1	7	4.0	27	28	12	25	9
On Turf	109	.308	.530	406	125	29	2	19	4.7	64	60	32	54	10
Home	79	.339	.584	298	101	24	2	15	5.0	48	45	25	37	9
Road	74	.261	.423	284	74	11	1	11	3.9	43	43	19	42	10
Division Rivals														
vs. ATL	18	.348	.536	69	24	5	1	2	2.9	14	13	7	10	6
vs. HOU	17	.159	.270	63	10	1	0	2	3.2	4	9	1	8	0
vs. LA	17	.347	.514	72	25	6	0	2	2.8	8	9	2	8	1
vs. SD	17	.279	.426	61	17	3	0	2	3.3	10	6	9	5	3
vs. SF	17	.317	.476	63	20	4	0	2	3.2	9	5	8	7	1
On 3B < 2 Out		.433	.800	30	13	5	0	2	6.7	2	29	3	4	

Year	Team		Games	BA	SA	AB	H	2B	3B	HR	HR%	R	RBI	BB	SO	SB	PH AB	PH H	PO	A	E	DP	TC/G	FA	G by Pos
1988	CIN	N	137	.271	.414	538	146	40	2	11	2.0	74	44	29	52	46	2	0	75	318	14	31	3.0	.966	3B-135, SS-2
1989			82	.260	.395	304	79	21	1	6	2.0	40	29	25	33	14	5	0	36	145	11	12	2.3	.943	3B-76
1990			148	.270	.476	567	153	38	2	25	4.4	95	71	61	58	25	1	0	70	273	12	17	2.4	.966	3B-146
1991			153	.301	.505	582	175	35	3	26	4.5	91	88	44	79	19	2	1	86	255	12	24	2.3	.966	3B-151
4 yrs.			520	.278	.456	1991	553	134	8	68	3.4	300	232	159	222	104	10	1	267	991	49	84	2.5	.963	3B-508, SS-2

LEAGUE CHAMPIONSHIP SERIES
| 1990 | CIN | N | 6 | .227 | .364 | 22 | 5 | 0 | 0 | 1 | 4.5 | 1 | 3 | 1 | 4 | 0 | 0 | 0 | 7 | 7 | 0 | 1 | 2.3 | 1.000 | 3B-6 |

WORLD SERIES
| 1990 | CIN | N | 4 | .563 | 1.000 | 16 | 9 | 1 | 0 | 2 | 12.5 | 2 | 5 | 2 | 2 | 0 | 0 | 0 | 3 | 14 | 0 | 0 | 4.3 | 1.000 | 3B-4 |

Mark Salas
SALAS, MARK BRUCE
B. Mar. 8, 1961, Montebello, Calif.
BL TR 6' 180 lbs.

Year	Team		Games	BA	SA	AB	H	2B	3B	HR	HR%	R	RBI	BB	SO	SB	PH AB	PH H	PO	A	E	DP	TC/G	FA	G by Pos
1984	STL	N	14	.100	.150	20	2	1	0	0	0.0	1	1	0	3	0	8	1	13	2	0	0	1.1	1.000	C-4, OF-3
1985	MIN	A	120	.300	.458	360	108	20	5	9	2.5	51	41	18	37	0	12	1	529	39	5	10	4.8	.991	C-115, DH-3
1986			91	.233	.384	258	60	7	4	8	3.1	28	33	18	32	3	25	5	358	32	8	5	4.4	.980	C-69, DH-8
1987	2 teams			MIN A (22G — .378)		NY A (50G — .200)																			
"	total		72	.250	.400	160	40	6	0	6	3.8	21	21	15	23	0	19	4	258	16	1	0	3.8	.996	C-55, DH-4, OF-1
1988	CHI	A	75	.250	.332	196	49	7	0	3	1.5	17	9	12	17	0	7	1	251	35	6	5	3.9	.979	C-69, DH-1
1989	CLE	A	30	.221	.377	77	17	4	1	2	2.6	4	7	5	13	0	11	0	3	1	0	0	0.1	1.000	DH-20, C-5
1990	DET	A	74	.232	.415	164	38	3	0	9	5.4	18	24	21	28	0	17	2	227	23	3	3	4.4	.988	C-57, DH-3, 3B-1
1991			33	.088	.158	57	5	1	0	1	1.8	2	7	0	10	0	15	1	28	2	0	0	1.9	1.000	C-11, DH-8, 1B-5
8 yrs.			509	.247	.389	1292	319	49	10	38	2.9	142	143	89	163	3	114	15	1667	150	23	23	3.6	.987	C-385, DH-47, 1B-5, OF-4, 3B-1

Luis Salazar
SALAZAR, LUIS ERNESTO
Born Luis Ernesto Salazar y Garacia.
B. May 19, 1956, Barcelona, Venezuela
BR TR 5' 9" 180 lbs.

Split	Games	BA	SA	AB	H	2B	3B	HR	HR%	R	RBI	BB	SO	SB
April	8	.133	.333	15	2	0	0	1	6.7	3	1	1	2	0
May	15	.326	.558	43	14	1	0	3	7.0	4	6	3	6	0
June	23	.254	.373	67	17	2	0	2	3.0	7	7	7	10	0
July	14	.321	.566	53	17	4	0	3	5.7	4	4	0	8	0
Aug	21	.280	.440	75	21	4	1	2	2.7	9	9	1	6	0
Sept/Oct	22	.188	.338	80	15	3	0	3	3.8	7	11	3	13	0
Day	47	.201	.376	149	30	8	0	6	4.0	13	14	3	21	0
Night	56	.304	.478	184	56	6	1	8	4.3	21	24	12	24	0
vs. Left		.271	.500	166	45	8	0	10	6.0	21	25	8	18	0
vs. Right		.246	.365	167	41	6	1	4	2.4	13	13	7	27	0

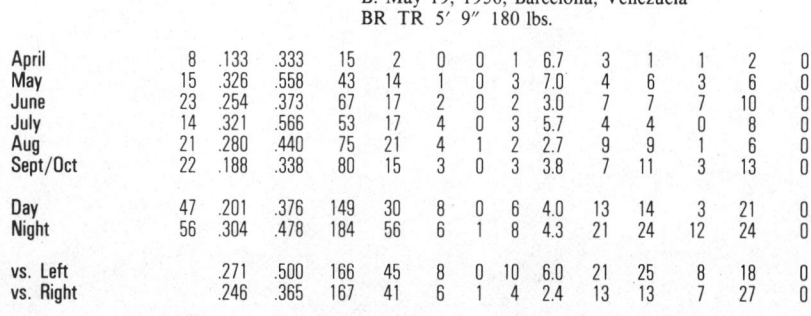

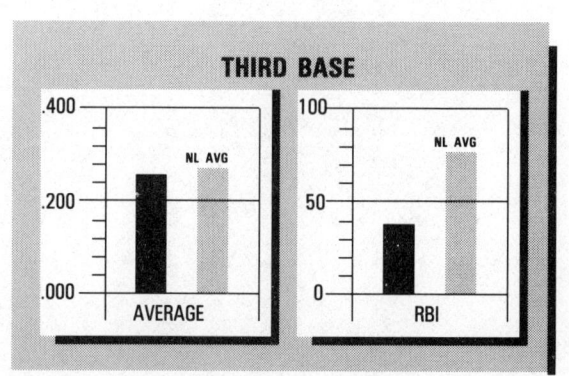

Luis Salazar *Continued*

Year	Team		Games	BA	SA	AB	H	2B	3B	HR	HR%	R	RBI	BB	SO	SB	PINCH HIT AB	H	PO	A	E	DP	TC/G	FA	G by Pos
On Grass			75	.267	.466	236	63	12	1	11	4.7	23	30	10	29	0									
On Turf			28	.237	.351	97	23	2	0	3	3.1	11	8	5	16	0									
Home			52	.261	.473	165	43	11	0	8	4.8	16	20	4	22	0									
Road			51	.256	.393	168	43	3	1	6	3.6	18	18	11	23	0									
Division Rivals																									
vs. MON			13	.222	.311	45	10	1	0	1	2.2	5	3	3	5	0									
vs. NY			11	.256	.436	39	10	2	1	1	2.6	4	5	1	3	0									
vs. PHI			15	.308	.538	52	16	3	0	3	5.8	6	10	3	7	0									
vs. PIT			12	.171	.286	35	6	1	0	1	2.9	3	2	1	8	0									
vs. STL			10	.171	.314	35	6	2	0	1	2.9	2	3	1	7	0									
On 3B < 2 Out				.231	.308	13	3	1	0	0	0.0	0	7	0	2										
1980	SD	N	44	.337	.462	169	57	4	7	1	0.6	28	25	9	25	11	0	0	39	88	7	7	3.0	.948	3B-42, OF-4
1981			109	.303	.403	400	121	19	6	3	0.8	37	38	16	72	11	2	0	108	191	14	17	2.9	.955	3B-94, OF-23
1982			145	.242	.336	524	127	15	5	8	1.5	55	62	23	80	32	2	0	133	326	29	32	3.4	.941	3B-129, SS-18, OF-1
1983			134	.258	.387	481	124	16	2	14	2.9	52	45	17	80	24	6	2	122	274	21	22	3.1	.950	3B-118, SS-19
1984			93	.241	.329	228	55	7	2	3	1.3	20	17	6	38	11	14	4	87	97	6	5	2.0	.968	3B-58, OF-24, SS-4
1985	CHI	A	122	.245	.404	327	80	18	2	10	3.1	39	45	12	60	14	15	6	180	57	10	13	2.0	.960	OF-84, 3B-39, DH-8, 1B-6
1986			4	.143	.143	7	1	0	0	0	0.0	1	0	1	3	0	2	0	0	0	0	0	0.0	—	DH-2
1987	SD	N	84	.254	.328	189	48	5	0	3	1.6	13	17	14	30	3	18	5	56	95	9	11	1.9	.944	3B-38, SS-22, OF-10, P-2, 1B-1
1988	DET	A	130	.270	.385	452	122	14	1	12	2.7	61	62	21	70	6	9	5	199	151	10	22	2.8	.972	OF-68, SS-37, 3B-31, 2B-5, 1B-4
1989	2 teams		SD N (95G — .268)			CHI N (26G — .325)																			
"	total		121	.282	.414	326	92	12	2	9	2.8	34	34	15	57	1	15	6	74	131	8	18	1.8	.962	3B-97, OF-16, SS-9, 1B-2
1990	CHI	N	115	.254	.388	410	104	13	3	12	2.9	44	47	19	59	3	5	1	96	137	12	12	2.2	.951	3B-86, 1B-7, OF-1
1991			103	.258	.432	333	86	14	1	14	4.2	34	38	15	45	0	13	2	76	152	10	7	2.6	.958	3B-86, 1B-7, OF-1
12 yrs.			1204	.264	.386	3846	1017	137	31	89	2.3	418	430	168	619	116	101	29	1170	1699	136	166	2.5	.955	3B-823, OF-259, SS-109, 1B-20, DH-10, 2B-5, P-2
LEAGUE CHAMPIONSHIP SERIES																									
1984	SD	N	3	.200	.600	5	1	0	1	0	0.0	0	0	0	1	0	1	0	0	3	0	0	1.0	1.000	OF-2, 3B-1
1989	CHI	N	5	.368	.632	19	7	0	1	1	5.3	2	2	0	0	0	0	0	4	5	1	0	2.0	.900	3B-5
2 yrs.			8	.333	.625	24	8	0	2	1	4.2	2	2	0	1	0	1	0	4	8	1	0	1.6	.923	3B-6, OF-2
WORLD SERIES																									
1984	SD	N	4	.333	.333	3	1	0	0	0	0.0	0	0	0	0	0	1	1	1	0	0	0	0.3	1.000	OF-2, 3B-1

Juan Samuel

SAMUEL, JUAN MILTON ROMERO (Sammy)
Born Juan Milton Romero y Samuel.
B. Dec. 9, 1960, San Pedro de Macoris, Dominican Republic
BR TR 5' 11" 170 lbs.

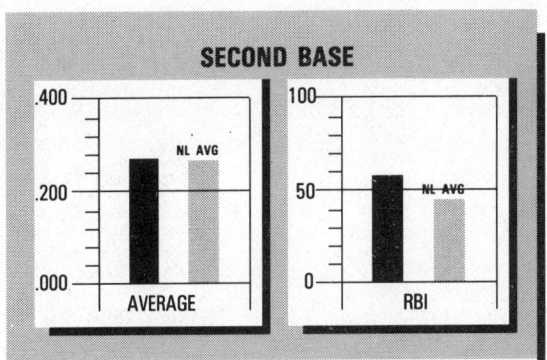

	Games	BA	SA	AB	H	2B	3B	HR	HR%	R	RBI	BB	SO	SB
April	20	.301	.518	83	25	4	1	4	4.8	13	15	3	14	4
May	25	.351	.447	94	33	6	0	1	1.1	17	12	12	22	4
June	27	.309	.409	110	34	2	0	3	2.7	16	12	9	24	2
July	25	.221	.317	104	23	2	1	2	1.9	6	6	4	20	5
Aug	25	.209	.264	91	19	1	2	0	0.0	7	7	12	26	4
Sept/Oct	31	.241	.393	112	27	7	2	2	1.8	15	6	9	27	4
Day	42	.316	.432	155	49	6	3	2	1.3	19	13	10	36	6
Night	111	.255	.374	439	112	16	3	10	2.3	55	45	39	97	17
vs. Left		.252	.396	250	63	11	2	7	2.8	38	27	14	59	7
vs. Right		.285	.384	344	98	11	4	5	1.5	36	31	35	74	16

PLAYER REGISTER

Year	Team	Games	BA	SA	AB	H	2B	3B	HR	HR%	R	RBI	BB	SO	SB	PINCH HIT AB	PINCH HIT H	PO	A	E	DP	TC/G	FA	G by Pos

Juan Samuel *Continued*

On Grass		115	.269	.382	450	121	16	4	9	2.0	55	46	34	103	16									
On Turf		38	.278	.410	144	40	6	2	3	2.1	19	12	15	30	7									
Home		77	.254	.342	295	75	12	1	4	1.4	37	26	25	67	11									
Road		76	.288	.435	299	86	10	5	8	2.7	37	32	24	66	12									
Division Rivals																								
vs. ATL		18	.221	.294	68	15	0	1	1	1.5	7	9	4	16	1									
vs. CIN		14	.306	.388	49	15	4	0	0	0.0	9	6	6	12	2									
vs. HOU		17	.250	.344	64	16	4	1	0	0.0	7	7	10	18	1									
vs. SD		17	.313	.552	67	21	2	1	4	6.0	8	9	2	14	5									
vs. SF		17	.338	.544	68	23	6	1	2	2.9	11	7	6	15	3									
On 3B < 2 Out			.296	.370	27	8	2	0	0	0.0	0	16	4	6										
1983	PHI N	18	.277	.446	65	18	1	2	2	3.1	14	5	4	16	3	0	0	44	54	9	9	5.9	.916	2B-18
1984		160	.272	.442	701	191	36	19	15	2.1	105	69	28	168	72	2	1	388	438	33	77	5.4	.962	2B-160
1985		161	.264	.436	663	175	31	13	19	2.9	101	74	33	141	53	1	0	389	463	15	88	5.4	.983	2B-159
1986		145	.266	.448	591	157	36	12	16	2.7	90	78	26	142	42	2	2	290	440	25	83	5.2	.967	2B-143
1987		160	.272	.502	655	178	37	15	28	4.3	113	100	60	162	35	0	0	374	434	18	99	5.2	.978	2B-160
1988		157	.243	.380	629	153	32	9	12	1.9	68	67	39	151	33	1	1	351	387	16	92	4.8	.979	2B-152, OF-3, 3B-1
1989	2 teams	PHI N (51G — .246)			NY N (86G — .228)																			
"	total	137	.235	.335	532	125	16	2	11	2.1	69	48	42	120	42	2	1	339	6	4	3	2.5	.989	OF-134
1990	LA N	143	.242	.382	492	119	24	3	13	2.6	62	52	51	126	38	6	1	273	262	16	47	4.0	.971	2B-108, OF-31
1991		153	.271	.389	594	161	22	6	12	2.0	74	58	49	133	23	2	1	300	442	17	73	5.0	.978	2B-152
9 yrs.		1234	.259	.418	4922	1277	235	81	128	2.6	696	551	332	1159	341	16	7	2748	2926	153	571	4.7	.974	2B-1052, OF-168, 3B-1

LEAGUE CHAMPIONSHIP SERIES

| 1983 | PHI N | 1 | — | — | 0 | 0 | 0 | 0 | 0 | — | 0 | 0 | 0 | 0 | 0 | 0 | 0 | 0 | 0 | 0 | 0 | 0.0 | — | |

WORLD SERIES

| 1983 | PHI N | 3 | .000 | .000 | 1 | 0 | 0 | 0 | 0 | 0.0 | 0 | 0 | 0 | 0 | 0 | 1 | 0 | 0 | 0 | 0 | 0 | 0.0 | — | |

Rey Sanchez

SANCHEZ, REY FRANCISCO
Born Rey Francisco Sanchez y Guadalupe.
B. Oct. 5, 1967, Rio Piedras, Puerto Rico
BR TR 5' 10" 180 lbs.

| 1991 | CHI N | 13 | .261 | .261 | 23 | 6 | 0 | 0 | 0 | 0.0 | 1 | 2 | 4 | 3 | 0 | 0 | 0 | 11 | 25 | 0 | 1 | 3.0 | 1.000 | SS-10, 2B-2 |

Ryne Sandberg

SANDBERG, RYNE DEE (Ryno)
B. Sept. 18, 1959, Spokane, Wash.
BR TR 6' 1" 175 lbs.

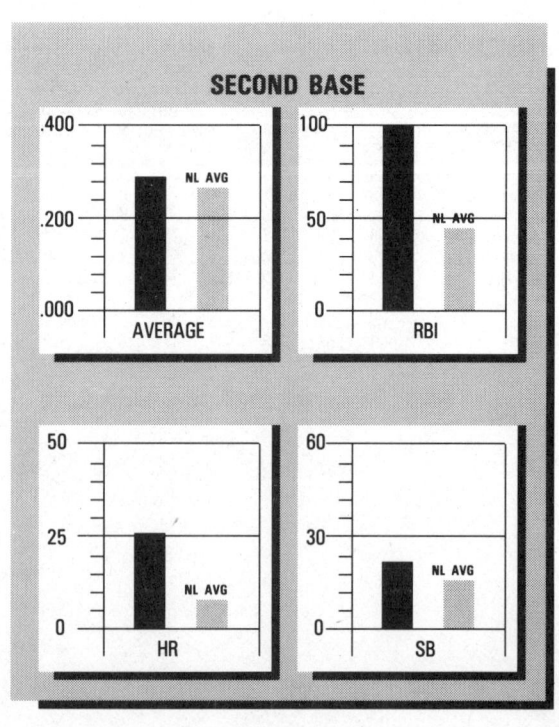

April		21	.202	.274	84	17	3	0	1	1.2	9	2	10	9	1
May		26	.340	.602	103	35	9	0	6	5.8	22	20	9	15	2
June		28	.320	.534	103	33	5	1	5	4.9	18	18	15	10	3
July		23	.329	.544	79	26	5	0	4	5.1	18	19	22	13	8
Aug		29	.236	.391	110	26	2	0	5	4.5	15	17	13	26	3
Sept/Oct		31	.311	.547	106	33	8	1	5	4.7	22	24	18	16	5
Day		80	.322	.529	289	93	17	2	13	4.5	53	47	35	40	11
Night		78	.260	.443	296	77	15	0	13	4.4	51	53	52	49	11
vs. Left			.359	.565	209	75	19	0	8	3.8	41	27	39	23	7
vs. Right			.253	.441	376	95	13	2	18	4.8	63	73	48	66	15
On Grass		113	.303	.528	409	124	22	2	22	5.4	83	78	62	57	14
On Turf		45	.261	.386	176	46	10	0	4	2.3	21	22	25	32	8
Home		81	.309	.526	291	90	14	2	15	5.2	57	54	43	39	11
Road		77	.272	.446	294	80	18	0	11	3.7	47	46	44	50	11
Division Rivals																
vs. MON		17	.293	.448	58	17	1	1	2	3.4	10	5	9	11	3
vs. NY		17	.266	.438	64	17	2	0	3	4.7	14	11	10	11	1
vs. PHI		18	.205	.370	73	15	3	0	3	4.1	11	10	9	16	4
vs. PIT		16	.344	.656	64	22	5	0	5	7.8	11	14	7	3	3
vs. STL		18	.267	.383	60	16	4	0	1	1.7	13	10	15	9	4
On 3B < 2 Out			.483	1.000	29	14	3	0	4	13.8	4	37	12	2	

PLAYER REGISTER 199

Year	Team		Games	BA	SA	AB	H	2B	3B	HR	HR%	R	RBI	BB	SO	SB	PINCH HIT AB	H	PO	A	E	DP	TC/G	FA	G by Pos

Ryne Sandberg *Continued*

1981	PHI	N	13	.167	.167	6	1	0	0	0	0.0	2	0	0	1	0	0	0	7	7	0	1	1.1	1.000	SS-5, 2B-1
1982	CHI	N	156	.271	.372	635	172	33	5	7	1.1	103	54	36	90	32	1	0	136	373	12	28	3.3	.977	3B-133, 2B-24
1983			158	.261	.351	633	165	25	4	8	1.3	94	48	51	79	37	4	2	330	571	13	126	5.8	.986	2B-157, SS-1
1984			156	.314	.520	636	200	36	19	19	3.0	**114**	84	52	101	32	0	0	314	550	6	102	5.6	.993	2B-156
1985			153	.305	.504	609	186	31	6	26	4.3	113	83	57	97	54	1	0	353	501	12	99	5.7	.986	2B-153, SS-1
1986			154	.284	.411	627	178	28	5	14	2.2	68	76	46	79	34	1	1	309	492	5	86	5.2	.994	2B-153
1987			132	.294	.442	523	154	25	2	16	3.1	81	59	59	79	21	2	1	294	375	10	84	5.1	.985	2B-131
1988			155	.264	.419	618	163	23	8	19	3.1	77	69	54	91	25	2	0	291	522	11	79	5.3	.987	2B-153
1989			157	.290	.497	606	176	25	5	30	5.0	**104**	76	59	85	15	2	0	294	466	6	80	4.9	.992	2B-155
1990			155	.306	.559	615	188	30	3	**40**	6.5	**116**	100	50	84	25	2	0	278	469	8	81	4.9	.989	2B-154
1991			158	.291	.485	585	170	32	2	26	4.4	104	100	87	89	22	3	1	267	515	4	66	5.0	.995	2B-157
11 yrs.			1547	.288	.455	6093	1753	288	59	205	3.4	976	749	551	875	297	18	5	2873	4841	87	832	5.0	.989	2B-1394, 3B-133, SS-7

LEAGUE CHAMPIONSHIP SERIES

1984	CHI	N	5	.368	.474	19	7	2	0	0	0.0	3	2	3	2	3	0	0	12	18	1	6	6.2	.968	2B-5
1989			5	.400	.800	20	8	3	1	1	5.0	6	4	3	4	0	0	0	7	11	0	1	3.6	1.000	2B-5
2 yrs.			10	.385	.641	39	15	5	1	1	2.6	9	6	6	6	3	0	0	19	29	1	7	4.9	.980	2B-10

Deion Sanders

SANDERS, DEION LUWYNN (Neon, Prime Time)
B. Aug. 9, 1967, Fort Myers, Fla.
BL TL 6′ 1″ 195 lbs.

1989	NY	A	14	.234	.404	47	11	2	0	2	4.3	7	7	3	8	1	1	0	30	1	1	0	2.3	.969	OF-14
1990			57	.158	.271	133	21	2	2	3	2.2	24	9	13	27	8	4	0	69	2	2	1	1.7	.973	OF-42, DH-4
1991	ATL	N	54	.191	.345	110	21	1	2	4	3.6	16	13	12	23	11	4	0	57	3	3	0	1.4	.952	OF-44
3 yrs.			125	.183	.321	290	53	5	4	9	3.1	47	29	28	58	20	9	0	156	6	6	1	1.3	.964	OF-100, DH-4

Reggie Sanders

SANDERS, REGINALD LAVERNE
B. Dec. 1, 1967, Florence, S.C.
BR TR 6′ 180 lbs.

| 1991 | CIN | N | 9 | .200 | .275 | 40 | 8 | 0 | 0 | 1 | 2.5 | 6 | 3 | 0 | 9 | 1 | 0 | 0 | 22 | 0 | 0 | 0 | 2.4 | 1.000 | OF-9 |

Benito Santiago

SANTIAGO, BENITO
Born Benito Santiago y Rivera.
B. Mar. 9, 1965, Ponce, Puerto Rico
BR TR 6′ 1″ 180 lbs.

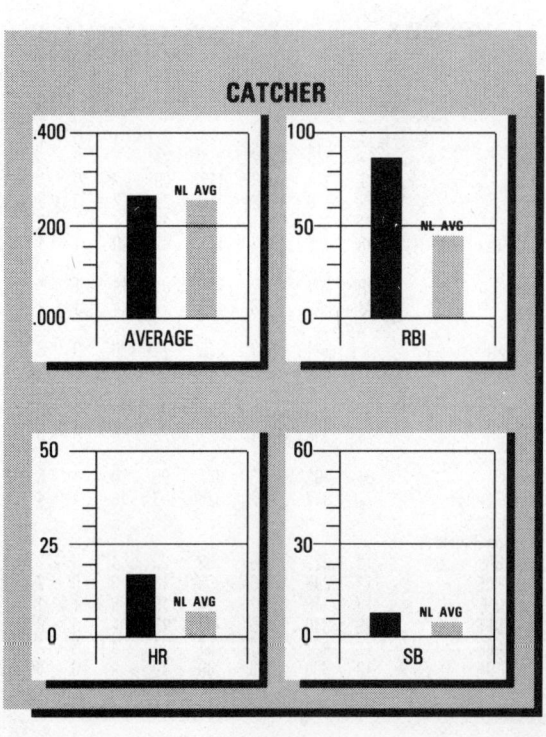

		Games	BA	SA	AB	H	2B	3B	HR	HR%	R	RBI	BB	SO	SB
April		20	.298	.405	84	25	3	0	2	2.4	10	12	1	15	0
May		25	.175	.278	97	17	1	0	3	3.1	9	11	3	26	1
June		26	.287	.416	101	29	5	1	2	2.0	7	13	4	19	0
July		24	.247	.447	85	21	5	0	4	4.7	10	9	3	19	0
Aug		27	.252	.369	103	26	2	2	2	1.9	13	13	5	22	4
Sept/Oct		30	.336	.500	110	37	6	0	4	3.6	11	29	7	13	3
Day		40	.324	.518	139	45	5	2	6	4.3	19	25	6	27	4
Night		112	.249	.367	441	110	17	1	11	2.5	41	62	17	87	4
vs. Left			.284	.480	204	58	12	2	8	3.9	28	35	10	41	3
vs. Right			.258	.362	376	97	10	1	9	2.4	32	52	13	73	5
On Grass		114	.277	.429	441	122	16	3	15	3.4	50	68	14	83	7
On Turf		38	.237	.324	139	33	6	0	2	1.4	10	19	9	31	1
Home		76	.244	.334	287	70	8	0	6	2.1	23	34	8	49	4
Road		76	.290	.471	293	85	14	3	11	3.8	37	53	15	65	4
Division Rivals															
vs. ATL		18	.217	.348	69	15	2	2	1	1.4	6	6	3	14	0
vs. CIN		15	.200	.218	55	11	1	0	0	0.0	2	5	4	11	3
vs. HOU		15	.271	.407	59	16	2	0	2	3.4	5	7	2	12	0
vs. LA		17	.229	.414	70	16	1	0	4	5.7	8	13	2	15	1
vs. SF		18	.370	.548	73	27	4	0	3	4.1	11	16	1	7	1
On 3B < 2 Out			.351	.459	37	13	1	0	1	2.7	1	29	3	9	

PLAYER REGISTER

Year	Team	Games	BA	SA	AB	H	2B	3B	HR	HR%	R	RBI	BB	SO	SB	PINCH HIT AB	H	PO	A	E	DP	TC/G	FA	G by Pos

Benito Santiago Continued

Year	Team	Games	BA	SA	AB	H	2B	3B	HR	HR%	R	RBI	BB	SO	SB	AB	H	PO	A	E	DP	TC/G	FA	G by Pos
1986	SD N	17	.290	.468	62	18	2	0	3	4.8	10	6	2	12	0	0	0	80	7	5	2	5.4	.946	C-17
1987		146	.300	.467	546	164	33	2	18	3.3	64	79	16	112	21	0	0	817	80	22	12	6.3	.976	C-146
1988		139	.248	.362	492	122	22	2	10	2.0	49	46	24	82	15	7	2	725	75	12	11	5.8	.985	C-136
1989		129	.236	.387	462	109	16	3	16	3.5	50	62	26	89	11	2	0	685	81	20	10	6.1	.975	C-127
1990		100	.270	.419	344	93	8	5	11	3.1	42	53	27	55	5	4	1	538	51	12	6	6.1	.980	C-98
1991		152	.267	.403	580	155	22	3	17	2.9	60	87	23	114	8	2	2	830	100	14	14	6.3	.985	C-151, OF-1
6 yrs.		683	.266	.410	2486	661	103	15	75	3.0	275	333	118	464	60	15	5	3675	394	85	55	6.1	.980	C-675, OF-1

Nelson Santovenia
SANTOVENIA, NELSON GIL
Born Nelson Gil Santovenia y Mayol.
B. July 27, 1961, Pinar del Rio, Cuba
BR TR 6' 3" 195 lbs.

Year	Team	Games	BA	SA	AB	H	2B	3B	HR	HR%	R	RBI	BB	SO	SB	AB	H	PO	A	E	DP	TC/G	FA	G by Pos
1987	MON N	2	.000	.000	1	0	0	0	0	0.0	0	0	0	0	0	1	0	1	0	0	0	0.5	1.000	C-1
1988		92	.236	.392	309	73	20	2	8	2.6	26	41	24	77	2	1	1	465	63	9	7	5.8	.983	C-86, 1B-1
1989		97	.250	.352	304	76	14	1	5	1.6	30	31	24	37	2	7	1	564	66	12	8	6.6	.981	C-89, 1B-1
1990		59	.190	.331	163	31	3	1	6	3.6	13	28	8	31	0	10	4	264	24	6	7	5.8	.980	C-51
1991		41	.250	.365	96	24	5	0	2	2.1	7	14	2	18	0	7	3	140	16	3	7	4.3	.981	C-30, 1B-7
5 yrs.		291	.234	.363	873	204	42	4	21	2.4	76	114	58	163	4	26	9	1434	169	30	29	5.6	.982	C-257, 1B-9

Mackey Sasser
SASSER, MACK DANIEL
B. Aug. 3, 1962, Fort Gaines, Ga.
BL TR 6' 1" 190 lbs.

Year	Team	Games	BA	SA	AB	H	2B	3B	HR	HR%	R	RBI	BB	SO	SB	AB	H	PO	A	E	DP	TC/G	FA	G by Pos
1987	2 teams		SF N (2G — .000)			PIT N (12G — .217)																		
"	total	14	.185	.185	27	5	0	0	0	0.0	2	2	0	2	0	9	4	29	0	0	0	2.1	1.000	C-6
1988	NY N	60	.285	.407	123	35	10	1	1	0.8	9	17	6	9	0	19	3	235	17	6	2	4.3	.977	C-42, 3B-1, OF-1
1989		72	.291	.407	182	53	14	2	1	0.5	17	22	7	15	0	17	5	335	19	3	3	5.0	.992	C-62, 3B-1
1990		100	.307	.426	270	83	14	0	6	2.2	31	41	15	19	0	25	6	501	43	14	4	6.4	.975	C-87, 1B-1
1991		96	.272	.417	228	62	14	2	5	2.2	18	35	9	19	0	38	10	271	21	3	6	4.3	.990	C-43, OF-21, 1B-10
5 yrs.		342	.287	.408	830	238	52	5	13	1.6	77	117	37	64	0	108	28	1371	100	26	15	4.4	.983	C-240, OF-22, 1B-11, 3B-2

LEAGUE CHAMPIONSHIP SERIES

Year	Team	Games	BA	SA	AB	H	2B	3B	HR	HR%	R	RBI	BB	SO	SB	AB	H	PO	A	E	DP	TC/G	FA	G by Pos
1988	NY N	4	.200	.200	5	1	0	0	0	0.0	0	0	0	1	0	2	0	2	0	0	0	0.5	1.000	C-2

Steve Sax
SAX, STEPHEN LOUIS
Brother of Dave Sax.
B. Jan. 29, 1960, Sacramento, Calif.
BR TR 5' 11" 185 lbs.

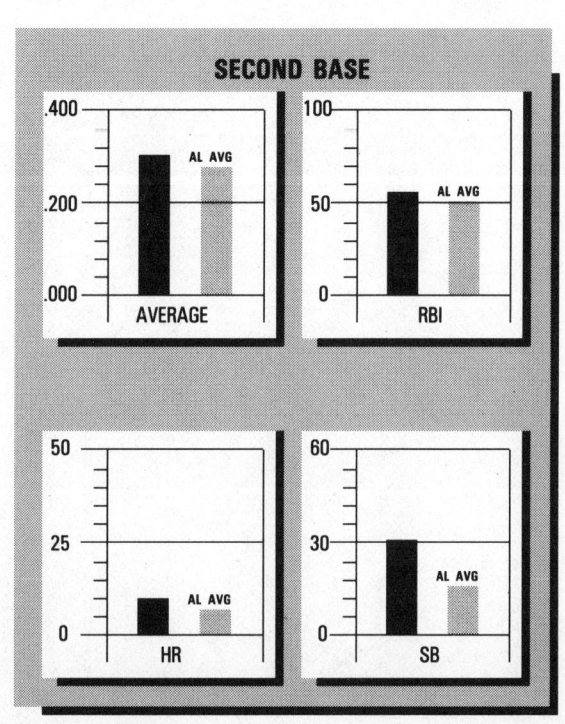

SECOND BASE

	Games	BA	SA	AB	H	2B	3B	HR	HR%	R	RBI	BB	SO	SB
April	17	.284	.338	74	21	1	0	1	1.4	8	11	5	7	3
May	27	.216	.297	111	24	6	0	1	0.9	7	8	8	6	3
June	27	.348	.438	112	39	7	0	1	0.9	21	8	8	5	7
July	23	.326	.512	86	28	7	0	3	3.5	11	8	7	4	4
Aug	31	.310	.381	126	39	7	1	0	0.0	21	9	8	8	9
Sept/Oct	33	.329	.497	143	47	10	1	4	2.8	17	12	5	8	5
Day	49	.307	.432	199	61	14	1	3	1.5	30	25	17	13	11
Night	109	.302	.406	453	137	24	1	7	1.5	55	31	24	25	20
vs. Left		.344	.507	215	74	20	0	5	2.3	43	20	17	6	12
vs. Right		.284	.368	437	124	18	2	5	1.1	42	36	24	32	19
On Grass	135	.299	.420	555	166	33	2	10	1.8	75	48	36	32	25
On Turf	23	.330	.381	97	32	5	0	0	0.0	10	8	5	6	6
Home	81	.291	.413	327	95	20	1	6	1.8	44	27	25	19	13
Road	77	.317	.415	325	103	18	1	4	1.2	41	29	16	19	18
Division Rivals														
vs. BAL	13	.339	.508	59	20	4	0	2	3.4	5	6	1	4	1
vs. BOS	13	.245	.415	53	13	3	0	2	3.8	7	6	3	3	4
vs. CLE	13	.316	.491	57	18	5	1	1	1.8	8	3	3	1	0
vs. DET	13	.340	.415	53	18	4	0	0	0.0	11	5	5	3	5
vs. MIL	13	.421	.491	57	24	4	0	0	0.0	11	4	3	5	6
vs. TOR	13	.306	.388	49	15	4	0	0	0.0	7	4	3	1	4
On 3B < 2 Out		.375	.417	24	9	1	0	0	0.0	0	21	2	1	

PLAYER REGISTER 201

Year	Team		Games	BA	SA	AB	H	2B	3B	HR	HR%	R	RBI	BB	SO	SB	PINCH HIT AB	H	PO	A	E	DP	TC/G	FA	G by Pos

Steve Sax *Continued*

1981	LA	N	31	.277	.345	119	33	2	0	2	1.7	15	9	7	14	5	2	1	64	93	4	22	5.2	.975	2B-29
1982			150	.282	.359	638	180	23	7	4	0.6	88	47	49	53	49	1	1	347	452	19	83	5.5	.977	2B-149
1983			155	.281	.350	623	175	18	5	5	0.8	94	41	58	73	56	4	1	331	399	30	74	4.9	.961	2B-152
1984			145	.243	.304	569	138	24	4	1	0.2	70	35	47	53	34	3	0	318	450	21	99	5.4	.973	2B-141
1985			136	.279	.318	488	136	8	4	1	0.2	62	42	54	43	27	1	0	330	358	22	84	5.2	.969	2B-135, 3B-1
1986			157	.332	.441	633	210	43	4	6	0.9	91	56	59	58	40	3	1	367	432	16	71	5.2	.980	2B-154
1987			157	.280	.369	610	171	22	7	6	1.0	84	46	44	61	37	5	0	343	420	14	92	4.9	.982	2B-152, 3B-1, OF-1
1988			160	.277	.343	632	175	19	4	5	0.8	70	57	45	51	42	2	2	276	429	14	69	4.5	.981	2B-158
1989	NY	A	158	.315	.387	651	205	26	3	5	0.8	88	63	52	44	43	0	0	312	460	10	117	4.9	.987	2B-158
1990			155	.260	.325	615	160	24	2	4	0.6	70	42	49	46	43	0	0	292	457	10	102	4.9	.987	2B-154
1991			158	.304	.414	652	198	38	2	10	1.5	85	56	41	38	31	0	0	277	454	10	107	4.8	.987	2B-149, 3B-5, DH-4
11 yrs.			1562	.286	.363	6230	1781	247	42	49	0.8	817	494	505	534	407	21	6	3257	4404	170	920	5.0	.978	2B-1531, 3B-7, DH-4, OF-1

DIVISIONAL PLAYOFF SERIES
| 1981 | LA | N | 1 | — | — | 0 | 0 | 0 | 0 | 0 | — | 0 | 0 | 0 | 0 | 0 | 0 | 0 | 0 | 0 | 0 | 0 | 0.0 | — | 2B-1 |

LEAGUE CHAMPIONSHIP SERIES
1981	LA	N	1	—	—	0	0	0	0	0	—	0	0	0	0	0	0	0	0	1	0	0	1.0	1.000	2B-1
1983			4	.250	.250	16	4	0	0	0	0.0	0	0	1	0	1	0	0	11	12	0	3	5.8	1.000	2B-4
1985			6	.300	.450	20	6	3	0	0	0.0	1	1	1	5	0	0	0	12	20	0	0	5.3	1.000	2B-6
1988			7	.267	.267	30	8	0	0	0	0.0	7	3	3	3	5	0	0	12	22	0	6	4.9	1.000	2B-7
4 yrs.			18	.273	.318	66	18	3	0	0	0.0	8	4	5	8	6	0	0	35	55	0	9	5.0	.000	2B-18

WORLD SERIES
1981	LA	N	2	.000	.000	1	0	0	0	0	0.0	0	0	0	0	0	1	0	0	0	0	0	0.0	—	2B-1
1988			5	.300	.300	20	6	0	0	0	0.0	3	0	1	1	1	0	0	11	11	0	2	4.4	1.000	2B-5
2 yrs.			7	.286	.286	21	6	0	0	0	0.0	3	0	1	1	1	1	0	11	11	0	2	3.1	.000	2B-6

Jeff Schaefer

SCHAEFER, JEFFREY SCOTT
B. May 31, 1960, Patchogue, N.Y.
BR TR 5′ 10″ 170 lbs.

1989	CHI	A	15	.100	.100	10	1	0	0	0	0.0	2	0	0	2	1	0	0	5	7	2	4	0.9	.857	SS-5, 2B-4, 3B-4, DH-1
1990	SEA	A	55	.206	.234	107	22	3	0	0	0.0	11	6	3	11	4	2	1	52	87	5	20	2.8	.965	3B-26, SS-24, 2B-3
1991			84	.250	.323	164	41	7	1	1	0.6	19	11	5	25	3	3	0	79	120	6	31	2.5	.971	SS-46, 3B-30, 2B-11, DH-1
3 yrs.			154	.228	.281	281	64	10	1	1	0.4	32	17	8	38	8	5	1	136	214	13	55	2.4	.964	SS-75, 3B-60, 2B-18, DH-2

Dick Schofield

SCHOFIELD, RICHARD CRAIG
Son of Dick Schofield.
B. Nov. 21, 1962, Springfield, Ill.
BR TR 5′ 10″ 175 lbs.

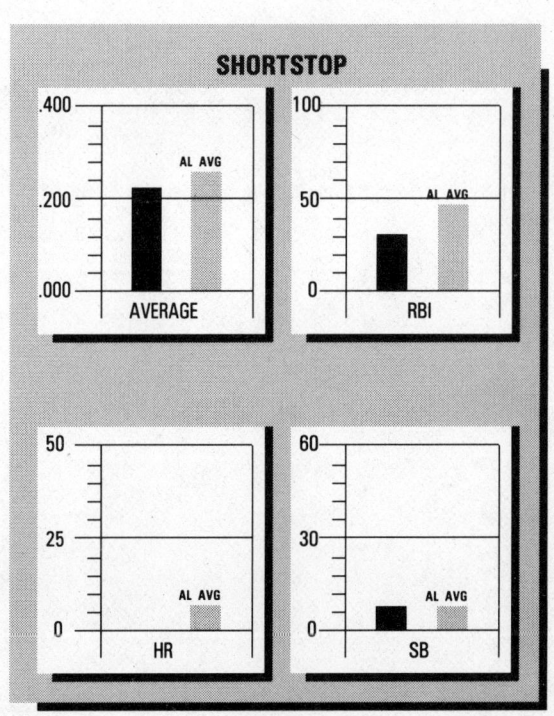

April			17	.275	.275	51	14	0	0	0	0.0	10	2	10	10	3									
May			21	.254	.349	63	16	4	1	0	0.0	8	9	5	10	1									
June			23	.264	.292	72	19	2	0	0	0.0	6	6	12	10	1									
July			24	.233	.260	73	17	2	0	0	0.0	6	6	6	9	1									
Aug			27	.176	.176	85	15	0	0	0	0.0	8	3	11	12	1									
Sept/Oct			22	.181	.241	83	15	1	2	0	0.0	6	5	6	18	1									
Day			31	.224	.265	98	22	2	1	0	0.0	15	10	13	15	3									
Night			103	.225	.258	329	74	7	2	0	0.0	29	21	37	54	5									
vs. Left				.183	.191	115	21	1	0	0	0.0	15	8	22	15	3									
vs. Right				.240	.285	312	75	8	3	0	0.0	29	23	28	54	5									
On Grass			113	.229	.268	358	82	8	3	0	0.0	33	29	37	53	7									
On Turf			21	.203	.217	69	14	1	0	0	0.0	11	2	13	16	1									
Home			68	.209	.237	211	44	4	1	0	0.0	17	19	22	29	5									
Road			66	.241	.282	216	52	5	2	0	0.0	27	12	28	40	3									

Division Rivals
vs. CHI			7	.179	.250	28	5	0	0	0	0.0	3	4	2	5	0									
vs. KC			6	.100	.150	20	2	1	0	0	0.0	2	2	2	5	0									
vs. MIN			10	.152	.152	33	5	0	0	0	0.0	7	0	6	6	1									
vs. OAK			11	.176	.176	34	6	0	0	0	0.0	2	1	2	4	2									
vs. SEA			13	.282	.282	39	11	0	0	0	0.0	5	2	10	7	1									
vs. TEX			10	.200	.200	30	6	0	0	0	0.0	0	3	4	4	0									

| On 3B < 2 Out | | | | .300 | .300 | 20 | 6 | 0 | 0 | 0 | 0.0 | 0 | 11 | 4 | 4 | | | | | | | | | | |

PLAYER REGISTER

Year	Team		Games	BA	SA	AB	H	2B	3B	HR	HR%	R	RBI	BB	SO	SB	PINCH HIT AB	H	PO	A	E	DP	TC/G	FA	G by Pos

Dick Schofield *Continued*

1983	CAL	A	21	.204	.407	54	11	2	0	3	5.6	4	4	6	8	0	0	0	24	67	7	10	4.7	.929	SS-21
1984			140	.193	.263	400	77	10	3	4	1.0	39	21	33	79	4	0	0	218	420	12	95	4.6	.982	SS-140
1985			147	.219	.331	438	96	19	3	8	1.8	50	41	35	70	11	1	0	261	397	25	108	4.6	.963	SS-147
1986			139	.249	.397	458	114	17	6	13	2.8	67	57	48	55	23	0	0	246	389	18	103	4.7	.972	SS-137
1987			134	.251	.355	479	120	17	3	9	1.9	52	46	37	63	19	0	0	205	351	9	76	4.2	.984	SS-131, 2B-2, DH-1
1988			155	.239	.317	527	126	11	6	6	1.1	61	34	40	57	20	0	0	278	492	13	125	5.1	.983	SS-155
1989			91	.228	.318	302	69	11	2	4	1.3	42	26	28	47	9	1	1	118	276	7	56	4.4	.983	SS-90
1990			99	.255	.297	310	79	8	1	1	0.3	41	18	52	61	3	0	0	170	318	17	77	5.1	.966	SS-99
1991			134	.225	.260	427	96	9	3	0	0.0	44	31	50	69	8	3	0	186	398	15	83	4.5	.975	SS-133
9 yrs.			1060	.232	.321	3395	788	104	27	48	1.4	400	278	329	509	97	5	1	1706	3108	123	733	4.7	.975	SS-1053, 2B-2, DH-1

LEAGUE CHAMPIONSHIP SERIES

| 1986 | CAL | A | 7 | .300 | .433 | 30 | 9 | 1 | 0 | 1 | 3.3 | 4 | 2 | 1 | 5 | 1 | 0 | 0 | 12 | 23 | 2 | 3 | 5.3 | .946 | SS-7 |

Rick Schu

SCHU, RICHARD SPENCER
B. Jan. 26, 1962, Philadelphia, Pa.
BR TR 6' 170 lbs.

1984	PHI	N	17	.276	.621	29	8	2	1	2	6.9	12	5	6	6	0	2	0	7	13	1	3	1.2	.952	3B-15
1985			112	.252	.373	416	105	21	4	7	1.7	54	24	38	78	8	1	0	86	191	20	19	2.7	.933	3B-111
1986			92	.274	.447	208	57	10	1	8	3.8	32	25	18	44	2	29	7	42	94	13	6	1.6	.913	3B-58
1987			92	.235	.403	196	46	6	3	7	3.6	24	23	20	36	0	24	2	193	71	10	11	3.0	.964	3B-45, 1B-28
1988	BAL	A	89	.256	.363	270	69	9	4	4	1.5	22	20	21	49	6	5	1	94	110	11	8	2.4	.949	3B-72, DH-9, 1B-4
1989	2 teams		BAL A (1G — .000)			DET A (98G — .214)																			
"	total		99	.214	.335	266	57	11	0	7	2.6	25	21	24	37	1	10	2	59	126	12	14	2.0	.939	3B-83, DH-9, 2B-6, 1B-3, SS-3
1990	CAL	A	61	.268	.433	157	42	8	0	6	3.8	19	14	11	25	0	11	2	104	81	11	16	3.5	.944	3B-38, 1B-15, OF-4, 2B-1
1991	PHI	N	17	.091	.091	22	2	0	0	0	0.0	1	2	1	7	0	13	1	15	1	1	0	4.3	.941	3B-3, 1B-1
8 yrs.			579	.247	.385	1564	386	67	13	41	2.6	189	134	139	282	17	95	15	600	687	79	77	2.4	.942	3B-425, 1B-51, DH-18, 2B-7, OF-4, SS-3

Jeff Schulz

SCHULZ, JEFFREY ALAN
B. June 2, 1961, Evansville, Ind.
BL TR 6' 1" 190 lbs.

1989	KC	A	7	.222	.222	9	2	0	0	0	0.0	0	1	0	2	0	2	2	6	0	0	0	0.9	1.000	OF-5
1990			30	.258	.364	66	17	5	1	0	0.0	5	6	6	13	0	10	1	33	0	2	0	1.6	.943	OF-22, DH-1
1991	PIT	N	3	.000	.000	3	0	0	0	0	0.0	0	0	0	2	0	3	0	0	0	0	0	0.0	.957	
3 yrs.			40	.244	.333	78	19	5	1	0	0.0	5	7	6	17	0	15	3	39	0	2	0	1.0	.000	OF-27, DH-1

Mike Scioscia

SCIOSCIA, MICHAEL LORRI
B. Nov. 27, 1958, Upper Darby, Pa.
BL TR 6' 2" 200 lbs.

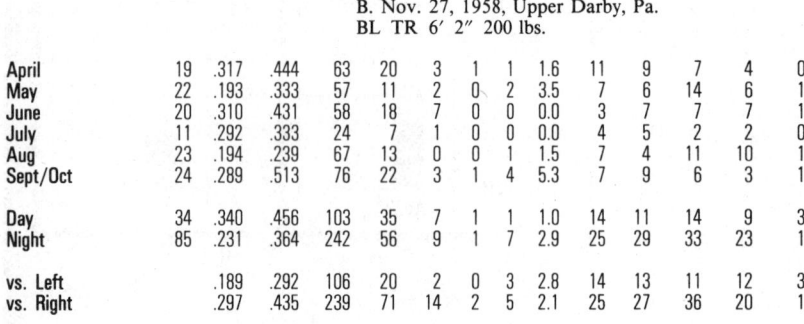

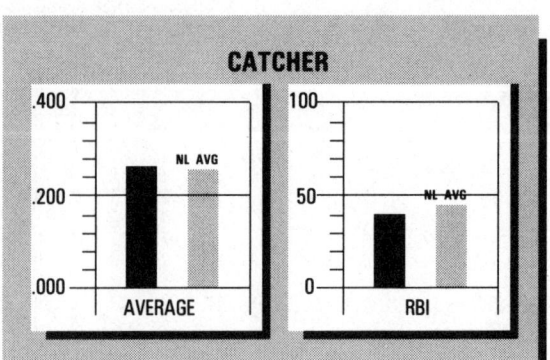

			Games	BA	SA	AB	H	2B	3B	HR	HR%	R	RBI	BB	SO	SB
April			19	.317	.444	63	20	3	1	1	1.6	11	9	7	4	0
May			22	.193	.333	57	11	2	0	2	3.5	7	6	14	6	1
June			20	.310	.431	58	18	7	0	0	0.0	3	7	7	7	1
July			11	.292	.333	24	7	1	0	0	0.0	4	5	2	2	0
Aug			23	.194	.239	67	13	0	0	1	1.5	7	4	11	10	1
Sept/Oct			24	.289	.513	76	22	3	1	4	5.3	7	9	6	3	1
Day			34	.340	.456	103	35	7	1	1	1.0	14	11	14	9	3
Night			85	.231	.364	242	56	9	1	7	2.9	25	29	33	23	1
vs. Left				.189	.292	106	20	2	0	3	2.8	14	13	11	12	3
vs. Right				.297	.435	239	71	14	2	5	2.1	25	27	36	20	1

Mike Scioscia *Continued*

Year	Team		Games	BA	SA	AB	H	2B	3B	HR	HR%	R	RBI	BB	SO	SB	PINCH HIT AB	H	PO	A	E	DP	TC/G	FA	G by Pos
On Grass			89	.292	.424	250	73	14	2	5	2.0	29	33	34	21	2									
On Turf			30	.189	.305	95	18	2	0	3	3.2	10	7	13	11	2									
Home			62	.288	.399	163	47	9	0	3	1.8	15	22	26	15	1									
Road			57	.242	.385	182	44	7	2	5	2.7	24	18	21	17	3									
Division Rivals																									
vs. ATL			8	.286	.333	21	6	1	0	0	0.0	3	1	2	0	0									
vs. CIN			14	.390	.561	41	16	4	0	1	2.4	5	4	6	4	1									
vs. HOU			14	.238	.405	42	10	1	0	2	4.8	5	4	9	6	0									
vs. SD			16	.236	.436	55	13	1	2	2	3.6	6	8	4	4	0									
vs. SF			13	.341	.537	41	14	2	0	2	4.9	6	8	5	3	0									
On 3B <2 Out				.250	.313	16	4	1	0	0	0.0	0	12	5	0										
1980	LA	N	54	.254	.328	134	34	5	1	1	0.7	8	8	12	9	1	1	0	226	26	2	5	4.7	.992	C-54
1981			93	.276	.331	290	80	10	0	2	0.7	27	29	36	18	0	2	1	493	48	7	4	5.9	.987	C-91
1982			129	.219	.296	365	80	11	1	5	1.4	31	38	44	31	2	8	0	631	57	10	10	5.4	.986	C-123
1983			12	.314	.486	35	11	3	0	1	2.9	3	7	5	2	0	1	0	55	4	0	0	4.9	1.000	C-11
1984			114	.273	.370	341	93	18	0	5	1.5	29	38	52	26	2	7	0	701	64	12	8	6.8	.985	C-112
1985			141	.296	.420	429	127	26	3	7	1.6	47	53	77	21	3	7	1	818	66	13	8	6.4	.986	C-139
1986			122	.251	.345	374	94	18	1	5	1.3	36	26	62	23	3	10	1	756	64	15	4	6.8	.982	C-119
1987			142	.265	.364	461	122	26	1	6	1.3	44	38	55	23	7	11	4	925	80	11	11	7.2	.989	C-138
1988			130	.257	.324	408	105	18	0	3	0.7	29	35	38	31	0	7	1	748	63	7	10	6.3	.991	C-123
1989			133	.250	.363	408	102	16	0	10	2.5	40	44	52	29	0	6	2	822	82	11	12	6.9	.988	C-130
1990			135	.264	.405	435	115	25	0	12	2.7	46	66	55	31	4	5	0	842	58	10	9	6.9	.989	C-132
1991			119	.264	.391	345	91	16	2	8	2.3	39	40	47	32	4	8	3	677	51	7	8	6.4	.990	C-115
12 yrs.			1324	.262	.362	4025	1054	192	9	65	1.6	379	422	535	276	26	73	13	7694	663	105	89	6.4	.988	C-1287
DIVISIONAL PLAYOFF SERIES																									
1981	LA	N	4	.154	.154	13	2	0	0	0	0.0	0	1	1	2	0	0	0	21	3	0	0	6.0	1.000	C-4
LEAGUE CHAMPIONSHIP SERIES																									
1981	LA	N	5	.133	.333	15	2	0	0	1	6.7	1	1	2	1	0	0	0	27	1	0	0	5.6	1.000	C-5
1985			6	.250	.250	16	4	0	0	0	0.0	2	1	4	0	0	0	0	31	4	1	0	6.0	.972	C-6
1988			7	.364	.545	22	8	1	0	1	4.5	3	2	1	2	0	0	0	37	4	0	1	5.9	1.000	C-7
3 yrs.			18	.264	.396	53	14	1	0	2	3.8	6	4	7	3	0	0	0	95	9	1	1	5.8	.990	C-18
WORLD SERIES																									
1981	LA	N	3	.250	.250	4	1	0	0	0	0.0	1	0	1	0	0	1	0	7	1	0	0	2.7	1.000	C-3
1988			4	.214	.214	14	3	0	0	0	0.0	0	1	0	2	0	0	0	28	0	1	0	7.3	.966	C-4
2 yrs.			7	.222	.222	18	4	0	0	0	0.0	1	1	1	2	0	1	0	35	1	1	0	5.3	.973	C-7

Donnie Scott

SCOTT, DONALD MALCOLM
B. Aug. 16, 1961, Dunedin, Fla.
BB TR 5' 11" 185 lbs.

Year	Team		Games	BA	SA	AB	H	2B	3B	HR	HR%	R	RBI	BB	SO	SB	PINCH HIT AB	H	PO	A	E	DP	TC/G	FA	G by Pos
1983	TEX	A	2	.000	.000	4	0	0	0	0	0.0	0	0	0	0	0	0	0	8	2	0	0	5.0	1.000	C-2
1984			81	.221	.298	235	52	9	0	3	1.3	16	20	20	44	0	0	0	400	41	12	9	5.6	.974	C-80
1985	SEA	A	80	.222	.357	185	41	13	0	4	2.2	18	23	15	41	1	20	2	277	31	6	1	3.9	.981	C-74
1991	CIN	N	10	.158	.158	19	3	0	0	0	0.0	0	0	0	2	0	2	0	19	0	0	0	2.4	1.000	C-8
4 yrs.			173	.217	.314	443	96	22	0	7	1.6	34	43	35	87	1	22	2	704	74	18	10	4.6	.977	C-164

Gary Scott

SCOTT, GARY THOMAS
B. Aug. 22, 1968, New Rochelle, N.Y.
BR TR 6' 175 lbs.

Year	Team		Games	BA	SA	AB	H	2B	3B	HR	HR%	R	RBI	BB	SO	SB	PINCH HIT AB	H	PO	A	E	DP	TC/G	FA	G by Pos
1991	CHI	N	31	.165	.241	79	13	3	0	1	1.3	8	5	13	14	0	0	0	13	50	2	6	2.1	.969	3B-31

Tony Scruggs

SCRUGGS, ANTHONY RAYMOND
B. Mar. 19, 1966, Riverside, Calif.
BR TR 6' 1" 210 lbs.

Year	Team		Games	BA	SA	AB	H	2B	3B	HR	HR%	R	RBI	BB	SO	SB	PINCH HIT AB	H	PO	A	E	DP	TC/G	FA	G by Pos
1991	TEX	A	5	.000	.000	6	0	0	0	0	0.0	1	0	0	1	0	1	0	5	0	0	0	1.0	1.000	OF-5

Year	Team	Games	BA	SA	AB	H	2B	3B	HR	HR%	R	RBI	BB	SO	SB	PINCH HIT AB	H	PO	A	E	DP	TC/G	FA	G by Pos

David Segui

SEGUI, DAVID VINCENT
Son of Diego Segui.
B. July 19, 1966, Kansas City, Kans.
BB TL 6' 1" 170 lbs.

Year	Team	Games	BA	SA	AB	H	2B	3B	HR	HR%	R	RBI	BB	SO	SB	AB	H	PO	A	E	DP	TC/G	FA	G by Pos
1990	BAL	A 40	.244	.350	123	30	7	0	2	1.6	14	15	11	15	0	0	0	283	26	3	24	8.7	.990	1B-36, DH-4
1991		86	.278	.340	212	59	7	0	2	0.9	15	22	12	19	1	24	6	264	23	3	22	4.5	.990	1B-42, OF-33, DH-4
2 yrs.		126	.266	.343	335	89	14	0	4	1.2	29	37	23	34	1	24	6	547	49	6	46	4.8	.990	1B-78, OF-33, DH-8

Kevin Seitzer

SEITZER, KEVIN LEE
B. Mar. 26, 1962, Springfield, Ill.
BR TR 5' 11" 180 lbs.

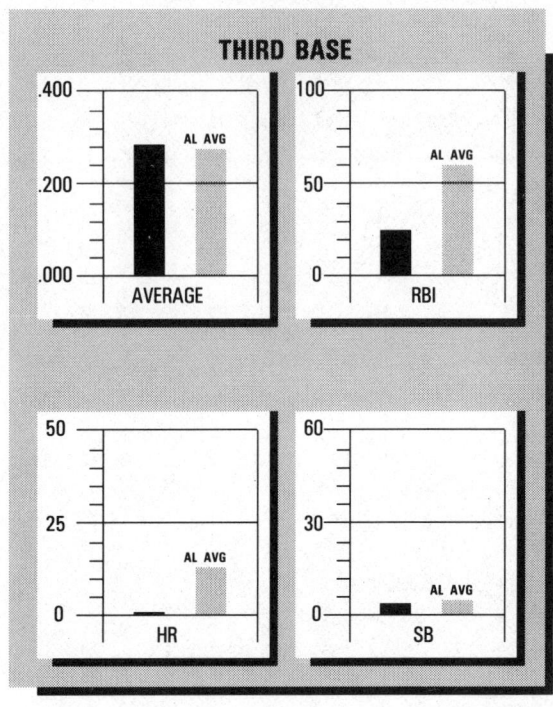

Split	Games	BA	SA	AB	H	2B	3B	HR	HR%	R	RBI	BB	SO	SB	AB	H	PO	A	E	DP	TC/G	FA	G by Pos
April	15	.182	.236	55	10	3	0	0	0.0	5	8	4	8	0									
May	1	.333	.333	3	1	0	0	0	0.0	0	1	0	0	1									
June	26	.280	.376	93	26	4	1	1	1.1	14	8	16	5	2									
July	16	.298	.404	47	14	1	2	0	0.0	7	5	7	7	1									
Aug	14	.261	.348	23	6	2	0	0	0.0	2	2	2	0	0									
Sept/Oct	13	.385	.462	13	5	1	0	0	0.0	0	1	0	1	0									
Day	25	.215	.266	79	17	4	0	0	0.0	9	7	11	10	2									
Night	60	.290	.394	155	45	7	3	1	0.6	19	18	18	11	2									
vs. Left		.333	.424	66	22	3	0	1	1.5	9	7	11	3	0									
vs. Right		.238	.321	168	40	8	3	0	0.0	19	18	18	18	4									
On Grass	39	.269	.352	108	29	4	1	1	0.9	14	10	15	9	1									
On Turf	46	.262	.349	126	33	7	2	0	0.0	14	15	14	12	3									
Home	42	.274	.368	117	32	7	2	0	0.0	12	15	11	10	2									
Road	43	.256	.333	117	30	4	1	1	0.9	16	10	18	11	2									
Division Rivals																							
vs. CAL	7	.391	.478	23	9	0	1	0	0.0	4	3	3	4	0									
vs. CHI	10	.115	.115	26	3	0	0	0	0.0	2	1	2	3	0									
vs. MIN	4	.200	.200	10	2	0	0	0	0.0	0	1	1	0	1									
vs. OAK	9	.391	.522	23	9	1	1	0	0.0	2	3	2	2	0									
vs. SEA	3	.667	.667	3	2	0	0	0	0.0	0	1	0	0	0									
vs. TEX	10	.367	.533	30	11	2	0	1	3.3	6	4	5	1	0									
On 3B < 2 Out		.250	.333	12	3	1	0	0	0.0	0	9	4	0										
1986	KC	A 28	.323	.448	96	31	4	1	2	2.1	16	11	19	14	0	1	1	224	19	3	17	8.8	.988	1B-22, OF-5, 3B-3
1987		161	.323	.470	641	207	33	8	15	2.3	105	83	80	85	12	0	0	290	315	24	51	3.9	.962	3B-141, 1B-25, OF-3
1988		149	.304	.406	559	170	32	5	5	0.9	90	60	72	64	10	1	0	93	297	26	33	2.8	.938	3B-147, DH-1, OF-1
1989		160	.281	.337	597	168	17	2	4	0.7	78	48	102	76	17	0	0	118	277	20	30	2.6	.952	3B-159, SS-6, OF-3, 1B-2
1990		158	.275	.370	622	171	31	5	6	0.9	91	38	67	66	7	5	3	118	281	19	36	2.7	.955	3B-152, 2B-10
1991		85	.265	.350	234	62	11	3	1	0.4	28	25	29	21	4	20	11	45	127	11	8	2.7	.940	3B-68, DH-3
6 yrs.		741	.294	.394	2749	809	128	24	33	1.2	408	265	369	326	50	27	15	888	1316	103	175	3.1	.955	3B-670, 1B-49, OF-12, 2B-10, SS-6, DH-4

Scott Servais

SERVAIS, SCOTT DANIEL
B. June 4, 1967, LaCrosse, Wis.
BR TR 6' 2" 195 lbs.

Year	Team	Games	BA	SA	AB	H	2B	3B	HR	HR%	R	RBI	BB	SO	SB	AB	H	PO	A	E	DP	TC/G	FA	G by Pos
1991	HOU	N 16	.162	.243	37	6	3	0	0	0.0	0	6	4	8	0	2	0	77	4	1	0	5.9	.988	C-14

Mike Sharperson

SHARPERSON, MICHAEL TYRONE
B. Oct. 4, 1961, Orangeburg, S. C.
BR TR 6' 1" 175 lbs.

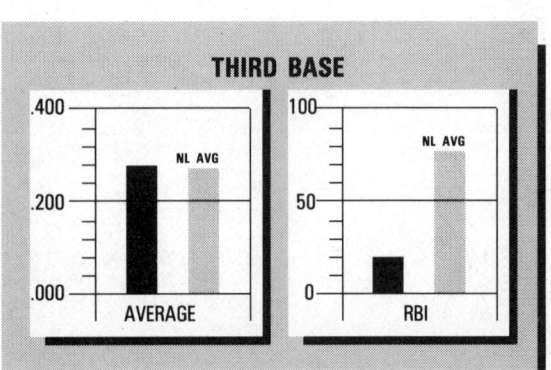

Split	Games	BA	SA	AB	H	2B	3B	HR	HR%	R	RBI	BB	SO	SB
April	14	.172	.207	29	5	1	0	0	0.0	4	3	2	2	0
May	4	.000	.000	5	0	0	0	0	0.0	0	0	1	0	0
June	18	.391	.565	23	9	1	0	1	4.3	4	5	4	4	0
July	19	.359	.462	39	14	2	1	0	0.0	4	3	6	4	1
Aug	22	.205	.295	44	9	2	1	0	0.0	3	2	5	6	0
Sept/Oct	28	.303	.408	76	23	5	0	1	1.3	9	7	7	8	0
Day	26	.193	.281	57	11	5	0	0	0.0	3	3	6	6	0
Night	79	.308	.409	159	49	6	2	2	1.3	21	17	19	18	1
vs. Left		.323	.449	158	51	10	2	2	1.3	18	15	18	19	1
vs. Right		.155	.172	58	9	1	0	0	0.0	6	5	7	5	0

Year	Team	Games	BA	SA	AB	H	2B	3B	HR	HR%	R	RBI	BB	SO	SB	PINCH HIT AB	PINCH HIT H	PO	A	E	DP	TC/G	FA	G by Pos

Mike Sharperson *Continued*

On Grass		81	.292	.387	168	49	10	0	2	1.2	20	13	18	19	1									
On Turf		24	.229	.333	48	11	1	2	0	0.0	4	7	7	5	0									
Home		52	.330	.402	97	32	4	0	1	1.0	15	9	13	11	1									
Road		53	.235	.353	119	28	7	2	1	0.8	9	11	12	13	0									
Division Rivals																								
vs. ATL		15	.256	.385	39	10	5	0	0	0.0	6	2	2	6	1									
vs. CIN		11	.217	.304	23	5	0	1	0	0.0	5	3	6	4	0									
vs. HOU		7	.286	.286	7	2	0	0	0	0.0	1	1	1	0	0									
vs. SD		14	.324	.432	37	12	1	0	1	2.7	3	2	2	3	0									
vs. SF		16	.211	.263	38	8	2	0	0	0.0	2	3	4	3	0									
On 3B < 2 Out			.333	.500	12	4	0	1	0	0.0	0	9	2	3										
1987	2 teams				TOR A (32G — .208)					LA N (10G — .273)														
"	total	42	.225	.287	129	29	6	1	0	0.0	11	10	11	20	2	0	0	68	97	5	18	4.0	.971	2B-38, 3B-7
1988	LA N	46	.271	.288	59	16	1	0	0	0.0	8	4	1	12	0	22	3	19	31	2	5	1.1	.962	2B-20, 3B-6, SS-4
1989		27	.250	.357	28	7	3	0	0	0.0	2	5	4	7	0	15	3	11	8	0	2	0.7	1.000	2B-4, 1B-2, 3B-2, SS-1
1990		129	.297	.373	357	106	14	2	3	0.8	42	36	46	39	15	19	7	152	193	15	23	3.0	.958	3B-106, SS-15, 2B-9, 1B-6
1991		105	.278	.375	216	60	11	2	2	0.9	24	20	25	24	1	22	6	89	107	4	15	2.2	.980	3B-68, SS-16, 1B-10, 2B-5
5 yrs.		349	.276	.352	789	218	35	5	5	0.6	87	75	87	102	18	78	19	339	436	26	63	2.3	.968	3B-189, 2B-76, SS-36, 1B-18

LEAGUE CHAMPIONSHIP SERIES

1988	LA N	2	.000	.000	1	0	0	0	0	0.0	0	1	1	0	0	1	0	1	0	0	0	0.5	1.000	3B-1, SS-1

Gary Sheffield

SHEFFIELD, GARY ANTONIAN
B. Nov. 18, 1968, Tampa, Fla.
BR TR 5' 11" 190 lbs.

Year	Team	Games	BA	SA	AB	H	2B	3B	HR	HR%	R	RBI	BB	SO	SB	PH AB	PH H	PO	A	E	DP	TC/G	FA	G by Pos
1988	MIL A	24	.238	.400	80	19	1	0	4	5.0	12	12	7	7	3	0	0	39	48	3	9	3.8	.967	SS-24
1989		95	.247	.337	368	91	18	0	5	1.4	34	32	27	33	10	0	0	100	238	16	44	3.7	.955	SS-70, 3B-21, DH-4
1990		125	.294	.421	487	143	30	1	10	2.0	67	67	44	41	25	0	0	98	254	25	16	3.0	.934	3B-125
1991		50	.194	.320	175	34	12	2	2	1.1	25	22	19	15	5	0	0	29	65	8	7	2.4	.922	3B-43, DH-5
4 yrs.		294	.259	.376	1110	287	61	3	21	1.9	138	133	97	96	43	0	0	266	605	52	76	3.1	.944	3B-189, SS-94, DH-9

John Shelby

SHELBY, JOHN T. (T-Bone)
B. Feb. 23, 1958, Lexington, Ky.
BB TR 6' 1" 175 lbs.

Year	Team	Games	BA	SA	AB	H	2B	3B	HR	HR%	R	RBI	BB	SO	SB	PH AB	PH H	PO	A	E	DP	TC/G	FA	G by Pos
1981	BAL A	7	.000	.000	2	0	0	0	0	0.0	2	0	0	1	2	0	0	1	0	0	0	0.1	1.000	OF-4
1982		26	.314	.486	35	11	3	0	1	2.9	8	2	0	5	0	3	1	20	1	0	1	0.8	1.000	OF-24
1983		126	.258	.363	325	84	15	2	5	1.5	52	27	18	64	15	27	7	200	9	4	3	1.7	.981	OF-115, DH-1
1984		128	.209	.313	383	80	12	5	6	1.6	44	30	20	71	12	12	4	261	9	2	1	2.1	.993	OF-124
1985		69	.283	.434	205	58	6	2	7	3.4	28	27	7	44	5	12	3	148	4	3	0	2.2	.981	OF-59, DH-3, 2B-1
1986		135	.228	.364	404	92	14	4	11	2.7	54	49	18	75	18	19	6	222	5	5	2	1.7	.978	OF-121, DH-2
1987	2 teams				BAL A (21G — .188)					LA N (120G — .277)														
"	total	141	.272	.453	508	138	26	2	22	4.3	65	72	32	110	16	3	1	294	9	8	3	2.2	.974	OF-136, DH-1
1988	LA N	140	.263	.395	494	130	23	6	10	2.0	65	64	44	128	16	0	0	329	7	6	1	2.4	.982	OF-140
1989		108	.183	.229	345	63	11	1	1	0.3	28	12	25	92	10	11	0	220	3	2	1	2.1	.991	OF-98
1990	2 teams				LA N (25G — .250)					DET A (78G — .248)														
"	total	103	.248	.362	246	61	10	3	4	1.6	24	22	10	58	4	27	7	146	5	4	3	1.9	.974	OF-80, DH-5
1991	DET A	53	.154	.287	143	22	8	1	3	2.1	19	8	8	23	1	6	1	108	4	2	0	2.4	.982	OF-47, DH-4
11 yrs.		1036	.239	.364	3090	739	128	24	70	2.3	389	313	182	671	98	120	30	1949	56	36	15	2.0	.982	OF-948, DH-16, 2B-1

LEAGUE CHAMPIONSHIP SERIES

1983	BAL A	3	.222	.222	9	2	0	0	0	0.0	1	0	1	3	1	0	0	3	0	0	0	1.0	1.000	OF-2
1988	LA N	7	.167	.167	24	4	0	0	0	0.0	3	3	5	12	2	0	0	19	0	0	0	2.7	1.000	OF-7
2 yrs.		10	.182	.182	33	6	0	0	0	0.0	4	3	6	15	3	0	0	22	0	0	0	2.2	.000	OF-9

WORLD SERIES

1983	BAL A	5	.444	.444	9	4	0	0	0	0.0	1	0	0	4	0	3	0	10	0	0	0	2.0	1.000	OF-5
1988	LA N	5	.222	.278	18	4	1	0	0	0.0	0	1	2	7	1	0	0	14	0	0	0	2.8	1.000	OF-5
2 yrs.		10	.296	.333	27	8	1	0	0	0.0	1	1	2	11	1	3	0	24	0	0	0	2.4	.000	OF-10

Year	Team		Games	BA	SA	AB	H	2B	3B	HR	HR%	R	RBI	BB	SO	SB	PINCH HIT AB	H	PO	A	E	DP	TC/G	FA	G by Pos

Craig Shipley
SHIPLEY, CRAIG BARRY
B. Jan. 7, 1963, Parramatta, Australia
BB TR 6' 1" 175 lbs.

Year	Team		Games	BA	SA	AB	H	2B	3B	HR	HR%	R	RBI	BB	SO	SB	AB	H	PO	A	E	DP	TC/G	FA	G by Pos
1986	LA	N	12	.111	.148	27	3	1	0	0	0.0	3	4	2	5	0	0	0	16	18	3	4	3.1	.919	SS-10, 2B-1, 3B-1
1987			26	.257	.286	35	9	1	0	0	0.0	3	2	0	6	0	2	0	15	28	3	2	1.8	.935	SS-18, 3B-6
1989	NY	N	4	.143	.143	7	1	0	0	0	0.0	3	0	0	1	0	0	0	0	4	0	0	1.0	1.000	SS-3, 3B-2
1991	SD	N	37	.275	.341	91	25	3	0	1	1.1	6	6	2	14	0	4	0	39	70	7	14	3.6	.940	SS-19, 2B-14
4 yrs.			79	.237	.287	160	38	5	0	1	0.6	15	12	4	26	0	6	0	70	120	13	20	2.6	.936	SS-50, 2B-15, 3B-9

Terry Shumpert
SHUMPERT, TERRANCE DARNELL
B. Aug. 16, 1966, Paducah, Ky.
BR TR 6' 1" 190 lbs.

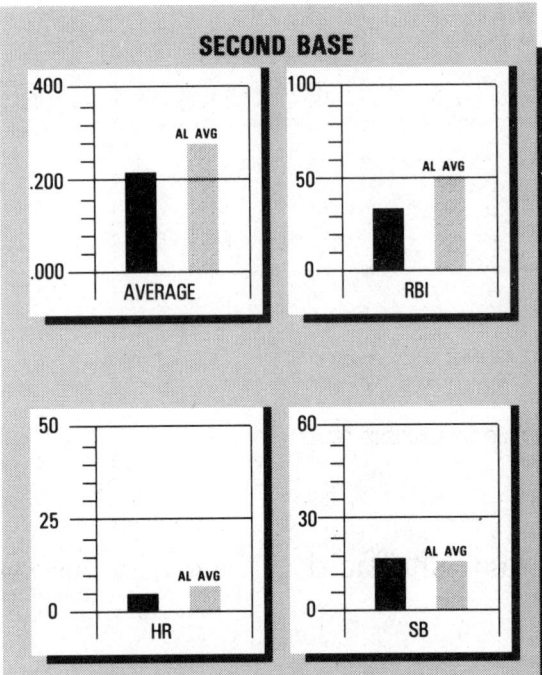

Split	Games	BA	SA	AB	H	2B	3B	HR	HR%	R	RBI	BB	SO	SB
April	17	.176	.235	51	9	1	1	0	0.0	4	5	3	13	2
May	25	.255	.364	55	14	4	1	0	0.0	7	4	3	9	5
June	24	.179	.328	67	12	1	0	3	4.5	14	8	7	12	5
July	25	.240	.333	75	18	2	1	1	1.3	9	8	6	9	2
Aug	27	.299	.403	67	20	5	1	0	0.0	9	4	10	17	2
Sept/Oct	26	.130	.241	54	7	3	0	1	1.9	2	5	1	15	1
Day	41	.153	.224	98	15	2	1	1	1.0	10	7	10	29	3
Night	103	.240	.358	271	65	14	3	4	1.5	35	27	20	46	14
vs. Left		.207	.296	135	28	6	0	2	1.5	16	12	9	25	8
vs. Right		.222	.338	234	52	10	4	3	1.3	29	22	21	50	9
On Grass	54	.208	.333	144	30	6	0	4	2.8	22	15	15	32	4
On Turf	90	.222	.316	225	50	10	4	1	0.4	23	19	15	43	13
Home	74	.219	.311	183	40	8	3	1	0.5	19	16	14	35	11
Road	70	.215	.333	186	40	8	1	4	2.2	26	18	16	40	6
Division Rivals														
vs. CAL	10	.194	.226	31	6	1	0	0	0.0	3	3	2	6	2
vs. CHI	11	.226	.484	31	7	2	0	2	6.5	6	3	3	4	2
vs. MIN	10	.267	.433	30	8	2	0	1	3.3	5	2	1	5	3
vs. OAK	9	.200	.350	20	4	0	0	1	5.0	3	2	1	5	0
vs. SEA	12	.292	.500	24	7	3	1	0	0.0	4	2	1	5	2
vs. TEX	13	.152	.182	33	5	1	0	0	0.0	6	2	11	9	2
On 3B < 2 Out		.250	.250	16	4	0	0	0	0.0	0	10	3	6	

Year	Team		Games	BA	SA	AB	H	2B	3B	HR	HR%	R	RBI	BB	SO	SB	AB	H	PO	A	E	DP	TC/G	FA	G by Pos
1990	KC	A	32	.275	.363	91	25	6	1	0	0.0	7	8	2	17	3	0	0	56	74	3	15	4.9	.977	2B-27, DH-3
1991			144	.217	.322	369	80	16	4	5	1.4	45	34	30	75	17	0	0	249	368	16	81	4.4	.975	2B-144
2 yrs.			176	.228	.330	460	105	22	5	5	1.1	52	42	32	92	20	0	0	305	442	19	96	4.4	.975	2B-171, DH-3

Ruben Sierra
SIERRA, RUBEN ANGEL
Born Ruben Angel Sierra y Garcia.
B. Oct. 6, 1965, Rio Piedras, Puerto Rico
BB TR 6' 1" 175 lbs.

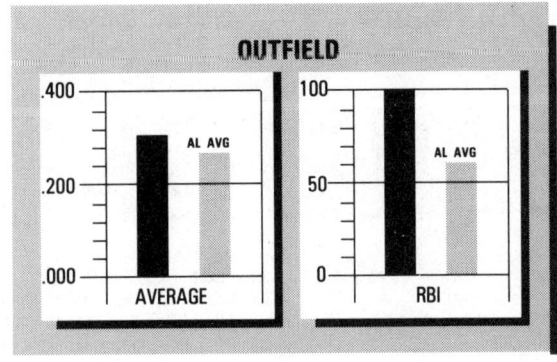

Split	Games	BA	SA	AB	H	2B	3B	HR	HR%	R	RBI	BB	SO	SB
April	16	.273	.530	66	18	5	0	4	6.1	8	13	3	8	1
May	27	.386	.561	114	44	4	2	4	3.5	27	21	13	11	8
June	27	.325	.544	114	37	9	2	4	3.5	18	22	16	17	2
July	27	.224	.364	107	24	6	0	3	2.8	14	16	5	19	0
Aug	31	.278	.429	133	37	9	1	3	2.3	22	18	8	21	1
Sept/Oct	33	.339	.591	127	43	11	0	7	5.5	21	26	11	15	4
Day	31	.336	.555	128	43	10	0	6	4.7	25	23	14	15	2
Night	130	.300	.490	533	160	34	5	19	3.6	85	93	42	76	14
vs. Left		.335	.548	188	63	15	2	7	3.7	34	32	20	22	4
vs. Right		.296	.484	473	140	29	3	18	3.8	76	84	36	69	12

Ruben Sierra Continued

Year	Team	Games	BA	SA	AB	H	2B	3B	HR	HR%	R	RBI	BB	SO	SB	PINCH HIT AB	PINCH HIT H	PO	A	E	DP	TC/G	FA	G by Pos
On Grass		136	.302	.507	556	168	35	5	23	4.1	96	98	43	76	12									
On Turf		25	.333	.476	105	35	9	0	2	1.9	14	18	13	15	4									
Home		80	.320	.521	328	105	22	4	12	3.7	54	61	18	44	10									
Road		81	.294	.483	333	98	22	1	13	3.9	56	55	38	47	6									
Division Rivals																								
vs. CAL		13	.275	.510	51	14	6	0	2	3.9	9	11	7	8	1									
vs. CHI		13	.302	.623	53	16	3	1	4	7.5	12	14	5	7	1									
vs. KC		13	.268	.411	56	15	5	0	1	1.8	6	9	6	11	1									
vs. MIN		13	.346	.500	52	18	5	0	1	1.9	7	12	5	7	1									
vs. OAK		13	.327	.500	52	17	3	0	2	3.8	6	4	5	3	1									
vs. SEA		12	.420	.520	50	21	2	0	1	2.0	8	8	5	5	3									
On 3B <2 Out			.500	.967	30	15	4	2	2	6.7	2	37	4	4										
1986	TEX A	113	.264	.476	382	101	13	10	16	4.2	50	55	22	65	7	6	1	200	7	6	1	1.9	.972	OF-107, DH-3
1987		158	.263	.470	643	169	35	4	30	4.7	97	109	39	114	16	2	0	272	17	11	6	1.9	.963	OF-157
1988		156	.254	.424	615	156	32	2	23	3.7	77	91	44	91	18	3	1	310	11	7	3	2.1	.979	OF-153, DH-1
1989		162	.306	**.543**	634	194	35	**14**	29	4.6	101	**119**	43	82	8	0	0	313	13	9	2	2.1	.973	OF-162
1990		159	.280	.426	608	170	37	2	16	2.6	70	96	49	86	9	2	1	283	7	10	1	2.0	.967	OF-151, DH-7
1991		161	.307	.502	661	203	44	5	25	3.8	110	116	56	91	16	1	1	305	15	7	3	2.0	.979	OF-161
6 yrs.		909	.280	.474	3543	993	196	37	139	3.9	505	586	253	529	74	14	4	1683	70	50	16	2.0	.972	OF-891, DH-11

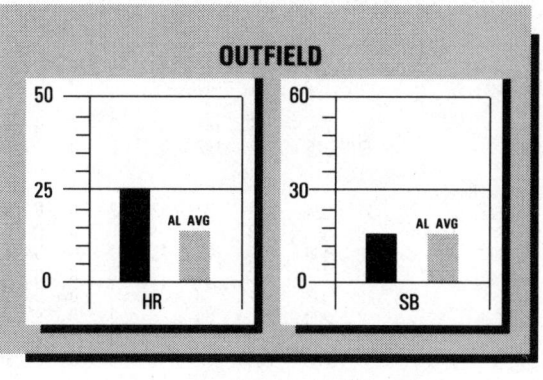

Mike Simms

SIMMS, MICHAEL HOWARD
B. Jan. 12, 1967, Orange, Calif.
BR TR 6' 4" 185 lbs.

Year	Team	Games	BA	SA	AB	H	2B	3B	HR	HR%	R	RBI	BB	SO	SB	PH AB	PH H	PO	A	E	DP	TC/G	FA	G by Pos
1990	HOU N	12	.308	.615	13	4	1	0	1	7.6	3	2	0	4	0	5	0	20	1	0	2	3.5	1.000	1B-6
1991		49	.203	.317	123	25	5	0	3	2.4	18	16	18	38	1	8	1	44	4	6	0	1.3	.889	OF-41
2 yrs.		61	.213	.346	136	29	6	0	4	2.9	21	18	18	42	1	13	1	64	5	6	2	1.2	.920	OF-41, 1B-6

Matt Sinatro

SINATRO, MATTHEW STEPHEN
B. Mar. 22, 1960, Hartford, Conn.
BR TR 5' 9" 174 lbs.

Year	Team	Games	BA	SA	AB	H	2B	3B	HR	HR%	R	RBI	BB	SO	SB	PH AB	PH H	PO	A	E	DP	TC/G	FA	G by Pos
1981	ATL N	12	.281	.375	32	9	1	1	0	0.0	4	4	5	4	1	0	0	56	10	0	1	5.5	1.000	C-12
1982		37	.136	.198	81	11	2	0	1	1.2	10	4	4	9	0	0	0	112	25	0	1	3.7	1.000	C-35
1983		7	.167	.167	12	2	0	0	0	0.0	0	2	2	1	0	0	0	24	5	1	1	4.3	.967	C-7
1984		2	.000	.000	4	0	0	0	0	0.0	0	0	0	0	0	0	0	4	0	0	0	2.0	1.000	C-2
1987	OAK A	6	.000	.000	3	0	0	0	0	0.0	0	0	0	1	0	2	0	4	0	0	0	0.7	1.000	C-6
1988		10	.333	.556	9	3	2	0	0	0.0	1	5	0	1	0	0	0	21	2	0	1	2.3	1.000	C-9
1989	DET A	13	.120	.120	25	3	0	0	0	0.0	2	1	1	3	0	0	0	42	2	0	0	3.4	1.000	C-13
1990	SEA A	30	.300	.320	50	15	1	0	0	0.0	2	4	4	10	1	2	0	112	16	1	1	4.6	.992	C-28
1991		5	.250	.250	8	2	0	0	0	0.0	1	1	1	1	0	0	0	18	3	0	0	4.2	1.000	C-5
9 yrs.		122	.201	.250	224	45	6	1	1	0.4	20	21	17	30	2	4	0	393	63	2	5	3.8	.996	C-117

Joel Skinner

SKINNER, JOEL PATRICK
Son of Bob Skinner.
B. Feb. 21, 1961, La Jolla, Calif.
BR TR 6' 4" 195 lbs.

	Games	BA	SA	AB	H	2B	3B	HR	HR%	R	RBI	BB	SO	SB
April	3	.300	.400	10	3	1	0	0	0.0	1	2	0	4	0
May	17	.327	.481	52	17	5	0	1	1.9	6	8	1	7	0
June	25	.209	.254	67	14	3	0	0	0.0	4	4	2	19	0
July	9	.154	.154	26	4	0	0	0	0.0	3	1	2	9	0
Aug	28	.215	.253	79	17	3	0	0	0.0	5	8	6	17	0
Sept/Oct	17	.280	.320	50	14	2	0	0	0.0	4	1	3	11	0
Day	28	.203	.278	79	16	3	0	1	1.3	7	8	5	23	0
Night	71	.259	.312	205	53	11	0	0	0.0	16	16	9	44	0
vs. Left		.307	.341	88	27	3	0	0	0.0	8	7	2	19	0
vs. Right		.214	.286	196	42	11	0	1	0.5	15	17	12	48	0

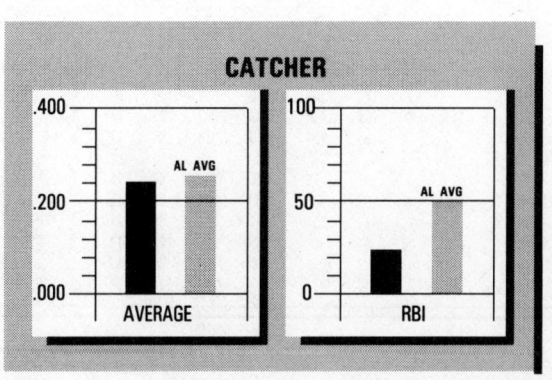

PLAYER REGISTER

Year	Team	Games	BA	SA	AB	H	2B	3B	HR	HR%	R	RBI	BB	SO	SB	PINCH HIT AB	H	PO	A	E	DP	TC/G	FA	G by Pos

Joel Skinner Continued

On Grass		82	.268	.338	231	62	13	0	1	0.4	20	22	13	47	0									
On Turf		17	.132	.151	53	7	1	0	0	0.0	3	2	1	20	0									
Home		52	.261	.324	142	37	9	0	0	0.0	11	15	7	32	0									
Road		47	.225	.282	142	32	5	0	1	0.7	12	9	7	35	0									
Division Rivals																								
vs. BAL		11	.324	.378	37	12	2	0	0	0.0	3	1	3	6	0									
vs. BOS		8	.053	.053	19	1	0	0	0	0.0	1	3	2	7	0									
vs. DET		8	.400	.520	25	10	3	0	0	0.0	2	5	1	2	0									
vs. MIL		5	.417	.417	12	5	0	0	0	0.0	1	0	0	2	0									
vs. NY		3	.333	.444	9	3	1	0	0	0.0	1	2	0	1	0									
vs. TOR		12	.200	.233	30	6	1	0	0	0.0	1	2	0	8	0									
On 3B <2 Out			.235	.235	17	4	0	0	0	0.0	0	10	0	6	0									

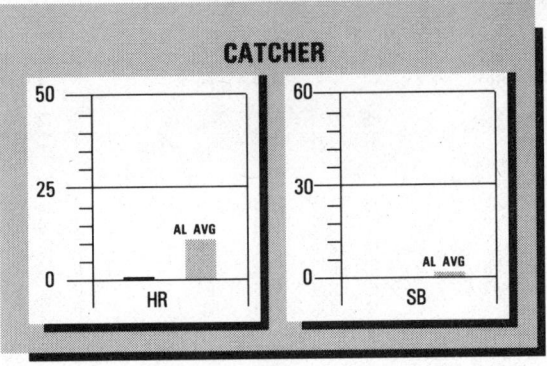

Year	Team		Games	BA	SA	AB	H	2B	3B	HR	HR%	R	RBI	BB	SO	SB	AB	H	PO	A	E	DP	TC/G	FA	G by Pos
1983	CHI	A	6	.273	.273	11	3	0	0	0	0.0	2	1	0	1	0	0	0	20	4	1	1	4.2	.960	C-6
1984			43	.213	.238	80	17	2	0	0	0.0	4	3	7	19	1	0	0	171	11	2	1	4.3	.989	C-43
1985			22	.341	.545	44	15	4	1	1	2.3	9	5	5	13	0	2	0	94	8	3	0	4.8	.971	C-21
1986	2 teams		CHI A (60G — .201)		NY A (54G — .259)																				
"	total		114	.232	.314	315	73	9	0	5	1.6	23	37	16	83	0	0	0	507	37	9	9	4.9	.984	C-114
1987	NY	A	64	.137	.230	139	19	4	0	3	2.2	9	14	8	46	0	1	0	232	18	4	2	4.0	.984	C-64
1988			88	.227	.335	251	57	15	0	4	1.6	23	23	14	72	0	0	0	396	16	4	5	4.7	.990	C-85, OF-2, 1B-1
1989	CLE	A	79	.230	.303	178	41	10	0	1	0.6	10	13	9	42	1	0	0	280	22	3	1	3.9	.990	C-79
1990			49	.252	.338	139	35	4	1	2	1.4	16	16	7	44	0	0	0	222	16	1	3	4.9	.996	C-49
1991			99	.243	.303	284	69	14	0	1	0.4	23	24	14	67	0	0	0	504	38	5	4	5.5	.991	C-99
9 yrs.			564	.228	.311	1441	329	62	3	17	1.2	119	136	80	387	3	3	0	2426	170	32	26	4.7	.988	C-560, OF-2, 1B-1

Don Slaught

SLAUGHT, DONALD MARTIN (Sluggo)
B. Sept. 11, 1958, Long Beach, Calif.
BR TR 6' 1" 190 lbs.

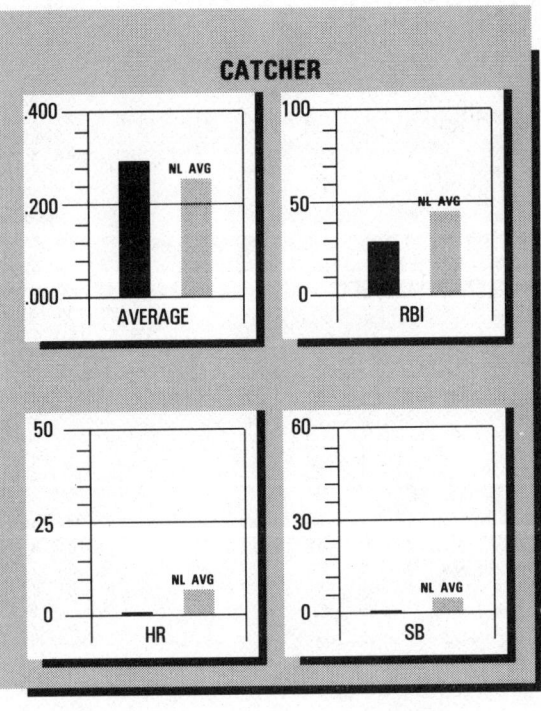

	Games	BA	SA	AB	H	2B	3B	HR	HR%	R	RBI	BB	SO	SB
April	8	.320	.440	25	8	3	0	0	0.0	1	3	2	3	0
May	12	.222	.333	36	8	2	1	0	0.0	3	7	3	2	0
June	16	.186	.209	43	8	1	0	0	0.0	0	3	4	9	0
July	9	.222	.296	27	6	2	0	0	0.0	2	2	1	5	0
Aug	13	.353	.529	34	12	3	0	1	2.9	4	8	4	7	1
Sept/Oct	19	.418	.527	55	23	6	0	0	0.0	9	6	7	6	0
Day	18	.280	.380	50	14	5	0	0	0.0	3	5	7	8	1
Night	59	.300	.400	170	51	12	1	1	0.6	16	24	14	24	0
vs. Left		.262	.341	126	33	10	0	0	0.0	10	11	14	20	1
vs. Right		.340	.468	94	32	7	1	1	1.1	9	18	7	12	0
On Grass	20	.246	.377	61	15	5	0	1	1.6	3	7	5	9	0
On Turf	57	.314	.403	159	50	12	1	0	0.0	16	22	16	23	1
Home	42	.322	.415	118	38	11	0	0	0.0	13	15	9	19	1
Road	35	.265	.373	102	27	6	1	1	1.0	6	14	12	13	0
Division Rivals														
vs. CHI	9	.192	.231	26	5	1	0	0	0.0	0	3	4	4	0
vs. MON	10	.323	.419	31	10	3	0	0	0.0	3	2	4	3	0
vs. NY	8	.500	.643	28	14	4	0	0	0.0	5	9	1	2	1
vs. PHI	11	.208	.208	24	5	0	0	0	0.0	4	2	5	4	0
vs. STL	1	.250	.500	4	1	1	0	0	0.0	0	0	0	0	0
On 3B <2 Out		.400	.500	20	8	2	0	0	0.0	0	11	1	5	

Year	Team		Games	BA	SA	AB	H	2B	3B	HR	HR%	R	RBI	BB	SO	SB	AB	H	PO	A	E	DP	TC/G	FA	G by Pos
1982	KC	A	43	.278	.409	115	32	6	0	3	2.6	14	8	9	12	0	0	0	156	7	1	1	3.8	.994	C-43
1983			83	.312	.388	276	86	13	4	0	0.0	21	28	11	27	3	5	2	299	18	12	7	4.0	.964	C-79, DH-1
1984			124	.264	.379	409	108	27	4	4	1.0	48	42	20	55	0	5	2	547	44	11	8	4.9	.982	C-123, DH-1
1985	TEX	A	102	.280	.423	343	96	17	4	8	2.3	34	35	20	41	5	1	0	550	33	6	4	5.8	.990	C-102
1986			95	.264	.449	314	83	17	1	13	4.1	39	46	16	59	3	3	3	533	40	4	1	6.1	.993	C-91, DH-2
1987			95	.224	.405	237	53	15	2	8	3.4	25	16	24	51	0	22	5	429	39	7	5	5.0	.985	C-85, DH-5
1988	NY	A	97	.283	.450	322	91	25	1	9	2.8	33	43	24	54	1	6	2	496	24	11	4	5.5	.979	C-94, DH-1
1989			117	.251	.371	350	88	21	3	5	1.4	34	38	30	57	0	12	3	493	44	5	8	4.6	.991	C-105, DH-3
1990	PIT	N	84	.300	.457	230	69	18	3	4	1.7	27	29	27	27	0	16	5	345	36	8	4	5.0	.979	C-78
1991			77	.295	.395	220	65	17	1	1	0.5	19	29	21	32	1	13	2	338	31	5	4	5.3	.987	C-69, 3B-1
10 yrs.			917	.274	.411	2816	771	176	23	55	2.0	294	314	202	415	14	83	24	4186	316	70	46	5.0	.985	C-869, DH-13, 3B-1

Year	Team	Games	BA	SA	AB	H	2B	3B	HR	HR%	R	RBI	BB	SO	SB	PINCH HIT AB	PINCH HIT H	PO	A	E	DP	TC/G	FA	G by Pos

Don Slaught *Continued*

LEAGUE CHAMPIONSHIP SERIES

Year	Team	Games	BA	SA	AB	H	2B	3B	HR	HR%	R	RBI	BB	SO	SB	AB	H	PO	A	E	DP	TC/G	FA	G by Pos
1984	KC A	3	.364	.364	11	4	0	0	0	0.0	0	0	0	0	0	0	0	17	0	3	0	6.7	.850	C-3
1990	PIT N	4	.091	.182	11	1	1	0	0	0.0	0	1	2	3	0	0	0	23	1	1	0	6.3	.960	C-4
1991		6	.235	.235	17	4	0	0	0	0.0	0	1	1	4	0	1	1	30	5	0	1	5.8	1.000	C-6
3 yrs.		13	.231	.256	39	9	1	0	0	0.0	0	2	3	7	0	1	1	70	6	4	1	6.2	.950	C-13

Dwight Smith

SMITH, JOHN DWIGHT
B. Nov. 8, 1963, Tallahassee, Fla.
BL TR 5' 11" 175 lbs.

Year	Team	Games	BA	SA	AB	H	2B	3B	HR	HR%	R	RBI	BB	SO	SB	AB	H	PO	A	E	DP	TC/G	FA	G by Pos
1989	CHI N	109	.324	.493	343	111	19	6	9	2.6	52	52	31	51	9	15	8	188	7	5	3	1.8	.975	OF-102
1990		117	.262	.376	290	76	15	0	6	2.0	34	27	28	46	11	34	8	139	4	2	2	1.8	.986	OF-81
1991		90	.228	.347	167	38	7	2	3	1.8	16	21	11	32	2	45	11	73	3	3	1	1.9	.962	OF-42
3 yrs.		316	.281	.420	800	225	41	8	18	2.3	102	100	70	129	22	94	27	400	14	10	6	1.3	.976	OF-225

LEAGUE CHAMPIONSHIP SERIES

Year	Team	Games	BA	SA	AB	H	2B	3B	HR	HR%	R	RBI	BB	SO	SB	AB	H	PO	A	E	DP	TC/G	FA	G by Pos
1989	CHI N	4	.200	.267	15	3	1	0	0	0.0	2	0	2	2	1	0	0	10	0	0	0	2.5	1.000	OF-4

Greg Smith

SMITH, GREGORY ALAN
B. Apr. 5, 1967, Baltimore, Md.
BB TR 5' 11" 170 lbs.

Year	Team	Games	BA	SA	AB	H	2B	3B	HR	HR%	R	RBI	BB	SO	SB	AB	H	PO	A	E	DP	TC/G	FA	G by Pos
1989	CHI N	4	.400	.400	5	2	0	0	0	0.0	1	2	0	0	0	1	0	4	3	2	1	2.3	.778	2B-2
1990		18	.205	.295	44	9	2	1	0	0.0	4	5	2	5	1	2	1	20	38	3	8	4.4	.951	2B-7, SS-7
1991	LA N	5	.000	.000	3	0	0	0	0	0.0	1	0	0	2	0	3	0	0	0	0	0	0.0	.882	2B-1
3 yrs.		27	.212	.288	52	11	2	1	0	0.0	6	7	2	7	1	6	1	24	41	5	9	2.6	.929	2B-10, SS-7

Lonnie Smith

SMITH, LONNIE
B. Dec. 22, 1955, Chicago, Ill.
BR TR 5' 9" 170 lbs.

Split	Games	BA	SA	AB	H	2B	3B	HR	HR%	R	RBI	BB	SO	SB
April	1	.000	.000	1	0	0	0	0	0.0	0	0	0	0	0
May	22	.288	.441	59	17	3	0	2	3.4	10	10	12	15	2
June	26	.238	.338	80	19	3	1	1	1.3	11	10	8	11	2
July	21	.308	.462	65	20	4	0	2	3.1	11	11	13	13	2
Aug	23	.328	.397	58	19	4	0	0	0.0	8	4	4	9	0
Sept/Oct	29	.244	.367	90	22	5	0	2	2.2	18	9	13	16	3
Day	31	.284	.392	74	21	6	1	0	0.0	10	9	13	16	3
Night	91	.272	.394	279	76	13	0	7	2.5	48	35	37	48	6
vs. Left		.339	.435	115	39	9	1	0	0.0	25	11	18	22	1
vs. Right		.244	.374	238	58	10	0	7	2.9	33	33	32	42	8
On Grass	92	.279	.404	280	78	14	0	7	2.5	42	37	39	48	4
On Turf	30	.260	.356	73	19	5	1	0	0.0	16	7	11	16	5
Home	63	.290	.435	193	56	10	0	6	3.1	33	31	23	35	2
Road	59	.256	.344	160	41	9	1	1	0.6	25	13	27	29	7
Division Rivals														
vs. CIN	9	.233	.367	30	7	1	0	1	3.3	6	4	4	6	1
vs. HOU	12	.238	.333	42	10	4	0	0	0.0	5	4	4	4	2
vs. LA	11	.161	.161	31	5	0	0	0	0.0	1	2	1	6	1
vs. SD	16	.300	.475	40	12	1	0	2	5.0	7	4	9	10	1
vs. SF	15	.283	.370	46	13	4	0	0	0.0	5	4	7	6	1
On 3B < 2 Out		.333	.333	18	6	0	0	0	0.0	0	12	4	2	

Year	Team	Games	BA	SA	AB	H	2B	3B	HR	HR%	R	RBI	BB	SO	SB	AB	H	PO	A	E	DP	TC/G	FA	G by Pos
1978	PHI N	17	.000	.000	4	0	0	0	0	0.0	6	0	4	3	4	1	0	5	1	0	0	0.4	1.000	OF-11
1979		17	.167	.233	30	5	2	0	0	0.0	4	3	1	7	2	4	0	19	1	0	0	1.2	1.000	OF-11
1980		100	.339	.443	298	101	14	4	3	1.0	69	20	26	48	33	8	2	121	2	4	0	1.3	.969	OF-82
1981		62	.324	.472	176	57	14	3	2	1.1	40	11	18	14	21	5	3	89	10	3	2	1.6	.971	OF-51
1982	STL N	156	.307	.434	592	182	35	8	8	1.4	**120**	69	64	74	68	9	1	303	16	10	3	2.1	.970	OF-149
1983		130	.321	.453	492	158	31	5	8	1.6	83	45	41	55	43	5	1	225	14	15	4	2.0	.941	OF-126
1984		145	.250	.341	504	126	20	4	6	1.2	77	49	70	90	50	3	1	184	11	0	0	1.5	.948	OF-140
1985	2 teams	STL N (28G — .260)		KC A (120G — .257)																				
"	total	148	.257	.368	544	140	25	6	6	1.1	02	48	56	80	52	2	0	51	4	1	1	0.4	.902	OF-147
1986	KC A	134	.287	.411	508	146	25	7	8	1.6	80	44	46	78	26	4	2	245	6	9	1	1.9	.965	OF-118, DH-10

PLAYER REGISTER

Year	Team		Games	BA	SA	AB	H	2B	3B	HR	HR%	R	RBI	BB	SO	SB	PINCH HIT AB	H	PO	A	E	DP	TC/G	FA	G by Pos

Lonnie Smith *Continued*

Year	Team		Games	BA	SA	AB	H	2B	3B	HR	HR%	R	RBI	BB	SO	SB	AB	H	PO	A	E	DP	TC/G	FA	G by Pos
1987			48	.251	.359	167	42	7	1	3	1.8	26	8	24	31	9	1	0	52	2	5	0	1.2	.915	OF-32, DH-15
1988	ATL	N	43	.237	.342	114	27	3	0	3	2.6	14	9	10	25	4	14	3	59	2	2	0	1.5	.968	OF-35
1989			134	.315	.533	482	152	34	4	21	4.4	89	79	76	95	25	3	0	289	3	2	0	2.2	.993	OF-132
1990			135	.305	.459	466	142	27	9	9	1.9	72	42	58	69	10	19	5	254	6	12	2	2.2	.956	OF-122
1991			122	.275	.394	353	97	19	1	7	2.0	58	44	50	64	9	22	4	134	5	5	2	1.5	.965	OF-99
14 yrs.			1391	.291	.420	4730	1375	256	52	84	1.8	830	471	544	742	356	100	22	2030	89	79	15	1.6	.964	OF-1255, DH-25

DIVISIONAL PLAYOFF SERIES

1981	PHI	N	5	.263	.316	19	5	1	0	0	0.0	1	0	0	4	0	0	0	0	0	0	0	0.0	—	OF-5

LEAGUE CHAMPIONSHIP SERIES

1980	PHI	N	3	.600	.600	5	3	0	0	0	0.0	2	0	0	0	1	0	0	2	1	0	1	1.0	1.000	OF-2
1982	STL	N	3	.273	.273	11	3	0	0	0	0.0	1	1	0	1	0	0	0	2	0	0	0	0.7	1.000	OF-3
1985	KC	A	7	.250	.321	28	7	2	0	0	0.0	2	1	3	6	1	0	0	8	3	1	0	1.7	.917	OF-7
1991	ATL	N	7	.250	.375	24	6	3	0	0	0.0	3	0	4	5	1	0	0	10	2	0	1	1.7	1.000	OF-7
4 yrs.			20	.279	.353	68	19	5	0	0	0.0	8	2	7	12	3	0	0	22	6	1	2	1.4	.966	OF-19

WORLD SERIES

1980	PHI	N	6	.263	.316	19	5	1	0	0	0.0	2	1	1	1	0	0	0	4	1	0	0	0.8	1.000	OF-4, DH-1
1982	STL	N	7	.321	.536	28	9	4	1	0	0.0	6	1	1	5	2	0	0	11	0	0	0	1.6	1.000	OF-6, DH-1
1985	KC	A	7	.333	.444	27	9	3	0	0	0.0	4	4	3	8	2	0	0	7	2	0	0	1.3	1.000	OF-7
1991	ATL	N	7	.231	.577	26	6	0	0	3	11.5	5	3	3	4	1	0	0	2	0	0	0	0.7	1.000	DH-4, OF-3
4 yrs.			27	.290	.480	100	29	8	1	3	3.0	17	9	8	18	5	0	0	24	3	0	0	1.0	.000	OF-20, DH-6

Ozzie Smith

SMITH, OSBORNE EARL (The Wizard)
B. Dec. 26, 1954, Mobile, Ala.
BB TR 5' 11" 150 lbs.

SHORTSTOP

	Games	BA	SA	AB	H	2B	3B	HR	HR%	R	RBI	BB	SO	SB
April	20	.261	.290	69	18	2	0	0	0.0	13	4	12	4	5
May	25	.387	.441	93	36	5	0	0	0.0	17	13	14	6	11
June	23	.282	.388	85	24	7	1	0	0.0	16	12	15	7	3
July	24	.261	.295	88	23	3	0	0	0.0	17	4	16	7	3
Aug	27	.277	.406	101	28	3	2	2	2.0	16	9	15	6	10
Sept/Oct	31	.246	.360	114	28	10	0	1	0.9	17	8	11	6	3
Day	39	.287	.387	150	43	11	2	0	0.0	24	12	13	6	7
Night	111	.285	.360	400	114	19	1	3	0.8	72	38	70	30	28
vs. Left		.262	.387	248	65	18	2	3	1.2	38	25	35	20	11
vs. Right		.305	.351	302	92	12	1	0	0.0	58	25	48	16	24
On Grass	35	.197	.265	132	26	7	1	0	0.0	16	7	14	11	3
On Turf	115	.313	.400	418	131	23	2	3	0.7	80	43	69	25	32
Home	81	.323	.416	291	94	19	1	2	0.7	55	28	46	18	19
Road	69	.243	.313	259	63	11	2	1	0.4	41	22	37	18	16
Division Rivals														
vs. CHI	16	.268	.321	56	15	3	0	0	0.0	12	2	12	5	4
vs. MON	17	.274	.387	62	17	4	0	1	1.6	11	7	6	1	3
vs. NY	17	.302	.413	63	19	5	1	0	0.0	12	2	9	5	6
vs. PHI	18	.316	.404	57	18	5	0	0	0.0	13	7	9	6	3
vs. PIT	18	.278	.375	72	20	2	1	1	1.4	11	7	7	4	6
On 3B < 2 Out		.448	.517	29	13	2	0	0	0.0	0	20	1	1	

Year	Team		Games	BA	SA	AB	H	2B	3B	HR	HR%	R	RBI	BB	SO	SB	AB	H	PO	A	E	DP	TC/G	FA	G by Pos
1978	SD	N	159	.258	.312	590	152	17	6	1	0.2	69	46	47	43	40	1	0	264	548	25	98	5.3	.970	SS-159
1979			156	.211	.262	587	124	18	6	0	0.0	77	27	37	37	28	0	0	256	555	20	86	5.3	.976	SS-155
1980			158	.230	.276	609	140	18	5	0	0.0	67	35	71	49	57	0	0	288	621	24	113	5.9	.974	SS-158
1981			110	.222	.256	**450**	100	11	2	0	0.0	53	21	41	37	22	0	0	220	422	16	72	6.0	.976	SS-110
1982	STL	N	140	.248	.314	488	121	24	1	2	0.4	58	43	68	32	25	1	0	279	535	13	101	5.9	.984	SS-139
1983			159	.243	.335	552	134	30	6	3	0.5	69	50	64	36	34	2	0	304	519	21	100	5.3	.975	SS-158
1984			124	.257	.337	412	106	20	5	1	0.2	53	44	56	17	35	0	0	233	437	12	94	5.5	.982	SS-124
1985			158	.276	.361	537	148	22	3	6	1.1	70	54	65	27	31	0	0	264	549	14	111	5.2	.983	SS-158
1986			153	.280	.333	514	144	19	4	0	0.0	67	54	79	27	31	8	2	229	453	15	96	4.6	.978	SS-144
1987			158	.303	.383	600	182	40	4	0	0.0	104	75	89	36	43	2	1	245	516	10	111	4.9	.987	SS-158
1988			153	.270	.336	575	155	27	1	3	0.5	80	51	74	43	57	2	0	234	519	22	79	5.1	.972	SS-150
1989			155	.273	.361	593	162	30	8	2	0.3	82	50	55	37	29	2	1	209	483	17	73	4.6	.976	SS-153
1990			143	.254	.305	512	130	21	1	1	0.1	61	50	61	33	32	2	0	212	378	12	66	4.3	.980	SS-140
1991			150	.285	.367	550	157	30	3	3	0.5	96	50	83	36	35	0	0	244	387	8	79	4.3	.987	SS-150
14 yrs.			2076	.258	.325	7569	1955	327	55	22	0.3	1006	650	890	490	499	20	4	3481	6922	229	1279	5.1	.978	SS-2056

Year	Team	Games	BA	SA	AB	H	2B	3B	HR	HR%	R	RBI	BB	SO	SB	PINCH HIT AB	PINCH HIT H	PO	A	E	DP	TC/G	FA	G by Pos

Ozzie Smith Continued

LEAGUE CHAMPIONSHIP SERIES

Year	Team		Games	BA	SA	AB	H	2B	3B	HR	HR%	R	RBI	BB	SO	SB	PH AB	PH H	PO	A	E	DP	TC/G	FA	G by Pos
1982	STL	N	3	.556	.556	9	5	0	0	0	0.0	0	3	3	0	1	0	0	4	11	0	1	5.0	1.000	SS-3
1985			6	.435	.696	23	10	1	1	1	4.3	4	3	3	1	1	0	0	6	16	0	2	3.7	1.000	SS-6
1987			7	.200	.280	25	5	0	1	0	0.0	2	1	3	4	0	0	0	10	19	1	4	4.3	.967	SS-7
3 yrs.			16	.351	.491	57	20	1	2	1	1.8	6	7	9	5	2	0	0	20	46	1	7	4.2	.985	SS-16

WORLD SERIES

Year	Team		Games	BA	SA	AB	H	2B	3B	HR	HR%	R	RBI	BB	SO	SB	PH AB	PH H	PO	A	E	DP	TC/G	FA	G by Pos
1982	STL	N	7	.208	.208	24	5	0	0	0	0.0	3	1	3	0	1	0	0	22	17	0	5	5.6	1.000	SS-7
1985			7	.087	.087	23	2	0	0	0	0.0	1	0	4	0	1	0	0	10	16	1	5	3.9	.963	SS-7
1987			7	.214	.214	28	6	0	0	0	0.0	3	2	2	3	2	0	0	7	19	0	1	3.7	1.000	SS-7
3 yrs.			21	.173	.173	75	13	0	0	0	0.0	7	3	9	3	4	0	0	39	52	1	11	4.4	.989	SS-21

Cory Snyder

SNYDER, JAMES CORY
B. Nov. 11, 1962, Inglewood, Calif.
BR TR 6' 4" 175 lbs.

Year	Team		Games	BA	SA	AB	H	2B	3B	HR	HR%	R	RBI	BB	SO	SB	PH AB	PH H	PO	A	E	DP	TC/G	FA	G by Pos
1986	CLE	A	103	.272	.500	416	113	21	1	24	5.8	58	69	16	123	2	0	0	213	84	10	22	3.0	.967	OF-74, SS-34, 3B-11, DH-1
1987			157	.236	.456	577	136	24	2	33	5.7	74	82	31	166	5	7	2	313	53	15	9	2.4	.961	OF-139, SS-18
1988			142	.272	.483	511	139	24	3	26	5.1	71	75	42	101	5	1	0	314	16	5	0	2.4	.985	OF-141
1989			132	.215	.360	489	105	17	0	18	3.7	49	59	23	134	6	8	0	297	32	1	7	2.5	.997	OF-125, SS-7, DH-2
1990			123	.233	.404	438	102	27	3	14	3.1	46	55	21	118	1	4	1	229	18	7	4	2.1	.972	OF-120, SS-5
1991	2 teams		CHI A (50G — .188)			TOR A (21G — .143)																			
"	total		71	.175	.265	166	29	4	1	3	1.8	14	17	9	60	0	15	2	195	17	3	10	3.3	.986	OF-43, 1B-22, DH-3, 3B-3
6 yrs.			728	.240	.429	2597	624	117	10	118	4.5	312	357	142	702	19	35	5	1561	220	41	52	2.5	.977	OF-642, SS-64, 1B-22, 3B-14, DH-6

Luis Sojo

SOJO, LUIS BELTRAN
Born Luis Beltran Sojo y Sojo.
B. Jan. 3, 1966, Caracas, Venezuela
BR TR 5' 11" 174 lbs.

Split	Games	BA	SA	AB	H	2B	3B	HR	HR%	R	RBI	BB	SO	SB
April	14	.241	.296	54	13	1	1	0	0.0	4	3	1	3	0
May	18	.196	.268	56	11	4	0	0	0.0	3	3	2	4	0
June	19	.255	.319	47	12	3	0	0	0.0	9	4	2	2	0
July	21	.304	.348	69	21	3	0	0	0.0	8	5	1	9	2
Aug	24	.244	.385	78	19	2	0	3	3.8	8	4	5	4	0
Sept/Oct	17	.300	.317	60	18	1	0	0	0.0	6	1	3	4	2
Day	22	.269	.373	67	18	4	0	1	1.5	6	5	3	6	1
Night	91	.256	.316	297	76	10	1	2	0.7	32	15	11	20	3
vs. Left		.298	.377	114	34	7	1	0	0.0	16	5	5	6	0
vs. Right		.240	.304	250	60	7	0	3	1.2	22	15	9	20	4
On Grass	97	.256	.298	305	78	10	0	1	0.3	29	12	14	21	4
On Turf	16	.271	.475	59	16	4	1	2	3.4	9	8	0	5	0
Home	56	.239	.284	176	42	5	0	1	0.6	16	6	11	11	2
Road	57	.277	.367	188	52	9	1	2	1.1	22	14	3	15	2
Division Rivals														
vs. CHI	8	.407	.481	27	11	2	0	0	0.0	2	0	2	0	1
vs. KC	5	.300	.400	20	6	2	0	0	0.0	4	4	0	4	0
vs. MIN	10	.243	.405	37	9	1	1	1	2.7	4	3	0	2	0
vs. OAK	9	.226	.323	31	7	0	0	1	3.2	2	2	2	1	0
vs. SEA	11	.263	.395	38	10	2	0	1	2.6	3	2	3	2	0
vs. TEX	11	.250	.250	36	9	0	0	0	0.0	6	1	2	5	0
On 3B <2 Out		.000	.000	14	0	0	0	0	0.0	0	0	0	0	

Year	Team		Games	BA	SA	AB	H	2B	3B	HR	HR%	R	RBI	BB	SO	SB	PH AB	PH H	PO	A	E	DP	TC/G	FA	G by Pos
1990	TOR	A	33	.225	.300	80	18	3	0	1	1.2	14	9	5	5	1	4	0	34	31	5	7	2.4	.929	2B-15, SS-5, OF-5, 3B-4, DH-3
1991	CAL	A	113	.258	.327	364	94	14	1	3	0.8	38	20	14	26	4	0	0	233	335	11	78	5.2	.981	2B-107, SS-2, DH-1, 3B-1, OF-1
2 yrs.			146	.252	.322	444	112	17	1	4	0.9	52	29	19	31	5	4	0	267	366	16	85	4.4	.975	2B-122, SS-7, OF-6, 3B-5, DH-4

SECOND BASE

[Bar charts showing AVERAGE, RBI, HR, SB vs AL AVG]

PLAYER REGISTER

Year	Team	Games	BA	SA	AB	H	2B	3B	HR	HR%	R	RBI	BB	SO	SB	PINCH HIT AB	H	PO	A	E	DP	TC/G	FA	G by Pos

Paul Sorrento

SORRENTO, PAUL ANTHONY
B. Nov. 17, 1965, Somerville, Mass.
BL TR 6' 2" 195 lbs.

Year	Team		Games	BA	SA	AB	H	2B	3B	HR	HR%	R	RBI	BB	SO	SB	AB	H	PO	A	E	DP	TC/G	FA	G by Pos
1989	MIN	A	14	.238	.238	21	5	0	0	0	0.0	2	1	5	4	0	3	0	13	0	0	1	0.9	1.000	DH-5, 1B-5
1990			41	.207	.380	121	25	4	1	5	4.1	11	13	12	31	1	6	2	118	7	1	14	8.4	.992	DH-23, 1B-15
1991			26	.255	.553	47	12	2	0	4	8.5	6	13	4	11	0	12	3	70	7	0	7	5.9	1.000	1B-13, DH-2
3 yrs.			81	.222	.407	189	42	6	1	9	4.8	19	27	21	46	1	21	5	201	14	1	22	2.7	.995	1B-33, DH-30

LEAGUE CHAMPIONSHIP SERIES
Year	Team		Games	BA	SA	AB	H	2B	3B	HR	HR%	R	RBI	BB	SO	SB	AB	H	PO	A	E	DP	TC/G	FA	G by Pos
1991	MIN	A	1	.000	.000	1	0	0	0	0	0.0	0	0	0	1	0	1	0	0	0	0	0	0.0	1.000	

WORLD SERIES
Year	Team		Games	BA	SA	AB	H	2B	3B	HR	HR%	R	RBI	BB	SO	SB	AB	H	PO	A	E	DP	TC/G	FA	G by Pos
1991	MIN	A	3	.000	.000	2	0	0	0	0	0.0	0	0	1	2	0	2	0	1	1	0	1	2.0	1.000	1B-1

Sammy Sosa

SOSA, SAMUEL PERALTA
B. Nov. 10, 1968, San Pedro de Macoris, Dominican Republic
BR TR 6' 165 lbs.

Split	Games	BA	SA	AB	H	2B	3B	HR	HR%	R	RBI	BB	SO	SB
April	17	.222	.444	54	12	1	1	3	5.6	11	8	4	14	4
May	25	.221	.358	95	21	1	0	4	4.2	9	8	3	35	2
June	28	.173	.284	81	14	3	0	2	2.5	8	10	4	26	3
July	14	.160	.280	25	4	3	0	0	0.0	2	0	0	6	0
Aug	5	.214	.214	14	3	0	0	0	0.0	3	1	2	5	1
Sept/Oct	27	.213	.319	47	10	2	0	1	2.1	6	6	1	12	3
Day	32	.200	.400	75	15	3	0	4	5.3	11	9	3	20	5
Night	84	.203	.315	241	49	7	1	6	2.5	28	24	11	78	8
vs. Left		.227	.383	128	29	5	0	5	3.9	16	11	8	39	6
vs. Right		.186	.303	188	35	5	1	5	2.7	23	22	6	59	7
On Grass	99	.205	.330	264	54	7	1	8	3.0	32	25	13	84	13
On Turf	17	.192	.365	52	10	3	0	2	3.8	7	8	1	14	0
Home	61	.186	.297	145	27	5	1	3	2.1	15	10	7	44	5
Road	55	.216	.368	171	37	5	0	7	4.1	24	23	7	54	8
Division Rivals														
vs. CAL	11	.143	.357	28	4	0	0	2	7.1	5	4	1	12	1
vs. KC	11	.231	.269	26	6	1	0	0	0.0	4	4	2	7	0
vs. MIN	10	.250	.500	20	5	2	0	1	5.0	3	3	0	5	0
vs. OAK	13	.242	.394	33	8	2	0	1	3.0	3	5	1	13	2
vs. SEA	13	.074	.148	27	2	2	0	0	0.0	0	0	0	9	1
vs. TEX	11	.167	.267	30	5	0	0	1	3.3	5	3	1	10	1
On 3B < 2 Out		.250	.438	16	4	0	0	1	6.3	1	9	1	5	

Year	Team		Games	BA	SA	AB	H	2B	3B	HR	HR%	R	RBI	BB	SO	SB	AB	H	PO	A	E	DP	TC/G	FA	G by Pos
1989	2 teams		TEX A (25G — .238)			CHI A (33G — .273)																			
"	total		58	.257	.366	183	47	8	0	4	2.2	27	13	11	47	7	4	0	94	2	4	0	1.7	.960	OF-52, DH-6
1990	CHI	A	153	.233	.404	532	124	20	10	15	2.0	72	70	33	150	32	0	0	315	14	13	1	2.3	.962	OF-152
1991			116	.203	.335	316	64	10	1	10	3.2	39	33	14	98	13	7	2	214	6	6	0	2.0	.973	OF-111, DH-2
3 yrs.			327	.228	.376	1031	235	44	11	29	2.8	138	116	58	295	52	11	2	623	22	23	1	2.0	.966	OF-315, DH-8

Tim Spehr

SPEHR, TIMOTHY JOSEPH
B. July 2, 1966, Excelsior Springs, Mo.
BR TR 6' 2" 205 lbs.

Year	Team		Games	BA	SA	AB	H	2B	3B	HR	HR%	R	RBI	BB	SO	SB	AB	H	PO	A	E	DP	TC/G	FA	G by Pos
1991	KC	A	37	.189	.378	74	14	5	0	3	4.1	7	14	9	18	1	1	0	190	19	3	3	5.7	.986	C-37

Year	Team	Games	BA	SA	AB	H	2B	3B	HR	HR%	R	RBI	BB	SO	SB	PINCH HIT AB	PINCH HIT H	PO	A	E	DP	TC/G	FA	G by Pos

Bill Spiers

SPIERS, WILLIAM JAMES
B. June 5, 1966, Orangeburg, S. C.
BL TR 6′ 2″ 190 lbs.

SHORTSTOP

Split	Games	BA	SA	AB	H	2B	3B	HR	HR%	R	RBI	BB	SO	SB
April	17	.281	.456	57	16	1	0	3	5.3	11	10	5	9	3
May	19	.212	.288	52	11	4	0	0	0.0	8	3	3	10	0
June	23	.234	.281	64	15	1	1	0	0.0	10	5	7	10	2
July	24	.237	.355	76	18	1	1	2	2.6	10	10	4	12	3
Aug	25	.386	.500	88	34	3	2	1	1.1	21	17	11	8	5
Sept/Oct	25	.299	.468	77	23	3	2	2	2.6	11	9	4	6	1
Day	37	.250	.384	112	28	7	1	2	1.8	13	13	7	16	1
Night	96	.295	.407	302	89	6	5	6	2.0	58	41	27	39	13
vs. Left		.222	.282	117	26	1	0	2	1.7	10	12	13	16	3
vs. Right		.306	.448	297	91	12	6	6	2.0	61	42	21	39	11
On Grass	113	.302	.420	348	105	11	6	6	1.7	65	47	32	45	11
On Turf	20	.182	.303	66	12	2	0	2	3.0	6	7	2	10	3
Home	66	.299	.369	187	56	6	2	1	0.5	34	24	21	30	5
Road	67	.269	.427	227	61	7	4	7	3.1	37	30	13	25	9
Division Rivals														
vs. BAL	12	.295	.341	44	13	2	0	0	0.0	6	7	1	5	3
vs. BOS	9	.273	.409	22	6	1	1	0	0.0	3	2	1	5	0
vs. CLE	10	.371	.429	35	13	0	1	0	0.0	4	5	2	4	0
vs. DET	11	.297	.568	37	11	4	0	2	5.4	11	6	4	1	0
vs. NY	12	.242	.364	33	8	2	1	0	0.0	6	0	1	3	1
vs. TOR	12	.222	.417	36	8	1	0	2	5.6	6	8	5	8	2
On 3B <2 Out		.368	.526	19	7	3	0	0	0.0	0	18	0	4	

Year	Team		Games	BA	SA	AB	H	2B	3B	HR	HR%	R	RBI	BB	SO	SB	PH AB	PH H	PO	A	E	DP	TC/G	FA	G by Pos
1989	MIL	A	114	.255	.333	345	88	9	3	4	1.2	44	33	21	63	10	4	3	164	295	21	62	4.2	.956	SS-89, 3B-12, DH-4, 2B-4, 1B-2
1990			112	.242	.317	363	88	15	3	2	0.5	44	36	16	45	11	2	1	159	326	12	72	4.5	.976	SS-111
1991			133	.283	.401	414	117	13	6	8	1.9	71	54	34	55	14	1	0	201	345	17	93	4.4	.970	SS-128, DH-2, OF-1
3 yrs.			359	.261	.353	1122	293	37	12	14	1.2	159	123	71	163	35	7	4	524	966	50	227	4.3	.968	SS-328, 3B-12, DH-6, 2B-4, 1B-2, OF-1

Ed Sprague

SPRAGUE, EDWARD NELSON, JR.
Son of Ed Sprague.
B. July 25, 1967, Castro Valley, Calif.
BR TR 6′ 2″ 215 lbs.

Year	Team		Games	BA	SA	AB	H	2B	3B	HR	HR%	R	RBI	BB	SO	SB	PH AB	PH H	PO	A	E	DP	TC/G	FA	G by Pos
1991	TOR	A	61	.275	.394	160	44	7	0	4	2.5	17	20	19	43	0	1	1	167	72	14	14	4.3	.945	3B-35, 1B-22, DH-2, C-2

Mike Stanley

STANLEY, ROBERT MICHAEL
B. June 25, 1963, Fort Lauderdale, Fla.
BR TR 6′ 1″ 185 lbs.

Year	Team		Games	BA	SA	AB	H	2B	3B	HR	HR%	R	RBI	BB	SO	SB	PH AB	PH H	PO	A	E	DP	TC/G	FA	G by Pos
1986	TEX	A	15	.333	.533	30	10	3	0	1	3.3	4	1	3	7	1	5	2	14	8	1	2	1.5	.957	3B-7, C-4, DH-3, OF-1
1987			78	.273	.403	216	59	8	1	6	2.8	34	37	31	48	3	6	4	389	26	7	7	5.4	.983	C-61, 1B-12, OF-1
1988			94	.229	.297	249	57	8	0	3	1.2	21	27	37	62	0	15	3	342	17	4	4	3.9	.989	C-64, 1B-7, 3B-2
1989			67	.246	.311	122	30	3	1	1	0.8	9	11	12	29	1	23	6	117	8	3	3	1.9	.977	C-25, DH-21, 1B-7, 3B-3
1990			103	.249	.333	189	47	8	1	2	1.0	21	19	30	25	1	27	7	261	25	4	2	3.9	.986	C-63, DH-14, 3B-8, 1B-6
1991			95	.249	.381	181	45	13	1	3	1.7	25	25	34	44	0	27	6	288	20	6	2	4.2	.981	C-58, 1B-12, DH-6, 3B-6, OF-1
6 yrs.			452	.251	.352	987	248	43	4	16	1.6	114	120	147	215	6	103	28	1411	104	25	20	3.4	.984	C-275, DH-44, 1B-44, 3B-26, OF-3

PLAYER REGISTER

Year	Team	Games	BA	SA	AB	H	2B	3B	HR	HR%	R	RBI	BB	SO	SB	PINCH HIT AB	PINCH HIT H	PO	A	E	DP	TC/G	FA	G by Pos

Terry Steinbach
STEINBACH, TERRY LEE
B. Mar. 2, 1962, New Ulm, Minn.
BR TR 6' 1" 195 lbs.

Split	Games	BA	SA	AB	H	2B	3B	HR	HR%	R	RBI	BB	SO	SB
April	17	.286	.381	63	18	3	0	1	1.6	7	11	2	17	2
May	22	.291	.468	79	23	8	0	2	2.5	11	13	4	7	0
June	18	.302	.460	63	19	4	0	2	3.2	7	7	2	6	0
July	23	.326	.449	89	29	9	1	0	0.0	10	17	3	11	0
Aug	23	.241	.354	79	19	6	0	1	1.3	9	10	9	12	0
Sept/Oct	26	.205	.217	83	17	1	0	0	0.0	6	9	2	17	0
Day	39	.321	.473	131	42	11	0	3	2.3	19	27	6	19	1
Night	90	.255	.351	325	83	20	1	3	0.9	31	40	16	51	1
vs. Left		.266	.410	139	37	11	0	3	2.2	11	15	7	17	0
vs. Right		.278	.375	317	88	20	1	3	0.9	39	52	15	53	2
On Grass	106	.280	.388	371	104	26	1	4	1.1	39	58	19	52	2
On Turf	23	.247	.376	85	21	5	0	2	2.4	11	9	3	18	0
Home	66	.277	.377	220	61	19	0	1	0.5	23	31	14	29	2
Road	63	.271	.394	236	64	12	1	5	2.1	27	36	8	41	0
Division Rivals														
vs. CAL	9	.290	.452	31	9	5	0	0	0.0	3	9	2	5	0
vs. CHI	10	.267	.333	30	8	2	0	0	0.0	2	4	1	4	0
vs. KC	11	.256	.359	39	10	4	0	0	0.0	7	4	2	6	0
vs. MIN	11	.300	.450	40	12	3	0	1	2.5	3	11	3	11	0
vs. SEA	12	.205	.295	44	9	1	0	1	2.3	2	3	2	10	2
vs. TEX	10	.176	.265	34	6	3	0	0	0.0	3	2	2	5	0
On 3B < 2 Out		.360	.600	25	9	0	0	2	8.0	2	28	4	2	

Year	Team		Games	BA	SA	AB	H	2B	3B	HR	HR%	R	RBI	BB	SO	SB	PH AB	PH H	PO	A	E	DP	TC/G	FA	G by Pos
1986	OAK	A	6	.333	.733	15	5	0	0	2	13.3	3	4	1	0	0	2	1	21	4	1	1	4.3	.962	C-5
1987			122	.284	.463	391	111	16	3	16	4.1	66	56	32	66	1	7	4	642	44	10	6	5.7	.986	C-107, 3B-10, 1B-1
1988			104	.265	.402	351	93	19	1	9	2.6	42	51	33	47	3	4	2	536	58	9	10	5.8	.985	C-84, 3B-9, 1B-8, DH-7, OF-1
1989			130	.273	.352	454	124	13	1	7	1.5	37	42	30	66	1	8	2	612	47	11	14	5.2	.984	C-103, OF-14, 1B-10, DH-4, 3B-3
1990			114	.251	.372	379	95	15	2	9	2.3	32	57	19	66	0	14	4	401	31	5	1	5.1	.989	C-83, DH-25, 1B-3
1991			129	.274	.386	456	125	31	1	6	1.3	50	67	22	70	2	7	4	639	53	15	11	5.7	.979	C-117, 1B-9, DH-2
6 yrs.			605	.270	.396	2046	553	94	8	49	2.4	230	277	137	315	7	42	17	2851	237	51	43	5.2	.984	C-499, DH-38, 1B-31, 3B-22, OF-15

LEAGUE CHAMPIONSHIP SERIES

Year	Team		Games	BA	SA	AB	H	2B	3B	HR	HR%	R	RBI	BB	SO	SB	PH AB	PH H	PO	A	E	DP	TC/G	FA	G by Pos
1988	OAK	A	2	.250	.250	4	1	0	0	0	0.0	0	0	2	0	0	0	0	12	0	0	0	6.0	1.000	C-2
1989			4	.200	.200	15	3	0	0	0	0.0	0	1	1	5	0	0	0	17	0	0	0	4.3	1.000	C-3, DH-1
1990			3	.455	.455	11	5	0	0	0	0.0	2	1	1	2	0	0	0	11	0	0	0	3.7	1.000	C-3
3 yrs.			9	.300	.300	30	9	0	0	0	0.0	2	2	4	7	0	0	0	40	0	0	0	4.4	.000	C-8, DH-1

WORLD SERIES

Year	Team		Games	BA	SA	AB	H	2B	3B	HR	HR%	R	RBI	BB	SO	SB	PH AB	PH H	PO	A	E	DP	TC/G	FA	G by Pos
1988	OAK	A	3	.364	.455	11	4	1	0	0	0.0	0	0	0	2	0	0	0	11	3	0	0	4.7	1.000	C-2, DH-1
1989			4	.250	.563	16	4	0	1	1	6.3	3	7	2	1	0	0	0	27	2	0	0	7.3	1.000	C-4
1990			3	.125	.125	8	1	0	0	0	0.0	0	0	0	1	0	0	0	8	1	0	0	3.0	1.000	C-3
3 yrs.			10	.257	.429	35	9	1	1	1	2.9	3	7	2	4	0	0	0	46	6	0	0	5.2	.000	C-9, DH-1

Ray Stephens
STEPHENS, CARL RAY
B. Sept. 22, 1962, Houston, Tex.
BR TR 6' 190 lbs.

Year	Team		Games	BA	SA	AB	H	2B	3B	HR	HR%	R	RBI	BB	SO	SB	PH AB	PH H	PO	A	E	DP	TC/G	FA	G by Pos
1990	STL	N	5	.133	.400	15	2	1	0	1	6.6	2	1	0	3	0	0	0	31	2	0	0	6.6	1.000	C-5
1991			6	.286	.286	7	2	0	0	0	0.0	0	0	1	3	0	0	0	16	2	0	0	3.0	1.000	C-6
2 yrs.			11	.182	.364	22	4	1	0	1	4.5	2	1	1	6	0	0	0	47	4	0	0	4.6	.000	C-11

Phil Stephenson
STEPHENSON, PHILLIP RAYMOND
B. Sept. 19, 1960, Guthrie, Okla.
BL TL 6' 1" 195 lbs.

Year	Team		Games	BA	SA	AB	H	2B	3B	HR	HR%	R	RBI	BB	SO	SB	PH AB	PH H	PO	A	E	DP	TC/G	FA	G by Pos
1989	2 teams		CHI N (17G — .143)			SD N (10G — .353)																			
"	total		27	.237	.395	38	9	0	0	2	5.3	4	2	5	5	1	14	2	42	4	1	3	1.7	.979	1B-8, OF-3
1990	SD	N	103	.209	.335	182	38	9	1	4	2.1	26	19	30	43	2	35	7	345	36	1	33	6.4	.997	1B-60
1991			11	.286	.286	7	2	0	0	0	0.0	0	0	2	3	0	7	2	0	0	0	0	0.0	.967	
3 yrs.			141	.216	.344	227	49	9	1	6	2.6	30	21	37	51	3	56	11	387	40	2	36	3.0	.995	1B-68, OF-3

PLAYER REGISTER 215

Year	Team		Games	BA	SA	AB	H	2B	3B	HR	HR%	R	RBI	BB	SO	SB	PINCH HIT AB	H	PO	A	E	DP	TC/G	FA	G by Pos

Lee Stevens

STEVENS, DeWAIN LEE
B. July 10, 1967, Kansas City, Mo.
BL TL 6' 4" 205 lbs.

Year	Team		Games	BA	SA	AB	H	2B	3B	HR	HR%	R	RBI	BB	SO	SB	AB	H	PO	A	E	DP	TC/G	FA	G by Pos
1990	CAL	A	67	.214	.339	248	53	10	0	7	2.8	28	32	22	75	1	3	0	597	36	4	62	9.5	.994	1B-67
1991			18	.293	.414	58	17	7	0	0	0.0	8	9	6	12	1	0	0	100	6	1	5	5.9	.991	1B-11, OF-9
2 yrs.			85	.229	.353	306	70	17	0	7	2.3	36	41	28	87	2	3	0	697	42	5	67	8.8	.993	1B-78, OF-9

Kurt Stillwell

STILLWELL, KURT ANDREW
Son of Ron Stillwell.
B. June 4, 1965, Glendale, Calif.
BB TR 5' 11" 165 lbs.

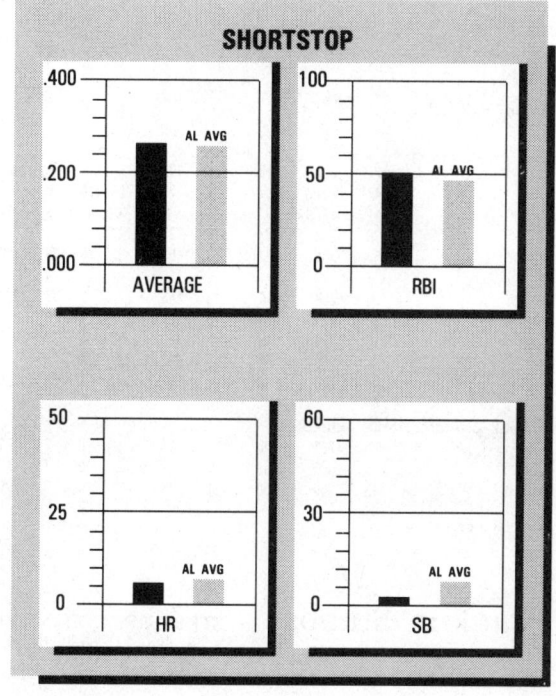

	Games	BA	SA	AB	H	2B	3B	HR	HR%	R	RBI	BB	SO	SB	AB	H	PO	A	E	DP	TC/G	FA	G by Pos
April	19	.317	.429	63	20	4	0	1	1.6	9	6	7	12	0									
May	27	.216	.278	97	21	1	1	1	1.0	8	11	4	15	1									
June	26	.265	.386	83	22	4	0	2	2.4	9	11	9	13	1									
July	15	.189	.324	37	7	2	0	1	2.7	6	6	5	6	0									
Aug	6	.286	.357	14	4	1	0	0	0.0	1	0	0	3	0									
Sept/Oct	29	.308	.396	91	28	5	0	1	1.1	11	17	8	7	1									
Day	34	.245	.377	106	26	8	0	2	1.9	12	11	10	19	0									
Night	88	.272	.355	279	76	9	1	4	1.4	32	40	23	37	3									
vs. Left		.266	.367	109	29	6	1	1	0.9	11	15	6	17	1									
vs. Right		.264	.359	276	73	11	0	5	1.8	33	36	27	39	2									
On Grass	45	.287	.412	136	39	5	0	4	2.9	17	18	12	25	1									
On Turf	77	.253	.333	249	63	12	1	2	0.8	27	33	21	31	2									
Home	59	.257	.339	183	47	10	1	1	0.5	22	24	18	23	1									
Road	63	.272	.381	202	55	7	0	5	2.5	22	27	15	33	2									
Division Rivals																							
vs. CAL	12	.239	.304	46	11	3	0	0	0.0	3	6	1	4	0									
vs. CHI	7	.250	.438	16	4	0	0	1	6.3	2	2	1	0	0									
vs. MIN	12	.286	.457	35	10	1	1	1	2.9	4	7	4	5	1									
vs. OAK	12	.372	.442	43	16	3	0	0	0.0	6	11	6	4	0									
vs. SEA	13	.156	.178	45	7	1	0	0	0.0	2	4	1	5	0									
vs. TEX	10	.313	.563	32	10	2	0	2	6.3	5	6	4	3	0									
On 3B <2 Out		.261	.304	23	6	1	0	0	0.0	0	17	3	5										

Year	Team		Games	BA	SA	AB	H	2B	3B	HR	HR%	R	RBI	BB	SO	SB	AB	H	PO	A	E	DP	TC/G	FA	G by Pos
1986	CIN	N	104	.229	.258	279	64	6	1	0	0.0	31	26	30	47	6	20	6	107	205	16	40	3.2	.951	SS-80
1987			131	.258	.375	395	102	20	7	4	1.0	54	33	32	50	4	29	8	144	247	23	38	3.2	.944	SS-51, 2B-37, 3B-20
1988	KC	A	128	.251	.399	459	115	28	5	10	2.2	63	53	47	76	6	4	0	170	349	13	60	4.2	.976	SS-124
1989			130	.261	.380	463	121	20	7	7	1.5	52	54	42	64	9	4	1	179	334	16	65	4.1	.970	SS-130
1990			144	.249	.352	506	126	35	4	3	0.5	60	51	39	60	0	9	2	181	350	24	79	3.9	.957	SS-141
1991			122	.265	.361	385	102	17	1	6	1.6	44	51	33	56	3	18	2	163	263	18	66	3.8	.959	SS-118
6 yrs.			759	.253	.360	2487	630	126	25	30	1.2	304	268	223	353	28	84	19	944	1748	110	348	3.7	.961	SS-644, 2B-37, 3B-20

Doug Strange

STRANGE, JOSEPH DOUGLAS
B. Apr. 13, 1964, Greenville, S.C.
BB TR 6' 2" 170 lbs.

Year	Team		Games	BA	SA	AB	H	2B	3B	HR	HR%	R	RBI	BB	SO	SB	AB	H	PO	A	E	DP	TC/G	FA	G by Pos
1989	DET	A	64	.214	.260	196	42	4	1	1	0.5	16	14	17	36	3	3	0	53	118	19	170	3.0	.900	3B-54, 2B-9, SS-9
1991	CHI	N	3	.444	.556	9	4	1	0	0	0.0	0	1	0	1	1	0	0	1	3	1	0	1.7	.800	3B-3
2 yrs.			67	.224	.273	205	46	5	1	1	0.5	16	15	17	37	4	3	0	54	121	20	170	2.9	.897	3B-57, 2B-9, SS-9

Darryl Strawberry

STRAWBERRY, DARRYL EUGENE (The Straw Man)
B. Mar. 12, 1962, Los Angeles, Calif.
BL TL 6' 6" 190 lbs.

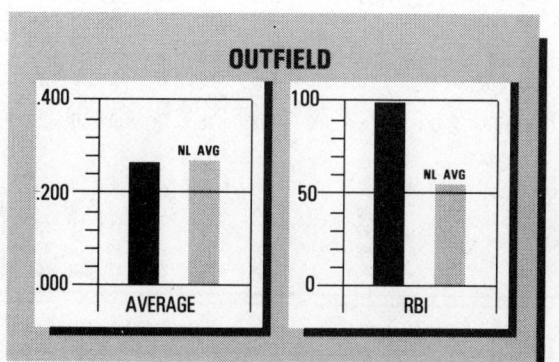

	Games	BA	SA	AB	H	2B	3B	HR	HR%	R	RBI	BB	SO	SB
April	20	.246	.406	69	17	6	1	1	1.4	15	7	11	17	0
May	25	.207	.451	82	17	2	0	6	7.3	18	17	19	27	7
June	8	.219	.250	32	7	1	0	0	0.0	6	2	3	6	0
July	25	.290	.548	93	27	2	2	6	6.5	15	17	13	21	1
Aug	29	.302	.604	106	32	5	0	9	8.5	13	28	16	29	2
Sept/Oct	32	.276	.488	123	34	6	1	6	4.9	19	28	13	25	0
Day	36	.246	.426	122	30	5	1	5	4.1	19	24	17	27	0
Night	103	.272	.512	383	104	17	3	23	6.0	67	75	58	98	10
vs. Left		.276	.478	228	63	9	2	11	4.8	34	43	34	59	5
vs. Right		.256	.502	277	71	13	2	17	6.1	52	56	41	66	5

Year	Team	Games	BA	SA	AB	H	2B	3B	HR	HR%	R	RBI	BB	SO	SB	PINCH HIT AB	H	PO	A	E	DP	TC/G	FA	G by Pos

Darryl Strawberry Continued

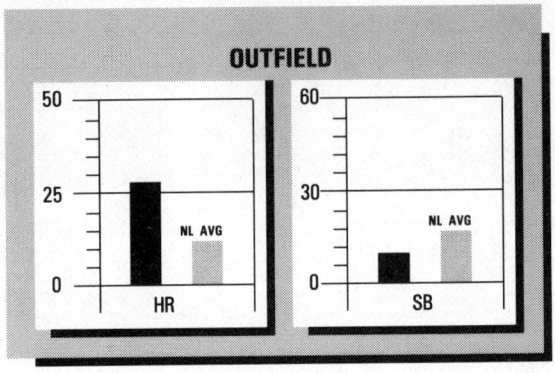

On Grass		101	.270	.499	367	99	18	3	20	5.4	64	71	55	85	10								
On Turf		38	.254	.471	138	35	4	1	8	5.8	22	28	20	40	0								
Home		71	.284	.510	257	73	12	2	14	5.4	44	54	38	55	9								
Road		68	.246	.472	248	61	10	2	14	5.6	42	45	37	70	1								
Division Rivals																								
vs. ATL		14	.314	.471	51	16	1	2	1	2.0	9	9	4	11	0								
vs. CIN		16	.224	.397	58	13	4	0	2	3.4	10	14	10	12	1								
vs. HOU		18	.299	.821	67	20	5	0	10	14.9	17	27	13	21	2								
vs. SD		17	.324	.765	68	22	4	1	8	11.8	15	19	5	14	1								
vs. SF		15	.208	.264	53	11	3	0	0	0.0	7	3	9	14	0								
On 3B <2 Out			.333	.467	30	10	1	0	1	3.3	1	22	6	6										
1983	NY N	122	.257	.512	420	108	15	7	26	6.2	63	74	47	128	19	4	0	232	8	4	0	2.0	.984	OF-117
1984		147	.251	.467	522	131	27	4	26	5.0	75	97	75	131	27	4	2	276	11	6	3	2.0	.980	OF-146
1985		111	.277	.557	393	109	15	4	29	7.4	78	79	73	96	26	2	0	211	5	2	2	2.0	.991	OF-110
1986		136	.259	.507	475	123	27	5	27	5.7	76	93	72	141	28	8	0	226	10	6	3	1.8	.975	OF-131
1987		154	.284	.583	532	151	32	5	39	7.3	108	104	97	122	36	3	1	272	6	8	3	1.9	.972	OF-151
1988		153	.269	**.545**	543	146	27	3	**39**	7.2	101	101	85	127	29	2	0	297	4	9	3	2.0	.971	OF-150
1989		134	.225	.466	476	107	26	1	29	6.1	69	77	61	105	11	6	1	272	4	8	2	2.1	.972	OF-131
1990		152	.277	.518	542	150	18	1	37	**6.8**	92	108	70	110	15	5	0	268	10	3	4	1.9	.989	OF-149
1991	LA N	139	.265	.491	505	134	22	4	28	5.5	86	99	75	125	10	3	1	209	11	5	2	1.7	.978	OF-136
9 yrs.		1248	.263	.516	4408	1159	209	34	280	6.4	748	832	655	1085	201	37	5	2263	69	51	22	1.9	.979	OF-1221
LEAGUE CHAMPIONSHIP SERIES																								
1986	NY N	6	.227	.545	22	5	1	0	2	9.1	4	5	3	12	1	0	0	9	0	0	0	1.5	1.000	OF-6
1988		7	.300	.467	30	9	2	0	1	3.3	5	6	2	5	0	0	0	11	0	0	0	1.6	1.000	OF-7
2 yrs.		13	.269	.500	52	14	3	0	3	5.8	9	11	5	17	1	0	0	20	0	0	0	1.5	.000	OF-13
WORLD SERIES																								
1986	NY N	7	.208	.375	24	5	1	0	1	4.2	4	1	4	6	3	0	0	19	0	0	0	2.7	1.000	OF-7

Franklin Stubbs

STUBBS, FRANKLIN LEE
B. Oct. 21, 1960, Richland, N. C.
BL TL 6′ 2″ 205 lbs.

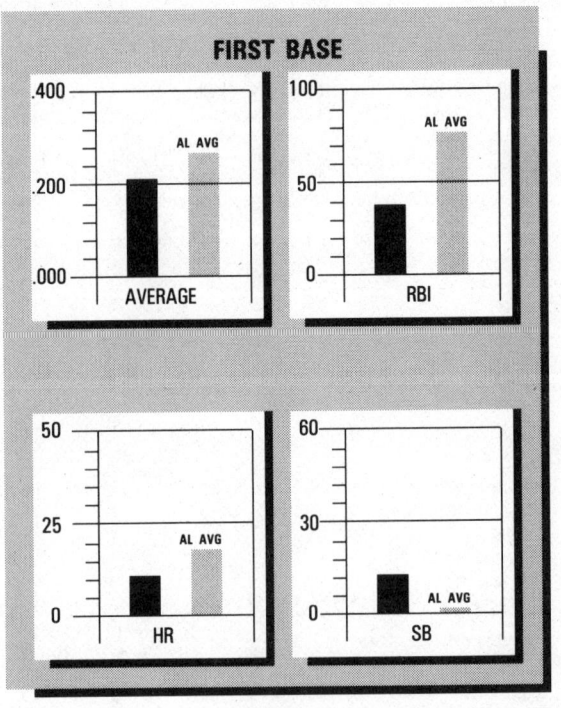

April		15	.214	.339	56	12	4	0	1	1.8	6	4	4	9	2								
May		22	.221	.302	86	19	4	0	1	1.2	10	9	9	17	2								
June		16	.214	.429	56	12	3	0	3	5.4	8	6	4	13	1								
July		20	.216	.405	74	16	1	2	3	4.1	11	10	7	16	3								
Aug		21	.233	.411	73	17	4	0	3	4.1	13	9	10	12	3								
Sept/Oct		9	.059	.059	17	1	0	0	0	0.0	0	0	1	4	2								
Day		26	.253	.463	95	24	5	0	5	5.3	17	14	14	17	6								
Night		77	.199	.322	267	53	11	2	6	2.2	31	24	21	54	7								
vs Left			.218	.368	87	19	7	0	2	2.3	9	10	1	19	2								
vs. Right			.211	.356	275	58	9	2	9	3.3	39	28	34	52	11								
On Grass		85	.205	.350	297	61	13	0	10	3.4	44	33	31	63	11								
On Turf		18	.246	.400	65	16	3	2	1	1.5	4	5	4	8	2								
Home		54	.219	.410	183	40	11	0	8	4.4	29	22	21	41	6								
Road		49	.207	.307	179	37	5	2	3	1.7	19	16	14	30	7								
Division Rivals																								
vs. BAL		11	.132	.211	38	5	0	0	1	2.6	4	5	6	9	2								
vs. BOS		5	.118	.118	17	2	0	0	0	0.0	1	1	0	4	1								
vs. CLE		8	.241	.345	29	7	3	0	0	0.0	7	3	3	5	1								
vs. DET		5	.083	.333	12	1	0	0	1	8.3	1	1	4	3	1								
vs. NY		2	.250	.500	4	1	1	0	0	0.0	0	0	2	0	0								
vs. TOR		8	.379	.655	29	11	5	0	1	3.4	4	2	2	1	0								
On 3B <2 Out			.188	.375	16	3	0	0	1	6.3	1	12	2	6										
1984	LA N	87	.194	.341	217	42	2	3	8	3.7	22	17	24	63	2	22	4	417	37	4	31	5.3	.991	1B-51, OF-20
1985		10	.222	.222	9	2	0	0	0	0.0	0	2	0	3	0	7	2	11	0	0	1	1.1	1.000	1B-4
1986		132	.226	.421	420	95	11	1	23	5.5	55	58	37	107	7	12	0	244	14	7	3	2.0	.974	OF-124, 1B-13
1987		129	.233	.415	386	90	16	3	16	4.1	48	52	31	85	8	11	3	830	79	5	65	7.1	.995	1B-111, OF-18
1988		115	.223	.376	242	54	13	0	8	3.3	30	34	23	61	11	26	8	530	57	13	41	5.2	.978	1B-84, OF-13

Year	Team	Games	BA	SA	AB	H	2B	3B	HR	HR%	R	RBI	BB	SO	SB	PINCH HIT AB	H	PO	A	E	DP	TC/G	FA	G by Pos

Franklin Stubbs *Continued*

Year	Team	Games	BA	SA	AB	H	2B	3B	HR	HR%	R	RBI	BB	SO	SB	AB	H	PO	A	E	DP	TC/G	FA	G by Pos
1989		69	.291	.466	103	30	6	0	4	3.9	11	15	16	27	3	26	6	70	5	3	5	1.1	.962	OF-28, 1B-7
1990	HOU N	146	.261	.475	448	117	23	2	23	5.1	59	71	48	114	19	11	3	609	43	6	42	4.8	.991	1B-72, OF-71
1991	MIL A	103	.213	.359	362	77	16	2	11	3.0	48	38	35	71	13	4	0	828	82	9	78	9.6	.990	1B-92, DH-4, OF-4
8 yrs.		791	.232	.409	2187	507	87	11	93	4.3	273	287	214	531	63	119	26	3539	317	47	266	4.9	.988	1B-434, OF-278, DH-4

LEAGUE CHAMPIONSHIP SERIES

Year	Team	Games	BA	SA	AB	H	2B	3B	HR	HR%	R	RBI	BB	SO	SB	AB	H	PO	A	E	DP	TC/G	FA	G by Pos
1988	LA N	4	.250	.250	8	2	0	0	0	0.0	0	0	0	4	0	2	0	16	2	0	2	4.5	1.000	1B-3

WORLD SERIES

Year	Team	Games	BA	SA	AB	H	2B	3B	HR	HR%	R	RBI	BB	SO	SB	AB	H	PO	A	E	DP	TC/G	FA	G by Pos
1988	LA N	5	.294	.412	17	5	2	0	0	0.0	3	2	1	3	0	0	0	34	0	0	3	6.8	1.000	1B-5

B. J. Surhoff

SURHOFF, WILLIAM JAMES
Brother of Rick Surhoff.
B. Aug. 4, 1964, Bronx, N. Y.
BL TR 6′ 1″ 185 lbs.

Split	Games	BA	SA	AB	H	2B	3B	HR	HR%	R	RBI	BB	SO	SB
April	18	.153	.153	59	9	0	0	0	0.0	3	3	3	6	1
May	22	.254	.299	67	17	1	1	0	0.0	4	10	5	3	1
June	25	.263	.288	80	21	2	0	0	0.0	12	8	6	5	0
July	24	.306	.376	85	26	6	0	0	0.0	8	14	2	5	1
Aug	26	.343	.520	102	35	7	1	3	2.9	16	14	4	6	0
Sept/Oct	28	.339	.455	112	38	3	2	2	1.8	14	19	6	8	2
Day	36	.292	.377	130	38	6	1	1	0.8	14	19	8	8	2
Night	107	.288	.371	375	108	13	3	4	1.1	43	49	18	25	3
vs. Left		.255	.294	102	26	2	1	0	0.0	8	11	6	12	1
vs. Right		.298	.392	403	120	17	3	5	1.2	49	57	20	21	4
On Grass	122	.298	.386	433	129	18	4	4	0.9	49	55	22	27	5
On Turf	21	.236	.292	72	17	1	0	1	1.4	8	13	4	6	0
Home	69	.267	.364	236	63	8	3	3	1.3	25	34	14	13	1
Road	74	.309	.379	269	83	11	1	2	0.7	32	34	12	20	4
Division Rivals														
vs. BAL	13	.373	.529	51	19	3	1	1	2.0	11	6	1	4	1
vs. BOS	11	.270	.324	37	10	2	0	0	0.0	3	4	2	2	2
vs. CLE	12	.380	.420	50	19	2	0	0	0.0	6	7	0	3	1
vs. DET	12	.333	.476	42	14	2	2	0	0.0	6	13	2	2	0
vs. NY	12	.415	.488	41	17	1	1	0	0.0	5	5	3	3	1
vs. TOR	11	.206	.294	34	7	0	0	1	2.9	2	4	1	4	0
On 3B <2 Out		.321	.357	28	9	1	0	0	0.0	0	29	0	1	

Year	Team	Games	BA	SA	AB	H	2B	3B	HR	HR%	R	RBI	BB	SO	SB	AB	H	PO	A	E	DP	TC/G	FA	G by Pos
1987	MIL A	115	.299	.423	395	118	22	3	7	1.8	50	68	36	30	11	10	3	648	56	11	12	6.2	.985	C-98, 3B-10, 1B-1
1988		139	.245	.318	493	121	21	0	5	1.0	47	38	31	49	21	9	2	550	94	8	3	4.7	.988	C-106, 3B-31, 1B-2, SS-1, OF-1
1989		126	.248	.339	436	108	17	4	5	1.1	42	55	25	29	14	5	0	530	58	10	7	4.7	.983	C-106, DH-12, 3B-6
1990		135	.276	.376	474	131	21	4	6	1.2	55	59	41	37	18	8	2	619	62	12	11	5.3	.983	C-125, 3B-11
1991		143	.289	.372	505	146	19	4	5	1.0	57	68	26	33	5	10	2	665	71	4	11	5.7	.995	C-127, DH-6, 3B-5, OF-2, 2B-1
5 yrs.		658	.271	.364	2303	624	100	15	28	1.2	251	288	159	178	69	42	9	3012	341	45	44	5.2	.987	C-562, 3B-63, DH-18, 1B-3, OF-3, 2B-1, SS-1

Glenn Sutko

SUTKO, GLENN EDWARD
B. May 9, 1968, Atlanta, Ga.
BR TR 6′ 3″ 225 lbs.

Year	Team	Games	BA	SA	AB	H	2B	3B	HR	HR%	R	RBI	BB	SO	SB	AB	H	PO	A	E	DP	TC/G	FA	G by Pos
1990	CIN N	1	.000	.000	1	0	0	0	0	0.0	0	0	0	1	0	0	0	3	0	0	0	3.0	1.000	C-1
1991		10	.100	.100	10	1	0	0	0	0.0	0	1	2	6	0	1	0	16	5	3	0	2.7	.875	C-9
2 yrs.		11	.091	.091	11	1	0	0	0	0.0	0	1	2	7	0	1	0	19	5	3	0	2.5	.889	C-10

218 PLAYER REGISTER

Year	Team	Games	BA	SA	AB	H	2B	3B	HR	HR%	R	RBI	BB	SO	SB	PINCH HIT AB	PINCH HIT H	PO	A	E	DP	TC/G	FA	G by Pos

Dale Sveum

SVEUM, DALE CURTIS
B. Nov. 23, 1963, Richmond, Calif.
BB TR 6' 2" 185 lbs.

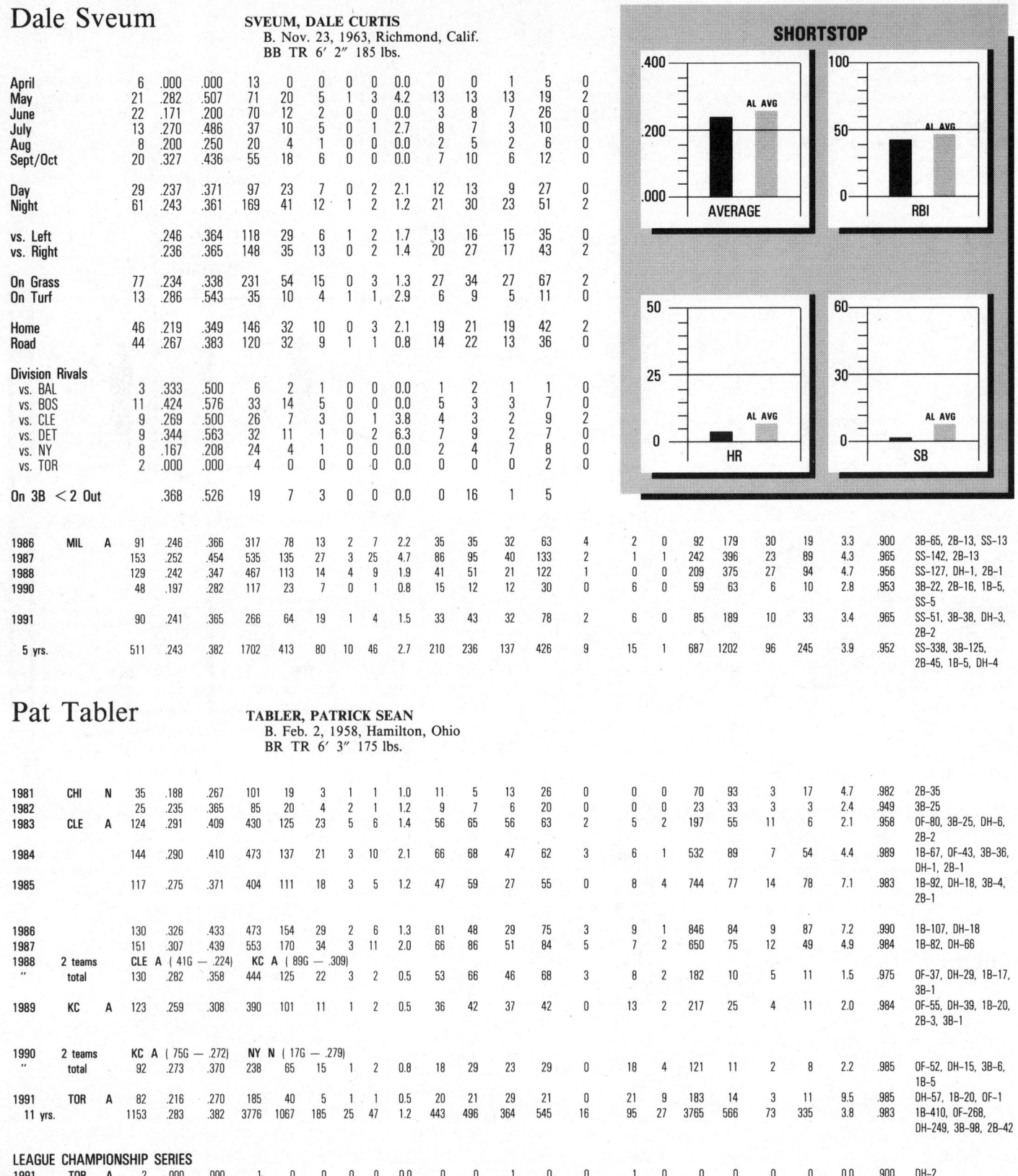

SHORTSTOP

	Games	BA	SA	AB	H	2B	3B	HR	HR%	R	RBI	BB	SO	SB
April	6	.000	.000	13	0	0	0	0	0.0	0	0	1	5	0
May	21	.282	.507	71	20	5	1	3	4.2	13	13	13	19	2
June	22	.171	.200	70	12	2	0	0	0.0	3	8	7	26	0
July	13	.270	.486	37	10	5	0	1	2.7	8	7	3	10	0
Aug	8	.200	.250	20	4	1	0	0	0.0	2	5	2	6	0
Sept/Oct	20	.327	.436	55	18	6	0	0	0.0	7	10	6	12	0
Day	29	.237	.371	97	23	7	0	2	2.1	12	13	9	27	0
Night	61	.243	.361	169	41	12	1	2	1.2	21	30	23	51	2
vs. Left		.246	.364	118	29	6	1	2	1.7	13	16	15	35	0
vs. Right		.236	.365	148	35	13	0	2	1.4	20	27	17	43	2
On Grass	77	.234	.338	231	54	15	0	3	1.3	27	34	27	67	2
On Turf	13	.286	.543	35	10	4	1	1	2.9	6	9	5	11	0
Home	46	.219	.349	146	32	10	0	3	2.1	19	21	19	42	2
Road	44	.267	.383	120	32	9	1	1	0.8	14	22	13	36	0
Division Rivals														
vs. BAL	3	.333	.500	6	2	1	0	0	0.0	1	2	1	1	0
vs. BOS	11	.424	.576	33	14	5	0	0	0.0	5	3	3	7	0
vs. CLE	9	.269	.500	26	7	3	0	1	3.8	4	3	2	9	2
vs. DET	9	.344	.563	32	11	1	0	2	6.3	7	9	2	7	0
vs. NY	8	.167	.208	24	4	1	0	0	0.0	2	4	7	8	0
vs. TOR	2	.000	.000	4	0	0	0	0	0.0	0	0	0	2	0
On 3B <2 Out		.368	.526	19	7	3	0	0	0.0	0	16	1	5	

Year	Team		Games	BA	SA	AB	H	2B	3B	HR	HR%	R	RBI	BB	SO	SB	PH AB	PH H	PO	A	E	DP	TC/G	FA	G by Pos
1986	MIL	A	91	.246	.366	317	78	13	2	7	2.2	35	35	32	63	4	2	0	92	179	30	19	3.3	.900	3B-65, 2B-13, SS-13
1987			153	.252	.454	535	135	27	3	25	4.7	86	95	40	133	2	1	1	242	396	23	89	4.3	.965	SS-142, 2B-13
1988			129	.242	.347	467	113	14	4	9	1.9	41	51	21	122	1	0	0	209	375	27	94	4.7	.956	SS-127, DH-1, 2B-1
1990			48	.197	.282	117	23	7	0	1	0.8	15	12	12	30	0	6	0	59	63	6	10	2.8	.953	3B-22, 2B-16, 1B-5, SS-5
1991			90	.241	.365	266	64	19	1	4	1.5	33	43	32	78	2	6	0	85	189	10	33	3.4	.965	SS-51, 3B-38, DH-3, 2B-2
5 yrs.			511	.243	.382	1702	413	80	10	46	2.7	210	236	137	426	9	15	1	687	1202	96	245	3.9	.952	SS-338, 3B-125, 2B-45, 1B-5, DH-4

Pat Tabler

TABLER, PATRICK SEAN
B. Feb. 2, 1958, Hamilton, Ohio
BR TR 6' 3" 175 lbs.

Year	Team		Games	BA	SA	AB	H	2B	3B	HR	HR%	R	RBI	BB	SO	SB	PH AB	PH H	PO	A	E	DP	TC/G	FA	G by Pos
1981	CHI	N	35	.188	.267	101	19	3	1	1	1.0	11	5	13	26	0	0	0	70	93	3	17	4.7	.982	2B-35
1982			25	.235	.365	85	20	4	2	1	1.2	9	7	6	20	0	0	0	23	33	3	3	2.4	.949	3B-25
1983	CLE	A	124	.291	.409	430	125	23	5	6	1.4	56	65	56	63	2	5	2	197	55	11	6	2.1	.958	OF-80, 3B-25, DH-6, 2B-2
1984			144	.290	.410	473	137	21	3	10	2.1	66	68	47	62	3	6	1	532	89	7	54	4.4	.989	1B-67, OF-43, 3B-36, DH-1, 2B-1
1985			117	.275	.371	404	111	18	3	5	1.2	47	59	27	55	0	8	4	744	77	14	78	7.1	.983	1B-92, DH-18, 3B-4, 2B-1
1986			130	.326	.433	473	154	29	2	6	1.3	61	48	29	75	3	9	1	846	84	9	87	7.2	.990	1B-107, DH-18
1987			151	.307	.439	553	170	34	3	11	2.0	66	86	51	84	5	7	2	650	75	12	49	4.9	.984	1B-82, DH-66
1988	2 teams		CLE A (41G — .224)			KC A (89G — .309)																			
"	total		130	.282	.358	444	125	22	3	2	0.5	53	66	46	68	3	8	2	182	10	5	11	1.5	.975	OF-37, DH-29, 1B-17, 3B-1
1989	KC	A	123	.259	.308	390	101	11	1	2	0.5	36	42	37	42	0	13	2	217	25	4	11	2.0	.984	OF-55, DH-39, 1B-20, 2B-3, 3B-1
1990	2 teams		KC A (75G — .272)			NY N (17G — .279)																			
"	total		92	.273	.370	238	65	15	1	2	0.8	18	29	23	29	0	18	4	121	11	2	8	2.2	.985	OF-52, DH-15, 3B-6, 1B-5
1991	TOR	A	82	.216	.270	185	40	5	1	1	0.5	20	21	29	21	0	21	9	183	14	3	11	9.5	.985	DH-57, 1B-20, OF-1
11 yrs.			1153	.283	.382	3776	1067	185	25	47	1.2	443	496	364	545	16	95	27	3765	566	73	335	3.8	.983	1B-410, OF-268, DH-249, 3B-98, 2B-42

LEAGUE CHAMPIONSHIP SERIES

Year	Team		Games	BA	SA	AB	H	2B	3B	HR	HR%	R	RBI	BB	SO	SB	PH AB	PH H	PO	A	E	DP	TC/G	FA	G by Pos
1991	TOR	A	2	.000	.000	1	0	0	0	0	0.0	0	0	1	0	0	1	0	0	0	0	0	0.0	.900	DH-2

PLAYER REGISTER 219

Year	Team	Games	BA	SA	AB	H	2B	3B	HR	HR%	R	RBI	BB	SO	SB	PINCH HIT AB	PINCH HIT H	PO	A	E	DP	TC/G	FA	G by Pos

Jeff Tackett

TACKETT, JEFFERY WILSON
B. Dec. 1, 1965, Fresno, Calif.
BR TR 6' 2" 200 lbs.

Year	Team	Games	BA	SA	AB	H	2B	3B	HR	HR%	R	RBI	BB	SO	SB	PH AB	PH H	PO	A	E	DP	TC/G	FA	G by Pos
1991	BAL A	6	.125	.125	8	1	0	0	0	0.0	1	0	2	2	0	0	0	22	0	0	0	3.7	1.000	C-6

Danny Tartabull

TARTABULL, DANILO
Born Danilo Tartabull y Mora. Son of Jose Tartabull.
B. Oct. 30, 1962, San Juan, Puerto Rico
BR TR 6' 1" 185 lbs.

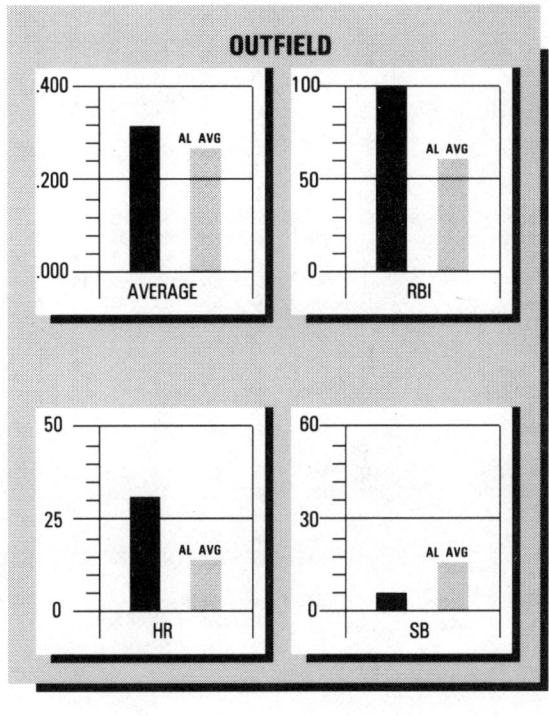

OUTFIELD

Split	Games	BA	SA	AB	H	2B	3B	HR	HR%	R	RBI	BB	SO	SB
April	19	.288	.452	73	21	7	1	1	1.4	7	10	4	22	0
May	23	.295	.477	88	26	4	0	4	4.5	13	14	5	20	3
June	21	.368	.736	87	32	5	0	9	10.3	19	25	8	20	2
July	21	.378	.797	74	28	7	0	8	10.8	20	19	17	23	1
Aug	20	.278	.528	72	20	7	1	3	4.2	8	14	9	19	0
Sept/Oct	28	.289	.567	90	26	5	1	6	6.7	11	18	22	17	0
Day	36	.336	.560	134	45	12	0	6	4.5	24	28	20	31	5
Night	96	.309	.606	350	108	23	3	25	7.1	54	72	45	90	1
vs. Left		.296	.542	142	42	9	1	8	5.6	22	22	27	31	1
vs. Right		.325	.614	342	111	26	2	23	6.7	56	78	38	90	5
On Grass	54	.317	.653	199	63	14	1	17	8.5	35	55	27	52	4
On Turf	78	.316	.551	285	90	21	2	14	4.9	43	45	38	69	2
Home	62	.314	.571	226	71	15	2	13	5.8	34	35	30	54	1
Road	70	.318	.612	258	82	20	1	18	7.0	44	65	35	67	5
Division Rivals														
vs. CAL	11	.200	.514	35	7	2	0	3	8.6	4	8	10	7	0
vs. CHI	7	.269	.615	26	7	0	0	3	11.5	3	10	2	8	0
vs. MIN	8	.267	.333	30	8	2	0	0	0.0	4	5	3	6	0
vs. OAK	13	.383	.979	47	18	2	1	8	17.0	13	16	8	10	1
vs. SEA	9	.267	.533	30	8	2	0	2	6.7	3	5	4	6	0
vs. TEX	12	.250	.438	48	12	3	0	2	4.2	9	5	6	20	0
On 3B < 2 Out		.500	.786	28	14	3	1	1	3.6	1	27	6	6	

Year	Team	Games	BA	SA	AB	H	2B	3B	HR	HR%	R	RBI	BB	SO	SB	PH AB	PH H	PO	A	E	DP	TC/G	FA	G by Pos
1984	SEA A	10	.300	.650	20	6	1	0	2	10.0	3	7	2	3	0	1	0	8	21	2	5	3.1	.935	SS-8, 2B-1
1985		19	.328	.525	61	20	7	1	1	1.6	8	7	8	14	1	3	1	28	43	4	11	3.9	.947	SS-16, 3B-4
1986		137	.270	.489	511	138	25	6	25	4.9	76	96	61	157	4	2	1	233	111	18	28	2.6	.950	OF-101, 2B-31, DH-3, 3B-1
1987	KC A	158	.309	.541	582	180	27	3	34	5.8	95	101	79	136	9	3	0	228	11	6	1	1.6	.976	OF-149, DH-6
1988		146	.274	.515	507	139	38	3	26	5.1	80	102	76	119	8	4	1	227	8	9	1	1.7	.963	OF-130, DH-13
1989		133	.268	.440	441	118	22	0	18	4.1	54	62	69	123	4	4	1	108	3	2	0	0.8	.982	OF-71, DH-55
1990		88	.268	.473	313	84	19	0	15	4.7	41	60	36	93	1	4	1	81	1	3	0	1.6	.965	OF-52, DH-32
1991		132	.316	**.593**	484	153	35	3	31	6.4	78	100	65	121	6	1	0	190	4	7	0	1.6	.965	OF-124, DH-6
8 yrs.		823	.287	.514	2919	838	174	16	152	5.2	435	535	396	766	33	22	5	1103	202	51	46	1.6	.962	OF-627, DH-115, 2B-32, SS-24, 3B-5

Eddie Taubensee

TAUBENSEE, EDWARD KENNETH
B. Oct. 31, 1968, Beeville, Tex.
BL TR 6' 4" 205 lbs.

Year	Team	Games	BA	SA	AB	H	2B	3B	HR	HR%	R	RBI	BB	SO	SB	PH AB	PH H	PO	A	E	DP	TC/G	FA	G by Pos
1991	CLE A	26	.242	.303	66	16	2	1	0	0.0	5	8	5	16	0	2	0	89	6	2	1	3.9	.979	C-25

Garry Templeton

TEMPLETON, GARRY LEWIS (Jump Steady)
B. Mar. 24, 1956, Lockney, Tex.
BB TR 5' 11" 175 lbs.

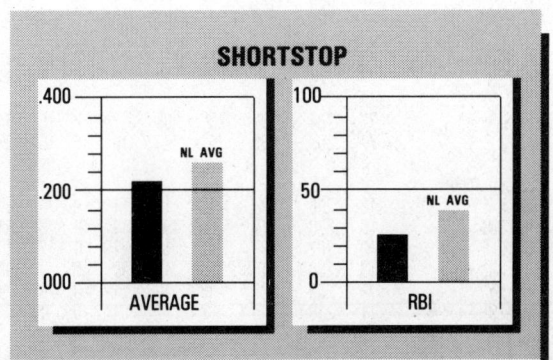

SHORTSTOP

Split	Games	BA	SA	AB	H	2B	3B	HR	HR%	R	RBI	BB	SO	SB
April	15	.139	.194	36	5	0	1	0	0.0	2	0	1	7	0
May	17	.286	.476	21	6	1	0	1	4.8	3	6	0	2	0
June	22	.277	.369	65	18	3	0	1	1.5	10	7	2	8	0
July	21	.172	.250	64	11	2	0	1	1.6	4	5	3	7	1
Aug	20	.189	.264	53	10	2	1	0	0.0	3	6	0	9	0
Sept/Oct	17	.297	.351	37	11	2	0	0	0.0	8	4	2	4	2
Day	32	.185	.222	81	15	3	0	0	0.0	8	6	1	6	0
Night	80	.236	.338	195	46	7	2	3	1.5	17	20	9	32	3
vs. Left		.344	.458	96	33	4	2	1	1.0	8	13	6	10	2
vs. Right		.156	.222	180	28	6	0	2	1.1	17	13	4	28	1

PLAYER REGISTER

Year	Team	Games	BA	SA	AB	H	2B	3B	HR	HR%	R	RBI	BB	SO	SB	PH AB	PH H	PO	A	E	DP	TC/G	FA	G by Pos

Garry Templeton *Continued*

On Grass		78	.208	.305	197	41	8	1	3	1.5	17	21	9	29	2									
On Turf		34	.253	.304	79	20	2	1	0	0.0	8	5	1	9	1									
Home		58	.254	.362	138	35	7	1	2	1.4	16	18	9	20	2									
Road		54	.188	.246	138	26	3	1	1	0.7	9	8	1	18	1									
Division Rivals																								
vs. CHI		8	.043	.087	23	1	1	0	0	0.0	1	2	0	4	0									
vs. MON		12	.364	.455	33	12	3	0	0	0.0	4	2	4	2	2									
vs. PHI		15	.344	.438	32	11	1	1	0	0.0	6	3	1	3	0									
vs. PIT		5	.308	.385	13	4	1	0	0	0.0	2	2	0	1	0									
vs. STL		9	.071	.143	14	1	1	0	0	0.0	1	1	0	2	0									
On 3B <2 Out			.200	.200	15	3	0	0	0	0.0	0	9	1	2										
1976	STL N	53	.291	.362	213	62	8	2	1	0.5	32	17	7	33	11	1	0	111	172	24	41	5.8	.922	SS-53
1977		153	.322	.449	621	200	19	18	8	1.3	94	79	15	70	28	2	0	285	453	32	98	5.0	.958	SS-151
1978		155	.280	.377	647	181	31	13	2	0.3	82	47	22	87	34	2	0	285	523	40	108	5.5	.953	SS-155
1979		154	.314	.458	672	211	32	19	9	1.3	105	62	18	91	26	1	0	292	525	34	102	5.5	.960	SS-150
1980		118	.319	.417	504	161	19	9	4	0.8	83	43	18	43	31	2	0	223	451	29	85	6.0	.959	SS-115
1981		80	.288	.393	333	96	16	8	1	0.3	47	33	14	55	8	4	0	160	272	18	54	5.6	.960	SS-76
1982	SD N	141	.247	.352	563	139	25	8	6	1.1	76	64	26	82	27	6	1	220	422	26	70	4.7	.961	SS-136
1983		126	.263	.335	460	121	20	2	3	0.7	39	40	21	57	16	3	0	219	355	24	66	4.7	.960	SS-123
1984		148	.258	.320	493	127	19	3	2	0.4	40	35	39	81	8	2	0	225	407	26	79	4.4	.960	SS-146
1985		148	.282	.377	546	154	30	2	6	1.1	63	55	41	88	16	0	0	245	460	23	96	4.9	.968	SS-148
1986		147	.247	.308	510	126	21	2	2	0.4	42	44	35	86	10	9	4	207	358	20	60	4.0	.966	SS-144
1987		148	.222	.296	510	113	13	5	5	1.0	42	48	42	92	14	1	0	253	447	20	77	4.9	.972	SS-146
1988		110	.249	.354	362	90	15	7	3	0.8	35	36	20	50	8	5	0	170	316	16	62	4.6	.968	SS-105, 3B-2
1989		142	.255	.354	506	129	26	3	6	1.2	43	40	23	80	1	3	0	232	409	20	74	4.7	.970	SS-140
1990		144	.248	.362	505	125	25	3	9	1.7	45	59	24	59	1	9	2	214	367	26	74	4.5	.957	SS-135
1991	2 teams	SD N (32G — .193)			NY N (80G — .228)																			
"	total	112	.221	.304	276	61	10	2	3	1.1	25	26	10	38	3	36	4	210	141	8	30	4.4	.978	SS-41, 1B-25, 3B-17, OF-2
16 yrs.		2079	.271	.369	7721	2096	329	106	70	0.9	893	728	375	1092	242	86	11	3551	6078	386	1176	4.8	.961	SS-1964, 1B-25, 3B-19, OF-2

LEAGUE CHAMPIONSHIP SERIES
| 1984 | SD N | 5 | .333 | .400 | 15 | 5 | 1 | 0 | 0 | 0.0 | 2 | 2 | 2 | 0 | 1 | 0 | 0 | 19 | 11 | 1 | 3 | 6.2 | .968 | SS-5 |

WORLD SERIES
| 1984 | SD N | 5 | .316 | .368 | 19 | 6 | 1 | 0 | 0 | 0.0 | 1 | 0 | 0 | 3 | 0 | 0 | 0 | 8 | 11 | 0 | 1 | 3.8 | 1.000 | SS-5 |

Mickey Tettleton

TETTLETON, MICKEY LEE
B. Sept. 16, 1960, Oklahoma City, Okla.
BB TR 6' 2" 190 lbs.

April		17	.188	.354	48	9	2	0	2	4.2	8	7	12	13	0
May		26	.329	.553	85	28	2	1	5	5.9	21	15	15	22	0
June		26	.262	.548	84	22	1	1	7	8.3	17	19	18	19	2
July		25	.273	.511	88	24	3	0	6	6.8	11	19	11	27	0
Aug		29	.237	.464	97	23	4	0	6	6.2	12	15	29	26	0
Sept/Oct		31	.263	.465	99	26	5	0	5	5.1	16	14	16	24	1
Day		50	.246	.406	175	43	5	1	7	4.0	25	22	25	55	1
Night		104	.273	.537	326	89	12	1	24	7.4	60	67	76	76	2
vs. Left			.248	.532	109	27	4	0	9	8.3	16	25	17	32	0
vs. Right			.268	.480	392	105	13	2	22	5.6	69	64	84	99	3
On Grass		130	.271	.496	425	115	14	2	26	6.1	72	81	87	113	2
On Turf		24	.224	.461	76	17	3	0	5	6.6	13	8	14	18	1
Home		77	.264	.498	239	63	7	2	15	6.3	42	44	56	63	2
Road		77	.263	.485	262	69	10	0	16	6.1	43	45	45	68	1
Division Rivals																
vs. BAL		13	.298	.574	47	14	1	0	4	8.5	11	11	8	11	0
vs. BOS		10	.276	.517	29	8	1	0	2	6.9	5	6	3	10	0
vs. CLE		13	.262	.429	42	11	1	0	2	4.8	9	6	5	14	1
vs. MIL		13	.256	.615	39	10	2	0	4	10.3	8	7	8	8	0
vs. NY		13	.263	.526	38	10	1	0	3	7.9	4	11	12	15	0
vs. TOR		11	.219	.344	32	7	1	0	1	3.1	3	1	7	6	0
On 3B <2 Out			.370	.815	27	10	0	0	4	14.8	4	28	4	10	

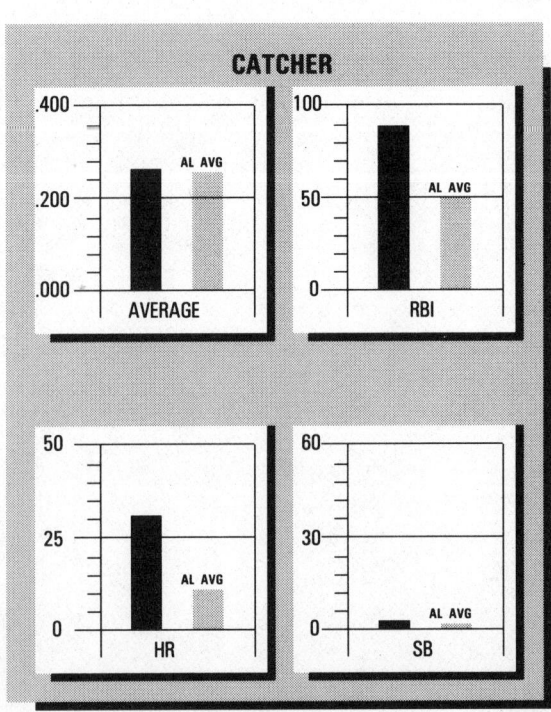

Year	Team	Games	BA	SA	AB	H	2B	3B	HR	HR%	R	RBI	BB	SO	SB	PINCH HIT AB	H	PO	A	E	DP	TC/G	FA	G by Pos

Mickey Tettleton Continued

Year	Team		Games	BA	SA	AB	H	2B	3B	HR	HR%	R	RBI	BB	SO	SB	AB	H	PO	A	E	DP	TC/G	FA	G by Pos
1984	OAK	A	33	.263	.355	76	20	2	1	1	1.3	10	5	11	21	0	3	0	112	10	1	1	3.7	.992	C-32
1985			78	.251	.351	211	53	12	0	3	1.4	23	15	28	59	2	3	1	344	24	4	9	4.8	.989	C-76, DH-1
1986			90	.204	.389	211	43	9	0	10	4.7	26	35	39	51	7	2	0	463	32	8	6	5.6	.984	C-89
1987			82	.194	.322	211	41	3	0	8	3.8	19	26	30	65	1	2	0	435	29	6	1	5.7	.987	C-80, DH-1, 1B-1
1988	BAL	A	86	.261	.424	283	74	11	1	11	3.9	31	37	28	70	0	9	0	361	31	3	1	4.6	.992	C-80
1989			117	.258	.509	411	106	21	2	26	6.3	72	65	73	117	3	3	1	297	42	2	1	2.9	.994	C-75, DH-43
1990			135	.223	.381	444	99	21	2	15	3.3	68	51	106	160	2	2	1	458	39	5	4	5.3	.990	C-90, DH-40, 1B-5, OF-1
1991	DET	A	154	.263	.491	501	132	17	2	31	6.2	85	89	101	131	3	13	4	562	55	6	2	4.9	.990	C-125, DH-24, OF-3, 1B-1
8 yrs.			775	.242	.424	2348	568	96	8	105	4.5	334	323	416	674	18	37	7	3032	262	35	25	4.3	.989	C-647, DH-109, 1B-7, OF-4

Tim Teufel

TEUFEL, TIMOTHY SHAWN (Tuff)
B. July 7, 1958, Greenwich, Conn.
BR TR 6' 175 lbs.

			Games	BA	SA	AB	H	2B	3B	HR	HR%	R	RBI	BB	SO	SB	AB	H	PO	A	E	DP	TC/G	FA	G by Pos
April			10	.077	.077	13	1	0	0	0	0.0	0	0	1	0	0									
May			10	.143	.286	21	3	0	0	1	4.8	2	2	1	8	1									
June			24	.321	.462	78	25	5	0	2	2.6	9	14	18	15	2									
July			21	.149	.194	67	10	3	0	0	0.0	3	2	8	15	1									
Aug			22	.276	.569	58	16	2	0	5	8.6	12	13	10	15	1									
Sept/Oct			30	.183	.356	104	19	6	0	4	3.8	15	13	13	24	4									
Day			35	.215	.344	93	20	6	0	2	2.2	8	12	10	24	3									
Night			82	.218	.379	248	54	10	0	10	4.0	33	32	41	53	6									
vs. Left				.273	.492	132	36	8	0	7	5.3	19	27	23	22	4									
vs. Right				.182	.292	209	38	8	0	5	2.4	22	17	28	55	5									
On Grass			87	.191	.337	246	47	12	0	8	3.3	30	34	40	57	8									
On Turf			30	.284	.453	95	27	4	0	4	4.2	11	10	11	20	1									
Home			57	.228	.401	162	37	10	0	6	3.7	19	24	28	33	6									
Road			60	.207	.341	179	37	6	0	6	3.4	22	20	23	44	3									
Division Rivals																									
vs. ATL			10	.200	.367	30	6	2	0	1	3.3	4	5	3	7	0									
vs. CIN			10	.333	.515	33	11	6	0	0	0.0	6	3	5	6	2									
vs. HOU			9	.241	.586	29	7	1	0	3	10.3	5	7	4	7	0									
vs. LA			9	.115	.115	26	3	0	0	0	0.0	2	0	4	8	1									
vs. SF			12	.161	.323	31	5	2	0	1	3.2	3	4	5	9	1									
On 3B <2 Out				.313	.750	16	5	1	0	2	12.5	3	16	4	4										
1983	MIN	A	21	.308	.538	78	24	7	1	3	3.8	11	6	2	8	0	2	0	47	58	1	14	5.0	.991	2B-18, DH-1, SS-1
1984			157	.262	.400	568	149	30	3	14	2.5	76	61	76	73	1	0	0	315	485	13	81	5.2	.984	2B-157
1985			138	.260	.399	434	113	24	3	10	2.3	58	50	48	70	4	6	1	237	352	12	67	4.4	.980	2B-137, DH-1
1986	NY	N	93	.247	.369	279	69	20	1	4	1.4	35	31	32	42	1	16	3	143	174	9	28	3.5	.972	2B-84, 1B-3, 3B-1
1987			97	.308	.545	299	92	29	0	14	4.7	55	61	44	53	3	18	8	139	214	11	44	3.8	.970	2B-92, 1B-1
1988			90	.234	.352	273	64	20	0	4	1.5	35	31	29	41	0	14	4	175	213	7	49	4.4	.982	2B-84, 1B-3
1989			83	.256	.333	219	56	7	2	2	0.9	27	15	32	50	1	12	3	261	112	10	30	4.6	.974	2B-40, 1B-33
1990			80	.246	.480	175	43	11	0	10	5.7	28	24	15	33	0	29	8	141	58	4	16	3.8	.980	1B-24, 2B-24, 3B-10
1991	2 teams		NY N (20G — .118)			SD N (97G — .228)																			
"	total		117	.217	.370	341	74	16	0	12	3.5	41	44	51	77	9	12	1	178	205	9	27	3.7	.977	2B-66, 3B-53, 1B-6
9 yrs.			876	.257	.408	2666	684	164	10	73	2.7	366	323	329	447	19	109	28	1636	1871	76	356	4.1	.979	2B-702, 1B-70, 3B-64, DH-2, SS-1
LEAGUE CHAMPIONSHIP SERIES																									
1986	NY	N	2	.167	.167	6	1	0	0	0	0.0	0	0	0	0	0	0	0	2	8	0	1	5.0	1.000	2B-2
1988			1	.000	.000	3	0	0	0	0	0.0	0	0	0	1	0	0	0	1	3	0	0	4.0	1.000	2B-1
2 yrs.			3	.111	.111	9	1	0	0	0	0.0	0	0	0	1	0	0	0	3	11	0	1	4.7	.000	2B-3
WORLD SERIES																									
1986	NY	N	3	.444	.889	9	4	1	0	1	11.1	1	1	0	2	0	0	0	3	3	1	1	2.3	.857	2B-3

SECOND BASE

AVERAGE / RBI / HR / SB (vs. NL AVG)

PLAYER REGISTER

Year	Team	Games	BA	SA	AB	H	2B	3B	HR	HR%	R	RBI	BB	SO	SB	PINCH HIT AB	H	PO	A	E	DP	TC/G	FA	G by Pos

Frank Thomas
THOMAS, FRANK EDWARD
B. May 27, 1968, Columbus, Ga.
BR TR 6' 5" 240 lbs.

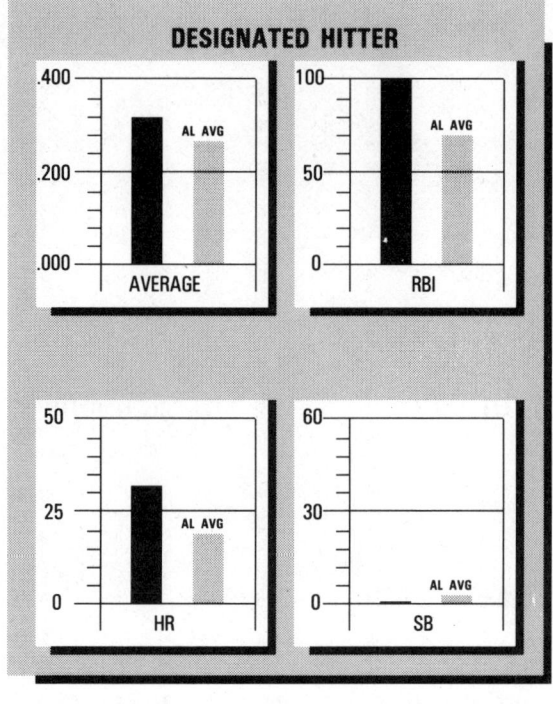
DESIGNATED HITTER

April		17	.313	.531	64	20	3	1	3	4.7	12	13	11	11	0
May		27	.322	.552	87	28	5	0	5	5.7	15	24	30	19	0
June		29	.280	.477	107	30	6	0	5	4.7	16	20	23	29	1
July		27	.323	.586	99	32	5	0	7	7.1	26	15	25	18	0
Aug		30	.373	.682	110	41	8	1	8	7.3	19	27	24	14	0
Sept/Oct		28	.293	.467	92	27	4	0	4	4.3	16	10	25	21	0
Day		42	.336	.604	149	50	10	0	10	6.7	32	32	39	30	0
Night		116	.312	.534	410	128	21	2	22	5.4	72	77	99	82	1
vs. Left			.376	.624	170	64	9	0	11	6.5	26	35	42	27	1
vs. Right			.293	.522	389	114	22	2	21	5.4	78	74	96	85	0
On Grass		134	.343	.596	470	161	28	2	29	6.2	90	95	119	94	1
On Turf		24	.191	.326	89	17	3	0	3	3.4	14	14	19	18	0
Home		81	.371	.708	267	99	16	1	24	9.0	65	61	76	60	1
Road		77	.271	.411	292	79	15	1	8	2.7	39	48	62	52	0
Division Rivals															
vs. CAL		13	.409	.591	44	18	2	0	2	4.5	12	7	10	7	0
vs. KC		13	.386	.682	44	17	4	0	3	6.8	11	9	11	7	1
vs. MIN		13	.213	.383	47	10	2	0	2	4.3	7	3	10	14	0
vs. OAK		12	.205	.308	39	8	1	0	1	2.6	4	7	13	11	0
vs. SEA		13	.302	.605	43	13	4	0	3	7.0	7	11	14	10	0
vs. TEX		10	.314	.543	35	11	2	0	2	5.7	7	6	11	8	0
On 3B <2 Out			.395	.684	38	15	5	0	2	5.3		35	7	5	
1990	CHI A	60	.330	.529	191	63	11	3	7	3.6	39	31	44	54	0	1	1	428	26	5	53	9.0	.989	1B-51, DH-8
1991		158	.318	.553	559	178	31	2	32	5.7	104	109	**138**	112	1	1	1	459	27	2	43	8.7	.996	DH-101, 1B-56
2 yrs.		218	.321	.547	750	241	42	5	39	5.2	143	140	182	166	1	2	2	887	53	7	96	4.3	.993	DH-109, 1B-107

Jim Thome
THOME, JAMES HOWARD
B. Aug. 27, 1970, Peoria, Ill.
BL TR 6' 3" 190 lbs.

Year	Team	Games	BA	SA	AB	H	2B	3B	HR	HR%	R	RBI	BB	SO	SB	AB	H	PO	A	E	DP	TC/G	FA	G by Pos
1991	CLE A	27	.255	.367	98	25	4	2	1	1.0	7	9	5	16	1	0	0	12	60	8	6	3.0	.900	3B-27

Milt Thompson
THOMPSON, MILTON BERNARD
B. Jan. 5, 1959, Washington, D. C.
BL TR 5' 11" 170 lbs.

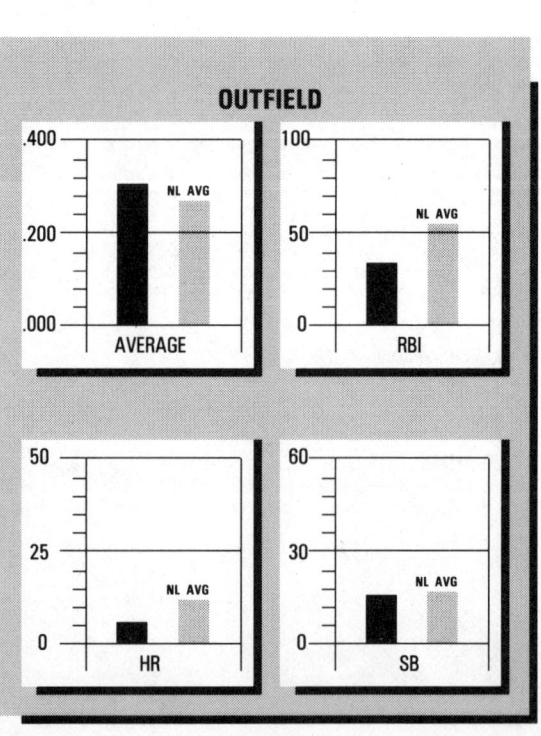
OUTFIELD

April		13	.417	.458	24	10	1	0	0	0.0	5	3	7	3	3
May		16	.424	.576	33	14	0	1	1	3.0	9	3	3	6	2
June		25	.321	.538	78	25	6	4	1	1.3	16	15	6	8	3
July		16	.294	.333	51	15	2	0	0	0.0	4	5	2	6	3
Aug		19	.298	.509	57	17	3	0	3	5.3	12	5	8	9	3
Sept/Oct		26	.229	.313	83	19	4	0	1	1.2	9	3	6	21	2
Day		30	.298	.447	94	28	5	3	1	1.1	16	11	10	16	3
Night		85	.310	.440	232	72	11	2	5	2.2	39	23	22	37	13
vs. Left			.216	.297	74	16	3	0	1	1.4	9	6	3	17	1
vs. Right			.333	.484	252	84	13	5	5	2.0	46	28	29	36	15
On Grass		31	.376	.505	101	38	8	1	1	1.0	14	9	12	18	5
On Turf		84	.276	.413	225	62	8	4	5	2.2	41	25	20	35	11
Home		59	.283	.447	159	45	6	4	4	2.5	33	21	16	22	9
Road		56	.329	.437	167	55	10	1	2	1.2	22	13	16	31	7
Division Rivals															
vs. CHI		14	.318	.341	44	14	1	0	0	0.0	5	2	9	7	3
vs. MON		9	.179	.214	28	5	1	0	0	0.0	2	0	1	9	0
vs. NY		13	.333	.424	33	11	1	1	0	0.0	8	4	9	8	3
vs. PHI		15	.179	.282	39	7	1	0	1	2.6	7	3	3	5	1
vs. PIT		12	.333	.485	33	11	2	0	1	3.0	5	4	0	5	2
On 3B <2 Out			.250	.250	20	5	0	0	0	0.0	0	7	3	6	

Year	Team		Games	BA	SA	AB	H	2B	3B	HR	HR%	R	RBI	BB	SO	SB	PINCH HIT AB	H	PO	A	E	DP	TC/G	FA	G by Pos

Milt Thompson Continued

Year	Team		Games	BA	SA	AB	H	2B	3B	HR	HR%	R	RBI	BB	SO	SB	AB	H	PO	A	E	DP	TC/G	FA	G by Pos
1984	ATL	N	25	.303	.374	99	30	1	0	2	2.0	16	4	11	11	14	2	2	37	6	2	1	1.8	.956	OF-25
1985			73	.302	.363	182	55	7	2	0	0.0	17	6	7	36	9	30	13	78	2	3	0	1.1	.964	OF-49
1986	PHI	N	96	.251	.341	299	75	7	1	6	2.0	38	23	26	62	19	10	1	212	6	2	1	2.2	.991	OF-89
1987			150	.302	.425	527	159	26	9	7	1.3	86	43	42	87	46	15	5	354	4	4	1	2.4	.989	OF-146
1988			122	.288	.357	378	109	16	2	2	0.5	53	33	39	59	17	16	4	278	5	5	1	2.4	.983	OF-112
1989	STL	N	155	.290	.393	545	158	28	8	4	0.7	60	68	39	91	27	10	1	348	5	8	1	2.3	.978	OF-147
1990			135	.218	.328	418	91	14	7	6	1.4	42	30	39	60	25	21	4	232	4	7	0	2.1	.971	OF-116
1991			115	.307	.442	326	100	16	5	6	1.8	55	34	32	53	16	28	10	207	8	2	1	2.4	.991	OF-91
8 yrs.			871	.280	.382	2774	777	115	34	33	1.2	367	241	235	459	173	132	40	1746	35	33	6	2.1	.982	OF-775

Robby Thompson

THOMPSON, ROBERT RANDALL
B. May 10, 1962, West Palm Beach, Fla.
BR TR 5' 11" 165 lbs.

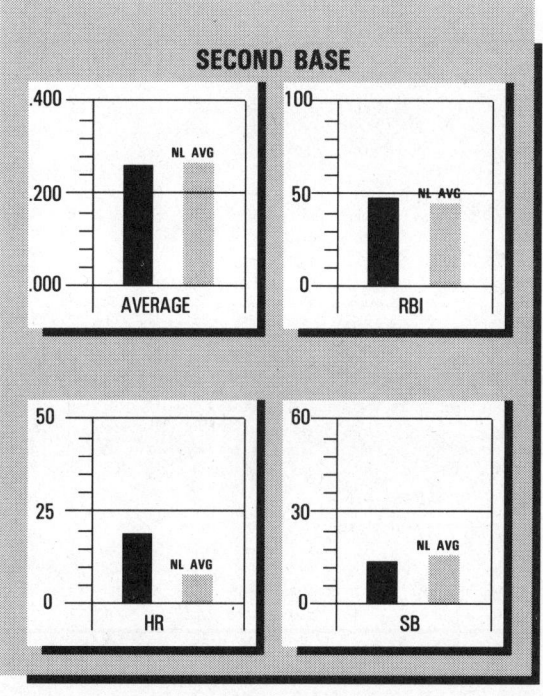

		Games	BA	SA	AB	H	2B	3B	HR	HR%	R	RBI	BB	SO	SB	AB	H	PO	A	E	DP	TC/G	FA	G by Pos
April		19	.233	.452	73	17	3	2	3	4.1	17	6	8	16	1									
May		25	.289	.506	83	24	6	0	4	4.8	13	7	13	16	6									
June		22	.232	.377	69	16	4	0	2	2.9	10	9	7	12	2									
July		24	.281	.506	89	25	3	1	5	5.6	16	9	9	19	2									
Aug		29	.305	.476	105	32	7	1	3	2.9	11	10	13	16	1									
Sept/Oct		25	.205	.329	73	15	1	1	2	2.7	7	7	13	16	2									
Day		52	.285	.477	172	49	6	3	7	4.1	29	20	26	31	7									
Night		92	.250	.431	320	80	18	2	12	3.8	45	28	37	64	7									
vs. Left			.281	.511	135	38	8	1	7	5.2	26	16	20	26	2									
vs. Right			.255	.423	357	91	16	4	12	3.4	48	32	43	69	12									
On Grass		107	.273	.472	362	99	19	4	15	4.1	59	37	51	67	9									
On Turf		37	.231	.377	130	30	5	1	4	3.1	15	11	12	28	5									
Home		72	.295	.519	241	71	13	4	11	4.6	45	26	38	43	6									
Road		72	.231	.378	251	58	11	1	8	3.2	29	22	25	52	8									
Division Rivals																									
vs. ATL		16	.264	.434	53	14	6	0	1	1.9	6	3	10	12	1									
vs. CIN		16	.316	.386	57	18	1	0	1	1.8	9	5	9	9	3									
vs. HOU		16	.180	.320	50	9	2	1	1	2.0	8	4	13	8	0									
vs. LA		15	.185	.259	54	10	1	0	1	1.9	7	4	4	12	2									
vs. SD		14	.245	.633	49	12	2	1	5	10.2	12	10	7	4	0									
On 3B < 2 Out			.211	.263	19	4	1	0	0	0.0	0	10	5	5										
1986	SF	N	149	.271	.370	549	149	27	3	7	1.3	73	47	42	112	12	1	0	255	451	17	97	4.9	.976	2B-149, SS-1
1987			132	.262	.419	420	110	26	5	10	2.4	62	44	40	91	16	4	2	246	341	17	99	4.6	.972	2B-126
1988			138	.264	.384	477	126	24	6	7	1.5	66	48	40	111	14	5	1	255	365	14	88	4.6	.978	2B-134
1989			148	.241	.400	547	132	26	11	13	2.4	91	50	51	133	12	0	0	307	425	8	88	5.0	.989	2B-148
1990			144	.245	.392	498	122	22	3	15	3.0	67	56	34	96	14	3	1	287	441	8	94	5.2	.989	2B-142
1991			144	.262	.447	492	129	24	5	19	3.9	74	48	63	95	14	0	0	320	402	11	98	5.1	.985	2B-144
6 yrs.			855	.257	.401	2983	768	149	33	71	2.4	433	293	270	638	82	13	4	1670	2425	75	564	4.9	.982	2B-843, SS-1

LEAGUE CHAMPIONSHIP SERIES

1987	SF	N	7	.100	.350	20	2	0	1	1	5.0	4	2	5	7	2	1	0	11	19	1	6	4.4	.968	2B-6
1989			5	.278	.611	18	5	0	0	2	11.1	5	3	3	2	0	0	0	10	13	0	4	4.6	1.000	2B-5
2 yrs.			12	.184	.474	38	7	0	1	3	7.9	9	5	8	9	2	1	0	21	32	1	10	4.5	.981	2B-11

WORLD SERIES

1989	SF	N	4	.091	.091	11	1	0	0	0	0.0	0	2	0	4	0	1	1	4	10	0	2	3.5	1.000	2B-4

Dickie Thon

THON, RICHARD WILLIAM
B. June 20, 1958, South Bend, Ind.
BR TR 5' 11" 160 lbs.

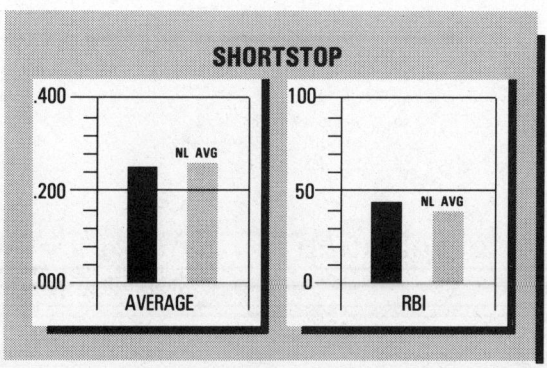

		Games	BA	SA	AB	H	2B	3B	HR	HR%	R	RBI	BB	SO	SB
April		17	.267	.350	60	16	2	0	1	1.7	5	5	5	15	2
May		25	.237	.301	93	22	3	0	1	1.1	6	6	4	15	2
June		25	.247	.387	93	23	1	3	2	2.2	11	5	7	15	2
July		22	.208	.260	77	16	2	1	0	0.0	4	3	4	9	0
Aug		29	.298	.447	114	34	8	0	3	2.6	12	20	2	13	0
Sept/Oct		28	.245	.324	102	25	2	0	2	2.0	6	5	3	17	5
Day		40	.233	.308	146	34	3	1	2	1.4	10	10	6	24	2
Night		106	.260	.366	393	102	15	3	7	1.8	34	34	19	60	9
vs. Left			.259	.341	205	53	7	2	2	1.0	20	14	14	23	4
vs. Right			.249	.356	334	83	11	2	7	2.1	24	30	11	61	7

PLAYER REGISTER

Year	Team		Games	BA	SA	AB	H	2B	3B	HR	HR%	R	RBI	BB	SO	SB	PINCH HIT AB	PINCH HIT H	PO	A	E	DP	TC/G	FA	G by Pos

Dickie Thon *Continued*

			Games	BA	SA	AB	H	2B	3B	HR	HR%	R	RBI	BB	SO	SB	PH AB	PH H	PO	A	E	DP	TC/G	FA	G by Pos
On Grass			40	.245	.323	155	38	7	1	1	0.6	16	7	7	22	4									
On Turf			106	.255	.362	384	98	11	3	8	2.1	28	37	18	62	7									
Home			74	.270	.359	270	73	8	2	4	1.5	21	25	12	44	5									
Road			72	.234	.342	269	63	10	2	5	1.9	23	19	13	40	6									
Division Rivals																									
vs. CHI			18	.288	.315	73	21	2	0	0	0.0	3	4	3	9	2									
vs. MON			18	.214	.314	70	15	1	0	2	2.9	5	7	1	9	1									
vs. NY			13	.200	.280	50	10	1	0	1	2.0	5	3	2	12	2									
vs. PIT			17	.283	.491	53	15	2	0	3	5.7	6	9	2	6	1									
vs. STL			14	.224	.327	49	11	3	1	0	0.0	2	5	2	14	1									
On 3B <2 Out				.357	.571	14	5	3	0	0	0.0	0	10	0	0										
1979	CAL	A	35	.339	.393	56	19	3	0	0	0.0	6	8	5	10	0	0	0	38	46	8	13	2.6	.913	2B-24, SS-8, DH-1, 3B-1
1980			80	.255	.315	267	68	12	2	0	0.0	32	15	10	28	7	13	2	70	128	10	28	2.6	.952	SS-22, 2B-21, DH-15, 3B-10, 1B-1
1981	HOU	N	49	.274	.337	95	26	6	0	0	0.0	13	3	9	13	6	2	0	53	63	6	13	2.5	.951	2B-28, SS-13, 3B-5
1982			136	.276	.397	496	137	31	**10**	3	0.6	73	36	37	48	37	9	4	183	412	17	82	4.5	.972	SS-119, 3B-8, 2B-1
1983			154	.286	.457	619	177	28	9	20	3.2	81	79	54	73	34	0	0	258	533	28	114	5.3	.966	SS-154
1984			5	.353	.471	17	6	0	1	0	0.0	3	1	0	4	0	0	0	8	13	0	1	4.2	1.000	SS-5
1985			84	.251	.355	251	63	6	1	6	2.4	26	29	18	50	8	6	1	106	218	11	48	4.0	.967	SS-79
1986			106	.248	.335	278	69	13	1	3	1.1	24	21	29	49	6	20	6	142	210	10	39	3.4	.972	SS-104
1987			32	.212	.273	66	14	1	0	1	1.5	6	3	16	13	3	9	3	21	53	6	7	2.5	.925	SS-31
1988	SD	N	95	.264	.337	258	68	12	2	1	0.4	36	18	33	49	19	19	3	84	171	12	29	2.8	.955	SS-70, 2B-2, 3B-1
1989	PHI	N	136	.271	.434	435	118	18	4	15	3.4	45	60	33	81	6	7	3	174	380	16	65	4.2	.972	SS-129
1990			149	.255	.350	552	141	20	4	8	1.4	54	48	37	77	12	6	1	222	439	25	86	4.6	.964	SS-148
1991			146	.252	.351	539	136	18	4	9	1.7	44	44	25	84	11	1	0	234	412	21	65	4.6	.969	SS-146
13 yrs.			1207	.265	.378	3929	1042	168	38	66	1.7	443	365	306	579	149	92	22	1593	3078	170	590	4.0	.965	SS-1028, 2B-76, 3B-25, DH-16, 1B-1

DIVISIONAL PLAYOFF SERIES

Year	Team		G	BA	SA	AB	H	2B	3B	HR	HR%	R	RBI	BB	SO	SB	PH AB	PH H	PO	A	E	DP	TC/G	FA	G by Pos
1981	HOU	N	4	.182	.182	11	2	0	0	0	0.0	0	0	1	0	0	1	0	5	10	1	0	4.0	.938	SS-4

LEAGUE CHAMPIONSHIP SERIES

Year	Team		G	BA	SA	AB	H	2B	3B	HR	HR%	R	RBI	BB	SO	SB	PH AB	PH H	PO	A	E	DP	TC/G	FA	G by Pos
1979	CAL	A	1	—	—	0	0	0	0	0	—	1	0	0	0	0	0	0	0	0	0	0	0.0	—	SS-1
1986	HOU	N	6	.250	.500	12	3	0	0	1	8.3	1	1	0	1	0	1	0	6	9	0	2	2.5	1.000	SS-6
2 yrs.			7	.250	.500	12	3	0	0	1	8.3	2	1	0	1	0	1	0	6	9	0	2	2.1	.000	SS-7

Gary Thurman

THURMAN, GARY MONTEZ
B. Nov. 12, 1964, Indianapolis, Ind.
BR TR 5' 10" 170 lbs.

Year	Team		G	BA	SA	AB	H	2B	3B	HR	HR%	R	RBI	BB	SO	SB	PH AB	PH H	PO	A	E	DP	TC/G	FA	G by Pos
1987	KC	A	27	.296	.321	81	24	2	0	0	0.0	12	5	8	20	7	0	0	61	5	2	1	2.5	.971	OF-27
1988			35	.167	.182	66	11	1	0	0	0.0	6	2	4	20	5	1	0	36	1	2	0	1.1	.949	OF-32, DH-1
1989			72	.195	.241	87	17	2	1	0	0.0	24	5	15	26	16	1	0	54	2	3	0	0.8	.949	OF-60, DH-4
1990			23	.233	.283	60	14	3	0	0	0.0	5	3	2	12	1	0	0	32	0	0	0	1.5	1.000	OF-21
1991			80	.277	.359	184	51	9	0	2	1.1	24	13	11	42	15	5	2	129	2	4	0	1.9	.970	OF-72
5 yrs.			237	.245	.297	478	117	17	1	2	0.4	71	28	40	120	44	7	2	312	10	11	1	1.4	.967	OF-212, DH-5

Ron Tingley

TINGLEY, RONALD IRVIN
B. May 27, 1959, Presque Isle, Me.
BR TR 6' 2" 160 lbs.

Year	Team		G	BA	SA	AB	H	2B	3B	HR	HR%	R	RBI	BB	SO	SB	PH AB	PH H	PO	A	E	DP	TC/G	FA	G by Pos
1982	SD	N	8	.100	.100	20	2	0	0	0	0.0	0	0	0	7	0	0	0	40	4	2	1	5.8	.957	C-8
1988	CLE	A	9	.167	.292	24	4	0	0	1	4.2	1	2	2	8	0	1	1	48	6	0	1	6.0	1.000	C-9
1989	CAL	A	4	.333	.333	3	1	0	0	0	0.0	0	0	1	0	0	0	0	7	1	1	0	2.3	.889	C-4
1990			5	.000	.000	3	0	0	0	0	0.0	0	0	1	1	0	0	0	12	0	0	0	2.4	1.000	C-5
1991			45	.200	.287	115	23	7	0	1	0.9	11	13	8	34	1	0	0	222	32	3	2	5.7	.988	C-45
5 yrs.			71	.182	.261	165	30	7	0	2	1.2	12	15	12	50	1	1	1	329	43	6	4	5.3	.984	C-71

Jose Tolentino

TOLENTINO, JOSE FRANCO
B. June 3, 1961, Mexico City, Mexico
BL TL 6' 1" 195 lbs.

Year	Team		G	BA	SA	AB	H	2B	3B	HR	HR%	R	RBI	BB	SO	SB	PH AB	PH H	PO	A	E	DP	TC/G	FA	G by Pos
1991	HOU	N	44	.259	.389	54	14	4	0	1	1.9	6	6	4	9	0	30	6	53	5	1	3	5.4	.983	1B-10, OF-1

Year	Team	Games	BA	SA	AB	H	2B	3B	HR	HR%	R	RBI	BB	SO	SB	PINCH HIT AB	PINCH HIT H	PO	A	E	DP	TC/G	FA	G by Pos

Kelvin Torve

TORVE, KELVIN CURTIS
B. Jan. 10, 1960, Rapid City, S. D.
BL TR 6' 3" 205 lbs.

Year	Team	Games	BA	SA	AB	H	2B	3B	HR	HR%	R	RBI	BB	SO	SB	PH AB	PH H	PO	A	E	DP	TC/G	FA	G by Pos
1988	MIN A	12	.188	.375	16	3	0	0	1	6.3	1	2	1	2	0	6	1	14	1	0	1	1.3	1.000	1B-4
1990	NY N	20	.289	.395	38	11	4	0	0	0.0	0	2	4	9	0	9	3	65	0	0	6	6.5	1.000	1B-9, OF-1
1991		10	.000	.000	8	0	0	0	0	0.0	0	0	0	1	0	8	0	0	2	0	0	2.0	1.000	1B-1
3 yrs.		42	.226	.339	62	14	4	0	1	1.6	1	4	5	12	0	23	4	79	3	0	7	2.0	.000	1B-14, OF-1

Alan Trammell

TRAMMELL, ALAN STUART
B. Feb. 21, 1958, Garden Grove, Calif.
BR TR 6' 165 lbs.

Split	G	BA	SA	AB	H	2B	3B	HR	HR%	R	RBI	BB	SO	SB
April	17	.297	.484	64	19	6	0	2	3.1	12	12	6	3	2
May	25	.214	.286	98	21	7	0	0	0.0	11	9	12	11	4
June	24	.212	.376	85	18	2	0	4	4.7	14	9	7	10	2
July	5	.429	.619	21	9	1	0	1	4.8	5	4	0	2	0
Aug	14	.222	.241	54	12	1	0	0	0.0	8	9	5	7	1
Sept/Oct	16	.264	.434	53	14	3	0	2	3.8	7	12	7	6	2
Day	34	.248	.387	137	34	7	0	4	2.9	19	19	10	14	3
Night	67	.248	.366	238	59	13	0	5	2.1	38	36	27	25	8
vs. Left		.212	.372	113	24	6	0	4	3.5	17	17	8	10	0
vs. Right		.263	.374	262	69	14	0	5	1.9	40	38	29	29	11
On Grass	88	.244	.370	324	79	17	0	8	2.5	46	49	33	34	10
On Turf	13	.275	.392	51	14	3	0	1	2.0	11	6	4	5	1
Home	59	.243	.376	218	53	11	0	6	2.8	33	39	22	17	6
Road	42	.255	.369	157	40	9	0	3	1.9	24	16	15	22	5
Division Rivals														
vs. BAL	5	.294	.412	17	5	2	0	0	0.0	3	4	2	1	1
vs. BOS	6	.200	.450	20	4	2	0	1	5.0	3	6	3	2	0
vs. CLE	13	.222	.356	45	10	3	0	1	2.2	5	7	5	4	2
vs. MIL	9	.294	.441	34	10	2	0	1	2.9	4	3	2	5	1
vs. NY	4	.333	.750	12	4	2	0	1	8.3	2	4	1	0	1
vs. TOR	10	.308	.487	39	12	4	0	1	2.6	8	6	3	3	0
On 3B < 2 Out		.333	.417	24	8	2	0	0	0.0	0	17	2	1	

Year	Team	Games	BA	SA	AB	H	2B	3B	HR	HR%	R	RBI	BB	SO	SB	PH AB	PH H	PO	A	E	DP	TC/G	FA	G by Pos
1977	DET A	19	.186	.186	43	8	0	0	0	0.0	6	0	4	12	0	0	0	15	34	2	5	2.7	.961	SS-19
1978		139	.268	.339	448	120	14	6	2	0.4	49	34	45	56	3	0	0	239	421	14	95	4.8	.979	SS-139
1979		142	.276	.357	460	127	11	4	6	1.3	68	50	43	55	17	0	0	245	388	26	99	4.6	.961	SS-142
1980		146	.300	.404	560	168	21	5	9	1.6	107	65	69	63	12	2	0	225	412	13	89	4.5	.980	SS-144
1981		105	.258	.327	392	101	15	3	2	0.5	52	31	49	31	10	1	1	181	347	9	65	5.1	.983	SS-105
1982		157	.258	.395	489	126	34	3	9	1.8	66	57	52	47	19	0	0	259	459	16	97	4.7	.978	SS-157
1983		142	.319	.471	505	161	31	2	14	2.8	83	66	57	64	30	0	0	236	367	13	71	4.3	.979	SS-140
1984		139	.314	.468	555	174	34	5	14	2.5	85	69	60	63	19	3	1	180	314	10	71	3.6	.980	SS-114, DH-22
1985		149	.258	.380	605	156	21	7	13	2.1	79	57	50	71	14	0	0	225	400	15	89	4.3	.977	SS-149
1986		151	.277	.469	574	159	33	7	21	3.7	107	75	59	57	25	1	0	238	445	22	99	4.7	.969	SS-149, DH-2
1987		151	.343	.551	597	205	34	3	28	4.7	109	105	60	47	21	3	0	222	421	19	94	4.4	.971	SS-149
1988		128	.311	.464	466	145	24	1	15	3.2	73	69	46	46	7	2	2	195	355	11	67	4.4	.980	SS-125
1989		121	.243	.334	449	109	20	3	5	1.1	54	43	45	45	10	2	1	188	396	9	71	4.9	.985	SS-117, DH-2
1990		146	.304	.449	559	170	37	1	14	2.5	71	89	68	55	12	2	0	232	409	14	102	4.6	.979	SS-142, DH-3
1991		101	.248	.373	375	93	20	0	9	2.4	57	55	37	39	11	4	1	131	296	9	60	4.7	.979	SS-92, DH-6
15 yrs.		1936	.286	.417	7077	2022	349	50	161	2.3	1066	865	744	751	210	20	6	3011	5464	202	1174	4.5	.977	SS-1883, DH-35

LEAGUE CHAMPIONSHIP SERIES

Year	Team	Games	BA	SA	AB	H	2B	3B	HR	HR%	R	RBI	BB	SO	SB	PH AB	PH H	PO	A	E	DP	TC/G	FA	G by Pos
1984	DET A	3	.364	.818	11	4	0	1	1	9.1	2	3	3	1	0	0	0	1	8	0	0	3.0	1.000	SS-3
1987		5	.200	.250	20	4	1	0	0	0.0	3	2	1	2	0	0	0	6	9	1	1	3.2	.938	SS-5
2 yrs.		8	.258	.452	31	8	1	1	1	3.2	5	5	4	3	0	0	0	7	17	1	1	3.1	.960	SS-8

WORLD SERIES

Year	Team	Games	BA	SA	AB	H	2B	3B	HR	HR%	R	RBI	BB	SO	SB	PH AB	PH H	PO	A	E	DP	TC/G	FA	G by Pos
1984	DET A	5	.450	.800	20	9	1	0	2	10.0	5	6	2	2	1	0	0	8	9	1	0	3.6	.944	SS-5

PLAYER REGISTER

Year	Team		Games	BA	SA	AB	H	2B	3B	HR	HR%	R	RBI	BB	SO	SB	PINCH HIT AB	H	PO	A	E	DP	TC/G	FA	G by Pos

Jeff Treadway

TREADWAY, HUGH JEFFERY
B. Jan. 22, 1963, Columbus, Ga.
BL TR 5' 10" 170 lbs.

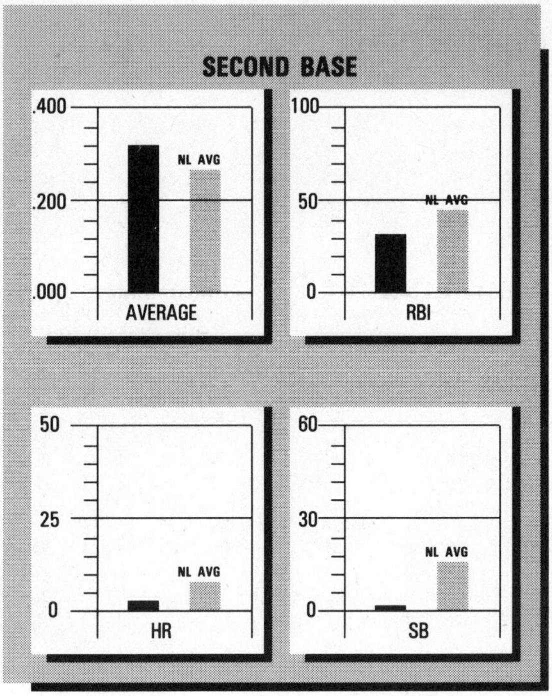

April	15	.327	.490	49	16	0	1	2	4.1	4	9	3	1	0		
May	13	.359	.436	39	14	1	1	0	0.0	8	2	3	1	1		
June	17	.340	.420	50	17	4	0	0	0.0	6	3	4	8	0		
July	21	.316	.456	57	18	5	0	1	1.8	8	9	8	1	0		
Aug	22	.299	.358	67	20	4	0	0	0.0	9	5	4	5	1		
Sept/Oct	18	.295	.364	44	13	3	0	0	0.0	6	4	1	3	0		
Day	28	.304	.342	79	24	3	0	0	0.0	11	8	7	4	0		
Night	78	.326	.445	227	74	14	2	3	1.3	30	24	16	15	2		
vs. Left		.250	.250	20	5	0	0	0	0.0	2	0	0	2	0		
vs. Right		.325	.430	286	93	17	2	3	1.0	39	32	23	17	2		
On Grass	78	.294	.381	218	64	11	1	2	0.9	34	16	19	12	2		
On Turf	28	.386	.511	88	34	6	1	1	1.1	7	16	4	7	0		
Home	56	.264	.340	159	42	7	1	1	0.6	25	12	18	8	1		
Road	50	.381	.503	147	56	10	1	2	1.4	16	20	5	11	1		
Division Rivals																	
vs. CIN	14	.333	.364	33	11	1	0	0	0.0	6	4	4	1	0		
vs. HOU	12	.342	.500	38	13	1	1	1	2.6	2	4	1	5	0		
vs. LA	13	.314	.400	35	11	0	0	1	2.9	5	2	3	4	0		
vs. SD	11	.162	.162	37	6	0	0	0	0.0	1	2	2	4	0		
vs. SF	9	.261	.261	23	6	0	0	0	0.0	7	2	2	2	1		
On 3B < 2 Out		.333	.533	15	5	0	0	1	6.7	1	10	2	0			

SECOND BASE

Year	Team		Games	BA	SA	AB	H	2B	3B	HR	HR%	R	RBI	BB	SO	SB	AB	H	PO	A	E	DP	TC/G	FA	G by Pos
1987	CIN	N	23	.333	.452	84	28	4	0	2	2.4	9	4	2	6	1	2	1	44	48	4	14	4.2	.958	2B-21
1988			103	.252	.362	301	76	19	4	2	0.7	30	23	27	30	2	7	4	189	253	8	50	4.4	.982	2B-97, 3B-2
1989	ATL	N	134	.277	.378	473	131	18	3	8	1.7	58	40	30	38	3	11	3	273	341	12	80	4.7	.981	2B-123, 3B-6
1990			128	.283	.403	474	134	20	2	11	2.3	56	59	25	42	3	6	2	241	360	15	72	5.0	.976	2B-122
1991			106	.320	.418	306	98	17	2	3	1.0	41	32	23	19	2	14	4	155	206	15	33	4.0	.960	2B-93
5 yrs.			494	.285	.394	1638	467	78	11	26	1.6	194	158	107	135	11	40	14	902	1208	54	249	4.4	.975	2B-456, 3B-8

LEAGUE CHAMPIONSHIP SERIES

1991	ATL	N	1	.333	.333	3	1	0	0	0	0.0	0	0	0	0	0	0	0	2	2	0	1	4.0	1.000	2B-1

WORLD SERIES

1991	ATL	N	3	.250	.250	4	1	0	0	0	0.0	1	0	1	2	0	1	0	1	3	1	1	5.0	.800	2B-1

Shane Turner

TURNER, SHANE LEE
B. Jan. 8, 1963, Los Angeles, Calif.
BL TR 5' 10" 180 lbs.

1988	PHI	N	18	.171	.171	35	6	0	0	0	0.0	1	1	5	9	0	5	1	8	14	1	2	1.3	.957	3B-8, SS-5
1991	BAL	A	4	.000	.000	1	0	0	0	0	0.0	0	0	0	0	0	1	0	0	1	0	0	1.0	1.000	DH-1, 2B-1
2 yrs.			22	.167	.167	36	6	0	0	0	0.0	1	1	5	9	0	6	1	8	15	1	2	1.1	.958	3B-8, SS-5, DH-1, 2B-1

Jose Uribe

URIBE, JOSE ALTAGRACIA
Born Jose Altagracia Gonzalez y Uribe.
Played as Jose Gonzalez in 1984.
B. Jan. 21, 1959, San Cristobal, Dominican Republic
BB TR 5' 10" 156 lbs.
BR 1984

April	9	.091	.091	22	2	0	0	0	0.0	1	0	3	4	0		
May	17	.182	.273	33	6	0	0	1	3.0	8	3	6	10	1		
June	14	.200	.343	35	7	1	2	0	0.0	2	2	3	3	0		
July	8	.208	.333	24	5	1	1	0	0.0	2	1	1	2	1		
Aug	26	.316	.418	79	25	6	1	0	0.0	10	5	6	6	0		
Sept/Oct	16	.158	.158	38	6	0	0	0	0.0	0	1	1	8	1		
Day	38	.268	.371	97	26	6	2	0	0.0	11	3	7	13	1		
Night	52	.187	.254	134	25	2	2	1	0.7	12	9	13	20	2		
vs. Left		.250	.317	60	15	2	1	0	0.0	6	3	7	8	1		
vs. Right		.211	.298	171	36	6	3	1	0.6	17	9	13	25	2		

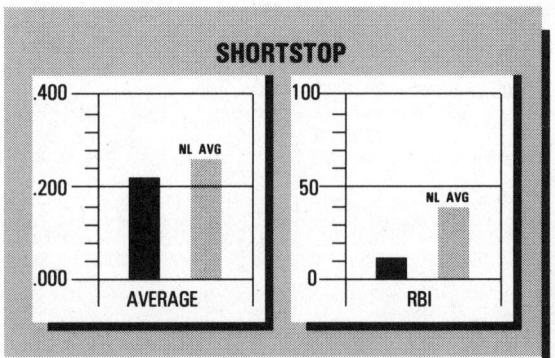

SHORTSTOP

PLAYER REGISTER 227

Year	Team	Games	BA	SA	AB	H	2B	3B	HR	HR%	R	RBI	BB	SO	SB	PINCH HIT AB	PINCH HIT H	PO	A	E	DP	TC/G	FA	G by Pos

Jose Uribe *Continued*

On Grass		64	.188	.244	160	30	5	2	0	0.0	11	8	15	22	2									
On Turf		26	.296	.437	71	21	3	2	1	1.4	12	4	5	11	1									
Home		47	.235	.296	115	27	3	2	0	0.0	8	7	9	16	2									
Road		43	.207	.310	116	24	5	2	1	0.9	15	5	11	17	1									
Division Rivals																								
vs. ATL		9	.074	.111	27	2	1	0	0	0.0	2	1	1	3	0									
vs. CIN		14	.286	.429	28	8	1	0	1	3.6	7	4	3	2	0									
vs. HOU		7	.273	.364	22	6	2	0	0	0.0	4	1	0	6	0									
vs. LA		9	.148	.148	27	4	0	0	0	0.0	0	0	2	6	0									
vs. SD		4	.143	.143	7	1	0	0	0	0.0	1	0	2	0	0									
On 3B <2 Out			.000	.000	4	0	0	0	0	0.0	0	2	0	1										
1984	STL N	8	.211	.211	19	4	0	0	0	0.0	4	3	0	2	1	0	0	7	15	1	4	2.9	.957	SS-5, 2B-1
1985	SF N	147	.237	.315	476	113	20	4	3	0.6	46	26	30	57	8	2	0	209	438	26	77	4.6	.961	SS-145, 2B-1
1986		157	.223	.280	453	101	15	1	3	0.7	46	43	61	76	22	2	1	249	444	16	95	4.5	.977	SS-156
1987		95	.291	.424	309	90	16	5	5	1.6	44	30	24	35	12	3	1	145	286	13	62	4.7	.971	SS-95
1988		141	.252	.318	493	124	10	7	3	0.6	47	35	36	69	14	0	0	212	404	19	77	4.5	.970	SS-140
1989		151	.221	.280	453	100	12	6	1	0.2	34	30	34	74	6	0	0	225	436	18	85	4.5	.973	SS-150
1990		138	.248	.304	415	103	8	6	1	0.2	35	24	29	49	5	4	1	182	373	20	73	4.3	.965	SS-134
1991		90	.221	.303	231	51	8	4	1	0.4	23	12	20	33	3	1	0	98	218	11	35	3.8	.966	SS-87
8 yrs.		927	.241	.313	2849	686	89	33	17	0.6	279	203	234	395	71	12	3	1327	2614	124	508	4.4	.969	SS-912, 2B-2

LEAGUE CHAMPIONSHIP SERIES

1987	SF N	7	.269	.308	26	7	1	0	0	0.0	1	2	0	4	1	0	0	11	21	1	7	4.7	.970	SS-7
1989		5	.235	.294	17	4	1	0	0	0.0	2	1	1	5	1	0	0	6	9	2	2	3.4	.882	SS-5
2 yrs.		12	.256	.302	43	11	2	0	0	0.0	3	3	1	9	2	0	0	17	30	3	9	4.2	.940	SS-12

WORLD SERIES

1989	SF N	3	.200	.200	5	1	0	0	0	0.0	1	0	0	0	0	0	0	1	3	0	0	1.3	1.000	SS-3

Dave Valle

VALLE, DAVID
B. Oct. 30, 1960, Bayside, N.Y.
BR TR 6' 2" 200 lbs.

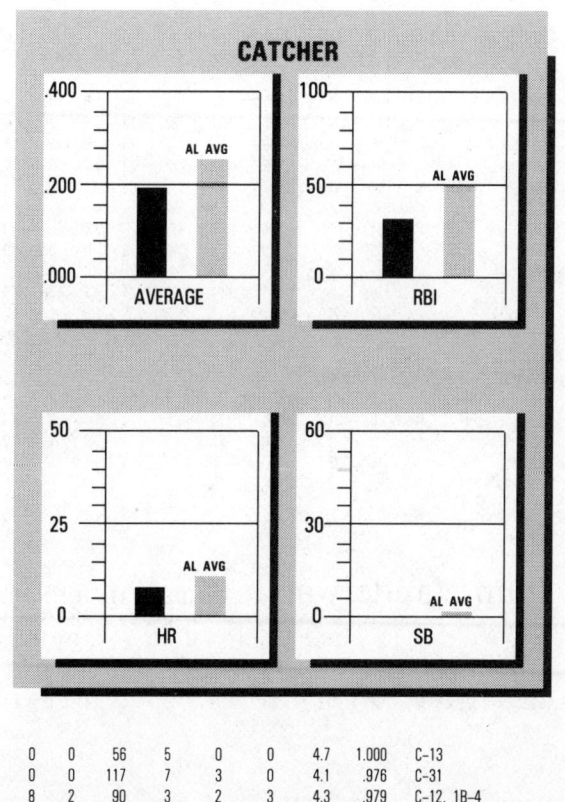

April		19	.228	.333	57	13	0	0	2	3.5	7	5	7	9	0									
May		23	.070	.123	57	4	0	0	1	1.8	4	2	10	9	0									
June		22	.073	.073	41	3	0	0	0	0.0	2	0	3	7	0									
July		18	.216	.378	37	8	1	1	1	2.7	6	3	1	6	0									
Aug		21	.222	.370	54	12	2	0	2	3.7	4	3	6	8	0									
Sept/Oct		29	.295	.436	78	23	5	0	2	2.6	15	19	7	10	0									
Day		33	.176	.311	74	13	1	0	3	4.1	8	9	9	12	0									
Night		99	.200	.296	250	50	7	1	5	2.0	30	23	25	37	0									
vs. Left			.232	.402	112	26	1	0	6	5.4	17	17	10	14	0									
vs. Right			.175	.245	212	37	7	1	2	0.9	21	15	24	35	0									
On Grass		45	.277	.500	112	31	4	0	7	6.3	16	21	11	16	0									
On Turf		87	.151	.193	212	32	4	1	1	0.5	22	11	23	33	0									
Home		72	.162	.197	173	28	4	1	0	0.0	15	8	17	27	0									
Road		60	.232	.417	151	35	4	0	8	5.3	23	24	17	22	0									
Division Rivals																								
vs. CAL		13	.171	.171	35	6	0	0	0	0.0	2	1	4	6	0									
vs. CHI		12	.179	.179	28	5	0	0	0	0.0	3	4	2	4	0									
vs. KC		11	.118	.147	34	4	1	0	0	0.0	4	2	3	4	0									
vs. MIN		9	.115	.115	26	3	0	0	0	0.0	2	1	3	5	0									
vs. OAK		10	.273	.273	22	6	0	0	0	0.0	1	0	5	4	0									
vs. TEX		9	.238	.524	21	5	3	0	1	4.8	3	5	3	4	0									
On 3B <2 Out			.111	.278	18	2	0	0	1	5.6	1	7	2	3										
1984	SEA A	13	.296	.444	27	8	1	0	1	3.7	4	4	1	5	0	0	0	56	5	0	0	4.7	1.000	C-13
1985		31	.157	.171	70	11	1	0	0	0.0	2	4	1	17	0	0	0	117	7	3	0	4.1	.976	C-31
1986		22	.340	.679	53	18	3	0	5	9.4	10	15	7	7	0	8	2	90	3	2	3	4.3	.979	C-12, 1B-4
1987		95	.256	.435	324	83	16	3	12	3.7	40	53	15	46	2	10	1	422	34	5	2	4.9	.989	C-75, 1B-2, OF-1
1988		93	.231	.400	290	67	15	2	10	3.4	29	50	18	38	0	10	5	490	47	6	8	5.8	.989	C-84, DH-3, 1B-1

PLAYER REGISTER

Year	Team		Games	BA	SA	AB	H	2B	3B	HR	HR%	R	RBI	BB	SO	SB	PINCH HIT AB	H	PO	A	E	DP	TC/G	FA	G by Pos

Dave Valle *Continued*

Year	Team		Games	BA	SA	AB	H	2B	3B	HR	HR%	R	RBI	BB	SO	SB	AB	H	PO	A	E	DP	TC/G	FA	G by Pos
1989			94	.237	.354	316	75	10	3	7	2.2	32	34	29	32	0	3	2	496	52	4	3	5.9	.993	C-93
1990			107	.214	.331	308	66	15	0	7	2.2	37	33	45	48	1	3	0	633	44	2	9	6.5	.997	C-104, 1B-1
1991			132	.194	.299	324	63	8	1	8	2.5	38	32	34	49	0	3	0	676	52	6	9	5.6	.992	C-129, 1B-2
8 yrs.			587	.228	.367	1712	391	69	9	50	2.9	192	225	150	242	3	37	10	2980	244	28	34	5.5	.991	C-541, 1B-10, DH-3, OF-1

Andy Van Slyke

VAN SLYKE, ANDREW JAMES (Slick)
B. Dec. 21, 1960, Utica, N.Y.
BL TR 6′ 1″ 190 lbs.

	Games	BA	SA	AB	H	2B	3B	HR	HR%	R	RBI	BB	SO	SB
April	19	.254	.493	67	17	2	1	4	6.0	14	16	8	9	3
May	25	.221	.360	86	19	2	2	2	2.3	16	10	18	11	2
June	23	.200	.238	80	16	3	0	0	0.0	10	6	7	17	1
July	21	.352	.704	71	25	4	3	5	7.0	23	25	18	14	1
Aug	24	.255	.457	94	24	5	1	4	4.3	10	16	9	21	1
Sept/Oct	26	.312	.462	93	29	8	0	2	2.2	14	10	11	13	2
Day	39	.291	.500	148	43	8	1	7	4.7	33	28	19	27	2
Night	99	.254	.423	343	87	16	6	10	2.9	54	55	52	58	8
vs. Left		.195	.330	185	36	9	2	4	2.2	30	23	23	40	2
vs. Right		.307	.516	306	94	15	5	13	4.2	57	60	48	45	8
On Grass	32	.277	.429	119	33	4	1	4	3.4	20	16	14	22	3
On Turf	106	.261	.452	372	97	20	6	13	3.5	67	67	57	63	7
Home	77	.226	.392	265	60	9	4	9	3.4	41	46	37	44	3
Road	61	.310	.509	226	70	15	3	8	3.5	46	37	34	41	7
Division Rivals														
vs. CHI	18	.282	.507	71	20	2	1	4	5.6	20	15	12	9	2
vs. MON	15	.278	.426	54	15	5	0	1	1.9	6	10	6	11	2
vs. NY	15	.288	.462	52	15	3	0	2	3.8	7	9	7	8	2
vs. PHI	17	.277	.477	65	18	5	1	2	3.1	11	9	9	15	1
vs. STL	13	.348	.565	46	16	3	2	1	2.2	8	8	8	5	2
On 3B < 2 Out		.345	.414	29	10	0	1	0	0.0	0	29	9	6	

OUTFIELD

Year	Team		Games	BA	SA	AB	H	2B	3B	HR	HR%	R	RBI	BB	SO	SB	AB	H	PO	A	E	DP	TC/G	FA	G by Pos
1983	STL	N	101	.262	.421	309	81	15	5	8	2.6	51	38	46	64	21	5	1	203	59	6	16	2.7	.978	OF-69, 3B-30, 1B-9
1984			137	.244	.368	361	88	16	4	7	1.9	45	50	63	71	28	11	4	357	82	8	40	3.3	.982	OF-81, 3B-32, 1B-30
1985			146	.259	.439	424	110	25	6	13	3.1	61	55	47	54	34	19	4	237	13	1	6	1.7	.996	OF-142, 1B-2
1986			137	.270	.452	418	113	23	7	13	3.1	48	61	47	85	21	10	2	415	34	8	25	3.3	.982	OF-110, 1B-38
1987	PIT	N	157	.293	.507	564	165	36	11	21	3.7	93	82	56	122	34	7	1	338	10	4	9	2.2	.989	OF-150, 1B-1
1988			154	.288	.506	587	169	23	15	25	4.3	101	100	57	126	30	5	0	406	12	4	2	2.7	.991	OF-152
1989			130	.237	.370	476	113	18	9	9	1.9	64	53	47	100	16	10	1	344	9	4	6	2.7	.989	OF-123, 1B-2
1990			136	.284	.465	493	140	26	6	17	3.4	67	77	66	89	14	4	0	326	6	8	0	2.6	.976	OF-133
1991			138	.265	.446	491	130	24	7	17	3.5	87	83	71	85	10	4	0	273	8	1	1	2.1	.996	OF-135
9 yrs.			1236	.269	.447	4123	1109	206	70	130	3.2	617	599	500	796	208	75	13	2899	233	44	105	2.6	.986	OF-1095, 1B-82, 3B-62

LEAGUE CHAMPIONSHIP SERIES

Year	Team		Games	BA	SA	AB	H	2B	3B	HR	HR%	R	RBI	BB	SO	SB	AB	H	PO	A	E	DP	TC/G	FA	G by Pos
1985	STL	N	5	.091	.091	11	1	0	0	0	0.0	1	1	2	1	0	0	0	7	0	0	0	1.4	1.000	OF-5
1990	PIT	N	6	.208	.333	24	5	1	1	0	0.0	3	3	1	7	1	0	0	13	1	0	0	2.3	1.000	OF-6
1991			7	.160	.360	25	4	2	0	1	4.0	3	2	5	5	1	0	0	18	1	0	0	2.7	1.000	OF-7
3 yrs.			18	.167	.300	60	10	3	1	1	1.7	7	6	8	13	2	0	0	38	2	0	0	2.2	.000	OF-18

WORLD SERIES

Year	Team		Games	BA	SA	AB	H	2B	3B	HR	HR%	R	RBI	BB	SO	SB	AB	H	PO	A	E	DP	TC/G	FA	G by Pos
1985	STL	N	6	.091	.091	11	1	0	0	0	0.0	0	0	0	5	0	0	0	8	0	0	0	1.3	1.000	OF-6

John Vanderwal

VANDERWAL, JOHN HENRY
B. Apr. 29, 1966, Grand Rapids, Mich.
BL TL 6′ 1″ 180 lbs.

Year	Team		Games	BA	SA	AB	H	2B	3B	HR	HR%	R	RBI	BB	SO	SB	AB	H	PO	A	E	DP	TC/G	FA	G by Pos
1991	MON	N	21	.213	.361	61	13	4	1	1	1.6	4	8	1	18	0	4	1	29	0	0	0	1.7	1.000	OF-17

Year	Team	Games	BA	SA	AB	H	2B	3B	HR	HR%	R	RBI	BB	SO	SB	PINCH HIT AB	PINCH HIT H	PO	A	E	DP	TC/G	FA	G by Pos

Gary Varsho
VARSHO, GARY ANDREW
B. June 20, 1961, Marshfield, Wis.
BL TR 5' 11" 190 lbs.

Year	Team	Games	BA	SA	AB	H	2B	3B	HR	HR%	R	RBI	BB	SO	SB	PH AB	PH H	PO	A	E	DP	TC/G	FA	G by Pos
1988	CHI	N	46	.274	.315	73	20	3	0	0	0.0	6	5	1	6	5	28	11	29	0	3	0	0.7	.906	OF-18
1989			61	.184	.276	87	16	4	2	0	0.0	10	6	4	13	3	36	5	25	1	2	0	0.5	.929	OF-21
1990			46	.250	.333	48	12	4	0	0	0.0	10	1	1	6	2	43	11	2	0	0	0	0.7	1.000	OF-3
1991	PIT	N	99	.273	.417	187	51	11	2	4	2.1	23	23	19	34	9	41	9	95	2	1	1	1.7	.990	OF-54, 1B-3
4 yrs.			252	.251	.357	395	99	22	4	4	1.0	49	35	25	59	19	148	36	151	3	6	1	0.6	.962	OF-96, 1B-3

LEAGUE CHAMPIONSHIP SERIES

Year	Team	Games	BA	SA	AB	H	2B	3B	HR	HR%	R	RBI	BB	SO	SB	PH AB	PH H	PO	A	E	DP	TC/G	FA
1991	PIT	N	2	.500	.500	2	1	0	0	0	0.0	0	0	0	1	0	2	1	0	0	0	0	0.0	1.000

Jim Vatcher
VATCHER, JAMES ERNEST
B. May 27, 1966, Santa Monica, Calif.
BR TR 5' 9" 165 lbs.

Year	Team	Games	BA	SA	AB	H	2B	3B	HR	HR%	R	RBI	BB	SO	SB	PH AB	PH H	PO	A	E	DP	TC/G	FA	G by Pos
1990	2 teams		PHI N (36G — .261)		ATL N (21G — .259)																			
"	total		57	.260	.356	73	19	2	1	1	1.3	7	7	5	15	0	32	10	27	0	0	0	0.9	1.000	OF-30
1991	SD	N	17	.200	.200	20	4	0	0	0	0.0	3	2	4	6	1	8	2	8	1	1	0	0.9	.900	OF-11
2 yrs.			74	.247	.323	93	23	2	1	1	1.1	10	9	9	21	1	40	12	35	1	1	0	0.5	.973	OF-41

Greg Vaughn
VAUGHN, GREGORY LAMONT
B. July 3, 1965, Sacramento, Calif.
BR TR 6' 195 lbs.

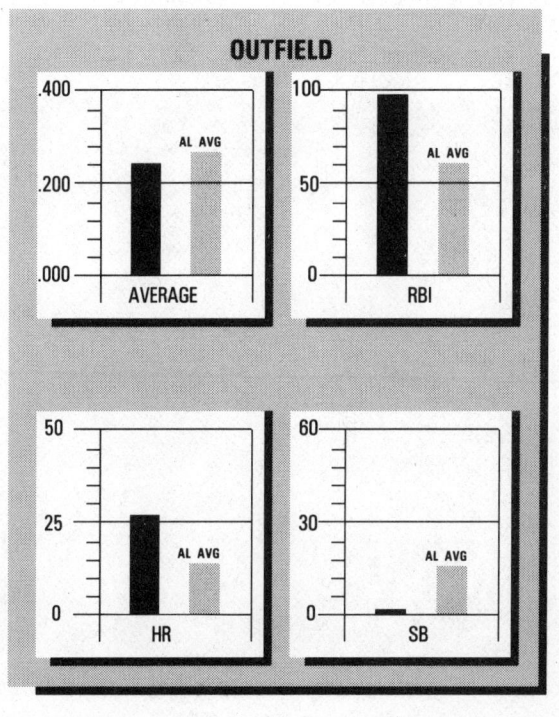

Split	Games	BA	SA	AB	H	2B	3B	HR	HR%	R	RBI	BB	SO	SB
April	15	.271	.646	48	13	3	0	5	10.4	8	13	7	11	1
May	21	.256	.453	86	22	6	1	3	3.5	8	11	9	20	0
June	27	.233	.495	103	24	4	1	7	6.8	17	28	12	21	0
July	23	.181	.325	83	15	1	1	3	3.6	11	9	9	24	0
Aug	28	.242	.424	99	24	4	1	4	4.0	18	15	16	22	1
Sept/Oct	31	.276	.463	123	34	6	1	5	4.1	19	22	9	27	0
Day	40	.273	.500	150	41	9	2	7	4.7	25	37	19	38	1
Night	105	.232	.439	392	91	15	3	20	5.1	56	61	43	87	1
vs. Left		.227	.377	154	35	6	1	5	3.2	24	22	19	35	1
vs. Right		.250	.487	388	97	18	4	22	5.7	57	76	43	90	1
On Grass	123	.256	.495	461	118	23	3	27	5.9	76	92	52	100	2
On Turf	22	.173	.235	81	14	1	2	0	0.0	5	6	10	25	0
Home	72	.246	.504	256	63	16	1	16	6.3	42	54	34	58	1
Road	73	.241	.413	286	69	8	4	11	3.8	39	44	28	67	1
Division Rivals														
vs. BAL	11	.182	.364	33	6	0	0	2	6.1	5	2	8	4	1
vs. BOS	10	.190	.286	42	8	1	0	1	2.4	5	9	2	14	0
vs. CLE	10	.333	.643	42	14	5	1	2	4.8	8	7	3	10	0
vs. DET	13	.315	.537	54	17	3	0	3	5.6	9	15	6	8	0
vs. NY	12	.204	.347	49	10	2	1	1	2.0	6	5	1	5	0
vs. TOR	11	.225	.350	40	9	2	0	1	2.5	4	6	4	11	0
On 3B <2 Out		.469	.750	32	15	3	0	2	6.3	2	32	4	9	

Year	Team	Games	BA	SA	AB	H	2B	3B	HR	HR%	R	RBI	BB	SO	SB	PH AB	PH H	PO	A	E	DP	TC/G	FA	G by Pos
1989	MIL	A	38	.265	.425	113	30	3	0	5	4.4	18	23	13	23	4	1	0	32	1	2	0	0.9	.943	OF-24, DH-13
1990			120	.220	.432	382	84	26	2	17	4.4	51	61	33	91	7	5	0	195	8	7	1	2.0	.967	OF-106, DH-8
1991			145	.244	.456	542	132	24	5	27	5.0	81	98	62	125	2	2	0	315	5	2	1	2.4	.994	OF-135, DH-10
3 yrs.			303	.237	.444	1037	246	53	7	49	4.7	150	182	108	239	13	8	0	542	14	11	2	1.9	.981	OF-265, DH-31

Mo Vaughn
VAUGHN, MAURICE SAMUEL
B. Dec. 15, 1967, Norwalk, Conn.
BL TR 6' 1" 225 lbs.

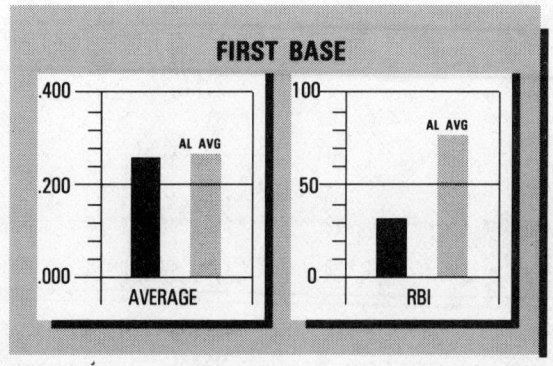

Split	Games	BA	SA	AB	H	2B	3B	HR	HR%	R	RBI	BB	SO	SB
April				0	0	0	0	0		0	0	0	0	0
May				0	0	0	0	0		0	0	0	0	0
June	4	.273	.545	11	3	0	0	1	9.1	1	2	1	3	0
July	23	.244	.359	78	19	3	0	2	2.6	8	13	8	17	0
Aug	21	.296	.426	54	16	4	0	1	1.9	5	9	10	3	1
Sept/Oct	26	.250	.316	76	19	5	0	0	0.0	7	8	7	20	1
Day	21	.299	.403	67	20	4	0	1	1.5	6	9	10	11	2
Night	53	.243	.355	152	37	8	0	3	2.0	15	23	16	32	0
vs. Left		.212	.273	33	7	2	0	0	0.0	1	7	2	8	0
vs. Right		.269	.387	186	50	10	0	4	2.2	20	25	24	35	2

PLAYER REGISTER

Year	Team		Games	BA	SA	AB	H	2B	3B	HR	HR%	R	RBI	BB	SO	SB	PINCH HIT AB	H	PO	A	E	DP	TC/G	FA	G by Pos

Mo Vaughn *Continued*

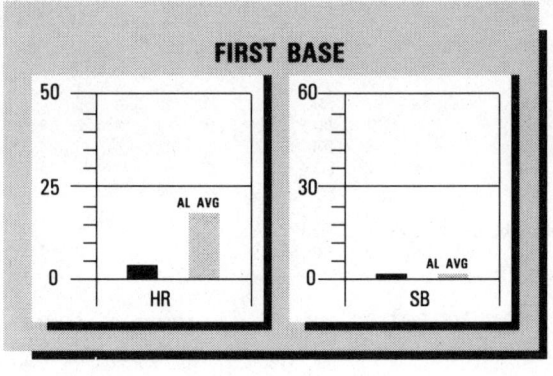
FIRST BASE

On Grass		64	.258	.363	190	49	11	0	3	1.6	17	28	21	39	2		
On Turf		10	.276	.414	29	8	1	0	1	3.4	4	4	5	4	0		
Home		37	.320	.430	100	32	8	0	1	1.0	8	16	18	20	0		
Road		37	.210	.319	119	25	4	0	3	2.5	13	16	8	23	2		
Division Rivals																	
vs. BAL		8	.375	.542	24	9	1	0	1	4.2	3	4	2	5	1		
vs. CLE		6	.385	.462	13	5	1	0	0	0.0	1	4	1	0	0		
vs. DET		8	.478	.652	23	11	1	0	1	4.3	4	7	3	4	0		
vs. MIL		7	.138	.241	29	4	0	0	1	3.4	3	6	1	9	0		
vs. NY		7	.056	.111	18	1	1	0	0	0.0	0	0	1	5	0		
vs. TOR		2	.143	.143	7	1	0	0	0	0.0	0	0	2	1	0		
On 3B < 2 Out			.250	.250	12	3	0	0	0	0.0	0	10	3	4			
1991	BOS	A	74	.260	.370	219	57	12	0	4	1.8	21	32	26	43	2	9	3	378	26	6	43	8.4	.985	1B-49, DH-16

Randy Velarde

VELARDE, RANDY LEE
B. Nov. 24, 1962, Midland, Tex.
BR TR 6' 185 lbs.

1987	NY	A	8	.182	.182	22	4	0	0	0	0.0	1	1	0	6	0	0	0	8	20	2	3	3.8	.933	SS-8
1988			48	.174	.357	115	20	6	0	5	4.3	18	12	8	24	1	0	0	72	98	8	26	3.7	.955	2B-24, SS-14, 3B-11
1989			33	.340	.480	100	34	4	2	2	2.0	12	11	7	14	0	2	1	26	61	4	16	2.8	.956	3B-27, SS-9
1990			95	.210	.319	229	48	6	2	5	2.1	21	19	20	53	0	7	1	70	159	12	18	2.7	.950	3B-74, SS-15, OF-5, DH-3, 2B-3
1991			80	.245	.332	184	45	11	1	1	0.5	19	15	18	43	3	7	4	64	148	15	24	3.0	.934	3B-50, SS-31, OF-2
5 yrs.			264	.232	.349	650	151	27	5	13	2.0	71	58	53	140	4	16	6	240	486	41	87	2.9	.947	3B-162, SS-77, 2B-27, OF-7, DH-3

Max Venable

VENABLE, WILLIAM McKINLEY, JR.
B. June 6, 1957, Phoenix, Ariz.
BL TR 5' 10" 185 lbs.

1979	SF	N	55	.165	.200	85	14	1	1	0	0.0	12	3	10	18	3	17	5	30	2	3	0	0.6	.914	OF-25
1980			64	.268	.304	138	37	5	0	0	0.0	13	10	15	22	8	26	9	61	0	0	0	1.0	1.000	OF-40
1981			18	.188	.313	32	6	0	2	0	0.0	2	1	4	3	3	12	1	12	0	0	0	0.7	1.000	OF-5
1982			71	.224	.280	125	28	2	1	1	0.8	17	7	7	16	9	17	3	66	6	1	2	1.0	.986	OF-53
1983			94	.219	.364	228	50	7	4	6	2.6	28	27	22	34	15	22	6	141	5	1	0	1.6	.993	OF-66
1984	MON	N	38	.239	.352	71	17	2	0	2	2.8	7	7	3	7	1	13	4	33	0	0	0	0.9	1.000	OF-27
1985	CIN	N	77	.289	.422	135	39	12	3	0	0.0	21	10	6	17	11	35	13	60	3	0	0	0.8	1.000	OF-39
1986			108	.211	.313	147	31	7	1	2	1.4	17	15	17	24	7	51	8	63	0	2	0	0.6	.969	OF-57
1987			7	.143	.143	7	1	0	0	0	0.0	2	2	0	0	0	2	1	3	0	0	0	0.4	1.000	OF-4
1989	CAL	A	20	.358	.434	53	19	4	0	0	0.0	7	4	1	16	0	6	1	21	0	0	0	1.1	1.000	OF-13
1990			93	.259	.402	189	49	9	3	4	2.1	26	21	24	31	5	16	3	112	3	3	1	1.5	.975	OF-77, DH-1
1991			82	.246	.358	187	46	8	2	3	1.6	24	21	11	30	2	16	3	86	3	3	0	1.4	.967	OF-65, DH-3
12 yrs.			727	.241	.345	1397	337	57	17	18	1.3	176	128	120	218	64	233	57	688	22	13	3	1.0	.982	OF-471, DH-4

Robin Ventura

VENTURA, ROBIN MARK
B. July 14, 1967, Santa Maria, Calif.
BL TR 6' 1" 185 lbs.

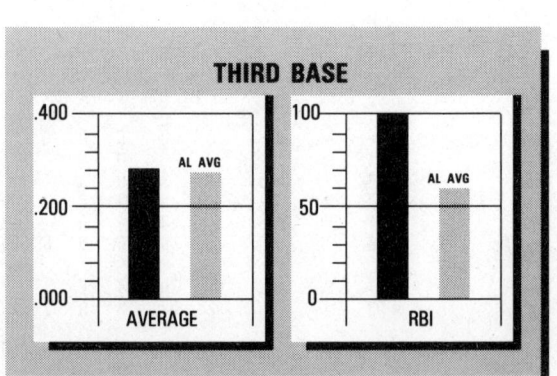
THIRD BASE

April		16	.322	.475	59	19	3	0	2	3.4	7	9	11	5	0
May		26	.208	.218	101	21	1	0	0	0.0	4	5	7	15	2
June		29	.312	.413	109	34	5	0	2	1.8	19	14	14	6	0
July		27	.357	.739	115	41	8	0	12	10.4	27	33	14	9	0
Aug		29	.283	.481	106	30	4	1	5	4.7	17	25	14	11	0
Sept/Oct		30	.233	.319	116	27	4	0	2	1.7	18	14	20	21	0
Day		40	.284	.395	162	46	3	0	5	3.1	24	17	20	20	0
Night		117	.284	.459	444	126	22	1	18	4.1	68	83	60	47	2
vs. Left			.260	.370	192	50	6	0	5	2.6	23	20	31	29	0
vs. Right			.295	.476	414	122	19	1	18	4.3	69	80	49	38	2

Year	Team	Games	BA	SA	AB	H	2B	3B	HR	HR%	R	RBI	BB	SO	SB	PINCH HIT AB	PINCH HIT H	PO	A	E	DP	TC/G	FA	G by Pos

Robin Ventura *Continued*

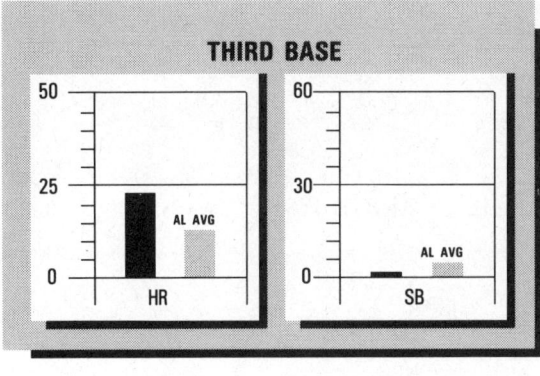

THIRD BASE

Year	Team	Games	BA	SA	AB	H	2B	3B	HR	HR%	R	RBI	BB	SO	SB	PH AB	PH H	PO	A	E	DP	TC/G	FA	G by Pos
On Grass		134	.284	.463	518	147	22	1	23	4.4	80	93	66	57	2									
On Turf		23	.284	.318	88	25	3	0	0	0.0	12	7	14	10	0									
Home		81	.289	.490	304	88	13	0	16	5.3	52	58	37	37	1									
Road		76	.278	.394	302	84	12	1	7	2.3	40	42	43	30	1									
Division Rivals																								
vs. CAL		12	.205	.295	44	9	1	0	1	2.3	4	1	3	10	0									
vs. KC		13	.294	.294	51	15	0	0	0	0.0	8	7	4	5	0									
vs. MIN		13	.222	.444	45	10	1	0	3	6.7	5	9	13	5	0									
vs. OAK		13	.231	.250	52	12	1	0	0	0.0	7	3	8	9	1									
vs. SEA		12	.340	.574	47	16	5	0	2	4.3	12	6	7	5	0									
vs. TEX		13	.280	.460	50	14	3	0	2	4.0	9	12	7	3	0									
On 3B < 2 Out			.385	.577	26	10	2	0	1	3.8	1	28	5	5										
1989	CHI A	16	.178	.244	45	8	3	0	0	0.0	5	7	8	6	0	1	0	17	33	2	2	3.3	.962	3B-16
1990		150	.249	.318	493	123	17	1	5	1.0	48	54	55	53	1	7	2	116	268	25	32	2.8	.939	3B-147, 1B-1
1991		157	.284	.442	606	172	25	1	23	3.8	92	100	80	67	2	3	0	225	291	18	37	3.4	.966	3B-151, 1B-31
3 yrs.		323	.265	.381	1144	303	45	2	28	2.4	145	161	143	126	3	11	2	358	592	45	71	3.1	.955	3B-314, 1B-32

Hector Villanueva

VILLANUEVA, HECTOR
B. Oct. 2, 1964, Rio Piedras, Puerto Rico
BR TR 6' 1" 220 lbs.

Year	Team	Games	BA	SA	AB	H	2B	3B	HR	HR%	R	RBI	BB	SO	SB	PH AB	PH H	PO	A	E	DP	TC/G	FA	G by Pos
1990	CHI N	52	.272	.509	114	31	4	0	7	6.1	14	18	4	27	1	18	3	170	10	2	6	5.1	.989	C-23, 1B-14
1991		71	.276	.542	192	53	10	1	13	6.8	23	32	21	30	0	13	3	276	27	6	4	5.4	.981	C-55, 1B-6
2 yrs.		123	.275	.529	306	84	14	2	20	6.5	37	50	25	57	1	31	6	446	37	8	10	4.0	.984	C-78, 1B-20

Jose Vizcaino

VIZCAINO, JOSE LUIS
Born Jose Luis Vizcaino y Pimental.
B. Mar. 26, 1968, San Cristobal, Dominican Republic
BB TR 6' 1" 150 lbs.

Year	Team	Games	BA	SA	AB	H	2B	3B	HR	HR%	R	RBI	BB	SO	SB	PH AB	PH H	PO	A	E	DP	TC/G	FA	G by Pos
1989	LA N	7	.200	.200	10	2	0	0	0	0.0	2	0	0	1	0	1	1	6	9	2	2	2.4	.882	SS-5
1990		37	.275	.333	51	14	1	1	0	0.0	3	2	4	8	1	15	2	23	27	2	6	3.1	.962	SS-11, 2B-6
1991	CHI N	93	.262	.297	145	38	5	0	0	0.0	7	10	5	18	2	6	1	49	118	7	19	1.9	.960	3B-57, SS-33, 2B-9
3 yrs.		137	.262	.301	206	54	6	1	0	0.0	12	12	9	27	3	22	4	78	154	11	27	1.8	.955	3B-57, SS-49, 2B-15

Omar Vizquel

VIZQUEL, OMAR ENRIQUE
Born Omar Enrique Vizquel y Gonzalez.
B. Apr. 24, 1967, Caracas, Venezuela
BB TR 5' 9" 155 lbs.

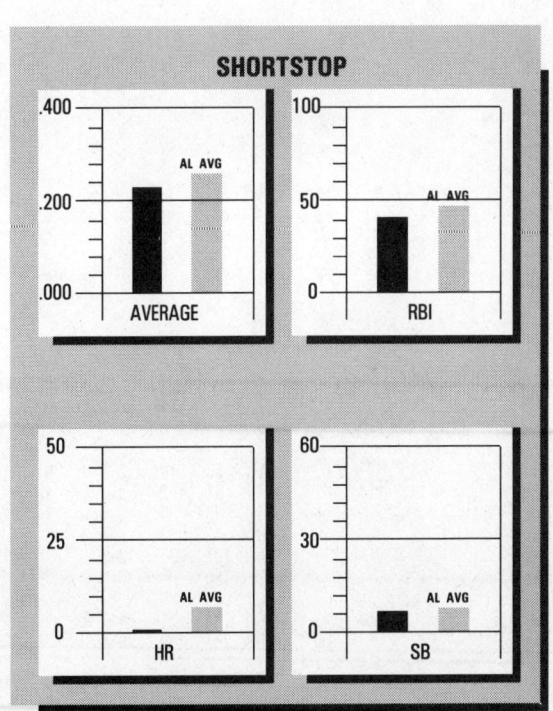

SHORTSTOP

Split	Games	BA	SA	AB	H	2B	3B	HR	HR%	R	RBI	BB	SO	SB
April	16	.200	.260	50	10	1	1	0	0.0	5	4	5	1	0
May	23	.203	.284	74	15	2	2	0	0.0	7	7	7	6	1
June	25	.237	.289	76	18	4	0	0	0.0	6	6	9	6	1
July	23	.292	.323	65	19	2	0	0	0.0	9	5	6	4	1
Aug	26	.200	.267	75	15	2	0	1	1.3	4	8	9	11	3
Sept/Oct	29	.244	.326	86	21	5	1	0	0.0	11	11	9	9	1
Day	42	.288	.331	118	34	3	1	0	0.0	10	15	14	7	4
Night	100	.208	.279	308	64	13	3	1	0.3	32	26	31	30	3
vs. Left		.230	.276	87	20	4	0	0	0.0	12	11	7	5	1
vs. Right		.230	.298	339	78	12	4	1	0.3	30	30	38	32	6
On Grass	56	.216	.234	167	36	3	0	0	0.0	15	13	17	10	5
On Turf	86	.239	.332	259	62	13	4	1	0.4	27	28	28	27	2
Home	69	.252	.359	206	52	11	4	1	0.5	24	24	21	21	1
Road	73	.209	.232	220	46	5	0	0	0.0	18	17	24	16	6
Division Rivals														
vs. CAL	11	.250	.469	32	8	2	1	1	3.1	3	3	2	3	1
vs. CHI	10	.300	.367	30	9	2	0	0	0.0	3	6	2	1	1
vs. KC	10	.194	.278	36	7	1	1	0	0.0	4	4	1	4	0
vs. MIN	9	.217	.217	23	5	0	0	0	0.0	0	3	6	2	0
vs. OAK	12	.156	.156	32	5	0	0	0	0.0	3	3	5	2	0
vs. TEX	13	.205	.282	39	8	3	0	0	0.0	7	5	9	5	1
On 3B < 2 Out		.357	.429	14	5	1	0	0	0.0	0	13	4	1	

Year	Team		Games	BA	SA	AB	H	2B	3B	HR	HR%	R	RBI	BB	SO	SB	PINCH HIT AB	H	PO	A	E	DP	TC/G	FA	G by Pos

Omar Vizquel *Continued*

Year	Team		Games	BA	SA	AB	H	2B	3B	HR	HR%	R	RBI	BB	SO	SB	AB	H	PO	A	E	DP	TC/G	FA	G by Pos
1989	SEA	A	143	.220	.261	387	85	7	3	1	0.3	45	20	28	40	1	2	0	208	388	18	102	4.3	.971	SS-143
1990			81	.247	.298	255	63	3	2	2	0.7	19	18	18	22	4	0	0	103	239	7	48	4.3	.980	SS-81
1991			142	.230	.293	426	98	16	4	1	0.2	42	41	45	37	7	8	0	224	422	13	105	4.7	.980	SS-138, 2B-1
3 yrs.			366	.230	.283	1068	246	26	9	4	0.4	106	79	91	99	12	10	0	535	1049	38	255	4.4	.977	SS-362, 2B-1

Don Wakamatsu

WAKAMATSU, WILBUR DONALD
B. Feb. 22, 1963, Hood River, Ore.
BR TR 6' 2" 200 lbs.

Year	Team		Games	BA	SA	AB	H	2B	3B	HR	HR%	R	RBI	BB	SO	SB	AB	H	PO	A	E	DP	TC/G	FA	G by Pos
1991	CHI	A	18	.226	.226	31	7	0	0	0	0.0	2	0	1	6	0	1	1	47	2	0	2	2.7	1.000	C-18

Chico Walker

WALKER, CLEOTHA
B. Nov. 25, 1957, Jackson, Miss.
BB TR 5' 9" 170 lbs.

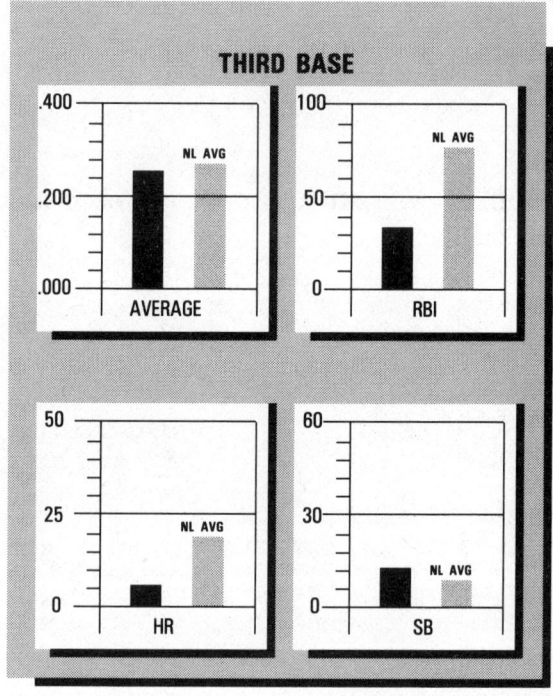

THIRD BASE

	Games	BA	SA	AB	H	2B	3B	HR	HR%	R	RBI	BB	SO	SB
April	8	.200	.200	10	2	0	0	0	0.0	0	0	1	0	1
May	19	.342	.421	38	13	0	0	1	2.6	1	4	5	8	1
June	21	.235	.294	51	12	3	0	0	0.0	7	3	5	11	1
July	24	.333	.419	93	31	3	1	1	1.1	16	12	8	13	5
Aug	28	.210	.300	100	21	3	0	2	2.0	17	8	6	9	1
Sept/Oct	24	.207	.293	82	17	1	0	2	2.4	10	7	8	16	4
Day	65	.254	.328	189	48	3	1	3	1.6	24	11	16	28	7
Night	59	.259	.346	185	48	7	0	3	1.6	27	23	17	29	6
vs. Left		.210	.319	119	25	2	1	3	2.5	10	12	8	17	3
vs. Right		.278	.345	255	71	8	0	3	1.2	41	22	25	40	10
On Grass	93	.270	.367	278	75	7	1	6	2.2	41	31	25	41	10
On Turf	31	.219	.250	96	21	3	0	0	0.0	10	3	8	16	3
Home	65	.270	.365	200	54	5	1	4	2.0	28	19	17	27	7
Road	59	.241	.305	174	42	5	0	2	1.1	23	15	16	30	6
Division Rivals														
vs. MON	15	.288	.462	52	15	3	0	2	3.8	7	8	2	8	1
vs. NY	15	.300	.360	50	15	0	0	1	2.0	9	4	2	8	1
vs. PHI	13	.108	.108	37	4	0	0	0	0.0	2	1	6	4	1
vs. PIT	10	.214	.321	28	6	0	0	1	3.6	5	3	2	5	0
vs. STL	9	.188	.219	32	6	1	0	0	0.0	3	1	2	7	3
On 3B < 2 Out		.692	1.077	13	9	2	0	1	7.7	1	16	3	3	

Year	Team		Games	BA	SA	AB	H	2B	3B	HR	HR%	R	RBI	BB	SO	SB	AB	H	PO	A	E	DP	TC/G	FA	G by Pos
1980	BOS	A	19	.211	.263	57	12	0	0	1	1.8	3	5	6	10	3	1	1	15	31	2	7	2.5	.958	2B-11, DH-7
1981			6	.353	.353	17	6	0	0	0	0.0	3	2	1	2	0	1	0	4	10	0	1	2.3	1.000	2B-5
1983			4	.400	1.200	5	2	0	2	0	0.0	2	1	0	0	0	1	0	4	1	0	0	1.3	1.000	OF-3
1984			3	.000	.000	2	0	0	0	0	0.0	0	1	0	1	0	2	0	1	0	0	0	0.3	1.000	2B-1
1985	CHI	N	21	.083	.083	12	1	0	0	0	0.0	3	0	0	5	1	8	1	4	0	0	0	0.2	1.000	OF-6, 2B-2
1986			28	.277	.376	101	28	3	2	1	1.0	21	7	10	20	15	2	0	42	1	2	0	1.6	.956	OF-26
1987			47	.200	.238	105	21	4	0	0	0.0	15	7	12	23	11	6	0	37	0	1	0	0.8	.974	OF-33, 3B-2
1988	CAL	A	33	.154	.167	78	12	1	0	0	0.0	8	2	6	15	2	10	0	33	20	2	1	1.7	.964	OF-17, 2B-7, 3B-2
1991	CHI	N	124	.257	.337	374	96	10	1	6	1.6	51	34	33	57	13	32	13	106	89	8	9	2.1	.961	3B-57, OF-53, 2B-6
9 yrs.			285	.237	.306	751	178	18	5	8	1.1	106	59	68	133	45	63	15	245	153	15	18	1.4	.964	OF-138, 3B-61, 2B-32, DH-7

Larry Walker

WALKER, LARRY KENNETH ROBERT
B. Dec. 1, 1966, Maple Ridge B. C., Canada
BL TR 6' 2" 185 lbs.

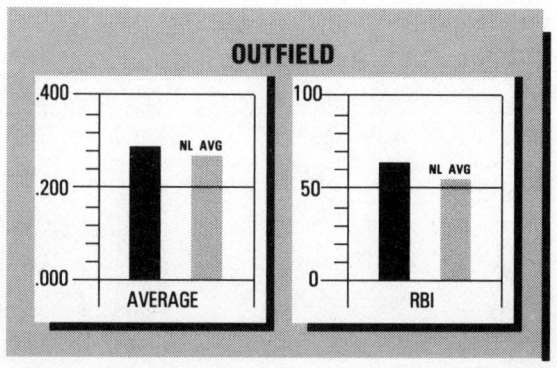

OUTFIELD

	Games	BA	SA	AB	H	2B	3B	HR	HR%	R	RBI	BB	SO	SB
April	17	.182	.255	55	10	2	1	0	0.0	6	3	6	11	2
May	25	.242	.407	91	22	3	0	4	4.4	11	8	11	22	2
June	23	.256	.385	78	20	4	0	2	2.6	7	10	10	24	5
July	13	.310	.619	42	13	2	1	3	7.1	8	12	2	8	1
Aug	26	.376	.624	101	38	13	0	4	4.0	11	12	7	12	1
Sept/Oct	33	.317	.442	120	38	6	0	3	2.5	16	19	6	25	3
Day	39	.246	.405	126	31	4	2	4	3.2	17	20	18	32	2
Night	98	.305	.476	361	110	26	0	12	3.3	42	44	24	70	12
vs. Left		.288	.419	160	46	9	0	4	2.5	17	25	13	39	3
vs. Right		.291	.477	327	95	21	2	12	3.7	42	39	29	63	11

Year	Team	Games	BA	SA	AB	H	2B	3B	HR	HR%	R	RBI	BB	SO	SB	PINCH HIT AB	H	PO	A	E	DP	TC/G	FA	G by Pos

Larry Walker *Continued*

On Grass		43	.288	.481	156	45	4	1	8	5.1	18	26	20	28	3									
On Turf		94	.290	.447	331	96	26	1	8	2.4	41	38	22	74	11									
Home		54	.273	.428	187	51	14	0	5	2.7	24	24	14	46	7									
Road		83	.300	.477	300	90	16	2	11	3.7	35	40	28	56	7									
Division Rivals																								
vs. CHI		17	.281	.391	64	18	4	0	1	1.6	8	7	10	12	1									
vs. NY		13	.186	.256	43	8	0	0	1	2.3	4	3	3	10	2									
vs. PHI		16	.306	.516	62	19	4	0	3	4.8	5	10	1	12	2									
vs. PIT		11	.350	.400	40	14	2	0	0	0.0	5	2	3	8	2									
vs. STL		18	.241	.431	58	14	6	1	1	1.7	6	7	3	10	0									
On 3B <2 Out			.444	.611	18	8	3	0	0	0.0	0	17	4	3										
1989	MON N	20	.170	.170	47	8	0	0	0	0.0	4	4	5	13	1	7	0	19	2	0	1	1.1	1.000	OF-15
1990		133	.241	.434	419	101	18	3	19	4.5	59	51	49	112	21	11	1	249	12	4	5	2.1	.985	OF-124
1991		137	.290	.458	487	141	30	2	16	3.3	59	64	42	102	14	2	1	536	36	6	30	4.3	.990	OF-102, 1B-39
3 yrs.		290	.262	.433	953	250	48	5	35	3.7	122	119	96	227	36	20	2	804	50	10	36	3.0	.988	OF-241, 1B-39

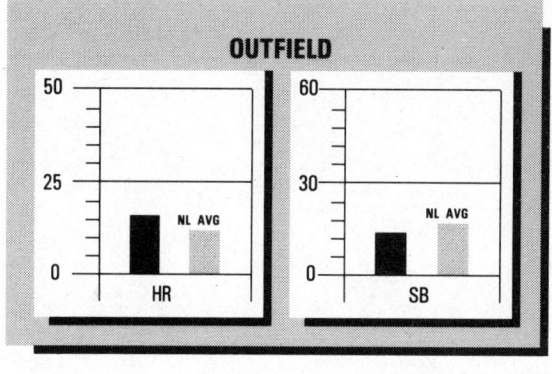

Tim Wallach

WALLACH, TIMOTHY CHARLES
B. Sept. 14, 1957, Huntington Park, Calif.
BR TR 6' 3" 220 lbs.

April		20	.210	.272	81	17	2	0	1	1.2	4	4	1	13	0									
May		27	.220	.310	100	22	3	0	2	2.0	13	11	16	19	1									
June		28	.286	.455	112	32	4	0	5	4.5	17	20	11	17	0									
July		22	.227	.360	75	17	4	0	2	2.7	7	12	9	14	0									
Aug		26	.183	.308	104	19	5	1	2	1.9	10	11	7	22	0									
Sept/Oct		28	.219	.286	105	23	4	0	1	1.0	9	15	6	15	1									
Day		39	.257	.358	148	38	3	0	4	2.7	15	21	14	33	1									
Night		112	.214	.326	429	92	19	1	9	2.1	45	52	36	67	1									
vs. Left			.222	.346	185	41	8	0	5	2.7	18	21	18	29	0									
vs. Right			.227	.329	392	89	14	1	8	2.0	42	52	32	71	2									
On Grass		42	.236	.333	165	39	4	0	4	2.4	21	22	15	36	1									
On Turf		109	.221	.335	412	91	18	1	9	2.2	39	51	35	64	1									
Home		63	.213	.317	230	49	9	0	5	2.2	19	23	26	36	1									
Road		88	.233	.346	347	81	13	1	8	2.3	41	50	24	64	1									
Division Rivals																								
vs. CHI		13	.216	.216	51	11	0	0	0	0.0	4	3	5	12	0									
vs. NY		17	.222	.349	63	14	2	0	2	3.2	7	7	3	14	0									
vs. PHI		18	.186	.257	70	13	5	0	0	0.0	4	4	5	10	0									
vs. PIT		18	.176	.191	68	12	1	0	0	0.0	1	5	4	12	0									
vs. STL		17	.224	.343	67	15	3	1	1	1.5	5	9	7	9	0									
On 3B <2 Out			.207	.310	29	6	1	1	0	0.0	0	21	4	7										
1980	MON N	5	.182	.455	11	2	0	0	1	9.1	1	2	1	5	0	2	0	12	0	0	0	2.4	1.000	OF-3, 1B-1
1981		71	.236	.344	212	50	9	1	4	1.9	19	13	15	37	0	6	1	207	31	1	9	3.4	.996	OF-35, 1B-16, 3B-15
1982		158	.268	.471	596	160	31	3	28	4.7	89	97	36	81	6	3	1	132	287	23	23	2.8	.948	3B-156, OF-2, 1B-1
1983		156	.269	.434	581	156	33	3	19	3.3	54	70	55	97	0	0	0	151	265	19	25	2.8	.956	3B-156
1984		160	.246	.395	582	143	25	4	18	3.1	55	72	50	101	3	0	0	162	332	21	29	3.2	.959	3B-160, SS-1
1985		155	.260	.450	569	148	36	3	22	3.9	70	81	38	79	9	2	0	148	383	18	34	3.5	.967	3B-154
1986		134	.233	.396	480	112	22	1	18	3.8	50	71	44	72	8	1	0	94	270	16	26	2.8	.958	3B-132
1987		153	.298	.514	593	177	**42**	4	26	4.4	89	123	37	98	9	3	0	128	292	21	21	2.9	.952	3B-150, P-1
1988		159	.257	.389	592	152	32	5	12	2.0	52	69	38	88	2	8	2	124	329	18	32	3.0	.958	3B-153, 2B-1
1989		154	.277	.419	573	159	**42**	0	13	2.3	76	77	58	81	3	1	1	113	302	18	20	2.8	.958	3B-153, P-1
1990		161	.296	.471	626	185	37	5	21	3.3	69	98	42	80	6	0	0	128	309	21	23	2.8	.954	3B-161
1991		151	.225	.334	577	130	22	1	13	2.3	60	73	50	100	2	0	0	107	310	14	27	2.9	.968	3B-149
12 yrs.		1617	.263	.426	5992	1574	331	30	195	3.3	684	846	464	919	48	26	5	1506	3110	190	269	3.0	.960	3B-1539, OF-40, 1B-18, P-2, 2B-1, SS-1

DIVISIONAL PLAYOFF SERIES

1981	MON N	4	.250	.500	4	1	1	0	0	0.0	1	0	4	0	0	0	0	4	0	0	0	1.0	1.000	OF-3

LEAGUE CHAMPIONSHIP SERIES

1981	MON N	1	.000	.000	1	0	0	0	0	0.0	0	0	0	0	0	1	0	0	0	0	0	0.0	—	

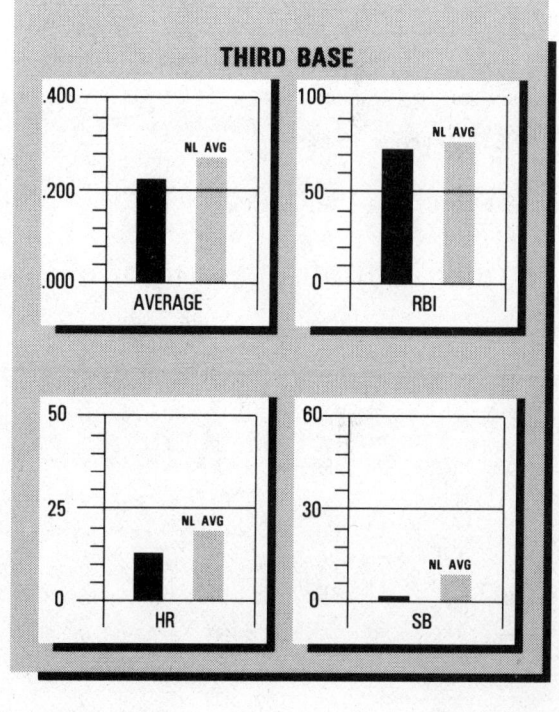

Player Register

Year	Team		Games	BA	SA	AB	H	2B	3B	HR	HR%	R	RBI	BB	SO	SB	PINCH HIT AB	PINCH HIT H	PO	A	E	DP	TC/G	FA	G by Pos

Denny Walling
WALLING, DENNIS MARTIN
B. Apr. 17, 1954, Neptune, N. J.
BL TR 6′ 180 lbs.

Year	Team		Games	BA	SA	AB	H	2B	3B	HR	HR%	R	RBI	BB	SO	SB	PH AB	PH H	PO	A	E	DP	TC/G	FA	G by Pos
1975	OAK	A	6	.125	.250	8	1	1	0	0	0.0	0	2	0	4	0	4	1	3	0	0	0	0.5	1.000	OF-3
1976			3	.273	.273	11	3	0	0	0	0.0	1	0	0	3	0	0	0	8	0	1	0	3.0	.889	OF-3
1977	HOU	N	6	.286	.381	21	6	0	1	0	0.0	1	6	2	4	0	1	1	14	0	0	0	2.3	1.000	OF-5
1978			120	.251	.356	247	62	11	3	3	1.2	30	36	30	24	9	39	10	140	4	3	2	1.2	.980	OF-78
1979			82	.327	.497	147	48	8	4	3	2.0	21	31	17	21	3	37	14	65	2	1	0	0.8	.985	OF-42
1980			100	.299	.387	284	85	6	5	3	1.1	30	29	35	26	4	21	4	525	31	6	46	5.6	.989	1B-63, OF-19
1981			65	.234	.367	158	37	6	0	5	3.2	23	23	28	17	2	18	6	226	9	2	18	3.6	.992	1B-27, OF-27
1982			85	.205	.267	146	30	4	1	1	0.7	22	14	23	19	4	30	6	167	11	1	8	2.1	.994	OF-32, 1B-20
1983			100	.296	.444	135	40	5	3	3	2.2	24	19	15	16	2	37	8	134	29	6	13	1.7	.964	1B-42, 3B-13, OF-13
1984			87	.281	.402	249	70	11	5	3	1.2	37	31	16	28	7	26	7	116	102	7	21	2.6	.969	3B-52, 1B-16, OF-6
1985			119	.270	.394	345	93	20	1	7	2.0	44	45	25	26	5	23	2	326	124	12	31	3.9	.974	3B-51, 1B-46, OF-13
1986			130	.312	.479	382	119	23	1	13	3.4	54	58	36	31	1	31	12	108	161	9	8	2.1	.968	3B-102, OF-11, 1B-4
1987			110	.283	.418	325	92	21	4	5	1.5	45	33	39	37	5	15	8	175	119	10	21	2.8	.967	3B-79, 1B-16, OF-7
1988	2 teams		HOU N (65G — .244)			STL N (19G — .224)																			
"	total		84	.239	.325	234	56	13	2	1	0.4	22	21	17	25	2	20	3	73	112	9	17	2.3	.954	3B-56, OF-12, 1B-4
1989	STL	N	69	.304	.430	79	24	7	0	1	1.3	9	11	14	12	0	32	11	67	9	4	4	1.2	.950	1B-20, 3B-9, OF-6
1990			78	.220	.283	127	28	5	0	1	0.7	7	19	8	15	0	46	11	103	26	0	5	4.0	1.000	1B-15, 3B-11, OF-8
1991	TEX	A	24	.091	.114	44	4	1	0	0	0.0	1	2	3	8	0	10	3	10	13	1	0	1.3	.958	3B-14, OF-5
17 yrs.			1268	.271	.390	2942	798	142	30	49	1.7	371	380	308	316	44	390	107	2260	752	72	194	2.4	.977	3B-387, OF-290, 1B-273

(9th)

DIVISIONAL PLAYOFF SERIES

Year	Team		Games	BA	SA	AB	H	2B	3B	HR	HR%	R	RBI	BB	SO	SB	PH AB	PH H	PO	A	E	DP	TC/G	FA	G by Pos
1981	HOU	N	3	.333	.333	6	2	0	0	0	0.0	0	1	0	1	0	1	1	6	1	1	0	2.7	.875	1B-1, OF-1

LEAGUE CHAMPIONSHIP SERIES

Year	Team		Games	BA	SA	AB	H	2B	3B	HR	HR%	R	RBI	BB	SO	SB	PH AB	PH H	PO	A	E	DP	TC/G	FA	G by Pos
1980	HOU	N	3	.111	.111	9	1	0	0	0	0.0	2	2	1	0	0	1	0	6	0	0	0	2.0	1.000	OF-2, 1B-1
1986			5	.158	.211	19	3	1	0	0	0.0	1	2	0	4	0	2	1	3	6	0	0	1.8	1.000	3B-5
2 yrs.			8	.143	.179	28	4	1	0	0	0.0	3	4	1	4	0	3	1	9	6	0	0	1.9	1.000	3B-5, OF-2, 1B-1

Jerome Walton
WALTON, JEROME O'TERRELL
B. July 8, 1965, Newman, Ga.
BR TR 6′ 1″ 175 lbs.

Split		Games	BA	SA	AB	H	2B	3B	HR	HR%	R	RBI	BB	SO	SB
April		14	.265	.388	49	13	3	0	1	2.0	10	4	1	9	1
May		21	.230	.311	61	14	5	0	0	0.0	12	2	1	13	2
June		23	.254	.317	63	16	1	0	1	1.6	8	2	5	9	1
July		21	.200	.400	30	6	3	0	1	3.3	7	3	3	8	2
Aug		24	.135	.216	37	5	0	0	1	2.7	2	4	2	8	0
Sept/Oct		20	.167	.367	30	5	1	1	1	3.3	3	2	7	8	1
Day		59	.227	.297	128	29	4	1	1	0.8	21	7	10	22	1
Night		64	.211	.359	142	30	9	0	4	2.8	21	10	9	33	6
vs. Left			.195	.242	128	25	6	0	0	0.0	18	6	10	23	2
vs. Right			.239	.408	142	34	7	1	5	3.5	24	11	9	32	5
On Grass		83	.223	.337	166	37	7	0	4	2.4	24	8	11	32	2
On Turf		40	.212	.317	104	22	6	1	1	1.0	18	9	8	23	5
Home		60	.225	.350	120	27	6	0	3	2.5	17	6	10	21	0
Road		63	.213	.313	150	32	7	1	2	1.3	25	11	9	34	7
Division Rivals															
vs. MON		14	.115	.154	26	3	1	0	0	0.0	1	2	1	9	0
vs. NY		13	.190	.238	21	4	1	0	0	0.0	2	1	1	6	0
vs. PHI		13	.240	.400	25	6	1	0	1	4.0	4	1	3	7	0
vs. PIT		14	.229	.400	35	8	0	0	2	5.7	9	2	5	7	1
vs. STL		17	.268	.488	41	11	4	1	1	2.4	8	5	3	7	2
On 3B < 2 Out			.167	.333	6	1	1	0	0	0.0	0	7	0	1	0

OUTFIELD — AVERAGE, RBI, HR, SB vs NL AVG

Year	Team		Games	BA	SA	AB	H	2B	3B	HR	HR%	R	RBI	BB	SO	SB	PH AB	PH H	PO	A	E	DP	TC/G	FA	G by Pos
1989	CHI	N	116	.293	.385	475	139	23	3	5	1.1	64	46	27	77	24	0	0	289	2	3	1	2.5	.990	OF-115
1990			101	.263	.329	392	103	16	2	2	0.5	63	21	50	70	14	0	0	247	3	6	0	2.6	.977	OF-98
1991			123	.219	.330	270	59	13	1	5	1.9	42	17	19	55	7	25	5	170	2	3	1	1.7	.983	OF-101
3 yrs.			340	.265	.353	1137	301	52	6	12	1.1	169	84	96	202	45	25	5	706	7	12	2	2.1	.983	OF-314

LEAGUE CHAMPIONSHIP SERIES

Year	Team		Games	BA	SA	AB	H	2B	3B	HR	HR%	R	RBI	BB	SO	SB	PH AB	PH H	PO	A	E	DP	TC/G	FA	G by Pos
1989	CHI	N	5	.364	.364	22	8	0	0	0	0.0	4	2	2	2	0	0	0	11	0	0	0	2.2	1.000	OF-5

Year	Team		Games	BA	SA	AB	H	2B	3B	HR	HR%	R	RBI	BB	SO	SB	PINCH HIT AB	H	PO	A	E	DP	TC/G	FA	G by Pos

Kevin Ward
WARD, KEVIN MICHAEL
B. Sept. 28, 1961, Lansdale, Pa.
BR TR 6' 1" 195 lbs.

| 1991 | SD | N | 44 | .243 | .402 | 107 | 26 | 7 | 2 | 2 | 1.9 | 13 | 8 | 9 | 27 | 1 | 10 | 3 | 54 | 0 | 1 | 0 | 1.7 | .982 | OF-33 |

Turner Ward
WARD, TURNER MAX
B. Apr. 11, 1965, Orlando, Fla.
BB TR 6' 2" 200 lbs.

1990	CLE	A	14	.348	.500	46	16	2	1	1	2.1	10	10	3	8	3	0	0	20	2	1	0	1.8	.957	OF-13, DH-1
1991	2 teams		CLE A (40G — .230)			TOR A (8G — .308)																			
"	total		48	.239	.301	113	27	7	0	0	0.0	12	7	11	18	0	3	1	70	1	0	0	1.6	1.000	OF-44
2 yrs.			62	.270	.358	159	43	9	1	1	0.6	22	17	14	26	3	3	1	90	3	1	0	1.5	.989	OF-57, DH-1

Lenny Webster
WEBSTER, LEONARD IRELL
B. Feb. 10, 1965, New Orleans, La.
BR TR 5' 9" 185 lbs.

1989	MIN	A	14	.300	.400	20	6	2	0	0	0.0	3	1	3	2	0	1	1	32	0	0	0	2.3	1.000	C-14
1990			2	.333	.500	6	2	1	0	0	0.0	1	0	1	1	0	0	0	9	0	0	0	4.5	1.000	C-2
1991			18	.294	.588	34	10	1	0	3	8.8	7	8	6	10	0	2	0	61	10	1	1	4.2	.986	C-17
3 yrs.			34	.300	.517	60	18	4	0	3	5.0	11	9	10	13	0	3	1	102	10	1	1	3.3	.991	C-33

Mitch Webster
WEBSTER, MITCHELL DEAN
B. May 16, 1959, Larned, Kans.
BB TL 6' 1/2" 170 lbs.

1983	TOR	A	11	.182	.182	11	2	0	0	0	0.0	2	0	1	1	0	1	0	5	0	0	0	0.5	1.000	OF-7, DH-2
1984			26	.227	.409	22	5	2	1	0	0.0	9	4	1	7	0	7	1	16	0	2	1	0.7	.889	OF-10, DH-9, 1B-1
1985	2 teams		TOR A (4G — .000)			MON N (74G — .274)																			
"	total		78	.272	.484	213	58	8	2	11	5.2	32	30	20	33	15	9	1	133	3	1	0	1.8	.993	OF-66, DH-2
1986	MON	N	151	.290	.431	576	167	31	13	8	1.4	89	49	57	78	36	4	1	325	12	8	3	2.3	.977	OF-146
1987			156	.281	.435	588	165	30	8	15	2.6	101	63	70	95	33	7	4	266	8	5	0	1.8	.982	OF-153
1988	2 teams		MON N (81G — .255)			CHI N (70G — .265)																			
"	total		151	.260	.356	523	136	16	8	6	1.1	69	39	55	87	22	17	3	322	3	6	0	2.2	.982	OF-136
1989	CHI	N	98	.257	.364	272	70	12	4	3	1.1	40	19	30	55	14	30	4	161	3	6	0	1.7	.965	OF-74
1990	CLE	A	128	.252	.407	437	110	20	6	12	2.7	58	55	20	61	22	12	4	345	3	5	2	2.9	.986	OF-118, DH-3, 1B-3
1991	3 teams		CLE A (13G — .125)			PIT N (36G — .175)				LA N (58G — .284)															
"	total		107	.207	.325	203	42	8	5	2	1.0	23	19	21	61	2	35	7	111	2	2	1	1.5	.983	OF-75, 1B-1
9 yrs.			906	.265	.403	2845	755	127	47	57	2.0	423	278	275	478	144	122	25	1684	34	35	7	1.9	.980	OF-785, DH-16, 1B-5

LEAGUE CHAMPIONSHIP SERIES

| 1989 | CHI | N | 3 | .333 | .333 | 3 | 1 | 0 | 0 | 0 | 0.0 | 0 | 0 | 0 | 0 | 0 | 1 | 0 | 0 | 0 | 0 | 0 | 0.0 | — | OF-2 |

Eric Wedge
WEDGE, ERIC MICHAEL
B. Jan. 27, 1968, Fort Wayne, Ind.
BR TR 6' 3" 215 lbs.

| 1991 | BOS | A | 1 | 1.000 | 1.000 | 1 | 1 | 0 | 0 | 0 | 0.0 | 0 | 0 | 0 | 0 | 0 | 1 | 1 | 0 | 0 | 0 | 0 | 0.0 | 1.000 | DH-1 |

John Wehner
WEHNER, JOHN PAUL
B. June 29, 1967, Pittsburgh, Pa.
BR TR 6' 3" 205 lbs.

| 1991 | PIT | N | 37 | .340 | .406 | 106 | 36 | 7 | 0 | 0 | 0.0 | 15 | 7 | 7 | 17 | 3 | 3 | 2 | 23 | 65 | 6 | 9 | 2.6 | .936 | 3B-36 |

Player Register

Year	Team	Games	BA	SA	AB	H	2B	3B	HR	HR%	R	RBI	BB	SO	SB	PINCH HIT AB	H	PO	A	E	DP	TC/G	FA	G by Pos

Walt Weiss

WEISS, WALTER WILLIAM
B. Nov. 28, 1963, Tuxedo, N. Y.
BB TR 6' 175 lbs.

Year	Team	Games	BA	SA	AB	H	2B	3B	HR	HR%	R	RBI	BB	SO	SB	AB	H	PO	A	E	DP	TC/G	FA	G by Pos
1987	OAK	A	16	.462	.615	26	12	4	0	0	0.0	3	1	2	2	1	1	0	8	30	1	4	2.4	.974	SS-11
1988			147	.250	.321	452	113	17	3	3	0.7	44	39	35	56	4	1	0	254	431	15	83	4.8	.979	SS-147
1989			84	.233	.318	236	55	11	0	3	1.3	30	21	21	39	6	0	0	106	195	15	44	3.8	.953	SS-84
1990			138	.265	.321	445	118	17	1	2	0.4	50	35	46	53	9	3	1	194	373	12	77	4.2	.979	SS-137
1991			40	.226	.286	133	30	6	1	0	0.0	15	13	12	14	6	1	1	64	99	5	21	4.2	.970	SS-40
5 yrs.			425	.254	.323	1292	328	55	5	8	0.6	142	109	116	164	26	6	2	626	1128	48	229	4.2	.973	SS-419

LEAGUE CHAMPIONSHIP SERIES

Year	Team		Games	BA	SA	AB	H	2B	3B	HR	HR%	R	RBI	BB	SO	SB	AB	H	PO	A	E	DP	TC/G	FA	G by Pos
1988	OAK	A	4	.333	.467	15	5	2	0	0	0.0	2	2	0	4	0	0	0	7	10	0	3	4.3	1.000	SS-4
1989			4	.111	.222	9	1	1	0	0	0.0	2	0	1	1	1	0	0	5	9	0	2	3.5	1.000	SS-4
1990			2	.000	.000	7	0	0	0	0	0.0	2	0	2	2	0	0	0	2	7	1	1	5.0	.900	SS-2
3 yrs.			10	.194	.290	31	6	3	0	0	0.0	6	2	3	7	1	0	0	14	26	1	6	4.1	.976	SS-10

WORLD SERIES

Year	Team		Games	BA	SA	AB	H	2B	3B	HR	HR%	R	RBI	BB	SO	SB	AB	H	PO	A	E	DP	TC/G	FA	G by Pos
1988	OAK	A	5	.063	.063	16	1	0	0	0	0.0	1	0	0	2	1	0	0	5	11	1	1	3.4	.941	SS-5
1989			4	.133	.333	15	2	0	0	1	6.7	3	1	2	2	0	0	0	7	8	0	1	3.8	1.000	SS-4
2 yrs.			9	.097	.194	31	3	0	0	1	3.2	4	1	2	4	1	0	0	12	19	1	2	3.6	.969	SS-9

Lou Whitaker

WHITAKER, LOUIS RODMAN (Sweet Lou)
B. May 12, 1957, Brooklyn, N. Y.
BL TR 5' 11" 160 lbs.

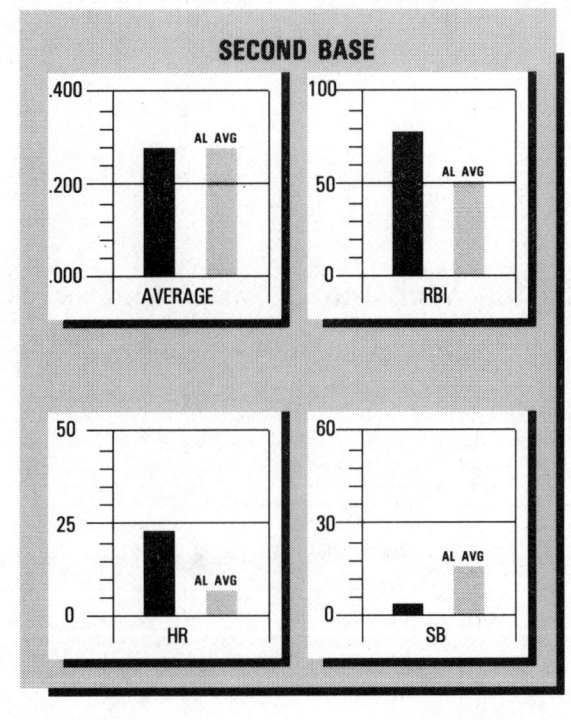

SECOND BASE — AVERAGE, RBI, HR, SB (vs. AL AVG)

Split	Games	BA	SA	AB	H	2B	3B	HR	HR%	R	RBI	BB	SO	SB
April	14	.294	.706	34	10	2	0	4	11.8	13	8	10	3	1
May	25	.200	.306	85	17	4	1	1	1.2	12	12	17	8	0
June	25	.264	.471	87	23	1	1	5	5.7	19	14	20	10	0
July	18	.429	.619	63	27	6	0	2	3.2	12	7	8	4	0
Aug	25	.271	.594	96	26	7	0	8	8.3	22	22	19	14	1
Sept/Oct	31	.267	.410	105	28	6	0	3	2.9	16	15	16	6	2
Day	44	.281	.507	146	41	10	1	7	4.8	26	31	31	16	2
Night	94	.278	.481	324	90	16	1	16	4.9	68	47	59	29	2
vs. Left		.247	.340	97	24	3	0	2	2.1	16	14	15	15	0
vs. Right		.287	.528	373	107	23	2	21	5.6	78	64	75	30	4
On Grass	116	.295	.513	400	118	23	2	20	5.0	83	70	80	36	4
On Turf	22	.186	.357	70	13	3	0	3	4.3	11	8	10	9	0
Home	72	.304	.557	237	72	13	1	15	6.3	56	51	61	23	2
Road	66	.253	.421	233	59	13	1	8	3.4	38	27	29	22	2
Division Rivals														
vs. BAL	12	.340	.560	50	17	2	0	3	6.0	11	14	3	3	0
vs. BOS	11	.355	.548	31	11	3	0	1	3.2	6	3	6	1	0
vs. CLE	13	.362	.553	47	17	2	2	1	2.1	9	8	4	1	2
vs. MIL	11	.108	.189	37	4	0	0	1	2.7	2	4	5	3	0
vs. NY	10	.189	.568	37	7	2	0	4	10.8	10	8	8	3	0
vs. TOR	11	.206	.559	34	7	0	0	4	11.8	8	9	5	5	0
On 3B <2 Out		.308	.308	13	4	0	0	0	0.0	0	19	5	0	

Year	Team		Games	BA	SA	AB	H	2B	3B	HR	HR%	R	RBI	BB	SO	SB	AB	H	PO	A	E	DP	TC/G	FA	G by Pos
1977	DET	A	11	.250	.281	32	8	1	0	0	0.0	5	2	4	6	2	0	0	17	18	0	2	3.2	1.000	2B-9
1978			139	.285	.357	484	138	12	7	3	0.6	71	58	61	65	7	6	3	301	458	17	95	5.6	.978	2B-136, DH-2
1979			127	.286	.378	423	121	14	8	3	0.7	75	42	78	66	20	5	0	280	369	9	103	5.2	.986	2B-126
1980			145	.233	.283	477	111	19	1	1	0.2	68	45	73	79	8	8	2	340	428	12	93	5.4	.985	2B-143
1981			109	.263	.373	335	88	14	4	5	1.5	48	36	40	42	5	2	1	227	354	9	77	5.4	.985	2B-108
1982			152	.286	.434	560	160	22	8	15	2.7	76	65	48	58	11	4	1	331	470	10	120	5.3	.988	2B-149, DH-1
1983			161	.320	.457	643	206	40	6	12	1.9	94	72	67	70	17	7	3	299	447	13	92	4.7	.983	2B-160
1984			143	.289	.407	558	161	25	1	13	2.3	90	56	62	63	6	6	1	290	405	15	83	5.0	.979	2B-142
1985			152	.280	.457	608	170	29	8	21	3.5	102	73	80	56	6	4	0	314	414	11	101	4.9	.985	2B-150
1986			144	.269	.437	584	157	26	6	20	3.4	95	73	63	70	13	6	4	276	421	11	98	4.9	.984	2B-141
1987			149	.265	.427	604	160	38	6	16	2.6	110	59	71	108	13	3	1	275	416	17	99	4.8	.976	2B-148
1988			115	.275	.419	403	111	18	2	12	3.0	54	55	66	61	2	9	3	218	284	8	53	4.4	.984	2B-110
1989			148	.251	.462	509	128	21	1	28	5.5	77	85	89	59	6	6	0	327	393	11	99	4.9	.985	2B-146, DH-2
1990			132	.237	.407	472	112	22	2	18	3.8	75	60	74	71	8	11	1	286	372	6	98	5.1	.991	2B-130, DH-1
1991			138	.279	.489	470	131	26	2	23	4.9	94	78	90	45	4	13	4	255	361	4	91	4.6	.994	2B-135, DH-3
15 yrs.			1965	.274	.417	7162	1962	327	62	190	2.7	1134	859	966	919	128	90	24	4036	5610	153	1304	5.0	.984	2B-1933, DH-9

LEAGUE CHAMPIONSHIP SERIES

Year	Team		Games	BA	SA	AB	H	2B	3B	HR	HR%	R	RBI	BB	SO	SB	AB	H	PO	A	E	DP	TC/G	FA	G by Pos
1984	DET	A	3	.143	.143	14	2	0	0	0	0.0	3	0	0	3	0	0	0	5	6	0	0	3.7	1.000	2B-3
1987			5	.176	.353	17	3	0	0	1	5.9	4	1	7	3	1	0	0	11	14	0	1	5.0	1.000	2B-5
2 yrs.			8	.161	.258	31	5	0	0	1	3.2	7	1	7	6	1	0	0	16	20	0	1	4.5	.000	2B-8

PLAYER REGISTER 237

Year	Team		Games	BA	SA	AB	H	2B	3B	HR	HR%	R	RBI	BB	SO	SB	PINCH HIT AB	H	PO	A	E	DP	TC/G	FA	G by Pos

Lou Whitaker Continued

WORLD SERIES

| 1984 | DET | A | 5 | .278 | .389 | 18 | 5 | 2 | 0 | 0 | 0.0 | 6 | 0 | 4 | 4 | 0 | 0 | 0 | 15 | 18 | 0 | 2 | 6.6 | 1.000 | 2B-5 |

Devon White

WHITE, DEVON MARKES
B. Dec. 29, 1962, Kingston, Jamaica
BB TR 6' 1" 170 lbs.

April			18	.333	.480	75	25	9	1	0	0.0	15	13	5	11	3
May			25	.242	.358	95	23	4	2	1	1.1	14	11	14	22	5
June			28	.305	.441	118	36	9	2	1	0.8	21	6	9	25	10
July			26	.281	.456	114	32	4	2	4	3.5	20	9	6	20	5
Aug			29	.316	.624	117	37	8	2	8	6.8	21	15	13	27	7
Sept/Oct			30	.228	.366	123	28	6	1	3	2.4	19	6	8	30	3
Day			51	.325	.495	206	67	19	2	4	1.9	35	17	14	46	6
Night			105	.261	.436	436	114	21	8	13	3.0	75	43	41	89	27
vs. Left				.302	.518	199	60	15	2	8	4.0	39	20	16	32	11
vs. Right				.273	.427	443	121	25	8	9	2.0	71	40	39	103	22
On Grass			60	.255	.398	251	64	11	2	7	2.8	41	22	22	63	11
On Turf			96	.299	.491	391	117	29	8	10	2.6	69	38	33	72	22
Home			79	.298	.497	326	97	26	6	9	2.8	58	33	25	61	18
Road			77	.266	.411	316	84	14	4	8	2.5	52	27	30	74	15
Division Rivals																
vs. BAL			13	.250	.482	56	14	4	0	3	5.4	11	6	4	18	1
vs. BOS			13	.288	.481	52	15	5	1	1	1.9	10	4	5	14	3
vs. CLE			13	.333	.404	57	19	4	0	0	0.0	10	1	2	10	5
vs. DET			10	.366	.561	41	15	2	0	2	4.9	7	6	5	6	3
vs. MIL			13	.264	.453	53	14	5	1	1	1.9	10	7	5	8	4
vs. NY			13	.302	.491	53	16	2	1	2	3.8	7	7	4	14	3
On 3B < 2 Out				.333	.571	21	7	2	0	1	4.8	1	21	2	5	

1985	CAL	A	21	.143	.143	7	1	0	0	0	0.0	7	0	1	3	3	0	0	10	1	0	0	0.5	1.000	OF-16
1986			28	.235	.353	51	12	1	1	1	2.0	8	3	6	8	6	0	0	49	0	2	0	1.8	.961	OF-28
1987			159	.263	.443	639	168	33	5	24	3.8	103	87	39	135	32	0	0	424	16	9	3	2.8	.980	OF-159
1988			122	.259	.389	455	118	22	2	11	2.4	76	51	23	84	17	5	2	364	7	9	2	3.1	.976	OF-116
1989			156	.245	.371	636	156	18	13	12	1.9	86	66	31	129	44	1	0	430	10	5	3	2.9	.989	OF-154, DH-1
1990			125	.217	.343	443	96	17	3	11	2.4	57	44	44	116	21	3	0	302	11	9	4	2.6	.972	OF-122
1991	TOR	A	156	.282	.455	642	181	40	10	17	2.6	110	60	55	135	33	0	0	439	8	1	2	2.9	.998	OF-156
7 yrs.			767	.255	.403	2873	732	131	34	76	2.6	447	311	199	610	156	9	2	2018	53	35	14	2.7	.983	OF-751, DH-1

LEAGUE CHAMPIONSHIP SERIES

1986	CAL	A	3	.500	.500	2	1	0	0	0	0.0	2	0	0	1	0	0	0	2	0	0	0	0.7	1.000	OF-3
1991	TOR	A	5	.364	.409	22	8	1	0	0	0.0	5	0	2	3	3	0	0	16	0	0	0	3.2	1.000	OF-5
2 yrs.			8	.375	.417	24	9	1	0	0	0.0	7	0	2	4	3	0	0	18	0	0	0	2.3	.000	OF-8

Mark Whiten

WHITEN, MARK ANTHONY
B. Nov. 25, 1966, Pensacola, Fla.
BR TR 6' 3" 210 lbs.

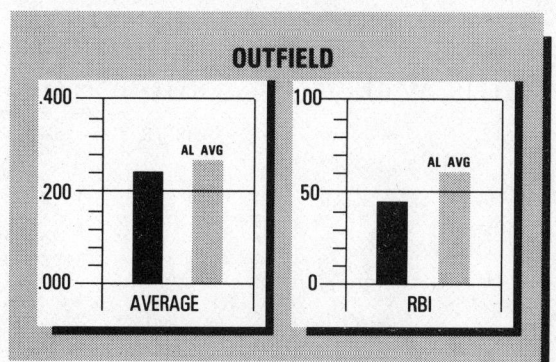

April			17	.309	.436	55	17	2	1	1	1.8	4	14	4	13	0
May			20	.200	.292	65	13	2	2	0	0.0	6	4	4	14	0
June			13	.182	.295	44	8	2	0	1	2.3	3	2	4	10	0
July			26	.274	.463	95	26	5	2	3	3.2	12	12	5	18	2
Aug			30	.237	.421	114	27	7	1	4	3.5	19	12	12	21	1
Sept/Oct			10	.235	.294	34	8	0	1	0	0.0	2	1	1	9	1
Day			30	.219	.324	105	23	4	2	1	1.0	10	12	8	28	2
Night			86	.252	.411	302	76	14	5	8	2.6	36	33	22	57	2
vs. Left				.257	.413	109	28	7	2	2	1.8	12	10	9	26	2
vs. Right				.238	.379	298	71	11	5	7	2.3	34	35	21	59	2

PLAYER REGISTER

Year	Team		Games	BA	SA	AB	H	2B	3B	HR	HR%	R	RBI	BB	SO	SB	PINCH HIT AB	H	PO	A	E	DP	TC/G	FA	G by Pos

Mark Whiten Continued

On Grass			79	.258	.396	283	73	13	4	6	2.1	33	31	21	51	4									
On Turf			37	.210	.371	124	26	5	3	3	2.4	13	14	9	34	0									
Home			57	.249	.401	197	49	8	5	4	2.0	24	16	16	40	1									
Road			59	.238	.376	210	50	10	2	5	2.4	22	29	14	45	3									
Division Rivals																									
vs. BAL			4	.357	.714	14	5	2	0	1	7.1	3	1	3	4	0									
vs. BOS			10	.184	.263	38	7	3	0	0	0.0	2	4	5	7	0									
vs. DET			9	.276	.345	29	8	0	1	0	0.0	0	5	1	4	0									
vs. MIL			12	.263	.342	38	10	0	0	1	2.6	4	5	4	8	0									
vs. NY			13	.265	.449	49	13	1	1	2	4.1	5	4	0	12	1									
vs. TOR			2	.250	.375	8	2	1	0	0	0.0	1	1	0	3	0									
On 3B <2 Out				.389	.556	18	7	3	0	0	0.0	0	16	0	4										

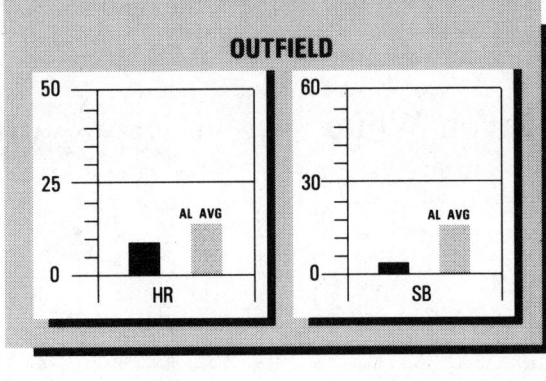
OUTFIELD / AL AVG (HR, SB)

1990	TOR	A	33	.273	.375	88	24	1	1	2	2.2	12	7	7	14	2	3	0	60	3	0	0	2.1	1.000	OF-30, DH-2
1991	2 teams		TOR A (46G — .221)			CLE A (70G — .256)																			
"	total		116	.243	.388	407	99	18	7	9	2.2	46	45	30	85	4	5	0	256	13	7	2	2.5	.975	OF-109, DH-3
2 yrs.			149	.248	.386	495	123	19	8	11	2.2	58	52	37	99	6	8	0	316	16	7	2	2.3	.979	OF-139, DH-5

Ernie Whitt
WHITT, LEO ERNEST
B. June 13, 1952, Detroit, Mich.
BL TR 6' 2" 200 lbs.

1976	BOS	A	8	.222	.500	18	4	2	0	1	5.6	4	3	2	2	0	1	0	24	0	0	0	3.0	1.000	C-8
1977	TOR	A	23	.171	.244	41	7	3	0	0	0.0	4	6	2	12	0	9	1	62	4	0	0	2.9	1.000	C-14
1978			2	.000	.000	4	0	0	0	0	0.0	0	0	1	1	0	0	0	7	1	0	0	4.0	1.000	C-1
1980			106	.237	.353	295	70	12	2	6	2.0	23	34	22	30	1	1	0	436	56	7	11	4.7	.986	C-105
1981			74	.236	.297	195	46	9	0	1	0.5	16	16	20	30	5	4	0	297	46	3	5	4.7	.991	C-72
1982			105	.261	.440	284	74	14	2	11	3.9	28	42	26	34	3	21	7	406	30	8	0	4.2	.982	C-98, DH-1
1983			123	.256	.459	344	88	15	2	17	4.9	53	56	50	55	1	17	5	554	50	5	4	5.0	.992	C-119
1984			124	.238	.425	315	75	12	1	15	4.8	35	46	43	49	0	16	5	583	40	4	8	5.1	.994	C-118
1985			139	.245	.444	412	101	21	2	19	4.6	55	64	47	59	3	16	2	649	38	8	6	5.0	.988	C-134
1986			131	.268	.448	395	106	19	2	16	4.1	48	56	35	39	0	11	3	709	41	7	7	5.8	.991	C-129
1987			135	.269	.455	446	120	24	1	19	4.3	57	75	44	50	0	12	1	803	55	5	10	6.4	.994	C-131
1988			127	.251	.410	398	100	11	2	16	4.0	63	70	61	38	4	11	0	643	43	4	10	5.4	.994	C-123
1989			129	.262	.416	385	101	24	1	11	2.9	42	53	52	53	5	16	3	550	43	5	10	4.6	.992	C-115, DH-8
1990	ATL	N	67	.172	.250	180	31	8	0	2	1.1	14	10	23	27	0	9	3	296	42	3	1	5.8	.991	C-59
1991	BAL	A	35	.242	.274	62	15	2	0	0	0.0	5	3	8	12	0	16	4	72	8	0	0	4.0	1.000	C-20, DH-2
15 yrs.			1328	.249	.410	3774	938	176	15	134	3.6	447	534	436	491	22	161	34	6091	497	59	67	5.0	.991	C-1246, DH-11

LEAGUE CHAMPIONSHIP SERIES

1985	TOR	A	7	.190	.238	21	4	1	0	0	0.0	1	2	2	4	0	0	0	50	3	0	1	7.6	1.000	C-7
1989			5	.125	.313	16	2	0	0	1	6.3	1	3	2	3	0	0	0	32	2	0	0	6.8	1.000	C-5
2 yrs.			12	.162	.270	37	6	1	0	1	2.7	2	5	4	7	0	0	0	82	5	0	1	7.3	.000	C 12

Curtis Wilkerson
WILKERSON, CURTIS VERNON
B. Apr. 26, 1961, Petersburg, Va.
BB TR 5' 9" 158 lbs.

1983	TEX	A	16	.171	.229	35	6	0	1	0	0.0	7	1	2	5	3	1	0	18	31	1	5	3.1	.980	SS-9, 2B-2, 3B-2
1984			153	.248	.279	484	120	12	0	1	0.2	47	26	22	72	12	0	0	227	391	30	73	4.2	.954	SS-116, 2B-47
1985			129	.244	.308	360	88	11	6	0	0.0	35	22	22	63	14	2	1	165	328	21	65	4.0	.959	SS-110, 2B-19, DH-2
1986			110	.237	.305	236	56	10	3	0	0.0	27	15	11	42	9	3	0	125	199	13	56	3.1	.961	2B-60, SS-56, DH-2
1987			85	.268	.391	138	37	5	3	2	1.4	28	14	6	16	6	3	1	79	98	6	18	2.2	.967	SS-33, 2B-28, 3B-18
1988			117	.293	.358	338	99	12	5	0	0.0	41	28	26	43	9	6	0	186	299	15	58	4.3	.970	2B-87, SS-24, 3B-11
1989	CHI	N	77	.244	.313	160	39	4	2	1	0.6	18	10	8	33	4	28	11	42	91	8	10	1.8	.943	3B-26, 2B-15, SS-7, OF-1
1990			77	.220	.258	186	41	5	1	0	0.0	21	16	7	36	2	13	2	49	93	14	7	2.4	.910	3B-52, 2B-14, SS-1, OF-1
1991	PIT	N	85	.188	.277	191	36	9	1	2	1.0	20	18	15	40	2	33	7	73	124	2	24	3.6	.990	2B-30, SS-15, 3B-14
9 yrs.			849	.245	.306	2128	522	68	22	6	0.3	244	150	119	350	61	89	25	964	1654	110	316	3.2	.960	SS-371, 2B-302, 3B-123, DH-4, OF-2

LEAGUE CHAMPIONSHIP SERIES

1989	CHI	N	3	.500	.500	2	1	0	0	0	0.0	1	0	0	0	0	2	1	0	0	0	0	0.0	—	3B-1
1991	PIT	N	4	.000	.000	4	0	0	0	0	0.0	0	0	0	3	0	4	0	0	0	0	0	0.0	.900	3B-1
2 yrs.			7	.167	.167	6	1	0	0	0	0.0	1	0	0	3	0	6	1	0	0	0	0	0.0	.000	3B-1

PLAYER REGISTER 239

Year	Team		Games	BA	SA	AB	H	2B	3B	HR	HR%	R	RBI	BB	SO	SB	PINCH HIT AB	H	PO	A	E	DP	TC/G	FA	G by Pos

Rick Wilkins
WILKINS, RICHARD DAVID
B. July 4, 1967, Jacksonville, Fla.
BL TR 6' 2" 210 lbs.

| 1991 | CHI | N | 86 | .222 | .355 | 203 | 45 | 9 | 0 | 6 | 3.0 | 21 | 22 | 19 | 56 | 3 | 5 | 2 | 373 | 42 | 3 | 6 | 5.1 | .993 | C-82 |

Jerry Willard
WILLARD, GERALD DUANE, JR.
B. Mar. 14, 1960, Oxnard, Calif.
BL TR 6' 2" 200 lbs.

1984	CLE	A	87	.224	.386	246	55	8	1	10	4.1	21	37	26	55	1	12	1	335	35	7	7	4.3	.981	C-76, DH-1
1985			104	.270	.383	300	81	13	0	7	2.3	39	36	28	59	0	10	2	427	52	5	11	4.7	.990	C-96, DH-1
1986	OAK	A	75	.267	.385	161	43	7	0	4	2.5	17	26	22	28	0	7	4	300	12	2	1	4.2	.994	C-71, DH-7
1987			7	.167	.167	6	1	0	0	0	0.0	1	0	2	1	0	1	0	1	0	0	1	0.1	1.000	DH-3, 1B-1, 3B-1
1990	CHI	A	3	.000	.000	3	0	0	0	0	0.0	0	0	0	2	0	2	0	0	0	0	0	0.0	.976	C-1
1991	ATL	N	17	.214	.429	14	3	0	0	1	7.1	1	4	2	5	0	12	2	3	0	0	0	3.0	1.000	C-1
6 yrs.			293	.251	.382	730	183	28	1	22	3.0	79	103	80	150	1	44	9	1066	99	14	20	4.0	.988	C-245, DH-12, 1B-1, 3B-1

LEAGUE CHAMPIONSHIP SERIES
| 1991 | ATL | N | 2 | .000 | .000 | 2 | 0 | 0 | 0 | 0 | 0.0 | 0 | 0 | 0 | 1 | 0 | 2 | 0 | 0 | 0 | 0 | 0 | 0.0 | 1.000 | |

WORLD SERIES
| 1991 | ATL | N | 1 | .000 | .000 | 0 | 0 | 0 | 0 | 0 | 0.0 | 0 | 1 | 0 | 0 | 0 | 0 | 0 | 0 | 0 | 0 | 0 | 0.0 | 1.000 | |

Bernie Williams
WILLIAMS, BERNABE
Born Bernabe Williams y Figueroa
B. Sept. 13, 1968, San Juan, Puerto Rico
BB TR 6' 2" 180 lbs.

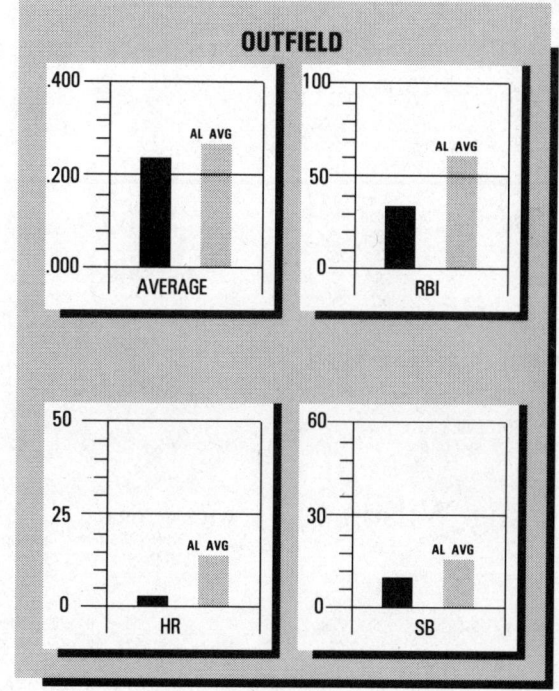

	Games	BA	SA	AB	H	2B	3B	HR	HR%	R	RBI	BB	SO	SB
April				0	0	0	0	0		0	0	0	0	0
May				0	0	0	0	0		0	0	0	0	0
June				0	0	0	0	0		0	0	0	0	0
July	20	.254	.423	71	18	4	1	2	2.8	9	11	15	14	4
Aug	31	.240	.360	125	30	10	1	1	0.8	22	14	17	25	2
Sept/Oct	34	.226	.298	124	28	5	2	0	0.0	12	9	16	18	4
Day	28	.290	.439	107	31	9	2	1	0.9	17	18	17	19	3
Night	57	.211	.305	213	45	10	2	2	0.9	26	16	31	38	7
vs. Left		.202	.317	104	21	6	0	2	1.9	16	13	17	11	3
vs. Right		.255	.366	216	55	13	4	1	0.5	27	21	31	46	7
On Grass	74	.246	.359	276	68	17	4	2	0.7	37	31	42	43	9
On Turf	11	.182	.295	44	8	2	0	1	2.3	6	3	6	14	1
Home	42	.264	.371	159	42	10	2	1	0.6	20	19	23	22	7
Road	43	.211	.329	161	34	9	2	2	1.2	23	15	25	35	3
Division Rivals														
vs. BAL	7	.125	.167	24	3	1	0	0	0.0	3	2	2	1	1
vs. BOS	7	.240	.320	25	6	2	0	0	0.0	0	3	5	5	0
vs. CLE	7	.308	.423	26	8	1	1	0	0.0	2	5	1	1	1
vs. DET	8	.250	.313	32	8	2	0	0	0.0	8	4	6	3	0
vs. MIL	7	.320	.400	25	8	0	1	0	0.0	5	1	4	3	1
vs. TOR	7	.241	.310	29	7	2	0	0	0.0	3	3	3	8	1
On 3B <2 Out		.385	.538	13	5	2	0	0	0.0	0	12	3	2	

| 1991 | NY | A | 85 | .238 | .350 | 320 | 76 | 19 | 4 | 3 | 0.9 | 43 | 34 | 48 | 57 | 10 | 0 | 0 | 230 | 3 | 5 | 0 | 2.8 | .979 | OF-85 |

Kenny Williams
WILLIAMS, KENNETH ROYAL
B. Apr. 6, 1964, Berkeley, Calif.
BR TR 6' 2" 187 lbs.

1986	CHI	A	15	.129	.226	31	4	0	0	1	3.2	2	1	1	11	1	0	0	18	1	0	1	1.3	1.000	OF-10, DH-1
1987			116	.281	.422	391	110	18	2	11	2.8	48	50	10	83	21	1	0	303	5	6	2	2.7	.981	OF-115
1988			73	.159	.305	220	35	4	2	8	3.6	18	28	10	64	6	2	1	87	69	17	4	2.4	.902	OF-38, 3B-32, DH-3
1989	DET	A	94	.205	.302	258	53	5	1	6	2.3	29	23	18	63	9	10	1	180	11	4	3	2.1	.979	OF-87, DH-1, 1B-1

PLAYER REGISTER

Year	Team	Games	BA	SA	AB	H	2B	3B	HR	HR%	R	RBI	BB	SO	SB	PINCH HIT AB	PINCH HIT H	PO	A	E	DP	TC/G	FA	G by Pos

Kenny Williams *Continued*

Year	Team	Games	BA	SA	AB	H	2B	3B	HR	HR%	R	RBI	BB	SO	SB	AB	H	PO	A	E	DP	TC/G	FA	G by Pos
1990	2 teams	DET A (57G — .133)		TOR A (49G — .194)																				
"	total	106	.161	.226	155	25	8	1	0	0.0	23	13	10	42	9	18	2	103	5	0	2	1.4	1.000	OF-77, DH-15
1991	2 teams	TOR A (13G — .207)		MON N (34G — .271)																				
"		47	.253	.394	99	25	7	2	1	1.0	16	4	7	27	3	10	2	58	4	2	0	1.9	.969	OF-33, DH-2
6 yrs.		451	.218	.339	1154	252	42	8	27	2.3	136	119	56	290	49	41	6	749	95	29	12	1.9	.967	OF-360, 3B-32, DH-22, 1B-1

Matt Williams

WILLIAMS, MATTHEW DERRICK
B. Nov. 28, 1965, Bishop, Calif.
BR TR 6' 2" 205 lbs.

THIRD BASE

Split	Games	BA	SA	AB	H	2B	3B	HR	HR%	R	RBI	BB	SO	SB
April	20	.269	.436	78	21	2	1	3	3.8	5	15	5	13	1
May	28	.180	.288	111	20	4	1	2	1.8	6	8	1	19	1
June	25	.253	.495	91	23	7	0	5	5.5	14	18	7	20	0
July	24	.341	.758	91	31	3	1	11	12.1	17	21	4	24	0
Aug	28	.255	.443	106	27	6	1	4	3.8	13	13	8	30	1
Sept/Oct	32	.321	.598	112	36	2	1	9	8.0	17	23	8	22	2
Day	60	.297	.582	232	69	9	3	17	7.3	38	44	11	44	3
Night	97	.249	.445	357	89	15	2	17	4.8	34	54	22	84	2
vs. Left		.279	.455	165	46	8	0	7	4.2	21	25	9	34	2
vs. Right		.264	.517	424	112	16	5	27	6.4	51	73	24	94	3
On Grass	117	.284	.502	444	126	19	3	24	5.4	51	71	20	92	5
On Turf	40	.221	.490	145	32	5	2	10	6.9	21	27	13	36	0
Home	78	.287	.526	289	83	12	3	17	5.9	35	46	16	60	3
Road	79	.250	.473	300	75	12	2	17	5.7	37	52	17	68	2
Division Rivals														
vs. ATL	17	.246	.354	65	16	2	1	1	1.5	9	8	3	17	2
vs. CIN	17	.212	.409	66	14	1	0	4	6.1	6	7	2	15	1
vs. HOU	17	.250	.422	64	16	0	1	3	4.7	4	11	2	15	0
vs. LA	18	.352	.662	71	25	7	0	5	7.0	8	12	3	14	1
vs. SD	18	.339	.516	62	21	0	1	3	4.8	8	13	5	12	1
On 3B < 2 Out		.292	.458	24	7	1	0	1	4.2	1	24	4	6	

Year	Team	Lg	Games	BA	SA	AB	H	2B	3B	HR	HR%	R	RBI	BB	SO	SB	AB	H	PO	A	E	DP	TC/G	FA	G by Pos
1987	SF	N	84	.188	.339	245	46	9	2	8	3.3	28	21	16	68	4	3	2	110	234	9	52	4.2	.975	SS-70, 3B-17
1988			52	.205	.410	156	32	6	1	8	5.1	17	19	8	41	0	2	0	48	108	7	9	3.1	.957	3B-43, SS-14
1989			84	.202	.455	292	59	18	1	18	6.2	31	50	14	72	1	3	0	90	168	10	15	3.2	.963	3B-73, SS-30
1990			159	.277	.488	617	171	27	2	33	5.3	87	**122**	33	138	7	1	1	140	306	19	33	2.9	.959	3B-159
1991			157	.268	.499	589	158	24	5	34	5.8	72	98	33	128	5	3	0	134	295	16	32	2.9	.964	3B-155, SS-4
5 yrs.			536	.245	.461	1899	466	84	11	101	5.3	235	310	104	447	17	12	3	522	1111	61	141	3.2	.964	3B-447, SS-118

LEAGUE CHAMPIONSHIP SERIES

| 1989 | SF | N | 5 | .300 | .650 | 20 | 6 | 1 | 0 | 2 | 10.0 | 2 | 9 | 0 | 2 | 0 | 0 | 0 | 5 | 12 | 0 | 2 | 3.4 | 1.000 | 3B-5, SS-1 |

WORLD SERIES

| 1989 | SF | N | 4 | .125 | .313 | 16 | 2 | 0 | 0 | 1 | 6.3 | 1 | 1 | 0 | 6 | 0 | 0 | 0 | 4 | 12 | 0 | 2 | 4.0 | 1.000 | SS-4, 3B-3 |

Craig Wilson

WILSON, CRAIG
B. Nov. 28, 1964, Annapolis, Md.
BR TR 5' 11" 175 lbs.

Year	Team	Lg	Games	BA	SA	AB	H	2B	3B	HR	HR%	R	RBI	BB	SO	SB	AB	H	PO	A	E	DP	TC/G	FA	G by Pos
1989	STL	N	6	.250	.250	4	1	0	0	0	0.0	1	1	1	2	0	4	1	1	0	1	0	0.3	.500	3B-2
1990			55	.248	.264	121	30	2	0	0	0.0	13	7	8	14	0	23	9	45	30	1	5	2.2	.987	3B-13, OF-13, 2B-9, 1B-1
1991			60	.171	.195	82	14	2	0	0	0.0	5	13	6	10	0	37	11	30	14	2	6	2.0	.957	3B-12, OF-5, 1B-4, 2B-3
3 yrs.			121	.217	.237	207	45	4	0	0	0.0	19	21	15	26	0	64	21	76	44	4	11	1.0	.968	3B-27, OF-18, 2B-12, 1B-5

PLAYER REGISTER

Year	Team	Games	BA	SA	AB	H	2B	3B	HR	HR%	R	RBI	BB	SO	SB	PINCH HIT AB	PINCH HIT H	PO	A	E	DP	TC/G	FA	G by Pos

Mookie Wilson

WILSON, WILLIAM HAYWARD
B. Feb. 9, 1956, Bamberg, S. C.
BB TR 5' 10" 170 lbs.

Year	Team	Games	BA	SA	AB	H	2B	3B	HR	HR%	R	RBI	BB	SO	SB	PH AB	PH H	PO	A	E	DP	TC/G	FA	G by Pos
April		9	.241	.310	29	7	0	1	0	0.0	3	2	0	3	1									
May		18	.224	.373	67	15	3	2	1	1.5	5	12	2	10	2									
June		13	.300	.460	50	15	5	0	1	2.0	6	9	1	6	1									
July		18	.265	.327	49	13	1	1	0	0.0	4	2	1	9	2									
Aug		13	.143	.238	21	3	2	0	0	0.0	3	0	1	3	0									
Sept/Oct		15	.200	.240	25	5	1	0	0	0.0	5	3	3	4	5									
Day		27	.253	.354	79	20	6	1	0	0.0	12	5	3	10	6									
Night		59	.235	.346	162	38	6	3	2	1.2	14	23	5	25	5									
vs. Left			.209	.256	43	9	2	0	0	0.0	5	1	0	8	2									
vs. Right			.247	.369	198	49	10	4	2	1.0	21	27	8	27	9									
On Grass		31	.220	.308	91	20	3	1	1	1.1	10	8	3	13	5									
On Turf		55	.253	.373	150	38	9	3	1	0.7	16	20	5	22	6									
Home		41	.270	.383	115	31	8	1	1	0.9	13	14	3	20	5									
Road		45	.214	.317	126	27	4	3	1	0.8	13	14	5	15	6									
Division Rivals																								
vs. BAL		4	.154	.231	13	2	1	0	0	0.0	1	3	0	3	1									
vs. BOS		7	.167	.278	18	3	0	1	0	0.0	0	1	1	3	1									
vs. CLE		6	.353	.588	17	6	4	0	0	0.0	6	0	0	2	0									
vs. DET		7	.235	.235	17	4	0	0	0	0.0	3	0	0	1	0									
vs. MIL		4	.200	.200	5	1	0	0	0	0.0	1	1	0	1	0									
vs. NY		8	.231	.385	26	6	1	0	1	3.8	6	3	2	3	2									
On 3B < 2 Out			.375	.625	16	6	2	1	0	0.0	0	12	0	2	0									
1980	NY N	27	.248	.352	105	26	5	3	0	0.0	16	4	12	19	7	0	0	72	1	2	0	2.8	.973	OF-26
1981		92	.271	.372	328	89	8	8	3	0.9	49	14	20	59	24	10	1	226	3	4	2	2.5	.983	OF-80
1982		159	.279	.369	639	178	25	9	5	0.8	90	55	32	102	58	7	2	415	12	5	4	2.7	.988	OF-156
1983		152	.276	.367	**638**	176	25	6	7	1.1	91	51	18	103	54	7	0	422	5	7	1	2.9	.984	OF-148
1984		154	.276	.409	587	162	28	10	10	1.7	88	54	26	90	46	8	5	396	8	4	6	2.6	.990	OF-146
1985		93	.276	.424	337	93	16	8	6	1.8	56	26	28	52	24	8	1	216	0	8	0	2.4	.964	OF-83
1986		123	.289	.430	381	110	17	5	9	2.4	61	45	32	72	25	20	7	228	7	5	2	2.0	.979	OF-114
1987		124	.299	.455	385	115	19	7	9	2.3	58	34	35	85	21	32	10	205	3	8	2	1.7	.963	OF-109
1988		112	.296	.431	378	112	17	5	8	2.1	61	41	27	63	15	22	7	200	4	5	1	1.9	.976	OF-104
1989	2 teams	NY N (80G — .205)			TOR A (54G — .298)																			
"	total	134	.251	.329	487	122	19	2	5	1.0	54	35	13	84	19	22	4	162	2	4	0	1.3	.976	OF-125
1990	TOR A	147	.265	.355	588	156	36	4	3	0.5	81	51	31	102	23	0	0	370	5	3	2	2.7	.992	OF-141, DH-6
1991		86	.241	.349	241	58	12	4	2	0.8	26	28	8	35	11	9	1	71	2	2	0	1.8	.973	OF-41, DH-34
12 yrs.		1403	.274	.386	5094	1397	227	71	67	1.3	731	438	282	866	327	145	38	2983	52	57	20	2.2	.982	OF-1273, DH-40
LEAGUE CHAMPIONSHIP SERIES																								
1986	NY N	6	.115	.115	26	3	0	0	0	0.0	2	1	1	7	1	0	0	16	1	0	1	2.8	1.000	OF-6
1988		4	.154	.154	13	2	0	0	0	0.0	2	1	2	2	0	1	0	6	0	0	0	1.5	1.000	OF-3
1989	TOR A	5	.263	.263	19	5	0	0	0	0.0	2	2	2	2	1	0	0	10	0	0	0	2.0	1.000	OF-5
1991		3	.250	.250	8	2	0	0	0	0.0	1	0	1	3	1	0	0	4	0	0	0	2.0	1.000	OF-2, DH-1
4 yrs.		18	.182	.182	66	12	0	0	0	0.0	7	4	6	14	3	1	0	36	1	0	1	2.1	.000	OF-16, DH-1
WORLD SERIES																								
1986	NY N	7	.269	.308	26	7	1	0	0	0.0	3	0	1	6	3	0	0	15	2	0	0	2.4	1.000	OF-7

Willie Wilson

WILSON, WILLIE JAMES
B. July 9, 1955, Montgomery, Ala.
BB TR 6' 3" 190 lbs.

		Games	BA	SA	AB	H	2B	3B	HR	HR%	R	RBI	BB	SO	SB
April		15	.216	.353	51	11	3	2	0	0.0	5	9	4	4	3
May		20	.212	.308	52	11	3	1	0	0.0	6	5	2	6	3
June		22	.246	.298	57	14	3	0	0	0.0	2	2	4	13	2
July		25	.283	.302	53	15	1	0	0	0.0	10	6	5	5	6
Aug		10	.219	.344	32	7	2	1	0	0.0	3	3	1	3	2
Sept/Oct		21	.245	.286	49	12	2	0	0	0.0	12	3	2	12	4
Day		40	.217	.330	106	23	8	2	0	0.0	16	11	5	15	5
Night		73	.250	.303	188	47	6	2	0	0.0	22	17	13	28	15
vs. Left			.253	.293	99	25	4	0	0	0.0	6	6	6	13	4
vs. Right			.231	.323	195	45	10	4	0	0.0	32	22	12	30	16

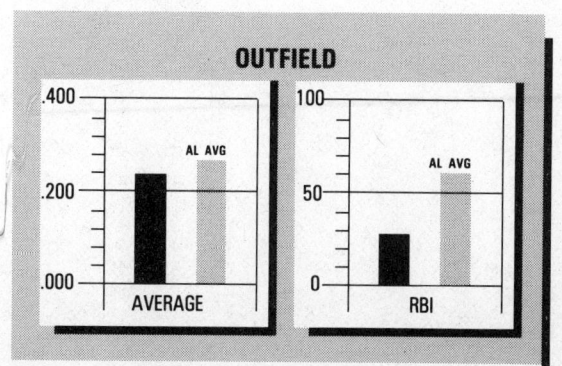

PLAYER REGISTER

Year	Team	Games	BA	SA	AB	H	2B	3B	HR	HR%	R	RBI	BB	SO	SB	PINCH HIT AB	PINCH HIT H	PO	A	E	DP	TC/G	FA	G by Pos

Willie Wilson Continued

Year	Team	Games	BA	SA	AB	H	2B	3B	HR	HR%	R	RBI	BB	SO	SB	PH AB	PH H	PO	A	E	DP	TC/G	FA	G by Pos
On Grass		97	.230	.305	239	55	12	3	0	0.0	23	25	13	35	13									
On Turf		16	.273	.345	55	15	2	1	0	0.0	15	3	5	8	7									
Home		55	.250	.341	132	33	8	2	0	0.0	18	16	9	19	6									
Road		58	.228	.290	162	37	6	2	0	0.0	20	12	9	24	14									
Division Rivals																								
vs. CAL		8	.259	.444	27	7	1	2	0	0.0	2	7	1	0	3									
vs. CHI		9	.087	.087	23	2	0	0	0	0.0	1	1	0	4	2									
vs. KC		10	.269	.308	26	7	1	0	0	0.0	7	1	3	5	3									
vs. MIN		6	.227	.409	22	5	2	1	0	0.0	3	1	0	1	1									
vs. SEA		9	.200	.267	30	6	2	0	0	0.0	3	4	3	5	1									
vs. TEX		9	.174	.174	23	4	0	0	0	0.0	4	1	3	6	1									
On 3B <2 Out			.100	.300	10	1	0	1	0	0.0	0	7	2	3										
1976	KC A	12	.167	.167	6	1	0	0	0	0.0	0	0	0	2	2	0	0	6	1	1	0	0.7	.875	OF-6
1977		13	.324	.382	34	11	2	0	0	0.0	10	1	1	8	6	0	0	24	0	1	0	1.9	.960	OF-9, DH-2
1978		127	.217	.278	198	43	8	2	0	0.0	43	16	16	33	46	0	0	171	6	4	2	1.4	.978	OF-112, DH-6
1979		154	.315	.420	588	185	18	13	6	1.0	113	49	28	92	83	0	0	384	13	6	0	2.6	.985	OF-152, DH-2
1980		161	.326	.421	705[1]	230	28	15	3	0.4	133	49	28	81	79	3	0	482	9	6	1	3.1	.988	OF-159
1981		102	.303	.364	439	133	10	7	1	0.2	54	32	18	42	34	0	0	299	14	4	3	3.1	.987	OF-101
1982		136	**.332**	.431	585	194	19	15	3	0.5	87	46	26	81	37	1	0	376	4	5	0	2.8	.987	OF-135
1983		137	.276	.352	576	159	22	8	2	0.3	90	33	33	75	59	3	1	354	3	9	0	2.7	.975	OF-136
1984		128	.301	.390	541	163	24	9	2	0.4	81	44	39	56	47	0	0	383	6	4	2	3.1	.990	OF-128
1985		141	.278	.408	605	168	25	21	4	0.7	87	43	29	94	43	0	0	378	4	2	1	2.7	.995	OF-140
1986		156	.269	.366	631	170	20	7	9	1.4	77	44	31	97	34	6	0	408	4	3	2	2.7	.993	OF-155
1987		146	.279	.377	610	170	18	15	4	0.7	97	30	32	88	59	1	0	342	3	1	1	2.4	.997	OF-143, DH-2
1988		147	.262	.333	591	155	17	11	1	0.2	81	37	22	106	35	4	1	365	1	4	0	2.5	.989	OF-142
1989		112	.253	.358	383	97	17	7	3	0.8	58	43	27	78	24	2	2	252	2	6	0	2.3	.977	OF-108, DH-1
1990		115	.290	.371	307	89	13	3	2	0.6	49	42	30	57	24	9	0	187	2	0	1	1.8	1.000	OF-106, DH-1
1991	OAK A	113	.238	.313	294	70	14	4	0	0.0	38	28	18	43	20	21	6	176	2	3	0	2.1	.983	OF-87, DH-9
16 yrs.		1900	.287	.379	7093	2038	255	137	40	0.6	1098	537	378	1033	632 10th	50	10	4587	74	59	13	2.5	.987	OF-1819, DH-23

DIVISIONAL PLAYOFF SERIES

Year	Team	Games	BA	SA	AB	H	2B	3B	HR	HR%	R	RBI	BB	SO	SB	PH AB	PH H	PO	A	E	DP	TC/G	FA	G by Pos
1981	KC A	3	.308	.308	13	4	0	0	0	0.0	0	1	0	0	0	0	0	6	0	0	0	2.0	1.000	OF-3

LEAGUE CHAMPIONSHIP SERIES

Year	Team	Games	BA	SA	AB	H	2B	3B	HR	HR%	R	RBI	BB	SO	SB	PH AB	PH H	PO	A	E	DP	TC/G	FA	G by Pos
1978	KC A	3	.250	.250	4	1	0	0	0	0.0	0	0	0	2	0	0	0	2	0	0	0	0.7	1.000	OF-3
1980		3	.308	.615	13	4	2	1	0	0.0	2	4	1	2	0	0	0	6	1	0	0	2.3	1.000	OF-3
1984		3	.154	.154	13	2	0	0	0	0.0	0	0	1	2	0	0	0	10	0	0	0	3.3	1.000	OF-3
1985		7	.310	.414	29	9	0	0	1	3.4	5	2	1	5	1	0	0	12	0	0	0	1.7	1.000	OF-7
4 yrs.		16	.271	.390	59	16	2	1	1	1.7	7	6	3	11	1	0	0	30	1	0	0	1.9	.000	OF-16

WORLD SERIES

Year	Team	Games	BA	SA	AB	H	2B	3B	HR	HR%	R	RBI	BB	SO	SB	PH AB	PH H	PO	A	E	DP	TC/G	FA	G by Pos
1980	KC A	6	.154	.192	26	4	1	0	0	0.0	3	0	4	12	2	0	0	15	1	0	0	2.7	1.000	OF-6
1985		7	.367	.433	30	11	0	1	0	0.0	2	3	1	4	3	0	0	19	1	0	0	2.9	1.000	OF-7
2 yrs.		13	.200	.321	56	15	1	1	0	0.0	5	3	5	16	5	0	0	34	2	0	0	2.8	.000	OF-13

Dave Winfield

WINFIELD, DAVID MARK (Winny)
B. Oct. 3, 1951, St. Paul, Minn.
BR TR 6' 6" 220 lbs.

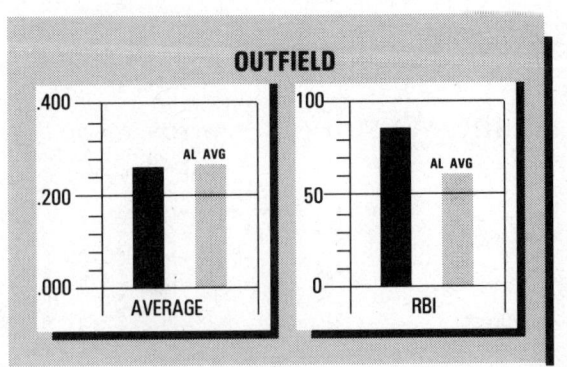

Split	Games	BA	SA	AB	H	2B	3B	HR	HR%	R	RBI	BB	SO	SB
April	14	.232	.464	56	13	4	0	3	5.4	4	14	0	8	0
May	27	.283	.528	106	30	7	2	5	4.7	17	15	11	17	1
June	26	.320	.641	103	33	5	2	8	7.8	20	24	9	20	0
July	25	.245	.383	94	23	4	0	3	3.2	12	7	8	12	1
Aug	25	.200	.356	90	18	2	0	4	4.4	7	8	10	25	2
Sept/Oct	33	.269	.437	119	32	5	0	5	4.2	15	18	18	27	3
Day	33	.260	.455	123	32	6	0	6	4.9	14	25	16	28	1
Night	117	.263	.476	445	117	21	4	22	4.9	61	61	40	81	6
vs. Left		.300	.575	160	48	9	1	11	6.9	24	27	20	24	1
vs. Right		.248	.431	408	101	18	3	17	4.2	51	59	36	85	6

PLAYER REGISTER

Year	Team		Games	BA	SA	AB	H	2B	3B	HR	HR%	R	RBI	BB	SO	SB	PINCH HIT AB	H	PO	A	E	DP	TC/G	FA	G by Pos

Dave Winfield *Continued*

			Games	BA	SA	AB	H	2B	3B	HR	HR%	R	RBI	BB	SO	SB	AB	H	PO	A	E	DP	TC/G	FA	G by Pos
On Grass			126	.251	.421	475	119	21	3	18	3.8	58	53	48	89	7									
On Turf			24	.323	.731	93	30	6	1	10	10.8	17	33	8	20	0									
Home			73	.244	.432	271	66	10	1	13	4.8	33	33	25	54	4									
Road			77	.279	.508	297	83	17	3	15	5.1	42	53	31	55	3									
Division Rivals																									
vs. CHI			13	.340	.574	47	16	2	0	3	6.4	5	6	9	12	1									
vs. KC			12	.293	.537	41	12	2	1	2	4.9	8	8	6	12	0									
vs. MIN			9	.216	.649	37	8	1	0	5	13.5	6	10	1	9	1									
vs. OAK			10	.121	.121	33	4	0	0	0	0.0	0	1	5	8	1									
vs. SEA			11	.227	.364	44	10	3	0	1	2.3	2	8	1	11	0									
vs. TEX			13	.294	.667	51	15	1	0	6	11.8	9	11	6	9	0									
On 3B <2 Out				.323	.645	31	10	4	0	2	6.5	2	26	6	5										
1973	SD	N	56	.277	.383	141	39	4	1	3	2.1	9	12	12	19	0	17	8	65	1	3	0	1.2	.957	OF-36, 1B-1
1974			145	.265	.438	498	132	18	4	20	4.0	57	75	40	96	9	15	4	276	11	12	2	2.1	.960	OF-131
1975			143	.267	.403	509	136	20	2	15	2.9	74	76	69	82	23	2	0	302	9	9	1	2.2	.972	OF-138
1976			137	.283	.431	492	139	26	4	13	2.6	81	69	65	78	26	2	1	304	15	6	4	2.4	.982	OF-134
1977			157	.275	.467	615	169	29	7	25	4.1	104	92	58	75	16	2	1	368	15	11	3	2.5	.972	OF-156
1978			158	.308	.499	587	181	30	5	24	4.1	88	97	55	81	21	5	1	328	8	7	1	2.2	.980	OF-154, 1B-2
1979			159	.308	.558	597	184	27	10	34	5.7	97	**118**	85	71	15	2	0	344	14	5	3	2.3	.986	OF-157
1980			162	.276	.450	558	154	25	6	20	3.6	89	87	79	83	23	9	3	273	20	4	4	1.8	.987	OF-159
1981	NY	A	105	.294	.464	388	114	25	1	13	3.4	52	68	43	41	11	4	3	196	1	3	0	1.9	.985	OF-102, DH-1
1982			140	.280	.560	539	151	24	8	37	6.9	84	106	45	64	5	1	0	279	17	8	2	2.2	.974	OF-135, DH-4
1983			152	.283	.513	598	169	26	8	32	5.4	99	116	58	77	15	3	2	313	5	7	2	2.1	.978	OF-151
1984			141	.340	.515	567	193	34	4	19	3.4	106	100	53	71	6	0	0	306	3	2	1	2.2	.994	OF-140
1985			155	.275	.471	633	174	34	6	26	4.1	105	114	52	96	19	1	1	316	13	3	3	2.1	.991	OF-152, DH-2
1986			154	.262	.462	565	148	31	5	24	4.2	90	104	77	106	6	7	1	292	9	5	5	2.0	.984	OF-145, DH-6, 3B-2
1987			156	.275	.457	575	158	22	1	27	4.7	83	97	76	96	5	4	2	253	6	3	1	1.7	.989	OF-145, DH-8
1988			149	.322	.530	559	180	37	2	25	4.5	96	107	69	88	9	4	0	276	3	3	1	1.9	.989	OF-141, DH-4
1990	2 teams		NY A	(20G — .213)		CAL A	(112G — .275)																		
"	total		132	.267	.453	475	127	21	2	21	4.4	70	78	52	81	0	7	1	177	7	2	1	1.6	.989	OF-120, DH-10
1991	CAL	A	150	.262	.472	568	149	27	4	28	4.9	75	86	56	109	7	1	0	198	7	2	1	1.8	.990	OF-115, DH-34
18 yrs.			2551	.285	.479	9464	2697	460	80	406	4.3	1459	1602	1044	1414	216	86	28	4866	164	95	35	2.0	.981	OF-2411, DH-69, 1B-3, 3B-2

DIVISIONAL PLAYOFF SERIES

Year	Team		Games	BA	SA	AB	H	2B	3B	HR	HR%	R	RBI	BB	SO	SB	AB	H	PO	A	E	DP	TC/G	FA	G by Pos
1981	NY	A	5	.350	.500	20	7	3	0	0	0.0	2	0	1	5	0	0	0	10	1	0	0	2.2	1.000	OF-5

LEAGUE CHAMPIONSHIP SERIES

Year	Team		Games	BA	SA	AB	H	2B	3B	HR	HR%	R	RBI	BB	SO	SB	AB	H	PO	A	E	DP	TC/G	FA	G by Pos
1981	NY	A	3	.154	.231	13	2	1	0	0	0.0	2	2	2	2	1	0	0	6	0	0	0	2.0	1.000	OF-3

WORLD SERIES

Year	Team		Games	BA	SA	AB	H	2B	3B	HR	HR%	R	RBI	BB	SO	SB	AB	H	PO	A	E	DP	TC/G	FA	G by Pos
1981	NY	A	6	.045	.045	22	1	0	0	0	0.0	0	1	5	4	1	0	0	13	1	0	0	2.3	1.000	OF-6

Herm Winningham WINNINGHAM, HERMAN SON
B. Dec. 1, 1961, Orangeburg, S. C.
BL TR 6' 1" 170 lbs.

Year	Team		Games	BA	SA	AB	H	2B	3B	HR	HR%	R	RBI	BB	SO	SB	AB	H	PO	A	E	DP	TC/G	FA	G by Pos
1984	NY	N	14	.407	.519	27	11	1	1	0	0.0	5	5	1	7	2	4	1	7	0	0	0	0.5	1.000	OF-10
1985	MON	N	125	.237	.317	312	74	6	5	3	1.0	30	21	28	72	20	13	6	229	6	4	2	1.9	.983	OF-116
1986			90	.216	.346	185	40	6	3	4	2.2	23	11	18	51	12	23	3	97	2	2	1	1.1	.980	OF-66, SS-1
1987			137	.239	.349	347	83	20	3	4	1.2	34	41	34	68	29	20	5	225	5	6	1	1.7	.975	OF-131
1988	2 teams		MON N	(47G — .233)		CIN N	(53G — .230)																		
"	total		100	.232	.296	203	47	3	4	0	0.0	18	21	17	45	12	21	4	128	1	1	0	1.3	.992	OF-72
1989	CIN	N	115	.251	.355	251	63	11	3	3	1.2	40	13	24	50	14	29	7	146	3	3	0	1.3	.980	OF-85
1990			84	.256	.425	160	41	8	5	3	1.8	20	17	14	31	6	20	5	89	3	0	0	1.4	1.000	OF-64
1991			98	.225	.290	169	38	6	1	1	0.6	17	4	11	40	4	33	13	99	2	5	0	1.6	.953	OF-66
8 yrs.			763	.240	.340	1654	397	61	25	18	1.1	185	133	147	364	99	163	44	1020	22	21	4	1.4	.980	OF-610, SS-1

LEAGUE CHAMPIONSHIP SERIES

Year	Team		Games	BA	SA	AB	H	2B	3B	HR	HR%	R	RBI	BB	SO	SB	AB	H	PO	A	E	DP	TC/G	FA	G by Pos
1990	CIN	N	3	.286	.429	7	2	1	0	0	0.0	1	1	1	1	1	1	0	7	0	0	0	3.5	1.000	OF-2

WORLD SERIES

Year	Team		Games	BA	SA	AB	H	2B	3B	HR	HR%	R	RBI	BB	SO	SB	AB	H	PO	A	E	DP	TC/G	FA	G by Pos
1990	CIN	N	2	.500	.500	4	2	0	0	0	0.0	1	0	0	0	0	1	0	3	0	0	0	3.0	1.000	OF-1

PLAYER REGISTER

Year	Team		Games	BA	SA	AB	H	2B	3B	HR	HR%	R	RBI	BB	SO	SB	PINCH HIT AB	PINCH HIT H	PO	A	E	DP	TC/G	FA	G by Pos

Ron Witmeyer
WITMEYER, RONALD HERMAN
B. June 28, 1967, West Islip, N.Y.
BL TL 6' 3" 215 lbs.

Year	Team		Games	BA	SA	AB	H	2B	3B	HR	HR%	R	RBI	BB	SO	SB	AB	H	PO	A	E	DP	TC/G	FA	G by Pos
1991	OAK	A	11	.053	.053	19	1	0	0	0	0.0	0	0	0	5	0	4	0	32	3	0	2	4.4	1.000	1B-8

Ted Wood
WOOD, EDWARD ROBERT, JR.
B. Jan. 4, 1967, Mansfield, Ohio
BL TL 6' 2" 170 lbs.

Year	Team		Games	BA	SA	AB	H	2B	3B	HR	HR%	R	RBI	BB	SO	SB	AB	H	PO	A	E	DP	TC/G	FA	G by Pos
1991	SF	N	10	.120	.120	25	3	0	0	0	0.0	0	1	2	11	0	3	1	10	0	1	0	1.4	.909	OF-8

Craig Worthington
WORTHINGTON, CRAIG RICHARD
B. Apr. 17, 1965, Los Angeles, Calif.
BR TR 6' 160 lbs.

Year	Team		Games	BA	SA	AB	H	2B	3B	HR	HR%	R	RBI	BB	SO	SB	AB	H	PO	A	E	DP	TC/G	FA	G by Pos
1988	BAL	A	26	.185	.284	81	15	2	0	2	2.5	5	4	9	24	1	0	0	20	53	3	4	2.9	.961	3B-26
1989			145	.247	.384	497	123	23	0	15	3.0	57	70	61	114	1	0	0	113	277	20	22	2.8	.951	3B-145
1990			133	.226	.322	425	96	17	0	8	1.8	46	44	63	96	1	0	0	90	218	18	28	2.5	.945	3B-131, DH-2
1991			31	.225	.373	102	23	3	0	4	3.9	11	12	12	14	0	1	0	26	51	2	3	2.6	.975	3B-30
4 yrs.			335	.233	.352	1105	257	45	0	29	2.6	119	130	145	248	3	1	0	249	599	43	57	2.7	.952	3B-332, DH-2

Eric Yelding
YELDING, ERIC GIRARD
B. Feb. 22, 1965, Montrose, Ala.
BR TR 5' 11" 170 lbs.

SHORTSTOP

Split	G	BA	SA	AB	H	2B	3B	HR	HR%	R	RBI	BB	SO	SB
April	16	.191	.265	68	13	3	1	0	0.0	4	0	2	12	2
May	23	.306	.400	85	26	5	0	1	1.2	7	10	2	16	5
June	24	.226	.250	84	19	2	0	0	0.0	6	9	8	13	3
July	15	.231	.256	39	9	1	0	0	0.0	2	1	1	5	1
Aug				0	0	0	0	0		0	0	0	0	0
Sept/Oct				0	0	0	0	0		0	0	0	0	0
Day	17	.281	.422	64	18	4	1	1	1.6	7	6	3	11	3
Night	61	.231	.264	212	49	7	0	0	0.0	12	14	10	35	8
vs. Left		.299	.351	97	29	3	1	0	0.0	7	5	6	15	4
vs. Right		.212	.274	179	38	8	0	1	0.6	12	15	7	31	7
On Grass	20	.236	.278	72	17	3	0	0	0.0	3	3	5	9	2
On Turf	58	.245	.309	204	50	8	1	1	0.5	16	17	8	37	9
Home	36	.226	.248	137	31	3	0	0	0.0	7	10	5	28	8
Road	42	.259	.353	139	36	8	1	1	0.7	12	10	8	18	3
Division Rivals														
vs. ATL	5	.150	.200	20	3	1	0	0	0.0	0	0	2	5	2
vs. CIN	9	.194	.278	36	7	1	0	0	0.0	5	0	1	4	0
vs. LA	2	.400	.400	5	2	0	0	0	0.0	1	1	2	0	0
vs. SD	7	.280	.320	25	7	1	0	0	0.0	2	1	0	4	2
vs. SF	7	.138	.138	29	4	0	0	0	0.0	1	0	1	4	0
On 3B < 2 Out		.615	.769	13	8	2	0	0	0.0	0	11	0	0	

Year	Team		Games	BA	SA	AB	H	2B	3B	HR	HR%	R	RBI	BB	SO	SB	AB	H	PO	A	E	DP	TC/G	FA	G by Pos
1989	HOU	N	70	.233	.256	90	21	2	0	0	0.0	19	9	7	19	11	16	4	37	57	3	9	1.4	.969	SS-15, 2B-13, OF-8
1990			142	.254	.297	511	130	9	5	1	0.1	69	28	39	87	64	2	0	315	124	17	21	3.4	.963	OF-94, SS-40, 2B-10, 3B-3
1991			78	.243	.301	276	67	11	1	1	0.4	19	20	13	46	11	7	3	114	166	20	31	4.2	.933	SS-72, OF-4
3 yrs.			290	.249	.294	877	218	22	6	2	0.2	107	57	59	152	86	25	7	466	347	40	61	2.9	.953	SS-127, OF-106, 2B-23, 3B-3

Gerald Young
YOUNG, GERALD ANTHONY
B. Oct. 22, 1964, Tele, Honduras
BB TR 6' 2" 185 lbs.

Year	Team		Games	BA	SA	AB	H	2B	3B	HR	HR%	R	RBI	BB	SO	SB	AB	H	PO	A	E	DP	TC/G	FA	G by Pos
1987	HOU	N	71	.321	.380	274	88	9	2	1	0.4	44	15	26	27	26	2	1	143	5	3	1	2.1	.980	OF-67
1988			149	.257	.325	576	148	21	9	0	0.0	79	37	66	66	65	5	2	357	10	3	1	2.5	.992	OF-145
1989			146	.233	.276	533	124	17	3	0	0.0	71	38	74	60	34	2	1	412	15	1	5	2.9	.998	OF-50
1990			57	.175	.234	154	27	4	1	0	0.6	15	4	20	23	6	5	0	99	4	1	1	2.1	.990	OF-84
1991			108	.218	.275	142	31	3	1	1	0.7	26	11	24	17	16	23	3	96	4	0	1	1.2	1.000	OF-84
5 yrs.			531	.249	.306	1679	418	54	16	3	0.2	235	105	210	193	147	37	7	1107	38	8	9	2.2	.993	OF-489

Robin Yount

YOUNT, ROBIN R.
Brother of Larry Yount.
B. Sept. 16, 1955, Danville, Ill.
BR TR 6' 165 lbs.

Year	Team		Games	BA	SA	AB	H	2B	3B	HR	HR%	R	RBI	BB	SO	SB	PINCH HIT AB	PINCH HIT H	PO	A	E	DP	TC/G	FA	G by Pos
April			19	.342	.632	76	26	5	1	5	6.6	12	17	7	8	0									
May			27	.252	.402	107	27	4	0	4	3.7	14	16	9	14	1									
June			27	.200	.250	100	20	3	1	0	0.0	18	10	13	24	2									
July			4	.353	.529	17	6	1	1	0	0.0	1	0	1	1	0									
Aug			26	.327	.406	101	33	6	1	0	0.0	13	17	11	15	1									
Sept/Oct			27	.186	.225	102	19	1	0	1	1.0	8	17	13	17	2									
Day			39	.266	.383	154	41	3	0	5	3.2	27	28	16	20	2									
Night			91	.258	.372	349	90	17	4	5	1.4	39	49	38	59	4									
vs. Left				.256	.341	129	33	5	0	2	1.6	19	18	26	16	1									
vs. Right				.262	.388	374	98	15	4	8	2.1	47	59	28	63	5									
On Grass			112	.259	.379	428	111	16	4	9	2.1	56	67	51	69	6									
On Turf			18	.267	.360	75	20	4	0	1	1.3	10	10	3	10	0									
Home			67	.236	.396	250	59	10	3	8	3.2	35	42	26	43	3									
Road			63	.285	.356	253	72	10	1	2	0.8	31	35	28	36	3									
vs. BAL			12	.326	.522	46	15	6	0	1	2.2	5	7	6	5	0									
vs. BOS			11	.190	.262	42	8	1	1	0	0.0	3	3	5	6	2									
vs. CLE			8	.242	.333	33	8	0	0	1	3.0	2	4	0	6	0									
vs. DET			13	.204	.241	54	11	2	0	0	0.0	6	8	5	8	0									
vs. NY			11	.214	.238	42	9	1	0	0	0.0	6	6	6	10	2									
vs. TOR			12	.250	.354	48	12	0	1	1	2.1	4	9	2	4	1									
On 3B <2 Out				.194	.194	36	7	0	0	0	0.0	0	25	4	7										
1974	MIL	A	107	.250	.346	344	86	14	5	3	0.9	48	26	12	46	7	0	0	148	327	19	55	4.6	.962	SS-107
1975			147	.267	.367	558	149	28	2	8	1.4	67	52	33	69	12	2	0	273	402	44	80	4.9	.939	SS-145
1976			161	.252	.301	638	161	19	3	2	0.3	59	54	38	69	16	0	0	290	510	31	104	5.2	.963	SS-161, OF-1
1977			154	.288	.377	605	174	34	4	4	0.7	66	49	41	80	16	3	1	256	449	26	94	4.7	.964	SS-153
1978			127	.293	.428	502	147	23	9	9	1.8	66	71	24	43	16	2	1	246	453	30	78	5.7	.959	SS-125
1979			149	.267	.371	577	154	26	5	8	1.4	72	51	35	52	11	0	0	267	517	25	97	5.4	.969	SS-149
1980			143	.293	.519	611	179	49	10	23	3.8	121	87	26	67	20	2	0	239	455	28	89	5.0	.961	SS-133, DH-9
1981			96	.273	.419	377	103	15	5	10	2.7	50	49	22	37	4	1	1	161	370	8	83	5.6	.985	SS-93, DH-3
1982			156	.331	**.578**	635	**210**	46	12	29	4.6	129	114	54	63	14	2	1	253	489	24	95	4.9	.969	SS-154, DH-1
1983			149	.308	.503	578	178	42	**10**	17	2.9	102	80	72	58	12	2	2	256	420	19	86	4.7	.973	SS-139, DH-8
1984			160	.298	.441	624	186	27	7	16	2.6	105	80	67	67	14	0	0	199	402	18	80	3.9	.971	SS-120, DH-39
1985			122	.277	.442	466	129	26	3	15	3.2	76	68	49	56	10	0	0	267	5	8	2	2.3	.971	OF-108, DH-12, 1B-3
1986			140	.312	.450	522	163	31	7	9	1.7	82	46	62	73	14	1	0	365	9	2	5	2.7	.995	OF-131, DH-6, 1B-3
1987			158	.312	.479	635	198	25	9	21	3.3	99	103	76	94	19	0	0	380	5	5	2	2.5	.987	OF-150, DH-8
1988			162	.306	.465	621	190	38	**11**	13	2.1	92	91	63	63	22	0	0	444	12	2	2	2.8	.996	OF-158, DH-4
1989			160	.318	.511	614	195	38	9	21	3.4	101	103	63	71	19	0	0	361	8	7	2	2.4	.981	OF-143, DH-17
1990			158	.247	.380	587	145	17	5	17	2.8	98	77	78	89	15	0	0	422	3	4	0	2.7	.991	OF-157, DH-1
1991			130	.260	.376	503	131	20	4	10	2.0	66	77	54	79	6	1	0	315	1	2	1	2.7	.994	OF-117, DH-13
18 yrs.			2579	.288	.434	9997	2878	518	120	235	2.4	1499	1278	869	1176	247	16	6	5142	4837	302	955	4.0	.971	SS-1479, OF-965, DH-121, 1B-6

DIVISIONAL PLAYOFF SERIES
Year	Team		Games	BA	SA	AB	H	2B	3B	HR	HR%	R	RBI	BB	SO	SB	PH AB	PH H	PO	A	E	DP	TC/G	FA	G by Pos
1981	MIL	A	5	.316	.421	19	6	0	1	0	0.0	4	1	2	2	1	0	0	6	16	1	0	4.6	.957	SS-5

LEAGUE CHAMPIONSHIP SERIES
Year	Team		Games	BA	SA	AB	H	2B	3B	HR	HR%	R	RBI	BB	SO	SB	PH AB	PH H	PO	A	E	DP	TC/G	FA	G by Pos
1982	MIL	A	5	.250	.250	16	4	0	0	0	0.0	1	0	5	0	0	0	0	11	12	1	4	4.8	.958	SS-5

WORLD SERIES
Year	Team		Games	BA	SA	AB	H	2B	3B	HR	HR%	R	RBI	BB	SO	SB	PH AB	PH H	PO	A	E	DP	TC/G	FA	G by Pos
1982	MIL	A	7	.414	.621	29	12	3	0	1	3.4	6	6	2	2	0	0	0	20	19	3	1	6.0	.929	SS-7

PLAYER REGISTER

Year	Team	Games	BA	SA	AB	H	2B	3B	HR	HR%	R	RBI	BB	SO	SB	PINCH HIT AB	PINCH HIT H	PO	A	E	DP	TC/G	FA	G by Pos

Todd Zeile
ZEILE, TODD EDWARD
B. Sept. 9, 1965, Van Nuys, Calif.
BR TR 6' 1" 190 lbs.

Split	G	BA	SA	AB	H	2B	3B	HR	HR%	R	RBI	BB	SO	SB
April	19	.317	.444	63	20	3	1	1	1.6	8	12	5	10	1
May	25	.323	.452	93	30	7	1	1	1.1	14	10	11	19	4
June	27	.235	.333	102	24	7	0	1	1.0	14	10	9	14	2
July	26	.260	.450	100	26	5	1	4	4.0	13	14	11	15	5
Aug	28	.287	.380	108	31	4	0	2	1.9	11	18	8	14	4
Sept/Oct	30	.273	.434	99	27	10	0	2	2.0	16	17	18	22	1
Day	43	.323	.497	155	50	13	1	4	2.6	25	24	17	22	4
Night	112	.263	.380	410	108	23	2	7	1.7	51	57	45	72	13
vs. Left		.304	.439	237	72	15	1	5	2.1	38	33	26	44	8
vs. Right		.262	.393	328	86	21	2	6	1.8	38	48	36	50	9
On Grass	39	.268	.349	149	40	12	0	0	0.0	21	12	11	30	3
On Turf	116	.284	.435	416	118	24	3	11	2.6	55	69	51	64	14
Home	80	.297	.459	279	83	20	2	7	2.5	40	50	33	40	8
Road	75	.262	.367	286	75	16	1	4	1.4	36	31	29	54	9
Division Rivals														
vs. CHI	17	.281	.439	57	16	6	0	1	1.8	12	5	8	6	0
vs. MON	17	.310	.448	58	18	3	1	1	1.7	7	10	9	11	1
vs. NY	17	.309	.382	68	21	3	1	0	0.0	11	10	3	12	1
vs. PHI	16	.333	.491	57	19	3	0	2	3.5	6	15	7	10	4
vs. PIT	17	.306	.516	62	19	4	0	3	4.8	11	8	9	9	2
On 3B <2 Out		.370	.481	27	10	0	0	1	3.7	1	25	7	4	

Year	Team	Lg	G	BA	SA	AB	H	2B	3B	HR	HR%	R	RBI	BB	SO	SB	PH AB	PH H	PO	A	E	DP	TC/G	FA	G by Pos
1989	STL	N	28	.256	.354	82	21	3	1	1	1.2	7	8	9	14	0	5	0	125	10	4	1	5.0	.971	C-23
1990			144	.244	.398	495	121	25	3	15	3.0	62	57	67	77	2	3	0	648	106	15	12	5.5	.980	C-105, 3B-24, 1B-11, OF-1
1991			155	.280	.412	565	158	36	3	11	1.9	76	81	62	94	17	0	0	124	290	25	18	2.9	.943	3B-154
3 yrs.			327	.263	.402	1142	300	64	7	27	2.4	145	146	138	185	19	8	0	897	406	44	31	4.1	.967	3B-178, C-128, 1B-11, OF-1

Eddie Zosky
ZOSKY, EDWARD JAMES
B. Feb. 10, 1968, Whittier, Calif.
BR TR 6' 175 lbs.

Year	Team	Lg	G	BA	SA	AB	H	2B	3B	HR	HR%	R	RBI	BB	SO	SB	PH AB	PH H	PO	A	E	DP	TC/G	FA	G by Pos
1991	TOR	A	18	.148	.259	27	4	1	1	0	0.0	2	2	0	8	0	1	0	12	26	0	5	2.1	1.000	SS-18

Bob Zupcic
ZUPCIC, ROBERT
B. Aug. 18, 1966, Pittsburgh, Pa.
BR TR 6' 4" 220 lbs.

Year	Team	Lg	G	BA	SA	AB	H	2B	3B	HR	HR%	R	RBI	BB	SO	SB	PH AB	PH H	PO	A	E	DP	TC/G	FA	G by Pos
1991	BOS	A	18	.160	.280	25	4	0	0	1	4.0	3	3	1	6	0	1	0	14	0	2	0	1.0	.875	OF-16

Paul Zuvella
ZUVELLA, PAUL
B. Oct. 31, 1958, San Mateo, Calif.
BR TR 6' 173 lbs.

Year	Team	Lg	G	BA	SA	AB	H	2B	3B	HR	HR%	R	RBI	BB	SO	SB	PH AB	PH H	PO	A	E	DP	TC/G	FA	G by Pos
1982	ATL	N	2	.000	.000	1	0	0	0	0	0.0	0	0	0	0	0	0	0	0	4	1	0	2.5	.800	SS-1
1983			3	.000	.000	5	0	0	0	0	0.0	0	0	2	1	0	1	0	1	2	1	0	1.3	.750	SS-2
1984			11	.200	.240	25	5	1	0	0	0.0	2	1	2	3	0	0	0	13	21	0	6	3.1	1.000	2B-6, SS-6
1985			81	.253	.305	190	48	8	1	0	0.0	16	4	16	14	2	5	1	112	173	8	39	3.6	.973	2B-42, SS-33, 3B-5
1986	NY	A	21	.083	.104	48	4	1	0	0	0.0	2	2	5	4	0	0	0	30	54	3	12	4.1	.966	SS-21
1987			14	.176	.176	34	6	0	0	0	0.0	2	0	0	4	0	3	0	20	25	0	5	3.2	1.000	2B-7, SS-6, 3B-1
1988	CLE	A	51	.231	.285	130	30	5	1	0	0.0	9	7	8	13	0	1	0	77	112	8	21	3.9	.959	SS-49
1989			24	.276	.414	58	16	2	0	2	3.4	10	6	1	11	0	3	1	14	24	2	1	1.7	.950	SS-15, 3B-5, DH-3
1991	KC	A	2	.000	.000	0	0	0	0	0	0.0	0	0	0	0	0	0	0	0	0	0	0			3B-2
9 yrs.			209	.222	.277	491	109	17	2	2	0.4	41	20	34	50	2	13	2	267	415	23	84	3.4	.967	SS-133, 2B-55, 3B-13, DH-3

Pitcher Register

The Pitcher Register is an alphabetical listing of every man who pitched in the major leagues in 1991. Also included are those players who played in 1991 and had pitched (however briefly) in previous seasons.

As in the Player Register, boldface print indicates a league leader for the season. A superscript "1" means that the figure is the all-time single season record (since 1893, when the mound was fixed at a distance of 60 feet 6 inches), and figures underneath a player's career and World Series career totals provide his rank in the top ten all-time.

Partial innings pitched are indicated by adding ".1" or ".2" to the figure in the IP column; "55.2" would mean that the pitcher had pitched fifty-five and two-third innings. Meaningless averages are indicated with a dash; these would include the winning percentage of a pitcher with an 0-0 record, or the batting average of a pitcher with no at bats. Any time the infinity symbol "∞" is shown for a pitcher's earned run average, it means that he allowed at least one run in that season without retiring a batter.

An asterisk (*) shown in the lifetime batting totals means that that pitcher's complete batting record is included in the Player Register.

Additional statistical and graphic analyses are provided for each starting pitcher who faced at least 300 batters in 1991 and for each relief pitcher who made at least 20 relief appearances during the year. See the Introduction for more information about these features.

PITCHER REGISTER

Year	Team	W	L	%	ERA	G	GS	CG	IP	H	BB	SO	ShO	RELIEF PITCHING W	L	SV	BATTING AB	H	HR	BA	PO	A	E	DP	TC/G	FA

Jim Abbott

ABBOTT, JAMES ANTHONY
B. Sept. 19, 1967, Flint, Mich.
BL TL 6' 3" 200 lbs.

Split	W	L	%	ERA	G	GS	CG	IP	H	BB	SO	ShO	W	L	SV
April	0	4	.000	6.00	4	4	0	24	31	9	15	0	0	0	0
May	4	0	1.000	1.96	5	5	1	36.2	32	8	17	1	0	0	0
June	2	1	.667	3.43	6	6	0	42	39	15	32	0	0	0	0
July	3	2	.600	2.66	6	6	1	44	38	9	34	0	0	0	0
Aug	5	1	.833	1.99	6	6	0	45.1	36	15	27	0	0	0	0
Sept/Oct	4	3	.571	2.65	7	7	3	51	46	17	33	0	0	0	0
Day	9	2	.818	3.21	11	11	0	73	74	29	48	0	0	0	0
Night	9	9	.500	2.75	23	23	5	170	148	44	110	1	0	0	0
vs. Left	—	—	—	—	—	—	—	—	43	9	25	—	—	—	—
vs. Right	—	—	—	—	—	—	—	—	179	64	133	—	—	—	—
On Grass	15	9	.625	2.60	29	29	5	211	184	59	139	1	0	0	0
On Turf	3	2	.600	4.78	5	5	0	32	38	14	19	0	0	0	0
Home	8	7	.533	2.57	17	17	4	129.1	109	35	78	0	0	0	0
Road	10	4	.714	3.25	17	17	1	113.2	113	38	80	1	0	0	0
Division Rivals															
vs. CHI	1	1	.500	1.88	3	3	0	24	18	5	9	0	0	0	0
vs. KC	2	1	.667	3.79	3	3	1	19	23	7	12	0	0	0	0
vs. MIN	2	1	.667	3.92	3	3	0	20.2	18	10	12	0	0	0	0
vs. OAK	0	2	.000	6.17	2	2	0	11.2	15	5	7	0	0	0	0
vs. SEA	1	2	.333	3.18	3	3	0	22.2	24	5	14	0	0	0	0
vs. TEX	1	1	.500	4.05	3	3	0	20	22	9	19	0	0	0	0

Year	Team	W	L	%	ERA	G	GS	CG	IP	H	BB	SO	ShO	W	L	SV	AB	H	HR	BA	PO	A	E	DP	TC/G	FA
1989	CAL A	12	12	.500	3.92	29	29	4	181.1	190	74	115	2	0	0	0	0	0	0	—	6	26	3	1	1.2	.914
1990		10	14	.417	4.51	33	33	4	211.2	246	72	105	1	0	0	0	0	0	0	—	8	36	1	4	1.4	.978
1991		18	11	.621	2.89	34	34	5	243	222	73	158	1	0	0	0	0	0	0	—	19	46	2	3	2.0	.970
3 yrs.		40	37	.519	3.72	96	96	13	636	658	219	378	4	0	0	0	0	0	0	—	33	108	6	8	1.5	.959

Kyle Abbott

ABBOTT, LAWRENCE KYLE
B. Feb. 18, 1968, Newbury Port, Mass.
BL TL 6' 4" 200 lbs.

Year	Team	W	L	%	ERA	G	GS	CG	IP	H	BB	SO	ShO	W	L	SV	AB	H	HR	BA	PO	A	E	DP	TC/G	FA
1991	CAL A	1	2	.333	4.58	5	3	0	19.2	22	13	12	0	0	0	0	0	0	0	—	0	5	0	0	1.0	1.000

Paul Abbott

ABBOTT, PAUL DAVID
B. Sept. 15, 1967, Van Nuys, Calif.
BR TR 6' 3" 185 lbs.

Year	Team	W	L	%	ERA	G	GS	CG	IP	H	BB	SO	ShO	W	L	SV	AB	H	HR	BA	PO	A	E	DP	TC/G	FA
1990	MIN A	0	5	.000	5.97	7	7	0	34.2	37	28	25	0	0	0	0	0	0	0	—	2	2	1	1	0.7	.800
1991		3	1	.750	4.75	15	3	0	47.1	38	36	43	0	3	0	0	0	0	0	—	3	4	0	0	0.5	1.000
2 yrs.		3	6	.333	5.27	22	10	0	82	75	64	68	0	3	0	0	0	0	0	—	5	6	1	1	0.5	.917

Jim Acker

ACKER, JAMES JUSTIN
B. Sept. 24, 1958, Freer, Tex.
BR TR 6' 2" 210 lbs.

Split	W	L	%	ERA	G	GS	CG	IP	H	BB	SO	ShO	W	L	SV
April	0	1	.000	3.60	9	0	0	15	10	6	11	0	0	1	0
May	1	1	.500	3.32	8	2	0	21.2	13	12	6	0	0	0	0
June	0	2	.000	10.80	8	2	0	15	17	8	8	0	0	1	0
July	1	0	1.000	4.61	8	0	0	13.2	10	3	11	0	1	0	0
Aug	1	0	1.000	5.59	8	0	0	9.2	14	4	3	0	1	0	0
Sept/Oct	0	1	.000	4.05	13	0	0	13.1	13	3	5	0	0	1	1
Day	2	1	.667	5.46	21	1	0	29.2	29	8	19	0	2	0	0
Night	1	4	.200	5.06	33	3	0	58.2	48	28	25	0	0	3	1
vs. Left	—	—	—	—	—	—	—	—	37	17	10	—	—	—	—
vs. Right	—	—	—	—	—	—	—	—	40	19	34	—	—	—	—

Year	Team	W	L	%	ERA	G	GS	CG	IP	H	BB	SO	ShO	RELIEF PITCHING W	L	SV	BATTING AB	H	HR	BA	PO	A	E	DP	TC/G	FA

Jim Acker Continued

On Grass		1	2	.333	6.41	19	2	0	26.2	26	16	17	0	0	2	0										
On Turf		2	3	.400	4.67	35	2	0	61.2	51	20	27	0	2	1	1										
Home		2	2	.500	4.92	29	2	0	53	49	18	24	0	2	0	0										
Road		1	3	.250	5.60	25	2	0	35.1	28	18	20	0	0	3	1										
Division Rivals																										
vs. BAL		0	0	—	7.36	5	1	0	11	11	4	8	0	0	0	0										
vs. BOS		0	0	—	4.32	6	0	0	8.1	8	0	7	0	0	0	0										
vs. CLE		0	1	.000	7.20	5	0	0	5	10	2	3	0	0	1	0										
vs. DET		0	0	—	1.50	4	0	0	6	4	4	2	0	0	0	0										
vs. MIL		0	0	—	1.59	3	0	0	5.2	3	4	3	0	0	0	0										
vs. NY		1	0	1.000	9.00	3	0	0	2	3	0	1	0	1	0	0										
1983	TOR A	5	1	.833	4.33	38	5	0	97.2	103	38	44	0	2	1	1	0	0	0	—	12	15	0	4	0.7	1.000
1984		3	5	.375	4.38	32	3	0	72	79	25	33	0	3	4	1	0	0	0	—	7	8	1	0	0.5	.938
1985		7	2	.778	3.23	61	0	0	86.1	86	43	42	0	7	2	10	0	0	0	—	10	16	0	1	0.4	1.000
1986	2 teams	TOR A (23G 2 - 4)				ATL N (21G 3 - 8)																				
"	total	5	12	.294	4.01	44	19	0	155	163	48	69	0	2	2	0	28	3	0	.107	16	28	0	4	1.0	1.000
1987	ATL N	4	9	.308	4.16	68	0	0	114.2	109	51	68	0	4	9	14	14	3	0	.214	6	23	0	2	0.4	1.000
1988		0	4	.000	4.71	21	1	0	42	45	14	25	0	0	3	0	5	2	0	.400	3	7	0	0	0.5	1.000
1989	2 teams	ATL N (59G 0 - 6)				TOR A (14G 2 - 1)																				
"	total	2	7	.222	2.43	73	0	0	126	108	32	92	0	2	7	2	7	1	0	.143	13	15	0	0	0.4	1.000
1990	TOR A	4	4	.500	3.83	59	0	0	91.2	103	30	54	0	4	4	1	0	0	0	—	5	19	0	0	0.4	1.000
1991		3	5	.375	5.20	54	4	0	88.1	77	36	44	0	2	3	1	0	0	0	—	1	16	0	0	0.3	1.000
9 yrs.		33	49	.402	3.92	450	32	0	873.2	873	317	471	0	26	35	30	54	9	0	.167	73	147	1	11	0.5	.995

LEAGUE CHAMPIONSHIP SERIES

1985	TOR A	0	0	—	0.00	2	0	0	6	2	0	5	0	0	0	0	0	0	0	—	0	1	0	0	0.5	1.000
1989		0	0	—	1.42	5	0	0	6.1	4	1	4	0	0	0	0	0	0	0	—	1	1	0	0	0.4	1.000
1991		0	0	—	0.00	1	0	0	0.2	1	0	1	0	0	0	0	0	0	0	—	0	0	0	0	0.0	—
3 yrs.		0	0	—	0.69	8	0	0	13	7	1	10	0	0	0	0	0	0	0	—	1	2	0	0	0.4	1.000

Juan Agosto

AGOSTO, JUAN ROBERTO
Born Juan Roberto Agosto y Gonzalez.
B. Feb. 23, 1958, Rio Pedras, Puerto Rico
BL TL 6′ 175 lbs.

April		1	0	1.000	4.38	14	0	0	12.1	12	6	5	0	1	0	1										
May		1	1	.500	6.53	15	0	0	20.2	25	5	6	0	1	1	0										
June		3	1	.750	4.80	17	0	0	15	18	6	6	0	3	1	0										
July		0	0	—	5.93	9	0	0	13.2	15	9	5	0	0	0	0										
Aug		0	0	—	1.69	6	0	0	10.2	11	1	4	0	0	0	0										
Sept/Oct		0	1	.000	3.95	11	0	0	13.2	11	12	8	0	0	1	1										
Day		0	2	.000	4.05	17	0	0	20	17	10	8	0	0	2	0										
Night		5	1	.833	5.05	55	0	0	66	75	29	26	0	5	1	2										
vs. Left		—	—	—	—	—	—	—	—	26	14	12	—	—	—	—										
vs. Right		—	—	—	—	—	—	—	—	66	25	22	—	—	—	—										
On Grass		1	1	.500	9.19	19	0	0	15.2	24	11	5	0	1	1	0										
On Turf		4	2	.667	3.84	53	0	0	70.1	68	28	29	0	4	2	2										
Home		3	2	.600	4.21	36	0	0	47	42	22	18	0	3	2	2										
Road		2	1	.667	5.54	36	0	0	39	50	17	16	0	2	1	0										
Division Rivals																										
vs. CHI		1	1	.500	7.00	8	0	0	9	7	7	2	0	1	1	0										
vs. MON		0	0	—	5.40	7	0	0	8.1	10	4	7	0	0	0	2										
vs. NY		1	1	.500	3.68	8	0	0	7.1	12	1	2	0	1	1	0										
vs. PHI		0	0	—	8.22	8	0	0	7.2	12	3	6	0	0	0	0										
vs. PIT		0	0	—	2.84	8	0	0	12.2	11	4	2	0	0	0	0										
1981	CHI A	0	0	—	4.50	2	0	0	6	5	0	3	0	0	0	0	0	0	0	—	0	1	0	0	0.5	1.000
1982		0	0	—	18.00	1	0	0	2	7	0	1	0	0	0	0	0	0	0	—	0	1	0	0	1.0	1.000
1983		2	2	.500	4.10	39	0	0	41.2	41	11	29	0	2	2	7	0	0	0	—	2	8	2	1	0.3	.833
1984		2	1	.667	3.09	49	0	0	55.1	54	34	26	0	2	1	7	0	0	0	—	7	16	1	5	0.5	.958
1985		4	3	.571	3.58	54	0	0	60.1	45	23	39	0	4	3	1	0	0	0	—	10	15	1	0	0.5	.962
1986	2 teams	CHI A (9G 0 - 2)				MIN A (17G 1 - 2)																				
"	total	1	4	.200	8.64	26	1	0	25	49	18	12	0	1	3	1	0	0	0	.000	3	4	2	0	0.3	.778
1987	HOU N	1	1	.500	2.63	27	0	0	27.1	20	10	6	0	1	1	2	1	0	0	.000	3	10	1	0	0.5	.929
1988		10	2	.833	2.26	75	0	0	91.2	74	30	33	0	10	2	4	5	0	0	.000	12	34	2	0	0.6	.958
1989		4	5	.444	2.93	71	0	0	83	81	32	46	0	4	5	1	5	1	0	.200	4	19	3	2	0.4	.885

PITCHER REGISTER

Year	Team		W	L	%	ERA	G	GS	CG	IP	H	BB	SO	ShO	RELIEF PITCHING W	L	SV	BATTING AB	H	HR	BA	PO	A	E	DP	TC/G	FA

Juan Agosto *Continued*

1990			9	8	.529	4.29	82	0	0	92.1	91	39	50	0	9	8	4	2	0	0	.000	11	18	0	1	0.4	1.000
1991	STL	N	5	3	.625	4.81	72	0	0	86	92	39	34	0	5	3	2	3	1	0	.333	5	17	2	2	0.3	.917
11 yrs.			38	29	.567	3.80	498	1	0	570.2	565	236	279	0	38	28	29	16	2	0	.125	57	143	14	12	0.4	.935

LEAGUE CHAMPIONSHIP SERIES

| 1983 | CHI | A | 0 | 0 | — | 0.00 | 1 | 0 | 0 | 0.1 | 0 | 0 | 0 | 0 | 0 | 0 | 0 | 0 | 0 | 0 | — | 0 | 0 | 0 | 0 | 0.0 | — |

Rick Aguilera

AGUILERA, RICHARD WARREN (Aggie)
B. Dec. 31, 1961, San Gabriel, Calif.
BR TR 6' 4" 195 lbs.

April			0	1	.000	1.17	7	0	0	7.2	6	3	10	0	0	1	4										
May			1	1	.500	2.20	11	0	0	16.1	10	11	13	0	1	1	6										
June			1	1	.500	4.63	12	0	0	11.2	10	8	8	0	1	1	10										
July			0	1	.000	2.53	11	0	0	10.2	9	1	10	0	0	1	7										
Aug			2	0	1.000	0.82	11	0	0	11	5	2	10	0	2	0	9										
Sept/Oct			0	1	.000	2.31	11	0	0	11.2	4	5	10	0	0	1	6										
Day			3	1	.750	1.16	16	0	0	23.1	14	14	11	0	3	1	7										
Night			1	4	.200	2.96	47	0	0	45.2	30	16	50	0	1	4	35										
vs. Left			—	—	—	—	—	—	—	—	25	19	36	—	—	—	—										
vs. Right			—	—	—	—	—	—	—	—	19	11	25	—	—	—	—										
On Grass			2	4	.333	4.05	23	0	0	26.2	25	15	20	0	2	4	14										
On Turf			2	1	.667	1.28	40	0	0	42.1	19	15	41	0	2	1	28										
Home			2	0	1.000	1.00	34	0	0	36	14	12	36	0	2	0	23										
Road			2	5	.286	3.82	29	0	0	33	30	18	25	0	2	5	19										

Division Rivals

vs. CAL			0	0	—	0.00	4	0	0	2.2	0	0	2	0	0	0	3										
vs. CHI			0	1	.000	4.91	6	0	0	7.1	6	5	5	0	0	1	2										
vs. KC			0	0	—	1.80	5	0	0	5	2	1	5	0	0	0	4										
vs. OAK			1	0	1.000	0.00	6	0	0	7.1	5	1	9	0	1	0	5										
vs. SEA			1	1	.500	2.08	4	0	0	4.1	5	3	3	0	1	1	1										
vs. TEX			0	0	—	1.59	4	0	0	5.2	1	3	4	0	0	0	2										

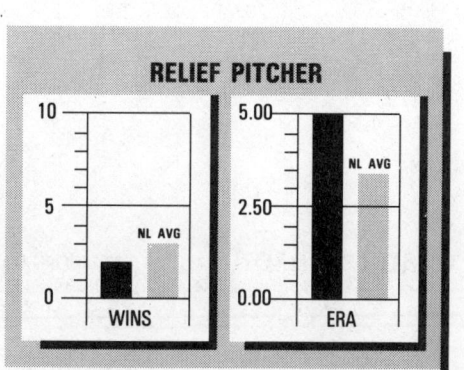

1985	NY	N	10	7	.588	3.24	21	19	2	122.1	118	37	74	0	1	0	0	36	10	0	.278	8	16	0	1	1.1	1.000
1986			10	7	.588	3.88	28	20	2	141.2	145	36	104	0	1	1	0	51	8	2	.157	13	26	0	1	1.4	1.000
1987			11	3	.786	3.60	18	17	1	115	124	33	77	0	0	0	0	40	9	1	.225	7	29	2	1	2.1	.947
1988			0	4	.000	6.93	11	3	0	24.2	29	10	16	0	0	2	0	4	1	0	.250	3	5	0	0	0.7	1.000
1989	2 teams		NY N (36G 6-6)				MIN A (11G 3-5)																				
"	total		9	11	.450	2.79	47	11	3	145	130	38	137	0	6	6	7	7	0	0	.000	6	21	1	2	0.6	.964
1990	MIN	A	5	3	.625	2.76	56	0	0	65.1	55	19	61	0	5	3	32	0	0	0	—	2	4	0	0	0.1	1.000
1991			4	5	.444	2.35	63	0	0	69	44	30	61	0	4	5	42	0	0	0	—	7	5	0	0	0.2	1.000
7 yrs.			49	40	.551	3.33	244	70	8	683	645	203	530	0	17	17	81	138	28	3	.203	46	106	3	5	0.6	.981

LEAGUE CHAMPIONSHIP SERIES

1986	NY	N	0	0	—	0.00	2	0	0	5	2	2	2	0	0	0	0	0	0	0	—	1	1	0	0	1.0	1.000
1988			0	0	—	1.29	3	0	0	7	3	2	4	0	0	0	0	1	0	0	.000	0	1	0	0	0.3	1.000
1991	MIN	A	0	0	—	0.00	3	0	0	3.1	1	0	3	0	0	0	3	0	0	0	—	0	0	0	0	0.0	—
3 yrs.			0	0	—	0.59	8	0	0	15.1	6	4	9	0	0	0	3	1	0	0	.000	1	2	0	0	0.4	1.000

WORLD SERIES

1986	NY	N	1	0	1.000	12.00	2	0	0	3	8	1	4	0	1	0	0	0	0	0	—	0	0	0	0	0.0	—
1991	MIN	A	1	1	.500	1.80	4	0	0	5	6	1	3	0	1	1	2	1	0	0	.000	0	0	0	0	0.0	—
2 yrs.			2	1	.667	5.63	6	0	0	8	14	2	7	0	2	1	2	1	0	0	.000	0	0	0	0	0.0	—

Darrel Akerfelds

AKERFELDS, DARREL WAYNE
B. June 12, 1962, Denver, Colo.
BR TR 6' 2" 210 lbs.

April			1	1	.500	6.88	11	0	0	17	17	12	12	0	1	1	0										
May			0	0	—	0.73	7	0	0	12.1	8	3	9	0	0	0	0										
June			1	0	1.000	6.05	11	0	0	19.1	21	11	10	0	1	0	0										
July			0	0	—	18.00	1	0	0	1	3	1	0	0	0	0	0										
Aug			—	—	—	—	0	—	—	0	0	0	0	—	0	0	0										
Sept/Oct			—	—	—	—	0	—	—	0	0	0	0	—	0	0	0										
Day			0	0	—	1.93	9	0	0	9.1	3	3	5	0	0	0	0										
Night			2	1	.667	6.02	21	0	0	40.1	46	24	26	0	2	1	0										
vs. Left			—	—	—	—	—	—	—	—	21	14	13	—	—	—	—										
vs. Right			—	—	—	—	—	—	—	—	28	13	18	—	—	—	—										

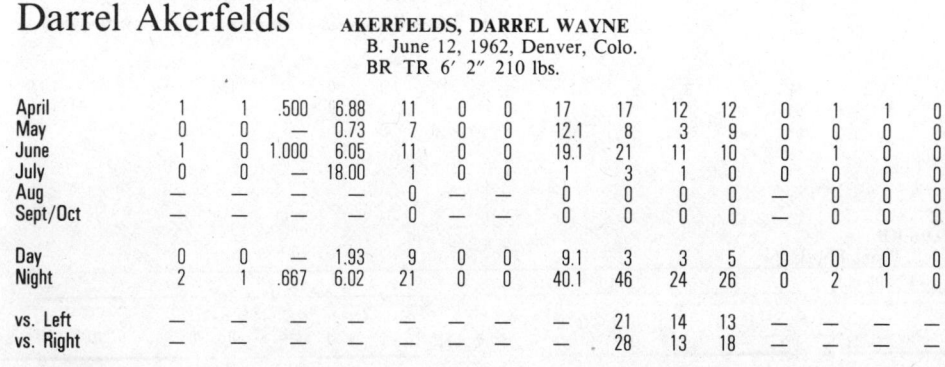

Year	Team		W	L	%	ERA	G	GS	CG	IP	H	BB	SO	ShO	RELIEF PITCHING			BATTING			BA	PO	A	E	DP	TC/G	FA
															W	L	SV	AB	H	HR							

Darrel Akerfelds Continued

			W	L	%	ERA	G	GS	CG	IP	H	BB	SO	ShO	W	L	SV	AB	H	HR	BA	PO	A	E	DP	TC/G	FA
On Grass			1	0	1.000	4.11	10	0	0	15.1	15	8	12	0	1	0	0										
On Turf			1	1	.500	5.77	20	0	0	34.1	34	19	19	0	1	1	0										
Home			1	1	.500	5.16	13	0	0	22.2	20	12	15	0	1	1	0										
Road			1	0	1.000	5.33	17	0	0	27	29	15	16	0	1	0	0										
Division Rivals																											
vs. CHI			0	0	—	2.70	3	0	0	3.1	2	0	2	0	0	0	0										
vs. MON			0	0	—	1.93	1	0	0	4.2	3	1	4	0	0	0	0										
vs. NY			0	1	.000	7.11	3	0	0	6.1	7	4	8	0	0	1	0										
vs. PIT			0	0	—	0.00	4	0	0	5	2	1	3	0	0	0	0										
vs. STL			0	0	—	9.53	6	0	0	11.1	21	7	4	0	0	0	0										
1986	OAK	A	0	0	—	6.75	2	0	0	5.1	7	3	5	0	0	0	0	0	0	0	—	1	1	0	0	1.0	1.000
1987	CLE	A	2	6	.250	6.75	16	13	1	74.2	84	38	42	0	0	0	0	0	0	0	—	0	11	1	1	0.8	.917
1989	TEX	A	0	1	.000	3.27	6	0	0	11	11	5	9	0	0	1	0	0	0	0	—	0	2	0	0	0.3	1.000
1990	PHI	N	5	2	.714	3.77	71	0	0	93	65	54	42	0	5	2	3	6	1	0	.167	2	14	1	0	0.2	.941
1991			2	1	.667	5.26	30	0	0	49.2	49	27	31	0	2	1	0	3	0	0	.000	2	12	1	0	0.5	.933
5 yrs.			9	10	.474	5.08	125	13	1	233.2	216	127	129	0	7	4	3	9	1	0	.111	5	40	3	1	0.4	.938

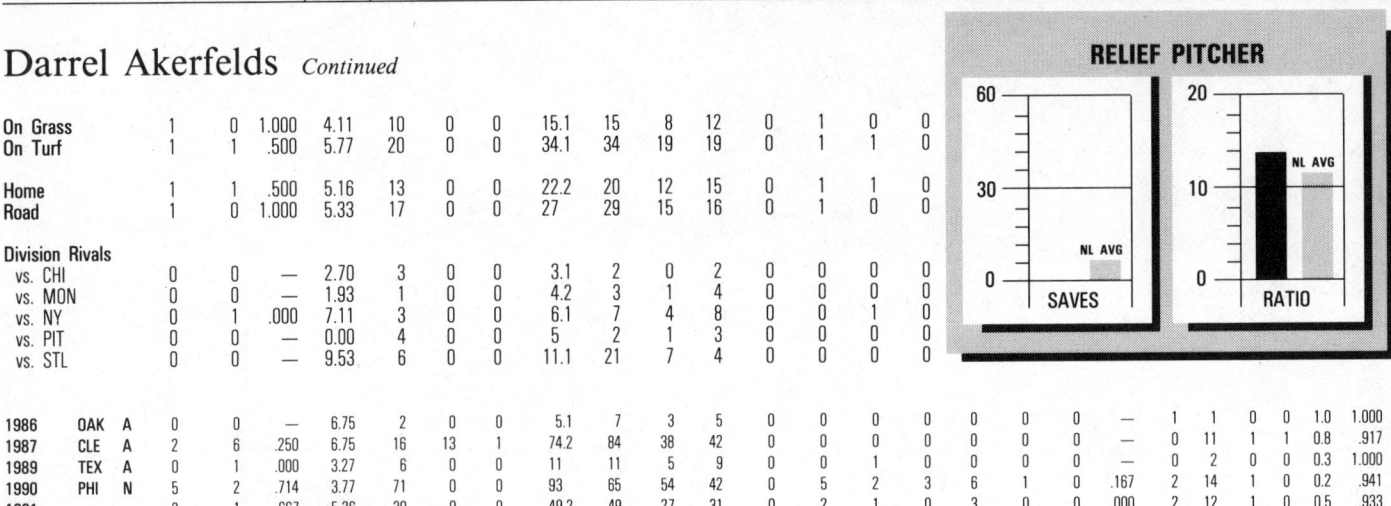

Scott Aldred

ALDRED, SCOTT PHILLIP
B. June 12, 1968, Flint, Mich.
BL TL 6' 4" 195 lbs.

Year	Team		W	L	%	ERA	G	GS	CG	IP	H	BB	SO	ShO	W	L	SV	AB	H	HR	BA	PO	A	E	DP	TC/G	FA
1990	DET	A	1	2	.333	3.77	4	3	0	14.1	13	10	7	0	0	0	0	0	0	0	—	0	2	0	0	0.5	1.000
1991			2	4	.333	5.18	11	11	1	57.1	58	30	35	0	0	0	0	0	0	0	—	3	8	0	0	1.0	1.000
2 yrs.			3	6	.333	4.90	15	14	1	71.2	71	40	42	0	0	0	0	0	0	0	—	3	10	0	0	0.9	1.000

Gerald Alexander

ALEXANDER, GERALD PAUL
B. Mar. 26, 1968, Baton Rouge, La.
BR TR 5' 11" 190 lbs.

			W	L	%	ERA	G	GS	CG	IP	H	BB	SO	ShO	W	L	SV	AB	H	HR	BA	PO	A	E	DP	TC/G	FA
April			0	0	—	0.00	1	0	0	4.2	1	0	3	0	0	0	0										
May			3	0	1.000	1.63	11	1	0	27.2	16	12	19	0	2	0	0										
June			1	1	.500	4.18	7	4	0	28	31	22	5	0	0	0	1										
July			1	0	1.000	7.88	5	3	0	16	19	9	10	0	1	0	0										
Aug			0	2	.000	12.86	3	1	0	7	14	3	9	0	0	1	0										
Sept/Oct			0	0	—	15.00	3	0	0	6	12	2	4	0	0	0	0										
Day			1	0	1.000	5.06	5	1	0	16	12	16	3	0	1	0	0										
Night			4	3	.571	5.28	25	8	0	73.1	81	32	47	0	2	2	2										
vs. Left			—	—	—	—	—	—	—	—	37	24	18	—	—	—	—										
vs. Right			—	—	—	—	—	—	—	—	56	24	32	—	—	—	—										
On Grass			4	3	.571	6.03	25	9	0	77.2	89	34	43	0	2	2	0										
On Turf			1	0	1.000	0.00	5	0	0	11.2	4	14	7	0	1	0	0										
Home			4	2	.667	4.79	15	5	0	47	47	19	24	0	2	2	0										
Road			1	1	.500	5.74	15	4	0	42.1	46	29	26	0	1	0	0										
Division Rivals																											
vs. CAL			0	0	—	3.00	1	1	0	6	9	2	3	0	0	0	0										
vs. CHI			1	1	.500	4.05	3	2	0	13.1	12	11	0	0	0	1	0										
vs. KC			0	0	—	5.19	3	1	0	8.2	10	9	2	0	0	0	0										
vs. MIN			1	0	1.000	0.00	2	0	0	4.1	0	3	1	0	1	0	0										
vs. OAK			0	0	—	9.69	4	1	0	13	16	6	8	0	0	0	0										
vs. SEA			1	0	1.000	1.00	2	1	0	9	6	3	5	0	0	0	0										
1990	TEX	A	0	0	—	7.71	3	2	0	7	14	5	8	0	0	0	0	0	0	0	—	1	0	0	1	0.3	1.000
1991			5	3	.625	5.24	30	9	0	89.1	93	48	50	0	3	2	0	0	0	0	—	5	14	0	2	0.6	1.000
2 yrs.			5	3	.625	5.42	33	11	0	96.1	107	53	58	0	3	2	0	0	0	0	—	6	14	0	3	0.6	1.000

Dana Allison

ALLISON, DANA ERIC
B. Aug. 14, 1966, Front Royal, Va.
BR TL 6' 3" 215 lbs.

Year	Team		W	L	%	ERA	G	GS	CG	IP	H	BB	SO	ShO	W	L	SV	AB	H	HR	BA	PO	A	E	DP	TC/G	FA
1991	OAK	A	1	1	.500	7.36	11	0	0	11	16	5	4	0	1	1	0	0	0	0	—	0	0	0	0	0.0	—

Year	Team	W	L	%	ERA	G	GS	CG	IP	H	BB	SO	ShO	RELIEF PITCHING W	L	SV	BATTING AB	H	HR	BA	PO	A	E	DP	TC/G	FA

Wilson Alvarez

ALVAREZ, WILSON EDUARDO
B. Mar. 24, 1970, Maracaibo, Venezuela
BL TL 6' 1" 175 lbs.

Year	Team	W	L	%	ERA	G	GS	CG	IP	H	BB	SO	ShO	W	L	SV	AB	H	HR	BA	PO	A	E	DP	TC/G	FA
1989	TEX A	0	1	.000	∞	1	1	0		3	2	0	0	0	0	0	0	0	0	—	0	0	0	0	0.0	—
1991	CHI A	3	2	.600	3.51	10	9	2	56.1	47	29	32	1	0	0	0	0	0	0	—	1	7	0	1	0.8	1.000
2 yrs.		3	3	.500	3.99	11	10	2	56.1	50	31	32	1	0	0	0	0	0	0	—	1	7	0	1	0.7	1.000

Larry Andersen

ANDERSEN, LARRY EUGENE
B. May 6, 1953, Portland, Ore.
BR TR 6' 3" 200 lbs.

Split	W	L	%	ERA	G	GS	CG	IP	H	BB	SO	ShO	W	L	SV
April	1	0	1.000	0.00	6	0	0	7	3	3	5	0	1	0	1
May	0	0	—	2.45	4	0	0	3.2	2	3	4	0	0	0	0
June	1	1	.500	4.26	9	0	0	12.2	13	2	10	0	1	1	2
July	1	1	.500	2.25	5	0	0	8	6	2	6	0	1	1	2
Aug	0	2	.000	2.57	7	0	0	7	8	2	6	0	0	2	4
Sept/Oct	0	0	—	1.04	7	0	0	8.2	7	1	9	0	0	0	4
Day	0	0	—	1.23	6	0	0	7.1	7	3	8	0	0	0	3
Night	3	4	.429	2.50	32	0	0	39.2	32	10	32	0	3	4	10
vs. Left	—	—	—	—	—	—	—	—	25	9	13	—	—	—	—
vs. Right	—	—	—	—	—	—	—	—	14	4	27	—	—	—	—
On Grass	3	2	.600	2.70	27	0	0	33.1	28	9	24	0	3	2	9
On Turf	0	2	.000	1.32	11	0	0	13.2	11	4	16	0	0	2	4
Home	3	0	1.000	2.19	21	0	0	24.2	21	4	20	0	3	0	8
Road	0	4	.000	2.42	17	0	0	22.1	18	9	20	0	0	4	5
Division Rivals															
vs. ATL	0	0	—	0.00	3	0	0	2.1	1	0	1	0	0	0	2
vs. CIN	0	0	—	0.00	3	0	0	3	2	0	4	0	0	0	2
vs. HOU	0	1	.000	1.23	7	0	0	7.1	8	1	9	0	0	1	3
vs. LA	1	1	.500	4.05	4	0	0	6.2	6	2	8	0	1	1	0
vs. SF	0	0	—	1.50	5	0	0	6	6	2	2	0	0	0	3

Year	Team	W	L	%	ERA	G	GS	CG	IP	H	BB	SO	ShO	W	L	SV	AB	H	HR	BA	PO	A	E	DP	TC/G	FA
1975	CLE A	0	0	—	4.76	3	0	0	5.2	4	2	4	0	0	0	0	0	0	0	—	1	1	0	0	0.7	1.000
1977		0	1	.000	3.21	11	0	0	14	10	9	8	0	0	1	0	0	0	0	—	3	6	2	4	1.0	.818
1979		0	0	—	7.41	8	0	0	17	25	4	7	0	0	0	0	0	0	0	—	0	4	0	1	0.5	1.000
1981	SEA A	3	3	.500	2.65	41	0	0	68	57	18	40	0	3	3	5	0	0	0	—	5	9	0	1	0.3	1.000
1982		0	0	—	5.99	40	1	0	79.2	100	23	32	0	0	0	1	0	0	0	—	8	14	0	2	0.6	1.000
1983	PHI N	1	0	1.000	2.39	17	0	0	26.1	19	9	14	0	1	0	0	2	0	0	.000	2	6	0	0	0.5	1.000
1984		3	7	.300	2.38	64	0	0	90.2	85	25	54	0	3	7	4	4	0	0	.000	5	16	4	1	0.4	.840
1985		3	3	.500	4.32	57	0	0	73	78	26	50	0	3	3	3	4	0	0	.000	5	21	2	2	0.5	.929
1986	2 teams	PHI N (10G 0-0)				HOU N (38G 2-1)																				
"	total	2	1	.667	3.03	48	0	0	77.1	83	26	42	0	2	1	1	6	0	0	.000	2	2	1	0	0.1	.800
1987	HOU N	9	5	.643	3.45	67	0	0	101.2	95	41	94	0	9	5	5	6	1	0	.167	12	10	3	0	0.4	.880
1988		2	4	.333	2.94	53	0	0	82.2	82	20	66	0	2	4	5	6	2	0	.333	9	9	2	1	0.4	.900
1989		4	4	.500	1.54	60	0	0	87.2	63	24	85	0	4	4	3	3	1	0	.333	10	13	4	0	0.5	.852
1990	2 teams	HOU N (50G 5-2)				BOS A (15G 0-0)																				
"	total	5	2	.714	1.79	65	0	0	95.2	79	27	93	0	5	2	7	3	0	0	.000	13	12	2	1	0.4	.926
1991	SD N	3	4	.429	2.30	38	0	0	47	39	13	40	0	3	4	13	2	0	0	.000	5	7	1	0	0.3	.923
14 yrs.		35	34	.507	3.11	572	1	0	866.1	819	267	629	0	35	34	47	36	4	0	.111	80	130	21	14	0.4	.909

LEAGUE CHAMPIONSHIP SERIES

Year	Team	W	L	%	ERA	G	GS	CG	IP	H	BB	SO	ShO	W	L	SV	AB	H	HR	BA	PO	A	E	DP	TC/G	FA
1986	HOU N	0	0	—	0.00	2	0	0	5	1	2	3	0	0	0	0	0	0	0	—	0	0	0	0	0.0	—
1990	BOS A	0	1	.000	6.00	3	0	0	3	3	3	3	0	0	1	0	0	0	0	—	1	0	0	0	0.3	1.000
2 yrs.		0	1	.000	2.25	5	0	0	8	4	5	6	0	0	1	0	0	0	0	—	1	0	0	0	0.2	1.000

WORLD SERIES

Year	Team	W	L	%	ERA	G	GS	CG	IP	H	BB	SO	ShO	W	L	SV	AB	H	HR	BA	PO	A	E	DP	TC/G	FA
1983	PHI N	0	0	—	2.25	2	0	0	4	4	0	1	0	0	0	0	0	0	0	—	1	1	0	1	1.0	1.000

PITCHER REGISTER

Year	Team		W	L	%	ERA	G	GS	CG	IP	H	BB	SO	ShO	RELIEF PITCHING W	L	SV	BATTING AB	H	HR	BA	PO	A	E	DP	TC/G	FA

Allan Anderson
ANDERSON, ALLAN LEE
B. Jan. 7, 1964, Lancaster, Ohio
BL TL 5' 11" 178 lbs.

Split	W	L	%	ERA	G	GS	CG	IP	H	BB	SO	ShO	W	L	SV
April	1	2	.333	4.06	5	5	1	31	27	12	6	0	0	0	0
May	0	2	.000	6.66	5	5	0	24.1	34	7	10	0	0	0	0
June	3	2	.600	2.87	6	6	1	37.2	40	6	14	0	0	0	0
July	0	2	.000	8.78	5	2	0	13.1	19	6	6	0	0	1	0
Aug	0	0	—	8.00	2	1	0	9	12	3	6	0	0	0	0
Sept/Oct	1	3	.250	4.26	6	3	0	19	16	8	9	0	0	1	0
Day	0	4	.000	5.75	6	4	0	20.1	23	8	9	0	0	1	0
Night	5	7	.417	4.82	23	18	2	114	125	34	42	0	0	1	0
vs. Left	—	—	—	—	—	—	—	—	25	6	5	—	—	—	—
vs. Right	—	—	—	—	—	—	—	—	123	36	46	—	—	—	—
On Grass	1	5	.167	5.07	11	8	1	49.2	52	20	17	0	0	1	0
On Turf	4	6	.400	4.89	18	14	1	84.2	96	22	34	0	0	1	0
Home	2	4	.333	4.52	14	10	1	67.2	69	16	30	0	0	1	0
Road	3	7	.300	5.40	15	12	1	66.2	79	26	21	0	0	1	0
Division Rivals															
vs. CAL	0	1	.000	2.25	1	1	1	8	4	1	0	0	0	0	0
vs. CHI	0	2	.000	5.11	2	2	1	12.1	12	3	7	0	0	0	0
vs. KC	2	0	1.000	1.59	2	2	0	11.1	11	3	2	0	0	0	0
vs. OAK	1	0	1.000	1.23	1	1	0	7.1	2	6	2	0	0	0	0
vs. SEA	0	1	.000	6.52	2	2	0	9.2	13	5	4	0	0	0	0
vs. TEX	0	2	.000	6.35	3	3	0	17	24	4	7	0	0	0	0

Year	Team		W	L	%	ERA	G	GS	CG	IP	H	BB	SO	ShO	W	L	SV	AB	H	HR	BA	PO	A	E	DP	TC/G	FA
1986	MIN	A	3	6	.333	5.55	21	10	1	84.1	106	30	51	0	1	1	1	0	0	0	—	4	14	1	1	0.9	.947
1987			1	0	1.000	10.95	4	2	0	12.1	20	10	3	0	0	0	0	0	0	0	—	1	0	0	0	0.3	1.000
1988			16	9	.640	2.45	30	30	3	202.1	199	37	83	0	0	0	0	0	0	0	.000	9	34	2	3	1.5	.956
1989			17	10	.630	3.80	33	33	4	196.2	214	53	69	1	0	0	0	1	0	0	.000	12	27	1	5	1.2	.975
1990			7	18	.280	4.53	31	31	5	188.2	214	39	82	1	0	0	0	0	0	0	.000	7	37	0	2	1.4	1.000
1991			5	11	.313	4.96	29	22	2	134.1	148	42	51	0	0	2	0	0	0	0	—	8	19	0	1	0.9	1.000
6 yrs.			49	54	.476	4.11	148	128	15	818.2	901	211	339	3	1	3	1	1	0	0	.000	41	131	4	12	1.2	.977

Kevin Appier
APPIER, ROBERT KEVIN
B. Dec. 6, 1967, Lancaster, Calif.
BR TR 6' 2" 180 lbs.

Split	W	L	%	ERA	G	GS	CG	IP	H	BB	SO	ShO	W	L	SV
April	1	3	.250	4.64	4	4	0	21.1	30	7	13	0	0	0	0
May	2	2	.500	3.18	6	3	2	34	29	6	16	0	0	1	0
June	1	2	.333	3.89	6	6	1	39.1	36	12	28	0	0	0	0
July	3	0	1.000	3.09	5	5	0	32	31	7	31	0	0	0	0
Aug	3	2	.600	2.72	6	6	2	39.2	35	13	34	2	0	0	0
Sept/Oct	3	1	.750	3.48	7	7	1	41.1	44	16	36	1	0	0	0
Day	3	3	.500	2.21	11	10	0	61	64	22	48	0	0	0	0
Night	10	7	.588	3.93	23	21	6	146.2	141	39	110	3	0	1	0
vs. Left	—	—	—	—	—	—	—	—	108	37	61	—	—	—	—
vs. Right	—	—	—	—	—	—	—	—	97	24	97	—	—	—	—
On Grass	7	5	.583	3.93	16	14	2	91.2	103	26	73	2	0	1	0
On Turf	6	5	.545	3.03	18	17	4	116	102	35	85	1	0	0	0
Home	5	5	.500	2.79	15	14	3	96.2	83	28	74	1	0	0	0
Road	8	5	.615	3.97	19	17	3	111	122	33	84	2	0	1	0
Division Rivals															
vs. CAL	2	1	.667	5.03	3	3	0	19.2	19	3	20	0	0	0	0
vs. CHI	1	1	.500	2.18	3	3	2	20.2	17	8	19	1	0	0	0
vs. MIN	0	1	.000	7.50	1	1	0	6	6	1	5	0	0	0	0
vs. OAK	1	0	1.000	0.71	2	2	0	12.2	13	6	11	0	0	0	0
vs. SEA	2	0	1.000	4.15	4	4	2	26	21	10	13	0	0	0	0
vs. TEX	1	1	.500	5.54	2	2	0	13	13	6	10	0	0	0	0

Year	Team		W	L	%	ERA	G	GS	CG	IP	H	BB	SO	ShO	W	L	SV	AB	H	HR	BA	PO	A	E	DP	TC/G	FA
1989	KC	A	1	4	.200	9.14	6	5	0	21.2	34	12	10	0	0	0	0	0	0	0	—	1	0	0	0	0.2	1.000
1990			12	8	.600	2.76	32	24	3	185.2	179	54	127	3	0	0	0	0	0	0	—	15	21	3	3	1.2	.923
1991			13	10	.565	3.42	34	31	6	207.2	205	61	158	3	0	1	0	0	0	0	—	20	26	2	0	1.4	.958
3 yrs.			26	22	.542	3.43	72	60	9	415	418	127	295	6	0	1	0	0	0	0	—	36	47	5	3	1.2	.943

PITCHER REGISTER

Year	Team		W	L	%	ERA	G	GS	CG	IP	H	BB	SO	ShO	RELIEF PITCHING W	L	SV	BATTING AB	H	HR	BA	PO	A	E	DP	TC/G	FA

Luis Aquino

AQUINO, LUIS ANTONIO
Born Luis Antonio Aquino y Colon.
B. May 19, 1964, Santurce, Puerto Rico
BR TR 6′ 155 lbs.

Split	W	L	%	ERA	G	GS	CG	IP	H	BB	SO	ShO	RW	RL	SV
April	0	0	—	7.82	5	1	0	12.2	16	4	4	0	0	0	0
May	0	0	—	1.74	7	0	0	10.1	9	5	6	0	0	0	0
June	1	1	.500	2.91	8	3	1	34	36	10	17	1	0	0	1
July	4	1	.800	1.09	7	3	0	33	28	4	25	0	2	0	2
Aug	1	0	1.000	2.76	4	4	0	29.1	20	10	15	0	0	0	0
Sept/Oct	2	2	.500	5.50	7	7	0	37.2	43	14	13	0	0	0	0
Day	2	0	1.000	2.72	14	4	0	49.2	42	19	24	0	0	0	2
Night	6	4	.600	3.77	24	14	1	107.1	110	28	56	1	2	0	1
vs. Left	—	—	—	—	—	—	—	—	76	26	42	—	—	—	—
vs. Right	—	—	—	—	—	—	—	—	76	21	38	—	—	—	—
On Grass	4	3	.571	3.79	15	9	1	71.1	74	20	40	1	0	0	2
On Turf	4	1	.800	3.15	23	9	0	85.2	78	27	40	0	2	0	1
Home	3	1	.750	3.13	20	8	0	77.2	74	24	38	0	2	0	1
Road	5	3	.625	3.74	18	10	1	79.1	78	23	42	1	0	0	2
Division Rivals															
vs. CAL	0	2	.000	4.11	3	3	0	15.1	23	3	13	0	0	0	0
vs. CHI	0	2	.000	6.23	3	2	0	13	17	5	4	0	0	0	0
vs. MIN	1	0	1.000	3.18	4	1	0	11.1	7	3	4	0	0	0	0
vs. OAK	1	0	1.000	3.14	2	2	1	14.1	12	5	9	1	0	0	0
vs. SEA	0	0	—	2.57	1	1	0	7	7	1	0	0	0	0	0
vs. TEX	0	0	—	2.53	3	1	0	10.2	12	5	7	0	0	0	1

Year	Team		W	L	%	ERA	G	GS	CG	IP	H	BB	SO	ShO	RW	RL	SV	AB	H	HR	BA	PO	A	E	DP	TC/G	FA
1986	TOR	A	1	1	.500	6.35	7	0	0	11.1	14	3	5	0	1	1	0	0	0	0	—	1	1	0	0	0.3	1.000
1988	KC	A	1	0	1.000	2.79	7	5	1	29	33	17	11	1	0	0	0	0	0	0	—	2	2	1	1	0.7	.800
1989			6	8	.429	3.50	34	16	2	141.1	148	35	68	1	2	0	0	0	0	0	—	11	23	0	3	1.0	1.000
1990			4	1	.800	3.16	20	3	1	68.1	59	27	28	0	2	0	0	0	0	0	—	4	10	0	2	0.7	1.000
1991			8	4	.667	3.44	38	18	1	157	152	47	80	1	2	0	3	0	0	0	—	14	21	3	3	1.0	.921
5 yrs.			20	14	.588	3.45	106	42	5	407	406	129	192	3	7	1	3	0	0	0	—	32	57	4	9	0.9	.957

Jack Armstrong

ARMSTRONG, JACK WILLIAM
B. Mar. 7, 1965, Englewood, N. J.
BR TR 6′ 5″ 220 lbs.

Split	W	L	%	ERA	G	GS	CG	IP	H	BB	SO	ShO	RW	RL	SV
April	1	1	.500	4.24	3	3	0	17	14	4	14	0	0	0	0
May	3	2	.600	4.09	5	5	1	33	32	10	26	0	0	0	0
June	1	3	.250	6.26	6	5	0	27.1	39	15	16	0	0	0	0
July	1	3	.250	6.29	6	4	0	24.1	26	12	16	0	0	0	0
Aug	0	1	.000	12.60	1	1	0	5	6	2	2	0	0	0	0
Sept/Oct	1	3	.250	5.18	6	6	0	33	41	11	19	0	0	0	0
Day	2	3	.400	3.86	5	5	0	25.2	28	8	17	0	0	0	0
Night	5	10	.333	5.84	22	19	1	114	130	46	76	0	0	0	0
vs. Left	—	—	—	—	—	—	—	—	83	35	35	—	—	—	—
vs. Right	—	—	—	—	—	—	—	—	75	19	58	—	—	—	—
On Grass	3	3	.500	4.47	10	8	0	50.1	57	17	29	0	0	0	0
On Turf	4	10	.286	6.04	17	16	1	89.1	101	37	64	0	0	0	0
Home	4	8	.333	6.38	12	12	1	66.1	74	30	44	0	0	0	0
Road	3	5	.375	4.66	15	12	0	73.1	84	24	49	0	0	0	0
Division Rivals															
vs. ATL	2	2	.500	4.88	5	5	0	27.2	26	11	19	0	0	0	0
vs. HOU	1	1	.500	2.25	3	3	0	20	12	3	15	0	0	0	0
vs. LA	0	1	.000	1.80	1	1	0	5	6	1	2	0	0	0	0
vs. SD	1	1	.500	6.59	3	3	0	13.2	19	9	15	0	0	0	0
vs. SF	1	3	.250	6.39	4	4	1	25.1	24	6	9	0	0	0	0

Year	Team		W	L	%	ERA	G	GS	CG	IP	H	BB	SO	ShO	RW	RL	SV	AB	H	HR	BA	PO	A	E	DP	TC/G	FA
1988	CIN	N	4	7	.364	5.79	14	13	0	65.1	63	38	45	0	0	0	0	21	2	0	.095	3	13	0	0	1.1	1.000
1989			2	3	.400	4.64	9	8	0	42.2	40	21	23	0	0	0	0	8	0	0	.000	1	9	0	0	1.1	1.000
1990			12	9	.571	3.42	29	27	2	166	151	59	110	1	0	0	0	47	5	0	.106	15	20	0	2	1.2	1.000
1991			7	13	.350	5.48	27	24	1	139.2	158	54	93	0	0	0	0	43	4	0	.093	16	16	2	0	1.3	.941
4 yrs.			25	32	.439	4.61	79	72	3	413.2	412	172	271	1	0	0	0	119	11	0	.092	35	58	2	2	1.2	.979

WORLD SERIES

Year	Team		W	L	%	ERA	G	GS	CG	IP	H	BB	SO	ShO	RW	RL	SV	AB	H	HR	BA	PO	A	E	DP	TC/G	FA
1990	CIN	N	0	0	—	0.00	1	0	0	3	1	0	3	0	0	0	0	0	0	0	—	0	0	0	0	0.0	—

PITCHER REGISTER

Year	Team	W	L	%	ERA	G	GS	CG	IP	H	BB	SO	ShO	Relief W	Relief L	Relief SV	AB	H	HR	BA	PO	A	E	DP	TC/G	FA

Brad Arnsberg
ARNSBERG, BRADLEY JAMES
B. Aug. 20, 1963, Seattle, Wash.
BR TR 6' 4" 205 lbs.

Year	Team	W	L	%	ERA	G	GS	CG	IP	H	BB	SO	ShO	W	L	SV	AB	H	HR	BA	PO	A	E	DP	TC/G	FA
1986	NY A	0	0	—	3.38	2	1	0	8	13	1	3	0	0	0	0	0	0	0	—	0	0	0	0	0.0	—
1987		1	3	.250	5.59	6	2	0	19.1	22	13	14	0	0	2	0	0	0	0	—	1	5	0	0	1.0	1.000
1989	TEX A	2	1	.667	4.13	16	1	0	48	45	22	26	0	2	0	1	0	0	0	—	5	10	0	2	0.9	1.000
1990		6	1	.857	2.15	53	0	0	62.2	56	33	44	0	6	1	5	0	0	0	—	5	11	0	2	0.3	1.000
1991		0	1	.000	8.38	9	0	0	9.2	10	5	8	0	0	1	0	0	0	0	—	0	1	1	0	0.2	.500
5 yrs.		9	6	.600	3.72	86	4	0	147.2	146	74	95	0	8	4	6	0	0	0	—	11	27	1	4	0.5	.974

Andy Ashby
ASHBY, ANDREW JASON
B. July 11, 1967, Kansas City, Mo.
BR TR 6' 5" 180 lbs.

Year	Team	W	L	%	ERA	G	GS	CG	IP	H	BB	SO	ShO	W	L	SV	AB	H	HR	BA	PO	A	E	DP	TC/G	FA
1991	PHI N	1	5	.167	6.00	8	8	0	42	41	19	26	0	0	0	0	12	1	0	.083	7	4	0	1	1.4	1.000

Paul Assenmacher
ASSENMACHER, PAUL ANDRE
B. Dec. 10, 1960, Detroit, Mich.
BL TL 6' 3" 195 lbs.

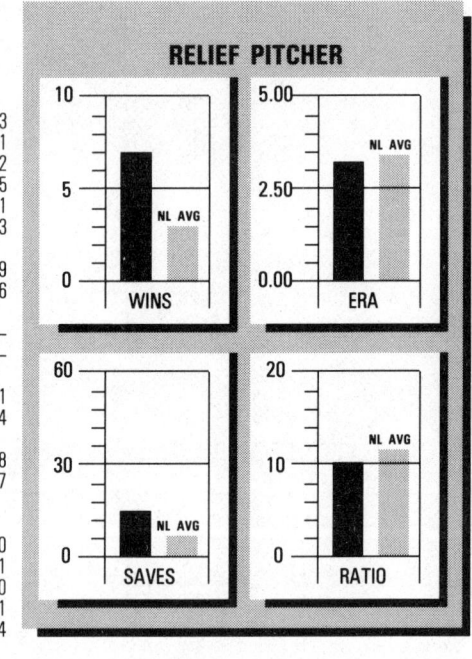

RELIEF PITCHER

Split	W	L	%	ERA	G	GS	CG	IP	H	BB	SO	ShO	W	L	SV	AB	H	HR	BA	PO	A	E	DP	TC/G	FA
April	0	0	—	2.30	11	0	0	15.2	8	3	17	0	0	0	3										
May	2	2	.500	5.06	13	0	0	16	17	5	19	0	2	2	1										
June	1	2	.333	3.94	17	0	0	16	13	13	21	0	1	2	2										
July	0	0	—	2.70	10	0	0	13.1	15	1	17	0	0	0	5										
Aug	4	1	.800	2.01	11	0	0	22.1	15	5	25	0	4	1	1										
Sept/Oct	0	3	.000	3.72	13	0	0	19.1	17	4	18	0	0	3	3										
Day	4	1	.800	2.85	39	0	0	53.2	46	15	67	0	4	1	9										
Night	3	7	.300	3.67	36	0	0	49	39	16	50	0	3	7	6										
vs. Left	—	—	—	—	—	—	—	—	24	10	49	—	—	—	—										
vs. Right	—	—	—	—	—	—	—	—	61	21	68	—	—	—	—										
On Grass	5	4	.556	2.63	56	0	0	78.2	59	20	93	0	5	4	11										
On Turf	2	4	.333	5.25	19	0	0	24	26	11	24	0	2	4	4										
Home	4	2	.667	2.07	43	0	0	61	44	13	69	0	4	2	8										
Road	3	6	.333	4.97	32	0	0	41.2	41	18	48	0	3	6	7										
Division Rivals																									
vs. MON	3	1	.750	2.87	9	0	0	15.2	14	9	18	0	3	1	0										
vs. NY	1	1	.500	1.13	4	0	0	8	3	2	8	0	1	1	1										
vs. PHI	1	3	.250	5.68	9	0	0	12.2	13	4	12	0	1	3	0										
vs. PIT	0	1	.000	6.57	10	0	0	12.1	13	2	13	0	0	1	1										
vs. STL	0	0	—	1.04	8	0	0	8.2	8	5	5	0	0	0	4										
1986 ATL N	7	3	.700	2.50	61	0	0	68.1	61	26	56	0	7	3	7	6	0	0	.000	5	15	0	1	0.3	1.000
1987	1	1	.500	5.10	52	0	0	54.2	58	24	39	0	1	1	2	4	0	0	.000	2	3	0	0	0.1	1.000
1988	8	7	.533	3.06	64	0	0	79.1	72	32	71	0	8	7	5	3	1	0	.333	6	11	0	2	0.3	1.000
1989 2 teams	ATL N (49G 1-3)				CHI N (14G 2-1)																					
" total	3	4	.429	3.99	63	0	0	76.2	74	28	79	0	3	4	0	5	0	0	.000	3	13	0	0	0.3	1.000
1990 CHI N	7	2	.778	2.80	74	1	0	103	90	36	95	0	7	2	10	8	0	0	.000	1	18	0	0	0.3	1.000
1991	7	8	.467	3.24	75	0	0	102.2	85	31	117	0	7	8	15	4	1	0	.250	4	10	1	0	0.2	.933
6 yrs.	33	25	.569	3.34	389	1	0	484.2	440	177	457	0	33	25	39	30	2	0	.067	21	70	1	3	0.2	.989

LEAGUE CHAMPIONSHIP SERIES

Year	Team	W	L	%	ERA	G	GS	CG	IP	H	BB	SO	ShO	W	L	SV	AB	H	HR	BA	PO	A	E	DP	TC/G	FA
1989	CHI N	0	0	—	13.50	2	0	0	0.2	3	0	0	0	0	0	0	0	0	0	—	0	0	0	0	0.0	—

Don August
AUGUST, DONALD GLENN (Augie)
B. July 3, 1963, Inglewood, Calif.
BR TR 6' 3" 190 lbs.

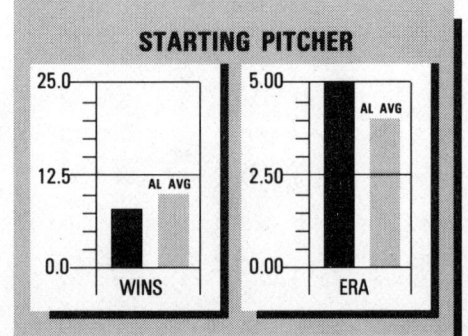

STARTING PITCHER

Split	W	L	%	ERA	G	GS	CG	IP	H	BB	SO	ShO	W	L	SV
April	1	2	.333	7.62	3	3	0	13	18	0	8	0	0	0	0
May	3	0	1.000	2.79	5	3	0	29	23	8	14	0	1	0	0
June	2	1	.667	4.26	6	5	1	31.2	29	14	8	1	0	0	0
July	2	2	.500	6.33	5	5	0	27	37	8	10	0	0	0	0
Aug	1	1	.500	5.86	5	5	0	27.2	39	14	14	0	0	0	0
Sept/Oct	0	2	.000	10.80	4	2	0	10	20	3	8	0	0	0	1
Day	1	2	.333	10.26	5	3	0	16.2	28	7	7	0	1	0	0
Night	8	6	.571	4.81	23	20	1	121.2	138	40	55	1	0	0	1
vs. Left	—	—	—	—	—	—	—	—	96	27	20	—	—	—	—
vs. Right	—	—	—	—	—	—	—	—	70	20	42	—	—	—	—

PITCHER REGISTER

Year	Team	W	L	%	ERA	G	GS	CG	IP	H	BB	SO	ShO	RELIEF PITCHING W	L	SV	BATTING AB	H	HR	BA	PO	A	E	DP	TC/G	FA

Don August *Continued*

Split	W	L	%	ERA	G	GS	CG	IP	H	BB	SO	ShO	W	L	SV	AB	H	HR	BA	PO	A	E	DP	TC/G	FA
On Grass	9	6	.600	4.86	23	18	1	116.2	130	33	48	1	1	1	0										
On Turf	0	2	.000	8.72	5	5	0	21.2	36	14	14	0	0	0	0										
Home	8	5	.615	4.13	14	11	1	80.2	78	20	30	1	1	1	0										
Road	1	3	.250	7.34	14	12	0	57.2	88	27	32	0	0	0	0										
Division Rivals																									
vs. BAL	2	0	1.000	4.50	3	3	0	18	22	3	5	0	0	0	0										
vs. BOS	0	1	.000	5.63	1	1	0	8	7	1	4	0	0	0	0										
vs. CLE	1	0	1.000	6.43	2	1	0	7	10	3	4	0	0	0	0										
vs. DET	1	0	1.000	0.00	1	1	0	7	3	1	2	0	0	0	0										
vs. NY	1	1	.500	5.79	4	2	0	14	17	2	8	0	0	0	1										
vs. TOR	0	2	.000	12.19	3	3	0	10.1	20	4	10	0	0	0	0										
1988 MIL A	13	7	.650	3.09	24	22	6	148.1	137	48	66	1	1	0	0	0	0	0	—	22	24	0	2	1.9	1.000
1989	12	12	.500	5.31	31	25	2	142.1	175	58	51	1	2	0	0	0	0	0	—	13	25	2	5	1.3	.950
1990	0	3	.000	6.55	5	0	0	11	13	5	2	0	0	3	0	0	0	0	—	1	2	1	0	0.8	.750
1991	9	8	.529	5.47	28	23	1	138.1	166	47	62	1	1	1	0	0	0	0	—	11	21	0	1	1.1	1.000
4 yrs.	34	30	.531	4.64	88	70	9	440	491	158	181	3	4	4	0	0	0	0	—	47	72	3	8	1.4	.975

Jim Austin

AUSTIN, JAMES PARKER
B. Dec. 7, 1963, Farmville, Va.
BR TR 6' 2" 200 lbs.

Year	Team	W	L	%	ERA	G	GS	CG	IP	H	BB	SO	ShO	W	L	SV	AB	H	HR	BA	PO	A	E	DP	TC/G	FA
1991	MIL A	0	0	—	8.31	5	0	0	8.2	8	11	3	0	0	0	0	0	0	0	—	1	2	0	0	0.6	1.000

Steve Avery

AVERY, STEVEN THOMAS
B. Apr. 14, 1970, Trenton, Mich.
BL TL 6' 4" 180 lbs.

Split	W	L	%	ERA	G	GS	CG	IP	H	BB	SO	ShO	W	L	SV	AB	H	HR	BA	PO	A	E	DP	TC/G	FA
April	2	1	.667	2.86	4	4	0	22	17	9	12	0	0	0	0										
May	4	1	.800	3.38	6	6	0	37.1	36	15	23	0	0	0	0										
June	1	3	.250	4.73	6	6	1	32.1	38	11	20	0	0	0	0										
July	4	0	1.000	2.87	6	6	0	37.2	24	11	21	0	0	0	0										
Aug	3	3	.500	4.97	6	6	0	29	39	9	27	0	0	0	0										
Sept/Oct	4	0	1.000	2.25	7	7	2	52	35	10	34	1	0	0	0										
Day	6	3	.667	4.24	11	11	1	63.2	63	18	39	0	0	0	0										
Night	12	5	.706	3.01	24	24	2	146.2	126	47	98	1	0	0	0										
vs. Left	—	—	—	—	—	—	—	—	30	12	33	—	—	—	—										
vs. Right	—	—	—	—	—	—	—	—	159	53	104	—	—	—	—										
On Grass	14	7	.667	3.39	25	25	3	151.1	137	46	95	1	0	0	0										
On Turf	4	1	.800	3.36	10	10	0	59	52	19	42	0	0	0	0										
Home	9	5	.643	3.75	18	18	1	105.2	100	33	66	0	0	0	0										
Road	9	3	.750	3.01	17	17	2	104.2	89	32	71	1	0	0	0										
Division Rivals																									
vs. CIN	2	1	.667	6.53	4	4	0	20.2	29	6	17	0	0	0	0										
vs. HOU	2	1	.667	2.41	5	5	0	33.2	25	12	17	0	0	0	0										
vs. LA	3	0	1.000	0.85	4	4	2	31.2	17	3	22	1	0	0	0										
vs. SD	2	1	.667	4.86	3	3	0	16.2	21	5	16	0	0	0	0										
vs. SF	1	2	.333	5.40	3	3	0	15	16	4	10	0	0	0	0										
1990 ATL N	3	11	.214	5.64	21	20	1	99	121	45	75	1	0	0	1	0	30	4	0	.133	4	22	2	0	1.3	.929
1991	18	8	.692	3.38	35	35	3	210.1	189	65	137	1	0	0	0	79	17	0	.215	9	31	1	2	1.2	.976
2 yrs.	21	19	.525	4.10	56	55	4	309.1	310	110	212	2	0	0	1	109	21	0	.193	13	53	3	2	1.2	.957

LEAGUE CHAMPIONSHIP SERIES

| 1991 ATL N | 2 | 0 | 1.000 | 0.00 | 2 | 2 | 0 | 16.1 | 9 | 4 | 17 | 0 | 0 | 0 | 0 | 7 | 1 | 0 | .143 | 1 | 2 | 0 | 0 | 1.5 | 1.000 |

WORLD SERIES

| 1991 ATL N | 0 | 0 | — | 3.46 | 2 | 2 | 0 | 13 | 10 | 1 | 8 | 0 | 0 | 0 | 0 | 3 | 0 | 0 | .000 | 1 | 0 | 0 | 0 | 0.5 | 1.000 |

PITCHER REGISTER

Year	Team	W	L	%	ERA	G	GS	CG	IP	H	BB	SO	ShO	RELIEF PITCHING W	L	SV	BATTING AB	H	HR	BA	PO	A	E	DP	TC/G	FA

Scott Bailes

BAILES, SCOTT ALAN
B. Dec. 18, 1961, Chillicothe, Ohio
BL TL 6' 2" 170 lbs.

Split	W	L	%	ERA	G	GS	CG	IP	H	BB	SO	ShO	W	L	SV
April	1	1	.500	3.52	5	0	0	7.2	7	3	5	0	1	1	0
May	0	0	—	4.09	9	0	0	11	10	3	10	0	0	0	0
June	0	1	.000	3.86	8	0	0	11.2	9	6	8	0	0	1	0
July	0	0	—	21.60	2	0	0	1.2	3	1	4	0	0	0	0
Aug	0	0	—	4.09	10	0	0	11	8	5	9	0	0	0	0
Sept/Oct	0	0	—	2.08	8	0	0	8.2	4	4	5	0	0	0	0
Day	0	0	—	3.00	6	0	0	9	8	2	7	0	0	0	0
Night	1	2	.333	4.43	36	0	0	42.2	33	20	34	0	1	2	0
vs. Left	—	—	—	—	—	—	—	—	19	6	13	—	—	—	—
vs. Right	—	—	—	—	—	—	—	—	22	16	28	—	—	—	—
On Grass	0	2	.000	4.50	35	0	0	42	34	18	32	0	0	2	0
On Turf	1	0	1.000	2.79	7	0	0	9.2	7	4	9	0	1	0	0
Home	0	2	.000	3.80	15	0	0	21.1	12	11	12	0	0	2	0
Road	1	0	1.000	4.45	27	0	0	30.1	29	11	29	0	1	0	0
Division Rivals															
vs. CHI	0	0	—	1.50	4	0	0	6	4	0	3	0	0	0	0
vs. KC	0	0	—	0.00	1	0	0	1.2	0	1	2	0	0	0	0
vs. MIN	1	0	1.000	0.00	2	0	0	3.1	2	0	4	0	1	0	0
vs. OAK	0	1	.000	13.50	3	0	0	2	4	3	0	0	0	1	0
vs. SEA	0	0	—	1.00	6	0	0	9	3	3	6	0	0	0	0
vs. TEX	0	1	.000	4.26	3	0	0	6.1	2	4	7	0	0	1	0

Year	Team	W	L	%	ERA	G	GS	CG	IP	H	BB	SO	ShO	W	L	SV	AB	H	HR	BA	PO	A	E	DP	TC/G	FA
1986	CLE A	10	10	.500	4.95	62	10	0	112.2	123	43	60	0	8	7	7	0	0	0	—	4	13	1	0	0.3	.944
1987		7	8	.467	4.64	39	17	0	120.1	145	47	65	0	2	1	6	0	0	0	—	6	19	2	0	0.7	.926
1988		9	14	.391	4.90	37	21	5	145	149	46	53	2	2	3	0	0	0	0	—	14	19	1	0	0.9	.971
1989		5	9	.357	4.28	34	11	0	113.2	116	29	47	0	2	3	0	0	0	0	—	4	20	2	2	0.8	.923
1990	CAL A	2	0	1.000	6.37	27	0	0	35.1	46	20	16	0	2	0	0	0	0	0	—	2	10	1	0	0.5	.923
1991		1	2	.333	4.18	42	0	0	51.2	41	22	41	0	1	2	0	0	0	0	—	3	8	0	0	0.3	1.000
6 yrs.		34	43	.442	4.76	241	59	5	578.2	620	207	282	2	17	16	13	0	0	0	—	33	89	7	2	0.5	.946

Jeff Ballard

BALLARD, JEFFREY SCOTT
B. Aug. 13, 1963, Billings, Mont.
BL TL 6' 3" 210 lbs.

Split	W	L	%	ERA	G	GS	CG	IP	H	BB	SO	ShO	W	L	SV
April	2	2	.500	4.40	5	5	0	30.2	27	8	11	0	0	0	0
May	1	4	.200	3.63	7	6	0	34.2	38	6	13	0	0	0	0
June	1	2	.333	7.82	5	5	0	25.1	39	6	8	0	0	0	0
July	2	3	.400	6.26	6	5	0	27.1	37	6	5	0	0	0	0
Aug	—	—	—	—	0	—	—	0	0	0	0	0	0	0	0
Sept/Oct	0	1	.000	11.12	3	1	0	5.2	12	2	0	0	0	0	0
Day	2	3	.400	5.06	7	6	0	37.1	41	5	11	0	0	0	0
Night	4	9	.308	5.84	19	16	0	86.1	112	23	26	0	0	0	0
vs. Left	—	—	—	—	—	—	—	—	16	6	13	—	—	—	—
vs. Right	—	—	—	—	—	—	—	—	137	22	24	—	—	—	—
On Grass	5	11	.313	5.35	21	18	0	104.1	126	22	31	0	0	0	0
On Turf	1	1	.500	6.98	5	4	0	19.1	27	6	6	0	0	0	0
Home	0	8	.000	5.93	10	9	0	44	57	12	18	0	0	0	0
Road	6	4	.600	5.42	16	13	0	79.2	96	16	19	0	0	0	0
Division Rivals															
vs. BOS	1	0	1.000	4.26	1	1	0	6.1	6	0	1	0	0	0	0
vs. CLE	0	1	.000	19.06	2	2	0	5.2	14	3	0	0	0	0	0
vs. DET	0	1	.000	3.86	2	1	0	9.1	12	2	2	0	0	0	0
vs. MIL	0	0	—	2.84	1	1	0	6.1	4	4	2	0	0	0	0
vs. NY	1	1	.500	4.60	3	3	0	15.2	15	1	6	0	0	0	0
vs. TOR	1	1	.500	5.25	2	2	0	12	15	1	4	0	0	0	0

Year	Team	W	L	%	ERA	G	GS	CG	IP	H	BB	SO	ShO	W	L	SV	AB	H	HR	BA	PO	A	E	DP	TC/G	FA
1987	BAL A	2	8	.200	6.59	14	14	0	69.2	100	35	27	0	0	0	0	0	0	0	—	5	10	0	1	1.1	1.000
1988		8	12	.400	4.40	25	25	6	153.1	167	42	41	0	0	0	0	0	0	0	—	9	13	0	3	0.9	1.000
1989		18	8	.692	3.43	35	35	4	215.1	240	57	62	1	0	0	0	0	0	0	—	13	55	2	6	2.0	.971
1990		2	11	.154	4.93	44	17	0	133.1	152	42	50	0	1	1	0	0	0	0	—	11	20	1	0	0.7	.969
1991		6	12	.333	5.60	26	22	0	123.2	153	28	37	0	0	0	0	0	0	0	—	4	15	1	3	0.8	.950
5 yrs.		36	51	.414	4.63	144	113	10	695.1	812	204	217	2	1	1	0	0	0	0	—	42	113	4	13	1.1	.975

PITCHER REGISTER

Year	Team		W	L	%	ERA	G	GS	CG	IP	H	BB	SO	ShO	RELIEF PITCHING			BATTING				PO	A	E	DP	TC/G	FA
															W	L	SV	AB	H	HR	BA						

Scott Bankhead

BANKHEAD, MICHAEL SCOTT
B. July 31, 1963, Raleigh, N.C.
BR TR 5' 10" 175 lbs.

Year	Team		W	L	%	ERA	G	GS	CG	IP	H	BB	SO	ShO	W	L	SV	AB	H	HR	BA	PO	A	E	DP	TC/G	FA
1986	KC	A	8	9	.471	4.61	24	17	0	121	121	37	94	0	2	1	0	0	0	0	—	11	12	1	0	1.0	.958
1987	SEA	A	9	8	.529	5.42	27	25	2	149.1	168	37	95	0	0	0	0	0	0	0	—	9	9	0	1	0.7	1.000
1988			7	9	.438	3.07	21	21	2	135	115	38	102	1	0	0	0	0	0	0	—	7	11	0	0	0.9	1.000
1989			14	6	.700	3.34	33	33	3	210.1	187	63	140	2	0	0	0	0	0	0	—	14	19	0	2	1.0	1.000
1990			0	2	.000	11.08	4	4	0	13	18	7	10	0	0	0	0	0	0	0	—	0	0	0	0	0.0	—
1991			3	6	.333	4.90	17	9	0	60.2	73	21	28	0	1	1	0	0	0	0	—	5	7	0	1	0.7	1.000
6 yrs.			41	40	.506	4.24	126	109	7	689.1	682	203	469	3	3	2	0	0	0	0	—	46	58	1	4	0.8	.990

Willie Banks

BANKS, WILLIE ANTHONY
B. Feb. 27, 1969, Jersey City, N.J.
BR TR 6' 1" 190 lbs.

Year	Team		W	L	%	ERA	G	GS	CG	IP	H	BB	SO	ShO	W	L	SV	AB	H	HR	BA	PO	A	E	DP	TC/G	FA
1991	MIN	A	1	1	.500	5.71	5	3	0	17.1	21	12	16	0	0	0	0	0	0	0	—	0	0	0	0	0.0	—

Floyd Bannister

BANNISTER, FLOYD FRANKLIN
B. June 10, 1955, Pierre, S. D.
BL TL 6' 1" 190 lbs.

Year	Team		W	L	%	ERA	G	GS	CG	IP	H	BB	SO	ShO	W	L	SV	AB	H	HR	BA	PO	A	E	DP	TC/G	FA
1977	HOU	N	8	9	.471	4.03	24	23	4	143	138	68	112	1	0	1	0	48	9	0	.188	6	14	0	1	0.8	1.000
1978			3	9	.250	4.83	28	16	2	110	120	63	94	2	0	0	0	31	5	0	.161	1	6	0	2	0.3	1.000
1979	SEA	A	10	15	.400	4.05	30	30	6	182	185	68	115	2	0	0	0	0	0	0	—	10	15	0	0	0.8	1.000
1980			9	13	.409	3.47	32	32	8	218	200	66	155	0	0	0	0	0	0	0	—	12	26	1	2	1.2	.974
1981			9	9	.500	4.46	21	20	5	121	128	39	85	2	0	0	0	0	0	0	—	6	15	0	1	1.0	1.000
1982			12	13	.480	3.43	35	35	5	247	225	77	**209**	3	0	0	0	0	0	0	—	8	30	2	1	1.1	.950
1983	CHI	A	16	10	.615	3.35	34	34	5	217.1	191	71	193	2	0	0	0	0	0	0	—	8	23	2	0	1.0	.939
1984			14	11	.560	4.83	34	33	4	218	211	80	152	0	0	0	1	0	0	0	.000	3	23	1	0	0.8	.963
1985			10	14	.417	4.87	34	34	4	210.2	211	100	198	1	0	0	0	0	0	0	—	4	22	1	0	0.8	.963
1986			10	14	.417	3.54	28	27	6	165.1	162	48	92	1	1	1	0	0	0	0	—	3	22	1	1	0.9	.962
1987			16	11	.593	3.58	34	34	11	228.2	216	49	124	2	0	0	0	0	0	0	—	10	22	1	0	1.0	.970
1988	KC	A	12	13	.480	4.33	31	31	2	189.1	182	68	113	0	0	0	0	0	0	0	—	8	25	1	1	1.1	.971
1989			4	1	.800	4.66	14	14	0	75.1	87	18	35	0	0	0	0	0	0	0	—	3	15	0	3	1.3	1.000
1991	CAL	A	0	0	—	3.96	16	0	0	25	25	10	16	0	0	0	0	0	0	0	—	0	1	0	0	0.1	1.000
14 yrs.			133	142	.484	4.03	395	363	62	2350.2	2281	825	1693	16	1	1	1	80	14	0	.175	82	259	10	12	0.9	.972

LEAGUE CHAMPIONSHIP SERIES

Year	Team		W	L	%	ERA	G	GS	CG	IP	H	BB	SO	ShO	W	L	SV	AB	H	HR	BA	PO	A	E	DP	TC/G	FA
1983	CHI	A	0	1	.000	4.50	1	1	0	6	5	1	5	0	0	0	0	0	0	0	—	0	0	0	0	0.0	—

John Barfield

BARFIELD, JOHN DAVID
B. Oct. 15, 1964, Pine Bluff, Ark.
BL TL 6' 1" 185 lbs.

Year	Team		W	L	%	ERA	G	GS	CG	IP	H	BB	SO	ShO	W	L	SV	AB	H	HR	BA	PO	A	E	DP	TC/G	FA
1989	TEX	A	0	1	.000	6.17	4	2	0	11.2	15	4	9	0	0	0	0	0	0	0	—	1	1	0	0	0.5	1.000
1990			4	3	.571	4.67	33	0	0	44.1	42	13	17	0	4	3	1	0	0	0	—	4	7	0	0	0.3	1.000
1991			4	4	.500	4.54	28	9	0	83.1	96	22	27	0	2	1	1	0	0	0	—	6	12	3	1	0.8	.857
3 yrs.			8	8	.500	4.72	65	11	0	139.1	153	39	53	0	6	4	2	0	0	0	—	11	20	3	1	0.5	.912

Brian Barnes

BARNES, BRIAN KEITH
B. Mar. 25, 1967, Roanoke Rapids, N. C.
BL TL 5' 9" 170 lbs.

	W	L	%	ERA	G	GS	CG	IP	H	BB	SO	ShO	W	L	SV
April	—	—	—	—	0	0	0	0	0	0	0	—	0	0	0
May	0	2	.000	8.38	4	4	0	19.1	23	11	14	0	0	0	0
June	0	1	.000	3.65	6	6	0	37	31	18	34	0	0	0	0
July	2	0	1.000	4.09	4	4	0	22	21	13	15	0	0	0	0
Aug	1	2	.333	2.63	7	6	0	41	25	17	25	0	0	0	0
Sept/Oct	2	3	.400	4.43	7	7	1	40.2	35	25	29	0	0	0	0
Day	2	2	.500	4.89	6	6	0	35	28	17	26	0	0	0	0
Night	3	6	.333	4.03	22	21	1	125	107	67	91	0	0	0	0
vs. Left	—	—	—	—	—	—	—	—	25	22	19	—	—	—	—
vs. Right	—	—	—	—	—	—	—	—	110	62	98	—	—	—	—

STARTING PITCHER

260 PITCHER REGISTER

Year	Team	W	L	%	ERA	G	GS	CG	IP	H	BB	SO	ShO	RELIEF PITCHING W	L	SV	BATTING AB	H	HR	BA	PO	A	E	DP	TC/G	FA

Brian Barnes *Continued*

STARTING PITCHER (SO/9 vs NL AVG; RATIO vs NL AVG)

		W	L	%	ERA	G	GS	CG	IP	H	BB	SO	ShO	W	L	SV	AB	H	HR	BA	PO	A	E	DP	TC/G	FA
On Grass		3	0	1.000	3.92	8	8	0	43.2	35	26	24	0	0	0	0										
On Turf		2	8	.200	4.33	20	19	1	116.1	100	58	93	0	0	0	0										
Home		1	5	.167	4.24	12	11	0	68	57	32	59	0	0	0	0										
Road		4	3	.571	4.21	16	16	1	92	78	52	58	0	0	0	0										
Division Rivals																										
vs. CHI		1	0	1.000	1.63	4	4	0	27.2	13	6	21	0	0	0	0										
vs. NY		1	0	1.000	1.64	2	2	0	11	6	9	9	0	0	0	0										
vs. PHI		0	2	.000	7.15	4	4	0	22.2	21	12	17	0	0	0	0										
vs. PIT		0	1	.000	4.76	2	2	0	11.1	8	12	8	0	0	0	0										
vs. STL		1	1	.500	2.87	2	2	1	15.2	16	3	11	0	0	0	0										
1990	MON N	1	1	.500	2.89	4	4	1	28	25	7	23	0	0	0	0	9	0	0	.000	4	3	1	0	2.0	.875
1991		5	8	.385	4.22	28	27	1	160	135	84	117	0	0	0	0	49	4	0	.082	7	31	2	1	1.4	.950
2 yrs.		6	9	.400	4.02	32	31	2	188	160	91	140	0	0	0	0	58	4	0	.069	11	34	3	1	1.5	.938

Jose Bautista

BAUTISTA, JOSE JOAQUIN
Born Jose Joaquin Bautista y Arias.
B. July 25, 1964, Bani, Dominican Republic
BR TR 6' 1" 177 lbs.

Year	Team	W	L	%	ERA	G	GS	CG	IP	H	BB	SO	ShO	W	L	SV	AB	H	HR	BA	PO	A	E	DP	TC/G	FA
1988	BAL A	6	15	.286	4.30	33	25	3	171.2	171	45	76	0	0	1	0	0	0	0	—	27	11	1	3	1.2	.974
1989		3	4	.429	5.31	15	10	0	78	84	15	30	0	0	0	0	0	0	0	—	3	10	1	0	0.9	.929
1990		1	0	1.000	4.05	22	0	0	26.2	28	7	15	0	1	0	0	0	0	0	—	1	2	0	0	0.1	1.000
1991		0	1	.000	16.88	5	0	0	5.1	13	5	3	0	0	1	0	0	0	0	—	0	1	0	0	0.2	1.000
4 yrs.		10	20	.333	4.79	75	35	3	281.2	296	72	124	0	1	2	0	0	0	0	—	31	24	2	3	0.8	.965

Chris Beasley

BEASLEY, CHRISTOPHER CHARLES
B. June 23, 1962, Jackson, Tenn.
BR TR 6' 2" 190 lbs.

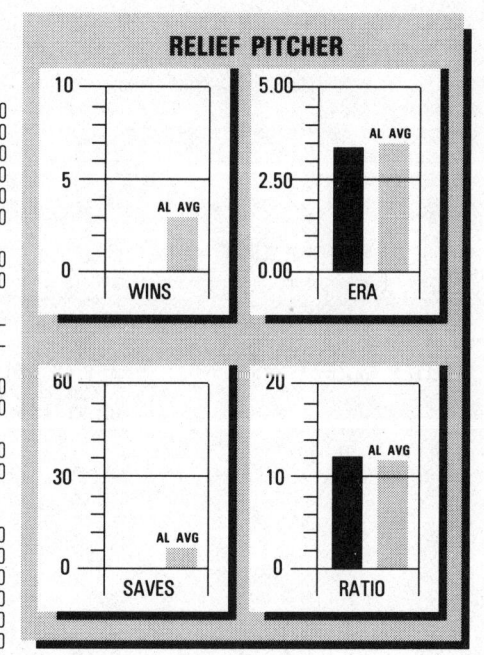

RELIEF PITCHER (WINS, ERA, SAVES, RATIO vs AL AVG)

		W	L	%	ERA	G	GS	CG	IP	H	BB	SO	ShO	W	L	SV	AB	H	HR	BA	PO	A	E	DP	TC/G	FA
April		—	—	—	—	0	—	—	0	0	0	0	—	0	0	0										
May		—	—	—	—	0	—	—	0	0	0	0	—	0	0	0										
June		—	—	—	—	0	—	—	0	0	0	0	—	0	0	0										
July		0	0	—	3.86	3	0	0	2.1	3	1	1	0	0	0	0										
Aug		0	1	.000	2.93	11	0	0	15.1	12	5	8	0	0	0	1										
Sept/Oct		0	0	—	4.00	8	0	0	9	11	4	5	0	0	0	0										
Day		0	0	—	2.08	3	0	0	4.1	5	2	3	0	0	0	0										
Night		0	1	.000	3.63	19	0	0	22.1	21	8	11	0	0	0	1										
vs. Left		—	—	—	—	—	—	—	—	11	4	5	—	—	—	—										
vs. Right		—	—	—	—	—	—	—	—	15	6	9	—	—	—	—										
On Grass		0	0	—	2.95	16	0	0	21.1	17	7	12	0	0	0	0										
On Turf		0	1	.000	5.06	6	0	0	5.1	9	3	2	0	0	0	1										
Home		0	0	—	1.23	9	0	0	14.2	9	4	10	0	0	0	0										
Road		0	1	.000	6.00	13	0	0	12	17	6	4	0	0	0	1										
Division Rivals																										
vs. CHI		0	0	—	0.00	1	0	0	2.1	2	1	3	0	0	0	0										
vs. KC		0	0	—	4.50	2	0	0	2	4	2	0	0	0	0	0										
vs. MIN		0	1	.000	3.38	5	0	0	5.1	6	1	3	0	0	0	1										
vs. OAK		0	0	—	0.00	2	0	0	4.2	1	1	1	0	0	0	0										
vs. SEA		0	0	—	0.00	1	0	0	1	0	1	1	0	0	0	0										
vs. TEX		0	0	—	7.36	3	0	0	3.2	5	1	2	0	0	0	0										
1991	CAL A	0	1	.000	3.38	22	0	0	26.2	26	10	14	0	0	0	1	0	0	0	—	4	4	0	1	0.4	1.000

Blaine Beatty

BEATTY, GORDON BLAINE
B. Apr. 25, 1964, Victoria, Tex.
BL TL 6' 2" 185 lbs.

Year	Team	W	L	%	ERA	G	GS	CG	IP	H	BB	SO	ShO	W	L	SV	AB	H	HR	BA	PO	A	E	DP	TC/G	FA
1989	NY N	0	0	—	1.50	2	1	0	6	5	2	3	0	0	0	0	2	1	0	.500	2	0	0	0	1.0	1.000
1991		0	0	—	2.79	5	0	0	9.2	9	4	7	0	0	0	0	0	0	0	—	1	1	0	0	0.4	1.000
2 yrs.		0	0	—	2.30	7	1	0	15.2	14	6	10	0	0	0	0	2	1	0	.500	3	1	0	0	0.6	1.000

PITCHER REGISTER

Year	Team	W	L	%	ERA	G	GS	CG	IP	H	BB	SO	ShO	RELIEF PITCHING W	L	SV	BATTING AB	H	HR	BA	PO	A	E	DP	TC/G	FA

Rod Beck
BECK, RODNEY ROY
B. Aug. 3, 1968, Burbank, Calif.
BR TR 6′ 1″ 215 lbs.

	W	L	%	ERA	G	GS	CG	IP	H	BB	SO	ShO	W	L	SV	AB	H	HR	BA	PO	A	E	DP	TC/G	FA
April	—	—	—	—	0	0	0	0	0	0	0	0	0	0	0										
May	0	1	.000	9.00	5	0	0	7	11	1	5	0	0	1	0										
June	—	—	—	—	0	0	0	0	0	0	0	0	0	0	0										
July	0	0	—	1.00	5	0	0	9	6	1	8	0	0	0	0										
Aug	0	0	—	1.62	9	0	0	16.2	12	7	12	0	0	0	0										
Sept/Oct	1	0	1.000	5.03	12	0	0	19.2	24	4	13	0	1	0	1										
Day	0	0	—	3.65	9	0	0	12.1	15	2	11	0	0	0	0										
Night	1	1	.500	3.83	22	0	0	40	38	11	27	0	1	1	1										
vs. Left	—	—	—	—	—	—	—	—	26	6	19	—	—	—	—										
vs. Right	—	—	—	—	—	—	—	—	27	7	19	—	—	—	—										
On Grass	0	1	.000	3.51	20	0	0	33.1	33	8	30	0	0	1	1										
On Turf	1	0	1.000	4.26	11	0	0	19	20	5	8	0	1	0	0										
Home	0	1	.000	3.86	15	0	0	25.2	26	4	23	0	0	1	1										
Road	1	0	1.000	3.71	16	0	0	26.2	27	9	15	0	1	0	0										
Division Rivals																									
vs. ATL	0	0	—	1.04	4	0	0	8.2	5	3	6	0	0	0	1										
vs. CIN	0	0	—	1.59	4	0	0	5.2	4	0	3	0	0	0	0										
vs. HOU	1	0	1.000	8.22	4	0	0	7.2	12	3	8	0	1	0	0										
vs. LA	0	0	—	0.00	1	0	0	1	2	0	1	0	0	0	0										
vs. SD	0	0	—	8.31	3	0	0	4.1	5	3	2	0	0	0	0										
1991 SF N	1	1	.500	3.78	31	0	0	52.1	53	13	38	0	1	1	1	2	1	0	.500	1	10	0	0	0.4	1.000

RELIEF PITCHER — WINS (NL AVG), ERA (NL AVG), SAVES (NL AVG), RATIO (NL AVG)

Steve Bedrosian
BEDROSIAN, STEPHEN WAYNE (Bedrock)
B. Dec. 6, 1957, Methuen, Mass.
BR TR 6′ 3″ 200 lbs.

	W	L	%	ERA	G	GS	CG	IP	H	BB	SO	ShO	W	L	SV	AB	H	HR	BA	PO	A	E	DP	TC/G	FA
April	2	1	.667	3.55	8	0	0	12.2	8	10	7	0	2	1	0										
May	0	1	.000	4.70	10	0	0	15.1	11	7	6	0	0	1	2										
June	0	0	—	2.45	8	0	0	11	9	3	4	0	0	0	1										
July	1	0	1.000	3.14	10	0	0	14.1	15	3	10	0	1	0	2										
Aug	2	1	.667	4.50	11	0	0	16	12	7	14	0	2	1	0										
Sept/Oct	0	0	—	10.13	9	0	0	8	11	5	3	0	0	0	1										
Day	1	1	.500	10.42	15	0	0	19	27	12	12	0	1	1	2										
Night	4	2	.667	2.47	41	0	0	58.1	43	23	32	0	4	2	4										
vs. Left	—	—	—	—	—	—	—	—	32	22	20	—	—	—	—										
vs. Right	—	—	—	—	—	—	—	—	38	13	24	—	—	—	—										
On Grass	3	0	1.000	3.45	17	0	0	28.2	28	4	17	0	3	0	4										
On Turf	2	3	.400	4.99	39	0	0	48.2	42	31	27	0	2	3	2										
Home	2	3	.400	5.52	34	0	0	44	37	28	24	0	2	3	2										
Road	3	0	1.000	2.97	22	0	0	33.1	33	7	20	0	3	0	4										
Division Rivals																									
vs. CAL	0	0	—	6.14	5	0	0	7.1	5	5	7	0	0	0	0										
vs. CHI	0	0	—	9.95	4	0	0	6.1	7	4	3	0	0	0	0										
vs. KC	0	0	—	0.00	4	0	0	3.2	2	3	1	0	0	0	0										
vs. OAK	2	1	.667	2.79	5	0	0	9.2	4	4	9	0	2	1	0										
vs. SEA	1	0	1.000	2.45	4	0	0	7.1	7	4	4	0	1	0	0										
vs. TEX	0	1	.000	14.54	4	0	0	4.1	7	5	0	0	0	1	0										
1981 ATL N	1	2	.333	4.50	15	1	0	24	15	15	9	0	1	1	0	2	0	0	.000	1	2	0	1	0.2	1.000
1982	8	6	.571	2.42	64	3	0	137.2	102	57	123	0	7	4	11	26	1	0	.038	12	14	1	2	0.4	.963
1983	9	10	.474	3.60	70	1	0	120	100	51	114	0	9	10	19	19	2	0	.105	4	16	0	2	0.3	1.000
1984	9	6	.600	2.37	40	4	0	83.2	65	33	81	0	6	5	11	17	2	0	.118	1	8	1	0	0.3	.900
1985	7	15	.318	3.83	37	37	0	206.2	198	111	134	0	0	0	0	64	5	0	.078	13	23	4	3	1.1	.900
1986 PHI N	8	6	.571	3.39	68	0	0	90.1	79	34	82	0	8	6	29	5	1	0	.200	2	10	0	1	0.2	1.000
1987	5	3	.625	2.83	65	0	0	89	79	28	74	0	5	3	**40**	4	0	0	.000	3	7	0	0	0.2	1.000
1988	6	6	.500	3.75	57	0	0	74.1	75	27	61	0	6	6	28	2	0	0	.000	5	9	0	0	0.2	1.000
1989 2 teams	PHI N (28G 2–3)			SF N (40G 1–4)																					
" total	3	7	.300	2.87	68	0	0	84.2	56	39	58	0	3	7	23	6	1	0	.167	2	5	1	1	0.1	.875
1990 SF N	9	9	.500	4.20	68	0	0	79.1	72	44	43	0	9	**9**	17	9	2	0	.500	9	11	1	1	0.3	.952
1991 MIN A	5	3	.625	4.42	56	0	0	77.1	70	35	44	0	5	3	6	0	0	0	—	6	5	0	0	0.2	1.000
11 yrs.	70	73	.490	3.39	608	46	0	1067	911	474	823	0	59	54	184	149	14	0	.094	58	110	8	11	0.3	.955

RELIEF PITCHER — WINS (AL AVG), ERA (AL AVG), SAVES (AL AVG), RATIO (AL AVG)

PITCHER REGISTER

Year	Team		W	L	%	ERA	G	GS	CG	IP	H	BB	SO	ShO	RELIEF PITCHING			BATTING									
															W	L	SV	AB	H	HR	BA	PO	A	E	DP	TC/G	FA

Steve Bedrosian Continued

LEAGUE CHAMPIONSHIP SERIES

Year	Team		W	L	%	ERA	G	GS	CG	IP	H	BB	SO	ShO	W	L	SV	AB	H	HR	BA	PO	A	E	DP	TC/G	FA
1982	ATL	N	0	0	—	18.00	2	0	0	1	3	1	2	0	0	0	0	0	0	0	—	0	0	0	0	0.0	—
1989	SF	N	0	0	—	2.70	4	0	0	3.1	4	2	2	0	0	0	3	0	0	0	—	0	0	0	0	0.0	—
1991	MIN	A	0	0	—	0.00	2	0	0	1.1	3	2	2	0	0	0	0	0	0	0	—	0	0	0	0	0.0	—
3 yrs.			0	0	—	4.76	8	0	0	5.2	10	5	6	0	0	0	3	0	0	0	—	0	0	0	0	0.0	—

WORLD SERIES

Year	Team		W	L	%	ERA	G	GS	CG	IP	H	BB	SO	ShO	W	L	SV	AB	H	HR	BA	PO	A	E	DP	TC/G	FA
1989	SF	N	0	0	—	0.00	2	0	0	2.2	0	2	2	0	0	0	0	0	0	0	—	0	0	0	0	0.0	—
1991	MIN	A	0	0	—	5.40	3	0	0	3.1	3	0	2	0	0	0	0	0	0	0	—	0	1	0	0	0.3	1.000
2 yrs.			0	0	—	3.00	5	0	0	6	3	2	4	0	0	0	0	0	0	0	—	0	1	0	0	0.2	1.000

Tim Belcher

BELCHER, TIMOTHY WAYNE
B. Oct. 19, 1961, Mount Gilead, Ohio
BR TR 6′ 3″ 210 lbs.

	W	L	%	ERA	G	GS	CG	IP	H	BB	SO	ShO	W	L	SV
April	3	1	.750	0.91	4	4	1	29.2	20	7	21	0	0	0	0
May	2	3	.400	4.76	6	6	0	28.1	38	17	17	0	0	0	0
June	2	0	1.000	1.45	6	6	0	43.1	32	17	36	0	0	0	0
July	0	3	.000	5.90	5	5	0	29	36	10	17	0	0	0	0
Aug	2	1	.667	1.16	6	6	1	46.2	34	11	37	1	0	0	0
Sept/Oct	1	1	.500	3.06	6	6	0	32.1	29	13	28	0	0	0	0
Day	2	3	.400	3.28	10	10	0	57.2	61	26	41	0	0	0	0
Night	8	6	.571	2.37	23	23	2	151.2	128	49	115	1	0	0	0
vs. Left	—	—	—	—	—	—	—	—	122	46	82	—	—	—	—
vs. Right	—	—	—	—	—	—	—	—	67	29	74	—	—	—	—
On Grass	9	6	.600	2.51	26	26	2	172.1	154	57	137	1	0	0	0
On Turf	1	3	.250	3.16	7	7	0	37	35	18	19	0	0	0	0
Home	7	4	.636	2.67	17	17	2	121.1	111	34	102	1	0	0	0
Road	3	5	.375	2.56	16	16	0	88	78	41	54	0	0	0	0
Division Rivals															
vs. ATL	1	2	.333	2.59	5	5	0	31.1	21	15	29	0	0	0	0
vs. CIN	2	0	1.000	1.08	3	3	0	16.2	13	4	15	0	0	0	0
vs. HOU	2	0	1.000	1.19	3	3	0	22.2	19	9	18	0	0	0	0
vs. SD	0	1	.000	2.08	3	3	0	21.2	20	2	19	0	0	0	0
vs. SF	3	0	1.000	0.56	4	4	1	32.1	24	9	23	0	0	0	0

Year	Team		W	L	%	ERA	G	GS	CG	IP	H	BB	SO	ShO	W	L	SV	AB	H	HR	BA	PO	A	E	DP	TC/G	FA
1987	LA	N	4	2	.667	2.38	6	5	0	34	30	7	23	0	1	0	0	10	2	0	.200	1	5	0	0	1.0	1.000
1988			12	6	.667	2.91	36	27	4	179.2	143	51	152	1	1	0	4	56	4	1	.071	14	19	0	2	0.9	1.000
1989			15	12	.556	2.82	39	30	10	230	182	80	200	8	1	1	2	70	7	0	.100	21	18	3	3	1.1	.929
1990			9	9	.500	4.00	24	24	5	153	136	48	102	2	0	2	0	43	7	0	.163	11	11	0	1	0.9	1.000
1991			10	9	.526	2.62	33	33	2	209.1	189	75	156	1	0	0	0	67	8	0	.119	11	20	2	2	1.0	.939
5 yrs.			50	38	.568	2.99	138	119	21	806	680	261	633	12	3	2	5	246	28	1	.114	58	73	5	8	1.0	.963

LEAGUE CHAMPIONSHIP SERIES

Year	Team		W	L	%	ERA	G	GS	CG	IP	H	BB	SO	ShO	W	L	SV	AB	H	HR	BA	PO	A	E	DP	TC/G	FA
1988	LA	N	2	0	1.000	4.11	2	2	0	15.1	12	4	16	0	0	0	0	8	1	0	.125	1	0	0	0	0.5	1.000

WORLD SERIES

Year	Team		W	L	%	ERA	G	GS	CG	IP	H	BB	SO	ShO	W	L	SV	AB	H	HR	BA	PO	A	E	DP	TC/G	FA
1988	LA	N	1	0	1.000	6.23	2	2	0	8.2	10	6	10	0	0	0	0	0	0	0	—	0	0	0	0	0.0	—

Stan Belinda

BELINDA, STANLEY PETER
B. Aug. 6, 1966, Huntingdon, Pa.
BR TR 6′ 3″ 185 lbs.

	W	L	%	ERA	G	GS	CG	IP	H	BB	SO	ShO	W	L	SV
April	1	1	.500	6.23	6	0	0	8.2	6	5	10	0	1	1	2
May	2	0	1.000	4.61	11	0	0	13.2	9	8	13	0	2	0	3
June	0	0	—	0.00	11	0	0	10.1	6	2	13	0	0	0	1
July	0	1	.000	5.17	11	0	0	15.2	11	10	13	0	0	1	3
Aug	0	2	.000	2.12	11	0	0	17	8	5	14	0	0	2	5
Sept/Oct	4	1	.800	2.77	10	0	0	13	10	5	8	0	4	1	2
Day	2	1	.667	4.50	14	0	0	20	15	9	18	0	2	1	4
Night	5	4	.556	3.09	46	0	0	58.1	35	26	53	0	5	4	12
vs. Left	—	—	—	—	—	—	—	—	25	14	25	—	—	—	—
vs. Right	—	—	—	—	—	—	—	—	25	21	46	—	—	—	—

Year	Team	W	L	%	ERA	G	GS	CG	IP	H	BB	SO	ShO	RELIEF PITCHING W	L	SV	BATTING AB	H	HR	BA	PO	A	E	DP	TC/G	FA

Stan Belinda *Continued*

		W	L	%	ERA	G	GS	CG	IP	H	BB	SO	ShO	W	L	SV	AB	H	HR	BA	PO	A	E	DP	TC/G	FA
On Grass		2	2	.500	5.30	16	0	0	18.2	14	13	19	0	2	2	1										
On Turf		5	3	.625	2.87	44	0	0	59.2	36	22	52	0	5	3	15										
Home		2	1	.667	1.94	28	0	0	41.2	23	9	38	0	2	1	13										
Road		5	4	.556	5.15	32	0	0	36.2	27	26	33	0	5	4	3										
Division Rivals																										
vs. CHI		2	2	.500	10.80	6	0	0	8.1	9	5	9	0	2	2	0										
vs. MON		0	0	—	0.00	8	0	0	10.1	4	5	9	0	0	0	4										
vs. NY		0	0	—	0.00	6	0	0	7.2	3	2	8	0	0	0	3										
vs. PHI		1	1	.500	2.35	7	0	0	7.2	5	2	6	0	1	1	2										
vs. STL		2	1	.667	4.82	7	0	0	9.1	7	6	6	0	2	1	0										
1989	PIT N	0	1	.000	6.10	8	0	0	10.1	13	2	10	0	0	1	0	0	0	0	—	0	0	0	0	0.0	—
1990		3	4	.429	3.55	55	0	0	58.1	48	29	55	0	3	4	8	5	0	0	.000	2	4	0	0	0.1	1.000
1991		7	5	.583	3.45	60	0	0	78.1	50	35	71	0	7	5	16	7	0	0	.000	5	5	0	1	0.2	1.000
3 yrs.		10	10	.500	3.67	123	0	0	147	111	66	136	0	10	10	24	12	0	0	.000	7	9	0	1	0.1	1.000
LEAGUE CHAMPIONSHIP SERIES																										
1990	PIT N	0	0	—	2.45	3	0	0	3.2	3	0	4	0	0	0	0	0	0	0	—	0	0	0	0	0.0	—
1991		1	0	1.000	0.00	3	0	0	5	0	3	4	0	1	0	0	0	0	0	—	0	2	0	0	0.7	1.000
2 yrs.		1	0	1.000	1.04	6	0	0	8.2	3	3	8	0	1	0	0	0	0	0	—	0	2	0	0	0.3	1.000

Eric Bell

BELL, ERIC ALVIN
B. Oct. 27, 1963, Modesto, Calif.
BL TL 6' 165 lbs.

Year	Team	W	L	%	ERA	G	GS	CG	IP	H	BB	SO	ShO	W	L	SV	AB	H	HR	BA	PO	A	E	DP	TC/G	FA
1985	BAL A	0	0	—	4.76	4	0	0	5.2	4	4	4	0	0	0	0	0	0	0	—	2	1	0	0	0.8	1.000
1986		1	2	.333	5.01	4	4	0	23.1	23	14	18	0	0	0	0	0	0	0	—	1	0	0	0	0.3	1.000
1987		10	13	.435	5.45	33	29	2	165	174	78	111	0	0	0	0	0	0	0	—	8	16	0	2	0.7	1.000
1991	CLE A	4	0	1.000	0.50	10	0	0	18	5	5	7	0	4	0	0	0	0	0	—	2	1	0	0	0.3	1.000
4 yrs.		15	15	.500	4.97	51	33	2	212	206	101	140	0	4	0	0	0	0	0	—	13	18	0	2	0.6	1.000

Andy Benes

BENES, ANDREW CHARLES
B. Aug. 20, 1967, Evansville, Ind.
BR TR 6' 6" 235 lbs.

		W	L	%	ERA	G	GS	CG	IP	H	BB	SO	ShO	W	L	SV	AB	H	HR	BA	PO	A	E	DP	TC/G	FA
April		0	2	.000	3.86	4	4	0	23.1	24	11	30	0	0	0	0										
May		2	4	.333	3.70	6	6	1	41.1	40	14	29	0	0	0	0										
June		2	2	.500	5.02	6	6	0	37.2	41	13	22	0	0	0	0										
July		1	2	.333	2.10	4	4	1	30	24	6	18	0	0	0	0										
Aug		5	0	1.000	2.40	6	6	1	41.1	23	6	31	1	0	0	0										
Sept/Oct		5	1	.833	1.64	7	7	1	49.1	42	9	37	0	0	0	0										
Day		7	2	.778	2.76	11	11	1	71.2	68	18	56	0	0	0	0										
Night		8	9	.471	3.15	22	22	3	151.1	126	41	111	1	0	0	0										
vs. Left		—	—	—	—	—	—	—	—	107	32	93	—	—	—	—										
vs. Right		—	—	—	—	—	—	—	—	87	27	74	—	—	—	—										
On Grass		10	7	.588	3.16	23	23	2	154	142	39	121	0	0	0	0										
On Turf		5	4	.556	2.74	10	10	2	69	52	20	46	1	0	0	0										
Home		6	5	.545	3.73	17	17	1	111	117	35	94	0	0	0	0										
Road		9	6	.600	2.33	16	16	3	112	77	24	73	1	0	0	0										
Division Rivals																										
vs. ATL		2	1	.667	2.70	4	4	0	26.2	21	9	15	0	0	0	0										
vs. CIN		2	2	.500	3.86	4	4	0	23.1	25	10	27	0	0	0	0										
vs. HOU		2	1	.667	3.21	4	4	1	28	22	7	16	0	0	0	0										
vs. LA		1	2	.333	3.00	3	3	0	18	23	6	17	0	0	0	0										
vs. SF		1	1	.500	4.68	4	4	1	25	25	8	23	0	0	0	0										
1989	SD N	6	3	.667	3.51	10	10	0	66.2	51	31	66	0	0	0	0	24	6	1	.250	4	8	0	1	1.2	1.000
1990		10	11	.476	3.60	32	31	2	192.1	177	69	140	0	0	0	0	60	6	0	.100	15	9	1	1	0.8	.960
1991		15	11	.577	3.03	33	33	4	223	194	59	167	1	0	0	0	62	2	1	.032	8	29	0	3	1.1	1.000
3 yrs.		31	25	.554	3.32	75	74	6	482	422	159	373	1	0	0	0	146	14	2	.096	27	46	1	5	1.0	.986

PITCHER REGISTER

Juan Berenguer
BERENGUER, JUAN BAUTISTA
B. Nov. 30, 1954, Aguadulce, Panama
BR TR 5' 11" 186 lbs.

Year	Team		W	L	%	ERA	G	GS	CG	IP	H	BB	SO	ShO	Relief W	Relief L	Relief SV	AB	H	HR	BA	PO	A	E	DP	TC/G	FA
April			0	0	—	2.38	9	0	0	11.1	10	6	9	0	0	0	1										
May			0	1	.000	2.29	13	0	0	19.2	14	8	16	0	0	1	5										
June			0	2	.000	2.51	12	0	0	14.1	8	4	8	0	0	2	5										
July			0	0	—	0.75	9	0	0	12	3	2	10	0	0	0	4										
Aug			0	0	—	3.86	6	0	0	7	8	0	10	0	0	0	2										
Sept/Oct			—	—	—	—	0	—	—	0	0	0	0	—	0	0	0										
Day			0	1	.000	1.96	12	0	0	18.1	12	5	10	0	0	1	6										
Night			0	2	.000	2.35	37	0	0	46	31	15	43	0	0	2	11										
vs. Left			—	—	—	—	—	—	—	—	21	15	22	—	—	—	—										
vs. Right			—	—	—	—	—	—	—	—	22	5	31	—	—	—	—										
On Grass			0	2	.000	2.68	35	0	0	43.2	29	12	41	0	0	2	13										
On Turf			0	1	.000	1.31	14	0	0	20.2	14	8	12	0	0	1	4										
Home			0	1	.000	2.76	26	0	0	32.2	22	8	30	0	0	1	9										
Road			0	2	.000	1.71	23	0	0	31.2	21	12	23	0	0	2	8										
Division Rivals																											
vs. CIN			0	0	—	6.00	3	0	0	6	7	2	6	0	0	0	2										
vs. HOU			0	0	—	0.00	6	0	0	8	5	4	7	0	0	0	1										
vs. LA			0	1	.000	1.80	5	0	0	5	2	2	3	0	0	1	0										
vs. SD			0	0	—	7.20	5	0	0	5	7	4	11	0	0	0	3										
vs. SF			0	0	—	3.18	4	0	0	5.2	6	0	7	0	0	0	1										
1978	NY	N	0	2	.000	8.31	5	3	0	13	17	11	8	0	0	0	0	3	0	0	.000	0	2	0	0	0.4	1.000
1979			1	1	.500	2.90	5	5	0	31	28	12	25	0	0	0	0	7	1	0	.143	0	1	1	0	0.4	.500
1980			0	1	.000	6.00	6	0	0	9	9	10	7	0	0	0	1	0	0	0	—	0	2	0	0	0.3	1.000
1981	2 teams		KC A (8G 0-4)			TOR A (12G 2-9)																					
"	total		2	13	.133	5.24	20	14	1	91	84	51	49	0	0	2	0	0	0	0	—	1	9	0	0	0.5	1.000
1982	DET	A	0	0	—	6.75	2	1	0	6.2	5	9	8	0	0	0	0	0	0	0	—	0	0	0	0	0.0	—
1983			9	5	.643	3.14	37	19	2	157.2	110	71	129	1	2	0	1	0	0	0	—	10	11	3	1	0.6	.875
1984			11	10	.524	3.48	31	27	2	168.1	146	79	118	1	0	0	0	0	0	0	—	11	15	2	0	0.9	.929
1985			5	6	.455	5.59	31	13	0	95	96	48	82	0	1	1	0	0	0	0	—	11	12	2	1	0.8	.920
1986	SF	N	2	3	.400	2.70	46	4	0	73.1	64	44	72	0	2	2	4	7	1	0	.143	2	7	1	0	0.2	.900
1987	MIN	A	8	1	.889	3.94	47	6	0	112	100	47	110	0	6	1	4	0	0	0	—	5	7	1	0	0.3	.923
1988			8	4	.667	3.96	57	1	0	100	74	61	99	0	8	4	2	0	0	0	—	7	10	0	1	0.3	1.000
1989			9	3	.750	3.48	56	0	0	106	96	47	93	0	9	3	3	0	0	0	—	2	11	0	1	0.2	1.000
1990			8	5	.615	3.41	51	0	0	100.1	85	58	77	0	8	5	0	0	0	0	—	3	5	0	0	0.2	1.000
1991	ATL	N	0	3	.000	2.24	49	0	0	64.1	43	20	53	0	0	3	17	5	0	0	.000	7	5	0	0	0.2	1.000
14 yrs.			63	57	.525	3.79	443	93	5	1127.2	957	568	930	2	36	22	31	22	2	0	.091	59	97	10	4	0.4	.940

LEAGUE CHAMPIONSHIP SERIES

Year	Team		W	L	%	ERA	G	GS	CG	IP	H	BB	SO	ShO	RW	RL	SV	AB	H	HR	BA	PO	A	E	DP	TC/G	FA
1987	MIN	A	0	0	—	1.50	4	0	0	6	1	3	6	0	0	0	1	0	0	0	—	0	0	0	0	0.0	—

WORLD SERIES

Year	Team		W	L	%	ERA	G	GS	CG	IP	H	BB	SO	ShO	RW	RL	SV	AB	H	HR	BA	PO	A	E	DP	TC/G	FA
1987	MIN	A	0	1	.000	10.38	3	0	0	4.1	10	0	1	0	0	1	0	0	0	0	—	0	0	0	0	0.0	—

Mike Bielecki
BIELECKI, MICHAEL JOSEPH
B. July 31, 1959, Baltimore, Md.
BR TR 6' 3" 195 lbs.

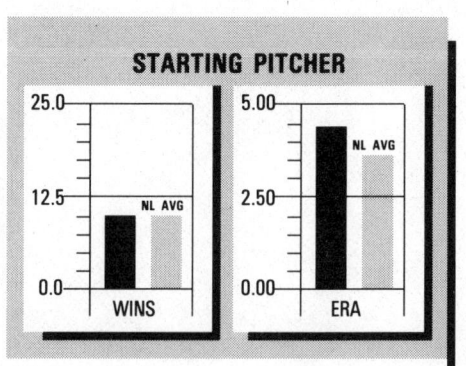

	W	L	%	ERA	G	GS	CG	IP	H	BB	SO	ShO	RW	RL	SV
April	4	1	.800	2.70	6	3	0	26.2	18	9	10	0	1	1	0
May	3	1	.750	3.91	8	4	0	25.1	20	14	13	0	1	0	0
June	1	4	.200	6.86	9	2	0	21	26	9	11	0	1	2	0
July	3	1	.750	3.82	5	5	0	33	37	8	13	0	0	0	0
Aug	1	1	.500	4.82	6	6	0	37.1	42	7	13	0	0	0	0
Sept/Oct	1	3	.250	5.04	7	5	0	30.1	28	9	15	0	0	0	0
Day	6	7	.462	4.89	19	12	0	84.2	86	26	31	0	2	2	0
Night	7	4	.636	4.04	22	13	0	89	85	30	44	0	1	1	0
vs. Left	—	—	—	—	—	—	—	—	95	36	37	—	—	—	—
vs. Right	—	—	—	—	—	—	—	—	76	20	38	—	—	—	—

PITCHER REGISTER 265

Year	Team	W	L	%	ERA	G	GS	CG	IP	H	BB	SO	ShO	RELIEF PITCHING W	L	SV	BATTING AB	H	HR	BA	PO	A	E	DP	TC/G	FA

Mike Bielecki *Continued*

On Grass		9	9	.500	4.76	28	19	0	124.2	127	33	50	0	2	2	0										
On Turf		4	2	.667	3.67	13	6	0	49	44	23	25	0	1	1	0										
Home		8	7	.533	4.74	19	15	0	95	101	21	35	0	2	0	0										
Road		5	4	.556	4.12	22	10	0	78.2	70	35	40	0	1	3	0										
Division Rivals																											
vs. CIN		0	2	.000	7.94	4	2	0	11.1	17	6	6	0	0	0	0										
vs. HOU		2	0	1.000	3.86	3	3	0	18.2	23	5	9	0	0	0	0										
vs. LA		0	2	.000	11.57	3	1	0	4.2	11	0	1	0	0	1	0										
vs. SD		0	2	.000	5.82	4	3	0	17	15	6	5	0	0	1	0										
vs. SF		3	0	1.000	3.57	4	2	0	17.2	11	3	10	0	1	0	0										
1984	PIT N	0	0	—	0.00	4	0	0	4.1	4	0	1	0	0	0	0	0	0	0	—	0	1	0	0	0.3	1.000
1985		2	3	.400	4.53	12	7	0	45.2	45	31	22	0	0	0	0	10	0	0	.000	5	11	0	1	1.3	1.000
1986		6	11	.353	4.66	31	27	0	148.2	149	83	83	0	0	0	0	48	3	0	.063	17	16	1	1	1.1	.971
1987		2	3	.400	4.73	8	8	2	45.2	43	12	25	0	0	0	0	16	1	0	.063	6	5	1	0	1.5	.917
1988	CHI N	2	2	.500	3.35	19	5	0	48.1	55	16	33	0	1	0	0	10	1	0	.100	4	5	0	0	0.5	1.000
1989		18	7	.720	3.14	33	33	4	212.1	187	81	147	3	0	0	0	70	3	0	.043	18	21	1	0	1.2	.975
1990		8	11	.421	4.93	36	29	0	168	188	70	103	0	1	0	1	43	7	0	.163	17	33	3	2	1.5	.943
1991	2 teams	CHI N (39G 13 - 11)				ATL N (2G 0 - 0)																				
"	total	13	11	.542	4.46	41	25	0	173.2	171	56	75	0	3	3	0	46	3	0	.065	22	24	0	3	1.1	1.000
8 yrs.		51	48	.515	4.19	184	134	6	846.2	842	349	489	3	5	3	1	243	18	0	.074	89	116	6	6	1.1	.972

LEAGUE CHAMPIONSHIP SERIES

| 1989 | CHI N | 0 | 1 | .000 | 3.65 | 2 | 2 | 0 | 12.1 | 7 | 6 | 11 | 0 | 0 | 0 | 0 | 5 | 1 | 0 | .200 | 1 | 2 | 0 | 0 | 1.5 | 1.000 |

Joe Bitker

BITKER, JOSEPH ANTHONY
B. Feb. 12, 1964, Glendale, Calif.
BR TR 6' 1" 175 lbs.

1990	2 teams	OAK A (1G 0 - 0)				TEX A (5G 0 - 0)																				
"	total	0	0	—	2.25	6	0	0	12	8	4	8	0	0	0	0	0	0	0	—	1	2	0	1	0.5	1.000
1991	TEX A	1	0	1.000	6.75	9	0	0	14.2	17	8	16	0	1	0	0	0	0	0	—	0	1	0	0	0.1	1.000
2 yrs.		1	0	1.000	4.72	15	0	0	26.2	25	12	24	0	1	0	0	0	0	0	—	1	3	0	1	0.3	1.000

Bud Black

BLACK, HARRY RALSTON
B. June 30, 1957, San Mateo, Calif.
BL TL 6' 2" 180 lbs.

April		1	3	.250	5.09	5	5	1	35.1	31	16	21	1	0	0	0										
May		4	2	.667	1.89	6	6	2	47.2	31	14	23	2	0	0	0										
June		1	1	.500	3.97	5	5	0	34	36	11	14	0	0	0	0										
July		2	2	.500	3.49	5	5	0	28.1	27	9	9	0	0	0	0										
Aug		2	5	.286	6.35	7	7	0	34	41	11	19	0	0	0	0										
Sept/Oct		2	3	.400	3.86	6	6	0	35	35	10	18	0	0	0	0										
Day		5	1	.833	3.00	9	9	2	60	52	24	35	2	0	0	0										
Night		7	15	.318	4.37	25	25	1	154.1	149	47	69	1	0	0	0										
vs. Left		—	—	—	—	—	—	—	—	48	15	20	—	—	—	—										
vs. Right		—	—	—	—	—	—	—	—	153	56	84	—	—	—	—										
On Grass		11	11	.500	3.35	27	27	3	182.2	161	58	87	3	0	0	0										
On Turf		1	5	.167	7.67	7	7	0	31.2	40	13	17	0	0	0	0										
Home		8	7	.533	2.81	16	16	2	112	92	31	48	2	0	0	0										
Road		4	9	.308	5.28	18	18	1	102.1	109	40	56	1	0	0	0										
Division Rivals																											
vs. ATL		3	3	.500	2.57	6	6	0	42	30	14	16	0	0	0	0										
vs. CIN		0	3	.000	7.47	3	3	0	15.2	21	3	11	0	0	0	0										
vs. HOU		1	2	.333	5.60	3	3	1	17.2	19	10	9	1	0	0	0										
vs. LA		1	3	.250	4.09	5	5	0	33	35	12	9	0	0	0	0										
vs. SD		0	1	.000	3.75	2	2	0	12	7	4	16	0	0	0	0										
1981	SEA A	0	0	—	0.00	2	0	0	1	2	3	0	0	0	0	0	0	0	0	—	0	1	0	0	0.5	1.000
1982	KC A	4	6	.400	4.58	22	14	0	88.1	92	34	40	0	0	0	0	0	0	0	—	6	12	1	1	0.9	.947
1983		10	7	.588	3.79	24	24	3	161.1	159	43	58	0	0	0	0	0	0	0	—	7	32	1	5	1.7	.975
1984		17	12	.586	3.12	35	35	8	257	226	64	140	1	0	0	0	0	0	0	—	13	51	2	2	1.9	.970
1985		10	15	.400	4.33	33	33	5	205.2	216	59	122	2	0	0	0	0	0	0	—	6	30	4	0	1.2	.900

PITCHER REGISTER

Year	Team	W	L	%	ERA	G	GS	CG	IP	H	BB	SO	ShO	Relief W	Relief L	SV	AB	H	HR	BA	PO	A	E	DP	TC/G	FA

Bud Black Continued

Year	Team	W	L	%	ERA	G	GS	CG	IP	H	BB	SO	ShO	W	L	SV	AB	H	HR	BA	PO	A	E	DP	TC/G	FA
1986		5	10	.333	3.20	56	4	0	121	100	43	68	0	4	7	9	0	0	0	—	3	21	0	1	0.4	1.000
1987		8	6	.571	3.60	29	18	0	122.1	126	35	61	0	1	1	1	0	0	0	—	4	19	0	0	0.8	1.000
1988	2 teams	KC A (17G 2-1)			CLE A (16G 2-3)																					
"	total	4	4	.500	5.00	33	7	0	81	82	34	63	0	3	2	1	0	0	0	—	5	12	0	0	0.5	1.000
1989	CLE A	12	11	.522	3.36	33	32	6	222.1	213	52	88	3	1	0	0	0	0	0	—	13	33	2	3	1.5	.958
1990	2 teams	CLE A (29G 11-10)			TOR A (3G 2-1)																					
"	total	13	11	.542	3.57	32	31	5	206.2	181	61	106	2	1	0	0	0	0	0	—	7	33	1	2	1.3	.976
1991	SF N	12	**16**	.429	3.99	34	34	3	214.1	201	71	104	3	0	0	0	71	13	0	.183	14	38	0	4	1.5	1.000
11 yrs.		95	98	.492	3.74	333	232	30	1681	1598	499	850	11	10	10	11	71	13	0	.183	78	282	11	18	1.1	.970

LEAGUE CHAMPIONSHIP SERIES

Year	Team	W	L	%	ERA	G	GS	CG	IP	H	BB	SO	ShO	W	L	SV	AB	H	HR	BA	PO	A	E	DP	TC/G	FA
1984	KC A	0	1	.000	7.20	1	1	0	5	7	1	3	0	0	0	0	0	0	0	—	1	1	0	0	2.0	1.000
1985		0	0	—	1.69	3	1	0	10.2	11	4	8	0	0	0	0	0	0	0	—	1	2	0	1	1.0	1.000
2 yrs.		0	1	.000	3.45	4	2	0	15.2	18	5	11	0	0	0	0	0	0	0	—	2	3	0	1	1.3	1.000

WORLD SERIES

Year	Team	W	L	%	ERA	G	GS	CG	IP	H	BB	SO	ShO	W	L	SV	AB	H	HR	BA	PO	A	E	DP	TC/G	FA
1985	KC A	0	1	.000	5.06	2	1	0	5.1	4	5	4	0	0	0	0	1	0	0	.000	1	2	1	1	2.0	.750

Willie Blair

BLAIR, WILLIAM ALLEN
B. Dec. 18, 1965, Paintsville, Ky.
BR TR 6' 1" 185 lbs.

Year	Team	W	L	%	ERA	G	GS	CG	IP	H	BB	SO	ShO	W	L	SV	AB	H	HR	BA	PO	A	E	DP	TC/G	FA
1990	TOR A	3	5	.375	4.06	27	6	0	68.2	66	28	43	0	3	2	0	0	0	0	—	3	6	0	0	0.3	1.000
1991	CLE A	2	3	.400	6.75	11	5	0	36	58	10	13	0	0	1	0	0	0	0	—	2	5	0	1	0.6	1.000
2 yrs.		5	8	.385	4.99	38	11	0	104.2	124	38	56	0	3	3	0	0	0	0	—	5	11	0	1	0.4	1.000

Mike Boddicker

BODDICKER, MICHAEL JAMES
B. Aug. 23, 1957, Cedar Rapids, Iowa
BR TR 5' 11" 172 lbs.

Split	W	L	%	ERA	G	GS	CG	IP	H	BB	SO	ShO	W	L	SV
April	2	2	.500	2.03	4	4	1	31	20	9	10	0	0	0	0
May	1	2	.333	5.56	4	4	0	22.2	24	11	9	0	0	0	0
June	3	2	.600	2.48	6	5	0	36.1	28	9	16	0	1	0	0
July	2	1	.667	6.30	5	5	0	30	41	8	11	0	0	0	0
Aug	3	2	.600	3.00	6	6	0	39	49	13	21	0	0	0	0
Sept/Oct	1	3	.250	7.06	5	5	0	21.2	26	9	12	0	0	0	0
Day	4	3	.571	5.40	9	8	0	40	50	13	16	0	1	0	0
Night	8	9	.471	3.71	21	21	1	140.2	138	46	63	0	0	0	0
vs. Left	—	—	—	—	—	—	—	—	107	29	22	—	—	—	—
vs. Right	—	—	—	—	—	—	—	—	81	30	57	—	—	—	—
On Grass	4	3	.571	4.35	10	10	0	51.2	59	25	23	0	0	0	0
On Turf	8	9	.471	3.98	20	19	1	129	129	34	56	0	1	0	0
Home	7	8	.467	4.07	17	16	1	110.2	111	29	50	0	1	0	0
Road	5	4	.556	4.11	13	13	0	70	77	30	29	0	0	0	0
Division Rivals															
vs. CAL	0	1	.000	3.38	1	1	0	8	7	1	4	0	0	0	0
vs. CHI	1	2	.333	4.42	3	3	0	18.1	18	9	9	0	0	0	0
vs. MIN	0	1	.000	6.75	1	1	0	5.1	8	0	4	0	0	0	0
vs. OAK	1	1	.500	7.94	3	3	0	11.1	12	6	6	0	0	0	0
vs. SEA	1	2	.333	6.06	3	3	0	16.1	17	6	7	0	0	0	0
vs. TEX	3	1	.750	2.05	4	3	0	22	20	7	15	0	1	0	0

Year	Team	W	L	%	ERA	G	GS	CG	IP	H	BB	SO	ShO	W	L	SV	AB	H	HR	BA	PO	A	E	DP	TC/G	FA
1980	BAL A	0	1	.000	6.43	1	1	0	7	6	5	4	0	0	0	0	0	0	0	—	0	1	0	0	1.0	—
1981		0	0	—	4.50	2	0	0	6	6	2	2	0	0	0	0	0	0	0	—	1	0	1	0	1.0	.500
1982		1	0	1.000	3.51	7	0	0	25.2	25	12	20	0	1	0	0	0	0	0	—	5	3	1	0	1.3	.889
1983		16	8	.667	2.77	27	26	10	179	141	52	120	**5**	0	0	0	0	0	0	—	24	32	3	4	2.2	.949
1984		**20**	11	.645	**2.79**	34	34	16	261.1	218	81	128	4	0	0	0	0	0	0	—	49	49	7	6	3.1	.933
1985		12	17	.414	4.07	32	32	9	203.1	227	89	135	2	0	0	0	0	0	0	—	26	46	2	6	2.3	.973
1986		14	12	.538	4.70	33	33	7	218.1	214	74	175	0	0	0	0	0	0	0	—	28	36	3	4	2.0	.955
1987		10	12	.455	4.18	33	33	7	226	212	78	152	2	0	0	0	0	0	0	—	18	46	2	5	2.0	.970
1988	2 teams	BAL A (21G 6-12)			BOS A (15G 7-3)																					
"	total	13	15	.464	3.39	36	35	5	236	234	77	156	0	0	0	0	0	0	0	—	22	33	2	1	1.6	.965
1989	BOS A	15	11	.577	4.00	34	34	3	211.2	217	71	145	2	0	0	0	0	0	0	—	14	36	3	2	1.6	.943
1990		17	8	.680	3.36	34	34	4	228	225	69	143	0	0	0	0	0	0	0	—	29	27	2	6	1.7	.966
1991	KC A	12	12	.500	4.08	30	29	1	180.2	188	59	79	0	1	0	0	0	0	0	—	12	36	2	1	1.7	.960
12 yrs.		130	107	.549	3.70	303	291	62	1983	1913	669	1259	16	2	0	0	0	0	0	—	228	344	29	35	2.0	.952

STARTING PITCHER — charts: WINS, ERA, SO/9, RATIO (vs. AL AVG)

PITCHER REGISTER

Year	Team	W	L	%	ERA	G	GS	CG	IP	H	BB	SO	ShO	RELIEF PITCHING W	L	SV	BATTING AB	H	HR	BA	PO	A	E	DP	TC/G	FA

Mike Boddicker *Continued*

LEAGUE CHAMPIONSHIP SERIES

Year	Team	W	L	%	ERA	G	GS	CG	IP	H	BB	SO	ShO	W	L	SV	AB	H	HR	BA	PO	A	E	DP	TC/G	FA
1983	BAL A	1	0	1.000	0.00	1	1	1	9	5	3	14	1	0	0	0	0	0	0	—	0	1	0	0	1.0	1.000
1988	BOS A	0	1	.000	20.25	1	1	0	2.2	8	1	2	0	0	0	0	0	0	0	—	0	0	0	0	0.0	—
1990		0	1	.000	2.25	1	1	1	8	6	3	7	0	0	0	0	0	0	0	—	0	2	1	0	3.0	.667
3 yrs.		1	2	.333	3.66	3	3	2	19.2	19	7	23	1	0	0	0	0	0	0	—	0	3	1	0	1.3	.750

WORLD SERIES

Year	Team	W	L	%	ERA	G	GS	CG	IP	H	BB	SO	ShO	W	L	SV	AB	H	HR	BA	PO	A	E	DP	TC/G	FA
1983	BAL A	1	0	1.000	0.00	1	1	1	9	3	0	6	0	0	0	0	3	0	0	.000	1	2	0	0	3.0	1.000

Joe Boever

BOEVER, JOSEPH MARTIN
B. Oct. 4, 1960, St. Louis, Mo.
BR TR 6' 1" 200 lbs.

RELIEF PITCHER

Split	W	L	%	ERA	G	GS	CG	IP	H	BB	SO	ShO	W	L	SV	AB	H	HR	BA	PO	A	E	DP	TC/G	FA
April	1	1	.500	3.44	12	0	0	18.1	16	11	17	0	1	1	0										
May	2	3	.400	3.74	12	0	0	21.2	19	9	22	0	2	3	0										
June	0	1	.000	5.30	13	0	0	18.2	18	16	14	0	0	1	0										
July	0	0	—	1.59	9	0	0	11.1	10	6	6	0	0	0	0										
Aug	0	0	—	3.86	12	0	0	16.1	16	10	17	0	0	0	0										
Sept/Oct	0	0	—	4.50	10	0	0	12	11	2	13	0	0	0	0										
Day	0	2	.000	7.08	17	0	0	20.1	25	17	17	0	0	2	0										
Night	3	3	.500	3.00	51	0	0	78	65	37	72	0	3	3	0										
vs. Left	—	—	—	—	—	—	—	—	44	30	41	—	—	—	—										
vs. Right	—	—	—	—	—	—	—	—	46	24	48	—	—	—	—										
On Grass	1	2	.333	2.70	21	0	0	30	24	15	32	0	1	2	0										
On Turf	2	3	.400	4.35	47	0	0	68.1	66	39	57	0	2	3	0										
Home	2	1	.667	3.17	35	0	0	54	45	28	46	0	2	1	0										
Road	1	4	.200	4.67	33	0	0	44.1	45	26	43	0	1	4	0										
Division Rivals																									
vs. CHI	1	0	1.000	3.38	7	0	0	13.1	14	4	18	0	1	0	0										
vs. MON	0	0	—	5.68	6	0	0	6.1	4	3	5	0	0	0	0										
vs. NY	0	1	.000	1.26	10	0	0	14.1	6	9	19	0	0	1	0										
vs. PIT	0	1	.000	6.43	6	0	0	7	9	7	5	0	0	1	0										
vs. STL	0	0	—	8.53	6	0	0	6.1	6	6	4	0	0	0	0										
1985	STL N	0	0	—	4.41	13	0	0	16.1	17	4	20	0	0	0	0	0	0	0	—	0	0	0	0	0.0	—
1986		0	1	.000	1.66	11	0	0	21.2	19	11	8	0	0	1	0	2	1	0	.500	1	2	0	0	0.3	1.000
1987	ATL N	1	0	1.000	7.36	14	0	0	18.1	29	12	18	0	1	0	0	0	0	0	—	0	2	0	0	0.1	1.000
1988		0	2	.000	1.77	16	0	0	20.1	12	1	7	0	0	2	1	0	0	0	—	2	3	0	1	0.3	1.000
1989		4	11	.267	3.94	66	0	0	82.1	78	34	68	0	4	11	21	1	0	0	.000	7	15	0	0	0.3	1.000
1990	2 teams	ATL N (33G 1-3)				PHI N (34G 2-3)																				
"	total	3	6	.333	3.36	67	0	0	88.1	77	51	75	0	3	6	14	3	0	0	.000	6	7	2	1	0.2	.867
1991	PHI N	3	5	.375	3.84	68	0	0	98.1	90	54	89	0	3	5	0	3	1	0	.333	1	10	0	0	0.2	1.000
7 yrs.		11	25	.306	3.70	255	0	0	345.2	322	167	285	0	11	25	36	9	2	0	.222	17	39	2	2	0.2	.966

Brian Bohanon

BOHANON, BRIAN EDWARD
B. Aug. 1, 1968, Denton, Tex.
BL TL 6' 2" 210 lbs.

Year	Team	W	L	%	ERA	G	GS	CG	IP	H	BB	SO	ShO	W	L	SV	AB	H	HR	BA	PO	A	E	DP	TC/G	FA
1990	TEX A	0	3	.000	6.62	11	6	0	34	40	18	15	0	0	0	0	0	0	0	—	1	10	0	2	1.0	1.000
1991		4	3	.571	4.84	11	11	1	61.1	66	23	34	0	0	0	0	0	0	0	—	3	6	0	1	0.8	1.000
2 yrs.		4	6	.400	5.48	22	17	1	95.1	106	41	49	0	0	0	0	0	0	0	—	4	16	0	3	0.9	1.000

Tom Bolton

BOLTON, THOMAS EDWARD
B. May 6, 1962, Nashville, Tenn.
BL TL 6' 2" 172 lbs.

STARTING PITCHER

Split	W	L	%	ERA	G	GS	CG	IP	H	BB	SO	ShO	W	L	SV
April	2	0	1.000	1.47	3	2	0	18.1	16	4	9	0	0	0	0
May	3	2	.600	5.40	6	6	0	35	38	19	26	0	0	0	0
June	2	3	.400	5.84	6	5	0	24.2	39	11	9	0	0	0	0
July	0	2	.000	5.28	4	3	0	15.1	23	10	7	0	0	0	0
Aug	0	0	—	0.00	2	0	0	3	0	0	3	0	0	0	0
Sept/Oct	1	2	.333	9.88	4	3	0	13.2	20	7	10	0	1	0	0
Day	4	5	.444	5.40	13	9	0	50	65	21	27	0	1	0	0
Night	4	4	.500	5.10	12	10	0	60	71	30	37	0	0	0	0
vs. Left	—	—	—	—	—	—	—	—	20	5	11	—	—	—	—
vs. Right	—	—	—	—	—	—	—	—	116	46	53	—	—	—	—

PITCHER REGISTER

Year	Team	W	L	%	ERA	G	GS	CG	IP	H	BB	SO	ShO	RELIEF PITCHING W	L	SV	BATTING AB	H	HR	BA	PO	A	E	DP	TC/G	FA

Tom Bolton Continued

		W	L	%	ERA	G	GS	CG	IP	H	BB	SO	ShO	W	L	SV	AB	H	HR	BA	PO	A	E	DP	TC/G	FA
On Grass		7	9	.438	5.50	23	18	0	103	132	48	60	0	1	0	0										
On Turf		1	0	1.000	1.29	2	1	0	7	4	3	4	0	0	0	0										
Home		5	5	.500	4.68	14	10	0	65.1	84	24	33	0	1	0	0										
Road		3	4	.429	6.04	11	9	0	44.2	52	27	31	0	0	0	0										
Division Rivals																										
vs. BAL		0	1	.000	12.00	1	1	0	3	5	1	4	0	0	0	0										
vs. CLE		0	0	—	0.00	2	0	0	6.1	6	1	5	0	0	0	0										
vs. DET		1	1	.500	5.40	2	2	0	10	14	7	7	0	0	0	0										
vs. MIL		0	1	.000	8.53	3	3	0	12.2	17	10	5	0	0	0	0										
vs. NY		0	2	.000	13.00	2	2	0	9	15	4	4	0	0	0	0										
vs. TOR		—	—	—	—	0	—	—	0	0	0	0	—	0	0	0										
1987	BOS A	1	0	1.000	4.38	29	0	0	61.2	83	27	49	0	1	0	0	0	0	0	—	3	9	0	1	0.4	1.000
1988		1	3	.250	4.75	28	0	0	30.1	35	14	21	0	1	3	1	0	0	0	—	1	10	0	0	0.4	1.000
1989		0	4	.000	8.31	4	4	0	17.1	21	10	9	0	0	0	0	0	0	0	—	1	2	0	0	0.8	1.000
1990		10	5	.667	3.38	21	16	3	119.2	111	47	65	0	2	0	0	0	0	0	—	4	21	1	1	1.2	.962
1991		8	9	.471	5.24	25	19	0	110	136	51	64	0	1	0	0	0	0	0	—	1	15	2	3	0.7	.889
5 yrs.		20	21	.488	4.54	107	39	3	339	386	149	208	0	5	3	1	0	0	0	—	10	57	3	5	0.7	.957

LEAGUE CHAMPIONSHIP SERIES

| 1990 | BOS A | 0 | 0 | — | 0.00 | 2 | 0 | 0 | 3 | 2 | 2 | 3 | 0 | 0 | 0 | 0 | 0 | 0 | 0 | — | 0 | 0 | 0 | 0 | 0.0 | — |

Ricky Bones

BONES, RICARDO
B. Apr. 7, 1969, Salinas, Puerto Rico
BR TR 5' 10" 175 lbs.

| 1991 | SD N | 4 | 6 | .400 | 4.83 | 11 | 11 | 0 | 54 | 57 | 18 | 31 | 0 | 0 | 0 | 0 | 13 | 1 | 0 | .077 | 1 | 2 | 0 | 0 | 0.3 | 1.000 |

Chris Bosio

BOSIO, CHRISTOPHER LOUIS
B. Apr. 3, 1963, Carmichael, Calif.
BR TR 6' 3" 220 lbs.

		W	L	%	ERA	G	GS	CG	IP	H	BB	SO	ShO	W	L	SV	AB	H	HR	BA	PO	A	E	DP	TC/G	FA
April		3	2	.600	2.00	5	5	1	36	28	16	19	0	0	0	0										
May		1	3	.250	2.87	6	6	1	37.2	31	5	24	0	0	0	0										
June		2	2	.500	5.28	5	5	0	29	29	11	20	0	0	0	0										
July		1	1	.500	3.24	4	4	1	25	28	10	12	0	0	0	0										
Aug		3	1	.750	3.66	6	6	1	39.1	44	6	24	0	0	0	0										
Sept/Oct		4	1	.800	2.87	6	6	1	37.2	27	10	18	1	0	0	0										
Day		4	3	.571	3.50	10	10	2	69.1	66	23	38	0	0	0	0										
Night		10	7	.588	3.13	22	22	3	135.1	121	35	79	1	0	0	0										
vs. Left		—	—	—	—	—	—	—	—	105	30	53	—	—	—	—										
vs. Right		—	—	—	—	—	—	—	—	82	28	64	—	—	—	—										
On Grass		13	9	.591	3.30	29	29	4	183	165	50	108	1	0	0	0										
On Turf		1	1	.500	2.91	3	3	1	21.2	22	8	9	0	0	0	0										
Home		5	6	.455	3.83	16	16	1	96.1	105	26	58	0	0	0	0										
Road		9	4	.692	2.74	16	16	4	108.1	82	32	59	1	0	0	0										
Division Rivals																										
vs. BAL		0	1	.000	3.86	1	1	0	7	3	3	7	0	0	0	0										
vs. BOS		1	1	.500	4.40	2	2	1	14.1	13	2	12	0	0	0	0										
vs. CLE		0	0	—	5.59	2	2	0	9.2	10	1	8	0	0	0	0										
vs. DET		3	0	1.000	1.89	3	3	0	19	10	6	10	0	0	0	0										
vs. NY		1	0	1.000	0.00	2	2	1	14.1	4	2	6	1	0	0	0										
vs. TOR		1	2	.333	2.86	3	3	1	22	23	6	7	0	0	0	0										
1986	MIL A	0	4	.000	7.01	10	4	0	34.2	41	13	29	0	0	0	1	0	0	0	—	4	5	1	1	1.0	.900
1987		11	8	.579	5.24	46	19	2	170	187	50	150	1	3	1	2	0	0	0	—	14	24	4	5	0.9	.905
1988		7	15	.318	3.36	38	22	9	182	190	38	84	1	1	3	6	0	0	0	—	22	33	3	7	1.5	.948
1989		15	10	.600	2.95	33	33	8	234.2	225	48	173	2	0	0	0	0	0	0	—	16	35	2	2	1.6	.962
1990		4	9	.308	4.00	20	20	4	132.2	131	38	76	1	0	0	0	0	0	0	—	12	24	1	2	1.9	.973
1991		14	10	.583	3.25	32	32	5	204.2	187	58	117	1	0	0	0	0	0	0	—	20	21	2	4	1.3	.953
6 yrs.		51	56	.477	3.79	179	130	28	958.2	961	245	629	6	4	5	8	0	0	0	—	88	142	13	21	1.4	.947

PITCHER REGISTER

Year	Team	W	L	%	ERA	G	GS	CG	IP	H	BB	SO	ShO	RELIEF PITCHING W	L	SV	BATTING AB	H	HR	BA	PO	A	E	DP	TC/G	FA

Shawn Boskie

BOSKIE, SHAWN KEALOHA
B. Mar. 28, 1967, Hawthorne, Nev.
BR TR 6' 3" 205 lbs.

Split	W	L	%	ERA	G	GS	CG	IP	H	BB	SO	ShO	W	L	SV	AB	H	HR	BA	PO	A	E	DP	TC/G	FA
April	2	1	.667	2.25	4	4	0	28	25	9	10	0	0	0	0										
May	0	3	.000	5.73	6	6	0	33	41	12	19	0	0	0	0										
June	1	3	.250	5.81	6	5	0	31	36	12	12	0	0	0	0										
July	0	1	.000	24.00	1	1	0	3	11	1	1	0	0	0	0										
Aug	1	0	1.000	0.00	5	0	0	10.2	6	4	8	0	1	0	0										
Sept/Oct	0	1	.000	7.33	6	4	0	23.1	31	14	12	0	0	0	0										
Day	3	5	.375	4.92	17	10	0	75	90	30	35	0	0	0	0										
Night	1	4	.200	5.67	11	10	0	54	60	22	27	0	1	0	0										
vs. Left	—	—	—	—	—	—	—	—	93	36	27	—	—	—	—										
vs. Right	—	—	—	—	—	—	—	—	57	16	35	—	—	—	—										
On Grass	3	8	.273	6.10	22	14	0	90	118	41	40	0	1	0	0										
On Turf	1	1	.500	3.23	6	6	0	39	32	11	22	0	0	0	0										
Home	3	5	.375	5.43	17	10	0	64.2	85	34	27	0	1	0	0										
Road	1	4	.200	5.04	11	10	0	64.1	65	18	35	0	0	0	0										
Division Rivals																									
vs. MON	0	0	—	5.19	2	2	0	8.2	5	3	10	0	0	0	0										
vs. NY	1	0	1.000	8.00	3	2	0	9	14	4	6	0	1	0	0										
vs. PHI	1	1	.500	3.10	6	4	0	29	24	13	14	0	0	0	0										
vs. PIT	0	2	.000	9.58	3	2	0	10.1	19	3	3	0	0	0	0										
vs. STL	0	0	—	4.80	3	2	0	15	16	10	6	0	0	0	0										
1990 CHI N	5	6	.455	3.69	15	15	1	97.2	99	31	49	0	0	0	0	36	8	0	.222	12	12	0	2	1.6	1.000
1991	4	9	.308	5.23	28	20	0	129	150	52	62	0	1	0	0	41	7	1	.171	14	21	2	0	1.3	.946
2 yrs.	9	15	.375	4.57	43	35	1	226.2	249	83	111	0	1	0	0	77	15	1	.195	26	33	2	2	1.4	.967

Denis Boucher

BOUCHER, DENIS
B. Mar. 7, 1968, Montreal, Que., Canada
BR TL 6' 1" 195 lbs.

Year	Team	W	L	%	ERA	G	GS	CG	IP	H	BB	SO	ShO	W	L	SV	AB	H	HR	BA	PO	A	E	DP	TC/G	FA
1991	2 teams	TOR A (7G 0-3)						CLE A (5G 1-4)																		
"	total	1	7	.125	6.05	12	12	0	58	74	24	29	0	0	0	0	0	0	0	—	2	13	2	2	1.4	.882

Ryan Bowen

BOWEN, RYAN EUGENE
B. Feb. 10, 1968, Hanford, Calif.
BR TR 6' 185 lbs.

Split	W	L	%	ERA	G	GS	CG	IP	H	BB	SO	ShO	W	L	SV	AB	H	HR	BA	PO	A	E	DP	TC/G	FA
April	—	—	—	—	0	—	—	0	0	0	0	—	0	0	0										
May	—	—	—	—	0	—	—	0	0	0	0	—	0	0	0										
June	—	—	—	—	0	—	—	0	0	0	0	—	0	0	0										
July	1	1	.500	7.20	2	2	0	10	10	8	6	0	0	0	0										
Aug	2	1	.667	5.28	6	5	0	30.2	32	13	23	0	1	0	0										
Sept/Oct	3	2	.600	4.35	6	6	0	31	31	15	20	0	0	0	0										
Day	3	1	.750	2.95	4	4	0	21.1	23	13	15	0	0	0	0										
Night	3	3	.500	6.08	10	9	0	50.1	50	23	34	0	1	0	0										
vs. Left	—	—	—	—	—	—	—	—	46	22	30	—	—	—	—										
vs. Right	—	—	—	—	—	—	—	—	27	14	19	—	—	—	—										
On Grass	3	0	1.000	3.63	4	3	0	17.1	17	11	14	0	1	0	0										
On Turf	3	4	.429	5.63	10	10	0	54.1	56	25	35	0	0	0	0										
Home	3	2	.600	3.16	7	7	0	42.2	39	18	25	0	0	0	0										
Road	3	2	.600	8.07	7	6	0	29	34	18	24	0	1	0	0										
Division Rivals																									
vs. ATL	0	0	—	1.29	1	1	0	7	3	4	3	0	0	0	0										
vs. CIN	1	1	.500	11.74	2	2	0	7.2	11	3	6	0	0	0	0										
vs. LA	0	0	—	4.91	2	2	0	11	15	5	11	0	0	0	0										
vs. SD	1	1	.500	6.75	2	1	0	6.2	7	2	2	0	1	0	0										
vs. SF	1	0	1.000	3.60	1	1	0	5	4	4	7	0	0	0	0										
1991 HOU N	6	4	.600	5.15	14	13	0	71.2	73	36	49	0	1	0	0	22	4	0	.182	4	3	2	0	0.6	.778

PITCHER REGISTER

Year	Team	W	L	%	ERA	G	GS	CG	IP	H	BB	SO	ShO	RELIEF PITCHING W	L	SV	BATTING AB	H	HR	BA	PO	A	E	DP	TC/G	FA

Oil Can Boyd
BOYD, DENNIS RAY
B. Oct. 6, 1959, Meridian, Miss.
BR TR 6' 1" 155 lbs.

Split	W	L	%	ERA	G	GS	CG	IP	H	BB	SO	ShO	W	L	SV	AB	H	HR	BA	PO	A	E	DP	TC/G	FA
April	0	3	.000	6.26	4	4	0	23	30	9	9	0	0	0	0										
May	2	3	.400	2.79	6	6	0	38.2	31	8	30	0	0	0	0										
June	2	1	.667	3.86	5	5	0	30.1	34	15	22	0	0	0	0										
July	2	3	.400	3.79	6	6	1	35.2	31	14	27	1	0	0	0										
Aug	0	2	.000	7.77	4	4	0	24.1	36	7	13	0	0	0	0										
Sept/Oct	2	3	.400	4.75	6	6	0	30.1	34	4	14	0	0	0	0										
Day	3	5	.375	4.11	10	10	0	57	61	21	35	0	0	0	0										
Night	5	10	.333	4.81	21	21	1	125.1	135	36	80	1	0	0	0										
vs. Left	—	—	—	—	—	—	—	—	97	32	56	—	—	—	—										
vs. Right	—	—	—	—	—	—	—	—	99	25	59	—	—	—	—										
On Grass	4	9	.308	5.55	15	15	0	82.2	97	23	53	0	0	0	0										
On Turf	4	6	.400	3.79	16	16	1	99.2	99	34	62	1	0	0	0										
Home	5	5	.500	3.23	16	16	1	100.1	92	27	69	1	0	0	0										
Road	3	10	.231	6.26	15	15	0	82	104	30	46	0	0	0	0										
Division Rivals																									
vs. CAL	0	1	.000	4.50	1	1	0	6	6	1	5	0	0	0	0										
vs. CHI	—	—	—	—	0	—	—	0	0	0	0	0	0	0	0										
vs. KC	—	—	—	—	0	—	—	0	0	0	0	0	0	0	0										
vs. MIN	1	0	1.000	3.00	2	2	0	12	13	1	3	0	0	0	0										
vs. OAK	0	1	.000	9.64	1	1	0	4.2	5	1	2	0	0	0	0										
vs. SEA	0	1	.000	13.50	1	1	0	2.2	5	0	2	0	0	0	0										
1982 BOS A	0	1	.000	5.40	3	1	0	8.1	11	2	2	0	0	0	0	0	0	0	—	0	1	0	0	0.3	1.000
1983	4	8	.333	3.28	15	13	5	98.2	103	23	43	0	0	0	0	0	0	0	—	5	10	1	1	1.1	.938
1984	12	12	.500	4.37	29	26	10	197.2	207	53	134	3	0	1	0	0	0	0	—	20	31	2	3	1.8	.962
1985	15	13	.536	3.70	35	35	13	272.1	**273**	67	154	3	0	0	0	0	0	0	—	42	41	1	2	2.4	.988
1986	16	10	.615	3.78	30	30	10	214.1	222	45	129	0	0	0	0	0	0	0	—	24	27	2	4	1.8	.962
1987	1	3	.250	5.89	7	7	0	36.2	47	9	12	0	0	0	0	0	0	0	—	4	11	0	0	2.1	1.000
1988	9	7	.563	5.34	23	23	1	129.2	147	41	71	0	0	0	0	0	0	0	—	8	15	2	0	1.1	.920
1989	3	2	.600	4.42	10	10	0	59	57	19	26	0	0	0	0	0	0	0	—	7	10	0	1	1.7	1.000
1990 MON N	10	6	.625	2.93	31	31	3	190.2	164	52	113	3	0	0	0	59	3	0	.051	7	24	3	1	1.1	.912
1991 2 teams	MON N (19G 6-8)			TEX A (12G 2-7)																					
" total	8	15	.348	4.59	31	31	1	182.1	196	57	115	1	0	0	0	36	3	0	.083	11	17	0	1	0.9	1.000
10 yrs.	78	77	.503	4.04	214	207	43	1389.2	1427	368	799	10	0	1	0	95	6	0	.063	128	187	11	13	1.5	.966
LEAGUE CHAMPIONSHIP SERIES																									
1986 BOS A	1	1	.500	4.61	2	2	0	13.2	17	3	8	0	0	0	0	0	0	0	—	2	3	0	0	2.5	1.000
WORLD SERIES																									
1986 BOS A	0	1	.000	7.71	1	1	0	7	9	1	3	0	0	0	0	0	0	0	—	1	0	0	0	1.0	1.000

Cliff Brantley
BRANTLEY, CLIFFORD
B. Apr. 12, 1968, Staten Island, N.Y.
BR TR 6' 2" 190 lbs.

Year	Team	W	L	%	ERA	G	GS	CG	IP	H	BB	SO	ShO	W	L	SV	AB	H	HR	BA	PO	A	E	DP	TC/G	FA
1991	PHI N	2	2	.500	3.41	6	5	0	31.2	26	19	25	0	0	0	0	8	0	0	.000	2	5	1	0	1.3	.875

Jeff Brantley
BRANTLEY, JEFFREY HOKE
B. Sept. 5, 1963, Florence, Ala.
BR TR 5' 11" 180 lbs.

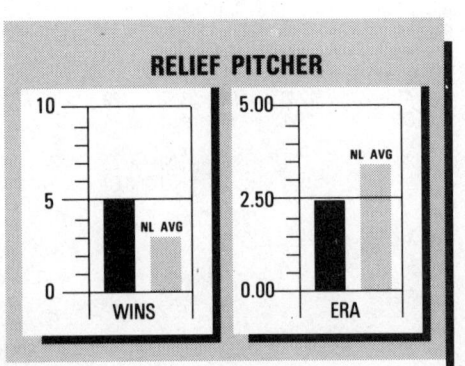

Split	W	L	%	ERA	G	GS	CG	IP	H	BB	SO	ShO	W	L	SV
April	0	1	.000	3.60	8	0	0	10	9	5	8	0	0	1	2
May	0	0	—	2.12	12	0	0	17	14	10	16	0	0	0	2
June	3	0	1.000	1.20	11	0	0	15	15	10	10	0	3	0	1
July	0	0	—	5.54	10	0	0	13	10	8	7	0	0	0	4
Aug	2	1	.667	0.93	13	0	0	19.1	12	12	18	0	2	1	3
Sept/Oct	0	0	—	2.57	13	0	0	21	18	7	22	0	0	0	3
Day	3	0	1.000	2.57	27	0	0	35	34	23	30	0	3	0	5
Night	2	2	.500	2.39	40	0	0	60.1	44	29	51	0	2	2	10
vs. Left	—	—	—	—	—	—	—	—	38	36	42	—	—	—	—
vs. Right	—	—	—	—	—	—	—	—	40	16	39	—	—	—	—

PITCHER REGISTER

Year	Team		W	L	%	ERA	G	GS	CG	IP	H	BB	SO	ShO	RELIEF PITCHING W	L	SV	BATTING AB	H	HR	BA	PO	A	E	DP	TC/G	FA

Jeff Brantley *Continued*

	W	L	%	ERA	G	GS	CG	IP	H	BB	SO	ShO	W	L	SV	AB	H	HR	BA	PO	A	E	DP	TC/G	FA
On Grass	4	0	1.000	2.45	47	0	0	66	60	31	58	0	4	0	10										
On Turf	1	2	.333	2.45	20	0	0	29.1	18	21	23	0	1	2	5										
Home	2	0	1.000	2.14	28	0	0	42	36	19	34	0	2	0	7										
Road	3	2	.600	2.70	39	0	0	53.1	42	33	47	0	3	2	8										
Division Rivals																									
vs. ATL	0	0	—	3.52	7	0	0	7.2	5	1	5	0	0	0	1										
vs. CIN	0	1	.000	1.29	6	0	0	7	2	13	6	0	0	1	0										
vs. HOU	1	0	1.000	2.13	7	0	0	12.2	7	1	12	0	1	0	4										
vs. LA	2	0	1.000	1.42	8	0	0	12.2	11	7	12	0	2	0	3										
vs. SD	1	0	1.000	1.74	7	0	0	10.1	11	3	13	0	1	0	0										
1988 SF N	0	1	.000	5.66	9	1	0	20.2	22	6	11	0	0	0	1	2	1	0	.500	0	7	0	0	0.8	1.000
1989	7	1	.875	4.07	59	1	0	97.1	101	37	69	0	7	0	0	12	1	0	.083	3	16	0	0	0.3	1.000
1990	5	3	.625	1.56	55	0	0	86.2	77	33	61	0	5	3	19	7	2	0	.286	6	11	1	1	0.3	.944
1991	5	2	.714	2.45	67	0	0	95.1	78	52	81	0	5	2	15	3	0	0	.000	4	9	0	1	0.2	1.000
4 yrs.	17	7	.708	2.94	190	2	0	300	278	128	222	0	17	5	35	24	4	0	.167	13	43	1	2	0.3	.982
LEAGUE CHAMPIONSHIP SERIES																									
1989 SF N	0	0	—	0.00	3	0	0	5	1	2	3	0	0	0	0	0	0	0	—	0	0	0	0	0.0	—
WORLD SERIES																									
1989 SF N	0	0	—	4.15	3	0	0	4.1	5	3	1	0	0	0	0	0	0	0	—	1	0	0	0	0.3	1.000

RELIEF PITCHER

John Briscoe

BRISCOE, JOHN ERIC
B. Sept. 22, 1967, LaGrange, Ill.
BR TR 6' 3" 185 lbs.

Year	Team	W	L	%	ERA	G	GS	CG	IP	H	BB	SO	ShO	W	L	SV	AB	H	HR	BA	PO	A	E	DP	TC/G	FA
1991	OAK A	0	0	—	7.07	11	0	0	14	12	10	9	0	0	0	0	0	0	0	—	0	1	0	0	0.1	1.000

Terry Bross

BROSS, TERRANCE PAUL
B. Mar. 30, 1966, El Paso, Tex.
BR TR 6' 9" 234 lbs.

Year	Team	W	L	%	ERA	G	GS	CG	IP	H	BB	SO	ShO	W	L	SV	AB	H	HR	BA	PO	A	E	DP	TC/G	FA
1991	NY N	0	0	—	1.80	8	0	0	10	7	3	5	0	0	0	0	0	0	0	—	0	0	0	0	0.0	—

Keith Brown

BROWN, KEITH EDWARD
B. Feb. 14, 1964, Flagstaff, Ariz.
BB TR 6' 4" 215 lbs.

Year	Team	W	L	%	ERA	G	GS	CG	IP	H	BB	SO	ShO	W	L	SV	AB	H	HR	BA	PO	A	E	DP	TC/G	FA
1988	CIN N	2	1	.667	2.76	4	3	0	16.1	14	4	6	0	0	0	0	4	0	0	.000	0	3	0	1	0.8	1.000
1990		0	0	—	4.76	8	0	0	11.1	12	3	8	0	0	0	0	0	0	0	—	1	2	0	0	0.4	1.000
1991		0	0	—	2.25	11	0	0	12	15	6	4	0	0	0	0	0	0	0	—	2	2	1	0	0.5	.800
3 yrs.		2	1	.667	3.18	23	3	0	39.2	41	13	18	0	0	0	0	4	0	0	.000	3	7	1	1	0.5	.909

Kevin Brown

BROWN, JAMES KEVIN
B. Mar. 14, 1965, Milledgeville, Ga.
BR TR 6' 4" 195 lbs.

	W	L	%	ERA	G	GS	CG	IP	H	BB	SO	ShO	W	L	SV
April	2	1	.667	4.38	4	4	0	24.2	21	9	6	0	0	0	0
May	2	2	.500	7.04	5	5	0	23	40	15	8	0	0	0	0
June	2	2	.500	3.46	6	6	0	41.2	35	19	21	0	0	0	0
July	1	3	.250	3.92	6	6	0	43.2	48	15	27	0	0	0	0
Aug	2	2	.500	3.51	5	5	0	33.1	37	14	14	0	0	0	0
Sept/Oct	0	2	.000	5.08	7	7	0	44.1	52	18	20	0	0	0	0
Day	1	3	.250	8.01	6	6	0	30.1	39	18	17	0	0	0	0
Night	8	9	.471	3.79	27	27	0	180.1	194	72	79	0	0	0	0
vs. Left	—	—	—	—	—	—	—	112	47	51	—	—	—	—	—
vs. Right	—	—	—	—	—	—	—	121	43	45	—	—	—	—	—

STARTING PITCHER

PITCHER REGISTER

Year	Team	W	L	%	ERA	G	GS	CG	IP	H	BB	SO	ShO	Relief W	Relief L	SV	AB	H	HR	BA	PO	A	E	DP	TC/G	FA

Kevin Brown Continued

Split	W	L	%	ERA	G	GS	CG	IP	H	BB	SO	ShO	W	L	SV
On Grass	9	10	.474	4.61	29	29	0	183.1	202	79	82	0	0	0	0
On Turf	0	2	.000	2.96	4	4	0	27.1	31	11	14	0	0	0	0
Home	4	5	.444	4.14	17	17	0	111	124	45	45	0	0	0	0
Road	5	7	.417	4.70	16	16	0	99.2	109	45	51	0	0	0	0
Division Rivals															
vs. CAL	1	2	.333	3.86	3	3	0	21	27	7	7	0	0	0	0
vs. CHI	0	0	—	4.40	4	4	0	28.2	27	14	16	0	0	0	0
vs. KC	0	1	.000	2.40	2	2	0	15	10	6	9	0	0	0	0
vs. MIN	1	0	1.000	3.00	3	3	0	18	20	8	7	0	0	0	0
vs. OAK	1	1	.500	6.75	3	3	0	16	19	10	6	0	0	0	0
vs. SEA	0	1	.000	7.94	2	2	0	11.1	15	7	6	0	0	0	0

Year	Team	Lg	W	L	%	ERA	G	GS	CG	IP	H	BB	SO	ShO	W	L	SV	AB	H	HR	BA	PO	A	E	DP	TC/G	FA
1986	TEX	A	1	0	1.000	3.60	1	1	0	5	6	0	4	0	0	0	0	0	0	0	—	0	1	0	0	1.0	1.000
1988			1	1	.500	4.24	4	4	1	23.1	33	8	12	0	0	0	0	0	0	0	—	1	2	0	0	0.8	1.000
1989			12	9	.571	3.35	28	28	7	191	167	70	104	0	0	0	0	0	0	0	—	15	41	2	6	2.1	.966
1990			12	10	.545	3.60	26	26	6	180	175	60	88	2	0	0	0	1	0	0	.000	15	24	3	0	1.6	.929
1991			9	12	.429	4.40	33	33	0	210.2	233	90	96	0	0	0	0	0	0	0	—	18	32	2	3	1.6	.962
5 yrs.			35	32	.522	3.82	92	92	14	610	614	228	304	2	0	0	0	1	0	0	.000	49	100	7	9	1.7	.955

Kevin Brown

BROWN, KEVIN DEWAYNE
B. Mar. 5, 1966, Oroville, Calif.
BL TL 6' 1" 185 lbs.

Year	Team	Lg	W	L	%	ERA	G	GS	CG	IP	H	BB	SO	ShO	W	L	SV	AB	H	HR	BA	PO	A	E	DP	TC/G	FA
1990	2 teams		NY N (2G 0-0)			MIL A (5G 1-1)																					
"	total		1	1	.500	2.35	7	3	0	23	16	8	12	0	0	0	0	0	0	0	—	2	6	0	0	1.1	1.000
1991	MIL	A	2	4	.333	5.51	15	10	0	63.2	66	34	30	0	0	1	0	0	0	0	—	6	11	1	0	1.2	.944
2 yrs.			3	5	.375	4.67	22	13	0	86.2	82	42	42	0	0	1	0	0	0	0	—	8	17	1	0	1.2	.962

Tom Browning

BROWNING, THOMAS LEO
B. Apr. 28, 1960, Casper, Wyo.
BL TL 6' 1" 190 lbs.

Split	W	L	%	ERA	G	GS	CG	IP	H	BB	SO	ShO	W	L	SV
April	3	1	.750	2.33	5	5	0	38.2	26	2	16	0	0	0	0
May	3	3	.500	4.38	6	6	0	39	36	11	19	0	0	0	0
June	4	0	1.000	3.79	6	6	0	35.2	34	18	24	0	0	0	0
July	1	3	.250	6.38	6	6	1	36.2	52	8	15	0	0	0	0
Aug	2	1	.667	2.72	6	6	0	39.2	43	5	22	0	0	0	0
Sept/Oct	1	6	.143	5.53	7	7	0	40.2	50	12	19	0	0	0	0
Day	6	6	.500	3.66	14	14	1	91	90	23	45	0	0	0	0
Night	8	8	.500	4.52	22	22	0	139.1	151	33	70	0	0	0	0
vs. Left	—	—	—	—	—	—	—	—	43	19	41	—	—	—	—
vs. Right	—	—	—	—	—	—	—	—	198	37	74	—	—	—	—
On Grass	3	4	.429	3.68	11	11	1	73.1	79	15	35	0	0	0	0
On Turf	11	10	.524	4.41	25	25	0	157	162	41	80	0	0	0	0
Home	10	4	.714	3.50	18	18	0	121	104	33	57	0	0	0	0
Road	4	10	.286	4.94	18	18	1	109.1	137	23	58	0	0	0	0
Division Rivals															
vs. ATL	1	1	.500	3.26	3	3	0	19.1	20	1	11	0	0	0	0
vs. HOU	2	2	.500	5.24	4	4	0	22.1	26	8	16	0	0	0	0
vs. LA	1	3	.250	3.60	5	5	0	30	31	8	14	0	0	0	0
vs. SD	0	2	.000	3.38	2	2	0	13.1	15	5	8	0	0	0	0
vs. SF	2	0	1.000	3.10	4	4	0	29	28	4	9	0	0	0	0

Year	Team	Lg	W	L	%	ERA	G	GS	CG	IP	H	BB	SO	ShO	W	L	SV	AB	H	HR	BA	PO	A	E	DP	TC/G	FA
1984	CIN	N	1	0	1.000	1.54	3	3	0	23.1	27	5	14	0	0	0	0	7	1	0	.143	1	3	0	0	1.3	1.000
1985			20	9	.690	3.55	38	38	6	261.1	242	73	155	4	0	0	0	88	17	0	.193	12	34	2	1	1.3	.958
1986			14	13	.519	3.81	39	39	4	243.1	225	70	147	2	0	0	0	86	14	0	.163	11	26	3	5	1.0	.925
1987			10	13	.435	5.02	32	31	2	183	201	61	117	0	0	0	0	52	8	0	.154	5	23	3	1	1.0	.903
1988			18	5	.783	3.41	36	36	5	250.2	205	64	124	2	0	0	0	83	12	0	.145	8	30	3	3	1.1	.927
1989			15	12	.556	3.39	37	37	9	249.2	241	64	118	2	0	0	0	78	7	0	.090	8	35	0	3	1.2	1.000
1990			15	9	.625	3.80	35	35	2	227.2	235	52	99	1	0	0	0	75	7	0	.093	8	27	3	1	1.1	.921
1991			14	14	.500	4.18	36	36	1	230.1	241	56	115	0	0	0	0	70	12	1	.171	8	24	5	2	1.0	.865
8 yrs.			107	75	.588	3.80	256	255	29	1669.1	1617	445	889	11	0	0	0	539	78	1	.145	61	202	19	16	1.1	.933

LEAGUE CHAMPIONSHIP SERIES

Year	Team	Lg	W	L	%	ERA	G	GS	CG	IP	H	BB	SO	ShO	W	L	SV	AB	H	HR	BA	PO	A	E	DP	TC/G	FA
1990	CIN	N	1	1	.500	3.27	2	2	0	11	9	6	5	0	0	0	0	3	0	0	.000	1	1	0	0	1.0	1.000

PITCHER REGISTER

Year	Team		W	L	%	ERA	G	GS	CG	IP	H	BB	SO	ShO	RELIEF PITCHING W	L	SV	BATTING AB	H	HR	BA	PO	A	E	DP	TC/G	FA

Tom Browning *Continued*

WORLD SERIES

| 1990 | CIN | N | 1 | 0 | 1.000 | 4.50 | 1 | 1 | 0 | 6 | 6 | 2 | 2 | 0 | 0 | 0 | 0 | 0 | 0 | 0 | — | 0 | 0 | 0 | 0 | 0.0 | — |

Dave Burba

BURBA, DAVID ALLEN
B. July 7, 1966, Dayton, Ohio
BR TR 6' 4" 220 lbs.

Split	W	L	%	ERA	G	GS	CG	IP	H	BB	SO	ShO	W	L	SV
April	0	0	—	0.00	1	0	0	1	2	0	2	0	0	0	0
May	0	0	—	6.75	4	0	0	4	3	1	2	0	0	0	0
June	0	1	.000	3.31	8	1	0	16.1	12	4	5	0	0	0	1
July	0	1	.000	13.50	2	0	0	0.2	2	1	0	0	0	1	0
Aug	—	—	—	—	0	—	—	0	0	0	0	—	0	0	0
Sept/Oct	2	0	1.000	3.07	7	1	0	14.2	15	8	7	0	1	0	0
Day	0	0	—	3.52	5	0	0	7.2	9	4	3	0	0	0	0
Night	2	2	.500	3.72	17	2	0	29	25	10	13	0	1	1	1
vs. Left	—	—	—	—	—	—	—	—	17	8	5	—	—	—	—
vs. Right	—	—	—	—	—	—	—	—	17	6	11	—	—	—	—
On Grass	1	1	.500	2.84	7	2	0	19	16	7	7	0	0	0	0
On Turf	1	1	.500	4.58	15	0	0	17.2	18	7	9	0	1	1	1
Home	1	1	.500	5.28	12	0	0	15.1	16	6	9	0	1	1	1
Road	1	1	.500	2.53	10	2	0	21.1	18	8	7	0	0	0	0
Division Rivals															
vs. CAL	—	—	—	—	0	—	—	0	0	0	0	—	0	0	0
vs. CHI	0	2	.000	3.12	4	1	0	8.2	9	3	2	0	0	1	0
vs. KC	1	0	1.000	3.38	4	0	0	5.1	4	2	1	0	1	0	0
vs. MIN	—	—	—	—	0	—	—	0	0	0	0	—	0	0	0
vs. OAK	0	0	—	0.00	1	0	0	1	2	0	2	0	0	0	0
vs. TEX	1	0	1.000	4.66	5	1	0	9.2	10	4	8	0	0	0	0

Year	Team		W	L	%	ERA	G	GS	CG	IP	H	BB	SO	ShO	W	L	SV	AB	H	HR	BA	PO	A	E	DP	TC/G	FA
1990	SEA	A	0	0	—	4.50	6	0	0	8	8	2	4	0	0	0	0	0	0	0	—	1	2	1	0	0.7	.750
1991			2	2	.500	3.68	22	2	0	36.2	34	14	16	0	1	1	1	0	0	0	—	2	4	0	0	0.3	1.000
2 yrs.			2	2	.500	3.83	28	2	0	44.2	42	16	20	0	1	1	1	0	0	0	—	3	6	1	0	0.4	.900

Tim Burke

BURKE, TIMOTHY PHILIP
B. Feb. 19, 1959, Omaha, Neb.
BR TR 6' 3" 205 lbs.

Split	W	L	%	ERA	G	GS	CG	IP	H	BB	SO	ShO	W	L	SV
April	2	1	.667	3.97	10	0	0	11.1	9	4	4	0	2	1	2
May	1	1	.500	3.63	12	0	0	17.1	13	6	13	0	1	1	2
June	0	1	.000	5.40	11	0	0	13.1	16	2	6	0	1	1	0
July	1	2	.333	3.21	11	0	0	14	17	4	9	0	1	2	1
Aug	0	2	.000	3.47	14	0	0	23.1	23	4	12	0	0	2	1
Sept/Oct	2	0	1.000	1.61	14	0	0	22.1	18	6	15	0	2	0	0
Day	1	4	.200	5.52	23	0	0	31	37	8	25	0	1	4	1
Night	5	3	.625	2.42	49	0	0	70.2	59	18	34	0	5	3	5
vs. Left	—	—	—	—	—	—	—	—	57	15	20	—	—	—	—
vs. Right	—	—	—	—	—	—	—	—	39	11	39	—	—	—	—
On Grass	4	5	.444	3.81	37	0	0	56.2	57	12	37	0	4	5	2
On Turf	2	2	.500	2.80	35	0	0	45	39	14	22	0	2	2	4
Home	2	2	.500	2.16	34	0	0	50	40	12	27	0	2	2	4
Road	4	5	.444	4.53	38	0	0	51.2	56	14	32	0	4	5	2
Division Rivals															
vs. CHI	0	3	.000	8.53	8	0	0	12.2	23	4	9	0	0	3	0
vs. MON	0	0	—	0.00	1	0	0	2	0	0	0	0	0	0	0
vs. PHI	0	0	—	1.35	5	0	0	6.2	5	5	3	0	0	0	0
vs. PIT	1	0	1.000	1.46	11	0	0	12.1	8	4	5	0	1	0	1
vs. STL	2	1	.667	3.65	9	0	0	12.1	13	1	9	0	2	1	2

Year	Team		W	L	%	ERA	G	GS	CG	IP	H	BB	SO	ShO	W	L	SV	AB	H	HR	BA	PO	A	E	DP	TC/G	FA
1985	MON	N	9	4	.692	2.39	**78**	0	0	120.1	86	44	87	0	9	4	8	10	1	0	.100	5	21	1	2	0.3	.963
1986			9	7	.563	2.93	68	2	0	101.1	103	46	82	0	8	7	4	7	0	0	.000	4	22	1	1	0.4	.963
1987			7	0	1.000	1.19	55	0	0	91	64	17	58	0	7	0	18	10	0	0	.000	6	17	0	0	0.4	1.000
1988			3	5	.375	3.40	61	0	0	82	84	25	42	0	3	5	18	2	0	0	.000	8	14	0	0	0.4	1.000
1989			9	3	.750	2.55	68	0	0	84.2	68	22	54	0	9	3	28	3	0	0	.000	4	16	0	0	0.3	1.000

PITCHER REGISTER

Year	Team	W	L	%	ERA	G	GS	CG	IP	H	BB	SO	ShO	Relief W	Relief L	Relief SV	AB	H	HR	BA	PO	A	E	DP	TC/G	FA

Tim Burke Continued

Year	Team	W	L	%	ERA	G	GS	CG	IP	H	BB	SO	ShO	W	L	SV	AB	H	HR	BA	PO	A	E	DP	TC/G	FA
1990		3	3	.500	2.52	58	0	0	75	71	21	47	0	3	3	20	6	1	0	.167	3	20	0	1	0.4	1.000
1991	2 teams	MON N (37G 3-4)				NY N (35G 3-3)																				
"	total	6	7	.462	3.36	72	0	0	101.2	96	26	59	0	6	7	6	6	0	0	.000	3	21	2	1	0.4	.923
7 yrs.		46	29	.613	2.62	460	2	0	656	572	201	429	0	45	29	102	44	2	0	.045	33	131	4	5	0.4	.976

John Burkett

BURKETT, JOHN DAVID
B. Nov. 28, 1964, New Brighton, Pa.
BR TR 6' 2" 175 lbs.

Split	W	L	%	ERA	G	GS	CG	IP	H	BB	SO	ShO	W	L	SV	AB	H	HR	BA	PO	A	E	DP	TC/G	FA
April	2	2	.500	3.66	5	5	1	32	33	9	18	0	0	0	0										
May	0	1	.000	3.50	6	6	0	36	39	12	27	0	0	0	0										
June	2	1	.667	2.41	6	5	0	37.1	26	14	18	0	0	0	0										
July	3	1	.750	3.89	7	6	2	39.1	44	9	23	1	0	0	0										
Aug	2	3	.400	7.45	6	6	0	29	43	7	18	0	0	0	0										
Sept/Oct	3	3	.500	4.91	6	6	0	33	38	9	27	0	0	0	0										
Day	4	6	.400	3.28	15	13	2	82.1	77	29	47	1	0	0	0										
Night	8	5	.615	4.78	21	21	1	124.1	146	31	84	0	0	0	0										
vs. Left	—	—	—	—	—	—	—	—	137	39	72	—	—	—	—										
vs. Right	—	—	—	—	—	—	—	—	86	21	59	—	—	—	—										
On Grass	7	9	.438	3.73	26	24	3	152	156	39	93	1	0	0	0										
On Turf	5	2	.714	5.43	10	10	0	54.2	67	21	38	0	0	0	0										
Home	6	6	.500	3.54	17	17	3	109.1	102	25	72	1	0	0	0										
Road	6	5	.545	4.90	19	17	0	97.1	121	35	59	0	0	0	0										
Division Rivals																									
vs. ATL	1	2	.333	4.30	4	4	0	23	31	8	14	0	0	0	0										
vs. CIN	1	1	.500	6.28	3	3	0	14.1	20	2	7	0	0	0	0										
vs. HOU	3	2	.600	4.25	5	5	0	29.2	30	6	22	0	0	0	0										
vs. LA	0	1	.000	6.75	1	1	0	4	6	4	4	0	0	0	0										
vs. SD	3	1	.750	2.75	5	5	2	36	33	7	28	1	0	0	0										
1987 SF N	0	0	—	4.50	3	0	0	6	7	3	5	0	0	0	0	1	0	0	.000	0	1	0	1	0.3	1.000
1990	14	7	.667	3.79	33	32	2	204	201	61	118	0	0	0	1	63	3	0	.048	11	25	1	4	1.1	.973
1991	12	11	.522	4.18	36	34	3	206.2	223	60	131	1	0	0	0	55	5	0	.091	13	25	1	2	1.1	.974
3 yrs.	26	18	.591	4.00	72	66	5	416.2	431	124	254	1	0	0	1	119	8	0	.067	24	51	2	7	1.1	.974

Todd Burns

BURNS, TODD EDWARD
B. July 6, 1963, Maywood, Calif.
BR TR 6' 2" 186 lbs.

Year	Team	W	L	%	ERA	G	GS	CG	IP	H	BB	SO	ShO	W	L	SV	AB	H	HR	BA	PO	A	E	DP	TC/G	FA
1988	OAK A	8	2	.800	3.16	17	14	2	102.2	93	34	57	0	1	0	1	0	0	0	—	3	11	0	1	0.8	1.000
1989		6	5	.545	2.24	50	2	0	96.1	66	28	49	0	5	5	8	0	0	0	—	9	9	3	1	0.4	.857
1990		3	3	.500	2.97	43	2	0	78.2	78	32	43	0	2	3	3	0	0	0	—	2	7	0	1	0.2	1.000
1991		1	0	1.000	3.38	9	0	0	13.1	10	8	3	0	1	0	0	0	0	0	—	3	2	0	0	0.6	1.000
4 yrs.		18	10	.643	2.81	119	18	2	291	247	102	152	0	9	8	12	0	0	0	—	17	29	3	3	0.4	.939

WORLD SERIES

Year	Team	W	L	%	ERA	G	GS	CG	IP	H	BB	SO	ShO	W	L	SV	AB	H	HR	BA	PO	A	E	DP	TC/G	FA
1988	OAK A	0	0	—	0.00	1	0	0	0.1	0	0	0	0	0	0	0	0	0	0	—	0	0	0	0	0.0	—
1989		0	0	—	0.00	2	0	0	1.2	1	1	0	0	0	0	0	0	0	0	—	0	0	0	0	0.0	—
1990		0	0	—	16.20	2	0	0	1.2	5	2	0	0	0	0	0	0	0	0	—	0	0	0	0	0.0	—
3 yrs.		0	0	—	7.36	5	0	0	3.2	6	3	0	0	0	0	0	0	0	0	—	0	0	0	0	0.0	—

Greg Cadaret

CADARET, GREGORY JAMES
B. Feb. 27, 1962, Detroit, Mich.
BL TL 6' 3" 200 lbs.

Split	W	L	%	ERA	G	GS	CG	IP	H	BB	SO	ShO	W	L	SV
April	1	3	.250	5.40	10	0	0	11.2	9	6	15	0	1	3	0
May	0	0	—	1.06	14	0	0	17	12	11	7	0	0	0	1
June	1	0	1.000	3.04	13	0	0	23.2	20	12	22	0	1	0	0
July	1	1	.500	4.67	6	2	0	17.1	20	5	13	0	0	0	0
Aug	3	1	.750	4.73	11	3	0	32.1	30	11	32	0	1	1	1
Sept/Oct	2	1	.667	2.75	14	0	0	19.2	19	14	16	0	2	1	1
Day	4	4	.500	4.39	24	3	0	55.1	53	28	50	0	1	4	2
Night	4	2	.667	2.98	44	2	0	66.1	57	31	55	0	4	1	1
vs. Left	—	—	—	—	—	—	—	—	29	12	25	—	—	—	—
vs. Right	—	—	—	—	—	—	—	—	81	47	80	—	—	—	—

PITCHER REGISTER

Year	Team	W	L	%	ERA	G	GS	CG	IP	H	BB	SO	ShO	RELIEF PITCHING W	L	SV	BATTING AB	H	HR	BA	PO	A	E	DP	TC/G	FA

Greg Cadaret Continued

		W	L	%	ERA	G	GS	CG	IP	H	BB	SO	ShO	W	L	SV	AB	H	HR	BA	PO	A	E	DP	TC/G	FA
On Grass		7	5	.583	3.78	55	4	0	100	86	54	82	0	4	5	2										
On Turf		1	1	.500	2.91	13	1	0	21.2	24	5	23	0	1	0	1										
Home		4	3	.571	4.72	31	3	0	61	62	35	51	0	1	3	0										
Road		4	3	.571	2.52	37	2	0	60.2	48	24	54	0	4	2	3										
Division Rivals																										
vs. BAL		1	0	1.000	4.50	5	0	0	8	8	7	3	0	1	0	1										
vs. BOS		0	0	—	1.29	5	0	0	7	6	2	4	0	0	0	0										
vs. CLE		0	1	.000	3.38	5	0	0	8	7	5	7	0	0	1	1										
vs. DET		1	2	.333	7.94	5	1	0	11.1	12	4	13	0	0	2	0										
vs. MIL		1	0	1.000	3.46	7	0	0	13	13	6	11	0	1	0	0										
vs. TOR		0	1	.000	1.04	5	0	0	8.2	5	1	8	0	0	1	1										
1987	OAK A	6	2	.750	4.54	29	0	0	39.2	37	24	30	0	6	2	0	0	0	0	—	6	6	0	1	0.4	1.000
1988		5	2	.714	2.89	58	0	0	71.2	60	36	64	0	5	2	3	0	0	0	—	3	9	0	1	0.2	1.000
1989	2 teams	OAK A (26G 0-0)			NY A (20G 5-5)																					
"	total	5	5	.500	4.05	46	13	3	120	130	57	80	1	1	0	0	0	0	0	—	9	21	2	2	0.7	.938
1990	NY A	5	4	.556	4.15	54	6	0	121.1	120	64	80	0	4	1	3	0	0	0	—	7	27	1	1	0.6	.971
1991		8	6	.571	3.62	68	5	0	121.2	110	59	105	0	5	5	3	0	0	0	—	5	17	1	5	0.3	.957
5 yrs.		29	19	.604	3.83	255	24	3	474.1	457	240	359	1	21	10	9	0	0	0	—	30	80	4	10	0.4	.965

LEAGUE CHAMPIONSHIP SERIES
| 1988 | OAK A | 0 | 0 | — | 27.00 | 1 | 0 | 0 | 0.1 | 1 | 0 | 0 | 0 | 0 | 0 | 0 | 0 | 0 | 0 | — | 0 | 0 | 0 | 0 | 0.0 | — |

WORLD SERIES
| 1988 | OAK A | 0 | 0 | — | 0.00 | 3 | 0 | 0 | 2 | 2 | 0 | 3 | 0 | 0 | 0 | 0 | 0 | 0 | 0 | — | 0 | 0 | 0 | 0 | 0.0 | — |

Kevin Campbell

CAMPBELL, KEVIN WADE
B. Dec. 6, 1964, Marianna, Ark.
BR TR 6' 2" 225 lbs.

Year	Team	W	L	%	ERA	G	GS	CG	IP	H	BB	SO	ShO	W	L	SV	AB	H	HR	BA	PO	A	E	DP	TC/G	FA
1991	OAK A	1	0	1.000	2.74	14	0	0	23	13	14	16	0	1	0	0	0	0	0	—	3	2	0	0	0.4	1.000

John Candelaria

CANDELARIA, JOHN ROBERT (The Candy Man)
B. Nov. 6, 1953, New York, N.Y.
BR TL 6' 7" 205 lbs.
BL 1975-81; BB 1982-86

		W	L	%	ERA	G	GS	CG	IP	H	BB	SO	ShO	W	L	SV	AB	H	HR	BA	PO	A	E	DP	TC/G	FA
April		0	0	—	4.50	7	0	0	4	5	0	3	0	0	0	1										
May		0	0	—	0.00	11	0	0	5	2	2	7	0	0	0	1										
June		0	0	—	2.08	11	0	0	8.2	4	4	9	0	0	0	0										
July		1	1	.500	3.38	9	0	0	8	4	2	8	0	1	1	0										
Aug		0	0	—	6.23	11	0	0	4.1	9	1	4	0	0	0	0										
Sept/Oct		0	0	—	9.82	10	0	0	3.2	7	2	7	0	0	0	2										
Day		0	1	.000	5.14	13	0	0	7	5	6	9	0	0	1	0										
Night		1	0	1.000	3.38	46	0	0	26.2	26	5	29	0	1	0	2										
vs. Left		—	—	—	—	—	—	—	—	8	5	25	—	—	—	—										
vs. Right		—	—	—	—	—	—	—	—	23	6	13	—	—	—	—										
On Grass		1	0	1.000	3.16	43	0	0	25.2	18	7	29	0	1	0	2										
On Turf		0	1	.000	5.63	16	0	0	8	13	4	9	0	0	1	0										
Home		1	0	1.000	3.60	27	0	0	15	14	5	20	0	1	0	1										
Road		0	1	.000	3.86	32	0	0	18.2	17	6	18	0	0	1	1										
Division Rivals																										
vs. ATL		0	0	—	2.84	8	0	0	6.1	3	1	5	0	0	0	1										
vs. CIN		0	0	—	3.38	5	0	0	2.2	2	0	4	0	0	0	0										
vs. HOU		0	0	—	3.86	6	0	0	2.1	0	4	4	0	0	0	0										
vs. SD		0	0	—	4.50	9	0	0	4	3	2	2	0	0	0	0										
vs. SF		0	0	—	3.86	6	0	0	2.1	2	0	3	0	0	0	0										
1975	PIT N	8	6	.571	2.75	18	18	4	121	95	36	95	1	0	0	0	43	6	0	.140	3	13	4	0	1.1	.800
1976		16	7	.696	3.15	32	31	11	220	173	60	138	4	0	0	1	76	14	0	.184	3	31	0	2	1.1	1.000
1977		20	5	**.800**	**2.34**	33	33	6	231	197	50	133	1	0	0	0	80	18	0	.225	6	30	1	3	1.1	.973
1978		12	11	.522	3.24	30	29	3	189	191	49	94	1	0	0	1	52	9	0	.173	4	25	0	0	1.0	1.000
1979		14	9	.609	3.22	33	30	8	207	201	41	101	0	0	1	0	68	9	0	.132	2	36	0	3	1.2	1.000

PITCHER REGISTER

Year	Team	W	L	%	ERA	G	GS	CG	IP	H	BB	SO	ShO	RELIEF PITCHING W	L	SV	BATTING AB	H	HR	BA	PO	A	E	DP	TC/G	FA

John Candelaria *Continued*

Year	Team	W	L	%	ERA	G	GS	CG	IP	H	BB	SO	ShO	W	L	SV	AB	H	HR	BA	PO	A	E	DP	TC/G	FA
1980		11	14	.440	4.02	35	34	7	233	246	50	97	0	0	0	1	77	15	0	.195	8	38	2	3	1.4	.958
1981		2	2	.500	3.51	6	6	0	41	42	11	14	0	0	0	0	13	3	0	.231	1	7	0	1	1.3	1.000
1982		12	7	.632	2.94	31	30	1	174.2	166	37	133	1	0	0	1	54	12	0	.222	1	23	1	1	0.8	.960
1983		15	8	.652	3.23	33	32	2	197.2	191	45	157	0	0	0	0	65	9	0	.138	5	20	0	1	0.8	1.000
1984		12	11	.522	2.72	33	28	3	185.1	179	34	133	1	0	1	2	62	8	1	.129	3	21	0	1	0.7	1.000
1985	2 teams	PIT N (37G 2 – 4)				CAL A (13G 7 – 3)																				
"	total	9	7	.563	3.73	50	13	1	125.1	127	38	100	1	2	4	9	1	0	0	.000	3	16	2	0	0.4	.905
1986	CAL A	10	2	.833	2.55	16	16	1	91.2	68	26	81	1	0	0	0	0	0	0	—	3	10	0	0	0.8	1.000
1987	2 teams	CAL A (20G 8 – 6)				NY N (3G 2 – 0)																				
"	total	10	6	.625	4.81	23	23	0	129	144	23	84	0	0	0	0	5	1	0	.200	6	24	0	1	1.3	1.000
1988	NY A	13	7	.650	3.38	25	24	6	157	150	23	121	2	0	0	1	0	0	0	—	4	22	0	0	1.0	1.000
1989	2 teams	NY A (10G 3 – 3)				MON N (12G 0 – 2)																				
"	total	3	5	.375	4.68	22	6	1	65.1	66	16	51	0	0	3	0	0	0	0	—	2	7	1	0	0.5	.900
1990	2 teams	MIN A (34G 7 – 3)				TOR A (13G 0 – 3)																				
"		7	6	.538	3.95	47	3	0	79.2	87	20	63	0	7	3	5	0	0	0	—	4	9	0	0	0.3	1.000
1991	LA N	1	1	.500	3.74	59	0	0	33.2	31	11	38	0	1	1	2	0	0	0	—	0	2	0	0	0.0	1.000
17 yrs.		175	114	.606	3.30	526	356	54	2481.1	2354	570	1633	13	10	13	23	596	104	1	.174	58	334	11	16	0.8	.973

LEAGUE CHAMPIONSHIP SERIES

Year	Team	W	L	%	ERA	G	GS	CG	IP	H	BB	SO	ShO	W	L	SV	AB	H	HR	BA	PO	A	E	DP	TC/G	FA
1975	PIT N	0	0	—	3.52	1	1	0	7.2	3	2	14	0	0	0	0	3	0	0	.000	0	0	0	0	0.0	—
1979		0	0	—	2.57	1	1	0	7	5	1	4	0	0	0	0	3	0	0	.000	0	0	0	0	0.0	—
1986	CAL A	1	1	.500	0.84	2	2	0	10.2	11	6	7	0	0	0	0	0	0	0	—	0	1	0	0	0.5	1.000
3 yrs.		1	1	.500	2.13	4	4	0	25.1	19	9	25	0	0	0	0	6	0	0	.000	0	1	0	0	0.3	1.000

WORLD SERIES

Year	Team	W	L	%	ERA	G	GS	CG	IP	H	BB	SO	ShO	W	L	SV	AB	H	HR	BA	PO	A	E	DP	TC/G	FA
1979	PIT N	1	1	.500	5.00	2	2	0	9	14	2	4	0	0	0	0	3	1	0	.333	0	1	0	0	0.5	1.000

Tom Candiotti

CANDIOTTI, THOMAS CAESAR
B. Aug. 31, 1957, Walnut Creek, Calif.
BR TR 6′ 3″ 205 lbs.

STARTING PITCHER

Split	W	L	%	ERA	G	GS	CG	IP	H	BB	SO	ShO	W	L	SV
April	2	1	.667	1.24	4	4	0	29	21	8	19	0	0	0	0
May	4	1	.800	3.14	6	6	2	43	38	11	35	0	0	0	0
June	1	5	.167	2.34	6	6	1	42.1	37	11	35	0	0	0	0
July	2	3	.400	2.15	5	5	2	37.2	33	11	26	0	0	0	0
Aug	2	1	.667	2.68	6	6	0	43.2	33	16	29	0	0	0	0
Sept/Oct	2	2	.500	3.83	7	7	1	42.1	40	16	23	0	0	0	0
Day	6	4	.600	2.10	11	11	2	77	59	30	56	0	0	0	0
Night	7	9	.438	2.91	23	23	4	161	143	43	111	0	0	0	0
vs. Left	—	—	—	—	—	—	—	—	109	35	63	—	—	—	—
vs. Right	—	—	—	—	—	—	—	—	93	38	104	—	—	—	—
On Grass	9	7	.563	2.80	18	18	5	128.2	101	35	88	0	0	0	0
On Turf	4	6	.400	2.47	16	16	1	109.1	101	38	79	0	0	0	0
Home	6	6	.500	3.11	16	16	2	110	103	35	84	0	0	0	0
Road	7	7	.500	2.25	18	18	4	128	99	38	83	0	0	0	0
Division Rivals															
vs. BAL	2	0	1.000	1.23	3	3	0	22	17	6	19	0	0	0	0
vs. BOS	1	2	.333	3.00	3	3	0	21	16	11	14	0	0	0	0
vs. CLE	1	0	1.000	1.00	1	1	1	9	5	1	1	0	0	0	0
vs. DET	2	0	1.000	0.82	3	3	0	22	10	9	26	0	0	0	0
vs. MIL	0	0	—	2.25	1	1	0	8	8	1	4	0	0	0	0
vs. NY	0	1	.000	10.97	2	2	0	10.2	21	2	3	0	0	0	0

Year	Team	W	L	%	ERA	G	GS	CG	IP	H	BB	SO	ShO	W	L	SV	AB	H	HR	BA	PO	A	E	DP	TC/G	FA
1983	MIL A	4	4	.500	3.23	10	8	2	55.2	62	16	21	1	0	0	0	0	0	0	—	4	5	0	1	0.9	1.000
1984		2	2	.500	5.29	8	6	0	32.1	38	10	23	0	0	0	0	0	0	0	—	3	1	0	0	0.5	1.000
1986	CLE A	16	12	.571	3.57	36	34	**17**	252.1	234	106	167	3	0	0	0	0	0	0	—	27	41	3	7	2.0	.958
1987		7	18	.280	4.78	32	32	7	201.2	193	93	111	2	0	0	0	0	0	0	—	17	29	1	1	1.5	.979
1988		14	8	.636	3.28	31	31	11	216.2	225	53	137	1	0	0	0	0	0	0	—	17	36	1	2	1.7	.981
1989		13	10	.565	3.10	31	31	4	206	188	55	124	0	0	0	0	0	0	0	—	28	41	1	1	2.3	.986
1990		15	11	.577	3.65	31	29	3	202	207	55	128	1	0	0	0	0	0	0	—	22	37	2	1	2.0	.967
1991	2 teams	CLE A (15G 7 – 6)				TOR A (19G 6 – 7)																				
"	total	13	13	.500	2.65	34	34	6	238	202	73	167	0	0	0	0	0	0	0	—	19	28	1	1	1.4	.979
8 yrs.		84	78	.519	3.51	213	205	50	1404.2	1349	461	878	8	0	0	0	0	0	0	—	137	218	9	14	1.7	.975

LEAGUE CHAMPIONSHIP SERIES

Year	Team	W	L	%	ERA	G	GS	CG	IP	H	BB	SO	ShO	W	L	SV	AB	H	HR	BA	PO	A	E	DP	TC/G	FA
1991	TOR A	0	1	.000	8.22	2	2	0	7.2	17	2	5	0	0	0	0	0	0	0	—	0	2	0	1	1.0	1.000

PITCHER REGISTER 277

Year	Team		W	L	%	ERA	G	GS	CG	IP	H	BB	SO	ShO	RELIEF PITCHING W	L	SV	BATTING AB	H	HR	BA	PO	A	E	DP	TC/G	FA

Mike Capel

CAPEL, MICHAEL LEE
B. Oct. 13, 1961, Marshall, Tex.
BR TR 6' 1" 175 lbs.

Split	W	L	%	ERA	G	GS	CG	IP	H	BB	SO	ShO	W	L	SV
April	—	—	—	—	0	0	0	0	0	0	0	—	0	0	0
May	—	—	—	—	0	0	0	0	0	0	0	—	0	0	0
June	1	1	.500	1.46	11	0	0	12.1	8	3	11	0	1	1	2
July	0	1	.000	4.80	10	0	0	15	19	11	7	0	0	1	1
Aug	0	1	.000	1.69	4	0	0	5.1	6	1	5	0	0	1	0
Sept/Oct	—	—	—	—	0	0	0	0	0	0	0	—	0	0	0
Day	0	1	.000	2.25	3	0	0	4	3	1	3	0	0	1	0
Night	1	2	.333	3.14	22	0	0	28.2	30	14	20	0	1	2	3
vs. Left	—	—	—	—	—	—	—	—	20	12	11	—	—	—	—
vs. Right	—	—	—	—	—	—	—	—	13	3	12	—	—	—	—
On Grass	1	2	.333	2.61	7	0	0	10.1	10	6	6	0	1	2	1
On Turf	0	1	.000	3.22	18	0	0	22.1	23	9	17	0	0	1	2
Home	0	1	.000	4.66	10	0	0	9.2	12	3	10	0	0	1	1
Road	1	2	.333	2.35	15	0	0	23	21	12	13	0	1	2	2
Division Rivals															
vs. ATL	0	0	—	0.00	2	0	0	2.1	2	1	2	0	0	0	0
vs. CIN	0	0	—	3.00	3	0	0	3	4	1	2	0	0	0	0
vs. LA	—	—	—	—	0	0	0	0	0	0	0	—	0	0	0
vs. SD	0	1	.000	2.25	3	0	0	4	5	0	4	0	0	1	0
vs. SF	0	0	—	9.00	1	0	0	1	1	2	1	0	0	0	0

Year	Team		W	L	%	ERA	G	GS	CG	IP	H	BB	SO	ShO	W	L	SV	AB	H	HR	BA	PO	A	E	DP	TC/G	FA
1988	CHI	N	2	1	.667	4.91	22	0	0	29.1	34	13	19	0	2	1	0	2	0	0	.000	4	3	1	0	0.4	.875
1990	MIL	A	0	0	—	135.00	2	0	0	0.1	6	1	1	0	0	0	0	0	0	0	—	0	0	0	0	0.0	—
1991	HOU	N	1	3	.250	3.03	25	0	0	32.2	33	15	23	0	1	3	3	0	0	0	—	3	4	0	0	0.3	1.000
3 yrs.			3	4	.429	4.62	49	0	0	62.1	73	29	43	0	3	4	3	2	0	0	.000	7	7	1	1	0.3	.933

Don Carman

CARMAN, DONALD WAYNE
B. Aug. 14, 1959, Oklahoma City, Okla.
BL TL 6' 3" 195 lbs.

Split	W	L	%	ERA	G	GS	CG	IP	H	BB	SO	ShO	W	L	SV
April	0	0	—	5.06	6	0	0	5.1	7	2	1	0	0	0	0
May	0	0	—	3.00	8	0	0	12	10	6	8	0	0	0	0
June	0	2	.000	8.03	9	0	0	12.1	15	5	2	0	0	2	1
July	0	0	—	4.26	5	0	0	6.1	8	6	4	0	0	0	0
Aug	—	—	—	—	0	0	0	0	0	0	0	—	0	0	0
Sept/Oct	—	—	—	—	0	0	0	0	0	0	0	—	0	0	0
Day	0	0	—	5.25	9	0	0	12	13	10	3	0	0	0	1
Night	0	2	.000	5.25	19	0	0	24	27	9	12	0	0	2	0
vs. Left	—	—	—	—	—	—	—	—	15	5	7	—	—	—	—
vs. Right	—	—	—	—	—	—	—	—	25	14	8	—	—	—	—
On Grass	0	0	—	2.35	6	0	0	7.2	6	2	2	0	0	0	0
On Turf	0	2	.000	6.04	22	0	0	28.1	34	17	13	0	0	2	1
Home	0	2	.000	7.08	14	0	0	20.1	26	11	8	0	0	2	0
Road	0	0	—	2.87	14	0	0	15.2	14	8	7	0	0	0	1
Division Rivals															
vs. ATL	0	0	—	4.15	4	0	0	4.1	5	1	1	0	0	0	0
vs. HOU	0	1	.000	5.14	5	0	0	7	6	4	4	0	0	1	0
vs. LA	0	0	—	3.48	4	0	0	10.1	8	6	7	0	0	0	0
vs. SD	0	0	—	0.00	1	0	0	0.1	1	0	0	0	0	0	0
vs. SF	0	0	—	0.00	1	0	0	0.1	0	0	0	0	0	0	0

Year	Team		W	L	%	ERA	G	GS	CG	IP	H	BB	SO	ShO	W	L	SV	AB	H	HR	BA	PO	A	E	DP	TC/G	FA
1983	PHI	N	0	0	—	0.00	1	0	0	1	0	0	0	0	0	0	1	0	0	—	1	0	0	0	1.0	1.000
1984			0	1	.000	5.40	11	0	0	13.1	14	6	16	0	0	1	0	1	0	0	.000	0	0	0	0	—	—
1985			9	4	.692	2.08	71	0	0	86.1	52	38	87	0	9	4	7	3	0	0	.000	5	11	2	2	0.3	.889
1986			10	5	.667	3.22	50	14	2	134.1	113	52	98	1	3	2	1	31	0	0	.000	4	30	0	2	0.7	1.000
1987			13	11	.542	4.22	35	35	3	211	194	69	125	2	0	0	0	61	5	0	.082	7	21	0	0	0.8	1.000
1988			10	14	.417	4.29	36	32	2	201.1	211	70	116	0	0	0	0	63	3	0	.048	9	19	0	0	0.8	1.000
1989			5	15	.250	5.24	49	20	0	149.1	152	86	81	0	2	2	0	34	1	0	.029	4	20	1	0	0.5	.960
1990			6	2	.750	4.15	59	0	0	86.2	69	38	58	0	6	1	1	11	3	0	.273	5	12	1	1	0.3	.944
1991	CIN	N	0	2	.000	5.25	28	0	0	36	40	19	15	0	0	2	2	5	0	0	.000	1	8	0	1	0.3	1.000
9 yrs.			53	54	.495	4.10	340	102	7	919.1	845	378	596	3	20	12	11	209	12	0	.057	36	121	4	6	0.5	.975

PITCHER REGISTER

Year	Team		W	L	%	ERA	G	GS	CG	IP	H	BB	SO	ShO	RELIEF PITCHING			BATTING			BA	PO	A	E	DP	TC/G	FA
															W	L	SV	AB	H	HR							

Cris Carpenter

CARPENTER, CRIS HOWELL
B. Apr. 5, 1965, St. Augustine, Fla.
BR TR 6' 1" 195 lbs.

	W	L	%	ERA	G	GS	CG	IP	H	BB	SO	ShO	W	L	SV	AB	H	HR	BA
April	2	1	.667	1.46	10	0	0	12.1	6	5	8	0	2	1	0				
May	4	0	1.000	3.55	10	0	0	12.2	6	1	9	0	4	0	0				
June	1	1	.500	4.97	11	0	0	12.2	11	2	10	0	1	1	0				
July	0	1	.000	8.04	11	0	0	15.2	21	7	8	0	0	1	0				
Aug	3	0	1.000	1.59	13	0	0	11.1	7	4	12	0	3	0	0				
Sept/Oct	0	1	.000	6.75	4	0	0	1.1	2	1	0	0	0	1	0				
Day	2	0	1.000	0.00	14	0	0	13.1	4	1	6	0	2	0	0				
Night	8	4	.667	5.30	45	0	0	52.2	49	19	41	0	8	4	0				
vs. Left	—	—	—	—	—	—	—	—	28	14	21	—	—	—	—				
vs. Right	—	—	—	—	—	—	—	—	25	6	26	—	—	—	—				
On Grass	1	2	.333	5.40	15	0	0	15	15	4	7	0	1	2	0				
On Turf	9	2	.818	3.88	44	0	0	51	38	16	40	0	9	2	0				
Home	5	1	.833	3.38	28	0	0	34.2	26	10	26	0	5	1	0				
Road	5	3	.625	5.17	31	0	0	31.1	27	10	21	0	5	3	0				
Division Rivals																			
vs. CHI	0	0	—	5.40	6	0	0	6.2	8	2	4	0	0	0	0				
vs. MON	1	0	1.000	0.00	5	0	0	4.1	3	3	3	0	1	0	0				
vs. NY	2	0	1.000	0.00	6	0	0	6.1	4	0	4	0	2	0	0				
vs. PHI	0	1	.000	1.29	6	0	0	7	3	2	6	0	0	1	0				
vs. PIT	1	0	1.000	2.70	6	0	0	6.2	4	3	6	0	1	0	0				

Year	Team		W	L	%	ERA	G	GS	CG	IP	H	BB	SO	ShO	W	L	SV	AB	H	HR	BA	PO	A	E	DP	TC/G	FA
1988	STL	N	2	3	.400	4.72	8	8	1	47.2	56	9	24	0	0	0	0	14	2	0	.143	6	4	0	1	1.3	1.000
1989			4	4	.500	3.18	36	5	0	68	70	26	35	0	3	2	0	9	4	0	.444	3	10	0	1	0.4	1.000
1990			0	0	—	4.50	4	0	0	8	5	2	6	0	0	0	0	1	0	0	.000	0	0	1	0	0.3	.000
1991			10	4	.714	4.23	59	0	0	66	53	20	47	0	10	4	0	3	1	0	.333	4	8	0	0	0.2	1.000
4 yrs.			16	11	.593	3.99	107	13	1	189.2	184	57	112	0	13	6	0	27	7	0	.259	13	22	1	2	0.3	.972

Amalio Carreno

CARRENO, AMALIO RAFAEL
Born Amalio Rafael Carreno y Adrian.
B. Apr. 11, 1964, Chacachacare, Venezuela
BR TR 6' 170 lbs.

Year	Team		W	L	%	ERA	G	GS	CG	IP	H	BB	SO	ShO	W	L	SV	AB	H	HR	BA	PO	A	E	DP	TC/G	FA
1991	PHI	N	0	0	—	16.20	3	0	0	3.1	5	3	2	0	0	0	0	1	0	0	.000	0	0	0	0	0.0	—

Jeff Carter

CARTER, JEFFREY ALLEN
B. Dec. 3, 1964, Tampa, Fla.
BR TR 6' 3" 195 lbs.

Year	Team		W	L	%	ERA	G	GS	CG	IP	H	BB	SO	ShO	W	L	SV	AB	H	HR	BA	PO	A	E	DP	TC/G	FA
1991	CHI	A	0	1	.000	5.25	5	2	0	12	8	5	2	0	0	0	0	0	0	0	—	0	1	0	0	0.2	1.000

Chuck Cary

CARY, CHARLES DOUGLAS
B. Mar. 3, 1960, Whittier, Calif.
BL TL 6' 4" 210 lbs.

Year	Team		W	L	%	ERA	G	GS	CG	IP	H	BB	SO	ShO	W	L	SV	AB	H	HR	BA	PO	A	E	DP	TC/G	FA
1985	DET	A	0	1	.000	3.42	16	0	0	23.2	16	8	22	0	0	1	2	0	0	0	—	0	2	0	0	0.1	1.000
1986			1	2	.333	3.41	22	0	0	31.2	33	15	21	0	1	2	0	0	0	0	—	4	1	0	0	0.2	1.000
1987	ATL	N	1	1	.500	3.78	13	0	0	16.2	17	4	15	0	1	1	1	1	0	0	.000	1	3	0	0	0.3	1.000
1988			0	0	—	6.48	7	0	0	8.1	8	4	7	0	0	0	0	0	0	0	—	0	1	0	0	0.1	1.000
1989	NY	A	4	4	.500	3.26	22	11	2	99.1	78	29	79	0	0	1	0	0	0	0	—	4	4	2	0	0.5	.800
1990			6	12	.333	4.19	28	27	2	156.2	155	55	134	0	0	0	0	0	0	0	—	8	13	1	1	0.8	.955
1991			1	6	.143	5.91	10	9	0	53.1	61	32	34	0	0	0	0	0	0	0	—	0	7	2	4	0.9	.778
7 yrs.			13	26	.333	4.11	118	47	4	389.2	368	147	312	0	2	5	3	1	0	0	.000	17	31	5	5	0.4	.906

Larry Casian

CASIAN, LAWRENCE PAUL
B. Oct. 28, 1965, Lynwood, Calif.
BR TL 6' 170 lbs.

Year	Team		W	L	%	ERA	G	GS	CG	IP	H	BB	SO	ShO	W	L	SV	AB	H	HR	BA	PO	A	E	DP	TC/G	FA
1990	MIN	A	2	1	.667	3.22	5	3	0	22.1	26	4	11	0	1	0	0	0	0	0	—	0	3	0	1	0.6	1.000
1991			0	0	—	7.36	15	0	0	18.1	28	7	6	0	0	0	0	0	0	0	—	3	4	0	0	0.5	1.000
2 yrs.			2	1	.667	5.09	20	3	0	40.2	54	11	17	0	1	0	0	0	0	0	—	3	7	0	1	0.5	1.000

PITCHER REGISTER

Year	Team	W	L	%	ERA	G	GS	CG	IP	H	BB	SO	ShO	RELIEF PITCHING W	L	SV	BATTING AB	H	HR	BA	PO	A	E	DP	TC/G	FA

Frank Castillo

CASTILLO, FRANK ANTHONY
B. Apr. 1, 1969, El Paso, Tex.
BR TR 6' 1" 180 lbs.

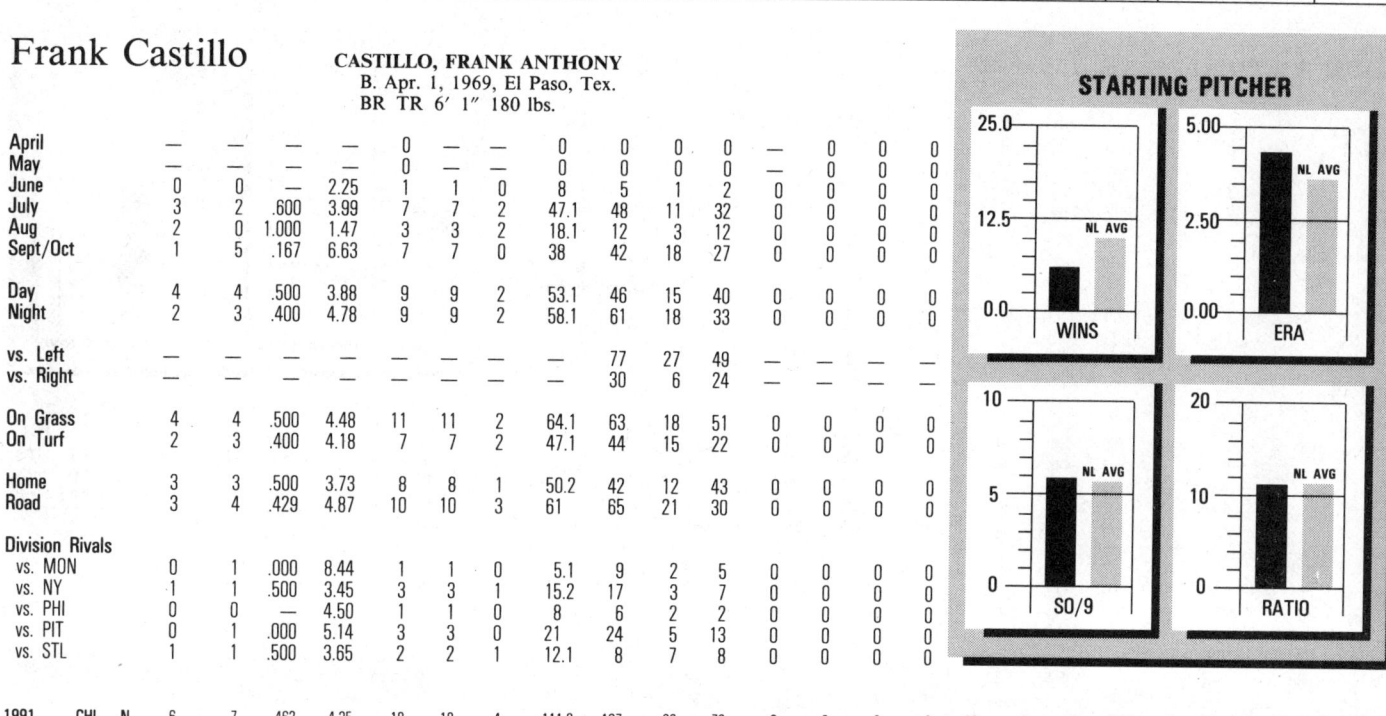

STARTING PITCHER

	W	L	%	ERA	G	GS	CG	IP	H	BB	SO	ShO	W	L	SV	AB	H	HR	BA	PO	A	E	DP	TC/G	FA
April	—	—	—	—	0	—	—	0	0	0	0	—	0	0	0										
May	—	—	—	—	0	—	—	0	0	0	0	—	0	0	0										
June	0	0	—	2.25	1	1	0	8	5	1	2	0	0	0	0										
July	3	2	.600	3.99	7	7	2	47.1	48	11	32	0	0	0	0										
Aug	2	0	1.000	1.47	3	3	2	18.1	12	3	12	0	0	0	0										
Sept/Oct	1	5	.167	6.63	7	7	0	38	42	18	27	0	0	0	0										
Day	4	4	.500	3.88	9	9	2	53.1	46	15	40	0	0	0	0										
Night	2	3	.400	4.78	9	9	2	58.1	61	18	33	0	0	0	0										
vs. Left	—	—	—	—	—	—	—	—	77	27	49	—	—	—	—										
vs. Right	—	—	—	—	—	—	—	—	30	6	24	—	—	—	—										
On Grass	4	4	.500	4.48	11	11	2	64.1	63	18	51	0	0	0	0										
On Turf	2	3	.400	4.18	7	7	2	47.1	44	15	22	0	0	0	0										
Home	3	3	.500	3.73	8	8	1	50.2	42	12	43	0	0	0	0										
Road	3	4	.429	4.87	10	10	3	61	65	21	30	0	0	0	0										
Division Rivals																										
vs. MON	0	1	.000	8.44	1	1	0	5.1	9	2	5	0	0	0	0										
vs. NY	1	1	.500	3.45	3	3	1	15.2	17	3	7	0	0	0	0										
vs. PHI	0	0	—	4.50	1	1	0	8	6	2	2	0	0	0	0										
vs. PIT	0	1	.000	5.14	3	3	0	21	24	5	13	0	0	0	0										
vs. STL	1	1	.500	3.65	2	2	1	12.1	8	7	8	0	0	0	0										
1991 CHI N	6	7	.462	4.35	18	18	4	111.2	107	33	73	0	0	0	0	35	5	0	.143	6	16	0	0	1.2	1.000

Tony Castillo

CASTILLO, ANTONIO JOSE
B. Mar. 1, 1963, Quibor, Venezuela
BL TL 5' 10" 177 lbs.

Year	Team	W	L	%	ERA	G	GS	CG	IP	H	BB	SO	ShO	W	L	SV	AB	H	HR	BA	PO	A	E	DP	TC/G	FA
1988	TOR A	1	0	1.000	3.00	14	0	0	15	10	2	14	0	1	0	0	0	0	0	—	0	3	0	0	0.2	1.000
1989	2 teams				TOR A (17G 1 - 1)				ATL N (12G 0 - 1)																	
"	total	1	2	.333	5.67	29	0	0	27	31	14	15	0	1	2	1	0	0	0	.000	2	3	0	0	0.2	1.000
1990	ATL N	5	1	.833	4.23	52	3	0	76.2	93	20	64	0	3	1	1	7	1	0	.143	5	13	0	1	0.3	1.000
1991	2 teams				ATL N (7G 1 - 1)				NY N (10G 1 - 0)																	
"	total	2	1	.667	3.34	17	3	0	32.1	40	11	18	0	1	1	0	4	0	0	.000	3	6	0	0	0.5	1.000
4 yrs.		9	4	.692	4.17	112	6	0	151	174	47	111	0	6	4	2	12	1	0	.083	10	25	0	1	0.3	1.000

Rick Cerone

CERONE, RICHARD ALDO
B. May 19, 1954, Newark, N. J.
BR TR 5' 11" 192 lbs.

Year	Team	W	L	%	ERA	G	GS	CG	IP	H	BB	SO	ShO	W	L	SV	AB	H	HR	BA	PO	A	E	DP	TC/G	FA
1987	NY A	0	0	—	0.00	2	0	0	2	0	1	1	0	0	0	0	*				0	0	0	0	0.0	—

John Cerutti

CERUTTI, JOHN JOSEPH
B. Apr. 28, 1960, Albany, N. Y.
BL TL 6' 2" 190 lbs.

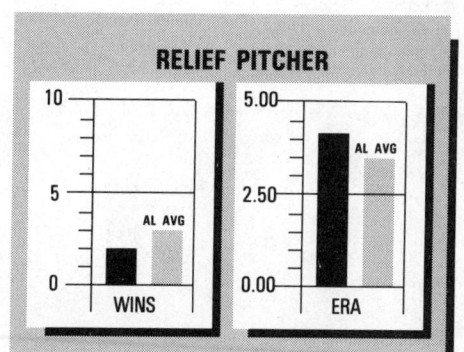

RELIEF PITCHER

	W	L	%	ERA	G	GS	CG	IP	H	BB	SO	ShO	W	L	SV	AB	H	HR	BA	PO	A	E	DP	TC/G	FA
April	0	0	—	2.35	7	0	0	15.1	10	7	7	0	0	0	0										
May	0	1	.000	5.71	4	3	0	17.1	22	10	2	0	0	0	0										
June	1	1	.500	5.93	5	1	0	13.2	14	9	6	0	1	0	0										
July	0	1	.000	4.50	11	0	0	14	16	5	4	0	0	1	1										
Aug	1	3	.250	4.91	6	4	1	25.2	29	5	10	0	0	1	0										
Sept/Oct	1	0	1.000	0.00	5	0	0	2.2	3	1	0	0	1	0	1										
Day	0	2	.000	10.13	12	2	0	13.1	25	12	5	0	0	2	1										
Night	3	4	.429	3.58	26	6	1	75.1	69	25	24	0	2	0	1										
vs. Left	—	—	—	—	—	—	—	—	13	9	8	—	—	—	—										
vs. Right	—	—	—	—	—	—	—	—	81	28	21	—	—	—	—										

PITCHER REGISTER

Year	Team	W	L	%	ERA	G	GS	CG	IP	H	BB	SO	ShO	Relief W	Relief L	Relief SV	AB	H	HR	BA	PO	A	E	DP	TC/G	FA

John Cerutti Continued

Year	Team	W	L	%	ERA	G	GS	CG	IP	H	BB	SO	ShO	W	L	SV	AB	H	HR	BA	PO	A	E	DP	TC/G	FA
On Grass		3	4	.429	4.41	30	7	0	67.1	71	30	19	0	2	1	2										
On Turf		0	2	.000	5.06	8	1	1	21.1	23	7	10	0	0	1	0										
Home		3	1	.750	4.24	16	4	0	40.1	35	22	12	0	2	0	0										
Road		0	5	.000	4.84	22	4	1	48.1	59	15	17	0	0	2	2										
Division Rivals																										
vs. BAL		0	0	—	3.86	4	1	0	9.1	8	5	0	0	0	0	1										
vs. BOS		0	0	—	8.10	3	1	0	3.1	8	1	1	0	0	0	1										
vs. CLE		1	0	1.000	9.00	2	0	0	1	2	1	0	0	1	0	0										
vs. MIL		1	0	1.000	0.00	3	0	0	3.2	1	1	1	0	1	0	0										
vs. NY		0	0	—	5.87	3	1	0	7.2	10	5	2	0	0	0	0										
vs. TOR		1	1	.500	2.38	5	2	1	22.2	17	3	10	0	0	0	0										
1985	TOR A	0	2	.000	5.40	4	1	0	6.2	10	4	5	0	0	1	0	0	0	0	—	0	1	0	0	0.3	1.000
1986		9	4	.692	4.15	34	20	2	145.1	150	47	89	1	2	0	1	0	0	0	—	8	21	0	2	0.9	1.000
1987		11	4	.733	4.40	44	21	2	151.1	144	59	92	0	2	0	0	0	0	0	—	5	15	1	1	0.5	.952
1988		6	7	.462	3.13	46	12	0	123.2	120	42	65	0	1	3	1	0	0	0	—	13	27	0	2	0.9	1.000
1989		11	11	.500	3.07	33	31	3	205.1	214	53	69	1	0	0	0	0	0	0	—	16	45	1	3	1.9	.984
1990		9	9	.500	4.76	30	23	0	140	162	49	49	0	1	0	0	0	0	0	—	11	18	0	2	1.0	1.000
1991	DET A	3	6	.333	4.57	38	8	1	88.2	94	37	29	0	2	2	2	0	0	0	—	1	20	3	0	0.6	.875
7 yrs.		49	43	.533	3.94	229	116	8	861	894	291	398	2	8	6	4	0	0	0	—	54	147	5	10	0.9	.976

LEAGUE CHAMPIONSHIP SERIES

Year	Team	W	L	%	ERA	G	GS	CG	IP	H	BB	SO	ShO	W	L	SV	AB	H	HR	BA	PO	A	E	DP	TC/G	FA
1989	TOR A	0	0	—	0.00	2	0	0	2.2	0	3	1	0	0	0	0	0	0	0	—	0	2	0	0	1.0	1.000

Darrin Chapin

CHAPIN, DARRIN JOHN
B. Feb. 1, 1966, Warren, Ohio
BR TR 6' 170 lbs.

Year	Team	W	L	%	ERA	G	GS	CG	IP	H	BB	SO	ShO	W	L	SV	AB	H	HR	BA	PO	A	E	DP	TC/G	FA
1991	NY A	0	1	.000	5.06	3	0	0	5.1	3	6	5	0	0	1	0	0	0	0	—	0	1	0	0	0.3	1.000

Norm Charlton

CHARLTON, NORMAN WOOD
B. Jan. 6, 1963, Fort Polk, La.
BB TL 6' 3" 195 lbs.

Split	Team	W	L	%	ERA	G	GS	CG	IP	H	BB	SO	ShO	W	L	SV	AB	H	HR	BA	PO	A	E	DP	TC/G	FA
April		1	2	.333	2.45	4	4	0	29.1	22	11	23	0	0	0	0										
May		1	3	.250	6.29	5	5	0	24.1	30	9	6	0	0	0	0										
June		1	0	1.000	4.50	2	2	0	12	13	2	8	0	0	0	0										
July		0	0	—	1.50	4	0	0	6	4	1	7	0	0	0	0										
Aug		0	0	—	1.42	11	0	0	19	13	7	17	0	0	0	1										
Sept/Oct		0	0	—	0.00	13	0	0	17.2	10	4	16	0	0	0	0										
Day		0	3	.000	6.49	8	4	0	26.1	33	11	12	0	0	0	0										
Night		3	2	.600	1.76	31	7	0	82	59	23	65	0	0	0	1										
vs. Left		—	—	—	—	—	—	—	—	22	11	19	—	—	—	—										
vs. Right		—	—	—	—	—	—	—	—	70	23	58	—	—	—	—										
On Grass		1	0	1.000	0.33	12	1	0	27	14	10	24	0	0	0	0										
On Turf		2	5	.286	3.76	27	10	0	81.1	78	24	53	0	0	0	1										
Home		0	4	.000	4.01	15	5	0	42.2	43	16	27	0	0	0	1										
Road		3	1	.750	2.19	24	6	0	65.2	49	18	50	0	0	0	0										
Division Rivals																										
vs. ATL		0	0	—	0.00	5	0	0	9	6	2	12	0	0	0	0										
vs. HOU		0	1	.000	1.50	4	2	0	18	13	4	18	0	0	0	0										
vs. LA		0	1	.000	6.48	6	1	0	8.1	11	4	5	0	0	0	0										
vs. SD		1	1	.500	1.56	4	2	0	17.1	11	11	6	0	0	0	0										
vs. SF		0	0	—	0.00	3	0	0	5.1	3	0	3	0	0	0	0										
1988	CIN N	4	5	.444	3.96	10	10	0	61.1	60	20	39	0	0	0	0	15	0	0	.000	1	9	0	0	1.0	1.000
1989		8	3	.727	2.93	69	0	0	95.1	67	40	98	0	8	3	0	5	0	0	.000	3	13	3	0	0.3	.842
1990		12	9	.571	2.74	56	16	1	154.1	131	70	117	1	6	4	2	37	5	0	.135	6	23	1	3	0.5	.967
1991		3	5	.375	2.91	39	11	0	108.1	92	34	77	0	0	0	1	23	1	0	.043	4	20	1	1	0.6	.960
4 yrs.		27	22	.551	3.00	174	37	1	419.1	350	164	331	1	14	7	3	80	6	0	.075	14	65	5	4	0.5	.940

LEAGUE CHAMPIONSHIP SERIES

Year	Team	W	L	%	ERA	G	GS	CG	IP	H	BB	SO	ShO	W	L	SV	AB	H	HR	BA	PO	A	E	DP	TC/G	FA
1990	CIN N	1	1	.500	1.80	4	0	0	5	4	3	3	0	1	1	0	0	0	0	—	1	0	0	1	0.3	1.000

WORLD SERIES

Year	Team	W	L	%	ERA	G	GS	CG	IP	H	BB	SO	ShO	W	L	SV	AB	H	HR	BA	PO	A	E	DP	TC/G	FA
1990	CIN N	0	0	—	0.00	1	0	0	1	1	0	0	0	0	0	0	0	0	0	—	0	0	0	0	0.0	—

PITCHER REGISTER

Year	Team	W	L	%	ERA	G	GS	CG	IP	H	BB	SO	ShO	RELIEF PITCHING W	L	SV	BATTING AB	H	HR	BA	PO	A	E	DP	TC/G	FA

Scott Chiamparino CHIAMPARINO, SCOTT MICHAEL
B. Aug. 22, 1966, San Mateo, Calif.
BR TR 6' 2" 190 lbs.

Year	Team	W	L	%	ERA	G	GS	CG	IP	H	BB	SO	ShO	W	L	SV	AB	H	HR	BA	PO	A	E	DP	TC/G	FA
1990	TEX A	1	2	.333	2.63	6	6	0	37.2	36	12	19	0	0	0	0	0	0	0	—	3	1	0	0	0.7	1.000
1991		1	0	1.000	4.03	5	5	0	22.1	26	12	8	0	0	0	0	0	0	0	—	1	1	0	0	0.4	1.000
2 yrs.		2	2	.500	3.15	11	11	0	60	62	24	27	0	0	0	0	0	0	0	—	4	2	0	0	0.5	1.000

Steve Chitren CHITREN, STEPHEN VINCENT
B. June 8, 1967, Tokyo, Japan
BR TR 6' 180 lbs.

Split	W	L	%	ERA	G	GS	CG	IP	H	BB	SO	ShO	W	L	SV
April	1	0	1.000	0.00	9	0	0	9	7	7	9	0	1	0	0
May	0	1	.000	4.80	13	0	0	15	14	10	13	0	0	1	0
June	0	1	.000	4.50	9	0	0	12	13	5	13	0	0	1	2
July	0	1	.000	3.60	9	0	0	10	9	2	5	0	0	1	2
Aug	0	1	.000	9.39	9	0	0	7.2	11	4	6	0	0	1	0
Sept/Oct	0	0	—	4.05	7	0	0	6.2	5	4	1	0	0	0	0
Day	0	1	.000	7.45	18	0	0	19.1	22	13	20	0	0	1	0
Night	1	3	.250	2.85	38	0	0	41	37	19	27	0	1	3	4
vs. Left	—	—	—	—	—	—	—	—	28	15	16	—	—	—	—
vs. Right	—	—	—	—	—	—	—	—	31	17	31	—	—	—	—
On Grass	1	3	.250	4.25	45	0	0	48.2	45	28	43	0	1	3	3
On Turf	0	1	.000	4.63	11	0	0	11.2	14	4	4	0	0	1	1
Home	0	0	—	5.28	27	0	0	29	26	17	31	0	0	0	1
Road	1	4	.200	3.45	29	0	0	31.1	33	15	16	0	1	4	3
Division Rivals															
vs. CAL	1	0	1.000	0.00	5	0	0	5.1	4	1	6	0	1	0	0
vs. CHI	0	1	.000	5.40	4	0	0	3.1	7	5	4	0	0	1	0
vs. KC	0	0	—	6.43	4	0	0	7	7	2	3	0	0	0	1
vs. MIN	0	0	—	1.80	4	0	0	5	4	2	3	0	0	0	0
vs. SEA	0	1	.000	5.40	5	0	0	3.1	5	5	2	0	0	1	0
vs. TEX	0	0	—	12.00	3	0	0	3	4	3	2	0	0	0	0

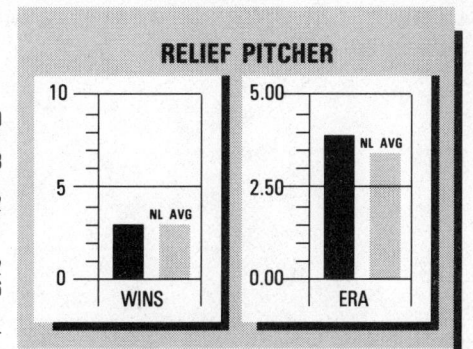

Year	Team	W	L	%	ERA	G	GS	CG	IP	H	BB	SO	ShO	W	L	SV	AB	H	HR	BA	PO	A	E	DP	TC/G	FA
1990	OAK A	1	0	1.000	1.02	8	0	0	17.2	7	4	19	0	1	0	0	0	0	0	—	1	2	0	0	0.4	1.000
1991		1	4	.200	4.33	56	0	0	60.1	59	32	47	0	1	4	4	0	0	0	—	1	8	0	1	0.2	1.000
2 yrs.		2	4	.333	3.58	64	0	0	78	66	36	66	0	2	4	4	0	0	0	—	2	10	0	1	0.2	1.000

Mike Christopher CHRISTOPHER, MICHAEL WAYNE
B. Nov. 3, 1963, Petersburg, Va.
BR TR 6' 5" 205 lbs.

Year	Team	W	L	%	ERA	G	GS	CG	IP	H	BB	SO	ShO	W	L	SV	AB	H	HR	BA	PO	A	E	DP	TC/G	FA
1991	LA N	0	0	—	0.00	3	0	0	4	2	3	2	0	0	0	0	0	0	0	—	0	1	0	0	0.3	1.000

Jim Clancy CLANCY, JAMES
B. Dec. 18, 1955, Chicago, Ill.
BR TR 6' 2" 185 lbs.

Split	W	L	%	ERA	G	GS	CG	IP	H	BB	SO	ShO	W	L	SV
April	0	0	—	1.69	4	0	0	10.2	8	4	7	0	0	0	0
May	0	1	.000	2.25	8	0	0	16	8	6	7	0	0	1	1
June	0	1	.000	1.72	10	0	0	15.2	7	3	11	0	0	1	3
July	0	1	.000	5.68	8	0	0	12.2	14	7	8	0	0	0	1
Aug	1	0	1.000	3.44	11	0	0	18.1	11	7	11	0	1	0	2
Sept/Oct	2	2	.500	8.27	13	0	0	16.1	25	7	6	0	2	2	1
Day	2	1	.667	4.66	18	0	0	29	25	15	15	0	2	1	2
Night	1	4	.200	3.56	36	0	0	60.2	48	19	35	0	1	4	6
vs. Left	—	—	—	—	—	—	—	—	33	17	22	—	—	—	—
vs. Right	—	—	—	—	—	—	—	—	40	17	28	—	—	—	—

PITCHER REGISTER

Jim Clancy *Continued*

Year	Team	W	L	%	ERA	G	GS	CG	IP	H	BB	SO	ShO	Relief W	Relief L	Relief SV	AB	H	HR	BA	PO	A	E	DP	TC/G	FA
On Grass		2	1	.667	4.32	23	0	0	33.1	30	12	15	0	2	1	3										
On Turf		1	4	.200	3.67	31	0	0	56.1	43	22	35	0	1	4	5										
Home		2	3	.400	4.28	26	0	0	40	33	18	26	0	2	3	3										
Road		1	2	.333	3.62	28	0	0	49.2	40	16	24	0	1	2	5										
Division Rivals																										
vs. CIN		0	0	—	6.52	6	0	0	9.2	12	2	4	0	0	0	2										
vs. HOU		1	0	1.000	5.40	3	0	0	5	7	2	4	0	1	0	0										
vs. LA		1	0	1.000	0.00	2	0	0	4	0	4	3	0	1	0	0										
vs. SD		0	0	—	3.00	6	0	0	6	3	2	2	0	0	0	0										
vs. SF		1	1	.500	3.21	7	0	0	14	13	6	11	0	1	1	1										
1977	TOR A	4	9	.308	5.03	13	13	4	77	80	47	44	1	0	0	0	0	0	0	—	6	14	3	4	1.8	.870
1978		10	12	.455	4.09	31	30	7	193.2	199	91	106	0	0	0	0	0	0	0	—	14	30	2	3	1.5	.957
1979		2	7	.222	5.48	12	11	2	64	65	31	33	0	0	0	0	0	0	0	—	1	11	0	0	1.0	1.000
1980		13	16	.448	3.30	34	34	15	251	217	**128**	152	2	0	0	0	0	0	0	—	14	35	2	2	1.5	.961
1981		6	12	.333	4.90	22	22	2	125	126	64	56	0	0	0	0	0	0	0	—	2	10	0	0	0.5	1.000
1982		16	14	.533	3.71	40	**40**	11	266.2	251	77	139	3	0	0	0	0	0	0	—	14	27	2	2	1.1	.953
1983		15	11	.577	3.91	34	34	11	223	238	61	99	1	0	0	0	0	0	0	—	23	17	1	1	1.2	.976
1984		13	15	.464	5.12	36	**36**	5	219.2	249	88	118	0	0	0	0	0	0	0	—	15	30	1	4	1.3	.978
1985		9	6	.600	3.78	23	23	1	128.2	117	37	66	0	0	0	0	0	0	0	—	6	15	1	1	1.0	.955
1986		14	14	.500	3.94	34	34	6	219.1	202	63	126	3	0	0	0	0	0	0	—	34	23	1	2	1.7	.983
1987		15	11	.577	3.54	37	37	5	241.1	234	80	180	1	0	0	0	0	0	0	—	25	36	2	4	1.7	.968
1988		11	13	.458	4.49	36	31	4	196.1	207	47	118	0	0	0	1	0	0	0	—	15	21	3	4	1.1	.923
1989	HOU N	7	14	.333	5.08	33	26	1	147	155	66	91	0	1	1	0	41	6	0	.146	9	10	7	2	0.8	.731
1990		2	8	.200	6.51	33	10	0	76	100	33	44	0	0	1	1	14	3	0	.214	4	13	0	1	0.5	1.000
1991	2 teams	HOU N (30G 0-3)			ATL N (24G 3-2)																					
"	total	3	5	.375	3.91	54	0	0	89.2	73	34	50	0	3	5	8	6	0	0	.000	3	9	1	0	0.2	.923
15 yrs.		140	167	.456	4.22	472	381	74	2518.1	2513	947	1422	11	4	7	10	61	9	0	.148	185	301	26	30	1.1	.949
LEAGUE CHAMPIONSHIP SERIES																										
1985	TOR A	0	1	.000	9.00	1	0	0	1	2	1	0	0	0	1	0	0	0	0	—	0	1	0	0	1.0	1.000
1991	ATL N	0	0	—	0.00	1	0	0	0.1	0	0	0	0	0	0	0	0	0	0	—	0	0	0	0	0.0	—
2 yrs.		0	1	.000	6.75	2	0	0	1.1	2	1	0	0	0	1	0	0	0	0	—	0	1	0	0	0.5	1.000
WORLD SERIES																										
1991	ATL N	1	0	1.000	4.15	3	0	0	4.1	3	4	2	0	1	0	0	1	0	0	.000	0	0	0	0	0.0	—

Mark Clark

CLARK, MARK WILLARD
B. May 12, 1968, Bath, Ill.
BR TR 6' 5" 225 lbs.

Year	Team	W	L	%	ERA	G	GS	CG	IP	H	BB	SO	ShO	Relief W	Relief L	Relief SV	AB	H	HR	BA	PO	A	E	DP	TC/G	FA
1991	STL N	1	1	.500	4.03	7	2	0	22.1	17	11	13	0	1	1	0	7	0	0	.000	2	1	0	0	0.4	1.000

Roger Clemens

CLEMENS, WILLIAM ROGER (Rocket Man)
B. Aug. 4, 1962, Dayton, Ohio
BR TR 6' 4" 205 lbs.

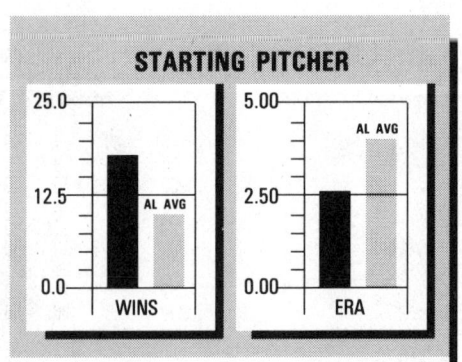

Split	W	L	%	ERA	G	GS	CG	IP	H	BB	SO	ShO	RW	RL	SV
April	4	0	1.000	0.28	4	4	1	32	17	5	34	1	0	0	0
May	3	2	.600	3.80	6	6	1	45	35	10	46	0	0	0	0
June	2	3	.400	1.94	5	5	2	41.2	37	11	26	0	0	0	0
July	2	2	.500	3.19	6	6	1	42.1	42	13	36	0	0	0	0
Aug	3	1	.750	2.70	7	7	4	53.1	41	18	49	1	0	0	0
Sept/Oct	4	2	.667	3.00	7	7	4	57	47	8	50	2	0	0	0
Day	6	2	.750	2.22	9	9	3	73	59	10	70	1	0	0	0
Night	12	8	.600	2.77	26	26	10	198.1	160	55	171	3	0	0	0
vs. Left	—	—	—	—	—	—	—	—	123	47	121	—	—	—	—
vs. Right	—	—	—	—	—	—	—	—	96	18	120	—	—	—	—

PITCHER REGISTER 283

Year	Team	W	L	%	ERA	G	GS	CG	IP	H	BB	SO	ShO	RELIEF PITCHING W	L	SV	BATTING AB	H	HR	BA	PO	A	E	DP	TC/G	FA

Roger Clemens *Continued*

On Grass		16	8	.667	2.52	30	30	11	235.2	182	53	213	4	0	0	0										
On Turf		2	2	.500	3.28	5	5	2	35.2	37	12	28	0	0	0	0										
Home		8	5	.615	2.59	18	18	6	142.2	120	35	132	2	0	0	0										
Road		10	5	.667	2.66	17	17	7	128.2	99	30	109	2	0	0	0										
Division Rivals																										
vs. BAL		1	1	.500	1.59	2	2	1	17	15	1	13	0	0	0	0										
vs. CLE		1	0	1.000	2.25	2	2	1	16	11	3	20	1	0	0	0										
vs. DET		2	2	.500	4.34	4	4	1	29	23	7	29	0	0	0	0										
vs. MIL		1	1	.500	2.81	2	2	1	16	18	3	18	0	0	0	0										
vs. NY		3	1	.750	2.18	4	4	2	33	24	5	29	1	0	0	0										
vs. TOR		3	0	1.000	2.86	4	4	1	28.1	25	9	23	0	0	0	0										
1984	BOS A	9	4	.692	4.32	21	20	5	133.1	146	29	126	1	0	0	0	0	0	0	—	11	14	0	0	1.2	1.000
1985		7	5	.583	3.29	15	15	3	98.1	83	37	74	1	0	0	0	0	0	0	—	12	9	0	1	1.4	1.000
1986		**24**	4	**.857**	2.48	33	33	10	254	179	67	238	1	0	0	0	0	0	0	—	27	21	4	0	1.6	.923
1987		**20**	9	**.690**	2.97	36	36	**18**	281.2	248	83	256	7	0	0	0	0	0	0	—	15	25	0	1	1.1	1.000
1988		18	12	.600	2.93	35	35	**14**	264	217	62	**291**	8	0	0	0	0	0	0	—	17	17	1	1	1.0	.971
1989		17	11	.607	3.13	35	35	8	253.1	215	93	230	3	0	0	0	0	0	0	—	17	27	0	1	1.3	1.000
1990		21	6	.778	**1.93**	31	31	7	228.1	193	54	209	**4**	0	0	0	0	0	0	—	23	26	2	1	1.6	.961
1991		18	10	.643	**2.62**	35	**35**	13	**271.1**	219	65	**241**	**4**	0	0	0	0	0	0	—	31	30	1	1	1.8	.984
8 yrs.		134	61	.687	2.85	241	240	78	1784.1	1500	490	1665	29	0	0	0	0	0	0	—	153	169	8	6	1.4	.976
LEAGUE CHAMPIONSHIP SERIES																										
1986	BOS A	1	1	.500	4.37	3	3	0	22.2	22	7	17	0	0	0	0	0	0	0	—	1	2	0	0	1.0	1.000
1988		0	0	—	3.86	1	1	0	7	6	0	8	0	0	0	0	0	0	0	—	0	0	1	0	1.0	—
1990		0	1	.000	3.52	2	2	0	7.2	7	5	4	0	0	0	0	0	0	0	—	0	1	0	0	0.5	1.000
3 yrs.		1	2	.333	4.10	6	6	0	37.1	35	12	29	0	0	0	0	0	0	0	—	1	3	1	0	0.8	.800
WORLD SERIES																										
1986	BOS A	0	0	—	3.18	2	2	0	11.1	9	6	11	0	0	0	0	4	0	0	.000	1	2	0	0	1.5	1.000

Pat Clements

CLEMENTS, PATRICK BRIAN
B. Feb. 2, 1962, McCloud, Calif.
BR TL 6' 175 lbs.

Year	Team	W	L	%	ERA	G	GS	CG	IP	H	BB	SO	ShO	W	L	SV	AB	H	HR	BA	PO	A	E	DP	TC/G	FA
1985	2 teams	CAL A (41G 5 – 0)			PIT N (27G 0 – 2)																					
"	total	5	2	.714	3.46	68	0	0	96.1	86	40	36	0	5	2	3	3	1	0	.333	2	18	1	2	0.3	.952
1986	PIT N	0	4	.000	2.80	65	0	0	61	53	32	31	0	0	4	2	6	0	0	.000	7	11	0	0	0.3	1.000
1987	NY A	3	3	.500	4.95	55	0	0	80	91	30	36	0	3	3	7	0	0	0	—	5	15	0	2	0.4	1.000
1988		0	0	—	6.48	6	1	0	8.1	12	4	3	0	0	0	0	0	0	0	—	1	1	0	0	0.3	1.000
1989	SD N	4	1	.800	3.92	23	1	0	39	39	15	18	0	4	0	0	6	0	0	.000	1	8	0	1	0.4	1.000
1990		0	0	—	4.15	9	0	0	13	20	7	6	0	0	0	0	0	0	0	—	3	2	0	0	0.6	1.000
1991		1	0	1.000	3.77	12	0	0	14.1	13	9	8	0	1	0	0	1	0	0	.000	0	3	0	1	0.3	1.000
7 yrs.		13	10	.565	3.89	238	2	0	312	314	137	138	0	13	9	12	16	1	0	.063	19	58	1	7	0.3	.987

Pat Combs

COMBS, PATRICK DENNIS
B. Oct. 29, 1966, Newport, R. I.
BL TL 6' 3" 200 lbs.

Year	Team	W	L	%	ERA	G	GS	CG	IP	H	BB	SO	ShO	W	L	SV	AB	H	HR	BA	PO	A	E	DP	TC/G	FA
1989	PHI N	4	0	1.000	2.09	6	6	1	38.2	36	6	30	1	0	0	0	12	2	0	.167	1	3	0	0	0.7	1.000
1990		10	10	.500	4.07	32	31	3	183.1	179	86	108	2	0	0	0	60	9	0	.150	10	25	0	1	1.1	1.000
1991		2	6	.250	4.90	14	13	1	64.1	64	43	41	0	0	0	0	15	2	0	.133	2	9	0	0	0.8	1.000
3 yrs.		16	16	.500	3.99	52	50	5	286.1	279	135	179	3	0	0	0	87	13	0	.149	13	37	0	1	1.0	1.000

Keith Comstock

COMSTOCK, KEITH MARTIN
B. Dec. 23, 1955, San Francisco, Calif.
BL TL 6' 174 lbs.

Year	Team	W	L	%	ERA	G	GS	CG	IP	H	BB	SO	ShO	W	L	SV	AB	H	HR	BA	PO	A	E	DP	TC/G	FA
1984	MIN A	0	0	—	8.53	4	0	0	6.1	6	4	2	0	0	0	0	0	0	0	—	1	2	0	0	0.8	1.000
1987	2 teams	SF N (15G 2 – 0)			SD N (26G 0 – 1)																					
"	total	2	1	.667	4.61	41	0	0	56.2	52	31	59	0	2	1	1	2	0	0	.000	2	4	0	1	0.1	1.000
1988	SD N	0	0	—	6.75	7	0	0	8	8	3	9	0	0	0	0	0	0	0	—	1	1	0	0	0.3	1.000
1989	SEA A	1	2	.333	2.81	31	0	0	25.2	26	10	22	0	1	2	0	0	0	0	—	0	4	1	0	0.2	.800
1990		7	4	.636	2.89	60	0	0	56	40	26	50	0	7	4	2	0	0	0	—	2	11	1	0	0.2	.929
1991		0	0	—	54.00	1	0	0	0.1	2	1	0	0	0	0	0	0	0	0	—	0	0	0	0	0.0	—
6 yrs.		10	7	.588	4.06	144	0	0	153	134	75	142	0	10	7	3	2	0	0	.000	6	22	2	1	0.2	.933

PITCHER REGISTER

Year	Team	W	L	%	ERA	G	GS	CG	IP	H	BB	SO	ShO	RELIEF PITCHING W	L	SV	BATTING AB	H	HR	BA	PO	A	E	DP	TC/G	FA

David Cone
CONE, DAVID BRIAN
B. Jan. 2, 1963, Kansas City, Mo.
BL TR 6' 1" 180 lbs.

STARTING PITCHER

Split	W	L	%	ERA	G	GS	CG	IP	H	BB	SO	ShO	W	L	SV	AB	H	HR	BA	PO	A	E	DP	TC/G	FA
April	2	1	.667	5.25	4	4	0	24	32	12	18	0	0	0	0										
May	3	2	.600	2.20	6	6	2	45	36	7	43	0	0	0	0										
June	2	2	.500	2.52	5	5	0	35.2	28	13	38	0	0	0	0										
July	3	2	.600	3.14	6	6	1	43	33	9	45	0	0	0	0										
Aug	2	3	.400	5.03	6	6	0	34	45	12	33	0	0	0	0										
Sept/Oct	2	4	.333	2.82	7	7	2	51	30	20	64	2	0	0	0										
Day	4	5	.444	4.21	9	9	2	57.2	54	14	58	1	0	0	0										
Night	10	9	.526	2.98	25	25	3	175	150	59	183	1	0	0	0										
vs. Left	—	—	—	—	—	—	—	—	135	50	123	—	—	—	—										
vs. Right	—	—	—	—	—	—	—	—	69	23	118	—	—	—	—										
On Grass	8	11	.421	3.94	23	23	4	153	147	44	152	1	0	0	0										
On Turf	6	3	.667	2.03	11	11	1	79.2	57	29	89	1	0	0	0										
Home	6	7	.462	3.91	17	17	2	115	112	36	118	1	0	0	0										
Road	8	7	.533	2.68	17	17	3	117.2	92	37	123	1	0	0	0										
Division Rivals																									
vs. CHI	1	2	.333	7.20	3	3	1	15	22	2	13	0	0	0	0										
vs. MON	2	1	.667	3.33	4	4	0	27	28	5	22	0	0	0	0										
vs. PHI	2	0	1.000	2.38	3	3	1	22.2	15	9	32	1	0	0	0										
vs. PIT	1	2	.333	4.00	4	4	0	27	28	11	20	0	0	0	0										
vs. STL	2	2	.500	2.08	5	5	2	39	27	12	40	1	0	0	0										
1986 KC A	0	0	—	5.56	11	0	0	22.2	29	13	21	0	0	0	0	0	0	0	—	4	0	0	0	0.4	1.000
1987 NY N	5	6	.455	3.71	21	13	1	99.1	87	44	68	0	1	1	1	31	2	0	.065	12	10	1	0	1.1	.957
1988	20	3	**.870**	2.22	35	28	8	231.1	178	80	213	4	2	0	0	80	12	0	.150	17	23	1	0	1.2	.976
1989	14	8	.636	3.52	34	33	7	219.2	183	74	190	2	0	0	0	77	18	0	.234	21	14	1	0	1.1	.972
1990	14	10	.583	3.23	31	30	6	211.2	177	65	**233**	2	0	0	0	70	14	0	.200	17	20	3	1	1.3	.925
1991	14	14	.500	3.29	34	34	5	232.2	204	73	**241**	2	0	0	0	72	9	0	.125	18	26	4	2	1.4	.917
6 yrs.	67	41	.620	3.18	166	138	27	1017.1	858	349	966	10	3	1	1	330	55	0	.167	89	93	10	3	1.2	.948
LEAGUE CHAMPIONSHIP SERIES																									
1988 NY N	1	1	.500	4.50	3	2	1	12	10	5	9	0	0	0	0	4	0	0	.000	1	0	0	0	0.3	1.000

Dennis Cook
COOK, DENNIS BRYAN
B. Oct. 4, 1962, LaMarque, Tex.
BL TL 6' 3" 185 lbs.

Year	Team	W	L	%	ERA	G	GS	CG	IP	H	BB	SO	ShO	W	L	SV	AB	H	HR	BA	PO	A	E	DP	TC/G	FA
1988	SF N	2	1	.667	2.86	4	4	1	22	9	11	13	1	0	0	0	4	0	0	.000	0	1	0	0	0.3	1.000
1989	2 teams	SF N (2G 1-0)			PHI N (21G 6-8)																					
"	total	7	8	.467	3.72	23	18	2	121	110	38	67	1	1	0	0	42	9	0	.214	4	16	3	0	1.0	.870
1990	2 teams	PHI N (42G 8-3)			LA N (5G 1-1)																					
"		9	4	.692	3.92	47	16	2	156	155	56	64	1	3	1	1	49	15	1	.306	10	22	0	1	0.7	1.000
1991	LA N	1	0	1.000	0.51	20	1	0	17.2	12	7	8	0	0	0	0	1	0	0	.000	0	4	0	0	0.2	1.000
4 yrs.		19	13	.594	3.58	94	39	5	316.2	286	112	152	3	4	1	1	96	24	1	.250	14	43	3	1	0.6	.950

Archie Corbin
CORBIN, ARCHIE RAY
B. Dec. 30, 1967, Beaumont, Tex.
BR TR 6' 4" 190 lbs.

Year	Team	W	L	%	ERA	G	GS	CG	IP	H	BB	SO	ShO	W	L	SV	AB	H	HR	BA	PO	A	E	DP	TC/G	FA
1991	KC A	0	0	—	3.86	2	0	0	2.1	3	2	1	0	0	0	0	0	0	0	—	0	0	0	0	0.0	—

Rheal Cormier
CORMIER, RHEAL PAUL
B. Apr. 23, 1967, Moncton, N.B., Canada
BL TL 5' 10" 185 lbs.

Year	Team	W	L	%	ERA	G	GS	CG	IP	H	BB	SO	ShO	W	L	SV	AB	H	HR	BA	PO	A	E	DP	TC/G	FA
1991	STL N	4	5	.444	4.12	11	10	2	67.2	74	8	38	0	0	0	0	21	5	0	.238	3	8	0	0	1.0	1.000

PITCHER REGISTER 285

Year	Team	W	L	%	ERA	G	GS	CG	IP	H	BB	SO	ShO	RELIEF PITCHING W	L	SV	BATTING AB	H	HR	BA	PO	A	E	DP	TC/G	FA

Jim Corsi

CORSI, JAMES BERNARD
B. Sept. 9, 1961, Newton, Mass.
BR TR 6′ 1″ 210 lbs.

	W	L	%	ERA	G	GS	CG	IP	H	BB	SO	ShO	W	L	SV
April	0	2	.000	3.86	4	0	0	7	9	2	0	0	0	2	0
May	0	1	.000	5.25	8	0	0	12	14	3	7	0	0	1	0
June	0	1	.000	1.72	8	0	0	15.2	12	6	7	0	0	1	0
July	0	0	—	3.14	8	0	0	14.1	15	3	12	0	0	1	0
Aug	0	1	.000	6.00	9	0	0	12	12	3	14	0	0	1	0
Sept/Oct	0	0	—	3.24	10	0	0	16.2	14	6	13	0	0	0	0
Day	0	0	—	2.53	13	0	0	21.1	15	8	19	0	0	0	0
Night	0	5	.000	4.15	34	0	0	56.1	61	15	34	0	0	5	0
vs. Left	—	—	—	—	—	—	—	—	44	15	25	—	—	—	—
vs. Rig	—	—	—	—	—	—	—	—	32	8	28	—	—	—	—
On Grass	0	1	.000	1.27	13	0	0	21.1	20	6	13	0	0	1	0
On Turf	0	4	.000	4.63	34	0	0	56.1	56	17	40	0	0	4	0
Home	0	3	.000	4.66	24	0	0	38.2	34	6	28	0	0	3	0
Road	0	2	.000	2.77	23	0	0	39	42	17	25	0	0	2	0
Division Rivals															
vs. ATL	0	1	.000	1.42	6	0	0	6.1	6	1	5	0	0	1	0
vs. CIN	0	1	.000	6.52	4	0	0	9.2	11	2	5	0	0	1	0
vs. LA	0	2	.000	10.29	5	0	0	7	9	2	4	0	0	2	0
vs. SD	0	0	—	0.00	3	0	0	6.1	4	1	5	0	0	0	0
vs. SF	0	0	—	3.52	6	0	0	7.2	9	3	5	0	0	0	0

Year	Team	W	L	%	ERA	G	GS	CG	IP	H	BB	SO	ShO	W	L	SV	AB	H	HR	BA	PO	A	E	DP	TC/G	FA
1988	OAK A	0	1	.000	3.80	11	1	0	21.1	20	6	10	0	0	1	0	0	0	0	—	0	3	1	0	0.4	.750
1989		1	2	.333	1.88	22	0	0	38.1	26	10	21	0	1	2	0	0	0	0	—	3	5	0	0	0.4	1.000
1991	HOU N	0	5	.000	3.71	47	0	0	77.2	76	23	53	0	0	5	0	1	0	0	.000	6	15	1	1	0.5	.955
3 yrs.		1	8	.111	3.21	80	1	0	137.1	122	39	84	0	1	8	0	1	0	0	.000	9	23	2	1	0.4	.941

John Costello

COSTELLO, JOHN REILLY
B. Dec. 24, 1960, Bronx, N.Y.
BR TR 6′ 1″ 190 lbs.

	W	L	%	ERA	G	GS	CG	IP	H	BB	SO	ShO	W	L	SV
April	—	—	—	—	0	—	—	0	0	0	0	—	0	0	0
May	0	0	—	3.52	8	0	0	7.2	11	4	6	0	0	0	0
June	0	0	—	2.35	6	0	0	7.2	8	5	3	0	0	0	0
July	0	0	—	3.97	7	0	0	11.1	12	6	7	0	0	0	0
Aug	0	0	—	6.75	2	0	0	2.2	3	1	2	0	0	0	0
Sept/Oct	1	0	1.000	0.00	4	0	0	5.2	3	1	6	0	1	0	0
Day	0	0	—	8.10	5	0	0	6.2	11	4	3	0	0	0	0
Night	1	0	1.000	1.91	22	0	0	28.1	26	13	21	0	1	0	0
vs. Left	—	—	—	—	—	—	—	—	14	14	8	—	—	—	—
vs. Right	—	—	—	—	—	—	—	—	23	3	16	—	—	—	—
On Grass	1	0	1.000	3.57	17	0	0	22.2	28	10	15	0	1	0	0
On Turf	0	0	—	2.19	10	0	0	12.1	9	7	9	0	0	0	0
Home	1	0	1.000	1.96	13	0	0	18.1	18	10	11	0	1	0	0
Road	0	0	—	4.32	14	0	0	16.2	19	7	13	0	0	0	0
Division Rivals															
vs. ATL	0	0	—	16.20	4	0	0	1.2	6	0	1	0	0	0	0
vs. CIN	0	0	—	0.00	5	0	0	6	3	2	6	0	0	0	0
vs. HOU	0	0	—	0.00	2	0	0	2.2	1	1	2	0	0	0	0
vs. LA	0	0	—	0.00	1	0	0	2	2	1	2	0	0	0	0
vs. SF	1	0	1.000	0.00	1	0	0	2.1	1	1	2	0	1	0	0

Year	Team	W	L	%	ERA	G	GS	CG	IP	H	BB	SO	ShO	W	L	SV	AB	H	HR	BA	PO	A	E	DP	TC/G	FA
1988	STL N	5	2	.714	1.81	36	0	0	49.2	44	25	38	0	5	2	1	5	0	0	.000	3	3	0	0	0.2	1.000
1989		5	4	.556	3.32	48	0	0	62.1	48	20	40	0	5	4	3	6	0	0	.000	3	4	0	0	0.1	1.000
1990	2 teams	STL N (4G 0–0)			MON N (4G 0–0)																					
"	total	0	0	—	5.91	8	0	0	10.2	12	2	2	0	0	0	0	0	0	0	—	0	0	0	0	0.0	—
1991	SD N	1	0	1.000	3.09	27	0	0	35	37	17	24	0	1	0	0	1	0	0	.000	0	5	0	0	0.2	1.000
4 yrs.		11	6	.647	2.97	119	0	0	157.2	141	64	104	0	11	6	4	12	0	0	.000	6	12	0	0	0.2	1.000

286 · PITCHER REGISTER

Year	Team	W	L	%	ERA	G	GS	CG	IP	H	BB	SO	ShO	RELIEF PITCHING W	L	SV	BATTING AB	H	HR	BA	PO	A	E	DP	TC/G	FA

Danny Cox

COX, DANNY BRADFORD
B. Sept. 21, 1959, Northampton, England
BR TR 6' 4" 220 lbs.

Split	W	L	%	ERA	G	GS	CG	IP	H	BB	SO	ShO	W	L	SV
April	0	0	—	1.29	1	1	0	7	3	1	4	0	0	0	0
May	1	1	.500	3.60	4	4	0	20	17	9	13	0	0	0	0
June	2	0	1.000	6.60	3	3	0	15	14	7	4	0	0	0	0
July	0	3	.000	5.65	3	3	0	14.1	17	10	6	0	0	0	0
Aug	1	2	.333	5.08	6	6	0	33.2	39	9	13	0	0	0	0
Sept/Oct	0	0	—	2.92	6	0	0	12.1	8	3	6	0	0	0	0
Day	2	2	.500	4.67	7	5	0	27	26	12	6	0	0	0	0
Night	2	4	.333	4.54	16	12	0	75.1	72	27	40	0	0	0	0
vs. Left	—	—	—	—	—	—	—	—	51	24	15	—	—	—	—
vs. Right	—	—	—	—	—	—	—	—	47	15	31	—	—	—	—
On Grass	2	1	.667	3.86	7	6	0	35	27	15	16	0	0	0	0
On Turf	2	5	.286	4.95	16	11	0	67.1	71	24	30	0	0	0	0
Home	2	4	.333	4.41	11	8	0	49	44	19	25	0	0	0	0
Road	2	2	.500	4.73	12	9	0	53.1	54	20	21	0	0	0	0
Division Rivals															
vs. CHI	1	0	1.000	2.22	5	3	0	24.1	13	6	8	0	0	0	0
vs. MON	0	0	—	3.86	2	1	0	7	9	0	3	0	0	0	0
vs. NY	1	1	.500	5.25	2	2	0	12	10	6	4	0	0	0	0
vs. PIT	0	1	.000	6.35	2	1	0	5.2	11	3	0	0	0	0	0
vs. STL	0	0	—	8.10	2	1	0	6.2	8	2	3	0	0	0	0

Year	Team		W	L	%	ERA	G	GS	CG	IP	H	BB	SO	ShO	W	L	SV	AB	H	HR	BA	PO	A	E	DP	TC/G	FA
1983	STL	N	3	6	.333	3.25	12	12	0	83	92	23	36	0	0	0	0	27	2	0	.074	9	16	2	1	2.3	.926
1984			9	11	.450	4.03	29	27	1	156.1	171	54	70	1	1	0	0	53	7	0	.132	11	27	1	4	1.3	.974
1985			18	9	.667	2.88	35	35	10	241	226	64	131	4	0	0	0	79	12	0	.152	22	31	2	1	1.6	.964
1986			12	13	.480	2.90	32	32	8	220	189	60	108	0	0	0	0	65	5	0	.077	22	10	5	0	1.2	.865
1987			11	9	.550	3.88	31	31	2	199.1	224	71	101	0	0	0	0	69	8	0	.116	23	24	1	1	1.5	.979
1988			3	8	.273	3.98	13	13	0	86	89	25	47	0	0	0	0	23	1	0	.043	10	12	0	2	1.7	1.000
1991	PHI	N	4	6	.400	4.57	23	17	0	102.1	98	39	46	0	0	0	0	29	3	0	.103	10	11	0	1	0.9	1.000
7 yrs.			60	62	.492	3.51	175	167	21	1088	1089	336	539	5	1	0	0	345	38	0	.110	107	131	11	10	1.4	.956
LEAGUE CHAMPIONSHIP SERIES																											
1985	STL	N	1	0	1.000	3.00	1	1	0	6	4	5	4	0	0	0	0	2	0	0	.000	0	3	0	0	3.0	1.000
1987			1	1	.500	2.12	2	2	2	17	17	3	11	1	0	0	0	6	2	0	.333	4	5	0	2	4.5	1.000
2 yrs.			2	1	.667	2.35	3	3	2	23	21	8	15	1	0	0	0	8	2	0	.250	4	8	0	2	4.0	1.000
WORLD SERIES																											
1985	STL	N	0	0	—	1.29	2	2	0	14	14	4	13	0	0	0	0	4	0	0	.000	1	2	0	1	1.5	1.000
1987			1	2	.333	7.71	3	2	0	11.2	13	8	9	0	0	1	0	2	0	0	.000	1	1	0	0	0.7	1.000
2 yrs.			1	2	.333	4.21	5	4	0	25.2	27	12	22	0	0	1	0	6	0	0	.000	2	3	0	1	1.0	1.000

Steve Crawford

CRAWFORD, STEVEN RAY
B. Apr. 29, 1958, Pryor, Okla.
BR TR 6' 5" 225 lbs.

Split	W	L	%	ERA	G	GS	CG	IP	H	BB	SO	ShO	W	L	SV
April	0	0	—	5.40	5	0	0	5	4	1	7	0	0	0	0
May	0	0	—	5.19	7	0	0	8.2	11	3	8	0	0	0	0
June	2	0	1.000	5.40	9	0	0	18.1	23	8	15	0	2	0	1
July	0	1	.000	11.25	3	0	0	4	9	3	0	0	0	1	0
Aug	—	—	—	—	0	—	—	0	0	0	0	—	0	0	0
Sept/Oct	1	1	.500	5.91	9	0	0	10.2	13	3	5	0	1	1	0
Day	0	0	—	8.71	8	0	0	10.1	15	7	8	0	0	0	0
Night	3	2	.600	5.20	25	0	0	36.1	45	11	30	0	3	2	1
vs. Left	—	—	—	—	—	—	—	—	33	9	17	—	—	—	—
vs. Right	—	—	—	—	—	—	—	—	27	9	21	—	—	—	—
On Grass	0	0	—	4.02	10	0	0	15.2	19	6	15	0	0	0	1
On Turf	3	2	.600	6.97	23	0	0	31	41	12	23	0	3	2	0
Home	3	2	.600	8.17	18	0	0	25.1	33	11	19	0	3	2	0
Road	0	0	—	3.38	15	0	0	21.1	27	7	19	0	0	0	1
Division Rivals															
vs. CAL	0	0	—	6.75	2	0	0	2.2	3	2	2	0	0	0	0
vs. CHI	0	0	—	9.82	1	0	0	3.2	8	0	0	0	0	0	0
vs. MIN	0	0	—	8.31	3	0	0	4.1	6	1	2	0	0	0	0
vs. OAK	1	0	1.000	0.00	3	0	0	4.2	4	0	2	0	1	0	0
vs. SEA	0	1	—	4.50	4	0	0	4	5	1	1	0	0	1	0
vs. TEX	1	0	1.000	—	3	0	0	5.2	2	2	4	0	1	0	0

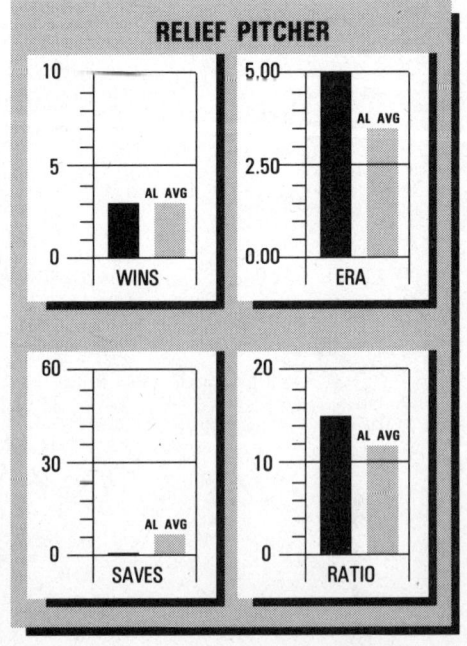

PITCHER REGISTER 287

Year	Team		W	L	%	ERA	G	GS	CG	IP	H	BB	SO	ShO	RELIEF PITCHING W	L	SV	BATTING AB	H	HR	BA	PO	A	E	DP	TC/G	FA

Steve Crawford Continued

Year	Team		W	L	%	ERA	G	GS	CG	IP	H	BB	SO	ShO	W	L	SV	AB	H	HR	BA	PO	A	E	DP	TC/G	FA
1980	BOS	A	2	0	1.000	3.66	6	4	2	32	41	8	10	0	0	0	0	0	0	0	—	4	2	0	0	1.0	1.000
1981			0	5	.000	4.97	14	11	0	58	69	18	29	0	0	0	0	0	0	0	—	8	8	0	1	1.1	1.000
1982			1	0	1.000	2.00	5	0	0	9	14	0	2	0	1	0	0	0	0	0	—	0	1	0	0	0.2	1.000
1984			5	0	1.000	3.34	35	0	0	62	69	21	21	0	5	0	1	0	0	0	—	4	8	0	1	0.3	1.000
1985			6	5	.545	3.76	44	1	0	91	103	28	58	0	5	5	12	0	0	0	—	7	15	3	2	0.6	.880
1986			0	2	.000	3.92	40	0	0	57.1	69	19	32	0	0	2	4	0	0	0	—	4	7	1	2	0.3	.917
1987			5	4	.556	5.33	29	0	0	72.2	91	32	43	0	5	4	0	0	0	0	—	8	10	0	2	0.6	1.000
1989	KC	A	3	1	.750	2.83	25	0	0	54	48	19	33	0	3	1	0	0	0	0	—	7	13	0	1	0.8	1.000
1990			5	4	.556	4.16	46	0	0	80	79	23	54	0	5	4	1	0	0	0	—	8	13	0	0	0.5	1.000
1991			3	2	.600	5.98	33	0	0	46.2	60	18	38	0	3	2	1	0	0	0	—	4	5	0	0	0.3	1.000
10 yrs.			30	23	.566	4.17	277	16	2	562.2	643	186	320	0	27	18	19	0	0	0	—	54	82	4	9	0.5	.971

LEAGUE CHAMPIONSHIP SERIES

| 1986 | BOS | A | 1 | 0 | 1.000 | 0.00 | 1 | 0 | 0 | 1.2 | 1 | 2 | 1 | 0 | 1 | 0 | 0 | 0 | 0 | 0 | — | 1 | 0 | 0 | 0 | 1.0 | 1.000 |

WORLD SERIES

| 1986 | BOS | A | 1 | 0 | 1.000 | 6.23 | 3 | 0 | 0 | 4.1 | 5 | 0 | 4 | 0 | 1 | 0 | 0 | 1 | 0 | 0 | .000 | 0 | 0 | 0 | 0 | 0.0 | — |

Tim Crews

CREWS, STANLEY TIMOTHY
B. Apr. 3, 1961, Tampa, Fla.
BR TR 6′ 180 lbs.

RELIEF PITCHER

	W	L	%	ERA	G	GS	CG	IP	H	BB	SO	ShO	W	L	SV
April	0	0	—	3.75	6	0	0	12	13	4	10	0	0	0	0
May	2	0	1.000	2.89	12	0	0	18.2	19	5	11	0	2	0	1
June	0	1	.000	5.40	10	0	0	8.1	10	2	6	0	0	1	4
July	0	1	.000	2.92	11	0	0	12.1	15	3	9	0	0	1	1
Aug	0	1	.000	1.23	12	0	0	14.2	7	2	10	0	0	1	2
Sept/Oct	0	0	—	6.30	9	0	0	10	11	3	7	0	0	0	0
Day	1	0	1.000	2.05	18	0	0	22	24	5	11	0	1	0	3
Night	1	3	.250	4.00	42	0	0	54	51	14	42	0	1	3	3
vs. Left	—	—	—	—	—	—	—	—	43	9	9	—	—	—	—
vs. Right	—	—	—	—	—	—	—	—	32	10	44	—	—	—	—
On Grass	2	1	.667	3.68	45	0	0	51.1	50	14	34	0	2	1	5
On Turf	0	2	.000	2.92	15	0	0	24.2	25	5	19	0	0	2	1
Home	2	1	.667	2.95	32	0	0	36.2	38	9	19	0	2	1	4
Road	0	2	.000	3.89	28	0	0	39.1	37	10	34	0	0	2	2
Division Rivals															
vs. ATL	0	0	—	1.23	8	0	0	7.1	7	5	7	0	0	0	0
vs. CIN	0	0	—	1.93	7	0	0	9.1	8	1	3	0	0	0	1
vs. HOU	0	0	—	0.69	9	0	0	13	9	4	7	0	0	0	0
vs. SD	0	0	—	5.40	7	0	0	10	8	2	10	0	0	0	1
vs. SF	0	1	.000	4.76	4	0	0	5.2	4	1	6	0	0	1	0

Year	Team		W	L	%	ERA	G	GS	CG	IP	H	BB	SO	ShO	W	L	SV	AB	H	HR	BA	PO	A	E	DP	TC/G	FA
1987	LA	N	1	1	.500	2.48	20	0	0	29	30	8	20	0	1	1	3	2	0	0	.000	2	5	0	0	0.4	1.000
1988			4	0	1.000	3.14	42	0	0	71.2	77	16	45	0	4	0	0	5	1	0	.200	6	4	1	1	0.3	.909
1989			0	1	.000	3.21	44	0	0	61.2	69	23	56	0	0	1	1	0	0	0	—	3	7	0	0	0.2	1.000
1990			4	5	.444	2.77	66	2	0	107.1	98	24	76	0	3	4	5	7	0	0	.000	8	7	1	0	0.2	.938
1991			2	3	.400	3.43	60	0	0	76	75	19	53	0	2	3	6	1	0	0	.000	7	10	1	0	0.3	.944
5 yrs.			11	10	.524	3.05	232	2	0	345.2	349	90	250	0	10	9	15	15	1	0	.067	26	33	3	1	0.3	.952

Chuck Crim

CRIM, CHARLES ROBERT
B. July 23, 1961, Van Nuys, Calif.
BR TR 6′ 175 lbs.

RELIEF PITCHER

	W	L	%	ERA	G	GS	CG	IP	H	BB	SO	ShO	W	L	SV
April	1	1	.500	4.50	11	0	0	16	13	4	7	0	1	1	2
May	2	2	.500	7.41	12	0	0	17	20	9	8	0	2	2	1
June	1	1	.500	1.54	11	0	0	11.2	15	1	3	0	1	1	0
July	1	1	.500	6.00	10	0	0	12	22	2	5	0	1	1	0
Aug	2	0	1.000	5.31	12	0	0	20.1	23	6	8	0	2	0	0
Sept/Oct	1	0	1.000	1.88	10	0	0	14.1	22	3	8	0	1	0	0
Day	4	2	.667	6.53	22	0	0	30.1	36	14	14	0	4	2	1
Night	4	3	.571	3.69	44	0	0	61	79	11	25	0	4	3	2
vs. Left	—	—	—	—	—	—	—	—	54	16	19	—	—	—	—
vs. Right	—	—	—	—	—	—	—	—	61	9	20	—	—	—	—

Chuck Crim Continued

Year	Team	W	L	%	ERA	G	GS	CG	IP	H	BB	SO	ShO	Relief W	Relief L	Relief SV	AB	H	HR	BA	PO	A	E	DP	TC/G	FA
On Grass		7	4	.636	4.76	56	0	0	75.2	101	21	33	0	7	4	2										
On Turf		1	1	.500	4.02	10	0	0	15.2	14	4	6	0	1	1	1										
Home		5	2	.714	5.07	37	0	0	49.2	65	15	26	0	5	2	2										
Road		3	3	.500	4.10	29	0	0	41.2	50	10	13	0	3	3	1										
Division Rivals																										
vs. BAL		0	0	—	19.64	4	0	0	3.2	7	3	2	0	0	0	0										
vs. BOS		0	0	—	2.45	4	0	0	3.2	5	4	5	0	0	0	0										
vs. CLE		3	0	1.000	0.84	5	0	0	10.2	9	1	3	0	3	0	0										
vs. DET		0	1	.000	7.00	5	0	0	9	12	4	3	0	0	1	0										
vs. NY		0	1	.000	3.60	4	0	0	5	8	0	1	0	0	1	0										
vs. TOR		2	0	1.000	5.19	8	0	0	8.2	7	4	5	0	2	0	1										
1987	MIL A	6	8	.429	3.67	53	5	0	130	133	39	56	0	5	4	12	0	0	0	—	14	17	4	3	0.7	.886
1988		7	6	.538	2.91	**70**	0	0	105	95	28	58	0	7	6	9	0	0	0	—	12	13	3	1	0.4	.893
1989		9	7	.563	2.83	**76**	0	0	117.2	114	36	59	0	9	7	7	0	0	0	—	5	13	1	2	0.3	.947
1990		3	5	.375	3.47	67	0	0	85.2	88	23	39	0	3	5	11	0	0	0	—	10	12	1	1	0.3	.957
1991		8	5	.615	4.63	66	0	0	91.1	115	25	39	0	8	5	3	0	0	0	—	8	14	1	0	0.3	.957
5 yrs.		33	31	.516	3.47	332	5	0	529.2	545	151	251	0	32	27	42	0	0	0	—	49	69	10	7	0.4	.922

Mike Dalton

DALTON, MICHAEL EDWARD
B. Mar. 27, 1963, Palo Alto, Calif.
BL TL 6′ 215 lbs.

Year	Team	W	L	%	ERA	G	GS	CG	IP	H	BB	SO	ShO	W	L	SV	AB	H	HR	BA	PO	A	E	DP	TC/G	FA
1991	DET A	0	0	—	3.38	4	0	0	8	12	2	4	0	0	0	0	0	0	0	—	0	1	0	1	0.3	1.000

Ron Darling

DARLING, RONALD MAURICE JR.
B. Aug. 19, 1960, Honolulu, Hawaii
BR TR 6′ 3″ 205 lbs.

Year	Team	W	L	%	ERA	G	GS	CG	IP	H	BB	SO	ShO	W	L	SV	AB	H	HR	BA	PO	A	E	DP	TC/G	FA
April		1	2	.333	3.86	4	4	0	21	22	4	12	0	0	0	0										
May		1	0	1.000	4.06	5	5	0	31	30	8	20	0	0	0	0										
June		2	3	.400	5.09	6	6	0	35.1	38	11	18	0	0	0	0										
July		1	3	.250	4.22	5	5	0	32	31	10	19	0	0	0	0										
Aug		3	1	.750	3.55	6	6	0	38	33	18	26	0	0	0	0										
Sept/Oct		0	6	.000	4.62	6	6	0	37	31	20	34	0	0	0	0										
Day		1	5	.167	5.60	10	10	0	54.2	71	17	34	0	0	0	0										
Night		7	10	.412	3.74	22	22	0	139.2	114	54	95	0	0	0	0										
vs. Left		—	—	—	—	—	—	—	—	93	37	76	—	—	—	—										
vs. Right		—	—	—	—	—	—	—	—	92	34	53	—	—	—	—										
On Grass		6	11	.353	4.52	24	24	0	143.1	141	54	100	0	0	0	0										
On Turf		2	4	.333	3.53	8	8	0	51	44	17	29	0	0	0	0										
Home		3	9	.250	5.40	16	16	0	90	100	39	59	0	0	0	0										
Road		5	6	.455	3.28	16	16	0	104.1	85	32	70	0	0	0	0										
Division Rivals																										
vs. CAL		2	0	1.000	1.23	2	2	0	14.2	9	5	9	0	0	0	0										
vs. CHI		0	2	.000	5.40	2	2	0	10	6	6	10	0	0	0	0										
vs. KC		0	1	.000	10.80	1	1	0	5	7	2	5	0	0	0	0										
vs. MIN		—	—	—	—	0	—	—	0	0	0	0	—	0	0	0										
vs. SEA		1	0	1.000	2.25	2	2	0	12	7	5	8	0	0	0	0										
vs. TEX		0	1	.000	2.57	1	1	0	7	7	5	4	0	0	0	0										
1983	NY N	1	3	.250	2.80	5	5	1	35.1	31	17	23	0	0	0	0	10	1	0	.100	2	6	0	1	1.6	1.000
1984		12	9	.571	3.81	33	33	2	205.2	179	104	136	2	0	0	0	67	10	0	.149	17	38	3	3	1.8	.948
1985		16	6	.727	2.90	36	35	4	248	214	**114**	167	2	0	0	0	76	13	0	.171	24	47	2	5	2.0	.973
1986		15	6	.714	2.81	34	34	4	237	203	81	184	2	0	0	0	81	8	0	.099	24	47	7	7	2.3	.910
1987		12	8	.600	4.29	32	32	2	207.2	183	96	167	0	0	0	0	65	8	0	.123	17	43	3	5	2.0	.952
1988		17	9	.654	3.25	34	34	7	240.2	218	60	161	4	0	0	0	82	18	0	.220	17	35	3	4	1.6	.945
1989		14	14	.500	3.52	33	33	4	217.1	214	70	153	0	0	0	0	73	9	2	.123	15	37	4	5	1.7	.929
1990		7	9	.438	4.50	33	18	1	126	135	44	99	0	1	2	0	31	4	0	.129	7	22	2	0	0.9	.935
1991	3 teams	NY N (17G 5-6)				MON N (3G 0-2)			OAK A (12G 3-7)																	
"	total	8	15	.348	4.26	32	32	0	194.1	185	71	129	0	0	0	0	40	5	0	.125	18	27	6	2	1.6	.882
9 yrs.		102	79	.564	3.56	272	256	25	1712	1562	657	1219	10	1	2	0	525	76	2	.145	141	302	30	32	1.7	.937

PITCHER REGISTER

Year	Team	W	L	%	ERA	G	GS	CG	IP	H	BB	SO	ShO	RELIEF PITCHING W	L	SV	BATTING AB	H	HR	BA	PO	A	E	DP	TC/G	FA

Ron Darling Continued

LEAGUE CHAMPIONSHIP SERIES

1986	NY N	0	0	—	7.20	1	1	0	5	6	2	5	0	0	0	0	1	0	0	.000	1	2	0	0	3.0	1.000
1988		0	1	.000	7.71	2	2	0	7	11	4	7	0	0	0	0	3	0	0	.000	1	3	0	0	2.0	1.000
2 yrs.		0	1	.000	7.50	3	3	0	12	17	6	12	0	0	0	0	4	0	0	.000	2	5	0	0	2.3	1.000

WORLD SERIES

| 1986 | NY N | 1 | 1 | .500 | 1.53 | 3 | 3 | 0 | 17.2 | 13 | 10 | 12 | 0 | 0 | 0 | 0 | 3 | 0 | 0 | .000 | 0 | 4 | 0 | 0 | 1.3 | 1.000 |

Danny Darwin

DARWIN, DANIEL WAYNE
B. Oct. 25, 1955, Bonham, Tex.
BR TR 6' 3" 185 lbs.

1978	TEX A	1	0	1.000	4.15	3	1	0	8.2	11	1	8	0	1	0	0	0	0	0	—	0	0	0	0	0.0	—
1979		4	4	.500	4.04	20	6	1	78	50	30	58	0	1	3	0	0	0	0	—	2	6	0	0	0.4	1.000
1980		13	4	.765	2.62	53	2	0	110	98	50	104	0	12	3	8	0	0	0	—	7	11	0	1	0.3	1.000
1981		9	9	.500	3.64	22	22	6	146	115	57	98	2	0	0	0	0	0	0	—	8	16	2	3	1.2	.923
1982		10	8	.556	3.44	56	1	0	89	95	37	61	0	10	7	7	0	0	0	—	5	19	0	0	0.4	1.000
1983		8	13	.381	3.49	28	26	9	183	175	62	92	2	0	0	0	0	0	0	—	20	18	3	1	1.5	.927
1984		8	12	.400	3.94	35	32	5	223.2	249	54	123	1	0	0	0	0	0	0	—	13	21	3	2	1.1	.919
1985	MIL A	8	18	.308	3.80	39	29	11	217.2	212	65	125	1	1	2	2	0	0	0	—	15	16	2	1	0.8	.939
1986	2 teams	MIL A (27G 6-8)			HOU N (12G 5-2)																					
"	total	11	10	.524	3.17	39	22	6	184.2	170	44	120	1	3	1	0	16	1	0	.063	10	27	3	2	1.0	.925
1987	HOU N	9	10	.474	3.59	33	30	3	195.2	184	69	134	1	0	0	0	66	12	0	.182	10	22	2	0	1.0	.941
1988		8	13	.381	3.84	44	20	3	192	189	48	129	0	4	3	3	56	4	1	.071	14	37	1	2	1.2	.981
1989		11	4	.733	2.36	68	0	0	122	92	33	104	0	11	4	7	17	2	0	.118	2	12	2	2	0.2	.875
1990		11	4	.733	**2.21**	48	17	3	162.2	136	31	109	0	2	1	2	38	5	0	.132	11	15	1	1	0.6	.963
1991	BOS A	3	6	.333	5.16	12	12	0	68	71	15	42	0	0	0	0	0	0	0	—	6	9	0	1	1.3	1.000
14 yrs.		114	115	.498	3.46	500	220	47	1981	1847	596	1307	8	45	24	29	193	24	1	.124	123	229	19	15	0.7	.949

Doug Dascenzo

DASCENZO, DOUGLAS CRAIG
B. June 30, 1964, Cleveland, Ohio
BB TL 5' 7" 150 lbs.

1990	CHI N	0	0	—	0.00	1	0	0	1	1	0	0	0	0	0	0	241	61	0	.253	0	0	0	0	0.0	—
1991		0	0	—	0.00	3	0	0	4	2	2	2	0	0	0	0	239	61	1	.255	0	0	0	0	0.0	—
2 yrs.		0	0	—	0.00	4	0	0	5	3	2	2	0	0	0	0	*				0	0	0	0	0.0	—

Mark Davis

DAVIS, MARK WILLIAM
B. Oct. 19, 1960, Livermore, Calif.
BL TL 6' 3" 180 lbs.

April	0	0	—	9.00	3	0	0	3	2	2	1	0	0	0	0
May	1	1	.500	2.70	7	0	0	6.2	6	6	7	0	1	1	1
June	2	0	1.000	11.37	7	0	0	6.1	10	7	7	0	2	0	0
July	—	—	—		0	0	—	0	0	0	0	—	0	0	0
Aug	1	0	1.000	2.20	4	2	0	16.1	9	7	9	0	0	0	0
Sept/Oct	2	2	.500	4.15	8	3	0	30.1	28	17	23	0	0	1	0
Day	0	2	.000	7.11	8	1	0	19	20	13	15	0	0	1	0
Night	6	1	.857	3.30	21	4	0	43.2	35	26	32	0	3	1	1
vs. Left	—	—	—	—				—	17	8	11	—	—	—	—
vs. Right	—	—	—	—				—	38	31	36	—	—	—	—
On Grass	2	2	.500	5.40	12	2	0	26.2	23	16	19	0	2	1	0
On Turf	4	1	.800	3.75	17	3	0	36	32	23	28	0	1	1	1
Home	4	1	.800	4.66	12	3	0	29	29	19	17	0	1	1	0
Road	2	2	.500	4.28	17	2	0	33.2	26	20	30	0	2	1	1

Division Rivals

vs. CAL	0	1	.000	5.06	1	1	0	5.1	4	3	5	0	0	0	0
vs. CHI	1	0	1.000	8.44	5	1	0	10.2	11	7	8	0	0	0	0
vs. MIN	1	0	1.000	1.69	2	0	0	5.1	4	2	3	0	0	0	0
vs. OAK	1	1	.500	3.00	2	1	0	12	10	5	7	0	0	1	0
vs. SEA	0	0	—	2.45	3	0	0	7.1	4	9	6	0	0	0	1
vs. TEX	0	0	—	36.00	3	0	0	1	3	4	1	0	0	0	0

RELIEF PITCHER

Bar charts: WINS (10 scale, AL AVG), ERA (5.00 scale, AL AVG), SAVES (60 scale, AL AVG), RATIO (20 scale, AL AVG).

PITCHER REGISTER

Year	Team		W	L	%	ERA	G	GS	CG	IP	H	BB	SO	ShO	RELIEF PITCHING			BATTING			BA	PO	A	E	DP	TC/G	FA
															W	L	SV	AB	H	HR							

Mark Davis *Continued*

1980	PHI	N	0	0	—	2.57	2	1	0	7	4	5	5	0	0	0	0	2	1	0	.500	0	0	0	0	0.0	—
1981			1	4	.200	7.74	9	9	0	43	49	24	29	0	0	0	0	11	1	0	.091	0	6	0	0	0.7	1.000
1983	SF	N	6	4	.600	3.49	20	20	2	111	93	50	83	2	0	0	0	30	4	0	.133	4	13	0	0	0.9	1.000
1984			5	17	.227	5.36	46	27	1	174.2	201	54	124	0	3	4	0	46	6	0	.130	1	22	3	1	0.6	.885
1985			5	12	.294	3.54	77	1	0	114.1	89	41	131	0	5	11	7	12	3	0	.250	2	12	0	0	0.2	1.000
1986			5	7	.417	2.99	67	2	0	84.1	63	34	90	0	5	6	4	8	1	0	.125	3	11	3	1	0.3	.824
1987	2 teams		SF N	(20G 4 - 5)		SD N	(43G 5 - 3)																				
"	total		9	8	.529	3.99	63	11	1	133	123	59	98	0	5	3	2	30	7	0	.233	4	20	2	3	0.4	.923
1988	SD	N	5	10	.333	2.01	62	0	0	98.1	70	42	102	0	5	10	28	10	2	1	.200	4	21	1	2	0.4	.962
1989			4	3	.571	1.85	70	0	0	92.2	66	31	92	0	4	3	44	13	0	0	.000	1	11	3	0	0.2	.800
1990	KC	A	2	7	.222	5.11	53	3	0	68.2	71	52	73	0	2	5	6	0	0	0	—	1	6	1	0	0.2	.875
1991			6	3	.667	4.45	29	5	0	62.2	55	39	47	0	3	2	1	0	0	0	—	1	7	0	1	0.3	1.000
11 yrs.			48	75	.390	3.90	498	79	4	989.2	884	431	874	2	32	44	92	162	25	1	.154	21	129	13	8	0.3	.920

Storm Davis

DAVIS, GEORGE EARL
B. Dec. 26, 1961, Dallas, Tex.
BR TR 6' 4" 210 lbs.

			W	L	%	ERA	G	GS	CG	IP	H	BB	SO	ShO	W	L	SV
April			2	1	.667	3.60	4	4	1	25	26	5	8	1	0	0	0
May			0	4	.000	6.28	6	5	0	28.2	37	15	11	0	0	0	0
June			0	2	.000	1.50	12	0	0	18	14	5	11	0	0	2	1
July			1	0	1.000	2.66	13	0	0	23.2	24	7	12	0	1	0	1
Aug			0	2	.000	10.32	9	0	0	11.1	21	8	7	0	0	2	0
Sept/Oct			0	0	—	11.74	7	0	0	7.2	18	6	4	0	0	0	0
Day			0	5	.000	6.87	18	2	0	36.2	51	18	18	0	0	3	1
Night			3	4	.429	4.06	33	7	1	77.2	89	28	35	1	1	1	1
vs. Left			—	—	—	—	—	—	—	—	76	26	30	—	—	—	—
vs. Right			—	—	—	—	—	—	—	—	64	20	23	—	—	—	—
On Grass			1	4	.200	4.26	19	3	1	38	45	17	22	1	0	2	1
On Turf			2	5	.286	5.31	32	6	0	76.1	95	29	31	0	1	2	1
Home			2	3	.400	4.12	25	4	0	54.2	60	18	18	0	1	2	0
Road			1	6	.143	5.73	26	5	1	59.2	80	28	35	1	0	2	2
Division Rivals																	
vs. CAL			0	0	—	0.00	2	0	0	2	0	0	2	0	0	0	0
vs. CHI			0	0	—	3.38	4	0	0	5.1	8	2	2	0	0	0	0
vs. MIN			0	1	.000	7.30	5	1	0	12.1	21	4	4	0	0	0	0
vs. OAK			0	1	.000	5.40	5	0	0	5	7	6	2	0	0	1	0
vs. SEA			0	0	—	30.38	2	0	0	2.2	10	3	2	0	0	0	0
vs. TEX			0	1	.000	6.30	2	7	0	10	10	6	6	0	0	1	1

1982	BAL	A	8	4	.667	3.49	29	8	1	100.2	96	28	67	0	3	2	0	0	0	0	—	6	12	1	0	0.7	.947
1983			13	7	.650	3.59	34	29	6	200.1	180	64	125	1	0	0	0	0	0	0	—	14	19	3	1	1.1	.917
1984			14	9	.609	3.12	35	31	10	225	205	71	105	2	0	1	1	0	0	0	—	15	18	2	1	1.0	.943
1985			10	8	.556	4.53	31	28	8	175	172	70	93	1	0	0	0	0	0	0	—	15	20	0	0	1.1	1.000
1986			9	12	.429	3.62	25	25	2	154	166	49	96	0	0	0	0	0	0	0	—	22	21	1	3	1.8	.977
1987	2 teams		SD N	(21G 2 - 7)		OAK A	(5G 1 - 1)																				
"	total		3	8	.273	5.23	26	15	0	93	98	47	65	0	0	1	0	16	1	0	.063	8	9	1	0	0.7	.944
1988	OAK	A	16	7	.696	3.70	33	33	1	201.2	211	91	127	0	0	0	0	0	0	0	—	6	21	1	2	0.8	.964
1989			19	7	.731	4.36	31	31	0	169.1	187	68	91	0	0	0	0	0	0	0	—	12	17	2	0	1.0	.935
1990	KC	A	7	10	.412	4.74	21	20	0	112	129	35	62	0	0	0	0	0	0	0	—	4	10	1	3	0.7	.933
1991			3	9	.250	4.96	51	9	1	114.1	140	46	53	0	1	4	2	0	0	0	—	5	12	0	0	0.3	1.000
10 yrs.			102	81	.557	4.01	316	229	30	1545.1	1584	569	884	5	4	8	3	16	1	0	.063	107	159	12	10	0.9	.957

LEAGUE CHAMPIONSHIP SERIES

1983	BAL	A	0	0	—	0.00	1	1	0	6	5	2	2	0	0	0	0	0	0	0	—	0	0	0	0	0.0	—
1988	OAK	A	0	0	—	0.00	1	1	0	6.1	2	5	4	0	0	0	0	0	0	0	—	0	2	0	0	2.0	1.000
1989			0	1	.000	7.11	1	1	0	6.1	5	2	3	0	0	0	0	0	0	0	—	0	0	0	0	0.0	—
3 yrs.			0	1	.000	2.41	3	3	0	18.2	12	9	9	0	0	0	0	0	0	0	—	0	2	0	0	0.7	1.000

WORLD SERIES

1983	BAL	A	1	0	1.000	5.40	1	1	0	5	6	1	3	0	0	0	0	2	0	0	.000	0	1	0	0	1.0	1.000
1988	OAK	A	0	2	.000	11.25	2	2	0	8	14	1	7	0	0	0	0	1	0	0	.000	2	1	0	0	1.5	1.000
2 yrs.			1	2	.333	9.00	3	3	0	13	20	2	10	0	0	0	0	3	0	0	.000	2	2	0	0	1.3	1.000

RELIEF PITCHER

WINS — AL AVG
ERA — AL AVG
SAVES — AL AVG
RATIO — AL AVG

PITCHER REGISTER

Year	Team		W	L	%	ERA	G	GS	CG	IP	H	BB	SO	ShO	RELIEF PITCHING W	L	SV	BATTING AB	H	HR	BA	PO	A	E	DP	TC/G	FA

Ken Dayley
DAYLEY, KENNETH GRANT
B. Feb. 25, 1959, Jerome, Ida.
BL TL 6' 178 lbs.

Year	Team		W	L	%	ERA	G	GS	CG	IP	H	BB	SO	ShO	W	L	SV	AB	H	HR	BA	PO	A	E	DP	TC/G	FA
1982	ATL	N	5	6	.455	4.54	20	11	0	71.1	79	25	34	0	2	0	0	20	5	0	.250	3	5	0	0	0.4	1.000
1983			5	8	.385	4.30	24	16	0	104.2	100	39	70	0	1	2	0	32	7	0	.219	0	7	0	0	0.3	1.000
1984	2 teams		ATL N	(4G 0-3)		STL N	(3G 0-2)																				
"	total		0	5	.000	7.99	7	6	0	23.2	44	11	10	0	0	0	0	4	2	0	.500	1	4	0	0	0.7	1.000
1985	STL	N	4	4	.500	2.76	57	0	0	65.1	65	18	62	0	4	4	11	5	2	0	.400	5	15	0	0	0.4	1.000
1986			0	3	.000	3.26	31	0	0	38.2	42	11	33	0	0	3	5	5	1	0	.200	1	7	0	0	0.3	1.000
1987			9	5	.643	2.66	53	0	0	61	52	33	63	0	9	5	4	0	0	0	—	3	4	0	1	0.1	1.000
1988			2	7	.222	2.77	54	0	0	55.1	48	19	38	0	2	7	5	4	0	0	.000	2	7	0	0	0.2	1.000
1989			4	3	.571	2.87	71	0	0	75.1	63	30	40	0	4	3	12	5	0	0	.000	2	5	1	0	0.1	.875
1990			4	4	.500	3.56	58	0	0	73.1	63	30	51	0	4	4	2	6	0	0	.000	5	8	1	1	0.2	.929
1991	TOR	A	0	0	—	6.23	8	0	0	4.1	7	5	3	0	0	0	0	0	0	0	—	1	1	0	0	0.3	1.000
10 yrs.			33	45	.423	3.64	383	33	0	573	563	221	404	0	26	28	39	81	17	0	.210	23	63	2	2	0.2	.977

LEAGUE CHAMPIONSHIP SERIES

Year	Team		W	L	%	ERA	G	GS	CG	IP	H	BB	SO	ShO	W	L	SV	AB	H	HR	BA	PO	A	E	DP	TC/G	FA
1985	STL	N	0	0	—	0.00	5	0	0	6	2	1	3	0	0	0	2	2	1	0	.500	0	1	0	0	0.2	1.000
1987			0	0	—	0.00	3	0	0	4	1	2	4	0	0	0	2	0	0	0	—	0	0	0	0	0.0	—
2 yrs.			0	0	—	0.00	8	0	0	10	3	3	7	0	0	0	4	2	1	0	.500	0	1	0	0	0.1	1.000

WORLD SERIES

Year	Team		W	L	%	ERA	G	GS	CG	IP	H	BB	SO	ShO	W	L	SV	AB	H	HR	BA	PO	A	E	DP	TC/G	FA
1985	STL	N	1	0	1.000	0.00	4	0	0	6	1	3	5	0	1	0	0	0	0	0	—	0	0	0	0	0.0	—
1987			0	0	—	1.93	4	0	0	4.2	2	0	3	0	0	0	1	1	0	0	.000	0	0	0	0	0.0	—
2 yrs.			1	0	1.000	0.84	8	0	0	10.2	3	3	8	0	1	0	1	1	0	0	.000	0	0	0	0	0.0	—

Jose DeJesus
DeJESUS, JOSE LUIS
B. Jan. 6, 1965, Brooklyn, N.Y.
BR TR 6' 5" 175 lbs.

Split	W	L	%	ERA	G	GS	CG	IP	H	BB	SO	ShO	W	L	SV
April	0	1	.000	5.40	4	4	0	20	15	20	9	0	0	0	0
May	1	1	.500	3.45	3	3	0	15.2	14	13	10	0	0	0	0
June	4	1	.800	3.23	7	5	1	39	34	23	24	0	0	0	1
July	2	1	.667	2.10	5	5	0	34.1	25	18	19	0	0	0	0
Aug	3	0	1.000	3.49	6	6	0	38.2	34	28	36	0	0	0	0
Sept/Oct	0	5	.000	3.71	6	6	2	34	25	26	20	0	0	0	0
Day	2	1	.667	3.62	6	6	0	37.1	31	25	25	0	0	0	0
Night	8	8	.500	3.37	25	23	3	144.1	116	3	93	0	0	0	1
vs. Left	—	—	—	—	—	—	—	—	87	89	65	—	—	—	—
vs. Right	—	—	—	—	—	—	—	—	60	39	53	—	—	—	—
On Grass	3	2	.600	3.61	10	8	1	47.1	26	37	25	0	0	0	1
On Turf	7	7	.500	3.35	21	21	2	134.1	121	91	93	0	0	0	0
Home	4	5	.444	3.39	12	12	0	77	67	54	52	0	0	0	1
Road	6	4	.600	3.44	19	17	2	104.2	80	74	66	0	0	0	0
Division Rivals															
vs. CHI	0	1	.000	2.45	2	2	1	14.2	6	8	4	0	0	0	0
vs. MON	1	0	1.000	2.14	3	3	0	21	17	12	10	0	0	0	0
vs. NY	1	1	.500	5.54	3	3	1	13	6	14	8	0	0	0	0
vs. PIT	1	1	.500	4.33	4	4	0	27	28	17	18	0	0	0	0
vs. STL	0	2	.000	5.02	3	3	0	14.1	17	13	8	0	0	0	0

Year	Team		W	L	%	ERA	G	GS	CG	IP	H	BB	SO	ShO	W	L	SV	AB	H	HR	BA	PO	A	E	DP	TC/G	FA
1988	KC	A	0	1	.000	27.00	2	1	0	2.2	6	5	2	0	0	0	0	0	0	0	—	0	0	0	0	0.0	—
1989			0	0	—	4.50	3	1	0	8	7	8	2	0	0	0	0	0	0	0	—	0	1	0	0	0.3	1.000
1990	PHI	N	7	8	.467	3.74	22	22	3	130	97	73	87	1	0	0	0	38	3	0	.079	9	14	2	1	1.1	.920
1991			10	9	.526	3.42	31	29	3	181.2	147	**128**	118	0	0	0	1	62	8	0	.129	4	18	1	0	0.7	.957
4 yrs.			17	18	.486	3.77	58	53	6	322.1	257	214	209	1	0	0	1	100	11	0	.110	13	33	3	1	0.8	.939

STARTING PITCHER
WINS — NL AVG
ERA — NL AVG
SO/9 — NL AVG
RATIO — NL AVG

Francisco De La Rosa
DE LA ROSA, FRANCISCO
B. Mar. 3, 1966, La Romana, Dominican Republic
BB TR 5' 11" 185 lbs.

Year	Team		W	L	%	ERA	G	GS	CG	IP	H	BB	SO	ShO	W	L	SV	AB	H	HR	BA	PO	A	E	DP	TC/G	FA
1991	BAL	A	0	0	—	4.50	2	0	0	4	6	2	1	0	0	0	0	0	0	0	—	0	0	0	0	0.0	—

PITCHER REGISTER

Year	Team	W	L	%	ERA	G	GS	CG	IP	H	BB	SO	ShO	RELIEF PITCHING W	L	SV	BATTING AB	H	HR	BA	PO	A	E	DP	TC/G	FA

Jose DeLeon

DeLEON, JOSE
Born Jose Deleon y Chestaro.
B. Dec. 20, 1960, La Vega, Dominican Republic
BR TR 6' 3" 195 lbs.

Split	W	L	%	ERA	G	GS	CG	IP	H	BB	SO	ShO	W	L	SV	AB	H	HR	BA	PO	A	E	DP	TC/G	FA
April	1	2	.333	2.22	5	5	0	28.1	20	11	25	0	0	0	0										
May	1	2	.333	4.28	5	5	0	27.1	26	18	19	0	0	0	0										
June	1	2	.333	3.05	6	6	0	38.1	32	8	31	0	0	0	0										
July	2	2	.500	2.38	5	5	1	34	38	11	19	0	0	0	0										
Aug	0	1	.000	2.17	5	5	0	29	25	11	20	0	0	0	0										
Sept/Oct	0	0	—	0.00	2	2	0	5.2	3	2	4	0	0	0	0										
Day	2	3	.400	2.51	7	7	0	46.2	38	10	42	0	0	0	0										
Night	3	6	.333	2.79	21	21	1	116	106	51	76	0	0	0	0										
vs. Left	—	—	—	—	—	—	—	—	82	43	44	—	—	—	—										
vs. Right	—	—	—	—	—	—	—	—	62	18	74	—	—	—	—										
On Grass	1	3	.250	2.56	5	5	0	31.2	26	4	22	0	0	0	0										
On Turf	4	6	.400	2.75	23	23	1	131	118	57	96	0	0	0	0										
Home	3	4	.429	2.42	16	16	1	89.1	78	33	65	0	0	0	0										
Road	2	5	.286	3.07	12	12	0	73.1	66	28	53	0	0	0	0										
Division Rivals																									
vs. CHI	0	4	.000	3.86	4	4	0	23.1	22	2	25	0	0	0	0										
vs. MON	0	1	.000	1.89	4	4	0	19	13	8	16	0	0	0	0										
vs. NY	—	—	—	—	0	—	—	0	0	0	0	—	0	0	0										
vs. PHI	1	0	1.000	2.61	2	2	0	10.1	10	6	6	0	0	0	0										
vs. PIT	1	1	.500	4.24	4	4	0	23.1	19	15	16	0	0	0	0										
1983 PIT N	7	3	.700	2.83	15	15	3	108	75	47	118	2	0	0	0	34	2	0	.059	6	9	1	0	1.1	.938
1984 "	7	13	.350	3.74	30	28	5	192.1	147	92	153	1	1	0	0	59	5	0	.085	6	16	2	1	0.8	.917
1985 "	2	19	.095	4.70	31	25	1	162.2	138	89	149	0	0	1	3	36	2	0	.056	9	16	1	1	0.8	.962
1986 2 teams	PIT N (9G 1 – 3)				CHI A (13G 4 – 5)																				
" total	5	8	.385	3.87	22	14	1	95.1	66	59	79	0	1	2	1	1	0	0	.000	6	14	1	2	1.0	.952
1987 CHI A	11	12	.478	4.02	33	31	2	206	177	97	153	0	0	0	0	0	0	0	—	10	14	3	0	0.8	.889
1988 STL N	13	10	.565	3.67	34	34	3	225.1	198	86	208	1	0	0	0	72	10	0	.139	10	21	0	0	0.9	1.000
1989 "	16	12	.571	3.05	36	36	5	244.2	173	80	**201**	3	0	0	0	83	8	0	.096	9	16	5	0	0.8	.833
1990 "	7	**19**	.269	4.43	32	32	0	182.2	168	86	164	0	0	0	0	56	6	0	.107	8	15	2	0	0.8	.920
1991 "	5	9	.357	2.71	28	28	1	162.2	144	61	118	0	0	0	0	46	2	0	.043	5	17	0	0	0.8	1.000
9 yrs.	73	105	.410	3.68	261	243	21	1579.2	1286	697	1343	7	2	3	4	387	35	0	.090	69	138	15	4	0.9	.932

Rich DeLucia

DeLUCIA, RICHARD ANTHONY
B. Oct. 7, 1964, Reading, Pa.
BR TR 6' 185 lbs.

Split	W	L	%	ERA	G	GS	CG	IP	H	BB	SO	ShO	W	L	SV	AB	H	HR	BA	PO	A	E	DP	TC/G	FA
April	2	2	.500	5.26	4	4	0	25.2	26	14	16	0	0	0	0										
May	3	0	1.000	3.74	6	5	0	33.2	35	12	25	0	1	0	0										
June	1	3	.250	5.40	6	6	0	30	22	22	17	0	0	0	0										
July	3	1	.750	3.86	5	5	0	32.2	28	10	16	0	0	0	0										
Aug	2	2	.500	3.38	5	5	0	32	29	5	13	0	0	0	0										
Sept/Oct	1	5	.167	9.64	6	6	0	28	36	15	11	0	0	0	0										
Day	3	6	.333	6.84	10	10	0	52.2	63	25	32	0	0	0	0										
Night	9	7	.563	4.38	22	21	0	129.1	113	53	66	0	1	0	0										
vs. Left	—	—	—	—	—	—	—	—	92	54	34	—	—	—	—										
vs. Right	—	—	—	—	—	—	—	—	84	24	64	—	—	—	—										
On Grass	4	8	.333	5.65	13	13	0	73.1	73	39	39	0	0	0	0										
On Turf	8	5	.615	4.72	19	18	0	108.2	103	39	59	0	1	0	0										
Home	7	4	.636	4.72	15	14	0	89.2	80	31	48	0	1	0	0										
Road	5	9	.357	5.46	17	17	0	92.1	96	47	50	0	0	0	0										
Division Rivals																									
vs. CAL	0	2	.000	6.52	2	2	0	9.2	14	4	5	0	0	0	0										
vs. CHI	1	2	.333	4.41	3	3	0	16.1	10	11	7	0	0	0	0										
vs. KC	1	1	.500	4.96	3	3	0	16.1	18	4	7	0	0	0	0										
vs. MIN	0	0	—	1.42	1	1	0	6.1	6	2	3	0	0	0	0										
vs. OAK	2	2	.500	4.94	4	4	0	27.1	23	8	15	0	0	0	0										
vs. TEX	1	1	.500	5.40	3	3	0	16.2	17	6	7	0	0	0	0										
1990 SEA A	1	2	.333	2.00	5	5	1	36	30	9	20	0	0	0	0	0	0	0	—	3	2	1	0	1.2	.833
1991 "	12	13	.480	5.09	32	31	0	182	176	78	98	0	1	0	0	0	0	0	—	8	19	0	1	0.8	1.000
2 yrs.	13	15	.464	4.58	37	36	1	218	206	87	118	0	1	0	0	0	0	0	—	11	21	1	1	0.9	.970

PITCHER REGISTER

Year	Team	W	L	%	ERA	G	GS	CG	IP	H	BB	SO	ShO	RELIEF PITCHING W	L	SV	BATTING AB	H	HR	BA	PO	A	E	DP	TC/G	FA

Rick Dempsey

DEMPSEY, JOHN RIKARD
B. Sept. 13, 1949, Fayetteville, Tenn.
BR TR 6' 180 lbs.

Year	Team		W	L	%	ERA	G	GS	CG	IP	H	BB	SO	ShO	W	L	SV	AB	H	HR	BA	PO	A	E	DP	TC/G	FA
1991	MIL	A	0	0	—	4.50	2	0	0	2	3	1	0	0	0	0	0					0	0	0	0	0.0	—

Jim Deshaies

DESHAIES, JAMES JOSEPH
B. June 23, 1960, Massena, N.Y.
BL TL 6' 4" 222 lbs.

Split	W	L	%	ERA	G	GS	CG	IP	H	BB	SO	ShO	W	L	SV
April	0	2	.000	6.43	4	4	0	21	25	10	10	0	0	0	0
May	2	3	.400	5.94	6	6	0	33.1	36	23	20	0	0	0	0
June	0	2	.000	4.62	6	6	0	39	31	17	22	0	0	0	0
July	2	1	.667	3.45	5	5	1	28.2	25	6	12	0	0	0	0
Aug	0	4	.000	4.76	6	6	0	34	31	15	31	0	0	0	0
Sept/Oct	1	0	1.000	5.40	1	1	0	5	8	1	3	0	0	0	0
Day	0	3	.000	7.11	4	4	0	19	24	8	14	0	0	0	0
Night	5	9	.357	4.69	24	24	1	142	132	64	84	0	0	0	0
vs. Left	—	—	—	—	—	—	—	—	29	19	18	—	—	—	—
vs. Right	—	—	—	—	—	—	—	—	127	53	80	—	—	—	—
On Grass	2	6	.250	6.66	10	10	0	51.1	61	28	30	0	0	0	0
On Turf	3	6	.333	4.19	18	18	1	109.2	95	44	68	0	0	0	0
Home	2	3	.400	3.72	10	10	1	65.1	50	27	37	0	0	0	0
Road	3	9	.250	5.83	18	18	0	95.2	106	45	61	0	0	0	0
Division Rivals															
vs. ATL	0	2	.000	7.31	3	3	0	16	17	11	10	0	0	0	0
vs. CIN	0	1	.000	7.59	2	2	0	10.2	16	4	4	0	0	0	0
vs. LA	1	1	.500	2.57	3	3	0	21	16	8	15	0	0	0	0
vs. SD	0	2	.000	14.14	2	2	0	7	10	7	4	0	0	0	0
vs. SF	1	1	.500	3.50	3	3	0	18	15	5	9	0	0	0	0

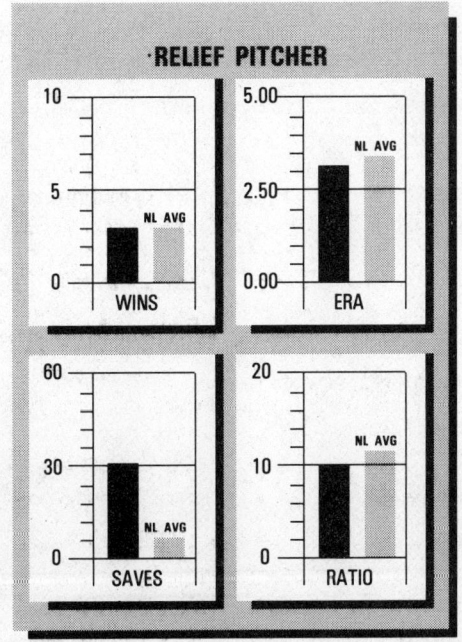

Year	Team		W	L	%	ERA	G	GS	CG	IP	H	BB	SO	ShO	W	L	SV	AB	H	HR	BA	PO	A	E	DP	TC/G	FA
1984	NY	A	0	1	.000	11.57	2	2	0	7	14	7	5	0	0	0	0	0	0	0	—	0	1	0	0	0.5	1.000
1985	HOU	N	0	0	—	0.00	2	0	0	3	1	0	2	0	0	0	0	0	0	0	—	0	0	0	0	0.0	—
1986			12	5	.706	3.25	26	26	1	144	124	59	128	1	0	0	0	43	2	0	.047	9	13	2	0	0.9	.917
1987			11	6	.647	4.62	26	25	1	152	149	57	104	0	0	0	0	53	5	0	.094	5	22	1	0	1.1	.964
1988			11	14	.440	3.00	31	31	3	207	164	72	127	2	0	0	0	63	3	0	.048	7	25	2	1	1.1	.941
1989			15	10	.600	2.91	34	34	6	225.2	180	79	153	3	0	0	0	75	9	0	.120	8	31	3	2	1.2	.929
1990			7	12	.368	3.78	34	34	2	209.1	186	84	119	0	0	0	0	63	4	0	.063	3	32	2	1	1.1	.946
1991			5	12	.294	4.98	28	28	1	161	156	72	98	0	0	0	0	41	4	0	.098	4	18	3	1	0.9	.880
8 yrs.			61	60	.504	3.72	183	180	14	1109	974	430	736	6	0	0	0	338	27	0	.080	36	142	13	5	1.0	.932

Rob Dibble

DIBBLE, ROBERT KEITH
B. Jan. 24, 1964, Bridgeport, Conn.
BL TR 6' 4" 230 lbs.

Split	W	L	%	ERA	G	GS	CG	IP	H	BB	SO	ShO	W	L	SV
April	0	0	—	2.53	10	0	0	10.2	11	1	21	0	0	0	5
May	0	0	—	0.00	13	0	0	13.2	5	4	21	0	0	0	7
June	0	0	—	1.69	15	0	0	16	9	7	22	0	0	0	10
July	1	1	.500	5.00	8	0	0	9	13	2	9	0	1	1	1
Aug	2	2	.500	3.86	13	0	0	21	15	7	32	0	2	2	4
Sept/Oct	0	2	.000	6.75	11	0	0	12	14	4	19	0	0	2	4
Day	1	0	1.000	1.35	14	0	0	20	14	4	28	0	1	0	8
Night	2	5	.286	3.75	53	0	0	62.1	53	21	96	0	2	5	23
vs. Left	—	—	—	—	—	—	—	—	34	14	75	—	—	—	—
vs. Right	—	—	—	—	—	—	—	—	33	11	49	—	—	—	—
On Grass	2	1	.667	1.95	20	0	0	27.2	22	7	39	0	2	1	5
On Turf	1	4	.200	3.79	47	0	0	54.2	45	18	85	0	1	4	26
Home	1	4	.200	5.26	33	0	0	39.1	38	16	60	0	1	4	18
Road	2	1	.667	1.26	34	0	0	43	29	9	64	0	2	1	13
Division Rivals															
vs. ATL	0	1	.000	12.60	5	0	0	5	8	1	8	0	0	1	1
vs. HOU	0	1	.000	4.09	10	0	0	11	13	3	19	0	0	1	1
vs. LA	1	1	.500	1.93	7	0	0	9.1	5	3	13	0	1	1	2
vs. SD	0	0	—	0.00	7	0	0	8.2	5	3	16	0	0	0	2
vs. SF	1	0	1.000	1.93	6	0	0	9.1	8	3	14	0	1	0	3

PITCHER REGISTER

Year	Team		W	L	%	ERA	G	GS	CG	IP	H	BB	SO	ShO	RELIEF PITCHING			BATTING				PO	A	E	DP	TC/G	FA
															W	L	SV	AB	H	HR	BA						

Rob Dibble *Continued*

1988	CIN	N	1	1	.500	1.82	37	0	0	59.1	43	21	59	0	1	1	0	2	0	0	.000	1	3	0	0	0.1	1.000
1989			10	5	.667	2.09	74	0	0	99	62	39	141	0	10	5	2	8	0	0	.000	3	5	1	0	0.1	.889
1990			8	3	.727	1.74	68	0	0	98	62	34	136	0	8	3	11	7	0	0	.000	5	8	0	0	0.2	1.000
1991			3	5	.375	3.17	67	0	0	82.1	67	25	124	0	3	5	31	2	0	0	.000	4	7	1	0	0.2	.917
4 yrs.			22	14	.611	2.21	246	0	0	338.2	234	119	460	0	22	14	44	19	0	0	.000	13	23	2	0	0.2	.947

LEAGUE CHAMPIONSHIP SERIES

| 1990 | CIN | N | 0 | 0 | — | 0.00 | 4 | 0 | 0 | 5 | 0 | 1 | 10 | 0 | 0 | 0 | 1 | 2 | 0 | 0 | .000 | 0 | 0 | 0 | 0 | 0.0 | .— |

WORLD SERIES

| 1990 | CIN | N | 1 | 0 | 1.000 | 0.00 | 3 | 0 | 0 | 4.2 | 3 | 1 | 4 | 0 | 1 | 0 | 0 | 0 | 0 | 0 | — | 0 | 0 | 0 | 0 | 0.0 | — |

John Dopson

DOPSON, JOHN ROBERT JR.
B. July 14, 1963, Baltimore, Md.
BL TR 6' 4" 205 lbs.

1985	MON	N	0	2	.000	11.08	4	3	0	13	25	4	4	0	0	0	0	4	0	0	.000	0	2	0	0	0.5	1.000
1988			3	11	.214	3.04	26	26	1	168.2	150	58	101	0	0	0	0	51	3	0	.059	10	15	2	1	1.0	.926
1989	BOS	A	12	8	.600	3.99	29	28	2	169.1	166	69	95	0	0	1	0	0	0	0	—	20	34	1	1	1.9	.982
1990			0	0	—	2.04	4	4	0	17.2	13	9	9	0	0	0	0	0	0	0	—	1	5	0	0	1.5	1.000
1991			0	0	—	18.00	1	0	0	1	2	1	0	0	0	0	0	0	0	0	—	0	1	0	0	1.0	1.000
5 yrs.			15	21	.417	3.75	64	61	3	369.2	356	141	209	0	0	1	0	55	3	0	.055	31	57	3	2	1.4	.967

Kelly Downs

DOWNS, KELLY ROBERT
Brother of Dave Downs.
B. Oct. 25, 1960, Ogden, Utah
BR TR 6' 4" 195 lbs.

April			1	0	1.000	2.81	3	3	0	16	13	9	4	0	0	0	0										
May			1	3	.250	4.24	6	6	0	34	33	15	19	0	0	0	0										
June			2	1	.667	6.48	8	1	0	8.1	7	5	2	0	2	0	0										
July			3	0	1.000	0.84	8	1	0	21.1	11	5	17	0	2	0	0										
Aug			3	0	1.000	5.28	11	0	0	15.1	16	9	9	0	3	0	0										
Sept/Oct			0	0	—	7.56	9	0	0	16.2	19	10	11	0	0	0	0										
Day			4	0	1.000	4.54	17	2	0	37.2	31	15	18	0	4	0	0										
Night			6	4	.600	4.01	28	9	0	74	68	38	44	0	3	0	0										
vs. Left			—	—	—	—	—	—	—	—	58	26	20	—	—	—	—										
vs. Right			—	—	—	—	—	—	—	—	41	27	42	—	—	—	—										
On Grass			8	3	.727	3.84	32	9	0	86.2	78	42	41	0	5	0	0										
On Turf			2	1	.667	5.40	13	2	0	25	21	11	21	0	2	0	0										
Home			5	2	.714	3.90	21	6	0	55.1	47	24	32	0	4	0	0										
Road			5	2	.714	4.47	24	5	0	56.1	52	29	30	0	3	0	0										
Division Rivals																											
vs. ATL			1	1	.500	4.20	5	2	0	15	16	8	7	0	0	0	0										
vs. CIN			0	0	—	7.11	4	0	0	6.1	5	4	6	0	0	0	0										
vs. HOU			1	0	1.000	2.08	5	0	0	8.2	7	4	7	0	1	0	0										
vs. LA			3	0	1.000	1.76	4	2	0	15.1	13	6	5	0	2	0	0										
vs. SD			0	0	—	6.59	6	1	0	13.2	16	11	6	0	0	0	0										
1986	SF	N	4	4	.500	2.75	14	14	1	88.1	78	30	64	0	0	0	0	29	5	0	.172	6	13	1	0	1.4	.950
1987			12	9	.571	3.63	41	28	4	186	185	67	137	3	1	1	1	56	8	0	.143	11	10	3	0	0.6	.875
1988			13	9	.591	3.32	27	26	6	168	140	47	118	3	0	0	0	54	9	0	.167	15	22	1	2	1.4	.974
1989			4	8	.333	4.79	18	15	0	82.2	82	26	49	0	0	0	0	22	2	0	.091	7	8	1	1	0.9	.938
1990			3	2	.600	3.43	13	9	0	63	56	20	31	0	0	0	0	13	0	0	.000	6	12	1	0	1.5	.947
1991			10	4	.714	4.19	45	11	0	111.2	99	53	62	0	7	0	0	23	2	0	.087	9	19	1	1	0.6	.966
6 yrs.			46	36	.561	3.65	158	103	11	699.2	640	243	461	6	8	1	1	197	26	0	.132	54	84	8	4	0.9	.945

LEAGUE CHAMPIONSHIP SERIES

1987	SF	N	0	0	—	0.00	1	0	0	1.1	1	0	0	0	0	0	0	0	0	0	—	0	0	0	0	0.0	—
1989			1	0	1.000	3.12	2	0	0	8.2	8	6	6	0	1	0	0	3	0	0	.000	0	1	0	1	0.5	1.000
2 yrs.			1	0	1.000	2.70	3	0	0	10	9	6	6	0	1	0	0	3	0	0	.000	0	1	0	1	0.3	1.000

WORLD SERIES

| 1989 | SF | N | 0 | 0 | — | 7.71 | 3 | 0 | 0 | 4.2 | 3 | 2 | 4 | 0 | 0 | 0 | 0 | 0 | 0 | 0 | — | 0 | 0 | 0 | 0 | 0.0 | — |

PITCHER REGISTER

Year	Team		W	L	%	ERA	G	GS	CG	IP	H	BB	SO	ShO	RELIEF PITCHING			BATTING			BA	PO	A	E	DP	TC/G	FA
															W	L	SV	AB	H	HR							

Doug Drabek
DRABEK, DOUGLAS DEAN
B. July 25, 1962, Victoria, Tex.
BR TR 6' 1" 185 lbs.

			W	L	%	ERA	G	GS	CG	IP	H	BB	SO	ShO	W	L	SV	AB	H	HR	BA	PO	A	E	DP	TC/G	FA
April			1	4	.200	4.15	5	5	0	30.1	35	11	11	0	0	0	0										
May			2	3	.400	2.75	5	5	2	36	33	8	20	1	0	0	0										
June			3	1	.750	2.25	6	6	0	40	47	12	29	0	0	0	0										
July			4	2	.667	3.98	6	6	1	40.2	40	15	26	0	0	0	0										
Aug			3	1	.750	2.84	6	6	1	38	41	5	15	0	0	0	0										
Sept/Oct			2	3	.400	2.72	7	7	1	49.2	49	11	41	0	0	0	0										
Day			5	4	.556	3.35	12	12	3	78	80	17	50	1	0	0	0										
Night			10	10	.500	2.93	23	23	2	156.2	165	45	92	1	0	0	0										
vs. Left			—	—	—	—	—	—	—	—	152	41	59	—	—	—	—										
vs. Right			—	—	—	—	—	—	—	—	93	21	83	—	—	—	—										
On Grass			2	4	.333	5.77	8	8	1	48.1	59	16	27	0	0	0	0										
On Turf			13	10	.565	2.37	27	27	4	186.1	186	46	115	2	0	0	0										
Home			9	8	.529	2.40	19	19	3	131	131	30	87	1	0	0	0										
Road			6	6	.500	3.91	16	16	2	103.2	114	32	55	1	0	0	0										
Division Rivals																											
vs. CHI			2	2	.500	4.24	5	5	1	34	38	9	22	0	0	0	0										
vs. MON			2	2	.500	1.93	5	5	0	32.2	32	9	27	0	0	0	0										
vs. NY			1	1	.500	4.82	2	2	0	9.1	10	1	5	0	0	0	0										
vs. PHI			2	0	1.000	1.27	3	3	1	21.1	22	3	14	0	0	0	0										
vs. STL			1	2	.333	1.61	4	4	1	28	24	5	12	1	0	0	0										
1986	NY	A	7	8	.467	4.10	27	21	0	131.2	126	50	76	0	0	0	0	0	0	0	—	5	13	0	0	0.7	1.000
1987	PIT	N	11	12	.478	3.88	29	28	1	176.1	165	46	120	1	0	0	0	59	7	0	.119	24	23	2	0	1.7	.959
1988			15	7	.682	3.08	33	32	3	219.1	194	50	127	1	0	0	0	76	13	0	.171	29	21	6	6	1.7	.893
1989			14	12	.538	2.80	35	34	8	244.1	215	69	123	5	1	0	0	77	8	0	.104	24	34	2	0	1.7	.967
1990			**22**	6	**.786**	2.76	33	33	9	231.1	190	56	131	3	0	0	0	84	18	1	.214	25	26	1	1	1.9	.984
1991			15	14	.517	3.07	35	35	5	234.2	245	62	142	2	0	0	0	84	15	0	.179	27	41	5	1	2.1	.932
6 yrs.			84	59	.587	3.19	192	183	26	1237.2	1135	333	719	12	1	0	0	380	61	1	.161	134	168	16	8	1.7	.950
LEAGUE CHAMPIONSHIP SERIES																												
1990	PIT	N	1	1	.500	1.65	2	2	1	16.1	12	3	13	0	0	0	0	6	1	0	.167	1	6	1	0	4.0	.875
1991			1	1	.500	0.60	2	2	1	15	10	5	10	0	0	0	0	5	1	0	.200	3	0	0	0	1.5	1.000
2 yrs.			2	2	.500	1.15	4	4	2	31.1	22	8	23	0	0	0	0	11	2	0	.182	4	6	1	0	2.8	.909

Brian Drahman
DRAHMAN, BRIAN STACY
B. Nov. 7, 1966, Kenton, Ky.
BR TR 6' 3" 205 lbs.

			W	L	%	ERA	G	GS	CG	IP	H	BB	SO	ShO	W	L	SV	AB	H	HR	BA	PO	A	E	DP	TC/G	FA
April			1	1	.500	9.82	7	0	0	7.1	11	3	6	0	1	1	0										
May			0	0	—	1.35	6	0	0	6.2	3	4	3	0	0	0	0										
June			—	—	—	—	0	0	0	0	0	0	0	—	0	0	0										
July			—	—	—	—	0	0	0	0	0	0	0	—	0	0	0										
Aug			1	0	1.000	1.59	7	0	0	11.1	4	4	5	0	1	0	0										
Sept/Oct			1	1	.500	0.00	8	0	0	5.1	3	2	4	0	1	1	0										
Day			2	0	1.000	7.71	8	0	0	7	8	3	5	0	2	0	0										
Night			1	2	.333	1.90	20	0	0	23.2	13	10	13	0	1	2	0										
vs. Left			—	—	—	—	—	—	—	—	8	4	2	—	—	—	—										
vs. Right			—	—	—	—	—	—	—	—	13	9	16	—	—	—	—										
On Grass			3	2	.600	3.41	26	0	0	29	21	13	18	0	3	2	0										
On Turf			0	0	—	0.00	2	0	0	1.2	0	0	0	0	0	0	0										
Home			2	2	.500	5.56	12	0	0	11.1	11	7	9	0	2	2	0										
Road			1	0	1.000	1.86	16	0	0	19.1	10	6	9	0	1	0	0										
Division Rivals																												
vs. CAL			0	1	.000	0.00	3	0	0	1.1	2	1	0	0	0	1	0										
vs. KC			0	0	—	0.00	1	0	0	1.1	0	0	0	0	0	0	0										
vs. MIN			1	0	1.000	0.00	2	0	0	1.1	0	0	2	0	1	0	0										
vs. OAK			0	0	—	2.25	4	0	0	4	3	2	2	0	0	0	0										
vs. SEA			0	0	—	0.00	1	0	0	0.1	0	0	0	0	0	0	0										
vs. TEX			0	0	—	0.00	2	0	0	2	0	1	2	0	0	0	0										
1991	CHI	A	3	2	.600	3.23	28	0	0	30.2	21	13	18	0	3	2	0	0	0	0	—	1	5	1	0	0.3	.857

PITCHER REGISTER

Year	Team	W	L	%	ERA	G	GS	CG	IP	H	BB	SO	ShO	RELIEF PITCHING W	L	SV	BATTING AB	H	HR	BA	PO	A	E	DP	TC/G	FA

Tom Drees
DREES, THOMAS KENT
B. June 17, 1963, Des Moines, Iowa
BB TL 6' 6" 210 lbs.

Year	Team	W	L	%	ERA	G	GS	CG	IP	H	BB	SO	ShO	W	L	SV	AB	H	HR	BA	PO	A	E	DP	TC/G	FA
1991	CHI A	0	0	—	12.27	4	0	0	7.1	10	6	2	0	0	0	0	0	0	0	—	2	0	0	0	0.5	1.000

Kirk Dressendorfer
DRESSENDORFER, KIRK RICHARD
B. Apr. 8, 1969, Houston, Tex.
BR TR 5' 11" 180 lbs.

Year	Team	W	L	%	ERA	G	GS	CG	IP	H	BB	SO	ShO	W	L	SV	AB	H	HR	BA	PO	A	E	DP	TC/G	FA
1991	OAK A	3	3	.500	5.45	7	7	0	34.2	33	21	17	0	0	0	0	0	0	0	—	2	3	0	0	0.7	1.000

Dennis Eckersley
ECKERSLEY, DENNIS LEE
B. Oct. 3, 1954, Oakland, Calif.
BR TR 6' 2" 190 lbs.

Split	W	L	%	ERA	G	GS	CG	IP	H	BB	SO	ShO	W	L	SV	AB	H	HR	BA	PO	A	E	DP	TC/G	FA
April	0	1	.000	4.00	8	0	0	9	6	0	6	0	0	1	7										
May	1	0	1.000	2.13	11	0	0	12.2	15	0	16	0	1	0	6										
June	0	0	—	0.69	10	0	0	13	5	1	13	0	0	0	9										
July	0	1	.000	4.85	11	0	0	13	14	3	17	0	0	1	5										
Aug	2	0	1.000	1.35	14	0	0	13.1	9	3	16	0	2	0	9										
Sept/Oct	2	2	.500	4.80	13	0	0	15	11	2	19	0	2	2	7										
Day	2	1	.667	1.59	27	0	0	34	20	7	38	0	2	1	17										
Night	3	3	.500	4.07	40	0	0	42	40	2	49	0	3	3	26										
vs. Left	—	—	—	—	—	—	—	—	34	6	34	—	—	—	—										
vs. Right	—	—	—	—	—	—	—	—	26	3	53	—	—	—	—										
On Grass	5	3	.625	2.52	58	0	0	64.1	44	9	74	0	5	3	36										
On Turf	0	1	.000	5.40	9	0	0	11.2	16	0	13	0	0	1	7										
Home	5	1	.833	1.83	35	0	0	39.1	23	7	49	0	5	1	18										
Road	0	3	.000	4.17	32	0	0	36.2	37	2	38	0	0	3	25										

Division Rivals

Split	W	L	%	ERA	G	GS	CG	IP	H	BB	SO	ShO	W	L	SV
vs. CAL	0	0	—	0.00	9	0	0	8.2	4	1	7	0	0	0	9
vs. CHI	2	0	1.000	3.86	6	0	0	4.2	5	0	6	0	2	0	2
vs. KC	0	0	—	0.00	6	0	0	8.2	3	0	7	0	0	0	6
vs. MIN	0	0	—	4.50	4	0	0	6	6	0	5	0	0	0	3
vs. SEA	0	1	.000	7.36	4	0	0	3.2	4	0	4	0	1	3	
vs. TEX	0	1	.000	11.25	2	0	0	4	7	1	6	0	0	1	0

Year	Team	W	L	%	ERA	G	GS	CG	IP	H	BB	SO	ShO	W	L	SV	AB	H	HR	BA	PO	A	E	DP	TC/G	FA
1975	CLE A	13	7	.650	2.60	34	24	6	186.2	147	90	152	2	1	0	2	0	0	0	—	7	12	1	0	0.6	.950
1976		13	12	.520	3.44	36	30	9	199	155	78	200	3	1	0	1	0	0	0	—	9	20	1	1	0.8	.967
1977		14	13	.519	3.53	33	33	12	247	214	54	191	3	0	0	0	0	0	0	—	6	22	2	1	0.9	.933
1978	BOS A	20	8	.714	2.99	35	35	16	268.1	258	71	162	3	0	0	0	0	0	0	—	19	29	0	1	1.4	1.000
1979		17	10	.630	2.99	33	33	17	247	234	59	150	2	0	0	0	0	0	0	—	12	42	6	3	1.8	.900
1980		12	14	.402	4.27	30	30	0	100	100	44	121	0	0	0	0	0	0	0	—	10	24	3	0	1.2	.010
1981		9	8	.529	4.27	23	23	8	154	160	35	79	2	0	0	0	0	0	0	—	12	19	1	1	1.4	.969
1982		13	13	.500	3.73	33	33	11	224.1	228	43	127	3	0	0	0	0	0	0	—	21	21	1	2	1.3	.977
1983		9	13	.409	5.61	28	28	2	176.1	223	39	77	0	0	0	0	0	0	0	—	19	18	1	1	1.4	.974
1984	2 teams	BOS A (9G 4-4)				CHI N (24G 10-8)																				
"	total	14	12	.538	3.60	33	33	4	225	223	49	114	0	0	0	0	55	6	0	.109	27	38	5	3	2.1	.929
1985	CHI N	11	7	.611	3.08	25	25	0	169.1	145	19	117	2	0	0	0	56	7	1	.125	10	26	3	1	1.6	.923
1986		6	11	.353	4.57	33	32	1	201	226	43	137	0	0	0	0	69	11	2	.159	16	28	3	3	1.4	.936
1987	OAK A	6	8	.429	3.03	54	2	0	115.2	99	17	113	0	6	6	16	0	0	0	—	4	13	1	0	0.3	.944
1988		4	2	.667	2.35	60	0	0	72.2	52	11	70	0	4	2	**45**	0	0	0	—	7	3	0	0	0.2	1.000
1989		4	0	1.000	1.56	51	0	0	57.2	32	3	55	0	4	0	33	0	0	0	—	4	4	0	1	0.2	1.000
1990		4	2	.667	0.61	63	0	0	73.1	41	4	73	0	4	2	48	0	0	0	—	3	1	0	0	0.1	1.000
1991		5	4	.556	2.96	67	0	0	76	60	9	87	0	5	4	43	0	0	0	—	6	9	0	0	0.2	1.000
17 yrs.		174	144	.547	3.47	671	361	100	2891.1	2685	668	2025	20	25	14	188	180	24	3	.133	192	329	28	17	0.8	.949

LEAGUE CHAMPIONSHIP SERIES

Year	Team	W	L	%	ERA	G	GS	CG	IP	H	BB	SO	ShO	W	L	SV	AB	H	HR	BA	PO	A	E	DP	TC/G	FA
1984	CHI N	0	1	.000	8.44	1	1	0	5.1	9	0	0	0	0	0	0	2	0	0	.000	0	0	0	0	0.0	—
1988	OAK A	0	0	—	0.00	4	0	0	6	1	2	5	0	0	0	4	0	0	0	—	2	0	0	0	0.5	1.000
1989		0	0	—	1.59	4	0	0	5.2	4	0	2	0	0	0	3	0	0	0	—	0	1	0	0	0.3	1.000
1990		0	0	—	0.00	3	0	0	3.1	2	0	3	0	0	0	2	0	0	0	—	0	0	0	0	0.0	—
4 yrs.		0	1	.000	2.66	12	1	0	20.1	16	2	10	0	0	0	9	2	0	0	.000	2	1	0	0	0.3	1.000

RELIEF PITCHER — WINS, ERA, SAVES, RATIO (vs. AL AVG)

PITCHER REGISTER

Year	Team		W	L	%	ERA	G	GS	CG	IP	H	BB	SO	ShO	RELIEF PITCHING W	L	SV	BATTING AB	H	HR	BA	PO	A	E	DP	TC/G	FA

Dennis Eckersley *Continued*

WORLD SERIES

Year	Team		W	L	%	ERA	G	GS	CG	IP	H	BB	SO	ShO	W	L	SV	AB	H	HR	BA	PO	A	E	DP	TC/G	FA
1988	OAK	A	0	1	.000	10.80	2	0	0	1.2	2	1	2	0	0	1	0	0	0	0	—	0	0	0	0	0.0	—
1989			0	0	—	0.00	2	0	0	1.2	0	0	0	0	0	0	1	0	0	0	—	1	0	0	0	0.5	1.000
1990			0	1	.000	6.75	2	0	0	1.1	3	0	1	0	0	1	0	0	0	0	—	0	0	0	0	0.0	—
3 yrs.			0	2	.000	5.79	6	0	0	4.2	5	1	3	0	0	2	1	0	0	0	—	1	0	0	0	0.2	1.000

Tom Edens

EDENS, THOMAS PATRICK
B. June 9, 1961, Ontario, Ore.
BR TR 6′ 3″ 185 lbs.

Year	Team		W	L	%	ERA	G	GS	CG	IP	H	BB	SO	ShO	W	L	SV	AB	H	HR	BA	PO	A	E	DP	TC/G	FA
1987	NY	N	0	0	—	6.75	2	2	0	8	15	4	4	0	0	0	0	3	0	0	.000	0	4	1	0	2.5	.800
1990	MIL	A	4	5	.444	4.45	35	6	0	89	89	33	40	0	2	3	2	0	0	0	—	7	10	3	0	0.6	.850
1991	MIN	A	2	2	.500	4.09	8	6	0	33	34	10	19	0	0	0	0	0	0	0	—	5	5	0	0	1.3	1.000
3 yrs.			6	7	.462	4.50	45	14	0	130	138	47	63	0	2	3	2	3	0	0	.000	12	19	4	0	0.8	.886

Wayne Edwards

EDWARDS, WAYNE MAURICE
B. Mar. 7, 1964, Burbank, Calif.
BL TL 6′ 5″ 185 lbs.

Year	Team		W	L	%	ERA	G	GS	CG	IP	H	BB	SO	ShO	W	L	SV	AB	H	HR	BA	PO	A	E	DP	TC/G	FA
1989	CHI	A	0	0	—	3.68	7	0	0	7.1	7	3	9	0	0	0	0	0	0	0	—	0	1	0	1	0.1	1.000
1990			5	3	.625	3.22	42	5	0	95	81	41	63	0	2	2	2	0	0	0	—	6	14	1	1	0.5	.952
1991			0	2	.000	3.86	13	0	0	23.1	22	17	12	0	0	2	0	0	0	0	—	1	2	0	0	0.2	1.000
3 yrs.			5	5	.500	3.37	62	5	0	125.2	110	61	84	0	2	4	2	0	0	0	—	7	17	1	2	0.4	.960

Bruce Egloff

EGLOFF, BRUCE EDWARD
B. Apr. 10, 1965, Denver, Colo.
BR TR 6′ 2″ 215 lbs.

Year	Team		W	L	%	ERA	G	GS	CG	IP	H	BB	SO	ShO	W	L	SV	AB	H	HR	BA	PO	A	E	DP	TC/G	FA
1991	CLE	A	0	0	—	4.76	6	0	0	5.2	8	4	8	0	0	0	0	0	0	0	—	2	1	0	0	0.5	1.000

Mark Eichhorn

EICHHORN, MARK ANTHONY
B. Nov. 21, 1960, San Jose, Calif.
BR TR 6′ 4″ 200 lbs.

RELIEF PITCHER (charts: WINS, ERA, SAVES, RATIO vs. AL AVG)

Split	W	L	%	ERA	G	GS	CG	IP	H	BB	SO	ShO	W	L	SV	AB	H	HR	BA	PO	A	E	DP	TC/G	FA
April	0	1	.000	0.87	7	0	0	10.1	8	0	4	0	0	1	0										
May	0	0	—	0.00	11	0	0	17.1	10	0	9	0	0	0	0										
June	2	0	1.000	1.80	15	0	0	15	16	1	11	0	2	0	0										
July	0	1	.000	2.19	9	0	0	12.1	8	2	6	0	0	1	0										
Aug	0	0	—	2.31	13	0	0	11.2	7	4	11	0	0	0	1										
Sept/Oct	1	1	.500	4.80	15	0	0	15	14	6	8	0	1	1	0										
Day	1	1	.500	1.82	19	0	0	24.2	16	3	15	0	1	1	1										
Night	2	2	.500	2.05	51	0	0	57	47	10	34	0	2	2	0										
vs. Left	—	—	—	—	—	—	—	—	33	4	15	—	—	—	—										
vs. Right	—	—	—	—	—	—	—	—	30	9	34	—	—	—	—										
On Grass	2	3	.400	2.26	58	0	0	67.2	50	9	37	0	2	3	1										
On Turf	1	0	1.000	0.64	12	0	0	14	13	4	12	0	1	0	0										
Home	2	2	.500	1.30	37	0	0	41.2	29	5	23	0	2	2	1										
Road	1	1	.500	2.70	33	0	0	40	34	8	26	0	1	1	0										
Division Rivals																									
vs. CHI	1	1	.500	4.50	6	0	0	6	4	2	1	0	1	1	0										
vs. KC	0	0	—	2.45	5	0	0	3.2	4	3	0	0	0	0	0										
vs. MIN	0	1	.000	0.00	4	0	0	7	3	2	4	0	0	1	0										
vs. OAK	0	0	—	0.00	4	0	0	7	3	1	6	0	0	0	0										
vs. SEA	0	0	—	4.91	6	0	0	3.2	6	0	1	0	0	0	0										
vs. TEX	1	0	1.000	1.59	6	0	0	5.2	3	0	4	0	1	0	0										

Year	Team		W	L	%	ERA	G	GS	CG	IP	H	BB	SO	ShO	W	L	SV	AB	H	HR	BA	PO	A	E	DP	TC/G	FA
1982	TOR	A	0	3	.000	5.45	7	7	0	38	40	14	16	0	0	0	0	0	0	0	—	1	3	0	0	0.6	1.000
1986			14	6	.700	1.72	69	0	0	157	105	45	166	0	14	6	10	0	0	0	—	16	21	0	1	0.5	1.000
1987			10	6	.625	3.17	89	0	0	127.2	110	52	96	0	10	6	4	0	0	0	—	2	30	1	2	0.4	.970
1988			0	3	.000	4.19	37	0	0	66.2	79	27	28	0	0	3	1	0	0	0	—	5	13	0	1	0.5	1.000
1989	ATL	N	5	5	.500	4.35	45	0	0	68.1	70	19	49	0	5	5	0	2	0	0	.000	9	17	0	1	0.6	1.000
1990	CAL	A	2	5	.286	3.08	60	0	0	84.2	98	23	60	0	2	5	13	0	0	0	—	7	16	0	0	0.4	1.000
1991			3	3	.500	1.98	70	0	0	81.2	63	13	49	0	3	3	1	0	0	0	—	4	18	0	2	0.3	1.000
7 yrs.			34	31	.523	3.01	377	7	0	624	565	193	473	0	34	28	29	2	0	0	.000	44	118	1	7	0.4	.994

PITCHER REGISTER

Year	Team	W	L	%	ERA	G	GS	CG	IP	H	BB	SO	ShO	Relief W	Relief L	SV	AB	H	HR	BA	PO	A	E	DP	TC/G	FA

Dave Eiland
EILAND, DAVID WILLIAM
B. July 5, 1966, Dade City, Fla.
BR TR 6' 3" 210 lbs.

Year	Team	W	L	%	ERA	G	GS	CG	IP	H	BB	SO	ShO	W	L	SV	AB	H	HR	BA	PO	A	E	DP	TC/G	FA
1988	NY A	0	0	—	6.39	3	3	0	12.2	15	4	7	0	0	0	0	0	0	0	—	1	3	0	0	1.3	1.000
1989		1	3	.250	5.77	6	6	0	34.1	44	13	11	0	0	0	0	0	0	0	—	2	2	0	0	0.7	1.000
1990		2	1	.667	3.56	5	5	0	30.1	31	5	16	0	0	0	0	0	0	0	—	1	3	0	0	0.8	1.000
1991		2	5	.286	5.33	18	13	0	72.2	87	23	18	0	0	0	0	0	0	0	—	6	2	0	0	0.4	1.000
4 yrs.		5	9	.357	5.16	32	27	0	150	177	45	52	0	0	0	0	0	0	0	—	10	10	0	0	0.6	1.000

Cal Eldred
ELDRED, CALVIN JOHN
B. Nov. 24, 1967, Cedar Rapids, Iowa
BR TR 6' 4" 215 lbs.

Year	Team	W	L	%	ERA	G	GS	CG	IP	H	BB	SO	ShO	W	L	SV	AB	H	HR	BA	PO	A	E	DP	TC/G	FA
1991	MIL A	2	0	1.000	4.50	3	3	0	16	20	6	10	0	0	0	0	0	0	0	—	2	1	0	0	1.0	1.000

Scott Erickson
ERICKSON, SCOTT GAVIN
B. Feb. 2, 1968, Long Beach, Calif.
BR TR 6' 4" 220 lbs.

Split	W	L	%	ERA	G	GS	CG	IP	H	BB	SO	ShO	W	L	SV
April	2	2	.500	2.03	4	4	1	31	29	12	15	1	0	0	0
May	5	0	1.000	1.36	6	6	2	46.1	35	13	29	1	0	0	0
June	5	1	.833	2.18	6	6	1	45.1	37	11	30	1	0	0	0
July	2	0	1.000	5.49	4	4	0	19.2	24	11	5	0	0	0	0
Aug	2	3	.400	9.45	5	5	0	20	30	7	9	0	0	0	0
Sept/Oct	4	2	.667	3.02	7	7	1	41.2	34	17	20	0	0	0	0
Day	7	4	.636	3.52	13	13	1	84.1	85	20	44	0	0	0	0
Night	13	4	.765	2.93	19	19	4	119.2	104	51	64	3	0	0	0
vs. Left	—	—	—	—	—	—	—	—	123	45	40	—	—	—	—
vs. Right	—	—	—	—	—	—	—	—	66	26	68	—	—	—	—
On Grass	9	2	.818	2.51	13	13	2	82.1	68	31	41	1	0	0	0
On Turf	11	6	.647	3.62	19	19	3	121.2	121	40	67	2	0	0	0
Home	10	3	.769	3.53	15	15	2	97	97	29	51	2	0	0	0
Road	10	5	.667	2.86	17	17	3	107	92	42	57	1	0	0	0
Division Rivals															
vs. CAL	1	1	.500	6.97	2	2	0	10.1	14	3	5	0	0	0	0
vs. CHI	1	1	.500	6.08	2	2	0	13.1	12	5	5	0	0	0	0
vs. KC	1	1	.500	4.50	2	2	0	14	13	2	12	0	0	0	0
vs. OAK	1	1	.500	1.98	2	2	0	13.2	13	1	5	0	0	0	0
vs. SEA	2	2	.500	4.37	4	4	1	22.2	26	13	11	1	0	0	0
vs. TEX	1	0	1.000	2.65	3	3	0	17	19	5	11	0	0	0	0

STARTING PITCHER — WINS, ERA, SO/9, RATIO (AL AVG comparison charts)

Year	Team	W	L	%	ERA	G	GS	CG	IP	H	BB	SO	ShO	W	L	SV	AB	H	HR	BA	PO	A	E	DP	TC/G	FA
1990	MIN A	8	4	.667	2.87	19	17	1	113	108	51	53	0	0	0	0	0	0	0	—	10	13	0	0	1.2	1.000
1991		20	8	.714	3.18	32	32	5	204	189	71	108	3	0	0	0	0	0	0	—	19	31	1	3	1.6	.980
2 yrs.		28	12	.700	3.07	51	49	6	317	297	122	161	3	0	0	0	0	0	0	—	29	44	1	3	1.5	.986

LEAGUE CHAMPIONSHIP SERIES

Year	Team	W	L	%	ERA	G	GS	CG	IP	H	BB	SO	ShO	W	L	SV	AB	H	HR	BA	PO	A	E	DP	TC/G	FA
1991	MIN A	0	0	—	4.50	1	1	0	4	3	5	2	0	0	0	0	0	0	0	—	1	1	0	0	2.0	1.000

WORLD SERIES

Year	Team	W	L	%	ERA	G	GS	CG	IP	H	BB	SO	ShO	W	L	SV	AB	H	HR	BA	PO	A	E	DP	TC/G	FA
1991	MIN A	0	0	—	5.06	2	2	0	10.2	10	4	5	0	0	0	0	1	0	0	.000	1	0	0	0	0.5	1.000

Alvaro Espinoza
ESPINOZA, ALVARO ALBERTO
Born Alvaro Alberto Espinoza y Ramirez.
B. Feb. 19, 1962, Valencia, Venezuela

Year	Team	W	L	%	ERA	G	GS	CG	IP	H	BB	SO	ShO	W	L	SV	AB	H	HR	BA	PO	A	E	DP	TC/G	FA
1991	NY A	0	0	—	0.00	1	0	0	0.2	0	0	0	0	0	0	0	*				0		0	0	0.0	—

Hector Fajardo
FAJARDO, HECTOR
Born Hector Fajardo y Navarrete.
B. Nov. 6, 1970, Michoacan, Mexico
BR TR 6' 4" 185 lbs.

Year	Team	W	L	%	ERA	G	GS	CG	IP	H	BB	SO	ShO	W	L	SV	AB	H	HR	BA	PO	A	E	DP	TC/G	FA
1991	2 teams	PIT N (2G 0-0)			TEX A (4G 0-2)																					
"	total	0	2	.000	6.75	6	5	0	25.1	35	11	23	0	0	0	0	3	0	0	.000	1	1	0	0	0.3	1.000

PITCHER REGISTER

Year	Team		W	L	%	ERA	G	GS	CG	IP	H	BB	SO	ShO	RELIEF PITCHING W	L	SV	BATTING AB	H	HR	BA	PO	A	E	DP	TC/G	FA

Steve Farr
FARR, STEVEN MICHAEL
B. Dec. 12, 1956, Cheverly, Md.
BR TR 5' 10" 190 lbs.

	W	L	%	ERA	G	GS	CG	IP	H	BB	SO	ShO	W	L	SV
April	0	1	.000	3.72	7	0	0	9.2	8	7	9	0	0	1	1
May	2	0	1.000	1.98	11	0	0	13.2	13	4	13	0	2	0	1
June	0	0	—	0.00	12	0	0	14.1	6	1	11	0	0	0	8
July	0	0	—	0.00	9	0	0	8.2	4	1	8	0	0	0	6
Aug	1	3	.250	6.75	9	0	0	12	14	4	10	0	1	3	1
Sept/Oct	2	1	.667	0.77	12	0	0	11.2	12	3	9	0	2	1	6
Day	3	1	.750	0.83	17	0	0	21.2	18	9	23	0	3	1	6
Night	2	4	.333	2.79	43	0	0	48.1	39	11	37	0	2	4	17
vs. Left	—	—	—	—	—	—	—	—	28	11	23	—	—	—	—
vs. Right	—	—	—	—	—	—	—	—	29	9	37	—	—	—	—
On Grass	5	4	.556	2.15	54	0	0	62.2	52	16	54	0	5	4	21
On Turf	0	1	.000	2.45	6	0	0	7.1	5	4	6	0	0	1	2
Home	3	3	.500	2.56	31	0	0	38.2	30	9	37	0	3	3	12
Road	2	2	.500	1.72	29	0	0	31.1	27	11	23	0	2	2	11
Division Rivals															
vs. BAL	1	0	1.000	2.70	6	0	0	6.2	6	0	5	0	1	0	2
vs. BOS	1	0	1.000	0.00	4	0	0	5.1	3	1	5	0	1	0	2
vs. CLE	0	1	.000	2.70	4	0	0	3.1	3	0	3	0	0	1	3
vs. DET	1	1	.500	7.27	7	0	0	8.2	9	4	10	0	1	1	0
vs. MIL	1	0	1.000	.0.00	7	0	0	8	5	2	5	0	1	0	4
vs. TOR	0	1	.000	3.86	3	0	0	2.1	2	1	2	0	0	1	2

Year	Team		W	L	%	ERA	G	GS	CG	IP	H	BB	SO	ShO	W	L	SV	AB	H	HR	BA	PO	A	E	DP	TC/G	FA
1984	CLE	A	3	11	.214	4.58	31	16	0	116	106	46	83	0	1	2	1	0	0	0	—	7	18	2	1	0.9	.926
1985	KC	A	2	1	.667	3.11	16	3	0	37.2	34	20	36	0	1	0	1	0	0	0	—	3	6	0	0	0.6	1.000
1986			8	4	.667	3.13	56	0	0	109.1	90	39	83	0	8	4	8	0	0	0	—	8	16	0	1	0.4	1.000
1987			4	3	.571	4.15	47	0	0	91	97	44	88	0	4	3	1	0	0	0	—	3	6	2	0	0.2	.818
1988			5	4	.556	2.50	62	1	0	82.2	74	30	72	0	4	4	20	0	0	0	—	3	7	0	0	0.2	1.000
1989			2	5	.286	4.12	51	2	0	63.1	75	22	56	0	1	5	18	0	0	0	—	7	4	0	0	0.2	1.000
1990			13	7	.650	1.98	57	6	1	127	99	48	94	1	8	6	1	0	0	0	—	7	18	2	1	0.5	.926
1991	NY	A	5	5	.500	2.19	60	0	0	70	57	20	60	0	5	5	23	0	0	0	—	7	11	0	1	0.3	1.000
8 yrs.			42	40	.512	3.22	380	28	1	697	632	269	572	1	32	29	73	0	0	0	—	45	86	6	4	0.4	.956

LEAGUE CHAMPIONSHIP SERIES

Year	Team		W	L	%	ERA	G	GS	CG	IP	H	BB	SO	ShO	W	L	SV	AB	H	HR	BA	PO	A	E	DP	TC/G	FA
1985	KC	A	1	0	1.000	1.42	2	0	0	6.1	4	1	3	0	1	0	0	0	0	0	—	0	1	0	1	0.5	1.000

Jeff Fassero
FASSERO, JEFFREY JOSEPH
B. Jan. 5, 1963, Springfield, Ill.
BL TL 6' 1" 180 lbs.

	W	L	%	ERA	G	GS	CG	IP	H	BB	SO	ShO	W	L	SV
April	—	—	—	—	0	—	—	0	0	0	0	—	0	0	0
May	0	1	.000	4.50	1	0	0	2	2	1	1	0	0	1	0
June	1	0	1.000	1.20	12	0	0	15	7	3	14	0	1	0	2
July	0	0	—	1.20	11	0	0	15	5	4	11	0	0	0	2
Aug	1	3	.250	2.77	15	0	0	13	12	5	9	0	1	3	2
Sept/Oct	0	1	.000	5.23	12	0	0	10.1	13	4	7	0	0	1	2
Day	0	4	.000	2.61	18	0	0	20.2	16	8	20	0	0	4	2
Night	2	1	.667	2.34	33	0	0	34.2	23	9	22	0	2	1	6
vs. Left	—	—	—	—	—	—	—	—	17	5	19	—	—	—	—
vs. Right	—	—	—	—	—	—	—	—	22	12	23	—	—	—	—
On Grass	0	1	.000	1.38	13	0	0	13	12	1	6	0	0	1	4
On Turf	2	4	.333	2.76	38	0	0	42.1	27	16	36	0	2	4	4
Home	2	2	.500	2.17	24	0	0	29	15	13	24	0	2	2	3
Road	0	3	.000	2.73	27	0	0	26.1	24	4	18	0	0	3	5
Division Rivals															
vs. CHI	0	1	.000	1.93	7	0	0	4.2	4	2	4	0	0	1	2
vs. NY	0	0	—	0.00	4	0	0	3	3	0	1	0	0	0	1
vs. PHI	0	2	.000	5.79	5	0	0	4.2	7	2	5	0	0	2	0
vs. PIT	0	1	.000	6.35	5	0	0	5.2	6	4	5	0	0	1	0
vs. STL	0	0	—	4.50	2	0	0	2	2	1	1	0	0	0	0

Year	Team		W	L	%	ERA	G	GS	CG	IP	H	BB	SO	ShO	W	L	SV	AB	H	HR	BA	PO	A	E	DP	TC/G	FA
1991	MON	N	2	5	.286	2.44	51	0	0	55.1	39	17	42	0	2	5	8	3	0	0	.000	3	11	1	1	0.3	.933

PITCHER REGISTER

Year	Team		W	L	%	ERA	G	GS	CG	IP	H	BB	SO	ShO	RELIEF PITCHING W	L	SV	BATTING AB	H	HR	BA	PO	A	E	DP	TC/G	FA

Alex Fernandez

FERNANDEZ, ALEXANDER
B. Aug. 13, 1969, Miami Beach, Fla.
BR TR 6' 2" 200 lbs.

	W	L	%	ERA	G	GS	CG	IP	H	BB	SO	ShO	W	L	SV
April	2	2	.500	8.55	5	4	0	20	27	16	20	0	0	0	0
May	0	2	.000	4.80	5	5	0	30	27	19	23	0	0	0	0
June	2	3	.400	4.71	6	6	1	36.1	34	13	29	0	0	0	0
July	1	0	1.000	4.08	6	5	0	28.2	29	7	14	0	0	0	0
Aug	1	5	.167	4.66	6	6	0	36.2	39	10	29	0	0	0	0
Sept/Oct	3	1	.750	2.25	6	6	1	40	30	23	30	0	0	0	0
Day	2	4	.333	7.32	8	8	0	39.1	49	17	31	0	0	0	0
Night	7	9	.438	3.78	26	24	2	152.1	137	71	114	0	0	0	0
vs. Left	—	—	—	—	—	—	—	—	83	42	64	—	—	—	—
vs. Right	—	—	—	—	—	—	—	—	103	46	81	—	—	—	—
On Grass	8	13	.381	4.78	31	29	2	171.1	167	72	132	0	0	0	0
On Turf	1	0	1.000	2.21	3	3	0	20.1	19	16	13	0	0	0	0
Home	5	7	.417	4.48	17	15	1	96.1	80	36	70	0	0	0	0
Road	4	6	.400	4.53	17	17	1	95.1	106	52	75	0	0	0	0
Division Rivals															
vs. CAL	0	0	—	1.86	3	3	0	19.1	16	11	11	0	0	0	0
vs. KC	1	1	.500	9.72	2	2	0	8.1	10	4	5	0	0	0	0
vs. MIN	1	1	.500	4.15	3	3	0	17.1	16	10	13	0	0	0	0
vs. OAK	1	2	.333	3.33	3	3	1	24.1	12	8	27	0	0	0	0
vs. SEA	1	0	1.000	3.97	2	2	0	11.1	13	4	4	0	0	0	0
vs. TEX	1	1	.500	1.84	2	2	1	14.2	10	7	10	0	0	0	0

Year	Team		W	L	%	ERA	G	GS	CG	IP	H	BB	SO	ShO	W	L	SV	AB	H	HR	BA	PO	A	E	DP	TC/G	FA
1990	CHI	A	5	5	.500	3.80	13	13	3	87.2	89	34	61	0	0	0	0	0	0	0	—	3	12	2	0	1.3	.882
1991			9	13	.409	4.51	34	32	2	191.2	186	88	145	0	0	0	0	0	0	0	—	7	31	3	2	1.2	.927
2 yrs.			14	18	.438	4.29	47	45	5	279.1	275	122	206	0	0	0	0	0	0	0	—	10	43	5	2	1.2	.914

Sid Fernandez

FERNANDEZ, CHARLES SIDNEY (El Sid)
B. Oct. 12, 1962, Honolulu, Hawaii
BL TL 6' 1" 220 lbs.

Year	Team		W	L	%	ERA	G	GS	CG	IP	H	BB	SO	ShO	W	L	SV	AB	H	HR	BA	PO	A	E	DP	TC/G	FA
1983	LA	N	0	1	.000	6.00	2	1	0	6	7	7	9	0	0	0	0	1	1	0	1.000	1	1	0	0	1.0	1.000
1984	NY	N	6	6	.500	3.50	15	15	0	90	74	34	62	0	0	0	0	28	5	0	.179	0	6	0	0	0.4	1.000
1985			9	9	.500	2.80	26	26	3	170.1	108	80	180	0	0	0	0	52	11	0	.212	1	23	0	0	0.9	1.000
1986			16	6	.727	3.52	32	31	2	204.1	161	91	200	1	0	0	1	68	11	0	.162	3	18	1	1	0.7	.955
1987			12	8	.600	3.81	28	27	3	156	130	67	134	1	0	0	0	43	7	0	.163	4	12	1	0	0.6	.941
1988			12	10	.545	3.03	31	31	1	187	127	70	189	1	0	0	0	56	14	0	.250	2	13	0	0	0.5	1.000
1989			14	5	.737	2.83	35	32	6	219.1	157	75	198	2	0	0	0	71	15	1	.211	4	13	0	2	0.5	1.000
1990			9	14	.391	3.46	30	30	2	179.1	130	67	181	1	0	0	0	58	11	0	.190	1	16	2	0	0.6	.895
1991			1	3	.250	2.86	8	8	0	44	36	9	31	0	0	0	0	13	2	0	.154	1	11	0	0	1.5	1.000
9 yrs.			79	62	.560	3.25	207	201	17	1256.1	930	500	1184	6	0	0	1	390	77	1	.197	17	113	4	3	0.6	.970

LEAGUE CHAMPIONSHIP SERIES

Year	Team		W	L	%	ERA	G	GS	CG	IP	H	BB	SO	ShO	W	L	SV	AB	H	HR	BA	PO	A	E	DP	TC/G	FA
1986	NY	N	0	1	.000	4.50	1	1	0	6	3	1	5	0	0	0	0	1	0	0	.000	0	0	0	0	0.0	—
1988			0	1	.000	13.50	1	1	0	4	7	1	5	0	0	0	0	1	0	0	.000	0	0	0	0	0.0	—
2 yrs.			0	2	.000	8.10	2	2	0	10	10	2	10	0	0	0	0	2	0	0	.000	0	0	0	0	0.0	—

WORLD SERIES

Year	Team		W	L	%	ERA	G	GS	CG	IP	H	BB	SO	ShO	W	L	SV	AB	H	HR	BA	PO	A	E	DP	TC/G	FA
1986	NY	N	0	0	—	1.35	3	0	0	6.2	6	1	10	0	0	0	0	0	0	0	—	0	0	0	0	0.0	—

Mike Fetters

FETTERS, MICHAEL LEE
B. Dec. 19, 1964, Van Nuys, Calif.
BR TR 6' 4" 200 lbs.

Year	Team		W	L	%	ERA	G	GS	CG	IP	H	BB	SO	ShO	W	L	SV	AB	H	HR	BA	PO	A	E	DP	TC/G	FA
1989	CAL	A	0	0	—	8.10	1	0	0	3.1	5	1	4	0	0	0	0	0	0	0	—	0	1	0	0	1.0	1.000
1990			1	1	.500	4.12	26	2	0	67.2	77	20	35	0	1	1	1	0	0	0	—	9	11	1	0	0.8	.952
1991			2	5	.286	4.84	19	4	0	44.2	53	28	24	0	2	1	0	0	0	0	—	2	4	1	0	0.4	.857
3 yrs.			3	6	.333	4.51	46	6	0	115.2	135	49	63	0	3	2	1	0	0	0	—	11	16	2	0	0.6	.931

PITCHER REGISTER

Year	Team	W	L	%	ERA	G	GS	CG	IP	H	BB	SO	ShO	RELIEF PITCHING W	L	SV	BATTING AB	H	HR	BA	PO	A	E	DP	TC/G	FA

Chuck Finley
FINLEY, CHARLES EDWARD
B. Nov. 26, 1962, Monroe, La.
BL TL 6′ 6″ 220 lbs.

Split	W	L	%	ERA	G	GS	CG	IP	H	BB	SO	ShO	RW	RL	SV	AB	H	HR	BA	PO	A	E	DP	TC/G	FA
April	4	0	1.000	2.45	4	4	1	29.1	16	12	24	1	0	0	0										
May	4	2	.667	4.54	6	6	0	41.2	46	20	41	0	0	0	0										
June	3	1	.750	3.82	6	6	1	35.1	31	21	31	1	0	0	0										
July	3	2	.600	4.39	6	6	1	41	40	16	26	0	0	0	0										
Aug	2	2	.500	3.38	5	5	0	34.2	31	11	19	0	0	0	0										
Sept/Oct	2	2	.500	3.77	7	7	1	45.1	41	21	30	0	0	0	0										
Day	4	3	.571	4.36	7	7	1	43.1	41	21	35	0	0	0	0										
Night	14	6	.700	3.67	27	27	3	184	164	80	136	2	0	0	0										
vs. Left	—	—	—	—	—	—	—	—	28	13	22	—	—	—	—										
vs. Right	—	—	—	—	—	—	—	—	177	88	149	—	—	—	—										
On Grass	13	9	.591	4.05	28	28	4	184.2	174	81	148	2	0	0	0										
On Turf	5	0	1.000	2.74	6	6	0	42.2	31	20	23	0	0	0	0										
Home	9	3	.750	3.03	17	17	2	124.2	99	50	103	0	0	0	0										
Road	9	6	.600	4.73	17	17	2	102.2	106	51	68	0	0	0	0										
Division Rivals																									
vs. CHI	1	0	1.000	3.95	2	2	0	13.2	15	6	15	0	0	0	0										
vs. KC	3	0	1.000	2.12	4	4	0	29.2	21	11	20	0	0	0	0										
vs. MIN	2	1	.667	3.90	4	4	1	30	24	11	16	1	0	0	0										
vs. OAK	0	1	.000	2.57	1	1	0	7	5	2	3	0	0	0	0										
vs. SEA	3	0	1.000	2.21	3	3	0	20.1	14	9	14	0	0	0	0										
vs. TEX	0	2	.000	9.00	3	3	0	15	21	11	16	0	0	0	0										
1986 CAL A	3	1	.750	3.30	25	0	0	46.1	40	23	37	0	3	1	0	0	0	0	—	8	8	0	1	0.6	1.000
1987	2	7	.222	4.67	35	3	0	90.2	102	43	63	0	2	6	0	0	0	0	—	6	11	1	1	0.5	.944
1988	9	15	.375	4.17	31	31	2	194.1	191	82	111	0	0	0	0	0	0	0	—	5	24	1	1	1.0	.967
1989	16	9	.640	2.57	29	29	9	199.2	171	82	156	1	0	0	0	0	0	0	—	4	16	2	0	0.8	.909
1990	18	9	.667	2.40	32	32	7	236	210	81	177	2	0	0	0	0	0	0	—	14	21	5	2	1.3	.875
1991	18	9	.667	3.80	34	34	4	227.1	205	101	171	2	0	0	0	0	0	0	—	11	16	2	3	0.9	.931
6 yrs.	66	50	.569	3.35	186	129	22	994.1	919	412	715	5	5	7	0	0	0	0	—	48	96	11	8	0.8	.929
LEAGUE CHAMPIONSHIP SERIES																									
1986 CAL A	0	0	—	0.00	3	0	0	2	1	0	1	0	0	0	0	0	0	0	—	0	0	0	0	0.0	—

Mike Flanagan
FLANAGAN, MICHAEL KENDALL
B. Dec. 16, 1951, Manchester, N. H.
BL TL 6′ 180 lbs.

Split	W	L	%	ERA	G	GS	CG	IP	H	BB	SO	ShO	RW	RL	SV	AB	H	HR	BA	PO	A	E	DP	TC/G	FA
April	0	0	—	1.59	9	0	0	17	11	5	10	0	0	0	0										
May	1	3	.250	5.79	11	1	0	14	19	4	10	0	1	2	1										
June	0	0	—	1.23	9	0	0	22	18	6	5	0	0	0	0										
July	1	0	1.000	0.86	14	0	0	21	11	2	12	0	1	0	0										
Aug	0	2	.000	3.38	12	0	0	13.1	15	3	8	0	0	2	1										
Sept/Oct	0	2	.000	3.27	9	0	0	11	10	5	10	0	0	2	1										
Day	0	2	.000	2.10	19	1	0	30	20	6	16	0	0	1	0										
Night	2	5	.286	2.50	45	0	0	68.1	64	19	39	0	2	5	3										
vs. Left	—	—	—	—	—	—	—	—	23	6	27	—	—	—	—										
vs. Right	—	—	—	—	—	—	—	—	61	19	28	—	—	—	—										
On Grass	1	7	.125	2.73	56	1	0	79	72	18	47	0	1	6	2										
On Turf	1	0	1.000	0.93	8	0	0	19.1	12	7	8	0	1	0	1										
Home	0	5	.000	3.18	33	0	0	45.1	46	10	32	0	0	5	0										
Road	2	2	.500	1.70	31	1	0	53	38	15	23	0	2	1	3										
Division Rivals																									
vs. BOS	0	0	—	1.80	5	0	0	5	4	1	3	0	0	0	1										
vs. CLE	0	1	.000	1.35	2	0	0	6.2	5	0	2	0	0	1	0										
vs. DET	1	0	1.000	0.00	4	0	0	3.2	2	1	5	0	1	0	0										
vs. MIL	0	0	—	1.86	6	0	0	9.2	5	3	4	0	0	0	0										
vs. NY	0	3	.000	3.72	8	0	0	9.2	9	4	3	0	0	3	0										
vs. TOR	0	0	—	1.08	4	0	0	8.1	7	3	4	0	0	0	1										
1975 BAL A	0	1	.000	2.79	2	1	0	9.2	9	6	7	0	0	0	0	0	0	0	—	0	2	0	0	1.0	1.000
1976	3	5	.375	4.13	20	10	4	85	83	33	56	0	0	3	0	0	0	0	—	4	13	0	0	0.9	1.000
1977	15	10	.600	3.64	36	36	15	235	235	70	149	2	0	1	1	0	0	0	—	7	36	0	3	1.2	1.000
1978	19	15	.559	4.03	40	**40**	17	281.1	271	87	167	2	0	0	0	0	0	0	—	6	38	2	1	1.2	.957
1979	**23**	9	.719	3.08	39	38	16	266	245	70	190	5	0	0	0	0	0	0	—	4	41	2	2	1.2	.957

Year	Team	W	L	%	ERA	G	GS	CG	IP	H	BB	SO	ShO	RELIEF PITCHING W	L	SV	BATTING AB	H	HR	BA	PO	A	E	DP	TC/G	FA

Mike Flanagan *Continued*

Year	Team	W	L	%	ERA	G	GS	CG	IP	H	BB	SO	ShO	W	L	SV	AB	H	HR	BA	PO	A	E	DP	TC/G	FA
1980		16	13	.552	4.12	37	37	12	251	**278**	71	128	2	0	0	0	0	0	0	—	6	42	1	2	1.3	.980
1981		9	6	.600	4.19	20	20	3	116	108	37	72	2	0	0	0	0	0	0	—	4	24	1	1	1.5	.966
1982		15	11	.577	3.97	36	35	11	236	233	76	103	1	0	0	0	0	0	0	—	7	38	0	1	1.3	1.000
1983		12	4	.750	3.30	20	20	3	125.1	135	31	50	1	0	0	0	0	0	0	—	6	15	2	1	1.2	.913
1984		13	13	.500	3.53	34	34	10	226.2	213	81	115	2	0	0	0	0	0	0	—	3	33	0	2	1.1	1.000
1985		4	5	.444	5.13	15	15	1	86	101	28	42	0	0	0	0	0	0	0	—	4	11	0	0	1.0	1.000
1986		7	11	.389	4.24	29	28	2	172	179	66	96	0	0	0	0	0	0	0	—	4	17	0	1	0.7	1.000
1987	2 teams	BAL A (16G 3-6)				TOR A (7G 3-2)																				
"	total	6	8	.429	4.06	23	23	4	144	148	51	93	0	0	0	0	0	0	0	—	8	17	1	2	1.1	.962
1988	TOR A	13	13	.500	4.18	34	34	2	211	220	80	99	1	0	0	0	0	0	0	—	6	35	0	2	1.2	1.000
1989		8	10	.444	3.93	30	30	1	171.2	186	47	47	1	0	0	0	0	0	0	—	8	33	0	4	1.4	1.000
1990		2	2	.500	5.31	5	5	0	20.1	28	8	5	0	0	0	0	0	0	0	—	0	6	1	0	1.4	.857
1991	BAL A	2	7	.222	2.38	64	1	0	98.1	84	25	55	0	2	6	3	0	0	0	—	6	23	0	2	0.5	1.000
17 yrs.		167	143	.539	3.84	484	404	101	2735.1	2756	867	1474	19	2	10	4	0	0	0	—	83	424	10	24	1.1	.981

LEAGUE CHAMPIONSHIP SERIES

Year	Team	W	L	%	ERA	G	GS	CG	IP	H	BB	SO	ShO	W	L	SV	AB	H	HR	BA	PO	A	E	DP	TC/G	FA
1979	BAL A	1	0	1.000	5.14	1	1	0	7	6	1	2	0	0	0	0	0	0	0	—	0	0	0	0	0.0	—
1983		1	0	1.000	1.80	1	1	0	5	5	0	1	0	0	0	0	0	0	0	—	0	0	0	0	0.0	—
1989	TOR A	0	1	.000	10.38	1	1	0	4.1	7	1	3	0	0	0	0	0	0	0	—	2	3	0	2	5.0	1.000
3 yrs.		2	1	.667	5.51	3	3	0	16.1	18	2	6	0	0	0	0	0	0	0	—	2	3	0	2	1.7	1.000

WORLD SERIES

Year	Team	W	L	%	ERA	G	GS	CG	IP	H	BB	SO	ShO	W	L	SV	AB	H	HR	BA	PO	A	E	DP	TC/G	FA
1979	BAL A	1	1	.500	3.00	3	2	1	15	18	2	13	0	0	0	0	5	0	0	.000	0	4	0	0	1.3	1.000
1983		0	0	—	4.50	1	1	0	4	6	1	1	0	0	0	0	1	0	0	.000	0	0	0	0	0.0	—
2 yrs.		1	1	.500	3.32	4	3	1	19	24	3	14	0	0	0	0	6	0	0	.000	0	4	0	0	1.0	1.000

Dave Fleming

FLEMING, DAVID ANTHONY
B. Nov. 7, 1969, Queens, N.Y.
BL TL 6' 3" 200 lbs.

Year	Team	W	L	%	ERA	G	GS	CG	IP	H	BB	SO	ShO	W	L	SV	AB	H	HR	BA	PO	A	E	DP	TC/G	FA
1991	SEA A	1	0	1.000	6.62	9	3	0	17.2	19	3	11	0	0	0	0	0	0	0	—	3	6	0	2	1.0	1.000

Tony Fossas

FOSSAS, EMILIO ANTONIO
Born Emilio Antonio Fossas y Morejon.
B. Sept. 23, 1957, Havana, Cuba
BL TL 6' 195 lbs.

Split	W	L	%	ERA	G	GS	CG	IP	H	BB	SO	ShO	W	L	SV
April	0	1	.000	4.50	6	0	0	4	1	3	1	0	0	1	0
May	0	0	—	3.60	12	0	0	10	7	6	1	0	0	0	0
June	0	0	—	0.93	9	0	0	9.2	6	4	9	0	0	0	0
July	1	0	1.000	5.91	12	0	0	10.2	13	7	4	0	1	0	0
Aug	2	1	.667	6.14	9	0	0	7.1	9	3	5	0	2	1	0
Sept/Oct	0	0	—	1.76	16	0	0	15.1	13	5	9	0	0	0	1
Day	0	0	—	2.18	18	0	0	20.2	16	10	9	0	0	0	0
Night	3	2	.600	4.21	46	0	0	36.1	33	18	20	0	3	2	1
vs. Left	—	—	—	—	—	—	—	—	16	8	15	—	—	—	—
vs. Right	—	—	—	—	—	—	—	—	33	20	14	—	—	—	—
On Grass	3	0	1.000	2.66	55	0	0	50.2	40	23	22	0	3	0	1
On Turf	0	2	.000	9.95	9	0	0	6.1	9	5	7	0	0	2	0
Home	1	0	1.000	2.45	26	0	0	22	20	14	12	0	1	0	1
Road	2	2	.500	4.11	38	0	0	35	29	14	17	0	2	2	0
Division Rivals															
vs. BAL	0	0	—	0.00	3	0	0	4	1	2	3	0	0	0	0
vs. CLE	1	0	1.000	0.00	3	0	0	2.2	1	1	0	0	1	0	0
vs. DET	0	0	—	4.70	7	0	0	7.2	7	3	4	0	0	0	1
vs. MIL	0	0	—	0.00	6	0	0	3.1	6	1	1	0	0	0	0
vs. NY	0	0	—	1.17	7	0	0	7.2	4	3	3	0	0	0	0
vs. TOR	0	0	—	5.40	4	0	0	3.1	4	2	1	0	0	0	0

RELIEF PITCHER (bar charts vs. AL AVG: WINS, ERA, SAVES, RATIO)

Year	Team	W	L	%	ERA	G	GS	CG	IP	H	BB	SO	ShO	W	L	SV	AB	H	HR	BA	PO	A	E	DP	TC/G	FA
1988	TEX A	0	0	—	4.76	5	0	0	5.2	11	2	0	0	0	0	0	0	0	0	—	1	1	0	1	0.4	1.000
1989	MIL A	2	2	.500	3.54	51	0	0	61	57	22	42	0	2	2	1	0	0	0	—	1	12	2	0	0.3	.867
1990		2	3	.400	6.44	32	0	0	29.1	44	10	24	0	2	3	0	0	0	0	—	1	4	3	0	0.3	.625
1991	BOS A	3	2	.600	3.47	64	0	0	57	49	28	29	0	3	2	1	0	0	0	—	6	12	2	2	0.3	.900
4 yrs.		7	7	.500	4.12	152	0	0	153	161	62	95	0	7	7	2	0	0	0	—	9	29	7	3	0.3	.844

PITCHER REGISTER

Year	Team		W	L	%	ERA	G	GS	CG	IP	H	BB	SO	ShO	RELIEF PITCHING W	L	SV	BATTING AB	H	HR	BA	PO	A	E	DP	TC/G	FA

Steve Foster
FOSTER, STEPHEN EUGENE
B. Aug. 16, 1966, Dallas, Tex.
BR TR 6' 180 lbs.

| 1991 | CIN | N | 0 | 0 | — | 1.93 | 11 | 0 | 0 | 14 | 7 | 4 | 11 | 0 | 0 | 0 | 0 | 0 | 0 | 0 | — | 2 | 1 | 0 | 0 | 0.3 | 1.000 |

John Franco
FRANCO, JOHN ANTHONY
B. Sept. 17, 1960, Brooklyn, N. Y.
BL TL 5' 10" 175 lbs.

Split			W	L	%	ERA	G	GS	CG	IP	H	BB	SO	ShO	W	L	SV	AB	H	HR	BA	PO	A	E	DP	TC/G	FA
April			0	1	.000	1.50	7	0	0	6	4	5	5	0	0	1	5										
May			1	2	.333	0.00	9	0	0	12	12	3	7	0	1	2	5										
June			0	3	.000	12.00	8	0	0	6	13	3	7	0	0	3	5										
July			1	0	1.000	0.00	9	0	0	8	9	2	7	0	1	0	6										
Aug			2	1	.667	2.03	10	0	0	13.1	11	0	12	0	2	1	3										
Sept/Oct			1	2	.333	5.40	9	0	0	10	12	5	7	0	1	2	6										
Day			1	2	.333	2.45	15	0	0	18.1	18	6	14	0	1	2	9										
Night			4	7	.364	3.16	37	0	0	37	43	12	31	0	4	7	21										
vs. Left			—	—	—	—	—	—	—	—	18	4	7	—	—	—	—										
vs. Right			—	—	—	—	—	—	—	—	43	14	38	—	—	—	—										
On Grass			2	5	.286	2.15	36	0	0	37.2	39	12	25	0	2	5	21										
On Turf			3	4	.429	4.58	16	0	0	17.2	22	6	20	0	3	4	9										
Home			1	4	.200	3.00	28	0	0	27	32	10	20	0	1	4	18										
Road			4	5	.444	2.86	24	0	0	28.1	29	8	25	0	4	5	12										
Division Rivals																											
vs. CHI			0	1	.000	0.00	7	0	0	9	6	1	5	0	0	1	4										
vs. MON			0	1	.000	1.35	8	0	0	6.2	6	1	10	0	0	1	7										
vs. PHI			0	1	.000	1.35	8	0	0	6.2	5	6	5	0	0	1	6										
vs. PIT			1	0	1.000	3.18	5	0	0	5.2	6	1	2	0	1	0	3										
vs. STL			0	2	.000	10.13	3	0	0	2.2	6	1	3	0	0	2	1										
1984	CIN	N	6	2	.750	2.61	54	0	0	79.1	74	36	55	0	6	2	4	3	0	0	.000	5	15	0	0	0.4	1.000
1985			12	3	.800	2.18	67	0	0	99	83	40	61	0	**12**	3	12	6	2	0	.333	9	21	1	1	0.5	.968
1986			6	6	.500	2.94	74	0	0	101	90	44	84	0	6	6	29	4	0	0	.000	6	22	4	2	0.4	.875
1987			8	5	.615	2.52	68	0	0	82	76	27	61	0	8	5	32	2	0	0	.000	4	7	0	0	0.2	1.000
1988			6	6	.500	1.57	70	0	0	86	60	27	46	0	6	6	**39**	1	0	0	.000	3	18	1	1	0.3	.955
1989			4	8	.333	3.12	60	0	0	80.2	77	36	60	0	4	8	32	3	1	0	.333	2	19	1	1	0.4	.955
1990	NY	N	5	3	.625	2.53	55	0	0	67.2	66	21	56	0	5	3	**33**	5	0	0	.000	4	13	1	0	0.3	.944
1991			5	9	.357	2.93	52	0	0	55.1	61	18	45	0	5	**9**	30	1	0	0	.000	3	10	1	1	0.3	.929
8 yrs.			52	42	.553	2.53	500	0	0	651	587	249	468	0	52	42	211	25	3	0	.120	36	125	9	6	0.3	.947

Willie Fraser
FRASER, WILLIAM PATRICK
B. May 26, 1964, New York, N. Y.
BR TR 6' 3" 200 lbs.

Split	W	L	%	ERA	G	GS	CG	IP	H	BB	SO	ShO	W	L	SV
April	0	0	—	1.59	2	0	0	5.2	3	0	4	0	0	0	0
May	0	1	.000	5.14	7	0	0	14	17	6	5	0	0	1	0
June	0	1	.000	11.57	6	1	0	9.1	18	6	4	0	0	0	0
July	2	0	1.000	4.73	11	0	0	13.1	12	6	4	0	2	0	0
Aug	0	0	—	6.59	8	0	0	13.2	14	4	7	0	0	0	0
Sept/Oct	1	3	.250	3.20	14	0	0	19.2	13	10	13	0	1	3	0
Day	0	2	.000	5.93	16	1	0	27.1	31	16	15	0	0	1	0
Night	3	3	.500	5.03	32	0	0	48.1	46	16	22	0	3	3	0
vs. Left	—	—	—	—	—	—	—	—	33	15	16	—	—	—	—
vs. Right	—	—	—	—	—	—	—	—	44	17	21	—	—	—	—
On Grass	1	1	.500	7.40	16	0	0	20.2	26	12	12	0	1	1	0
On Turf	2	4	.333	4.58	32	1	0	55	51	20	25	0	2	3	0
Home	1	3	.250	4.82	23	1	0	37.1	38	16	20	0	1	2	0
Road	2	2	.500	5.87	25	0	0	38.1	39	16	17	0	2	2	0
Division Rivals															
vs. CHI	1	1	.500	5.79	9	0	0	9.1	9	5	6	0	1	1	0
vs. MON	0	0	—	2.25	5	0	0	8	7	3	3	0	0	0	0
vs. NY	0	1	.000	11.81	3	0	0	5.1	7	3	4	0	0	1	0
vs. PHI	0	0	—	1.80	3	0	0	5	2	2	2	0	0	0	0
vs. PIT	0	1	.000	6.75	2	0	0	4	4	1	2	0	0	1	0

PITCHER REGISTER

Year	Team	W	L	%	ERA	G	GS	CG	IP	H	BB	SO	ShO	RELIEF PITCHING W	L	SV	BATTING AB	H	HR	BA	PO	A	E	DP	TC/G	FA

Willie Fraser *Continued*

Year	Team	W	L	%	ERA	G	GS	CG	IP	H	BB	SO	ShO	W	L	SV	AB	H	HR	BA	PO	A	E	DP	TC/G	FA
1986	CAL A	0	0	—	8.31	1	1	0	4.1	6	1	2	0	0	0	0	0	0	0	—	0	0	0	0	0.0	—
1987		10	10	.500	3.92	36	23	5	176.2	160	63	106	1	3	1	1	0	0	0	—	6	15	1	0	0.6	.955
1988		12	13	.480	5.41	34	32	2	194.2	203	80	86	0	1	0	0	0	0	0	—	21	20	3	3	1.3	.932
1989		4	7	.364	3.24	44	0	0	91.2	80	23	46	0	4	7	2	0	0	0	—	6	14	0	1	0.5	1.000
1990		5	4	.556	3.08	45	0	0	76	69	24	32	0	5	4	2	0	0	0	—	2	6	0	0	0.2	1.000
1991	2 teams	TOR A (13G 0 - 2)				STL N (35G 3 - 3)																				
"	total	3	5	.375	5.35	48	1	0	75.2	77	32	37	0	3	4	0	2	0	0	.000	3	6	0	0	0.2	1.000
6 yrs.		34	39	.466	4.39	208	57	7	619	595	223	309	1	16	16	5	2	0	0	.000	38	61	4	4	0.5	.961

Marvin Freeman

FREEMAN, MARVIN (Starvin' Marvin)
B. Apr. 10, 1963, Chicago, Ill.
BR TR 6' 7" 200 lbs.

	W	L	%	ERA	G	GS	CG	IP	H	BB	SO	ShO	W	L	SV	AB	H	HR	BA	PO	A	E	DP	TC/G	FA
April	0	0	—	5.79	4	0	0	4.2	1	6	3	0	0	0	0										
May	0	0	—	3.38	5	0	0	8	11	1	4	0	0	0	0										
June	0	0	—	1.64	8	0	0	11	7	2	8	0	0	0	0										
July	1	0	1.000	1.65	12	0	0	16.1	9	3	13	0	1	0	1										
Aug	0	0	—	5.63	5	0	0	8	9	1	6	0	0	0	0										
Sept/Oct	—	—	—	—	0	—	—	0	0	0	0	0	0	0	0										
Day	0	0	—	3.46	8	0	0	13	10	1	9	0	0	0	0										
Night	1	0	1.000	2.83	26	0	0	35	27	12	25	0	1	0	1										
vs. Left	—	—	—	—	—	—	—	—	21	9	10	—	—	—	—										
vs. Right	—	—	—	—	—	—	—	—	16	4	24	—	—	—	—										
On Grass	1	0	1.000	2.93	29	0	0	40	30	10	25	0	1	0	1										
On Turf	0	0	—	3.38	5	0	0	8	7	3	9	0	0	0	0										
Home	1	0	1.000	1.08	23	0	0	33.1	21	7	21	0	1	0	1										
Road	0	0	—	7.36	11	0	0	14.2	16	6	13	0	0	0	0										
Division Rivals																									
vs. CIN	0	0	—	0.00	4	0	0	6	1	2	4	0	0	0	0										
vs. HOU	0	0	—	3.38	2	0	0	2.2	1	2	3	0	0	0	0										
vs. LA	0	0	—	15.00	3	0	0	3	5	2	1	0	0	0	0										
vs. SD	0	0	—	2.16	5	0	0	8.1	7	2	6	0	0	0	0										
vs. SF	0	0	—	5.40	3	0	0	3.1	7	0	0	0	0	0	0										
1986	PHI N	2	0	1.000	2.25	3	3	0	16	6	10	8	0	0	0	0	6	0	0	.000	0	1	0	0	0.3	1.000
1988		2	3	.400	6.10	11	11	0	51.2	55	43	37	0	0	0	0	14	3	0	.214	2	9	0	0	1.0	1.000
1989		0	0	—	6.00	1	1	0	3	2	5	0	0	0	0	0	2	0	0	.000	0	0	0	0	0.0	—
1990	2 teams	PHI N (9G 1 - 0)				ATL N (16G 0 - 2)																				
"	total	1	2	.333	4.31	25	3	0	48	41	17	38	0	1	2	0	7	0	0	.000	1	6	1	1	0.3	.875
1991	ATL N	1	0	1.000	3.00	34	0	0	48	37	13	34	0	1	0	1	7	0	0	.000	3	4	0	0	0.2	1.000
5 yrs.		6	5	.545	4.32	74	18	0	166.2	141	88	117	0	2	2	1	2	36	3	0	.083	6	20	1	1	0.4	.963

Steve Frey

FREY, STEVEN FRANCIS
B. July 29, 1963, Meadowbrook, Pa.
BR TL 5' 9" 170 lbs.

	W	L	%	ERA	G	GS	CG	IP	H	BB	SO	ShO	W	L	SV
April	0	1	.000	5.11	11	0	0	12.1	11	7	5	0	0	0	1
May	0	0	—	3.12	12	0	0	17.1	12	11	8	0	0	0	1
June	—	—	—	—	0	—	—	0	0	0	0	—	0	0	0
July	0	0	—	10.13	3	0	0	2.2	9	1	4	0	0	0	0
Aug	—	—	—	—	0	—	—	0	0	0	0	—	0	0	0
Sept/Oct	0	0	—	7.36	5	0	0	7.1	11	4	4	0	0	0	0
Day	0	0	—	3.55	11	0	0	12.2	14	6	7	0	0	0	1
Night	0	1	.000	5.67	20	0	0	27	29	17	14	0	0	1	1
vs. Left	—	—	—	—	—	—	—	—	15	7	15	—	—	—	—
vs. Right	—	—	—	—	—	—	—	—	28	16	6	—	—	—	—

PITCHER REGISTER

Year	Team	W	L	%	ERA	G	GS	CG	IP	H	BB	SO	ShO	W	L	SV	AB	H	HR	BA	PO	A	E	DP	TC/G	FA

Steve Frey *Continued*

RELIEF PITCHER

On Grass		0	0	—	2.70	7	0	0	10	4	7	2	0	0	0	1										
On Turf		0	1	.000	5.76	24	0	0	29.2	39	16	19	0	0	1	0										
Home		0	0	—	5.52	15	0	0	14.2	19	10	9	0	0	0	0										
Road		0	1	.000	4.68	16	0	0	25	24	13	12	0	0	1	1										
Division Rivals																										
vs. CHI		0	0	—	3.38	2	0	0	2.2	4	1	2	0	0	0	0										
vs. NY		0	0	—	6.75	6	0	0	4	4	4	1	0	0	0	1										
vs. PHI		0	0	—	0.00	2	0	0	4	3	1	2	0	0	0	0										
vs. PIT		0	1	.000	8.53	6	0	0	6.1	11	3	4	0	0	1	0										
vs. STL		0	0	—	5.59	5	0	0	9.2	12	5	6	0	0	0	0										
1989	MON N	3	2	.600	5.48	20	0	0	21.1	29	11	15	0	3	2	0	0	0	0	—	1	2	0	0	0.2	1.000
1990		8	2	.800	2.10	51	0	0	55.2	44	29	29	0	8	2	9	1	0	0	.000	4	7	1	0	0.2	.917
1991		0	1	.000	4.99	31	0	0	39.2	43	23	21	0	0	1	1	2	0	0	.000	1	4	0	0	0.2	1.000
3 yrs.		11	5	.688	3.70	102	0	0	116.2	116	63	65	0	11	5	10	3	0	0	.000	6	13	1	0	0.2	.950

Todd Frohwirth

FROHWIRTH, TODD GERARD
B. Sept. 28, 1962, Milwaukee, Wis.
BR TR 6' 4" 190 lbs.

RELIEF PITCHER

	W	L	%	ERA	G	GS	CG	IP	H	BB	SO	ShO	W	L	SV	AB	H	HR	BA	PO	A	E	DP	TC/G	FA
April	—	—	—	—	0	—	—	0	0	0	0	—	0	0	0										
May	0	0	—	0.00	3	0	0	2	0	0	1	0	0	0	0										
June	2	1	.667	1.40	13	0	0	25.2	18	12	20	0	2	1	0										
July	1	1	.500	2.84	10	0	0	19	18	3	12	0	1	1	1										
Aug	2	0	1.000	1.54	14	0	0	23.1	10	6	18	0	2	0	1										
Sept/Oct	2	1	.667	2.05	11	0	0	26.1	18	8	26	0	2	1	1										
Day	3	2	.600	3.16	15	0	0	25.2	20	11	21	0	3	2	2										
Night	4	1	.800	1.40	36	0	0	70.2	44	18	56	0	4	1	1										
vs. Left	—	—	—	—	—	—	—	—	29	18	26	—	—	—	—										
vs. Right	—	—	—	—	—	—	—	—	35	11	51	—	—	—	—										
On Grass	5	2	.714	1.85	41	0	0	77.2	53	24	64	0	5	2	3										
On Turf	2	1	.667	1.93	10	0	0	18.2	11	5	13	0	2	1	0										
Home	4	1	.800	2.48	27	0	0	54.1	39	13	48	0	4	1	1										
Road	3	2	.600	1.07	24	0	0	42	25	16	29	0	3	2	2										
Division Rivals																									
vs. BOS	1	0	1.000	0.00	6	0	0	10.1	7	1	12	0	1	0	1										
vs. CLE	0	0	—	0.00	4	0	0	9.1	6	4	7	0	0	0	0										
vs. DET	0	0	—	2.53	5	0	0	10.2	7	4	7	0	0	0	1										
vs. MIL	0	0	—	0.00	4	0	0	6	2	1	3	0	0	0	0										
vs. NY	1	1	.500	1.80	3	0	0	5	5	1	5	0	1	1	0										
vs. TOR	1	0	1.000	4.32	4	0	0	8.1	6	7	6	0	1	0	0										
1987 PHI N	1	0	1.000	0.00	10	0	0	11	12	2	9	0	1	0	1	1	0	0	.000	1	1	0	1	0.2	1.000
1988	1	2	.333	8.25	12	0	0	12	16	11	11	0	1	2	0	0	0	0	—	0	5	0	0	0.4	1.000
1989	1	0	1.000	3.59	45	0	0	62.2	56	18	39	0	1	0	1	0	0	0	.000	5	8	0	0	0.3	1.000
1990	0	1	.000	18.00	5	0	0	1	3	6	1	0	0	1	0	0	0	0	—	0	1	1	0	0.4	.500
1991 BAL A	7	3	.700	1.87	51	0	0	96.1	64	29	77	0	7	3	3	0	0	0	—	14	24	3	3	0.8	.927
5 yrs.	10	6	.625	2.85	123	0	0	183	151	66	137	0	10	6	3	2	0	0	.000	20	39	4	4	0.5	.937

Dan Gakeler

GAKELER, DANIEL MICHAEL
B. May 1, 1964, Mt. Holly, N.J.
BR TR 6' 6" 215 lbs.

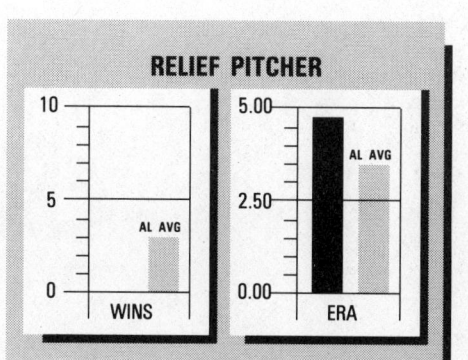

	W	L	%	ERA	G	GS	CG	IP	H	BB	SO	ShO	W	L	SV
April	—	—	—	—	0	—	—	0	0	0	0	—	0	0	0
May	—	—	—	—	0	—	—	0	0	0	0	—	0	0	0
June	1	1	.500	4.94	4	4	0	23.2	22	9	8	0	0	0	0
July	0	2	.000	11.49	4	3	0	15.2	22	13	6	0	0	0	0
Aug	0	1	.000	3.92	10	0	0	20.2	17	13	18	0	0	1	2
Sept/Oct	0	0	—	3.29	13	0	0	13.2	12	4	11	0	0	0	0
Day	0	2	.000	6.68	11	2	0	31	36	18	20	0	0	1	0
Night	1	2	.333	5.06	20	5	0	42.2	37	21	23	0	0	0	2
vs. Left	—	—	—	—	—	—	—	—	35	19	17	—	—	—	—
vs. Right	—	—	—	—	—	—	—	—	38	20	26	—	—	—	—

PITCHER REGISTER

Year	Team	W	L	%	ERA	G	GS	CG	IP	H	BB	SO	ShO	RELIEF PITCHING W	L	SV	BATTING AB	H	HR	BA	PO	A	E	DP	TC/G	FA

Dan Gakeler *Continued*

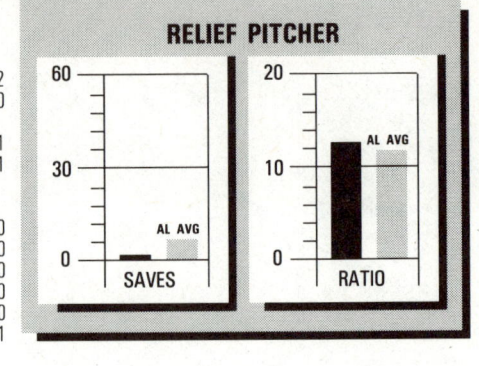

RELIEF PITCHER

	W	L	%	ERA	G	GS	CG	IP	H	BB	SO	ShO	W	L	SV
On Grass	0	4	.000	6.27	30	6	0	66	71	34	39	0	0	1	2
On Turf	1	0	1.000	1.17	1	1	0	7.2	2	5	4	0	0	0	0
Home	0	1	.000	6.00	17	3	0	36	36	13	28	0	0	0	1
Road	1	3	.250	5.50	14	4	0	37.2	37	26	15	0	0	1	1
Division Rivals															
vs. BAL	0	1	.000	7.88	5	1	0	8	10	2	6	0	0	0	0
vs. BOS	0	0	—	5.00	4	1	0	9	8	7	2	0	0	0	0
vs. CLE	0	0	—	27.00	1	0	0	0.1	2	0	0	0	0	0	0
vs. MIL	0	0	—	4.35	4	1	0	10.1	9	1	4	0	0	0	0
vs. NY	0	1	.000	5.40	2	0	0	6.2	6	4	5	0	0	1	0
vs. TOR	0	0	—	3.38	3	0	0	5.1	3	3	6	0	0	0	1

Year	Team	W	L	%	ERA	G	GS	CG	IP	H	BB	SO	ShO	W	L	SV	AB	H	HR	BA	PO	A	E	DP	TC/G	FA
1991	DET A	1	4	.200	5.74	31	7	0	73.2	73	39	43	0	0	1	2	0	0	0	—	5	12	0	0	0.5	1.000

Jim Gantner

GANTNER, JAMES ELMER
B. Jan. 5, 1953, Fond du Lac, Wis.
BL TR 6' 180 lbs.

Year	Team	W	L	%	ERA	G	GS	CG	IP	H	BB	SO	ShO	W	L	SV	AB	H	HR	BA	PO	A	E	DP	TC/G	FA
1979	MIL A	0	0	—	0.00	1	0	0	1	2	0	0	0	0	0	0				*	0	1	0	0	1.0	1.000

Ramon Garcia

GARCIA, RAMON ANTONIO
B. Dec. 9, 1969, Guanare, Venezuela
BR TR 6' 2" 200 lbs.

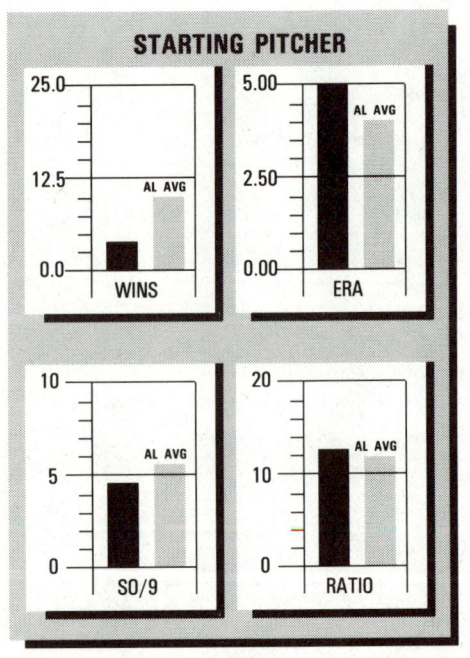

STARTING PITCHER

	W	L	%	ERA	G	GS	CG	IP	H	BB	SO	ShO	W	L	SV
April	—	—	—		0	—	—	0	0	0	0	—	0	0	0
May	0	0	—	5.14	1	1	0	7	2	4	4	0	0	0	0
June	0	3	.000	4.91	5	5	0	29.1	29	6	21	0	0	0	0
July	2	0	1.000	4.05	5	5	0	26.2	27	13	10	0	0	0	0
Aug	2	0	1.000	7.43	3	3	0	13.1	19	6	4	0	0	0	0
Sept/Oct	0	1	.000	18.00	2	1	0	2	2	2	1	0	0	0	0
Day	—	—	—		0	—	—	0	0	0	0	—	0	0	0
Night	4	4	.500	5.40	16	15	0	78.1	79	31	40	0	0	0	0
vs. Left	—	—	—		—	—	—	—	37	19	18	—	—	—	—
vs. Right	—	—	—		—	—	—	—	42	12	22	—	—	—	—
On Grass	4	3	.571	5.00	14	13	0	72	73	27	37	0	0	0	0
On Turf	0	1	.000	9.95	2	2	0	6.1	6	4	3	0	0	0	0
Home	2	2	.500	6.40	10	9	0	45	47	19	20	0	0	0	0
Road	2	2	.500	4.05	6	6	0	33.1	32	12	20	0	0	0	0
Division Rivals															
vs. CAL	—	—	—		0	—	—	0	0	0	0	—	0	0	0
vs. KC	0	1	.000	33.75	1	1	0	1.1	6	0	0	0	0	0	0
vs. MIN	0	0	—	4.38	3	2	0	12.1	7	5	4	0	0	0	0
vs. OAK	0	0	—	5.14	1	1	0	7	2	4	4	0	0	0	0
vs. SEA	0	2	.000	12.15	2	2	0	6.2	9	3	4	0	0	0	0
vs. TEX	1	0	1.000	2.38	3	3	0	22.2	17	6	16	0	0	0	0

Year	Team	W	L	%	ERA	G	GS	CG	IP	H	BB	SO	ShO	W	L	SV	AB	H	HR	BA	PO	A	E	DP	TC/G	FA
1991	CHI A	4	4	.500	5.40	16	15	0	78.1	79	31	40	0	0	0	0	0	0	0	—	9	12	1	2	1.4	.955

Mike Gardiner

GARDINER, MICHAEL JAMES
B. Oct. 19, 1965, Sarina, Ont., Canada
BB TR 6' 185 lbs.

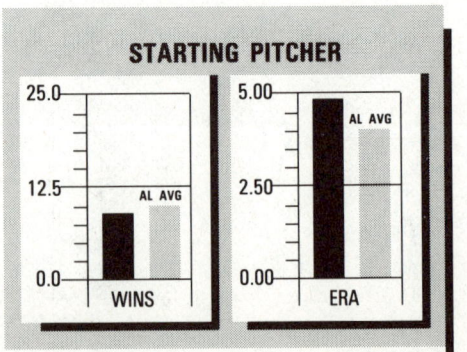

STARTING PITCHER

	W	L	%	ERA	G	GS	CG	IP	H	BB	SO	ShO	W	L	SV
April	—	—	—		0	—	—	0	0	0	0	—	0	0	0
May	1	0	1.000	2.57	1	1	0	7	6	2	5	0	0	0	0
June	2	2	.500	5.52	5	5	0	29.1	34	11	24	0	0	0	0
July	0	3	.000	4.15	3	3	0	17.1	22	10	9	0	0	0	0
Aug	3	1	.750	5.45	6	6	0	36.1	38	11	28	0	0	0	0
Sept/Oct	3	4	.429	4.50	7	7	0	40	40	13	25	0	0	0	0
Day	3	2	.600	4.28	6	6	0	40	33	10	25	0	0	0	0
Night	6	8	.429	5.10	16	16	0	90	107	37	66	0	0	0	0
vs. Left	—	—	—		—	—	—	—	64	22	39	—	—	—	—
vs. Right	—	—	—		—	—	—	—	76	25	52	—	—	—	—

PITCHER REGISTER

Year	Team		W	L	%	ERA	G	GS	CG	IP	H	BB	SO	ShO	RELIEF PITCHING			BATTING				PO	A	E	DP	TC/G	FA
															W	L	SV	AB	H	HR	BA						

Mike Gardiner *Continued*

	W	L	%	ERA	G	GS	CG	IP	H	BB	SO	ShO	W	L	SV	AB	H	HR	BA	PO	A	E	DP	TC/G	FA
On Grass	7	9	.438	4.73	19	19	0	112.1	120	41	79	0	0	0	0										
On Turf	2	1	.667	5.60	3	3	0	17.2	20	6	12	0	0	0	0										
Home	4	5	.444	4.30	12	12	0	75.1	81	27	50	0	0	0	0										
Road	5	5	.500	5.60	10	10	0	54.2	59	20	41	0	0	0	0										
Division Rivals																									
vs. BAL	2	1	.667	3.86	3	3	0	18.2	17	6	12	0	0	0	0										
vs. CLE	1	0	1.000	4.05	2	2	0	13.1	12	2	12	0	0	0	0										
vs. DET	—	—	—	—	0	—	—	0	0	0	0	—	0	0	0										
vs. MIL	0	2	.000	4.50	2	2	0	12	11	3	6	0	0	0	0										
vs. NY	1	1	.500	6.97	2	2	0	10.1	15	5	9	0	0	0	0										
vs. TOR	1	0	1.000	6.00	1	1	0	6	5	2	5	0	0	0	0										

Year	Team		W	L	%	ERA	G	GS	CG	IP	H	BB	SO	ShO	W	L	SV	AB	H	HR	BA	PO	A	E	DP	TC/G	FA
1990	SEA	A	0	2	.000	10.66	5	3	0	12.2	22	5	6	0	0	0	0	0	0	0	—	1	2	0	0	0.6	1.000
1991	BOS	A	9	10	.474	4.85	22	22	0	130	140	47	91	0	0	0	0	0	0	0	—	12	13	1	2	1.2	.962
2 yrs.			9	12	.429	5.36	27	25	0	142.2	162	52	97	0	0	0	0	0	0	0	—	13	15	1	2	1.1	.966

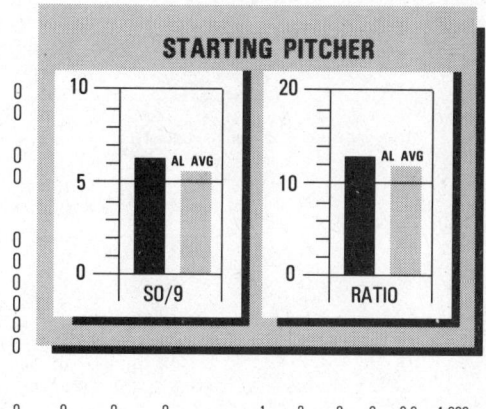

Chris Gardner

GARDNER, CHRISTOPHER JOHN
B. Mar. 30, 1969, Long Beach, Calif.
BR TR 6' 175 lbs.

Year	Team		W	L	%	ERA	G	GS	CG	IP	H	BB	SO	ShO	W	L	SV	AB	H	HR	BA	PO	A	E	DP	TC/G	FA
1991	HOU	N	1	2	.333	4.01	5	4	0	24.2	19	14	12	0	0	0	0	5	0	0	.000	3	6	1	1	2.0	.900

Mark Gardner

GARDNER, MARK ALLAN
B. Mar. 1, 1962, Los Angeles, Calif.
BR TR 6' 1" 190 lbs.

	W	L	%	ERA	G	GS	CG	IP	H	BB	SO	ShO	W	L	SV
April	—	—	—	—	0	—	—	0	0	0	0	—	0	0	0
May	0	2	.000	4.43	4	4	0	22.1	23	8	18	0	0	0	0
June	3	2	.600	4.11	5	5	0	30.2	32	12	14	0	0	0	0
July	2	3	.400	1.66	6	6	0	43.1	24	21	29	0	0	0	0
Aug	3	2	.600	2.75	6	6	0	39.1	34	13	22	0	0	0	0
Sept/Oct	1	2	.333	7.44	6	6	0	32.2	26	21	24	0	0	0	0
Day	2	7	.222	4.69	11	11	0	63.1	62	30	49	0	0	0	0
Night	7	4	.636	3.34	16	16	0	105	77	45	58	0	0	0	0
vs. Left	—	—	—	—	—	—	—	—	87	51	61	—	—	—	—
vs. Right	—	—	—	—	—	—	—	—	52	24	46	—	—	—	—
On Grass	1	6	.143	6.39	10	10	0	56.1	61	23	36	0	0	0	0
On Turf	8	5	.615	2.57	17	17	0	112	78	52	71	0	0	0	0
Home	4	4	.500	2.51	10	10	0	64.2	52	30	46	0	0	0	0
Road	5	7	.417	4.69	17	17	0	103.2	87	45	61	0	0	0	0
Division Rivals																
vs. CHI	1	1	.500	5.55	4	4	0	24.1	23	4	18	0	0	0	0
vs. NY	0	3	.000	6.19	3	3	0	16	19	13	8	0	0	0	0
vs. PHI	0	1	.000	3.75	2	2	0	12	11	4	9	0	0	0	0
vs. PIT	1	0	1.000	4.50	2	2	0	14	6	9	6	0	0	0	0
vs. STL	1	2	.333	3.79	3	3	0	19	18	9	16	0	0	0	0

Year	Team		W	L	%	ERA	G	GS	CG	IP	H	BB	SO	ShO	W	L	SV	AB	H	HR	BA	PO	A	E	DP	TC/G	FA
1989	MON	N	0	3	.000	5.13	7	4	0	26.1	26	11	21	0	0	0	0	6	1	0	.167	1	3	0	0	0.6	1.000
1990			7	9	.438	3.42	27	26	3	152.2	129	61	135	3	0	1	0	44	5	0	.114	9	25	0	4	1.3	.964
1991			9	11	.450	3.85	27	27	0	168.1	139	75	107	0	0	0	0	55	5	0	.091	12	15	1	1	1.0	.964
3 yrs.			16	23	.410	3.76	61	57	3	347.1	294	147	263	3	0	1	0	105	11	0	.105	22	43	1	5	1.1	.985

Wes Gardner

GARDNER, WESLEY BRIAN
B. Apr. 29, 1961, Benton, Ark.
BR TR 6' 4" 195 lbs.

Year	Team		W	L	%	ERA	G	GS	CG	IP	H	BB	SO	ShO	W	L	SV	AB	H	HR	BA	PO	A	E	DP	TC/G	FA
1984	NY	N	1	1	.500	6.39	21	0	0	25.1	34	8	19	0	1	1	1	1	0	0	.000	1	3	0	0	0.2	1.000
1985			0	2	.000	5.25	9	0	0	12	18	8	11	0	0	2	0	0	0	0	—	0	4	0	0	0.4	1.000
1986	BOS	A	0	0	—	9.00	1	0	0	1	1	0	1	0	0	0	0	0	0	0	—	0	0	0	0	0.0	—
1987			3	6	.333	5.42	49	1	0	89.2	98	42	70	0	3	6	10	0	0	0	—	2	7	0	0	0.2	1.000
1988			8	6	.571	3.50	36	18	1	149	119	64	106	0	1	1	2	0	0	0	—	15	14	0	0	0.8	1.000

Wes Gardner Continued

Year	Team	W	L	%	ERA	G	GS	CG	IP	H	BB	SO	ShO	RELIEF PITCHING W	L	SV	BATTING AB	H	HR	BA	PO	A	E	DP	TC/G	FA
1989		3	7	.300	5.97	22	16	0	86	97	47	81	0	1	0	0	0	0	0	—	3	8	1	1	0.5	.917
1990		3	7	.300	4.89	34	9	0	77.1	77	35	58	0	1	3	0	0	0	0	—	8	7	1	1	0.5	.938
1991	2 teams	SD N (14G 0-1)			KC A (3G 0-0)																					
"	total	0	1	.000	5.88	17	0	0	26	32	14	12	0	0	1	1	2	0	0	.000	1	5	0	0	0.4	1.000
8 yrs.		18	30	.375	4.90	189	44	1	466.1	476	218	358	0	7	14	14	3	0	0	.000	30	48	2	2	0.4	.975

LEAGUE CHAMPIONSHIP SERIES

Year	Team	W	L	%	ERA	G	GS	CG	IP	H	BB	SO	ShO	W	L	SV	AB	H	HR	BA	PO	A	E	DP	TC/G	FA
1988	BOS A	0	0	—	5.79	1	0	0	4.2	6	2	8	0	0	0	0	0	0	0	—	0	0	0	0	0.0	—

Scott Garrelts
GARRELTS, SCOTT WILLIAM
B. Oct. 30, 1961, Champaign, Ill.
BR TR 6' 4" 200 lbs.

Year	Team	W	L	%	ERA	G	GS	CG	IP	H	BB	SO	ShO	W	L	SV	AB	H	HR	BA	PO	A	E	DP	TC/G	FA
1982	SF N	0	0	—	13.50	1	0	0	2	3	2	4	0	0	0	0	0	0	0	—	0	0	0	0	0.0	—
1983		2	2	.500	2.52	5	5	1	35.2	33	19	16	1	0	0	0	9	2	0	.222	1	7	0	1	1.6	1.000
1984		2	3	.400	5.65	21	3	0	43	45	34	32	0	2	3	0	10	1	0	.100	2	4	0	0	0.3	1.000
1985		9	6	.600	2.30	74	0	0	105.2	76	58	106	0	9	6	13	9	2	0	.222	7	22	2	0	0.4	.935
1986		13	9	.591	3.11	53	18	2	173.2	144	74	125	0	8	2	10	45	8	1	.178	9	37	2	2	0.9	.958
1987		11	7	.611	3.22	64	0	0	106.1	70	55	127	0	**11**	7	12	10	2	0	.200	5	10	1	1	0.3	.938
1988		5	9	.357	3.58	65	0	0	98	80	46	86	0	5	9	13	13	1	0	.077	5	12	2	0	0.3	.895
1989		14	5	**.737**	**2.28**	30	29	2	193.1	149	46	119	1	0	0	0	66	9	0	.136	18	24	1	0	1.4	.977
1990		12	11	.522	4.15	31	31	4	182	190	70	80	2	0	0	0	66	4	0	.061	5	26	3	0	1.1	.912
1991		1	1	.500	6.41	8	3	0	19.2	25	9	8	0	0	0	0	4	0	0	.000	4	1	0	1	0.6	1.000
10 yrs.		69	53	.566	3.29	352	89	9	959.1	815	413	703	4	35	27	48	232	29	1	.125	56	143	11	5	0.6	.948

LEAGUE CHAMPIONSHIP SERIES

Year	Team	W	L	%	ERA	G	GS	CG	IP	H	BB	SO	ShO	W	L	SV	AB	H	HR	BA	PO	A	E	DP	TC/G	FA
1987	SF N	0	0	—	6.75	2	0	0	2.2	2	4	4	0	0	0	0	0	0	0	—	1	0	0	0	0.5	1.000
1989		1	0	1.000	5.40	2	2	0	11.2	16	2	8	0	0	0	0	4	0	0	.000	0	0	0	0	0.5	1.000
2 yrs.		1	0	1.000	5.65	4	2	0	14.1	18	6	12	0	0	0	0	4	0	0	.000	1	0	0	0	0.5	1.000

WORLD SERIES

Year	Team	W	L	%	ERA	G	GS	CG	IP	H	BB	SO	ShO	W	L	SV	AB	H	HR	BA	PO	A	E	DP	TC/G	FA
1989	SF N	0	2	.000	9.82	2	2	0	7.1	13	1	8	0	0	0	0	1	0	0	.000	0	2	0	0	1.0	1.000

Chris George
GEORGE, CHRISTOPHER SEAN
B. Sept. 24, 1966, Pittsburgh, Pa.
BR TR 6' 2" 200 lbs.

Year	Team	W	L	%	ERA	G	GS	CG	IP	H	BB	SO	ShO	W	L	SV	AB	H	HR	BA	PO	A	E	DP	TC/G	FA
1991	MIL A	0	0	—	3.00	2	1	0	6	8	0	2	0	0	0	0	0	0	0	—	0	0	0	0	0.0	—

Paul Gibson
GIBSON, PAUL MARSHALL
B. Jan. 4, 1960, Southampton, N.Y.
BR TL 6' 165 lbs.

	W	L	%	ERA	G	GS	CG	IP	H	BB	SO	ShO	W	L	SV
April	2	1	.667	0.00	10	0	0	14.1	9	6	11	0	2	1	1
May	0	1	.000	3.46	14	0	0	26	18	8	17	0	0	1	4
June	1	2	.333	9.90	11	0	0	10	21	6	5	0	1	2	1
July	1	1	.500	7.04	12	0	0	15.1	24	10	4	0	1	1	0
Aug	1	2	.333	6.75	12	0	0	18.2	28	13	8	0	1	2	1
Sept/Oct	0	0	—	1.54	9	0	0	11.2	12	5	7	0	0	0	1
Day	2	3	.400	4.94	25	0	0	31	41	19	17	0	2	3	2
Night	3	4	.429	4.43	43	0	0	65	71	29	35	0	3	4	6
vs. Left	—	—	—	—	—	—	—	—	39	11	12	—	—	—	—
vs. Right	—	—	—	—	—	—	—	—	73	37	40	—	—	—	—
On Grass	4	6	.400	4.83	55	0	0	72.2	91	37	42	0	4	6	5
On Turf	1	1	.500	3.86	13	0	0	23.1	21	11	10	0	1	1	3
Home	4	3	.571	4.08	33	0	0	53	59	25	34	0	4	3	4
Road	1	4	.200	5.23	35	0	0	43	53	23	18	0	1	4	4
Division Rivals															
vs. BAL	0	1	.000	4.91	4	0	0	3.2	7	4	2	0	0	1	0
vs. BOS	0	1	.000	9.00	5	0	0	5	8	0	2	0	0	1	2
vs. CLE	0	0	—	1.59	3	0	0	5.2	6	2	6	0	0	0	0
vs. MIL	0	0	—	5.14	7	0	0	7	7	5	5	0	0	0	0
vs. NY	2	1	.667	6.00	8	0	0	12	13	8	7	0	2	1	0
vs. TOR	1	0	1.000	1.08	6	0	0	8.1	6	4	4	0	1	0	0

RELIEF PITCHER

WINS — AL AVG
ERA — AL AVG
SAVES — AL AVG
RATIO — AL AVG

PITCHER REGISTER

Year	Team	W	L	%	ERA	G	GS	CG	IP	H	BB	SO	ShO	RELIEF PITCHING W	L	SV	BATTING AB	H	HR	BA	PO	A	E	DP	TC/G	FA

Paul Gibson *Continued*

Year	Team	W	L	%	ERA	G	GS	CG	IP	H	BB	SO	ShO	W	L	SV	AB	H	HR	BA	PO	A	E	DP	TC/G	FA
1988	DET A	4	2	.667	2.93	40	1	0	92	83	34	50	0	3	2	0	0	0	0	—	7	11	0	2	0.5	1.000
1989		4	8	.333	4.64	45	13	0	132	129	57	77	0	3	3	0	0	0	0	—	6	20	2	0	0.6	.929
1990		5	4	.556	3.05	61	0	0	97.1	99	44	56	0	5	4	3	0	0	0	—	9	11	0	1	0.3	1.000
1991		5	7	.417	4.59	68	0	0	96	112	48	52	0	5	7	8	0	0	0	—	6	13	0	0	0.3	1.000
4 yrs.		18	21	.462	3.88	214	14	0	417.1	423	183	235	0	16	16	11	0	0	0	—	28	55	2	3	0.4	.976

Dan Gladden

GLADDEN, CLINTON DANIEL III
B. July 7, 1957, San Jose, Calif.
BR TR 5' 11" 175 lbs.

Year	Team	W	L	%	ERA	G	GS	CG	IP	H	BB	SO	ShO	W	L	SV	AB	H	HR	BA	PO	A	E	DP	TC/G	FA
1988	MIN A	0	0	—	0.00	1	0	0	1	0	0	0	0	0	0	0	576	155	11	.269	0	0	0	0	0.0	—
1989		0	0	—	9.00	1	0	0	1	2	1	0	0	0	0	0	461	136	8	.295	0	0	0	0	0.0	—
2 yrs.		0	0	—	4.50	2	0	0	2	2	1	0	0	0	0	0	*				0	0	0	0	0.0	—

Tom Glavine

GLAVINE, THOMAS MICHAEL
B. Mar. 25, 1966, Concord, Mass.
BL TL 6' 175 lbs.

Split	W	L	%	ERA	G	GS	CG	IP	H	BB	SO	ShO	W	L	SV
April	2	2	.500	2.39	4	4	2	26.1	20	6	26	1	0	0	0
May	6	0	1.000	1.76	6	6	3	46	35	6	33	0	0	0	0
June	3	2	.600	2.17	6	6	0	45.2	38	8	39	0	0	0	0
July	3	1	.750	2.87	5	5	2	37.2	32	8	29	0	0	0	0
Aug	3	3	.500	1.71	6	6	1	42	30	18	28	0	0	0	0
Sept/Oct	3	3	.500	4.22	7	7	1	49	46	23	37	0	0	0	0
Day	6	4	.600	2.79	10	10	3	71	62	20	66	0	0	0	0
Night	14	7	.667	2.46	24	24	6	175.2	139	49	126	1	0	0	0
vs. Left	—	—	—	—	—	—	—	—	50	17	38	—	—	—	—
vs. Right	—	—	—	—	—	—	—	—	151	52	154	—	—	—	—
On Grass	17	6	.739	2.55	24	24	7	176.2	148	45	125	1	0	0	0
On Turf	3	5	.375	2.57	10	10	2	70	53	24	67	0	0	0	0
Home	10	4	.714	2.71	15	15	3	106.1	90	28	78	0	0	0	0
Road	10	7	.588	2.44	19	19	6	140.1	111	41	114	1	0	0	0
Division Rivals															
vs. CIN	2	1	.667	3.12	3	3	0	17.1	13	8	13	0	0	0	0
vs. HOU	0	2	.000	2.14	3	3	1	21	18	7	23	0	0	0	0
vs. LA	2	2	.500	2.41	5	5	2	37.1	34	6	30	1	0	0	0
vs. SD	2	2	.500	2.40	4	4	1	30	26	10	14	0	0	0	0
vs. SF	2	1	.667	2.38	3	3	1	22.2	17	8	21	0	0	0	0

STARTING PITCHER

Year	Team	W	L	%	ERA	G	GS	CG	IP	H	BB	SO	ShO	W	L	SV	AB	H	HR	BA	PO	A	E	DP	TC/G	FA
1987	ATL N	2	4	.333	5.54	9	9	0	50.1	55	33	20	0	0	0	0	16	2	0	.125	1	13	1	0	1.7	.933
1988		7	17	.292	4.56	34	34	1	195.1	201	63	84	0	0	0	0	60	11	0	.183	12	41	4	3	1.7	.930
1989		14	8	.636	3.68	29	29	6	186	172	40	90	4	0	0	0	67	10	0	.149	7	37	4	4	1.7	.917
1990		10	12	.455	4.28	33	33	1	214.1	232	78	129	0	0	0	0	62	7	0	.113	19	33	1	1	1.6	.981
1991		20	11	.645	2.55	34	34	9	246.2	201	69	192	1	0	0	0	74	17	0	.230	16	45	0	4	1.8	1.000
5 yrs.		53	52	.505	3.81	139	139	17	892.2	861	283	515	5	0	0	0	279	47	0	.168	55	169	10	12	1.7	.957

LEAGUE CHAMPIONSHIP SERIES

| 1991 | ATL N | 0 | 2 | .000 | 3.21 | 2 | 2 | 0 | 14 | 12 | 6 | 11 | 0 | 0 | 0 | 0 | 4 | 1 | 0 | .250 | 1 | 3 | 0 | 0 | 2.0 | 1.000 |

WORLD SERIES

| 1991 | ATL N | 1 | 1 | .500 | 2.70 | 2 | 2 | 1 | 13.1 | 8 | 7 | 8 | 0 | 0 | 0 | 0 | 2 | 0 | 0 | .000 | 0 | 3 | 0 | 1 | 1.5 | 1.000 |

Jerry Don Gleaton

GLEATON, JERRY DON
B. Sept. 14, 1957, Brownwood, Tex.
BL TL 6' 3" 205 lbs.

Split	W	L	%	ERA	G	GS	CG	IP	H	BB	SO	ShO	W	L	SV
April	1	0	1.000	6.75	6	0	0	8	9	4	8	0	1	0	1
May	1	1	.500	2.95	11	0	0	18.1	21	11	10	0	1	1	0
June	1	0	1.000	3.38	3	0	0	5.1	4	5	3	0	1	0	0
July	0	0	—	1.23	5	0	0	7.1	8	5	5	0	0	0	0
Aug	0	1	.000	4.88	12	0	0	27.2	26	6	15	0	0	1	0
Sept/Oct	0	0	—	4.15	10	0	0	8.2	6	8	6	0	0	0	1
Day	0	0	—	5.40	10	0	0	18.1	23	7	11	0	0	0	2
Night	3	2	.600	3.63	37	0	0	57	51	32	36	0	3	2	0
vs. Left	—	—	—	—	—	—	—	—	20	5	14	—	—	—	—
vs. Right	—	—	—	—	—	—	—	—	54	34	33	—	—	—	—

RELIEF PITCHER

PITCHER REGISTER

Year	Team	W	L	%	ERA	G	GS	CG	IP	H	BB	SO	ShO	RELIEF PITCHING W	L	SV	BATTING AB	H	HR	BA	PO	A	E	DP	TC/G	FA

Jerry Don Gleaton *Continued*

On Grass		3	2	.600	4.23	40	0	0	61.2	58	31	39	0	3	2	2										
On Turf		0	0	—	3.29	7	0	0	13.2	16	8	8	0	0	0	0										
Home		2	1	.667	4.46	20	0	0	34.1	28	15	19	0	2	1	0										
Road		1	1	.500	3.73	27	0	0	41	46	24	28	0	1	1	2										
Division Rivals																										
vs. BAL		1	0	1.000	0.00	3	0	0	7	4	1	6	0	1	0	0										
vs. BOS		0	0	—	0.00	3	0	0	1.2	1	0	1	0	0	0	0										
vs. CLE		0	0	—	2.25	3	0	0	4	6	3	4	0	0	0	0										
vs. MIL		0	0	—	13.50	4	0	0	4	7	6	2	0	0	0	0										
vs. NY		1	0	1.000	3.38	6	0	0	13.1	11	1	9	0	1	0	0										
vs. TOR		0	0	—	1.00	3	0	0	9	6	1	3	0	0	0	0										
1979	TEX A	0	1	.000	6.30	5	2	0	10	15	2	2	0	0	0	0	0	0	0	—	0	4	0	0	0.8	1.000
1980		0	0	—	2.57	5	0	0	7	5	4	2	0	0	0	0	0	0	0	—	1	2	0	0	0.6	1.000
1981	SEA A	4	7	.364	4.76	20	13	1	85	88	38	31	0	0	0	0	0	0	0	—	5	12	1	0	0.9	.944
1982		0	0	—	13.50	3	0	0	4.2	7	2	1	0	0	0	0	0	0	0	—	1	0	0	0	0.3	1.000
1984	CHI A	1	2	.333	3.44	11	1	0	18.1	20	6	4	0	1	1	2	0	0	0	—	1	1	1	0	0.3	.667
1985		1	0	1.000	5.76	31	0	0	29.2	37	13	22	0	1	0	1	0	0	0	—	0	4	0	0	0.1	1.000
1987	KC A	4	4	.500	4.26	48	0	0	50.2	38	28	44	0	4	4	5	0	0	0	—	2	12	1	1	0.3	.933
1988		0	4	.000	3.55	42	0	0	38	33	17	29	0	0	4	3	0	0	0	—	3	3	0	0	0.1	1.000
1989		0	0	—	5.65	15	0	0	14.1	20	6	9	0	0	0	0	0	0	0	—	0	2	0	0	0.1	1.000
1990	DET A	1	3	.250	2.94	57	0	0	82.2	62	25	56	0	1	3	13	0	0	0	—	1	11	1	0	0.2	.923
1991		3	2	.600	4.06	47	0	0	75.1	74	39	47	0	3	2	2	0	0	0	—	4	11	0	1	0.3	1.000
11 yrs.		14	23	.378	4.24	284	16	1	415.2	399	180	247	0	10	14	26	0	0	0	—	18	62	4	2	0.3	.952

Dwight Gooden

GOODEN, DWIGHT EUGENE (Doc, Dr. K)
B. Nov. 16, 1964, Tampa, Fla.
BR TR 6' 2" 190 lbs.

		W	L	%	ERA	G	GS	CG	IP	H	BB	SO	ShO	W	L	SV	AB	H	HR	BA	PO	A	E	DP	TC/G	FA
April		3	1	.750	2.43	5	5	1	37	27	8	39	0	0	0	0										
May		2	3	.400	4.75	6	6	1	41.2	53	11	29	0	0	0	0										
June		2	2	.500	5.80	6	6	1	40.1	47	10	24	1	0	0	0										
July		4	0	1.000	2.15	5	5	0	37.2	29	13	36	0	0	0	0										
Aug		2	1	.667	2.43	5	5	0	33.1	29	14	22	0	0	0	0										
Sept/Oct		—	—	—	—	0	—	—	0	0	0	0	0	0	0	0										
Day		4	3	.571	3.70	8	8	2	58.1	59	15	54	0	0	0	0										
Night		9	4	.692	3.55	19	19	1	131.2	126	41	96	1	0	0	0										
vs. Left		—	—	—	—	—	—	—	—	104	42	75	—	—	—	—										
vs. Right		—	—	—	—	—	—	—	—	81	14	75	—	—	—	—										
On Grass		12	4	.750	3.30	20	20	3	144.2	132	40	112	1	0	0	0										
On Turf		1	3	.250	4.57	7	7	0	45.1	53	16	38	0	0	0	0										
Home		9	3	.750	3.55	15	15	2	106.1	98	29	85	1	0	0	0										
Road		4	4	.500	3.66	12	12	1	83.2	87	27	65	0	0	0	0										
Division Rivals																										
vs. CHI		1	0	1.000	4.43	3	3	0	20.1	21	5	16	0	0	0	0										
vs. MON		1	1	.500	3.38	3	3	1	24	20	7	23	0	0	0	0										
vs. PHI		2	1	.667	3.95	4	4	0	27.1	25	9	26	0	0	0	0										
vs. PIT		1	1	.500	3.14	2	2	0	14.1	14	5	8	0	0	0	0										
vs. STL		1	1	.500	5.29	3	3	0	17	25	9	12	0	0	0	0										
1984	NY N	17	9	.654	2.60	31	31	7	218	161	73	**276**	3	0	0	0	70	14	0	.200	21	22	2	0	1.5	.956
1985		**24**	4	.857	**1.53**	35	35	**16**	**276.2**	198	69	268	8	0	0	0	93	21	1	.226	25	38	2	6	1.9	.969
1986		17	6	.739	2.84	33	33	12	250	197	80	200	2	0	0	0	81	7	0	.086	36	36	2	5	2.2	.973
1987		15	7	.682	3.21	25	25	7	179.2	162	53	148	3	0	0	0	64	14	0	.219	15	22	3	3	1.6	.925
1988		18	9	.667	3.19	34	34	10	248.1	242	57	175	3	0	0	0	90	16	1	.178	27	56	5	3	2.6	.943
1989		9	4	.692	2.89	19	17	0	118.1	93	47	101	0	0	0	1	40	8	0	.200	8	16	3	0	1.4	.889
1990		19	7	.731	3.83	34	34	2	232.2	229	70	223	1	0	0	0	75	14	1	.187	15	35	4	5	1.6	.926
1991		13	7	.650	3.60	27	27	3	190	185	56	150	1	0	0	0	63	15	1	.238	15	28	2	3	1.7	.956
8 yrs.		132	53	.714	2.91	238	236	57	1713.2	1467	505	1541	21	0	0	1	576	109	4	.189	162	253	23	25	1.8	.947

LEAGUE CHAMPIONSHIP SERIES

1986	NY N	0	1	.000	1.06	2	2	0	17	16	5	9	0	0	0	0	5	0	0	.000	3	2	0	0	2.5	1.000
1988		0	0	—	2.95	3	2	0	18.1	10	8	20	0	0	0	0	5	1	0	.200	1	3	0	0	1.3	1.000
2 yrs.		0	1	.000	2.04	5	4	0	35.1	26	13	29	0	0	0	0	10	1	0	.100	4	5	0	0	1.8	1.000

WORLD SERIES

| 1986 | NY N | 0 | 2 | .000 | 8.00 | 2 | 2 | 0 | 9 | 17 | 4 | 9 | 0 | 0 | 0 | 0 | 2 | 1 | 0 | .500 | 1 | 2 | 0 | 0 | 1.5 | 1.000 |

PITCHER REGISTER

Year	Team	W	L	%	ERA	G	GS	CG	IP	H	BB	SO	ShO	RELIEF PITCHING W	L	SV	BATTING AB	H	HR	BA	PO	A	E	DP	TC/G	FA

Tom Gordon

GORDON, THOMAS (Flash)
B. Nov. 18, 1967, Sebring, Fla.
BR TR 5' 9" 160 lbs.

		W	L	%	ERA	G	GS	CG	IP	H	BB	SO	ShO	W	L	SV	AB	H	HR	BA	PO	A	E	DP	TC/G	FA
April		1	1	.500	0.47	4	1	0	19	12	7	25	0	0	1	0										
May		3	1	.750	2.33	5	5	1	38.2	26	13	28	0	0	0	0										
June		0	4	.000	6.53	6	5	0	30.1	35	21	31	0	0	0	0										
July		2	3	.400	8.38	6	3	0	19.1	17	22	24	0	1	1	0										
Aug		3	2	.600	1.48	9	0	0	24.1	21	7	30	0	3	2	1										
Sept/Oct		0	3	.000	4.44	15	0	0	26.1	18	17	29	0	0	3	0										
Day		5	3	.625	2.01	14	5	0	53.2	41	21	64	0	3	0	0										
Night		4	11	.267	4.83	31	9	1	104.1	88	66	103	0	1	7	1										
vs. Left		—	—	—	—	—	—	—	—	75	42	81	—	—	—	—										
vs. Right		—	—	—	—	—	—	—	—	54	45	86	—	—	—	—										
On Grass		5	4	.556	3.60	17	5	0	55	44	33	62	0	2	3	0										
On Turf		4	10	.286	4.02	28	9	1	103	85	54	105	0	2	4	1										
Home		2	8	.200	4.00	22	8	1	92.1	77	46	93	0	1	2	1										
Road		7	6	.538	3.70	23	6	0	65.2	52	41	74	0	3	5	0										
Division Rivals																										
vs. CAL		0	1	.000	2.84	5	0	0	12.2	8	8	13	0	0	1	0										
vs. CHI		0	1	.000	10.80	3	1	0	8.1	13	3	9	0	0	0	0										
vs. MIN		0	1	.000	7.04	4	1	0	7.2	12	4	7	0	0	0	0										
vs. OAK		0	3	.000	8.04	5	2	0	15.2	13	18	13	0	0	1	0										
vs. SEA		2	1	.667	3.06	4	2	1	17.2	10	9	14	0	0	1	0										
vs. TEX		0	1	.000	3.38	4	1	0	13.1	14	7	17	0	0	1	0										
1988	KC A	0	2	.000	5.17	5	2	0	15.2	16	7	18	0	0	0	0	0	0	0	—	2	2	0	0	0.8	1.000
1989		17	9	.654	3.64	49	16	1	163	122	86	153	1	10	2	1	0	0	0	—	15	26	0	7	0.8	1.000
1990		12	11	.522	3.73	32	32	6	195.1	192	99	175	1	0	0	0	0	0	0	—	17	24	1	1	1.3	.976
1991		9	14	.391	3.87	45	14	1	158	129	87	167	0	4	7	1	0	0	0	—	12	17	2	1	0.7	.935
4 yrs.		38	36	.514	3.79	131	64	8	532	459	279	513	2	14	9	2	0	0	0	—	46	69	3	9	0.9	.975

Goose Gossage

GOSSAGE, RICHARD MICHAEL
B. July 5, 1951, Colorado Springs, Colo.
BR TR 6' 3" 180 lbs.

		W	L	%	ERA	G	GS	CG	IP	H	BB	SO	ShO	W	L	SV	AB	H	HR	BA	PO	A	E	DP	TC/G	FA
April		2	0	1.000	0.00	8	0	0	8	4	4	8	0	2	0	0										
May		2	0	1.000	3.86	14	0	0	16.1	10	9	13	0	2	0	0										
June		0	1	.000	6.23	6	0	0	4.1	6	1	1	0	0	1	0										
July		0	1	.000	10.80	8	0	0	5	7	2	3	0	0	1	1										
Aug		0	0	—	0.00	1	0	0	0.2	0	0	0	0	0	0	0										
Sept/Oct		0	0	—	0.00	7	0	0	6	6	6	3	0	0	0	0										
Day		0	1	.000	4.00	8	0	0	9	7	6	9	0	0	1	0										
Night		4	1	.800	3.45	36	0	0	31.1	26	16	19	0	4	1	1										
vs. Left		—	—	—	—	—	—	—	—	9	5	5	—	—	—	—										
vs. Right		—	—	—	—	—	—	—	—	24	11	23	—	—	—	—										
On Grass		4	2	.667	3.21	36	0	0	33.2	27	12	25	0	4	2	1										
On Turf		0	0	—	5.40	8	0	0	6.2	6	4	3	0	0	0	0										
Home		2	0	1.000	2.01	24	0	0	22.1	17	6	16	0	2	0	1										
Road		2	2	.500	5.50	20	0	0	18	16	10	12	0	2	2	0										
Division Rivals																										
vs. CAL		0	0	—	0.00	2	0	0	1.1	2	0	1	0	0	0	0										
vs. CHI		0	1	.000	18.00	3	0	0	1	2	1	0	0	0	1	0										
vs. KC		—	—	—	—	0	0	0	0	0	0	0	—	0	0	0										
vs. MIN		0	0	—	4.91	5	0	0	3.2	2	1	2	0	0	0	0										
vs. OAK		0	0	—	0.00	1	0	0	1	1	0	1	0	0	0	0										
vs. SEA		0	0	—	1.59	4	0	0	5.2	6	1	2	0	0	0	0										
1972	CHI A	7	1	.875	4.28	36	1	0	80	72	44	57	0	7	0	2	16	0	0	.000	3	10	1	1	0.4	.929
1973		0	4	.000	7.43	20	4	0	49.2	57	37	33	0	0	0	0	0	0	0	—	5	5	1	1	0.6	.909
1974		4	6	.400	4.15	39	3	0	89	92	47	64	0	4	5	1	0	0	0	—	3	14	2	1	0.5	.895
1975		9	8	.529	1.84	62	0	0	141.2	99	70	130	0	9	8	26	0	0	0	—	3	25	3	3	0.5	.903
1976		9	17	.346	3.94	31	29	15	224	214	90	135	0	0	1	1	0	0	0	—	18	27	3	1	1.5	.938
1977	PIT N	11	9	.550	1.62	72	0	0	133	78	49	151	0	11	9	26	23	5	0	.217	4	10	1	0	0.2	.933
1978	NY A	10	11	.476	2.01	63	0	0	134.1	87	59	122	0	10	11	27	0	0	0	—	6	12	3	0	0.3	.857
1979		5	3	.625	2.64	36	0	0	58	48	19	41	0	5	3	18	0	0	0	—	1	4	0	0	0.1	1.000
1980		6	2	.750	2.27	64	0	0	99	74	37	103	0	6	2	33	0	0	0	—	1	10	2	0	0.2	.846
1981		3	2	.600	0.77	32	0	0	47	22	14	48	0	3	2	20	0	0	0	—	2	7	1	0	0.3	.900

PITCHER REGISTER

Year	Team		W	L	%	ERA	G	GS	CG	IP	H	BB	SO	ShO	RELIEF PITCHING W	L	SV	BATTING AB	H	HR	BA	PO	A	E	DP	TC/G	FA

Goose Gossage *Continued*

Year	Team		W	L	%	ERA	G	GS	CG	IP	H	BB	SO	ShO	W	L	SV	AB	H	HR	BA	PO	A	E	DP	TC/G	FA
1982			4	5	.444	2.23	56	0	0	93	63	28	102	0	4	5	30	0	0	0	—	2	6	0	1	0.1	1.000
1983			13	5	.722	2.27	57	0	0	87.1	82	25	90	0	13	5	22	0	0	0	—	2	3	1	0	0.1	.833
1984	SD	N	10	6	.625	2.90	62	0	0	102.1	75	36	84	0	10	6	25	22	4	0	.182	5	8	0	0	0.2	1.000
1985			5	3	.625	1.82	50	0	0	79	64	17	52	0	5	3	26	11	0	0	.000	0	7	0	1	0.1	1.000
1986			5	7	.417	4.45	45	0	0	64.2	69	20	63	0	5	7	21	7	0	0	.000	2	5	0	0	0.2	1.000
1987			5	4	.556	3.12	40	0	0	52	47	19	44	0	5	4	11	4	0	0	.000	2	5	0	0	0.2	1.000
1988	CHI	N	4	4	.500	4.33	46	0	0	43.2	50	15	30	0	4	4	13	1	0	0	.000	1	7	0	0	0.2	1.000
1989	2 teams		SF N (31G 2-1)			NY A (11G 1-0)																					
"	total		3	1	.750	2.95	42	0	0	58	46	30	30	0	3	1	5	1	0	0	.000	7	4	1	1	0.3	.917
1991	TEX	A	4	2	.667	3.57	44	0	0	40.1	33	16	28	0	4	2	1	0	0	0	—	2	2	1	0	0.1	.800
19 yrs.			117	100	.539	2.94	897	37	16	1676	1372	672	1407	0	108	78	308 4th	85	9	0	.106	69	171	20	10	0.3	.923

DIVISIONAL PLAYOFF SERIES

| 1981 | NY | A | 0 | 0 | — | 0.00 | 3 | 0 | 0 | 6.2 | 3 | 2 | 8 | 0 | 0 | 0 | 3 | 0 | 0 | 0 | — | 0 | 0 | 0 | 0 | 0.0 | — |

LEAGUE CHAMPIONSHIP SERIES

1978	NY	A	1	0	1.000	4.50	2	0	0	4	3	0	3	0	1	0	1	0	0	0	—	0	1	0	0	0.5	1.000
1980			0	1	.000	54.00	1	0	0	0.1	3	0	0	0	0	1	0	0	0	0	—	0	0	0	0	0.0	—
1981			0	0	—	0.00	2	0	0	2.2	1	0	2	0	0	0	1	0	0	0	—	0	0	0	0	0.0	—
1984	SD	N	0	0	—	4.50	3	0	0	4	5	1	5	0	0	0	1	0	0	0	—	0	0	0	0	0.0	—
4 yrs.			1	1	.500	4.91	8	0	0	11	12	1	10	0	1	1	3	0	0	0	—	0	1	0	0	0.1	1.000

WORLD SERIES

1978	NY	A	1	0	1.000	0.00	3	0	0	6	1	1	4	0	1	0	0	0	0	0	—	0	0	0	0	0.0	—
1981			0	0	—	0.00	3	0	0	5	2	2	5	0	0	0	2	1	0	0	.000	0	0	0	0	0.0	—
1984	SD	N	0	0	—	13.50	2	0	0	2.2	3	1	2	0	0	0	0	0	0	0	—	0	1	0	0	0.5	1.000
3 yrs.			1	0	1.000	2.63	8	0	0	13.2	6	4	11	0	1	0	2	1	0	0	.000	0	1	0	0	0.1	1.000

Jim Gott

GOTT, JAMES WILLIAM
B. Aug. 3, 1959, Hollywood, Calif.
BR TR 6' 4" 200 lbs.

RELIEF PITCHER

			W	L	%	ERA	G	GS	CG	IP	H	BB	SO	ShO	W	L	SV	AB	H	HR	BA	PO	A	E	DP	TC/G	FA
April			0	0	—	2.53	7	0	0	10.2	6	6	7	0	0	0	0										
May			0	0	—	2.25	10	0	0	12	10	8	12	0	0	0	1										
June			1	2	.333	6.35	7	0	0	5.2	7	8	6	0	1	2	0										
July			1	1	.500	3.27	7	0	0	11	12	2	8	0	1	1	0										
Aug			1	0	1.000	3.57	10	0	0	17.2	14	6	19	0	1	0	0										
Sept/Oct			1	0	1.000	1.89	14	0	0	19	14	2	21	0	1	0	1										
Day			2	0	1.000	2.35	10	0	0	15.1	18	6	13	0	2	0	0										
Night			2	3	.400	3.12	45	0	0	60.2	45	26	60	0	2	3	2										
vs. Left			—	—	—	—	—	—	—	—	27	17	36	—	—	—	—										
vs. Right			—	—	—	—	—	—	—	—	36	15	37	—	—	—	—										
On Grass			3	2	.600	2.68	36	0	0	50.1	38	26	47	0	3	2	1										
On Turf			1	1	.500	3.51	19	0	0	25.2	25	6	26	0	1	1	1										
Home			1	0	1.000	2.68	27	0	0	37	23	21	41	0	1	0	1										
Road			3	3	.500	3.23	28	0	0	39	40	11	32	0	3	3	1										
Division Rivals																											
vs. ATL			0	1	.000	6.35	5	0	0	5.2	4	6	5	0	0	1	0										
vs. CIN			0	0	—	4.26	5	0	0	6.1	11	1	5	0	0	0	0										
vs. HOU			0	0	—	2.87	10	0	0	15.2	10	9	18	0	0	0	0										
vs. SD			0	1	.000	3.68	6	0	0	7.1	7	3	8	0	0	1	0										
vs. SF			1	0	1.000	0.00	5	0	0	6.2	2	2	3	0	1	0	0										
1982	TOR	A	5	10	.333	4.43	30	23	1	136	134	66	82	1	0	0	0	0	0	0	—	6	18	1	2	0.8	.960
1983			9	14	.391	4.74	34	30	6	176.2	195	68	121	1	0	1	0	0	0	0	—	9	20	1	2	0.9	.967
1984			7	6	.538	4.02	35	12	1	109.2	93	49	73	1	2	1	2	0	0	0	—	6	9	1	0	0.5	.938
1985	SF	N	7	10	.412	3.88	26	26	2	148.1	144	51	78	0	0	0	0	51	10	3	.196	9	28	0	1	1.4	1.000
1986			0	0	—	7.62	9	2	0	13	16	13	9	0	0	0	1	3	0	0	.000	0	2	0	0	0.2	1.000
1987	2 teams		SF N (30G 1-0)			PIT N (25G 0-2)																					
"	total		1	2	.333	3.41	55	3	0	87	81	40	90	0	1	2	13	11	1	1	.091	5	10	1	0	0.3	.938
1988	PIT	N	6	6	.500	3.49	67	0	0	77.1	68	22	76	0	6	6	34	1	0	0	.000	4	8	0	0	0.2	1.000
1989			0	0	—	0.00	1	0	0	0.2	1	1	1	0	0	0	0	0	0	0	—	0	0	0	0	0.0	—
1990	LA	N	3	5	.375	2.90	50	0	0	62	59	34	44	0	3	5	3	1	0	0	.000	6	5	0	0	0.2	1.000
1991			4	3	.571	2.96	55	0	0	76	63	32	73	0	4	3	2	2	1	0	.500	10	9	0	1	0.3	1.000
10 yrs.			42	56	.429	3.98	362	96	10	886.2	854	376	647	3	16	18	55	69	12	4	.174	55	109	4	5	0.5	.976

PITCHER REGISTER

Year	Team		W	L	%	ERA	G	GS	CG	IP	H	BB	SO	ShO	RELIEF PITCHING			BATTING				PO	A	E	DP	TC/G	FA
															W	L	SV	AB	H	HR	BA						

Mauro Gozzo
GOZZO, MAURO PAUL (Goose)
B. Mar. 7, 1966, New Britain, Conn.
BR TR 6' 2" 210 lbs.

Year	Team		W	L	%	ERA	G	GS	CG	IP	H	BB	SO	ShO	W	L	SV	AB	H	HR	BA	PO	A	E	DP	TC/G	FA
1989	TOR	A	4	1	.800	4.83	9	3	0	31.2	35	9	10	0	1	1	0	0	0	0	—	3	3	0	0	0.7	1.000
1990	CLE	A	0	0	—	0.00	2	0	0	3	2	2	2	0	0	0	0	0	0	0	—	0	0	0	0	0.0	—
1991			0	0	—	19.29	2	2	0	4.2	9	7	3	0	0	0	0	0	0	0	—	0	0	0	0	0.0	—
3 yrs.			4	1	.800	6.18	13	5	0	39.1	46	18	15	0	1	1	0	0	0	0	—	3	3	0	0	0.5	1.000

Joe Grahe
GRAHE, JOSEPH MILTON
B. Aug. 14, 1967, West Palm Beach, Fla.
BR TR 6' 195 lbs.

Year	Team		W	L	%	ERA	G	GS	CG	IP	H	BB	SO	ShO	W	L	SV	AB	H	HR	BA	PO	A	E	DP	TC/G	FA
1990	CAL	A	3	4	.429	4.98	8	8	0	43.1	51	23	25	0	0	0	0	0	0	0	—	2	11	0	2	1.6	1.000
1991			3	7	.300	4.81	18	10	1	73	84	33	40	0	1	0	0	0	0	0	—	4	11	1	0	0.9	.938
2 yrs.			6	11	.353	4.87	26	18	1	116.1	135	56	65	0	1	0	0	0	0	0	—	6	22	1	2	1.1	.966

Mark Grater
GRATER, MARK ANTHONY
B. Jan. 19, 1964, Rochester, Pa.
BR TR 5' 10" 205 lbs.

Year	Team		W	L	%	ERA	G	GS	CG	IP	H	BB	SO	ShO	W	L	SV	AB	H	HR	BA	PO	A	E	DP	TC/G	FA
1991	STL	N	0	0	—	0.00	3	0	0	3	5	2	0	0	0	0	0	0	0	0	—	1	0	1	0	0.7	.500

Jeff Gray
GRAY, JEFFREY EDWARD
B. Apr. 10, 1963, Richmond, Va.
BR TR 6' 1" 175 lbs.

			W	L	%	ERA	G	GS	CG	IP	H	BB	SO	ShO	W	L	SV	AB	H	HR	BA	PO	A	E	DP	TC/G	FA
April			1	1	.500	1.93	11	0	0	14	8	4	8	0	1	1	1										
May			0	2	.000	3.63	15	0	0	17.1	14	1	13	0	0	2	1										
June			1	0	1.000	0.63	11	0	0	14.1	6	3	10	0	1	0	0										
July			0	0	—	2.81	13	0	0	16	11	2	10	0	0	0	0										
Aug			—	—	—	—	0	—	—	0	0	0	0	—	0	0	0										
Sept/Oct			—	—	—	—	0	—	—	0	0	0	0	—	0	0	0										
Day			0	0	—	1.80	11	0	0	15	11	2	7	0	0	0	1										
Night			2	3	.400	2.51	39	0	0	46.2	28	8	34	0	2	3	0										
vs. Left			—	—	—	—	—	—	—	—	19	2	15	—	—	—	—										
vs. Right			—	—	—	—	—	—	—	—	20	8	26	—	—	—	—										
On Grass			1	1	.500	1.64	38	0	0	49.1	30	5	35	0	1	1	1										
On Turf			1	2	.333	5.11	12	0	0	12.1	9	5	6	0	1	2	0										
Home			1	1	.500	2.12	22	0	0	29.2	21	4	18	0	1	1	1										
Road			1	2	.333	2.53	28	0	0	32	18	6	23	0	1	2	0										
Division Rivals																											
vs. BAL			0	0	—	5.40	4	0	0	5	3	1	6	0	0	0	0										
vs. CLE			0	0	—	0.00	2	0	0	4	3	0	3	0	0	0	0										
vs. DET			0	0	—	4.91	3	0	0	3.2	5	0	3	0	0	0	0										
vs. MIL			0	0	—	0.00	4	0	0	6	2	0	4	0	0	0	0										
vs. NY			0	0	—	0.00	2	0	0	2.1	0	0	0	0	0	0	0										
vs. TOR			0	1	.000	6.23	5	0	0	4.1	2	2	2	0	0	0	1										
1988	CIN	N	0	0	—	3.86	5	0	0	9.1	12	4	5	0	0	0	0	1	0	0	.000	1	3	0	0	0.8	1.000
1990	BOS	A	2	4	.333	4.44	41	0	0	50.2	53	15	50	0	2	4	9	0	0	0	—	2	5	0	1	0.2	1.000
1991			2	3	.400	2.34	50	0	0	61.2	39	10	41	0	2	3	1	0	0	0	—	7	10	1	0	0.4	.944
3 yrs.			4	7	.364	3.33	96	0	0	121.2	104	29	96	0	4	7	10	1	0	0	.000	10	18	1	1	0.3	.966
LEAGUE CHAMPIONSHIP SERIES																											
1990	BOS	A	0	0	—	2.70	2	0	0	3.1	4	1	2	0	0	0	0	0	0	0	—	0	0	1	0	0.5	.000

RELIEF PITCHER — WINS (AL AVG), ERA (AL AVG), SAVES (AL AVG), RATIO (AL AVG)

PITCHER REGISTER

Year	Team		W	L	%	ERA	G	GS	CG	IP	H	BB	SO	ShO	Relief Pitching W	L	SV	Batting AB	H	HR	BA	PO	A	E	DP	TC/G	FA

Tommy Greene
GREENE, IRA THOMAS
B. Apr. 6, 1967, Lumberton, N. C.
BR TR 6' 5" 225 lbs.

	W	L	%	ERA	G	GS	CG	IP	H	BB	SO	ShO	W	L	SV	AB	H	HR	BA	PO	A	E	DP	TC/G	FA
April	0	0	—	4.79	6	6	0	20.2	18	6	6	0	0	0	0										
May	4	0	1.000	0.29	6	3	2	31	12	11	30	2	1	0	0										
June	1	1	.500	3.19	6	6	0	42.1	40	10	33	0	0	0	0										
July	2	3	.400	4.00	6	6	0	36	32	15	24	0	0	0	0										
Aug	2	2	.500	3.96	6	6	0	38.2	38	15	31	0	0	0	0										
Sept/Oct	4	1	.800	4.15	6	6	1	39	37	9	30	0	0	0	0										
Day	5	3	.625	3.58	12	9	1	65.1	46	30	51	1	0	0	0										
Night	8	4	.667	3.29	24	18	2	142.1	131	36	103	1	1	0	0										
vs. Left	—	—	—	—	—	—	—	—	116	45	82	—	—	—	—										
vs. Right	—	—	—	—	—	—	—	—	61	21	72	—	—	—	—										
On Grass	2	1	.667	4.94	8	4	0	31	29	13	17	0	0	0	0										
On Turf	11	6	.647	3.11	28	23	3	176.2	148	53	137	2	1	0	0										
Home	6	4	.600	3.31	19	15	1	108.2	95	34	89	1	1	0	0										
Road	7	3	.700	3.45	17	12	2	99	82	32	65	1	0	0	0										
Division Rivals																									
vs. CHI	2	0	1.000	6.10	4	2	0	10.1	13	4	10	0	1	0	0										
vs. MON	3	0	1.000	0.28	4	4	2	32	17	13	29	2	0	0	0										
vs. NY	0	1	.000	6.52	3	1	0	9.2	10	6	3	0	0	0	0										
vs. PIT	2	1	.667	4.15	5	5	1	34.2	26	13	38	0	0	0	0										
vs. STL	1	2	.333	4.41	5	3	0	34.2	32	5	14	0	0	0	0										
1989 ATL N	1	2	.333	4.10	4	4	1	26.1	22	6	17	1	0	0	0	10	1	0	.100	2	2	0	0	1.0	1.000
1990 2 teams ATL N (5G 1-0) PHI N (10G 2-3)																									
" total	3	3	.500	5.08	15	9	0	51.1	50	26	21	0	0	0	0	12	2	0	.167	3	6	1	0	0.7	.900
1991 PHI N	13	7	.650	3.38	36	27	3	207.2	177	66	154	2	1	0	0	71	19	2	.268	14	16	1	0	0.9	.968
3 yrs.	17	12	.586	3.75	55	40	4	285.1	249	98	192	3	1	0	0	93	22	2	.237	19	24	2	0	0.8	.956

STARTING PITCHER (WINS, ERA, SO/9, RATIO vs NL AVG)

Jason Grimsley
GRIMSLEY, JASON ALAN
B. Aug. 7, 1967, Cleveland, Tex.
BR TR 6' 3" 180 lbs.

	W	L	%	ERA	G	GS	CG	IP	H	BB	SO	ShO	W	L	SV	AB	H	HR	BA	PO	A	E	DP	TC/G	FA
1989 PHI N	1	3	.250	5.89	4	4	0	18.1	19	19	7	0	0	0	0	5	0	0	.000	1	4	1	1	1.5	.833
1990	3	2	.600	3.30	11	11	0	57.1	47	43	41	0	0	0	0	16	3	0	.188	13	8	1	2	2.0	.955
1991	1	7	.125	4.87	12	12	0	61	54	41	42	0	0	0	0	17	1	0	.059	2	14	1	3	1.4	.941
3 yrs.	5	12	.294	4.35	27	27	0	136.2	120	103	90	0	0	0	0	38	4	0	.105	16	26	3	6	1.7	.933

Kevin Gross
GROSS, KEVIN FRANK
B. June 8, 1961, Downey, Calif.
BR TR 6' 5" 200 lbs.

	W	L	%	ERA	G	GS	CG	IP	H	BB	SO	ShO	W	L	SV	AB	H	HR	BA	PO	A	E	DP	TC/G	FA
April	1	3	.250	8.27	5	4	0	16.1	23	9	21	0	0	0	0										
May	2	1	.667	2.25	5	3	0	20	18	11	14	0	0	0	0										
June	1	1	.500	3.38	7	0	0	10.2	13	4	5	0	1	1	2										
July	2	1	.667	1.31	9	0	0	20.2	16	7	23	0	2	1	1										
Aug	2	3	.400	3.47	12	1	0	23.1	21	10	15	0	2	3	0										
Sept/Oct	2	2	.500	3.65	8	2	0	24.2	32	9	17	0	1	1	0										
Day	3	4	.429	4.08	12	4	0	35.1	37	15	35	0	0	3	0										
Night	7	7	.500	3.36	34	6	0	80.1	86	35	60	0	6	3	3										
vs. Left	—	—	—	—	—	—	—	—	73	34	42	—	—	—	—										
vs. Right	—	—	—	—	—	—	—	—	50	16	53	—	—	—	—										
On Grass	8	7	.533	3.27	36	7	0	88	90	35	77	0	5	4	3										
On Turf	2	4	.333	4.55	10	3	0	27.2	33	15	18	0	1	2	0										
Home	7	3	.700	2.79	22	6	0	61.1	59	21	58	0	4	1	1										
Road	3	8	.273	4.47	24	4	0	54.1	64	29	37	0	2	5	2										
Division Rivals																									
vs. ATL	0	1	.000	3.29	6	1	0	13.2	13	9	9	0	0	0	3										
vs. CIN	2	0	1.000	3.86	6	1	0	16.1	17	6	13	0	1	0	0										
vs. HOU	2	2	.500	3.44	6	2	0	18.1	17	7	14	0	1	1	0										
vs. SD	1	3	.250	9.22	9	2	0	13.2	25	6	17	0	1	1	0										
vs. SF	1	2	.333	2.19	5	1	0	12.1	13	5	14	0	0	2	0										

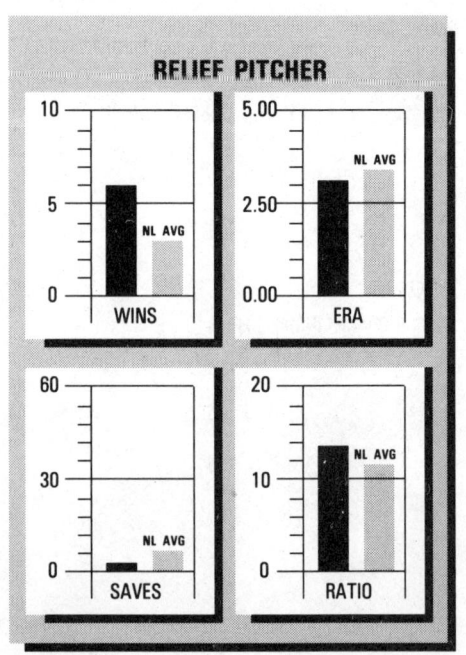

RELIEF PITCHER (WINS, ERA, SAVES, RATIO vs NL AVG)

PITCHER REGISTER

Year	Team		W	L	%	ERA	G	GS	CG	IP	H	BB	SO	ShO	RELIEF PITCHING W	L	SV	BATTING AB	H	HR	BA	PO	A	E	DP	TC/G	FA

Kevin Gross *Continued*

Year	Team		W	L	%	ERA	G	GS	CG	IP	H	BB	SO	ShO	W	L	SV	AB	H	HR	BA	PO	A	E	DP	TC/G	FA
1983	PHI	N	4	6	.400	3.56	17	17	1	96	100	35	66	1	0	0	0	33	3	0	.091	11	13	0	0	1.4	1.000
1984			8	5	.615	4.12	44	14	1	129	140	44	84	0	4	0	1	30	2	0	.067	9	22	2	3	0.8	.939
1985			15	13	.536	3.41	38	31	6	205.2	194	81	151	2	1	0	2	65	9	1	.138	18	34	3	0	1.4	.945
1986			12	12	.500	4.02	37	36	7	241.2	240	94	154	2	0	0	0	80	15	1	.188	25	28	2	2	1.5	.964
1987			9	16	.360	4.35	34	33	3	200.2	205	87	110	1	1	0	0	63	12	1	.190	13	23	3	1	1.1	.923
1988			12	14	.462	3.69	33	33	5	231.2	209	89	162	1	0	0	0	75	13	0	.173	13	34	2	2	1.5	.959
1989	MON	N	11	12	.478	4.38	31	31	4	201.1	188	88	158	3	0	0	0	64	9	0	.141	15	25	2	1	1.4	.952
1990			9	12	.429	4.57	31	26	2	163.1	171	65	111	1	1	0	0	50	10	1	.200	6	13	1	0	0.6	.950
1991	LA	N	10	11	.476	3.58	46	10	0	115.2	123	50	95	0	6	6	3	25	7	0	.280	9	14	1	0	0.5	.958
9 yrs.			90	101	.471	3.99	311	231	29	1585	1570	633	1091	11	13	8	4	485	80	4	.165	119	206	16	9	1.1	.953

Kip Gross

GROSS, KIP LEE
B. Aug. 24, 1964, Scottsbluff, Neb.
BR TR 6' 2" 195 lbs.

Year	Team		W	L	%	ERA	G	GS	CG	IP	H	BB	SO	ShO	W	L	SV	AB	H	HR	BA	PO	A	E	DP	TC/G	FA
1990	CIN	N	0	0	—	4.26	5	0	0	6.1	6	2	3	0	0	0	0	0	0	0	—	0	0	0	0	0.0	—
1991			6	4	.600	3.47	29	9	1	85.2	93	40	40	0	2	0	0	22	2	0	.091	5	15	2	0	0.8	.909
2 yrs.			6	4	.600	3.52	34	9	1	92	99	42	43	0	2	0	0	22	2	0	.091	5	15	2	0	0.6	.909

Mark Gubicza

GUBICZA, MARK STEVEN
B. Aug. 14, 1962, Philadelphia, Pa.
BR TR 6' 6" 215 lbs.

STARTING PITCHER — WINS (AL AVG), ERA (AL AVG), SO/9 (AL AVG), RATIO (AL AVG)

Split	W	L	%	ERA	G	GS	CG	IP	H	BB	SO	ShO	W	L	SV	AB	H	HR	BA
April	—	—	—	—	0	—	—	0	0	0	0	—	0	0	0				
May	1	3	.250	4.70	4	4	0	23	27	6	18	0	0	0	0				
June	2	1	.667	5.60	4	4	0	17.2	23	6	8	0	0	0	0				
July	3	1	.750	6.00	6	6	0	30	39	9	22	0	0	0	0				
Aug	2	2	.500	4.25	6	6	0	36	38	8	24	0	0	0	0				
Sept/Oct	1	5	.167	8.20	6	6	0	26.1	41	13	17	0	0	0	0				
Day	3	3	.500	6.19	7	7	0	36.1	46	15	25	0	0	0	0				
Night	6	9	.400	5.49	19	19	0	96.2	122	27	64	0	0	0	0				
vs. Left	—	—	—	—	—	—	—	—	84	28	43	—	—	—	—				
vs. Right	—	—	—	—	—	—	—	—	84	14	46	—	—	—	—				
On Grass	3	3	.500	6.12	8	8	0	42.2	55	17	23	0	0	0	0				
On Turf	6	9	.400	5.48	18	18	0	90.1	113	25	66	0	0	0	0				
Home	4	6	.400	5.21	13	13	0	65.2	75	18	48	0	0	0	0				
Road	5	6	.455	6.15	13	13	0	67.1	93	24	41	0	0	0	0				
Division Rivals																			
vs. CAL	1	2	.333	14.90	3	3	0	9.2	25	3	5	0	0	0	0				
vs. CHI	1	1	.500	11.42	2	2	0	8.2	15	7	4	0	0	0	0				
vs. MIN	1	3	.250	5.48	4	4	0	23	26	6	11	0	0	0	0				
vs. OAK	1	1	.500	3.86	2	2	0	9.1	11	3	8	0	0	0	0				
vs. SEA	0	1	.000	10.80	1	1	0	3.1	9	2	3	0	0	0	0				
vs. TEX	1	0	1.000	3.24	3	3	0	16.2	17	1	11	0	0	0	0				

Year	Team		W	L	%	ERA	G	GS	CG	IP	H	BB	SO	ShO	W	L	SV	AB	H	HR	BA	PO	A	E	DP	TC/G	FA
1984	KC	A	10	14	.417	4.05	29	29	4	189	172	75	111	2	0	0	0	0	0	0	—	19	31	2	1	1.8	.962
1985			14	10	.583	4.06	29	28	0	177.1	160	77	99	0	1	0	0	0	0	0	—	23	26	0	4	1.7	1.000
1986			12	6	.667	3.64	35	24	3	180.2	155	84	118	2	1	1	0	0	0	0	—	17	32	0	3	1.4	1.000
1987			13	18	.419	3.98	35	35	10	241.2	231	120	166	2	0	0	0	0	0	0	—	32	40	2	7	2.1	.973
1988			20	8	.714	2.70	35	35	8	269.2	237	83	183	4	0	0	0	0	0	0	—	29	44	1	3	2.1	.986
1989			15	11	.577	3.04	36	**36**	8	255	252	63	173	2	0	0	0	0	0	0	—	18	49	5	0	2.0	.931
1990			4	7	.364	4.50	16	16	2	94	101	38	71	0	0	0	0	0	0	0	—	9	10	1	3	1.3	.950
1991			9	12	.429	5.68	26	26	0	133	168	42	89	0	0	0	0	0	0	0	—	8	29	3	5	1.5	.925
8 yrs.			97	86	.530	3.76	241	229	35	1540.1	1476	582	1010	12	2	1	0	0	0	0	—	155	261	14	26	1.8	.967

LEAGUE CHAMPIONSHIP SERIES

Year	Team		W	L	%	ERA	G	GS	CG	IP	H	BB	SO	ShO	W	L	SV	AB	H	HR	BA	PO	A	E	DP	TC/G	FA
1985	KC	A	1	0	1.000	3.24	2	1	0	8.1	4	4	4	0	0	0	0	0	0	0	—	0	1	0	0	0.5	1.000

PITCHER REGISTER

Year	Team	W	L	%	ERA	G	GS	CG	IP	H	BB	SO	ShO	RELIEF PITCHING W	L	SV	BATTING AB	H	HR	BA	PO	A	E	DP	TC/G	FA

Lee Guetterman
GUETTERMAN, ARTHUR LEE
B. Nov. 22, 1958, Chattanooga, Tenn.
BL TL 6′ 8″ 225 lbs.

	W	L	%	ERA	G	GS	CG	IP	H	BB	SO	ShO	W	L	SV
April	0	0	—	1.35	6	0	0	6.2	6	1	3	0	0	0	0
May	1	0	1.000	1.42	12	0	0	12.2	9	3	2	0	1	0	3
June	1	1	.500	3.60	10	0	0	10	12	2	2	0	1	1	0
July	0	0	—	2.60	9	0	0	17.1	15	3	4	0	0	0	2
Aug	0	1	.000	8.27	13	0	0	16.1	24	9	7	0	0	1	1
Sept/Oct	1	2	.333	3.24	14	0	0	25	25	7	17	0	1	2	0
Day	2	1	.667	3.55	20	0	0	25.1	26	6	6	0	2	1	2
Night	1	3	.250	3.73	44	0	0	62.2	65	19	29	0	1	3	4
vs. Left	—	—	—	—	—	—	—	—	17	7	13	—	—	—	—
vs. Right	—	—	—	—	—	—	—	—	74	18	22	—	—	—	—
On Grass	3	2	.600	3.57	55	0	0	75.2	78	22	34	0	3	2	6
On Turf	0	2	.000	4.38	9	0	0	12.1	13	3	1	0	0	2	0
Home	2	1	.667	4.18	33	0	0	51.2	55	17	25	0	2	1	4
Road	1	3	.250	2.97	31	0	0	36.1	36	8	10	0	1	3	2
Division Rivals															
vs. BAL	0	0	—	1.23	6	0	0	7.1	8	1	6	0	0	0	2
vs. BOS	1	1	.500	4.26	9	0	0	6.1	8	3	4	0	1	1	0
vs. CLE	0	0	—	3.38	3	0	0	8	10	0	6	0	0	0	1
vs. DET	0	0	—	8.10	6	0	0	6.2	10	6	0	0	0	0	1
vs. MIL	1	0	1.000	0.84	6	0	0	10.2	6	3	4	0	1	0	0
vs. TOR	1	1	.500	3.00	5	0	0	6	4	1	4	0	1	1	0

Year	Team	W	L	%	ERA	G	GS	CG	IP	H	BB	SO	ShO	W	L	SV	AB	H	HR	BA	PO	A	E	DP	TC/G	FA
1984	SEA A	0	0	—	4.15	3	0	0	4.1	9	2	2	0	0	0	0	0	0	0	—	0	1	0	1	0.3	1.000
1986		0	4	.000	7.34	41	4	1	76	108	30	38	0	0	2	0	0	0	0	—	5	12	2	1	0.5	.895
1987		11	4	.733	3.81	25	17	2	113.1	117	35	42	1	1	0	0	0	0	0	—	7	22	0	3	1.2	1.000
1988	NY A	1	2	.333	4.65	20	2	0	40.2	49	14	15	0	1	0	0	0	0	0	—	2	5	0	0	0.4	1.000
1989		5	5	.500	2.45	70	0	0	103	98	26	51	0	5	5	13	0	0	0	—	6	24	3	4	0.5	.909
1990		11	7	.611	3.39	64	0	0	93	80	26	48	0	11	7	2	0	0	0	—	6	19	2	1	0.4	.926
1991		3	4	.429	3.68	64	0	0	88	91	25	35	0	3	4	6	0	0	0	—	9	13	3	1	0.4	.880
7 yrs.		31	26	.544	4.03	287	23	3	518.1	552	158	231	1	21	18	21	0	0	0	—	35	96	10	11	0.5	.929

Bill Gullickson
GULLICKSON, WILLIAM LEE
B. Feb. 20, 1959, Marshall, Minn.
BR TR 6′ 3″ 200 lbs.

	W	L	%	ERA	G	GS	CG	IP	H	BB	SO	ShO	W	L	SV
April	2	0	1.000	4.37	4	4	0	22.2	27	7	8	0	0	0	0
May	3	2	.600	5.00	6	6	0	36	50	5	11	0	0	0	0
June	4	2	.667	2.91	6	6	2	46.1	48	9	16	0	0	0	0
July	4	2	.667	5.40	6	6	0	35	48	8	15	0	0	0	0
Aug	3	1	.750	2.75	6	6	1	36	35	7	17	0	0	0	0
Sept/Oct	4	2	.667	3.58	7	7	1	50.1	48	8	24	0	0	0	0
Day	5	5	.500	5.30	15	15	2	88.1	115	21	32	0	0	0	0
Night	15	4	.789	3.00	20	20	2	138	141	23	59	0	0	0	0
vs. Left	—	—	—	—	—	—	—	—	134	25	35	—	—	—	—
vs. Right	—	—	—	—	—	—	—	—	122	19	56	—	—	—	—
On Grass	15	7	.682	4.09	27	27	4	174	191	40	70	0	0	0	0
On Turf	5	2	.714	3.27	8	8	0	52.1	65	4	21	0	0	0	0
Home	10	4	.714	4.95	17	17	1	103.2	123	23	47	0	0	0	0
Road	10	5	.667	3.01	18	18	3	122.2	133	21	44	0	0	0	0
Division Rivals															
vs. BAL	2	0	1.000	3.18	3	3	0	22.2	24	3	11	0	0	0	0
vs. BOS	2	0	1.000	6.08	2	2	0	13.1	16	5	5	0	0	0	0
vs. CLE	1	2	.333	1.96	3	3	2	23	21	3	9	0	0	0	0
vs. MIL	1	1	.500	3.86	3	3	0	18.2	20	6	10	0	0	0	0
vs. NY	1	0	1.000	6.10	2	2	0	10.1	15	5	2	0	0	0	0
vs. TOR	2	0	1.000	2.25	4	4	0	20	18	3	9	0	0	0	0

Year	Team	W	L	%	ERA	G	GS	CG	IP	H	BB	SO	ShO	W	L	SV	AB	H	HR	BA	PO	A	E	DP	TC/G	FA
1979	MON N	0	0	—	0.00	1	0	0	1	2	0	0	0	0	0	0	0	0	0	—	0	0	0	0	0.0	—
1980		10	5	.667	3.00	24	19	5	141	127	50	120	2	0	0	0	40	7	0	.175	4	21	1	2	1.1	.962
1981		7	9	.438	2.81	22	22	3	157	142	34	115	2	0	0	0	46	7	0	.152	12	16	1	2	1.3	.966
1982		12	14	.462	3.57	34	34	6	236.2	231	61	155	0	0	0	0	82	10	0	.122	16	18	3	1	1.1	.919
1983		17	12	.586	3.75	34	34	10	242.1	230	59	120	1	0	0	0	82	11	1	.134	27	25	1	3	1.6	.981

PITCHER REGISTER

Year	Team		W	L	%	ERA	G	GS	CG	IP	H	BB	SO	ShO	RELIEF PITCHING W	L	SV	BATTING AB	H	HR	BA	PO	A	E	DP	TC/G	FA

Bill Gullickson *Continued*

Year	Team		W	L	%	ERA	G	GS	CG	IP	H	BB	SO	ShO	W	L	SV	AB	H	HR	BA	PO	A	E	DP	TC/G	FA
1984			12	9	.571	3.61	32	32	3	226.2	230	37	100	0	0	0	0	73	8	0	.110	14	19	4	2	1.2	.892
1985			14	12	.538	3.52	29	29	4	181.1	187	47	68	1	0	0	0	64	12	0	.188	10	26	1	0	1.3	.973
1986	CIN	N	15	12	.556	3.38	37	37	6	244.2	245	60	121	2	0	0	0	79	6	0	.076	14	32	3	3	1.3	.939
1987	2 teams		CIN N (27G 10-11)				NY A (8G 4-2)																				
"	total		14	13	.519	4.86	35	35	4	213	218	50	117	1	0	0	0	53	11	1	.208	16	21	0	0	1.1	1.000
1990	HOU	N	10	14	.417	3.82	32	32	2	193.1	221	61	73	1	0	0	0	57	9	1	.158	11	13	0	1	0.8	1.000
1991	DET	A	**20**	9	.690	3.90	35	**35**	4	226.1	256	44	91	0	0	0	0	0	0	0	—	14	21	0	0	1.0	1.000
11 yrs.			131	109	.546	3.66	315	309	47	2063.1	2089	503	1080	10	0	1	0	576	81	3	.141	138	212	14	14	1.2	.962

DIVISIONAL PLAYOFF SERIES

| 1981 | MON | N | 1 | 0 | 1.000 | 1.17 | 1 | 1 | 0 | 7.2 | 6 | 1 | 3 | 0 | 0 | 0 | 0 | 3 | 0 | 0 | .000 | 0 | 0 | 0 | 0 | 0.0 | — |

LEAGUE CHAMPIONSHIP SERIES

| 1981 | MON | N | 0 | 2 | .000 | 2.51 | 2 | 2 | 0 | 14.1 | 12 | 6 | 12 | 0 | 0 | 0 | 0 | 3 | 0 | 0 | .000 | 0 | 2 | 0 | 0 | 1.0 | 1.000 |

Eric Gunderson

GUNDERSON, ERIC ANDREW
B. Mar. 29, 1966, Portland, Ore.
BR TL 6' 175 lbs.

Year	Team		W	L	%	ERA	G	GS	CG	IP	H	BB	SO	ShO	W	L	SV	AB	H	HR	BA	PO	A	E	DP	TC/G	FA
1990	SF	N	1	2	.333	5.49	7	4	0	19.2	24	11	14	0	0	0	0	6	0	0	.000	0	4	0	0	0.6	1.000
1991			0	0	—	5.40	2	0	0	3.1	6	1	2	0	0	0	1	0	0	0	—	0	1	0	0	0.5	1.000
2 yrs.			1	2	.333	5.48	9	4	0	23	30	12	16	0	0	0	1	6	0	0	.000	0	5	0	0	0.6	1.000

Mark Guthrie

GUTHRIE, MARK ANDREW
B. Sept. 22, 1965, Buffalo, N.Y.
BB TR 5' 11" 192 lbs.

RELIEF PITCHER

		W	L	%	ERA	G	GS	CG	IP	H	BB	SO	ShO	W	L	SV
April		0	2	.000	16.88	4	2	0	5.1	12	4	5	0	0	0	0
May		4	1	.800	2.32	5	5	0	31	28	14	23	0	0	0	0
June		1	1	.500	7.91	5	5	0	19.1	34	8	12	0	0	0	0
July		1	1	.500	3.18	9	0	0	17	19	4	14	0	1	1	1
Aug		0	0	—	3.48	8	0	0	10.1	10	5	5	0	0	0	1
Sept/Oct		1	0	1.000	1.20	10	0	0	15	13	6	13	0	1	0	0
Day		2	1	.667	2.08	13	2	0	30.1	26	14	18	0	0	1	1
Night		5	4	.556	5.32	28	10	0	67.2	90	27	54	0	2	0	1
vs. Left		—	—	—	—	—	—	—	—	29	7	14	—	—	—	—
vs. Right		—	—	—	—	—	—	—	—	87	34	58	—	—	—	—
On Grass		5	1	.833	3.18	16	4	0	39.2	44	18	23	0	2	1	1
On Turf		2	4	.333	5.09	25	8	0	58.1	72	23	49	0	0	0	1
Home		1	4	.200	6.25	20	7	0	44.2	60	17	40	0	0	0	1
Road		6	1	.857	2.70	21	5	0	53.1	56	24	32	0	2	1	1
Division Rivals																
vs. CAL		0	1	.000	14.73	3	1	0	3.2	8	1	3	0	0	0	0
vs. CHI		1	1	.500	1.04	4	0	0	8.2	7	4	3	0	1	1	0
vs. KC		1	1	.500	3.68	4	2	0	14.2	16	7	11	0	0	0	0
vs. OAK		0	1	.000	16.88	3	1	0	2.2	5	3	1	0	0	0	0
vs. SEA		0	0	—	1.93	4	0	0	4.2	4	2	5	0	0	0	1
vs. TEX		0	0	—	0.00	1	0	0	1	1	0	0	0	0	0	0

Year	Team		W	L	%	ERA	G	GS	CG	IP	H	BB	SO	ShO	W	L	SV	AB	H	HR	BA	PO	A	E	DP	TC/G	FA
1989	MIN	A	2	4	.333	4.55	13	8	0	57.1	66	21	38	0	0	0	0	0	0	0	—	2	8	0	0	0.8	1.000
1990			7	9	.438	3.79	24	21	3	144.2	154	39	101	1	1	0	0	0	0	0	—	5	23	1	0	1.2	.966
1991			7	5	.583	4.32	41	12	0	98	116	41	72	0	2	1	2	0	0	0	—	5	10	1	0	0.4	.938
3 yrs.			16	18	.471	4.11	78	41	3	300	336	101	211	1	3	1	2	0	0	0	—	12	41	2	0	0.7	.964

LEAGUE CHAMPIONSHIP SERIES

| 1991 | MIN | A | 1 | 0 | 1.000 | 0.00 | 2 | 0 | 0 | 2.2 | 0 | 0 | 0 | 0 | 1 | 0 | 0 | 0 | 0 | 0 | — | 0 | 1 | 0 | 0 | 0.5 | 1.000 |

WORLD SERIES

| 1991 | MIN | A | 0 | 1 | .000 | 2.25 | 4 | 0 | 0 | 4 | 3 | 4 | 3 | 0 | 0 | 1 | 0 | 0 | 0 | 0 | — | 0 | 1 | 0 | 0 | 0.3 | 1.000 |

Johnny Guzman

GUZMAN, DIONINI RAMON
Born Dionini Ramon Guzman y Estrella.
B. Jan. 21, 1971, Hatillo Palma, Dominican Republic
BR TL 5' 10" 155 lbs.

Year	Team		W	L	%	ERA	G	GS	CG	IP	H	BB	SO	ShO	W	L	SV	AB	H	HR	BA	PO	A	E	DP	TC/G	FA
1991	OAK	A	1	0	1.000	9.00	5	0	0	5	11	2	3	0	1	0	0	0	0	0	—	0	1	0	1	0.2	1.000

PITCHER REGISTER

Year	Team	W	L	%	ERA	G	GS	CG	IP	H	BB	SO	ShO	RELIEF PITCHING W	L	SV	BATTING AB	H	HR	BA	PO	A	E	DP	TC/G	FA

Jose Guzman

GUZMAN, JOSE ALBERTO
Born Jose Alberto Guzman y Mirabel.
B. Apr. 9, 1963, Santa Isabel, Puerto Rico
BR TR 6' 2" 172 lbs.

	W	L	%	ERA	G	GS	CG	IP	H	BB	SO	ShO	W	L	SV
April	—	—	—	—	0	—	—	0	0	0	0	0	0	0	0
May	0	1	.000	3.97	2	2	0	11.1	13	10	3	0	0	0	0
June	3	2	.600	2.91	6	6	2	43.1	37	18	35	0	0	0	0
July	3	1	.750	2.08	5	5	0	34.2	29	21	28	0	0	0	0
Aug	3	1	.750	4.13	6	6	0	32.2	39	14	26	0	0	0	0
Sept/Oct	4	2	.667	3.02	6	6	3	47.2	34	21	33	1	0	0	0
Day	2	0	1.000	2.23	5	5	1	32.1	21	26	24	0	0	0	0
Night	11	7	.611	3.28	20	20	4	137.1	131	58	101	1	0	0	0
vs. Left	—	—	—	—	—	—	—	—	69	47	52	—	—	—	—
vs. Right	—	—	—	—	—	—	—	—	83	37	73	—	—	—	—
On Grass	13	4	.765	2.63	20	20	5	140.1	116	61	102	1	0	0	0
On Turf	0	3	.000	5.22	5	5	0	29.1	36	23	23	0	0	0	0
Home	5	3	.625	3.86	9	9	2	60.2	57	27	42	0	0	0	0
Road	8	4	.667	2.64	16	16	3	109	95	57	83	1	0	0	0
Division Rivals															
vs. CAL	3	0	1.000	0.78	3	3	1	23	11	12	19	0	0	0	0
vs. CHI	—	—	—	—	0	—	—	0	0	0	0	—	0	0	0
vs. KC	0	2	.000	5.00	3	3	0	18	21	9	19	0	0	0	0
vs. MIN	1	2	.333	5.63	4	4	0	24	27	19	11	0	0	0	0
vs. OAK	2	0	1.000	0.50	2	2	2	18	9	5	13	1	0	0	0
vs. SEA	0	1	.000	4.00	1	1	1	9	7	3	7	0	0	0	0

Year	Team	W	L	%	ERA	G	GS	CG	IP	H	BB	SO	ShO	W	L	SV	AB	H	HR	BA	PO	A	E	DP	TC/G	FA
1985	TEX A	3	2	.600	2.76	5	5	0	32.2	27	14	24	0	0	0	0	0	0	0	—	0	5	0	0	1.0	1.000
1986		9	15	.375	4.54	29	29	2	172.1	199	60	87	0	0	0	0	0	0	0	—	13	24	0	0	1.3	1.000
1987		14	14	.500	4.67	37	30	6	208.1	196	82	143	0	3	0	0	0	0	0	—	14	34	2	3	1.4	.960
1988		11	13	.458	3.70	30	30	6	206.2	180	82	157	2	0	0	0	0	0	0	—	15	24	3	1	1.4	.929
1991		13	7	.650	3.08	25	25	5	169.2	152	84	125	1	0	0	0	0	0	0	—	12	32	1	2	1.8	.978
5 yrs.		50	51	.495	3.97	126	119	19	789.2	754	322	536	3	3	0	0	0	0	0	—	54	119	6	6	1.4	.966

Juan Guzman

GUZMAN, JUAN ANDRES
Born Juan Andres Guzman y Correa.
B. Oct. 28, 1966, Santo Domingo, Dominican Republic
BR TR 5' 11" 190 lbs.

	W	L	%	ERA	G	GS	CG	IP	H	BB	SO	ShO	W	L	SV
April	—	—	—	—	0	—	—	0	0	0	0	—	0	0	0
May	—	—	—	—	0	—	—	0	0	0	0	—	0	0	0
June	2	2	.500	3.09	4	4	0	23.1	16	10	18	0	0	0	0
July	1	0	1.000	2.76	5	5	0	29.1	20	15	24	0	0	0	0
Aug	2	0	1.000	3.89	6	6	1	34.2	27	20	35	0	0	0	0
Sept/Oct	5	1	.833	2.45	8	8	0	51.1	35	21	46	0	0	0	0
Day	3	1	.750	2.09	7	7	0	43	26	22	36	0	0	0	0
Night	7	2	.778	3.39	16	16	1	95.2	72	44	87	0	0	0	0
vs. Left	—	—	—	—	—	—	—	—	46	36	49	—	—	—	—
vs. Right	—	—	—	—	—	—	—	—	52	30	74	—	—	—	—
On Grass	3	1	.750	2.38	7	7	1	45.1	30	20	41	0	0	0	0
On Turf	7	2	.778	3.28	16	16	0	93.1	68	46	82	0	0	0	0
Home	5	1	.833	3.82	11	11	0	63.2	47	34	62	0	0	0	0
Road	5	2	.714	2.28	12	12	1	75	51	32	61	0	0	0	0
Division Rivals															
vs. BAL	1	2	.333	4.58	3	3	1	17.2	15	6	14	0	0	0	0
vs. BOS	0	1	—	9.00	1	1	0	5	8	3	5	0	0	0	0
vs. CLE	2	0	1.000	1.59	3	3	0	17	8	12	16	0	0	0	0
vs. DET	1	0	1.000	2.31	2	2	0	11.2	5	9	15	0	0	0	0
vs. MIL	0	0	—	4.50	1	1	0	6	6	2	3	0	0	0	0
vs. NY	0	0	—	1.50	1	1	0	6	5	1	5	0	0	0	0

Year	Team	W	L	%	ERA	G	GS	CG	IP	H	BB	SO	ShO	W	L	SV	AB	H	HR	BA	PO	A	E	DP	TC/G	FA
1991	TOR A	10	3	.769	2.99	23	23	1	138.2	98	66	123	0	0	0	0	0	0	0	—	5	9	3	1	0.7	.824

LEAGUE CHAMPIONSHIP SERIES

Year	Team	W	L	%	ERA	G	GS	CG	IP	H	BB	SO	ShO	W	L	SV	AB	H	HR	BA	PO	A	E	DP	TC/G	FA
1991	TOR A	1	0	1.000	3.18	1	1	0	5.2	4	4	2	0	0	0	0	0	0	0	—	0	0	0	0	0.0	—

PITCHER REGISTER

Year	Team	W	L	%	ERA	G	GS	CG	IP	H	BB	SO	ShO	RELIEF PITCHING W	L	SV	BATTING AB	H	HR	BA	PO	A	E	DP	TC/G	FA

Dave Haas
HAAS, ROBERT DAVID
B. Oct. 19, 1965, Independence, Mo.
BR TR 6' 1" 200 lbs.

Year	Team	W	L	%	ERA	G	GS	CG	IP	H	BB	SO	ShO	W	L	SV	AB	H	HR	BA	PO	A	E	DP	TC/G	FA
1991	DET A	1	0	1.000	6.75	11	0	0	10.2	8	12	6	0	1	0	0	0	0	0	—	0	0	0	0	0.0	—

John Habyan
HABYAN, JOHN GABRIEL
B. Jan. 29, 1963, Bay Shore, N. Y.
BR TR 6' 1" 195 lbs.

Split	W	L	%	ERA	G	GS	CG	IP	H	BB	SO	ShO	W	L	SV	AB	H	HR	BA	PO	A	E	DP	TC/G	FA
April	0	1	.000	1.80	5	0	0	10	11	2	4	0	0	1	0										
May	2	0	1.000	2.16	11	0	0	16.2	10	5	13	0	2	0	1										
June	2	1	.667	3.75	13	0	0	12	11	1	10	0	2	1	0										
July	0	0	—	1.10	10	0	0	16.1	13	4	13	0	0	0	0										
Aug	0	0	—	2.50	15	0	0	18	15	5	18	0	0	0	0										
Sept/Oct	0	0	—	2.65	12	0	0	17	13	3	12	0	0	0	1										
Day	2	1	.667	3.44	15	0	0	18.1	19	5	20	0	2	1	1										
Night	2	1	.667	2.01	51	0	0	71.2	54	15	50	0	2	1	1										
vs. Left	—	—	—	—	—	—	—	—	31	6	16	—	—	—	—										
vs. Right	—	—	—	—	—	—	—	—	42	14	54	—	—	—	—										
On Grass	4	1	.800	1.84	55	0	0	73.1	53	19	54	0	4	1	2										
On Turf	0	1	.000	4.32	11	0	0	16.2	20	1	16	0	0	1	0										
Home	3	0	1.000	1.33	30	0	0	47.1	32	9	35	0	3	0	2										
Road	1	2	.333	3.38	36	0	0	42.2	41	11	35	0	1	2	0										
Division Rivals																									
vs. BAL	1	0	1.000	1.08	5	0	0	8.1	3	1	8	0	1	0	0										
vs. BOS	0	0	—	1.13	3	0	0	8	5	1	4	0	0	0	0										
vs. CLE	0	0	—	0.00	6	0	0	7.1	5	2	6	0	0	0	1										
vs. DET	0	1	.000	0.00	6	0	0	8.1	4	4	7	0	0	1	0										
vs. MIL	0	0	—	8.53	8	0	0	6.1	7	2	5	0	0	0	0										
vs. TOR	0	0	—	6.43	6	0	0	7	11	1	8	0	0	0	0										
1985	BAL A	1	0	1.000	0.00	2	0	0	2.2	3	0	2	0	1	0	0	0	0	0	—	1	0	0	0	0.5	1.000
1986		1	3	.250	4.44	6	5	0	26.1	24	18	14	0	0	0	0	0	0	0	—	1	3	0	0	0.7	1.000
1987		6	7	.462	4.80	27	13	0	116.1	110	40	64	0	4	0	1	0	0	0	—	15	17	0	2	1.2	1.000
1988		1	0	1.000	4.30	7	0	0	14.2	22	4	4	0	1	0	0	0	0	0	—	5	1	0	0	0.9	1.000
1990	NY A	0	0	—	2.08	6	0	0	8.2	10	2	4	0	0	0	0	0	0	0	—	2	0	0	0	0.3	1.000
1991		4	2	.667	2.30	66	0	0	90	73	20	70	0	4	2	2	0	0	0	—	6	12	0	0	0.3	1.000
6 yrs.		13	12	.520	3.72	114	18	0	258.2	242	84	158	0	10	2	3	0	0	0	—	30	33	0	2	0.6	1.000

RELIEF PITCHER charts: WINS, ERA, SAVES, RATIO (with AL AVG)

Jeff Hamilton
HAMILTON, JEFFREY ROBERT
B. Mar. 19, 1964, Flint, Mich.
BR TR 6' 3" 190 lbs.

Year	Team	W	L	%	ERA	G	GS	CG	IP	H	BB	SO	ShO	W	L	SV	AB	H	HR	BA	PO	A	E	DP	TC/G	FA
1989	LA N	0	1	.000	5.40	1	0	0	1.2	2	1	2	0	0	1	0	•				0	1	0	0	1.0	1.000

Atlee Hammaker
HAMMAKER, CHARLTON ATLEE
B. Jan. 24, 1958, Carmel, Calif.
BB TL 6' 3" 200 lbs.

Year	Team	W	L	%	ERA	G	GS	CG	IP	H	BB	SO	ShO	W	L	SV	AB	H	HR	BA	PO	A	E	DP	TC/G	FA
1981	KC A	1	3	.250	5.54	10	6	0	39	44	12	11	0	0	0	0	0	0	0	—	1	4	0	1	0.5	1.000
1982	SF N	12	8	.600	4.11	29	27	4	175	189	28	102	1	0	0	0	59	4	0	.068	5	35	1	0	1.4	.976
1983		10	9	.526	**2.25**	23	23	8	172.1	147	32	127	3	0	0	0	59	6	0	.102	3	31	3	2	1.6	.919
1984		2	0	1.000	2.18	6	6	0	33	32	9	24	0	0	0	0	11	2	0	.182	0	6	0	0	1.0	1.000
1985		5	12	.294	3.74	29	29	1	170.2	161	47	100	1	0	0	0	47	4	0	.085	6	32	1	1	1.3	.974
1987		10	10	.500	3.58	31	27	2	168.1	159	57	107	0	1	0	0	57	7	0	.123	7	23	0	1	1.0	1.000
1988		9	9	.500	3.73	43	17	3	144.2	136	41	65	1	4	2	5	33	4	0	.121	7	33	0	3	0.9	1.000
1989		6	6	.500	3.76	28	9	0	76.2	78	23	30	0	3	3	0	19	7	0	.368	3	9	1	0	0.5	.923
1990	2 teams	SF N (25G 4 – 5)			SD N (9G 0 – 4)																					
"	total	4	9	.308	4.36	34	7	0	86.2	85	27	44	0	1	6	0	19	2	0	.105	6	7	0	2	0.4	1.000
1991	SD N	0	1	.000	5.79	1	1	0	4.2	8	3	1	0	0	0	0	1	0	0	.000	1	0	0	0	1.0	1.000
10 yrs.		59	67	.468	3.61	234	152	18	1071	1039	279	611	6	9	11	5	305	36	0	.118	38	181	6	10	1.0	.973

LEAGUE CHAMPIONSHIP SERIES

Year	Team	W	L	%	ERA	G	GS	CG	IP	H	BB	SO	ShO	W	L	SV	AB	H	HR	BA	PO	A	E	DP	TC/G	FA
1987	SF N	0	1	.000	7.88	2	2	0	8	12	0	7	0	0	0	0	3	0	0	.000	0	1	0	0	0.5	1.000
1989		0	0	—	0.00	1	0	0	1	1	0	0	0	0	0	0	0	0	0	—	0	0	0	0	0.0	—
2 yrs.		0	1	.000	7.00	3	2	0	9	13	0	7	0	0	0	0	3	0	0	.000	0	1	0	0	0.3	1.000

PITCHER REGISTER

Year	Team		W	L	%	ERA	G	GS	CG	IP	H	BB	SO	ShO	RELIEF PITCHING W	L	SV	BATTING AB	H	HR	BA	PO	A	E	DP	TC/G	FA

Atlee Hammaker *Continued*

WORLD SERIES
| 1989 | SF | N | 0 | 0 | — | 15.43 | 2 | 0 | 0 | 2.1 | 8 | 0 | 2 | 0 | 0 | 0 | 0 | 0 | 0 | 0 | — | 0 | 1 | 0 | 0 | 0.5 | 1.000 |

Chris Hammond

HAMMOND, CHRISTOPHER ANDREW
B. Jan. 21, 1966, Atlanta, Ga.
Brother of Steve Hammond.
BL TL 6' 1" 190 lbs.

Split	W	L	%	ERA	G	GS	CG	IP	H	BB	SO	ShO	W	L	SV	AB	H	HR	BA	PO	A	E	DP	TC/G	FA
April	3	0	1.000	1.64	4	3	0	22	18	7	9	0	0	0	0										
May	0	3	.000	6.43	4	4	0	21	20	10	11	0	0	0	0										
June	3	2	.600	4.66	6	6	0	29	27	20	14	0	0	0	0										
July	1	2	.333	3.86	5	5	0	25.2	27	11	15	0	0	0	0										
Aug	—	—	—	—	0	—	—	0	0	0	0	—	0	0	0										
Sept/Oct	0	0	—	0.00	1	0	0	2	0	0	1	0	0	0	0										
Day	2	1	.667	3.13	5	3	0	23	17	7	14	0	0	0	0										
Night	5	6	.455	4.34	15	15	0	76.2	75	41	36	0	0	0	0										
vs. Left	—	—	—	—	—	—	—	—	18	13	14	—	—	—	—										
vs. Right	—	—	—	—	—	—	—	—	74	35	36	—	—	—	—										
On Grass	1	1	.500	4.20	3	3	0	15	15	5	7	0	0	0	0										
On Turf	6	6	.500	4.04	17	15	0	84.2	77	43	43	0	0	0	0										
Home	3	3	.500	4.73	10	8	0	45.2	46	26	26	0	0	0	0										
Road	4	4	.500	3.50	10	10	0	54	46	22	24	0	0	0	0										
Division Rivals																									
vs. ATL	0	0	—	4.50	1	0	0	2	2	2	1	0	0	0	0										
vs. HOU	3	0	1.000	1.89	3	3	0	19	12	4	12	0	0	0	0										
vs. LA	0	1	.000	15.75	1	1	0	4	7	2	2	0	0	0	0										
vs. SD	2	0	1.000	1.46	2	2	0	12.1	9	5	5	0	0	0	0										
vs. SF	0	1	.000	4.50	1	1	0	6	4	2	4	0	0	0	0										
1990 CIN N	0	2	.000	6.35	3	3	0	11.1	13	12	4	0	0	0	0	3	0	0	.000	0	3	2	0	1.7	.600
1991	7	7	.500	4.06	20	18	0	99.2	92	48	50	0	0	0	0	34	12	0	.353	6	18	2	1	1.3	.923
2 yrs.	7	9	.438	4.30	23	21	0	111	105	60	54	0	0	0	0	37	12	0	.324	6	21	4	1	1.3	.871

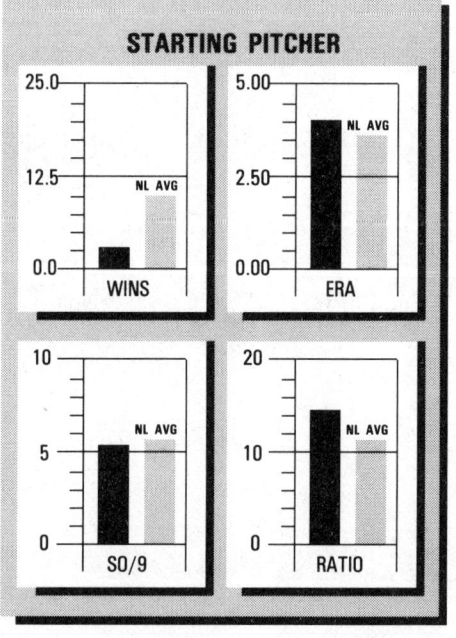

Chris Haney

HANEY, CHRISTOPHER DEANE
Son of Larry Haney.
B. Nov. 16, 1968, Baltimore, Md.
BL TL 6' 3" 185 lbs.

Split	W	L	%	ERA	G	GS	CG	IP	H	BB	SO	ShO	W	L	SV	AB	H	HR	BA	PO	A	E	DP	TC/G	FA
April	—	—	—	—	0	—	—	0	0	0	0	—	0	0	0										
May	—	—	—	—	0	—	—	0	0	0	0	—	0	0	0										
June	0	2	.000	5.40	2	2	0	10	10	4	8	0	0	0	0										
July	1	2	.333	3.31	3	3	0	16.1	22	7	7	0	0	0	0										
Aug	1	0	1.000	3.62	6	6	0	32.1	30	21	20	0	0	0	0										
Sept/Oct	1	3	.250	4.50	5	5	0	26	32	11	16	0	0	0	0										
Day	0	0	—	1.69	2	2	0	10.2	9	6	5	0	0	0	0										
Night	3	7	.300	4.38	14	14	0	74	85	37	46	0	0	0	0										
vs. Left	—	—	—	—	—	—	—	—	11	14	12	—	—	—	—										
vs. Right	—	—	—	—	—	—	—	—	83	29	39	—	—	—	—										
On Grass	0	2	.000	6.35	4	4	0	17	26	13	8	0	0	0	0										
On Turf	3	5	.375	3.46	12	12	0	67.2	68	30	43	0	0	0	0										
Home	3	2	.600	2.42	7	7	0	44.2	40	16	27	0	0	0	0										
Road	0	5	.000	5.85	9	9	0	40	54	27	24	0	0	0	0										
Division Rivals																									
vs. CHI	1	0	1.000	3.72	2	2	0	9.2	12	5	5	0	0	0	0										
vs. NY	0	2	.000	4.91	2	2	0	11	14	6	4	0	0	0	0										
vs. PHI	0	0	—	1.59	3	3	0	17	15	10	11	0	0	0	0										
vs. PIT	0	1	.000	3.00	1	1	0	6	7	2	6	0	0	0	0										
vs. STL	0	2	.000	7.00	2	2	0	9	13	4	7	0	0	0	0										
1991 MON N	3	7	.300	4.04	16	16	0	84.2	94	43	51	0	0	0	0	27	2	0	.074	6	18	2	1	1.6	.923

PITCHER REGISTER

Year	Team	W	L	%	ERA	G	GS	CG	IP	H	BB	SO	ShO	RELIEF PITCHING W	L	SV	BATTING AB	H	HR	BA	PO	A	E	DP	TC/G	FA

Erik Hanson

HANSON, ERIK BRIAN
B. May 18, 1965, Kinnelon, N. J.
BR TR 6' 6" 210 lbs.

		W	L	%	ERA	G	GS	CG	IP	H	BB	SO	ShO	W	L	SV	AB	H	HR	BA	PO	A	E	DP	TC/G	FA
April		2	1	.667	3.28	5	5	1	35.2	33	16	30	0	0	0	0										
May		1	1	.500	5.52	3	3	0	14.2	22	4	15	0	0	0	0										
June		1	1	.500	2.63	2	2	0	13.2	11	4	9	0	0	0	0										
July		2	2	.500	4.06	6	6	1	37.2	44	5	29	1	0	0	0										
Aug		1	2	.333	4.28	6	6	0	40	43	14	30	0	0	0	0										
Sept/Oct		1	1	.500	3.27	5	5	0	33	29	13	30	0	0	0	0										
Day		1	3	.250	4.47	7	7	1	44.1	43	16	31	1	0	0	0										
Night		7	5	.583	3.59	20	20	1	130.1	139	40	112	0	0	0	0										
vs. Left		—	—	—	—	—	—	—	—	85	18	84	—	—	—	—										
vs. Right		—	—	—	—	—	—	—	—	97	38	59	—	—	—	—										
On Grass		3	2	.600	2.97	10	10	1	66.2	61	29	53	1	0	0	0										
On Turf		5	6	.455	4.33	17	17	1	108	121	27	90	0	0	0	0										
Home		4	5	.444	4.25	14	14	1	89	100	19	80	0	0	0	0										
Road		4	3	.571	3.36	13	13	1	85.2	82	37	63	1	0	0	0										
Division Rivals																										
vs. CAL		0	1	.000	2.93	2	2	0	15.1	11	7	13	0	0	0	0										
vs. CHI		0	2	.000	3.86	3	3	0	21	17	8	15	0	0	0	0										
vs. KC		0	1	.000	10.80	1	1	0	3.1	9	1	2	0	0	0	0										
vs. MIN		1	1	.500	3.32	3	3	0	19	23	6	8	0	0	0	0										
vs. OAK		1	0	1.000	5.49	3	3	1	19.2	21	9	22	0	0	0	0										
vs. TEX		0	0	—	3.00	1	1	0	6	7	1	6	0	0	0	0										
1988	SEA A	2	3	.400	3.24	6	6	0	41.2	35	12	36	0	0	0	0	0	0	0	—	0	4	0	1	0.7	1.000
1989		9	5	.643	3.18	17	17	1	113.1	103	32	75	0	0	0	0	0	0	0	—	8	16	0	0	1.4	1.000
1990		18	9	.667	3.24	33	33	5	236	205	68	211	1	0	0	0	0	0	0	—	30	20	4	0	1.6	.926
1991		8	8	.500	3.81	27	27	2	174.2	182	56	143	1	0	0	0	0	0	0	—	14	16	1	0	1.1	.968
4 yrs.		37	25	.597	3.40	83	83	8	565.2	525	168	465	2	0	0	0	0	0	0	—	52	56	5	1	1.4	.956

Mike Harkey

HARKEY, MICHAEL ANTHONY
B. Oct. 25, 1966, San Diego, Calif.
BR TR 6' 5" 220 lbs.

Year	Team	W	L	%	ERA	G	GS	CG	IP	H	BB	SO	ShO	W	L	SV	AB	H	HR	BA	PO	A	E	DP	TC/G	FA
1988	CHI N	0	3	.000	2.60	5	5	0	34.2	33	15	18	0	0	0	0	11	1	0	.091	2	3	2	0	1.4	.714
1990		12	6	.667	3.26	27	27	2	173.2	153	59	94	1	0	0	0	56	14	0	.250	19	16	1	0	1.3	.972
1991		0	2	.000	5.30	4	4	0	18.2	21	6	15	0	0	0	0	5	2	0	.400	1	3	0	0	1.0	1.000
3 yrs.		12	11	.522	3.33	36	36	2	227	207	80	127	1	0	0	0	72	17	0	.236	22	22	3	0	1.3	.936

Pete Harnisch

HARNISCH, PETER THOMAS
B. Sept. 23, 1966, Commack, N. Y.
BB TR 6' 1" 195 lbs.

		W	L	%	ERA	G	GS	CG	IP	H	BB	SO	ShO	W	L	SV										
April		1	0	1.000	1.05	4	4	0	25.2	14	17	21	0	0	0	0										
May		2	3	.400	3.43	6	6	1	39.1	31	14	23	0	0	0	0										
June		2	3	.400	2.06	6	6	2	43.2	31	15	34	2	0	0	0										
July		1	1	.500	3.00	5	5	1	36	33	12	24	0	0	0	0										
Aug		2	1	.667	2.70	6	6	0	40	31	17	39	0	0	0	0										
Sept/Oct		4	1	.800	3.66	6	6	0	32	29	8	31	0	0	0	0										
Day		2	2	.500	4.40	7	7	1	43	44	18	34	1	0	0	0										
Night		10	7	.588	2.28	26	26	3	173.2	125	65	138	1	0	0	0										
vs. Left		—	—	—	—	—	—	—	—	107	55	88	—	—	—	—										
vs. Right		—	—	—	—	—	—	—	—	62	28	84	—	—	—	—										
On Grass		4	1	.800	1.92	9	9	0	56.1	43	27	41	0	0	0	0										
On Turf		8	8	.500	2.98	24	24	4	160.1	126	56	131	2	0	0	0										
Home		7	4	.636	2.41	17	17	3	119.1	87	34	102	2	0	0	0										
Road		5	5	.500	3.05	16	16	1	97.1	82	49	70	0	0	0	0										
Division Rivals																										
vs. ATL		2	1	.667	2.50	6	6	1	39.2	34	12	31	1	0	0	0										
vs. CIN		1	2	.333	3.20	3	3	1	19.2	14	15	12	0	0	0	0										
vs. LA		2	1	.667	3.94	3	3	0	16	17	6	9	0	0	0	0										
vs. SD		1	0	1.000	3.00	3	3	0	21	9	8	23	0	0	0	0										
vs. SF		2	0	1.000	1.80	3	3	0	20	12	7	18	0	0	0	0										

PITCHER REGISTER

Year	Team	W	L	%	ERA	G	GS	CG	IP	H	BB	SO	ShO	Relief W	Relief L	SV	AB	H	HR	BA	PO	A	E	DP	TC/G	FA

Pete Harnisch *Continued*

Year	Team	W	L	%	ERA	G	GS	CG	IP	H	BB	SO	ShO	W	L	SV	AB	H	HR	BA	PO	A	E	DP	TC/G	FA
1988	BAL A	0	2	.000	5.54	2	2	0	13	13	9	10	0	0	0	0	0	0	0	—	2	2	0	0	2.0	1.000
1989		5	9	.357	4.62	18	17	2	103.1	97	64	70	0	0	0	0	0	0	0	—	7	9	0	2	0.9	1.000
1990		11	11	.500	4.34	31	31	3	188.2	189	86	122	0	0	0	0	0	0	0	—	12	14	1	0	0.9	.963
1991	HOU N	12	9	.571	2.70	33	33	4	216.2	169	83	172	2	0	0	0	62	6	0	.097	7	18	1	0	0.8	.962
4 yrs.		28	31	.475	3.74	84	83	9	521.2	468	242	374	2	0	0	0	62	6	0	.097	28	43	2	2	0.9	.973

Gene Harris

HARRIS, TYRONE EUGENE
B. Dec. 5, 1964, Sebring, Fla.
BR TR 5' 11" 190 lbs.

Year	Team	W	L	%	ERA	G	GS	CG	IP	H	BB	SO	ShO	W	L	SV	AB	H	HR	BA	PO	A	E	DP	TC/G	FA
1989	2 teams	MON N (11G 1-1)				SEA A (10G 1-4)																				
"	total	2	5	.286	5.91	21	6	0	53.1	63	25	25	0	1	2	1	1	0	0	.000	2	13	0	0	0.7	1.000
1990	SEA A	1	2	.333	4.74	25	0	0	38	31	30	43	0	1	2	1	0	0	0	—	4	2	0	1	2	1.000
1991		0	0	—	4.05	8	0	0	13.1	15	10	6	0	0	0	1	0	0	0	—	0	2	0	0	0.3	1.000
3 yrs.		3	7	.300	5.25	54	6	0	104.2	109	65	74	0	2	4	2	1	0	0	.000	6	17	0	1	0.4	1.000

Greg Harris

HARRIS, GREG ALLEN
B. Nov. 2, 1955, Lynwood, Calif.
BB TR 6' 165 lbs.

Split	W	L	%	ERA	G	GS	CG	IP	H	BB	SO	ShO	W	L	SV
April	1	2	.333	3.63	4	4	0	22.1	23	11	13	0	0	0	0
May	0	3	.000	5.20	9	4	0	27.2	29	10	20	0	0	0	1
June	3	2	.600	4.24	6	5	0	34	28	14	29	0	0	0	0
July	3	4	.429	4.30	8	5	0	37.2	33	8	25	0	1	1	0
Aug	3	0	1.000	1.09	9	2	1	24.2	15	12	21	0	2	0	0
Sept/Oct	1	1	.500	4.05	17	1	0	26.2	29	14	19	0	1	1	1
Day	4	4	.500	4.45	17	7	1	54.2	53	32	48	0	1	1	0
Night	7	8	.467	3.57	36	14	0	118.1	104	37	79	0	3	1	2
vs. Left	—	—	—	—	—	—	—	—	74	34	58	—	—	—	—
vs. Right	—	—	—	—	—	—	—	—	83	35	69	—	—	—	—
On Grass	10	9	.526	3.95	46	15	0	132	127	55	100	0	4	2	2
On Turf	1	3	.250	3.51	7	6	1	41	30	14	27	0	0	0	0
Home	4	6	.400	3.80	25	7	0	71	66	31	55	0	3	1	2
Road	7	6	.538	3.88	28	14	1	102	91	38	72	0	1	1	0
Division Rivals															
vs. BAL	1	1	.500	3.63	6	1	0	17.1	15	13	14	0	0	1	1
vs. CLE	4	1	.800	2.41	7	2	0	18.2	17	11	16	0	3	0	0
vs. DET	0	0	—	9.00	3	0	0	3	4	1	3	0	0	0	0
vs. MIL	1	0	1.000	4.19	6	2	0	19.1	24	2	13	0	0	0	1
vs. NY	0	0	—	2.70	4	0	0	3.1	6	1	1	0	0	0	0
vs. TOR	1	1	.500	2.33	3	3	1	19.1	15	9	14	0	0	0	0

RELIEF PITCHER (charts: WINS, ERA, SAVES, RATIO — all with AL AVG comparison)

Year	Team	W	L	%	ERA	G	GS	CG	IP	H	BB	SO	ShO	W	L	SV	AB	H	HR	BA	PO	A	E	DP	TC/G	FA
1981	NY N	3	5	.375	4.43	16	14	0	69	65	28	54	0	0	0	1	22	4	0	.182	3	7	1	2	0.7	.909
1982	CIN N	2	6	.250	4.83	34	10	1	91.1	96	37	67	0	0	1	1	18	3	0	.167	8	13	2	2	0.7	.913
1983		0	0	—	27.00	1	0	0	1	2	3	1	0	0	0	0	1	0	0	.000	0	1	0	0	1.0	1.000
1984	2 teams	MON N (15G 0-1)				SD N (19G 2-1)																				
"	total	2	2	.500	2.48	34	1	0	54.1	38	25	45	0	1	2	3	9	3	0	.333	3	7	1	0	0.3	.909
1985	TEX A	5	4	.556	2.47	58	0	0	113	74	43	111	0	5	4	11	0	0	0	—	8	16	1	4	0.4	.960
1986		10	8	.556	2.83	73	0	0	111.1	103	42	95	0	10	8	20	0	0	0	—	7	18	2	2	0.4	.926
1987		5	10	.333	4.86	42	19	0	140.2	157	56	106	0	1	4	0	0	0	0	—	14	20	5	1	0.9	.872
1988	PHI N	4	6	.400	2.36	66	1	0	107	80	52	71	0	4	5	3	9	3	0	.333	5	17	3	0	0.4	.880
1989	2 teams	PHI N (44G 2-2)				BOS A (15G 2-2)																				
"	total	4	4	.500	3.31	59	0	0	103.1	85	58	76	0	4	4	1	6	1	0	.167	4	20	1	0	0.5	.889
1990	BOS A	13	9	.591	4.00	34	30	1	184.1	186	77	117	0	1	0	0	0	0	0	—	23	36	4	1	1.9	.937
1991		11	12	.478	3.85	53	21	1	173	157	69	127	0	4	2	2	0	0	0	—	11	32	2	0	1.0	.956
11 yrs.		59	66	.472	3.64	470	96	3	1148.1	1043	490	870	0	30	30	40	65	14	0	.215	86	187	24	12	0.6	.919

LEAGUE CHAMPIONSHIP SERIES

Year	Team	W	L	%	ERA	G	GS	CG	IP	H	BB	SO	ShO	W	L	SV	AB	H	HR	BA	PO	A	E	DP	TC/G	FA
1984	SD N	0	0	—	31.50	1	0	0	2	9	3	2	0	0	0	0	0	0	0	—	0	0	0	0	0.0	—
1990	BOS A	0	1	.000	27.00	1	0	0	0.1	3	0	0	0	0	1	0	0	0	0	—	0	0	0	0	0.0	—
2 yrs.		0	1	.000	30.86	2	0	0	2.1	12	3	2	0	0	1	0	0	0	0	—	0	0	0	0	0.0	—

WORLD SERIES

Year	Team	W	L	%	ERA	G	GS	CG	IP	H	BB	SO	ShO	W	L	SV	AB	H	HR	BA	PO	A	E	DP	TC/G	FA
1984	SD N	0	0	—	0.00	1	0	0	5.1	3	3	5	0	0	0	0	0	0	0	—	0	0	0	0	0.0	—

PITCHER REGISTER

Year	Team		W	L	%	ERA	G	GS	CG	IP	H	BB	SO	ShO	RELIEF PITCHING W	L	SV	BATTING AB	H	HR	BA	PO	A	E	DP	TC/G	FA

Greg Harris

HARRIS, GREGORY WADE
B. Dec. 1, 1963, Greensboro, N. C.
BR TR 6' 3" 190 lbs.

	W	L	%	ERA	G	GS	CG	IP	H	BB	SO	ShO	W	L	SV	AB	H	HR	BA	PO	A	E	DP	TC/G	FA
April	1	1	.500	2.30	3	3	0	15.2	12	1	9	0	0	0	0										
May	—	—	—	—	0	—	—	0	0	0	0	—	0	0	0										
June	—	—	—	—	0	—	—	0	0	0	0	—	0	0	0										
July	1	2	.333	3.19	5	5	0	31	32	9	21	0	0	0	0										
Aug	2	1	.667	1.67	6	6	2	43	35	9	32	2	0	0	0										
Sept/Oct	5	1	.833	2.08	6	6	1	43.1	37	8	33	0	0	0	0										
Day	4	0	1.000	1.64	5	5	1	38.1	24	7	26	1	0	0	0										
Night	5	5	.500	2.47	15	15	2	94.2	92	20	69	1	0	0	0										
vs. Left	—	—	—	—	—	—	—	—	78	16	63	—	—	—	—										
vs. Right	—	—	—	—	—	—	—	—	38	11	32	—	—	—	—										
On Grass	8	4	.667	2.15	16	16	3	109	93	20	73	2	0	0	0										
On Turf	1	1	.500	2.63	4	4	0	24	23	7	22	0	0	0	0										
Home	5	2	.714	1.85	10	10	2	73	60	11	48	2	0	0	0										
Road	4	3	.571	2.70	10	10	1	60	56	16	47	0	0	0	0										
Division Rivals																									
vs. ATL	1	1	.500	0.53	2	2	2	17	10	4	13	1	0	0	0										
vs. CIN	2	1	.667	2.05	3	3	1	22	16	2	18	1	0	0	0										
vs. HOU	1	0	1.000	0.61	2	2	0	14.2	12	5	11	0	0	0	0										
vs. LA	2	1	.667	4.50	4	4	0	26	34	5	13	0	0	0	0										
vs. SF	1	0	1.000	1.35	2	2	0	6.2	5	1	4	0	0	0	0										
1988 SD N	2	0	1.000	1.50	3	1	1	18	13	3	15	0	1	0	0	7	0	0	.000	0	2	0	1	0.7	1.000
1989	8	9	.471	2.60	56	8	0	135	106	52	106	0	5	5	6	19	1	0	.053	12	21	0	2	0.6	1.000
1990	8	8	.500	2.30	73	0	0	117.1	92	49	97	0	8	8	9	12	1	0	.083	4	17	0	1	0.3	1.000
1991	9	5	.643	2.23	20	20	3	133	116	27	95	2	0	0	0	36	3	0	.083	10	14	1	0	1.3	.960
4 yrs.	27	22	.551	2.34	152	29	4	403.1	327	131	313	2	14	13	15	74	5	0	.068	26	54	1	4	0.5	.988

Reggie Harris

HARRIS, REGINALD ALLEN
B. Aug. 12, 1968, Waynesboro, Va.
BR TR 6' 1" 180 lbs.

	W	L	%	ERA	G	GS	CG	IP	H	BB	SO	ShO	W	L	SV	AB	H	HR	BA	PO	A	E	DP	TC/G	FA
1990 OAK A	1	0	1.000	3.48	16	1	0	41.1	25	21	31	0	1	0	0	0	0	0	—	2	3	0	1	0.3	1.000
1991	0	0	—	12.00	2	0	0	3	5	3	2	0	0	0	0	0	0	0	—	0	0	0	0	0.0	—
2 yrs.	1	0	1.000	4.06	18	1	0	44.1	30	24	33	0	1	0	0	0	0	0	—	2	3	0	1	0.3	1.000

Mike Hartley

HARTLEY, MICHAEL EDWARD
B. Aug. 31, 1961, Hawthorne, Calif.
BR TR 6' 1" 192 lbs.

	W	L	%	ERA	G	GS	CG	IP	H	BB	SO	ShO	W	L	SV
April	0	0	—	2.08	10	0	0	13	9	5	13	0	0	0	0
May	0	0	—	3.63	11	0	0	17.1	16	11	12	0	0	0	0
June	2	0	1.000	5.63	10	0	0	16	17	12	12	0	2	0	1
July	0	0	—	6.75	9	0	0	10.2	11	9	7	0	0	0	0
Aug	2	1	.667	4.91	11	0	0	14.2	14	7	6	0	2	1	1
Sept/Oct	0	0	—	2.31	7	0	0	11.2	7	3	13	0	0	0	0
Day	1	0	1.000	4.95	15	0	0	20	17	13	15	0	1	0	0
Night	3	1	.750	3.98	43	0	0	63.1	57	34	48	0	3	1	2
vs. Left	—	—	—	—	—	—	—	—	38	25	24	—	—	—	—
vs. Right	—	—	—	—	—	—	—	—	36	22	39	—	—	—	—
On Grass	2	0	1.000	4.04	33	0	0	49	48	32	39	0	2	0	1
On Turf	2	1	.667	4.46	25	0	0	34.1	26	15	24	0	2	1	1
Home	3	0	1.000	4.19	31	0	0	43	44	23	37	0	3	0	0
Road	1	1	.500	4.24	27	0	0	40.1	30	24	26	0	1	1	2
Division Rivals															
vs. CHI	1	0	1.000	3.60	9	0	0	15	12	6	11	0	1	0	1
vs. MON	1	0	1.000	5.40	7	0	0	10	7	4	9	0	1	0	1
vs. NY	0	0	—	4.50	5	0	0	6	7	8	3	0	0	0	0
vs. PIT	0	0	—	3.68	6	0	0	7.1	7	6	4	0	0	0	0
vs. STL	0	0	—	4.50	2	0	0	2	1	1	1	0	0	0	0

PITCHER REGISTER — 324

Year	Team	W	L	%	ERA	G	GS	CG	IP	H	BB	SO	ShO	Relief W	Relief L	SV	AB	H	HR	BA	PO	A	E	DP	TC/G	FA

Mike Hartley Continued

Year	Team	W	L	%	ERA	G	GS	CG	IP	H	BB	SO	ShO	W	L	SV	AB	H	HR	BA	PO	A	E	DP	TC/G	FA
1989	LA N	0	1	.000	1.50	5	0	0	6	2	0	4	0	0	1	0	1	0	0	.000	2	0	0	0	0.4	1.000
1990		6	3	.667	2.95	32	6	1	79.1	58	30	76	1	3	1	1	13	1	0	.077	3	8	1	1	0.4	.917
1991	2 teams	LA N (40G 2-0)				PHI N (18G 2-1)																				
"	total	4	1	.800	4.21	58	0	0	83.1	74	47	63	0	4	1	2	5	0	0	.000	10	6	1	2	0.3	.941
3 yrs.		10	5	.667	3.52	95	6	1	168.2	134	77	143	1	7	3	3	19	1	0	.053	15	14	2	3	0.3	.935

Bryan Harvey

HARVEY, BRYAN STANLEY
B. June 2, 1963, Chattanooga, Tenn.
BR TR 6' 3" 235 lbs.

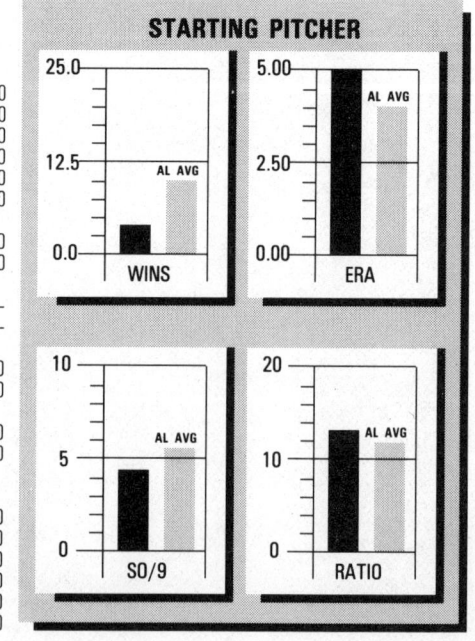
RELIEF PITCHER — WINS, ERA, SAVES, RATIO (vs AL AVG)

Split	W	L	%	ERA	G	GS	CG	IP	H	BB	SO	ShO	W	L	SV
April	1	0	1.000	0.87	8	0	0	10.1	6	1	8	0	1	0	4
May	0	1	.000	1.64	11	0	0	11	10	3	14	0	0	1	8
June	0	0	—	0.66	10	0	0	13.2	8	1	21	0	0	0	8
July	1	2	.333	4.09	10	0	0	11	6	2	15	0	1	2	5
Aug	0	0	—	0.64	11	0	0	14	7	1	20	0	0	0	8
Sept/Oct	0	1	.000	1.93	17	0	0	18.2	14	9	23	0	0	1	13
Day	0	0	—	0.79	18	0	0	22.2	11	6	31	0	0	0	11
Night	2	4	.333	1.93	49	0	0	56	40	11	70	0	2	4	35
vs. Left	—	—	—	—	—	—	—	—	30	11	62	—	—	—	—
vs. Right	—	—	—	—	—	—	—	—	21	6	39	—	—	—	—
On Grass	2	3	.400	1.99	54	0	0	63.1	38	16	78	0	2	3	36
On Turf	0	1	.000	0.00	13	0	0	15.1	13	1	23	0	0	1	10
Home	2	2	.500	2.06	32	0	0	39.1	28	11	47	0	2	2	22
Road	0	2	.000	1.14	35	0	0	39.1	23	6	54	0	0	2	24
Division Rivals															
vs. CHI	0	1	.000	2.16	8	0	0	8.1	9	4	10	0	0	1	6
vs. KC	0	0	—	0.00	5	0	0	5.1	4	2	11	0	0	0	4
vs. MIN	0	0	—	0.00	5	0	0	5.1	1	0	6	0	0	0	3
vs. OAK	0	0	—	0.00	3	0	0	4	1	0	5	0	0	0	0
vs. SEA	0	0	—	0.90	6	0	0	10	8	1	12	0	0	0	5
vs. TEX	0	0	—	3.12	6	0	0	8.2	8	5	11	0	0	0	4

Year	Team	W	L	%	ERA	G	GS	CG	IP	H	BB	SO	ShO	W	L	SV	AB	H	HR	BA	PO	A	E	DP	TC/G	FA
1987	CAL A	0	0	—	0.00	3	0	0	5	6	2	3	0	0	0	0	0	0	0	—	0	0	0	0	0.0	—
1988		7	5	.583	2.13	50	0	0	76	59	20	67	0	7	5	17	0	0	0	—	4	2	1	0	0.1	.857
1989		3	3	.500	3.44	51	0	0	55	36	41	78	0	3	3	25	0	0	0	—	1	7	1	0	0.2	.889
1990		4	4	.500	3.22	54	0	0	64.1	45	35	82	0	4	4	25	0	0	0	—	3	4	0	1	0.1	1.000
1991		2	4	.333	1.60	67	0	0	78.2	51	17	101	0	2	4	**46**	0	0	0	—	2	8	2	0	0.2	.833
5 yrs.		16	16	.500	2.45	225	0	0	279	197	115	331	0	16	16	113	0	0	0	—	10	21	4	1	0.2	.886

Andy Hawkins

HAWKINS, MELTON ANDREW
B. Jan. 21, 1960, Waco, Tex.
BR TR 6' 4" 200 lbs.

STARTING PITCHER — WINS, ERA, SO/9, RATIO (vs AL AVG)

Split	W	L	%	ERA	G	GS	CG	IP	H	BB	SO	ShO	W	L	SV
April	0	1	.000	8.71	3	2	0	10.1	18	4	4	0	0	0	0
May	1	2	.333	6.57	3	3	0	12.1	15	6	4	0	0	0	0
June	1	1	.500	5.28	6	6	0	29	26	17	17	0	0	0	0
July	2	2	.500	4.54	6	6	1	37.2	32	15	19	0	0	0	0
Aug	0	0	—	0.00	1	0	0	0.1	0	0	1	0	0	0	0
Sept/Oct	—	—	—	—	0	—	—	0	0	0	0	—	0	0	0
Day	1	2	.333	4.71	6	5	0	28.2	28	10	13	0	0	0	0
Night	3	4	.429	5.90	13	12	1	61	63	32	32	0	0	0	0
vs. Left	—	—	—	—	—	—	—	—	43	33	14	—	—	—	—
vs. Right	—	—	—	—	—	—	—	—	48	9	31	—	—	—	—
On Grass	3	5	.375	5.68	17	15	1	77.2	77	39	41	0	0	0	0
On Turf	1	1	.500	4.50	2	2	0	12	14	3	4	0	0	0	0
Home	1	4	.200	5.21	9	8	1	46.2	45	18	23	0	0	0	0
Road	3	2	.600	5.86	10	9	0	43	46	24	22	0	0	0	0
Division Rivals															
vs. CAL	0	1	.000	15.43	1	1	0	2.1	5	2	1	0	0	0	0
vs. CHI	0	1	.000	10.38	3	2	0	8.2	14	7	5	0	0	0	0
vs. KC	1	2	.333	3.79	3	3	0	19	21	3	7	0	0	0	0
vs. MIN	0	0	—	0.00	1	1	0	0.1	0	0	1	0	0	0	0
vs. SEA	—	—	—	—	0	—	—	0	0	0	0	—	0	0	0
vs. TEX	0	0	—	5.06	1	1	0	5.1	5	4	2	0	0	0	0

PITCHER REGISTER

Year	Team	W	L	%	ERA	G	GS	CG	IP	H	BB	SO	ShO	RELIEF PITCHING W	L	SV	BATTING AB	H	HR	BA	PO	A	E	DP	TC/G	FA

Andy Hawkins Continued

Year	Team	W	L	%	ERA	G	GS	CG	IP	H	BB	SO	ShO	W	L	SV	AB	H	HR	BA	PO	A	E	DP	TC/G	FA
1982	SD N	2	5	.286	4.10	15	10	1	63.2	66	27	25	0	0	0	0	15	0	0	.000	6	6	1	0	0.9	.923
1983		5	7	.417	2.93	21	19	4	119.2	106	48	59	1	0	0	0	31	2	0	.065	13	18	1	2	1.5	.969
1984		8	9	.471	4.68	36	22	2	146	143	72	77	1	2	1	0	41	8	0	.195	10	16	2	1	0.8	.929
1985		18	8	.692	3.15	33	33	5	228.2	229	65	69	2	0	0	0	77	6	0	.078	21	30	1	3	1.6	.981
1986		10	8	.556	4.30	37	35	3	209.1	218	75	117	1	1	0	0	67	10	0	.149	7	28	0	0	0.9	1.000
1987		3	10	.231	5.05	24	20	0	117.2	131	49	51	0	0	0	0	32	5	0	.156	8	18	0	3	1.1	1.000
1988		14	11	.560	3.35	33	33	4	217.2	196	76	91	2	0	0	0	62	7	0	.113	14	23	2	4	1.2	.949
1989	NY A	15	15	.500	4.80	34	34	5	208.1	238	76	98	2	0	0	0	0	0	0	—	8	20	2	1	0.9	.933
1990		5	12	.294	5.37	28	26	2	157.2	156	82	74	1	0	0	0	0	0	0	—	12	9	0	3	0.8	1.000
1991	2 teams	NY A (4G 0 - 2)			OAK A (15G 4 - 4)																					
"	total	4	6	.400	5.52	19	17	1	89.2	91	42	45	0	0	0	0	0	0	0	—	6	18	0	2	1.3	1.000
10 yrs.		84	91	.480	4.22	280	249	27	1558.1	1574	612	706	10	3	1	0	325	38	0	.117	105	186	9	19	1.1	.970

LEAGUE CHAMPIONSHIP SERIES
Year	Team	W	L	%	ERA	G	GS	CG	IP	H	BB	SO	ShO	W	L	SV	AB	H	HR	BA	PO	A	E	DP	TC/G	FA
1984	SD N	0	0	—	0.00	3	0	0	3.2	0	2	1	0	0	0	0	0	0	0	—	0	1	0	1	0.3	1.000

WORLD SERIES
Year	Team	W	L	%	ERA	G	GS	CG	IP	H	BB	SO	ShO	W	L	SV	AB	H	HR	BA	PO	A	E	DP	TC/G	FA
1984	SD N	1	1	.500	0.75	3	0	0	12	4	6	4	0	1	1	0	0	0	0	—	0	1	0	0	0.3	1.000

Neal Heaton

HEATON, NEAL
B. Mar. 3, 1960, Jamaica, N. Y.
BL TL 6' 2" 197 lbs.

RELIEF PITCHER

Split	W	L	%	ERA	G	GS	CG	IP	H	BB	SO	ShO	W	L	SV
April	0	0	—	2.70	5	0	0	6.2	7	2	2	0	0	0	0
May	0	0	—	0.68	8	0	0	13.1	7	2	4	0	0	0	0
June	1	1	.500	6.52	8	0	0	9.2	15	2	2	0	1	1	0
July	1	0	1.000	5.27	7	0	0	13.2	13	7	8	0	1	0	0
Aug	1	2	.333	3.45	6	1	0	15.2	14	4	10	0	1	1	0
Sept/Oct	0	0	—	8.38	8	0	0	9.2	16	4	8	0	0	0	0
Day	0	0	—	4.91	10	0	0	11	11	2	3	0	0	0	0
Night	3	3	.500	4.21	32	1	0	57.2	61	19	31	0	3	2	0
vs. Left	—	—	—	—	—	—	—	—	29	4	16	—	—	—	—
vs. Right	—	—	—	—	—	—	—	—	43	17	18	—	—	—	—
On Grass	0	1	.000	6.91	13	0	0	14.1	16	6	8	0	0	1	0
On Turf	3	2	.600	3.64	29	1	0	54.1	56	15	26	0	3	1	0
Home	1	2	.333	5.17	17	1	0	31.1	37	11	15	0	1	1	0
Road	2	1	.667	3.62	25	0	0	37.1	35	10	19	0	2	1	0
Division Rivals															
vs. CHI	0	0	—	6.43	5	0	0	7	8	5	4	0	0	0	0
vs. MON	1	0	1.000	3.18	4	0	0	5.2	9	1	2	0	1	0	0
vs. NY	0	0	—	7.71	4	0	0	4.2	6	3	3	0	0	0	0
vs. PHI	0	1	.000	4.09	6	0	0	11	13	2	9	0	0	1	0
vs. STL	1	0	1.000	1.13	4	0	0	8	5	1	3	0	1	0	0

Year	Team	W	L	%	ERA	G	GS	CG	IP	H	BB	SO	ShO	W	L	SV	AB	H	HR	BA	PO	A	E	DP	TC/G	FA
1982	CLE A	0	2	.000	5.23	8	4	0	31	32	16	14	0	0	0	0	0	0	0	—	2	3	0	0	0.6	1.000
1983		11	7	.611	4.16	39	16	4	149.1	157	44	75	3	4	2	7	0	0	0	—	7	14	0	0	0.5	1.000
1984		12	15	.444	5.21	38	34	4	198.2	231	75	75	1	0	1	0	0	0	0	—	9	19	2	0	0.8	.933
1985		9	17	.346	4.90	36	33	5	207.2	244	80	82	1	0	0	0	0	0	0	—	8	21	1	1	0.8	.967
1986	2 teams	CLE A (12G 3 - 6)			MIN A (21G 4 - 9)																					
"	total	7	15	.318	4.08	33	29	5	198.2	201	81	90	0	0	0	1	0	0	0	—	13	24	1	1	1.2	.974
1987	MON N	13	10	.565	4.52	32	32	3	193.1	207	37	105	1	0	0	0	67	14	0	.209	5	28	3	1	1.1	.917
1988		3	10	.231	4.99	32	11	0	97.1	98	43	43	0	1	4	2	21	3	0	.143	6	14	1	2	0.7	.952
1989	PIT N	6	7	.462	3.05	42	18	1	147.1	127	55	67	0	2	0	0	42	9	0	.214	6	28	1	1	0.8	.971
1990		12	9	.571	3.45	30	24	0	146	143	38	68	0	0	1	0	43	2	0	.047	5	22	2	1	1.0	.931
1991		3	3	.500	4.33	42	1	0	68.2	72	21	34	0	3	2	0	14	4	0	.286	1	8	1	0	0.2	.900
10 yrs.		76	95	.444	4.35	332	202	22	1438	1512	490	653	6	10	11	10	187	32	0	.171	62	181	12	7	0.8	.953

Danny Heep

HEEP, DANIEL WILLIAM
B. July 3, 1957, San Antonio, Tex.
BL TL 5' 11" 185 lbs.

Year	Team	W	L	%	ERA	G	GS	CG	IP	H	BB	SO	ShO	W	L	SV	AB	H	HR	BA	PO	A	E	DP	TC/G	FA
1988	LA N	0	0	—	9.00	1	0	0	2	2	0	0	0	0	0	0	149	36	0	.242	0	0	0	0	0.0	—
1990	BOS A	0	0	—	9.00	1	0	0	1	4	0	0	0	0	0	0	69	12	0	.174	0	0	0	0	0.0	—
2 yrs.		0	0	—	9.00	2	0	0	3	6	0	0	0	0	0	0	*				0	0	0	0	0.0	—

PITCHER REGISTER
326

Year	Team		W	L	%	ERA	G	GS	CG	IP	H	BB	SO	ShO	RELIEF PITCHING W	L	SV	BATTING AB	H	HR	BA	PO	A	E	DP	TC/G	FA

Tom Henke
HENKE, THOMAS ANTHONY (The Terminator)
B. Dec. 21, 1957, Kansas City, Mo.
BR TR 6′ 5″ 215 lbs.

	W	L	%	ERA	G	GS	CG	IP	H	BB	SO	ShO	W	L	SV
April	0	0	—	0.00	2	0	0	2	2	0	1	0	0	0	2
May	0	0	—	0.00	4	0	0	4.1	0	1	4	0	0	0	3
June	0	0	—	2.19	13	0	0	12.1	7	3	11	0	0	0	9
July	0	0	—	1.80	10	0	0	10	8	1	8	0	0	0	7
Aug	0	2	.000	4.50	13	0	0	14	9	2	21	0	0	2	10
Sept/Oct	0	0	—	1.17	7	0	0	7.2	7	4	8	0	0	0	1
Day	0	0	—	1.29	14	0	0	14	10	4	13	0	0	0	8
Night	0	2	.000	2.72	35	0	0	36.1	23	7	40	0	0	2	24
vs. Left	—	—	—	—	—	—	—	—	17	8	24	—	—	—	—
vs. Right	—	—	—	—	—	—	—	—	16	3	29	—	—	—	—
On Grass	0	1	.000	2.55	18	0	0	17.2	9	5	19	0	0	1	13
On Turf	0	1	.000	2.20	31	0	0	32.2	24	6	34	0	0	1	19
Home	0	1	.000	2.31	22	0	0	23.1	17	5	25	0	0	1	14
Road	0	1	.000	2.33	27	0	0	27	16	6	28	0	0	1	18
Division Rivals															
vs. BAL	0	0	—	4.15	5	0	0	4.1	4	1	3	0	0	0	3
vs. BOS	0	0	—	0.00	3	0	0	3	2	0	1	0	0	0	3
vs. CLE	0	0	—	0.00	7	0	0	7.1	4	3	10	0	0	0	6
vs. DET	0	1	.000	5.68	5	0	0	6.1	5	1	15	0	0	1	4
vs. MIL	0	1	.000	10.13	3	0	0	2.2	3	1	2	0	0	1	2
vs. NY	0	0	—	0.00	4	0	0	4	0	0	4	0	0	0	2

Year	Team		W	L	%	ERA	G	GS	CG	IP	H	BB	SO	ShO	W	L	SV	AB	H	HR	BA	PO	A	E	DP	TC/G	FA
1982	TEX	A	1	0	1.000	1.15	8	0	0	15.2	14	8	9	0	1	0	0	0	0	0	—	2	2	0	0	0.5	1.000
1983			1	0	1.000	3.38	8	0	0	16	16	4	17	0	1	0	1	0	0	0	—	0	3	1	0	0.5	.750
1984			1	1	.500	6.35	25	0	0	28.1	36	20	25	0	1	1	2	0	0	0	—	1	2	0	0	0.1	1.000
1985	TOR	A	3	3	.500	2.03	28	0	0	40	29	8	42	0	3	3	13	0	0	0	—	3	3	0	0	0.2	1.000
1986			9	5	.643	3.35	63	0	0	91.1	63	32	118	0	9	5	27	0	0	0	—	2	2	0	1	0.1	1.000
1987			0	6	.000	2.49	72	0	0	94	62	25	128	0	0	6	**34**	0	0	0	—	9	12	0	1	0.3	1.000
1988			4	4	.500	2.91	52	0	0	68	60	24	66	0	4	4	25	0	0	0	—	1	9	0	1	0.2	1.000
1989			8	3	.727	1.92	64	0	0	89	66	25	116	0	8	3	20	0	0	0	—	3	10	1	0	0.2	.929
1990			2	4	.333	2.17	61	0	0	74.2	58	19	75	0	2	4	32	0	0	0	—	6	5	0	0	0.2	1.000
1991			0	2	.000	2.32	49	0	0	50.1	33	11	53	0	0	2	32	0	0	0	—	2	1	0	0	0.1	1.000
10 yrs.			29	28	.509	2.68	430	0	0	567.1	437	176	649	0	29	28	186	0	0	0	—	29	49	2	3	0.2	.975
LEAGUE CHAMPIONSHIP SERIES																											
1985	TOR	A	2	0	1.000	4.26	3	0	0	6.1	5	4	4	0	2	0	0	0	0	0	—	1	0	0	0	0.3	1.000
1989			0	0	—	0.00	3	0	0	2.2	0	0	3	0	0	0	0	0	0	0	—	0	1	0	0	0.3	1.000
1991			0	0	—	0.00	2	0	0	2.2	0	1	5	0	0	0	0	0	0	0	—	0	2	0	0	1.0	1.000
3 yrs.			2	0	1.000	2.31	8	0	0	11.2	5	5	12	0	2	0	0	0	0	0	—	1	3	0	0	0.5	1.000

Mike Henneman
HENNEMAN, MICHAEL ALAN
B. Dec. 11, 1961, St. Charles, Mo.
BR TR 6′ 4″ 205 lbs.

	W	L	%	ERA	G	GS	CG	IP	H	BB	SO	ShO	W	L	SV
April	2	0	1.000	0.69	9	0	0	13	10	5	8	0	2	0	4
May	3	1	.750	2.18	13	0	0	20.2	21	9	11	0	3	1	2
June	0	1	.000	6.00	12	0	0	15	15	9	9	0	0	1	5
July	3	0	1.000	1.72	11	0	0	15.2	13	5	13	0	3	0	4
Aug	1	0	1.000	3.09	8	0	0	11.2	14	5	11	0	1	0	4
Sept/Oct	1	0	1.000	4.32	7	0	0	8.1	8	1	9	0	1	0	2
Day	5	0	1.000	3.29	20	0	0	27.1	26	18	12	0	5	0	5
Night	5	2	.714	2.68	40	0	0	57	55	16	49	0	5	2	16
vs. Left	—	—	—	—	—	—	—	—	34	23	17	—	—	—	—
vs. Right	—	—	—	—	—	—	—	—	47	11	44	—	—	—	—
On Grass	10	1	.909	2.71	52	0	0	73	71	28	53	0	10	1	18
On Turf	0	1	.000	3.97	8	0	0	11.1	10	6	8	0	0	1	3
Home	7	0	1.000	1.95	38	0	0	50.2	43	17	41	0	7	0	15
Road	3	2	.600	4.28	22	0	0	33.2	38	17	20	0	3	2	6
Division Rivals															
vs. BAL	1	0	1.000	0.00	4	0	0	5.1	4	2	5	0	1	0	1
vs. BOS	1	0	1.000	1.80	5	0	0	10	9	2	7	0	1	0	1
vs. CLE	0	0	—	0.00	6	0	0	8.2	1	2	7	0	0	0	3
vs. MIL	1	0	1.000	7.71	4	0	0	7	9	4	3	0	1	0	0
vs. NY	1	0	1.000	2.45	5	0	0	7.1	7	3	6	0	1	0	2
vs. TOR	1	0	1.000	0.00	4	0	0	5.1	4	1	4	0	1	0	2

PITCHER REGISTER

Year	Team	W	L	%	ERA	G	GS	CG	IP	H	BB	SO	ShO	RELIEF PITCHING W	L	SV	BATTING AB	H	HR	BA	PO	A	E	DP	TC/G	FA

Mike Henneman *Continued*

Year	Team	W	L	%	ERA	G	GS	CG	IP	H	BB	SO	ShO	W	L	SV	AB	H	HR	BA	PO	A	E	DP	TC/G	FA
1987	DET A	11	3	.786	2.98	55	0	0	96.2	86	30	75	0	11	3	7	1	0	0	.000	8	11	0	2	0.3	1.000
1988		9	6	.600	1.87	65	0	0	91.1	72	24	58	0	9	6	22	0	0	0	—	4	8	1	0	0.2	.923
1989		11	4	.733	3.70	60	0	0	90	84	51	69	0	11	4	8	0	0	0	—	5	12	0	2	0.3	1.000
1990		8	6	.571	3.05	69	0	0	94.1	90	33	50	0	8	6	22	0	0	0	—	7	16	3	2	0.4	.885
1991		10	2	.833	2.88	60	0	0	84.1	81	34	61	0	10	2	21	0	0	0	—	6	10	2	1	0.3	.889
5 yrs.		49	21	.700	2.90	309	0	0	456.2	413	172	313	0	49	21	80	1	0	0	.000	30	57	6	7	0.3	.935

LEAGUE CHAMPIONSHIP SERIES

Year	Team	W	L	%	ERA	G	GS	CG	IP	H	BB	SO	ShO	W	L	SV	AB	H	HR	BA	PO	A	E	DP	TC/G	FA
1987	DET A	1	0	1.000	10.80	3	0	0	5	6	6	3	0	1	0	0	0	0	0	—	0	2	0	0	0.7	1.000

Doug Henry

HENRY, RICHARD DOUGLAS
B. Dec. 10, 1963, Sacramento, Calif.
BR TR 6' 4" 185 lbs.

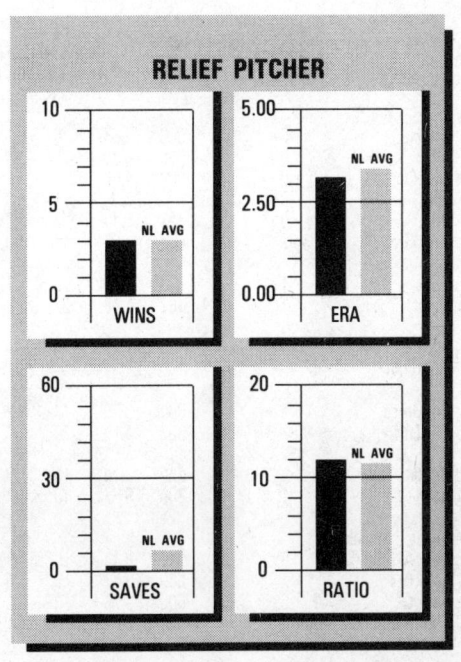

	W	L	%	ERA	G	GS	CG	IP	H	BB	SO	ShO	W	L	SV
April	—	—	—	—	0	—	—	0	0	0	0	—	0	0	0
May	—	—	—	—	0	—	—	0	0	0	0	—	0	0	0
June	—	—	—	—	0	—	—	0	0	0	0	—	0	0	0
July	1	0	1.000	3.00	5	0	0	6	4	2	3	0	1	0	0
Aug	1	1	.500	1.04	13	0	0	17.1	8	9	15	0	1	1	5
Sept/Oct	0	0	—	0.00	14	0	0	12.2	4	3	10	0	0	0	10
Day	0	0	—	0.00	8	0	0	8.1	4	3	9	0	0	0	5
Night	2	1	.667	1.30	24	0	0	27.2	12	11	19	0	2	1	10
vs. Left	—	—	—	—	—	—	—	—	8	8	14	—	—	—	—
vs. Right	—	—	—	—	—	—	—	—	8	6	14	—	—	—	—
On Grass	2	0	1.000	0.86	29	0	0	31.1	14	11	25	0	2	0	14
On Turf	0	1	.000	1.93	3	0	0	4.2	2	3	3	0	0	1	1
Home	1	0	1.000	0.53	15	0	0	17	6	7	20	0	1	0	7
Road	1	1	.500	1.42	17	0	0	19	10	7	8	0	1	1	8
Division Rivals															
vs. BAL	1	0	1.000	2.45	4	0	0	3.2	4	2	3	0	1	0	1
vs. BOS	0	0	—	0.00	4	0	0	4	1	0	2	0	0	0	4
vs. CLE	0	0	—	0.00	1	0	0	1	0	0	0	0	0	0	0
vs. DET	0	0	—	0.00	4	0	0	3.1	1	1	2	0	0	0	3
vs. NY	0	0	—	0.00	2	0	0	2.1	1	0	4	0	0	0	2
vs. TOR	0	0	—	0.00	2	0	0	4	1	0	5	0	0	0	2

Year	Team	W	L	%	ERA	G	GS	CG	IP	H	BB	SO	ShO	W	L	SV	AB	H	HR	BA	PO	A	E	DP	TC/G	FA
1991	MIL A	2	1	.667	1.00	32	0	0	36	16	14	28	0	2	1	15	0	0	0	—	4	1	0	0	0.2	1.000

Dwayne Henry

HENRY, DWAYNE ALLEN
B. Feb. 16, 1962, Elkton, Md.
BR TR 6' 3" 210 lbs.

	W	L	%	ERA	G	GS	CG	IP	H	BB	SO	ShO	W	L	SV
April	2	0	1.000	0.75	8	0	0	12	3	5	6	0	2	0	2
May	0	0	—	5.06	10	0	0	10.2	10	12	9	0	0	0	0
June	0	0	—	5.63	8	0	0	8	10	6	6	0	0	0	0
July	0	0	—	1.50	8	0	0	12	6	6	12	0	0	0	0
Aug	1	2	.333	3.78	11	0	0	16.2	17	6	10	0	1	2	0
Sept/Oct	0	0	—	3.24	7	0	0	8.1	5	4	8	0	0	0	0
Day	0	0	—	1.86	9	0	0	9.2	7	1	7	0	0	0	1
Night	3	2	.600	3.41	43	0	0	58	44	38	44	0	3	2	1
vs. Left	—	—	—	—	—	—	—	—	30	25	30	—	—	—	—
vs. Right	—	—	—	—	—	—	—	—	21	14	21	—	—	—	—
On Grass	0	1	.000	1.45	14	0	0	18.2	9	7	13	0	0	1	0
On Turf	3	1	.750	3.86	38	0	0	49	42	32	38	0	3	1	2
Home	3	1	.750	3.26	28	0	0	38.2	29	26	32	0	3	1	2
Road	0	1	.000	3.10	24	0	0	29	22	13	19	0	0	1	0
Division Rivals															
vs. ATL	0	0	—	1.29	6	0	0	7	2	4	3	0	0	0	1
vs. CIN	2	0	1.000	3.24	5	0	0	8.1	7	3	5	0	2	0	0
vs. LA	0	1	.000	4.66	6	0	0	9.2	8	6	9	0	0	1	0
vs. SD	1	0	1.000	0.00	5	0	0	6.1	4	2	5	0	1	0	0
vs. SF	0	0	—	3.00	5	0	0	6	4	1	5	0	0	0	1

328 PITCHER REGISTER

Year	Team		W	L	%	ERA	G	GS	CG	IP	H	BB	SO	ShO	RELIEF PITCHING W	L	SV	BATTING AB	H	HR	BA	PO	A	E	DP	TC/G	FA

Dwayne Henry Continued

1984	TEX	A	0	1	.000	8.31	3	0	0	4.1	5	7	2	0	0	1	0	0	0	0	—	0	0	0	0	0.0	—
1985			2	2	.500	2.57	16	0	0	21	16	7	20	0	2	2	3	0	0	0	—	1	2	1	1	0.3	.750
1986			1	0	1.000	4.66	19	0	0	19.1	14	22	17	0	1	0	0	0	0	0	—	0	4	0	0	0.2	1.000
1987			0	0	—	9.00	5	0	0	10	12	9	7	0	0	0	0	0	0	0	—	2	1	0	0	0.6	1.000
1988			0	1	.000	8.71	11	0	0	10.1	15	9	10	0	0	1	1	0	0	0	—	1	0	0	0	0.1	1.000
1989	ATL	N	0	2	.000	4.26	12	0	0	12.2	12	5	16	0	0	2	1	0	0	0	—	1	0	1	0	0.2	.500
1990			2	2	.500	5.63	34	0	0	38.1	41	25	34	0	2	2	0	0	0	0	—	4	1	0	0	0.1	1.000
1991	HOU	N	3	2	.600	3.19	52	0	0	67.2	51	39	51	0	3	2	2	1	0	0	.000	4	5	0	1	0.2	1.000
8 yrs.			8	10	.444	4.61	152	0	0	183.2	166	123	157	0	8	10	7	1	0	0	.000	13	13	2	2	0.2	.929

Pat Hentgen
HENTGEN, PATRICK GEORGE
B. Nov. 13, 1968, Detroit, Mich.
BR TR 6' 2" 200 lbs.

| 1991 | TOR | A | 0 | 0 | — | 2.45 | 3 | 1 | 0 | 7.1 | 5 | 3 | 3 | 0 | 0 | 0 | 0 | 0 | 0 | 0 | — | 0 | 2 | 0 | 1 | 0.7 | 1.000 |

Gil Heredia
HEREDIA, GILBERT
B. Oct. 26, 1965, Nogales, Ariz.
BR TR 6' 1" 190 lbs.

| 1991 | SF | N | 0 | 2 | .000 | 3.82 | 7 | 4 | 0 | 33 | 27 | 7 | 13 | 0 | 0 | 0 | 0 | 7 | 3 | 0 | .429 | 2 | 2 | 0 | 0 | 0.6 | 1.000 |

Jeremy Hernandez
HERNANDEZ, JEREMY STUART
B. July 6, 1966, Burbank, Calif.
BR TR 6' 5" 195 lbs.

| 1991 | SD | N | 0 | 0 | — | 0.00 | 9 | 0 | 0 | 14.1 | 8 | 5 | 9 | 0 | 0 | 0 | 2 | 2 | 0 | 0 | .000 | 0 | 3 | 0 | 1 | 0.3 | 1.000 |

Roberto Hernandez
HERNANDEZ, ROBERTO MANUEL
B. Nov. 11, 1964, Santurce, Puerto Rico
BR TR 6' 4" 220 lbs.

| 1991 | CHI | A | 1 | 0 | 1.000 | 7.80 | 9 | 3 | 0 | 15 | 18 | 7 | 6 | 0 | 0 | 0 | 0 | 0 | 0 | 0 | — | 0 | 2 | 0 | 0 | 0.2 | 1.000 |

Xavier Hernandez
HERNANDEZ, FRANCIS XAVIER
B. Aug. 16, 1965, Port Arthur, Tex.
BL TR 6' 2" 185 lbs.

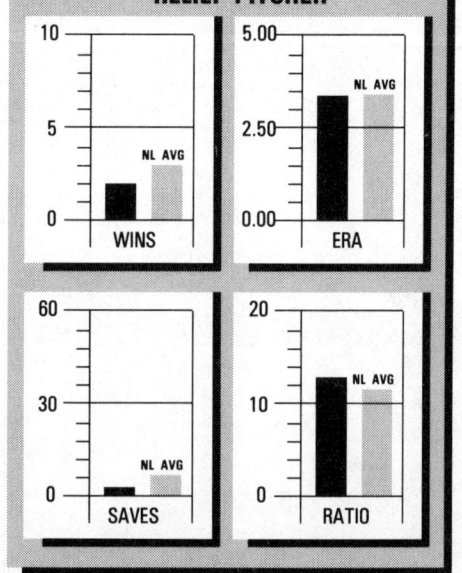

RELIEF PITCHER

	W	L	%	ERA	G	GS	CG	IP	H	BB	SO	ShO	W	L	SV
April	0	1	.000	3.55	6	0	0	12.2	11	4	6	0	0	1	0
May	0	4	.000	8.38	5	4	0	19.1	28	13	14	0	0	0	0
June	0	1	.000	4.50	1	1	0	6	4	6	7	0	0	0	0
July	0	0	—	27.00	1	0	0	1	3	0	0	0	0	0	0
Aug	0	0	—	5.40	2	0	0	3.1	4	0	4	0	0	0	0
Sept/Oct	2	1	.667	0.87	17	0	0	20.2	16	9	24	0	2	1	3
Day	1	2	.333	3.09	5	1	0	11.2	9	10	18	0	1	1	0
Night	1	5	.167	5.08	27	5	0	51.1	57	22	37	0	1	1	3
vs. Left	—	—	—	—	—	—	—	—	28	20	31	—	—	—	—
vs. Right	—	—	—	—	—	—	—	—	38	12	24	—	—	—	—
On Grass	0	3	.000	5.55	12	2	0	24.1	27	17	22	0	0	1	2
On Turf	2	4	.333	4.19	20	4	0	38.2	39	15	33	0	2	1	1
Home	1	3	.250	3.18	14	3	0	28.1	21	13	22	0	1	1	1
Road	1	4	.200	5.97	18	3	0	34.2	45	19	33	0	1	1	2
Division Rivals															
vs. ATL	0	2	.000	8.44	5	0	0	5.1	8	4	8	0	0	2	0
vs. CIN	2	0	1.000	0.77	6	1	0	11.2	8	2	10	0	2	0	1
vs. LA	0	2	.000	6.75	3	2	0	10.2	13	9	8	0	0	0	0
vs. SD	0	1	.000	2.61	5	1	0	10.1	7	8	10	0	0	0	1
vs. SF	0	0	—	5.14	5	0	0	7	6	4	3	0	0	0	1

PITCHER REGISTER

Year	Team	W	L	%	ERA	G	GS	CG	IP	H	BB	SO	ShO	Relief Pitching W	L	SV	Batting AB	H	HR	BA	PO	A	E	DP	TC/G	FA

Xavier Hernandez *Continued*

Year	Team		W	L	%	ERA	G	GS	CG	IP	H	BB	SO	ShO	W	L	SV	AB	H	HR	BA	PO	A	E	DP	TC/G	FA
1989	TOR	A	1	0	1.000	4.76	7	0	0	22.2	25	8	7	0	1	0	0	0	0	0	—	1	2	1	0	0.6	.750
1990	HOU	N	2	1	.667	4.62	34	1	0	62.1	60	24	24	0	2	0	0	3	1	0	.333	3	5	0	0	0.2	1.000
1991			2	7	.222	4.71	32	6	0	63	66	32	55	0	2	2	3	10	0	0	.000	6	9	0	0	0.5	1.000
3 yrs.			5	8	.385	4.68	73	7	0	148	151	64	86	0	5	2	3	13	1	0	.077	10	16	1	0	0.4	.963

Orel Hershiser

HERSHISER, OREL LEONARD QUINTON IV (Bulldog)
B. Sept. 16, 1958, Buffalo, N.Y.
BR TR 6′ 3″ 190 lbs.

STARTING PITCHER

	W	L	%	ERA	G	GS	CG	IP	H	BB	SO	ShO	W	L	SV	AB	H	HR	BA	PO	A	E	DP	TC/G	FA
April	—	—	—	—	0	—	—	0	0	0	0	—	0	0	0										
May	0	1	.000	9.00	1	1	0	4	9	3	4	0	0	0	0										
June	2	1	.667	2.83	6	6	0	35	36	14	30	0	0	0	0										
July	1	0	1.000	5.40	5	5	0	23.1	24	11	9	0	0	0	0										
Aug	2	0	1.000	4.18	5	5	0	23.2	26	1	13	0	0	0	0										
Sept/Oct	2	0	1.000	1.04	4	4	0	26	17	3	17	0	0	0	0										
Day	2	0	1.000	5.16	4	4	0	22.2	25	3	14	0	0	0	0										
Night	5	2	.714	3.02	17	17	0	89.1	87	29	59	0	0	0	0										
vs. Left	—	—	—	—	—	—	—	—	59	18	27	—	—	—	—										
vs. Right	—	—	—	—	—	—	—	—	53	14	46	—	—	—	—										
On Grass	5	2	.714	3.79	17	17	0	90.1	93	25	60	0	0	0	0										
On Turf	2	0	1.000	2.08	4	4	0	21.2	19	7	13	0	0	0	0										
Home	3	2	.600	3.27	12	12	0	63.1	61	22	37	0	0	0	0										
Road	4	0	1.000	3.70	9	9	0	48.2	51	10	36	0	0	0	0										
Division Rivals																										
vs. ATL	2	0	1.000	4.24	3	3	0	17	19	3	13	0	0	0	0										
vs. CIN	1	0	1.000	1.38	2	2	0	13	10	1	4	0	0	0	0										
vs. HOU	1	1	.500	4.09	3	3	0	11	16	3	9	0	0	0	0										
vs. SD	2	0	1.000	2.84	2	2	0	12.2	11	2	7	0	0	0	0										
vs. SF	0	1	.000	5.91	2	2	0	10.2	11	5	11	0	0	0	0										

Year	Team		W	L	%	ERA	G	GS	CG	IP	H	BB	SO	ShO	W	L	SV	AB	H	HR	BA	PO	A	E	DP	TC/G	FA
1983	LA	N	0	0	—	3.38	8	0	0	8	7	6	5	0	0	0	1	0	0	0	—	0	2	0	1	0.3	1.000
1984			11	8	.579	2.66	45	20	8	189.2	160	50	150	**4**	3	0	2	50	10	0	.200	17	28	5	2	1.1	.900
1985			19	3	**.864**	2.03	36	34	9	239.2	179	68	157	5	1	0	0	76	15	0	.197	20	45	7	4	2.0	.903
1986			14	14	.500	3.85	35	35	8	231.1	213	86	153	1	0	0	0	71	17	0	.239	22	36	3	6	1.7	.951
1987			16	16	.500	3.06	37	35	10	**264.2**	247	74	190	1	0	0	1	90	19	0	.211	37	34	5	6	2.1	.934
1988			**23**	8	.742	2.26	35	34	**15**	267	208	73	178	**8**	0	0	1	85	11	0	.129	32	60	6	6	2.8	.939
1989			15	**15**	.500	2.31	35	33	8	**256.2**	226	77	178	4	0	0	0	77	14	0	.182	24	51	4	2	2.3	.949
1990			1	1	.500	4.26	4	4	0	25.1	26	4	16	0	0	0	0	7	0	0	.000	1	3	0	0	1.0	1.000
1991			7	2	.778	3.46	21	21	0	112	112	32	73	0	0	0	0	31	8	0	.258	12	18	1	1	1.5	.968
9 yrs.			106	67	.613	2.77	256	216	58	1594.1	1378	470	1100	23	4	1	5	487	94	0	.193	165	277	31	28	1.8	.934

LEAGUE CHAMPIONSHIP SERIES

Year	Team		W	L	%	ERA	G	GS	CG	IP	H	BB	SO	ShO	W	L	SV	AB	H	HR	BA	PO	A	E	DP	TC/G	FA
1985	LA	N	1	0	1.000	3.52	2	2	1	15.1	17	6	5	0	0	0	0	7	2	0	.286	2	2	0	1	2.0	1.000
1988			1	0	1.000	1.09	4	3	1	24.2	18	7	15	1	0	0	1	9	0	0	.000	3	3	0	0	1.5	1.000
2 yrs.			2	0	1.000	2.02	6	5	2	40	35	13	20	1	0	0	1	16	2	0	.125	5	5	0	1	1.7	1.000

WORLD SERIES

Year	Team		W	L	%	ERA	G	GS	CG	IP	H	BB	SO	ShO	W	L	SV	AB	H	HR	BA	PO	A	E	DP	TC/G	FA
1988	LA	N	2	0	1.000	1.00	2	2	2	18	7	6	17	1	0	0	0	3	3	0	1.000	1	1	0	0	1.0	1.000

Joe Hesketh

HESKETH, JOSEPH THOMAS
B. Feb. 15, 1959, Lackawanna, N.Y.
BL TL 6′ 2″ 165 lbs.

STARTING PITCHER

	W	L	%	ERA	G	GS	CG	IP	H	BB	SO	ShO	W	L	SV	AB	H	HR	BA	PO	A	E	DP	TC/G	FA
April	0	0	—	3.86	7	0	0	9.1	7	5	9	0	0	0	0										
May	2	0	1.000	4.15	8	0	0	17.1	15	13	9	0	2	0	0										
June	0	1	.000	4.08	7	0	0	17.2	19	11	16	0	0	0	0										
July	2	1	.667	2.93	5	4	0	30.2	32	5	22	0	0	0	0										
Aug	5	1	.833	3.55	6	6	0	38	33	6	20	0	0	0	0										
Sept/Oct	3	1	.750	2.45	6	6	0	40.1	36	13	28	0	0	0	0										
Day	3	3	.500	3.90	15	7	0	62.1	63	28	42	0	0	0	0										
Night	9	1	.900	2.87	24	10	0	91	79	25	62	0	2	0	0										
vs. Left	—	—	—	—	—	—	—	—	21	12	18	—	—	—	—										
vs. Right	—	—	—	—	—	—	—	—	121	41	86	—	—	—	—										

PITCHER REGISTER

Year	Team	W	L	%	ERA	G	GS	CG	IP	H	BB	SO	ShO	RELIEF PITCHING W	L	SV	BATTING AB	H	HR	BA	PO	A	E	DP	TC/G	FA

Joe Hesketh *Continued*

		W	L	%	ERA	G	GS	CG	IP	H	BB	SO	ShO	W	L	SV	AB	H	HR	BA	PO	A	E	DP	TC/G	FA
On Grass		9	4	.692	3.09	31	14	0	128	117	48	87	0	2	0	0										
On Turf		3	0	1.000	4.26	8	3	0	25.1	25	5	17	0	0	0	0										
Home		7	1	.875	2.04	19	7	0	70.2	60	24	53	0	2	0	0										
Road		5	3	.625	4.35	20	10	0	82.2	82	29	51	0	0	0	0										
Division Rivals																										
vs. BAL		0	1	.000	5.25	3	2	0	12	16	4	11	0	0	0	0										
vs. CLE		2	0	1.000	1.64	5	3	0	22	15	4	10	0	0	0	0										
vs. DET		1	0	1.000	4.02	4	1	0	15.2	13	11	17	0	0	0	0										
vs. MIL		1	0	1.000	2.25	1	0	0	4	5	1	1	0	1	0	0										
vs. NY		1	1	.500	1.53	3	2	0	17.2	15	8	6	0	0	0	0										
vs. TOR		2	0	1.000	3.24	5	2	0	16.2	13	3	12	0	0	0	0										
1984	MON N	2	2	.500	1.80	11	5	1	45	38	15	32	1	0	1	1	10	1	0	.100	2	6	1	1	0.8	.889
1985		10	5	.667	2.49	25	25	2	155.1	125	45	113	1	0	0	0	44	4	0	.091	3	22	0	0	1.0	1.000
1986		6	5	.545	5.01	15	15	0	82.2	92	31	67	0	0	0	0	23	0	0	.000	2	8	1	0	0.7	.909
1987		0	0	—	3.14	18	0	0	28.2	23	15	31	0	0	0	1	4	0	0	.000	1	1	1	0	0.2	.667
1988		4	3	.571	2.85	60	0	0	72.2	63	35	64	0	4	3	9	2	0	0	.000	6	14	0	2	0.3	1.000
1989		6	4	.600	5.77	43	0	0	48.1	54	26	44	0	6	4	3	2	1	0	.500	3	9	1	3	0.3	.923
1990	3 teams	MON N (2G 1-0)				ATL N (31G 0-2)			BOS A (12G 0-4)																	
"	total	1	6	.143	4.53	45	2	0	59.2	69	25	50	0	1	4	5	1	0	0	.000	4	6	2	0	0.3	.833
1991	BOS A	12	4	.750	3.29	39	17	0	153.1	142	53	104	0	2	0	0	0	0	0	—	13	19	1	1	0.8	.970
8 yrs.		41	29	.586	3.46	256	64	3	645.2	606	245	505	2	13	12	19	86	6	0	.070	34	85	7	7	0.5	.944

Greg Hibbard

HIBBARD, JAMES GREGORY
B. Sept. 13, 1964, New Orleans, La.
BL TL 6' 180 lbs.

		W	L	%	ERA	G	GS	CG	IP	H	BB	SO	ShO	W	L	SV	AB	H	HR	BA	PO	A	E	DP	TC/G	FA
April		2	0	1.000	1.55	4	4	0	29	19	13	14	0	0	0	0										
May		1	3	.250	4.43	6	6	2	40.2	43	12	12	0	0	0	0										
June		3	3	.500	5.18	6	6	1	41.2	54	7	14	0	0	0	0										
July		1	2	.333	5.58	5	5	1	30.2	30	8	11	0	0	0	0										
Aug		1	2	.333	6.41	4	4	1	19.2	22	12	7	0	0	0	0										
Sept/Oct		3	1	.750	3.06	7	4	0	32.1	28	5	13	0	1	0	0										
Day		2	3	.400	5.43	9	9	3	56.1	55	16	22	0	0	0	0										
Night		9	8	.529	3.86	23	20	2	137.2	141	41	49	0	1	0	0										
vs. Left		—	—	—	—	—	—	—	—	30	4	10	—	—	—	—										
vs. Right		—	—	—	—	—	—	—	—	166	53	61	—	—	—	—										
On Grass		9	9	.500	4.00	27	24	2	159.2	161	49	58	0	1	0	0										
On Turf		2	2	.500	5.77	5	5	3	34.1	35	8	13	0	0	0	0										
Home		4	5	.444	3.44	15	14	0	91.2	92	28	29	0	0	0	0										
Road		7	6	.538	5.10	17	15	5	102.1	104	29	42	0	1	0	0										
Division Rivals																										
vs. CAL		0	2	.000	4.02	3	2	0	15.2	18	6	9	0	0	0	0										
vs. KC		1	0	1.000	9.58	3	2	0	10.1	14	6	3	0	0	0	0										
vs. MIN		1	0	1.000	6.00	2	2	1	12	12	2	1	0	0	0	0										
vs. OAK		2	1	.667	2.22	3	3	1	24.1	19	4	11	0	0	0	0										
vs. SEA		2	1	.667	2.61	3	3	1	20.2	19	1	6	0	0	0	0										
vs. TEX		1	1	.500	3.00	2	1	0	9	12	1	5	0	1	0	0										
1989	CHI A	6	7	.462	3.21	23	23	2	137.1	142	41	55	0	0	0	0	0	0	0	—	5	27	0	4	1.4	1.000
1990		14	9	.609	3.16	33	33	3	211	202	55	92	1	0	0	0	0	0	0	—	7	29	0	2	1.1	1.000
1991		11	11	.500	4.31	32	29	5	194	196	57	71	0	1	0	0	0	0	0	—	9	28	2	2	1.2	.949
3 yrs.		31	27	.534	3.58	88	85	10	542.1	540	153	218	1	1	0	0	0	0	0	—	21	84	2	8	1.2	.981

Bryan Hickerson

HICKERSON, BRYAN DAVID
B. Oct. 13, 1963, Bemidji, Minn.
BL TL 6' 2" 195 lbs.

		W	L	%	ERA	G	GS	CG	IP	H	BB	SO	ShO	W	L	SV	AB	H	HR	BA	PO	A	E	DP	TC/G	FA
1991	SF N	2	2	.500	3.60	17	6	0	50	53	17	43	0	0	0	0	12	0	0	.000	0	1	0	0	0.1	1.000

PITCHER REGISTER

Year	Team		W	L	%	ERA	G	GS	CG	IP	H	BB	SO	ShO	RELIEF PITCHING W	L	SV	BATTING AB	H	HR	BA	PO	A	E	DP	TC/G	FA

Kevin Hickey
HICKEY, KEVIN JOHN
B. Feb. 25, 1956, Chicago, Ill.
BL TL 6' 1" 170 lbs.

Year	Team		W	L	%	ERA	G	GS	CG	IP	H	BB	SO	ShO	W	L	SV	AB	H	HR	BA	PO	A	E	DP	TC/G	FA
1981	CHI	A	0	2	.000	3.68	41	0	0	44	38	18	17	0	0	2	3	0	0	0	—	3	11	0	0	0.3	1.000
1982			4	4	.500	3.00	60	0	0	78	73	30	38	0	4	4	6	0	0	0	—	5	20	1	4	0.4	.962
1983			1	2	.333	5.23	23	0	0	20.2	23	11	8	0	1	2	5	0	0	0	—	1	3	0	0	0.2	1.000
1989	BAL	A	2	3	.400	2.92	51	0	0	49.1	38	23	28	0	2	3	2	0	0	0	—	2	6	0	0	0.2	1.000
1990			1	3	.250	5.13	37	0	0	26.1	26	13	17	0	1	3	1	0	0	0	—	1	4	0	0	0.1	1.000
1991			1	0	1.000	9.00	19	0	0	14	15	6	10	0	1	0	0	0	0	0	—	1	1	0	0	0.1	1.000
6 yrs.			9	14	.391	3.91	231	0	0	232.1	213	101	118	0	9	14	17	0	0	0	—	13	45	1	4	0.3	.983

Ted Higuera
HIGUERA, TEODORO VALENZUELA
Born Teodoro Valenzuela Higuera y Valenzuela.
B. Nov. 9, 1958, Los Mochis, Mexico
BB TL 5' 10" 180 lbs.

Year	Team		W	L	%	ERA	G	GS	CG	IP	H	BB	SO	ShO	W	L	SV	AB	H	HR	BA	PO	A	E	DP	TC/G	FA
1985	MIL	A	15	8	.652	3.90	32	30	7	212.1	186	63	127	2	0	0	0	0	0	0	—	8	18	1	2	0.8	.963
1986			20	11	.645	2.79	34	34	15	248.1	226	74	207	4	0	0	0	0	0	0	—	9	26	0	1	1.0	1.000
1987			18	10	.643	3.85	35	35	14	261.2	236	87	240	3	0	0	0	0	0	0	—	9	23	2	3	1.0	.941
1988			16	9	.640	2.45	31	31	8	227.1	168	59	192	1	0	0	0	0	0	0	—	12	33	0	1	1.5	1.000
1989			9	6	.600	3.46	22	22	2	135.1	125	48	91	1	0	0	0	0	0	0	—	5	10	1	0	0.7	.938
1990			11	10	.524	3.76	27	27	4	170	167	50	129	1	0	0	0	0	0	0	—	7	18	2	2	1.0	.926
1991			3	2	.600	4.46	7	6	0	36.1	37	10	33	0	0	0	0	0	0	0	—	1	5	1	0	1.0	.857
7 yrs.			92	56	.622	3.37	188	185	50	1291.1	1145	391	1019	12	0	0	0	0	0	0	—	51	133	7	9	1.0	.963

Donnie Hill
HILL, DONALD EARL
B. Nov. 12, 1960, Pomona, Calif.
BB TR 5' 10" 165 lbs.

Year	Team		W	L	%	ERA	G	GS	CG	IP	H	BB	SO	ShO	W	L	SV	AB	H	HR	BA	PO	A	E	DP	TC/G	FA
1990	CAL	A	0	0	—	0.00	1	0	0	1	0	1	1	0	0	0	0				*	0	0	0	0	0.0	—

Ken Hill
HILL, KENNETH WADE (Thrill)
B. Dec. 14, 1965, Lynn, Mass.
BR TR 6' 4" 200 lbs.

	W	L	%	ERA	G	GS	CG	IP	H	BB	SO	ShO	W	L	SV
April	2	1	.667	3.54	4	4	0	20.1	23	10	9	0	0	0	0
May	3	1	.750	3.29	6	6	0	38.1	28	9	27	0	0	0	0
June	2	3	.400	3.27	5	5	0	33	30	10	25	0	0	0	0
July	1	2	.333	6.32	6	6	0	31.1	26	17	21	0	0	0	0
Aug	0	2	.000	5.59	2	2	0	9.2	10	3	6	0	0	0	0
Sept/Oct	3	1	.750	1.85	7	7	0	48.2	30	18	33	0	0	0	0
Day	6	2	.750	2.14	10	10	0	67.1	47	19	43	0	0	0	0
Night	5	8	.385	4.42	20	20	0	114	100	48	78	0	0	0	0
vs. Left	—	—	—	—	—	—	—	—	87	37	62	—	—	—	—
vs. Right	—	—	—	—	—	—	—	—	60	30	59	—	—	—	—
On Grass	4	3	.571	3.28	10	10	0	60.1	50	18	39	0	0	0	0
On Turf	7	7	.500	3.72	20	20	0	121	97	49	82	0	0	0	0
Home	6	4	.600	3.18	14	14	0	87.2	63	34	60	0	0	0	0
Road	5	6	.455	3.94	16	16	0	93.2	84	33	61	0	0	0	0
Division Rivals															
vs. CHI	2	0	1.000	4.24	4	4	0	23.1	22	9	14	0	0	0	0
vs. MON	1	1	.500	3.86	2	2	0	11.2	13	6	4	0	0	0	0
vs. NY	2	0	1.000	2.53	3	3	0	21.1	15	5	15	0	0	0	0
vs. PHI	2	1	.667	2.92	4	4	0	24.2	17	10	14	0	0	0	0
vs. PIT	1	2	.333	3.31	3	3	0	16.1	14	9	13	0	0	0	0

STARTING PITCHER

WINS — 12.5 NL AVG
ERA — 2.50 NL AVG
SO/9 — 5 NL AVG
RATIO — 10 NL AVG

Year	Team		W	L	%	ERA	G	GS	CG	IP	H	BB	SO	ShO	W	L	SV	AB	H	HR	BA	PO	A	E	DP	TC/G	FA
1988	STL	N	0	1	.000	5.14	4	1	0	14	16	6	6	0	0	0	0	3	0	0	.000	0	3	0	0	0.8	1.000
1989			7	15	.318	3.80	33	33	2	196.2	186	99	112	1	0	0	0	59	9	0	.153	12	31	1	1	1.3	.977
1990			5	6	.455	5.49	17	14	1	78.2	79	33	58	0	0	0	0	19	4	0	.211	7	10	1	1	1.1	.944
1991			11	10	.524	3.57	30	30	0	181.1	147	67	121	0	0	0	0	50	5	0	.100	15	26	2	1	1.4	.953
4 yrs.			23	32	.418	4.03	84	78	3	470.2	428	205	297	1	0	0	0	131	18	0	.137	34	70	4	3	1.3	.963

PITCHER REGISTER

Year	Team	W	L	%	ERA	G	GS	CG	IP	H	BB	SO	ShO	RELIEF PITCHING W	L	SV	BATTING AB	H	HR	BA	PO	A	E	DP	TC/G	FA

Milt Hill
HILL, MILTON GILES
B. Aug. 22, 1965, Atlanta, Ga.
BR TR 6′ 180 lbs.

Split	W	L	%	ERA	G	GS	CG	IP	H	BB	SO	ShO	W	L	SV
April	—	—	—	—	0	—	—	0	0	0	0	—	0	0	0
May	—	—	—	—	0	—	—	0	0	0	0	—	0	0	0
June	—	—	—	—	0	—	—	0	0	0	0	—	0	0	0
July	—	—	—	—	0	—	—	0	0	0	0	—	0	0	0
Aug	0	0	—	1.96	10	0	0	18.1	13	5	9	0	0	0	0
Sept/Oct	1	1	.500	6.00	12	0	0	15	23	3	11	0	1	1	0
Day	0	0	—	3.60	3	0	0	5	5	1	1	0	0	0	0
Night	1	1	.500	3.81	19	0	0	28.1	31	7	19	0	1	1	0
vs. Left	—	—	—	—	—	—	—	—	16	6	11	—	—	—	—
vs. Right	—	—	—	—	—	—	—	—	20	2	9	—	—	—	—
On Grass	1	0	1.000	6.35	4	0	0	5.2	11	1	7	0	1	0	0
On Turf	0	1	.000	3.25	18	0	0	27.2	25	7	13	0	0	1	0
Home	0	1	.000	3.38	17	0	0	26.2	24	7	12	0	0	1	0
Road	1	0	1.000	5.40	5	0	0	6.2	12	1	8	0	1	0	0
Division Rivals															
vs. ATL	1	0	1.000	2.00	6	0	0	9	8	1	5	0	1	0	0
vs. HOU	0	0	—	0.00	1	0	0	2	0	0	1	0	0	0	0
vs. LA	0	1	.000	6.48	5	0	0	8.1	14	2	5	0	0	1	0
vs. SD	0	0	—	10.80	3	0	0	3.1	8	0	4	0	0	0	0
vs. SF	0	0	—	0.00	3	0	0	5.2	2	1	2	0	0	0	0

Year	Team		W	L	%	ERA	G	GS	CG	IP	H	BB	SO	ShO	W	L	SV	AB	H	HR	BA	PO	A	E	DP	TC/G	FA
1991	CIN	N	1	1	.500	3.78	22	0	0	33.1	36	8	20	0	1	1	0	1	0	0	.000	2	2	0	0	0.2	1.000

Shawn Hillegas
HILLEGAS, SHAWN PATRICK
B. Aug. 21, 1964, Dos Palos, Calif.
BR TR 6′ 3″ 205 lbs.

Split	W	L	%	ERA	G	GS	CG	IP	H	BB	SO	ShO	W	L	SV
April	0	0	—	1.17	3	0	0	7.2	4	2	7	0	0	0	0
May	0	0	—	2.03	9	0	0	13.1	10	6	14	0	0	0	3
June	2	1	.667	2.13	7	0	0	12.2	5	11	13	0	2	1	1
July	0	1	.000	9.00	13	0	0	14	14	12	9	0	0	1	1
Aug	1	1	.500	4.76	11	0	0	17	17	8	14	0	1	1	1
Sept/Oct	0	1	.000	4.91	8	3	0	18.1	17	7	9	0	0	1	1
Day	0	1	.000	7.07	17	2	0	28	28	15	22	0	0	1	0
Night	3	3	.500	2.95	34	1	0	55	39	31	44	0	3	3	7
vs. Left	—	—	—	—	—	—	—	—	32	20	34	—	—	—	—
vs. Right	—	—	—	—	—	—	—	—	35	26	32	—	—	—	—
On Grass	3	4	.429	3.95	42	3	0	73	57	40	58	0	3	4	6
On Turf	0	0	—	7.20	9	0	0	10	10	6	8	0	0	0	1
Home	3	2	.600	3.07	30	2	0	55.2	38	30	47	0	3	2	5
Road	0	2	.000	6.91	21	1	0	27.1	29	16	19	0	0	2	2
Division Rivals															
vs. BAL	0	0	—	0.90	3	1	0	10	4	5	11	0	0	0	1
vs. BOS	1	1	.500	7.71	3	0	0	4.2	6	7	2	0	1	1	0
vs. DET	0	0	—	0.00	3	0	0	6	4	1	6	0	0	0	2
vs. MIL	0	0	—	6.35	5	0	0	5.2	5	4	3	0	0	0	1
vs. NY	0	0	—	3.29	4	2	0	13.2	15	2	9	0	0	0	1
vs. TOR	1	0	1.000	1.59	4	0	0	5.2	1	3	8	0	1	0	0

Year	Team		W	L	%	ERA	G	GS	CG	IP	H	BB	SO	ShO	W	L	SV	AB	H	HR	BA	PO	A	E	DP	TC/G	FA
1987	LA	N	4	3	.571	3.57	12	10	0	58	52	31	51	0	0	0	0	14	0	0	.000	4	2	1	0	0.6	.857
1988	2 teams		LA N (11G 3-4)			CHI A (6G 3-2)																					
"	total		6	6	.500	3.72	17	16	0	96.2	84	35	56	0	0	0	0	15	2	0	.133	10	8	1	0	1.1	.947
1989	CHI	A	7	11	.389	4.74	50	13	0	119.2	132	51	76	0	5	4	3	0	0	0	—	5	13	3	1	0.4	.857
1990			0	0	—	0.79	7	0	0	11.1	4	5	5	0	0	0	0	0	0	0	—	2	2	0	0	0.6	1.000
1991	CLE	A	3	4	.429	4.34	51	3	0	83	67	46	66	0	3	4	7	0	0	0	—	7	8	0	1	0.3	1.000
5 yrs.			20	24	.455	4.08	137	42	0	368.2	339	168	254	0	8	8	10	29	2	0	.069	28	33	5	2	0.5	.924

PITCHER REGISTER 333

Year	Team	W	L	%	ERA	G	GS	CG	IP	H	BB	SO	ShO	RELIEF PITCHING W	L	SV	BATTING AB	H	HR	BA	PO	A	E	DP	TC/G	FA

Brian Holman

HOLMAN, BRIAN SCOTT
B. Jan. 25, 1965, Denver, Colo.
BR TR 6' 4" 185 lbs.

Split	W	L	%	ERA	G	GS	CG	IP	H	BB	SO	ShO	W	L	SV
April	2	2	.500	2.83	4	4	1	28.2	27	13	13	1	0	0	0
May	3	3	.500	3.40	6	6	1	39.2	36	17	23	1	0	0	0
June	2	3	.400	5.81	5	5	1	31	32	16	19	0	0	0	0
July	2	2	.500	2.16	5	5	2	33.1	36	9	13	1	0	0	0
Aug	2	3	.400	4.67	6	6	0	34.2	40	16	22	0	0	0	0
Sept/Oct	2	1	.667	3.21	4	4	0	28	28	6	18	0	0	0	0
Day	3	8	.273	3.50	12	12	3	79.2	83	32	44	2	0	0	0
Night	10	6	.625	3.81	18	18	2	115.2	116	45	64	1	0	0	0
vs. Left	—	—	—	—	—	—	—	—	111	46	48	—	—	—	—
vs. Right	—	—	—	—	—	—	—	—	88	31	60	—	—	—	—
On Grass	3	5	.375	5.05	10	10	0	57	72	35	23	0	0	0	0
On Turf	10	9	.526	3.12	20	20	5	138.1	127	42	85	3	0	0	0
Home	9	7	.563	2.65	17	17	5	118.2	106	32	74	3	0	0	0
Road	4	7	.364	5.28	13	13	0	76.2	93	45	34	0	0	0	0
Division Rivals															
vs. CAL	1	2	.333	3.55	4	4	0	25.1	30	11	14	0	0	0	0
vs. CHI	—	—	—	—	0	—	—	0	0	0	0	—	0	0	0
vs. KC	1	1	.500	1.13	2	2	1	16	11	5	11	1	0	0	0
vs. MIN	1	1	.500	2.40	2	2	1	15	12	8	5	1	0	0	0
vs. OAK	1	1	.500	5.40	2	2	0	11.2	16	2	10	0	0	0	0
vs. TEX	0	1	.000	18.00	1	1	0	3	7	0	0	0	0	0	0

Year	Team	W	L	%	ERA	G	GS	CG	IP	H	BB	SO	ShO	W	L	SV	AB	H	HR	BA	PO	A	E	DP	TC/G	FA
1988	MON N	4	8	.333	3.23	18	16	1	100.1	101	34	58	1	0	0	0	28	3	0	.107	4	11	1	0	0.9	.938
1989	2 teams	MON N	(10G 1-2)		SEA A	(23G 8-10)																				
"	total	9	12	.429	3.67	33	25	6	191.1	194	77	105	2	0	1	0	8	1	0	.125	11	31	2	3	1.3	.955
1990	SEA A	11	11	.500	4.03	28	28	3	189.2	188	66	121	0	0	0	0	1	0	0	.000	16	17	1	0	1.2	.971
1991		13	14	.481	3.69	30	30	5	195.1	199	77	108	3	0	0	0	0	0	0	—	17	33	2	2	1.7	.962
4 yrs.		37	45	.451	3.71	109	99	15	676.2	682	254	392	6	0	1	0	37	4	0	.108	48	92	6	5	1.3	.959

Darren Holmes

HOLMES, DARREN LEE
B. Apr. 25, 1966, Asheville, N.C.
BR TR 6' 199 lbs.

Split	W	L	%	ERA	G	GS	CG	IP	H	BB	SO	ShO	W	L	SV
April	1	1	.500	2.40	6	0	0	15	12	5	14	0	1	1	0
May	0	0	—	1.80	8	0	0	20	24	3	14	0	0	0	2
June	0	0	—	5.11	8	0	0	12.1	13	4	9	0	0	0	0
July	0	1	.000	21.13	6	0	0	7.2	16	7	4	0	0	1	0
Aug	0	1	.000	5.79	5	0	0	9.1	13	3	9	0	0	1	0
Sept/Oct	0	1	.000	0.75	7	0	0	12	12	5	9	0	0	1	1
Day	0	2	.000	4.01	16	0	0	33.2	37	11	27	0	0	2	1
Night	1	2	.333	5.27	24	0	0	42.2	53	16	32	0	1	2	2
vs. Left	—	—	—	—	—	—	—	—	41	14	27	—	—	—	—
vs. Right	—	—	—	—	—	—	—	—	49	13	32	—	—	—	—
On Grass	1	3	.250	5.58	33	0	0	59.2	77	24	48	0	1	3	2
On Turf	0	1	.000	1.62	7	0	0	16.2	13	3	11	0	0	1	1
Home	0	1	.000	4.91	21	0	0	40.1	51	14	33	0	0	1	1
Road	1	3	.250	4.50	19	0	0	36	39	13	26	0	1	3	2
Division Rivals															
vs. BAL	1	1	.500	3.27	4	0	0	11	10	1	8	0	1	1	0
vs. BOS	0	0	—	12.60	3	0	0	5	7	4	6	0	0	0	0
vs. CLE	0	1	.000	3.00	4	0	0	9	10	2	6	0	0	1	2
vs. DET	0	0	—	4.50	2	0	0	2	2	3	1	0	0	0	0
vs. NY	0	0	—	4.76	4	0	0	5.2	8	1	3	0	0	0	0
vs. TOR	0	0	—	5.79	3	0	0	4.2	5	3	7	0	0	0	0

Year	Team	W	L	%	ERA	G	GS	CG	IP	H	BB	SO	ShO	W	L	SV	AB	H	HR	BA	PO	A	E	DP	TC/G	FA
1990	LA N	0	1	.000	5.19	14	0	0	17.1	15	11	19	0	0	1	0	0	0	0	—	1	1	0	0	0.1	1.000
1991	MIL A	1	4	.200	4.72	40	0	0	76.1	90	27	59	0	1	4	3	0	0	0	—	4	14	1	0	0.5	.947
2 yrs.		1	5	.167	4.80	54	0	0	93.2	105	38	78	0	1	5	3	0	0	0	—	5	15	1	0	0.4	.952

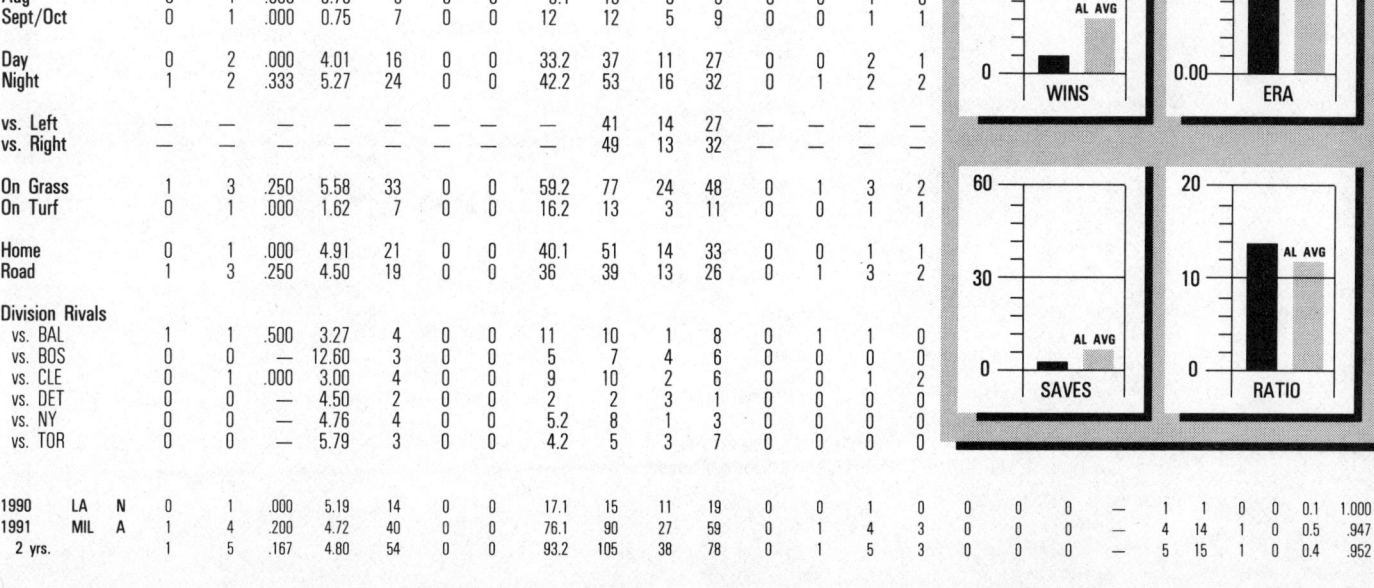

PITCHER REGISTER

Year	Team	W	L	%	ERA	G	GS	CG	IP	H	BB	SO	ShO	Relief W	Relief L	SV	AB	H	HR	BA	PO	A	E	DP	TC/G	FA

Rick Honeycutt
HONEYCUTT, FREDERICK WAYNE
B. June 29, 1952, Chattanooga, Tenn.
BL TL 6' 1" 185 lbs.

RELIEF PITCHER

Split	W	L	%	ERA	G	GS	CG	IP	H	BB	SO	ShO	RW	RL	SV
April	—	—	—	—	0	—	—	0	0	0	0	—	0	0	0
May	—	—	—	—	0	—	—	0	0	0	0	—	0	0	0
June	0	1	.000	4.26	6	0	0	6.1	6	2	6	0	0	1	0
July	2	1	.667	3.65	11	0	0	12.1	11	8	6	0	2	1	0
Aug	0	1	.000	4.00	13	0	0	9	9	3	6	0	0	1	0
Sept/Oct	0	1	.000	2.70	13	0	0	10	11	7	8	0	0	1	0
Day	1	1	.500	3.07	14	0	0	14.2	14	10	15	0	1	1	0
Night	1	3	.250	3.91	29	0	0	23	23	10	11	0	1	3	0
vs. Left	—	—	—	—	—	—	—	—	11	8	11	—	—	—	—
vs. Right	—	—	—	—	—	—	—	—	26	12	15	—	—	—	—
On Grass	2	3	.400	2.91	37	0	0	34	30	18	22	0	2	3	0
On Turf	0	1	.000	9.82	6	0	0	3.2	7	2	4	0	0	1	0
Home	0	2	.000	2.14	23	0	0	21	18	10	14	0	0	2	0
Road	2	2	.500	5.40	20	0	0	16.2	19	10	12	0	2	2	0
Division Rivals															
vs. CAL	0	0	—	0.00	3	0	0	2.2	0	0	0	0	0	0	0
vs. CHI	0	1	.000	3.00	3	0	0	3	2	3	2	0	0	1	0
vs. KC	0	0	—	5.40	4	0	0	3.1	4	0	2	0	0	0	0
vs. MIN	0	1	.000	16.20	3	0	0	1.2	4	0	2	0	0	1	0
vs. SEA	0	0	—	0.00	4	0	0	2.2	2	1	1	0	0	0	0
vs. TEX	0	2	.000	7.71	6	0	0	4.2	6	1	3	0	0	2	0

Year	Team	W	L	%	ERA	G	GS	CG	IP	H	BB	SO	ShO	RW	RL	SV	AB	H	HR	BA	PO	A	E	DP	TC/G	FA
1977	SEA A	0	1	.000	4.34	10	3	0	29	26	11	17	0	0	0	0	0	0	0	—	0	2	0	0	0.2	1.000
1978		5	11	.313	4.89	26	24	4	134.1	150	49	50	1	0	0	0	0	0	0	—	9	28	2	1	1.5	.949
1979		11	12	.478	4.04	33	28	8	194	201	67	83	1	1	3	0	0	0	0	—	6	28	5	2	1.2	.872
1980		10	17	.370	3.95	30	30	9	203	221	60	79	1	0	0	0	0	0	0	—	9	32	2	1	1.4	.953
1981	TEX A	11	6	.647	3.30	20	20	8	128	120	17	40	2	0	0	0	0	0	0	—	3	30	3	1	1.8	.917
1982		5	17	.227	5.27	30	26	4	164	201	54	64	1	0	0	0	0	0	0	—	3	35	2	0	1.3	.950
1983	2 teams	TEX A (25G 14-8)				LA N (9G 2-3)																				
"	total	16	11	.593	3.03	34	32	6	213.2	214	50	74	2	0	0	0	12	1	0	.083	13	55	1	5	2.0	.986
1984	LA N	10	9	.526	2.84	29	28	6	183.2	180	51	75	2	0	0	0	56	8	0	.143	10	42	3	2	1.9	.945
1985		8	12	.400	3.42	31	25	1	142	141	49	67	0	0	1	1	38	5	0	.132	9	37	2	1	1.5	.958
1986		11	9	.550	3.32	32	28	0	171	164	45	100	0	1	0	0	43	3	0	.070	9	35	1	2	1.4	.978
1987	2 teams	LA N (27G 2-12)				OAK A (7G 1-4)																				
"	total	3	16	.158	4.72	34	24	1	139.1	158	54	102	1	0	1	0	30	7	0	.233	5	20	2	0	0.8	.926
1988	OAK A	3	2	.600	3.50	55	0	0	79.2	74	25	47	0	3	2	7	0	0	0	—	3	18	2	3	0.4	.913
1989		2	2	.500	2.35	64	0	0	76.2	56	26	52	0	2	2	12	0	0	0	—	4	16	1	1	0.3	.952
1990		2	2	.500	2.70	63	0	0	63.1	46	22	38	0	2	2	7	2	0	0	.000	0	15	1	0	0.3	.938
1991		2	4	.333	3.58	43	0	0	37.2	37	20	26	0	2	4	0	0	0	0	—	4	4	0	1	0.2	1.000
15 yrs.		99	131	.430	3.73	534	268	47	1959.1	1989	600	914	11	11	15	27	181	24	0	.133	87	397	27	20	1.0	.947

LEAGUE CHAMPIONSHIP SERIES

Year	Team	W	L	%	ERA	G	GS	CG	IP	H	BB	SO	ShO	RW	RL	SV	AB	H	HR	BA	PO	A	E	DP	TC/G	FA
1983	LA N	0	0	—	21.60	2	0	0	1.2	4	0	2	0	0	0	0	0	0	0	—	1	0	0	0	0.5	1.000
1985		0	0	—	13.50	2	0	0	1.1	4	2	1	0	0	0	0	0	0	0	—	0	1	0	0	0.5	1.000
1988	OAK A	1	0	1.000	0.00	3	0	0	2	0	2	0	0	1	0	0	0	0	0	—	0	0	0	0	0.0	—
1989		0	0	—	32.40	3	0	0	1.2	6	5	1	0	0	0	0	0	0	0	—	0	0	0	0	0.0	—
1990		0	0	—	0.00	3	0	0	1.2	0	0	0	0	0	0	1	0	0	0	—	0	0	0	0	0.0	—
5 yrs.		1	0	1.000	12.96	13	0	0	8.1	14	9	4	0	1	0	1	0	0	0	—	1	1	0	0	0.2	1.000

WORLD SERIES

Year	Team	W	L	%	ERA	G	GS	CG	IP	H	BB	SO	ShO	RW	RL	SV	AB	H	HR	BA	PO	A	E	DP	TC/G	FA
1988	OAK A	1	0	1.000	0.00	3	0	0	3.1	0	0	5	0	1	0	0	0	0	0	—	0	0	0	0	0.0	—
1989		0	0	—	6.75	3	0	0	2.2	4	0	2	0	0	0	0	0	0	0	—	0	0	0	0	0.0	—
1990		0	0	—	0.00	1	0	0	1.2	2	1	0	0	0	0	0	0	0	0	—	0	0	0	0	0.0	—
3 yrs.		1	0	1.000	2.35	7	0	0	7.2	6	1	7	0	1	0	0	0	0	0	—	0	0	0	0	0.0	—

Vince Horsman
HORSMAN, VINCENT STANLEY JOSEPH
B. Mar. 9, 1967, Halifax, Nova Scotia, Canada
BR TL 6' 2" 175 lbs.

Year	Team	W	L	%	ERA	G	GS	CG	IP	H	BB	SO	ShO	RW	RL	SV	AB	H	HR	BA	PO	A	E	DP	TC/G	FA
1991	TOR A	0	0	—	0.00	4	0	0	4	2	3	2	0	0	0	0	0	0	0	—	0	0	0	0	0.0	—

Charlie Hough

HOUGH, CHARLES OLIVER
B. Jan. 5, 1948, Honolulu, Hawaii
BR TR 6' 2" 190 lbs.

STARTING PITCHER

Year	Team	W	L	%	ERA	G	GS	CG	IP	H	BB	SO	ShO	Relief W	Relief L	Relief SV	AB	H	HR	BA	PO	A	E	DP	TC/G	FA
April		0	1	.000	7.94	2	1	0	5.2	5	8	7	0	0	0	0										
May		1	1	.500	4.01	5	4	1	33.2	31	12	22	0	0	0	0										
June		4	1	.800	3.13	6	6	1	46	28	24	22	0	0	0	0										
July		1	3	.250	3.16	6	6	1	42.2	33	17	17	0	0	0	0										
Aug		1	2	.333	7.04	6	6	1	30.2	39	18	15	1	0	0	0										
Sept/Oct		2	2	.500	3.10	6	6	0	40.2	31	15	24	0	0	0	0										
Day		4	3	.571	2.45	10	8	3	69.2	47	25	42	1	0	0	0										
Night		5	7	.417	4.86	21	21	1	129.2	120	69	65	0	0	0	0										
vs. Left		—	—	—	—	—	—	—	—	—	84	44	48	—	—	—										
vs. Right		—	—	—	—	—	—	—	—	—	83	50	59	—	—	—										
On Grass		7	7	.500	3.81	24	22	3	156	127	81	88	1	0	0	0										
On Turf		2	3	.400	4.78	7	7	1	43.1	40	13	19	0	0	0	0										
Home		5	5	.500	3.38	15	15	2	106.2	89	41	59	1	0	0	0										
Road		4	5	.444	4.76	16	14	2	92.2	78	53	48	0	0	0	0										
Division Rivals																										
vs. CAL		2	0	1.000	3.14	4	4	0	28.2	26	11	16	0	0	0	0										
vs. KC		2	1	.667	3.44	3	3	0	18.1	21	4	8	0	0	0	0										
vs. MIN		1	0	1.000	2.57	1	1	0	7	5	3	2	0	0	0	0										
vs. OAK		1	0	1.000	2.63	2	2	0	13.2	6	8	6	0	0	0	0										
vs. SEA		0	2	.000	3.54	3	3	0	20.1	12	6	12	0	0	0	0										
vs. TEX		0	1	.000	3.38	2	2	1	16	7	13	13	0	0	0	0										
1970	LA N	0	0	—	5.29	8	0	0	17	18	11	8	0	0	0	2	3	1	0	.333	1	3	0	0	0.5	1.000
1971		0	0	—	4.50	4	0	0	4	3	3	4	0	0	0	0	0	0	0	—	0	1	0	0	0.3	1.000
1972		0	0	—	3.38	2	0	0	2.2	2	2	4	0	0	0	0	0	0	0	—	0	1	0	0	0.5	1.000
1973		4	2	.667	2.76	37	0	0	71.2	52	45	70	0	4	2	5	14	3	0	.214	4	11	1	1	0.4	.938
1974		9	4	.692	3.75	49	0	0	96	65	40	63	0	9	4	1	12	0	0	.000	3	14	1	1	0.4	.944
1975		3	7	.300	2.95	38	0	0	61	43	34	34	0	3	7	4	6	2	0	.333	4	7	2	0	0.3	.846
1976		12	8	.600	2.21	77	0	0	142.2	102	77	81	0	**12**	8	18	21	6	0	.286	3	22	1	0	0.3	.962
1977		6	12	.333	3.33	70	1	0	127	98	70	105	0	5	**12**	22	22	4	1	.182	6	15	1	1	0.3	.955
1978		5	5	.500	3.29	55	0	0	93	69	48	66	0	5	5	7	12	4	0	.333	5	11	2	0	0.3	1.000
1979		7	5	.583	4.77	42	14	0	151	152	66	76	0	1	2	0	38	6	0	.158	5	26	1	0	0.8	.969
1980	2 teams	LA N (19G 1-3)			TEX A (16G 2-2)																					
"	total	3	5	.375	4.55	35	3	2	93	91	58	72	1	2	3	1	2	1	0	.500	2	10	1	0	0.4	.923
1981	TEX A	4	1	.800	2.96	21	5	2	82	61	31	69	0	0	0	1	0	0	0	—	8	0	1	0.5	1.000	
1982		16	13	.552	3.95	34	34	12	228	217	72	128	2	0	0	0	0	0	0	—	14	35	1	4	1.5	.980
1983		15	13	.536	3.18	34	33	11	252	219	95	152	3	1	0	0	0	0	0	—	25	46	2	4	2.1	.973
1984		16	14	.533	3.76	36	**36**	17	266	260	94	165	1	0	0	0	0	0	0	—	12	51	1	2	1.8	.984
1985		14	16	.467	3.31	34	34	14	250.1	198	83	141	1	0	0	0	0	0	0	—	18	35	2	5	1.6	.964
1986		17	10	.630	3.79	33	33	7	230.1	188	89	146	2	0	0	0	0	0	0	—	20	32	1	5	1.6	.981
1987		18	13	.581	3.79	40	**40**	13	285.1	238	124	223	0	0	0	0	0	0	0	—	30	46	1	3	1.9	.987
1988		15	16	.484	3.32	34	34	10	252	202	**126**	174	0	0	0	0	0	0	0	—	27	43	1	4	2.1	.986
1989		10	13	.435	4.35	30	30	5	182	168	95	94	1	0	0	0	0	0	0	—	13	18	1	3	1.1	.969
1990		12	12	.500	4.07	32	32	5	218.2	190	119	114	0	0	0	0	0	0	0	—	11	31	2	2	1.4	.955
1991	CHI A	9	10	.474	4.02	31	29	4	199.1	167	94	107	1	0	0	0	0	0	0	—	12	31	1	1	1.4	.977
22 yrs.		195	179	.521	3.66	776	358	102	3305	2803	1476 10th	2096	12	42	43	61	130	27	1	.208	217	497	21	36	0.9	.971

LEAGUE CHAMPIONSHIP SERIES

Year	Team	W	L	%	ERA	G	GS	CG	IP	H	BB	SO	ShO	W	L	SV	AB	H	HR	BA	PO	A	E	DP	TC/G	FA
1974	LA N	0	0	—	7.71	1	0	0	2.1	4	0	2	0	0	0	0	0	0	0	—	0	0	1	0	1.0	—
1977		0	0	—	4.50	1	0	0	2	2	0	3	0	0	0	0	0	0	0	—	0	1	0	0	1.0	1.000
1978		0	0	—	4.50	1	0	0	2	1	0	1	0	0	0	0	0	0	0	—	1	1	0	0	2.0	1.000
3 yrs.		0	0	—	5.68	3	0	0	6.1	7	0	6	0	0	0	0	0	0	0	—	1	2	1	0	1.3	.750

WORLD SERIES

Year	Team	W	L	%	ERA	G	GS	CG	IP	H	BB	SO	ShO	W	L	SV	AB	H	HR	BA	PO	A	E	DP	TC/G	FA
1974	LA N	0	0	—	0.00	1	0	0	2	0	1	4	0	0	0	0	0	0	0	—	0	0	0	0	0.0	—
1977		0	0	—	1.80	2	0	0	5	3	0	5	0	0	0	0	0	0	0	—	0	0	0	0	0.0	—
1978		0	0	—	8.44	2	0	0	5.1	10	2	5	0	0	0	0	0	0	0	—	1	0	0	0	0.5	1.000
3 yrs.		0	0	—	4.38	5	0	0	12.1	13	3	14	0	0	0	0	0	0	0	—	1	0	0	0	0.2	1.000

PITCHER REGISTER 336

Year	Team	W	L	%	ERA	G	GS	CG	IP	H	BB	SO	ShO	RELIEF PITCHING W	L	SV	BATTING AB	H	HR	BA	PO	A	E	DP	TC/G	FA

Steve Howe
HOWE, STEVEN ROY
B. Mar. 10, 1958, Pontiac, Mich.
BL TL 6′ 1″ 180 lbs.

Split	W	L	%	ERA	G	GS	CG	IP	H	BB	SO	ShO	W	L	SV
April	—	—	—	—	0	0	0	0	0	0	0	—	0	0	0
May	2	0	1.000	1.50	8	0	0	12	6	3	5	0	2	0	0
June	0	0	—	0.47	13	0	0	19	16	2	17	0	0	0	2
July	1	1	.500	3.86	10	0	0	11.2	13	0	9	0	1	1	1
Aug	0	0	—	0.00	4	0	0	4.2	2	2	3	0	0	0	0
Sept/Oct	0	0	—	9.00	2	0	0	1	2	0	0	0	0	0	0
Day	1	0	1.000	1.65	14	0	0	16.1	14	6	9	0	1	0	0
Night	2	1	.667	1.69	23	0	0	32	25	1	25	0	2	1	3
vs. Left	—	—	—	—	—	—	—	—	6	1	13	—	—	—	—
vs. Right	—	—	—	—	—	—	—	—	33	6	21	—	—	—	—
On Grass	3	1	.750	1.67	31	0	0	43	35	7	30	0	3	1	2
On Turf	0	0	—	1.69	6	0	0	5.1	4	0	4	0	0	0	1
Home	2	1	.667	2.28	16	0	0	23.2	20	3	17	0	2	1	0
Road	1	0	1.000	1.09	21	0	0	24.2	19	4	17	0	1	0	3
Division Rivals															
vs. BAL	0	0	—	0.00	2	0	0	3.1	3	1	1	0	0	0	0
vs. BOS	0	0	—	0.00	2	0	0	5	2	0	3	0	0	0	1
vs. CLE	0	0	—	8.10	2	0	0	3.1	8	0	2	0	0	0	0
vs. DET	0	0	—	0.00	3	0	0	3.2	2	2	2	0	0	0	0
vs. MIL	1	0	1.000	0.00	4	0	0	5.1	6	2	6	0	1	0	0
vs. TOR	0	0	—	0.00	3	0	0	6	3	0	7	0	0	0	1

Year	Team	W	L	%	ERA	G	GS	CG	IP	H	BB	SO	ShO	W	L	SV	AB	H	HR	BA	PO	A	E	DP	TC/G	FA
1980	LA N	7	9	.438	2.65	59	0	0	85	83	22	39	0	7	9	17	11	1	0	.091	3	20	1	0	0.4	.958
1981		5	3	.625	2.50	41	0	0	54	51	18	32	0	5	3	8	1	0	0	.000	1	5	0	0	0.1	1.000
1982		7	5	.583	2.08	66	0	0	99.1	87	17	49	0	7	5	13	7	0	0	.000	2	17	1	0	0.3	.950
1983		4	7	.364	1.44	46	0	0	68.2	55	12	52	0	4	7	18	8	1	0	.125	4	15	0	0	0.4	1.000
1985	2 teams	LA N (19G 1-1)				MIN A (13G 2-3)																				
"	total	3	4	.429	5.49	32	0	0	41	58	12	21	0	3	4	3	0	0	0	—	3	7	1	0	0.3	.909
1987	TEX A	3	3	.500	4.31	24	0	0	31.1	33	8	19	0	3	3	1	0	0	0	—	4	4	0	0	0.3	1.000
1991	NY A	3	1	.750	1.68	37	0	0	48.1	39	7	34	0	3	1	3	0	0	0	—	5	6	3	1	0.4	.786
7 yrs.		32	32	.500	2.59	305	0	0	427.2	406	96	246	0	32	32	63	27	2	0	.074	22	74	6	1	0.3	.941

DIVISIONAL PLAYOFF SERIES
| 1981 | LA N | 0 | 0 | — | 0.00 | 2 | 0 | 0 | 2 | 1 | 0 | 2 | 0 | 0 | 0 | 0 | 0 | 0 | 0 | — | 0 | 0 | 0 | 0 | 0.0 | — |

LEAGUE CHAMPIONSHIP SERIES
| 1981 | LA N | 0 | 0 | — | 0.00 | 2 | 0 | 0 | 2 | 1 | 0 | 2 | 0 | 0 | 0 | 0 | 0 | 0 | 0 | — | 0 | 0 | 0 | 0 | 0.0 | — |

WORLD SERIES
| 1981 | LA N | 1 | 0 | 1.000 | 3.86 | 3 | 0 | 0 | 7 | 7 | 1 | 4 | 0 | 1 | 0 | 1 | 2 | 0 | 0 | .000 | 0 | 1 | 1 | 0 | 0.7 | .500 |

Jay Howell
HOWELL, JAY CANFIELD
B. Nov. 26, 1955, Miami, Fla.
BR TR 6′ 3″ 200 lbs.

Split	W	L	%	ERA	G	GS	CG	IP	H	BB	SO	ShO	W	L	SV
April	0	0	—	2.35	5	0	0	7.2	9	0	10	0	0	0	1
May	0	1	.000	2.25	12	0	0	16	11	1	13	0	0	1	8
June	2	1	.667	3.60	9	0	0	10	7	2	6	0	2	1	2
July	2	0	1.000	0.00	2	0	0	2	0	2	0	0	2	0	0
Aug	1	2	.333	3.65	13	0	0	12.1	9	4	10	0	1	2	4
Sept/Oct	1	1	.500	9.00	3	0	0	3	3	2	1	0	1	1	1
Day	0	0	—	4.15	11	0	0	13	15	1	15	0	0	0	5
Night	6	5	.545	2.84	33	0	0	38	24	10	25	0	6	5	11
vs. Left	—	—	—	—	—	—	—	—	17	7	21	—	—	—	—
vs. Right	—	—	—	—	—	—	—	—	22	4	19	—	—	—	—
On Grass	6	2	.750	2.28	35	0	0	43.1	32	7	37	0	6	2	13
On Turf	0	3	.000	8.22	9	0	0	7.2	7	4	3	0	0	3	3
Home	6	2	.750	2.84	26	0	0	31.2	26	6	26	0	6	2	8
Road	0	3	.000	3.72	18	0	0	19.1	13	5	14	0	0	3	8
Division Rivals															
vs. ATL	0	0	—	0.00	2	0	0	1.2	2	0	2	0	0	0	0
vs. CIN	0	1	.000	6.43	5	0	0	7	8	2	7	0	0	1	1
vs. HOU	1	2	.333	4.26	7	0	0	6.1	3	4	4	0	1	2	2
vs. SD	0	0	—	0.00	2	0	0	2	0	0	4	0	0	0	2
vs. SF	0	0	—	2.25	5	0	0	8	8	1	10	0	0	0	2

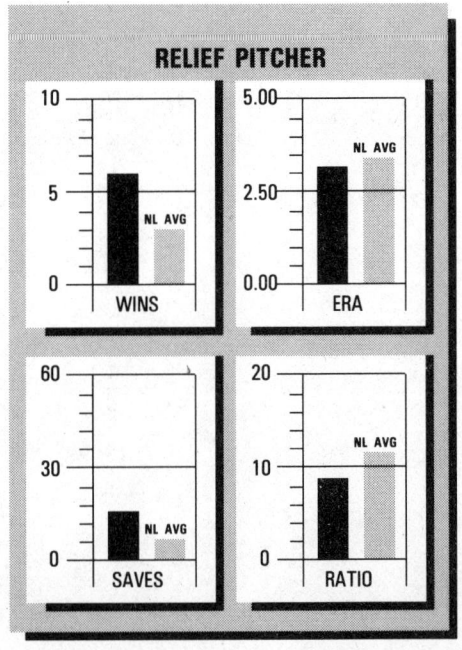

PITCHER REGISTER 337

Year	Team		W	L	%	ERA	G	GS	CG	IP	H	BB	SO	ShO	RELIEF PITCHING W	L	SV	BATTING AB	H	HR	BA	PO	A	E	DP	TC/G	FA

Jay Howell *Continued*

Year	Team		W	L	%	ERA	G	GS	CG	IP	H	BB	SO	ShO	W	L	SV	AB	H	HR	BA	PO	A	E	DP	TC/G	FA
1980	CIN	N	0	0	—	15.00	5	0	0	3	8	0	1	0	0	0	0	0	0	0	—	0	0	0	0	0.0	—
1981	CHI	N	2	0	1.000	4.91	10	2	0	22	23	10	10	0	0	0	0	2	0	0	.000	2	9	0	1	1.1	1.000
1982	NY	A	2	3	.400	7.71	6	6	0	28	42	13	21	0	0	0	0	0	0	0	—	2	2	0	0	0.7	1.000
1983			1	5	.167	5.38	19	12	2	82	89	35	61	0	0	0	0	0	0	0	—	7	10	1	0	0.9	.944
1984			9	4	.692	2.69	61	1	0	103.2	86	34	109	0	8	4	7	0	0	0	—	11	16	1	3	0.5	.964
1985	OAK	A	9	8	.529	2.85	63	0	0	98	98	31	68	0	9	8	29	0	0	0	—	1	15	0	1	0.3	1.000
1986			3	6	.333	3.38	38	0	0	53.1	53	23	42	0	3	6	16	0	0	0	—	2	6	0	0	0.2	1.000
1987			3	4	.429	5.89	36	0	0	44.1	48	21	35	0	3	4	16	0	0	0	—	3	4	1	0	0.2	.875
1988	LA	N	5	3	.625	2.08	50	0	0	65	44	21	70	0	5	3	21	2	0	0	.000	7	6	1	0	0.3	.929
1989			5	3	.625	1.58	56	0	0	79.2	60	22	55	0	5	3	28	0	0	0	.000	5	10	1	2	0.3	.938
1990			5	5	.500	2.18	45	0	0	66	59	20	59	0	5	5	16	2	0	0	.000	3	8	0	0	0.2	1.000
1991			6	5	.545	3.18	44	0	0	51	39	11	40	0	6	5	16	0	0	0	—	5	6	1	1	0.3	.917
12 yrs.			50	46	.521	3.41	433	21	2	696	649	241	571	0	44	38	149	9	0	0	.000	48	92	6	8	0.3	.959

LEAGUE CHAMPIONSHIP SERIES
| 1988 | LA | N | 0 | 1 | .000 | 27.00 | 2 | 0 | 0 | 0.2 | 1 | 2 | 1 | 0 | 0 | 1 | 0 | 0 | 0 | 0 | — | 0 | 0 | 0 | 0 | 0.0 | — |

WORLD SERIES
| 1988 | LA | N | 0 | 1 | .000 | 3.38 | 2 | 0 | 0 | 2.2 | 3 | 1 | 2 | 0 | 0 | 1 | 1 | 0 | 0 | 0 | — | 0 | 0 | 0 | 0 | 0.0 | — |

Mark Huismann

HUISMANN, MARK LAWRENCE
B. May 11, 1958, Lincoln, Neb.
BR TR 6' 3" 195 lbs.

Year	Team		W	L	%	ERA	G	GS	CG	IP	H	BB	SO	ShO	W	L	SV	AB	H	HR	BA	PO	A	E	DP	TC/G	FA
1983	KC	A	2	1	.667	5.58	13	0	0	30.2	29	17	20	0	2	1	0	0	0	0	—	1	2	0	0	0.2	1.000
1984			3	3	.500	4.20	38	0	0	75	84	21	54	0	3	3	3	0	0	0	—	7	10	3	0	0.5	.850
1985			1	0	1.000	1.93	9	0	0	18.2	14	3	9	0	1	0	0	0	0	0	—	1	3	0	0	0.4	1.000
1986	2 teams		KC A (10G 0-1)			SEA A (36G 3-3)																					
"	total		3	4	.429	3.79	46	1	0	97.1	98	25	72	0	3	3	5	0	0	0	—	12	12	3	1	0.6	.889
1987	2 teams		SEA A (6G 0-0)			CLE A (20G 2-3)																					
"			2	3	.400	5.04	26	0	0	50	48	12	38	0	2	3	2	0	0	0	—	4	8	3	0	0.6	.800
1988	DET	A	1	0	1.000	5.06	5	0	0	5.1	6	2	6	0	1	0	0	0	0	0	—	0	2	0	1	0.4	1.000
1989	BAL	A	0	0	—	6.35	8	0	0	11.1	13	0	13	0	0	0	1	0	0	0	—	3	3	0	0	0.8	1.000
1990	PIT	N	1	0	1.000	9.00	2	0	0	3	6	1	2	0	1	0	0	0	0	0	—	0	0	0	0	0.0	—
1991			0	0	—	7.20	5	0	0	5	7	2	5	0	0	0	0	0	0	0	—	1	1	0	0	0.4	1.000
9 yrs.			13	11	.542	4.40	152	1	0	296.1	305	83	219	0	13	10	11	0	0	0	—	29	41	9	2	0.5	.886

LEAGUE CHAMPIONSHIP SERIES
| 1984 | KC | A | 0 | 0 | — | 10.13 | 1 | 0 | 0 | 2.2 | 6 | 1 | 2 | 0 | 0 | 0 | 0 | 0 | 0 | 0 | — | 0 | 0 | 0 | 0 | 0.0 | — |

Jim Hunter

HUNTER, JAMES MacGREGOR
B. June 22, 1964, Jersey City, N.J.
BR TR 6' 3" 205 lbs.

Year	Team		W	L	%	ERA	G	GS	CG	IP	H	BB	SO	ShO	W	L	SV	AB	H	HR	BA	PO	A	E	DP	TC/G	FA
1991	MIL	A	0	5	.000	7.26	8	6	0	31	45	17	14	0	0	1	0	0	0	0	—	3	7	0	1	1.3	1.000

Bruce Hurst

HURST, BRUCE VEE
B. Mar. 24, 1958, St. George, Utah
BL TL 6' 4" 200 lbs.

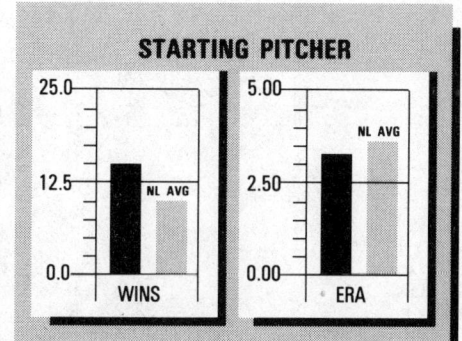

	W	L	%	ERA	G	GS	CG	IP	H	BB	SO	ShO	W	L	SV
April	2	0	1.000	2.17	4	4	0	29	21	8	26	0	0	0	0
May	3	2	.600	3.95	6	6	1	43.1	47	14	27	0	0	0	0
June	4	2	.667	2.49	6	6	2	47	36	12	20	0	0	0	0
July	3	1	.750	3.86	5	5	1	35	30	9	24	0	0	0	0
Aug	3	1	.750	3.28	6	6	0	46.2	43	11	32	0	0	0	0
Sept/Oct	0	2	.000	4.35	4	4	0	20.2	24	5	12	0	0	0	0
Day	2	0	1.000	3.24	4	4	2	33.1	30	7	13	0	0	0	0
Night	13	8	.619	3.30	27	27	2	188.1	171	52	128	0	0	0	0
vs. Left	—	—	—	—	—	—	—	—	24	13	31	—	—	—	—
vs. Right	—	—	—	—	—	—	—	—	177	46	110	—	—	—	—

PITCHER REGISTER 338

Year	Team	W	L	%	ERA	G	GS	CG	IP	H	BB	SO	ShO	RELIEF PITCHING W	L	SV	BATTING AB	H	HR	BA	PO	A	E	DP	TC/G	FA

Bruce Hurst *Continued*

		W	L	%	ERA	G	GS	CG	IP	H	BB	SO	ShO	W	L	SV	AB	H	HR	BA	PO	A	E	DP	TC/G	FA
On Grass		10	6	.625	3.54	24	24	3	170.1	154	47	111	0	0	0	0										
On Turf		5	2	.714	2.45	7	7	1	51.1	47	12	30	0	0	0	0										
Home		7	5	.583	3.34	18	18	2	126.2	103	36	92	0	0	0	0										
Road		8	3	.727	3.22	13	13	2	95	98	23	49	0	0	0	0										
Division Rivals																										
vs. ATL		2	3	.400	2.95	5	5	1	36.2	35	11	25	0	0	0	0										
vs. CIN		0	1	.000	3.52	2	2	0	15.1	15	4	10	0	0	0	0										
vs. HOU		2	1	.667	4.32	4	4	1	25	22	9	16	0	0	0	0										
vs. LA		0	1	.000	6.75	2	2	0	12	13	6	10	0	0	0	0										
vs. SF		2	0	1.000	3.60	2	2	0	15	9	4	12	0	0	0	0										
1980	BOS A	2	2	.500	9.00	12	7	0	31	39	16	16	0	0	0	0	0	0	0	—	1	4	0	0	0.4	1.000
1981		2	0	1.000	4.30	5	5	0	23	23	12	11	0	0	0	0	0	0	0	—	0	2	0	0	0.4	1.000
1982		3	7	.300	5.77	28	19	0	117	161	40	53	0	0	1	0	0	0	0	—	6	22	1	1	1.0	.966
1983		12	12	.500	4.09	33	32	6	211.1	241	62	115	2	0	0	0	0	0	0	—	12	34	2	2	1.5	.958
1984		12	12	.500	3.92	33	33	9	218	232	88	136	2	0	0	0	0	0	0	—	10	30	0	1	1.2	1.000
1985		11	13	.458	4.51	35	31	6	229.1	243	70	189	1	0	2	0	0	0	0	—	11	32	3	0	1.3	.935
1986		13	8	.619	2.99	25	25	11	174.1	169	50	167	4	0	0	0	0	0	0	—	7	18	2	2	1.1	.926
1987		15	13	.536	4.41	33	33	15	238.2	239	76	190	3	0	0	0	0	0	0	—	12	34	3	2	1.5	.939
1988		18	6	.750	3.66	33	32	7	216.2	222	65	166	1	0	0	0	0	0	0	—	7	31	0	0	1.2	1.000
1989	SD N	15	11	.577	2.69	33	33	10	244.2	214	66	179	2	0	0	0	70	5	0	.071	8	42	0	2	1.5	1.000
1990		11	9	.550	3.14	33	33	9	223.2	188	63	162	4	0	0	0	67	6	0	.090	7	34	1	3	1.3	.976
1991		15	8	.652	3.29	31	31	4	221.2	201	59	141	0	0	0	0	67	9	0	.134	7	33	2	2	1.4	.952
12 yrs.		129	101	.561	3.84	334	314	77	2149.1	2172	667	1525	19	0	3	0	204	20	0	.098	88	316	14	15	1.3	.967

LEAGUE CHAMPIONSHIP SERIES

Year	Team	W	L	%	ERA	G	GS	CG	IP	H	BB	SO	ShO	W	L	SV	AB	H	HR	BA	PO	A	E	DP	TC/G	FA
1986	BOS A	1	0	1.000	2.40	2	2	1	15	18	1	8	0	0	0	0	0	0	0	—	1	2	0	0	1.5	1.000
1988		0	2	.000	2.77	2	2	1	13	10	5	12	0	0	0	0	0	0	0	—	0	4	0	0	2.0	1.000
2 yrs.		1	2	.333	2.57	4	4	2	28	28	6	20	0	0	0	0	0	0	0	—	1	6	0	0	1.8	1.000

WORLD SERIES

Year	Team	W	L	%	ERA	G	GS	CG	IP	H	BB	SO	ShO	W	L	SV	AB	H	HR	BA	PO	A	E	DP	TC/G	FA
1986	BOS A	2	0	1.000	1.96	3	3	1	23	18	6	17	0	0	0	0	3	0	0	.000	1	3	0	0	1.3	1.000

Mike Ignasiak

IGNASIAK, MICHAEL JAMES
Brother of Gary Ignasiak.
B. Mar. 12, 1966, Mt. Clemens, Mich.
BR TR 5' 11" 175 lbs.

Year	Team	W	L	%	ERA	G	GS	CG	IP	H	BB	SO	ShO	W	L	SV	AB	H	HR	BA	PO	A	E	DP	TC/G	FA
1991	MIL A	2	1	.667	5.68	4	1	0	12.2	7	8	10	0	2	1	0	0	0	0	—	1	0	0	0	0.3	1.000

Jeff Innis

INNIS, JEFFREY DAVID
B. July 5, 1962, Decatur, Ill.
BR TR 6' 1" 170 lbs.

		W	L	%	ERA	G	GS	CG	IP	H	BB	SO	ShO	W	L	SV	AB	H	HR	BA	PO	A	E	DP	TC/G	FA
April		0	1	.000	6.00	6	0	0	6	4	2	4	0	0	1	0										
May		0	0	—	1.17	7	0	0	7.2	3	1	4	0	0	0	0										
June		0	0	—	2.04	15	0	0	17.2	12	5	10	0	0	0	0										
July		0	0	—	2.41	12	0	0	18.2	17	4	13	0	0	0	0										
Aug		0	0	—	3.57	17	0	0	17.2	20	8	12	0	0	0	0										
Sept/Oct		0	1	.000	2.12	12	0	0	17	10	3	4	0	0	0	1										
Day		0	0	—	1.61	25	0	0	28	18	9	17	0	0	0	0										
Night		0	2	.000	3.18	44	0	0	56.2	48	14	30	0	0	2	0										
vs. Left		—	—	—	—	—	—	—	—	31	10	17	—													
vs. Right		—	—	—	—	—	—	—	—	35	13	30	—													
On Grass		0	2	.000	2.43	51	0	0	66.2	45	18	38	0	0	2	0										
On Turf		0	0	—	3.50	18	0	0	18	21	5	9	0	0	0	0										
Home		0	2	.000	2.59	36	0	0	48.2	30	12	27	0	0	2	0										
Road		0	0	—	2.75	33	0	0	36	36	11	20	0	0	0	0										
Division Rivals																										
vs. CHI		0	0	—	1.74	9	0	0	10.1	6	3	6	0	0	0	0										
vs. MON		0	0	—	0.00	5	0	0	5.1	3	0	4	0	0	0	0										
vs. PHI		0	1	.000	1.00	7	0	0	9	5	1	4	0	0	0	1										
vs. PIT		0	1	.000	8.00	7	0	0	9	12	6	3	0	0	0	1										
vs. STL		0	0	—	1.35	7	0	0	6.2	3	1	2	0	0	0	0										

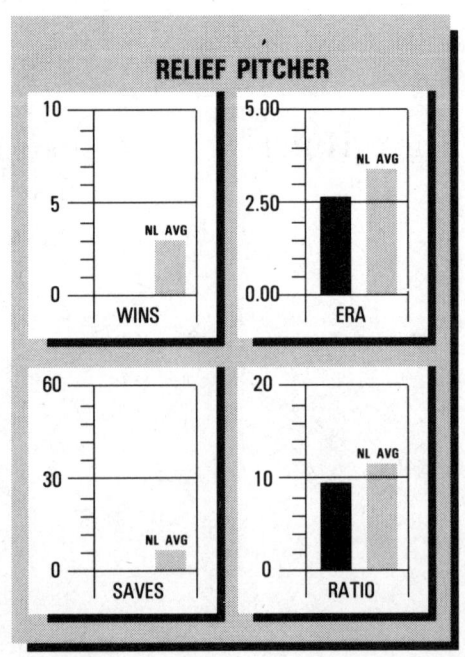

Jeff Innis Continued

Year	Team		W	L	%	ERA	G	GS	CG	IP	H	BB	SO	ShO	RELIEF PITCHING W	L	SV	BATTING AB	H	HR	BA	PO	A	E	DP	TC/G	FA
1987	NY	N	0	1	.000	3.16	17	1	0	25.2	29	4	28	0	0	1	0	3	0	0	.000	3	2	0	0	0.3	1.000
1988			1	1	.500	1.89	12	0	0	19	19	2	14	0	1	1	0	0	0	0	—	0	0	0	0	0.0	—
1989			0	1	.000	3.18	29	0	0	39.2	38	8	16	0	0	1	0	2	0	0	.000	7	8	1	0	0.6	.938
1990			1	3	.250	2.39	18	0	0	26.1	19	10	12	0	1	3	1	0	0	0	—	4	3	0	0	0.4	1.000
1991			0	2	.000	2.66	69	0	0	84.2	66	23	47	0	0	2	0	2	0	0	.000	13	26	1	1	0.6	.975
5 yrs.			2	8	.200	2.72	145	1	0	195.1	171	47	117	0	2	8	1	7	0	0	.000	27	39	2	1	0.5	.971

Daryl Irvine

IRVINE, DARYL KEITH
B. Nov. 15, 1964, Harrisonburg, Va.
BR TR 6' 3" 195 lbs.

Year	Team		W	L	%	ERA	G	GS	CG	IP	H	BB	SO	ShO	W	L	SV	AB	H	HR	BA	PO	A	E	DP	TC/G	FA
1990	BOS	A	1	1	.500	4.67	11	0	0	17.1	15	10	9	0	1	1	0	0	0	0	—	1	3	0	0	0.4	1.000
1991			0	0	—	6.00	9	0	0	18	25	9	8	0	0	0	0	0	0	0	—	3	3	1	0	0.8	.857
2 yrs.			1	1	.500	5.35	20	0	0	35.1	40	19	17	0	1	1	0	0	0	0	—	4	6	1	0	0.5	.909

Danny Jackson

JACKSON, DANNY LYNN
B. Jan. 5, 1962, San Antonio, Tex.
BR TL 6' 205 lbs.

STARTING PITCHER

Split	W	L	%	ERA	G	GS	CG	IP	H	BB	SO	ShO	W	L	SV	AB	H	HR	BA	PO	A	E	DP	TC/G	FA
April	0	1	.000	5.06	3	3	0	16	15	14	3	0	0	0	0										
May	—	—	—	—	0	0	0	0	0	0	0	—	0	0	0										
June	1	1	.500	6.23	3	3	0	17.1	25	8	7	0	0	0	0										
July	—	—	—	—	0	0	0	0	0	0	0	—	0	0	0										
Aug	0	2	.000	7.40	6	6	0	24.1	28	16	13	0	0	0	0										
Sept/Oct	0	1	.000	8.31	5	2	0	13	21	10	8	0	0	0	0										
Day	0	3	.000	8.27	8	7	0	32.2	48	22	16	0	0	0	0										
Night	1	2	.333	5.45	9	7	0	38	41	26	15	0	0	0	0										
vs. Left	—	—	—	—	—	—	—	—	18	12	7	—	—	—	—										
vs. Right	—	—	—	—	—	—	—	—	71	36	24	—	—	—	—										
On Grass	1	4	.200	6.30	14	12	0	65.2	81	39	30	0	0	0	0										
On Turf	0	1	.000	12.60	3	2	0	5	8	9	1	0	0	0	0										
Home	0	2	.000	7.20	9	7	0	40	53	20	20	0	0	0	0										
Road	1	3	.250	6.16	8	7	0	30.2	36	28	11	0	0	0	0										
vs. MON	0	0	—	6.75	3	1	0	10.2	14	2	6	0	0	0	0										
vs. NY	0	0	—	6.00	1	1	0	3	4	4	0	0	0	0	0										
vs. PHI	0	1	.000	13.50	2	2	0	4.2	7	8	4	0	0	0	0										
vs. PIT	0	0	—	7.82	4	3	0	12.2	18	12	2	0	0	0	0										
vs. STL	0	1	.000	4.91	1	1	0	7.1	6	6	3	0	0	0	0										

Year	Team		W	L	%	ERA	G	GS	CG	IP	H	BB	SO	ShO	W	L	SV	AB	H	HR	BA	PO	A	E	DP	TC/G	FA
1983	KC	A	1	1	.500	5.21	4	3	0	19	26	6	9	0	1	0	0	0	0	0	—	2	3	0	0	1.3	1.000
1984			2	6	.250	4.26	15	11	1	76	84	35	40	0	1	0	0	0	0	0	—	6	7	1	2	0.9	.929
1985			14	12	.538	3.42	32	32	4	208	209	76	114	3	0	0	0	0	0	0	—	8	27	3	2	1.2	.921
1986			11	12	.478	3.20	32	27	4	185.2	177	79	115	1	0	0	1	0	0	0	—	14	21	2	1	1.2	.946
1987			9	18	.333	4.02	36	34	11	224	219	109	152	2	0	0	0	0	0	0	—	13	23	2	2	1.1	.947
1988	CIN	N	23	8	.742	2.73	35	35	15	260.2	206	71	161	6	0	0	0	90	13	0	.144	10	52	3	2	1.9	.954
1989			6	11	.353	5.60	20	20	1	115.2	122	57	70	0	0	0	0	36	8	0	.222	5	15	0	0	1.0	1.000
1990			6	6	.500	3.61	22	21	0	117.1	119	40	76	0	0	0	0	37	2	0	.054	4	13	1	0	0.8	.944
1991	CHI	N	1	5	.167	6.75	17	14	0	70.2	89	48	31	0	0	0	0	23	2	0	.087	4	7	1	0	0.7	.917
9 yrs.			73	79	.480	3.83	213	197	36	1277	1251	521	768	12	2	0	1	186	25	0	.134	66	168	13	9	1.2	.947

LEAGUE CHAMPIONSHIP SERIES

Year	Team		W	L	%	ERA	G	GS	CG	IP	H	BB	SO	ShO	W	L	SV	AB	H	HR	BA	PO	A	E	DP	TC/G	FA
1985	KC	A	1	0	1.000	0.00	2	1	1	10	10	1	7	1	0	0	0	0	0	0	—	0	0	0	0	0.0	—
1990	CIN	N	1	0	1.000	2.38	2	2	0	11.1	8	7	8	0	0	0	0	3	0	0	.000	0	2	0	0	1.0	1.000
2 yrs.			2	0	1.000	1.27	4	3	1	21.1	18	8	15	1	0	0	0	3	0	0	.000	0	2	0	0	0.5	1.000

WORLD SERIES

Year	Team		W	L	%	ERA	G	GS	CG	IP	H	BB	SO	ShO	W	L	SV	AB	H	HR	BA	PO	A	E	DP	TC/G	FA
1985	KC	A	1	1	.500	1.69	2	2	1	16	9	5	12	0	0	0	0	6	0	0	.000	0	4	1	0	2.5	.800
1990	CIN	N	0	0	—	10.13	1	1	0	2.2	6	2	0	0	0	0	0	1	0	0	.000	0	1	1	0	2.0	.500
2 yrs.			1	1	.500	2.89	3	3	1	18.2	15	7	12	0	0	0	0	7	0	0	.000	0	5	2	0	2.3	.714

Darrin Jackson

JACKSON, DARRIN JAY
B. Aug. 22, 1963, Los Angeles, Calif.
BR TR 6' 185 lbs.

Year	Team		W	L	%	ERA	G	GS	CG	IP	H	BB	SO	ShO	W	L	SV	AB	H	HR	BA	PO	A	E	DP	TC/G	FA
1991	SD	N	0	0	—	9.00	1	0	0	2	3	2	0	0	0	0	0	*				0	0	0	0	0.0	—

PITCHER REGISTER

Year	Team	W	L	%	ERA	G	GS	CG	IP	H	BB	SO	ShO	RELIEF PITCHING W	L	SV	BATTING AB	H	HR	BA	PO	A	E	DP	TC/G	FA

Mike Jackson
JACKSON, MICHAEL RAY
B. Dec. 22, 1964, Houston, Tex.
BR TR 6' 1" 185 lbs.

Split	W	L	%	ERA	G	GS	CG	IP	H	BB	SO	ShO	W	L	SV	AB	H	HR	BA	PO	A	E	DP	TC/G	FA
April	1	2	.333	3.86	8	0	0	11.2	8	4	4	0	1	2	1										
May	3	0	1.000	0.95	12	0	0	19	9	2	18	0	3	0	3										
June	0	0	—	4.26	12	0	0	12.2	8	3	15	0	0	0	9										
July	0	2	.000	4.85	12	0	0	13	17	9	8	0	0	2	0										
Aug	2	0	1.000	0.00	15	0	0	17.1	10	5	13	0	2	0	1										
Sept/Oct	1	3	.250	7.20	13	0	0	15	14	11	16	0	1	3	0										
Day	2	1	.667	4.24	17	0	0	17	12	9	12	0	2	1	1										
Night	5	6	.455	3.01	55	0	0	71.2	52	25	62	0	5	6	13										
vs. Left	—	—	—	—	—	—	—	—	30	17	23	—	—	—	—										
vs. Right	—	—	—	—	—	—	—	—	34	17	51	—	—	—	—										
On Grass	3	2	.600	3.77	28	0	0	31	23	19	31	0	3	2	6										
On Turf	4	5	.444	2.97	44	0	0	57.2	41	15	43	0	4	5	8										
Home	3	2	.600	2.64	34	0	0	47.2	25	9	39	0	3	2	6										
Road	4	5	.444	3.95	38	0	0	41	39	25	35	0	4	5	8										
Division Rivals																									
vs. CAL	2	0	1.000	0.00	6	0	0	7	1	3	7	0	2	0	1										
vs. CHI	0	0	—	11.25	5	0	0	4	6	3	5	0	0	0	1										
vs. KC	1	1	.500	2.57	6	0	0	7	4	3	7	0	1	1	1										
vs. MIN	1	1	.500	3.72	6	0	0	9.2	12	6	6	0	1	1	1										
vs. OAK	0	1	.000	1.23	6	0	0	7.1	3	2	4	0	0	1	0										
vs. TEX	0	1	.000	3.24	5	0	0	8.1	7	3	8	0	0	1	1										
1986 PHI N	0	0	—	3.38	9	0	0	13.1	12	4	3	0	0	0	0	0	0	—		2	0	0	0	0.2	1.000
1987 " "	3	10	.231	4.20	55	7	0	109.1	88	56	93	0	2	6	1	17	2	0	.118	5	12	1	0	0.3	.944
1988 SEA A	6	5	.545	2.63	62	0	0	99.1	74	43	76	0	6	5	4	0	0	0	—	4	11	0	0	0.2	1.000
1989 " "	4	6	.400	3.17	65	0	0	99.1	81	54	94	0	4	6	7	0	0	0	—	3	11	2	0	0.2	.875
1990 " "	5	7	.417	4.54	63	0	0	77.1	64	44	69	0	5	7	3	0	0	0	—	5	12	0	3	0.3	1.000
1991 " "	7	7	.500	3.25	72	0	0	88.2	64	34	74	0	7	7	14	0	0	0	—	2	8	1	1	0.2	.909
6 yrs.	25	35	.417	3.53	326	7	0	487.1	383	235	409	0	24	31	29	17	2	0	.118	21	54	4	4	0.2	.949

Mike Jeffcoat
JEFFCOAT, JAMES MICHAEL
B. Aug. 3, 1959, Pine Bluff, Ark.
BL TL 6' 2" 185 lbs.

Split	W	L	%	ERA	G	GS	CG	IP	H	BB	SO	ShO	W	L	SV	AB	H	HR	BA	PO	A	E	DP	TC/G	FA
April	1	0	1.000	1.50	8	0	0	6	6	2	3	0	1	0	0										
May	0	1	.000	4.15	16	0	0	17.1	22	3	7	0	0	1	0										
June	2	0	1.000	3.14	13	0	0	14.1	16	4	4	0	2	0	0										
July	1	1	.500	3.52	10	0	0	15.1	18	5	9	0	1	1	1										
Aug	1	1	.500	5.06	13	0	0	16	23	5	12	0	1	1	0										
Sept/Oct	0	0	—	10.13	10	0	0	10.2	19	6	8	0	0	0	0										
Day	0	0	—	3.50	14	0	0	18	24	2	11	0	0	0	0										
Night	5	3	.625	4.96	56	0	0	61.2	80	23	32	0	5	3	1										
vs. Left	—	—	—	—	—	—	—	—	35	7	17	—	—	—	—										
vs. Right	—	—	—	—	—	—	—	—	69	18	26	—	—	—	—										
On Grass	5	3	.625	4.62	57	0	0	64.1	83	22	32	0	5	3	1										
On Turf	0	0	—	4.70	13	0	0	15.1	21	3	11	0	0	0	0										
Home	4	0	1.000	4.82	33	0	0	37.1	52	15	26	0	4	0	1										
Road	1	3	.250	4.46	37	0	0	42.1	52	10	17	0	1	3	0										
Division Rivals																									
vs. CAL	0	0	—	1.80	5	0	0	5	2	5	3	0	0	0	1										
vs. CHI	1	0	1.000	4.00	6	0	0	9	10	3	2	0	1	0	0										
vs. KC	1	0	1.000	3.86	5	0	0	7	8	2	6	0	1	0	0										
vs. MIN	0	0	—	4.50	6	0	0	4	8	0	3	0	0	0	0										
vs. OAK	0	0	—	9.00	3	0	0	4	8	1	1	0	0	0	0										
vs. SEA	0	0	—	10.80	5	0	0	6.2	13	3	1	0	0	0	0										
1983 CLE A	1	3	.250	3.31	11	2	0	32.2	32	13	9	0	1	1	0	0	0	0	—	2	4	0	0	0.5	1.000
1984 " "	5	2	.714	2.99	63	1	0	75.1	82	24	41	0	4	2	1	0	0	0	—	2	13	0	3	0.2	1.000
1985 2 teams	CLE A (9G 0-0)				SF N (19G 0-2)																				
" total	0	2	.000	4.55	28	1	0	31.2	35	12	14	0	0	2	0	0	0	0	.000	2	12	0	0	0.5	.933
1987 TEX A	0	1	.000	12.86	2	2	0	7	11	4	1	0	0	0	0	0	0	0	—	0	0	0	0	0.0	—

PITCHER REGISTER

Year	Team		W	L	%	ERA	G	GS	CG	IP	H	BB	SO	ShO	RELIEF PITCHING W	L	SV	BATTING AB	H	HR	BA	PO	A	E	DP	TC/G	FA

Mike Jeffcoat *Continued*

Year	W	L	%	ERA	G	GS	CG	IP	H	BB	SO	ShO	W	L	SV	AB	H	HR	BA	PO	A	E	DP	TC/G	FA
1988	0	2	.000	11.70	5	2	0	10	19	5	5	0	0	0	0	0	0	0	—	0	2	0	0	0.4	1.000
1989	9	6	.600	3.58	22	22	2	130.2	139	33	64	2	0	0	0	0	0	0	—	13	18	1	1	1.5	.969
1990	5	6	.455	4.47	44	12	1	110.2	122	28	58	0	2	1	5	0	0	0	—	4	10	1	3	0.3	.933
1991	5	3	.625	4.63	70	0	0	79.2	104	25	43	0	5	3	1	1	1	0	1.000	2	13	0	0	0.2	1.000
8 yrs.	25	25	.500	4.22	245	42	3	477.2	544	144	235	2	12	9	7	2	1	0	.500	25	72	3	7	0.4	.970

Dave Johnson

JOHNSON, DAVID WAYNE
B. Oct. 24, 1959, Baltimore, Md.
BR TR 5' 10" 180 lbs.

Split	W	L	%	ERA	G	GS	CG	IP	H	BB	SO	ShO	W	L	SV
April	1	3	.250	9.82	4	4	0	18.1	29	6	4	0	0	0	0
May	0	0	—	7.88	4	0	0	8	14	0	4	0	0	0	0
June	—	—	—	—	0	—	—	0	0	0	0	—	0	0	0
July	0	0	—	4.82	2	1	0	9.1	11	1	3	0	0	0	0
Aug	3	2	.600	7.84	6	4	0	20.2	35	5	12	0	2	0	0
Sept/Oct	0	3	.000	5.20	6	5	0	27.2	38	12	15	0	0	0	0
Day	1	2	.333	4.05	5	4	0	20	28	7	15	0	1	0	0
Night	3	6	.333	8.02	17	10	0	64	99	17	23	0	1	0	0
vs. Left	—	—	—	—	—	—	—	—	81	13	17	—	—	—	—
vs. Right	—	—	—	—	—	—	—	—	46	11	21	—	—	—	—
On Grass	4	8	.333	7.80	20	12	0	72.2	113	22	35	0	2	0	0
On Turf	0	0	—	2.38	2	2	0	11.1	14	2	3	0	0	0	0
Home	2	4	.333	6.43	11	6	0	42	65	9	26	0	1	0	0
Road	2	4	.333	7.71	11	8	0	42	62	15	12	0	1	0	0
Division Rivals															
vs. BOS	0	2	.000	7.00	2	2	0	9	14	4	6	0	0	0	0
vs. CLE	0	0	—	0.00	1	0	0	5	4	1	3	0	0	0	0
vs. DET	0	1	.000	8.31	2	2	0	8.2	13	6	5	0	0	0	0
vs. MIL	1	1	.500	10.95	3	3	0	12.1	23	5	5	0	0	0	0
vs. NY	—	—	—	—	0	—	—	0	0	0	0	—	0	0	0
vs. TOR	0	1	.000	5.40	2	2	0	10	16	1	3	0	0	0	0

Year	Team		W	L	%	ERA	G	GS	CG	IP	H	BB	SO	ShO	W	L	SV	AB	H	HR	BA	PO	A	E	DP	TC/G	FA
1987	PIT	N	0	0	—	9.95	5	0	0	6.1	13	2	4	0	0	0	0	0	0	0	—	1	1	0	1	0.4	1.000
1989	BAL	A	4	7	.364	4.23	14	14	4	89.1	90	28	26	0	0	0	0	0	0	0	—	6	5	0	0	0.8	1.000
1990			13	9	.591	4.10	30	29	3	180	196	43	68	0	0	0	0	0	0	0	—	13	10	2	0	0.8	.920
1991			4	8	.333	7.07	22	14	0	84	127	24	38	0	2	0	0	0	0	0	—	7	7	0	1	0.6	1.000
4 yrs.			21	24	.467	4.93	71	57	7	359.2	426	97	136	0	2	0	0	0	0	0	—	27	23	2	3	0.7	.962

Jeff Johnson

JOHNSON, WILLIAM JEFFREY
B. Aug. 4, 1966, Durham, N.C.
BR TL 6' 3" 200 lbs.

Split	W	L	%	ERA	G	GS	CG	IP	H	BB	SO	ShO	W	L	SV
April	—	—	—	—	0	—	—	0	0	0	0	—	0	0	0
May	—	—	—	—	0	—	—	0	0	0	0	—	0	0	0
June	1	3	.250	4.25	5	5	0	29.2	29	7	11	0	0	0	0
July	3	0	1.000	2.78	5	5	0	32.1	33	5	13	0	0	0	0
Aug	1	5	.167	10.87	6	6	0	25.2	43	7	16	0	0	0	0
Sept/Oct	1	3	.250	6.64	7	7	0	39.1	51	14	22	0	0	0	0
Day	1	3	.250	8.07	6	6	0	29	38	10	13	0	0	0	0
Night	5	8	.385	5.33	17	17	0	98	118	23	49	0	0	0	0
vs. Left	—	—	—	—	—	—	—	—	12	7	7	—	—	—	—
vs. Right	—	—	—	—	—	—	—	—	144	26	55	—	—	—	—
On Grass	4	9	.308	5.83	19	19	0	105	131	27	56	0	0	0	0
On Turf	2	2	.500	6.55	4	4	0	22	25	6	6	0	0	0	0
Home	2	6	.250	5.57	11	11	0	64.2	83	9	26	0	0	0	0
Road	4	5	.444	6.35	12	12	0	62.1	73	24	36	0	0	0	0
Division Rivals															
vs. BAL	1	0	1.000	3.21	2	2	0	14	14	2	7	0	0	0	0
vs. BOS	0	1	.000	8.44	1	1	0	5.1	8	2	4	0	0	0	0
vs. CLE	0	0	—	6.75	1	1	0	5.1	6	3	2	0	0	0	0
vs. DET	0	1	.000	23.14	1	1	0	2.1	7	2	1	0	0	0	0
vs. MIL	0	0	—	7.24	3	3	0	13.2	17	6	8	0	0	0	0
vs. TOR	2	2	.500	4.38	4	4	0	24.2	28	4	13	0	0	0	0

Year	Team		W	L	%	ERA	G	GS	CG	IP	H	BB	SO	ShO	W	L	SV	AB	H	HR	BA	PO	A	E	DP	TC/G	FA
1991	NY	A	6	11	.353	5.95	23	23	0	127	156	33	62	0	0	0	0	0	0	0	—	4	24	3	3	1.3	.903

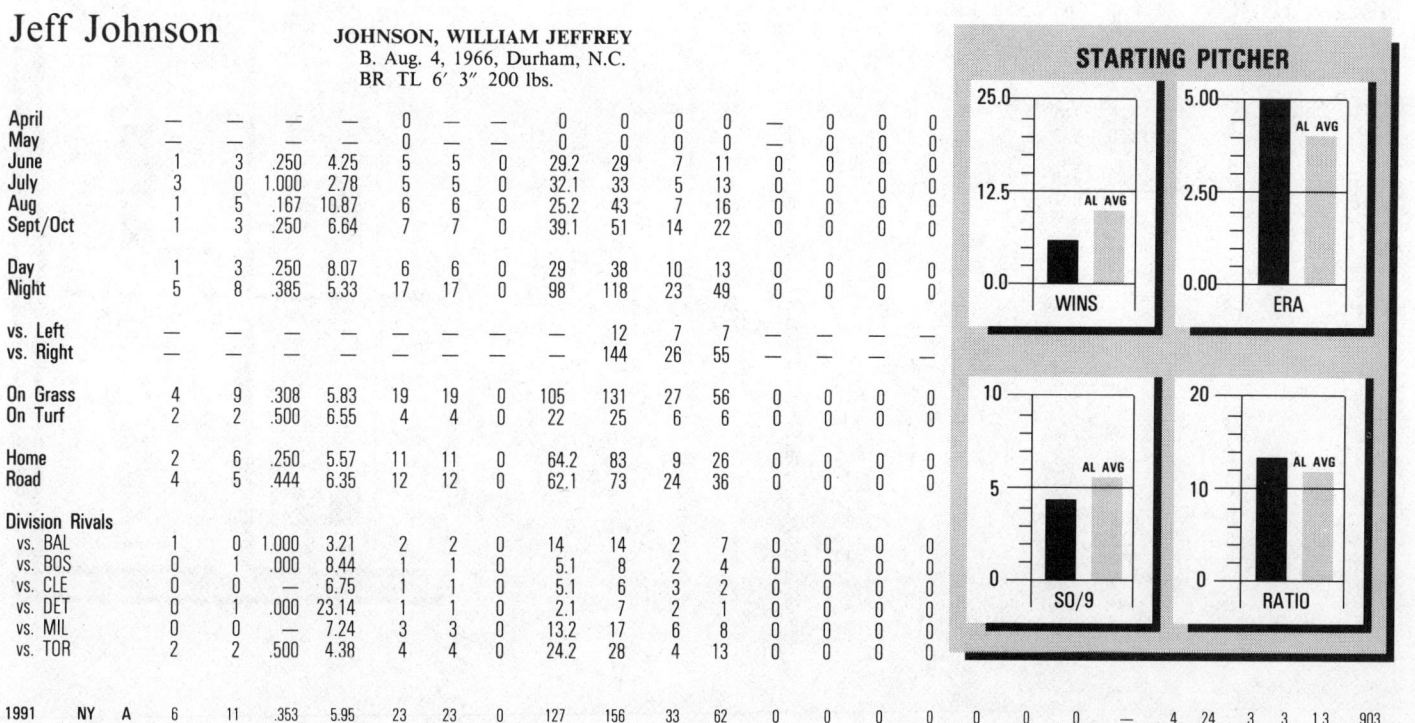

PITCHER REGISTER

Year	Team		W	L	%	ERA	G	GS	CG	IP	H	BB	SO	ShO	RELIEF PITCHING			BATTING			BA	PO	A	E	DP	TC/G	FA
															W	L	SV	AB	H	HR							

Randy Johnson
JOHNSON, RANDALL DAVID
B. Sept. 10, 1963, Walnut Creek, Calif.
BL TL 6' 10" 225 lbs.

	W	L	%	ERA	G	GS	CG	IP	H	BB	SO	ShO	W	L	SV
April	2	2	.500	4.94	4	4	1	27.1	24	22	22	0	0	0	0
May	1	3	.250	4.46	6	6	0	34.1	28	32	44	0	0	0	0
June	3	1	.750	3.38	5	5	0	29.1	17	29	36	0	0	0	0
July	3	1	.750	2.97	6	6	0	39.1	25	25	46	0	0	0	0
Aug	3	2	.600	3.00	5	5	1	33	26	12	40	1	0	0	0
Sept/Oct	1	1	.500	5.21	7	7	0	38	31	32	40	0	0	0	0
Day	3	1	.750	6.10	7	7	0	38.1	31	30	44	0	0	0	0
Night	10	9	.526	3.48	26	26	2	163	120	122	184	1	0	0	0
vs. Left	—	—	—	—	—	—	—	—	18	15	25	—	—	—	—
vs. Right	—	—	—	—	—	—	—	—	133	37	203	—	—	—	—
On Grass	7	3	.700	4.43	12	12	0	69	45	61	87	0	0	0	0
On Turf	6	7	.462	3.74	21	21	2	132.1	106	91	141	1	0	0	0
Home	6	5	.545	3.92	17	17	2	105.2	85	72	114	1	0	0	0
Road	7	5	.583	4.05	16	16	0	95.2	66	80	114	0	0	0	0
Division Rivals															
vs. CAL	2	1	.667	3.98	3	3	0	20.1	19	9	25	0	0	0	0
vs. CHI	2	0	1.000	2.79	3	3	0	19.1	10	16	21	0	0	0	0
vs. KC	0	2	.000	3.26	3	3	0	19.1	16	18	21	0	0	0	0
vs. MIN	1	2	.333	4.50	3	3	1	20	21	12	13	0	0	0	0
vs. OAK	2	0	1.000	1.06	2	2	1	17	4	8	19	1	0	0	0
vs. TEX	0	0	—	4.91	2	2	0	11	8	15	11	0	0	0	0

Year	Team		W	L	%	ERA	G	GS	CG	IP	H	BB	SO	ShO	W	L	SV	AB	H	HR	BA	PO	A	E	DP	TC/G	FA
1988	MON	N	3	0	1.000	2.42	4	4	1	26	23	7	25	0	0	0	0	9	1	0	.111	0	0	1	0	0.3	—
1989	2 teams		MON N (7G 0-4)				SEA A (22G 7-9)																					
"	total		7	13	.350	4.82	29	28	2	160.2	147	96	130	0	0	0	0	7	1	0	.143	8	26	7	1	1.4	.829
1990	SEA	A	14	11	.560	3.65	33	33	5	219.2	174	**120**	194	2	0	0	0	0	0	0	—	6	24	5	2	1.1	.857
1991			13	10	.565	3.98	33	33	2	201.1	151	**152**	228	1	0	0	0	0	0	0	—	0	23	5	3	0.8	.821
4 yrs.			37	34	.521	4.01	99	98	10	607.2	495	375	577	3	0	0	0	16	2	0	.125	14	73	18	6	1.1	.829

Joel Johnston
JOHNSTON, JOEL RAYMOND
B. Mar. 8, 1967, West Chester, Pa.
BR TR 6' 4" 218 lbs.

Year	Team		W	L	%	ERA	G	GS	CG	IP	H	BB	SO	ShO	W	L	SV	AB	H	HR	BA	PO	A	E	DP	TC/G	FA
1991	KC	A	1	0	1.000	0.40	13	0	0	22.1	9	9	21	0	1	0	0	0	0	—	1	2	0	0	0.2	1.000

Barry Jones
JONES, BARRY LOUIS
B. Feb. 15, 1963, Centerville, Ind.
BR TR 6' 2" 215 lbs.

	W	L	%	ERA	G	GS	CG	IP	H	BB	SO	ShO	W	L	SV
April	0	0	—	2.77	11	0	0	13	12	8	5	0	0	0	1
May	2	2	.500	2.61	14	0	0	20.2	9	7	9	0	2	2	1
June	1	3	.250	6.43	12	0	0	14	19	2	9	0	1	3	3
July	0	2	.000	4.22	11	0	0	10.2	8	6	5	0	0	2	2
Aug	0	1	.000	0.00	15	0	0	16.1	10	5	10	0	1	1	3
Sept/Oct	1	1	.500	5.14	14	0	0	14	18	5	8	0	1	1	3
Day	0	1	.000	2.59	24	0	0	24.1	18	7	11	0	0	1	7
Night	4	8	.333	3.64	53	0	0	64.1	58	26	35	0	4	8	6
vs. Left	—	—	—	—	—	—	—	—	36	21	15	—	—	—	—
vs. Right	—	—	—	—	—	—	—	—	40	12	31	—	—	—	—
On Grass	1	4	.200	4.57	20	0	0	21.2	19	12	8	0	1	4	3
On Turf	3	5	.375	2.96	57	0	0	67	57	21	38	0	3	5	10
Home	1	2	.333	2.70	35	0	0	40	30	15	23	0	1	2	6
Road	3	7	.300	3.88	42	0	0	48.2	46	18	23	0	3	7	7
Division Rivals															
vs. CHI	0	2	.000	3.60	11	0	0	10	12	3	4	0	0	2	2
vs. NY	0	2	.000	9.72	9	0	0	8.1	11	9	3	0	0	2	0
vs. PHI	0	1	.000	2.89	9	0	0	9.1	8	3	4	0	0	1	1
vs. PIT	1	0	1.000	1.50	6	0	0	6	3	2	4	0	1	0	1
vs. STL	0	1	.000	0.00	10	0	0	13	10	5	4	0	0	1	2

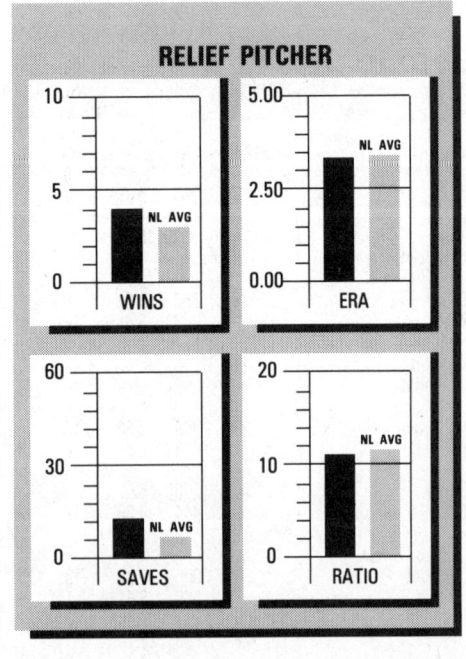

PITCHER REGISTER

Year	Team		W	L	%	ERA	G	GS	CG	IP	H	BB	SO	ShO	RELIEF PITCHING W	L	SV	BATTING AB	H	HR	BA	PO	A	E	DP	TC/G	FA

Barry Jones *Continued*

Year	Team		W	L	%	ERA	G	GS	CG	IP	H	BB	SO	ShO	W	L	SV	AB	H	HR	BA	PO	A	E	DP	TC/G	FA
1986	PIT	N	3	4	.429	2.89	26	0	0	37.1	29	21	29	0	3	4	3	5	1	0	.200	3	7	1	2	0.4	.909
1987			2	4	.333	5.61	32	0	0	43.1	55	23	28	0	2	4	1	3	0	0	.000	3	7	1	1	0.3	.909
1988	2 teams		PIT N (42G 1 - 1)				CHI A (17G 2 - 2)																				
"	total		3	3	.500	2.84	59	0	0	82.1	72	38	48	0	3	3	3	5	0	0	.000	7	12	2	3	0.4	.905
1989	CHI	A	3	2	.600	2.37	22	0	0	30.1	22	8	17	0	3	2	1	0	0	0	—	1	9	2	1	0.5	.833
1990			11	4	.733	2.31	65	0	0	74	62	33	45	0	11	4	1	0	0	0	—	4	19	0	1	0.4	1.000
1991	MON	N	4	9	.308	3.35	77	0	0	88.2	76	33	46	0	4	9	13	1	0	0	.000	5	19	3	1	0.4	.889
6 yrs.			26	26	.500	3.16	281	0	0	356	316	156	213	0	26	26	22	14	1	0	.071	23	73	9	9	0.4	.914

Calvin Jones

JONES, CALVIN DOUGLAS
B. Sept. 26, 1963, Compton, Calif.
BR TR 6' 3" 185 lbs.

Split	W	L	%	ERA	G	GS	CG	IP	H	BB	SO	ShO	W	L	SV
April	—	—	—	—	0	—	—	0	0	0	0	—	0	0	0
May	—	—	—	—	0	—	—	0	0	0	0	—	0	0	0
June	0	0	—	0.00	3	0	0	6.1	2	2	6	0	0	0	0
July	0	1	.000	3.00	2	0	0	3	3	2	1	0	0	1	0
Aug	1	0	1.000	3.77	10	0	0	14.1	15	12	12	0	1	0	0
Sept/Oct	1	1	.500	2.38	12	0	0	22.2	13	13	23	0	1	1	2
Day	1	1	.500	2.45	7	0	0	11	9	8	13	0	1	1	0
Night	1	1	.500	2.55	20	0	0	35.1	24	21	29	0	1	1	2
vs. Left	—	—	—	—	—	—	—	—	11	14	17	—	—	—	—
vs. Right	—	—	—	—	—	—	—	—	22	15	25	—	—	—	—
On Grass	0	1	.000	5.54	8	0	0	13	13	13	17	0	0	1	1
On Turf	2	1	.667	1.35	19	0	0	33.1	20	16	25	0	2	1	1
Home	2	1	.667	1.44	15	0	0	25	18	12	15	0	2	1	0
Road	0	1	.000	3.80	12	0	0	21.1	15	17	27	0	0	1	2
Division Rivals															
vs. CAL	0	0	—	0.00	2	0	0	5	3	4	4	0	0	0	0
vs. CHI	1	1	.500	5.14	4	0	0	7	7	5	6	0	1	1	0
vs. KC	0	0	—	0.00	2	0	0	2.1	0	3	1	0	0	0	0
vs. MIN	0	0	—	1.80	3	0	0	5	3	2	5	0	0	0	0
vs. OAK	1	0	1.000	0.00	1	0	0	2.1	2	0	1	0	1	0	0
vs. TEX	0	0	—	0.00	2	0	0	5	1	1	8	0	0	0	1

Year	Team		W	L	%	ERA	G	GS	CG	IP	H	BB	SO	ShO	W	L	SV	AB	H	HR	BA	PO	A	E	DP	TC/G	FA
1991	SEA	A	2	2	.500	2.53	27	0	0	46.1	33	29	42	0	2	2	2	0	0	0	—	1	8	0	1	0.3	1.000

Doug Jones

JONES, DOUGLAS REID
B. June 24, 1957, Covina, Calif.
BR TR 6' 3" 195 lbs.

Split	W	L	%	ERA	G	GS	CG	IP	H	BB	SO	ShO	W	L	SV
April	0	2	.000	5.00	9	0	0	9	12	1	8	0	0	2	5
May	1	2	.333	11.74	9	0	0	7.2	16	3	7	0	1	2	0
June	0	2	.000	6.23	9	0	0	8.2	11	3	5	0	0	2	1
July	0	1	.000	7.50	4	0	0	6	6	4	4	0	0	1	0
Aug	—	—	—	—	0	—	—	0	0	0	0	—	0	0	0
Sept/Oct	3	1	.750	3.66	5	4	0	32	42	6	24	0	0	0	1
Day	1	0	1.000	3.60	11	0	0	10	16	5	7	0	1	0	5
Night	3	8	.273	5.91	25	4	0	53.1	71	12	41	0	0	7	2
vs. Left	—	—	—	—	—	—	—	—	45	9	20	—	—	—	—
vs. Right	—	—	—	—	—	—	—	—	42	8	28	—	—	—	—
On Grass	4	7	.364	4.94	31	4	0	58.1	78	14	43	0	1	6	6
On Turf	0	1	.000	12.60	5	0	0	5	9	3	5	0	0	1	1
Home	1	4	.200	6.41	13	2	0	26.2	38	5	24	0	0	3	1
Road	3	4	.429	4.91	23	2	0	36.2	49	12	24	0	1	4	6
Division Rivals															
vs. BAL	0	1	.000	6.00	3	0	0	3	4	0	1	0	0	1	0
vs. BOS	0	0	—	0.00	3	0	0	3	4	1	2	0	0	0	2
vs. DET	2	0	1.000	3.00	5	2	0	18	22	3	20	0	0	0	1
vs. MIL	2	2	.500	4.58	6	2	0	19.2	27	4	8	0	1	1	1
vs. NY	0	0	—	0.00	2	0	0	3.2	0	3	0	0	0	1
vs. TOR	0	0	—	0.00	1	0	0	1	2	0	1	0	0	0	0

PITCHER REGISTER

Year	Team		W	L	%	ERA	G	GS	CG	IP	H	BB	SO	ShO	RELIEF PITCHING W	L	SV	BATTING AB	H	HR	BA	PO	A	E	DP	TC/G	FA

Doug Jones Continued

1982	MIL	A	0	0	—	10.13	4	0	0	2.2	5	1	1	0	0	0	0	0	0	0	—	1	0	0	0	0.3	1.000
1986	CLE	A	1	0	1.000	2.50	11	0	0	18	18	6	12	0	1	0	1	0	0	0	—	1	4	0	1	0.5	1.000
1987			6	5	.545	3.15	49	0	0	91.1	101	24	87	0	6	5	8	0	0	0	—	8	13	5	3	0.5	.808
1988			3	4	.429	2.27	51	0	0	83.1	69	16	72	0	3	4	37	0	0	0	—	7	11	2	0	0.4	.900
1989			7	10	.412	2.34	59	0	0	80.2	76	13	65	0	7	10	32	0	0	0	—	3	14	0	1	0.3	1.000
1990			5	5	.500	2.56	66	0	0	84.1	66	22	55	0	5	5	43	0	0	0	—	0	9	2	0	0.2	.818
1991			4	8	.333	5.54	36	4	0	63.1	87	17	48	0	1	7	7	0	0	0	—	7	10	0	1	0.5	1.000
7 yrs.			26	32	.448	3.08	276	4	0	423.2	422	99	340	0	23	31	128	0	0	0	—	27	61	9	6	0.4	.907

Jimmy Jones

JONES, JAMES CONDIA
B. Apr. 20, 1964, Dallas, Tex.
BR TR 6' 2" 175 lbs.

	W	L	%	ERA	G	GS	CG	IP	H	BB	SO	ShO	W	L	SV
April	2	1	.667	2.59	4	4	0	24.1	22	7	14	0	0	0	0
May	2	1	.667	2.85	6	6	0	41	35	15	27	0	0	0	0
June	0	3	.000	6.75	5	5	0	24	33	13	8	0	0	0	0
July	2	2	.500	5.11	5	4	1	24.2	29	6	19	1	1	0	0
Aug	0	1	.000	5.91	6	3	0	21.1	24	10	20	0	0	1	0
Sept/Oct	—	—	—	—	0	—	—	0	0	0	0	0	0	0	0
Day	2	1	.667	2.12	5	4	0	29.2	27	11	20	1	0	0	0
Night	4	7	.364	5.03	21	18	1	105.2	116	40	68	1	1	1	0
vs. Left	—	—	—	—	—	—	—	—	105	37	57	—	—	—	—
vs. Right	—	—	—	—	—	—	—	—	38	14	31	—	—	—	—
On Grass	0	3	.000	6.48	6	4	0	25	32	11	17	0	0	0	0
On Turf	6	5	.545	3.92	20	18	1	110.1	111	40	71	1	1	1	0
Home	4	3	.571	3.08	16	15	1	96.1	82	35	64	1	0	1	0
Road	2	5	.286	7.62	10	7	0	39	61	16	24	0	1	0	0
Division Rivals															
vs. ATL	1	0	1.000	0.69	2	2	0	13	6	4	6	0	0	0	0
vs. CIN	1	0	1.000	0.60	2	2	1	15	10	1	9	1	0	0	0
vs. LA	1	0	1.000	2.65	4	2	0	17	14	7	13	0	0	0	0
vs. SD	0	1	.000	4.00	4	4	0	27	27	9	22	0	0	0	0
vs. SF	1	2	.333	6.75	3	2	0	12	11	6	9	0	0	1	0

STARTING PITCHER (charts: WINS, ERA, SO/9, RATIO vs NL AVG)

Year	Team		W	L	%	ERA	G	GS	CG	IP	H	BB	SO	ShO	W	L	SV	AB	H	HR	BA	PO	A	E	DP	TC/G	FA
1986	SD	N	2	0	1.000	2.50	3	3	1	18	10	3	15	1	0	0	0	6	1	0	.167	1	2	0	0	1.0	1.000
1987			9	7	.563	4.14	30	22	2	145.2	154	54	51	1	2	0	0	49	8	1	.163	15	28	0	1	1.4	1.000
1988			9	14	.391	4.12	29	29	3	179	192	44	82	0	0	0	0	55	9	1	.164	17	32	0	3	1.7	1.000
1989	NY	A	2	1	.667	5.25	11	6	0	48	56	16	25	0	0	0	0	0	0	0	—	2	14	0	1	1.5	1.000
1990			1	2	.333	6.30	17	7	0	50	72	23	25	0	0	0	0	0	0	0	—	1	5	1	1	0.4	.857
1991	HOU	N	6	8	.429	4.39	26	22	1	135.1	143	51	88	1	1	1	0	38	7	0	.184	8	26	2	2	1.4	.944
6 yrs.			29	32	.475	4.42	116	89	7	576	627	191	286	3	3	1	0	148	25	2	.169	44	107	3	8	1.3	.981

Stacy Jones

JONES, JOSEPH STACY
B. May 26, 1967, Gadsden, Ala.
BR TR 6' 6" 225 lbs.

| 1991 | BAL | A | 0 | 0 | — | 4.09 | 4 | 1 | 0 | 11 | 11 | 5 | 10 | 0 | 0 | 0 | 0 | 0 | 0 | 0 | — | 2 | 1 | 0 | 0 | 0.8 | 1.000 |

Tim Jones

JONES, WILLIAM TIMOTHY
B. Dec. 1, 1962, Sumter, S. C.
BL TR 5' 10" 172 lbs.

| 1990 | STL | N | 0 | 0 | — | 6.75 | 1 | 0 | 0 | 1.1 | 1 | 2 | 0 | 0 | 0 | 0 | 0 | * | | | | 0 | 0 | 0 | 0 | 0.0 | — |

Jeff Juden

JUDEN, JEFFREY DANIEL
B. Jan. 1, 1971, Salem, Mass.
BR TR 6' 7" 245 lbs.

| 1991 | HOU | N | 0 | 2 | .000 | 6.00 | 4 | 3 | 0 | 18 | 19 | 7 | 11 | 0 | 0 | 0 | 0 | 5 | 0 | 0 | .000 | 0 | 2 | 3 | 0 | 1.3 | .400 |

PITCHER REGISTER 345

Year	Team		W	L	%	ERA	G	GS	CG	IP	H	BB	SO	ShO	RELIEF PITCHING W	L	SV	BATTING AB	H	HR	BA	PO	A	E	DP	TC/G	FA

Jeff Kaiser
KAISER, JEFFREY PATRICK
B. July 24, 1960, Wyandotte, Mich.
BR TL 6' 3" 195 lbs.

Year	Team		W	L	%	ERA	G	GS	CG	IP	H	BB	SO	ShO	W	L	SV	AB	H	HR	BA	PO	A	E	DP	TC/G	FA
1985	OAK	A	0	0	—	14.58	15	0	0	16.2	25	20	10	0	0	0	0	0	0	0	—	4	3	0	1	0.5	1.000
1987	CLE	A	0	0	—	16.20	2	0	0	3.1	4	3	2	0	0	0	0	0	0	0	—	1	0	0	0	0.5	1.000
1988			0	0	—	0.00	3	0	0	2.2	2	1	0	0	0	0	0	0	0	0	—	0	2	0	0	0.7	1.000
1989			0	1	.000	7.36	6	0	0	3.2	5	5	4	0	0	1	0	0	0	0	—	0	0	0	0	0.0	—
1990			0	0	—	3.55	5	0	0	12.2	16	7	9	0	0	0	0	0	0	0	—	3	1	0	0	0.8	1.000
1991	DET	A	0	1	.000	9.00	10	0	0	5	6	5	4	0	0	1	2	0	0	0	—	0	1	0	0	0.1	1.000
6 yrs.			0	2	.000	9.41	41	0	0	44	58	41	29	0	0	2	2	0	0	0	—	8	7	0	1	0.4	1.000

Scott Kamieniecki
KAMIENIECKI, SCOTT ANDREW
B. Apr. 19, 1964, Mt. Clemens, Mich.
BR TR 6' 195 lbs.

Year	Team		W	L	%	ERA	G	GS	CG	IP	H	BB	SO	ShO	W	L	SV	AB	H	HR	BA	PO	A	E	DP	TC/G	FA
1991	NY	A	4	4	.500	3.90	9	9	0	55.1	54	22	34	0	0	0	0	0	0	0	—	5	9	0	0	1.6	1.000

Jimmy Key
KEY, JAMES EDWARD
B. Apr. 22, 1961, Huntsville, Ala.
BR TL 6' 1" 180 lbs.

STARTING PITCHER

Split	W	L	%	ERA	G	GS	CG	IP	H	BB	SO	ShO	W	L	SV	AB	H	HR	BA
April	4	0	1.000	1.86	4	4	1	29	18	8	16	1	0	0	0				
May	3	2	.600	2.87	6	6	0	37.2	38	11	32	0	0	0	0				
June	3	1	.750	2.08	6	6	1	39	43	3	20	1	0	0	0				
July	1	3	.250	4.88	5	5	0	31.1	37	4	17	0	0	0	0				
Aug	3	3	.500	3.03	6	6	0	35.2	37	9	20	0	0	0	0				
Sept/Oct	2	3	.400	3.68	6	6	0	36.2	34	9	20	0	0	0	0				
Day	5	3	.625	2.07	10	10	1	65.1	59	13	38	1	0	0	0				
Night	11	9	.550	3.50	23	23	1	144	148	31	87	1	0	0	0				
vs. Left	—	—	—	—	—	—	—	—	32	6	19	—	—	—	—				
vs. Right	—	—	—	—	—	—	—	—	175	38	106	—	—	—	—				
On Grass	9	4	.692	2.59	14	14	1	94	82	16	59	1	0	0	0				
On Turf	7	8	.467	3.43	19	19	1	115.1	125	28	66	1	0	0	0				
Home	7	8	.467	3.43	18	18	1	110.1	120	27	66	1	0	0	0				
Road	9	4	.692	2.64	15	15	1	99	87	17	59	1	0	0	0				
Division Rivals																			
vs. BAL	2	0	1.000	2.08	2	2	0	13	16	3	2	0	0	0	0				
vs. BOS	1	1	.500	4.76	2	2	0	11.1	17	6	6	0	0	0	0				
vs. CLE	3	0	1.000	0.88	4	4	1	30.2	25	2	16	1	0	0	0				
vs. DET	2	1	.667	2.70	3	3	0	20	13	5	12	0	0	0	0				
vs. MIL	2	1	.667	2.01	3	3	1	22.1	16	4	14	1	0	0	0				
vs. NY	2	1	.667	3.00	3	3	0	18	20	2	13	0	0	0	0				

Year	Team		W	L	%	ERA	G	GS	CG	IP	H	BB	SO	ShO	W	L	SV	AB	H	HR	BA	PO	A	E	DP	TC/G	FA
1984	TOR	A	4	5	.444	4.65	63	0	0	62	70	32	44	0	4	5	10	0	0	0	—	9	11	1	0	0.3	.952
1985			14	6	.700	3.00	35	32	3	212.2	188	50	85	0	1	0	0	0	0	0	—	15	52	3	3	2.0	.957
1986			14	11	.560	3.57	36	35	4	232	222	74	141	2	0	0	0	0	0	0	—	18	42	0	4	1.7	1.000
1987			17	8	.680	**2.76**	36	36	8	261	210	66	161	1	0	0	0	0	0	0	—	17	44	3	5	1.8	.953
1988			12	5	.706	3.29	21	21	2	131.1	127	30	65	2	0	0	0	0	0	0	—	5	19	0	1	1.1	1.000
1989			13	14	.481	3.88	33	33	5	216	226	27	118	1	0	0	0	0	0	0	—	11	44	2	2	1.7	.965
1990			13	7	.650	4.25	27	27	0	154.2	169	22	88	0	0	0	0	0	0	0	—	8	22	1	3	1.1	.968
1991			16	12	.571	3.05	33	33	2	209.1	207	44	125	2	0	0	0	0	0	0	—	22	37	2	3	1.8	.967
8 yrs.			103	68	.602	3.41	284	217	24	1479	1419	345	827	8	5	5	10	0	0	0	—	105	271	12	21	1.4	.969

LEAGUE CHAMPIONSHIP SERIES

Year	Team		W	L	%	ERA	G	GS	CG	IP	H	BB	SO	ShO	W	L	SV	AB	H	HR	BA	PO	A	E	DP	TC/G	FA
1985	TOR	A	0	1	.000	5.19	2	2	0	8.2	15	2	5	0	0	0	0	0	0	0	—	0	3	0	0	1.5	1.000
1989			1	0	1.000	4.50	1	1	0	6	7	2	2	0	0	0	0	0	0	0	—	0	0	0	0	0.0	—
1991			0	0	—	3.00	1	1	0	6	5	1	1	0	0	0	0	0	0	0	—	0	3	0	1	3.0	1.000
3 yrs.			1	1	.500	4.35	4	4	0	20.2	27	5	8	0	0	0	0	0	0	0	—	0	6	0	1	1.5	1.000

Dana Kiecker
KIECKER, DANA ERVIN
B. Feb. 25, 1961, Sleepy Eye, Minn.
BR TR 6' 3" 180 lbs.

Year	Team		W	L	%	ERA	G	GS	CG	IP	H	BB	SO	ShO	W	L	SV	AB	H	HR	BA	PO	A	E	DP	TC/G	FA
1990	BOS	A	8	9	.471	3.97	32	25	0	152	145	54	93	0	0	0	0	0	0	0	—	18	27	2	1	1.5	.957
1991			2	3	.400	7.36	18	5	0	40.1	56	23	21	0	0	2	0	0	0	0	—	4	11	1	1	0.9	.938
2 yrs.			10	12	.455	4.68	50	30	0	192.1	201	77	114	0	0	2	0	0	0	0	—	22	38	3	2	1.3	.952

PITCHER REGISTER

346

Year	Team	W	L	%	ERA	G	GS	CG	IP	H	BB	SO	ShO	RELIEF PITCHING W	L	SV	BATTING AB	H	HR	BA	PO	A	E	DP	TC/G	FA

Dana Kiecker *Continued*

LEAGUE CHAMPIONSHIP SERIES

Year	Team	W	L	%	ERA	G	GS	CG	IP	H	BB	SO	ShO	W	L	SV	AB	H	HR	BA	PO	A	E	DP	TC/G	FA
1990	BOS A	0	0	—	1.59	1	1	0	5.2	6	1	2	0	0	0	0	0	0	0	—	0	0	0	0	0.0	—

John Kiely

KIELY, JOHN FRANCIS
B. Oct. 4, 1964, Boston, Mass.
BR TR 6' 3" 210 lbs.

Year	Team	W	L	%	ERA	G	GS	CG	IP	H	BB	SO	ShO	W	L	SV	AB	H	HR	BA	PO	A	E	DP	TC/G	FA
1991	DET A	0	1	.000	14.85	7	0	0	6.2	13	9	1	0	0	1	0	0	0	0	—	0	0	0	0	0.0	—

Darryl Kile

KILE, DARRYL ANDREW
B. Dec. 2, 1968, Garden Grove, Calif.
BR TR 6' 5" 185 lbs.

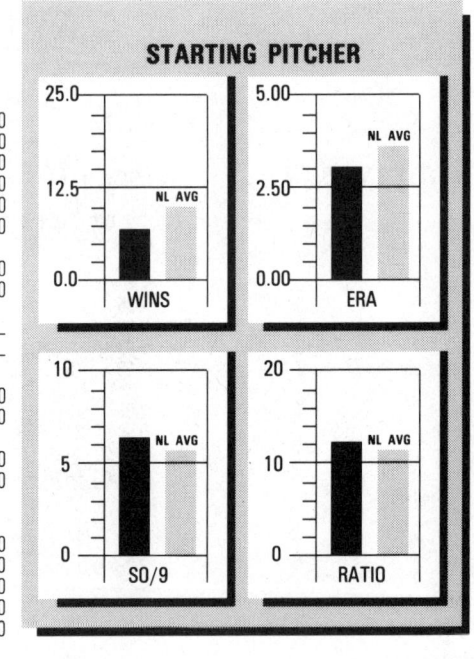

STARTING PITCHER

	W	L	%	ERA	G	GS	CG	IP	H	BB	SO	ShO	W	L	SV	AB	H	HR	BA	PO	A	E	DP	TC/G	FA
April	0	1	.000	8.16	7	1	0	14.1	16	9	9	0	0	1	0										
May	0	0	—	3.09	6	0	0	11.2	12	10	3	0	0	0	0										
June	2	1	.667	1.80	7	5	0	35	25	19	18	0	0	0	0										
July	2	4	.333	3.86	6	5	0	25.2	30	11	22	0	0	0	1										
Aug	2	2	.500	3.86	5	5	0	30.1	30	18	21	0	0	0	0										
Sept/Oct	1	3	.250	3.68	6	6	0	36.2	31	17	27	0	0	0	0										
Day	1	5	.167	5.08	9	6	0	33.2	35	20	22	0	0	0	0										
Night	6	6	.500	3.30	28	16	0	120	109	64	78	0	0	0	2										
vs. Left	—	—	—	—	—	—	—	—	90	56	63	—	—	—	—										
vs. Right	—	—	—	—	—	—	—	—	54	28	37	—	—	—	—										
On Grass	1	3	.250	4.23	11	6	0	44.2	43	22	27	0	0	0	0										
On Turf	6	8	.429	3.47	26	16	0	109	101	62	73	0	0	0	2										
Home	4	5	.444	3.36	18	12	0	77.2	68	45	49	0	0	0	0										
Road	3	6	.333	4.03	19	10	0	76	76	39	51	0	0	0	2										
Division Rivals																									
vs. ATL	0	1	.000	3.52	2	1	0	7.2	7	4	4	0	0	0	0										
vs. CIN	1	1	.500	2.51	4	2	0	14.1	13	6	13	0	0	0	1										
vs. LA	0	0	—	2.86	4	3	0	22	16	11	11	0	0	0	0										
vs. SD	1	0	1.000	1.59	3	1	0	11.1	7	6	7	0	0	0	0										
vs. SF	1	3	.250	7.96	6	4	0	26	35	14	18	0	0	0	0										
1991	HOU N	7	11	.389	3.69	37	22	0	153.2	144	84	100	0	0	2	0	38	0	0	.000	7	17	3	1	0.7	.889

Paul Kilgus

KILGUS, PAUL NELSON
B. Feb. 2, 1962, Bowling Green, Ky.
BL TL 6' 1" 175 lbs.

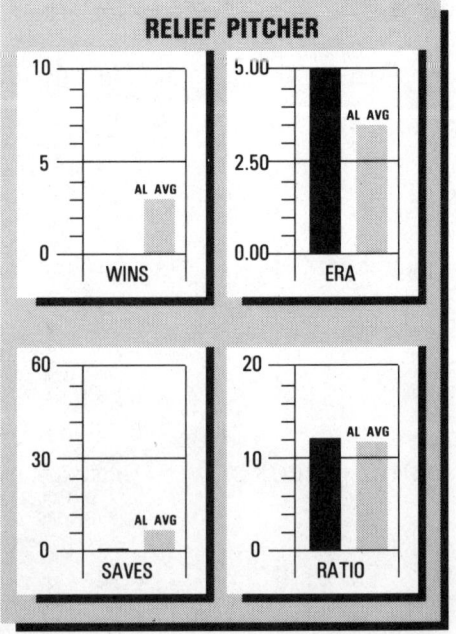

RELIEF PITCHER

	W	L	%	ERA	G	GS	CG	IP	H	BB	SO	ShO	W	L	SV	AB	H	HR	BA	PO	A	E	DP	TC/G	FA
April	0	0	—	3.79	8	0	0	19	17	7	9	0	0	0	0										
May	0	0	—	2.76	10	0	0	16.1	10	3	7	0	0	0	0										
June	0	2	.000	10.64	11	0	0	11	17	8	10	0	0	2	1										
July	0	0	—	5.17	9	0	0	15.2	16	6	6	0	0	0	0										
Aug	—	—	—		0	—	—	0	0	0	0	—	0	0	0										
Sept/Oct	—	—	—		0	—	—	0	0	0	0	—	0	0	0										
Day	0	0	—	3.57	9	0	0	17.2	14	5	10	0	0	0	1										
Night	0	2	.000	5.68	29	0	0	44.1	46	19	22	0	0	2	0										
vs. Left	—	—	—	—	—	—	—	—	19	7	12	—	—	—	—										
vs. Right	—	—	—	—	—	—	—	—	41	17	20	—	—	—	—										
On Grass	0	2	.000	5.17	30	0	0	54	51	22	27	0	0	2	0										
On Turf	0	0	—	4.50	8	0	0	8	9	2	5	0	0	0	1										
Home	0	2	.000	7.44	19	0	0	32.2	39	13	15	0	0	2	0										
Road	0	0	—	2.45	19	0	0	29.1	21	11	17	0	0	0	1										
Division Rivals																									
vs. BOS	0	0	—	5.79	2	0	0	4.2	6	1	4	0	0	0	0										
vs. CLE	0	0	—	0.00	2	0	0	0.1	0	1	0	0	0	0	0										
vs. DET	0	0	—	12.00	3	0	0	3	5	2	1	0	0	0	0										
vs. MIL	0	0	—	0.00	2	0	0	3.1	3	1	4	0	0	0	0										
vs. NY	0	0	—	2.25	2	0	0	4	2	2	3	0	0	0	0										
vs. TOR	0	1	.000	21.60	3	0	0	1.2	5	4	1	0	0	0	0										

PITCHER REGISTER 347

Year	Team		W	L	%	ERA	G	GS	CG	IP	H	BB	SO	ShO	RELIEF PITCHING W	L	SV	BATTING AB	H	HR	BA	PO	A	E	DP	TC/G	FA

Paul Kilgus Continued

1987	TEX	A	2	7	.222	4.13	25	12	0	89.1	95	31	42	0	0	2	0	0	0	0	—	7	9	4	2	0.8	.800
1988			12	15	.444	4.16	32	32	5	203.1	190	71	88	3	0	0	0	0	0	0	—	11	34	2	4	1.5	.957
1989	CHI	N	6	10	.375	4.39	35	23	0	145.2	164	49	61	0	0	0	2	41	3	0	.073	10	25	2	0	1.1	.946
1990	TOR	A	0	0	—	6.06	11	0	0	16.1	19	7	7	0	0	0	0	0	0	0	—	1	3	0	0	0.4	1.000
1991	BAL	A	0	2	.000	5.08	38	0	0	62	60	24	32	0	0	2	1	0	0	0	—	14	13	2	2	0.8	.931
5 yrs.			20	34	.370	4.39	141	67	5	516.2	528	182	230	3	0	4	3	41	3	0	.073	43	84	10	8	1.0	.927

LEAGUE CHAMPIONSHIP SERIES
| 1989 | CHI | N | 0 | 0 | — | 0.00 | 1 | 0 | 0 | 3 | 4 | 1 | 1 | 0 | 0 | 0 | 0 | 0 | 0 | 0 | — | 0 | 0 | 0 | 0 | 0.0 | — |

Eric King

KING, ERIC STEVEN
B. Apr. 10, 1964, Oxnard, Calif.
BR TR 6′ 2″ 180 lbs.

April			2	2	.500	4.55	4	4	0	27.2	30	1	14	0	0	0	0										
May			2	2	.500	6.06	6	6	0	35.2	38	13	17	0	0	0	0										
June			0	1	.000	5.93	3	2	0	13.2	19	7	0	0	0	0	0										
July			0	1	.000	2.25	1	1	1	8	6	0	4	0	0	0	0										
Aug			1	2	.333	3.55	5	5	1	33	34	10	17	1	0	0	0										
Sept/Oct			1	3	.250	4.13	6	6	0	32.2	39	13	7	0	0	0	0										
Day			4	3	.571	4.16	12	12	0	75.2	75	17	28	0	0	0	0										
Night			2	8	.200	5.04	13	12	2	75	91	27	31	1	0	0	0										
vs. Left			—	—	—	—	—	—	—	—	93	26	33	—	—	—	—										
vs. Right			—	—	—	—	—	—	—	—	73	18	26	—	—	—	—										
On Grass			6	8	.429	4.80	21	20	1	123.2	144	37	52	1	0	0	0										
On Turf			0	3	.000	3.67	4	4	1	27	22	7	7	0	0	0	0										
Home			2	7	.222	5.95	12	11	0	65	89	22	26	0	0	0	0										
Road			4	4	.500	3.57	13	13	2	85.2	77	22	33	1	0	0	0										
Division Rivals																											
vs. BAL			0	0	—	3.86	1	1	0	4.2	2	2	1	0	0	0	0										
vs. BOS			1	0	1.000	6.17	2	2	0	11.2	15	2	6	0	0	0	0										
vs. DET			0	1	.000	4.50	2	2	0	10	15	6	2	0	0	0	0										
vs. MIL			0	0	—	2.57	1	1	0	7	4	2	2	0	0	0	0										
vs. NY			2	0	1.000	2.41	3	3	0	18.2	21	5	5	0	0	0	0										
vs. TOR			0	2	.000	6.97	2	2	1	10.1	14	2	5	0	0	0	0										

1986	DET	A	11	4	.733	3.51	33	16	3	138.1	108	63	79	1	3	0	3	0	0	0	—	19	15	1	0	1.1	.971
1987			6	9	.400	4.89	55	4	0	116	111	60	89	0	6	7	9	0	0	0	—	15	22	1	3	0.7	.974
1988			4	1	.800	3.41	23	5	0	68.2	60	34	45	0	1	0	3	0	0	0	—	3	8	2	0	0.6	.846
1989	CHI	A	9	10	.474	3.39	25	25	1	159.1	144	64	72	1	0	0	0	0	0	0	—	15	20	3	2	1.5	.921
1990			12	4	.750	3.28	25	25	2	151	135	40	70	2	0	0	0	0	0	0	—	8	15	0	1	0.9	1.000
1991	CLE	A	6	11	.353	4.60	25	24	2	150.2	166	44	59	1	0	0	0	0	0	0	—	9	14	2	2	1.0	.920
6 yrs.			48	39	.552	3.85	186	99	8	784	724	305	414	5	10	7	15	0	0	0	—	69	94	9	8	0.9	.948

LEAGUE CHAMPIONSHIP SERIES
| 1987 | DET | A | 0 | 0 | — | 1.69 | 2 | 0 | 0 | 5.1 | 3 | 2 | 4 | 0 | 0 | 0 | 0 | 0 | 0 | 0 | — | 1 | 1 | 0 | 0 | 1.0 | 1.000 |

Bob Kipper

KIPPER, ROBERT WAYNE
B. July 8, 1964, Aurora, Ill.
BR TL 6′ 2″ 190 lbs.

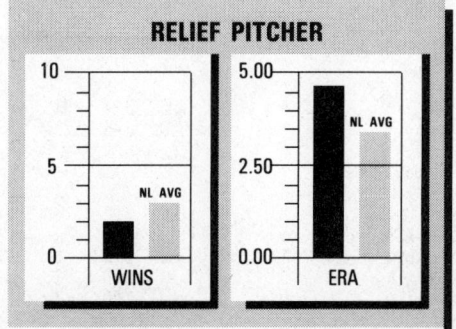

April			1	1	.500	10.29	7	0	0	7	7	5	6	0	1	1	0										
May			1	0	1.000	8.31	8	0	0	8.2	14	3	5	0	1	0	0										
June			0	0	—	3.38	9	0	0	10.2	12	2	6	0	0	0	1										
July			0	0	—	0.00	10	0	0	13	7	4	7	0	0	0	1										
Aug			0	1	.000	3.46	10	0	0	13	18	4	6	0	0	1	1										
Sept/Oct			0	0	—	7.04	8	0	0	7.2	8	4	8	0	0	0	1										
Day			0	0	—	5.24	18	0	0	22.1	25	7	16	0	0	0	1										
Night			2	2	.500	4.30	34	0	0	37.2	41	15	22	0	2	2	3										
vs. Left			—	—	—	—	—	—	—	—	25	3	19	—	—	—	—										
vs. Right			—	—	—	—	—	—	—	—	41	19	19	—	—	—	—										

PITCHER REGISTER

Bob Kipper *Continued*

	Year	Team	W	L	%	ERA	G	GS	CG	IP	H	BB	SO	ShO	W	L	SV	AB	H	HR	BA	PO	A	E	DP	TC/G	FA
On Grass			0	0	—	1.86	18	0	0	19.1	15	5	14	0	0	0	2										
On Turf			2	2	.500	5.98	34	0	0	40.2	51	17	24	0	2	2	2										
Home			1	1	.500	6.75	24	0	0	30.2	38	15	19	0	1	1	1										
Road			1	1	.500	2.45	28	0	0	29.1	28	7	19	0	1	1	3										
Division Rivals																											
vs. CHI			0	0	—	5.40	8	0	0	8.1	9	4	5	0	0	0	0										
vs. MON			1	0	1.000	0.00	2	0	0	1.2	0	0	3	0	1	0	1										
vs. NY			0	1	.000	6.55	6	0	0	11	11	4	8	0	0	1	0										
vs. PHI			0	1	.000	7.71	6	0	0	4.2	8	4	3	0	0	1	0										
vs. STL			0	0	—	5.79	3	0	0	4.2	8	2	4	0	0	0	0										
1985	2 teams	CAL A (2G 0 – 1)									PIT N (5G 1 – 2)																
"	total		1	3	.250	7.07	7	5	0	28	28	10	13	0	0	0	0	8	2	0	.250	1	5	1	0	1.0	.857
1986	PIT	N	6	8	.429	4.03	20	19	0	114	123	34	81	0	0	0	0	33	1	0	.030	1	15	1	2	0.9	.941
1987			5	9	.357	5.94	24	20	1	110.2	117	52	83	1	0	0	0	33	8	0	.242	3	16	0	1	0.8	1.000
1988			2	6	.250	3.74	50	0	0	65	54	26	39	0	2	6	0	4	0	0	.000	4	16	0	1	0.4	1.000
1989			3	4	.429	2.93	52	0	0	83	55	33	58	0	3	4	4	9	1	0	.111	3	10	2	1	0.3	.867
1990			5	2	.714	3.02	41	1	0	62.2	44	26	35	0	5	1	3	7	1	0	.143	5	8	0	0	0.3	1.000
1991			2	2	.500	4.65	52	0	0	60	60	22	38	0	2	2	4	1	0	0	.000	1	6	2	0	0.2	.778
7 yrs.			24	34	.414	4.33	246	45	1	523.1	487	203	347	1	12	13	11	95	13	0	.137	18	76	6	5	0.4	.940

LEAGUE CHAMPIONSHIP SERIES

Year	Team	W	L	%	ERA	G	GS	CG	IP	H	BB	SO	ShO	W	L	SV	AB	H	HR	BA	PO	A	E	DP	TC/G	FA
1991	PIT N	0	0	—	4.50	1	0	0	2	2	0	1	0	0	0	0	0	0	0	—	0	1	0	0	1.0	1.000

Garland Kiser

KISER, GARLAND ROUTHARD, JR.
B. July 8, 1968, Charlotte, N.C.
BL TL 6' 3" 190 lbs.

Year	Team	W	L	%	ERA	G	GS	CG	IP	H	BB	SO	ShO	W	L	SV	AB	H	HR	BA	PO	A	E	DP	TC/G	FA
1991	CLE A	0	0	—	9.64	7	0	0	4.2	7	4	3	0	0	0	0	0	0	0	—	0	0	0	0	0.0	—

Joe Klink

KLINK, JOSEPH CHARLES
B. Feb. 3, 1962, Johnstown, Pa.
BL TL 5' 11" 170 lbs.

	W	L	%	ERA	G	GS	CG	IP	H	BB	SO	ShO	W	L	SV	AB	H	HR	BA	PO	A	E	DP	TC/G	FA
April	0	1	.000	2.00	8	0	0	9	5	1	6	0	0	1	1										
May	4	1	.800	3.60	15	0	0	15	13	5	5	0	4	1	1										
June	1	0	1.000	0.00	3	0	0	3	4	1	2	0	1	0	0										
July	2	0	1.000	2.53	9	0	0	10.2	9	1	6	0	2	0	0										
Aug	2	1	.667	8.03	13	0	0	12.1	15	7	1	0	2	1	0										
Sept/Oct	1	0	1.000	6.00	14	0	0	12	14	6	14	0	1	0	0										
Day	1	1	.500	2.84	18	0	0	19	12	4	15	0	1	1	1										
Night	9	2	.818	5.02	44	0	0	43	48	17	19	0	9	2	1										
vs. Left	—	—	—	—	—	—	—	—	22	5	18	—	—	—	—										
vs. Right	—	—	—	—	—	—	—	—	38	16	16	—	—	—	—										
On Grass	8	2	.800	3.52	52	0	0	53.2	47	15	29	0	8	2	2										
On Turf	2	1	.667	9.72	10	0	0	8.1	13	6	5	0	2	1	0										
Home	4	1	.800	3.34	33	0	0	32.1	27	8	18	0	4	1	1										
Road	6	2	.750	5.46	29	0	0	29.2	33	13	16	0	6	2	1										
Division Rivals																									
vs. CAL	0	0	—	2.70	3	0	0	3.1	2	1	1	0	0	0	1										
vs. CHI	2	0	1.000	2.08	8	0	0	8.2	6	3	6	0	2	0	1										
vs. KC	1	0	1.000	16.88	4	0	0	2.2	7	1	3	0	1	0	0										
vs. MIN	1	2	.333	6.00	5	0	0	6	7	3	4	0	1	2	0										
vs. SEA	0	0	—	7.20	7	0	0	5	4	2	2	0	0	0	0										
vs. TEX	0	0	—	2.70	2	0	0	3.1	2	1	5	0	0	0	0										

Year		Team	W	L	%	ERA	G	GS	CG	IP	H	BB	SO	ShO	W	L	SV	AB	H	HR	BA	PO	A	E	DP	TC/G	FA
1987	MIN	A	0	1	.000	6.65	12	0	0	23	37	11	17	0	0	1	0	0	0	0	—	0	2	0	1	0.2	1.000
1990	OAK	A	0	0	—	2.04	40	0	0	39.2	34	18	19	0	0	0	1	0	0	0	—	1	1	0	0	0.1	1.000
1991			10	3	.769	4.35	62	0	0	62	60	21	34	0	**10**	3	2	0	0	0	—	4	8	0	1	0.2	1.000
3 yrs.			10	4	.714	4.04	114	0	0	124.2	131	50	70	0	10	4	3	0	0	0	—	5	11	0	2	0.1	1.000

WORLD SERIES

Year	Team	W	L	%	ERA	G	GS	CG	IP	H	BB	SO	ShO	W	L	SV	AB	H	HR	BA	PO	A	E	DP	TC/G	FA
1990	OAK A	0	0	—	0.00	1	0	0	0	0	1	0	0	0	0	0	0	0	0	—	0	0	0	0	0.0	—

PITCHER REGISTER

Year	Team		W	L	%	ERA	G	GS	CG	IP	H	BB	SO	ShO	RELIEF PITCHING W	L	SV	BATTING AB	H	HR	BA	PO	A	E	DP	TC/G	FA

Mark Knudson

KNUDSON, MARK RICHARD
B. Oct. 28, 1960, Denver, Colo.
BR TR 6′ 5″ 215 lbs.

Year	Team		W	L	%	ERA	G	GS	CG	IP	H	BB	SO	ShO	W	L	SV	AB	H	HR	BA	PO	A	E	DP	TC/G	FA
1985	HOU	N	0	2	.000	9.00	2	2	0	11	21	3	4	0	0	0	0	2	0	0	.000	1	1	0	0	1.0	1.000
1986	2 teams		HOU N (9G 1 - 5)			MIL A (4G 0 - 1)																					
"	total		1	6	.143	5.22	13	8	0	60.1	70	20	29	0	0	0	0	10	0	0	.000	4	5	0	0	0.7	1.000
1987	MIL	A	4	4	.500	5.37	15	8	1	62	88	14	26	0	2	1	0	0	0	0	—	5	4	1	0	0.7	.900
1988			0	0	—	1.13	5	0	0	16	17	2	7	0	0	0	0	0	0	0	—	0	3	0	0	0.6	1.000
1989			8	5	.615	3.35	40	7	1	123.2	110	29	47	0	2	4	0	0	0	0	—	12	10	0	2	0.6	1.000
1990			10	9	.526	4.12	30	27	4	168.1	187	40	56	2	1	0	0	0	0	0	—	13	16	2	2	1.0	.935
1991			1	3	.250	7.97	12	7	0	35	54	15	23	0	0	0	0	0	0	0	—	4	3	0	0	0.6	1.000
7 yrs.			24	29	.453	4.52	117	59	6	476.1	547	123	192	2	5	5	0	12	0	0	.000	39	42	3	4	0.7	.964

Tom Kramer

KRAMER, THOMAS JOSEPH
B. Jan. 9, 1968, Cincinnati, Ohio
BB TR 6′ 185 lbs.

Year	Team		W	L	%	ERA	G	GS	CG	IP	H	BB	SO	ShO	W	L	SV	AB	H	HR	BA	PO	A	E	DP	TC/G	FA
1991	CLE	A	0	0	—	17.36	4	0	0	4.2	10	6	4	0	0	0	0	0	0	0	—	1	0	0	0	0.3	1.000

Bill Krueger

KRUEGER, WILLIAM CULP
B. Apr. 24, 1958, Waukegan, Ill.
BL TL 6′ 5″ 205 lbs.

Split	W	L	%	ERA	G	GS	CG	IP	H	BB	SO	ShO	W	L	SV
April	0	0	—	5.68	4	0	0	6.1	12	1	5	0	0	0	0
May	1	2	.333	4.91	8	3	0	29.1	35	15	11	0	1	1	0
June	4	1	.800	2.12	5	5	0	34	26	12	18	0	0	0	0
July	4	0	1.000	1.19	6	5	0	37.2	33	11	24	0	0	0	0
Aug	1	4	.200	6.54	6	6	0	31.2	48	11	21	0	0	0	0
Sept/Oct	1	1	.500	3.50	6	6	1	36	40	10	12	0	0	0	0
Day	2	2	.500	3.15	7	4	0	34.1	28	13	19	0	0	0	0
Night	9	6	.600	3.71	28	21	1	140.2	166	47	72	0	1	1	0
vs. Left	—	—	—	—	—	—	—	—	43	10	19	—	—	—	—
vs. Right	—	—	—	—	—	—	—	—	151	50	72	—	—	—	—
On Grass	3	3	.500	2.35	11	8	1	57.1	65	22	30	0	0	0	0
On Turf	8	5	.615	4.21	24	17	0	117.2	129	38	61	0	1	1	0
Home	7	3	.700	3.73	19	13	0	94	100	31	52	0	1	1	0
Road	4	5	.444	3.44	16	12	1	81	94	29	39	0	0	0	0
Division Rivals															
vs. CAL	1	0	1.000	3.24	3	1	0	8.1	12	2	6	0	0	0	0
vs. CHI	1	0	1.000	0.68	2	2	0	13.1	14	4	6	0	0	0	0
vs. KC	0	1	.000	4.82	3	3	0	18.2	19	3	7	0	0	0	0
vs. MIN	0	2	.000	13.50	3	2	0	10	21	5	5	0	0	0	0
vs. OAK	0	1	.000	1.42	1	1	0	6.1	9	2	4	0	0	0	0
vs. TEX	0	1	.000	3.52	4	3	1	23	23	12	11	0	0	0	0

STARTING PITCHER (charts: WINS, ERA, SO/9, RATIO vs. AL AVG)

Year	Team		W	L	%	ERA	G	GS	CG	IP	H	BB	SO	ShO	W	L	SV	AB	H	HR	BA	PO	A	E	DP	TC/G	FA
1983	OAK	A	7	6	.538	3.61	17	16	2	109.2	104	53	58	0	1	0	0	0	0	0	—	3	7	1	0	0.6	.909
1984			10	10	.500	4.75	26	24	1	142	156	85	61	0	0	0	0	0	0	0	—	6	12	0	1	0.7	1.000
1985			9	10	.474	4.52	32	23	2	151.1	165	69	56	0	1	0	0	0	0	0	—	3	23	2	0	0.9	.929
1986			1	2	.333	6.03	11	3	0	34.1	40	13	10	0	0	0	1	0	0	0	—	2	8	1	1	1.0	.909
1987	2 teams		OAK A (9G 0 - 3)			LA N (2G 0 - 0)																					
"	total		0	3	.000	6.75	11	0	0	8	12	9	4	0	0	3	0	0	0	0	—	0	0	0	0	0.0	—
1988	LA	N	0	0	—	11.57	1	1	0	2.1	4	2	1	0	0	0	0	0	0	0	—	0	2	0	0	2.0	1.000
1989	MIL	A	3	2	.600	3.84	34	5	0	93.2	96	33	72	0	1	0	3	0	0	0	—	5	11	0	0	0.5	1.000
1990			6	8	.429	3.98	30	17	0	129	137	54	64	0	2	3	0	0	0	0	—	2	17	0	2	0.6	1.000
1991	SEA	A	11	8	.579	3.60	35	25	1	175	194	60	91	0	1	0	0	0	0	0	—	5	30	0	2	1.0	1.000
9 yrs.			47	49	.490	4.19	197	114	6	845.1	908	378	417	0	6	8	4	0	0	0	—	26	110	4	6	0.7	.971

Mike LaCoss

LaCOSS, MICHAEL JAMES
B. May 30, 1956, Glendale, Calif.
BR TR 6′ 5″ 185 lbs.

Year	Team		W	L	%	ERA	G	GS	CG	IP	H	BB	SO	ShO	W	L	SV	AB	H	HR	BA	PO	A	E	DP	TC/G	FA
1978	CIN	N	4	8	.333	4.50	16	15	2	96	104	46	31	1	0	0	0	30	2	0	.067	8	13	0	0	1.3	1.000
1979			14	8	.636	3.50	35	32	6	206	202	79	73	1	0	0	0	70	9	0	.129	15	34	2	4	1.5	.961
1980			10	12	.455	4.63	34	29	4	169	207	68	59	2	0	0	0	55	5	0	.091	9	34	3	1	1.4	.935
1981			4	7	.364	6.12	20	13	0	78	102	30	22	1	0	2	0	19	0	0	.000	6	14	1	1	1.1	.952
1982	HOU	N	6	6	.500	2.90	41	8	0	115	107	54	51	0	3	3	0	24	6	0	.250	7	16	3	0	0.6	.885

PITCHER REGISTER

Year	Team		W	L	%	ERA	G	GS	CG	IP	H	BB	SO	ShO	RELIEF PITCHING W	L	SV	BATTING AB	H	HR	BA	PO	A	E	DP	TC/G	FA

Mike LaCoss *Continued*

Year	Team		W	L	%	ERA	G	GS	CG	IP	H	BB	SO	ShO	W	L	SV	AB	H	HR	BA	PO	A	E	DP	TC/G	FA
1983			5	7	.417	4.43	38	17	2	138	142	56	53	0	0	1	1	35	3	0	.086	6	27	0	1	0.9	1.000
1984			7	5	.583	4.02	39	18	2	132	132	55	86	1	1	0	3	31	4	0	.129	9	20	2	2	0.8	.935
1985	KC	A	1	1	.500	5.09	21	0	0	40.2	49	29	26	0	1	1	1	0	0	0	—	1	8	0	1	0.4	1.000
1986	SF	N	10	13	.435	3.57	37	31	4	204.1	179	70	86	1	0	0	0	61	14	2	.230	19	34	1	2	1.5	.981
1987			13	10	.565	3.68	39	26	2	171	184	63	79	1	1	0	0	50	3	0	.060	15	43	2	4	1.5	.967
1988			7	7	.500	3.62	19	19	1	114.1	99	47	70	1	0	0	0	33	8	0	.242	10	32	0	1	2.2	1.000
1989			10	10	.500	3.17	45	18	1	150.1	143	65	78	0	3	5	6	41	3	0	.073	12	20	4	1	0.8	.889
1990			6	4	.600	3.94	13	12	1	77.2	75	39	39	0	0	0	0	23	1	0	.043	5	8	1	1	1.1	.929
1991			1	5	.167	7.23	18	5	0	47.1	61	24	30	0	0	3	0	9	2	0	.222	4	5	1	0	0.6	.900
14 yrs.			98	103	.488	4.02	415	243	26	1739.2	1786	725	783	9	13	13	12	481	60	2	.125	126	308	20	24	1.1	.956

LEAGUE CHAMPIONSHIP SERIES

Year	Team		W	L	%	ERA	G	GS	CG	IP	H	BB	SO	ShO	W	L	SV	AB	H	HR	BA	PO	A	E	DP	TC/G	FA
1979	CIN	N	0	1	.000	10.80	1	1	0	1.2	1	4	0	0	0	0	0	0	0	0	—	0	1	0	0	1.0	1.000
1987	SF	N	0	0	—	0.00	2	0	0	3.1	1	3	2	0	0	0	0	0	0	0	—	0	2	0	0	1.0	1.000
1989			0	0	—	9.00	1	1	0	3	7	0	2	0	0	0	0	1	0	0	.000	0	0	1	0	1.0	—
3 yrs.			0	1	.000	5.63	4	2	0	8	9	7	4	0	0	0	0	1	0	0	.000	0	3	1	0	1.0	.750

WORLD SERIES

Year	Team		W	L	%	ERA	G	GS	CG	IP	H	BB	SO	ShO	W	L	SV	AB	H	HR	BA	PO	A	E	DP	TC/G	FA
1989	SF	N	0	0	—	6.23	2	0	0	4.1	4	3	2	0	0	0	0	1	0	0	.000	1	0	0	0	0.5	1.000

Dennis Lamp

LAMP, DENNIS PATRICK
B. Sept. 23, 1952, Los Angeles, Calif.
BR TR 6' 4" 200 lbs.

Split	W	L	%	ERA	G	GS	CG	IP	H	BB	SO	ShO	W	L	SV
April	1	1	.500	3.00	3	0	0	3	2	4	0	0	1	1	0
May	1	0	1.000	8.25	7	0	0	12	19	4	11	0	1	0	0
June	0	0	—	2.25	8	0	0	16	9	3	10	0	0	0	0
July	1	0	1.000	4.30	10	0	0	23	22	6	11	0	1	0	0
Aug	1	2	.333	3.92	11	0	0	20.2	23	7	16	0	1	2	0
Sept/Oct	2	0	1.000	6.23	12	0	0	17.1	25	7	9	0	2	0	0
Day	0	2	.000	6.61	18	0	0	32.2	42	10	18	0	0	2	0
Night	6	1	.857	3.64	33	0	0	59.1	58	21	39	0	6	1	0
vs. Left	—	—	—	—	—	—	—	—	43	18	22	—	—	—	—
vs. Right	—	—	—	—	—	—	—	—	57	13	35	—	—	—	—
On Grass	5	3	.625	4.99	44	0	0	79.1	88	27	51	0	5	3	0
On Turf	1	0	1.000	2.84	7	0	0	12.2	12	4	6	0	1	0	0
Home	3	3	.500	6.59	24	0	0	41	52	19	21	0	3	3	0
Road	3	0	1.000	3.18	27	0	0	51	48	12	36	0	3	0	0
Division Rivals															
vs. BAL	0	0	—	5.79	3	0	0	4.2	7	1	3	0	0	0	0
vs. CLE	0	1	.000	1.80	4	0	0	5	4	2	3	0	0	1	0
vs. DET	0	0	—	5.19	5	0	0	8.2	12	4	11	0	0	0	0
vs. MIL	2	0	1.000	2.57	3	0	0	7	6	2	2	0	2	0	0
vs. NY	0	0	—	5.14	4	0	0	7	7	1	3	0	0	0	0
vs. TOR	2	1	.667	3.18	5	0	0	11.1	11	5	6	0	2	1	0

Year	Team		W	L	%	ERA	G	GS	CG	IP	H	BB	SO	ShO	W	L	SV	AB	H	HR	BA	PO	A	E	DP	TC/G	FA
1977	CHI	N	0	2	.000	6.30	11	3	0	30	43	8	12	0	0	1	0	8	3	0	.375	1	8	1	0	0.9	.900
1978			7	15	.318	3.29	37	36	6	224	221	56	73	3	0	0	0	73	15	0	.205	18	51	1	1	1.9	.986
1979			11	10	.524	3.51	38	32	6	200	223	46	86	1	0	0	0	58	9	0	.155	17	45	3	3	1.7	.954
1980			10	14	.417	5.19	41	37	2	203	259	82	83	1	1	0	2	61	6	0	.098	8	47	2	3	1.4	.965
1981			7	6	.538	2.41	27	10	3	127	103	43	71	0	3	1	0	0	0	0	—	5	23	1	4	1.1	.966
1982			11	8	.579	3.99	44	27	3	189.2	206	59	78	2	1	1	5	0	0	0	—	9	39	5	1	1.2	.906
1983			7	7	.500	3.71	49	5	1	116.1	123	29	44	0	4	5	15	0	0	0	—	9	16	0	2	0.5	1.000
1984	TOR	A	8	8	.500	4.55	56	4	0	85	97	38	45	0	5	7	9	0	0	0	—	9	15	2	3	0.5	.923
1985			11	0	1.000	3.32	53	1	0	105.2	96	27	68	0	11	0	2	0	0	0	—	11	21	0	3	0.6	1.000
1986			2	6	.250	5.05	40	2	0	73	93	23	30	0	2	4	2	0	0	0	—	5	11	1	2	0.4	.941
1987	OAK	A	1	3	.250	5.08	36	5	0	56.2	76	22	36	0	0	0	0	0	0	0	—	1	9	0	0	0.3	1.000
1988	BOS	A	7	6	.538	3.48	46	0	0	82.2	92	19	49	0	7	6	0	0	0	0	—	5	18	1	0	0.5	.958
1989			4	2	.667	2.32	42	0	0	112.1	96	27	61	0	4	2	2	0	0	0	—	12	20	0	3	0.8	1.000
1990			3	5	.375	4.68	47	1	0	105.2	114	30	49	0	3	5	0	0	0	0	—	12	14	0	0	0.6	1.000
1991			6	3	.667	4.70	51	0	0	92	100	31	57	0	6	3	0	0	0	0	—	2	12	1	2	0.3	.933
15 yrs.			95	95	.500	3.91	618	163	21	1803	1942	540	842	7	47	37	35	200	33	0	.165	124	349	18	27	0.8	.963

LEAGUE CHAMPIONSHIP SERIES

Year	Team		W	L	%	ERA	G	GS	CG	IP	H	BB	SO	ShO	W	L	SV	AB	H	HR	BA	PO	A	E	DP	TC/G	FA
1983	CHI	A	0	0	—	0.00	3	0	0	2	0	2	1	0	0	0	0	0	0	0	—	0	0	0	0	0.0	—
1985	TOR	A	0	0	—	0.00	3	0	0	9.1	2	1	10	0	0	0	0	0	0	0	—	0	0	0	0	0.0	—
1990	BOS	A	0	0	—	108.00	1	0	0	0.1	2	2	0	0	0	0	0	0	0	0	—	0	0	0	0	0.0	—
3 yrs.			0	0	—	3.09	7	0	0	11.2	4	5	11	0	0	0	0	0	0	0	—	0	0	0	0	0.0	—

RELIEF PITCHER — bar charts showing WINS, ERA, SAVES, RATIO vs AL AVG.

PITCHER REGISTER

Year	Team		W	L	%	ERA	G	GS	CG	IP	H	BB	SO	ShO	RELIEF PITCHING			BATTING				PO	A	E	DP	TC/G	FA
															W	L	SV	AB	H	HR	BA						

Les Lancaster
LANCASTER, LESTER WAYNE
B. Apr. 21, 1962, Dallas, Tex.
BR TR 6' 2" 200 lbs.

	W	L	%	ERA	G	GS	CG	IP	H	BB	SO	ShO	W	L	SV	AB	H	HR	BA	PO	A	E	DP	TC/G	FA
April	0	0	—	4.11	8	0	0	15.1	11	4	7	0	0	0	0										
May	2	1	.667	2.53	11	0	0	21.1	21	3	14	0	2	1	1										
June	2	1	.667	2.57	10	4	0	35	33	15	26	0	0	0	0										
July	3	2	.600	5.71	7	6	1	41	44	10	26	0	0	0	0										
Aug	2	3	.400	2.91	15	0	0	21.2	22	3	15	0	2	3	2										
Sept/Oct	0	0	—	2.08	13	1	0	21.2	19	14	14	0	0	0	0										
Day	6	1	.857	3.62	29	6	1	74.2	69	21	52	0	3	0	1										
Night	3	6	.333	3.43	35	5	0	81.1	81	28	50	0	1	4	2										
vs. Left	—	—	—	—	—	—	—	—	81	33	46	—	—	—	—										
vs. Right	—	—	—	—	—	—	—	—	69	16	56	—	—	—	—										
On Grass	8	4	.667	3.63	46	9	1	111.2	110	34	77	0	4	1	1										
On Turf	1	3	.250	3.25	18	2	0	44.1	40	15	25	0	0	3	2										
Home	7	2	.778	3.46	33	6	1	83.1	77	21	57	0	3	1	1										
Road	2	5	.286	3.59	31	5	0	72.2	73	28	45	0	1	3	2										
Division Rivals																									
vs. MON	1	1	.500	1.54	5	0	0	11.2	12	1	9	0	1	1	2										
vs. NY	2	0	1.000	1.45	9	0	0	18.2	10	1	13	0	2	0	1										
vs. PHI	0	3	.000	4.15	8	0	0	13	15	7	9	0	0	3	0										
vs. PIT	1	1	.500	6.05	7	2	0	19.1	19	9	12	0	0	0	0										
vs. STL	1	0	1.000	3.62	7	3	0	27.1	28	7	13	0	0	0	0										
1987 CHI N	8	3	.727	4.90	27	18	0	132.1	138	51	78	0	1	0	0	49	4	0	.082	12	14	0	1.0	1.000	
1988	4	6	.400	3.78	44	3	1	85.2	89	34	36	0	3	6	5	20	1	0	.050	6	17	0	0.5	1.000	
1989	4	2	.667	1.36	42	0	0	72.2	60	15	56	0	4	2	8	11	2	0	.182	8	5	0	1	0.3	1.000
1990	9	5	.643	4.62	55	6	1	109	121	40	65	0	6	4	6	20	1	0	.050	9	19	0	1	0.5	1.000
1991	9	7	.563	3.52	64	11	1	156	150	49	102	0	4	4	3	28	5	0	.179	13	14	0	1	0.4	1.000
5 yrs.	34	23	.596	3.82	232	38	3	555.2	558	189	337	1	18	16	22	128	13	0	.102	48	69	0	3	0.5	1.000
LEAGUE CHAMPIONSHIP SERIES																									
1989 CHI N	1	1	.500	6.00	3	0	0	6	6	1	3	0	1	1	0	1	0	0	.000	0	1	0	0	0.3	1.000

Bill Landrum
LANDRUM, THOMAS WILLIAM
Son of Joe Landrum.
B. Aug. 17, 1957, Columbia, S. C.
BR TR 6' 2" 185 lbs.

	W	L	%	ERA	G	GS	CG	IP	H	BB	SO	ShO	W	L	SV	AB	H	HR	BA	PO	A	E	DP	TC/G	FA
April	0	0	—	0.00	9	0	0	10.1	6	1	7	0	0	0	2										
May	0	0	—	2.45	12	0	0	14.2	11	2	7	0	0	0	6										
June	1	0	1.000	3.48	10	0	0	10.1	18	1	5	0	1	0	7										
July	0	2	.000	5.52	10	0	0	14.2	19	6	8	0	0	2	0										
Aug	1	2	.333	1.80	11	0	0	15	7	4	12	0	1	2	2										
Sept/Oct	2	0	1.000	5.56	9	0	0	11.1	15	5	6	0	2	0	0										
Day	0	2	.000	1.65	12	0	0	16.1	7	5	9	0	0	2	2										
Night	4	2	.667	3.60	49	0	0	60	69	14	36	0	4	2	15										
vs. Left	—	—	—	—	—	—	—	—	38	13	19	—	—	—	—										
vs. Right	—	—	—	—	—	—	—	—	38	6	26	—	—	—	—										
On Grass	3	2	.600	4.81	16	0	0	24.1	30	7	14	0	3	2	2										
On Turf	1	2	.333	2.42	45	0	0	52	46	12	31	0	1	2	15										
Home	1	1	.500	1.80	30	0	0	35	26	6	23	0	1	1	9										
Road	3	3	.500	4.35	31	0	0	41.1	50	13	22	0	3	3	8										
Division Rivals																									
vs. CHI	0	1	.000	4.00	7	0	0	9	11	2	5	0	0	1	1										
vs. MON	0	0	—	0.00	8	0	0	7	6	1	4	0	0	0	3										
vs. NY	2	0	1.000	2.13	8	0	0	12.2	10	2	10	0	2	0	0										
vs. PHI	0	1	.000	2.16	7	0	0	8.1	6	3	4	0	0	1	2										
vs. STL	0	0	—	2.84	5	0	0	6.1	5	0	3	0	0	0	3										
1986 CIN N	0	0	—	6.75	10	0	0	13.1	23	4	14	0	0	0	0	2	0	0	.000	0	1	0	0	0.1	1.000
1987	3	2	.600	4.71	44	2	0	65	68	34	42	0	3	1	2	5	1	0	.200	3	12	0	4	0.3	1.000
1988 CHI N	1	0	1.000	5.84	7	0	0	12.1	19	3	6	0	1	0	0	2	0	0	.000	2	0	0	0	0.3	1.000
1989 PIT N	2	3	.400	1.67	56	0	0	81	60	28	51	0	2	3	26	3	0	0	.000	8	10	0	0	0.3	1.000
1990	7	3	.700	2.13	54	0	0	71.2	69	21	39	0	7	3	13	9	1	0	.111	11	6	0	0	0.3	1.000
1991	4	4	.500	3.18	61	0	0	76.1	76	19	45	0	4	4	17	4	0	0	.000	4	8	0	0	0.2	1.000
6 yrs.	17	12	.586	3.13	232	2	0	319.2	315	109	197	0	17	11	58	25	2	0	.080	28	37	0	4	0.3	1.000

PITCHER REGISTER

Year	Team		W	L	%	ERA	G	GS	CG	IP	H	BB	SO	ShO	RELIEF PITCHING W	L	SV	BATTING AB	H	HR	BA	PO	A	E	DP	TC/G	FA

Bill Landrum *Continued*

LEAGUE CHAMPIONSHIP SERIES
Year	Team		W	L	%	ERA	G	GS	CG	IP	H	BB	SO	ShO	W	L	SV	AB	H	HR	BA	PO	A	E	DP	TC/G	FA
1990	PIT	N	0	0	—	0.00	2	0	0	2	0	0	1	0	0	0	0	0	0	0	—	0	0	0	0	0.0	—
1991			0	0	—	9.00	1	0	0	1	2	2	2	0	0	0	0	0	0	0	—	0	0	0	0	0.0	—
2 yrs.			0	0	—	3.00	3	0	0	3	2	2	3	0	0	0	0	0	0	0	—	0	0	0	0	0.0	—

Mark Langston

LANGSTON, MARK EDWARD
B. Aug. 20, 1960, San Diego, Calif.
BB TL 6' 2" 175 lbs.

STARTING PITCHER

	W	L	%	ERA	G	GS	CG	IP	H	BB	SO	ShO	W	L	SV
April	1	1	.500	4.38	4	4	1	24.2	23	12	20	0	0	0	0
May	5	1	.833	3.30	6	6	2	46.1	37	19	29	0	0	0	0
June	5	0	1.000	3.19	5	5	0	36.2	26	13	31	0	0	0	0
July	3	3	.500	3.42	7	7	2	52.2	43	16	42	0	0	0	0
Aug	1	2	.333	2.08	5	5	2	34.2	24	18	17	0	0	0	0
Sept/Oct	4	1	.800	2.10	7	7	0	51.1	37	18	44	0	0	0	0
Day	3	3	.500	3.51	10	10	2	66.2	61	26	57	0	0	0	0
Night	16	5	.762	2.81	24	24	5	179.2	129	70	126	0	0	0	0
vs. Left	—	—	—	—	—	—	—	—	28	14	27	—	—	—	—
vs. Right	—	—	—	—	—	—	—	—	162	82	156	—	—	—	—
On Grass	15	7	.682	3.07	29	29	7	211	167	82	162	0	0	0	0
On Turf	4	1	.800	2.55	5	5	0	35.1	23	14	21	0	0	0	0
Home	9	3	.750	3.33	18	18	3	127	103	45	105	0	0	0	0
Road	10	5	.667	2.64	16	16	4	119.1	87	51	78	0	0	0	0
Division Rivals															
vs. CHI	1	0	1.000	1.78	3	3	0	25.1	19	8	21	0	0	0	0
vs. KC	2	0	1.000	3.45	2	2	0	15.2	11	4	16	0	0	0	0
vs. MIN	1	0	1.000	2.03	2	2	0	13.1	8	8	11	0	0	0	0
vs. OAK	0	3	.000	3.99	4	4	3	29.1	23	13	17	0	0	0	0
vs. SEA	1	0	1.000	1.42	2	2	0	12.2	11	6	8	0	0	0	0
vs. TEX	2	1	.667	5.21	3	3	0	19	18	7	15	0	0	0	0

Year	Team		W	L	%	ERA	G	GS	CG	IP	H	BB	SO	ShO	W	L	SV	AB	H	HR	BA	PO	A	E	DP	TC/G	FA
1984	SEA	A	17	10	.630	3.40	35	33	5	225	188	**118**	**204**	2	1	0	0	0	0	0	—	15	30	2	2	1.3	.957
1985			7	14	.333	5.47	24	24	2	126.2	122	91	72	0	0	0	0	0	0	0	—	9	26	2	4	1.5	.946
1986			12	14	.462	4.85	37	36	9	239.1	234	123	**245**	0	0	0	0	0	0	0	—	7	27	6	3	1.1	.850
1987			19	13	.594	3.84	35	35	14	272	242	114	**262**	3	0	0	0	0	0	0	—	8	41	2	3	1.5	.961
1988			15	11	.577	3.34	35	35	9	261.1	222	110	235	3	0	0	0	0	0	0	—	11	45	4	6	1.7	.933
1989	2 teams		SEA A (10G 4-5)							MON N (24G 12-9)																	
"	total		16	14	.533	2.74	34	34	8	250	198	112	235	5	0	0	0	64	11	0	.172	15	28	2	2	1.3	.956
1990	CAL	A	10	17	.370	4.40	33	33	5	223	215	104	195	1	0	0	0	0	0	0	—	7	42	3	0	1.6	.942
1991			19	8	.704	3.00	34	34	7	246.1	190	96	183	0	0	0	0	0	0	0	—	15	34	3	2	1.5	.942
8 yrs.			115	101	.532	3.76	267	264	59	1843.2	1611	868	1631	14	1	0	0	64	11	0	.172	87	273	24	22	1.4	.938

Dave LaPoint

LaPOINT, DAVID JEFFREY
B. July 29, 1959, Glens Falls, N.Y.
BL TL 6' 3" 205 lbs.

Year	Team		W	L	%	ERA	G	GS	CG	IP	H	BB	SO	ShO	W	L	SV	AB	H	HR	BA	PO	A	E	DP	TC/G	FA
1980	MIL	A	1	0	1.000	6.00	5	3	0	15	17	13	5	0	1	0	1	0	0	0	—	0	0	0	0	0.0	—
1981	STL	N	1	0	1.000	4.09	3	2	0	11	12	2	4	0	0	0	0	5	0	0	.000	1	2	0	0	1.0	1.000
1982			9	3	.750	3.42	42	21	0	152.2	170	52	81	0	1	0	0	38	2	0	.053	2	13	1	0	0.4	.938
1983			12	9	.571	3.95	37	29	1	191.1	191	84	113	0	2	1	0	59	9	0	.153	11	24	0	0	0.9	1.000
1984			12	10	.545	3.96	33	33	2	193	205	77	130	1	0	0	0	59	4	0	.068	2	23	1	4	0.8	.962
1985	SF	N	7	17	.292	3.57	31	31	2	206.2	215	74	122	1	0	0	0	60	10	0	.167	8	23	1	1	1.0	.969
1986	2 teams		DET A (16G 3-6)							SD N (24G 1-4)																	
"	total		4	10	.286	5.02	40	12	0	129	152	56	77	0	0	3	0	8	0	0	.000	5	16	1	2	0.6	.955
1987	2 teams		STL N (6G 1-1)							CHI A (14G 6-3)																	
"			7	4	.636	3.56	20	14	2	98.2	95	36	51	1	1	0	0	4	0	0	.000	2	26	0	1	1.5	.966
1988	2 teams		CHI A (25G 10-11)							PIT N (8G 4-2)																	
"			14	13	.519	3.25	33	33	2	213.1	205	57	98	1	0	0	0	16	1	0	.063	7	24	1	1	1.0	.969
1989	NY	A	6	9	.400	5.62	20	20	0	113.2	146	45	51	0	0	0	0	0	0	0	—	2	10	0	1	0.6	1.000
1990			7	10	.412	4.11	28	27	2	157.2	180	57	67	0	0	0	0	0	0	0	—	6	23	2	3	1.1	.935
1991	PHI	N	0	1	.000	16.20	2	2	0	5	10	6	3	0	0	0	0	2	0	0	.000	0	2	1	0	1.5	.667
12 yrs.			80	86	.482	4.02	294	227	11	1487	1598	559	802	4	5	5	1	251	26	0	.104	46	186	9	13	0.8	.963

WORLD SERIES
Year	Team		W	L	%	ERA	G	GS	CG	IP	H	BB	SO	ShO	W	L	SV	AB	H	HR	BA	PO	A	E	DP	TC/G	FA
1982	STL	N	0	0	—	3.24	2	1	0	8.1	10	2	3	0	0	0	0	0	0	0	—	0	2	1	0	1.5	.667

PITCHER REGISTER

Year	Team	W	L	%	ERA	G	GS	CG	IP	H	BB	SO	ShO	RELIEF PITCHING W	L	SV	BATTING AB	H	HR	BA	PO	A	E	DP	TC/G	FA

Vance Law

LAW, VANCE AARON
Son of Vern Law
B. Oct. 1, 1956, Boise, Ida.
BR TR 6' 2" 185 lbs.

Year	Team	W	L	%	ERA	G	GS	CG	IP	H	BB	SO	ShO	W	L	SV	AB	H	HR	BA	PO	A	E	DP	TC/G	FA
1986	MON N	0	0	—	2.25	3	0	0	4	3	2	0	0	0	0	0	360	81	5	.225	0	1	0	0	0.3	1.000
1987		0	0	—	5.40	3	0	0	3.1	5	0	2	0	0	0	0	436	119	12	.273	0	1	0	0	0.3	1.000
1991	OAK A	0	0	—	0.00	1	0	0	0.2	1	1	0	0	0	0	0	134	28	0	.209	0	0	0	0	0.0	—
3 yrs.		0	0	—	3.38	7	0	0	8	9	3	2	0	0	0	0	*				0	2	0	0	0.3	1.000

Tim Layana

LAYANA, TIMOTHY JOSEPH
B. Mar. 2, 1964, Inglewood, Calif.
BR TR 6' 2" 195 lbs.

Split	W	L	%	ERA	G	GS	CG	IP	H	BB	SO	ShO	W	L	SV	AB	H	HR	BA
April	0	0	—	45.00	1	0	0	1	6	1	0	0	0	0	0				
May	—	—	—	—	0	—	—	0	0	0	0	—	0	0	0				
June	0	0	—	4.50	1	0	0	2	3	1	1	0	0	0	0				
July	0	2	.000	1.98	15	0	0	13.2	5	4	9	0	0	2	0				
Aug	0	0	—	15.75	5	0	0	4	9	5	4	0	0	0	0				
Sept/Oct	—	—	—	—	0	—	—	0	0	0	0	—	0	0	0				
Day	0	1	.000	16.88	7	0	0	5.1	12	5	2	0	0	1	0				
Night	0	1	.000	3.52	15	0	0	15.1	11	6	12	0	0	1	0				
vs. Left	—	—	—	—	—	—	—	—	12	4	6	—	—	—	—				
vs. Right	—	—	—	—	—	—	—	—	11	7	8	—	—	—	—				
On Grass	0	2	.000	10.38	5	0	0	4.1	6	4	4	0	0	2	0				
On Turf	0	0	—	6.06	17	0	0	16.1	17	7	10	0	0	0	0				
Home	0	0	—	9.90	11	0	0	10	17	7	5	0	0	0	0				
Road	0	2	.000	4.22	11	0	0	10.2	6	4	9	0	0	2	0				
Division Rivals																			
vs. ATL	0	1	.000	16.20	4	0	0	3.1	8	2	1	0	0	1	0				
vs. HOU	0	0	—	0.00	2	0	0	3.2	0	0	2	0	0	0	0				
vs. LA	0	0	—	18.00	2	0	0	1	1	1	2	0	0	0	0				
vs. SD	0	0	—	18.00	1	0	0	1	3	2	1	0	0	0	0				
vs. SF	0	0	—	13.50	1	0	0	2	4	1	1	0	0	0	0				
1990 CIN N	5	3	.625	3.49	55	0	0	80	71	44	53	0	5	3	2	5	0	0	.000	10	9	0	1	0.3	1.000
1991	0	2	.000	6.97	22	0	0	20.2	23	11	14	0	0	2	0	1	0	0	.000	3	4	1	1	0.4	.875
2 yrs.	5	5	.500	4.20	77	0	0	100.2	94	55	67	0	5	5	2	6	0	0	.000	13	13	1	2	0.4	.963

Terry Leach

LEACH, TERRY HESTER
B. Mar. 13, 1954, Selma, Ala.
BR TR 6' 215 lbs.

Split	W	L	%	ERA	G	GS	CG	IP	H	BB	SO	ShO	W	L	SV
April	0	0	—	4.50	6	0	0	6	8	3	2	0	0	0	0
May	0	0	—	3.29	11	0	0	13.2	12	4	10	0	0	0	0
June	0	0	—	2.31	7	0	0	11.2	14	0	2	0	0	0	0
July	0	1	.000	2.79	7	0	0	9.2	16	2	5	0	0	1	0
Aug	0	0	—	2.08	9	0	0	17.1	14	2	9	0	0	0	0
Sept/Oct	1	1	.500	9.00	10	0	0	9	18	3	4	0	1	1	0
Day	0	1	.000	1.75	19	0	0	25.2	33	2	13	0	0	1	0
Night	1	1	.500	4.75	31	0	0	41.2	49	12	19	0	1	1	0
vs. Left	—	—	—	—	—	—	—	—	47	5	5	—	—	—	—
vs. Right	—	—	—	—	—	—	—	—	35	9	27	—	—	—	—
On Grass	1	1	.500	3.60	19	0	0	20	24	5	14	0	1	1	0
On Turf	0	1	.000	3.61	31	0	0	47.1	58	9	18	0	0	1	0
Home	0	0	—	2.54	25	0	0	39	46	5	15	0	0	0	0
Road	1	2	.333	5.08	25	0	0	28.1	36	9	17	0	1	2	0
Division Rivals															
vs. CAL	0	0	—	5.63	4	0	0	8	9	2	2	0	0	0	0
vs. CHI	0	1	.000	2.70	4	0	0	3.1	5	1	1	0	0	1	0
vs. KC	0	0	—	7.71	3	0	0	4.2	8	1	3	0	0	0	0
vs. OAK	0	0	—	1.50	4	0	0	6	6	2	1	0	0	0	0
vs. SEA	0	0	—	0.00	3	0	0	2.2	1	1	1	0	0	0	0
vs. TEX	1	0	1.000	2.35	8	0	0	7.2	6	2	8	0	1	0	0

PITCHER REGISTER

Year	Team	W	L	%	ERA	G	GS	CG	IP	H	BB	SO	ShO	Relief W	Relief L	Relief SV	AB	H	HR	BA	PO	A	E	DP	TC/G	FA

Terry Leach Continued

Year	Team	W	L	%	ERA	G	GS	CG	IP	H	BB	SO	ShO	RW	RL	SV	AB	H	HR	BA	PO	A	E	DP	TC/G	FA
1981	NY N	1	1	.500	2.57	21	1	0	35	26	12	16	0	1	0	0	1	0	0	.000	4	7	0	0	0.5	1.000
1982		2	1	.667	4.17	21	1	1	45.1	46	18	30	1	1	1	3	8	1	0	.125	0	8	1	0	0.4	.889
1985		3	4	.429	2.91	22	4	1	55.2	48	14	30	1	0	3	1	12	2	0	.167	5	14	0	0	0.9	1.000
1986		0	0	—	2.70	6	0	0	6.2	6	3	4	0	0	0	0	0	0	0	—	0	2	0	0	0.3	1.000
1987		11	1	.917	3.22	44	12	1	131.1	132	29	61	1	4	0	0	33	2	0	.061	18	21	2	3	0.9	.951
1988		7	2	.778	2.54	52	0	0	92	95	24	51	0	7	2	3	14	2	0	.143	10	22	0	0	0.6	1.000
1989	2 teams	NY N (10G 0-0)			KC A (30G 5-6)																					
"	total	5	6	.455	4.17	40	3	0	95	97	40	36	0	4	4	0	4	0	0	.000	7	25	4	0	0.9	.889
1990	MIN A	2	5	.286	3.20	55	0	0	81.2	84	21	46	0	2	5	2	0	0	0	—	12	11	1	0	0.4	.958
1991		1	2	.333	3.61	50	0	0	67.1	82	14	32	0	1	2	0	0	0	0	—	8	13	0	2	0.4	1.000
9 yrs.		32	22	.593	3.30	311	21	3	610	616	175	306	3	20	17	9	72	7	0	.097	64	123	8	5	0.6	.959

LEAGUE CHAMPIONSHIP SERIES

1988	NY N	0	0	—	0.00	3	0	0	5	4	1	4	0	0	0	0	0	0	0	—	1	0	0	0	0.3	1.000

WORLD SERIES

1991	MIN A	0	0	—	3.86	2	0	0	2.1	2	0	2	0	0	0	0	0	0	0	—	0	0	0	0	0.0	—

Tim Leary

LEARY, TIMOTHY JAMES
B. Mar. 21, 1958, Santa Monica, Calif.
BR TR 6' 3" 205 lbs.

STARTING PITCHER

Split	W	L	%	ERA	G	GS	CG	IP	H	BB	SO	ShO	RW	RL	SV
April	2	0	1.000	4.67	4	4	1	27	27	8	28	0	0	0	0
May	1	4	.200	5.00	6	6	0	36	42	22	19	0	0	0	0
June	1	3	.250	8.89	6	6	0	28.1	42	12	15	0	0	0	0
July	0	1	.000	12.54	5	1	0	9.1	20	5	8	0	0	0	0
Aug	0	1	.000	5.09	6	1	0	17.2	15	8	12	0	0	0	1
Sept/Oct	0	1	.000	7.71	1	0	0	2.1	4	2	1	0	0	0	1
Day	1	2	.333	10.50	11	7	0	36	55	25	31	0	0	0	1
Night	3	8	.273	4.78	17	11	1	84.2	95	32	52	0	0	0	1
vs. Left	—	—	—	—	—	—	—	—	81	30	42	—	—	—	—
vs. Right	—	—	—	—	—	—	—	—	69	27	41	—	—	—	—
On Grass	3	8	.273	5.92	23	15	1	103.1	125	48	75	0	0	0	2
On Turf	1	2	.333	9.87	5	3	0	17.1	25	9	8	0	0	0	0
Home	1	4	.200	5.75	12	8	1	56.1	62	26	39	0	0	0	0
Road	3	6	.333	7.13	16	10	0	64.1	88	31	44	0	0	0	2
Division Rivals															
vs. BAL	0	1	.000	10.38	1	1	0	4.1	9	3	4	0	0	0	0
vs. BOS	1	1	.500	8.44	2	2	0	10.2	18	6	4	0	0	0	0
vs. CLE	1	0	1.000	1.29	1	1	0	7	8	2	6	0	0	0	0
vs. DET	0	0	—	4.70	3	2	0	15.1	11	7	16	0	0	0	0
vs. MIL	0	0	—	33.75	1	1	0	1.1	5	2	1	0	0	0	0
vs. TOR	0	2	.000	13.50	3	2	0	8.2	17	7	4	0	0	0	0

Year	Team	W	L	%	ERA	G	GS	CG	IP	H	BB	SO	ShO	RW	RL	SV	AB	H	HR	BA	PO	A	E	DP	TC/G	FA
1981	NY N	0	0	—	0.00	1	1	0	2	0	1	3	0	0	0	0	1	0	0	.000	0	0	0	0	0.0	—
1983		1	1	.500	3.38	2	2	1	10.2	15	4	9	0	0	0	0	3	1	0	.333	1	3	0	0	2.0	1.000
1984		3	3	.500	4.02	20	7	0	53.2	61	18	29	0	3	0	0	10	3	1	.300	3	4	1	0	0.4	.875
1985	MIL A	1	4	.200	4.05	5	5	0	33.1	40	8	29	0	0	0	0	0	0	0	—	1	7	0	0	1.6	1.000
1986		12	12	.500	4.21	33	30	3	188.1	216	53	110	2	0	0	0	0	0	0	—	22	26	1	1	1.5	.980
1987	LA N	3	11	.214	4.76	39	12	0	107.2	121	36	61	0	1	4	1	23	7	0	.304	9	18	0	2	0.7	1.000
1988		17	11	.607	2.91	35	34	9	228.2	201	56	180	6	0	0	0	67	18	0	.269	24	34	1	4	1.7	.983
1989	2 teams	LA N (19G 6-7)			CIN N (14G 2-7)																					
"	total	8	14	.364	3.52	33	31	2	207	205	68	123	0	1	1	0	59	7	0	.119	20	31	2	2	1.6	.962
1990	NY A	9	**19**	.321	4.11	31	31	6	208	202	78	138	1	0	0	0	0	0	0	—	14	36	4	4	1.7	.926
1991		4	10	.286	6.49	28	18	1	120.2	150	57	83	0	0	2	0	0	0	0	—	9	12	1	3	0.8	.955
10 yrs.		58	85	.406	4.07	227	171	22	1160	1211	379	765	9	5	7	1	163	36	1	.221	103	171	10	16	1.3	.965

LEAGUE CHAMPIONSHIP SERIES

1988	LA N	0	1	.000	6.23	2	1	0	4.1	8	3	3	0	0	0	0	1	0	0	.000	0	1	0	0	0.5	1.000

WORLD SERIES

1988	LA N	0	0	—	1.35	2	0	0	6.2	6	2	4	0	0	0	0	0	0	0	—	1	3	0	1	2.0	1.000

PITCHER REGISTER 355

Year	Team	W	L	%	ERA	G	GS	CG	IP	H	BB	SO	ShO	RELIEF PITCHING W	L	SV	BATTING AB	H	HR	BA	PO	A	E	DP	TC/G	FA

Mark Lee
LEE, MARK OWEN
B. July 20, 1964, Williston, N.D.
BL TL 6' 3" 198 lbs.

Split	W	L	%	ERA	G	GS	CG	IP	H	BB	SO	ShO	W	L	SV
April	0	0	—	0.77	9	0	0	11.2	6	2	10	0	0	0	1
May	0	2	.000	3.86	10	0	0	11.2	12	5	9	0	0	2	0
June	0	1	.000	6.17	13	0	0	11.2	15	7	7	0	0	1	0
July	0	0	—	5.40	8	0	0	11.2	19	6	6	0	0	0	0
Aug	1	0	1.000	0.96	11	0	0	9.1	7	4	6	0	1	0	0
Sept/Oct	1	2	.333	5.40	11	0	0	11.2	13	7	5	0	1	2	0
Day	0	1	.000	7.88	14	0	0	16	23	11	8	0	0	1	0
Night	2	4	.333	2.61	48	0	0	51.2	49	20	35	0	2	4	1
vs. Left	—	—	—	—	—	—	—	—	28	10	11	—	—	—	—
vs. Right	—	—	—	—	—	—	—	—	44	21	32	—	—	—	—
On Grass	2	4	.333	3.27	55	0	0	63.1	62	29	43	0	2	4	1
On Turf	0	1	.000	12.46	7	0	0	4.1	10	2	0	0	0	1	0
Home	1	3	.250	3.83	28	0	0	40	40	15	26	0	1	3	1
Road	1	2	.333	3.90	34	0	0	27.2	32	16	17	0	1	2	0
Division Rivals															
vs. BAL	0	0	—	1.80	5	0	0	5	4	1	4	0	0	0	1
vs. BOS	0	0	—	2.70	3	0	0	3.1	6	1	2	0	0	0	0
vs. CLE	0	0	—	0.00	4	0	0	3.1	5	1	2	0	0	0	0
vs. DET	0	1	.000	1.17	6	0	0	7.2	2	4	7	0	0	1	0
vs. NY	1	2	.333	7.71	7	0	0	7	10	5	2	0	1	2	0
vs. TOR	0	0	—	0.00	4	0	0	4.1	2	3	2	0	0	0	0

Year	Team		W	L	%	ERA	G	GS	CG	IP	H	BB	SO	ShO	W	L	SV	AB	H	HR	BA	PO	A	E	DP	TC/G	FA
1988	KC	A	0	0	—	3.60	4	0	0	5	6	1	0	0	0	0	0	0	0	0	—	0	1	0	1	0.3	1.000
1990	MIL	A	1	0	1.000	2.11	11	0	0	21.1	20	4	14	0	1	0	0	0	0	0	—	1	1	0	0	0.2	1.000
1991			2	5	.286	3.86	62	0	0	67.2	72	31	43	0	2	5	1	0	0	0	—	0	13	0	2	0.2	1.000
3 yrs.			3	5	.375	3.45	77	0	0	94	98	36	57	0	3	5	1	0	0	0	—	1	15	0	3	0.2	1.000

Craig Lefferts
LEFFERTS, CRAIG LINDSAY
B. Sept. 29, 1957, Munich, West Germany
BL TL 6' 1" 180 lbs.

Split	W	L	%	ERA	G	GS	CG	IP	H	BB	SO	ShO	W	L	SV
April	0	1	.000	4.32	8	0	0	8.1	9	2	6	0	0	1	5
May	0	1	.000	4.82	11	0	0	18.2	18	7	11	0	0	1	6
June	0	2	.000	4.63	8	0	0	11.2	12	0	4	0	0	2	3
July	0	0	—	3.68	7	0	0	7.1	6	3	5	0	0	0	2
Aug	1	1	.500	4.66	10	0	0	9.2	16	0	6	0	1	1	3
Sept/Oct	0	1	.000	1.35	10	0	0	13.1	13	2	16	0	0	1	4
Day	0	3	.000	3.86	14	0	0	18.2	16	3	12	0	0	3	7
Night	1	3	.250	3.93	40	0	0	50.1	58	11	36	0	1	3	16
vs. Left	—	—	—	—	—	—	—	—	18	3	16	—	—	—	—
vs. Right	—	—	—	—	—	—	—	—	56	11	32	—	—	—	—
On Grass	0	6	.000	3.91	38	0	0	50.2	54	12	32	0	0	6	15
On Turf	1	0	1.000	3.93	16	0	0	18.1	20	2	16	0	1	0	8
Home	0	5	.000	3.46	28	0	0	41.2	41	9	29	0	0	5	10
Road	1	1	.500	4.61	26	0	0	27.1	33	5	19	0	1	1	13
Division Rivals															
vs. ATL	0	2	.000	4.50	6	0	0	8	11	5	2	0	0	2	0
vs. CIN	0	0	—	3.86	5	0	0	4.2	7	1	6	0	0	0	2
vs. HOU	0	0	—	5.19	8	0	0	8.2	9	0	8	0	0	0	7
vs. LA	0	0	—	2.16	5	0	0	8.1	5	1	7	0	0	0	2
vs. SF	0	2	.000	5.79	7	0	0	9.1	12	2	7	0	0	2	4

Year	Team		W	L	%	ERA	G	GS	CG	IP	H	BB	SO	ShO	W	L	SV	AB	H	HR	BA	PO	A	E	DP	TC/G	FA
1983	CHI	N	3	4	.429	3.13	56	5	0	89	80	29	60	0	2	3	1	18	2	0	.111	8	13	1	0	0.4	.955
1984	SD	N	3	4	.429	2.13	62	0	0	105.2	88	24	56	0	3	4	10	17	5	0	.294	5	10	1	2	0.3	.938
1985			7	6	.538	3.35	60	0	0	83.1	75	30	48	0	7	6	2	4	1	0	.250	4	11	0	1	0.3	1.000
1986			9	8	.529	3.09	83	0	0	107.2	98	44	72	0	9	8	4	8	1	1	.125	3	24	0	3	0.3	1.000
1987	2 teams		SD N (33G 2-2)				SF N (44G 3-3)																				
"	total		5	5	.500	3.83	77	0	0	98.2	92	33	57	0	5	5	7	7	2	0	.286	5	11	2	1	0.2	.889
1988	SF	N	3	8	.273	2.92	64	0	0	92.1	74	23	58	0	3	8	11	9	0	0	.000	2	11	0	0	0.2	1.000
1989			2	4	.333	2.69	70	0	0	107	93	22	71	0	2	4	20	7	0	0	.000	5	9	0	2	0.2	1.000
1990	SD	N	7	5	.583	2.52	56	0	0	78.2	68	22	60	0	7	5	23	0	0	0	.250	6	10	0	2	0.3	1.000
1991			1	6	.143	3.91	54	0	0	69	74	14	48	0	1	6	23	6	0	0	.000	3	12	0	1	0.3	1.000
9 yrs.			40	50	.444	3.03	582	5	0	831.1	742	241	530	0	39	49	100	80	12	1	.150	41	111	4	12	0.3	.974

PITCHER REGISTER

Year	Team		W	L	%	ERA	G	GS	CG	IP	H	BB	SO	ShO	RELIEF PITCHING			BATTING			BA	PO	A	E	DP	TC/G	FA
															W	L	SV	AB	H	HR							

Craig Lefferts Continued

LEAGUE CHAMPIONSHIP SERIES

Year	Team		W	L	%	ERA	G	GS	CG	IP	H	BB	SO	ShO	W	L	SV	AB	H	HR	BA	PO	A	E	DP	TC/G	FA
1984	SD	N	2	0	1.000	0.00	3	0	0	4	1	1	1	0	2	0	0	0	0	0	—	0	0	0	0	0.0	—
1987	SF	N	0	0	—	0.00	3	0	0	2	3	1	0	0	0	0	0	0	0	0	—	0	2	0	1	0.7	1.000
1989			0	0	—	9.00	2	0	0	1	1	2	1	0	0	0	0	0	0	0	—	0	0	0	0	0.0	—
3 yrs.			2	0	1.000	1.29	8	0	0	7	5	4	2	0	2	0	0	0	0	0	—	0	2	0	1	0.3	1.000

WORLD SERIES

Year	Team		W	L	%	ERA	G	GS	CG	IP	H	BB	SO	ShO	W	L	SV	AB	H	HR	BA	PO	A	E	DP	TC/G	FA
1984	SD	N	0	0	—	0.00	3	0	0	6	2	1	7	0	0	0	1	0	0	0	—	0	0	0	0	0.0	—
1989	SF	N	0	0	—	3.38	3	0	0	2.2	2	2	1	0	0	0	0	0	0	0	—	0	1	1	0	0.7	.500
2 yrs.			0	0	—	1.04	6	0	0	8.2	4	3	8	0	0	0	1	0	0	0	—	0	1	1	0	0.3	.500

Charlie Leibrandt LEIBRANDT, CHARLES LOUIS, JR.
B. Oct. 4, 1956, Chicago, Ill.
BR TL 6' 3" 195 lbs.

Split			W	L	%	ERA	G	GS	CG	IP	H	BB	SO	ShO	W	L	SV
April			2	2	.500	2.97	5	5	0	33.1	33	9	21	0	0	0	0
May			2	2	.500	2.77	6	6	0	39	38	6	20	0	0	0	0
June			3	1	.750	2.55	5	5	1	35.1	23	10	10	1	0	0	0
July			2	4	.333	7.31	6	6	0	32	47	9	18	0	0	0	0
Aug			4	2	.667	2.63	6	6	0	41	34	7	29	0	0	0	0
Sept/Oct			2	2	.500	3.31	8	8	0	49	37	15	30	0	0	0	0
Day			2	6	.250	4.23	11	11	0	66	72	15	41	0	0	0	0
Night			13	7	.650	3.19	25	25	1	163.2	140	41	87	1	0	0	0
vs. Left			—	—	—	—	—	—	—	—	54	13	31	—	—	—	—
vs. Right			—	—	—	—	—	—	—	—	158	43	97	—	—	—	—
On Grass			10	11	.476	3.33	26	26	0	170.1	154	36	93	0	0	0	0
On Turf			5	2	.714	3.94	10	10	1	59.1	58	20	35	1	0	0	0
Home			6	8	.429	4.35	16	16	0	101.1	105	28	55	0	0	0	0
Road			9	5	.643	2.81	20	20	1	128.1	107	28	73	1	0	0	0
Division Rivals																	
vs. CIN			2	2	.500	4.88	5	5	0	31.1	29	14	10	0	0	0	0
vs. HOU			2	1	.667	2.88	4	4	1	25	21	10	14	1	0	0	0
vs. LA			0	2	.000	2.25	3	3	0	20	19	2	15	0	0	0	0
vs. SD			2	1	.667	3.12	4	4	0	26	22	6	11	0	0	0	0
vs. SF			2	2	.500	2.10	5	5	0	34.1	32	6	14	0	0	0	0

STARTING PITCHER — WINS, ERA, SO/9, RATIO (with NL AVG)

Year	Team		W	L	%	ERA	G	GS	CG	IP	H	BB	SO	ShO	W	L	SV	AB	H	HR	BA	PO	A	E	DP	TC/G	FA
1979	CIN	N	0	0	—	0.00	3	0	0	4	2	2	1	0	0	0	0	0	0	0	—	1	0	0	1	0.3	1.000
1980			10	9	.526	4.24	36	27	5	174	200	54	62	2	0	0	0	56	11	0	.196	10	35	3	3	1.3	.938
1981			1	1	.500	3.60	7	4	1	30	28	15	9	1	0	0	0	8	0	0	.000	0	7	0	0	1.0	1.000
1982			5	7	.417	5.10	36	11	0	107.2	130	48	34	0	2	1	2	25	2	0	.080	5	18	1	0	0.7	.958
1984	KC	A	11	7	.611	3.63	23	23	0	143.2	158	38	53	0	0	0	0	0	0	0	—	9	15	3	1	1.2	.889
1985			17	9	.654	2.69	33	33	8	237.2	223	68	108	3	0	0	0	0	0	0	—	19	53	1	2	2.2	.986
1986			14	11	.560	4.09	35	34	8	231.1	238	63	108	1	0	0	0	0	0	0	—	14	43	1	3	1.7	.983
1987			16	11	.593	3.41	35	35	8	240.1	235	74	151	3	0	0	0	0	0	0	—	15	55	4	4	2.1	.946
1988			13	12	.520	3.19	35	35	7	243	244	62	125	2	0	0	0	0	0	0	—	10	43	3	2	1.9	.954
1989			5	11	.313	5.14	33	27	3	161	196	54	73	1	0	0	0	0	0	0	—	6	26	2	0	1.0	.941
1990	ATL	N	9	11	.450	3.16	24	24	5	162.1	164	35	76	2	0	0	0	50	9	0	.180	10	28	0	2	1.6	1.000
1991			15	13	.536	3.49	36	36	1	229.2	212	56	128	1	0	0	0	70	3	0	.043	14	53	2	1	1.9	.971
12 yrs.			116	102	.532	3.68	336	289	46	1964.2	2030	569	928	16	2	1	2	209	25	0	.120	122	376	20	19	1.5	.961

LEAGUE CHAMPIONSHIP SERIES

Year	Team		W	L	%	ERA	G	GS	CG	IP	H	BB	SO	ShO	W	L	SV	AB	H	HR	BA	PO	A	E	DP	TC/G	FA
1979	CIN	N	0	0	—	0.00	1	0	0	0.1	0	0	0	0	0	0	0	0	0	0	—	0	0	0	0	0.0	—
1984	KC	A	0	1	.000	1.13	1	1	1	8	3	4	6	0	0	0	0	0	0	0	—	1	2	0	0	3.0	1.000
1985			1	2	.333	5.28	3	2	0	15.1	17	4	6	0	0	0	0	0	0	0	—	3	7	0	0	3.3	1.000
1991	ATL	N	0	0	—	1.35	1	1	0	6.2	8	3	6	0	1	0	0	1	0	0	.000	0	1	0	0	1.0	1.000
4 yrs.			1	3	.250	3.26	6	4	1	30.1	28	11	18	0	1	0	0	1	0	0	.000	4	10	0	0	2.3	1.000

WORLD SERIES

Year	Team		W	L	%	ERA	G	GS	CG	IP	H	BB	SO	ShO	W	L	SV	AB	H	HR	BA	PO	A	E	DP	TC/G	FA
1985	KC	A	0	1	.000	2.76	2	2	0	16.1	10	4	10	0	0	0	0	4	0	0	.000	1	2	0	0	1.5	1.000
1991	ATL	N	0	2	.000	11.25	2	1	0	4	8	1	3	0	0	1	0	0	0	0	—	0	1	0	0	0.5	1.000
2 yrs.			0	3	.000	4.43	4	3	0	20.1	18	5	13	0	0	1	0	4	0	0	.000	1	3	0	0	1.0	1.000

Year	Team	W	L	%	ERA	G	GS	CG	IP	H	BB	SO	ShO	RELIEF PITCHING W	L	SV	BATTING AB	H	HR	BA	PO	A	E	DP	TC/G	FA

Al Leiter

LEITER, ALOIS TERRY
Brother of Mark Leiter.
B. Oct. 23, 1965, Toms River, N. J.
BL TL 6' 2" 200 lbs.

Year	Team	W	L	%	ERA	G	GS	CG	IP	H	BB	SO	ShO	W	L	SV	AB	H	HR	BA	PO	A	E	DP	TC/G	FA
1987	NY A	2	2	.500	6.35	4	4	0	22.2	24	15	28	0	0	0	0	0	0	0	—	0	2	0	0	0.5	1.000
1988		4	4	.500	3.92	14	14	0	57.1	49	33	60	0	0	0	0	0	0	0	—	0	11	1	0	0.9	.917
1989	2 teams				NY A (4G 1-2)				TOR A (1G 0-0)																	
"	total	1	2	.333	5.67	5	5	0	33.1	32	23	26	0	0	0	0	0	0	0	—	1	2	0	0	0.6	1.000
1990	TOR A	0	0	—	0.00	4	0	0	6.1	1	2	5	0	0	0	0	0	0	0	—	1	1	0	0	0.5	1.000
1991		0	0	—	27.00	3	0	0	1.2	3	5	1	0	0	0	0	0	0	0	—	0	1	0	0	0.3	1.000
5 yrs.		7	8	.467	4.97	30	23	0	121.1	109	78	120	0	0	0	0	0	0	0	—	2	17	1	0	0.7	.950

Mark Leiter

LEITER, MARK EDWARD
Brother of Al Leiter.
B. Apr. 13, 1963, Joliet, Ill.
BR TR 6' 3" 200 lbs.

Split	W	L	%	ERA	G	GS	CG	IP	H	BB	SO	ShO	W	L	SV	AB	H	HR	BA	PO	A	E	DP	TC/G	FA
April	1	1	.500	16.20	3	0	0	1.2	1	2	2	0	1	1	0										
May	1	0	1.000	2.16	12	0	0	25	18	19	23	0	1	0	0										
June	0	0	—	13.50	4	0	0	4	3	4	4	0	0	0	1										
July	0	1	.000	5.06	7	3	0	26.2	26	8	17	0	0	0	0										
Aug	5	0	1.000	2.93	5	5	0	30.2	34	7	22	0	0	0	0										
Sept/Oct	2	5	.286	4.44	7	7	1	46.2	43	10	35	0	0	0	0										
Day	3	3	.500	4.03	9	4	0	38	36	6	32	0	1	1	1										
Night	6	4	.600	4.28	29	11	1	96.2	89	44	71	0	1	0	0										
vs. Left	—	—	—	—	—	—	—	—	55	26	33	—	—	—	—										
vs. Right	—	—	—	—	—	—	—	—	70	24	70	—	—	—	—										
On Grass	8	5	.615	4.01	32	14	1	123.1	115	43	96	0	1	0	1										
On Turf	1	2	.333	6.35	6	1	0	11.1	10	7	7	0	1	1	0										
Home	4	3	.571	4.11	20	7	1	72.1	64	28	58	0	1	0	1										
Road	5	4	.556	4.33	18	8	0	62.1	61	22	45	0	1	1	0										
Division Rivals																									
vs. BAL	1	1	.500	3.38	6	2	1	18.2	15	4	23	0	0	0	0										
vs. BOS	1	0	1.000	1.04	4	0	0	8.2	10	3	7	0	1	0	0										
vs. CLE	0	1	.000	9.95	3	1	0	6.1	8	3	2	0	0	0	1										
vs. MIL	0	2	.000	7.50	4	2	0	12	15	6	6	0	0	0	0										
vs. NY	1	0	1.000	1.29	1	1	0	7	6	2	7	0	0	0	0										
vs. TOR	0	1	.000	20.25	2	0	0	1.1	1	1	2	0	0	0	1										
1990 NY A	1	1	.500	6.84	8	3	0	26.1	33	9	21	0	0	1	0	0	0	0	—	0	8	0	1	1.0	1.000
1991 DET A	9	7	.563	4.21	38	15	1	134.2	125	50	103	0	2	1	1	0	0	0	—	3	17	1	1	0.6	.952
2 yrs.	10	8	.556	4.64	46	18	1	161	158	59	124	0	2	2	1	0	0	0	—	3	25	1	2	0.6	.966

STARTING PITCHER (bar charts comparing to AL AVG: WINS, ERA, SO/9, RATIO)

Jim Lewis

LEWIS, JAMES STEVEN
B. July 20, 1964, Jackson, Mich.
BR TR 6' 2" 200 lbs.

Year	Team	W	L	%	ERA	G	GS	CG	IP	H	BB	SO	ShO	W	L	SV	AB	H	HR	BA	PO	A	E	DP	TC/G	FA
1991	SD N	0	0	—	4.15	12	0	0	13	14	11	10	0	0	0	0	2	0	0	.000	0	5	1	0	0.5	.833

Scott Lewis

LEWIS, SCOTT ALLEN
B. Dec. 5, 1965, Grant's Pass, Ore.
BR TR 6' 3" 190 lbs.

Year	Team	W	L	%	ERA	G	GS	CG	IP	H	BB	SO	ShO	W	L	SV	AB	H	HR	BA	PO	A	E	DP	TC/G	FA
1990	CAL A	1	1	.500	2.20	2	2	1	16.1	10	2	9	0	0	0	0	0	0	0	—	0	1	0	0	0.5	1.000
1991		3	5	.375	6.27	16	11	0	60.1	81	21	37	0	1	0	0	0	0	0	—	4	8	1	0	0.8	.923
2 yrs.		4	6	.400	5.40	18	13	1	76.2	91	23	46	0	1	0	0	0	0	0	—	4	9	1	0	0.8	.929

PITCHER REGISTER

Year	Team	W	L	%	ERA	G	GS	CG	IP	H	BB	SO	ShO	RELIEF PITCHING W	L	SV	BATTING AB	H	HR	BA	PO	A	E	DP	TC/G	FA

Derek Lilliquist
LILLIQUIST, DEREK JANSEN
B. Feb. 20, 1966, Winter Park, Fla.
BL TL 6' 200 lbs.

Year	Team	W	L	%	ERA	G	GS	CG	IP	H	BB	SO	ShO	W	L	SV	AB	H	HR	BA	PO	A	E	DP	TC/G	FA
1989	ATL N	8	10	.444	3.97	32	30	0	165.2	202	34	79	0	0	0	0	63	12	0	.190	9	20	2	1	1.0	.935
1990	2 teams	ATL N (12G 2 - 8)				SD N (16G 3 - 3)																				
"	total	5	11	.313	5.31	28	18	1	122	136	42	63	1	0	1	0	43	11	2	.256	4	7	0	0	0.4	1.000
1991	SD N	0	2	.000	8.79	6	2	0	14.1	25	4	7	0	0	0	0	2	0	0	.000	1	4	0	0	0.8	1.000
3 yrs.		13	23	.361	4.74	66	50	1	302	363	80	149	1	0	1	0	108	23	2	.213	14	31	2	1	0.7	.957

Greg Litton
LITTON, JON GREGORY
B. July 13, 1964, New Orleans, La.
BR TR 6' 175 lbs.

Year	Team	W	L	%	ERA	G	GS	CG	IP	H	BB	SO	ShO	W	L	SV	AB	H	HR	BA	PO	A	E	DP	TC/G	FA
1991	SF N	0	0	—	9.00	1	0	0	1	1	3	0	0	0	0	0	*				0	0	0	0	0.0	—

Bill Long
LONG, WILLIAM DOUGLAS
B. Feb. 29, 1960, Cincinnati, Ohio
BR TR 6' 185 lbs.

Year	Team	W	L	%	ERA	G	GS	CG	IP	H	BB	SO	ShO	W	L	SV	AB	H	HR	BA	PO	A	E	DP	TC/G	FA
1985	CHI A	0	1	.000	10.29	4	3	0	14	25	5	13	0	0	0	0	0	0	0	—	2	3	0	0	1.3	1.000
1987		8	8	.500	4.37	29	23	5	169	179	28	72	2	1	1	1	0	0	0	—	14	25	3	2	1.4	.929
1988		8	11	.421	4.03	47	18	3	174	187	43	77	0	2	2	2	0	0	0	—	7	25	0	0	0.7	1.000
1989		5	5	.500	3.92	30	8	0	98.2	101	37	51	0	2	0	1	0	0	0	—	9	15	0	0	0.8	1.000
1990	2 teams	CHI A (4G 0 - 1)				CHI N (42G 6 - 1)																				
"	total	6	2	.750	4.55	46	0	0	61.1	72	23	34	0	6	2	5	5	0	0	.000	6	11	1	0	0.4	.944
1991	MON N	0	0	—	10.80	3	0	0	1.2	4	4	0	0	0	0	0	0	0	0	—	0	0	0	0	0.0	—
6 yrs.		27	27	.500	4.37	159	52	8	518.2	568	140	247	2	11	5	9	5	0	0	.000	38	79	4	2	0.8	.967

Steve Lyons
LYONS, STEPHEN JOHN (Psycho)
B. June 3, 1960, Tacoma, Wash.
BL TR 6' 3" 190 lbs.

Year	Team	W	L	%	ERA	G	GS	CG	IP	H	BB	SO	ShO	W	L	SV	AB	H	HR	BA	PO	A	E	DP	TC/G	FA
1990	CHI A	0	0	—	4.50	1	0	0	2	2	4	1	0	0	0	0	146	28	1	.192	0	0	0	0	0.0	—
1991	BOS A	0	0	—	0.00	1	0	0	1	2	0	1	0	0	0	0	212	51	4	.241	0	0	0	0	0.0	—
2 yrs.		0	0	—	3.00	2	0	0	3	4	4	2	0	0	0	0	*				0	0	0	0	0.0	—

Bob MacDonald
MacDONALD, ROBERT JOSEPH
B. Apr. 27, 1965, East Orange, N. J.
BL TL 6' 3" 200 lbs.

Split	W	L	%	ERA	G	GS	CG	IP	H	BB	SO	ShO	W	L	SV
April	0	0	—	0.00	2	0	0	1.2	0	0	1	0	0	0	0
May	0	0	—	3.86	5	0	0	4.2	7	2	3	0	0	0	0
June	1	0	1.000		9	0	0	14.1	8	4	8	0	1	0	0
July	1	1	.500	4.50	8	0	0	10	10	10	7	0	1	1	0
Aug	1	0	1.000	3.77	11	0	0	14.1	17	6	0	0	1	0	0
Sept/Oct	0	2	.000	4.15	10	0	0	8.2	9	3	5	0	0	2	0
Day	1	1	.500	1.89	14	0	0	19	14	9	8	0	1	1	0
Night	2	2	.500	3.38	31	0	0	34.2	37	16	16	0	2	2	0
vs. Left	—	—	—	—	—	—	—		25	12	9	—	—	—	—
vs. Right	—	—	—	—	—	—	—		26	13	15	—	—	—	—
On Grass	1	1	.500	3.45	13	0	0	15.2	17	7	8	0	1	1	0
On Turf	2	2	.500	2.61	32	0	0	38	34	18	16	0	2	2	0
Home	1	1	.500	2.84	25	0	0	31.2	31	14	12	0	1	1	0
Road	2	2	.500	2.86	20	0	0	22	20	11	12	0	2	2	0
Division Rivals															
vs. BAL	0	0	—	0.00	3	0	0	4.2	1	3	3	0	0	0	0
vs. BOS	0	0	—	6.23	3	0	0	4.1	9	3	0	0	0	0	0
vs. CLE	1	0	1.000	0.00	2	0	0	3.1	1	0	3	0	1	0	0
vs. DET	1	0	1.000	0.00	4	0	0	4.2	0	2	1	0	1	0	0
vs. MIL	0	0	—	3.86	3	0	0	2.1	3	1	0	0	0	0	0
vs. NY	0	1	.000	4.70	5	0	0	7.2	10	2	0	0	0	1	0

RELIEF PITCHER — WINS, ERA, SAVES, RATIO (charts vs AL AVG)

Year	Team	W	L	%	ERA	G	GS	CG	IP	H	BB	SO	ShO	W	L	SV	AB	H	HR	BA	PO	A	E	DP	TC/G	FA
1990	TOR A	0	0	—	0.00	4	0	0	2.1	0	2	0	0	0	0	0	0	0	0	—	0	0	0	0	0.0	—
1991		3	3	.500	2.85	45	0	0	53.2	51	25	24	0	3	3	0	0	0	0	—	4	5	0	0	0.2	1.000
2 yrs.		3	3	.500	2.73	49	0	0	56	51	27	24	0	3	3	0	0	0	0	—	4	5	0	0	0.2	1.000

PITCHER REGISTER 359

Year	Team	W	L	%	ERA	G	GS	CG	IP	H	BB	SO	ShO	RELIEF PITCHING W	L	SV	BATTING AB	H	HR	BA	PO	A	E	DP	TC/G	FA

Bob MacDonald *Continued*

LEAGUE CHAMPIONSHIP SERIES

Year	Team	W	L	%	ERA	G	GS	CG	IP	H	BB	SO	ShO	W	L	SV	AB	H	HR	BA	PO	A	E	DP	TC/G	FA
1991	TOR A	0	0	—	9.00	1	0	0	1	1	1	0	0	0	0	0	0	0	0	—	0	0	0	0	0.0	—

Julio Machado

MACHADO, JULIO SEGUNDO (Iguana Man)
B. Dec. 1, 1965, Zulia, Venezuela
BR TR 6' 175 lbs.

	W	L	%	ERA	G	GS	CG	IP	H	BB	SO	ShO	W	L	SV	AB	H	HR	BA	PO	A	E	DP	TC/G	FA
April	0	0	—	3.86	6	0	0	14	11	6	15	0	0	0	0										
May	0	1	.000	4.05	10	0	0	13.1	8	11	16	0	0	1	2										
June	0	1	.000	2.53	9	0	0	10.2	8	9	10	0	0	1	0										
July	0	0	—	5.19	5	0	0	8.2	6	8	11	0	0	0	0										
Aug	1	1	.500	2.49	11	0	0	21.2	19	10	17	0	1	1	0										
Sept/Oct	2	0	1.000	3.54	13	0	0	20.1	13	11	29	0	2	0	1										
Day	2	1	.667	3.13	19	0	0	31.2	22	22	34	0	2	1	1										
Night	1	2	.333	3.63	35	0	0	57	43	33	64	0	1	2	2										
vs. Left	—	—	—	—	—	—	—	—	33	27	48	—	—	—	—										
vs. Right	—	—	—	—	—	—	—	—	32	28	50	—	—	—	—										
On Grass	2	3	.400	3.30	44	0	0	71	52	49	79	0	2	3	1										
On Turf	1	0	1.000	4.08	10	0	0	17.2	13	6	19	0	1	0	2										
Home	1	1	.500	2.76	27	0	0	45.2	32	32	51	0	1	1	1										
Road	2	2	.500	4.19	27	0	0	43	33	23	47	0	2	2	2										
Division Rivals																										
vs. BAL	0	0	—	0.96	4	0	0	9.1	4	4	9	0	0	0	0										
vs. BOS	2	0	1.000	0.84	6	0	0	10.2	3	5	15	0	2	0	1										
vs. CLE	0	1	.000	0.00	2	0	0	1.1	1	3	1	0	0	1	0										
vs. DET	0	1	.000	11.88	5	0	0	8.1	10	8	12	0	0	1	0										
vs. NY	0	0	—	4.32	6	0	0	8.1	7	3	12	0	0	0	0										
vs. TOR	1	0	1.000	4.22	5	0	0	10.2	7	4	12	0	1	0	0										
1989	NY N	0	1	.000	3.27	10	0	0	11	9	3	14	0	0	1	0	0	0	0	—	2	0	0	0	0.2	1.000
1990 2 teams	NY N (27G 4 - 1)	MIL A (10G 0 - 0)																								
" total	4	1	.800	2.47	37	0	0	47.1	41	25	39	0	4	1	3	0	0	0	—	2	4	0	0	0.2	1.000
1991	MIL A	3	3	.500	3.45	54	0	0	88.2	65	55	98	0	3	3	3	0	0	0	—	4	7	1	1	0.2	.917
3 yrs.		7	5	.583	3.12	101	0	0	147	115	83	151	0	7	5	6	0	0	0	—	8	11	1	1	0.2	.950

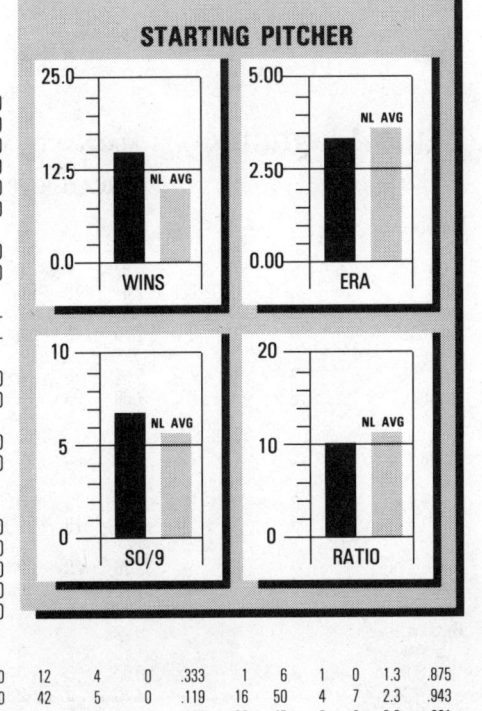

RELIEF PITCHER

Greg Maddux

MADDUX, GREGORY ALAN
Brother of Mike Maddux.
B. Apr. 14, 1966, San Angelo, Tex.
BR TR 6' 170 lbs.

	W	L	%	ERA	G	GS	CG	IP	H	BB	SO	ShO	W	L	SV	AB	H	HR	BA	PO	A	E	DP	TC/G	FA
April	2	1	.667	3.76	4	4	0	26.1	23	7	20	0	0	0	0										
May	3	2	.600	3.00	6	6	1	48	38	13	31	0	0	0	0										
June	1	3	.250	4.01	7	7	0	42.2	39	14	43	0	0	0	0										
July	2	0	1.000	3.95	6	6	1	43.1	47	7	33	1	0	0	0										
Aug	3	2	.600	3.92	6	6	2	41.1	43	16	30	0	0	0	.0										
Sept/Oct	4	3	.571	2.20	8	8	3	61.1	42	9	41	1	0	0	0										
Day	7	8	.467	3.72	20	20	3	138	132	43	100	0	0	0	0										
Night	8	3	.727	2.95	17	17	4	125	100	23	98	2	0	0	0										
vs. Left	—	—	—	—	—	—	—	—	148	44	113	—	—	—	—										
vs. Right	—	—	—	—	—	—	—	—	84	22	85	—	—	—	—										
On Grass	12	8	.600	3.40	26	26	5	185.1	162	49	139	0	0	0	0										
On Turf	3	3	.500	3.24	11	11	2	77.2	70	17	59	2	0	0	0										
Home	7	5	.583	3.45	18	18	2	127.2	118	36	94	0	0	0	0										
Road	8	6	.571	3.26	19	19	5	135.1	114	30	104	2	0	0	0										
Division Rivals																										
vs. MON	0	1	.000	1.84	4	4	0	29.1	26	5	26	0	0	0	0										
vs. NY	4	1	.800	2.95	5	5	3	39.2	30	13	21	0	0	0	0										
vs. PHI	3	0	1.000	1.36	4	4	1	33	17	6	26	1	0	0	0										
vs. PIT	0	2	.000	8.64	3	3	0	16.2	24	6	13	0	0	0	0										
vs. STL	2	1	.667	1.86	4	4	1	29	22	5	21	0	0	0	0										
1986	CHI N	2	4	.333	5.52	6	5	1	31	44	11	20	0	0	1	0	12	4	0	.333	1	6	1	0	1.3	.875
1987		6	14	.300	5.61	30	27	1	155.2	181	74	101	1	0	0	0	42	5	0	.119	16	50	4	2	2.3	.943
1988		18	8	.692	3.18	34	34	9	249	230	81	140	3	0	0	0	96	19	0	.198	28	45	3	3	2.2	.961
1989		19	12	.613	2.95	35	35	7	238.1	222	82	135	1	0	0	0	81	17	0	.210	35	41	3	4	2.3	.962
1990		15	15	.500	3.46	35	35	8	237	**242**	71	144	2	0	0	0	83	12	0	.145	39	55	0	6	2.7	1.000

PITCHER REGISTER

Year	Team		W	L	%	ERA	G	GS	CG	IP	H	BB	SO	ShO	RELIEF PITCHING W	L	SV	BATTING AB	H	HR	BA	PO	A	E	DP	TC/G	FA

Greg Maddux *Continued*

Year	Team		W	L	%	ERA	G	GS	CG	IP	H	BB	SO	ShO	W	L	SV	AB	H	HR	BA	PO	A	E	DP	TC/G	FA
1991			15	11	.577	3.35	37	**37**	7	263	232	66	198	2	0	0	0	88	18	1	.205	39	50	2	5	2.5	.978
6 yrs.			75	64	.540	3.61	177	173	33	1174	1151	385	738	9	0	1	0	402	75	1	.187	158	247	13	25	2.4	.969

LEAGUE CHAMPIONSHIP SERIES

| 1989 | CHI | N | 0 | 1 | .000 | 13.50 | 2 | 2 | 0 | 7.1 | 13 | 4 | 5 | 0 | 0 | 0 | 0 | 3 | 0 | 0 | .000 | 0 | 0 | 1 | 0 | 0.5 | — |

Mike Maddux

MADDUX, MICHAEL AUSLEY
Brother of Greg Maddux.
B. Aug. 27, 1961, Dayton, Ohio
BL TR 6′ 2″ 180 lbs.

			W	L	%	ERA	G	GS	CG	IP	H	BB	SO	ShO	W	L	SV	AB	H	HR	BA	PO	A	E	DP	TC/G	FA
April			2	1	.667	3.86	10	0	0	14	18	5	9	0	2	1	1										
May			0	0	—	3.06	13	0	0	17.2	18	7	8	0	0	0	0										
June			1	0	1.000	1.40	10	1	0	19.1	12	1	9	0	0	0	0										
July			1	0	1.000	0.00	9	0	0	12.1	3	5	7	0	1	0	1										
Aug			1	1	.500	6.75	10	0	0	13.1	17	4	8	0	1	1	0										
Sept/Oct			2	0	1.000	0.82	12	0	0	22	10	5	16	0	2	0	3										
Day			2	0	1.000	2.33	14	0	0	27	25	8	13	0	2	0	1										
Night			5	2	.714	2.51	50	1	0	71.2	53	19	44	0	4	2	4										
vs. Left			—	—	—	—	—	—	—	—	42	13	27	—	—	—	—										
vs. Right			—	—	—	—	—	—	—	—	36	14	30	—	—	—	—										
On Grass			6	1	.857	2.86	47	0	0	72.1	57	19	43	0	6	1	4										
On Turf			1	1	.500	1.37	17	1	0	26.1	21	8	14	0	0	1	1										
Home			5	1	.833	1.75	35	0	0	51.1	31	12	29	0	5	1	1										
Road			2	1	.667	3.23	29	1	0	47.1	47	15	28	0	1	1	4										
Division Rivals																											
vs. ATL			0	0	—	4.22	9	0	0	10.2	8	3	4	0	0	0	0										
vs. CIN			2	0	1.000	0.59	9	0	0	15.1	9	3	7	0	2	0	1										
vs. HOU			0	1	.000	3.86	6	0	0	7	5	1	6	0	0	1	0										
vs. LA			0	0	—	1.23	6	0	0	7.1	6	3	3	0	0	0	1										
vs. SF			1	0	1.000	3.38	8	0	0	10.2	9	5	10	0	1	0	2										
1986	PHI	N	3	7	.300	5.42	16	16	0	78	88	34	44	0	0	0	0	22	1	0	.045	5	10	2	0	1.1	.882
1987			2	0	1.000	2.65	7	2	0	17	17	5	15	0	1	0	0	3	0	0	.000	1	1	1	0	0.4	.667
1988			4	3	.571	3.76	25	11	0	88.2	91	34	59	0	2	0	0	23	3	0	.130	8	18	4	1	1.2	.867
1989			1	3	.250	5.15	16	4	2	43.2	52	14	26	1	0	1	1	10	0	0	.000	7	12	0	1	1.2	1.000
1990	LA	N	0	1	.000	6.53	11	2	0	20.2	24	4	11	0	0	0	0	2	0	0	.000	0	2	0	0	0.2	1.000
1991	SD	N	7	2	.778	2.46	64	1	0	98.2	78	27	57	0	6	2	5	13	1	0	.077	9	18	1	1	0.4	.964
6 yrs.			17	16	.515	4.05	139	36	2	346.2	350	118	212	1	9	3	6	73	5	0	.068	30	61	8	3	0.7	.919

Mike Magnante

MAGNANTE, MICHAEL ANTHONY
B. June 17, 1965, Glendale, Calif.
BL TL 6′ 1″ 180 lbs.

			W	L	%	ERA	G	GS	CG	IP	H	BB	SO	ShO	W	L	SV	AB	H	HR	BA	PO	A	E	DP	TC/G	FA
April			0	0	—	5.40	2	0	0	3.1	4	2	2	0	0	0	0										
May			0	0	—	9.00	1	0	0	1	3	1	1	0	0	0	0										
June			0	0	—	2.57	4	0	0	7	7	2	7	0	0	0	0										
July			0	1	.000	2.87	10	0	0	15.2	13	5	13	0	0	1	0										
Aug			0	0	—	0.61	8	0	0	14.2	12	5	9	0	0	0	0										
Sept/Oct			0	0	—	2.70	13	0	0	13.1	16	8	10	0	0	0	0										
Day			0	0	—	1.84	10	0	0	14.2	15	5	10	0	0	0	0										
Night			0	1	.000	2.68	28	0	0	40.1	40	18	32	0	0	1	0										
vs. Left			—	—	—	—	—	—	—	—	19	9	15	—	—	—	—										
vs. Right			—	—	—	—	—	—	—	—	36	14	27	—	—	—	—										
On Grass			0	1	.000	1.45	13	0	0	18.2	19	9	7	0	0	0	1										
On Turf			0	0	—	2.97	25	0	0	36.1	36	14	35	0	0	0	0										
Home			0	0	—	3.26	20	0	0	30.1	31	10	31	0	0	0	0										
Road			0	1	.000	1.46	18	0	0	24.2	24	13	11	0	0	1	0										
Division Rivals																											
vs. CAL			0	0	—	1.50	4	0	0	6	1	3	5	0	0	0	0										
vs. CHI			0	0	—	0.00	3	0	0	8	7	1	6	0	0	0	0										
vs. MIN			0	0	—	2.70	3	0	0	3.1	3	4	1	0	0	0	0										
vs. OAK			0	0	—	5.68	5	0	0	6.1	8	2	5	0	0	0	0										
vs. SEA			0	0	—	0.00	3	0	0	4	3	2	3	0	0	0	0										
vs. TEX			0	0	—	0.00	2	0	0	1	2	0	2	0	0	0	0										

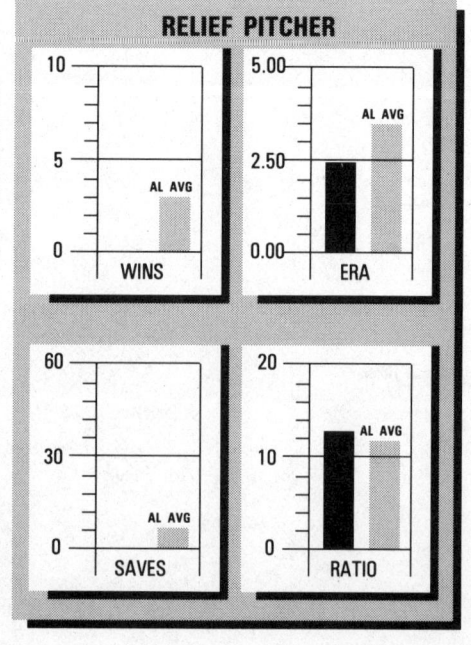

PITCHER REGISTER

Year	Team		W	L	%	ERA	G	GS	CG	IP	H	BB	SO	ShO	RELIEF PITCHING W	L	SV	BATTING AB	H	HR	BA	PO	A	E	DP	TC/G	FA

Mike Magnante Continued

| 1991 | KC | A | 0 | 1 | .000 | 2.45 | 38 | 0 | 0 | 55 | 55 | 23 | 42 | 0 | 0 | 1 | 0 | 0 | 0 | 0 | — | 3 | 6 | 1 | 1 | 0.3 | .900 |

Rick Mahler

MAHLER, RICHARD KEITH
Brother of Mickey Mahler.
B. Aug. 5, 1953, Austin, Tex.
BR TR 6' 1" 195 lbs.

1979	ATL	N	0	0	—	6.14	15	0	0	22	28	11	12	0	0	0	0	2	1	0	.500	1	3	1	0	0.3	.800
1980			0	0	—	2.25	2	0	0	4	2	0	1	0	0	0	0	0	0	0	—	0	1	0	0	0.5	1.000
1981			8	6	.571	2.81	34	14	1	112	109	43	54	0	2	0	2	27	4	0	.148	14	19	2	0	1.0	.943
1982			9	10	.474	4.21	39	33	5	205.1	213	62	105	2	0	0	0	58	11	1	.190	19	36	1	5	1.4	.982
1983			0	0	—	5.02	10	0	0	14.1	16	9	7	0	0	0	0	2	0	0	.000	1	1	1	1	0.3	.667
1984			13	10	.565	3.12	38	29	9	222	209	62	106	1	0	0	0	71	21	0	.296	20	42	2	5	1.7	.969
1985			17	15	.531	3.48	39	**39**	6	266.2	**272**	79	107	1	0	0	0	90	14	0	.156	21	45	4	9	1.8	.943
1986			14	**18**	.438	4.88	39	**39**	7	237.2	**283**	95	137	1	0	0	0	83	16	0	.193	23	41	3	2	1.7	.955
1987			8	13	.381	4.98	39	28	3	197	212	85	95	1	2	1	0	65	11	0	.169	13	42	1	2	1.4	.982
1988			9	16	.360	3.69	39	34	5	249	**279**	42	131	0	2	0	0	72	9	0	.125	22	43	3	4	1.7	.956
1989	CIN	N	9	13	.409	3.83	40	31	5	220.2	**242**	51	102	2	0	0	0	62	11	0	.177	8	35	1	2	1.1	.977
1990			7	6	.538	4.28	35	16	2	134.2	134	39	68	1	1	1	4	35	4	0	.114	11	17	1	1	0.8	.966
1991	2 teams		ATL N (13G 1 - 1)				MON N (10G 1 - 3)																				
"	total		2	4	.333	4.50	23	8	0	66	70	28	27	0	0	1	0	14	2	0	.143	7	13	1	0	0.9	.952
13 yrs.			96	111	.464	3.99	392	271	43	1951.1	2069	606	952	9	7	3	6	581	104	1	.179	160	338	21	31	1.3	.960

LEAGUE CHAMPIONSHIP SERIES

1982	ATL	N	0	0	—	0.00	1	0	0	1.2	3	2	0	0	0	0	0	0	0	0	—	0	1	0	0	1.0	1.000
1990	CIN	N	0	0	—	0.00	1	0	0	1.2	2	0	0	0	0	0	0	0	0	0	—	0	0	0	0	0.0	—
2 yrs.			0	0	—	0.00	2	0	0	3.1	5	2	0	0	0	0	0	0	0	0	—	0	1	0	0	0.5	1.000

Carlos Maldonado

MALDONADO, CARLOS CESAR
B. Oct. 18, 1966, Chepo, Panama
BB TR 6' 1" 210 lbs.

1990	KC	A	0	0	—	9.00	4	0	0	6	9	4	9	0	0	0	0	0	0	0	—	0	0	0	0	0.0	—
1991			0	0	—	8.22	5	0	0	7.2	11	9	1	0	0	0	0	0	0	0	—	0	0	1	0	0.2	.000
2 yrs.			0	0	—	8.56	9	0	0	13.2	20	13	10	0	0	0	0	0	0	0	—	0	0	1	0	0.1	.000

Rob Mallicoat

MALLICOAT, ROBBIN DALE
B. Nov. 16, 1964, St. Helens, Ore.
BL TL 6' 3" 180 lbs.

	W	L	%	ERA	G	GS	CG	IP	H	BB	SO	ShO	W	L	SV
April	—	—	—	—	0	—	—	0	0	0	0	—	0	0	0
May	—	—	—	—	0	—	—	0	0	0	0	—	0	0	0
June	—	—	—	—	0	—	—	0	0	0	0	—	0	0	0
July	—	—	—	—	0	—	—	0	0	0	0	—	0	0	0
Aug	0	0	—	3.00	6	0	0	6	5	3	4	0	0	0	1
Sept/Oct	0	2	.000	4.15	18	0	0	17.1	17	10	14	0	0	2	0
Day	0	0	—	1.80	8	0	0	10	3	8	5	0	0	0	1
Night	0	2	.000	5.40	16	0	0	13.1	19	5	13	0	0	2	0
vs. Left	—	—	—	—	—	—	—	—	10	6	7	—	—	—	—
vs. Right	—	—	—	—	—	—	—	—	12	7	11	—	—	—	—
On Grass	0	1	.000	1.64	9	0	0	11	6	6	9	0	0	1	1
On Turf	0	1	.000	5.84	15	0	0	12.1	16	7	9	0	0	1	0
Home	0	1	.000	8.59	10	0	0	7.1	12	4	6	0	0	1	0
Road	0	1	.000	1.69	14	0	0	16	10	9	12	0	0	1	1
Division Rivals															
vs. ATL	0	1	.000	6.00	4	0	0	3	3	4	2	0	0	1	0
vs. CIN	0	0	—	0.00	3	0	0	2.1	3	0	3	0	0	0	0
vs. LA	0	1	.000	4.91	4	0	0	7.1	9	4	8	0	0	1	1
vs. SD	0	0	—	4.50	2	0	0	2	3	0	3	0	0	0	0
vs. SF	0	0	—	6.75	5	0	0	2.2	2	1	1	0	0	0	0

RELIEF PITCHER

(Bar charts: WINS, ERA, SAVES, RATIO — each compared to NL AVG)

1987	HOU	N	0	0	—	6.75	4	1	0	6.2	8	6	4	0	0	0	0	0	0	0	—	1	1	0	0	0.5	1.000
1991			0	2	.000	3.86	24	0	0	23.1	22	13	18	0	0	2	1	1	0	0	.000	1	0	1	0	0.1	.500
2 yrs.			0	2	.000	4.50	28	1	0	30	30	19	22	0	0	2	1	1	0	0	.000	2	1	1	0	0.1	.750

PITCHER REGISTER

Year	Team		W	L	%	ERA	G	GS	CG	IP	H	BB	SO	ShO	RELIEF PITCHING W	L	SV	BATTING AB	H	HR	BA	PO	A	E	DP	TC/G	FA

Barry Manuel
MANUEL, BARRY PAUL
B. Aug. 12, 1965, Mamou, La.
BR TR 5' 11" 175 lbs.

| 1991 | TEX | A | 1 | 0 | 1.000 | 1.13 | 8 | 0 | 0 | 16 | 7 | 6 | 5 | 0 | 1 | 0 | 0 | 0 | 0 | 0 | — | 0 | 6 | 0 | 0 | 0.8 | 1.000 |

Josias Manzanillo
MANZANILLO, JOSIAS
Born Josias Manzanillo y Adams.
Brother of Ravelo Manzanillo.
B. Oct. 16, 1967, San Pedro de Macoris, Dominican Republic
BR TR 6' 190 lbs.

| 1991 | BOS | A | 0 | 0 | — | 18.00 | 1 | 0 | 0 | 1 | 2 | 3 | 1 | 0 | 0 | 0 | 0 | 0 | 0 | 0 | — | 0 | 0 | 0 | 0 | 0.0 | — |

Dave Martinez
MARTINEZ, DAVID
B. Sept. 26, 1964, New York, N.Y.
BL TL 5' 10" 150 lbs.

| 1990 | MON | N | 0 | 0 | — | 5.40 | 1 | 0 | 0 | 0.1 | 2 | 2 | 0 | 0 | 0 | 0 | 0 | * | | | | 0 | 0 | 0 | 0 | 0.0 | — |

Dennis Martinez
MARTINEZ, JOSE DENNIS
Born Jose Dennis Martinez y Emilia.
B. May 14, 1955, Granada, Nicaragua
BR TR 6' 1" 175 lbs.

Split	W	L	%	ERA	G	GS	CG	IP	H	BB	SO	ShO	RW	RL	SV
April	3	2	.600	1.23	5	5	1	36.2	23	11	23	1	0	0	0
May	3	2	.600	3.48	6	6	2	41.1	46	8	23	1	0	0	0
June	3	1	.750	1.37	6	6	1	46	38	15	27	1	0	0	0
July	2	1	.667	2.11	5	5	2	38.1	30	9	17	1	0	0	0
Aug	1	3	.250	4.09	5	5	2	33	29	12	19	0	0	0	0
Sept/Oct	2	2	.500	2.36	4	4	1	26.2	21	7	14	0	0	0	0
Day	3	2	.600	2.34	6	6	1	42.1	31	14	25	1	0	0	0
Night	11	9	.550	2.40	25	25	8	179.2	156	48	98	4	0	0	0
vs. Left	—	—	—	—	—	—	—	—	114	51	73	—	—	—	—
vs. Right	—	—	—	—	—	—	—	—	73	11	50	—	—	—	—
On Grass	4	2	.667	2.51	9	9	2	64.2	52	20	36	1	0	0	0
On Turf	10	9	.526	2.35	22	22	7	157.1	135	42	87	4	0	0	0
Home	7	4	.636	2.16	13	13	4	96	86	21	51	4	0	0	0
Road	7	7	.500	2.57	18	18	5	126	101	41	72	1	0	0	0
Division Rivals															
vs. CHI	1	1	.500	4.91	3	3	0	18.1	21	3	10	0	0	0	0
vs. NY	1	1	.500	3.32	3	3	0	19	17	10	9	0	0	0	0
vs. PHI	1	2	.333	1.69	4	4	3	32	23	11	17	1	0	0	0
vs. PIT	2	2	.500	1.74	4	4	1	31	27	10	15	0	0	0	0
vs. STL	1	1	.500	1.42	2	2	1	12.2	9	7	4	1	0	0	0

STARTING PITCHER charts: WINS, ERA, SO/9, RATIO (vs. NL AVG)

Year	Team		W	L	%	ERA	G	GS	CG	IP	H	BB	SO	ShO	RW	RL	SV	AB	H	HR	BA	PO	A	E	DP	TC/G	FA
1976	BAL	A	1	2	.333	2.57	4	2	1	28	23	8	18	0	1	0	0	0	0	0	—	3	4	0	0	1.8	1.000
1977			14	7	.667	4.10	42	13	5	167	157	64	107	0	8	4	4	0	0	0	—	9	26	1	2	0.9	.972
1978			16	11	.593	3.52	40	38	15	276.1	257	93	142	2	0	0	0	0	0	0	—	27	51	1	6	2.0	.987
1979			15	16	.484	3.67	40	39	18	292	279	78	132	3	0	0	0	0	0	0	—	26	59	5	3	2.3	.944
1980			6	4	.600	3.96	25	12	2	100	103	44	42	0	0	1	1	0	0	0	—	5	16	0	1	0.8	1.000
1981			14	5	.737	3.32	25	24	9	179	173	62	88	2	0	0	0	0	0	0	—	20	44	2	4	2.6	.970
1982			16	12	.571	4.21	40	39	10	252	262	87	111	2	0	0	0	0	0	0	—	13	38	1	2	1.3	.981
1983			7	16	.304	5.53	32	25	4	153	209	45	71	0	1	0	0	0	0	0	—	16	42	1	0	1.8	.983
1984			6	9	.400	5.02	34	20	2	141.2	145	37	77	0	1	0	2	0	0	0	—	17	19	2	4	1.1	.947
1985			13	11	.542	5.15	33	31	3	180	203	63	68	1	1	0	0	0	0	0	—	17	26	1	0	1.3	.977
1986	2 teams		BAL A (4G 0-0)			MON N (19G 3-6)																					
"	total		3	6	.333	4.73	23	15	1	104.2	114	30	65	1	0	0	0	30	3	0	.100	4	25	1	0	1.3	.967
1987	MON	N	11	4	.733	3.30	22	22	2	144.2	133	40	84	1	0	0	0	46	3	0	.065	10	23	1	3	1.5	.971
1988			15	13	.536	2.72	34	34	9	235.1	215	55	120	2	0	0	0	78	15	0	.192	19	39	6	3	1.9	.906
1989			16	7	.696	3.18	34	33	5	232	227	49	142	2	0	1	0	72	9	0	.125	11	50	2	6	1.9	.968
1990			10	11	.476	2.95	32	32	7	226	191	49	156	2	0	0	0	68	7	0	.103	16	35	1	2	1.6	.981
1991			14	11	.560	**2.39**	31	31	9	222	187	62	123	**5**	0	0	0	72	11	0	.153	21	48	4	5	2.4	.945
16 yrs.			177	145	.550	3.71	491	410	102	2933.2	2878	866	1546	23	12	8	5	366	48	0	.131	234	545	29	41	1.6	.964

LEAGUE CHAMPIONSHIP SERIES

| 1979 | BAL | A | 0 | 0 | — | 3.24 | 1 | 1 | 0 | 8.1 | 8 | 0 | 4 | 0 | 0 | 0 | 0 | 0 | 0 | 0 | — | 2 | 0 | 0 | 0 | 2.0 | 1.000 |

Year	Team	W	L	%	ERA	G	GS	CG	IP	H	BB	SO	ShO	RELIEF PITCHING W	L	SV	BATTING AB	H	HR	BA	PO	A	E	DP	TC/G	FA

Dennis Martinez *Continued*

WORLD SERIES
Year	Team	W	L	%	ERA	G	GS	CG	IP	H	BB	SO	ShO	W	L	SV	AB	H	HR	BA	PO	A	E	DP	TC/G	FA
1979	BAL A	0	0	—	18.00	2	1	0	2	6	0	0	0	0	0	0	0	0	0	—	0	1	0	1	0.5	1.000

Ramon Martinez

MARTINEZ, RAMON JAIME
Born Ramon Jaime y Martinez.
B. Mar. 22, 1968, Santo Domingo, Dominican Republic
BR TR 6' 4" 165 lbs.

	W	L	%	ERA	G	GS	CG	IP	H	BB	SO	ShO	W	L	SV	AB	H	HR	BA	PO	A	E	DP	TC/G	FA
April	3	1	.750	2.17	4	4	2	29	21	5	21	2	0	0	0										
May	5	1	.833	3.07	6	6	1	41	36	12	28	0	0	0	0										
June	2	1	.667	2.61	5	5	1	38	29	13	26	1	0	0	0										
July	4	2	.667	1.24	6	6	2	43.2	36	8	21	1	0	0	0										
Aug	1	4	.200	6.37	5	5	0	29.2	35	8	21	0	0	0	0										
Sept/Oct	2	4	.333	4.85	7	7	0	39	33	23	33	0	0	0	0										
Day	6	5	.545	2.74	11	11	1	72.1	58	26	51	1	0	0	0										
Night	11	8	.579	3.53	22	22	5	148	132	43	99	3	0	0	0										
vs. Left	—	—	—	—	—	—	—	—	102	48	81	—	—	—	—										
vs. Right	—	—	—	—	—	—	—	—	88	21	69	—	—	—	—										
On Grass	14	10	.583	3.26	26	26	4	174	154	53	125	3	0	0	0										
On Turf	3	3	.500	3.30	7	7	2	46.1	36	16	25	1	0	0	0										
Home	9	4	.692	2.91	15	15	3	105	82	37	85	2	0	0	0										
Road	8	9	.471	3.59	18	18	3	115.1	108	32	65	2	0	0	0										
Division Rivals																									
vs. ATL	3	1	.750	2.78	4	4	0	22.2	19	9	17	0	0	0	0										
vs. CIN	1	3	.250	9.30	4	4	0	20.1	32	4	10	0	0	0	0										
vs. HOU	0	1	.000	7.20	1	1	0	5	6	2	6	0	0	0	0										
vs. SD	3	0	1.000	2.14	3	3	1	21	16	7	15	1	0	0	0										
vs. SF	1	4	.200	4.17	6	6	1	41	36	14	27	1	0	0	0										
1988 LA N	1	3	.250	3.79	9	6	0	35.2	27	22	23	0	0	0	0	7	0	0	.000	1	5	0	0	0.7	1.000
1989	6	4	.600	3.19	15	15	2	98.2	79	41	89	2	0	0	0	37	6	0	.162	11	14	0	1	1.7	1.000
1990	20	6	.769	2.92	33	33	**12**	234.1	191	67	223	3	0	0	0	80	10	0	.125	16	27	1	0	1.3	.977
1991	17	13	.567	3.27	33	33	6	220.1	190	69	150	4	0	0	0	77	9	1	.117	22	21	2	0	1.4	.956
4 yrs.	44	26	.629	3.15	90	87	20	589	487	199	485	9	0	0	0	201	25	1	.124	50	67	3	1	1.3	.975

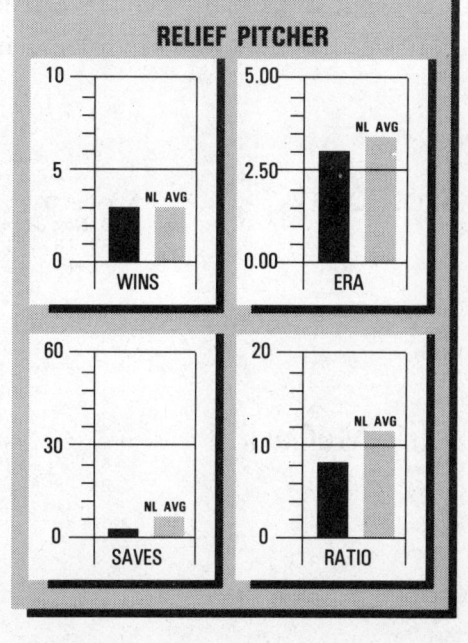

Roger Mason

MASON, ROGER LeROY
B. Sept. 18, 1958, Bellaire, Mich.
BR TR 6' 6" 215 lbs.

	W	L	%	ERA	G	GS	CG	IP	H	BB	SO	ShO	W	L	SV	AB	H	HR	BA	PO	A	E	DP	TC/G	FA
April	0	0	—	—	—	—	—	—	—	—	—	—	—	—	—										
May	0	0	—	—	—	—	—	—	—	—	—	—	—	—	—										
June	0	0	—	—	—	—	—	—	—	—	—	—	—	—	—										
July	0	0	—	—	—	—	—	—	—	—	—	—	—	—	—										
Aug	0	0	—	0	1.000	0.54	12	0	0	16.2	7	2	10	0	2										
Sept/Oct	0	0	—	2	.333	6.23	12	0	0	13	14	4	11	0	1										
Day	0	0	—	0	1.000	6.35	7	0	0	5.2	9	1	3	0	1										
Night	0	0	—	2	.500	2.25	17	0	0	24	12	5	18	0	2										
vs. Left	—	—	—	—	—	—	—	—	—	11	5	9	—	—	—										
vs. Right	—	—	—	—	—	—	—	—	—	10	1	12	—	—	—										
On Grass	0	0	—	1	.500	2.70	6	0	0	10	7	3	9	0	1										
On Turf	0	0	—	1	.667	3.20	18	0	0	19.2	14	3	12	0	2										
Home	0	0	—	1	.667	3.24	14	0	0	16.2	13	2	11	0	2										
Road	0	0	—	1	.500	2.77	10	0	0	13	8	4	10	0	1										
Division Rivals																									
vs. CHI	0	0	—	0	—	0.00	1	—	—	1	—	—	3	—	—										
vs. MON	0	0	—	1	.000	10.80	2	0	0	1.2	6	0	3	0	0										
vs. NY	0	0	—	1	.000	5.40	4	0	0	3.1	3	3	2	0	0										
vs. PHI	0	0	—	0	—	1.59	5	—	—	5.2	2	1	2	—	—										
vs. STL	0	0	—	0	1.000	0.00	4	0	0	4	0	0	1	0	2										
1984 DET A	1	1	.500	4.50	5	2	0	22	23	10	15	0	0	0	1	0	0	0	—	5	1	0	0	1.5	1.000
1985 SF N	1	3	.250	2.12	5	5	1	29.2	28	11	26	1	0	0	0	11	1	0	.091	4	2	0	0	1.2	1.000
1986	3	4	.429	4.80	11	11	1	60	56	30	43	0	0	0	0	21	1	0	.048	6	4	1	0	1.0	.909
1987	1	1	.500	4.50	5	5	0	26	30	10	18	0	0	0	0	8	1	0	.125	3	3	0	2	1.2	1.000
1989 HOU N	0	0	—	20.25	2	0	0	1.1	2	2	3	0	0	0	0	0	0	0	—	1	0	0	0	0.5	1.000

PITCHER REGISTER

Year	Team		W	L	%	ERA	G	GS	CG	IP	H	BB	SO	ShO	RELIEF PITCHING			BATTING				PO	A	E	DP	TC/G	FA
															W	L	SV	AB	H	HR	BA						

Roger Mason *Continued*

| 1991 | PIT | N | 3 | 2 | .600 | 3.03 | 24 | 0 | 0 | 29.2 | 21 | 6 | 21 | 0 | 3 | 2 | 3 | 0 | 0 | 0 | — | 1 | 5 | 0 | 1 | 0.3 | 1.000 |
| 6 yrs. | | | 9 | 11 | .450 | 4.06 | 52 | 23 | 2 | 168.2 | 160 | 69 | 126 | 1 | 3 | 2 | 4 | 40 | 3 | 0 | .075 | 20 | 15 | 1 | 3 | 0.7 | .972 |

LEAGUE CHAMPIONSHIP SERIES

| 1991 | PIT | N | 0 | 0 | — | 0.00 | 3 | 0 | 0 | 4.1 | 3 | 1 | 2 | 0 | 0 | 0 | 1 | 1 | 0 | 0 | .000 | 0 | 0 | 0 | 0 | 0.0 | — |

Terry Mathews

MATHEWS, TERRY ALAN
B. Oct. 5, 1964, Alexandria, La.
BL TR 6' 2" 200 lbs.

	W	L	%	ERA	G	GS	CG	IP	H	BB	SO	ShO	W	L	SV
April	—	—	—	—	0	—	—	0	0	0	0	—	0	0	0
May	—	—	—	—	0	—	—	0	0	0	0	—	0	0	0
June	0	0	—	4.91	4	1	0	7.1	8	2	6	0	0	0	0
July	0	0	—	8.31	4	1	0	8.2	12	5	8	0	0	0	0
Aug	1	0	1.000	1.27	11	0	0	21.1	17	2	13	0	1	0	1
Sept/Oct	3	0	1.000	3.60	15	0	0	20	17	9	24	0	3	0	0
Day	4	0	1.000	2.45	6	1	0	14.2	9	4	13	0	4	0	0
Night	0	0	—	4.01	28	1	0	42.2	45	14	38	0	0	0	1
vs. Left	—	—	—	—	—	—	—	—	25	11	15	—	—	—	—
vs. Right	—	—	—	—	—	—	—	—	29	7	36	—	—	—	—
On Grass	3	0	1.000	3.58	29	2	0	50.1	46	16	46	0	3	0	1
On Turf	1	0	1.000	3.86	5	0	0	7	8	2	5	0	1	0	0
Home	2	0	1.000	3.42	17	1	0	26.1	20	12	24	0	2	0	1
Road	2	0	1.000	3.77	17	1	0	31	34	6	27	0	2	0	0
Division Rivals															
vs. CAL	0	0	—	6.75	4	0	0	4	6	1	4	0	0	0	0
vs. CHI	0	0	—	4.91	4	0	0	3.2	1	4	4	0	0	0	0
vs. KC	2	0	1.000	0.00	4	0	0	6	2	1	4	0	2	0	0
vs. MIN	0	0	—	3.00	3	0	0	3	4	2	4	0	0	0	0
vs. OAK	2	0	1.000	4.26	5	1	0	12.2	10	5	12	0	2	0	0
vs. SEA	0	0	—	6.75	3	0	0	4	5	1	4	0	0	0	0

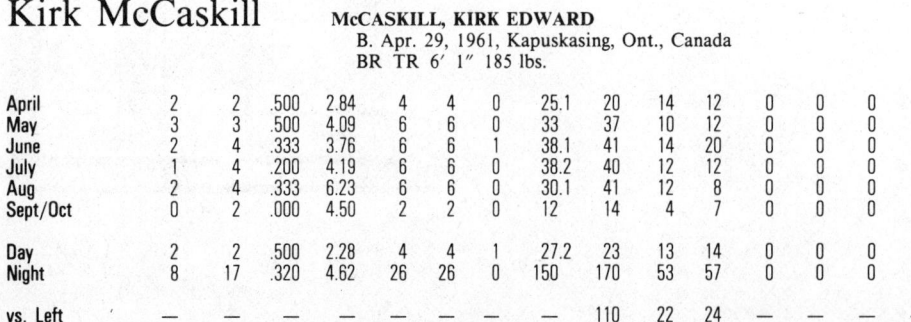

| 1991 | TEX | A | 4 | 0 | 1.000 | 3.61 | 34 | 2 | 0 | 57.1 | 54 | 18 | 51 | 0 | 4 | 0 | 1 | 0 | 0 | 0 | — | 8 | 5 | 0 | 0 | 0.4 | 1.000 |

Tim Mauser

MAUSER, TIMOTHY EDWARD
B. Oct. 4, 1966, Fort Worth, Tex.
BR TR 6' 185 lbs.

| 1991 | PHI | N | 0 | 0 | — | 7.59 | 3 | 0 | 0 | 10.2 | 18 | 3 | 6 | 0 | 0 | 0 | 0 | 3 | 0 | 0 | .000 | 0 | 1 | 0 | 0 | 0.3 | 1.000 |

Scott May

MAY, SCOTT FRANCIS
B. Nov. 11, 1961, West Bend, Wis.
BR TR 6' 1" 185 lbs.

1988	TEX	A	0	0	—	8.59	3	1	0	7.1	8	4	4	0	0	0	0	0	0	0	—	1	0	0	1	0.3	1.000
1991	CHI	N	0	0	—	18.00	2	0	0	2	6	1	1	0	0	0	0	0	0	0	—	0	0	0	0	0.0	—
2 yrs.			0	0	—	10.61	5	1	0	9.1	14	5	5	0	0	0	0	0	0	0	—	1	0	0	1	0.2	1.000

Kirk McCaskill

McCASKILL, KIRK EDWARD
B. Apr. 29, 1961, Kapuskasing, Ont., Canada
BR TR 6' 1" 185 lbs.

	W	L	%	ERA	G	GS	CG	IP	H	BB	SO	ShO	W	L	SV
April	2	2	.500	2.84	4	4	0	25.1	20	14	12	0	0	0	0
May	3	3	.500	4.09	6	6	0	33	37	10	12	0	0	0	0
June	2	4	.333	3.76	6	6	1	38.1	41	14	20	0	0	0	0
July	1	4	.200	4.19	6	6	0	38.2	40	12	12	0	0	0	0
Aug	2	4	.333	6.23	6	6	0	30.1	41	12	8	0	0	0	0
Sept/Oct	0	2	.000	4.50	2	2	0	12	14	4	7	0	0	0	0
Day	2	2	.500	2.28	4	4	1	27.2	23	13	14	0	0	0	0
Night	8	17	.320	4.62	26	26	0	150	170	53	57	0	0	0	0
vs. Left	—	—	—	—	—	—	—	—	110	22	24	—	—	—	—
vs. Right	—	—	—	—	—	—	—	—	83	44	47	—	—	—	—

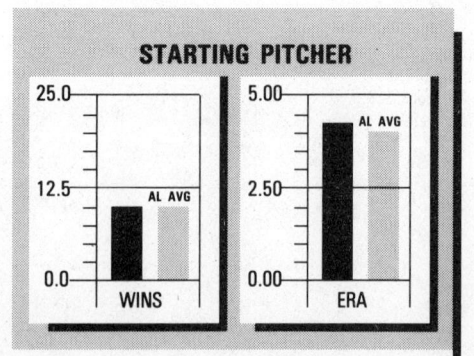

PITCHER REGISTER

Year	Team	W	L	%	ERA	G	GS	CG	IP	H	BB	SO	ShO	RELIEF PITCHING W	L	SV	BATTING AB	H	HR	BA	PO	A	E	DP	TC/G	FA

Kirk McCaskill *Continued*

		W	L	%	ERA	G	GS	CG	IP	H	BB	SO	ShO	W	L	SV	AB	H	HR	BA	PO	A	E	DP	TC/G	FA
On Grass		7	17	.292	4.10	25	25	1	149.1	155	56	55	0	0	0	0										
On Turf		3	2	.600	5.08	5	5	0	28.1	38	10	16	0	0	0	0										
Home		4	10	.286	4.08	15	15	0	92.2	94	27	38	0	0	0	0										
Road		6	9	.400	4.45	15	15	1	85	99	39	33	0	0	0	0										
Division Rivals																										
vs. CHI		1	0	1.000	2.57	1	1	0	7	6	3	0	0	0	0	0										
vs. KC		1	2	.333	6.88	3	3	0	17	25	5	8	0	0	0	0										
vs. MIN		2	0	1.000	2.77	2	2	0	13	11	3	5	0	0	0	0										
vs. OAK		0	3	.000	5.63	3	3	0	16	15	15	8	0	0	0	0										
vs. SEA		1	2	.333	7.04	3	3	0	15.1	23	7	5	0	0	0	0										
vs. TEX		0	1	.000	1.29	1	1	0	7	6	2	8	0	0	0	0										
1985	CAL A	12	12	.500	4.70	30	29	6	189.2	189	64	102	1	0	0	0	0	0	0	—	11	27	3	1	1.4	.927
1986		17	10	.630	3.36	34	33	10	246.1	207	92	202	2	0	0	0	0	0	0	—	24	26	1	0	1.5	.980
1987		4	6	.400	5.67	14	13	1	74.2	84	34	56	1	0	0	0	0	0	0	—	8	12	1	1	1.5	.952
1988		8	6	.571	4.31	23	23	4	146.1	155	61	98	2	0	0	0	0	0	0	—	12	18	3	2	1.4	.909
1989		15	10	.600	2.93	32	32	6	212	202	59	107	4	0	0	0	0	0	0	—	16	42	3	5	1.9	.951
1990		12	11	.522	3.25	29	29	2	174.1	161	72	78	1	0	0	0	0	0	0	—	19	29	3	2	1.8	.941
1991		10	19	.345	4.26	30	30	1	177.2	193	66	71	0	0	0	0	0	0	0	—	17	25	1	4	1.4	.977
7 yrs.		78	74	.513	3.86	192	189	30	1221	1191	448	714	11	0	0	0	0	0	0	—	107	179	15	15	1.6	.950
LEAGUE CHAMPIONSHIP SERIES																										
1986	CAL A	0	2	.000	7.71	2	2	0	9.1	16	5	7	0	0	0	0	0	0	0	—	0	0	0	0	0.0	—

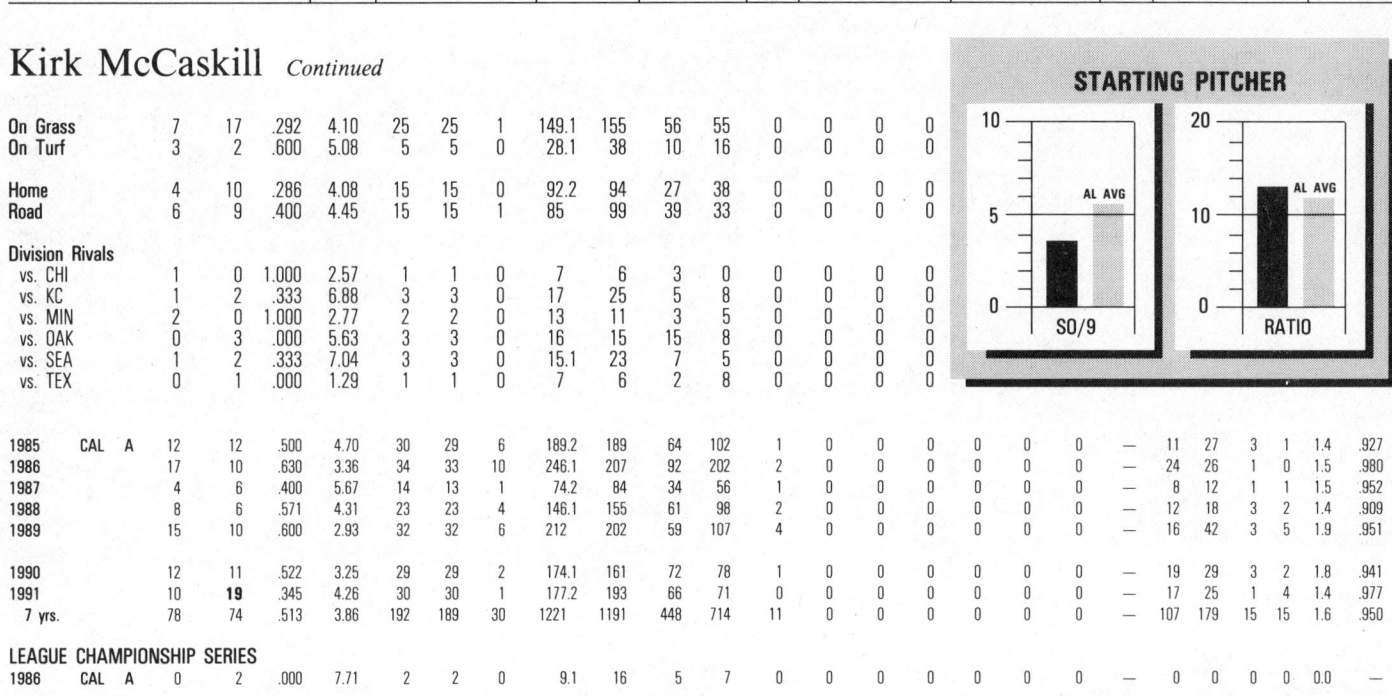

Paul McClellan

McCLELLAN, PAUL WILLIAM
B. Feb. 8, 1966, San Mateo, Calif.
BB TR 6' 2" 180 lbs.

Year	Team	W	L	%	ERA	G	GS	CG	IP	H	BB	SO	ShO	W	L	SV	AB	H	HR	BA	PO	A	E	DP	TC/G	FA
1990	SF N	0	1	.000	11.74	4	1	0	7.2	14	6	2	0	0	0	0	2	1	0	.500	1	2	0	1	0.8	1.000
1991		3	6	.333	4.56	13	12	1	71	68	25	44	0	0	0	0	21	3	0	.143	4	6	0	1	0.8	1.000
2 yrs.		3	7	.300	5.26	17	13	1	78.2	82	31	46	0	0	0	0	23	4	0	.174	5	8	0	2	0.8	1.000

Bob McClure

McCLURE, ROBERT CRAIG
B. Apr. 29, 1952, Oakland, Calif.
BB TL 5' 11" 170 lbs.

		W	L	%	ERA	G	GS	CG	IP	H	BB	SO	ShO	W	L	SV	AB	H	HR	BA	PO	A	E	DP	TC/G	FA
April		0	0	—	0.00	3	0	0	1.2	1	2	2	0	0	0	0										
May		0	0	—	14.73	5	0	0	3.2	6	2	1	0	0	0	0										
June		0	0	—	5.68	8	0	0	6.1	9	1	3	0	0	0	0										
July		0	0	—	12.00	5	0	0	3	7	1	3	0	0	0	0										
Aug		1	0	1.000	0.77	12	0	0	11.2	8	2	7	0	1	0	0										
Sept/Oct		0	1	.000	4.26	12	0	0	6.1	6	5	4	0	0	0	1										
Day		0	0	—	6.10	14	0	0	10.1	15	3	7	0	0	0	0										
Night		1	1	.500	4.43	31	0	0	22.1	22	10	13	0	1	0	1										
vs. Left		—	—	—	—	—	—	—	—	14	8	13	—	—	—	—										
vs. Right		—	—	—	—	—	—	—	—	23	5	7	—	—	—	—										
On Grass		0	1	.000	7.82	19	0	0	12.2	16	8	7	0	0	0	1										
On Turf		1	0	1.000	3.15	26	0	0	20	21	5	13	0	1	0	0										
Home		1	0	1.000	3.72	28	0	0	19.1	21	10	12	0	1	0	1										
Road		0	1	.000	6.75	17	0	0	13.1	16	3	8	0	0	0	1										
Division Rivals																										
vs. CHI		0	0	—	27.00	5	0	0	1.2	7	2	0	0	0	0	0										
vs. MON		0	0	—	0.00	4	0	0	2.1	1	0	2	0	0	0	0										
vs. NY		—	—	—	—	0	—	—	0	0	0	0	—	—	—	—										
vs. PHI		0	0	—	0.00	2	0	0	1.2	1	0	1	0	0	0	0										
vs. PIT		1	0	1.000	1.23	7	0	0	7.1	5	1	5	0	1	0	0										
1975	KC A	1	0	1.000	0.00	12	0	0	15.1	4	14	15	0	1	0	1	0	0	0	—	0	0	0	0	0.0	—
1976		0	0	—	9.00	8	0	0	4	3	8	3	0	0	0	0	0	0	0	—	0	0	0	0	0.0	—
1977	MIL A	2	1	.667	2.54	68	0	0	71	64	34	57	0	2	1	6	0	0	0	—	2	19	2	2	0.3	.913
1978		2	6	.250	3.74	44	0	0	65	53	30	47	0	2	6	9	0	0	0	—	1	8	1	0	0.2	.900
1979		5	2	.714	3.88	36	0	0	51	53	24	37	0	5	2	5	0	0	0	—	1	7	3	0	0.3	.727

PITCHER REGISTER

Year	Team	W	L	%	ERA	G	GS	CG	IP	H	BB	SO	ShO	RELIEF PITCHING W	L	SV	BATTING AB	H	HR	BA	PO	A	E	DP	TC/G	FA

Bob McClure *Continued*

Year	Team	W	L	%	ERA	G	GS	CG	IP	H	BB	SO	ShO	W	L	SV	AB	H	HR	BA	PO	A	E	DP	TC/G	FA
1980		5	8	.385	3.07	52	5	2	91	83	37	47	1	1	7	10	0	0	0	—	3	9	0	0	0.2	1.000
1981		0	0	—	3.38	4	0	0	8	7	4	6	0	0	0	0	0	0	0	—	1	0	0	0	0.3	1.000
1982		12	7	.632	4.22	34	26	5	172.2	160	74	99	0	2	0	0	0	0	0	—	4	23	3	3	0.9	.900
1983		9	9	.500	4.50	24	23	4	142	152	68	68	0	0	0	0	0	0	0	—	4	19	1	1	1.0	.958
1984		4	8	.333	4.38	39	18	1	139.2	154	52	68	0	0	2	1	0	0	0	—	4	21	2	2	0.7	.926
1985		4	1	.800	4.31	38	1	0	85.2	91	30	57	0	4	1	3	0	0	0	—	3	11	0	2	0.4	1.000
1986	2 teams	MIL A (13G 2 – 1)				MON N (52G 2 – 5)																				
"	total	4	6	.400	3.19	65	0	0	79	71	33	53	0	4	6	6	4	1	0	.250	2	12	1	1	0.2	.933
1987	MON N	6	1	.857	3.44	52	0	0	52.1	47	20	33	0	6	1	5	2	0	0	.000	3	8	0	0	0.2	1.000
1988	2 teams	MON N (19G 1 – 3)				NY N (14G 1 – 0)																				
"	total	2	3	.400	5.40	33	0	0	30	35	8	19	0	2	3	3	0	0	0	.000	0	5	0	0	0.2	1.000
1989	CAL A	6	1	.857	1.55	48	0	0	52.1	39	15	36	0	6	1	3	0	0	0	—	2	4	0	0	0.1	1.000
1990		2	0	1.000	6.43	11	0	0	7	7	3	6	0	2	0	0	0	0	0	—	0	1	0	0	0.1	1.000
1991	2 teams	CAL A (13G 0 – 0)				STL N (32G 1 – 1)																				
"	total	1	1	.500	4.96	45	0	0	32.2	37	13	20	0	1	1	0	1	1	0	1.000	1	5	0	0	0.1	1.000
17 yrs.		65	54	.546	3.82	613	73	12	1098.2	1060	467	671	1	38	31	52	9	2	0	.222	31	152	13	12	0.3	.934

DIVISIONAL PLAYOFF SERIES

Year	Team	W	L	%	ERA	G	GS	CG	IP	H	BB	SO	ShO	W	L	SV	AB	H	HR	BA	PO	A	E	DP	TC/G	FA
1981	MIL A	0	0	—	0.00	3	0	0	3.1	4	0	2	0	0	0	0	0	0	0	—	0	0	0	0	0.0	—

LEAGUE CHAMPIONSHIP SERIES

Year	Team	W	L	%	ERA	G	GS	CG	IP	H	BB	SO	ShO	W	L	SV	AB	H	HR	BA	PO	A	E	DP	TC/G	FA
1982	MIL A	1	0	1.000	0.00	1	0	0	1.2	2	1	0	0	1	0	0	0	0	0	—	0	0	0	0	0.0	—

WORLD SERIES

Year	Team	W	L	%	ERA	G	GS	CG	IP	H	BB	SO	ShO	W	L	SV	AB	H	HR	BA	PO	A	E	DP	TC/G	FA
1982	MIL A	0	2	.000	4.15	5	0	0	4.1	5	3	5	0	0	2	2	0	0	0	—	0	0	0	0	0.0	—
															2nd											

Ben McDonald

McDONALD, LARRY BENARD
B. Nov. 14, 1967, Baton Rouge, La.
BR TR 6′ 7″ 212 lbs.

STARTING PITCHER

Split	W	L	%	ERA	G	GS	CG	IP	H	BB	SO	ShO	W	L	SV
April	0	1	.000	12.27	2	2	0	7.1	15	4	4	0	0	0	0
May	2	2	.500	5.47	5	5	1	24.2	18	12	15	0	0	0	0
June	—	—	—	—	0	0	0	0	0	0	0	—	0	0	0
July	2	2	.500	4.66	6	6	0	38.2	39	10	31	0	0	0	0
Aug	1	3	.250	3.80	6	6	0	42.2	43	16	24	0	0	0	0
Sept/Oct	1	0	1.000	3.46	2	2	0	13	11	1	11	0	0	0	0
Day	0	1	.000	5.59	5	5	0	29	31	9	20	0	0	0	0
Night	6	7	.462	4.62	16	16	1	97.1	95	34	65	0	0	0	0
vs. Left	—	—	—	—	—	—	—	—	55	26	50	—	—	—	—
vs. Right	—	—	—	—	—	—	—	—	71	17	35	—	—	—	—
On Grass	5	8	.385	4.75	18	18	1	110	110	38	75	0	0	0	0
On Turf	1	0	1.000	5.51	3	3	0	16.1	16	5	10	0	0	0	0
Home	2	4	.333	3.70	10	10	1	73	75	12	50	0	0	0	0
Road	4	4	.500	6.41	11	11	0	53.1	51	31	35	0	0	0	0

Division Rivals

	W	L	%	ERA	G	GS	CG	IP	H	BB	SO	ShO	W	L	SV
vs. BOS	—	—	—	—	0	—	—	0	0	0	0	—	0	0	0
vs. CLE	—	—	—	—	0	—	—	0	0	0	0	—	0	0	0
vs. DET	1	1	.500	6.00	2	2	0	9	5	3	7	0	0	0	0
vs. MIL	0	2	.000	7.36	3	3	0	14.2	26	5	2	0	0	0	0
vs. NY	0	0	—	9.00	1	1	0	5	5	5	3	0	0	0	0
vs. TOR	1	1	.500	3.21	2	2	0	14	13	1	12	0	0	0	0

Year	Team	W	L	%	ERA	G	GS	CG	IP	H	BB	SO	ShO	W	L	SV	AB	H	HR	BA	PO	A	E	DP	TC/G	FA
1989	BAL A	1	0	1.000	8.59	6	0	0	7.1	8	4	3	0	1	0	0	0	0	0	—	0	2	0	0	0.3	1.000
1990		8	5	.615	2.43	21	15	3	118.2	88	35	65	2	0	0	0	0	0	0	—	15	14	1	1	1.4	.967
1991		6	8	.429	4.84	21	21	1	126.1	126	43	85	0	0	0	0	0	0	0	—	12	8	0	1	1.0	1.000
3 yrs.		15	13	.536	3.82	48	36	4	252.1	222	82	153	2	1	0	0	0	0	0	—	27	24	1	2	1.1	.981

PITCHER REGISTER

Jack McDowell
McDOWELL, JACK BURNS
B. Jan. 16, 1966, Van Nuys, Calif.
BR TR 6' 5" 180 lbs.

Year	Team	W	L	%	ERA	G	GS	CG	IP	H	BB	SO	ShO	Relief W	Relief L	Relief SV	AB	H	HR	BA	PO	A	E	DP	TC/G	FA
April		4	1	.800	2.97	5	5	2	36.1	24	13	31	0	0	0	0										
May		1	2	.333	5.08	6	6	1	39	47	20	32	0	0	0	0										
June		4	1	.800	2.01	6	6	3	49.1	28	14	33	1	0	0	0										
July		4	1	.800	2.59	5	5	3	41.2	31	7	26	0	0	0	0										
Aug		2	3	.400	3.98	6	6	4	43	42	11	35	0	0	0	0										
Sept/Oct		2	2	.500	4.06	7	7	2	44.1	40	17	34	2	0	0	0										
Day		5	4	.556	3.44	12	12	5	86.1	60	35	66	0	0	0	0										
Night		12	6	.667	3.39	23	23	10	167.1	152	47	125	3	0	0	0										
vs. Left		—	—	—	—	—	—	—	—	109	42	84	—	—	—	—										
vs. Right		—	—	—	—	—	—	—	—	103	40	107	—	—	—	—										
On Grass		15	8	.652	3.22	31	31	13	226.2	186	76	177	3	0	0	0										
On Turf		2	2	.500	5.00	4	4	2	27	26	6	14	0	0	0	0										
Home		10	6	.625	3.89	20	20	6	138.2	134	48	101	2	0	0	0										
Road		7	4	.636	2.82	15	15	9	115	78	34	90	1	0	0	0										
Division Rivals																										
vs. CAL		1	1	.500	4.20	2	2	1	15	12	7	12	1	0	0	0										
vs. KC		2	1	.667	4.64	3	3	1	21.1	17	8	13	0	0	0	0										
vs. MIN		1	2	.333	4.74	4	4	0	24.2	29	8	13	0	0	0	0										
vs. OAK		1	0	1.000	1.80	2	2	1	15	12	6	11	0	0	0	0										
vs. SEA		1	0	1.000	1.93	2	2	1	14	9	5	9	1	0	0	0										
vs. TEX		0	0	—	3.14	2	2	0	14.1	6	7	15	0	0	0	0										
1987	CHI A	3	0	1.000	1.93	4	4	0	28	16	6	15	0	0	0	0	0	0	0	—	1	6	0	0	1.8	1.000
1988		5	10	.333	3.97	26	26	1	158.2	147	68	84	0	0	0	0	0	0	0	—	12	16	5	1	1.3	.848
1990		14	9	.609	3.82	33	33	4	205	189	77	165	0	0	0	0	0	0	0	—	17	20	1	3	1.2	.974
1991		17	10	.630	3.41	35	35	15	253.2	212	82	191	3	0	0	0	0	0	0	—	19	32	0	1	1.5	1.000
4 yrs.		39	29	.574	3.61	98	98	20	645.1	564	233	455	3	0	0	0	0	0	0	—	49	74	6	5	1.3	.953

Roger McDowell
McDOWELL, ROGER ALAN
B. Dec. 21, 1960, Cincinnati, Ohio
BR TR 6' 1" 175 lbs.

Year	Team	W	L	%	ERA	G	GS	CG	IP	H	BB	SO	ShO	Relief W	Relief L	Relief SV	AB	H	HR	BA	PO	A	E	DP	TC/G	FA
April		3	0	1.000	0.98	11	0	0	18.1	13	6	9	0	3	0	0										
May		0	1	.000	1.88	10	0	0	14.1	11	8	5	0	0	1	2										
June		0	4	.000	5.48	13	0	0	21.1	30	16	11	0	0	4	1										
July		0	1	.000	5.40	4	0	0	5	7	2	3	0	0	1	0										
Aug		2	2	.500	3.27	16	0	0	22	19	7	13	0	2	2	2										
Sept/Oct		4	1	.800	1.77	17	0	0	20.1	20	9	9	0	4	1	5										
Day		0	2	.000	3.71	17	0	0	26.2	25	11	15	0	0	2	2										
Night		9	7	.563	2.65	54	0	0	74.2	75	37	35	0	9	7	8										
vs. Left		—	—	—	—	—	—	—	—	53	36	24	—	—	—	—										
vs. Right		—	—	—	—	—	—	—	—	47	12	26	—	—	—	—										
On Grass		5	4	.556	3.06	36	0	0	50	48	23	25	0	5	4	6										
On Turf		4	5	.444	2.81	35	0	0	51.1	52	25	25	0	4	5	4										
Home		5	5	.500	3.48	36	0	0	51.2	60	21	24	0	5	5	4										
Road		4	4	.500	2.36	35	0	0	49.2	40	27	26	0	4	4	6										
Division Rivals																										
vs. ATL		1	1	.500	3.86	6	0	0	9.1	9	5	3	0	1	1	2										
vs. CIN		1	2	.333	2.63	10	0	0	13.2	14	5	3	0	1	2	3										
vs. HOU		1	2	.333	2.50	11	0	0	18	14	8	10	0	1	2	1										
vs. SD		0	0	—	2.45	7	0	0	11	9	3	6	0	0	0	3										
vs. SF		0	0	—	0.00	7	0	0	9.1	5	2	5	0	0	0	1										
1985	NY N	6	5	.545	2.83	62	2	0	127.1	108	37	70	0	6	4	17	19	3	0	.158	17	27	4	2	0.8	.917
1986		14	9	.609	3.02	75	0	0	128	107	42	65	0	14	9	22	18	5	0	.278	17	30	0	6	0.6	1.000
1987		7	5	.583	4.16	56	0	0	88.2	95	28	32	0	7	5	25	13	3	0	.231	10	17	0	1	0.5	1.000
1988		5	5	.500	2.63	62	0	0	89	80	31	46	0	5	5	16	9	3	0	.333	11	19	1	2	0.5	.968
1989	2 teams	NY N (25G 1-5)				PHI N (44G 3-3)																				
"	total	4	8	.333	1.96	69	0	0	92	79	38	47	0	4	8	23	3	1	0	.333	17	25	3	3	0.7	.933
1990	PHI N	6	8	.429	3.86	72	0	0	86.1	92	35	39	0	6	8	22	2	0	0	.000	1	23	5	2	0.4	.828
1991	2 teams	PHI N (38G 3-6)				LA N (33G 6-3)																				
"	total	9	9	.500	2.93	71	0	0	101.1	100	48	50	0	9	9	10	2	0	0	.000	8	25	3	3	0.5	.917
7 yrs.		51	49	.510	3.03	467	2	0	712.2	661	259	349	0	51	48	135	66	15	0	.227	81	166	16	13	0.6	.939

Year	Team		W	L	%	ERA	G	GS	CG	IP	H	BB	SO	ShO	RELIEF PITCHING W	L	SV	BATTING AB	H	HR	BA	PO	A	E	DP	TC/G	FA

Roger McDowell Continued

LEAGUE CHAMPIONSHIP SERIES

Year	Team		W	L	%	ERA	G	GS	CG	IP	H	BB	SO	ShO	W	L	SV	AB	H	HR	BA	PO	A	E	DP	TC/G	FA
1986	NY	N	0	0	—	0.00	2	0	0	7	1	0	3	0	0	0	0	1	0	0	.000	3	1	0	0	2.0	1.000
1988			0	1	.000	4.50	4	0	0	6	6	2	5	0	0	1	0	0	0	0	—	0	3	1	0	1.0	.750
2 yrs.			0	1	.000	2.08	6	0	0	13	7	2	8	0	0	1	0	1	0	0	.000	3	4	1	0	1.3	.875

WORLD SERIES

Year	Team		W	L	%	ERA	G	GS	CG	IP	H	BB	SO	ShO	W	L	SV	AB	H	HR	BA	PO	A	E	DP	TC/G	FA
1986	NY	N	1	0	1.000	4.91	5	0	0	7.1	10	6	2	0	1	0	0	0	0	0	—	1	4	0	0	1.0	1.000

Chuck McElroy

McELROY, CHARLES DWAYNE
B. Oct. 1, 1967, Galveston, Tex.
BL TL 6' 160 lbs.

RELIEF PITCHER

Split			W	L	%	ERA	G	GS	CG	IP	H	BB	SO	ShO	W	L	SV
April			0	0	—	1.23	8	0	0	7.1	2	3	12	0	0	0	0
May			1	0	1.000	1.65	9	0	0	16.1	7	9	9	0	1	0	1
June			3	0	1.000	1.66	13	0	0	21.2	18	15	19	0	3	0	0
July			1	1	.500	2.20	11	0	0	16.1	15	6	15	0	1	1	1
Aug			0	1	.000	1.77	15	0	0	20.1	14	12	21	0	0	1	1
Sept/Oct			1	0	1.000	2.79	15	0	0	19.1	17	12	16	0	1	0	0
Day			4	0	1.000	1.32	36	0	0	54.2	34	21	48	0	4	0	2
Night			2	2	.500	2.70	35	0	0	46.2	39	36	44	0	2	2	1
vs. Left			—	—	—	—	—	—	—	—	21	19	42	—	—	—	—
vs. Right			—	—	—	—	—	—	—	—	52	38	50	—	—	—	—
On Grass			5	1	.833	1.63	53	0	0	82.2	58	42	73	0	5	1	3
On Turf			1	1	.500	3.38	18	0	0	18.2	15	15	19	0	1	1	0
Home			3	1	.750	1.53	36	0	0	58.2	43	27	53	0	3	1	3
Road			3	1	.750	2.53	35	0	0	42.2	30	30	39	0	3	1	0
Division Rivals																	
vs. MON			1	0	1.000	1.88	9	0	0	14.1	10	6	16	0	1	0	2
vs. NY			0	0	—	0.63	9	0	0	14.1	6	7	8	0	0	0	0
vs. PHI			0	0	—	2.57	7	0	0	7	6	4	6	0	0	0	0
vs. PIT			1	0	1.000	2.00	8	0	0	9	8	7	7	0	1	0	0
vs. STL			1	0	1.000	1.69	6	0	0	10.2	8	5	8	0	1	0	0

Year	Team		W	L	%	ERA	G	GS	CG	IP	H	BB	SO	ShO	W	L	SV	AB	H	HR	BA	PO	A	E	DP	TC/G	FA
1989	PHI	N	0	0	—	1.74	11	0	0	10.1	12	4	8	0	0	0	0	0	0	0	—	1	0	0	0	0.1	1.000
1990			0	1	.000	7.71	16	0	0	14	24	10	16	0	0	1	0	0	0	0	—	1	0	1	0	0.1	.500
1991	CHI	N	6	2	.750	1.95	71	0	0	101.1	73	57	92	0	6	2	3	10	3	0	.300	8	14	0	1	0.3	1.000
3 yrs.			6	3	.667	2.58	98	0	0	125.2	109	71	116	0	6	3	3	10	3	0	.300	10	14	1	1	0.3	.960

Andy McGaffigan

McGAFFIGAN, ANDREW JOSEPH
B. Oct. 25, 1956, West Palm Beach, Fla.
BR TR 6' 3" 185 lbs.

Year	Team		W	L	%	ERA	G	GS	CG	IP	H	BB	SO	ShO	W	L	SV	AB	H	HR	BA	PO	A	E	DP	TC/G	FA
1981	NY	A	0	0	—	2.57	2	0	0	7	5	3	2	0	0	0	0	0	0	0	—	0	0	0	0	0.0	—
1982	SF	N	1	0	1.000	0.00	4	0	0	8	5	1	4	0	1	0	0	1	0	0	.000	0	0	0	0	0.0	—
1983			3	9	.250	4.29	43	16	0	134.1	131	39	93	0	1	0	2	30	2	0	.067	8	4	2	0	0.3	.857
1984	2 teams		MON N	(21G 3-4)		CIN N	(9G 0-2)																				
"	total		3	6	.333	3.52	30	6	0	69	60	23	57	0	1	0	3	10	0	0	.000	3	6	1	1	0.3	.900
1985	CIN	N	3	3	.500	3.72	15	15	2	94.1	88	30	83	0	0	0	0	29	1	0	.034	8	12	1	2	1.4	.952
1986	MON	N	10	5	.667	2.65	48	14	1	142.2	114	55	104	1	5	1	2	33	2	0	.061	6	17	5	1	0.6	.821
1987			5	2	.714	2.39	69	0	0	120.1	105	42	100	0	5	2	12	17	0	0	.000	5	17	4	2	0.4	.846
1988			6	0	.000	2.76	63	0	0	91.1	81	37	71	0	6	0	4	5	0	0	.000	7	8	1	0	0.3	.938
1989			3	5	.375	4.68	57	0	0	75	85	30	40	0	3	5	2	1	1	0	1.000	3	8	2	0	0.2	.846
1990	2 teams		SF N	(4G 0-0)		KC A	(24G 4-3)																				
"	total		4	3	.571	3.89	28	11	0	83.1	85	32	53	0	1	0	1	0	0	0	—	5	6	1	0	0.4	.917
1991	KC	A	0	0	—	4.50	4	0	0	8	14	2	3	0	0	0	0	0	0	0	—	0	0	0	0	0.0	—
11 yrs.			38	33	.535	3.38	363	62	3	833.1	773	294	610	1	23	11	24	126	6	0	.048	45	78	17	6	0.4	.879

Rusty Meacham

MEACHAM, RUSSELL LOREN
B. Jan. 27, 1968, Stuart, Fla.
BR TR 6' 3" 155 lbs.

Year	Team		W	L	%	ERA	G	GS	CG	IP	H	BB	SO	ShO	W	L	SV	AB	H	HR	BA	PO	A	E	DP	TC/G	FA
1991	DET	A	2	1	.667	5.20	10	4	0	27.2	35	11	14	0	0	0	0	0	0	0	—	4	4	0	0	0.8	1.000

PITCHER REGISTER

Year	Team		W	L	%	ERA	G	GS	CG	IP	H	BB	SO	ShO	RELIEF PITCHING			BATTING			PO	A	E	DP	TC/G	FA
															W	L	SV	AB	H	HR	BA						

Jose Melendez

MELENDEZ, JOSE LUIS
Born Jose Luis Melendez y Garcia.
B. Sept. 2, 1965, Naguabo, Puerto Rico
BR TR 6' 2" 175 lbs.

	W	L	%	ERA	G	GS	CG	IP	H	BB	SO	ShO	W	L	SV	AB	H	HR	BA	PO	A	E	DP	TC/G	FA
April	—	—	—	—	0	0	—	0	0	0	0	—	0	0	0										
May	1	0	1.000	1.13	1	1	0	8	2	2	1	0	0	0	0										
June	2	3	.400	4.88	5	5	0	31.1	33	9	19	0	0	0	0										
July	2	0	1.000	0.00	6	0	0	12.2	6	3	9	0	2	0	0										
Aug	1	1	.500	2.29	11	0	0	19.2	15	5	18	0	1	1	2										
Sept/Oct	2	1	.667	4.50	8	3	0	22	21	5	13	0	0	1	1										
Day	1	2	.333	3.72	9	4	0	29	27	8	22	0	0	0	3										
Night	7	3	.700	3.06	22	5	0	64.2	50	16	38	0	3	2	0										
vs. Left	—	—	—	—	—	—	—	—	40	16	32	—	—	—	—										
vs. Right	—	—	—	—	—	—	—	—	37	8	28	—	—	—	—										
On Grass	5	4	.556	3.23	23	6	0	64	51	13	38	0	2	2	3										
On Turf	3	1	.750	3.34	8	3	0	29.2	26	11	22	0	1	0	0										
Home	5	3	.625	3.30	14	5	0	46.1	36	9	28	0	2	2	1										
Road	3	2	.600	3.23	17	4	0	47.1	41	15	32	0	1	0	2										
Division Rivals																									
vs. ATL	0	0	—	0.00	4	0	0	6.2	5	2	2	0	0	0	0										
vs. CIN	2	1	.667	3.50	3	3	0	18	13	5	9	0	0	0	0										
vs. HOU	2	0	1.000	3.00	7	1	0	18	11	5	11	0	1	0	0										
vs. LA	1	0	1.000	2.25	2	0	0	4	3	1	3	0	1	0	0										
vs. SF	0	0	—	3.38	2	1	0	5.1	6	1	4	0	0	0	0										
1990 SEA A	0	0	—	11.81	3	0	0	5.1	8	3	7	0	0	0	0	0	0	0	—	0	0	0	0	0.0	—
1991 SD N	8	5	.615	3.27	31	9	0	93.2	77	24	60	0	3	2	3	20	2	0	.100	4	11	2	0	0.5	.882
2 yrs.	8	5	.615	3.73	34	9	0	99	85	27	67	0	3	2	3	20	2	0	.100	4	11	2	0	0.5	.882

Kent Mercker

MERCKER, KENT FRANKLIN
B. Feb. 1, 1968, Indianapolis, Ind.
BL TL 6' 1" 175 lbs.

	W	L	%	ERA	G	GS	CG	IP	H	BB	SO	ShO	W	L	SV	AB	H	HR	BA	PO	A	E	DP	TC/G	FA
April	0	1	.000	1.86	7	0	0	9.2	4	4	8	0	0	1	1										
May	2	1	.667	1.46	11	0	0	12.1	11	2	13	0	2	1	2										
June	2	1	.667	2.53	11	0	0	10.2	9	9	9	0	2	1	1										
July	0	0	—	2.63	10	0	0	13.2	11	7	9	0	0	0	2										
Aug	0	0	—	8.31	4	0	0	4.1	8	2	5	0	0	0	0										
Sept/Oct	1	0	1.000	2.38	7	4	0	22.2	13	11	18	0	0	0	0										
Day	2	1	.667	1.69	11	1	0	16	13	9	14	0	2	1	1										
Night	3	2	.600	2.83	39	3	0	57.1	43	26	48	0	2	2	5										
vs. Left	—	—	—	—	—	—	—	—	14	13	20	—	—	—	—										
vs. Right	—	—	—	—	—	—	—	—	42	22	42	—	—	—	—										
On Grass	4	3	.571	2.87	37	3	0	53.1	45	27	43	0	3	3	5										
On Turf	1	0	1.000	1.80	13	1	0	20	11	8	19	0	1	0	1										
Home	4	1	.800	2.48	27	1	0	36.1	30	19	30	0	3	1	5										
Road	1	2	.333	2.68	23	3	0	37	26	16	32	0	1	2	1										
Division Rivals																									
vs. CIN	0	0	—	0.00	2	0	0	2	0	2	2	0	0	0	1										
vs. HOU	0	1	.000	3.60	4	1	0	10	7	4	10	0	0	1	0										
vs. LA	1	0	1.000	0.00	7	0	0	8.1	6	2	6	0	1	0	0										
vs. SD	2	0	1.000	0.87	6	1	0	10.1	6	3	10	0	1	0	0										
vs. SF	0	1	.000	11.57	3	1	0	7	8	7	5	0	0	1	0										
1989 ATL N	0	0	—	12.46	2	1	0	4.1	8	6	4	0	0	0	0	1	0	0	.000	0	0	0	0	0.0	—
1990	4	7	.364	3.17	36	0	0	48.1	43	24	39	0	4	7	7	3	0	0	.000	2	1	1	0	0.1	.750
1991	5	3	.625	2.58	50	4	0	73.1	56	35	62	0	4	3	6	10	1	0	.100	2	7	1	0	0.2	.900
3 yrs.	9	10	.474	3.14	88	5	0	126	107	65	105	0	8	10	13	14	1	0	.071	4	8	2	1	0.2	.857

LEAGUE CHAMPIONSHIP SERIES
| 1991 ATL N | 0 | 1 | .000 | 13.50 | 1 | 0 | 0 | 0.2 | 0 | 2 | 0 | 0 | 0 | 1 | 0 | 0 | 0 | 0 | — | 0 | 0 | 0 | 0 | 0.0 | — |

WORLD SERIES
| 1991 ATL N | 0 | 0 | — | 0.00 | 2 | 0 | 0 | 1 | 0 | 0 | 1 | 0 | 0 | 0 | 0 | 0 | 0 | 0 | — | 0 | 0 | 0 | 0 | 0.0 | — |

PITCHER REGISTER

Year	Team	W	L	%	ERA	G	GS	CG	IP	H	BB	SO	ShO	RELIEF PITCHING W	L	SV	BATTING AB	H	HR	BA	PO	A	E	DP	TC/G	FA

Jose Mesa

MESA, JOSE RAMON
B. May 22, 1966, Pueblo Viejo, Dominican Republic
BR TR 6' 3" 170 lbs.

Split	W	L	%	ERA	G	GS	CG	IP	H	BB	SO	ShO	W	L	SV
April	1	3	.250	3.33	4	4	0	24.1	22	11	17	0	0	0	0
May	3	2	.600	4.47	7	7	1	44.1	48	22	15	1	0	0	0
June	0	3	.000	11.84	5	5	0	19	35	11	8	0	0	0	0
July	—	—	—	—	0	0	—	0	0	0	0	—	0	0	0
Aug	1	0	1.000	5.54	2	2	1	13	10	4	12	0	0	0	0
Sept/Oct	1	3	.250	7.04	5	5	0	23	36	14	12	0	0	0	0
Day	2	1	.667	4.41	6	6	0	34.2	41	15	24	0	0	0	0
Night	4	10	.286	6.57	17	17	2	89	110	47	40	1	0	0	0
vs. Left	—	—	—	—	—	—	—	—	78	34	23	—	—	—	—
vs. Right	—	—	—	—	—	—	—	—	73	28	41	—	—	—	—
On Grass	5	10	.333	5.58	19	19	2	101.2	121	50	57	1	0	0	0
On Turf	1	1	.500	7.77	4	4	0	22	30	12	7	0	0	0	0
Home	2	8	.200	5.68	12	12	1	58.2	67	34	32	0	0	0	0
Road	4	3	.571	6.23	11	11	1	65	84	28	32	1	0	0	0
Division Rivals															
vs. BOS	0	3	.000	10.38	4	4	0	17.1	31	6	7	0	0	0	0
vs. CLE	0	1	.000	13.50	1	1	0	4	6	6	3	0	0	0	0
vs. DET	1	0	1.000	5.11	2	2	0	12.1	17	8	8	0	0	0	0
vs. MIL	1	1	.500	4.76	2	2	0	11.1	12	4	9	0	0	0	0
vs. NY	0	0	—	0.00	1	1	0	7	6	1	3	0	0	0	0
vs. TOR	0	0	—	16.62	1	1	0	4.1	8	3	1	0	0	0	0

Year	Team	W	L	%	ERA	G	GS	CG	IP	H	BB	SO	ShO	W	L	SV	AB	H	HR	BA	PO	A	E	DP	TC/G	FA
1987	BAL A	1	3	.250	6.03	6	5	0	31.1	38	15	17	0	0	0	0	0	0	0	—	1	1	0	0	0.3	1.000
1990		3	2	.600	3.86	7	7	0	46.2	37	27	24	0	0	0	0	0	0	0	—	3	5	1	1	1.3	.889
1991		6	11	.353	5.97	23	23	2	123.2	151	62	64	1	0	0	0	0	0	0	—	17	17	0	0	1.5	1.000
3 yrs.		10	16	.385	5.49	36	35	2	201.2	226	104	105	1	0	0	0	0	0	0	—	21	23	1	1	1.3	.978

Bob Milacki

MILACKI, ROBERT
B. July 28, 1964, Trenton, N. J.
BR TR 6' 4" 220 lbs.

Split	W	L	%	ERA	G	GS	CG	IP	H	BB	SO	ShO	W	L	SV
April	1	0	1.000	0.00	1	0	0	5.1	1	2	1	0	1	0	0
May	0	2	.000	5.48	6	2	0	21.1	25	12	10	0	0	0	0
June	3	0	1.000	3.52	6	6	0	38.1	37	11	26	0	0	0	0
July	2	3	.400	4.91	5	5	1	33	24	10	17	0	0	0	0
Aug	2	2	.500	3.51	6	6	0	41	43	5	23	0	0	0	0
Sept/Oct	2	2	.500	4.00	7	7	2	45	45	13	31	1	0	0	0
Day	2	2	.500	3.03	7	6	0	38.2	29	17	26	0	1	0	0
Night	8	7	.533	4.27	24	20	3	145.1	146	36	82	1	0	0	0
vs. Left	—	—	—	—	—	—	—	—	92	28	56	—	—	—	—
vs. Right	—	—	—	—	—	—	—	—	83	25	52	—	—	—	—
On Grass	8	6	.571	4.04	26	21	1	147	143	46	83	1	1	0	0
On Turf	2	3	.400	3.89	5	5	2	37	32	7	25	0	0	0	0
Home	4	4	.500	5.16	15	13	1	83.2	98	18	50	1	1	0	0
Road	6	5	.545	3.05	16	13	2	100.1	77	35	58	0	0	0	0
Division Rivals															
vs. BOS	0	0	—	3.97	2	2	0	11.1	8	7	13	0	0	0	0
vs. CLE	2	1	.667	4.07	4	4	0	24.1	31	6	10	0	0	0	0
vs. DET	0	3	.000	11.20	4	3	0	13.2	22	8	7	0	0	0	0
vs. MIL	1	2	.333	3.20	3	2	0	19.2	14	5	6	0	1	0	0
vs. NY	1	0	1.000	1.00	2	2	1	18	11	4	8	1	0	0	0
vs. TOR	1	1	.500	3.77	2	2	1	14.1	14	2	18	0	0	0	0

Year	Team	W	L	%	ERA	G	GS	CG	IP	H	BB	SO	ShO	W	L	SV	AB	H	HR	BA	PO	A	E	DP	TC/G	FA
1988	BAL A	2	0	1.000	0.72	3	3	1	25	9	9	18	1	0	0	0	0	0	0	—	4	3	0	1	2.3	1.000
1989		14	12	.538	3.74	37	**36**	3	243	233	88	113	2	0	0	0	0	0	0	—	27	28	2	5	1.5	.965
1990		5	8	.385	4.46	27	24	1	135.1	143	61	60	0	1	0	0	0	0	0	—	21	16	1	2	1.4	.974
1991		10	9	.526	4.01	31	26	3	184	175	53	108	1	1	0	0	0	0	0	—	23	24	2	4	1.6	.959
4 yrs.		31	29	.517	3.86	98	89	8	587.1	560	211	299	5	1	0	0	0	0	0	—	75	71	5	12	1.5	.967

Year	Team		W	L	%	ERA	G	GS	CG	IP	H	BB	SO	ShO	RELIEF PITCHING W	L	SV	BATTING AB	H	HR	BA	PO	A	E	DP	TC/G	FA

Paul Miller

MILLER, PAUL ROBERT
B. Apr. 27, 1965, Burlington, Wis.
BR TR 6' 5" 215 lbs.

Year	Team		W	L	%	ERA	G	GS	CG	IP	H	BB	SO	ShO	W	L	SV	AB	H	HR	BA	PO	A	E	DP	TC/G	FA
1991	PIT	N	0	0	—	5.40	1	1	0	5	4	3	2	0	0	0	0	3	0	0	.000	0	0	0	0	0.0	—

Alan Mills

MILLS, ALAN BERNARD
B. Oct. 18, 1966, Lakeland, Fla.
BR TR 6' 1" 190 lbs.

Year	Team		W	L	%	ERA	G	GS	CG	IP	H	BB	SO	ShO	W	L	SV	AB	H	HR	BA	PO	A	E	DP	TC/G	FA
1990	NY	A	1	5	.167	4.10	36	0	0	41.2	48	33	24	0	1	5	0	0	0	0	—	3	10	2	0	0.4	.867
1991			1	1	.500	4.41	6	2	0	16.1	16	8	11	0	1	0	0	0	0	0	—	0	5	0	0	0.8	1.000
2 yrs.			2	6	.250	4.19	42	2	0	58	64	41	35	0	2	5	0	0	0	0	—	3	15	2	0	0.5	.900

Gino Minutelli

MINUTELLI, GINO MICHAEL
B. May 23, 1964, Wilmington, Del.
BL TL 6' 180 lbs.

Year	Team		W	L	%	ERA	G	GS	CG	IP	H	BB	SO	ShO	W	L	SV	AB	H	HR	BA	PO	A	E	DP	TC/G	FA
1990	CIN	N	0	0	—	9.00	2	0	0	1	0	2	0	0	0	0	0	0	0	0	—	0	0	0	0	0.0	—
1991			0	2	.000	6.04	16	3	0	25.1	30	18	21	0	0	1	0	3	0	0	.000	1	5	0	0	0.4	1.000
2 yrs.			0	2	.000	6.15	18	3	0	26.1	30	20	21	0	0	1	0	3	0	0	.000	1	5	0	0	0.3	1.000

Rich Monteleone

MONTELEONE, RICHARD
B. Mar. 22, 1963, Tampa, Fla.
BR TR 6' 2" 205 lbs.

Split	W	L	%	ERA	G	GS	CG	IP	H	BB	SO	ShO	W	L	SV
April	0	0	—	3.38	5	0	0	5.1	2	1	3	0	0	0	0
May	0	1	.000	4.05	3	0	0	6.2	9	6	3	0	0	1	0
June	—	—	—	—	0	—	—	0	0	0	0	—	0	0	0
July	—	—	—	—	0	—	—	0	0	0	0	—	0	0	0
Aug	1	0	1.000	4.08	9	0	0	17.2	13	5	16	0	1	0	0
Sept/Oct	2	0	1.000	3.12	9	0	0	17.1	18	7	12	0	2	0	0
Day	0	0	—	2.57	9	0	0	14	12	5	7	0	0	0	0
Night	3	1	.750	4.09	17	0	0	33	30	14	27	0	3	1	0
vs. Left	—	—	—	—	—	—	—	—	24	5	6	—	—	—	—
vs. Right	—	—	—	—	—	—	—	—	18	14	28	—	—	—	—
On Grass	3	0	1.000	3.16	22	0	0	42.2	34	16	30	0	3	0	0
On Turf	0	1	.000	8.31	4	0	0	4.1	8	3	4	0	0	1	0
Home	2	0	1.000	3.52	14	0	0	23	19	9	17	0	2	0	0
Road	1	1	.500	3.75	12	0	0	24	23	10	17	0	1	1	0
Division Rivals															
vs. BAL	1	0	1.000	5.40	3	0	0	6.2	9	1	6	0	1	0	0
vs. BOS	0	0	—	3.00	3	0	0	3	3	4	1	0	0	0	0
vs. CLE	—	—	—	—	0	—	—	0	0	0	0	—	0	0	0
vs. DET	0	0	—	0.00	1	0	0	0	1	0	0	0	0	0	0
vs. MIL	1	0	1.000	0.00	1	0	0	3.1	1	1	4	0	1	0	0
vs. TOR	0	0	—	0.00	1	0	0	3.1	3	0	3	0	0	0	0

Year	Team		W	L	%	ERA	G	GS	CG	IP	H	BB	SO	ShO	W	L	SV	AB	H	HR	BA	PO	A	E	DP	TC/G	FA
1987	SEA	A	0	0	—	6.43	3	0	0	7	10	4	2	0	0	0	0	0	0	0	—	0	3	0	0	1.0	1.000
1988	CAL	A	0	0	—	0.00	3	0	0	4.1	4	1	3	0	0	0	0	0	0	0	—	0	1	0	0	0.3	1.000
1989			2	2	.500	3.18	24	0	0	39.2	39	13	27	0	2	2	0	0	0	0	—	1	9	1	1	0.5	.909
1990	NY	A	0	1	.000	6.14	5	0	0	7.1	8	2	8	0	0	1	0	0	0	0	—	1	1	0	0	0.4	1.000
1991			3	1	.750	3.64	26	0	0	47	42	19	34	0	3	1	0	0	0	0	—	1	10	1	1	0.5	.917
5 yrs.			5	4	.556	3.67	61	0	0	105.1	103	39	74	0	5	4	0	0	0	0	—	3	24	2	2	0.5	.931

PITCHER REGISTER

Year	Team		W	L	%	ERA	G	GS	CG	IP	H	BB	SO	ShO	RELIEF PITCHING W	L	SV	BATTING AB	H	HR	BA	PO	A	E	DP	TC/G	FA

Jeff Montgomery

MONTGOMERY, JEFFREY THOMAS
B. Jan. 7, 1962, Wellston, Ohio
BR TR 5' 11" 170 lbs.

Split	W	L	%	ERA	G	GS	CG	IP	H	BB	SO	ShO	W	L	SV
April	1	1	.500	1.74	8	0	0	10.1	9	0	13	0	1	1	5
May	0	1	.000	4.91	11	0	0	14.2	15	6	14	0	0	1	4
June	0	2	.000	6.27	12	0	0	18.2	28	6	11	0	0	2	5
July	0	0	—	1.59	13	0	0	17	16	6	15	0	0	0	6
Aug	2	0	1.000	0.68	11	0	0	13.1	8	4	11	0	2	0	6
Sept/Oct	1	0	1.000	1.13	12	0	0	16	7	6	13	0	1	0	7
Day	0	1	.000	4.50	17	0	0	24	26	12	19	0	0	1	9
Night	4	3	.571	2.32	50	0	0	66	57	16	58	0	4	3	24
vs. Left	—	—	—	—	—	—	—	—	44	15	33	—	—	—	—
vs. Right	—	—	—	—	—	—	—	—	39	13	44	—	—	—	—
On Grass	1	1	.500	2.01	24	0	0	31.1	27	10	21	0	1	1	15
On Turf	3	3	.500	3.38	43	0	0	58.2	56	18	56	0	3	3	18
Home	3	3	.500	3.44	37	0	0	49.2	49	12	46	0	3	3	15
Road	1	1	.500	2.23	30	0	0	40.1	34	16	31	0	1	1	18
Division Rivals															
vs. CAL	0	0	—	0.00	4	0	0	4.2	3	0	5	0	0	0	2
vs. CHI	1	0	1.000	4.15	4	0	0	4.1	4	0	1	0	1	0	1
vs. MIN	0	0	—	0.00	4	0	0	5	3	1	7	0	0	0	2
vs. OAK	0	0	—	2.84	5	0	0	6.1	5	2	5	0	0	0	1
vs. SEA	1	1	.500	2.79	5	0	0	9.2	4	5	7	0	1	1	1
vs. TEX	0	1	.000	2.84	8	0	0	12.2	16	4	12	0	0	1	3

Year	Team		W	L	%	ERA	G	GS	CG	IP	H	BB	SO	ShO	W	L	SV	AB	H	HR	BA	PO	A	E	DP	TC/G	FA
1987	CIN	N	2	2	.500	6.52	14	1	0	19.1	25	9	13	0	2	1	0	2	0	0	.000	1	3	0	0	0.3	1.000
1988	KC	A	7	2	.778	3.45	45	0	0	62.2	54	30	47	0	7	2	1	0	0	0	—	3	10	1	0	0.3	.929
1989			7	3	.700	1.37	63	0	0	92	66	25	94	0	7	3	18	0	0	0	—	11	6	2	1	0.3	.895
1990			6	5	.545	2.39	73	0	0	94.1	81	34	94	0	6	5	24	0	0	0	—	3	13	0	0	0.2	1.000
1991			4	4	.500	2.90	67	0	0	90	83	28	77	0	4	4	33	0	0	0	—	10	8	0	0	0.3	1.000
5 yrs.			26	16	.619	2.66	262	1	0	358.1	309	126	325	0	26	15	76	2	0	0	.000	28	40	3	1	0.3	.958

Mike Moore

MOORE, MICHAEL WAYNE
B. Nov. 26, 1959, Carnegie, Okla.
BR TR 6' 4" 205 lbs.

Split	W	L	%	ERA	G	GS	CG	IP	H	BB	SO	ShO	W	L	SV
April	3	0	1.000	2.52	4	4	0	25	24	14	16	0	0	0	0
May	4	2	.667	6.06	6	6	0	32.2	39	19	24	0	0	0	0
June	2	4	.333	3.09	7	7	2	46.2	33	27	29	0	0	0	0
July	0	1	.000	2.40	3	3	0	15	9	10	10	0	0	0	0
Aug	3	1	.750	2.61	6	6	0	41.1	37	11	36	0	0	0	0
Sept/Oct	5	0	1.000	1.46	7	7	1	49.1	34	24	38	1	0	0	0
Day	8	1	.889	3.79	12	12	0	71.1	61	36	58	0	0	0	0
Night	9	7	.563	2.53	21	21	3	138.2	115	69	95	1	0	0	0
vs. Left	—	—	—	—	—	—	—	—	90	56	65	—	—	—	—
vs. Right	—	—	—	—	—	—	—	—	86	49	88	—	—	—	—
On Grass	14	8	.636	3.00	28	28	3	177	147	91	122	1	0	0	0
On Turf	3	0	1.000	2.73	5	5	0	33	29	14	31	0	0	0	0
Home	11	3	.786	2.14	18	18	2	117.2	81	54	81	1	0	0	0
Road	6	5	.545	4.00	15	15	1	92.1	95	51	72	0	0	0	0
Division Rivals															
vs. CAL	4	0	1.000	1.95	4	4	0	27.2	22	7	22	0	0	0	0
vs. CHI	0	1	.000	3.14	2	2	0	14.1	14	6	11	0	0	0	0
vs. KC	2	0	1.000	1.46	2	2	0	12.1	9	4	9	0	0	0	0
vs. MIN	0	0	—	1.98	2	2	0	13.2	14	5	12	0	0	0	0
vs. SEA	2	0	1.000	0.77	2	2	0	11.2	11	6	5	0	0	0	0
vs. TEX	1	0	1.000	1.37	4	4	1	26.1	14	14	18	0	0	0	0

Year	Team		W	L	%	ERA	G	GS	CG	IP	H	BB	SO	ShO	W	L	SV	AB	H	HR	BA	PO	A	E	DP	TC/G	FA
1982	SEA	A	7	14	.333	5.36	28	27	1	144.1	159	79	73	1	0	0	0	0	0	0	—	13	27	5	2	1.6	.889
1983			6	8	.429	4.71	22	21	3	128	130	60	108	2	0	0	0	0	0	0	—	7	24	1	0	1.5	.969
1984			7	17	.292	4.97	34	33	6	212	236	85	158	0	0	0	0	0	0	0	—	18	41	7	0	1.9	.894
1985			17	10	.630	3.46	35	34	14	247	230	70	155	2	0	0	0	0	0	0	—	21	43	2	1	1.9	.970
1986			11	13	.458	4.30	38	**37**	11	266	**279**	94	146	1	0	0	1	0	0	0	—	23	33	4	1	1.6	.933

PITCHER REGISTER

Year	Team	W	L	%	ERA	G	GS	CG	IP	H	BB	SO	ShO	RELIEF PITCHING W	L	SV	BATTING AB	H	HR	BA	PO	A	E	DP	TC/G	FA

Mike Moore *Continued*

Year	Team	W	L	%	ERA	G	GS	CG	IP	H	BB	SO	ShO	W	L	SV	AB	H	HR	BA	PO	A	E	DP	TC/G	FA
1987		9	19	.321	4.71	33	33	12	231	268	84	115	0	0	0	0	1	0	0	.000	22	34	2	4	1.8	.966
1988		9	15	.375	3.78	37	32	9	228.2	196	63	182	3	1	0	1	0	0	0	—	19	29	1	3	1.3	.980
1989	OAK A	19	11	.633	2.61	35	35	6	241.2	193	83	172	3	0	0	0	0	0	0	—	25	37	2	5	1.8	.969
1990		13	15	.464	4.65	33	33	3	199.1	204	84	73	0	0	0	0	0	0	0	—	22	31	1	1	1.6	.981
1991		17	8	.680	2.96	33	33	3	210	176	105	153	1	0	0	0	0	0	0	—	28	30	2	3	1.8	.967
10 yrs.		115	130	.469	4.06	328	318	68	2108	2071	807	1335	13	1	0	2	1	0	0	.000	198	329	27	20	1.7	.951
LEAGUE CHAMPIONSHIP SERIES																										
1989	OAK A	1	0	1.000	0.00	1	1	0	7	3	2	3	0	0	0	0	0	0	0	—	0	1	0	0	1.0	1.000
1990		1	0	1.000	1.50	1	1	0	6	4	1	5	0	0	0	0	0	0	0	—	0	0	0	0	0.0	—
2 yrs.		2	0	1.000	0.69	2	2	0	13	7	3	8	0	0	0	0	0	0	0	—	0	1	0	0	0.5	1.000
WORLD SERIES																										
1989	OAK A	2	0	1.000	2.08	2	2	0	13	9	3	10	0	0	0	0	3	1	0	.333	0	3	0	0	1.5	1.000
1990		0	1	.000	6.75	1	1	0	2.2	8	0	1	0	0	0	0	0	0	0	—	0	0	0	0	0.0	—
2 yrs.		2	1	.667	2.87	3	3	0	15.2	17	3	11	0	0	0	0	3	1	0	.333	0	3	0	0	1.0	1.000

Mike Morgan

MORGAN, MICHAEL THOMAS
B. Oct. 8, 1959, Tulare, Calif.
BR TR 6' 3" 195 lbs.

STARTING PITCHER

	W	L	%	ERA	G	GS	CG	IP	H	BB	SO	ShO	W	L	SV
April	2	2	.500	1.42	4	4	2	31.2	20	6	12	1	0	0	0
May	3	2	.600	2.52	5	5	0	35.2	33	9	25	0	0	0	0
June	4	1	.800	2.91	6	6	2	46.1	35	7	24	0	0	0	0
July	0	1	.000	3.09	6	5	1	32	30	12	18	0	0	0	1
Aug	1	3	.250	3.60	6	6	0	40	36	16	23	0	0	0	0
Sept/Oct	4	1	.800	2.84	7	7	0	50.2	43	11	38	0	0	0	0
Day	5	4	.556	1.98	11	10	2	72.2	58	16	47	0	0	0	1
Night	9	6	.600	3.13	23	23	3	163.2	139	45	93	1	0	0	0
vs. Left	—	—	—	—	—	—	—	—	113	43	78	—	—	—	—
vs. Right	—	—	—	—	—	—	—	—	84	18	62	—	—	—	—
On Grass	11	6	.647	2.97	24	23	4	172.2	141	43	97	1	0	0	1
On Turf	3	4	.429	2.26	10	10	1	63.2	56	18	43	0	0	0	0
Home	6	5	.545	3.32	17	16	2	119.1	100	32	71	0	0	0	1
Road	8	5	.615	2.23	17	17	3	117	97	29	69	1	0	0	0
Division Rivals																
vs. ATL	3	0	1.000	2.73	4	3	1	26.1	16	3	9	0	0	0	1
vs. CIN	1	0	1.000	3.32	3	3	0	19	16	6	13	0	0	0	0
vs. HOU	2	2	.500	3.47	5	5	0	36.1	35	9	26	0	0	0	0
vs. SD	2	1	.667	1.50	4	4	1	30	27	8	14	1	0	0	0
vs. SF	0	1	.000	2.57	2	2	0	14	12	4	16	0	0	0	0

Year	Team	W	L	%	ERA	G	GS	CG	IP	H	BB	SO	ShO	W	L	SV	AB	H	HR	BA	PO	A	E	DP	TC/G	FA
1978	OAK A	0	3	.000	7.30	3	3	1	12.1	19	8	0	0	0	0	0	0	0	0	—	1	4	0	1	1.7	1.000
1979		2	10	.167	5.96	13	13	2	77	102	50	17	0	0	0	0	0	0	0	—	9	15	1	0	1.9	.960
1982	NY A	7	11	.389	4.37	30	23	2	150.1	167	67	71	0	2	1	0	0	0	0	—	4	26	0	3	1.0	1.000
1983	TOR A	0	3	.000	5.16	16	4	0	45.1	48	21	22	0	0	1	0	0	0	0	—	2	10	1	0	0.8	.923
1985	SEA A	1	1	.500	12.00	2	2	0	6	11	5	2	0	0	0	0	0	0	0	—	0	1	0	0	0.5	1.000
1986		11	17	.393	4.53	37	33	9	216.1	243	86	116	1	0	0	1	0	0	0	—	14	27	2	5	1.2	.953
1987		12	17	.414	4.65	34	31	8	207	245	53	85	2	0	0	0	0	0	0	—	18	35	2	5	1.6	.964
1988	BAL A	1	6	.143	5.43	22	10	2	71.1	70	23	29	0	1	0	1	0	0	0	—	9	9	0	1	0.8	1.000
1989	LA N	8	11	.421	2.53	40	19	0	152.2	130	33	72	0	2	0	0	36	3	0	.083	20	41	2	2	1.6	.968
1990		11	15	.423	3.75	33	33	6	211	216	60	106	4	0	0	0	71	8	0	.113	25	39	1	3	2.0	.985
1991		14	10	.583	2.78	34	33	5	236.1	197	61	140	1	0	0	1	76	7	0	.092	25	41	2	3	2.0	.971
11 yrs.		67	104	.392	4.10	264	204	35	1385.2	1448	467	660	8	5	2	3	183	18	0	.098	127	248	11	23	1.5	.972

PITCHER REGISTER

Year	Team	W	L	%	ERA	G	GS	CG	IP	H	BB	SO	ShO	RELIEF PITCHING W	L	SV	BATTING AB	H	HR	BA	PO	A	E	DP	TC/G	FA

Jack Morris
MORRIS, JOHN SCOTT
B. May 16, 1955, St. Paul, Minn.
BR TR 6' 3" 195 lbs.

Split	W	L	%	ERA	G	GS	CG	IP	H	BB	SO	ShO	W	L	SV	AB	H	HR	BA	PO	A	E	DP	TC/G	FA
April	2	3	.400	5.34	5	5	1	32	42	16	25	0	0	0	0										
May	3	2	.600	3.80	6	6	2	42.2	36	23	28	0	0	0	0										
June	6	0	1.000	2.25	6	6	2	48	36	15	25	1	0	0	0										
July	2	2	.500	5.20	5	5	1	27.2	28	7	17	0	0	0	0										
Aug	2	3	.400	3.83	6	6	2	44.2	45	13	33	0	0	0	0										
Sept/Oct	3	2	.600	1.74	7	7	2	51.2	39	18	35	1	0	0	0										
Day	8	4	.667	3.84	14	14	3	91.1	97	37	59	2	0	0	0										
Night	10	8	.556	3.19	21	21	7	155.1	129	55	104	0	0	0	0										
vs. Left	—	—	—	—	—	—	—	—	128	58	63	—	—	—	—										
vs. Right	—	—	—	—	—	—	—	—	98	34	100	—	—	—	—										
On Grass	4	9	.308	3.88	16	16	6	104.1	100	47	74	0	0	0	0										
On Turf	14	3	.824	3.10	19	19	4	142.1	126	45	89	2	0	0	0										
Home	13	3	.813	3.31	18	18	3	133.1	120	42	85	1	0	0	0										
Road	5	9	.357	3.57	17	17	7	113.1	106	50	78	1	0	0	0										
Division Rivals																									
vs. CAL	1	3	.250	5.93	4	4	1	27.1	33	8	21	0	0	0	0										
vs. CHI	1	1	.500	1.64	3	3	2	22	19	6	12	1	0	0	0										
vs. KC	1	1	.500	2.93	2	2	0	15.1	12	9	10	0	0	0	0										
vs. OAK	2	2	.500	4.30	4	4	2	29.1	28	13	25	0	0	0	0										
vs. SEA	1	0	1.000	2.92	2	2	0	12.1	15	7	10	0	0	0	0										
vs. TEX	2	1	.667	2.25	3	3	2	24	14	6	20	0	0	0	0										
1977 DET A	1	1	.500	3.72	7	6	1	46	38	23	28	0	0	0	0	0	0	0	—	2	8	0	0	1.4	1.000
1978	3	5	.375	4.33	28	7	0	106	107	49	48	0	3	3	0	0	0	0	—	5	15	2	3	0.8	.909
1979	17	7	.708	3.27	27	27	9	198	179	59	113	1	0	0	0	0	0	0	—	14	23	2	3	1.4	.949
1980	16	15	.516	4.18	36	36	11	250	252	87	112	2	0	0	0	0	0	0	—	31	43	2	2	2.1	.974
1981	**14**	7	.667	3.05	25	25	15	198	153	**78**	97	1	0	0	0	0	0	0	—	16	28	0	2	1.8	1.000
1982	17	16	.515	4.06	37	37	17	266.1	247	96	135	3	0	0	0	0	0	0	—	26	31	1	2	1.6	.983
1983	20	13	.606	3.34	37	37	20	**293.2**	257	83	**232**	1	0	0	0	0	0	0	—	29	26	2	2	1.5	.965
1984	19	11	.633	3.60	35	35	9	240	221	87	148	1	0	0	0	0	0	0	—	29	32	3	4	1.8	.953
1985	16	11	.593	3.33	35	35	13	257	212	110	191	4	0	0	0	0	0	0	—	25	25	4	2	1.5	.926
1986	21	8	.724	3.27	35	35	15	267	229	82	223	**6**	0	0	0	0	0	0	—	27	27	2	4	1.6	.964
1987	18	11	.621	3.38	34	34	13	266	227	93	208	0	0	0	0	1	0	0	.000	31	18	0	1	1.4	1.000
1988	15	13	.536	3.94	34	34	10	235	225	83	168	2	0	0	0	0	0	0	—	31	21	1	1	1.6	.981
1989	6	14	.300	4.86	24	24	10	170.1	189	59	115	0	0	0	0	0	0	0	—	17	22	1	3	1.7	.975
1990	15	18	.455	4.51	36	**36**	11	249.2	231	97	162	3	0	0	0	0	0	0	—	38	14	2	2	1.5	.963
1991 MIN A	18	12	.600	3.43	35	**35**	10	246.2	226	92	163	2	0	0	0	0	0	0	—	23	25	0	2	1.4	1.000
15 yrs.	216	162	.571	3.71	465	443	164	3290	2993	1178	2143	26	3	3	0	1	0	0	.000	344	358	22	33	1.6	.970
LEAGUE CHAMPIONSHIP SERIES																									
1984 DET A	1	0	1.000	1.29	1	1	0	7	5	1	4	0	0	0	0	0	0	0	—	1	1	0	0	2.0	1.000
1987	0	1	.000	6.75	1	1	1	8	6	3	7	0	0	0	0	0	0	0	—	0	0	0	0	0.0	—
1991 MIN A	2	0	1.000	4.05	2	2	0	13.1	17	1	7	0	0	0	0	0	0	0	—	3	2	0	0	2.5	1.000
3 yrs.	3	1	.750	4.13	4	4	1	28.1	28	5	18	0	0	0	0	0	0	0	—	4	3	0	0	1.8	1.000
WORLD SERIES																									
1984 DET A	2	0	1.000	2.00	2	2	2	18	13	3	13	0	0	0	0	0	0	0	—	5	1	0	0	3.0	1.000
1991 MIN A	2	0	1.000	1.17	3	3	1	23	18	9	15	1	0	0	0	2	0	0	.000	3	3	0	0	2.0	1.000
2 yrs.	4	0	1.000	1.54	5	5	3	41	31	12	28	1	0	0	0	2	0	0	.000	8	4	0	0	2.4	1.000

Kevin Morton
MORTON, KEVIN JOSEPH
B. Aug. 3, 1968, Norwalk, Conn.
BR TL 6' 2" 185 lbs.

Split	W	L	%	ERA	G	GS	CG	IP	H	BB	SO	ShO	W	L	SV
April	—	—	—	—	0	—	—	0	0	0	0	—	0	0	0
May	—	—	—	—	0	—	—	0	0	0	0	—	0	0	0
June	—	—	—	—	0	—	—	0	0	0	0	—	0	0	0
July	2	2	.500	6.00	5	4	1	24	31	12	17	0	0	0	0
Aug	1	1	.500	2.88	4	4	0	25	22	11	13	0	0	0	0
Sept/Oct	3	2	.600	4.82	7	7	0	37.1	40	17	15	0	0	0	0
Day	2	0	1.000	6.30	5	4	0	20	27	15	10	0	0	0	0
Night	4	5	.444	4.07	11	11	1	66.1	66	25	35	0	0	0	0
vs. Left	—	—	—	—	—	—	—	—	11	6	8	—	—	—	—
vs. Right	—	—	—	—	—	—	—	—	82	34	37	—	—	—	—

PITCHER REGISTER

Year	Team		W	L	%	ERA	G	GS	CG	IP	H	BB	SO	ShO	RELIEF PITCHING W	L	SV	BATTING AB	H	HR	BA	PO	A	E	DP	TC/G	FA

Kevin Morton *Continued*

Split	W	L	%	ERA	G	GS	CG	IP	H	BB	SO	ShO	W	L	SV	AB	H	HR	BA	PO	A	E	DP	TC/G	FA
On Grass	5	4	.556	5.00	13	12	1	68.1	72	30	39	0	0	0	0										
On Turf	1	1	.500	3.00	3	3	0	18	21	10	6	0	0	0	0										
Home	4	2	.667	4.91	9	8	1	44	52	21	29	0	0	0	0										
Road	2	3	.400	4.25	7	7	0	42.1	41	19	16	0	0	0	0										
Division Rivals																									
vs. BAL	1	0	1.000	4.50	1	1	0	6	6	1	4	0	0	0	0										
vs. CLE	0	0	—	9.00	1	1	0	5	8	3	2	0	0	0	0										
vs. DET	1	1	.500	0.57	2	2	1	15.2	13	4	13	0	0	0	0										
vs. MIL	0	1	.000	9.53	1	1	0	5.2	5	2	2	0	0	0	0										
vs. NY	1	0	1.000	3.18	2	2	0	11.1	11	4	2	0	0	0	0										
vs. TOR	—	—	—	—	0	—	—	0	0	0	0	—	0	0	0										
1991 BOS A	6	5	.545	4.59	16	15	1	86.1	93	40	45	0	0	0	0	0	0	0	—	4	16	0	2	1.3	1.000

STARTING PITCHER — SO/9, RATIO (AL AVG)

John Moses

MOSES, JOHN WILLIAM
B. Aug. 9, 1957, Los Angeles, Calif.
BB TL 5' 10" 165 lbs.

Year	Team	W	L	%	ERA	G	GS	CG	IP	H	BB	SO	ShO	W	L	SV	AB	H	HR	BA	PO	A	E	DP	TC/G	FA
1989	MIN A	0	0	—	0.00	1	0	0	1	0	1	0	0	0	0	0	242	68	1	.281	0	0	0	0	0.0	—
1990		0	0	—	13.50	2	0	0	2	5	2	0	0	0	0	0	172	38	1	.221	0	0	0	0	0.0	—
2 yrs.		0	0	—	9.00	3	0	0	3	5	3	0	0	0	0	0	*				0	0	0	0	0.0	—

Jamie Moyer

MOYER, JAMIE
B. Nov. 11, 1962, Sellersville, Pa.
BL TL 6' 170 lbs.

Year	Team	W	L	%	ERA	G	GS	CG	IP	H	BB	SO	ShO	W	L	SV	AB	H	HR	BA	PO	A	E	DP	TC/G	FA
1986	CHI N	7	4	.636	5.05	16	16	1	87.1	107	42	45	1	0	0	0	22	2	0	.091	2	22	0	0	1.5	1.000
1987		12	15	.444	5.10	35	33	1	201	210	97	147	0	1	0	0	61	14	0	.230	15	37	4	3	1.6	.929
1988		9	15	.375	3.48	34	30	3	202	212	55	121	1	1	0	0	60	5	0	.083	11	45	1	3	1.7	.982
1989	TEX A	4	9	.308	4.86	15	15	1	76	84	33	44	0	0	0	0	0	0	0	—	5	14	0	2	1.3	1.000
1990		2	6	.250	4.66	33	10	1	102.1	115	39	58	0	1	1	0	0	0	0	—	6	14	0	2	0.6	1.000
1991	STL N	0	5	.000	5.74	8	7	0	31.1	38	16	20	0	0	0	0	8	0	0	.000	0	5	0	0	0.6	1.000
6 yrs.		34	54	.386	4.56	141	111	7	700	766	282	435	2	3	1	0	151	21	0	.139	39	137	5	10	1.3	.972

Terry Mulholland

MULHOLLAND, TERENCE JOHN
B. Mar. 9, 1963, Uniontown, Pa.
BR TL 6' 3" 200 lbs.

Split	W	L	%	ERA	G	GS	CG	IP	H	BB	SO	ShO	W	L	SV	AB	H	HR	BA	PO	A	E	DP	TC/G	FA
April	2	2	.500	2.91	5	5	0	34	33	8	10	0	0	0	0										
May	4	1	.800	3.35	6	6	0	45.2	40	8	23	0	0	0	0										
June	0	5	.000	7.66	5	5	0	22.1	36	10	13	0	0	0	0										
July	3	2	.600	2.25	5	5	2	40	37	5	33	0	0	0	0										
Aug	3	1	.750	3.64	6	6	2	42	43	11	31	0	0	0	0										
Sept/Oct	4	2	.667	3.56	7	7	4	48	42	7	32	3	0	0	0										
Day	5	5	.500	3.18	10	10	3	73.2	73	13	42	2	0	0	0										
Night	11	8	.579	3.81	24	24	5	158.1	158	36	100	1	0	0	0										
vs. Left	—	—	—	—	—	—	—	—	40	6	19	—	—	—	—										
vs. Right	—	—	—	—	—	—	—	—	191	43	123	—	—	—	—										
On Grass	3	8	.273	4.81	11	11	1	67.1	83	11	42	0	0	0	0										
On Turf	13	5	.722	3.12	23	23	7	164.2	148	38	100	3	0	0	0										
Home	11	2	.846	2.96	18	18	5	130.2	121	28	83	2	0	0	0										
Road	5	11	.313	4.44	16	16	3	101.1	110	21	59	1	0	0	0										
Division Rivals																									
vs. CHI	1	1	.500	4.23	4	4	0	27.2	30	7	20	0	0	0	0										
vs. MON	4	0	1.000	0.77	4	4	3	35	17	6	25	1	0	0	0										
vs. NY	1	3	.250	2.94	5	5	2	33.2	31	6	17	1	0	0	0										
vs. PIT	0	1	.000	10.80	2	2	0	10	13	3	6	0	0	0	0										
vs. STL	2	1	.667	1.99	3	3	1	22.2	22	7	13	0	0	0	0										

STARTING PITCHER — WINS, ERA, SO/9, RATIO (NL AVG)

Year	Team		W	L	%	ERA	G	GS	CG	IP	H	BB	SO	ShO	W	L	SV	AB	H	HR	BA	PO	A	E	DP	TC/G	FA
1986	SF N		1	7	.125	4.94	15	10	0	54.2	51	35	27	0	0	0	0	19	1	0	.053	1	9	3	0	0.9	.769
1988			2	1	.667	3.72	9	6	2	46	50	7	18	1	0	0	0	14	0	0	.000	7	7	0	0	1.6	1.000
1989	2 teams		SF N (5G 0–0)				PHI N (20G 4–7)																				
"	total		4	7	.364	4.92	25	18	2	115.1	137	36	66	1	0	0	0	36	2	0	.056	2	25	4	1	1.2	.871
1990	PHI N		9	10	.474	3.34	33	26	6	180.2	172	42	75	1	0	0	0	62	6	0	.097	8	17	3	0	0.8	.893

PITCHER REGISTER

Year	Team	W	L	%	ERA	G	GS	CG	IP	H	BB	SO	ShO	RELIEF PITCHING W	L	SV	BATTING AB	H	HR	BA	PO	A	E	DP	TC/G	FA

Terry Mulholland *Continued*

Year	Team	W	L	%	ERA	G	GS	CG	IP	H	BB	SO	ShO	W	L	SV	AB	H	HR	BA	PO	A	E	DP	TC/G	FA
1991		16	13	.552	3.61	34	34	8	232	231	49	142	3	0	0	0	80	7	0	.088	12	28	5	2	1.3	.889
5 yrs.		32	38	.457	3.89	116	94	18	628.2	641	169	328	6	0	0	0	211	16	0	.076	30	86	15	3	1.1	.885

Mike Munoz

MUNOZ, MICHAEL ANTHONY
B. July 12, 1965, Baldwin Park, Calif.
BL TL 6' 2" 190 lbs.

Year	Team	W	L	%	ERA	G	GS	CG	IP	H	BB	SO	ShO	W	L	SV	AB	H	HR	BA	PO	A	E	DP	TC/G	FA
1989	LA N	0	0	—	16.88	3	0	0	2.2	5	2	3	0	0	0	0	0	0	0	—	1	1	0	0	0.7	1.000
1990		0	1	.000	3.18	8	0	0	5.2	6	3	2	0	0	1	0	1	0	0	.000	0	0	0	0	0.0	—
1991	DET A	0	0	—	9.64	6	0	0	9.1	14	5	3	0	0	0	0	0	0	0	—	0	3	0	0	0.5	1.000
3 yrs.		0	1	.000	8.66	17	0	0	17.2	25	10	8	0	0	1	0	1	0	0	.000	1	4	0	0	0.3	1.000

Rob Murphy

MURPHY, ROBERT ALBERT, JR.
B. May 26, 1960, Miami, Fla.
BL TL 6' 2" 200 lbs.

Split	W	L	%	ERA	G	GS	CG	IP	H	BB	SO	ShO	W	L	SV	AB	H	HR	BA	PO	A	E	DP	TC/G	FA
April	0	0	—	1.42	6	0	0	6.1	7	3	3	0	0	0	1										
May	0	0	—	2.92	9	0	0	12.1	11	3	8	0	0	0	0										
June	0	0	—	3.09	13	0	0	11.2	11	5	12	0	0	0	0										
July	0	0	—	2.08	12	0	0	8.2	7	4	5	0	0	0	2										
Aug	0	0	—	1.17	13	0	0	7.2	7	2	6	0	0	0	1										
Sept/Oct	0	1	.000	27.00	4	0	0	1.1	4	2	0	0	0	1	0										
Day	0	0	—	3.86	22	0	0	16.1	19	4	13	0	0	0	2										
Night	0	1	.000	2.56	35	0	0	31.2	28	15	21	0	0	1	2										
vs. Left	—	—	—	—	—	—	—	—	15	1	9	—	—	—	—	—										
vs. Right	—	—	—	—	—	—	—	—	32	18	25	—	—	—	—	—										
On Grass	0	1	.000	5.00	24	0	0	18	22	7	14	0	0	1	1										
On Turf	0	0	—	1.80	33	0	0	30	25	12	20	0	0	0	3										
Home	0	0	—	1.40	27	0	0	25.2	19	10	16	0	0	0	3										
Road	0	1	.000	4.84	30	0	0	22.1	28	9	18	0	0	1	1										
Division Rivals																										
vs. CAL	0	0	—	1.80	5	0	0	5	3	1	3	0	0	0	1										
vs. CHI	0	0	—	4.91	4	0	0	3.2	4	0	3	0	0	0	1										
vs. KC	0	0	—	5.40	1	0	0	1.2	2	1	1	0	0	0	0										
vs. MIN	0	0	—	2.25	5	0	0	4	5	2	3	0	0	0	0										
vs. OAK	0	0	—	0.00	4	0	0	2.1	3	1	1	0	0	0	1										
vs. TEX	0	0	—	0.00	3	0	0	3.2	3	0	2	0	0	0	0										
1985 CIN N	0	0	—	6.00	2	0	0	3	2	2	1	0	0	0	0	0	0	0	—	0	0	0	0	0.0	—
1986	6	0	1.000	0.72	34	0	0	50.1	26	21	36	0	6	0	1	3	0	0	.000	1	9	0	0	0.3	1.000
1987	8	5	.615	3.04	87	0	0	100.2	91	32	99	0	8	5	3	5	1	0	.200	7	14	0	0	0.2	1.000
1988	0	6	.000	3.08	76	0	0	84.2	69	38	74	0	0	6	3	0	0	0	—	4	14	0	2	0.2	1.000
1989 BOS A	5	7	.417	2.74	74	0	0	105	97	41	107	0	5	7	9	0	0	0	—	7	15	0	1	0.3	1.000
1990	0	6	.000	6.32	68	0	0	57	85	32	54	0	0	6	7	0	0	0	—	4	7	1	2	0.2	.917
1991 SEA A	0	1	.000	3.00	57	0	0	48	47	19	34	0	0	1	4	0	0	0	—	2	8	2	0	0.2	.833
7 yrs.	19	25	.432	3.15	398	0	0	448.2	417	185	405	0	19	25	27	8	1	0	.125	25	67	3	5	0.2	.968

LEAGUE CHAMPIONSHIP SERIES

Year	Team	W	L	%	ERA	G	GS	CG	IP	H	BB	SO	ShO	W	L	SV	AB	H	HR	BA	PO	A	E	DP	TC/G	FA
1990	BOS A	0	0	—	13.50	1	0	0	0.2	2	1	0	0	0	0	0	0	0	0	—	0	0	0	0	0.0	—

Mike Mussina

MUSSINA, MICHAEL COLE
B. Dec. 8, 1968, Williamsport, Pa.
BR TR 6' 2" 185 lbs.

Split	W	L	%	ERA	G	GS	CG	IP	H	BB	SO	ShO	W	L	SV
April	—	—	—	—	0	—	—	0	0	0	0	—	0	0	0
May	—	—	—	—	0	—	—	0	0	0	0	—	0	0	0
June	—	—	—	—	0	—	—	0	0	0	0	—	0	0	0
July	—	—	—	—	0	—	—	0	0	0	0	—	0	0	0
Aug	2	4	.333	4.38	6	6	0	39	41	14	28	0	0	0	0
Sept/Oct	2	1	.667	1.66	6	6	2	48.2	36	7	24	0	0	0	0
Day	1	2	.333	1.69	4	4	1	32	22	10	13	0	0	0	0
Night	3	3	.500	3.56	8	8	1	55.2	55	11	39	0	0	0	0
vs. Left	—	—	—	—	—	—	—	—	39	14	29	—	—	—	—
vs. Right	—	—	—	—	—	—	—	—	38	7	23	—	—	—	—

PITCHER REGISTER

Year	Team	W	L	%	ERA	G	GS	CG	IP	H	BB	SO	ShO	RELIEF PITCHING W	L	SV	BATTING AB	H	HR	BA	PO	A	E	DP	TC/G	FA

Mike Mussina *Continued*

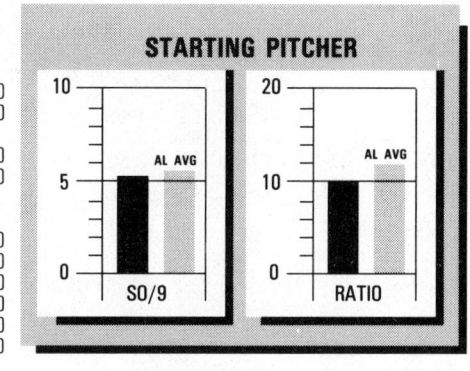

STARTING PITCHER — SO/9 (AL AVG), RATIO (AL AVG)

	W	L	%	ERA	G	GS	CG	IP	H	BB	SO	ShO	W	L	SV	AB	H	HR	BA	PO	A	E	DP	TC/G	FA
On Grass	4	4	.500	2.55	11	11	2	81.1	67	19	50	0	0	0	0										
On Turf	0	1	.000	7.11	1	1	0	6.1	10	2	2	0	0	0	0										
Home	3	1	.750	2.74	6	6	0	42.2	36	11	30	0	0	0	0										
Road	1	4	.200	3.00	6	6	2	45	41	10	22	0	0	0	0										
Division Rivals																									
vs. BOS	1	0	1.000	2.00	1	1	1	9	10	0	3	0	0	0	0										
vs. CLE	0	1	.000	2.16	1	1	1	8.1	7	0	3	0	0	0	0										
vs. DET	0	0	—	1.06	2	2	0	17	8	5	12	0	0	0	0										
vs. MIL	—	—	—	—	0	—	—	0	0	0	0	—	0	0	0										
vs. NY	1	0	1.000	1.29	1	1	0	7	6	1	3	0	0	0	0										
vs. TOR	—	—	—	—	0	—	—	0	0	0	0	—	0	0	0										
1991 BAL A	4	5	.444	2.87	12	12	2	87.2	77	21	52	0	0	0	0	0	0	0	—	4	11	0	1	1.3	1.000

Jeff Mutis

MUTIS, JEFFREY THOMAS
B. Dec. 20, 1966, Allentown, Pa.
BL TL 6' 2" 185 lbs.

	W	L	%	ERA	G	GS	CG	IP	H	BB	SO	ShO	W	L	SV	AB	H	HR	BA	PO	A	E	DP	TC/G	FA
1991 CLE A	0	3	.000	11.68	3	3	0	12.1	23	7	6	0	0	0	0	0	0	0	—	1	1	0	0	0.7	1.000

Randy Myers

MYERS, RANDALL KIRK
B. Sept. 19, 1962, Vancouver, Wash.
BL TL 6' 1" 190 lbs.

RELIEF PITCHER — WINS (NL AVG), ERA (NL AVG), SAVES (NL AVG), RATIO (NL AVG)

	W	L	%	ERA	G	GS	CG	IP	H	BB	SO	ShO	W	L	SV	AB	H	HR	BA	PO	A	E	DP	TC/G	FA
April	0	1	.000	2.84	7	0	0	6.1	8	5	7	0	0	1	3										
May	1	2	.333	3.57	13	0	0	17.2	18	12	14	0	1	2	1										
June	3	2	.600	1.69	16	0	0	21.1	12	11	23	0	3	2	2										
July	0	3	.000	5.87	8	2	0	23	20	14	17	0	0	1	0										
Aug	1	4	.200	3.34	7	5	0	32.1	32	22	20	0	0	1	0										
Sept/Oct	1	1	.500	3.45	7	5	1	31.1	26	16	27	0	0	0	0										
Day	2	2	.500	2.40	15	2	1	30	19	17	27	0	2	0	1										
Night	4	11	.267	3.88	43	10	0	102	97	63	81	0	2	7	5										
vs. Left	—	—	—	—	—	—	—	—	35	26	38	—	—	—	—										
vs. Right	—	—	—	—	—	—	—	—	81	54	70	—	—	—	—										
On Grass	1	4	.200	3.44	13	5	1	34	34	17	27	0	1	1	1										
On Turf	5	9	.357	3.58	45	7	0	98	82	63	81	0	3	6	5										
Home	3	5	.375	3.75	34	5	0	72	63	44	57	0	2	3	5										
Road	3	8	.273	3.30	24	7	1	60	53	36	51	0	2	4	1										
Division Rivals																									
vs. ATL	0	1	.000	4.82	5	1	0	9.1	11	6	7	0	0	1	0										
vs. HOU	0	1	.000	3.45	7	1	0	15.2	14	8	10	0	0	1	1										
vs. LA	1	1	.500	3.79	7	3	0	19	18	17	15	0	1	0	1										
vs. SD	1	0	1.000	0.00	7	0	0	10	5	3	10	0	1	0	2										
vs. SF	1	1	.500	2.76	4	2	1	16.1	15	7	12	0	0	0	0										
1985 NY N	0	0	—	0.00	1	0	0	2	0	1	2	0	0	0	0	0	0	0	—	0	1	0	0	1.0	1.000
1986	0	0	—	4.22	10	0	0	10.2	11	9	13	0	0	0	0	0	0	0	—	0	2	0	0	0.2	1.000
1987	3	6	.333	3.96	54	0	0	75	61	30	92	0	3	6	6	7	2	0	.286	5	9	1	0	0.3	.933
1988	7	3	.700	1.72	55	0	0	68	45	17	69	0	7	3	26	4	1	0	.250	4	3	0	1	0.1	1.000
1989	7	4	.636	2.35	65	0	0	84.1	62	40	88	0	7	4	24	5	0	0	.000	3	11	0	0	0.2	1.000
1990 CIN N	4	6	.400	2.08	66	0	0	86.2	59	38	98	0	4	6	31	4	1	0	.250	1	12	0	0	0.2	1.000
1991	6	13	.316	3.55	58	12	1	132	116	80	108	0	4	7	6	29	5	0	.172	6	12	2	0	0.3	.900
7 yrs.	27	32	.458	2.85	309	12	1	458.2	354	215	470	0	25	26	93	49	9	0	.184	19	50	3	1	0.2	.958
LEAGUE CHAMPIONSHIP SERIES																									
1988 NY N	2	0	1.000	0.00	3	0	0	4.2	1	2	0	0	2	0	0	0	0	0	—	0	1	0	0	0.3	1.000
1990 CIN N	0	0	—	0.00	4	0	0	5.2	2	3	7	0	0	0	3	0	0	0	—	0	0	0	0	0.0	—
2 yrs.	2	0	1.000	0.00	7	0	0	10.1	3	5	7	0	2	0	3	0	0	0	—	0	1	0	0	0.1	1.000
WORLD SERIES																									
1990 CIN N	0	0	—	0.00	3	0	0	3	2	0	3	0	0	0	1	0	0	0	—	0	0	0	0	0.0	—

PITCHER REGISTER

Year	Team	W	L	%	ERA	G	GS	CG	IP	H	BB	SO	ShO	RELIEF PITCHING W	L	SV	BATTING AB	H	HR	BA	PO	A	E	DP	TC/G	FA

Chris Nabholz
NABHOLZ, CHRISTOPHER WILLIAM
B. Jan. 5, 1967, Harrisburg, Pa.
BL TL 6' 5" 210 lbs.

Split	W	L	%	ERA	G	GS	CG	IP	H	BB	SO	ShO	W	L	SV	AB	H	HR	BA	PO	A	E	DP	TC/G	FA
April	0	3	.000	4.56	4	4	0	25.2	23	12	11	0	0	0	0										
May	2	0	1.000	3.33	4	4	0	24.1	16	11	22	0	0	0	0										
June	0	1	.000	4.64	4	4	0	21.1	25	8	13	0	0	0	0										
July	—	—	—	—	0	—	—	0	0	0	0	—	0	0	0										
Aug	0	3	.000	4.78	5	5	0	32	31	10	15	0	0	0	0										
Sept/Oct	6	0	1.000	2.15	7	7	1	50.1	39	16	38	0	0	0	0										
Day	1	2	.333	5.21	6	6	1	38	33	19	23	0	0	0	0										
Night	7	5	.583	3.11	18	18	0	115.2	101	38	76	0	0	0	0										
vs. Left	—	—	—	—	—	—	—	—	22	10	26	—	—	—	—										
vs. Right	—	—	—	—	—	—	—	—	112	47	73	—	—	—	—										
On Grass	1	2	.333	6.56	4	4	0	23.1	27	11	13	0	0	0	0										
On Turf	7	5	.583	3.11	20	20	1	130.1	107	46	86	0	0	0	0										
Home	3	5	.375	3.36	11	11	1	75	59	29	51	0	0	0	0										
Road	5	2	.714	3.89	13	13	0	78.2	75	28	48	0	0	0	0										
Division Rivals																									
vs. CHI	0	1	.000	1.23	2	2	0	14.2	7	7	6	0	0	0	0										
vs. NY	1	2	.333	5.59	3	3	0	19.1	21	9	7	0	0	0	0										
vs. PHI	2	0	1.000	3.20	3	3	0	19.2	16	7	12	0	0	0	0										
vs. PIT	1	1	.500	2.16	4	4	0	25	20	8	16	0	0	0	0										
vs. STL	1	1	.500	3.79	3	3	0	19	16	5	15	0	0	0	0										
1990 MON N	6	2	.750	2.83	11	11	1	70	43	32	53	1	0	0	0	21	0	0	.000	3	10	1	0	1.3	.929
1991	8	7	.533	3.63	24	24	1	153.2	134	57	99	0	0	0	0	52	6	0	.115	9	28	1	2	1.6	.974
2 yrs.	14	9	.609	3.38	35	35	2	223.2	177	89	152	1	0	0	0	73	6	0	.082	12	38	2	2	1.5	.962

Charles Nagy
NAGY, CHARLES HARRISON
B. May 5, 1967, Bridgeport, Conn.
BL TR 6' 3" 200 lbs.

Split	W	L	%	ERA	G	GS	CG	IP	H	BB	SO	ShO	W	L	SV	AB	H	HR	BA	PO	A	E	DP	TC/G	FA
April	1	1	.500	1.57	4	4	1	28.2	19	10	17	0	0	0	0										
May	0	4	.000	6.42	6	6	0	33.2	39	15	15	0	0	0	0										
June	2	4	.333	3.41	6	6	1	37	46	12	26	0	0	0	0										
July	3	1	.750	1.42	5	5	2	38	34	10	9	1	0	0	0										
Aug	2	1	.667	6.82	6	6	0	33	46	12	22	0	0	0	0										
Sept/Oct	2	4	.333	5.05	6	6	2	41	44	7	20	0	0	0	0										
Day	3	6	.333	3.95	11	11	2	73	75	22	48	0	0	0	0										
Night	7	9	.438	4.23	22	22	4	138.1	153	44	61	1	0	0	0										
vs. Left	—	—	—	—	—	—	—	—	133	37	62	—	—	—	—										
vs. Right	—	—	—	—	—	—	—	—	95	29	47	—	—	—	—										
On Grass	10	10	.500	4.07	27	27	5	172.1	184	49	85	1	0	0	0										
On Turf	0	5	.000	4.38	6	6	1	39	44	17	24	0	0	0	0										
Home	6	5	.545	3.56	13	13	5	93.2	92	25	55	1	0	0	0										
Road	4	10	.286	4.59	20	20	1	117.2	136	41	54	0	0	0	0										
Division Rivals																									
vs. BAL	1	1	.500	4.15	2	2	0	13	14	2	5	0	0	0	0										
vs. BOS	0	0	—	3.95	2	2	0	13.2	14	8	6	0	0	0	0										
vs. DET	2	2	.500	5.63	4	4	1	24	32	5	19	0	0	0	0										
vs. MIL	1	1	.500	4.22	2	2	1	10.2	13	4	3	1	0	0	0										
vs. NY	0	2	.000	3.86	2	2	0	14	10	3	3	0	0	0	0										
vs. TOR	0	3	.000	5.61	4	4	1	25.2	35	6	19	0	0	0	0										
1990 CLE A	2	4	.333	5.91	9	8	0	45.2	58	21	26	0	0	0	0	0	0	0	—	3	8	1	2	1.3	.917
1991	10	15	.400	4.13	33	33	6	211.1	228	66	109	1	0	0	0	0	0	0	—	17	20	2	4	1.2	.949
2 yrs.	12	19	.387	4.45	42	41	6	257	286	87	135	1	0	0	0	0	0	0	—	20	28	3	6	1.2	.941

PITCHER REGISTER

Year	Team	W	L	%	ERA	G	GS	CG	IP	H	BB	SO	ShO	RELIEF PITCHING W	L	SV	BATTING AB	H	HR	BA	PO	A	E	DP	TC/G	FA

Jaime Navarro

NAVARRO, JAIME
Born Jaime Navarro y Cintron.
Son of Julio Navarro.
B. Mar. 27, 1967, Bayamon, Puerto Rico
BR TR 6' 4" 210 lbs.

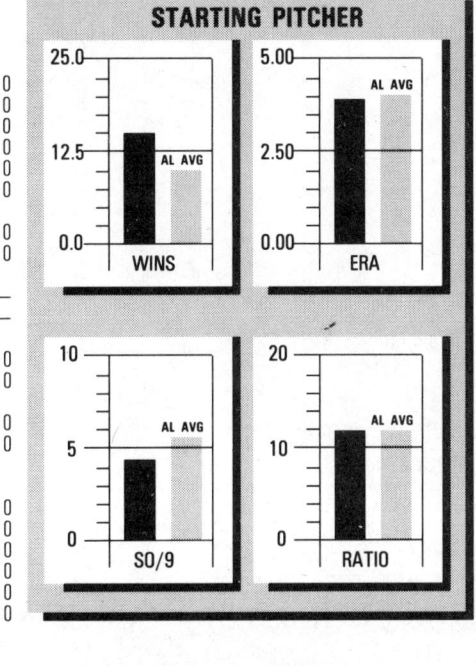

STARTING PITCHER

	W	L	%	ERA	G	GS	CG	IP	H	BB	SO	ShO	W	L	SV
April	1	0	1.000	6.27	4	4	0	18.2	30	7	13	0	0	0	0
May	4	2	.667	2.59	6	6	3	48.2	43	7	26	1	0	0	0
June	2	2	.500	4.25	5	5	1	36	35	14	18	1	0	0	0
July	1	4	.200	4.19	6	6	2	43	51	15	21	0	0	0	0
Aug	4	2	.667	6.03	6	6	1	34.1	37	15	14	0	0	0	0
Sept/Oct	3	2	.600	2.53	7	7	3	53.1	41	15	22	0	0	0	0
Day	5	2	.714	3.00	8	8	3	60	53	15	31	0	0	0	0
Night	10	10	.500	4.24	26	26	7	174	184	58	83	2	0	0	0
vs. Left	—	—	—	—	—	—	—	—	130	43	52	—	—	—	—
vs. Right	—	—	—	—	—	—	—	—	107	30	62	—	—	—	—
On Grass	13	8	.619	3.63	27	27	9	191	181	59	92	2	0	0	0
On Turf	2	4	.333	5.23	7	7	1	43	56	14	22	0	0	0	0
Home	9	3	.750	3.58	16	16	4	113	111	34	60	2	0	0	0
Road	6	9	.400	4.24	18	18	6	121	126	39	54	0	0	0	0
Division Rivals															
vs. BAL	3	0	1.000	2.81	4	4	1	25.2	33	8	10	0	0	0	0
vs. BOS	1	1	.500	4.61	2	2	0	13.2	14	6	6	0	0	0	0
vs. CLE	2	1	.667	1.50	3	3	2	24	18	3	11	1	0	0	0
vs. DET	1	0	1.000	4.50	3	3	1	22	24	6	9	0	0	0	0
vs. NY	0	1	.000	4.80	2	2	1	15	12	5	6	0	0	0	0
vs. TOR	0	0	—	3.00	1	1	0	6	7	0	3	0	0	0	0

Year	Team	W	L	%	ERA	G	GS	CG	IP	H	BB	SO	ShO	W	L	SV	AB	H	HR	BA	PO	A	E	DP	TC/G	FA
1989	MIL A	7	8	.467	3.12	19	17	1	109.2	119	32	56	0	1	0	0	0	0	0	—	6	16	2	0	1.3	.917
1990		8	7	.533	4.46	32	22	3	149.1	176	41	75	0	0	0	1	0	0	0	—	10	19	1	2	0.9	.967
1991		15	12	.556	3.92	34	34	10	234	237	73	114	2	0	0	0	0	0	0	—	16	28	3	3	1.4	.936
3 yrs.		30	27	.526	3.91	85	73	14	493	532	146	245	2	1	0	1	0	0	0	—	32	63	6	5	1.2	.941

Denny Neagle

NEAGLE, DENNIS EDWARD
B. Sept. 13, 1968, Prince Georges County, Md.
BL TL 6' 4" 200 lbs.

Year	Team	W	L	%	ERA	G	GS	CG	IP	H	BB	SO	ShO	W	L	SV	AB	H	HR	BA	PO	A	E	DP	TC/G	FA
1991	MIN A	0	1	.000	4.05	7	3	0	20	28	7	14	0	0	0	0	0	0	0	—	0	1	0	0	0.1	1.000

Gene Nelson

NELSON, WAYLAND EUGENE
B. Dec. 3, 1960, Tampa, Fla.
BR TR 6' 172 lbs.

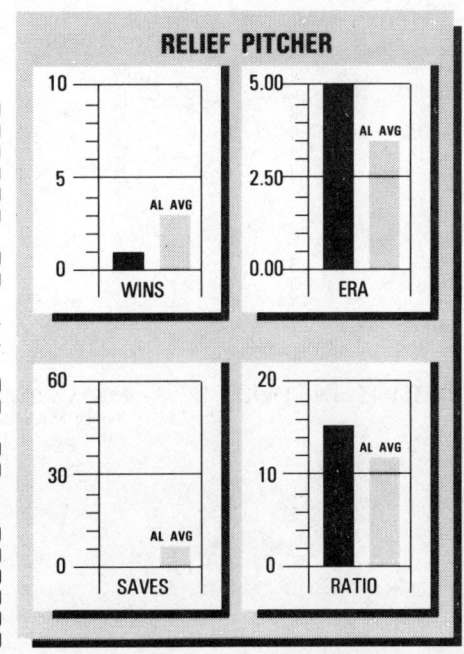

RELIEF PITCHER

	W	L	%	ERA	G	GS	CG	IP	H	BB	SO	ShO	W	L	SV
April	—	—	—	—	0	—	—	0	0	0	0	—	0	0	0
May	0	0	—	11.25	3	0	0	4	5	4	2	0	0	0	0
June	1	2	.333	9.24	8	0	0	12.2	20	6	9	0	1	2	0
July	0	1	.000	10.61	12	0	0	9.1	15	5	2	0	0	1	0
Aug	0	1	.000	0.75	10	0	0	12	8	5	4	0	0	1	0
Sept/Oct	0	1	.000	5.91	11	0	0	10.2	12	3	6	0	0	1	0
Day	0	2	.000	4.96	13	0	0	16.1	15	7	6	0	0	2	0
Night	1	3	.250	7.79	31	0	0	32.1	45	16	17	0	1	3	0
vs. Left	—	—	—	—	—	—	—	—	27	15	5	—	—	—	—
vs. Right	—	—	—	—	—	—	—	—	33	8	18	—	—	—	—
On Grass	1	4	.200	6.39	36	0	0	43.2	50	20	23	0	1	4	0
On Turf	0	1	.000	10.80	8	0	0	5	10	3	0	0	0	1	0
Home	0	1	.000	5.27	22	0	0	27.1	30	13	14	0	0	1	0
Road	1	4	.200	8.86	22	0	0	21.1	30	10	9	0	1	4	0
Division Rivals															
vs. CAL	—	—	—	—	0	—	—	0	0	0	0	—	0	0	0
vs. CHI	0	0	—	6.00	3	0	0	3	2	3	2	0	0	0	0
vs. KC	0	0	—	7.36	4	0	0	3.2	4	1	1	0	0	0	0
vs. MIN	0	1	.000	2.45	2	0	0	3.2	3	2	0	0	0	1	0
vs. SEA	0	0	—	0.00	3	0	0	1.1	1	1	0	0	0	0	0
vs. TEX	0	3	.000	18.00	6	0	0	5	11	4	3	0	0	3	0

PITCHER REGISTER

Year	Team		W	L	%	ERA	G	GS	CG	IP	H	BB	SO	ShO	RELIEF PITCHING W	L	SV	BATTING AB	H	HR	BA	PO	A	E	DP	TC/G	FA

Gene Nelson Continued

Year	Team		W	L	%	ERA	G	GS	CG	IP	H	BB	SO	ShO	W	L	SV	AB	H	HR	BA	PO	A	E	DP	TC/G	FA
1981	NY	A	3	1	.750	4.85	8	7	0	39	40	23	16	0	0	0	0	0	0	0	—	3	6	1	0	1.3	.900
1982	SEA	A	6	9	.400	4.62	22	19	2	122.2	133	60	71	1	0	1	0	0	0	0	—	10	20	1	2	1.4	.968
1983			0	3	.000	7.88	10	5	1	32	38	21	11	0	0	0	0	0	0	0	—	5	6	1	0	1.2	.917
1984	CHI	A	3	5	.375	4.46	20	9	2	74.2	72	17	36	0	2	0	1	0	0	0	—	11	8	0	1	1.0	1.000
1985			10	10	.500	4.26	46	18	1	145.2	144	67	101	0	4	3	2	1	0	0	.000	10	19	1	0	0.7	.967
1986			6	6	.500	3.85	54	1	0	114.2	118	41	70	0	6	5	6	0	0	0	—	8	17	0	3	0.5	1.000
1987	OAK	A	6	5	.545	3.93	54	6	0	123.2	120	35	94	0	5	2	3	0	0	0	—	8	13	2	0	0.4	.913
1988			9	6	.600	3.06	54	1	0	111.2	93	38	67	0	9	5	3	0	0	0	—	4	11	0	1	0.3	1.000
1989			3	5	.375	3.26	50	0	0	80	60	30	70	0	3	5	3	0	0	0	—	6	3	0	0	0.2	1.000
1990			3	3	.500	1.57	51	0	0	74.2	55	17	38	0	3	3	5	0	0	0	—	4	8	1	0	0.3	.923
1991			1	5	.167	6.84	44	0	0	48.2	60	23	23	0	1	5	0	0	0	0	—	4	4	0	0	0.2	1.000
11 yrs.			50	58	.463	4.08	413	66	6	967.1	933	372	597	1	33	29	23	1	0	0	.000	73	115	7	7	0.5	.964

LEAGUE CHAMPIONSHIP SERIES

Year	Team		W	L	%	ERA	G	GS	CG	IP	H	BB	SO	ShO	W	L	SV	AB	H	HR	BA	PO	A	E	DP	TC/G	FA
1988	OAK	A	2	0	1.000	0.00	2	0	0	4.2	5	1	0	0	2	0	0	0	0	0	—	0	0	0	0	0.0	—
1989			0	0	—	0.00	1	0	0	1.1	1	0	2	0	0	0	0	0	0	0	—	0	0	0	0	0.0	—
1990			0	0	—	0.00	1	0	0	1.2	3	0	0	0	0	0	0	0	0	0	—	0	0	0	0	0.0	—
3 yrs.			2	0	1.000	0.00	4	0	0	7.2	9	1	2	0	2	0	0	0	0	0	—	0	0	0	0	0.0	—

WORLD SERIES

Year	Team		W	L	%	ERA	G	GS	CG	IP	H	BB	SO	ShO	W	L	SV	AB	H	HR	BA	PO	A	E	DP	TC/G	FA
1988	OAK	A	0	0	—	1.42	3	0	0	6.1	4	3	3	0	0	0	0	0	0	0	—	1	2	0	0	1.0	1.000
1989			0	0	—	54.00	2	0	0	1	4	2	1	0	0	0	0	0	0	0	—	0	0	0	0	0.0	—
1990			0	0	—	0.00	2	0	0	5	3	2	0	0	0	0	0	0	0	0	—	0	0	0	0	0.0	—
3 yrs.			0	0	—	5.11	7	0	0	12.1	11	7	4	0	0	0	0	0	0	0	—	1	2	0	0	0.4	1.000

Rod Nichols

NICHOLS, RODNEY LEA
B. Dec. 29, 1964, Burlington, Iowa
BR TR 6′ 2″ 190 lbs.

STARTING PITCHER

Split	W	L	%	ERA	G	GS	CG	IP	H	BB	SO	ShO	W	L	SV
April	—	—	—		0	0	0	0	0	0	0	—	0	0	0
May	0	3	.000	2.83	5	4	1	28.2	27	6	19	0	0	0	0
June	0	3	.000	4.50	6	4	0	32	34	8	17	0	0	0	1
July	1	2	.333	4.33	5	5	1	27	37	5	14	0	0	0	0
Aug	1	2	.333	3.09	7	2	1	32	29	7	15	1	0	1	0
Sept/Oct	0	1	.000	2.55	8	1	0	17.2	18	4	11	0	0	0	0
Day	1	3	.250	4.26	8	5	1	38	41	8	24	0	0	0	0
Night	1	8	.111	3.26	23	11	2	99.1	104	22	52	1	0	1	1
vs. Left	—	—	—	—	—	—	—	—	81	20	34	—	—	—	—
vs. Right	—	—	—	—	—	—	—	—	64	10	42	—	—	—	—
On Grass	2	9	.182	3.29	29	14	3	126	128	28	69	1	0	1	1
On Turf	0	2	.000	6.35	2	2	0	11.1	17	2	7	0	0	0	0
Home	1	7	.125	4.08	15	10	1	75	87	22	35	1	0	1	0
Road	1	4	.200	2.89	16	6	2	62.1	58	8	41	0	0	0	1
Division Rivals															
vs. BAL	0	0	—	2.08	4	2	0	17.1	14	1	10	0	0	0	0
vs. BOS	0	1	.000	2.25	2	0	0	8	6	3	5	0	0	1	0
vs. DET	0	1	.000	4.00	3	1	0	9	7	3	10	0	0	0	0
vs. MIL	0	3	.000	2.55	3	3	1	17.2	18	5	7	0	0	0	0
vs. NY	0	0	—	0.00	1	0	0	1.2	2	1	1	0	0	0	0
vs. TOR	0	0	—	2.70	2	0	0	6.2	6	2	5	0	0	0	0

Year	Team		W	L	%	ERA	G	GS	CG	IP	H	BB	SO	ShO	W	L	SV	AB	H	HR	BA	PO	A	E	DP	TC/G	FA
1988	CLE	A	1	7	.125	5.06	11	10	3	69.1	73	23	31	0	0	0	1	0	0	0	—	5	9	1	0	1.4	.933
1989			4	6	.400	4.40	15	11	0	71.2	81	24	42	0	0	2	0	0	0	0	—	4	8	0	2	0.8	1.000
1990			0	3	.000	7.88	4	2	0	16	24	6	3	0	0	0	1	0	0	0	—	0	4	0	0	1.0	1.000
1991			2	11	.154	3.54	31	16	3	137.1	145	30	76	1	0	1	1	0	0	0	—	10	14	1	1	0.8	.960
4 yrs.			7	27	.206	4.34	61	39	6	294.1	323	83	152	1	0	5	1	0	0	0	—	19	35	2	3	0.9	.964

Junior Noboa

NOBOA, MILCIADES ARTURO
Born Milciades Arturo Noboa y Diaz.
B. Nov. 10, 1964, Azua, Dominican Republic

Year	Team		W	L	%	ERA	G	GS	CG	IP	H	BB	SO	ShO	W	L	SV	AB	H	HR	BA	PO	A	E	DP	TC/G	FA
1990	MON	N	0	0	—	0.00	1	0	0	0.2	0	1	0	0	0	0	0				*	0	0	0	0	0.0	—

PITCHER REGISTER

Year	Team	W	L	%	ERA	G	GS	CG	IP	H	BB	SO	ShO	RELIEF PITCHING W	L	SV	BATTING AB	H	HR	BA	PO	A	E	DP	TC/G	FA

Eric Nolte
NOLTE, ERIC CARL
B. Apr. 28, 1964, Canoga Park, Calif.
BL TL 6' 3" 205 lbs.

Year	Team	W	L	%	ERA	G	GS	CG	IP	H	BB	SO	ShO	W	L	SV	AB	H	HR	BA	PO	A	E	DP	TC/G	FA
1987	SD N	2	6	.250	3.21	12	12	1	67.1	57	36	44	0	0	0	0	21	2	0	.095	5	7	0	0	1.0	1.000
1988		0	0	—	6.00	2	0	0	3	3	2	1	0	0	0	0	0	0	0	—	0	0	0	0	0.0	—
1989		0	0	—	11.00	3	1	0	9	15	7	8	0	0	0	0	2	0	0	.000	0	3	0	0	1.0	1.000
1991	2 teams			SD N (6G 3-2)		TEX A (3G 0-0)																				
"	total	3	2	.600	10.22	9	6	0	24.2	40	13	16	0	0	0	0	9	1	0	.111	0	3	0	0	0.3	1.000
4 yrs.		5	8	.385	5.63	26	19	1	104	115	58	69	0	0	0	0	32	3	0	.094	5	13	0	0	0.7	1.000

Edwin Nunez
NUNEZ, EDWIN
Born Edwin Nunez y Martinez.
B. May 27, 1963, Humacao, Puerto Rico
BR TR 6' 5" 207 lbs.

Split	W	L	%	ERA	G	GS	CG	IP	H	BB	SO	ShO	W	L	SV	AB	H	HR	BA	PO	A	E	DP	TC/G	FA
April	1	0	1.000	5.63	7	0	0	8	7	7	12	0	1	0	2										
May	0	1	.000	0.00	3	0	0	3	3	3	1	0	0	1	1										
June	—	—	—	—	0	—	—	0	0	0	0	—	0	0	0										
July	—	—	—	—	0	—	—	0	0	0	0	—	0	0	0										
Aug	0	0	—	7.59	9	0	0	10.2	13	2	10	0	0	0	5										
Sept/Oct	1	0	1.000	7.36	4	0	0	3.2	5	1	1	0	1	0	0										
Day	1	1	.500	6.35	6	0	0	5.2	7	6	5	0	1	1	0										
Night	1	0	1.000	5.95	17	0	0	19.2	21	7	19	0	1	0	8										
vs. Left	—	—	—	—	—	—	—	—	15	8	13	—	—	—	—										
vs. Right	—	—	—	—	—	—	—	—	13	5	11	—	—	—	—										
On Grass	2	1	.667	6.53	20	0	0	20.2	24	11	22	0	2	1	7										
On Turf	0	0	—	3.86	3	0	0	4.2	4	2	2	0	0	0	1										
Home	2	1	.667	6.28	13	0	0	14.1	17	9	15	0	2	1	2										
Road	0	0	—	5.73	10	0	0	11	11	4	9	0	0	0	6										
Division Rivals																									
vs. BAL	1	0	1.000	4.05	7	0	0	6.2	5	1	9	0	1	0	4										
vs. BOS	—	—	—	—	0	—	—	0	0	0	0	—	0	0	0										
vs. CLE	0	0	—	0.00	1	0	0	1	0	0	1	0	0	0	0										
vs. DET	0	0	—	27.00	1	0	0	1	3	1	1	0	0	0	0										
vs. NY	0	0	—	0.00	1	0	0	0.2	2	0	0	0	0	0	0										
vs. TOR	0	0	—	2.70	3	0	0	3.1	2	4	3	0	0	0	1										
1982	SEA A	1	2	.333	4.58	8	5	0	35.1	36	16	27	0	0	0	0	0	0	0	—	2	5	1	0	1.0	.875
1983		0	4	.000	4.38	14	5	0	37	40	22	35	0	0	0	0	0	0	0	—	0	6	0	1	0.4	1.000
1984		2	2	.500	3.18	37	0	0	68	55	21	57	0	2	2	7	0	0	0	—	4	6	1	0	0.3	.909
1985		7	3	.700	3.09	70	0	0	90.1	79	34	58	0	7	3	16	0	0	0	—	5	12	0	1	0.2	1.000
1986		1	2	.333	5.82	14	1	0	21.2	25	5	17	0	0	2	0	0	0	0	—	1	1	0	0	0.1	1.000
1987		3	4	.429	3.80	48	0	0	47.1	45	18	34	0	3	4	12	0	0	0	—	2	5	0	0	0.1	1.000
1988	2 teams	SEA A (14G 1-4)			NY N (10G 1-0)																					
"	total	2	4	.333	6.85	24	3	0	43.1	66	17	27	0	2	1	0	0	0	0	—	6	8	2	1	0.7	.875
1989	DET A	3	4	.429	4.17	27	0	0	54	49	36	41	0	3	4	1	0	0	0	—	3	9	0	2	0.4	1.000
1990		3	1	.750	2.24	42	0	0	80.1	65	37	66	0	3	1	6	0	0	0	—	7	5	1	1	0.3	.923
1991	MIL A	2	1	.667	6.04	23	0	0	25.1	28	13	24	0	2	1	8	0	0	0	—	0	3	1	0	0.2	.750
10 yrs.		24	27	.471	3.94	307	14	0	502.2	488	219	386	0	22	18	50	0	0	0	—	30	60	6	6	0.3	.938

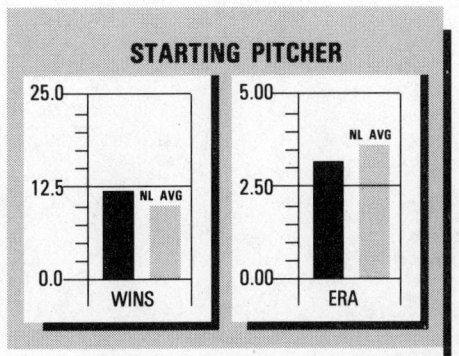

Bob Ojeda
OJEDA, ROBERT MICHAEL (Bobby O.)
B. Dec. 17, 1957, Los Angeles, Calif.
BL TL 6' 1" 185 lbs.

Split	W	L	%	ERA	G	GS	CG	IP	H	BB	SO	ShO	W	L	SV
April	1	3	.250	5.32	4	4	0	22	31	5	10	0	0	0	0
May	3	1	.750	3.23	6	6	0	39	38	18	23	0	0	0	0
June	2	1	.667	1.19	4	4	1	30.1	22	7	17	0	0	0	0
July	2	3	.400	4.60	5	5	1	29.1	32	13	16	1	0	0	0
Aug	1	0	1.000	3.30	6	6	0	30	24	15	21	0	0	0	0
Sept/Oct	3	1	.750	2.33	6	6	0	38.2	34	12	33	0	0	0	0
Day	2	3	.400	4.85	5	5	1	29.2	28	11	15	0	0	0	0
Night	10	6	.625	2.87	26	26	1	159.2	153	59	105	1	0	0	0
vs. Left	—	—	—	—	—	—	—	—	35	7	36	—	—	—	—
vs. Right	—	—	—	—	—	—	—	—	146	63	84	—	—	—	—

Bob Ojeda Continued

Year	Team	W	L	%	ERA	G	GS	CG	IP	H	BB	SO	ShO	Relief W	Relief L	Relief SV	AB	H	HR	BA	PO	A	E	DP	TC/G	FA
On Grass		8	6	.571	3.30	20	20	2	125.1	127	43	80	1	0	0	0										
On Turf		4	3	.571	2.95	11	11	0	64	54	27	40	0	0	0	0										
Home		6	4	.600	3.01	15	15	2	98.2	95	34	67	1	0	0	0										
Road		6	5	.545	3.38	16	16	0	90.2	86	36	53	0	0	0	0										
Division Rivals																										
vs. ATL		0	1	.000	3.86	2	2	0	11.2	15	3	6	0	0	0	0										
vs. CIN		3	1	.750	2.12	5	5	0	34	24	14	26	0	0	0	0										
vs. HOU		1	0	1.000	5.60	4	4	0	17.2	22	8	12	0	0	0	0										
vs. SD		2	2	.500	3.47	4	4	0	23.1	27	6	18	0	0	0	0										
vs. SF		1	1	.500	3.65	2	2	0	12.1	15	3	5	0	0	0	0										
1980	BOS A	1	1	.500	6.92	7	7	0	26	39	14	12	0	0	0	0	0	0	0	—	1	3	0	0	0.6	1.000
1981		6	2	.750	3.14	10	10	2	66	50	25	28	0	0	0	0	0	0	0	—	3	10	1	1	1.4	.929
1982		4	6	.400	5.63	22	14	0	78.1	95	29	52	0	1	0	0	0	0	0	—	2	7	1	0	0.5	.900
1983		12	7	.632	4.04	29	28	5	173.2	173	73	94	0	0	0	0	0	0	0	—	11	23	1	2	1.2	.971
1984		12	12	.500	3.99	33	32	8	216.2	211	96	137	5	0	0	0	0	0	0	—	10	32	2	3	1.3	.955
1985		9	11	.450	4.00	39	22	5	157.2	166	48	102	0	2	1	1	0	0	0	—	13	23	3	0	1.0	.923
1986	NY N	18	5	.783	2.57	32	30	7	217.1	185	52	148	2	1	0	0	71	8	0	.113	9	37	1	3	1.5	.979
1987		3	5	.375	3.88	10	7	0	46.1	45	10	21	0	0	1	0	14	1	0	.071	5	6	0	2	1.1	1.000
1988		10	13	.435	2.88	29	29	5	190.1	158	33	133	5	0	0	0	61	10	0	.164	13	36	2	5	1.8	.961
1989		13	11	.542	3.47	31	31	5	192	179	78	95	2	0	0	0	66	7	0	.106	16	36	1	3	1.7	.981
1990		7	6	.538	3.66	38	12	0	118	123	40	62	0	3	1	0	30	4	0	.133	8	31	2	1	1.1	.951
1991	LA N	12	9	.571	3.18	31	31	2	189.1	181	70	120	1	0	0	0	56	9	1	.161	14	32	0	1	1.5	1.000
12 yrs.		107	88	.549	3.60	311	253	39	1671.2	1605	568	1004	15	7	3	1	298	39	1	.131	105	276	14	21	1.3	.965

LEAGUE CHAMPIONSHIP SERIES

Year	Team	W	L	%	ERA	G	GS	CG	IP	H	BB	SO	ShO	W	L	SV	AB	H	HR	BA	PO	A	E	DP	TC/G	FA
1986	NY N	1	0	1.000	2.57	2	2	1	14	15	4	6	0	0	0	0	5	0	0	.000	2	4	0	0	3.0	1.000

WORLD SERIES

Year	Team	W	L	%	ERA	G	GS	CG	IP	H	BB	SO	ShO	W	L	SV	AB	H	HR	BA	PO	A	E	DP	TC/G	FA
1986	NY N	1	0	1.000	2.08	2	2	0	13	13	5	9	0	0	0	0	2	0	0	.000	0	2	0	0	1.0	1.000

Steve Olin

OLIN, STEVEN ROBERT
B. Oct. 4, 1965, Portland, Ore.
BR TR 6' 3" 185 lbs.

Year	Team	W	L	%	ERA	G	GS	CG	IP	H	BB	SO	ShO	Relief W	Relief L	Relief SV	AB	H	HR	BA	PO	A	E	DP	TC/G	FA
April		2	1	.667	2.84	8	0	0	12.2	10	3	5	0	2	1	0										
May		0	2	.000	10.80	6	0	0	6.2	11	3	4	0	0	2	0										
June		—	—	—	—	0	—	—	0	0	0	0	—	0	0	0										
July		0	0	—	1.54	8	0	0	11.2	9	4	11	0	0	0	4										
Aug		0	3	.000	3.27	12	0	0	11	17	4	11	0	0	3	5										
Sept/Oct		1	0	1.000	1.88	14	0	0	14.1	14	9	7	0	1	0	8										
Day		2	2	.500	1.80	15	0	0	20	17	9	15	0	2	2	4										
Night		1	4	.200	4.21	33	0	0	36.1	44	14	23	0	1	4	13										
vs. Left		—	—	—	—	—	—	—	—	34	12	10	—	—	—	—										
vs. Right		—	—	—	—	—	—	—	—	27	11	28	—	—	—	—										
On Grass		3	5	.375	3.23	43	0	0	53	53	21	35	0	3	5	16										
On Turf		0	1	.000	5.40	5	0	0	3.1	8	2	3	0	0	1	1										
Home		0	1	.000	3.80	19	0	0	21.1	20	10	11	0	0	1	7										
Road		3	5	.375	3.09	29	0	0	35	41	13	27	0	3	5	10										
Division Rivals																										
vs. BAL		0	0	—	0.00	3	0	0	3	5	0	2	0	0	0	2										
vs. BOS		1	2	.333	2.38	8	0	0	11.1	11	3	9	0	1	2	1										
vs. DET		0	0	—	0.00	2	0	0	2	2	1	0	0	0	0	2										
vs. MIL		0	0	—	0.00	2	0	0	1.1	1	1	1	0	0	0	1										
vs. NY		1	0	1.000	1.50	4	0	0	6	3	4	3	0	1	0	3										
vs. TOR		0	0	—	0.00	1	0	0	1	0	1	0	0	0	0	0										
1989	CLE A	1	4	.200	3.75	25	0	0	36	35	14	24	0	1	4	1	0	0	0	—	2	5	0	0	0.3	1.000
1990		4	4	.500	3.41	50	1	0	92.1	96	26	64	0	3	4	1	0	0	0	—	3	24	3	1	0.6	.900
1991		3	6	.333	3.36	48	0	0	56.1	61	23	38	0	3	6	17	0	0	0	—	3	8	2	0	0.2	1.000
3 yrs.		8	14	.364	3.46	123	1	0	184.2	192	63	126	0	7	14	19	0	0	0	—	8	37	3	3	0.4	.938

PITCHER REGISTER

Year	Team	W	L	%	ERA	G	GS	CG	IP	H	BB	SO	ShO	RELIEF PITCHING W	L	SV	BATTING AB	H	HR	BA	PO	A	E	DP	TC/G	FA

Omar Olivares

OLIVARES, OMAR
Born Omar Olivares y Palqu. Son of Ed Olivares.
B. July 6, 1967, Mayaguez, Puerto Rico
BR TR 6′ 185 lbs.

Split	W	L	%	ERA	G	GS	CG	IP	H	BB	SO	ShO	RW	RL	SV
April	0	0	—	5.14	3	0	0	7	6	3	5	0	0	0	1
May	0	0	—	7.20	1	1	0	5	5	2	2	0	0	0	0
June	1	1	.500	5.30	6	6	0	35.2	34	17	10	0	0	0	0
July	2	2	.500	4.88	5	4	0	24	23	13	17	0	0	0	0
Aug	4	2	.667	2.13	6	6	0	42.1	38	10	22	0	0	0	0
Sept/Oct	4	2	.667	2.87	7	7	0	53.1	42	16	35	0	0	0	0
Day	2	2	.500	4.74	6	6	0	38	39	12	25	0	0	0	0
Night	9	5	.643	3.41	22	18	0	129.1	109	49	66	0	0	0	1
vs. Left	—	—	—	—	—	—	—	—	81	42	48	—	—	—	—
vs. Right	—	—	—	—	—	—	—	—	67	19	43	—	—	—	—
On Grass	1	1	.500	5.68	6	6	0	38	36	17	22	0	0	0	0
On Turf	10	6	.625	3.13	22	18	0	129.1	112	44	69	0	0	0	1
Home	7	5	.583	3.33	16	14	0	97.1	88	31	51	0	0	0	1
Road	4	2	.667	4.24	12	10	0	70	60	30	40	0	0	0	0
Division Rivals															
vs. CHI	1	1	.500	6.28	3	2	0	14.1	18	5	11	0	0	0	0
vs. MON	3	1	.750	1.78	5	4	0	30.1	26	5	14	0	0	0	0
vs. NY	2	0	1.000	4.74	4	4	0	24.2	24	9	10	0	0	0	0
vs. PHI	2	0	1.000	3.32	4	2	0	21.2	16	9	18	0	0	0	1
vs. PIT	1	1	.500	2.70	2	2	0	13.1	11	6	9	0	0	0	0

Year	Team	W	L	%	ERA	G	GS	CG	IP	H	BB	SO	ShO	RW	RL	SV	AB	H	HR	BA	PO	A	E	DP	TC/G	FA
1990	STL N	1	1	.500	2.92	9	6	0	49.1	45	17	20	0	0	0	0	17	3	1	.176	7	8	0	0	1.7	1.000
1991		11	7	.611	3.71	28	24	0	167.1	148	61	91	0	0	0	0	53	12	0	.226	16	30	2	5	1.7	.958
2 yrs.		12	8	.600	3.53	37	30	0	216.2	193	78	111	0	0	0	1	70	15	1	.214	23	38	2	5	1.7	.968

Francisco Oliveras

OLIVERAS, FRANCISCO JAVIER
Born Francisco Javier Oliveras y Noa.
B. Jan. 31, 1963, Santuree, Puerto Rico
BR TR 5′ 10″ 170 lbs.

Split	W	L	%	ERA	G	GS	CG	IP	H	BB	SO	ShO	RW	RL	SV
April	0	0	—	3.38	2	0	0	5.1	4	2	5	0	0	0	0
May	1	1	.500	2.08	11	0	0	17.1	14	2	4	0	1	1	1
June	2	1	.667	1.53	12	0	0	17.2	10	5	11	0	2	1	2
July	1	0	1.000	5.23	11	0	0	10.1	10	2	9	0	1	0	0
Aug	0	2	.000	4.82	11	1	0	18.2	18	6	14	0	0	1	0
Sept/Oct	2	2	.500	8.10	8	0	0	10	13	5	5	0	2	2	0
Day	2	3	.400	3.48	20	1	0	31	25	9	23	0	2	2	2
Night	4	3	.571	4.10	35	0	0	48.1	44	13	25	0	4	3	1
vs. Left	—	—	—	—	—	—	—	—	41	15	25	—	—	—	—
vs. Right	—	—	—	—	—	—	—	—	28	7	23	—	—	—	—
On Grass	5	3	.625	3.62	39	0	0	54.2	46	18	34	0	5	3	3
On Turf	1	3	.250	4.38	16	1	0	24.2	23	4	14	0	1	2	0
Home	5	2	.714	3.51	27	0	0	33.1	30	12	20	0	5	2	3
Road	1	4	.200	4.11	28	1	0	46	39	10	28	0	1	3	0
Division Rivals															
vs. ATL	1	0	1.000	3.60	5	0	0	10	9	3	5	0	1	0	1
vs. CIN	2	0	1.000	2.00	6	0	0	9	7	1	3	0	2	0	0
vs. HOU	0	0	—	15.19	6	0	0	5.1	12	1	4	0	0	0	0
vs. LA	0	0	—	1.59	5	0	0	11.1	4	4	11	0	0	0	0
vs. SD	0	1	.000	6.00	3	0	0	6	5	1	2	0	0	1	0

Year	Team	W	L	%	ERA	G	GS	CG	IP	H	BB	SO	ShO	RW	RL	SV	AB	H	HR	BA	PO	A	E	DP	TC/G	FA
1989	MIN A	3	4	.429	4.53	12	8	1	55.2	64	15	24	0	0	1	0	0	0	0	—	0	6	1	2	0.6	.857
1990	SF N	2	2	.500	2.77	33	2	0	55.1	47	21	41	0	2	1	2	5	0	0	.000	1	5	0	1	0.2	1.000
1991		6	6	.500	3.86	55	1	0	79.1	69	22	48	0	6	5	3	10	2	0	.200	3	12	1	0	0.3	.938
3 yrs.		11	12	.478	3.74	100	11	1	190.1	180	58	113	0	8	7	5	15	2	0	.133	4	23	2	3	0.3	.931

PITCHER REGISTER

Year	Team	W	L	%	ERA	G	GS	CG	IP	H	BB	SO	ShO	RELIEF PITCHING W	L	SV	BATTING AB	H	HR	BA	PO	A	E	DP	TC/G	FA

Gregg Olson
OLSON, GREGGORY WILLIAM
B. Oct. 11, 1966, Scribner, Neb.
BR TR 6' 4" 210 lbs.

Split	W	L	%	ERA	G	GS	CG	IP	H	BB	SO	ShO	W	L	SV
April	0	0	—	1.42	7	0	0	6.1	6	0	4	0	0	0	2
May	0	1	.000	3.00	11	0	0	12	12	7	13	0	0	1	5
June	1	2	.333	4.91	14	0	0	14.2	12	7	18	0	1	2	8
July	0	1	.000	3.07	14	0	0	14.2	16	2	15	0	0	1	7
Aug	2	0	1.000	3.00	13	0	0	12	17	7	7	0	2	0	4
Sept/Oct	1	2	.333	2.57	13	0	0	14	11	6	15	0	1	2	5
Day	1	5	.167	6.75	22	0	0	25.1	37	15	24	0	1	5	7
Night	3	1	.750	1.30	50	0	0	48.1	37	14	48	0	3	1	24
vs. Left	—	—	—	—	—	—	—	—	32	17	39	—	—	—	—
vs. Right	—	—	—	—	—	—	—	—	42	12	33	—	—	—	—
On Grass	3	3	.500	2.76	61	0	0	58.2	54	23	55	0	3	3	28
On Turf	1	3	.250	4.80	11	0	0	15	20	6	17	0	1	3	3
Home	3	1	.750	3.15	35	0	0	34.1	31	19	33	0	3	1	13
Road	1	5	.167	3.20	37	0	0	39.1	43	10	39	0	1	5	18
Division Rivals															
vs. BOS	0	0	—	0.00	4	0	0	4.1	1	0	2	0	0	0	3
vs. CLE	1	0	1.000	0.00	7	0	0	6	4	4	6	0	1	0	6
vs. DET	0	1	.000	3.86	7	0	0	7	5	1	7	0	0	1	2
vs. MIL	0	0	—	4.50	5	0	0	4	4	2	0	0	0	0	1
vs. NY	0	0	—	3.38	4	0	0	5.1	7	4	4	0	0	0	3
vs. TOR	0	1	.000	2.84	5	0	0	6.1	4	4	11	0	0	1	2

Year	Team	W	L	%	ERA	G	GS	CG	IP	H	BB	SO	ShO	W	L	SV	AB	H	HR	BA	PO	A	E	DP	TC/G	FA
1988	BAL A	1	1	.500	3.27	10	0	0	11	10	10	9	0	1	1	0	0	0	0	—	1	2	0	0	0.3	1.000
1989		5	2	.714	1.69	64	0	0	85	57	46	90	0	5	2	27	0	0	0	—	5	12	1	0	0.3	.944
1990		6	5	.545	2.42	64	0	0	74.1	57	31	74	0	6	5	37	0	0	0	—	4	4	0	1	0.1	1.000
1991		4	6	.400	3.18	72	0	0	73.2	74	29	72	0	4	6	31	0	0	0	—	6	11	3	0	0.3	.850
4 yrs.		16	14	.533	2.43	210	0	0	244	198	116	245	0	16	14	95	0	0	0	—	16	29	4	1	0.2	.918

Paul O'Neill
O'NEILL, PAUL ANDREW
B. Feb. 25, 1963, Columbus, Ohio
BL TL 6' 4" 200 lbs.

Year	Team	W	L	%	ERA	G	GS	CG	IP	H	BB	SO	ShO	W	L	SV	AB	H	HR	BA	PO	A	E	DP	TC/G	FA
1987	CIN N	0	0	—	13.50	1	0	0	2	2	4	2	0	0	0	0				*	0	0	0	0	0.0	—

Jose Oquendo
OQUENDO, JOSE MANUEL
Born Jose Manuel Oquendo y Contreras.
B. July 4, 1963, Rio Peidras, Puerto Rico
BB TR 5' 10" 160 lbs.
BR 1984

Year	Team	W	L	%	ERA	G	GS	CG	IP	H	BB	SO	ShO	W	L	SV	AB	H	HR	BA	PO	A	E	DP	TC/G	FA
1987	STL N	0	0	—	27.00	1	0	0	1	4	1	0	0	0	0	0	248	71	1	.286	0	0	0	0	0.0	—
1988		0	1	—	4.50	1	0	0	4	4	6	1	0	0	1	0	451	125	7	.277	0	0	0	0	0.0	—
1991		0	0	—	27.00	1	0	0	1	2	2	1	0	0	0	0	366	88	1	.240	0	0	0	0	0.0	—
3 yrs.		0	1	.000	12.00	3	0	0	6	10	9	2	0	0	1	0				*	0	0	0	0	0.0	—

Jesse Orosco
OROSCO, JESSE RUSSELL
B. Apr. 21, 1957, Santa Barbara, Calif.
BR TL 6' 2" 174 lbs.

Split	W	L	%	ERA	G	GS	CG	IP	H	BB	SO	ShO	W	L	SV
April	0	0	—	0.00	5	0	0	5	4	4	4	0	0	0	0
May	0	0	—	4.50	8	0	0	10	10	2	11	0	0	0	0
June	0	0	—	2.25	8	0	0	8	5	4	6	0	0	0	0
July	1	0	1.000	3.48	12	0	0	10.1	16	3	6	0	1	0	0
Aug	1	0	1.000	6.52	10	0	0	9.2	13	1	6	0	1	0	0
Sept/Oct	0	0	—	3.38	4	0	0	2.2	4	1	3	0	0	0	0
Day	0	0	—	3.29	15	0	0	13.2	14	6	11	0	0	0	0
Night	2	0	1.000	3.94	32	0	0	32	38	9	25	0	2	0	0
vs. Left	—	—	—	—	—	—	—	—	18	3	14	—	—	—	—
vs. Right	—	—	—	—	—	—	—	—	34	12	22	—	—	—	—

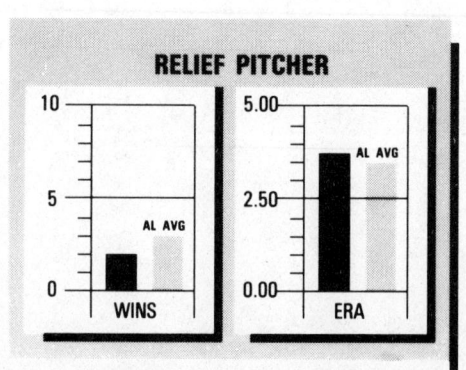

PITCHER REGISTER 385

Year	Team		W	L	%	ERA	G	GS	CG	IP	H	BB	SO	ShO	RELIEF PITCHING			BATTING			BA	PO	A	E	DP	TC/G	FA
															W	L	SV	AB	H	HR							

Jesse Orosco *Continued*

			W	L	%	ERA	G	GS	CG	IP	H	BB	SO	ShO	W	L	SV	AB	H	HR	BA	PO	A	E	DP	TC/G	FA
On Grass			2	0	1.000	3.03	37	0	0	38.2	41	11	33	0	2	0	0										
On Turf			0	0	—	7.71	10	0	0	7	11	4	3	0	0	0	0										
Home			1	0	1.000	1.90	20	0	0	23.2	21	3	19	0	1	0	0										
Road			1	0	1.000	5.73	27	0	0	22	31	12	17	0	1	0	0										
Division Rivals																												
vs. BAL			0	0	—	3.00	3	0	0	3	5	1	3	0	0	0	0										
vs. BOS			0	0	—	10.80	4	0	0	3.1	7	3	1	0	0	0	0										
vs. DET			—	—	—	—	0	—	—	0	0	0	0	—	0	0	0										
vs. MIL			0	0	—	2.70	3	0	0	3.1	5	0	4	0	0	0	0										
vs. NY			0	0	—	4.50	3	0	0	4	4	1	4	0	0	0	0										
vs. TOR			0	0	—	3.86	4	0	0	2.1	1	1	1	0	0	0	0										
1979	NY	N	1	2	.333	4.89	18	2	0	35	33	22	22	0	1	2	0	6	0	0	.000	2	9	0	1	0.6	1.000
1981			0	1	.000	1.59	8	0	0	17	13	6	18	0	0	1	1	2	0	0	.000	1	2	0	0	0.4	1.000
1982			4	10	.286	2.72	54	2	0	109.1	92	40	89	0	4	8	4	14	2	0	.143	4	16	0	0	0.4	1.000
1983			13	7	.650	1.47	62	0	0	110	76	38	84	0	13	7	17	12	4	0	.333	5	19	0	0	0.4	1.000
1984			10	6	.625	2.59	60	0	0	87	58	34	85	0	10	6	31	4	1	0	.250	2	11	1	1	0.2	.929
1985			8	6	.571	2.73	54	0	0	79	66	34	68	0	8	6	17	7	3	0	.429	3	8	1	2	0.2	.917
1986			8	6	.571	2.33	58	0	0	81	64	35	62	0	8	6	21	6	0	0	.000	4	8	0	0	0.2	1.000
1987			3	9	.250	4.44	58	0	0	77	78	31	78	0	3	9	16	8	0	0	.000	4	9	0	0	0.2	1.000
1988	LA	N	3	2	.600	2.72	55	0	0	53	41	30	43	0	3	2	9	2	0	0	.000	1	10	0	1	0.2	1.000
1989	CLE	A	3	4	.429	2.08	69	0	0	78	54	26	79	0	3	4	3	0	0	0	—	6	13	0	1	0.3	1.000
1990			5	4	.556	3.90	55	0	0	64.2	58	38	55	0	5	4	2	0	0	0	—	1	14	1	1	0.3	.938
1991			2	0	1.000	3.74	47	0	0	45.2	52	15	36	0	2	0	0	0	0	0	—	3	3	0	0	0.1	1.000
12 yrs.			60	57	.513	2.82	598	4	0	836.2	685	349	719	0	60	55	121	58	10	0	.172	36	122	3	9	0.3	.981

LEAGUE CHAMPIONSHIP SERIES

1986	NY	N	3	0	1.000	3.38	4	0	0	8	5	2	10	0	3	0	0	0	0	0	—	1	1	0	0	0.5	1.000
1988	LA	N	0	0	—	7.71	4	0	0	2.1	4	3	0	0	0	0	0	0	0	0	—	1	0	0	0	0.3	1.000
2 yrs.			3	0	1.000	4.35	8	0	0	10.1	9	5	10	0	3	0	0	0	0	0	—	2	1	0	0	0.4	1.000

WORLD SERIES

1986	NY	N	0	0	—	0.00	4	0	0	5.2	2	0	6	0	0	0	2	1	1	0	1.000	0	0	0	0	0.0	—

Al Osuna

OSUNA, ALFONSO, JR.
B. Aug. 10, 1965, Inglewood, Calif.
BR TL 6′ 3″ 200 lbs.

			W	L	%	ERA	G	GS	CG	IP	H	BB	SO	ShO	W	L	SV	AB	H	HR	BA	PO	A	E	DP	TC/G	FA
April			1	0	1.000	1.00	10	0	0	9	7	3	3	0	1	0	0										
May			0	2	.000	3.55	11	0	0	12.2	7	6	13	0	0	2	4										
June			3	0	1.000	2.63	13	0	0	13.2	14	9	8	0	3	0	1										
July			2	1	.667	1.56	11	0	0	17.1	8	14	17	0	2	1	2										
Aug			1	2	.333	3.60	13	0	0	15	13	7	11	0	1	2	2										
Sept/Oct			0	1	.000	7.71	13	0	0	14	10	7	16	0	0	1	3										
Day			1	0	1.000	0.40	17	0	0	22.1	10	8	18	0	1	0	3										
Night			6	6	.500	4.55	54	0	0	59.1	49	38	50	0	6	6	9										
vs. Left			—	—	—	—	—	—	—	—	26	10	24		—	—	—										
vs. Right			—	—	—	—	—	—	—	—	33	36	44		—	—	—										
On Grass			2	0	1.000	2.61	19	0	0	20.2	14	10	19	0	2	0	5										
On Turf			5	6	.455	3.69	52	0	0	61	45	36	49	0	5	6	7										
Home			4	3	.571	4.35	37	0	0	41.1	29	23	32	0	4	3	5										
Road			3	3	.500	2.45	34	0	0	40.1	30	23	36	0	3	3	7										
Division Rivals																												
vs. ATL			1	0	1.000	1.69	7	0	0	5.1	6	1	2	0	1	0	0										
vs. CIN			0	0	—	0.00	7	0	0	9	1	3	9	0	0	0	0										
vs. LA			1	1	.500	3.68	9	0	0	14.2	5	11	17	0	1	1	3										
vs. SD			0	1	.000	10.80	7	0	0	5	8	2	3	0	0	1	2										
vs. SF			0	0	—	4.91	7	0	0	7.1	6	6	5	0	0	0	1										
1990	HOU	N	2	0	1.000	4.76	12	0	0	11.1	10	6	6	0	2	0	0	0	0	0	—	1	1	0	0	0.2	1.000
1991			7	6	.538	3.42	71	0	0	81.2	59	46	68	0	7	6	12	2	0	0	.000	4	10	1	2	0.2	.933
2 yrs.			9	6	.600	3.58	83	0	0	93	69	52	74	0	9	6	12	2	0	0	.000	5	11	1	2	0.2	.941

PITCHER REGISTER

Year	Team	W	L	%	ERA	G	GS	CG	IP	H	BB	SO	ShO	RELIEF PITCHING W	L	SV	BATTING AB	H	HR	BA	PO	A	E	DP	TC/G	FA

Dave Otto

OTTO, DAVID ALAN
B. Nov. 12, 1964, Chicago, Ill.
BL TL 6' 7" 210 lbs.

Split	W	L	%	ERA	G	GS	CG	IP	H	BB	SO	ShO	W	L	SV
April	—	—	—	—	0	—	—	0	0	0	0	—	0	0	0
May	—	—	—	—	0	—	—	0	0	0	0	—	0	0	0
June	0	0	—	2.25	1	0	0	4	4	2	3	0	0	0	0
July	0	1	.000	4.44	6	3	0	24.1	24	9	11	0	0	0	0
Aug	1	4	.200	3.95	6	6	0	41	41	8	21	0	0	0	0
Sept/Oct	1	3	.250	4.70	5	5	1	30.2	39	8	12	0	0	0	0
Day	0	1	.000	2.20	4	1	0	16.1	15	3	10	0	0	0	0
Night	2	7	.222	4.63	14	13	1	83.2	93	24	37	0	0	0	0
vs. Left	—	—	—	—	—	—	—	—	21	4	3	—	—	—	—
vs. Right	—	—	—	—	—	—	—	—	87	23	44	—	—	—	—
On Grass	1	8	.111	4.45	16	13	1	91	98	25	45	0	0	0	0
On Turf	1	0	1.000	2.00	2	1	0	9	10	2	2	0	0	0	0
Home	1	6	.143	4.12	9	8	1	59	63	11	31	0	0	0	0
Road	1	2	.333	4.39	9	6	0	41	45	16	16	0	0	0	0
Division Rivals															
vs. BAL	0	1	.000	1.80	2	2	1	15	11	5	6	0	0	0	0
vs. BOS	0	1	.000	3.60	2	2	0	15	14	3	6	0	0	0	0
vs. DET	0	1	.000	4.35	2	1	0	10.1	12	4	6	0	0	0	0
vs. MIL	1	0	1.000	1.74	2	1	0	10.1	14	0	1	0	0	0	0
vs. NY	0	0	—	0.00	1	0	0	0	2	1	0	0	0	0	0
vs. TOR	0	1	.000	27.00	1	1	0	2.1	8	1	2	0	0	0	0

Year	Team	W	L	%	ERA	G	GS	CG	IP	H	BB	SO	ShO	W	L	SV	AB	H	HR	BA	PO	A	E	DP	TC/G	FA
1987	OAK A	0	0	—	9.00	3	0	0	6	7	1	3	0	0	0	0	0	0	0	—	1	0	0	0	0.3	1.000
1988		0	0	—	1.80	3	2	0	10	9	6	7	0	0	0	0	0	0	0	—	1	1	0	0	0.7	1.000
1989		0	0	—	2.70	1	1	0	6.2	6	2	4	0	0	0	0	0	0	0	—	0	1	0	0	1.0	1.000
1990		0	0	—	7.71	2	0	0	2.1	3	3	2	0	0	0	0	0	0	0	—	0	2	0	1	1.0	1.000
1991	CLE A	2	8	.200	4.23	18	14	1	100	108	27	47	0	0	0	0	0	0	0	—	1	16	1	0	1.0	.944
5 yrs.		2	8	.200	4.25	27	17	1	125	133	39	63	0	0	0	0	0	0	0	—	3	20	1	1	0.9	.958

Vicente Palacios

PALACIOS, VICENTE
Born Vicente Palacios y Hernandez.
B. July 19, 1963, Veracruz, Mexico
BR TR 6' 3" 165 lbs.

Split	W	L	%	ERA	G	GS	CG	IP	H	BB	SO	ShO	W	L	SV
April	1	0	1.000	0.48	4	2	1	18.2	7	3	13	1	0	0	1
May	2	2	.500	5.33	7	4	0	25.1	26	13	16	0	1	0	0
June	2	0	1.000	2.20	10	0	0	16.1	10	10	15	0	2	0	1
July	1	1	.500	5.54	8	0	0	13	15	8	13	0	1	1	0
Aug	0	0	—	0.00	1	0	0	0	3	1	0	0	0	0	0
Sept/Oct	0	0	—	3.24	6	1	0	8.1	8	3	7	0	0	0	1
Day	0	1	.000	8.10	4	1	0	10	11	6	8	0	0	0	1
Night	6	2	.750	3.14	32	6	1	71.2	58	32	56	1	4	1	2
vs. Left	—	—	—	—	—	—	—	—	32	18	24	—	—	—	—
vs. Right	—	—	—	—	—	—	—	—	37	20	40	—	—	—	—
On Grass	0	2	.000	10.64	9	1	0	11	18	4	9	0	0	1	2
On Turf	6	1	.857	2.67	27	6	1	70.2	51	34	55	1	4	0	1
Home	4	1	.800	2.05	19	4	0	48.1	34	25	36	0	3	0	0
Road	2	2	.500	6.21	17	3	1	33.1	35	13	28	1	1	1	3
Division Rivals															
vs. CHI	1	0	1.000	4.50	6	1	0	12	7	7	8	0	1	0	1
vs. MON	1	0	1.000	0.61	5	1	1	14.2	11	3	9	1	0	0	0
vs. NY	0	0	—	7.36	3	1	0	3.2	6	2	2	0	0	0	0
vs. PHI	1	0	1.000	0.00	4	0	0	5.2	3	2	8	0	1	0	1
vs. STL	0	0	—	8.10	2	0	0	3.1	4	4	1	0	0	0	0

Year	Team	W	L	%	ERA	G	GS	CG	IP	H	BB	SO	ShO	W	L	SV	AB	H	HR	BA	PO	A	E	DP	TC/G	FA
1987	PIT N	2	1	.667	4.30	6	4	0	29.1	27	9	13	0	0	0	0	9	1	0	.111	2	1	0	0	0.5	1.000
1988		1	2	.333	6.66	7	3	0	24.1	28	15	15	0	0	1	0	8	0	0	.000	3	5	0	0	1.1	1.000
1990		0	0	—	0.00	7	0	0	15	4	2	8	0	0	0	3	4	0	0	.000	2	0	0	0	0.3	1.000
1991		6	3	.667	3.75	36	7	1	81.2	69	38	64	1	4	1	3	14	1	0	.071	4	9	0	0	0.4	1.000
4 yrs.		9	6	.600	3.95	56	14	1	150.1	128	64	100	1	4	2	6	35	2	0	.057	11	15	0	0	0.5	1.000

PITCHER REGISTER

Year	Team		W	L	%	ERA	G	GS	CG	IP	H	BB	SO	ShO	RELIEF PITCHING W	L	SV	BATTING AB	H	HR	BA	PO	A	E	DP	TC/G	FA

Donn Pall
PALL, DONN STEVEN
B. Jan. 11, 1962, Chicago, Ill.
BR TR 6' 2" 185 lbs.

	W	L	%	ERA	G	GS	CG	IP	H	BB	SO	ShO	W	L	SV
April	0	0	—	0.00	6	0	0	9	7	2	6	0	0	0	0
May	2	1	.667	1.74	11	0	0	10.1	10	4	3	0	2	1	0
June	0	0	—	1.29	8	0	0	7	5	0	3	0	0	0	0
July	2	0	1.000	7.00	9	0	0	9	14	5	4	0	2	0	0
Aug	2	1	.667	2.29	9	0	0	19.2	10	5	16	0	2	1	0
Sept/Oct	1	0	1.000	2.25	8	0	0	16	13	4	8	0	1	0	0
Day	0	0	—	2.19	15	0	0	24.2	22	5	9	0	0	0	0
Night	7	2	.778	2.53	36	0	0	46.1	37	15	31	0	7	2	0
vs. Left	—	—	—	—	—	—	—	—	20	10	19	—	—	—	—
vs. Right	—	—	—	—	—	—	—	—	39	10	21	—	—	—	—
On Grass	6	2	.750	2.64	44	0	0	58	53	18	32	0	6	2	0
On Turf	1	0	1.000	1.38	7	0	0	13	6	2	8	0	1	0	0
Home	5	0	1.000	2.19	26	0	0	37	29	11	23	0	5	0	0
Road	2	2	.500	2.65	25	0	0	34	30	9	17	0	2	2	0
Division Rivals															
vs. CAL	1	0	1.000	0.00	5	0	0	6.1	4	1	1	0	1	0	0
vs. KC	0	0	—	0.00	3	0	0	7.2	3	0	3	0	0	0	0
vs. MIN	0	0	—	6.00	3	0	0	3	4	1	0	0	0	0	0
vs. OAK	0	0	—	2.70	2	0	0	3.1	5	1	1	0	0	0	0
vs. SEA	1	0	1.000	2.25	5	0	0	8	4	3	6	0	1	0	0
vs. TEX	2	0	1.000	4.15	4	0	0	4.1	5	1	4	0	2	0	0

Year	Team		W	L	%	ERA	G	GS	CG	IP	H	BB	SO	ShO	W	L	SV	AB	H	HR	BA	PO	A	E	DP	TC/G	FA
1988	CHI	A	0	2	.000	3.45	17	0	0	28.2	39	8	16	0	0	2	0	0	0	0	—	4	6	0	1	0.6	1.000
1989			4	5	.444	3.31	53	0	0	87	90	19	58	0	4	5	6	0	0	0	—	5	7	2	0	0.3	.857
1990			3	5	.375	3.32	56	0	0	76	63	24	39	0	3	5	2	0	0	0	—	1	11	0	2	0.2	1.000
1991			7	2	.778	2.41	51	0	0	71	59	20	40	0	7	2	0	0	0	0	—	4	8	1	0	0.3	.923
4 yrs.			14	14	.500	3.08	177	0	0	262.2	251	71	153	0	14	14	8	0	0	0	—	14	32	3	3	0.3	.939

Jeff Parrett
PARRETT, JEFFREY DALE
B. Aug. 26, 1961, Indianapolis, Ind.
BR TR 6' 4" 185 lbs.

Year	Team		W	L	%	ERA	G	GS	CG	IP	H	BB	SO	ShO	W	L	SV	AB	H	HR	BA	PO	A	E	DP	TC/G	FA
1986	MON	N	0	1	.000	4.87	12	0	0	20.1	19	13	21	0	0	1	0	2	1	0	.500	1	2	0	1	0.3	1.000
1987			7	6	.538	4.21	45	0	0	62	53	30	56	0	7	6	6	5	0	0	.000	3	9	2	1	0.3	.857
1988			12	4	.750	2.65	61	0	0	91.2	66	45	62	0	**12**	4	6	6	0	0	—	7	9	1	0	0.3	.941
1989	PHI	N	12	6	.667	2.98	72	0	0	105.2	90	44	98	0	**12**	6	6	5	0	0	.000	2	9	0	0	0.2	1.000
1990	2 teams		PHI N (47G 4 - 9)				ATL N (20G 1 - 1)																				
"	total		5	10	.333	4.64	67	5	0	108.2	119	55	86	0	4	7	2	11	1	0	.091	1	18	4	1	0.3	.826
1991	ATL	N	1	2	.333	6.33	18	0	0	21.1	31	12	14	0	1	2	1	0	0	0	—	3	5	1	1	0.5	.889
6 yrs.			37	29	.561	3.80	275	5	0	409.2	378	199	337	0	36	26	21	23	2	0	.087	17	52	8	4	0.3	.896

Bob Patterson
PATTERSON, ROBERT CHANDLER
B. May 16, 1959, Jacksonville, Fla.
BR TL 6' 2" 185 lbs.

	W	L	%	ERA	G	GS	CG	IP	H	BB	SO	ShO	W	L	SV
April	1	0	1.000	6.48	7	0	0	8.1	7	3	3	0	1	0	0
May	0	0	—	5.40	9	0	0	10	11	3	14	0	0	0	0
June	0	0	—	1.38	11	0	0	13	11	0	7	0	0	0	1
July	0	0	—	4.50	9	0	0	8	8	2	10	0	0	0	1
Aug	1	1	.500	3.75	8	1	0	12	14	4	12	0	1	1	0
Sept/Oct	2	2	.500	4.40	10	0	0	14.1	16	3	11	0	2	2	0
Day	1	2	.333	5.59	16	0	0	19.1	20	4	11	0	1	2	2
Night	3	1	.750	3.50	38	1	0	46.1	47	11	46	0	3	1	0
vs. Left	—	—	—	—	—	—	—	—	15	4	25	—	—	—	—
vs. Right	—	—	—	—	—	—	—	—	52	11	32	—	—	—	—

PITCHER REGISTER

Year	Team	W	L	%	ERA	G	GS	CG	IP	H	BB	SO	ShO	RELIEF PITCHING W	L	SV	BATTING AB	H	HR	BA	PO	A	E	DP	TC/G	FA

Bob Patterson *Continued*

		W	L	%	ERA	G	GS	CG	IP	H	BB	SO	ShO	W	L	SV	AB	H	HR	BA	PO	A	E	DP	TC/G	FA
On Grass		2	0	1.000	2.96	17	1	0	27.1	24	7	23	0	2	0	0										
On Turf		2	3	.400	4.93	37	0	0	38.1	43	8	34	0	2	3	2										
Home		2	2	.500	4.94	23	0	0	27.1	30	6	29	0	2	2	0										
Road		2	1	.667	3.52	31	1	0	38.1	37	9	28	0	2	1	2										
Division Rivals																										
vs. CHI		1	0	1.000	9.45	7	0	0	6.2	9	1	4	0	1	0	0										
vs. MON		0	0	—	4.50	3	0	0	2	3	0	1	0	0	0	0										
vs. NY		1	1	.500	3.48	6	0	0	10.1	8	5	8	0	1	1	0										
vs. PHI		0	0	—	1.23	6	0	0	7.1	4	0	8	0	0	0	1										
vs. STL		1	1	.500	5.63	6	0	0	8	10	2	10	0	1	1	0										
1985	SD N	0	0	—	24.75	3	0	0	4	13	3	1	0	0	0	0	0	0	0	—	0	0	0	0	0.0	—
1986	PIT N	2	3	.400	4.95	11	5	0	36.1	49	5	20	0	1	2	0	8	1	0	.125	1	9	0	1	0.9	1.000
1987		1	4	.200	6.70	15	7	0	43	49	22	27	0	0	0	0	12	1	0	.083	0	7	0	0	0.5	1.000
1989		4	3	.571	4.05	12	3	0	26.2	23	8	20	0	3	1	1	3	0	0	.000	1	2	0	0	0.3	1.000
1990		8	5	.615	2.95	55	5	0	94.2	88	21	70	0	6	3	5	19	1	0	.053	9	10	0	0	0.3	1.000
1991		4	3	.571	4.11	54	1	0	65.2	67	15	57	0	4	3	2	4	1	0	.250	4	9	0	1	0.2	1.000
6 yrs.		19	18	.514	4.53	150	21	0	270.1	289	74	195	0	14	9	8	46	4	0	.087	15	37	0	2	0.3	1.000

LEAGUE CHAMPIONSHIP SERIES

Year	Team	W	L	%	ERA	G	GS	CG	IP	H	BB	SO	ShO	W	L	SV	AB	H	HR	BA	PO	A	E	DP	TC/G	FA
1990	PIT N	0	0	—	0.00	2	0	0	1	1	2	0	0	0	0	1	0	0	0	—	0	1	0	0	0.5	1.000
1991		0	0	—	0.00	1	0	0	2	1	0	3	0	0	0	0	0	0	0	—	0	0	0	0	0.0	—
2 yrs.		0	0	—	0.00	3	0	0	3	2	2	3	0	0	0	1	0	0	0	—	0	1	0	0	0.3	1.000

Ken Patterson

PATTERSON, KENNETH BRIAN
B. July 8, 1964, Costa Mesa, Calif.
BL TL 6' 4" 210 lbs.

	W	L	%	ERA	G	GS	CG	IP	H	BB	SO	ShO	W	L	SV	AB	H	HR	BA	PO	A	E	DP	TC/G	FA
April	0	0	—	6.75	4	0	0	6.2	9	2	4	0	0	0	0										
May	1	0	1.000	3.60	9	0	0	10	6	8	6	0	1	0	0										
June	1	0	1.000	0.00	6	0	0	11	5	6	1	0	1	0	0										
July	1	0	1.000	1.86	8	0	0	9.2	7	5	4	0	1	0	1										
Aug	0	0	—	3.38	8	0	0	18.2	15	10	16	0	0	0	0										
Sept/Oct	0	0	—	2.35	8	0	0	7.2	6	4	1	0	0	0	0										
Day	2	0	1.000	3.00	11	0	0	15	9	8	8	0	2	0	0										
Night	1	0	1.000	2.77	32	0	0	48.2	39	27	24	0	1	0	1										
vs. Left	—	—	—	—	—	—	—	—	17	10	7	—	—	—	—										
vs. Right	—	—	—	—	—	—	—	—	31	25	25	—	—	—	—										
On Grass	3	0	1.000	2.44	35	0	0	55.1	38	30	27	0	3	0	1										
On Turf	0	0	—	5.40	8	0	0	8.1	10	5	5	0	0	0	0										
Home	3	0	1.000	2.53	22	0	0	32	26	18	13	0	3	0	1										
Road	0	0	—	3.13	21	0	0	31.2	22	17	19	0	0	0	0										
Division Rivals																									
vs. CAL	0	0	—	3.86	6	0	0	2.1	2	2	0	0	0	0	0										
vs. KC	0	0	—	4.05	5	0	0	6.2	6	2	4	0	0	0	0										
vs. MIN	1	0	1.000	0.00	3	0	0	4.2	2	0	0	0	1	0	0										
vs. OAK	0	0	—	6.75	2	0	0	1.1	0	2	1	0	0	0	0										
vs. SEA	0	0	—	3.00	4	0	0	6	6	5	1	0	0	0	0										
vs. TEX	1	0	1.000	0.00	4	0	0	5.2	4	4	0	0	1	0	0										
1988 CHI A	0	2	.000	4.79	9	2	0	20.2	25	7	8	0	0	1	1	0	0	0	—	1	2	0	0	0.3	1.000
1989	6	1	.857	4.52	50	1	0	65.2	64	28	43	0	6	1	1	0	0	0	—	3	4	0	1	0.1	1.000
1990	2	1	.667	3.39	43	0	0	66.1	58	34	40	0	2	1	2	0	0	0	—	2	12	1	0	0.3	.933
1991	3	0	1.000	2.83	43	0	0	63.2	48	35	32	0	3	0	1	0	0	0	—	1	6	3	1	0.2	.700
4 yrs.	11	4	.733	3.70	145	3	0	216.1	195	104	123	0	11	3	4	0	0	0	—	7	24	4	2	0.2	.886

Dave Pavlas

PAVLAS, DAVID LEE, JR.
B. Aug. 12, 1962, Frankfurt, West Germany
BR TR 6' 7" 180 lbs.

Year	Team	W	L	%	ERA	G	GS	CG	IP	H	BB	SO	ShO	W	L	SV	AB	H	HR	BA	PO	A	E	DP	TC/G	FA
1990	CHI N	2	0	1.000	2.11	13	0	0	21.1	23	6	12	0	2	0	1	0	0	0	.000	1	2	0	0	0.2	1.000
1991		0	0	—	18.00	1	0	0	1	3	0	0	0	0	0	0	0	0	0	—	0	0	0	0	0.0	—
2 yrs.		2	0	1.000	2.82	14	0	0	22.1	26	6	12	0	2	0	1	0	0	0	.000	1	2	0	0	0.2	1.000

PITCHER REGISTER

Year	Team	W	L	%	ERA	G	GS	CG	IP	H	BB	SO	ShO	Relief W	Relief L	SV	AB	H	HR	BA	PO	A	E	DP	TC/G	FA

Bill Pecota
PECOTA, WILLIAM JOSEPH
B. Feb. 16, 1960, Redwood City, Calif.
BR TR 6′ 2″ 195 lbs.

Year	Team	W	L	%	ERA	G	GS	CG	IP	H	BB	SO	ShO	RW	RL	SV	AB	H	HR	BA	PO	A	E	DP	TC/G	FA
1991	KC A	0	0	—	4.50	1	0	0	2	4	0	0	0	0	0	0	*				0	0	0	0	0.0	—

Alejandro Pena
PENA, ALEJANDRO
Born Alejandro Pena y Vasquez.
B. June 25, 1959, Cambiaso Puerto Plata, Dominican Republic
BR TR 6′ 3″ 200 lbs.

RELIEF PITCHER (charts: WINS, ERA, SAVES, RATIO vs NL AVG)

Split	W	L	%	ERA	G	GS	CG	IP	H	BB	SO	ShO	RW	RL	SV
April	0	0	—	2.00	7	0	0	9	5	3	3	0	0	0	1
May	1	0	1.000	4.22	8	0	0	10.2	12	5	6	0	1	0	1
June	3	0	1.000	2.51	9	0	0	14.1	17	2	13	0	3	0	1
July	2	0	1.000	2.45	11	0	0	14.2	14	7	13	0	2	0	1
Aug	0	1	.000	3.38	10	0	0	16	18	2	14	0	0	1	0
Sept/Oct	2	0	1.000	0.51	14	0	0	17.2	8	3	13	0	2	0	11
Day	1	0	1.000	3.06	13	0	0	17.2	15	8	13	0	1	0	3
Night	7	1	.875	2.23	46	0	0	64.2	59	14	49	0	7	1	12
vs. Left	—	—	—	—	—	—	—	—	29	13	35	—	—	—	—
vs. Right	—	—	—	—	—	—	—	—	45	9	27	—	—	—	—
On Grass	6	1	.857	2.26	43	0	0	59.2	52	19	47	0	6	1	10
On Turf	2	0	1.000	2.78	16	0	0	22.2	22	3	15	0	2	0	5
Home	4	1	.800	3.05	30	0	0	38.1	38	13	31	0	4	1	5
Road	4	0	1.000	1.84	29	0	0	44	36	9	31	0	4	0	10
Division Rivals															
vs. CIN	2	0	1.000	0.00	5	0	0	5.2	5	0	4	0	2	0	2
vs. HOU	1	0	1.000	4.00	6	0	0	9	12	2	6	0	1	0	3
vs. LA	0	0	—	1.13	6	0	0	8	7	3	5	0	0	0	0
vs. SD	0	0	—	0.00	6	0	0	6	1	2	4	0	0	0	5
vs. SF	1	0	1.000	2.79	7	0	0	9.2	7	4	7	0	1	0	2

Year	Team	W	L	%	ERA	G	GS	CG	IP	H	BB	SO	ShO	RW	RL	SV	AB	H	HR	BA	PO	A	E	DP	TC/G	FA
1981	LA N	1	1	.500	2.88	14	0	0	25	18	11	14	0	1	1	2	6	0	0	.000	1	5	1	0	0.5	.857
1982		0	2	.000	4.79	29	0	0	35.2	37	21	20	0	0	2	0	0	0	0	—	3	11	2	1	0.6	.875
1983		12	9	.571	2.75	34	26	4	177	152	51	120	3	2	1	1	60	6	1	.100	13	32	4	4	1.4	.918
1984		12	6	.667	**2.48**	28	28	8	199.1	186	46	135	**4**	0	0	0	66	8	0	.121	17	21	4	1	1.5	.905
1985		0	1	.000	8.31	2	1	0	4.1	7	3	2	0	0	0	1	1	0	0	.000	0	1	0	0	1.0	.500
1986		1	2	.333	4.89	24	10	0	70	74	30	46	0	0	1	1	17	3	0	.176	1	8	0	0	0.4	1.000
1987		2	7	.222	3.50	37	7	0	87.1	82	37	76	0	2	2	11	13	1	0	.077	4	1	1	0	0.2	.833
1988		6	7	.462	1.91	60	0	0	94.1	75	27	83	0	6	7	12	6	0	0	.000	9	10	2	1	0.4	.905
1989		4	3	.571	2.13	53	0	0	76	62	18	75	0	4	3	5	1	1	0	1.000	1	5	1	0	0.1	.857
1990	NY N	3	3	.500	3.20	52	0	0	76	71	22	76	0	3	3	5	6	1	0	.167	2	4	0	0	0.1	1.000
1991	2 teams				NY N (44G 6 – 1)				ATL N (15G 2 – 0)																	
"	total	8	1	.889	2.40	59	0	0	82.1	74	22	62	0	8	1	15	1	0	0	.000	6	9	1	1	0.3	.938
11 yrs.		49	42	.538	2.90	392	72	12	927.1	838	288	709	7	26	22	52	177	20	1	.113	57	107	17	8	0.5	.906

LEAGUE CHAMPIONSHIP SERIES

Year	Team	W	L	%	ERA	G	GS	CG	IP	H	BB	SO	ShO	RW	RL	SV	AB	H	HR	BA	PO	A	E	DP	TC/G	FA
1981	LA N	0	0	—	0.00	2	0	0	2.1	1	0	0	0	0	0	0	0	0	0	—	0	0	0	0	0.0	—
1983		0	0	—	6.75	1	0	0	2.2	4	1	3	0	0	0	0	1	1	0	1.000	0	0	0	0	0.0	—
1988		1	1	.500	4.15	3	0	0	4.1	1	5	1	0	1	1	1	0	0	0	—	0	0	0	0	0.0	—
1991	ATL N	0	0	—	0.00	4	0	0	4.1	1	0	4	0	0	0	3	0	0	0	—	1	2	0	0	0.8	1.000
4 yrs.		1	1	.500	2.63	10	0	0	13.2	7	6	8	0	1	1	4	1	1	0	1.000	1	2	0	0	0.3	1.000

WORLD SERIES

Year	Team	W	L	%	ERA	G	GS	CG	IP	H	BB	SO	ShO	RW	RL	SV	AB	H	HR	BA	PO	A	E	DP	TC/G	FA
1988	LA N	1	0	1.000	0.00	2	0	0	5	2	1	7	0	1	0	0	0	0	0	—	0	0	0	0	0.0	—
1991	ATL N	0	1	.000	3.38	3	0	0	5.1	6	3	7	0	0	1	0	0	0	0	—	0	0	0	0	0.0	—
2 yrs.		1	1	.500	1.74	5	0	0	10.1	8	4	14	0	1	1	0	0	0	0	—	0	0	0	0	0.0	—

PITCHER REGISTER

Year	Team	W	L	%	ERA	G	GS	CG	IP	H	BB	SO	ShO	RELIEF PITCHING W	L	SV	BATTING AB	H	HR	BA	PO	A	E	DP	TC/G	FA

Melido Perez

PEREZ, MELIDO TURPEN
Born Melido Turpen Gross y Perez.
Brother of Pascual Perez.
B. Feb. 15, 1966, San Cristobal, Dominican Republic
BR TR 6′ 4″ 180 lbs.

Split	W	L	%	ERA	G	GS	CG	IP	H	BB	SO	ShO	W	L	SV
April	1	0	1.000	4.41	3	3	0	16.1	13	10	15	0	0	0	0
May	0	4	.000	4.81	6	5	0	33.2	33	18	31	0	0	0	0
June	2	0	1.000	1.69	9	0	0	21.1	14	6	15	0	2	0	0
July	3	0	1.000	2.20	9	0	0	28.2	22	6	20	0	3	0	0
Aug	0	0	—	1.53	10	0	0	17.2	10	4	19	0	0	0	0
Sept/Oct	2	3	.400	3.50	12	0	0	18	19	8	28	0	2	3	1
Day	1	0	1.000	2.21	6	2	0	20.1	9	18	21	0	1	0	0
Night	7	7	.500	3.28	43	6	0	115.1	102	34	107	0	6	3	1
vs. Left	—	—	—	—	—	—	—	—	45	24	66	—	—	—	—
vs. Right	—	—	—	—	—	—	—	—	66	28	62	—	—	—	—
On Grass	7	6	.538	3.27	42	7	0	118.1	96	47	108	0	6	3	1
On Turf	1	1	.500	2.08	7	1	0	17.1	15	5	20	0	1	0	0
Home	2	3	.400	3.61	25	3	0	62.1	57	23	56	0	1	2	0
Road	6	4	.600	2.70	24	5	0	73.1	54	29	72	0	6	1	1
Division Rivals															
vs. CAL	1	2	.333	5.65	6	1	0	14.1	19	1	14	0	1	1	0
vs. KC	0	0	—	0.75	4	0	0	12	8	2	13	0	0	0	0
vs. MIN	0	1	.000	2.08	4	0	0	4.1	5	2	2	0	0	1	0
vs. OAK	1	0	1.000	2.16	4	1	0	8.1	7	10	11	0	1	0	0
vs. SEA	1	1	.500	2.61	5	0	0	10.1	8	3	11	0	1	1	0
vs. TEX	1	0	1.000	7.24	5	0	0	13.2	15	6	13	0	1	0	1

Year	Team	Lg	W	L	%	ERA	G	GS	CG	IP	H	BB	SO	ShO	W	L	SV	AB	H	HR	BA	PO	A	E	DP	TC/G	FA
1987	KC	A	1	1	.500	7.84	3	3	0	10.1	18	5	5	0	0	0	0	0	0	0	—	0	0	1	0	0.3	—
1988	CHI	A	12	10	.545	3.79	32	32	3	197	186	72	138	1	0	0	0	0	0	0	—	8	18	1	1	0.8	.963
1989			11	14	.440	5.01	31	31	2	183.1	187	90	141	0	0	0	0	0	0	0	—	9	19	1	3	0.9	.966
1990			13	14	.481	4.61	35	35	3	197	177	86	161	3	0	0	0	0	0	0	—	4	20	1	0	0.7	.960
1991			8	7	.533	3.12	49	8	0	135.2	111	52	128	0	7	3	1	0	0	0	—	9	19	3	1	0.6	.903
5 yrs.			45	46	.495	4.26	150	109	8	723.1	679	305	573	4	7	3	1	0	0	0	—	30	76	7	5	0.8	.938

Mike Perez

PEREZ, MICHAEL IRVIN
B. Oct. 19, 1964, Yauco, Puerto Rico
BR TR 6′ 185 lbs.

Year	Team	Lg	W	L	%	ERA	G	GS	CG	IP	H	BB	SO	ShO	W	L	SV	AB	H	HR	BA	PO	A	E	DP	TC/G	FA
1990	STL	N	1	0	1.000	3.95	13	0	0	13.2	12	3	5	0	1	0	1	1	0	0	.000	3	2	0	0	0.4	1.000
1991			0	2	.000	5.82	14	0	0	17	19	7	7	0	0	2	0	0	0	0	—	0	2	0	0	0.1	1.000
2 yrs.			1	2	.333	4.99	27	0	0	30.2	31	10	12	0	1	2	1	1	0	0	.000	3	4	0	0	0.3	1.000

Pascual Perez

PEREZ, PASCUAL
Born Pascual Gross y Perez.
Brother of Melido Perez.
B. May 17, 1957, San Cristobal, Dominican Republic
BR TR 6′ 2″ 162 lbs.

Year	Team	Lg	W	L	%	ERA	G	GS	CG	IP	H	BB	SO	ShO	W	L	SV	AB	H	HR	BA	PO	A	E	DP	TC/G	FA
1980	PIT	N	0	1	.000	3.75	2	2	0	12	15	2	7	0	0	0	0	4	1	0	.250	1	1	0	0	1.0	1.000
1981			2	7	.222	3.98	17	13	2	86	92	34	46	0	0	1	0	22	3	0	.136	7	13	1	0	1.2	.952
1982	ATL	N	4	4	.500	3.06	16	11	0	79.1	85	17	29	0	2	0	0	18	3	0	.167	9	11	1	2	1.3	.952
1983			15	8	.652	3.43	33	33	7	215.1	213	51	144	1	0	0	0	75	12	0	.160	24	33	4	2	1.8	.934
1984			14	8	.636	3.74	30	30	4	211.2	208	51	145	1	0	0	0	66	5	0	.076	19	40	1	1	2.0	.983
1985			1	13	.071	6.14	22	22	0	95.1	115	57	57	0	0	0	0	25	3	0	.120	7	9	1	0	0.8	.941
1987	MON	N	7	0	1.000	2.30	10	10	2	70.1	52	16	58	0	0	0	0	24	1	0	.042	6	17	3	0	2.6	.885
1988			12	8	.600	2.44	27	27	4	188	133	44	131	2	0	0	0	54	2	0	.037	13	38	0	2	1.9	1.000
1989			9	13	.409	3.31	33	28	2	198.1	178	45	152	0	1	1	0	54	11	0	.204	17	26	2	1	1.4	.956
1990	NY	A	1	2	.333	1.29	3	3	0	14	8	3	12	0	0	0	0	0	0	0	—	0	0	0	0	0.0	—
1991			2	4	.333	3.18	14	14	0	73.2	68	24	41	0	0	0	0	0	0	0	—	2	10	2	1	1.0	.857
11 yrs.			67	68	.496	3.44	207	193	21	1244	1167	344	822	4	3	2	0	342	41	0	.120	105	198	15	9	1.5	.953

LEAGUE CHAMPIONSHIP SERIES

Year	Team	Lg	W	L	%	ERA	G	GS	CG	IP	H	BB	SO	ShO	W	L	SV	AB	H	HR	BA	PO	A	E	DP	TC/G	FA
1982	ATL	N	0	1	.000	5.19	2	1	0	8.2	10	2	4	0	0	0	0	3	0	0	.000	0	1	0	0	0.5	1.000

PITCHER REGISTER

Year	Team	W	L	%	ERA	G	GS	CG	IP	H	BB	SO	ShO	RELIEF PITCHING W	L	SV	BATTING AB	H	HR	BA	PO	A	E	DP	TC/G	FA

Yorkis Perez
PEREZ, YORKIS MIGUEL
B. Sept. 30, 1967, Bajas de Haina, Dominican Republic
BL TL 6′ 180 lbs.

Year	Team	W	L	%	ERA	G	GS	CG	IP	H	BB	SO	ShO	W	L	SV	AB	H	HR	BA	PO	A	E	DP	TC/G	FA
1991	CHI N	1	0	1.000	2.08	3	0	0	4.1	2	2	3	0	1	0	0	0	0	0	—	0	1	0	0	0.3	1.000

Adam Peterson
PETERSON, ADAM CHARLES
B. Dec. 11, 1965, Long Beach, Calif.
BR TR 6′ 3″ 190 lbs.

Year	Team	W	L	%	ERA	G	GS	CG	IP	H	BB	SO	ShO	W	L	SV	AB	H	HR	BA	PO	A	E	DP	TC/G	FA
1987	CHI A	0	0	—	13.50	1	1	0	4	8	3	1	0	0	0	0	0	0	0	—	1	0	0	0	1.0	1.000
1988		0	1	.000	13.50	2	2	0	6	6	6	5	0	0	0	0	0	0	0	—	0	0	1	0	0.5	—
1989		0	1	.000	15.19	3	2	0	5.1	13	2	3	0	0	0	0	0	0	0	—	1	0	1	0	0.7	.500
1990		2	5	.286	4.55	20	11	2	85	90	26	29	0	0	0	1	0	0	0	—	4	7	1	0	0.6	.917
1991	SD N	3	4	.429	4.45	13	11	0	54.2	50	28	37	0	0	0	0	13	0	0	.000	4	5	0	1	0.7	1.000
5 yrs.		5	11	.313	5.46	39	27	2	155	167	65	75	0	0	0	1	0	13	0	0	.000	10	12	3	1	0.6	.880

Mark Petkovsek
PETKOVSEK, MARK JOSEPH
B. Nov. 18, 1965, Beaumont, Tex.
BR TR 6′ 185 lbs.

Year	Team	W	L	%	ERA	G	GS	CG	IP	H	BB	SO	ShO	W	L	SV	AB	H	HR	BA	PO	A	E	DP	TC/G	FA
1991	TEX A	0	1	.000	14.46	4	1	0	9.1	21	4	6	0	0	0	0	0	0	0	—	1	0	0	0	0.3	1.000

Dan Petry
PETRY, DANIEL JOSEPH
B. Nov. 13, 1958, Palo Alto, Calif.
BR TR 6′ 4″ 185 lbs.

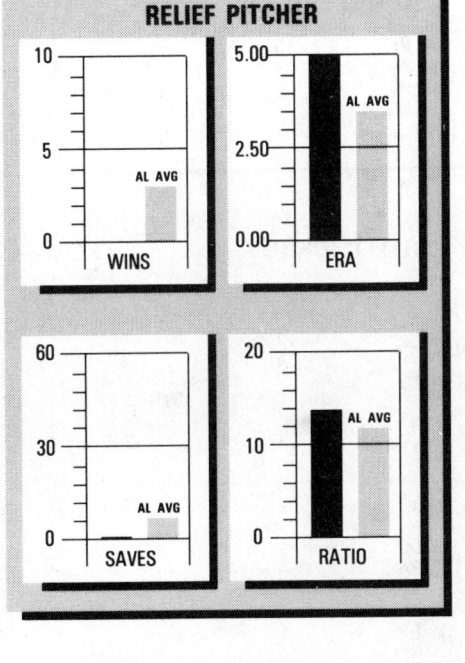

RELIEF PITCHER

Split	W	L	%	ERA	G	GS	CG	IP	H	BB	SO	ShO	W	L	SV
April	0	1	.000	1.20	4	1	0	15	12	5	2	0	0	0	0
May	2	2	.500	7.81	8	5	0	27.2	44	10	7	0	0	0	0
June	0	0	—	5.63	7	0	0	16	18	6	9	0	0	0	0
July	0	0	—	4.50	5	0	0	14	16	9	7	0	0	0	0
Aug	0	0	—	3.97	6	0	0	11.1	10	7	3	0	0	0	0
Sept/Oct	0	0	—	4.15	10	0	0	17.1	16	8	11	0	0	0	1
Day	1	0	1.000	3.16	15	1	0	37	26	15	19	0	0	0	0
Night	1	3	.250	6.02	25	5	0	64.1	90	30	20	0	0	0	1
vs. Left	—	—	—	—	—	—	—	—	49	19	14	—	—	—	—
vs. Right	—	—	—	—	—	—	—	—	67	26	25	—	—	—	—
On Grass	1	2	.333	5.67	37	4	0	85.2	98	41	36	0	0	0	1
On Turf	1	1	.500	1.15	3	2	0	15.2	18	4	3	0	0	0	0
Home	1	1	.500	4.96	24	3	0	61.2	70	27	21	0	0	0	0
Road	1	2	.333	4.99	16	3	0	39.2	46	18	18	0	0	0	1
Division Rivals															
vs. BAL	0	0	—	0.00	1	0	0	1.1	2	0	0	0	0	0	0
vs. CLE	0	0	—	9.00	2	0	0	3	7	2	0	0	0	0	0
vs. DET	0	0	—	15.43	2	0	0	2.1	4	2	2	0	0	0	0
vs. MIL	0	0	—	11.70	5	0	0	10	13	6	6	0	0	0	1
vs. NY	0	0	—	0.00	5	0	0	4.1	1	1	2	0	0	0	0
vs. TOR	0	1	.000	1.35	2	1	0	13.1	12	4	2	0	0	0	0

Year	Team	W	L	%	ERA	G	GS	CG	IP	H	BB	SO	ShO	W	L	SV	AB	H	HR	BA	PO	A	E	DP	TC/G	FA
1979	DET A	6	5	.545	3.95	15	15	2	98	90	33	43	0	0	0	0	0	0	0	—	9	11	2	0	1.5	.909
1980		10	9	.526	3.93	27	25	4	165	156	83	88	3	1	0	0	0	0	0	—	12	32	3	3	1.7	.936
1981		10	9	.526	3.00	23	22	7	141	115	57	79	2	0	0	0	0	0	0	—	14	26	1	6	1.8	.976
1982		15	9	.625	3.22	35	35	8	246	220	100	132	1	0	0	0	0	0	0	—	28	48	0	4	2.2	1.000
1983		19	11	.633	3.92	38	38	9	266.1	256	99	122	2	0	0	0	0	0	0	—	30	43	2	10	2.0	.973
1984		18	8	.692	3.24	35	35	7	233.1	231	66	144	2	0	0	0	0	0	0	—	38	34	1	4	2.1	.986
1985		15	13	.536	3.36	34	34	8	238.2	190	81	109	0	0	0	0	0	0	0	—	36	26	0	3	1.8	1.000
1986		5	10	.333	4.66	20	20	2	116	122	53	56	0	0	0	0	0	0	0	—	16	18	0	1	1.7	1.000
1987		9	7	.563	5.61	30	21	0	134.2	148	76	93	0	2	0	0	0	0	0	—	16	21	2	0	1.3	.949
1988	CAL A	3	9	.250	4.38	22	22	4	139.2	139	59	64	1	0	0	0	0	0	0	—	20	25	0	2	2.0	1.000
1989		3	2	.600	5.47	19	4	0	51	53	23	21	0	2	0	0	0	0	0	—	5	7	0	0	0.6	1.000
1990	DET A	10	9	.526	4.45	32	23	0	149.2	148	77	73	0	2	0	0	0	0	0	—	19	23	0	2	1.3	1.000
1991	3 teams	DET A (17G 2-3)			ATL N (10G 0-0)				BOS A (13G 0-0)																	
"	total	2	3	.400	4.97	40	6	0	101.1	116	45	39	0	0	0	1	5	1	0	.200	12	22	1	3	0.9	.971
13 yrs.		125	104	.546	3.94	370	300	52	2080.2	1984	852	1063	11	7	0	1	5	1	0	.200	255	336	12	38	1.6	.980

Year	Team	W	L	%	ERA	G	GS	CG	IP	H	BB	SO	ShO	RELIEF PITCHING W	L	SV	BATTING AB	H	HR	BA	PO	A	E	DP	TC/G	FA

Dan Petry *Continued*

LEAGUE CHAMPIONSHIP SERIES

Year	Team	W	L	%	ERA	G	GS	CG	IP	H	BB	SO	ShO	W	L	SV	AB	H	HR	BA	PO	A	E	DP	TC/G	FA
1984	DET A	0	0	—	2.57	1	1	0	7	4	1	4	0	0	0	0	0	0	0	—	0	0	0	0	0.0	—
1987		0	0	—	0.00	1	0	0	3.1	1	0	1	0	0	0	0	0	0	0	—	0	1	0	0	1.0	1.000
2 yrs.		0	0	—	1.74	2	1	0	10.1	5	1	5	0	0	0	0	0	0	0	—	0	1	0	0	0.5	1.000

WORLD SERIES

Year	Team	W	L	%	ERA	G	GS	CG	IP	H	BB	SO	ShO	W	L	SV	AB	H	HR	BA	PO	A	E	DP	TC/G	FA
1984	DET A	0	1	.000	9.00	2	2	0	8	14	5	4	0	0	0	0	0	0	0	—	1	1	0	0	1.0	1.000

Doug Piatt

PIATT, DOUGLAS WILLIAM
B. Sept. 26, 1965, Beaver, Pa.
BL TR 6' 1" 185 lbs.

Split	W	L	%	ERA	G	GS	CG	IP	H	BB	SO	ShO	W	L	SV	AB	H	HR	BA	PO	A	E	DP	TC/G	FA
April	—	—	—	—	0	—	—	0	0	0	0	—	0	0	0										
May	—	—	—	—	0	—	—	0	0	0	0	—	0	0	0										
June	0	0	—	3.27	7	0	0	11	10	6	7	0	0	0	0										
July	0	0	—	2.45	3	0	0	3.2	3	3	1	0	0	0	0										
Aug	—	—	—	—	0	—	—	0	0	0	0	—	0	0	0										
Sept/Oct	0	0	—	2.25	11	0	0	20	16	8	21	0	0	0	0										
Day	0	0	—	2.70	9	0	0	13.1	12	8	15	0	0	0	0										
Night	0	0	—	2.53	12	0	0	21.1	17	9	14	0	0	0	0										
vs. Left	—	—	—	—	—	—	—	—	18	10	13	—	—	—	—										
vs. Right	—	—	—	—	—	—	—	—	11	7	16	—	—	—	—										
On Grass	0	0	—	1.69	5	0	0	10.2	10	2	8	0	0	0	0										
On Turf	0	0	—	3.00	16	0	0	24	19	15	21	0	0	0	0										
Home	0	0	—	1.42	8	0	0	12.2	8	6	7	0	0	0	0										
Road	0	0	—	3.27	13	0	0	22	21	11	22	0	0	0	0										
Division Rivals																									
vs. CHI	0	0	—	0.00	2	0	0	5	2	0	3	0	0	0	0										
vs. NY	0	0	—	3.00	5	0	0	9	11	3	5	0	0	0	0										
vs. PHI	—	—	—	—	0	0	0	0	0	0	0	—	0	0	0										
vs. PIT	0	0	—	4.76	5	0	0	5.2	7	6	8	0	0	0	0										
vs. STL	0	0	—	3.60	3	0	0	5	2	1	6	0	0	0	0										
1991 MON N	0	0	—	2.60	21	0	0	34.2	29	17	29	0	0	0	0	1	0	0	.000	2	4	0	1	0.3	1.000

Dan Plesac

PLESAC, DANIEL THOMAS
B. Feb. 4, 1962, Gary, Ind.
BL TL 6' 5" 205 lbs.

Split	W	L	%	ERA	G	GS	CG	IP	H	BB	SO	ShO	W	L	SV	AB	H	HR	BA	PO	A	E	DP	TC/G	FA
April	0	1	.000	4.82	8	0	0	9.1	14	1	5	0	0	1	0										
May	0	0	—	0.00	5	0	0	5	2	3	3	0	0	0	1										
June	0	1	.000	3.18	11	0	0	11.1	7	3	8	0	0	1	4										
July	0	2	.000	2.45	10	0	0	14.2	11	8	10	0	0	2	3										
Aug	1	1	.500	4.74	4	3	0	19	17	0	11	0	0	0	0										
Sept/Oct	1	2	.333	5.73	7	7	0	33	41	15	24	0	0	0	0										
Day	0	1	.000	4.12	11	2	0	19.2	20	13	18	0	0	0	2										
Night	2	6	.250	4.33	34	8	0	72.2	72	26	43	0	0	4	6										
vs. Left	—	—	—	—	—	—	—	—	19	7	12	—	—	—	—										
vs. Right	—	—	—	—	—	—	—	—	73	32	49	—	—	—	—										
On Grass	2	6	.250	4.63	37	9	0	79.2	81	38	57	0	0	3	7										
On Turf	0	1	.000	2.13	8	1	0	12.2	11	1	4	0	0	1	1										
Home	0	4	.000	5.63	22	5	0	48	49	27	38	0	0	2	5										
Road	2	3	.400	2.84	23	5	0	44.1	43	12	23	0	0	2	3										
Division Rivals																									
vs. BAL	0	0	—	9.00	1	0	0	1	2	0	0	0	0	0	0										
vs. BOS	0	0	—	10.13	4	2	0	8	15	6	10	0	0	0	0										
vs. CLE	0	0	—	0.00	2	0	0	2.1	1	0	1	0	0	0	2										
vs. DET	1	1	.500	3.45	4	2	0	15.2	10	6	10	0	0	1	0										
vs. NY	0	1	.000	12.71	4	1	0	5.2	12	3	3	0	0	1	0										
vs. TOR	0	2	.000	3.24	7	2	0	16.2	17	6	11	0	0	1	0										
1986 MIL A	10	7	.588	2.97	51	0	0	91	81	29	75	0	10	7	14	0	0	0	—	1	11	0	0	0.2	1.000
1987	5	6	.455	2.61	57	0	0	79.1	63	23	89	0	5	6	23	0	0	0	—	0	12	2	0	0.2	.857
1988	1	2	.333	2.41	50	0	0	52.1	46	12	52	0	1	2	30	0	0	0	—	0	6	0	0	0.1	1.000
1989	3	4	.429	2.35	52	0	0	61.1	47	17	52	0	3	4	33	0	0	0	—	2	6	0	0	0.2	1.000
1990	3	7	.300	4.43	66	0	0	69	67	31	65	0	3	7	24	0	0	0	—	1	7	0	1	0.1	1.000

PITCHER REGISTER

Year	Team	W	L	%	ERA	G	GS	CG	IP	H	BB	SO	ShO	RELIEF PITCHING W	L	SV	BATTING AB	H	HR	BA	PO	A	E	DP	TC/G	FA

Dan Plesac *Continued*

Year	Team	W	L	%	ERA	G	GS	CG	IP	H	BB	SO	ShO	W	L	SV	AB	H	HR	BA	PO	A	E	DP	TC/G	FA
1991		2	7	.222	4.29	45	10	0	92.1	92	39	61	0	0	4	8	0	0	0	—	2	5	0	0	0.2	1.000
6 yrs.		24	33	.421	3.25	321	10	0	445.1	396	151	394	0	22	30	132	0	0	0	—	6	49	2	2	0.2	.965

Eric Plunk

PLUNK, ERIC VAUGHN
B. Sept. 3, 1963, Wilmington, Calif.
BR TR 6' 5" 210 lbs.

Split	W	L	%	ERA	G	GS	CG	IP	H	BB	SO	ShO	W	L	SV
April	0	1	.000	9.82	5	0	0	7.1	16	9	7	0	0	1	0
May	0	1	.000	5.70	9	0	0	23.2	22	12	22	0	0	1	0
June	0	0	—	2.45	8	0	0	11	10	4	9	0	0	0	0
July	2	0	1.000	3.46	8	0	0	13	19	6	12	0	2	0	0
Aug	0	1	.000	4.13	7	4	0	28.1	30	15	31	0	0	0	0
Sept/Oct	0	2	.000	4.76	6	4	0	28.1	31	16	22	0	0	0	0
Day	2	0	1.000	3.22	16	2	0	36.1	39	33	35	0	2	0	0
Night	0	5	.000	5.50	27	6	0	75.1	89	29	68	0	0	2	0
vs. Left	—	—	—	—	—	—	—	—	65	35	44	—	—	—	—
vs. Right	—	—	—	—	—	—	—	—	63	27	59	—	—	—	—
On Grass	2	5	.286	4.93	37	7	0	100.1	114	58	90	0	2	2	0
On Turf	0	0	—	3.18	6	1	0	11.1	14	4	13	0	0	0	0
Home	2	2	.500	4.35	23	5	0	62	68	37	51	0	2	1	0
Road	0	3	.000	5.26	20	3	0	49.2	60	25	52	0	0	1	0
Division Rivals															
vs. BAL	2	1	.667	4.91	4	1	0	7.1	6	4	6	0	2	0	0
vs. BOS	0	0	—	4.50	2	1	0	8	7	5	4	0	0	0	0
vs. CLE	0	0	—	1.46	3	1	0	12.1	10	7	11	0	0	0	0
vs. DET	0	0	—	7.88	5	0	0	8	12	13	10	0	0	0	0
vs. MIL	0	1	.000	4.30	3	1	0	14.2	14	6	10	0	0	0	0
vs. TOR	0	0	—	0.00	4	1	0	8.2	6	4	6	0	0	0	0

Year	Team	W	L	%	ERA	G	GS	CG	IP	H	BB	SO	ShO	W	L	SV	AB	H	HR	BA	PO	A	E	DP	TC/G	FA
1986	OAK A	4	7	.364	5.31	26	15	0	120.1	91	102	98	0	0	1	0	0	0	0	—	3	6	1	0	0.4	.900
1987		4	6	.400	4.74	32	11	0	95	91	62	90	0	3	2	2	0	0	0	—	1	9	0	0	0.3	1.000
1988		7	2	.778	3.00	49	0	0	78	62	39	79	0	7	2	5	0	0	0	—	2	5	1	0	0.2	.875
1989	2 teams	OAK A (23G 1-1)		NY A (27G 7-5)																						
"	total	8	6	.571	3.28	50	7	0	104.1	82	64	85	0	4	3	1	0	0	0	—	2	7	1	0	0.2	.900
1990	NY A	6	3	.667	2.72	47	0	0	72.2	58	43	67	0	6	3	0	0	0	0	—	3	18	2	2	0.5	.913
1991		2	5	.286	4.76	43	8	0	111.2	128	62	103	0	2	2	0	0	0	0	—	4	7	2	0	0.3	.846
6 yrs.		31	29	.517	4.11	247	41	0	582	512	372	522	0	22	13	8	0	0	0	—	15	52	7	2	0.3	.905

LEAGUE CHAMPIONSHIP SERIES

1988	OAK A	0	0	—	0.00	1	0	0	0.1	1	0	1	0	0	0	0	0	0	0	—	0	0	0	0	0.0	—

WORLD SERIES

1988	OAK A	0	0	—	0.00	2	0	0	1.2	0	0	3	0	0	0	0	0	0	0	—	0	0	0	0	0.0	—

Jeff Plympton

PLYMPTON, JEFFREY HUNTER
B. Nov. 24, 1965 Framingham, Mass.
BR TR 6' 2" 205 lbs.

Year	Team	W	L	%	ERA	G	GS	CG	IP	H	BB	SO	ShO	W	L	SV	AB	H	HR	BA	PO	A	E	DP	TC/G	FA
1991	BOS A	0	0	—	0.00	4	0	0	5.1	5	4	2	0	0	0	0	0	0	0	—	0	0	0	0	0.0	—

Jim Poole

POOLE, JAMES RICHARD
B. Apr. 28, 1966, Rochester, N.Y.
BL TL 6' 2" 190 lbs.

Split	W	L	%	ERA	G	GS	CG	IP	H	BB	SO	ShO	W	L	SV
April	—	—	—	—	0	0	—	0	0	0	0	—	0	0	0
May	0	0	—	4.50	5	0	0	6	10	3	4	0	0	0	1
June	—	—	—	—	0	0	—	0	0	0	0	—	0	0	0
July	0	0	—	0.00	1	0	0	3.1	1	0	6	0	0	0	0
Aug	0	0	—	2.45	12	0	0	14.2	9	3	13	0	0	0	0
Sept/Oct	3	2	.600	2.00	11	0	0	18	9	6	15	0	3	2	0
Day	1	0	1.000	0.96	8	0	0	9.1	8	3	10	0	1	0	0
Night	2	2	.500	2.76	21	0	0	32.2	21	9	28	0	2	2	1
vs. Left	—	—	—	—	—	—	—	—	13	1	18	—	—	—	—
vs. Right	—	—	—	—	—	—	—	—	16	11	20	—	—	—	—

PITCHER REGISTER

		W	L	%	ERA	G	GS	CG	IP	H	BB	SO	ShO	RELIEF PITCHING W	L	SV	BATTING AB	H	HR	BA	PO	A	E	DP	TC/G	FA

Jim Poole *Continued*

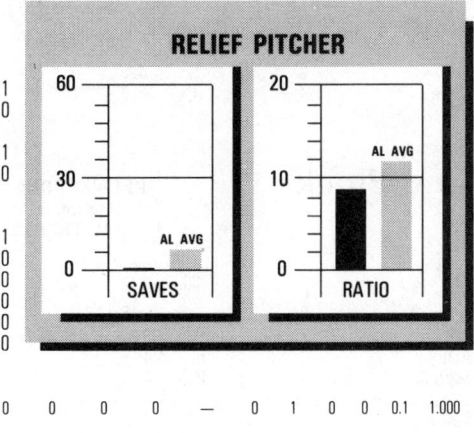

	W	L	%	ERA	G	GS	CG	IP	H	BB	SO	ShO	W	L	SV
On Grass	3	2	.600	1.95	24	0	0	37	19	11	31	0	3	2	1
On Turf	0	0	—	5.40	5	0	0	5	10	1	7	0	0	0	0
Home	3	1	.750	1.55	16	0	0	29	13	6	23	0	3	1	1
Road	0	1	.000	4.15	13	0	0	13	16	6	15	0	0	1	0
Division Rivals															
vs. BOS	1	0	1.000	0.82	5	0	0	11	4	3	7	0	1	0	1
vs. CLE	0	0	—	0.00	1	0	0	4	2	0	3	0	0	0	0
vs. DET	1	1	.500	4.50	4	0	0	4	3	3	6	0	1	1	0
vs. MIL	0	0	—	4.50	3	0	0	4	2	2	6	0	0	0	0
vs. NY	0	1	.000	6.75	1	0	0	1.1	2	1	0	0	0	1	0
vs. TOR	0	0	—	3.00	2	0	0	3	3	1	1	0	0	0	0

Year	Team	W	L	%	ERA	G	GS	CG	IP	H	BB	SO	ShO	W	L	SV	AB	H	HR	BA	PO	A	E	DP	TC/G	FA
1990	LA N	0	0	—	4.22	16	0	0	10.2	7	8	6	0	0	0	0	0	0	0	—	0	1	0	0	0.1	1.000
1991	2 teams	TEX A (5G 0-0)				BAL A (24G 3-2)																				
"	total	3	2	.600	2.36	29	0	0	42	29	12	38	0	3	2	1	0	0	0	—	2	6	1	0	0.3	.889
2 yrs.		3	2	.600	2.73	45	0	0	52.2	36	20	44	0	3	2	1	0	0	0	—	2	7	1	0	0.2	.900

Mark Portugal

PORTUGAL, MARK STEVEN
B. Oct. 30, 1962, Los Angeles, Calif.
BR TR 6' 170 lbs.

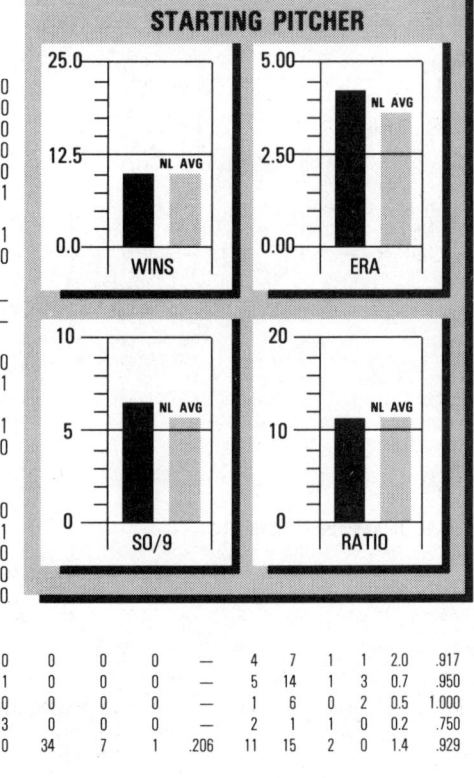

	W	L	%	ERA	G	GS	CG	IP	H	BB	SO	ShO	W	L	SV
April	2	1	.667	5.82	3	3	0	17	19	3	13	0	0	0	0
May	3	1	.750	3.82	6	6	0	37.2	34	13	31	0	0	0	0
June	1	2	.333	3.25	5	5	0	36	29	8	27	0	0	0	0
July	2	1	.667	3.79	4	4	0	19	21	9	12	0	0	0	0
Aug	2	1	.667	5.04	4	4	1	25	22	9	21	0	0	0	0
Sept/Oct	0	6	.000	5.88	10	5	0	33.2	38	17	16	0	0	2	0
Day	5	4	.556	5.11	11	8	0	49.1	55	24	29	0	0	1	1
Night	5	8	.385	4.24	21	19	1	119	108	35	91	0	0	1	0
vs. Left	—	—	—	—	—	—	—	—	89	37	79	—	—	—	—
vs. Right	—	—	—	—	—	—	—	—	74	22	41	—	—	—	—
On Grass	4	6	.400	7.02	11	11	0	59	73	31	41	0	0	0	0
On Turf	6	6	.500	3.13	21	16	1	109.1	90	28	79	0	0	2	1
Home	4	5	.444	3.06	16	11	0	79.1	71	24	58	0	0	2	1
Road	6	7	.462	5.76	16	16	1	89	92	35	62	0	0	0	0
Division Rivals															
vs. ATL	1	3	.250	5.31	6	3	0	20.1	26	6	13	0	0	1	0
vs. CIN	1	0	1.000	3.38	3	2	0	13.1	9	6	7	0	0	0	1
vs. LA	1	1	.500	4.24	3	3	0	17	15	8	13	0	0	0	0
vs. SD	1	2	.333	4.85	4	4	0	26	25	7	17	0	0	0	0
vs. SF	2	1	.667	5.02	3	2	0	14.1	15	5	12	0	0	1	0

Year	Team	W	L	%	ERA	G	GS	CG	IP	H	BB	SO	ShO	W	L	SV	AB	H	HR	BA	PO	A	E	DP	TC/G	FA
1985	MIN A	1	3	.250	5.55	6	4	0	24.1	24	14	12	0	0	0	0	0	0	0	—	4	7	1	1	2.0	.917
1986		6	10	.375	4.31	27	15	3	112.2	112	50	67	0	2	4	1	0	0	0	—	5	14	1	3	0.7	.950
1987		1	3	.250	7.77	13	7	0	44	58	24	28	0	0	1	0	0	0	0	—	1	6	0	2	0.5	1.000
1988		3	3	.500	4.53	26	0	0	57.2	60	17	31	0	3	3	0	0	0	0	—	2	1	1	0	0.2	.750
1989	HOU N	7	1	.875	2.75	20	15	2	108	91	37	86	1	0	0	0	34	7	1	.206	11	15	2	0	1.4	.929
1990		11	10	.524	3.62	32	32	1	196.2	187	67	136	0	0	0	0	66	9	0	.136	23	19	1	2	1.3	.977
1991		10	12	.455	4.49	32	27	1	168.1	163	59	120	0	0	2	1	46	9	0	.196	16	17	3	1	1.1	.917
7 yrs.		39	42	.481	4.20	156	100	7	711.2	695	268	480	1	5	10	5	146	25	1	.171	62	79	9	9	1.0	.940

Ted Power

POWER, TED HENRY
B. Jan. 31, 1955, Guthrie, Okla.
BR TR 6' 4" 220 lbs.

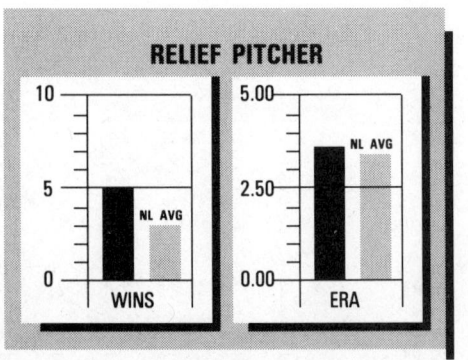

	W	L	%	ERA	G	GS	CG	IP	H	BB	SO	ShO	W	L	SV
April	2	1	.667	3.00	6	0	0	6	4	3	2	0	2	1	0
May	0	0	—	4.26	12	0	0	12.2	15	7	10	0	0	0	0
June	1	0	1.000	3.20	15	0	0	19.2	24	4	13	0	1	0	1
July	0	0	—	3.14	9	0	0	14.1	14	6	8	0	0	0	2
Aug	1	0	1.000	3.06	13	0	0	17.2	12	5	10	0	1	0	0
Sept/Oct	1	2	.333	4.86	13	0	0	16.2	18	6	8	0	1	2	1
Day	1	0	1.000	3.15	19	0	0	20	26	8	16	0	1	0	1
Night	4	3	.571	3.76	49	0	0	67	61	23	35	0	4	3	2
vs. Left	—	—	—	—	—	—	—	—	50	23	23	—	—	—	—
vs. Right	—	—	—	—	—	—	—	—	37	8	28	—	—	—	—

Ted Power Continued

Year	Team	W	L	%	ERA	G	GS	CG	IP	H	BB	SO	ShO	Relief W	Relief L	Relief SV	AB	H	HR	BA	PO	A	E	DP	TC/G	FA
On Grass		0	3	.000	5.09	17	0	0	23	26	9	12	0	0	3	0										
On Turf		5	0	1.000	3.09	51	0	0	64	61	22	39	0	5	0	3										
Home		5	0	1.000	3.04	40	0	0	50.1	43	18	29	0	5	0	2										
Road		0	3	.000	4.42	28	0	0	36.2	44	13	22	0	0	3	1										
Division Rivals																										
vs. ATL		0	1	.000	2.61	8	0	0	10.1	8	2	7	0	0	1	0										
vs. HOU		1	0	1.000	3.68	8	0	0	7.1	11	4	4	0	1	0	0										
vs. LA		0	1	.000	4.61	7	0	0	13.2	11	7	11	0	0	1	1										
vs. SD		1	1	.500	3.86	7	0	0	9.1	10	2	3	0	1	1	0										
vs. SF		1	0	1.000	4.70	7	0	0	7.2	7	3	3	0	1	0	0										
1981	LA N	1	3	.250	3.21	5	2	0	14	16	7	7	0	1	1	0	3	0	0	.000	1	0	1	0	0.4	.500
1982		1	1	.500	6.68	12	4	0	33.2	38	23	15	0	0	0	0	6	0	0	.000	3	5	0	0	0.7	1.000
1983	CIN N	5	6	.455	4.54	49	6	1	111	120	49	57	0	4	3	2	16	0	0	.000	4	8	0	1	0.2	1.000
1984		9	7	.563	2.82	78	0	0	108.2	93	46	81	0	9	7	11	5	0	0	.000	6	16	1	3	0.3	.957
1985		8	6	.571	2.70	64	0	0	80	65	45	42	0	8	6	27	0	0	0	—	3	4	1	0	0.1	.875
1986		10	6	.625	3.70	56	10	0	129	115	52	95	0	4	5	1	24	3	0	.125	7	18	1	1	0.5	.962
1987		10	13	.435	4.50	34	34	2	204	213	71	133	1	0	0	0	59	7	1	.119	9	17	2	0	0.8	.929
1988	2 teams	KC A (22G 5-6)				DET A (4G 1-1)																				
"	total	6	7	.462	5.91	26	14	2	99	121	38	57	2	3	2	0	0	0	0	—	8	10	1	1	0.7	.947
1989	STL N	7	7	.500	3.71	23	15	0	97	96	21	43	0	2	0	0	33	3	0	.091	5	8	0	0	0.6	1.000
1990	PIT N	1	3	.250	3.66	40	0	0	51.2	50	17	42	0	1	3	7	8	1	0	.125	3	4	0	0	0.2	1.000
1991	CIN N	5	3	.625	3.62	68	0	0	87	87	31	51	0	5	3	3	3	0	0	.000	8	10	0	1	0.3	1.000
11 yrs.		63	62	.504	4.08	455	85	5	1015	1014	400	623	3	37	30	51	157	14	1	.089	57	100	7	7	0.4	.957
LEAGUE CHAMPIONSHIP SERIES																										
1990	PIT N	0	0	—	3.60	3	1	0	5	6	2	3	0	0	0	1	1	0	0	.000	0	1	0	0	0.3	1.000

Scott Radinsky

RADINSKY, SCOTT DAVID
B. Mar. 3, 1968, Glendale, Calif.
BL TL 6' 3" 190 lbs.

Year	Team	W	L	%	ERA	G	GS	CG	IP	H	BB	SO	ShO	Relief W	Relief L	Relief SV	AB	H	HR	BA	PO	A	E	DP	TC/G	FA
April		1	1	.500	1.42	8	0	0	6.1	6	2	7	0	1	1	0										
May		1	1	.500	3.46	9	0	0	13	12	3	8	0	1	1	0										
June		0	0	—	0.71	11	0	0	12.2	5	3	10	0	0	0	3										
July		1	1	.500	3.29	13	0	0	13.2	14	5	10	0	1	1	0										
Aug		1	1	.500	0.77	11	0	0	11.2	9	4	6	0	1	1	2										
Sept/Oct		1	1	.500	1.93	15	0	0	14	7	6	8	0	1	1	3										
Day		1	2	.333	1.64	19	0	0	22	16	7	15	0	1	2	2										
Night		4	3	.571	2.19	48	0	0	49.1	37	16	34	0	4	3	6										
vs. Left		—	—	—	—	—	—	—	—	16	2	18	—	—	—	—										
vs. Right		—	—	—	—	—	—	—	—	37	21	31	—	—	—	—										
On Grass		3	5	.375	2.05	57	0	0	61.1	46	20	43	0	3	5	6										
On Turf		2	0	1.000	1.80	10	0	0	10	7	3	6	0	2	0	2										
Home		1	2	.333	1.51	37	0	0	41.2	29	8	31	0	1	2	6										
Road		4	3	.571	2.73	30	0	0	29.2	24	15	18	0	4	3	2										
Division Rivals																										
vs. CAL		0	2	.000	5.06	6	0	0	5.1	8	2	2	0	0	2	0										
vs. KC		0	0	—	1.00	6	0	0	9	3	1	6	0	0	0	3										
vs. MIN		1	1	.500	7.94	8	0	0	5.2	7	3	5	0	1	1	0										
vs. OAK		0	0	—	1.93	4	0	0	4.2	2	3	4	0	0	0	2										
vs. SEA		0	0	—	0.00	7	0	0	8.1	3	2	7	0	0	0	3										
vs. TEX		0	0	—	0.00	5	0	0	4.2	3	2	2	0	0	0	0										
1990	CHI A	6	1	.857	4.82	62	0	0	52.1	47	36	46	0	6	1	4	0	0	0	—	7	4	0	0	0.2	1.000
1991		5	5	.500	2.02	67	0	0	71.1	53	23	49	0	5	5	8	0	0	0	—	6	11	0	0	0.3	1.000
2 yrs.		11	6	.647	3.20	129	0	0	123.2	100	59	95	0	11	6	12	0	0	0	—	13	15	0	0	0.2	1.000

PITCHER REGISTER

Year	Team	W	L	%	ERA	G	GS	CG	IP	H	BB	SO	ShO	RELIEF PITCHING W	L	SV	BATTING AB	H	HR	BA	PO	A	E	DP	TC/G	FA

Dennis Rasmussen — RASMUSSEN, DENNIS LEE
B. Apr. 18, 1959, Los Angeles, Calif.
BL TL 6' 7" 230 lbs.

	W	L	%	ERA	G	GS	CG	IP	H	BB	SO	ShO	W	L	SV	AB	H	HR	BA	PO	A	E	DP	TC/G	FA
April	—	—	—	—	0	—	—	0	0	0	0	—	0	0	0										
May	1	0	1.000	0.64	2	2	0	14	11	2	11	0	0	0	0										
June	2	2	.500	2.00	5	5	1	36	37	9	17	1	0	0	0										
July	0	6	.000	4.95	6	6	0	36.1	37	20	14	0	0	0	0										
Aug	1	3	.250	4.26	6	6	0	31.2	34	11	17	0	0	0	0										
Sept/Oct	2	2	.500	5.34	5	5	0	28.2	36	7	16	0	0	0	0										
Day	3	3	.500	3.59	7	7	1	42.2	52	11	19	1	0	0	0										
Night	3	10	.231	3.81	17	17	0	104	103	38	56	0	0	0	0										
vs. Left	—	—	—	—	—	—	—	—	24	8	19	—	—	—	—										
vs. Right	—	—	—	—	—	—	—	—	131	41	56	—	—	—	—										
On Grass	5	10	.333	4.03	18	18	1	109.1	118	36	50	1	0	0	0										
On Turf	1	3	.250	2.89	6	6	0	37.1	37	13	25	0	0	0	0										
Home	4	5	.444	3.88	10	10	0	60.1	62	18	30	0	0	0	0										
Road	2	8	.200	3.65	14	14	1	86.1	93	31	45	1	0	0	0										
Division Rivals																									
vs. ATL	0	1	.000	11.25	1	1	0	4	8	1	2	0	0	0	0										
vs. CIN	0	2	.000	5.25	2	2	0	12	17	5	8	0	0	0	0										
vs. HOU	3	0	1.000	1.69	4	4	0	26.2	20	6	20	0	0	0	0										
vs. LA	0	2	.000	3.43	3	3	0	21	15	8	9	0	0	0	0										
vs. SF	0	2	.000	6.48	3	3	0	16.2	22	6	6	0	0	0	0										
1983 SD N	0	0	—	1.98	4	1	0	13.2	10	8	13	0	0	0	0	3	0	0	.000	0	4	0	1	1.0	1.000
1984 NY A	9	6	.600	4.57	24	24	1	147.2	127	60	110	0	0	0	0	0	0	0	—	7	14	2	1	1.0	.913
1985	3	5	.375	3.98	22	16	2	101.2	97	42	63	0	0	0	0	0	0	0	—	7	13	0	2	0.9	1.000
1986	18	6	.750	3.88	31	31	3	202	160	74	131	1	0	0	0	0	0	0	—	6	26	0	0	1.0	1.000
1987 2 teams	NY A (26G 9-7)			CIN N (7G 4-1)																					
" total	13	8	.619	4.56	33	32	2	191.1	184	67	128	0	0	0	0	15	1	0	.067	6	30	2	0	1.2	.947
1988 2 teams	CIN N (11G 2-6)			SD N (20G 14-4)																					
"	16	10	.615	3.43	31	31	7	204.2	199	58	112	1	0	0	0	70	14	0	.200	3	45	0	1	1.5	1.000
1989 SD N	10	10	.500	4.26	33	33	1	183.2	190	72	87	0	0	0	0	65	11	0	.169	6	27	0	3	1.0	1.000
1990	11	15	.423	4.51	32	32	3	187.2	217	62	86	1	0	0	0	62	18	0	.290	8	31	3	2	1.3	.929
1991	6	13	.316	3.74	24	24	1	146.2	155	49	75	1	0	0	0	44	6	0	.136	5	34	1	0	1.7	.975
9 yrs.	86	73	.541	4.09	234	224	20	1379	1339	492	805	4	0	0	0	259	50	0	.193	48	224	8	10	1.2	.971

Jeff Reardon — REARDON, JEFFREY JAMES
B. Oct. 1, 1955, Pittsfield, Mass.
BR TR 6' 190 lbs.

	W	L	%	ERA	G	GS	CG	IP	H	BB	SO	ShO	W	L	SV	AB	H	HR	BA	PO	A	E	DP	TC/G	FA
April	0	0	—	1.04	9	0	0	8.2	7	5	5	0	0	0	8										
May	0	1	.000	4.35	11	0	0	10.1	8	1	7	0	0	1	6										
June	0	1	.000	3.00	8	0	0	9	8	1	6	0	0	1	5										
July	0	0	—	3.48	9	0	0	10.1	7	1	8	0	0	0	5										
Aug	0	1	.000	3.75	10	0	0	12	16	4	12	0	0	1	9										
Sept/Oct	1	1	.500	2.00	10	0	0	9	8	4	6	0	1	1	7										
Day	0	3	.000	6.88	18	0	0	17	23	4	17	0	0	3	11										
Night	1	1	.500	1.49	39	0	0	42.1	31	12	27	0	1	1	29										
vs. Left	—	—	—	—	—	—	—	—	38	10	17	—	—	—	—										
vs. Right	—	—	—	—	—	—	—	—	16	6	27	—	—	—	—										
On Grass	1	4	.200	3.35	48	0	0	48.1	43	14	38	0	1	4	31										
On Turf	0	0	—	1.64	9	0	0	11	11	2	6	0	0	0	9										
Home	1	2	.333	3.62	31	0	0	32.1	29	9	25	0	1	2	19										
Road	0	2	.000	2.33	26	0	0	27	25	7	19	0	0	2	21										
Division Rivals																									
vs. BAL	0	0	—	6.00	3	0	0	3	2	0	2	0	0	0	1										
vs. CLE	0	0	—	1.80	5	0	0	5	4	3	4	0	0	0	4										
vs. DET	0	0	—	0.00	2	0	0	2.1	1	0	2	0	0	0	2										
vs. MIL	0	1	.000	2.45	4	0	0	3.2	2	1	4	0	0	1	2										
vs. NY	0	1	.000	10.80	4	0	0	3.1	5	2	1	0	0	1	2										
vs. TOR	0	0	—	2.16	6	0	0	8.1	11	2	7	0	0	0	6										

PITCHER REGISTER 397

Year	Team	W	L	%	ERA	G	GS	CG	IP	H	BB	SO	ShO	RELIEF PITCHING W	L	SV	BATTING AB	H	HR	BA	PO	A	E	DP	TC/G	FA

Jeff Reardon Continued

1979	NY N	1	2	.333	1.71	18	0	0	21	12	9	10	0	1	2	2	0	0	0	—	1	1	0	1	0.1	1.000
1980		8	7	.533	2.62	61	0	0	110	96	47	101	0	8	7	6	8	0	0	.000	1	7	4	0	0.2	.667
1981	2 teams	NY N (18G 1-0)			MON N (25G 2-0)																					
"	total	3	0	1.000	2.18	43	0	0	70.1	48	21	49	0	3	0	8	5	0	0	.000	0	2	0	0	0.0	1.000
1982	MON N	7	4	.636	2.06	75	0	0	109	87	36	86	0	7	4	26	10	1	0	.100	6	9	1	0	0.2	.938
1983		7	9	.438	3.03	66	0	0	92	87	44	78	0	7	9	21	8	1	0	.125	3	4	2	0	0.1	.778
1984		7	7	.500	2.90	68	0	0	87	70	37	79	0	7	7	23	9	0	0	.000	2	5	1	0	0.1	.875
1985		2	8	.200	3.18	63	0	0	87.2	68	26	67	0	2	8	**41**	7	2	0	.286	9	8	0	0	0.3	1.000
1986		7	9	.438	3.94	62	0	0	89	83	26	67	0	7	9	35	8	1	0	.125	8	10	0	1	0.3	1.000
1987	MIN A	8	8	.500	4.48	63	0	0	80.1	70	28	83	0	8	**8**	31	0	0	0	—	2	6	0	1	0.1	1.000
1988		2	4	.333	2.47	63	0	0	73	68	15	56	0	2	4	42	0	0	0	—	1	2	0	0	0.0	1.000
1989		5	4	.556	4.07	65	0	0	73	68	12	46	0	5	4	31	0	0	0	—	1	3	0	0	0.1	1.000
1990	BOS A	5	3	.625	3.16	47	0	0	51.1	39	19	33	0	5	3	21	0	0	0	—	1	4	1	0	0.1	.833
1991		1	4	.200	3.03	57	0	0	59.1	54	16	44	0	1	4	40	0	0	0	—	2	1	0	0	0.1	1.000
13 yrs.		63	69	.477	3.03	751	0	0	1003	850	336	799	0	63	69	327 2nd	55	5	0	.091	37	62	9	3	0.1	.917

DIVISIONAL PLAYOFF SERIES
| 1981 | MON N | 0 | 1 | .000 | 2.08 | 3 | 0 | 0 | 4.1 | 1 | 1 | 2 | 0 | 0 | 1 | 2 | 1 | 0 | 0 | .000 | 0 | 0 | 0 | 0 | 0.0 | — |

LEAGUE CHAMPIONSHIP SERIES
1981	MON N	0	0	—	27.00	1	0	0	1	3	0	0	0	0	0	0	0	0	0	—	0	0	0	0	0.0	—
1987	MIN A	1	1	.500	5.06	4	0	0	5.1	7	3	5	0	1	1	2	0	0	0	—	0	1	0	0	0.3	1.000
1990	BOS A	0	0	—	9.00	1	0	0	2	3	1	0	0	0	0	0	0	0	0	—	0	0	0	0	0.0	—
3 yrs.		1	1	.500	8.64	6	0	0	8.1	13	4	5	0	1	1	2	0	0	0	—	0	1	0	0	0.2	1.000

WORLD SERIES
| 1987 | MIN A | 0 | 0 | — | 0.00 | 4 | 0 | 0 | 4.2 | 5 | 0 | 3 | 0 | 0 | 0 | 1 | 0 | 0 | 0 | — | 0 | 0 | 0 | 0 | 0.0 | — |

Rick Reed

REED, RICHARD ALLEN
B. Aug. 16, 1964, Huntington, W. Va.
BR TR 6' 195 lbs.

1988	PIT N	1	0	1.000	3.00	2	2	0	12	10	2	6	0	0	0	0	4	0	0	.000	0	3	0	1	1.5	1.000
1989		1	4	.200	5.60	15	7	0	54.2	62	11	34	0	0	0	0	13	1	0	.077	6	5	0	0	0.7	1.000
1990		2	3	.400	4.36	13	8	1	53.2	62	12	27	1	0	0	1	16	4	0	.250	6	4	1	0	0.8	.909
1991		0	0	—	10.38	1	1	0	4.1	8	1	2	0	0	0	0	2	1	0	.500	0	0	0	0	0.0	—
4 yrs.		4	7	.364	4.98	31	18	1	124.2	142	26	69	1	0	0	1	35	6	0	.171	12	12	1	1	0.8	.960

Mike Remlinger

REMLINGER, MICHAEL JOHN
B. Mar. 23, 1966, Middletown, N.Y.
BL TL 6' 195 lbs.

| 1991 | SF N | 2 | 1 | .667 | 4.37 | 8 | 6 | 1 | 35 | 36 | 20 | 19 | 1 | 0 | 0 | 0 | 7 | 0 | 0 | .000 | 1 | 6 | 1 | 0 | 1.0 | .875 |

Laddie Renfroe

RENFROE, COHEN WILLIAMS
B. May 9, 1962, Natchez, Miss.
BB TR 5' 11" 200 lbs.

| 1991 | CHI N | 0 | 1 | .000 | 13.50 | 4 | 0 | 0 | 4.2 | 11 | 2 | 4 | 0 | 0 | 1 | 0 | 1 | 0 | 0 | .000 | 0 | 1 | 0 | 0 | 0.3 | 1.000 |

Rick Reuschel

REUSCHEL, RICKEY EUGENE (Big Daddy)
Brother of Paul Reuschel.
B. May 16, 1949, Quincy, Ill.
BR TR 6' 3" 215 lbs.

1972	CHI N	10	8	.556	2.93	21	18	5	129	127	29	87	4	1	0	0	44	6	0	.136	9	15	1	1	1.2	.960
1973		14	15	.483	3.00	36	36	7	237	244	62	168	3	0	0	0	73	9	0	.123	24	49	3	0	2.1	.961
1974		13	12	.520	4.29	41	38	8	241	262	83	160	2	1	0	0	86	19	0	.221	28	51	5	4	2.0	.940
1975		11	**17**	.393	3.73	38	37	6	234	244	67	155	0	0	0	1	77	16	1	.208	23	39	0	5	1.6	1.000
1976		14	12	.538	3.46	38	37	8	260	260	64	146	2	0	0	0	83	19	0	.229	23	53	4	0	2.1	.950
1977		20	10	.667	2.79	39	37	8	252	233	74	166	4	1	0	1	87	18	1	.207	27	45	1	4	1.9	.986
1978		14	15	.483	3.41	35	35	9	243	235	54	115	1	0	0	0	73	10	0	.137	24	44	2	1	2.0	.971
1979		18	12	.600	3.62	36	36	5	239	251	75	125	1	0	0	0	79	13	0	.165	27	49	3	9	2.2	.962
1980		11	13	.458	3.40	38	**38**	6	257	**281**	76	140	0	0	0	0	82	13	0	.159	28	56	2	5	2.3	.977

Rick Reuschel *Continued*

Year	Team		W	L	%	ERA	G	GS	CG	IP	H	BB	SO	ShO	RELIEF PITCHING W	L	SV	BATTING AB	H	HR	BA	PO	A	E	DP	TC/G	FA
1981	2 teams	CHI N (13G 4 - 7)	NY A (12G 4 - 4)																								
"	total		8	11	.421	3.10	25	24	4	157	162	33	75	0	0	0	0	25	2	0	.080	4	21	2	2	1.1	.926
1983	CHI	N	1	1	.500	3.92	4	4	0	20.2	18	10	9	0	0	0	0	7	1	0	.143	4	7	0	0	2.8	1.000
1984			5	5	.500	5.17	19	14	1	92.1	123	23	43	0	1	0	0	29	7	0	.241	6	20	1	1	1.4	.963
1985	PIT	N	14	8	.636	2.27	31	26	9	194	153	52	138	1	2	0	1	59	10	1	.169	24	40	0	2	2.1	1.000
1986			9	16	.360	3.96	35	34	4	215.2	232	57	125	2	0	0	0	70	11	0	.157	24	44	2	0	2.0	.971
1987	2 teams	PIT N (25G 8 - 6)	SF N (9G 5 - 3)																								
"	total		13	9	.591	3.09	34	33	12	227	207	42	107	4	0	1	0	79	11	1	.139	25	38	2	2	1.9	.969
1988	SF	N	19	11	.633	3.12	36	36	7	245	242	42	92	2	0	0	0	73	8	0	.110	12	32	0	2	1.2	1.000
1989			17	8	.680	2.94	32	32	2	208.1	195	54	111	0	0	0	0	61	10	0	.164	8	33	0	0	1.3	1.000
1990			3	6	.333	3.93	15	13	0	87	102	31	49	0	0	0	1	26	4	0	.154	2	16	1	1	1.3	.947
1991			0	2	.000	4.22	4	1	0	10.2	17	7	4	0	0	1	0	2	0	0	.000	0	1	0	0	0.3	1.000
19 yrs.			214	191	.528	3.37	557	529	102	3549.2	3588	935	2015	26	6	2	5	1115	187	4	.168	322	653	29	39	1.8	.971

DIVISIONAL PLAYOFF SERIES

Year	Team		W	L	%	ERA	G	GS	CG	IP	H	BB	SO	ShO	W	L	SV	AB	H	HR	BA	PO	A	E	DP	TC/G	FA
1981	NY	A	0	1	.000	3.00	1	1	0	6	4	1	3	0	0	0	0	0	0	0	—	0	0	0	0	0.0	—

LEAGUE CHAMPIONSHIP SERIES

Year	Team		W	L	%	ERA	G	GS	CG	IP	H	BB	SO	ShO	W	L	SV	AB	H	HR	BA	PO	A	E	DP	TC/G	FA
1987	SF	N	0	1	.000	6.30	2	2	0	10	15	2	2	0	0	0	0	2	0	0	.000	0	3	1	0	2.0	.750
1989			1	1	.500	5.19	2	2	0	8.2	12	2	5	0	0	0	0	2	0	0	.000	0	3	0	0	1.5	1.000
2 yrs.			1	2	.333	5.79	4	4	0	18.2	27	4	7	0	0	0	0	4	0	0	.000	0	6	1	0	1.8	.857

WORLD SERIES

Year	Team		W	L	%	ERA	G	GS	CG	IP	H	BB	SO	ShO	W	L	SV	AB	H	HR	BA	PO	A	E	DP	TC/G	FA
1981	NY	A	0	0	—	4.91	2	1	0	3.2	7	3	2	0	0	0	0	2	0	0	.000	0	0	0	0	0.0	—
1989	SF	N	0	1	.000	11.25	1	1	0	4	5	4	2	0	0	0	0	0	0	0	—	0	0	0	0	0.0	—
2 yrs.			0	1	.000	8.22	3	2	0	7.2	12	7	4	0	0	0	0	2	0	0	.000	0	0	0	0	0.0	—

Armando Reynoso

REYNOSO, ARMANDO MARTIN
Born Armando Martin Reynoso y Gutierrez.
B. May 1, 1966, San Luis Potosi, Mexico
BR TR 6' 185 lbs.

Year	Team		W	L	%	ERA	G	GS	CG	IP	H	BB	SO	ShO	W	L	SV	AB	H	HR	BA	PO	A	E	DP	TC/G	FA
1991	ATL	N	2	1	.667	6.17	6	5	0	23.1	26	10	10	0	0	0	0	7	0	0	.000	3	12	0	0	2.5	1.000

Arthur Rhodes

RHODES, ARTHUR LEE
B. Oct. 24, 1969, Waco, Tex.
BL TL 6' 2" 190 lbs.

Year	Team		W	L	%	ERA	G	GS	CG	IP	H	BB	SO	ShO	W	L	SV	AB	H	HR	BA	PO	A	E	DP	TC/G	FA
1991	BAL	A	0	3	.000	8.00	8	8	0	36	47	23	23	0	0	0	0	0	0	0	—	0	1	0	0	0.1	1.000

Pat Rice

RICE, PATRICK EDWARD
B. Nov. 2, 1963, Rapid City, S.D.
BR TR 6' 2" 200 lbs.

Year	Team		W	L	%	ERA	G	GS	CG	IP	H	BB	SO	ShO	W	L	SV	AB	H	HR	BA	PO	A	E	DP	TC/G	FA
1991	SEA	A	1	1	.500	3.00	7	2	0	21	18	10	12	0	0	0	0	0	0	0	—	2	1	0	0	0.4	1.000

Dave Righetti

RIGHETTI, DAVID ALLAN (Rags)
B. Nov. 28, 1958, San Jose, Calif.
BL TL 6' 2" 170 lbs.

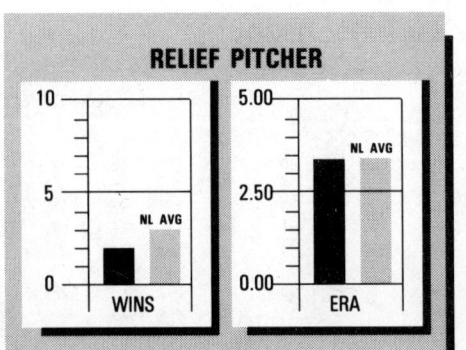

	W	L	%	ERA	G	GS	CG	IP	H	BB	SO	ShO	W	L	SV
April	2	0	1.000	3.24	6	0	0	8.1	7	3	7	0	2	0	1
May	0	2	.000	5.74	12	0	0	15.2	22	6	10	0	0	2	0
June	0	1	.000	3.07	12	0	0	14.2	11	8	6	0	0	1	9
July	0	1	.000	1.93	10	0	0	9.1	6	3	5	0	0	1	6
Aug	0	1	.000	1.32	11	0	0	13.2	4	2	13	0	0	1	4
Sept/Oct	0	2	.000	4.50	10	0	0	10	14	6	10	0	0	2	4
Day	2	4	.333	4.44	22	0	0	26.1	24	16	20	0	2	4	8
Night	0	3	.000	2.78	39	0	0	45.1	40	12	31	0	0	3	16
vs. Left	—	—	—	—	—	—	—	—	12	2	13	—	—	—	—
vs. Right	—	—	—	—	—	—	—	—	52	26	38	—	—	—	—

Dave Righetti Continued

Year	Team	W	L	%	ERA	G	GS	CG	IP	H	BB	SO	ShO	Relief W	Relief L	SV	AB	H	HR	BA	PO	A	E	DP	TC/G	FA
On Grass		2	7	.222	4.18	46	0	0	56	55	21	40	0	2	7	18										
On Turf		0	0	—	0.57	15	0	0	15.2	9	7	11	0	0	0	6										
Home		1	4	.200	4.14	32	0	0	37	32	11	32	0	1	4	14										
Road		1	3	.250	2.60	29	0	0	34.2	32	17	19	0	1	3	10										
Division Rivals																										
vs. ATL		0	1	.000	3.52	7	0	0	7.2	6	1	2	0	0	1	3										
vs. CIN		0	1	.000	1.08	7	0	0	8.1	4	2	11	0	0	1	3										
vs. HOU		1	0	1.000	0.00	4	0	0	3.2	3	4	4	0	1	0	1										
vs. LA		0	1	.000	1.64	8	0	0	11	7	5	7	0	0	1	2										
vs. SD		1	0	1.000	7.94	5	0	0	5.2	9	1	5	0	1	0	2										
1979	NY A	0	1	.000	3.71	3	3	0	17	10	10	13	0	0	0	0	0	0	0	—	1	3	0	1	1.3	1.000
1981		8	4	.667	2.06	15	15	2	105	75	38	89	0	0	0	0	0	0	0	—	6	9	1	0	1.1	.938
1982		11	10	.524	3.79	33	27	4	183	155	**108**	163	0	0	0	1	0	0	0	—	5	18	3	1	0.8	.885
1983		14	8	.636	3.44	31	31	7	217	194	67	169	2	0	0	0	0	0	0	—	3	24	1	2	0.9	.964
1984		5	6	.455	2.34	64	0	0	96.1	79	37	90	0	5	6	31	0	0	0	—	2	13	2	0	0.3	.882
1985		12	7	.632	2.78	74	0	0	107	96	45	92	0	**12**	7	29	0	0	0	—	1	12	1	2	0.2	.929
1986		8	8	.500	2.45	74	0	0	106.2	88	35	83	0	8	8	**46**	0	0	0	—	1	10	0	2	0.1	1.000
1987		8	6	.571	3.51	60	0	0	95	95	44	77	0	8	6	31	0	0	0	—	3	12	1	0	0.3	.938
1988		5	4	.556	3.52	60	0	0	87	86	37	70	0	5	4	25	0	0	0	—	2	8	0	1	0.2	1.000
1989		2	6	.250	3.00	55	0	0	69	73	26	51	0	2	6	25	0	0	0	—	0	9	0	0	0.2	1.000
1990		1	1	.500	3.57	53	0	0	53	48	26	43	0	1	1	36	0	0	0	—	3	1	1	0	0.1	.800
1991	SF N	2	7	.222	3.39	61	0	0	71.2	64	28	51	0	2	7	24	3	0	0	.000	3	13	1	1	0.3	1.000
12 yrs.		76	68	.528	3.13	583	76	13	1207.2	1063	501	991	2	43	45	248 6th	3	0	0	.000	30	132	10	9	0.3	.942

DIVISIONAL PLAYOFF SERIES
Year	Team	W	L	%	ERA	G	GS	CG	IP	H	BB	SO	ShO	W	L	SV	AB	H	HR	BA	PO	A	E	DP	TC/G	FA
1981	NY A	2	0	1.000	1.00	2	1	0	9	8	3	13	0	1	0	0	0	0	0	—	0	0	0	0	0.0	—

LEAGUE CHAMPIONSHIP SERIES
Year	Team	W	L	%	ERA	G	GS	CG	IP	H	BB	SO	ShO	W	L	SV	AB	H	HR	BA	PO	A	E	DP	TC/G	FA
1981	NY A	1	0	1.000	0.00	1	1	0	6	4	2	4	0	0	0	0	0	0	0	—	0	1	0	0	1.0	1.000

WORLD SERIES
Year	Team	W	L	%	ERA	G	GS	CG	IP	H	BB	SO	ShO	W	L	SV	AB	H	HR	BA	PO	A	E	DP	TC/G	FA
1981	NY A	0	0	—	13.50	1	1	0	2	5	2	1	0	0	0	0	0	0	0	.000	0	0	0	0	0.0	—

Jose Rijo

RIJO, JOSE ANTONIO
Born Jose Antonio Rijo y Abreu.
B. May 13, 1965, San Cristobal, Dominican Republic
BR TR 6' 1" 200 lbs.

Split	W	L	%	ERA	G	GS	CG	IP	H	BB	SO	ShO	W	L	SV	AB	H	HR	BA	PO	A	E	DP	TC/G	FA
April	1	1	.500	2.67	4	4	0	27	17	7	21	0	0	0	0										
May	3	1	.750	3.08	6	6	0	38	39	11	33	0	0	0	0										
June	2	0	1.000	2.21	5	5	1	36.2	22	8	32	0	0	0	0										
July	1	0	1.000	2.77	2	2	0	13	12	1	7	0	0	0	0										
Aug	4	2	.667	2.11	6	6	1	42.2	31	14	39	1	0	0	0										
Sept/Oct	4	2	.667	2.49	7	7	1	47	44	14	40	0	0	0	0										
Day	4	2	.667	1.70	7	7	3	53	36	7	46	1	0	0	0										
Night	11	4	.733	2.80	23	23	0	151.1	129	48	126	0	0	0	0										
vs. Left	—	—	—	—	—	—	—	—	110	38	93	—	—	—	—										
vs. Right	—	—	—	—	—	—	—	—	55	17	79	—	—	—	—										
On Grass	4	4	.500	1.86	11	11	2	77.1	66	15	75	1	0	0	0										
On Turf	11	2	.846	2.91	19	19	1	127	99	40	97	0	0	0	0										
Home	9	0	1.000	2.99	15	15	1	99.1	73	35	74	0	0	0	0										
Road	6	6	.500	2.06	15	15	2	105	92	20	98	1	0	0	0										
Division Rivals																									
vs. ATL	2	1	.667	2.70	4	4	0	26.2	22	12	26	0	0	0	0										
vs. HOU	1	1	.500	2.84	3	3	0	19	16	3	16	0	0	0	0										
vs. LA	2	0	1.000	5.00	3	3	0	18	16	9	10	0	0	0	0										
vs. SD	0	2	.000	2.63	4	4	1	27.1	26	7	34	0	0	0	0										
vs. SF	2	1	.667	1.89	3	3	0	19	18	6	16	0	0	0	0										
1984	NY A	2	8	.200	4.76	24	5	0	62.1	74	33	47	0	2	4	2	0	0	0	—	2	12	1	0	0.6	.933
1985	OAK A	6	4	.600	3.53	12	9	0	63.2	57	28	65	0	2	1	0	0	0	0	—	2	5	0	0	0.6	1.000
1986		9	11	.450	4.65	39	26	4	193.2	172	108	176	0	0	4	1	0	0	0	—	13	18	3	0	0.9	.912
1987		2	7	.222	5.90	21	14	0	82.1	106	41	67	0	0	0	0	0	0	0	—	7	10	1	0	1.0	.952
1988	CIN N	13	8	.619	2.39	49	19	0	162	120	63	160	0	6	1	0	37	2	1	.054	7	23	1	1	0.6	.968

400 PITCHER REGISTER

Year	Team		W	L	%	ERA	G	GS	CG	IP	H	BB	SO	ShO	RELIEF PITCHING W	L	SV	BATTING AB	H	HR	BA	PO	A	E	DP	TC/G	FA

Jose Rijo Continued

1989			7	6	.538	2.84	19	19	1	111	101	48	86	1	0	0	0	38	8	0	.211	6	14	0	0	1.1	1.000
1990			14	8	.636	2.70	29	29	7	197	151	78	152	1	0	0	0	62	10	0	.161	19	27	2	0	1.7	.958
1991			15	6	**.714**	2.51	30	30	3	204.1	165	55	172	1	0	0	0	67	14	0	.209	17	22	3	2	1.4	.929
8 yrs.			68	58	.540	3.39	223	151	16	1076.1	946	454	925	3	10	10	3	204	34	1	.167	76	131	11	3	1.0	.950

LEAGUE CHAMPIONSHIP SERIES

| 1990 | CIN | N | 1 | 0 | 1.000 | 4.38 | 2 | 2 | 0 | 12.1 | 10 | 7 | 15 | 0 | 0 | 0 | 0 | 5 | 0 | 0 | .000 | 0 | 0 | 0 | 0 | 0.0 | — |

WORLD SERIES

| 1990 | CIN | N | 2 | 0 | 1.000 | 0.59 | 2 | 2 | 0 | 15.1 | 9 | 5 | 14 | 0 | 0 | 0 | 0 | 3 | 1 | 0 | .333 | 0 | 2 | 0 | 0 | 1.0 | 1.000 |

Wally Ritchie
RITCHIE, WALLACE REID
B. July 12, 1965, Glendale, Calif.
BL TL 6′ 2″ 180 lbs.

April	—	—	—	—	0	—	—	0	0	0	0	—	0	0	0									
May	0	0	—	2.89	7	0	0	9.1	9	2	6	0	0	0	0									
June	0	0	—	13.50	3	0	0	1.1	1	2	2	0	0	0	0									
July	0	1	.000	1.59	6	0	0	11.1	8	2	3	0	0	0	1									
Aug	0	0	—	2.55	14	0	0	17.2	17	8	9	0	0	0	0									
Sept/Oct	1	1	.500	1.69	9	0	0	10.2	9	3	6	0	1	1	0									
Day	0	0	—	2.65	11	0	0	17	17	4	12	0	0	0	0									
Night	1	2	.333	2.43	28	0	0	33.1	27	13	14	0	1	2	0									
vs. Left	—	—	—	—	—	—	—	—	10	4	13	—	—	—	—									
vs. Right	—	—	—	—	—	—	—	—	34	13	13	—	—	—	—									
On Grass	0	0	—	4.22	11	0	0	10.2	10	2	7	0	0	0	0									
On Turf	1	2	.333	2.04	28	0	0	39.2	34	15	19	0	1	2	0									
Home	1	2	.333	2.03	22	0	0	31	27	15	10	0	1	2	0									
Road	0	0	—	3.26	17	0	0	19.1	17	2	16	0	0	0	0									

Division Rivals

vs. CHI	1	0	1.000	0.00	3	0	0	4.1	2	2	1	0	1	0	0
vs. MON	0	1	.000	4.15	6	0	0	8.2	10	1	4	0	0	1	0
vs. NY	0	0	—	2.70	4	0	0	6.2	5	1	5	0	0	0	0
vs. PIT	0	0	—	0.00	9	0	0	11.2	8	9	9	0	0	0	0
vs. STL	0	0	—	0.00	1	0	0	2	1	0	0	0	0	0	0

1987	PHI	N	3	2	.600	3.75	49	0	0	62.1	60	29	45	0	3	2	3	4	1	0	.250	1	9	0	0	0.2	1.000
1988			0	0	—	3.12	19	0	0	26	19	17	8	0	0	0	0	0	0	0	—	0	4	0	0	0.2	1.000
1991			1	2	.333	2.50	39	0	0	50.1	44	17	26	0	1	2	0	3	0	0	.000	1	8	0	0	0.2	1.000
3 yrs.			4	4	.500	3.18	107	0	0	138.2	123	63	79	0	4	4	3	7	1	0	.143	2	21	0	0	0.2	1.000

Kevin Ritz
RITZ, KEVIN D.
B. June 8, 1965, Eatontown, N. J.
BR TR 6′ 4″ 195 lbs.

1989	DET	A	4	6	.400	4.38	12	12	1	74	75	44	56	0	0	0	0	0	0	0	—	4	10	0	0	1.2	1.000
1990			0	4	.000	11.05	4	4	0	7.1	14	14	3	0	0	0	0	0	0	0	—	2	4	1	0	1.8	.857
1991			0	3	.000	11.74	11	5	0	15.1	17	22	9	0	0	0	0	0	0	0	—	1	4	1	0	0.5	.833
3 yrs.			4	13	.235	6.05	27	21	1	96.2	106	80	68	0	0	0	0	0	0	0	—	7	18	2	0	1.0	.926

Don Robinson
ROBINSON, DON ALLEN
B. June 8, 1957, Ashland, Ky.
BR TR 6′ 4″ 225 lbs.

April	0	0	—	3.86	7	0	0	9.1	12	3	8	0	0	0	0
May	1	4	.200	5.97	6	5	0	28.2	32	13	18	0	0	0	0
June	2	2	.500	3.38	7	5	0	29.1	30	13	20	0	0	0	0
July	2	1	.667	2.89	3	3	0	18.2	13	8	13	0	0	0	0
Aug	0	2	.000	6.75	5	3	0	20	24	12	9	0	0	0	1
Sept/Oct	0	0	—	2.35	6	0	0	15.1	12	1	10	0	0	0	1
Day	2	2	.500	3.51	14	6	0	51.1	40	22	30	0	0	0	1
Night	3	7	.300	5.01	20	10	0	70	83	28	48	0	0	0	1
vs. Left	—	—	—	—	—	—	—	—	70	39	46	—	—	—	—
vs. Right	—	—	—	—	—	—	—	—	53	11	32	—	—	—	—

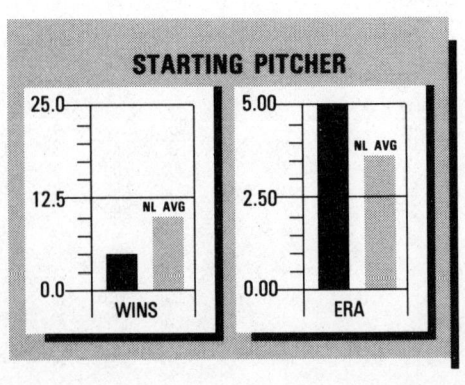

PITCHER REGISTER

Year	Team	W	L	%	ERA	G	GS	CG	IP	H	BB	SO	ShO	RELIEF PITCHING W	L	SV	BATTING AB	H	HR	BA	PO	A	E	DP	TC/G	FA

Don Robinson *Continued*

	W	L	%	ERA	G	GS	CG	IP	H	BB	SO	ShO	W	L	SV
On Grass	4	5	.444	3.44	23	11	0	86.1	78	35	61	0	0	0	1
On Turf	1	4	.200	6.69	11	5	0	35	45	15	17	0	0	1	0
Home	3	2	.600	2.77	14	7	0	61.2	51	26	43	0	0	0	0
Road	2	7	.222	6.03	20	9	0	59.2	72	24	35	0	0	1	1
Division Rivals															
vs. ATL	1	1	.500	5.40	2	2	0	8.1	7	4	9	0	0	0	0
vs. CIN	0	2	.000	3.86	4	2	0	18.2	18	6	7	0	0	0	0
vs. HOU	0	0	—	6.30	3	1	0	10	14	6	4	0	0	0	0
vs. LA	0	0	—	6.75	5	1	0	9.1	13	7	8	0	0	0	1
vs. SD	1	1	.500	2.82	7	2	0	22.1	15	9	19	0	0	0	0

Year	Team		W	L	%	ERA	G	GS	CG	IP	H	BB	SO	ShO	W	L	SV	AB	H	HR	BA	PO	A	E	DP	TC/G	FA
1978	PIT	N	14	6	.700	3.47	35	32	9	228	203	57	135	1	0	0	1	85	20	0	.235	10	32	1	1	1.2	.977
1979			8	8	.500	3.86	29	25	4	161	171	52	96	0	0	1	0	49	10	0	.204	7	10	2	1	0.7	.895
1980			7	10	.412	3.99	29	24	3	160	157	45	103	2	0	0	1	57	19	1	.333	13	23	2	2	1.3	.947
1981			0	3	.000	5.92	16	2	0	38	47	23	17	0	0	2	2	12	3	0	.250	7	8	0	1	0.9	1.000
1982			15	13	.536	4.28	38	30	6	227	213	103	165	0	2	0	0	85	24	2	.282	14	25	4	0	1.1	.907
1983			2	2	.500	4.46	9	6	0	36.1	43	21	28	0	1	0	0	13	2	1	.154	1	6	0	1	0.8	1.000
1984			5	6	.455	3.02	51	1	0	122	99	49	110	0	5	5	10	31	9	1	.290	8	18	0	0	0.5	1.000
1985			5	11	.313	3.87	44	6	0	95.1	95	42	65	0	4	7	3	21	5	1	.238	7	11	0	2	0.4	1.000
1986			3	4	.429	3.38	50	0	0	69.1	61	27	53	0	3	4	14	6	4	0	.667	6	9	0	0	0.3	1.000
1987	2 teams		PIT N (42G 6 - 6)			SF N (25G 5 - 1)																					
"	total		11	7	.611	3.42	67	0	0	108	105	40	79	0	11	7	19	18	4	1	.222	8	12	0	0	0.3	1.000
1988	SF	N	10	5	.667	2.45	51	19	3	176.2	152	49	122	2	2	1	6	52	9	1	.173	12	19	3	1	0.7	.912
1989			12	11	.522	3.43	34	32	5	197	184	37	96	1	0	1	0	81	15	3	.185	6	12	0	1	0.5	1.000
1990			10	7	.588	4.57	26	25	4	157.2	173	41	78	0	0	0	0	63	9	2	.143	4	18	0	0	0.8	1.000
1991			5	9	.357	4.38	34	16	0	121.1	123	50	78	0	0	1	1	40	6	0	.150	7	16	0	0	0.7	1.000
14 yrs.			107	102	.512	3.75	513	218	34	1897.2	1826	636	1225	6	28	29	57	613	139	13	.227	110	219	12	10	0.7	.965

LEAGUE CHAMPIONSHIP SERIES

Year	Team		W	L	%	ERA	G	GS	CG	IP	H	BB	SO	ShO	W	L	SV	AB	H	HR	BA	PO	A	E	DP	TC/G	FA
1979	PIT	N	1	0	1.000	0.00	2	0	0	2	0	1	3	0	1	0	1	0	0	0	—	0	0	0	0	0.0	—
1987	SF	N	0	1	.000	9.00	3	0	0	3	3	0	3	0	0	1	0	0	0	0	—	0	0	0	0	0.0	—
1989			1	0	1.000	0.00	1	0	0	1.2	3	0	0	0	1	0	0	0	0	0	—	0	0	0	0	0.0	—
3 yrs.			2	1	.667	4.05	6	0	0	6.2	6	1	6	0	2	1	1	0	0	0	—	0	0	0	0	0.0	—

WORLD SERIES

Year	Team		W	L	%	ERA	G	GS	CG	IP	H	BB	SO	ShO	W	L	SV	AB	H	HR	BA	PO	A	E	DP	TC/G	FA
1979	PIT	N	1	0	1.000	5.40	4	0	0	5	4	6	3	0	1	0	1	0	0	0	—	0	1	0	0	0.3	1.000
1989	SF	N	0	1	.000	21.60	1	1	0	1.2	4	1	0	0	0	0	0	0	0	0	—	0	0	0	0	0.0	—
2 yrs.			1	1	.500	9.45	5	1	0	6.2	8	7	3	0	1	0	1	0	0	0	—	0	1	0	0	0.2	1.000

Jeff Robinson

ROBINSON, JEFFREY DANIEL
B. Dec. 13, 1960, Santa Ana, Calif.
BR TR 6′ 4″ 195 lbs.

	W	L	%	ERA	G	GS	CG	IP	H	BB	SO	ShO	W	L	SV
April	0	0	—	2.57	7	0	0	14	9	4	12	0	0	0	1
May	0	0	—	0.77	11	0	0	11.2	6	3	14	0	0	0	1
June	0	2	.000	10.20	10	0	0	15	23	14	17	0	0	2	0
July	0	0	—	10.13	5	0	0	5.1	8	4	2	0	0	0	1
Aug	0	0	—	7.20	3	0	0	5	6	0	5	0	0	0	0
Sept/Oct	0	1	.000	3.00	3	0	0	6	4	4	7	0	0	1	0
Day	0	0	—	7.63	10	0	0	15.1	20	5	14	0	0	0	1
Night	0	3	.000	4.54	29	0	0	41.2	36	24	43	0	0	3	2
vs. Left	—	—	—	—	—	—	—	—	27	8	22	—	—	—	—
vs. Right	—	—	—	—	—	—	—	—	29	21	35	—	—	—	—
On Grass	0	3	.000	4.96	34	0	0	49	45	27	52	0	0	3	2
On Turf	0	0	—	7.88	5	0	0	8	11	2	5	0	0	0	1
Home	0	1	.000	2.30	19	0	0	31.1	21	10	40	0	0	1	1
Road	0	2	.000	9.12	20	0	0	25.2	35	19	17	0	0	2	2
Division Rivals															
vs. CHI	0	0	—	9.00	2	0	0	1	1	0	1	0	0	0	0
vs. KC	0	0	—	3.00	1	0	0	3	2	1	2	0	0	0	1
vs. MIN	0	0	—	18.00	1	0	0	1	2	2	0	0	0	0	0
vs. OAK	0	0	—	3.60	2	0	0	5	4	2	8	0	0	0	0
vs. SEA	0	0	—	4.00	5	0	0	9	8	0	6	0	0	0	1
vs. TEX	0	1	.000	3.00	4	0	0	6	7	7	7	0	0	1	0

Jeff Robinson Continued

Year	Team		W	L	%	ERA	G	GS	CG	IP	H	BB	SO	ShO	RELIEF PITCHING W	L	SV	BATTING AB	H	HR	BA	PO	A	E	DP	TC/G	FA
1984	SF	N	7	15	.318	4.56	34	33	1	171.2	195	52	102	1	0	0	0	61	7	0	.115	14	24	1	1	1.1	.974
1985			0	0	—	5.11	8	0	0	12.1	16	10	8	0	0	0	0	0	0	0	—	0	0	0	0	0.0	—
1986			6	3	.667	3.36	64	1	0	104.1	92	32	90	0	6	3	8	15	1	0	.067	10	10	1	1	0.3	.952
1987	2 teams		SF N (63G 6-8)			PIT N (18G 2-1)																					
"	total		8	9	.471	2.85	81	0	0	123.1	89	54	101	0	8	9	14	22	3	1	.136	14	18	0	6	0.4	1.000
1988	PIT	N	11	5	.688	3.03	75	0	0	124.2	113	39	87	0	11	5	9	16	3	0	.188	13	17	0	0	0.4	1.000
1989			7	13	.350	4.58	50	19	0	141.1	161	59	95	0	2	6	4	35	8	1	.229	13	26	5	2	0.9	.886
1990	NY	A	3	6	.333	3.45	54	4	1	88.2	82	34	43	0	1	5	0	0	0	0	—	5	23	3	1	0.6	.903
1991	CAL	A	0	3	.000	5.37	39	0	0	57	56	29	57	0	0	3	3	0	0	0	—	3	7	0	0	0.3	1.000
8 yrs.			42	54	.438	3.87	405	57	2	823.1	804	309	583	1	28	31	38	149	22	2	.148	72	125	10	11	0.5	.952

Jeff Robinson

ROBINSON, JEFFREY MARK
B. Dec. 14, 1961, Ventura, Calif.
BR TR 6' 6" 210 lbs.
See the Pitcher Register Supplement for complete graphic analysis.

Year	Team		W	L	%	ERA	G	GS	CG	IP	H	BB	SO	ShO	W	L	SV	AB	H	HR	BA	PO	A	E	DP	TC/G	FA
1987	DET	A	9	6	.600	5.37	29	21	2	127.1	132	54	98	1	1	1	0	0	0	0	—	14	9	2	2	0.9	.920
1988			13	6	.684	2.98	24	23	6	172	121	72	114	2	0	0	0	0	0	0	—	16	19	1	1	1.5	.972
1989			4	5	.444	4.73	16	16	1	78	76	46	40	1	0	0	0	0	0	0	—	3	6	0	1	0.6	1.000
1990			10	9	.526	5.96	27	27	1	145	141	88	76	1	0	0	0	0	0	0	—	14	15	3	1	1.2	.906
1991	BAL	A	4	9	.308	5.18	21	19	0	104.1	119	51	65	0	0	0	0	0	0	0	—	5	10	2	0	0.8	.882
5 yrs.			40	35	.533	4.74	117	106	10	626.2	589	311	393	5	1	1	0	0	0	0	—	52	59	8	5	1.0	.933

LEAGUE CHAMPIONSHIP SERIES

Year	Team		W	L	%	ERA	G	GS	CG	IP	H	BB	SO	ShO	W	L	SV	AB	H	HR	BA	PO	A	E	DP	TC/G	FA
1987	DET	A	0	0	—	0.00	1	0	0	0.1	1	0	0	0	0	0	0	0	0	0	—	0	1	0	0	1.0	1.000

Ron Robinson

ROBINSON, RONALD DEAN
B. Mar. 24, 1962, Exeter, Calif.
BR TR 6' 4" 235 lbs.

Year	Team		W	L	%	ERA	G	GS	CG	IP	H	BB	SO	ShO	W	L	SV	AB	H	HR	BA	PO	A	E	DP	TC/G	FA
1984	CIN	N	1	2	.333	2.72	12	5	1	39.2	35	13	24	0	0	0	0	8	0	0	.000	1	7	0	0	0.7	1.000
1985			7	7	.500	3.99	33	12	0	108.1	107	32	76	0	3	1	1	22	2	0	.091	9	17	2	4	0.8	.929
1986			10	3	.769	3.24	70	0	0	116.2	110	43	117	0	10	3	14	14	1	0	.071	8	20	0	2	0.4	1.000
1987			7	5	.583	3.68	48	18	0	154	148	43	99	0	1	2	4	36	7	0	.194	5	18	5	1	0.6	.821
1988			3	7	.300	4.12	17	16	0	78.2	88	26	38	0	0	0	0	25	5	0	.200	10	11	3	0	1.4	.875
1989			5	3	.625	3.35	15	15	0	83.1	80	28	36	0	0	0	0	28	6	0	.214	4	13	1	0	1.2	.944
1990	2 teams		CIN N (6G 2-2)			MIL A (22G 12-5)																					
"	total		14	7	.667	3.26	28	27	7	179.2	194	51	71	2	0	1	0	11	1	0	.091	19	21	0	0	1.4	1.000
1991	MIL	A	0	1	.000	6.23	1	1	0	4.1	6	3	0	0	0	0	0	0	0	0	—	0	2	0	0	2.0	1.000
8 yrs.			47	35	.573	3.53	224	94	8	764.2	768	239	461	2	14	7	19	144	22	0	.153	56	109	11	7	0.8	.938

Rich Rodriguez

RODRIGUEZ, RICHARD ANTHONY
B. Mar. 1, 1963, Los Angeles, Calif.
BL TL 5' 10" 185 lbs.

	W	L	%	ERA	G	GS	CG	IP	H	BB	SO	ShO	W	L	SV
April	0	0	—	3.86	9	0	0	14	16	10	5	0	0	0	0
May	2	1	.667	1.06	12	1	0	17	10	8	5	0	2	1	0
June	0	0	—	6.39	12	0	0	12.2	13	9	4	0	0	0	0
July	0	0	—	3.14	11	0	0	14.1	13	8	10	0	0	0	0
Aug	0	0	—	3.09	11	0	0	11.2	6	4	8	0	0	0	0
Sept/Oct	1	0	1.000	2.61	9	0	0	10.1	8	5	8	0	1	0	0
Day	2	1	.667	3.47	17	0	0	23.1	22	14	13	0	2	1	0
Night	1	0	1.000	3.18	47	1	0	56.2	44	30	27	0	1	0	0
vs. Left	—	—	—	—	—	—	—	—	21	17	13	—	—	—	—
vs. Right	—	—	—	—	—	—	—	—	45	27	27	—	—	—	—
On Grass	1	1	.500	4.02	45	1	0	56	47	34	31	0	1	1	0
On Turf	2	0	1.000	1.50	19	0	0	24	19	10	9	0	2	0	0
Home	1	1	.500	4.58	33	0	0	37.1	35	28	25	0	1	1	0
Road	2	0	1.000	2.11	31	1	0	42.2	31	16	15	0	2	0	0
Division Rivals															
vs. ATL	0	0	—	0.79	6	1	0	11.1	3	3	2	0	0	0	0
vs. CIN	0	0	—	1.50	4	0	0	6	6	1	6	0	0	0	0
vs. HOU	1	0	1.000	0.00	7	0	0	6.2	3	5	2	0	1	0	0
vs. LA	0	0	—	6.30	9	0	0	10	11	12	6	0	0	0	0
vs. SF	1	0	1.000	3.48	7	0	0	10.1	9	3	4	0	1	0	0

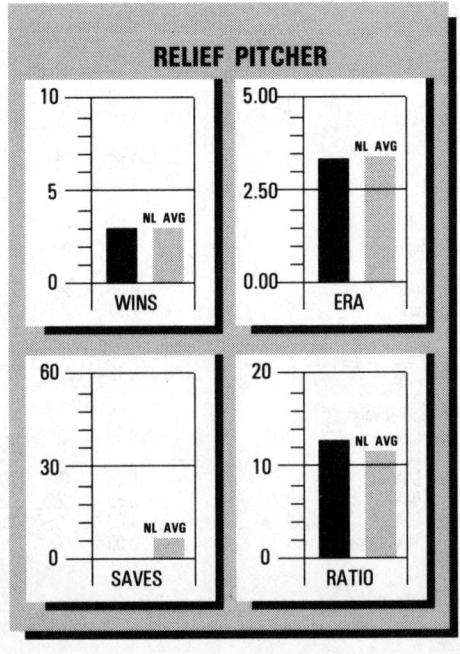

RELIEF PITCHER

PITCHER REGISTER

Year	Team	W	L	%	ERA	G	GS	CG	IP	H	BB	SO	ShO	RELIEF PITCHING W	L	SV	BATTING AB	H	HR	BA	PO	A	E	DP	TC/G	FA

Rich Rodriguez *Continued*

1990	SD N	1	1	.500	2.83	32	0	0	47.2	52	16	22	0	1	1	1	3	0	0	.000	1	10	0	1	0.3	1.000
1991		3	1	.750	3.26	64	1	0	80	66	44	40	0	3	1	0	5	0	0	.000	2	13	0	1	0.2	1.000
2 yrs.		4	2	.667	3.10	96	1	0	127.2	118	60	62	0	4	2	1	8	0	0	.000	3	23	0	2	0.3	1.000

Rosario Rodriguez

RODRIGUEZ, ROSARIO ISABEL
Born Rosario Isabel Rodriguez y Echavarria.
B. July 8, 1969, Los Mochis, Mexico
BR TL 6' 185 lbs.

1989	CIN N	1	1	.500	4.15	7	0	0	4.1	3	3	0	0	1	1	0	0	0	0	—	1	1	0	0	0.3	1.000
1990		0	0	—	6.10	9	0	0	10.1	15	2	8	0	0	0	0	0	0	0	—	0	3	0	0	0.3	1.000
1991	PIT N	1	1	.500	4.11	18	0	0	15.1	14	8	10	0	1	1	6	1	0	0	.000	2	2	0	0	0.2	1.000
3 yrs.		2	2	.500	4.80	34	0	0	30	32	13	18	0	2	2	6	1	0	0	.000	3	6	0	0	0.3	1.000

LEAGUE CHAMPIONSHIP SERIES

| 1991 | PIT N | 0 | 0 | — | 27.00 | 1 | 0 | 0 | 1 | 1 | 2 | 1 | 0 | 0 | 0 | 0 | 0 | 0 | 0 | — | 0 | 0 | 0 | 0 | 0.0 | — |

Kenny Rogers

ROGERS, KENNETH SCOTT
B. Nov. 10, 1964, Savannah, Ga.
BL TL 6' 1" 200 lbs.

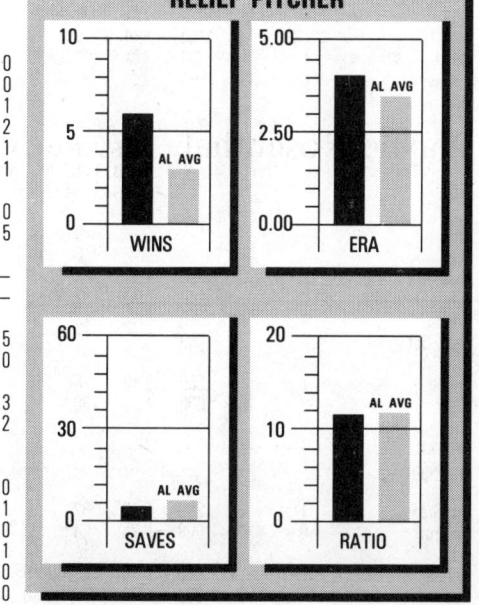

RELIEF PITCHER

	W	L	%	ERA	G	GS	CG	IP	H	BB	SO	ShO	W	L	SV
April	0	3	.000	13.11	3	3	0	11.2	19	8	8	0	0	0	0
May	4	1	.800	4.60	7	5	0	29.1	40	20	13	0	0	0	0
June	0	3	.000	8.10	10	1	0	20	26	10	13	0	0	3	1
July	2	0	1.000	2.65	15	0	0	17	10	6	18	0	2	0	2
Aug	3	1	.750	3.00	16	0	0	21	17	9	16	0	3	1	1
Sept/Oct	1	2	.333	3.38	12	0	0	10.2	9	8	5	0	1	2	1
Day	1	3	.250	5.40	7	2	0	20	23	6	10	0	0	2	0
Night	9	7	.563	5.42	56	7	0	89.2	98	55	63	0	6	4	5
vs. Left	—	—	—	—	—	—	—	—	22	16	19	—	—	—	—
vs. Right	—	—	—	—	—	—	—	—	99	45	54	—	—	—	—
On Grass	7	9	.438	5.81	50	7	0	88.1	94	51	65	0	5	5	5
On Turf	3	1	.750	3.80	13	2	0	21.1	27	10	8	0	1	1	0
Home	6	5	.545	5.59	34	3	0	46.2	50	31	36	0	5	3	3
Road	4	5	.444	5.29	29	6	0	63	71	30	37	0	1	3	2
Division Rivals															
vs. CAL	0	1	.000	2.35	5	0	0	7.2	3	4	4	0	0	1	0
vs. CHI	0	1	.000	9.82	5	0	0	7.1	8	8	2	0	0	1	1
vs. KC	1	2	.333	7.71	7	0	0	11.2	14	5	8	0	1	2	0
vs. MIN	0	1	.000	4.50	4	0	0	4	2	1	5	0	0	1	1
vs. OAK	2	0	1.000	0.00	3	0	0	3	2	0	4	0	2	0	0
vs. SEA	1	1	.500	5.79	6	2	0	14	19	13	6	0	0	0	0

1989	TEX A	3	4	.429	2.93	73	0	0	73.2	60	42	63	0	3	4	2	0	0	0	—	1	22	0	0	0.3	1.000
1990		10	6	.625	3.13	69	3	0	97.2	93	42	74	0	9	4	15	0	0	0	—	5	22	2	1	0.4	.931
1991		10	10	.500	5.42	63	9	0	109.2	121	61	73	0	6	6	5	0	0	0	—	5	15	3	1	0.4	.870
3 yrs.		23	20	.535	3.97	205	12	0	281	274	145	210	0	18	14	22	0	0	0	—	11	59	5	2	0.4	.933

Mel Rojas

ROJAS, MELQUIADES
Born Melquiades Rojas y Medrano.
B. Dec. 10, 1966, Haina, Dominican Republic
BR TR 5' 11" 175 lbs.

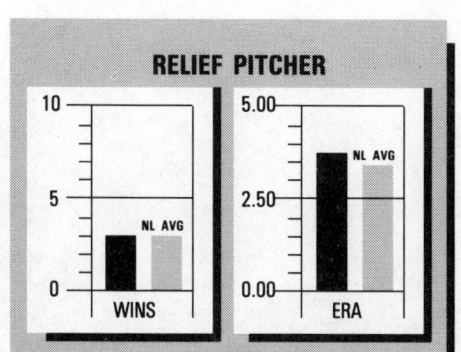

RELIEF PITCHER

	W	L	%	ERA	G	GS	CG	IP	H	BB	SO	ShO	W	L	SV
April	0	0	—	6.43	5	0	0	7	10	3	3	0	0	0	0
May	—	—	—	—	0	—	—	0	0	0	0	—	0	0	0
June	—	—	—	—	0	—	—	0	0	0	0	—	0	0	0
July	0	2	.000	4.05	5	0	0	6.2	8	1	7	0	0	2	0
Aug	1	1	.500	5.40	14	0	0	16.2	17	6	16	0	1	1	1
Sept/Oct	2	0	1.000	1.02	13	0	0	17.2	7	3	11	0	2	0	5
Day	1	0	1.000	2.00	8	0	0	9	6	1	4	0	1	0	1
Night	2	3	.400	4.15	29	0	0	39	36	12	33	0	2	3	5
vs. Left	—	—	—	—	—	—	—	—	22	9	15	—	—	—	—
vs. Right	—	—	—	—	—	—	—	—	20	4	22	—	—	—	—

PITCHER REGISTER

Year	Team	W	L	%	ERA	G	GS	CG	IP	H	BB	SO	ShO	RELIEF PITCHING W	L	SV	BATTING AB	H	HR	BA	PO	A	E	DP	TC/G	FA

Mel Rojas *Continued*

		W	L	%	ERA	G	GS	CG	IP	H	BB	SO	ShO	W	L	SV	AB	H	HR	BA	PO	A	E	DP	TC/G	FA
On Grass		1	1	.500	3.45	10	0	0	15.2	14	3	12	0	1	1	2										
On Turf		2	2	.500	3.90	27	0	0	32.1	28	10	25	0	2	2	4										
Home		1	2	.333	3.12	13	0	0	17.1	13	3	10	0	1	2	2										
Road		2	1	.667	4.11	24	0	0	30.2	29	10	27	0	2	1	4										
Division Rivals																										
vs. CHI		1	0	1.000	1.50	4	0	0	6	3	1	4	0	1	0	2										
vs. NY		0	0	—	4.76	3	0	0	5.2	5	2	2	0	0	0	1										
vs. PHI		0	1	.000	2.25	7	0	0	8	5	4	6	0	0	1	0										
vs. PIT		0	0	—	3.00	5	0	0	6	5	2	5	0	0	0	2										
vs. STL		0	0	—	2.45	3	0	0	3.2	3	0	2	0	0	0	0										
1990	MON N	3	1	.750	3.60	23	0	0	40	34	24	26	0	3	1	1	3	0	0	.000	2	4	1	0	0.3	.857
1991		3	3	.500	3.75	37	0	0	48	42	13	37	0	3	3	6	4	0	0	.000	2	5	0	0	0.2	1.000
2 yrs.		6	4	.600	3.68	60	0	0	88	76	37	63	0	6	4	7	7	0	0	.000	4	9	1	0	0.2	.929

Steve Rosenberg

ROSENBERG, STEVEN ALLEN
B. Oct. 31, 1964, Brooklyn, N.Y.
BL TL 6' 186 lbs.

Year	Team	W	L	%	ERA	G	GS	CG	IP	H	BB	SO	ShO	W	L	SV	AB	H	HR	BA	PO	A	E	DP	TC/G	FA
1988	CHI A	0	1	.000	4.30	33	0	0	46	53	19	28	0	0	1	1	0	0	0	—	0	6	0	0	0.2	1.000
1989		4	13	.235	4.94	38	21	2	142	148	58	77	0	1	2	0	0	0	0	—	8	20	3	5	0.8	.903
1990		1	0	1.000	5.40	6	0	0	10	10	5	4	0	1	0	0	0	0	0	—	1	2	0	0	0.5	1.000
1991	SD N	1	1	.500	6.94	10	0	0	11.2	11	5	6	0	1	1	0	1	0	0	.000	0	1	0	0	0.1	1.000
4 yrs.		6	15	.286	4.94	87	21	2	209.2	222	87	115	0	3	4	1	1	0	0	.000	9	29	3	5	0.5	.927

Wayne Rosenthal

ROSENTHAL, WAYNE SCOTT
B. Feb. 19, 1965, Brooklyn, N.Y.
BR TR 6' 5" 220 lbs.

		W	L	%	ERA	G	GS	CG	IP	H	BB	SO	ShO	W	L	SV	AB	H	HR	BA	PO	A	E	DP	TC/G	FA
April		—	—	—	—	0	—	—	0	0	0	0	—	0	0	0										
May		—	—	—	—	0	—	—	0	0	0	0	—	0	0	0										
June		1	0	1.000	4.50	3	0	0	4	5	4	4	0	1	0	0										
July		0	1	.000	4.20	9	0	0	15	13	8	17	0	0	1	0										
Aug		0	1	.000	4.42	13	0	0	36.2	34	14	24	0	0	1	1										
Sept/Oct		0	2	.000	8.59	11	0	0	14.2	20	10	16	0	0	2	0										
Day		1	1	.500	8.10	6	0	0	13.1	20	7	12	0	1	1	1										
Night		0	3	.000	4.58	30	0	0	57	52	29	49	0	0	3	0										
vs. Left		—	—	—	—	—	—	—	—	32	13	22	—	—	—	—										
vs. Right		—	—	—	—	—	—	—	—	40	23	39	—	—	—	—										
On Grass		1	3	.250	5.12	32	0	0	65	67	33	57	0	1	3	1										
On Turf		0	1	.000	6.75	4	0	0	5.1	5	3	4	0	0	1	0										
Home		0	2	.000	4.15	17	0	0	34.2	34	15	34	0	0	2	0										
Road		1	2	.333	6.31	19	0	0	35.2	38	21	27	0	1	2	1										
Division Rivals																										
vs. CAL		0	0	—	3.60	5	0	0	5	6	3	3	0	0	0	0										
vs. CHI		0	0	—	1.80	2	0	0	5	3	2	5	0	0	0	0										
vs. KC		0	0	—	2.08	2	0	0	4.1	2	1	3	0	0	0	0										
vs. MIN		0	1	.000	4.15	3	0	0	4.1	4	2	5	0	0	1	0										
vs. OAK		1	0	1.000	12.15	5	0	0	6.2	9	7	8	0	1	0	0										
vs. SEA		0	1	.000	9.00	2	0	0	2	3	2	3	0	0	1	0										
1991	TEX A	1	4	.200	5.25	36	0	0	70.1	72	36	61	0	1	4	1	0	0	0	—	4	4	1	0	0.3	.889

PITCHER REGISTER

Year	Team	W	L	%	ERA	G	GS	CG	IP	H	BB	SO	ShO	Relief W	Relief L	Relief SV	AB	H	HR	BA	PO	A	E	DP	TC/G	FA

Bruce Ruffin
RUFFIN, BRUCE WAYNE
B. Oct. 4, 1963, Lubbock, Tex.
BB TL 6' 2" 205 lbs.
BR 1986-87

Split	W	L	%	ERA	G	GS	CG	IP	H	BB	SO	ShO	RW	RL	SV
April	—	—	—	—	0	—	—	0	0	0	0	—	0	0	0
May	—	—	—	—	0	—	—	0	0	0	0	—	0	0	0
June	1	0	1.000	2.78	8	1	0	22.2	22	7	12	0	0	0	0
July	2	3	.400	2.84	6	6	1	38	39	9	30	1	0	0	0
Aug	0	2	.000	5.19	5	5	0	26	30	11	15	0	0	0	0
Sept/Oct	1	2	.333	4.45	12	3	0	32.1	34	11	28	0	1	0	0
Day	0	1	.000	6.67	10	4	0	27	38	12	16	0	0	0	0
Night	4	6	.400	2.93	21	11	1	92	87	26	69	1	1	0	0
vs. Left	—	—	—	—	—	—	—	—	28	6	22	—	—	—	—
vs. Right	—	—	—	—	—	—	—	—	97	32	63	—	—	—	—
On Grass	1	2	.333	5.40	5	3	1	20	24	7	15	1	0	0	0
On Turf	3	5	.375	3.45	26	12	0	99	101	31	70	0	1	0	0
Home	3	3	.500	3.21	19	10	0	75.2	71	25	54	0	1	0	0
Road	1	4	.200	4.78	12	5	1	43.1	54	13	31	1	0	0	0
vs. CHI	1	1	.500	6.35	5	2	0	11.1	15	4	7	0	1	0	0
vs. MON	0	1	.000	7.00	3	2	0	9	10	5	4	0	0	0	0
vs. NY	0	1	.000	4.50	4	1	0	12	14	4	14	0	0	0	0
vs. PIT	0	0	—	3.38	2	1	0	5.1	5	5	2	0	0	0	0
vs. STL	0	1	.000	2.37	4	1	0	19	22	5	16	0	0	0	0

Year	Team	W	L	%	ERA	G	GS	CG	IP	H	BB	SO	ShO	RW	RL	SV	AB	H	HR	BA	PO	A	E	DP	TC/G	FA
1986	PHI N	9	4	.692	2.46	21	21	6	146.1	138	44	70	0	0	0	0	55	4	0	.073	8	20	1	0	1.4	.966
1987		11	14	.440	4.35	35	35	3	204.2	236	73	93	1	0	0	0	73	4	0	.055	7	32	2	3	1.2	.951
1988		6	10	.375	4.43	55	15	3	144.1	151	80	82	0	2	4	3	33	4	0	.121	11	25	2	2	0.7	.947
1989		6	10	.375	4.44	24	23	1	125.2	152	62	70	0	0	0	0	34	6	0	.176	3	34	4	0	1.7	.902
1990		6	13	.316	5.38	32	25	2	149	178	62	79	1	0	0	0	44	3	0	.068	5	23	0	2	0.9	1.000
1991		4	7	.364	3.78	31	15	1	119	125	38	85	1	1	0	0	24	0	0	.000	8	15	2	1	0.8	.920
6 yrs.		42	58	.420	4.16	198	134	16	889	980	359	479	3	3	4	3	263	21	0	.080	42	149	11	8	1.0	.946

Scott Ruskin
RUSKIN, SCOTT DREW
B. June 6, 1963, Jacksonville, Fla.
BB TL 6' 2" 185 lbs.

Split	W	L	%	ERA	G	GS	CG	IP	H	BB	SO	ShO	RW	RL	SV
April	0	0	—	2.45	6	0	0	7.1	5	4	5	0	0	0	0
May	1	0	1.000	1.38	11	0	0	13	11	2	9	0	1	0	2
June	1	2	.333	3.75	14	0	0	12	8	4	5	0	1	2	3
July	1	0	1.000	2.70	10	0	0	10	7	3	9	0	1	0	1
Aug	0	1	.000	13.03	11	0	0	9.2	14	9	8	0	0	1	0
Sept/Oct	1	1	.500	3.09	12	0	0	11.2	12	8	10	0	1	1	0
Day	0	1	.000	4.82	17	0	0	18.2	18	6	19	0	0	1	1
Night	4	3	.571	4.00	47	0	0	45	39	24	27	0	4	3	5
vs. Left	—	—	—	—	—	—	—	—	25	10	18	—	—	—	—
vs. Right	—	—	—	—	—	—	—	—	32	20	28	—	—	—	—
On Grass	0	0	—	6.52	20	0	0	19.1	18	9	15	0	0	0	3
On Turf	4	4	.500	3.25	44	0	0	44.1	39	21	31	0	4	4	3
Home	3	2	.600	1.93	26	0	0	28	24	7	18	0	3	2	2
Road	1	2	.333	6.06	38	0	0	35.2	33	23	28	0	1	2	4
vs. CHI	0	1	.000	5.79	6	0	0	4.2	6	3	4	0	0	1	0
vs. NY	0	0	—	6.75	6	0	0	5.1	6	3	2	0	0	0	0
vs. PHI	0	2	.000	7.71	8	0	0	7	12	6	4	0	0	2	0
vs. PIT	1	1	.500	1.86	9	0	0	9.2	7	5	5	0	1	1	0
vs. STL	0	0	—	7.36	6	0	0	3.2	6	4	6	0	0	0	0

Year	Team	W	L	%	ERA	G	GS	CG	IP	H	BB	SO	ShO	RW	RL	SV	AB	H	HR	BA	PO	A	E	DP	TC/G	FA
1990	2 teams	PIT N (44G 2-2)					MON N (23G 1-0)																			
"	total	3	2	.600	2.75	67	0	0	75.1	75	38	57	0	3	2	2	8	2	0	.250	1	14	2	2	0.3	.882
1991	MON N	4	4	.500	4.24	64	0	0	63.2	57	30	46	0	4	4	6	2	0	0	.000	1	10	1	1	0.2	.917
2 yrs.		7	6	.538	3.43	131	0	0	139	132	68	103	0	7	6	8	10	2	0	.200	2	24	3	3	0.2	.897

PITCHER REGISTER

Year	Team		W	L	%	ERA	G	GS	CG	IP	H	BB	SO	ShO	RELIEF PITCHING			BATTING				PO	A	E	DP	TC/G	FA
															W	L	SV	AB	H	HR	BA						

Jeff Russell

RUSSELL, JEFFREY LEE
B. Sept. 2, 1961, Cincinnati, Ohio
BR TR 6' 4" 200 lbs.

	W	L	%	ERA	G	GS	CG	IP	H	BB	SO	ShO	W	L	SV
April	0	0	—	0.00	8	0	0	10	3	0	9	0	0	0	5
May	1	0	1.000	4.41	14	0	0	16.1	16	4	7	0	1	0	7
June	1	1	.500	4.20	10	0	0	15	15	7	7	0	1	1	3
July	1	2	.333	1.98	12	0	0	13.2	7	6	14	0	1	2	5
Aug	0	1	.000	2.92	12	0	0	12.1	12	4	7	0	0	1	5
Sept/Oct	3	0	1.000	5.25	12	0	0	12	18	5	8	0	3	0	5
Day	2	3	.400	3.72	18	0	0	19.1	18	9	12	0	2	3	6
Night	4	1	.800	3.15	50	0	0	60	53	17	40	0	4	1	24
vs. Left	—	—	—	—	—	—	—	—	35	17	20	—	—	—	—
vs. Right	—	—	—	—	—	—	—	—	36	9	32	—	—	—	—
On Grass	3	3	.500	3.11	55	0	0	63.2	57	18	44	0	3	3	25
On Turf	3	1	.750	4.02	13	0	0	15.2	14	8	8	0	3	1	5
Home	2	1	.667	3.00	34	0	0	39	33	9	29	0	2	1	18
Road	4	3	.571	3.57	34	0	0	40.1	38	17	23	0	4	3	12
Division Rivals															
vs. CAL	1	0	1.000	1.42	4	0	0	6.1	4	0	5	0	1	0	1
vs. CHI	1	1	.500	6.75	6	0	0	8	9	6	5	0	1	1	1
vs. KC	0	0	—	1.59	5	0	0	5.2	4	3	2	0	0	0	2
vs. MIN	1	0	1.000	8.53	7	0	0	6.1	9	1	2	0	1	0	4
vs. OAK	1	0	1.000	0.00	4	0	0	5.1	2	4	5	0	1	0	3
vs. SEA	2	0	1.000	5.87	6	0	0	7.2	12	5	4	0	2	0	3

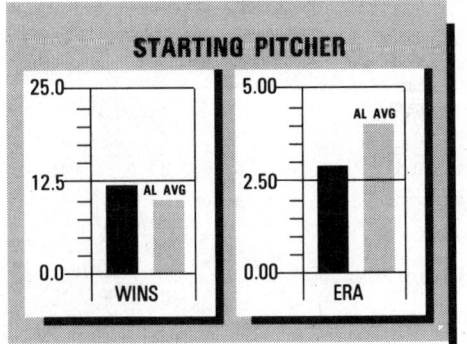

Year	Team		W	L	%	ERA	G	GS	CG	IP	H	BB	SO	ShO	W	L	SV	AB	H	HR	BA	PO	A	E	DP	TC/G	FA
1983	CIN	N	4	5	.444	3.03	10	10	2	68.1	58	22	40	0	0	0	0	21	3	1	.143	2	10	1	0	1.3	.923
1984			6	18	.250	4.26	33	30	4	181.2	186	65	101	2	0	0	0	57	8	0	.140	7	34	2	4	1.3	.953
1985	TEX	A	3	6	.333	7.55	13	13	0	62	85	27	44	0	0	0	0	0	0	0	—	6	10	0	1	1.2	1.000
1986			5	2	.714	3.40	37	0	0	82	74	31	54	0	5	2	2	0	0	0	—	6	17	0	3	0.6	1.000
1987			5	4	.556	4.44	52	2	0	97.1	109	52	56	0	5	3	3	0	0	0	—	11	17	0	2	0.5	1.000
1988			10	9	.526	3.82	34	24	5	188.2	183	66	88	0	1	0	0	1	0	0	.000	12	37	5	3	1.6	.907
1989			6	4	.600	1.98	71	0	0	72.2	45	24	77	0	6	4	38	0	0	0	—	6	14	0	3	0.3	1.000
1990			1	5	.167	4.26	27	0	0	25.1	23	16	16	0	1	5	10	0	0	0	—	1	5	1	0	0.3	.857
1991			6	4	.600	3.29	68	0	0	79.1	71	26	52	0	6	4	30	0	0	0	—	6	18	1	1	0.4	.960
9 yrs.			46	57	.447	3.96	345	79	11	857.1	834	329	528	2	24	18	83	79	11	1	.139	57	162	10	17	0.7	.956

John Russell

RUSSELL, JOHN WILLIAM
B. Jan. 5, 1961, Oklahoma City, Okla.
BL TL 6' 195 lbs.

Year	Team		W	L	%	ERA	G	GS	CG	IP	H	BB	SO	ShO	W	L	SV	AB	H	HR	BA	PO	A	E	DP	TC/G	FA
1989	ATL	N	0	0	—	0.00	1	0	0	0.1	0	0	0	0	0	0	0	*				0	0	0	0	0.0	—

Nolan Ryan

RYAN, LYNN NOLAN (The Express)
B. Jan. 31, 1947, Refugio, Tex.
BR TR 6' 2" 170 lbs.

	W	L	%	ERA	G	GS	CG	IP	H	BB	SO	ShO	W	L	SV
April	2	2	.500	3.94	4	4	0	29.2	23	10	37	0	0	0	0
May	1	2	.333	3.09	4	4	1	23.1	8	11	30	1	0	0	0
June	1	0	1.000	1.20	4	4	1	30	17	6	30	1	0	0	0
July	3	1	.750	3.00	6	6	0	39	19	20	48	0	0	0	0
Aug	2	1	.667	3.75	3	3	0	12	10	7	12	0	0	0	0
Sept/Oct	3	0	1.000	3.00	6	6	0	39	25	18	46	0	0	0	0
Day	3	0	1.000	1.90	6	6	0	42.2	23	19	53	0	0	0	0
Night	9	6	.600	3.25	21	21	2	130.1	79	53	150	2	0	0	0
vs. Left	—	—	—	—	—	—	—	—	63	34	105	—	—	—	—
vs. Right	—	—	—	—	—	—	—	—	39	38	98	—	—	—	—

PITCHER REGISTER 407

Year	Team		W	L	%	ERA	G	GS	CG	IP	H	BB	SO	ShO	RELIEF PITCHING W	L	SV	BATTING AB	H	HR	BA	PO	A	E	DP	TC/G	FA

Nolan Ryan *Continued*

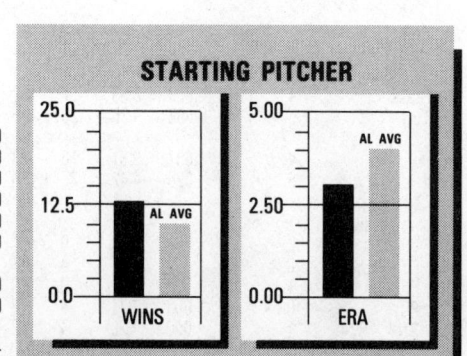
STARTING PITCHER

			W	L	%	ERA	G	GS	CG	IP	H	BB	SO	ShO	W	L	SV	AB	H	HR	BA	PO	A	E	DP	TC/G	FA
On Grass			11	4	.733	2.81	22	22	2	144	80	56	172	2	0	0	0										
On Turf			1	2	.333	3.41	5	5	0	29	22	16	31	0	0	0	0										
Home			10	4	.714	3.08	20	20	2	131.2	75	53	157	2	0	0	0										
Road			2	2	.500	2.40	7	7	0	41.1	27	19	46	0	0	0	0										
Division Rivals																											
vs. CAL			2	0	1.000	1.88	2	2	0	14.1	8	3	21	0	0	0	0										
vs. CHI			1	0	1.000	1.89	3	3	1	19	13	6	21	1	0	0	0										
vs. KC			1	1	.500	4.50	3	3	0	14	14	6	14	0	0	0	0										
vs. MIN			1	1	.500	4.91	2	2	0	11	7	2	13	0	0	0	0										
vs. OAK			0	0	—	4.50	2	2	0	12	5	9	15	0	0	0	0										
vs. SEA			1	0	1.000	1.93	2	2	0	14	8	6	14	0	0	0	0										
1966	NY	N	0	1	.000	15.00	2	1	0	3	5	3	6	0	0	0	0	0	0	0	—	1	0	0	0	0.5	1.000
1968			6	9	.400	3.09	21	18	3	134	93	75	133	0	0	0	0	44	5	0	.114	5	11	4	0	1.0	.800
1969			6	3	.667	3.53	25	10	2	89.1	60	53	92	0	3	0	1	29	3	0	.103	0	4	1	0	0.2	.800
1970			7	11	.389	3.41	27	19	5	132	86	97	125	2	0	0	1	45	8	0	.178	11	10	4	2	0.9	.840
1971			10	14	.417	3.97	30	26	3	152	125	116	137	0	1	0	0	47	6	0	.128	5	15	3	2	0.8	.870
1972	CAL	A	19	16	.543	2.28	39	39	20	284	166	**157**	**329**	**9**	0	0	0	96	13	0	.135	7	28	6	2	1.1	.854
1973			21	16	.568	2.87	41	39	26	326	238	**162**	**383**[1]	4	0	0	1	0	0	0	—	10	27	2	1	1.0	.949
1974			22	16	.579	2.89	42	41	26	333	221	**202**	**367**	3	1	0	0	0	0	0	—	12	48	6	1	1.6	.909
1975			14	12	.538	3.45	28	28	10	198	152	132	186	5	0	0	0	0	0	0	—	12	18	7	3	1.3	.811
1976			17	**18**	.486	3.36	39	39	21	284	193	**183**	**327**	7	0	0	0	0	0	0	—	14	34	7	1	1.4	.873
1977			19	16	.543	2.77	37	37	**22**	299	198	**204**	**341**	4	0	0	0	0	0	0	—	20	35	8	1	1.7	.873
1978			10	13	.435	3.71	31	31	14	235	183	**148**	**260**	3	0	0	0	0	0	0	—	13	33	8	3	1.7	.852
1979			16	14	.533	3.59	34	34	17	223	169	114	**223**	5	0	0	0	0	0	0	—	8	29	4	1	1.2	.902
1980	HOU	N	11	10	.524	3.35	35	35	4	234	205	**98**	200	2	0	0	0	70	6	1	.086	13	27	5	0	1.3	.889
1981			11	5	.688	**1.69**	21	21	5	149	99	68	140	3	0	0	0	51	11	0	.216	5	16	1	3	1.0	.955
1982			16	12	.571	3.16	35	35	10	250.1	196	**109**	245	3	0	0	0	83	10	0	.120	9	33	2	1	1.3	.955
1983			14	9	.609	2.98	29	29	5	196.1	134	101	183	2	0	0	0	69	5	0	.072	4	28	2	0	1.2	.941
1984			12	11	.522	3.04	30	30	5	183.2	143	69	197	2	0	0	0	61	6	0	.098	7	11	2	0	0.7	.900
1985			10	12	.455	3.80	35	35	4	232	205	95	209	0	0	0	0	63	7	0	.111	6	20	2	0	0.8	.929
1986			12	8	.600	3.34	30	30	1	178	119	82	194	0	0	0	0	59	6	0	.102	10	17	2	2	1.0	.931
1987			8	16	.333	**2.76**	34	34	0	211.2	154	87	**270**	0	0	0	0	65	4	1	.062	11	18	1	1	0.9	.967
1988			12	11	.522	3.52	33	33	4	220	186	87	**228**	1	0	0	0	70	4	0	.057	8	18	4	0	0.9	.867
1989	TEX	A	16	10	.615	3.20	32	32	6	239.1	162	98	**301**	2	0	0	0	0	0	0	—	11	19	3	0	1.0	.909
1990			13	9	.591	3.44	30	30	5	204	137	74	**232**	2	0	0	0	0	0	0	—	7	13	0	1	0.7	1.000
1991			12	6	.667	2.91	27	27	2	173	102	72	203	2	0	0	0	0	0	0	—	7	14	0	1	0.8	1.000
25 yrs.			314	278	.530	3.15	767	733	220	5163.2	3731	2686	5511	61	5	0	3	852	94	2	.110	216	526	84	26	1.1	.898
				4th							10th	1st	1st	7th													

DIVISIONAL PLAYOFF SERIES
Year	Team		W	L	%	ERA	G	GS	CG	IP	H	BB	SO	ShO	W	L	SV	AB	H	HR	BA	PO	A	E	DP	TC/G	FA
1981	HOU	N	1	1	.500	1.80	2	2	1	15	6	3	14	0	0	0	0	4	1	0	.250	0	0	0	0	0.0	—

LEAGUE CHAMPIONSHIP SERIES
Year	Team		W	L	%	ERA	G	GS	CG	IP	H	BB	SO	ShO	W	L	SV	AB	H	HR	BA	PO	A	E	DP	TC/G	FA
1969	NY	N	1	0	1.000	2.57	1	0	0	7	3	2	7	0	1	0	0	4	2	0	.500	0	0	0	0	1.0	1.000
1979	CAL	A	0	0	—	1.29	1	1	0	7	4	3	8	0	0	0	0	0	0	0	—	0	0	0	0	0.0	—
1980	HOU	N	0	0	—	5.40	2	2	0	13.1	16	3	14	0	0	0	0	4	0	0	.000	1	3	0	0	2.0	1.000
1986			0	1	.000	3.86	2	2	0	14	9	1	17	0	0	0	0	4	0	0	.000	0	0	0	0	0.0	—
4 yrs.			1	1	.500	3.70	6	5	0	41.1	32	9	46	0	1	0	0	12	2	0	.167	2	3	0	0	0.8	1.000

WORLD SERIES
Year	Team		W	L	%	ERA	G	GS	CG	IP	H	BB	SO	ShO	W	L	SV	AB	H	HR	BA	PO	A	E	DP	TC/G	FA
1969	NY	N	0	0	—	0.00	1	0	0	2.1	1	2	3	0	0	0	1	0	0	0	—	0	0	0	0	0.0	—

Bret Saberhagen   SABERHAGEN, BRET WILLIAM
B. Apr. 11, 1964, Chicago Heights, Ill.
BR TR 6′ 1″ 160 lbs.

STARTING PITCHER

		W	L	%	ERA	G	GS	CG	IP	H	BB	SO	ShO	W	L	SV
April		1	3	.250	3.34	5	5	0	32.1	36	9	19	0	0	0	0
May		5	0	1.000	2.30	6	6	3	47	37	7	25	0	0	0	0
June		0	0	—	4.50	2	2	0	12	13	4	8	0	0	0	0
July		1	2	.333	6.55	4	4	0	22	25	11	18	0	0	0	0
Aug		3	1	.750	0.88	5	5	3	41	20	7	31	2	0	0	0
Sept/Oct		3	2	.600	3.64	6	6	1	42	34	7	35	0	0	0	0
Day		4	4	.500	3.09	9	9	3	64	51	17	46	1	0	0	0
Night		9	4	.692	3.06	19	19	4	132.1	114	28	90	1	0	0	0
vs. Left		—	—	—	—	—	—	—	—	76	27	68	—	—	—	—
vs. Right		—	—	—	—	—	—	—	—	89	18	68	—	—	—	—

Bret Saberhagen Continued

Year	Team	W	L	%	ERA	G	GS	CG	IP	H	BB	SO	ShO	Relief W	Relief L	SV	AB	H	HR	BA	PO	A	E	DP	TC/G	FA
On Grass		2	5	.286	4.37	10	10	2	68	71	16	47	1	0	0	0										
On Turf		11	3	.786	2.38	18	18	5	128.1	94	29	89	1	0	0	0										
Home		7	3	.700	2.76	14	14	3	94.2	70	25	62	1	0	0	0										
Road		6	5	.545	3.36	14	14	4	101.2	95	20	74	1	0	0	0										

Division Rivals

		W	L	%	ERA	G	GS	CG	IP	H	BB	SO	ShO	W	L	SV										
vs. CAL		1	0	1.000	1.08	1	1	0	8.1	4	1	7	0	0	0	0										
vs. CHI		1	0	1.000	0.00	1	1	1	9	0	2	5	1	0	0	0										
vs. MIN		3	0	1.000	1.05	3	3	2	25.2	17	4	12	0	0	0	0										
vs. OAK		0	0	—	13.50	1	1	0	2	4	1	2	0	0	0	0										
vs. SEA		1	0	1.000	3.94	2	2	1	16	10	5	14	0	0	0	0										
vs. TEX		0	1	.000	3.68	2	2	0	14.2	14	4	9	0	0	0	0										
1984	KC A	10	11	.476	3.48	38	18	2	157.2	138	36	73	1	4	1	1	0	0	0	—	15	22	1	1	1.0	.974
1985		20	6	.769	2.87	32	32	10	235.1	211	38	158	1	0	0	0	0	0	0	—	22	38	2	4	1.9	.968
1986		7	12	.368	4.15	30	25	4	156	165	29	112	2	1	0	0	0	0	0	—	14	26	2	0	1.4	.952
1987		18	10	.643	3.36	33	33	15	257	246	53	163	4	0	0	0	0	0	0	—	21	34	2	5	1.7	.965
1988		14	16	.467	3.80	35	35	9	260.2	271	59	171	0	0	0	0	0	0	0	—	15	34	3	3	1.5	.942
1989		23	6	.793	2.16	36	35	12	262.1	209	43	193	4	0	1	0	0	0	0	—	21	36	4	1	1.7	.934
1990		5	9	.357	3.27	20	20	5	135	146	28	87	0	0	0	0	0	0	0	—	16	28	1	2	2.3	.978
1991		13	8	.619	3.07	28	28	7	196.1	165	45	136	2	0	0	0	0	0	0	—	17	30	2	2	1.8	.959
8 yrs.		110	78	.585	3.21	252	226	64	1660.1	1551	331	1093	14	5	2	1	0	0	0	—	141	248	17	18	1.6	.958

LEAGUE CHAMPIONSHIP SERIES

1984	KC A	0	0	—	2.25	1	1	0	8	6	1	5	0	0	0	0	0	0	0	—	1	1	1	0	3.0	.667
1985		0	0	—	6.14	2	2	0	7.1	12	2	6	0	0	0	0	0	0	0	—	2	1	0	0	1.5	1.000
2 yrs.		0	0	—	4.11	3	3	0	15.1	18	3	11	0	0	0	0	0	0	0	—	3	2	1	0	2.0	.833

WORLD SERIES

1985	KC A	2	0	1.000	0.50	2	2	2	18	11	1	10	1	0	0	0	7	0	0	.000	0	0	0	0	0.0	—

Luis Salazar

SALAZAR, LUIS ERNESTO
Born Luis Ernesto Salazar y Garacia.
B. May 19, 1956, Barcelona, Venezuela
BR TR 6' 170 lbs.

Year	Team	W	L	%	ERA	G	GS	CG	IP	H	BB	SO	ShO	W	L	SV	AB	H	HR	BA	PO	A	E	DP	TC/G	FA
1987	SD N	0	0	—	4.50	2	0	0	2	2	1	0	0	0	0	0	*				0	1	0	0	0.5	1.000

Bill Sampen

SAMPEN, WILLIAM ALBERT
B. Jan. 18, 1963, Lincoln, Ill.
BR TR 6' 1" 185 lbs.

	W	L	%	ERA	G	GS	CG	IP	H	BB	SO	ShO	W	L	SV
April	1	1	.500	2.75	4	4	0	19.2	15	13	9	0	0	0	0
May	2	0	1.000	5.40	11	0	0	15	17	5	10	0	2	0	0
June	2	1	.667	6.60	11	0	0	15	24	9	11	0	2	1	0
July	—	—	—	—	0	—	—	0	0	0	0	0	0	0	0
Aug	1	2	.333	3.65	7	0	0	12.1	12	4	6	0	1	2	0
Sept/Oct	3	1	.750	2.97	10	4	0	30.1	28	15	16	0	1	0	0
Day	5	2	.714	3.18	16	4	0	39.2	39	11	13	0	3	1	0
Night	4	3	.571	4.61	27	4	0	52.2	57	35	39	0	3	2	0
vs. Left	—	—	—	—	—	—	—	—	46	30	23	—	—	—	—
vs. Right	—	—	—	—	—	—	—	—	50	16	29	—	—	—	—
On Grass	4	1	.800	3.55	17	2	0	33	34	17	18	0	3	1	0
On Turf	5	4	.556	4.25	26	6	0	59.1	62	29	34	0	3	2	0
Home	4	2	.667	3.31	16	3	0	35.1	35	19	26	0	2	1	0
Road	5	3	.625	4.42	27	5	0	57	61	27	26	0	4	2	0

Division Rivals

	W	L	%	ERA	G	GS	CG	IP	H	BB	SO	ShO	W	L	SV
vs. CHI	2	1	.667	3.57	9	1	0	17.2	20	5	13	0	1	1	0
vs. NY	0	0	—	1.80	4	1	0	10	7	10	6	0	0	0	0
vs. PHI	1	0	1.000	8.31	3	0	0	4.1	3	1	2	0	1	0	0
vs. PIT	0	2	.000	7.71	4	3	0	14	18	12	7	0	0	0	0
vs. STL	1	0	1.000	1.20	4	2	0	15	11	3	7	0	0	0	0

Year	Team	W	L	%	ERA	G	GS	CG	IP	H	BB	SO	ShO	W	L	SV	AB	H	HR	BA	PO	A	E	DP	TC/G	FA
1990	MON N	12	7	.632	2.99	59	4	0	90.1	94	33	69	0	11	6	2	8	0	0	.000	5	9	0	0	0.2	1.000
1991		9	5	.643	4.00	43	8	0	92.1	96	46	52	0	6	3	0	13	3	0	.231	3	9	1	0	0.3	.923
2 yrs.		21	12	.636	3.50	102	12	0	182.2	190	79	121	0	17	9	2	21	3	0	.143	8	18	1	0	0.3	.963

PITCHER REGISTER

Year	Team		W	L	%	ERA	G	GS	CG	IP	H	BB	SO	ShO	RELIEF PITCHING W	L	SV	BATTING AB	H	HR	BA	PO	A	E	DP	TC/G	FA

Scott Sanderson

SANDERSON, SCOTT DOUGLAS
B. July 22, 1956, Dearborn, Mich.
BR TR 6' 5" 195 lbs.

Split	W	L	%	ERA	G	GS	CG	IP	H	BB	SO	ShO	W	L	SV	AB	H	HR	BA	PO	A	E	DP	TC/G	FA
April	1	1	.500	6.33	4	4	0	21.1	29	3	11	0	0	0	0										
May	5	1	.833	2.27	6	6	1	39.2	32	5	22	1	0	0	0										
June	2	1	.667	3.69	5	5	0	31.2	37	2	21	0	0	0	0										
July	2	4	.333	6.02	7	7	1	40.1	43	7	22	1	0	0	0										
Aug	4	1	.800	3.43	6	6	0	39.1	29	9	38	0	0	0	0										
Sept/Oct	2	2	.500	2.02	6	6	0	35.2	30	3	16	0	0	0	0										
Day	3	4	.429	4.02	10	10	0	65	61	9	39	0	0	0	0										
Night	13	6	.684	3.71	24	24	2	143	139	20	91	2	0	0	0										
vs. Left	—	—	—	—	—	—	—	—	114	17	74	—	—	—	—										
vs. Right	—	—	—	—	—	—	—	—	86	12	56	—	—	—	—										
On Grass	14	9	.609	3.97	29	29	1	174.2	173	26	105	1	0	0	0										
On Turf	2	1	.667	2.97	5	5	1	33.1	27	3	25	1	0	0	0										
Home	7	6	.538	4.66	15	15	0	92.2	102	16	55	0	0	0	0										
Road	9	4	.692	3.12	19	19	2	115.1	98	13	75	2	0	0	0										
Division Rivals																									
vs. BAL	1	1	.500	4.11	3	3	0	15.1	15	3	5	0	0	0	0										
vs. BOS	3	1	.750	0.96	4	4	0	28	19	2	8	0	0	0	0										
vs. CLE	2	0	1.000	1.80	2	2	0	10	9	2	8	0	0	0	0										
vs. DET	2	1	.667	3.00	3	3	0	21	10	8	23	0	0	0	0										
vs. MIL	0	0	—	4.76	1	1	0	5.2	7	0	3	0	0	0	0										
vs. TOR	2	0	1.000	3.43	3	3	0	21	20	2	19	0	0	0	0										

STARTING PITCHER (charts: WINS, ERA, SO/9, RATIO vs AL AVG)

Year	Team		W	L	%	ERA	G	GS	CG	IP	H	BB	SO	ShO	W	L	SV	AB	H	HR	BA	PO	A	E	DP	TC/G	FA
1978	MON	N	4	2	.667	2.51	10	9	1	61	52	21	50	1	0	0	0	19	2	0	.105	2	6	1	0	0.9	.889
1979			9	8	.529	3.43	34	24	5	168	148	54	138	3	1	1	1	50	8	0	.160	9	13	1	1	0.7	.957
1980			16	11	.593	3.11	33	33	7	211	206	56	125	3	0	0	0	64	5	0	.078	14	21	1	0	1.1	.972
1981			9	7	.563	2.96	22	22	4	137	122	31	77	1	0	0	0	35	4	0	.114	6	14	0	0	0.9	1.000
1982			12	12	.500	3.46	32	32	7	224	212	58	158	0	0	0	0	57	8	1	.140	13	16	1	1	0.9	.967
1983			6	7	.462	4.65	18	16	0	81.1	98	20	55	0	0	0	1	28	4	0	.143	4	6	2	0	0.7	.833
1984	CHI	N	8	5	.615	3.14	24	24	3	140.2	140	24	76	0	0	0	0	42	5	0	.119	11	24	1	1.5	.972	
1985			5	6	.455	3.12	19	19	2	121	100	27	80	0	0	0	0	31	2	0	.065	11	21	0	2	1.7	1.000
1986			9	11	.450	4.19	37	28	1	169.2	165	37	124	1	2	0	1	51	3	0	.059	11	20	2	3	0.9	.939
1987			8	9	.471	4.29	32	22	0	144.2	156	50	106	0	1	2	2	40	3	1	.075	10	14	2	3	0.8	.923
1988			1	2	.333	5.28	11	0	0	15.1	13	3	6	0	1	2	0	0	0	0	—	0	1	0	0	0.1	1.000
1989			11	9	.550	3.94	37	23	2	146.1	155	31	86	0	1	2	0	43	2	0	.047	10	12	0	1	0.6	1.000
1990	OAK	A	17	11	.607	3.88	34	34	2	206.1	205	66	128	1	0	0	0	0	0	0	—	11	18	2	2	0.9	.935
1991	NY	A	16	10	.615	3.81	34	34	2	208	200	29	130	2	0	0	0	0	0	0	—	15	13	1	0	0.9	.966
14 yrs.			131	110	.544	3.61	377	320	36	2034.1	1972	507	1339	12	6	7	5	460	46	2	.100	127	199	14	13	0.9	.959

DIVISIONAL PLAYOFF SERIES

Year	Team		W	L	%	ERA	G	GS	CG	IP	H	BB	SO	ShO	W	L	SV	AB	H	HR	BA	PO	A	E	DP	TC/G	FA
1981	MON	N	0	0	—	6.75	1	1	0	2.2	4	2	2	0	0	0	0	1	0	0	.000	0	0	0	0	0.0	—

LEAGUE CHAMPIONSHIP SERIES

Year	Team		W	L	%	ERA	G	GS	CG	IP	H	BB	SO	ShO	W	L	SV	AB	H	HR	BA	PO	A	E	DP	TC/G	FA
1984	CHI	N	0	0	—	5.79	1	1	0	4.2	6	1	2	0	0	0	0	2	0	0	.000	0	1	0	0	1.0	1.000
1989			0	0	—	0.00	1	0	0	2	2	0	1	0	0	0	0	0	0	0	—	0	0	0	0	0.0	—
2 yrs.			0	0	—	4.05	2	1	0	6.2	8	1	3	0	0	0	0	2	0	0	.000	0	1	0	0	0.5	1.000

WORLD SERIES

Year	Team		W	L	%	ERA	G	GS	CG	IP	H	BB	SO	ShO	W	L	SV	AB	H	HR	BA	PO	A	E	DP	TC/G	FA
1990	OAK	A	0	0	—	10.80	2	0	0	1.2	4	1	0	0	0	0	0	0	0	0	—	0	0	0	0	0.0	—

Mo Sanford

SANFORD, MEREDITH LEROY, JR.
B. Dec. 24, 1966, Americus, Ga.
BR TR 6' 6" 220 lbs.

Year	Team		W	L	%	ERA	G	GS	CG	IP	H	BB	SO	ShO	W	L	SV	AB	H	HR	BA	PO	A	E	DP	TC/G	FA
1991	CIN	N	1	2	.333	3.86	5	5	0	28	19	15	31	0	0	0	0	8	0	0	.000	2	1	0	0	0.6	1.000

Rich Sauveur

SAUVEUR, RICHARD DANIEL
B. Nov. 23, 1963, Arlington, Va.
BL TL 6' 4" 163 lbs.

Year	Team		W	L	%	ERA	G	GS	CG	IP	H	BB	SO	ShO	W	L	SV	AB	H	HR	BA	PO	A	E	DP	TC/G	FA
1986	PIT	N	0	0	—	6.00	3	3	0	12	17	6	6	0	0	0	0	3	1	0	.333	1	5	0	1	2.0	1.000
1988	MON	N	0	0	—	6.00	4	0	0	3	3	2	3	0	0	0	0	0	0	0	—	0	1	0	0	0.3	1.000
1991	NY	N	0	0	—	10.80	6	0	0	3.1	7	2	4	0	0	0	0	0	0	0	—	0	2	0	0	0.3	1.000
3 yrs.			0	0	—	6.87	13	3	0	18.1	27	10	13	0	0	0	0	3	1	0	.333	1	8	0	1	0.7	1.000

PITCHER REGISTER

Year	Team	W	L	%	ERA	G	GS	CG	IP	H	BB	SO	ShO	RELIEF PITCHING W	L	SV	BATTING AB	H	HR	BA	PO	A	E	DP	TC/G	FA

Bob Scanlan
SCANLAN, ROBERT GUY
B. Aug. 9, 1966, Los Angeles, Calif.
BR TR 6' 7" 215 lbs.

		W	L	%	ERA	G	GS	CG	IP	H	BB	SO	ShO	W	L	SV	AB	H	HR	BA	PO	A	E	DP	TC/G	FA
April		—	—	—	—	0	—	—	0	0	0	0	—	0	0	0										
May		2	1	.667	3.13	5	5	0	31.2	31	8	14	0	0	0	0										
June		0	2	.000	5.06	6	6	0	26.2	37	12	9	0	0	0	0										
July		1	2	.333	7.20	6	0	0	10	10	3	3	0	1	2	0										
Aug		2	2	.500	3.46	7	2	0	26	22	10	10	0	2	1	0										
Sept/Oct		2	1	.667	2.16	16	0	0	16.2	14	7	8	0	2	1	1										
Day		3	4	.429	5.33	20	7	0	54	59	18	20	0	2	2	0										
Night		4	4	.500	2.53	20	6	0	57	55	22	24	0	3	2	1										
vs. Left		—	—	—	—	—	—	—	—	58	21	20	—	—	—	—										
vs. Right		—	—	—	—	—	—	—	—	56	19	24	—	—	—	—										
On Grass		6	6	.500	4.45	29	10	0	83	91	29	32	0	5	3	1										
On Turf		1	2	.333	2.25	11	3	0	28	23	11	12	0	0	1	0										
Home		5	5	.500	5.49	23	8	0	59	75	24	22	0	4	3	1										
Road		2	3	.400	2.08	17	5	0	52	39	16	22	0	1	2	0										
Division Rivals																										
vs. MON		2	2	.500	3.68	7	3	0	22	21	8	8	0	1	1	0										
vs. NY		2	1	.667	3.60	3	1	0	15	10	4	8	0	2	0	0										
vs. PHI		0	0	—	0.79	5	1	0	11.1	8	4	9	0	0	0	0										
vs. PIT		1	0	1.000	1.42	4	0	0	6.1	4	0	2	0	1	0	1										
vs. STL		1	1	.500	9.00	5	1	0	6	11	3	3	0	1	0	0										
1991	CHI N	7	8	.467	3.89	40	13	0	111	114	40	44	0	5	4	1	24	1	0	.042	9	16	2	0	0.7	.926

RELIEF PITCHER

Dan Schatzeder
SCHATZEDER, DANIEL ERNEST
B. Dec. 1, 1954, Elmhurst, Ill.
BL TL 6' 185 lbs.

Year	Team	W	L	%	ERA	G	GS	CG	IP	H	BB	SO	ShO	W	L	SV	AB	H	HR	BA	PO	A	E	DP	TC/G	FA
1977	MON N	2	1	.667	2.45	6	3	1	22	16	13	14	1	0	0	0	6	2	0	.333	1	3	0	0	0.7	1.000
1978		7	7	.500	3.06	29	18	2	144	108	68	69	0	2	0	0	45	10	1	.222	4	17	2	0	0.8	.913
1979		10	5	.667	2.83	32	21	3	162	136	59	106	0	1	1	1	51	11	1	.216	5	13	4	0	0.7	.818
1980	DET A	11	13	.458	4.01	32	26	9	193	178	58	94	2	2	0	0	0	0	—		7	21	3	3	1.0	.903
1981		6	8	.429	6.08	17	14	1	71	74	29	20	0	0	0	0	0	0	—		6	12	3	0	1.2	.857
1982	2 teams	SF N (13G 1-4)				MON N (26G 0-2)																				
"	total	1	6	.143	5.32	39	4	0	69.1	84	24	33	0	1	3	0	13	3	0	.231	3	11	1	2	0.4	.933
1983	MON N	5	2	.714	3.21	58	2	0	87	88	25	48	0	4	1	2	10	2	0	.200	9	8	1	0	0.3	.944
1984		7	7	.500	2.71	36	14	1	136	112	36	89	1	1	1	1	35	11	0	.314	9	8	5	0	0.6	.773
1985		3	5	.375	3.80	24	15	1	104.1	101	31	64	0	0	0	0	31	6	2	.194	3	20	4	1	1.1	.852
1986	2 teams	MON N (30G 3-2)				PHI N (25G 3-3)																				
"	total	6	5	.545	3.26	55	1	0	88.1	81	35	47	0	6	5	2	26	10	1	.385	3	9	0	0	0.2	1.000
1987	2 teams	PHI N (26G 3-1)				MIN A (30G 3-1)																				
"		6	2	.750	5.31	56	1	0	81.1	104	32	58	0	6	2	2	12	2	0	.167	3	3	1	0	0.1	.857
1988	2 teams	CLE A (15G 0-2)				MIN A (10G 0-1)																				
"		0	3	.000	6.49	25	0	0	26.1	34	7	17	0	0	3	3	0	0	—		3	1	0	0	0.2	1.000
1989	HOU N	4	1	.800	4.45	36	0	0	56.2	64	28	46	0	4	1	1	9	0	0	.000	2	9	2	1	0.4	.846
1990	2 teams	HOU N (45G 1-3)				NY N (6G 0-0)																				
"	total	1	3	.250	2.20	51	2	0	69.2	66	23	39	0	1	1	0	4	1	0	.250	1	10	1	0	0.2	.917
1991	KC A	0	0	—	9.45	8	0	0	6.2	11	7	4	0	0	0	0	0	0	—		0	0	0	0	0.0	—
15 yrs.		69	68	.504	3.74	504	121	18	1317.2	1257	475	748	4	28	18	10	242	58	5	.240	59	145	27	7	0.5	.883

LEAGUE CHAMPIONSHIP SERIES

Year	Team	W	L	%	ERA	G	GS	CG	IP	H	BB	SO	ShO	W	L	SV	AB	H	HR	BA	PO	A	E	DP	TC/G	FA
1987	MIN A	0	0	—	0.00	2	0	0	4.1	2	0	5	0	0	0	0	0	0	—		1	1	0	0	1.0	1.000

WORLD SERIES

Year	Team	W	L	%	ERA	G	GS	CG	IP	H	BB	SO	ShO	W	L	SV	AB	H	HR	BA	PO	A	E	DP	TC/G	FA
1987	MIN A	1	0	1.000	6.23	3	0	0	4.1	4	3	3	0	1	0	0	0	0	—		0	0	0	0	0.0	—

PITCHER REGISTER

Year	Team	W	L	%	ERA	G	GS	CG	IP	H	BB	SO	ShO	Relief W	Relief L	Relief SV	AB	H	HR	BA	PO	A	E	DP	TC/G	FA

Curt Schilling
SCHILLING, CURTIS MONTAGUE
B. Nov. 14, 1966, Anchorage, Alaska
BR TR 6′ 5″ 205 lbs.

Split		W	L	%	ERA	G	GS	CG	IP	H	BB	SO	ShO	RW	RL	SV	AB	H	HR	BA	PO	A	E	DP	TC/G	FA
April		0	1	.000	3.75	8	0	0	12	11	5	12	0	0	1	3										
May		1	2	.333	5.11	12	0	0	12.1	20	7	15	0	1	2	2										
June		2	2	.500	6.00	8	0	0	9	10	4	9	0	2	2	0										
July		—	—	—	—	0	—	—	0	0	0	0	—	0	0	0										
Aug		0	0	—	3.10	13	0	0	20.1	20	13	15	0	0	0	1										
Sept/Oct		0	0	—	2.86	15	0	0	22	18	10	20	0	0	0	2										
Day		0	1	.000	4.15	11	0	0	17.1	15	12	21	0	0	1	1										
Night		3	4	.429	3.70	45	0	0	58.1	64	27	50	0	3	4	7										
vs. Left		—	—	—	—	—	—	—	—	38	27	40	—	—	—	—										
vs. Right		—	—	—	—	—	—	—	—	41	12	31	—	—	—	—										
On Grass		0	1	.000	4.26	16	0	0	19	18	10	14	0	0	1	2										
On Turf		3	4	.429	3.65	40	0	0	56.2	61	29	57	0	3	4	6										
Home		3	3	.500	3.64	32	0	0	47	50	26	46	0	3	3	3										
Road		0	2	.000	4.08	24	0	0	28.2	29	13	25	0	0	2	5										
vs. ATL		0	0	—	4.22	8	0	0	10.2	8	4	11	0	0	0	2										
vs. CIN		0	0	—	1.00	6	0	0	9	5	2	8	0	0	0	2										
vs. LA		0	0	—	2.70	5	0	0	6.2	3	6	6	0	0	0	0										
vs. SD		1	0	1.000	0.82	9	0	0	11	11	4	11	0	1	0	0										
vs. SF		0	1	.000	3.09	6	0	0	11.2	11	7	10	0	0	1	1										
1988	BAL A	0	3	.000	9.82	4	4	0	14.2	22	10	4	0	0	0	0	0	0	0	—	0	0	1	0	0.3	—
1989		0	1	.000	6.23	5	1	0	8.2	10	3	6	0	0	0	0	0	0	0	—	1	0	0	0	0.2	1.000
1990		1	2	.333	2.54	35	0	0	46	38	19	32	0	1	2	3	0	0	0	—	1	4	0	0	0.1	1.000
1991	HOU N	3	5	.375	3.81	56	0	0	75.2	79	39	71	0	3	5	8	3	1	0	.333	6	4	1	0	0.2	.909
4 yrs.		4	11	.267	4.16	100	5	0	145	149	71	113	0	4	7	11	3	1	0	.333	8	8	2	0	0.2	.889

RELIEF PITCHER — Wins (NL AVG), ERA (NL AVG), Saves (NL AVG), Ratio (NL AVG)

Calvin Schiraldi
SCHIRALDI, CALVIN DREW
B. June 16, 1962, Houston, Tex.
BR TR 6′ 5″ 215 lbs.

Year	Team	W	L	%	ERA	G	GS	CG	IP	H	BB	SO	ShO	RW	RL	SV	AB	H	HR	BA	PO	A	E	DP	TC/G	FA
1984	NY N	0	2	.000	5.71	5	3	0	17.1	20	10	16	0	0	0	0	3	0	0	.000	0	3	0	1	0.6	1.000
1985		2	1	.667	8.89	10	4	0	26.1	43	11	21	0	0	0	0	8	1	0	.125	2	3	0	2	0.5	1.000
1986	BOS A	4	2	.667	1.41	25	0	0	51	36	15	55	0	4	2	9	0	0	0	—	2	3	0	0	0.2	1.000
1987		8	5	.615	4.41	62	1	0	83.2	75	40	93	0	8	5	6	0	0	0	—	3	10	1	0	0.2	.929
1988	CHI N	9	13	.409	4.38	29	27	2	166.1	166	63	140	1	0	0	1	60	6	0	.100	13	12	4	0	1.0	.862
1989	2 teams	CHI N (54G 3-6)									SD N (5G 3-1)															
"	total	6	7	.462	3.51	59	4	0	100	72	63	71	0	3	7	4	16	1	1	.063	9	5	0	0	0.2	1.000
1990	SD N	3	8	.273	4.41	42	8	0	104	105	60	74	0	2	3	1	21	4	1	.190	5	11	3	0	0.5	.842
1991	TEX A	0	1	.000	11.57	3	0	0	4.2	5	5	1	0	0	1	0	0	0	0	—	1	1	0	0	0.7	1.000
8 yrs.		32	39	.451	4.28	235	47	2	553.1	522	267	471	1	17	18	21	108	12	2	.111	35	48	8	3	0.4	.912

LEAGUE CHAMPIONSHIP SERIES

| 1986 | BOS A | 0 | 1 | .000 | 1.50 | 4 | 0 | 0 | 6 | 5 | 3 | 9 | 0 | 0 | 1 | 1 | 0 | 0 | 0 | — | 0 | 0 | 0 | 0 | 0.0 | — |

WORLD SERIES

| 1986 | BOS A | 0 | 2 | .000 | 13.50 | 3 | 0 | 0 | 4 | 7 | 3 | 2 | 0 | 0 | 2 | 1 | 1 | 0 | 0 | .000 | 0 | 1 | 0 | 0 | 0.3 | 1.000 |

2nd

Dave Schmidt
SCHMIDT, DAVID JOSEPH
B. Apr. 22, 1957, Niles, Mich.
BR TR 6′ 1″ 185 lbs.

Year	Team	W	L	%	ERA	G	GS	CG	IP	H	BB	SO	ShO	RW	RL	SV	AB	H	HR	BA	PO	A	E	DP	TC/G	FA
1981	TEX A	0	1	.000	3.09	14	1	0	32	31	11	13	0	0	0	1	0	0	0	—	1	6	0	0	0.5	1.000
1982		4	6	.400	3.20	33	8	0	109.2	118	25	69	0	3	1	6	0	0	0	—	2	16	2	2	0.6	.900
1983		3	3	.500	3.88	31	0	0	46.1	42	14	29	0	3	3	2	0	0	0	—	6	4	0	1	0.3	1.000
1984		6	6	.500	2.56	43	0	0	70.1	69	20	46	0	6	6	12	0	0	0	—	6	13	1	2	0.5	.950
1985		7	6	.538	3.15	51	4	1	85.2	81	22	46	1	5	4	5	0	0	0	—	3	19	3	3	0.5	.880
1986	CHI A	3	6	.333	3.31	49	1	0	92.1	94	27	67	0	3	5	8	0	0	0	—	7	7	3	0	0.3	.824
1987	BAL A	10	5	.667	3.77	35	14	2	124	128	26	70	0	2	6	1	0	0	0	—	6	14	1	2	0.6	.952
1988		8	5	.615	3.40	41	9	0	129.2	129	38	67	0	3	3	2	0	0	0	—	18	20	1	2	1.0	.974
1989		10	13	.435	5.69	38	26	2	156.2	196	36	46	0	1	0	0	0	0	0	—	18	28	3	2	1.3	.939
1990	MON N	3	3	.500	4.31	34	0	0	48	58	13	22	0	3	3	13	0	0	0	.000	2	10	2	0	0.4	.857
1991		0	1	.000	10.38	4	0	0	4.1	9	2	3	0	0	1	0	0	0	0	—	0	1	0	0	0.3	1.000
11 yrs.		54	55	.495	3.82	373	63	5	899	955	234	478	3	33	27	50	3	0	0	.000	69	138	16	14	0.6	.928

PITCHER REGISTER

Year	Team	W	L	%	ERA	G	GS	CG	IP	H	BB	SO	ShO	RELIEF PITCHING W	L	SV	BATTING AB	H	HR	BA	PO	A	E	DP	TC/G	FA

Mike Schooler
SCHOOLER, MICHAEL RALPH
B. Aug. 10, 1962, Anaheim, Calif.
BR TR 6' 3" 220 lbs.

Split	W	L	%	ERA	G	GS	CG	IP	H	BB	SO	ShO	W	L	SV
April	—	—	—	—	0	—	—	0	0	0	0	—	0	0	0
May	—	—	—	—	0	—	—	0	0	0	0	—	0	0	0
June	—	—	—	—	0	—	—	0	0	0	0	—	0	0	0
July	0	0	—	2.00	8	0	0	9	4	2	9	0	0	0	1
Aug	1	2	.333	5.56	14	0	0	11.1	11	3	9	0	1	2	4
Sept/Oct	2	1	.667	3.21	12	0	0	14	10	5	13	0	2	1	2
Day	0	2	.000	7.27	9	0	0	8.2	11	2	6	0	0	2	2
Night	3	1	.750	2.45	25	0	0	25.2	14	8	25	0	3	1	5
vs. Left	—	—	—	—	—	—	—	—	10	6	10	—	—	—	—
vs. Right	—	—	—	—	—	—	—	—	15	4	21	—	—	—	—
On Grass	1	1	.500	3.97	11	0	0	11.1	10	3	8	0	1	1	3
On Turf	2	2	.500	3.52	23	0	0	23	15	7	23	0	2	2	4
Home	2	1	.667	2.45	19	0	0	18.1	10	4	19	0	2	1	4
Road	1	2	.333	5.06	15	0	0	16	15	6	12	0	1	2	3
Division Rivals															
vs. CAL	0	0	—	0.00	3	0	0	1.2	0	0	1	0	0	0	2
vs. CHI	0	0	—	0.00	2	0	0	1.2	2	1	0	0	0	0	1
vs. KC	0	0	—	0.00	2	0	0	2	1	1	3	0	0	0	1
vs. MIN	0	1	.000	9.82	3	0	0	3.2	5	2	3	0	0	1	0
vs. OAK	0	0	—	3.00	4	0	0	3	3	1	4	0	0	0	2
vs. TEX	1	1	.500	12.27	3	0	0	3.2	3	2	5	0	1	1	0

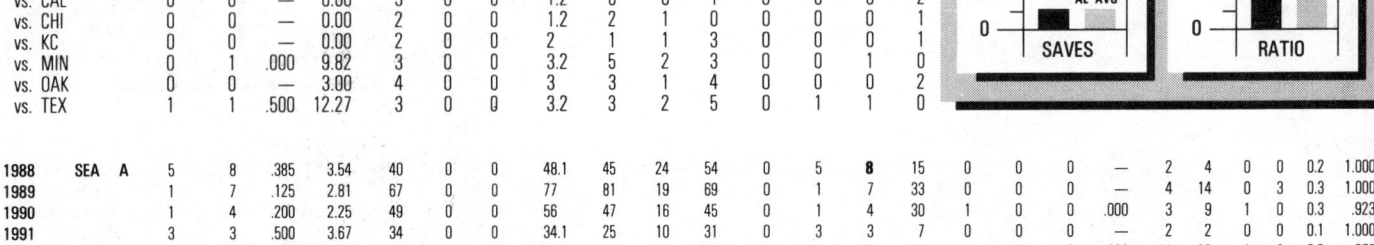

Year	Team	W	L	%	ERA	G	GS	CG	IP	H	BB	SO	ShO	W	L	SV	AB	H	HR	BA	PO	A	E	DP	TC/G	FA
1988	SEA A	5	8	.385	3.54	40	0	0	48.1	45	24	54	0	5	8	15	0	0	0	—	2	4	0	0	0.2	1.000
1989		1	7	.125	2.81	67	0	0	77	81	19	69	0	1	7	33	0	0	0	—	4	14	0	3	0.3	1.000
1990		1	4	.200	2.25	49	0	0	56	47	16	45	0	1	4	30	1	0	0	.000	3	9	1	0	0.3	.923
1991		3	3	.500	3.67	34	0	0	34.1	25	10	31	0	3	3	7	0	0	0	—	2	2	0	0	0.1	1.000
4 yrs.		10	22	.313	2.96	190	0	0	215.2	198	69	199	0	10	22	85	1	0	0	.000	11	29	1	3	0.2	.976

Pete Schourek
SCHOUREK, PETER ALAN
B. May 10, 1969, Austin, Tex.
BL TL 6' 5" 195 lbs.

Split	W	L	%	ERA	G	GS	CG	IP	H	BB	SO	ShO	W	L	SV
April	1	0	1.000	4.76	8	0	0	11.1	14	8	8	0	1	0	1
May	1	0	1.000	5.91	8	0	0	10.2	11	8	8	0	1	0	1
June	0	0	—	3.18	2	0	0	5.2	5	0	4	0	0	0	0
July	0	1	.000	0.00	2	1	0	7	5	2	9	0	0	0	0
Aug	0	2	.000	6.75	10	2	0	18.2	25	15	10	0	0	1	0
Sept/Oct	3	1	.750	3.27	5	5	1	33	22	10	28	1	0	0	0
Day	3	1	.750	5.23	12	3	1	31	30	18	21	0	1	0	0
Night	2	3	.400	3.74	23	5	0	55.1	52	25	46	0	1	1	2
vs. Left	—	—	—	—	—	—	—	—	29	13	18	—	—	—	—
vs. Right	—	—	—	—	—	—	—	—	53	30	49	—	—	—	—
On Grass	4	3	.571	3.34	25	5	1	62	53	32	50	1	1	1	1
On Turf	1	1	.500	6.66	10	3	0	24.1	29	11	17	0	1	0	1
Home	4	1	.800	3.31	17	4	1	49	42	27	40	1	1	0	0
Road	1	3	.250	5.54	18	4	0	37.1	40	16	27	0	1	1	2
Division Rivals															
vs. CHI	0	2	.000	6.00	4	1	0	9	12	4	6	0	0	1	0
vs. MON	1	0	1.000	1.98	4	1	1	13.2	8	4	10	1	0	0	1
vs. PHI	2	0	1.000	1.10	4	1	0	16.1	9	5	18	0	1	0	0
vs. PIT	0	0	—	4.66	4	1	0	9.2	9	4	7	0	0	0	0
vs. STL	1	1	.500	7.02	7	2	0	16.2	23	12	8	0	0	0	0

Year	Team	W	L	%	ERA	G	GS	CG	IP	H	BB	SO	ShO	W	L	SV	AB	H	HR	BA	PO	A	E	DP	TC/G	FA
1991	NY N	5	4	.556	4.27	35	8	1	86.1	82	43	67	1	2	1	2	22	3	0	.136	6	14	0	1	0.6	1.000

PITCHER REGISTER

Year	Team		W	L	%	ERA	G	GS	CG	IP	H	BB	SO	ShO	RELIEF PITCHING W	L	SV	BATTING AB	H	HR	BA	PO	A	E	DP	TC/G	FA

Mike Scott
SCOTT, MICHAEL WARREN
B. Apr. 26, 1955, Santa Monica, Calif.
BR TR 6' 2" 210 lbs.

Year	Team		W	L	%	ERA	G	GS	CG	IP	H	BB	SO	ShO	W	L	SV	AB	H	HR	BA	PO	A	E	DP	TC/G	FA
1979	NY	N	1	3	.250	5.37	18	9	0	52	59	20	21	0	0	0	0	12	0	0	.000	3	7	2	0	0.7	.833
1980			1	1	.500	4.34	6	6	1	29	40	8	13	1	0	0	0	9	1	0	.111	1	5	2	1	1.3	.750
1981			5	10	.333	3.90	23	23	1	136	130	34	54	0	0	0	0	41	3	0	.073	14	35	1	2	2.2	.980
1982			7	13	.350	5.14	37	22	1	147	185	60	63	0	1	0	3	48	7	0	.146	7	43	4	3	1.5	.926
1983	HOU	N	10	6	.625	3.72	24	24	2	145	143	46	73	2	0	0	0	48	8	0	.167	20	20	2	0	1.8	.952
1984			5	11	.313	4.68	31	29	0	154	179	43	83	0	0	0	0	47	6	0	.128	10	23	1	1	1.1	.971
1985			18	8	.692	3.29	36	35	4	221.2	194	80	137	2	0	0	0	72	11	1	.153	21	22	2	1	1.3	.956
1986			18	10	.643	**2.22**	37	37	7	**275.1**	182	72	**306**	5	0	0	0	95	12	0	.126	24	39	2	2	1.8	.969
1987			16	13	.552	3.23	36	**36**	8	247.2	199	79	233	3	0	0	0	80	10	0	.125	17	32	2	2	1.4	.961
1988			14	8	.636	2.92	32	32	8	218.2	162	53	190	5	0	0	0	71	6	0	.085	14	27	0	0	1.3	1.000
1989			**20**	10	.667	3.10	33	32	9	229	180	62	172	2	1	0	0	75	10	1	.133	15	25	4	0	1.3	.909
1990			9	13	.409	3.81	32	32	4	205.2	194	66	121	2	0	0	0	54	7	0	.130	10	20	1	0	1.3	.968
1991			0	2	.000	12.86	2	2	0	7	11	4	3	0	0	0	0	1	0	0	.000	0	1	0	0	0.5	1.000
13 yrs.			124	108	.534	3.54	347	319	45	2068	1858	627	1469	22	2	3	3	653	81	2	.124	156	299	23	12	1.4	.952

LEAGUE CHAMPIONSHIP SERIES

| 1986 | HOU | N | 2 | 0 | 1.000 | 0.50 | 2 | 2 | 2 | 18 | 8 | 1 | 19 | 1 | 0 | 0 | 0 | 6 | 0 | 0 | .000 | 0 | 0 | 1 | 0 | 0.5 | — |

Tim Scott
SCOTT, TIMOTHY DALE
B. Nov. 16, 1966, Hanford, Calif.
BR TR 6' 2" 185 lbs.

Year	Team		W	L	%	ERA	G	GS	CG	IP	H	BB	SO	ShO	W	L	SV	AB	H	HR	BA	PO	A	E	DP	TC/G	FA
1991	SD	N	0	0	—	9.00	2	0	0	1	2	0	1	0	0	0	0	0	0	0	—	0	0	0	0	0.0	—

Scott Scudder
SCUDDER, WILLIAM SCOTT
B. Feb. 14, 1968, Paris, Tex.
BR TR 6' 2" 180 lbs.

Split	W	L	%	ERA	G	GS	CG	IP	H	BB	SO	ShO	W	L	SV	AB	H	HR	BA	PO	A	E	DP	TC/G	FA
April	0	1	.000	3.38	5	0	0	10.2	11	3	5	0	0	1	1										
May	1	1	.500	3.86	9	1	0	21	20	12	10	0	0	1	0										
June	2	1	.667	5.17	3	3	0	15.2	12	6	10	0	0	0	0										
July	—	—	—	—	0	0	—	0	0	0	0	—	0	0	0										
Aug	2	1	.667	2.12	3	3	0	17	12	7	6	0	0	0	0										
Sept/Oct	1	5	.167	5.59	7	7	0	37	36	28	20	0	0	0	0										
Day	1	1	.500	6.33	8	2	0	21.1	24	8	8	0	0	0	0										
Night	5	8	.385	3.83	19	12	0	80	67	48	43	0	0	2	1										
vs. Left	—	—	—	—	—	—	—	—	54	38	29	—	—	—	—										
vs. Right	—	—	—	—	—	—	—	—	37	18	22	—	—	—	—										
On Grass	2	1	.667	3.00	7	4	0	27	20	14	11	0	0	0	1										
On Turf	4	8	.333	4.84	20	10	0	74.1	71	42	40	0	0	2	0										
Home	3	6	.333	5.34	14	8	0	55.2	52	33	29	0	0	1	0										
Road	3	3	.500	3.15	13	6	0	45.2	39	23	22	0	0	1	1										
vs. ATL	0	2	.000	9.31	4	2	0	9.2	12	9	4	0	0	0	0										
vs. HOU	1	1	.500	2.16	2	1	0	8.1	6	4	6	0	0	1	0										
vs. LA	1	0	1.000	2.55	3	2	0	17.2	10	12	5	0	0	0	0										
vs. SD	1	1	.500	3.52	4	2	0	15.1	12	6	12	0	0	0	1										
vs. SF	1	1	.500	1.23	3	2	0	14.2	15	10	10	0	0	0	0										

Year	Team		W	L	%	ERA	G	GS	CG	IP	H	BB	SO	ShO	W	L	SV	AB	H	HR	BA	PO	A	E	DP	TC/G	FA
1989	CIN	N	4	9	.308	4.49	23	17	0	100.1	91	61	66	0	0	0	0	24	4	0	.167	5	9	1	0	0.7	.933
1990			5	5	.500	4.90	21	10	0	71.2	74	30	42	0	2	1	0	18	1	0	.056	5	6	1	0	0.6	.917
1991			6	9	.400	4.35	27	14	0	101.1	91	56	51	0	0	2	1	29	3	1	.103	10	11	0	0	0.8	1.000
3 yrs.			15	23	.395	4.54	71	41	0	273.1	256	147	159	0	2	3	1	71	8	1	.113	20	26	2	0	0.7	.958

LEAGUE CHAMPIONSHIP SERIES

| 1990 | CIN | N | 0 | 0 | — | 0.00 | 1 | 0 | 0 | 1 | 1 | 0 | 1 | 0 | 0 | 0 | 0 | 0 | 0 | 0 | — | 0 | 0 | 0 | 0 | 0.0 | — |

WORLD SERIES

| 1990 | CIN | N | 0 | 0 | — | 0.00 | 1 | 0 | 0 | 1.1 | 0 | 2 | 2 | 0 | 0 | 0 | 0 | 0 | 0 | 0 | — | 0 | 0 | 0 | 0 | 0.0 | — |

STARTING PITCHER — charts: WINS, ERA, SO/9, RATIO (with NL AVG comparisons)

PITCHER REGISTER

Year	Team		W	L	%	ERA	G	GS	CG	IP	H	BB	SO	ShO	RELIEF PITCHING W	L	SV	BATTING AB	H	HR	BA	PO	A	E	DP	TC/G	FA

Rudy Seanez
SEANEZ, RUDY CABALLERO
B. Oct. 20, 1968, Brawley, Calif.
BR TR 6' 170 lbs.

Year	Team		W	L	%	ERA	G	GS	CG	IP	H	BB	SO	ShO	W	L	SV	AB	H	HR	BA	PO	A	E	DP	TC/G	FA
1989	CLE	A	0	0	—	3.60	5	0	0	5	1	4	7	0	0	0	0	0	0	0	—	0	0	0	0	0.0	—
1990			2	1	.667	5.60	24	0	0	27.1	22	25	24	0	2	1	0	0	0	0	—	1	1	0	0	0.1	1.000
1991			0	0	—	16.20	5	0	0	5	10	7	7	0	0	0	0	0	0	0	—	0	0	0	0	0.0	—
3 yrs.			2	1	.667	6.75	34	0	0	37.1	33	36	38	0	2	1	0	0	0	0	—	1	1	0	0	0.1	1.000

Steve Searcy
SEARCY, WILLIAM STEVEN
B. June 4, 1964, Knoxville, Tenn.
BL TL 6' 1" 190 lbs.

Year	Team		W	L	%	ERA	G	GS	CG	IP	H	BB	SO	ShO	W	L	SV	AB	H	HR	BA	PO	A	E	DP	TC/G	FA
1988	DET	A	0	2	.000	5.63	2	2	0	8	8	4	5	0	0	0	0	0	0	0	—	0	1	0	0	0.5	1.000
1989			1	1	.500	6.04	8	2	0	22.1	27	12	11	0	0	1	0	0	0	0	—	2	2	1	0	0.6	.800
1990			2	7	.222	4.66	16	12	1	75.1	76	51	66	0	0	0	0	0	0	0	—	3	7	0	0	0.6	1.000
1991	2 teams		DET A (16G 1-2)			PHI N (18G 2-1)																					
"	total		3	3	.500	6.59	34	5	0	71	81	44	53	0	2	2	0	4	0	0	.000	1	10	0	0	0.3	1.000
4 yrs.			6	13	.316	5.65	60	21	1	176.2	192	111	135	0	2	3	0	4	0	0	.000	6	20	1	0	0.4	.963

Jose Segura
SEGURA, JOSE ALTAGRACIA
Born Jose Altagracia Segura y Mota.
B. Jan. 26, 1963, Fundacion, Dominican Republic
BR TR 5' 11" 180 lbs.

Year	Team		W	L	%	ERA	G	GS	CG	IP	H	BB	SO	ShO	W	L	SV	AB	H	HR	BA	PO	A	E	DP	TC/G	FA
1988	CHI	A	0	0	—	13.50	4	0	0	8.2	19	8	2	0	0	0	0	0	0	0	—	0	3	0	0	0.8	1.000
1989			0	1	.000	15.00	7	0	0	6	13	3	4	0	0	1	0	0	0	0	—	0	2	0	0	0.3	1.000
1991	SF	N	0	1	.000	4.41	11	0	0	16.1	20	5	10	0	0	1	0	0	0	0	—	1	1	1	0	0.3	.667
3 yrs.			0	2	.000	9.00	22	0	0	31	52	16	16	0	0	2	0	0	0	0	—	1	6	1	0	0.4	.875

Jeff Shaw
SHAW, JEFFREY LEE
B. July 7, 1966, Washington Court House, Ohio
BR TR 6' 2" 185 lbs.

RELIEF PITCHER

Split	W	L	%	ERA	G	GS	CG	IP	H	BB	SO	ShO	W	L	SV	AB	H	HR	BA	PO	A	E	DP	TC/G	FA
April	—	—	—	—	0	0	—	0	0	0	0	—	0	0	0										
May	—	—	—	—	0	—	—	0	0	0	0	—	0	0	0										
June	0	1	.000	5.11	4	1	0	12.1	14	7	2	0	0	0	1										
July	0	2	.000	2.66	11	0	0	23.2	24	9	14	0	0	2	0										
Aug	0	1	.000	2.38	8	0	0	22.2	19	7	10	0	0	1	0										
Sept/Oct	0	1	.000	4.61	6	0	0	13.2	15	4	5	0	0	1	0										
Day	0	2	.000	4.82	7	0	0	9.1	11	8	5	0	0	2	0										
Night	0	3	.000	3.14	22	1	0	63	61	19	26	0	0	2	1										
vs. Left	—	—	—	—	—	—	—	—	30	10	8	—	—	—	—										
vs. Right	—	—	—	—	—	—	—	—	42	17	23	—	—	—	—										
On Grass	0	4	.000	3.11	24	1	0	66.2	63	22	28	0	0	3	1										
On Turf	0	1	.000	6.35	5	0	0	5.2	9	5	3	0	0	1	0										
Home	0	3	.000	2.61	13	1	0	41.1	36	7	17	0	0	2	1										
Road	0	2	.000	4.35	16	0	0	31	36	20	14	0	0	2	0										
Division Rivals																									
vs. BAL	0	1	.000	8.31	2	0	0	4.1	7	3	1	0	0	1	1										
vs. BOS	0	0	—	0.00	2	0	0	4.2	2	1	1	0	0	0	0										
vs. DET	0	0	—	2.45	2	0	0	3.2	4	2	0	0	0	0	0										
vs. MIL	0	1	.000	5.40	4	0	0	5	8	1	5	0	0	1	0										
vs. NY	0	0	—	1.80	3	0	0	5	5	5	3	0	0	0	0										
vs. TOR	0	1	.000	1.08	3	0	0	8.1	4	3	2	0	0	0	1										

Year	Team		W	L	%	ERA	G	GS	CG	IP	H	BB	SO	ShO	W	L	SV	AB	H	HR	BA	PO	A	E	DP	TC/G	FA
1990	CLE	A	3	4	.429	6.66	12	9	0	48.2	73	20	25	0	0	0	0	0	0	0	—	4	7	0	0	0.9	1.000
1991			0	5	.000	3.36	29	1	0	72.1	72	27	31	0	0	4	1	0	0	0	—	4	11	2	2	0.6	.882
2 yrs.			3	9	.250	4.69	41	10	0	121	145	47	56	0	0	4	1	0	0	0	—	8	18	2	2	0.7	.929

Tim Sherrill
SHERRILL, TIMOTHY SHAWN
B. Sept. 10, 1965, Harrison, Ark.
BL TL 5' 11" 170 lbs.

Year	Team		W	L	%	ERA	G	GS	CG	IP	H	BB	SO	ShO	W	L	SV	AB	H	HR	BA	PO	A	E	DP	TC/G	FA
1990	STL	N	0	0	—	6.23	8	0	0	4.1	10	3	3	0	0	0	0	0	0	0	—	1	0	0	0	0.1	1.000
1991			0	0	—	8.16	10	0	0	14.1	20	3	4	0	0	0	0	0	0	0	—	1	3	0	0	0.4	1.000
2 yrs.			0	0	—	7.71	18	0	0	18.2	30	6	7	0	0	0	0	0	0	0	—	2	3	0	0	0.3	1.000

PITCHER REGISTER

Year	Team		W	L	%	ERA	G	GS	CG	IP	H	BB	SO	ShO	RELIEF PITCHING W	L	SV	BATTING AB	H	HR	BA	PO	A	E	DP	TC/G	FA

Eric Show
SHOW, ERIC VAUGHN
B. May 19, 1956, Riverside, Calif.
BR TR 6' 1" 185 lbs.

Year	Team		W	L	%	ERA	G	GS	CG	IP	H	BB	SO	ShO	W	L	SV	AB	H	HR	BA	PO	A	E	DP	TC/G	FA
1981	SD	N	1	3	.250	3.13	15	0	0	23	17	9	22	0	1	3	3	0	0	0	—	0	4	1	0	0.3	.800
1982			10	6	.625	2.64	47	14	2	150	117	48	88	2	6	3	3	41	6	0	.146	4	35	3	1	0.9	.929
1983			15	12	.556	4.17	35	33	4	200.2	201	74	120	2	0	0	0	64	11	0	.172	7	27	4	0	1.1	.895
1984			15	9	.625	3.40	32	32	3	206.2	175	88	104	1	0	0	0	69	17	3	.246	14	28	2	2	1.4	.955
1985			12	11	.522	3.09	35	35	5	233	212	87	141	2	0	0	0	79	10	1	.127	14	24	4	2	1.2	.905
1986			9	5	.643	2.97	24	22	2	136.1	109	69	94	0	1	0	0	43	7	0	.163	6	14	1	1	0.9	.952
1987			8	16	.333	3.84	34	34	5	206.1	188	85	117	3	0	0	0	70	5	0	.071	10	27	3	2	1.2	.925
1988			16	11	.593	3.26	32	32	13	234.2	201	53	144	1	0	0	0	81	12	0	.148	5	21	1	0	0.8	.963
1989			8	6	.571	4.23	16	16	1	106.1	113	39	66	0	0	0	0	34	8	0	.235	4	10	1	1	0.9	.933
1990			6	8	.429	5.76	39	12	0	106.1	131	41	55	0	3	1	1	25	5	0	.200	7	12	1	1	0.5	.950
1991	OAK	A	1	2	.333	5.92	23	5	0	51.2	62	17	20	0	0	0	0	0	0	0	—	3	4	2	0	0.4	.778
11 yrs.			101	89	.532	3.66	332	235	35	1655	1526	610	971	11	11	7	7	506	81	4	.160	74	206	23	10	0.9	.924

LEAGUE CHAMPIONSHIP SERIES

Year	Team		W	L	%	ERA	G	GS	CG	IP	H	BB	SO	ShO	W	L	SV	AB	H	HR	BA	PO	A	E	DP	TC/G	FA
1984	SD	N	0	1	.000	13.50	2	2	0	5.1	8	4	2	0	0	0	0	1	0	0	.000	0	0	0	0	0.0	—

WORLD SERIES

Year	Team		W	L	%	ERA	G	GS	CG	IP	H	BB	SO	ShO	W	L	SV	AB	H	HR	BA	PO	A	E	DP	TC/G	FA
1984	SD	N	0	1	.000	10.13	1	1	0	2.2	4	1	2	0	0	0	0	0	0	0	—	0	0	0	0	0.0	—

Doug Simons
SIMONS, DOUGLAS EUGENE
B. Sept. 15, 1966, Bakersfield, Calif.
BL TL 6' 160 lbs.

	W	L	%	ERA	G	GS	CG	IP	H	BB	SO	ShO	W	L	SV
April	1	1	.500	2.19	7	0	0	12.1	8	3	7	0	1	1	0
May	0	1	.000	8.31	6	0	0	8.2	11	7	5	0	0	1	0
June	1	0	1.000	4.38	10	0	0	12.1	12	3	8	0	1	0	0
July	0	0	—	16.88	4	0	0	2.2	5	1	4	0	0	0	0
Aug	0	0	—	3.29	9	0	0	13.2	9	2	8	0	0	0	0
Sept/Oct	0	1	.000	6.55	6	1	0	11	10	3	6	0	0	0	1
Day	1	0	1.000	4.39	16	0	0	26.2	23	11	16	0	1	0	1
Night	1	3	.250	5.82	26	1	0	34	32	8	22	0	1	2	0
vs. Left	—	—	—	—	—	—	—	—	17	7	23	—	—	—	—
vs. Right	—	—	—	—	—	—	—	—	38	12	15	—	—	—	—
On Grass	1	1	.500	5.05	30	0	0	41	42	13	28	0	1	1	0
On Turf	1	2	.333	5.49	12	1	0	19.2	13	6	10	0	1	1	1
Home	1	1	.500	4.91	24	0	0	36.2	37	10	24	0	1	1	0
Road	1	2	.333	5.63	18	1	0	24	18	9	14	0	1	1	1
Division Rivals															
vs. CHI	0	0	—	9.00	3	0	0	3	4	1	3	0	0	0	0
vs. MON	0	0	—	0.00	3	0	0	4.1	1	1	3	0	0	0	0
vs. PHI	1	1	.500	4.66	6	0	0	9.2	10	3	7	0	1	1	0
vs. PIT	0	1	.000	6.00	6	0	0	12	9	4	4	0	0	1	0
vs. STL	0	0	—	10.13	2	0	0	2.2	4	3	2	0	0	0	0

Year	Team		W	L	%	ERA	G	GS	CG	IP	H	BB	SO	ShO	W	L	SV	AB	H	HR	BA	PO	A	E	DP	TC/G	FA
1991	NY	N	2	3	.400	5.19	42	1	0	60.2	55	19	38	0	2	2	1	3	0	0	.000	6	16	0	0	0.5	1.000

RELIEF PITCHER (charts: WINS, ERA, SAVES, RATIO vs NL AVG)

Doug Sisk
SISK, DOUGLAS RANDALL
B. Sept. 26, 1957, Renton, Wash.
BR TR 6' 2" 210 lbs.

Year	Team		W	L	%	ERA	G	GS	CG	IP	H	BB	SO	ShO	W	L	SV	AB	H	HR	BA	PO	A	E	DP	TC/G	FA
1982	NY	N	0	1	.000	1.04	8	0	0	8.2	5	4	4	0	0	1	1	0	0	0	—	0	2	0	0	0.3	1.000
1983			5	4	.556	2.24	67	0	0	104.1	88	59	33	0	5	4	11	6	3	0	.500	7	14	1	1	0.3	.955
1984			1	3	.250	2.09	50	0	0	77.2	57	54	32	0	1	3	15	11	1	0	.091	5	13	1	1	0.4	.947
1985			4	5	.444	5.30	42	0	0	73	86	40	26	0	4	5	2	12	0	0	.000	3	15	0	0	0.4	1.000
1986			4	2	.667	3.06	41	0	0	70.2	77	31	31	0	4	2	1	4	0	0	.000	10	6	0	0	0.4	1.000
1987			3	1	.750	3.46	55	0	0	78	83	22	37	0	3	1	3	5	0	0	.000	5	19	0	0	0.4	1.000
1988	BAL	A	3	3	.500	3.72	52	0	0	94.1	109	45	26	0	3	3	0	0	0	0	—	9	16	3	1	0.5	.893
1990	ATL	N	0	0	—	3.86	3	0	0	2.1	1	4	1	0	0	0	0	0	0	0	—	0	1	0	0	0.3	1.000
1991			2	1	.667	5.02	14	0	0	14.1	21	8	5	0	2	1	0	0	0	0	—	3	2	0	1	0.4	1.000
9 yrs.			22	20	.524	3.27	332	0	0	523.1	527	267	195	0	22	20	33	38	4	0	.105	42	88	5	4	0.4	.963

LEAGUE CHAMPIONSHIP SERIES

Year	Team		W	L	%	ERA	G	GS	CG	IP	H	BB	SO	ShO	W	L	SV	AB	H	HR	BA	PO	A	E	DP	TC/G	FA
1986	NY	N	0	0	—	0.00	1	0	0	1	1	1	0	0	0	0	0	0	0	0	—	0	0	0	0	0.0	—

PITCHER REGISTER

Year	Team	W	L	%	ERA	G	GS	CG	IP	H	BB	SO	ShO	Relief W	Relief L	SV	AB	H	HR	BA	PO	A	E	DP	TC/G	FA

Doug Sisk *Continued*

WORLD SERIES

| 1986 | NY N | 0 | 0 | — | 0.00 | 1 | 0 | 0 | 0.2 | 0 | 1 | 1 | 0 | 0 | 0 | 0 | 0 | 0 | 0 | — | 0 | 0 | 0 | 0 | 0.0 | — |

Heathcliff Slocumb   SLOCUMB, HEATHCLIFF
B. June 7, 1966, Jamaica, N.Y.
BR TR 6' 3" 180 lbs.

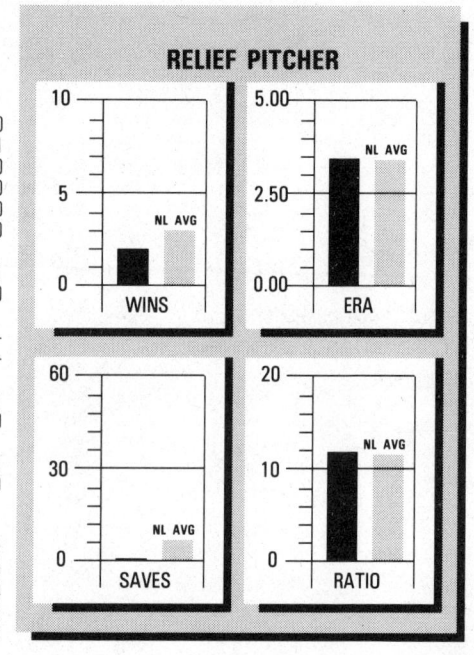

RELIEF PITCHER

Split	W	L	%	ERA	G	GS	CG	IP	H	BB	SO	ShO	RW	RL	SV
April	1	1	.500	3.75	10	0	0	12	8	2	6	0	1	1	0
May	0	0	—	2.08	10	0	0	13	5	5	5	0	0	0	1
June	0	0	—	1.20	17	0	0	15	9	10	9	0	0	0	0
July	1	0	1.000	6.39	9	0	0	12.2	23	5	8	0	1	0	0
Aug	0	0	—	12.00	1	0	0	3	4	3	2	0	0	0	0
Sept/Oct	0	0	—	1.29	5	0	0	7	4	5	4	0	0	0	0
Day	2	0	1.000	4.99	28	0	0	30.2	28	14	18	0	2	0	1
Night	0	1	.000	1.97	24	0	0	32	25	16	16	0	0	1	0
vs. Left	—	—	—	—	—	—	—	—	31	12	10	—	—	—	—
vs. Right	—	—	—	—	—	—	—	—	22	18	24	—	—	—	—
On Grass	2	0	1.000	2.89	39	0	0	43.2	38	19	25	0	2	0	1
On Turf	0	1	.000	4.74	13	0	0	19	15	11	9	0	0	1	0
Home	2	0	1.000	3.00	28	0	0	33	28	11	20	0	2	0	1
Road	0	1	.000	3.94	24	0	0	29.2	25	19	14	0	0	1	0
Division Rivals															
vs. MON	0	0	—	0.00	4	0	0	1.2	1	0	2	0	0	0	1
vs. NY	0	0	—	0.00	4	0	0	4.1	1	1	3	0	0	0	0
vs. PHI	0	0	—	3.72	4	0	0	9.2	7	7	4	0	0	0	0
vs. PIT	1	0	1.000	6.08	9	0	0	13.1	16	8	9	0	1	0	0
vs. STL	0	0	—	0.00	4	0	0	5	1	0	2	0	0	0	0

| 1991 | CHI N | 2 | 1 | .667 | 3.45 | 52 | 0 | 0 | 62.2 | 53 | 30 | 34 | 0 | 2 | 1 | 1 | 1 | 0 | 0 | .000 | 5 | 10 | 1 | 0 | 0.3 | .938 |

Joe Slusarski   SLUSARSKI, JOSEPH ANDREW
B. Dec. 19, 1966, Indianapolis, Ind.
BR TR 6' 4" 195 lbs.

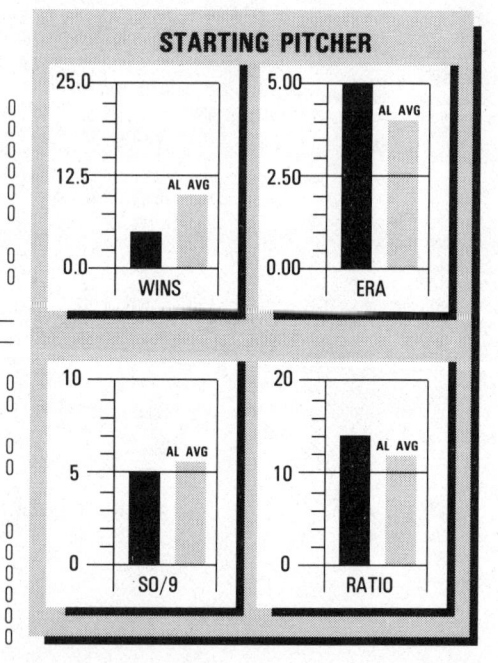

STARTING PITCHER

Split	W	L	%	ERA	G	GS	CG	IP	H	BB	SO	ShO	RW	RL	SV
April	1	0	1.000	2.08	3	3	0	17.1	15	11	7	0	0	0	0
May	0	2	.000	6.97	4	4	0	20.2	26	6	19	0	0	0	0
June	1	2	.333	6.75	4	4	0	20	21	14	13	0	0	0	0
July	1	0	1.000	0.75	2	1	1	12	8	3	3	0	0	0	0
Aug	0	2	.000	7.71	4	4	0	23.1	29	9	9	0	0	0	0
Sept/Oct	2	1	.667	4.50	3	3	0	16	22	9	9	0	0	0	0
Day	2	3	.400	5.72	9	9	0	50.1	53	29	25	0	0	0	0
Night	3	4	.429	4.88	11	10	1	59	68	23	35	0	0	0	0
vs. Left	—	—	—	—	—	—	—	—	75	22	29	—	—	—	—
vs. Right	—	—	—	—	—	—	—	—	46	30	31	—	—	—	—
On Grass	5	5	.500	5.09	16	15	1	86.2	95	45	47	0	0	0	0
On Turf	0	2	.000	5.96	4	4	0	22.2	26	7	13	0	0	0	0
Home	2	3	.400	5.36	7	7	0	43.2	46	17	24	0	0	0	0
Road	3	4	.429	5.21	13	12	1	65.2	75	35	36	0	0	0	0
Division Rivals															
vs. CAL	0	0	—	5.40	1	1	0	3.1	6	4	1	0	0	0	0
vs. CHI	1	0	1.000	3.65	2	2	0	12.1	8	5	9	0	0	0	0
vs. KC	0	1	.000	9.00	1	1	0	5	8	2	4	0	0	0	0
vs. MIN	1	0	1.000	4.91	3	3	0	18.1	21	5	4	0	0	0	0
vs. SEA	0	1	.000	3.38	2	2	0	13.1	11	6	10	0	0	0	0
vs. TEX	1	0	1.000	2.25	2	1	0	8	12	4	4	0	0	0	0

| 1991 | OAK A | 5 | 7 | .417 | 5.27 | 20 | 19 | 1 | 109.1 | 121 | 52 | 60 | 0 | 0 | 0 | 0 | 0 | 0 | 0 | — | 7 | 10 | 1 | 0 | 0.9 | .944 |

PITCHER REGISTER 417

Year	Team	W	L	%	ERA	G	GS	CG	IP	H	BB	SO	ShO	RELIEF PITCHING W	L	SV	BATTING AB	H	HR	BA	PO	A	E	DP	TC/G	FA

John Smiley
SMILEY, JOHN PATRICK
B. Mar. 17, 1965, Phoenixville, Pa.
BL TL 6' 4" 180 lbs.

Split	W	L	%	ERA	G	GS	CG	IP	H	BB	SO	ShO	W	L	SV
April	4	0	1.000	2.28	4	4	1	27.2	20	5	12	1	0	0	0
May	3	1	.750	3.67	5	5	0	27	31	6	18	0	0	0	0
June	2	4	.333	3.65	6	6	0	37	36	4	29	0	0	0	0
July	3	2	.600	3.62	5	5	0	32.1	31	13	24	0	0	0	0
Aug	4	1	.800	3.43	6	6	1	39.1	41	8	24	0	0	0	0
Sept/Oct	4	0	1.000	2.03	7	6	0	44.1	35	8	22	0	1	0	0
Day	8	1	.889	2.67	10	10	1	67.1	60	10	38	0	0	0	0
Night	12	7	.632	3.27	23	22	1	140.1	134	34	91	1	1	0	0
vs. Left	—	—	—	—	—	—	—	—	30	5	30	—	—	—	—
vs. Right	—	—	—	—	—	—	—	—	164	39	99	—	—	—	—
On Grass	4	3	.571	3.31	9	9	0	54.1	51	14	28	0	0	0	0
On Turf	16	5	.762	2.99	24	23	2	153.1	143	30	101	1	1	0	0
Home	10	5	.667	2.98	16	15	1	99.2	90	24	60	1	1	0	0
Road	10	3	.769	3.17	17	17	1	108	104	20	69	0	0	0	0
Division Rivals															
vs. CHI	1	1	.500	2.25	3	3	0	20	12	3	9	0	0	0	0
vs. MON	3	1	.750	2.70	4	4	0	26.2	27	5	22	0	0	0	0
vs. NY	3	0	1.000	1.54	4	3	1	23.1	13	6	9	1	1	0	0
vs. PHI	4	0	1.000	3.41	5	5	0	34.1	32	5	19	0	0	0	0
vs. STL	2	1	.667	1.93	4	4	1	28	25	4	17	0	0	0	0

Year	Team		W	L	%	ERA	G	GS	CG	IP	H	BB	SO	ShO	W	L	SV	AB	H	HR	BA	PO	A	E	DP	TC/G	FA
1986	PIT	N	1	0	1.000	3.86	12	0	0	11.2	4	4	9	0	1	0	0	0	0	0	—	1	2	0	0	0.3	1.000
1987			5	5	.500	5.76	63	0	0	75	69	50	58	0	5	5	4	7	1	0	.143	7	9	0	2	0.3	1.000
1988			13	11	.542	3.25	34	32	5	205	185	46	129	1	0	0	0	63	5	0	.079	14	27	0	3	1.2	1.000
1989			12	8	.600	2.81	28	28	8	205.1	174	49	123	1	0	0	0	65	9	0	.138	7	23	4	2	1.2	.882
1990			9	10	.474	4.64	26	25	2	149.1	161	36	86	0	0	0	0	49	6	0	.122	8	24	2	1	1.3	.941
1991			**20**	8	**.714**	3.08	33	32	2	207.2	194	44	129	1	1	0	0	70	7	0	.100	5	34	1	0	1.2	.975
6 yrs.			60	42	.588	3.57	196	117	17	854	787	229	534	3	7	5	4	254	28	0	.110	42	119	7	8	0.9	.958

LEAGUE CHAMPIONSHIP SERIES

Year	Team		W	L	%	ERA	G	GS	CG	IP	H	BB	SO	ShO	W	L	SV	AB	H	HR	BA	PO	A	E	DP	TC/G	FA
1990	PIT	N	0	0	—	0.00	1	0	0	2	2	0	0	0	0	0	0	0	0	0	—	0	0	0	0	0.0	—
1991			0	2	.000	23.63	2	2	0	2.2	8	1	3	0	0	0	0	0	0	0	—	0	1	0	0	0.5	1.000
2 yrs.			0	2	.000	13.50	3	2	0	4.2	10	1	3	0	0	0	0	0	0	0	—	0	1	0	0	0.3	1.000

Bryn Smith
SMITH, BRYN NELSON
B. Aug. 11, 1955, Marietta, Ga.
BR TR 6' 2" 200 lbs.

Split	W	L	%	ERA	G	GS	CG	IP	H	BB	SO	ShO	W	L	SV
April	3	0	1.000	2.00	4	4	0	27	23	5	15	0	0	0	0
May	1	3	.250	5.63	6	6	1	38.1	44	8	20	0	0	0	0
June	2	1	.667	2.38	5	5	0	34	30	9	9	0	0	0	0
July	3	3	.500	3.52	6	6	1	38.1	34	7	18	0	0	0	0
Aug	2	1	.667	5.05	6	6	0	35.2	36	10	16	0	0	0	0
Sept/Oct	1	1	.500	2.84	4	4	1	25.1	21	6	16	0	0	0	0
Day	2	2	.500	4.01	8	8	0	49.1	46	16	27	0	0	0	0
Night	10	7	.588	3.80	23	23	3	149.1	142	29	67	0	0	0	0
vs. Left	—	—	—	—	—	—	—	—	120	29	41	—	—	—	—
vs. Right	—	—	—	—	—	—	—	—	68	16	53	—	—	—	—
On Grass	3	4	.429	4.47	8	8	0	48.1	51	10	27	0	0	0	0
On Turf	9	5	.643	3.65	23	23	3	150.1	137	35	67	0	0	0	0
Home	5	4	.556	3.52	16	16	3	107.1	95	25	46	0	0	0	0
Road	7	5	.583	4.24	15	15	0	91.1	93	20	48	0	0	0	0
Division Rivals															
vs. CHI	1	2	.333	2.12	3	3	0	17	11	8	8	0	0	0	0
vs. MON	2	0	1.000	0.56	2	2	1	16	8	1	10	0	0	0	0
vs. NY	1	1	.500	4.26	3	3	0	19	17	3	7	0	0	0	0
vs. PHI	3	0	1.000	3.04	4	4	0	26.2	23	7	10	0	0	0	0
vs. PIT	1	1	.500	5.11	4	4	0	24.2	30	6	12	0	0	0	0

Year	Team		W	L	%	ERA	G	GS	CG	IP	H	BB	SO	ShO	W	L	SV	AB	H	HR	BA	PO	A	E	DP	TC/G	FA
1981	MON	N	1	0	1.000	2.77	7	0	0	13	14	3	9	0	1	0	0	1	0	0	.000	0	1	1	0	0.3	.500
1982			2	4	.333	4.20	47	1	0	79.1	81	23	50	0	2	3	3	8	0	0	.000	2	15	1	0	0.4	.944
1983			6	11	.353	2.49	49	12	5	155.1	142	43	101	3	1	4	3	30	5	0	.167	10	22	0	3	0.7	1.000
1984			12	13	.480	3.32	28	28	6	179	178	51	101	0	0	0	0	53	7	0	.132	25	28	4	3	2.0	.930
1985			18	5	.783	2.91	32	32	4	222.1	193	41	127	2	0	0	0	72	14	1	.194	24	27	5	2	1.8	.911

PITCHER REGISTER

Year	Team		W	L	%	ERA	G	GS	CG	IP	H	BB	SO	ShO	RELIEF PITCHING W	L	SV	BATTING AB	H	HR	BA	PO	A	E	DP	TC/G	FA

Bryn Smith *Continued*

Year	Team		W	L	%	ERA	G	GS	CG	IP	H	BB	SO	ShO	W	L	SV	AB	H	HR	BA	PO	A	E	DP	TC/G	FA
1986			10	8	.556	3.94	30	30	1	187.1	182	63	105	0	0	0	0	58	8	1	.138	11	44	2	5	1.9	.965
1987			10	9	.526	4.37	26	26	2	150.1	164	31	94	0	0	0	0	44	6	0	.136	10	21	1	2	1.2	.969
1988			12	10	.545	3.00	32	32	1	198	179	32	122	0	0	0	0	55	6	0	.109	7	26	2	1	1.1	.943
1989			10	11	.476	2.84	33	32	3	215.2	177	54	129	1	0	0	0	62	4	0	.065	16	42	1	2	1.8	.983
1990	STL	N	9	8	.529	4.27	26	25	0	141.1	160	30	78	0	0	0	0	39	10	1	.256	10	16	2	2	1.1	.929
1991			12	9	.571	3.85	31	31	3	198.2	188	45	94	0	0	0	0	65	16	0	.246	12	26	0	2	1.2	1.000
11 yrs.			102	88	.537	3.43	341	249	23	1740.1	1658	416	1010	8	4	7	6	487	76	3	.156	127	268	19	22	1.2	.954

Dave Smith

SMITH, DAVID STANLEY
B. Jan. 21, 1955, Richmond, Calif.
BR TR 6' 1" 195 lbs.

Split			W	L	%	ERA	G	GS	CG	IP	H	BB	SO	ShO	W	L	SV	AB	H	HR	BA	PO	A	E	DP	TC/G	FA
April			0	2	.000	9.53	7	0	0	5.2	10	5	4	0	0	2	4										
May			0	0	—	0.00	7	0	0	7	4	1	3	0	0	0	7										
June			0	2	.000	4.50	11	0	0	12	12	6	4	0	0	2	5										
July			0	1	.000	7.94	6	0	0	5.2	7	5	4	0	0	1	0										
Aug			—	—	—	—	0	—	—	0	0	0	0	—	0	0	0										
Sept/Oct			0	1	.000	16.88	4	0	0	2.2	6	2	1	0	0	1	1										
Day			0	3	.000	6.38	19	0	0	18.1	23	11	9	0	0	3	10										
Night			0	3	.000	5.52	16	0	0	14.2	16	8	7	0	0	3	7										
vs. Left			—	—	—	—	—	—	—	—	28	10	7	—	—	—	—										
vs. Right			—	—	—	—	—	—	—	—	11	9	9	—	—	—	—										
On Grass			0	4	.000	5.88	26	0	0	26	31	13	13	0	0	4	12										
On Turf			0	2	.000	6.43	9	0	0	7	8	6	3	0	0	2	5										
Home			0	3	.000	5.60	17	0	0	17.2	18	7	9	0	0	3	10										
Road			0	3	.000	6.46	18	0	0	15.1	21	12	7	0	0	3	7										
Division Rivals																											
vs. MON			0	0	—	0.00	3	0	0	3.2	1	1	1	0	0	0	3										
vs. NY			—	—	—	—	0	—	—	0	0	0	0	—	0	0	0										
vs. PHI			0	0	—	3.00	3	0	0	3	1	1	3	0	0	0	3										
vs. PIT			0	2	.000	14.40	7	0	0	5	10	7	2	0	0	2	1										
vs. STL			0	1	.000	18.00	2	0	0	1	3	1	1	0	0	1	1										
1980	HOU	N	7	5	.583	1.92	57	0	0	103	90	32	85	0	7	5	10	12	0	0	.000	3	11	1	0	0.3	.933
1981			5	3	.625	2.76	42	0	0	75	54	23	52	0	5	3	8	8	2	0	.250	3	11	1	0	0.4	.933
1982			5	4	.556	3.84	49	1	0	63.1	69	31	28	0	5	4	11	2	0	0	.000	3	7	2	2	0.2	.833
1983			3	1	.750	3.10	42	0	0	72.2	72	36	41	0	3	1	6	5	0	0	.000	3	4	2	0	0.2	.778
1984			5	4	.556	2.21	53	0	0	77.1	60	20	45	0	5	4	5	4	0	0	.000	5	9	1	1	0.3	.933
1985			9	5	.643	2.27	64	0	0	79.1	69	17	40	0	9	5	27	3	0	0	.000	4	7	3	1	0.2	.786
1986			4	7	.364	2.73	54	0	0	56	39	22	46	0	4	7	33	2	0	0	.000	7	6	0	0	0.2	1.000
1987			2	3	.400	1.65	50	0	0	60	39	21	73	0	2	3	24	2	1	0	.500	4	4	0	0	0.2	1.000
1988			4	5	.444	2.67	51	0	0	57.1	60	19	38	0	4	5	27	2	0	0	.000	3	8	0	0	0.2	1.000
1989			3	4	.429	2.64	52	0	0	58	49	19	31	0	3	4	25	1	0	0	.000	6	10	0	0	0.3	1.000
1990			6	6	.500	2.39	49	0	0	60.1	45	20	50	0	6	6	23	2	0	0	.000	1	3	1	1	0.1	.800
1991	CHI	N	0	6	.000	6.00	35	0	0	33	39	19	16	0	0	6	17	1	0	0	.000	0	5	0	0	0.1	1.000
12 yrs.			53	53	.500	2.67	598	1	0	795.1	685	279	545	0	53	53	216	44	3	0	.068	42	85	11	6	0.2	.920

DIVISIONAL PLAYOFF SERIES

Year	Team		W	L	%	ERA	G	GS	CG	IP	H	BB	SO	ShO	W	L	SV	AB	H	HR	BA	PO	A	E	DP	TC/G	FA
1981	HOU	N	0	0	—	3.86	2	0	0	2.1	2	0	4	0	0	0	0	0	0	0	—	0	0	0	0	0.0	—

LEAGUE CHAMPIONSHIP SERIES

Year	Team		W	L	%	ERA	G	GS	CG	IP	H	BB	SO	ShO	W	L	SV	AB	H	HR	BA	PO	A	E	DP	TC/G	FA
1980	HOU	N	1	0	1.000	3.86	3	0	0	2.1	4	2	4	0	1	0	0	0	0	0	—	0	0	0	0	0.0	—
1986			0	1	.000	9.00	2	0	0	2	2	3	2	0	0	1	0	0	0	0	—	0	0	0	0	0.0	—
2 yrs.			1	1	.500	6.23	5	0	0	4.1	6	5	6	0	1	1	0	0	0	0	—	0	0	0	0	0.0	—

RELIEF PITCHER — charts for WINS, ERA, SAVES, RATIO (vs. NL AVG)

PITCHER REGISTER

Year	Team	W	L	%	ERA	G	GS	CG	IP	H	BB	SO	ShO	RELIEF PITCHING W	L	SV	BATTING AB	H	HR	BA	PO	A	E	DP	TC/G	FA

Lee Smith

SMITH, LEE ARTHUR JR.
B. Dec. 4, 1957, Jamestown, La.
BR TR 6' 5" 220 lbs.

Split	W	L	%	ERA	G	GS	CG	IP	H	BB	SO	ShO	W	L	SV	AB	H	HR	BA	PO	A	E	DP	TC/G	FA
April	2	0	1.000	1.38	10	0	0	13	6	2	14	0	2	0	8										
May	0	2	.000	6.14	9	0	0	7.1	10	2	6	0	0	2	4										
June	1	0	1.000	1.72	13	0	0	15.2	13	3	16	0	1	0	8										
July	2	0	1.000	2.70	11	0	0	13.1	16	1	12	0	2	0	7										
Aug	1	1	.500	1.50	12	0	0	12	13	3	8	0	1	1	10										
Sept/Oct	0	0	—	2.31	12	0	0	11.2	12	2	11	0	0	0	10										
Day	2	1	.667	3.00	20	0	0	21	20	4	26	0	2	1	14										
Night	4	2	.667	2.08	47	0	0	52	50	9	41	0	4	2	33										
vs. Left	—	—	—	—	—	—	—	—	42	11	43	—	—	—	—										
vs. Right	—	—	—	—	—	—	—	—	28	2	24	—	—	—	—										
On Grass	0	0	—	2.25	11	0	0	12	12	3	12	0	0	0	7										
On Turf	6	3	.667	2.36	56	0	0	61	58	10	55	0	6	3	40										
Home	6	1	.857	1.38	39	0	0	45.2	39	7	39	0	6	1	26										
Road	0	2	.000	3.95	28	0	0	27.1	31	6	28	0	0	2	21										
Division Rivals																									
vs. CHI	0	0	—	2.25	6	0	0	8	6	3	6	0	0	0	5										
vs. MON	0	0	—	0.00	7	0	0	7.2	6	2	11	0	0	0	7										
vs. NY	0	0	—	0.00	8	0	0	8.2	5	0	8	0	0	0	6										
vs. PHI	1	0	1.000	1.69	10	0	0	10.2	7	0	13	0	1	0	9										
vs. PIT	1	1	.500	6.43	7	0	0	7	7	2	4	0	1	1	3										
1980 CHI N	2	0	1.000	2.86	18	0	0	22	21	14	17	0	2	0	0	0	0	0	—	0	3	0	0	0.2	1.000
1981	3	6	.333	3.49	40	1	0	67	57	31	50	0	3	5	1	9	0	0	.000	3	9	0	0	0.3	1.000
1982	2	5	.286	2.69	72	5	0	117	105	37	99	0	2	1	17	16	1	1	.063	9	10	1	2	0.3	.950
1983	4	10	.286	1.65	66	0	0	103.1	70	41	91	0	4	10	**29**	9	1	0	.111	8	9	0	0	0.3	1.000
1984	9	7	.563	3.65	69	0	0	101	98	35	86	0	9	7	33	13	1	0	.077	6	13	0	2	0.3	1.000
1985	7	4	.636	3.04	65	0	0	97.2	87	32	112	0	7	4	33	6	0	0	.000	3	9	0	1	0.2	1.000
1986	9	9	.500	3.09	66	0	0	90.1	69	42	93	0	9	9	31	5	0	0	.000	1	12	0	2	0.2	1.000
1987	4	10	.286	3.12	62	0	0	83.2	84	32	96	0	4	**10**	36	2	0	0	.000	3	8	0	0	0.2	1.000
1988 BOS A	4	5	.444	2.80	64	0	0	83.2	72	37	96	0	4	5	29	0	0	0	—	5	4	1	0	0.2	.900
1989	6	1	.857	3.57	64	0	0	70.2	53	33	96	0	6	1	25	0	0	0	—	1	1	0	0	0.0	1.000
1990 2 teams	BOS A (11G 2-1)			STL N (53G 3-4)																					
" total	5	5	.500	2.06	64	0	0	83	71	29	87	0	5	5	31	2	0	0	.000	2	3	0	0	0.1	1.000
1991 STL N	6	3	.667	2.34	67	0	0	73	70	13	67	0	6	3	**47**	0	0	0	—	3	6	0	0	0.1	1.000
12 yrs.	61	65	.484	2.84	717	6	0	992.1	857	376	990	0	61	60	312 3rd	62	3	1	.048	44	87	2	7	0.2	.985

LEAGUE CHAMPIONSHIP SERIES

Year	Team	W	L	%	ERA	G	GS	CG	IP	H	BB	SO	ShO	W	L	SV	AB	H	HR	BA	PO	A	E	DP	TC/G	FA
1984 CHI N	0	1	.000	9.00	2	0	0	2	3	0	3	0	1	1	0	0	0	0	—	0	0	0	0	0.0	—
1988 BOS A	0	1	.000	8.10	2	0	0	3.1	6	1	4	0	0	1	0	0	0	0	—	0	0	0	0	0.0	—
2 yrs.	0	2	.000	8.44	4	0	0	5.1	9	1	7	0	1	2	0	0	0	0	—	0	0	0	0	0.0	—

Pete Smith

SMITH, PETER JOHN
B. Feb. 27, 1966, Abington, Mass.
BR TR 6' 2" 185 lbs.

Year	Team	W	L	%	ERA	G	GS	CG	IP	H	BB	SO	ShO	W	L	SV	AB	H	HR	BA	PO	A	E	DP	TC/G	FA
1987 ATL N	1	2	.333	4.83	6	6	0	31.2	39	14	11	0	0	0	0	11	1	0	.091	1	2	1	0	0.7	.750
1988	7	15	.318	3.69	32	32	5	195.1	183	88	124	3	0	0	0	53	6	0	.113	12	19	3	0	1.1	.912
1989	5	14	.263	4.75	28	27	1	142	144	57	115	0	0	0	0	41	4	0	.098	11	11	1	2	0.8	.957
1990	5	6	.455	4.79	13	13	3	77	77	24	56	0	0	0	0	23	2	0	.087	5	5	0	0	0.8	1.000
1991	1	3	.250	5.06	14	10	0	48	48	22	29	0	0	0	0	12	2	0	.167	3	6	0	0	0.6	1.000
5 yrs.	19	40	.322	4.37	93	88	9	494	491	205	335	3	0	0	0	140	15	0	.107	32	43	5	2	0.9	.938

PITCHER REGISTER

Year	Team		W	L	%	ERA	G	GS	CG	IP	H	BB	SO	ShO	RELIEF PITCHING W	L	SV	BATTING AB	H	HR	BA	PO	A	E	DP	TC/G	FA

Roy Smith
SMITH, LEROY PURDY III
B. Sept. 6, 1961, Mt. Vernon, N. Y.
BR TR 6' 3" 205 lbs.

Split	W	L	%	ERA	G	GS	CG	IP	H	BB	SO	ShO	W	L	SV
April	—	—	—	—	0	0	0	0	0	0	0	—	0	0	0
May	1	0	1.000	4.05	2	1	0	6.2	7	2	1	0	0	0	0
June	3	1	.750	5.73	6	6	0	33	43	10	12	0	0	0	0
July	1	2	.333	4.50	5	5	0	28	31	6	8	0	0	0	0
Aug	0	1	.000	8.53	4	2	0	12.2	18	6	4	0	0	1	0
Sept/Oct	—	—	—	—	0	0	0	0	0	0	0	—	0	0	0
Day	2	1	.667	3.41	5	5	0	31.2	33	4	10	0	0	0	0
Night	3	3	.500	7.03	12	9	0	48.2	66	20	15	0	0	1	0
vs. Left	—	—	—	—	—	—	—	—	44	12	14	—	—	—	—
vs. Right	—	—	—	—	—	—	—	—	55	12	11	—	—	—	—
On Grass	5	3	.625	4.70	15	12	0	74.2	85	21	22	0	0	1	0
On Turf	0	1	.000	17.47	2	2	0	5.2	14	3	3	0	0	0	0
Home	4	1	.800	5.44	11	9	0	49.2	60	19	15	0	0	0	0
Road	1	3	.250	5.87	6	5	0	30.2	39	5	10	0	0	1	0
Division Rivals															
vs. BOS	2	0	1.000	2.25	2	2	0	12	11	1	2	0	0	0	0
vs. CLE	1	0	1.000	2.70	1	1	0	6.2	6	2	1	0	0	0	0
vs. DET	—	—	—	—	0	0	0	0	0	0	0	—	0	0	0
vs. MIL	0	1	.000	15.75	2	1	0	4	10	3	0	0	0	1	0
vs. NY	0	1	.000	5.14	2	1	0	7	8	2	1	0	0	0	0
vs. TOR	1	0	1.000	4.05	1	1	0	6.2	6	2	4	0	0	0	0

Year	Team		W	L	%	ERA	G	GS	CG	IP	H	BB	SO	ShO	W	L	SV	AB	H	HR	BA	PO	A	E	DP	TC/G	FA
1984	CLE	A	5	5	.500	4.59	22	14	0	86.1	91	40	55	0	0	0	0	0	0	0	—	4	6	3	0	0.6	.769
1985			1	4	.200	5.34	12	11	1	62.1	84	17	28	0	0	0	0	0	0	0	—	6	3	0	0	0.8	1.000
1986	MIN	A	0	2	.000	6.97	5	0	0	10.1	13	5	8	0	0	0	2	0	0	0	—	0	1	0	0	0.2	1.000
1987			1	0	1.000	4.96	7	1	0	16.1	20	6	8	0	0	0	0	0	0	0	—	0	2	0	0	0.3	1.000
1988			3	0	1.000	2.68	9	4	0	37	29	12	17	0	1	0	0	0	0	0	—	3	2	0	0	0.6	1.000
1989			10	6	.625	3.92	32	26	2	172.1	180	51	92	0	0	0	1	0	0	0	—	9	13	0	1	0.7	1.000
1990			5	10	.333	4.81	32	23	1	153.1	191	47	87	1	0	0	0	0	0	0	—	10	9	1	0	0.6	.950
1991	BAL	A	5	4	.556	5.60	17	14	0	80.1	99	24	25	0	0	1	0	0	0	0	—	9	8	0	0	1.0	1.000
8 yrs.			30	31	.492	4.60	136	93	4	618.1	707	202	320	1	1	3	1	0	0	0	—	41	44	4	1	0.7	.955

Zane Smith
SMITH, ZANE WILLIAM
B. Dec. 28, 1960, Madison, Wis.
BL TL 6' 2" 195 lbs.

Split	W	L	%	ERA	G	GS	CG	IP	H	BB	SO	ShO	W	L	SV
April	2	1	.667	2.70	4	4	0	26.2	33	5	14	0	0	0	0
May	5	1	.833	1.87	6	6	2	43.1	33	3	27	2	0	0	0
June	1	4	.200	3.96	6	6	1	36.1	43	8	13	0	0	0	0
July	2	2	.500	5.92	5	5	0	24.1	32	5	14	0	0	0	0
Aug	2	1	.667	2.70	6	6	0	43.1	45	2	20	0	0	0	0
Sept/Oct	4	1	.800	3.17	8	8	3	54	48	6	32	1	0	0	0
Day	4	4	.500	4.53	9	9	0	51.2	66	9	24	0	0	0	0
Night	12	6	.667	2.81	26	26	6	176.1	168	20	96	3	0	0	0
vs. Left	—	—	—	—	—	—	—	—	39	5	32	—	—	—	—
vs. Right	—	—	—	—	—	—	—	—	195	24	88	—	—	—	—
On Grass	1	6	.143	5.24	8	8	1	44.2	61	7	21	0	0	0	0
On Turf	15	4	.789	2.70	27	27	5	183.1	173	22	99	3	0	0	0
Home	11	3	.786	2.78	19	19	3	129.1	132	14	69	2	0	0	0
Road	5	7	.417	3.74	16	16	3	98.2	102	15	51	1	0	0	0
Division Rivals															
vs. CHI	3	0	1.000	3.68	3	3	0	22	20	2	11	0	0	0	0
vs. MON	2	0	1.000	3.58	4	4	0	27.2	27	6	17	0	0	0	0
vs. NY	1	2	.333	3.21	5	5	0	28	39	3	15	0	0	0	0
vs. PHI	2	0	1.000	1.64	3	3	1	22	19	2	10	1	0	0	0
vs. STL	2	0	1.000	1.07	4	4	2	33.2	21	1	14	1	0	0	0

Year	Team		W	L	%	ERA	G	GS	CG	IP	H	BB	SO	ShO	W	L	SV	AB	H	HR	BA	PO	A	E	DP	TC/G	FA
1984	ATL	N	1	0	1.000	2.25	3	3	0	20	16	13	16	0	0	0	0	9	5	0	.556	2	3	1	1	2.0	.833
1985			9	10	.474	3.80	42	18	2	147	135	80	85	2	3	4	0	37	6	0	.162	7	35	3	2	1.1	.933
1986			8	16	.333	4.05	38	32	3	204.2	209	105	139	1	1	0	1	59	5	0	.085	7	45	1	4	1.4	.981
1987			15	10	.600	4.09	36	36	9	242	245	91	130	3	0	0	0	76	10	0	.132	15	43	0	4	1.6	1.000
1988			5	10	.333	4.30	23	22	3	140.1	159	44	59	0	0	0	0	42	7	0	.167	16	33	1	6	2.2	.980

Year	Team	W	L	%	ERA	G	GS	CG	IP	H	BB	SO	ShO	RELIEF PITCHING W	L	SV	BATTING AB	H	HR	BA	PO	A	E	DP	TC/G	FA

Zane Smith Continued

Year	Team	W	L	%	ERA	G	GS	CG	IP	H	BB	SO	ShO	W	L	SV	AB	H	HR	BA	PO	A	E	DP	TC/G	FA
1989	2 teams	ATL N (17G 1-12)			MON N (31G 0-1)																					
"	total	1	13	.071	3.49	48	17	0	147	141	52	93	0	0	1	2	32	6	0	.188	7	39	3	0	1.0	.939
1990	2 teams	MON N (22G 6-7)			PIT N (11G 6-2)																					
"		12	9	.571	2.55	33	31	4	215.1	196	50	130	2	0	0	0	68	11	0	.162	10	35	3	5	1.5	.938
1991	PIT N	16	10	.615	3.20	35	35	6	228	234	29	120	3	0	0	0	71	13	0	.183	12	39	3	5	1.5	.944
8 yrs.		67	78	.462	3.58	258	194	27	1344.1	1335	464	772	11	4	5	3	394	63	0	.160	76	272	15	27	1.4	.959

LEAGUE CHAMPIONSHIP SERIES

Year	Team	W	L	%	ERA	G	GS	CG	IP	H	BB	SO	ShO	W	L	SV	AB	H	HR	BA	PO	A	E	DP	TC/G	FA
1990	PIT N	0	2	.000	6.00	2	1	0	9	14	1	8	0	0	1	0	3	0	0	.000	0	1	0	0	0.5	1.000
1991		1	1	.500	0.61	2	2	0	14.2	15	3	10	0	0	0	0	5	0	0	.000	0	3	0	0	1.5	1.000
2 yrs.		1	3	.250	2.66	4	3	0	23.2	29	4	18	0	0	1	0	8	0	0	.000	0	4	0	0	1.0	1.000

John Smoltz

SMOLTZ, JOHN ANDREW
B. May 15, 1967, Detroit, Mich.
BR TR 6' 3" 210 lbs.

STARTING PITCHER

	W	L	%	ERA	G	GS	CG	IP	H	BB	SO	ShO	W	L	SV
April	0	3	.000	3.64	5	5	0	29.2	28	9	15	0	0	0	0
May	2	3	.400	4.20	6	6	1	40.2	39	13	26	0	0	0	0
June	0	4	.000	6.55	6	6	1	34.1	41	18	27	0	0	0	0
July	4	2	.667	7.85	6	6	0	28.2	32	13	12	0	0	0	0
Aug	4	1	.800	1.41	6	6	3	44.2	28	10	37	0	0	0	0
Sept/Oct	4	0	1.000	1.57	7	7	1	51.2	38	14	31	0	0	0	0
Day	1	2	.333	4.10	4	4	2	26.1	24	7	15	0	0	0	0
Night	13	11	.542	3.76	32	32	3	203.1	182	70	133	0	0	0	0
vs. Left	—	—	—	—	—	—	—	—	140	60	69	—	—	—	—	
vs. Right	—	—	—	—	—	—	—	—	66	17	79	—	—	—	—	
On Grass	10	11	.476	4.24	28	28	4	174	165	53	105	0	0	0	0
On Turf	4	2	.667	2.43	8	8	1	55.2	41	24	43	0	0	0	0
Home	9	7	.563	4.10	21	21	2	136	138	32	81	0	0	0	0
Road	5	6	.455	3.36	15	15	3	93.2	68	45	67	0	0	0	0
Division Rivals															
vs. CIN	2	1	.667	1.06	4	4	1	34	22	9	29	0	0	0	0
vs. HOU	2	0	1.000	1.55	4	4	1	29	18	9	19	0	0	0	0
vs. LA	0	4	.000	7.59	5	5	0	21.1	29	12	12	0	0	0	0
vs. SD	0	2	.000	3.43	3	3	1	21	15	6	24	0	0	0	0
vs. SF	3	1	.750	3.23	4	4	2	30.2	25	5	18	0	0	0	0

Year	Team	W	L	%	ERA	G	GS	CG	IP	H	BB	SO	ShO	W	L	SV	AB	H	HR	BA	PO	A	E	DP	TC/G	FA
1988	ATL N	2	7	.222	5.48	12	12	0	64	74	33	37	0	0	0	0	17	2	0	.118	4	6	0	1	0.8	1.000
1989		12	11	.522	2.94	29	29	5	208	160	72	168	0	0	0	0	62	7	1	.113	23	32	7	2	2.1	.887
1990		14	11	.560	3.85	34	34	6	231.1	206	90	170	2	0	0	0	74	12	0	.162	26	27	3	4	1.6	.946
1991		14	13	.519	3.80	36	36	5	229.2	206	77	148	0	0	0	0	65	7	0	.108	15	34	1	1	1.4	.980
4 yrs.		42	42	.500	3.72	111	111	16	733	646	272	523	2	0	0	0	218	28	1	.128	68	99	11	8	1.6	.938

LEAGUE CHAMPIONSHIP SERIES

Year	Team	W	L	%	ERA	G	GS	CG	IP	H	BB	SO	ShO	W	L	SV	AB	H	HR	BA	PO	A	E	DP	TC/G	FA
1991	ATL N	2	0	1.000	1.76	2	2	1	15.1	14	3	15	1	0	0	0	5	1	0	.200	3	0	0	0	1.5	1.000

WORLD SERIES

Year	Team	W	L	%	ERA	G	GS	CG	IP	H	BB	SO	ShO	W	L	SV	AB	H	HR	BA	PO	A	E	DP	TC/G	FA
1991	ATL N	0	0	—	1.26	2	2	0	14.1	13	1	11	0	0	0	0	2	0	0	.000	2	1	0	0	1.5	1.000

Randy St. Claire

ST. CLAIRE, RANDY ANTHONY
Son of Ebba St. Claire.
B. Aug. 23, 1960, Glens Falls, N.Y.
BR TR 6' 3" 180 lbs.

Year	Team	W	L	%	ERA	G	GS	CG	IP	H	BB	SO	ShO	W	L	SV	AB	H	HR	BA	PO	A	E	DP	TC/G	FA
1984	MON N	0	0	—	4.50	4	0	0	8	11	2	4	0	0	0	0	0	0	0	—	0	1	0	0	0.3	1.000
1985		5	3	.625	3.93	42	0	0	68.2	69	26	25	0	5	3	0	5	1	0	.200	4	13	5	0	2	0.4	1.000
1986		2	0	1.000	2.37	11	0	0	19	13	6	21	0	2	0	1	1	0	0	.000	1	5	0	0	0.3	1.000
1987		3	3	.500	4.03	44	0	0	67	64	20	43	0	3	3	7	6	2	0	.333	1	9	0	2	0.2	1.000
1988	2 teams	MON N (6G 0-0)			CIN N (10G 1-0)																					
"	total	1	0	1.000	3.86	16	0	0	21	24	10	14	0	1	0	0	0	0	0	.000	1	3	0	0	0.3	1.000
1989	MIN A	1	0	1.000	5.24	14	0	0	22.1	19	10	14	0	1	0	1	0	0	0	—	4	2	0	1	0.4	1.000
1991	ATL N	0	0	—	4.08	19	0	0	28.2	31	9	30	0	0	0	0	2	1	0	.500	2	5	0	0	0.4	1.000
7 yrs.		12	6	.667	3.99	150	0	0	234.2	231	83	151	0	12	6	9	15	4	0	.267	13	38	0	5	0.3	1.000

WORLD SERIES

Year	Team	W	L	%	ERA	G	GS	CG	IP	H	BB	SO	ShO	W	L	SV	AB	H	HR	BA	PO	A	E	DP	TC/G	FA
1991	ATL N	0	0	—	9.00	1	0	0	1	1	0	0	0	0	0	0	0	0	0	—	0	0	0	0	0.0	—

PITCHER REGISTER

Year	Team	W	L	%	ERA	G	GS	CG	IP	H	BB	SO	ShO	Relief W	Relief L	Relief SV	AB	H	HR	BA	PO	A	E	DP	TC/G	FA

Mike Stanton
STANTON, WILLIAM MICHAEL
B. June 2, 1967, Houston, Tex.
BL TL 6′ 1″ 190 lbs.

Split	W	L	%	ERA	G	GS	CG	IP	H	BB	SO	ShO	RW	RL	SV
April	0	0	—	0.00	10	0	0	8.1	7	5	8	0	0	0	0
May	1	0	1.000	6.75	10	0	0	9.1	8	1	4	0	1	0	1
June	2	1	.667	2.92	14	0	0	12.1	9	2	7	0	2	1	0
July	0	1	.000	1.88	11	0	0	14.1	7	6	9	0	0	1	1
Aug	0	0	—	1.50	12	0	0	18	12	3	11	0	0	0	4
Sept/Oct	2	3	.400	4.60	17	0	0	15.2	19	4	15	0	2	3	1
Day	1	1	.500	3.63	19	0	0	17.1	11	5	14	0	1	1	1
Night	4	4	.500	2.67	55	0	0	60.2	51	16	40	0	4	4	6
vs. Left	—	—	—	—	—	—	—	—	20	8	26	—	—	—	—
vs. Right	—	—	—	—	—	—	—	—	42	13	28	—	—	—	—
On Grass	2	3	.400	2.78	53	0	0	58.1	42	12	34	0	2	3	7
On Turf	3	2	.600	3.20	21	0	0	19.2	20	9	20	0	3	2	0
Home	1	1	.500	2.21	36	0	0	40.2	30	8	20	0	1	1	4
Road	4	4	.500	3.62	38	0	0	37.1	32	13	34	0	4	4	3
Division Rivals															
vs. CIN	1	1	.500	3.38	6	0	0	8	9	4	6	0	1	1	0
vs. HOU	2	0	1.000	0.00	9	0	0	8.2	7	2	9	0	2	0	1
vs. LA	0	1	.000	0.69	10	0	0	13	5	1	10	0	0	1	0
vs. SD	1	0	1.000	1.08	9	0	0	8.1	4	1	4	0	1	0	1
vs. SF	0	1	.000	3.18	6	0	0	5.2	5	2	4	0	0	1	1

Year	Team	W	L	%	ERA	G	GS	CG	IP	H	BB	SO	ShO	RW	RL	SV	AB	H	HR	BA	PO	A	E	DP	TC/G	FA
1989	ATL N	0	1	.000	1.50	20	0	0	24	17	8	27	0	0	1	7	0	0	0	—	1	2	1	0	0.2	.750
1990		0	3	.000	18.00	7	0	0	7	16	4	7	0	0	3	2	0	0	0	—	0	2	0	0	0.3	1.000
1991		5	5	.500	2.88	74	0	0	78	62	21	54	0	5	5	7	6	3	0	.500	6	16	0	0	0.3	1.000
3 yrs.		5	9	.357	3.55	101	0	0	109	95	33	88	0	5	9	16	6	3	0	.500	7	20	1	0	0.3	.964

LEAGUE CHAMPIONSHIP SERIES

| 1991 | ATL N | 0 | 0 | — | 2.45 | 3 | 0 | 0 | 3.2 | 4 | 3 | 3 | 0 | 0 | 0 | 0 | 0 | 0 | 0 | — | 0 | 2 | 0 | 0 | 0.7 | 1.000 |

WORLD SERIES

| 1991 | ATL N | 1 | 0 | 1.000 | 0.00 | 5 | 0 | 0 | 7.1 | 5 | 2 | 7 | 0 | 1 | 0 | 0 | 0 | 0 | 0 | — | 0 | 0 | 0 | 0 | 0.0 | — |

Dave Stewart
STEWART, DAVID KEITH
B. Feb. 19, 1957, Oakland, Calif.
BR TR 6′ 2″ 200 lbs.

Split	W	L	%	ERA	G	GS	CG	IP	H	BB	SO	ShO	RW	RL	SV
April	2	2	.500	6.75	5	5	0	32	39	14	19	0	0	0	0
May	1	0	1.000	2.22	4	4	0	24.1	24	13	11	0	0	0	0
June	2	2	.500	7.09	6	6	0	39.1	43	21	23	0	0	0	0
July	3	1	.750	4.01	7	7	1	49.1	41	18	37	1	0	0	0
Aug	2	3	.400	5.79	6	6	0	37.1	46	21	18	0	0	0	0
Sept/Oct	1	3	.250	4.74	7	7	1	43.2	52	18	36	0	0	0	0
Day	6	3	.667	4.58	11	11	0	70.2	82	17	47	0	0	0	0
Night	5	8	.385	5.45	24	24	2	155.1	163	88	97	1	0	0	0
vs. Left	—	—	—	—	—	—	—	—	134	46	51	—	—	—	—
vs. Right	—	—	—	—	—	—	—	—	111	59	93	—	—	—	—
On Grass	11	6	.647	4.59	29	29	2	192	192	85	120	1	0	0	0
On Turf	0	5	.000	8.47	6	6	0	34	53	20	24	0	0	0	0
Home	8	3	.727	4.21	18	18	0	115.1	118	45	72	0	0	0	0
Road	3	8	.273	6.18	17	17	2	110.2	127	60	72	1	0	0	0
Division Rivals															
vs. CAL	2	0	1.000	4.73	2	2	0	13.1	15	5	6	0	0	0	0
vs. CHI	1	1	.500	3.32	3	3	0	21.2	24	12	14	0	0	0	0
vs. KC	1	1	.500	6.38	3	3	0	18.1	31	5	11	0	0	0	0
vs. MIN	1	2	.333	5.61	4	4	0	25.2	31	13	16	0	0	0	0
vs. SEA	0	2	.000	9.92	3	3	0	16.1	24	13	7	0	0	0	0
vs. TEX	1	2	.333	3.45	4	4	2	31.1	27	9	18	1	0	0	0

Year	Team	W	L	%	ERA	G	GS	CG	IP	H	BB	SO	ShO	RW	RL	SV	AB	H	HR	BA	PO	A	E	DP	TC/G	FA
1978	LA N	0	0	—	0.00	1	0	0	2	1	0	1	0	0	0	0	0	0	0	—	0	0	0	0	0.0	—
1981		4	3	.571	2.51	32	0	0	43	40	14	29	0	4	3	6	5	2	0	.400	4	7	0	0	0.3	1.000
1982		9	8	.529	3.81	45	14	0	146.1	137	49	80	0	6	3	1	39	7	0	.179	15	16	3	0	0.8	.912
1983	2 teams	LA N (46G 5-2)							TEX A (8G 5-2)																	
"	total	10	4	.714	2.60	54	9	2	135	117	50	78	0	5	2	8	7	1	0	.143	9	17	1	2	0.5	.963

PITCHER REGISTER

Year	Team	W	L	%	ERA	G	GS	CG	IP	H	BB	SO	ShO	RELIEF PITCHING W	L	SV	BATTING AB	H	HR	BA	PO	A	E	DP	TC/G	FA

Dave Stewart *Continued*

Year	Team	W	L	%	ERA	G	GS	CG	IP	H	BB	SO	ShO	W	L	SV	AB	H	HR	BA	PO	A	E	DP	TC/G	FA
1984	TEX A	7	14	.333	4.73	32	27	3	192.1	193	87	119	0	0	1	0	0	0	0	—	11	19	3	2	1.0	.909
1985	2 teams				TEX A (42G 0-6)				PHI N (4G 0-0)																	
"	total	0	6	.000	5.46	46	5	0	85.2	91	41	66	0	0	4	4	0	0	0	—	6	10	3	0	0.4	.842
1986	2 teams				PHI N (8G 0-0)				OAK A (29G 9-5)																	
"		9	5	.643	3.95	37	17	4	161.2	152	69	111	1	0	0	0	0	0	0	—	10	18	1	2	0.8	.966
1987	OAK A	20	13	.606	3.68	37	37	8	261.1	224	105	205	1	0	0	0	0	0	0	—	18	20	1	0	1.1	.974
1988		21	12	.636	3.23	37	37	14	275.2	240	110	192	2	0	0	0	0	0	0	—	26	16	5	2	1.3	.894
1989		21	9	.700	3.32	36	36	8	257.2	260	69	155	0	0	0	0	0	0	0	—	22	28	4	4	1.5	.926
1990		22	11	.667	2.56	36	36	11	267	226	83	166	4	0	0	0	0	0	0	—	25	23	0	2	1.3	1.000
1991		11	11	.500	5.18	35	35	2	226	245	105	144	1	0	0	0	0	0	0	—	14	19	2	0	1.0	.943
12 yrs.		134	96	.583	3.70	428	253	52	2053.2	1926	782	1346	9	15	13	19	51	10	0	.196	160	193	23	18	0.9	.939

DIVISIONAL PLAYOFF SERIES

| 1981 | LA N | 0 | 2 | .000 | 40.50 | 2 | 0 | 0 | 0.2 | 4 | 0 | 1 | 0 | 0 | 2 | 0 | 0 | 0 | 0 | — | 0 | 0 | 0 | 0 | 0.0 | — |

LEAGUE CHAMPIONSHIP SERIES

1988	OAK A	1	0	1.000	1.35	2	2	0	13.1	9	6	11	0	0	0	0	0	0	0	—	0	2	0	0	1.0	1.000
1989		2	0	1.000	2.81	2	2	0	16	13	3	9	0	0	0	0	0	0	0	—	0	1	0	0	0.5	1.000
1990		2	0	1.000	1.13	2	2	0	16	8	2	4	0	0	0	0	0	0	0	—	0	3	0	0	1.5	1.000
3 yrs.		5	0	1.000	1.79	6	6	0	45.1	30	11	24	0	0	0	0	0	0	0	—	0	6	0	0	1.0	1.000

WORLD SERIES

1981	LA N	0	0	—	0.00	2	0	0	1.2	1	2	1	0	0	0	0	0	0	0	—	0	1	0	0	0.5	—
1988	OAK A	0	1	.000	3.14	2	2	0	14.1	12	5	5	0	0	0	0	3	0	0	.000	0	1	0	0	0.5	1.000
1989		2	0	1.000	1.69	2	2	1	16	10	2	14	1	0	0	0	3	0	0	.000	3	0	1	0	2.0	.750
1990		0	2	.000	3.46	2	2	1	13	10	6	5	0	0	0	0	1	0	0	.000	2	1	1	0	2.0	.750
4 yrs.		2	3	.400	2.60	8	6	2	45	33	15	25	1	0	0	0	7	0	0	.000	5	2	3	0	1.3	.700

Dave Stieb

STIEB, DAVID ANDREW
B. July 22, 1957, Santa Ana, Calif.
BR TR 6' 185 lbs.

Year	Team	W	L	%	ERA	G	GS	CG	IP	H	BB	SO	ShO	W	L	SV	AB	H	HR	BA	PO	A	E	DP	TC/G	FA
1979	TOR A	8	8	.500	4.33	18	18	7	129	139	48	52	1	0	0	0	0	0	0	—	12	31	1	1	2.4	.977
1980		12	15	.444	3.70	34	32	14	243	232	83	108	4	0	0	0	1	0	0	.000	20	58	1	8	2.3	.987
1981		11	10	.524	3.18	25	25	11	184	148	61	89	2	0	0	0	0	0	0	—	11	38	1	3	2.0	.980
1982		17	14	.548	3.25	38	38	19	288.1	271	75	141	5	0	0	0	0	0	0	—	27	53	2	6	2.2	.976
1983		17	12	.586	3.04	36	36	14	278	223	93	187	4	0	0	0	0	0	0	—	28	33	2	1	1.8	.968
1984		16	8	.667	2.83	35	35	11	267	215	88	198	2	0	0	0	0	0	0	—	22	34	1	4	1.6	.982
1985		14	13	.519	2.48	36	36	8	265	206	96	167	2	0	0	0	0	0	0	—	34	53	5	5	2.6	.946
1986		7	12	.368	4.74	37	34	1	205	239	87	127	1	0	0	1	0	0	0	—	15	33	1	4	1.3	.980
1987		13	9	.591	4.09	33	31	3	185	164	87	115	1	0	0	0	0	0	0	—	24	25	2	2	1.5	.961
1988		16	8	.667	3.04	32	31	8	207.1	157	79	147	4	0	0	0	0	0	0	—	19	26	0	3	1.4	1.000
1989		17	8	.680	3.35	33	33	3	206.2	164	76	101	2	0	0	0	0	0	0	—	18	29	0	1	1.4	1.000
1990		18	6	.750	2.93	33	33	2	208.2	179	64	125	2	0	0	0	0	0	0	—	24	40	4	3	2.1	.941
1991		4	3	.571	3.17	9	9	1	59.2	52	23	29	0	0	0	0	0	0	0	—	5	12	1	2	2.0	.944
13 yrs.		170	126	.574	3.33	399	391	102	2726.2	2389	960	1586	30	0	0	1	1	0	0	.000	259	465	21	43	1.9	.972

LEAGUE CHAMPIONSHIP SERIES

1985	TOR A	1	1	.500	3.10	3	3	0	20.1	11	10	18	0	0	0	0	0	0	0	—	1	3	0	0	1.3	1.000
1989		0	2	.000	6.35	2	2	0	11.1	12	6	10	0	0	0	0	0	0	0	—	0	1	0	0	0.5	1.000
2 yrs.		1	3	.250	4.26	5	5	0	31.2	23	16	28	0	0	0	0	0	0	0	—	1	4	0	0	1.0	1.000

Todd Stottlemyre

STOTTLEMYRE, TODD VERNON
Son of Mel Stottlemyre. Brother of Mel Stottlemyre.
B. May 20, 1965, Sunnyside, Wash.
BL TR 6' 3" 195 lbs.

	W	L	%	ERA	G	GS	CG	IP	H	BB	SO	ShO	W	L	SV
April	2	0	1.000	3.91	4	4	0	23	19	12	17	0	0	0	0
May	3	1	.750	3.07	6	6	0	41	31	15	27	0	0	0	0
June	4	2	.667	2.78	6	6	1	45.1	41	8	19	0	0	0	0
July	1	1	.500	4.20	5	5	0	30	27	14	20	0	0	0	0
Aug	2	2	.500	5.35	6	6	0	37	44	11	14	0	0	0	0
Sept/Oct	3	2	.600	3.80	7	7	0	42.2	32	15	19	0	0	0	0
Day	3	3	.500	4.48	11	11	1	66.1	65	24	25	0	0	0	0
Night	12	5	.706	3.48	23	23	0	152.2	129	51	91	0	0	0	0
vs. Left	—	—	—	—	—	—	—	—	102	40	51	—	—	—	—
vs. Right	—	—	—	—	—	—	—	—	92	35	65	—	—	—	—

STARTING PITCHER — WINS (25.0, 12.5, 0.0; AL AVG); ERA (5.00, 2.50, 0.00; AL AVG)

423

PITCHER REGISTER

Year	Team	W	L	%	ERA	G	GS	CG	IP	H	BB	SO	ShO	RELIEF PITCHING W	L	SV	BATTING AB	H	HR	BA	PO	A	E	DP	TC/G	FA

Todd Stottlemyre Continued

		W	L	%	ERA	G	GS	CG	IP	H	BB	SO	ShO	W	L	SV	AB	H	HR	BA	PO	A	E	DP	TC/G	FA
On Grass		4	4	.500	3.68	13	13	0	78.1	71	37	48	0	0	0	0										
On Turf		11	4	.733	3.84	21	21	1	140.2	123	38	68	0	0	0	0										
Home		9	3	.750	3.96	17	17	1	116	99	28	51	0	0	0	0										
Road		6	5	.545	3.58	17	17	0	103	95	47	65	0	0	0	0										
Division Rivals																										
vs. BAL		3	0	1.000	1.23	3	3	0	22	15	6	8	0	0	0	0										
vs. BOS		0	1	.000	5.21	3	3	0	19	21	9	10	0	0	0	0										
vs. CLE		—	—	—	—	0	0	—	0	0	0	0	—	0	0	0										
vs. DET		2	0	1.000	2.77	2	2	0	13	10	6	11	0	0	0	0										
vs. MIL		2	0	1.000	2.37	3	3	0	19	17	5	7	0	0	0	0										
vs. NY		1	2	.333	6.29	4	4	0	24.1	31	3	7	0	0	0	0										
1988	TOR A	4	8	.333	5.69	28	16	0	98	109	46	67	0	2	1	0	0	0	0	—	7	11	0	0	0.6	1.000
1989		7	7	.500	3.88	27	18	0	127.2	137	44	63	0	0	1	0	0	0	0	—	7	16	5	1	1.0	.821
1990		13	17	.433	4.34	33	33	0	203	214	69	115	0	0	0	0	0	0	0	—	17	30	1	5	1.5	.979
1991		15	8	.652	3.78	34	34	1	219	194	75	116	0	0	0	0	0	0	0	—	30	21	2	2	1.6	.962
4 yrs.		39	40	.494	4.27	122	101	5	647.2	654	234	361	0	2	2	0	0	0	0	—	61	78	8	8	1.2	.946
LEAGUE CHAMPIONSHIP SERIES																										
1989	TOR A	0	1	.000	7.20	1	1	0	5	7	2	3	0	0	0	0	0	0	0	—	0	0	0	0	0.0	—
1991		0	1	.000	9.82	1	1	0	3.2	7	1	3	0	0	0	0	0	0	0	—	1	0	0	0	1.0	1.000
2 yrs.		0	2	.000	8.31	2	2	0	8.2	14	3	6	0	0	0	0	0	0	0	—	1	0	0	0	0.5	1.000

Rick Sutcliffe

SUTCLIFFE, RICHARD LEE
B. June 21, 1956, Independence, Mo.
BL TR 6' 7" 215 lbs.

		W	L	%	ERA	G	GS	CG	IP	H	BB	SO	ShO	W	L	SV	AB	H	HR	BA	PO	A	E	DP	TC/G	FA
April		1	2	.333	4.32	3	3	0	16.2	17	6	3	0	0	0	0										
May		1	2	.333	8.59	6	5	0	22	32	11	11	0	0	0	0										
June		—	—	—	—	0	—	—	0	0	0	0	—	0	0	0										
July		—	—	—	—	0	—	—	0	0	0	0	—	0	0	0										
Aug		2	0	1.000	1.75	6	6	0	36	28	17	25	0	0	0	0										
Sept/Oct		2	1	.667	3.27	4	4	0	22	19	11	13	0	0	0	0										
Day		3	2	.600	3.97	9	8	0	45.1	44	14	28	0	0	0	0										
Night		3	3	.500	4.21	10	10	0	51.1	52	31	24	0	0	0	0										
vs. Left		—	—	—	—	—	—	—	—	63	29	24	—	—	—	—										
vs. Right		—	—	—	—	—	—	—	—	33	16	28	—	—	—	—										
On Grass		3	3	.500	4.30	13	12	0	67	66	27	41	0	0	0	0										
On Turf		3	2	.600	3.64	6	6	0	29.2	30	18	11	0	0	0	0										
Home		3	1	.750	3.18	10	9	0	56.2	47	18	37	0	0	0	0										
Road		3	4	.429	5.40	9	9	0	40	49	27	15	0	0	0	0										
Division Rivals																										
vs. MON		1	1	.500	5.03	4	4	0	19.2	18	8	12	0	0	0	0										
vs. NY		0	1	.000	8.31	3	2	0	8.2	15	4	6	0	0	0	0										
vs. PHI		1	0	1.000	1.80	2	2	0	10	9	3	11	0	0	0	0										
vs. PIT		2	0	1.000	2.77	2	2	0	13	9	6	6	0	0	0	0										
vs. STL		1	1	.500	5.59	2	2	0	9.2	12	9	2	0	0	0	0										
1976	LA N	0	0	—	0.00	1	1	0	5	2	1	3	0	0	0	0	1	0	0	.000	0	0	0	0	0.0	—
1978		0	0	—	0.00	2	0	0	2	2	1	0	0	0	0	0	0	0	0	—	0	1	0	1	0.5	1.000
1979		17	10	.630	3.46	39	30	5	242	217	97	117	1	1	2	0	85	21	1	.247	18	24	0	1	1.1	1.000
1980		3	9	.250	5.56	42	10	1	110	122	55	59	1	2	5	5	27	4	0	.148	6	13	0	0	0.5	1.000
1981		2	2	.500	4.02	14	6	0	47	41	20	16	0	0	0	0	11	2	0	.182	6	8	0	0	1.0	1.000
1982	CLE A	14	8	.636	2.96	34	27	6	216	174	98	142	1	2	1	1	0	0	0	—	14	32	1	0	1.4	.979
1983		17	11	.607	4.29	36	35	10	243.1	251	102	160	2	1	0	0	0	0	0	—	36	29	0	1	1.8	1.000
1984	2 teams	CLE A (15G 4-5)							CHI N (20G 16-1)																	
"	total	20	6	.769	3.64	35	35	9	244.2	234	85	213	3	0	0	0	56	14	0	.250	19	35	2	1	1.6	.964
1985	CHI N	8	8	.500	3.18	20	20	6	130	119	44	102	3	0	0	0	43	10	1	.233	12	23	1	0	1.8	.972
1986		5	14	.263	4.64	28	27	4	176.2	166	96	122	1	0	0	0	53	11	1	.208	8	30	1	4	1.4	.974
1987		18	10	.643	3.68	34	34	6	237.1	223	106	174	1	0	0	0	81	12	4	.148	12	54	4	4	2.1	.943
1988		13	14	.481	3.86	32	32	12	226	232	70	144	2	0	0	0	75	12	1	.160	21	37	3	2	1.9	.951
1989		16	11	.593	3.66	35	34	5	229	202	69	153	1	0	0	0	70	10	0	.143	22	31	1	3	1.5	.981
1990		0	2	.000	5.91	5	5	0	21.1	25	12	7	0	0	0	0	5	0	0	.000	2	5	0	0	1.4	1.000
1991		6	5	.545	4.10	19	18	0	96.2	96	45	52	0	0	0	0	32	3	0	.094	10	12	0	2	1.2	1.000
15 yrs.		139	110	.558	3.84	376	314	64	2227	2106	901	1464	16	6	8	6	539	99	4	.184	186	334	13	20	1.4	.976

PITCHER REGISTER

Year	Team	W	L	%	ERA	G	GS	CG	IP	H	BB	SO	ShO	RELIEF PITCHING W	L	SV	BATTING AB	H	HR	BA	PO	A	E	DP	TC/G	FA

Rick Sutcliffe *Continued*

LEAGUE CHAMPIONSHIP SERIES

Year	Team	W	L	%	ERA	G	GS	CG	IP	H	BB	SO	ShO	W	L	SV	AB	H	HR	BA	PO	A	E	DP	TC/G	FA
1984	CHI N	1	1	.500	3.38	2	2	0	13.1	9	8	10	0	0	0	0	6	3	1	.500	0	0	0	0	0.0	—
1989		0	0	—	4.50	1	1	0	6	5	4	2	0	0	0	0	2	1	0	.500	0	2	0	0	2.0	1.000
2 yrs.		1	1	.500	3.72	3	3	0	19.1	14	12	12	0	0	0	0	8	4	1	.500	0	2	0	0	0.7	1.000

Russ Swan

SWAN, RUSSELL HOWARD
B. Jan. 3, 1964, Fremont, Calif.
BL TL 6' 4" 210 lbs.

Split	W	L	%	ERA	G	GS	CG	IP	H	BB	SO	ShO	W	L	SV	AB	H	HR	BA	PO	A	E	DP	TC/G	FA
April	0	0	—	0.68	7	0	0	13.1	8	2	5	0	0	0	2										
May	1	1	.500	3.68	10	0	0	14.2	20	7	6	0	1	1	0										
June	2	0	1.000	3.68	13	0	0	14.2	15	4	9	0	2	0	0										
July	1	1	.500	2.70	9	0	0	13.1	12	4	5	0	1	1	0										
Aug	0	0	—	6.94	9	0	0	11.2	15	8	4	0	0	0	0										
Sept/Oct	2	0	1.000	3.27	15	0	0	11	11	3	4	0	2	0	0										
Day	1	0	1.000	2.55	16	0	0	24.2	18	7	11	0	1	0	0										
Night	5	2	.714	3.83	47	0	0	54	63	21	22	0	5	2	2										
vs. Left	—	—	—	—	—	—	—	—	23	10	13	—	—	—	—										
vs. Right	—	—	—	—	—	—	—	—	58	18	20	—	—	—	—										
On Grass	4	0	1.000	1.40	27	0	0	38.2	27	16	14	0	4	0	2										
On Turf	2	2	.500	5.40	36	0	0	40	54	12	19	0	2	2	0										
Home	1	2	.333	5.28	28	0	0	30.2	43	9	18	0	1	2	0										
Road	5	0	1.000	2.25	35	0	0	48	38	19	15	0	5	0	2										
Division Rivals																									
vs. CAL	0	0	—	1.69	4	0	0	5.1	5	0	2	0	0	0	1										
vs. CHI	1	0	1.000	3.18	8	0	0	5.2	9	1	1	0	1	0	0										
vs. KC	1	0	1.000	1.50	6	0	0	6	4	1	3	0	1	0	0										
vs. MIN	0	0	—	8.31	4	0	0	4.1	6	2	0	0	0	0	0										
vs. OAK	0	0	—	0.00	2	0	0	4	3	2	2	0	0	0	0										
vs. TEX	1	1	.500	7.50	7	0	0	6	7	3	1	0	1	1	0										
1989 SF N	0	2	.000	10.80	2	2	0	6.2	11	4	2	0	0	0	0	2	0	0	.000	1	1	0	0	1.0	1.000
1990 2 teams	SF N (2G 0-1)			SEA A (11G 2-3)																						
" total	2	4	.333	3.65	13	9	0	49.1	48	22	16	0	0	0	1	0	0	.000	3	8	0	0	0.8	1.000	
1991 SEA A	6	2	.750	3.43	63	0	0	78.2	81	28	33	0	6	2	2	0	0	—	3	16	1	1	0.3	.950	
3 yrs.	8	8	.500	3.88	78	11	0	134.2	140	54	51	0	6	2	2	3	0	0	.000	7	25	1	1	0.4	.970

RELIEF PITCHER (charts: WINS, ERA, SAVES, RATIO vs AL AVG)

Bill Swift

SWIFT, WILLIAM CHARLES
B. Oct. 27, 1961, Portland, Me.
BR TR 6' 170 lbs.

Split	W	L	%	ERA	G	GS	CG	IP	H	BB	SO	ShO	W	L	SV	AB	H	HR	BA	PO	A	E	DP	TC/G	FA
April	0	0	—	6.75	2	0	0	1.1	3	1	2	0	0	0	0										
May	0	1	.000	2.38	15	0	0	22.2	16	4	13	0	0	1	5										
June	1	0	1.000	3.24	14	0	0	16.2	17	5	7	0	1	0	1										
July	0	1	.000	1.15	11	0	0	15.2	13	5	10	0	0	0	3										
Aug	0	0	—	0.00	13	0	0	15.2	8	6	4	0	0	0	2										
Sept/Oct	0	0	—	2.45	16	0	0	18.1	17	5	12	0	0	0	6										
Day	0	0	—	1.47	16	0	0	18.1	17	4	10	0	0	0	3										
Night	1	2	.333	2.13	55	0	0	72	57	22	38	0	1	2	14										
vs. Left	—	—	—	—	—	—	—	—	29	9	15	—	—	—	—										
vs. Right	—	—	—	—	—	—	—	—	45	17	33	—	—	—	—										
On Grass	0	0	—	1.70	28	0	0	37	29	9	17	0	0	0	9										
On Turf	1	2	.333	2.19	43	0	0	53.1	45	17	31	0	1	2	8										
Home	1	2	.333	1.65	33	0	0	43.2	34	10	27	0	1	2	7										
Road	0	0	—	2.31	38	0	0	46.2	40	16	21	0	0	0	10										
Division Rivals																									
vs. CAL	0	0	—	0.00	3	0	0	4.2	0	1	1	0	0	0	1										
vs. CHI	0	0	—	0.00	6	0	0	7.2	4	1	4	0	0	0	1										
vs. KC	0	0	—	4.00	7	0	0	9	8	4	2	0	0	0	2										
vs. MIN	0	0	—	2.08	5	0	0	4.1	4	3	3	0	0	0	0										
vs. OAK	0	0	—	0.00	4	0	0	3	4	1	1	0	0	0	0										
vs. TEX	0	1	.000	9.53	6	0	0	5.2	13	2	3	0	0	1	2										

RELIEF PITCHER (charts: WINS, ERA, SAVES, RATIO vs AL AVG)

Bill Swift Continued

Year	Team		W	L	%	ERA	G	GS	CG	IP	H	BB	SO	ShO	Relief W	Relief L	Relief SV	AB	H	HR	BA	PO	A	E	DP	TC/G	FA
1985	SEA	A	6	10	.375	4.77	23	21	0	120.2	131	48	55	0	1	0	0	0	0	0	—	10	18	1	1	1.3	.966
1986			2	9	.182	5.46	29	17	1	115.1	148	55	55	0	0	0	0	0	0	0	—	13	21	1	1	1.2	.971
1988			8	12	.400	4.59	38	24	6	174.2	199	65	47	1	3	1	0	0	0	0	—	19	33	4	3	1.5	.929
1989			7	3	.700	4.43	37	16	0	130	140	38	45	0	2	0	1	0	0	0	—	18	39	2	5	1.6	.966
1990			6	4	.600	2.39	55	8	0	128	135	21	42	0	3	2	6	0	0	0	—	10	21	2	1	0.6	.939
1991			1	2	.333	1.99	71	0	0	90.1	74	26	48	0	1	2	17	0	0	0	—	6	25	3	4	0.5	.912
6 yrs.			30	40	.429	4.04	253	86	7	759	827	253	292	1	10	5	24	0	0	0	—	76	157	13	15	1.0	.947

Greg Swindell

SWINDELL, FOREST GREGORY
B. Jan. 2, 1965, Houston, Tex.
BR TL 6' 2" 225 lbs.

	W	L	%	ERA	G	GS	CG	IP	H	BB	SO	ShO	RW	RL	SV
April	0	3	.000	2.91	5	5	0	34	34	8	28	0	0	0	0
May	2	2	.500	2.72	5	5	2	39.2	39	2	25	0	0	0	0
June	2	1	.667	2.94	6	6	1	49	49	6	33	0	0	0	0
July	2	3	.400	4.04	6	6	1	35.2	35	4	36	0	0	0	0
Aug	2	3	.400	3.79	5	5	1	35.2	37	5	19	0	0	0	0
Sept/Oct	1	4	.200	4.50	6	6	2	44	47	6	28	0	0	0	0
Day	3	5	.375	2.75	9	9	3	68.2	67	8	36	0	0	0	0
Night	6	11	.353	3.77	24	24	4	169.1	174	23	133	0	0	0	0
vs. Left	—	—	—	—	—	—	—	—	42	7	28	—	—	—	—
vs. Right	—	—	—	—	—	—	—	—	199	24	141	—	—	—	—
On Grass	8	13	.381	3.18	29	29	6	209.1	208	28	151	0	0	0	0
On Turf	1	3	.250	5.65	4	4	1	28.2	33	3	18	0	0	0	0
Home	7	9	.438	2.52	20	20	6	153.1	139	18	107	0	0	0	0
Road	2	7	.222	5.21	13	13	1	84.2	102	13	62	0	0	0	0
Division Rivals															
vs. BAL	2	0	1.000	4.05	3	3	0	20	25	2	16	0	0	0	0
vs. BOS	0	3	.000	5.50	3	3	0	18	23	6	8	0	0	0	0
vs. DET	1	0	1.000	0.00	1	1	1	9	5	0	6	0	0	0	0
vs. MIL	1	1	.500	4.26	3	3	0	19	17	3	21	0	0	0	0
vs. NY	1	2	.333	3.22	3	3	2	22.1	24	3	11	0	0	0	0
vs. TOR	0	2	.000	4.50	3	3	1	26	28	1	14	0	0	0	0

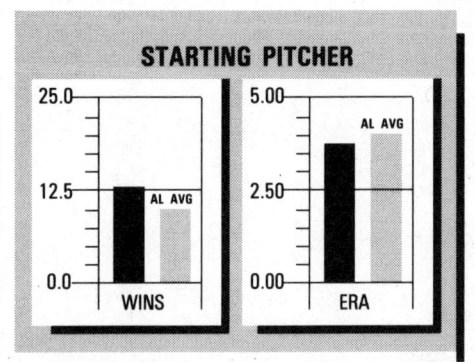

Year	Team		W	L	%	ERA	G	GS	CG	IP	H	BB	SO	ShO	RW	RL	SV	AB	H	HR	BA	PO	A	E	DP	TC/G	FA
1986	CLE	A	5	2	.714	4.23	9	9	1	61.2	57	15	46	0	0	0	0	0	0	0	—	2	12	0	1	1.6	1.000
1987			3	8	.273	5.10	16	15	4	102.1	112	37	97	1	0	0	0	0	0	0	—	0	13	1	1	0.9	.929
1988			18	14	.563	3.20	33	33	12	242	234	45	180	4	0	0	0	0	0	0	—	8	29	1	0	1.2	.974
1989			13	6	.684	3.37	28	28	5	184.1	170	51	129	2	0	0	0	0	0	0	—	7	25	0	1	1.1	1.000
1990			12	9	.571	4.40	34	34	3	214.2	245	47	135	0	0	0	0	0	0	0	—	8	20	1	1	0.9	.966
1991			9	16	.360	3.48	33	33	7	238	241	31	169	0	0	0	0	0	0	0	—	7	30	1	2	1.2	.974
6 yrs.			60	55	.522	3.79	153	152	32	1043	1059	226	756	7	0	0	0	0	0	0	—	32	129	4	6	1.1	.976

Frank Tanana

TANANA, FRANK DARYL
B. July 3, 1953, Detroit, Mich.
BL TL 6' 2" 180 lbs.

	W	L	%	ERA	G	GS	CG	IP	H	BB	SO	ShO	RW	RL	SV
April	1	2	.333	3.71	5	5	1	34	40	9	15	1	0	0	0
May	1	2	.333	7.77	5	5	0	22	31	14	10	0	0	0	0
June	3	2	.600	1.21	6	6	1	44.2	29	14	30	1	0	0	0
July	2	1	.667	4.38	4	4	0	24.2	28	8	11	0	0	0	0
Aug	4	1	.800	3.73	6	6	0	41	43	14	16	0	0	0	0
Sept/Oct	2	4	.333	4.06	7	7	1	51	46	19	25	0	0	0	0
Day	4	5	.444	3.16	11	11	2	77	73	26	38	1	0	0	0
Night	9	7	.563	4.10	22	22	1	140.1	144	52	69	1	0	0	0
vs. Left	—	—	—	—	—	—	—	—	37	11	25	—	—	—	—
vs. Right	—	—	—	—	—	—	—	—	180	67	82	—	—	—	—

Year	Team		W	L	%	ERA	G	GS	CG	IP	H	BB	SO	ShO	RELIEF PITCHING W	L	SV	BATTING AB	H	HR	BA	PO	A	E	DP	TC/G	FA

Frank Tanana Continued

On Grass			13	11	.542	3.72	31	31	3	205.2	203	73	102	2	0	0	0										
On Turf			0	1	.000	4.63	2	2	0	11.2	14	5	5	0	0	0	0										
Home			7	5	.583	4.10	18	18	0	120.2	122	49	62	0	0	0	0										
Road			6	7	.462	3.35	15	15	3	96.2	95	29	45	2	0	0	0										
Division Rivals																											
vs. BAL			2	0	1.000	1.69	2	2	1	16	11	5	6	0	0	0	0										
vs. BOS			1	1	.500	3.72	3	3	0	19.1	20	6	8	0	0	0	0										
vs. CLE			1	1	.500	3.48	3	3	0	20.2	21	7	17	0	0	0	0										
vs. MIL			0	3	.000	7.04	3	3	0	15.1	19	10	6	0	0	0	0										
vs. NY			1	1	.500	4.91	3	3	0	18.1	26	4	8	0	0	0	0										
vs. TOR			0	1	.000	4.63	2	2	0	11.2	14	5	5	0	0	0	0										
1973	CAL	A	2	2	.500	3.08	4	4	2	26.1	20	8	22	1	0	0	0	0	0	0	—	0	5	0	0	1.3	1.000
1974			14	19	.424	3.11	39	35	12	269	262	77	180	4	2	0	0	0	0	0	—	9	39	1	4	1.3	.980
1975			16	9	.640	2.62	34	33	16	257.1	211	73	**269**	5	0	0	0	0	0	0	—	9	44	2	5	1.6	.964
1976			19	10	.655	2.44	34	34	23	288	212	73	261	2	0	0	0	0	0	0	—	12	45	1	1	1.7	.983
1977			15	9	.625	**2.54**	31	31	20	241.1	201	61	205	**7**	0	0	0	0	0	0	—	15	37	1	2	1.7	.981
1978			18	12	.600	3.65	33	33	10	239	239	60	137	4	0	0	0	0	0	0	—	8	25	0	2	1.0	1.000
1979			7	5	.583	3.90	18	17	2	90	93	25	46	1	0	0	0	0	0	0	—	3	12	1	1	0.9	.938
1980			11	12	.478	4.15	32	31	7	204	223	45	113	0	0	0	0	0	0	0	—	12	24	0	1	1.1	1.000
1981	BOS	A	4	10	.286	4.02	24	23	5	141	142	43	78	2	0	0	0	0	0	0	—	9	25	1	2	1.5	.971
1982	TEX	A	7	**18**	.280	4.21	30	30	7	194.1	199	55	87	0	0	0	0	0	0	0	—	8	30	1	0	1.3	.974
1983			7	9	.438	3.16	29	22	3	159.1	144	49	108	0	1	0	0	0	0	0	—	9	37	2	0	1.7	.958
1984			15	15	.500	3.25	35	35	9	246.1	234	81	141	1	0	0	0	0	0	0	—	18	35	0	2	1.5	1.000
1985	2 teams		TEX A	(13G 2 – 7)		DET A	(20G 10 – 7)																				
"	total		12	14	.462	4.27	33	33	4	215	220	57	159	0	0	0	0	0	0	0	—	14	31	1	2	1.4	.978
1986	DET	A	12	9	.571	4.16	32	31	3	188.1	196	65	119	1	0	0	0	0	0	0	—	19	26	2	5	1.5	.957
1987			15	10	.600	3.91	34	34	5	218.2	216	56	146	3	0	0	0	0	0	0	—	14	35	0	2	1.4	1.000
1988			14	11	.560	4.21	32	32	2	203	213	64	127	0	0	0	0	0	0	0	—	11	31	1	4	1.3	.977
1989			10	14	.417	3.58	33	33	6	223.2	227	74	147	1	0	0	0	0	0	0	—	16	41	0	2	1.7	1.000
1990			9	8	.529	5.31	34	29	1	176.1	190	66	114	0	0	0	1	0	0	0	—	9	27	0	0	1.1	1.000
1991			13	12	.520	3.77	33	33	3	217.1	217	78	107	2	0	0	0	1	0	0	.000	12	36	1	3	1.5	.980
19 yrs.			220	208	.514	3.59	574	553	140	3798.1	3659	1110	2566	34	3	0	1	1	0	0	.000	207	585	15	38	1.4	.981

LEAGUE CHAMPIONSHIP SERIES

1979	CAL	A	0	0	—	3.60	1	1	0	5	6	2	3	0	0	0	0	0	0	0	—	0	0	0	0	0.0	—
1987	DET	A	0	1	.000	5.06	1	1	0	5.1	6	4	1	0	0	0	0	0	0	0	—	0	1	0	0	1.0	1.000
2 yrs.			0	1	.000	4.35	2	2	0	10.1	12	6	4	0	0	0	0	0	0	0	—	0	1	0	0	0.5	1.000

Kevin Tapani

TAPANI, KEVIN RAY
B. Feb. 18, 1964, Des Moines, Iowa
BR TR 6' 180 lbs.

	W	L	%	ERA	G	GS	CG	IP	H	BB	SO	ShO	W	L	SV
April	2	0	1.000	2.10	4	4	1	30	26	4	23	1	0	0	0
May	0	6	.000	5.35	6	6	0	38.2	46	10	22	0	0	0	0
June	3	1	.750	1.56	5	5	1	40.1	29	2	19	0	0	0	0
July	3	0	1.000	2.76	7	7	0	45.2	48	6	17	0	0	0	0
Aug	5	0	1.000	2.63	6	6	1	48	35	10	20	0	0	0	0
Sept/Oct	3	2	.600	3.48	6	6	0	41.1	41	8	34	0	0	0	0
Day	3	2	.600	2.72	8	8	2	53	47	9	25	0	0	0	0
Night	13	7	.650	3.06	26	26	2	191	178	31	110	1	0	0	0
vs. Left	—	—	—	—	—	—	—	—	122	16	69	—	—	—	—
vs. Right	—	—	—	—	—	—	—	—	103	24	66	—	—	—	—
On Grass	5	1	.833	2.82	10	10	0	70.1	66	9	31	0	0	0	0
On Turf	11	8	.579	3.06	24	24	4	173.2	159	31	104	1	0	0	0
Home	10	5	.667	2.79	18	18	3	132.1	117	25	80	1	0	0	0
Road	6	4	.600	3.22	16	16	1	111.2	108	15	55	0	0	0	0
Division Rivals															
vs. CAL	2	0	1.000	2.04	2	2	1	17.2	15	0	15	1	0	0	0
vs. CHI	0	0	—	6.30	2	2	0	10	17	5	7	0	0	0	0
vs. KC	1	3	.250	5.01	4	4	0	23.1	27	4	16	0	0	0	0
vs. OAK	0	0	—	4.05	2	2	0	13.1	15	5	8	0	0	0	0
vs. SEA	3	0	1.000	2.25	4	4	1	32	20	6	15	0	0	0	0
vs. TEX	1	1	.500	4.60	2	2	1	15.2	16	3	11	0	0	0	0

Year	Team	W	L	%	ERA	G	GS	CG	IP	H	BB	SO	ShO	RELIEF PITCHING W	L	SV	BATTING AB	H	HR	BA	PO	A	E	DP	TC/G	FA

Kevin Tapani Continued

Year	Team	W	L	%	ERA	G	GS	CG	IP	H	BB	SO	ShO	W	L	SV	AB	H	HR	BA	PO	A	E	DP	TC/G	FA
1989	2 teams	NY N (3G 0-0)		MIN A (5G 2-2)																						
"	total	2	2	.500	3.83	8	5	0	40	39	12	23	0	0	0	0	2	0	0	.000	4	4	0	1	1.0	1.000
1990	MIN A	12	8	.600	4.07	28	28	1	159.1	164	29	101	1	0	0	0	0	0	0	—	14	20	1	1	1.3	.971
1991		16	9	.640	2.99	34	34	4	244	225	40	135	1	0	0	0	0	0	0	—	26	26	1	2	1.6	.981
3 yrs.		30	19	.612	3.45	70	67	5	443.1	428	81	259	2	0	0	0	2	0	0	.000	44	50	2	4	1.4	.979

LEAGUE CHAMPIONSHIP SERIES
| 1991 | MIN A | 0 | 1 | .000 | 7.84 | 2 | 2 | 0 | 10.1 | 16 | 3 | 9 | 0 | 0 | 0 | 0 | 0 | 0 | 0 | — | 3 | 0 | 0 | 0 | 1.5 | 1.000 |

WORLD SERIES
| 1991 | MIN A | 1 | 1 | .500 | 4.50 | 2 | 2 | 0 | 12 | 13 | 2 | 7 | 0 | 0 | 0 | 0 | 1 | 0 | 0 | .000 | 0 | 2 | 0 | 0 | 1.0 | 1.000 |

Wade Taylor

TAYLOR, WADE ERIC
B. Oct. 19, 1965, Mobile, Ala.
BR TR 6' 1" 185 lbs.

Split	W	L	%	ERA	G	GS	CG	IP	H	BB	SO	ShO	W	L	SV
April	—	—	—	—	0	—	—	0	0	0	0	—	0	0	0
May	—	—	—	—	0	—	—	0	0	0	0	—	0	0	0
June	3	2	.600	6.39	5	5	0	25.1	27	11	16	0	0	0	0
July	2	4	.333	6.55	6	6	0	33	46	15	21	0	0	0	0
Aug	2	1	.667	5.16	6	5	0	29.2	34	12	17	0	0	0	0
Sept/Oct	0	5	.000	6.99	6	6	0	28.1	37	15	18	0	0	0	0
Day	2	4	.333	7.97	8	8	0	35	49	19	23	0	0	0	0
Night	5	8	.385	5.53	15	14	0	81.1	95	34	49	0	0	0	0
vs. Left	—	—	—	—	—	—	—	—	67	31	29	—	—	—	—
vs. Right	—	—	—	—	—	—	—	—	77	22	43	—	—	—	—
On Grass	7	11	.389	6.55	21	20	0	103	131	48	62	0	0	0	0
On Turf	0	1	.000	4.05	2	2	0	13.1	13	5	10	0	0	0	0
Home	5	6	.455	5.34	11	11	0	62.1	81	19	36	0	0	0	0
Road	2	6	.250	7.33	12	11	0	54	63	34	36	0	0	0	0
Division Rivals															
vs. BAL	0	2	.000	6.17	2	2	0	11.2	17	4	11	0	0	0	0
vs. BOS	1	1	.500	6.10	2	2	0	10.1	10	7	5	0	0	0	0
vs. CLE	1	0	1.000	3.00	1	1	0	6	8	1	2	0	0	0	0
vs. DET	0	1	.000	3.97	2	2	0	11.1	7	5	8	0	0	0	0
vs. MIL	1	2	.333	7.04	3	3	0	15.1	24	7	7	0	0	0	0
vs. TOR	0	0	—	4.50	1	1	0	6	7	2	4	0	0	0	0

| 1991 | NY A | 7 | 12 | .368 | 6.27 | 23 | 22 | 0 | 116.1 | 144 | 53 | 72 | 0 | 0 | 0 | 0 | 0 | 0 | 0 | — | 2 | 21 | 0 | 3 | 1.0 | 1.000 |

Anthony Telford

TELFORD, ANTHONY CHARLES
B. Mar. 6, 1966, San Jose, Calif.
BR TR 6' 175 lbs.

Year	Team	W	L	%	ERA	G	GS	CG	IP	H	BB	SO	ShO	W	L	SV	AB	H	HR	BA	PO	A	E	DP	TC/G	FA
1990	BAL A	3	3	.500	4.95	8	8	0	36.1	43	19	20	0	0	0	0	0	0	0	—	3	5	0	0	1.0	1.000
1991		0	0	—	4.05	9	1	0	26.2	27	6	24	0	0	0	0	0	0	0	—	2	2	0	0	0.4	1.000
2 yrs.		3	3	.500	4.57	17	9	0	63	70	25	44	0	0	0	0	0	0	0	—	5	7	0	0	0.7	1.000

Walt Terrell

TERRELL, CHARLES WALTER
B. May 11, 1958, Jeffersonville, Ind.
BL TR 6' 2" 205 lbs.

Split	W	L	%	ERA	G	GS	CG	IP	H	BB	SO	ShO	W	L	SV
April	0	3	.000	3.60	5	5	0	30	38	9	13	0	0	0	0
May	2	2	.500	5.45	6	6	1	34.2	47	14	10	0	0	0	0
June	2	3	.400	3.98	6	6	1	40.2	46	11	14	0	0	0	0
July	3	1	.750	3.82	6	4	1	33	38	12	12	0	1	0	0
Aug	3	1	.750	4.31	6	6	3	39.2	40	20	18	2	0	0	0
Sept/Oct	2	4	.333	4.20	6	6	2	40.2	48	13	13	0	0	0	0
Day	5	3	.625	3.72	10	9	2	65.1	70	26	25	0	1	0	0
Night	7	11	.389	4.46	25	24	6	153.1	187	53	55	2	0	0	0
vs. Left	—	—	—	—	—	—	—	—	141	50	31	—	—	—	—
vs. Right	—	—	—	—	—	—	—	—	116	29	49	—	—	—	—

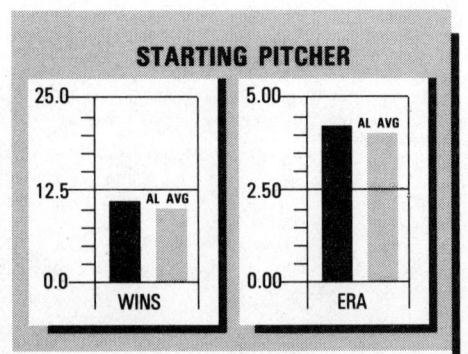

Year	Team	W	L	%	ERA	G	GS	CG	IP	H	BB	SO	ShO	RELIEF PITCHING W	L	SV	BATTING AB	H	HR	BA	PO	A	E	DP	TC/G	FA

Walt Terrell *Continued*

On Grass		12	12	.500	4.02	31	29	8	199.1	225	72	76	2	1	0	0										
On Turf		0	2	.000	6.52	4	4	0	19.1	32	7	4	0	0	0	0										
Home		9	7	.563	4.84	19	17	3	111.2	138	36	38	0	1	0	0										
Road		3	7	.300	3.62	16	16	5	107	119	43	42	2	0	0	0										
Division Rivals																										
vs. BAL		0	1	.000	13.50	2	2	0	7.1	18	3	2	0	0	0	0										
vs. BOS		2	2	.500	3.90	4	4	1	27.2	34	12	9	0	0	0	0										
vs. CLE		1	2	.333	2.35	3	3	2	23	24	7	7	0	0	0	0										
vs. MIL		0	3	.000	7.29	3	3	1	21	26	8	5	0	0	0	0										
vs. NY		1	2	.333	2.25	3	3	1	20	17	9	6	1	0	0	0										
vs. TOR		0	2	.000	8.10	2	2	0	10	18	3	2	0	0	0	0										
1982	NY N	0	3	.000	3.43	3	3	0	21	22	14	8	0	0	0	0	5	2	0	.400	2	2	0	1.3	1.000	
1983		8	8	.500	3.57	21	20	4	133.2	123	55	59	2	0	0	0	44	8	3	.182	16	15	0	2	1.5	1.000
1984		11	12	.478	3.52	33	33	3	215	232	80	114	1	0	0	0	75	6	0	.080	16	32	2	5	1.5	.960
1985	DET A	15	10	.600	3.85	34	34	5	229	221	95	130	3	0	0	0	0	0	0	—	21	43	2	8	1.9	.970
1986		15	12	.556	4.56	34	33	9	217.1	199	98	93	2	0	0	0	0	0	0	—	30	29	0	0	1.7	1.000
1987		17	10	.630	4.05	35	35	10	244.2	254	94	143	1	0	0	0	0	0	0	—	24	25	2	3	1.5	.961
1988		7	16	.304	3.97	29	29	11	206.1	199	78	84	1	0	0	0	0	0	0	—	22	29	2	3	1.8	.962
1989	2 teams	SD N (19G 5 - 13)			NY A (13G 6 - 5)																					
"	total	11	18	.379	4.49	32	32	5	206.1	236	50	93	2	0	0	0	40	4	0	.100	19	41	0	4	1.9	1.000
1990	2 teams	PIT N (16G 2 - 7)			DET A (13G 6 - 4)																					
"		8	11	.421	5.24	29	28	0	158	184	57	64	0	0	0	0	28	3	0	.107	13	21	1	2	1.2	.971
1991	DET A	12	14	.462	4.24	35	33	8	218.2	**257**	79	80	2	1	0	0	0	0	0	—	18	26	0	5	1.3	1.000
10 yrs.		104	114	.477	4.14	285	280	55	1850	1927	700	868	14	1	0	0	192	23	3	.120	181	263	9	32	1.6	.980

LEAGUE CHAMPIONSHIP SERIES

Year	Team	W	L	%	ERA	G	GS	CG	IP	H	BB	SO	ShO	W	L	SV	AB	H	HR	BA	PO	A	E	DP	TC/G	FA
1987	DET A	0	0	—	9.00	1	1	0	6	7	4	4	0	0	0	0	0	0	0	—	0	1	0	0	1.0	1.000

Scott Terry

TERRY, SCOTT RAY
B. Nov. 21, 1959, Hobbs, N. M.
BR TR 5′ 11″ 195 lbs.

April		0	0	—	0.71	8	0	0	12.2	12	4	5	0	0	0	0										
May		0	0	—	2.12	12	0	0	17	16	7	14	0	0	0	1										
June		2	1	.667	0.61	12	0	0	14.2	11	8	9	0	2	1	0										
July		0	0	—	5.56	11	0	0	11.1	16	6	7	0	0	0	0										
Aug		2	1	.667	1.83	14	0	0	19.2	10	4	14	0	2	1	0										
Sept/Oct		0	2	.000	14.40	8	0	0	5	11	3	3	0	0	2	0										
Day		1	1	.500	2.00	15	0	0	18	20	7	10	0	1	1	0										
Night		3	3	.500	3.03	50	0	0	62.1	56	25	42	0	3	3	1										
vs. Left		—	—	—	—	—	—	—	—	41	23	29	—	—	—	—										
vs. Right		—	—	—	—	—	—	—	—	35	9	23	—	—	—	—										
On Grass		0	3	.000	7.79	16	0	0	17.1	24	11	12	0	0	3	0										
On Turf		4	1	.800	1.43	49	0	0	63	52	21	40	0	4	1	1										
Home		4	1	.800	1.19	34	0	0	45.1	38	15	31	0	4	1	0										
Road		0	3	.000	4.89	31	0	0	35	38	17	21	0	0	3	1										
Division Rivals																										
vs. CHI		0	0	—	1.35	4	0	0	6.2	6	1	1	0	0	0	0										
vs. MON		1	0	1.000	0.93	5	0	0	9.2	8	1	6	0	1	0	0										
vs. NY		0	0	—	4.50	5	0	0	8	5	2	5	0	0	0	0										
vs. PHI		1	0	1.000	0.00	8	0	0	9.2	8	5	4	0	1	0	0										
vs. PIT		0	0	—	0.55	9	0	0	16.1	11	1	15	0	0	0	1										
1986	CIN N	1	2	.333	6.14	28	3	0	55.2	66	32	32	0	1	1	0	4	1	0	.250	2	9	1	2	0.4	.917
1987	STL N	0	0	—	3.38	11	0	0	13.1	13	8	9	0	0	0	0	2	0	0	.000	0	4	0	0	0.4	1.000
1988		9	6	.600	2.92	51	11	1	129.1	119	34	65	0	2	3	3	28	7	0	.250	7	22	0	1	0.6	1.000
1989		8	10	.444	3.57	31	24	1	148.2	142	43	69	0	0	0	2	45	7	0	.156	6	33	2	2	1.3	.951
1990		2	6	.250	4.75	50	2	0	72	75	27	35	0	2	5	2	11	5	0	.455	3	14	1	1	0.4	.944
1991		4	4	.500	2.80	65	0	0	90.1	76	32	52	0	4	4	1	7	1	0	.143	7	16	0	1	0.4	1.000
6 yrs.		24	28	.462	3.73	236	40	2	499.1	491	176	262	0	9	13	8	97	21	0	.216	25	98	4	6	0.5	.969

PITCHER REGISTER

Year	Team	W	L	%	ERA	G	GS	CG	IP	H	BB	SO	ShO	RELIEF PITCHING W	L	SV	BATTING AB	H	HR	BA	PO	A	E	DP	TC/G	FA

Bob Tewksbury
TEWKSBURY, ROBERT ALAN
B. Nov. 30, 1960, Concord, N. H.
BR TR 6' 4" 200 lbs.

		W	L	%	ERA	G	GS	CG	IP	H	BB	SO	ShO	W	L	SV	AB	H	HR	BA	PO	A	E	DP	TC/G	FA
April		2	1	.667	3.24	4	4	0	25	21	7	17	0	0	0	0										
May		1	1	.500	4.29	4	4	1	21	30	5	3	0	0	0	0										
June		3	2	.600	1.66	6	6	0	43.1	37	8	18	0	0	0	0										
July		1	3	.250	2.32	5	5	1	31	31	5	15	0	0	0	0										
Aug		1	2	.333	5.90	5	5	0	29	40	6	8	0	0	0	0										
Sept/Oct		3	3	.500	3.24	6	6	1	41.2	47	7	14	0	0	0	0										
Day		4	6	.400	2.95	10	10	2	64	74	16	19	0	0	0	0										
Night		7	6	.538	3.40	20	20	1	127	132	22	56	0	0	0	0										
vs. Left		—	—	—	—	—	—	—	—	113	31	30	—	—	—	—										
vs. Right		—	—	—	—	—	—	—	—	93	7	45	—	—	—	—										
On Grass		3	5	.375	2.47	8	8	1	54.2	61	9	24	0	0	0	0										
On Turf		8	7	.533	3.56	22	22	2	136.1	145	29	51	0	0	0	0										
Home		6	3	.667	3.24	14	14	2	94.1	93	18	34	0	0	0	0										
Road		5	9	.357	3.26	16	16	1	96.2	113	20	41	0	0	0	0										
Division Rivals																										
vs. CHI		2	1	.667	2.57	3	3	0	21	21	2	10	0	0	0	0										
vs. MON		1	0	1.000	6.10	2	2	0	10.1	11	3	4	0	0	0	0										
vs. NY		1	2	.333	4.66	3	3	0	19.1	22	7	3	0	0	0	0										
vs. PHI		2	2	.500	3.68	4	4	0	22	23	6	16	0	0	0	0										
vs. PIT		0	3	.000	6.11	4	4	0	17.2	34	4	1	0	0	0	0										
1986	NY A	9	5	.643	3.31	23	20	2	130.1	144	31	49	0	0	0	0	0	0	0	—	7	29	1	2	1.6	.973
1987	2 teams	NY A (8G 1-4)			CHI N (7G 0-4)																					
"	total	1	8	.111	6.66	15	9	0	51.1	79	20	22	0	0	1	0	5	0	0	.000	3	6	1	1	0.7	.900
1988	CHI N	0	0	—	8.10	1	1	0	3.1	6	2	1	0	0	0	0	2	0	0	.000	0	1	0	0	1.0	1.000
1989	STL N	1	0	1.000	3.30	7	4	1	30	25	10	17	1	0	0	0	9	1	0	.111	1	3	0	0	0.6	1.000
1990		10	9	.526	3.47	28	20	3	145.1	151	15	50	2	0	0	1	41	7	0	.171	6	20	1	2	1.0	.963
1991		11	12	.478	3.25	30	30	3	191	206	38	75	0	0	0	0	58	9	0	.155	9	34	2	2	1.5	.956
6 yrs.		32	34	.485	3.67	104	84	9	551.1	611	116	214	3	0	1	1	115	17	0	.148	26	93	5	7	1.2	.960

STARTING PITCHER

Bobby Thigpen
THIGPEN, ROBERT THOMAS
B. July 17, 1963, Tallahassee, Fla.
BR TR 6' 3" 195 lbs.

		W	L	%	ERA	G	GS	CG	IP	H	BB	SO	ShO	W	L	SV	AB	H	HR	BA	PO	A	E	DP	TC/G	FA
April		0	0	—	4.35	10	0	0	10.1	8	7	9	0	0	0	6										
May		3	1	.750	3.07	12	0	0	14.2	10	13	11	0	3	1	3										
June		1	1	.500	5.79	11	0	0	9.1	12	5	5	0	1	1	6										
July		3	1	.750	1.62	14	0	0	16.2	11	6	7	0	3	1	9										
Aug		0	1	.000	2.38	10	0	0	11.1	10	3	9	0	0	1	3										
Sept/Oct		0	1	.000	6.14	10	0	0	7.1	12	4	6	0	0	1	3										
Day		1	1	.500	2.00	18	0	0	18	15	13	15	0	1	1	6										
Night		6	4	.600	4.01	49	0	0	51.2	48	25	32	0	6	4	24										
vs. Left		—	—	—	—	—	—	—	—	32	21	18	—	—	—	—										
vs. Right		—	—	—	—	—	—	—	—	31	17	29	—	—	—	—										
On Grass		6	4	.600	3.67	61	0	0	61.1	53	34	43	0	6	4	27										
On Turf		1	1	.500	2.16	6	0	0	8.1	10	4	4	0	1	1	3										
Home		5	2	.714	4.59	35	0	0	33.1	35	17	22	0	5	2	12										
Road		2	3	.400	2.48	32	0	0	36.1	28	21	25	0	2	3	18										
Division Rivals																										
vs. CAL		0	0	—	3.38	4	0	0	2.2	5	0	2	0	0	0	1										
vs. KC		0	1	.000	3.38	3	0	0	2.2	3	1	1	0	0	1	1										
vs. MIN		1	0	1.000	1.17	7	0	0	7.2	9	2	5	0	1	0	3										
vs. OAK		1	1	.500	6.75	7	0	0	5.1	4	5	4	0	1	1	3										
vs. SEA		0	0	—	15.43	3	0	0	2.1	5	0	1	0	0	0	2										
vs. TEX		1	2	.333	6.35	6	0	0	5.2	9	6	2	0	1	2	1										
1986	CHI A	2	0	1.000	1.77	20	0	0	35.2	26	12	20	0	2	0	7	0	0	0	—	2	4	0	1	0.3	1.000
1987		7	5	.583	2.73	51	0	0	89	86	24	52	0	7	5	16	0	0	0	—	8	14	2	1	0.5	.917
1988		5	8	.385	3.30	68	0	0	90	96	33	62	0	5	8	34	0	0	0	—	5	11	0	2	0.2	1.000
1989		2	6	.250	3.76	61	0	0	79	62	40	47	0	2	6	34	0	0	0	—	7	7	0	0	0.2	1.000
1990		4	6	.400	1.83	77	0	0	88.2	60	32	70	0	4	6	57[1]	0	0	0	—	10	8	1	2	0.2	.947
1991		7	5	.583	3.49	67	0	0	69.2	63	38	47	0	7	5	30	0	0	0	—	3	15	1	0	0.3	.947
6 yrs.		27	30	.474	2.89	344	0	0	452	393	179	298	0	27	30	178	0	0	0	—	35	59	4	6	0.3	.959

RELIEF PITCHER

PITCHER REGISTER

Year	Team	W	L	%	ERA	G	GS	CG	IP	H	BB	SO	ShO	RELIEF PITCHING W	L	SV	BATTING AB	H	HR	BA	PO	A	E	DP	TC/G	FA

Mike Timlin

TIMLIN, MICHAEL AUGUST
B. Mar. 10, 1966, Midland, Tex.
BR TR 6' 4" 205 lbs.

Split	W	L	%	ERA	G	GS	CG	IP	H	BB	SO	ShO	W	L	SV	AB	H	HR	BA	PO	A	E	DP	TC/G	FA
April	3	0	1.000	3.12	9	0	0	17.1	11	5	13	0	3	0	0										
May	1	2	.333	5.06	13	0	0	16	16	13	12	0	1	2	2										
June	2	2	.500	2.13	9	3	0	25.1	22	9	17	0	1	1	0										
July	3	2	.600	3.38	9	0	0	18.2	14	6	14	0	3	2	1										
Aug	0	0	—	1.38	7	0	0	13	8	7	14	0	0	0	0										
Sept/Oct	2	0	1.000	4.00	16	0	0	18	23	10	15	0	2	0	0										
Day	4	2	.667	2.45	23	1	0	40.1	31	22	25	0	4	2	0										
Night	7	4	.636	3.57	40	2	0	68	63	28	60	0	6	3	3										
vs. Left	—	—	—	—	—	—	—	—	50	27	27	—	—	—	—										
vs. Right	—	—	—	—	—	—	—	—	44	23	58	—	—	—	—										
On Grass	2	4	.333	4.61	23	1	0	41	28	22	42	0	1	4	2										
On Turf	9	2	.818	2.27	40	2	0	67.1	66	28	43	0	9	1	1										
Home	7	2	.778	2.35	33	2	0	61.1	59	24	41	0	7	1	1										
Road	4	4	.500	4.21	30	1	0	47	35	26	44	0	3	4	2										
Division Rivals																									
vs. BAL	1	1	.500	4.15	4	0	0	4.1	4	1	6	0	1	1	0										
vs. BOS	1	0	1.000	0.00	4	0	0	7	2	3	5	0	1	0	0										
vs. CLE	1	0	1.000	3.00	4	2	0	12	12	5	8	0	0	0	0										
vs. DET	1	0	1.000	12.00	4	0	0	6	10	4	9	0	1	0	0										
vs. MIL	1	0	1.000	0.00	4	0	0	9	3	0	6	0	1	0	0										
vs. NY	0	1	.000	2.77	5	1	0	13	9	9	6	0	0	0	0										
1991 TOR A	11	6	.647	3.16	63	3	0	108.1	94	50	85	0	10	5	3	0	0	0	—	9	17	2	0	0.4	.929
LEAGUE CHAMPIONSHIP SERIES																									
1991 TOR A	0	1	.000	3.18	4	0	0	5.2	5	2	5	0	0	1	0	0	0	0	—	0	2	1	0	0.8	.667

Randy Tomlin

TOMLIN, RANDY LEON
B. June 14, 1966, Bainbridge, Md.
BL TL 5' 11" 179 lbs.

Split	W	L	%	ERA	G	GS	CG	IP	H	BB	SO	ShO	W	L	SV	AB	H	HR	BA	PO	A	E	DP	TC/G	FA
April	2	0	1.000	2.70	3	3	0	20	16	5	5	0	0	0	0										
May	1	1	.500	2.45	5	3	0	18.1	18	7	12	0	0	0	0										
June	0	2	.000	3.38	5	4	1	24	20	9	18	0	0	0	0										
July	3	0	1.000	0.88	4	4	2	30.2	23	11	17	2	0	0	0										
Aug	2	1	.667	3.77	7	7	1	43	40	11	26	0	0	0	0										
Sept/Oct	0	3	.000	3.92	7	6	0	39	53	11	26	0	0	0	0										
Day	1	2	.333	2.98	9	6	1	45.1	47	10	20	0	0	0	0										
Night	7	5	.583	2.98	22	21	3	129.2	123	44	84	2	0	0	0										
vs. Left	—	—	—	—	—	—	—	—	23	13	30	—	—	—	—										
vs. Right	—	—	—	—	—	—	—	—	147	41	74	—	—	—	—										
On Grass	2	1	.667	2.15	9	7	1	50.1	42	15	22	0	0	0	0										
On Turf	6	6	.500	3.32	22	20	3	124.2	128	39	82	2	0	0	0										
Home	5	4	.556	2.83	16	14	3	92.1	86	25	64	2	0	0	0										
Road	3	3	.500	3.16	15	13	1	82.2	84	29	40	0	0	0	0										
Division Rivals																									
vs. CHI	0	1	.000	5.17	3	3	0	15.2	23	6	4	0	0	0	0										
vs. MON	0	0	—	1.29	2	1	0	7	4	3	4	0	0	0	0										
vs. NY	4	0	1.000	1.81	6	6	1	44.2	36	10	19	0	0	0	0										
vs. PHI	0	2	.000	5.40	3	3	0	16.2	27	3	14	0	0	0	0										
vs. STL	0	2	.000	4.74	4	4	0	19	28	9	7	0	0	0	0										
1990 PIT N	4	4	.500	2.55	12	12	2	77.2	62	12	42	0	0	0	0	25	1	0	.040	1	19	0	0	1.7	1.000
1991	8	7	.533	2.98	31	27	4	175	170	54	104	2	0	0	0	52	10	0	.192	9	36	2	0	1.5	.957
2 yrs.	12	11	.522	2.85	43	39	6	252.2	232	66	146	2	0	0	0	77	11	0	.143	10	55	2	0	1.6	.970
LEAGUE CHAMPIONSHIP SERIES																									
1991 PIT N	0	0	—	3.00	1	1	0	6	6	2	0	0	0	0	0	2	0	0	.000	1	0	0	0	1.0	1.000

PITCHER REGISTER

Year	Team		W	L	%	ERA	G	GS	CG	IP	H	BB	SO	ShO	RELIEF PITCHING W	L	SV	BATTING AB	H	HR	BA	PO	A	E	DP	TC/G	FA

Efrain Valdez
VALDEZ, EFRAIN ANTONIO
B. June 11, 1966, Nizao Bani, Dominican Republic
BL TL 5′ 11″ 180 lbs.

Year	Team		W	L	%	ERA	G	GS	CG	IP	H	BB	SO	ShO	W	L	SV	AB	H	HR	BA	PO	A	E	DP	TC/G	FA
1990	CLE	A	1	1	.500	3.04	13	0	0	23.2	20	14	13	0	1	1	0	0	0	0	—	2	3	1	0	0.5	.833
1991			0	0	—	1.50	7	0	0	6	5	3	1	0	0	0	0	0	0	0	—	0	1	0	0	0.1	1.000
2 yrs.			1	1	.500	2.73	20	0	0	29.2	25	17	14	0	1	1	0	0	0	0	—	2	4	1	0	0.3	.857

Sergio Valdez
VALDEZ, SERGIO
Born Sergio Sanchez y Valdez.
B. Sept. 7, 1964, Elias Pina, Dominican Republic
BR TR 6′ 165 lbs.

Year	Team		W	L	%	ERA	G	GS	CG	IP	H	BB	SO	ShO	W	L	SV	AB	H	HR	BA	PO	A	E	DP	TC/G	FA
1986	MON	N	0	4	.000	6.84	5	5	0	25	39	11	20	0	0	0	0	8	1	0	.125	3	1	1	1	1.0	.800
1989	ATL	N	1	2	.333	6.06	19	1	0	32.2	31	17	26	0	1	1	0	1	1	0	1.000	2	2	0	0	0.2	1.000
1990	2 teams		ATL N	(6G 0 - 0)			CLE A	(24G 6 - 6)																			
"	total		6	6	.500	4.85	30	13	0	107.2	115	38	66	0	1	1	0	0	0	0	—	10	12	2	1	0.8	.917
1991	CLE	A	1	0	1.000	5.51	6	0	0	16.1	15	5	11	0	0	0	0	0	0	0	—	0	0	0	0	0.0	—
4 yrs.			8	12	.400	5.40	60	19	0	181.2	200	71	123	0	3	2	0	9	2	0	.222	15	15	3	2	0.5	.909

Fernando Valenzuela
VALENZUELA, FERNANDO
Born Fernando Valenzuela y Anguamea.
B. Nov. 1, 1960, Navajoa, Mexico
BL TL 5′ 11″ 180 lbs.

Year	Team		W	L	%	ERA	G	GS	CG	IP	H	BB	SO	ShO	W	L	SV	AB	H	HR	BA	PO	A	E	DP	TC/G	FA
1980	LA	N	2	0	1.000	0.00	10	0	0	18	8	5	16	0	2	0	1	1	0	0	.000	0	3	0	1	0.3	1.000
1981			13	7	.650	2.48	25	**25**	**11**	192	140	61	**180**	**8**	0	0	0	64	16	0	.250	12	33	3	2	1.9	.938
1982			19	13	.594	2.87	37	37	18	285	247	83	199	4	0	0	0	95	16	1	.168	20	64	2	4	2.3	.977
1983			15	10	.600	3.75	35	35	9	257	245	99	189	4	0	0	0	91	17	1	.187	20	54	2	5	2.2	.974
1984			12	17	.414	3.03	34	34	12	261	218	**106**	240	2	0	0	0	79	15	3	.190	21	48	2	4	2.1	.972
1985			17	10	.630	2.45	35	35	14	272.1	211	101	208	5	0	0	0	97	21	1	.216	18	45	0	0	1.8	1.000
1986			**21**	11	.656	3.14	34	34	**20**	269.1	226	85	242	3	0	0	0	109	24	0	.220	29	47	1	2	2.3	.987
1987			14	14	.500	3.98	34	34	**12**	251	**254**	**124**	190	1	0	0	0	92	13	1	.141	15	53	4	2	2.1	.944
1988			5	8	.385	4.24	23	22	3	142.1	142	76	64	0	0	0	1	44	8	1	.182	6	38	1	2	2.0	.978
1989			10	13	.435	3.43	31	31	3	196.2	185	98	116	0	0	0	0	66	12	0	.182	18	35	5	4	1.9	.914
1990			13	13	.500	4.59	33	33	5	204	223	77	115	2	0	0	0	69	21	1	.304	5	31	3	2	1.2	.923
1991	CAL	A	0	2	.000	12.15	2	2	0	6.2	14	3	5	0	0	0	0	0	0	0	—	0	1	0	0	0.5	1.000
12 yrs.			141	118	.544	3.34	333	322	107	2355.1	2113	918	1764	29	2	0	2	807	163	8	.202	164	452	23	28	1.9	.964

DIVISIONAL PLAYOFF SERIES

Year	Team		W	L	%	ERA	G	GS	CG	IP	H	BB	SO	ShO	W	L	SV	AB	H	HR	BA	PO	A	E	DP	TC/G	FA
1981	LA	N	1	0	1.000	1.06	2	2	1	17	10	3	10	0	0	0	0	4	0	0	.000	0	0	0	0	0.0	—

LEAGUE CHAMPIONSHIP SERIES

Year	Team		W	L	%	ERA	G	GS	CG	IP	H	BB	SO	ShO	W	L	SV	AB	H	HR	BA	PO	A	E	DP	TC/G	FA
1981	LA	N	1	1	.500	2.45	2	2	0	14.2	10	5	10	0	0	0	0	5	0	0	.000	0	2	0	0	1.0	1.000
1983			1	0	1.000	1.13	1	1	0	8	7	4	5	0	0	0	0	3	0	0	.000	1	0	0	0	1.0	1.000
1985			1	0	1.000	1.88	2	2	0	14.1	11	10	13	0	0	0	0	5	1	0	.200	1	3	1	0	2.5	.800
3 yrs.			3	1	.750	1.95	5	5	0	37	28	19	28	0	0	0	0	13	1	0	.077	2	5	1	0	1.6	.875

WORLD SERIES

Year	Team		W	L	%	ERA	G	GS	CG	IP	H	BB	SO	ShO	W	L	SV	AB	H	HR	BA	PO	A	E	DP	TC/G	FA
1981	LA	N	1	0	1.000	4.00	1	1	1	9	9	7	6	0	0	0	0	3	0	0	.000	0	1	0	0	1.0	1.000

Julio Valera
VALERA, JULIO ENRIQUE
B. Oct. 13, 1968, Aguadilla, Puerto Rico
BR TR 6′ 2″ 185 lbs.

Year	Team		W	L	%	ERA	G	GS	CG	IP	H	BB	SO	ShO	W	L	SV	AB	H	HR	BA	PO	A	E	DP	TC/G	FA
1990	NY	N	1	1	.500	6.92	3	3	0	13	20	7	4	0	0	0	0	5	1	0	.200	1	0	1	0	0.7	.500
1991			0	0	—	0.00	2	0	0	2	1	4	3	0	0	0	0	0	0	0	—	0	0	0	0	0.0	—
2 yrs.			1	1	.500	6.00	5	3	0	15	21	11	7	0	0	0	0	5	1	0	.200	1	0	1	0	0.4	.500

Todd Van Poppell
VAN POPPELL, TODD MATTHEW
B. Dec. 9, 1971, Hinsdale, Ill.
BR TR 6′ 5″ 210 lbs.

Year	Team		W	L	%	ERA	G	GS	CG	IP	H	BB	SO	ShO	W	L	SV	AB	H	HR	BA	PO	A	E	DP	TC/G	FA
1991	OAK	A	0	0	—	9.64	1	1	0	4.2	7	2	6	0	0	0	0	0	0	0	—	0	1	0	0	1.0	1.000

PITCHER REGISTER

Year	Team	W	L	%	ERA	G	GS	CG	IP	H	BB	SO	ShO	RELIEF PITCHING W	L	SV	BATTING AB	H	HR	BA	PO	A	E	DP	TC/G	FA

Frank Viola

VIOLA, FRANK JOHN, JR. (Sweet Music)
B. Apr. 19, 1960, Hempstead, N. Y.
BL TL 6′ 4″ 195 lbs.

Split	W	L	%	ERA	G	GS	CG	IP	H	BB	SO	ShO	W	L	SV
April	3	0	1.000	0.86	4	4	1	31.1	28	5	17	0	0	0	0
May	3	2	.600	3.46	6	6	1	41.2	45	10	23	0	0	0	0
June	2	3	.400	4.15	6	6	1	43.1	49	14	22	0	0	0	0
July	3	2	.600	2.66	6	6	0	40.2	33	7	24	0	0	0	0
Aug	1	5	.167	8.33	6	6	0	31.1	48	10	25	0	0	0	0
Sept/Oct	1	3	.250	4.60	7	7	0	43	56	8	21	0	0	0	0
Day	6	5	.545	3.09	14	14	1	96	105	18	64	0	0	0	0
Night	7	10	.412	4.59	21	21	2	135.1	154	36	68	0	0	0	0
vs. Left	—	—	—	—	—	—	—	—	45	11	35	—	—	—	—
vs. Right	—	—	—	—	—	—	—	—	214	43	97	—	—	—	—
On Grass	10	12	.455	3.84	26	26	2	171	184	38	93	0	0	0	0
On Turf	3	3	.500	4.33	9	9	1	60.1	75	16	39	0	0	0	0
Home	8	8	.500	4.26	19	19	1	122.2	142	28	65	0	0	0	0
Road	5	7	.417	3.64	16	16	2	108.2	117	26	67	0	0	0	0
Division Rivals															
vs. CHI	1	3	.250	5.70	4	4	0	23.2	30	5	10	0	0	0	0
vs. MON	4	0	1.000	1.74	4	4	1	31	32	5	21	0	0	0	0
vs. PHI	2	0	1.000	2.03	4	4	0	26.2	28	5	13	0	0	0	0
vs. PIT	2	1	.667	6.00	4	4	0	24	30	9	16	0	0	0	0
vs. STL	0	1	.000	4.95	3	3	0	20	27	5	12	0	0	0	0

STARTING PITCHER
- WINS: ~12.5 (NL AVG lower)
- ERA: ~4.00 (above NL AVG)
- SO/9: ~5 (NL AVG slightly higher)
- RATIO: ~13 (NL AVG slightly lower)

Year	Team	W	L	%	ERA	G	GS	CG	IP	H	BB	SO	ShO	W	L	SV	AB	H	HR	BA	PO	A	E	DP	TC/G	FA
1982	MIN A	4	10	.286	5.21	22	22	3	126	152	38	84	1	0	0	0	0	0	0	—	1	15	2	0	0.8	.889
1983		7	15	.318	5.49	35	34	4	210	242	92	127	0	0	0	0	0	0	0	—	7	23	1	2	0.9	.968
1984		18	12	.600	3.21	35	35	10	257.2	225	73	149	4	0	0	0	0	0	0	—	6	26	1	1	0.9	.970
1985		18	14	.563	4.09	36	36	9	250.2	262	68	135	0	0	0	0	0	0	0	—	6	33	5	0	1.2	.886
1986		16	13	.552	4.51	37	**37**	7	245.2	257	83	191	1	0	0	0	0	0	0	—	8	21	3	1	0.9	.906
1987		17	10	.630	2.90	36	36	7	251.2	230	66	197	1	0	0	0	0	0	0	—	6	34	3	1	1.2	.930
1988		**24**	7	**.774**	2.64	35	35	7	255.1	236	54	193	2	0	0	0	0	0	0	—	5	30	2	1	1.1	.946
1989	2 teams			MIN A (24G 8 – 12)					NY N (12G 5 – 5)																	
"	total	13	17	.433	3.66	36	36	9	261	246	74	211	2	0	0	0	23	3	0	.130	10	35	4	1	1.4	.918
1990	NY N	20	12	.625	2.67	35	**35**	7	**249.2**	227	60	182	3	0	0	0	85	13	0	.153	11	34	1	1	1.3	.978
1991		13	15	.464	3.97	35	35	3	231.1	**259**	54	132	0	0	0	0	71	9	0	.127	6	34	4	1	1.3	.909
10 yrs.		150	125	.545	3.72	342	341	66	2339	2336	662	1601	14	0	0	0	179	25	0	.140	66	285	26	11	1.1	.931

LEAGUE CHAMPIONSHIP SERIES

Year	Team	W	L	%	ERA	G	GS	CG	IP	H	BB	SO	ShO	W	L	SV	AB	H	HR	BA	PO	A	E	DP	TC/G	FA
1987	MIN A	1	0	1.000	5.25	2	2	0	12	14	5	9	0	0	0	0	0	0	0	—	0	1	0	0	0.5	1.000

WORLD SERIES

Year	Team	W	L	%	ERA	G	GS	CG	IP	H	BB	SO	ShO	W	L	SV	AB	H	HR	BA	PO	A	E	DP	TC/G	FA
1987	MIN A	2	1	.667	3.72	3	3	0	19.1	17	3	16	0	0	0	0	1	0	0	.000	1	5	0	0	2.0	1.000

Hector Wagner

WAGNER, HECTOR RAUL
B. Nov. 26, 1968, Santo Domingo, Dominican Republic
BR TR 6′ 3″ 185 lbs.

Year	Team	W	L	%	ERA	G	GS	CG	IP	H	BB	SO	ShO	W	L	SV	AB	H	HR	BA	PO	A	E	DP	TC/G	FA
1990	KC A	0	2	.000	8.10	5	5	0	23.1	32	11	14	0	0	0	0	0	0	0	—	3	3	0	1	1.2	1.000
1991		1	1	.500	7.20	2	2	0	10	16	3	5	0	0	0	0	0	0	0	—	0	0	0	0	0.0	—
2 yrs.		1	3	.250	7.83	7	7	0	33.1	48	14	19	0	0	0	0	0	0	0	—	3	3	0	1	0.9	1.000

Dave Wainhouse

WAINHOUSE, DAVID PAUL
B. Nov. 7, 1967, Toronto, Ont., Canada
BL TR 6′ 2″ 190 lbs.

Year	Team	W	L	%	ERA	G	GS	CG	IP	H	BB	SO	ShO	W	L	SV	AB	H	HR	BA	PO	A	E	DP	TC/G	FA
1991	MON N	0	1	.000	6.75	2	0	0	2.2	2	4	1	0	0	1	0	0	0	0	—	0	0	0	0	0.0	—

PITCHER REGISTER

Year	Team	W	L	%	ERA	G	GS	CG	IP	H	BB	SO	ShO	RELIEF PITCHING W	L	SV	BATTING AB	H	HR	BA	PO	A	E	DP	TC/G	FA

Bob Walk
WALK, ROBERT VERNON (Whirlybird)
B. Nov. 26, 1956, Van Nuys, Calif.
BR TR 6' 3" 185 lbs.

Split	W	L	%	ERA	G	GS	CG	IP	H	BB	SO	ShO	W	L	SV
April	0	0	—	4.22	2	2	0	10.2	8	6	7	0	0	0	0
May	1	0	1.000	2.13	4	2	0	12.2	11	6	8	0	0	0	0
June	5	0	1.000	3.68	6	5	0	29.1	25	10	15	0	1	0	0
July	1	2	.333	2.63	5	5	0	27.1	21	6	17	0	0	0	0
Aug	—	—	—	—	0	—	—	0	0	0	0	—	0	0	0
Sept/Oct	2	0	1.000	4.63	8	6	0	35	39	7	20	0	1	0	0
Day	3	1	.750	3.41	6	5	0	31.2	31	8	23	0	1	0	0
Night	6	1	.857	3.67	19	15	0	83.1	73	27	44	0	1	0	0
vs. Left	—	—	—	—	—	—	—	—	63	21	30	—	—	—	—
vs. Right	—	—	—	—	—	—	—	—	41	14	37	—	—	—	—
On Grass	2	0	1.000	3.93	7	6	0	34.1	27	14	15	0	0	0	0
On Turf	7	2	.778	3.46	18	14	0	80.2	77	21	52	0	2	0	0
Home	4	2	.667	3.48	12	10	0	62	56	18	39	0	1	0	0
Road	5	0	1.000	3.74	13	10	0	53	48	17	28	0	1	0	0
Division Rivals															
vs. CHI	1	0	1.000	5.09	3	3	0	17.2	15	6	7	0	0	0	0
vs. MON	2	1	.667	1.57	4	3	0	23	19	4	14	0	1	0	0
vs. NY	0	0	—	12.60	2	1	0	5	6	3	2	0	0	0	0
vs. PHI	2	0	1.000	3.14	4	3	0	14.1	13	5	10	0	1	0	0
vs. STL	0	0	—	9.00	1	1	0	5	7	2	3	0	0	0	0

Year	Team		W	L	%	ERA	G	GS	CG	IP	H	BB	SO	ShO	W	L	SV	AB	H	HR	BA	PO	A	E	DP	TC/G	FA
1980	PHI	N	11	7	.611	4.56	27	27	2	152	163	71	94	0	0	0	0	50	7	0	.140	17	15	1	2	1.2	.970
1981	ATL	N	1	4	.200	4.60	12	8	0	43	41	23	16	0	0	0	0	7	1	0	.143	3	4	0	0	0.6	1.000
1982			11	9	.550	4.87	32	27	3	164.1	179	59	84	1	0	0	0	51	10	0	.196	12	17	6	2	1.1	.829
1983			0	0	—	7.36	1	1	0	3.2	7	2	4	0	0	0	0	1	0	0	.000	0	2	0	0	2.0	1.000
1984	PIT	N	1	1	.500	2.61	2	2	0	10.1	8	4	10	0	0	0	0	3	0	0	.000	0	0	0	0	0.0	—
1985			2	3	.400	3.68	9	9	1	58.2	60	18	40	1	0	0	0	17	0	0	.000	7	2	0	0	1.0	1.000
1986			7	8	.467	3.75	44	15	1	141.2	129	64	78	1	2	3	2	39	6	0	.154	21	28	3	4	1.2	.942
1987			8	2	.800	3.31	39	12	1	117	107	51	78	1	2	1	0	26	6	0	.231	9	22	2	2	0.8	.939
1988			12	10	.545	2.71	32	32	1	212.2	183	65	81	1	0	0	0	69	6	0	.087	23	34	3	3	1.9	.950
1989			13	10	.565	4.41	33	31	2	196	208	65	83	0	0	0	0	70	13	0	.186	19	31	3	3	1.6	.943
1990			7	5	.583	3.75	26	24	1	129.2	136	36	73	1	0	0	1	37	6	0	.162	12	11	3	0	1.0	.885
1991			9	2	.818	3.60	25	20	0	115	104	35	67	0	2	0	0	39	8	1	.205	9	15	2	1	1.0	.923
12 yrs.			82	61	.573	3.88	282	208	12	1344	1325	493	708	6	6	4	3	409	63	1	.154	132	181	23	17	1.2	.932

LEAGUE CHAMPIONSHIP SERIES

Year	Team		W	L	%	ERA	G	GS	CG	IP	H	BB	SO	ShO	W	L	SV	AB	H	HR	BA	PO	A	E	DP	TC/G	FA
1982	ATL	N	0	0	—	9.00	1	0	0	1	2	1	1	0	0	0	0	0	0	0	—	0	0	0	0	0.0	—
1990	PIT	N	1	1	.500	4.85	2	2	0	13	11	2	8	0	0	0	0	4	0	0	.000	2	1	0	0	1.5	1.000
1991			0	0	—	1.93	3	0	0	9.1	5	3	5	0	0	0	1	2	0	0	.000	0	0	0	0	0.0	—
3 yrs.			1	1	.500	3.86	6	2	0	23.1	18	6	14	0	0	0	1	6	0	0	.000	2	1	0	0	0.5	1.000

WORLD SERIES

Year	Team		W	L	%	ERA	G	GS	CG	IP	H	BB	SO	ShO	W	L	SV	AB	H	HR	BA	PO	A	E	DP	TC/G	FA
1980	PHI	N	1	0	1.000	7.71	1	1	0	7	8	3	3	0	0	0	0	0	0	0	—	2	0	0	0	2.0	1.000

Mike Walker
WALKER, MICHAEL CHARLES
B. Oct. 4, 1966, Chicago, Ill.
BR TR 6' 1" 175 lbs.

Year	Team		W	L	%	ERA	G	GS	CG	IP	H	BB	SO	ShO	W	L	SV	AB	H	HR	BA	PO	A	E	DP	TC/G	FA
1988	CLE	A	0	1	.000	7.27	3	1	0	8.2	8	10	7	0	0	0	0	0	0	0	—	0	3	0	0	1.0	1.000
1990			2	6	.250	4.88	18	11	0	75.2	82	42	34	0	1	0	0	0	0	0	—	4	9	0	1	0.7	1.000
1991			0	1	.000	2.08	5	0	0	4.1	6	2	2	0	1	0	0	0	0	0	—	1	1	0	0	0.4	1.000
3 yrs.			2	8	.200	4.97	26	12	0	88.2	96	54	43	0	1	0	0	0	0	0	—	5	13	0	1	0.7	1.000

Tim Wallach
WALLACH, TIMOTHY CHARLES
B. Sept. 14, 1957. Huntington Park, Calif.
BR TR 6' 3" 220 lbs.

Year	Team		W	L	%	ERA	G	GS	CG	IP	H	BB	SO	ShO	W	L	SV	AB	H	HR	BA	PO	A	E	DP	TC/G	FA
1987	MON	N	0	0	—	0.00	1	0	0	1	1	0	0	0	0	0	0	593	177	26	.298	0	0	0	0	0.0	—
1989			0	0	—	9.00	1	0	0	1	2	0	0	0	0	0	0	573	159	13	.277	0	0	0	0	0.0	—
2 yrs.			0	0	—	4.50	2	0	0	2	3	0	0	0	0	0	0	*				0	0	0	0	0.0	—

PITCHER REGISTER

Year	Team	W	L	%	ERA	G	GS	CG	IP	H	BB	SO	ShO	RELIEF PITCHING W	L	SV	BATTING AB	H	HR	BA	PO	A	E	DP	TC/G	FA

Bruce Walton
WALTON, BRUCE KENNETH
B. Dec. 25, 1962, Bakersfield, Calif.
BR TR 6' 2" 195 lbs.

Year	Team	W	L	%	ERA	G	GS	CG	IP	H	BB	SO	ShO	W	L	SV	AB	H	HR	BA	PO	A	E	DP	TC/G	FA
1991	OAK A	1	0	1.000	6.23	12	0	0	13	11	6	10	0	1	0	0	0	0	0	—	1	0	0	0	0.1	1.000

Steve Wapnick
WAPNICK, STEVEN LEE
B. Sept. 25, 1965, Panorama City, Calif.
BR TR 6' 2" 200 lbs.

Year	Team	W	L	%	ERA	G	GS	CG	IP	H	BB	SO	ShO	W	L	SV	AB	H	HR	BA	PO	A	E	DP	TC/G	FA
1990	DET A	0	0	—	6.43	4	0	0	7	8	10	6	0	0	0	0	0	0	0	—	0	0	1	0	0.3	.000
1991	CHI A	0	1	.000	1.80	6	0	0	5	2	4	1	0	0	1	0	0	0	0	—	1	0	0	0	0.2	1.000
2 yrs.		0	1	.000	4.50	10	0	0	12	10	14	7	0	0	1	0	0	0	0	—	1	0	1	0	0.2	.500

Duane Ward
WARD, ROY DUANE
B. May 28, 1964, Park View, N. M.
BR TR 6' 4" 185 lbs.

Split		W	L	%	ERA	G	GS	CG	IP	H	BB	SO	ShO	W	L	SV	AB	H	HR	BA	PO	A	E	DP	TC/G	FA
April		0	1	.000	3.09	9	0	0	11.2	12	2	19	0	0	1	5										
May		0	1	.000	1.69	14	0	0	16	10	6	14	0	0	1	7										
June		1	1	.500	2.66	14	0	0	23.2	12	10	28	0	1	1	2										
July		2	0	1.000	2.95	12	0	0	18.1	14	4	27	0	2	0	2										
Aug		3	2	.600	4.43	15	0	0	20.1	21	6	21	0	3	2	1										
Sept/Oct		1	1	.500	1.56	17	0	0	17.1	11	5	23	0	1	1	6										
Day		3	2	.600	2.04	29	0	0	39.2	21	8	56	0	3	2	10										
Night		4	4	.500	3.19	52	0	0	67.2	59	25	76	0	4	4	13										
vs. Left		—	—	—	—	—	—	—	—	36	21	76	—	—	—	—										
vs. Right		—	—	—	—	—	—	—	—	44	12	56	—	—	—	—										
On Grass		1	2	.333	2.16	26	0	0	33.1	27	13	33	0	1	2	5										
On Turf		6	4	.600	3.04	55	0	0	74	53	20	99	0	6	4	18										
Home		5	4	.556	3.14	44	0	0	63	46	15	81	0	5	4	14										
Road		2	2	.500	2.23	37	0	0	44.1	34	18	51	0	2	2	9										
Division Rivals																										
vs. BAL		0	1	.000	4.63	7	0	0	11.2	6	5	13	0	0	1	1										
vs. BOS		1	1	.500	5.19	5	0	0	8.2	15	1	14	0	1	1	0										
vs. CLE		2	0	1.000	0.00	6	0	0	10	6	4	10	0	2	0	2										
vs. DET		0	1	.000	3.97	9	0	0	11.1	9	5	15	0	0	1	4										
vs. MIL		0	1	.000	8.31	5	0	0	4.1	5	1	3	0	0	1	1										
vs. NY		1	0	1.000	1.04	5	0	0	8.2	4	2	12	0	1	0	1										

Year	Team	W	L	%	ERA	G	GS	CG	IP	H	BB	SO	ShO	W	L	SV	AB	H	HR	BA	PO	A	E	DP	TC/G	FA
1986	2 teams	ATL N (10G 0-1)			TOR A (2G 0-1)																					
"	total	0	2	.000	8.00	12	1	0	18	25	12	9	0	0	1	0	1	0	0	.000	1	6	0	0	0.6	1.000
1987	TOR A	1	0	1.000	6.94	12	1	0	11.2	14	12	10	0	1	0	0	0	0	0	—	2	2	0	0	0.3	1.000
1988		9	3	.750	3.30	64	0	0	111.2	101	60	91	0	9	3	15	0	0	0	—	6	12	1	0	0.3	.947
1989		4	10	.286	3.77	66	0	0	114.2	94	58	122	0	4	10	15	0	0	0	—	5	21	1	2	0.4	.963
1990		2	8	.200	3.45	73	0	0	127.2	101	42	112	0	2	8	11	0	0	0	—	9	18	1	0	0.4	.964
1991		7	6	.538	2.77	81	0	0	107.1	80	33	132	0	7	6	23	0	0	0	—	9	11	1	1	0.3	.952
6 yrs.		23	29	.442	3.59	308	2	0	491	415	217	476	0	23	28	64	1	0	0	.000	32	70	4	3	0.3	.962

LEAGUE CHAMPIONSHIP SERIES

Year	Team	W	L	%	ERA	G	GS	CG	IP	H	BB	SO	ShO	W	L	SV	AB	H	HR	BA	PO	A	E	DP	TC/G	FA
1989	TOR A	0	0	—	7.36	2	0	0	3.2	6	3	5	0	0	0	0	0	0	0	—	1	0	0	0	0.5	1.000
1991		0	1	.000	6.23	2	0	0	4.1	4	1	6	0	0	1	0	0	0	0	—	0	0	0	0	0.0	—
2 yrs.		0	1	.000	6.75	4	0	0	8	10	4	11	0	0	1	0	0	0	0	—	1	0	0	0	0.3	1.000

Gary Wayne
WAYNE, GARY ANTHONY
B. Nov. 30, 1962, Dearborn, Mich.
BL TL 6' 3" 185 lbs.

Year	Team	W	L	%	ERA	G	GS	CG	IP	H	BB	SO	ShO	W	L	SV	AB	H	HR	BA	PO	A	E	DP	TC/G	FA
1989	MIN A	3	4	.429	3.30	60	0	0	71	55	36	41	0	3	4	1	0	0	0	—	2	11	1	1	0.2	.929
1990		1	1	.500	4.19	38	0	0	38.2	38	13	28	0	1	1	1	0	0	0	—	1	4	0	1	0.1	1.000
1991		1	0	1.000	5.11	8	0	0	12.1	11	4	7	0	1	0	1	0	0	0	—	0	1	0	0	0.1	1.000
3 yrs.		5	5	.500	3.76	106	0	0	122	104	53	76	0	5	5	3	0	0	0	—	3	16	1	2	0.2	.950

436 PITCHER REGISTER

													RELIEF PITCHING			BATTING								
Year	Team	W	L	%	ERA	G	GS	CG	IP	H	BB	SO	ShO	W	L	SV	AB	H	HR	BA	PO	A	E	DP	TC/G	FA

Dave Weathers
WEATHERS, JOHN DAVID
B. Sept. 25, 1969, Lawrenceburg, Tenn.
BR TR 6′ 3″ 205 lbs.

| 1991 | TOR A | 1 | 0 | 1.000 | 4.91 | 15 | 0 | 0 | 14.2 | 15 | 17 | 13 | 0 | 1 | 0 | 0 | 0 | 0 | 0 | — | 0 | 1 | 0 | 0 | 0.1 | 1.000 |

Bill Wegman
WEGMAN, WILLIAM EDWARD
B. Dec. 19, 1962, Cincinnati, Ohio
BR TR 6′ 5″ 200 lbs.

	W	L	%	ERA	G	GS	CG	IP	H	BB	SO	ShO	W	L	SV
April	—	—	—	—	0	—	—	0	0	0	0	—	0	0	0
May	1	1	.500	5.16	5	5	0	22.2	24	7	9	0	0	0	0
June	2	2	.500	3.23	5	5	0	30.2	30	6	16	0	0	0	0
July	3	2	.600	2.76	5	5	4	42.1	36	8	16	0	0	0	0
Aug	4	1	.800	2.48	6	6	1	40	42	8	13	1	0	0	0
Sept/Oct	5	1	.833	2.03	7	7	2	57.2	44	11	35	1	0	0	0
Day	5	1	.833	1.87	9	9	1	62.2	61	12	21	1	0	0	0
Night	10	6	.625	3.31	19	19	6	130.2	115	28	68	1	0	0	0
vs. Left	—	—	—	—	—	—	—	—	85	26	33	—	—	—	—
vs. Right	—	—	—	—	—	—	—	—	91	14	56	—	—	—	—
On Grass	14	5	.737	2.53	25	25	6	174.1	155	36	80	2	0	0	0
On Turf	1	2	.333	5.68	3	3	1	19	21	4	9	0	0	0	0
Home	7	4	.636	2.62	15	15	3	103	91	21	51	0	0	0	0
Road	8	3	.727	3.09	13	13	4	90.1	85	19	38	2	0	0	0
Division Rivals															
vs. BAL	2	0	1.000	3.00	2	2	0	15	17	2	6	0	0	0	0
vs. BOS	0	0	—	5.79	2	2	0	9.1	14	3	3	0	0	0	0
vs. CLE	2	1	.667	3.00	4	4	1	30	24	5	10	1	0	0	0
vs. DET	3	0	1.000	2.38	3	3	0	22.2	17	6	16	0	0	0	0
vs. NY	2	0	1.000	2.38	3	3	1	22.2	17	4	11	0	0	0	0
vs. TOR	0	0	—	4.32	1	1	0	8.1	6	1	4	0	0	0	0

Year	Team	W	L	%	ERA	G	GS	CG	IP	H	BB	SO	ShO	W	L	SV	AB	H	HR	BA	PO	A	E	DP	TC/G	FA
1985	MIL A	2	0	1.000	3.57	3	3	0	17.2	17	3	6	0	0	0	0	0	0	0	—	3	0	0	0	1.0	1.000
1986		5	12	.294	5.13	35	32	2	198.1	217	43	82	0	0	0	0	0	0	0	—	20	19	1	4	1.1	.975
1987		12	11	.522	4.24	34	33	7	225	229	53	102	0	0	1	0	0	0	0	—	29	27	2	2	1.7	.966
1988		13	13	.500	4.12	32	31	4	199	207	50	84	1	0	0	0	0	0	0	—	14	24	3	3	1.3	.927
1989		2	6	.250	6.71	11	8	0	51	69	21	27	0	0	1	0	0	0	0	—	3	11	0	0	1.3	1.000
1990		2	2	.500	4.85	8	5	1	29.2	37	6	20	1	0	0	0	0	0	0	—	1	3	2	0	0.8	.667
1991		15	7	.682	2.84	28	28	7	193.1	176	40	89	2	0	0	0	0	0	0	—	28	34	4	1	2.4	.939
7 yrs.		51	51	.500	4.25	151	140	21	914	952	216	410	4	0	2	0	0	0	0	—	98	118	12	10	1.5	.947

Bob Welch
WELCH, ROBERT LYNN
B. Nov. 3, 1956, Detroit, Mich.
BR TR 6′ 3″ 190 lbs.

	W	L	%	ERA	G	GS	CG	IP	H	BB	SO	ShO	W	L	SV
April	3	1	.750	1.80	5	5	1	40	31	6	13	0	0	0	0
May	1	2	.333	5.63	6	6	1	38.1	39	21	16	0	0	0	0
June	3	2	.600	3.82	5	5	2	35.1	26	12	13	1	0	0	0
July	1	1	.500	4.98	6	6	1	34.1	45	10	24	0	0	0	0
Aug	3	3	.500	4.69	6	6	2	40.1	39	15	15	0	0	0	0
Sept/Oct	1	4	.200	7.11	7	7	0	31.2	40	27	20	0	0	0	0
Day	5	4	.556	3.28	11	11	3	79.2	68	34	45	1	0	0	0
Night	7	9	.438	5.32	24	24	4	140.1	152	57	56	0	0	0	0
vs. Left	—	—	—	—	—	—	—	—	117	51	49	—	—	—	—
vs. Right	—	—	—	—	—	—	—	—	103	40	52	—	—	—	—
On Grass	11	9	.550	3.85	28	28	7	180	172	71	91	1	0	0	0
On Turf	1	4	.200	7.88	7	7	0	40	48	20	10	0	0	0	0
Home	8	7	.533	3.60	18	18	6	125	112	43	65	1	0	0	0
Road	4	6	.400	5.87	17	17	1	95	108	48	36	0	0	0	0
Division Rivals															
vs. CAL	3	0	1.000	1.44	3	3	1	25	16	4	11	0	0	0	0
vs. CHI	0	0	—	3.38	1	1	0	8	5	4	4	0	0	0	0
vs. KC	2	2	.500	10.31	4	4	0	18.1	28	9	16	0	0	0	0
vs. MIN	1	2	.333	4.94	3	3	2	23.2	24	7	11	0	0	0	0
vs. SEA	1	0	.500	2.08	3	3	0	21.2	15	8	1	0	0	0	0
vs. TEX	0	0	—	6.35	2	2	0	5.2	11	3	3	0	0	0	0

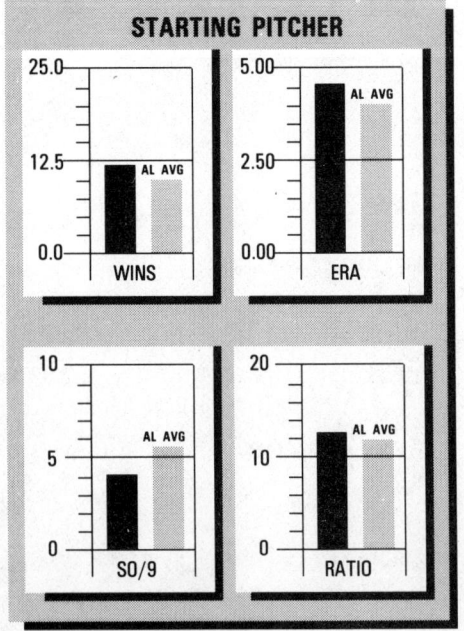

Bob Welch Continued

Year	Team	W	L	%	ERA	G	GS	CG	IP	H	BB	SO	ShO	Relief W	Relief L	Relief SV	AB	H	HR	BA	PO	A	E	DP	TC/G	FA
1978	LA N	7	4	.636	2.03	23	13	4	111	92	26	66	3	1	0	3	29	5	0	.172	6	12	1	0	0.8	.947
1979		5	6	.455	4.00	25	12	1	81	82	32	64	0	3	1	5	19	3	0	.158	2	8	3	3	0.5	.769
1980		14	9	.609	3.28	32	32	3	214	190	79	141	2	0	0	0	70	17	0	.243	15	26	1	3	1.3	.976
1981		9	5	.643	3.45	23	23	2	141	141	41	88	1	0	0	0	45	10	0	.222	4	18	0	1	1.0	1.000
1982		16	11	.593	3.36	36	36	9	235.2	199	81	176	3	0	0	0	85	12	0	.141	19	26	2	0	1.3	.957
1983		15	12	.556	2.65	31	31	4	204	164	72	156	3	0	0	0	73	7	1	.096	14	27	3	1	1.4	.932
1984		13	13	.500	3.78	31	29	3	178.2	191	58	126	1	0	0	0	51	4	0	.078	20	28	2	5	1.6	.960
1985		14	4	.778	2.31	23	23	8	167.1	141	35	96	3	0	0	0	50	9	0	.180	15	27	3	1	2.0	.933
1986		7	13	.350	3.28	33	33	7	235.2	227	55	183	3	0	0	0	76	8	1	.105	21	26	2	2	1.5	.959
1987		15	9	.625	3.22	35	35	6	251.2	204	86	196	**4**	0	0	0	83	13	0	.157	25	38	0	3	1.8	1.000
1988	OAK A	17	9	.654	3.64	36	36	4	244.2	237	81	158	2	0	0	0	0	0	0	—	16	32	1	2	1.4	.980
1989		17	8	.680	3.00	33	33	1	209.2	191	78	137	0	0	0	0	0	0	0	—	26	21	4	3	1.5	.922
1990		**27**	6	**.818**	2.95	35	35	2	238	214	77	127	2	0	0	0	0	0	0	—	20	31	0	2	1.5	1.000
1991		12	13	.480	4.58	35	**35**	7	220	220	91	101	1	0	0	0	0	0	0	—	15	29	2	1	1.3	.957
14 yrs.		188	122	.606	3.27	431	406	61	2732.1	2493	892	1815	28	4	1	8	581	88	2	.151	218	349	24	27	1.4	.959
DIVISIONAL PLAYOFF SERIES																										
1981	LA N	0	0	—	0.00	1	0	0	1	0	1	1	0	0	0	0	0	0	0	—	0	0	0	0	0.0	—
LEAGUE CHAMPIONSHIP SERIES																										
1978	LA N	1	0	1.000	2.08	1	0	0	4.1	2	0	5	0	1	0	0	2	0	0	.000	0	1	0	0	1.0	1.000
1981		0	0	—	5.40	3	0	0	1.2	2	0	2	0	0	0	1	0	0	0	—	0	0	0	0	0.0	—
1983		0	1	.000	6.75	1	1	0	1.1	0	2	0	0	0	0	0	0	0	0	—	0	0	0	0	0.0	—
1985		0	1	.000	6.75	1	1	0	2.2	5	6	2	0	0	0	0	1	0	0	.000	0	0	1	0	1.0	—
1988	OAK A	0	0	—	27.00	1	1	0	1.2	6	2	0	0	0	0	0	0	0	0	—	1	0	0	0	1.0	1.000
1989		1	0	1.000	3.18	1	1	0	5.2	8	1	4	0	0	0	0	0	0	0	—	1	0	0	0	1.0	1.000
1990		1	0	1.000	1.23	1	1	0	7.1	6	3	4	0	0	0	0	0	0	0	—	0	3	0	0	3.0	1.000
7 yrs.		3	2	.600	4.74	9	5	0	24.2	29	14	17	0	1	0	1	3	0	0	.000	2	4	1	0	0.8	.857
WORLD SERIES																										
1978	LA N	0	1	.000	6.23	3	0	0	4.1	4	2	6	0	0	1	0	0	0	0	—	0	0	0	0	0.0	—
1981		0	0	—	∞	1	1	0	0	3	1	0	0	0	0	0	0	0	0	—	0	0	0	0	0.0	—
1988	OAK A	0	0	—	1.80	1	1	0	5	6	3	8	0	0	0	0	0	0	0	—	1	1	0	0	2.0	1.000
1990		0	0	—	4.91	1	1	0	7.1	9	2	2	0	0	0	0	3	0	0	.000	0	2	0	0	2.0	1.000
4 yrs.		0	1	.000	4.32	6	3	0	16.2	22	8	16	0	0	1	0	3	0	0	.000	1	3	0	0	0.7	1.000

David Wells

WELLS, DAVID LEE
B. May 20, 1963, Torrance, Calif.
BL TL 6′ 3″ 187 lbs.

Split	W	L	%	ERA	G	GS	CG	IP	H	BB	SO	ShO	Relief W	Relief L	Relief SV
April	1	3	.250	5.16	4	4	0	22.2	26	6	7	0	0	0	0
May	5	1	.833	1.73	6	6	1	41.2	28	9	31	0	0	0	0
June	3	0	1.000	2.91	5	5	0	34	26	9	20	0	0	0	0
July	3	1	.750	3.52	6	6	0	38.1	32	13	15	0	0	0	0
Aug	1	4	.200	5.93	5	5	1	30.1	41	7	17	0	0	0	0
Sept/Oct	2	1	.667	4.31	14	2	0	31.1	35	5	16	0	1	0	1
Day	1	4	.200	7.61	10	7	0	36.2	49	11	17	0	0	0	0
Night	14	6	.700	2.84	30	21	2	161.2	139	38	89	0	1	0	1
vs. Left	—	—	—	—	—	—	—	—	27	6	14	—	—	—	—
vs. Right	—	—	—	—	—	—	—	—	161	43	92	—	—	—	—
On Grass	7	5	.583	3.11	15	12	1	84	72	19	47	0	1	0	1
On Turf	8	5	.615	4.17	25	16	1	114.1	116	30	59	0	0	0	0
Home	6	5	.545	4.81	18	13	1	86	89	24	49	0	0	0	0
Road	9	5	.643	2.88	22	15	1	112.1	99	25	57	0	1	0	1
Division Rivals															
vs. BAL	0	1	.000	11.05	2	2	0	7.1	14	3	4	0	0	0	0
vs. BOS	0	3	.000	8.59	3	3	0	14.2	23	6	5	0	0	0	0
vs. CLE	2	0	1.000	3.04	3	3	0	23.2	17	4	14	0	0	0	0
vs. DET	0	2	.000	4.35	2	2	0	10.1	10	3	5	0	0	0	0
vs. MIL	1	1	.500	5.14	2	2	0	14	17	3	4	0	0	0	0
vs. NY	2	1	.667	2.45	3	3	1	22	21	3	16	0	0	0	0

Year	Team	W	L	%	ERA	G	GS	CG	IP	H	BB	SO	ShO	Relief W	Relief L	Relief SV	AB	H	HR	BA	PO	A	E	DP	TC/G	FA
1987	TOR A	4	3	.571	3.99	18	2	0	29.1	37	12	32	0	4	1	1	0	0	0	—	2	4	0	1	0.3	1.000
1988		3	5	.375	4.62	41	0	0	64.1	65	31	56	0	3	5	4	0	0	0	—	5	5	0	1	0.2	1.000
1989		7	4	.636	2.40	54	0	0	86.1	66	28	78	0	7	4	2	0	0	0	—	9	11	1	0	0.4	.952
1990		11	6	.647	3.14	43	25	0	189	165	45	115	0	1	1	3	0	0	0	—	7	32	0	1	0.9	1.000
1991		15	10	.600	3.72	40	28	2	198.1	188	49	106	0	1	0	1	0	0	0	—	5	35	2	1	1.1	.952
5 yrs.		40	28	.588	3.44	196	55	2	567.1	521	165	387	0	16	11	11	0	0	0	—	28	87	3	4	0.6	.975

PITCHER REGISTER

Year	Team	W	L	%	ERA	G	GS	CG	IP	H	BB	SO	ShO	Relief W	Relief L	Relief SV	AB	H	HR	BA	PO	A	E	DP	TC/G	FA

David Wells *Continued*

LEAGUE CHAMPIONSHIP SERIES

Year	Team	W	L	%	ERA	G	GS	CG	IP	H	BB	SO	ShO	W	L	SV	AB	H	HR	BA	PO	A	E	DP	TC/G	FA
1989	TOR A	0	0	—	0.00	1	0	0	1	0	2	1	0	0	0	0	0	0	0	—	0	0	0	0	0.0	—
1991		0	0	—	2.35	4	0	0	7.2	6	2	9	0	0	0	0	0	0	0	—	1	1	0	0	0.5	1.000
2 yrs.		0	0	—	2.08	5	0	0	8.2	6	4	10	0	0	0	0	0	0	0	—	1	1	0	0	0.4	1.000

David West

WEST, DAVID LEE
B. Sept. 1, 1964, Memphis, Tenn.
BL TL 6' 6" 205 lbs.

Year	Team	W	L	%	ERA	G	GS	CG	IP	H	BB	SO	ShO	W	L	SV	AB	H	HR	BA	PO	A	E	DP	TC/G	FA
1988	NY N	1	0	1.000	3.00	2	1	0	6	6	3	3	0	0	0	0	2	2	0	1.000	1	0	0	0	0.5	1.000
1989	2 teams	NY N (11G 0-2)				MIN A (10G 3-2)																				
"	total	3	4	.429	6.79	21	7	0	63.2	73	33	50	0	0	0	0	5	1	0	.200	2	2	1	0	0.2	.800
1990	MIN A	7	9	.438	5.10	29	27	2	146.1	142	78	92	0	0	0	0	0	0	0	—	3	16	2	2	0.7	.905
1991		4	4	.500	4.54	15	12	0	71.1	66	28	52	0	0	0	0	0	0	0	—	1	11	1	1	0.9	.923
4 yrs.		15	17	.469	5.29	67	47	2	287.1	287	142	197	0	0	0	0	7	3	0	.429	7	29	4	3	0.6	.900

LEAGUE CHAMPIONSHIP SERIES

| 1991 | MIN A | 1 | 0 | 1.000 | 0.00 | 2 | 0 | 0 | 5.2 | 1 | 4 | 4 | 0 | 1 | 0 | 0 | 0 | 0 | 0 | — | 0 | 0 | 0 | 0 | 0.0 | — |

WORLD SERIES

| 1991 | MIN A | 0 | 0 | — | ∞ | 2 | 0 | 0 | 0 | 2 | 4 | 0 | 0 | 0 | 0 | 0 | 0 | 0 | 0 | — | 0 | 0 | 0 | 0 | 0.0 | — |

Mickey Weston

WESTON, MICHAEL LEE
B. Mar. 26, 1961, Flint, Mich.
BR TR 6' 1" 180 lbs.

Year	Team	W	L	%	ERA	G	GS	CG	IP	H	BB	SO	ShO	W	L	SV	AB	H	HR	BA	PO	A	E	DP	TC/G	FA
1989	BAL A	1	0	1.000	5.54	7	0	0	13	18	2	7	0	1	0	1	0	0	0	—	0	1	0	0	0.1	1.000
1990		0	1	.000	7.71	9	2	0	21	28	6	9	0	0	0	0	0	0	0	—	3	0	0	0	0.3	1.000
1991	TOR A	0	0	—	0.00	2	0	0	2	1	1	1	0	0	0	0	0	0	0	—	0	0	0	0	0.0	—
3 yrs.		1	1	.500	6.50	18	2	0	36	47	9	17	0	1	0	1	0	0	0	—	3	1	0	0	0.2	1.000

John Wetteland

WETTELAND, JOHN KARL
B. Aug. 21, 1966, San Mateo, Calif.
BR TR 6' 2" 195 lbs.

Year	Team	W	L	%	ERA	G	GS	CG	IP	H	BB	SO	ShO	W	L	SV	AB	H	HR	BA	PO	A	E	DP	TC/G	FA
1989	LA N	5	8	.385	3.77	31	12	0	102.2	81	34	96	0	3	2	1	21	3	0	.143	5	8	2	0	0.5	.867
1990		2	4	.333	4.81	22	5	0	43	44	17	36	0	2	1	0	7	1	1	.143	1	3	1	0	0.2	.800
1991		1	0	1.000	0.00	6	0	0	9	5	3	9	0	1	0	0	0	0	0	—	1	2	1	0	0.7	.750
3 yrs.		8	12	.400	3.84	59	17	0	154.2	130	54	141	0	6	3	1	28	4	1	.143	7	13	4	0	0.4	.833

Wally Whitehurst

WHITEHURST, WALTER RICHARD
B. Apr. 11, 1964, Shreveport, La.
BR TR 6' 3" 180 lbs.

Split	W	L	%	ERA	G	GS	CG	IP	H	BB	SO	ShO	W	L	SV
April	1	1	.500	3.60	4	3	0	20	20	2	7	0	0	0	0
May	2	1	.667	3.18	7	2	0	17	14	4	15	0	1	0	0
June	1	2	.333	3.41	6	5	0	31.2	34	5	23	0	0	0	0
July	1	3	.250	4.94	4	4	0	23.2	22	6	16	0	0	0	0
Aug	0	3	.000	7.31	4	4	0	16	26	4	12	0	0	0	0
Sept/Oct	2	2	.500	3.60	11	2	0	25	26	4	14	0	1	1	1
Day	1	5	.167	5.23	12	7	0	43	49	10	29	0	0	0	1
Night	6	7	.462	3.69	24	13	0	90.1	93	15	58	0	2	1	0
vs. Left	—	—	—	—	—	—	—	—	80	15	46	—	—	—	—
vs. Right	—	—	—	—	—	—	—	—	62	10	41	—	—	—	—
On Grass	4	9	.308	4.31	24	13	0	85.2	90	17	62	0	1	1	1
On Turf	3	3	.500	3.97	12	7	0	47.2	52	8	25	0	1	0	0
Home	3	7	.300	4.43	18	9	0	61	68	12	44	0	1	1	0
Road	4	5	.444	3.98	18	11	0	72.1	74	13	43	0	1	0	1
Division Rivals															
vs. CHI	0	0	—	2.53	5	1	0	10.2	7	0	6	0	0	0	1
vs. MON	3	0	1.000	1.62	3	2	0	16.2	10	3	13	0	0	0	0
vs. PHI	1	0	1.000	3.14	4	2	0	14.1	14	3	9	0	0	0	0
vs. PIT	0	2	.000	3.27	5	1	0	11	14	0	4	0	0	1	0
vs. STL	1	2	.333	4.40	4	3	0	14.1	17	5	11	0	0	0	0

STARTING PITCHER — WINS, ERA, SO/9, RATIO (vs. NL AVG)

Year	Team	W	L	%	ERA	G	GS	CG	IP	H	BB	SO	ShO	RELIEF PITCHING W	L	SV	BATTING AB	H	HR	BA	PO	A	E	DP	TC/G	FA

Wally Whitehurst Continued

Year	Team	W	L	%	ERA	G	GS	CG	IP	H	BB	SO	ShO	W	L	SV	AB	H	HR	BA	PO	A	E	DP	TC/G	FA
1989	NY N	0	1	.000	4.50	9	1	0	14	17	5	9	0	0	0	0	1	0	0	.000	1	1	0	0	0.2	1.000
1990		1	0	1.000	3.29	38	0	0	65.2	63	9	46	0	1	0	2	8	2	0	.250	4	9	0	1	0.3	1.000
1991		7	12	.368	4.19	36	20	0	133.1	142	25	87	0	2	1	1	33	6	0	.182	11	24	2	2	1.0	.946
3 yrs.		8	13	.381	3.93	83	21	0	213	222	39	142	0	3	1	3	42	8	0	.190	16	34	2	3	0.6	.962

Ed Whitson

WHITSON, EDDIE LEE
B. May 19, 1955, Johnson City, Tenn.
BR TR 6′ 3″ 195 lbs.

	W	L	%	ERA	G	GS	CG	IP	H	BB	SO	ShO	W	L	SV
April	1	3	.250	4.28	5	5	0	33.2	32	6	13	0	0	0	0
May	2	2	.500	5.08	5	5	2	33.2	42	10	22	0	0	0	0
June	0	1	.000	7.20	1	1	0	5	6	1	5	0	0	0	0
July	1	0	1.000	3.00	1	1	0	6	8	0	0	0	0	0	0
Aug	—	—	—	—	0	—	—	0	0	0	0	—	0	0	0
Sept/Oct	0	0	—	81.00	1	0	0	0.1	5	0	0	0	0	0	0
Day	2	3	.400	6.61	6	5	1	31.1	38	11	21	0	0	0	0
Night	2	3	.400	3.99	7	7	1	47.1	55	6	19	0	0	0	0
vs. Left	—	—	—	—	—	—	—	—	51	12	18	—	—	—	—
vs. Right	—	—	—	—	—	—	—	—	42	5	22	—	—	—	—
On Grass	3	4	.429	4.48	9	9	1	60.1	64	12	30	0	0	0	0
On Turf	1	2	.333	6.87	4	3	1	18.1	29	5	10	0	0	0	0
Home	0	3	.000	5.18	5	5	0	33	35	9	19	0	0	0	0
Road	4	3	.571	4.93	8	7	2	45.2	58	8	21	0	0	0	0
Division Rivals															
vs. ATL	1	0	1.000	3.00	1	1	0	9	11	0	4	0	0	0	0
vs. CIN	0	0	—	81.00	1	0	0	0.1	5	0	0	0	0	0	0
vs. HOU	0	1	.000	12.00	1	1	0	3	6	1	1	0	0	0	0
vs. LA	1	1	.500	3.21	2	2	0	14	11	0	6	0	0	0	0
vs. SF	1	2	.333	4.74	4	4	0	24.2	24	6	11	0	0	0	0

STARTING PITCHER (chart: WINS, ERA, SO/9, RATIO vs NL AVG)

Year	Team	W	L	%	ERA	G	GS	CG	IP	H	BB	SO	ShO	W	L	SV	AB	H	HR	BA	PO	A	E	DP	TC/G	FA
1977	PIT N	1	0	1.000	3.38	5	2	0	16	11	9	10	0	1	0	0	4	0	0	.000	0	2	0	0	0.4	1.000
1978		5	6	.455	3.28	43	0	0	74	66	37	64	0	5	6	4	11	2	0	.182	3	8	1	0	0.3	.917
1979	2 teams	PIT N (19G 2 - 3)			SF N (18G 5 - 8)																					
"	total	7	11	.389	4.10	37	24	2	158	151	75	93	0	0	3	1	45	5	0	.111	4	21	2	2	0.7	.926
1980	SF N	11	13	.458	3.10	34	34	6	212	222	56	90	2	0	0	0	66	6	0	.091	8	27	3	0	1.1	.921
1981		6	9	.400	4.02	22	22	2	123	130	47	65	1	0	0	0	33	3	0	.091	10	11	3	1	1.1	.875
1982	CLE A	4	2	.667	3.26	40	9	1	107.2	91	58	61	0	2	1	2	0	0	0	—	4	8	0	0	0.3	1.000
1983	SD N	5	7	.417	4.30	31	21	2	144.1	143	50	81	0	0	0	1	44	8	0	.182	4	6	0	0	0.3	1.000
1984		14	8	.636	3.24	31	31	1	189	181	42	103	0	0	0	0	61	3	0	.049	11	35	0	3	1.5	1.000
1985	NY A	10	8	.556	4.88	30	30	2	158.2	201	43	89	2	0	0	0				—	8	16	3	3	0.9	.889
1986	2 teams	NY A (14G 5 - 2)			SD N (17G 1 - 7)																					
"	total	6	9	.400	6.23	31	16	0	112.2	139	60	73	0	4	0	0	18	3	0	.167	7	18	2	1	0.9	.926
1987	SD N	10	13	.435	4.73	36	34	3	205.2	197	64	135	1	0	0	0	65	8	0	.123	14	19	1	0	0.9	.971
1988		13	11	.542	3.77	34	33	3	205.1	202	45	118	1	1	0	0	66	11	0	.167	10	30	4	2	1.3	.909
1989		16	11	.593	2.66	33	33	5	227	198	48	117	1	0	0	0	72	10	0	.139	17	22	2	1	1.2	.951
1990		14	9	.609	2.60	32	32	6	228.2	215	47	127	3	0	0	0	67	10	1	.149	18	42	0	3	1.9	1.000
1991		4	6	.400	5.03	13	12	2	78.2	93	17	40	0	0	0	0	24	3	0	.125	5	9	0	0	1.1	1.000
15 yrs.		126	123	.506	3.79	452	333	35	2240.2	2240	698	1266	12	13	10	8	576	72	1	.125	123	274	21	16	0.9	.950

LEAGUE CHAMPIONSHIP SERIES

| 1984 | SD N | 1 | 0 | 1.000 | 1.13 | 1 | 1 | 0 | 8 | 5 | 2 | 6 | 0 | 0 | 0 | 0 | 3 | 0 | 0 | .000 | 1 | 0 | 0 | 0 | 1.0 | 1.000 |

WORLD SERIES

| 1984 | SD N | 0 | 0 | — | 40.50 | 1 | 1 | 0 | 0.2 | 5 | 0 | 0 | 0 | 0 | 0 | 0 | 0 | 0 | 0 | — | 0 | 0 | 0 | 0 | 0.0 | — |

Dean Wilkins

WILKINS, DEAN ALLAN
B. Aug. 24, 1966, Blue Island, Ill.
BR TR 6′ 1″ 170 lbs.

Year	Team	W	L	%	ERA	G	GS	CG	IP	H	BB	SO	ShO	W	L	SV	AB	H	HR	BA	PO	A	E	DP	TC/G	FA
1989	CHI N	1	0	1.000	5.17	11	0	0	15.2	13	9	14	0	1	0	0	0	0	0	.000	1	3	0	0	0.4	1.000
1990		0	0	—	9.82	7	0	0	7.1	11	7	3	0	0	0	0	0	0	0	—	1	0	0	0	0.0	—
1991	HOU N	2	1	.667	11.25	7	0	0	8	16	10	4	0	2	1	1	0	0	0	.000	0	0	0	0	0.1	1.000
3 yrs.		3	1	.750	7.84	25	0	0	31	40	26	21	0	3	1	2	0	0	0	.000	2	3	0	0	0.2	1.000

PITCHER REGISTER

Year	Team		W	L	%	ERA	G	GS	CG	IP	H	BB	SO	ShO	RELIEF PITCHING W	L	SV	BATTING AB	H	HR	BA	PO	A	E	DP	TC/G	FA

Brian Williams
WILLIAMS, BRIAN O'NEAL
B. Feb. 15, 1969, Lancaster, S.C.
BR TR 6' 3" 205 lbs.

| 1991 | HOU | N | 0 | 1 | .000 | 3.75 | 2 | 2 | 0 | 12 | 11 | 4 | 4 | 0 | 0 | 0 | 0 | 3 | 0 | 0 | .000 | 1 | 2 | 0 | 0 | 1.5 | 1.000 |

Mitch Williams
WILLIAMS, MITCHELL STEVEN (Wild Thing)
B. Nov. 17, 1964, Santa Ana, Calif.
BL TL 6' 3" 180 lbs.

	W	L	%	ERA	G	GS	CG	IP	H	BB	SO	ShO	W	L	SV	AB	H	HR	BA	PO	A	E	DP	TC/G	FA
April	0	2	.000	2.57	12	0	0	14	7	12	12	0	0	2	5										
May	0	0	—	3.12	8	0	0	8.2	8	4	11	0	0	0	4										
June	1	1	.500	3.75	10	0	0	12	12	10	12	0	1	1	4										
July	0	0	—	1.50	10	0	0	12	7	6	9	0	0	0	6										
Aug	8	1	.889	1.21	15	0	0	22.1	10	16	22	0	8	1	5										
Sept/Oct	3	1	.750	2.79	14	0	0	19.1	12	14	18	0	3	1	6										
Day	3	4	.429	2.03	24	0	0	31	20	22	22	0	3	4	10										
Night	9	1	.900	2.51	45	0	0	57.1	36	40	62	0	9	1	20										
vs. Left	—	—	—	—	—	—	—	—	13	12	17	—	—	—	—										
vs. Right	—	—	—	—	—	—	—	—	43	50	67	—	—	—	—										
On Grass	1	2	.333	3.65	20	0	0	24.2	15	15	19	0	1	2	8										
On Turf	11	3	.786	1.84	49	0	0	63.2	41	47	65	0	11	3	22										
Home	9	2	.818	2.11	37	0	0	47	32	34	50	0	9	2	17										
Road	3	3	.500	2.61	32	0	0	41.1	24	28	34	0	3	3	13										
Division Rivals																									
vs. CHI	2	2	.500	4.02	12	0	0	15.2	9	10	10	0	2	2	4										
vs. MON	4	0	1.000	0.00	7	0	0	9.2	3	7	8	0	4	0	3										
vs. NY	1	0	1.000	2.61	9	0	0	10.1	6	8	10	0	1	0	3										
vs. PIT	2	2	.500	4.09	8	0	0	11	10	7	11	0	2	2	2										
vs. STL	0	1	.000	1.04	7	0	0	8.2	4	7	10	0	0	1	4										
1986 TEX A	8	6	.571	3.58	**80**	0	0	98	69	79	90	0	8	6	8	0	0	0	—	1	10	2	1	0.2	.846
1987	8	6	.571	3.23	85	1	0	108.2	63	94	129	0	8	5	6	0	0	0	—	5	15	3	3	0.3	.870
1988	2	7	.222	4.63	67	0	0	68	48	47	61	0	2	7	18	0	0	0	—	3	10	1	0	0.2	.929
1989 CHI N	4	4	.500	2.64	**76**	0	0	81.2	71	52	67	0	4	4	36	5	1	0	.200	0	11	3	0	0.2	.786
1990	1	8	.111	3.93	59	2	0	66.1	60	50	55	0	1	7	16	5	0	0	.000	1	5	0	0	0.1	1.000
1991 PHI N	12	5	.706	2.34	69	0	0	88.1	56	62	84	0	12	5	30	1	0	0	.000	0	8	3	0	0.2	.727
6 yrs.	35	36	.493	3.33	436	3	0	511	367	384	486	0	35	34	114	11	1	1	.091	10	59	12	4	0.2	.852

LEAGUE CHAMPIONSHIP SERIES

| 1989 CHI N | 0 | 0 | — | 0.00 | 2 | 0 | 0 | 1 | 1 | 0 | 2 | 0 | 0 | 0 | 0 | 0 | 0 | 0 | — | 0 | 0 | 0 | 0 | 0.0 | — |

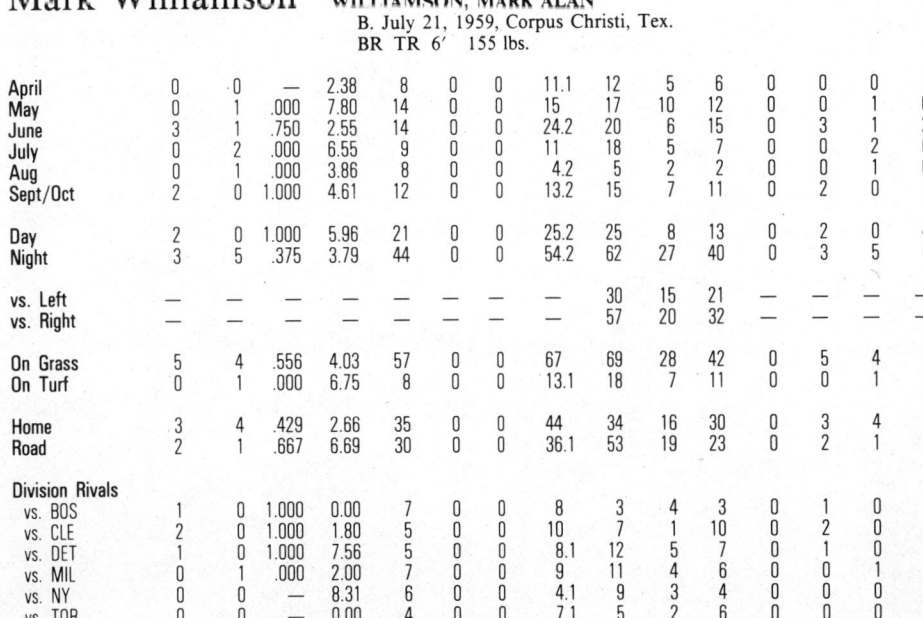

Mark Williamson
WILLIAMSON, MARK ALAN
B. July 21, 1959, Corpus Christi, Tex.
BR TR 6' 155 lbs.

	W	L	%	ERA	G	GS	CG	IP	H	BB	SO	ShO	W	L	SV
April	0	0	—	2.38	8	0	0	11.1	12	5	6	0	0	0	1
May	0	1	.000	7.80	14	0	0	15	17	10	12	0	0	1	0
June	3	1	.750	2.55	14	0	0	24.2	20	6	15	0	3	1	2
July	0	2	.000	6.55	9	0	0	11	18	5	7	0	0	2	0
Aug	0	1	.000	3.86	8	0	0	4.2	5	2	2	0	0	1	0
Sept/Oct	2	0	1.000	4.61	12	0	0	13.2	15	7	11	0	2	0	1
Day	2	0	1.000	5.96	21	0	0	25.2	25	8	13	0	2	0	4
Night	3	5	.375	3.79	44	0	0	54.2	62	27	40	0	3	5	0
vs. Left	—	—	—	—	—	—	—	—	30	15	21	—	—	—	—
vs. Right	—	—	—	—	—	—	—	—	57	20	32	—	—	—	—
On Grass	5	4	.556	4.03	57	0	0	67	69	28	42	0	5	4	3
On Turf	0	1	.000	6.75	8	0	0	13.1	18	7	11	0	0	1	1
Home	3	4	.429	2.66	35	0	0	44	34	16	30	0	3	4	1
Road	2	1	.667	6.69	30	0	0	36.1	53	19	23	0	2	1	3
Division Rivals															
vs. BOS	1	0	1.000	0.00	7	0	0	8	3	4	3	0	1	0	1
vs. CLE	2	0	1.000	1.80	5	0	0	10	7	1	10	0	2	0	0
vs. DET	1	0	1.000	7.56	5	0	0	8.1	12	5	7	0	1	0	1
vs. MIL	0	1	.000	2.00	7	0	0	9	11	4	6	0	0	1	1
vs. NY	0	0	—	8.31	6	0	0	4.1	9	3	4	0	0	0	1
vs. TOR	0	0	—	0.00	4	0	0	7.1	5	2	6	0	0	0	1

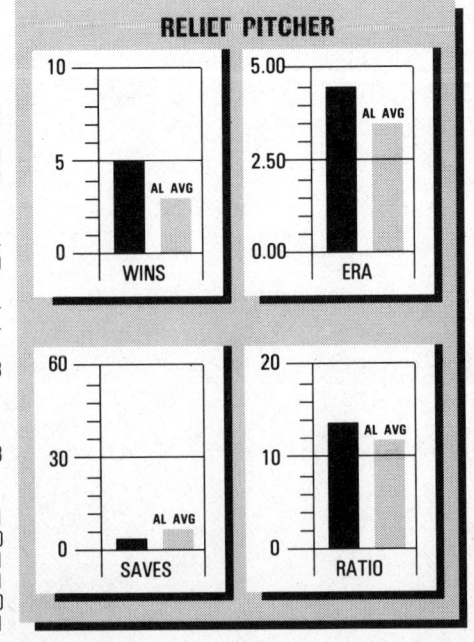

PITCHER REGISTER

Year	Team		W	L	%	ERA	G	GS	CG	IP	H	BB	SO	ShO	RELIEF PITCHING W	L	SV	BATTING AB	H	HR	BA	PO	A	E	DP	TC/G	FA

Mark Williamson *Continued*

1987	BAL	A	8	9	.471	4.03	61	2	0	125	122	41	73	0	8	8	3	0	0	0	—	20	17	2	1	0.6	.949
1988			5	8	.385	4.90	37	10	2	117.2	125	40	69	0	4	2	2	0	0	0	—	9	14	1	0	0.6	.958
1989			10	5	.667	2.93	65	0	0	107.1	105	30	55	0	10	5	9	0	0	0	—	9	10	0	1	0.3	1.000
1990			8	2	.800	2.21	49	0	0	85.1	65	28	60	0	8	2	1	0	0	0	—	14	13	2	2	0.6	.931
1991			5	5	.500	4.48	65	0	0	80.1	87	35	53	0	5	5	4	0	0	0	—	7	9	2	0	0.3	.889
5 yrs.			36	29	.554	3.77	277	12	2	515.2	504	174	310	0	35	22	19	0	0	0	—	59	63	7	4	0.5	.946

Carl Willis

WILLIS, CARL BLAKE
B. Dec. 28, 1960, Danville, Va.
BL TR 5′ 11″ 210 lbs.
B. Dec. 28, 1960, Danville, Va.
BL TR 5′ 11″ 210 lbs.

	W	L	%	ERA	G	GS	CG	IP	H	BB	SO	ShO	W	L	SV
April	0	0	—	5.79	1	0	0	4.2	7	1	2	0	0	0	0
May	1	1	.500	2.81	7	0	0	16	13	3	6	0	1	1	0
June	1	0	1.000	2.25	6	0	0	12	10	4	6	0	1	0	1
July	4	1	.800	0.52	8	0	0	17.1	10	2	8	0	4	1	0
Aug	1	1	.500	1.90	7	0	0	23.2	18	4	12	0	1	1	1
Sept/Oct	1	0	1.000	5.28	11	0	0	15.1	18	5	19	0	1	0	0
Day	1	0	1.000	1.83	8	0	0	19.2	18	1	10	0	1	0	1
Night	7	3	.700	2.86	32	0	0	69.1	58	18	43	0	7	3	1
vs. Left	—	—	—	—	—	—	—	—	37	10	15	—	—	—	—
vs. Right	—	—	—	—	—	—	—	—	39	9	38	—	—	—	—
On Grass	1	1	.500	2.32	13	0	0	31	21	10	13	0	1	1	2
On Turf	7	2	.778	2.79	27	0	0	58	55	9	40	0	7	2	0
Home	7	2	.778	2.84	23	0	0	50.2	48	3	36	0	7	2	0
Road	1	1	.500	2.35	17	0	0	38.1	28	16	17	0	1	1	2
Division Rivals															
vs. CAL	0	0	—	3.00	1	0	0	3	2	0	2	0	0	0	0
vs. CHI	1	1	.500	4.15	5	0	0	8.2	9	1	7	0	1	1	0
vs. KC	0	0	—	2.57	6	0	0	7	7	4	4	0	0	0	0
vs. OAK	1	0	1.000	3.00	3	0	0	12	10	1	6	0	1	0	1
vs. SEA	0	0	—	0.00	1	0	0	5	4	2	2	0	0	0	0
vs. TEX	0	1	.000	5.68	3	0	0	6.1	6	1	8	0	0	1	0

1984	2 teams		DET A (10G 0–2)				CIN N (7G 0–1)																				
"	total		0	3	.000	5.96	17	2	0	25.2	33	7	7	0	0	2	1	0	0	0	—	1	5	0	1	0.4	1.000
1985	CIN	N	1	0	1.000	9.22	11	0	0	13.2	21	5	6	0	1	0	1	1	0	0	.000	0	1	1	0	0.2	.500
1986			1	3	.250	4.47	29	0	0	52.1	54	32	24	0	1	3	0	3	1	0	.333	4	10	0	3	0.5	1.000
1988	CHI	A	0	0	—	8.25	6	0	0	12	17	7	6	0	0	0	0	0	0	0	—	3	0	0	0	0.5	1.000
1991	MIN	A	8	3	.727	2.63	40	0	0	89	76	19	53	0	8	3	2	0	0	0	—	4	8	1	0	0.3	.923
5 yrs.			10	9	.526	4.39	103	0	0	192.2	201	70	96	0	10	8	4	4	1	0	.250	12	24	2	4	0.4	.947

LEAGUE CHAMPIONSHIP SERIES

| 1991 | MIN | A | 0 | 0 | — | 0.00 | 3 | 0 | 0 | 5.1 | 2 | 0 | 3 | 0 | 0 | 0 | 0 | 0 | 0 | 0 | — | 0 | 0 | 0 | 0 | 0.0 | — |

WORLD SERIES

| 1991 | MIN | A | 0 | 0 | — | 5.14 | 4 | 0 | 0 | 7 | 6 | 2 | 2 | 0 | 0 | 0 | 0 | 0 | 0 | 0 | — | 1 | 0 | 0 | 0 | 0.3 | 1.000 |

Frank Wills

WILLS, FRANK LEE, JR.
B. Oct. 26, 1958, New Orleans, La.
BR TR 6′ 2″ 200 lbs.

1983	KC	A	2	1	.667	4.15	6	4	0	34.2	35	15	23	0	0	0	0	0	0	0	—	1	3	1	1	0.8	.800
1984			2	3	.400	5.11	10	5	0	37	39	13	21	0	1	0	0	0	0	0	—	3	2	2	0	0.7	.714
1985	SEA	A	5	11	.313	6.00	24	18	1	123	122	68	67	0	0	0	1	0	0	0	—	9	17	0	1	1.1	1.000
1986	CLE	A	4	4	.500	4.91	26	0	0	40.1	43	16	32	0	4	4	4	0	0	0	—	3	6	1	0	0.4	.900
1987			0	1	.000	5.06	6	0	0	5.1	3	7	4	0	0	1	1	0	0	0	—	0	2	0	0	0.3	1.000
1988	TOR	A	0	0	—	5.23	10	0	0	20.2	22	6	19	0	0	0	0	0	0	0	—	1	5	0	0	0.6	1.000
1989			3	1	.750	3.66	24	4	0	71.1	65	30	41	0	3	0	0	0	0	0	—	5	10	0	0	1.000	1.000
1990			6	4	.600	4.73	44	4	0	99	101	38	72	0	5	4	0	0	0	0	—	9	10	0	2	0.4	1.000
1991			0	1	.000	16.62	4	0	0	4.1	8	5	2	0	0	1	0	0	0	0	—	0	2	0	0	0.5	1.000
9 yrs.			22	26	.458	5.06	154	35	1	435.2	438	198	281	0	13	10	6	0	0	0	—	31	57	4	4	0.6	.957

PITCHER REGISTER

Year	Team	W	L	%	ERA	G	GS	CG	IP	H	BB	SO	ShO	RELIEF PITCHING W	L	SV	BATTING AB	H	HR	BA	PO	A	E	DP	TC/G	FA

Steve Wilson
WILSON, STEPHEN DOUGLAS
B. Dec. 13, 1964, Victoria, B. C., Canada
BL TL 6′ 4″ 205 lbs.

Year	Team	W	L	%	ERA	G	GS	CG	IP	H	BB	SO	ShO	W	L	SV	AB	H	HR	BA	PO	A	E	DP	TC/G	FA
1988	TEX A	0	0	—	5.87	3	0	0	7.2	7	4	1	0	0	0	0	0	0	0	—	0	0	0	0	0.0	—
1989	CHI N	6	4	.600	4.20	53	8	0	85.2	83	31	65	0	3	2	2	16	1	0	.063	6	14	2	0	0.4	.909
1990		4	9	.308	4.79	45	15	1	139	140	43	95	0	2	2	1	37	6	0	.162	4	16	2	0	0.5	.909
1991	2 teams	CHI N (8G 0-0)				LA N (11G 0-0)																				
"	total	0	0	—	2.61	19	0	0	20.2	14	9	14	0	0	0	2	2	0	0	.000	0	0	0	0	0.0	—
4 yrs.		10	13	.435	4.45	120	23	1	253	244	87	175	0	5	4	5	55	7	0	.127	10	30	4	0	0.4	.909

LEAGUE CHAMPIONSHIP SERIES

Year	Team	W	L	%	ERA	G	GS	CG	IP	H	BB	SO	ShO	W	L	SV	AB	H	HR	BA	PO	A	E	DP	TC/G	FA
1989	CHI N	0	1	.000	4.91	2	0	0	3.2	3	1	4	0	0	1	0	0	0	0	—	0	1	0	0	0.5	1.000

Trevor Wilson
WILSON, TREVOR KIRK
B. June 7, 1966, Torrance, Calif.
BL TL 6′ 185 lbs.

Split	W	L	%	ERA	G	GS	CG	IP	H	BB	SO	ShO	W	L	SV	AB	H	HR	BA	PO	A	E	DP	TC/G	FA
April	0	2	.000	6.92	9	0	0	13	13	11	12	0	0	2	0										
May	1	2	.333	2.87	9	4	0	31.1	22	10	20	0	0	1	0										
June	3	2	.600	3.23	7	6	0	39	38	15	19	0	0	0	0										
July	3	3	.500	4.29	6	6	0	35.2	29	14	25	0	0	0	0										
Aug	2	0	1.000	2.63	6	6	0	41	36	12	35	0	0	0	0										
Sept/Oct	4	2	.667	3.64	7	7	2	42	35	15	28	1	0	0	0										
Day	9	1	.900	2.88	17	13	1	90.2	73	32	67	1	0	0	0										
Night	4	10	.286	4.12	27	16	1	111.1	100	45	72	0	0	3	0										
vs. Left	—	—	—	—	—	—	—	—	27	22	39	—	—	—	—										
vs. Right	—	—	—	—	—	—	—	—	146	55	100	—	—	—	—										
On Grass	11	7	.611	3.23	32	22	2	156	126	58	101	1	0	2	0										
On Turf	2	4	.333	4.70	12	7	0	46	47	19	38	0	0	1	0										
Home	8	4	.667	2.71	20	17	2	119.2	91	43	78	1	0	1	0										
Road	5	7	.417	4.81	24	12	0	82.1	82	34	61	0	0	2	0										
Division Rivals																									
vs. ATL	2	0	1.000	1.65	3	2	0	16.1	13	3	11	0	0	0	0										
vs. CIN	2	1	.667	4.60	5	5	1	29.1	25	10	22	0	0	0	0										
vs. HOU	0	2	.000	13.06	4	2	0	10.1	15	7	10	0	0	0	0										
vs. LA	2	0	1.000	0.62	7	3	1	29	16	14	24	1	0	0	0										
vs. SD	1	3	.250	9.26	6	2	0	11.2	20	6	6	0	0	2	0										

Year	Team	W	L	%	ERA	G	GS	CG	IP	H	BB	SO	ShO	W	L	SV	AB	H	HR	BA	PO	A	E	DP	TC/G	FA
1988	SF N	0	2	.000	4.09	4	4	0	22	25	8	15	0	0	0	0	7	2	0	.286	1	1	0	0	0.5	1.000
1989		2	3	.400	4.35	14	4	0	39.1	28	24	22	0	1	1	0	8	2	0	.250	0	7	1	0	0.6	.875
1990		8	7	.533	4.00	27	17	3	110.1	87	49	66	2	1	1	0	29	4	0	.138	9	22	0	1	1.1	1.000
1991		13	11	.542	3.56	44	29	2	202	173	77	139	1	0	3	0	51	12	1	.235	9	42	1	4	1.2	.981
4 yrs.		23	23	.500	3.81	89	54	5	373.2	313	158	242	3	2	5	0	95	20	1	.211	19	72	2	5	1.0	.978

Bobby Witt
WITT, ROBERT ANDREW
B. May 11, 1964, Arlington, Va.
BR TR 6′ 2″ 190 lbs.

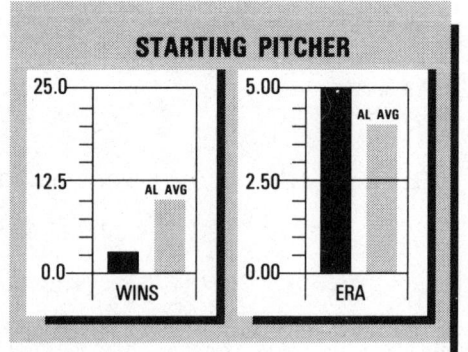

Split	W	L	%	ERA	G	GS	CG	IP	H	BB	SO	ShO	W	L	SV
April	1	2	.333	3.76	4	4	1	26.1	21	22	20	1	0	0	0
May	2	1	.667	4.64	5	5	0	33	26	30	32	0	0	0	0
June	—	—	—	—	0	—	—	0	0	0	0	—	0	0	0
July	—	—	—	—	0	—	—	0	0	0	0	—	0	0	0
Aug	0	3	.000	9.64	6	6	0	23.1	30	17	21	0	0	0	0
Sept/Oct	0	1	.000	10.50	2	1	0	6	7	5	9	0	0	0	0
Day	0	1	.000	4.50	2	2	0	14	11	11	9	0	0	0	0
Night	3	6	.333	6.39	15	14	1	74.2	73	63	73	1	0	0	0
vs. Left	—	—	—	—	—	—	—	—	35	37	40	—	—	—	—
vs. Right	—	—	—	—	—	—	—	—	49	37	42	—	—	—	—

Year	Team	W	L	%	ERA	G	GS	CG	IP	H	BB	SO	ShO	Relief Pitching W	L	SV	Batting AB	H	HR	BA	PO	A	E	DP	TC/G	FA

Bobby Witt *Continued*

		W	L	%	ERA	G	GS	CG	IP	H	BB	SO	ShO	W	L	SV	AB	H	HR	BA	PO	A	E	DP	TC/G	FA
On Grass		1	7	.125	6.40	14	13	1	70.1	71	60	68	1	0	0	0										
On Turf		2	0	1.000	4.91	3	3	0	18.1	13	14	14	0	0	0	0										
Home		0	5	.000	6.30	8	7	0	40	42	30	40	0	0	0	0										
Road		3	2	.600	5.92	9	9	1	48.2	42	44	42	1	0	0	0										
Division Rivals																										
vs. CAL		0	0	—	0.00	1	0	0	4.1	3	2	5	0	0	0	0										
vs. CHI		0	2	.000	21.60	2	2	0	5	9	7	5	0	0	0	0										
vs. KC		0	1	.000	3.75	2	2	0	12	8	8	12	0	0	0	0										
vs. MIN		1	0	1.000	4.26	1	1	0	6.1	3	6	7	0	0	0	0										
vs. OAK		—	—	—	—	0	0	—	0	0	0	0	—	0	0	0										
vs. SEA		1	0	1.000	6.00	1	1	0	6	6	4	2	0	0	0	0										
1986	TEX A	11	9	.550	5.48	31	31	0	157.2	130	**143**	174	0	0	0	0	0	0	0	—	8	20	3	1	1.0	.903
1987		8	10	.444	4.91	26	25	1	143	114	**140**	160	0	0	0	0	1	0	0	.000	8	17	0	1	1.0	1.000
1988		8	10	.444	3.92	22	22	13	174.1	134	101	148	2	0	0	0	0	0	0	—	15	15	4	2	1.5	.882
1989		12	13	.480	5.14	31	31	5	194.1	182	**114**	166	1	0	0	0	0	0	0	—	13	22	1	1	1.2	.972
1990		17	10	.630	3.36	33	32	7	222	197	110	221	1	0	0	0	0	0	0	—	18	18	5	2	1.2	.878
1991		3	7	.300	6.09	17	16	1	88.2	84	74	82	1	0	0	0	0	0	0	—	7	6	2	1	0.9	.867
6 yrs.		59	59	.500	4.63	160	157	27	980	841	682	951	5	0	0	0	1	0	0	.000	69	98	15	8	1.1	.918

Mike Witt

WITT, MICHAEL ATWATER
B. July 20, 1960, Fullerton, Calif.
BR TR 6' 7" 185 lbs.

Year	Team	W	L	%	ERA	G	GS	CG	IP	H	BB	SO	ShO	W	L	SV	AB	H	HR	BA	PO	A	E	DP	TC/G	FA
1981	CAL A	8	9	.471	3.28	22	21	7	129	123	47	75	1	0	1	0	0	0	0	—	7	16	3	0	1.2	.885
1982		8	6	.571	3.51	33	26	5	179.2	177	47	85	1	0	1	0	0	0	0	—	14	24	4	3	1.3	.905
1983		7	14	.333	4.91	43	19	2	154	173	75	77	0	3	3	5	0	0	0	—	6	24	1	2	0.7	.968
1984		15	11	.577	3.47	34	34	9	246.2	227	84	196	2	0	0	0	0	0	0	—	16	27	2	0	1.3	.956
1985		15	9	.625	3.56	35	35	6	250	228	98	180	1	0	0	0	0	0	0	—	16	33	2	2	1.5	.961
1986		18	10	.643	2.84	34	34	14	269	218	73	208	3	0	0	0	0	0	0	—	22	39	1	5	1.8	.984
1987		16	14	.533	4.01	36	36	10	247	252	84	192	0	0	0	0	0	0	0	—	18	29	3	2	1.4	.940
1988		13	16	.448	4.15	34	34	12	249.2	263	87	133	2	0	0	0	0	0	0	—	19	32	2	1	1.6	.962
1989		9	15	.375	4.54	33	33	5	220	252	48	123	0	0	0	0	0	0	0	—	18	49	4	4	2.2	.944
1990	2 teams	CAL A (10G 0-3)							NY A (16G 5-6)																	
"	total	5	9	.357	4.00	26	16	2	117	106	47	74	1	0	3	1	0	0	0	—	9	18	1	1	1.1	.964
1991	NY A	0	1	.000	10.13	2	2	0	5.1	8	1	0	0	0	0	0	0	0	0	—	1	1	0	0	1.0	1.000
11 yrs.		114	114	.500	3.80	332	290	72	2067.1	2027	691	1343	11	3	8	6	0	0	0	—	146	292	23	21	1.4	.950

LEAGUE CHAMPIONSHIP SERIES

1982	CAL A	0	0	—	6.00	1	0	0	3	2	2	3	0	0	0	0	0	0	0	—	0	1	0	0	1.0	1.000
1986		1	0	1.000	2.55	2	2	1	17.2	13	2	8	0	0	0	0	0	0	0	—	2	4	0	0	3.0	1.000
2 yrs.		1	0	1.000	3.05	3	2	1	20.2	15	4	11	0	0	0	0	0	0	0	—	2	5	0	0	2.3	1.000

Mark Wohlers

WOHLERS, MARK EDWARD
B. Jan. 23, 1970, Holyoke, Mass.
BR TR 6' 4" 207 lbs.

Year	Team	W	L	%	ERA	G	GS	CG	IP	H	BB	SO	ShO	W	L	SV	AB	H	HR	BA	PO	A	E	DP	TC/G	FA
1991	ATL N	3	1	.750	3.20	17	0	0	19.2	17	13	13	0	3	1	2	1	0	0	.000	0	3	0	1	0.2	1.000

LEAGUE CHAMPIONSHIP SERIES

1991	ATL N	0	0	—	0.00	3	0	0	1.2	3	1	1	0	0	0	0	0	0	0	—	0	0	0	0	0.0	—

WORLD SERIES

1991	ATL N	0	0	—	0.00	3	0	0	1.2	2	2	1	0	0	0	0	0	0	0	—	0	0	0	0	0.0	—

Mike York

YORK, MICHAEL DAVID
B. Sept. 6, 1964, Oak Park, Ill.
BR TR 6' 1" 187 lbs.

Year	Team	W	L	%	ERA	G	GS	CG	IP	H	BB	SO	ShO	W	L	SV	AB	H	HR	BA	PO	A	E	DP	TC/G	FA
1990	PIT N	1	1	.500	2.84	4	1	0	12.2	13	5	4	0	1	0	0	3	1	0	.333	1	3	0	0	1.0	1.000
1991	CLE A	1	4	.200	6.75	14	4	0	34.2	45	19	19	0	1	2	0	0	0	0	—	2	3	0	0	0.4	1.000
2 yrs.		2	5	.286	5.70	18	5	0	47.1	58	24	23	0	1	3	0	3	1	0	.333	3	6	0	0	0.5	1.000

PITCHER REGISTER

Year	Team		W	L	%	ERA	G	GS	CG	IP	H	BB	SO	ShO	RELIEF PITCHING W	L	SV	BATTING AB	H	HR	BA	PO	A	E	DP	TC/G	FA

Anthony Young
YOUNG, ANTHONY WAYNE
B. Jan. 19, 1966, Houston, Tex.
BR TR 6′ 2″ 200 lbs.

| 1991 | NY | N | 2 | 5 | .286 | 3.10 | 10 | 8 | 0 | 49.1 | 48 | 12 | 20 | 0 | 0 | 0 | 0 | 14 | 2 | 0 | .143 | 4 | 4 | 1 | 0 | 0.9 | .889 |

Cliff Young
YOUNG, CLIFFORD RAPHAEL
B. Aug. 2, 1964, Willis, Tex.
BL TL 6′ 4″ 200 lbs.

	W	L	%	ERA	G	GS	CG	IP	H	BB	SO	ShO	W	L	SV
April	0	0	—	5.40	2	0	0	1.2	3	0	0	0	0	0	0
May	—	—	—	—	0	—	—	0	0	0	0	—	0	0	0
June	—	—	—	—	0	—	—	0	0	0	0	—	0	0	0
July	0	0	—	4.50	1	0	0	2	4	0	0	0	0	0	0
Aug	—	—	—	—	0	—	—	0	0	0	0	—	0	0	0
Sept/Oct	1	0	1.000	4.00	8	0	0	9	5	3	6	0	1	0	0
Day	0	0	—	9.00	3	0	0	4	4	3	4	0	0	0	0
Night	1	0	1.000	2.08	8	0	0	8.2	8	0	2	0	1	0	0
vs. Left	—	—	—	—	—	—	—	—	2	1	1	—	—	—	—
vs. Right	—	—	—	—	—	—	—	—	10	2	5	—	—	—	—
On Grass	1	0	1.000	6.14	5	0	0	7.1	8	3	5	0	1	0	0
On Turf	0	0	—	1.69	6	0	0	5.1	4	0	1	0	0	0	0
Home	1	0	1.000	7.11	4	0	0	6.1	7	3	4	0	1	0	0
Road	0	0	—	1.42	7	0	0	6.1	5	0	2	0	0	0	0
Division Rivals															
vs. CHI	0	0	—	36.00	1	0	0	1	3	1	1	0	0	0	0
vs. KC	1	0	1.000	1.80	4	0	0	5	5	0	2	0	1	0	0
vs. MIN	0	0	—	5.40	2	0	0	1.2	3	0	0	0	0	0	0
vs. OAK	—	—	—	—	0	—	—	0	0	0	0	—	0	0	0
vs. SEA	—	—	—	—	0	—	—	0	0	0	0	—	0	0	0
vs. TEX	0	0	—	0.00	1	0	0	1	1	0	1	0	0	0	0

RELIEF PITCHER (chart: WINS, ERA, SAVES, RATIO vs AL AVG)

1990	CAL	A	1	1	.500	3.52	17	0	0	30.2	40	7	19	0	1	1	0	0	0	0	—	0	5	1	0	0.4	.833
1991			1	0	1.000	4.26	11	0	0	12.2	12	3	6	0	1	0	0	0	0	0	—	0	3	0	0	0.3	1.000
2 yrs.			2	1	.667	3.74	28	0	0	43.1	52	10	25	0	2	1	0	0	0	0	—	0	8	1	0	0.3	.889

Curt Young
YOUNG, CURTIS ALLEN
B. Apr. 16, 1960, Saginaw, Mich.
BR TL 6′ 175 lbs.

1983	OAK	A	0	1	.000	16.00	8	2	0	9	17	5	5	0	0	0	0	0	0	0	—	0	0	0	0	0.0	—
1984			9	4	.692	4.06	20	17	2	108.2	118	31	41	1	0	0	0	0	0	0	—	6	13	0	1	1.0	1.000
1985			0	4	.000	7.24	19	7	0	46	57	22	19	0	0	0	0	0	0	0	—	4	4	0	0	0.4	1.000
1986			13	9	.591	3.45	29	27	5	198	176	57	116	2	1	0	0	0	0	0	—	9	32	4	1	1.6	.911
1987			13	7	.650	4.08	31	31	6	203	194	44	124	0	0	0	0	1	0	0	.000	15	28	1	2	1.4	.977
1988			11	8	.579	4.14	26	26	1	156.1	162	50	69	0	0	0	0	0	0	0	—	11	16	0	0	1.0	1.000
1989			5	9	.357	3.73	25	20	1	111	117	47	55	0	0	0	0	0	0	0	—	2	14	0	0	0.6	1.000
1990			9	6	.600	4.85	26	21	0	124.1	124	53	56	0	0	0	0	0	0	0	—	6	25	1	3	1.2	.969
1991			4	2	.667	5.00	41	1	0	68.1	74	34	27	0	4	1	0	0	0	0	—	4	12	0	2	0.4	1.000
9 yrs.			64	50	.561	4.33	225	152	15	1024.2	1039	343	512	3	5	1	0	1	0	0	.000	57	144	6	9	0.9	.971

LEAGUE CHAMPIONSHIP SERIES

| 1988 | OAK | A | 0 | 0 | — | 0.00 | 1 | 0 | 0 | 1.1 | 1 | 0 | 2 | 0 | 0 | 0 | 0 | 0 | 0 | 0 | — | 0 | 0 | 0 | 0 | 0.0 | — |

WORLD SERIES

1988	OAK	A	0	0	—	0.00	1	0	0	1	1	0	1	0	0	0	0	0	0	0	—	0	1	0	0	1.0	1.000
1990			0	0	—	0.00	1	0	0	1	1	0	1	0	0	0	0	0	0	0	—	0	0	0	0	0.0	—
2 yrs.			0	0	—	0.00	2	0	0	2	2	0	2	0	0	0	0	0	0	0	—	0	1	0	0	0.5	1.000

Matt Young

YOUNG, MATTHEW JOHN
B. Aug. 9, 1958, Pasadena, Calif.
BL TL 6' 3" 205 lbs.

	W	L	%	ERA	G	GS	CG	IP	H	BB	SO	ShO	RELIEF W	RELIEF L	RELIEF SV	AB	H	HR	BA
April	0	1	.000	3.55	4	4	0	25.1	16	17	14	0	0	0	0				
May	3	2	.600	4.75	6	6	0	30.1	32	20	29	0	0	0	0				
June	—	—	—	—	0	—	—	0	0	0	0	0	0	0	0				
July	—	—	—	—	0	—	—	0	0	0	0	—	0	0	0				
Aug	0	2	.000	5.76	5	4	0	25	33	9	21	0	0	0	0				
Sept/Oct	0	2	.000	10.13	4	2	0	8	11	7	5	0	0	1	0				
Day	1	2	.333	3.29	5	4	0	27.1	25	12	21	0	0	1	0				
Night	2	5	.286	6.02	14	12	0	61.1	67	41	48	0	0	0	0				
vs. Left	—	—	—	—	—	—	—	—	13	7	8	—	—	—	—				
vs. Right	—	—	—	—	—	—	—	—	79	46	61	—	—	—	—				
On Grass	3	7	.300	5.33	16	14	0	74.1	80	46	61	0	0	1	0				
On Turf	0	0	—	4.40	3	2	0	14.1	12	7	8	0	0	0	0				
Home	2	3	.400	4.53	9	8	0	45.2	42	30	33	0	0	1	0				
Road	1	4	.200	5.86	10	8	0	43	50	23	36	0	0	0	0				
Division Rivals																			
vs. BAL	0	1	.000	9.00	1	1	0	5	4	5	4	0	0	0	0				
vs. CLE	0	0	—	3.95	2	2	0	13.2	11	7	9	0	0	0	0				
vs. DET	0	2	.000	7.11	2	2	0	6.1	8	5	5	0	0	0	0				
vs. MIL	1	0	1.000	0.00	1	1	0	6	4	5	4	0	0	0	0				
vs. NY	0	1	.000	27.00	2	0	0	0.2	0	3	0	0	0	1	0				
vs. TOR	0	1	.000	4.50	2	2	0	10	7	9	7	0	0	0	0				

Year	Team		W	L	%	ERA	G	GS	CG	IP	H	BB	SO	ShO	RW	RL	SV	AB	H	HR	BA	PO	A	E	DP	TC/G	FA
1983	SEA	A	11	15	.423	3.27	33	32	5	203.2	178	79	130	2	0	0	0	0	0	0	—	9	39	3	0	1.5	.941
1984			6	8	.429	5.72	22	22	1	113.1	141	57	73	0	0	0	0	0	0	0	—	3	21	2	3	1.2	.923
1985			12	**19**	.387	4.91	37	35	5	218.1	242	76	136	2	0	0	1	0	0	0	—	6	24	1	1	0.8	.968
1986			8	6	.571	3.82	65	5	1	103.2	108	46	82	0	6	3	13	0	0	0	—	4	9	4	0	0.3	.765
1987	LA	N	5	8	.385	4.47	47	0	0	54.1	62	17	42	0	5	8	11	3	0	0	.000	3	1	2	0	0.1	.667
1989	OAK	A	1	4	.200	6.75	26	4	0	37.1	42	31	27	0	1	2	0	0	0	0	—	3	6	0	0	0.3	1.000
1990	SEA	A	8	18	.308	3.51	34	33	7	225.1	198	107	176	1	0	0	0	0	0	0	—	12	31	9	1	1.5	.827
1991	BOS	A	3	7	.300	5.18	19	16	0	88.2	92	53	69	0	0	1	0	0	0	0	—	4	10	1	1	0.8	.933
8 yrs.			54	85	.388	4.33	283	147	19	1044.2	1063	466	735	5	12	14	25	3	0	0	.000	44	141	22	6	0.7	.894

LEAGUE CHAMPIONSHIP SERIES

Year	Team		W	L	%	ERA	G	GS	CG	IP	H	BB	SO	ShO	RW	RL	SV	AB	H	HR	BA	PO	A	E	DP	TC/G	FA
1989	OAK	A	0	0	—	0.00	1	0	0	0.1	0	2	0	0	0	0	0	0	0	0	—	0	0	0	0	0.0	—

Manager Register

The Manager Register is an alphabetical listing of every man who managed in the major leagues in 1991. Most of the information is self-explanatory. Column headings include G for games managed, W for wins, L for losses, T for ties, N for no-decision games, PCT for winning percentage, and Standing.

The figures in the Standing column show where the team stood at the end of the season and when there was a managerial change. There are four possible cases:

Only Manager for the Team That Year. Indicated by a single boldface figure that appears in the extreme left-hand column and shows the final standing of the team.

Manager Started Season, but Did Not Finish. Indicated by two figures: the first is boldface and shows the standing of the team when this manager left; the second shows the final standing of the team. (See Tony LaRussa, Chicago, 1986.)

Manager Finished Season, but Did Not Start. Indicated by two figures: the first shows the standing of the team when this manager started; the second is bold faced and shows the final standing of the team. (See Tony LaRussa, Oakland, 1986.)

Manager Did Not Start or Finish Season. Indicated by three figures: the first shows the standing of the team when this manager started; the second is boldface and shows the standing of the team when this manager left; the third shows the final standing of the team. (See Joe Altobelli, Chicago, 1991.)

The managers' records for the 1981 split season are given separately for each half. "(1st)" or "(2nd)" will appear to the right of the standings to indicate which half.

MANAGER REGISTER

Joe Altobelli
ALTOBELLI, JOSEPH SALVATORE
B. May 26, 1932, Detroit, Mich.

			G	W	L	T	N	PCT	Standing	
1977	SF	N	162	75	87	0	0	.463	4	
1978			162	89	73	0	0	.549	3	
1979			140	61	79	0	0	.436	4 4	
1983	BAL	A	162	98	64	0	0	.605	1	
1984			162	85	77	0	0	.525	5	
1985			55	29	26	0	0	.527	4 4	
1991	CHI	N	1	0	1	0	0	.000	4 5 4	
7 yrs.			844	437	407	0	0	.518		

LEAGUE CHAMPIONSHIP SERIES
| 1983 | BAL | A | 4 | 3 | 1 | 0 | 0 | .750 |

WORLD SERIES
| 1983 | BAL | A | 5 | 4 | 1 | 0 | 0 | .800 |

Sparky Anderson
ANDERSON, GEORGE LEE
B. Feb. 22, 1934, Bridgewater, S. D.

			G	W	L	T	N	PCT	Standing	
1970	CIN	N	162	102	60	0	0	.630	1	
1971			162	79	83	0	0	.488	4	
1972			154	95	59	0	0	.617	1	
1973			162	99	63	0	0	.611	1	
1974			163	98	64	1	0	.605	2	
1975			162	108	54	0	0	.667	1	
1976			162	102	60	0	0	.630	1	
1977			162	88	74	0	0	.543	2	
1978			161	92	69	0	0	.571	2	
1979	DET	A	106	56	50	0	0	.528	5 5	
1980			163	84	78	1	0	.519	4	
1981			57	31	26	0	0	.544	4	(1st)
1981			52	29	23	0	0	.558	2	(2nd)
1982			162	83	79	0	0	.512	4	
1983			162	92	70	0	0	.568	2	
1984			162	104	58	0	0	.642	1	
1985			161	84	77	0	0	.522	3	
1986			162	87	75	0	0	.537	3	
1987			162	98	64	0	0	.605	1	
1988			162	88	74	0	0	.543	2	
1989			162	59	103	0	0	.364	7	
1990			162	79	83	0	0	.488	3	
1991			162	84	78	0	0	.519	2	
22 yrs.			3447	1921	1524	2	0	.558		
									7th	

LEAGUE CHAMPIONSHIP SERIES
1970	CIN	N	3	3	0	0	0	1.000
1972			5	3	2	0	0	.600
1973			5	2	3	0	0	.400
1975			3	3	0	0	0	1.000
1976			3	3	0	0	0	1.000
1984	DET	A	3	3	0	0	0	1.000
1987			5	1	4	0	0	.200
7 yrs.			27	18	9	0	0	.667
			3rd	1st	5th				4th

WORLD SERIES
1970	CIN	N	5	1	4	0	0	.200
1972			7	3	4	0	0	.429
1975			7	4	3	0	0	.571
1976			4	4	0	0	0	1.000
1984	DET	A	5	4	1	0	0	.800
5 yrs.			28	16	12	0	0	.571
			7th	7th	10th				3rd

Bobby Cox
COX, ROBERT JOE
B. May 21, 1941, Tulsa, Okla.

			G	W	L	T	N	PCT	Standing	
1978	ATL	N	162	69	93	0	0	.426	6	
1979			160	66	94	0	0	.413	6	
1980			161	81	80	0	0	.503	4	
1981			55	25	29	1	0	.463	4	(1st)
1981			52	25	27	0	0	.481	5	(2nd)
1982	TOR	A	162	78	84	0	0	.481	6	
1983			162	89	73	0	0	.549	4	
1984			163	89	73	1	0	.549	2	
1990	ATL	N	97	40	57	0	0	.412	6 6	
1991			162	94	68	0	0	.580	1	
9 yrs.			1497	755	740	2	0	.505		

LEAGUE CHAMPIONSHIP SERIES
1985	TOR	A	7	3	4	0	0	.429
1991	ATL	N	7	4	3	0	0	.571
2 yrs.			14	7	7	0	0	.500

WORLD SERIES
| 1991 | ATL | N | 7 | 3 | 4 | 0 | 0 | .429 |

Roger Craig
CRAIG, ROGER LEE
B. Feb. 17, 1930, Durham, N. C.

			G	W	L	T	N	PCT	Standing
1978	SD	N	162	84	78	0	0	.519	4
1979			161	68	93	0	0	.422	5
1985	SF	N	18	6	12	0	0	.333	6 6
1986			162	83	79	0	0	.512	3
1987			162	90	72	0	0	.556	1
1988			162	83	79	0	0	.512	4
1989			162	92	70	0	0	.568	1
1990			162	85	77	0	0	.525	3
1991			162	75	87	0	0	.463	4
9 yrs.			1313	666	647	0	0	.507	

LEAGUE CHAMPIONSHIP SERIES
1987	SF	N	7	3	4	0	0	.429
1989			5	4	1	0	0	.800
2 yrs.			12	7	5	0	0	.583
			8th		5th			

WORLD SERIES
| 1989 | SF | N | 4 | 0 | 4 | 0 | 0 | .000 |

Mike Cubbage
CUBBAGE, MICHAEL LEE
B. July 21, 1950, Charlottesville, Va.

| 1991 | NY | N | 7 | 3 | 4 | 0 | 0 | .429 | 3 5 |

Jim Essian
ESSIAN, JAMES SARKIS
B. Jan. 2, 1951, Detroit, Mich.

| 1991 | CHI | N | 122 | 59 | 63 | 0 | 0 | .484 | 5 4 |

Jim Fregosi
FREGOSI, JAMES LOUIS
B. Apr. 4, 1942, San Francisco, Calif.

			G	W	L	T	N	PCT	Standing
1978	CAL	A	117	62	55	0	0	.530	3 2
1979			162	88	74	0	0	.543	1
1980			160	65	95	0	0	.406	6
1981			48	22	25	1	0	.468	4 4
1986	CHI	A	96	45	51	0	0	.469	5 5
1987			162	77	85	0	0	.475	5
1988			161	71	90	0	0	.441	5
1991	PHI	N	149	74	75	0	0	.497	6 3
8 yrs.			1055	504	550	1	0	.478	

LEAGUE CHAMPIONSHIP SERIES
| 1979 | CAL | A | 4 | 1 | 3 | 0 | 0 | .250 |

Clarence Gaston
GASTON, CLARENCE EDWIN (Cito)
B. Mar. 17, 1944, San Antonio, Tex.

			G	W	L	T	N	PCT	Standing
1989	TOR	A	126	77	49	0	0	.611	6 1
1990			162	86	76	0	0	.531	2
1991			120	66	54	0	0	.550	1 1
1991			9	6	3	0	0	.667	1 1
3 yrs.			417	235	182	0	0	.564	

LEAGUE CHAMPIONSHIP SERIES
1989	TOR	A	5	1	4	0	0	.200
1991			5	1	4	0	0	.200
2 yrs.			10	2	8	0	0	.200
					9th				

Mike Hargrove
HARGROVE, DUDLEY MICHAEL
B. Oct. 26, 1949, Perryton, Tex.

| 1991 | CLE | A | 85 | 32 | 53 | 0 | 0 | .376 | 7 7 |

Bud Harrelson
HARRELSON, DERRELL McKINLEY
B. June 6, 1944, Niles, Calif.

			G	W	L	T	N	PCT	Standing
1990	NY	N	120	71	49	0	0	.592	4 2
1991			154	74	80	0	0	.481	3 5
2 yrs.			274	145	129	0	0	.529	

Art Howe
HOWE, ARTHUR HENRY JR.
B. Dec. 15, 1946, Pittsburgh, Pa.

			G	W	L	T	N	PCT	Standing
1989	HOU	N	162	86	76	0	0	.531	3
1990			162	75	87	0	0	.463	4
1991			162	65	97	0	0	.401	6
3 yrs.			486	226	260	0	0	.465	

Tom Kelly

KELLY, JAY THOMAS
B. Aug. 15, 1950, Graceville, Minn.

			G	W	L	T	N	PCT	Standing
1986	MIN	A	23	12	11	0	0	.522	7 6
1987			162	85	77	0	0	.525	1
1988			162	91	71	0	0	.562	2
1989			162	80	82	0	0	.494	5
1990			162	74	88	0	0	.457	7
1991			162	95	67	0	0	.586	1
6 yrs.			833	437	396	0	0	.525	

LEAGUE CHAMPIONSHIP SERIES

1987	MIN	A	5	4	1	0	0	.800	
1991			5	4	1	0	0	.800	
2 yrs.			10	8	2	0	0	.800	
				8th					1st

WORLD SERIES

1987	MIN	A	7	4	3	0	0	.571
1991			7	4	3	0	0	.571
2 yrs.			14	8	6	0	0	.571

Tony LaRussa

LaRUSSA, ANTHONY
B. Oct. 4, 1944, Tampa, Fla.

			G	W	L	T	N	PCT	Standing	
1979	CHI	A	54	27	27	0	0	.500	5 5	
1980			162	70	90	2	0	.438	5	
1981			53	31	22	0	0	.585	3	(1st)
1981			53	23	30	0	0	.434	6	(2nd)
1982			162	87	75	0	0	.537	3	
1983			162	99	63	0	0	.611	1	
1984			162	74	88	0	0	.457	5	
1985			163	85	77	1	0	.525	3	
1986			64	26	38	0	0	.406	6 5	
1986	OAK	A	79	45	34	0	0	.570	7 3	
1987			162	81	81	0	0	.500	3	
1988			162	104	58	0	0	.642	1	
1989			162	99	63	0	0	.611	1	
1990			162	103	59	0	0	.636	1	
1991			162	84	78	0	0	.519	4	
13 yrs.			1924	1038	883	3	0	.540		

LEAGUE CHAMPIONSHIP SERIES

1983	CHI	A	4	1	3	0	0	.250
1988	OAK	A	4	4	0	0	0	1.000
1989			5	4	1	0	0	.800
1990			4	4	0	0	0	1.000
4 yrs.			17	13	4	0	0	.765
				7th	5th				2nd

WORLD SERIES

1988	OAK	A	5	1	4	0	0	.200
1989			4	4	0	0	0	1.000
1990			4	0	4	0	0	.000
3 yrs.			13	5	8	0	0	.385

Tom Lasorda

LASORDA, THOMAS CHARLES
B. Sept. 22, 1927, Norristown, Pa.

			G	W	L	T	N	PCT	Standing	
1976	LA	N	4	2	2	0	0	.500	2 2	
1977			162	98	64	0	0	.605	1	
1978			162	95	67	0	0	.586	1	
1979			162	79	83	0	0	.488	3	
1980			163	92	71	0	0	.564	2	
1981			57	36	21	0	0	.632	1	(1st)
1981			53	27	26	0	0	.509	4	(2nd)
1982			162	88	74	0	0	.543	2	
1983			163	91	71	1	0	.562	1	
1984			162	79	83	0	0	.488	4	

Tom Lasorda *continued*

			G	W	L	T	N	PCT	Standing
1985			162	95	67	0	0	.586	1
1986			162	73	89	0	0	.451	5
1987			162	73	89	0	0	.451	4
1988			162	94	67	1	0	.584	1
1989			160	77	83	0	0	.481	4
1990			162	86	76	0	0	.531	2
1991			162	93	69	0	0	.574	2
16 yrs.			2382	1278	1102	2	0	.537	

DIVISIONAL PLAYOFF SERIES

| 1981 | LA | N | 5 | 3 | 2 | 0 | 0 | .600 |

LEAGUE CHAMPIONSHIP SERIES

1977	LA	N	4	3	1	0	0	.750
1978			4	3	1	0	0	.750
1981			5	3	2	0	0	.600
1983			4	1	3	0	0	.250
1985			6	2	4	0	0	.333
1988			7	4	3	0	0	.571
6 yrs.			30	16	14	0	0	.533
				1st	2nd	1st			7th

WORLD SERIES

1977	LA	N	6	2	4	0	0	.333
1978			6	2	4	0	0	.333
1981			6	4	2	0	0	.667
1988			5	4	1	0	0	.800
4 yrs.			23	12	11	0	0	.522
				10th	8th				8th

Jim Lefebvre

LEFEBVRE, JAMES KENNETH (Frenchy)
B. Jan. 7, 1942, Inglewood, Calif.

			G	W	L	T	N	PCT	Standing
1989	SEA	A	162	73	89	0	0	.451	6
1990			162	77	85	0	0	.475	5
1991			162	83	79	0	0	.512	4
3 yrs.			486	233	253	0	0	.479	

Jim Leyland

LEYLAND, JAMES RICHARD
B. Dec. 15, 1944, Toledo, Ohio

			G	W	L	T	N	PCT	Standing
1986	PIT	N	162	64	98	0	0	.395	6
1987			162	80	82	0	0	.494	4
1988			160	85	75	0	0	.531	2
1989			162	74	88	0	0	.457	5
1990			162	95	67	0	0	.586	1
1991			162	98	64	0	0	.605	1
6 yrs.			970	496	474	0	0	.511	

LEAGUE CHAMPIONSHIP SERIES

1990	PIT	N	6	2	4	0	0	.333
1991			7	3	4	0	0	.429
2 yrs.			13	5	8	0	0	.385
									9th

Nick Leyva

LEYVA, NICHOLAS TOMAS
B. Aug. 16, 1953, Ontario, Calif.

			G	W	L	T	N	PCT	Standing
1989	PHI	N	162	67	95	0	0	.414	6
1990			162	77	85	0	0	.475	4
1991			13	4	9	0	0	.308	6 3
3 yrs.			337	148	189	0	0	.439	

John McNamara

McNAMARA, JOHN FRANCIS
B. June 4, 1932, Sacramento, Calif.

			G	W	L	T	N	PCT	Standing	
1969	OAK	A	13	8	5	0	0	.615	2 2	
1970			162	89	73	0	0	.549	2	
1974	SD	N	162	60	102	0	0	.370	6	
1975			162	71	91	0	0	.438	4	
1976			162	73	89	0	0	.451	5	
1977			48	20	28	0	0	.417	5 5	
1979	CIN	N	161	90	71	0	0	.559	1	
1980			163	89	73	1	0	.549	3	
1981			56	35	21	0	0	.625	2	(1st)
1981			52	31	21	0	0	.596	2	(2nd)
1982			92	34	58	0	0	.370	6 6	
1983	CAL	A	162	70	92	0	0	.432	5	
1984			162	81	81	0	0	.500	2	
1985	BOS	A	163	81	81	1	0	.500	5	
1986			161	95	66	0	0	.590	1	
1987			162	78	84	0	0	.481	5	
1988			85	43	42	0	0	.506	4 1	
1990	CLE	A	162	77	85	0	0	.475	4	
1991			77	25	52	0	0	.325	7 7	
18 yrs.			2367	1150	1215	2	0	.486		

LEAGUE CHAMPIONSHIP SERIES

1979	CIN	N	3	0	3	0	0	.000
1986	BOS	A	7	4	3	0	0	.571
2 yrs.			10	4	6	0	0	.400
									10th

WORLD SERIES

| 1986 | BOS | A | 7 | 3 | 4 | 0 | 0 | .429 |

Hal McRae

McRAE, HAROLD ABRAHAM
B. July 10, 1945, Avon Park, Fla.

			G	W	L	T	N	PCT	Standing
1991	KC	A	124	66	58	0	0	.532	7 6

Stump Merrill

MERRILL, CARL HARRISON
B. Feb. 25, 1944, Brunswick, Me.

			G	W	L	T	N	PCT	Standing
1990	NY	A	113	49	64	0	0	.434	7 7
1991			162	71	91	0	0	.438	5
2 yrs.			275	120	155	0	0	.436	

Joe Morgan

MORGAN, JOSEPH MICHAEL
B. Nov. 19, 1930, Walpole, Mass.

			G	W	L	T	N	PCT	Standing
1988	BOS	A	77	46	31	0	0	.597	4 1
1989			162	83	79	0	0	.512	3
1990			162	88	74	0	0	.543	1
1991			162	84	78	0	0	.519	2
4 yrs.			563	301	262	0	0	.535	

LEAGUE CHAMPIONSHIP SERIES

1988	BOS	A	4	0	4	0	0	.000
1990			4	0	4	0	0	.000
2 yrs.			8	0	8	0	0	.000
									9th

Johnny Oates
OATES, JOHNNY LANE
B. Jan. 21, 1946, Sylva, N.C.

Year	Team	Lg	G	W	L	T	N	PCT	Standing
1991	BAL	A	125	54	71	0	0	.432	7 6

Lou Piniella
PINIELLA, LOUIS VICTOR (Sweet Lou)
B. Aug. 28, 1943, Tampa, Fla.

Year	Team	Lg	G	W	L	T	N	PCT	Standing
1986	NY	A	162	90	72	0	0	.556	2
1987			162	89	73	0	0	.549	4
1988			93	45	48	0	0	.484	2 5
1990	CIN	N	162	91	71	0	0	.562	1
1991			162	74	88	0	0	.457	5
5 yrs.			741	389	352	0	0	.525	

LEAGUE CHAMPIONSHIP SERIES
| 1990 | CIN | N | 6 | 4 | 2 | 0 | 0 | .667 | |

WORLD SERIES
| 1990 | CIN | N | 4 | 4 | 0 | 0 | 0 | 1.000 | |

Doug Rader
RADER, DOUGLAS LEE (Rojo, The Red Rooster)
B. July 30, 1944, Chicago, Ill.

Year	Team	Lg	G	W	L	T	N	PCT	Standing
1983	TEX	A	163	77	85	1	0	.475	3
1984			161	69	92	0	0	.429	7
1985			32	9	23	0	0	.281	7 7
1986	CHI	A	2	1	1	0	0	.500	6 5 5
1989	CAL	A	162	91	71	0	0	.562	3
1990			162	80	82	0	0	.494	4
1991			124	61	63	0	0	.492	7 7
7 yrs.			806	388	417	1	0	.482	

Greg Riddoch
RIDDOCH, GREGORY LEE
B. July 17, 1945, Greeley, Colo.

Year	Team	Lg	G	W	L	T	N	PCT	Standing
1990	SD	N	82	38	44	0	0	.463	4 4
1991			162	84	78	0	0	.519	3
2 yrs.			244	122	122	0	0	.500	

Frank Robinson
ROBINSON, FRANK
B. Aug. 31, 1935, Beaumont, Tex.
Hall of Fame 1982.

Year	Team	Lg	G	W	L	T	N	PCT	Standing
1975	CLE	A	159	79	80	0	0	.497	4
1976			159	81	78	0	0	.509	4
1977			57	26	31	0	0	.456	6 6
1981	SF	N	59	27	32	0	0	.458	5 (1st)
1981			52	29	23	0	0	.558	3 (2nd)
1982			162	87	75	0	0	.537	3
1983			162	79	83	0	0	.488	5
1984			106	42	64	0	0	.396	6 6
1988	BAL	A	155	54	101	0	0	.348	6 7
1989			162	87	75	0	0	.537	2
1990			161	76	85	0	0	.472	5
1991			37	13	24	0	0	.351	7 6
11 yrs.			1431	680	751	0	0	.475	

Buck Rodgers
RODGERS, ROBERT LEROY
B. Aug. 16, 1938, Delaware, Ohio

Year	Team	Lg	G	W	L	T	N	PCT	Standing
1980	MIL	A	47	26	21	0	0	.553	2 3
1980			23	13	10	0	0	.565	4 3
1981			56	31	25	0	0	.554	3 (1st)
1981			53	31	22	0	0	.585	1 (2nd)
1982			47	23	24	0	0	.489	5 1
1985	MON	N	161	84	77	0	0	.522	3
1986			161	78	83	0	0	.484	4
1987			162	91	71	0	0	.562	3
1988			163	81	81	1	0	.500	3
1989			162	81	81	0	0	.500	4
1990			162	85	77	0	0	.525	3
1991			49	20	29	0	0	.408	6 6
1991	CAL	A	38	20	18	0	0	.526	7 7
10 yrs.			1284	664	619	1	0	.518	

DIVISIONAL PLAYOFF SERIES
| 1981 | MIL | A | 5 | 2 | 3 | 0 | 0 | .400 | |

Tom Runnells
RUNNELLS, THOMAS WILLIAM
B. Apr. 17, 1955, Greeley, Colo.

Year	Team	Lg	G	W	L	T	N	PCT	Standing
1991	MON	N	112	51	61	0	0	.455	6 6

Gene Tenace
TENACE, FURY GENE
Born Fiore Gino Tennaci
B. Oct. 10, 1946, Russelton, Pa.

Year	Team	Lg	G	W	L	T	N	PCT	Standing
1991	TOR	A	33	19	14	0	0	.576	1 1

Jeff Torborg
TORBORG, JEFFREY ALLEN
B. Nov. 26, 1941, Plainfield, N.J.

Year	Team	Lg	G	W	L	T	N	PCT	Standing
1977	CLE	A	104	45	59	0	0	.433	6 5
1978			159	69	90	0	0	.434	6
1979			95	43	52	0	0	.453	6 6
1989	CHI	A	161	69	92	0	0	.429	7
1990			162	94	68	0	0	.580	2
1991			162	87	75	0	0	.537	2
6 yrs.			843	407	436	0	0	.483	

Joe Torre
TORRE, JOSEPH PAUL
Brother of Frank Torre.
B. July 18, 1940, Brooklyn, N.Y.

Year	Team	Lg	G	W	L	T	N	PCT	Standing
1977	NY	N	117	49	68	0	0	.419	6 6
1978			162	66	96	0	0	.407	6
1979			163	63	99	1	0	.389	6
1980			162	67	95	0	0	.414	5
1981			52	17	34	1	0	.333	5 (1st)
1981			53	24	28	1	0	.462	4 (2nd)
1982	ATL	N	162	89	73	0	0	.549	1
1983			162	88	74	0	0	.543	2
1984			162	80	82	0	0	.494	2
1990	STL	N	58	24	34	0	0	.414	6 6
1991			162	84	78	0	0	.519	2
10 yrs.			1415	651	761	3	0	.461	

LEAGUE CHAMPIONSHIP SERIES
| 1982 | ATL | N | 3 | 0 | 3 | 0 | 0 | .000 | |

Tom Trebelhorn
TREBELHORN, THOMAS LYNN
B. Jan. 27, 1948, Portland, Ore.

Year	Team	Lg	G	W	L	T	N	PCT	Standing
1986	MIL	A	9	6	3	0	0	.667	6 6
1987			162	91	71	0	0	.562	3
1988			162	87	75	0	0	.537	3
1989			162	81	81	0	0	.500	4
1990			162	74	88	0	0	.457	6
1991			162	83	79	0	0	.512	4
6 yrs.			819	422	397	0	0	.515	

Bob Schaefer
SCHAEFER, ROBERT WALDEN
B. May 22, 1944, Putnam, Conn.

Year	Team	Lg	G	W	L	T	N	PCT	Standing
1991	KC	A	1	1	0	0	0	1.000	7 7 6

Bobby Valentine
VALENTINE, ROBERT JOHN
B. May 13, 1950, Stamford, Conn.

Year	Team	Lg	G	W	L	T	N	PCT	Standing
1985	TEX	A	129	53	76	0	0	.411	7 7
1986			162	87	75	0	0	.537	2
1987			162	75	87	0	0	.463	6
1988			161	70	91	0	0	.435	6
1989			162	83	79	0	0	.512	4
1990			162	83	79	0	0	.512	3
1991			162	85	77	0	0	.525	3
7 yrs.			1100	536	564	0	0	.487	

John Wathan
WATHAN, JOHN DAVID (Duke)
B. Oct. 4, 1949, Cedar Rapids, Iowa

Year	Team	Lg	G	W	L	T	N	PCT	Standing
1987	KC	A	36	21	15	0	0	.583	4 2
1988			161	84	77	0	0	.522	3
1989			162	92	70	0	0	.568	2
1990			161	75	86	0	0	.466	6
1991			37	15	22	0	0	.405	7 6
5 yrs.			557	287	270	0	0	.515	

Don Zimmer
ZIMMER, DONALD WILLIAM
B. Jan. 17, 1931, Cincinnati, Ohio

Year	Team	Lg	G	W	L	T	N	PCT	Standing
1972	SD	N	142	54	88	0	0	.380	4 6
1973			162	60	102	0	0	.370	6
1976	BOS	A	76	42	34	0	0	.553	3 3
1977			161	97	64	0	0	.602	2
1978			163	99	64	0	0	.607	2
1979			160	91	69	0	0	.569	3
1980			155	82	73	0	0	.529	4 4
1981	TEX	A	56	33	22	1	0	.600	2 (1st)
1981			50	24	26	0	0	.480	3 (2nd)
1982			96	38	58	0	0	.396	6 6
1988	CHI	N	163	77	85	1	0	.475	4
1989			162	93	69	0	0	.574	1
1990			162	77	85	0	0	.475	4
1991			37	18	19	0	0	.486	4 4
13 yrs.			1745	885	858	2	0	.508	

LEAGUE CHAMPIONSHIP SERIES
| 1989 | CHI | N | 5 | 1 | 4 | 0 | 0 | .200 | |

World Series and League Championship Series

This section provides details of the National and American League Championship Series and World Series of 1991. Facts are provided about the individual games, including line scores and highlights.

Pitchers are listed in order of appearance. In parentheses following each pitcher's name is the number of innings he worked. "Doe (2.1)" indicates that Doe worked two and one-third innings; "(2.0)" means that he faced at least one batter in his third inning of work, but did not retire anyone. The winning and losing pitchers are listed in boldface print; a pitcher who is credited with a save has a bold "SV" after his innings pitched.

Home runs are listed in the order they were hit.

THE WORLD SERIES AND CHAMPIONSHIP PLAYOFFS

1991 NATIONAL LEAGUE CHAMPIONSHIP SERIES

LINE SCORES	PITCHERS (innings pitched)	HOME RUNS (men on)	HIGHLIGHTS

Atlanta (West) defeats Pittsburgh (East) 4 games to 3

GAME 1 - OCTOBER 9
ATL W 000 000 001   1 5 1   Glavine (6), Wohlers (1), Stanton (1)   Justice
PIT E 102 001 01x   5 8 1   Drabek (6), Walk (3) **SV**   Van Slyke

Van Slyke drove in Pirates' first two runs with a homer and a double. Drabek pitched six scoreless innings, but had to leave the game after injuring his hamstring while running the bases.

GAME 2 - OCTOBER 10
ATL W 000 001 000   1 8 0   Avery (8.1), Pena (0.2) **SV**
PIT E 000 000 000   0 6 0   Smith (7), Mason (1), Belinda (1)

Braves evened the series behind the combined shutout pitching of Avery and Pena. Lemke doubled home Justice with the only run of the game in the sixth inning.

GAME 3 - OCTOBER 12
PIT E 100 100 100   3 10 2   Smiley (2), Landrum (1), Patterson (2), Kipper (2), Rodriguez (1)   Merced, Bell
ATL W 411 000 13x   10 11 0   Smoltz (6.1), Stanton (0.2), Wohlers (0.1), Pena (1.2) **SV**   Olson (1 on), Gant, Bream (2 on)

Merced led off the game with a home run, but the Braves answered with four runs in their half, capped by Olson's two-run homer. Atlanta extended their lead to 6-1 by the third inning, and homers by Gant and Bream completed the rout.

GAME 4 - OCTOBER 13
PIT E 010 010 000 1   3 11 1   Tomlin (6), Walk (2), **Belinda** (2),
ATL W 200 000 000 0   2 7 1   Leibrandt (6.2), Clancy (0.1), Stanton (2), **Mercker** (0.2), Wohlers (0.1)

Pinch-hitter LaValliere's RBI single in the tenth inning evened the series for Pittsburgh. Van Slyke led off the decisive frame with a walk and stole second with two out. After Buechele walked, LaValliere delivered Van Slyke with the game-winner.

GAME 5 - OCTOBER 14
PIT E 000 010 000   1 6 2   Smith (7.2), Mason (1.1) **SV**
ATL W 000 000 000   0 9 1   Glavine (8), Pena (1)

Zane Smith, who lost the second game of the series 1-0, avenged that defeat by the same score as Pittsburgh took a 3 games to 2 lead. The Pirates scored the game's only run in the fifth inning on a run-scoring single by Lind.

GAME 6 - OCTOBER 16
ATL W 000 000 001   1 7 0   Avery (8), Pena (1) **SV**
PIT E 000 000 000   0 4 0   Drabek (9)

Avery won his second 1-0 game as he outdueled Drabek. Game was scoreless until the top of the ninth when Gant walked, stole second and scored on Olson's two-out double.

GAME 7 - OCTOBER 17
ATL W 300 010 000   4 6 1   Smoltz (9)   Hunter (1 on)
PIT E 000 000 000   0 6 0   Smiley (0.2), Walk (4.1), Mason (2), Belinda (2)

The Braves won their first pennant since moving to Atlanta in 1966 behind Smoltz, who tossed a six-hit shutout. Braves struck for three runs in the first inning on Gant's sacrifice fly and a two-run homer by Hunter, who added an RBI double in the fifth inning.

Team totals

	W	AB	H	2B	3B	HR	R	RBI	BA	BB	SO	ERA
ATL W	4	229	53	10	1	5	19	19	.231	22	42	1.57
PIT E	3	228	51	10	0	3	12	11	.224	22	57	2.57

Individual Batting

ATLANTA (WEST)

	AB	H	2B	3B	HR	R	RBI	BA
T. Pendleton, 3b	30	5	1	1	0	1	1	.167
R. Gant, of	27	7	1	0	1	4	3	.259
D. Justice, of	25	5	1	0	1	4	2	.200
G. Olson, c	24	8	1	0	1	3	4	.333
L. Smith, of	24	6	3	0	0	3	0	.250
M. Lemke, 2b	20	4	1	0	0	1	1	.200
R. Belliard, ss	19	4	0	0	0	0	1	.211
B. Hunter, 1b	18	6	2	0	1	2	4	.333
S. Bream, 1b	10	3	0	0	1	3	3	.300
S. Avery, p	7	1	0	0	0	0	0	.143
J. Smoltz, p	5	1	0	0	0	0	0	.200
T. Glavine, p	4	1	0	0	0	0	0	.250
T. Gregg	4	1	0	0	0	0	0	.250
K. Mitchell, of	4	0	0	0	0	0	0	.000
J. Treadway, 2b	3	1	0	0	0	0	0	.333
J. Blauser, ss	2	0	0	0	0	0	0	.000
J. Willard	2	0	0	0	0	0	0	.000
C. Leibrandt, p	1	0	0	0	0	0	0	.000

Errors: J. Blauser, D. Justice, M. Lemke
Stolen Bases: R. Gant (7), G. Olson, L. Smith, J. Smoltz

PITTSBURGH (EAST)

	AB	H	2B	3B	HR	R	RBI	BA
J. Bell, ss	29	12	2	0	1	2	1	.414
B. Bonds, of	27	4	1	0	0	1	0	.148
J. Lind, 2b	25	4	0	0	0	0	3	.160
A. Van Slyke, of	25	4	2	0	1	3	2	.160
B. Bonilla, of	23	7	2	0	0	2	1	.304
S. Buechele, 3b	23	7	2	0	0	2	0	.304
G. Redus, 1b	19	3	0	0	0	1	0	.158
D. Slaught, c	17	4	0	0	0	0	1	.235
O. Merced, 1b	9	2	0	0	1	1	1	.222
M. La Valliere, c	6	2	0	0	0	0	1	.333
D. Drabek, p	5	1	1	0	0	0	1	.200
Z. Smith, p	5	0	0	0	0	0	0	.000
C. Wilkerson	4	0	0	0	0	0	0	.000
G. Varsho	2	1	0	0	0	0	0	.500
C. Espy	2	0	0	0	0	0	0	.000
L. McClendon, 1b	2	0	0	0	0	0	0	.000
R. Tomlin, p	2	0	0	0	0	0	0	.000
B. Walk, p	2	0	0	0	0	0	0	.000
R. Mason, p	1	0	0	0	0	0	0	.000

Errors: G. Redus (2), J. Bell, R. Belliard, B. Bonds, J. Lind
Stolen Bases: B. Bonds (3), G. Redus (2), A. Van Slyke

Individual Pitching

ATLANTA (WEST)

	W	L	ERA	IP	H	BB	SO	SV
S. Avery	2	0	0.00	16.1	9	4	17	0
J. Smoltz	2	0	1.76	15.1	14	3	15	0
T. Glavine	0	2	3.21	14	12	6	11	0
C. Leibrandt	0	0	1.35	6.2	8	3	6	0
A. Pena	0	0	0.00	4.1	1	0	0	3
M. Stanton	0	0	2.45	3.2	4	3	3	0
M. Wohlers	0	0	0.00	1.2	3	1	1	0
K. Mercker	0	1	13.50	.2	0	2	0	0
J. Clancy	0	0	0.00	.1	0	0	0	0

PITTSBURGH (EAST)

	W	L	ERA	IP	H	BB	SO	SV
D. Drabek	1	1	0.60	15	10	5	10	0
Z. Smith	1	1	0.61	14.2	15	3	10	0
B. Walk	0	0	1.93	9.1	5	3	5	1
R. Tomlin	0	0	3.00	6	6	2	1	0
S. Belinda	1	0	0.00	5	0	3	4	0
R. Mason	0	0	0.00	4.1	3	1	2	1
J. Smiley	0	2	23.63	2.2	8	1	3	0
B. Patterson	0	0	0.00	2	1	0	3	0
B. Kipper	0	0	4.50	2	2	0	1	0
B. Landrum	0	0	9.00	1	2	2	0	0
R. Rodriguez	0	0	27.00	1	1	2	1	0

THE WORLD SERIES AND CHAMPIONSHIP PLAYOFFS

1991 AMERICAN LEAGUE CHAMPIONSHIP SERIES

LINE SCORES	PITCHERS (innings pitched)	HOME RUNS (men on)	HIGHLIGHTS

Minnesota (West) defeats Toronto (East) 4 games to 1

GAME 1 - OCTOBER 8
- TOR E 000 103 000   4 9 3 Candiotti (2.2), Wells (3), Timlin (2.1)
- MIN W 221 000 00x   5 11 0 Morris (5.1), Willis (2.1), Aguilera (1.1) **SV**

The Twins raced to a 5-0 lead after three innings, helped by four stolen bases. The Blue Jays scored three runs in the sixth inning off winning pitcher Morris, but were held scoreless over the final three innings by relievers Willis and Aguilera.

GAME 2 - OCTOBER 9
- TOR E 102 000 200   5 9 0 Guzman (5.2), Henke (1.1), Ward (2) **SV**
- MIN W 001 001 000   2 5 1 Tapani (6.1), Bedrosian (0.1), Guthrie (2.1)

White scored three runs, while Carter and Gruber drove in two runs apiece as Toronto tied the series. Guzman and two relievers limited the Twins to five singles.

GAME 3 - OCTOBER 11
- MIN W 000 011 000 1   3 7 0 Erickson (4.0), West (2.2), Willis (2), **Guthrie** (0.1), Aguilera (1) **SV**   Pagliarulo
- TOR E 200 000 000 0   2 5 1 Key (6), Wells (1.2), Henke (1.1), **Timlin** (1)   Carter

A pinch-hit homer by Pagliarulo in the tenth inning gave Minnesota a come-from-behind victory and a 2-1 lead in the series. Blue Jays opened the scoring with two first-inning runs, including a solo homer by Carter. The Twins rallied with single runs in the fifth and sixth innings.

GAME 4 - OCTOBER 12
- MIN W 000 402 111   9 13 1 Morris (8), Bedrosian (1)   Puckett
- TOR E 010 001 001   3 11 2 Stottlemyre (3.2), Wells (1.2), Acker (0.2), Timlin (2), MacDonald (1)

Puckett went 3-for-4, including a home run that ignited a four-run fourth inning, giving Morris his second victory of the series. Gladden added three hits and three RBI for Minnesota, while Borders had three hits and drove in two runs for Toronto.

GAME 5 - OCTOBER 13
- MIN W 110 003 030   8 14 2 Tapani (4), West (3), Willis (1), Aguilera (1), **SV**   Puckett
- TOR E 003 200 000   5 9 1 Candiotti (5.1), Timlin (0.1), Ward (2.1), Wells (1.1)

Series MVP Puckett singled home the tie-breaking run in the eighth inning, and the Twins went on to wrap up the A.L. flag with their third consecutive victory at Toronto. Blue Jays led 5-2 until Minnesota scored three times in the sixth inning on an error by Borders and a two-run double by Knoblauch.

Team totals

	W	AB	H	2B	3B	HR	R	RBI	BA	BB	SO	ERA
MIN W	4	181	50	9	1	3	27	25	.276	15	37	3.33
TOR E	1	173	43	6	0	1	19	18	.249	15	30	4.60

Individual Batting

MINNESOTA (WEST)

	AB	H	2B	3B	HR	R	RBI	BA
D. Gladden, of	23	6	0	0	0	4	3	.261
K. Puckett, of	21	9	1	0	2	4	6	.429
K. Hrbek, 1b	21	3	0	0	0	0	3	.143
C. Knoblauch, 2b	20	7	2	0	0	5	3	.350
S. Mack, of	18	6	1	1	0	4	3	.333
B. Harper, c	18	5	2	0	0	1	1	.278
C. Davis, dh	17	5	2	0	0	3	2	.294
G. Gagne, ss	17	4	0	0	0	2	1	.235
M. Pagliarulo, 3b	15	5	1	0	1	3	3	.333
S. Leius, 3b	4	0	0	0	0	0	0	.000
G. Larkin	3	0	0	0	0	0	0	.000
J. Ortiz, c	3	0	0	0	0	0	0	.000
P. Sorrento	1	0	0	0	0	0	0	.000
J. Brown	0	0	0	0	0	1	0	-
A. Newman, 3b, ss	0	0	0	0	0	0	0	-

Errors: G. Gagne (2), B. Harper, S. Mack
Stolen Bases: D. Gladden (3), C. Knoblauch (2), S. Mack (2), C. Davis

TORONTO (EAST)

	AB	H	2B	3B	HR	R	RBI	BA
D. White, of	22	8	1	0	0	5	0	.364
K. Gruber, 3b	21	5	0	0	0	1	4	.238
C. Maldonado, of	20	2	1	0	0	1	1	.100
R. Alomar, 2b	19	9	0	0	0	3	4	.474
P. Borders, c	19	5	1	0	0	0	2	.263
J. Carter, of, dh	19	5	2	0	1	3	4	.263
J. Olerud, 1b	19	4	1	0	0	1	3	.211
M. Lee, ss	16	2	0	0	0	3	0	.125
M. Wilson, of, dh	8	2	0	0	0	1	0	.250
R. Mulliniks, dh	8	1	0	0	0	1	0	.125
R. Ducey, of	1	0	0	0	0	0	0	.000
P. Tabler	1	0	0	0	0	0	0	.000
R. Gonzales, 1b, ss	0	0	0	0	0	0	0	-

Errors: K. Gruber (3), P. Borders (2), M. Lee, M. Timlin
Stolen Bases: D. White (3), R. Alomar (2), K. Gruber, M. Wilson

Individual Pitching

MINNESOTA (WEST)

	W	L	ERA	IP	H	BB	SO	SV
J. Morris	2	0	4.05	13.1	17	1	7	0
K. Tapani	0	1	7.84	10.1	16	3	9	0
D. West	1	0	0.00	5.2	1	4	4	0
C. Willis	0	0	0.00	5.1	1	0	3	0
S. Erickson	0	0	4.50	4	3	5	2	0
R. Aguilera	0	0	0.00	3.1	1	0	3	3
M. Guthrie	1	0	0.00	2.2	0	0	0	0
S. Bedrosian	0	0	0.00	1.1	3	2	2	0

TORONTO (EAST)

	W	L	ERA	IP	H	BB	SO	SV
D. Wells	0	0	2.35	7.2	6	2	9	0
T. Candiotti	0	1	8.22	7.2	17	2	5	0
J. Key	0	0	3.00	6	5	1	1	0
J. Guzman	1	0	3.18	5.2	4	4	2	0
M. Timlin	0	1	3.18	5.2	5	2	5	0
D. Ward	0	1	6.23	4.1	4	1	6	1
T. Stottlemyre	0	1	9.82	3.2	7	1	3	0
T. Henke	0	0	0.00	2.2	0	1	5	0
B. MacDonald	0	0	9.00	1	1	1	0	0
J. Acker	0	0	0.00	.2	1	0	1	0

THE WORLD SERIES AND CHAMPIONSHIP PLAYOFFS

1991 WORLD SERIES

LINE SCORES			PITCHERS (innings pitched)	HOME RUNS (men on)	HIGHLIGHTS

Minnesota (A.L.) defeats Atlanta (N.L.) 4 games to 3

GAME 1 - OCTOBER 19

	Line	R	H	E	Pitchers	Home Runs	Highlights
ATL N	000 001 010	2	6	1	**Leibrandt** (4.0), Clancy (2), Wohlers (1), Stanton (1)		Homers by Gagne and Hrbek carried Morris and the Twins to victory. Gagne slugged a three-run homer in the fifth inning for a 4-0 lead, and Hrbek connected an inning later.
MIN A	001 031 00x	5	9	1	**Morris** (7.0), Guthrie (0.2), Aguilera (1.1) SV	Gagne (2 on), Hrbek	

GAME 2 - OCTOBER 20

	Line	R	H	E	Pitchers	Home Runs	Highlights
ATL N	010 010 000	2	8	1	**Glavine** (8)		The Twins again relied on the long ball to take a 2-0 lead in the Series. Davis belted a two-run homer in the first inning, and after the Braves tied the score, the rookie Leius led off the eighth inning with a round-tripper to make a winner of Tapani.
MIN A	200 000 01x	3	4	1	**Tapani** (8), Aguilera (1) SV	Davis (2 on), Leius	

GAME 3 - OCTOBER 22

	Line	R	H	E	Pitchers	Home Runs	Highlights
MIN A	100 000 120 000	4	10	1	Erickson (4.2), West (0), Leach (0.1), Bedrosian (2), Willis (2), Guthrie (2), Aguilera (0.2)	Puckett, Davis (1 on)	Lemke singled to score Justice with two outs in the 12th inning to give Atlanta its first win of the Series. Twins forced extra innings when Davis pinch-hit a two-run homer in the eighth.
ATL N	010 120 000 001	5	8	2	Avery (7.0), Pena (2), Stanton (2), Wohlers (0.1), Mercker (0.1), **Clancy** (0.1)	Justice, Smith	

GAME 4 - OCTOBER 23

	Line	R	H	E	Pitchers	Home Runs	Highlights
MIN A	010 000 100	2	7	0	Morris (6), Willis (1.1), **Guthrie** (1), Bedrosian (0.1)	Pagliarulo	The Braves knotted the Series as pinch-hitter Willard's ninth-inning sacrifice fly scored Lemke, who had tripled, with the winning run. Pendleton and Smith homered for Atlanta's first two runs. Pagliarulo had three hits, including a home run, and drove in both runs for Minnesota.
ATL N	001 000 101	3	8	0	Smoltz (7), Wohlers (0.1), **Stanton** (1.2)	Pendleton, Smith	

GAME 5 - OCTOBER 24

	Line	R	H	E	Pitchers	Home Runs	Highlights
MIN A	000 003 011	5	7	1	**Tapani** (4), Leach (2), West (0), Bedrosian (1), Willis (1)		Atlanta pounded out 17 hits while scoring the most runs in a Series game since 1960. Justice led the assault by driving in five runs, two coming on a homer in the Braves' four-run fourth inning. Smith homered for the third consecutive game, tying a Series record.
ATL N	000 410 63x	14	17	1	**Glavine** (5.1), Mercker (0.2), Clancy (2), St. Claire (1)	Justice (1 on), Smith, Hunter	

GAME 6 - OCTOBER 26

	Line	R	H	E	Pitchers	Home Runs	Highlights
ATL N	000 020 100 00	3	9	1	Avery (6), Stanton (2), Pena (2), **Leibrandt** (0)	Pendleton (1 on)	Puckett led off the bottom of the 11th with a home run to keep the Twins alive in the Series. Puckett figured in all of Minnesota's scoring with three hits, three RBI, and two runs scored.
MIN A	200 010 000 01	4	9	0	Erickson (6.0), Guthrie (0.1), Willis (2.2), **Aguilera** (2)	Puckett	

GAME 7 - OCTOBER 27

	Line	R	H	E	Pitchers	Home Runs	Highlights
ATL N	000 000 000 0	0	7	0	Smoltz (7.1), Stanton (0.2), **Pena** (1.1)		The Twins won their second World Championship in five years in dramatic fashion, winning the deciding game 1-0 in ten innings on pinch-hitter Larkin's bases-loaded single. Morris pitched ten scoreless innings to pick up his second victory and the Series MVP award. Gladden led off the tenth with a double and was bunted to third base. Following two intentional walks, Larkin lifted a drive over the drawn-in outfield to give Minnesota the championship in a battle of teams that finished last the previous season.
MIN A	000 000 000 1	1	10	0	**Morris** (10)		

Team totals

	W	AB	H	2B	3B	HR	R	RBI	BA	BB	SO	ERA
MIN A	4	241	56	8	4	8	24	24	.232	21	48	3.74
ATL N	3	249	63	10	4	8	29	29	.253	26	39	2.89

Individual Batting

MINNESOTA (A.L.)

	AB	H	2B	3B	HR	R	RBI	BA
D. Gladden, of	30	7	2	2	0	5	0	.233
C. Knoblauch, 2b	26	8	1	0	0	3	2	.308
K. Hrbek, 1b	26	3	1	0	1	2	2	.115
K. Puckett, of	24	6	0	1	2	4	4	.250
G. Gagne, ss	24	4	1	0	1	1	3	.167
S. Mack, of	23	3	1	0	0	0	1	.130
B. Harper c	21	8	2	0	0	2	1	.381
C. Davis, dh, of	18	4	0	0	2	4	4	.222
S. Leius, 3b, ss	14	5	0	0	1	2	2	.357
M. Pagliarulo, 3b	11	3	0	0	1	1	2	.273
J. Ortiz, c	5	1	0	0	0	0	1	.200
G. Larkin	4	2	0	0	0	0	1	.500
R. Bush, of	4	1	0	0	0	0	0	.250
A. Newman, 3b, 2b, ss	2	1	0	1	0	0	1	.500
J. Brown, of	2	0	0	0	0	0	0	.000
J. Morris, p	2	0	0	0	0	0	0	.000
P. Sorrento, 1b	2	0	0	0	0	0	0	.000
R. Aguilera	1	0	0	0	0	0	0	.000
S. Erickson, p	1	0	0	0	0	0	1	.000
K. Tapani, p	1	0	0	0	0	0	0	.000

Errors: D. Gladden, B. Harper, C. Knoblauch, S. Leius
Stolen Bases: C. Knoblauch (4), D. Gladden (2), K. Puckett

ATLANTA (N.L.)

	AB	H	2B	3B	HR	R	RBI	BA
T. Pendleton, 3b	30	11	3	0	2	6	3	.367
R. Gant, of	30	8	0	1	0	3	4	.267
D. Justice, of	27	7	0	0	2	5	6	.259
G. Olson, c	27	6	2	0	0	3	1	.222
L. Smith, dh, of	26	6	0	0	3	5	3	.231
M. Lemke, 2b	24	10	1	3	0	4	4	.417
S. Bream, 1b	24	3	2	0	0	0	0	.125
B. Hunter, of, 1b	21	4	1	0	1	2	3	.190
R. Belliard, ss	16	6	1	0	0	0	4	.375
J. Blauser, ss	6	1	0	0	0	0	0	.167
J. Treadway, 2b	4	1	0	0	0	1	0	.250
T. Gregg	3	0	0	0	0	0	0	.000
S. Avery, p	3	0	0	0	0	0	0	.000
K. Mitchell, of	2	0	0	0	0	0	0	.000
T. Glavine, p	2	0	0	0	0	0	0	.000
J. Smoltz, p	2	0	0	0	0	0	0	.000
F. Cabrera, c	1	0	0	0	0	0	0	.000
J. Clancy, p	1	0	0	0	0	0	0	.000
J. Willard	0	0	0	0	0	0	1	-

Errors: T. Pendleton (2), B. Hunter, D. Justice, M. Lemke, J. Treadway
Stolen Bases: D. Justice (2), R. Gant, L. Smith, G. Olson

Individual Pitching

MINNESOTA (A.L.)

	W	L	ERA	IP	H	BB	SO	SV
J. Morris	2	0	1.17	23	18	9	15	0
K. Tapani	1	1	4.50	12	13	2	7	0
S. Erickson	0	0	5.06	10.2	10	4	5	0
C. Willis	0	0	5.14	7	6	2	2	0
R. Aguilera	1	1	1.80	5	6	1	3	2
M. Guthrie	0	1	2.25	4	3	4	3	0
S. Bedrosian	0	0	5.40	3.1	3	0	2	0
T. Leach	0	0	3.86	2.1	2	0	2	0
D. West	0	0	∞	0	2	4	0	0

ATLANTA (N.L.)

	W	L	ERA	IP	H	BB	SO	SV
J. Smoltz	0	0	1.26	14.1	13	1	11	0
T. Glavine	1	1	2.70	13.1	8	7	8	0
S. Avery	1	0	3.46	13	10	1	8	0
M. Stanton	1	0	0.00	7.1	5	2	7	0
A. Pena	0	1	3.38	5.1	6	3	7	0
J. Clancy	1	0	4.15	4.1	3	4	2	0
C. Leibrandt	0	2	11.25	4	8	1	3	0
M. Wohlers	0	0	0.00	1.2	2	2	1	0
K. Mercker	0	0	0.00	1	1	0	2	0
R. St. Claire	0	0	9.00	1	1	0	0	0

Player Register Supplement

PLAYER REGISTER SUPPLEMENT 461

Year	Team	Games	BA	SA	AB	H	2B	3B	HR	HR%	R	RBI	BB	SO	SB	PINCH HIT AB	PINCH HIT H	PO	A	E	DP	TC/G	FA	G by Pos

Jerald Clark

CLARK, JERALD DWAYNE
B. Aug. 10, 1963, Crockett, Tex.
BR TR 6' 4" 189 lbs.

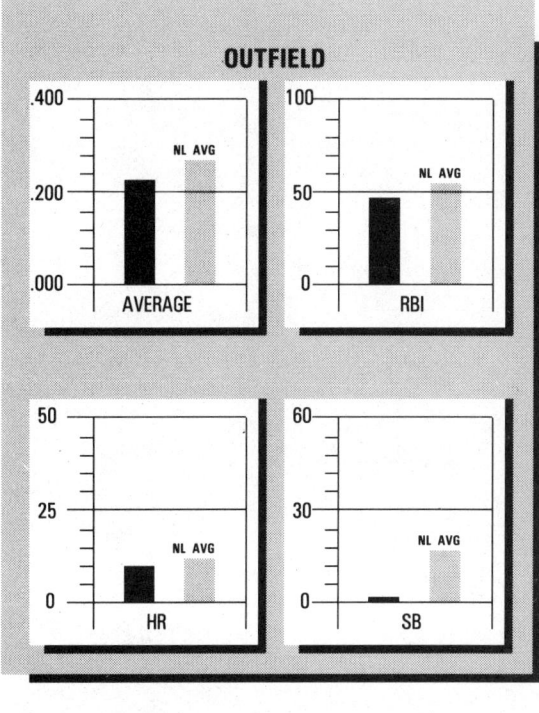

		Games	BA	SA	AB	H	2B	3B	HR	HR%	R	RBI	BB	SO	SB	PH AB	PH H	PO	A	E	DP	TC/G	FA	G by Pos
April		20	.288	.452	73	21	3	0	3	4.1	5	13	8	16	0									
May		9	.238	.286	21	5	1	0	0	0.0	0	3	1	7	0									
June		21	.294	.544	68	20	5	0	4	5.9	7	15	12	4	2									
July		24	.198	.297	91	18	3	0	2	2.2	5	8	4	25	0									
Aug		23	.209	.299	67	14	3	0	1	1.5	8	6	4	16	0									
Sept/Oct		21	.122	.143	49	6	1	0	0	0.0	1	2	2	22	0									
Day		34	.219	.343	105	23	4	0	3	2.9	10	13	12	24	1									
Night		84	.231	.356	264	61	12	0	7	2.7	16	34	19	66	1									
vs. Left			.175	.294	126	22	3	0	4	3.2	7	13	10	31	0									
vs. Right			.255	.383	243	62	13	0	6	2.5	19	34	21	59	2									
On Grass		91	.227	.355	282	64	12	0	8	2.8	20	40	20	74	1									
On Turf		27	.230	.345	87	20	4	0	2	2.3	6	7	11	16	1									
Home		62	.210	.379	195	41	9	0	8	4.1	17	29	14	43	1									
Road		56	.247	.322	174	43	7	0	2	1.1	9	18	17	47	1									
Division Rivals																								
vs. ATL		15	.114	.143	35	4	1	0	0	0.0	2	3	2	14	0									
vs. CIN		13	.135	.162	37	5	1	0	0	0.0	3	1	9	12	0									
vs. HOU		12	.229	.286	35	8	2	0	0	0.0	2	2	1	6	0									
vs. LA		15	.333	.509	57	19	4	0	2	3.5	4	11	5	17	0									
vs. SF		15	.362	.532	47	17	2	0	2	4.3	4	7	4	11	0									
On 3B < 2 Out			.286	.286	14	4	0	0	0	0.0			0	15	1	1								
1988	SD N	6	.200	.267	15	3	1	0	0	0.0	0	3	0	4	0	3	1	10	1	0	0	1.8	1.000	OF-4
1989		17	.195	.317	41	8	2	0	1	2.4	5	7	3	9	0	4	1	16	2	1	0	1.1	.947	OF-14
1990		53	.267	.475	101	27	4	1	5	4.9	12	11	5	24	0	28	8	102	6	1	3	4.4	.991	1B-15, OF-13
1991		118	.228	.352	369	84	16	0	10	2.7	26	47	31	90	2	10	2	245	10	2	6	2.4	.992	OF-96, 1B-16
4 yrs.		194	.232	.371	526	122	23	1	16	3.0	43	68	39	127	2	45	12	373	19	4	9	2.0	.990	OF-127, 1B-31

Pete Incaviglia

INCAVIGLIA, PETER JOSEPH (Inky)
B. Apr. 2, 1964, Pebble Beach, Calif.
BR TR 6' 1" 225 lbs.

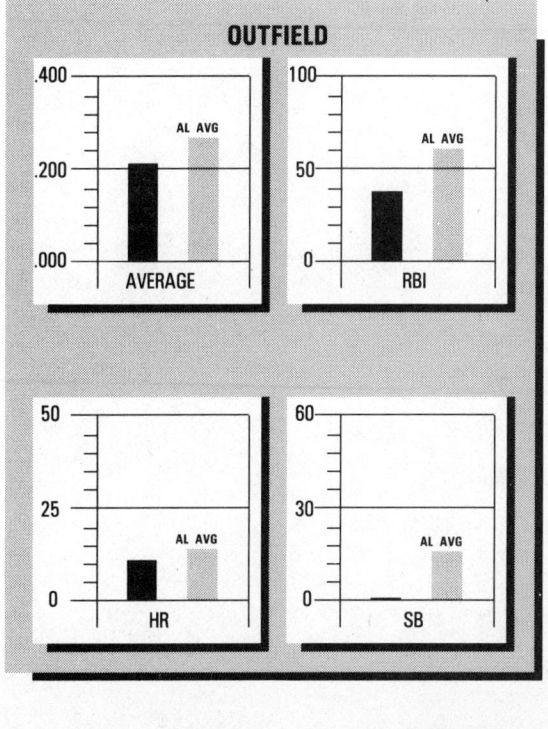

		Games	BA	SA	AB	H	2B	3B	HR	HR%	R	RBI	BB	SO	SB	PH AB	PH H	PO	A	E	DP	TC/G	FA	G by Pos
April		16	.170	.264	53	9	2	0	1	1.9	4	4	4	14	1									
May		22	.253	.481	79	20	6	0	4	5.1	9	14	7	25	0									
June		10	.171	.171	35	6	0	0	0	0.0	3	2	3	10	0									
July		12	.214	.357	42	9	0	0	2	4.8	7	5	3	8	0									
Aug		13	.233	.419	43	10	2	0	2	4.7	4	5	10	14	0									
Sept/Oct		24	.212	.329	85	18	2	1	2	2.4	11	8	9	21	0									
Day		33	.202	.298	114	23	2	0	3	2.6	14	9	17	28	1									
Night		64	.220	.381	223	49	10	1	8	3.6	24	29	19	64	0									
vs. Left			.206	.258	97	20	3	1	0	0.0	9	5	8	20	0									
vs. Right			.217	.392	240	52	9	0	11	4.6	29	33	28	72	1									
On Grass		83	.219	.377	292	64	11	1	11	3.8	34	35	35	80	1									
On Turf		14	.178	.200	45	8	1	0	0	0.0	4	3	1	12	0									
Home		49	.205	.357	171	35	6	1	6	3.5	19	20	18	49	1									
Road		48	.223	.349	166	37	6	0	5	3.0	19	18	18	43	0									
Division Rivals																								
vs. BAL		9	.257	.543	35	9	4	0	2	5.7	5	11	6	10	0									
vs. BOS		12	.174	.348	46	8	2	0	2	4.3	7	7	4	12	0									
vs. CLE		8	.333	.467	30	10	2	1	0	0.0	1	1	0	6	0									
vs. MIL		4	.083	.083	12	1	0	0	0	0.0	2	0	2	5	0									
vs. NY		4	.429	.857	7	3	0	0	1	14.3	2	2	2	2	1									
vs. TOR		10	.100	.150	40	4	2	0	0	0.0	2	1	0	13	0									
On 3B < 2 Out			.308	.615	13	4	1	0	1	7.7	1	11	2	5										
1986	TEX A	153	.250	.463	540	135	21	2	30	5.6	82	88	55	**185**	3	4	0	157	6	14	1	1.2	.921	OF-114, DH-36
1987		139	.271	.497	509	138	26	4	27	5.3	85	80	48	168	9	3	0	216	8	13	0	1.7	.945	OF-132, DH-6
1988		116	.249	.467	418	104	19	3	22	5.3	59	54	39	**153**	6	0	0	172	12	2	1	1.6	.989	OF-93, DH-21
1989		133	.236	.453	453	107	27	4	21	4.6	48	81	32	136	5	5	2	213	7	6	2	1.7	.973	OF-125, DH-5
1990		153	.233	.420	529	123	27	0	24	4.5	59	85	45	146	3	13	2	290	12	8	2	2.1	.974	OF-145, DH-2
1991	DET A	97	.214	.353	337	72	12	1	11	3.3	38	38	36	92	1	3	0	106	4	3	2	2.1	.973	OF-54, DH-41
6 yrs.		791	.244	.447	2786	679	132	14	135	4.8	371	426	255	880	27	28	4	1154	49	46	8	1.6	.963	OF-663, DH-111

Pitcher Register Supplement

Jeff Robinson

ROBINSON, JEFFREY MARK
B. Dec. 14, 1961, Ventura, Calif.
BR TR 6' 6" 210 lbs.
See the Pitcher Register Supplement for complete graphic analysis.

Year	Team		W	L	%	ERA	G	GS	CG	IP	H	BB	SO	ShO	Relief W	Relief L	Relief SV	AB	H	HR	BA	PO	A	E	DP	TC/G	FA
April			1	2	.333	4.02	3	3	0	15.2	17	9	8	0	0	0	0										
May			2	2	.500	3.74	7	5	0	33.2	39	12	27	0	0	0	0										
June			0	2	.000	5.40	6	6	0	33.1	37	17	19	0	0	0	0										
July			1	3	.250	7.89	5	5	0	21.2	26	13	11	0	0	0	0										
Aug			—	—	—	—	0	—	—	0	0	0	0	—	0	0	0										
Sept/Oct			—	—	—	—	0	—	—	0	0	0	0	—	0	0	0										
Day			0	2	.000	7.32	4	4	0	19.2	21	9	7	0	0	0	0										
Night			4	7	.364	4.68	17	15	0	84.2	98	42	58	0	0	0	0										
vs. Left			—	—	—	—	—	—	—	—	75	31	28	—	—	—	—										
vs. Right			—	—	—	—	—	—	—	—	44	20	37	—	—	—	—										
On Grass			4	7	.364	4.89	18	17	0	92	102	42	53	0	0	0	0										
On Turf			0	2	.000	7.30	3	2	0	12.1	17	9	12	0	0	0	0										
Home			3	3	.500	3.78	11	11	0	69	72	28	40	0	0	0	0										
Road			1	6	.143	7.90	10	8	0	35.1	47	23	25	0	0	0	0										
Division Rivals																											
vs. BOS			0	0	—	4.76	1	1	0	5.2	4	3	1	0	0	0	0										
vs. CLE			1	0	1.000	2.08	2	2	0	13	11	4	6	0	0	0	0										
vs. DET			—	—	—	—	0	—	—	0	0	0	0	—	0	0	0										
vs. MIL			0	1	.000	2.70	1	1	0	6.2	8	2	2	0	0	0	0										
vs. NY			1	1	.500	6.75	2	2	0	9.1	10	5	9	0	0	0	0										
vs. TOR			0	1	.000	8.38	2	2	0	9.2	13	10	9	0	0	0	0										
1987	DET	A	9	6	.600	5.37	29	21	2	127.1	132	54	98	1	1	1	0	0	0	0	—	14	9	2	2	0.9	.920
1988			13	6	.684	2.98	24	23	6	172	121	72	114	2	0	0	0	0	0	0	—	16	19	1	1	1.5	.972
1989			4	5	.444	4.73	16	16	1	78	76	46	40	1	0	0	0	0	0	0	—	3	6	0	1	0.6	1.000
1990			10	9	.526	5.96	27	27	1	145	141	88	76	1	0	0	0	0	0	0	—	14	15	3	1	1.2	.906
1991	BAL	A	4	9	.308	5.18	21	19	0	104.1	119	51	65	0	0	0	0	0	0	0	—	5	10	2	0	0.8	.882
5 yrs.			40	35	.533	4.74	117	106	10	626.2	589	311	393	5	1	1	0	0	0	0	—	52	59	8	5	1.0	.933
LEAGUE CHAMPIONSHIP SERIES																											
1987	DET	A	0	0	—	0.00	1	0	0	0.1	1	0	0	0	0	0	0	0	0	0	—	0	1	0	0	1.0	1.000

Notes

Notes

Notes

Notes

Notes

Notes

Notes